WUXIANG WENHUA JICHENG
WUXIANG LISHI WENHUA
TONGLAN

武乡文化集成·卷一

陈建祖 主编

武乡历史文化通览

桑梓武乡——武乡县域文化通览

郝雪廷 著

中国文史出版社

总 序

甲辰之岁，万象更新。武乡热土上，乘新时代之春风，政治、经济、文化一体推进，正所谓政通人和，百业俱兴。

自古以来，莫不盛世修书，藉以兴文化俗。今有《武乡文化集成》之问世，摘精选要，撷英荟萃，乃国内县域文化系统整理出版之巨创，亦寻祖根，追文脉，固根基，增强文化自信之壮举，可庆可贺也！

文化之兴，缘于地理；或曰据于地理，乃出人文。

太行逶迤，上党巍巍，雄视华北，俯控中原，自古乃兵家必争之地。元人熊戴歌咏曰："天下多名山，太行居第一。泽潞伯仲间，上党天下脊。屹立界中原，形势控南北。"武乡踞上党北缘，乃千年名邦，抗战圣地。其东有板山竦立，如长城蜿蜒；其中有漳河流金，泽润乡里；其西则俯视晋中，藏风聚气。此土此境，古有商周遗物，有石勒要寨，有寺院林立，绵绵不绝，而民风俭啬，勤于耕读，崇尚勇武，远近闻名。清代乾隆《武乡县志》"风俗篇"云："武乡之为县，在万山中，金玉珠贝无所产，商贾舟车不至，民安于畎亩、诵读，无逐末游食、猎取富贵之人。""其民质而不奢，其俗俭而不猥。"此乃武乡传统文化之概要，民风之底色，文化渊源之所自。追溯千余年传统文化，不亦绵长醇厚乎！

帝制灭而共和兴，社稷衰而危亡存，仁人志士，前赴后继，奋起斗争。武乡籍共产党人、革命先驱李逸三、史怀璧、武三友等，建立中共武乡县委员会，组织"五抗"，风起云涌，艰险曲折，板山漳河间，闪耀赤色曙光。全面抗战始，抗日烽火燃烧在太行山上，八路军总部、中共中央北方局、一二九师师部开进武乡，先后驻武乡王家峪、砖壁诸地，朱德、彭德怀、左权、刘伯承、邓小平、杨尚昆等在此指挥抗战，武乡乃成太行根据

地之重镇。长乐村战斗，歼寇两千；百团大战，威震敌胆。柳沟设兵工厂，肇始军火生产，装备抗日武装；抗大、鲁艺，学校遍及山乡僻壤，培植红色基因。武乡儿女，慷慨参军，牺牲何止千万；家乡父老，纳鞋交粮，自愿支援前线；太行奶娘，忘我取义，哺育革命后代。仰望太行之巅，遍布民族脊梁；回首抗战圣地，鲜血浸染。《少年先锋》，如诗华章；抗战篇章，辉煌绚烂。此乃武乡近世文化之鲜明本色。回首武乡之红色文化，不亦感人至深乎！

斗转星移，国运昌隆；改革开放，其命维新。武乡大地，文脉绵延，异彩纷呈。其初有高沐鸿之《太行吟》，冈夫之《故城谣》，张万一之剧作《小二黑结婚》，歌咏烽火岁月，隽永悠长；继之有寓真之《行道集》，赓续家国情怀，书写不尽之乡愁。抗战文化则梳理备至，书写将军之百战智勇，战士之慷慨赴死，军火之急急生产，民众之纷纷支前，友邦之慷慨资助，红色文化，洋洋大观。作者群起，深研备至，提炼太行精神，表彰抗战英模，可歌可泣，化育万民，进而为新时代不忘初心、继续前进之强大动能。回首七十年文化景象，不亦壮观乎！

武乡文化，厚重绵长，总而成之，采而辑之，舍我其谁！县委县政府下决心，定大计，集贤能，编方案，以规范性、系统性、权威性为基准，博采旁搜，摘取英华，卷次三分。首卷为历史文化，通览千载；继之以红色文化，特色引领；卷三是现当代文化，文苑集萃，遂成20册，汇千万字，煌煌然为武乡文化史上之空前巨著。武乡文脉，一以贯穿，高如板山，长若漳河，实乃空前之壮举，既为资政要览，亦成万民寻根溯源、永久承传之宝典，具彰往而昭今之效，其价值、意义不言而喻，无庸赘述焉。是为序。

中共武乡县委员会

武乡县人民政府

2024年6月

凡　例

一、本丛书以马克思列宁主义、毛泽东思想、邓小平理论、“三个代表”重要思想、科学发展观、习近平新时代中国特色社会主义思想为指导，选取武乡文化精华，编纂而成。

二、本丛书以基础性、系统性、权威性为基本编纂标准。

三、本丛书以武乡籍贯的作者为主要选取对象，以描写或记述当今武乡地域范围内的文化为内容选取标准。

四、本丛书选取的著作体裁不限，主要选取学术著作和文学作品。为了全面记述武乡的历史文化，特别组织作者新撰了武乡历史文化的通览性著作。

五、本丛书按照历史通览、文化特色、时代新篇为基本分卷依据，分武乡历史文化通览、武乡红色文化撷英、武乡现当代文化集萃3卷，共33种著作，编为20册。

六、本丛书为集成性著作，尊重原著内容的完整性，一般不作增删；为保持观点正确、内容准确、体例统一所做的修订，均经作者完成，并经专家予以审定。

七、本丛书对每一部入选著作的内容及其作者均予简介，以便阅读和使用。

八、本丛书根据各书特点而区别整理方式，涉及古文、文献等，予以标点，并适当注释；涉及文化遗产等内容，则以图文结合的方式予以记述。

【作者简介】

郝雪廷，山西武乡人。中国作家协会会员，山西省戏剧家协会会员，山西省中共党史人物研究会副会长，八路军太行纪念馆研究部原主任，山西大学马克思主义学院、山西财经大学马克思主义学院特聘教授，太行干部学院特聘专家，山西电视台“文化讲堂”特邀主讲人。先后出版纪实文学《八路军改编纪实》《追寻八路军总部》《游击队长魏名扬传奇》，长篇小说《太行山上》，以及抗战史研究专著《八路军序列沿革研究》《抗战英魂录》《烽火留声——八路军将领故事集》等30余部。央视20集电视专题片《抗日中坚八路军》策划人之一；八一电影制片厂6集专题片《八路军与武乡》、山西电视台8集专题片《太行山上》撰稿人；多次接受中央电视台及各省电视台的采访，曾获全国名人作品展示会银奖、山西省社会科学研究成果奖等。在全国党史、军史研究领域，以及文学创作中有很大影响。

【内容简介】

武乡，历史悠久，人杰地灵。在数千年的沧桑岁月中，沉淀了浓郁的地方历史文化，自然与人文相得益彰。武乡的历史非常厚重，但岁月更迭，逝者如斯，浩瀚之中，多有遗失，茫茫难以寻觅，恢恢多有疏漏，就沿革脉络亦有诸多迷惘之处。遍查史册，武乡志书，最早为明永乐开修《武乡县志》；明万历三十七年，永年张五美任武乡县知县，曾主修《武乡县志》；清顺治元年永年李芳莎调武乡知县，曾修《武乡县志》，但均未发现刊本。清康熙三十一年知县辽东高铁，主修康熙版《武乡县志》；乾隆五十五年知县长白山白鹤，主修乾隆版《武乡县志》；光绪五年知县乌程吴匡、教谕寿阳纽增尧，主修光绪版《武乡县续志》；民国十八年知县垣曲张扬祚、邑人郝世祯，主修民国版《武乡新志》；1986年县志编纂委员会主修《武乡县志》，2021年又主修了续志《武乡县志》（1978—2016）。先后九修县志，七通两续，现存六个版本。但对古史存疑之处颇多。州志、府志及《山西通史》亦稀见有记，面对古老的蔡州国、皋狼国、甲氏国等均只成了传说。

无论过去，或是现在，方志编修、沿革考证为何引起普遍关注和重视？其原因不外乎它是地情信息忠实的、密集的载体，称之为“信史”。地方史在千年的流转过程中，难免出现违背历史真实、以讹传讹的现象。因此，有必要重考古史，去伪存真，以正视听。我们尽量做到没有确凿证据的史实都不写进去，也要尽量做到把历史记载中存在谬误的地方认真加以更正。为此，作者在历经数十年研究的基础上，撰写了《桑梓武乡》一书。这本书稿，从武乡有史写起，一直到2021年止，以时间顺序为主轴，区划沿革变迁为经线，人物事件与地域文化为纬线，集中反映了从蔡、皋狼至涅县、涅氏、阳城、武乡的历史变迁。从石门出土石器惊现最早粟物，茹毛饮血开始转向炸煮煎蒸；从蔡地皋狼之争引发三国分晋，春秋五霸裂变进入战国七雄；从八王内斗之时石勒东征西战，东晋南迁后赵雄居北方一统；从金国入侵之时无奈南关失守，靖康之耻徽钦北囚痛失汴京。发生在这片土地上许多惊天动地的大事，一宗宗一件件都足以影响一个国家的历史进程。特别是在抗日战争时期，八路军总部、中共中央北方局、一二九师、中共晋冀豫区党委、抗日军政大学等重要机关在武乡长期驻扎，武乡成为华北抗战的指挥中枢。在抗战中，武乡人民出兵出粮出干部，为中国人民独立解放事业作出了巨大牺牲和贡献，铸就了彪炳史册的丰功伟绩，孕育了光耀千秋的太行精神。

中华人民共和国成立后，为把小农经济逐步改造成为社会主义集体经济，根据中共中央指示，晋东南率先创办十个农业合作社试点，武乡一县独有其四，成为名副其实的中国农村合作化运动发源地。农业合作化运动把亿万农民组织起来，帮助贫苦农民走出贫困、实现共同富裕，引领了中国农村的前进方向。这些光辉革命历程和宝贵精神财富，为老区儿女披荆斩棘、筑梦前行提供了强大动力。

要写好这部书，并非易事，上溯有史，下达今日，时跨数千年，纵横文史哲。在浩瀚书海中查找详考桑梓一邑之史迹，大多如断线之珠，散落于古籍之中，搜集整理之不易，非广搜博求不能全。说实在话，工程浩大，难度非常。致使日思夜想，呕心沥血，付出的艰辛无以言表。不仅通过对诸多历史史料的考证研究，也通过文物考古、遗存碑刻的实物引证，重考古史，去伪存真，以正视听。

该书以编年与叙事结合，史料翔实，图文并茂，将知识性、史料性、学术性、可读性融为一体，既有严谨治学态度、科学辩证唯物史观，又能够栩栩如生描述再现一个活生生的过去，语言表达通俗易懂，人生哲理深入浅出，满足了不同层面的读者要求，语言风格平易晓畅、简洁而生动，没有教科书式的枯燥和刻板，是探究历史、了解地方历史文化的一部难得的好书。

目 录

开篇语

武乡县位于太行山西麓，山西省东南部，长治市最北端，属上党盆地北缘。介于东经 112° 25′ 30″ —113° 22′ 45″ 、北纬 36° 38′ 20″ —37° 07′ 54″ 之间，东以二腰道、锅窑岭为界与黎城县、左权县交界；西以阴辿、墓峪头为界与祁县、平遥县毗邻；北以关壑口为界与榆社县相交；南以涅河、高岭、南漳为界与沁县、襄垣县接壤。东西长 130 千米，南北最窄处 15 千米，在平面图上，疆界线总长为 287 千米，总面积 1610 平方千米，合 16.1 万公顷。辖 6 乡 6 镇，269 个行政村，截至 2020 年，武乡县总人口 21 万人，其中农业人口 17.8 万人。少数民族 15 个共 105 人。根据第七次人口普查数据，截至 2020 年 11 月 1 日零时，武乡县常住人口为 155386 人。

武乡东跨太行，西接太岳，状如一枚绵亘于两山之间的“如意”。关山险固，易守难攻，历来为兵家必争之地。孙子曰“夫地形者，兵之助也”，康熙版《武乡县志》就有“武乡北枕鼙山，南临漳水，西接铜鞮，东拱太行。峰峦环叠，川泽潆洄，为一方之壮”之说。

太行山脉由东北向西南蜿蜒，太岳山脉从西北向西南延伸，地势呈东西高、中间低的马鞍形。东西群山环绕，峰峦重叠，中间丘陵起伏，沟壑纵横，地形十分复杂。东、西高而寒，山大沟深，石厚土薄，适宜林牧业生产；中间低而缓，土地肥沃，水源丰富，水、土、气组合良好，是农业发展中心。

石质山区面积共472平方千米，占总面积的29.3%；黄土丘陵区面积有918平方千米，占总面积的56.98%；丘陵平川区面积有221平方千米，占总面积的13.72%。县境东部地区海拔多在1400米以上，最高峰全榆洼顶2020米；县境西部地区海拔在1300米左右，最高峰紫金山1809米；北部地区和南部地区海拔在1000米至1300米之间；中部浊漳北源沿岸地势低凹，海拔在1000米左右，监漳滩和西川一带是全县最低处，海拔800米。

境内岭谷交错，犹如脉络。主要山脉，除了太行、太岳两大主山脉外，东部地区主要山峰有双峰山、王成垴、崇城山、狮子峰、板山、花儿垴、大井盘、羊径山、墓岭山、小鏊头、琉璃顶、皇帝垴、全榆湾顶，西部地区主要山峰有云盖山、尖子山、大官寨、虎头山、护甲山、紫金山、石盘山、麓台山、烂柯山、蓬莱山，中部地区主要山峰有佛爷顶、五龙山。还有鼙山、南神山、凤凰山、油篓山、笔架山、回龙山、龙王山、尧王山、白马山、小东山、火龙寨、卧龙山、落台山、牛金山、无影山等山，因景而名，因秀而灵。

境内水系集中，支流密布。主要河流有浊漳北源、涅河、高台寺河、涌泉河、姜村河、马牧河、南亭河、贾豁河、大有河、监漳河、活庄河、柳沟河、石门河、窑湾河、洪水河、广志河、昌源河。按流域分别归属为黄河、海河两大水系，汾河、漳河两个流域。最西段的昌源河流域面积85平方千米，流入黄河水系流域的汾河。其余河流均流入海河水系流域的漳河，境内流域面积1525平方千米。其中，属清漳河的流域面积23平方千米，属浊漳河的流域面积1502平方千米。浊漳北源从监漳镇西川村流入襄垣，浊漳三源合流统称为浊漳河，然后到河北省涉县合漳村与清漳河合流称漳河，后和卫河合并流入海河出海。

境内地质结构复杂，位于沁水沉降带中段，长治盆地北缘，东屏太行隆起，西傍太岳脊柱。主要构造体系为太行山新华夏系武乡褶皱带，构造形迹为边缘单斜带、翼部褶皱带、中央舒缓褶皱带，走向由北至东的一系列褶皱相伴的断裂层组成。地层自古生界寒武系后均有出露，依次为古生界奥陶系、石炭系、二叠系，中生界三叠系、侏罗系。特殊的地质结构，所赋自然资源十分丰富，已发现和探明的矿藏资源有煤、铁、铝矾土、金、铜、白云岩、石灰岩、大理石、耐火黏土、硅藻土、泥炭、油页岩、煤层气、矿泉水等30多种，且具有储量大、品位高、埋藏浅、易开采等特点。其中煤炭探明储量28.6亿吨，年生产能力1095万吨，是全国重点产煤县之一；白云岩探明储量18亿吨，是山西省金属镁原材料主要生产基地。

按国家气候带的标准划分，武乡属暖温带半干旱大陆性气候。主要特征是：四季分明，冬长夏短，季风强盛。冬季寒冷少雪，春季干燥多风，具有十年九春旱现象；夏季炎热多雨，秋季温和凉爽。春季短暂，气温日差较大，冬季风向明显，云量少而多晴朗天气。由于地形复杂，加之地理相对高差和自然诸因素影响，全县各地气候差异较大，局部地区的地方性小气候也很明显。最热的地方也是海拔最低的地方在监漳滩，年平均气温10° C左右；而在东部山峰花儿塪一带，年平均气温仅有3° C左右。

武乡是著名革命老区。抗日战争时期，八路军总部、中共中央北方局等机关在这里长期驻扎，朱德、彭德怀、左权、刘伯承、邓小平、杨尚昆等老一辈革命家曾在这里长期战斗和生活，组织领导指挥了整个华北地区的抗战。当时仅有14万人口的小县，就有9万余人参加各类抗日团体，有2万余人献出了宝贵的生命，为中华民族的独立解放事业作出了巨大的牺牲和贡献，铸就了伟大的太行精神。中华人民共和国成立以来，党和国家领导人始终牵挂和关心武乡老区的发展建设，老一辈领导人毛泽东、邓小平分别题词勉励。2001年以来，先后有江泽民、胡锦涛、习近平、李长春、贺国强、刘云山等40余位党和国家领导人亲临武乡视察，给老区人民以极大鼓舞和巨大动力。2009年5月25日，习近平同志在武乡视察八路军太行纪念馆时强调：“结合新的实际与时俱进地大力弘扬太行精神，坚定正确的理想信念，始终保持对党对人民对事业的忠诚；坚持执政为民的政治立场，始终保持同人民群众的密切联系；锤炼坚韧不拔、百折不挠的品格，始终保持知难而进、奋发有为的精神状态；坚守党的政治本色，始终保持艰苦奋斗的优良作风，为推动经济社会又好又快发展提供强大精神动力。”

雄伟的八路军太行纪念馆（李国伟摄）

武乡历史悠久、人杰地灵、山奇水秀，人文景观、历史文物及革命遗址十分丰富，是全国红色旅游重点县。革命文物星罗棋布，有全国唯一一座全面反映八路军从七七事变以来抗战史实的大型历史博物馆——八路军太行纪念馆、八路军总部王家峪旧址、百团大战指挥部砖壁旧址 3 个全国红色旅游经典景区，是全国 30 条“红色旅游精品线路”之一。自然景观引人入胜，有太行山精华所在雄奇壮丽的板山风光，风景秀美的太行龙湖，华北最大的溶洞——太行溶洞和天然氧吧——崇城山森林公园等，被评为“中国最具吸引力的地方”。

历史文物五彩斑斓，境内存有监漳镇观庄村会仙观，故城镇故城村大云寺、北良村福源院、东良村洪济院，韩北镇土河村真如寺，以及丰州镇城关村玉贞观、千佛塔，故县村石勒寨遗址等古建艺术珍品，还有后赵从奴隶到皇帝的石勒、在玄奘之前去西天取经的高僧法显、佛图澄等一大批有影响的历史名人遗迹，是一座没有围墙的历史博物馆。

武乡县区位交通优势明显。武乡处于长治、太原之间相对中心的位置，郑太高铁、太焦铁路、太长高速、208国道、519国道纵贯南北，武左铁路、南沁公路、权马公路、太行一号红色旅游公路横穿东西，东吕高速穿越武乡西部，还有规划建设的通用机场，构成了陆、空立体交通网络。武乡县大力弘扬太行精神，着力创优发展环境，先后荣获“国家卫生县城”“国家园林县城”“国家生态示范县”“全国红色旅游重点县”“中国优秀旅游目的地”“全国十佳金融创新示范县”“中国扶贫政府创新奖”“国家全域旅游示范区”“中国绿色名县”“全省双拥模范县”“首批省级环保模范县”“首批省级依法行政示范县”“宜居宜业典范县”等称号。

湮没了黄尘古道，远去了鼓角铮鸣，荒芜了寨堡关隘，逝去了闪烁烟云。从古老的蔡地皋狼，到今日的壮美武乡，数十朝光阴递嬗，三千年历史沧桑，兴与衰谁人定夺，聚与散岁月情长。寻觅先辈走过的漫漫长路，让我们翻开这一页页尘封的历史，去探访千年古县，揭秘上党武乡。

板山风光（姜向东摄）

远古之来有臬方

一

混沌元初，天地一体。洪荒亘古，寂无生灵。

上党地区原来并非有这么高，5亿年前这里还是一片海洋。根据地质学家研究，这里的太行、太岳之上层层叠叠的岩层形成于距今5亿年至4亿年的寒武系至奥陶系，这些岩石虽然与下部的紫红色石英砂岩都是近于水平的层状，但是，二者都经历了长达10亿年左右的沉积。

直到中新世的喜马拉雅造山运动，地壳相互碰撞挤压，这里才形成褶皱，隆起山系和构造断陷盆地；上新世末，盆地大规模断陷，形成大湖，相邻山地则隆起，造就了今天神奇的上党地区。早更新世时期，湖泊广泛发育，武乡一带是浅水湖，遍地森林、草原、动物群。曾是水族和大型脊椎动物、爬行类动物的乐园，各种上古生物，成群的三趾马、剑齿象、大唇犀、原大羚等远古动物，怡然徜徉于树丛水草之间。沧海桑田，岁月流逝，由于大自然几次灾难，导致形成了生物大灭绝的恐怖时代。一个漫长的演化时期落幕，那些被深埋于地下的远古生物，开始了漫长的变质，最终幻化成记载着远古时代史歌的斑驳化石。

这里，凝固成一个古脊椎动物群化石遗址。武乡化石改写了山西文明史小小的五千年的上限，有着百万年历史的武乡化石使山西文明至少可前置一百万年。

20世纪20年代初，由于药材贩子贩卖“龙骨”，这化石居然到了天津港口，正好被懂行的专家发现，这一发现，唤醒了武乡沉睡千万年的化石。这么珍贵的化石出自何方？要刨根问底，就得沿着贩子的路径倒查。费尽周折，最后得知原来这些宝物居然出自武乡。早在民国十四年（1925），奥地利古生物学家师丹斯基就根据武乡的化石，发现了晚中新世时期的始柱角鹿及其两个新种。由于鹿角材料不完整，没有发现与鹿角相连的头骨，所以暂时搁置。

张村出土的三趾马头骨化石

这个发现，吸引来了当时最著名的专家，一个是中国古脊椎动物学的开拓者和奠基人杨钟健，一个是法国古生物学家和地质学家皮埃尔·泰亚尔·德·夏尔丹（中文名德日进）。

民国二十一年（1932）春，杨钟健和德日进两位专家来到武乡石壁、楼则峪、张村、张家沟等地考察，结果真的是一声惊呼。早更新世时期，湖泊广泛发育，榆社、武乡、沁县一带沿浊漳河及其西侧主要支流涅河为水深15米以内的浅水湖，到150万年前湖泊消亡，由河流、沼泽和一些暂时性湖泊替代。此时期气候的总特征是干湿交替的温带森林及草原季风气候，湿润而温凉。

这两位专家一眼就看出这种动物化石属三叠纪二马营组，开始于约2300万年以前，是典型的中国肯氏兽类为主的动物群化石，老百姓把这些称为“龙骨”。这可是个神奇的东西，在《本草纲目》上都有记载，是一味重要的中药，用于治疗心悸怔忡、失眠健忘、惊痫癫狂、头晕目眩、自汗盗汗、遗精遗尿、崩漏带下、久泻久痢等症状。特别是它还有个名字叫“刀剑药”，除了能治疑难杂症之外，对重大的创伤伤口也有止血治疗效果，被大量地运用在战场上，成为士兵们依赖的金疮药。过去老百姓皮肉受伤，都用此药来止血。故而有人对此大量收集倒卖，价格日渐上涨，但谁知道还是珍珠卖了个白菜价。

那时候老百姓不知道什么是化石。

化石是指由于自然作用保存在地层中的地史时期的各类生物的遗体、遗迹、遗物等。现代生物的生长、繁殖与环境、气候条件关系密切，古代生物也是同样。因此，化石就成为沉积岩层中指示当时环境特征的可靠依据。保存于地层中的古生物遗体、遗物、遗迹，埋藏在地下，经过自然界的作用，变化而成的保留原物体、遗迹形状、结构或印模的钙化、碳化、硅化、矿化的东西。研究化石可了解生物的发展情况，并能据此确定地层的年代。

这一时期这里曾经有潺潺的河流和碧绿的内陆湖，气候温和，植物繁茂，是早期爬行动物的天堂。这次考察，证明武乡县全境有新第三纪以三趾马为主的哺乳类动物化石，在世界享有盛名。三趾马是马类进化中的一个分支，个体比现在的马小，每蹄均有三趾，现已灭绝。后来杨钟健先生数次到武乡考察，有许多重要发现，包括1956年在武乡县楼则峪西什凹首次发现的生物化石标本，定名为山西鳄。

出土于武乡、陈列在中国古动物馆的山西鳄骨架（李怀璧摄）

杨钟健在编写关于武乡化石研究的著作后，曾著有一首《西江月》说出武乡地区的重大发现："四年脑汁绞尽，五种古鳄写完。远古兴亡从头看，初龙系谱可观。亿万年前事迹，初步形于毫端。断牙残骨说难全，提高有待后贤。"

1965 年 5 月 24 日，以武乡县楼则峪、石北、张村一带为主，包括武乡全境的古脊椎动物群化石遗址，由山西省人民政府公布为山西省第一批古脊椎动物化石重点保护单位。这些古代动、植物化石的发现，对于古生物、古气候、古地质、古地貌，以及古人类生存环境的研究，具有重要科学价值，也是人类探索自身诞生之前，地球形成、变化过程及物种起源、演变等科学研究中，难得的珍贵实物资料。全国政协副主席、中国科学院院长、历史学家郭沫若，曾为武乡楼则峪古脊椎动物群化石遗址题写碑额。

1980 年 9 月 22 日，原西德美因兹大学古生物研究所所长、古生物学会主席托宾教授率西德古生物学家二人，由中科院古脊椎动物和古人类研究所所长周明镇、中科院古脊椎动物与古人类研究所陈冠芳、天津自然博物馆李

郭沫若题写的楼则峪村古脊椎动物群化石遗址碑（温海明摄）

1980 年 9 月，西德古生物考察团在武乡石北一带考察古脊椎动物化石（王留大摄）

玉清三人组成陪同团队，来武乡、榆社两县进行实地考察，在石北一带，发现了生存时代大致为 520 万—550 万年前的乳齿象、三趾马、剑齿虎等大中型动物化石 23 种，是中国新生纪晚期哺乳动物种类最多、化石数量最丰富的一个动物群，其中一些属种在我国乃至世界属于首次发现。其考察研究成果，先后于 1986 年和 1988 年，共同发表了《中国新第三纪晚期和更新世早期的乳齿象》（Ⅰ、Ⅱ），阐述了中国乳齿象（哺乳纲、长鼻目）的进化、古生物地理及古生态等。该科研成果引起国际古生物界关注。

二

1972 年冬，武乡东部的石门公社为改善交通状况，组织民工修筑河（不凌）石（门）公路，在石门村西的牛鼻湾开山炸石，炮响之后，发现了两个奇怪的东西，一个形同木锨板，下面有底脚，表面光滑；另一个如同擀面杖

河不凌至石门公路施工现场（郝富锁摄）

一样。在丈余深的山石下面怎么会有这种东西出现？于是村人围观、议论，谁也不知道是何物。

那时笔者正在石门七年制学校读书，既然也曾去看过热闹，有幸目睹了这两件珍宝的芳容，可惜这套镇县之宝，几年后被省考古研究所的专家以借为名，堂而皇之地拿走，成了他们压箱底的宝物，再也见不了天日。但其价值还是公布出来，原来这套出土文物定名为石磨盘、石磨棒，是新石器时代的产物，也是国家一级文物，证明了至少在7800年以前，这里就有高度文明的人类居住，为磁山文化系列中最为突出的珍贵文物。而且在石磨棒上发现了目前已知的最早的中国粟实物，也是世界上最早的粟，科学测定其年代为距今7800年前左右，证明了近8000年前中国北方地区粟的耕种技术已处于当时领先地位，以武乡为中心的晋东南一带是新石器时代早期原始农业最为发达的地区之一。对此，美国斯坦福大学东亚考古教授刘莉、中国社会科学院考古研究所所长陈星灿、山西省博物院院长石金鸣三位专家，发表在《考古与文物》2014 年第 3 期题为《山西武乡县牛鼻湾石磨盘、石磨棒的微痕与残留物分析》的论文作了详细研究。

通过对武乡县石门村牛鼻湾石磨盘、石磨棒的微痕与残留物进行分析，其残存的淀粉粒以栎属（野生）为主，小麦（野生）和黍属为辅，这从一定程度上反映了太行山以西地区的磁山文化先民的食谱，也表明这一地区的磁山文化先民的食物来源仍以采集为主。

这一发现，在已经公布的研究成果并不多见的，仅在河南新郑裴李岗、河南孟津寨根、河南孟津班沟、山西武乡牛鼻湾、山西吉县柿子滩、北京平谷上宅等几处遗址中有。而石磨盘、石磨棒在武乡出土，在同类文物中时间较早，充分证实了这一时期，也就是 7800 多年前，人类已经在这里进行着社会的伟大变革，从燧人氏时期的“石上燔肉”（烧、烤），发展到运用“石磨”研磨植物果实，利用石面案来制作面食，然后再用“石烹饪”（烙、烤）或“水烹饪”（煮、熬、炖、烩）的方法来制熟食物，印证了茹毛饮血的终

石门村牛鼻湾出土的石磨盘、石磨棒

结、蒸煎炸煮的起始，这对中国历史进程产生了巨大影响。

在武乡至今仍然流传着一些代表食品，比如疤饼、烙饼、烧饼、煎饼；米粥、面粥、和子饭、決片子、面糊糊、面片、面条等，都是从那时流传下来的。

2004年2月，在紧锣密鼓施工中的太长高速公路武乡段关河水库西侧，当地人称“圪坡”的一个大山头，又发现了一处古代文化遗址，经山西省考古研究所和武乡县文物管理中心联合挖掘，发现了300平方米的遗址，挖掘出许多破碎的瓦钵等陶片，还有经人打磨过的石头、石器，以及一副完整的远古先民的遗骸。经鉴定这处新石器时期的文化遗址距今6000年，属于龙山文化早期。东村遗址的夹砂罐变化特点，与白燕一期文化夹砂罐的演变规律相一致。在《三晋考古（第四辑）》发表的《武乡东村新石器时代遗址发掘简报》一文，有详细记载。

东村出土的折沿罐和高领罐

上型塘村出土的新石器时期的石斧

还有，在20世纪50年代，在县西的故城镇五峪村也曾发现过一处迄今约4000年的新石器文化遗址。在祁村、上型塘等地均有发现4000年至5000年前的石铲、石斧。

这样，在武乡县的东、中、西部先后发现三处新石器时代文化遗址，距今年代分别为7800年、6000年、4000年。从武乡全境的考古学上证明，武乡地区在距今7800—4000年间，这漫长的约4000年岁月中，一直有我们的民族祖先在这块古老而神奇的土地上劳动、耕作、繁衍、生息，并创造了先进的农耕文化，这里也是中华文明早期发祥地之一。而武乡中部的贾豁乡古台村西南台地上的磨盘顶，也发现有古观象台文化遗址，更印证了这一点。

三

太行山是华夏文明的主要发源地之一，古代神话传说精卫填海、羿射九日、女娲补天等都源于此，特别是炎帝神农氏尝百草的故事，更是为上党留下传奇色彩。炎帝所处时代为新石器时代，距今约5000年，炎帝部落后来和黄帝部落结盟共同击败蚩尤，形成华夏族。神农氏又曾跋山涉水，尝遍百草，发明五谷农业，找寻治病良药，被尊奉为中华民族人文始祖。

自古以来，中国人以炎黄子孙自居，“炎黄”指炎、黄二帝，即炎帝和黄帝。黄帝与炎帝是中华民族的祖先，古老的武乡也与炎帝的生活有着关系。《史记·三皇本纪》记载：“炎帝神农氏，姜姓，母为少典之妃，人身牛首，长于姜水，因以为姓。火德王，故曰炎帝。”姜水即漳水。炎帝号神农氏，又号魁隗氏、连山氏、列山氏，传说姜姓部落的首领由于懂得用火而得到王位，所以称为炎帝。从神农起，姜姓部落共有九代炎帝，神农生帝魁，魁生帝承，承生帝明，明生帝直，直生帝氂，氂生帝哀，哀生帝克，克生帝榆罔，传位530年。炎帝在晋东南地区有广泛的传说，亦有诸多专著研究，在此笔者也不再赘言，只从吴卓信补注引《汲冢周书》考：“昔烈山氏，帝榆罔之后，其国为榆州，曲沃灭榆州，其社存焉，谓之榆社。”

榆社县是隋开皇十六年（596）由武乡析置，而武乡又是在西晋泰始元年（265）从涅县东部分设，由此可见，炎帝当时活动的区域就是在涅。

涅的古老还有许多明证。农耕文明初期，农业生产迫切需要掌握季节变化的规律，也用天象占术来治国理政，就不得不对日月星辰进行长期观察，其中最重要的立杆测影仪“圭表”，就诞生在武乡的古台村。这一说法，在殷墟甲骨文中得到了印证——北周庾季才的《灵台秘苑》记载：“临水之台，主晷漏律吕。”也就是说，古台村的“临水之台”其实就是测量太阳运行的场所。

古台村磨盘顶古观象台遗址（杨彦文摄）

古台村磨盘顶出土的商代陶器

古台村不仅村名是来自中国史前天文学，就是大部分山名、地名、水名、庙名也都是来自中国史前天文学，而且可以在中国古代的有关文献中找到依据。村西南台地上有一座高大的山丘，当地老百姓叫磨盘顶。磨盘顶这个地名不仅与中国盖天派天文学家对天空的称呼一致，而且最神奇的是那非常明显的"三层台状"结构，酷似北京天坛的三层圜丘坛，整个圜丘分为三层，最上一层直径为 43.5 米，第二层直径为 48 米，第三层直径为 54 米，层与层之间高 2.1 米。整个磨盘顶台基高大宏伟，无论是从远处观望的整体视觉效果，还是走近仔细辨别地层地貌，都会发现这座宏伟的中国史前天文台台基，竟有许多处是人工夯土而成，这正应验了《老子》中的一句名言："合抱之木，生于毫末；九层之台，起于累土；千里之行，始于足下。"

正如张捷夫在中华文明史话丛书《文明起源史话》第 156 页所讲："在黄河长江流域，几乎所有史前大型礼仪建筑和城垣，主要材料都是用土筑成的，显示了中国文明稳固性强、基础浓厚的特点。"而武乡县贾豁乡古台村西南台地上的磨盘顶古观象台文化遗址，也是全部用黄土筑成的。这也正如前书中所说："而当这种高高的祭坛耸立在乡间时，也标志着人类文明时代已经到来了"。

到大禹创夏，天下分为九州，武乡属冀州。《尚书·夏书·禹贡》中记载，冀州："既载壶口，治梁及岐。既修太原，至于岳阳；覃怀厎绩，至于衡漳。厥土惟白壤，厥赋惟上上，错，厥田惟中中。恒、卫既从，大陆既作。岛夷皮服，夹右碣石入于河"。《禹贡》所称的"衡漳"，即在今武乡一带，衡即横也，也就是说漳河横流。中华文字形成于商代，商代汉文字遗存最多的是甲骨文。甲骨文卜辞中有“王其涉滴，射鹿，罕。”。现代去掉下划线音韵学家葛毅卿《说滴》一文将“滴”读为“漳”。语言文字学家、历史文献学家杨树达在《释滴》中，也讲以滴为漳水。南开大学教授、博导王玉哲先生认定：“滴漳相通，商人所以称商，由于商人远族居于漳水，而最早漳水就叫滴水的缘故。”

《禹贡》九州之说，是春秋战国时期学者一种想象的行政区划，实际并无明确的地理概念。西周夏官司马职方氏在《周礼·夏官司马第四》中记载：“河内曰冀州，其山镇曰霍山，其泽薮曰扬纡，其川漳，其浸汾潞，其利松柏，其民五男三女，其畜宜牛羊，其谷宜黍稷。”

而在《尚书·尧典》中，“肇十有二州”记载，虞舜在禹治水之后，又就禹指九州，分治幽、并、营三州，合为十二州。康熙十三年的《沁州志·沿革》开篇记道：“《禹贡》冀州之域。《隋志》云舜析冀为幽、并二州，沁属并。”也就是说武乡一带，原属冀州，舜到禹时期，并州分出后，便又属并州。

据有关史料，商初这一带最早出现“臬方”的记载。

“贞，涉臬。”“口未卜，在溴。”陈梦家先生的《殷虚卜辞综述》及于省吾先生的《甲骨文字释林·释溴》均考证“溴”即汉上党郡涅县，亦即后世之武乡县。林小安先生在《殷武丁臣属征伐与行祭考》中说：“于思泊先生谓臬即溴水，《汉书·地理志》上党郡之涅水，

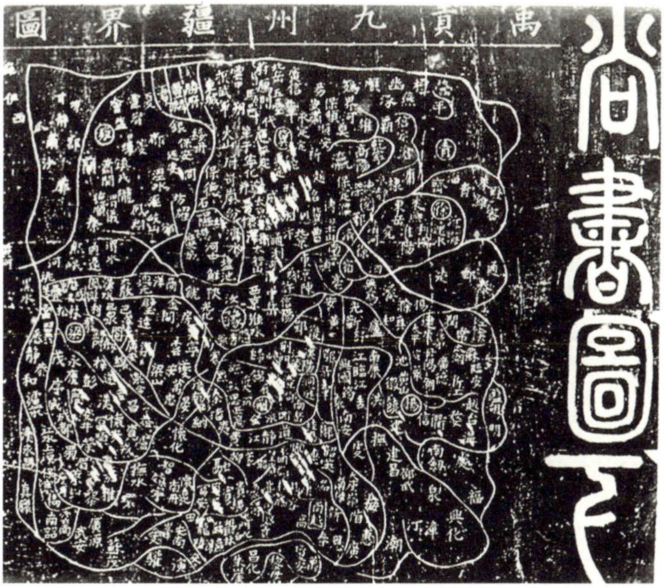

宋代刻碑《禹贡九州疆界图》

在今山西省武乡县西55里处。此地西距石楼县约200千米，北距忻县约200千米，殷军西征，此地是必经之路。”《水经注》曰“涅水出覆甑山”，清乾隆版《沁州志》载“涅水源出武乡胡甲岭”。

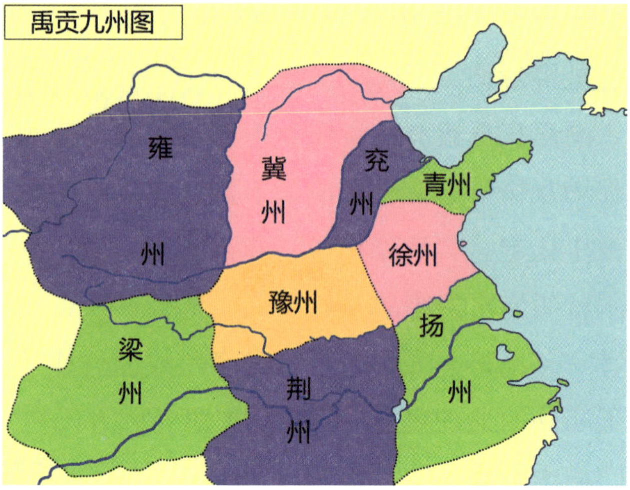

《禹贡》中的九州区域示意图

20世纪70年代在沁县南涅水出土的一尊北魏石刻造像底座上刻有“淏地淏关”字样，所谓淏地淏关，即是护甲山，这里是中原达西北边陲的必经之地，由殷商到北魏持续不断在此设置关隘、驿镇，足见涅水所处的地理位置之重要。

殷商时期漳河流域的方国

四

到商代后期，武乡这一带活动的主要部落是鬼方。

《诗经·大雅》中有一首诗《荡》中这样记载：“文王曰咨，咨女殷商。如蜩如螗，如沸如羹。小大近丧，人尚乎由行。内奰于中国，覃及鬼方。”

那时候就是一个部落社会，为了生存，免不了相互争战，约在公元前13世纪，商王武丁就发动了大规模的讨伐鬼方的战争。《周易·既济卦》载：“高宗伐鬼方，三年克之。”《周易·未济卦》载：“九四，贞吉，悔亡，震用伐鬼方，三年，有赏于大国。”记载的就是高宗武丁用三年时间终于打败了鬼方，自然这里也被商占领了。

鬼方可以说是北方最早的部落——赤狄氏的祖先，考古专家于省吾著《甲骨文字诂林》中考证，其生活区域即在今天的武乡一带。这里的高宗说的是殷商中兴之主武丁，商代第22任君主。《竹书纪年》记载，武丁三十二年（前1219）伐鬼方，三年克之。到第28任君主文丁分封诸侯，曾为他的儿子胥余封国于箕，大约也是在这一带，箕子国的都城在今太谷县白燕村。《尚书·洪范》中有记载：“王访于箕子。”箕为国名。子，爵也。《左传·僖公三十三年》：“晋人败狄于箕。”并注：太原阳邑县南有箕城。

《左传·僖公三十三年》也记载：“狄伐晋，及箕。八月戊子，晋侯败狄于箕。郤缺获白狄子。先轸曰：‘匹夫逞志于君而无讨，敢不自讨乎？’免胄入狄师，死焉。狄人归其元，面如生。”其意思是：狄军攻打晋国，到达箕地。八月二十二日，晋襄公在箕地打败狄军。郤缺俘虏了白狄子。先轸后悔因襄公释放秦三师而对襄公失礼，说：“一个普通人在国君面前放肆而没有受到惩罚，哪里敢不自己惩罚自己？”先轸摘下帽子，杀入狄军的队伍中，战死。狄人把他的头颅送了回来，还是怒目圆睁、栩栩如生。

武乡北社村有祭祀先轸的“护国显济王庙”，也印证了当年先轸在此征战的一段“免胄入狄师”的故事。

先轸，姬姓，先氏，名轸。早年效力魏国，拜将军之职。晋国公子重耳遭排斥流亡翟国，先轸仰慕重耳贤德，丢弃功名，追随重耳左右，后重耳逃往秦国，娶秦穆公之女为妻，结秦晋之好，得秦国出兵相助，归晋复位。晋襄公时，秦国派大将孟明视等攻打晋国，先轸受命领兵拒秦，崤山一战生擒秦国三员大将，奏凯回师。晋襄公的母后得知娘家兵败，出面求情，晋襄公依母之言，将秦将放还。先轸对此深怀不满，在朝堂上大发雷霆，嚷道：“将士们浴血奋战，方擒获秦将，听信一女人之言，便放虎归山，必是晋国后患！”言罢，用力连吐三口唾沫，愤愤而去。晋襄公念及先轸是父亲的旧臣，为晋国的强盛立下不朽功勋，因此宽恕了他。而先轸也对自己的行为深感愧疚，难以自谅，抱定必死的决心。

晋襄公元年（前627），边关告急，狄人犯境，晋襄公命先轸率兵迎战，他给晋襄公写下一份奏章，检讨了自己的错误，感激晋襄公的宽容，为表达自己对晋国的一片忠心，要用他的死来警示后人不要再犯与自己同样的错误。写好后，置于帐内，不让任何将领知道，只带五六名亲信驾车冲入狄营。白部胡之弟白墩闻报，忙策马提刀率兵来迎战，只见先轸立车中，长矛横担于肩，身后并无兵卒，便令士兵围而放箭。先轸怒目圆睁，大喝一声，眼眦尽裂，血流满面，惊得白墩战马连连后退，士兵手腕酸软，箭不能发，先轸挺枪在手，左冲右突，连挑二十余人后，收枪说道：“我不杀尔等，不知我勇，既知我勇，多杀何用。”遂脱去盔甲，“免胄受箭”，被乱箭射杀，一代将星由此陨落。白墩见先轸虽死，尸身仍立于车中，策马上前，举刀欲取其首级，只见先轸鬓须突然炸起，模样十分威严，白墩心中大惊，赞曰：“将军真神人也！”翻身下马，跪地祝曰：“我欲将你尸身带回国中供奉，可否？”先轸直立如故，改祝曰：“我欲将你送还晋国，如何？”先轸尸身仆于车中。白墩令士兵拔除箭羽，香汤沐浴，脱下锦袍包裹，亲自送还晋国。

晋襄公已得知先轸殉国的消息，看到他写下的奏章，心中十分悲痛。闻报先轸尸身归来，率众出迎，扶柩大哭道：“将军虽有冒犯，那都是为晋国考虑，我何曾怪怨于你？你对晋国的功劳，天人共知，为何取其下策，使国中痛失栋梁。”先轸静卧棺中，双目圆睁，面若生时。晋襄公又道：“为表达我对将军的敬仰，告慰你的英灵，现封你儿且居为帅，统领三军。”晋先轸方才闭目。襄公命厚葬先轸，在武乡的北社村一带为其祭祀，墓地选在今左权县境内。至今，北社村卧龙山护国显济王庙尚存，就是为先轸修筑的庙，碑文记有：“晋大夫先轸氏，成汉之役佐晋以伯，其后墨致兴戎，败秦师于崤，亦与有力焉，于晋臣中，亦与有功德于民者。”

箕子画像（董军平绘）

胥余是殷商末期贵族，是商纣王的叔父、文丁的儿子、帝乙的弟弟，官至太师，因其封地于箕，故称箕子，他与微子、比干齐名，史称“殷末三贤”。箕子佐政时，见纣王进餐必用象箸，感纣甚奢，叹曰：“彼为象箸，必为玉杯，为杯，则必思远方珍怪之物而御之矣，舆马宫室之渐自此始，不可振也。”

果然后来商纣王荒淫无道，残暴成性，宠信奸佞，滥杀无辜，整天酗酒淫乐而不理政事，挥霍无度。纣王的叔父箕子，见纣王这般无道，苦心谏阻，但屡谏纣王都不听。

有人劝箕子离去，箕子曰：“为人臣，谏不听而去，是彰君之恶而自悦于民，吾不忍也”。箕子见成汤所创六百年江山即将断送在纣王手中，心痛如割，索性割发装疯，披发佯狂，隐而鼓琴以自悲，每日里只管弹唱“箕子操”曲，以发泄心中悲愤。纣王见此，以为箕子真疯了，遂将他囚禁起来，贬为奴隶，箕子只得在箕山隐居。箕子利用这里天然的黑白两色石子摆卦占方，借以观测天象，参悟星象运行、天地四时、阴阳五行、万物循变之理，未曾想不知不觉演绎出了围棋，他因此被称为围棋始祖。

武王灭商建周后，求贤若渴的周武王道访太行，找到箕子求治国之道。箕子将夏禹传下的《洪范九畴》讲述给他，武王听后明白了治国之道，留下了箕子明夷的典故。武王十分钦佩箕子，本打算请箕子出山参与国事治理，但箕子早对微子说过："商其沦丧，我罔为臣仆。"（《尚书·微子》）他看淡世事，不愿意做周的顺民，因此不肯再出山，武王无奈只好离去。

武乡县城北有一村名叫"王路"村，相传即在周朝武王拜访箕子时曾歇息的地方，因之而取名。武王走后，箕子恐其再来，便速领弟子与遗故远徙胶州湾，后又渡海东逃至朝鲜半岛，在朝鲜创立箕氏侯国。周武王听说之后，便以"朝鲜"之地封之，封箕子为朝鲜侯。

蔡地皋狼非传说

一

公元前 1046 年，周朝政权建立，史称西周。

周族有着悠久的历史，长期在陕甘一带活动，后以岐山之南的周原为主要根据地。至公元前 11 世纪初，周族的力量日益强大。它一面征伐附近小国，扩充实力；一面把它的都邑从周原迁到今西安市长安区沣水西岸，建成丰京。西周势力的扩大，并不断向东进逼的势态，对商形成威胁，也加剧了与商朝的矛盾。

周的国力逐步增强壮大，引起商王朝的不安。于是，商王帝辛（商纣王）召见姬昌，决定先把姬昌囚禁在羑里，随后选个日期杀害。羑里是殷商朝的一处监狱，戒备森严，日夜有狱卒把守，被关在这里的人没有一个能够活着出来的。

周文王被商纣王囚禁，当时长子伯邑考在商朝做人质，担任商纣王驾车之职，商纣王烹杀伯邑考，将他做成肉羹赐给周文王，并说："圣人应当不会吃自己儿子做成的肉羹。"商纣王想你姬昌如果真的精通易数，一定不会食自己的儿子。

周文王最后还是吃下肉羹。

纣王心想，姬昌肯定没有什么易数预测，不过是故弄玄虚而已，也就放松了警惕，再加上周臣用美女、珍宝进献商王，帝辛就放了西伯侯姬昌。

姬昌回到国内后，进一步加紧伐商准备。一方面切断商朝与西部藩属国的联系，使商朝陷入孤立无援的境地。同时迁都封地，这一行为使都城更加远离西边戎狄，便于军队集结有利于发兵东进，伐商战略部署完成，万事俱备，只欠东风。

此时，商王朝政治腐败，内外矛盾空前尖锐。周文王（姬昌）长子伯邑考先于文王而死，立姬发为太子。文王认为伐商条件已成熟，临终前嘱太子姬发积极准备伐商。周武王姬发即位以后，趁商朝主力征战在外之际，率军东征，公元前1048年，大会诸侯于孟津。前来参加大会的诸侯和部落首领，据说有八百之多。在大会上，周武王举行了誓师仪式，这就是历史上有名的“孟津之誓”。

这是一次“诸侯所由周命”的重要会盟。周武王拜姜太公为师，并让武王的兄弟姬旦、姬奭作为姜太公的副手，出兵车300乘、士卒4.5万人、虎贲军3000人，浩浩荡荡地向东进发。庸、蜀、羌、髳、微、卢、彭、濮等许多小国也率兵配合。

公元前1045年二月甲子，姜太公与周武王率军伐纣攻入朝歌，商军战败，血流漂杵。武王斩纣头，杀妲己，报了囚父之恨。战争结束后，周武王宣布周朝建立。周天子分封天下，将土地连同人民，分别授予王族、功臣和贵族，让他们建立自己的领地，拱卫王室。《荀子》记载：“兼制天下，立七十一国，姬姓独居五十三人。”实际上分封的诸侯数量更多，这一分封制度保证了周朝800年江山的稳定。

分封的诸侯有上古圣贤的后代，即黄帝、炎帝、尧、舜，以及夏朝和商朝王室的后代；有王室成员，即周王季的兄弟后人、周文王的兄弟、周武王的兄弟；有重要功臣，即异姓功臣如姜尚等，同姓功臣如召公等；有重要方国，如夏、商时已经存在的方国，分封加以承认，如楚国、蜀国等。加封神农的后代于焦，黄帝的后代于祝，帝尧的后代于蓟，帝舜的后代于陈，大禹的后代于杞。接着又封功臣谋士，姜尚被封于营丘，为齐；封周公旦于曲阜，为鲁；封召公奭于燕；封叔鲜于管；封叔度于蔡；其他人也都依次受封。

二

在《史记·周本纪》中有如下记载："封商纣子禄父殷之余民。武王为殷初定未集，乃使其弟管叔鲜、蔡叔度相禄父治殷。"《史记》的上述记载就是说：当年周武王伐纣建立大周，平定天下后，特别册封了商纣王的儿子武庚禄父，让武庚禄父去管理殷商的遗民。随后论功行赏，分封功臣和他的弟弟（据说其父周文王共有一百个儿子），封老三叔鲜于管地，封老五叔度于蔡地。

封于蔡的叔度，姓姬名度，因封于蔡，世称蔡叔度，乃周文王姬昌与太姒所生第五子，周武王姬发同母兄弟。武王伐纣时，蔡叔度可谓战功显赫，因此地位很高，所以给予他的分封也极高。

其封地"蔡"在何方？一些史书记载封地在河南上蔡，其实这是一个误会，上蔡并非叔度的始封地。

蔡叔度始封地在什么地方？就在今天的武乡，蔡国都城就设于蔡州城，即今涌泉乡祁村，城墙遗迹尚存。蔡叔度君临封地，建设城池，动工不到三年，蔡州城初见规模，但因朝廷形势发生变

蔡叔度画像（董军平绘）

化，城池的建设也被迫停工。直到现在祁村还保留着许多与蔡州城相关的地名：城墙岭、大监沟、小监沟等。当地人称为“城墙岭”的山梁，狭长顺直，南、北两面均为深沟，根部为原始土层，但靠上部五六米处分明是人工夯起的五花土。通过土梁顶部分布的层层石块和残墙上遗留下的明显夯窝可以看出，这是一座远古时期遗留的城墙遗迹。所以，我们可以肯定地说：这座人称“城墙岭”的狭窄山梁，原本就是一条被遗弃的古城墙！

这里地势高峻险要，站在高崖处，一览无余，可观周围的山川田野及军事地形。据传，寨则圪塔上当年守军与入侵之敌击鼓喊杀，声嘶力竭，鏖战不止，战役之宏大，伤亡之惨重，惊天动地。如今，高崖下常常发现有尸骨和武器残迹，应该就是那时战场牺牲遗留的吧！

因天下初定，尚未和睦，商朝故土上还有大批潜在的反对势力，但按照当时的规矩，对商朝的后裔又不能杀光斩尽。于是，周武王把商纣王的儿子

古蔡州城城墙出土的石块、瓦块、木块

武庚封到朝歌（今河南淇县）为国君。给他们一块封地，保存商朝的香火。但为了防止殷商人叛乱，周武王把三弟管叔鲜、五弟蔡叔度、八弟霍叔处三个他最信赖、最有能力的兄弟封为“三监”，也称“三叔”，让他们监视纣王的儿子武庚。

按说周武王也不傻，虽然同样分封了武庚，但并没有放任殷王室在那里发展，迟早会有出问题的时候，所以在殷都周围分封了自己的三个兄弟——管叔、蔡叔、霍叔，相当于把殷都包围了起来，一旦有点儿风吹草动，就会马上将其剿灭。

可是事情往往不以人的意志为转移。

公元前1043年，武王有疾而逝。周武王去世后，他的儿子姬诵接任天子，是为周成王。可是周成王还是个孩子，哪里能管理这么大个国家？于是，周武王的四弟姬旦，也就是后人奉为周公的这个人，主动站出来帮助侄儿管理国家，代替周天子发号施令。

《史记·管蔡世家》载：“武王既崩，成王少，周公旦专王室。管叔、蔡叔疑周公之为不利于成王，乃挟武庚以作乱。周公旦承成王命伐诛武庚，杀管叔，而放蔡叔，迁之，与车十乘，徒七十人从。”周武王逝世，周成王登基。因为成王年纪幼小，加之天下初定，周公旦害怕诸侯背叛，乃专权当国，掌控朝政。

这一来，便引起了管叔鲜、蔡叔度和一些弟兄的怀疑与嫉妒。

你叔旦凭什么代行天子之令？

特别是管叔鲜身为弟兄中的老三，现在老大伯邑考、老二姬发均故，他便是老大，既然要扶助成王管理国家，那代行天子之令的也该是叔鲜，怎么能轮到你叔旦呢？怎么能放心让四弟周公旦来专权？可偏偏成王身边的人说管叔这个人穷兵黩武，老爱干架，所以让他来扶助还不知道会出什么乱子。

管叔本来一肚子火，看到周公摄政，心里就起了疑心。而武庚也见有机可乘，就从中挑拨离间。明明是监督武庚的自家兄弟，却和武庚联合起来，把被监督对象成了合作对象，发动了一场声势浩大的造反，当时整个旧殷势力一时俱起，史称“三监之乱”。

周公旦奉成王之命率大军讨伐平叛，用时三年，历经数场恶战，方将叛乱平息。武庚禄父在征战中死亡，管叔鲜被抓住后斩杀，而蔡叔度则被判流放。流放时还给了蔡叔度 10 辆车、70 个随从。

《史记·周本纪》也记载：“成王少，周初定天下，周公恐诸侯畔周，公乃摄行政当国。管叔、蔡叔群弟疑周公，与武庚作乱，畔周。”周公辅助成王，却引起了蔡叔度、管叔鲜、霍叔处“三监”坚决反对。蔡叔度等人认为周公旦是想篡权，就散布流言蜚语，说周公打算谋害成王篡位，企图起兵造反。

于是，“三叔”大声疾呼，号召诸侯国和朝中大臣一起讨伐周公旦，使周的西土出现了骚动和不安。武庚一听说蔡叔度等人要讨伐周公旦，马上起兵响应。朝内大臣勾结起来，联合东夷中的徐、奄、薄姑、熊、盈等方国部落，发动了大规模的叛周战争，声势浩大。周公旦随即以成王的名义向全国发布讨伐公告，出兵东征。姜太公亲临现场辅助周公，再一次返回牧野，杀向朝歌。早有准备的武庚，亲自带殷商奴隶主贵族疯狂反扑，负隅顽抗。但终因得道多助，失道寡助，失掉军心的武庚，终究不能唤起将士们的斗志，因军心不齐，不战而溃。就因为周公旦摄政的事，“三叔”和武庚一起发动叛乱，刚刚建立的周王朝又陷入了混乱，这就是所谓的“三监之乱”，也叫“武庚叛乱”。

周公团结召公奭，采取果断措施，亲率大军东征。经过三年的浴血奋战，东征军很快就平定了叛军。《周书·金縢》记载：“周公居东二年，则罪人斯得。”周公首先镇压“三监”，制止了流言，杀了管叔，放逐了蔡叔，霍叔处被废为庶人；还诛杀了武庚，以纣王庶兄微子继承殷祀，在宋（今河南商丘）建国，史称宋国。

三

在平定“三监之乱”中，蔡叔度是主要参与人之一，那么必然要波及蔡州城，周公以成王的名义东征叛军。而周公身为摄政辅助年幼的成王，当然不能离开朝廷亲自率兵前去平乱。此时，他只能委派大将领兵前去。其中率兵前来讨伐蔡叔度的，是担任主帅的马毅将军。

马将军率部来到蔡州城，蔡叔度自然不会束手就擒，于是凭借坚城激烈反抗。马将军指挥军队拼命攻城，战斗无比惨烈。在付出无数将士鲜血和生命的代价后，蔡叔度终归不敌，马将军的军队终于将坚城攻克，蔡叔度被擒获。

马毅攻倒蔡州城的故事，由于几千年得流传，讹传为“蚂蚁糟倒蔡州城”。由于当时缺乏文字记载，在后来的口传中逐渐产生变异，最终形成了“蚂蚁糟倒蔡州城”的离奇传说，并且越传越添上了神话色彩，说糟蔡州城的蚂蚁有水桶一样粗，个个都成了“精”，蚁群齐拥而上，坚固的城池终被攻破。同时，传说中的一个“糟”字，便形象生动地描绘出当年攻城将士在严命之下，舍生忘死，前仆后继，攀云梯沿城墙蚁附而上，汹涌惨烈的战斗图景。直到今天，这个故事仍然在武乡一带广为流传。蔡州城脚下有一大土丘，蒿草丛生，辈辈相传为“王墓”，世人不晓究竟是哪位国王或将帅的陵墓，或许是阵亡于这次战争中的某将吧，这个尚待考证。

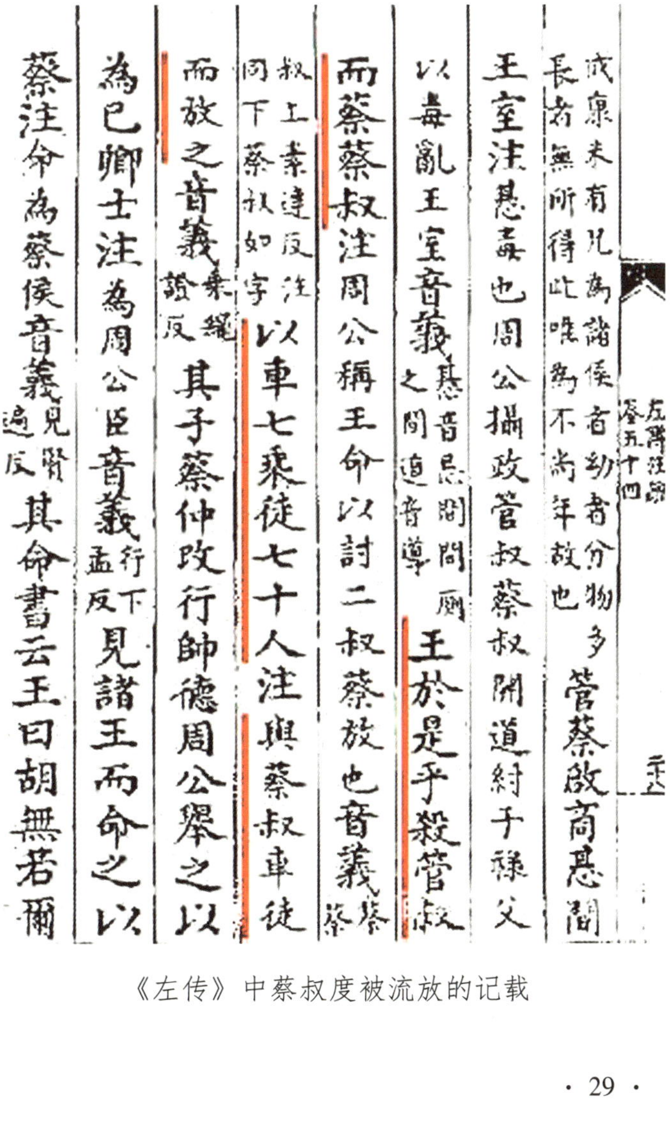
成康未有几為諸侯者幼者分物多長者無所得此唯為不尚年故也 管蔡啟商惎間王室注惎毒也周公攝政管叔蔡叔開道紂子祿父以毒亂王室音義惎音忌間間廁之間道音導 王於是乎殺管叔而蔡蔡叔注周公稱王命以討二叔蔡放也音義蔡蔡叔上素達反注同下蔡叔如字 以車七乘徒七十人注與蔡叔車徒而放之音義乘繩證反 其子蔡仲改行帥德周公舉之以為己卿士注為周公臣音義行下孟反 見諸王而命之以蔡注命為蔡侯音義見賢遍反 其命書云王曰胡無若爾

左傳注疏卷五十四

《左传》中蔡叔度被流放的记载

西周初期周公平乱的

“蔡州之役”，便是武乡历史上具有明确记载的首场重大武事。

“漫漫城郭十里亭，阵阵秋风烟雨蒙。杯杯浊酒醇又浓，一切尽在不言中。”蔡叔度被活捉后，运气还算不错，没有像武庚和管叔鲜一样遭到诛杀，只是取消了封国，流放郭邻，也就是今天河南上蔡一带，相传在上蔡县郭庄，从此身陷囚禁。蔡叔度当然受不了这样的精神打击，没过多久，于公元前 1038 年郁愤而死于流放之地。

《史记·管蔡世家》中写道：“蔡叔度既迁而死。其子曰胡，胡乃改行，率德驯善。周公闻之，而举胡以为鲁卿士，鲁国治。于是周公言于成王，复封胡于蔡，以奉蔡叔之祀，是为蔡仲。”这就是说：蔡叔度被流放后不久就死了。他的儿子名叫“胡”。姬胡一改他父亲的错误行径，遵纪守法，积德行善。周公听说后，就推荐他做了鲁国的卿士。他到任后，把鲁国治理好了，于是周公再向成王进言，对他重新分封，恢复“蔡公”爵位给他，让他奉蔡叔度的祭祀。这就是蔡仲。

武乡祁村现存的蔡州城古城墙上明显的人工痕迹

武乡祁村现存的蔡州城古城墙

请注意这一句话："复封胡于蔡。"

仔细推敲，"复"在这里既有"恢复"的含义，也有"重新"与"更变"的含义。也就是说，这里"恢复"的只是姬胡的蔡公爵位，而对于他的封地，则另有安排。姬胡被重新封于蔡叔度的流放地郭邻一带，封号仍为蔡国，但分封地却大有变化，蔡，从原来的武乡一带，转到今河南上蔡一带。所以人们把蔡仲奉为蔡姓始祖。

《辞海》"蔡"字条："古国名。公元前十一世纪周分封的诸侯国。开国君主是周武王弟叔度，因随武庚反叛被周公放逐。后改封其子蔡仲（名胡）于此。建都上蔡（今河南上蔡西南）。"《辞海》的这条解释，明白无误地告诉我们，位于今天河南上蔡的西周"蔡"地，并不是蔡叔度的原封地，而是其儿子蔡仲的改封地。

古代的流放，大多是罪行越重者流放越远，大都是流放到偏远落后、人迹罕至的苦寒之地，甚至是烟瘴暑热的偏远海岛。蔡叔度既然被流放，当然不会在原来的土地上徘徊一下，走个三十二十里路就算流放了，一定会远离他的原封地而长途迁徙。历史上的统治者，为了防止被平反的罪臣后代利用故有势力死灰复燃，绝不会将他们放回原封地，而是会另外择地而封，即改封地。

蔡叔度的原封地到底在哪里？毫无疑问，位于今天武乡祁村、西城一带的“蔡州城”，就是蔡叔度的原封地治所，武乡周边的大片土地即蔡侯国的领地。而此处“西城”村名的来历，也是因位于原“蔡州城”西面而得名，并一直沿用至今。

四

蔡国因蔡叔度流放后取消封国，而鬼方部落演变的赤狄氏分支皋狼氏，就成为这一带的主导民族。

赤狄是一个很强盛的部族，相传是炎帝的后裔，因崇尚红色，身着红衣，故名赤狄，主要居于今山西省南部太行、吕梁山区。而其分支皋狼，亦称郭狼、皋落、东山皋落氏，为赤狄之别种。皋狼、郭狼、光狼、皋牢、皋落等名词，其实是氏族语言音译过来的不同字面表达，实际是同一意思，乃指其氏族聚居地。南宋罗泌所撰的《路史》载：“炎帝参卢之后，东山皋落氏，赤狄别种。”皋狼、皋落氏的居地在今天的山西遍地都有遗迹，如垣曲、陵川、高平、壶关、长治、武乡、昔阳、离石、方山等地，一个人口众多的民族，绝不可能仅集聚于一城一地，只有遍布各地，才说明这个民族当时是北方旺盛的一族。

当时，在武乡的前身涅县（涅县被立时地盘很大，南起沁县、北到昔阳）各地带“皋”字或音相近的字的村名有多处，特别是在今天的武乡，大有原来叫皋阳，监漳镇的东皋、南皋均与之有关。

有一些研究者因为别的地方有皋狼、皋落之说，就否定武乡曾经是皋狼古城，还因西汉曾在今山西方山县南村堡置皋狼县，更是作为否定武乡曾经是皋狼古城的主要“证据”。事实上，这是非常片面的，更是不正确的，其实这一点也不矛盾，就和今天的少数民族居住地一样，不能说宁夏为回族自治区，山西就不能有回族。比如回族自治县，河北、青海、甘肃、新疆等地都有。凭什么说皋狼就只能在一处呢？

《史记·秦本纪》记载：“蜚廉复有子曰季胜。季胜生孟增。孟增幸于周成王，是为宅皋狼。皋狼生衡父，衡父生造父。”孟增为商朝纣王大臣蜚廉之孙、季胜之子，孟增被周成王重用，将其封地命名为皋狼。孟增的儿子为衡父，衡父的儿子为造父。当时诸侯国对宗主国的暴虐统治和沉重的负担甚为不满，徐偃王就统领三十六国，趁周穆王在昆仑而起兵造反，同周天子分庭抗礼。古有传说，造父非常勇猛，为协助周穆王平徐偃王乱，驭八匹千里马载周穆王，自中原昆仑丘西王母处返回，一日千里。徐偃王没想到周穆王如此神速，不由得乱了方寸，士兵们一夜就跑了一半。周穆王率领精兵追剿，彻底粉碎了这次叛乱。

造父以此功受封赵城。

所谓“孟增幸于周成王，是为宅皋狼”，此时的蜚廉后人已经成为周的近臣，对周成王有功，所以周成王将蔡叔度的原封地“蔡”转赐予孟增，“宅”即是戍守，“皋狼”是以民族聚落而称的地名，就是让孟增戍守皋狼聚落这片地方。

在周代，这里正好就是中原与戎狄部族交接的重要区域。

宅皋狼孟增生了衡父，其后有造父，再其后有大骆，再其后有非子，再其后则有秦。这即秦人与戎狄部族的起源所在。如果说戎狄部族没有与中原人频繁开战，夏商人乃至周人就不会数代派驻重臣戍守于此；如果不能戍守于此，便也不能造就生活在这里的人们身经百战；如果这里的人们不能身经百战，是周人也好，是秦人也罢，也便不能真正入主中原。

戎狄非祸，秦人当自知也。其实，当时这一带的驻民，相当长时期是亦兵亦民，既要戍守边陲，又要垦荒种地。这也从很早就奠定了尚武的根基，成为此地得名武乡的最早基础。武乡，尚武之乡，此抑或是“尚武”的源头。

正是因为周成王的分封，武乡这一带就又成为一个新的诸侯方国——“皋狼国”的属地。都城设于皋狼城，即今故城镇，也给我们留下武乡古八景之一“皋狼牧雨”。

五

这期间，赤狄各分支间相互争夺，战火不断。方国易主，皋狼国也就演变成为甲氏国。

关于甲氏国也有争论，康熙末年进士、曾授内阁中书、国子监祭酒的顾栋高，就在《春秋大事表·四裔表》考证：“甲氏在今直隶广平府鸡泽县”，其地在太行山以东，今河北省邢台市以南，可能是狄人占据邢国故地迁居之地。

其实这不过是个猜想而已。下文我还会继续探讨顾栋高这个推论的谬误之处。

留在武乡分水岭山崖上的甲氏石刻

为据险而立，甲氏国迁治所选择分水岭北建甲氏城，即今天的武乡南关。这一带的山脉也称为护甲山，这个名字的来历明显与保护甲氏国都城有关。“甲”即动物的硬壳，引申出了“士兵的武器装备”之意，后来此地之名戎州、武乡均与此有一定关联。

春秋时期（前770—前476），是各诸侯国相互兼并与大国争霸的时代。晋献公十七年（前660），献公派太子申生率师伐东山皋落氏，并取得成功。今山西省的方山、盂县、昔阳、武乡、垣曲各县，这些地区都有带“皋”的地名，即“皋落”“皋狼”“皋牢”等，这种现象表明了赤狄部落由陕西入晋后，渐次向山西东部太行山区移动，之后分裂为潞氏、甲氏、留吁、铎辰、廧咎如等部族，其中潞氏一部最盛，这在《晋国通史》中也研究得非常清晰。

晋文公二年（前635），赤狄处于晋国在西、南方向的包围之中，所以赤狄与晋的矛盾自然多了起来。是时，赤狄开始分裂为潞氏（今长治市潞城区东北）、甲氏（今武乡县）、留吁（今屯留县）、铎辰（今长治市市区）、廧咎如（今壶关县、陵川县一带）。这里附带说一下，赤狄氏的主要部落在晋东南一带，分裂开的潞氏、留吁、铎辰、廧咎如等都在晋东南，偏偏甲氏能跑到河北的鸡泽一带吗？这完全可以证明，顾栋高的推论是谬误。

晋成公四年（前603）秋，潞氏赤狄发兵攻打晋国，晋成公很生气，后果却不很严重。因为潞氏出兵时正是晋国的多事之秋，虽然有心还击赤狄，只因晋国正在对付楚国，楚国的威胁才是灭顶之灾，对比之下，赤狄的事便是毛毛雨了，于是顾不上出战赤狄，那就让子弹先飞一会儿。中军佐荀林父有言：“使疾其民，以盈其贯，将可殪也。”他劝晋成公先忍耐，等其恶贯满盈时，就可以一举将其消灭。这也是恶贯满盈这个成语的出处。

晋成公五年（前602）秋，赤狄再次进攻晋国，晋成公不仅没有出兵还击，而且还将其女儿、晋景公姐姐嫁给潞子婴儿为妻，这是晋国策略，为缓和双方关系，也是以联姻作缓兵之计。

潞氏还自鸣得意，以为自己真的了不起，打来打去，对方不仅不敢还手，还赚了个美人，于是更加放肆而胡作非为。直到晋景公二年（前598），晋国正卿中军将郤缺向狄人甲氏、留吁、铎辰等部族发出谋求友好的信息，狄人各部族都憎恶潞氏，愿意听从晋国，晋景公亲临狄地欑函会盟众狄，这也是著名的欑函之会。狄人各部族顺服于晋国。善有善报，恶有恶报，不是不报，时候未到，时候一到，立刻就报。报仇的时刻终于来了，四年后，潞氏等赤狄诸部先后被晋国消灭。

晋国在争霸过程中，不仅灭掉了周围的20多个小方国，还兼并了一部分戎狄部落，极盛时，占据了今山西中南部、河北西南部、河南西北少部与陕西一部分等地区。晋文公重耳曾被周襄王以天子命册赐为方伯（诸侯长），晋国成为中原霸主，其辉煌延续一个半世纪之久。据《左传》记载，当时晋国辖诸侯国50余个，在长治一带就有黎侯国（今长治市上党区黎岭）、赤狄所建的潞氏国（今长治市潞城区古城）和甲氏国（今武乡县南关）等诸侯小国，还有艾（今黎城县古县）、曲梁（今长治市潞城区石梁）、垂棘（今长治市潞城区中部一带）、铎辰（今长治市潞州区一带）、留吁（今长治市屯留区古城）、余吾（今长治市屯留区余吾镇）、铜鞮邑（今襄垣县虒亭）等。

孔子在《春秋·宣公·十六年》中记载："春王正月。晋人灭赤狄甲氏及留吁。"也就是说，甲氏国在鲁宣公十六年即公元前593年被晋国所灭，在这片土地又重新分封为皋狼方国，真正成为晋国的土地，为赵卿下属国。

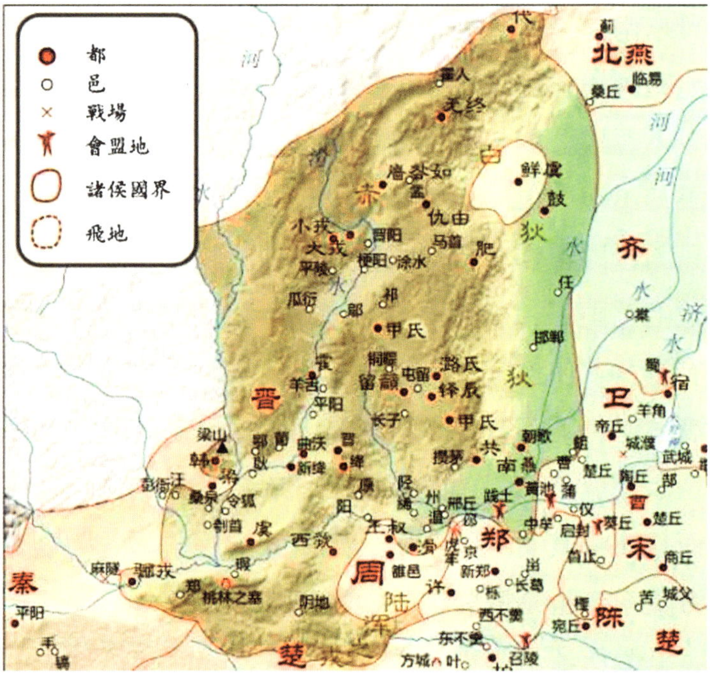

赤狄部落大概的位置

三国分晋因皋狼

一

作为山西人，大多知道三国分晋的故事。

那是在春秋末年，周王朝最大的诸侯国——晋国，被韩、赵、魏三家瓜分，春秋五霸裂变为战国七雄。“三国分晋”成为华夏从春秋到战国的分界点，由此奴隶社会开始向封建社会过渡，成为中国历史上一个非常重要的节点。也因此，今天人们把“三晋”作为山西的美称。

晋国既然是周王朝最大的诸侯国，又怎么会产生裂变？韩、赵、魏原本是晋国的诸侯属国，又是如何搞掉他们的直接顶头上司，直接成为周王朝的一级诸侯呢？考据历史事件的根底，原来事件的导火索居然在皋狼，也就是今天的武乡。

晋国原是西周就分封的诸侯国，领地在汾河流域，始封君为周武王之子唐叔虞，后其子燮父继位徙治晋水，乃更国号为晋。到公元前 677 年晋武公去世，其子姬诡诸继位，成为晋国第 19 任君主，是为晋献公。晋献公是一位十分有作为的国君，在位 26 年，他率领晋国军队东征西战，大肆扩张，先后伐灭霍、魏、耿、虢、虞等小的诸侯国，而一跃成为周王朝最大的诸侯，史称其“并国十七，服国三十八”。形成了包括今山西全境、陕西东部与北

晋国被瓜分前的大致疆域

部、河北中部与南部、河南北部与中西部等广大地区，是春秋时期典型的超级大国，也是春秋时期实力最强、称霸时间最长的诸侯国。

晋国的兴旺，应该说晋献公的功劳最大，但他的一生也要三七开账。因为他不仅功劳大，而且过错也十分明显，最大的过错是纳骊戎首领的女儿骊姬为妃。俗话说英雄难过美人关，公元前 672 年，晋献公攻打骊戎，晋军一战而大胜，骊戎求和，将其两个女儿骊姬与少姬献给晋献公。晋献公见骊姬姐妹二人颇有姿色，楚腰纤细，风情万种，让人忍不住想立刻拥入怀中，当然也就笑纳了。

问题是不仅收为嫔妃倍加宠爱，而且还立骊姬为夫人。谁知道这骊姬并非善良之辈，受宠之后，便想立自己所生的奚齐为太子。晋献公就命太子申生居曲沃，公子重耳居蒲，公子夷吾居屈。太子为国之储君，应在都城，外派别地也就明显表示不会让他接班。但骊姬还是不放心，时常吹吹枕边风，再加点手段，离间献公与申生、重耳、夷吾父子之间的关系，还设计谋杀太子申生，制造了“骊姬之乱”。

晋王室出现公族公子争权夺利、相互残杀的局面，晋献公为求妃子的欢心，遂欲诛杀诸公子。结果逼得申生上吊身亡，重耳、夷吾也只好各自逃命，跑到别的诸侯国去避难。重耳在他的舅父狐偃和狐毛辅助下，曾流亡十九年，相传流亡中途，曾在武乡故城北面的白马山避难月余，也留下许多传说，白马山的狐偃庙规模很大，至今仍有遗迹。

晋献公采用士蔿之谋屠戮桓叔、庄伯之族，使势力庞大的晋公族诸公子互相残杀，进而全部消灭。从此，晋国不再立公子、公孙为贵族，这也就是历史上说的“晋无公族”。表面上看这一招巩固了君权，但正因为这样，公族精英越来越少，不得不大量起用异姓大臣辅佐朝政，这虽然使得新生的晋国充满活力，但也为战国初期六卿掌权埋下了隐患。晋国的宦卿渐渐代替公族，晋公室的力量由此衰落，异姓卿大夫渐渐得势。狐氏、赵氏、先氏、胥氏、郤氏、栾氏、魏氏、智氏、范氏、中行氏、韩氏、祁氏、羊舌氏等十余家卿大夫控制了晋国政局，多少年间相互争夺、激烈兼并，部分战功显赫的家卿被淘汰出局，最后剩下赵、魏、韩、范、智、中行氏六家，把持了晋国政治军事实权，而且占据着晋国大部分土地，史称晋国“六卿”。

为了扩大各自的割据势力，他们又多次发生内讧。公元前 497 年，赵简子因为向赵午索取“卫贡五百家”，因赵午来答应，故将其杀害，引起中行氏和范氏的联合进攻，当时智氏和韩氏、魏氏又因挟嫌争权，起兵与赵氏一道来讨伐范氏、中行氏，后来灭掉了中行氏、范氏，赵、魏、韩、智四卿控制了晋国的要害中枢。从此，延续了百年的六卿共同执政的晋国变成了四家，当然四卿执掌大权，并非晋国以乱求治的结局，因为平衡被打破后导致各家族之间兼并更加激烈，反而成为导致晋国在分裂中灭亡的开始。

二

且不细说晋国历史，还是谈与皋狼相关的内容。

却说到了晋出公时，智氏率师伐齐，又发动两次伐郑战争，壮大了智氏的势力，并取代赵氏而掌管晋国政事，四卿之中，一卿为正，称为上卿；三卿为副，称为亚卿。智氏成为四卿中最强的势力，居晋国四大卿之首，也就是上卿，并自称“伯”，这很明显就是自己要当老大，想着进一步吞并其他三家以达一家独大。

妄自尊大的智伯瑶（张红伟绘）

智伯（前506—前453），姬姓，智氏，名瑶，因智氏源自荀氏，故亦称荀瑶，又称智伯瑶，也有史书写为智伯。是春秋末期晋国执政大臣、晋国上卿。谁知道智伯此人，权力越大，野心也越大。自认为势力强大，便开始以强欺弱，为了实现他早日独霸晋国的目的，就用蚕食之法侵占其他三家的土地，对三家大夫赵毋恤赵襄子、魏驹魏桓子、韩虎韩康子说：“晋国本来是中原霸主，现在被吴、越夺去了霸主地位。咱们作为晋国四卿，应该为晋国兴盛出力流汗。为使晋国重新强大，我主张每家都拿出一百里土地和一万家户口来归给公家。我智家先拿出一个万户邑献给晋公，你们呢？”

这个口号有点“带头大哥”的慷慨，但背后究竟是何居心？三家大夫都

敢于对抗智伯瑶的赵襄子（郭贵明绘）

心知肚明，知道智伯瑶存心不良，想以公家的名义来压迫他们交出土地，然后攫为己有，表面上是带头大哥，背地里却为黑帮老大。三家大夫都担心失去土地后，自家的实力会下降，因而不愿献出封邑。可是三家又各怀鬼胎，韩康子迫于无奈，自知实力不及智伯，生怕得罪智氏，于是就勉强答应，首先把土地和一万家户口割让给智家；魏桓子见状，也不敢得罪智伯瑶，虽推诿数月，见胳膊肘扭不过大腿，最后也不得不把土地、户口乖乖让给智伯瑶。智伯瑶见韩、魏两家顺从了，便更加肆无忌惮地向赵襄子索要土地，并点明要蔡地皋狼。可谁知道这个赵襄子就是不答应，一口就回绝了智伯瑶，说："土地是祖宗留下来的产业，怎么能够随便就交出来给你呢？"《资治通鉴·周纪一》中有记载，"智伯又求蔡皋狼之地于赵襄子，襄子弗与"。

这蔡皋狼是哪里？有不少人对历史不了解，在点校这段文字时，往往在蔡皋狼中间加一个顿号，"智伯又求蔡、皋狼之地于赵襄子，襄子弗与"，这一个顿号便把蔡皋狼分成两个词，这句话也就被解释为智伯瑶求的是两地——蔡和皋狼。

事实上"蔡皋狼"实指一地，无论是"蔡"还是"皋狼"均指今天的武乡一带，其中心治所在今天武乡西部的故城镇。关于蔡和皋狼的来历，前文已经叙说，这里不再赘述。金泰和年间《重修大云寺记》碑文就有记载："武

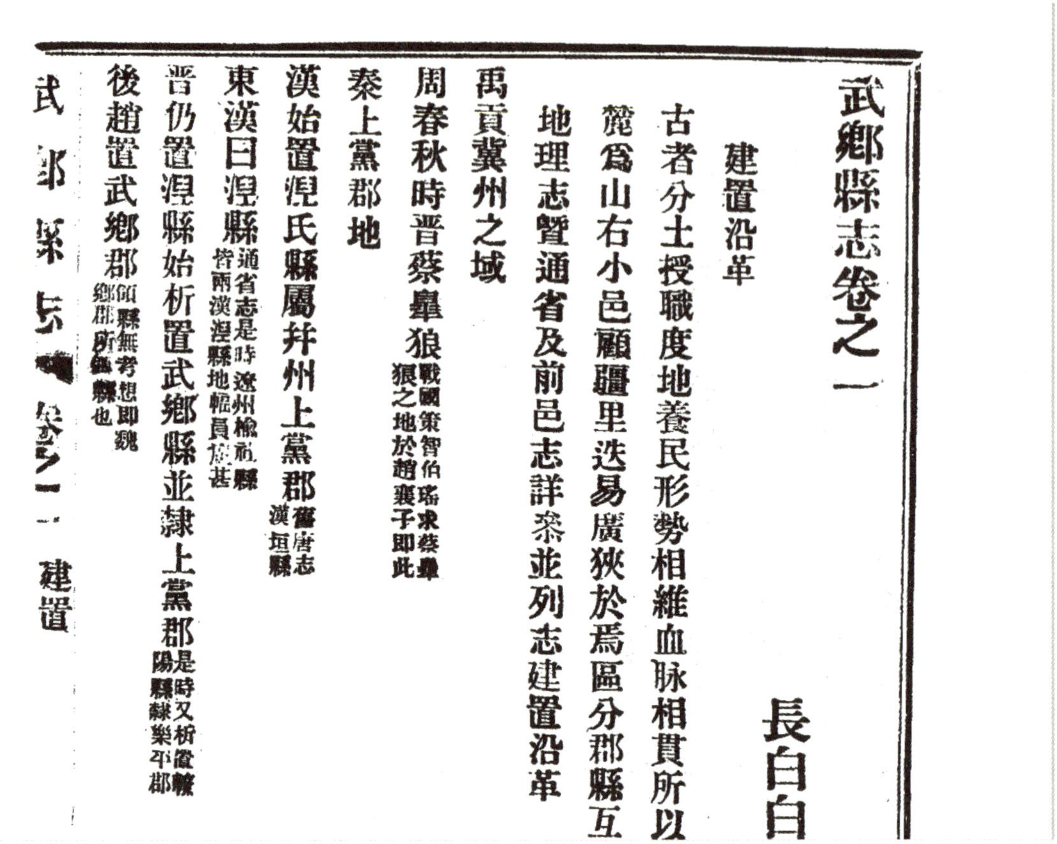
武鄉縣志卷之一

建置沿革　長白白

古者分土授職度地養民形勢相維血脈相貫所以

麓爲山右小邑顧疆里迭易廣狹於焉區分郡縣互

地理志暨通省及前邑志詳叅並列志建置沿革

禹貢冀州之域

周春秋時晉蔡皋狼 戰國策智伯瑤求蔡皋狼之地於趙襄子即此

秦上黨郡地

漢始置涅氏縣屬并州上黨郡 舊唐志漢垣縣

東漢曰涅縣 通省志是時遼州榆社縣皆兩漢涅縣地幅員甚

晉仍置涅縣始析置武鄉縣並隸上黨郡 是時又析置轑陽縣隸樂平郡

後趙置武鄉郡 領縣無考想即魏鄉郡所領縣也

武鄉縣志卷之一　建置

乾隆版《武乡县志》关于皋狼城的记载

乡在沁又为剧邑，邑之西北两舍有余，有里曰故城，山明而水秀，川坦而土膏，嘉木阴森，居民错比，真一州壮观之境也，父老相传皆以为古蔡州。”康熙三十一年版《武乡县志》载，“武乡，《禹贡》当冀州之域，周春秋时晋蔡皋狼”。并有脚注：“《战国策》智伯瑶求蔡皋狼之地于赵襄子即此。”

《战国策·赵策一》记载：“智伯说，又使人之赵，请蔡皋狼之地，赵襄子弗与。智伯因阴结韩、魏，将以伐赵。”

智伯瑶为什么会点明要“蔡皋狼”这块地方？因为这一区域是上党盆地的最北端，并有雄关险阻，为上党、晋阳两地区之咽喉要地。武丁讨伐鬼方，晋侯败狄于箕，先轸免胄入狄师，申生伐皋落，士会灭甲氏，殷军西征，马毅攻蔡，阏与之役，如此之多的重要战役均与此相关。这里可以说是历代兵家必争之地，确实是个重要的所在。这片区域广袤均过百里，户丁近乎万口，符合智伯规定的一百里土地和万家户口的“万户邑”的指标。再加上这里又有城垣周围的大片平川，物产丰饶，确实是个好地方。智伯瑶当然也有眼光，要选就选一块好地。

但赵襄子拒绝也是有充分理由的。

其一，就是要和你智氏死扛，韩、赵、魏、智四家现在是站起来一般高，坐下来一般大，同为晋国之卿，你凭什么要自封老大出来指手画脚，给我们订立规矩？其二，皋狼是赵氏祖先最初的分封地，自打蔡叔度出了事被马毅所抓流放郭邻后，这块地方就封给了孟增，孟增生了衡父，衡父生了造父。造父善于驾车，得宠于周穆王，因功又得封地赵城，成为赵国始祖，造父就是天下赵姓的始祖。而造父的祖父却是最早受封皋狼之地的，这就是我赵氏的龙兴之地，我赵襄子怎么能将如此重要的祖业拱手相让？这不是明显对整个赵氏家族的严重侮辱吗？其三，在攻打郑国时，二人就曾有过节，这次当然也就不会顺从做你的狗腿子。所以，赵襄子断然拒绝，也就留下了“襄子弗与”的记载。

智伯瑶一听，火冒三丈。

现在是凭实力和地位说话的年代，我智伯瑶是四卿中的上卿，“美鬓长大”，仪表堂堂；“射御足力”，武功甚好；“伎艺毕给”，多才多艺；“巧文辩惠”，善于言辞；“强毅果敢”，很有决断。晋公都惧怕我几分，所有大小事都是我智伯瑶说了算。你这个出身低微、相貌猥琐、懦弱胆怯的赵毋恤，居然敢出面充大头和我抗衡。我要个万户百里地，无非是各家都缴点“租子”，这口号既出，那就该是铁板钉钉没商量的事，韩、魏两家都顺顺当当地答应了，只有你这既丑又无能的赵襄子居然敢违命？难道你赵家想当个最牛“钉子户”吗？

智伯瑶越想越生气，当然不能这样算了，不给你点颜色看看，就不知道马王爷几只眼，要是让你这个软钉子碰了，韩、魏两家势必也会反悔，我这“带头大哥”以后还怎么混？今天是给也得给，不给也得给。谈判桌上既然得不到，那就来硬的，动用武力解决，兵戎相见。看看是你的嘴皮子硬，还是我的拳头硬。

“智伯怒，帅韩、魏之甲以攻赵氏。”

智伯瑶命令韩、魏两家一起发兵来攻打赵襄子。晋出公二十年（前455），智伯瑶亲自出马率领中军，并指令韩家的军队担任右路，魏家的军队担任左路，三队人马直奔赵家来兴师问罪。

赵襄子一听到这消息，头炸了箩头大。这和当年他的父亲赵简子索取“卫贡五百家”杀邯郸赵午非常相似。难道这智伯瑶真要以其人之道还治其人之身吗？思来想去，自知寡不敌众，忙找谋臣张孟谈商量，张孟谈建议到晋阳去抵抗，以守为攻。赵襄子于是就听张孟谈之言，带着赵家兵马退守晋阳。到了晋阳，赵襄子发现能够打仗的武器很少。张孟谈说道：“这里的围墙是用一丈多高的楛（hù）木做的，殿柱是用铜铸的，这些都是制造武器的好材料。”于是将造城的精铜与楛木拆下来制作兵器及造箭。

没有多少日子，智伯瑶便胁迫韩、魏两家，随他一起进攻赵襄子。智伯率领的三家人马，已经把晋阳城团团围住。面对三家发动的强大攻势，赵襄子自然抵敌不住，赵襄子只得吩咐将士们坚守城池，不许出战。三家兵士攻城的时候，城头上的箭好像飞蝗似的落下来，使三家人马没法前进一步，历时一年多，久攻不下。

晋阳城凭着弓箭，硬是死守了两年多，三家兵马始终没有把它攻下来。

三

智伯率魏、韩两家攻打晋阳城，由于赵襄子防守严密，再加上魏、韩不愿为智伯卖命，只是消极应付，出人不出力，智伯无法取胜。

智伯瑶久攻不克，又不肯罢休。但一直这样僵持也不是办法，必须来个快刀斩乱麻。于是，他就约韩康子、魏桓子一起去察看地形。他发现晋阳城东北有条晋水，忽然想出了一个绝妙的好主意：把晋水引到西南边来，晋阳城不就被淹了吗？以水当兵，何愁赵国不灭？智伯瑶便吩咐兵士在晋水旁边另外挖一条河渠，一直通到晋阳城，又在下游筑起堤坝，拦住水流，这里便形成了一片泽国呀！

智伯瑶正为自己想出这样一个好主意而得意扬扬，韩康子和魏桓子一听这话却打了个冷战，心里暗暗吃惊。原来魏都安邑、韩都平阳旁边也各有一条河道，智伯瑶的话正好提醒了他们：晋水既能淹晋阳城，说不定哪一天安邑和平阳也会遭到与晋阳同样的下场呀！

智伯瑶真的这样干了。

智伯瑶指挥军士开挖“智伯渠”，引汾河水倒灌晋阳城，大水将城头淹得仅剩三板高了。由于地面积水，老百姓都在树上搭起棚子来居住，城里粮食也快要吃完，很多人冻饿成病，军心也开始动摇了。眼看着再也扛不过去了，赵襄子十分着急，便再传张孟谈求计，张孟谈见了赵襄子，说：“魏、韩两家是被迫的，我准备去向他们说明利害，动员他们反戈联赵，共同消灭智伯瑶。”

赵襄子听了非常高兴，连连拱手表示感谢。

当天夜晚，张孟谈潜入魏、韩营中，要说服魏桓子和韩康子，决定三家联合起来消灭智伯，事成之后平分智氏之领地。

韩康子和魏桓子正在踌躇之际，偏偏张孟谈前来约见，进行了一番游说。张孟谈伶牙俐齿，游说韩、魏之君，曰：“臣闻唇亡则齿寒，今智伯帅二国之君伐赵，赵将亡矣，亡则二君为之次矣。”这是《战国策》上的记载。张孟谈的大意是：臣听说，唇破裂了牙齿就会感到寒冷。现在智伯瑶自封老大，平日里欺侮你我，而今他逼迫你们两家来帮助他攻打我们赵国，赵国即将灭亡。或许他对你们也有个小小的承诺，但智伯的人品你们是知道的，他真的会把好处给你们吗？看似有利可图，实则助纣为虐。如果你们今天不帮助我们赵国，赵国的今天就是韩、魏的明天。要想不被智氏霸占，唯有我们三家联合起来，将智氏除掉，这才是正理。你们可一定要想清楚。

张孟谈这样一说，正在犹豫的韩、魏两家好像被点准了命门穴。二君曰：“我知其然。夫智伯为人也，粗中而少亲，我谋未遂而知，则其祸必至，为之奈何？”张孟谈曰：“谋出二君之口，入臣之耳，人莫之知也。”天知地知，你知我知，结果你懂得。

巧舌胜过百万兵。

于是，魏、赵、韩三卿终于坐在一起，密谋联手攻打智伯瑶之策。

而智伯瑶却认定这场征战赵家必败无疑，这几天每天都在那里偷着乐。

到了约定进攻的前一天夜晚，过了三更，智伯瑶正在自己的营里熟睡，好好休息，明天大干，还梦见他带兵雄赳赳气昂昂攻城，猛然间听见一片喊杀的声音。他连忙从卧榻上爬起来，发现衣裳和被子全湿了，再定睛一看，兵营里全是水。他开始还以为大概是堤坝决口，大水灌到自己营里来了，赶紧叫兵士们去抢修。但是不一会儿，水势越来越大，把兵营全淹了。智伯瑶正在惊慌不定，一霎时，四面八方响起了战鼓。赵、韩、魏三家的士兵驾着小船、木筏一齐冲杀过来。这才知道是韩、魏两家战时反水，造成赵、魏、韩三家联合进攻智氏的态势，给智氏来了个突然袭击，趁夜将晋水改道智营，

魏、赵、韩三卿商讨合兵攻打智伯瑶之策（王亚楠绘）

这真是以其人之道还治其人之身呢。智伯瑶想出来的妙计，却成了对方的利器。霎时间，智营成了水府泽国，赵氏从晋阳城中杀出，韩氏、魏氏从左右进攻智氏的两侧，智军已成瓮中之鳖，被砍死和淹死在水里的士兵不计其数。

一夜之间，智伯瑶几乎全军覆没，他现在既无法控制军队，也无军队可控制，最后只好带领一小撮残余夺路而逃。在慌乱之中，被赵毋恤带兵将其活捉，智伯马上做出一副惨状，恳求对方手下留情，又是作揖磕头，又是叙扯旧情。可赵襄子不会上他这个当，放虎归山必有后患，于是直接下了狠手，不仅将他杀死，还将他的首级雕刻上漆，当饮酒之首爵。

智伯真是没有想到，原本计划以自己的威武独霸晋室，却落得个一地鸡毛。韩、赵、魏为了免除后患，率军连续攻打智氏封邑，一次杀了智伯家族两百余口，部分遗族侥幸逃脱，也不得不举族迁徙，隐姓埋名，远走他乡。这真是机关算尽太聪明，反算了卿卿性命。

四

晋阳之役完胜，保住了蔡皋狼依然在赵襄子手中。

张孟谈功高盖世，但他却向赵襄子告别。赵襄子急忙挽留，张孟谈说："臣观成事，闻往古，天下之美同，臣主之权均之能美，未之有也。前事之不忘，后事之师，君若弗图，则臣力不足。"意思是：君王所说的，是成就功名的美好。臣下所说的，是保守国家的方法。臣下观察成功的事业，听古代的传说，天下美好的事情是相同的，但是臣下君主的权力平均起来都能好，是没有这种事的，在历史上从来没有君臣权势相同而永远和睦相处的。记住过去的经验教训，可作以后行事的借鉴。君王如果不考虑，那么臣下是没有这个力量的，请你让我走吧。

赵襄子只好惋惜地答应，张孟谈辞官而去。后人将"前事之不忘，后事之师"改为"前事不忘，后事之师"作为成语，提醒人们记住过去的教训，以作为后来的借鉴。而很多人不知，这个成语的出处却与武乡有关。

公元前 453 年的晋阳之战，三家灭了智伯瑶，韩、赵、魏三家继续剿灭、受降智氏的残余部队。智氏的主力部队在此战中悉数被歼灭。智家的土地也由三家平分，韩、赵、魏三家形成了鼎足之势。公元前434年，晋哀公去世，晋幽公继位。晋幽公畏惧三卿，才上位就被赵烈侯、韩景侯、魏文侯三卿将皇室所剩无几的土地分了，只留下曲沃与绛都两座城池，用来给晋幽公收点租金，勉强维持自己的生活。晋幽公还被要求隔一段时间就去拜见一下三卿。

晋幽公心里很憋屈，他作为晋君，居然还要定期去朝觐自己手下这三家卿族家臣，乞求他们继续保全晋国社稷。晋幽公内心极不平衡，却又无力回天，只能沉迷酒色，借此消愁。没想到不走运时放屁都能砸了脚后跟，就在他偷偷出宫去找美女幽会时，结果遇上强盗，本来可以拿钱换下性命，可他身无分文，只好用头颅顶账，强盗见这人是穷光蛋，一气之下便将他杀了。晋幽公死后，三卿拥立晋幽公之子姬止继位，即晋烈公。三卿野心更加暴露，

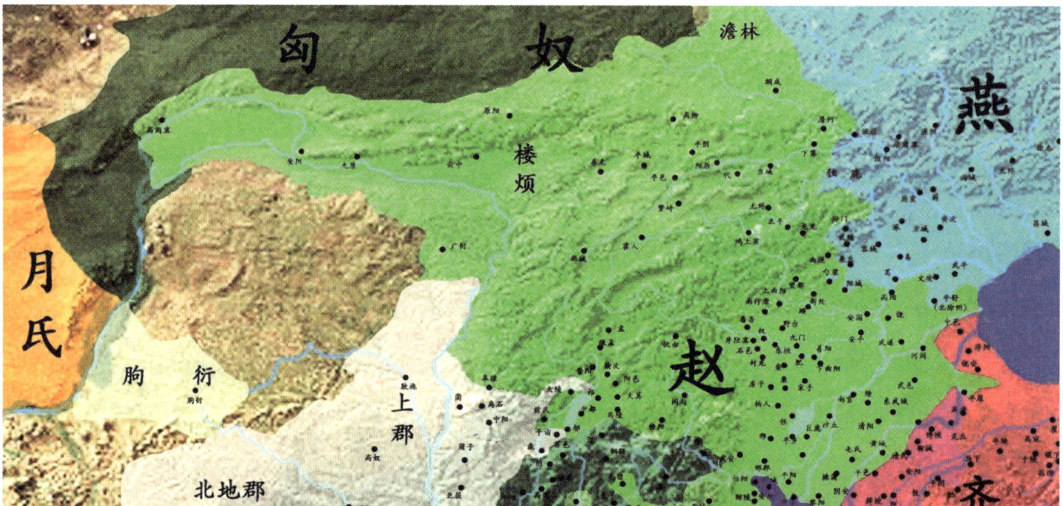

三家分晋后的疆域图

不满足“卿”这个头衔，想要升格为诸侯，晋烈公心想自己身为侯，但又名不副实，还不如答应他们，也只能顺水推舟。

三家分晋的局面已经形成，三卿当然不满足晋烈公给予的这个假头衔。公元前 403 年，韩、赵、魏三家打发使者上洛邑见周威烈王，要求周天子把他们三家封为诸侯。这时国力贫弱、无力驾驭诸侯的周威烈王心想，分晋已既成事实，不承认也没有用，毕竟楚国僭越称王，周王室拿楚国也没有办法，如果魏国、赵国、韩国也学楚国僭越称王，周王室的地位无疑更加尴尬，不如做个顺水人情，把三家正式封为诸侯。晋烈公十九年（前 397），周威烈王赐赵、韩、魏皆为诸侯，从名义上承认了赵、魏、韩的诸侯地位。

清同治贡生、武乡人程步堂有词云：“笑语杂人言，市井田园，河山巩固晋阳藩。共说皋狼名胜地，风日晴暄。”

三分晋室的赵、魏、韩，俨然都成为中原大国，可见原来的晋国是多么强大，加上秦、齐、楚、燕四个大国，历史上称为“战国七雄”，从此开启了新的历史篇章。

发生在武乡这块土地上的“皋狼之争”，竟是一次划时代的伟大争端！也许此刻，智伯瑶正在九泉之下后悔，不该强行向赵襄子索要“蔡皋狼之地”，招来这杀身灭门之祸。

涅水河畔筑涅城

一

周威烈王二十三年（前403），韩、赵、魏派使洛邑，周威烈王顺水推舟，封三家为一级诸侯国。

韩、赵、魏受封诸侯，此刻晋国已经是一个傀儡空壳子，但周威烈王还是没有斩草除根让晋国彻底消亡，还保留了晋烈公的爵位，也就是说晋国实亡而名存。晋烈公二十七年（前389）烈公死，子孝公（晋桓公）颀继位；十二年后，孝公死，子静公俱酒继位。周安王二十六年，也是晋静公二年（前376），赵、韩、魏瓜分了晋国公室仅存的土地，并将徒有虚名的晋国国君晋静公废为庶民，晋静公被从绛都迁离，颠沛流离于屯留与端氏之间，最终于公元前349年被韩玘杀死，晋国算是彻底从历史上销声匿迹了，这个存在七百多年的帝国就这样惨淡收场。

晋国最终灭亡，因此韩、赵、魏三国又被合称为“三晋”。

三家分晋是中国历史上具有划时代意义的重大事件，它是中国奴隶社会瓦解、封建社会确立的重要标志。这件大事，诸侯争夺蔡皋狼也就是今天的武乡，成为最重要的导火索，可见历史上武乡的地理位置多么重要。

在古本《竹书纪年》可以查到：“梁惠成王十二年，郑取屯留、尚子、涅。”记载了郑国进攻屯留、尚子（今长子）和涅（今武乡）的事件，梁惠成王十二年即公元前358年，这个时间晋国消亡差不多二十年。由此可推断，三国分晋后，此地的名字就有了变化，改皋狼为涅，这也是目前史料所查到最早出现“涅”这个名字的确切记载。

“涅”作为地名，源于该地有涅水。

而涅水之名又是源于最早的臬。前面已经有所提及，在殷墟出土的甲骨文中就有“臬”和“滜”字，著名的中国古文字学家、训诂学家于省吾先生考证，“滜”即汉上党郡涅县，亦即后世之武乡县。

历史上出现的臬、滜、甲水、甲氏国，在上古音中，臬、滜与甲、涅同音，这样，甲水便演变为涅水，因水而又成为地名。本文前面也曾引用过《水经注·卷十》关于涅水的记载。

也有记载涅为战国魏邑，当时曾归魏国管辖过亦有可能。

接下来，史书上记载战国时的涅先属韩后属赵，依据是《史记正义》上的记载：“秦上党郡今泽、潞、仪、沁等四州之地兼相州之半，韩总有之。七国时，赵得仪、沁之地，韩犹有泽、潞之半，半属赵。赧王五十三年（前262），秦击韩于太行，上党路绝，守冯亭以地归赵。五十五年，秦拔赵上党。”

但这个记载，笔者认为有误。

《史记正义》是唐代张守节所著，成书于开元二十四年（736），是在距三国分晋千余年后写的，他也没有经历分晋的历史，写书时不过是参考前人的只言片语，或者是道听途说，写错的概率也是有的。学界关于《史记正义》勘误之处讨论颇多，说明这本书严谨性是比较差的，当然其他的问题不在该书的研究范围，此处只说关于“涅”记载的谬误。

如果这里先属韩后属赵，那么智伯求蔡皋狼之地的记载就不能成立。乾隆恩科举人、武乡籍文人魏鸾翱在《武乡县建置沿革考》中即有辨言，“如张氏所云，则是时此地属韩而未属赵，智氏虽贪，岂应求韩氏之地于赵氏？”雍正年间山西巡抚觉罗石麟主持编纂的《山西通志》中这样记载：交口以北至团柏、子洪谷、子洪镇，大约古蔡皋狼地，智伯瑶求之，将以制晋阳也，故赵襄子不许。

从以上所述推论，蔡皋狼之地应该是先属赵，后属韩，再后又属赵，赵、韩各置上党郡，涅属赵上党郡。

二

赵国上党郡实际控制范围大体有涅（今武乡县西北）、屯留（今长治市屯留区南）、长子（今长子县西南）、长平（今高平市西北）、泫氏（今高平市）、端氏（今沁水县东）一线以东地区。这条分界线北起潞州西北涅水上游的涅，自此南行，穿浊漳河上游地区，出潞州过长平关，至高平折而西南行，至沁水中游止。整个战国时期，韩、赵、魏三国在上党地区的争夺大都发生在这一带。

战国时期三国上党郡设置时间，前论史者皆语焉不详。有学者认为，战国时期上党郡应当设置于三家分晋之初。

郡的缘起具有很强的军事性质，早期的郡都设置在边境地区，其目的就是巩固边防。由于郡担负了防卫边境的责任，所以郡的长官叫守，也尊称太守。根据《韩非子》记载，晋平公时（前557—前532）"解狐举邢伯柳为上党守，柳往谢之，曰：'子释罪，敢不再拜。'曰：'举子，公也，怨子，私也，子往矣，怨子如初也，"在晋平公时，解狐推荐邢伯柳为上党守，上党此时为郡当无疑问，故而至晚在春秋末年，晋国在上党地区已经设置有上党郡。晋国在上党设郡，说明这一地区具有极其重要的战略地位。

贝币距今约有3500年的历史，从武乡出土的贝币，也能看出至少在商代这里就商贸繁华了。

上党地区地高势险，自古为战略要地。清狄子奇《国策地名考》曰"地极高，与天为党，故曰上党"，其意即此。韩、赵、魏三家分晋后，这一地区遂成为三国对峙的前沿，其战略地位也随之加强，地势险要的上党地区被韩、赵、魏三家瓜分。

赵国控制了上党地区的北部，魏国控制了上党地区的东南角，韩国则控

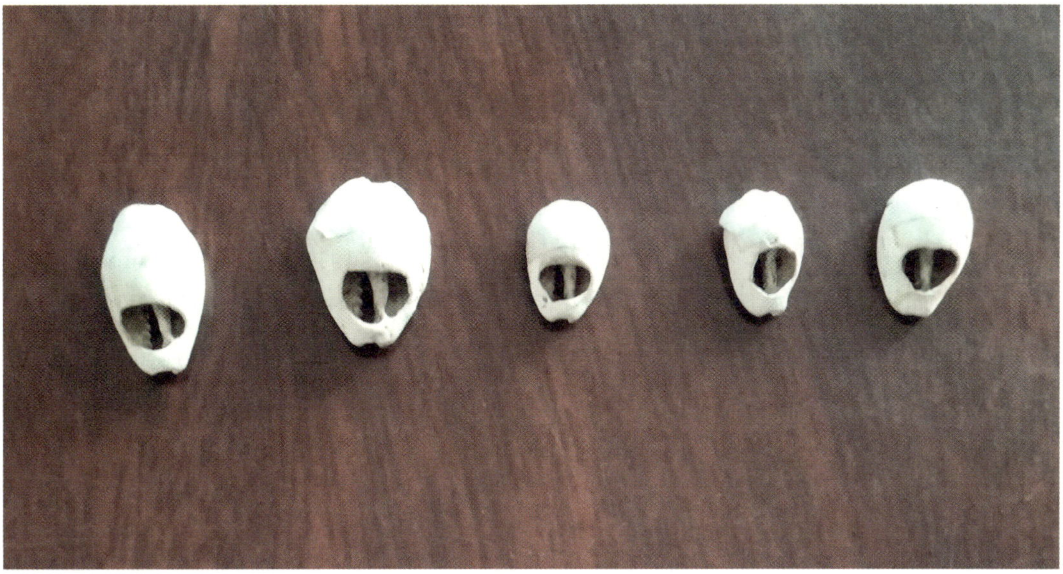

武乡出土的贝币

制了上党地区的大部分地区。而三国又都想向东南地区发展，上党则是通向东南地区的交通要道。所以上党被韩、赵、魏瓜分之后，其战略地位非但没有削弱，反而得到了加强。在这种形势下，设郡置守，以利边防，应是情理之中的事。所以，三家分晋之后，并无理由要撤销上党郡，相反应该加强郡的职能。

此后，赵、韩、魏均在此设立过上党郡，如此狭小的范围内同时设置有三个郡，这在战国时期是比较少见的。三国上党郡设置的时间虽可能不尽相同，但都应当是在战国初期韩、赵、魏三家分晋、三分上党之后不久。

上党北部地区的争夺都是在韩、赵两国之间发生的，其地点大都在涅—屯留—长子一线，有些地区归属亦屡次变更。其实当时的涅，在赵、韩、魏间多次变更，正所谓你方唱罢我登场，你来我去征战忙，战国时的区域变化太复杂了，此中滋味，谁能解得开？

三

战国之初，秦国还只是一个落后偏僻的所在，中原各国一直对秦国是虎视眈眈，企图吞并秦国。没想到秦自实行商鞅变法之后，忽然间成为一匹黑马。

商鞅通过一系列的变法措施，从经济、政治、军事等层面，全面削弱了贵族权力，从而完成了中央集权统治，国力强盛，开始东出。在秦、魏河西之战后，秦国收回了被魏国占据近百年的河西地区。魏国大片土地沦丧，韩国开始直面秦国。而上党高地成为秦国东出必须要得到的一块要地。当时的秦国虽然强大，但在六国合纵的战略下，秦国每次东出，都会受到赵国的威胁。

如果能够得到上党高地，秦国就能够占据有利地势，对韩国和赵国形成地缘压制。为此秦昭襄王时期，武安君白起伐韩，直取韩国的重镇野王，将上党与韩国分离开来。韩国上党地区成为孤城，随时可能被吞并。此时的韩王为了让秦国息兵，决定割让上党地区给秦。而当时的上党郡守冯亭，却献出一新计，他对众官说：

“上党与韩国联络的道路已经中断了，秦国的军队每天在逼近，我国不能应付，如果将上党给秦国，只会加快韩国的灭亡，倒不如将上党回赠赵国。赵国接受了我们，秦国一定会进攻赵国的；赵国被秦国攻击，必定会与韩国亲近的。韩、赵两国联手，一定可以对抗秦国的。”

韩国人都以为赵国就是孙猴子搬来的救兵，可以救上党。可是，没有想到事与愿违。

上党郡郡守冯亭画像（张红伟绘）

《史记·赵世家》记载，赵孝成王四年（前262）“韩氏上党守冯亭使者至，曰：‘韩不能守上党，入之于秦。其吏民皆安为赵，不欲为秦。有城邑十七，愿再拜入之赵，财王所以赐吏民。’王大喜……赵遂发兵取上党。”

本来韩桓惠王想献出上党的土地以求秦国息兵。上党郡郡守冯亭不愿降秦，同上党郡的百姓谋划利用赵国力量抗秦，把上党郡的十七座城池献给赵国。赵国轻而易举得了一个大便宜，这让秦国大为不满，秦国辛辛苦苦攻打韩国，就是为了夺取上党郡。现在，赵国反而不费吹灰之力，就从秦国手中摘桃子了。

面对韩国人送上门的上党，赵王相当高兴，将此事告诉给平阳君赵豹，赵豹说：“臣听说‘圣人认为，无缘而受禄，必定会招来祸害。’”赵王说：“他们仰慕寡人的千秋大义，怎能算是无缘而受禄呢？”赵豹回答：“秦国为了蚕食韩国的土地，故意切断上党和韩国的联络，认为如此就能轻取上党。韩国之所以把上党献给我国，是企图把战祸转嫁给我们。秦国蒙受疲劳，而我国坐享其利。强秦不能从弱韩的手上得到上党，那弱小的我国又怎能从强秦手上得到上党，怎么能说是意外之获呢？不如不要接受。”对此，赵王将此事告诉给平原君赵胜，赵胜回答说：“出动百万大军进攻，过一年也得不到一座城，如今白白得到十七座城邑，这么大的便宜，不能丢掉。”于是，赵孝成王就派遣赵胜前往接收上党郡。

冯亭送来的这个上党，表面上看是个大礼包，实际上可是个烫手的山芋。正是因为上党地区的归属，决定着秦国、赵国、韩国的生死，所以在赵国决定接纳上党后，秦国便发动举国之力也要拿下上党，于是发生了著名的长平之战。秦国数战连胜，致使赵军损失惨重，战场上的局面对赵国极其不利。面对这一情况，主帅廉颇转变方式，采取了以守为攻的策略，筑垒固守，疲惫敌军，相机攻敌的作战方针。他命令赵军凭借山险，筑起森严壁垒。尽管秦军数次挑战，廉颇总是严束部众，坚壁不出。

上党地势险要，秦国见赵国固守不战，想速胜看来是不行，便派间谍散布廉颇投降的谣言，并扬言秦国不怕廉颇，怕的是赵奢（曾大败秦国）之子赵括。果然，赵王中了秦国的反间计，认为廉颇怯战，强行罢免其职，廉颇便被晾在了一边。赵括遵照赵王意图，变更了廉颇的防御部署及军规，更换将吏，组织进攻。秦国暗中任命名将白起为统帅，白起针对赵括急于求胜的弱点，采取了佯败后退、诱敌脱离阵地的战术，进而分割、包围、切断赵军粮道，予以歼灭的作战方针。

周赧王五十五年（前260）农历九月，赵军主力已经断粮四十六天，大量赵军士兵或饿死，或因突围不成而死亡，士兵们开始相互残杀为食。赵括将剩余的赵军组织成四支突围部队，轮番冲击了四五次后仍不能突围，自己也在突围中被秦军乱箭射死。赵国军队因无主将指挥且伤亡惨重无力再战，剩下的士兵向秦将白起投降。白起认为赵国士兵反复无常，如果不全部杀掉他们，恐怕再生事端，便坑杀赵军四十余万人。战后，赵国元气大伤，再也无力单独和秦国抗衡，秦国的统一也只是时间问题了。

歼灭赵军于长平，中原地区的大片河山几乎都在秦国的控制之下。六国日渐没落、秦国国力蒸蒸日上，秦国统一天下已成不可逆转之势。当秦王嬴政刚即位，六国实际上已降到秦的郡县的地位了。

四

以上是讲上党地区重要，备受各国争夺之事，接下来敲黑板说重点，还是来讲我们的“涅”。

咱们看看这两幅图，这是中国出土资料中最早的货币——平首布。

春秋战国时期，黄河流域农耕地区最早出现的具有农具铲形外观的金属铸币，被称为布币。对于布币类型的研究，钱币学界所取得的认识大体一致，根据布首的差异，布币被划分为空首布、平首布两大类型，二者前后相因，有明确的传承演变关系。所谓空首布，就是布首中空，有较长的銎可纳木柄，布身硕大，是布钱的原生形态；平首布，就是布首由空而实，由銎变平，布身渐小，它是在空首布的基础上演变而成，属于布钱的次生形态。在原生型空首布、次生型平首布两大类型之下，根据各种布币在肩、足、裆、首部的

韩国的平首布“全涅”

赵国的平首布“辛全涅”

差异，又可分为不同式别，不同形态、不同式别布币的铸行时间、流通区域各不相同。

这两枚平首布，一为韩国铸造，上面有“全涅”字样；一为赵国铸造，上面有“辛全涅”字样。两枚平首布均以涅命名，流行于战国中晚期，流通于周王畿与韩、赵、魏、燕等国。

这两枚货币的出土，可以证明两点：一是说明当时涅地先后归属赵、韩两国；二是说明能以涅来命名货币，可见当时“涅”在韩、赵、魏及周的地位有多么重要。据著名学者、考古专家王献唐所著《中国古代货币通考》中评价，“这种铲型货币为战国时期的涅币……今武乡为古代铸币区之一”。

秦庄襄王三年（前 247）五月，庄襄王去世。13 岁的嬴政被立为秦王。嬴政即位时由于年少，尊吕不韦为仲父，等他亲政时，自然引发了激烈的政治斗争，继而又吞并六国。秦王政二十六年（前 221），秦王政认为自己“德兼三皇，功过五帝”，遂采用三皇之“皇”、五帝之“帝”，构成“皇帝”的称号，自称“始皇帝”。同时在中央实行三公九卿制管理国事，废除分封，新立郡县，天下分为36郡，在晋东南这一带设置上党郡，治所在今长子，将战国时的涅地设立涅县，归上党郡。

柳宗元在《封建论》中有这样的描述：“秦有天下，裂都会而为之郡邑，废侯卫而为之守宰，据天下之雄图，都六合之上游，摄制四海，运于掌握之内，此其所以为得也。”

嬴政历时十年，横扫六国，统一天下之后，许多人劝他沿用分封制，利用各地贵族，控制当地势力，维持帝国稳定。李斯对此向始皇帝进言，历陈利害，行郡县制，并论说分封制下诸侯权力过大，才是祸乱的根源。只有在广阔的土地上，推行郡县制，才能维护帝国长治久安。

秦始皇采纳李斯“废分封、行郡县”的建议，推行郡县制，彰显着中国由贵族分封制过渡到郡县制。自此之后，郡县制成为两千多年来的主流制度。

秦始皇运用郡县制，收复岭南及云贵地区，修灵渠、建象郡，奠定了中国南部领土范围。之后又派蒙恬率军三十万，抗击匈奴，占据河套平原。“胡人不敢南下而牧马”，大秦用自己的虎狼之师捍卫了帝国的尊严。之后修筑长城，奠定了中国长期以来的国土基本范围——秦的版图，一定程度上就是历代可以实际长久控制的范围。郡县制推行之后，中原达到由乱而治，很快走向统一。

五

公元前221年，秦始皇统一六国，彻底废除了西周时所沿用的分封制度，并在全国推行郡县制度。根据司马迁《史记》的记载，最初划分有郡治36个，上党郡即其中之一。

上党郡下辖十一县，长子（今长子县县城）、壶关（今长治市市区）、铜鞮（今襄垣县虒亭镇）、端氏（今沁水县西城村）、濩泽（今阳城县泽城村）、高都（今泽州县高都镇）、泫氏（今高平市市区）、屯留（今长治市屯留区古城村）、潞县（今长治市潞城区古城村）、襄垣（今襄垣县西故县村）、涅县（今武乡县故城镇）。

这也是涅作为县治的最早设立。

当时的涅县区域很大，是上党郡中最大的一个县。包括今天的武乡、榆社、左权、和顺四县全部，还有昔阳县南部、沁县北部、平遥东部、祁县东南部、太谷南部、黎城北部，面积 9000 平方千米。

当时的涅县也是一片繁华。从遗存的古城墙遗址来看，里城城墙东西长 442 米，南北长 265 米，遗址分布面积为 11 万平方米；外城城墙东西长 972 米，南北长 850 米，墙体高约 4 米，墙底宽约 3 米，该遗址的分布面积为 82.6 万平方米；再加东寨、南寨各处防御系统，古涅城遗址面积有 100 万平方米左右，约 1000 亩。

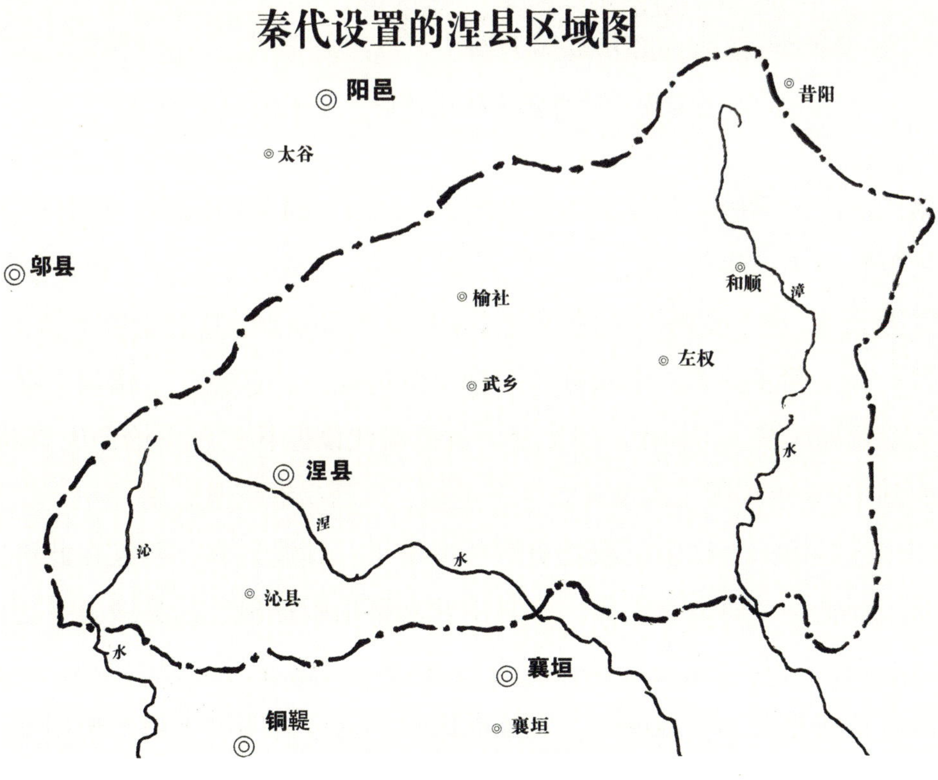

秦始皇推行郡县制时的涅县地图

涅县故城的南寨堡城墙遗址（陈立摄）

康熙三十一年版《武乡县志·沿革》，记载“汉为涅氏县，属上党郡”。

到乾隆五十五年版《武乡县志·建置沿革》记载，却成为“秦上党郡地。汉始置涅氏县，属上党郡”。问题来了，秦代开始郡县制，其上党郡下辖11县，涅为其一，《武乡县志》中只标了“秦上党郡地”，这是一个错误，接着又写“汉始置涅氏县”，一个“始”字，就把秦代设涅县的历史给彻底割断了。

而到1986年年版《武乡县志》中记载：“西汉置涅县，属并州上党郡。县城在今故城镇。”这个记载就更有些离谱了，其错误为：西汉在此设置的县并非“涅县”，而是涅氏县。一是山西古籍出版社出版的吴锐著《历代山西政区通录》中，秦代设上党郡时下属11县，其中就有涅县，说明涅县建于秦；二是西汉初在此设县不是涅县，而是涅氏县，这个有明确史料，班固在《汉书·地理志》中说，上党郡领县十四，其中有涅氏。魏鸾翱的文章中也记“汉为涅氏县，属上党郡”。康熙版县志中为“汉为涅氏县，属上党郡”，乾隆版县志也明确，“汉始置涅氏县，属上党郡”。魏鸾翱还记载：“今之武乡县暨辽州、榆社在汉时皆为涅氏县地。”

隋唐训诂学家颜师古的《汉书注》曰：“涅水出焉，故以名县也。”也就是说涅氏县是因境内有涅水而命名，涅水原为甲水，早期的甲氏国时叫甲水，后讹作为涅，也可能因青石流水发黑而取涅字。前面说过“甲”的来意，在“甲”与“涅”之间的演变，或音或意，我辈也只是推测而已。

所以，准确地说，西汉初期，涅县改称涅氏县，仍属上党郡。

涅县再次被拆分

一

秦始皇统治时期，大规模兴建宫殿和陵墓，并筑长城、修驰道，对匈奴和南越用兵，耗费了大量的人力和财力，极大地加重了人民的徭役和赋税负担。同时，还制定严刑酷法，使人民动辄触犯刑律。统治阶级与被统治阶级的矛盾迅速激化。

秦二世元年（前 209），陈胜、吴广等 900 余人被征发去渔阳戍边，途中在蕲县大泽乡遇大雨误期，根据秦律误期当斩，情急之下，陈胜、吴广领导戍卒发动兵变，于是，秦末农民起义爆发。起义不到三个月，陈胜就自立为王，建立张楚政权。原赵、齐、燕、魏等国地方都纷纷效仿，打着恢复六国的旗号自立为王。其间，前楚国大将项燕之后项梁、项羽叔侄发动会稽起兵，项梁自号武信君；原泗水亭长刘邦于沛县起兵响应，称沛公。秦二世三年，巨鹿之战秦军主力被项羽打败。刘邦带着数万兵马迂回进入武关，并派人暗中与丞相赵高联系，二世被杀，子婴继位为三世。不过三世仅仅在位 46 天，刘邦就攻入咸阳，子婴降，秦亡。秦朝灭亡以后，项羽封刘邦为汉王，后来项羽和刘邦展开了长达四年的楚汉之争，刘邦在垓下之战打败了项羽，公元前 202 年刘邦称帝，建立了汉朝。

汉高祖刘邦鉴于秦朝朝廷孤立无援、二世而亡的下场，分封了一批诸侯王，但同时又沿袭了郡县制，使西汉前期的行政区划出现了一种郡县制与分封制并立的局面，史称“郡国并行制”。

西汉初期在上党郡，仍然是以郡县为主体。《汉书》载：“上党郡，户七万三千七百九十八，口三十三万七千七百六十六。县十四：涅氏、穀远、隋氏、铜鞮、沾、潞、余吾、襄垣、壶关、屯留、长子、泫氏、高都、阳阿。”

西汉初对郡县进行了调整，原来的涅县，更名为涅氏县。

在这其中我们注意到，从地图上看，在上党最北部多了一个县——沾县。也就是说在西汉初期，涅县改制涅氏县时，这其中不仅仅是简单地更改县名，而且还有一个重要的变化，就是割裂了土地，由于涅县区域过大，人口众多，即在涅县东北部析置沾县。

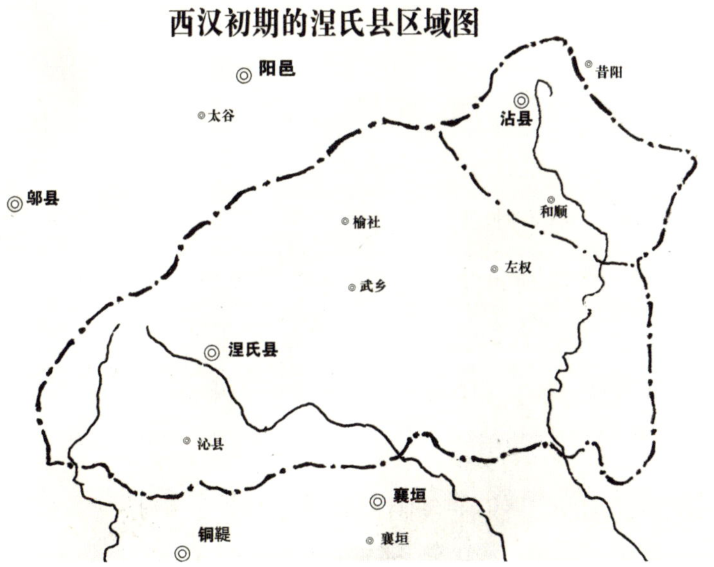

西汉时第一次拆分后的涅氏县

吴锐先生在《历代山西政区通录》中有所显示。当然这次区划变动的不仅仅是涅县，就上党郡来说，发生多处变化，比如在屯留县西北也割出了余吾县，泫氏县南面割出了阳阿县等，端氏县西移变成了隋氏县。总之变化不少，只是其他县域的变化与涅无关，此处也就不细说了。

沾县城邑设在今天的昔阳县西寨村附近，区域为今昔阳县西南部、和顺县北部。据《昔阳县志》记载：“春秋时，为东山皋落氏之国，秦时，属上党郡。”这就和武乡的历史记载相吻合。前面讲过东山皋落氏即皋狼别称，秦时属上党郡，涅县是上党郡的北沿，这片区域在涅的东北。它既然是涅县的辖区，西汉初期，在此设立沾县，就是从涅县析置出来的。

这也是涅县的第一次拆分。

沾县在史书上的出现，始见于《汉书·地理志》，始置年代无考，不少史学研究者将其确定为上党郡所复置的汉王三年（前 204）。无论是汉王三年还是在刘邦称帝（前 202）之后，这已经无关紧要，关键是这一次拆分，使约六分之一的土地离开了涅县。到东汉建安二十年（215），该县又脱离上党郡成为乐平郡治所，北魏太平真君九年（448），又归属太原郡。直到北齐天保七年（556），并省州郡县，沾县被废并入乐平县。

二

西汉之初，对地方的管理是郡国并行制，结果造成地方势力过大，在汉景帝时期发生吴楚之乱。汉景帝采用晁错的《削藩策》加以平定，重视农业，劝课农桑；反击匈奴，开疆拓土；昭宣中兴，励精图治；轻徭薄赋，常平建仓。郡国并行制逐步演变为单一郡县制，豪强地主兼并之风盛行，中央集权逐渐削弱，社会危机日益加深，也导致社会动乱。初始元年（8），大司马王莽逼迫太皇太后王政君交出传国玉玺，接受孺子婴禅让后称帝，改国号为“新”。

新莽时期，改变了许多郡县名称，仅在今山西范围内就改了 4 个郡名、31 个县名，如上党郡穀远县（今沁源）就改为穀近县；还有 5 个县降为亭，如襄垣县就降为上党亭。好在涅氏县没有改名，仍然还是涅氏县。

为缓和西汉末年以来日益加剧的社会矛盾，新莽政权采取了一系列新的措施，包括土地改革、币制改革、商业改革和官名县名改革等，而这一切改革均以《周礼》为依据。但王莽改制未能减缓历史车轮的前进和社会矛盾的发展，他针对当时的社会矛盾所做的尝试，反而使各种矛盾进一步激化，终于导致了赤眉军、绿林军为主的农民起义。

地皇四年（23）二月，绿林军领导者王匡、王凤等人拥立刘玄为帝，恢复汉朝国号，建立了更始政权，自称玄汉王朝。消灭王莽政权后统治天下两年。玄汉更始二年（24），更始皇帝刘玄授绿林军重要首领、汉大臣司隶校尉鲍宣的儿子鲍永任尚书仆射，并行大将军事，屯兵太原，持节将兵，安集河东、并州、朔部，得自置偏稗，辄行军法。

更始三年（25）九月，赤眉军攻入都城长安，更始帝刘玄投降赤眉军，更始政权结束。不久，传言更始帝被赤眉军挟持北上到达河东，尚书仆射鲍永相信了这个传言，就屯兵界休（今介休），向上党郡发出文告，并去信联系，令其弟鲍升和女婿张舒，前来涅城策动营尉李匡先反涅城。李匡开门内应，杀死县令冯晏，另立谒者小吏祝回为涅长。李匡响应赤眉起义行动的记载，出于刘珍《东观汉记·鲍永》中："永遣升及舒等，谋使营尉李匡先反涅城，开门内兵，杀其县长冯晏，立故谒者祝回为涅长。"这也是史书最早出现涅氏县令名字的记载。

此事在民国前的几个版本的县志中均无载，1986年版《武乡县志·兵事》中始有记载，但有一小错："二十四年（汉·更始二年），赤眉起义军分两路进攻长安更始政权。"实际上，赤眉起义军进攻长安是发生在更始三年九

位于故城村北的涅县城墙遗址（郝雪廷摄）

月，即公元25年。

西汉汉武帝元封五年（前106），为了加强中央对地方的控制，依据《禹贡》里的九州和《职方》里的九州，除京畿地区七郡外，把全国分为十三个监察区域，也就是汉朝十三州。每区由朝廷派遣刺史一人，专门负责巡察该区境内的吏政，检举不法的郡国官吏和强宗豪右，其管区称为刺史部。此时，上党郡属并州。

西汉末年，社会矛盾空前激化。王莽代汉，颁布新政，但未能缓解，反而激化了社会矛盾，爆发了绿林、赤眉起义。刘秀是汉高祖刘邦九世孙，赤眉、绿林起义爆发后，新朝地皇三年（22），刘秀与长兄刘縯起事于舂陵，组成“舂陵军”，次年在昆阳之战中一举摧垮新莽大军。之后，绿林军攻破许昌，王莽死于义军之手，新莽覆灭。更始帝刘玄在绿林拥戴下即位。

更始帝继位后，命刘秀持节治理河北地区。能不能摆平河北，决定更始政权的命运。当时南方流行一个童谣：“得不得，在河北。”可是以大司马朱鲔为代表的绿林军出身的将领强烈反对刘秀出巡河北。当初刘玄杀了刘縯，就是因朱鲔和李轶的强烈提议。朱鲔他们不让刘秀去的原因很简单，不是他没有能力，而是他的能力太强了。就在刘玄犹豫不决的时候，冯异向刘秀献计，私结左丞相曹竟及其子尚书曹诩，刘秀得以被派到河北，行大司马事，北渡黄河，镇慰河北州郡。其间，邓禹对刘秀言刘玄必败，天下之乱方起，劝刘秀：“延揽英雄，务悦民心，立高祖之业，救万民之命，以公而虑，天下不足定也！”邓禹的话正合刘秀的心意，于是便不听刘玄调遣，公开与之决裂。更始三年（25）六月，赤眉军拥立汉朝后裔刘盆子为帝，史称建世帝。刘秀在鄗（今河北柏乡县）南千秋亭五成陌即位称帝，国号仍为“汉”，史称东汉，改元建武。

刘秀在太行山一带传说颇多。

刘秀是汉高帝刘邦九世孙，汉景帝之子长沙定王刘发后裔。王莽代汉立新，刘秀愤愤不平。特别是新莽推行的改革盲目崇古，不切实际，致使广袤中原赤地千里、哀鸿遍野。赤眉、绿林、铜马等数十股大小农民军纷纷揭竿而起，刘秀的心里也蠢蠢欲动，便与当地人李通等人在宛城密谋起兵。

刘秀是汉室宗亲，当然响应者众多，成为王莽的心腹大患。王莽下定决心一定要除掉他，满天下的贴出告示捉拿他，悬赏重金和权位要取他的脑袋。刘秀就四处逃窜、躲藏，官兵就四处追杀，留下了很多关于王莽赶刘秀的故事。至今，武乡的百姓中仍有许多民间故事流传，如“地雀儿故事”“桑树椿树故事”“野鹊老鸹故事”“喝米汤故事”，等。

光武帝刘秀建立东汉后，重新划分十三州，又将王莽改为“州牧”的州首称谓改回叫“刺史”，其职能也有所缩减，但刺史却开始有了固定治所，且有风闻奏事之权，以致郡、县官员对其极为畏惧。此后，刺史不仅官位得到了提升（官秩二千石），且权力再度开始扩大。

三

东汉初，涅氏县又恢复称涅县，县治仍在今武乡县故城镇，仍属上党郡。

为何要恢复旧名，原因不详，史书无载，是否与王莽大军追赶刘秀，他曾在这里几次躲过劫难有关呢？也未可知。不过，在清代王先谦的《汉书补注》及汪远孙的《汉书地理志校本》均认为：涅氏县的“氏”字，为一衍字，是初刊印《汉书》者的疏忽，将“涅，氏涅水也”辨为“涅氏，涅水也”之误。是否合理，也并非一家之言。前文《东观汉记·鲍永》中的记载，有“涅城”“涅长”，也没有出现“氏”字。

如果按这样理解，也许压根儿就没有过“涅氏县”的叫法，都是因文言文没有标点惹的祸。

《后汉书·郡国志》载：“上党郡有城十三，其五曰涅，有阏与聚。”

据清康熙三十一年版《武乡县志·卷二·古迹》载，“阏与城：袁松《郡国志》涅城有阏与城，《史记》赵奢大破秦兵解阏与之围。汉《地理志》阏与聚与沁县界接，在县南。”

关于“涅有阏与聚”的记载，还有诸多史书上出现过。据此可以判定，战国时期的“阏与”就在武乡县西南部与沁县接界处，这已是不争的事实。

那么“阏与聚”为何处？

阏与是个古地名，因发生阏与之战而著称古史，特在此补叙几句。《史记·赵世家》称：“惠文王二十九年，秦、韩相攻，而围阏与，赵使赵奢将，击秦，大破秦军阏与下。”

赵惠文王二十九年（前270），秦昭襄王以赵不履行交换城邑的协议为由，派中更胡阳领兵伐赵，围困了阏与。阏与是赵国沟通东西部领土的重要通道，战略位置非常紧要，一旦丢失，赵国可能东西不相顾，很快就被秦国鲸吞蚕食。

阏与聚与涅县城的地理关系

赵惠文王非常着急，便四处求计。《史记·廉颇蔺相如列传·赵奢》载，“秦伐韩，军于阏与。王召廉颇而问曰：‘可救不？’对曰：‘道远险狭，难救。’又召乐乘而问焉，乐乘对如廉颇言。又召问赵奢，奢对曰：‘其道远险狭，譬之犹两鼠斗于穴中，将勇者胜。’王乃令赵奢将，救之。”

大意是：秦国发兵攻打韩国，军队驻扎在阏与。赵王召见大将廉颇，问道：“可不可以去救援呢？”廉颇回答说：“到阏与去的这条路，既远而又险峻狭小，难救！”赵王又召见另一大将乐乘，乐乘的回答跟廉颇一样。面临国土丢失，赵王当然不死心，便又召赵奢来问。赵奢说：“那条路的确既远而又险峻狭小，但这就好比两只老鼠在洞中相斗一样，由骁勇的将领统率的军队能够获胜。”于是，赵王就命赵奢为将，统领军队去救阏与。

赵惠文王命赵奢领兵往救。赵奢见秦军势盛，为隐蔽作战意图，即坚壁不进，造成赵军怯弱的假象，终使秦军轻敌麻痹。赵奢停留 28 天后，乘秦军不备，偃旗息鼓，率军疾进，两天一夜赶到距阏与城 50 里处筑垒列阵。秦军久攻阏与不克，突闻赵援兵至，仓促全力迎击。赵奢采纳军士许历建议，严阵以待，并派万人抢先占领北山高地。

秦国的将军见赵国军队按兵不动，只是一味地加固营垒，感到十分不解，便派出间谍混入赵国军营去打探消息。但是，秦国间谍一进入赵国军营，就被发现抓获了。然而，令人不解的是，主帅赵奢不仅没有处置秦国间谍，还好酒好菜将间谍招待一番，然后把间谍送出军营，让他走了。

秦国间谍回到军中，向秦国将军报告了他所看到的情况，秦国将军大为高兴，说：“离开都城三十里就驻扎大军不敢前进，只是一味地加固营垒，这以后，阏与将不再是赵国的地盘了！”

赵奢把秦国间谍送走后，立即下令军中，扔掉一切重负，卷甲衔枚，轻装疾进，只用了两天一夜的时间，就翻越太行险径，赶到了阏与附近。在距阏与五十里的地方，赵奢挑选一批好射手负责警戒，命令全军构筑营垒。

当营垒构筑完毕，秦国军队也得知了消息。于是调集各路人马一起赶来，要对赵军实行围剿。此时，赵军中一个名叫许历的军士向赵奢提出，要求允许他对战事发表意见，得到了赵奢的允准。于是许历说：“秦军不会想到我军突然进攻到此，一定十分恼怒。被激怒的秦军如果发动攻击，其气势必然旺盛。将军一定要结集优势兵力，严阵以待，不然会吃败仗！”赵奢说：“这条意见可以采纳。”许历说：“那就请将军按照军令把我处死吧。”赵奢说：“等以后回到邯郸再说吧。”许历说：“您既然现在不杀我，那我还有话要说。”赵奢说：“说吧。”许历说：“阏与北面有一座山头，位置十分重要。如果抢先控制了这座山头，就为胜利奠定了基础；如果山头被敌方占领，我们将会遭受失败！”赵奢点头赞成，立即发兵一万，快速占领了北山。

当赵军在北山刚刚站稳脚跟，秦军果然派大队人马前来抢夺。赵军居高临下进行反击，战斗非常惨烈。这里鏖战正酣，赵奢趁机指挥大军向秦军发动全面进攻。结果，秦军被打得大败亏输，溃散而去。阏与之围得以解除。赵军奏凯而还，赵奢因功被封为马服君，地位与廉颇、蔺相如等同。

阏与之战

“阏与之战”是发生在涅县历史上的一次重大战役，影响十分深远。

阏与之名来源于阏伯。阏伯，子姓，名契。帝喾之子、帝尧的异母弟。《左传·昭公元年》：“昔高辛氏有二子，伯曰阏伯，季曰实沈，居于旷林，不相能也。日寻干戈，以相征讨。后帝不臧，迁阏伯于商丘，主辰。商人是因，故辰为商星。”可见历史上的阏伯，主要负责星辰（天文），这倒也和武乡古台发现观星台有所吻合。根据明代马暾《潞安府志·表》引《帝王世纪》云“颛帝所建九州，帝喾（高辛）受之潞”的记载，说明高辛氏子阏伯族居地范围在潞——浊漳河流域。

关于阏与古战场的具体地点，史学界观点颇多，大抵有山西沁县乌苏、山西和顺与河北武安三说。

关于沁县乌苏说，最早执此说者是三国人孟康。《汉书·韩信传》孟康注："阏与邑名也，在上党涅县。"《史记·秦本纪》集解引孟康，认为阏与"在上党涅县西"。《史记·赵世家》正义引《括地志》作："阏与聚落，今名乌苏城，在潞州铜鞮县西北二十里。"

关于和顺说出于北魏郦道元，《水经注》卷十《清漳水》称："南水亦出西山，东径文当城北。又东北径梁榆城南，即阏与故城也。秦伐赵阏与，惠文王使赵奢救之，奢纳许历之说，破秦于阏与，谓此也。司马彪、袁崧《郡国志》并言涅县有阏与聚。"《隋书·地理志》称："和顺，旧曰梁榆。"

关于河北武安说，最早见于唐人所修《隋书·地理志》："武安，开皇十年分置阳邑县，大业初废入焉。有榆溪，有阏与山，有寖水。"司马彪《史记·正义》亦主张武安说，认为"阏与山在洺州武安县西南五十里，赵奢拒秦军于阏与，即此山也"。

但武安说在唐代即遭到质疑，李泰《括地志》称："言拒秦军在此山，疑其太近洺州。既去邯郸三十里而军，又云趋之二日一夜，至阏与五十里而军垒成，据今洺州去潞州三百里，间而隔州，恐潞州阏与聚城是所拒处。"因此，后世学者多不以武安说为是。阏与古战场的所在地，游走于和顺与沁县乌苏二说之间，但无论和顺还是沁县乌苏，战国时均为涅地，这一点是确证无疑的。

清康熙三十一年版《武乡县志·卷二·古迹》中，有"阏与城"，解释为："袁崧《郡国志》涅城有阏与城。《史记》赵奢大破秦兵，解阏与之围。汉《地理志》阏与聚与沁州界接，在县南。"如按此说，又好像阏与聚在武乡县南，与沁县交接的地方。

阏与城究竟在什么地方？今人已经无法确定。甚至就连这个地名的读音，现在都莫衷一是，有说读音为"yānyǔ"，也有说读音为"è yǔ"，还有说读音为"yù yǔ"。弄不清只能继续着迷一样去想，但其中一个共性的记载就是"阏与聚"当时属于涅。这些历史记载，说明战国赵奢等名将曾在武乡一带征战，也说明这一带是历史上兵家必争之地。

四

州、郡、县三级区划建制在西汉时期处于萌芽状态，到东汉后期正式形成。汉武帝元封五年（前 106），始在郡之上又设十三行部，每部派一刺史，每个行部管辖若干郡国，但此时的行部是监察区，还不是真正意义上的行政区。东汉末年，地方多事，汉灵帝中平五年（188），朝廷选重臣出任刺史，称州牧，掌管一州军民。州从监察区变为行政区，至此，中国地方行政由原本的郡县两级制度变为州、郡、县三级制。

县是郡、国以下的行政区，大县的长官称县令，秩一千石；小县的长官称县长，秩三百至四百石。县侯的封地侯国的长官也称相，品级同县令、县长。县以下设乡，长官有秩，领朝廷最低品秩百石。乡以下设亭，长官为亭长。亭以下设里，长官里魁，其下更有什长、伍长。整个东汉时期区划设置较为稳定，变动幅度很小，涅县区域一直没有发生变化。

东汉末年，从中平元年到建安二十五年（184 至 220），发生黄巾起义，导致诸侯割据，互相攻伐兼并。再加上朝廷内部政治腐朽黑暗，外戚宦官干政，又无力管辖地方势力，因而造成群雄逐鹿的局面。建安元年，曹操迎汉献帝至许，自为司空，行车骑将军事，后进位丞相，进爵为魏王。曹操四处征战，经

东汉时期的涅县区域图

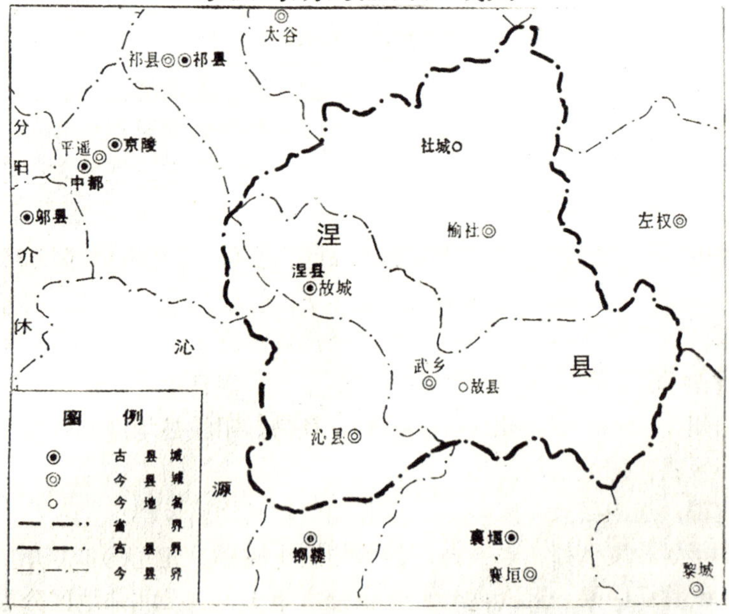

第二次拆分后的涅县

官渡之战、赤壁之战、渭南之战等，基本上统一了北方。

东汉建安二十五年（220）正月，曹操病死；三月，汉献帝下诏改元延康元年；同年十月，继任魏王的曹丕逼汉献帝刘协禅位，是为魏文帝，建元黄初。至此，东汉王朝名实俱亡，历史进入三国时期。

就在这一年，因难以确定几月，应该是建安二十五年，还是延康元年，或是黄初元年？总归是在公元 220 年，在涅县东部分置轑河县治轑阳故城，属上党郡。《水经注·清漳水注》也有"轑水出轑河县西北，南流经轑河县故城西南"，亦可引证。

涅县经历了第二次拆分。轑河县区域，约为今天的左权县全部及和顺县南部。

涅县第二次拆分，从面积上讲又少了四分之一左右。

据《晋书·地理志》可知，汉献帝建安二十年，始集塞下荒地立新兴郡，后又分上党立乐平郡，辖沾县、上艾县。

离相古寺离相钟

一

说到东汉时期，应该说一下佛教在中国的传播。这一时期，佛教的传入与发展，极大地丰富了中国古代文化，提升了中外文化交流的水平。

佛教作为世界三大宗教之一，于公元前 6 世纪至公元前 5 世纪由释迦牟尼创建于古印度。佛教于汉代开始在中国传播，由于历史久远，传入时间也说法不一，一般说即东汉明帝永平十年，即公元 67 年。

《后汉纪·后汉孝明皇帝纪·下卷第十》载，“初，帝梦见金人，长大，项有日月光，以问群臣。或曰：‘西方有神，其名曰佛，其形长大。陛下所梦，得无是乎？’于是遣使天竺，而问其道术，遂于中国而图其形象焉。”

据《魏书》载，永平八年，蔡、秦等人踏上天竺的征途。在大月氏国，遇到印度高僧摄摩腾、竺法兰，见到了佛经和释迦牟尼佛白毡像，恳请二位高僧东赴中国弘法布教。永平十年，二位印度高僧应邀和东汉使者一道，用白马驮载佛经、佛像同返洛阳。汉明帝见到佛经、佛像，十分高兴，对二位高僧极为礼重。永平十一年，汉明帝敕令在洛阳兴建僧院，为纪念白马驮经，取名“白马寺”。

白马寺成为中国第一古刹。

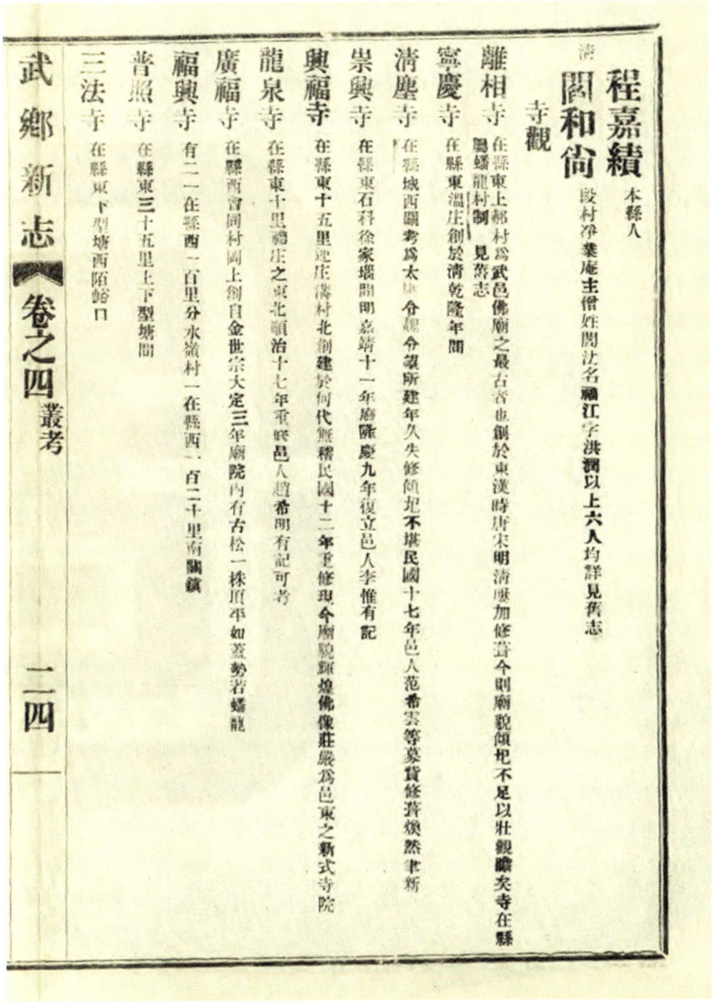

程嘉績 本縣人

清 閻和尚 段村淨業庵主僧姓閻法名福江字洪潤以上六人均詳見舊志

寺觀

離相寺 在縣東上郝村爲武邑佛廟之最古者也創於東漢時唐宋明清屢加修葺今則廟貌傾圮不足以壯觀瞻矣寺在縣東蟠龍村側見舊志

寧慶寺 在縣東溫庄創於清乾隆年間

清塵寺 在縣城西關考爲太康令魏令敬所建年久失修傾圮不堪民國十七年邑人范希雲等募貲修葺煥然聿新

崇興寺 在縣東石科徐家堖明嘉靖十一年廟廢隆慶九年復立邑人李惟有記

興福寺 在縣東十五里迆庄溝村北創建於何代無稽民國十二年重修現今廟貌輝煌佛像莊嚴爲邑東之新式寺院

龍泉寺 在縣東十里魏庄之東北順治十七年重修邑人趙希明有記可考

廣福寺 在縣西會同村岡上創自金世宗大定三年廟院內有古松一株頂平如蓋勢若蟠龍

福興寺 有二一在縣西一百里分水嶺村一在縣西一百二十里南關鎮

普照寺 在縣東三十五里上下型塘間

三法寺 在縣東下型塘西陌峪口

武鄉新志 卷之四 叢考 一二四

民国十八年《武乡新志》中关于离相寺的记载

据目前现存武乡最早的地方志——康熙版《武乡县志》载，武乡离相寺始创于东汉。由此可见，离相寺与白马寺几乎同龄，是中国最早的寺庙之一了。因此在武乡民间，自古就流传着“先有离相，后有武乡”之说，即先有离相寺，后有武乡城，武乡县是西晋泰始元年才分置出来的。

民国十八年(1929)出版的《武乡新志》中“卷四·丛考”中也有记载：“离相寺，在县东上郝村（今北上合村），为武邑佛庙之最古者。创于东汉，时唐、宋、明、清屡加修葺。今则庙貌倾圮，不足以壮观瞻矣。”

离相寺寺名变化颇多。在东汉建寺时，因建于五峰山中，故名“五峰寺”。西晋时，西域高僧佛图澄在此弘法传经，改名“德峰寺”，以铭记佛图澄大和尚的不朽功德。

到东晋时期，平阳法显在此修行并扩建寺院，扩建后改题“离谷寺”。

法显，俗姓龚，平阳武阳人，生于东晋咸康元年，三岁出家，二十岁受大戒，长期研读佛经，常慨叹录藏传译未全，立志前往西域寻求。东晋隆安三年（399），65 岁高龄的法显邀约同道慧景、道整、慧应、慧嵬四人一起，徒步数万里前往印度，学习梵文，抄录经典，历经 30 余国，13 年后满载而归。回国后，先后在彭城、京口（今江苏镇江）、建康（今南京）道场讲法。之后来到武乡，北魏泰常七年，也是刘宋永初三年（422），终老于德峰寺，即离相寺。他不仅是西行求法的大宗教家、大翻译家，而且是世界上第一个发现美洲大陆的旅行家，比哥伦布还要早 500 年。在我国佛教发展史上，而且在中外交通、文化传播史上具有十分重要的意义。

离相寺法显坐化残碑

五代后周时期，德峰寺因“法显高僧以离幽谷，圆寂西去”一事，被官府赐名为“离谷寺”。到宋端宗景炎元年，也即元世祖忽必烈至元十三年（1276），寺院住持雄辩大师将离谷寺改名为离相寺。至此，元、明、清、民国历朝一直沿用离相寺之名。

关于法显坐化之地，亦有争议。

南朝梁僧慧皎《高僧传》说法显卒于湖北辛寺。但更多的史料证明，法显确实是坐化于武乡县的离相寺。据武乡的方志、碑碣所载，已至垂暮之年的高僧法显，曾入离相寺弘法传教，增建梵宇。刘宋永初三年（422），法显在德峰寺“明心见性，端坐而化”（见离相寺残碑），肉身供奉于该寺枯木堂。人们便把佛图澄大师始建的五峰寺称作“古寺”或“旧寺”，把法显扩建后的“德峰寺”称作“新寺”。故《出三藏记集》卷十五说法显圆寂的寺院为“新寺”，而其“新寺”即指此寺矣。这也不难看出，有人把“新寺”误作“辛寺”的谬处之因。

在离相寺，还有几件出土的碑碣，都揭示了枯木堂法显“包骨像”的秘密。原镶嵌在离相寺枯木堂“包骨像”法座之上的石碣所载：“高僧法显，平阳龚氏，隆安中西行求法，归国于建康译经，暮年入离相古寺，坐化后历祀数代。此乃元雄辩大师之内传心印矣。惟大清同治，甲子吉辰，复彩绘大雄宝殿，虔装师祖金身。毕，谨勒铭，烧以佛子，慧灯不灭，源远流长。僧梵江敬刊。”

原枯木堂遗址出土的一块砖铭，虽剥蚀严重，但字迹尚可辨认：“法显于南北朝永初、景平年间圆寂，包骨真身舍利于离谷寺……师者十有一代耳……至正戊子八年，弟子洪津。”

民国《重修离相寺碑记》载：“东晋高僧法显，西行求法归国后，于暮年入寺弘法，至南北朝永初、景平间坐化，其德像原供于寺内枯木堂，后年因战乱寺毁，于民国三十一年土葬于寺西塔林坟……”

二

俗话说，“山不在高，有仙则名”。能使这离相寺名震遐迩的主要原因，还不仅仅是因为这座寺庙建造之久远，更重要的还是因为这里有得天独厚的人文历史。西域佛图澄的弘法，高僧法显的坐化，日本画僧雪舟的施舍，离相古钟的奇特洪大……

说到离相寺的古钟，在山西有一首民谣相传甚久：“平遥的城，上党的门，武乡离相寺的老大钟。离相寺的大钟响一声，三天三夜不落音。”

离相钟有多大呢？据乾隆版《武乡县志》载：“离相钟，在县东离相寺，高六尺余，周十二尺，厚约二寸，重不可测，响声洪大，闻数十里。”据当地百姓传言，离相钟，远远不止这个规模。当地有个歌谣流传很广，说这钟内，“四人摸牌四人看，卖烧饼老汉绕着转”。离相钟非常高大，高丈三，周三丈，厚六寸，钟的下口宛如倒立的城墙，周边还有云水纹饰，外部镌刻许多鼎文，但是已经没人记得上面的文字了。

2009 年新铸造的离相钟（郝雪廷摄）

这口大钟在抗日战争时期，北上合村民兵为了给八路军兵工厂提供生铁原料，为了打击日本侵略者，他们忍痛割爱，把这口大钟推下山谷摔了个粉碎，然后驴驮马载，肩扛人担，送到了柳沟村的八路军军工部兵工厂，全部浇铸了手榴弹壳。就这样，这件传世珍宝成为战争的牺牲品，存世一千五百年的离相钟，做了送日本鬼子上西天的殡葬之物。

我们再从形状上来分析一下，圆周十二尺，直径仅仅一米有零，这样肯定是坐不了传说中“四人摸牌四人看”的。好在离相钟仅仅消失近七十年，在 20 世纪 80 年代尚有许多人目睹过此钟，原县文物管理所所长王照骞老师也曾在北上合村采访，得到的也是这个结论。按照这个规模来粗略计算，该钟高约 4.5 米，外径约 3 米，厚 0.2 米，重约 30 吨。

那么为什么《武乡县志》上会有“高六尺余，周十二尺，厚约二寸”这样的记载呢？这又成了一个谜。几经调查，发现一个问题，原来当时使用的度量工具并不统一。在武乡，农家常用的量土布的尺子，原来是二尺半算一尺。若当时修编县志时用当地的“土尺子”来计量的话，高六尺约等于标准尺一丈五，周十二尺约等于标准尺三丈，厚二寸约等于标准尺五寸。这一组数据就与知情人记着的尺寸“高丈三，周三丈，厚六寸”相差不大了。

离相钟的大小之谜，应该算是解开了。再查找中国历史上有关大钟的记载，除了北京大钟寺永乐钟之外，就数得上离相钟了。永乐钟高 6.75 米，直径 3.7 米，口外径 3.3 米，钟唇厚 18.5 厘米，重 46.5 吨。永乐钟尺寸比离相钟稍大了一点点。

如果说永乐钟是铸成于明永乐年间，那么在此之前，离相钟可以说在中国大钟行列中独领风骚上千年了。

三

这样规模的大钟，是谁主持铸成的？是什么年代铸成的？是如何铸成的？在什么地方铸成的？又是如何运送到离相寺的？面对这一连串疑问，给今人留下了许多解不开的谜。

根据当地多种传说，求同存异，归结起来主要有以下四种。

一说神奇飞来。钟，是佛寺中一种重要的法器，源于印度佛寺召集大众时所敲击的犍椎（Ghantā）。犍椎本是梵语一个泛称，指能敲打出声的各类法器。中国古代用于礼乐的重要乐器是钟，钟是敲击而响，与佛教中的犍椎不谋而合。佛教传入中国后，僧人们便把钟与鼓作为最主要的法器。特别是铸造大钟，可成为寺庙等级的标志，可是作为东汉最早的寺庙之一的五峰寺（离相寺）竟然没有大钟，寺庙住持在寺庙里修下了钟楼，只是没有钟挂，每天为此愁眉不展，他在诵经之隙一直思想着如何才能铸一口大钟？老住持虔诚的心终于感动神灵，一天夜晚，老住持正在闭目打坐，忽听耳边有人喊道：“钟来了——”老住持不禁喜出望外，忽然睁开眼，山谷还是一片寂静，

古老的离相寺（郝雪廷摄）

他感觉似梦非梦，于是自言自语，“佛祖如能给离相寺赐一口大钟该多好呀”，一边言语一边推门走出院里来，正在此时，只见西天一道金光射向寺来，其声如雷，等他定睛一看，原来雷声响过，一口大钟已经挂在钟楼之上……

二说竺佛赠予。东晋十六国时期，天竺国佛图澄为度化石勒来到东土，经洛阳辗转来到武乡，他听说这里有个近三百年的古寺，便到此讲经说法。天竺高僧佛图澄来到离相寺的时候，这里香火冷落，庙貌倾圮。佛图澄看到后很伤感，便向小沙弥打听原因。小沙弥便将情况详细介绍，原来，在德峰山后有个黑风洞，洞中住着一个修炼千年的没尾巴狼精。这狼精经常出来祸害百姓，寺中僧人为救百姓便去与狼精斗法，不幸战败，从此，这狼精便常常到寺庙里来行凶，不仅害的寺庙里没了香火，而且残杀了不少僧人……佛图澄听到这个消息，便仔细打听黑风洞情况，准备去治服狼精。谁知就在这天夜里，狂风骤起，飞沙走石，地动山摇，天昏地暗。这个没尾巴狼精，随着一股阴风，向离相寺扑来。这时，佛图澄正在寺内的蒲团上打坐念咒作法，

离相寺古碑（郝雪廷摄）

见狼精扑来，便不慌不忙，一掌击去！随着一声“噢噢”的嚎叫，顿时狼精变作一股黑烟，飘飘悠悠落在对面的山坡上，人们一看，竟是一张没尾巴的狼皮……之后，佛图澄又在这里新建了庙宇，金装了佛像，度戒了沙弥。为了寺庙永保安宁，特地将自己随身的念珠幻化为这口大钟，高悬在钟楼之上，只要雄浑的钟声响起，一切魑魅魍魉尽皆望风而逃，离相寺的香火从此又兴盛起来。

三说石王三钟。相传，武乡羯人石勒，在佛图澄的点化下，选择立业，封为赵王，后又被拥立为皇帝，因而石勒非常尊崇佛教，在全国大兴建庙之风。同时，他回到武乡为佛图澄曾经讲经说法的离相寺分别铸造了金、铜、铁三口大钟。其金、铜二钟消失于元朝，传说延祐年间，离相寺的住持雄辩大师要外出云游，临行时，叫来专管那撞钟的小和尚吩咐道：“老衲今出远门，一月之内，你只管使用铁钟，万万不可随意去撞那金钟和铜钟。”小和尚对大师的吩咐疑惑不解，心想：“我硬是撞它一撞，看它竟会怎样！”于是，他操起钟锤，连撞三下，只见那口金钟光芒四射，腾空而起，金钟飞落在卢沟桥东的一座寺院。金钟一走，而铜钟也破楼而飞，小和尚飞身去追，一直追到北上合村时，总算是追上了，小和尚抡起钟锤，照直朝那铜钟击去，铜钟应声落地，滚滚烟尘散尽之后，这口铜钟却无影无踪了，人们便把落钟的这块地叫作“落钟坪”。据当地老人讲，他们在这里犁地时，每每能听到“铮铮”之声。神奇的金钟和铜钟，从此便在离相寺的历史上消失了。只留下了铁钟。

四说法显铸造。法显归国后，为广传佛法，辗转来到武乡离相寺，并在此谈经论道，后坐化于该寺枯木堂，其真身制为包骨泥像，在离相寺尊塑长达 1500 余年，直到抗战之后庙宇渐毁，20 世纪 50 年代初由曾在寺中任跑山香火护持的本县长乐村善人胡存富葬于塔灵坟。相传这口离相钟就是法显在此铸造而成的。

关于离相钟的传说，有许多神秘、怪异、离奇色彩，虽有流传，但终不能令人信服。唯有法显铸造比较符合实际。

法显归国后曾在离相寺生活七八年时间，主持铸造这口大钟也是极有可能的。然而，从当时的矿石、冶炼技术、运输等方面来分析，铸造如此之大的铁钟，仍然有许多难解的谜团。

在重修离相寺之际，结合武乡三晋文化研究会工作的开展，史学工作者认真研究了武乡的各种史籍、碑刻，并多次采访老人，得到一些线索，北上合村梁姓原在县城居住，在明朝时曾出了两代岁贡，真可谓光宗耀祖，为了还愿，后来举家迁到距离相寺最近的北上合村。其祖上曾任济南府知经历，并留有唯一一诗，即《离相寺大钟赞》。

诗的作者叫梁尧夫，翻阅康熙三十一年版《武乡县志》，终于找到梁尧夫的名字。其父梁鼎，敦义坊（当时的武乡县城）人，为明初岁贡。由于深信考取岁贡与其求佛有关，在取得岁贡之后便举家迁至离相寺附近的北上合村（当时写作“上郝”）。果然在迁居之后，子梁尧夫也考取岁贡，并做了济南府知经历。经历是元以后设于御史台、都察院，以及外省之布政司、按察使等执掌文书的官职，相当于现在的省委、省政府秘书长之职。

据诗之末注“嘉靖甲寅三十三年还离相铭赞”，诗中又有“济南府知今视贺”之句，可以断定这首诗是梁尧夫在任济南府知经历之后，于明嘉靖三十三年（1554）返乡探亲时写成，至今已近470年。这首诗比较详细地记录了许多铸造大钟的过程。虽然这个过程已经经历了千余年的口碑相传，已经远非铸造大钟当时的实录，但毕竟比现在早470年，梁尧夫所见到的、听到的、想到的，肯定会比我们现在了解得更多，更接近历史。

详细阅读这首诗，再对山形地貌、地名传说进行研究与分析，确实开拓了我们的视野，打开了我们的思路。这首诗的意外发现，为我们解开离相钟铸造之谜，提供了许多有益的佐证。

四

根据梁尧夫这首《离相寺大钟赞》，逐步揭开离相钟之谜。首先，离相钟是由法显高僧主持铸造的。诗的开头就写道：“传曰高僧佛绣心，执定倚法显释龚。九莲台前铭咒誓，红藕干戈冶浩钟。”高僧法显为了弘扬佛法，在九莲台前发誓，要铸造大钟。照此推断，离相钟应该铸成于法显西天取经归来之后到坐化之前，即东晋义熙至元熙年间，具体来说也就是公元412—420年。

接下来诗中写道：“巡得紫气砣尔矿，上郝炉凹大筑煁”。铸造大钟，必然需要原料，为了完成这一宏愿，法显遍找山石，根据山形地貌、石质岩层，终于在东山一带寻找到了铁矿石，这样就为铸造大钟提供了最基本的条件，于是，就在上郝（今北上合村）的炉凹做起了炼铁炉。煁，是指可以移动的炉，正因为筑成可移动的炉，才能为铸造大钟发挥作用。这个炉凹，我想在东晋时还不叫这个地名，正因为在此筑炉冶铁，才留下这个地名，现在在这一带还保存着一个叫“炉后”的地名，可能也是因为炼铁炉的缘故吧。

这里还有一个问题，诗中没有提到，就是技术问题，从武乡的历史典籍中一直找不到明代以前有过冶炼技术，那么冶炼技术是如何解决的呢？至西晋泰始年间从涅县分设武乡的时候，当时的武乡区域较大，包括现在的武乡县涌泉村以东、榆社县全部、左权县西部，东部与西汉时期置县的武安县非常接近。

为什么要提到武安？武安有悠久的冶铁历史，据文献记载，早在商周时期，就是华夏主要的冶铁基地，到了汉代，已发展成为全国的冶铁中心。汉武帝时在全国48个地区定点产铁，专门设置“铁官”管理，武安为其一。此后历朝历代，朝廷都在这里设有专门的铁官。从离相寺到武安也就三百余里，法显高僧能从地下找到铁矿石，难道还不能到武安找回冶炼师吗？

接下来继续看诗中的描写，“七十二座烽扫炉，环曲峻建韩壁根”。要铸造如此大钟，需要太多的铁水，更需要一次性浇铸，如果浇铸有了间隔，就会出现接灰，为解决这一问题，唯有用七十二座炉同时冶炼，才能做到一次浇铸成功。可见当时的场面如此浩大，从北上合圪梁，一直通到韩壁根，连绵数里，有人捣矿石，有人筑铁炉，有人打柴火，有人挖煤，有人烧焦，有人造模型……而法显高僧穿梭于人群之中，部署工作、探讨技术、督促进度、检查质量，一个轰轰烈烈的场面展现在我们面前。

古人炼铁图

诗中还提到，“彗模捆扎炉台坪”，这是说铸模建造在叫“炉台坪”的地方，在北上合以东的山梁上。其实，当时应该不叫这名字，因为在此建造浇铸模，所以后来就取了这个地名，不过对1100多年之后的梁尧夫来说，索性就把此地称为“炉台坪”了。

现在有个问题是，“炉台坪”相距离相寺还有二里之遥，既然要就地铸造，为什么不在离相寺铸造，却要跑到二里之外？要知道搬运的不是一般货物，而是重达几万斤的大铁钟，当时没有吊车，没有汽车，搬运一件重达五六万斤的铁钟走二里路，将是多么困难？法显不会想不到。那么这是什么原因？

我们还是在诗中寻找答案，诗中曾有这样的句子，“狉獉沟谷陡无径”，这说明当时离相寺附近的山间草林丛生，树木参天。我们可以大胆设想一下，把炉模建在对面的山梁，再把冶炼炉建到另外一道山谷中，完全是出于环保因素，试想七十二座炼铁炉，再加上捣铁矿石的、打柴火的、搬运的、烧焦的、冶炼的，如此浩大的工程需要数万人工，也需要两三万平方米的面积。如果在离相寺跟前踩出这样大一片空地来，是不是等完工之后会造成一片狼藉？不仅破坏了树林花草，更重要的是据风水师讲，火炉煅烧会烧坏龙脉，若在寺庙近前建起七十二座炼铁炉，必定会烧坏寺庙的龙脉，坏了寺庙的风水。如果这个理由成立，一切都会迎刃而解的。

接着就是最后一个问题——搬运。我们先来看看人们关于埃及金字塔建造的争论，胡夫金字塔是成千上万块重达两千吨的巨石构成的，现代的人无法想象，这些巨石到底是如何垒起来的？对于金字塔如何建成的有千百种说法，其中最典型的说法有以下几种：猜测一，人们将场地四周天然的沙土堆成斜面，把巨石沿着斜面拉上金字塔，就这样，堆一层坡，砌一层石，逐渐加高金字塔；猜测二，几千年前，人类不可能有建造金字塔这样的能力，只有靠外星人帮助；猜测三，金字塔是地球前一次高度文明社会灭亡后的遗产，或者是诸如大西洲之类已经毁灭的人类文物的遗留物；猜测四，法国人约瑟·大卫杜维斯提出了他惊人的见解，声称金字塔上的巨石是人造的，类似混凝土的材料灌注而成的。

从这里可以看出，有许多历史谜团很难解释，对于金字塔的建造，笔者还是趋向于斜拉法。当然向上斜拉两千余吨重的石头确实不易。那么，如此分析，若是从山梁上向下滚动三十吨重的铁钟应该不是很费劲的。当铁钟铸成之后，僧人与百姓修成一条路，再砍伐圆木铺于路上，打开钟模，将铁钟移上圆木，向下滚动，这样铁钟运送到寺庙是比较容易的。

五

揭开离相钟的铸造之谜，对研究武乡的佛教文化、古建文化、佛乐文化、冶炼铸造文化都有着重要的历史意义。

离相钟，作为武乡乃至中国佛教界的文化遗产，尽管在抗日战争中它变成了打击日本侵略者的武器，永远在人间消失了，但曾经位居中国铁钟之最的历史还是那么辉煌。在读梁尧夫《离相寺大钟赞》中，我还发现了这样的句子，“因留渝名罕天下，日本高僧雪舟征。海漂方来睹奇迹，共命化银造桥亭。”这是说，离相钟名扬天下，引得日本高僧雪舟漂洋过海，专门来一睹雄浑的大钟风采，并且筹资在此建造了桥亭。

雪舟何许人也？雪舟（1420—1506），全名雪舟等杨。或许有人知道他是一位画家，其实他是一位很有道行的高僧，在他十一岁的时候，就入相国寺为僧，成为春林周藤禅师的弟子，起初，只是束身修行，闲暇时，临摹中国南宋李唐、夏珪、玉涧、牧溪、马远、梁楷等禅画大师的作品，渐渐成为禅僧中画界名流，作品广泛吸收中国宋元及唐代绘画风范。1467 年随遣明船访问中国，先至杭州，同年 8 月，北上游历，由于仰慕离相寺之钟，专程来到离相寺，并在此长期居住，还募资修造了造桥亭，1469 年回国。在中国的两年多时间里，他遍游名山，并大量写生，可惜雪舟等杨当时的写生原作，今天已经看不到了，如果能找到这些原物，我相信其中必有离相寺，还有那口大钟的形象。好在日本和美国的一些博物馆中还收藏着这些写生的一部分摹本，从中我们可以了解雪舟写生旅游的一鳞半爪。其中，收藏于日本京都国立博物馆《唐土胜景图卷》的一部分上，就有一些描绘中国寺院群落的，是否会有离相寺？未能目睹不得而知。

雪舟等杨在离相寺期间创作的山水画局部

雪舟等杨回到日本后，恰逢应仁大乱。为避战乱，他来到了九州东北部的大分，在背山面海的风景绝佳处建造了一座画室，取宋代诗人黄庭坚的诗句“天开图画即江山”，将其命名为“天开图画楼”，在此作画，教授弟子。以后又云游各地，后定居山口，直到1506年去世。梁尧夫的写诗时间是1554年，比雪舟在离相寺的时间仅仅晚九十年，可见诗中对雪舟的记述应该最具有历史性，同时，也引证了离相钟当时在海内外的巨大影响。

魏武挥鞭走羊肠

一

东汉末年，在太行山发生过一次重大的战事，“曹操太行征高干”。

东汉建安十一年即公元206年，曹操率军包围壶关亲征高干，过太行山时，曾写下一首千古名诗《苦寒行》，但对于曹操出兵时翻越太行山的途径颇多争议，有说沁阳，有说壶关……在武乡民间亦有曹操行军的传说。难道曹操真的从这里登上十八盘羊肠坂，途经武乡前去攻打壶关的吗？

东汉末年，黄巾起义爆发后，皇室衰微，军阀混战，群雄逐鹿。一代枭雄曹操在军阀混战中异军突起，他保汉献帝，并迁都许昌，从而，消灭了北方最强大的军阀势力袁绍，逐步统一了黄河流域，与占据长江流域的孙权、刘备形成了三足鼎立之势。但是，袁绍的外甥并州刺史高干趁曹操北征乌桓内部空虚之际，据并州反曹，派兵占据了上党战略要地，据守太行山壶关口，这里守可依太行，进可下中原，成了曹操的心腹之患。

曹操得知此消息便先派部将乐进、李典率军进击，但关险不能近，未攻下壶关。建安十一年（206）正月，曹操率大军翻越太行山，进军上党，征讨占据并州、叛服无常的高干。其时天气寒冷，大雪纷飞，道路险阻，曹军历尽艰辛，太行山路的艰险难行，使得曹操百感交集，触发诗兴，写下了这

武乡东部山区悬崖峭壁上的古道“羊肠坂”（郝雪廷摄）

首千古名篇《苦寒行》。

“北上太行山，艰哉何巍巍。羊肠坂诘屈，车轮为之摧。树木何萧瑟，北风声正悲。熊罴对我蹲，虎豹夹路啼。溪谷少人民，雪落何霏霏！延颈长叹息，远行多所怀。我心何怫郁，思欲一东归。水深桥梁绝，中路正徘徊。迷惑失故路，薄暮无宿栖。行行日已远，人马同时饥。担囊行取薪，斧冰持作糜。悲彼东山诗，悠悠使我哀。”

《苦寒行》写于太行山，这是没人否定的，但“羊肠坂诘屈”点到途经“羊肠坂”，查阅资料，虽羊肠坂古有争议，羊肠坂、十八盘这样的地名不下几十处。传说虽多，但大多集中于河南沁阳与山西壶关两处。特别是沁阳市常平村石壁上刻着同治初年的“古羊肠坂”，距今已有140多年了。这算是羊肠坂的证物。但著名作家、民族学家张承志曾先后考察沁阳、壶关两处，又颇赞同《苦寒行》出自白陉古道。怎么又与武乡会有牵连?

关于羊肠坂，武乡也有。而且是武乡最早的“八景”之一。

在明永乐年间编写的《武乡县志》中就有记载，永乐版县志虽然失传，但在明成化版《山西通志·卷七》中留下痕迹，武乡“八景”中有一景即是“羊径凌空”。中间几版县志曾将古景调整，到乾隆五十五年修编《武乡县志》时将原来的“八景”增为武乡“十二景”，再次把“羊径樵云”收入。“羊径凌空”也好，“羊径樵云”也罢，总之均是指武乡的羊肠坂。康熙版、乾隆版《武乡县志》中的“山川”中都记有“羊径山”：在县东北一百里，高峻险狭，可通羊，故名。

研究历史一靠文物，二靠史料，三靠传说。现在各地均未发现曹操行军确有价值的文物，史料记载也微乎其微，既然有此传说，就有考察研究的思路，走一走羊径山十八盘，再寻找历史的踪迹。

二

太行山主峰武乡段十分奇特，西侧坡缓延绵，东侧绝壁悬崖。由于新修了一条“太行一号”旅游公路，原来过山的羊肠小道已经被拦腰斩断。为了考证羊肠坂，研究者几乎成了探险家，在山凹里寻找了许久，向导经过很久辨认，才找到了那条已经几十年没有人迹的“十八盘”。

站在路口，向导指着山脚下的一个小村庄介绍：“下面沟里的小山村就叫做‘曹尔河’。这条沟里流着一条温泉，冬天不仅不封冻，而且还热气腾腾。传说汉朝丞相曹操行军走到这里，看到这条温泉水，便下马来到河边，捧起泉水洗了洗脸，洗去了多少天的鞍马劳顿，一鼓作气攀登太行山。于是，这条河便称为‘曹尔河’，后来这里立下了村庄，也起名‘曹尔河’。”

在网上搜索，却没有找到“曹尔河”这个村名，而是写作“洗耳河”，但传说故事则与石勒、许由、彭祖等人曾在此洗过耳朵有关，当然也有曹操洗脸的故事。

经过对方圆几十里的调查，无论是黎城，还是武乡、左权、襄垣，周边

武乡东部山区古道“羊肠坂”就是从这里通过的（郝雪廷摄）

的百姓却都叫这个村为“曹尔河”。就连本村人也只是写村名的时候写作“洗耳河”，而在说的时候，都称为“曹尔河”。可见曹操的传说要比石勒、许由、彭祖“洗耳”在百姓中更为深入人心。

关于这个村名，还调查到另外一个版本。曹尔河在很早的时候属于武乡地界，相传在明朝的时候，在村西的官道上发现了一位无名死尸，村民报了县衙，可是当时的县官昏庸，不想管闲事，就推说不在武乡地界。结果黎城的县官就派人去埋葬了尸骨，并将界石移到了小崖顶，武乡县官吃了哑巴亏，白白扔掉了几里远的地盘。黎城县官怕武乡以后找麻烦，就将这个村改了名。

官府改了村名，可老百姓已经习惯了，还一直叫着原来的村名“曹尔河”。

沿着十八盘爬上山顶，望见太行山西麓的一个村庄。向导介绍说：这是武乡的向阳村，老年人曾传说，原来不是写这两个字，而是写为“相养”，因为曹操过兵时，从这里翻过十八盘时，天色已经不早，人马也劳顿，曹军就在此歇息。因此，这里就被叫作“相养”，意思是曹丞相在此休养过。后来人们把丞相住过的地方视为风水宝地，就在这里立下了村庄，叫作“相养村”。由于这里避风向阳，随着时间推移，再加上过去识字人少，慢慢人们将“相养”村写成“向阳”村。

山左山右两个村庄，却同时留下了同一个历史事件的传说故事，这难道是巧合吗?

三

曹操是三国时期杰出的政治家、军事家和文学家，好多人都是因为曹操的那首诗——《苦寒行》而知道曹操曾经来过太行山，有过围壶关征高干的历史。

早期的曹操，虽在朝为官，但声望并不算高，因密谋刺杀董卓未遂，行为败露，亡命天涯。后组织义军，与各路诸侯征讨董卓，征战中才渐渐崭露头角，特别是收编了数十万黄巾军，势力大增。灭董卓后，占领许昌。建安元年（196），曹操迎汉献帝于许昌，改元建安，位即丞相，以皇帝的名义号令天下，取得了“挟天子以令诸侯”的政治优势。

两年以后，又相继攻杀吕布，逼降张绣，势力扩大到了徐州和南阳一带，成为足以和袁绍抗衡的最大势力。建安五年（200），曹操经过官渡之战大败袁绍攻占邺城，袁绍死后，其两个儿子袁谭、袁尚不和，发生火并。袁谭不敌袁尚，向曹操乞降。袁绍的外甥高干驻守并州亦随之降曹，高干被封为并州刺史。但是，并州的高干并没有真心归顺曹操，就在曹操受封冀州牧、集中兵力准备进攻乌丸的时候，高干趁机反叛并攻陷上党，占据天险关隘——壶关口，企图裂地而王。如果拿不下壶关，曹操就不能放心去远征乌丸，统一北方的大业就无法实现。于是，建安十年（205）冬，曹操便派大将乐进、李典率军进剿高干。

壶关口故址在今长治市东南，为壶关县之西口，以两峰夹峙而中虚，壮如壶口，故名，是一处天然的军事要地，汉代在此置关。历代史籍对壶关口多有记载。《通鉴注》：“潞州上党有壶口山，因其险而置关焉。”《文献通考》:“壶关,以山形似壶,尝置关。”《读史方舆纪要》:“壶关山,在长治县东南十三里,延袤数百里,东接相州,崖径仄险,形如壶口。”

壶关口关隘十分坚固,特别是其“一夫当关、万夫莫开”的地理优势,要想闯关爰莫能矣。

关于曹军攻打高干的故事,在《三国志·魏书·魏武帝》中记载比较简单,“干闻公讨乌丸,乃以州叛,执上党太守,举兵守壶关口。遣乐进、李典击之,干还守壶关城。十一年春正月,公征干。”

从以上简短的文字中,可以看出,由于壶关口地势险要,乐进、李典率军进剿高干,但不能破关,次年正月,曹公不得不亲自率军前来征讨。

四

关于曹军进攻高干,据史料载是先后两拨,建安十年冬,曹操先派大将乐进、李典出兵进剿高干。

如果说乐、李二将率军经白陉攻壶关口,这是很有可能的,因为当时乐、李二将屯兵邺城,从军队驻防的地理位置说这是最近的路线。

乐进、李典均为曹操手下的良将,按说高干并非其对手,然而,高干据险守城,乐、李不能入,只好被堵在关外望关长叹。无法之下,派人给曹公送信救援。

建安十一年春节过后,曹操为解心腹之患,便亲率大军翻越太行山,决心攻下壶关这个堡垒,拔掉高干这颗阻碍他统一北方的钉子。《三国志传·曹操引军渡壶关》载:“操使人探知乐进、李典打并州,高干见守壶口,兵攻不能下。操自引兵前往,与众议破干之计。”

那么,曹操亲率大军去增援,会走什么地方?

此时,曹操又以负约为名,攻灭袁谭,平定冀州,曹操让还兖州牧,改任冀州牧。也就是说他所带大军征讨冀州,当然曹军主力应在冀州。冀州在今衡水附近,是中国古九州之首,汉代冀州治所在信都(今冀州旧城)。

那么,曹操从冀州出发,进军壶关,走哪条路最有可能呢?

我们可以来分析一下曹操率军攻打壶关的进军路线。

关于曹军行进路线，其第一说是沁阳说。

持此观点的专家，其理由不仅是因为同治年间就刻在石壁上的“古羊肠坂”字样，而更加“有力”的“证据”是曹公在诗中的首句“北上太行山”，开宗明义，既然是“北上”，这就非此莫属了。因为八百里太行山主脉，呈南北走向，只能“西上”；只有在焦作、沁阳一带恰好拐了一个弯儿，这才造成了可以“北上”的唯一地段。

其实，曹公诗中的“北上”，并非实指，而是一种泛指。就如同现在所说的红军长征是为了“北上抗日”一样，红军在北上的途中并非时时朝北走，朝东朝西甚至朝南都走过。但无论朝哪个方向走，都是为了“北上抗日”。曹公的“北上”也是这个道理，他从许昌到河北征讨袁绍，平定北方，然后还要北征乌丸，自然称其为“北上”了。笔者非常赞同著名学者、作家张承志先生的意见，“从河北出发攻打晋东南，他不会绕到河南，再从南朝北爬羊肠坂”。因而沁阳虽然将“古羊肠坂”刻于石上，却不免有附会历史之感。

其第二说是壶关说。

壶关说的理由是有地名“羊肠坂”，而且曹操进上党就是为了攻打壶关的，当然应该走壶关的山了。攻打壶关，就必须走壶关的山，未免太牵强附会了。

不少古诗注释中都将“羊肠坂”标为地名，但笔者认为曹诗中“羊肠坂诘屈”意思是“山路斜陡像羊肠一样盘回崎岖”，并非“羊肠坂道路崎岖”，诗中的羊肠坂并非地名，因为这里“熊罴对我蹲，虎豹夹路啼。溪谷少人民，雪落何霏霏”，部队行军去向谁打听此地叫“羊肠坂”呢?

更让人不可置信的是，曹操是著名军事家，他明知白陉曲折，壶关天险，有“一夫当关，万夫莫开”之势，乐、李进军两月有余，久攻不能下，已经被阻关东，他要继续沿此路增援，只能是跟在乐进、李典的屁股后面，岂不也只有在关东苦望?

因而，曹操会选另外一条入晋之路，入晋之后再从西面包抄壶关，那就是选择滏口陉。其理由有三：一是从冀州进军上党这是最便捷的路线。二是东汉建安九年（204），曹操在此邀击来救邺城的袁尚军。曹操利用熟悉的滏口陉山势天险，埋伏好军队，奇袭袁尚于滏水之畔，使邺城陷入孤立无援境地，最后曹军一举而克邺城。这里他已经非常熟悉。三是由白陉进入壶关的乐、李军队已经受阻于关东，曹操不可能也由此进入而继续受拒，所以必定选择新的途径。

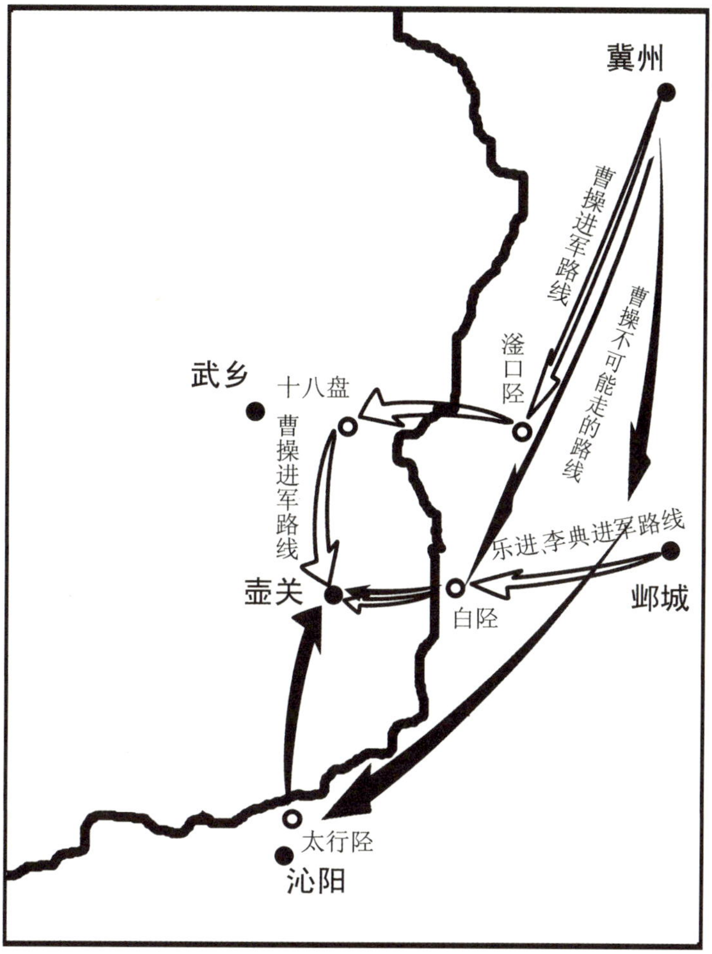

曹操进军壶关路线分析图

这样的话，曹操走滏口陉入晋，极有可能选择十八盘翻越太行山，经武乡沿漳河而下，近逼壶关。

宋代无名氏的《百战奇法》中有“汉末，曹操围壶关，攻之不拔”的记载。可见曹操当时曾围困壶关，那么，既然是“围”即环绕之意，从四周包围起来。壶关口雄踞要隘，阻挡了乐进、李典之兵，所以乐、李之兵仅能在壶关口之东，是无法形成包围之态势的，只有曹操引兵从反向过来，才有可能占据北、西、南，形成包围。如此演绎，曹操走过十八盘也就很有可能，更在情理之中了。

还有一点，诗中写道：“熊罴对我蹲，虎豹夹路啼”。先说“熊罴对我蹲”，据山里的老农讲，虎豹熊罴这类大动物自我防范意识特别强，只在山坡上活动，不在深沟中行走，而且在比它高的地方不能有其他动物，否则会认为要受到攻击。而在壶关的大峡谷里，悬崖耸立高万丈，熊罴能在这样深的谷底蹲卧吗？再说“虎豹夹路啼”，既然是“夹路啼”，肯定是行人可以听到的，虎豹要在万丈悬崖的山顶啼鸣，谷底的行人是不会听到的。而在武乡的羊肠坂“十八盘”上，就完全有这种可能，数丈高的山崖，虎豹出没，既能听到啼叫，又不会对行军队伍形成伤害。这才是最合理的解释。

五

随着东（庄）西（井）公路开通，后来又拓展为“太行一号”旅游公路，原来的十八盘已经多年没有人迹了，再加上现在黎城县在山东麓大崖下面新修一条横向的旅游路，破坏了原貌。来到此地，考证历史也颇费周折，从新砌的护坡上翻上去，仰天望去，足有 40 多度的仰角，站在今天的角度想这哪里能有路呀？这么大的坡度人能上去？就怕蛇也费劲。但是功夫不负有心人，在向导的引导下，还是找到了十八盘。

路上的马蹄窝已经磨得看不出痕迹（郝雪廷摄）

虽然山林茂密，树荫蔽日，但脚下依稀有人工开凿的盘山古道。

走着走着突然发现一块石碑，碑已断为两截，碑头上“修路碑记”四个大字十分清晰，可碑体上的字迹已经无法辨认，费了好大劲才看出是“乾隆四年五月望日”所刻。

向导告诉我们，在前面的石墙上还有石刻文字，于是我们继续前行，一路上，我们几个不惯爬山的友人已经气喘吁吁，上气不接下气，汗水流得都睁不开眼睛。再看向导却如履平地，不时地介绍着。他说这山古时修下十八盘，但由于坡度太大，后来几经重修，现在已经修成了三十二盘，所以我们现在称这里为“三十二个盘圪拐”，石碑上记载的都是几次重修的内容。

为了找到是否有曹操走过此路的记载，急迫想看到前面的碑记，拼命紧跟向导，又走了不知道有几个盘，总算在悬崖上看到了那个石碑，此碑的落款颇为清晰，刻于正德六年五月二十三日，但正记部分却已风化严重，看不清写的是什么了。不过在前面的道路上，又发现了阶梯、马蹄窝等，从磨损程度看，确实给人一种历经风雨数千年的感觉。行走在这里，确实有“延颈长叹息，远行多所怀”“行行日已远，人马同时饥”的微妙感受。这仿佛就是曹操率兵亲征高干，对于艰难的军旅生活所引起的厌倦思乡情绪呀。

明正德六年刻在山石上的修路碑（郝雪廷摄）

曹操当年率大军翻越太行山，是否真的行走在这里？已经无法考证，但当地百姓上千年的传说，我想不会毫无依据，对于历史，还是交给史学专家去探讨吧。今天，我走在这羊肠古道上，只不过亲身体验了一下当年曹公行至羊肠古道，适逢大雪，道路艰险，山谷荒凉，野兽出没，风雪交加，人马同饥的感觉。面对军旅生涯的艰辛和困苦，曹操感慨万分，写下了著名的诗篇《苦寒行》。

讲过这段历史的插曲，我们还是继续沿着历史的脉络来叙述。

武乡涅县比翼飞

一

三国时期，涅县属魏。《三国会要》中有记载。

三国时间并不长，从延康元年（220）曹丕篡汉，到咸熙二年（265）司马炎代魏，也就短短45年，再说得长一点，至西晋武帝太康元年（280）晋灭吴，也只算是60年，这期间涅县区域并无变化。

三国开始实行三级政区制度，州正式成为一级政区，相当于今天的省；郡降为二级政区，相当于今天的市；县为三级政区。涅县属曹魏的并州上党郡。

甘露五年（260），曹髦为成济所弑，司马昭与众臣商议，立燕王曹宇之子、16岁的曹奂为皇帝，奉魏明帝曹叡之祀，曹奂原名曹璜，当了皇帝便令他改名，就从这件事可以看出，曹奂虽名为皇帝，但实为司马氏的傀儡。

咸熙二年（265），元帝曹奂加封晋王司马昭，戴天子冕冠，设天子旌旗，乘天子车舆，出入如天子，享用天子舞乐。曹奂给晋王司马昭的待遇跟汉献帝给魏王曹操的待遇几乎一模一样。曹操距驾一步之遥而仙逝，曹丕继而亲御；司马昭仅剩一陛登顶而归西，司马炎从容入殿。历史就是这样惊人地相似，司马昭加冕之后没几天就离世了，司马炎继承亡父司马昭的权势地位，一举掌控了曹魏政权的军事行政大权。尽管这样，司马炎仍然不依，自认为代魏自立的时机已经成熟，便令亲信劝说魏元帝曹奂将皇位禅让，曹奂迫于压力，只好写下传位诏书。司马炎假意谦让推托·了几次，在文武大臣集体再三恭迎劝谏之下才接受了禅让诏书。咸熙二年(265)十二月丙寅，司马炎即位为帝，定国号晋，改元泰始。

从春秋末的三家分晋，到魏、蜀、吴的三国归晋，历史经历了一个生死轮回。巧合现象到底是偶然相似，还是天意有定，还是暗含着人类无法驾驭的规律，现在仍不得而知。

司马炎代魏，建立西晋，三国又归了一统。对于涅县来说，却发生了不小的震动。

康熙、乾隆、光绪、民国各个版本的《武乡县志》均记载“晋始置武乡县”，1986年版《武乡县志》记：“西晋武帝泰始年间，涅县分为三县，即武乡、轑阳、涅县。从此始有武乡县。”当然这个记载仍然有不准确的地方，前文已说过，轑河于黄初元年（220），就从涅县分出了，这个显然不准确，西晋初时，只是由轑河县改名轑阳县而已。不过，泰始年间又从涅县东部分置武乡县这是事实，至此，涅县经历了

西晋时期的武乡县涅县区域图

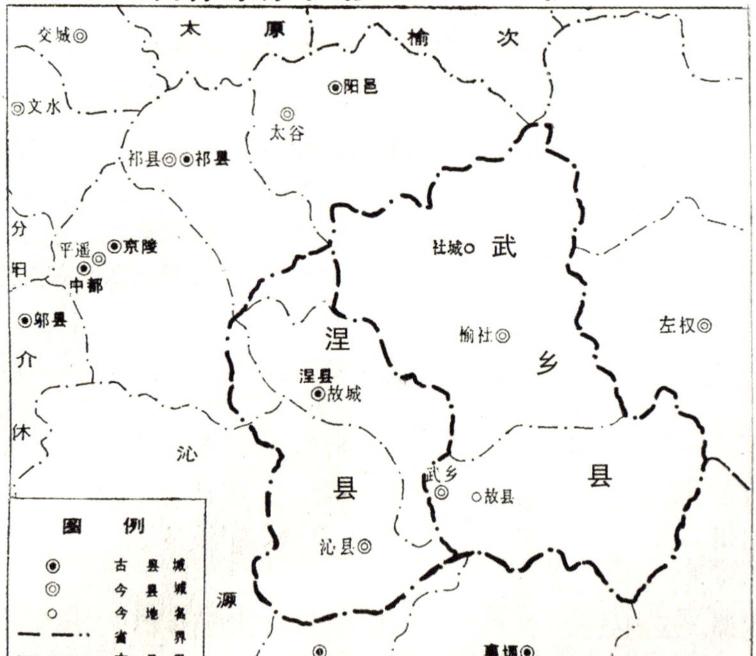

涅县拆分为涅县和武乡县

社城村的古县城城墙遗址

第三次拆分，涅县的区域基本上被平分为两半，即涅县、武乡县。

今天的武乡县也由此而正式诞生。

究竟具体是“泰始”的哪一年？史书记载不大确定，不过泰始的年号也只不过 10 年，细查历史，仅在泰始元年（265）找到了有区划调整的记载，如分治雍、凉、梁之地设秦州之事，亦有可能分设武乡县就在这一年。从第一次分涅县设立沾县在西汉初期，第二次拆分析置轑河在黄初元年，都在改朝换代的重要时刻，那么这次分武乡县在泰始元年也有很大可能。推测而已，仅供参考。

西晋仍实行州、郡、县三级政区制度。分设的武乡县域界，大约包括今榆社县大部和今武乡县东部地区，涅县县城仍在今武乡县故城镇，武乡县县城设在今榆社县北 30 里的社城，两县均属上党郡；并改轑河县为轑阳县，从上党郡划出归属乐平郡。此事在《汉书补注·地理志·第八·上党郡》中可考。

至此，秦朝设立起来的涅县经过三次拆分，从原来一个辽阔的大涅县，变成了一个仅辖涅河两岸的小涅县。正所谓经历了三次割肉，老东家越割越瘦，面积大规模缩水，减少到仅有约1500平方千米，减了五分之四。

二

西晋泰始初年始置武乡。关于县名来历有二：一曰因境内有武山、乡水而得名；一曰因境内民风尚武，以尚武之乡而得名。至于哪一种说法更可信，下一章专门详细分析探讨。

新设立的武乡县域界，大约包括今榆社县全部和今武乡县东部地区，武乡县县城设在今榆社县北30里的社城；被分割后的涅县主要包括今天的武乡县西部和沁县北部，涅县县城仍在原涅县县治，即今武乡县故城镇，两县均属上党郡；并改轑河县为轑阳县，属乐平郡。轑河既已分出，今又改名轑阳，这算是另立门户了，按说已经与武乡没有关系，为何还要提及？因为后文中还有牵连，不交代清楚简况，下次出现新名有突兀之嫌。

俗话说好家当怕三分，从秦代始置的一个大涅县，经历三分后，变得小了五分之四，好在又一个流传至今的千年古县——“武乡”由此诞生。

西晋泰始初年间，涅县拆分为新的涅县与武乡县。而今日的武乡县，又各有其一部分，所以要研究今日之武乡县，必须要对这两个县同时研究。

司马炎在位期间，封同姓诸王，以郡为国，置军士，希望互相维系，拱卫中央。采取一系列经济措施以发展生产，屡次责令郡县官劝课农桑，并严禁私募佃客。招募原吴蜀地区人民北来，充实北方，并废屯田制，使屯田民成为州郡编户，晋太康年间出现一片繁荣景象。晋武帝司马炎鉴于曹魏末期为政严苛，风俗颓废，生活豪奢，乃“矫以仁俭”，鳏寡孤独不能自存者每人赐谷五斛，免逋债宿负，诏郡国守相巡行属县，并能容纳直言。还重视法律，亲自向百姓讲解司空贾充等人上所刊修律令，并亲身听讼录囚。

晋武帝司马炎曾就这一制度询问中书监荀勖的意见，荀勖认为：诸王当时大多担任各地都督，若让他们各归封国，将使西晋控制地方的力量削弱；

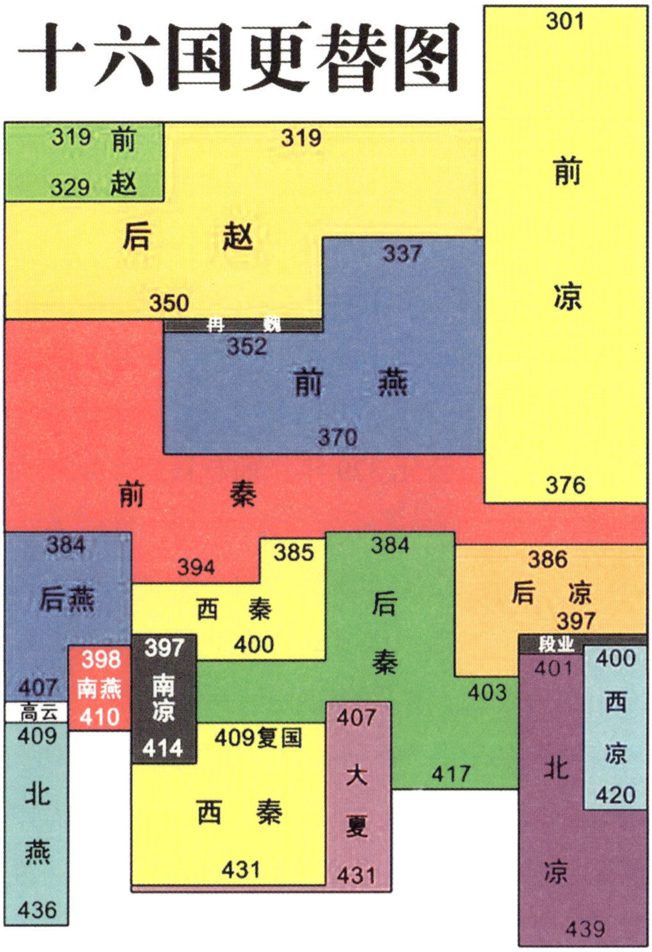

五胡十六国更替图

而且分割郡县，充实封国，将使被移徙的百姓怨声载道；王国置军，也会削弱国家军队的数量。晋武帝根据荀勖的意见，对都督制做了一些调整，使之与分封制更紧密地结合起来。

晋武帝大封司马宗室子弟为王，其目的便是想造就一个能够藩屏帝室的皇族势力，但允许宗室王出镇和宗室王参政，导致弊端严重，埋下了隐患。由于司马氏后代执政无能，西晋统一没多长时间，从元康元年（291）开始，西晋王朝频生内乱，其核心人物有汝南王司马亮、楚王司马玮、赵王司马伦、齐王司马冏、长沙王司马乂、成都王司马颖、河间王司马颙、东海王司马越。这次动乱持续了16年，称为“八王之乱”。当然西晋皇族中参与这场动乱的王不止八个，但八王为主要参与者，且《晋书》将八王汇为一列传，故称之。

有道是家不和狗也欺，争斗内耗，定然无力据外，匈奴人也趁机起兵反晋。16年中，参战诸王多相继败亡，人民被杀害者众多，社会经济严重破坏，西晋的力量消耗殆尽，隐伏着的阶级矛盾、民族矛盾爆发。“八王之乱”带来的不只是社会经济遭到严重的破坏，匈奴人也趁机起兵反晋，导致了西晋亡国，以及近三百年的动乱，使中原北方进入十六国时期。

三

晋惠帝太安三年，也是永安元年（304），巴氐人李雄和匈奴人刘渊先后建立成汉和汉赵（也称前赵），开启了“五胡十六国”时代。

匈奴人刘渊曾任西晋北部都尉，世袭左贤王，他趁乱割据并州，自称汉王，建年号为元熙，追尊刘禅为孝怀皇帝。此后，匈奴、鲜卑、羯、氐、羌等少数民族，先后在北方和西蜀建立割据政权，史称五胡十六国或东晋十六国。前赵时期，武乡、涅县均属上党郡。公元329年，前赵被武乡羯族人石勒所灭，石勒所建政权史称后赵。

石勒是武乡人，出生在今丰州镇北原山脚下东河沟村一个“部落小帅”的家庭，用今天的话说就是有一个村主任爹，因其幼年在北原山玩耍，耳畔常闻鼙铎之声，故而后来北原山也叫鼙山，或写作鞞山。

《文献通考·物异考五·木异》中有，“石勒微时，所居武乡北原山下，草木皆有铁骑之象，家园中生人参，花叶甚茂，悉成人状。父老及相者曰：‘此胡状貌奇异，志度非常，不可量也。’”不过古有“贵人遭磨难”一说，石勒14岁时到洛阳行贩桑麻，因为在城头上大喊了一嗓子，就被大臣王衍盯上了，说这个小孩声音非同一般，以后说不定是个扰乱天下的人物，就派兵来抓他，石勒见状撒腿就跑，官兵穷追不舍，他只好跑在大山里避难，躲过了初一却没有躲过十五，结果还是被并州刺史司马腾的部下抓了去，贩卖到山东茌平当了奴隶。

奴隶主师欢很快就注意到石勒，觉得他的长相很奇特，也不知道是不是师欢有什么特殊爱好，结果竟然免除了石勒的奴隶身份，还了他自由身。石勒又来到邺城附近的临水县当雇工时，又被一股游军所囚，眼看要重演被卖为奴的剧情，他设法逃脱出来，据说有神人化为群鹿吸引军人注意力帮助了他。一无所有的石勒，遂招集王阳、夔安、支雄、冀保、吴豫、刘膺、桃豹、逯明等八骑为群盗，后郭敖、刘徵、刘宝、张曀仆、呼延莫、郭黑略、张越、孔豚、赵鹿、支屈六等又加入，号为十八骑。这就是他起家的本钱，这批人数不多的“群盗”，很快奉马牧帅汲桑为首领，又随汲桑加入西晋成都王司马颖故将公师藩的队伍，在公师藩、汲桑相继败亡之后，再投奔匈奴五部的领袖、曾同属成都王司马颖阵营、此时已称汉王的刘渊，由此汇入永嘉年间北方巨变的洪流。

石勒投靠刘渊之后，得到刘渊信任，为刘渊扫清障碍，更扩充了势力，其后上党一带的胡人首领石会、乐平乌丸部落，随着石勒，全都归降了刘渊。刘渊称帝后，石勒成为辅汉将军、督山东征讨诸军事，石勒终于成为军队中唯一的统帅。此后，石勒更是屡立战功，打败并州刺史刘琨部将黄秀，先后攻陷壶关、邺城；进攻赵郡，斩杀冀州西部都尉冯冲等。刘渊去世，长子刘和继位，不久其弟刘聪弑君篡位。

混乱中石勒的势力也更加壮大，杀了大将军王弥，顺利成为并州刺史，督并、幽二州诸军事。名将苟晞、王浚也成为他的刀下之鬼。公元 318 年，刘聪病逝，太子刘粲继位。十月，刘曜杀死刘粲。汉赵内部如此之乱，却也对西晋王室穷追猛打，永嘉五年（311）刘聪的军队攻入洛阳，生擒晋怀帝，并将其用毒酒毒杀。建元二年（316），攻破长安，俘晋愍帝，西晋灭亡。

在攻打西晋过程中，石勒以三万骑兵击溃西晋二十万主力，最终使西晋王朝瞬间崩盘，走向灭亡。司马家的西晋破产后，司马睿跑到东南一隅，立都建康（今南京），苟且偷生，史称“东晋”。

四

而此时的汉赵也是一地鸡毛，混乱不堪。

石勒见时机成熟，发兵三路进攻刘曜。刘曜忙陈兵十万于洛西，南北十余里。刘曜准备出战前喝酒斗余，把守西阳门。石勒遂命石虎引兵自洛阳城北而西攻刘曜中军，命石堪率兵自城西而北攻刘曜前锋，石勒自出洛阳阊阖门，夹击刘曜，前赵军队大溃。刘曜在退兵时马陷石渠，坠于冰上，身上被创十余处而被俘，石勒大获全胜，斩首五万余级。东晋大兴二年（319），石勒称大将军、大单于，领冀州牧、赵王，于襄国即赵王位，正式建立后赵，称赵王元年。

后赵建立后，共置15州，武乡属并州。

《晋书·石勒载记》有记载，石勒曾讲，“武乡，吾之丰沛，万岁之后，魂灵当归之，其复之三世”。武乡是他童年生活过的地方，对故乡的钟爱可想而知。于是，也在这一年，赵王元年（319），将武乡升格，分上党、乐平二郡，置武乡郡，领三县，即武乡县、沾县、涅县。实际上，这个武乡郡基本就是秦代涅县的区域。

后赵皇帝、武乡羯人石勒（王海川绘）

后赵时间也不长，永宁二年（351）后赵被冉魏所灭。次年，冉魏又被鲜卑人前燕景昭帝慕容儁所灭。太和五年（370），前燕又被前秦氐族人宣昭帝苻坚所灭。前秦建元二十年（384），鲜卑人慕容垂自称“燕王”，废除前秦年号，建立后燕。前秦北地长史慕容泓，自称大将军、济北王，建立西燕，西燕中兴九年（394），后燕灭西燕。慕容熙建始元年（407），后燕被北燕取代。北魏延和二年（433），北燕被北魏攻陷，武乡郡一带又成为北魏辖区。

这一段看起来是不是很乱呢？无怪乎史书上称为“五胡乱华”，不过此时武乡的区划还不乱，武乡、涅县同属武乡郡，这个没有变。

此前，武乡、涅县一直属并州武乡郡。《十六国疆域志》记载，前燕和

位于故城东寨底村的涅县城东南城墙遗址（陈立摄）

前秦时仍然设有武乡郡，“领县三：武乡、沾、涅”。十六国时期，武乡、涅县先后归属前赵、后赵、冉魏、前燕、前秦、后燕、北燕，县域无变化，只是从石勒置武乡郡后，不再归上党郡所属。也有史学家根据《魏书·地形志》“并州乡郡”条记载“乡郡，石勒分上党置武乡郡，后罢，延和二年置”推演，后燕、北燕时，武乡郡曾被裁撤，到北魏延和二年（433）又重置。但又没有其他史料佐证，也只能作为存疑内容写于此处，供史家参考。

五

公元386年，拓跋珪在牛川召开部落大会，即代王位，正式恢复了代国，不久改国号为魏。因区别于三国的曹魏政权，史称北魏、拓跋魏、元魏。此举结束了中国从“八王之乱”起将近150年的中原混战的局面，进入南北朝对峙时期。

一开始，武乡郡一带属北魏，因北魏拓跋改姓元，所以历史上也称“元魏”。延和二年（433）归北魏后，太武帝拓跋焘改武乡郡为乡郡，武乡县也随之去武字，改称乡县。

为什么要去武字？史书无载。

关于乡郡太守周洪记载的石刻及其拓片

历代更改县名的原因，不外乎以下几种：一类是因避讳而改名（不只地名），避讳按缘由又可分为“忌讳”“敬讳”和“憎讳”等多种情况，如广都县因避讳杨广之名改为双流县。一类是忌重名，山东无棣县原名海丰，因与广东海丰重名而改。一类是因祈福或纪念，如唐朝改名的唐兴县、延唐县、辅唐县等。但武乡的去“武”，完全可以排除因避讳、避重名等因素。

那么为什么要去掉“武”字？我们来看看太武帝拓跋焘的治国理念。太武帝拓跋焘继任皇帝时，年仅 15 岁，周边邻国欺他年幼，于是大军压境。拓跋焘少年英武，不顾群臣反对，亲率大军，北挡柔然，西征胡夏，东征北燕，南击刘宋，完成了统一北方的大业。

拓跋焘虽然采取战争手段开疆拓土，但也通过通使、贡赐、联姻等策略，

石勒寨遗址一角（郝雪廷摄）

缓和与敌对政权间的矛盾，建立友好关系。主张改善民生，劝课农桑，大增耕田，减轻赋税，休养生息，偃武修文。据《魏书·世祖纪》记载，神䴥四年（431）太武帝下诏："顷逆命纵逸，方夏未宁，戎车屡驾，不遑休息。今二寇摧殄，士马无为，方将偃武修文，遵太平之化，理废职，举逸民，拔起幽穷，延登俊。"拓跋焘提出"偃武修文"，既然会有此动作，即将带"武"字的地名去"武"，这是完全可以说通的。也就是说，武乡去"武"，原因在于"偃武修文"。

延和二年（433）改乡县、乡郡时，还有一个重大变革，就是属县的调整，将原来的乡郡辖三县改为辖四县，除涅县、乡县外，新划上党郡铜鞮、襄垣二县来属，划沾县归太原郡。

太平真君九年（448）裁撤轑阳县，全境并入乡县，这也是轑阳从黄初元年（220）分出后，经历228年的游离，又一次回归。《魏书·地形志》有记载。孝昌二年（526），轑阳县原境划出恢复，并改称辽阳。

北魏孝文帝太和十五年（491），乡县县城迁址至南亭川，即今武乡县故县村。乡郡郡治也同时迁于此。县城迁址的动因是发生重大洪灾，县城遭淹，为避水患，以达长久永安而实施迁移之举。

为何选择南亭川？这其中还是有原因的。当时的南亭川有三个优点：一是这里前有漳河环抱，后有凤凰展翅，山环水抱，是一块风水宝地；二是有百数十年前留下的石勒城址，并有一定建筑规模，简单修葺即可供郡、县驻扎，这可以保证在短时间内就实施迁址计划；三是鏊山脚下就是东河沟村，那可是出过后赵皇帝石勒的地方，属于龙兴之地，个中缘由当然不言而喻。所以，南亭川就成了新选定的县城。

六

北魏孝庄帝永安二年（529），改涅县为阳城县（《魏书·地形志》），治所仍在今武乡县故城镇故城村。关于这个在《竹书纪年》就有记载的名字"涅"，至更名已经使用近900年了，又是为何此时却改为"阳城"？考遍古籍不得而知。古代称水之北、山之南为"阳"，水之南、山之北为"阴"，而"阳城"取名却颇多费解。有今人撰写的文章讲："北魏末永安年间，涅县治所东迁至5里外的涅水南岸，同时更名阳城县。"这是没有依据的，因为迁址甲水村，《隋书·地理志》有明确记载，在开皇十八年（598），后文还会讲到。可见改名时，是没有迁到甲水村的。那么，从"涅"到"阳城"，究竟发生了什么变故？因何更名？研究中实在找不出个缘由，所以改名"阳城县"便成了个千古之谜。

当时的北魏虽然统一了北方，但内部纷争依然很乱。延昌四年（515），宣武帝去世，元诩即位，是为孝明帝。尊宣武帝皇后高氏为皇太后，尊胡氏为皇太妃。胡氏是元诩的生母，她精于权谋，除掉皇太后高英和权臣高肇，尊自己为皇太后，并联合高阳王元雍夺权，把持朝政。由于元诩年幼即位，胡太后临朝听政，下令处理事务，大臣还称她为殿下。后来改令称为诏，群臣上奏疏称陛下，她自称为朕。孝昌四年（528）正月，19岁的孝明帝元诩，不满胡太后专权，密诏岳父尔朱荣进京勤王，计划从母亲手中夺回权力，结果非但没有夺权，反而被胡太后派其男宠郑俨、徐纥投毒毒死。元诩妃子生下一女，刚刚出生还未取名，史书记为元姑娘，太后诈称男孩，并将女婴立为皇帝。因事情败露，胡太后自知无法隐瞒，元姑娘的皇帝幌子只打了14天，只好另立元诩族侄、年仅3岁的元钊为帝。这可令天下震惊，认定太后害死孝明帝，契胡部酋长尔朱荣遂带兵讨伐，并宣言追查元诩死因，四月十一日，尔朱荣占领京师洛阳，元钊及胡太后被俘。尔朱荣将幼主元钊和胡太后押送至黄河沉河而杀。又联合数臣拥立元子攸为帝，改元建义，四个月后又改元永安。一年换了四个皇帝、三个年号，这注定是个多事之秋。

元子攸虽登基，但权力却在尔朱荣手中。尔朱荣又将女儿尔朱英娥嫁给元子攸为皇后，直接操控朝政，一手遮天。尔朱荣是契胡一支，亦即与后赵的石勒、石虎同出一源，本与涅县、武乡都有关系。此时他自任侍中、都督中外诸军事、大将军、尚书令、太原王，专断朝政。涅县更名阳城，是否与他有关系？

接下来的事仍然和尔朱氏有关。

有个鲜卑化汉人军官高欢，参加杜洛周起义投奔尔朱荣，成为亲信都督，曾劝尔朱荣称帝，得到信任，后收编六镇余部，任第三镇酋长、晋州刺史。因尔朱荣不把年幼的皇帝当回事，手握重兵，制造河阴之变，上至丞相高阳王元雍、司空元钦、义阳王元略，下至正居丧在家的黄门郎王遵业兄弟，包括孝庄帝的兄弟，不分良奸，全部杀个精光。本来还想杀孝庄帝篡位，结果反被元子攸乘机杀掉。尔朱荣堂侄尔朱兆，为叔报仇，割据晋阳，带兵反叛，攻陷洛阳，直接杀掉了孝庄帝元子攸。尔朱家族残暴不仁，不得人心，高欢遂生讨伐尔朱家族的想法。于是率兵讨伐尔朱兆于武乡，今天武乡墨镫村崇城寨仍有高欢避暑亭遗迹。永熙三年（534），高欢又拥立元善见做了皇帝，即孝静帝，并迁都于邺，建立东魏政权。

孝静帝时年十一岁，高欢大权在握。

可能是高欢对武乡情有独钟的缘故吧，这一年，高欢将乡郡升格为州，改乡郡为南垣州，其名来历不详。按当时的政治制度为州、郡、县三级地方行政，但乡郡升格为州后，实际并没有领郡，仍然领阳城、乡县、铜鞮、襄垣四县。

可以说高欢此举和现代提拔干部有一比，没有实职职数就来个括弧副省级。南垣州的刺史，虽然还是管着原来的几个县，却可以挣着州刺史的俸禄，级别也大大提高一个台阶。在改州同时，又将州的治所迁到阳城县治之地，也就是今天的武乡县故城镇。

三年之后，也就是东魏天平四年（537），南垣州更名为丰州，改名原因史书仍然无载，可能与后赵石勒铸“丰货”钱有关，丰货钱素以富钱称谓，藏有丰货钱会使人家财丰富。而石勒出生于武乡，借其名称为吉语，也未可知。有史料记载，代郡平城人、齐武明皇后娄昭君侄子娄睿，跟随高欢在信都起兵，屡立战功，受命担任丰州刺史，北齐大宁元年（561）以丰州刺史进位为司空。也可能因为地名吉祥吧，娄睿从一个州刺史，直接提拔进位于参议国之大事的三公之一——司空。

后赵时期的“丰货”钱

七

北齐天保五年（554），辽阳县再度并入乡县。顺便说一下，就在此时，在辽阳北部、乐平（原沾县）南部新置一县，名为梁榆县，隋开皇十年（590）更名和顺县，从此沿革可知，整个和顺县在秦代都在涅县的范围内。

娄睿进位司空后，丰州改名为戎州，具体时间不详，史书记载北齐改为戎州。

南朝陈光大二年（568），曾在晋安郡置丰州，两个丰州各属北朝与南朝，再者大约是北朝的丰州更名戎州后才有了南朝的丰州。经此推断，改戎州的时间可能在561年至568年之间。改名原因仍然无载，推测可能有二，一是此地历史上曾为戎狄部落所属，二是与此地民风尚武有关。

关于戎州之名，曾有多处，一是春秋戎，《左传》哀公十七年有卫庄公"入于戎州己氏"，此地在今河南省濮阳市西南；二是南朝梁大同十年（544）置，治在今四川宜宾市西南；三是元至元二十二年（1285）升大坝都总管置，治在今四川省兴文县。这些都与古代武乡的戎州无关，戎州存在时间不长，北周建德六年（577），北周武帝灭北齐，统一北方，北周宣政元年（578），戎州即被废，又恢复了乡郡，同时被减一县，将襄垣县划出新设襄垣郡，只留乡县、阳城、铜鞮三县，新置潞州，州治设在今襄垣县下良故县村。据此分析，亦有可能当时襄垣下良一带归武乡县辖区内。

公元581年，是北周大象三年，也是北周大定元年，还是隋开皇元年。光看这个你就知道这一年非常特别。上年五月二十五日，宣帝驾崩，年仅9岁的静帝继位，静帝服丧，百官都听命于左大丞相杨坚。大象三年正月初一，北周静帝宇文阐诏曰："朕以不天，夙遭极罚。光阴遄速，遽及此辰。穷慕缠绵，言增号绝。逾祀革号，宪章前典，可改大象三年为大定元年。"这是《周书·帝纪·静帝》的记载，但好景不长，这"大定"根本定不了天下，仅仅过了40余天，到二月十三日，静帝因众臣威逼只得禅让于丞相杨坚，北周宣告灭亡。

隋文帝杨坚定国号为"隋"，改元开皇。从隋文帝励精图治，到隋炀帝穷奢极欲，一个开创了万国来朝"盛世"的国度，居然做了上承南北朝、下启唐朝的一个过渡期，享国38年。

就是这短短38年中，对于武乡来说，其行政区体制却是经历了一个巨变。隋朝行政区划有两次重大变化。隋以前，地方上分为州、郡、县三级，隋文帝统一天下后，先来一个废郡，改为州县二级制，以州直接统县。隋炀帝继位后不久，将所有的州改为郡，实行郡县二级制。当然仅仅是废郡和州改郡也就罢了，更重要的是对县级区划多次调整，搞得人有点迷糊，所以要看懂这一部分还得认真一点、细心一点。

开皇三年（583），第一个大动作就是废郡，乡郡被撤销，当然上党郡也同时被废，乡县和阳城县归属潞州，州治迁至上党县，即今天的长治市城中。

开皇十年（590），原辽阳县从乡县划出复置，改名辽山县，归属并州。

开皇十六年（596），新设韩州，州治在今襄垣县下良故县村。领乡县、榆社、襄垣、黎城、涉县，乡县从潞州改属韩州。同时新设沁州，州治在今沁源县县城，领阳城、铜鞮、沁源。阳城县（原涅县）和武乡县这对孪生兄弟，居然被分属到了两个州。

开皇十八年（598），改阳城县为甲水县（《隋书·地理志》），县治移甲水村。甲水村曾是春秋时甲氏国辅城，是“甲氏”部族主要活动的区域。晋士会灭甲氏，甲氏部族早已灰飞烟灭，但在地名中却留下了他们深刻的历史印记。武乡县西北的分水岭古称胡甲山，又称侯甲山、护甲岭，由此发源的昌源河，古名亦称胡甲水。这些带“甲”的地名正如《山西通志》中所考证：“盖即春秋赤狄甲氏故地也。”西汉刘歆的《遂初赋》中有“越侯甲而长驱”之句，郦道元在《水经注》中说明“有长坂，谓之胡甲岭”。这条可以长驱的“长坂”，就是今天武乡县分水岭前的南北通道。

胡甲山之所以俗称“分水岭”，是因为这里处于黄河水系与海河水系的分界处。让人称奇的是，分水岭有两处泉源，一股入胡甲水北流注汾河，终归黄河；另一股入涅河南流注浊漳河，终归海河。两河源于一地，“甲水”之名也因此而来。

武乡之名因何来

一

“县”，《说文》字解：“天子畿内，县也。”自春秋初时设置在边疆之地，当时的秦、晋等诸侯大国把新兼并的地方设置为县；到了春秋后期各国才把县制推广到内地，渐渐地在边疆之地设郡，郡的面积比县大，但是地广人稀，所以地位要比县低。

到战国时期，边疆逐渐繁荣起来才在郡下设县，逐渐产生郡、县两级制。秦始皇统一六国建立秦王朝后，正式确立郡县制，全国分为36郡，郡下设县，为县制设置定型的开端。

自汉以后，县成为一个基本稳定的行政区划。纵观天下州县，其名称各有来历，各有讲究。有的地名只是来自大家的约定俗成，有的则是历史留传下来的，有的或者是国家的规定。但不管怎么说，每个地名肯定都有它的来龙去脉，这也恰恰是我们所忽视的。虽然大家每天都频繁地使用地名，但很少有人去关心它是怎么来的。

地名是人类认识、利用及改造自然的记录和表达，其形成有着深刻的地理、历史和文化背景。现在我们来梳理一下，其得名原因其实很多，常见的取名方法可以用四大类型划分。

第一类根据地理特征。包括以空间位置命名、以物产命名、以地理实体形态特征命名等。以空间位置命名，山之南为阳，山之北为阴；以水之北为阳，水之南为阴，比如淮阴、华阴、山阴，衡阳、洛阳、汾阳等。以本地物产资源命名，如海盐、铜陵、珠海等。因地形地貌特征命名，如东山、东门、南岗等。

第二类源自历史文化。这种命名方式包括以宗族命名、以人物命名、以历史事件命名等。以宗族命名的地名，如广宗、唐县、潜山等。以人物命名的地名，如介休、任丘、吴起等。以历史事件命名的地名，如修武、偃师、获嘉等。

第三类反映社会意识。地名能够寄托人民思想感情，反映人们美好愿望，反映统治阶级意志。比如泰安、海安、保定、镇江、宁波等，这都是希望、祝愿、祈福，取安定、平安之意。

第四类相关地名演化。由旧地名不断演变、延伸、分化，乃至直接消失，随着社会发展，通过联名、缩略、析置、移借等方式形成派生地名。如全州、青州、景德镇等；有工矿生产场所延伸成地名，如大冶、香坊、盐池等。

还有以地形、天文、气候、数字、形象、颜色、词义、亭驿、美愿、史迹、对称、祥瑞、语讹、年号、移民、民族语言、古国古城、堡寨关塞等得名的，不一而定。

二

那么武乡之名是怎么来的？

这里我将继续探讨一下前文已经提到但未详解的县名来历问题。

前文说县名来历原因有二：一曰因境内有武山、乡水而得名；一曰因境内民风尚武，以尚武之乡而得名。哪一种说法更可信呢？

因山水得名的县举不胜举，似乎这是一个惯例，包括武乡的母县——涅县，就是因涅水而得名。西晋泰始初年由涅县析置武乡。后人分析说：涅县即因其境内有涅水，以水为名。颜师古《汉书注》曰："涅水出焉，故以名县也。”置县时采取相同的命名原则，就显得顺理成章了，清人王先谦在《汉书补注》中提及：“武乡水，晋因立武乡县。”颜师古和王先谦就成了给涅县和武乡县名来历定调的人。

涅县县名并无多大争议，当然也有人说是从原来的甲氏国语讹而来，“甲”和“涅”在上古音中较为相近。护甲山是涅水的发源地，以“甲氏国”还是“涅水”来命名，反正现在这个县已经消失，且不多探究。

而武乡县名来历，要说以山水得名，确实牵强。

现存最早记载“武乡水”的史籍，是郦道元的《水经注·浊漳水》，《浊漳水》中记载：“涅水又东南，武乡水会焉。水源出武山西南，经武乡县故城西，武乡水又东南注于涅水。涅水又东南流，注于樟水。”

按此分析，郦道元生于北魏孝文帝延兴二年（472），卒于孝明帝孝昌三年（527），在他出生之前武乡县已被改为乡县，县治也迁于南亭川，可见《水经注·浊漳水》记载中所提及的“武乡县故城西”指的当是西晋时期所析置的武乡县治所，即今榆社县西北的社城镇。而武山即指今日和顺县之“八赋岭”，武乡水就是今天的“浊漳北源”。

其实郦道元所称的这个“武乡水”的命名，这条河叫没叫过“武乡水”，今人研究只能凭史料记载，从史料最早在《禹贡》上的记载，称这条河为“衡漳”，在前文已经说过了。《禹贡》属《尚书》中的一篇，其作者已佚，但据考作者为周初或战国人。也就是说早在秦以前就叫漳河了，直到今天仍然叫漳河，偏偏到郦道元的年代改了名称“武乡水”？这是个疑问。再假设当时确实叫过“武乡水”，究竟是先有水名，还是先有县名？其实已经很难分辨。若是先有县名，郦道元依县名而称其水名，这就完全否定了清人王先谦的说法。

如果细读郦道元《水经注·浊漳水》就会看出，浊漳河有三源，即北源、西源、南源，而郦道元仅把南源视为浊漳河源，而将西源写为“乱流东南，注于铜鞮水”，把北源写为“武乡水又东南注于涅水。涅水又东南流，注于樟水”，这里的“樟”应是“漳”的笔误，总之，他是将西源、北源按两个县的名字称之。其实，我们都知道，铜鞮县并非因铜鞮水而得名，成书于西晋太康三年（282）的《太康地记》云："铜鞮，晋大夫羊舌赤之邑，世号赤曰'铜鞮伯华'。"这是铜鞮县名之来历。既然铜鞮县并非因铜鞮水而得名，武乡县又如何就是因武乡水而得名？由此可见，怀疑武乡县名非因水而成亦是有道理的。

其实，在武乡县域内，存在着很多河流名和政区名一致的地名现象，如贾豁河、大有河、监漳河、洪水河、石门河、广志河等。河流名按政区名取名已经是一种历史传统。

假设是先有水名，县名依水而得，我们再来探讨一下其关系。

如果说武山、乡水是武乡县名来历的根由，那么这对于武乡来说应该是很重要的。我们可以看看武乡历代文化人对此重视程度如何？

查康熙版县志的《山川叙》篇，山无武山，水无乡水。再查乾隆版县志的《山川》篇，有武山一条，但其中记道："县志见《水经注》，今迷其处，方拟之当在今故城、权店间。"由此可见，此武山亦彼武山，乡水亦无。光绪版县志为续志，没有列《山川》篇。民国版县志的《山川》篇，亦无武山、乡水记载。

在清道光二十九年，武乡诗人程林宗（字介山）、魏守经（字一泉）两位先生曾编著《南亭诗钞》，集录了清初到中叶武乡籍40位文人诗作1102首，其中赞美武乡山水的约占四分之一，却没有一首是赞美武山或乡水的，如果武山、乡水是县名的起源，这些文人把叫上名来的山水赞遍了，唯独不赞母亲般的武山、乡水，这正常吗？包括笔者在编纂《长治历代文存·武乡卷》（北岳文艺出版社）一书时，遍查古籍，从收集到的诗文中，也未发现一篇一首赞过武山、乡水，此不为怪哉？

由此看来，从有史至民国，武乡史学界都没有人承认这个说法。这是什么原因？充分说明这个说法是站不住脚的，根本就是一个伪命题。

那么，这个概念是何时才有人提出来的呢？这就要说到1986年版的《武乡县志》。在这个版本的县志《建置沿革》一章中，写道："武乡县，因境

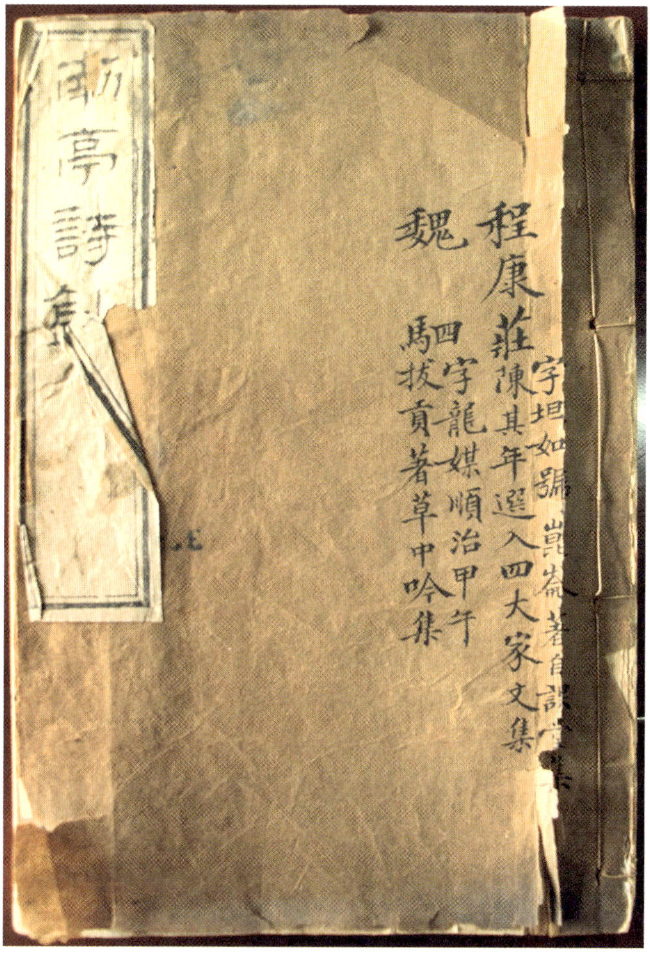

清道光二十九年编著的《南亭诗钞》

内有武山和武乡水而得名。”而在该版本县志的《山脉水系》中细找，也未找到武山，只是在介绍浊漳北源干流时，这样讲：“古称武乡水，俗称关河，属浊漳河三源之一，是全县第一条大河，其发源于武山（今八赋岭）。”

关于古称“武乡水”这个提法，前面已经说过了，在《禹贡》上的记载，这条河就叫“衡漳”，说明它从人类最初给予的定名就是“漳河”，这样的说法是极不负责任的。由此注定，“武乡”县名是根据发源于榆社县境内“武山”的“武乡水”而来，并把这种说法载入《武乡县志》，是个重大失误，这种说法很不靠谱。

因为历史上的“武乡水”，按照此介绍，就是今天我们所说的“浊漳河”北源。浊漳北源发源于榆社县社城镇柳树沟村，在榆社县正北约50华里。这条河从北向南纵贯整个榆社县全境，流经长达110华里，之后，于武乡县的故县城西边的“上关”“下关”，也就是历史上的“昂车关”进入武乡县，再转折向东，在武乡县监漳西川村南流出武乡县境，进入襄垣县。关于这条河俗称“关河”的说法也不准确，1959年武乡曾修建关河水库，确实有“关河”的叫法，但据百姓的俗称，其实叫“关河”只是从漳河流入武乡“昂车关”到连元村与涅河合并的这不足十华里的一段，其名称来源也就是因为有

“昂车关”。与涅河合并后，老百姓一般称“县河”或“漳河”。这条河在武乡县流经长度不足五十华里，而武乡县境疆域从东到西就有三百多华里。也就是说，这条河在武乡县只贯穿了全县境域的六分之一。如果以河流作县名，那只有把今天的榆社叫作“武乡”才说得通。

再说武山，按 1986 年版县志所说，武山即今八赋岭。八赋岭在哪里？八赋岭又名八缚岭、八伏岭。有南北二岭，南岭在和顺县西九十里，北岭在和顺县西北八十里。《太平寰宇记》卷四十四：“辽阳水从平城县西北八赋岭下出，名八赋水。”《读史方舆纪要》卷四十三和顺县：八赋岭“在县西百余里，两山对峙，如八字然”。按这两本史籍，八赋岭这片区域在秦代确实是涅县的地盘，而西汉初分置沾县时，大约多半就分在沾县的境内了，剩下的八赋岭南岭部分，也在黄初元年涅县东部分置轑河县时，划入了新设的轑河县。八赋岭应该与榆社也不大沾边，与武乡县名来历更没有半毛钱关系。

再者看，就说乡水是浊漳河，武山是浊漳河的发源地，武乡县的地名若

位于和顺县的八赋岭（郝雪廷摄）

真是因武山、乡水而起，我再来分析一下，从武乡析置榆社时的取名情况。

开皇十六年(596)，将乡县(由原武乡县改名)北部地区划出析置榆社县。榆社的得名，清人吴卓信补注《汲冢周书》时这样记载："昔烈山帝榆罔之后，其国为榆州。曲沃灭榆州，其社存焉，谓之榆社。地次相接者为榆次。"古人"封土为社，示有土地"，榆社之意，就是指这里曾经是榆罔帝的土地。榆罔指中国氏族联盟时代神农氏政权的第九任帝，即传说中的炎帝，这也印证了武乡曾有炎帝时期的古老观星台这一猜测。

依据前人类比的置县取名方式再来分析，按照清人王先谦的说法，武山、乡水均源在榆社境内，而且乡水在榆社境内的流经比武乡长得多。那么，开皇十六年武乡析置榆社时，就应该把源头发端在此且流经长度110多华里的新析置的县榆社定名武乡，而另取名的应该是今天的"武乡"才对，为什么偏偏把又不是源头发端地且流经长度不足50华里的母县称作"武乡"呢?

没有把榆社叫作"武乡"，而要把"武乡"县名留在今天的武乡，这就说明，武乡县的命名并不是根据武山、乡水，而是另有原因。

三

作为一个武乡人，当然非常关心武乡县名的来历，这是历史文化传承的主要依据。为此，笔者近年来翻阅了大量的历史典籍，多次与县内许多文人志士研讨，也多次组织人员结伴寻访了县内古迹遗址，同时咨询了一些国内知名的专家学者。根据收集来的资料，经过认真考究，笔者认为，武乡县名来历是以祈福命名的。

海南省有个文昌市（原文昌县），它的命名与之非常相似。唐贞观元年（627），将原平昌县改置为文昌县。清末考古学者周广、郑业崇在光绪十九年（1893）编纂的《广东考古辑要》中定义："贞观元年改为文昌，以县南文昌江设名。"经细考这条江在唐、宋均叫"南桥水"，南宋《舆地纪胜》有记载。直到明正德《琼台志》才有"南桥水，一名文昌江，在县南一里西厢"的说法。可见唐太宗取名"文昌县"，并非因水得名，北宋《太平寰宇记》载“唐贞观元年，改为文昌县，取偃武修文之意”。

武乡县名来历，究其原因就是取“武德之乡”或“尚武之乡”之意命名的。从大量的史料记载和民间传说中可以看出，武乡自古就是“崇武之地，尚武之乡”，甚至可以说是中国的“武德之源”。从汉代的大将军耿根成，后赵的皇帝石勒、石虎，北魏大将军宇文求南、宇文金殿，西魏大将军宇文显，北周大将军宇文举、宇文庆……直到 20 世纪 80 年代，一直延续了“村村开拳房，人人练武功”的传统。特别是在抗日战争时期，尚武之乡的武乡人，个个摩拳擦掌，争相上战场，共有 14600 多人参加八路军走上抗日疆场。仅魏名扬领导的游击队就给八路军主力部队输送兵员 3400 余名，那可都是身怀绝技的武林高手呀。

这里又是历代兵家必争之地。早在春秋时期，诸侯争霸，硝烟四起，屹立于蓬莱山下的蔡地古都亦曾显赫一时，因蔡叔度参加三监之乱，威武刚毅的马毅将军攻破蔡州城邑;晋诸侯智伯瑶为求蔡地皋狼,引发了智赵争锋……之后在秦统一后，在此创立了涅县。两汉之间，王莽篡政，民不聊生，岑彭、马武二位将军辗转而来，在武东山脉里安营扎寨，习武练兵，后刘秀被王莽追赶至此，幸得二位将军相救，从此，刘秀重振军威，在岑、马等人协助下开创东汉，岑彭、马武了东汉“云台二十八将”之一。东汉末年，曹操从冀州率军包围壶关亲征高干，经武乡东部羊肠坂，写下千古名诗《苦寒行》；三国时侍中、持节、都督中外诸军、录尚书事司马懿遭到曹爽排挤时，曾在此韬光养晦；隋唐时的英雄王伯当，曾落草于武乡平顶山占山为王，后来成为瓦岗寨第六条好汉……

当然，从历史的角度看，武乡县的设立，最早在西晋泰始初年。那时，武乡和榆社同属“武乡县”，也就是人们所说的“古武乡”。如果说，这时候“武乡”县名的确立是根据“武乡水”而来，或许说可能扯上点关系。在“古武乡”时期，“武乡”县名一直沿用了 160 余年，到北魏延和二年（433），当时的统治者将“武乡县”更名为“乡县”。又过了 58 年，到了北魏太和十五年（491），武乡县的治所由现在的榆社县社城镇迁到了“南亭川”，

武乡东部山区的岑彭寨，东汉“云台二十八将”之一的岑彭曾在此练兵（郝雪廷摄）

也就是我们今天的故县城。一直到隋朝开皇十六年（596）武乡、榆社两县首次分治。在长达一百六七十年的时间里，武乡县包括榆社在内都叫“乡县”。再往后，到了唐朝初期，“武乡”县名重新出现，这就是我们今天的“武乡”。于是，这里就出现了一个问题，那就是，当时的唐朝统治者在改称县名时，为什么没有把榆社叫作“武乡”，而要把我县叫作“武乡”呢？这就说明，后来“武乡”县的命名并不是根据“武乡水”，而是另有原因。

笔者在民间采访，曾得到一个重要信息，有传说：在三国时期的高平陵事件到大军伐蜀的过程中，涅县有历代练武的数千武士参军，为司马氏完全掌握权力，控制曹魏朝政，逐步消灭支持曹氏的势力立下战功。真可谓：村村青壮从军去，户户皆有披甲人。武乡现有上司村、下司村原叫司马村，相传就是因当时司马懿曾驻军于此而得名。为表其功绩，司马炎代魏立晋时，故而在此分设一县，取名武乡，意为尚武之乡。

韩愈在《送董邵南序》开篇第一句就是：“燕赵古称多感慨悲歌之士”；

朱德总司令在《太行春感》中也写下“从来燕赵多豪杰，驱逐倭儿共一樽”的名句。武乡在历史上属于赵地，武乡人习武练功的传统源远流长。所以，武乡也就成为历代军事家招募兵勇的首选之地。不管哪朝哪代，武乡从军的人都很多，其中不乏德艺俱佳的豪杰。同时，发生在武乡的战事也很多，自古以来，武乡都是兵家必争之地。当然，统治者在依靠武力取得天下后，又害怕人们再用武力推翻它。所以，当他们坐稳江山后，就开始“谈武色变”。历史上武乡两次被去掉“武”字，还有唐武德三年（620）时曾在武乡、榆社中间设置偃武县，明显是针对武乡的“武”而设置的，这一切均与统治者对“武”的畏惧有关。

四

说到这里，还有个有趣的现象，也要在此赘言两句。“武乡”这个名字，此前此后还曾在其他地方出现过。

康熙版县志《封爵》中有载，汉高密顷王之子刘庆，在成帝建始二年（前31）被封爵为“武乡侯”，后由儿子刘劲嗣武乡侯爵位；《三国志·诸葛亮传》记载：“建兴元年，封亮武乡侯，开府治事。顷之，又领益州牧。”追考这两个封地，一在山东，一在陕西，都与咱这个武乡搭不上边。更有趣的是在陕西也曾有过两个武乡县、一个武乡郡。北魏宣武帝延昌元年（512），曾在汉中一带设武乡县，北周武帝时易名白云县，后撤并成今天的南郑区；西魏大统六年（540），华山郡改名武乡郡，华阴县改名武乡县，以隶武乡郡，隋开皇三年（583），废武乡郡，大业三年（607），改武乡县为冯翊县，几经变化，即今天陕西的大荔县。前有之，后有之，但真正久久流传下来的唯有今天的武乡。

还是接着叙说武乡的历史。也在这一年，开皇十六年（596），新设韩州，州治在今襄垣县下良故县村，领乡县、榆社、襄垣、黎城、涉县，乡县从潞州改属韩州。同时新设沁州，州治在今沁源县城，领阳城、铜鞮、沁源。阳城县（原涅县）和武乡县这对孪生兄弟，居然被分属到了两个州。这个重大

古老的南涅水村水阁凉亭（邢菊芬摄）

变革，前文已经提及。

开皇十八年（598）改阳城县为甲水县（《隋书·地理志》），县治移甲水村，因河流改道，该村现分为两个村，即武乡县故城镇北涅水村、沁县牛寺乡南涅水村。

隋炀帝大业元年（605），改名仅仅7年的甲水县就遭到被裁撤的噩运，其域分别并入乡县和铜鞮县；榆社县被废，回到乡县的怀抱；12年之后的义宁元年（617），再置榆社；与之同时进行的行政区划改革还有废州立郡，韩州、潞州、沁州均告废除，乡县归属上党郡。

在史料中也有这一年曾在武乡涌泉镇设龙泉郡的记载，但在《隋书·地理志》出现的龙泉郡郡治在隰州，而并非武乡，而查阅周边各县志书，也都没有归属龙泉郡的记载，设郡之说可能是误笔，也或许此郡非彼郡，龙泉郡不是一所郡治，只是地名中带了郡字，总之这是一个谜。

隋末天下群雄并起，唐国公李渊于晋阳起兵，于公元618年称帝建立唐朝，改义宁二年为武德元年。朝代更迭，区划乱象仍在继续。也许是乱世混出来的皇帝，总想用改变区划来稳固自己的江山吧。

武德元年（618）重置韩州，以乡县和襄垣、黎城、涉县、铜鞮、榆社属之（乾隆版《武乡县志》）。武德三年（620），重新分设甲水县；《新唐书·地理志》中有“三年置甲水县……九年省甲水县”，区域当然还是原来分别并入乡县和铜鞮县的那一块。并割榆社南部和乡县东北部，以及辽山西南部置偃武县，治所在今榆社县魏城村。偃武县名的选定其意为停息武备，很明显是针对武乡县的县名，虽然武乡早已改为乡县，但在统治者眼里，对这个尚武之乡，仍然是耿耿于怀。

不过，偃武县实在寿命不长，仅仅过了不足 4 年时光，就寿终正寝。武德六年（623）被废，昙花一现的偃武县悄然离世，就像个小孩子，还没有学会走路就在蹒跚中夭折，其区域各归本位。

更遗憾的是复设的甲水县，屁股还没有坐热，居然也遭遇同样的命运，仅比偃武县多存在了 3 年，武德九年（626），这个有 800 余年历史的古县永远消失，落了个悲壮谢幕。

始置于秦朝、曾经显赫辉煌的涅县，从经历三次拆分面积、人口大规模缩水，又历经涅、阳城、甲水的三次改名，就这样悄无声息地永远消失了。甲水，成为遗留下的最后一个名字。

《隋书·地理志》上党郡条文下，铜鞮：后魏改涅县为阳城，开皇十八年改为甲水，大业初省入。

这一记载是非常错误的。

按这个说法，好像甲水县撤销，其区域是直接并入铜鞮的。事实并非如此，甲水县被撤销后，其区域基本以涅河为界一分为二，涅河北部划归乡县（今武乡），涅河南部划归铜鞮（今沁县），形成今天武乡与沁县的县界。使得武乡形成了东西长、南北窄的区域形势，基本上就是今天武乡的这个形状。

这里还需要再讲一下，涅县留下来的重要文物——南涅水石刻。

涅水村作为县城，前后两次不过 13 年时光，怎么留下如此辉煌的石刻

南涅水石刻（邢菊芬摄）

文化？20世纪40年代，南涅水村因村民取土露出一些石条、瓦砾之类的，但因该地有很多蛇，人们不敢乱动石块。到1956年，坍塌加重，露出了石刻，村民向县文化馆汇报，1957年秋省文管会开始考古发掘。

这一挖掘却有了惊人发现。居然在此挖掘出800余件石雕造像，有文字题记的60多件，雕造纪年的37件。这批石刻造像上自北魏永平元年（508），下至北宋天圣九年（1031），积累了北魏、东魏、北齐、隋、唐、宋六个朝代的民间石雕艺术珍品，题材大多以佛教活动为主。

南涅水出土的古代造像

南涅水的兴盛，与公元494年孝文帝迁都洛阳相关。鲜卑贵族经此前往中原，引发了制造佛像的狂潮。至于造像为何最终深埋地下，尚无定论。石刻在窖穴中被摆放得十分严整，据此可推测，当初将其掩藏并非是由于战争或灭佛等紧急事态。造像多为选落塔形，即以四面开龛造像的方形石块叠垒成塔形，且种类丰富，形制完备，内容庞杂，国内罕见，是目前为止民间石刻造像出土数量最多的馆藏造像，也是迄今为止，有明确纪年，时间跨度最长的造像行为。石刻分为碑文石刻、造像石塔、个体造像三大类型。碑刻主要是作题记用的，有文像并刻和纯文石刻两种，可见这里也是涅县后期的文化核心区。

南涅水石刻造像群，是在云冈石窟的先导和影响下出现的，但它却不同于各地的石窟造像。它不是远涉深山刹崖凿窟的塑像雕刻，而是因地制宜、就地取材凿石成像成塔，主要石料取材于烂柯山。石刻或大或小，高的 260 厘米，低的 135 厘米，既易取置，又简便经济。南涅水石刻造像是研究我国历史、文化、佛教、民俗的佳品。

阳城县城从今武乡县故城镇迁到此地，应该与这个有很大的关系。

其实同出于北魏时期的石刻、石窟造像，在武乡还有多处：从西部的石窑会、岩庄、良侯店、勋欢、石仁底、黑营，到东部的古楼角、下北漳、上型塘、东庄、洪水，一直到申家峧（当时也归武乡，现属左权）高欢云洞。虽大小不一，规模不等，但都体现了魏晋时期佛教在我国广为流传，南北朝成为我国佛教石窟开凿最兴盛的时期。到孝文帝迁都洛阳前，形成汉化了的佛教造像，并由之影响到全国，在晋东南尤为明显，武乡县的石窟群颇有典型性。

故城石仁底石刻造像（郝雪廷摄）

北原山上石勒寨

一

前文多次提到后赵开国创始者羯人石勒。

石勒是武乡人，出生在今武乡县北原山脚下东河沟村（今属丰州镇东关

北原山上石勒城“龙门”遗址（郝雪廷摄）

村的一个自然村），父亲是一个“部落小帅”。石勒造反以后，兵败葛陂，听取张宾意见，回师北方，在北原山建起兵寨，称为石勒城，又名石勒寨、石赵故城，石勒寨内建有龙门。

石勒城遗址出土的“龙门”碑刻

石勒是武乡人，这是不争的事实。没有想到在二十多年前，居然出现了石勒故里的“三县之争”。

从20世纪80年代安徽涡阳、河南鹿野、甘肃临洮的老子故里之争开始，各地开始了“名人故里”争夺大战，而且不断升温，愈演愈烈。从黄帝、炎帝、尧帝、舜帝，到大禹、庄子、姜尚，再到诸葛亮、赵云、李白、曹雪芹，乃至文学作品中的人物如孙悟空、西门庆、董永，还有神州中的人物牛郎、织女等，都引起了诸多城市之间的争抢。真可谓笑话百出。

石勒这个五胡十六国时期的后赵建立者，世界历史上唯一一个从奴隶到皇帝的枭雄，便也有人伸手抢夺。

2001年11月2日，《山西日报》登载李廷芝、谢占杰文章——《后赵皇帝石勒是和顺人》。立论是和顺县有石勒村、李阳村，该文引用1993年《和顺县志》“卷之八·人物”里的记载：“石勒本羯奴，少游洛阳，倚上东门长啸。王衍惊云，此雏有异志。勒随循去，来寓和之北乡，以农为业……”论证“石勒是和顺人”。

一石激起千层浪。

2006年7月4日，又有一位名叫陈跃平的作者写出《千载悠悠石勒墓》，在《山西日报》发表。提出了“既然古武乡县城在榆社北部的社城，那么所谓的北原山，也应在当时属于武乡北部的榆社境内，甚至应当在作为当时武乡县城的社城以北”。以此来证实“石勒是榆社县北人”这个事实。

面对有违历史而无理强抢豪夺，武乡人也不得不发声。

武乡地方文化学者马生旺、李驰骋撰写《石勒是武乡人》之长文，于2006年11月28日在《山西日报》发表。该文有理有据，史料充分，既讲述了真实的石勒家世，也批驳了上述两文的谬误之处，2007年第3期《文史月刊》也予刊发。

2006年12月30日，《山西晚报》刊发《三县“开战”争做石勒故里》之文，进行调查，但记者不是史学家，只能采取公说公有理、婆说婆有理的方式，来笼统介绍。那么石勒故里之争根源在哪里？

前文已经讲过，和顺、榆社、武乡在秦朝统属涅县。西汉初在涅县东北部析置出沾县，包括今天的昔阳南部及和顺北部；东汉建安二十五年（220），又在涅县东部析置出轑河县，包括今天的左权全部及和顺南部；几经变革，直到北齐才置梁余县，隋开皇十年改梁余县为和顺县。

至于榆社有县则更晚。西晋泰始初年，涅县再次被拆分，东部置武乡县，西部仍称涅县。那时，榆社还是武乡的一部分，到隋朝开皇十六年（596），在武乡县的北部切了一块，析置了榆社县。

由于这些原因，再加上古武乡县城曾设于今榆社县北社城镇，后于北魏孝文帝太和十五年（491），迁址至南亭川，即今武乡县故县村。《中国历史地图集》上标注过“武乡县城，今榆社北社城”，所以，在史学界，对石勒籍贯的认定产生了一些分歧。

武乡石勒广场石勒塑像（李绍君摄）

除前面所说《山西日报》登载的两篇文章外，尚有《辞海》载："石勒……上党武乡（今山西榆社北）人"；范文澜《中国通史简编》称：石勒，上党武乡县（今山西省武乡县）羯人；林宏秋《山西历史人物传》中称：石勒，上党人；王怀忠《上党史话》称：石勒，上党武乡（今晋东南武乡县）人；王仲荦《魏晋南北史》称：石勒，上党武乡（今榆社北）人；马舒《西晋故事新编》称：石勒，上党武乡人（今榆社西北）等。从上述一系列文字记载中，不难发现，古代著述并无争议，只是一些现当代书籍中有这种提法。但这种提法也无不妥，只不过是记载当时的县治治所所在地而已，并非说石勒出生的村庄。

关于石勒出生地的研究，要从《晋书》及《唐太宗御制石世龙传》谈起。

《晋书》卷一百四《载记第四石勒上》记载颇为详尽，"石勒，字世龙，上党武乡羯人也。其先匈奴别部羌渠之胄。祖耶奕于，父周曷朱，一名乞翼加，并为部落小帅。勒生时赤光满室，白气自天属于中庭，见者咸异之。年十四，随邑人行贩洛阳，倚啸上东门，王衍见而异之，顾谓左右曰：'向者胡雏，吾观其声视有奇志，恐将为天下之患'，驰遣收之，会勒已去。长而壮健有胆力，雄武好骑射。曷朱性凶粗，不为群胡所附，每使勒代己督摄，部胡爱信之。所居武乡北原山下，草木皆有铁骑之象，家园中生人参，花叶甚茂，悉成人状。父老及相者皆曰：'此胡状貌奇异，志度非常，甚终不可量也。’劝邑人厚遇之……”

根据清乾隆五十五年版《武乡县志》卷四《艺文·传》所载《唐太宗御制石世龙传节略》：“后赵石勒，字世龙，上党武乡人也。勒生时赤光满室，白气自天属于中庭。年十四，随邑人行贩洛阳，倚啸上东门，王衍见而异焉，驰遣收之，会勒已去。所居武乡北原山下，草木皆有铁骑象，家园中人参，悉成人状……”

《晋书》是中国的“二十四史”之一，唐太宗李世民下诏撰修，由司空房玄龄等人合著，作者共21人。该书记载的历史上起于东汉末年司马懿早年，下至东晋恭帝元熙二年（420）刘裕废晋帝自立，以宋代晋。同时还以“载记”形式，记述了十六国政权的状况。

《晋书》成书于唐贞观二十年（646）至二十二年（648），而榆社和武乡析县分置在隋开皇十六年（596）。分置后的乡县（武乡县），于唐武德元年（618）与襄垣、黎城、涉县、铜鞮五县置韩州，到贞观十七年（643）韩州废，乡县仍恢复“武乡”县名，属潞州上党郡。潞州上党郡领县十，其十曰武乡（见清光绪五年版《武乡县志》），榆社县早已不在其内。

厘清了这一时期的建置沿革，我们便可清楚地看出，贞观十七年（643），“武乡”县名恢复，并属“潞州上党郡”。修撰《晋书》及《唐太宗御制石世龙传》，这时候的唐朝统治集团，从皇帝到大臣，哪个不知道“上党武乡”和榆社早已毫不相干？而在这个时期所写的书，书中人物的籍贯当然按写作时地理区划作表述，否则，书中一定有特别注明。所以毫无疑问，《唐太宗御制石世龙传》及《晋书》中关于石勒的籍贯，正是唐贞观年间的“上党武乡县”。也就是现在的“武乡县”，因为武乡县的总体疆域，从光绪版《武乡县续志》卷一《建置·案》记载，“随析乡县置榆社，又以故轑阳县地置辽山（今左权县），而武乡之疆域定。”

其实，在现存历史典籍中，最早记载石勒籍贯的，比晋书更早的有北魏崔鸿所著的《十六国春秋》。

《十六国春秋·石勒上》记载：“石勒，字世龙，初名訇，上党武乡羯人也。其先匈奴别部羌渠之胄，分散居于上党羯室，因号羯胡，祖耶奕干，父周曷朱，一名乞翼加，并为部落小帅。勒生时赤光满室，白气自天属于中庭，见者咸异之。年十四随邑人行贩洛阳，倚啸上东门，王衍见而奇之，顾谓左右曰：向者胡雏，吾观其声视有奇志，恐将为天下之患，驰遣收之。会勒已去，长而壮健有胆略，雄武好骑射。曷朱性凶粗，不为群胡所附，每使勒代己督摄部胡，部胡爱信之。所居武乡北原山下，草木皆有铁骑之象，家园中生人参，花叶甚茂，悉成人状，父老及相者皆曰：此胡状貌奇异，志度非常，其终不可量也。劝邑人厚遇之。时多嗤笑，惟邬人郭敬、阳曲宁驱以为信然，并加资赡。勒亦感其恩，为之力耕。每闻鼓角之声或在前后，勒私异之归以告母。母曰：作劳耳鸣非不祥也。因于所耕地得一刀，铭曰：石氏昌，隶书私。心自喜，居与邑人李阳相近，阳性刚愎，每轻勒，与争沤麻池，共相打搩，互有胜负。”

无论是《晋书》还是《十六国春秋》，都提到石勒出生于上党武乡“武纰原山下”。那么，北原山今在何处？清康熙三十一年版《武乡县志》卷一《山川叙》载，“鼙山，在县署北，初名‘北原山’。石勒微时，于此闻鼙铎声，因改今名。”清乾隆三十六年版《沁州志》卷一，《山川篇（武乡县）》也载：“鼙山，初名北原山，相传石勒微时于此闻鼙铎之声，因改今名，县城建其上，绝顶立县署，后改为学宫。”

由此可见，现在的武乡县故县村北的鼙山，就是当年的“北原山”这已是确凿无疑的事实。现在武乡的群众仍然习惯将此山叫作北原山，也叫鼙山。

二

和顺及榆社争论的理由何在？

先来看和顺方面的论据。

其一说，和顺县李阳镇所辖有李阳村（分南李阳、北李阳）、石勒村（分上石勒、下石勒），并非现代命名。

其二说，《和顺县志》“卷之八·人物”里记载，“石勒本羯奴，少游洛阳，倚上东门长啸。王衍惊云，此雏有异志。勒遂遁去。来寓和之北乡，以农为业，史称勒耕于野。耳中时闻战鼓声，盖在此中乎！勒与李阳住处隔五里，因沤麻争池时相格斗，二人勇力盖不相下也。及勒据邺践赵王位，遣使召阳，人咸为阳危。阳至，勒引阳臂云‘昔者孤厌卿之老拳，卿亦饱孤毒手’，授阳为将军，人咸服其量焉。至今以石勒、李阳名其村，勒尝有言曰：‘大丈夫当磊磊落落，绝不效曹孟德、司马仲达，欺人孤儿寡妇也’。呜呼！勒人杰也哉！”

其三说，《县志》中提及石勒、李阳争沤麻池而格斗的故事，其情节与《晋书·后赵石勒载记》相符。“来寓和之北乡，以农为业，史称勒耕于野”“勒与李阳住处隔五里，因沤麻争池时相格斗……”等语则特别明确地指出了石勒、李阳的故里所在及来历。

其实，这些理由摆出来，还用得着辩驳吗？《和顺县志》中明确使用的两个字“来寓”，“来寓”什么意思？来是从别处而来，寓即居处、住所。意思就是：从别的地方来到和顺之北居住。从哪里来的？当然就是武乡北原山下。

笔者还是本着客观严谨的态度，翻阅了清乾隆版的《和顺县志》，所查到的是，乾隆版《和顺县志》的这段文字并不在“卷八·人物”篇，而是在“卷六·流寓”篇内。“流寓”什么意思？不是本地人，是从异乡到此定居的，也就是说石勒在和顺不过是一个没有户籍的“流动人口”。

好了，《和顺县志》记载得很明确，这问题解决了，简单说一下石勒怎么去和顺定居的经历。

前文已经介绍过，石勒 14 岁随乡党赴洛阳行贩桑麻，曾在上东门大吼了几声，遭到西晋太尉王衍的抓捕，他跑回老家，却不敢在自己家里，只好与李阳等人一起跑到和顺的大山里躲避“风头”。

在和顺住了一段时间，至于“石勒村”“李阳村”的来历，在石勒显达之后，人们为了纪念他，而将他曾经避难居住过的村庄取名为“石勒村”，和他争夺过的沤麻池村庄取名的“李阳村”，这是很正常的，但这并不能证明石勒就是和顺人，和顺的南面邻县叫“左权县”，是以左权将军牺牲于此取名，能说左权就是左权县人吗？

再来看榆社方面的论据。

其一说，“史学界一致认为”。石勒是榆社土著羯人，属古上党武乡（今榆社县北），但对于石勒葬于何处一直未有定论。据《晋书》载：“（石勒死后）夜厝山谷，莫知其所，备文物虚葬，号高平陵。”

其二说，榆社有石勒墓和赵王庙。清光绪七年版《榆社县志》载：赵王石勒墓，在县北二十五里赵王村，墓东有庙。赵王村即因村有赵王石勒墓而得名。

其三说，榆社人写过两首诗。晚清诗人张祖志曾写过一首《过赵王墓》，晚清文人张其信写过《赵王墓》。

其四说，北原山是“居住在北面一个高的地方”。《山西晚报》记者采访，榆社石勒文化研究会秘书长陈跃平说：“所居北原山下”应理解为“居住在北面一个高的地方”，“北原山”不是地名，而是对方位和环境的描述。

这几点理由摆出来是不是非常可笑？

关于“史学界一致认为”这一论据，前文已经列举过史学界古今论述的观点，这里不再重复。关于“榆社有石勒墓和赵王庙”，榆社方面的专家也说石勒墓有四，即河北邢台，山西榆社、陵川、武乡。其实，在吕梁离石、山东茌平也有石勒墓，而且这些墓旁都建有庙。按石勒 69 世孙石旭昊所言，石勒墓共有十处：山西省武乡县石泉村、故县村北台顶，榆社县赵王村，吕梁市离石区玉灵山，临县紫金山，陵川县城卧龙岗；河北省邢台市襄都区百泉村，邢台市信都区西山（石门山）；山东省茌平县十里铺村；河南省浚县大伾山。除了武乡和邢台两处重复，难道石勒籍贯还能出于以上八处？再说如果以墓定籍贯的话，朱元璋葬于南京，他就不是安徽人而成了南京人，他的儿子朱棣葬于北京，他也只能是北京人了？关于当地人写过两首诗，便说这就是佐证，真是更不值得费口舌了吧，榆社有人写过两首关于石勒的诗，石勒就成了榆社人，真的是可笑到了极点。

吕梁市离石区玉灵山石勒墓

山东省茌平县南十里铺村石勒墓遗址

邢台市襄都区百泉村石勒陵遗存石刻

陵川县城卧龙岗崇安寺石勒陵

修筑于北原山上的石勒寨城墙（郝雪廷摄）

还是说说北原山吧。一个石勒文化研究会的秘书长，能说出“所居北原山下”应理解为“居住在北面一个高的地方”，是不是也太贬低古代文人了？

三

为什么要认真说北原山呢？

这里还得先说一下“古武乡”。一些人在探讨中提到“古武乡”即北魏太和十五年（491）以前，“古武乡”的县治治所在今榆社县社城镇，太和十五年迁址南亭川，即今武乡县故县村。所以就说，一些研究著作中有“武乡（今榆社北）”的说法，因而产生了“石勒必须出生在今榆社北”这样的伪命题。这实际是一个悖论。人所共知，一个人出生在某县，不一定都出生在这个县的县城，而要看他出生在哪个村庄。

石勒出生在武乡县的哪个村庄呢?

在钦定四库全书《山西通志》(雍正版)“卷五十九”武乡县内记载,“石勒城:一名石勒寨,在县北原山上,周四百六十步,勒尝驻兵,今建文庙。”“石勒故居东河沟北原山下,勒生时赤光满室,白气自天属于中庭,北原山下草木皆有铁骑象,家园中人参,悉成人状。又尝闻鞞铎声。”“卷六十一”,有这样的记载:“石勒,字世龙,初名訇,上党武乡人。祖耶奕于,父周曷朱,一名乞翼加,并为部落小帅。勒生时赤光满室,白气自天属于中庭。年十四,随邑人行贩洛阳,倚啸上东门。王衍见而异,驰遣收之。会勒已去,长而壮健有瞻力,雄武好骑射。所居武乡北原山下,草木皆有铁骑象,家园中生人参,花叶甚茂,悉成人状,父老及相者皆曰:此儿壮貌奇异,志度非常,其终不可量也。”

石勒出生身处在北原山下东河沟村三亩则“石圪塔”(郝雪廷摄)

这里面提到两个地名，一是“北原山”，二是“东河沟”，也就是说石勒出生于北原山下的东河沟村。

“北原山”是泛指还是确指？这是破解石勒籍贯之谜的关键。遍查史籍，除去武乡县之外，在临近县的境域内都没有北原山，而在各地志书中也找不到与北原山或与石勒籍贯有关的任何记载。

《十六国春秋》《晋书》中，都确切记载了石勒出生地“北原山下”并不在榆社境内。这座“北原山”真真确确矗立在石勒出生时的“古武乡”境域内，榆社方面也不能不承认。怎么办？那就混淆概念，在字面上作一下曲解。可是对“北原山下”四个字，即使曲解起来也很困难，那就干脆不说“山下”，光说“北原”。因为在古文中“原”与“塬”相通，确有“高地”的含义在内，“北原”也可以解作“北面的高地”。如果按照这种理解方法，我们对照《晋书》原文：“所居武乡北原山下”，意思岂不成了“（石勒）所居住的武乡北面一个高的地方的山下”了吗？

古人惜墨如金，讲究“一字不移”，特别是纂书作志，更不可能闹出如此“不工”的笑话来。《晋书》中所说的“北原山”只能是一个确指的地名或山名，绝不可能“是方位和环境的描述”。

再从《山西通志》上看：“石勒故居东河沟北原山下”，而武乡的北原山下，真有“东河沟”村，这难道是“巧合”吗？

村传，石勒帝出生身处在北原山下东河沟村孤魂台三亩则。其故居则是当地人称“石圪塔”的土丘下的古窑洞。其“石圪塔”之“石”即指石勒，因此处无石头。清顺治十七年武乡县令、万全都司宣府前卫人岳征琎著有考察专记。明进士陈所行之子陈曰喜有诗：

白气依然带远岗，
临风遥忆鼙音长。
当年胜事今尘土，
极目平沙古战场。
雄略无能分晋汉，

壮怀漫目托高光。
魂游丰沛知安在，
留得山河送夕阳。

清康熙三十一年版《武乡县志》卷二“古迹叙”载：“石勒帝生身处，在东河沟鼙山下。邑令岳征珽有记。”清乾隆五十五年版《武乡县志》卷二“古迹”载：“石勒故城，一名石勒寨，在县城北原山上。晋永嘉末，勒屯兵于此。左侧东河沟为石勒故居。勒生时赤光满室，白气自天属于中庭，山下草木皆有铁蹄象。知县岳征珽有记。”

这就清楚地告诉我们，早在清顺治十七年，岳征珽就任武乡知县后，就对后赵皇帝石勒的出生地作了一番认真细致的考察研究，确认“县城北原山左侧东河沟为石勒故居”。直至今天，在武乡故县城的东河沟村，石勒出生时的遗迹、遗址仍然存在。历史传承下来的石勒出身地，至今故县村一带人们可以说是家喻户晓。

石勒的出生地在武乡县北原山下东河沟村已是确凿无疑。

后赵基业传承人

一

前文探讨了石勒的籍贯。接着还有一个问题也需要探讨一下，以正视听。

长期以来，在许多媒体上讲，上党历史上只出过一位皇帝，那就是魏晋十六国时期后赵的石勒。导致在许多人的心目中形成了曲解。

其实，上党地区不仅有石勒，和石勒同时期的还有两位皇帝也是上党人，他们就是北燕的文成皇帝冯跋和昭成皇帝冯弘。仅就武乡来说，也不止石勒一人，因为石勒创下的后赵基业，也曾得到数代传承，具体说，后赵国共有七个半武乡人相继继承大统。

开国皇帝石勒，从奴隶到平民，到将军，再到皇帝，颇具传奇色彩。石勒投靠刘渊后战果累累，先后攻陷了魏郡、汲郡、顿丘、邺城、赵郡、中丘，部下也发得兵强马壮。刘渊死后，刘和、刘聪、刘粲、刘曜相继继位。

石勒虽被封为大司空、大将军，效忠于汉赵，可汉赵皇帝却越来越不信任他，乃至杀害了石勒的左长史王修。石勒内心愤怒至极，我为刘家出身入死，无奈他们过河拆桥。本还指望封王，反而遭到暗算。此不是太傻了，看来由我自己来称帝就行了，何必由他们来封！

谋士张宾、张敬等人看出石勒想称帝的心思，于是便联名请求石勒称帝。

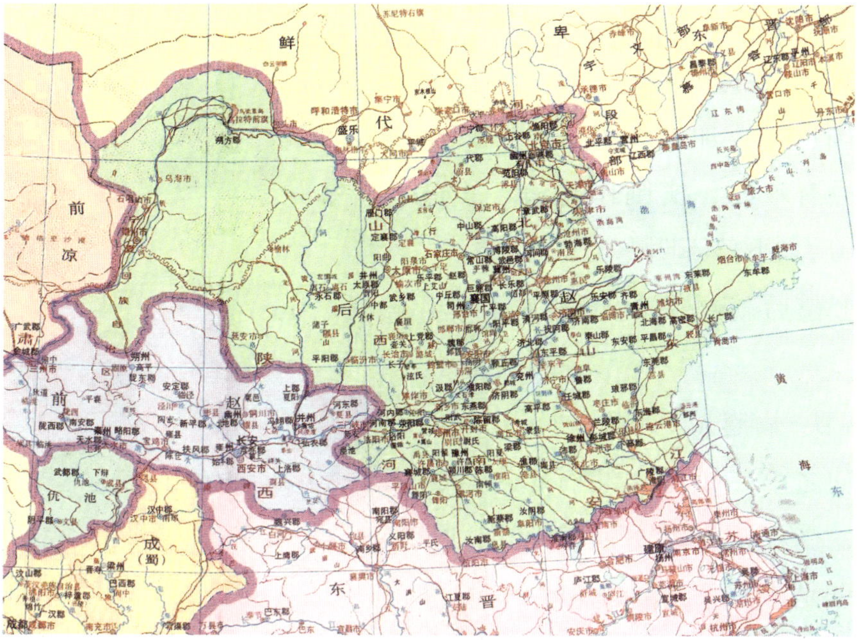

后赵疆域图

石勒假装不同意，在众将簇拥之下，于大兴二年（319）十一月，石勒自称赵王，与前赵公开决裂，建立后赵政权。

后赵太和三年（330）二月，石勒在大臣们的劝说下自称大赵天王，将儿子全部封王，大臣们按功加爵。九月，石勒称帝，改元建平，将妻子刘氏立为皇后，又规定了昭仪、夫人、贵嫔、贵人、三英、九华、淑媛、淑仪、容华、美人的等级和数额。

东晋十六国时期，正所谓“有枪便是草头王”。他创建的后赵，极盛时跨有今河北、山西、河南、山东、陕西、宁夏和江苏、安徽、甘肃、辽宁、内蒙古的一部分，基本上统一了长江以北的半壁江山，石勒建立的后赵，虽然没能统一北方，但在北方的政权中，后赵疆域最大、实力最强。他发明考试、重视教育、劝课农桑，当时的北方可是全国的政治、经济、文化中心。南方的发展远不如北方，此时的后赵完全有能力对抗南方的东晋。

后赵建平四年（333）六月，石勒卧床不起。石虎假称诏令不让太子石弘和大臣看望石勒。随着病情加重，没过几天就病逝了，时年60岁。谥号“明帝”，庙号“高祖”。

石勒称霸北方，功绩巨伟。但其死后在继嗣问题上，犯了严重错误！

石勒有四个儿子，长子石兴，次子石弘，三子石宏，四子石恢，养子石堪，

后赵第二任皇帝石弘画像

还有一个就是堂侄石虎。长子石兴在刘聪即位后，遣使范戆持节策命石勒。以石兴为上党国世子，加翼军将军，为骠骑副贰。虽有敕封，实则作为人质留在刘聪处。后来下落不明。

所以石勒上位后就封次子石弘为太子。

《十六国春秋·后赵录》记载："石弘，字大雅，勒之第二子也。幼有孝行以恭谨自守，受经于杜嘏，诵律于续咸。"太子石弘是个爱好文章的儒生，从未在战场上拼杀。作为太子，也不过是让他审批上书奏事，参与政事。

石勒死后，传位于石弘，成为后赵第二任皇帝。石弘虽然文才好但武功太差，对自己即将登帝位不知是悲是喜，因为军权一直掌握在石虎手中，石虎劫持石弘，收捕徐光、程遐几位忠臣，并让儿子石邃带兵入宫宿卫。

石弘已经遭到控制，每每看到石虎便心中发怵，吓得都要尿裤子了，因而找到石虎，以自己软弱无能为借口，把帝位让给石虎。

石虎还装出一副满不在乎的样子，托词不受，假意说："国君去世，太子继位，这是天经地义的事情。"石弘痛哭流涕，再三推让。其实石虎心里有谱，"知道你不能胜任，不过你先当着，过些日子自然有人会换掉你。"

石弘即位，改元延熙。紧接着，石虎晋升丞相、魏王、大单于，赐九锡，总领朝政大小政事。石虎的儿子石邃持节、侍中、都督中外诸军事、大将军、录尚书事。其他儿子也都是大加封赏，掌握兵权。

由于石虎操纵重权，石勒妻刘氏便暗中与子彭城王石堪策划计谋，想除掉石虎，拥南阳王石恢为盟主。谁知事情败露，石堪在无奈之下单骑出逃，还是被石虎派人追上去逮了回来，送至襄国，被活活烤死。

刘太后当然也被抓了起来弑杀。石弘内心更加恐惧，只得再次让位于石虎。

《十六国春秋·后赵录》中写道，“冬十月，弘自赍玺绶亲诣魏宫，谕禅位之意。虎曰：帝王大业，天下自当有议，何为自论此耶？”

也就是说，后赵延熙元年（334）十月，石弘捧着玉玺绶颤抖着到了石虎身边，请求禅位给石虎。不料石虎板起面孔恶狠狠对他说：“谁来当帝王，大家心里都很明白，何必由你来定论呢？”

“于是尚书奏：魏台请依唐虞禅让故事。虎曰：弘愚暗，居丧无礼，不可以君君万国，便当废之，何禅让也？”

在石虎眼里，石弘已经没有了禅让的资格，而且应该直接废除。所以大言不惭地说：“石弘应当废掉，还讲什么禅位呢！”

于是把石弘废为海阳王。不久被石虎杀，时年 21 岁。

二

石虎废石勒之子石弘后，宣布登极称帝，成为后赵国第三任皇帝，在位时间长达 15 年。

要说石虎行军打仗确实还是有一套。

石虎的父亲叫石寇觅，和石勒是堂兄弟，在大饥荒时饿死。石虎被石勒的父亲石周曷朱收养，所以一些人也称石虎是石勒的弟弟，其实他该叫石勒叔叔。

石虎幼时生性残暴，多次闯事用弹丸伤人。

“勒怒之白母王氏曰：此儿凶暴无度，使军人杀之，声名可惜，不若自除之。勒母曰：健犊须走车破辕，良马须逸鞭泛驾，然后能负重致远。且当小忍，勿便杀也。”

石勒就想杀掉他，免得生祸端，勒母王氏怜他才保下了命。后跟随石勒出征，英勇战斗，所向无敌，是块带兵打仗的好料，成为石勒征战四方时的左膀右臂。慢慢地对他比较器重了，之后提拔他为征虏将军。

石勒称帝后，封石虎为中山王、尚书令。石虎暗想石勒称帝后会把大单于的位子送给自己，不料石勒却给了儿子石弘。石虎按压不住愤怒，对儿子石邃说：“自从石勒占据襄国以来，我南擒刘岳，北追索头，东平齐鲁，西定秦雍，攻克十三州，立下了汗马功劳。大单于之位应当给我，却给了石弘。每想起这些事情就满肚气，气得我吃不下饭睡不着觉。等石勒死后，我要把石勒的子孙斩尽杀绝！”

《资治通鉴·卷九十四》记载，中山王虎怒，私谓齐王邃曰：“主上自都襄国以来，端拱仰成，以吾身当矢石，二十余年，南擒刘岳，北追索头，东平齐、鲁，西定秦、雍，克十有三州。成大赵之业者，我也；大单于当以授我，今乃以与黄吻婢儿，念之令人气塞，不能寝食！待主上晏驾之后，不足复留种也。”

石虎可不是个光嘴上说说的人，石勒一死他就兑现了他的诺言，不仅直接废黜石弘，自称大赵天王。石弘与弟弟石宏、石恢，以及太后程氏都被幽禁，不久全部杀害。石勒养子石堪在前一年因起兵反抗石虎，已经被石虎杀死。

石勒子嗣全数被灭。

在中华正统文人笔下，五胡首领大多是荒淫暴虐的，以辨华夷高下之分。

但其暴行记录，也颇有文人笔下的夸大，读史不得不审慎。

后赵第三任皇帝石虎画像

在晋书中，石勒也是暴君，坑杀降卒、屠杀西晋大臣、烧杀抢掠平民。其实石勒称帝后功绩颇多，前文已述，而且也颇倾心于汉族儒家文化。还是应该三七开账或四六开账的。

但说到石虎，那则是彻头彻尾的禽兽，其在位期间，荒淫暴虐堪称空前，比秦始皇、董卓、孙皓远远有过之而无不及。他的儿子们之荒淫暴虐，犹不亚于其父，实则是一家子禽兽。

石虎称帝后，穷兵黩武，荒淫无道，如构建豪华宫殿，挑选万名宫女，并让女骑兵千人充当车驾侍从，头戴纶巾，穿着锦裤，金银镂带，手执羽仪，鸣奏军乐，随自己游巡宴饮。而后赵发生旱灾，百姓饥饿，他却置之不理。为修一座黄河大桥，在邺的南面将石块抛入黄河，工程耗费千万亿，桥最终没有建成，从事劳役的人饥饿难忍，死伤无数，最后被迫停工。

一分为二看问题，石虎也并非一无是处。石虎之过，不可原谅；石虎之功，也值得肯定。

石虎在军事方面的功绩十分巨大。东晋将领祖逖率军三万北征，攻打投降后赵的陈川，石虎奉命率军四万前往救援，两军在浚义相遇。一代名将祖逖败于石虎。石虎遏制了东晋北伐的步伐，使豫州诸郡纳入后赵疆域。击败鲜卑日六延部，击败幽州、冀州、青州的割据势力，打败刘曜十万大军……哪次大战都少不了他。

在位 15 年中，凭借铁腕统治，威慑了各地的豪强军阀，有效地保证了后赵帝国疆域内的政治稳定局面，又为经济的恢复和文化的繁荣创造了条件。

重视农业生产。他曾下诏：地方官如果不好好督促辖区民众耕种土地，或者不好好经营桑蚕业，就要被撤职查办，通过法令的形式强制地方官重视农桑生产。在他的积极推动下，农业生产得以恢复和发展，并减轻徭役，地方余粮自存，减轻民众负担。

重视文化发展。提倡经学，设立五经博士，设秘书阁校勘经书，使儒学得以复苏；重视史学，编修《上党国记》《起居录》《赵书》《二石传》等；推崇佛学，奉佛图澄为国师，兴建佛寺八百余座，举国信佛，成为佛教发展的黄金时代。

重视纺织工艺。在中尚方专设织锦署，《邺中记》说：“石虎御府罽，有鸡头文罽、鹿子罽、花罽。”这些锦缎工艺是西域人较早掌握的一种工艺，而在石虎时期，中原的工匠也逐步掌握。

重视作物推广。《邺中记》载：“虎作蝦蟇车，箱阔一丈，深一丈四，抟掘根面去一丈，合土载之，植之无不生。”自原产于西域的作物渐渐在北方普及，如石榴、西王母枣、仙人枣、句鼻桃、仙人桃、大蒜、胡豆、胡麻、胡葱、葡萄等农作物。促进了这些植物、食物在北方地区本土化的进程与发展。

三

石勒在继嗣问题上，犯了严重错误！石虎也没有接受教训。

石勒临死之前，拉着石虎的手，不断提起周公旦、霍光、诸葛亮的名字，意思就是希望石虎能够安安心心做个辅佐之臣，可惜石虎彻底让石勒失望了。因为他不仅专权多年，而且后来索性杀光了石勒的所有子孙，自己做起了皇帝。

石虎没有想到他的儿子们也上行下孝，模仿着他的作为而行事。

石虎的儿子很多，共有13个儿子。由于儿子太多，史书又没有明确记载，已经弄不清谁大谁小，成了一笔糊涂账，只能把他们的名字开列，分别是石挺、石邃、石宣、石韬、石斌、石世、石遵、石冲、石苞、石鉴、石祗、石炳、石琨。还有第14个儿子，也就是养子冉良，石虎将其改姓名为石瞻。

石虎的长子是石挺，可惜因石虎篡位时，石勒的侄儿石生在关中起兵反抗，石挺为前锋大都督进攻长安时被部将郭权刺死。石虎自封天王后，就立自己最宠爱和信任的次子石邃为天王太子。

石邃骁勇善战，功勋卓著。但没想到石邃比石虎更加暴虐残酷，经常随意杀人，烹煮姬妾的肉来让大家一起品尝，甚至将尼姑奸后杀了，与牛羊肉一起煮食，有了“两脚羊”的典故。更不可思议的是，石邃欲效仿匈奴先祖冒顿，起了弑父自立之心。石虎一怒之下废其为庶人，后又将他连同妻儿

26 人一起诛杀，并装进同一口棺材中埋葬。

石虎改立石宣为太子。谁知石宣也是淫虐异常，比如选美，一下子就抢夺万余女子淫乐；比如狩猎，便令百官跪迎围猎供己为欢。这哪里是储君的作为？特别是他见四弟石韬受宠，居然专门为石虎祈福，这不是有意讨好？担心石韬抢太子之位，心生嫉恨，就秘密派人将石韬肢解，毁尸灭迹，还由此生恨，意图杀死石虎，尽快上位。石虎得知真相后，不得不用酷刑处死石宣，另杀石宣的妻儿 29 人。

连杀两个太子，石虎为立谁为太子而犯了难。太尉张举劝石虎在石斌、石遵中任选一个。而大将军张豺与刘皇后关系好，如果石世立为继承人，刘氏就是太后，这样自己便能得以辅佐朝政。张豺便进言："陛下前两次立太子，都因其母出身低贱，所以导致朝廷祸乱不断。今应选母贵子孝者立为太子。"刘皇后是汉赵刘曜之女安定公主，当然身份尊贵，石虎也知道张豺的意思。

石虎因两个太子接连犯上作乱，内心也不敢再立已经成年的儿子为太子，加上张豺等人的蛊惑，就改立年仅十岁的幼子石世为太子。

后赵第四任皇帝石世画像

石世本是排在十几了，按说根本轮不到他。石世的母亲刘皇后和张豺在中间做了手脚，才得以立了太子。可因石虎病重，只得召五子石斌入朝担任丞相，辅佐太子。太子石世的母亲刘皇后心怀不悦，她看石斌手握大权，担心石斌抢儿子的皇位。于是刘皇后与张豺趁石虎不省人事发出矫诏，说石斌不忠不孝，在外游猎藐视父疾，就将石斌处死。

石世头一年当了太子，第

二年石虎就驾崩，顺理成章就做了皇帝，成为后赵第四任皇帝。

新皇年幼，尊刘氏为皇太后听政，遵照石虎死时嘱托，任命两位兄长石遵、石鉴为左右丞相，但实际朝政由太后所宠信的张豺掌握。

本来石虎晚年废长立幼，一帮哥哥虎视眈眈。现在石家天下，却又让外姓的来把持执政，哪个能接受？

于是后院起火。四月石世继位，五月哥哥彭城王石遵就发兵。

石遵发奔丧之名，从李城发兵，以石闵为先锋，并答应“事成以后，让你当太子”。

石闵果然厉害，一来自己力大无比，武艺高强；二来有可立太子的诱惑，当然是非常卖命，很快就兵陷邺城。

石遵身穿铠甲，炫耀武力，从凤阳门进入邺城，在平乐的集市上先杀了张豺，之后，石遵自即帝位，成为后赵第五位皇帝。只做了33天皇帝的石世，被改封为谯王，刘太后被废为太妃。不久，石世与刘太妃皆被石遵所杀。

四

石家的乱象还在继续。

石遵即位后少不了分封。先尊母亲郑氏为皇太后，后立妃张氏为皇后，立燕王石斌的儿子石衍为皇太子。以义阳王石鉴为侍中、太傅；沛王石冲为太保；乐平王石苞为大司马；汝阴王石琨为大将军；武兴公石闵为都督中外诸军事、辅国大将军、录尚书事，辅佐朝政。

石闵心中那个气不知道有多大。李城起兵时曾经许诺，事成后让他当太子，可现在事成了，却把太子给了燕王石斌的儿子石衍。你这不是耍人吗？

自认为功高一时，企图专擅朝政，不让当太子，只让辅佐朝政，那就在朝政上说了算。石闵历来英勇善战，屡立战功，四夷和中原久经沙场的老将都害怕他。眼下他既然做了都督，总揽内外兵权，便安抚手下的将士，奏请让他们全都出任殿中员外将军，封爵关外侯。

石遵表面上没说什么，却暗地里记下他们的姓名，全都加以贬抑。

看来石遵不听他的。中书令孟准、左卫将军王鸾进言，劝石遵应该逐渐剥夺石闵的兵权，石闵越发心怀不满。

这样一来，孟准等人又建议把石闵杀掉。

后赵第五任皇帝石遵画像

石遵便召义阳王石鉴和乐平王石苞、汝阴王石琨、淮南王石昭等人入宫，来到郑太后面前进行商议。石遵说："石闵不忠于君主的迹象已逐渐明显，如今我想把他杀掉，怎么样？"石鉴等人都说："应该，不杀将是后患！"郑太后却说："当初在李城起兵时，如果没有石闵，岂能有今天？石闵有点居功自傲，应当对他有所宽纵，怎么能急急忙忙把他杀掉呢？"

谁知道代王石鉴心里另有小算盘，他一面在人前支持杀石闵，借故外出，派宦官杨环迅速去把这一消息告诉石闵。石闵闻讯大怒，于是胁迫李农及右卫将军王基密谋废黜石遵，派将军苏彦、周成率领披甲士兵三千人在南台的如意观把石遵捉拿起来。

士兵们来到石遵的住处时，石遵正和妇人下棋。石遵问周成说："造反的是谁？"周成说："义阳王石鉴应当立为继承人。"石遵说："我尚且如此，石鉴又能支撑多长时间！"于是，周成等人在琨华殿把石遵杀死，同时又杀了郑太后、张皇后、太子石衍、孟准、王鸾，以及上光禄张斐。作为后赵的第五任皇帝石遵共在位 183 天，他从石世手里抢来的天下，也仅仅比石世多享受了 150 天。

五

石遵惨死后，石鉴被拥立继位，为后赵的第六任皇帝。任命武兴公石闵为大将军，进封武德王；任命司空李农为大司马，同时统管尚书职事；任命郎闿为司空，秦州刺史刘群为尚书左仆射，侍中卢谌为中书监。

此时，石闵是真正的一人之下万人之上，成为后赵军界的扛把子。但对于石闵来说仍然是个悲剧。石遵答应封他为太子，只是个海市蜃楼。石鉴为他报信，也不过是一个利用。

石鉴上位后，第一件要事就是密谋除掉石闵。于是就想来个借刀杀人，石鉴派乐平王石苞、中书令李松、殿中将军张才夜里去琨华殿攻打石闵和李农，想乘机杀死石闵，谁料没有成功，却引起了宫中的混乱。为了掩盖自己的图谋，石鉴当夜在西中华门杀掉李松、张才及石苞，用过河拆桥掩盖了他谋杀石闵的事实。

石闵暂还蒙在鼓里。

石鉴又变了想法。兄弟13个中，石邃、石宣被石虎所杀，石挺早已战死，石韬被石宣所杀，石斌被刘皇后所杀，石世被石遵所杀，石冲被石闵所杀，石苞和石遵被石鉴所杀。尚在世的还有石琨、石祗和石炳。石鉴想要坐稳皇位，兄弟还没杀完，何必急着除掉石闵呢？

后赵第六任皇帝石鉴画像

石鉴还未来得及对石琨、石祗和石炳下手，没想到石闵知道了几次被石鉴谋害的实情，悲愤不已，对胡人的恨意与日俱增，恢复其汉姓“冉”，更名冉闵，又干脆发布一道“杀胡令”，彻底与石家决裂，整个北方地区都

后赵第七任皇帝石祗画像

群起响应，纷纷聚集在冉闵周围。公元350年，冉闵废黜石鉴，自己登上皇位，国号大魏，史称冉魏。石鉴仅仅做了103天皇帝，便命丧黄泉。

冉闵杀死石鉴的消息传来，石祗感觉顺理成章就在襄国称帝，也成为后赵的第七任皇帝。任命汝阴王石琨为相国，各夷据守州郡拥有兵力的头领纷纷响应。石祗以为自己顺应天时，于是派相国石琨带领十万士众攻打邺城。没想到他们哪里是冉闵的对手？冉闵手执双刃矛，飞驰而出，对手便应刃而败。

冉闵干脆进兵襄国，石祗见状极其恐慌，急忙去掉皇帝称号，改称赵王。不久，在位一年零三个月的后赵第七任皇帝石祗被刘显所杀，这成为后赵王朝的最后挽歌。

六

接下来说一说敲响后赵丧钟的冉闵。

石虎的儿子中有一个养子名叫石瞻。瞻本姓冉，魏郡内黄人。在石勒于河内破乞活军时，冉瞻被俘，时年十二，石勒之侄石虎见其十二从军，孔武有力，就收他为养子，改姓为石，更名石瞻。后来石瞻跟随石虎征伐刘曜，被刘曜所杀。石瞻留下一个儿子名叫石闵。这个石闵虽祖籍内黄，但生于石家，是石虎的孙子，也就成了武乡人，再客观一点，估且算他是半个武乡人吧。

石闵虽是养孙，由于他反应敏捷，就像亲孙子一样受到石虎宠爱。长大后，

篡夺后赵政权改建冉魏的石闵画像

胆识过人的石闵自然被石虎提拔为将领。石闵也不负石虎的厚望，在多次战争中冲锋陷阵，视死如归，在军队中逐渐建立了较高的威望。

石闵为后赵开疆扩土立下汗马功劳。不过他只是一个外放的将军而已，根本进不了国家的核心层，对国家的命运构不成什么大的影响。

此时，石虎的儿子们正进行亲兄弟之间的骨肉相残，后赵走向了下坡路。

石虎一死，后赵又乱成一锅粥。两任太子被杀，最后石虎临死立一个十岁的娃娃接班，许多兄弟不服，相互争斗间，石闵成了他们掣肘对方的工具。利用他时给他画个大饼，用过了便是敷衍了事。

当然他的内心极不平衡，所以也导致了要用杀绝胡人来报复养育他长大的石家。

冉闵废黜石鉴，自己登上皇位，本来继承的是后赵江山，但却又改国号为大魏，史称冉魏。接着又攻陷襄国，铲除了苟延残喘的石袛，享国 31 年的后赵就此消亡。

残酷的“杀胡令”让胡人深惧冉闵，冉以杀胡为乐，共诛杀胡人百余万，北方大地鬼哭狼嚎。史料记载“无月不战，互为相攻”。

大量剿杀胡人是一时痛快了，但也因之全面树敌，于是多方势力形成默契，一同在后赵的旗帜下携手对抗冉闵。在腹背受敌的情况下，冉闵向东晋求救。然而，因冉闵称帝，东晋对其抱有成见，当然也不会出手相救，冉闵只有孤军奋战，独自面对疯狂凶残的胡族联军。不久，慕容儁攻下幽、蓟二州，又兵发冀州。冉闵带领骑兵抵抗，与前燕将领慕容恪在魏昌城相遇。在拼杀中，由于战马突然死掉，冉闵从马背上摔了下来，被燕兵俘虏，并斩于遏径山。慕容儁围攻邺城，得了玉玺，长水校尉马愿、龙骧将军田香打开城门向慕容氏投降。至此，篡赵建国的冉魏不足三年灭亡。

冉魏政权虽为后世所熟知，但在历史长河中只是昙花一现，冉闵“杀胡”即便惨烈和惊艳，并未改变北方被胡族占据的格局。所以在历史上并未受到重视，东晋十六国的历史并未将其列入。

宇文称雄南北朝

一

西晋永安元年即公元 304 年，李雄和刘渊分别在汉地巴蜀建立成国（成汉）、在中原建立汉赵（前赵），导致西晋灭亡。当时，汉地江南、荆湘地区由东晋控制，而汉地北部和西南部则先后建立了二十多个国家。其中的前凉、成汉、前赵、后赵、北凉、西凉、后凉、南凉、前燕、后燕、南燕、北燕、夏、前秦、西秦、后秦十六个国家实力强劲，“十六国”之称源出于北魏史学家崔鸿所撰的《十六国春秋》：“五凉、四燕、三秦、二赵，并成、夏为十六。”范围大致上涵盖汉地中部、东部、西南部、西部，最远可达漠北及西域。历经百余年时间，北魏立国，经过道武帝拓跋珪、明元帝拓跋嗣及太武帝拓跋焘的经营，最后统一北方，进入南北朝时期。南朝从东晋过渡到宋、齐、梁、陈，经历五个政权的更迭。北朝则包括北魏、东魏、西魏、北齐、北周等数个王朝。

前文已经介绍了武乡在十六国、南北朝时的疆域变迁情况，这里不再赘述。但在南北朝时武乡的宇文家族不得不提。

在南北朝至隋唐时期，武乡曾经有一个显赫的家族，就是宇文氏。由于南北朝是中国历史上的一段大分裂时期，也是最乱的时期，上承东晋十六国下接隋朝，北朝（386—581）则包含北魏、东魏、西魏、北齐和北周五朝。正因为时逢乱世，文字记载颇少，所以宇文家族的史料不多，但从一些零星文字中，仍然可以看到这个家族的显赫地位，而这个家族就是上党武乡人。

在清康熙三十一年版《武乡县志》卷二封爵中记有“宇文显，历官关内大都督，封长广县公”；同版本中卷四人物中，也记有：“后周：宇文显，上党武乡人也。祖求南，卫将军、冀州刺史。父金殿，征南将军、定州刺史……”而在清乾隆五十五年版《武乡县志》

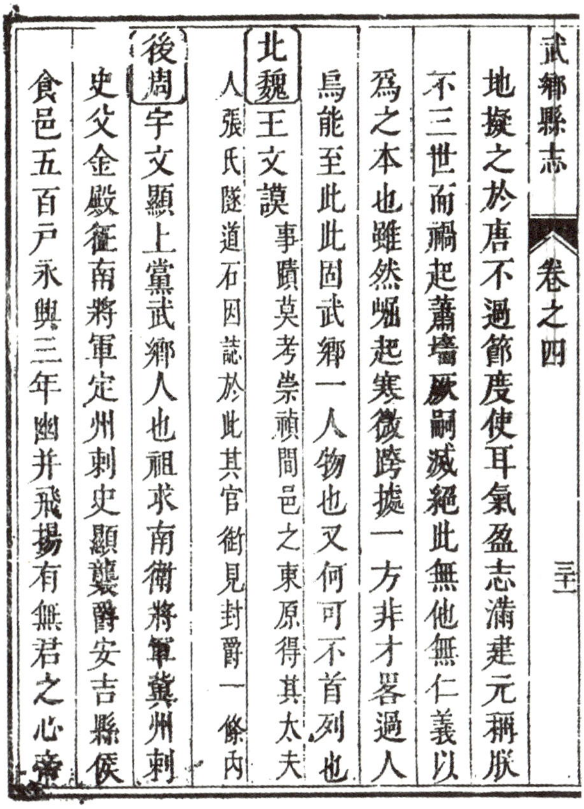
武鄉縣志 卷之四 三十一

地據之於唐不過節度使耳氣盈志滿建元稱朕不三世而禍起蕭墻厥嗣滅絕此無他無仁義以爲之本也雖然崛起寒微跨據一方非才畧過人烏能至此此固武鄉一人物也又何可不首列也

北魏 王文謨事蹟莫考崇禎間邑之東原得其太夫人張氏隧道石因誌於此其官銜見封爵一條內

後周 宇文顯上黨武鄉人也祖求南衛將軍冀州刺史父金殿征南將軍定州刺史顯襲爵安吉縣侯食邑五百戶永興三年幽并飛揚有無君之心帝

康熙版《武乡县志》中关于宇文显的记载

中记为宇文显和，后魏时期人。而《北史》亦记作“宇文显和”，可见宇文显和家族在武乡古史上是很有地位的。宇文显和是鲜卑人，网上有一些文章将宇文显和家族写为代郡武川人，说和宇文泰是一家，乃至在《中国历史人名大词典》中，也记为“西魏代郡武川人，宇文泰族人”，似乎有了争议，其实这是一个误解。宇文显和与宇文泰的家族没有关系，要说关系无非都姓“宇文”。

我们从北周建德二年庾信撰《周车骑大将军赠小司空宇文显和墓志铭》志文中，“公讳显，字显和，上党武乡人也。”这篇墓志铭，收于《钦定四库全书荟要·庾子山集》卷十五，完全可以证实宇文显和一家是武乡人。

庾信（513—581），字子山，北周时期南阳新野人。曾任东宫学士，为宫体文学的代表作家，侯景叛乱时，逃往江陵辅佐梁元帝。后奉命出使西魏，期间梁为西魏所灭。北周代魏后，任骠骑大将军、开府仪同三司，封侯。此时，宇文显和的儿子宇文神举担任京兆尹，庾信同他颇有往来，还写过《和宇文京兆游田诗》，此时，神举为父安葬，应神举之请为他去世的老爷子写墓志，这是在情理之中，其内容当然也非常可信。

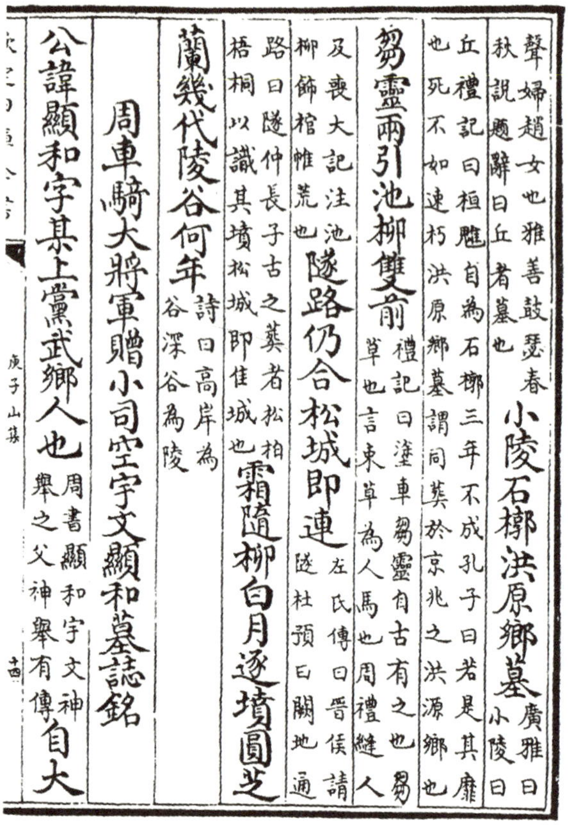
聲婦趙女也雅善鼓瑟春秋說題辭曰丘者墓也小陵石槨洪原鄉墓廣雅曰小陵曰丘禮記曰桓魋自為石槨三年不成孔子曰若是其靡也死不如速朽洪原鄉墓謂同葬於京兆之洪源鄉也芻靈兩引池柳雙前禮記曰塗車芻靈自古有之也芻草也言束草為人馬也周禮繐人及喪大記注池柳飾棺帷荒也隧路仍合松城即連左氏傳曰晉侯請隧杜預曰闕地通路曰隧仲長子古之葬者松柏梧桐以識其墳松城即佳城也霜隨柳白月逐墳圓芝蘭幾代陵谷何年詩曰高岸為谷深谷為陵

周車騎大將軍贈小司空宇文顯和墓誌銘

公諱顯和字某上黨武鄉人也周書顯和宇文神舉之父神舉有傳自大

庾子山集

《庾子山集》中的《周车骑大将军赠小司空宇文显和墓志铭》

鲜卑人是继匈奴之后在蒙古高原崛起的古代游牧民族，兴起于大兴安岭，属东胡族群，是魏晋南北朝对中国影响最大的游牧民族。秦汉之际，东胡被匈奴冒顿单于打败，分为两部，分别退保乌桓山和鲜卑山，形成乌桓和鲜卑。受东汉和南匈奴打击的北匈奴被迫迁往中亚，鲜卑趁机占据蒙古草原。后经数次南迁，约在曹魏到西晋初，不少鲜卑人居于上党一带。宇文家族何时迁居武乡，已经没有记载，曹魏时期，还没有武乡县，当时这里是涅县，黄初元年（220），在涅县东部分出轑河置县，涅县范围仍然较大，包括今天的武乡、榆社，以及沁县北部、平遥东部、祁县东南部等。到西晋泰始元年（265），到涅县东部又分出了武乡县，其面积约是今天的武乡东部和榆社全境。宇文氏此时已经迁居武乡了。

宇文氏历代显赫，从宇文晋陵到宇文斑，七代人之间，代代在朝为官，曾有八人为将军，四人封为公爵，一人封为侯爵，一人中进士。一家七代八将军，武乡真不愧为尚武之乡。

二

宇文神举的高祖叫宇文晋陵，鲜卑族。在《北史》中记作宇文普陵，究竟是“晋”还是“普”，可能是两字相近，应该是当年刻印书时的笔误。据《周书·宇文神举传》：“神举，高祖晋陵，仕魏。”仕魏，说明当时在魏朝为官，任什么官？并没有写明。

当然，对于这个“魏”应该是北魏。宇文神举出生于北魏中兴二年（532），也是太昌元年，他的父亲宇文显和出生于北魏太和二十二年（498），从宇文神举往前推，高祖即向前推四代，宇文神举与父亲宇文显和差34岁，如果一代就按35年计算，四代约为140年，也就是说140年前其高祖宇文晋陵正是芳华，为官的年龄。这个时期已经是十六国时期了，而十六国中根本没有一个国以“魏”命名，当朝也就是北朝中有“魏”，北朝中的“魏”始于前秦太安二年（386），拓跋珪趁前秦四分五裂之际在牛川自称代王，重建代国，同年四月，改称魏王。北魏一直到永熙三年（534）被分裂为东魏、西魏。宇文晋陵在拓跋珪创立北魏初期就仕魏为官，应该是可信的。由此可见宇文氏也算是北魏的开国功臣。

宇文神举的曾祖父宇文求南，也有史书写为宇文求男，在《周书·宇文神举传》中，其曾祖父的记载也不多：“神举，曾祖求男，仕魏。”在《周车骑大将军赠小司空宇文显和墓志铭》中记载：“祖求南，卫将军、冀州刺史。”这些片段记载提示，宇文求南在北魏任职，做过北魏卫将军和冀州刺史的职务，南北朝时期，“卫将军”的地位很高，在大将军之上，是授予重要大臣和州郡长官的职务，属于二品，可见官居高位。

宇文神举的祖父宇文金殿，为北魏的镇远将军、征南大将军，历任兖州、定州等五州刺史，封爵安吉县侯，不知所终。可惜文字记载都不多。《周书·卷四十·列传第三十二》中“宇文举”一段记载：“高祖晋陵、曾祖求男，仕魏，位并显达。祖金殿，魏镇远将军、兖州刺史、安吉县侯。”《隋书·卷五十·列传第十五》中“宇文庆”一段记载：“宇文庆，字神庆，河南洛阳人也。祖金殿，魏徵南大将军，仕历五州刺史、安吉侯。”要说明的是关于宇文庆为河南洛阳人，因为其父宇文显和在朝为官，宇文庆出生在洛阳，因此会有这个记载，这与他籍贯是武乡人并不矛盾。而宇文金殿任将军、刺史并被封侯，这是不争的事实。

三

宇文显，又叫宇文显和，是宇文神举的父亲，生于北魏太和二十二年（498），祖上都是北魏的达官贵人。因为他的父亲宇文金殿去世得早，宇文显和在很小的时候就袭封安吉县侯，他性格端庄严肃，广泛涉猎经史。同时臂力过人，能拉开数百斤重的弓，左右跑马射箭，是一个文武全才。北魏孝武帝元修还在做藩王之时，就对他十分器重，和他交情深厚。当时国家多难，元修很不自安，曾向宇文显和问计。显和告诉他，应该闭门谢客，隐居匿迹，韬光养晦，等看准机会后再行动。元修深相嘉许，予以采纳。中兴二年（532），高欢击败尔朱氏，欲立北魏孝文帝之子、汝南王元悦为帝，因无法服众，便选择元修。元修即位后为孝武帝，宇文显和被封为阁内都督、城阳县公，食邑五百户，擢授冠军将军。因系故交旧友，而且又有勇有谋，孝武帝待他很好。当看到宇文显和的住处比较狭窄简陋时，孝武帝还

宇文显和将军画像（王亚楠绘）

将殿省之所赐给了他作了居室，深得孝武帝的器重。

由于大丞相高欢专政当权，飞扬跋扈，怀有不臣之心，这让孝武帝非常不安。他问宇文显和："天下如此动荡，该怎么办呢？"宇文显和脱口而出："莫如择善而从之"，接着以《诗经》明志"彼美人兮，西方之人兮"。元修心领神会而点头。于是准备西入函谷关。

孝武帝考虑宇文显和的母亲年高，让他在入关前妥善安排。宇文显和回答说："今日之事，忠孝不能两全。古语说'君不密则失臣，臣不密则失身'。如果为了私事，将机密泄露，后果不堪设想。所以，不能先为个人打算。"孝武帝感慨，于是提升他为朱衣直阁、阁内大都督，改封长广县公，食邑一千五百户。

永熙三年（534），宇文显和跟随孝武帝西入函谷关，投奔宇文泰。来到溱水河畔，宇文泰听说了他擅长射箭，就想目睹一下他的箭术。这时水中飞出一只水鸟，宇文显和随手搭弓，一箭就射中目标，宇文泰非常高兴，"我知卿工矣"。孝武帝西迁过程中，缺少衣食，饮水都十分困难，到长安之后，宇文泰、王思政携诸将奉迎孝武皇帝随行人马，孝武帝方才解高欢之围。永熙三年（534）十月，高欢以元修弃国逃跑为由，遥废其帝号，另立元善见为帝。闰十二月，宇文泰又以元修淫及从姊妹有伤大雅为由，把元明月和元修都给杀死，改立元宝炬为帝。北魏从此正式分裂成东魏、西魏。

宇文泰敬重宇文显和的才华，从此宇文显和就跟随着宇文泰，最初被任命为帐内大都督、沧州军事、沧州刺史，增邑至两千五百户。不久，又任命宇文显和使持节、卫将军，都督东夏州诸军事，东夏州刺史。据《宇文显墓志》记载，宇文显和之妻高夫人非常支持丈夫事业，"帷幄参谋，宫闱典职"。显和在任所得病，解任还朝，被授予使持节，车骑大将军，仪同三司加散骑常侍。后魏恭帝元年（554）去世，享年五十七岁。宇文泰亲自参加葬礼，哭声感动左右。北周建德二年（573），由原来的同州北山迁葬于长安县之洪渎原之时，朝廷追赠他为使持节、骠骑大将军、开府仪同三司、延丹绥三州诸军事、延州刺史，并赠小司空，显王。所以他的家乡后来就叫"显王村"，这个村直到现在仍然存在。

四

宇文显和的儿子宇文举，字神举，出生于北魏中兴二年（532），宇文神举从小跟父亲习武，父亲病逝后，他袭封父亲的长广县公爵位，封邑两千三百户。他神情倜傥，风度仪表俊美，广涉经史，喜爱诗文著述，尤其精于骑马射箭。他的见识与气量，也受到族人安化公宇文深的器重与栽培，逐渐成长为很有胆气与谋略的文武奇才。

北周明帝武成元年（559），北周权臣宇文护立堂弟宇文毓为帝。宇文神举就在此时入仕，侍奉周明帝，担任中侍上士。由于周明帝宇文毓喜好文章，对文武双全的宇文神举十分器重，每次出游都要让他随侍左右。武成二年（560），权臣宇文护毒死不肯当傀儡的周明帝，立堂弟宇文邕继位。宇文邕当然也不甘心当宇文护的傀儡，但又知不是人家的对手，于是采取隐忍之策，暗中培植党羽，宇文神举文武兼备，受到宇文邕的重视。保定元年（561），宇文邕封宇文神举大都督、车骑大将军、仪同三司，以示拉拢。宇文神举原本就与周明帝感情深厚，不满宇文护弑君，于是暗中投靠宇文邕，成为其心腹。此后宇文邕又多次给宇文神举加官晋爵，以扩充自身势力，其又被任命为右大夫。保定四年（564），升骠骑大将军、开府仪同三司，主管小宫伯。

宇文神举将军画像（王亚楠绘）

武帝天和元年（566），升右

宫伯中大夫，晋爵清河郡公，食邑增加一千户；天和七年（572），宇文邕召见宇文神举，暗中谋划除掉宇文护，一举铲除宇文护势力，控制了朝廷大权。之后宇文邕封宇文神举为京兆尹，让他管理京城治安。武帝建德三年（574），出京任熊州刺史而防御北齐。

由于宇文神举很有威名，因此北齐对他十分畏惧。建德四年（575），宇文邕兵分三路伐齐，宇文神举一路战果辉煌，夺取并州，便被任命为并州刺史，以招抚北齐民众。并州是北齐陪都，其战略地位非常重要，当地民众对北周心存疑虑，并未归附。宇文神举采用恩威并施的手段，仅用了不到一个月的时间就使并州百姓心悦诚服。不久加上大将军，改封武德郡公，食邑增加两千户。随后又协助宇文邕灭齐，加封宇文神举为柱国大将军、东平郡公，增加封邑加上以前的共计六千九百户。其间，寿阳盗贼作乱，围攻晋阳，宇文神举率兵东讨，轻而易举地平定。

武帝宣政元年（578）转为司武上大夫。此时，幽州卢昌期、祖英伯反叛。宇文邕带病亲自北伐，兵分五路，东平公宇文神举、原国公姬愿又是主力。由于宇文邕中途病情加重，只好回驾，诏令宇文神举率兵平叛，一举将叛贼擒获。

当时突厥与稽胡结盟作乱，宇文神举又率军平定。奇兵进击，突厥败逃，稽胡于是表示归附，诚心归顺。宇文神举因功被授予并、潞、肆、石四州十二镇诸军事、并州总管。

宇文神举虽功勋卓著，又受武帝器重，却因自己性情直率，有时在武帝面前直言太子缺点，太子宇文赟对他深恶痛绝。武帝去世，太子即位。宇文赟做的第一件事，就是铲除他的政敌和仇人。齐王宇文宪，柱国大将军、徐州总管王轨，还有宇文神举这一干人，就成为他第一批开刀的对象。虽然宇文神举文能提笔安天下，武能上马定乾坤，可谓战功赫赫，朝廷内外都对他非常佩服，有威望。但宇文赟却不这样想，大家都对你顶礼膜拜，如果你有野心，有一天振臂一呼，天下不就是你的了？难怪你以前常常说我的坏话，肯定存有篡位之心。宇文赟忌惮加旧恨，一股脑都加在宇文神举身上，宣政二年（579）宇文赟派人送来毒酒，将他毒死在了马邑，即今天的朔州。死时年仅四十八岁。

五

宇文庆，字神庆，是宇文举的弟弟，宇文显和之次子，也是文武全才。宇文神庆性格深沉，有气度，从小就以聪明敏捷出名。北周初年，受业于东观，读了许多经书和史书。因文州夷民聚集叛乱，宇文神庆应召入伍当了兵，跟随部队打仗。贼兵据守险要的岸谷，没有道路可进去，宇文神庆把马蹄裹起来秘密前进，出其不意地打败了贼兵。这一招一下让他出了名，从一个不起眼的小卒晋升为都督。

当时，卫王宇文直镇守华山之南，知道宇文神庆有勇有谋，就把他留在身边做了近臣。宇文神庆射得一手好箭，喜欢和凶猛的野兽格斗，几次出游都看得卫王宇文直目瞪口呆，这真是个了不起的壮士，于是就迁升他为车骑大将军、仪同三司。特别是在参与谋划诛杀宇文护的过程中立下大功，又升为骠骑大将军，加授开府。

宇文神庆将军画像（王亚楠绘）

宇文神庆跟从武帝攻克晋州，北齐的大部队到来时，宇文神庆和宇文宪率轻骑侦察敌情，猝然和敌兵相遇，被敌人包围，形势危急。宇文宪脱身而逃，宇文神庆退守汾桥，敌人冲过来时，宇文神庆开弓射箭，就像点名一样射一个倒一个，敌人畏惧而只得退却，就与张飞喝断当阳桥一样显赫。

宇文庆战绩赫赫，破高纬，拔高壁，克并州，下信都，擒高湝，攻城拔寨，在灭齐战役中战功居最。武帝宇文邕称赞他道：“宇文神庆勋庸早著，英望华远，出内之续，简在朕心，戎车自西，俱总行阵，东夏荡定，实有茂功。”于是，大将军，封汝南郡公，食邑一千六百户。后又任行军总管，进击延州乱胡，他出奇制胜，很快平定叛军。于是授延州总管，不久转任宁州总管。

宣政元年（578）六月，武帝宇文邕死后，太子宇文赟即位，改元大成。杨坚长女杨丽华被封为皇后，杨坚也晋升为柱国大将军、大司马。宇文赟沉湎酒色，暴虐荒淫，不仅大修宫殿，且滥施刑罚，并派心腹监视大臣，弄得朝纲人人自危，北周国势由此日渐衰落。结果杨坚大权在握，竟然逼迫宇文赟传位于只有七岁的太子宇文阐，自称天元皇帝，大成年号不足半年便改为大象，以隋国公杨坚为辅政大臣，拜为大丞相。

杨坚辅政还是得重用宇文神庆，以行军总管征讨江南有功，被调回升为上大将军。杨坚和宇文神庆交情较好，因此对他很亲近，令他掌管丞相府的军中事务，委以心腹机密，加柱国大将军。

大象二年（580），相州总管尉迟迥不满杨坚专权，便召集北周老臣密谋起兵讨伐。北周宗室中的赵王宇文招、陈王宇文纯、越王宇文盛、代王宇文达、滕王宇文逌都聚集长安，郧州总管司马消难、益州总管王谦也相继起兵响应。杨坚急命韦孝宽为行军总管，讨伐尉迟迥，邺城一役，叛军大败，尉迟迥自刎而亡。杨坚趁机清除了鲜卑族中的反对力量，为他的改朝换代计划奠定了基础。

北周大定元年（581）二月，杨坚由隋国公晋封隋王。朝廷给他至高无上的权力：统辖百官，总理国家政事，还“备设九锡之礼”来请杨坚上任。杨坚婉拒，表示只接受隋王爵位。

周静帝知道杨坚的野心，更知道人家的能力，随时可能谋反犯上，他再不识趣禅让，将会有灭顶之灾。于是表示自己年纪小不能胜任，而杨坚是众望所归，便诚心禅让。杨坚三让而受天命，定国号为“隋”，改元开皇，宣布大赦天下。

宇文神庆在杨坚平叛中出了很多力，他将杨坚以前说的话记下来写成表章，呈给隋文帝，说："您具有独特的性情和杰出的智慧，超人的敏捷聪颖可以统治天下，胸怀五岳还嫌轻微，气吞八荒而不梗塞，胸中装满雄才伟略，运筹帷幄如举手之劳。我本来微贱，早就承蒙陛下对我恩宠眷顾，不因为我庸俗低下，却向我推心置腹。您所奉行的成规，一点也没有差错，寻思您的预测，比占卦还要神妙，检验一个人的吉庆是有征兆的，实在是天子无戏言啊！可见您当天子是天意，我亲自看见了这些事的验证，实在是荣幸和高兴。"

杨坚看了奏章后非常喜悦，下诏说："我与你，本来就很亲密，当时我心中的抱负和心里话，没有什么不对你讲的。但说这些话是多年以前，你还能记在心中，今天看了表奏，我才回忆起昔日的交谈。怎么说的那些话，现在都成了实录。古代的人预先知道吉凶祸福，确实是可信的，我的话被验证了，自当属于偶然。你却没有忘记，充分表现了你对我的忠诚，我深深感觉到你对我的好意，对你嘉尚是没有止境的。"从这以后，杨坚常常给予他优厚的待遇。

隋开皇初年，授职为左武卫将军，升任上柱国，几年以后，出任凉州总管，后被征还朝，从此赋闲，病逝于洛阳。

六

宇文神举有三个儿子，长子名叫宇文同，史书记载不多，只继承了东平郡公爵位，位至仪同大将军。在《周书·卷四十·列传第三十二·宇文神举》中，有此一笔。东平郡公是继承的爵位，仪同大将军是当时的一种官名，主要授予有军勋的功臣及北齐降官，无具体职掌，九命。也就是说这是个空头衔。宇文神举被赐毒酒而死，朝廷没有赶尽杀绝就算不错了，当然不会委以重任，能世袭这样的爵位和官位也算是对宇文神举功绩的肯定。次子宇文则，也世袭了东平郡公爵位，位至仪同大将军。是在什么时候袭封他哥哥宇文同的爵位，应该是在宇文同去世以后的事情，可能是在隋文帝继位之前。在宇文则十三岁那年，宇文泰的儿子宇文纯，当时为秦州总管，他陪同这位王公去郊外狩猎，突然看到五只美丽的鹿，宇文纯就令他去射鹿，他慢慢握着手中的弓箭，然后放松，一箭就射中了五只鹿。宇文则的箭术超群，让宇文纯称赞，便把外甥女卖氏许配给他，后宇文则因为经常酗酒，于开皇九年（589）去世，时年26岁。三子宇文谊，曾为隋文帝的挽郎，即出殡时牵引灵柩唱挽歌的人，这可是一条可供世家子弟出仕的捷径。宇文谊此后曾任青城县令、清苑县令。

宇文神庆之子名叫宇文静礼，天资聪慧，仪表堂堂，武功高强，初为太子千牛备身。太子千牛备身是个官名，是太子左、右内率属官，也就是说宇文静礼是周宣帝宇文赟长子宇文衍（后改名宇文阐）的千牛备身。当时也被隋国公、大丞相杨坚赏识，到了该结婚的年纪，迎娶隋国公三女广平公主。隋朝建立后，宇文静礼就是当朝驸马，因宇文神庆还在为官，不能继承其爵位，隋文帝特授驸马从一品爵位安德县公，食邑一千五百户。曾担任隋熊州刺史，后来先其父而卒。

广平公主与宇文静礼生有三子。长子宇文协，门荫入仕，起家武贲郎将，授右翊卫将军，隋炀帝杨广即位后，横征暴敛、穷兵黩武，这种无休止的征调、兵役和徭役的负担，差不多骚扰了全国的农户，更把社会经济推向绝境。大业年间，炀帝三下江都，宇文协随从隋炀帝南行。大业十四年（618），遇害于江都宫变。次子少亡，史书连名字也没有留下。幼子宇文皛，小名三郎，字婆罗门，幼年丧父，养于宫中，深得舅父隋炀帝杨广喜爱，起家太子左千牛。经常陪着舅舅隋炀帝游玩宴乐，出入皇帝寝宫和后宫无所顾忌。时常和隋炀帝宫人淫乱，与妃嫔、公主颇有暧昧。萧后把这件事告诉隋炀帝，宇文皛知道后很害怕，几日不敢见隋炀帝。哥哥宇文协上奏道：“宇文皛已经长大了，不适合再留在宫廷。”隋炀帝不以为意，把宇文皛重新召回宫，宠爱如初。大业年间，跟随隋炀帝出巡于江都。江都之变前夕，宇文皛发觉事情有变，准备上奏隋炀帝，但被把守宫廷门户的人阻拦。事变发生后，宇文皛带领五十人去营救隋炀帝，被宇文化及的叛军杀害。

最后要介绍的是宇文珽，字叔珉。他就是宇文谊的儿子，也是宇文神举家有记载的唯一孙子。宇文珽出生这年很特别，隋大业十四年（618），也是隋义宁二年、隋皇泰元年，还是唐武德元年。一年有四个年号是不是很怪？可知是个乱世。大业十二年，隋炀帝杨广从洛阳去江都平乱，次年李渊在晋阳起兵攻入长安，拥立杨侑为皇帝，改元义宁，遥尊杨广为太上皇。杨广还没有退位，这样就有了两个皇帝，大业十四年三月，杨广在江都被杀。隋秦王杨浩被宇文化及趁机立为皇帝，改元皇泰。也在此时，李渊得知炀帝遇弑，逼杨侑禅位，建立唐朝，年号武德。

正所谓乱世出英豪，宇文珽出生后，聪明伶俐，作为官员子弟，经过府、州生员选拔进入国子监，精心苦读，高中进士。贞观年间，道孝王李元庆任豫州刺史，进士宇文珽被委以参军，之后历任遂州司户、翼城县令，后迁符玺郎、检校鸿胪寺卿、职方员外郎，出任朝散大夫、晋州司马、冀州别驾、同州长史。永淳元年去世，享年六十五岁。唐初四杰之一杨炯曾著《唐同州长史宇文公神道碑》一文有较细记载。

由此可见，武乡的宇文世家，历经了至少七代显赫，在北魏、北周直到隋唐，官居高位，战功卓著。

潞泽之乱争昂车

一

李渊出身北周关陇贵族家庭，袭封唐国公。大业十三年（617），出任太原留守，此时隋末动乱，他起兵于晋阳，南下攻取长安，拥立隋炀帝之孙杨侑为帝，尊炀帝为太上皇，自领大丞相，加封唐王。不久，得知炀帝遇弑，便逼杨侑禅位，建立唐朝，年号武德。

唐高祖改隋末的郡制为州制，唐玄宗李隆基又改州为郡，到其子唐肃宗李亨继位后复改郡为州。可见在体制上的折腾，区划是封建王朝的玩物。无论是玩官位还是玩区划，这样折腾，体现到百姓身上便都是疾苦。

唐朝的行政区划制度，应该说是中国行政区划沿革史中的一个大变革时期。唐太宗创建了“道”，唐玄宗缔造了“府”，唐睿宗又把节度使变成正式建制；使三级制正式成形，主要管理体制是从中央到道—府、州—县。当然，道、府、州与讨论咱们武乡县的变迁关系不大，只是简单交代而已，当时在山西这一片划了河东道，武乡属之。

贞观十七年（643），韩州被废，乡县属潞州。

天授元年（690），武则天称帝，改国号为周，开启武周代唐时期。这一年，从乡县又恢复了武乡县。

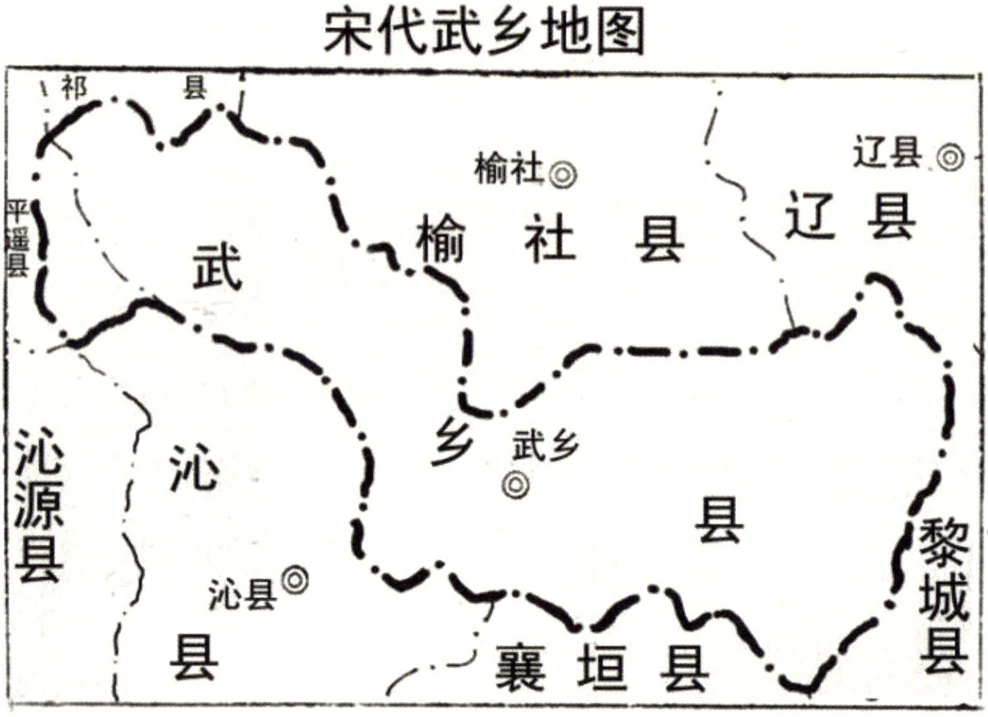

唐宋时期武乡地图

这个县名得以恢复，与武则天有很大关系。

历史上皇帝都忌重音重字，与皇帝的名号有重就是犯讳，这样的地名、人名都必须避讳改名，或写作别字、缺笔。而武则天却偏偏不信这个邪，武则天登基后，大封武氏诸王，也大肆以“武”为地名。当时除了命名武丰县、武圣县、武兴县、武昌县等一批吉语地名外，还把带“唐”的地名都改为“武”，如改唐兴县为“武宁县”，改唐林县为“武延县”，等等，意图彻底取代唐。在这种政治背景下，也恢复了一批原来带“武”字的地名，乡县也非常幸运地搭上了这个顺风车，恢复了武乡县原名。

神龙元年（705）正月，武则天病重，宰相张柬之发动兵变，迫使武氏退位。武则天病逝后，中宗复位，随之被改的地名也全面复辟，所有带“武”的地名尽被清除，武乡也只得又复用乡县。

景龙四年（710）六月，唐中宗李显被韦皇后毒死，韦皇后立年仅 16 岁的李重茂为皇帝，改年号为“唐隆”，唐隆不足一月，实际上仅仅 17 天，临淄王李隆基和太平公主联手，发动了“唐隆政变”，诛杀韦皇后，李重茂被废，还政睿宗李旦，又改为景云元年。

封建王朝的政治就这么复杂，听起来都拗口，这一系列复杂的变化，对武乡产生了很大影响。睿宗的二次即位，与李隆基有很大关系，睿宗曾流泪抱住李隆基说：“大唐宗庙社稷得以保全，全是你的功劳！”李隆基两年前在任潞州别驾时，曾到武乡的南神山拜谒，当时还写过《游南山谒茅蓬寺》诗作，可该诗未能传世，但南神山尚遗时任县令李宁《奉和临淄王游南山》诗刻：“南山清幽古木森，今随殿下谒茅蓬。来日若邀群仙会，主人定赖佛图澄。景龙戊申。”李隆基对武乡有所了解，此地为尚武之乡。李隆基的见解，必然影响睿宗的决策，“武乡”确系西晋旧名，与武则天篡唐并无瓜葛，再说武则天总还是他的亲娘，老纠缠这事也没有什么必要，方再次复名“武乡”的县名。

从此，这个县名才彻底固定下来，一直使用到现在，再也没有改变过。

二

在民国十八年《武乡新志·沿革考》中有这样一段文字：“旧志以监张为唐陵川县遗址，考之《唐史》，潞州无陵川之名，惟泽州高平郡有之，而今泽州之陵川与武乡若风马牛不相及。案《魏书·地形志》襄垣有临川城，今监张密迩襄垣之东北，其即《魏志》之临川城，而后人讹以为陵川县也欤？”监张即今天的监漳，旧志即指我们没有见到的明代万历县志，或是清顺治县志，总之这段文字是考证了前人的旧志上出现的错误，在武乡没有过陵川县。《魏书·志第五·地形二上》关于乡郡的记载中有：“襄垣二汉、晋属上党。有五音山神祠、襄垣城、临川城。”有可能监漳村在唐代曾划归襄垣县境，并设立一城，叫“临川城”，没有更多的资料，写在这里为研究者提供一点线索。

这也说明一个问题，旧志书上也可能有写错的地方，今天若能博引史证，

监漳商代城墙（王五堂摄）

指出各版志书中的谬误，也是正常的事情，各位读者不要责备。另外监漳还有一些历史留下的疑点，村南山岭当地人称“城墙上”。据 20 世纪 70 年代初北京前来考察文物古迹的专家鉴定，这一段城墙为“商代城墙”，商代曾在此做过什么城？史书没有记载。

还有传说，此地叫监漳是源于东汉末年，大丞相、魏王曹操居邺，在此兴霸业、筑铜雀三台，建安九年（204）受封魏王后，又在此营建国都邺城。邺城位于今河北临漳，漳河水从此经过，历史上经常遭受漳河水患。为了提前预知漳河水情，做好防洪准备，官方在漳河上游专门设立了监视水情的机构，叫“监漳亭”，一旦发现天降大雨，河水暴涨，立即以烽火传讯的方法通知邺城。监漳之名即来源于“监漳亭”，监控漳河水流以护邺城。此点亦无史料佐证，也随手写于此，供研究参考。

魏晋时期的监漳亭遗迹（王五堂摄）

三

唐朝后期，在晋东南一带发生了一个重大的历史事件，即“泽潞之乱”。在这次事件中，坐落于武乡的“昂车关”居然成为中心。

古时，因为山西山多而险，地势险要，易守难攻，关隘也因战争需要而设防，数目之多，已无法统计。上党乃天下之脊，历代统治者为固守这块军事战略要地，设置大小数千处关隘，仅王怀中、马书岐先生的《山西关隘》中，就罗列了 500 多个关隘。这么多的关隘肯定都有丰厚的历史，这种历史也许还有我们不愿看到的，苍凉、悲壮、血腥！要讲武乡历史，也离不开武乡的关隘。

要说武乡关隘，昂车关是引人注目的一处。昂车关是武乡设关较早的一处，置于唐代。《新唐书·地理志》：潞州“北有昂车关”。《资治通鉴》：唐会昌三年（843），“河东节度使刘沔步骑二千守芒车关”《山西志辑要》

置于唐初的昂车关经历千余年虽为残破却依旧可见当年的辉煌

记载："昂车关，县西北三里，《唐志》有昂车关，其故址在漳川乡下关村，漳水经此。"《清一统志》记载："（武乡）县西关外有下关村，小漳河所经，相近又有上关村，即古昂车关故址"。

史书上的"芒车关""昴车关"，其实都是"昂车关"。宝历二年（826）十二月初八日，宦官刘克明等杀死唐敬宗李湛，伪造遗旨，欲迎唐宪宗之子绛王李悟入宫为帝。两天后，宦官王守澄、梁守谦又指挥神策军入宫杀死刘克明和绛王李悟，拥立李昂为帝，改年号为"太和"。李昂即位为帝，为避讳而改名之。

该关的具体建关时间已无考，但至少是在宝历二年以前就有的。有说法是建于唐初，笔者认为也是有道理的，这要从这条古道说起。从长治起，经潞城店上、襄垣王桥、王村，到武乡，往北到榆社、太谷，再到太原的这条古道，《长治市交通志》中记载唐初便有，相当于现在的102省道。李渊起兵于太原，从而建立了唐王朝，以太原为中心东征西讨，自然需要有沟通东西南北的要道，后来太原成为北都，唐玄宗别驾于潞州，也要从长治往返于太原或者西安，武则天迁都洛阳以后，从洛阳到太原或者西安，都要有交通线的，除了路过南关的那条潞安晋阳道，开发新的道路也在情理之中。唐初就有这条古道，在道上设关隘也在意料之中，一来镇守潞州，二来可作长安或洛阳的军事屏障。

四

接着说“泽潞之乱”的事。

“泽潞之乱”发生于唐会昌三年（843）。会昌是唐武宗的年号，唐武宗即李炎，是文宗皇帝的弟弟。唐武宗对历史的重大贡献就是灭佛运动，他迷恋仙丹，指望延年益寿，却在年纪轻轻的33岁就死去了，在他短短的一生，以及做皇帝的6年里，仿佛他只做了一件事，因为历史也就只记下了一件事，就是平“泽潞之乱”。

唐到武宗时，已临近尾声，这一出大戏就要谢幕了。唐朝末年的藩镇割据现象特别严重，各方节度使拥兵自重，严重威胁帝王的权威，节度使的权

关河滩古战场遗址

力使许多人铤而走险，安禄山就是一个例子。武宗朝的昭义（泽潞沁）节度使刘从谏与其侄刘稹也是这样的人。

宝历元年（825），刘从谏任昭义节度使，拥兵自重，后兼任太子太师，更加肆无忌惮。经商做买卖，向商人征税，熬制私盐、倒卖铜铁，还收受贿赂买官卖官，可以说是个“大老虎”，花了商人的钱就把商人儿子任命为牙将，让他们在自己管辖的州县经商，属县乡民备受其害。

会昌三年（843），刘从谏献宝马给唐武宗，唐武宗不接纳，他便怀疑这是宦官仇士良从中作梗，大发脾气，怒杀了宝马，从此不再信任朝廷，也因此忧郁生病。因其长期与朝廷对抗，担心死后被诛灭九族，乃与幕僚张谷、陈扬庭密谋，欲效法河北诸镇，以其侄刘稹为牙内都知兵马使，从子刘匡周为中军兵马使，孔目王协为押牙亲事兵马使，家奴李士贵为使宅十将兵马使，亲信刘守义、刘守忠、董可武、崔玄度分别统辖亲兵，企图割据一方、对抗朝廷。不久，刘从谏忧郁病死。刘从谏的妻子裴氏召集军中大将的妻子饮酒，以酒款待，许多妇孺也都流下眼泪，表示愿为刘氏效力，于是大将郭谊等人秘不发丧，接受刘稹继续担任昭义节度使。

刘稹是原昭义节度使刘从谏之侄，右骁卫将军刘从素之子，初为昭义军都知兵马使。接任昭义节度使后，刘稹秘不发丧，自领军务，逼监军崔士康奏称刘从谏病重，请求朝廷任命其为留后（唐代节度使、观察使缺位时设置的代理职称），想割据一方。这就是“泽潞之乱”。

唐武宗李炎召集众宰相商议，其时，大唐刚与回纥交战，朝臣对泽潞之乱或战或和，意见不一。重臣宰相李德裕认为昭义邻近京师，处于国家心脏位置，焉能让节度使割据，那将会再次上演“安史之乱”。武宗从其议，下诏给成德节度使王元逵、魏博节度使何弘敬维持二镇现状，令其不得和刘稹相勾结。刘稹见朝廷不准奏，遂公开对抗朝廷，并派都将康良佺守武乡。武乡县令唐汉宾劝刘回朝归顺，反被刘将其全族诛杀。

刘稹叛唐，使得武宗皇帝十分震怒，于是下诏将“其赠官及先所授官爵并刘稹在身官爵，一并削夺”。同时派遣中丞李回出使河朔三镇，游说三镇出兵讨伐刘稹；命令忠武节度使王宰、徐州节度使李彦佐为潞府西南面招讨使；再次授河东节度使刘沔为太原节度使，担任潞府北面招讨使，调集徐、许、滑、孟、魏、镇、幽、并八镇军队，从四面围攻刘稹。

五月，武宗制令削夺刘从谏及刘稹官爵，命王元逵为泽潞北面招讨使，何弘敬为南面诏讨使，与河中节度使陈夷行、河东节度使刘沔、河阳节度使王茂元合力攻讨刘稹。六月，王茂元命兵马使马继等率步骑兵进屯天井关南，刘稹遣衙内十将薛茂卿将亲军抵抗。七月，各路兵马进逼泽潞。

其余几路招讨我们不提，我们要说的是这个河东节度使刘沔。当时的河东节度使是为防御突厥而设立的，统辖相当于现在的太原及太原以北地区。刘沔是第 51 任节度使，河东节度使从 712 年到刘沔接任的 843 年，百年间更换了 50 多任，可见此位置的重要性。这一次，刘沔的任务就是协同诸路共平刘稹，他带兵就是抢夺昂车关。

河东节度使刘沔率兵进驻榆社，夺昂车关进入武乡。此时，康良佺与兵马使王逢交战于石会关（今南关）。康良佺战败，率部退守鼓腰岭（今分水

昔日的昂车关因 20 世纪 60 年代修建关河水库而淹没水下（郝雪廷摄）

岭）。刘沔与王逢合兵，占据了石会关。刘沔占据石会关后，等待观望，并未及时进兵。而忠武节度使王宰也驻兵万善栅没有继续前进。只有副将石雄，在接到命令后的第三天，就越过乌岭，攻占了刘稹叛军的五个营垒，斩获敌首数以千计。此后，王宰收服了天井关，其他各路大军也相继收复了磁、洺等州，刘稹占据的潞府处于四面重兵包围之中。

此时，横水（洪水镇）卫戍兵叛变，入太原驱逐其帅李石，推选裨将杨弁主持留事。杨弁想与刘稹联合。刘稹不接受，令康良佺在鼓腰岭击败太原之兵，活捉兵卒七百。当时唐王还下令河中李彦佐取潞州，李彦佐因行动迟缓，遭斥责，乃以石雄为副取高州。潞州猛将白维信因过去曾与石雄交战，惧不敢降。就来武乡杀了康良佺，返回潞州投降了昭义军节度使庐钧，武乡被朝廷收复。

会昌四年（844）二月，各路兵马继续进攻。刘沔率部攻破石会关，直逼昂车关。《新唐书·列传第一百三十九·藩镇·宣武彰义泽潞》记载："于是河阳王茂元以兵屯万善；河东刘沔守昂车关，壁榆社；魏博何弘敬栅肥乡，侵平恩；成德王元逵次临洺，略任、尧山、向城；河中陈夷行营冀城，侵冀氏。"

大军所至，鏖战犹酣。当时的官军和叛军像拉锯似的，一会儿官军有人反叛，一会儿叛军又有人投降，整个一个乱纷纷闹哄哄。刘沔一直据守在昂车关和昂车关西北的石会关，这是南下讨刘稹的必经之路，也是潞州北上的必经之路，这之间，昂车关和石会关在刘沔和刘稹之间也是几易其手。七月，刘稹心腹高文端归降。接着，邢州刺史崔嘏举州归降，洺州、磁州亦相继归降。潞州人闻知邢、洺、磁三州降，大为恐慌。

八月，原先唆使刘稹叛唐的大将郭谊见大势已去，便与王协等密谋，想杀掉刘稹归顺朝廷。此刻武宗下诏让石雄带兵前去受降，石雄径奔潞府。郭谊派董可武将刘稹骗到家中饮酒。刘稹酒醉后，董可武假意照顾他将其两手拉住，崔玄度趁机由背后下手将刘稹杀死，并将其全家老小包括襁褓中子皆杀之。又杀刘从谏之子及其党羽张谷、陈扬庭、李仲京、郭台、王羽、韩茂章、韩茂实、王渥、贾庠等凡十二家。

刘稹首级献到京城。原武乡县令唐汉宾在唐宣宗即位初，复被追赠为武乡令。《新唐书》中记载："武乡令唐汉宾，俭裔孙，以稹拒命，固谏归朝，不听，举族见害。李师晦者，本宗室子，始悟辟致幕府，见从谏稍恣横，假言求长生术，不与事。从谏使归东都，师晦惧为谷、扬庭等所谮，请居涉，从谏不之疑。稹败，有为帝言者，擢伊阙令，而赠薛茂卿博州刺史。大中初，又赠汉宾本县令。"

这场叛乱，最后以刘稹一派被杀，其部将归降而告终，持续一年之久的"泽潞之乱"得到平定。

五

唐昭宗李晔在位时，因黄巢起义影响，陷入日趋分崩离析的局面，虽励精图治，希望恢宏旧业，发动平定四川陈敬瑄、河东李克用的战争，禁军折损大半，有效兵员不足，也坐视叛将宣武节度使朱温（朱全忠）实力发展壮大，逐渐成为中原霸主，为唐朝灭亡埋下了祸根。

乾宁二年（895），李茂贞挟持昭宗，堂堂一国之君就这样被大臣幽禁了。光化三年（900）十一月，宦官刘季述等废了唐昭宗，立太子李裕为帝。次年初，朱温与宰相崔胤等杀刘季述，昭宗复位，改年号为天复，进爵朱温为梁王。

天复元年（901）四月，朱温派遣氏叔琮和贺德伦二将率兵攻晋。氏叔琮取道太行入天井关，取下了泽（今晋城）、潞（今长治）两地。之后，出石会，至洞涡宿营驻扎，与晋将周德威大战，直通太原。当时梁军中遍染特大瘟疫，难以作战，两军对峙，退却十分不便。于是，氏叔琮传下军令，有病不能随军行动者烧死。有病的兵卒为免一死，勉强随军回去。氏叔琮为了后路免于被劫，挑选精壮士兵断后，以防晋兵追击，返至石会关后，只留下了少数骑兵，把将军旗插在石会关最高山头，用作疑兵。果然，晋军追兵到，见此状况，顿生疑心，不敢贸然前进。氏叔琮带领梁军，安全退回。

昂车关置于唐，又废于何时呢？大约在唐末宋初就基本废置，因这条道上少有驿站，不便行人，经商的、传递关文的、进京赶考的，都走乱柳、权店、南关、盘陀那条道，所以金粘罕才通过南关那条道攻宋，昂车关这条道就不是主干线了，明清时对此道有过修复，也只是武乡和榆社之间的往来之道。最起码在抗日战争中，日军对晋东南地区实行九路围攻时，日军的第117联队曾经几次过此关，在榆社和武乡之间往返，那个时候已经没有关的踪迹。

六

谈及唐代，武乡还有一位历史名人不得不提，这就是能呼风唤雨、降妖捉怪的老焦爷。

清康熙三十一年《武乡县志》卷五“仙释”记载：“昭泽王，姓焦，失其名。唐懿宗咸通九年七月初五日生长乐乡司徒村。生之夕，香气盈室，经宿不散，人咸异之。七岁，两手拘挛，言语謇涩，状貌类愚人忽。元日，手无故自舒，神采焕发，语亦通便，顾性喜道家言。至十三岁，凡天文、地理、易象、遁甲诸书一过目即晓畅。”

焦龙爷画像（李永康 绘）

老焦爷的姓名，史书载“姓焦，失其名”。但民间传说他叫“焦旺禄”，店子渠焦龙神祠遗址的一块残碑上有“姓焦名旺禄”的字样。

老焦爷，姓焦名旺禄，“生于长乐乡司徒村”，即今上司乡的上司村。史料载，出生下来便四肢痉挛，呆若木鸡，不言不语，直到七岁那年正月初一，却有奇迹出现，不仅四肢如常，而且与人交谈头头是道。之后进了私塾，学业甚异。僖宗广明元年（880）他十二岁时入南麓书院，《周公解梦》《奇门遁甲》《玉匣记》等书一学即通，子史经集成为捎带的学业。学成后，游历于山水之中。

因其精通阴阳地理之术，成了为民除旱魔、降甘霖、捉妖魔、治瘟疫的民间侠士，受武乡、襄垣、黎城一带百姓崇拜敬仰，后来遍传上党，乃至河南、河北、山东广为敬重。

乾隆五十五年版《武乡县志·风雷将军小传》“清净怡养符水之术，凡天文、地理、易相、遁甲，咸臻其妙，莫测所自，日处静室中焚修，为事不以术自衒”，终修得正果。

老焦爷“昭泽王洞”石碑（郝雪廷摄）

他三十四岁时得道仙升，肉身葬于岭头村焦家洼之上的焦爷顶，即如今的“焦爷坟”。由于老焦爷惩恶助善，呼风唤雨，多次显灵，天复二年（902），上党城中一蛇妖成蟒，吸人血食人肉，为害百姓，城内人人惊恐，太守闻听武乡县有一高手，便派人去武乡龙洞山请焦旺禄，将蟒蛇除掉，太守王祐延奏请唐昭宗李晔封焦旺禄为“风雷将军”，这是他生前的唯一封号。死后又被后唐闵帝李从珂敕封为“灵侯”；后晋天福二年（937）高祖石敬瑭加封“显圣公”；宋朝宣和元年（1119），宋徽宗赵佶又加封为“昭泽王”；元朝派兵南渡，征舟触礁，幸得“昭泽王”托梦借力鱼鳖相救脱险，元世祖忽必烈遂加封为“海渎王”；明朝开国皇帝朱元璋在征战中多遇“海渎王”相救，登基后又加封为“海渎之神”。

山西大学民间文献整理与研究中心网的成果显示，山西大学历史文化学院教授、博士生导师郝平，山西大学历史文化学院2018级博士研究生张玮，合作写的论文《庙宇空间下的明清华北灾害信仰和乡村社会整合——以昭泽王信仰为例》一文中可窥见一斑。

老焦爷焦旺禄也成为武乡民间被尊为神灵的第一人。

《明会典·卷八十五》中，山西丧命而入祭祀之列的11座庙宇，沁州焦龙神庙位列其中。清《钦定续清志》卷一百十四中，焦龙神庙也在祭典之列。

关于焦龙神的记载，大多见于正史。即使从另一角度考虑，在武乡的历史上，确实有过老焦爷这样一位能为民排忧解难，颇得群众仰赖，而千余年来久传不衰的济世豪杰。正如武乡南山海渎龙王庙一块残碑上所铭记的那样：“吾邑者，神桑梓之乡也！”

民间传说也好，正史记载也罢，老焦爷的种种神迹，都可以说是人们对这位济世英雄仰慕之情的寄托；却不可以“有涉迷信之嫌”为借口，舍弃我县这份优秀的历史文化遗产，而全盘否定老焦爷本身在民间历史上的作用和与其有关记载、传说的文学艺术价值。

百战之地有雄关

一

由于内乱频发，唐朝由盛转衰，李家的一手好牌最后打得稀烂，大唐盛世风光不再，各地藩镇坐大，梁王朱温趁机掌控朝中大权。

朱温早年参与黄巢起义，累立战功，黄巢任命朱温为同州防御使，因知黄巢军队势力窘迫困厄，将帅大多军心涣散，他的亲信将领胡真、谢瞳劝他反正降唐，他便杀了黄巢的监军使严实，归顺唐朝。叛将立功，委任为汴州刺史、宣武军节度使，后加封为检校司徒、同平章事，封为沛郡侯，改封为吴兴郡王、东平王。官位节节高升，权力越来越大，野心也越来越膨胀。天复三年（903）正月，朱温挟昭宗李晔回长安，昭宗从此成了他的傀儡。不久，朱温杀第五可范等宦官 700 多人，宦官势力受到彻底打击。朱温则被任命为守太尉、兼中书令、宣武等军节度使、诸道兵马副元帅，进爵为梁王，并加赐"回天再造竭忠守正功臣"荣誉头衔。

唐昭宗死后，朱温立昭宗嫡次子也是第九子李柷为帝，时年 13 岁。顺利达到目的，朱温利用谋士李振，在滑州白马驿屠杀裴枢为首的朝臣 30 多人，制造了"白马驿之祸"。从此，唐王朝完全失去统治基础，唐哀帝虽仍在位，实际上已经等于亡国。天祐四年（907）朱温逼唐哀帝李柷禅让，建立后梁，这是五代十国的开始。

后梁龙德三年（923），晋王李存勖于魏州称帝，建立后唐，带兵剿灭后梁。后唐清泰三年（936），赵国公石敬瑭以割让幽云十六州引来契丹军助战，灭后唐建立后晋。但这个儿皇帝实在不好当，契丹人不满足石敬瑭送予的十六州重礼，一心要图中原，后晋开运三年（946），契丹攻占开封，石敬瑭养子石重贵投降，后晋亡。耶律德光在开封称帝，改号大辽。

当然这只是个插曲。契丹无恶不作，中原人民奋起反抗，河东节度使刘知远趁机在太原称帝，国号大汉，史称后汉。乾祐三年（950），天雄军节度使郭威发动兵变，推翻后汉隐帝，在澶州受部将推戴，黄袍加身，建立后周。郭威无后，驾崩时传位柴姓养子，恭帝柴宗训刚即位半年，显德七年（960），后周诸将发动陈桥兵变，真是以其人之道还治其人之身，又来一个黄袍加身，拥立宋州归德军节度使赵匡胤为帝，推翻后周，建立宋朝。

五代十国的十国都在南方，和咱武乡没关系，只说五代吧，五代 13 主一共混了 53 年，就草草结束了。这个时期，武乡先后归后梁、后唐、后晋、后汉、后周所属，但武乡的县域并没有任何变化，其上级也无变化，一直属潞州管辖。

公元 960 年，赵匡胤取代后周建立宋朝后，一直到宋徽宗赵佶、宋钦宗赵桓被虏，靖康二年（1127）汴京被金国占领，康王赵构带领宋室一路南逃，直退到临安（今杭州），效仿司马家族放弃西晋的无奈做法，退居江南，苟延残喘，忘了国恨家仇，只把杭州作汴州了，此前这一段史称北宋。

宋朝的地方政府机构实行路、州（府、军、监）、县三级制。在山西这一带设置河东路，路治在今太原市。武乡归河东路潞州辖制，捎带说一下，这个潞州于建中靖国元年（1101）改为隆德军，崇宁三年（1104）又改为隆德府，治所在上党县，即今长治市市区。其实这个与武乡无关，因为在太平兴国二年（977），武乡就脱离了潞州，与铜鞮、沁源、绵上一起改属于新设立的威胜军，军治在铜鞮乱柳（今沁县段柳村）。

“军”是宋代行政区划中一个比较特殊的存在，和州是一个级别，但和州稍有不同，跟驻军倒是有关系，部队驻扎在一地，兼管地方事务，实行“军政合一”的管理体制，逐渐就成了行政区划名。军与州最大的不同处则在于，军作为行政区域单位一般设在边远地区，通常这类地区军事地位非常重要，而军的行政长官通常有军事权。

为什么要在这里设“军”？因为从唐末及五代时期起，中原王朝北边疆域退缩，后晋时期失去“燕云十六州”，北宋北边基本以白沟—雁门关一线与辽王朝为界，西边与西夏政权大体沿横山—六盘山一线形成边界。而武乡这一带也就非常重要，特别是位于县西北的南关——雄关险阻，这里历史上就是兵家必争之地，也是南北通衢的咽喉要道，就成为保护中原的第二道防线。

北宋统治者为防止藩镇割据及大臣、外戚、女后、宗室、宦官等人的擅权，防御辽、夏等国的侵扰，防止成为梁唐晋汉周后又一个短命的王朝，从政治到军事，从中央到地方，逐步采取一系列加强中央集权的措施，把政治、军事、财政大权最大限度地集中到朝廷，其核心和要害正如宋太宗所说，“事为之制，曲为之防”。

在政治上，北宋推行文人政治，削弱相权，三权互相制衡，使宋朝内部再也没有出现军事长官造反事件。在经济上，北宋经济空前繁荣，尤其是农业、手工业、商业十分发达，采取积极的措施鼓励开荒，耕地面积不断增加。庞大的农业基础，把社会推向了一个空前的发达状态。在文化上，宋朝是有绝对优势的，所谓唐诗宋词元曲，宋朝的文化处于一个历史的顶峰，而且两宋思想开放，出了不少有名的大文豪，唐宋八大家有六个是宋朝的。在军事上，宋代采取募兵制，把灾民饥民编入军队，所以两宋都没有爆发大规模农民起义；兵力的配置上，宋朝军制遵循“强干弱枝，内外相维”的原则，京城的人马最为精强，各方镇兵力不敌。

就是因为自认为经济繁荣，就弱化军事防卫。宝元二年（1039），改威胜军为绵山郡，迁址今沁源城。从“军”改“郡”，军事上的二线防御功能就大大削弱。

二

乾隆版《武乡县志·建置沿革》记载："熙宁七年（1074），废辽州，以榆社县为镇入武乡；元丰八年（1085）复辽州，榆社往隶。"光绪七年版《榆社县志·沿革》亦有记载："熙宁七年，辽州废，省榆社县为镇入威胜军之武乡县；元丰八年复榆社县，属辽州。"

北宋末期，生活在黑龙江流域的女真族已经兴起。完颜阿骨打称帝建国，国号大金，先后出兵攻破了辽国的东京、上京、中京、西京（大同）、南京（北京），控制了北方。之后便把目光瞄准了北宋，宋朝还在一片歌舞升平中，并不知道危险已经步步逼近。

金国意图灭辽国的时候，他认为自己的力量还不够强大，于是就派遣使臣前往北宋谈判联盟的事宜。北宋在奸臣蔡京的周旋下，接受了这个联盟：其一，北宋答应出兵，和金国一块攻打已经日薄西山的辽国，如果灭辽成功，那么北宋就彻底摆脱了辽国的侵扰；其二，在灭辽国之后，金国要求北宋把以前给辽国的岁贡转给他，可是北宋如果什么好处也得不到，也不会愿意出兵，金国就许诺灭辽后，把北宋一直念念不忘的燕云十六州给北宋。

金国抛出的这根骨头，说实话真是诱人。对于北宋而言，不管是皇帝还是大臣，都认为云燕必归。所以北宋方面痛痛快快答应。重和元年（1118），宋徽宗派武义大夫马政和平海军指挥使呼延庆自登州乘船渡海，以买马为幌子，与金谈判攻辽，双方谈判成功，遂结为盟友，即海上之盟。

具体进攻方略是金国攻打辽中京，北宋攻打辽国的燕京。但战事情况却有点意外，原本以为辽国已经快完蛋了，辽国与金国的征战确实是节节败退，但面对北宋的军队时却丝毫不含糊。宣和四年（1122），北宋对燕京进行了两次大规模的进攻，结果全部以惨败告终。而本该是北宋攻取的燕京，却在这年年末，被金国的大军攻破。这样一来，燕云十六州归了金国，北宋方面竹篮打水——一场空，跟个二傻子似的，心里也不是滋味。

金国西路军副元帅粘罕

北宋派人谈判，结果是拿钱买。金国先是答应把燕京附属的6州24县给北宋，但需支付以前给辽国的岁贡40万币，外加缴给北宋的赋税。钱粮交割后，金国撤军时，顺手牵羊把这里劫掠一空。说白了，北宋花大价钱买回来一个笑话。北宋和金国之间的平等盟友关系失衡，在金国看来，北宋是窝囊的，与其和他联盟，不如直接攻取了他。

宣和七年（1125）冬，金国又找了个贡币低劣掺假的理由，开始了攻宋的步伐。《武乡县志》中记载了一个人，说是叫粘罕。其实此人叫完颜宗翰，本名黏没喝，又名粘罕，

武乡古八景之一“南关锁钥”（郝雪廷摄）

是金国国相完颜撒改的长子。粘罕武艺精绝，有勇有谋，他整个身体可以在疾驰的马背和腹间飞旋，无论从哪个角度都可以射箭且百发百中，他随金国开国皇帝完颜阿骨打打了许多胜仗，深得阿骨打的喜爱。正是这个粘罕，被任命为西路军副元帅，从西京一路向南攻打而来，攻破长城防线，朔州、代州、太原先后沦陷，剑指汴京。

金兵分兵两路南下，武乡成为北宋御敌的最前沿。

金兵西路由完颜宗翰率部从云中府、太原一路南下到达武乡南关。当他带兵到达武乡南关时，只见阴辿两峰对立，地势险峻，雄关挡道，易守难攻，实为武乡西北地界的重要关卡，确有"一夫当关，万夫莫开"之势，真的是南关锁钥，上党咽喉。

三

南关设于宋初。《山西志辑要》记载：南关，县（武乡）西北百二十里，与祁县龙舟北关相接，号南北关，一名南关镇。光绪版《山西通志》"武乡县"记载："南关里所领村石板沟、权店、护甲，地皆绝险，而南关一镇，北界祁县，西达上店，山界连平遥，称冀南牖户，潞泽咽喉。"从记载可以看出，南关所在之地从古到今皆为显要。不管历史称谓如何变，不管是上党郡、隆德府、潞州，还是现在的长治，此地皆为咽喉。虽然太长高速公路修通以后，从武乡经榆社直达太原，不再路过此地，但208国道还延续着它的运输功能。此地不再像以前一样喧嚣，只是近十年间的事。

其实南关的地势非常险要，很早就设过关。这里是有名的平洛古道，即平城（今大同）至洛阳的官道，北魏孝文帝迁都时就是从这里走的。唐朝定都长安后，又建洛阳为东都，太原为北都。根据严耕望《唐代交通图考》"洛阳太原驿道"在潞州以北分为正北和西北两道，正北道经襄垣、武乡、昂车关、轩车岭、象谷、太谷、洞涡驿至太原，正北道因海拔高，不设驿站，一般行人不选此道，多走西北道。西北道以太平、乱柳、权店、分水岭、南关、盘陀到洞涡驿后直达太原。由于西北道十里一亭，三十里一铺，六十里一驿，非常便于商客歇脚，便成为南北通衢的要害。

特别是 16 世纪到 17 世纪，生活在蒙古草原和西伯利亚一带的游牧民族，地处纬度较高的寒冷地带，其饮食以肉食为主，虽然脂肪含量高，但具有燥热、油腻、不易消化等缺点，再加上缺乏维生素摄入，容易导致肌肉乏力、食欲减退、精神不振等问题。由于茶叶能解腻、提神、补充体内维生素，又易于保存，让他们形成了“宁可一日无食，不可一日无茶”的习惯，茶成了游牧民族的生活必需品。对于茶叶的需求量也越来越大，茶叶出口成为当时国内最大的国际贸易。

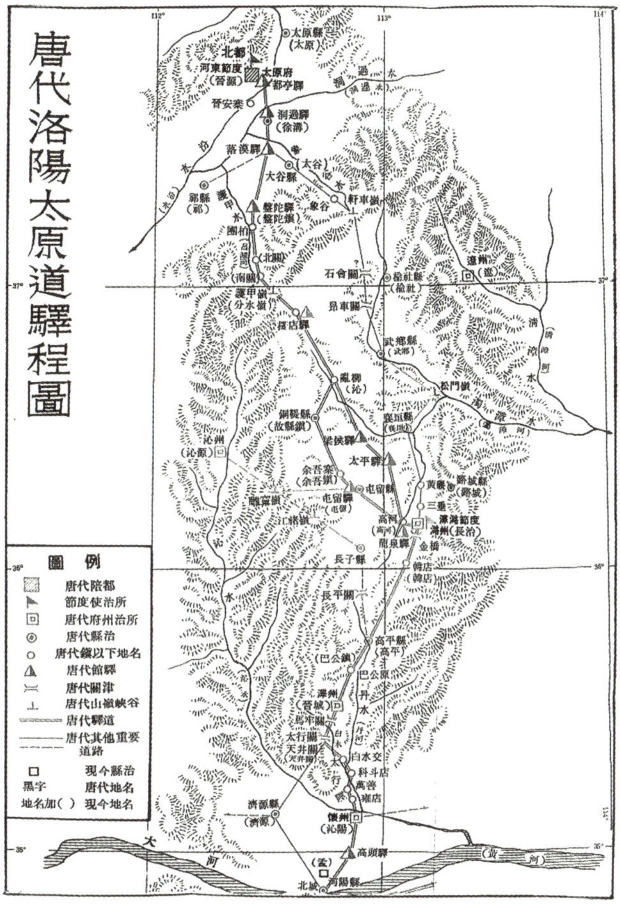

唐代洛阳太原道驿程图

新兴的晋商，抓住这一商机，选择购进茶叶，投资茶山，开设茶厂、茶庄，便使的茶叶经济很快繁荣。为此，打通了一条南起福建崇安（今武夷山市），北达清代俄中边境重镇恰克图（原属中国，今属俄罗斯）的万里茶道，万里茶道也是从这里走过，至今这里还有许多当年的遗迹。

在西晋末期，武乡羯人石勒起兵反晋，为阻止并州即刘渊兵来犯，就派大将张訇督（又名石会）到此设关，故将此关称为石会关，前文也曾提到过康良佺守石会关，即此地。后来渐渐弱化了此关的作用，到宋初又重新在此置关，名为南关，是因为上党的重要作用，得上党可望中原。当时北方的少数民族一直在不断强大，中原的物产和繁华都是让他们觊觎的。大宋朝因为赵匡胤是黄袍加身的，就给自己后代定下了积贫积弱的理政调子，尽管如此，为防止游牧民族的侵袭，也是要做一定的地理防御的。上党是兵家必争之地，又是商家必经之地，在此设关是当时政治之必然。

这里的古道，历史更为悠久。比置关时的宋代，要早得多。这条古道被称为潞安晋阳道，它的历史要从宋再往前追溯两千多年。夏商时期，各部落各方国之间为了争夺地盘，战争频仍，战车的使用就得到了普及，当时居住在此地的人群，把径改为道，把道改造成了可以由车辆通行的路，后来就有了道路一词。西周建立以后，洛阳成为当时的政治、经济、文化中心，北方的侯国都要经此地，过泽州，南出太行山到洛阳去朝见。战国时三家分晋，这里是战略要冲。秦朝时这里是上党郡到太原郡的重要驿道，唐玄宗两次经此道由洛阳到太原去巡幸。宋朝时，汴京离此地不远，北方的人要经此道用盐、马、牛、毡、铁器等去交换南方的茶、药材、漆器、瓷器等物品，这条道成为重要的商道。

在这样的交通要冲上设关，而且选择了两山对峙的此地，是有战略眼光的，屯兵驻扎、控制交通、征收关税，关隘的作用实施起来轻而易举。按说这么重要的战略要冲，又有地形之便利，攻破是很不容易的，可偏偏历史好和当事人开玩笑，最难的事情竟然最容易。有史实为证。

四

粘罕来到南关，一看此雄关巍然矗立在要道上，心里直犯怵，他加了几分小心，如果在此设伏，那是断然没有退路的。他连忙让部队驻扎下来，派出探子四处打探，终于得到准确情报，此处关内并无军队，四周山上也无人驻守，这是他万万没有想到的。于是粘罕立于关头，仰天长叹。《永乐大典》中有这样的记载，粘罕“仰而叹曰：关险如此，而使我过之，南朝可谓无人矣。人言都茫无险可守，不知随地皆有险也”。

可见当时武乡是兵家要地。因为宝元年间“军”改“郡”，防御功能大

闫庄村北的虎头山石刻（郝雪廷摄）

康婆七估塞遗址（郝雪廷摄）

康婆七佶塞出土加工粮食的碾槽（郝雪廷摄）

大降低，直到要塞无人把守，任由金兵长驱直入，北宋之所以遭受靖康之耻，与不注重边陲防御，未能严守要塞有很大关系。六月，宋朝主战派将领李纲派其部将解潜、范琼领军驻守威胜军；七月，解潜带兵到南关驻守，金兵又来攻关，双方发生激战，因宋钦宗不但不增兵救援，反而下诏罢减所起之兵，结果南关失守。于是，这个粘罕几次带兵南下，均从武乡过之，就是这家伙制造了靖康之祸，徽、钦二宗被掳北国，后妃、皇子、公主等三千多人均被掠去，大宋都城汴京也成了金人囊中之物。

多么讽刺啊，徽、钦二帝的祖先在此设关，不管多么有战略眼光，也难以抵挡后辈战略上的无能。徽宗在文臣中重用蔡京、高俅也就罢了，偏偏武将又用童贯。童贯在做将领之前是干什么的呢？是个宦官，他打仗啥也不是，只知道往自己的腰包里揣钱，导致了这样一副“王炸”居然烂在手里。其实二线防御非常重要，如果在此设一支伏兵，哪怕只有几百人，中国的历史也将改写，哪能让粘罕长驱直入，如入无人之境？一个朝代所建的关口，又埋葬了一个朝代。

北宋灭亡后，金与南宋对峙，存在百余年，这一时期，山西属金国疆域。在行政区划上，基本因袭宋制，只是将山西分为两路，即河东北路、河东南路。武乡县属河东南路，在金占领后的第二年，金太宗天会六年（1128），绵山郡改为沁州，始建州署，仍领四县，州治迁至今天的沁县县城。到金元

阎庄村虎头山明代隆庆二年“估寨”石刻

光二年（1223），沁州升为节镇，也就是在驻有军事统帅的要塞设置节度使，也称义胜军。

此时，在武乡设置了南关镇，当然这个“镇”不同于今天的乡镇，元代居民集中治所和驻军所在地称“镇”，修筑城墙和城郭，并设有哨卡。南关镇仍属武乡县，可见金国知道武乡西部的地理位置非常重要，故而在此设镇屯兵。

其实屯兵的地方还不止于南关，在周边的许多山头均有寨堡，遗迹颇多。比如在闫庄村北的虎头山就设有兵寨，该寨石壁上还保留着石刻：“大明国山西承宣布政使司沁州武乡县南关里闫庄村康婆七估寨。隆庆二年六月二十日起工。”碑刻中写明“估寨”，说明隆庆二年的修筑应该是重修或扩建。

五

金泰和六年（1206），铁木真被各部落推举为“成吉思汗”，建立政权于漠北，蒙古帝国成立，国号大蒙古国。

蒙古汗建立国后，成吉思汗即想伐金，一则报祖宗之仇，更主要是逐鹿中原，掠夺财富和扩张势力，以图天下。只因金是大国，未敢轻举妄动。就设法拆散金夏联盟，1227 年攻破西夏；几经征战，又先后灭南宋、灭金。

1260 年忽必烈即位，建元“中统”。1271 年，取《易经》“大哉乾元”

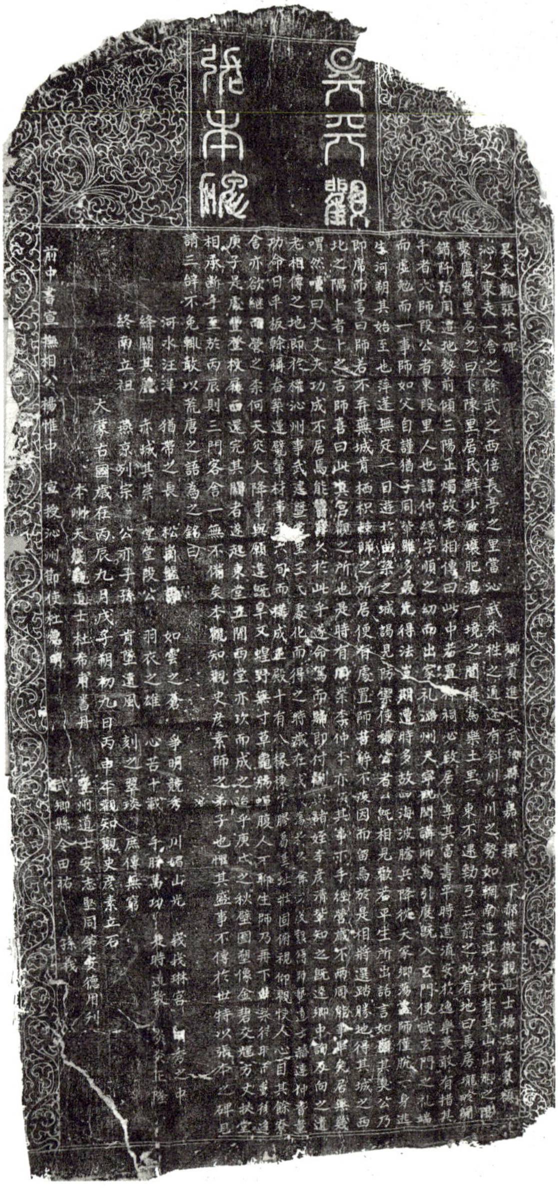

昊天观张本碑拓片

之意改国号为“大元”，这就是元朝。也就是说从公元 1234 年金国被灭到 1271 年正式定国号为“元”，这段时期，武乡这一带实际上是归大蒙古国。在武乡县丰州镇下城村昊天观遗址保存着的“昊天观张本碑”有明确记载，落款为：大蒙古国岁在丙辰九月戊子朔初九日丙申，本观知观史彦素立石。

元朝是中国历史上首个由少数民族建立的大一统王朝，统治者为蒙古孛儿只斤氏。元朝的行政管理体制比较特别，叫行省制。也就是在原来的路、府、州、县的上面又加了一级管理层——行省，也叫中书省或行中书省，在河北、山西、山东等地上面设置直隶中书省，其他地方设岭北行省、辽阳行省、河南江北行省、陕西行省、四川行省、甘肃行省等。行省制的确立，从政治上巩固了国家统一，使中央集权在行政体制方面得到保证。这是中国行政制度的一大变革，对后世影响巨大，省作为地方一级行政区的名称，一直沿用至今。省领道、路，道、路领府、州，府、州领县，这就是元朝的特色。

武乡县属直隶中书省、河东山西道、晋宁路、沁州。

到元至元三年（1266），沁州变化不小，从原来的管辖铜鞮、武乡、沁源、绵上四县，减为二县。绵上县被撤并入沁源；武乡县也遭到裁撤的噩运，由于连年征战，武乡人口锐减，全县仅有700余户，因不满千户，不准设县，全境并入铜鞮县。战争之惨，损失之巨，可见一斑。

据《元史·地理志》记载，至元贞二年（1296），因人口增加，才又恢复了武乡县建制，期间渡过了整整30年寄人篱下的生活。

武乡县遭到裁撤，这期间，由于县城偏远，百姓叫苦连天。武乡南连襄垣而驰潞泽，北接榆社而走冀宁，西邻铜鞮而达晋宁，东抵辽山而通平定。虽云山邑，实居要冲，然而历代沿革不同，废置有自，又若之奈何？

“至元三十年癸巳，沁州吏长李浩、县吏石赟等建言，今县户已及千余，可告复立。”这个消息确实令人振奋。

为此，曾任元上都路教授的武乡人李义召集乡间士绅与德高望重的老人，一起进州上府，表达诉求。但事情并没有那么简单，撤的时候一纸通

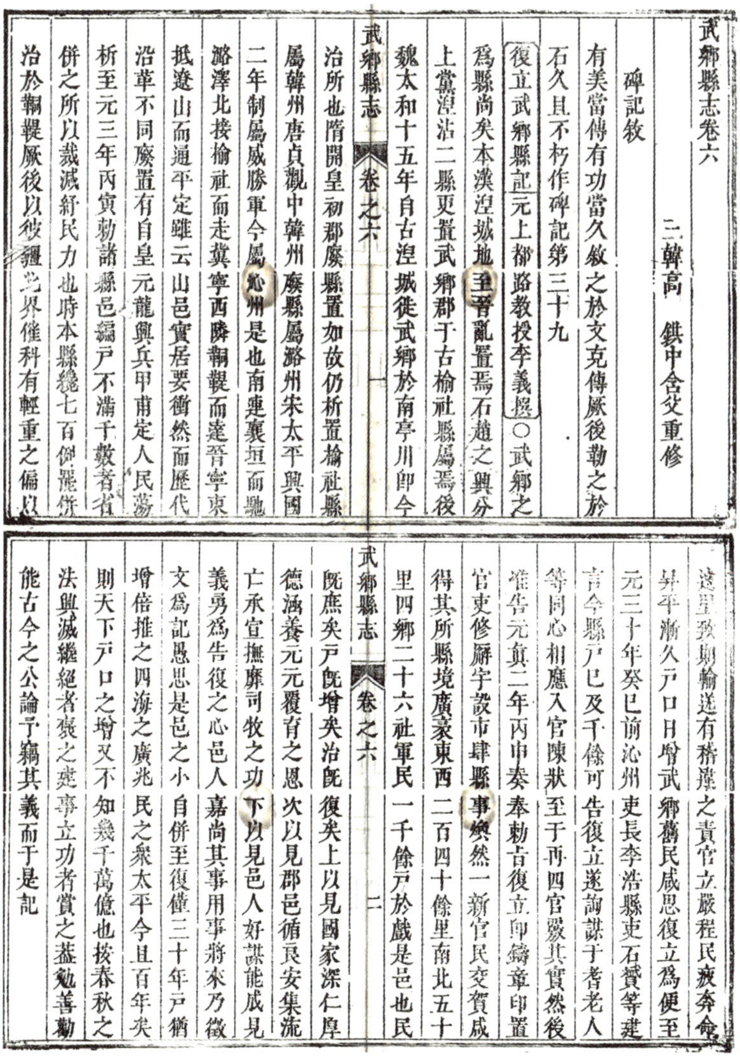
武鄉縣志卷六
二韓高 鉷中含父重修
碑記敘
有美當傳有功當久敘之於文克傳厥後勒之於
石久且不朽作碑記第三十九
復立武鄉縣記 元上都路教授李義撰 ○武鄉之
為縣尚矣本漢涅城地至晉亂置焉石趙之興分
上黨涅沾二縣更置武鄉郡于古榆社縣屬焉後
魏太和十五年自古涅城徙武鄉於南亭川即今
武鄉縣志 卷之六 一
治所也隋開皇初郡廢縣置如故仍析置榆社縣
屬韓州唐貞觀中韓州廢縣屬潞州宋太平興國
二年制屬威勝軍今屬沁州是也南連襄垣而馳
潞澤北接榆社而走冀寧西隣銅鞮而達晉寧東
抵遼山而通平定雖云山邑實居要衝然而歷代
沿革不同廢置有自皇元龍興兵甲甫定人民蕩
析至元三年丙寅勅諸縣邑編户不滿千數者省
併之所以裁減紓民力也時本縣纔七百餘罷併
治於銅鞮厥後以彼疆此界催科有輕重之偏以
遼里致煩輸送有稽違之責官立嚴程民疲奔命
昇平漸久户口日增武鄉舊民咸思復立為便至
元三十年癸巳前沁州吏長李浩縣吏石贇等建
言今縣户已及千餘可告復立遂詢謀于耆老人
等同心相應入官陳狀至于再四官覈其實然後
准告元貞二年丙申奏奉勅旨復立印鑄章印置
官吏修廨宇設市肆縣事煥然一新官民交賀咸
得其所縣境廣袤東西二百四十餘里南北五十
里四鄉二十六社軍民一千餘户於戲是邑也民
武鄉縣志 卷之六 二
既庶矣户既增矣治既復矣上以見國家深仁厚
德涵養元元覆育之恩次以見郡邑循良安集流
亡承宣撫摩司牧之功下以見邑人好謀能成見
義勇為告復之心邑人嘉尚其事用事將來乃徵
文為記愚思是邑之小自併至復僅三十年户猶
增倍推之四海之廣兆民之衆太平今且百年矣
則天下户口之增又不知幾千萬億也按春秋之
法興滅繼絕者襃之建事立功者賞之蓋勉善勸
能古今之公論于竊其義而于是記

康熙版《武乡县志》上的《复立武乡县记》

令，想恢复却要层层审批。由此可见，复立县一事并非一帆风顺，而是颇费周折，“耆老人等，同心相应，入官陈状，至于再四”。用今天的话说，就是组织集体上访。上访绝非易事，说不定耆老者亦没有少挨官家的板子，但是为了复县，大家也都豁出去了，三番五次，费尽周折，厚着脸皮，耗资挨打，历经 3 年时间，不知跑了多少次，总算是达到了这个目的。

为此，曾任元上都路教授的武乡人李义，专门撰《复立武乡县记》：“至元三年丙寅，敕诸县邑，编户不满千数者省并之，所以裁减，纾民力也。时本县才七百，例罢并治于铜鞮，厥后以彼疆此界，催科有轻重之偏，以远里致期，输送有稽违之责，官立严程，民疲奔命。升平渐久，户口日增，武乡旧民咸思复立为便。至元三十年癸巳，沁州吏长李浩、县吏石赟等建言，今县户已及千余，可告复立。遂询谋于耆老人等，同心相应，入官陈状，至于再四。官核其实，然后准告。元贞二年丙申，奏奉敕旨复立。”

县境广袤，东西二百四十余里，南北五十里，四乡二十六社，军民一千余户。官核其实，然后准告。元贞二年丙申，奏奉敕旨复立，即铸章印，置官吏，修廨宇，设市肆，县事焕然一新，官民交贺，咸得其所。

武乡，在李义与耆老的共同努力下，终于得到恢复，这中间李义，是立了“一等功”。当然，为武乡能复县提供信息的沁州吏长李浩、县吏石赟二位官员，也是功不可没。

撤州入汾经风雨

一

元朝末年，统治者残暴无道，暴戾苛政，压榨百姓，杀戮臣民。1351年，元廷征调农民和兵士治理黄河水患，繁重的劳役，人民连饭都吃不饱，你还让他“治河”；再加上新旧钞同用，造成币制极端混乱，引起通货膨胀，损害人民利益，造成人心动荡不满，导致红巾军起义爆发。各地积极响应，义军突起。朱元璋在儿时伙伴汤和的鼓动下，投奔郭子兴的红巾军。

朱元璋入伍后作战勇敢，机智灵活，又粗通文墨，很快得到郭子兴的赏识，于是被调到帅府当差，任命为亲兵九夫长，并把养女嫁给了他。郭子兴死后，朱元璋成了事实上的首领，至正十六年（1356）攻占集庆路，改名应天，自称吴王。此后他以“驱逐胡虏，恢复中华”为号召，派遣徐达、常遇春举兵北伐，以推翻元朝统治。洪武元年（1368）正月初四，朱元璋即位皇帝于应天府，国号大明，年号洪武。

明朝开国，朱元璋佳丽三千，竟陆续生了26个儿子，因同为龙子，便个个为王，于是便有了藩王制，并赋予他们在当地一定的统治权。其第二十一子朱模，被封为沈简王，藩地沈阳，后改封潞州。沈王之子，除长子承袭沈王封号外，其他子孙，多被封为郡王和将军等。永乐二十二年（1424），朱模庶第一子朱佶焞受封为武乡王，册封南城兵马指挥韩学女韩氏为武乡王妃，宣德七年（1432）后袭封为沈王。当然，由于王子王孙越来越多，当然权力也越来越小，这些藩王基本是没有什么权力，就相当于一个大地主，可以从自己的封地上收田租，生活条件很好，但没有离开自己封地自由活动的权力。这个武乡王，也是武乡百姓血汗白白养活的一个“太上皇”。

大明瀋簡王壙誌
王諱模
太祖高皇帝之第二十子母趙氏生洪武十三年
八月二日
冊封為瀋王永樂六年五月廿一日受
命之國宣德六年五月壬日以疾薨享年五十有
二妃張氏指揮戈𠍋之女子男八人長武鄉
王佶焞次陵川王佶燇次遂王佶熠黎城王
佶㷻稷山王佶焰沁水王佶熅沁源王佶烊
惟第七子佶烗早薨未封女四人長渾源郡
主次翼城郡主河津郡主介休郡主[illegible]
樂靜謹禮奉法未嘗有過訃聞
皇上憫念親賢悼怛不已特謚曰簡遣官致祭命
有司治喪葬以宣德六年十二月十一日葬
于鳳凰山之原是用述其大槩納諸幽堂云

《沈简王圹志》拓片中记载“长武乡王朱佶焞”

明朝一开始基本承袭了元朝的体制，不久将行中书省改为承宣布政使司，全国设13个承宣布政使司，属于直辖地区的省级行政机构和区划。实际上也是明朝两京十三省的来历，著名的民歌《兰花花》中唱的“五谷里田苗子数高粱高，一十三省的女儿就数兰花花好”，这个一十三省就从这儿来的。

此时，在黄河以东、太行山以西设立山西承宣布政使司，这也是山西省的开端。洪武二年（1369）年末，置山西行中书省，潞州、泽州、沁州、辽州分别升为直隶州。洪武九年（1376），隔壁的汾州上蹿下跳，费了好大劲，也算搭上了这个顺风车，升为直隶州。

这个变化对于武乡来说，原本影响不大，一个县的直接上级还是州，似乎与这个承宣布政使司、山西行中书省，还有什么升直隶州关系都不大。不过，俗话说牵一发而动全身，何况这个牵的不是发，而是脑子、脖子，其实关系极大，原来汾州升直隶州，居然给咱这里的区划埋下了一颗定时炸弹。

二

明朝开初，武乡县还是属沁州，不久撤了铜鞮县，铜鞮成了州直辖区。

在明嘉靖年间，武乡出了件怪事。因为洪涝频生，累发大水，漳水泛涨，危及县城。为解县城之危，县丞骆邦宁突发奇想，出了一个馊主意，迁治故城或将武乡一分为二。

这是什么官呀？自然灾害危及县城，不是设法去治理，做一些筑堤防洪的实事，反而逃避现实，骆邦宁要挟县令张谦，以迁址、分县来加重人民负担，县令张公在其要挟下，也只好上陈奏笺。

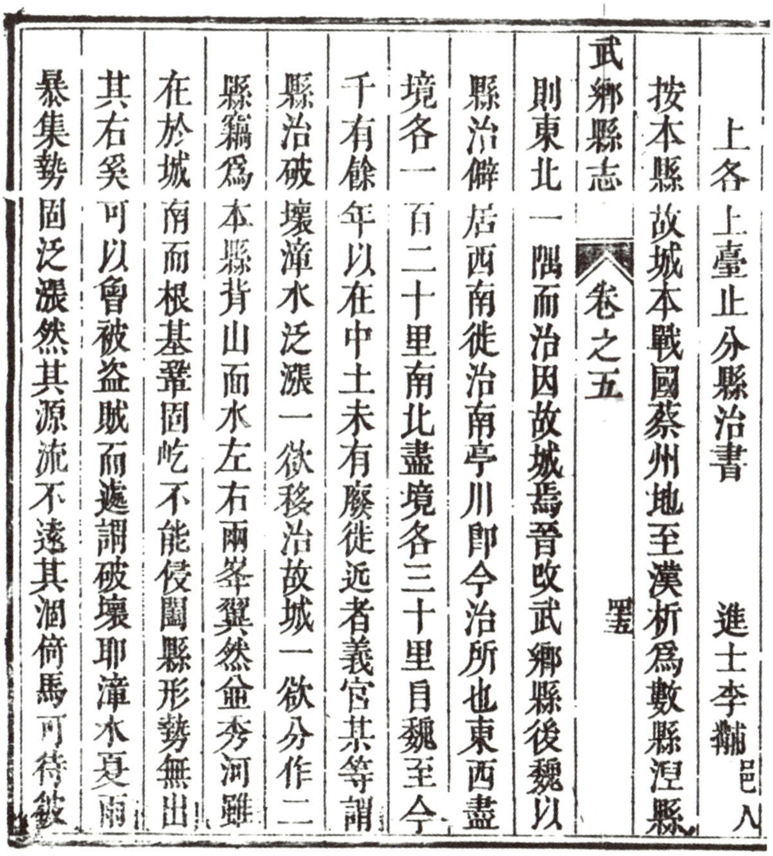
上各上臺止分縣治書　進士李黼邑人
按本縣故城本戰國蔡州地至漢析為數縣涅縣
武鄉縣志　卷之五
則東北一隅而治因故城為晉改武鄉縣後魏以
縣治僻居西南徙治南亭川即今治所也東西盡
境各一百二十里南北盡境各三十里自魏至今
千有餘年以在中土未有廢徙近者義官某等謂
縣治破壞漳水泛漲一欲移治故城一欲分作二
縣竊為本縣背山而水左右兩峯翼然金秀河雖
在於城南而根基鞏固屹不能侵鬬縣形勢無出
其右矣可以曾被盗賊而遽謂破壞耶漳水夏雨
暴集勢固泛漲然其源流不遠其涸倚馬可待彼

康熙版《武乡县志》上的李黼《上各上台止分县治书》局部

正德年进士、曾任莱阳县令的墨镫村人李黼怒不可遏，奋笔疾书，亲撰《上各上台止分县治书》一文，眷抄数十封，呈于府、州、县各级官员，文章义正词严：“近者义官某等谓县治破坏，漳水泛涨，一欲移治故城一欲分作二县。”他数讲迁址、分县带来的祸患，“县治废徙，动费巨万，财用奚将出耶？财者，民之心也，心伤则本伤，不可不熟虑也。城邑之分并，视户版之登耗，户版增则宜分，户版耗则宜并……本县原额七十里，节次并为四十里，每里户不满百，今为一县犹强支持，而谓分县可乎？”

李黼还列举古训：“古者建国立邑，必据中土，以四方来者，道理均也。今县治适为中土，四境又无分并，无故西徙，则方便而多方不便矣，是岂昔人宅中之意哉？盘庚迁都，作诰喻众，太王邑岐，属告耆老，盖怀土重迁者人之情，故圣人重之。今某欲举大事，而县土夫人众，俱不与闻，岂其识见高出盘庚、太王？而武乡今亦有狄难，甚不得已者乎？”并指责部分官僚“挟诱县官，假差老人，捏词奏请。事成则功出于己，不成则罪有所归，又为惑众之心”。

我们试想，武乡人口东多西少，县城若迁故城则偏居一隅，会有四分之三的人口办事远徙；如若分县，则更是让武乡重蹈复辙，隔河而治，武乡的今天又会是什么样子？很难想象。进士李黼为邑人做了一件大好事，正因为他振臂呼喊，上书陈述，当然也少不了组织上访、陈述理由，才保住了县域的稳固，真是功莫大焉。

三

嘉靖二十一年（1542）六月，蒙古族鞑靼部土默特万户首领俺答，以报使者石天爵被明杀害之仇为由，拥众再攻山西，驻朔州。明廷命兵部侍郎翟鹏总督军务，巡抚以下悉受节制，征调河北、山东、延绥、固原兵入援。俺答乘势攻太原，扰沁州、汾州、襄垣、长子等地。双方激战，杀伤相当，明参将张世忠战死。七月初三日，俺答军攻至武乡县城下，城池虽未被攻破，但城外居民却大受其害，被俺答军驱赶、打伤和惨遭杀害者不计其数。

隆庆元年（1567）九月，北部蒙古族鞑靼部可汗俺答再次以数万骑兵侵扰山西，攻打石州（今离石），周边数万明军清一色的只看热闹不救援，导致知州王亮采被俘后惨遭杀害。鞑靼骑兵展开疯狂屠戮，奸淫掳掠八天，数万军民遇害。入侵军沿途抢掠了交城、文水等县，继而窜入武乡西北边陲重镇南关，进行了空前的骚扰。

自嘉靖八年（1529）叩关到隆庆五年（1571）和议，40多年中，俺答数十次向明朝提出通贡和议，通过互市求得铁器、粮食、茶叶等，而明政府未答应，蒙古军只好数次深入内地抢掠，其中有四次到达石州，每次都给百姓带来严重危害，史称“石州之变”。

明穆宗朱载垕下令整顿军备，赏罚分明，并调名将戚继光等到北方，才有了改观。隆庆四年，俺答汗之孙把汉那吉来降，隆庆和议册封俺答汗为顺义王，奠定了大明西北的和平局面。安定团结还是大明军人浴血奋战打出来的。

四

这么多年老是打仗，行政体制倒是没有什么变化，但到神宗万历二十三年（1595），事儿来了。谁知道最后升直隶州的汾州，居然想后来居上，有意升格为府。州官打通了山西巡抚的重要关节，万历二十三年五月二十四日，山西巡抚魏允贞向皇帝上奏疏，希恩准汾州升府。魏允贞奏疏中提到，汾州应升为府的四个原因：

“汾称州所从来久，然于地实不便，州有两藩邸，子孙以千百，州吏权轻，不足以弹压，不便一”。明代实行藩王制度，朱元璋的子孙很多，他将其子孙派到各地，特别是重要军事战略要地，对地方政权以监视，以达到拱卫王室之目的。庆成王朱济炫初封于潞州，后徙迁汾州建庆王府；晋恭王第六子朱济烺封永和郡王，后又请准建府于汾阳。《汾阳县志》记载：“第四代庆成王朱钟镒有子四十七人，皆封镇国将军，女四十四人，皆封县主，生育近百。”庞大的藩府人口，造成“粮不足以供，地不足以容”，而仅五品的知州官自然难于弹压藩府内的不法人员，难以维护地方稳定，无非是嫌官小难以管辖。

“其地商贾走集，民物浩穰，俗用奢靡相高，讼狱滋繁，凡大狱经道府始决，往返论报数百里，疲于奔命，不便二”。虽然明后期藩王没有什么实权，地方官还是要给他们面子。汾州知州仅为五品，职小权轻，而王府上下生活奢靡，发生重大案件要让监察汾州治所的太原冀宁道审理，导致狱卒和案犯往返数百里，不仅造成资源严重浪费，而路途生事也常有发生，其实这个理由无非还是嫌职小权轻，重大案件无法审理，升府可以提高行政效力。

“邑于州名为属，实有轻州吏心，州亦不能自持其体，抚按有所咨问，皆署其考上上，晋中直隶州凡四，诸钱谷法当互稽敷，而参佐琐尾不足称任使，不便三”。所属之县官不服州官，功高盖主，道府对县官考核，知县常玩点手脚，使钱敬上，却对其败绩隐瞒不报，败坏吏治，这就造成了几个直隶州之间在税赋差役方面敷衍塞责，造成政路失通，行政效能低下，升府不仅提高了地方行政机构的等级地位，也会促使行政效能提高。这理由更是勉强，不谈州官工作能力差，而推为道府腐败。

“汾于永宁近当路塞，石州之变岌岌震于邻，故汾设守备有警移往永宁。永宁隶冀宁道，汾州隶冀南道，两地故多盗，事发相诿，不便四”。永宁和汾州并不属于统一政区的管辖，分由冀宁道、冀南道管辖，因石州之变和汾州周边大掠的教训，将守备设在永宁。故匪盗常有发生，且对责任相互推诿，这种交叉监察、异体制衡的监督制度打破了行政区划的界限，使之难以处置，希望通过汾州置府提高防御功能。其实永宁和汾州各有区界，匪盗发生各自处置，何来推诿？

故而山西抚臣魏允贞上言，“臣窃视其山川形势与人物畜产，名虽州，其实郡也，臣请遂建为郡，设附郭邑，而割太原之永宁、宁乡、临，平阳之灵石，沁州及其沁源、武乡，皆隶之，臣谨与督臣按臣议，以为便，昧死以闻”。户部尚书杨俊民议曰：“任其议必可行也，请遂改汾州为郡，设附郭邑，及割诸州邑属之，皆如抚臣章。”终归是山西巡抚魏允贞与礼部官员冯琦、户部尚书杨俊民暗箱操作，万历皇帝又不临朝，才导致有此笑话发生。

至于要升格为府，你就来个括号副省级，提提干部级别，增加点工资待遇和权利也就罢了，重要的是还嫌管辖权限小，属县不多，于是就觊觎周边的隰州、霍州、沁州和永宁州等地，甚至还想向太原府伸手。反正无论划来哪个州县，只要是扩充了汾州的地盘，顺利升级就是万幸。

巡抚魏允贞受了巨贿，半推半就，也就为其出了一个鬼主意，为防务和监察的原因，汾州应升格为府，属县不足可突破行政区划的界限。故魏允贞向朝廷建议："臣请遂建为郡，设附郭邑，而割太原之永宁、宁乡、临，平阳之灵石，沁州及其沁源、武乡，皆隶之，臣谨与督臣按臣议，以为便，昧死以闻。"

不仅向上奏明皇帝，同时还用卑劣的手段买通乡民武计明，由其网罗十余众，编造了沁、武黎民自愿并入汾州的状词，谀官误法。朝廷相关部院接到山西奏报，先送到皇帝御案前让皇帝定夺。这万历皇帝明神宗朱翊钧是一个尽情享乐的皇帝，任贤有道，亲政无方，不常视朝，深居内宫，哪里还去

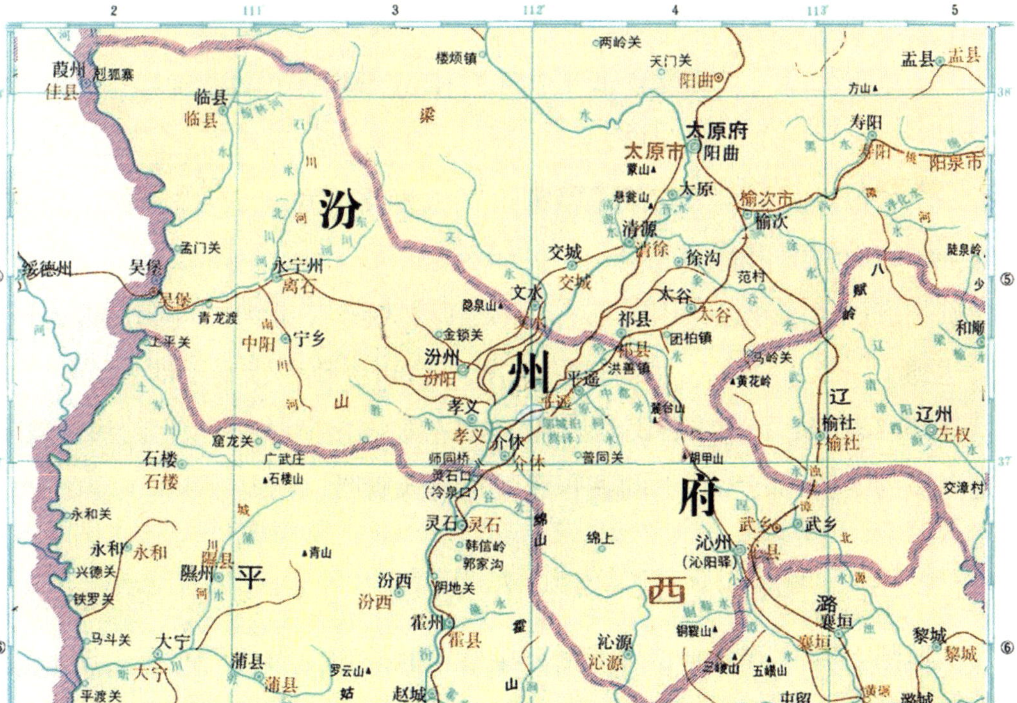

明神宗时的汾州府

想这事该与不该，数十年不上朝议政，凡事均是内阁议事，军机大事尚且不管，何况这区区一个州升府的事呢？看到这样的奏折，想都不想，轻飘飘地批了一个“制下部议”，便推脱出去。

有关部属大臣的关节早已打通，“制下部议”当然也就顺利通过，进行复议后，户部尚书杨俊民签写议曰：“汾州在先朝数议改郡，迄无肯任之者，抚臣允贞担荷甚力，汾隔永宁，逾黄河接延安、榆林，屹然为捍蔽于西陲。臣俊民，晋人，任其议必可行也。请遂改汾州为郡，设附郭邑，及割诸州邑属之，皆如抚臣章。”简单说，就是写了一个同意升格的结论，报于皇帝，万历皇帝看都没看，既然大家都说可靠，那就准奏，便朱笔制曰“可”。

有了皇帝的圣旨，户部、吏部便签发公文：名府曰汾州，县曰汾阳。乃设官，郡守及贰伴理各一人，县令、丞、簿、尉各一人。乃建学宫，设博士，广诸弟子员。乃建长盈仓，乃建府治，自堂序及廨舍凡四百十楹，改故州治为汾阳县治。

有了皇帝的圣旨，发文山西承宣布政使司，走完了文书流程，于是，万历二十三年（1595）年汾州府成立，沁州、武乡、沁源均属之。就这样强迫来了一个“拉郎配”，沁州成了倒霉蛋，居然被撤销，沁州及其两个属县武乡、沁源均归属汾州府。

汾州府扩大了规模，用礼部右侍郎兼翰林院学士北海冯琦的话说，似乎这就达到了“藩邸约束，诸王孙凛凛奉法。诸州邑政令皆禀于郡，民有讼狱，皆就其郡取衷，上下相维，民是以和，内拱偏关，外联络塞上”的治理效果。可是乡民的疾苦，高高在上的朝官又哪里有人管呀。

五

从地图上看，沁州地界与汾州相接壤。但沁州与汾州中间有着连绵高耸的太岳山脉，这里山峦阻隔，行路不便，并入汾州府之后，距离府治路途遥远，办事那个难可想而知。

汾州府狭长的范围给管理带来极大不便，距离府治太远的州县官民叫苦沁县、沁源、武乡三县乡绅联名上表，请求恢复州制。但是汾州升府之事是山西巡抚魏允贞一手操办，他当然不会自己打自己的脸，尽管乡党士绅，多次诉求，此案却石沉大海。累告累败，累败累告，山西不行就进京告御状。皇帝不临朝，状纸当然还是缴于户部，尚书杨俊民是汾州升府的始作俑者，当然又是石沉大海。

漫漫复州长路何其艰辛，三县乡民一直坚持着，带上干粮联名上访，省城、京城不知经历多少次，耗资耗时，好在众多乡绅不惜捐资，才让复州告状持续下去。先后两任知州郭然、吴惟忠也多次支持复州告状。直到万历二十九年（1601），山东进士赵世卿升任户部尚书，赵尚书为官清正，忠于职守，一心为民，直言敢谏，他接到状纸后，为苏疲民残民命事，送案司查验，并责成山西巡抚督办。正在此时山西巡抚魏允贞因父已九十，辞官侍养，由白希绣接任此职。

白希绣落实此案，可汾州知府仍在作假，声称三县乡民都愿意属汾，并伪造武乡贡监生武钺会同数十人有文，倍数兴衰之说，言“属沁不如属汾”之辨，使得此案更加复杂。又到武乡寻找贡监生武钺，可是武钺在陕西米脂任知县，压根儿就不在当地生活，他怎么会写如此文状？又派人前往米脂见到武钺，武钺听后大为震惊，这才知道自己被人利用成了背锅侠，于是随同乡党返回老家，不仅组织李登士、魏礼贤等人众为代表参与告状，而且亲自出庭为证，以辨汾州府之伪作。几经周折，户部终于受理。新任知州俞汝为作了细致调查，从归汾以来七年时间里，“凡解囚犯钱粮动遭劫掠，官吏师生不时调往，衙役大匠不时差拔，路僻店舍殊疏，卒遭风雨莫避”。如鲍允登、魏一龙、刘应乾、陈监、李甲等官吏、生员计三四百人，均死于非命。三县官民叹息，不是死于汾府，就是死于去汾府的路上。

万历三十二年（1604），户部委山西巡按御史汪以时督察此案，汪以时在山西清查积案，救出冤案死囚八百余人。巡阅三关时，对边防臣官将领赏罚分明。当然对此案也非常认真，亲自到访沁州，遍访乡民，了解疾苦，并咨都察院，力陈利弊，上奏皇天，经皇帝朱批，万历三十二年秋，终于恢复康熙版《武乡县志》记载："崇祯五年冬，流贼拥至城下，杀伤居民，抢掳妇女无数"。

崇祯五年（1632），农民军再入山西，一举攻下泽州（今晋城）及晋西大宁、隰州等地，三晋为之大震。山西巡抚宋统殷十分恐慌，秘密下令驻扎在平阳、泽、潞、汾、太、沁、辽等地的官军，分三路出击农民军。农民军大将王自用、张献忠趁上党东北部官军布防薄弱，率兵攻袭沁州、武乡、辽县。十二月二十日，农民军进入武乡境内，在县城西关一带展开激烈战斗。城内官军虽发炮轰击，但农民军毫不畏惧。与此同时，县西一带的农民军，也在石壁村打败官军。

两处农民军在县城会师，队伍越来越多，士气十分高涨。县城内明官吏急调权店掺守张一龙与勇士猛克济速来助战。张、猛二人来后，与农民军在城外激战终日，相持不下。农民军将领、绰号叫"一只虎"的李过受命回师武乡，与当地农民军会合作战。城内生员赵克宽（县城人）听到这一消息，摇头自叹说："朝廷养士三百年，怎么没有一人上报耶？"于是，率其家丁老小与农民军进行巷战，全家捐躯而亡。张一龙、猛克济二人一直负隅作战，边战边退至本县南山漆树坡村。农民军援兵从襄垣赶来，官军大部溃逃。张、猛力战不能胜，张一龙眼看大势已去而拔刀自刎，猛克济也被众军砍死。张、猛之事迹均记于县志。

崇祯六年（1633），明宣大总督张宗衡率领贺人龙等部，前往被农民军攻取的辽州救援。农民军采取了攻城而不守城、得地而不占地的战略，使明官军在长途行程中极度疲累，大军来辽州后却扑了空，农民军已由紫金梁、马守应等率领，取道榆社，路经武乡而转战河南。几番征战，对武乡影响极大。

由于兵乱，乡民大多逃难远走，石门《郝氏家乘》中也有记载："明末，流贼蜂起，数被侵扰，百姓奔窜流亡，莫知所归，固守勿去者，不过十之一二。"因此，全县人口从万历二十年（1592）的39970口，至崇祯十年（1637）减至17132口。由此可见，兵祸导致武乡人口大幅下降。

廉吏第一程启南

武乡《程氏家谱》中工部尚书程启南画像

一

清朝康熙年间，山西方山县的于成龙，以卓著非凡的政绩和廉洁刻苦的一生，深得百姓爱戴，被康熙皇帝誉为“天下廉吏第一”，堪称一代楷模。

在中国历史上的封建王朝中，勤政、廉洁、爱民，被朝廷誉为“天下廉吏第一”者，其实还有一人，那就是明代历仕三朝的工部尚书程启南。程启南得“天下廉吏第一”之誉，比于成龙要早57年，他是“天下廉吏第一”的第一。

客观地讲，康熙皇帝秉承养民，关怀百姓，倡导清廉，稳定国力，开创了清朝第一个盛世，作为一位杰出的统治者，康熙得到了历史学家们的一致认可。在“康乾盛世”这样的时代，出现一位“天下廉吏第一”的清官，虽为奇异，但至少有着得天独厚的政治环境。而在明朝末年，形势大不相同，万历皇帝几十年不上朝，国家大事有传谕辅臣到宦官当政，这使得人心汹汹，民变纷起，社会越发动荡不安。在这样的政治生态下，出现一位“天下廉吏第一”的清官，又将是何等不易呀。

明朝开国，朱元璋接受前朝教训，从严治吏，大力反腐，其决心之大、手段之酷，为历朝之最。朱元璋曾经立法，严禁太监干政。但是他没有想到，他死后不久，这条法令就被他的四儿子朱棣废除了。朱棣之所以能从他的侄儿建文手上抢来皇帝的宝座，在很大程度上得益于郑和、王景弘、侯显、亦失哈、刘永诚等太监的帮助。朱棣称帝后，害怕太监背叛他，于是就尽力拉拢太监，设立东厂，给了太监很大的权力，以致形成宦官当权的顽疾。程启南为官的一生，几乎就是和太监“阉党”斗争的一生。

武乡《程氏家谱》中程启南任职襄阳府推官时的执事牌

程启南，字开之，号凤庵。明朝嘉靖四十一年（1562）出生于武乡县信义村。万历庚子年考中举人，次年即万历二十九年（1601）与同邑魏云中联捷同榜进士，被授任襄阳府推官。这是程启南入仕后被放任的第一站。

推官，唐朝始置，元、明于各府亦设推官，清初沿置，后废。明朝的府推官一般为正七品，掌理刑名、赞计典，简单地说就是府衙断狱办案的官吏。相当于今天的地市级中级法院院长，并兼地方审计之责。

襄阳是个好地方。山不高而秀雅，水不深而澄清；地不广而平坦，林不大而茂盛。人杰地灵，物华天宝，为历代封建王朝在江南的产粮纳税的富庶地区。诗仙李白曾有《襄阳歌》夸赞“遥看汉水鸭头绿，恰似葡萄初酦醅”；苏轼亦有《汉水诗》“襄阳逢汉水，偶似蜀江清”；王维更有《汉江临眺》为著“襄阳好风日，留醉与山翁。”

然而，年逾四十的程启南走马上任时，明王朝为了榨取百姓血汗去补充其腐朽肢体，万历年间皇宫一连发生几次火灾，再加上对宁夏、朝鲜的用兵，导致军费不断增加，国库入不敷出的局面越来越严重。于是大量派遣太监，充当税使矿监，借用宦官开发赚钱门路。这些太监利用特权，横行天下，无恶不作，几乎是明火执仗地掠夺财富，他们巧立名目，强取豪夺，无所不用其极。经常逼得人们倾家荡产，卖儿卖女，投井上吊，情景十分凄惨。宦官在经济领域内横行肆虐，给百姓带来了深重灾难。

在襄阳，程启南目睹了老百姓水深火热的悲惨遭遇，心情十分沉重。当一位李姓税监胁迫他为其征税，程启南看到当地矿税苛刻，百姓怨声载道，这种太监干政现象严重影响到国家和百姓的利益，于是不顾自己官小位微，严正以辞，你们身为朝廷命官，非但不为朝廷分忧，体恤百姓疾苦，反而横征暴敛，祸害百姓，如此之事，我不能干！他果断“峻言拒之”，并明确申明自己的主张：“税宜节，阉当撤！”旗帜鲜明地鼓励和支持当地群众和矿监税使进行斗争。对于因抗税而遭冤狱的群众，也在一一断案后，分别予以平反，当庭释放，深受当地百姓欢迎和爱戴。

官逼民反，民不得不反。老百姓也吼出了“千人奋挺起，万人夹道看。斩尔木，揭尔竿，随我来，杀税官”的雄壮之语。抗税和反税监斗·争风起云涌，神宗皇帝慑于形势，只好将派往各地的矿监税使撤回。事实证明程启南的主张是正确的，是符合百姓愿望的。

常言道，为官一任，造福一方。后来，襄阳百姓感念程启南的恩德，奉程启南为“程青天”，建祠供奉，“与羊叔子同祠”。

羊叔子即羊祜，是西晋时的著名战略家、军事家、政治家和文学家。羊祜曾在襄阳担任都督荆州诸军事，因其德高行恭，推行仁政，屯田兴学，以德怀柔，深受当地人民爱戴。羊祜病逝后，襄阳百姓为纪念他，特地在岘山建庙立碑，该碑原名为《晋征南大将军羊公祜之碑》，简称“羊公碑”。襄阳百姓能为程启南刻碑，与羊祜碑并列祠中，适时祭祀供奉，可见他的政绩和在人民心目中的地位。

程启南由于政绩突出，经当时朝中诸大臣推荐，万历三十八年（1610）入朝任兵部武选司主事。武选司“掌卫所士官选授、升调、袭替、功赏之事”。凡五军都督府掌印、佥书等官缺，由兵部会奏推举，奏请简用。地方各都司掌印、佥书等官有缺，亦由兵部拟奏简用。在任上他了解到，司衙中冗员过多，效率低下，一些官员任人唯亲，凭裙带和私人关系选拔官吏，滥竽充数，一人得道，鸡犬升天，以及冒空名、吃空饷、领空俸现象非常严重，将帅设置过滥，庸碌无能，人浮于事，相互掣肘，经常误事等种种弊端。如任由泛滥，不仅国家会负担沉重，而且庸才站位，贤人不能入。他直言“疏陈三可虑”，提出“清冒滥、屏私人、简将帅”三项改革举措，这道疏文虽被朝廷“多所采纳”，但却也触动了许多人的既得利益，故而遭到猛烈抵制。甚至有人明察暗访，搜寻程启南从政时的过错加以弹劾。但由于程启南“洁己敷政，除繁苛，持大体，廉而能平”，令这些阴险之人无机可乘，也只好不了了之。

程启南为官期间，曾历任湖、广、云、贵同考试官。作为主考大人，他始终奉行“不吃请、不受贿、不徇私舞弊，秉公执法，公正取士”的原则。当试毕夸官，他总是处处节俭，不吃宴席，不坐八抬，不打仪仗，而是骑一头毛驴，轻骑从简向百姓挥手致意。当人们知道，这便是威名赫赫的主考大人时，都无比惊奇而敬佩，争着说：“这样的清官，天下少有。”

二

三年后，又升兵部郎中，郎中属员外级，就是分掌各司事务，其职位仅次于尚书、侍郎的高级官员，可见程启南更受重用。

万历四十一年（1613），程启南在辅臣叶向高、李廷机及枢臣王象乾等人的推荐下，迁升山东济南道副使。他上任后，正遇山东遭受特大蝗灾，赤地千里，民不聊生，哀鸿遍野。然而，各级官府不顾人民死活，不设法救济，反而横征暴敛，强逼赋税。

这让程启南心情沉重，他带头把自己的俸禄捐出，但这只是杯水车薪。于是他亲即其处绘图，使吏抱图上疏朝廷，为民请命："乞不赋山泽，许得支官舍之储蓄，周委隶首。"也就是请求朝廷免除山野庄田和河塘池泽的赋税，并允许开官仓赈济百姓，以使百姓渡过难关。经他再三疏请，终于得到朝廷允准，山东人民得以活命。在此基础上，他组织当地百姓积极开展抗灾自救，使山东人民迅速恢复了生产，人民感恩戴德。

在济南道，程启南也累有升迁，先后任副使、参政，天启元年（1621）升任山东按察使，掌管一省的司法。

由于程启南为官清廉，忠于职守，受到官民的一致好评。以致走一路，

武乡《程氏家谱》中的监察御史杨希旦赠程启南"社稷功高"牌匾

红一线；居一地，红一片。曾有同僚向他请教获得官声民望的妙策，启南曰：“先有司，赦小过，举贤才。”“凡民之事，先知劳之，不令而行，虽勤不怨。”关乎百姓的事情，只要你身体力行，事必躬亲，必能办好，百姓也就满意了。这就是他的为官之道，被时任监察御使杨希旦赠“社稷功高”牌匾一块。

天启二年（1622）朝廷“举卓异”。

“卓异”是朝廷对地方官员考核的一个专业词汇，文武官员每三年要举行一次考核，不仅有上级官员来进行考核，还要下级官员和地方百姓投票推荐，获优等者则称为“卓异”。在此过程中，程启南备受官民推崇，可以说是得票最高，因而被熹宗皇帝亲书敕赠“天下廉吏第一”。继而升迁任右布政使，不久转为左布政使，巡按山东。

在任期间，恰逢巨盗徐鸿儒利用妖术聚众劫掠，在邹、滕（今山东费、邹、滕、济宁、金乡等县）一带为害百姓，来如风，去如影，一连将 10 余座城池抢掠一空后扬长而去。徐鸿儒甚至自立为中兴福烈帝，建号大乘兴胜，设立官职，建立政权。并引发白莲教首领沈智、夏仲进、张柬白等，进攻兖州、曲阜、郯城等地。当地官兵剿捕无力，眼睁睁看着其横行，一筹莫展。

程启南得知后，“命历城令吴阿衡招白挺以歼之，逆憨叛党，如缚豕而槛送京师，有旨赐金币”。程启南主持剿捕，机智果断地剿除了为害一方的

熹宗皇帝亲书敕赠程启南“天下廉吏第一”

害群之马，使百姓得以安居乐业。而后，将首恶槛送京师，他不但得到朝廷的奖赏，也得到当地人民的热爱和拥戴。

程启南任职山东，心系故土。当他得知武乡老家权店至分水岭一代官道中，有大盗孔宪利用山高路险，沿途大肆抢劫民财，杀掠过往客商，开设黑店，图财害命等恶行后，当即知会山西布政司，派兵剿捕。同时上疏朝廷，在权店特设守备衙门，委派守备一人，守兵300名，确保一方平安，使故乡老百姓从此过上了安居乐业的生活。

天启三年（1623），程启南以“天下廉吏第一”的声名操守，升任太常寺卿。太常寺就是一个掌管“宗庙祭祀”和“宫廷礼乐”的专门机构，级别为正三品，相当于一个副部级干部了。他奉调回京时，据清乾隆三十六年版《沁州志》记载，“民思恋不能已，为庙春秋奉祀，如在山南时”。

此时，正是太监魏忠贤与天启皇帝熹宗的乳娘客氏狼狈为奸，专断国政，权势熏天之时。魏忠贤本系无赖出身，目不识丁，但因入宫时侍奉皇孙朱由校，并和客氏私通，于是得宠。

万历四十八年（1620），明神宗驾崩后，朱常洛即位，在位仅仅一个月，就因“红丸”折磨而毙命。其子年仅十六岁的朱由校即位，即熹宗皇帝。

熹宗平日不问政事，只知玩耍，沉溺于锯、刨、凿、削等木器玩具制作之中，就是个“小木匠”。但“小木匠”又特别宠爱身边这个太监，朝廷一切大权便尽落魏忠贤之手，很多奏折，均由魏忠贤随意批阅。

在太常寺，最为当时人和后人称道的是，程启南上书皇帝，“以宗社大计，奋不顾身”揭露魏忠贤的累累罪行。当时天启皇帝极端宠信魏忠贤，到了朝中只知有魏忠贤，不知有皇帝的地步，魏忠贤所到之处，官民遮道伏首，高呼“九千岁”，更有谄媚者竟高呼到“九千九百岁”。要知道，封建社会的皇帝也仅以“万岁”相称。由此可见，魏阉权势是何等登峰造极。

三

朝中官员中很多人慑于魏的淫威和霸道，只能屈身附和，不是卖身投靠，就是同流合污，如倪文焕、崔呈秀等，皆拜倒在魏忠贤门下。还有一些正直的官员，虽内心抵触，但也只能采取明哲保身的态度，不敢去坚持正义。一批忠直正派元老重臣如杨涟、左光斗、高攀龙、魏大中、叶向高等相继惨遭迫害，先后成了魏忠贤刀下冤鬼。

就是在这样严峻的政治形势下，面对阉党弄权，倒行逆施，残害生民，祸乱天下，程启南义愤填膺，自身安危随时可能招致杀身灭族之祸，他以国家社稷为重，大义凛然，“抗疏劾之”。但所上奏疏均被阉党扣压不报，并多方采取对策，对他实行恐吓报复。对面这种“黑云压顶”的局面，他仍不退缩，再次上疏，直陈利害。

《古今图书集成·明伦汇编宫闱典宦寺部之三》中，有程启南著名的《辞官疏》。他写道，“自古治乱荣辱之端，在所信任。苏子曰：冰炭同处，必至交争。薰莸共器，久当遗臭。言君子小人不同位也。今魏忠贤威移主上，蟠连禁闼，倪文焕、崔呈秀等扇党，与摇唇膏吻而横于世，指夷光为嫫母，借钩巨作刑书，如邹元标、孙居相、叶向高、李邦华、张光前等，咸削籍排摈，不容于位；万璟、杨琏坐掠重身死；魏大中、左光斗、赵南星又禁锢桎梏，坐法枉造赃款。以王振、刘瑾之势，加之郅都之手，不六翮尽空不止。彼魏良弼、魏良才等，方且坦腹加官，意广心轶，危毒海内。”

疏末，程启南愤然疾呼：“臣实不欲同罢驴为群，与汩俱没。臣知此言出，必与忠贤有郤，将枉王度剸刃臣，然臣出万死，不顾一生之计，愿尽拳拳，乞陛下信忠贤等耗乱国柄罪应死，早加元标等于近膝之上，属贤予禄，臣即受贼害，固所不辞。臣闻忠无不报，信不见疑。陛下即过意以擢臣闾伍之中，稍勿程督，当放臣还山，幸陛下裁察。使臣困顿长安，终无所益。”

这次上疏，皇上不置可否，反使魏忠贤大为恼火，于是，当天就罢免了程启南的官职。

罢官归田的程启南，仍然坚持正义，针对天下争相为权奸阉党魏忠贤建生祠，耗费国库粮银无度，造成国库空虚，导致地方上的“豪贵”，为讨好魏党，争先恐后拿出钱粮，为魏忠贤建造私家生祠的种种丑恶行径，作文大加讥讽和鞭挞，其凛然正气，宁折不弯，令人赞叹。

四

天启七年（1627）八月，“小木匠”熹宗皇帝朱由校因落水受惊，食用“灵露饮仙药”而浑身肿胀，22岁死于非命。其弟朱由检即位，即明思宗，改元崇祯。

思宗即位后吸取教训，第一件事就是铲除魏忠贤“阉党”。下旨将魏忠贤之罪昭告于世，贬魏忠贤至凤阳祖陵管理香火，客氏送至浣衣局收管。当魏忠贤离京后，马上又以“将素畜亡命之徒，身带凶刃，不胜其数，环拥随护，势若叛然”为由，下令将其逮捕至京，魏忠贤畏罪自杀。

“阉党”既除，当然也就重新启用深受魏忠贤打击迫害的在野老臣，“凡抗阉者悉起田间。己巳年诏升程启南为通政使，荫一子，旌不附忠贤也”。崇祯二年（1629），皇帝下旨，诏升程启南任通政使，职掌呈转、封驳内外奏章和引见臣民之言事者等事宜，并参预大政、大狱之会议及会推文武官员。

程启南恢复了其正三品的职务。朝纲上下都对刚正不阿的程启南倍加敬佩。一次，朝廷召集群臣议政，针对当朝人浮于事，不少官员光拿俸禄，不谋其政的现象，“群推启南素遵轨躅，不欲暴贵”，具有良好官品。程启南对同僚的好评表以谢意。次年，也在从臣推荐下，程启南被迁升为工部左侍郎。

工部为掌管营造工程事项的机关。谁知道上任后，第一件大事就是接手一个“烂尾工程”。因“德陵更数岁工未就”，天启已死而不能下葬。崇祯皇帝责令程启南负责，“启南召商责之，期以五月，砖木不至，法无贷”。

德陵是熹宗皇帝朱由校和皇后张氏的合葬墓。始建于天启七年（1627），熹宗皇帝刚登基不久，阉党大量挥霍，造成国库空虚，在财力、物力、人力上遇到了很大困难。当时负责营建的工部尚书薛凤翔上奏，请求先拨放白银100万两，而熹宗皇帝只筹措到50万两，还反复叮咛告诫，“以期速成”。其实按照规划实用200万两方能完工，薛凤翔要100万两也只是一期工程，而现在只拨50万两，怎么能交代？薛凤翔又气又愁，最后一病不起。

大明朝的皇帝竟然修不起陵墓，实在是太寒酸了。于是乎发动官员捐款，工程才勉强运转。因德陵工程无人监工，加上贪官与工吏勾结，故意拖延工期，借机大挖国库金银，致使这项工程“更数岁，工未就”，成为旷日持久的“老大难”工程。崇祯元年（1628），薛凤翔被免职，并以魏忠贤附党被定入“逆案”，工程就搁置起来。

程启南上任工部左侍郎，此时工部尚书缺职，由他代工部尚书之职。搁置已久的德陵工程要重新上马。他洞悉其奸，大刀阔斧撤换督工官吏，并“召商责之，期以五月，砖木不至，法无贷”。工吏早闻程启南刚正不阿，畏惧其清廉正直，言出法随，再不敢借故拖延，于是加快施工进度，使这项工程如期顺利告竣。虽因资金不足，德陵营造的石料、木料都有差距，但在如此困难下，仍能完工确实不易。

德陵工程完成后，朝廷以其办事干练，政绩卓著，提升程启南为工部尚

程启南主持修筑的德陵（陈益峰摄）

书，统管全国的百官、山泽、营缮、采捕、陶冶、舟车、织造、屯种等政令，官为正二品，并加“大司空”官职服俸。同时，按照成例，拟荫封一个儿子为官，被程启南坚决谢绝了。

按说，程启南在重新被启用复职后，官运亨通，诸事顺遂。然而，好景不长，弑害明王朝躯体的顽症痼疾旧病复发。崇祯刚当皇帝，清除阉党，把太监系统的权力剥夺了。可不久发现太监参政绝不是某个皇帝昏庸，而是皇帝与官员一再博弈而来的结果。皇帝需要太监来为他监察官员，崇祯皇帝又重新起用太监当政，尤其是户、工两部，内监事权。

崇祯四年（1631）八月，任命太监张彝宪总理户、工两部，凌驾于尚书之上，大有阉党死灰复燃之势。程启南看破世情，不欲与宦官寺人为伍，一再上疏求退，其内容大意说：“熹皇帝拱默中人有窃政者，似犹不足异。今天子英明，日夕望太平，而蹈覆辙，酿乱胎。臣恐忠贤虽诛，而忠贤之类尚冀死灰复燃。不止羞朝廷，而辱当世之士也！”

程启南“疏论以去就争之，章累十一上始得旨”。连上11疏，方获准告老还乡。程启南几次辞官，表明了他并没有“官迷心窍”，而是坚持了自己的操守，在专制官场污浊的政治生态中，出淤泥而不染。

五

程启南致仕后，返归故土武乡，杜门谢客，绝意仕进，“长吏罕识其面”。然而他却无时不关注故乡人民的生活。时逢沁州武乡荒旱，而百姓徭役繁重，他不避怨谤，上书两院，呈请免徭减赋，使沁州豁免征粮累金3000余两。

崇祯十六年（1643），李自成义军占领西安，并先后克延安、平凉、平阳、兰州等地，次年正月在西安建国，自封皇帝，国号大顺，改元永昌。后李自成占领北京，大顺政权亦有网罗旧臣以扶助之意。大顺朝廷得知程启南清廉正直，曾下旨请程启南出山任职，程启南掷“旨”于地，斥之曰：“方魏忠贤时吾不仕，今谓吾俱死耶？”严词拒绝。为了不受搅扰，程启南从告老回乡后所居住的县城，再次迁回老家信义故宅，专门修建一寨，取名“双

程启南晚年在老家修成的“双修寨”遗址（李虎山摄）

修寨”，即修心、修德之意。

晚年，他在老家双修寨，“构草亭数间，手周易一卷，晏如也”。吊桥一起，寨门紧关，绝无进路，神兵难入，过着安然自在如入仙境的晚年生活。终日与其孙子大诗人程康庄于寨内著书立说，钻研《周易》，以及各家医学专著，每有心得，纂翰为文。先后著有《易宗圣录》《阴符解》《也足园集易时草》《医学纂要》《集贤录》《心著集解》等。他家教甚严，不拘大小长幼，均要以节义仁慈简朴传家；无论贫富贵贱，均要以诗书礼乐为教。所以，子孙辈多有建树，世代为官，书香满门。

清顺治七年（1650）十月，程启南早晨起来，召集族人子孙，坐列床下，说：“孰易如苇，孰化如毁，人生至促也”。说罢，和族人摆开棋局，“精彩倍张，至日中返舍，趺坐良久，语不及私而卒”，终年 89 岁。

寻找程启南故居“双修寨”遗迹，只不过一土寨而已，比杜甫草堂还要简陋。同在上党地区的吏部尚书、文渊阁大学士陈廷敬的“皇城相府”，吏部尚书加太子太保王国光的“天官王府”，至今都保留着大型官居建筑群，显示出民间工匠的高超技艺，被专家学者誉为“北方民居建筑的一颗明珠”“中国北方第一文化巨族之宅”。同是尚书之官，家业差距怎么就这样大呀？一边是夯土成墙、有瓦无砖、风雨剥蚀、稀迹难寻的土堆；一边是层楼叠院、错落有致、砖雕石刻、古朴庄严的胜景。难道这不值得人们深思吗？

在 1947 年土改运动中，当时的农会考虑到程启南居官至伟，墓葬中应该埋葬着大量值钱文物，所以将其陵墓挖开。然而，墓葬中除去随葬棺椁尸体之外，只发现手杖一支，诗集一套，并无其他随葬物品。其清廉程度可想而知，“天下廉吏第一”果真名不虚传。

人杰地灵南亭川

一

前面说到工部尚书程启南，这又不得不说程启南的同榜进士兵部侍郎魏云中。

魏云中和程启南是同学，一起在南亭川漳河南岸的南神山南麓书院读书。

还有一个美丽的传说：魏云中和程启南少时在南山书院读书，夏日午间，常到山下河中戏水。一日午间，他们相随到河中玩耍，上游暴雨，河水滚滚顺流而下，洪峰来到南神山脚下，却突然不再奔流，激起数丈洪峰倒流，形成十分罕见的“漳水回澜”奇观。此时，教书先生午睡，梦见河神匆匆来访，说有两名“星宿”挡了去路，使他不能前进，提醒先生赶快去把两位“星宿”请开，否则会给黎民百姓带来灾难。先生猛然醒来，感觉此梦怪异，急忙走出书院一看，果然见他的两个学生在河道中玩闹。于是先生大声疾呼，让两个娃儿赶快离开河道。两顽童见先生呼唤，回头一看，见洪水暴涨，便抢了扔在岸上的衣裤，光屁股跑上山来。这时，那激起的数丈洪峰，才轰然一声，向下游暴泄而去。据说，自那以后，每逢浊漳河发大水，洪峰经过南神山时，总要在此处停留片刻，形成倒流之状。这便是名传古今的“漳水回澜”的由来。后来，魏云中和程启南于万历二十九年联捷同榜进士。

传说只是传说，这个故事有点不靠谱。魏云中和程启南虽然是同学，但年龄相差很大，程启南长魏云中19岁，按辈分说，程启南却该称魏云中舅舅。

魏云中在蒙童时期，就表现得与众不同。乾隆版《武乡县志》记载："魁杰傥，旁睨千古，鞠者，视罔啻浼，搦管一字，令人作数日想。"万历二十八年（1600）他与程启南同中举人，万历二十九年又与程启南联捷同榜进士，那年他才年方弱冠。

二十岁中进士，可见其才华横溢，中榜次年上任项城知县。项城北望陈州，南接汝南，西邻商水，东连沈丘，属陈州要冲，可又是个盗匪出没之地。巨盗大猾的匪首蔡项，聚众劫掠，杀人越货，使通往开封、郑州一带的道路断了商贾。魏云中刚一到任，百姓均来反映，于是就定下计策，调集人马进行剿捕，很快就将蔡项抓获并明正典刑。经过一段时间的严厉打击匪祸，项城的社会治安得到了根本好转，出现了百姓安居乐业，"夜不闭户，路不拾遗"的升平景象。

项城地处黄淮冲积区，西北偏高，东南倾斜。域内地势平坦低洼，古有"泽国"之称。连年阴雨不断，形成涝灾，百姓苦不堪言。魏云中到任后亲自查河道、找风口，实地勘察，组织百姓挖渠排涝，筑堤防洪，大种灌木，固沙防风，大大减轻了自然灾害，发展了项城的农业生产。至今，当地百姓还称颂不已。再就是陈州衙门缺下吏卒，课税难以征缴。魏云中从项城选拔优吏前往，并亲自"课以法、教以秩、严以纪"，按现在的话说，就是培训一批能依法办事、廉洁奉公的公务人员，去协助州衙工作。朝廷考核时，他以"税显民安，政绩卓之"，被提升为御史，奉调回京。

御史隶都察院，主要职权就是督察官员任上是否渎职枉法。

魏云中生性耿直，疾恶如仇，眼中容不下沙子。加之年轻气盛，锋芒毕露，刚正不阿，勇于上书言事。刚回京到任，就根据举报情况进行督察，上疏弹劾礼部侍郎史继偕、南京兵部尚书黄克缵的种种劣迹。接着又弹劾太仆寺少卿徐兆魁损公肥私秽行，弹劾诚意伯刘荩臣参与党争。他还拿着监察御史熊廷弼行勘考察官吏的文书和韩敬科场议疏，揭露考场舞弊案，韩敬以乡

魏云中画像（郭贵明绘）

试第八名举人于万历三十八年参加会试，韩敬卷本已被汰去，考官庶子汤宾尹与韩师生二人串通舞弊，韩敬得以会试第一名中式入围，随后又强迫本科主试官萧云举、王图录敬为会试第一，廷试时，汤宾尹又为之托通关节，擢为状元。在魏云中及礼部主事丁元荐等人上疏弹劾，汤宾尹遂因韩敬科场事被察免职。

弹劾文选郎中周应秋纳贿鬻官，却受到给事中吴亮嗣的诋毁和挑拨，诬说魏云中“借端扫除吏部”，激起吏部尚书赵焕的不满，于是赵焕也出面为周应秋进行辩解。魏云中又转而弹劾赵焕包庇属官。吴亮嗣为了进一步讨好吏部，压制魏云中，又指责其刚刚进入台阁几个月，就挨个儿攻击史继偕等官员，又编造了什么“匪人”的说法，设置无形罗网，居心叵测。魏云中遂逐个指出这些人的种种罪状，痛斥吴亮嗣，唇枪舌剑，在朝廷中引发了一场激烈的争论。然而，这时的万历皇帝根本不上朝，“建储”之争已经搞得他焦头烂额，哪有心思管这些，于是这场廷争便不了了之。

二

由于魏云中的直言和刚正，导致了“壬皆侧目”最后“例转甘肃佥宪”。权臣认为他是个刺儿头，就打发他远离京城，到甘肃任佥都御史，其实是降职使用。正义不能战胜邪恶，这样的安排，使魏云中心中异常愤怒。于是“挂冠神武门”，辞官不干，干脆回到老家。回家后，他继承父亲遗志，埋头续编《皇极经世书》，一住就是 10 多年。

天启元年（1621）春，女真努尔哈赤深感国都赫图阿拉太偏僻，每次与明军作战，总需要长途跋涉，师劳力竭，影响战斗的胜利。于是在萨尔浒建城造房，以此作为向明军进攻的大本营，又向沈阳发动大规模进攻。不久，辽东重镇奉集堡、沈阳、辽阳落入努尔哈赤之手。接着，努尔哈赤又将国都迁到辽阳，一时举国震动。边事紧急，守边的人才严重匮乏。于是，熹宗天启皇帝要求群臣公开推荐“边才”。魏云中又被推荐重新起用，授职通州兵备道，旋即召为尚宝卿。

天启三年（1623）冬，魏云中屡迁至右佥都御使，巡抚宁夏，驻军灵州。

灵州这地方正是遭贼寇大肆劫掠破坏、摧残最严重的地方。大大小小的各路盗贼也趁机作乱，毁掉黄峡、宿嵬、诸口三座关隘。而其他的石关、墩、堡等军事设施也因年久失修、天灾人祸等原因倒塌破坏得不能使用。官兵们不敢上贺兰山，而贼兵们却在山上的寨堡中为所欲为。魏云中到任后，指挥军队进行剿捕，赶跑了这些贼寇。又对内安抚百姓，对外筹集银款。同时上疏朝廷，停止万里远戍，实行驻地屯田。他发动当地军民开香山铜、修复硖口堡等军事设施，开凿明渠引水灌田，同时加紧操练士卒，以便镇守贺兰。

正当他呕心沥血，竭尽全力为建设边防、保境安民挥汗奋战时，却不知为何，得罪了兵部尚书兼左都御史崔呈秀。崔呈秀投奔阉党头子魏忠贤，结党营私，成为阉党“五虎”之首，崔呈秀也就私结魏忠贤陷害魏云中。

魏云中复出是得到东林党人在“廷推”时举荐，复出后又没有向魏忠贤靠拢，魏忠贤便对他极度不满，崔呈秀从中作梗，更让魏忠贤生恨。于是，

兵部侍郎魏云中故里（郝雪廷摄）

找个借口，将魏云中撤职罢官。魏云中报国无门，只得再度归隐。

天启七年（1627），思宗朱由检继位，清除“客魏集团”，诛杀了魏忠贤和客氏，阉党瞬间倒台，崔呈秀也畏罪而死，朝中的阉党大员受到株连的多达三百余人。崇祯元年（1628），为了弥补朝中的大量缺官，崇祯皇帝宣布启用被阉党排挤在野的前朝旧臣。不少蒙冤在家闲居的官员都得到了新的启用，其中包括袁崇焕、刘鸿训、杨嗣昌、孙承宗等，魏云中也在其中。在内忧外患的严峻形势下，崇祯皇帝先整顿兵部，辽东名将袁崇焕担任兵部尚书，已经解甲归田、素有儒将之称的魏云中再度出山，官拜兵部右侍郎。

此时，明王朝已日薄西山，内忧外患，千疮百孔。为防女真入侵应大力整顿边防，但在廷议时，却意见不一。袁崇焕又被崇祯皇帝误中后金反间计而自毁长城，凌迟处死。新任兵部尚书王洽请旨让魏云中亲自赴边境勘察，云中“奉旨巡宣云间”，也就是到河北北部、山西西北部一带边境地区实地考察。经过一番巡视考察，上疏八项条陈，即“访属部”（慰问长年守边的部卒），“厚侦探”（对深入敌后打探敌情的人员增加待遇），“谨内外”（加强对部队的管理，严防消息外泄），“恤将卒”（对离家远戍的将士，特别是有功将士、伤残将士和阵亡将士的家属给予抚恤），“修营舍”（对兵营及各类军事设施加以修缮），“复额兵”（重新核实各营堡兵员数目，增加边防部队），“定功罪”（评定将士的功劳和过错，严明奖罚），“择守令”（严格选拔具有真才实学的军事要塞长官）。

“八项条陈”呈上，崇祯皇帝龙颜大悦，命他兼任右佥都御使，总督宣大、山西军务。魏云中来到阳和卫（今阳高），正遇宁武守卒发生哗变，即以招抚予以平息。他下令宽免宣大三镇田租，广施仁政，减少杀戮，以安民心。

女真皇太极攻陷遵化，京城危急。魏云中又率部入保京师，守卫德胜门一带。他深夜二更和其弟魏权中执戈巡逻，防守有功，皇帝曾两次赐予他“飞鱼服”以示褒奖。这可是只有蒙皇帝恩赐，才可穿着，是明代仅次于蟒服的一种二品赐服。

不久，陕西王嘉胤作乱占据河曲，为了打击敌人，魏云中巧施反间计令乱内乱，又命名将曹文诏率兵直入，河曲收复。

此刻，张献忠、王自用、高迎祥的二十多万人又涌入山西。魏云中在前线拼死抗击，浴血奋战，哪料又受奸逆弹劾，再次撤职罢黜。

魏云中被罢官后回到故土武乡，仍然忧国忧民，时刻关注着时局的变化。他见县城城墙坍塌，关防破损，难以御寇，便亲自出资帮助县府修筑城台。恰遇流贼三次来攻，魏云中协助县令督众守城，使流贼无功而返，城内百姓赖之免受侵扰。

魏云中一生修文习武，堪称文武奇才。加之性情耿直，疾恶如仇，屡屡得罪权贵，所以仕途并不平坦，真可谓一生坎坷，三起三落。他胸有奇策，能文能武，无论是整肃吏治，狠斗权奸，还是筹划军事，行兵布阵；无论是为政一方，造福于民，还是统兵戍边，保境安民，都谋无不切，策无不中，功绩卓著，有口皆碑，坎坷中留下了非凡的业绩。

坊间都称魏云中为魏侍郎，但在出土的《明故儒官举乡价单槐魏翁合葬

魏云中手书的《明故儒官举乡价单槐魏翁合葬墓志铭》拓片

墓志铭》上发现魏云中任尚书之职。单槐，即魏在中，是魏云中之兄，崇祯六年（1633）病故，铭文刻有：赐进士第资政大夫原任工部左侍郎加尚书服俸眷生程启南撰；赐进士第资政大夫原任总督宣大山西等处地方军务兼理粮饷兵部尚书兼督察院右副督御史弟云中书。

照此，是否魏云中曾任兵部尚书？尚未查到依据，但当时的条律，如果没有任此职绝不敢在碑文中妄称。崇祯皇帝在位17年，换了十几任兵部尚书，有的处死，有的查办，有的革职，少有平安退休。史书都记不清了，只作存疑待考吧。

三

南亭川是个出人才的地方。

“南亭，武乡古名也，汉设涅县于蔡皋狼。后魏太和年迁县于南亭川，故今不称‘皋狼’而称‘南亭’也。”这是清嘉庆十八年（1813）拔贡、侯铨直隶州州判、鞞山书院主讲、武乡著名的文人程林宗先生，为《南亭诗钞》写序的开篇语。

道光年间，武乡文人范士熊编刻汇集武乡40多位诗人佳作1102首，题名为《南亭诗钞》。可见南亭之名在武乡人心目中的分量之重。南亭川狭义地说指老县城附近，广义地说则指整个武乡。

这里人杰地灵，英武之乡，不仅有悠久的历史，而且有灿烂的人文。本书前面已有记叙。说到南亭川，不免还想介绍部分人物。

武乡涌泉村的庞清，是明朝开国时期的著名廉臣。据康熙三十一年《武乡县志》记载：“庞清，洪武乙丑年进士，任监察御史，尝被召迟赴，上诘之，对曰：‘送父还乡’。上趣使追之，至则楮镪数贯、蒜一连而已。上笑曰：‘汝名清，可谓不愧厥名矣。’御书‘惟清’二字赐之，升任扬州知府。卒，祭祀乡贤。”

庞清少年时期，正处于元代末期的动荡岁月。他的家境属殷实农家，从小就很懂事，刻苦钻研，立志报国。明洪武十八年（1385）考中进士，这年他只有 25 岁，被称为“少年英杰，进士及第”。当时的科考前四名，皇帝还要亲自“殿试”，庞清正好是第四名。皇上殿试命题是《治理天下的权力论》。庞清满腹珠玑，脱口而出：“为官者往往最看重权力，这是无可讳言的。但为官者更要明白手中的权力是为百姓做事的，而不是为了个人享乐和压迫百姓……”皇帝听了深为赞许，虽未拔的前三甲，他皇帝还是当场点他为都察院监察御史。

监察御史虽品级不高，但在朝可监察官僚机构，出使地方则有尚方宝剑。庞清没有辜负皇上厚望，在任上他一身正气，两袖清风，除污吏，斗贪官，刚毅不屈。

洪武十八年，朝纲就有一大案“户部侍郎郭恒案”，户部侍郎郭桓等人，通同各直省的官吏作弊，盗卖官粮。御史余敏等告发北京承宣布政使司、提刑按察使司的官吏李彧、赵全德等人，伙同郭桓等人贪污舞弊，吞盗官粮。这个案子牵连到礼部尚书赵瑁、刑部尚书王惠迪、兵部侍郎王杰、工部侍郎麦志德等高级官员，还有许多布政使司的官员。贪污盗窃的钱折成粮食达 2400 多万石。

庞清初步仕途，就参与了这件轰动朝野的“天下第一案”的侦破、调查、取证、起诉工作。他身负皇命，忠于职守，明察暗访，一丝不苟。首先，以确凿的事实戳穿了名为“贡品”的假象，打开案件的缺口。办案中刚正不阿、不畏权势的胆略和不为假象所迷惑，善于捕捉机会，巧于突破，获取证据的智慧，发挥得淋漓尽致，得到了当朝同僚们的敬仰与赞佩，同时也受到了明太祖朱元璋的赏识和重视。

有一次，皇帝因急事召见他。皇帝亲自召见一个七品官，这是从来没有过的事。他毫无思想准备，又正好有事外出，未能及时赶到。当他气喘吁吁赶到金殿时，皇上向他问起因何迟到时，他一时诚惶诚恐，略带口吃地回答：“送、送、送父还乡。”皇上见他面有慌色，口语不利，顿生疑心，认为有伪，便暗地派人立即出城向他父亲追去。当差官追上庞清的老父亲查看行装，打开木箱时但见里面放置着上坟用的香火两把，上坟纸钱数贯，另有大蒜一连而已。明太祖得到回报后，深有感触。他想这庞清不仅是一个清正廉洁的忠臣，而且还是一位不忘祖恩的孝子，真是忠孝双全，德才兼备。于是，深情地对他说：“你名叫清，今果一清至此，不愧对此名。”随即提起御笔，御书“惟清”二字，赐予庞清。不久传旨，委庞清以扬州知府。

明监察御史、扬州知府庞清画像（王亚楠绘）

扬州与京都南京仅一江之隔，为两淮盐运中心，有“扬一益二”之称的江南重镇，可见皇帝的委任是对庞清何等器重。庞清到扬州赴任时，由于经年征战，哀鸿遍野，饿殍满路，甚至旧城空旷难守，只好在西南部城角筑起城墙，权作扬州府城。

庞清没负圣恩，经过数年“安养生息”，医治战争创伤，恢复发展社会经济。根据扬州水利资源丰富的优势，为进一步发展农业生产，十分重视水利建设。他到任就发布告示，明确规定，凡是坡、塘、湖、堰，可以蓄水泄水防止旱涝，加以修治，官府给予必要的补贴和奖励。到洪武二十八年（1395），共开塘堰187处，疏通河流162处，修建坡渠堤岸50多处，为农业生产的发展提供了有利条件。他还在赋税、种子、收益等方面实行保护和奖励政策，大兴渔业，大种桑麻。明确规定：农民凡有田地5亩到10亩的，必须栽种桑、麻各半亩；有田10亩以上的，种植桑麻面积要按比例递增。超额者给予奖励，违令者全家充军。

庞清经常微服私访，深入民间，体察民情。发现市场劣迹，有的官私合谋，倒买倒卖；有的独行买卖，欺行霸市；有的坑蒙拐骗，欺瞒百姓等。庞清不为金钱所诱惑，不为权势所恐吓，秉公执法，打击了一批罪大恶极的“市霸”“盐霸”“河霸”，把整个扬州城治理得繁华而有序，百姓安居乐业。

一身清正、受人爱戴的庞清，得到了皇帝的赏识。可也因切断了不少污吏恶势的“财路”，得罪了一些王公贵戚，他们便一直怀恨在心、耿耿于怀，给他埋下了不幸的祸根。庞清长期在外为官，年老时思念故土，挂念家中老母，经皇上恩准，返乡省亲。高官返乡，总想要体面一点，于是妻子翻出所有的衣物，陈服素衣，觉得很不适宜。有人给庞夫人出主意说：“多年不回乡，太妇人又年事已高，怎么说也得从扬州置些寿衣寿被，随葬之物。”庞夫人知道庞清崇尚节俭，一身清廉，治家极严。于是吩咐管家：“要拣便宜耐用的买，不要怕笨重，不要怕占地方。”其实她心里已经有了主意——能装几大箱回乡不是就显得体面嘛！于是，她给管家些银两遵嘱而办。一切置办齐备，整整装了几大箱，便踏上了启程回家的路途。

庞清一行沉重的“行李”被一些贪官发现后，可抓住了“把柄”，急忙相互串通，联名诬陷上告。其时已是永乐帝朱棣，庞清远在扬州，新皇对他并不熟悉，只知其名，不知其实。永乐帝经不住那些谗言恶语，一时龙颜震怒，下旨查处。贪官恶吏借机从中作梗，伪造罪证，断成冤狱，草草了断，使这位名臣含冤而死。结果开箱一看，全是一些普通的送老衣被，烧制的瓷马、瓷鸟，笨重的石马、石羊，总共也不值几个钱，更无金银财宝、苏杭锦绣。这一冤案震动了朝野，正直之臣纷纷为庞清上诉喊冤，请求皇上平反冤狱。永乐帝得知实情后，追悔莫及，为失去良臣悲痛不已。他当即传旨为庞清平反昭雪，并为弥补过失，赐他一个刻有先帝御赐“惟清”二字的“金脑袋”，厚葬于故里涌泉村。

四

一生才华横溢、刚正不阿、为官清廉、铁面无私的宣大总督魏光绪，也是值得大书特书的人物。

魏光绪，字孟韬，号元白，魏家窑村人。万历四十年中举，四十一年联捷进士。

此年刚刚20岁，被任命为行人平命使，“于役江右楚豫诸省”，到湖北、河南一带考察行勘，执行公务。按照惯例，楚豫诸省的权贵们，对到他们属地行勘的朝廷官员，都要赠送“金帛”，但魏光绪一概婉言谢绝，不予接收。当行勘结束时，魏光绪将所过之处的各种利弊逐条上陈，事实清楚，洞若观火，分析透彻，切中时弊。

返京述职后，正遇其父病故，通常官员遇丧须暂离公职，回籍守丧三年，接着为母丁忧。守丧六载后，于万历四十八年（1620），奉诏回京，升任云南道御史。这时魏忠贤专权，东、西两党斗争激烈，而光绪坚持中立，他上书弹劾的官员从不避权贵，更不考虑他是属于哪个党派，所以，朝堂上的大小官员以至衙门里的隶卒差役，无不把他看作“铁面御史”。

著名的“梃击案”，事关国本，聚讼多年无结果。

万历四十三年（1615），男子张差手持梃杖进入慈庆宫想要刺杀太子，他逢人便打，伤数人后才被抓获。张差被抓获后，经不住严刑拷问，说出指使自己的就是郑贵妃的亲信庞保和刘成。刺杀太子就是刺杀未来的国君，这等大逆不道、动摇国本的事情立刻在朝堂之上掀起了轩然大波。郑贵妃苦求万历皇帝，生怕那两个心腹供出什么来。朱翊钧并没有对她过多责备，还为她指了一条明路，让她去求太子。郑贵妃果然跪到朱常洛面前求情，朱常洛善良软弱，也知晓万历皇帝实际上还是站在郑贵妃这一边的，他马上就回拜了过去，表示自己不会追究。

太子如此“深明大义”，万历皇帝也就睁一只眼闭一只眼了，次月，万历皇帝将涉案人员全部处死，看起来是为太子报了仇，实际上是让这个案子成为悬案，永远查不出真正的幕后指使。

万历皇帝于万历四十八年（1620）七月去世后，太子朱常洛继位，根据万历皇帝嘱托议册封郑贵妃为太后一事时，却遭众臣强烈反对。魏光绪连上抗疏 4 次，说由妃册封太后，既无古例，更不合礼法，即使是先帝遗命，也只是“临终乱命”。再说，“梃击”一案，郑贵妃作为主谋嫌疑最大，怎能拟册封太后！由于光绪刚正不阿，不属于任何党派，新皇帝对他的疏议极为重视，于是将此事作罢。

天启三年（1623），魏光绪出任福建道监察御史，不久又巡按山东，接任的正是武乡人程启南遗职。在魏光绪到任前一年，程启南处理了巨盗徐鸿儒利用妖术聚众祸害山东案，机智果断地剿除了为害一方的害群之马，大盗徐鸿儒伏法授首。曾经跟随徐鸿儒作案的一众喽啰都一哄而散，使百姓得以安居乐业。但朝中和山东的当权者，仍主张继续将这些因生活所迫被逼造反的百姓斩尽杀绝。魏光绪深入民间细察详情，认为不妥，那些百姓不过是受了徐鸿儒的蛊惑，上疏力主招抚，使十万穷苦百姓免遭杀戮。他微服私访，勘察政情民风，从严治吏，匡正民风，取得明显效果，人们都拿他和海瑞相提并论。

魏光绪十分重视教育培养人才，“裁冗补要，新陈代谢”。他呕心沥血，勤于正事，又善于结合实际，革故鼎新，切中利弊，多有建树，受到朝臣好评。天启四年（1624）在甲子科“列贤书”时列冠。“列贤书”即朝纲中进

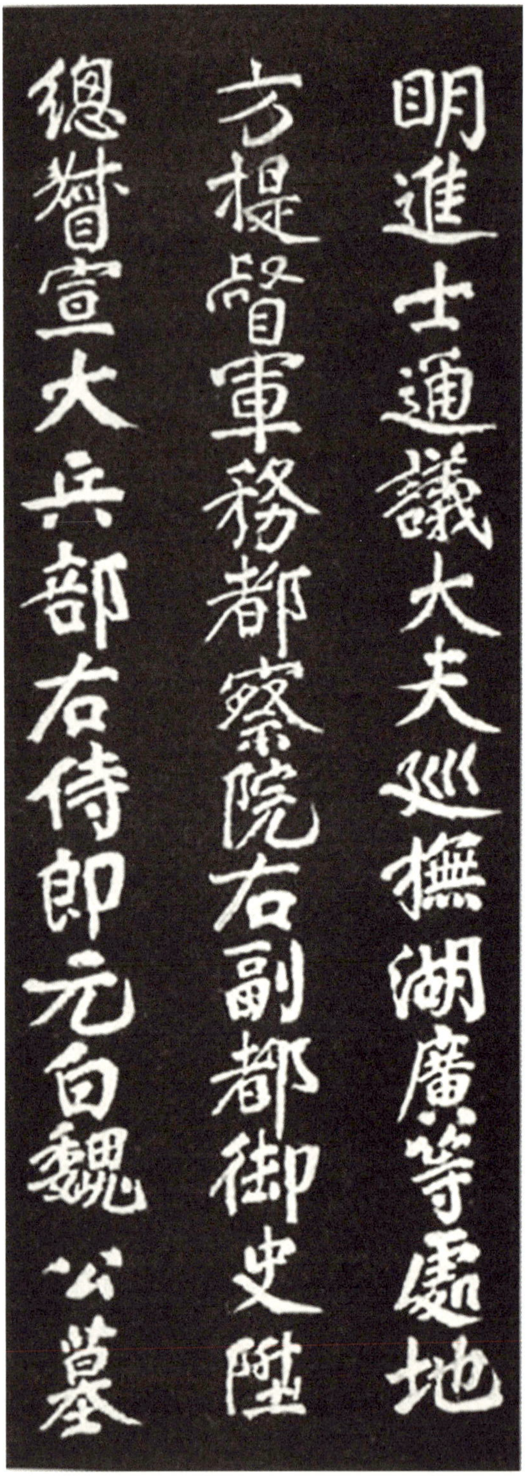

总督宣大兵部右侍郎中魏光绪墓碑

行举荐贤能评比的一种方式，相当于今天投票选举模范，魏光绪得票第一，吏部根据推选情况排列上报，呈请皇帝重用。魏忠贤阉党来拉拢，让他亲附阉党，但魏光绪就是不给阉党面子，回以“嘱所亲不得遂”，意思是你们的要求我不会顺从，当然也就未能得到提拔重用。

崇祯元年（1628），魏忠贤阉党垮台，魏光绪奉诏回京晋秩少京兆，也就是晋升为京都主官副职，相当于京城直辖市副市长。到任后，他立即巡视京营，严肃军纪，整顿军风，使京营“戍政一新”。这时遭阉党排斥，被重新任命的官员们，都想借机雪耻出气，便广搜苛求，牵强附会，大肆株连，使涉案人数大增。魏光绪不随波逐流，力排众议，“从中持议，保全善类”，劝这些“赐环诸君子”的人，说“应泾渭分明，弃浊扬清”“与人为善，养福为主”，更不必刻意搜求，致使不少并非大恶大奸的一般官吏免受株连，人心稳定，臣民振奋。

不久，又领命主持科考。一权贵儿子名落孙山，这个权贵便大闹朝堂。魏光绪上疏弹劾，据实陈述，崇祯皇帝弄清真相后，大为恼火，降旨对这名权贵严厉斥责，并令刑部进行查处。

崇祯二年（1629）十月，努尔哈赤打到北京城下，京城戒严。魏光绪上疏防守方略，得到皇帝赞赏并全部采纳。年底提升他为太仆寺正卿，到任就发现太仆寺的国家牧地中，有好大部分被大小权贵们圈占，他不顾权贵胁迫，据理力争，为国家收回数万顷牧地。同时筹集白银两万两，购买西部良马，充作军用，装备京营骑兵，受到皇帝嘉奖。

楚中发生动乱，七府震动，官军溃散，局势危急，举朝公推光绪巡抚，赴楚平叛，平反冤狱。土司彭元景据险顽抗，他屡出奇策，设间谍使其自相残杀，自此，岳阳诸境方得平安。岳阳地区刚刚安定下来，又得报称有人策动十五府同日举旗造反。他打探到主要策动者的活动规律后，将其秘密逮捕，使这次举事在兵不血刃中得到平息。魏光绪不仅敢于行事，而且保境安民，战功卓著，特别是楚地人民感念其德，在楚地为他建祠，勒碑刻石，永世传颂。

正当魏光绪捉襟见肘穷于应付时，又有一支乱军攻占桂阳。朝廷中对魏光绪心存嫉妒和成见的人便以此为借口，极力上书弹劾，于是朝廷将魏光绪罢黜。按说，桂阳属赣州管辖，不在魏光绪执行任务的范围之内，朝廷不向赣州主事问罪，却拿光绪替罪，人们都感到不服，觉得魏光绪蒙受了不白之冤。尚书省出面为其白冤，也仅落个“得勿问”，不再继续追究他罢了。

魏光绪免官归田，却仍忧国忧民，不遗余力。崇祯八年（1635）、十年（1637）、十三年（1640），武乡地区发生了三年亢旱，饿殍遍野。魏公出粟数千石，设场煮粥。日施两餐，活以万千计。据乾隆五十五年版《武乡县志》记载，当时武乡周边榆社、沁县、襄垣、和顺等县灾民俱皆奔赴。又立慈幼局，招募妇媪几十人，专门抚养弃儿，事讫觅还原主，找不到家的，魏公抚之成立。

他扶危济困，拯救穷苦乡党，特别是他行走乡里，发现监漳村南青溪涧水，日夜流淌，完全可以利用来浇灌田园。于是他直接出资，说动当地父老，并亲自勘察设计，亲督工程疏浚，开挖修建自流引水渠，将涧水引入良田。

魏光绪主持修筑的监漳灌渠遗迹（郝雪廷摄）

这便是武乡县历史记载最早的一项水利工程设施。监漳人民永世不忘魏光绪的助民功德，传颂至今。

崇祯五年（1632）十月，“流寇”经由襄垣直扑武乡县城，魏光绪亲自协助县令守城，并命张一龙、孟克济夜袭敌寨，三战三捷，斩敌首俊虎，杀敌 50 余人，将贼击败。二人追敌至漆树坡，遇敌援兵大至，陷入重围，张一龙受伤自刎，猛克济奋战力竭被杀。在此后一年内武乡境内又发生的几次激战中，他亲率子侄守土抗战，为保卫武乡作出了很大贡献。

崇祯十四年（1641）冬，皇帝拊髀思旧，重新起用魏公，升任为总督宣大兵部右侍郎。诏书到家当日，惜时已晚，魏公病逝乡间。

魏光绪一生才华横溢，留下诸多著作：《南华诗》《泰国谈记》《带草楼诗稿》《东巡全集》《抚楚奏疏》《西台封事》《字通》《潞水客谈》《筑游记》《文赋注批评》《华山记》等。

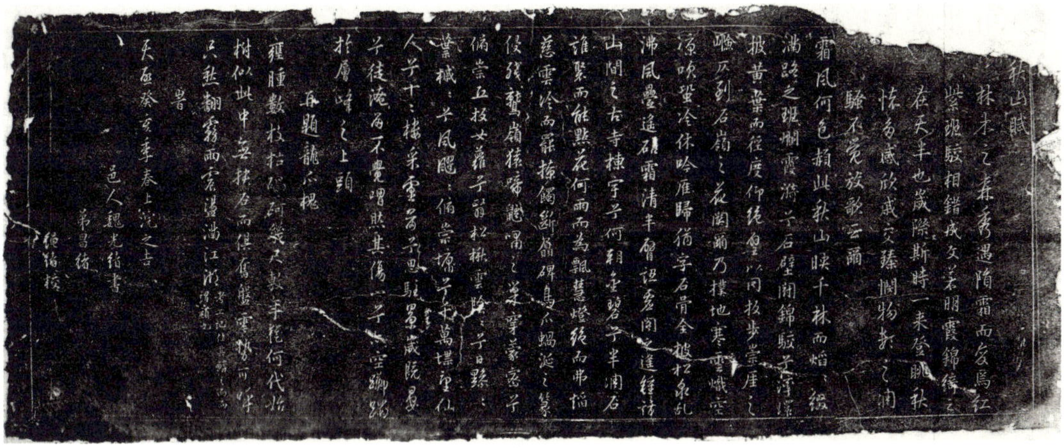

现存武乡南神山普济寺院内魏光绪诗文碑《陟秋山赋》

五

尚武之乡不缺忠勇之士，魏令望即其中之一。

魏家窑村魏令望，崇祯十三年（1640）进士，当年任河南商丘知县，次年调任太康县知县。这年正是河南大乱之时，由于河南大旱，麦无收，秋遭蝗害，至冬饥民载道，饿殍遍野。朝廷官吏无顾民苦，于是义旗纷起。李自成率军自商洛出河南，围了开封府，而太康拱卫开封，因此也是围攻对象，西华、陈州、太康、睢州等地都成为主要进攻目标。所以魏令望调任时，许多好友劝其别去，但魏令望一身肝胆，俨然曰：“此正吾殒身效命之秋也。”由此可见，魏令望大义凛然的风度。崇祯十四年（1641）十一月十七日上任太康。

在魏令望眼前的到处是饿死饥民。他一方面安抚灾民，另一方面立即组织乡间青年得数千人，编队习武，教以阵法。这要说魏令望的特点，就是典型的武乡人特点，他从小不仅从文夺冠，而且继承了尚武之乡的优秀传统，练就一身好武功，这下有了用武之地。

魏令望上任没几天，农民军就来攻城，农民军首领为滑县袁时中。袁时中在家乡聚众千余，与戍边明军周尔敬部激战数次，击杀知州闾郗之，后失利退走河南，便与李自成部合营，作为攻打开封的前锋。袁营攻太康，袁军从东北来烧杀抢掠，距离县城二里，他仗着自己兵多将广，炫甲来侵，鸣镝示威，很快就要逼近县城。

魏令望在城里部署兵力，日夜警戒。他以诸葛抚琴之计，援琴清啸，使贼人思想松懈，然后率精兵五百衔枚夜出，对敌进行了突然袭击，在杨家庙一带给敌予痛击，袁部毫无思想准备，被打得丢盔卸甲，死者无数。此点还夺敌元緞七星旗一杆，斩其部将四人，生擒俘虏数人。贼兵不能得志，全军出发向东移二十里。捷报奏闻天子，龙颜大悦，褒奖魏君。

崇祯十五年（1642）正月，闯王李自成攻打汴城（开封），听到这个消息，人们惊惧惶恐。令望率领军民每天在城头，呕心沥血，发誓死守。正月十七日，贼兵围困汴城稍微松懈。每天从太康城经过的援救汴城的大军有几万人，为了支援汴城，魏令望想办法筹集军粮，发给过往军人。可是，没有听到军队凯旋而归的消息。他就召集太康军民说：“贼兵虽然逃跑，没有经过大战，怎么知道不会卷土重来？或是有什么诡计。所以我们还是要事先做好准备，以免后患。”

于是，他想办法集资增高城墙五尺，每个城门外加一圈小城，修筑壕堤，训练乡兵，又安置悬楼六十座、小悬楼一千二百座，灭虏炮五十台、万人敌一千两百件，火罐、火药、弓箭、石器难以计数，日夜操劳，不遗余力，自己觉得可保安全，家人听到这样也暗暗高兴。

四月初七，突然间，随任家人王永禄跄踉着跑回家里，满身血伤，头顶有刀痕二指多宽，面色蜡黄，衣衫破烂，进门便倒在院里，只是还有一口气。全家惊恐，开始没有认出是永禄，慢慢询问他，才知道三月十二日闯王联合袁营攻陷陈州，每天派精锐骑兵向康城进发，而康城孤立，很快就到。

军情紧急，魏令望决定坚守城池，让主簿管理仓库，让典史处理衙门事务，自己和张巡抚、孙举人，以及豪门大家、教官、中军、总管等一道，把早已编好的军民召集在一起，进行战前动员，以大义激愤军心，以提高军民士气，然后进行了详细分工，各自负责守好悬楼、营台。为了让大家奋力作战，还把仓库里的银两都拿出来，每个城垛十名军士，每名一两银子，而且

武乡进士太康知县魏令望画像（董军平绘）

晓谕军士："擒拿匪首者赏银百两，拿获惯犯赏银五十两。"放到城楼上，以示不食言。人心奋发，互相勉励以死报效。

义军首领果然带领大兵到来，四面包围，盔甲枪刀林立，扎营四十里。魏令望毫无畏惧，号令军民顽强对敌，城上万人敌、火罐、柴木如雨落下。在猛烈的打击下，义军稍退。谁知敌人诡计多端，再次攻城作掩护，却趁机从城墙根挖洞攻入。

魏令望察觉敌人的阴谋后，也趁势在城内挖洞，杀死几百义军，义军不能成功，就转而攻打东南炮台。令望率领众兵士用火炮、炮石轰城周围，近处的义军被击死在海壕之中，远处的敌后又轰开一条血路，往进冲。像这样反复几次，不知死了几千义军。义军稍退，士民们都鼓起勇气。官兵前后已经十天废寝忘食，心力交瘁。

十九日申时，义军又涌集过来。城上仍然用万人敌轰击，义军尸体满壕，但丝毫没有退意。可是偏偏不巧，在最后一炮火药迸发的时候，风向城内刮，蔓延烧着了营房火药。大火燃烧，人不能站立，义军于是趁着火光登上城头。令望怒发冲冠，目眶开裂，杀死二贼，然后回头看着家丁王永禄说："遭此大劫，我应当与社稷同亡，发誓化作厉鬼歼灭义军。"忽然，天下起暴风雨，主仆二人互相不能顾及，同被义军砍倒。

直到半夜，永禄从昏迷中稍微清醒，想起主人身死，内心非常悲痛，可是自己又没有了一丝力气，只好一动不动躺在尸体堆里。义军离去，他才爬起来。只见满城灰烬，他在遍地的尸体中寻找魏令望的尸体，可怎么也找不见，跟随赴任的二十多口人，包括子女、妻妾、奴仆也不见踪影，王永禄大声痛哭。好久，子侄返家，大家共议，怎么也得找到老爷，生要见人死要见尸，不能这样不明不白。

此刻康城已被义军占领。会不会是被义军抓去？就派家人张壮冒险赴敌营了解情况，原来魏令望杀义军之后，被义军数人围困负伤而被虏获，绑着去见闯王。闯王说：“我从陈州来，就知道你是好官。我饶你一命，怎么样？”魏令望怒目不屈，任凭斩杀。便不幸以身殉难。义军也为他叹息。跟随殉难的还有中丞张维世、进士冯贞吉、举人孙献策、生员王永济等两万多人，魏令望的三子魏兴大及家人二十余也在这次战斗中同作冤魂，可见魏令望一家满门忠烈。

义军撤退，太康县人写牌位联名上书请求在名宦祠祭祀供奉，当政者呈报朝廷，刚刚下令拟定谥号追谥，而政权更换，这事就中止了。清乾隆四十一年（1776），下令忠君孝义节烈之士在忠孝祠祭祀。本县在乡贤祠供奉，并且为他建忠烈祠。

六

中国历史上的科举制度，自隋唐施行，至清末废止，一直沿用了1300多年，形成了一种国家与朝廷选才取士、选拔任命官员的主要手段。科举制度为社会下层民众提供了新的上升通道，尤其是身处社会底层的“寒门”，这成为他们获得公平竞争的唯一机会。一旦中了进士，就成为朝廷命官，敕封中央和地方要职，历朝历代许多名臣名相都是进士出身。科举制度的施行，对中国历史上的政治、经济、文化、思想、民俗以至民族性格都起到广泛而深刻的影响，是华夏教育发展史上的一种先进文化。

从国家，到家乡，作为武乡人，研究“武乡文化”，能书则书，能讲则讲，能忆则忆，能考则考，能观则观，能献则献，各尽其能。研究“武乡文化”，要去粗取精，去伪存真，详今略古，古为今用。研究“武乡文化”，重在考其德，察其言，观其功，谓之立德、立言、立功，古称“三不朽”。研究“武乡文化”首先需研究人物。地灵人杰，自古亦然，故人借地传，地亦借人传。

武乡名卿硕德，炳炳麟麟，辉映史册，归地乎！归人乎！有资料显示宋前武乡有进士 12 名，但目前查到名字的只有 5 人，其他尚缺文字记载，从金代到清末，武乡共中进士 45 名，其中文进士 40 名、武进士 5 名。其实这个数字也不尽完整，从志书上看只有 39 人，有的是从碑刻和其他文献资料中发现补充 6 人，可能还有遗漏，有待研究补充。

就明清而言，进士总数超过 5 万人，山西共出现 3725 名文进士，仅占 5% 左右，山西无法和江浙相比，但比北方的河北、陕西，以及西南诸省要好得多。这就说明，唐宋以后全国经济、政治中心南倾，文化中心也随之向江南地区转移，然而，作为华夏文明发源地和传统文化发展中心区域之一的山西，仍具有浓郁的文化内涵和强劲的文化竞争力。

当然，就山西而言其分布也不均匀，阳曲、安邑、盂县排在前列，武乡属中游水平，但在沁州三县中，明清两朝沁县考取 26 人，沁源考取 5 人，武乡考取 33 人，在州三县夺冠。这也充分说明武乡兴办学校，延请名师，学风蔚然。

在这些进士中，名臣名相誉满神州，工部尚书程启南，朝廷御书“天下廉吏第一”赐之；扬州知府庞清，御书“惟清”赐之；刑部员外郎赠奉政大夫程嘉绩，誉为“高阁名臣”；兵部尚书魏云中，为家乡修城筑台以御寇；太常寺卿魏光绪，天启甲子科贤书列冠……

在这些进士中，也有许多奇事，有同榜、父子、爷孙、同村现象。

韩衮、韩瓘玉为唐咸通四年（863）同榜进士，窦明、段锦为明正德六年（1511）同榜进士，程启南、魏云中为明万历二十九年（1601）同榜进士，魏令望、魏名大为明崇祯十三年（1640）同榜进士，安子讷、赵尔恕为清乾隆十三年（1748）同榜进士。

窦明与窦一桂是父子进士，程启南与程皋绩是父子进士，韩衮、韩瓘玉既是同榜又是父子进士，魏令望、魏名大既是同榜又是父子进士；杜李和杜师周是爷孙进士。还有同村进士，韩壁、墨镫、东村、段村、魏家窑、县城、邵渠、信义、东堡等村都是双双对对，特别是东村出了八名进士。

现将目前查阅到有记载的武乡籍进士开列如下：

宇文珽，显王村人。唐贞观年间进士，曾任晋州司马、冀州别驾、同州长史。

傅行厢，字绍行。武乡人，村无考。其父为傅杰，字仁和，举人，任散骑常侍。唐玄宗大中八年甲戌（854）进士，调补杭州推官，处心廉直，治狱公平。咸通二年勅召镇贵州有功，授散骑常侍镇武节度使。

韩衮，韩壁村人。唐咸通四年（863）进士，官职无考。

韩瓘玉，韩壁村人。唐咸通四年（863）进士，官职无考。

莫奏，武乡人，村无考（有记载为漫江村）。宋乾德三年（965）进士，官职无考。

李俨，墨镫村人。金大定年间进士，官职无考。

王师正，长乐村人，后迁居新村。金明昌二年（1191）进士，官至庆西按祭司知事，南京留守判官。

樊大荣，段村人。金承安己未年（1199）进士，官职无考。

段光远，东村人。元至元年间进士，据清乾隆版《武乡县志》载，祠堂在东村，官职无考。

陈嘉，武溪村人。元至元年间进士，官职无考，民国十八年版《武乡县志》补登。

阎逢吉，村无考，元至正年间进士，官职无考，乾隆五十五年版《武乡县志》补登。

庞清，涌泉村人。明洪武十八年（1385）进士，官至扬州府知府，御书“惟清”赐之。

冯显宗，村无考。明宣德五年（1430）进士，官至兵科给事中。

武显文，段村人。明成化年间进士，官至监察御史。

窦明，东村人。明正德六年（1511）进士，官至陕西右布政使。

段锦，东村人。明正德六年（1511）进士，官至湖广蒲圻县主簿。

李黼，墨镫村人。明正德九年（1514）进士，官至山东莱阳知县。

吴琦，陌峪村人。明正德十二年（1517）进士，官至山东历城、阳信知县。

李文炳，墨镫村人。明正德十二年（1517）武进士，官至大同府训道、宣化外营中备。

段廉，东村人。明隆庆元年（1567）进士，官职无考。

窦一桂，东村人。明嘉靖五年（1526）进士，官至河南右布政使。

李尧德，墨镫村人。明嘉靖三十八年（1559）进士，官至都御史、陕西巡府。

冀光祚，武乡人，村无考，迁居邯郸。明万历二十年（1592）进士，官至云南按察使。

程启南，信义村人。明万历二十九年（1601）进士，官至大司空工部尚书，二品，朝廷举勤政廉吏，御书“天下廉吏第一”赐之。

魏云中，魏家窑村人。明万历二十九年（1601）进士，官至大司马兵部尚书。

陈所行，段村人。明万历三十五年（1607）进士，官至苏州知府。

魏光绪，魏家窑村人。明万历四十一年（1613）进士，官至太仆寺正卿。崇祯十四年（1641）升任为总督宣大兵部右侍郎，可惜病逝未能到任。

段志仁，东村人。明天启二年（1622）进士，官至平阳府教授。

魏令望，魏家窑村人。明崇祯十三年（1640）进士，官至河南太康知县，清朝赐谥忠烈。

魏名大，魏家窑村人。明崇祯十三年（1640）进士，官至陕西宝鸡知县，入清为山东昌邑知县。

杨其廉，韩登村人。明崇祯十三年（1640）进士，官至两淮盐运副使。

赵天麒，武乡县城（今故县）人。明崇祯十六年（1643）进士，官至工部观政，以养亲辞归未任。

杜来凤，山交村人。清顺治三年（1646）进士，官至江苏江宁知县。

史珥，韩壁村人。清康熙十五年（1676）进士，官至翰林院清书庶吉士授编修。

程皋绩，信义村人。清康熙十八年（1679 年）进士，官至刑部员外郎赠奉政大夫，誉为“高阁名臣”。

段武侯，东村人。清康熙二十四年（1685）武进士，官至富平守备，敕赐明威将军。

杜李，魏家窑村人。清康熙三十六年（1697）进士，官至吏部稽巡司郎中。

段贽，东村人。清康熙四十一年（1702）进士，官职无考。

陈舜裔，石门村人。清康熙五十七年（1718）进士，官至甘肃伏羌知县。

史谦光，东堡村人。清乾隆十年（1745）进士，官至江西奉新知县。

安子讷，蟠龙村人。清乾隆十三年（1748）进士，官至山东青州知府。

赵尔恕，显王村人。清乾隆十三年（1748）进士，官至灵寿知县、泽州府教授。

李皇弼，邵渠村人。清乾隆二十二年（1757）武进士，官至交城静安营都司。

史传远，东堡村人。清乾隆二十六年（1761）进士，官至山东济南知府。

李端，邵渠村人。清嘉庆四年（1799）进士，官至翰林院庶吉士编修。

魏凤书，县城（今故县）人。清嘉庆六年（1801 年）进士，官至山西平阳府教授。

李重华，玉品村人。清道光二十五年（1845）进士，官至直隶新城知县。

郝智芳，圪嘴头村人。清咸丰十一年（1861）武进士，官至卫用守备。

武海清，王家沟村人。清光绪二十一年（1895）武进士，官至钦点营用守备。

李华炳，西堡村人。清光绪二十九年（1903）进士，官至刑部、兵部、学部主事，进入民国任山西学务公所议长，长子县县长。

才压江南十八州

一

武乡确实人文荟萃，不乏在文学界产生影响的人物。明成化版《山西通志》，即有这样一段文字："邢安国，武乡人。少日有赋声。四十岁后，即不应科举，以诗酒自娱。避乱，客泌阳十余年。后北归，备极艰苦，往往见于所著诗。"

明成化版《山西通志》始修于成化七年（1471），十年（1474）成书，十一年（1475）付梓，是山西省第一部省志，也是全国最早的省志之一，具有重要的史料价值。邢安国何许人也？在几个版本的《武乡县志》中，竟然没有找到任何有关"邢安国"的信息。这是怎么回事？是后人修志漏录了，还是成化版记错了？

山重水复疑无路，柳暗花明又一村。终于在金代大诗人元好问编选的《翰苑英华中州集》卷九之中，找到邢安国的介绍："安国，字仲祥，沁州武乡人。少日有赋声，四十岁后，即不应科举，以诗酒自娱。避乱，客泌阳十余年。后北归，倍极艰苦。其见于诗者如此。往时李长源传仲祥《柳花》一诗，渠甚爱之。今以《丹崖集》校之，与传者不同，当是长源曾与商略之耶。"并选其《杨花》《过唐州西李口》诗二首。

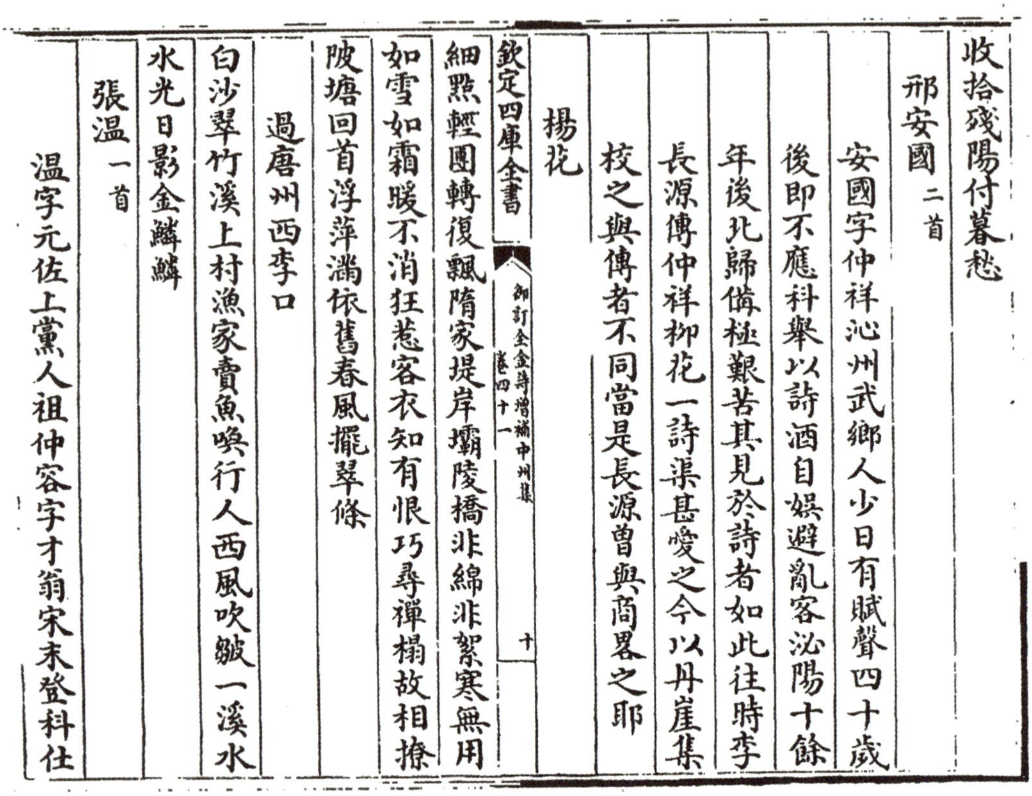

收拾殘陽付暮愁
邢安國 二首
安國字仲祥沁州武鄉人少日有賦聲四十歲後即不應科舉以詩酒自娛避亂客沁陽十餘年後北歸備極艱苦其見於詩者如此往時李長源傳仲祥柳花一詩渠甚愛之今以丹崖集校之與傳者不同當是長源曾與商畧之耶
楊花
欽定四庫全書　御訂全金詩增補中州集 卷四十一　十
細點輕團轉復飄隋家提岸灞陵橋非綿非絮寒無用如雪如霜暖不消狂惹客衣知有恨巧尋禪榻故相撩陂塘回首浮萍滿依舊春風擺翠條
過唐州西李口
白沙翠竹溪上村漁家賣魚喚行人西風吹皺一溪水水光日影金鱗鱗
張溫 一首
溫字元佐上黨人祖仲容字才翁宋末登科仕

钦定四库全书《御定全金诗增补中州集》收录邢安国条文

元好问，金末元初文学家，字裕之，号遗山，世称遗山先生。太原秀容（今山西忻府区）人。他是金末元初最有成就的作家和历史学家，文坛盟主，是宋金对峙时期北方文学的主要代表，又是金元之际在文学上承前启后的桥梁。其诗、文、词、曲，各体皆工。诗作成就最高，“丧乱诗”尤为有名；其词为金代一朝之冠，可与两宋名家媲美；其散曲虽传世不多，但当时影响很大，有倡导之功。有《元遗山先生全集》，词集为《遗山乐府》。

《中州集》是一部由金代大诗人、文学批评家元好问编纂的金代诗词集。是现存最早的一部金代诗词总集，是研究金代文学极为重要的文献之一。包括诗歌十卷、乐府一卷。其体例是除卷首显宗和章宗外，其余作家“每人各为小传，详具始末，兼评其诗”。合计《中州集》共收入诗词作品 2176 首，共为 254 位金代作家写有小传。

如此看来，邢安国是金代人无疑了。根据这一线索，我们可以大致描述一下这位被遗忘了许久的金代武乡籍诗人：邢安国，字仲祥，金代沁州武乡（今山西省武乡县）人。生活于公元1200年前后，亡于1249年之前，寿五十以上。年少时即有文名播扬，四十岁后，即不应科举，以诗酒自娱。避乱，客居泌阳十余年。后来北归，倍极艰苦。工诗，曾为李汾所赞赏，著有《丹崖集》，不传。今存诗二首。生平及作品均存于《中州集》卷九。

二

如果说邢安国是史书记载不多的一位武乡籍诗人，那么程康庄则是一位蜚声文坛的大名人。

清代著名文学家陈维崧曾编选《四大家文选》，选归有光、王猷定、侯方域、程康庄等“四大家”文章为一册。其中，归有光是明代大散文家，其《寒花葬志》《项脊轩记》脍炙人口；王猷定是明末清初著名的诗文家，其《汤琵琶传》《义虎记》等手法独特；侯方域为复社领袖，是《桃花扇》中的蓝本人物。程康庄与归、王、侯共为四大家，其自身的分量是不言而喻的。更让人惊叹的是，在文选中，归、王、侯三家只选文，独程康庄兼附诗、词，并由钱益谦、吴伟业诸大家为该书作序，序中对程康庄推崇备至。

陈维崧合选四家文，实际是对自六经以来直至晚明时期的文统无有承续之思考，何絜因此说：“陈子其年，淹贯六经，兼综于周、战国、先秦、两汉，以缵绍于唐、宋八家，而博览于前明以来诸子之文，因集四家文选。”

在陈维崧之所以合选，在于四家皆体现了“文以载道”的古文精神：“数人者，其时不同，地不同，生平仕宦与否亦大不同，而文章可传则同。即其为文章，昆山以柔淡胜，得之欧；归德以灏博胜，得之大苏；南昌以峭健胜，得之老苏；武乡则以险绝胜，得之柳，亦微有不同者。至其文以载道，则无不同也，故曰：文章可传则同。”句中的“武乡则以险绝胜，得之柳，亦微有不同者”，即为评论程康庄。

《四大家文选》，奠定了归有光、王猷定、侯方域、程康庄“清初文学四大家”的地位，而独程康庄诗文皆佳，“才气横溢，词源倒流，如喷泉之涌出，如龙气之直上”，成为领衔人物。

程康庄出生于世代官宦之家，其祖父即工部尚书程启南，父亲为秩官员外郎程嘉绩，自幼就接受了良好的教育，少年时在武乡南山书院就读。崇祯六年（1633），他 17 岁入京应试，住在祖父程启南和父亲程嘉绩的官邸。

那时入京考生，都免不了互相走走，慕名拜访，增进了解，互通款曲。江南乃文人荟萃之地，程康庄自然对江南学子刮目相看，他亲临拜访获益匪浅，然而一些纨绔子弟见他不修边幅，衣着粗疏，一副穷酸模样，面露鄙夷之色。更有甚者，以貌取人，加以嘲弄。他们故弄玄虚，卖弄风雅，并要程向他们当面献诗一首。程康庄强忍心头怒火，回头想走，正好看到门边墙上插着一根绣花针。于是他指着绣花针随口咏道：

粉壁墙上插根针，一头纫线一头缝。

有眼长在屁股上，只认衣衫不认人。

这次拜访，程康庄彻底看穿了一些所谓“江南学子”的绣花枕头本色，使他增长了志气，也对本次应试充满了信心。正式考试那天，程康庄来到考场，那些江南纨绔子弟一改倨傲态度，争相前来和程康庄套近乎。程康庄一面走向考楼一面随口咏道：

咯噔咯噔上考楼，手扶栏杆望斗牛。

不是云雾遮山尽，压倒江南十八州。

虽为随口咏出的一句“戏诗”，谁知后来竟成了千真万确的事实。程康庄科场得意，考中正榜拔贡。当时在近万人的京师士子中，排前十名，“所不可忘，独有十人，书之东壁。而以仆为选首”。程康庄在京时，曾被引见于乾清门，对策太和殿，其《对策太和殿》云：“上国材贤浩纵横，琢磨词气类华星。西山爽气朝来见，魏阙青途得后轻。笔涌万言风雨迅，人看一日羽毛成。炉烟细处垂天杖，静听公卿曳履声。”可谓春风得意。

于是他就在祖父官邸中住下来，入国子监继续深造。和祖父常有来往的一些文坛老宿，如陈大士、罗文正、杨子常等，看了程康庄的诗文后，大为惊叹，都称赞程康庄的诗文“比之齐晋，狎霸中原”，说他小小年纪就有如此造诣，将来前程不可限量。然而，不幸的是，程康庄生不逢时。崇祯十七年（1644）李自成攻入明朝都城北京，发生甲申之变后，明朝作为全国统一政权灭亡，随后清军入关。

程康庄逃出北京，藏身匿迹，辗转回到老家，一住就是20多年。

他不仅学业出众，而且品性优秀，因其“事父备孝，送母极哀”，以“父故也，况于三年之丧乎”为由，坚持拒绝举荐，将“惟愿许全初之志，庶几养日修夕，则残躯得以永托矣”作为易代之后的志向。

程康庄画像（董军平绘）

《自课堂集》中现有：《壬午（1642）辞邑侯余公举立德立言立功书》《甲申（1644）辞荐举书》《乙酉（1645）辞征赴选书》，是由武乡令余一凤举荐于山西巡抚蔡懋德的。这一切都表明程康庄心怀皇恩，忠于故国，且力图以遗民自居，并选择了乡村隐逸生活，坚决拒绝出仕。

三

清王室定鼎中原后，如何处理满汉矛盾，便一直是困扰统治者的重大问题。为加强统治，开始重用汉人，顺治亲政后，又开博学鸿儒科以选拔人才。顺治十六年（1659），他被山西巡抚保荐选送京师。十七年（1660），以贡生身份补镇江通判之职。那时，他已经47岁了。

江苏镇江府通判官位不高，仅仅是知府的副手，功能为辅助知府政务，分掌粮、盐、都捕等，品等为正六品。通判多半设立在边陲，以弥补知府管辖不足之处。但是它的名气相当了得，它曾经是大诗人陆游任过的职位。

清政府政权初建，政局混乱，镇江临海，兵民杂处，时有矛盾发生，而这些矛盾多由兵扰民所致。程康庄到任后，心系百姓，辅佐幕府，恩威并用，制定出一系列防止驻兵扰民的政策，一时间民谢其恩而兵慑其威，威震江浙。当然，作为文人，也少不了游历山川，登高览胜，心旷神怡时吟诵诗词歌赋。

在镇江任上8年，这8年中，他不仅政绩卓著，而且文名远播，成为当时的一代名士。“士至京江，以不得见予为耻”。程康庄所交皆一时名流，如钱谦益、施闰章、王士禄、王士祯、宋琬、杜浚、吴伟业等，这是他一生中最卓越的时期。

程康庄的诗友中，还有一人是必须提到的，这就是大名士陈维崧。陈维崧，字其年，小程康庄12岁，程康庄在镇江时，他正是处于风尘蹭蹬之时。程康庄爱文惜才，以国士待之，彼此交往甚密，可谓莫逆。程康庄的《自课堂集》中，从文到诗到词，陈其年评语最多，且推崇备至。翻检陈其年《湖海楼词集》，赠唱于程康庄的词作，有五六首之多，即可见他们之间的深交之况。

他在镇江时，有两件事很值得一提。一件是重刻“天下第一江山”。

镇江北固山号称“天下第一江山”，山有刻石。最初是南朝梁武帝题写，南宋时著名书法家、润州刺史吴琚重新书写，后又不幸毁损。清康熙四年（1665），程康庄请宋射陵临摹吴琚手迹，并捐资勒石，把它嵌在廊壁上

程康庄重刻镇江北固山“天下第一江山”

的。程康庄有《天下第一江山记》。

另一件事是补刻《瘗鹤铭》。该铭为南朝梁书法家陶弘景题，由于当时的《瘗鹤铭》石刻已塌入大江中，只有冬天枯水的季节才能看到它露出水面的内容。“而论者谓瘦捷清拔，大字之妙，无过于此，后之览观者，流连反复，相与考其源流，穷其年代。”为了让游人不受季节的影响，随时都能观赏到《瘗鹤铭》书法的绝妙处，他开动了脑筋，派人四处寻找《瘗鹤铭》的残本，均没有收获，正在惆怅之时，有个叫计逋客的人给他送来了玉烟堂帖，“从初榻全本仿而刻之，而神情近似”。程康庄看后很高兴，捐出了自己的俸禄，找来了石匠，按照玉烟堂帖上的《瘗鹤铭》字迹重新刻石，让“后世登临之士，得共赏之”。这样随便什么时候，来焦山的游人都可以看到了《瘗鹤铭》的模样。

康熙六年（1667），程康庄调任安徽安庆府同知，负责分掌地方盐、粮、捕盗、江防、海疆、河工、水利及清理军籍、抚绥民夷等事务。在这里他纠正和平反了一批冤案，为当地百姓办了许多实事、好事。史载程康庄在安庆任上“洞疑狱，多所平反，民以无冤。常于沿江要害处划策防御，盗贼屏息”。七年（1668）程康庄又就任淮南芜州司马。十年（1671），程康庄奉诏回京补官，曾参与朝廷太和殿对策。本来有望提拔重用，后因前任牵连，迁任陕西省耀州知州。

上任耀州是被降职调任的。但他不计名位，不讲得失，毅然赴任，勇于任事。耀州是程康庄为官生涯中的最后一站，耀州是关中通向陕北的天然门户，素有“北山锁钥”“关辅襟喉”之称。康熙初期，清廷尚未完全掌控全国，尤其是西北地区，常有战乱发生。程康庄刚到耀州，正值王虎臣叛军万余名对耀州城四面围攻，城墙多处毁坏，人心惶惶。程康庄亲自上阵，指挥筑城防守，边修城墙边抵御，趁叛军疲惫之机连发数十炮，叛军死者甚众，终于逃走，耀州城得以保全，百姓免受荼毒。耀州城解围之后，朝廷派来的部队才至，他们虽然没有参加战斗，但一时半会儿不会马上撤走，一切后勤供应全由地方承担。耀州刚经过战乱，官银严重不足，程康庄为了不给老百姓增加负担，拿出自己的钱倾囊支应。因为不够用，只好向钱庄借贷，这样既没有扰民也没有误了给朝廷办事，耀州的老百姓为他立生祠以祀。后来事件平息，程康庄也已近花甲之年，遂向朝廷提出告老还乡。走之日，耀州百姓空巷以送。程康庄的行李除了图书外，只有两件穿旧了的衣服。

康熙十四年（1675）赋闲返回武乡。

四

程康庄返回武乡，已经年届花甲，但他仍以国事为重，主动让贤，多次上疏告老还乡，得到了康熙皇帝的允准。他为官清廉，性喜读书，所得薪俸，除用于俭朴的生活必须外，大多用于购书。所以，还乡时他虽宦囊羞涩，却带回了大量的书籍。这对于当时处于穷乡僻壤、交通闭塞的武乡学子来说，不啻于天籁福音。于是，前来借阅、借抄者不绝。程康庄器重后学，来者不拒。每当学子借到书后，倍加珍惜，他们手捧典籍，感慨万端地说：“此昆仑先生之宦囊也！”

无牵无挂的乡居生活，使程康庄有了充裕的时间，去饱览故乡山水的钟灵毓秀，去体察桑梓百姓的疾苦心声。写了许多游记、杂诗。

在土河村，看到连接内外的聚阳桥年久失修，给百姓带来诸多不便，于是写下了《乞修聚阳桥启》，以此来倡议人们集资修桥。这篇文章在清乾隆五十五年版《武乡县志·艺文》中有记载。

乞修聚阳桥启

盖闻促章千寻，须留鸟道，长河万里，亦有石门。矧夫吕母、张侯，亘飞虹之妙势，赤兰、白虎掩浮渭之能声者乎？武乡土河聚阳桥者，蔽日金章，回溪地络，有圯受履则如砥长歌，失徇闭途则东马言返，洵四区之都会而东山之济津也。正德五年，知县呼公庀材劝众，合巧程工，繇是驰骋螭龙，念三时之保障；徘徊雁齿，类半月之乘空。不期地有骞崩，流多泛溢。市栏没藓，高鸟过而衔衣；断锁斜梁，香步留而怯堰。某君剑捕吞蛟，情悲折柱，指囷中之粟，葺雾隐之桥，犹恐水涨桃花，不归泻荡，是以身穷马岭，别引涂沟。然鹅眼之资既奢，则卿云之惠弥急，意寻余烛，心艳残膏，达官贵人分，东阁西园之费；素封蒸士，捐仙华丹穴之资。从此修路通辕，少壮翠微之色；连阡历陌，都知启闭之时。特为从臾若此。

程康庄一生嗜文，可谓著作等身，浪迹于山水之间，撰写了大量的诗文。曾任武乡县令的云南王崧（字乐山），在《程昆仑别传》中有这样记载：“百余年来，海内推为‘诗伯’，莫如新城王尚书士祯，所谓渔洋先生者也，而渔洋之显，实由相国于召对时荐达之。厥后征君至京师，渔洋见其诗，目为仙才，诵其句于公卿间，于是征君之名大噪。然则渔洋固山右二诗人之枢纽矣。顾其时以博学名天下与昆山顾宁人颉颃者，太原阎征君若璩，而以文章驰誉者武乡程耀州康庄。征君之诗有《眷西堂集》《秋山红树阁集》《箧中遗稿》。耀州之诗有《自课堂集》，而《诗钞小传》并遗之。予宰武乡，耀州六世孙林宗，出其家藏旧本，得以尽读，然散轶（佚）者亦不少矣。”

程康庄著作除今存之《自课堂集》外，散佚著作还有《诗钞小传》等。

《自课堂集》由钱谦益、陈其年二人编选，分为古文、诗、诗余三部分，共收诗 168 首，题材主要涉及记游写景、朋友赠别、怀古咏史、品书题画等方面；文 67 篇，包括序、书、记、启、策、疏、跋、赞、祭文、铭、行状等，文体丰富；词 43 阕，有 27 个词调。

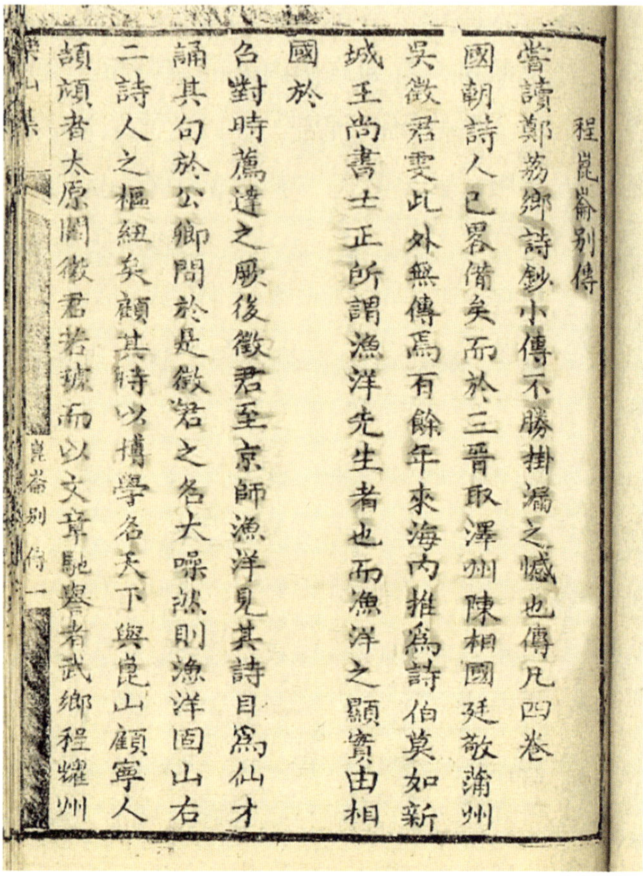
程崑崙别傳
嘗讀鄭荔鄉詩鈔小傳不勝掛漏之憾也傳凡四卷
國朝詩人已畧備矣而於三晉取澤州陳相國廷敬蒲州
吳徵君雯此外無傳焉百餘年來海內推爲詩伯莫如新
城王尚書士正所謂漁洋先生者也而漁洋之顯實由相
國於
名對時薦達之厥後徵君至京師漁洋見其詩目爲仙才
誦其句於公卿間於是徵君之名大噪然則漁洋固山右
二詩人之樞紐矣顧其時以博學名天下與崑山顧寧人
頡頏者太原閻徵君若璩而以文章馳譽者武鄉程耀州
樂山集　崑崙别傳　一

收集在《乐山集》中的《程昆仑别传》

武乡县令云南王藩（后改名王崧）给予程康庄这样的评价：

“程康庄，字坦如，号昆仑，武乡人。先世仕宦，由进士起家。昆仑少时，与临川陈际泰、东乡艾南英、常熟杨彝齐名，顾不得登甲乙科，由拔贡入太学，未仕而归。顺治中应隐逸征，对策太和殿，选授镇江府通判。秩满，迁安庆府同知，坐前政宿狱不举，发镌级授耀州知州。年六十有五，告归二年卒。昆仑深于经义，旁贯子史百家之书，诗古文并沉思而入，脱颖而出，复以余力为小词。济南王西樵序其集，谓昆仑：‘以文章名海内，乃点笔为诗，诗工，倚声为词，词又工，可见其才大而无不宜。’西樵者，渔洋兄士禄，号西樵山人。昆仑为序其《十笏堂诗集》，故交相引重如此。序西樵兄弟《集》外，复序《宋荔裳集》、施愚山《卖船行》。昆仑宦不列显要，而所交游皆当代名流。诗文集成，序之者吴太仓伟业、龚合肥鼎孳、杜黄冈濬、世称太仓梅村先生、合肥芝麓先生、黄冈茶村先生，而昆仑先生之号并著。宜兴陈检讨维崧选《四大家集》，昆仑与焉。四大家者：

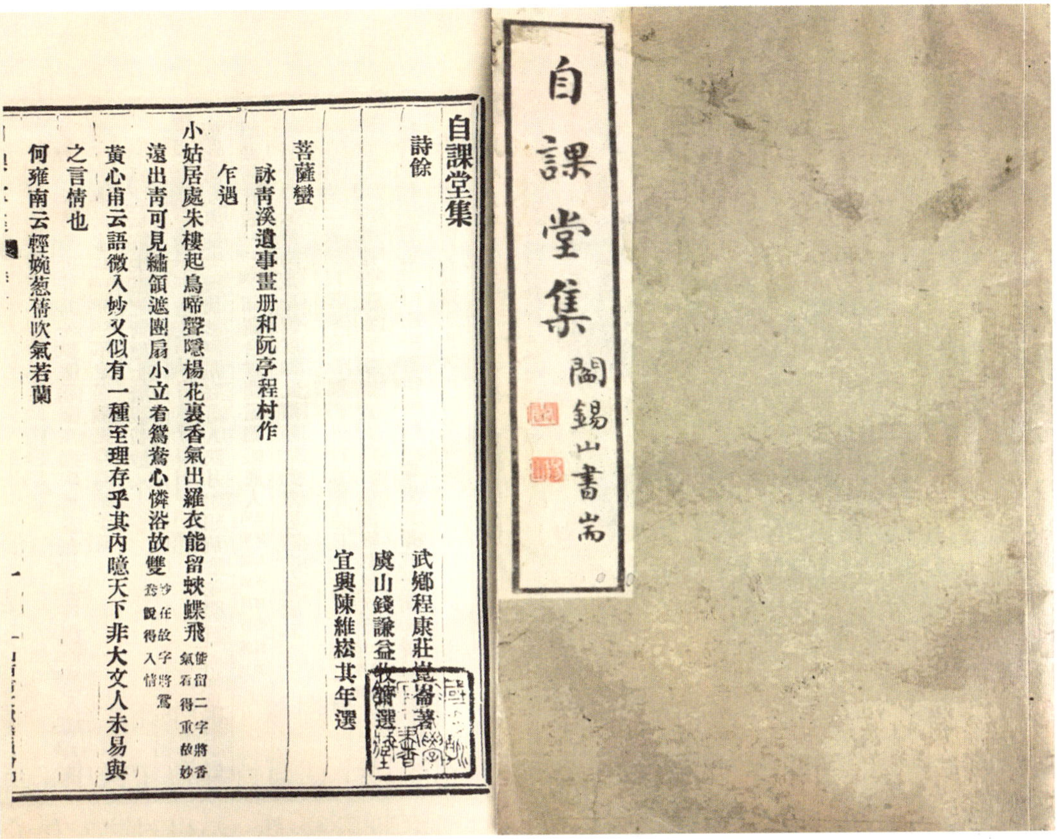
自課堂集
詩餘　武鄉程康莊崑崙著
虞山錢謙益牧齋選
宜興陳維崧其年選
菩薩蠻
詠青溪遺事畫册和阮亭程村作
乍過
小姑居處朱樓起鳥啼聲隱楊花裏香氣出羅衣能留蛺蝶飛使留二字將香氣看得重故妙
遠出青可見繡領遮團扇小立看鴛鴦心憐浴故雙妙在故字將鴛鴦說得入情
黃心甫云語微入妙又似有一種至理存乎其內噫天下非大文人未易與之言情也
何雍南云輕婉葱蒨吹氣若蘭

民国时期《山右丛书初稿》中收编的《自课堂集》

昆山归有光熙甫、归德侯方域朝宗、南昌王猷定于一，合昆仑而四也。官镇江时，王渔洋为扬州推官，两人夹江而治，诗简往来不绝，大江南北倚之为大宗，集中所存赠答诸诗，非阿非泛，盖相得在性情之际焉。顾其时非优游无事也，常海逆熛起之后，枹鼓余息，大狱朋兴，訊鞫故非倅职，而昆仑素以敏决闻。受任于大府，听断无虚日。其地古号润州，山川绮丽，昆仑偕宾客乘小舟破浪游览，啸歌唱酬。金、焦、北固间莫不有诗文之迹。然而所治狱，目览口辩，呼誊之声沸耳，谳牍已具于手。去之安庆日，江南北有绘《昆仑渡江图》鬻于市者，往往得重价。今尚有《为政风流册》藏于其家。暨佐安庆郡，郡为两江锁钥，江上下四百里，所难在防汛，昆仑已擅鞫狱名，巡抚一以委之，决断如镇江日。而设保甲、清盗源、造快船、利调刺，巡抚下其式于江南，惟游览之兴少辍。由浮山、天柱之胜，皆在百里外，而所居塘

信义程康庄墓表残碑拓片

壑卑隘，巷无居人，乃代之以研精坟索，为退食之课，而诗文之作则如曩时。历二官而政事、文章相映发然，犹未上马横槊、下马赋诗也。迨知耀州，邻郡县贼氛弗靖，境内为震，恐大帅驻师于州，士马往来如织，刍茭供顿，责办于疆吏，既使之饱腾矣。而庆阳贼数万薄城下，设方略、冒矢石御之于外。比入官廨，则莳花薙草为暇豫状，民心倚之而安。贼时去时来，渠魁毙于城隘之炮，丑徒死者数百人，乃解去，相戒不复犯耀州。拒守几二年，贼尸积于城下，而诗卷盈于箧中，虽祭遵之雅歌投壶，曷以过之？昆仑之古文、诗、词，诸先生评之详矣，而见遗于郑氏，其书名《诗钞小传》，盖即所见之集而钞之。然四家文集颇行于世，何以不经见邪！昆仑同时人阳曲傅处士山，亦擅诗名，《诗钞小传》之不录，殆与顾炎武宁人皆在夏肄、殷遗之列，而遵史家限断之例。然阎征君又何不以录邪？傅处士字青主，有子曰眉，字寿髦，能为古赋。祁县戴廷栻枫仲，编《晋四家诗》，青主父子居其二。阎征君字百诗，号潜邱，有子曰咏，字复申，集名《左汾近稿》。”

总之，程康庄虽没有做过大官，却是写文章的大手笔、诗词创作的大手笔。在当时的文坛上，亦曾占有过一席之地。后来因种种原因，并没有得到彰显和推崇。不过，文存史籍，诗传后世，应该给予正确评说，方能还其本来面目。

明清武乡古八景

一

“八景”文化是中国传统审美旨趣与地理环境相结合的产物，也是一个行政区域的典型文化展示。它依托自然地理环境，将人文情怀，艺术营造与山水美学融为一体，以景观、建筑等多种元素为表现形式，“四字格”为景观的主要命名方式，将某一地域的八个或若干个风景胜地聚合起来的一种地域文化现象。凡有一定历史文化积淀的地区，都有自己的“八景”或“十景”。“十景”是“八景”的衍生，其基础还在“八景”文化，要了解一个区域的历史沿革，其景致文化也是非常重要的部分。

关于八景文化的起源，相对较早。有人提出“八景”文化起源于先秦，孕育于两汉，萌芽于魏晋南北朝，初步发展于唐代，定形成熟于两宋，繁荣发展于明清。“八景”文化无一不是在展示其地域优美的自然山水、悠久的历史文化。南朝沈约任东阳郡太守，登览玄畅楼，创作了《八咏诗》，是“八景”文化的最初体现。从北宋画家宋迪所绘之“潇湘八景图”，到苏轼名诗《虔州八境图》，各地争相命名“八景”。沈括在《梦溪笔谈》卷十七载：“度支员外郎宋迪工画，尤善为平远山水。其得意者有平沙落雁、远浦帆归、山市晴岚、江天暮雪、洞庭秋月、潇湘夜雨、烟寺晚钟、渔村落照，谓之‘八景’，好事者传之。”这被公认为是目前所见关于“八景”最早、最明确的文献记载。之后，诸多名人逸士、韵客作家好游奇山异水，又多为其谱词题诗，因而“八景”“十景”之风流传全国。

“八景”文化，一般以八项最具地方特色的景观组成，并以四字命名，到明代“八景”文化走向繁荣，特别是万历年间，朝廷诏令天下，呈报各地“八景”，并将“八景”融入方志修纂中。于是，“八景”在全国范围内得到推广，各府州县“八景”层出不穷、遍地开花，从这个时候开始，“八景”成为官方标配，武乡的古“八景”也是从这时开始的。

武乡最早的“八景”，应该是在明永乐年间编写县志时选定的。而永乐县志失传，已经难以找到根源。但在明成化版《山西通志·卷七》中发现有武乡“八景”的记载，成化版《山西通志》是第一部山西省志，成书于明成化十一年（1475），其在编纂中引用永乐年武乡县志是可能的，即使不来源于成化年间武乡上报的文字材料，也应该参考了永乐年武乡县志的内容。我们目前看到的明成化版《山西通志·卷七》中的武乡“八景”为：麓盘并秀、涅漳合流、八角明霞、五峰积雪、龙泉瀑地、羊径凌空、麻池古迹、莲沼遗芳。

二

现在我们分别介绍“八景”来历。

麓盘并秀：麓盘并秀指武乡境内两座山——麓台山、石盘山。这是位于武乡西部的两座名山，东西相望。康熙版《武乡县志》载，麓台山在县西一百二十里，与沁源、灵石二县接。石盘山在石臼山之西，其形如盘，故名。麓台山山顶平斜如台，因智伯求蔡皋狼之事建有智伯祠，山中有天然生成的洞穴。洞中有洞，深不可测，洞内泉水四季长流，一池如酪似乳，为龙子龙孙饮用；一池清澈甘醇，灌溉田地，造福于民。山上有原始森林，苍松翠柏，杨柳蔽日，古槐缠绕，郁郁葱葱，景色宜人。石盘山其形如盘，钟灵毓秀，草木溪涧，晴岚万壑，碧树千行，岩崖陡峭，鸟语幽长。曲径寻声通寺院，流霞夺目映夕阳；登顶回眸逾百里，豁然开朗。其两山并秀，东西相望，古代文人墨客游历，总是会游完麓台再游石盘，确实是一处优美的去处。

涅漳合流：涅漳合流指武乡境内的涅水与浊漳水汇合处的胜景。涅河古称涅水、甲水，发源于武乡县西部的护甲山，是武乡的母亲河。早在秦始皇嬴政统一天下后，推行郡县制，便在此建涅县，即以涅水命名。涅河流经武乡、沁县两县的勋欢、权店、南沟、南涅水、窑上坡、祁村、松村等村镇，一路向东，蜿蜒百里，在武乡县城（今故县）之西与漳水相融，形成合流。浊漳河北源是浊漳河三源之一，发源于榆社县北部的三县垴，从榆社向南而来，经武乡县昂车关流入。合流之后一路向东，经襄垣、黎城、潞城、平顺流出山西，最终进入海河。在涅漳合流处，明显看到西源涅水发青，北源漳水发黄，合流后并行十余里青黄两色清晰可辨，直到“漳水回澜”之处，河水直冲崖壁，在回澜之时才融合。其间，河水强烈冲击岩石溅起千朵浪花，如龙飞凤舞，声震长空，尤为壮观。真可谓：千山飞瀑响雷车，雨后洪涛势转加。万顷白迷沙屿淼，一泓青抱石林斜。

涅漳合流胜景

八角明霞：县西北五里有八角山，山形为八角之状故而得名。《方舆纪要·卷四十三·武乡县》中亦有明确记载：八角山“以山形八角而名”。八

关河八角山的"八角明霞"景观

角山是武乡县城区（今故县）的一个优美之地，登之山顶，东览太行之群峰，雄伟壁立，延绵不断，层层叠叠，近褐远灰；西望段村之古镇，酒肆旗飘，人头攒动，车水马龙，一片繁华；北顾昂车之唐关，若隐若现，雄浑犹存，陡峭蜿蜒，古道沧桑；南觅石勒之将台，遥想当年，兵来将往，旌旗飞舞，战马长啸。脚下漳水滔滔环绕而过，头顶白云悠悠飘忽而飞，站在山顶远望西天，蓝天和白云，黄昏与晚霞，落日与天线，小镇与村庄，安静与美丽。真是：碧云天，黄叶地，秋色连波，波上寒烟翠。山映斜阳天接水，芳草无情，更在斜阳外。

五峰积雪：五峰山在县东一百里，五峰并峙，雪浪峰最高，积雪不消，所谓无盘石人有盘石雪也。五峰山在县东石门村，百姓称其为五峁尖、琉璃顶。琉璃是古代用于烧制的一种化学物品，流光溢彩、变幻瑰丽、玲珑剔透，经文曰："愿我来世，得菩提时，身如琉璃，内外明澈，净无瑕秽。"琉璃果然是一种人格、一种精神、一种境界的象征。人们用此来称这座山，可见对此山的尊爱。五峰山顶常年积雪不消，而山腰却变幻多端，春暖桃杏满山，夏季百花齐放，秋来红叶遍野，与山顶白雪遥相辉映，真是山顶积雪，山下花开，清溪轻流，登峰览胜，可见冬夏并存的奇观。

龙泉瀑地：焦龙洞，位于武乡县城东百里之深山中，据清康熙三十一年版《武乡县志》记载：“万山重抱，洞有神湫，深黑难测，寒气逼人，每雨后水流出洞，虎豹常饮其侧。相传风雷将军焦龙神居此，明封为海渎王。”又载：“每当旱魃之为虐，炎灾立至，禾苗待槁，无论上至宫廷，下及庶民，帝戒沐浴，设坛取雨，果度诚祈，而优湿沾，可以立俟，则兴云致雨。”其说玄易，有涉迷信，然此处山水绝险，却不失为一胜景。此地有焦龙神庙，并有南北二洞。洞口有一泉，古为“龙泉瀑地”。相传，焦龙神在南洞读书，北洞布雨，专司行云施雨之职。百姓尊奉其为神，将这两个洞称为“焦龙洞”。由于北洞路况曲折，从洞口往里，需经门圪洞、门前石、小牛口、大牛口、上刀山、奶虎石、上天梯、通天柱、下天梯、磨豆腐圪蛯、地心石、将军骨、乱石滩、风道、雨道、反水井、天仙桥、横河，这就是著名的取雨神道。焦龙洞内四壁水滴淋漓，冰冷彻骨。前行，回旋盘折，曲径通幽。附壁蜗行，洞之幽深处有渊流横之于前，其声贯耳，其深莫测，乡人

坐落在刀把嘴村的“龙泉瀑地”景观

俗称“横河”，至此前路被阻，不得再进。“龙洞灵湫”即指此而言。到了横河，侧身探视，其间空旷辽阔，无法穷究其尽头，水声浩荡，不知其源其流，至今无一人越过横河。从龙洞山顶，朝西山远远望去，那高峰中有一线鸟道拾级而上，是为石磴，人称“上天梯”，明嘉靖十三（1534）年所修筑。这是祈雨回返时的一条险道——不知出于何种讲究，祈雨人回返时，不走原路而另择新径。沿上天梯登临山顶，便可放足而返。曾任顺天滁县知县、户部浙江清吏司主事、邑人魏之干诗曰：“喷出灵珠若有神，森然清冷彻重垠。穴连地脉通东海，洞汇龙池隐蛰蝓。万井晴原沾膏润，一犁春雨洒玄津。洋洋功德千年盛，庙享于今拜守臣。”

羊径凌空：羊径山，在县东百里，路若羊肠，崎岖缠绕，曲曲弯弯，为跨越太行之径，古亦称为羊肠坂、十八盘。这里是晋冀要道之咽喉，地势险要，易守难攻，历来为兵家必争之地，具有重要的战略地位。相传，东汉建安十年，曹操平定冀州任冀州牧，派大将乐进、李典出兵进剿高干，经白陉攻壶关不得，操闻之率兵增援，沿羊径而入，路过羊肠坂适逢大雪，面对军旅生活的艰辛感慨万千，写下著名诗篇《苦寒行》，这里“熊罴对我蹲，虎豹夹路啼。溪谷少人民，雪落何霏霏”，确有“延颈长叹息，远行多所怀”“行行日已远，人马同时饥”的微妙感受。明代岁贡黄器先隐居游历时曾写《羊径》诗：“羊径肠应曲，行人大不宁。胆矾来鸭绿，铁宝闪银青。杂树云依密，洪崖水自零。此中聊可慰，潇洒得林坰。”这里长年云腾雾卷，如幻如仙，雾霭缭绕，樵夫迷踪，板山群峰壁立，绝壁千仞，大自然的鬼斧神工，奇峰异石，造就了太行的千姿百态。该景在明永乐时称“羊径凌空”，乾隆时改为“羊径樵云”。明岁贡、邑人魏点曾作《羊径樵云》诗：“叠嶂箜巃石径斜，山樵无计锁烟霞。西风起处迷归路，一枕寒云入梦赊。”

麻池古迹：麻池古迹位于县东三十里之麻池沟村。武乡羯人石勒幼时，曾以种植桑麻为生，史书记载石勒“十四岁行贩洛阳”，主要贩卖的货物就是麻皮与蚕丝。石勒青少年时期，和邻居李阳都在三台岭一带的山地里种植黄麻，这一年黄麻丰收，而可供沤麻的池塘相对较少，为了争夺池塘适时沤麻，两人常常撕打得鼻青脸肿。因为麻农都知道，要想沤制上好的麻皮，必须严格掌握节令、水温和沤制的时间。后来石勒做了后赵皇帝，请乡友前往襄国，同他们一起欢会饮酒。李阳因多次为争夺沤麻池与石勒相互殴打，故不敢来。石勒说："李阳是个壮士，争沤麻池一事，那是我当平民百姓时结下的怨恨。我现在广纳人才，怎么能对一个普通百姓记恨呢？"于是急速传召李阳，同他一起饮酒，还拍着李阳的臂膀开玩笑说："我从前挨够你的拳头，你也遭过我的痛打。"随后任命李阳做参军都尉。因为有此故事，麻池古迹便广有流传。元末名人谢肃经武乡时，曾留下《濩甲山》一诗："白发书生过武乡，摩挲腰剑尚辉光。关山对峙东西峻，岭水分流南北长。小犬苍黄随履迹，老牛戛铄负车箱。沤麻池上人如雨，石勒何须驱李阳。"清康熙年间武乡知县高鉷在游历麻池沟曾有诗为记："石李相争地，传名亦自古。

坐落在监漳镇麻池沟村的"麻池古迹"

大哉兼容言，不愧一方主。”

莲沼遗芳：莲池位于武乡县城之东里许。早在元朝末年，魏氏始祖成甫因避战乱自河南归德府虞城县瓦岗店迁居武乡，经数十年努力，世代传宗，人才蔚兴，为武乡县望族，在县城置下产业，并在城东修下莲花池，引种莲荷。荷花又名莲花，是多年生草本水生植物。因其花朵硕大，花色艳丽，故有“水生花卉之王”和“花中君子”之称。本为热带植物，广植于南方。此前武乡并无莲荷，莲荷引种之后，农历六月盛开，潋滟水光，娇艳无比，翠叶粉黛，秀气娴雅，所以引来众人观赏。于是成为武乡一景，曰“莲沼遗芳”。万历朝该景更名为“东沼风荷”。相传在侍郎魏云中辞官归里时，曾对莲池进行了扩建，将莲花池扩修成一个私家花园，其北有一泉，谓之珍珠泉，其泉喷出如珠，泉水汇之莲花池，池边亭榭对列，夏时莲荷盛开，红英满目，香风扑面，观者云集，成为一处胜景。乡党士绅，酒客骚人，常汇集于此，谈天论地，吟诗作赋，留下许多诗词歌赋。可惜到清中期此景已不复存在。

三

明万历三十七年（1609）再修《武乡县志》，主纂人为县令张五美。张公五美永年人，明万历十三年（1585）举人，三十四年（1606）任武乡县知县，后任常州通判。张五美在万历版《武乡县志》中，又是如果确定的武乡“八景”呢？

明万历三十七年（1609）再修的《武乡县志》，目前依然没有发现这个印本，由于1938年4月15日残暴的日军放火焚烧了县城，武乡的不少历史档案付之一炬，但收录于清光绪五年版《武乡县续志·古迹》中有举人魏守经的《武乡十景诗》，从中可见端倪。

曾任武乡鞶山书院主讲、沁州铜鞮书院院长的道光十二年（1832）举人魏守经，在《武乡十景诗》的诗前序曰：“凡郡邑《志》列十景八景，如春山秋水、晚照积雪等名目，相沿相袭，几于依样葫芦。又题咏多用七律，言山则仰攀泰岱，言水则远挹江湖，排比铺张，殊多粉饰。武邑《志》自明万历年张公更定，亦有八景，后复增为十景。《志》中每题俱有诗，盖亦聊复尔尔者。兹为五古十章，拘谫之见，非能别开蹊径，期不失其实而已。”

由此可见，万历年间由县令张五美选定的新“八景”为：鞞山耸翠、漳水回澜、南亭烟雨、东沼风荷、南山锦浪、龙洞灵湫、崇城岩险、故城都会。

对照明成化版《山西通志·卷七》中发现有武乡八景，我们发现县令张五美公遴选出来的八景，却是进行了大尺度修订，将原来的八景几尽推翻，只保留二景，也都改了名，即：“莲沼遗芳”改为“东沼风荷”，“龙泉瀑地”改为“龙洞灵湫”。

前文探讨过，武乡最早的“八景”，应该是在明永乐年间编写县志时选定的。从永乐年间算起，到万历三十七年，不过二百年上下，那些被更换的景点，究竟是风光不再还是何因，仔细研究古史，发现在乾隆年间新定武乡十二景，被张五美删除的景点居然又回归进来。可见武乡的美景其实很多，能不能入选，要看县令和文人墨客的喜好。

根据举人魏守经《武乡十景诗》提供的信息，我们放下改了名的两处，在此将其他六处补充介绍。

鞞山耸翠：鞞山，亦写为鼙山，位于武乡县城（今故县村）之北，初名北原山。山下有一村叫东河沟，也是后赵皇帝石勒的出生地，相传石勒幼年常登北原山放牧，晴朗的天空，红日当头，耳闻鼙铎之音嘹亮，石勒急速回家告诉母亲，并请教母亲：“是否不祥之兆？”母亲说：“是劳作耳鸣，并非不祥之兆。”嘴里是这样说，但心里觉得神奇，晴天白日怎能发出悦耳之声？后来石勒起兵，进攻江淮返回武乡，屯兵于北原山，在此修筑石勒兵寨，养精蓄锐，招兵买马，操练武术，准备再战，最后自立后赵称帝。后给文武百官讲：“朕放过牛、种过地、做过买卖、当过奴隶、当过兵，今朝称帝，天助我也！”感悟童年北原山放牛耳闻鼙铎之音的缘故，自言自语：“北原山乃鼙山也。”皇帝说话“金口玉言”，传到民间，甚受重视，北原山便更名为鼙山。这里面临漳河，雄踞北原山，南低北昂，水绕山环，西有八角山，东靠先农坛，两山如鸟翅，美名凤凰城。城郭之上，建有龙门、石勒行宫、尊经阁、文昌阁、凉河楼等，古松参天，翠耸云霄，雄伟壮观，堪称胜景。清人范士熊有诗赞曰：“烟峦楼堞互争高，城上看山入画描。三面云连俱绕郭，千重翠耸直凌霄。铎闻岩半声虽渺，松望峰巅色不凋。万仞宫墙同仰止，参天拔地总超超。”

漳水回澜：浊漳河北源出于和顺，入县与涅河相汇，合而东流。从县南越过，经城之东南峰峦纽束之处转出，继而一直向东直至出境武乡。在县城东南的南神山下因山相阻，形成一个巨大的扎湾。前文所提为“涅漳合流”距此十余里，这十余里的河谷，为一亮丽景致，一条河水两种颜色，北半为黄色漳河，南半为青色涅水，这亦是个神奇的所在。这样并流到南神山下，直冲至山峦之上，形成巨流回旋，黄者融青，青则糅黄，阳光射入，常有彩虹显现。特别是每到雨后，河水暴涨难以骤泄，激荡回旋，凭城俯视，汹涛回澜，甚是壮观。武乡文人范士熊有诗曰：“北来漳水绕西湾，东转南回入县滩。半郭楼台翻倒影，两堤花柳障回澜。山如砥柱群流挽，城似黄河九曲蟠。欲助文心凭倚槛，一波一折耐人观。”前文说过关于“漳水回澜”的传说，因明代魏云中和程启南少时在南山书院读书，夏日河中戏水，上游暴雨，因“星宿”挡路，河水高涨，河神托梦于先生，这不过是传说而已。

南亭烟雨：南亭为武乡一村，北魏太和十五年（491），武乡县城（当时称乡县）及乡郡从榆社社城徙治于此，永熙三年（534）乡郡升为南垣州，不久州治迁到阳城县治之地，也就是今天的武乡县故城镇。这里一直是武乡县城，直到1947年又迁至段村，这里改名故县村。此景不在村而在村前之川，北有石勒寨，南有南亭川。石勒寨正南隔河相望便是一马平川的南亭川，所谓南亭烟雨，就在武乡县城对面之漳河南岸，南亭川连绵数里，可容千军万马。正对白虎山之处的南亭川之地，有一古老点将台遗址，即石勒点将台。在南亭川与石勒寨之间漳河自西缓缓而来，蜿蜒向东，犹如玉带缠腰一般。这里四山叠嶂，匹练中横，村树园林互其南，城墉廛居缭其北。小雨迷离，炊烟笼罩，轻雾腾起，如诗如画；春夏秋冬，四时皆尔，初秋边阴，景更为佳。真可谓坐于北方武乡古城，四季可观江南春色。明人魏以宁有诗赞曰：

“风柳毵毵径草青，淡烟疏雨入南亭。烟生天作琉璃海，雨霁山联翡翠屏。十里桑麻遥带郭，千家楼阁半开扃。何人贯酒旗亭下，日上阑干酒未醒。”

南山锦浪：南山也称南神山，位于武乡县城之东南三里许，是佛教、道教圣地。西晋时期，西域高僧佛图澄为度化石勒辗转来到武乡，见此地山色明秀，清泉四溢，景致独特，赏心悦目，便把这里作为弘法道场，居茅棚，面石壁，良行善举，普度众生。这里香火繁盛，声名远播。计有普济寺、南山神庙、海渎龙王庙、水陆殿、送子观音堂、千手千眼观音殿、关帝庙、圣佛堂、城隍庙、真武庙等内十院，还有南屏堆锦，北阁观澜；双松拂云，两池映月；龙爪攀槐，麟趾探洞；经楼拥翠，禅室围花；绝壁留题，上方闻梵；佛卒悬室，山门攒顶；云林听鸟，石井观鱼；老树摩霄，繁澌咽草；盛暑凝寒，清霄鸣籁；晓雾初收，夕阳返照；春风逗芳，夏雨观瀑；秋霜染叶，冬雪封林等外二十四景。此地山形如扆，花木丛杂，每至秋深，林叶霜染，烂若堆锦，掩映于漳波之上，吞吐于云雾之间，犹如青女抛机而蜀江新濯也，此景为南山锦浪，可以说巧夺天工，处处奇妙，般般生情。吸引着无数骚人墨客，游览观光，避暑纳凉。历代文人武将，都在这里央壁发奋，先后有汉御封龙泉神耿大将军，后赵开国皇帝石勒，西魏大都督宇文显和，唐御封风雷将军焦旺禄，宋金时期南京留守判官王师正，元著名学者任斗南，明清吏部侍郎任原、工部尚书程启南、兵部侍郎魏云中、宣大总督魏光绪、著名文学家程康庄、魏守经、赵三麒、魏伦等。唐李隆基做潞州别驾时曾在此拜谒，明末山西学者傅山隐居于此，作“读罢楞严闲听鸟声啼茂竹，烧残麝脑静观花影步苍苔”之名联。太康县令、邑人魏令望有诗赞曰：“霜林秋尽晚萧萧，丹锦烘空映泬漻。百垒云中开锦障，五纹天外起霞标。招提路近钟声动，罨画溪澄练影摇。岁岁川原佳丽地，几人壶榼盛相邀。”

崇城岩险：崇城山在县城东一百二十里处之墨镫村东南。山中绝壁万仞，悬崖千寻，危岩凌汉，巨石悬空，情势绝险。山口有“太行天险”石匾，入山有一线鸟道，只可辗转回环，蚁附而行。崇城寨就位于鸟道回环处，上覆巍峨之嵌岩，下临不测之深谷，凭栏而望，令人股颤目眩。此地称“彭彭寨”，

坐落在崇城山的“太行天险”

盖为“岑彭寨”之讹音，沟南对面另有一寨人称“马武寨”。相传汉将岑彭、马武年轻时，怀才不遇，就招兵买马，在崇城山上安营扎寨，凭借崇城山的天险地要和雄厚实力，各占一方，相互不服，常带兵于山下对阵。刘秀到此，见二人骁勇，即派邓禹游说归顺，刘秀有了岑彭、马武的帮助，兵马实力骤增，如虎添翼，最后推翻了王莽政权，打败了中原的各种势力，做了东汉皇帝。此寨有一石窦清泉，常积盈坑，不漫不溢，可以撤轿宴坐。寨东一处遗迹，原为“高欢避暑亭”，据史志：“魏大丞相高欢击尔朱兆于武乡，尝憩于此。”此处悬崖覆顶，日照不及，盛暑凝寒，使人疑有千年余雪积于谷中。明嘉靖年依山建寺，大殿依天然山洞而建，洞内有泉，长年不涸不溢，泉水是从山中石缝渗出，清凉甘甜，因而取名“圣泉寺”，金代进士李俨，明正德进士、莱阳令李翻，嘉靖进士、都御史李尧德，清代乾隆举人、孝廉、荣城县令赵扩等先后读书于此，当地人亦称为“进士岩”“读书寺”。由于崇城山地势险要，历代皆在此设寨，“有事防守，则用以窥敌之情状；无事登眺，由因以撷山水之菁华。”古往今来，到此涉险览胜者不乏其人。明进士李鱎之子、岁贡李惟一有诗曰：“大壑孤烟日夜浮，玉莲瓣瓣簇清秋。开山谁凿峥嵘象，避地真成汗漫游。云拥虹梁空外险，露寒仙掌洞中幽。琼田一雨灵苗长，烨烨花华数叶抽。”

故城都会：今故城镇为皋狼古都，历史悠久，古来是刀光剑影的战略要地和兵家必争之地。战国时期，此地改称涅，城邑未变，由于战略位置的特殊，涅先后被魏、赵、韩争夺占据，直到秦统一中国，天下分为三十六郡，在晋东南一带设置上党郡，涅称为涅县。此后西汉改涅氏，东汉恢复涅县，十六国时期改为阳城，县名更迭，但城邑依旧，千余年中，这里一直是繁华的都会所在，街道两旁店铺林立，酒肆香飞；青石道中人来客往，车马辚辚。薄暮夕阳余晖淡淡，洒泼在青砖绿瓦的飞檐楼阁，给繁盛的故城晚景平添几分朦胧和诗意。近处商贩吆喝，远处官马长嘶，身临其境，自感犹如置身于一幅色彩斑斓的画卷之中，禁不住停下脚步，远眺血色残阳，回望千年时空，一城繁华半城烟，多少世人醉里仙。邑人程步堂词赞：极目望平原，车马喧喧。无情涅水任潺湲。流尽古今兴废事，剩有城垣。笑语杂人言，市井田园，河山巩固晋阳藩。共说皋狼名胜地，风日晴暄。

四

康熙三十一年（1692）由县令高铁主持修编的《武乡县志》中，关于“八景”实际增为“十景”，也就是在明万历三十七年（1609）张五美主修的《武乡县志》中的“八景”基础上，又由邑人进士程启南、魏光绪，贡生魏鳌等人建议，续补“北漳夜月”“皋狼牧雨”二景，成为武乡“十景”。

到乾隆五十五年修编《武乡县志》时，又增为武乡“十二景”，新增三景，羊径樵云、南关锁钥、麻池古迹，而“皋狼牧雨”被减去，所以又有武乡“十二景”，为：鞞山耸翠、漳水回澜、南亭烟雨、东沼风荷、南山锦浪、龙洞灵湫、崇城岩险、故城都会、北漳夜月、羊径樵云、南关锁钥、麻池古迹。这其中的“羊径樵云”“麻池古迹”，则为明永乐年确定的“羊径凌空”“麻池古迹”。

下面再将新增的景点作一介绍。

北漳夜月：武乡县东有上北漳村，“北漳夜月”之景源于此地。上北漳村位于浊漳河北岸，故名曰北漳。村有通玄观，居村之中，众山屏列，而民居行布左右。此观由道人杨志玄所创，建筑豪华，一进式院落，中轴线正分天王殿、钟鼓楼、东西配殿，巍峨壮观。山下清碧绿水，鱼戏飞云；上空紫气祥云，绕山增晖。对面笔架山秀气吐瑞，好一个藏风聚气圣人宝地。杨道人是元代至元间人，学老子真修五千言密旨，殆有得焉。“神工鬼匠，月斧风斤，未尝需民间一货一物，而观已落成”。咸丰乙卯科举人、例授文林郎、吏部拣选知县、马邑乡训导史纪在《重修通玄观记》中这样记载，给此道观以神秘色彩。观下东南有一泉，泉深丈余，阔不及三尺，小小泉水，却又十分神奇，史料有记，“每当月夕，不必月与泉对，而泉先得月”，明月映到泉中，此景煞是优雅，故名“夜月泉”。每当月中，邑内外文人墨客、贵族乡绅都要小住观中，当夜晚明月初上，在观门外的古树下，香茗琼酿，小叙长饮，赏景望月，兴致多诗，唯余半夜泉中月，得来全是天上景。真有“不知天上宫阙，今夕是何年”的感觉，故而成为邑之胜境。明隆庆岁贡、香河县令魏鳌曾赋诗曰：“银汉无声夜气冲，冰轮飞上海门东。碧潭露冷光初满，玉宇星寒影正中。冷浸楼台看皎洁，清涵宇宙自玲珑。坐来三弄桓伊笛，几欲乘槎泛月宫。”

皋狼牧雨：皋狼即今故城，在县城西六十里处。武乡是西周武王姬发五弟姬度的初封地，为蔡诸侯国，后因参与武庚叛乱，将蔡叔度流放郭邻（今河南上蔡一带），叔度死后，其子姬胡重受封蔡。蔡国因此消亡，而赤狄氏分支皋狼氏在此坐大，就成为皋狼国的属地，都城设于皋狼城，即今故城镇。春秋末年，晋国四卿中智伯瑶成为晋国最大的公卿，据《战国策》记载：“智伯说，又使人之赵，请蔡皋狼之地，赵襄子弗与。智伯因阴结韩、魏，将以伐赵。”因而引发晋国四卿的争战，赵、韩、魏三家联合灭了智伯瑶，后来就是著名的三国分晋。也因此，这里成为历代兵家必争之地。皋狼城景，非常优美，四周一马平川，山远地阔。时至春秋雨季，细雨蒙蒙，如雾似烟，红日隐云，远山潜行，六合太阴，上下不分，天地间浑然一体。此时，近观杏白桃红，炊烟青绺，酒幌飘舞，煮壶香溢；远眺牧童骑于牛背，斗笠蓑衣，短笛横吹，其声悠扬。只见牧童缓行于草滩之内，趋羊于阡陌之中，如朵朵白云飘过，仿佛天地倒装。其形神逸，别有情趣。历代以来，多少文人墨客，仕女商贾，慕名前来，留下了脍炙人口的诗句，为牧雨悠悠典雅的独特风光增添了无穷色彩。昔邑人程步堂《十景词》中《皋狼牧雨》赞曰：“云气荡虚空山色鸿蒙，倒骑牛背任西东，短笛无腔时一弄，笑煞。十里杏花红，罨画偏工，衣笠旧家风。遥指踏青人未返，展半泥融。”

南关锁钥：南关在县之西北，距城百二十里，北接祁县，西临平遥，四面残岩陡峭，山绝路险，是上党通往晋中平原之孔道，古称“冀南之门户，潞泽之咽喉”。扼守上党之绝隘，古为西北雄关，历称“南关锁钥”。五代时李纲救太原克南关，唐中和年氏叔琮出关攻晋阳，这里都为至关重要之处。北宋时金兵南侵，金国国相完颜撒改长子粘罕率部从云中府、太原一路到达武乡南关。粘罕勇猛而有谋略，兵到南关，两峰对立，地势险峻，

坐落在武乡西北端的“南关锁钥”

雄关挡道，易守难攻，真的是南关锁钥，上党咽喉。粘罕不敢冒进，只好派探哨侦察，没有想到宋国根本没有设防，于是粘罕立于关头，仰而长叹。《永乐大典》中有这样的记载，粘罕“仰而叹曰：关险如此，而使我过之，南朝可谓无人矣。人言都茫无险可守，不知随地皆有险也。”于是粘罕几次带兵南下，均从武乡过之，制造了靖康之祸。岁贡生、修职郎程先民《夜宿南关镇杂感诗》中道：“南关自古号岩关，何故金人过是间？骑虏长驱从此下，翠微急去竟难还。南朝天子终为小，北地诈臣敢抗颜。师道曾思河上扼，忠言不用泪空潸。”而这里景色也奇妙，明弘治进士、山西提学副使陆深留《南关》一首：“丹崖倒浸一溪影，碧叶抽花十里香。最是闽中留客处，不知春尽度辽阳。”

历经数百年的变迁，人们的审美发生了变化，对于景点的选取，观点不尽相同。先后有“八景”“十景”“十二景”，但概括来说，除去重复部分，先后有 17 处曾被列入。在 1986 年修编的《武乡县志》中，也曾有“胜迹”一节，其中写到“六景”，即皋狼牧雨、龙洞灵湫、崇城岩险、南关锁钥、白杨红星、乡水碧波。从中可以看到，前面 4 处依然是明清就作为古景的，只是新增了“白杨红星”“乡水碧波”。“白杨红星”即指 1940 年八路军总司令朱德在八路军总部驻地王家峪村亲手栽种的一棵杨树，因其树枝的横面显红五星状，成为一处奇特的景致；“乡水碧波”只是指关河水库修成后，此地有了高峡出平湖的壮丽景色。

这一系列武乡古景里，承载了无数让人迷恋的美好回忆，饱含着无数难以割舍的思乡情怀。由于千百年的沧桑变迁，有些景致早已不复存在，唯有人文代代传承。

风云变幻经磨难

一

明末国内外矛盾激化，日本侵略朝鲜导致万历朝鲜战争，明朝辽东边防空虚，边墙外的海西女真诸部内乱不休，给了建州女真可乘之机。

1616年，努尔哈赤在赫图阿拉城（今辽宁新宾永陵镇老城村）建国称汗，国号大金，史称后金。努尔哈赤建立的后金政权逐渐坐大，明朝屡次战败，城池接二连三丢失，1636年，皇太极在盛京（今沈阳）称帝，改国号为“大清”，亦称为大清国。

顺治元年（1644），李自成率领的大顺军攻陷北京，崇祯帝在煤山自缢，驻守山海关的明将吴三桂降清，遣使向多尔衮乞师讨伐李自成。多尔衮指挥八旗兵，以吴三桂为前导，兼程入关。在山海关之战中击败大顺军，李自成退出，清军进占京师。国家又经历了一次改朝换代。但从县域体制来看，从元以后算是基本稳定了。

顺治五年（1648）腊月，驻守大同总兵姜瓖起义反清。第二年正月，姜瓖部下姚举等杀死了冀宁道道台王昌龄，攻陷忻州。汾、潞、泽、辽等州县纷纷举兵策应。在潞安一带起义的首领胡国鼎自称监军道，在与武乡毗邻的沁州走马岭起义。到沁州后勾通杨文达袭城，知州姜振迎降。武乡农民闻讯

修筑于石门村的青龙寨（郝雪廷摄）

响应，迫使清廷兵部直接管理的权店驿署，只好避开要道迁往故城镇。因新任武乡县令罗三重施行宣抚政策，采取各种手段笼络人心，起义风波一时没有扩大。

十月，清王朝调简亲王满达海率军来沁州平剿起义军。在征剿中，清军又烧又杀，寨谷荡然，武乡备受灾难。康熙版《武乡县志·兵燹》云："顺治六年，姜瓖叛，据大同，汾、泽、潞、沁等州郡小丑乘时蜂起，掳掠民间财物，男女几尽。"

这次反清复明运动，史称"戊子之变"。为防兵乱，石门村乡民曾修青龙寨进行防卫，顺治乙酉贡生、侯铨通判陈曰可有《建青龙寨碑记》记述，"时当百六，兵燹频仍，民不得高险之地筑坚固守，何以备久囊，昔年流寇肆毒，石门旧无砦，其殊害焚，持苦不可言"。"而大兵突至，矢炮交攻，

清代的《沁州图》

犹未及寨之半”。

清朝幅员辽阔，康熙元年（1662）清军统一中原后，在明朝的两京十三布政使司基础上，扩大为十八行省，省下设道、府（州）、县；乾隆二十五年（1760）达到领土极盛，在东北、外蒙、新疆设立五个将军辖区，实行因俗而治；又设立驻藏大臣、西宁办事大臣等负责管辖辽阔的藏区。

对于武乡县来讲，仍属沁州，区域也基本没有变化，只是在康熙六年（1667）冀南道被裁撤，沁州从原来的冀南道归属于冀宁道。

对于县内的体制，元以前记载不多，实行过里坊制、乡管制、乡都制、都里制等。明朝开始在乡村推行里甲制度。到清朝的保甲制度则更为完善，清朝政府规定：保甲组织的形式是十户为甲，十甲为保，属两级制。后来在甲之下又加进了牌，成为牌、甲、保三级，仍为十进制，分别设牌头、甲头（或甲长）和保长。每户都发有印牌一份，上书户长及成员的姓名，凡有出入，都要一一注明。这印牌和现在的身份证差不多。清廷的这些规定，目的是维护和加强封建统治秩序，消弭盗贼，严查奸宄。为了强化保甲组织，还有所谓“连保”“互保”制度。

从乾隆版《武乡县志》看，到乾隆年间，仍然实行里甲制，全县分10里，

清代武乡县邑治图

106 甲。清后期又实行乡约制，全县分 32 约，656 村，后又分至 108 约。

据县志记载，清代武乡自然灾害颇多，旱、蝗、风、霜、冰雹、地震……特别是光绪三年（1877）大旱灾，秋禾尽死，人们只得以树皮、谷草为食。所以民间留下谚语：“狗吃狗，人吃人，姥姥家锅儿煮外甥，女婿杀吃老丈人。”故而光绪五年（1879）编纂的《武乡县续志》共为四卷，仅“灾祥”便占了两卷。

二

清朝是武乡地域文化发展的一个昌盛时期，最为典型的是武乡秧歌。

戏曲是“戏中之曲”，包含文学、音乐、舞蹈、美术、武术、杂技，以及表演艺术各种因素综合而成。戏曲起源历史悠久，在原始社会已有萌芽，到中唐已具规模，特别是宋元杂剧、明代传奇，尤其是《琵琶记》的创作，比较完整地表现了一个故事，并且有一定的戏剧性，曾被誉为“戏曲中兴之祖”。

武乡秧歌，是武乡人民经过长期集体创造的智慧结晶，也是武乡民间艺术中一朵艺苑奇葩。关于武乡秧歌的产生时间，在研究方面欠缺，根据老艺人的口口相传，以及一些回忆资料或民间传说，大致将武乡秧歌的起源追溯到成立于光绪十年（1884）的——十八村秧歌班。《武乡秧歌百年史》中记载，武乡秧歌的诞生跟一个河南沁阳人张金川有关，光绪三年（1877），河南大旱，乐鼓艺人张金川流落我县下合村，后来他又去长治县西火一带打铁，光绪六年（1880）他将武乡民间“纺花调”跟西火秧歌融会贯通创出新腔，因此也有人认为武乡秧歌是由西火秧歌衍生而来。不过在1986年版《武乡县志》中，

武乡秧歌《骗婚记》剧照

又有这样的记载，“据大有横岭寺戏台壁所记，1849 年（清道光二十九年），已有武乡秧歌戏班在该台演出”，以此来确定武乡秧歌产生的时间，约在道光年间。

这两种记载本身就有矛盾，道光年间已经有武乡秧歌戏班演出，光绪年间才有张金川从西火秧歌衍生而成，可见“西火说”是毫无道理的。据地域文化学者郝俊峰研究，他在民间调查和走访中有了重大发现，并在《武乡秧歌的来源与发展回眸》中披露：嘉庆十年，和顺古窑村也有武乡韩壁村大套秧歌在该村演出的记载。本县蟠龙镇（原东沟乡）韩家垴村舞台题壁明确记载：“乾隆四十六年二月初三日，王家庄大套秧歌在此贺台一日，顶灯、上坟、借妻、钉缸、拾子、教子。”从以上所列剧目来看，如顶灯、上坟、教子等是武乡秧歌传统剧目，从剧情上看也完全符合武乡秧歌早期三小戏的表演风格。

这也就说明，至少在乾隆四十六年（1781），武乡秧歌就已经登台演出了。返回来说，一个剧种的成型不是一朝一夕可以完成，比如说从乾隆五十五年（1790）徽班进京献演，到道光二十年（1840），昆曲、徽戏、秦腔、汉调合流形成京剧，前后用了 50 多年时间。以此做个假借的话，武乡秧歌形成也用 50 年时间，至少在雍正末期至乾隆初期，武乡秧歌就形成了。它源于明末清初的民间社火活动，早期是一种名为“挑高”的秧歌，后吸收当地说唱和民间歌舞等艺术，至清代中叶达于兴盛。这在全国 300 多个地方戏曲当中应该是很早的，也证明了山西是中国戏曲艺术的发祥地之一，而且对以梆子戏为主的山西来说，武乡秧歌是一支戏曲奇葩。

民国年间，武乡秧歌得到长足发展，先后出现了陌峪乐意班、中村三元班、牛家岭庆荣班等一批很有声望的秧歌班社，而且也涌现出一大批武乡秧歌名优艺人。特别是在抗日战争时期，武乡成立了前进剧团、战斗剧团、光明剧团、翻身剧团，排演了大批为宣传抗战的优秀曲目，成为武乡的骄傲。中华人民共和国成立后，随着社会主义文化事业的繁荣，武乡秧歌进行了系列改革，演唱节奏明快，既高亢激越又悠扬婉转，因而成为国家级非物质文化遗

古老的武乡顶灯艺术

产之一，并准列入第二批国家级非物质文化遗产名录。

同时，也有“武乡顶灯”“武乡鼓书”等项目，都成为武乡文化的优秀代表。

顶灯，是武乡特有的一种古老的民俗文化，距今已有1600多年历史，相传是后赵皇帝、武乡羯人石勒所创。西晋永宁、太安年间，石勒被并州刺史司马腾卖身山东茌平为奴，奴隶主师欢赏识其勇，放还自由身，石勒便与汲桑等人啸聚山林，揭竿起义，传说他的兵马被官兵围困，他与同伴在逃亡途中，为求脱身便想出一个妙计，让大家把头发剃光，在脸上勾画上狰狞的脸谱，头上顶一盏油灯，趁着茫茫夜色率众突围。官兵见状以为遇到鬼怪，惊恐万分，奔逃避让，于是成功突围。石勒称帝之后，为纪念此事，下令在每年正月十五夜里，让百姓头顶油灯游行于街市，后来演变为现在的顶灯艺术。

武乡鼓书是武乡民间土生土长的一个小曲种，依照伴奏乐器不同，又分为鼓书、琴书、三弦书，清初开始萌芽出现，晚清以坐唱形式广为流行。主要流行于上党和晋中地区，其唱腔吐字力度强，曲调干净硬朗，节奏明快，方言语音、京韵吐字，能使较大范围的观众听懂。山西许多地方曲种，是我们民族民间鼓曲艺术的历史见证、活的标本，是山西鼓曲艺术的突出标记。

武乡的书院也很典型。书院原是官方修书、校书和藏书的场所，后来逐步成为官学。武乡最早的书院应该追溯到后赵时期，武乡人石勒称王后，在襄国宴请父老乡亲时，嘱咐乡人要开办书社（学校）学习文化，乡人回归故里后，在此创办了书社，直到今天，这个村庄即名“书社”。在宋元时期，武乡设立了南山书院，即在今天的南神山。许多名人都曾在此读书，到康熙二十四年（1685），知县高铁在县城北面的鞞山新修书院，也就命名为鞞山书院。嘉庆四年（1799）知县吴邦治曾经主持修缮，嘉庆十一年（1806）知县邓方城又主持进行扩修，未完即离任。嘉庆十二年（1807），云南王藩到任武乡，继而修之，鞞山书院初具规模。

清康熙年间《武乡县更迁县学记》碑首

王藩，后改名崧，字伯高，号酉山、石仙、乐山，云南浪穹（今洱源）人。武乡县位于群山之中，由于地理位置和交通不便，武乡和外界的联系很少，民风淳朴，人们过着日出而作、日落而息的农耕生活，文化事业落后，向学之人较少。王崧到任后，兴利除弊，改革盐政，把官盐改为商盐，还利于民；主治漳河，疏清其源，造福乡梓；振兴教育，兴修书院，修复鞞山书院，并亲自兼任山长，聚众讲学。

鞞山书院是武乡县原有的一个书院。《武乡县志》载：鞞山，在武乡县东北一里，相传石勒征时于此闻鞞铎之音，故名。此书院虽经历代官员的修葺，但没有得到根本改善，加之经费不足，鞞山书院废弃已久。王崧在《鞞山书院记》中描述了当时的情景：“明伦堂四斋（崇德斋、广业斋、居仁斋、由义斋）无一人肄习其中。盖读书为学，只为求得生员，其愿已竟。”

王崧将鞞山书院修葺一新，所需初备，便在政务之余主讲其中，堂下听学者云集。他讲学在当地的影响颇大，武乡向学之风由此大振，书院得到充分利用：“鞞山书院虽陋，养士之资虽少，而来学之士群居族处，讲章句课文字，用以悦心志娱耳目，无荣利之相竞，如人子之事父母。服习既久，渐窥夫修己治人之方，而握夫训诂、辞章、义理之枢要，其于科举时文奚足以云。”

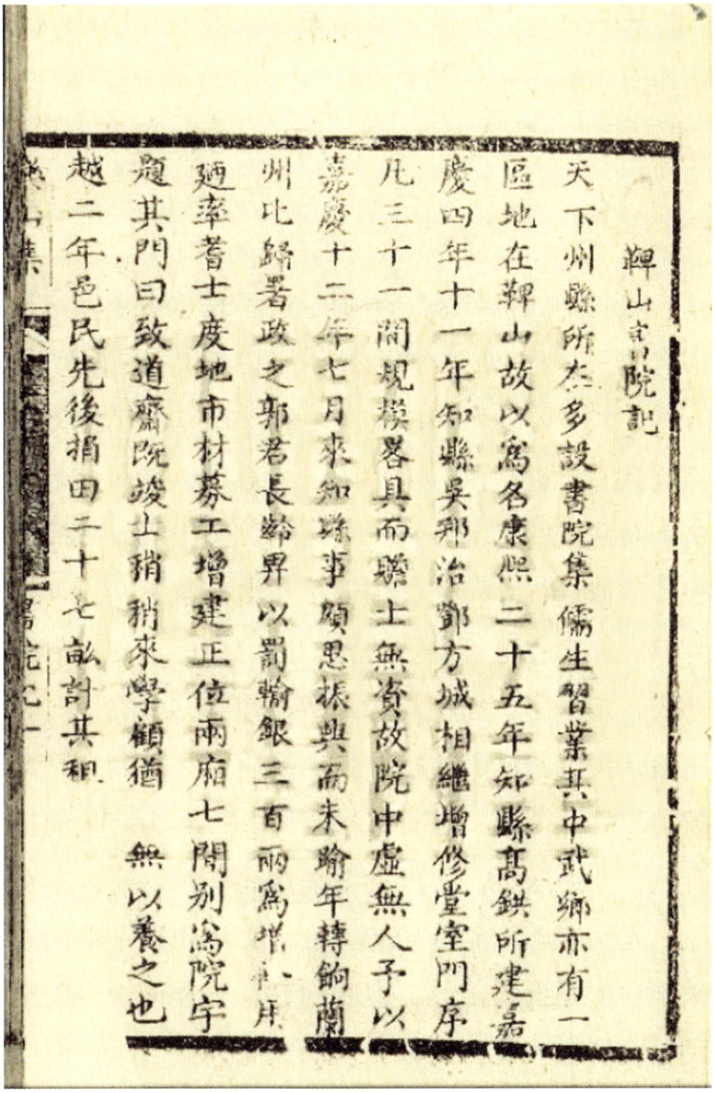
鞞山書院記
天下州縣所在多設書院集儒生習業其中武鄉亦有一
區地在鞞山故以爲名康熙二十五年知縣高鉷所建嘉
慶四年十一年知縣吴邦治鄭方城相繼增修堂室門序
凡三十一間規模畧具而縣士無資故院中虛無人予以
嘉慶十二年七月來知縣事頗思振興而未踰年轉餉蘭
州比歸署政之郭君長齡畀以罰輸銀三百兩爲增[illegible]用
廼率耆士度地市材募工增建正位兩廂七間别爲院宇
題其門曰致道齋院竣土稍稍來學顧猶 無以養之也
越二年邑民先後捐田二十七畝計其租

收集于《乐山集》中的《鞞山书院记》

王崧把读书比作老百姓日常生活中不可或缺的内容，用最简单的道理让老百姓明白了读书的重要性和益处，并捐薪俸购置书籍和学习用品。在他的带领下，有财力的人家纷纷捐资捐地，不仅把书院修整一新，还凑齐了学生的膏火费。清光绪五年版《武乡县续志》中有记载：“道光初年，知县王崧一振兴之。”

之后，知县吴匡、教谕钮增垚等人亦号召众乡绅捐资，数经修缮，成为山西有名的书院。直至光绪二十九年（1903），书院改为学校。

三

从鸦片战争开始，中国走进了长达一个世纪被侵略的苦难历程，武乡也多有波及。内忧外患，广西爆发金田起义，亦为太平天国运动。咸丰三年（1853）五月，太平天国大将林凤祥、李开芳率两万之众，组成北伐军，从扬州出发，连克数省挺进山西，走平阳、入直隶，所向披靡，声威大震。因清军由此阻击，对武乡的扰乱非常严重。据民国十八年《武乡新志》载，清举人籍文学在《重修遐福寺碑记》中云："自南氛不靖，羽檄交驰，我武权、南两驿，为镇兵往来孔道，供亿浩繁，民力业已不支，自夏徂秋，贼自金陵北窜，围怀庆，走平阳，骚扰几旬，所过州县，多费伤。至八月下旬，尚书某，带兵尾追，突驻县城，逾宿始去。嗣后官兵赴剿，络绎不绝者，又数十日。"又载："粤匪肆逆，忽有官兵至南关，名为防护而抢占民房，驱逐妇女，四散奔逃，哭声遍野。"可见太平军北伐时，清官军对武乡扰乱之实况。

光绪二十六年（1900）夏，义和团反帝浪潮波及武乡。光绪初年，天主教士在上司设堂传教，袒庇同教，干预词讼，狡黠者为护符，鱼肉乡民，黎民早已恨之入骨。义和团运动兴起，武乡人民纷纷加入斗争行列。南关镇的清秀才崔梦松在武乡倡导组织义和团，魏家窑村魏金元被推选为全县总舵主，张尚元、魏士龙、魏德成等被推选为东、南、西乡分坛坛主，公开喊出"义和拳，神助拳，只因鬼子闹中原"的口号，不到一月扩大到两千多人，男为"义和拳"，女为"红灯照"，县城东关关帝庙是义和团的活动中心。

清光绪二十七年（1901），清政府与十一个侵华国家签订了丧权辱国的《辛丑条约》，答应倾尽全国的财力，向列强进行"庚子赔款"。国民家产被搜刮殆尽。至此，国人已经完全看清了清政府对外奴颜媚骨，对内血腥镇压的卑鄙嘴脸。于是，各地义和团又一起打出了"扫清灭洋"的旗帜，向腐朽无能的清政府和侵华洋鬼子同时发起攻击。

义和团成立后，开始向境内的教会势力发起攻击。而所谓的教会，都是外国传教士进入中国后收受教徒组成，其中好些教徒是社会上的地痞流氓和二流子。这些人在教会的庇护下，欺男霸女，恣意妄为，无恶不作。比如教民魏留安一家，就是民愤极大的典型恶棍。于是，义和团首先拿魏留安一家开刀，将魏留安夫妇及其母亲枭首示众，又放火烧毁设立在上司村、白家庄、小店上等地的多处教堂，致使神父和教士闻风丧胆，仓皇逃窜。然而，这些神父和教士并不甘心失败，他们逃到襄垣县赵家岭，招集教徒，修筑堡垒，加固围墙，负隅顽抗。进攻赵家岭教堂的鏖战正酣，武乡衙门突然断绝了对义和团的粮食供应，致使义和团兵勇因饿饭而军心涣散，号令不行，无法继续战斗。这时，赵家岭的教士、神父带领教徒趁机反击，义和团被打散，进

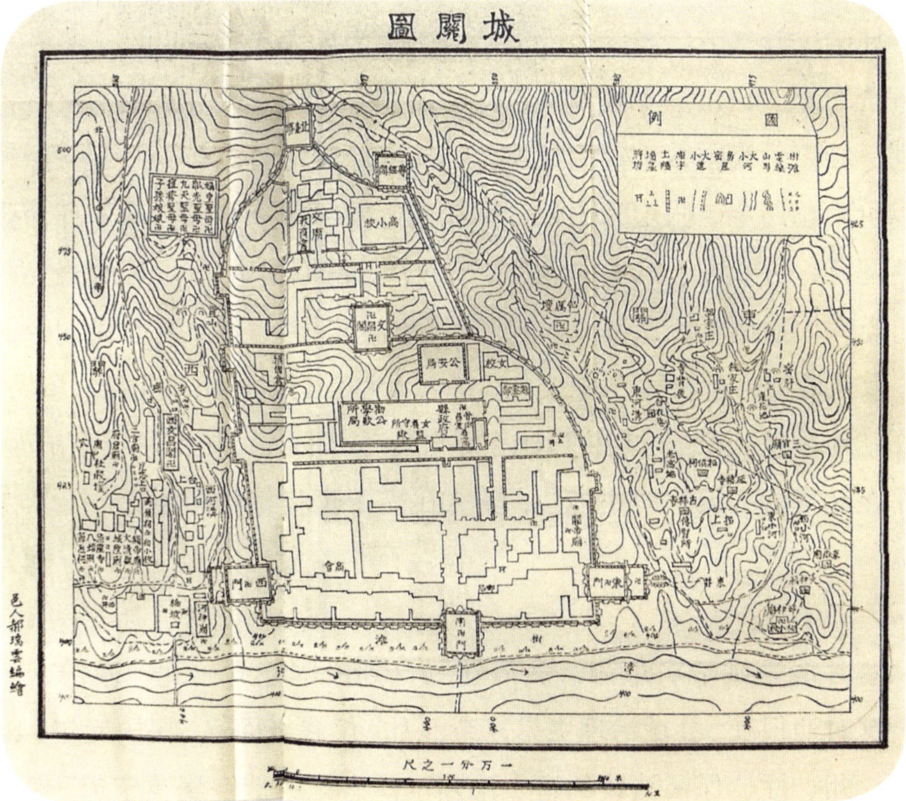

民国初期的武乡县城图

攻赵家岭的战斗失败。

武乡义和团的团民们聚集在县南的佛爷顶，接受武生出身的襄垣人王安邦统领，坚持继续斗争。然而，清廷官兵在帝国主义洋枪、洋炮的支持下，像一群疯狗似的向义和团扑来，王安邦领导的义和团起义军被打垮了。王安邦被清兵抓获后押回襄垣英勇就义，武乡义和团首领魏士龙被武乡知县下了大牢。于是，一场轰轰烈烈的义和团运动以失败告终。

由于清政府腐败无能，天主教徒沉渣泛起，更加肆无忌惮，勒索人民财产，镇压义和团。武乡清末进士李华炳在《庚子拳祸始末记》一文中记载："是年秋，和议成，各州县遭拳祸者皆赔款，武乡醵金万二千，搜括甚病，而教中之乘间报复者、勒索赔偿者，其数亦不赀云。"而后，武乡义和团首领魏士龙等被捕入狱，直至辛亥革命推翻清政府，黎元洪第二次任大总统大赦时才被释放。义和团运动在中外反动势力的绞杀下，虽然失败了，但武乡人民不屈的民族气节、尚武的爱国精神，永为后人所效法。

宣统三年（1911）岁次辛亥，孙中山领导革命党人在武昌起义，推翻了清王朝，结束了我国数千年的封建统治。太原于十月二十九日起义后，当局派姚以价为总司令、张煌为团长，率兵前赴娘子关布防。清政府任命张锡銮为山西巡抚，两军战于娘子关，因寡不敌众，清军击败民军，双方停战议和。姚以价返太原后南下，所部由时任步兵第七团兼潞、泽、辽、沁司令的张煌率领，取道榆社，于农历十月二十日进入武乡，当地人出来招待，备茶做饭，部队亦就地休息。张煌与东村段雅亭是陆军小学同学，便由段雅亭出面接待，革命军在此宿营一天，前往沁县，给人民留下了良好的印象。

四

从鸦片战争到辛亥革命，从清廷倒台到民国建立，北洋政府、军阀混战……这时期很乱，县域治理更是复杂混乱。仅武乡而言，民国元年（1912），裁撤府、州、厅，保留清代的道，沁州也没有了，武乡属冀宁道；民国二年曾改道名为中路道，次年又恢复冀宁道。到民国五年（1916），废除乡约制，推行区村制，全县分3区84编村；民国二十四年（1935），增设了2区，合并了编村，变为5区48编村。

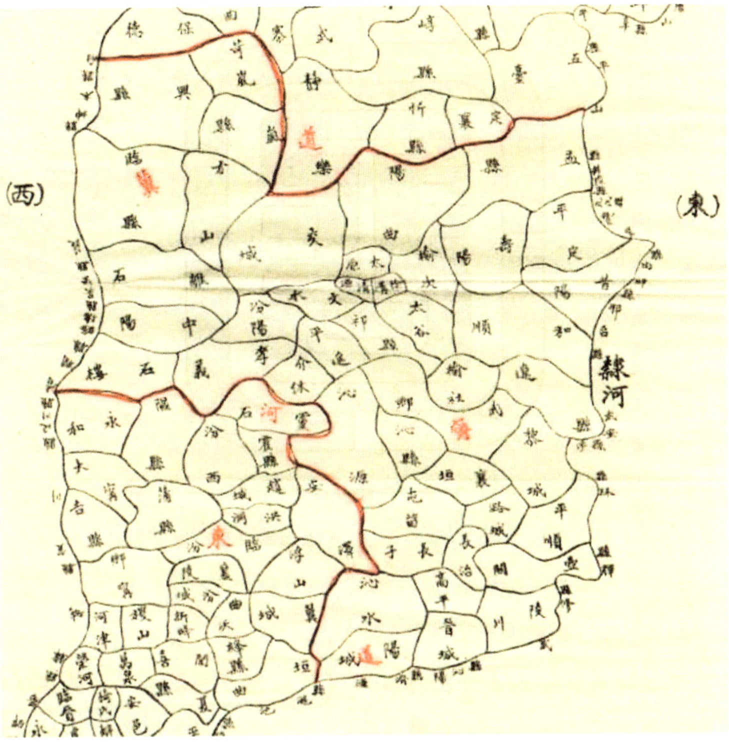

民国元年的冀宁道

当时的县政权机构称县公署，下设民治科、教育科、司法科、财政科、巡警营、司法棚、行政棚。民国十六年（1927）县公署改为县政府，知事改为县长。

民国十四年（1925）八月间，建国豫军总司令樊钟秀攻打辽县，与晋军旅长蔡荣寿部交战于蛤蟆滩，蔡部大败后溃退武乡，阎锡山急调潞安六团荣鸿胪部经武乡前往增援。这次阎樊之战，对武乡东部蟠龙、大有、洪水、墨镫等地骚扰极为严重，沿途抢劫抓夫，无恶不作。军方在蟠龙专设差务局，强迫供粮送草，沿途抓千余名青壮年，修筑大有到洪水长达三十华里的大道。战后，各路援军撤离辽县时再次洗劫武乡，到处怨声载道。

民国十九年（1930），阎锡山联合冯玉祥发动的倒蒋中原大战失败后，次年五月，冯玉祥所属庞炳勋部退驻武乡，长达半年之久，粮秣及一切所需全由武乡人民负担。还在县城、段村专设粮秣处、差务局。有五千余人不停地运送粮草，百姓十有九家被掠一空，痛苦实不堪言。

民国十六年（1927），根据南京国民政府指令，撤销道制，实行省、县两级行政区制，冀宁道被撤，各县的头上少了一个不大管事的婆婆。山西全省 105 县，根据经济状况分为三个等级，直属于山西省政府，一等县 22 个，二等县 42 个，三等县 41 个，武乡属三等县。

民国十九年（1930）七月，南京国民政府公布修正的《县组织法》，其第四条规定："各县县政府按区域大小、事务繁简、户口及财富多寡分为三等，由省政府编定，咨内政部呈行政院请国民政府核准公布之。"山西核定仍为前面划分未作调整。

五

墨镫村东南有一崇城山，山中有崇城寨。绝壁万仞，悬崖千寻，危岩凌汉，巨石悬空，情势绝险，山口有"太行天险"石匾，入山有一线鸟道，只可辗转回环，蚁附而行。明嘉靖年依山建寺，内有一洞，洞内有泉，长年不涸不溢，清凉甘甜，因而取名"圣泉寺"，金代进士李俨，明正德进士、莱阳令李黼，嘉靖进士、都御使李尧德，清代乾隆举人、孝廉荣成县令赵扩等先后读书于此，故亦称"进士岩"。崇城山地势险要，历代皆在此设寨，"有事防守，则用以窥敌之情状；无事登眺，由因以撷山水之菁华。"

"崇城岩险"为武乡古八景之一，历代文人墨客诗赋见诸典籍。在数千年的历史长河中，这片广阔山区便是武乡所属，由墨镫村李姓所有。然而，由于阎锡山政府在印制地图时误以山势划线出了点差错，给了邻县可乘之机。在民国十七年（1928），辽县（今左权县）小阴沟张姓以地理位置和地图划定为据，纠集了辽县东乡的十余名士绅，提出了诉讼，欲争崇城寨及以东一片山地为己有。

这种抢夺行为，实在令人作呕。为争回崇城寨的所有权，清末廪生、墨镫村村长李鸣凤不辞辛劳，应诉公堂，慷慨陈词，据理力争，并历经三次实地勘查，省府相关部门会同协商，最终裁定地图有误，并请示南京国民政府，裁决崇城寨仍归故主，这官司才算了结。

李鸣凤在《崇城岩会勘碑记》中写道："不意辽人恃强，越界霸疆，侵武土田占我权利，以致酿成纠纷，速讼于辽。秦人视越势难持平，竟使我武

民国二十年崇城岩地界争讼碑拓片

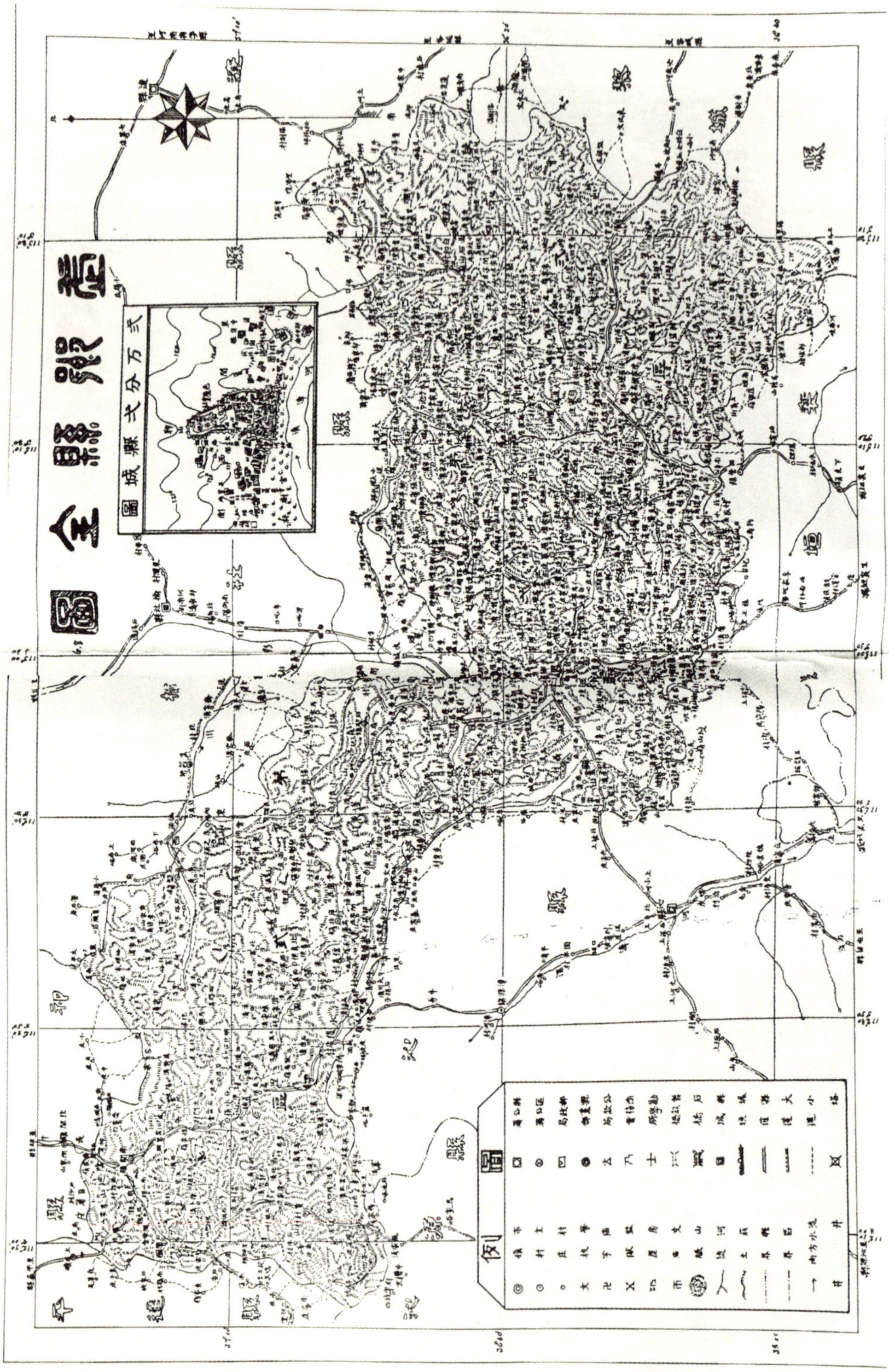

民国十八年武乡县地图

卧榻之侧，为他人酣睡之乡。似此失权丧地，谁不痛心！幸逢我公明断，守武斯土卷石，不让人移尺地，不认人割采。余呈辞派员，查复结报上峰，呈请会堪。卒之，案经平反，绝好渠岩，仍还故主，功亦伟哉！方公之亲往会堪也，涉洪水，登崇城，披风冒雨，衣履尽湿，往返于石磴如梯者廿有余里，旁观感以为苦，而公则徒步前行，毫无倦意。其勤事之心切如其身。如此者则是崇城之名，经我公之顾，而盖显三渠之胜，因我公之履，而益着遗爱在人，久而弥彰。他日乡人缅想，安见不有慕我公之德，感我公之泽，而以我公名岩名渠者哉！”

这桩公案的了结,捍卫了村界的完整,捍卫了县界的完整,深得乡民敬仰。

农民斗争风云起

一

在辛亥革命影响下，一系列武装起义风起云涌，推动全国革命进入高潮。

1919年5月，北京爆发了伟大的“五四”学生爱国运动，在全国范围内引起了强烈震动。马克思主义加速在中国传播，五四运动迅速波及全国，山西大学一群满怀爱国之心的青年学子积极响应，走出学校，走上街头，奋力抗争，不怕牺牲，唤醒着民众，他们唯愿国家觉醒，百姓奋争，在三晋大地掀起了一场轰轰烈烈的爱国运动。

在北京加入中国共产党的山西籍青年高君宇，也是北京社会主义青年团的创始人，于1921年5月，回到故乡山西组建太原社会主义青年团。此时，在太原省立第一师范上学的武灵初、高成哲等武乡籍青年，受俄国十月革命的影响，参加了声援北京学生的罢课运动，成为学生运动的组织者。武灵初、高成哲加入高君宇创建的太原社会主义青年团，成为山西省第一批青年团员。在高君宇的影响下，武灵初任学生纠察队队长，在斗争中经受了锻炼，思想认识有了质的飞跃。

同年暑假，武灵初等一批青年学生回到武乡，在县立师范和高小等学校进行宣传，提倡科学与民主，鼓励师生开展反帝爱国运动。在此影响下，县立师范进步师生开展了轰轰烈烈的学潮运动，并组织起“提灯会”，在县城、段村等集镇往返游行。他们高呼“打倒日本帝国主义”“抵制日货，发展民族工商业”等口号，号召人们不买日货、不用日货，动员各地商贩把日货统统销毁。家在各个镇上的学生，首先说服自己家里人清除日货。

由进步师生发起的反帝反封建运动，对武乡的封建势力展开了冲击，唤起了民众的觉醒。在运动高涨的同时，在外上学的武乡籍青年学生，不断把进步书籍带回故里，在知识分子中间广泛传阅。当时，武乡流传的书刊有《新青年》《苏俄的真相》《青年的信仰》等，以及进步青年编印的油印小报等。这些进步书刊的传播，开阔了青年人的思想视野，有力地促进了革命运动的开展。

高沐鸿的家庭是武乡县城的大户，也是一个革命的家庭，堂兄高成哲是山西最早的社会主义青年团成员之一。民国七年（1918）考入太原省立第一师范学校。课余到“晋华书社”借阅《共产党宣言》《唯物史观浅说》《俄国革命纪实》等书籍，开阔了思想视野，打下了理论基础。不久五四运动爆发，古城太原也掀起了反帝反封建浪潮，他同众多进步同学，加入声势浩大的游行队伍。在新文化、新文学的感召下，曾与王振翼、贺昌、张稼夫等人创办“晋华书社”，传播进步书籍，从而接受了新思潮、新文化；又与张友渔、张磐石、郭树棠等人组织“共进学社”，以《共鸣》刊发文章，抨击黑暗的旧世界。这一时期，他阅读了鲁迅、茅盾主编的文学杂志，郭沫若的诗歌，郁达夫的小说等，“五四”新文学在他心里深深扎根。1922 年他在山西《教育杂志》发表了一批作品，有诗歌《新诗集》、小说《梦里的爱》、评论《文学略谈》等，显示了他的文学才华和潜力。

1923 年毕业后，分配到太原师范附属小学当教师。

也在这一年，高沐鸿与盂县高长虹、高歌等人发起组织新文化社团“狂飙社”，创办《狂飙》文学刊物，成为山西新文学运动的创始人之一。“狂飙社”也成为与鲁迅创办的“莽原社”并驾齐驱的文学团体，在中国文学史上留下重要地位。在“狂飙社”的七位创始成员中，除高沐鸿外，还有王玉堂、籍雨农、郝效儒都是武乡人，也就是说“狂飙社”是以武乡文化人为基础创建起来的。狂飙社先后吸纳了众多的成员，潘汉年、尚钺、高歌等均为共产党员，从事地下工作；张申府为早期共产党员；高远征参加南昌起义牺牲。总体来看，狂飙社聚集了一大批进步青年与文化工作者，他们的创作倾向主要是表现旧思想、旧制度对人的扼杀，呼唤建设一个崭新的中国。这一时期，山西新文化运动的发展也受到包括鲁迅在内的进步作家的关注支持，这与高沐鸿等人的努力是分不开的。

高沐鸿既是一位社会活动家，更是一位著名作家，20 世纪 20 年代中期，高沐鸿在教学、编辑、社会活动之余，在鲁迅主编的《莽原》、高长虹主编的《狂飙》等上发表了大量的文学作品，出版了诗集《天河》《夜风》，以及小说《红日》《狭的囚笼》等，成为他创作上的高峰，现代主义文学思想与方法，也成为他的坚定追求。这些作品的出版，也奠定了他在文学史上的地位，著名长诗《天河》《夜风》《破灭之前》等，可与郭沫若的《女神》《星空》《凤凰涅槃》等相媲美。文艺理论家、山西省文联原主席郑笃尊称道：“老高是开创山西新文学的奠基人之一，也可以说是山西新文艺战线上

武乡作家高沐鸿与高长虹、高歌等人共同创办狂飙社，出版《狂飙》月刊，成为民国时期最著名的文学社团之一。《狂飙》月刊刊头由高沐鸿题写

的一代宗师。”

1926年夏末，由武灵初、王缙、高沐鸿、李逸三等在武乡创办的“星光社”，高沐鸿任社长，李逸三任编辑，出版《星光》月刊，专门揭露和批驳武乡当权的土豪劣绅，公开抨击县长吕绍岩、贪官魏山珠贪污公款、鱼肉乡民等劣迹。1926年冬，武乡籍太原学生寒假返乡时，旧县长吕绍岩将高沐鸿、杜辅唐等10多人逮捕下狱。不久，武济川、武光汤等武乡进步青年，纷纷团结起来，四处奔走，散发传单，利用赶集机会，鼓动千余群众在县衙门前示威请愿，营救被捕学生，终于迫使吕绍岩把高沐鸿等人全部释放。吕绍岩不久后弃官潜逃。

以“星光社”为首的武乡民主势力，在第一次向贪官污吏的斗争中取得了胜利。胜利后，武乡进步势力又组织起“公民会”，以反对土豪劣绅贪污自肥为宗旨，进一步扩大影响，与封建势力展开了坚决斗争。李誉甫、武光汤等带领小学教员为加薪而罢课40余天，迫使县政府给全县小学教员加薪一倍。同时，进一步发动群众，要求改进田赋征收办法，也取得了成功。

1931年冬天，阎（锡山）、冯（玉祥）倒蒋失败后，冯军一部没有地盘“就食”，退驻沁县、武乡。这使得武乡全县兵差繁重，贪官劣绅乘机贪污勒索。县长张扬祚借口给军队长官送礼，贪污肥己，送五百报一千，大肆饱其私囊。

张扬祚的罪恶行径，激起了全县人民的公愤。武光汤等人联合留并学生赵益三、魏玉田等，发动了清算差务账目、驱逐张扬祚的斗争。他们组织清算委员会，一边清算账目，一边搜集到张扬祚的十大罪状，向省政府提出控告，争取合法斗争。由于青年学生同心协力，斗争一直坚持到年关，省政府不得不将张扬祚撤职。消息传来，学生们更加活跃，立即召集了千人大会，涌进县政府把绅士们给张扬祚立的“德政碑”推倒，将“勤政爱民”匾捣毁，全县人民终于扬眉吐气了一回。

由青年学生和进步人士发起的几场斗争，冲击了当地封建势力的统治，增强了进步势力的斗争信心，为武乡地下党的创建打下了坚实的群众基础。

二

李逸三出生在武乡县北良侯村一个农民家庭。在太原国民师范读书时接受了进步思想的影响。为了追求革命，民国十五年（1926）冬，和程子华等一批革命青年一起奔赴当时的革命中心武汉，考入中央政治军事学校（黄埔军校武汉分校）第五期，次年参加南昌起义、广州起义，并加入中国共产党，成为武乡第一个共产党员。在广州起义中，他负责工人赤卫队的工作，整天和工人吃住在一起，向他们宣传革命思想，手把手教他们使用枪支。在他和其他同志的努力下，广州工人赤卫队成为广州起义的一支劲旅。广州起义失败后，他又遵照党的指示，参加了洪湖苏区的创建，先后担任中国工农红军第六军十七师政治委员，洪湖苏区红军学校校长，红军鄂区游击第二纵队政委，红六军秘书长等职。

武乡共产党组织的创建人、首任县委书记李逸三

1930年12月，受党委派，李逸三赴上海向党中央汇报苏区斗争情况。途中被武汉行营军法处逮捕，因他的名字和我党当时领导人李立三只一字之差，当局误把他当作我党领导人李立三，以致在报纸上大肆宣传抓获共党头子李立三的消息。这次被捕仅仅是把他当作嫌疑犯，他在狱中坚贞不屈，查

来查去没有查到线索，于1932年10月将他释放。出狱后，因单线联系人浦秀文牺牲，李逸三和党组织失去了联系，辗转回到了阔别五年的故乡。

当时的武乡田园荒芜，苛捐杂税多如牛毛，武乡人民正生活于水深火热之中。回到家乡后，李逸三和同村贫农李尚文、李华英开办了农民夜校，筹备组织农民抗债团，向封建地主、官僚资本展开斗争，并积极发展党员。经过半年的努力，武乡的共产党员发展到70余人。

民国二十二年（1933），李逸三两次去太原寻找党组织，终于取得联系，经中共山西特委书记维公批准，建立武乡地方党组织。当年8月15日，在县城（今故县村）高沐鸿家西房开会，正式成立中共武乡县委领导机关，李逸三任书记，赵瑞璧分管组织，史怀璧分管宣传。会议决定：一是积极发展党的组织，主要从“抗债团”的积极分子中选拔；二是出版党内刊物《上党红花》，以教育党员；三是加强对“抗债团”的领导，推动开展群众性的“五抗”运动（抗债、抗租、抗粮、抗税、抗丁）；四是全县分东区、中区、西区三个党的活动地区。东区以窑头、中区以段村、西区以北良侯这三个村为中心，成立了三个党支部。

从此，武乡党的组织就在农村扎下了根。并召开农民抗债团成立大会，大会推选雇工武三友为团长，贫农李尚文为副团长。同时，组织共产主义青年团武乡支部，由王锦心负责。这时，中共武乡县委、抗债团、共青团成为武乡地方党的三个地下活动机构。

“五抗”运动的主要执行者是“抗债团”，他们通过散发传单，制造舆论，发动群众，一时间在武乡的故城、段村、蟠龙、洪水等地贴满了“年成坏，不还债”“共产党来了，地主寿命不长了”等传单。“抗债团”还从团员中选拔出忠实勇敢、身强力壮的人员组成“硬抗队”，专门对付那些反动、顽固透顶的土豪劣绅。比如，武乡地主四大家之一、下北漳村李林春，被埋伏在路旁的“硬抗队”队员王中秀等人抗债痛打，不久气病而死；四大家之一、大有赵太和家的楼房被“硬抗队”火烧。西区“抗债团”则宣称：“若不摧垮地主债，群众就要受大害。”武乡地主八小家之一、岸北村黄林忠也

农民“五抗”运动中抗债团使用过的兵器

不敢再借故敲诈勒索农民。

这一连串的斗争，让地主豪绅对共产党恨之入骨，武乡乡间地主豪绅纷纷秘密告状。县政府指令县公安局梁楫对共产党进行抓捕，甚至上报山西省政府，太原绥靖公署主任阎锡山、山西省政府主席徐永昌也派遣特务人员来武，搜集材料，并出动军警进行镇压。

1934 年春节，武乡县公安局派出大批警察，包围了北良侯村，抓捕李逸三。同日，武光汤、武骏图、张超也被捕。对高沐鸿、史怀璧下了通缉令。中共武乡县委第一次遭到破坏。

根据中共太原临时工委的指示，对中共武乡县临时工委进行了整顿。农民斗争还在继续，除国术团活动以外，党在农村的工作主要是领导群众性的抗债、抗租，武东的反“官盐店”斗争，多是经济方面的斗争，还处于低级阶段。党的工作任务是：团结周围群众，同阶级敌人进行说理斗争。

这在当时有个明显特点，即党员、群众“众口一词”。武东的反“官盐店”斗争，就是组织农民从太谷、榆次挑些硝盐沿村换卖，以解决农民吃盐难的问题。后来硝盐也来不了，武东农民就在地下党的领导下，组织“淡饭会”，干脆不买“官盐店”的食盐。因为食盐关系到千家万户的生活，尤其是贫苦农民受“官盐店”的欺压与剥削，生活苦不堪言，所以，县委一提出组织“淡饭会”，很快群众就被发动起来。“官盐店”生了疑心，就在群众中对卖土盐的人进行追查、扣押、罚款。中共地方党组织就针锋相对，动员群众，同查盐者说理，迫使官方妥协。斗争虽然处于低级阶段，但是每一次斗争的胜利，都对群众鼓舞很大，百姓也在斗争中受益。

三

抗债斗争最典型的组织是“国术团”，这是武乡地方党的外围组织，也是武乡县在第一次土地革命中具有鲜明革命特征的武术组织。它是在“抗债团硬抗队”的基础上成立的。所谓“国术”，是当时人们对中华传统武学的尊称。

当年“抗债团”的斗争引起了官府和地主豪绅的极大恐慌，于是，他们纷纷向山西阎锡山政府进行控告。而此时，山西省政府又接到北平国民党宪兵团的通报，说是在武乡旅北平学生住处搜查出共产党的报刊《武乡周报》。同时，反动当局又获得了李逸三撰写的《第二次世界大战》一书，因此，武乡被列入山西省“四大赤县”之一，派遣军警，到武乡抓捕更多的共产党人。

1934 年正月，中共地下党县委书记李逸三等领导同志被捕，党组织遭到破坏。但是，武乡地下党的活动并未终止。当时，西区支部李尚文、中区支部武三友、东区支部魏名扬等党的骨干，仍然在坚持活动。只是以武抗为主的“抗债团”活动被迫停止，将原来“抗债团”中的“硬抗队”改为“国术团”，以学武练功为名，继续开展活动。

其实，“国术团”的创建比“抗债团”要早。早在 1927 年，魏名扬就

国术团是中共武乡县委组建的党的外围组织，也是武乡一支独特的革命斗争武装。这是国术团当年使用过的铜剑铛，已经成为重要的革命文物

在枣烟村组建了“国术团”。但那时“国术团”还没有政治目标，只是单纯习武练功。党组织成立后，绝大多数的国术团成员加入“抗债团”，成为“抗债团”的骨干力量。党组织被破坏后，散布在各地的党员更深入地转入地下，隐蔽起来。1934 年 2 月，转入地下的 60 多名“抗债团”中的武林豪杰，假借武友刘全全（刘靖国）给儿子做满月为名，集中在一起，发起成立了正式的武林组织“国术团”。从此，他们利用“国术团”作掩护，以耍拳卖艺为名，游走于全县各个乡村，继续秘密发展党员，与官僚地主阶级开展斗争。据早期武乡县委领导人李友九回忆，这期间“特别是以拳师魏名扬为中心发展的那部分（党员），约占全县一半”。这说明，武乡党组织被破坏后，党的地下活动不仅没有停止，党的力量反而得到了发展壮大。

李友九在回忆中继续写道：“李楷（李逸三）被捕后，由赵瑞璧、武三友领导坚持工作，洗刷了三四十个动摇分子，农村支部丝毫未受到波动，仍在进行贴标语活动。党员也继续发展，从当时的十三四人，到 1936 年春

中共武乡县委组织农民抗债团与阎锡山的地方政权进行斗争

党组织第二次遭受破坏时，发展到数十（接近 100 人）人。例如姜书祯（姜一），就是魏名扬于 1935 年春发展的。”这期间，全县共发展农村党的分支部 26 个，而其中魏名扬所在的东区窑头支部，就发展了农村分支部 18 个。由于工作成绩突出，1934 年 9 月，魏名扬被选进东区支部班子中担任了领导职务。

“国术团”成立后，利用一切机会和官僚地主阶级开展斗争。当时，官商勾结，垄断全县食盐供应，在几个大镇设立“官盐店”高价盘剥百姓。为了惩治贪官和奸商，地下党决定向“官盐店”下手。经过再三权衡，最终选中了民愤极大的蟠龙“官盐店”作为首要攻击对象，并把这项任务交由东区支部的魏名扬带部分“国术团”成员前去执行。

1934 年农历七月初七，蟠龙镇举办庙会。魏名扬率领“国术团”到镇表演武术。他事先安排两个人到“官盐店”挑事，诱使“官盐店”护店打手动手打人，从而激起众怒。借此机会，魏名扬和他率领的“国术团”成员鼓动群众，蜂拥冲进“官盐店”，哄抢食盐，捣毁铺面，把“官盐店”砸得稀烂。

此外，对于作恶多端的恶霸地主，“国术团”一样予以严惩。赵家庄大地主赵太和利用“憋㐃纸”残害百姓，“憋㐃”是一句武乡土话，就是指“便秘”，吃进去拉不出来，也就是说借了赵家的债就永远也还不清了。周围人们怨声载道。“国术团”早欲加以教训，一直不得其便。这一天赵家庄举办庙会，赵太和“进驾”祈福。魏名扬率领“国术团”在“进驾”途中捣烂烧毁赵家所进之“驾”，鼓动参会穷人吃了赵家的饭局，砸烂赵家的锅碗灶具，致使赵太和气病，最终一命呜呼。

当时，虽然“国术团”的斗争手段有点原始，却对人民群众产生了极大的鼓舞作用。

四

山西军阀阎锡山非常惧怕共产党的发展，1935 年 9 月，组建“山西防共保卫团”，这是带有准军事武装性质的基层组织，把全省划分为 12 个防共保卫区，防共区内各县联防、沿河各要隘建筑碉堡等。并要求各县都要成立“防共团”，由县长亲自担任团长，省里派军事干部担任各县防共团的副团长。为了加强“防共”，阎锡山政府还规定，防共团员不能让穷人参加，必须有一百亩土地以上的人家才能出丁入团。武乡防共团成立，全县招收 800 团丁，编一个大队，十二个中队，三十六个小队。规定每杀一名共产党员赏银圆一百块，侦察不力者撤职查办，私通共产党立杀不待；武乡境内来往的小商贩或讨饭人身上搜查是否随身带着本县印刷的通行证，否则不予放行。防共团要求农村实行“十户”连环保，就是十户人家组成一个互保连锁，一人出事九家牵连，谁连环不进去，谁就被指定为共产党。

为了保护农民运动成果，加强农民斗争，中共武乡县委决定派人打入“防共团”。防共团是军队编制，阎锡山规定只有一百亩土地以上的人家才能参加，但许多富户青年不愿参加，被写上“防共团”花名册的人家，都到区上花钱退丁，但因为完不成招收队员任务，花钱也退不了。打入内部的共产党员就利用这一机会，设法诱导地主花钱雇用穷人去顶名额，这样不少共产党员进步青年顺利进入防共团中。

一次，有人举报峪口村的王马孩是共产党员，准备立即组织人员去抓捕。打入内部的魏名扬假装上厕所，出来找人通知王马孩赶快逃跑。等防共团的兵把王马孩家包围起来时，却没抓到他。打入内部的人员，就是通过各种形式通风报信，有效地保护党组织的人员。

1936 年 2 月，中共中央决定组建“中国人民红军抗日先锋军”渡河东征，20 日夜，突破黄河天险，进入山西。这下，阎锡山更加惧怕共产党，所以，在全省加紧了大抓共产党员的活动。县防共团给各个中队下了任务，每个中队在一个月内至少要抓捕两名共产党员，否则就要撤队长的职。可是每次发现线索，又都因有人通风报信，一个共产党员也没有被抓住。为了完成任务，地下共产党员给防共团几个队长“献计”，让他们抓几个贩大烟的人来顶名额，这才应付过去。

红军已经打到山西，并开展“扩红”工作。中共武乡县委决定，希望打进防共团的同志们要尽最大努力，把防共团的枪支掌握在我们手里，并发动广大青壮，做好兵变的准备，等待时机，兵变参加红军。

地下共产党员在防共团中进行活动，拉起了一支近二百人的队伍，准备带枪开赴晋西直接参加红军。但得到红军已经回师陕北的消息，只好继续隐蔽斗争。就在这时，阎锡山要求武乡的防共团开到洪洞，准备改编补充进晋绥军。魏名扬等共产党员经过讨论，组织潜伏在防共团中的百十号人集体逃跑，还带出了四十来支长枪。这些枪支为后来组织游击队起到很大作用。

五

1936 年 2 月，因叛徒告密，中共武乡县临时工委再遭破坏，工委书记赵向荣等人被捕，领导成员程容、武三友被迫外出隐蔽。斗争非常残酷，但共产党员坚持真理，斗争仍然在继续，党的基层组织也没有因为县委机关的两次破坏而停止，反而继续发展壮大。到民国二十五年（1936），全县的党支部在原来东、中、西三个支部的基础上，又在东部的贾豁、蒺藜坪、李家庄、灵水坪、大有、甘草背、许家垴、石科、上却净、下却净、王海峪、枣烟、青草脚、峪口、李峪垴、大活庄、大西沟、窑上沟，中部的姚家庄、新庄、下司，西部的玉品、范家五科建立了党支部，党的基层组织一共发展到 26 个。

土地革命战争时期中共武乡县党组织分布图

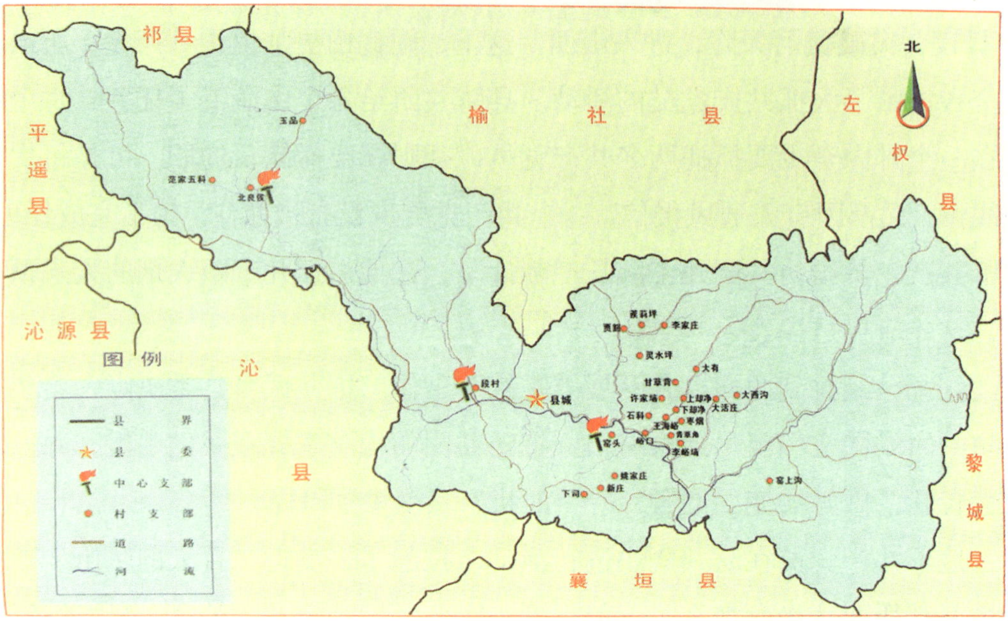

1936 年的中共武乡县党组织分布图

由于中共县委机关两次破坏，中共武乡县党组织出现了无县委领导机构的特殊情况，但党组织活动仍有各党支部组织进行。土地革命战争时期的武乡党组织，存在时间虽短，但它播下了革命的火种，使人民群众日益觉醒起来，为后来八路军总部能够驻扎在这里建立坚强的华北抗日根据地，领导指挥华北敌后抗战，以及武乡人民能够为抗日战争、解放战争和社会主义建设作出重大贡献，起了先导性作用。

武乡县的国民党组织建立也比较早，1926 年夏，在段村成立中国国民党武乡临时党部。1927 年蒋介石叛变革命，阎锡山与蒋介石同流合污，承认国民党为合法组织，国民党武乡临时党部改为国民党武乡党务改组委员会，1929 年 3 月因党员不足 45 人，该机构被撤销。直到 1939 年，国民党山西省党部又指派人员组建了国民党武乡县党部。国共合作时期，国民党县党部与县抗日政府同行，在王庄沟村驻扎，阎锡山发动“十二月事变”后，该机构人员撤走，名存实亡。1941 年 2 月，国民党山西省党部又指令在长子县王庄村复设国民党武乡县党部，从此该机构过着流亡生活，先后在沁水、壶关、孝义、太谷、武乡南沟、榆次、太原等地设立，1949 年 4 月太原解放，这个流亡十年之久的国民党武乡县党部也宣告结束。这个机关在流亡期间，主要从事收集情报和破坏工作。其下属还有一个三青团组织，1939 年年底三青团武乡分团成立，但一直流亡外地，曾派特务潜入武乡进行破坏活动，亦被破获，1947 年 9 月并入国民党武乡县党部。

武乡结缘八路军

一

民国二十六年（1937）7 月 7 日夜，卢沟桥的日本驻军在中国驻军阵地附近举行所谓的“军事演习”，并诡称有一名日军士兵失踪，要求进入北平西南的宛平县城（今卢沟桥镇）搜查，被中国驻军严词拒绝，日军随即向宛平城和卢沟桥发动进攻。国民革命军二十九军三十七师二一九团奋起还击，进行了顽强抵抗，揭开中国全面抗战的序幕。

7 月 8 日凌晨，中共中央通电全国，号召结成民族统一战线的坚固长城，抵抗日本侵略者。危难时分，国共两党达成共识，第二次国共合作正式形成，中国工农红军主力改编为国民革命军第八路军。在朱德、彭德怀统率下，东渡黄河，奔赴山西前线，八路军总部随军驻节山西。

在气势汹汹的日本侵略军面前，国民党军队不堪一击，日寇的铁蹄践踏长城内外。日寇的炮火吓坏了阎锡山旧政权的一些县太爷，全省 105 个县中，有 78 个县太爷“自行告退”。而一批不怕死的牺盟特派员和进步青年却挺身而出，主持县政。

为适应抗战形势，阎锡山将山西分为 7 个行政区，借助牺盟会的推荐，具有共产党员秘密身份的宋劭文、薄一波、戎伍胜、张文昂，分别出任了全省7个行政区中的第一、第三、第五、第六行政区政治主任（后改称督察专员）。武乡属于山西第三行政区。

同年7月，山西牺牲救国同盟会（简称牺盟会）派韩洪宾、姚伯功任武乡牺盟特派员，积极参加组织领导全县抗日宣传活动。10月，中共山西省委派徐子荣、王玉堂、高沐鸿到晋东南发动群众。他们首先来到武乡，在中共山西省委委员徐子荣的指导下，重新建立了中共武乡县临时工作委员会，恢复建立各区、村党组织，在窑头村举办党员训练班，并建立了抗日民族统一战线的“民族革命战地动员委员会”和“牺盟会”。

从10月到年底，武乡县工人抗日救国会、学生抗日救国会、农民抗日救国会、青年抗日救国会、妇女抗日救国会，以及武乡县各界抗日救国联合会等群众救亡团体相继成立。与此同时，八路军一二九师派师教导团营长谢家庆、营政治教导员张国传等数十名战士组成谢张大队，随八路军总部南下来到武乡。八路军总部在武乡驻扎一日，然后继续南下转战到洪洞、赵城一带，而谢张大队留在武乡开展发动群众、宣传群众、组织群众的抗日救亡工作。谢张大队是最早进驻武乡的八路军工作队，先后在东乡的陌峪、蟠龙、大陌，西乡的寨上、涌泉等地开展工作。这期间，武乡地方党组织和牺盟会密切配合，在八路军谢张大队指导下，组建了武乡县抗日自卫队，在武乡东部组织名扬游击队，在西部组织武华游击队。

全国抗战开始后，中国工农红军主力改编国民革命军第八路军，东渡黄河，出师华北，首战平型关，火烧阳明堡，侧击正太线，旗开得胜，势如破竹。之后，朱德总司令、彭德怀副总司令，又亲率总部机关进行战略转移，由五台南下，于1937年11月14日，在晚霞辉映的时刻，经过长途行军的总部机关终于到达了目的地，八路军总部机关首次进驻武乡县东村。总部各分部分别安置，到各个安置点安顿休息。

对此，杰出的国际主义战士、美国进步作家、记者和社会活动家艾格尼丝·史沫特莱，在其出版的《中国在反击——一个美国妇女和八路军在一起》一书中，有这样一段生动的记述：“当我们终于接近武乡时，半个月亮已经

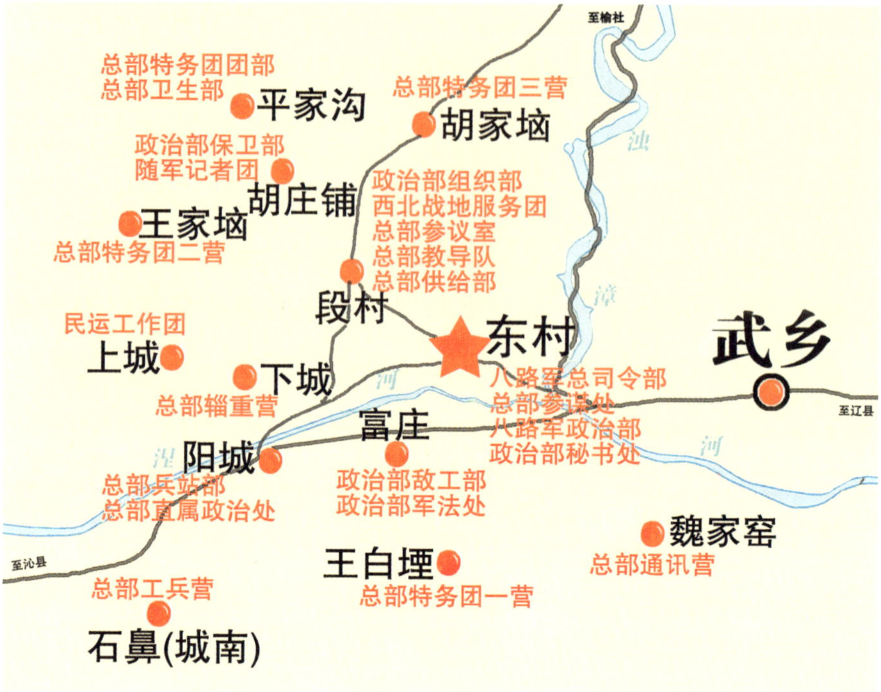

1937 年 11 月 14 日，八路军总部首次进驻武乡，总部各附属机关驻扎在东村、段村等十余个村庄，图上标了各机关驻扎情况

高挂在天上。我们沿着石头小道在一条宽阔山谷两侧的山岭间绕来绕去，山谷已经被一条蜿蜒曲折的河水注满，这条河叫桂河，至少当地的农民叫它桂河，尽管他们的叫法总是和地图上找到的名称不一致。”

接着，她写道：“我们在接近今夜的宿营地时，穿过了好几个村落狭窄的街道，那些村落就像中国本身一样古老，又由于几座庙宇琉璃瓦屋顶上的月光，而显得比中国还要古老。”“那些街道狭窄而且有很深的车辙，只在较陡的山坡上才铺了鹅卵石。村落四周的道路在月光下看上去像是一条条白沙，其实完全是细黄土。那一条条‘白沙’上，有我们军队成千上万只脚经过时留下的脚印。当我们从上面走过时，我想，这里有着某种伟大得难以描绘的东西，为人类历史上最伟大的运动之一而斗争的中国人民曾经从这里走过——那运动的目的，在求贫穷和被压迫的工农解放。”

距东村不远，就是武乡四大古镇之一的段村镇，听说这里刚刚组建了一支牺盟会游击队，朱德总司令便不顾长途跋涉的劳累，又赶到段村。

傍晚的段村镇沸腾了。乡民们欢呼着，跳跃着，奔走相告；青年抗日救国公学的师生们敲着锣鼓，打着彩旗，一个个笑逐颜开，夹道欢迎八路军的到来，欢迎朱总司令给他们作报告；一位白发老叟，撩起衣襟，擦擦眼泪，激动地逢人便说，朱总司令如何与他并肩而行，朱总司令如何跟普通人一模一样，是如何朴素、坦率而又真诚……

丁玲率领的战地服务团，在街头教周围的人们跳中国舞和费吉尼亚乡土舞。簇拥着看热闹的人们，拍手给他们那欢快的旋律和轻盈的舞步打着拍子。政治部的敌工干事董秋农，捧着朱彭总副司令签发的《致日军士兵宣言》，忙不迭地向前呼后拥的村民们散发。古老的街道上，人潮汹涌，万头攒动，朱总司令不顾长途跋涉的鞍马劳顿，站在台阶上，挥动着粗壮有力的右臂，以雄浑厚重的四川口音，向牺盟游击队的队员们作激动人心的演讲。

八路军总部首次进驻武乡东村旧址（李绍君摄）

“革命军人们，乡亲们！今天我们初到武乡，感谢你们的热情招待。现在在段村镇召开万人军民抗日誓师大会，是因为日本帝国主义妄图用武力吞并我中国的大好河山。六年前日寇制造了九一八事件，强占了我们的东北三省，百姓惨遭野蛮杀戮；四个月前日寇又制造了卢沟桥事件，侵略者的铁蹄已经踏进我华北地区。他们所到之处，肆意杀人、放火、奸淫、抢掠。硝烟和炮火让整个村庄满目疮痍，人民深陷于水火之中，中华民族已处于最危急的时刻，只有实行全民族抗战，才是我们的出路。”

接着，首长从日寇的大规模侵略，到工农红军改编走上抗日前线，从平型关、雁门关、阳明堡战斗，到忻口会战。特别是详细介绍了八路军在晋北的战绩和世界形势，首长的嗓音十分洪亮，但因有浓重的四川方言，常常不能为整个会场所听清，然而却充满真挚，带点悲愤，饱含深情。

会场里时时爆发出激烈的掌声。

“面对帝国主义者的侵略，我们一定要团结一致，枪口对外，对付我们民族共同的敌人。只要坚持实行抗日民族统一战线，有中国共产党的领导，就一定能够打败日本侵略者，只要我们努力，就一定能够取得伟大的胜利。”

在东村窑科儿的一座农家土窑洞里，八路军政治部主任任弼时接见了武乡地下党组织县委书记、抗日自卫队队长王玉堂，县委组织委员、牺盟特派员韩鸿宾，县委委员、中区中心支部书记武三友。通过听取汇报的调查，任弼时同志对武乡的情况作了充分了解：一是自然条件优越，历来为兵家必争之地；二是武乡建党早，群众基础好；三是人少地多，粮食产量颇丰，且地下资源丰富，便于军队驻扎；四是目前已经形成了群众抗日高潮。这为以后总部机关多次进驻打下了良好的基础。

次日早晨，八路军总部机关离开东村，向着那茫茫苍苍的太岳山区挺进。

11 月 19 日，也就是在总部机关走了四天后，八路军总部的另一支队伍也来到武乡。他们是八路军政治部的一部分，主要由宣传部、民运部，以及总部随营学校等 600 余人组成。这支部队以“战地动员”的身份行动，在晋西南祁县、平遥、汾阳、孝义、介休一带开展动员群众的工作。接到八路军总部命令，力争于 11 月 14 日前到达武乡，在此会合后一并南行。但因日军控制了平遥以北的同蒲铁路过路困难，加之天降大雪而耽搁，他们来到武乡错过了会合的时间，根据总部意见，在武乡巩固发动群众的成果。23 日，八路军政治部一部完成了对武乡各项工作全面检查指导，根据八路军总部指示，离开武乡，经襄垣、屯留、安泽、古县，到洪洞与总部机关会合。

至此，八路军总部机关第一次进驻武乡的历程画上了句号。然而，八路军总部与武乡的缘分才刚刚开始。

二

1938 年 4 月初，日本侵略军企图摧毁我刚刚建立起来的晋冀豫抗日根据地，调集了第一〇八师团主力，以及第十六、第二十、第一〇九师团及酒井旅团各一部共 3 万余人，分别从平汉铁路、正太铁路、同蒲铁路，以及长邯、临屯公路上出兵，分九路对晋东南地区进行大规模围攻，实行所谓的“广大广大的展开，压缩压缩的歼灭”的作战方式，企图吃掉我八路军总部首脑机关及一二九师主力。

面临顽敌围攻，八路军总司令兼第二战区东路军总指挥朱德果断决策，一方面动员第二战区东路军各部同心协力联合作战，另一方面命令一二九师将分散的部队集中起来，以一部兵力牵制敌军多路，集中主力击破其一部。为了指挥便利，4 月 10 日，八路军总部机关从沁县小东岭向武乡的马牧、寨上等地转移。当晚八路军总司令部驻扎在马牧村，这是八路军总部第二次进驻武乡。

此时，九路围攻之主力日军一一七联队 3000 余人，由苫米地旅团长亲自指挥向北进犯，13 日占领武乡县城（今故县）。

日军一边在武乡城大肆掠杀，一边又围着武乡城四处乱撞，特别是有一股部队闯到了马牧村附近，总部人员不用望远镜，都可以清楚地看到敌人，多亏中间隔着一条马牧河，虽然春季河水不大，但毕竟有河水阻隔，敌人也是无目的地搜索，并没有发现目标，所以也没有过河。当时，在总部的身边只有一个警卫排，要是他们闯上来，后果不堪设想，左权提出，必须把柏崎引开，才能解除总部之危，他决定亲自去调总部特务团打沁州，以调动柏崎回窜。

左权出行之后，朱、彭首长在地图上进行了认真的分析与观察，该敌在此地搜索不过是无目的地乱撞，如果没有结果，将有进取榆社的可能。根据我军集结情况，准备在武乡、榆社间夹击消灭该敌。

此时在武乡、榆社附近的东路军部队有曾万钟的第三军、朱怀冰的九十四师和武士敏的一六九师，朱德命令：朱怀冰部集结于榆社、武乡交界的云簇镇附近；武士敏部除在驻地阻击敌军外，以一部向沁县方向游击；曾万钟部以一部向武乡以北边战边退，而将主力隐蔽集结与附近山地，待日军通过后立刻猛烈尾攻，同朱怀冰部夹击日军。同时命令八路军一二九师主力、三四四旅一部迅速赶到战地参战。但因友军部分部队没有按前令行动，致使夹击计划未能实现。

14 日凌晨，为安全起见，八路军总部转移到义门村。

这一天，苫米地部进抵榆社后，根据这一情况，朱德、彭德怀马上分析退回武乡之敌有两种可能，一是退回长治，二是西援被武士敏包围之敌。为在日军踌躇之际给予打击，立即命令一二九师与三四四旅，迅速向武乡靠拢。

就在这一天，深入武乡的日军第一一七联队进犯榆社中了“空城计”，因群众空室清野，无吃无喝，道路又破坏严重，只得退回武乡。八路军总部命令第一二九师主力及第三四四旅第六八九团由涉县方向急行至武乡，寻机打一个歼灭战。

15 日夜，日军放火烧了武乡城弃城东走。刘伯承师长命令：第七七二团和第六八九团为左纵队，第七七一团为右纵队，沿浊漳河两岸平行追击敌人；第七六九团为后续部队，沿武乡至襄垣大道跟进。16 日晨 7 时，左、右两路纵队追至武乡以东长乐村附近，对走在河谷中的日军形成了夹击之势，趁机发起了进攻。陈赓旅长果断地命令部队出击，将日军拦腰截成几段分别歼灭。正当八路军胜利在望的时候，已经走过长乐村的日军主力部队，见后面部队遭到伏击，就集中了 1000 多兵力掉头来解围。戴家垴阵地几经争夺，第七七二团第十连激战四个多小时，终因寡不敌众，整个连队的战士们全部壮烈牺牲，阵地被日军占领。此时第六八九团赶来，向占领戴家垴阵地的日军发起反攻，夺回阵地。战斗进行到下午 5 点，敌人从辽县派大量日军赶来增援，形势发生了敌强我弱变化的新情况，师首长决定即立撤出战斗。此次战斗，歼灭日军主力 2200 多人，战马 500 余匹，粉碎日军对晋东南地区的九路围攻起了决定性的作用，这次战斗也有八路军在抗战中单次作战歼敌最多的一次战斗。

4 月 20 日，八路军总部机关移驻寨上村，并在此召开了反敌九路围攻祝捷大会。

总部在寨上的日子里，指挥八路军乘胜追击，一举收复了武乡、辽县、

八路军总部寨上村旧址（邢菊芬摄）

八路军总部在武乡寨上村召开的反敌“九路围攻”祝捷大会现场

安泽、沁源、沁县、壶关、屯留、长子、高平、榆社、晋城、阳城、沁水、黎城、潞城、襄垣、长治、涉县等 18 座县城，经过半个月的反围攻战斗，共歼敌 4000 余人。

同时，根据中共中央指示，朱德与彭德怀电令一二九师主力向冀南、豫北平原及铁路沿线展开。4 月下旬，刘伯承、徐向前、邓小平在辽县西河头召开会议，研究具体行动部署。一是决定将全师主力以平汉铁路为分界编为左、右两路纵队，左纵队为“路东纵队”，由七六九团和一一五师六八九团及曾国华支队组成，由徐向前率领，向冀南挺进，飞兵下太行。并相继成立冀南军区和晋冀豫军区，由宋任穷和倪志亮分任司令员。开展平原游击战，表明了敌后抗日游击战争进入新的重大战略意义的新阶段。从此，八路军开始展开在华北地区从山区到平原的第二次战略。

5 月 23 日，朱德、彭德怀率八路军总部机关离开寨上村，转移到沁县南底水村。

三

1939年7月初到8月下旬，日军纠集5万余人总兵力，在第一军军长梅津美治郎的亲自指挥下，同时从同蒲、正太、平汉、道清等地出发，分九路对晋冀豫抗日根据地重点是晋东南抗日根据地进行大规模“扫荡”。日军的这次扫荡，使用兵力之多，持续时间之久，是前所未有的。其目的是打通白（圭）晋（城）铁路和邯（郸）长（治）公路，控制主要城镇，以分割和缩小八路军的机动范围，而后消灭这些地区的八路军，摧毁抗日根据地。

为避开日军锋芒，八路军总部迅速作出决定，立即出发，沿浊漳河流域向北部的崇山峻岭之中转移。7月7日，八路军总部离开潞城龙泉山，经襄垣县普头村、黎城县河南村及下庄村，于7月15日进驻武乡县砖壁村，这是八路军总部机关第三次进驻武乡。

砖壁村位于武乡县东部太行山深处，该村东面靠着大山，南、北、西三面临崖，地势极为险要，是一个易守难攻、便于隐蔽的战略要地，一旦遇到危险，不仅便于防守，而且便于撤退、隐蔽于太行深山之中；村东南的小松山，松柏丛生，在此设置岗哨，周围数十里尽观眼底。村东有李家祠堂与玉皇庙、佛爷庙、奶奶庙、大戏台等组成的建筑群，庙宇坐北朝南，结构严谨，错落有致，很适合部队机关驻防。随着总部驻扎砖壁，中共中央北方局、野战政治部、新华日报社等许多机关分别驻扎在砖壁周边的烟里、安乐庄、南山头、土河、大坪、小坪一带。

总部进驻砖壁村当天，就进入紧张的工作中。

这时，日军对晋东南地区的第二次九路围攻异常猛烈，短短几天便占领了襄垣、沁县、武乡、辽县等县城，之后又分路向武乡、榆社地区合击。八路军总部直接指挥，组织一二九师主力、一一五师三四四旅、晋豫支队和决死一、三纵队等进行。八路军仍然积极寻找战机，打击敌人，共进行了大小战斗70余次，歼灭日伪军两千余人，收复了榆社、武乡、沁源、高平等县城，

王家峪村八路军总部旧址（郝雪廷摄）

粉碎了敌人聚歼八路军主力和总部的企图。

期间进行了一系列重大活动，8月13日，召开纪念“八一三”暨追悼平江惨案殉难烈士大会；9月11日，在东堡村召开中国共产党晋冀豫区第一次代表大会。“九·一八”纪念日，在土河村召开武乡士绅名流座谈会，朱总司令在会上发表谈话：“武乡士绅忠诚爱国，慷慨捐输者很多，使抗日的军队能够解决很多困难，这是我要代表八路军向各位表示谢意和致敬的。”会后，武乡全县仅11天时间，就完成为八路军囤积公粮67000多石，约合500万公斤。

由于砖壁村小，没有足够的旱井，百姓饮水十分困难，尽管八路军战士曾为村里修下了蓄水池，但池修好过，天再未下雨，蓄水池未能蓄水，还是无法解决饮水问题，10月11日，八路军总部移驻西南十千米的王家峪村。

这年 12 月，阎锡山挑起事端，进攻决死队，制造了晋西事变。阎锡山的反共摩擦，使得国民党第一次反共高潮明朗化，中共中央从抗日大局出发，坚定不移地执行党在统一战线中独立自主的原则，对国民党顽固势力，进行了“有理、有利、有节”的斗争。

为巩固太南根据地，八路军总部作出决定，组建八路军第二纵队，由左权副参谋长兼任司令员，黄克诚任政委，杨得志任副司令员，韩振纪任参谋长，指挥第三四四旅、新编第一旅、决死第三纵队、独立游击支队，以及冀鲁豫支队。为抗战需要，根据中共中央指示，抗日军政大学总校到晋东南办学，1940 年 2 月 26 日来到武乡蟠龙镇，在武乡招收第六期学员。

为了争取国民党反共顽固派继续抗战，根据中共中央指示，八路军总部进行反顽还击作战后，朱德总司令亲自赴晋城与第一战区司令长官卫立煌进行谈判，争取双方休战，共同抗日。根据谈判协议，双方划定以临屯公路及长治、平顺、磁县一线为界，该线以南为国民党军驻防区，以北为八路军驻防区，界上不驻军，两军不越界，达成“漳河划界”的协议。

反顽斗争结束后，全面总结经验教训，根据形势的变化，确定巩固和发展抗日根据地的方针，把分散的政权统一起来，制定和完善各项政策，成为摆在共产党面前的紧迫任务。为此中共中央北方局于 4 月 11 日主持召开了有冀南、太行、太岳等根据地领导参加的高级干部会议，提出今后任务是建党、建军、建政，巩固抗日根据地。

6 月 27 日，日军突然包围王家峪。总部机关安全受到严重威胁，在警卫部队与游击队的掩护下，首长及机关工作人员紧急转移，同时对村里的百姓也进行紧急疏散。当天夜里，八路军总部机关第二次进驻砖壁村。

四

总部机关大部移驻王家峪时，砖壁村一直有留守人员，总部机关返回来后，工作上并没有受到影响，很快就进入紧张的工作状态。

砖壁村八路军总部旧址（王晓方摄）

敌人的残酷封锁和分割，使华北抗日根据地日益缩小，大片土地变成了游击区。面对日益严重的华北形势，必须以军事行动对付粉碎敌人的军事“讨伐”。7月上旬，针对日军在华北各地增修道路以围困封锁八路军的阴谋，彭德怀与左权多次研究，反复磋商，决定趁青纱帐旺盛时进行大破袭战。接着又几次召开军事会议，研究、部署即将展开的大规模交通破袭战，并作出决策：在青纱帐起之时，发起破袭正太铁路战役，切断日军由平汉铁路通往山西的运输补给，并有利于太行、晋察冀抗日根据地连成一片。7月22日，八路军总部在砖壁村以朱德、彭德怀、左权的名义，正式下发了破击正太铁路的《战役预备命令》；8月8日，以朱德、彭德怀、左权的名义下达《战役行动命令》，规定：晋察冀军区破击正太铁路石家庄至阳泉段；第一二九师破击正太铁路阳泉至榆次段；第一二〇师破击忻县以北的同蒲铁路和汾（阳）离（石）公路，并以重兵置于阳曲南北地区，阻击日军向正太铁路增援。要求各部在破击交通线的同时，相机收复日军占领的一些据点。

8月20日晚，正太线交通破击战正式打响。按八路军总部规定，参战兵力不少于22个团。战役发起之后，由于八路军广大指战员和抗日根据地民众痛恨日军的“囚笼政策”，参加破击战的积极性非常高，因此各部投入大量兵力。22日，总部作战科根据前线汇报情况汇总统计，晋察冀军区39个团、第一二九师46个团、第一二〇师20个团，共105个团20余万人，因之定名“百团大战”。

战役从8月20日开始，至翌年1月24日基本结束。大战进程分三个阶段：8月20日至9月10日为第一阶段，中心任务为交通破击战，重点破击了正太路主要目标；9月20日至10月5日为第二阶段，作战任务是继续扩大第一阶段成果，重点在歼灭交通线两侧和深入我各根据地内部之日军据地；第三阶段从10月6日开始至翌年1月24日，中心任务是反击日军大规模报复“扫荡”。

从10月初起，日军调集重兵实施“反击作战”，组织第36师团、第37师团、第41师团、独立混成第4旅团、独立混成第16旅团等部进行大规模残酷的报复性“扫荡”。将重点置于中共中央北方局、八路军总部等领导机关所在的太行抗日根据地，以武乡、辽县、黎城、涉县一带为重点。10月14日，我侦察人员得知，襄垣方向日军正经过西营进袭武乡，且视其行动方向，有进攻砖壁的可能。

为避开敌之锋芒，八路军总部掩埋了许多不易搬动的物品，离开砖壁村，轻装转移，经石瓮村到达黎城县西井镇。日军撤退后，八路军总部又返武乡，经拴马村转到宋家庄村。得知敌人已经在我军打击下退回原地，10月24日，总部机关第三次进驻砖壁村。

此时，百团大战正在进行第三阶段，八路军先后粉碎了日伪军对太行、太岳、平西、北岳、晋西北等抗日根据地的大规模“扫荡”，而其重点依然在太行区。10月29日，敌之冈崎大队800人，在进攻黄崖洞兵工厂未果之后取道西进。这时，攻打榆社城的陈赓旅和决死一纵队一部正在蟠龙镇以东的关家垴附近，敌人在与我军相遇后，立即占据关家垴高地，企图以险拒守。

彭德怀得知这一消息，立即下令集中部分部队歼灭在关家垴宿营的冈崎大队。29 日晚，彭德怀赶在距关家垴村仅三千米的石门村召集各部队负责人开会，决定调集正在附近活动的三八五旅、三八六旅和新十旅主力及决死一纵队两个团，将冈崎大队包围在关家垴高地，并发布命令，对关家垴战斗进行了严密部署：要求一二九师之三八五旅、新十旅为右翼纵队，归刘伯承、邓小平指挥；三八六旅、决死一纵队两个团为左翼纵队，归陈赓、罗瑞卿指挥；并有彭德怀亲自指挥总部特务团及炮兵团一个山炮连，部队连夜进入阵地，于 10 月 30 日凌晨发起总攻。具体攻击部署是：三八六旅七七二团和总部特务团为一路，从关家垴东北、东南侧攻击；三八五旅七六九团为一路，从关家垴的西北侧与前一路并肩攻击；决死第一纵队为一路，由南向北推进，在关家垴南侧对日军的左翼进行牵制；新编第十旅为一路，由西向东封锁日军西逃之路。

这是一场恶战。

由于攻击地形十分不利，能接近敌人阵地的只有一条约 0.3 米宽的小道，战斗打得异常残酷。战士们一次又一次攻击，一个台阶一个台阶往上爬，反复与日军短兵相接，伤亡极大。八路军几路攻击部队的进攻行动先后受挫，战斗一度呈胶着状态，八路军的伤亡在不断增加。经过 10 月 30 日一天的激战，八路军虽占领了关家垴和柳树垴部分日军阵地，歼灭了不少日军，但剩下的日军仍占据着两地的主要阵地。与此同时，三八五旅和新编第十旅在外围的阻击战也于同日打响，从武乡、辽县、黎城出动的 3700 多名日军向关家垴增援。

彭德怀亲临前线指挥作战，并到距敌控制的垴顶仅 500 米处近距离观察指挥。为解救被围日军，日军派飞机轮番对八路军进攻部队进行轰炸扫射。战斗打得异常激烈，双方鏖战两昼夜，八路军发起十余次猛攻。日军分别从沁县、辽县、黎城方向调集3700余人，在10余架飞机配合下，分三路增援关家垴。

10月31日，重新组织兵力对关家垴和柳树垴的日军发起了进攻，力争在日军援军到来之前歼灭冈崎大队。16时整，随着彭德怀一声令下，总部炮兵阵地上的迫击炮连续向关家垴轰击。经过激烈的肉搏，日军大部被歼，基于日军援兵抵近，为保持主动，彭德怀与左权命令部队停止攻击，撤出战斗。此次战斗，歼灭日军冈崎中佐以下500余人。我军也伤亡600余人。

八路军在地方武装和广大人民群众的紧密配合下，截至12月5日的战绩统计，共作战1824次，毙伤日军2万余人、伪军5000余人，俘日军280余人、伪军1.8万余人，拔除据点2900多个，破坏铁路470余千米、公路1500余千米，缴获各种炮50余门、各种枪5800余支（挺）。八路军也付出了伤亡1.7万余人的代价。

关家垴战斗之后，日军在浊漳河岸往返窜扰，襄垣之敌北犯西营，黎城之敌分途西进，段村之敌也向砖壁一带袭来，企图捕捉我八路军总部，寻机报复。11月3日，敌占领柳树垴、大陌、石门一线，矛头直指砖壁村。在此紧急之时，我八路军总部指挥三八五旅、三八六旅主力在东堡、烟里一线冒雨抗击进犯之敌，掩护总部机关，展开了砖壁保卫战。

由于总部指挥百团大战的电台记号过于频繁，八路军总部驻址也已暴露，为了保证指挥机关的安全，总部机关将掩埋之物全部收拾之后，告别乡亲，告别山村，于11月4日离开砖壁村，向辽县武军寺一带转移。

1942年5月下旬，日寇纠集3万多兵力，从十几个据点倾巢出动，向我太行根据地腹地山西、河北交界的辽县（今左权县）、武安进行铁壁合围，开始篦梳式的野蛮大“扫荡”，妄图摧毁我抗日根据地。由于形势紧急，总部机关撤出麻田镇向偏城方向转移，而敌人的侦察机已经发现了转移人群，总部机关只好分路突围，突围中我八路军副参谋长左权不幸以身殉国。这次八路军总部遭到最惨烈的袭击，损失巨大，为调整部署，恢复元气，27日，彭总率领总部机关第五次进驻武乡，第四次进驻砖壁村。

在返回砖壁村的当天，彭总将总部损失上报中共中央。当日，毛泽东、朱德复电："悉总部被袭，左权阵亡，殊深哀悼。瑞卿、立三已否脱险？甚念。目前总部电台已全部损坏，建议总部暂随一二九师行动。"

总部这次回砖壁短暂休整期间，彭老总和总部其他首长，利用一切机会走访了砖壁百姓。每走一户，都要和乡亲们亲切交谈，对乡亲们为支援抗战而付出的牺牲与代价给予高度评价与亲切慰问。乡亲们看到彭总面容比战前清瘦了不少，止不住落下了眼泪。有的紧握住彭总的手久久不放。6 月 17 日，总部机关又迁回麻田村。

武乡县地处太行山西麓，浊漳河上游，是一块具有光荣革命传统的抗日老根据地。在抗日战争时期，八路军总部五进武乡，创造了八路军总部移动史上的两个"之最"，进驻次数最多和走过村庄最多，在武乡总共驻扎的 536 天，足以说明武乡在八年抗战中的历史地位是其他县份不可比拟的。

抗日救亡涌高潮

一

八路军总部的第一次进驻，使得武乡的抗日救亡工作马上高涨起来。

1937 年 10 月 2 日，受中共山西省委派遣，中共山西省委秘书长、山西党的晋东南负责人徐子荣带领两位武乡人王玉堂、高沐鸿回到武乡。当晚就在武乡县城高沐鸿家西屋召开秘密会议，宣布成立“中共武乡县临时工作委员会”，使得中断了一年多的县地方党组织得以恢复，由王玉堂任临时工委书记，韩洪宾任组织部部长，高沐鸿任宣传部部长。徐子荣布置：迅速和当地基层党组织取得联系，联络失散的党员，恢复全县中断一年多的党组织工作，展开对武乡全县抗日救亡运动的调查研究。

王玉堂，笔名冈夫，出生于武乡县故城村。毕业于山西外国文言学校德文专业，在校期间深受五四运动和西欧、苏联文学的影响，而开始发表诗作，曾任北平《民言日报》编辑。九·一八事变发生后，日军抢占了中国的东三省，北平人心惶惶，动荡不安，他开始以笔为枪，投身于反日运动的斗争行列，不久加入北平左翼作家联盟。聆听过鲁迅先生演讲，创作过革命斗争诗篇，散发过抗日标语传单，组织过反帝示威流行。民国二十一年（1932）冬，他与左联成员在北平地安门散发抗日传单，被国民党特务盯梢而抓捕。后关

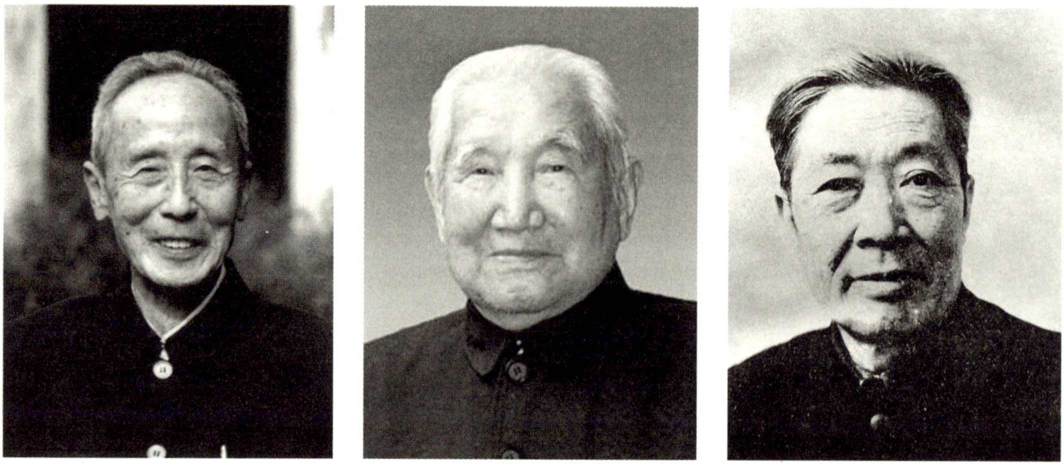

中共武乡县临时工委书记王玉堂（左），组织部部长韩洪宾（中），宣传部部长高沐鸿（右）

押于国民党北平军人反省院，即著名的“草岚子监狱”。在狱中积极参加斗争，并加入中国共产党。

高沐鸿的家庭是武乡县城的大户，也是一个革命的家庭，堂兄高成哲是山西最早的社会主义青年团成员之一，他更是参加进步活动的积极分子。中华人民共和国成立后，高沐鸿曾担任山西省文联主席、山西省委宣传部副部长、山西省政协副主席等职务，在武乡是个影响巨大的人物。

中共武乡县委创建时，成立会议就在高沐鸿家西屋召开的。而且他利用当时的县长吕曰薪是他师范老师的关系，创办了《武乡周报》，不仅让吕题写报头，还拨给了经费。这份周报有了合法地位，成为地下党组织进行反帝反封建革命宣传、揭露地主豪绅不法行为的舆论阵地，并创办武乡流动图书馆，向青年传播进步思想。后来党组织遭到破坏，他也遭到通缉，才逃离武乡，先后在太原、北平避难，参加了“左联”、牺盟会工作。

事隔四年之后，武乡地方党组织恢复的会议，又在他家的西屋召开。高沐鸿算是最了解武乡党组织情况的人了，但因当时党组织的秘密状态，党员大都是单线联系，他不知道谁是党员，怎么恢复还是有很大困难。

武乡县临时工委成立后，通过秘密调查，很快了解到自1936年2月武乡县委遭到第二次破坏以后，组织活动由县城转到了乡下，特别是东区支部的活动一直坚持着斗争，在李福元、魏名扬等人组织下，利用以练武青年组织的国术团，发展了不少新党员，并在大有、贾豁、东沟一带组织了二十多个新的支部，东区支部为中心支部，负责领导工作，党员总数在二百名左右。

韩洪宾是河北望都人，曾在山西国民军官教导团学习，担任武乡牺牲救国同盟会特派员。中华人民共和国成立后，曾任青海省委副书记，山西省委常委、代秘书长。1937 年 7 月，他来武乡时，以为孤掌难鸣，不知道这里谁是共产党员，也无法去联系地方党组织，只能依靠从太原军政干部训练班、民训干部训练团、村政协助员训练班、牺盟会特派员训练班派到武乡的部分牺盟会骨干，依托他们来开展工作，哪里知道在乡间还有这么多同志。他想，必须马上把大家组织起来，而后逐步向东西扩展，争取尽快使全县党的基层组织拉起手来。

为了让王玉堂、高沐鸿二位同志有一个公开、合法身份，经朱理县长批准，公开任命：高沐鸿为省理论委员会委员，王玉堂为县抗日自卫大队大队长。武乡地方党的工作很快展开。

紧接着，武乡各种抗日救亡组织普遍建立。武乡县工人抗日救国会、武乡县学生抗日救国会、武乡县妇女抗日救国联合会、武乡县青年抗日救国联合会、武乡县农民抗日救国会都相继成立。

二

跟随八路军总部机关来到武乡的还有一支队伍，这就是八路军一二九师谢张大队。

根据一二九师在和顺县石拐村召开的全师党员干部会议决定，要求全师化整为零，分散各地发动群众，开展游击战争，每个团的各个营都抽出一个连，组成工作团或游击支队，到指定地点同中共地方党组织、游击队一起工作，扩大武装，抽调大批干部和连队组成工作团和游击支队，分散到晋冀豫地区，开创抗日根据地，实施第一次战略展开。

谢张大队是以一二九师教导团二营为主组成，实际番号叫“一二九师游

八路军开赴太行山抗日前线

击大队”。因为蒋介石限制八路军发展，我们想扩军以适应抗战需要，却得不到新扩充的部队番号。新组织游击武装，只能以临时编制的番号出现，比如独立游击支队、独立支队、游击支队、游击大队等，因许多游击武装名称接近，为便于区分，便以支队主要领导人的姓氏或姓名称呼。谢张大队就是以两位领导人谢家庆、张国传而命名的，他们的任务是：到榆社、武乡、襄垣、黎城地区活动，与当地中共党组织互相合作，密切配合，在以浊漳河流域为中心的这片地方开创根据地。

谢张大队随八路军总部南下来到武乡。八路军总部在武乡驻扎一日，然后继续向南转战到洪洞、赵城一带，而谢张大队留在武乡，开展发动群众、宣传群众、组织群众的抗日救亡工作。

这支部队虽然称为大队，但兵将却少得可怜，师教导团只从二营给他们拔出百余人的兵力，分散到几个县，每个县仅有一二十人。这就是革命的种子，抗日的种子、要开创根据地，人是第一要素。谢张大队落脚武乡，迅速开展工作，在武乡开展发动群众、宣传群众、组织群众的抗日救亡工作。并分成几个工作队，以武乡为中心，沿漳河流域地区，向榆社、辽县、黎城、襄垣、祁县、沁县等地扩展。为了加快扩兵速度，谢张大队与武乡县牺盟会研究，决定将县牺盟游击队整体编入八路军，作为谢张大队的基础兵力。

同时，根据一二九师政治部的安排，派出谢张大队第三支队支队长陆清廉同志带领五名八路军干部，组成“八路军武乡工作团”，由陆清廉同志担任团长，工作团和中共武乡县临时工委团结协作，共同联合，除了对游击队进行军事培训外，更重要的是加强县以下各级党组织建设，建立基层党支部，在此基础上，逐步改造区、村政权，使旧政权成为适应抗战需要的抗日民主政权。

八路军总部的进驻，带来了一种蝴蝶效应。短短几天内，许多八路军队伍相继进入武乡。

新组建的一一五师军事政治干部学校招生处，在武乡县城西关武侯祠开始招生。许多青年学生跋山涉水来这里报名，与“一一五师”这个名号有很大关系，强烈地吸引众多热血青年，朝圣般地从四面涌来，前来报名的青年学生络绎不绝。短短一天之内，就有60多个青年学生加入军政干部学校中来。军政学校驻扎在南神山普济寺，一边招生，一边上课，一一五师军政干部学校就在这个简陋的环境中开学了。

三

根据上级指示，一一五师三四三旅六八五团政治处机关带领三营十一连，先行南下到榆社、武乡附近，宣传群众，扩大兵源。征兵组进驻武乡驻扎在连元村。位于县城西门外，距离县城仅五六华里远，可惜这个县城今天已经不是武乡县城了。1938年4月15日夜，即著名的长乐村战斗前夕，残暴的日军第二十五旅团一一七联队在这里施行大屠杀，并放火焚烧了武乡县城，从北魏太和十五年县城迁至这里到现在，具有1400多年历史的古城，在日

1938 年 4 月 15 日，残暴的日军放火焚烧了武乡县城

军罪恶的大火中化为灰烬。

不过，暴虐的日军的报应马上就来了，八路军一二九师及一一五师六八九团赶了过来，次日凌晨，就在县城以东的浊漳河流域将这股日军包围，对一一七联队进行打击，经过十个小时的激烈战斗，消灭日军 2200 余人，这就是前面讲到的著名的长乐村战斗。

县城被烧后，武乡县政府机关只好转移他处，在整个抗战中一直处于游击状态。直到抗战结束，县政府机关迁回后却无法办公，只得暂住在县城附近的东关、寺背后、郝家庄、魏家庄一带。1947 年 7 月，县政府决定将县治治所迁至段村镇，旧治所更名为故县村。

三营教导员蔡文福是一位已经有七年军龄、五年党龄的老革命，在红军中长期担任连指导员、营教导员、团政委，从事政治思想工作，他的宣传鼓动性非常强，部队刚刚住下来，他就在村头进行宣讲，竭尽全力地吸收优秀青年参军，补充我们的队伍，召集了许多百姓，也有不少青年马上就报名参军。可是国民党部队第十三军居然不让八路军招兵，硬说是他们先到的，这附近的兵员要首先让十三军来征。两军的招兵人员在这大槐树下争论了很久，村里人围着看热闹。

八路军团政治处首长说：现在国共合作抗日，执行抗日民族统一战线，我们都是国民革命军，希望两军能在抗日前线携手杀敌，共同为国为民出力，为什么不能一起招兵呢?

十三军的干部一脸骄横，蛮不讲理，还假托照顾八路军，说这一带的兵员本应归他们，既然八路军也想在这里征兵，那就两支部队都不能在外面宣传鼓动，村里的青年自愿参加什么部队，让他们自己来选择。

为了国共关系，八路军扩兵队同意了这个方案。

可是没想到，村里的青年都来报名参加八路军，甚至连附近村里的青年也跑来参加八路军，而十三军的征兵处门可罗雀。十三军就派人来询问，为什么要参加八路军?青年们回答，八路军能打胜仗，当然就参加八路军。平型关战斗我们都听说了，威震华北，你们呢，还没见到日本人就一溜烟跑了，我们要跟上那些败军之将不是去送死吗?几句话说得对方面面相觑、瞠目结舌。

六八五团扩兵队分成几个组，分别深入乡村进行宣传发动，一路走，一路都有青年报名参军。在武乡、襄垣、沁县等地招收新兵千余人。

一一五师三四三旅六八六团扩兵组百余名干部，在副团长杨勇率领下也从辽县方向来到武乡，进驻洪水镇。根据安排，团政治处主任符竹庭是武乡扩兵组组长。

扩兵组到达洪水镇那天，是农历十月十五。洪水镇是逢二、五、八为集日，十五是最旺的集日，这可是个宣传发动群众的大好机会。符竹庭不顾旅途劳困，立即寻找了一个合适的场地，先由宣传组的战士唱歌、跳舞、说快板，一下子招来了大量观众，符竹庭见时机已到，马上开始演讲，宣传抗日救国，号召大家参军参战。演讲中，他没讲什么大道理，就讲他的家庭和他参军的经历，讲他参加游击队后与地主老财的斗争经历，讲他在反“围剿”战斗中与敌人作战的经历，讲八路军在平型关战斗中的英勇故事……

听了他的演讲，许多青年当场就报了名。

镇上有一个老教书先生，看到这种场面，很是激动。他含着欣喜的泪花对符竹庭说：“符主任，我七十多岁了，第一次见到这样的新鲜事。幼时读《孔孟》，曾学过‘箪食壶浆以迎王师’，那只是在书本上有的。生活中遇到的军阀，都是鱼肉人民，兵匪不分，几年前军阀混战，武乡遭了兵灾，老百姓也备受欺凌。近日来，国民党军队也说是抗日，可是丝毫不讲道理，到处抓壮丁、派款、抢粮，真是苦不堪言呀，我看这样下去，百姓不死于日寇的惨杀，也死于‘国军’的抢劫，不免冻饿以为路殍。今天看到首长的演讲，年轻人纷纷报告，更有母送子、妻送郎的这些感人场面，如何不叫人心动神驰。在人们心中，特别是青年人心中，以不抗日为耻，我老汉如果再年轻四十年，我也要当八路去打日本鬼子。”

符竹庭拉着他的手说：“老先生，你这颗心比上战场还要感人，你在塾学里教书育人，教育孩子们从小立志，保家卫国，也是参加抗日了，也是为抗日做贡献了。如果方便，也可以办个夜校，把农民们夜晚的时间利用起来，来教他们识字，让他们都懂得抗日救国的道理。”

老先生满面笑容道：“你这一席话，使我茅塞顿开，我原只感到老朽陈腐，无能为力。经你这一指点，还能为国为民干点有益之事，我一定在教孩子孔孟之道之前先讲抗日的道理，让孩子们从小就懂得抗日是中国人民的大事，也要教村民识字，逢教必提抗日，略尽微薄之力。”

四

中共武乡县临时工委成立后，中断了一年半的县委工作很快得到了恢复。通过调查摸底，重新登记党支部 27 个，党员总数达到 243 人。

县临时工委成立和八路军工作团紧密配合，积极广泛发动群众，动员一切力量，迅速把工人、农民、青年、妇女等组织到各个救亡团体中来，达到

八路军工作团团长、中共武乡县委书记陆清廉

“工农兵学商，一齐来救亡”的效果，特别是在区村建立工救会、农救会、自卫队、青救会、妇救会等抗日群众组织时，以共产党员来当领头人。

不久，根据上级批示，中共武乡县临时工作委员会和八路军工作团合并，正式成立了中共武乡县委，陆清廉任县委书记，中共武乡县临时工作委员会随之撤销。1938年5月，经八路军总部与一二九师决定，成立晋冀豫军区，以八路军谢（家庆）张（国传）游击大队为基础，在武乡组建了晋冀豫军区第四军分区。同时，中共晋中特委迁到武乡办公，领导第四军分区辖区各县的党组织，后来又改称中共晋冀豫第二地委，这是中共武乡县委的上级领导机关。同年9月，中共晋冀特委决定将中共武乡县委改制为中共武乡中心县委，负责指导榆社、祁县两县县委工作。

阎锡山的县长跑了，中共武乡县委积极挑起宣传群众、组织群众的重任，组织支前队、担架队，积极为八路军反敌九路围攻作战服务，特别是在著名的长乐村战斗中，进行战勤服务，为八路军作战提供有力保障。接着，开始了改造旧政权运动，发动群众推翻旧村长选举新村长。

这时，山西第三专署又派来了牺盟会干部郭腾蛟到武乡接任县长。郭腾蛟县长一到任，即和牺公联委会、县工会、农会、妇女会等各救亡团体联系，到处发动群众，在全县开展了减租减息、合理负担工作，以二五减租的形式，即提出减租25%，借贷利率不得超过二分。这一政策本着建立抗日统一战线的原则，兼顾农民和地主两方面的利益，既有利于团结大多数地主抗日，又可以削弱封建剥削，改善农民的政治地位和生活条件，从而发动广大农民抗日。当时由于村政权为地主富农所把持，他们随意隐瞒土地，以多报少、以优充劣，从而严重影响推行合理负担工作。针对这种不合理现象，抗日县政府提出了“有钱出钱，有粮出粮，有力出力”的合理负担政策。为了这项新政策的合理实行，在全县统一丈量了土地，清查出地亩账上没有登记的“黑地”，评定了好坏地的不同产量。这一系列措施，受到了全县民众的热烈拥护。从此，广大群众的抗日热情空前高涨。

郭腾蛟虽然是共产党员，但当时按纪律要求保密，没有与中共武乡县委取得联系。当时武乡人民在八路军工作团的领导下向贪官污吏、劣绅土豪进行了斗争，在此过程中，群众也提出要求县区政府人员减薪抗日，郭县长对此提议表示同意，自己积极带头减薪，但由于政府工作人员对减薪不满，影响了工作的进行，减薪措施只好搁置，未能推行，郭县长也因此而被迫辞职，调离武乡。

接着，由薄一波任专员的山西第三行政区派来了新任县长谭永华。当时由于从县政权到区、村主要干部还有不少是阎锡山派任的，这些人大多在抗日中退缩推诿，严重阻碍了抗日救亡工作的开展。中共武乡中心县委根据党的抗日民族统一战线政策，对区长、村长采取了团结、联合和斗争的方式，同时也采取“掺沙子”的办法，以牺盟会等合法组织，推荐进步人士参加领导工作。经过各种形式的斗争，谭永华县长逐步调换了区、村两级政权机构，使得共产党员和进步人士占了较大比例，这也标志着武乡抗日民主政权诞生。1939 年 5 月，对区、村干部实行普选，县、区留用了部分旧政府的人员。

闲言碎语话白晋

一

民国二十八年（1939）5月，日军筹划在阎锡山规划的白晋铁路基础上，修通这条铁路，侵占了西部的南关、权店、南沟、故城，并在此设立了维持会。日军中村中队开始调集来自全国各地的民工修路。同年10月，东观至武乡南关段通车；1940年5月，南关到襄垣夏店段通车；7月，铁路修到长治市的北郊长子门，全线通车。这条铁路日方称为东潞铁路，而我们继续称为白晋铁路。这条铁路修通，晋冀豫区被分割，东西联络不畅，中共中央北方局和八路军总部决定，将晋冀豫区分成太行区、太岳区。

阎锡山规划的白晋铁路，当时起点为祁县白圭村，终点为晋城大口村。

这是山西通往中原的交通要道，古来就有商道。在这里历史上有一条重要的官道——平洛古道，平即平城，北魏都城，也就是今天的大同，洛即洛阳。平洛古道是纵贯山西南北的一条文化线路。特别是北魏孝文帝迁都，给平洛古道带来了从未有过的繁荣，不仅仅是帝国的首都转移，就连佛教重心也随之转移，大量高水平的工匠南下，沿途留下许多佛教窟龛碑刻。在武乡西部石窑会、勋欢等地，乃至整个武乡，到处都有北魏时期的石刻留存。

在17世纪至19世纪，以晋商为主开拓的“万里茶道”，南起武夷山茶区，经汉口、洛阳过黄河，越晋城、长治、太原、大同、归化（今呼和浩特），抵达边境口岸恰克图，然后通往欧洲各国。这条中国史上跨越亚欧大陆最长距离的洲际物流、商流、信息流通道，引发了中俄持续200多年的国际产业连带效应，并与沿线各族商民共同推动了东西方经济交往、文化交流与民族交融的商业风暴，从晋商的“万里茶道”完全可以看出这条古道的重要。

民国十四年（1925），山西督军兼省长的阎锡山提倡发展民德、民智和民财，推行“六政三事”，始修晋中祁县白圭镇至晋城的公路，全长348千米，民国十九年（1930）建成通车。白晋公路通车后，不仅有大批汽车公司从事货物运输，也有华轮、韩信运输公司从事旅客运输。长治的光华兴号也购置汽车跑客运，还在长子门凤凰嘴崖下买下地皮修建汽车站，一来供自家的汽车使用，二来可以供从晋城过来跑太原的客货汽车在这里休息打尖，加水添油。

民国二十一年（1932）4月，阎锡山提出“造产救国”的思想，设计“山西省政十年建设计划”，这是民国时期阎锡山为巩固自己的统治、壮大地方的实力、维持自己的地位，在山西经济和社会发展中采取的一项重大举措。“山西省政十年建设计划案”包括政治、经济、文化各个方面，但发展最为突出的是省营经济。这其中包括整理银行，设立垦业、铁路、盐业等专业银号，设立实物准备库，修筑铁路，创办西北实业公司等。其中仅铁路建设就规划了21条，长达3000千米，白晋线就是这个规划中的一项重大工程，起于祁县白圭村与同蒲铁路接轨，终于晋东南最南端的晋城大口村，准备与河南焦作接通。是南同蒲线的一条长达300千米的支线，是省城通往晋东南的主通道。

白晋线设计为窄轨，轨距为1米。当时的山西铁路从清光绪二十四年（1898）修筑的正太铁路，到民国二十二年（1933）修筑的同蒲铁路，都是采用窄轨。省政府选择窄轨，主要考虑就是可以显著节省投资。当时报告送呈中央铁道部后，认为应修标准轨铁路，故迟迟不予批复。阎锡山向铁道部力争，说山西缺乏资金，只能修窄轨，如果实在要让山西修标准铁路，中央

晋绥地方铁路银号为修筑铁路发行的货币

就必须给予拨款，为此铁道部终于勉强同意。

阎锡山对铁路建设提出“坚固与省钱两者兼顾”的方案，下发过一本《山西省修筑窄轨铁路之理由》的小册子，说明政府为什么不采取别省都采用的标准轨而选了窄轨：采用窄轨，修筑同蒲铁路每千米费用只及外省标准轨铁路的四分之一。同蒲铁路若修标准轨，50 年要赔 37.43 亿元，而修窄轨，50 年可赚回 30.63 亿元。这是一个经济账，但从政治上讲，阎锡山认为铁路修成标准轨，外省的兵车可直接开进山西，不利于他的割据统治。若修成窄轨，遇有战事，可及时运兵出击，不利时可将车头、车厢全部拉回，而敌方则不能利用。再者修路想利用他族叔阎书康在法国银行的存款 700 万元，因阎书康早逝，法国银行不让提取这笔款。后来几经交涉，法国银行说他们有一部分第一次世界大战时用过的小火车头闲置不用，这笔款可以用小火车头相抵。这也是阎锡山主张修窄轨铁路的原因。

1934 年 10 月，在工程处处长李其昌（襄垣夏店人）主持下，白晋线完成了全线勘测；1935 年 6 月白晋铁路正式开始施工，由晋绥兵工筑路局承担施工任务，其实筑路工人都是兵工，他们吃着军饷，在修路中只挣少量的补贴，这样可以节省大量的工资。筑路队伍开到工地，开山炸石，筑桥涵洞，经过两年多苦战，路基断断续续修至潞安（今长治），此刻，日军全面侵华战争爆发，山西首当其冲，迫使这项工程中途夭折。1937 年秋，白晋线建设工程被迫停工。

二

1938 年年初，日军占领长治后，为保证与日寇驻太原第一军军部的联系，而且也觊觎晋东南丰富的煤炭资源，白晋公路无法满足其运输需要，准备修筑铁路，以达到其长久占领的目的，在勘测中，发现了白晋铁路路基，于是欣喜若狂。便调来日矿山株式会社工程技术人员进行多次勘察，在原来白晋铁路路基基础上，进行少量改动，把起点改在祁县东观村，第一步终点定于潞安长子门，所以定名为东潞铁路。将这条铁路修通，作为当时省府太原通往晋东南的主要通道。

1939 年 2 月，占领祁县来远镇的日军中村中队开始调集来自全国各地的民工，在阎锡山留下的半拉子工程上继续进行，因为阎锡山的晋绥兵工筑路局已经修好大量的路基，以及桥墩、隧道，这给日寇的筑路创造了非常有利的条件，同年 6 月开始铺轨，到 10 月，祁县东观至武乡南关段便建成通车；1940 年 5 月，南关到襄垣夏店段通车；7 月，铁路修到长治市的西郊长子门，全线通车，开始投入使用，因其北起祁县境内的东观，南至晋东南长治，故名曰东潞线。全线设东观、子洪、盘陀、来远、南关、分水岭、南沟、漳源、牛寺、固亦、沁县、新店、虒亭、夏店、东周、常村、呈寺、潞安（长子门）

等十八个车站，受华北交通株式会社太原铁路局管辖，沁县设一总段。终点潞安站也叫长子门站，是以侵占了光华兴的汽车站改建而成，是全线最大的火车站，修筑了东西方向的站台有 20 间房子长，用来装卸货物；在黑水河边上修了两个炮楼，是保卫车站的警备部；盖了水塔给机车加水；前端修了三角铁路，用来使机车调头。

日华北交通株式会社在修筑铁路时，在武乡设立了 3 个车站，分别是南关站、分水岭站、南沟站。这 3 个站各有特点，南关站修筑了该线路中最大的货场，作为日军向晋东南转运物资的重要中转站；分水岭站设置三角形线路，专门为蒸汽机车调转车头方向而设置；南沟站设有给水点供机车补水，同时配备检查机车底部及清除煤灰用的地沟。

每个车站由三部分人员组成：负责行车和客货运的由站长领导，下边依据各站大小配备五至十名站务手；负责铁路维修养护的称养路工区，有十名左右养路工，每天有一名巡路工察看分管段内的铁路有无毁坏；负责保卫工作的为警务分所，配有十几名警务手。总计一个车站有三十名工作人员。

日寇在白晋铁路路基上修成的东潞铁路

为保证铁路的正常运行，防止其受到毁坏，日寇在每个车站设了专职爱路工作人员，由警务分所所长具体领导，车站站长兼任爱路区长，负责督促此项工作。专职人员轮流不断地到分管路段两旁的村庄去走访，召集村民讲解爱路知识，爱护铁路的重要性。当时，他们将沿线各村称为“爱路村”，各村在铁路边均修有小房，每天派一至两人值班看管，如有情况，及时向警务分所反映，培训一部分人员，分配给各车站两至三名当“爱路手”。并在长治北郊史家庄村设有一个“爱路惠民研究所”。设三个部，农业部主要是对农作物和蔬菜进行实验；畜产部有饲养场室喂养猪、鸡、牛、羊之类的家畜家禽；训练部主要是搞技术培训工作。该所由一名日方人员任所长，配有数名工作人员，他们也搞耕作和家禽喂养试验，还设有卫生保健室，免费给村民治病，企图以小恩小惠来拉拢百姓。

东潞铁路修筑通车后，立即成为日军运送物资、掠夺资源、调动兵力的主干线，似一把利剑伸过来，把我根据地分割开来；从军事上来说，它的通

南沟火车站遗址（郝雪廷摄）

车无论从运兵，还是运送武器弹药，给我抗日军民造成威胁；从经济上讲，我上党盆地，煤、铁等地下资源，可由白晋转同蒲、正太、平汉，进入平津口岸，运回日本。所以，成为日军对晋东南侵略和盘剥、施行“囚笼政策”的主要工具。

这条铁路修通后，当地民众对日寇恨之入骨，不喜欢“东潞铁路”这个拗口的名字，还是延续原来阎锡山政府起的名称，叫它白晋铁路或白晋线。很多史志、报刊、电影、电视剧、小说等，可以说所有的文化宣传舆论工具及新闻媒体都众口一词称该铁路线为“白晋铁路”，也使某些地方志和报刊登载的文字误以为抗战期间火车能从白圭直达晋城，其实这是一个误会。

三

日军修筑的东潞铁路，从它修筑开始，就常常遭到八路军和民兵游击队的打击，可以说一天也没有消停过。

日寇修通东潞铁路时竖起的石碑

1939 年 10 月 13 日，日军修筑的白晋铁路白圭至南关段竣工，南关成为日军侵略晋东南地区重要的军事物资转运基地，为此，日本鬼子大肆庆贺。为了打击敌人的嚣张气焰，八路军总部命令三八六旅袭击刚刚落成的南关火车站，对其物资供应站进行破坏。

17 日，三八六旅率部攻入南关，烧毁了日军车站及敌军装万余套，毁坏电台两部，炸毁铁桥一座。

11 月 5 日，八路军侦察到重要敌情，敌人刚刚运来 1 万多发炮弹，4000 多箱汽油，还有 1 万多套棉军衣。而该地守敌 300 人。一二九师三八六旅七七二团郭国言团长率部奇袭南关，炸毁敌汽车 10 余辆，歼敌 100 余人，烧毁了敌人的汽油库，缴获电线千余斤，摧毁铁桥一座，缴获大批棉衣、子弹。

特别是 1940 年春，日寇加紧修路，日军华北方面军第一军司令官筱冢义男催促尽快通车，不仅完备交通设施，而且也企图以此切断八路军太行区和太岳区的联系。为了粉碎日军的企图，一二九师首长提出了一个响亮的口号——“面向交通线”，决心发起白晋线战役。

5 月 3 日，《白晋路北段战役计划》正式下达各部队。战役计划的主要

被八路军炸毁的白晋铁路残留的桥墩（郝雪廷摄）

内容为：一、师特务团和三八六旅、祁太地方游击队等，破击北段东观至来远间铁路，并掩护中段破击；二、三八五旅主力、平汉纵队主力和晋豫边纵队一、三团，为主要破击队，彻底破击来远至权店段，顺势烧毁南关、来远敌人储存的军用物资；三、三八六旅及决死一纵队破击段柳至权店段，同时对屯留一带敌人进行游击侦察；四、挺进支队为战役预备队，位于云簇镇以西，准备策应；五、保六团及平遥、和顺、榆社三县游击队主力对榆社、太谷之敌游击侦察，其一部在昔阳、和顺间执行破路，以转移北部敌人视线；六、总部特务团和警备旅二团，在段柳至五阳段实施破击；七、警备旅其他部队袭扰微子镇、潞城之敌，以掩护师部后方；八、平汉纵队三团、三八五旅一部组成一体，向东游击辽县之敌，使敌不能扰乱我军背后。各部队于5月5日黄昏前隐蔽进入指定位置，20时开始破击。

各破击队在2万余群众的大力协助下，在南北100余千米的铁路线上，展开了声势浩大的破击战，勇猛地袭击白晋沿线的沁县、固亦、漳源、权店、南关，以及来远各据点之敌。当晚，三八五旅七六九团攻入南关镇，因为事前参战人员进行了实地化装侦察，此时轻车熟路，直摸到敌人的“心脏”。直到敌人中心开了花，这时敌人才发现他们。七六九团健儿歼灭守军200人，解放被抓工人1000余名，日军中队长峰正荣被击毙，缴获黄色炸药1000余箱。6日，驻太谷、来远、权店、沁源、南沟等地日军企图阻止八路军破路，遭到沉重打击。各破路部队在广大群众的积极配合和大力支持下，炸桥梁、翻火车、搬铁轨、烧枕木、破路基，将白晋路破坏了50余千米，炸毁大小桥梁50余座、火车5列。毙伤敌700余名，严重打击了日军的“囚笼”政策。

八路军与民兵游击队将道轨运到兵工厂，日寇的铁路成了兵工厂的原材料库。

1942年，为了破坏日寇白晋铁路，在太行三分区的领导下，武（乡）西县武委会以岩庄民兵联防队为主力，组织了一支特别的游击队，起名为“铁道飞行军”，主要在白晋铁路线上活动，和白晋沿线的敌寇展开了神出鬼没的交通斗争，经常爬火车、缴物资、毁铁路、炸桥梁，打得敌人防不胜防。

“铁道飞行军”奖旗

这支游击队经常以隐蔽、突然的袭击，破坏敌人的铁路、公路和各种交通工具、通信工具，以及兵站、仓库、军用设施等，破路基、扒铁轨、炸桥梁、打火车、烧站房、割电线、毁碉堡、平围墙，敌人在白天赶来修路，夜间又遭到我方加倍破坏。几年中，这支民兵铁道游击队，除协同部队作战外，还单独作战 274 次，配合部队破敌铁路 230 华里，拆铁轨 52000 多斤，割回电线 7300 多斤，炸、烧铁、木桥梁 17 座，击毁敌军用火车 2 列，毁机车 8 辆、车厢 142 节，烧敌站房 5 处、仓库 42 间，烧汽油 400 余桶。共毙伤敌伪 150 余名，在榆（社）武（乡）祁（县）三县民兵杀敌英雄大会上，荣获“铁道飞行军”的英雄称号。

八路军主力部队与军分区部队、地方民兵游击队接连不断地袭击白晋线，到 1944 年，这条铁路被破坏得无法运行，这年秋，道轨被八路军全部拆除，日寇的据点也被打得只剩南关、南沟、沁县等几个，白晋铁路宣告结束，从此这条铁路便在地图上消失了。

四

1939年7月，中共武乡中心县委在县城东关郝家庄召开了中共武乡县第一次代表大会，会议总结了本县党组织建立六年来和抗战两年来各项工作经验和教训，进一步发挥党的核心领导作用，更好地组织全县人民，克服困难，巩固和扩大抗日根据地，在这次会上，恢复了中共武乡县委名称，选举产生了新的县委机构，刘建勋任县委书记，推选了出席中共晋冀豫区党的第一次代表大会代表。

由于日军占领白晋线，为适应长期抗战需要，为方便西部地区的领导，加强对敌斗争工作，县委决定在西部园则沟村设立武西办事处，派出武西八路军工作团，负责武西地区党组织工作。

由于中国共产党领导的抗日力量不断壮大，使国民党顽固派畏惧万分，反共投降的倾向越来越明显。1939年1月，国民党在五届五中全会上确定了“溶共、防共、限共、反共”的方针，并秘密通过了《限制异党活动方法》《异党问题处理方法》等一系列反对共产党，破坏团结抗日的文件、指示和条例。阎锡山根据蒋介石消极抗战、积极反共的方针，积极扩大自己的势力范围，开始鼓吹“中日不议而和，国共不宣而战”的反动谬论，在山西大肆捕杀共产党人和进步人士，并派遣“晋绥官教导团招生处”“民大五分校”“敌区工作团”“精神建设委员会”等特务组织，潜入武乡根据地，借办学招生为名，进行特务活动，破坏抗日工作，专门制造摩擦，暗杀抗日干部。

1939年5月，武乡国民党县党部与反动地主、封建会道门相勾结，秘密成立特务组织，进行放毒、暗杀等罪恶活动，企图分裂抗日民族统一战线。秘密组织反动武装，准备进行反扑。县委了解到上述情况后，就发动广大党员以“三民主义”为武器，揭露他们的假三民主义、反共、反人民的反动面目，使更多群众站在了共产党一边，逐步确立了党在政治上的优势。开明士绅也公开表示支持共产党，有的还向民主政府捐款，以示抗日决心。一部分国民党员在这种形势影响下，退出了国民党。这对于全县打击伪顽活动，起到了有力的推动作用。

对于国民党顽固派的倒行逆施，中共武乡县委及时组织广大党员和干部，认真学习了中共中央《关于河北等地摩擦问题的指示》和中共晋冀豫区党委发出的“各地党组织要严正立场，对于搞摩擦者要坚决揭露和打击”的号召，教育党员、干部，最重要的是要冷静分析形势，确定正确的对策。对于国民党的无理进攻，坚决予以反击，决不能让步。但在斗争中要做到有理、有利、有节。通过学习，许多共产党员在反顽斗争中注意了团结中间势力，孤立和打击顽固势力。

1939 年 9 月 10 日至 28 日，中共晋冀豫区第一次党代大会在武乡东堡村召开。大会通过的《告全区同胞、各抗日部队、各抗日党派及全区党员同志书》，明确地要求把中共中央在《为抗战两周年纪念对时局宣言》中提出的“坚持抗战，反对投降；坚持团结，反对分裂；坚持进步，反对倒退”的口号，贯彻到实际斗争中去。号召全区党员警惕反共顽固派的倒行逆施和防止可能发生的突然事变，继续发扬党的光荣传统，加强马列主义学习，坚定政治立场，克服困难，粉碎敌人进攻。武乡县委派刘建勋、武三友、赵悦祥、李国祯参加了大会。会后，他们及时向县委和全县党员传达了会议精神，在严峻的局势面前，为武乡县委的反顽斗争指明了方向。

是年 12 月，阎锡山发动反共的晋西事变后，阎锡山的体系分崩离析，多数专员公署自行裁撤。第三专署实际归并于共产党创建的晋冀豫抗日根据地。1940 年 4 月，山西第三专署制订 1940 年建政计划，根据各县的工作发展情况，确定武乡、黎城、辽县、榆社、和顺 5 县为实验县。中共武乡县委改称为中共武乡实验县委，地委常委、宣传部部长温建平调任实验县委书记。

这期间，武乡反顽斗争也进入斗争最激烈、情况最复杂、形势最严峻的时刻。

1939 年 11 月底，有一伙特务窜到活庄村，携带大量钞票，在村买鸡杀狗，引起群众怀疑。县公安局得知后当夜进行盘查，特务打伤我自卫队员，开枪驱散了公安人员与自卫队员，当夜趁乱逃跑。事件发生后，武乡县委、县政府对此十分重视，责成县公安局特派员立即侦缉潜逃特务，将凶手全部抓获。经审讯，这伙特务是阎锡山派入武乡的所谓“敌区工作团”，是专门暗杀抗日干部的。

12 月 28 日夜，“晋绥军官教导队”在马堡河滩围攻八路军，打死、打伤供给部运输队官兵数人。事件发生后，县委立即派干部和公安人员，配合一二九师锄奸部联合破获此案，并将特务设在洪水镇和马堡村的秘密交通联络站一举捣毁，打击了顽固分子的嚣张气焰。此外，阎锡山还派入武乡一支保安队，有 300 人，发生了敲诈勒索、打击抗日积极分子的罪恶行径，公安人员将首犯伏法。这一系列斗争的胜利，使广大人民群众提高了对敌斗争的积极性。更多的党员和干部在斗争中成长起来，提高了政策水平和策略思想，进一步巩固和发展了抗日民族统一战线。

再度分治为抗战

一

晋东南抗日根据地像一块巨石横亘在日军侵略中国的道路上，搬不开这块巨石，就打不开华北通往中原的通道，就会使他们的“大东亚共荣圈”受到严重挫折。1939 年 7 月初到 8 月下旬，日军纠集了 5 万余人的总兵力，在第一军军长梅津美治郎的亲自指挥下，同时从同蒲、正太、平汉、道清等铁路线出发，分九路对晋冀豫抗日根据地重点是晋东南抗日根据地进行大规模“扫荡”，即“第二次九路围攻”。日军的这次“扫荡”，使用兵力之多，持续时间之久，是前所未有的。其目的是打通白（圭）晋（城）公路和邯（郸）长（治）公路，并修通白晋铁路的北段，控制主要城镇，以分割和缩小八路军的机动范围，而后消灭这些地区的八路军，摧毁抗日根据地。

八路军总部立即进行部署，要求晋冀豫根据地抗日军民做好反“扫荡”准备，并派一二九师主力和其他部队积极配合，分散游击，避敌锋芒，待敌深入后，再打其侧背和分割围歼。日军出动以后，其第二十师团一部直逼八路军总部所在地潞城地区，这给八路军总部机关造成极大威胁。为避开日军锋芒，八路军总部迅速作出决定，立即出发，沿浊漳河流域向北部的崇山峻岭之中转移，7 月 7 日，八路军总部离开了潞城龙泉山（今属长治市潞州区）。

中共中央北方局烟里村旧址（郝雪廷摄）

经过慎重选择，把目的地选择到武乡，并派侦察人员提前进行考察选址，经襄垣普头，黎城河南、下庄，涉渡浊漳河，翻越黄纪垴，于7月15日进驻武乡东部山区的砖壁村。

八路军总部机关第三次进驻武乡时，中共中央北方局也一同到达，驻扎在砖壁附近的烟里村。北方局是代表中共中央领导北方地区党的工作的最高领导机关。1924年年初建于北京，后数次撤销、重组，并转移多地。主要领导河北、山东、山西、察哈尔、热河、北平、天津、青岛，以及绥东、辽西、豫北、苏北等地党的工作。

中共中央北方局是中国共产党中央委员会在华北地区党的派出机关，下辖晋察冀分局、山东分局、太行分局、冀鲁豫分局、晋绥分局等华北各战略区的中共党组织。早在1936年春，刘少奇以中共中央代表的身份，到达天津市，重建北方局，并兼任书记。全国抗战爆发后，中共中央北方局进驻山西太原、孝义、临汾等地，根据中共中央的指示，大力恢复与发展地方党的组织，充实和健全各战略区的党的领导，运用多种形式建立统一战线，发动群众，组织武装，广泛开展游击战争。支持和配合八路军开展敌后游击战争，建立抗日根据地。

1938 年 11 月，根据中共六届六中全会精神，中共中央决定由朱德、彭德怀、杨尚昆、聂荣臻、关向应、邓小平、彭真、程子华任委员，朱德、彭德怀、杨尚昆为常委，杨尚昆任书记，下辖太行分局、晋绥分局、晋察冀分局、山东分局、冀鲁豫分局。

中共北方局领导华北地区的党组织，正确执行党的“巩固华北”的方针，领导根据地的创建和发展。当时，华北抗日军民面临“前门打虎，后门拒狼”的局面，为维护抗日民族统一战线，团结各种力量抗日，北方局研究华北斗争形势，要各地八路军采用多种形式宣传团结抗日的政策，揭露顽固派制造摩擦、破坏抗日的可耻行径。1939 年 9 月，根据北方局指示，中共晋冀豫区党委在武乡县东堡村召开了全区第一次党员代表大会。

中共晋冀豫区第一次党员代表大会在东堡村崇安寺召开

中共中央北方局书记杨尚昆在会上作了政治报告；朱德、彭德怀分别作了重要讲话；太行区党委书记李雪峰作了工作报告。大会分析了全区形势和工作发展情况，提出了全区党的战斗任务，要求太行区各县党组织要深入发动群众，广泛开展游击战争，粉碎敌伪夹击，巩固根据地。

为总结抗日战争以来党在华北的工作，根据新的形势和中央关于1940年工作的指示，朱德、彭德怀、杨尚昆在王家峪北方局机关驻地召开会议，讨论了根据地工作，并决定召集太行、太岳、冀南三区和一二九师党政军高级干部参加的会议，即“黎城会议”。会议由杨尚昆、邓小平主持。杨尚昆作了《目前政治形势与统一战线中的策略问题》的报告，邓小平作了成立冀南、太行、太岳行政联合办事处和财政经济政策问题的报告和会议总结，刘伯承作了《关于党军建设问题》的报告，薄一波作了《关于建政问题的结论》。会议提出了建政、建军、建党三大建设方针，强调纠正在反逆流斗争中出现的“左”的思想，坚持抗日民族统一战线。会后，在根据地内开展了建政、建军、建党工作。从5月开始在八路军中进行了整编工作；在各级组织内，重点是基层党组织开展了第一次整党。8月成立了“太行、太岳、冀南联合办事处”，简称“冀太联办”，这是根据地由分散走向统一的决定性一步，也是晋冀鲁豫边区政府的雏形。

北方局还在砖壁村几次召开高级干部会议，讨论巩固抗日根据地、抗战斗争形势、统一战线、财政经济政策、经济建设等。强调要自力更生，艰苦奋斗，自给自足，以支持长期战争，提出建设根据地的各项政策。

北方局机关在武乡期间，曾先后驻扎过烟里村、大塘村、王家峪村。其间，坚持执行中共中央的战略部署，使华北各地党组织得到迅速发展，成为华北抗日根据地抗击日寇的中流砥柱，为争取抗日战争最后胜利，作出了历史性贡献。

八路军总部领导指挥一一五师、一二〇师、一二九师和晋察冀军区，分别创建了山东、晋绥、晋冀鲁豫、晋察冀抗日根据地。

这两大机关的进驻，是武乡历史上驻扎过的最高级别的领导机关，也可

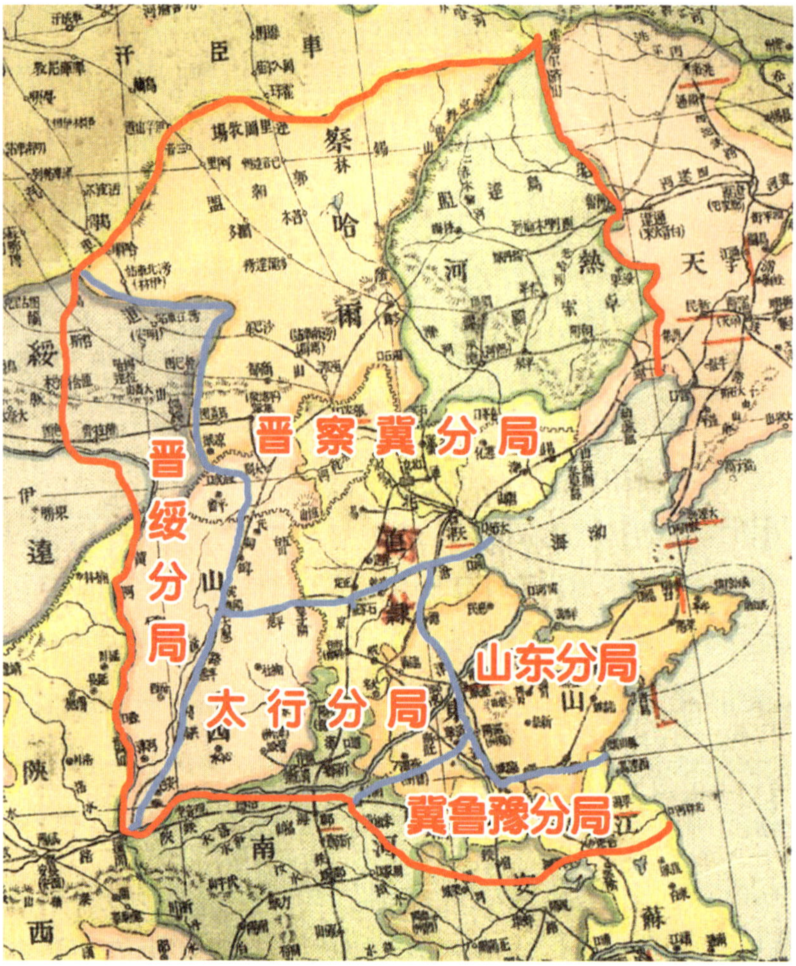

中共中央北方局领导的区域

以说，在抗日战争时期，武乡是共产党、八路军领导指挥华北抗战的首府之地。

八路军总部和北方局在此指挥太行军民，粉碎日寇对晋东南的“围攻”“扫荡”后，于 1939 年 10 月 11 日，迁至王家峪。1940 年 4 月 19 日，朱德总司令离开王家峪，到洛阳与第一战区司令长官卫立煌谈判，之后返回延安。1940 年 6 月 27 日，日寇突然包围王家峪，彭德怀副总司令和左权副参谋长，又率领总部机关由王家峪返迁砖壁村，杨尚昆与北方局机关再返烟里村，并在砖壁村部署和指挥了名震中外的“百团大战”。

八路军主要首长朱德、彭德怀、任弼时、杨尚昆、左权、傅钟、罗瑞卿，以及一二九师刘伯承、邓小平等高级将领都曾长期在这里运筹帷幄，指挥华北抗战，足以说明武乡在八年抗战中的历史地位是非常突出的。

二

八路军野战部队也有大量团以上机构在武乡驻扎，一二九师在刘伯承、邓小平、徐向前等师首长的率领下，以太行山为依托，浴血奋战，同侵华日军开展了长达八年的艰苦卓绝的斗争。从 1937 年年底一二九师首次进入武乡，到 1941 年近五年时间里，一二九师司令部曾多次进驻武乡，并走过许多村庄，刘伯承、邓小平、徐向前、倪志亮、李达、宋任穷、黄镇等师部首长曾在这里长期战斗生活。

除一二九师司政指挥机关外，先后有 8 个旅（纵队）31 个团在武乡生活战斗，8 个旅（纵队）分别为：第一一五师第三四四旅，第一二九师第三八五旅、第三八六旅、决死第一纵队、决死第三纵队、平汉抗日游击纵队、晋冀豫边游击纵队、新编第十旅。31 个团分别为：八路军总部特务团、八路军总部炮兵团，第三八五旅第七六九团、第十三团（独立一团）、第十四团（独立二团），第三八六旅第七七一团、第七七二团、第十六团（新一团）、第十七团（补充团），第三四四旅第六八七团、第六八八团、第六八九团，平汉抗日游击纵队第二团、第三团、第五团，晋冀豫边游击纵队第一团、第三团，新编第十旅第二十八团、第二十九团、第三十团，决死第一纵队第二十五团、第三十八团，决死第三纵队决七团、决八团、决九团，抗日军政大学第一团、第二团、第三团、第四团、特科大队，冀南军区一分区二十团。这还不包括第一一五师独立支队第一团、第二团，一一五师三四三旅第六八五团、第六八六团，一二九师谢张大队部分机构在武乡扩兵，晋察冀军区一分区一团、四分区五团部分兵力反顽战役前进入武乡，决死队教导五团、保安六团也在武乡活动，一一五师独立支队两个团向山东转战时在武乡休整，以及冀中军区三十二团护送干部到达武乡，因这些部队不是整建制驻扎武乡，所以未计入。

八路军总部与中共中央北方局等领导机关在武乡驻扎期间，为了加强抗日根据地的党政军建设，千方百计大量培养人才，不仅有中共中央北方局党校、八路军总部随营学校、中共晋冀特委党校、抗日军政大学、抗大一分校留守大队、一二九师干部轮训队、一二九师随营学校、抗战建国学院、太行陆军中学等一批高等院校从各地迁到武乡办学，而且还在武乡创办了一一五师军政干部学校、野战卫生学校、前方鲁迅艺术学校、八路军供给学校、华北财政经济学校、抗大第六分校、太行工业学校等一批有影响的高等院校，使武乡成为一座培养和造就抗日骨干和革命英才的大熔炉，培养了一批又一批的栋梁之材，为华北抗日根据地的建设作出卓越贡献。

这里也云集了大量的文化团体，主要有新华社华北总分社、华北新华日报社、胜利报社、《前线》杂志社、《华北妇女》杂志、《青年与儿童》杂志、太行文化教育出版社、中华全国文艺界抗敌协会晋东南分会、中华全国戏剧界抗敌协会晋东南分会、晋东南文化教育界救国总会、中国青年新闻记者协会晋东南分会、鲁艺实验剧团、抗大文工团、太行山剧团、先锋剧团、前哨剧团、生力剧团、野火剧团、海燕剧团、怒吼剧团、鲁艺木刻团等。八路军还在这里创办了大批后勤军工企业，先后有柳沟兵工厂、石门修枪所、三分区炸弹厂、显王锻工部、工艺研究所、野战卫生材料厂、酒精厂、玻璃厂、炮弹厂、奶牛厂、饼干厂、供给部被服厂、一二九师被服厂、肥皂厂、织袜厂、毡帽厂、草帽厂、毛毯厂、造纸厂等60多个后勤、军工企业在武乡进行规模生产。

许多国际国内知名团体到访和驻扎。印度援华医疗队在这里进行医疗救护，华北朝鲜青年联合会在这里筹备，第一个日本人反战组织——觉醒联盟在这里诞生。丁玲率领的西北战地服务团、李肃领导的延安八路军电影团、李公朴率领的抗战建国教学团、陈波儿率领的妇女儿童考察团、叶以群率领的作家战地访问团等都曾在此活动。

随着许多重要机关进驻，武乡可谓村村住过党政军机关，户户睡过八路军将士，八路军与武乡人民结下了浓厚的革命情谊。在这片热土，留下了一代开国领袖、开国元勋、开国将帅的光辉足迹。在1955年至1965年中国人民解放军首次实行军衔制时，被授予的1614位开国将帅中，就有元帅5人、大将 5 人、上将 23 人、中将 51 人、少将 311 人在武乡生活战斗过。

八路军总部及中共中央北方局驻扎武乡的日子里，作为首府的武乡在华北抗日指挥中枢的位置非常突出，形成了运筹帷幄、决胜千里的大格局，这成为抗战中八路军的鼎盛时期，特别是在这里孕育、铸就了伟大的太行精神，成为坚持抗战的精神统领。

三

民国二十八年（1939）10 月，日寇修筑的“东潞铁路”（即阎锡山规划的白晋铁路）东观至武乡南关段通车；南关到潞安一线，也驻扎大量日军，控制修路路段，将晋冀豫区分割成两块。为了适应新的形势，便于领导抗战，民国二十九年（1940）1 月，中共党的地方组织也随之调整，路东仍称中共晋冀豫区党委（后改称太行区党委），路西称中共太岳区党委。

1940 年 5 月，“东潞铁路”南关到襄垣夏店段通车；7 月，铁路修到长治市西郊长子门。基于日寇对铁路沿线的严密封锁，晋冀豫区东西联络越来越困难。1940 年 6 月，晋冀豫军区撤销，分别建立了太行军区和太岳军区。在武乡设立中共晋冀豫区党委第三地委，太行军区第三军分区。8 月 1 日，冀南、太行、太岳行政联合办事处（简称冀太联办）成立，在武乡设立太行第二办事处，1941 年 8 月改称晋冀鲁豫边区太行第三专区，太行区为边区政府直辖区。至此，整个太行第三专区的党政军机构在武乡完整建立，下辖祁县、榆社、武乡、武西、襄垣、辽县、辽西 7 县。

太行第三专区机关长期驻扎武乡，这也是从开皇三年（583）撤销乡郡 950 多年后，又一次在此建立的一个完整的州郡级建制。由于战乱，机关驻地处于游击状态，太行第三地委、第三专区、第三军分区机关先后驻扎于陌峪、东沟、大有、熬垴、中村、洪水、石门、砖壁、西中庄、西坡、观庄、大道场等村。

民国二十九年（1940）6 月，日军占领武乡中部的东村、段村，成立伪维持会，对武乡形成严重分割。为方便对敌斗争，武乡的行政区划做了重大

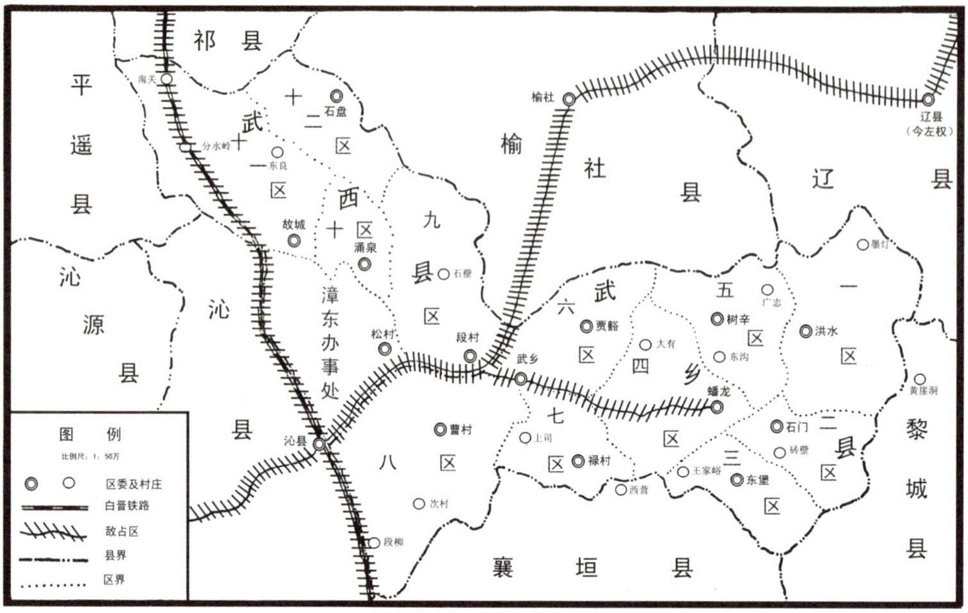

抗日战争时期武乡、武西县行政区图

调整，以关河为界，分为武乡（东）县、武西县。同时，将白晋铁路以西的西郊、石门、贾封一带22村划归平遥县；将沁县白晋铁路以东、沁武公路以北的西汤、漳源、松村一带三区划归武西县；将沁县白晋铁路以东、沁武公路以南的次村、段柳一带划入武乡（东）县。武乡（东）县设8区，武西县设4区。原武乡县党政机关改建为新的武乡（东）县党政机关，并在原武西办事处的基础上，新组建武西县党政机关，武乡、武西两县还先后组织了地方武装，即武乡独立营和武西独立营。武西县虽然没有原来的涅县区域大，但基本结构与原来的涅县相同。

民国二十七年（1938）4月15日夜，日军第一一七联队放火焚烧了武乡县城，从北魏太和十五年以来，具有1400多年历史的古城被毁于战火。武乡县党政机关只好转移他处，先后在王庄沟、大有、西中庄、康家沟、姚庄、东沟、道场、狼卧沟、洪水、中村、石门等地驻扎。

武西县政府成立后，武西作为游击县，更是一直处于转战之中，先后驻扎园则沟、闹林沟、圪嘴头、神西、楼则峪、大良、蚂蚁讪、丈牛坡、石盘、暖水头、高仁、茅庄、高台寺、岸北、陈村、蒲池、涌泉、内义、会同、长谐、南家沟、泉之头等村。转战匆匆，武东、武西两县府的临时驻地，以及驻扎时间均难以详考。

武东、武西分治后，两县同属中共晋冀豫三地委。1941 年 3 月，取消中共武乡实验县委，将其改为中共武乡县委。1943 年 10 月，中共晋冀豫区党委改称中共太行区党委，中共武乡县委、中共武西县委又归中共太行三地委领导。

四

1941 年至 1942 年间，日军对华北发起 5 次大规模“治安强化运动”。

武乡是太行抗日根据地的心脏和神经中枢，因此也是日军推行治安强化的重点地区。两年时间里，日军对武乡发动 1000 人以上大规模“扫荡”19 次，1000 人以下中小规模“扫荡”530 多次。日军所到之处毫无例外地实行“三光”政策：见人就杀，见物就抢，见房就烧。日军的治安强化，使武乡抗日根据地面积日趋缩小，人口逐渐减少，抗日军民的游击性愈发增强，加之此间太行地区的旱灾和蝗灾连绵不断，致使武乡财政经济产生了极大困难，军民生活非常艰苦。但武乡军民在严重困难面前，并没有丝毫退却和屈服。

在党中央和各级党组织的领导下，他们克服困难，坚持抗日，开展了轰轰烈烈的整风和大生产运动。在武乡转战时间较长的八路军七六九团、十四团、决九团、总部特务团等部队，更是坚持边打仗边生产，每年收获粮食 100 万斤以上、蔬菜 800 万斤以上，粮食可吃 3 个月，蔬菜全部自给。不仅如此，八路军还热情帮助武乡人民解决生产生活中遇到的各种困难问题，例如解决吃水难问题，八路军帮群众打水井、修水池、修水渠等。同时，在武乡还创建一大批兵工厂、制药厂，以及农具、造纸、皮革、被服、织袜、草帽、纺织、煤炭、制碱等各种小型工厂和作坊。在医药、印染等方面则因地制宜、土法上马，发明了许多代用品。大生产运动使武乡广大军民克服了严重的经济困难，锻炼了广大干部，密切了军民关系和干群关系，为抗战最后胜利奠定了物质和群众基础。

1939 年 5 月，日军侵占武乡县南关镇，6 月又侵入权店、故城；1940 年 7 月侵占东村、段村；1941 年 3 月在武西奔袭内义村并再次进攻蒲池、常家垴、涌泉等地。在武乡中部，日军控制了聂村，南侵姜村、城南等地。从 1942 年春起，日军对武乡更频繁全面地“蚕食”。武乡军民遵照中共中央北方局和八路军总部联合发出的《关于反对敌人“蚕食”政策的指示》精神，采取一系列措施展开反“蚕食”斗争。例如，把武装斗争与合法斗争结合起来，以武装斗争为主打击敌人，加紧发展地方武装和民兵，加强游击小组的建设与活动，加强党组织对分散部队的统一领导，在各村开展反维持斗争，严惩汉奸等。游击区和根据地的民兵、游击小组、联防情报网等也都有所发展。

武西县委组建武西独立营，并领导全县人民，在八路军主力部队的配合下，采取一系列措施展开反“蚕食”斗争。结合斗争实际，发明创造了各种各样行之有效的游击战术，从而丰富和发展了人民战争，长期呈拉锯式斗争态势。在对敌斗争中，也涌现出程坦、杨晋标、郝狗小、乔猴儿、乔山流等一大批英雄模范。

1943 年 5 月，日军在武乡东部大“扫荡”时，日军三十六师团葛目联队留置坂本中队在武东区柳沟“驻剿”，于是决定对该地煤铁藏量进行勘察、掠夺。6 月 14 日，日军三十六师团葛目联队小林大队，指挥伪剿共军第一师赵瑞、段炳昌所部共 2500 人，在武乡国特头子郝竹亭等人勾结下，侵占了武东重镇蟠龙，并在周围的胡峦岭、白家庄、侯家垴、奶奶凹、秦家烟、李家坪等地，筑碉堡、挖战壕，拉起挂铃的铁丝网，他们星夜抓丁抓夫，赶修蟠龙至武乡的公路，扩大对根据地的分割和蚕食，企图长期固守。同时，受日本山西派遣军控制的伪山西省政府省长冯司直，还给伪剿共军第一师副师长段炳昌颁发了“武、沁、襄、榆、辽 5 县专员公署”的专员任命书，不过这个伪专员公署，只是一个空头支票，在蟠龙镇挂着一个“专员公署”的牌子，从来没有也根本无法施行任何行政职权。

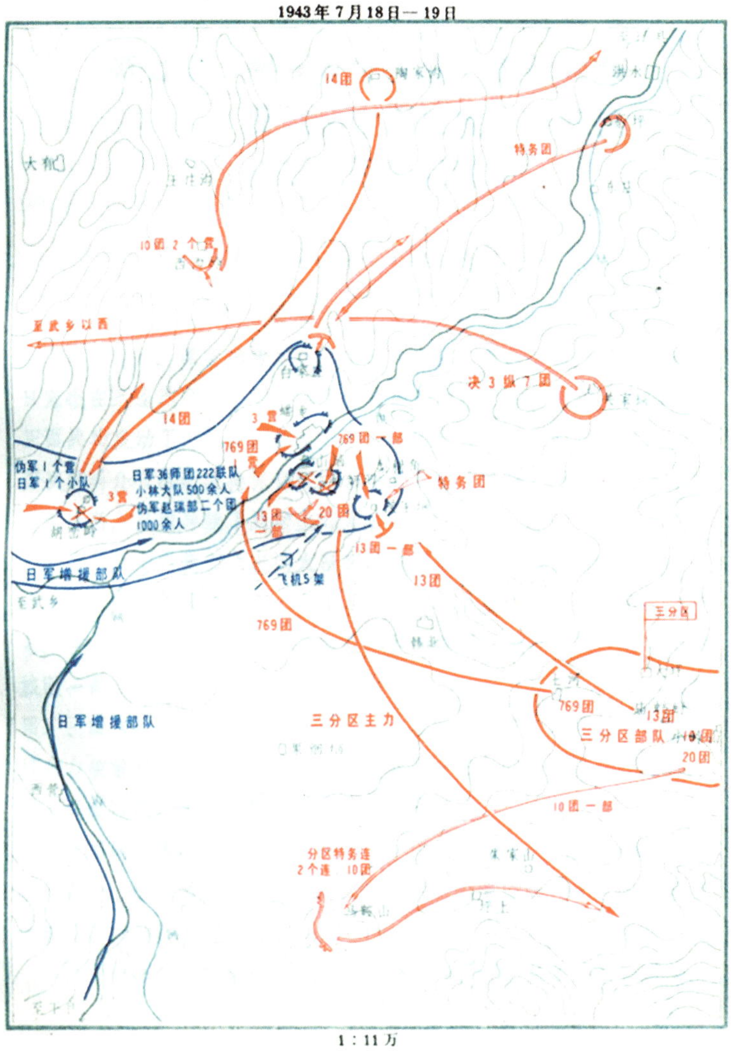

蟠武战役战斗经过要图

日伪军的驻扎，使蟠龙镇周边21个行政村、两万余群众受到威胁。

为打击敌人的嚣张气焰，太行第三军分区司令员陈锡联、政治委员彭涛研究，并请示一二九师及太行军区刘伯承、邓小平首长，决定集中优势兵力，发起蟠（龙）武（乡）战役，攻歼蟠龙周围，以及蟠武公路沿线之日伪据点，孤立蟠龙据点的敌人。这次战役，从1943年7月19日凌晨发起到20日结束，八路军太行三分区部队在民兵的有力配合下，攻克碉堡8座，拔除胡峦岭等外围据点3处，毙伤日伪军400余人，俘日军4人、伪军100余人，缴获长短枪220余支、轻重机枪15挺、掷弹筒4门，炮1门，还有许多手雷、子弹、毛毯、被子、罐头等军用物资。给予伪“剿共第一师”沉重打击，小林大队也遭到很大损失。敌人被迫龟缩在蟠龙、白家庄、侯家垴等据点里，为我军民围困蟠龙创造了极为有利的条件。

之后，太行区党政军各级领导，根据一二九师刘、邓首长的指示精神，组织劳武结合的围困斗争，开展蟠龙围困战。

据 2013 年版《蟠龙镇志》记载，蟠武战役后，为斩断敌军爪牙，彻底消灭敌人“蚕食”阴谋，蟠武沿线军民发起“军民团结奋战，围困蟠龙敌人”的行动。1943 年 6 月初，蟠龙镇附近村庄两万余名群众迅速向东沟、贾豁、大有、洪水、土河等山区根据地转移。临走时，他们搬走粮食、带走工具、堵死水窖，实行“空室清野”，偌大的蟠龙镇一时间变成了空城。

在太行区党委的指示下，县、区、村都成立了党政军一元化领导的前方指挥部，根据“劳武结合，围困敌人”的总方针，采取转移群众、隐藏物资、破坏交通、断敌给养、游击生产、集中攻歼、瓦解日伪、镇压汉奸等办法，在长达 50 里的蟠武战线上撒下天罗地网，一步步迫使敌人退出蟠龙。

蟠武战役之后，从敌人增加兵力和加固防卫工事来看，是不可能很快撤离蟠龙的。这样，7 月下旬三分区司令部和三地委召开了联席会议，反复分析、判断、讨论了敌人的动向，提出了“坚持长期围困，逼退蟠龙敌人”的新方针，认真作出了围困斗争的方案，特别在武装力量配备方面，做到了主力兵团、地方兵团和民兵自卫队三结合。分区派七六九团、十四团和独立营等地方部队，以连或排为单位分散在蟠龙周围各个围困敌人的联防线上，作为民兵游击队的组织者和指挥者。当时，十四团除活动在输武公路上的两个营之外，英雄营长钟明锋率领三营化整为零，配合区游击队长路三保和韩高升等带领的四区游击队 52 人，日夜活跃在蟠龙以北，胡峦岭至韩家垴的联防线上。七六九团派出第六连配合新八区民兵坚守蟠龙东面尖山顶阵地；派出五连，组成许多“轮战队”或“侦察班”，配合韩壁、窑上沟、王家峪等村民兵，战斗在蟠龙以南的围困线上，为了使民兵群众更加坚定地参加围困斗争，以胡峦岭“宁可饿死也不吃鬼子一口饭”的王四孩母亲——郝爱则大娘，单身力敌数鬼子、誓死不当亡国奴的皮烟村民兵王尚元摔碎步枪壮烈牺牲的典型事迹为例，对广大群众进行了气节教育，增强了大家的民族意识，树立了“我中华民族有同自己的敌人血战到底”的英雄气概，在八个半月的围困斗争中，

社論

向蟠武線的軍民致敬

刊登在太行版《新华日报》上的社论《向蟠武线的军民致敬》

军民联防并肩战斗，演出了一幕幕惊心动魄的人民战争活剧。

这场历时 8 个月零 14 天的围困斗争，军民共进行大小战斗 3275 次，总共歼敌 2100 多名，伪军逃跑、投诚者共 240 多名。围困蟠龙斗争涌现出众多英雄，七六九团六连被选为太行三分区“围困蟠龙模范连”，五连二排排长王凤才，十四团英雄营长钟明锋、排长靳小瑞，关家垴民兵班长关二如，马家庄民兵指导员马应元均被选为太行区一等杀敌英雄；韩壁村农会主席韩国栋和树辛村李马保等人被选为模范抗日干部；窑上沟民兵“张家班”，秦家烟李家两弟兄，太行“地雷大王”王来法和菜刀英雄李庆和，推鬼子落井的郝贵堂等著名人物也都被评为名震太行的抗战功臣。

1944 年 4 月 3 日，太行《新华日报》发表《向蟠武线的军民致敬》的社论，表彰了蟠武全线在血与火的斗争中坚持围困蟠龙敌寇的广大军民。围困蟠龙战的胜利，是太行山上抗击侵略者的壮举，是武乡抗战史上的伟绩。

五

1945年8月9日，毛泽东主席发表《对日寇的最后一战》的声明，号召“八路军\新四军及其他人民军队，应在一切可能条件下，对于一切不愿投降的侵略者及其走狗实行广泛进攻，歼灭这些敌人的有生力量，夺取其武器与资财，猛烈地扩大解放区，缩小沦陷区。”

8月11日，李达收到了在延安的刘伯承、邓小平、滕代远发来的电报指示。指示说：“日本可能继续抵抗，亦可能投降。我应迅速准备夺取城市。”太行军区司令员李达与太行军区其他领导同志会商后，于当天晚上7点，颁发了太行军区第一号命令：“我们所有武装部队及人民武装，应遵照朱总司令本月10日第一号命令，迅即全力出动，向当前敌伪发出最后通牒，限期使敌军缴出全部武装，使伪军伪组织投诚反正，否则坚决消灭之。我民兵及自卫队尤应紧急动员，积极参加此最后胜利的行动，保卫与扩大解放区，收复沦陷区。”

次日，李达、李雪峰向太行军区周围的日军和伪军发出最后通牒。

太行军区各部队开始行动。第二军分区部队向榆次、太谷挺进；第三、第四军分区部队攻占了潞城和白晋线上的许多日伪据点；第一、第五、第六军分区部队攻克了赞皇、昔阳两城和日伪据点50多处；第七、第八军分区主力8个团组成道清支队，向道清路新乡至博爱段进击，数天时间即克复博爱、辉县、获嘉三座县城。

8月13日，太行军区组成了以李达为首的野战司令部，拟以各军分区主力8个团组织一支西进部队。李达要求列入西进部队的8个团迅速从各军分区赶到武乡、蟠龙、洪水等地集结，合编为第三、第四支队，以便尽快西进长治地区。

8月15日，日本政府宣布无条件投降。但就在这一天，蒋介石却给日本驻中国的派遣军总司令冈村宁次发去电报，要他维持占领区秩序，等待国民党军队受降，不准向八路军、新四军投降和交出地区及物资。冈村宁次有恃无恐，立即通知所属日军各部，只向蒋介石的军队投降，不向其他军队缴械。他还命令日军：除蒋介石有命令外，对中国其他方面的要求“不仅应坚决拒绝，而且应根据情况，毫不踌躇地行使自卫的权力”。此时，阎锡山派第十九军抢占上党，占领襄垣、潞城、长治、长子、壶关、屯留。

急剧变化的形势摆在了李达司令员面前，他反复考虑利弊得失后决定：已经集结完毕的西进部队暂时停止前进，先占领长治北面的沁县县城和武乡县新城（段村），控制住一段白晋线。如此，既可以为包围歼灭进犯上党6城的阎军创造条件，又可以给进军太原、阻击阎军北上的我军部队以有力掩护。

8月22日，李达指挥西进部队逼近沁县县城，城内日军拒绝投降，李达命令攻城。眼看部队已攻入沁县县城，敌人即将就歼，此时，由长治向太原北撤的日军第十四旅团原泉部却赶了来。李达决定不与敌人拼消耗，下令撤出沁县县城，改变部署为围攻武乡段村镇。

武乡中部重镇之一的段村，长期以来是日伪军盘踞的最大据点。为彻底消灭敌人，夺取武乡抗战最后胜利，1945年8月23日，太行军区司令员李达指挥西进部队，部署围攻武乡段村之敌。李达把指挥部设在下城红河台，具体部署是：决死第三纵队第九团从城东主攻；第三十一团、第七六九团分别由城西、城北助攻；黎城、左权、武西等县民兵在城郊北山佯攻；第十三团、八路军总部警卫团及武乡各区民兵在长庆、松村等地打援。

8月24日夜，指挥部发出了进攻的信号，各部队开始行动，当夜即将敌人设置在段村镇外围的据点大部扫除。主攻部队决死第九团还一度攻上了东城墙，可惜由于敌人点燃浇了煤油的被子，我军攻城的云梯被烧断，进攻受挫。为减少伤亡，李达命令白天停止攻城，夜间再继续打。

8月25日夜，李达指挥部队继续攻打段村镇。决死第九团成功地打进了城内，歼灭了伪绥靖军第二团团部，伪师长段炳昌见大势已去，带领20多名亲随从地道逃走。巷战中，部队进攻的道路被城东南角一座古塔上的重机枪封锁，决死第九团请求调炮轰击那座古塔。

李达司令员没有把炮调给他们，而是派通讯兵告诉决死第九团的指挥员，不要用炮轰击古塔，要保护古迹，尽可能劝降。遵照首长指示，决死第九团采用逼敌投降的办法，战士龚全来和张顺自告奋勇，几经回旋，从塔后摸进塔内，高举手榴弹，迫使躲在塔内的敌人重机枪班投降。这座建成于清康熙四十九年、高 13 层的千佛塔得以保存了下来，至今仍屹立于武乡县城中。

至 8 月 26 日，城内只剩下日军的指导小队还在城东北角的炮楼中顽抗。决死第九团将其团团包围，因缺乏重武器而难以接近。李达将安阳战役中缴获的那门山炮调了去，我军炮手抵近射击，一炮就将敌炮楼的顶盖掀上了天。经过激烈战斗，解放段村战斗胜利结束。

1945 年 8 月 27 日，段村解放，武乡东、西连成一块。

1945 年 10 月，武乡（东）、武西两县又合并为武乡县，恢复了原来建制，曾划入武乡县、武西县的原沁县村落全部回归沁县，但贾封、石门等 22 村却仍留在了平遥。

解放段村战斗结束时攻城部队在千佛塔下合影

五千干部一万兵

一

在抗战时期，一个人口不足 14 万人的武乡县，就有 9 万余人参加了各种抗日团体，先后有 14600 多人参加了决死队和八路军；派出干部 5400 人开辟新的根据地；在武乡境内的军民共进行大小战斗 8363 次，平均每天作战 2.3 次，歼灭日伪军 28830 余人。5000 名八路军将士把热血洒在了武乡的土地上，团级以上干部就达 15 人，分别是：

三八六旅七七二团团长叶成焕，1938 年 4 月长乐战斗中牺牲；三八六旅新一团团长丁思林，1939 年 7 月石盘战斗中牺牲；三八六旅政治部宣传科科长贾西章，1939 年 10 月南关战斗中牺牲；平汉抗日游击纵队第三团参谋长朱秋溪，1940 年 5 月白晋路战役中牺牲；平汉抗日游击纵队参谋长吴定一，1940 年 5 月河神烟战斗中牺牲；三八六旅十七团副团长吴隆煮，1940 年 8 月南沟战斗中牺牲；决死一纵队二十五团政治委员凌则之，1940 年 8 月温庄战斗中牺牲；三八六旅十六团团长谢家庆，1940 年 10 月关家垴战斗中牺牲；三八六旅兼太岳军区政治部主任苏精诚，1941 年 1 月韩壁战斗中牺牲；三八六旅司令部队训科科长高自辅，1941 年 1 月韩壁战斗中牺牲；决死三纵队副司令员兼太行军区第三军分区司令员郭国言，1942 年 2 月大有战斗中牺牲；决死三纵队兼太行军区第三军分区政治部副主任彭光，1942年2月大有战斗负伤后牺牲；太行三分区决死七团团长尹立海，1942年4月白庄战斗负伤后牺牲；军工部太行工业学校副校长刘致中，1942年2月洪水东山转移中牺牲；总部特务团副团长赵玉珍，1945年4月祁县战斗负伤后，又在洪水一带带伤参战不幸牺牲。

全县有2万多名干部群众牺牲或惨遭杀害，正式载入烈士英名录的3200多名，其中共产党员1060名，区级以上干部48人，村级党员干部379人。其中有许多先烈成为誉满三晋甚至举国闻名的烈士。截至目前，经党中央、国务院批准，先后由中华人民共和国民政部、中华人民共和国退役军人事务部分别于2014年、2015年、2020年，分三批表彰1085人（其中占群体21名），武乡一县有两位英雄光荣入选。

马家庄村英雄马应元，1942年加入中国共产党，先后任马家庄民兵指导员、太行三分区飞行射击爆炸组组长。用“地雷加冷枪”等游击战术，打了许多胜仗。1942年5月反“扫荡”中，一次布雷13处，炸死炸伤日军90余人，缴获步枪11支，子弹500多发。1944年11月，出席太行首届群英大会，被誉为民兵杀敌英雄。1945年元月，在作战中不幸落入敌手，最后敌人抓来其母亲和妻子劝其投降，均被拒绝，终被敌秘密杀害。1946年12月，太行区第二届群英大会特追认其为“特等杀敌英雄”。2014年9月1日，经党中央、国务院批准，列入中华人民共和国民政部公布的第一批300名著名抗日英烈和英雄群体名录。

皮烟村英雄王尚元，1940年参加民兵，1942年加入中国共产党，1943年10月，乡亲们回村抢收粮食，王尚元一人在山上担任警戒，黎明时他发觉敌人到了村前，为掩护乡亲，孤身一人阻击进犯之敌，掩护全村群众转移，不幸牺牲。1944年太行区首届群英大会上，追授“杀敌英雄”称号；1946年8月，全村百姓请求将村名改为“尚元村”，以纪念先烈。2020年9月2日，列入中华人民共和国退役军人事务部（延续原民政部的前两批）公布的第三批185名著名抗日英烈和英雄群体名录。

武乡县八路军烈士陵园（刘广文摄）

党的英雄儿女用鲜血和生命谱写了烁古灼今的壮丽篇章，再次彰显了尚武之乡的英雄美德。晋冀鲁豫边区政府曾称赞武乡“出粮出兵出干部，五千干部一万兵”。

武乡民众的无私奉献是非常典型的，就说“出粮”吧，1939年9月开明乡绅裴玉澍为支持八路军抗战，在土河村召开的武乡士绅座谈会上，主动报名带头任捐钱粮。之后，1939年至1942年间，曾多次为八路军捐输，曾有一次用18匹骡子驮，白天驮粮食，夜晚驮金银，前后共驮20余天，送至太行第三军分区，作为晋商中颇有名望的裴玉澍，为了支援抗战，支持八路军，多次捐粮捐款，直至倾家荡产。整个抗战时期，武乡广大民众为八路军和抗日政府捐献军粮高达240万石，大约折合1.9亿公斤，是武乡的小米养育了八路军。除此之外，还开垦荒地8万亩，捐献军鞋49.6万双，煤炭、木材等燃料15亿公斤……

最为重要的是“出兵”。

1937年年底，八路军一一五师六八五团、六八六团，一一五师三四四旅，一二九师谢张大队，决死队武乡游击大队，决死队教五团等在武乡扩兵，武

1942 年名扬游击队进行干部培训时合影

乡就有两千余人参加了八路军。之后，清河子弟兵、武华游击队、武乡独立营等游击队组织全部编入八路军，特别是名扬游击队 6 次为八路军输送兵源达 3400 余人。八年中，武乡共有 14600 余人参加八路军，占八路军总数的 1.1%，也就是说每 100 名八路军将士中就有一名是武乡籍的。

更值得自豪的是武乡参加八路军的战士，曾经编成过两个团，这两个团，直到现在还成建制地保留在中国人民解放军建制中。

二

在 1986 年编辑出版的《武乡县志·第八编人物·第二章现代人物》“烈士表”中，有许多烈士参加部队时的番号标注为“武乡游击队”。而同在这一版《武乡县志·第五编军事》中，专门有一章记录“人民抗日武装的发展”，介绍武乡建立的游击队、自卫队、独立营等组织，而在这中间偏偏又找不到“武乡游击队”这个番号。

这个“武乡游击队”究竟是怎么回事？事情要从教五团说起。

1936年9月，在中国共产党的推动下，山西牺牲救国同盟会成立，一大批共产党员、进步青年进入牺盟会工作，也使这个组织成为山西地区抗日民族统一战线最重要的群众团体。在牺盟会的推动下，山西开展了声势浩大的抗日救亡运动。根据中共中央北方局指示，牺盟会中的共产党员向阎锡山提出建立30万国民兵的计划，这与阎锡山为保住地盘、扩大势力的想法不谋而合。要发展30万国民兵，需要提前培养2万多个连排级干部，于是就有了先建军官教导团的规划，先后建立10个国民兵军官教导团。

1937年5月1日，国民兵军官教导团第五团在平定成立。其主要任务是训练在乡国民兵军官。教五团中的政治干部绝大部分是进步青年，还有不少是共产党员。11月间，按照上级命令，教五团向武乡蟠龙地区开进，11月16日，教五团来到武乡，团部驻扎武乡西部故城和信义村。山西青年抗敌决死第一纵队成立后，该部又改番号为决死第一纵队第二总队，并进行了整编，下辖3个大队和一个重机枪中队、一个特务中队。

当时武乡青年参军踊跃，由于在武乡招收的青年人数很多，第二总队人数过于庞大，梁膺庸将情况反映给纵队首长。首长决定，暂时授予一个“武乡游击队”的番号，任命黄从述任队长，符先辉任副队长，刘征田任政治主任，下面分为三个支队，符先辉兼任一支队队长，文儒祥任政治指导员；陈之藻任二支队队长，何图远任政治指导员；何友东任三支队队长，黄树芝任政治指导员。

武乡西部石盘村有个青年叫陈德荣，1930年加入中国共产党，毕业于黄埔军校，因从事革命活动被阎锡山当局逮捕，阎锡山与共产党合作后被无罪释放。1937年秋，陈德荣遵照党的指示，组建抗日武装——德荣游击队，并担任队长。他们还用干粮从国民党十三军的逃兵手中换回了十几支步枪和子弹，这支游击队有了枪，算是像一支游击队。但没有军费来源很难坚持，这时遇到第二总队民运工作队，经过协商，将德荣游击队编为武乡游击队第二大队。

第二总队民运工作队还在玉品村，收编了百余名全副武装的国民党败退散兵，将在别村招收的200多名新兵与这百余人合编在一起，授予武乡游击队第三大队番号，总队政治处派牛明智任大队长兼政治主任，谢志勤任副大队长。

仅仅几天时间，在县临时工委的支持和合作下，新组建的武乡游击队编成三个大队，总人数在一千以上，相当于一个团的实力。

可是这支部队还榜上无名。为了给这支武装取得合法地位，也为解决游击队的军饷来源问题，决死一纵队请示第二战区，正式授予决死一纵队组建"武乡游击大队"的新番号，任命郑学源担任大队长，这是一个相当于团级的游击武装番号，下辖三个支队，每个支队都相当于一个营。编制为600人，每月定额拨付经费和薪饷8600元。此时，"武乡游击大队"实际人数已经

决死一纵队武乡游击队成立旧址——故城镇大云寺（李勇摄）

扩充到 1300 多人，按照标准达到乙种团的编制人数。虽然第二战区给的编制仅是实有人数的不到一半，列支军饷远远不能满足需求，但对于“武乡游击大队”来说，这是一个良好开端，毕竟名正言顺，有了一个合法的旗号，纵队也可以在枪支、弹药和物资上正式列表下。

武乡游击大队的组建过程，在中央党史出版社出版的《山西新军决死第一纵队·部队发展史》中有多处记载。武乡游击大队正式编成后，有老红军指挥员的军事素养，有尚武之乡青年的勇武作战，很快在抗日前线大显身手。

部队先后参加了平遥同蒲路作战、粉碎日军对晋东南“九路围攻”等战斗，并打得非常出色。经过多次战斗的锤炼和洗礼，具备了建立正规团的规模和条件，经决死一纵队研究，并报第二战区批准，1938 年 4 月 30 日，武乡游击大队正式更名为山西青年抗敌决死队第一纵队游击第二团：团长郑炎辉，副团长赵四兰、贾斌宪，政治主任邱吉夫。下设三个营，每营各辖三个连，一营营长郑学源，教导员牛明智；二营营长黄从述，教导员关奎志；三营营长曹海波，教导员樊其惠。全团人数约 1600 人，其中来自武乡的战士占总数的百分之八十五。

这是抗战以来由武乡兵员组成而诞生的第一个成建制正规团，号称武乡第一团。

“游击第二团”正式命名组建之后，先后进行了两次军政整训，在政治上、军事上都有很大提高。1940 年年初，决死一纵队进行整编，归入八路军总部序列。在整编中，游击第二团奉命与第一总队合编，组建为第三十八团，在抗战中成为太岳军区的主力部队之一。

中华人民共和国成立后，编为中国人民解放军第一一九团。该团经历了太行抗战、沁源围困、上党硝烟、淮海浴血、两广追歼、老山镇敌，屡建功勋，共参加战役、战斗 500 余次，歼敌 6 万余人，3200 余名同志为民族的独立、人民的解放，捍卫国家主权和领土完整，献出了宝贵的生命，涌现出了霍志荣、胡尚礼、李海欣等一大批战斗英雄和先进战斗集体，在中越自卫反击战中，该团第四连被中央军委授予“老山穿插英雄连”的光荣称号。

三

值得一提的是，在抗日战争结束时，由武乡兵员为主又组成了一个成建制正规团——武乡独立团。

1940 年年初，为便于集中地力武装配合八路军作战，在县抗日自卫队基干队的基础上，组建武乡独立营，下辖一、二两个连，成为军分区领导的正规武装。由史昭青任营长，县委书记李九友兼任教导员。同年 6 月，独立营在东良上庄村战斗中，二连伤亡严重，战斗结束后，营部决定一、二连合并为一连，调三八六旅在武乡一带新组建的新兵连（也称青年连），编成该营二连。

1940 年 6 月，由于日军侵占武乡中部的东村、段村，并修通榆社、武乡、沁县公路，武乡划分为武乡、武（乡）西两个县。为了适应新的形势，太行三分区决定，将独立营调归武西县，更名为武西独立营。同时将各区原来的武装改编成各区游击队，1941 年 5 月，又将漳东区划为武西县第二区，并将该区原来的武装编为武西独立营漳东连即二区游击队。

自日伪军侵占段村后，在武西县曾经出现过大多数村庄暂时维持的局面。武西独立营在此情况下，在县委领导下和县各级抗日政府密切配合，采取了以班、排为单位的主要活动方式，昼伏夜行，深入敌占区，发动群众，掌握敌情，分化瓦解敌人，打击小股敌人。经过一段时间的艰苦工作，使武西县的对敌斗争工作出现了新的局面。1942 年 8 月，独立营扩充了 200 多名新兵，又组建了三连，并调八路军第十四团连长涂学忠担任独立营营长。该营在武西与八路军决九团密切配合，进行了多次战斗，取得很好的战绩。

1941 年 6 月，根据斗争形势需要，武乡县再组武乡独立营，下辖两个连、一个直属排，并有两个区游击队，全营共计 456 人，营长冉光华、政委张向善。期间几次整编区游击队，扩大了独立营的编制，1944 年 12 月，六区游击队整编为独立营独立第二连。武乡独立营作为太行三分区正规武装，主要活动在武沿线、段村以东、沁县东南、榆社以南、襄垣以北，其主要任务是:

武乡独立团团长冉光华（左）、政委李文清（中）、副团长李炳甲（右）

配合八路军主力部队，打击日伪军对根据地的蚕食、“扫荡”，保卫对敌机关及人民群众的安全，保卫春耕、夏收、秋收。特别是在蟠龙围困战中，多次打击敌人，先后进行了榆武线伏击战、蟠洪线阻击战、解放段村战斗等大型战斗。同时，为了克服根据地处于十分艰苦的生活环境，解决装备不好、粮食供应不足的困难，积极开展大生产运动，平均每人开荒 4.5 亩，口粮基本自给，蔬菜全部自给。

抗战胜利后，以蒋介石为首的国民党反动派积极发动对我根据地的进攻，阎锡山调兵侵占上党地区。为适应新的形势，1945 年 10 月 28 日，根据太行三分区指示，武乡独立营与武西独立营在涌泉村正式合编为太行三分区武乡独立团，团长冉光华、政委李文清、副团长李炳甲。

1946 年 1 月，升编为八路军第四十团，成为太行军区主力团。随着解放战争速度加快，1946 年 6 月，太行第二军分区、第三军分区合为新的第二军分区，该团编为太行军区三十九团，随后到平汉路配合主力作战。先在平汉路打了孙殿英，后又顺着平汉路打到清化县。部队在此又改编为晋冀鲁豫野战军第九纵队第二十九旅第七十四团。8 月，该团跟随大部队强渡黄河，先打了洛阳，接着向纵深发展，又打了河南的孟县、宁南县，以及洛阳。1948 年，打下郑州、开封后接着打淮海战役，我军采取分路突击、四面包围的方式，中原和华东两野战军密切协同，一举全歼了黄维兵团。战斗胜利结束后，准备渡江战役。

部队整编在第二野战军第十五军第四十三师，武乡团编为第四十三师第一二七团。经广西入贵州向云南进军，进驻昭通后，第一二七团负责鲁甸、会泽、巧家展开剿匪行动。后经整编隶属于十三军所辖，一二七团也整建制调整为第十三军第三十九师第一一七团，维护中缅边界安全。直至20世纪60年代末与昆明军区第十四军换防后全部调防到四川省，该团驻四川内江市，后该团还赴云南参加了1979年中越自卫反击战。现在该团为中国人民武装警察部队第三十八师第一一七团。

在战争中诞生，在战争中发展，在战争中成长。由武乡兵员为主编成的两个正规团，直到今天仍然在中国人民解放军的序列中服役，一代接一代地在保卫祖国的接力赛中传承着太行精神。

四

在整个抗战中，武乡可以说是全民上阵，仅有不足14万人口的小县，就有9万多人参加了各种抗日救亡组织，也就是说除了7岁以下的婴幼和70岁以上的古稀老人，全部投身于抗战洪流之中，一批批优秀干部调往各地，据统计，在整个抗战中，从武乡调出的区级以上干部就达5400余名，留下了“五千干部一万兵”的佳话，成为公认的抗日模范县。

纪登奎是武乡调出干部的典型。纪登奎原姓籍，在解放战争时期改姓纪，是武乡松庄村人，他是武乡最早外调的干部之一。1937年秋参加牺盟会，并加入中国共产党，投身革命。1938年调和顺县任青救会主席，后作为中共中央北方局青年巡视团成员赴鲁西工作，先后任鲁西区青救总会组织部部长，冀鲁豫区二地委抗联组织部部长，冀鲁豫区第一地委委员兼民运部部长。解放战争时期，历任中共冀鲁豫区党委党校组教科科长，中共豫西区党委工作团书记兼鲁山县委副书记、书记，中共许昌地委副书记兼宣传部部长等职。参与领导当地土地改革和剿匪反霸斗争。中华人民共和国成立后，先后任中

1988年6月10日，武乡县领导一行在北京看望纪登奎同志留影(照片由赵太生提供)

共河南许昌地委书记兼许昌军分区政治委员，中共洛阳矿山机器厂党委书记兼厂长，中共洛阳地委第一书记，中共河南省委常务委员、候补书记兼秘书长，中共河南省委常务委员兼中共商丘地委第一书记，河南省革命委员会副主任，中共河南省委书记。1969年中共九大被选为中央委员，九届一中全会上被选为中央政治局候补委员，并任国务院副总理。1971年兼任北京军区第一政治委员。此后被选为中共第十、十一届中央委员、中央政治局委员。

从1937年冬开始，从武乡调出一批批干部，武光汤、史怀璧、高沐鸿、史进贤、张超、张桂森、姜一、李衍授、郝良等先后离开武乡，到新开辟的根据地工作。从抗日战争到解放战争，已经说不清调出多少批，每年平均外调干部600余人。其中集中调出过五批干部：1944年冬武乡就调第一批干部80余人支援冀南区；1947年6月调第二批干部70余人南下湖北；紧接着7月又调第三批干部60余人南下豫北；同年12月调第四批干部70余人前往苏皖；1948 年 12 月调第五批干部 50 余人南下中原。

说到外调干部最典型的是 1949 年 3 月组织的长江支队。

根据党中央、毛主席“打过长江去，解放全中国”的号令，从太行、太岳革命老区组成的优秀干部队伍，共有 4000 多人，组成了南下区党委、地委、县委、区委四级党、政、军、群成套班子，其任务就是随军南下，接管新生的人民政权。队伍在河北武安整顿集训后向南开拔，行军前，华北军区正式授予了“中国人民解放军长江支队”的番号，南下区党政军机构编成支队，地级机构编为大队，县级机构编为中队，区级机构编为小队。武乡县抽调出来的 34 名干部，编为第三大队第一中队，作为一个县级领导班子。而整个在长江支队中，共有武乡籍干部 107 人，分散在区党政机关及六个地委机构中。除从武乡县抽调出来的 34 名同志外，其余都是在抗日战争及解放战争时期从武乡调往太行、太岳各地工作的武乡籍干部，他们因革命工作需要先

长江支队中武乡南征干部到达福建南平后合影

后离开武乡，而今天又一次聚集在一起，为“打过长江去，解放全中国”这个共同的目标，将一起向南进发。

部队到达苏南后，根据中央精神随第三野战军第十兵团进军八闽，接管刚刚解放的福建省。历时半年的征程中，他们途经山西、河北、河南、安徽、江苏、浙江、江西、福建八省，行程2000余千米，头顶不断轰炸的飞机，地遇游兵散匪的骚扰，历尽艰辛，从太行山脚下开始跋涉，终于到达了武夷山麓。在南平地区，根据上级命令，第三大队第一中队接管闽北重镇南平县。

南平是闽北重镇，早在汉代置县，寓平定南疆之意，数千年来一直是闽北的主要州府。宋代这里已是“舟车辐辏，物阜人彩，省门以北，无与为比”。

1949年8月15日，长江支队第三大队第一中队，从英雄威武的太行山麓武乡县，来到金凤山下、闽江之头的南平县，县区两级领导班子正式组建。南下干部与当地地方干部一道，接管了南平县旧政权，通过剿匪反霸、减租土改，使南平顺利进入了社会主义建设中。从此，他们与南平人民同甘共苦，共同奋斗，又肩负起了建设社会主义新南平的重任，书写了南平的历史新篇章。

社会主义迈新步

一

在整个抗日战争时期，山西并存三种政权。在日军占领的城镇是日伪政权，在阎锡山活动的地方是山西省政府的旧政权，全省绝大部分县的广大农村则是中国共产党领导下的晋绥、晋察冀、晋冀鲁豫三大抗日根据地的抗日民主政权。

民国三十四年（1945）8月15日本投降以后，阎锡山的第二战区与山西省政府机关迁回太原。在蒋介石中央军的配合下，阎军占领太原、大同、临汾等大中城市，以及南北同蒲铁路和正太铁路沿线部分县城。其他广大地区属晋绥边区、晋察冀边区和晋冀鲁豫边区。

1945年8月，国民党第二战区司令长官阎锡山部，向中国共产党领导的晋冀鲁豫解放区控制的长治地区进攻，先后侵占襄垣、潞城，包围长治、长子、壶关、屯留等城，出兵抢夺胜利果实。刘伯承、邓小平领导的晋冀鲁豫军区，根据中共中央军委坚决彻底消灭来犯之敌的指示精神，集中太行、太岳、冀南3个主力纵队及地方部队3.1万余人，并动员5万民兵参战，发起上党战役。

中共武乡县委和县政府在战前成立了指挥部，积极动员全县群众，统一安排和组织、编制参战民兵和自卫队，准备开赴上党前线，配合正规军同抢夺胜利果实的阎锡山军决一死战。这期间又一次掀起了参军高潮，著名杀敌英雄关家垴村武委会主任关二如带领洪水一区百余民兵集体入伍；禄村“八路妈妈”暴莲子带头送两个女儿参军；朱家山一个只有 30 户人家的小村一次参军 42 人……仅 7 天时间，全县参加八路军人数达到 1820 名。

上党战役期间，武乡组织抬担架、扛云梯、送弹药、押俘虏的人员达两千余名。历经月余作战，歼灭国民党军 3.5 万余人。上党战役是抗日战争胜利后，共产党领导的人民武装反击国民党军进攻的第一次大规模歼灭战。由于中国共产党领导的人民解放战争节节胜利，阎锡山的地盘不断缩小。

民国三十七年（1948）4 月，国民政府行政院公布全国行政督察区的文件，规定山西省辖 1 市、105 县，省会设太原市。省政府直辖阳曲、榆次、徐沟、清源、晋源 5 县，其余 100 个县分为 14 个行政督察区，其中第十三行政督察区辖 10 县，为长治、潞城、襄垣、武乡、沁县、沁源、屯留、长子、黎城、平顺。不过，国民政府行政院公布这个文件，就是一个自欺欺人的笑话，过过嘴瘾而已。此时，山西全省绝大部分县都已经成为解放区，阎政府的行政督察区有名无实，

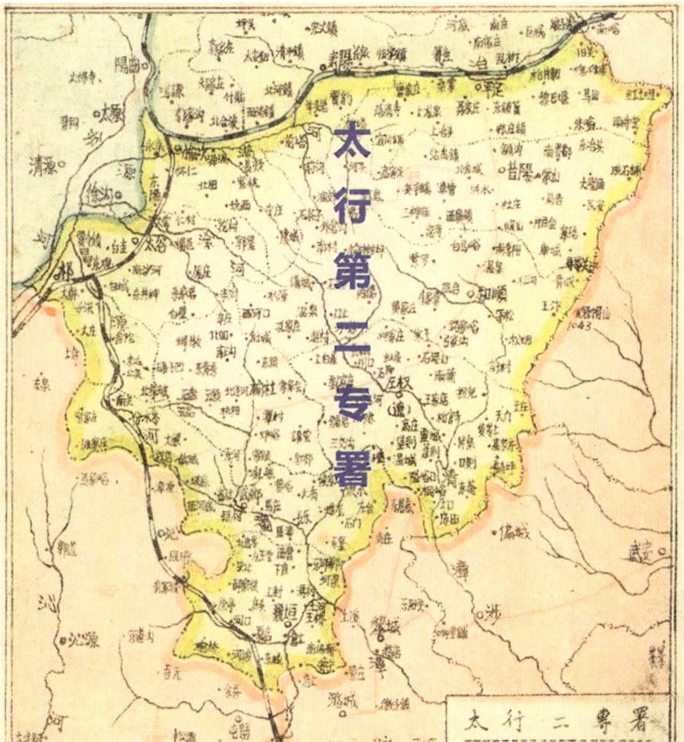

1945 年 11 月调整后的太行第二专署

只不过是一纸空文，没有任何实际意义。1949年4月24日太原解放，5月1日大同解放，阎锡山在山西的统治结束，山西完全回到人民手中。

日本投降以后，为适应新的形势，晋冀鲁豫边区也着手对行政区划进行相应调整。1945年11月20日，太行行署正式成立，同时将原来的8个专区调整为6个；将在抗战中分设的县重新合并，由55县合并为48县1市，武乡县归属新改设的第二专区。

1946年6月，区、县再行合并，改为4个专区、41个县，太行第二、第三专区合并为第二专区，武乡仍属第二专区；1947年、1948年，区、县又行调整，武乡一直属第二专区；1949年5月，太行区行政区划最后一次调整，分为5个专区，37个县，5个市，专区以地名命名，武乡属左权专区，该区辖6县，左权、榆社、和顺、昔阳、襄垣、武乡。

回过头来细看，这个左权专区的地盘，居然基本上是秦朝初设涅县的地盘。“雕栏玉砌应犹在，只是朱颜改”，山水还是那个山水，地盘还是这个地盘，治所却从原来的涅（武乡故城镇）移到了今天的左权（原轑河城附近），当年“涅”地的辉煌依然可见。

二

1945年10月，武乡县、武西县合并恢复原来的武乡县以后，县治治所也将迁回抗战以前的老县城。但是，由于1938年4月15日夜，即长乐村战斗前夕，残酷的日寇在武乡县城放火，具有1400多年历史的县城化为灰烬，县府机关迁回后无法办公，只得暂住在县城附近的东关、寺背后、郝家庄、魏家庄一带。期间虽进行了修复，机关迁回县城，但仍然困难重重。特别是当时关河经常发洪水，夏、秋两季河水猛涨，行人断绝，商旅不通，清康熙年间到民国九年（1920），虽几修石桥都因河水过猛而冲垮，1946年县里再次组织人力物力修起关河石桥，秋季发大水再次冲毁。而武乡到长治专区的大路是跨过关河向西，经沁县转道长治，每遇河涨，对工作生活多有不便。

于是，县委、县政府将县城迁址提上议事日程。当时主要有四种意见：

一是东乡干部提议迁址长乐村，从人口分布上讲更为适中，且地势较好，地名吉利；二是西乡干部建议迁址故城镇，这里是古涅县城，从古皋狼城算起到甲水县裁撤有1500多年的立城史，且地势开阔，并有包括涅县县衙、大云寺在内的诸多庙宇可供居住；三是中乡干部建议迁址段村镇，地势开阔亦较为适中，且有玉贞观、净业庵等建筑可供居住；四是部分干部持不搬态度，理由为此地亦有1500年立城史，更是地灵人杰的“龙兴之地”，旧地重修总比迁址新建更方便。最后还是当时主持县委工作的李鹏飞同志拍板，决定迁址段村镇。

1947年7月，县治迁至段村镇，旧治更名故县村。1951年8月，中央老区慰问团团长杨秀峰来到武乡旧城，视察并给旧城起名为故县。

这期间，中共武乡县委、县政府领导全县人民，先后支援了上党战役、白晋战役、晋中战役等。1946年3月，开始土地改革运动，消灭了封建土地所有制，农民在政治上、经济上翻了身，真正成为土地的主人、社会的主人。1947年7月1日，部分党组织和党员公开。1949年春，进行了规模较大的整风运动，纠正了土改中存在的遗留问题，惩戒了一些犯有主观主义、宗派主义等错误的党员干部，清洗了一批混入党内的阶级异己分子，以及贪污、腐化、蜕化变质分子，进一步纯洁了党的组织。

1949年初春，从太行山革命老区抽调优秀干部，共有4000多人，组成了南下区党委、地委、县委、区委四级党、政、军、群成套班子，其任务就是随军南下，接管新生的人民政权。武乡县抽调出来的34名干部编为三大队一中队。队伍到达福建后，一中队整体接管闽北重镇南平县，这也开创了武乡历史上派出干部整体接管外省一个县工作的先例。

山西全境解放后，华北人民政府决定重新调整区划，恢复原各省建制。

1949年7月28日，华北人民政府第三次委员会扩大会议决定，为适应大规模生产建设的需要，经本府第三次委员会扩大会议决定，将现有行政区划，重行调整。8月1日，华北人民政府发出调整行政区划［民政字第一五〇号］通令，决定除将原雁北13县划归察哈尔省管辖外，其余所有原属晋西北、晋南、太行、太岳、太原五个行政区建制的各县、市，均恢复原山西省建制。

8月9日，华北人民政府决定撤销太行、太岳、晋中行政区和晋绥、晋察冀边区，合并设立山西省。8月19日，奉上级命令，中共太行区党委、太行行署、太行军区建制撤销，各专、县分别划归山西、河北、平原三省管辖，20日，太行区党委、太行行署、太行军区停止办公。至此，太行区党政军机构完成了它的历史使命。8月24日，太行第二区行政督察专员公署正式发布停止办公通知，太行二专署奉命撤销，原属武乡和襄垣两县，划归长治专署领导。

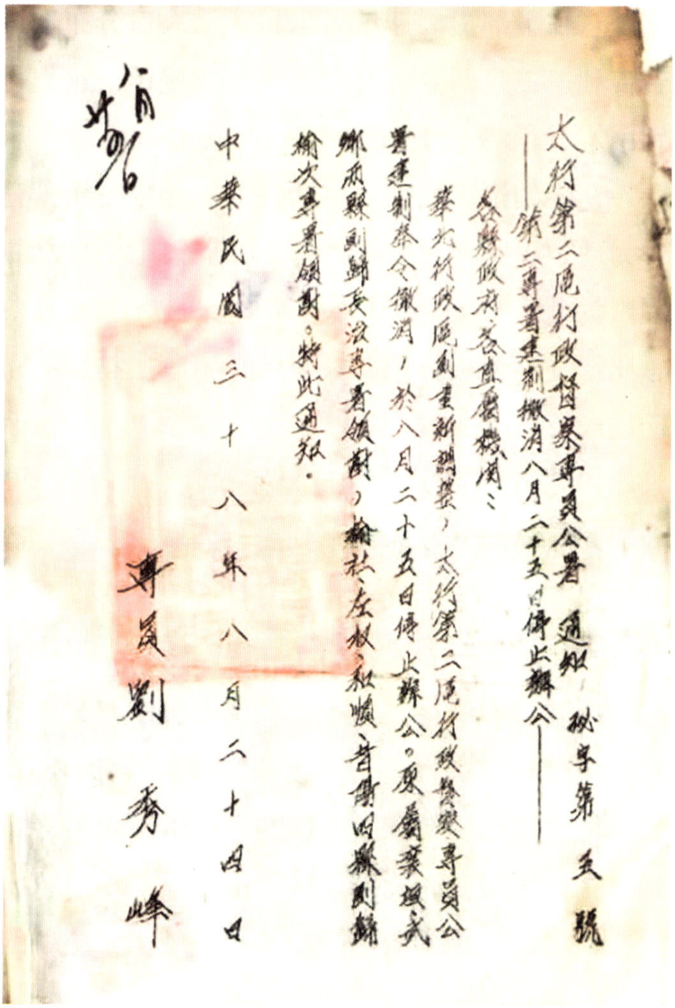
太行第二區行政督察專員公署 通知 秘字第[illegible]號
——第二專署建制撤消八月二十五日停止辦公——
各縣政府、各直屬機關：
華北行政區劃重新調整，太行第二區行政督察專員公署建制奉令撤消，於八月二十五日停止辦公。原屬襄垣武鄉兩縣劃歸長治專署領導，榆社、左權、和順、昔陽四縣劃歸榆次專署領導。特此通知。
專員 劉秀峰
中華民國三十八年八月二十四日

太行二专署发布撤销通知

9月1日，山西省人民政府在太原正式成立，按新区划，分为太原1个地级市及兴县、忻县、阳泉、汾阳、长治、翼城6个专区，武乡县隶属于长治专区。县属12区并为7区，共186个行政村，888个自然村。

三

1949年10月，中华人民共和国成立。

新中国成立初期，百废待兴。随着对资本主义工业和个体手工业的社会主义改造，各种工厂相继开业，工业生产恢复生机。

武乡县旧时工业不甚发达，虽有一些服务性行业，亦多系手工作坊式生产。据《山西实业志》记载，民国初年武乡除有数家酿造、纺麻、毛毡作坊外，制造生产劳动工具和生活用具的企业，仅有洪水、蟠龙、监漳、段村、县城（今故县）、故城等镇有几家木匠铺、铁匠铺，年产数量极少，产值不足一万元（白洋），除去成本费用所盈无几。民国十年（1921）前后，苏峪、栗家沟出现了造纸业，洪水、蟠龙、监漳出现了制作粉条、豆腐、酿酒等行业，总计30余家，从业人数50名左右。这些手工业多系一家一户，自产自销。

1937年全国性抗战爆发后，曾在白龙洞等地创办韲山铁工厂，柳沟、庄底、温庄、白和、显王、望洛头等地创办了一批八路军兵工厂，在窑湾、东沟办起纺织厂，苏峪、栗家沟办起太行造纸厂等。特别是柳沟兵工厂，已经发展成为煤矿、铁矿、坩土矿、硝土矿、翻砂、冶炼、铸造、锻造、炸药、硫黄、机械制造等完整的生产体系，并建立各种规章制度，逐渐向企业化发展。工人由原来的1000人发展到2500多人，设立了五个分厂和一个所，业务范围逐步发展成了以采矿、冶金、机械、发电为主的大型工业体系。

全县解放后，又在曹村办起联合农具厂，圪老湾办起新华草帽厂，县城东街开办新华印刷厂等，全县手工业二十余家。但由于原料资金不足，发展相当缓慢，甚至停产。

新中国成立后，全县工业有了新的发展，在八路军开办的青背塔煤矿、白和煤矿、老沙坡煤矿基础上，先后建立了西江沟煤矿、担掌沟煤矿、阳迦煤矿、中村煤矿、墨镫煤矿等，全县的煤炭工业从手工业逐步向机械生产作业发展。同时，在八路军柳沟兵工厂旧址上重新办起柳沟铁厂，到1958年工人增加至400余人，建立了4座1.5立方米的土高炉，在“大跃进”运动中，人数曾经猛增到8000人，分别在墨镫、马堡、白和、洪水、柳沟、马岚头建起钢铁营寨，进入炼铁高潮。

1950年开始在县城办起武乡电磨厂，正式开始发电照明，并增加了印刷、编织生产。全县也将近百名小手工业者组织起来，组成了铁业合作社、木业合作社、建筑合作社、砖瓦合作社、五金生产合作社、粉条豆腐生产合作社、皮革生产合作社、陶瓷生产合作社、铸造生产合作社、缝纫合作社等集体所有制生产组织，1956 年总产值达 20 万元以上。

卧龙头陶瓷厂生产的民用粗瓷和耐火产品

1957 年，武乡县农业机械厂正式成立，生产小型农具，修配小型机械，并为城镇居民加工面粉。1958 年，在柳沟建立地方国营铁厂，卧龙头建立地方国营陶瓷厂，并成立八一陶瓷厂、下城地方国营纸厂。在城关新建粮油加工厂、食品加工厂。上司、监漳、蟠龙、洪水、城关、涌泉、故城等公社办起铁业、木业生产小组和缝纫加工小组。

武乡的工业生产进入一个快速发展的轨道。

四

新中国农村的基层行政组织是乡。山西是革命老区，新中国成立前，除建立有太行、太岳、晋察冀、晋绥等革命根据地外，还有阎锡山统治区，农村的基层行政组织较为复杂。在各革命根据地内，一般的基层行政组织形式，是以自然村为主的行政村，而在阎锡山统治区，基本上还是实行编村的形式。新中国成立后，山西省委、省人民政府在领导全省人民大力恢复经济建设的同时，卓有成效地进行了各项社会改革。在农村，根据当时形势的发展，把基层行政组织统一编为行政村。这种行政组织形式，还是以自然村为主，其特点是规模小而且分散。这种行政组织在革命战争时期和经济恢复时期，无论在完成战争动员任务，还是在完成各项社会改革方面都发挥着积极的作用。

中华人民共和国成立初期，虽然经过土地改革，实现了耕者有其田，但小农经济严重阻碍了我国农业生产力的发展，个体农业的精耕细作生产方式，已经使生产力的发挥达到了极限。小农经济生产资料微薄、生产分散、生产规模狭小、农业科技落后、劳动生产率低下，且小农经济自由发展势必会导致农村再次出现贫富两极分化。把小农经济逐步改造成为社会主义集体经济，成为中国共产党在过渡时期总路线的一个重要组成部分。

山西省委为了解武乡老区的农业生产情况，于1950年7月组成考察组，进行了一个半月的调研考察，并撰写成《老区武乡考察报告》，报告中提出了许多在土改三年以后所发生的新问题：农村“中农化”了，农民普遍走向富裕，先进村已恢复或超过了战前生产水平。土改以后，三四年工夫，土地已经开始变动，农村阶级关系开始有了新的变化。农民最喜爱的生产互助组，由于生产发展，没有及时提出新的提高办法，有些开始消沉了，有些则由于提出组织起来与提高技术相结合的口号，互助生产有了进一步发展。农村生产领导方式，如何从党政不分的一揽子方式开始走向分工负责的道路。对于这些问题，报告中都提供了充分的材料，并具体研究与分析了发生问题的原因，提出了比较正确的解决办法。

农业生产合作化，是人类历史上一次具有划时代意义的伟大尝试，它打破了数千年以来传统的农业生产经营方式，通过各种互助合作的形式，把以生产资料私有制为基础的个体农业经济，改造为以生产资料公有制为基础的农业合作经济，是具有制度性的伟大革命。在这次运动中，晋东南是引领中国的典型，而武乡则走在晋东南地区的最前面，成为这场伟大革命的开拓者和先驱。为了稳步推进合作化运动，中共中央决定先搞试点，总结经验，然后再行大面积推广。

当时的山西省委书记赖若愚，非常支持地委书记王谦的工作。因为从抗战到土改，太行老区在农业生产管理上创造了丰富的经验，1941 年武乡枣烟村率先推行了“变工队”的劳动互助形式；1942 年武乡树辛村率先组织了互助组。在土地运动中，晋东南地区又走在前列。太行山革命老区，应该想办法把互助合作组织提高一步，于是长治专区决定在晋东南率先创办 10 个农业合作社作为试点。当时长治专区共有 16 个县及 1 个工矿区，而创办的 10 个合作社试点中，武乡一县就占了 4 个：分别是窑上沟、枣烟、监漳东社、监漳西社，其余 6 个试点村是黎城县王家庄、平顺县川底、壶关县翠谷、长治县南天河、襄垣县长畛、屯留县东坡。由此可见，武乡是名副其实

长治专区十个老社社长会议合影

的中国农村合作化运动发源地。

山西省委在晋东南老区试办10个初级农业生产合作社，曾在华北局引起了一场肯定与否定的争论。毛泽东主席得知后，对此给予了充分肯定。1953年任中共山西省委第一书记的陶鲁笳曾指出，山西在全国率先组织农民走合作化道路，不是偶然的，更不是追风赶浪头，而是山西农村发展的实实在在的选择。

这次试办农业合作社，是中共长治地委工作的重点，监漳一村办两社成为重点的重点。地委和县委都派来了强有力的工作组，地委书记王谦等领导同志多次来村亲临指导，县委书记李鹏飞、第四区区委书记弓成木都在监漳村长期蹲点。全国著名作家赵树理从北京来到武乡老区，把监漳作为他调查研究、指导工作和体验农村生活的点蹲了下来，与农民同吃同住同劳动。赵树理在监漳村参与了试办合作社的全过程，以后又亲历了合作社的经营管理与发展，和这里的干部群众融为一体，亲如一家。事后，他以监漳村为主要背景，以扩社、修渠为主线，以村上各色人物为原型，创作了长篇小说《三里湾》，于1955年出版问世，叫

通俗读物出版社于1955年5月最早出版的《三里湾》

响了中国文坛。

农业合作化运动从初级社到高级社，不仅有理论上的指导，更有客观现实根据，它帮助贫苦农民走出贫困、实现共同富裕，中国共产党认为有必要把亿万农民组织起来，把个体经济变为集体经济，走向富裕的道路，农业合作化运动引领了中国农村 30 多年的前进方向。而近年来，农业合作化又作为一种创新组织，在提高农业组织化、集约化程度，在农业基础设施保障、农村公共产品供给、农业技术推广、农产品销售渠道拓展、农业产业链延伸等多个方面都发挥了不可替代的作用，是助力农业经营体制机制创新的重要载体，再次成为农业现代化的方向。

五

1953 年春，根据上级指示，实行区乡制，全县分为 7 区 97 乡；同年 8 月撤销了 4 个区，全县分为洪水、蟠龙、故城 3 个区。

1955 年下半年，农业合作化高潮到来之后，许多农业生产合作社的范围已经突破了原来小乡的行政区域界限，原来的区划体制很难适应形势发展的需求。为此，1955 年年底国务院指出：小区小乡制已经不能适应农业合作化运动迅速发展后的新形势，区乡行政区划应当适当调整。1956 年 4 月，根据山西省委《关于扩大乡的行政区划及撤销现尚保留的区级建制的决议》方案，以适应农业合作化运动和有利于发展生产为原则，结合当地区域分布情况，进行了重新调整、合并。武乡县进一步对区划进行调整，全县由原 97 个乡重划为 45 个乡，并将三个区建制全部撤掉。

1958 年 3 月，再次调整，从 45 个乡又合并为 33 个乡。与此同时，中共中央政治局成都会议通过了《关于把小型的农业合作社适当地合并为大社的意见》。意见指出："为了适应农业生产和'文化革命'的需要，在有条件的地方，把小型的农业合作社有计划地适当地合并为大型的合作社是必要的。"会后，各地农村开始了小社并大社的工作，有的地方出现了"人民公社"，这也是人民公社的雏形。在人民公社化的进程中，武乡县走在前头，

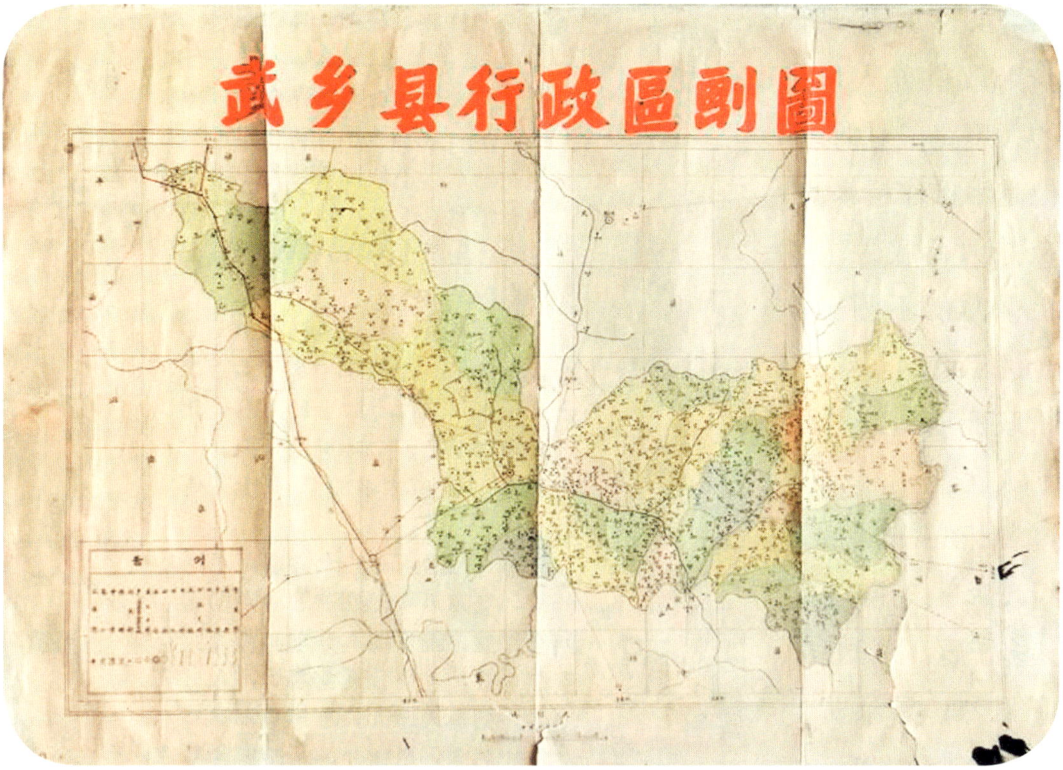

1958 年 3 月的武乡县行政区划图

很快又进入人民公社化运动的热潮，农村工作部的工作重点又转到向人民公社迈进。全县 331 个高级农业生产合作社，也着手进行整合，准备向人民公社过渡。

1958 年 8 月实行人民公社化，整合为 6 个人民公社。

1958 年 8 月中共中央政治局扩大会议（又称“北戴河会议”）后，全国掀起了农村人民公社化运动和群众性大炼钢铁运动。“政社合一”的人民公社实行组织军事化、行动战斗化、生活集体化，建立了公共食堂、托儿所、敬老院等。为适应新的形势，大兴并区、并县之风。山西全省并为 4 个地级市（其中 3 个由专区代管）、4 个专区，40 个县、2 个县级市、8 个市辖区。在这个运动中，1958 年 11 月 1 日，榆社县和武乡县合并，称武乡县，县城仍在原武乡县城。并县后，人民公社增加为 10 个。这一时期，原长治专区改名为晋东南专区，专署仍驻长治，武乡县属晋东南专区。

虽然并县减少财政供养人口的大思路是对的，但是因操作粗暴，合并大行政区很快暴露出不利于经济建设的问题，给政府管理工作和人民生活带来诸多困难。单纯的行政命令，引起了诸多矛盾，群众反应强烈，导致失败，次年开始渐渐恢复原建制。1959年7月，榆社、武乡再次分治。从开皇十六年分武乡析置榆社到今，武、榆之间走过了四分四合的复杂

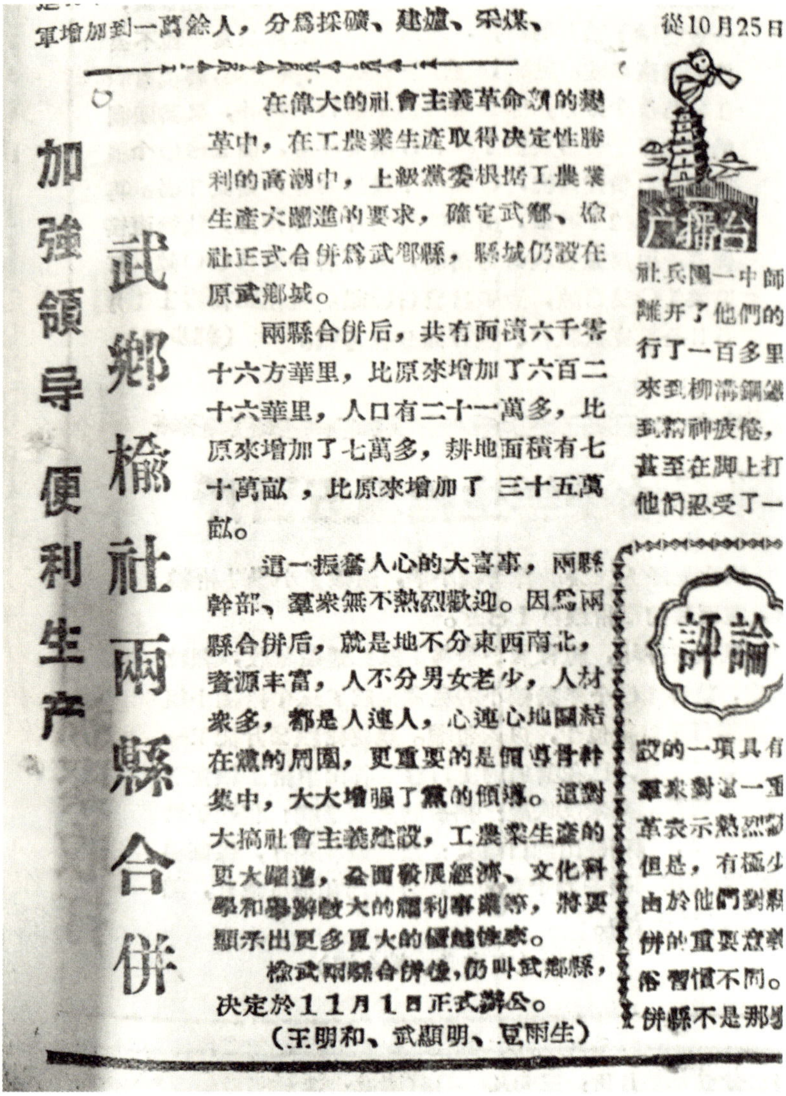

軍增加到一萬餘人，分爲探礦、建爐、采煤、

武鄉楡社兩縣合併

加強領导 便利生产

在偉大的社會主義革命躍進中，在工農業生産取得決定性勝利的高潮中，上級黨委根据工農業生產大躍進的要求，確定武鄉、楡社正式合併爲武鄉縣，縣城仍設在原武鄉城。

兩縣合併后，共有面積六千零十六方華里，比原來增加了六百二十六華里，人口有二十一萬多，比原來增加了七萬多，耕地面積有七十萬畝，比原來增加了三十五萬畝。

這一振奮人心的大喜事，兩縣幹部、羣衆無不熱烈歡迎。因爲兩縣合併后，就是地不分東西南北，資源丰富，人不分男女老少，人材衆多，都是人連人，心連心地團結在黨的周圍，更重要的是領導骨幹集中，大大增强了黨的領導。這對大搞社會主義建設，工農業生産的更大躍進，全面發展經濟、文化科學和舉辦較大的福利事業等，將要顯示出更多更大的優越性來。

楡武兩縣合併後，仍叫武鄉縣，決定於11月1日正式辦公。

（王明和、武顯明、夏雨生）

刊登在《武乡小报》上《武乡榆社两县合并》的消息

经历，辽县与母县武乡也经三并三拆的曲折，正应了罗贯中在《三国演义》开篇的那句名言：“话说天下大势，分久必合，合久必分。”分分合合，分合无定，榆社本来是武乡的一部分，几分几合也属常理，这次分之，谁能保证以后不会再合呢？

1959年12月，将县内人民公社调整为12个，分别是墨镫、窑湾、洪水、蟠龙、韩壁、大有、上司、城关、涌泉、故城、石盘、分南。1962年2月，

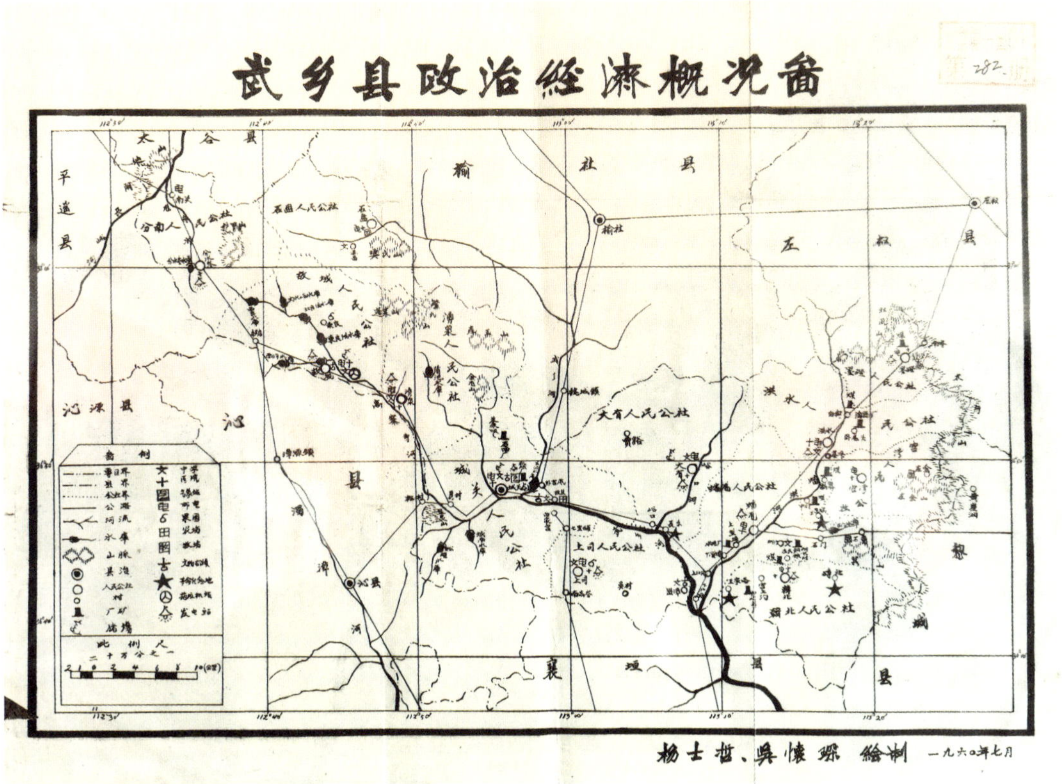

1960 年绘制的武乡县政治经济概况图

按照党中央《关于改变农村人民公社基本核标单位的指示》，行政区又进行了一次大的调整，将原来的 12 个人民公社调整为 20 个，增加了广志、石门、东沟、监漳、贾豁、曹村、石壁、东良；并将 200 个管理区划为 403 个生产大队、1785 个生产队。1966 年 7 月，又将城关人民公社分为故县、城关两个公社。全县为 21 个人民公社、375 个生产大队、1498 个生产队。

六

就在从高级农业生产合作社向人民公社过渡的时刻，国家水利电力部提出根治漳河的规划。

武乡处于浊漳河上游，在县城东五华里处就是浊漳北源——关河峡口。关河河谷，古为上党通往太原的交通要道，因早在唐代就在此设立昂车关，

1959 年关河水库的工地民工在打硪施工

浊漳北源由此流过，人们便将此水称为关河。千百年来，每经汛期，洪水泛滥，咆哮而下，冲毁村庄，淹没农田，隔断交通，吞噬了无数生命财产。加之官府昏庸，不为民事，面对害河无所作为。这条有百害而无一利的河流，水患频发，不仅给当地百姓造成灾难，而且也威胁着山西、河南、河北、天津等省市两岸人民的生命安全。为根治漳河，1958 年 5 月，受国家水利电力部委派，以长治专区水利局抽调技术人员，组成浊漳河流域规划队，对浊漳北源进行了全面勘测，决定在武乡县境内县城附近下关村修坝拦截河流，作为浊漳北源干流控制的大型工程，这就是关河水库。

兴修水利是武乡悠久的历史传统，在武乡的水利遗存最早是东部山区上庄村的“马莲井”，有民谣说：“先有上庄，后有离相，先有离相，后有武乡。”马莲井是上庄置村时挖成的，武乡县始置于西晋泰始初年，离相寺始建于东汉，这也就是说马莲井在东汉前就有了，马莲井井壁上安有两排掏井时踩的脚窝，用青石凿成，村里人讲，现在这个脚窝磨下去足有二寸深。人们掏井一年也就是两三次，将青石磨这么深印痕，可见其年代久远。民国十八年版《武乡新志》记载："开渠引水之事，新防故堰之所，新例宜载，良以水旱之在天者，虽不可必而预防之，关乎人力者，宜无不备也。"早在金代就在东部土河村修筑了柳塘池；明隆庆年间，知县申九锡曾在县城南筑堤30丈以护城，之后知县黄元会、张五美、刘联芳等都曾加固河堤。明崇祯年间太常寺卿魏光绪辞职还乡，曾在监漳修渠引水灌溉，人们称为"光绪渠"。抗战时期，八路军也曾修筑监漳灌渠、黄（岩）广（志）渠；左权将军带领特务团曾在左会村修渠引水，百姓称为"圣人泉"。

1958年6月15日，中共武乡县委作出决定，调动全县人民，发扬抗战救国精神，开始根治漳河，修建关河水库，彻底改变历史面貌。并决定成立关河水库工程指挥部，抽调大批优秀干部参加这一武乡有史以来最大的水利工程。

水库工程进入全面大跃进，但是水泥、炸药和其他物料供应严重不足。由于全国各地都在大力建设，所有物资都是供不应求，外出采购物资的人员到处碰壁，依靠国家解决问题有很大的难度。为了解决这一困难，保证工程进度，县委和水库工程指挥部决定，采取因陋就简、就地取材、以土代洋的办法，在工地大办工厂，走自力更生的道路。在指挥部上下一起努力下，仅用两个月时间，就先后建成工具厂、滚珠厂、水泥厂、炸药厂、发电厂、石膏厂、编造厂、修配厂、面粉厂等10个工地工厂，解决了物料、工具不足的困难，满足了工程需求。

经过两万多民工昼夜奋战，1960年9月，大坝工程告竣；12月1日，关河水电站投产发电；1961年3月，水文观测站建成；同年8月，溢洪道工程完工开始溢流……

这期间，还兴修了故城水库、故城万亩灌区、涅河治滩工程。

七

20世纪50年代以后，国际形势发生巨大变化。一方面，出现了以美苏为首的北约和华约两大军事政治集团的对抗，国际关系更加紧张；另一方面，民族解放运动迅速高涨，殖民体系迅速瓦解，亚非新独立国家阵营日益扩大。但民族独立运动的进程，还在受着英法等老牌殖民主义和美国新殖民主义的威胁。为反对外来侵略，巩固民族独立，第三世界国家反帝、反殖、反霸斗争蓬勃兴起，越来越多的还在帝国主义殖民统治下的人民奋起反抗，渴望来华学习中国抗日游击战争的经验。中国坚决支持第三世界国家反帝、反霸的正义斗争，不仅支持第三世界国家的政治独立，而且大力帮助它们发展民族经济，争取经济独立。武乡作为昔日的抗战老区，就义不容辞地承担起了向第三世界人民宣传革命思想和斗争经验的重任，武乡也理所当然地成为当时山西省对外开放最早的县。1964年3月，武乡被国务院确定为少数几个对外开放县。3月2日，迎来了开放之后的第一批外宾——哥伦比亚《先锋报》社社长波尔达。

武乡的对外活动其实在很早时期就有，早在1890年就有荷兰、法国传教士到此传教；1932年法国、美国专家到武乡张村、楼则峪一带，考察古脊椎动物化石情况。特别是全国抗战时期，随着八路军总部机关的进驻，许多国际友人来到武乡支持中国抗战，如美国的卡尔逊、史沫特莱，英国的林迈可、何克、赖朴吾，德国的米勒，印度的爱德华、柯棣华、巴苏华，朝鲜的武亭、陈光华、石鼎、郑律成等，都在武乡留下足迹。

武乡被确定为对外开放县之后，开始有国际友人到武乡县来进行参观、访问、考察、学习，武乡再次向世界敞开了热情的怀抱。为了迎接来自世界各地的友人，武乡县进行了充分的准备。对外开放这是一件大事，接待工作做得好不好，不仅关系到武乡的形象，更关系到国家的形象，必须有专人负责，县委决定成立外事办公室。

限于当时条件，当时具备接待条件的仅有王家峪八路军总部旧址，这是

1961年3月被国务院公布为第一批全国重点文物保护单位后，进行了修缮，并有专人管理、讲解，除此之外，其他地方都不具备接待条件。为适应宣传八路军总部在武乡的光辉历史，宣传武乡在抗战中的历史贡献，宣传武乡在抗战中的英雄模范人物，宣传游击战争的典型经验，更好地向第三世界人民宣传革命思想、宣传人民游击战争的斗争经验，县委决定开发新的宣传点。

以柳沟村为中心，包括周边的马岚头、庄底、窑申脚等村是当年的八路军兵工厂旧址。这是八路军最大的兵工厂，这里有煤有铁，又在深山沟里，建厂条件充足。这个兵工厂生产地雷、手榴弹、掷弹筒、各种型号的炮弹等，有力支援了抗战，曾经有过日产炮弹2.2万发的辉煌。新中国成立后，兵工厂搬迁到城市继续进行军工生产，留下当年生产车间的遗址。在此旧址组织设计陈列室，陈列历史图片，以及当时使用过的一些简陋生产工具和部分军工产品，并且把当年的旧窑洞、矿井、铁匠炉、炼铁炉、旧厂房、石窑洞、武器库等遗址遗物进行维修维护供外宾参观，了解当年靠一盘红炉起家的艰苦创业史，了解抗日军民自力更生、艰苦奋斗的革命精神，了解军工工人因陋就简、就地取材、战胜困难的必胜信心。

李峪村地雷战遗址，是全国地雷战的典型。这里是抗战时民兵地雷大王王来法的家乡，他领导村里民兵在蟠武公路上大摆地雷阵，炸得日本鬼子鬼哭狼嚎、闻风丧胆，一年多时间曾创下了炸死敌人123人的纪录。在1944年召开的太行首届群英会上，被光荣地评为杀敌英雄，授予“地雷大王”的称号。1960年4月王来法又光荣出席全国民兵代表会议，受到了毛泽东主席、朱德、宋庆龄、董必武、陈云、邓小平、贺龙等党和国家领导人的亲切接见。也是电影《地雷战》的生活原型之一。通过实地参观，由老英雄王来法亲自作介绍，当年如何率领李峪村民兵，在蟠武公路中段开展地雷战对付日伪军的英勇事迹，使外宾了解民兵游击队、地方武装和主力军配合，坚持开展游击战争，是取得革命胜利的重要途径。

长乐村战斗主战场遗址、关家垴歼灭战遗址、漆树坡窑洞战遗址、蟠龙围困战遗址等，都列入了外宾参观、学习的主要场所之中。并在城关公社下城大队建了一座土法制造火药的小型厂房，土法制造火药，复原抗日战争时期利用流传千年的古老办法，以“一磺二硝三圪灾（木炭）”的比例制造炸药的场景。这样使外宾以小见大，认识到在革命战争中，自己动手克服困难、积少成多、以弱胜强的重要性，动员广大民众来构成人民战争的汪洋大海，同时也能学习一些土法制造黑色炸药的具体方法。并在县文化馆的展厅创办了“武乡革命斗争史展览馆”，这也是后来“八路军太行纪念馆”的雏形。这个展览以绘画为主，布局合理，图文并茂，受到外宾和广大观众的广泛赞誉，许多外宾参观后写下感想。

1970年开始又在县城广场修筑“武乡革命纪念馆”，1972年7月1日，在中国共产党建党51周年纪念日，崭新的武乡革命纪念馆正式对外开放。纪念馆以原来的“武乡革命斗争史展览馆”内容基础上，进行了大量扩充和改进，陈列历史照片74幅、文物223件，内容包括“黎明的曙光”“抗日的烽火”“敢于斗争，敢于胜利”和电影“太行丰碑”等四部分。这个展览馆，较为全面地宣传了太行老区人民配合八路军，浴血奋战，开展游击战争，打败日本侵略者的英雄事迹，对外宾了解中国的抗日战争历史是一个很好的教育基地。

坐落在县城广场的武乡革命纪念馆

八

1966 年 5 月，中共中央政治局扩大会议后下发《中国共产党中央委员会通知》，即“五一六通知”，在全国范围开展了“文化大革命”，“造反”“夺权”相继而来。1967 年 3 月，新成立的中共武乡县核心小组替代了中共武乡县委；4 月武乡县革命委员会成立，相当于原来的县人民政府，实行一元化领导，基本上是一套人马。1969 年 11 月，正式改名为中共武乡县革命委员会核心小组。

武乡交通历来不便。前文说过，境内曾有平洛古道、万里茶道、白晋公路、白晋铁路，但因武乡地形东西长、南北窄，西部的交通几乎不能方便全境绝大部分地区。新中国成立后，开始修筑故城至县城至洪水的主要干线，沁洪线、榆长线等先后通车，全县交通有了改观，特别是太焦铁路通车，彻底改变了武乡交通落后的面貌。

为运输晋东南煤炭发展工业，国家就有修筑从太原至焦作的铁路设想。原计划修建詹东（詹店至东观）铁路，这也基本上是以阎锡山曾修建的白晋铁路为基础，1957 年 9 月，太焦铁路全线开始修建，1970 年建成长治五阳、晋城至焦作月山间线路，并开通运营。而詹东线北段因国家经济困难暂时下马。

1969 年，为加强战备，推进“三线”建设，拟修通革命老区晋东南的铁路。当年 6 月，铁道部第三勘测设计院进行考察设计，规划太焦铁路詹东区段的新方案，即从河南省詹店至襄垣县五阳站引出，经沁县、武乡、榆社，跨越太行山之太岳山主脉，接轨南同蒲线修文站。因北端由南同蒲东观站北移至离太原更近的修文站，南端焦作到詹店段不再修了，所以改为太焦铁路，工程代号为“3202”。1970 年 6 月，太焦铁路开工仪式在武乡县举行，时任国务院副总理的纪登奎，专程赶回老区参加了剪彩仪式。这是跨越太行群山版图的主战场。蜿蜒数百千米的大山里，中铁三局职工与六万多民兵战士、施工人员挥锹挖土，砸镐凿岩，经过四年奋战，1974 年年初，太焦铁路全

1974 年太焦铁路通车时列车驶过聂村大桥

线建成，并开始试运行，在武乡设置东河、武乡、聂村 3 个车站，1979 年 4 月 1 日正式开通客运业务。

还有一事也值得一提。1970 年上半年，根据中央军委国防工业领导小组和第四机械工业部的批复立项建设三线新厂的文件，国营北京第一无线电器材厂（797 厂）在山西省武乡县筹建三线新厂。7 月 5 日，筹建人员到达武乡县城，7 月 15 日建设工程拉开大幕。该厂定名为国营东声器材厂，军工系统内部代号 4382 厂，为纪念建厂日期，该厂电报挂号确定为：山西武乡 7075，通讯地址定为：山西省武乡县 715 信箱。经过努力，1976 年 12 月 26 日正式投产。国营东声器材厂的建成，使武乡县破天荒地近距离接触到现代化的机械电子工业，也间接潜移默化地推动了武乡县的现代化进程。

1970 年晋东南专区更名为晋东南地区。

1971 年夏，山西省革命委员会进行区划调整，将武乡县的分南公社划

20 世纪 60 年代的武乡县城

归祁县，石盘公社划归榆社县，墨镫公社划归左权县，将襄垣的龙王堂公社划归武乡县。不过，这个区划仅仅停留了半年，次年 6 月便又各自回归作罢。全县为 21 个人民公社：墨镫、洪水、窑湾、广志、蟠龙、韩壁、石门、东沟、大有、监漳、贾豁、故县、上司、曹村、城关、石壁、涌泉、故城、东良、分南、石盘。在 20 世纪 70 年代中期，因滥用简化字，武乡方言“北”与“壁”同音，韩壁、石壁分别写成韩北、石北，后来也就将错就错。这一建置一直延续到 1984 年。

1976 年 10 月，中共中央粉碎了“四人帮”反革命集团，历时 10 年的“文化大革命”宣告结束。1967 年 4 月，县革命委员会主任成为县政府机构的主要领导，到 1981 年 9 月武乡县第六届人民代表大会召开，决定撤销县革命委员会，恢复县人民政府，县政府主要领导也从革命委员会主任恢复为县长。1984 年 3 月，按照中共中央关于政社分设、建立乡人民政府的指示精神，取消人民公社制度，撤社建乡，全县共建 5 镇（洪水、蟠龙、监漳、城关、故城），16 乡（墨镫、广志、窑湾、东沟、石门、韩北、大有、贾豁、上司、故县、曹村、石北、涌泉、东良、分南、石盘），393 个行政村。至此，政社合一的人民公社体制解体。

高歌同奔新时代

一

1978年后，武乡在改革开放中不断获得新的活力，太行精神融入时代的发展与进步之中。中共十一届三中全会以后，全县迅速转入以经济建设为中心的新征程。改革开放后，历届县委、县政府带领全县人民在发展经济和推进社会各项事业方面进行了不懈的努力和积极的探索。

20世纪80年代初，家庭联产承包责任制在农村全面实施，武乡县大胆尝试种桑养蚕，走在全市、全省前列。1979年，全县栽桑大队就达到272个，占全县大队总数的73%；养蚕大队139个，全县年产蚕茧量达到35600斤。1979年7月和1980年1月，全省和晋东南地区的蚕桑工作现场会均在武乡县召开。1979年11月，武乡县蚕桑工作受到国务院副总理王震表扬。工业方面，洪水振动器厂生产的ZX–50型振动器、武乡县水泥厂生产的高松牌325＃水泥、县制帽厂生产的鞋帽，以及东声器材厂的CR1–5电容传声器等产品分别达到部优和省优标准。20世纪90年代，全县进入从计划经济到市场经济转型的困难时期。关河造纸厂、制帽厂、工程队、服装厂、金属冶炼厂、化工厂、振动器厂等一大批集体企业陷入困境，因外债大，包袱重，设备陈旧，技术落后，产品滞销，资金周转困难，相继陷入停产。

1983年春，为加快经济发展，决定施行行政区划管理体制改革，包括两部分：一是将省管县改为市管县，由中心城市带动附近县域的经济发展；二是将经济发达的县改为县级市。1985年5月，省工作组进驻长治，区划调整方案公布：晋东南地区撤销；晋城市升格为地级市。著名的晋东南地区在持续几十年后，突然不复存在，市管县体制正式推行。长治市管辖13县区，分别是城区、郊区、长治县、潞城市、长子县、黎城县、襄垣县、沁县、屯留县、武乡县、平顺县、壶关县和沁源县。

这期间，最为瞩目的还要数八路军太行纪念馆和山西太行干部学院的建设。

从1964年武乡成为全省首批对外开放县后，接待了大量的外国游客，国内游客更是络绎不绝。为集中反映八路军总部和中共中央北方局等重要机关长期驻扎在太行山上，领导指挥华北抗战的伟大历史史实，拟修建“八路军总部太行纪念馆”。展出内容范围以总部机关在太行山的活动为主，重点放在武乡征战的历史史实。县委常委会作出了在武乡革命纪念馆的基础上，“修改和扩建八路军总部太行纪念馆”的决定，并立即组建筹建班子，抽调人员着手开始筹建工作。经过近一年的努力，收集到大量的珍贵历史资料、图片和文物，并编写了陈列大纲初稿。请示报告呈报中共中央，1979年9月28日，中共中央副主席、抗战时期长期在太行山生活战斗过的邓小平同志亲笔题写馆名“八路军太行纪念馆”。纪念馆筹建工作，列入了从中央到省、地、县各级党委和政府的议事日程，步入正轨建设渠道。1983年11月

邓小平同志亲笔题写的“八路军太行纪念馆”馆名

15 日，召开八路军太行纪念馆设计方案评审会，1984 年 1 月正式设计完成，经山西省计委审核批准。又经过紧张的工程招标，进入了施工阶段。1988 年 9 月 3 日，八路军太行纪念馆正式落成剪彩。

八路军太行纪念馆开馆剪彩仪式（赵太生摄）

2002 年，对八路军太行纪念馆实施二期扩建工程，2004 年 8 月在扩建工程基础上又进行扩建改陈，2005 年 8 月，正式竣工并对外开放。八路军太行纪念馆扩建改陈后的馆区，主要分为主展区和游览区两大部分。主展区包括八路军简史陈列厅、八路军将帅厅、临时展厅；游览区包括八路军游击战术演示厅、八路军抗战纪念碑、八路雄风碑林、徐向前元帅纪念亭等。年均接待观众 80 万人次。2015 年，八路军太行纪念馆被国务院公布为第二批国家级抗战纪念设施。

2016 年 7 月，山西省委组织部、省委党校确定武乡为省级党性教育基地，市委立即启动建设太行干部学院。2017 年 2 月，武乡县委成立“太行干部

山西太行干部学院揭牌仪式

学院建设筹备工作领导组办公室”，3 月成立“太行干部学院筹建工作协调组”，2017 年 6 月 27 日正式挂牌成立。山西太行干部学院是列入中央组织部备案目录的省部级干部党性教育基地，立足山西、面向全国，以弘扬太行精神为主题，努力打造集聚革命传统教育、抗战精神教育和国防教育为特色的干部学院。2022 年又顺利通过中组部办学质量评估，成为全国 72 家党性教育干部学院之一。

学院坚持接地气、创特色，依托太行地区丰富的红色资源和自然人文资源优势，以实物、实景、实事为载体，打造了一批极具特色的主题课程。采取“向上走”和“往下挖”相结合的方式，整合各类教学资源。“向上走”即邀请国内知名专家学者组建师资库，帮助打造课程、培训教师队伍；“往下挖”即深入挖掘红色资源，打造革命传统教育、党的建设、艰苦奋斗、国防教育等不同特色现场教学点。坚持“课堂讲授”和“情景互动”相结合，不断创新教学模式，将理论教学、现场教学、体验教学、研讨教学等多种形式有机融合，面向全国党员干部开展党性教育培训，引导党员干部始终保持政治上的清醒和坚定，始终保持高尚的道德情操，始终保持共产党员本色。

二

20世纪80年代初，随着改革开放的浪潮，武乡东部诸多煤矿上马，随之也出现了外运运力不足的困难。为此，1982年6月，武乡县委、县政府提出修筑运煤铁路的设想，并以《关于要求为武乡东部山老区煤田修建铁路线的请示》上报国家计委。党中央、国务院和老一辈革命家为扶持革命老区经济建设，帮助老区人民脱贫致富，支持修建武墨铁路，在太行革命老区武乡县修建地方铁路列入国家、省、市的工程建设项目议程。

1982年9月11日，国家计委下发〔1982〕751号对《关于要求为武乡东部山老区煤田修建铁路线的请示》复函山西省人民政府，同意修建武东铁路支线。复函中提出，武乡煤田储量丰富，煤质较好，有焦煤、瘦煤和贫煤。从煤层赋存的条件来看，埋藏还是比较深的，因此开发武乡煤田和改造现有小煤矿，要进行全面规划。请山西省组织有关部门协助该县进行规划，报有关部门审批后，纳入年度和长远计划。

经过多次勘探论证，1985年2月8日，由山西省计委主持，国家煤炭部、铁道部、中国地方铁路协会通过《武乡——墨镫铁路线评审意见》，国家计委批示，武东铁路总体设计是分段建设。1987年4月，在完善临时占用土地手续和施工前准备工作，铁道部第十二工程局施工单位进驻施工现场，武墨铁路一期工程的武乡至北社段正式破土动工，经过五年努力，到1992年4月，建设的一期工程武北段交付使用。接着又修筑慈祥至柳沟段、柳沟到墨镫段，2004年5月，全部工程验收合格武墨铁路全线通车。

几代人为之努力奋斗建设的武墨铁路目标终于实现，但该路为断头路，动力仍然有限，如能打通墨镫至左权段，使该路与阳涉铁路接轨，将可以北与石太铁路连接，南通邯郸京广线，西接太焦铁路，使该铁路成为一盘活水，真正发挥铁路在振兴老区经济的积极作用，带动武乡其他产业的发展壮大。

2002年6月，武墨铁路墨镫至左权延伸段又提上议事日程。同年12月，

武墨铁路在进行桥梁架设施工（赵太生摄）

省发展和计划委员会批准建设墨镫至左权地方铁路。2003 年 8 月，由中铁十七局承建的墨左铁路建设重点工程温城隧道出口工程破土，至2006年6月，墨左铁路全线竣工，2009 年 3 月，北京铁路局与太原铁路局批准，武左线墨左段与武墨段合并为武左线。武左铁路全线通车，在武乡设立旧城站、北社站、新柳站、洪水站、墨镫站 5 个车站。2004 年 4 月还开工兴建了电厂运煤专线，由旧城站通向和信发电厂。

这些年来，武乡交通发生了巨大变化。

根据山西省公路建设实现从省会太原到各市三小时高速通达工程规划，2002 年开始规划、勘测、设计太长高速公路。太长高速公路是 G55（二连浩特至广州高速公路）在山西省境内的重要一段，也成为山西省继大运高速公路建设之后，投资最多、规模最大、线路最长的基础设施建设项目。武乡列入该线，2003 年 10 月，太长高速公路举行开工奠基仪式，2005 年 11 月全线正式竣工通车。太长高速公路是山西省“大字形”公路主骨架的组成部分，也是山西省从省会到地（市）三小时高速通达工程重要组成部分，它的建成，为实现国家加速中西部地区经济发展战略，促进山西省和地方经济发展，以及沿线群众脱贫致富，加快区域间的资源流通和沿线旅游事业的发展，构建和谐型社会起到重要的作用。更为武乡红色旅游发展打通了快速通道。

好事一桩接一桩。2016 年 6 月，太焦高速铁路动工建设。

太焦高速铁路，简称太焦客专、太焦高铁、太焦城际铁路，是连接河南省焦作市与山西省太原市的一条高速铁路，串联焦作、晋城、长治、晋中等地，是全国“八纵八横”高速铁路主通道之一，“呼南通道”的重要组成部分。2011 年 1 月山西省《政府工作报告》提出启动太焦客运专线铁路建设，经过可行性研究、技术标准推荐、实地勘察研究和实质性推进，进入开工建设。太焦高铁沿线共 13 站，分别为太原南站、新鸣李站、晋中站、太谷东站、榆社西站、武乡站、襄垣东站、长治东站、长治县站、高平东站、晋城东站、

太焦高铁武乡站外景（李勇摄）

博爱站、焦作站。2020年12月12日，太焦高速铁路全线建成通车并开通运营。这是一条经济发展路，该线路的通车，给武乡人民开通了连接长三角经济带及东南沿海最便捷的通道，进一步带动老区地方经济发展，对拉动投资增长、经济交往、旅游观光、物流交换、人才引进等，都将起到不可估量的作用。太焦高铁载着老区人民的希望和梦想，走出大山，走向幸福的未来。

三

2001年1月，按照山西省人民政府有关文件规定，实施并乡扩镇，将原来的21个乡（镇）撤并为5镇9乡。5镇为：洪水镇，由原洪水镇和广志乡、窑湾乡合并而建，蟠龙镇，由原蟠龙镇和石门乡、东沟乡合并而建，监漳镇维持原区划，丰州镇，由原城关镇和曹村乡合并而建，故城镇，由原故城镇和东良乡合并而建；9乡即墨镫乡、韩北乡、大有乡、贾豁乡、上司乡、故县乡、石北乡、涌泉乡、分水岭乡，其中分水岭乡由原分南乡和石盘乡合并而建。同年6月，因经济发展需要，从分水岭乡划出原石盘乡的区域，设立石盘农业开发区。与此同时，在认真调查研究的基础上，从有利于经济社会发展出发，充分尊重民意，并考虑历史建制的习惯，顺利完成了行政村撤并工作，将全县393个行政村撤并为377个行政村。

2019年，石盘农业开发区并入分水岭乡；行政村经过2017年和2019年两次撤并，共为269个，共设社区6个。随着移民并村工作的开展，以人为本，把群众安置在更适合生活、更有利于生产的地方，许多偏、远、穷的自然村，比如小窝铺、烧高脚、牛家岭、西岭背、石窑峧等都进行移民搬迁，武乡县近千个自然村，有100多个村庄消失，直到现在，移民工作还在进行，自然村的数字随时变更，截至2023年，目前有自然村808个。

2021年3月，再次撤乡并镇，为6镇6乡。根据山西省人民政府《关于同意长治市乡级行政区划调整的批复》和长治市人民政府《关于同意各县区乡级行政区划调整的批复》（长政函〔2021〕7号），同意调整后的武乡县辖6个镇6个乡。撤销墨镫乡，整建制并入洪水镇；撤销故县乡，整建制

武乡县城的今天

并入丰州镇；撤销韩北乡，以原行政区域设立韩北镇。6镇6乡为：洪水镇、蟠龙镇、韩北镇、监漳镇、丰州镇、故城镇，大有乡、贾豁乡、上司乡、石北乡、涌泉乡、分水岭乡。

巍巍太行，承载着一段光荣的历史，铸就了伟大的太行精神。在三晋大地上，武乡就是一部厚重的史籍，沉甸甸地陈列在中华人民共和国的历史上。这是武乡人的骄傲，也是我们中国人的自豪，武乡人与时俱进，一次次用自己的质朴与坚韧，书写着一份历史的使命！

在抗日战争时期，八路军总部、中共中央北方局、一二九师、抗日军政大学等重要党政军机关在武乡长期驻扎，武乡成为领导华北抗战的指挥中枢，朱德、彭德怀、刘伯承、邓小平、杨尚昆、徐向前、薄一波、陈赓、罗瑞卿、滕代远等老一辈革命家，在这里运筹帷幄，生活战斗，指挥华北抗战，近10万抗日将士先后驻足武乡，在这里写下了辉煌的历史篇章。在八路军

总部及中共中央北方局驻扎武乡的日子里，作为华北抗日根据地首府的武乡，在华北抗日根据地的指挥中枢位置非常突出，许多重大决策从这里作出，通过电波传到华北各地，形成了运筹帷幄、决胜千里的大格局，成为抗战中八路军的鼎盛时期。在这里产生了八路军文化，孕育了太行精神，成为中国共产党领导的太行军民在抗日烽火中铸就的伟大的民族之魂。

中华人民共和国成立后，以毛泽东为首的中国共产党中央领导集体，非常重视抗日战争时期激励中国革命走向胜利的太行精神，毛泽东、朱德、刘少奇、周恩来等党和国家领导人多次关心武乡。1964 年 3 月，武乡被国务院确定为少数几个对外开放县之一，开始接待来自世界各地的宾客，1972 年武乡革命纪念馆建成。随着国内外游客的逐年增多，筹建了八路军太行纪念馆，时任中共中央副主席的邓小平为纪念馆亲笔题写馆名。1988 年，八路军太行纪念馆建成开馆后，武乡成为国人瞻仰的地方，江泽民、胡锦涛、习近平等 40 多位党和国家领导人先后亲临视察，许多重大会议、重大活动在武乡举行。2021 年 9 月，党中央批准了中央宣传部梳理的第一批纳入中国共产党人精神谱系的伟大精神，中华人民共和国成立 72 周年之际予以发布，“太行精神”列入其中。

由于盘根错节的种种因素，使得这片土地留有许多无奈。贫穷、落后、守旧，一直困扰着老区经济的发展；富有、超越、美好，还要靠奋斗和奔跑来争取。曾几何时，面对“国家级贫困县”这一脚注，似乎总在找出诸多最充足的理由，来看待这片土地上见惯不惊的落后与停滞不前。百姓迫切需要着一种发展，一种变革，一种破茧成蝶的蜕变，期盼着有春风吹拂。经过数年努力，2018 年年底，武乡成功“脱贫摘帽”。“贫困户”不存在了，但人均综合实力依然不强，如何在乡村振兴的路上跑出新的“加速度”，如何让 21 万老区人民一道真正走向更加富裕的美好生活？面对这一全新课题，武乡急迫需要开启一场新时代的“赶考”。

2021 年，是个非常特殊的年头。这一年，是中国共产党建党 100 周年，是“十四五”规划开局之年，也是全面建设社会主义现代化国家新征程开启之年。这一年，对于武乡来讲更为特别，第十六次党代会、第十六届人大一次会议、第十届政协一次会议相继召开，老区百姓在太行精神的指引下，在新一届县委领导班子的带领下，正甩开膀子为推动高质量高速度发展、全力跻身全市第一方阵的奋斗目标，砥砺创新，奋力前行。

2022 年，全县进入负重前行、奋力赶超的一年，极不容易、极不寻常。面对错综复杂的严峻形势，艰难繁重的发展任务，在各项工作中取得成效：产业转型动能强劲，乡村振兴全面实施，城市品质全面提升，重点改革蹄疾步稳，营商环境持续优化，生态环境不断改善，民生保障加力提效，政府建设明显加强。

2023 年，是全面贯彻党的二十大精神的开局之年，是实施“十四五”规划承上启下的关键之年，也是聚力挺进全市第一方阵的奋进之年，全县上下以“弘扬太行精神、共建创新武乡”为主线，坚持政府主导，市场运作，赓续红色血脉，传承红色基因，以国家全域旅游示范区为依托，以创建全国红色旅游融合发展试点县为抓手，着力将武乡打造成弘扬太行精神的高地，开展党性教育、爱国主义教育、革命传统教育的基地，革命老区转型发展的示范地，全国红色旅游的标识地。这个因“尚武之乡”而得名的历史名县和红色名县的人民，有强者的基因、倔强的性格、吃苦的本色、永不言败的恒心，有“坚定信念，真抓实干，百折不挠，无私奉献”的武乡精神，武乡的明天会更好！

勿忘昨天的苦难辉煌，无愧今天的使命担当，不负明天的伟大梦想，以史为鉴、开创未来，埋头苦干、勇毅前行。为实现第二个百年奋斗目标、实现中华民族伟大复兴的中国梦而不懈奋斗，在新时代中国特色社会主义的新征程上，武乡党员、干部、群众将不忘初心，继续前进！

结束语

武乡，是一片古老的土地！武乡，是一片英雄的土地！

武乡，东倚太行，西接太岳，独特的地理优势，构筑成一个亘古的英雄之邦。明崇祯七年（1634）武乡知县、山东临清人程世能曾撰《武乡县记》云："南北距五十里而缩，东西据二百里尚犹赢，有山无地，当其岩复嶂叠，倚壁搀天，碍日截霞，云沉石暗，仿佛欲坠且留，咄咄然将逼人者。四顾无出处路，山形孤特，趾互错处，小雨立成渠，千万峡宛转通有陆焉，与潦水微茫争现没于一瞬。顷者，鹳鸣蚁垤，行人戒公毋渡矣。"

石器犹证，亘古史长；禹划九域，冀州之邦。内奰中国，覃及鬼方；周封蔡地，赤狄皋狼；智赵相争，晋分三疆；嬴政一统，涅县入榜。司马代魏，泰始立纲；涅氏三分，始有武乡。

遍考史籍，武乡这个地区广泛见于史书和地方志记载，名称先后有：鬼方、箕、蔡、赤狄、皋狼、甲氏、涅县、涅氏、武乡、乡县、阳城、甲水，还有时间较短的偃武县，可以说名称繁多。疆域变迁可谓大矣，从最初的大涅县，到分置轑河、榆社；再从小涅县更名裁撤，到武乡西扩；再从榆辽几次并入，到数设郡州又废止。或大或小，几经分合，尚武之乡，源远流长。经过晋魏南北朝、隋唐五代、宋、元、明、清，直到今天，采用武乡这个名称已有 1756 年历史。清代县府大堂有一联：后有山为石世龙驻兵其间故至今尚名曰武；昔之人如赵廷抃雪冤诸事知王道可观于乡。

武乡曾经设过城邑的地方计有：白燕、祁村、故城、南关、社城、南亭川（今故县）、南涅水、魏城、段村（今县城），再加上元至元年间撤县后的沁县，以及抗日战争时期武乡、武西两县的游击驻地，多得无法统计。不过驻扎时间最长的还是原来的老县城也就是今天的故县村，从北魏孝文帝太和十五年（491）由社城移来新建，一直到抗战结束。当时此地名南亭川，武乡人常称自己为南亭人或南亭居士，均源于此。清道光二十九年（1849），乡人贡生程林宗介山、举人魏守经一泉曾主持编纂了武乡诗人的诗集，共收诗作 1102 首，其书名就取为《南亭诗钞》。

武乡古来贫瘠，曾任工部侍郎的程启南在《请免均粮揭》中有言："嗟此武邑，地为何地？山居其七，水居其二，一分作田，且半沙半石，为陵为壑，一望等于不毛。"不过这一现状在今日大有改观，在全县上下的共同努力下，2018 年年底实现整体脱贫。

中共中央总书记、国家主席、中央军委主席习近平在文艺工作座谈会上指出："中华优秀传统文化是中华民族的精神命脉，是涵养社会主义核心价值观的重要源泉，也是我们在世界文化激荡中站稳脚跟的坚实根基。"

观今宜鉴古，无古不成今。古之皋狼野，近之纷乱所，现之老区名，将之富裕达。五千年文脉绵延不绝，百十代奋斗生生不息。上党自古天下脊，老区之名，在武乡县行政区划之历史变迁声中显得格外厚重，留给我们的，是数不尽的振奋与激情，是独属于那一代人的铁骨和志气，是对于祖国和人民深厚的情怀和坚守，散发着永远不曾褪去的光芒和不曾消逝的余热。正因为此，抗日战争时期，在中共中央北方局和八路军总部的领导下，广大军民团结合作，孕育铸就了伟大的"太行精神"。

最后，以笔者草成一首《沁园春·武乡》作结：

盘古开天，上党之巅，黄帝赐疆。望板山极顶，石姿雄态，百花争艳，万树芬芳。周数蜿蜒，武山漳水，天赐神龙于邑方。听雷动，指地神灵问，县域当昌。

地灵毓秀之邦，降无数精英写锦章。有石勒皇帝，武平天下，昆仑居士，文震八方。阎氏禅师，迷离扑朔，钟落兴城留史扬。真合矣，看今朝新貌，豪壮吾乡。

附 1：

武乡区划大事简表

朝代	时间	名称	治所所在地	隶属	备注
夏	禹以前			冀州	
	禹以后			并州	
商	？—前 1217	鬼方部落			
	前 1217—前 1117				属商统领
周	前 1117—前 1046	箕	今太谷白燕		
	前 1046—前 1039	蔡	今武乡祁村		
	前 1039—前 771	皋狼国	今武乡故城		赤狄
春秋战国	前 771—前 661	皋狼国	今武乡故城		赤狄
	前 661—前 593	甲氏国	今武乡南关		赤狄
	前 593—前 429	皋狼国	今武乡故城	赵	归属晋
	前 429—前 221	涅	今武乡故城	韩、赵	韩、赵间几易
秦	前 221—西汉初	涅县	今武乡故城	上党郡	
西汉	西汉初—东汉初	涅氏县	今武乡故城	上党郡	改涅氏县时在县东北部划出沾县
东汉	东汉初—220	涅县	今武乡故城	上党郡	220 年在县东析置轑河县
三国	220—265	涅县	今武乡故城	上党郡	归曹魏
西晋	265—319	涅县	今武乡故城	上党郡	265 年县东分设武乡县；改轑河县为轑阳县；304 年后属前赵
	265—319	武乡县	今榆社社城	上党郡	304 年后属前赵
十六国至南北朝	319—433	涅县	今武乡故城	武乡郡	先后属后赵、冉魏、前燕、前秦、后燕、北燕、北魏
	319—433	武乡县	今榆社社城	武乡郡	同上

续表

朝代	时间	名称	治所所在地	隶属	备注
十六国至南北朝	433—491	乡县	今榆社社城	乡郡	武乡县更名；448 年轑阳并入，526 年恢复改称辽阳，属北燕，386 年属北魏（延和二年置乡郡）
	491—534	乡县	南亭川（今武乡故县）	乡郡	属北燕，386 年属北魏
	434—529	涅县	今武乡故城	乡郡	后更名南垣州
	529—534	阳城县	今武乡故城	乡郡	涅县更名
	534—537	乡县	今武乡故县	南垣州	
	534—537	阳城县	今武乡故城	南垣州	后更名丰州
	537—561	乡县	今武乡故县	丰州	554 年辽阳又并入，590 年复置改辽山县
	537—561	阳城县	今武乡故城	丰州	后更名戎州
	561—578	乡县	今武乡故县	戎州	后复名乡郡
	561—578	阳城县	今武乡故城	戎州	后复名乡郡
	578—583	乡县	今武乡故县	乡郡	后废郡入潞州
	578—583	阳城县	今武乡故城	乡郡	后废郡入潞州
	583—617	乡县	今武乡故县	潞州	596 年在县北部析置榆社县；605 年榆社县并入武乡
	583—598	阳城县	今武乡故城	潞州	598 年更名为甲水县
	598—605	甲水县	今沁县南涅水	潞州	阳城县更名，605 年撤销，分别并入乡县和铜鞮县
唐至宋	617—643	乡县	今武乡故县	韩州	617 年再置榆社
	620—623	偃武县	今榆社魏城	韩州	割榆社南部、乡县北部和辽山县西南新设，623 年撤销
	620—626	甲水县	今沁县南涅水	韩州	620 年重设，626 年撤销

续表

朝代	时间	名称	治所所在地	隶属	备注
唐至宋	643—690	乡县	今武乡故县	潞州	
	690—705	武乡县	今武乡故县	潞州	690年恢复原名武乡县
	705—710	乡县	今武乡故县	潞州	705年又去武字
	710—977	武乡县	今武乡故县	潞州	710年再度恢复原名
	977—1039	武乡县	今武乡故县	威胜军	新设军，驻今沁县段柳
	1039—1128	武乡县	今武乡故县	绵山郡	1074年榆社再次并入，1084年复置榆社
金至元	1128—1266	武乡县	今武乡故县	沁州	
	1266—1296	铜鞮县	今沁县县城	沁州	因不足千户，武乡县被撤，并入铜鞮县
明、清、	1296—1595	武乡县	今武乡故县	沁州	1296年武乡县恢复
	1595—1604	武乡县	今武乡故县	汾州府	沁州被撤，划归汾州府
	1604—1912	武乡县	今武乡故县	沁州	重设沁州
民国	1912—1927	武乡县	今武乡故县	冀宁道（中路道）	民国二年改道名中路道，次年恢复冀宁道
	1927—1938	武乡县	今武乡故县	山西第三行政区	
	1938—1940	武乡县		山西第三行政区	县城被炸处于游击状态
	1940—1941	武乡县		太行第二办事处	县城被炸处于游击状态
	1940—1941	武西县		太行第二办事处	武乡西部分设，县城被炸处于游击状态
	1941—1945	武乡县		太行第三专区	县城被炸处于游击状态
	1941—1945	武西县		太行第三专区	县城处于游击状态

续表

朝代	时间	名称	治所所在地	隶属	备注
民国	1945—1946	武乡县	郝家庄	太行第三专区	1945 年 10 月武西并入
	1946—1947	武乡县	今武乡故县	太行第二专区	
	1947—1949	武乡县	今县城	太行第二专区	迁段村镇，该镇改为县城
	1949	武乡县	今县城	左权专区	1949 年 5 月专区调整
中华人民共和国	1949—1958	武乡县	今县城	长治专区	1958 年改为晋东南专区
	1958—1970	武乡县	今县城	晋东南专区	1958 年榆社并入，次年再分
	1970—1985	武乡县	今县城	晋东南地区	1970 年专区更名
	1985—	武乡县	今县城	长治市	实行市管县，地区分家为长治市和晋城市

附 2：

武乡 2023 年乡镇村（社区）名单

洪水镇（下辖 43 个行政村，2 个社区，147 个自然村）

墨镫村（常青村）、马堡村（南坪村）、新村（曹家堙村、寨上村）、河神烟村（锅窑村）、戈北坪村（羊圈村）、合家垴村、青草烟村（南山村、果树圪道村、黄堙村、黄背甲村、旱水池村）、玉石沟村（上北台村、雁过街村、井湾村）、洪水村（西河）、新上岭村（西沟底、九龙凹）、南台村（南台寨、下北台、青翠垴）、白和村、庄里村、阳坡庄村（宁家庄、老蒿埫、新庄、裴兴头）、当城村（天凹、陈家垴）、熬垴村、南坪村（卧龙头、杜家庄）、苏峪沟村（茂树角、刘家咀、狼卧埫、房家岭）、北反头村（大水凹、小水凹、王庄）、苏峪村（桥上、小庄）、闫家庄村、大西岭村（范家岭、小麻埫、郭家庄）、寨坪村（红土垴、河西、红土坪、石窑峧、土棚、西岭背、小恶背）、西沟村（菜树庄、南垴、白羊岭、后麦仓岭、前白羊岭、前麦仓岭）、洞上村（先生坡、城垴、杨家庄）、东庄村（小西岭、店上、西坡）、新寨村（鹅头、季家庄）、下寨村、中村（肖家岭、郭家庄、义安、坪头、寨垴、席家岭）、窑湾村（陡翻坡、柳树堙、水井）、左会村（湾则、新立庄、板山、水华山）、芝麻角村（南响黄、北响黄、垴上、万全山）、拴马村（梨树庄、大井、新庄）、显王村（东垴）、胡家岭村（孟家岭、泉河）、杨李枝村（韩登）、上广志村（曹家庄、店上、半坡）、韩青垴村（羊圈、下庄、赵家垴、朱家垴）、下广志村（长堙、东沟）、下黄岩村（上王岭）、西才垴村（道场、大岔沟、东才垴、杏树烟）、上黄岩村（下石墙、庄沟）、郝家岭村（前郝家岭、龙门堙、大寺凹）、槐安社区、墨镫社区

蟠龙镇（下辖38个行政村、123个自然村）

蟠龙村（西园、花坛、蜂坡）、石板村（后石板）、尚元村（祥良、枣树庄）、庙烟村（大圪垴、石家凹、碓臼背、门家沟）、老中角村（牛家岭）、团松村（汉广、大道场、寨上）、白家庄村（秦家烟村）、陶家沟村（密顶神、小道场）、韩家垴村、山角坡村（杏树烟、季家岭、北东庄）、张庄村（前张庄、后张庄）、庄底村（马岚头、窑儿凹、梨树堎、窑申堎、庄底东庄、庄底西庄、阳坡、侯家垴）、栗家沟村（树辛）、柳沟村、苗杜村（李家坪）、温庄村、河不凌村（东湾）、小西沟村（吴家岭、大西沟、西沟岭、西凹）、大陌村（郭家庄、小庄、芦角、前沟）、砖壁村（安乐庄、堙里）、大活庄村（小庄、窑科、乔坡）、小活庄村（井沟、郝家沟）、史家咀村（王家角）、龙湍村、石门村（南山头、南郊、庙阳坡、郊口、马家岭、马垴）、东坡村（沿土凹）、关家垴村（南垴、沙坡）、西坡村（小西坡、道行沟、南头）、神南村（神南庄、尖山顶、温水）、上北漳村（老寨上）、陌峪村（沙坡）、胡峦岭村（东庄、西庄、姜家庄、新庄、红土沟）、下型塘村、石瓮村（上庄、大石脚、石泉、向阳、大塘、蒺藜坪）、上型塘村、老凹村（沿家庄、火石角、范官坪、东岭）、东沟村（庙凹、北新庄、北阳坡）、郭家垴村（狼卧沟）

韩北镇（下辖19个行政村、50个自然村）

韩北村（斗底）、圪道村（小西岭、大凹、陈家垴、高角岭）、北上合村、前沟村（后沟）、王家峪村（西头、南窑科）、内顷村（西内顷）、坪上村（树树角、牛家岭、小石坡、朱家山、岭则、枣凹）、固村（南河坡、李坪、杨桃岭、咀则、松岭）、土河村（南塔）、下合村（西垴、东坡）、石圪埡村、南上合村、东堡村、西堡村、桥南村（朝阳角、圪留）、拐垴村、大坪村（土河坪、移坪、小坪、蚜蚄庙）、刀把嘴村（关牛角、小岭山）、枣林村

监漳镇（下辖 15 个行政村、47 个自然村）

监漳村（观庄、南庄、花莲角、泉江）、北社村、西川村、大河西村（前申良沟、赵河西、刘河西）、杨桃湾村、下北漳村、姚家庄村（马家垴、大申良沟、中申良沟、蒿庄）、庙岭村（禅窑、西岭、麻池沟、朱家庄、桥则上、后东坡）、禄村（麻斜凹）、吴村、成家庄村（任村、武家岭、古楼角、胡家坡、前庄、洞则上、圪洞沟）、东皋村（背角儿、桥沟、下坪角、泉背）、南皋村（南斗角、秋根底）、行道岭村、冯家垴村（南沟）

大有乡（下辖 19 个行政村、65 个自然村）

大有村（石活、合家峪沟、侯家垴、小庄）、西中庄村（横岭、侯家垴、董井凹、河西沟）、炉家掌村（前太池、后太池、岭上）、鸦烟村（韩家庄、营窝、北小庄、上峰头）、姜井凹村（李井凹）、苑家垴村（前韩家沟、后韩家沟、小寨、西岗头）、脉落神村（下峰头、背庄）、王庄沟村（西凹、路家庄、梨坪）、胡也沟村（杨树角、后新庄）、江岭村（甘草背、大甲沟）、上却净村（下却净）、马村（夏家沟）、石科村、赵家庄村（代家垴、背上）、枣烟村（石桥沟、后垴、青草角、胡家庄、河坪）、峪口村（瓦叭窑科、寨凹、型村、王海峪、许家垴）、长乐村、李峪村（泉沟、河东）、李峪垴村（魏家庄）

贾豁乡（下辖 15 个行政村、50 个自然村）

贾豁村（下王堡、韩道沟、蒺藜坪、桃峪、小庄）、东胡庄村（上寺堙、下寺堙）、宋家庄村、张家庄村（新庄）、上王堡村（刘家沟、温家沟、陈家沟）、李家庄村、凤台坪村（东温家沟、灵水坪）、石泉村（西峰堙、东峰堙、柳亭郊、海神沟）、郭村、槐树堙村（上西庄、圪道、胡宅沟、东沟）、水泉村（东坡）、古台村（王家垴、田庄、阳坡）、阳南头村（蒜凹、合德甲）、下西庄村（小窑科、杨桃湾、冯家垴、王和垴、化树掌）、龙王沟村（李家垴、小松垴、北沟）

上司乡（下辖 13 个行政村、57 个自然村）

上司村（赵家垴）、铺上村（南高岭、北高岭、漆树坡、上铺、中铺、下铺、吴家垴、兰家垴、石家岭、下岭儿、圪老湾）、小店村（窑凹、前王家庄、中王家庄、后王家庄）、圪针庄村（斜道沟、东家沟、窑科、西垴、良则角、圪梁儿）、下司村（杨桃沟、李家庄、乐家坪、三亩圪道、新庄）、岭头村（前岭头、中岭头、后岭头）、胡家庄村（王家垴）、蒋家庄村（刘家垴）、马家沟村（冀家垴）、窑头村、墁坡村（张庄、李墁坡、油坊墁坡、赵墁坡、马汉角）、郑峪村（大后沟、峰垴、碾凹、小后沟）、韩庄村（寨上、大窑院）

丰州镇（下辖 45 个行政村、4 个社区、134 个自然村）

城关村（东胡家垴、红土凹、红土凹新村、小庄）、连元村、故县村（西沟垴、新庄、三里庄）、东关村（寺背后、东河沟、小河、魏家庄、郝家庄、青江沟、窑科、王家垴、石拐、赵家凹、南角沟、小东沟、灯盏圪道）、五里坡村（南庄、圪针庄、魏家庄、十里坡、大长堙）、马庄村（马家庄）、牛家庄村（巩家垴、堂儿庄、梁家庄）、圪台庄村（郭家沟、连庄沟、武家庄）、里庄村（白草山、小庄、五村、宏艺新村、小庄口）、东村（下关）、张家沟村、胡庄铺村、平家沟村（王路）、朱家凹村、马牧村、书社村（赵庄、王家沟）、瓦窑科村（南村）、西王家垴村、富庄村、阳城村、下城村、上城村、雨沟村、白芽村（东垴）、松树庄村（庙坡、何家庄）、西城村、聂村（马圈沟）、西河底村、城南村、姜村（柳泉沟）、沙河头村（南窑科、东庄、西庄、半崖、新窑科）、松北村（成家沟、漆树坡、东坡上）、曹村（黄柏峪、东沟、西沟、王家窑）、暴家峪村（暴家峪南庄、郝家庄）、兴盛垴村（高庆垴、郑家垴、阳坡）、山阳垴村（大庄、庄沟、北小庄）、枣岭村（东贾庄、张庄、深泽滩）、南亭村（闫家后底、白草坡）、代照岭村、郝家垴村（史家垴、南庄）、王白烟村（合尖垴、南坡、六盘垴、魏庄、高家庄）、西贾庄村（松林底）、松庄村、魏家窑村（西寨底）、南垴村（白家窑、杨家垴、东坡、槐树庄、南垴窑科、井沟、王角角、窑科）、

宝塔社区、东坪社区、太东社区、河西社区

石北乡（下辖 12 个行政村、29 个自然村）

东河村（米家垴）、圪咀头村（马家凹）、楼则峪、张村村（张村沟）、小良村（小良、赵卜峪、苏家沟、南沟、元则沟、南垴、元庄）、长蔚村（长庆、蔚家渠）、石北村、神西村、义门村（岭南、直道角）、下庄村、黄岩村（西黄岩、东黄岩）、型庄村（长庆凹）

涌泉乡（下辖 14 个行政村、23 个自然村）

涌泉村（辉楼沟、石槽沟、马家峪）、大良村（蚂蚁辿、洞则沟）、蒲池村、西里庄村（西河、黑营）、寨上村（中南沟）、神前村、祁村、窊里村、坡底村、峰沟村、窑上坡村、庄头村、大沿沟村（向阳庄）、常家垴村

故城镇（下辖 25 个行政村、53 个自然村）

故城村（大寨）、东寨底村、权店村（勋欢）、磨里村（新庄）、南沟村、河底村（孟楼沟）、信义村（南岭坡底、河北）、五峪村（阳公岭）、邵渠村（闫家庄）、茅庄村（狮则沟）、温家沟村（康家沿）、山交村（河东、界壑、河西）、山交沟村、李芳村、高台寺村（槐圪塔）、石仁底村、陈村（庄里、枣林、西枣林、温家庄）、岸北村、西渠村（常家庄）、高仁村、东良村（李家山、蒲池沟）、北良村、北涅水村、范家凹村（西郊沟、上庄、义峪、灰咀）、五科村（西良、陈家沟、蒿沟）

分水岭乡（下辖 11 个行政村、35 个自然村）

分水岭村（良侯店、南峪、石窑会、石窑会旧村、土门）、岩庄村（西庄则）、南关村、司庄村（乔家凹、西郊、窑儿头、河底、小后凹、柳贝、阳坡）、石盘村、玉品村（南窑头、南沟）、石塔村（暖水头、牛家咀）、内义村、松庄村（保家沟、胡庄、北峪、丈牛坡、化岭）、会同村、泉之头村（长谐、南家沟）

附 3：

在武乡设立和驻扎过的县级以上机构

武乡郡、乡郡

后赵赵王元年（319），分上党、乐平二郡，置武乡郡，领三县，即武乡县、沾县、涅县。郡治设在武乡县（当时县城在今榆社县社城镇）。后燕初撤武乡县，留武乡郡，实行郡县合治。《魏书·地形志》“并州乡郡”条记载：“乡郡，石勒分上党置武乡郡，后罢，延和二年置”，后燕、北燕时，武乡郡曾被裁撤，复为武乡县，到北魏延和二年（433）又重置郡治，改名为乡郡，同时，武乡县亦更名乡县。乡郡领四县：乡县、涅县、铜鞮、襄垣。其中，北魏孝庄帝永安二年（529），改涅县为阳城县。北魏孝文帝太和十五年（491），乡县县城移至南亭川，即今武乡县故县村。乡郡郡治也同时迁来此。永熙三年（534），北魏权臣高欢将乡郡升格为州，改乡郡为南垣州，后又改丰州、戎州。

北周宣政元年（578），戎州被废，又恢复乡郡，同时被减一县，将襄垣县划于上党郡，只留乡县、阳城、铜鞮三县。隋开皇三年（583），乡郡被撤销。

南垣州

北魏永熙三年（534），北魏权臣高欢将乡郡升格为州，改乡郡为南垣州，仍然领乡县、阳城、铜鞮、襄垣四县。州治所迁到阳城县治之地，即今天的武乡县故城镇。东魏天平四年（537），南垣州更名为丰州。

丰州

东魏天平四年（537），南垣州更名为丰州，属县未变。州治所仍在阳城县，即今天的武乡县故城镇。约在北齐大宁到天统年间（561—569），更名为戎州。

戎州

约在北齐大宁到天统年间，丰州更名为戎州，属县未变，治所未变。北周宣政元年（578），戎州被废，又恢复乡郡。

晋冀豫军区第四军分区

1938 年 5 月，经八路军总部与一二九师决定，成立晋冀豫军区，以八路军谢（家庆）张（国传）游击大队为基础，在武乡组建晋冀豫军区第四军分区。1940 年 6 月，改建为太行军区第三军分区。

中共晋冀豫第二地委

1938 年 5 月，中共晋中特委迁到武乡办公，领导第四军分区辖区各县的党组织，不久又改称中共晋冀豫第二地委。1940 年 6 月撤销，在此基础上，改建中共晋冀豫区党委第三地委。

中共晋冀豫区（太行区）第三地委

1940 年 6 月，在中共晋冀豫第二地委的基础上，改建设立中共晋冀豫区第三地委。1943 年 10 月，改称太行区第三地委。1945 年 11 月 20 日，太行区调整地级机构，太行区第三地委并入太行区第二地委，地委机关设在左权县。

中共晋冀豫区党委

1939 年 8 月，中共晋冀豫区党委迁驻武乡，驻扎在东堡村。中共晋冀豫区党委在此筹备召开中国共产党晋冀豫区第一次代表大会，9 月 10 日到 28 日，区代大会在东堡村崇法寺召开，会议选举产生了新的区党委领导机构，并推选出晋冀豫区出席党的七大代表。同年 10 月，区党委迁驻辽县（今左权县）西黄漳村。

太行第三专区

1940 年 8 月 1 日，冀南、太行、太岳行政联合办事处（简称冀太联办）成立，在武乡设立太行第二办事处，1941 年 8 月改称晋冀鲁豫边区太行第三专区。下辖祁县、榆社、武乡、武西、襄垣、辽县、辽西 7 县。由于战乱，机关驻地处于游击状态，第三地委、第三专区、第三军分区机关先后驻扎于陌峪、东沟、大有、敖垴、中村、洪水、石门、下寨、史家嘴、砖壁、西中庄、西坡、观庄、大道场等村。1945 年 11 月 20 日，太行行署正式成立，同时将原来的 8 个专区调整为 6 个；将在抗战中分设的县重新合并，武乡县归属新改的太行第二专区，设立在武乡的太行第三专区撤销，第二专区机关设在左权县。

太行军区第三军分区

1940 年 6 月，晋冀豫军区撤销，分别建立太行军区和太岳军区。在武乡设立的晋冀豫军区第四军分区，改建为太行军区第三军分区。1945 年 11 月 20 日，太行区调整地级机构，太行区第三军分区并入太行区第二军分区，军分区机关设在左权县。

八路军总部

全国抗战时期，八路军总部曾五次进驻武乡，这是历史上在武乡驻扎过的最高军事机关。1937 年 11 月 14 日首次进驻武乡，到 1942 年 6 月 17 日最后一次离开，先后进驻了 5 次，在我县境内总共驻扎 536 天。第一次，1937 年 11 月 14 日从榆社县城到武乡驻东村，1937 年 11 月 15 日离开转移至沁县开村；驻 1 天。第二次，1938 年 4 月 10 日从沁县小东岭到武乡先后驻马牧、义门、寨上，1938 年 5 月 23 日离开转移至沁县南底水；驻 43 天。第三次，1939 年 7 月 15 日从黎城下庄村到武乡先后驻砖壁、王家峪、石瓮，1940 年 10 月 14 日离开转移至黎城县西井村；驻 458 天。第四次，1940 年 10 月 22 日从黎城县西井到武乡先后驻拴马、宋家庄、砖壁，1940 年 11 月 4 日离开转移至黎城县仟仵村；驻 13 天。第五次，1942 年 5 月 27 日从辽县（今左权县）武军寺到武乡驻砖壁村，1942 年 6 月 17 日离开转移至辽县麻田镇，驻 21 天。

中共中央北方局

全国抗战时期，中共中央北方局曾两次进驻武乡，这是历史上在武乡驻扎过的最高党的机关。第一次，1939 年 7 月 15 日从黎城下庄村到武乡先后驻烟里、王家峪、大塘，1940 年 10 月 14 日离开转移至黎城县西井村；第二次，1940 年 10 月 22 日从黎城县西井到武乡驻烟里，1940 年 11 月 4 日离开转移至黎城县仟仵村。

第一二九师司令部

一二九师是八路军三大主力师之一，该师来到太行山之后，于 1938 年 3 月至 1941 年夏，多次进驻武乡，先后在马堡、白和、西堡、刘家嘴、中村、石门、炉家掌、宋家庄、寨上、石板、王家峪等村驻扎。

第一一五师第三四四旅

1938 年 3 月，根据八路军总部指示，第三四四旅进至武乡县，旅部驻扎在高仁村。月余离开。该旅之六八七团、六八八团、六八九团也一同来到武乡驻扎。

第一二九师第三八五旅

1938 年 6 月，在七六九团的基础上组建了新的第三八五旅，在抗战中，较长时间转战武乡。先后在西黄岩、宋家庄、砖壁、炉家掌、王家峪、熬垴等村驻扎，1943 年 3 月，根据温村会议精神，第三八五旅机关与太行三分区合编为新的太行第三军分区，该旅番号停止使用。

第一二九师第三八六旅

1938 年 3 月 4 日，三八六旅首次进驻武乡，之后多次进驻，先后在白和、韩壁、宋家庄、长立头（马垴）、拐垴等村驻扎。1941 年 2 月，最后一次离开。

第一二九师决死第一纵队

该纵队原属晋绥军序列，1939 年“十二月事变”后，纳入一二九师序列。1937 年年底至 1940 年年底，数次进驻武乡，主要驻石瓮村。

第一二九师决死第三纵队

该纵队原属晋绥军序列，1939 年“十二月事变”后，纳入一二九师序列。1940 年 5 月进驻武乡县大有村。1941 年 1 月，与太行军区第三军分区合并。

第一二九师平汉抗日游击纵队

该部原为冀察战区游击第二路军第二师，1939 年 11 月 20 日，改编为“第一二九师平汉抗日游击纵队”。1940 年 2 月，进驻武乡宋家庄村。1940 年 5 月底，与边纵一、三团及决死队保安第六团，合编为第一二九师新编第十旅。

第一二九师晋冀豫边游击纵队

该部原称为八路军晋冀豫军区，1939 年秋，改称晋冀豫边游击纵队（简称边纵）。1940 年 5 月，边纵移驻武乡内义村。同年 5 月底，其一、三团与平汉纵队合编为第一二九师新编第十旅，边纵二团编入新编第十一旅。

第一二九师新编第十旅

1940 年 5 月底，根据中共中央北方局黎城会议精神，平汉抗日游击纵队与边纵一、三团及决死队保安第六团，合编为第一二九师新编第十旅。先后驻扎在宋家庄、关家垴等村。1941 年 3 月，旅机关进赴辽县，后与太行第二军分区合并。

第一一五师独立支队

1940 年 3 月，八路军总部决定，第一一五师留在晋西南地区最后一支部队独立支队开赴山东。5 月，独立支队途经晋东南，到达襄垣、武乡一带，陈士榘率领独立支队司令部进驻武乡监漳村。6 月上旬，离开武乡继续向东开赴山东。

晋察冀军区南下支队

1940 年 2 月，晋察冀军区司令员兼政治委员聂荣臻带领第一军分区第一团、第四军分区第五团，以及冀中军区警备旅，组成“南下支队”，到达武乡，司令部机关驻扎在王家峪村，部队参加了磁武涉林反顽战役。6 月，南下支队返回晋察冀根据地。

附 4：

武乡历任要职介绍

武乡的历代职官，最早追溯到周朝，周武王封姬度（蔡叔度）为蔡国，居武乡地，到发生“三监之乱”后，姬度的封国被取消、人被流放。周成王将此地又转封孟增为皋狼，至晋献公十六年被太子申生攻破。这些记载都是碎片式的，很难把历任职官统计起来。从秦始皇推行郡县制，在此设立涅县，到后来分设武乡县，直到元末明初，历代职官均大多湮没，留下名称、名字的极少，到明初才开始有了较为详细的记载。但这些记载依然极为简单，而且谬误之处频现，或是人名，或是籍贯，或是任职时间，如康熙版县志中，将嘉靖年间的一位知县记为向瑗，实为向琼，查嘉靖十五年武乡县上黄岩村关王庙碑《增修关王庙灵应记》中明显记载：“文林郎知县洵阳向瓊”，原来“瑗”是“琼”的繁体“瓊”之误；如马步銮，其籍贯，光绪版《武乡县续志》记为广西金州，查为全州之误。就是从民国到新中国改革开放初期，这七十多年时间里，许多县长、县委书记的记载都不完善，甚至出现差错。为此，专门查了相关的各地县志，明清进士、举人名录，考证相关历史文物、文件、档案等，进行了完善。为填补这一空白，特将所有查到的历代职官辑录于此。

汉

冯　晏　新莽时任涅县县令。汉朝县分二等，大县置令，小县置长，当时涅县属于大县。更始三年，受尚书仆射鲍永授意，被涅县营尉李匡杀于任上。

祝　回　原为涅县小吏，冯晏被杀后接任涅县县令。

西晋

傅 畅 北地泥阳（今甘肃宁县）人。西晋司隶校尉傅祗之子。永平元年傅祗上书惠帝，建议赦免杨骏发动宫廷政变的属官，许多官员获救，擢为司隶校尉。其子傅畅为武乡亭侯。

前秦

张 永 万州清河人。曾任武乡郡守，绥远将军、扶风太守等。

北魏

韦 崇 字洪基，京兆杜陵（今陕西西安）人。豫州刺史韦肃之子，十岁时父亲去世，母亲郑氏带他进入北魏，年少时为舅父兖州刺史郑羲所器重赏识，任司徒从事中郎，后任司州中正、右将军、河南邑中正。太和年间出任乡郡太守（当时乡郡、乡县合治），任期满，官吏百姓到朝廷请求留下，再延长三年。在郡任职九年，转任司徒谘议。

辛 畅 字幼达，狄道（今甘肃临洮）人。曾任大将军谘议参军、汝南郡太守，太和年间，为本郡中正，后任乡郡太守。

杜 崇 世宗宣武帝时任乡郡太守。

皇甫璋 安定郡朝那县（今宁夏彭阳）人。前燕太尉皇甫真六代孙，肃宗孝明帝时曾任乡郡相。

宗 显 敬宗孝庄帝永安年间中任乡郡太守。

周 洪 安昌令周诞之子，约北魏末任乡郡太守。榆社县武源村尚存石刻记载。

禄 弈 约在肃宗孝明帝至孝武帝间，任阳城县令。武乡烂柯山有石刻记载。

北周

梁彦光 安定乌氏人。北周建德六年封阳城县公。

梁文让 安定乌氏人。梁彦光少子，宣帝宇文赟后，梁彦光拜华州刺史，进封华阳郡公，转封其少子文让为阳城县公。

元法威 约在周宣帝宇文赟、周静帝宇文阐时期，任乡郡太守。

崔弘度 字摩诃衍，博陵郡安平（今河北安平县）人。大将军崔说之子。平尉迟迥之乱有功，进位上柱国，因未及时杀掉尉迟迥，以至让其大骂丞相，弘度被降爵，封乡郡公。

唐

闾丘珦 贞观十六年由孝廉登第。任颍州汝阴尉官，后任潞州武乡县令，七年后夏终于任上，葬于县东二里尧年乡礼义里。

李　宁 乡县（今武乡）砖壁村人。景龙年间任乡县（今武乡县）令，有惠政。景龙戊申时，任潞州别驾的李隆基游南山，曾作陪。

唐汉宾 并州晋阳（今山西太原）人。莒国公唐俭裔孙。武宗会昌年间任武乡县令。刘稹拒命，汉宾因谏归朝，举族见害。大中初敕赠本县令。

李布公 河南人。僖宗中和年间任武乡县令。中和五年卒于任上。

宋

张　刚 （《山西通志》记为张纲），保定人。政和癸巳夏六月任武乡县令。曾撰《增修敷应侯庙记》。

金

李辅金 天会年间任武乡县知事。

赵　钰 武乡郑峪人。大定年间任武乡县尹。武乡县儒教授王齐贤撰《明故显考处士松峰赵公墓志铭》中记载。

赵　戬　赵钰第五子，武乡郑峪人。大定至明昌年间继父职宰本邑，任武乡县尹，抚字嘉声，动乎乡国。

张　虞　授忠翊校尉守沁州，兼任武乡县令。故城大云寺碑有记载，泰和八年时在任。

元

刘子郁　延祐年间任武乡县尹。延祐五年宪副长安王公王利用按行武乡，曾以县尹作陪，并相互和诗为证。

廉答失蛮　中山（今河北定州）人。中书右丞廉希恕嫡孙。久客江淮，得南儒性理之学，至正初，由监生擢武乡令。居官直身，悉本平日所学，扶弱锄强，有不茹不吐之风，邑民思之，建遗爱碑于仪门外，祀名宦祠。后任江浙行省丞相、武备卿。

张　纲　武乡人。至正年间，由吏员升为武乡县令，政教兼行，恩威并举。尝谓僚倅曰："牧民者，有恤民之心、恤民之言。心恤者民信，言恤者民疑。"闻者韪之。时妖氛为患，民惴惴不安，纲谕之以义，远近始不惑。任满迁。

李唐臣　武乡碣山村人。先任蒲县佐，至正丙戌年（至正六年）任武乡县令。莅任时天久旱，唐臣痛自刻责，遂大雨岁登，稔禾一本六穗。在任四年，有德政碑。

张大举　元时任武乡县令。

明

曾鲁夫　洪武初任武乡县知县，曾重修学宫。

王思礼　洪武中任武乡县知县，洪武二十五年，王思礼"适冠盖下车之初，值天不雨，民心皇皇"，于南神山祈雨获应，组织重修祠庙。

杨　林　任武乡县知县。

吴友文　任武乡县知县。

张伯皋 任武乡县知县。

时 雍 任武乡县知县。

杨 均 陕西府谷人。任武乡县知县。据《重修海渎庙碑记》载永乐三年在任。

高 亮 亦记为高凉，直隶滦州（今河北滦州）人。天顺初由举人任武乡县令。常巡阡陌，课农桑，省民疾苦。在乡间道遇农妇为耕者送饭，取来观之，皆糠秕藜藿，不堪下咽，他流涕曰：“民贫困如此，牧民者之罪也。”非常关心百姓生活，后来百姓为其赠送礼物，他一无所受。

路 斌 直隶冀州（今河北冀州）人。景泰间任武乡县令。见城甚湫隘，喟然曰：“国家建立城郭，所以居民也。今城大如斗，所居几何？均我民也。在城内者安枕，在城外者保无寇盗虞乎！”因督众包西城外一区拓之，百姓称便。

高 昇 直隶阜城（今河北阜城）人。武乡县令。

檀 宰 亦记为檀载，直隶平山（今河北平山）人。武乡县令。净果废寺改建碑记载，成化四年在任。

许 英 字俊之，山东宁阳人。成化十年以岁贡莅武乡县令。抵任曰：“民私议令，且老恐弗胜任。”兴学校，劝农桑，均徭役，清词讼，一一不敢懈。流民复业者十余家。乡里有盗马者，使人侦之，盗畏威，返之本主。九载，考最，升沁州知州。武人思之，有德政碑。

杨 本 直隶威县（今河北威县）人。弘治年以举人任武乡县令，有碑文记载弘治六、七年在任。

高 琏 陕西醴泉（今礼泉）人。弘治中由举人任武乡县令。催科不扰，刑罚无私。常诵前人之言曰：“催科不扰，是催科中抚字；刑罚无私，是刑罚中教化。”父老至今颂之。

党 寅 陕西耀州人。岁贡，由辽州吏目升任武乡县令。

杨 斐 河南禹城人。弘治壬子科举人，初任阳曲县知县，因抗官拜司礼监掌印太监刘瑾谪岚县教谕，瑾败起故，随任宝丰知县，后任武乡县知县。

呼 盛 山东济阳人。弘治乙酉科举人，任武乡县令，有文载正德五年在任。

戴 魁 直隶大城（今河北大城）人。举人，正德年间任武乡县令，正德九年曾主持扩修武乡县城。

李崇德 武乡墨镫人。岁贡，任武乡县知县。

张继升 隆庆（今北京市延庆区）人。举人，任武乡县知县。

陈 琰 山东临清人。举人，嘉靖时任武乡县知县，有碑文记载嘉靖七年在任。

王 彤 甘肃狄道（今甘肃临洮）人。举人，任武乡县知县。

向 琼 陕西洵阳（今旬阳）人。贡士，嘉靖时任武乡县知县，有碑文记载嘉靖十五年在任。

白 纲 陕西清涧人。贡士，任武乡县知县。

郭守忠 辽东（今辽宁瓦房店）人。贡士，任武乡县知县。

刘 迁 陕西高陵（今西安市高陵区）人。嘉靖中由举人任武乡县知县。莅政惟勤，宅心忠爱，曾主持修南城、筑护堤，是年俺答汗领兵入侵，全城无虞，万民欢然。后调任崇王府左长史。

辛存惠 甘肃阶州（今甘肃武都）人。贡士，嘉靖二十年由宛平主簿升任武乡县知县。

张 谦 锦衣卫（今北京）人。举人，嘉靖时任武乡县知县，有碑文记载嘉靖二十六年在任。

陈 经 河南滑县人。贡士，任武乡县知县。

王继仁 沁州同知兼武乡县知县。

赵 卿 陕西兴平人。嘉靖二十五年举人，任武乡县知县，嘉靖三十一年曾新修县学。后调海门知县，以征倭功，擢两淮通判。

金 鳌 锦衣卫（今北京）人。举人，任武乡县知县，嘉靖三十三年缮完县学。

邢 润 直隶定州（今河北定州）人。举人，嘉靖三十五年任武乡县知县。

韩如山　直隶晋州（今河北晋州）人。曾授文林郎，嘉靖三十八年任武乡县知县。

孙　淮　肃州（今甘肃酒泉市肃州区）人。贡士，嘉靖四十一年任武乡县知县。在任时守方行洁，节用爱人。

陈文同　武功左卫（今北京市西城区）人。举人，嘉靖四十三年任武乡县知县。

赵　仕　字丹山，陕西肤施（今陕西延安）人。嘉靖二十五年乡试举人，嘉靖四十五年任武乡县知县。办事精干，提倡以勤致富，利国利民。

朱博文　直隶新城（今河北高碑店）人。贡士，隆庆元年任武乡县知县。隆庆三年，曾主持将城墙高加五尺。

申九锡　山东恩县（今平原县）人。贡士，隆庆三年任武乡县知县。心慈政肃，重农劝善，筑堤护城尤为永赖。

崔士伟　字溪南，山东武定（今山东惠民）人。举人，先任旬邑县令，后丁母忧归里，万历三年任武乡县知县。时民间逋赋，历年为累，士伟请于当道，尽数蠲除，民庆更生，比户尸祝。

曹志学　祁州（今河北安国）人。举人，万历五年任武乡县知县。

张汝修　陕西南郑（今陕西汉中市南郑区）人。万历八年任武乡县知县。

张　弦　直隶高阳（今河北高阳）人。举人，万历十一年任武乡县知县。

赵思敏　山东蓬莱人。万历十四年丙戌科进士，万历十六年任武乡县知县。后调阳城县知县。

黄元会　宁夏中卫人。万历十七年由选贡任武乡县知县。在任时开荒田，招流移，勤树艺，教纺绩，修学育才，筑堤捍患，在任九年，士民德之，曾于万历癸巳（二十一年）修县志（未成）。

纪云鹤　字鸣远，号九皋，陕西邠州（今陕西彬县）人。举人，原任辉县知县，万历二十五年调任武乡县知县。后升茂州知州。

王汝登　浙江宁海人。举人，万历二十九年任武乡县知县。

张柱石　字斗南，关中上郡（今陕西绥德）人。万历举人，万历三十一年任武乡县知县。

张五美 直隶永年（今河北永年）人。万历十三年举人，万历三十四年任武乡县知县。三十七年主持修编成万历版《武乡县志》。后任常州通判。

田济民 陕西山阳人。选贡，万历三十七年任武乡县知县。在任匝月，士民戴之。

王鼎臣 直隶清苑（今河北清苑）人。举人，万历三十八年任武乡县知县。为官清廉，丁艰归里时，竟变卖家产为路费。后补昌乐知县。

刘联芳 直隶南皮（今河北南皮）人。选贡，万历四十年任武乡县知县。在任时筑石堤数百丈护水，后升任云龙州知州。

孙鸣珩 山东莱阳人。万历庚戌年（三十八年）岁贡，万历四十三年任武乡县知县。

万一豸 易州（今河北易县）人。举人，天启元年由邹县知县调任武乡县知县。后升任南阳通判。

王胤长 亦作王允长，字庆我，直隶吴桥（今河北吴桥）人。举人，天启六年任武乡县知县。淡泊自甘，秋毫无染，后调翼城知县、泽州知州、河南分守道，累升任河南副使。任武乡县令时，写下《爱钱歌》以教育贪财不义之辈。

杨家凤 直隶曲阳（今河北曲阳）人。选贡，崇祯元年任武乡县知县。精明果毅，卓有治才。在任时曾修学宫、公署、城楼，役练乡兵三百名，皆不费民间一钱。

郜季芳 字朴茂，濮州（今河南范县）人。选贡，崇祯三年任武乡县知县。

张祖良 直隶魏县（今河北魏县）人。举人，崇祯六年任武乡县知县。

程世能 山东临清人。岁贡，崇祯七年任武乡县知县。善书法，曾撰《武乡县记》。

张继载 甘肃镇原人。岁贡，崇祯十二年任武乡县知县。

余一凤 浙江龙游人。举人，崇祯十四年任武乡县知县。丰格修整，才识敏练，分较乡闱，一时号称得人。

清

李芳莎 字台辰，直隶永年（今河北永年）人。崇祯十六年拔贡，任郓城县令，顺治元年调任武乡县知县，后迁永州府同知，未赴任而罢归。为官皆有惠政，清操凛凛，善发奸伏。著有《准敕草》《威如堂诗集》，曾修《武乡县志》，目前未发现刊本。

尚际明 字赞铉，河南罗山人。顺治丙戌年进士，顺治三年中榜后即任武乡县知县。

杨大功 字襟海，青州安东卫（今山东日照）人。顺治丁亥年进士，顺治四年进士中榜后即授武乡县知县。屡经师旅，供应有方，而民不扰，三载告归，囊清如水，日与乡里把酒，二疏之风未远。

罗三重 辽阳人。荫生，顺治六年任武乡县知县。值姜瓖作乱，土贼盗发，罗三重多方绥辑，民以无扰。顺治八年八月解任。

陈尚德 辽东人。贡士，顺治九年任武乡县知县，十年正月解任。

宁嗣韩 山东章丘人。贡士，顺治十年任武乡县知县，十一年四月解任。

巩国祚 巩昌府阶州（今甘肃武都）人。生员，顺治十一年任武乡县知县，十四年解任。

张先翼 字芙庄，荆州江陵（今湖北江陵）人。举人，顺治十四年任武乡县知县，十五年腊月解任。

梁之鲲 开封府鄢陵（今河南鄢陵）人。贡士，顺治十六年任武乡县知县，十七年解任。顺治五年曾纂《鄢陵县志》。

岳征斑，宣府万全都司前卫（今河北省张家口市宣化区）人。顺治丙戌年举人，顺治十七年任武乡县知县，康熙三年三月解任。

马有喜 辽东人。荫生。康熙三年任武乡县知县，五年二月解任。

吴月英 亦名齐漳，四川中江人。顺治丁酉年举人，康熙五年任武乡县知县，十三年改姓名齐漳。十七年奉命招抚吴逆，解任至京，任通政司左参议。

李　琛 字韩介，直隶高阳（今河北高阳）人。荫生，初任青田县丞，后任沂水县令，康熙十八年任武乡县知县，本年十月二十五卒于官。虽任职时短，但为民事多，县旧有飞粮，为民之病，琛甫受事，详恳请豁免，后又赴省面陈，恸哭不能止，抑郁成疾而故，民哀如丧父母。在姜村建四公祠，奉刘迁、黄元会、罗三重与李琛。

吴　扬　浙江秀水（今嘉兴）人。例监，康熙十九年任武乡县知县，二十二年秋丁母艰，二十三年二月初二去任。

高　铁　字中含，镶黄旗，辽东三韩（今辽宁辽阳）人。顺天贡监，授文林郎。康熙二十三年二月初三任武乡县知县，重修县志，复修鞶山书院。康熙三十六年解任，升广州府同知、分巡陕西汉兴道。

祝兆麟　字瑞占，辽东襄平（今辽阳市白塔区）人。监生，康熙三十六年任武乡县知县，四十九年解任。

李　援　河南夏邑人。岁贡，康熙四十九年任武乡县知县，六十一年解任。上任之时，段村东门外净业庵千佛塔工竣，曾亲撰《贺千佛塔落成碣》。

丁　珍　福建上杭人。康熙三十八年己卯举人，康熙六十一年任武乡县知县。

揭延龄　江西永丰人。举人，雍正元年任武乡县知县。时连年岁荒，饿殍相望，延龄申报发帑赈济，亲身散给，深山穷谷莫不遍历，吏胥罔得侵渔，民以全活。在官未及半载而累死任上。四公祠改五公祠奉之。

王我都　直隶清苑（今河北清苑）人。康熙四十五年丙戌科进士，曾任怀远县训导、义乌县知县，雍正元年冬任武乡县知县。

赵　枚　山东阳信人。康熙五十四年乙未科进士，雍正三年春任武乡县知县。后调怀仁县知县。

龚　新　顺天宛平（今北京市丰台区）人。监生，雍正三年冬任武乡县知县。

张宪龄　字少江，直隶束鹿（今河北辛集市）人。康熙五十七年戊戌科进士，雍正六年任武乡县知县。访求民生利弊，治事临民，悉归宽简，尝辑县志综集，数十年事甚明务，未成而去，其稿为乾隆志提供了诸多史料。

张应渭 福建候官（今福建闽侯）人。康熙五十九年举人，先任尤溪教谕，雍正十年调任凤山县教谕，秩满，乾隆元年升武乡县知县。吏进例金，力却之。俗多告讦，民苦于株连守候，渭遇案立剖。征粮行滚单法，先期清查，顺庄挨滚，吏民便之。后迁沾化、高密。数年乞归，卒年六十三。

林 嵩 开州（今重庆市开州区）人。举人，乾隆五年任武乡县知县。

冯 浩 直隶河间（今河北河间）人。举人，乾隆十年任武乡县知县。

蔡廷瑞 字于锡，江西宁都人。乾隆二年丁巳恩科进士，乾隆十一年任武乡县知县。

臧祚巩 山东诸城人。雍正十三年乙卯科举人，乾隆十五年任武乡县知县。后调广西贵县知县。

宋 惟 四川夹江人。雍正七年己酉科举人，乾隆十九年任武乡县知县。封文林郎。

姜天正 江西玉山人。雍正四年举人，乾隆二十二年任武乡县知县。

吴名琅 安徽青阳人。举人，乾隆二十二年任武乡县知县。政简讼稀，公庭少事，改建大堂，规划有方，书法绘画皆佳。后任长治知县、保德州知州、广东惠州知府、中宪大夫。

宋 惟 （前有简介），乾隆十九年曾任武乡县知县，乾隆二十九年再任武乡县知县。

沈士潮 字敬涛，号厚山，浙江慈溪人。乾隆十五年庚午科举人，初授景山官学教习，乾隆三十二年任武乡县知县。后迁曲沃县、山东费县知县。升广西南宁府同知，署思恩府知府、庆远府知府。

张五典 字叙百，号荷塘，陕西泾阳人。乾隆二十五年举人，乾隆三十六年任武乡县知县，刚果明敏，迎事而决，无有留滞。后任湖南芷江知县、江苏上元知县，江宁府同知、代理徐州知州。工于书法，善于诗词，著有《荷塘诗集》。曾整理县志稿，未付刊印，其稿为乾隆五十五年志提供了诸多史料。

江廷泰 江都（今江苏扬州市江都区）人。乾隆二十二年丁丑科进士，乾隆四十年任武乡县知县，后任湖北竹溪知县。

许　煌　（约1740—？），字星明，浙江嘉善人。清乾隆年间因父许椿殉难于“木果木之变”为难荫监生，世荫恩骑尉，乾隆四十四年任武乡县知县，体恤民情，革除弊端，钦赐文林郎，武乡县正堂加一级。后调安邑县知县。工诗，有《闽游草》《怡情吟稿》。

白　鹤　字秀千，萨克达氏，镶白旗，长白山（今吉林长白）人。翻译生员，文林郎。乾隆四十八年冬任武乡县知县。曾主持修编《武乡县志》，虚心咨访，不遗葑菲。

严　谦　（1745—1820），字抑之，号虚白，浙江乌程人。乾隆四十二年丁酉举人，四十六年辛丑进士，乾隆五十九年任武乡县知县。后补江西高安县，弃官归主白鹿洞书院讲席。

吴邦治　字济川，河南固始人。乾隆四十六年辛丑进士，嘉庆二年任武乡县知县。后任直隶知州，癸酉因疾归里，掌教淮临书院。著有《卧云山房诗文集》。

恒　龄　汉军正蓝旗（今内蒙古锡林浩特）人。举人，嘉庆四年任武乡县知县。

邓方城　字楚屏，福建闽县（今闽侯）人。嘉庆十年乙丑科进士，中榜后即任武乡县知县。

王　藩　（1752—1838），后改名崧，字伯高，号西山、石仙、乐山，云南浪穹（今洱源）人。嘉庆四年进士，嘉庆十二年任武乡县知县。在职九年，改革盐政，使归于民，治理漳河，兴修书院。罢官后，地方人士挽留，嘉庆二十一年主讲山西晋阳书院。道德学问传遍山西。亦工书善画，尤擅人物，名重当时。著作有《乐山集》等。

吕锡龄　河南新安人。贡生，嘉庆二十年任武乡县知县。后任榆次县知县，有受贿行为，受山西巡抚严惩。

马步銮　字金坡，广西全州人。道光二年壬午恩科进士，道光三年任武乡县知县。

岳维城 字方亭，四川中江人。道光三年癸未科进士，先为翰林院庶常，道光六年任武乡县知县。在任五年，政简刑清，咸以岳青天呼之，并组织人工修城，保证书院办学，后调汾阳府。

丁公路 （1766—1833），原公命，字义渠，亦字礼门，湖南宁乡人。清乾隆己酉恩科经魁举人，清嘉庆六年辛酉恩科进士。出任山西岳阳（安泽）知县，在职十三年，以德理政，百姓受惠深厚。后任洪洞、平遥县知县，道光十一年任武乡县知县，治理方式如前一样仁政。担任癸酉、戊寅、辛巳、乙酉等科山西乡试同考官，敕授文林郎。著有《霍阳课子录》《山西咏古诗》《湖山乡试分咏》。清道光十三年七月二十一日没于任所，寿六十八岁。归葬宁邑四都榆梓冲（今油子塘）荘屋后山。

汤若泌 号小冈，河南睢州（今睢县）人。举人，道光十三年任武乡县知县。

刘光枫 字彤卿，福建侯官（今闽侯）人。举人，道光十六年任武乡县知县。

刘熙敬 江西星子（今庐山市）人。道光十七年中举，道光二十七年丁未科进士，道光三十年任武乡县知县。后任高平县知县。

梁大鹏 字云阁，河南鹿邑人。举人，咸丰三年任武乡县知县。后任高平、右玉知县。

郭锦城 字蓉江，湖南湘潭人。道光十五年举人，同治三年任武乡县知县。

苏毓元 字薇卿，云南晋宁人。同治元年壬戌恩科进士，同治六年任武乡县知县。同年冬，内阁赵长龄奏参劾州县一折，武乡县知县苏毓元，因循成习，任意颟顸，均难胜民杜之任，以教职归部铨选。

唐思鋐 字玉儒，浙江山阴（今绍兴市柯桥区）人。监生，同治七年任武乡县知县。内阁李宗羲奏查庸劣各员，武乡县知县唐思鋐，倨傲浮躁，不惬舆情，著革职永不叙用。

张　辅 字石麓，顺天大兴（北京市大兴区）人。监生，同治九年任武乡县知县。倡捐书院经费办学有功，后调平陆县知县。

刘崇礼　陕西朝邑（今属大荔）人。监生，先任平陆县知县，同治十一年任武乡县知县。十二年，鲍源深在山西赈灾，武乡县知县刘崇礼性情贪鄙，不洽舆情，奏参庸劣官员，著即行革职。

任澍林　顺天大兴（北京大兴）人。监生，加同知衔，同治十二年任武乡县知县。

朱世增　籍贯不详。监生，加同知衔，同治十三年任武乡县知县。

吴　匡　（1848—1910），字书年，浙江乌程（今吴兴）人。监生，光绪二年秋任武乡县知县，革故鼎新，百废俱举，尤以振兴文教为己任。四年调补介休县知县，后任阳曲、安邑、万泉、平遥、太谷等知县，荐升代州、绛州、平定知州，河东盐法兵备道，官至山西按察使、山西布政司使。监修《武乡县续志》。

俞廉三　（1841—1912），字廙轩，一字虞仙，山阴（今浙江绍兴）人。自幼深受家教熏陶，聪颖明达、肆力于学。16岁投效山西戎幕，管理军符，参与军机，参加防河之役，先后积功，光绪四年底任武乡县知县，后升代州知州、宁武知府、太原知府。治晋达十五年之久，政绩卓然，为全省之冠。清光绪十五年补冀宁道，寻迁湖南按察使、山西布政使、湖南巡抚兼湖南学正。

吴葵之　字殿卿，河南温县人。监生，先任吉州知州，光绪六年三月任武乡县知县。在任二年，洁己爱民，讼必反复推求，务得民隐，致仕回籍，送者塞道。光绪五年曾主编《吉州全志》。

陈宝桢　字芝孙，湖北安陆人。监生，光绪八年四月任武乡县知县。

王树之　字培桂，河南登封人。监生，光绪初年任武乡典史，清廉亲民，光绪十年六月升任武乡县护理知县（相当于今天的代理县长）。听讼聪决，案无留牍。

袁　敬　字礼端，浙江山阴人。监生，光绪十年任，任因在洪洞署，缺而未到任，其职一直由王树之代理。

李寿芝　字荇仙，湖南长沙人。廪贡生，光绪十四年六月任武乡县知县，后调赵城知县、绛州知州。多才博学，雅意作人，所至以循良著称。

陈继三 字谦甫，顺天宛平人。监生，光绪十年时，任凤台县知县，曾因操守尚谨、听断粗疏被免。光绪十七年任武乡县知县。后调绛县知县，又因亏款延缴于光绪二十七年被革职。

王缉熙 字子敬，浙江慈溪人。同治丁卯举人，光绪十八年任武乡县知县。在任不久，便离职经年，员缺久悬，著即开缺，不准回省候补。

曾茂林 字树堂，四川金堂人。举人，光绪二十年任武乡县知县，为官清廉。后任石楼等县知县，太原高等检察厅检察官。民国十年曾编《金堂县志》。

曾广文 光绪二十六年任武乡县知县。

谢　霖 字米仙，四川射洪人。光绪乙酉科拔贡，光绪二十七年十月任武乡县知县。任不足月而去。

崔铸善 字子陶，直隶庆云（今山东庆云）人。监生，光绪五年任虞乡县知县。光绪二十七年十一月任武乡县知县。不久调陵川县知县，后又调闻喜。

魏鸿勋 字绩臣，福建宁德（今周宁）人。光绪二十四年戊戌科进士，光绪二十八年任武乡县知县。后任宁德莲峰书院山长。

张嘉桢 字干臣，直隶武清（今天津武清区）人。笔贴式（执掌部院衙门文书档案的官员），光绪二十九年任武乡县知县。实心行实政，厘奸易弊，风裁凛然，遍历乡间，了解疾苦，常徒步山间，民不知为官。

赵宗抃 （？—1907），字铁卿，直隶定州（今属河北深泽）人。光绪元年举人，光绪十四年，任冀州翘才书院院长，后去保定主讲莲池书院。光绪三十年任武乡县知县。年余丁忧去职归家，后任山东编译局局长。擅长作诗。

覃寿彭 字玉方，湖北浦圻（今赤壁市）人。光绪壬寅年举人，光绪二十九年癸卯科进士，光绪三十一年任武乡县知县。

蔡　枢 字振筠，直隶□□人。光绪己亥科举人，光绪三十二年任武乡县知县。

安文澜 （1864—1908），字瀚卿，直隶定州人。光绪二十一年乙未科进士，任山西河曲县知县。光绪三十三年任武乡县知县。因其学识渊博，调翰林院编修，曾参与校勘《资治通鉴》，对书中多处引之，加以考究辨析。

陈祖绶　（1857—1917），字印伯，号墨农，浙江永嘉人。光绪十八年壬辰科进士，光绪三十四年任武乡县知县，后调补河津，民国时任温州府中学堂监学。著有《东瓯选胜赋》《墨宧诗文抄》《啸楼诗笔》等。

裘祖诚　字叔和，直隶河间（今河北河间）人。同治十二年癸酉科举人，宣统二年任武乡县知县，四月委署黎城。

张维兰　字香樵，直隶玉田（今河北玉田）人。光绪十九年癸巳科副榜，宣统三年任武乡县知县。后归乡助学，曾赴日考察，有《乙巳东游日记》。

民国

一　民国山西省政府委任的县知事、县长

王用霖　字靖轩，山西榆社人。光绪十一年乙酉科举人，山东候补知县。民国元年五月任武乡县知事。

钮承恩　字鸿轩，山西介休人。光绪二十八年应壬寅补庚子、辛丑并科举人，民国元年十一月任武乡县知事。后调安塞任职。

董思聪　字亶初，山西霍县（今霍州）人。光绪丁酉拔贡，朝考一等第三名，曾任直隶州州判，签分河南，民国三年二月任武乡县知事。

郭曾启　字振庭，直隶临榆（今河北秦皇岛抚宁区）人。光绪丁酉科举人，光绪间曾任介休县、临晋县知县。民国三年九月任武乡县知事。

陈曾翰　字子周，浙江杭县（今杭州市区）人。清云骑尉世职，留学日本法政宏文学院，历任天津地方审判厅审判官，直隶成安、新河、武邑等县知县，民国五年七月任武乡县知事。

傅宝儒　字砚田，四川万县（今重庆万州区）人。保荐免试，民国七年三月任武乡县知事。

周家藩　字惠侯，湖北咸宁人。光绪丁酉科优贡，朝考一等，民国十一

年十一月任武乡县知事。

高　槐　字茂三，山西崞县（今原平市）人。山西农业学校垦植科毕业，后入山西省育才馆，民国十二年二月任武乡县知事。抗战前曾任山西烟酒事务局局长。

和克俭　字节三，山西忻县（今忻州市忻府区）人。清增生，山西农业学校农本科毕业，曾任省公署实业科科员、省政治实察所实察员，民国十二年十二月任武乡县知事。

吕绍岩　字镜民，山西虞乡（今属永济市）人。山西大学专门部机械工程本科毕业，后入山西省育才馆，民国十四年七月任武乡县知事。

栗迺敬　字季威，山西浑源人。山西政法专门学校毕业，历任宣化镇署文案、山西民军志编纂局书记长、平鲁县第一科科长、雁门道署二科科员、省议会秘书、省公署第五科科员等职，和顺县知事，民国十六年二月任武乡县县长。后任察哈尔省政府秘书长、省建设厅厅长，山西省政府禁烟考核处处长。

张扬祚　字耀铭，山西垣曲人。前清岁贡，京师高等警察学校毕业，历任山西省议会议员、晋军后方警备司令部秘书、第三集团军军法官，民国十六年六月兼任武乡县县长。主持编纂《武乡新志》，民国二十年十一月被斗争驱逐，次年二月免职。

白连三（　1877—？），字鑫星，山西浑源人。清廪生，山西高等农林学堂林本科毕业。曾任山西省行政公署实业公司科员、浑源中学教员、山西督军公署秘书，民国二十一年二月任武乡县县长。后任并州中学教员。1953年被聘为省文史研究馆馆员。

吕曰薪　字樵云，山西曲沃人。民国二十二年春任武乡县县长。

徐永信　（1864—1937），字仲孚，山西五台人。光绪二十八年应壬寅补庚子、辛丑并科举人，曾任徐沟县知事，民国二十三年五月十九日任武乡县县长。

薛　习　（1891—？），字时斋，山西广灵人。曾任山西省财政厅科员，民国二十四年十一月任武乡县县长。

万维恒　山西新绛人。民国二十六年二月任武乡县代理县长。周年五月调平顺任县长。

张百忍　山西猗氏（今属临猗）人。曾任天津警备司令部军需处第四科科长、山西省政府秘书处科员、榆社县县长，民国二十六年五月任武乡县县长。

朱　理　（？—1948），字直绳，山西五台人。山西大学法学院毕业，民国二十六年秋任武乡县县长，二十七年四月弃职擅离，后曾任山西第三（平遥）专署专员，后北逃忻县，1948年7月在豆罗战役中被解放军击毙。

二　山西省第三专署委任的县长

郭腾蛟（1900—1972），字光轩，后以字为名，山西定襄人。1923年毕业于北京高等师范英语部，任崞县中学教务主任，忻县中学英语教师，太原成成中学校务主任，国民师范教育长，太原绥靖公署秘书。1936年参加牺盟会，民国二十七年四月，经山西省牺盟会推荐任武乡县县长，同年十二月调太岳，曾任安泽县县长，太岳合作社主任，行署贸易局科长、经理。中华人民共和国成立后，先后任山西省驻京办事处主任，山西省政协副秘书长兼省文史馆馆长，中国人民保卫世界和平委员会山西省分会副秘书长等职。

谭永华（1903—1992），四川达县（今达州市达川区）人。1933 年加入中国共产党，并参加红军，曾任班长、排长、连指导员等。参加了长征。1937 年 8 月调入山西决死队任教官。1939 年 1 月至 12 月、1940 年 2 月至 4 月，任武乡县县长。后任沁源县县长，太岳军区司令部第四科科长等，后调陕北任抗大文化教员，新四旅供给部政委，陕甘宁第六纵队司令部秘书长，第一野战军第六军后勤部政委。中华人民共和国成立后，任新疆军区后勤部卫生部政委，新疆军区后勤部副部长兼政治部主任，新疆维吾尔自治区民政厅党组副书记、副厅长等职，1955 年被授予大校军衔。

史遇麟（1917—2001），武乡县南台村人。1937 年加入中国共产党，先后任武乡县牺盟分会秘书、区委书记、县委副书记，1940 年 1 月至 2 月，任武乡县代理县长，后任黎城县县长、黎北县县长，太行行署财政处秘书。中华人民共和国成立后，任山西省计委劳资处处长，科学院山西分院秘书长，太原商品检验局局长，山西省外贸局副局长等职。

三　地方党组织创建初期中共武乡县委书记

李逸三（1906—2003），武乡县北良侯村人。毕业于太原国民师范学校，1927 年 1 月考入中央军事政治学校武汉分校，参加了南昌起义和广州起义，

同年12月加入中国共产党，任红军鄂西游击第二纵队政委。1932年10月返乡，创建武乡地方党组织。1933年8月，中共武乡县委成立，任书记。1938年后任游击二团政治部主任、岳北区敌工站站长、太岳军区政治部宣传部代理部长等职。中华人民共和国成立后，任中国人民大学党委常委、监委书记，国务院参事室参事等职。

赵向荣（1911—1983），原名赵瑞璧，武乡县赵墁坡村人。太原明原中学毕业，1933年7月加入中国共产党。1934年5月至1936年2月，任中共武乡县委书记。后任交城县牺盟分会特派员、太原县县长、清太县工委书记、决死四纵队卫生处政委。中华人民共和国成立后，任绥远省政府人事厅副厅长，中组部政法干部处副处长、山西省人民检察院检察长等职。

王玉堂（1907—1998），笔名冈夫，武乡县故城村人。山西外国语言学校德语系毕业。1932年秋加入左联，1933年在狱中加入中国共产党，1937年10月至1938年2月，任中共武乡县临时工委书记。后任晋东南文教界抗日救国总会理事，前方《鲁艺校刊》编委主任，太行区文联副主任。中华人民共和国成立后，任山西省文协主任，中国文联联络部、学习部部长，山西省文联、山西省作协副主席等职。

陆清廉（1913—1958），又名陆凤翔，上海青浦人。1936年加入中国共产党。曾任中共石家庄市委书记，1938年2月至9月，任中共武乡县委书记兼八路军工作团团长，后任中共晋城县委书记、冀鲁豫第九地委书记、冀鲁豫区党委副秘书长。中华人民共和国成立后，任重工业部地质局副局长，冶金工业部华东矿山管理局局长，江苏省冶金工业局局长等职。

刘建勋（1913—1983），河北沧县人。1931年加入中国共产党，曾在天津从事党的地下工作。1938年9月至1939年9月，任中共武乡中心县委书记，1939年9月至11月，任中共武乡县委书记，后任中共太行第三地委副书记，太行区党委组织部副部长，太行第三地委书记兼军分区政委，江汉区党委书记兼江汉军区政治委员。中华人民共和国成立后，任中共湖北省委第二书记，中南局常委、秘书长，中共河南省委第一书记兼河南省军区第一政治委员，中共中央华北局书记处书记等职。

李友九（1917—2005），福建厦门人。清华大学毕业，参加了“一二·九”运动，1936年加入中国共产党。1939年11月至1940年3月，任中共武乡县委书记。后任太行区党委调查研究室秘书，太行区第五地委副书记，湖北黄冈地委书记兼军分区政委。中华人民共和国成立后，任中南局政策研究室秘书长，中央农村工作部副秘书长，广西壮族自治区党委书记处书记，甘肃省委书记处书记，农林部副部长，农牧渔业部顾问等职。

四　武乡、武西分县时的中共武乡（东）县委书记

温建平（1916—1995），原名有声，山东招远人。1935 年加入中国共产党。1937 年入延安抗大、中央党校学习。曾任中共晋豫特委委员，1940 年 3 月至 4 月，任中共武乡县委书记，4 月至 6 月，任中共武乡实验县委书记，1940 年 6 月至 1941 年 1 月，任中共武乡（东）实验县委书记，后任中共夏县中心县委书记，太行三地委宣传部部长、太岳一地委宣传部部长等。中华人民共和国成立后，任辽宁省委宣传部副部长，外交部国际司副司长，北京语言学院党委书记兼院长等职。

李友九（前有简介），1941 年 1 月至 1942 年 1 月，再任中共武乡（东）县委书记。

麻贵书（1917—1987），直隶（今河北）临城人。1938 年加入中国共产党。曾任中共晋冀豫区委党校秘书长、武乡县委组织部部长，1942 年 1 月至 1944 年 8 月，任中共武乡（东）县委书记，后任太行二地委副书记。中华人民共和国成立后，曾任中共西藏自治区党委书记处书记，山西省副省长等职。

赵迪之（1916—1997），女，河北清苑人。1934年加入中国共产党，北平民国大学毕业。曾任太行山剧团政治指导员，武乡县委宣传部部长，1944年8月至1945年4月，任中共武乡（东）县委书记。后任陵川、晋城县委书记，邢台市委宣传部部长。中华人民共和国成立后，任西安仪表厂厂长兼党委书记，一机部设备动力司司长等职。

姜一（1918—1998），武乡县李峪垴村人。1935年加入中国共产党，曾任区委书记，县农会主任，连指导员，武乡县委副书记，1945年4月至1945年9月，任中共武乡（东）县委书记，1945年10月至1947年6月，任中共武乡县委书记。中华人民共和国成立后，任中共湖北省委书记处书记，陕西省委书记处书记兼常务副省长，山西省人大常委会副主任等职。

五　武乡、武西分县时的武乡（东）县县长

王捷三（1913—2008），河北唐山人。1936年加入中国共产党，先后任襄垣县、黎城县县长，1940年4月至6月，任武乡县县长，6月至11月，任武乡（东）县县长，后任榆社县县长、县委书记，西南服务团川南支队政治部主任。中华人民共和国成立后，任全国总工会职工生活住宅部部长，云南省政协副主席、党组副书记等职。

徐林汉（？—？），山西临汾（今临汾市尧都区）人。1940 年 11 月至 1941 年 8 月，任武乡县县长，后任太行区民政处副处长、工商局副局长，太行一专署专员。中华人民共和国成立后，任郑州专区专员，中共茂名市委第一书记，广东省建委主任，广东省顾问委员会常委等职。

武光汤（1908—1985），武乡县城关村人。1925 年参加革命，并州大学毕业，1937 年加入中国共产党。1938 年任榆社县县长，1941 年 8 月至 1943 年 3 月，任武乡（东）县县长，后任太行三专署专员，太行行署秘书长，华北人民政府农业部办公厅主任。中华人民共和国成立后，任山西省副省长，中共山西省委常委、书记处书记，山西省政协主席等职。

武光清（1911—1955），武乡县城关村人。太原国民师范毕业，1937 年加入中国共产党，先后任武华游击队队长、武乡县政府科长、榆社县公安局局长，1943 年 3 月至 1945 年 9 月，任武乡（东）县县长，1945 年 9 月至 1946 年 4 月，任武乡县县长。中华人民共和国成立后，任中南区合作局局长，全国供销合作总社理事会理事等职。

六　武乡、武西分县时的中共武西县委书记

谷景生（1913—2004），山西猗氏（今临猗）人。1932年加入中国共产党，“一二·九”运动主要领导人之一。曾任山西青年抗敌决死第一纵队民运部部长，1940年6月至1941年5月任中共武西县委书记，后任太行第七地委书记，十五军政委。中华人民共和国成立后，任防空军党委第二书记、副政委，新疆维吾尔自治区党委第二书记兼乌鲁木齐军区政委，新疆生产建设兵团第一政委、第一书记等职，1955年授予少将军衔。

王宗琪（1921—2013），武乡县胡家庄村人。1936年加入牺盟会。1937年加入中国共产党。历任武乡县第二区区委书记、武乡县委宣传部部长兼共青团武乡县委书记，1941年5月至1942年1月，任中共武西县委书记，后调平顺、长治县委书记，安徽省霍山县、桐城县委书记。中华人民共和国成立后，任泸州市委第一书记，四川省交通厅厅长等职。

贾步彬（1918—1994），山西祁县人。1937年加入中国共产党，曾任祁县抗日游击队指导员、中共祁县县委书记，1942年1月至1944年11月，任中共武西县委书记。中华人民共和国成立后，历任中共中央华北局办公厅副主任，中共中央办公厅工业组组长，中共中央文献研究室秘书长等职。

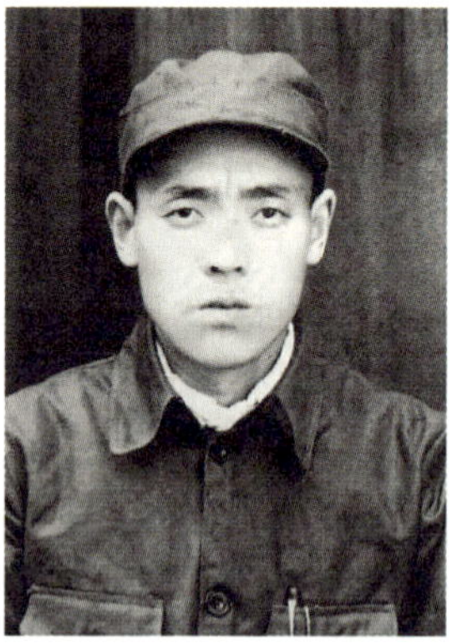

李务滋（1916—2008），武乡县北良侯村人。1937年加入中国共产党。历任武乡县牺盟会协助员、晋东特委组织部支部巡视员、武乡县区分委书记。1944年11月至1945年9月，任中共武西县委书记。1947年6月至12月，任中共武乡县委书记。中华人民共和国成立后，先后任新乡地委书记，化学工业部人事司司长，山西省化学工业厅副厅长等职。

七　武乡、武西分县时的武西县县长

宁运程（1910—1999），亦名宁云程，山西榆社人。1936年加入中国共产党，任榆社县游击大队政治部主任，武西办事主任，1940年6月至1941年4月，任武西县县长，后任榆社县县长，太行军工九厂政委。中华人民共和国成立后，曾任轻工部技术司副司长，内蒙古自治区轻工业厅副厅长、区人大常委会秘书长等职。

师小凡（1916—1997），亦名师小帆，河南尉氏人。河南大学毕业，1937年加入中国共产党，先后任沁水县牺盟特派员，沁水县县长兼县工委书记，1941年4月至8月，任武西县县长，后任长治县县长、中共长治县委书记。中华人民共和国成立后，任热河省人民委员会秘书长，中共铁岭地委书记兼铁岭军分区政委等职。

李超周（？—？），山西昔阳人。1941 年 8 月至 1942 年 12 月，任武西县县长，因在执行减租减息法令中犯严重错误，被晋冀鲁豫边区政府撤职。

张大英（1913—2000），后改名张玉麟，广东广州人。太行三专署办公室主任，1942 年 12 月至 1943 年 3 月，任武西县代理县长。后任太行四专署秘书长、八专署副专员。1949 年随长江支队南下到达福建。中华人民共和国成立后，任厦门大学党委书记、国家海洋局副局长等职。

郝培苗（1915—2014），河南济源人。1937 年加入中国共产党。先后任山西青年抗敌决死第一总队排长，潞城人民自卫总队中队长，潞城二区区长，太行三分区武工队政委，1943 年 3 月至 6 月，任武西县县长，后任决八团政委。中华人民共和国成立后，历任川东军区江津军分区副政委，西南军区师范学校校长兼政委，云南省供销合作社联合社副主任等职。

任时（1917—1999），真名任行道，山西稷山人。1937 年参加山西青年抗敌决死队，同年加入中国共产党。任太行三分区政治部宣教科长。1943 年 6 月至 1944 年 8 月，任武西县县长。后调祁县、博爱等地任职。中华人民共和国成立后，任中央教育科学研究所副所长、淮南煤炭学院党委书记兼革委会主任、北京政法学院副院长等职。

张向华（1920—？），山西介休人。曾在决死第三纵队任科长。1944 年 8 月至 1945 年 4 月，任武西县县长。后调至太行第三专区任科长。

王子清（1912—2010），武乡县南垴村人。1937年10月参加革命，1938年加入中国共产党。历任班长、队长、连长、决死三纵队队训股股长，太行三分区轮训大队队长，1945年4月至1945年9月，任武西县县长。中华人民共和国成立后，历任四川省涪陵地委副书记、专员，四川省委农工部副部长、省计委副主任、省农业厅副厅长、省人大常委会常委等职。

八　武乡、武西合并后的中共县委书记

姜一（前有简介），1945年10月至1947年6月，任中共武乡县委书记。

李务滋（前有简介），1947年6月至12月，任中共武乡县委书记。

赵雨亭（1917—2008），山西平定人。1938年加入中国共产党。曾任平东县自卫队指导员、一区区委书记，平西县委组织部部长、副书记、书记，平定县委书记、县独立团政委，1948年1月至6月，任武乡县委书记。中华人民共和国成立后，历任晋南地委书记、山西省委书记、山西省革委会副主任、山西省委组织部部长、山西省纪委书记、山西省政协副主席等职。

王平（1919—2019），河南清丰人。1937年10月参加革命工作，1938年加入中国共产党。1948年9月至1949年2月，任中共武乡县委书记。中华人民共和国成立后，任北京汽车工业总公司党组书记、经理，北京市顾委委员等职。

李鹏飞（1915—1994），山西和顺人。曾任中共武乡县委宣传部部长，1949 年 2 月至 1952 年 5 月，任中共武乡县委书记。后任中共长治地委组织部部长、第三副书记，山西省农业厅副厅长，中共运城地委副书记等职。

九　武乡、武西合并后的武乡县县长

武光清（前有简介），1945 年 9 月至 1946 年 4 月，任武乡县县长。

李玉田（1918—2009），武乡县行道岭村人。1937 年参加牺盟会，后任武乡县四区区长、县政府教育科科长、公安局局长、副县长，1946 年 5 月至 1947 年 12 月，任武乡县县长，后任祁县县长。中华人民共和国成立后，历任中共阳泉市委第一书记，山西省劳动厅厅长，山西省革委办公厅副主任，中共邢台地委副书记、行署副专员等职。

王运德（？—？），山西昔阳人。曾任昔阳县农救会主席，1947 年 12 月至 1950 年 12 月，任武乡县县长。

中华人民共和国

一　新中国成立后历任县委书记

李鹏飞（前有简介），1949年10月至1952年5月，任中共武乡县委书记。

李世源（1927—2004），山西襄垣人。曾任襄垣县委组织部部长，1952年5月至10月，任中共武乡县委代理书记，后任壶关县委书记，晋东南地区革命委员会副主任，雁北地区革命委员会副主任，大同市副市长等职。

王林堂（1919—2007），山西黎城人。1936年参加牺盟会，铜川中学毕业。1939年加入中国共产党。历任黎城县三区区长、区委书记，长治县二、五区区委书记，党校校长等职。1952年10月至1955年10月，任中共武乡县委书记。后任忻县地委农村工作部部长、地委副书记，内蒙古巴盟盟委副书记，中共晋东南地委副书记、地区革命委员会副主任等职。

苏寒（1921—2007），山西沁县人。1955年10月至1956年3月，任中共武乡县委书记。后曾任晋东南地委文教部部长、临汾地区财贸部副部长等职。

郭四元（？—1986），山西长治人。曾任武乡县委副书记，1956年4月至1957年4月，任中共武乡县委书记。后任壶关县委书记，晋东南地区水利局党委副书记、农机局局长、交通局局长等职。

籍希俭（1925—1990），武乡县安乐庄村人。1939年加入中国共产党，先后任村青救会秘书、编村村长、区委书记、武乡县委组织部部长。中华人民共和国成立后，任沁水县、潞城县委书记，晋东南地区农工部部长，1957年4月至1957年7月，任中共武乡县委书记，1957年7月至1960年12月，任中共武乡县委第一书记。后调晋中地委副书记、革委会主任等职。

郭四元（前有简历），1961年7月至1962年4月，再任中共武乡县委第一书记。

赵日新（1922—1978），山西壶关人。曾任晋东南地区民政科科长，平顺县副县长，武乡县副县长、县长，1962年5月至10月，任中共武乡县委第一书记，1962年10月至11月，任中共武乡县委书记。后任晋东南地区企业公司党委书记等职。

张乃成（1926—2023），山西黎城人。1942年加入中国共产党，历任太行三地委组织部干事，中共潞城县区委书记、县委组织部部长、县委副书记，屯留县委书记，长子县委书记等职。1962年11月至1967年3月，任中共武乡县委书记，1964年年底至1965年曾带队去长子领导“四清运动”。后任潞安矿务局党委书记，长治市副市长，山西省煤炭厅副厅长等职。

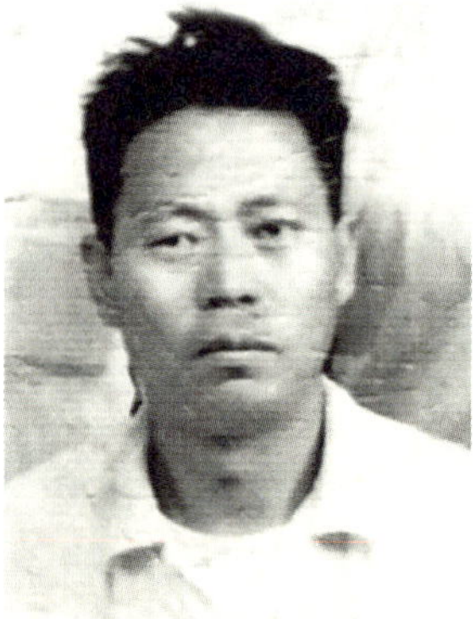

王富和（1922—1971），山西辽县（今左权）人。1939年参加工作，1940年加入中国共产党，历任辽县羊角小学教师、六区区长，高平县中学校长，高平县委宣传部部长、县委书记，晋东南行署农林局局长，内蒙古临河县县长，中共武乡县委常委等职。1964年10月至1965年11月，任中共武乡县委代理书记，后任潞城县革命委员会核心小组组长等职。

王保书（1925—1994），武乡县大活庄村人。1939年加入中国共产党，历任武乡二区区委书记、故城公社党委书记、县委组织部部长、副县长等职。1967年3月至1969年9月，任中共武乡县核心小组组长，后任晋东南地区农科所书记等职。

王承柱（1923—1981），山西襄垣人。武乡县武装部部长、县革命委员会副主任，1969年9月至1971年3月，任中共武乡县革命委员会核心小组组长，1971年3月至1973年5月，任中共武乡县委书记，后任武乡县武装部政委等职。

李刘炳（1926—1978），山西长治人。曾任长治县委组织部部长，阳城县委副书记，潞城县委副书记、书记，黎城县委书记，1973年5月至1977年5月，任中共武乡县委书记。后任晋东南地区财贸部部长等职。

孙文龙（1931—1982），山西阳城人。1949 年加入中国共产党，同年 12 月参军，历任省政府机要室机要员、阳城县润城公社党委书记、副县长、县革委会主任、中共阳城县委书记等职。1977 年 6 月至 1980 年 9 月，任中共武乡县委书记，后任中共屯留县委书记等职。

段国廷（1932—1999），山西晋城（今泽州县）人。曾任中共晋城县委副书记、县革委会主任，中共武乡县委副书记、县革委会主任，1980 年 9 月至 1983 年 5 月，任中共武乡县委书记。后任晋东南行署农牧局局长，晋城市农牧局局长、党组书记等职。

郝永和（1932—1999），武乡县南村人。1949 年加入中国共产党。1950 年 10 月参加工作，曾任武乡县委办公室主任，晋东南地委组织部组织科长，中共壶关县、长治县委书记，1983 年 5 月至 1985 年 3 月，任中共武乡县委书记，后任山西省水利厅副厅长、厅长等职。

阎好勇（1945—1997），山西万荣人。大学文化。1969年参加工作。1985年3月至1988年12月，任中共武乡县委书记。后历任中共长治市委常委、秘书长，长治市常务副市长，山西省农牧厅副厅长、厅长等职。

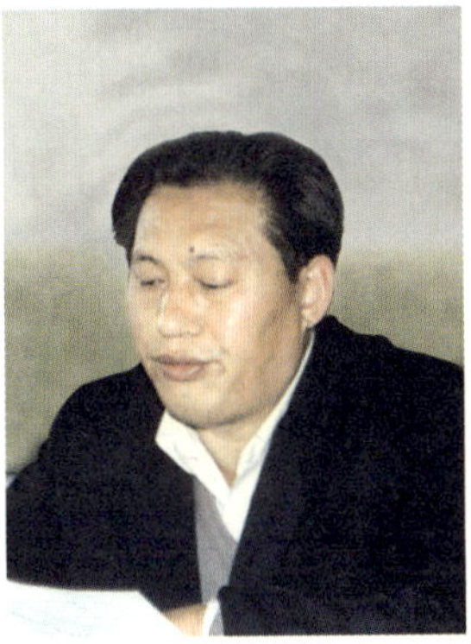

郭有勤（1945—2018），山西沁水人。大学文化。1968年参加工作。历任中共长子县委副书记，中共武乡县委副书记、县长等职。1989年1月至1992年7月，任中共武乡县委书记。后任长治市副市长，长治市委副书记、市长，山西省委副秘书长，山西省民政厅党组书记、厅长等职。

王天珍（1944—2018），山西黎城人。大学文化。1969年参加工作。1990年6月至1992年8月，任中共武乡县委副书记、县长等职。1992年8月至1995年8月，任中共武乡县委书记，后任中共长治市委常委、秘书长，市委常委、宣传部部长，山西省物价局副局长等职。

杨志崇，1946年出生于山西沁水。大学文化。1969年参加工作，历任武乡县委常委、副县长、县委副书记、县长等职。1995年8月至2000年7月，任中共武乡县委书记。后任中共长治市委党校常务副校长。

师义昌，1953年出生于山西和顺。大学文化。1971年参加工作，曾任中共长治市委办公室副主任、市委办公厅副主任、市委副秘书长；1995年12月任中共武乡县委副书记、县长，2000年9月至2002年12月，任中共武乡县委书记，后任中共襄垣县委书记、长治市人大常委会副主任等职。

阎建书，1956年出生于山西壶关。大学文化。1969年参加工作，先后任长治市化工局生产科副科长，市化工厂党委书记、厂长，市煤气化总公司总经理、党委书记，长治市建委副主任，长治县委副书记、县长等职。2003年1月至2007年11月，任中共武乡县委书记。后任中共长治市委党校常务副校长。

周涛，1961年出生于四川成都。研究生学历。曾任太原市公安局副科长、市国家安全局副处长、长治市郊区区委副书记，中共武乡县委副书记、县长，2007年11月至2013年7月，任中共武乡县委书记。后任山西省依法治省领导组办公室专职副主任、山西省司法厅副厅长等职。

胡坚，1972年出生于山西平遥。大学学历。曾任山西省水保监测中心办公室主任，省水利建设开发中心副主任，省水资源管理委员会办公室副主任、党支部书记，省水利厅办公室主任、人事处处长，长治市城区区委副书记、区长。2013年7月至2020年12月，任中共武乡县委书记。2019年2月，任长治市人大常委会副主任兼武乡县委书记，后任朔州市委常委、组织部部长。

贺思宇，1971年出生于山西沁源。中央党校研究生学历。1992年参加工作，1995年加入中国共产党。先后任沁源县委组织部干部科科长，灵空山镇党委副书记、镇长，沁源县教育局局长，平顺县委常委、政法委书记，襄垣县委常委、组织部部长、常务副县长，襄垣县委副书记、县长。2021年1月，任中共武乡县委书记。

二 新中国成立后历任县长

孙立功（1913—1973），山西沁源人。1938 年加入中国共产党。历任绵上县一区区长、沁源县五区区长、县政府民政科科长、太岳一专署民政科科长、长治专署民政科副科长等职。1950 年 12 月至 1953 年 2 月，任武乡县县长。后任晋东南专署文教党组书记，专署副专员等职。

王维屏（1920—2016），山西黎城人。1938 年参加革命工作，1939 年加入中国共产党。历任黎城县委办公室主任、长治地委办公室秘书等职。1953 年 3 月至 1955 年 2 月，任武乡县县长。后任长治专署农林水利局局长、山西省建委国有建设处处长、山西省计量局副局长等职。

赵日新（前有简历），1955 年 3 月至 1957 年 3 月，任武乡县县长。

郝作荣（1921—？），山西辽县（今左权）人。曾任武乡县委副书记，1957 年 3 月至 1959 年 7 月，任武乡县县长，后任晋东南地委财贸部部长、组织部副部长。

赵日新（前有简历），1959 年 7 月至 1961 年 9 月，再任武乡县县长。

张秉公（？—？），山西晋城（今泽州）人。曾任晋城县县长，1961年9月至1964年11月，任武乡县县长，后任晋东南地区卫生局局长、计委副主任等职。

牛永丰（？—？），山西长治（今长治市上党区）人。曾任晋东南专区民政局副局长、局长等，1964年11月至1967年3月，任武乡县县长。

王保书（前有简历），1967年4月至1969年9月，任武乡县革命委员会主任。

王承柱（前有简历），1969年9月至1971年1月，任武乡县革命委员会主任。

李刘炳（前有简历），1971年1月至1973年11月，任武乡县革命委员会主任。

周毅（？—？），山西襄垣人。曾任长治工矿区黄碾办事处工委书记，襄垣县副县长、县委副书记，1973年3月至1973年11月，任武乡县革命委员会主任（未到职），长治县委副书记，后任晋东南地区供销社副主任、长治县革委会主任等职。

张近智（1934—2015），山西垣曲人。运城农校毕业。曾任长治县五反办副主任，晋东南地委农工部干事、组干办主任，1973 年 11 月至 1977 年 4 月，任武乡县革命委员会主任。后任高平县副县长、晋城市城市建设综合开发公司经理。

段国廷（前有简历），1977 年 4 月至 1980 年 9 月，任武乡县革命委员会主任。

李银尧（1933—2015），武乡县山交沟村（今李芳村）人。1945 年加入中国共产党。历任小学校长，武乡县六区秘书、四区区委宣传委员，武乡县县委秘书，武乡小报主编，武乡县委宣传部副部长，东良公社、广志公社党委书记，晋东南地区广播事业局副局长、交通局副局长，1980 年 9 月至 1981 年 9 月，任武乡县革命委员会主任；1981 年 9 月至 1983 年 10 月，任中共武乡县委副书记、县长。后任武乡县人大常委会主任等职。

薛俊华，1942 年出生于山西陵川。山西大学中文系毕业，高级政工师。历任壶关县晋庄公社团委书记、百尺公社党委书记，壶关县县委常委、组织部部长，1983 年 10 月至 1987 年 6 月，任中共武乡县委副书记、县长，后任中共沁源县委书记、山西省委宣传部副部长等职。

郭有勤（前有简历），1987年6月至1989年1月，任中共武乡县委副书记、县长；1989年1月至1990年6月，任中共武乡县委书记、县长。

王天珍（前有简历），1990年6月至1992年8月，任中共武乡县委副书记、县长。

杨志崇（前有简历），1992年8月至1995年8月，任中共武乡县委副书记、县长；1995年8月至11月，任中共武乡县委书记、县长。

师义昌（前有简历），1995年12月至2000年9月，任中共武乡县委副书记、县长；2000年9月至2001年1月，任中共武乡县委书记、县长。

吴凌，1960年出生于陕西咸阳。大学学历。历任长治市第二人民医院副院长、运城地区卫生局副局长、长治市郊区区委副书记。2001年1月至2005年3月，任中共武乡县委副书记、县长。后任长治市民政局局长、市人大常委会教育科学文化卫生工作委员会主任等职。

周涛（前有简历），2005年3月至2007年11月，任中共武乡县委副书记、县长；2007年11月至2009年2月，任中共武乡县委书记、县长。

阎新平，1968年出生于山西兴县。硕士学位。历任吕梁地区调产办副主任、行署办信息科科长，吕梁市委副秘书长，长治市委副秘书长，2009年2月至2021年2月，任中共武乡县委副书记、县长。后任长治市人大常委会党组成员，长治市政协党组副书记、副主席。

王书文，1970年出生于山西长子。本科学历，1993年加入中国共产党。历任长子县鲍店镇副镇长，共青团长子县委书记，岚水乡党委书记、乡长，丹朱镇党委书记、镇长，武乡县副县长，中共武乡县委常委、常务副县长，中共武乡县委副书记、统战部部长，2021年3月任中共武乡县委副书记、县长。

附 5：

武乡县建置沿革考

魏鸾翱

禹贡：冀州之域。案：《地理今释》，凡州县之隶山右者皆古冀州地。

周职方：属冀州。《周礼·职方氏》：河内曰冀州，其川漳，其浸汾、潞。春秋时为晋地。相传即蔡皋狼之地，智伯瑶求诸赵襄子者，然未详所据。

战国属韩，后属赵。《史记·正义》云：秦上党郡，今泽、潞、仪、沁等州兼相州之半，韩总有之。七国时，赵得仪、沁之地，韩犹有泽、潞之半，半属赵。赧王五十三年，秦击韩于太行，上党路绝，守冯亭以地归赵。五十五年，秦拔赵上党。

秦为上党郡地。

汉为涅氏县，属上党郡。《地理志》：上党郡之县十有四，其六曰涅氏。师古注曰：涅水出焉，故以名县也。案：今之武乡县暨辽州榆社在汉时皆为涅氏县地。

后汉为涅县，属上党郡。《郡国志》：上党郡有城十三，其五曰涅，有阏与聚。案：《括地志》云：阏与聚今名为乌苏城，在潞州铜鞮县西北。又仪州和顺县城亦曰韩阏与邑。二所未详。《通典》云：仪之和顺，韩之阏与。《省志》以《通典》之言为是，据此则汉涅县当兼有和顺之地。

晋仍涅县，始分置武乡县，并属上党郡。《地理志》：上党郡领县十，其八曰涅，其十曰武乡。案：是时又析涅县地置轑阳县，属乐平郡，于是古涅氏之地分为三：曰涅，曰轑阳，曰武乡。

石赵为武乡郡。《魏书·地形志》：石勒分上党置武乡郡，寻罢。

元魏为乡郡。延和二年置。**领四县：阳城，**即汉晋涅县。魏初仍之，永安中改。《地形志》：阳城有涅城，覆甑山，涅水出焉，东南合武乡水。案：

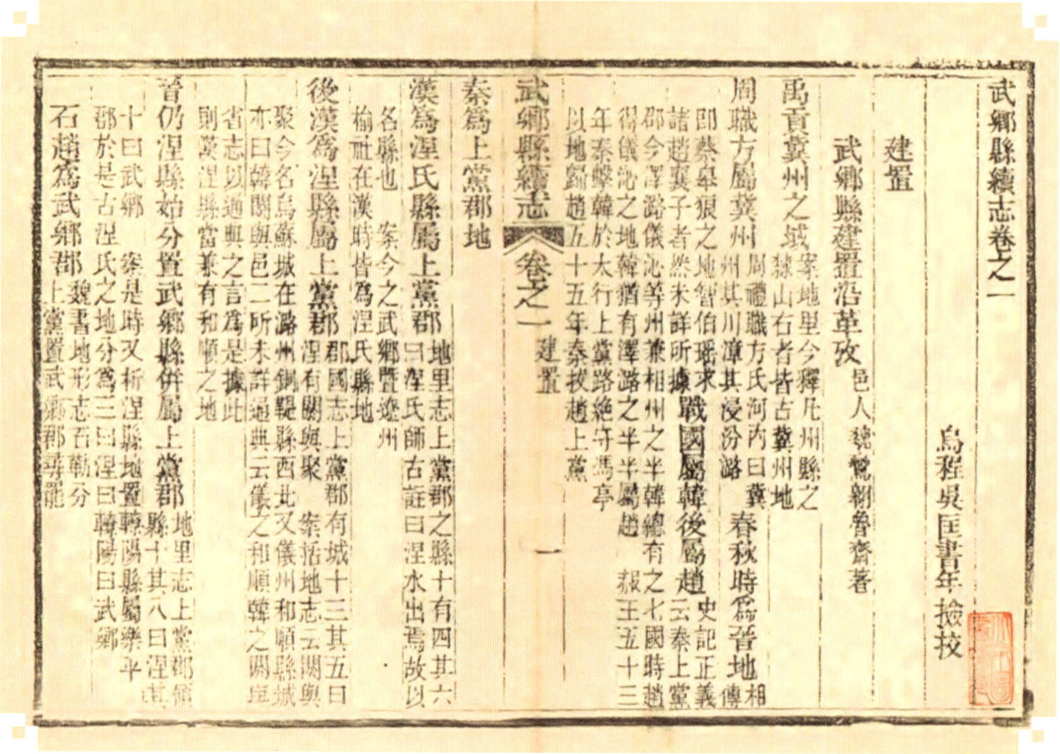

武鄉縣續志卷之一

烏程吳匡書年撿校

建置

武鄉縣建置沿革攷　邑人魏鸞翱魯齋著

禹貢冀州之域　案地里今釋凡州縣之隸山右者皆古冀州地

周職方屬冀州　周禮職方氏河內曰冀州其川漳其浸汾潞　春秋時爲晉地　相傳即恭皐狼之地智伯瑤求諸趙襄子者然未詳所據　戰國屬韓後屬趙　史記正義云秦上黨郡今澤潞儀沁等州兼相州之半韓總有之七國時趙得儀沁之地韓猶有澤潞之半半屬趙　赧王五十三年秦擊韓於太行上黨路絕守馮亭以地歸趙五十五年秦拔趙上黨

武鄉縣續志〈卷之一　建置　一

秦爲上黨郡地

漢爲涅氏縣屬上黨郡　地里志上黨郡之縣十有四其六曰涅氏師古註曰涅水出焉故以名縣也　案今之武鄉暨遼州榆社在漢時皆爲涅氏縣地

後漢爲涅縣屬上黨郡　郡國志上黨郡有城十三其五曰涅有閼與聚　案括地志云閼與聚今名烏蘇城在潞州銅鞮縣西北又儀州和順縣城亦曰韓閼與邑二所未詳通典云儀之和順韓之閼與省志以通典之言爲是據此則漢涅縣當兼有和順之地

晉仍涅縣始分置武鄉縣併屬上黨郡　地里志上黨郡統縣十其八曰涅其十曰武鄉　案是時又析涅縣地置轑陽縣屬樂平郡於是古涅氏之地分爲三曰涅曰轑陽曰武鄉

石趙爲武鄉郡　魏書地形志石勒分上黨置武鄉郡尋罷

清光绪五年版《武乡县续志》之魏鸾翱《武乡县建置沿革考》

涅城即汉涅县治，而阳城乃今之甲水村，盖城迁而名始改也。**乡，**即晋武乡，为郡治。真君九年罢，轑阳县入焉。太和十五年，徙治于南亭川，即今武乡县治。案：是时轑阳入乡县，古涅氏之地又并为二，曰阳城，曰乡。**襄垣、铜鞮。**魏乡郡隶并州，后魏又称南垣州，寻改丰州，北周罢。又后魏复置轑阳，北周罢。见《隋史·地理志》。

隋废乡郡，开皇三年。**以乡县属上党郡。**《地理志》：上党郡领县十，其八曰乡。开皇十年，以故轑阳地置辽山县，属乐平郡。十六年，又析乡县地置榆社县。十八年，改阳城县为甲水县。大业初，省榆社仍入乡县，并甲水于铜鞮。义宁元年，复置榆社县。案：甲水并而涅县始废，于是古涅氏之地别分为三，曰辽山，曰榆社，曰乡。

唐初，乡县属韩州。武德元年，以襄垣、黎城、涉、铜鞮、乡五县置韩州。**贞观十七年，韩州废，以乡县属潞州。**《地理志》：潞州上党郡领县十，其十曰武乡，北有昂车关。**武后更名武乡。神龙中，复称乡县，寻又称武乡。**武德六年，复置甲水县，属韩州。九年省。

五代，武乡县属潞州。

宋，武乡县属威胜军。太平兴国三年，于潞州铜鞮县乱柳石围中置威胜军，省沁州入焉。《地理志》：威胜军领县四，其二曰武乡。熙宁七年，辽州废，以榆社为镇来属。元丰八年，复置辽州，以榆社为县往隶。案：是时榆社合于武乡者又十二年。

金，武乡县属沁州。天会六年，升威胜军为沁州。元光三年，又升为节镇军，曰义胜。《地理志》：沁州绵山郡领县四，其二曰武乡。有胡甲山、武乡水，镇一，曰南关。

元，武乡县属沁州。《地理志》：沁州领县三，其二曰武乡。至元三年，省入铜鞮县。元真二年，复立。见《元人复立武乡县记》。案：是时武乡废三十一年而复。

明，武乡县属沁州。《地理志》：沁州领县二，其二曰武乡。万历二十四年，改属汾州府。三十二年，复属沁州。

国朝因之，编户十里。

武乡县建置沿革，以历朝史志详定。辽州、榆社为武乡接壤之区，原其始，皆由汉涅县分置而建置之，先后有差，列代之分并不一，所宜参考而互证。既详悉分注，又僭仿史例，写成一表。地经而代纬之，庶几一览了然。

古涅县与武乡暨辽州榆社分合沿革之表

本朝	汉	晋	元魏
武乡故城镇	涅氏县东汉曰涅	涅县始析置轑阳、武乡	涅县
沁州武乡甲水村 南为沁属北为武			阳城县 永安中由涅县改迁
武乡县	涅氏县地	武乡县	乡郡乡县
		析涅县地置，石赵为武乡郡	真君九年轑阳废来属
辽州	涅氏县地	轑阳县 析涅县地置	乡县地 真君九年省轑阳入乡县
榆社县	涅氏县地	武乡县地	乡县地
本朝	隋	唐	宋
沁州武乡甲水村 南为沁属，北为武	甲水县 开皇十八年阳城改名，大业初并入铜鞮	甲水县 武德六年复置，九年废	
武乡县	乡县 开皇十年析置辽山，十六年析置榆社	武乡县	武乡县 熙宁七年榆社县来属为镇，元丰八年复析去
辽州	辽山县 开皇十年以故轑阳县地置	辽山县	辽州辽山县 辽州旧治乐平，元丰八年始以辽山为州治
榆社县	榆社县 开皇十六年析乡县地置	榆社县	榆社县 熙宁七年废为镇，属武乡，元丰八年复置
本朝	金	元	明
武乡县	武乡县	武乡县 至元三年废，入铜鞮，元贞二年复	武乡县
辽州	辽州辽山县	辽州辽山县	辽州 辽山县省入
榆社县	榆社县	榆社县	榆社县

案：今之武乡暨辽州、榆社，在汉时皆涅氏一县地，晋始分置武乡。又分置轑阳。轑阳即今之辽州，而武乡则兼榆社而名之。元魏为乡郡乡县。《魏史·地形志》乡县有故武乡城、榆社城、魏城、方山，今皆为榆社县辖。而故武乡城，《通志》谓即社城镇是也，是时，轑阳复并于乡县矣。孝文帝太和十五年，徙乡县治于南亭川，是为今武乡所自始。隋析乡县置榆社，又以故轑阳县地置辽山，而武乡之疆域定。以史志考之，涅县始于汉，其城即今之故城镇。魏改阳城，隋又易名甲水，其地为今之甲水村。阳城改而涅治迁，甲水并于铜鞮，而涅县遂废。武乡始于晋，由县而郡，倚郡为县。旧城在榆社之北，而后徙于今治。太和十五年之徙城，乃郡治之乡县，徙自故武乡城，而今武乡所辖之故城。后三十九年，太和十五年辛未至永安二年己酉。而涅县始改为阳城，历魏、齐、周、隋，皆与乡县分域而治也。《旧志》承元人之言，谓自涅城徙武乡于南亭川，似未详考于历代之故，而误以武乡为涅县之改名，其实未徙之先，而涅县、阳城自为一县。自隋以后，榆、武分，甲水并，而涅县旧境乃分隶于铜鞮、乡县，历代分并沿革之大略如是。

又案：武乡相传为蔡皋狼地，愚颇不能无疑。汉有皋狼县，班史《地理志》、范史《郡国志》皆属西河郡，《史记·表》有皋狼侯国，《索隐》曰“在临淮”，史文不同。总之非上党之近邑，岂蔡皋狼别又一地欤？而于传无征，此其不能无疑者一。

《史记·正义》云：“秦上党郡，今泽、潞、仪、沁等州，韩总有之。”七国时，赵始得仪、沁及泽、潞之半，盖自范中行既亡以后，智、赵、韩、魏瓜分晋国土地人民，一切据为私有，又皆怀并兼攘夺之志。如张氏所云，则是时此地属韩而未属赵，智氏虽贪，岂应求韩氏之地于赵氏，此其不能无疑者二。

夫以智伯之贪愎，既已餍所求于韩、魏，而因指名以索于赵，计必其膏腴殷庶之地，比韩、魏所致万家之县即不必过之，亦当无不及焉。此斗辟者同于瓯脱，何所取尔？台辰李令君之志，吾邑地理也，谓疆域首溯建置，战国时为蔡皋狼地，是岂土脉岁更，今硗确而昔上腴，否则智、赵相争，焉用此石田为谅哉斯言？此其不能无疑者三也。

若《通志》谓交口以北至团柏、子洪，大抵皆蔡皋狼地，智伯欲得之以制晋阳，故襄子不与，则似河汉，其言近于附会者习传已久，不敢臆说，姑识所疑以俟再考焉。

《旧志》以监漳为唐陵川县遗址，考之《唐史》，潞州无陵川之名，惟泽州高平郡有之，而今泽州之陵川与武乡若风马牛不相及。案：《魏书·地形志》襄垣有临川城，今监漳密迩襄垣之东北，其即《魏志》之临川城，而后人讹以为陵川县也欤？

录自清光绪五年版《武乡县续志》

魏鸾翱（1741—？），字廷仪，号鲁斋，武乡县魏家窑村人。生有异才，过目不忘。乾隆四十四年（1779）己亥恩科举人。著作颇多，惜大多散佚。

附 6：

武乡历史沿革探讨

武光汤

山西省武乡县是抗日战争时期太行腹心根据地之一。中国共产党所领导的八路军总部、一二九师和中共中央北方局等领导机关，曾在武乡砖壁、王家峪等地驻扎过较长时间。武乡人民在抗日战争和解放战争期间曾经过艰苦卓绝的斗争，对革命事业有重大贡献。目前正在收集材料编纂县志，根据已查到的历史记载，写篇《武乡历史沿革探讨》，供同志们参考。

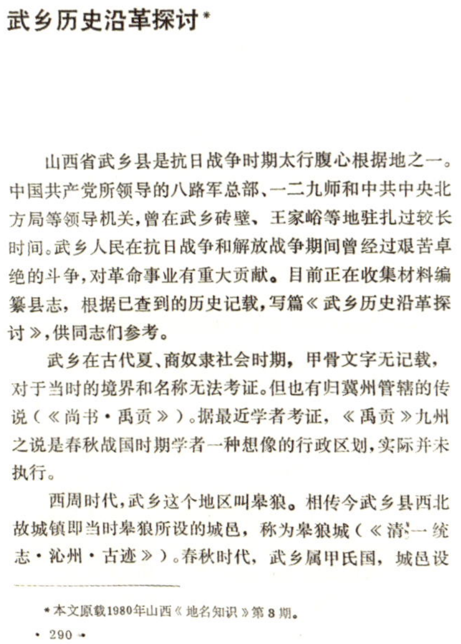
武乡历史沿革探讨*

山西省武乡县是抗日战争时期太行腹心根据地之一。中国共产党所领导的八路军总部、一二九师和中共中央北方局等领导机关，曾在武乡砖壁、王家峪等地驻扎过较长时间。武乡人民在抗日战争和解放战争期间曾经过艰苦卓绝的斗争，对革命事业有重大贡献。目前正在收集材料编纂县志，根据已查到的历史记载，写篇《武乡历史沿革探讨》，供同志们参考。

武乡在古代夏、商奴隶社会时期，甲骨文字无记载，对于当时的境界和名称无法考证。但也有归冀州管辖的传说（《尚书·禹贡》）。据最近学者考证，《禹贡》九州之说是春秋战国时期学者一种想像的行政区划，实际并未执行。

西周时代，武乡这个地区叫皋狼。相传今武乡县西北故城镇即当时皋狼所设的城邑，称为皋狼城（《清一统志·沁州·古迹》）。春秋时代，武乡属甲氏国，城邑设

*本文原载1980年山西《地名知识》第8期。

· 290 ·

山西人民出版社《武光汤文集》中的《武乡历史沿革探讨》

武乡在古代夏、商奴隶社会时期，甲骨文字无记载，对于当时的境界和名称无法考证。但也有归冀州管辖的传说（《尚书·禹贡》）。据最近学者考证，《禹贡》九州之说是春秋战国时期学者一种想象的行政区划，实际并未执行。

西周时代，武乡这个地区叫皋狼。相传今武乡县西北故城镇即当时皋狼所设的城邑，称为皋狼城（《清一统志·沁州·古迹》）。春秋时代，武乡属甲氏国，城邑设在今故城镇。战国时期先属韩后属赵，名涅。城邑还在故城镇（《水经·浊漳水注》引《竹书纪年》）。

秦始皇统一中国，废封建为郡县，

武乡这个地区叫涅氏县，属上党郡。城邑仍在今故城镇，但境界甚大，现在的榆社县和左权县地区，都属涅氏县管辖（乾隆版《武乡县志》）。

东汉时代改称涅县（《后汉书·郡国志》）。后又分设轑河县（《山西历史地名通检》），即今左权县。三国时涅县与轑河县均属魏。仍属上党郡（《三国会要》）。

司马炎代魏，建立西晋王朝，泰始间（265—274）又分涅县置武乡县，境界大约包括今榆社和今武乡东部地区，县城在今榆社县北 30 里的社城，属上党郡，并改轑河县为轑阳县，属乐平郡（《晋书·地理志》《清一统志·辽州·古迹》）。至此，东汉时代的涅县遂一分为三：涅县、武乡县、轑阳县（《汉书补注·地理志·第八·上党郡》）。

南北朝时代，汉族与少数民族都纷纷迁徙，频繁接触，武乡一带也形成了各族交错杂居的状态。石勒建立后赵，他是武乡人，尝曰："武乡，吾之丰沛。"大兴（319）后赵石勒置武乡郡。下辖沾（今和顺）、涅（今武乡）、武乡（今榆社）三县（洪亮吉：《十六国疆域志》卷二）。

北魏延和二年（433）改武乡郡为乡郡；又改武乡县为乡县。乡郡管辖涅县、乡县、铜鞮（今沁县南）、襄垣四县（《魏书·地形志》）。太平真君九年（448）取消轑阳县境界并入乡县（《魏书·地形志》）。太和十五年（491）乡县县城移至南亭川，即武乡的旧县城，在今武乡城东 10 里的故县（《太平寰宇记》卷五十、《清一统志·沁州·古迹》）。孝昌二年（526），恢复轑阳县，改称辽阳（《魏书·地形志》）。永安二年（529）改涅县为阳城县（《魏书·地形志》）。北周北齐时代仍旧（《山西历史地名通检》）。东魏置南垣州，不久改为丰州，北周废。郡治在乡县（《隋书·地理志》）。

隋开皇三年（583）废乡郡，以乡县属上党郡（《隋书·地理志》、民国版《武乡新志》）。开皇十六年（596）分乡县置榆社县（《隋书·地理志》、民国版《武乡新志》）。开皇十八年（598）改阳城县为甲水县。县治移甲水村（《隋书·地理志》）。大业元年（605）并入铜鞮县（《隋书·地理志》、乾隆版《武乡县志·古迹》）。根据传说记载，大业元年，在武乡县城西北

30里的涌泉镇曾设龙泉郡（乾隆版《武乡县志》），但《隋书·地理志》却载:龙泉郡郡治在隰州（今山西隰县）。在涌泉设郡之说恐不确。

唐王朝建立后，武德元年（618）置韩州，以乡县和襄垣、黎城、涉县、铜鞮五县属之（乾隆版《武乡县志》）。武德三年（620），又分设甲水县（《新唐书·地理志》），并置偃武县，故治在今榆社城南30里之魏城。武德六年废，并入榆社县（《山西历史地名通检》）。武德九年（626）甲水县又并入铜鞮县（《新唐书·地理志》）。贞观十七年（643）韩州废，以乡县属潞州上党郡（乾隆版《武乡县志》）。武则天建立周朝，恢复武乡县之名。唐中宗神龙元年（705）仍改武乡县为乡县，不久又改称武乡县（《新唐书·地理志》《旧唐书·地理志》）。从此，武乡县这个名称，再未改变过。

赵宋王朝建立后，初属潞州，太平兴国三年（978）置威胜军，辖铜鞮、武乡。当时威胜军邑设在乱柳石围中（今沁县段柳）。熙宁七年（1074），榆社又并入武乡。元丰八年（1085），复置辽州，元祐元年（1086）恢复榆社县建制，属辽州管辖（《宋史·地理志》）。南宋时期武乡是金王朝属地，先归沁州管辖（《金史·地理志》），中间一段曾归绵山郡管辖，后归义胜军管辖。

元世祖至元三年（1266），武乡全县仅有700余户，因不满千户，不准设县，境地划归铜鞮县。战争之惨，损失之巨，可见一斑。元贞二年（1296）因人口增加，始恢复武乡县建制（《元史·地理志》）。

明朝武乡属沁州，万历二十三年（1595）改属汾州府。万历三十二年（1604）复属沁州（《明史·地理志》）。

清仍属沁州。民国初属山西省冀宁道。

抗日战争期间，1940年7月日军占领段村、东村一带，把武乡分割为二。为了便于领导群众进行抗战，分设武乡县、武西县，均属晋冀鲁豫边区政府太行第三专署管辖。1945年8月25日段村解放。同年10月，武乡、武西二县又合并为武乡县。1947年秋县治由故县迁至段村镇，属太行行署第二专署管辖。1949年新中国成立以后，改归山西省长治专署管辖，现归晋东南地区行政公署管辖。1958 年曾一度与榆社县合并。时隔一年又恢复武乡、榆社两县原建制至今。

武乡这个地区见于史书和地方志记载的名称先后有：皋狼（西周）、甲氏（春秋）、涅（战国）、涅氏（秦、西汉）、涅县（始于东汉，三国、西晋初废之）、武乡（始于西晋）、乡县（始于北魏）、阳城（始于北魏、北齐）、甲水（始于隋），如果加上隋开皇十六年（596）分置的榆社县和唐武德年间建县时间较短的偃武县，共 11 个名称。皋狼是从原始社会的氏族沿袭而来，其居民属狄族。《左传·闵公三年》："晋侯使太子申生伐东山皋落氏。"杜预注："赤狄别种也，皋落其氏族。"《左传·宣公十六年》杜预注："甲氏、留吁、赤狄别种。"我国西北地区和山西的昔阳、垣曲、离石等地都有皋狼城或皋落等地名（《清一统志·平定州·山川》《清一统志·绛州·古迹》《清一统志·汾州府·古迹》）。皋落是皋狼转音，说明这个氏族的住地是相当广阔的。

武乡的古地名中用"涅"这个字的较多，如涅、涅氏、涅县等。"甲"字是"涅"字的转音，如甲氏、甲水。涅水当地群众现在还是叫甲水，发源于武乡故城西北之胡甲山，由其分水岭（现改名分南）发源的水，主要有三：北流者叫胡甲水（昌源河），东流者叫偏良河，南流者叫甲水。甲水南流经故城、北涅水、南涅水流入现在的沁县、武乡交界处，转而流入现在的县城（原段村镇），与由榆社北来的小漳河汇合。小漳河古称武乡水，当地人叫关河。1960 年在此建一关河水库。现地图中的关河水库以北曰浊漳北源，以东曰涅河，当地群众叫北漳河。涅水之名始见于《水经注》。清光绪印《大清舆地图》中称甲水河，也叫涅水。《汉书·地理志》中说："涅氏县涅水出焉，故以名县"；《汉书补注·地理志》中说："武乡水出武山，晋因立武乡县。"这就是涅县和武乡县名称的来源。从石赵以后，北魏、北齐、隋、唐初则多采用乡县、阳城、甲水等名称。直至唐神龙年间改称武乡县。以后，经过五代十国、宋、元、明、清，直到现在，采用武乡这个名称已有 1273 年的历史。

武乡境界屡有变迁。在西晋时代，武乡县所管辖的范围，主要在今榆社和武乡东部地区。武乡的西部地区和沁县（当时叫铜鞮）的北部地区则属涅县管辖。石赵时代所建武乡郡的属县中，涅县和武乡是分设的。可见现在的武乡，当时是分东西两部，西部属涅县（包括沁县北部），东部属武乡（包括榆社）。因此，石勒这个皇帝是榆社人还是武乡人，就有争论。实际上当时武乡、榆社是一个地区。武乡故县北原山（鼙山）有石勒寨。在抗日战争以前武乡县旧政府衙门大堂上用木刻的一副对联，其上联是："后有山为石世龙驻兵其间故至今尚名曰武。"就是说石勒曾在此屯过兵。另外，武乡王家峪的南面有城底村（现属襄垣县），现在也有石勒筑城的遗迹。说明当时石勒在这个地区活动是频繁的。

武乡曾经设过城邑的地方计有：故城（西周到北魏）、社城（西晋）、南涅水（隋）、榆社（隋）、魏城（唐）、故县（北魏），加上现在的县城（原段村镇），共 7 个地方。武乡抗日战争以前的旧县城（现在叫故县），是北魏孝文帝元宏太和十五年（491）由社城移来新建的。移来之后仍称乡县。当时故县这个地方叫南亭川。武乡人常称自己为南亭人或南亭居士，起源于此。但在《沁州志》中却有元魏（北魏孝文帝元宏）"始自故涅城移治南亭川"的记载。据考证，北魏时期涅县和乡县是分设的。乡县移治以后，涅县县治仍在故城镇未动。永安二年（529）将涅县改为阳城县。隋开皇十八年（598）又将阳城县改为甲水县，县治由故城移治甲水村（现在沁县的南甲水）。大业元年（605）甲水并入铜鞮县。唐武德三年（620）又恢复甲水县的建制。武德九年（626）甲水县再次并入铜鞮县。根据以上记载证明，在乡县县城移至南亭川以后，涅县（后改阳城、甲水）作为一个县的建制仍存在过 135 年时间（中间有 13 年并入铜鞮）。武德九年（626）并入铜鞮后，才告结束。因此"自故涅城移治南亭川"的说法是不正确的。

武乡这个古城，靠山面水，形势险要，登高眺望，可俯瞰全城。城区规模虽小，但已有长久历史，从北魏开始在此建城，直至 1938 年被日军焚毁全城为止，共历 1447 年。日本侵略者如此残暴，毁我古城，今游旧址，尤有余恨。解放以后的新县城（原段村镇），正在兴建，较之旧城，规模之大，人口之繁，已大大过之。

本文原载1980年山西《地名知识》第3期
本书录自山西人民出版社《武光汤文集》1998年版

武光汤（1908—1985），武乡县城关村人。抗战时期至解放战争时期，任榆社县县长、武乡（东）县县长、太行第三专署专员、太行行署秘书长、华北人民政府农业部办公厅主任。中华人民共和国成立后，任山西省农业厅厅长，山西省副省长，中共山西省委常委、书记处书记，山西省政协主席等职。

图书在版编目（CIP）数据

桑梓武乡：武乡县域文化通览 / 郝雪廷著.
北京：中国文史出版社，2024.12. —（武乡历史文化通览）. — ISBN 978-7-5205-4984-4

Ⅰ. K292.54

中国国家版本馆CIP数据核字第2024N95A85号

出 品 人：彭远国
责任编辑：秦千里

出版发行：中国文史出版社
社　　址：北京市海淀区西八里庄路69号院　邮编：100142
电　　话：010-81136606　81136602　81136603（发行部）
传　　真：010-81136655
印　　装：山西人民印刷有限责任公司
经　　销：全国新华书店
开　　本：16开
印　　张：238
字　　数：3500千字
版　　次：2024年11月　第1版
印　　次：2024年11月　第1次印刷
定　　价：1000.00元（全七册）

WUXIANG WENHUA JICHENG
WUXIANG LISHI WENHUA
TONGLAN

武乡文化集成·卷一

陈建祖 主编

武乡历史文化通览

武乡物质文化遗产图录

杜煜 主编

中国文史出版社

总　序

甲辰之岁，万象更新。武乡热土上，乘新时代之春风，政治、经济、文化一体推进，正所谓政通人和，百业俱兴。

自古以来，莫不盛世修书，藉以兴文化俗。今有《武乡文化集成》之问世，摘精选要，撷英荟萃，乃国内县域文化系统整理出版之巨创，亦寻祖根，追文脉，固根基，增强文化自信之壮举，可庆可贺也！

文化之兴，缘于地理；或曰据于地理，乃出人文。

太行逶迤，上党巍巍，雄视华北，俯控中原，自古乃兵家必争之地。元人熊戴歌咏曰："天下多名山，太行居第一。泽潞伯仲间，上党天下脊。屹立界中原，形势控南北。"武乡踞上党北缘，乃千年名邦，抗战圣地。其东有板山竦立，如长城蜿蜒；其中有漳河流金，泽润乡里；其西则俯视晋中，藏风聚气。此土此境，古有商周遗物，有石勒要寨，有寺院林立，绵绵不绝，而民风俭啬，勤于耕读，崇尚勇武，远近闻名。清代乾隆《武乡县志》"风俗篇"云："武乡之为县，在万山中，金玉珠贝无所产，商贾舟车不至，民安于畎亩、诵读，无逐末游食、猎取富贵之人。""其民质而不瞢，其俗俭而不猥。"此乃武乡传统文化之概要，民风之底色，文化渊源之所自。追溯千余年传统文化，不亦绵长醇厚乎！

帝制灭而共和兴，社稷衰而危亡存，仁人志士，前赴后继，奋起斗争。武乡籍共产党人、革命先驱李逸三、史怀壁、武三友等，建立中共武乡县委员会，组织"五抗"，风起云涌，艰险曲折，板山漳河间，闪耀赤色曙光。全面抗战始，抗日烽火燃烧在太行山上，八路军总部、中共中央北方局、一二九师师部开进武乡，先后驻武乡王家峪、砖壁诸地，朱德、彭德怀、左权、刘伯承、邓小平、杨尚昆等在此指挥抗战，武乡乃成太行根据

地之重镇。长乐村战斗，歼寇两千；百团大战，威震敌胆。柳沟设兵工厂，肇始军火生产，装备抗日武装；抗大、鲁艺，学校遍及山乡僻壤，培植红色基因。武乡儿女，慷慨参军，牺牲何止千万；家乡父老，纳鞋交粮，自愿支援前线；太行奶娘，忘我取义，哺育革命后代。仰望太行之巅，遍布民族脊梁；回首抗战圣地，鲜血浸染。《少年先锋》，如诗华章；抗战篇章，辉煌绚烂。此乃武乡近世文化之鲜明本色。回首武乡之红色文化，不亦感人至深乎！

斗转星移，国运昌隆；改革开放，其命维新。武乡大地，文脉绵延，异彩纷呈。其初有高沐鸿之《太行吟》，冈夫之《故城谣》，张万一之剧作《小二黑结婚》，歌咏烽火岁月，隽永悠长；继之有寓真之《行道集》，赓续家国情怀，书写不尽之乡愁。抗战文化则梳理备至，书写将军之百战智勇，战士之慷慨赴死，军火之急急生产，民众之纷纷支前，友邦之慷慨资助，红色文化，洋洋大观。作者群起，深研备至，提炼太行精神，表彰抗战英模，可歌可泣，化育万民，进而为新时代不忘初心、继续前进之强大动能。回首七十年文化景象，不亦壮观乎！

武乡文化，厚重绵长，总而成之，采而辑之，舍我其谁！县委县政府下决心，定大计，集贤能，编方案，以规范性、系统性、权威性为基准，博采旁搜，摘取英华，卷次三分。首卷为历史文化，通览千载；继之以红色文化，特色引领；卷三是现当代文化，文苑集萃，遂成20册，汇千万字，煌煌然为武乡文化史上之空前巨著。武乡文脉，一以贯穿，高如板山，长若漳河，实乃空前之壮举，既为资政要览，亦成万民寻根溯源、永久承传之宝典，具彰往而昭今之效，其价值、意义不言而喻，无庸赘述焉。是为序。

中共武乡县委员会

武乡县人民政府

2024年6月

凡　例

一、本丛书以马克思列宁主义、毛泽东思想、邓小平理论、“三个代表”重要思想、科学发展观、习近平新时代中国特色社会主义思想为指导，选取武乡文化精华，编纂而成。

二、本丛书以基础性、系统性、权威性为基本编纂标准。

三、本丛书以武乡籍贯的作者为主要选取对象，以描写或记述当今武乡地域范围内的文化为内容选取标准。

四、本丛书选取的著作体裁不限，主要选取学术著作和文学作品。为了全面记述武乡的历史文化，特别组织作者新撰了武乡历史文化的通览性著作。

五、本丛书按照历史通览、文化特色、时代新篇为基本分卷依据，分武乡历史文化通览、武乡红色文化撷英、武乡现当代文化集萃3卷，共33种著作，编为20册。

六、本丛书为集成性著作，尊重原著内容的完整性，一般不作增删；为保持观点正确、内容准确、体例统一所做的修订，均经作者完成，并经专家予以审定。

七、本丛书对每一部入选著作的内容及其作者均予简介，以便阅读和使用。

八、本丛书根据各书特点而区别整理方式，涉及古文、文献等，予以标点，并适当注释；涉及文化遗产等内容，则以图文结合的方式予以记述。

【主编简介】

杜煜，男，汉族，1978 年 1 月出生，武乡县丰州镇人，大学本科学历，中共党员。1999 年 9 月参加工作，先后在武乡县中学校、武乡县人民政府招商中心、武乡县政府办公室工作。现任武乡县文物保护和旅游发展中心主任。系长治市武乡县第十届政协委员。

曾荣获长治市首届中青年教师技能大赛特等奖，并多次在国家、省、市级书法比赛中获奖。到武乡县文物保护和旅游发展中心工作以来，强抓文物保护和“1+4”片区革命文物保护利用工作，奋力开创文物保护和旅游发展工作新局面，曾被县委、县政府授予革命文物保护和利用突出贡献奖；荣获山西省文物先进工作者称号。

【内容简介】

武乡雄踞上党盆地北缘，漳河贯穿，南山耸翠，民风淳厚，人杰地灵，古代有石勒称帝，文人世家，绵延不绝，近代有八路军在此建立根据地，留下众多红色革命旧址。因此，武乡物质文化遗产星罗棋布，可资记录。本书分两编，均为图录方式记述。第一编为不可移动类物质文化遗产，分建筑类、遗址类、民居类、石刻类，有大云寺、会仙观、福源院、离相寺、护国显济王庙，以及石勒寨遗址、南神山遗址、北良侯遗址，泉之头村民居群、石板村民居村，良侯店北魏石窟、关家垴烈士碑，等等，包括从国家至县级文保单位，共 200 余处。第二编为可移动类物质文化遗产，包括馆藏历史文物，有商代绳纹鬲、汉跪俑等，以及馆藏革命文物，有八路军总部用过的油灯、《民族革命读本》、武乡民兵制作的地雷、抗大学员学习用的《华北文化》，等等，共 60 余件。这些文化遗产，是武乡文化的集中表现，是武乡人民历史创造和文化传承的鲜活记录，具有重要的研究价值和现实教育意义。

目　录

概　述

武乡，这片土地上有着亿万年的生命蝶变与绵延，有着数千年的人类文明传承。武乡作为远古生命和人类繁衍地之一，蕴藏了多姿多彩的文明密码，地表遍布着石窟寺、古民居、古寺庙、古宫观、古城址，地下潜藏着古遗址、古墓葬。

武乡现存最早遗址有楼则峪、石北、张村一带的属三迭纪（始于约2300万年以前）二马营组中国肯氏兽类动物群化石（楼则峪遗址为省级古脊椎动物化石保护单位）。石门村出土过距今7800年前新时期时期的石擀杖、石磨盘，东村出土过折沿陶罐，祁村、上型塘出土过石斧、石铲等，都是具有典型性的石器工具。

武乡在西周时期，习称皋狼之地。从西周至汉，武乡从西至东分布着南关、故城、邵渠、东良、高仁、涌泉、祁村、长尉、东村、韩庄、监漳、李峪、墨镫等数十处人类生活遗址。这些遗址上出土过贝币、青铜铲币、泥质绳纹陶片、板瓦残片、陶罐残片等，充分见证了武乡在当时的高度文明程度。

两晋时期,武乡诞生了中国历史上第一位从奴隶到皇帝的后赵皇帝石勒。东晋高僧佛图澄曾在南神山讲经布道，后来做了石勒的军师。

南北朝时期，武乡留下了大量的石窟寺、古建筑。北良侯石佛、良侯店石窟、石仁底石窟、石佛沟石窟、故县大佛等都是这一时期武乡大地上的典型代表。

辽、金时期，佛教继续发展，大胆创新，寺庙遍布乡野，书写着木构建筑的传奇。至元代，道教兴起，道家宫观建筑逐渐增多。国保建筑群大云寺、洪济院、福源院、会仙观、真如寺等就是这一时期古建筑的典型代表。

明、清期间，武乡文化遗存更加丰富多彩。见于旧县志上的武乡古县城，以及如诗如画的“古十景”令人神往；明、清古建筑代表有玉贞观、下合娲皇庙、涌泉圣母庙、千佛塔等；古民居有石盘陈氏民居群、大良古民居群、陈村古民居、上北漳古民居群等（上北漳古民居在抗战时期曾为中共中央北方局党校驻地）；石刻有南神山始祖崖摩崖石刻、南神山院内石刻群、离相寺石刻、会仙观石刻、大云寺石刻、烂柯山石刻、崇城山石刻，等等。

1933 年 8 月，中共武乡县委建立，在全县分东、中、西三个中心支部，开展党的活动，领导群众进行“五抗”运动，革命的火光照到了这个太行腹地小县。

1937 年 7 月 7 日，卢沟桥事变爆发后，开启了国共合作全面抗战。1939 年 7 月，八路军总部进驻砖壁村，后移驻王家峪，历时 536 天，在武乡指挥八路军进行抗战，“长乐战斗”“关家垴战斗”“百团大战”都是发生在武乡的鲜活战例。这一时期的武乡人民积极支援抗战，14 万人的小县就有 1.4 万余人参加了八路军，9 万多人参与各种抗战组织，支援军粮 4 亿余斤，做军鞋 49 万余双，用鲜血和汗水筑就了坚实的抗战堡垒。

1951 年春，国家以长治地区为试点办 10 个初级农业生产合作社，武乡县就有 4 个，分别是大有枣烟、韩北窑上沟、监漳东社及西社。赵树理为调研农业生产合作社实际运转情况，来到了监漳村长期蹲点，他以监漳三里湾人民生产生活为背景，创作完成了我国第一部描写农业合作化的著名长篇小说《三里湾》。

思绪行走于表里山河之间，感受着千年武乡的历史文化，浩浩荡荡，如丝如缕，这些承载着武乡历史厚重内涵的瑰宝一定会在此次《武乡文化集成》的整编中闻名遐迩，大放异彩。

第一编　不可移动类物质文化遗产

一、建筑类

八路军总部旧址百团大战纪念馆

八路军总司令部砖壁旧址位于武乡县蟠龙镇砖壁村。1939 年 7 月至 1945 年 5 月，八路军总司令部曾四次进驻该村。1940 年 6 月彭德怀副总司令和左权副总参谋长在此指挥了震惊中外的“百团大战”。旧址所处原为村内的玉皇庙，三进院落，沿中轴线依次为戏台、乐楼过殿、玉皇殿。庙宇建

八路军总部砖壁旧址纪念馆

筑群为上党地区典型布局，结构严整，规模宏大，坐北朝南，东西宽 60.5 米、南北长 27 米，占地面积 1633.5 平方米。现设有朱德、彭德怀、左权旧居及参谋处、会议室、北方局高级干部会议会址等 7 个展厅，分 10 个专题陈列，展出历史照片 300 余幅、文物 300 多件。1961 年被公布为第一批全国重点文物保护单位。

纪念馆外观

纪念馆鸟瞰

纪念馆内部

大云寺正殿

大云寺

大云寺位于武乡县故城镇故城村，寺院坐北朝南，一进院落布局，东西宽 26 米、南北长 28 米，占地面积 728 平方米。大云寺创建年代不详，据寺内碑文记载，该寺曾为东汉涅氏县治所，初名为俨静寺，北宋治平元年（1064）改称今名，金大定年间（1161—1189）重修大雄宝殿，元、明、清时期均有修葺。中轴线上现存大雄宝殿为金代遗构，南殿、角殿及东、西配殿为明代遗构，其余为清代建筑。大雄宝殿建于高 1.4 米石砌台基之上，面阔五间，进深六椽，四椽栿对前后劄牵通檐用四柱，单檐悬山顶，斗栱五铺作单抄单下昂，前檐明间、两次间均设板门。寺内现存重修碣数通。该寺集金、明、清代建筑于一体，保存完好。2001 年被公布为第五批全国重点文物保护单位。

大云寺正殿局部

大云寺正殿五铺作斗栱

大云寺正殿东耳房

大云寺正殿西耳房

大云寺东配殿石刻碑首

大云寺南殿

洪济院

洪济院正殿鸱吻

洪济院位于武乡县故城镇东良村，院落坐北朝南，东西宽 20 米、南北长 35 米，占地面积 700 平方米。洪济院创建年代不详，明弘治十年（1497）和清雍正七年（1729）、清光绪三十年（1904）均有重修。现存正殿为金代建筑遗构、南殿为清代建筑、老爷殿为民国建筑。中轴线上现存正殿、南殿、老爷殿，两侧建筑无存。正殿建于高 1.6 米石砌台基之上，面阔五间，进深六椽，四椽栿前后剳牵，单檐悬山顶，柱头斗栱五铺作单抄单下昂，明间设有板门，两次间、两梢间设有直棂窗。正殿和南殿东、西山墙上绘有人物壁画，约 120 平方米。庙内现存重修碑 1 通、千佛塔 1 座。该庙是武乡县保存较好的一座金、清、民国寺庙建筑，2001 年被公布为第五批全国重点文物保护单位。

洪济院正殿

洪济院南殿

洪济院北魏千佛塔

洪济院众神庙

洪济院南殿壁画

洪济院老爷庙

洪济院戏台

洪济院正殿斗栱

会仙观

会仙观位于武乡县监漳镇监漳村，院落坐北向南，东西宽 31.8 米，南北长 65.6 米，占地面积约 2086 平方米。会仙观创建年代不详。据观内碑文记载，明正德七年（1512）和明嘉靖七年（1528）两次重修，现存三清殿为金代遗构、玉皇殿为元代建筑，其余为明、清建筑。中轴线有戏台、关公殿、玉皇殿、三清殿，两侧为钟楼、鼓楼、厢房、廊庑、耳殿。三清殿面阔五间，进深六椽，单檐歇山顶，木柱柱头斗栱为五铺作单抄单下昂，无补间铺作，是武乡县保存较好的一座金、元、清、民国寺庙建筑，2001 年被公布为第五批全国重点文物保护单位。

会仙观梁架

会仙观玉皇殿梁架、彩绘

会仙观三清殿

会仙观玉皇殿

斗栱、挑檐

会仙观玉皇殿斗栱

会仙观三清殿移柱廊檐

会仙观玉皇殿飞檐

真如寺

真如寺位于武乡县韩北镇土河村，院落坐北朝南，一进院落布局，东西宽 16.2 米、南北长 27 米，占地面积 437.4 平方米。据庙内碑文记载，创建于元至治三年（1323），明嘉靖十三年（1534）、清乾隆三年（1738）均有重修。现存正殿为元代遗构，其余建筑为清代遗构。中轴线建有南殿、正殿，

真如寺鸟瞰

两侧建筑无存。正殿建于高1米石砌台基之上，面阔五间，进深六椽，四椽栿后剳牵，单檐悬山顶，灰板瓦屋面，柱头斗栱五铺作双下昂，补间不设斗栱，明间、次间设有隔扇门，梢间设有直棂窗。院内存古松3株。真如寺是一座典型的元代建筑，2013年被公布为第七批全国重点文物保护单位。

真如寺院内正面图

真如寺正殿

真如寺正殿斗栱

真如寺正殿斗栱、隔扇

真如寺东配殿

真如寺西配殿

真如寺南殿

真如寺正殿山墙

福源院

福源院石佛（北良侯石佛）

福源院位于武乡县故城镇北良侯村，院落坐北朝南，一进院落布局，东西宽 23.2 米、南北长 22.7 米，占地面积 526.64 平方米。福源院创建年代不详，据庙内碑文记载，清雍正三年（1725）重修，现存正楼为明代建筑。中轴线上为主楼，两侧分布有东、西配殿。主楼建于高 1 米石砌台基之上，面宽三间，进深四椽，五架梁构架，单檐悬山顶，一层架设有楼板；二层为五架梁；柱头科、平升科均设有斗栱，共七攒，均为三踩单昂，二层前檐设有四扇六抹隔扇门及四扇灯笼窗。该庙是武乡县保存较好的一座明代寺庙建筑，2007 年被公布为市级文物保护单位，2016 年被山西省人民政府公布为省级重点文物保护单位。2019 被年公布为第八批全国重点文物保护单位。

福源院院内

福源院东配殿

福源院正殿

福源院石佛庙

福源院西配殿

玉贞观

玉贞观斗栱

玉贞观位于武乡县城人民广场西侧。创建年代不详，据碑记载（原碑已失），清康熙十六年（1677）重修。原为一进院落布局，现为二进院。院落坐北朝南，东西宽22.3米，南北长48.2米，占地面积1074.86平方米。一进院中轴线现存山门、正殿，为清代遗构，正殿东、西耳房及山门两侧二楼均为复建。二进院为新建院落，分后殿与东、西厢房。后殿为二层单檐硬山顶，东、西厢房为单檐卷棚硬山顶；二进院落建筑均为砖混结构，石质台明。正殿面阔三间，砖木结构，单檐悬山顶，顶饰琉璃，砖砌台基，柱头斗栱五踩单抄单昂。2016年，玉贞观被公布为第五批省级文物保护单位。

玉贞观外观

玉贞观外部

监漳应感庙

监漳应感庙位于武乡县监漳镇监漳村。该庙坐北朝南，东西宽 25.4 米、南北长 25.9 米，占地面积 657.86 平方米。创建年代不详，据庙内碑文记载，清嘉庆七年（1802）重修。现存正殿为金代遗构，余皆为明代建筑。一进院落布局，中轴线上有山门、正殿，两侧为东、西妆楼。正殿建于高 1 米石砌台基之上，面宽五间，进深六椽，单檐硬山顶，四椽栿对前乳栿用三柱，前廊式构架，柱头科斗栱，四铺作单抄，补间斗栱一朵。2016 年，监漳应感庙被公布为第五批省级文物保护单位。

应感庙远眺

应感庙山门

应感庙正殿

应感庙正殿斗栱

应感庙梁架

应感庙东配殿

应感庙戏台

应感庙西配殿

应感庙西角楼

应感庙仁泽侯碑

中共中央北方局妇委会石圪垤旧址

中共中央北方局妇委会石圪垤旧址位于武乡县韩北镇石圪垤村。1939年，中央妇委下达了“重视妇女工作，培养根据地妇女干部”的重要指示，中共中央北方局妇委决定在石圪垤村开设妇女干部训练班。中共中央北方局妇女干部训练班教室旧址设在村内“时飨殿”。“时飨殿”院为一进院落。正殿筑于石砌台基之上，三开间，进深四椽，单檐悬山顶，正脊饰以精美雕花，屋脊之上有鸱吻、宝瓶。东、西厢房为单檐硬山顶，进深开间不等。现存为单檐硬山顶倒座戏台，下方开拱券门洞。东侧辟石阶大门。1940年，在石圪垤村举办了两期妇女干部训练班（简称妇训班）。这两期妇训班对培养妇女干部，组织妇女抗战，开辟和创建太行抗日根据地，都发挥了积极作用。2021年，中共中央北方局妇委会石圪垤旧址被公布为第六批省级文物保护单位。

“时飨殿”南殿外景

“时飨殿”院景

广福院

广福院位于武乡县分水岭乡会同村，院落坐北朝南，一进院落布局，东西宽 17.6 米、南北长 29.4 米，占地面积 517.44 平方米。创建年代不详，现存为明代遗构。该院建于一高丘之上，现存正殿，南殿为遗址。正殿建于高 1.35 米石砌台基之上，面阔五间，进深五椽，六檩前廊式构架，布灰筒板瓦覆顶，檐部斗栱三踩单翘出龙形耍头。前廊有碑一通。2007 年被公布为市级文物保护单位。

广福院大殿

广福院大殿正面

广福院大殿斗栱

广福院西山墙

广福院大殿柱础

广福院《敕黄记》碑

千佛塔

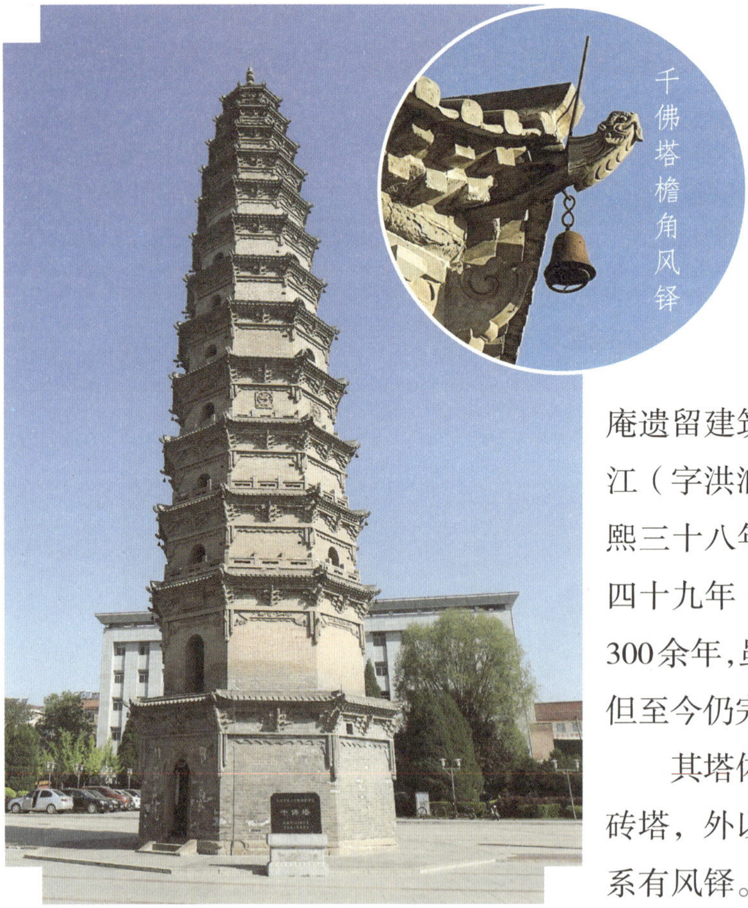

千佛塔

千佛塔檐角风铎

千佛塔位于武乡县丰州镇城关村宝塔街中。千佛塔坐北朝南，塔基平面呈八角形，底径15米，通高约40米。据旧县志记载，为原净业庵遗留建筑，由清初名和尚阎福江（字洪润）主持修建。自清康熙三十八年（1699）始，至康熙四十九年（1710）建成，距今已300余年，虽屡受地震、雷击影响，但至今仍完好无损。

其塔体为八角十三层楼阁式砖塔，外以围檐作界，挑角上均系有风铎。塔内中空，设有楼梯通往顶层。一层塔室内有清代佛

千佛塔一层砖雕斗栱、二龙戏珠图及垂柱

千佛塔“花开见佛”砖雕匾额

千佛塔精美的龙形砖雕

教壁画 6 平方米。各层塔身均由条砖砌筑，壁面上雕刻有龙、凤、鱼等飞禽走兽，以及牡丹、梅花等卷草纹吉祥图案砖雕。每层均砌有砖券门洞，各层檐下有砖雕斗栱、额枋、垂莲柱。五层以下斗栱五踩重翘，六层以上三踩单翘，均为异形拱。塔刹由数层宝珠垒叠而成，塔顶各角有铁链与塔刹攀固。塔的底层外部，北有“清康熙四十九年建”字样。第二级的南门上方有“花开见佛”的砖雕横匾。塔的顶端置有金属、琉璃混合而成的插花朵叠的皇冠形顶戴，顶戴高约 2 米，和整个建筑浑然一体。

1945 年 8 月 25 日，解放段村时，日寇以千佛塔为工事负隅顽抗。我太行第三军分区鲁瑞林司令员为保护这处古迹，命令所部严禁炮轰古塔，八路军将士以鲜血和生命，将千佛塔完整无损地保存下来。1999 年被公布为长治市文物保护单位。

娲皇圣母庙

娲皇圣母庙位于武乡县韩北镇下合村北约100米处，该庙坐北朝南，东西宽23米、南北长84米，占地面积1932平方米。据庙内碑文记载，创建于明崇祯三年（1630），清康熙三十五年（1696）、清乾隆二十年至二十六年（1755—1761）均有重修，现存万善桥为明代建筑，其余皆为清代重建。二进院落布局，中轴线上自南而北依次为戏台、万善桥、正殿，两侧有厢房、耳殿。正殿面宽三间，进深六椽，单檐硬山顶，七檩前廊式构架，檐下斗栱一斗二升，灰布筒板瓦屋面，琉璃剪边，明、次间装修隔扇门窗。庙内现存重修碑3通。该庙是武乡县保存较好的一座明代建筑。2007年被公布为市级文物保护单位。

娲皇圣母庙鸟瞰

娲皇圣母庙

涌泉圣母庙

圣母庙位于武乡县涌泉乡涌泉村，该庙坐北朝南，二进院落布局，占地面积921.76平方米，中轴线上由南向北依次为大门（大门两侧分置钟、鼓楼）、过殿及正殿。二进院两侧为东、西廊房。该庙建造年代不详，现存主体为明、清建筑。1999年被公布为市级文物保护单位。

圣母庙山门

圣母庙正殿

圣母庙正殿梁架、彩绘

圣母庙西配殿

圣母庙南殿

圣母庙庙门内

永宁寺

永宁寺位于武乡县故城镇岸北村，该寺坐北朝南，二进院落布局，东西长 22.3 米、南北宽 55.7 米，占地面积 1242.11 平方米。据庙内清康熙四十二年（1703）石碣记载，创建于金大定十二年（1172），清顺治八年（1651）重修。现存后殿为金代遗构，其余建筑为清代遗构。中轴线上依次有山门、拜殿、过殿、后殿；两侧有东厢房，东、西耳殿。后殿建于高 1.05 米石砌台基之上，面宽三间，进深六椽，四椽栿前乳栿通檐用三柱，单檐悬山顶，柱头斗栱四铺作单抄。永宁寺正殿是武乡县保存较好的一座古代建筑，2007 年被公布为市级文物保护单位。

永宁寺正殿及东、西耳殿

永宁寺正殿屋脊

永宁寺正殿脊檩题记

永宁寺正殿西墙捐地碣

永宁寺献殿卷棚顶梁架

永宁寺西耳殿

永宁寺南殿正脊鸱吻

离相寺

离相寺遗址位于武乡县韩北乡窑上沟村小西岭自然村。该庙坐北朝南，南北长约 60 米、东西宽约 35 米，分布面积约 2100 平方米。原基址上已经全部重新修建。现存石碑 9 通、碣 1 方。该遗址属于清代遗存。据碑文记载，创建于南宋景定二年（1261），历代均有修葺。20 世纪 40 年代毁。寺院布局不详，遗存有清代灰板瓦、砖和柱础等。1980 年被公布为县级文物保护单位。

离相寺大殿脊兽

离相寺山门

离相寺山门

离相寺一角

重建后的离相寺全景

离相寺舍利塔

离相寺大雄宝殿

圪老湾戏台

圪老湾戏台位于武乡县上司乡铺上村圪老湾自然村。戏台坐北朝南，东西宽 7.8 米、南北长 10 米，占地面积 78 平方米。创建年代不详，据梁架题记，1955 年重修，现仅存戏台，为清代遗构。戏台面宽三间，进深六椽，单檐硬山顶，七檩构架，柱头科一斗二升，戏台后墙开有两扇小门。2016 年被公布为县级文物保护单位。

圪老湾戏台

南庄文昌阁

文昌阁位于监漳镇西川村南庄自然村。据所嵌石碣记载，创建于清嘉庆十三年（1808），现存为清代遗构。该阁通高约10米，为四角三层密檐式砖塔，每层塔内为空心，一层南侧辟拱形门，二、三层南侧辟拱形窗。二、三层拱券窗额上分别刻有“斗牛”“云霄”字样。2016年被公布为县级文物保护单位。

南庄文昌阁

北社护国显济王庙

护国显济王庙位于武乡县监漳镇北社村，又名西神庙。该庙坐北朝南，一进院落布局，东西宽 16 米、南北长 20.6 米，占地面积 329.6 平方米。据庙内碑文记载，创建于清道光二十年（1840），清雍正五年（1727）和清道光二十三年（1843）均有重修，现存建筑为清代遗构。现存正殿及东、西厢房。正殿建于高 1.3 米砖砌台基之上，面宽三间，进深五椽，六檩前廊式构架，单檐悬山顶，屋面琉璃剪边，柱头科三踩单，2016 年被公布为县级文物保护单位。

北社护国显济王庙

东堡观音阁

东堡观音阁

东堡观音阁顶部

观音阁位于武乡县韩北乡东堡村，该阁坐西朝东，呈正方形，边长4.6米，占地面积21.16平方米。创建年代不详，据庙内碑文记载，清乾隆十六年（1751）重修，现存建筑为清代遗构。该阁有两部分组成，一层为石券过洞，洞高2米，通长1.5米；二层为观音阁亭，面宽一间，进深四椽，五檩，单檐歇山顶，灰板瓦屋面，四面设有斗栱，三踩单下昂，柱间设阑额、雀替装修。另存碑1通、碣1方。2016年被公布为县级文物保护单位。

西堡进士牌楼

进士牌楼

进士牌楼位于武乡县韩北乡西堡村，牌楼坐北朝南，东西宽 6.6 米、南北长 2 米，占地面积 13.2 平方米。该门楼创建年代不详，砖体结构，分为明楼、次楼，单檐硬山顶，檐下设仿木砖雕椽飞、仿木砖雕斗栱，斗栱八踩重翘。明楼下设有拱形门，宽 4 米，进深 2.1 米。门上雕有龙、祥云，以及各种花卉等图案装饰，北侧门洞上刻有“安贞吉”字样。2016 年被公布为县级文物保护单位。

进士牌楼砖砌仿木斗拱

进士牌楼背面砖雕

大良众神庙

大良众神庙位于武乡县涌泉乡大良村。该庙坐北向南，东西宽 15.5 米、南北长 16.1 米，占地面积 249.55 平方米。据庙内梁架题记载，该庙创建于清雍正元年（1723），清乾隆四十八年（1783）重修，现存为清代遗构。中轴线上仅存正殿，两侧遗有东、西厢房。正殿建于石砌台基之上，面宽三间，进深六椽，七檩前廊式构架，单檐悬山顶，灰板瓦屋面，前檐柱头科、平升科斗栱三踩单翘。2016 年被公布为县级文物保护单位。

大良众神庙

蚂蚁辿三官阁

三官阁位于涌泉乡蚂蚁辿村，该阁坐南朝北，东西宽 8.62 米、南北长 9.9 米，占地面积 85.338 平方米。创建年代不详，现存为清代遗构。该阁由两部分组成，下为拱券台座，上建阁。阁面宽三间，进深六椽，七檩前出廊，单檐悬山顶，灰板瓦屋面，装修已改，墙体均为土筑，南墙上有两个砖券圆形窗户。2016 年被公布为县级文物保护单位。

蚂蚁辿三官阁

马牧老爷庙

老爷庙位于丰州镇马牧村，该庙坐南朝北，东西长 7 米、南北宽 6.2 米，占地面积为 43.4 平方米。据碑文记载，创建于清嘉庆年间，现仅存正殿为清代遗构。正殿位于 2.5 米高的砖砌台基之上，面阔三间，进深七椽，梁架结构为七檩前后廊，单檐悬山顶，灰瓦屋面。庙内现存碑 1 通。2016 年被公布为县级文物保护单位。

马牧老爷庙重修碑记

马牧老爷庙

吉祥寺

吉祥寺位于武乡县故城镇陈村，该寺坐北朝南，一进院落布局，东西宽 28.4 米、南北长 36.3 米，占地面积 1030.92 平方米。创建年代不详，现存建筑为清代遗构。中轴线上现存南殿、正殿，两侧遗存东、西配殿；院门设在南殿梢间。正殿石砌台基，面宽五间，进深六椽，七檩前廊式构架，单檐悬山顶；柱头科、平身科均设有斗栱，共 11 攒，均为三踩单昂；东、西配殿前檐均有彩绘；正殿东、西内壁现存壁画约 12 平方米，内容为“樵夫引路”等民俗图画。2016 年被公布为县级文物保护单位。

吉祥寺南殿鸱吻

陈村吉祥寺正殿壁画

陈村吉祥寺外貌

陈村吉祥寺山门

陈村吉祥寺正殿

吉祥寺正殿柱头雀替

吉祥寺正殿斗栱

陈村吉祥寺东殿

松庄凌烟阁

凌烟阁位于武乡县丰州镇松庄村，凌烟阁坐北朝南，东西宽 8.4 米、南北长 5.7 米，占地面积 47.88 平方米。创建年代不详，现存建筑为清代遗构。阁由两部分组成，底部为石券拱洞，上面建正殿一座。正殿面阔三间，进深四椽，单檐硬山顶，柱头上无斗栱。2016 年被公布为县级文物保护单位。

松庄凌烟阁外貌

松庄凌烟阁正面

松庄凌烟阁碑记

胡庄关帝庙正殿

胡庄关帝庙

关帝庙（福慧寺）位于武乡县分水岭乡胡庄村。关帝庙坐北朝南，东西宽 23 米、南北长 31.1 米，占地面积 715.3 平方米。据庙内碑文记载，创建于明嘉靖二十四年（1545），清乾隆四十六年（1781）和清咸丰元年（1851）均有重修，现存建筑为清代遗构，分为两座院落，东院现存正殿三间；西院现存戏台，正殿，东、西配殿。西院正殿石砌台基，面宽三间，进深四椽，五檩前廊式构架，单檐悬山顶，柱头科斗栱三踩单昂，明间板门装修，次间设直棂窗。正殿西墙上残存壁画约 10 平方米。院内存捐资碑、重修碑各 1 通，重修碣 1 方。

胡庄关帝庙奶奶庙

重修福慧寺碑记

胡庄关帝庙东配殿壁画

胡庄关帝庙梁架

岩庄文昌阁

文昌阁位于武乡县分水岭乡岩庄村，该阁坐西朝东，东西宽 4.6 米、南北长 4.5 米，占地面积 20.7 平方米。创建年代不详，现存建筑为清代遗构。该阁由两部分组成，一层为石券过洞，洞高 2 米，通长 4.5 米；二层为文昌阁。

岩庄文昌阁

南关观音庙

观音庙位于武乡县分水岭乡南关村。观音庙坐北朝南，东西宽6米、南北长5.4米，占地面积32.4平方米。创建年代不详，现存观音庙为清代遗构。该庙由两部分组成：一层为石券过洞，洞高2米，通长5.4米；二层为观音庙，面宽三间，进深四椽，五檩前廊式构架，单檐悬山顶，灰板瓦屋面，装修已改。

南关观音庙

内义戏台

戏台位于武乡县分水岭乡内义村。戏台坐南朝北，东西宽 7.6 米、南北长 6 米，占地面积 45.6 平方米。创建年代不详，现存戏台为清代遗构。戏台由两部分组成：下为石砌台基，台基右侧辟有一石券流水洞，高 0.8 米，长 6 米；上面建戏台，面宽三间，进深四椽，五檩构架，单檐悬山顶，柱头科、平身科均设有斗栱，共 7 攒，均为一斗二升，戏台内设有屏风并有彩绘。

内义戏台

戏台梁架木刻门槛

石盘关帝阁

关帝阁位于武乡县分水岭乡石盘村东北方，该阁坐东朝西，单体建筑，创建年代不详，现存建筑为清代遗构。该阁由两部分组成，一层为石券过洞，二层为关帝阁，面阔三间，进深四椽。2019 年，县政府对此阁进行了维修保护。

石盘关帝阁

茅庄佛爷庙

佛爷庙位于长治市武乡县故城镇茅庄村，该庙坐北朝南，东西宽22.8米、南北长27米，占地面积615.6平方米。创建年代不详，现存为清代遗构。一进院落布局，中轴线上现存戏台、正殿，两侧有东、西耳殿，东、西厢房。正殿建于高1米的石砌台基之上，面宽五间，进深四椽，单檐歇山顶，五檩前廊式构架。柱头科一斗二升，明间设有板门。该庙为研究武乡县的寺庙建筑提供了实物资料。

茅庄佛爷庙全景

邵渠众神庙

众神庙武乡县故城镇邵渠村，该庙坐北朝南，一进院落布局，东西宽15米、南北长43.2米，占地面积648平方米。据庙内碑文记载，创建于清光绪十年（1884），现存建筑为清代遗构。中轴线上由南向北依次为观音殿、正殿，两侧为东、西耳殿，西配殿。正殿石砌台基，面宽三间，进深五椽，六檩前廊式构架，单檐悬山顶，柱头科、平身科均设有斗栱，共7攒，均为三踩单下昂，前墙重砌，装修已改。庙内存清代碑2通。山门由两部分组成，一层为石券台基，二层为戏台。

邵渠众神庙

温康文昌庙

文昌庙位于武乡县故城镇温康村，该庙坐东朝西，东西宽 3.6 米、南北长 3.8 米，占地面积 13.68 平方米。创建年代不详，据庙内碑文记载，清光绪二十九年（1903）重修，现存建筑为清代遗构。文昌庙建于石砌台基之上，面宽一间，进深四椽，五檩前廊式，单檐悬山顶，灰板瓦屋面，装修已改，前廊柱间设雀替。庙内存重修碣 1 方。

文昌庙柱础

文昌庙外部

故城关帝庙

关帝庙位于武乡县故城镇故城村，该庙坐北朝南，东西宽 10 米、南北长 15 米，占地面积 150 平方米。据庙内碑文记载，创建于明万历六年（1578），清道光二十八年（1848）、清光绪二十一年（1895）和民国十四年（1925）均有重修。现存正殿为明代遗构。正殿面宽三间，进深六椽，七檩前廊式构架，单檐悬山顶，檐下共设斗栱 7 攒，均为五踩单昂单翘，隔扇门窗装修。庙内存重修碑 4 通。

故城关帝庙全景

岸北戏台

戏台位于武乡县故城镇岸北村，戏台坐西朝东，东西宽9.2米、南北长6.4米，占地面积58.88平方米，创建年代不详，现存建筑为清代遗构。戏台由两部分组成，下为石砌台基，中设通道；上建戏台面宽三间，进深四椽，架梁为五檩，单檐悬山顶，木制隔扇门窗装修、后墙开有隔扇窗。

岸北戏台

山交佛爷庙

佛爷庙位于武乡县故城镇山交村，该庙坐北朝南，东西宽 10 米、南北长 37 米，占地面积 370 平方米。创建年代不详，现存建筑为清代遗构。一进院落布局，中轴线上依次为戏台、奶奶殿、佛爷殿，两侧建筑无存。佛爷殿面宽三间，进深五椽，单檐悬山顶，六檩前廊式构架，柱头科斗栱一斗二升，灰瓦屋面。戏台由两部分组成，一层为石砌台基，二层为戏台。正殿后山墙残存壁画约 10 平方米。

山交佛爷庙

山交佛爷庙正殿壁画

山交佛爷庙正殿梁架

北涅水关帝庙壁画

北涅水关帝庙梁架

北涅水关帝庙

关帝庙位于武乡县故城镇北涅水村。关帝庙坐北朝南，一进院落布局，东西宽 21.7 米、南北长 32.8 米，占地面积 711.76 平方米。据庙内碑文记载，创建于明天启二年（1622），清嘉庆六年（1801）重修，现存为明代遗构。中轴线上由南向北依次为大门及正殿，两侧分布为东、西耳殿。正殿面宽三间，进深四椽，五檩，单檐悬山顶，柱头科和平身科均设有斗栱，共 7 攒，均为五踩单翘单昂，装修已改。庙内现存创建和重修庙碑各 1 通。该庙为研究武乡县的寺庙建筑提供了实物资料。

五科兴隆庵

兴隆庵位于武乡县故城镇五科村，又名尼庵，该庵坐北朝南，一进院落布局，院墙已不存，东西宽 14.5 米、南北长 5 米，占地面积 72.5 平方米。该庙创建年代不详，据庙内碑文记载，清嘉庆十四年（1809）和清道光十四年（1834）均有重修，现存建筑为清代遗构。中轴线上由南向北仅存正殿，两侧分布为东、西耳殿。正殿石砌台基，面宽三间，进深四椽，五檩前廊式构架，单檐悬山顶，柱头科、平身科均设有斗栱，共七攒，均为一斗二升，装修已改，廊内遗存重修碑 2 通。

五科兴隆庵

东良文昌阁

文昌阁位于武乡县故城镇东良村，该阁坐北朝南，东西宽 6 米、南北长 5.2 米，占地面积 31.2 平方米。据庙内碑文记载，创建于清嘉庆九年（1804），清同治三年（1864）重修，现存为清代遗构。该阁由两部分组成：一层为石券过洞，洞高 2 米，通长 2.5 米；二层为文昌阁，面宽三间，进深四椽，五檩前廊式构架，单檐悬山顶，柱头科三踩单翘，明间木制隔扇门、次间孔型格子窗，前廊间设雀替。殿内存塑像 1 尊，创建碑、重修碑各 1 通。

东良文昌阁重修碑记

北良侯戏台

侯戏台位于武乡县故城镇北良侯村，是村内关帝庙（现已不存）附属建筑。戏台坐西朝东，东西宽 8.8 米、南北长 8.3 米，占地面积 73.04 平方米。据梁架题记记载，创建于明崇祯七年（1634），清嘉庆十一年（1806）和清同治十三年（1874）均有重修。现仅存戏台，为清代遗构。戏台由两部分组成，下为石砌台基；上建戏台，面宽三间，进深五椽，六檩构架，单檐卷棚顶，柱头坐斗出麻叶耍头，戏台内设有屏风并有彩绘，墙壁及屏风上多有清代到近现代题记。

北良侯戏台

高台寺村建佛寺

建佛寺位于武乡县故城镇高台寺村，该寺坐东朝西，南北长 33.55 米、东西宽 32.56 米，占地面积 1092.388 平方米，现存文物建筑 6 座，均为清代遗构，分别为大雄宝殿、耳殿、东殿、中殿、前殿、大门，建筑面积 207.61 平方米。建佛寺曾是武西民兵游击队活动中心。武西是游击县，武西县委、县政府机关经常流动。该机构曾数次驻扎在高台寺村的建佛寺，并在这里决定处决大汉奸杨明德。

高台寺村建佛寺

石北清凉寺

清凉寺位于武乡县石北乡石北村，该寺坐北朝南，一进院落布局，东西宽 35 米、南北长 16.8 米，占地面积 588 平方米，创建年代不详。据正殿梁架题记记载，清康熙四十二年（1703）重修，现存建筑为清代遗构。中轴线上由南向北依次为山门、正殿，两侧遗有东厢房。正殿建于石砌台基之上，面宽五间，进深六椽，七檩前廊式构架，单檐悬山顶，灰板瓦屋面，前檐设斗栱均为一斗二升，装修毁坏无存。山门由两部分组成，一层为入庙大门，二层为倒座戏台。

石北清凉寺外景

石北清凉寺院内

寨上玉皇庙

玉皇庙位于武乡县涌泉乡寨上村，该庙坐北朝南，东西宽 9.55 米、南北长 6.55 米，占地面积约 62.55 平方米，创建年代不详。据梁架上题记记载，清康熙三十七年（1698）重修，现仅存清代正殿一栋。正殿建于石砌台基之上，面宽三间，进深五椽，六檩前廊式构架，单檐悬山顶，灰板瓦屋面，檐下斗栱为三踩单昂，明间、补间均设有隔扇窗。

寨上玉皇庙

大良大庙

大良大庙位于武乡县涌泉乡大良村，该庙坐北朝南，一进院落布局，东西长 11.6 米、南北宽 25 米，占地面积 290 平方米。创建年代不详，现存建筑为清代遗构。中轴线上由南向北依次为正殿、南殿，两侧建筑无存。正殿面宽三间，进深四椽，五檩前廊式，单檐悬山顶，灰板瓦屋面，檐下柱头科及平身科，均为一斗二升，装修已改。南殿与正殿形制相同。

大良大庙正殿

松北焚字炉

焚字炉位于武乡县丰州镇松北村，占地面积15平方米。据炉体上碣记载，创建于清光绪二十年（1894）。现存炉平面为六边形，直径4米，通高3.8米。炉台阶砂石砌成；炉体砖石砌筑，正面有炉口2个，上有题字“焚字炉”；炉后有石碣3块，分别记载了焚字炉的建造经过及捐款人姓名。砖雕炉檐，上有砂石宝瓶。

松北焚字炉

暴家峪龙王庙

龙王庙位于武乡县丰州镇暴家峪村东，该庙坐南朝北，东西长 12.1 米、南北宽 31.6 米，占地面积 382.36 平方米。创建年代不详，据碑文记载，清乾隆四十三年（1778）重修，现存建筑为清代遗构。

暴家峪龙王庙

故县村城门

城门位于丰州镇故县村中，城门坐北朝南，东西长12.5米、南北宽8.3米，占地面积103.75平方米。创建年代不详，现存建筑为明代遗构。城门砂石基础，墙体为后人新砌，中辟拱券门，通高4.8米。是武乡县旧县城保存的唯一一个城门。

故县村城门

魏家窑攀龙阁

攀龙阁俗称文昌阁，位于武乡县丰州镇魏家窑村东，该阁坐东朝西，东西宽 9.2 米、南北长 5 米，占地面积 46 平方米，创建年代不详，现存建筑为清代遗构。二层砖木结构，一层砖砌拱券，券洞正面上书“攀龙阁”，后书“卧云台”，上建阁。阁内现存石碑 1 通。

魏家窑攀龙阁

成家沟戏台

戏台位于武乡县丰州镇成家沟村，戏台坐南朝北，单体建筑，东西长8米、南北宽5.5米，占地面积44平方米。创建年代不详，现存戏台为清代遗构。

成家沟戏台

马牧众神庙

众神庙位于武乡县丰州镇马牧村中，该庙坐北朝南，东西长 7 米、南北宽 6.2 米，占地面积 43.4 平方米，创建年代不详，现仅存正殿为清代遗构。正殿建于高 0.5 米的石砌台基之上，面宽三间，进深四椽，五檩前廊式构架，单檐硬山顶，灰瓦屋面，石砌台基上置木柱，无斗栱。

马牧众神庙

大有眺远阁

眺远阁位于武乡县大有乡大有村中，该阁坐南朝北，边长 12 米，占地面积 144 平方米。该眺远阁砖体结构，下为拱券通道，上建瞭望台。据史料记载，当时主要是石勒皇帝在战争年代用来观察敌人军事部署情况的，现眺望阁已毁，仅存拱券和“眺远阁”三个字。开有四通道，均宽 2.6 米，进深 4.7 米。

大有眺远阁台址

中原山佛殿茅庵

佛殿茅庵位于武乡县大有乡中原山，该庵坐北朝南，东西宽 15.4 米、南北长 6.5 米，占地面积 100.1 平方米。据庙内碑文记载，创建于清光绪二十四年（1898），民国三年（1914）重修，现存为清代遗构。现仅存石砌窑洞三孔，窑背上建屋顶，设有前廊，前檐用八柱，灰瓦斜坡顶。另存碑 1 通。

中原山佛殿茅庵

马家沟神亭

神亭位于武乡县上司乡马家沟村口，神亭坐北朝南，东西宽 5.2 米、南北长 6.4 米，占地面积 33.28 平方米，创建年代不详，现存神亭为清代遗构。神亭建于石砌台基上，台基高 1 米，面宽三间，进深五椽，六檩前廊式构架，单檐硬山顶，明间和补间斗栱均为单翘单昂，东墙体开有一小门。

马家沟神亭

郑峪关帝阁

郑峪关帝阁位于武乡县上司乡郑峪村西，该阁坐西朝东，单体建筑，占地面积53平方米。创建年代不详，现存建筑为清代遗构。该阁由两部分组成，一层为石券过洞，洞高2米，通长2.3米，二层为关帝阁。门洞东、西两侧刻有“钟灵”“毓秀”四个字，墙上设有门窗。

郑峪关帝阁

胡家庄奶奶庙

奶奶庙位于武乡县上司乡胡家庄村中，该庙坐北朝南，东西宽7.9米、南北长6.3米，占地面积49.77平方米。奶奶庙创建年代不详，现仅存正殿1栋，为清代遗构。面宽三间，进深五椽，单檐硬山顶，六檩前廊式构架，柱头科一斗二升，明间设有隔扇门，次间设有隔扇窗。

胡家庄奶奶庙斗栱
胡家庄奶奶庙

郭村三官庙

三官庙位于武乡县贾豁乡郭村中，该庙坐北朝南，东西宽 12.7 米、南北长 5.7 米，占地面积 72.39 平方米。该庙的创建和重修年代不详，现存建筑为清代遗构。一进院落布局，现存正殿，东、西耳殿。正殿建于高 1.5 米石砌台基之上，面宽三间，进深五椽，单檐硬山顶，六檩前廊式构架，柱头科、平身科均设有斗栱，均为三踩单昂，明间设有隔扇门，次间为直棂窗。

郭村三官庙

石泉邳神庙

邳神庙位于武乡县贾豁乡石泉村中，该庙坐北朝南，东西宽 10 米、南北长 11 米，占地面积 110 平方米。神庙创建年代不详。据庙内碑文记载，清道光元年（1821）重修，现存建筑为清代遗构。一进院落布局，中轴线上现存大门及正殿，两侧有东厢房。正殿建于高 0.6 米石砌台基之上，面宽三间，进深五椽，单檐硬山顶，六檩前廊式构架，柱头科三踩单昂，明间、补间设有菱形隔扇门。正殿东、西山墙上各有碣 1 方。

石泉邳神庙

柳亭郊三官庙

三官庙位于武乡县贾豁乡石泉村柳亭郊自然村中，该庙坐北朝南，东西宽 7.6 米、南北长 16.9 米，占地面积 128.44 平方米。三官庙的创建和重修年代不详，为清代遗构，一进院落布局。现存山门、正殿，正殿建于高 2.5 米石砌台基之上，面宽三间，进深五椽，单檐硬山顶，六檩前廊式构架，四椽栿对前劄牵，前檐无斗栱，明间设有板门，补间设有窗户。山门由两部分组成，一层为石券通道，洞高 1.5 米，宽 1.2 米，长 5.5 米；二层为戏台。

柳亭郊三官庙

柳亭郊三官庙戏台

李家庄三官庙

三官庙位于李家庄村中，该庙坐北朝南，东西宽 4.8 米、南北长 13.6 米，占地面积65.28平方米，创建年代不详。据庙内碑文记载，清道光十八年（1838）重修，现存建筑为清代遗构。现存正殿，东、西耳殿。正殿建于高 1.5 米石砌台基之上，面宽三间，进深四椽，单檐硬山顶，五檩前廊式构架，前檐无斗栱，明间设有隔扇门，补间设有隔扇窗。庙内现存重修碣 1 方。

李家庄三官庙

宋家庄戏台

戏台位于武乡县贾豁乡宋家庄村中，戏台坐南朝北，单体建筑，东西宽16.75米、南北长6.25米，占地面积约104.68平方米，创建年代不详，现存戏台为清代遗构。戏台面宽三间，进深四椽，五檩，单檐硬山顶，灰色板瓦屋面，斗栱为一斗二升。

宋家庄戏台

宋家庄戏台局部

宋家庄戏台梁架

凤台坪戏台

凤台坪戏台柱础

凤台坪戏台

戏台位于武乡县贾豁乡凤台坪村中。1968年，窑湾人民公社决定在凤台坪村修筑人民剧场。戏台坐南朝北，东西宽23.5米、南北长8.5米，占地面积199.75平方米。现存戏台，东、西化妆间，戏台面宽三间，进深三间，单檐硬山顶，五架梁构，前檐设斗栱。戏台后墙上写有“克己，复礼，就是复辟”的字样，东、西化妆间均设有一个圆形和长方形砖券窗户。

凤台坪三官庙

三官庙位于武乡县贾豁乡丰台坪村，该庙坐北朝南，东西长 10 米，南北宽 5.5 米，占地面积 55 平方米。创建年代不详，现存三官庙为清代遗构。现存正殿，东、西耳殿。正殿建于高 0.7 米石砌台基之上，面宽三间，进深四椽，单檐硬山顶，五檩构架，檐下斗栱均为一斗二升，明间设有板门灯笼窗，次间设有直棂窗。该庙是武乡县保存较好的一座清代三官庙，为研究武乡县的寺庙建筑提供了实物资料。

凤台坪三官庙

禄村真武阁

真武阁位于武乡县监漳镇禄村，该阁坐北朝南，东西宽5.2米、南北长6.2米，占地面积32.24平方米。据庙内碑文记载，创建于清嘉庆二年（1797），清嘉庆二十二年（1817）重修。该阁由两部分组成，一层为拱券通道，洞高2米，通长3米。二层为真武阁，面宽一间，进深四椽，单檐硬山顶，五檩前廊式构架，柱头科无斗栱。殿内残存壁画约10平方米。

禄村真武阁

禄村文昌阁

禄村文昌阁

文昌阁位于武乡县监漳镇禄村村口，该阁坐西朝东，东西长 7.7 米、南北宽 6.3 米，占地面积 48.51 平方米。据庙内碑文记载，创建于清乾隆二年（1737），重修年代不详，现存建筑为清代遗构。该阁由两部分组成，一层为拱券通道，洞高 2 米，通长 7.7 米。二层为文昌阁，面宽五间，进深六椽，单檐歇山顶，七檩前后出廊，柱头科设有斗栱，为龙形耍头，平身科无斗栱。明间、次间设有隔扇门窗。拱券通道前、后额刻有“龙门”“天台”字样。

禄村三官庙

三官庙位于武乡县监漳镇禄村中，该庙坐北朝南，东西长 13.6 米、南北宽 7.4 米，占地面积 100.64 平方米。创建年代不详，现存建筑为清代遗构。现存正殿，东、西耳殿。正殿面宽三间，进深五椽，单檐硬山顶，六檩前廊式构架，柱头科无斗栱，补间斗栱一斗二升，东、西耳殿墙上各设有一个圆形砖券窗户。该庙是当地保存较好的一处清代建筑。

禄村三官庙

监漳文昌阁

文昌阁位于武乡县监漳镇监漳村，该阁坐南朝北，东西宽 5.4 米、南北长 6 米，占地面积 32.4 平方米。创建和重修年代不详，现存为清代遗构。该阁由两部分组成，一层为拱券通道，洞高 2 米，通长 3 米；二层为文昌阁。阁面宽、进深各三间，单檐硬山顶；柱头科设有斗栱，为云形耍头；平身科为龙形耍头，明间、补间设有隔扇窗。

监漳文昌阁

大申良沟二圣阁

二圣阁位于武乡县监漳镇庙岭村大申良沟自然村口。二圣阁坐南朝北，东西长 6.5 米、南北宽 5.3 米，占地面积 34.45 平方米，创建年代不详。据庙内碑文记载，清嘉庆元年（1796）重修，现存建筑为清代遗构。该阁由两部分组成：一层为石券过洞，洞高 2 米，通长 1.5 米；二层为二圣阁，面宽三间，进深五椽，六檩前廊式构架，单檐硬山顶，灰板瓦屋面，柱头科一斗二升，装修已改。

大申良沟二圣阁

吴村文风塔

文风塔位于武乡县监漳镇吴村村东的一处高地上，该塔坐北朝南，边长为1.46米，占地面积约2.13平方米，创建年代不详，现存为清代遗构。塔为砖石结构，塔通高约10米 。六角五层密檐式砖塔，塔内为空心，有楼梯攀登。塔二层外檐有浮雕。底层塔门上刻有“文风塔”字样。塔内存烈士碑1通。

吴村文风塔

吴村文昌阁

文昌阁位于武乡县监漳镇吴村中，该阁坐东朝西，东西长 6.6 米、南北宽 4.5 米，占地面积 29.7 平方米，创建年代不详，现存建筑为清代遗构。该阁由两部分组成：一层为拱券通道，洞高 2 米，通长 3 米；二层为文昌阁，面宽三间，进深二间，单檐硬山顶，柱头科斗栱三踩单昂。

吴村文昌阁

南皋戏台

戏台位于武乡县监漳镇南皋村中。1970 年，为了响应党中央的号召和实现所谓“全国一片红”的形势，南皋人民公社决定修筑戏台。戏台坐北朝南，东西长 25.4 米、南北宽 9.5 米，占地面积 241.3 平方米。现存戏台，东、西化妆间。砖体结构，东、西化妆间各设有一个圆形砖券窗户，分别开有一门与戏台相通。

南皋戏台柱础

南皋戏台

南庄关帝阁

南庄关帝阁

关帝阁位于武乡县监漳镇西川村南庄自然村南100米处，该阁坐北朝南，东西宽7.7米、南北长6.5米，占地面积50.05平方米，创建年代不详。据庙内碑文记载，清嘉庆十九年（1814）和清咸丰九年（1859）重修，现存建筑为清代遗构。该阁由两部分组成：一层为拱券通道，洞高2米，通长3.5米；二层为关帝阁，面宽、进深各三间，单檐悬山顶。阁内南、北山墙存有清代壁画约20平方米。

冯家垴神亭

神亭位于武乡县监漳镇冯家垴村中，神亭坐北朝南，东西宽 9 米、南北长 4.75 米，占地面积 42.75 平方米，创建年代不详，现仅存建筑为清代遗构。神亭面宽三间，进深四椽，五檩前廊式构架，单檐硬山顶，柱头科斗栱一斗二升交耍头，明间设板门，次间装修已毁，阑额下雕龙形雀替。东、西山墙上残存壁画约 10 平方米。

冯家垴神亭

东皋文昌庙

文昌庙位于武乡县监漳镇东皋村东，该庙坐北朝南，东西宽 15 米、南北长 38 米，占地面积 570 平方米，创建年代不详。据庙内碑文记载，清嘉庆二十五年（1820）、清咸丰十年（1860）均有重修，现存正殿为明代建筑，其余为清代建筑。一进院落布局，中轴线上现存戏台、正殿，两侧存东、西耳殿，东、西厢房。正殿面宽三间，进深五椽，单檐悬山顶，六檩前廊式构架，前檐无斗栱。

东皋文昌庙

西垴文昌阁

文昌阁位于武乡县韩北乡下合村西垴自然村东400米处，该阁坐东朝西，边长1.1米，占地面积约1.2平方米。该阁创建年代不详，现存为清代遗构。砖体结构，高8米，为六角三层密檐式砖塔。塔内为空心，塔二层外檐有浮雕。该阁为研究当地传统塔式建筑提供了实物资料。

西垴文昌阁

东枣林三龙庙

三龙庙位于武乡县韩北乡东枣林村口，该庙坐北朝南，单体建筑，东西宽 6 米、南北长 5 米，占地面积 30 平方米。创建年代不详，现存建筑为清代遗构。三龙庙面宽三间，进深四椽，五檩，单檐硬山顶，灰瓦屋面，设有格子窗。

东枣林北反头三龙庙

圪道三官庙

三官庙位于武乡县韩北乡圪道村中。该庙坐北朝南，东西宽 9 米、南北长 5.5 米，占地面积 49.5 平方米，创建年代不详，现存三官庙为清代遗构。现仅存正殿，面宽三间，进深五椽，六檩前廊式构架，单檐硬山顶，灰板瓦屋面，柱头科斗栱一斗二升，装修毁坏无存。

圪道三官庙

北上合三官庙

三官庙位于武乡县韩北乡北上合村，该庙坐东朝西，一进院落布局，东西宽 16.5 米、南北长 16 米，占地面积 264 平方米。创建和重修年代不详。现存建筑为明代遗构。庙的中轴线上现存大门及正殿，两侧有南、北厢房。正殿建于高 0.7 米的石砌台基之上，面宽三间，进深五椽，六檩前廊式构架，单檐硬山顶，装修已改。殿内东、西山墙上残存壁画约 50 平方米。

北上合三官庙正殿

陌峪清泉寺

清泉寺位于武乡县蟠龙镇陌峪村，该寺坐北朝南，一进院落布局，东西宽 10 米、南北长 12 米，占地面积 120 平方米。创建年代不详，据庙内碑文记载，清咸丰五年（1855）重修。现存正殿为清代遗构，其余建筑均为新修。正殿建于高 0.6 米的石砌台基之上，面宽三间，进深六椽，七檩前廊式构架，单檐硬山顶，灰板瓦屋面，柱头科斗栱三踩单昂，装修已改。殿内东、西山墙残存壁画约 20 平方米。该庙是武乡县保存较好的一座清代清泉寺。

陌峪清泉寺

陌峪惜字楼

陌峪惜字楼

惜字楼位于武乡县蟠龙镇陌峪村，该楼坐东朝西，边长1米，占地面积3.6平方米，通高6米。该楼呈六角形建于石砌台基之上，三层塔式建筑，砖石结构；正面有楼口1个，上有题字“惜字楼”，塔顶有砂石宝瓶塔刹。村民近年来在塔顶部的出檐处挂有风铃，以求平安吉祥。

陌峪“惜字楼”牌匾

陌峪关帝庙

关帝庙位于武乡县蟠龙镇陌峪村，该庙坐南朝北，东西长 8 米、南北宽 5.5 米，占地面积 44 平方米，创建年代不详。据庙内碑文记载，清道光十三年（1833）重修。现仅存正殿，为清代遗构。正殿面宽三间，进深五椽，六檩前廊式构架，单檐硬山顶，灰板瓦屋面，装修毁坏无存。

陌峪关帝庙

蟠龙法云寺

法云寺位于武乡县蟠龙镇蟠龙村，该寺坐北朝南，一进院落布局，东西宽 15 米、南北长 30 米，占地面积 450 平方米。创建年代不详。据庙内碑文记载，清乾隆五十四年（1789）、清嘉庆十三年（1808）均有重修，现存建筑为清代遗构。寺内中轴线现存戏台、佛殿，两侧建筑无存。佛殿面宽三间，进深四椽，五檩构架，单檐硬山顶，灰板瓦屋面，柱头斗栱五踩双昂。

蟠龙法云寺

老凹龙王庙

龙王庙位于五香乡县蟠龙镇老凹村，该庙坐北朝南，东西宽 10 米、南北长 11 米，占地面积 110 平方米。据庙内碑文记载，创建于清乾隆四十七年（1782），清光绪十年（1884）重修，现存为清代遗构。现存正殿、东配殿。正殿建于高 0.4 米石砌台基之上，面宽三间，进深四椽，五檩前廊式构架，单檐硬山顶，灰板瓦屋面。庙内现存重修碑、创修碑 2 通。

老凹龙王庙

祥良三官庙

三官庙位于武乡县蟠龙镇祥良村。该庙坐北朝南，一进院落布局，东西宽 16.5 米、南北长 15.6 米，占地面积 257.4 平方米，创建年代不详，现存建筑为清代遗构（现已新建）。现存正殿三间，大门及东、西厢房已损毁。正殿建于高 1 米的石砌台基之上，面宽三间，进深四椽，单檐硬山顶，五檩前廊式，前檐无斗栱。该庙曾作为学校使用。

祥良三官庙

东沟老爷庙

老爷庙位于武乡县蟠龙镇东沟村，该庙坐南朝北，东西宽7米、南北长5.6米，占地面积39.2平方米。据梁架上题记记载，创建于清嘉庆十年（1805），重修年代不详，现存建筑为清代遗构。老爷庙建于高0.6米的石砌台基之上，面宽三间，进深五椽，六檩前廊式构架，单檐硬山顶，灰板瓦屋面，柱头科一斗二升，装修毁坏无存。殿内东、西墙壁上残存壁画约10平方米。

东沟老爷庙

东沟老爷庙梁架

东沟老爷庙山墙砖雕

东庄三圣庙

三圣庙位于武乡县蟠龙镇东庄村，该庙坐北朝南，一进院落布局，东西宽 9 米、南北长 11.5 米，占地面积 103.5 平方米。创建年代不详，现存建筑为清代遗构。庙的中轴线上北存正殿，南有奶奶庙。正殿建在砖砌单孔券窑之上，面宽三间，进深四椽，单檐悬山顶，灰布瓦屋顶，五檩前廊式构架，柱头斗栱为一斗二升出耍头，明间设板门，次间设格子窗。

东庄三圣庙正殿

东庄三圣庙南殿

苏峪沟三官庙

三官庙位于武乡县洪水镇苏峪沟村，该庙坐北朝南，东西宽 9 米、南北长 6 米，占地面积 54 平方米。据庙内碑文记载，清光绪九年（1883）年和民国二十三年（1934）均有重修。现仅存正殿，为清代遗构。正殿面宽三间，进深五椽，单檐硬山顶，六檩前廊式构架，柱头斗栱为一斗二升，殿内存彩绘壁画约 30 平方米，廊墙内壁嵌清代重修碣 2 通。该庙是武乡县保存较好的一座清代三官庙，为研究当地的寺庙建筑提供了实物资料。

苏峪沟三官庙

苏峪沟三官庙壁画

杨李枝三官庙

三官庙位于武乡县洪水镇杨李枝村，该庙坐北朝南，一进院落布局，东西宽 7.2 米、南北长 4.5 米，占地面积 32.4 平方米。庙的创建年代不详，现存建筑为清代遗构。正殿建于高 1 米石砌台基之上，面宽三间，进深四椽，五檩构架，单檐硬山顶。

杨李枝三官庙外貌

杨李枝三官庙

大井戏台

戏台位于武乡县洪水镇大井村中，戏台坐南朝北，东西宽 7 米、南北长 5 米，占地面积 35 平方米。戏台的创建年代及原布局不详，为清代遗构。戏台石砌台基，中辟过道，入口饰有砖砌拱形门；面宽三间，进深六椽，七檩构架，单檐卷棚顶，灰板瓦屋面，平身科设有斗栱，为一斗二升出龙形耍头。

大井戏台

大井戏台外部

南台佛爷庙

南台佛爷庙位于武乡县洪水镇南台村，该庙坐北朝南，东西宽 21 米、南北长 17 米，占地面积 357 平方米。庙的创建年代不详，现存建筑为清代遗构。一进院落布局，中轴线上现存正殿。正殿建于石砌台基之上，面宽七间，进深四椽，单檐硬山顶，五檩式构架，灰板瓦屋面，明间与次间出前廊，明间装修设有隔扇门，其余各间已改。

南台佛爷庙

北反头赵王庙

赵王庙位于武乡县洪水镇北反头村，该庙坐北朝南，一进院落布局，东西宽 17 米、南北长 24 米，占地面积 408 平方米，创建年代不详，现存建筑为清代遗构。庙的中轴线上由南向北依次建有戏台及正殿；两侧遗有东、西配殿，东、西厢房。正殿建于高 1.8 米石砌台基之上，面宽三间，进深五椽，单檐硬山顶，六檩前廊式构架，灰布瓦屋顶，檐下无斗栱。

北反头赵王庙

下广志戏台

戏台位于武乡县洪水镇下广志村，戏台坐西朝东，东西宽 5 米、南北长 7 米，占地面积 35 平方米，创建年代不详，现存戏台为民国遗构。戏台建于石砌台基之上，面宽三间，进深四椽，单檐硬山顶，灰布瓦屋面，五檩式构架。

下广志戏台

上黄岩关帝庙

关帝庙位于武乡县洪水镇上黄岩村中，该庙坐北朝南，一进院落布局，东西宽 17 米、南北长 30 米，占地面积 510 平方米，创建年代不详。据庙内碑文记载，明万历二十六年（1598）、清乾隆二十九年（1764）和清宣统元年（1909）均有重修，现存建筑为清代遗构。庙的中轴线由南向北依次为戏台、龙王殿，两侧有东厢房、关帝殿。关帝殿建于高 1 米石砌台基之上，面宽三间，进深五椽，单檐硬山顶，六檩前出廊式，灰布瓦屋顶，檐下无斗栱，殿内梁架均施有彩画。庙内现存碑数通、碣 1 方。

上黄岩关帝庙

上黄岩关帝庙正殿

上黄岩关帝庙戏台

上广志关帝阁

上广志关帝阁位于武乡县洪水镇上广志村。关帝阁坐北朝南，单体建筑，东西长 8 米、南北宽 5 米，占地面积 40 平方米，创建年代不详，现存建筑为清代遗构。该阁由上、下两部分组成，一层为石券单孔过洞，洞高 2 米，通长 1.5 米。二层为关帝阁，面宽三间，进深五椽，单檐硬山顶，灰布瓦屋顶，六檩前出廊，柱头斗栱为一斗二升。该阁南侧挂有民国“全县第一”匾额。

上广志关帝阁

二、遗址类

苏峪城址

苏峪城址位于武乡县洪水镇苏峪村，属于清代遗存，残存面积约 2500 平方米。城墙原形制为正方形，现仅存残墙一段，夯土结构，长约 500 米，高 15 米，是当地财主为保护自己族人安全而建，城址内原建有 32 座院落，保存较完整的仅剩 5 座。2016 年被公布为县级文物保护单位。

苏峪城址外部

苏峪城址外部

苏峪城址门洞内部

蒲池蓬莱寺遗址

蒲池蓬莱寺遗址位于武乡县涌泉乡蒲池村，遗址坐北朝南，东西长约22.5米，南北宽约35米，分布面积约787.5平方米，建筑布局不详。该遗址属于清代遗存，地表散落有清代建筑构件。现存基址、残碑2通。2016年被公布为县级文物保护单位。

蒲池蓬莱寺全景

蒲池蓬莱寺残碑

蒲池蓬莱寺遗址残存柱础

石塔庄遗址

石塔庄遗址位于武乡县分水岭乡石塔庄村，东西长约 200 米、南北宽约 50 米，分布面积约 1 万平方米，属于一处东周、汉代时期的文化遗存。遗址未被发掘，在地表采集有汉代时期的泥质绳纹筒瓦残片等。遗址为该地区东周、汉代时期的考古文化研究提供了实物资料。

出土文物

石塔庄遗址

南关遗址

南关遗址位于武乡县分水岭乡南关村，东西长约150米、南北宽约60米，分布面积约9000平方米。遗址属于一处汉代时期的文化遗存，未被发掘。在遗址地表采集有汉代时期的泥质灰陶绳纹板瓦、筒瓦残片等。

出土瓦片

南关遗址

内义遗址墙体

出土瓦片

内义遗址

内义遗址位于武乡县分水岭乡内义村，东西长约200米、南北宽约100米，分布面积约2万平方米。遗址属于一处商代、东周、汉代时期的文化遗存，遗址未被发掘。在遗址地表采集有汉代的泥质灰陶绳纹板瓦、筒瓦残片等。遗址为该地区商代、东周、汉代时期的考古文化研究提供了实物资料。

高仁遗址

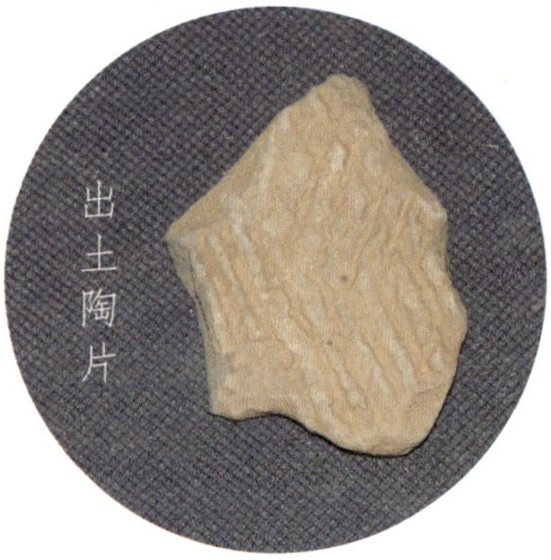

出土陶片

高仁遗址位于武乡县故城镇高仁村，东西长约 350 米、南北宽约 20 米，分布面积约 7000 平方米。遗址属于夏代、东周、汉代时期的文化遗存，遗址未被发掘。在遗址地表采集有东周时期的泥质绳纹陶残片、汉代泥质素面陶罐底部残片等。

高仁遗址

邵渠遗址

出土陶片

邵渠遗址位于武乡县故城镇邵渠村涅水河北岸的台地上，东西长约500米、南北宽约200米，分布面积约10万平方米。遗址属于一处东周、汉代时期的文化遗存，未被发掘。在遗址地表采集有东周时期的泥质绳纹灰陶盆口沿残片、汉代时期的泥质绳纹灰陶板瓦残片等。

邵渠遗址

出土陶片

西渠遗址

西渠遗址

西渠遗址位于武乡县故城镇西渠村，东西长约 100 米、南北宽约 50 米，分布面积约 5000 平方米。遗址属于一处新石器时期的文化遗存，未被发掘。在遗址地表采集有庙底沟二期夹砂灰陶绳纹陶罐底部残片等。

故城城址城墙

出土陶器残片

故城城址

故城城址位于武乡县故城镇故城村，布局不详。遗址属于东周遗存，地表仅存原城墙北墙残墙体 2 段，其中一段残墙长约 10 米，基宽约 7 米，残墙高 3—4 米。墙体夯筑，夯土层厚约 0.15 米。城址内采集有东周时期的泥质素面豆柄、泥质绳纹陶罐口沿残片等。

石勒寨遗址

石勒寨遗址位于武乡县丰州镇故县村。晋朝怀帝永嘉年间（307—312），石勒曾屯兵于此。清代初年文渊阁大学士陈廷敬诗云："悲风落叶铜鞮道，细雨寒芜石勒城。"写的就是这个地方。石勒寨左侧的东河沟，为石勒的出生地。据《晋书》载，石勒年少时在北原山劳作，"每闻鼙锣之声，归以告母，母曰：'作劳耳鸣，非不祥也'。"此后，石勒发迹，北原山遂称鼙山。今武乡县城东 15 千米处，有麻池沟村。西晋时（约 290—296），石勒曾与邻人李阳在此争夺沤麻池。于此再往东南 8 千米是城底村，当年石勒率兵攻打上党，曾在此为骑兵囤草。今县城往北 5 千米的马牧村，为石勒当年放牧马群、训练骑兵之地，曾有碑碣可考。石勒寨遗址旁的故县乡东关村西侧的东河沟内，当地人传此地为后赵皇帝石勒的出生地。2016 年，石勒寨遗址被山西省人民政府公布为第五批省级文物保护单位。

石勒寨遗址全景

石勒寨残留城墙

石勒寨遗址局部

石勒寨城墙砌石

石勒寨遗址

古城遗址

古城遗址位于武乡县故城镇故城村，东西长约250米、南北宽约200米，分布面积约5万平方米。该遗址属于一处东周、汉代时期的文化遗存，未被发掘。在遗址东部的断崖上暴露有文化层遗迹，文化层厚度约1米，采集有东周泥质绳纹陶片、汉代泥质绳纹板瓦残片等。1999年被公布为市级文物保护单位。

古城遗址

南神山建筑遗址

南神山建筑遗址位于武乡县上司乡韩庄村西南，遗址坐南朝北，南北长约 50 米、东西宽约 30 米，分布面积约 1500 平方米，创建年代不详。该遗址属于明代遗存，庙内现存历代碑碣数十通，均镶嵌在碑碣墙上，其余遗存有碑座、砖瓦、柱础等。据清代《武乡县志》记载，明天启三年（1623）重修，后毁于战火。现已重修。1999 年被公布为市级文物保护单位。

南神山寺庙全景

北涅水遗址

北涅水遗址位于武乡县故城镇北涅水村，东西长约 250 米、南北宽约 80 米，分布面积约 2 万平方米。遗址属于一处东周、汉代时期的文化遗存，未被发掘。在遗址地表采集有汉代的泥质素面灰陶盆口沿残片、泥质绳纹板瓦、筒瓦残片等。

北涅水遗址

东良遗址

东良遗址位于武乡县故城镇东良村，东西长约400米、南北宽约300米，分布面积约12万平方米。遗址属于一处汉代时期的文化遗存，未被发掘。在遗址的南部断崖上发现有文化层遗迹，文化层厚约1.5米，采集有汉代时期的泥质绳纹板瓦、筒瓦残片等。

东良遗址文化层遗迹

东良遗址

东寨底遗址

东寨底遗址位于武乡县故城镇东寨底村，东西长约500米、南北宽约100米，分布面积约5万平方米。遗址属于一处西周、东周、汉代、宋代时期的文化遗存，未被发掘。在遗址地表采集有东周时期的泥质绳纹灰陶盆口沿残片、汉代时期的泥质绳纹筒瓦及板瓦残片等。

出土陶片

东寨底遗址

北良侯遗址

北良侯遗址位于武乡县故城镇北良侯村，南北长约 120 米、东西宽约 70 米，分布面积约 8400 平方米。遗址属于一处汉代时期的文化遗存，未被发掘。在遗址地表采集有汉代的泥质绳纹筒瓦、板瓦残片等。

出土瓦片

北良侯遗址

长尉遗址

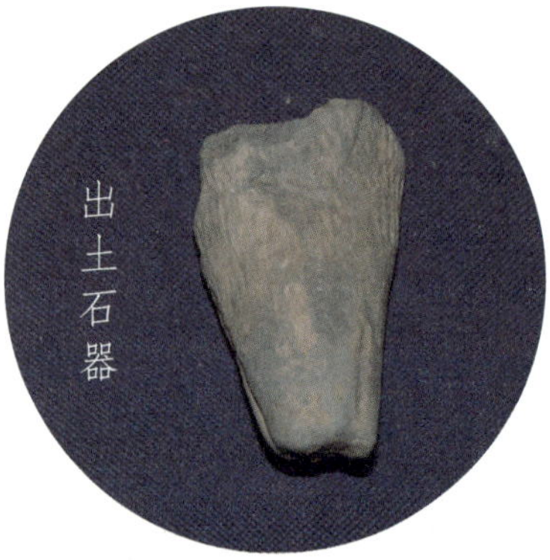

长尉遗址位于武乡县石北乡长尉村。东西长约200米、南北宽约40米，分布面积约8000平方米。遗址属于一处新石器、夏代、东周时期的文化遗存，未被发掘。此次调查在遗址地表采集到夏代时期的夹砂绳纹鬲足、泥质素面灰陶折肩罐肩部残片等。

长尉遗址

楼则峪遗址

楼则峪遗址位于石北乡楼则峪村。东西长约 100 米、南北宽约 50 米，分布面积约 5000 平方米。为一处汉代时期的文化遗存，未被发掘。在遗址的南部断崖发现不规则灰坑 1 处，高约 3 米，宽约 2.6 米，采集有汉代时期的泥质绳纹板瓦等残片。

楼则峪遗址

楼则峪遗址局部

出土陶片

张村遗址

张村遗址位于武乡县石北乡张村，东西长约200米、南北宽约40米，分布面积约8000平方米，为一处宋代时期的文化遗存，未被发掘。此次调查在遗址地表采集有瓷碗底部、口沿残片等。

张村遗址

西里庄遗址

西里庄遗址位于武乡县涌泉乡峰沟村西里庄自然村，东西长约 120 米、南北宽约 50 米，分布面积约 6000 平方米。为一处汉代时期的文化遗存，未被发掘。在遗址地表采集有汉代时期的泥质绳纹筒瓦、板瓦残片等。

西里庄遗址

祁村遗址

祁村遗址位于武乡县涌泉乡祁村，东西长约500米、南北宽约40米，分布面积约2万平方米。遗址属于一处夏代时期文化遗存，未被发掘。在遗址地表采集有夏代时期泥质绳纹灰陶瓮足、泥质绳纹灰陶罐底部残片、夹砂绳纹鬲足残片等。

祁村遗址

祁村遗址局部

出土陶片

涌泉遗址

涌泉遗址位于武乡县涌泉乡涌泉村。东西长约 200 米、南北宽约 45 米，分布面积约 9000 平方米。遗址属于一处汉代时期的文化遗存，未被发掘。在遗址地表采集有汉代的筒瓦、板瓦、泥质素面陶罐口沿残片等。

涌泉遗址

出土陶片

洞则沟遗址

洞则沟遗址位于武乡县涌泉乡洞则沟村，东西长约 150 米、南北宽约 100 米，分布面积约 1.5 万平方米，为一处汉代时期的文化遗存，未被发掘。在遗址东部断崖上暴露有文化层遗迹，文化层厚约 1 米，采集有泥质素面灰陶罐口沿残片、泥质素面灰陶罐底部残片等。遗址为该地区的汉代时期考古文化探究提供了实物资料。

洞则沟遗址堆积的陶片

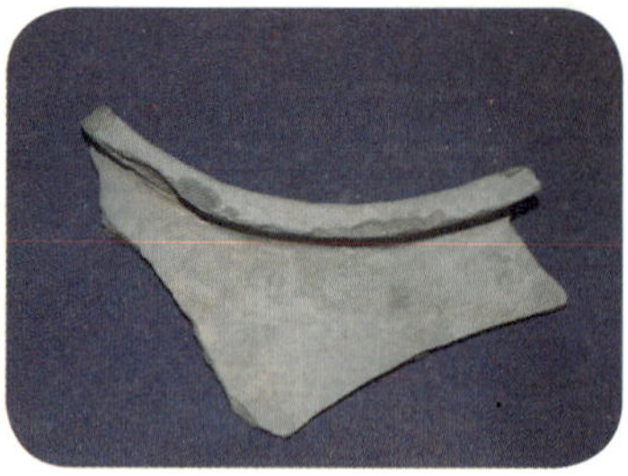

洞则沟遗址

出土陶片

寨上遗址

寨上遗址位于涌泉乡寨上村，东西长约 300 米、南北宽约 60 米，分布面积约 1.8 万平方米。遗址属于一处夏代时期的文化遗存，未被发掘。在遗址地表采集有夏代时期的夹砂绳纹附加堆纹陶甗腹部残片、陶罐口沿残片、泥质绳纹灰陶盆口沿残片等。

寨上遗址

白马寺遗址

白马寺遗址碑记

白马寺遗址位于武乡县丰州镇西城村西，东西长约 100 米、南北宽约 30 米，分布面积约 3000 平方米。遗址属于明代遗存，遗址地表有残缺脊件。现存残碑 2 通。据碑文记载，明景泰年间该寺创建，后毁于战火。

白马寺遗址

沙河头遗址

沙河头遗址位于武乡县丰州镇沙河头村东600米的河对岸的台地上，长130米、宽100米，分布面积1.3万平方米，为一处汉代时期的文化遗存。

沙河头遗址

沙河头遗址远景

出土陶片

新庄遗址

新庄遗址位于丰州镇松树庄村新庄自然村东南方的高地上，东西长约40米、南北宽约100米，分布面积约4000平方米，为一处新石器时期至东周、隋代时期的文化遗存。

新庄遗址文化层

出土陶片

新庄遗址

故县村文庙遗址

故县村文庙遗址

故县村文庙遗址细部

故县村文庙遗址位于丰州镇故县村中，遗址坐北向南，南北长约60米、东西宽约30米，占地面积约1800平方米，该遗址属于明代遗存，布局不详，地表散落有条石、碑座、柱础、灰板瓦和砖等。据清康熙版《武乡县志》记载，创建于明正德四年（1509），明、清两代多次重修。20世纪40年代被日军烧毁。

故县村城址

故县村城址位于丰州镇故县村中的高地上。整个城墙由南向北绵延2000多米，东、西断崖处各有石砌城墙，分布面积5000平方米。城墙内的最高处为点将台，面积达300平方米。遗址内地表散落着许多建筑构件。

故县村城址城墙局部

故县村城址城墙近景

富庄遗址

富庄遗址位于丰州镇富庄村东 400 米处二级台地上，东西长约 200 米、南北宽约 50 米，分布面积约 1 万平方米，为一处汉代时期的文化遗存。

富庄遗址

东村遗址

东村遗址位于丰州镇东村北，遗址处在约1000米的高地上。东西长约500米、南北宽约300米，分布面积约15万平方米。为一处新石器时期的文化遗存。

东村遗址

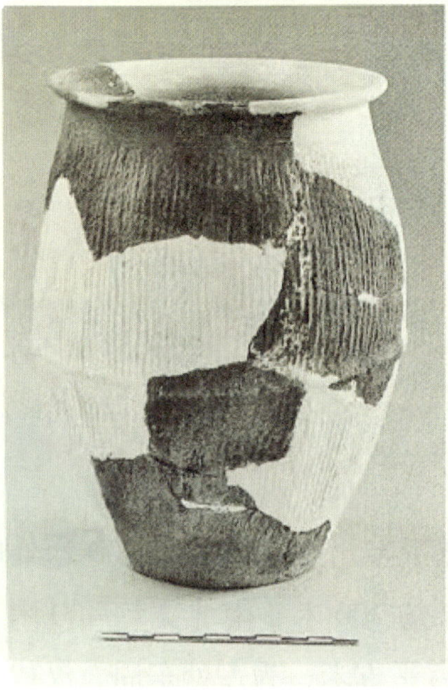
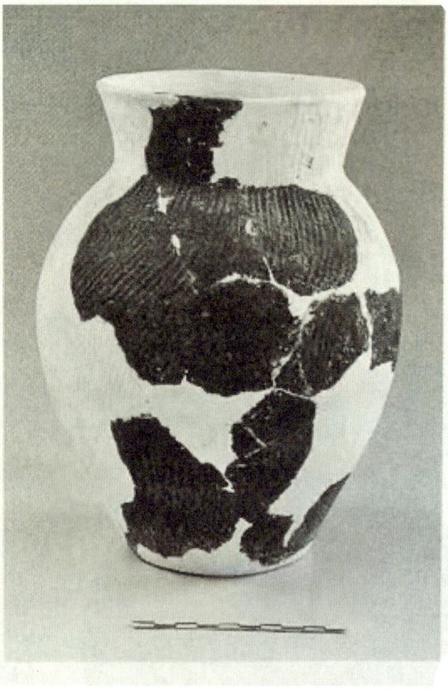

东村遗址出土陶器

东村遗址出土鼎足残片

下城遗址

下城遗址位于丰州镇下城村南 200 米处的平地上，东西长约 300 米、南北宽约 400 米，分布面积约 12 万平方米，为一处东周、汉代时期的文化遗存。

下城遗址

上城遗址

上城遗址位于丰州镇上城村北的高地上，东西长约 500 米、南北宽约 300 米，分布面积约 15 万平方米，为一处夏代、东周时期的文化遗存，未被发掘。遗址南低北高，呈阶梯状。遗址地表采集有夏代的绳纹夹砂鬲足、绳纹夹砂灰陶片，以及东周时期的抹断绳纹泥质灰陶片 2 片。

出土石器

上城遗址

龙王庙遗址

龙王庙遗址位于武乡县大有乡马村村东的高地上，东西长约 8 米、南北宽约 5 米，分布面积约 40 平方米。该遗址属于清代遗存，2006 年在原址重建。现存创修碑 1 通，碑为砂石质，圆首，碑通高 1.5 米，宽 0.65 米，厚 0.15 米。碑文楷书，碑文记载创修龙王庙的经过，清光绪二十六年（1900）立石。此遗址为研究当地古代建筑提供了实物资料。

龙王庙遗址

龙王庙遗址碑

李峪遗址

李峪遗址位于武乡县大有乡李峪村东北约 150 米处，东西长约 60 米、南北宽约 50 米，分布面积约 3000 平方米。遗址属于一处宋代时期的文化遗存，遗址未被发掘。此次调查在遗址地表采集有白瓷素面碗口沿残片等。遗址为该地区宋代时期的考古文化研究提供了实物资料。

李峪遗址

李峪遗址出土瓷片

型村关帝阁遗址

型村关帝阁遗址位于武乡县大有乡型村。基址东西宽 7 米、南北长 5 米，占地面积35平方米，遗址属于清代遗存。现仅存拱券通道基址、清重修碑2通。据碑文记载，清宣统元年（1846）和清道光二十六年（1909）均有重修。

型村遗址

型村遗址碑

八仙庙遗址

八仙庙遗址位于武乡县大有乡许家垴村东的高地上，东西长约 10 米、南北宽约 8 米，分布面积约 80 平方米，遗址属于清代遗存。现存重修碑 1 通，碑为砂石质，圆首，碑通高 2.2 米，宽 0.8 米，厚 0.13 米。碑文楷书，记载民国二十年（1931）重修经过，张金马撰文。此遗址为研究当地庙宇建筑提供了实物资料。

八仙庙遗址

赵家庄五圣庙遗址

五圣庙遗址位于武乡县大有乡赵家庄村西，东西长约 10 米、南北宽约 8 米，分布面积约 80 平方米。遗址属于清代遗存，现在原址上建新庙。现存创修碑 1 通，碑为砂石质，圆首，高 2.5 米，宽 0.8 米，厚 0.13 米。碑文楷书，记载五圣庙创建于金大定年间，民国十二年（1923）重修，刘莲惠立石。此遗址为研究当地古代建筑提供了实物资料。

赵家庄五圣庙遗址

韩庄遗址

韩庄遗址位于武乡县上司乡韩庄村西北约100米处，浊漳河北源台地上，东西长约100米、南北宽约50米，分布面积约5000平方米。遗址属于一处汉代时期的文化遗存，遗址未被发掘。此次调查在遗址地表采集有汉代时期的泥质绳纹灰陶板瓦、筒瓦残片等。遗址为该地汉代时期的考古文化研究提供了实物资料。

出土瓦片

韩庄遗址

监漳遗址

监漳遗址位于武乡县监漳镇监漳村北浊漳河北源台地上。东西长约 250 米、南北宽约 200 米，分布面积约 5 万平方米。遗址属于一处东周时期的文化遗存。据《中国文物地图集 · 山西分册》记载，文化层厚约 1.5 米，断崖上暴露遗迹有灰坑。采集有泥质灰陶和夹砂灰陶片，其纹饰有绳纹和弦纹，器形有方唇联裆鬲、方唇平折沿盆、小口矮领折肩罐、高柄浅盘豆及绳纹瓦等残片。此次调查未采集到标本，遗址未被发掘。

监漳遗址

南凹遗址

南凹遗址位于武乡县监漳镇西川村南凹自然村东北约 10 米处，东西长约 1600 米、南北宽约 80 米，分布面积约 12.8 万平方米。遗址属于一处东周时期的文化遗存，遗址未被发掘。调查时，在遗址地表采集有东周时期的泥质灰陶绳纹陶盆口沿残片、泥质灰陶素面陶罐口沿残片等。

南凹遗址

南凹遗址局部

出土陶片

北社遗址

北社遗址位于武乡县监漳镇北社村西北约 50 米处，东西长约 100 米、南北宽约 40 米，分布面积约 4000 平方米。遗址属于一处夏、商时期的文化遗存，遗址未被发掘。此次调查时，在遗址地表仅采集有夏时期的夹砂灰陶绳纹鬲足、夹砂绳纹陶罐底部残片等。遗址为该地的夏、商时期的考古文化研究提供了实物资料。

北社遗址

北上合城址

北上合城址位于武乡县韩北乡北上合村中，遗址属于明代遗存。围墙内面积约3000平方米。城墙为夯土构成，呈一圆形，直径约500米，高约10米，厚约7米，城墙顶部宽约3米。城墙西侧开有一门，门上写有“种德圃”字样，大门用铁皮包裹。据走访当地村民得知，此城墙由当时一位财主修建，城墙内建有32座院落，现保存完整的仅剩下2座，其他的房屋为重新修建，当时主要用来防御外敌的侵害。

北上合城址

东枣林遗址

东枣林遗址位于武乡县韩北乡东枣林村南约100米处，东西长约200米、南北宽约50米，分布面积约1万平方米。该遗址属于一处新石器、商、东周、汉代、宋代时期的文化遗存，遗址未被发掘。此次普查仅采集有庙底沟二期的夹砂灰陶绳纹残片等。遗址为新石器时期、商代、东周、汉代、宋代时期的考古文化研究提供了实物资料。

东枣林遗址

东枣林遗址局部

东枣林遗址出土陶片

石门遗址

石门遗址位于武乡县蟠龙镇石门村，东西长约200米、南北宽约50米，分布面积约一万平方米。遗址属于一处宋代时期的文化遗存，遗址未经发掘。遗址地表暴露遗物较少，调查时，在遗址地表采集有宋代时期的泥质灰陶素面陶罐口沿残片等。遗址为宋代时期的考古文化研究提供了实物资料。

出土陶片

石门遗址

常青遗址

常青遗址位于武乡县洪水镇常青村，东西长约 80 米、南北宽约 100 米，分布面积约 8000 平方米，为一处东周时期的文化遗存。据《中国文物地图集·山西分册》记载，断崖上暴露遗迹有灰坑。采集有泥质灰陶和夹砂灰陶片，其纹饰有绳纹，器形有方唇束领联裆鬲、敞口盆形甑、小口长颈壶和圆唇小口深腹罐等。此次调查未采集到标本，该遗址未被发掘。

常青遗址

墨镫遗址

墨镫遗址位于武乡县洪水镇墨镫村东北方，东西长约100米、南北宽约80米，分布面积约8000平方米。遗址属于一处夏代、汉代时期的文化遗存，遗址未被发掘。调查时，在遗址地表仅采集有汉代的泥质灰陶绳纹陶盆口沿残片、陶板瓦残片等。遗址为该地区夏代、汉代时期的文化研究提供了实物资料。

墨镫遗址

关帝庙遗址

关帝庙遗址位于武乡县墨镫乡合家垴村，东西长约 12 米、南北宽约 6 米，分布面积约 72 平方米。该遗址属于清代遗存。现存碑 2 通，碑 1 为青石质，圆首，方座，通高 1.3 米，宽 0.5 米，厚 0.14 米。残留碑文记载，该庙创建于清光绪十九年（1893），后毁于战火，碑文楷书。另存捐资碑 1 通。2006 年，在原址新建关帝庙一座。

关帝庙遗址石碑

三圣庙遗址

三圣庙遗址位于武乡县洪水镇显王村，东西长约 10 米、南北宽约 6 米，分布面积约 60 平方米，遗址属于明代遗存。遗址上残留碑 1 通，记载该庙创建于明万历四十八年（1620），后毁于战火，碑为青石质，圆首，方座，通高 1.9 米，宽 0.57 米，厚 0.14 米。碑文楷书，记载三圣庙的创修经过。2006 年，在原址新建三圣庙一座。

三圣庙遗址石碑

三、民居类

八路军总部旧址王家峪纪念馆

八路军总司令部王家峪旧址位于武乡县韩北镇王家峪村。1939 年 10 月 11 日至 1940 年年底，八路军总司令部和中共中央北方局曾在此驻扎，朱德、彭德怀、左权等八路军首长在这里创建敌后抗日根据地，结成统一战线，坚持抗战。旧址现存并列四院民宅，东西长 78.8 米、南北宽 30 米，占地面积 2364 平方米。正面窑洞八孔，拱券洞顶、黄泥抹面，二层挑檐。窑洞建造方便，冬暖夏凉，适宜晋东南气候环境特征。东、西、南房二十四间，均为单檐硬顶，进深、开间不等，典型的地方传统民居格局。1961 年被公布为第一批全国重点文物保护单位。

王家峪鸟瞰

王家峪旧址纪念馆外部

王家峪旧址纪念馆馆内

王家峪纪念馆院内

王家峪纪念馆二号院

王家峪纪念馆四号院

鲁迅艺术学校下北漳旧址

鲁迅艺术学校下北漳旧址位于武乡县监漳镇下北漳村。旧址包括鲁迅艺术学校旧址、李伯钊同志旧居、晋东南文化教育界抗日救国总会旧址、中苏文化协会晋东南分会旧址、中华全国文艺界抗敌协会晋东南分会旧址等院落。院落多为晋东南传统民居布局，有窑洞，有瓦房，窑洞多为拱券结构，瓦房有砖木结构，有土木结构，多为单檐硬顶，开间、进深不等，门窗、隔扇造型纹饰简洁大方。2021 年，鲁迅艺术学校下北漳旧址被山西省人民政府公布为第六批省级文物保护单位。

鲁迅艺术学校下北漳旧址

鲁艺校部旧址

鲁迅艺术学校院内

鲁迅艺术学校下北漳旧址——李伯钊旧居

鲁迅艺术学校下北漳旧址

八路军一二九师师部宋家庄旧址

八路军一二九师师部宋家庄俯瞰图

八路军一二九师师部宋家庄旧址位于武乡县贾豁乡宋家庄村。旧址包括一处院落和一座戏台，坐北向南，为二进主院带东院布局。1938 年春至 1941 年年底，第一二九师师部曾五次进驻宋家庄村，时间长达半年之久。刘伯承、邓小平、陈赓、宋任穷、黄镇等首长都在宋家庄留下足迹。2021 年，八路军一二九师师部宋家庄旧址被山西省人民政府公布为第六批省级文物保护单位。

该建筑主院是二进四合院落式传统民居，坐北朝南，院落南倒座与院门一字并列，最北侧贴土崖砌五开间二层楼式正房，为单檐悬山顶建筑，轴线两侧分别建三开间的配楼、厢房，院中设掖门及影壁围墙分隔前、后院，建筑檐墙及山墙间用围墙围合形成规整的四合院。

八路军一二九师师部宋家庄旧址院落

八路军一二九师师部宋家庄旧址大门

八路军一二九师师部宋家庄旧址二进院正房

八路军一二九师师部宋家庄旧址二进院掖门

八路军第一二九师司令部石板旧址

八路军第一二九师司令部石板旧址位于武乡县蟠龙镇石板村。1939 年夏至 1941 年，第一二九师司令部曾四次驻扎石板村，全部驻扎在“三先生”王全谨家。王全谨是前清秀才，性格刚正严谨，温良宽仁，颇具古人之风，其住宅的风格元素也处处体现其本人的家国情怀、处世原则、性格特征。王全谨与其侄子王跃元都有一颗爱国之心。第一二九师师部几次在该村驻扎，师部数百人的生活、上百匹牲口的喂养都由他们供给，深受八路军及当地百

八路军第一二九师司令部石板旧址门楼

姓尊敬。1941 年，王全瑾与侄子王跃元双双被选为晋冀鲁豫边区参议员，留下了一门两参议的佳话。

中西合璧式门楼建筑，顶部“吉”“星”字样，取意“吉星高照”；下方中部镶嵌西洋挂钟，中间匾额为民国政府赐予的“扶危济困”牌匾，牌匾两侧的半月形砖雕为“居仁”“由义”，取意“仁义礼智”，表达了房主人的价值思想。

雕砖牌匾

八路军一二九师司令部石板旧址

八路军第一二九师司令部石板旧址新院正楼

八路军第一二九师司令部石板旧址古院大门

中共中央北方局党校上北漳旧址及上北漳古建筑群

上北漳古建筑群俯视图

中共中央北方局党校上北漳旧址位于武乡县蟠龙镇上北漳村。1939 年 1 月 8 日，中共中央北方局党校在潞城县中村正式组建，由朱德总司令兼任校长、北方局宣传部部长李大章兼任教育长。1939 年 7 月初，日军组织对晋东南地区进行第二次“九路围攻”，北方局党校随八路军总部及中共中央北方局进驻武乡县烟里村。首期学员在烟里村毕业后，党校又迁至上北漳村，在这里招收了第二、第三期学员。1940 年 4 月，朱德总司令离开武乡返回延安，由北方局书记杨尚昆继任校长，杨尚昆离开太行后，由罗瑞卿继任校长。1944 年整风工作结束后，遵照中共中央意见，北方局党校宣告结束，学校教职员工大部分调回延安与中共中央党校合并。2021 年，中共中央北方局党校上北漳旧址被山西省人民政府公布为第六批省级文物保护单位。

上北漳旧址大院外影壁上镶嵌着“福、禄、寿、喜”篆字

八角形天窗

上北漳旧址门楼上方砖雕文字“芝兰圃”

门楼上精美的砖雕，雕花瓦当，砖雕斗栱，下方图案有“牡丹富贵”“平步青云”“节节高升”等，“笔柱”形垂柱，八角形天窗，寓意耕读相传，平安吉祥。

高大的门楼上书精美砖雕“芝兰圃”，辅以四片芝兰叶花饰。孔子曰：芝兰生于幽谷，不以无人而不芳，君子修道立德，不为穷困而变节。芝兰为洁身自傲的代名词，在儒家思想中倡导立德树人，代表了宅第主人立意高洁，涵养身心，修身齐家。

上北漳旧址门楼上方砖雕文字“芝兰圃”

泉之头一号民居正楼

泉之头一号民居

泉之头一号民居位于武乡县分水岭乡泉之头村。民居坐北朝南，原四进院落布局，现仅存一院，东西宽 18.9 米、南北长 47.7 米，占地面积 901.53 平方米。创建年代不详，现存建筑为清代遗构。中轴线上由南向北现存大门四座、过厅五间、正楼五间，两侧有东、西配房各三间。正楼石砌台基，面宽四间，进深四椽，五檩前廊式，呈二层楼式建筑，单檐硬山顶，上下均设有隔扇门窗。据村中老人讲述，陈家在明代末期，家族兴旺，当时主要以农耕为主，后又开始从事商业，直到乾隆、嘉庆年间达到鼎盛时期。当时陈家也是人才辈出，共出过进士 2 人、贡生 8 人、秀才 44 人。2016 年被公布为县级文物保护单位。

泉之头二号民居

泉之头二号民居位于武乡县分水岭乡泉之头村。民居坐东朝西，一进院落布局，东西宽14.3米、南北长5.8米，占地面积82.94平方米。创建年代不详，现存建筑为清代遗构。现仅存正楼，面宽五间，进深四椽，五檩前廊式，呈二层楼式建筑，单檐悬山顶，柱头科、平身科均设有斗栱共11攒，均为一斗二升，木制隔扇门装修。该民居为研究当地的传统民居建筑提供了实物资料。2016年被公布为县级文物保护单位。

泉之头二号民居正房

泉之头三号民居

泉之头三号民居位于武乡县分水岭乡泉之头村。民居坐北朝南，一进院落布局，东西宽 17.8 米、南北长 19.9 米，占地面积 354.22 平方米。创建年代不详，现存建筑为清代遗构。中轴线上仅存正房，两侧分布为东、西厢房。正房面宽三间，进深四椽，五檩构架，单檐悬山顶，柱头科、平身科均设有斗栱，均为一斗二升，明间、次间设有隔扇门。该民居为研究当地的传统民居建筑提供了实物资料。2016 年被公布为县级文物保护单位。

泉之头三号民居正房

泉之头四号民居

泉之头四号民居位于武乡县分水岭乡泉之头村。民居坐北朝南，一进院落布局，东西宽 26 米、南北长 24 米，占地面积 624 平方米。创建年代不详，现存建筑为清代遗构。中轴线上现存正房、南房，两侧分布为西房、东耳房。正房建于高 0.6 米石砌台基之上，面宽三间，进深四椽，五檩前廊式，呈二层阁楼式建筑，单檐悬山顶，灰板仰瓦屋面，木制隔扇门窗装修。两层均用于居住。该民居为研究当地的传统民居建筑提供了实物资料。2016 年被公布为县级文物保护单位。

泉之头四号民居正房

陈村二号民居

陈村二号民居

陈村二号民居位于长治市武乡县故城镇陈村。民居坐北朝南，东西宽 14 米、南北长 13.1 米，占地面积 183.4 平方米。创建年代不详，现存建筑为清代遗构。一进院落布局，中轴线上现存大门、正楼，两侧遗有西房。正楼面宽五间，进深四椽，梁架为五檩，二层棚楼式建筑，单檐悬山顶，灰板瓦屋面，设有木制门窗。正楼一层抱头梁梁头上刻有“霞鹜齐飞”四个字。棚楼式建筑是当地民居的一种营造作法，即一层功能为起居及日常活动，空间较高；二层功能为保温、隔热及储物，空间较低。

陈村四号民居精美的木构雕花

陈村四号民居

陈村四号民居位于武乡县故城镇陈村。民居坐北朝南，一进院落布局，东西宽 8.4 米、南北长 10 米，占地面积 84 平方米。创建年代不详，现仅存正楼为清代遗构。正楼依土崖而建，面宽三间，进深四椽，五檩构架，二层单檐悬山顶，灰板瓦屋面，一层前檐设行廊，明间设六抹头隔扇门；二层檐下平身科一斗二升交麻叶，各间设六抹头斜格眼隔扇窗。门楼柱间雀替均雕有花卉，雕“金鸡戏牡丹”“芍药”“海棠”等图案。正楼屋檐下还刻有“鸾飞鱼跃”四字，象征富贵、平安之意。

陈村四号民居正楼

陈村四号民居院门

茅庄一号民居

茅庄一号民居位于长治市武乡县故城镇茅庄村。民居坐北朝南，东西宽14米、南北长14米，占地面积196平方米。创建年代不详，现存建筑为清代遗构。原一进院落布局，现存正楼、西房。正楼建于高0.6米的石砌台基之上，为二层棚楼式建筑，二层单檐悬山顶，面宽五间，进深四椽，五檩，灰瓦屋面，二层全部设为格子窗。

茅庄一号民居

茅庄二号民居

茅庄二号民居位于长治市武乡县故城镇茅庄村。坐北朝南，东西宽 15.3 米、南北长 28.2 米，占地面积 431.46 平方米。创建年代不详，现存建筑为清代遗构。二进院落布局，中轴线上现存过厅、正房，两侧有东房、西楼。正房建于高 1.5 米的石砌台基之上，面宽五间，进深四椽，单檐悬山顶，五檩前廊式构架，灰瓦屋面，明间设有隔扇门窗。

茅庄二号民居

茅庄三号民居

茅庄三号民居位于长治市武乡县故城镇茅庄村。居民坐北朝南，东西宽17.2米、南北长13米，占地面积223.6平方米。创建年代不详，现存建筑为清代遗构。现存正楼、东楼。正楼建于高0.3米的石砌台基之上，为二层楼建筑。正楼面宽五间，进深四椽，单檐悬山顶，五檩前廊式构架，灰瓦屋面，设有木制格子门窗。

茅庄三号民居正房

茅庄三号民居东房

茅庄四号民居

茅庄四号民居位于长治市武乡县故城镇茅庄村。民居坐北朝南，东西宽18.3米、南北长16.5米，占地面积301.95平方米。创建年代不详，现存建筑为清代遗构。一进院落布局，中轴线上现存正楼，两侧有东、西房。正楼建于高1米的石砌台基之上，二层单檐悬山顶，面宽五间，进深四椽，五檩前廊式构架，灰瓦屋面；二层为看花楼，设有木雕围栏，围栏上雕刻有各种木雕图案，明间设有隔扇门。

茅庄四号民居

温家庄陈氏民居

温家庄陈氏民居位于武乡县故城镇温家庄村。民居坐西朝东，一进院落布局，东西宽 4.6 米、南北长 8.6 米，占地面积 39.56 平方米。创建年代不详，现仅存正楼，为清代遗构。建于高 0.8 米的石砌台基之上，面宽三间，梁架为五檩，二层棚楼式建筑，单檐硬山顶，灰板瓦屋面，设有隔扇门和灯笼窗。门楼上雕刻有花卉，两侧刻有“礼”“节”二字及龙形木雕。棚楼式建筑是当地民居的一种营造作法，即一层功能为起居及日常活动，空间较高；二层功能为保温、隔热及储物，空间较低。

温家庄陈氏民宅正楼木雕“礼”字

温家庄陈氏民宅正楼木雕“节”字

温家庄陈氏民居

温家庄陈氏民居正楼门窗

山交杜氏民居

山交杜氏民居位于武乡县故城镇山交村。民居坐北朝南，一进院落布局，东西宽 12.5 米、南北长 12.55 米，占地面积 156.875 平方米。创建年代不详，现存建筑为清代遗构。中轴线上现存正房三间，两侧有东房三间。正房为棚楼式建筑，石砌台基，面宽三间，进深四椽，单檐悬山顶，五檩前廊式构架，灰布瓦屋顶，前檐设斗栱为一斗二升出耍头，一层装修已改，二层设隔扇窗满面装修。棚楼是当地营造作法，一层用于居住，二层用于储物。

山交杜氏民居

圪咀头郝氏民居

圪咀头郝氏民居位于武乡县石北乡圪咀头村。民居坐北朝南，一进院落布局，东西宽 8.6 米、南北长 5.1 米，占地面积 43.86 平方米。创建年代不详，现存建筑为民国遗构。原布局已不存，现仅存正房。正房建于高 0.1 米石砌台基之上，面宽三间，进深三椽，梁架为四檩，二层棚楼式建筑，单檐悬山顶，灰板瓦屋面，设有木制门窗。棚楼式建筑是当地民居的一种营造作法，即一层功能为起居及日常活动，空间较高；二层功能为保温、隔热及储物，空间较低。

圪咀头郝氏民居

辉楼沟郝氏民宅

辉楼沟郝氏民宅

辉楼沟郝氏民宅位于武乡县涌泉乡辉楼沟村。民宅坐北朝南，一进院落布局，东西宽 14.6 米、南北长 12.6 米，占地面积 183.96 平方米。创建年代不详，现存建筑为民国遗构。中轴线上现存正房五间，两侧有东房三间。正房为棚楼式建筑，石砌台基，面宽五间，进深四椽，单檐悬山顶，五檩式构架，灰布瓦屋顶，一层装修已改，二层设隔扇窗。棚楼是当地营造作法，一层用于居住，二层用于储物。

大良三号民居

大良三号民居位于武乡县涌泉乡大良村。民居坐北朝南，一进院落布局，东西宽 7.5 米、南北长 12.9 米，占地面积 96.75 平方米。创建年代不详，现存建筑为民国遗构。中轴线上由南向北依次为大门、正楼，两侧仅存西房。正楼石砌台基，面宽三间，进深四椽，五檩梁架，二层棚楼式建筑，单檐硬山顶，灰板瓦屋面，设有木制门窗。隔扇门窗雕有木雕花卉，门上雕有“瑞”“气”二字。

大良三号民居

大良三号民居院门左门墩石

大良三号民居正楼柱础

大良三号民居

大良三号民居正楼门上木雕

大良三号民居正房窗上雕刻

坡底郭氏民居

坡底郭氏民居位于长治市武乡县涌泉乡坡底村。民居坐北朝南，东西宽18.7 米、南北长 14.5 米，占地面积 271.15 平方米。创建年代不详，现存主体建筑为民国遗构。一进院落布局，中轴线上现存大门、正窑，两侧有东、西房各 3 间。正窑为依山而建的土券窑洞，窑洞宽 3 米，进深 5 米，窑顶上设有夯土构成的拦雨墙。

坡底郭氏民居

赵庄赵氏民居

赵庄赵氏民居位于丰州镇书社村赵庄自然村西南。民居坐北向南，东西长 20 米、南北宽 18.3 米，占地面积为 366 平方米。创建年代不详，现存为民国时期建筑。

赵庄赵氏民居

胡庄铺武氏民居

胡庄铺武氏民居位于武乡县丰州镇胡庄铺村中。民居坐北朝南，一进院落布局，东西长15.2米、南北宽17.5米，占地面积266平方米。创建年代不详，现存建筑为民国遗构。中轴线上现存大门及正房五间，两侧有西房五间。正房土坯结构，面宽五间，进深四椽，二层棚楼式建筑，单檐悬山顶，设有木制门窗。

胡庄铺武氏民居正房

瓦窑科张氏民居

瓦窑科张氏民居位于丰州镇瓦窑科村的北面高地上，民居坐北朝南，东西长 15.4 米、南北宽 14.6 米，占地面积 224.84 平方米。创建年代不详，据正脊题记记载，重修于清光绪二十年（1894），现存建筑为清代遗构。一进院落布局，中轴线上现存正房，两侧有东、西房。正房棚楼式建筑，面宽三间，进深四椽，五檩，二层单檐硬山顶，灰板仰瓦屋面。棚楼式建筑是当地营造作法，一层用于居住，二层用于储物。

瓦窑科张氏民居大门

瓦窑科张氏民居正房

圪台庄王氏民居

圪台庄王氏民居位于丰州镇圪台庄村中。民居坐北朝南，一进院落布局，东西长 14.6 米、南北宽 13.16 米，占地面积 192.136 平方米。创建年代不详，现存建筑为民国遗构。中轴线上现存大门及正窑 3 孔，两侧建筑无存。正窑为石砌窑洞，块石砌筑，石板做屋檐，格子窗装修。

山阳垴二号民居大门

山阳垴二号民居正房

半崖李氏民居

半崖李氏民居位于丰州镇半崖村中。民居坐北朝南，一进院落布局，东西长 14 米、南北宽 12.8 米，占地面积 179.2 平方米。创建年代不详，现存建筑为清代遗构。中轴线上现存大门、正房，两侧有东房。正房呈二层棚楼式建筑，面宽五间，进深三间，单檐硬山顶，灰板仰瓦屋面。棚楼是当地营造作法，一层用于居住，二层用于储物。

半崖李氏民居

长乐二号民居

长乐二号民居位于长治市武乡县大有乡长乐村中。民居坐北朝南，东西长 16 米、南北宽 14.5 米，占地面积 232 平方米。创建年代不详，现存建筑为民国遗构。一进院落布局，中轴线上现存正楼，两侧有东、西楼，院东南角辟入院板门。正楼建于高 0.3 米的石砌台基之上，为二层棚楼式建筑，单檐悬山顶，面宽三间，进深四椽，五檩，灰瓦屋面，二层全部设砖券拱形窗，明间设有板门。

长乐二号民居大门

长乐二号民居正房

炉家掌胡氏民居

炉家掌胡氏民居位于武乡县大有乡炉家掌村中。民居坐北朝南，一进院落布局，东西长 13.5 米、南北宽 11.5 米，占地面积 155.25 平方米。创建年代不详，现存建筑为民国遗构。中轴线上现存大门及正房，两侧有东、西房各二间。正房建于高 1 米的砖砌台基之上，面宽三间，进深四椽，五檩，单檐硬山顶，灰板仰瓦屋面，设有木制门窗。

炉家掌胡氏民居外部

李峪垴李氏民居

李峪垴李氏民居位于武乡县大有乡李峪垴村中。民居坐北朝南，一进院落布局，东西长 16.4 米、南北宽 13.6 米，占地面积 223.04 平方米。创建年代不详，现存建筑为清代遗构。中轴线上现存大门及正窑，两侧有东、西房各三间。正窑为砖券窑洞三孔，砖雕叠色出檐，装修已改。

李峪垴李氏民居大门

李井凹李氏民居

李井凹李氏民居大门

李井凹李氏民居位于武乡县大有乡李井凹村中。民居坐北朝南，一进院落布局，东西长 13 米、南北宽 15 米，占地面积 195 平方米。创建年代不详，现存建筑为民国遗构。中轴线上现存正房五间，两侧有东、西房（明间辟门）。正房面宽五间，进深四椽，梁架为五檩，二层棚楼式建筑，单檐硬山顶，灰板瓦屋面，设有木制门窗。棚楼式建筑是当地民居的一种营造作法，即一层功能为起居及日常活动，空间较高；二层功能为保温、隔热及储物，空间较低。

门额上镶嵌的“祝三多”砖雕

门墙底座的草龙纹石雕图案

李井凹李氏民居正房

上却净董氏民居

上却净董氏民居位于武乡县大有乡上却净村。民居坐北朝南，一进院落布局，东西长18.8米、南北宽14.4米，占地面积270.72平方米。创建年代不详，现存建筑为民国遗构。中轴线上现存正窑、南房，两侧有西房，院东南角辟门。南房和西房均为二层棚式楼建筑，单檐硬山顶，灰瓦屋面。西房面宽三间，进深四椽，梁架为五檩，单檐硬山顶，灰板瓦屋面，设有木制门窗。棚楼式建筑是当地民居的一种营造作法，即一层功能为起居及日常活动，空间较高；二层功能为保温、隔热及储物，空间较低。

上却净董氏民居西房

上却净董氏民居正房

马家沟一号民居

马家沟一号民居位于武乡县上司乡马家沟村中，民居坐北朝南，东西长 15 米、南北宽 12.5 米，占地面积 187.5 平方米。创建年代不详，现存建筑为民国遗构。一进院落布局，中轴线上现存大门、正房，两侧有东、西房各三间。正房二层棚楼式建筑，面宽三间，进深二间，单檐硬山顶，灰板仰瓦屋面。棚楼式建筑是当地营造作法，一层用于居住，二层用于储物。

马家沟一号民居大门

马家沟一号民居

中王家庄王氏民居

中王家庄王氏民居正房

中王家庄王氏民居位于武乡县上司乡小店村中王家庄自然村中。民居坐北朝南，东西长14.2米、南北宽20.6米，占地面积292.52平方米。创建年代不详，现存建筑为清代遗构。一进院落布局，中轴线上由南向北依次为正房、南房（梢间为门），两侧分布为东、西房。正房为窑楼式建筑，二层单檐硬山顶，灰板仰瓦屋面，两层均用于居住。此窑楼依山而建，屋顶用夯土修筑拦雨墙；明间设有“天地阁”，阁周边墙上还绘有牡丹、芍药、梅花和莲花灯等彩绘。

韩道沟二号民居

韩道沟二号民居位于贾豁乡韩道沟村中，民居坐北朝南，东西长 14 米、南北宽 14.5 米，占地面积 203 平方米。创建年代不详，现存建筑为民国遗构。一进院落布局，中轴线上现存大门、正房三间，两侧有东房二间、西房四间。正房为二层棚楼式建筑，单檐硬山顶，灰板仰瓦屋面。棚楼式建筑是当地营造作法，一层用于居住，二层用于储物。东房和正房形制相同。该民居的大门上挂有题字为“芳名千秋”的门匾一块，是当时村委会为了恭颂光荣烈士郁北尧而颁发的。

韩道沟二号民居大门

韩道沟二号民居大门上的“芳名千秋”匾

贾豁六号民居

贾豁六号民居位于武乡县贾豁乡贾豁村中，民居坐北朝南，东西长 16.4 米、南北宽 18 米，占地面积 295.2 平方米。创建年代不详，现存建筑为民国遗构。

贾豁六号民居外景

贾豁六号民居院景

贾豁五号民居

贾豁五号民居位于贾豁村中，民居坐北朝南，东西长 17 米、南北宽 17.6 米，占地面积 299.2 平方米。创建年代不详，现存建筑为民国遗构。一进院落布局，现仅存正楼，建于高 0.7 米的石砌台基之上，二层棚楼式建筑，单檐硬山顶，灰板仰瓦屋面，一层用于居住；二层用于储物，二层设有隔扇门；东、西两侧有砖夯拱形窗户。

贾豁五号民居正房

贾豁五号民居拱形窗

北沟四号民居

北沟四号民居位于武乡县贾豁乡王家堖村北沟自然村中，民居坐北朝南，东西长 12 米、南北宽 12.5 米，占地面积 150 平方米。创建年代不详，现存建筑为民国遗构。一进院落布局，中轴线上现存大门、正楼，两侧有东房。正房土木结构，二层棚楼式建筑，单檐硬山顶，灰板仰瓦屋面。棚楼是当地营造作法，一层用于居住，二层用于储物。

北沟四号民居正房

北沟四号民居大门

禅窑王氏民居

禅窑王氏民居外部

禅窑王氏民居位于武乡县监漳镇庙岭村禅窑自然村中，民居坐北朝南，一进院落布局，东西长13米、南北宽18.5米，占地面积240.5平方米。创建年代不详，现存建筑为民国遗构。中轴线上现存正房、南房（明间开门），两侧有东、西房各三间。正房建于高0.3米的石砌台基之上，面宽五间，进深四椽，梁架为五檩，二层棚楼式建筑，单檐硬山顶，灰板瓦屋面，设有木制门窗。棚楼式建筑是当地民居的一种营造作法，即一层功能为起居及日常活动，空间较高；二层功能为保温、隔热及储物，空间较低。

姚家庄姚氏民居

姚家庄姚氏民居大门

姚家庄姚氏民居位于武乡县监漳镇姚家庄村中。民居坐北朝南，院落布局，东西长18米、南北宽20米，占地面积360平方米。创建年代不详，现存建筑为清代遗构。中轴线上由南向北依次为倒座南房、正窑，两侧有东、西房；倒座南房明间辟入院板门通道。正窑门为砖夯拱形门，窑顶及两山墙设有二层拦雨墙。东、西房为二层单檐硬山顶，棚楼式建筑。西房面宽三间，进深四椽，梁架为五檩，二层棚楼式建筑，单檐硬山顶，灰板仰瓦屋面，装修已改。棚楼式建筑是当地民居的一种营造作法，即一层功能为起居及日常活动，空间较高；二层功能为保温、隔热及储物，空间较低。

姚家庄姚氏民居正房

姚家庄姚氏民居西房

吴村李氏民居

吴村李氏民居位于武乡县监漳镇吴村村中，民居坐北朝南，东西长 20.2 米、南北宽 13.4 米，占地面积 270.68 平方米。创建年代不详，现存建筑为清代遗构。一进院落布局，中轴线上由南向北依次为院门、正窑四孔，两侧分布东、西房各四间。正窑为土夯二层楼式建筑，单檐硬山顶，窑顶东、西两山墙设有二层拦雨墙。

吴村李氏民居大门

吴村李氏民居外景

吴村李氏民居东房

东堡赵氏民居

东堡赵氏民居位于武乡县韩北乡东堡村中。民居坐北朝南，一进院落布局，东西长 13 米、南北宽 18.5 米，占地面积 240.5 平方米。创建年代不详，现存建筑为民国遗构。中轴线上现存正房、南房（明间开门），两侧分布有东房三间、西房三间。正房建于石砌台基之上，面宽五间，进深四椽，五檩，二层棚楼式建筑，单檐硬山顶，灰板仰瓦屋面，装修已改。正楼挂有民国 14 年（1925）题的“猷为勤敏”门匾一块。

东堡赵氏民居全景

东堡赵氏民居正房“猷为勤敏”木匾

东堡史氏民居大门

东堡史氏民居正房

东堡史氏民居

东堡史氏民居位于武乡县韩北乡东堡村西，民居坐北朝南，院落布局，东西长 15 米、南北宽 12.5 米，占地面积 187.5 平方米。创建年代不详，现存建筑为民国遗构。中轴线上现存院门及正房，两侧有东、西房。正房面宽三间，进深四椽，梁架为五檩，二层棚楼式建筑，单檐硬山顶，灰板仰瓦屋面，设有木制门窗。棚楼式建筑是当地民居的一种营造做法，即一层功能为起居及日常活动，空间较高；二层功能为保温、隔热及储物，空间较低。

砖壁一号民居东房

砖壁一号民居正房拱券窗

砖壁一号民居

砖壁一号民居位于武乡县蟠龙镇砖壁村，民居坐北朝南，院落布局，东西长 17 米、南北宽 18.8 米，占地面积 319.6 平方米。创建年代不详，现存建筑为民国遗构。中轴线上仅存正房，两侧为东、西房，院东南角辟门。正房面宽五间，进深四椽，梁架为五檩，二层棚楼式建筑，单檐硬山顶，灰板仰瓦屋面，设有木制门窗。棚楼式建筑是当地民居的一种营造做法，即一层功能为起居及日常活动，空间较高；二层功能为保温、隔热及储物，空间较低。

合家垴七号民居

合家垴七号民居位于武乡县洪水镇合家垴村，民居坐北朝南，东西长13米、南北宽14米，占地面积182平方米。创建年代不详，现存建筑均为清代遗构。中轴线上现存大门及正房，两侧有东房、西房。正房石砌台基，面宽三间，单檐硬山顶，五檩前廊式构架，明间、次间设有隔扇门，前廊柱间雀替镂空木雕花卉等图案，雕工精美。

合家垴七号民居

南台一号民居

南台一号民居位于武乡县洪水镇南台村，民居坐北朝南，东西长 15 米、南北宽 19.5 米，占地面积 292.5 平方米。创建年代不详，现存建筑为民国风格。一进院落布局，中轴线上现存正房五间、南房五间，两侧有东、西房各三间，院东南角设院门。正房为二层棚楼式建筑，建于石砌台基之上，面宽五间，进深四椽，单檐硬山顶，灰板仰瓦屋面，五檩式构架，装修已改。棚楼式建筑是当地营造作法，一层用于居住，二层用于储物。

南台一号民居正房

四、石刻类

良侯店北魏石窟

良侯店北魏石窟位于武乡县分水岭乡分水岭村良侯店自然村村东 500 米处，石窟坐北朝南，分布面积 500 平方米。现存石窟 2 窟，佛龛 3 窟，均开凿于景山山壁之上。其中 1 号石窟高约 5 米，宽约 5 米，呈正方形，里面现有佛像 8 尊，坐佛 6 尊，立佛 2 尊，均为砂石质，衣衫条纹清楚，佛像后的祥云清晰，是北魏至唐代时期的石窟。

良侯店北魏石窟

良侯店北魏石窟主造像北侧胁侍菩萨

主窟洞口朝西，呈“n”字形，洞内宽3.7米，深3.6米，顶高4米，覆斗顶，顶部开裂。东、南、北三壁造像无龛，直接錾石雕造佛像，均为二佛并坐。佛像台基座高0.7米，在东壁主像两边各雕一尊胁侍菩萨立像。

南壁右佛像为袒右肩大衣，佛的右臂半袒，右手自然握于衣饰边，左手残缺，盘起的腿部粗糙简洁。背光为火焰纹，雕刻精细。头光为宝莲花。在头部位置两旁还凿出约15厘米的两个小佛龛，各雕一立佛像。南壁左佛像为圆领通肩大衣。佛像背光为火焰纹，雕刻精细。头光为莲瓣、飞天、坐佛。

良侯店北魏石窟内部

良侯店北魏石窟主窟西侧唐代佛龛

良侯店北魏石窟北壁造像

良侯店北魏石窟主造像南侧胁侍菩萨

北良侯北朝石佛造像

北良侯北朝石佛头像

北良侯北朝佛石佛造像位于武乡县故城镇北良侯村福源院中，造像坐北朝南。该佛像为细砂石质圆雕菩萨，通高 3.45 米，跣足立于覆盆式莲台之上，台高 0.44 米、宽 0.92 米。佛像头戴宝冠，颈饰项圈，面相丰满略长，细颈削肩，身着天衣璎珞，下着裙。造像风格具有北朝特征，被后人重新彩绘。1965 年，北良侯北朝佛石佛造像被山西省人民政府公布为省级文物保护单位。

石窑会唐代摩崖石窟

石窑会唐代摩崖石窟位于武乡县分水岭乡石窑会村，立面面积 0.35 平方米，现存 1 龛，唐代遗存。龛为圆拱形，龛楣、龛柱风化，难以辨认。龛内雕坐佛 1 尊，像高 0.5—0.6 米，头饰肉髻，面部丰圆，身着袈裟，结跏趺坐于莲台之上，身后背光、飞天祥云、衣饰风化严重，漫漶不清。

石窑会唐代摩崖石窟

石窑会唐代摩崖石窟内部佛造像

分水岭唐代石佛

分水岭唐代石佛

分水岭唐代石佛位于武乡县分水岭乡分水岭村。据造像的形制判断为唐代风格。石佛坐东朝西，为一尊砂石立佛，现存中间一段，高1.6米，宽1米，佛像双手合十，衣衫条纹清晰，原佛头丢失。

阳公岭明代护国显济王庙

阳公岭明代护国显济王庙遗址位于武乡县故城镇阳公岭村，东西宽约150米、南北长约300米，分布面积约4.5万平方米。现存碑一通、石狮一对。该遗址属于明代遗存。

阳公岭明代护国显济王庙石碑

阳公岭明代护国显济王庙遗址

磨里北朝石窟

磨里北朝石窟位于武乡县故城镇磨里村，北魏至北齐风格，石窟坐东南朝西北，窟高 1.4 米、宽 0.83 米，立面面积约 1.2 平方米。石窟北侧存菩萨像一尊，窟中东、南、西三壁各塑一佛二弟子。佛高 0.7 米，为坐佛，眉目清秀，衣衫条纹清晰，头上梳有发髻。正南方坐佛前雕有类似老虎的动物。

磨里北朝石窟

磨里北朝石窟佛龛

磨里北朝石窟外题记

磨里北朝石窟内部佛造像

磨里北朝石窟内部佛造像

磨里北朝石窟内佛像座下石虎

故城烈士碑

故城烈士碑位于武乡县故城镇故城村。1947 年，村民为纪念在“百团大战”和“九路围攻”战争中牺牲的王忠兰、王道新、杜丙文等 21 位烈士而立。碑为青石质、圆首，通高 2.3 米、宽 0.67 米、厚 0.18 米，碑首刻“光荣烈士”，碑文楷书，18 行，每行 41 字，记载了烈士生平事迹。

故城烈士碑亭

故城烈士碑

东良北魏千佛造像碑

东良北魏千佛造像碑位于故城镇东良村洪济院，该碑坐南朝北，碑通高2.2米、宽0.8米，占地面积0.49平方米，唐代遗存。碑为砂石质，碑顶单檐四脊攒尖顶，碑身四面满雕佛龛，龛内共雕佛像736尊。

东良洪济院北魏千佛造像碑

邵渠烈士碑

邵渠烈士碑位于武乡县故城镇邵渠村。1947 年，村民为纪念在抗日战争中牺牲的李寿松、杨晋标、李亮华、立晋之、李振林等 40 位烈士而立。碑为青石质，圆首，通高 1.35 米、宽 0.6 米、厚 0.2 米，碑首题“光荣”二字，碑文楷书，17 行，每行 30 字，记载了烈士的生平事迹。

邵渠烈士亭

邵渠烈士碑

岸北村赵满柱烈士碑

赵满柱烈士碑位于武乡县故城镇岸北村。赵满柱（1926—1950），武乡县岸北村人，1945 年入伍，人民解放军六十军一七九师某班班长，1950 年在四川剿匪战斗中牺牲。1959 年，岸北村村民于石砌碑亭内立碑纪念，碑为砂石质，长方形，通高 1.3 米、宽 0.5 米、厚 0.4 米。碑文记载烈士生平。

岸北村赵满柱烈士碑

茅庄烈士碑

茅庄烈士碑位于武乡县故城镇茅庄村。1947 年，村民为纪念在抗日战争中牺牲的段若宗、程金生、田文秀等 5 位烈士而立。该碑坐南朝北，青石质，圆首，通高 1.65 米、宽 0.65 米、厚 0.17 米。碑文楷书，17 行，每行 20 字，记载了烈士生平事迹。

茅庄烈士碑碑楼

岸北烈士碑

岸北烈士碑位于武乡县故城镇岸北村。1950 年，村民为纪念在抗日战争和解放战争中牺牲的赵天明、赵明柱、赵三全等 18 位烈士而立。该碑坐西朝东，青石质、长方形，通高 2.6 米、宽 0.76 米、厚 0.15 米。碑文楷书，11 行、每行 59 字，记载了烈士生平事迹。后村民又新建碑亭一座。

岸北烈士碑碑庐

岸北烈士碑

南沟魏如敖烈士碑

魏如敖烈士碑位于武乡县石北乡小良村南沟自然村。魏如敖（1923—？），石北乡南沟村人，1941年参加革命，武乡独立营战士，失踪年代不详。1953年，本村村民为纪念其而立。碑为亭后墙，砂岩石质地，通高2米、宽0.40米、厚0.45米，碑首题“流芳千古”。碑文楷书，19行，每行32字，记载了烈士生平事迹。碑亭两侧刻“保国家为人民勋功难忘，除奸匪杀仇敌浩气长存”。

南沟魏如敖烈士碑

岭南村郝保隆烈士碑

郝保隆烈士碑位于武乡县岭南村。郝保隆（？—1950），武乡县岭南村人，1947年参加革命，在湖北军分区任班长，1950年在四川剿匪战争中牺牲。1961年，其家乡父老为纪念他而立碑。碑为青石质、圆首，通高0.91米、宽0.51米、厚0.13米。碑座长0.91米、宽0.51米。碑首题有“流芳百世”字样，碑文宋体，8行，每行21字，记载了烈士生平事迹。

岭南村郝保隆烈士碑

楼则峪烈士碑

楼则峪烈士碑位于武乡县石北乡楼则峪村。1947年当地村民为纪念在平汉战争中光荣牺牲的王景行、王虎山等7位烈士而立。碑为青石质、圆首，通高1.4米、宽0.2米、厚0.13米。碑亭为正方形，边长2.85米。碑首题“为革命而死虽死犹荣”，碑文楷书，19行，每行32字，记载了烈士的生平事迹。

楼则峪烈士碑

圪咀头烈士碑

圪咀头烈士碑位于武乡县石北乡圪咀头村。1942年当地村民为了纪念在张村战役中光荣牺牲的5位烈士而立。名字无从考证。原址在瓦窑圪瘩山，因2002年修乡村公路，迁到此地。碑为青石质、圆首，通高1.3米、宽0.45米、厚0.07米。碑座长0.8米、宽0.3米。碑身题“革命烈士纪念碑”，碑文楷书，记载了烈士的生平事迹。

黑营唐代摩崖造像

黑营摩唐代崖造像位于涌泉乡黑营村。造像刻在黑营村北的一块断面石崖上，现存 1 龛，立面面积 0.3 平方米。据造像及龛的形制判断为唐代风格。龛为圆拱形，龛楣、龛柱风化，难以辨认。龛内雕坐佛 1 尊，像高 0.5—0.6 米，头饰肉髻，面部丰圆，身着袈裟，结跏趺坐于莲台之上；身后背光、飞天祥云及佛面容、衣饰风化严重，漫漶不清。

黑营唐代摩崖造像

西里庄烈士碑

西里庄烈士碑位于武乡县涌泉乡峰沟村西里庄自然村。1950年，村民为纪念在抗日战争、解放战争及安阳战役中牺牲的李五斤、弓有银、李五唐等14位烈士而立。碑置于方形碑亭内，砂石质，碑首梯形，通高1.93米、宽0.8米、厚0.15米。碑首题“流芳千古”。碑文楷书，19行，每行56字，记载了烈士的生平事迹。

西里庄烈士碑

神前村元代碑

神前村元代碑位于涌泉乡神前村，该碑坐北朝南，砖砌碑座，占地面积1平方米。碑青石质、圆首，通高2.2米、宽0.84米、厚0.25米。刻字20行，每行72字，碑文楷书，元大德六年（1302）立。

神前村元代碑

神前村元代碑俯瞰

涌泉烈士碑

涌泉烈士碑位于武乡县涌泉乡涌泉村。1948 年，村民为纪念在解放战争中牺牲的孟来明、郭永林、李福隆等 16 位烈士而立。碑为青石质、长方形，通高 1.5 米、宽 0.63 米、厚 0.17 米。碑文楷书，16 行，每行 40 字，记载了烈士的生平事迹。

涌泉烈士碑

寨上烈士碑

寨上烈士碑位于涌泉乡寨上村。1948年12月5日，村民为纪念在抗日战争、解放战争及安阳战役中牺牲的周敬全、王甫生、弓成保等16位烈士而立，置于方形碑亭内。碑为青石质、圆首，通高2.2米、宽0.87米、厚0.24米。碑首刻“为国尽忠”。碑文楷书，19行，每行50字，记载了烈士的生平事迹。

寨上烈士碑

坡底烈士碑

坡底烈士碑位于武乡县涌泉乡坡底村。1946 年，村民为纪念在抗战中光荣牺牲的赵仁林、李福荣等 9 位烈士而立。碑为青石质、圆首，通高 1.5 米、宽 0.6 米、厚 0.15 米。碑首刻有“永垂不朽”。碑文楷书，15 行，每行 46 字，记载了烈士的生平事迹。

坡底烈士碑

连庄沟北朝摩崖石刻

连庄沟北朝摩崖石刻位于武乡县故县乡里庄村连庄沟自然村西 500 米处景山山壁之上。现存佛龛 2 尊，据造像及佛龛的形制判断为北朝风格。

连庄沟北朝摩崖石刻

故县北齐石佛像

故县北齐石佛像位于故县村中的高地上，砂石质，通高 3.8 米，时代为北齐，高冠博服，神态飘逸，具有浓郁的北齐雕像风格。

故县北齐石佛像

魏家窑烈士碑

魏家窑烈士碑位于丰州镇魏家窑村东20米阁上。1946年，魏家窑村民为纪念在抗日战争中牺牲的烈士而立。碑文记述民兵在抗日战争中，英勇斗争，抵抗外来侵略者的事迹。立碑人为魏家窑全体村民，赵蕴泉撰文。碑通高1.8米、宽0.8米、厚0.35米。碑额刻有“烈士碑”。碑文楷书，8行，每行26字。

魏家窑烈士碑

南庄烈士碑

南庄烈士碑位于丰州镇五里坡村南庄自然村口，该碑坐东朝西。1947年，当地村民为纪念在抗日战争中牺牲的张天元、武永富等6位烈士而立碑。碑为青石质、圆首，通高3米、宽0.8米、厚0.15米。碑首刻有“流芳百世”。碑文楷书，14行，每行55字，记载了烈士的生平事迹。

南庄烈士碑

许家垴烈士碑

许家垴烈士碑位于武乡县大有乡许家垴村东的高地上。1947 年，当地村民为纪念在抗日战争中牺牲的烈士立碑。碑为青石质，圆首。碑通高 1 米、宽 0.7 米、厚 0.1 米，碑额题字“流芳百世”，碑文楷书，10 行，每行 23 字，记载了烈士的生平事迹。

许家垴烈士碑

李峪烈士碑

李峪烈士碑位于武乡县大有乡李峪村东南。1952 年，当地村民为了纪念在抗日战争中牺牲的姜希珍、李印元等 6 位烈士而立。碑为青石质、长方形，通高 1.7 米、宽 0.8 米、厚 0.1 米，立于边长 1.2 米的六角亭内。碑额刻有“民族之光，百世长存”。碑身正面刻“抗战英雄纪念碑”。碑文楷书，15 行，每行 50 字，记载了烈士的生平事迹。

李峪烈士碑亭

李峪烈士碑

郑峪烈士碑

郑峪烈士碑位于武乡县上司乡郑峪村南的高地上。1959 年，村民为纪念在抗日战争中牺牲的赵林旺、赵生旺等 4 位烈士而立。碑为砂石质、圆首，通高 1.1 米、宽 0.47 米、厚 0.1 米，碑首刻有“百世流芳”。碑文楷书，22 行，每行 23 字，记载了烈士的生平事迹。

郑峪烈士碑碑庐

郑峪烈士碑

漆树坡窑洞保卫战纪念碑

漆树坡窑洞保卫战纪念碑位于铺上村漆树坡自然村西，该碑坐西朝东，立于正方形台基之上，边长为7.8米，占地面积60.84平方米。1989年，由乡政府出资筹建。碑身高8米，底座高4米。碑身正面刻有陆定一“漆树坡窑洞保卫战纪念碑”题字，背面是邓小平所题“人民英雄永垂不朽”，两侧是象征民兵武装的圆形浮雕，底座正面是县委、县政府撰写的碑文，背面是烈士名录，两侧分别刻有徐向前、聂荣臻、姜一、鲁瑞林、赵志云、钟明锋的题词。

漆树坡窑洞保卫战纪念碑

漆树坡窑洞保卫战纪念碑（下部碑文）

张庄村抗日烈士纪念碑

张庄村抗日烈士纪念碑位于上司乡漆树坡村。1938 年 4 月，日华北方面军第一军集中兵力 3 万余人，分“九路围攻”晋东南地区。4 月 16 日，八路军一二九师主力与一一五师三四四旅一部在长乐村一带的河谷地区，进行战斗，打击敌主力一一七联队，巩家垴高地是重点之一。这次战斗歼敌 2200 余人，这是八路军在抗日战争中消灭日军最多的一次战斗。碑上正面题“抗日烈士纪念碑”，下部为纪念内容。

张庄村抗日烈士纪念碑

下北漳石塔幢

下北漳石塔幢位于下北漳村中，塔幢坐北朝南，通高 1.7 米，直径 0.8 米，占地面积 0.16 平方米。幢为砂石质，共四层，一层圆形底座，二层为经幢，三层为莲花座束腰，最上层四面满雕佛龛。

下北漳石塔幢

东堡烈士碑

东堡烈士碑位于武乡县韩北乡东堡村东。1945 年，村民为纪念在抗日战争中牺牲的史银宝、史福忠、史家明等 22 位烈士而立。碑为青石质、圆首，通高 1 米、宽 0.5 米、厚 0.15 米。碑文楷书，8 行，每行 28 字，记载了烈士的生平事迹。另存 1984 年烈士碑两通，后被村民迁到一楼阁内。

东堡烈士碑

东堡烈士碑亭

韩北烈士碑

韩北烈士碑位于武乡县韩北乡韩北村口。1968 年，当地村民为纪念在抗日战争中牺牲的史小祥、魏培文等 13 位烈士而立。碑为青石质、圆首，通高 1.9 米、宽 0.7 米、厚 0.16 米。碑额刻“永垂不朽”。碑文楷书，15 行，每行 32 字，记载了烈士的生平事迹。

韩北烈士碑

固村烈士碑

固村烈士碑位于武乡县韩北乡固村村西。1947 年，当地村民为纪念在抗日战争中牺牲的郭心安、吴象国等 6 位烈士而立。碑为砂石质、圆首，通高 1.1 米、宽 0.5 米、厚 0.15 米。碑首刻有“烈士碑记”。碑文楷书，16 行，每行 33 字，记载了烈士的生平事迹。

固村烈士碑

石板清代禁山碑

石板清代禁山碑位于武乡县蟠龙镇石板村，该碑坐东朝西，占地面积0.5平方米。青石质，圆首，碑通高0.96米、宽0.5米、厚0.19米。清乾隆三十九年（1774）立石。碑文楷书，记载了禁山地界起止划分情况。

石板清代禁山碑

陌峪烈士碑

陌峪烈士碑位于武乡县蟠龙镇陌峪村。1952 年，当地村民为了纪念在抗日战争中牺牲的韩文秀、张春荣等 14 位烈士而立。碑为青石质、长方形，通高 1.5 米、宽 0.7 米、厚 0.17 米。碑身正面刻“抗战英雄纪念碑”。碑文楷书，20 行，每行 55 字，记述了烈士的生平事迹。

陌峪烈士碑

蟠龙烈士碑

蟠龙烈士碑位于武乡县蟠龙镇蟠龙村。碑高 10 米，碑底见方 8 米，碑周围砌有见方 25 米的砖墙，正东建有大门。碑体坐西朝东，周围翠柏茂密。1943 年 6 月，敌人侵占了武乡重镇蟠龙。太行军民根据上级指示对敌开展了围困作战。自 1943 年 6 月起，在长达 8 个月的时间里武东根据地军民进行大大小小战斗 3000 多次，歼敌 2000 多人。1944 年 2 月取得了蟠龙围困战的全面胜利。为纪念这一革命历史事件，1944 年清明节，在蟠龙村建立纪念碑一座。改革开放后，蟠龙镇人民政府在黄沙岗修建了抗日英雄纪念碑，并将原石刻碑志和 217 位烈士名录分别镌刻在碑体下的东、南、西、北四面。

蟠龙烈士碑

胡峦岭烈士碑

胡峦岭烈士碑位于武乡县蟠龙镇胡峦岭村。1943 年 8 月 16 日夜，八路军一二九师十四团，在太行三分区的配合下，以一门山炮和一个排的兵力全歼日伪军一个营，攻克石碉堡三座，拔掉据点一处，缴获长、短枪 120 余支，轻、重机枪 8 挺，打通了段村至蟠龙镇的通道，战场分布面积约 30000 平方米。为纪念这一革命历史事件，1949 年，当地群众在遗址上建立烈士碑亭一座。

胡峦岭烈士碑楼

胡峦岭烈士碑

南郊村程福祥、萧法英烈士碑

南郊村程福祥、萧法英烈士碑位于武乡县蟠龙镇南郊村。1947 年 5 月和 7 月，南郊村村民为纪念抗日战争中牺牲的八路军一二九师三八五旅七六九团战士程福祥和解放军八纵队二十三旅六十九团战士萧法英而立。碑为砂石质、圆首，通高 0.80—0.82 米、宽 0.4 米、厚 0.20 米。两碑正面分别刻有“中国共产党员程福祥”“萧法英烈士光荣碑”。碑文楷书，12 行，每行 29 字，记载了两位烈士的生平事迹。

南郊村程福祥烈士碑

南郊村萧法英烈士碑

石门烈士碑

石门烈士碑位于武乡县蟠龙镇石门村。1951 年，当地村民为纪念在抗日战争中牺牲的赵三孩、郝栓木、秦松茂等 217 位烈士而立。碑立于六角亭内，青石质，圆首，通高 1.8 米、宽 0.6 米、厚 0.40 米。碑额刻有“流芳千古”。碑文楷书，21 行，每行 35 字，记载了烈士的生平事迹。

石门烈士碑

白家庄烈士碑

白家庄烈士碑位于武乡县蟠龙镇白家庄村。1948 年，当地村民为了纪念在百团大战和安阳战役中牺牲的李水荣、张名、张贵堂等 7 位烈士而建。碑青石质、圆首，通高 0.84 米、宽 0.42 米。碑额刻有“永远光荣”。碑文楷书，14 行，每行 32 字，记载了烈士的生平事迹，立于边长 1.3 米的砖砌方形亭内。

白家庄烈士碑碑庐

白家庄烈士碑

温庄烈士碑

温庄烈士碑位于武乡县蟠龙镇温庄村。1952 年，当地村民为纪念在抗日战争中牺牲的冯来成、杨金元等 6 位烈士而立。碑为青石质、圆首，通高 1.8 米、宽 0.64 米、厚 0.17 米。正面刻有“诸烈士为民殉国英名万古”。碑文楷书，21 行，每行 64 字，记载了烈士的生平事迹。

温庄烈士碑

尚元村尚元烈士碑

尚元村尚元烈士碑

尚元烈士碑位于武乡县蟠龙镇尚元村。1947年当地村民为了纪念在抗日战争时期牺牲的王河元、李永腾等6位烈士而立碑。石碑立于边长为1.5米的六边形碑亭内。碑为青石质、圆首，通高1.5米、宽0.5米、厚0.20米。碑额刻有“流芳百世”。碑文楷书，15行，每行28字，记载了烈士的生平事迹。王尚元，武乡县皮烟村（今尚元村）人。1940年参加民兵，1942年加入中国共产党。1943年10月，乡亲们回村抢收粮食，王尚元在山上担任警戒，黎明时发觉敌人到了村前，为掩护乡亲孤身一人阻击进犯之敌，掩护全村群众转移，不幸牺牲。1944年太行区首届杀敌英雄大会上，追授其“杀敌英雄”称号。1946年8月，全村百姓请求将村名改为“尚元村”，以纪念先烈。

大陌烈士碑

大陌烈士碑位于武乡县蟠龙镇大陌村。1946 年，当地村民为了纪念在抗日战争中牺牲的刘玉金、王二孩等 9 位烈士而建。碑为青石质，圆首，通高 1.8 米、宽 0.7 米、厚 0.15 米，立于边长 4 米的正方形亭内。碑额刻有“烈士碑”。碑文楷书，15 行，每行 23 字，记载了烈士的生平事迹。另存郝书祥烈士碑一通。

大陌烈士碑

关家垴烈士碑

关家垴烈士碑位于武乡县蟠龙镇关家垴村。1947 年，当地村民为了纪念晋冀鲁豫军区第三纵队修械所铁工班班长关金龙和在抗日战争中牺牲的八路军战士关松旺、关永金而建。碑一：青石质、圆首。通高 1.9 米、宽 0.6 米、厚 0.15 米，碑额刻有“万古名扬”，碑文楷书，11 行，每行 52 字。碑二：青石质、圆首。通高 1.66 米、宽 0.60 米，碑文记载了烈士的生平事迹。

关家垴关永金烈士碑

关家垴关松旺烈士碑

蟠龙围困战烈士纪念碑

蟠龙围困战烈士纪念碑位于武乡县蟠龙镇蟠龙村。纪念亭坐北朝南，底宽见方 5 米、高 3 米，呈四棱八角形，亭内立有围困蟠龙敌人胜利纪念碑。1943 年 6 月 14 日，日军三十六师葛目联队的小林大队，指挥围剿共军第一师赵瑞、段炳昌所部，共 3000 人，侵占武乡东部重镇——蟠龙村，妄图分割我抗日根据地。为打击敌人的嚣张气焰，我太行三分区决定集中优势兵力，发起蟠（龙）武（乡）战役。于 1943 年 7 月 19 日至 20 日，抽调 6 个团的兵力经过两天激战，给敌人以极大打击。为彻底消灭敌人“蚕食”阴谋，太行区党政军各级领导，向蟠龙至武乡县城沿线军民发起了“军民团结奋战，围困蟠龙敌人”的号召，2 万多人投入这场历时 8 个月零 14 天的围困战斗，总共歼敌 2100 多名。在我军政治攻势中，据点敌人被迫于 1944 年 2 月 28 日晨时，趁夜色仓皇逃走。1944 年 3 月 4 日，太行第三军分区在蟠龙镇召开了万人参加的庆功祝捷大会。1945 年 4 月 5 日，武乡（东）党、政、军、民各界代表近万人在蟠龙镇举行公祭大会，祭奠蟠龙围困战，以及武乡县在抗日战争中为国捐躯的烈士，之后蟠龙村委在村东门修建了围困蟠龙敌人胜利纪念亭。

蟠龙围困战烈士纪念碑亭

蟠龙围困战烈士纪念碑

黎武公路碑

黎武公路碑

黎武公路碑位于武乡县洪水镇左会村东南5千米的板山上。1959年，在多快好省地建设祖国的号召下，武乡县政府为解决本县东部山区的交通困难及区域资源合理利用问题，同黎城人民经过长达两年的艰苦奋战，终于修通了该公路。这条公路被称为黎城、武乡两县人民的交通“生命线”，此碑便是为记载创建黎武公路经过而立的。该碑占地面积1.35平方米。碑青石质、圆首，通高1.8米、宽0.75米、厚0.13米。碑文楷书。

西坡北朝佛石造像

西坡北朝佛石造像位于武乡县洪水镇西坡村西 200 米处，造像坐北朝南，立面面积 2.51 平方米。北朝遗存，现存佛龛 7 尊，青石质，佛像高度 0.5—0.6 厘米，面部表情现已模糊，身上服饰条纹部分清楚，佛像身后背光、飞天、祥云均已模糊不清。

西坡北朝佛石造像外景

西坡北朝佛石造像细部

显王八路军兵工厂英雄纪念碑

显王八路军兵工厂英雄纪念碑位于武乡县洪水镇显王村。1952 年为了纪念在抗日战争中牺牲的烈士而立碑。旧碑由于保存不善，碑文模糊，现已断裂。2005 年为了纪念抗日战争胜利 60 周年，村委会在原址上重立新碑。新碑坐南朝北，碑身高 10 米，底座高 2 米。碑身正面刻有“八路军兵工厂英雄纪念碑”。碑后侧面刻有“显王兵工厂烈士永垂不朽”。南侧刻有碑文。底座刻有八路军的宣传画。

显王八路军兵工厂英雄纪念碑

洪水张银宫烈士碑

洪水张银宫烈士碑位于武乡县洪水镇洪水村（后县民政部门移立于武乡县八路军烈士陵园）。张银宫（1916—1943），山西省五台人，中共党员，1943 年牺牲，同年 5 月，八路军总部特务团和武乡县地方政府为纪念张银宫烈士立碑。碑青石质、圆首，通高 1.15 米、宽 0.70 米、厚 0.14 米。碑额刻有“烈士张银宫之墓”。碑文记载了烈士的生平事迹。

洪水张银宫烈士碑

洪水张银宫烈士碑碑拓

显王烈士碑

显王烈士碑位于武乡县洪水镇显王村。1947年，当地村民为纪念在抗日战争中牺牲的张德贵、刘金兰等9位烈士而立碑。碑为青石质，圆首，通高1.06米、宽0.46米、厚0.16米。碑额刻有“烈士纪念碑”。碑文楷书，12行，每行25字，记载了烈士的生平事迹。

显王烈士碑

杨李枝烈士碑

杨李枝烈士碑

杨李枝烈士碑位于武乡县洪水镇杨李枝村。1946年，当地村民为纪念在抗日战争中牺牲的李水生、李生云等8位烈士立碑。碑为青石质，圆首，通高1.4米、宽0.5米、厚0.15米。碑额刻有“百世流芳”。碑文楷书，10行，每行30字，记载了烈士的生平事迹。另存1953年烈士碑一通，碑文记载了本村在剿匪战争中牺牲烈士的生平事迹。

苏峪沟苏克勤烈士碑

苏峪沟苏克勤烈士碑位于武乡县洪水镇苏峪沟村。苏克勤同志1943年病逝于苏峪沟村，同年，当地村民为纪念这位红军干部而立碑。碑为青石质、圆首，通高1.8米、宽1.1米、厚0.2米。碑文楷书，5行，每行20字，记载了烈士的生平事迹。旁边另立赵生玉及纪念抗战烈士碑各一通。

苏峪沟苏克勤烈士碑

五、其他类

泉之头村军民泉

泉之头村军民泉位于武乡县分水岭乡泉之头村。1940 年，武西独立营在此村整军期间，为了打破日军的经济封锁，发展农业生产，坚持抗日战争，修筑了这条长约 100 米的水渠，并把出水口处雕刻为龙头状，寓意风调雨顺。此股泉水被当地村民称为“军民泉”。现存一石砌长方形石台，边长 7 米，高约 1.2 米，占地面积 49 平方米。

泉之头村军民泉

“龙泉难老”石刻

西郊农业学大寨指挥部旧址

西郊农业学大寨指挥部旧址

西郊农业学大寨指挥部旧址位于武乡县分水岭乡西郊村。1966 年，青草堙大队为了响应毛主席提出的“农业学大寨”口号，在村中修建指挥部。该指挥部的建成有力地保证了农业生产及社会各项活动的顺利进行，为促进本地区经济发展作出了一定贡献。指挥部坐北朝南，东西长 25.68 米、南北宽 5 米，占地面积 128.4 平方米。现存五孔石券窑，墙上刻有“走大寨路”，每孔窑洞上均刻有五角星，具有明显的时代特征。

石盘人民剧场

石盘人民剧场位于武乡县分水岭乡石盘村。1970 年，为了贯彻毛主席提出的“文艺工作者服务于工农兵”的指示。分南人民公社决定在石盘村修筑人民剧场，以便开展政治斗争和文化教育（唱样板戏）。剧场坐南朝北，东西长 34.1 米、南北宽 10.6 米，占地面积 361.46 平方米。现存戏台、东西化妆间。剧场顶部阳刻“人民剧场”，字上方刻五角星，具有明显的时代特征。

石盘人民剧场

南关供销社旧址

南关供销社旧址位于武乡县分水岭乡南关村。1955 年，为了对私营工商业进行社会主义改造，以实现社会主义公有制建设，武乡县革委会决定在该村设立供销社。供销社坐北朝南，东西长 17.4 米、南北宽 6.4 米，占地面积 111.36 平方米。现存正房七间，屋顶正中及东、西角各有五角星一颗，前墙体设有六个出水口。现仍作为供销社使用。

南关供销社旧址

分水岭供销社旧址

分水岭供销社旧址位于武乡县分水岭乡分水岭村。1955 年，为了对私营工商业进行社会主义改造，以实现社会主义公有制经济建设，武乡县革委会决定在该村设立供销社。供销社坐西朝东，东西长 10.3 米、南北宽 5.37 米，占地面积约 55.3 平方米。现存正房七间，砖体结构，中间为门，平顶，两侧各有三扇窗户，门顶部上刻“发展经济保障供给，以粮食为纲全面发展”标语，具有明显的时代特征。

南关供销社旧址

南沟活水池塘

南沟活水池塘位于武乡县分水岭乡南沟村。1956 年，王家沟村民为了响应毛主席提出“水利是农业的命脉”的号召，在村北修建了此水塘，此水塘的建成为发展农业生产起到了积极作用，池塘坐西朝东，边长为 10 米，八边形，占地面积 280 平方米。据墙上标志记载，1982 年曾重修。现存一个三拱形标志墙，一个八边形蓄水池。蓄水池直径约 30 米，池内墙上和墙两侧都刻有五角星，具有明显的时代特征。

南沟活水池塘

西黄岩社教桥

西黄岩社教桥位于石北乡西黄岩村。1966年，“四清”运动时期，为了响应国家号召，李茂才同志带领全村人民修建。为了让大家记住这特殊时代的历史意义，起名叫“社教桥”。该桥为拱形两孔石砌桥，呈南北走向，长10米、宽3.2米、高5.2米。主要用来灌溉、防洪、通路，现在村民仍在使用。

“社教桥”石刻匾

西黄岩社教桥

西黄岩古桥

西黄岩古桥位于石北乡西黄岩村。该桥距社教桥仅 500 米之远，创建年代不详，据村中老者介绍，此桥为民国时期修建，南北走向，是一座拱形单孔石砌桥，桥长 7 米、宽 5.3 米、高 6.1 米，桥面为土路，主要用来灌溉、防洪、通路，现在村民仍在使用。

西黄岩古桥

楼则峪化石出土点

楼则峪化石出土点位于武乡县石北乡楼则峪村。为一处旧石器时期动物群骨化石遗址，分布面积约72平方千米。该遗址立有高1米、宽0.3米、厚0.15米的砂石质文物保护标志碑1通。保护范围自标志碑起东、西、南各4千米，北5千米，该保护标志由我国著名学者郭沫若先生亲手所立。

楼则峪化石出土点

楼则峪化石出土点具体位置

楼则峪化石出土点标志碑

张村化石出土点

张村化石出土点位于武乡县石北乡张村。为一处旧石器时期遗址。东西长约400米、南北宽约200米，分布面积约8万平方米。

出土化石标本

张村化石出土点

东黄岩农业学大寨指挥部旧址

东黄岩农业学大寨指挥部旧址

东黄岩农业学大寨指挥部旧址位于武乡县石北乡东黄岩村。1966年，东黄岩大队为了响应毛主席提出的“农业学大寨”口号，修建了这座指挥部，该指挥部的建成有力地保证了农业生产及社会各项活动的顺利进行，为促进本地区的经济发展作出了一定贡献。指挥部坐北朝南，东西长32.02米、南北宽5米，占地面积160.1平方米。现存砖砌正窑七孔，装修皆毁坏；上建房屋十一间，进深四椽，五檩架构，单檐悬山顶，具有明显的时代特征。

西里庄拱桥

西里庄拱桥位于武乡县涌泉乡峰沟村西里庄自然村。1958 年，“大跃进”时期，涌泉公社全体干部村民自带干粮，连续奋战三个月，修筑了这座连拱形的四孔石桥。该桥呈东西走向，长 20 米、宽 4.8 米、高 2.2 米，单孔净跨 4 米，桥面现为水泥路面，当时用作防洪和交通，现仍在使用。

西里庄拱桥

蒲池拱桥

蒲池拱桥位于武乡县涌泉乡蒲池村。1958年，“大跃进”时期，涌泉公社全体干部村民自带干粮，连续奋战三个月，修筑了这座单孔石桥，该桥呈东西走向，长6.1米、宽4.1米、高2.2米，单孔净跨4米，当时用作防洪和通路。现桥面为水泥路面，仍在使用。

蒲池拱桥

涌泉战备粮库

涌泉战备粮库位于武乡县涌泉乡涌泉村。该粮库坐北朝南，东西宽 33 米、南北长 50 米，占地面积 1650 平方米，整体为三角形，砖券窑洞三孔，窑檐分三层，有灰砖出檐，窑顶呈阶梯状。1972 年 12 月 10 日，村民为贯彻毛主席提出的“深挖洞，广积粮，不称霸”指示，修建了这座战备粮库，现村民仍在使用。

涌泉战备粮库

涌泉战备粮库库房

涌泉五一桥

涌泉五一桥位于涌泉乡涌泉村。该桥呈南北走向，长 9 米、宽 6.4 米，桥单孔净跨 6.3 米，上书“五一桥”三字，桥栏水泥上刻“五角星”。修建于 1962 年，当时涌泉公社为了响应国家“加快社会主义经济建设”的号召，在村干部的带领下于村南修建了这座拱形的单孔石砌桥，当时主要用来灌溉、防洪、通路，现村民仍在使用。

涌泉五一桥

马庄农业学大寨指挥部旧址

马庄农业学大寨指挥部旧址位于武乡县丰州镇马庄村。1966 年，马庄大队为了响应毛主席提出的“农业学大寨”口号，在村中修建指挥部。旧址正窑三孔，为石砌窑洞。洞宽 3 米，进深 5 米。中间窑洞上雕刻有五角星，具有明显的时代特征。

马庄农业学大寨指挥部旧址

城关村人民广场主席台

城关村人民广场主席台位于武乡县丰州镇城关村宝塔街，1968 年，武乡县革委会为适应发展形势，在县城的北部修建主席台，作为当时县城群众的集会地。该主席台为砖混结构，坐北向南。正中为观礼台，两侧为办公室。台上方檐沿书“人民广场”四字。该建筑具有典型的时代特点。

城关村人民广场主席台

河底军民水井

河底军民水井

河底军民水井位于武乡县丰州镇西河底村，1941 年武西独立营在此处整军期间，为了打破日军对根据地的封锁，实行生产自救，帮助村民打下了这口水井，解决了当地浇灌农田和人畜饮水的问题。同时，对打破日军经济封锁，夺取抗战胜利起到了很大的作用。井口为圆形，砂石砌制，井内壁也为圆形，片石砌成，距地表约 20 米。现村民仍在使用。

长乐供销社旧址

长乐供销社旧址

长乐供销社旧址位于长治市武乡县大有乡长乐村中。1955年，为了对私营工商业进行社会主义改造，以实现社会主义公有制经济建设，武乡县革委会决定在该村建设供销社。供销社坐北朝南，东西18米、南北4.5米，占地面积81平方米。现存正房七间，大门上方有五角星、斧头图案及“混合业合作社”字样，字下方雕有“地雷”，具有明显的时代特征。

西中庄拱桥

西中庄拱桥位于武乡县大有乡西中庄村南500米处。1959年，在“大跃进”的号召下，为了发展当地农业和改善交通状况砌筑了这座石桥，并在桥的正上方刻了一个鲜明的五角星，寓意西中庄村民和党中央“心连心”。此桥东西长14米、南北宽4米、桥身高6米，单孔净跨6米。

西中庄拱桥

董井凹大队部旧址

董井凹大队部旧址位于武乡县大有乡董井凹村中。1970 年，为了响应党中央的号召和实现所谓“全国一片红”的政治形势，大有公社决定在董井凹村设立大队部。大队部坐北朝南，东西长 16.2 米、南北宽 5 米，占地面积 81 平方米。现存砖砌正窑三孔，木制门窗装修；上建房屋五间，进深四椽，五檩架构，单檐硬山顶。

董井凹大队部旧址门拱上的“忠”字石刻

董井凹大队部旧址办公楼

脉落神拱桥

脉落神拱桥位于武乡县大有乡脉落神村东。1959 年，在“大跃进”的号召下，为了发展当地农业和改善交通状况砌筑了这座单拱形的石桥，并在桥的正上方刻了一个鲜明的五角星，寓意脉落神村村民和党中央“心连心”。此桥东西长 15 米、南北宽 5 米，占地面积 75 平方米。

脉落神拱桥

河西沟拱桥

河西沟拱桥位于武乡县大有乡河西沟村西。1959 年，在“大跃进”的号召下，为了发展当地农业和改善交通状况砌筑了这座石桥，并在桥的正上方刻了一个鲜明的五角星，寓意河西沟村民和党中央“心连心”。此桥东西长 6 米、南北宽 6 米，占地面积 36 平方米。

河西沟拱桥

枣烟戏台

枣烟戏台位于武乡县大有乡枣烟村中。戏台坐南朝北，东西长 19.25 米、南北宽 6.5 米，占地面积 125.125 平方米。创建年代不详，现存为清代遗构。现存戏台，东、西耳殿各三间。戏台面宽三间，进深四椽，五檩，单檐硬山顶，灰板瓦屋面，装修毁坏无存。1973 年为了响应党中央的号召，实现“全国一片红”的形势和丰富村民的文化生活，在此戏台的柱础上刻了“五角星”，在斗栱上刻了“三面红旗”。

枣烟戏台

李井凹知青住所

李井凹知青住所位于武乡县大有乡李井凹村中。1970 年，为了响应毛主席提出的“知识青年到农村去，接受贫下中农再教育，很有必要”的号召，北京知青王善进、陈启峪等六人来到此地。在此期间，知青们同村民们一起种地，并在闲暇时间帮助村民学习文化知识。住所坐北朝南，一进院落布局，东西长 16.2 米、南北宽 15 米，占地面积 243 平方米。中轴线上现存正楼，两侧有东、西房各三间，西房的墙上还写有毛主席语录中的革命标语，正楼为砖砌窑洞三孔，装修已改；上建房屋五间，进深四椽，五檩式构架，单檐硬山顶。

李井凹知青住所全景

李井凹知青住所西房

铺上公共食堂旧址

铺上公共食堂旧址位于武乡县上司乡铺上村东。1960 年，铺上村全体干部村民为实行人民食堂一体化，便修建此食堂，食堂坐西朝东，东西长 2.2 米、南北宽 2.3 米，占地面积 5.06 平方米。大门上题有“公共食堂”四个大字，具有典型的时代特征。

铺上公共食堂旧址

“公共食堂”门额

郑峪戏台

郑峪戏台位于武乡县上司乡郑峪村中，戏台坐南朝北，东西宽 7.9 米、南北长 11.3 米，占地面积 89.27 平方米。创建年代不详，现存戏台为清代遗构。戏台面宽三间，进深六椽，七檩构架，单檐硬山顶。灰瓦屋面，明间设有龙形斗栱，补间为象形斗栱。

郑峪戏台

王家垴当铺

王家垴当铺位于武乡县上司乡王家垴村中。此当铺最初归财主赵友方所有，创建年代不详，现存为民国时期建筑。当铺坐南朝北，东西长 5 米、南北宽 3 米，占地面积 15 平方米。现存房屋一栋，面宽、进深各一间，灰板瓦屋面。前面设有小窗户，窗户下面有一高 2 米的石砌台基，当时主要用以典当货物。

王家垴当铺

后王家庄四清工作队住所

后王家庄四清工作队住所位于武乡县上司乡小店村后王家庄自然村中。为了响应毛主席八届十中全会的决定，在城乡发动“四清”运动。1965 年，省“四清”工作队进驻到王家庄村。旧址坐北朝南，东西长 2.3 米、南北宽 2.2 米，占地面积 5.06 平方米。一进院落布局，现存正窑、南房，两侧有东、西房。

后王家庄四清工作队住所

后王家庄四清工作队住所大门

南高岭粮囤

南高岭粮囤位于铺上村南高岭自然村北。1970年，当时的南高岭生产队为了贯彻毛主席提出的“深挖洞，广积粮，不称霸”指示，在当时的粮场修建了两座粮囤，可储藏粮食达三万斤，为保障经济建设和农业生产起到了积极作用。该粮囤东西长13.4米、南北宽3.4米，占地面积45.56平方米。现存土券圆形粮囤2座，直径约3.4米。

南高岭粮囤

北高岭粮库

北高岭粮库位于武乡县上司乡铺上村北高岭自然村北。1970年，当时的北高岭生产队为了贯彻毛主席提出的“深挖洞，广积粮，不称霸”指示，修建了此粮库。该粮库东西长8.4米、南北宽4.9米，占地面积41.16平方米，现存房屋三间，粮库门开于北侧，山墙上面镶嵌有砖雕五角星，具有明显的时代特征，现仍在使用。

北高岭粮库

上司天主堂

上司天主堂位于武乡县上司乡上司村。创建于清光绪二十九年（1903），哥特式建筑风格。天主堂坐南朝北，东西宽 13 米、南北长 24 米，占地面积 312 平方米，面宽三间，进深五间，钟楼高约 30 米。

上司天主堂

后岭头抗战地道

后岭头抗战地道位于武乡县上司乡后岭头村。为了与日伪军开展游击战，后岭头村百姓利用当地地形地貌，将窑洞打穿，又开挖地道，形成暗道相通、可防可守的地道战工事。

后岭头抗战地道外部环境

后岭头抗战地道入口

贾豁农业学大寨指挥部旧址

贾豁农业学大寨指挥部旧址位于武乡县贾豁乡贾豁村中。1966 年，当地村干部为了响应毛泽东提出的“农业学大寨”口号，修建了这座指挥部，该指挥部的建成有力地保证了农业生产及社会各项活动的顺利进行，为促进本地区的经济发展作出了一定贡献。指挥部坐北朝南，东西长 35.8 米、南北宽 5 米，占地面积 179 平方米。现存单拱形石砌窑洞六孔，二层有民房八间，单孔窑洞宽 3 米，进深 5 米。

贾豁农业学大寨指挥部旧址

田庄水利建设桥

田庄水利建设桥位于武乡县贾豁乡田庄村口。1968 年，在毛主席“全民动员，兴修水利”方针的指导下，武乡革委会为解决田庄村农民灌溉缺水的问题，修建了此渠，渠为砖石拱桥结构，现总长约 70 米，宽 3.1 米。渠下为券拱，上为灌溉水道。东侧刻有“水利建设”四个字。

田庄水利建设渠

姚家庄天主堂

姚家庄天主堂位于武乡县监漳镇姚家庄村中。据天主堂后墙的碑文记载，创建于清光绪三十年（1904），哥特式建筑风格。天主堂坐北朝南，东西宽8.5米、南北长22.5米，占地面积191.25平方米。一进院落布局，现存钟楼、东房（为神父的住所）。钟楼面宽三间，进深五间，高约30米。

姚家庄天主堂

姚家庄天主堂院内东房

姚家庄天主堂内部

中申良沟大队队部旧址

中申良沟大队队部旧址位于武乡县监漳镇庙岭村中申良沟自然村中。1970 年，为了响应党中央的号召和实现所谓“全国一片红”的政治形势，监漳公社决定在中申良沟村设立大队部，以便开展各种政治会议。队部坐南朝北，东西长 14.98 米、南北宽 5 米，占地面积 74.9 平方米。现存正窑三孔，由石头和砖砌成，装修已改。窑洞两侧还刻有“泰山才华”“龙腾虎跃”的字样，每个窑洞上均刻有五角星，具有明显的时代特征。

中申良沟大队队部旧址

西头跃进门

西头跃进门位于武乡县韩北乡西头村西。始建于1958年“大跃进”时期，仿苏式建筑，该门坐西朝东，东西长5.6米、南北宽0.8米，占地面积4.48平方米。拱形砖砌大门，门顶部中间原画有毛泽东主席像，大门两侧还写有毛主席的诗句，具有明显的时代特征。

西头跃进门

下合隧道

下合隧道位于武乡县韩北乡下合村东 2 千米处。1939 年，八路军总部从砖壁村移至王家峪村。所属机关移至下合村及东枣林村。为确保总部安全转移和输送战略物资，当地抗日武装和村民共同开凿了这条隧道。该隧道南北走向，东西长 25 米、南北宽 10 米，占地面积 250 平方米。

下合隧道

圪道红星剧场

圪道红星剧场位于武乡县韩北乡圪道村口。1970 年，为了响应党中央的号召和实现所谓“全国一片红”的政治形势，韩北人民公社决定在圪道村修筑红星剧场，以便开展政治斗争和文化教育（唱样板戏）。剧场坐南朝北，东西长 15 米、南北宽 15 米，占地面积 225 平方米，砖混结构，钢架屋顶，正立面顶部阳刻“红星剧场”，上方刻有六面红旗和一个五角星，具有明显的时代特征。

圪道红星剧场

蟠龙革命桥

蟠龙革命桥位于武乡县蟠龙镇蟠龙村。1950年，当地政府为解决蟠龙村村民出行困难而修建此桥。该桥呈南北走向，是一座石砌单拱形石桥，长10米、宽6米，桥洞最大单孔净跨5米，桥面为水泥路面。桥洞东侧刻有“五角星”“钟表”，洞砖上刻有八路军像，钟表寓意蟠龙村人民在解放初期与时间赛跑，为建设社会主义而奋斗。现桥仍在使用。

蟠龙革命桥

石门供销社旧址

石门供销社旧址位于武乡县蟠龙镇石门村中。1955 年，为了对私营工商业进行社会主义改造，以实现建设社会主义公有制经济，武乡县革委会决定在该村设立供销社。供销社坐南朝北，东西长 45 米、南北宽 5 米，占地面积 225 平方米。砖混结构，面宽 13 间，进深 1 间，平顶，装修已改，中间为大门。大门正上方刻“石门供销社”。西侧商铺墙上写有“发展经济，保障供给”，东侧写有“支援生产，繁荣经济”等标语。具有明显的时代特征。

石门供销社旧址

白家庄天主堂

白家庄天主堂位于武乡县蟠龙镇白家庄村。天主堂坐北朝南，东西长14.3米、南北宽8.4米，占地面积120.12平方米。据教徒讲，该教堂属民国时期建筑，由一位意大利神父出资筹建。抗日战争中钟楼和其他建筑均被毁。现仅存正房（神父居住），以及住所两侧的石狮一对。正房面宽五间，进深四椽，五檩架构，单檐硬山顶，灰板瓦屋面。

白家庄天主堂

青草垭农业学大寨指挥部旧址

青草垭农业学大寨指挥部旧址位于武乡县洪水镇青草垭村。1966 年，青草垭大队为了响应毛主席提出的“农业学大寨”口号,在村中修建了指挥部。该指挥部的建成有力地保证了农业生产及社会各项活动的顺利进行，为促进本村的经济发展作出了一定贡献。旧址坐东朝西，南北长 41.4 米、东西宽 5 米，占地面积 207 平方米。现存指挥部由上、下两部分组成，一层为石砌窑洞 9 孔，窑顶之上新建有民房 14 间，红砖砌筑墙体，单檐硬山顶。

青草垭农业学大寨指挥部旧址

青草堙供销社旧址

青草堙供销社旧址位于武乡县洪水镇青草堙村中。1955 年，为了对私营工商业进行社会主义改造，实现建设社会主义公有制经济，武乡县革委会决定在该村设立供销社。供销社坐西朝东，南北长 29 米、东西宽 9 米，占地面积 261 平方米。现存砖砌房屋九间，“人”字形屋顶，屋檐下刻“自力更生”“奋发图强”的标语，具有明显的时代特征。

青草堙供销社旧址

庄沟四清工作队住所

庄沟四清工作队住所位于武乡县洪水镇庄沟村。为了贯彻毛主席在八届十中全会上的决定，省“四清”工作队于1965年进驻庄沟村这座宅院内。此宅坐北朝南，一进院落布局，东西宽12米、南北长12.1米，占地面积145.2平方米。正房面宽五间，进深四椽，五檩架构，单檐悬山顶，灰板瓦屋面，板门、格子窗装修。

庄沟四清工作队住所

合家垴戏台

合家垴戏台位于武乡县墨镫乡合家垴村。1966 年，为了适应当时的政治形势，村委会修建了这座戏台。该戏台坐西朝东，单体建筑，东西长 12 米、南北宽 5.5 米，占地面积 66 平方米。戏台建于石砌台基之上，面宽三间，进深六椽，单檐硬山顶，灰布瓦屋顶，七檩式构架，装修不存，次间设为化妆间。

合家垴戏台

南台门洞

南台门洞位于武乡县洪水镇南台村。该门洞坐西朝东，东西宽 3.9 米、南北长 5.2 米，占地面积 20.28 平方米。创建年代不详，现存门洞为民国遗构。门洞下半部为砂石砌筑，上半部为青砖砌筑，东西走向，单孔拱券式，门头上砖雕匾额“振兴先基”四字。

南台门洞

半坡农业学大寨指挥部旧址

半坡农业学大寨指挥部旧址位于武乡县洪水镇半坡村。1966 年，半坡大队为了响应毛主席提出的“农业学大寨”口号，在村中修建了指挥部，该指挥部的建成有力地保证了农业生产及社会各项活动的顺利进行，为促进本地区的经济发展作出了一定贡献。指挥部坐北朝南，东西长 30.9 米、南北宽 5 米，占地面积 154.5 平方米。现存砖砌正窑七孔，装修已改；上建房屋十间，进深四椽，五檩架构，单檐悬山顶，窗台上刻“学大寨自力更生”，具有明显的时代特征。

半坡农业学大寨指挥部旧址

八路军总部兵工厂显王炮楼旧址

八路军总部兵工厂显王炮楼旧址位于武乡县洪水镇显王村。1939年，八路军总部兵工厂在该村创办，为了有效保障兵工厂的安全，因此在外面的拱券通道上修筑了炮楼。旧址坐北朝南，南北20米、东西9米，占地面积180平方米，炮楼在1940年8月关家垴战役中被日军轰炸机炸毁，现仅存拱券门洞。

八路军总部兵工厂显王炮楼旧址

第二编　可移动类物质文化遗产

一、馆藏可移动历史文物选录

商代绳纹鬲

质地为陶质。口径 22.5 厘米，高 17 厘米。鬲身腹部饰有竖形绳纹，器型较为完整，陶质粗糙，经鉴定为商代遗物。为二级历史文物。

清荫香堂刊本《药性赋》上卷

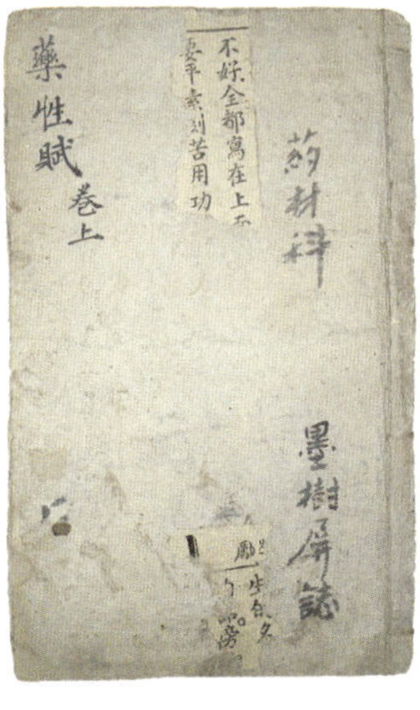

质地为纸质。长 20 厘米，宽 12.5 厘米，厚约 0.5 厘米。为三级历史文物。

唐白釉三足瓷罐

瓷罐口径 2.5 厘米，腹径 6 厘米，高 7 厘米。器型完整，表面有多个褐色瑕斑。为三级历史文物。

西晋永嘉五年碗

质地为陶质。口径 17 厘米，底径 8 厘米，高 7 厘米。器型完整，碗体刻有“永嘉辛未”四字。为三级历史文物。

汉跪俑

质地为陶质。高 17.5 厘米，底座长 11 厘米，宽 8 厘米。人物呈跪姿，头戴高冠，右臂垂膝，左臂曲肘，面部表情模糊。为三级历史文物。

宋大舜耕田砖雕

质地为陶砖。长 33 厘米，高 15 厘米，厚 7.5 厘米。砖体图案有人物一、动物一，为二十四孝故事之一的“孝感动天”，即大舜耕田的故事。为三级历史文物。

北朝佛头

质地为石质。高 80 厘米，宽 48 厘米。造像面相丰润，面形略圆，五官线条柔和，头部肉髻较为平缓，面露微笑，仿佛在传递着智慧和慈悲，具有较高的艺术价值。

北齐造像碑

造像碑为圆首，高 78 厘米、宽 52 厘米、厚 15 厘米，系北齐河清四年（565）勒石。碑面分两部分，碑首有一尊大佛像，15 厘米见方。两面有铭

文，中间一排有7尊佛像，宽6厘米，高10厘米。碑阴之碑首部分为3尊坐佛造像，两端螭龙造型；碑面36尊造像，分为6行，每行6尊。该碑为2002年维修大云寺时发现出土，具有较高的研究价值。

碑文主要内容："唯大齐河清四年正月八日，邑予六十人等，自察己身，倏如电光泡沫，犹固观诸生灭，不异轮回，何殊环转，恐徒过一世。乃片功可记，遂躬率遍化。上为皇帝陛下、臣僚百辟，保命休延，寿同河岳，又为师僧父母七世因缘及诸蠢类，敬造祇桓（园）精舍一区。更在西山大卢尖颠，造浮啚图一区。"并记诸维那（寺中执掌事务至僧职）姓名。

唐郝将墓志

墓志红砂石质，呈正方形，边长57厘米，厚8厘米。志文正书，笔法端庄，每行23字，文23行，共520余字。左侧边缘有残损，中间有部分文字缺失。墓志盖箓顶，边长57厘米，高12厘米，阳文篆书"郝君墓志"四字，有残损。系唐咸亨二年（671）九月立。

碑文内容为：

维咸亨二年岁次辛未九月乙未朔廿六日庚申郝处士铭

公讳将，潞州乡县人也。自昔华夏承天，肇基王业，纲开道洽，泽润生灵。虽历数改归，神天易顾，代有英伟，委质相仍。洎后魏齐符光有咸洛，天下郡国氏族区分。公之一门，望高里闬，州都郡正，先后重荣，乡党具瞻，衣冠仰止。祖买齐，任功曹，父绸随，任文学，实一代之英俊也。公始自弱龄，志高气远，执心谦谨，在丑无争，味道谈玄，怡然自得。属大业年季，随室播迁，地满豺狼，人填沟壑。公披榛取给，悦色养亲，堂构不亏，人伦称叹。及□真人革命，区域重安，洙泗之风，充溢寰寓。公虽逢时，遇□圣躬士征贤，志存扇枕，心无干禄，韬光隐耀，栖遁私门。有琴一张，时弄《广陵》之调；有书千卷，无亏甲夜之勤。赋拟闲居，□□□惟；诗题大隐，风骨超伦；服饵养神，龟延遐岁。岂其无□□□□□□□，于永徽五年三月卒于私室，春秋六十八。寻以其年其月权□□□□之原。夫人姜氏，此邑名家，地望清显。祖祢冠冕，昆季簪〔鼎〕□□□□□□□忠恕言归懿族，琴瑟相宜。诞育一男，年冲孤藐。夫人孀居立志，贞专特甚，恭伯之妻，惭其节操；文伯之母，愧以深仁，端拱闺闱，绝踪阃阈，不形怠怒之色，不亏容止之礼，弊服无惭，□飡不厌，每停机训子，竭贿求师。子遂经明行修，文清笔灵，将欲裹粮祈宦，弘□家门，何乃荼毒相仍，几于灭性，陟岵悲甚，风树叹深，谨即枝卜岁时以从告兆。夫人八十有一，咸亨二年八月廿日无禄。即以其年九月廿六日合葬于县城北弘化之原。呜呼哀哉！乃为铭□。

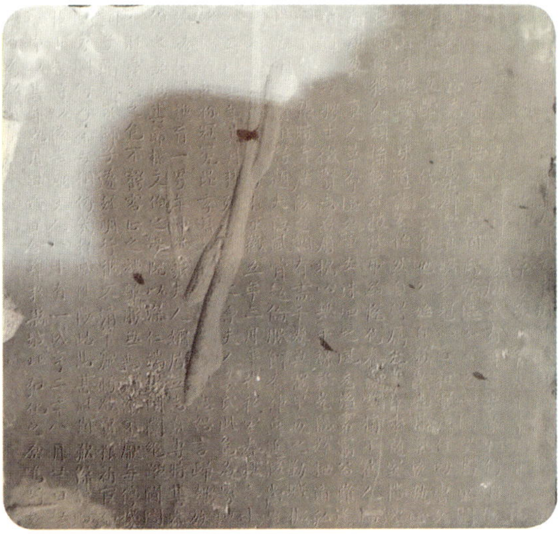

二、馆藏可移动革命文物选录

鲁迅艺术学院在武乡创作的彭德怀木刻版画

质地为纸质。长 33.8 厘米，宽 26.8 厘米，题有文字：“亲临前线指挥的八路军彭德怀副总司令，彦涵 1941 年刻于太行山敌后抗日根据地。”为一级革命文物。

晋冀鲁豫边区文联工厂印制的《春耕图》

质地为纸质。长 53 厘米，宽 36.4 厘米，为一级文物。画面为农民翻身分到土地、耕牛后，一家人高兴地下地耕种途中。题有“《春耕图》：穷人〔闹翻〕身，分地分牛羊。互助〔勤〕耕种，支援大前方。一年〔春〕为首，计划要周详。春种〔一〕粒谷，秋收万颗粮。晋冀鲁豫边区文联人民美术工厂印。”

彭德怀同志在王家峪村用过的木椅

质地为木质，在武乡当地叫“罗圈椅”。长57厘米，宽44厘米，高101厘米，是抗日战争时期彭德怀同志在王家峪村生活、指挥、战斗时使用过的木椅。为一级文物。

刘伯承、邓小平同志在王家峪村用过的木桌

木桌长94厘米，宽63.5厘米，高87厘米，为一级文物。

这种木桌在武乡当地叫“小八仙桌”，寓有吉祥之意。八路军总部在王家峪驻扎期间，房东张子阳主动将此木桌借给刘伯承、邓小平同志使用。总部转移后，张子阳一家在生活中连续使用。1981年4月12日，房东张子阳将此木桌捐赠给县文管所。

《民族革命读本》

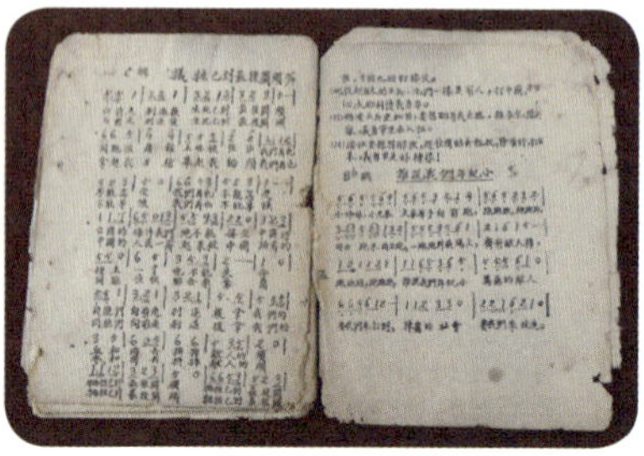

为1938年武乡战时教育编审委员会审编的《民族革命读本》，质地为纸质。长13.5厘米，宽10厘米，厚0.3厘米。内容包括宣传抗战救国文章、抗战歌曲、抗战宣传画等，为一级文物。

邓小平同志用过的武东抗日县政府制叁两兑米票

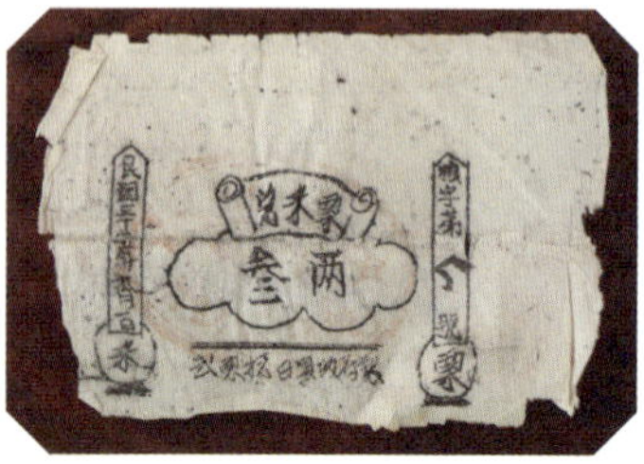

抗日战争时期邓小平同志用过的米票，质地为纸质。长8厘米，宽5.6厘米。为一级文物。

邓小平同志在王家峪总部用过的米票

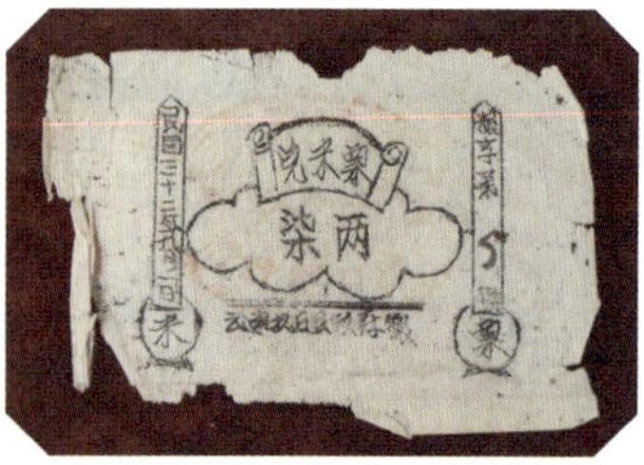

米票质地为纸质。长8厘米，宽5.6厘米。为一级文物。

彭德怀同志在王家峪村用过的木桌

该桌质地为木质。长 96 厘米，宽 96 厘米，高 87 厘米。为一级文物。

彭德怀同志用过的马扎

马扎质地为木质。长 23 厘米，宽 24.5 厘米，高 26.5 厘米。为一级文物。

刘伯承、邓小平同志在王家峪村用过的木椅

该椅质地为木质。长 55 厘米，宽 54 厘米，高 90 厘米。为一级文物。

这张木椅是八路军总部在王家峪驻扎期间，房东张子阳主动借给刘伯承、邓小平同志使用。总部转移后，张子阳一家在生活中一直使用。1981 年 4 月 12 日，房东张子阳将此木椅捐赠给县文管所。

刘伯承、邓小平同志在王家峪村用过的木椅

朱德同志在王家峪村用过的木椅

该椅质地为木质，在武乡当地叫“罗圈椅”。长55厘米，宽28厘米，高90厘米。为一级文物。

这是抗日战争时期朱德同志在王家峪村生活、指挥、战斗时使用过的木椅。朱德同志坐在此椅上起草电文、拟定作战计划、下达作战命令，指挥华北地区的抗战，同时，接待援华的国际友人等。总部转移后，仍属张子阳保存。1982年，张子阳将其捐赠给武乡县文管所。

朱德同志在砖壁村用过的长条桌

该桌质地为木质。长 58 厘米，宽 58 厘米，高 87 厘米。为一级文物。

八路军总部在砖壁驻扎期间，当时看庙老人杨五满主动将此长条木桌借给朱德同志使用。1980 年 6 月，八路军总部砖壁旧址纪念馆对外开放时，这张长条木桌由杨五满老人捐赠。

朱德同志用过的马扎

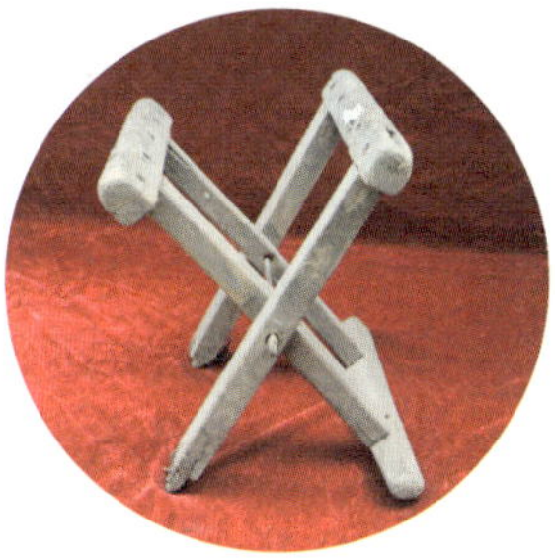

马扎质地为木质。长25厘米，宽26厘米，高32厘米。为一级文物。

总部转移以后，马扎仍属原主人李风保存。1980年，李风将其捐赠给武乡县文管所。

八路军总部参谋处用过的油灯

油灯质地为铁质。高 39.9 厘米，底径 16.5 厘米。为一级文物。

八路军总部参谋处用过的“孔雀牌油墨”铁盒

该盒质地为铁质。口径 10.4 厘米，底径 10.6 厘米。为一级文物。

此油墨盒是抗日战争时期八路军总部参谋处用过的“孔雀牌油墨”铁盒。所装油墨主要是用来打印文件等，在当时发挥了重要作用。

砖壁村儿童团用过的红缨枪枪头

枪头质地为铁质。长 20.05 厘米，宽 4.23 厘米，直径 3.1 厘米。为一级文物。

这把红缨枪枪头是抗日战争时期砖壁村儿童团用过的铁造红缨枪枪头。儿童团团员在抗战期间扛着红缨枪帮助八路军战士站岗放哨、送信、查路条、送干粮等。

朱德同志用过的眼镜盒

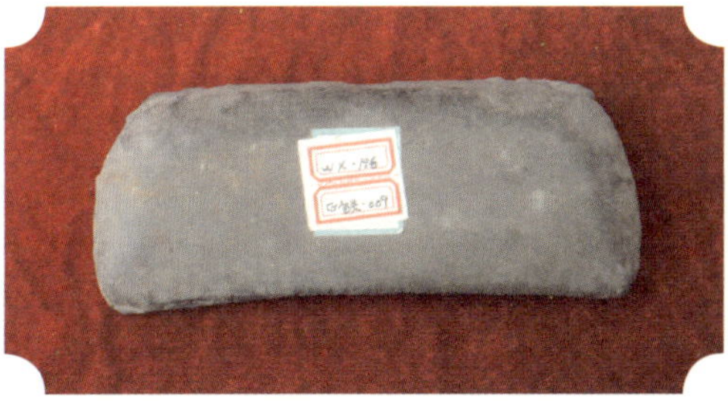

眼镜盒质地为铁质。长 14.58 厘米，宽 5.97 厘米，厚 2.78 厘米。为一级文物。

这是朱德总司令在王家峪驻扎时，赠送给房东张子阳母亲魏闺女的眼镜盒。魏闺女当时已年届七十，仍为八路军做军鞋、纳鞋底，人老眼花，朱德总司令将参谋处处长阎揆要的这副眼镜赠送给魏大娘。时长日久，眼镜不慎碎裂，只有眼镜盒保留下来。总部王家峪旧址开放后，其子张子阳将其捐出，陈列于八路军总部王家峪旧址纪念馆。

彭德怀在王家峪驻扎期间用过的镢头

镢头质地为铁质。长 31 厘米，宽 8 厘米。为一级文物。

此镢头是抗战时期彭德怀副总司令在王家峪驻扎期间，积极响应“大生产劳动”生产自救时，和村民一起生产劳动用过的。

左权同志在砖壁村用过的铁箱子

该箱质地为铁质。长 47 厘米，宽 34 厘米，高 29 厘米，重量 15kg。为一级文物。

它随左权同志转战南北，走过长征，又跟随八路军从延安来到太行山抗日前线。当时这种铁箱一共有 20 个，带到太行山两个，是左权同志及其参谋处用来装党的机密文件、材料的。八路军总部撤离砖壁后，把铁箱送给了房东杨五满。八路军总部砖壁旧址开放时，杨五满将其捐赠给砖壁总部纪念馆。

左权将军挖“圣人泉”用过的洋镐

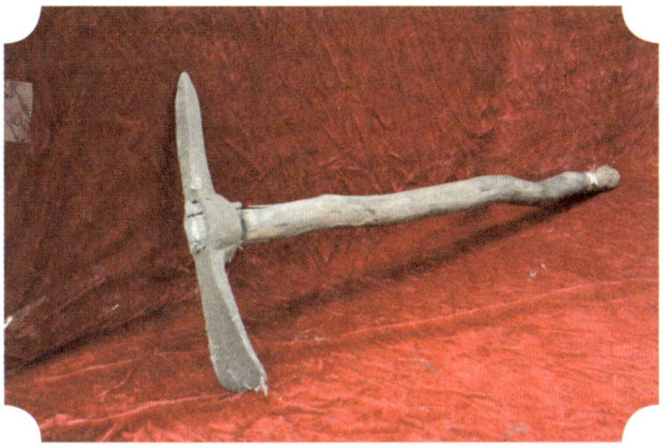

洋镐质地为铁质。长 81.5 厘米，宽 30 厘米。为一级文物。

这是左权将军挖“圣人泉”时用过的洋镐。1939 年秋，特务团进驻黄崖洞，左权将军设计工事开始住左会申林忠家。左权将军发现当地百姓生活生产严重缺水，便带特务团战士寻找并挖出一股泉水。当地原有“有朝一日圣人来，泉水滚滚灌四周”的民歌，于是老百姓称左权将军为“左圣人”，泉水为“圣人泉”。这把洋镐原属警卫员吴国川，左权曾用其挖泉。黄崖洞战斗后左权将军撤离时，将洋镐留在申林忠家。后来申林忠将其捐赠给武乡县文管所。

朱德在王家峪用过的油灯

油灯质地为铁质。高 39 厘米，底径 13.5 厘米。为一级文物。

这盏油灯是抗日战争时期朱德同志使用过的铁油灯。武乡当地叫“桐油灯”，也叫“素油灯”。八路军总部在王家峪驻扎期间时，房东张子阳主动将此油灯借给朱德同志使用。朱德总司令曾在此灯下研究作战方案、起草电文、拟定作战计划、下达作战命令。八路军总部转移后，仍由张子阳一家继续使用。1981 年 4 月 12 日，房东张子阳捐赠。

八路军总部在王家峪用过的脸盆

脸盆质地为瓷质。口径 33.2 厘米，底径 16.5 厘米，高 9 厘米。为一级文物。

八路军总部在王家峪驻扎期间，朱德总司令住在房东张子阳家。张子阳把自己家使用的脸盆送给朱德同志，1940 年朱德离开王家峪回延安时，交还给房东。1960 年，八路军总部王家峪旧址开放后，张子阳将此盆捐给武乡文化馆，后来移交给武乡县文管所。

八路军总部作战科用过的电话机

电话机质地为铁质。长 21.5 厘米，宽 15.5 厘米，高 16 厘米。为一级文物。

这是八路军参谋处的电话机。作战科战士昼夜在机旁值班，朱德同志、彭德怀同志用此电话机和党中央联系，和总署机关及四部电台联系，指挥华北八路军的作战行动。1940 年，彭德怀曾用此电话下达百团大战作战命令。八路军总部转移后，由砖壁村村长马明骏保存。1976 年，由本村村支书王志祥将其捐赠给武乡县文管所。

八路军总部警卫班战士用过的饮马瓢

该瓢质地为铁质。长 33 厘米，高 6 厘米，口径 22 厘米。为一级文物。

此铁瓢是当时朱德总司令和警卫员在“大生产劳动”时自力更生、自己种粮种菜所用。八路军总部转移时，将其留在村公所。时间久了，底部被磨出一个洞。1964 年八路军总部开放时，村支书崔恒林将其移交给武乡县文管所。

彭德怀在王家峪用过的油灯

油灯质地为铁质。高 19 厘米，底径 11 厘米。为一级文物。

这盏油灯是抗日战争时期八路军副司令员彭德怀同志在王家峪村生活、战斗时使用过的铁油灯，武乡当地称为“桐油灯”或“素油灯”。彭德怀同志在此灯下研究作战方案、起草电文、拟定作战计划等。

砖壁村民兵杨五满支前用过的壶

该壶质地为铁质。口径 10.4 厘米，底径 23.9 厘米，高 29.5 厘米。为一级文物。

八路军总部警卫班用过的镢头

镢头质地为铁质。长 29 厘米，宽 10.05 厘米。为一级文物。

此镢头是抗战时期八路军总部在王家峪驻扎期间，为响应“大生产劳动”生产自救时，警卫班和当地村民一起生产劳动用过的。

八路军总部作战科用过的油灯

油灯质地为铁质。高 41.4 厘米，底径 16.8 厘米。为一级文物。

这是抗日战争时期八路军总部作战科使用过的铁油灯。作战科同志们在此灯下研究作战方案、起草电文、拟定作战计划等。

八路军总部警卫班用过的油灯

油灯质地为铁质。高 28 厘米，底径 15.32 厘米。为一级文物。

这盏油灯是抗日战争时期八路军总部警卫班使用过的铁油灯，武乡当地称为“桐油灯”或“素油灯”。警卫班同志们曾在此灯下研究保卫方案、拟定计划等。

八路军参谋处用过的手摇电话机

电话机质地为铁质。长 25 厘米，宽 13.5 厘米，高 24 厘米。为一级文物。

这是八路军参谋处的手摇电话机。作战参谋处人员昼夜在机旁值班，八路军参谋处用此电话机和总署机关及四部电台联系，指挥华北部队的作战行动，并与党中央毛泽东主席、重庆大后方周恩来、华北新四军刘少奇等信息互通。1940 年 7 月，该电话机在砖壁保卫战中报废。八路军总部转移后，由砖壁村村长马明骏保存。1976 年，由砖壁村支书王志祥将其移交于武乡县文管所。

八路军总部炊事班在砖壁村用过的锅

该锅质地为铁质。口径 44 厘米，底径 31 厘米，直径 68 厘米。为一级文物。

这是抗日战争时期八路军总部炊事班在砖壁村用过的铁锅。曾作为井冈山时期的军锅，随红军爬雪山、过草地，到了陕北延安，又随八路军总部从延安转战华北敌后。1939 年 10 月，八路军总部向王家峪搬迁时，管理科干部将这口锅送给了砖壁村村民，供红丧大事使用，此锅体现了八路军战士和砖壁人民之间深厚的军民鱼水情。1980 年，村民将其捐赠给砖壁总部纪念馆。

八路军总部用过的水壶

水壶质地为铝质。口径 7.8 厘米，底径 16 厘米，高 35.5 厘米。为一级文物。

此水壶是抗日战争时期八路军总部在王家峪整军时，八路军总部战士留给房东的，由房东使用和保管，体现了八路军战士和太行人民之间深厚的军民鱼水情。八路军总部王家峪旧址开放后，房东将其捐给武乡县文物部门。

“十八集团军卫生材料厂监制”的白罐子

罐子质地为瓷质。口径 9.1 厘米，腹径 20 厘米，底径 10.7 厘米，高 19.7 厘米。为一级文物。

此瓷罐是抗日战争时期“十八集团军卫生材料厂监制”的白釉瓷罐。1939 年 10 月，十八集团军医院进驻武乡县韩北乡刀把咀村时，用此药罐来装置中草药，救治伤员和当地民众。医院转移之后，此药罐便由村民韩海尧保存使用，后将其捐赠给武乡县文管所。

八路军总部用过的墨盒

墨盒质地为瓷质。长 8.5 厘米，宽 4.72 厘米，高 7.6 厘米。为一级文物。

此瓷墨盒是朱德总司令在武乡王家峪村使用的墨水瓶。1939 年 12 月 17 日，八路军总部在驻地武乡县王家峪举行纪念朱德总司令五十三周岁庆祝会，当地军民纷纷前来祝贺。作家战地访问团成员杨朔在会上写了《寿朱德将军》诗："立马太行旗贴红，雪云漠漠讽天风。将军自有臂如铁，力挽狂澜万古雄。"朱德总司令为表谢意，赋诗《和杨朔作学原韵》，并手书诗作回赠："北华收复赖群雄，猛士如云唱大风。自信挥戈能退日，河山换尽血流红。"1941 年，这首诗在公开发表时，朱德将末句改为"河山依旧战旗红"，题目改为《赠同胞战友》。

1940 年 4 月，朱德总司令将要离开太行回延安时，把这件瓷墨盒赠给了房东张子阳，体现了朱德总司令平易近人的优良作风。

1981 年 4 月 12 日，房东张子阳将其捐赠给县文管所。

八路军总部用过的药罐

药罐质地为瓷质。口径 14.1 厘米，底径 4 厘米，宽 16.25 厘米，高 9.9 厘米。为一级文物。

此药罐为抗日战争时期八路军总部在武乡驻扎期间用过的瓷药罐。主要用于救治伤员和当地民众。此药罐在当时起了重要作用，为抗日战争的胜利作出了贡献。

武乡妇女支前用过的瓷碗

该碗质地为瓷质。口径 16.78 厘米，底径 6.48 厘米。为一级文物。

此瓷碗是抗日战争时期武乡著名支前妇女模范胡春华救治重伤员时用过的瓷碗。在百团大战第三阶段及反扫荡阶段时，窑湾村妇救会主任胡春华不顾孩子生病在床，在左会野战医院和泉河第三军工医院照看重伤员，喂饭、喂汤、喂药。瓷碗和勺子是一块收藏在砖壁总部纪念馆里的。勺子现陈列于八路军太行纪念馆。

八路军卫生部用过的罐子

罐子质地为铁质。高 9.3 厘米，底径 9.6 厘米，口径 10 厘米。为一级文物。

1939 年，八路军卫生部在武乡土河村驻扎期间曾使用过这个铁药罐，主要用来保存一些特殊药品，用来救治重伤员和当地民众。

彭德怀用过的布眼镜套

眼镜套质地为棉麻纤维。长 57 厘米，宽 14 厘米，高 4.5 厘米。为一级文物。

这是彭德怀同志在八路军总部砖壁旧址驻扎时使用的布眼镜套。彭德怀同志常戴眼镜读书、看报、研究作战方案、起草作战计划等。八路军总部撤离砖壁时，将眼镜套赠送给房东杨五满。八路军总部砖壁旧址开放后，杨五满将其捐出。

八路军总部参谋处用过的皮包

该包质地为皮革。长 61 厘米，宽 18.5 厘米，高 6.6 厘米。为一级文物。

此皮包抗日战争时期八路军总部参谋处使用过。参谋处的同志用此皮包主要用来保存文件、军事地图等。

八路军总部特务团战士用过的铜军号

军号质地为铜质。长 20.5 厘米，宽 11.8 厘米，口径 11 厘米。为一级文物。

此军号是抗日战争时期八路军总部特务团战士郭树保用过的铜军号。郭树保同志在长征中使用这把军号参加过飞夺泸定桥、突破腊子口、直罗镇战役等。全面抗战爆发后，郭树保同志转战太行山区，带着这把军号参加过无数次战役。1968 年，武乡县文管所所长王照骞同志在北京积水潭医院采访郭树保同志时，他将此军号捐献给武乡县文管所。

八路军总部用过的油灯

油灯质地为铁质。高19厘米，底径9.1厘米。为一级文物。

这盏油灯是抗日战争时期八路军总部使用过的铁油灯。武乡当地称这种油灯为“桐油灯”，也叫“素油灯”。左权将军和参谋处的同志们曾经常在此灯下研究作战方案、起草电文、拟定作战计划等。

朱德同志穿过的草鞋

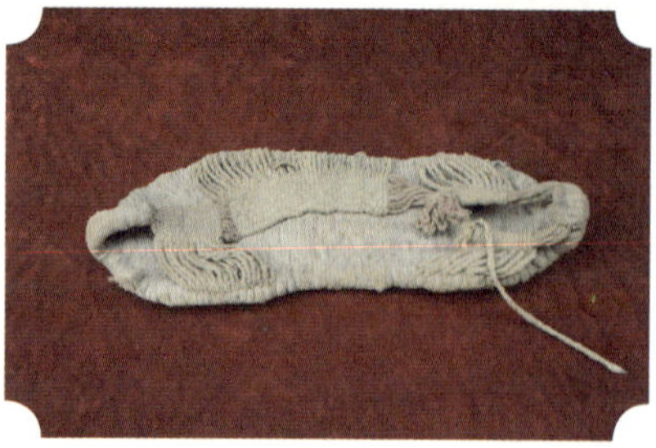

草鞋质地为草质。长27.5厘米，宽10厘米，高1.5厘米。为一级文物。

这只草鞋是朱德总司令在太行山战斗时穿过的草鞋。初到王家峪村时，房东张子阳的女儿媳子看见朱德总司令脚上的草鞋不太合脚，于是为朱德总司令编织了一双合适的草鞋送给他。八路军总部转移后，朱德总司令将这双合脚的草鞋留在驻地。张子阳将其放在大门门楼上，几经辗转，丢失了一只。1964年，八路军总部王家峪旧址开放后，张子阳将这一只草鞋捐赠给总部旧址王家峪纪念馆。

参谋处一科党支部给朱德同志“模范党员”的锦旗

锦旗质地为棉麻纤维。长 85.5 厘米，宽 64 厘米。为一级文物。

1932 年 12 月 17 月，为宣传八路军和德高望重的朱德总司令，鼓舞抗战斗志，总部为朱德总司令召开祝寿会。各部队总直单位，给朱德总司令送来贺信、贺电、锦旗表示祝贺，朱德什么也没收，只收下这面总部直属党支部送的“模范党员”的锦旗。朱德说：“我一生别无所求，但愿做一个自自然然的共产党员。”此锦旗原由村支书朱银江保存，1964 年八路军总部王家峪旧址开放后，交给武乡县文化馆。1973 年，武乡县文化馆移交武乡县文管所。这面锦旗体现了朱德同志一生毫无私心杂念，只愿做一个合格的优秀的共产党员的高尚情操。

邓小平在王家峪用过的水壶

水壶质地为铁质。高 18 厘米，口径 3 厘米，重量 50g。为一级文物。

此壶是抗战时期邓小平同志在太行地区生活战斗时用过的水壶。1943 年，在王家峪整军时，邓小平留给房东张富生，由其保管。1979 年，由张富生将其捐赠给武乡县文物部门。

八路军战士用过的水壶

水壶质地为铝质。口径 7.8 厘米，底径 16 厘米，高 35.5 厘米。为一级文物。

此水壶是抗日战争时期八路军总部在王家峪整军时，八路军总部战士留给房东的，由房东使用保管。八路军总部王家峪旧址开放后，房东将其捐给县文物部门保管。

中国红十字救护委员会捐赠给八路军总部的瓶子

该瓶为玻璃材质。口径 2.96 厘米，底径 7.6 厘米，高 17.1 厘米。为一级文物。

此瓶为抗日战争时期中国红十字救护委员会捐赠给八路军总部用过的玻璃药瓶，用来保存特殊药品。

华北《新华日报》工人排版时用的铅印版

铅印版长 24 厘米，宽 11 厘米，是抗日战争时期印制文件、宣传品的印版。为一级文物。

1939 年，何云社长带领华北《新华日报》社的工作人员驻进距离砖壁总部 5 里处的安乐庄村。在此，他们克服种种困难，突破敌人层层封锁，到附近的河北等地采集出版使用的工具、颜料等，办起了简单的印刷车间和出版车间，这块铅印版就是当时他们制作并使用过的，有宣传我党我军的抗日政策和军事胜利等方面的内容。

朱德同志在王家峪接待外国友人用过的瓷盘

该盘质地为瓷质。重量 420g，直径 20 厘米。为一级文物。

此瓷盘是抗战时期朱德同志在王家峪接待外国友人爱德华、巴苏华、英国记者何果等人时用过的瓷盘。此次接待，对宣传我党我军抗日政策、巩固扩大统一战线具有重要意义。

砖壁村八路军总部警卫班用过的辘轳

辘轳为木质结构。高 50 厘米，直径 26 厘米。为二级文物。

由于砖壁村地处山区，水资源奇缺，为了解决人畜吃水问题，朱德总司令带领直属机关工作人员在砖壁村挖井。该井直径 3 尺、深 13 丈，在井上安装了这个取水辘轳，此井被称为“抗日井”。

1981 年村里将其赠予武乡县文管所。

朱德同志在砖壁村使用的象棋

象棋质地为木质。直径 3.4 厘米。为二级文物。

这是朱德总司令在砖壁村和李二苟下棋时用过的棋子和棋盘。李二苟说朱德总司令下棋能将 5 个棋子推过河使对方无法招架。人们还说朱德总司令下棋亦和常人不一样。1980 年，八路军总部砖壁旧址维修时，李二苟将自己珍藏了 40 年的棋子和棋盘赠送给八路军旧址砖壁纪念馆。

八路军卫生材料厂用过的硫黄生化器

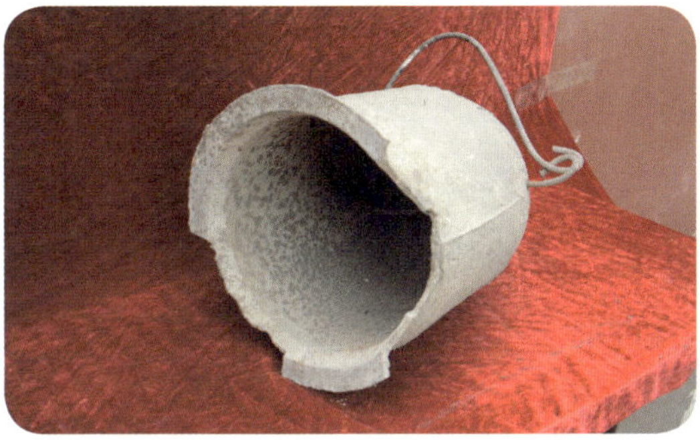

硫黄生化器质地为铁质。高 39 厘米，外口径 34.3 厘米。为二级文物。

1942 年 4 月，卫生部为了适应残酷的战争形势，撤销两个所的编制，各生产组直属厂部领导。为了军民协调，经后勤部批准，定厂名为“新华药厂”。工厂编号仍为“十八集团军野战卫生部生产材料厂”，生产针剂、玻璃、酒精和卫生材料。这是工人们当时自制的简陋制药工具——硫黄生化器。

八路军总部炊事班在王家峪村用过的铁锅

行军锅质地为铁质。口径 82 厘米，底径 54 厘米，高 38 厘米，口沿、底部残损甚多。为二级文物。

这是八路军总部在王家峪村期间使用的行军锅。原来由村公所保存于八路军总部王家峪旧址大门门楼上。1981 年，武乡县文管所将其收集陈列。

八路军总部作战科用过的瓷砚盒

砚盒质地为瓷质。口径 9 厘米，高 3.8 厘米，底径 8 厘米。为二级文物。

这是彭德怀副总司令在王家峪村期间用过的瓷砚盒。也称“陶笔洗”。1939 年冬，彭德怀副总司令将其赠送给抗日小学校长马良弼。1983 年 4 月 5 日，马良弼之子马生旺将其捐赠给武乡县文管所。

八路军卫生部用过的铁药罐

药罐质地为铁质。高 9.3 厘米，底径 9.6 厘米，口径 10 厘米。为二级文物。

此罐是抗日战争时期八路军卫生部用过的铁药罐。1939 年，八路军卫生部在土河村驻扎期间使用过，主要用来存放一些特殊药品，用来救济伤员和当地民众。

八路军总部作战科用过的铁油灯

油灯质地为铁质。高 41.4 厘米，底径 16.8 厘米。为二级文物。

这盏油灯是抗日战争时期八路军总部作战科使用过的铁油灯，武乡当地称为“桐油灯”或“素油灯”。八路军总部作战科同志们曾在此灯下研究作战方案、起草电文、拟定作战计划等。

八路军总部警卫班用过的饮马水桶

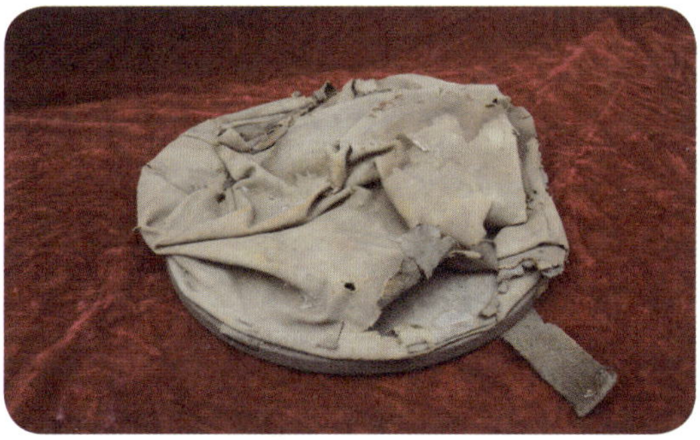

饮水马桶质地为布质。口径 17 厘米。为二级文物。

这是总部马夫班弓三朴给朱德总司令喂马用过的帆布水桶。1938 年春，长乐战斗后，弓三朴就开始跟随总部给朱德总司令喂马。1940 年 11 月初，百团大战即将结束时，弓三朴因身体不适应战争环境而回家。回家时，将饮马用的帆布水桶、喂马用的桶瓢和一些破旧的车具带回家，永久保存，以此怀念总部首长和工作战斗的岁月。1977 年，朱德总司令逝世周年纪念日，弓三朴含泪将珍藏的帆布水桶交给八路军总部王家峪旧址纪念馆。

八路军总部警卫班战士饮马用过的铁瓢

该瓢质地为铁质。底径 28 厘米。为二级文物。

这是总部马夫班弓三朴给朱德总司令喂马用过的铁瓢。1938 年春，长乐战斗后，弓三朴开始跟随总部给朱德总司令喂马。1940 年 11 月初，百团大战即将结束时，弓三朴因身体不适应战争环境而回家。回家时，将喂马用的铁瓢和一些破旧的车具带回家，永久保存，以此怀念总部首长和工作战斗的岁月。1977 年，朱德总司令逝世周年纪念日，弓三朴含泪将珍藏的桶、瓢交给八路军总部王家峪旧址纪念馆。

八路军战士用过的饼干筒

饼干盒质地为铁质。直径 10 厘米，高 25 厘米。为二级文物。

1940 年 10 月 30 日，彭德怀副总司令亲临前线指挥关家垴歼灭战。战后，彭德怀副总司令将自己分到的战利品，分给了伤员和乡亲们，送给老房东马专官一筒饼干。马专官后来将饼干筒改制为小水桶，在支援前线中，曾用此桶给决死队二十五团战士送汤、送水等。1979 年，朱德总司令旧居由国家征用，马专官搬迁时将其捐献给八路军总部旧址砖壁纪念馆。

左权将军用过的烛台

烛台质地为铁质。高 10 厘米，底径 12 厘米。为二级文物。

这是左权将军在砖壁村指挥百团大战时用过的铁烛台。左权将军曾在这个烛台下看电报、发电文、研究作战方案等，协助彭德怀副总司令指挥名震中外的“百团大战”。在八路军总部搬迁时，烛台由奶奶庙道士杨五满收藏。杨五满晚年时，将此烛台捐赠给八路军总部砖壁旧址纪念馆。

八路军总部炊事班用过的菜盒

该菜盒质地为铁质。口径 19.5 厘米，高 9.5 厘米，底径 14.7 厘米。为二级文物。

这是八路军野战部兼宣传部部长陆定一用过的菜盒。他用这个菜盒吃野菜，喝稀饭，度过了战斗的艰苦岁月。一次，总部招待所接待印度援华医疗队时，用此菜盒送了鸡汤。之后，他让警卫送给身患重病的民运部干事王南。1940 年 6 月底，八路军总部返砖壁时，为了酬谢房东平时对抗战的支持，便将此菜盒送给了房东魏安平。魏安平便将菜盒保存在门楼上。1981 年 5 月 3 日，魏安平将菜盒捐赠给武乡县文管所。

八路军总部首长用过的脸盆

脸盆为搪瓷质地。口径 35 厘米，高 10 厘米，缺底、口沿残。为二级文物。

这是彭德怀副总司令在武乡期间使用过的搪瓷脸盆。有一次警卫员用此盆打水时，彭德怀副总司令说砖壁处于高地，水源奇缺，我们应该节约用水。总部撤离时，将其放在玉皇庙中，当时砖壁村村长马明骏将其收藏。1982 年 7 月，当地将其捐赠给武乡县文管所。

八路军总部作战科战士用过的水壶

水壶质地为瓷质。口径 4.5 厘米，底径 5 厘米。为二级文物。

这是朱德总司令赠送给马引凤的一只水壶。1939 年，马引凤在王家峪小学以教师的公开身份从事党的工作。八路军总部来到王家峪村后，马引凤协助总部开展工作。1940 年，朱德总司令离开王家峪村回延安时，便把这只水壶送给马引凤作为纪念。1989 年，马引凤之子马生旺将此水壶捐赠给武乡县文管所。

八路军总部参谋处用过的笔筒

笔筒质地为瓷质。口径 6.7 厘米，高 11.5 厘米。为二级文物。

这是朱德总司令在王家峪驻扎期间，借用房东张子阳的笔筒。八路军总部转移之后，仍由张子阳保管。1981 年 4 月 12 日，张子阳将其捐赠给武乡县文物管理所。

八路军总部参谋处用过的公文包

该包皮革质地。长 61 厘米，宽 18.5 厘米，高 6.6 厘米。为二级文物。

此包是抗日战争时期八路军总部参谋处使用过的皮包。参谋处的同志用此包主要存放文件、军事地图等，为太行抗战发挥了重要的作用。

华北《新华日报》社社长何云用过的砚台

砚台质地为石质。砚台呈长方形，长 15 厘米，宽 10 厘米，厚 2 厘米，中间为研墨处。为二级文物。

这是抗日战争时期华北《新华日报》社社长何云用过的石砚台。当时华北《新华日报》社社长何云与江才董、陈克寒被誉为太行山“新华日报三笔杆”。魏化淳是何云的房东，在 1939 年至 1940 年担任里庄村的抗日小学教师，经常见何云用此砚台研墨写文章。后来，《新华日报》社转移时，何云将此砚台送给了魏化淳。

武乡民兵制作的地雷

地雷为石头质地。高 12 厘米，直径 15.5 厘米，口径 1.82 厘米。为二级文物。

这是抗日战争时期武乡民兵牛大水当年自制的石地雷。为了弥补军用武器弹药不足，左权副参谋长和供给部杨立三部长在砖壁村和老石匠牛大水研究制造石雷。牛大水回忆杨立三当时还说石雷就地取材，省钱实用，杀伤力强，是个好办法。后来，根据地推广石地雷，石地雷在柳沟兵工厂保卫战、黄崖洞保卫战中发挥了很大作用。

八路军总部参谋处在砖壁村时借用的砂吊

砂吊质地为陶质。口径 22 厘米，高 8.5 厘米，底径 16.4 厘米。为二级文物。

这是彭德怀副总司令在砖壁期间用过的砂吊。彭德怀副总司令用其浇灌门前的榆树。榆树枝繁叶茂，乡亲们亲切地称其为“将军榆”。

中共中央北方局《关于展开全华北全面对敌政治攻势指令》油印文件

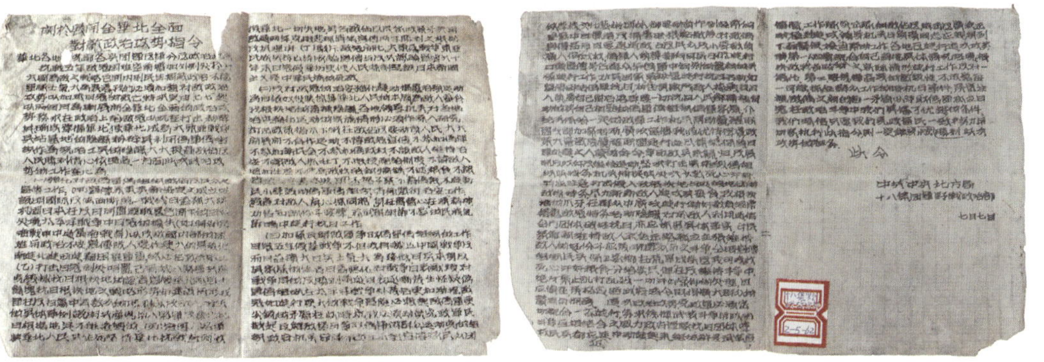

关于展开全华北全面对敌政治攻势指令

此令

文件质地为纸质。长 23.5 厘米，宽 16 厘米，现存 2 页，黄褐色的纸，用蜡纸油印，字迹比较清晰。为三级文物。

这是 1942 年中共中央北方局和十八集团军野战政治部发出的《关于展开全华北全面对敌政治攻势指令》的文件。此文件于 1982 年取自于中国革命历史博物馆。

八路军卫生部卫生学校学员用的笔记本

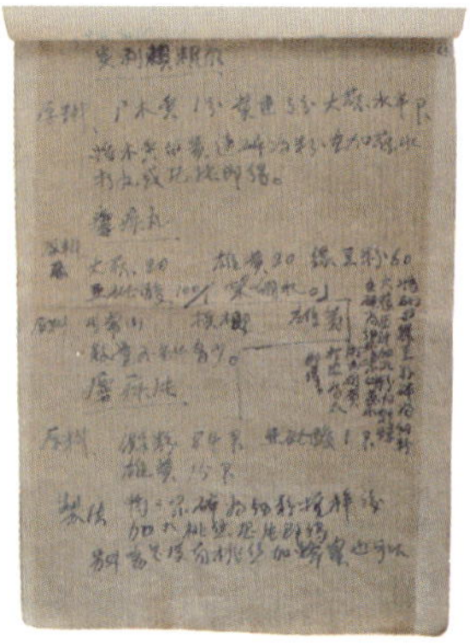

笔记本质地为纸质。长 16.5 厘米，宽 11.5 厘米。为三级文物。

这是总部卫生材料厂工人岳明堂的工作笔记，记录着制药厂制造中成药的配方。1980 年，武乡县文管所在烟里村卫生材料厂旧址考察时，岳明堂将此笔记本捐赠给文管所。

抗大学员学习用的《华北文化》

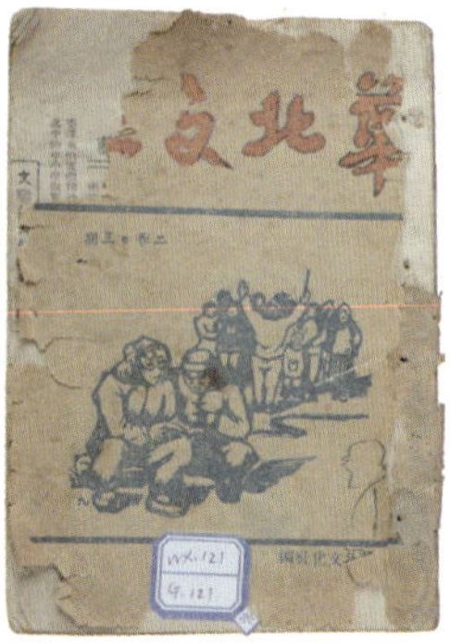

书质地为纸质。长 18 厘米，宽 12.5 厘米。为三级文物。

这是 1941 年抗大学员学习用的《华北文化》二卷三期。《华北文化》为综合性刊物，张秀中等编辑，新华书店出版。1942 年，抗大学员返回延安总部时，由八路军总部秘书刘公亮送给房东樊贵和。1974 年，樊贵和将这本《华北文化》赠给八路军总部旧址王家峪纪念馆。

武西独立营编写的《军械工作总结报告》

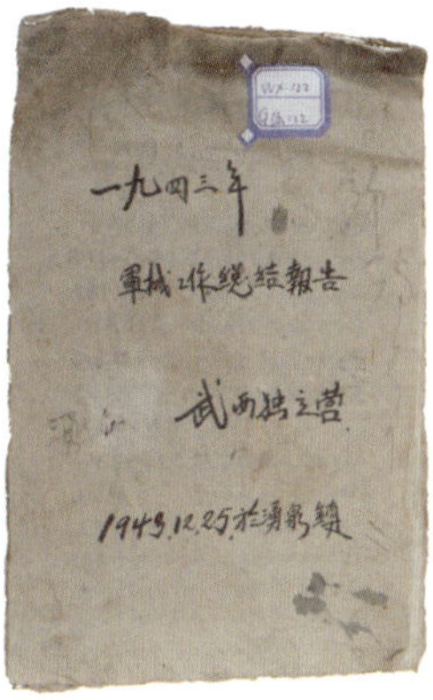

报告质地为纸质。长 22.7 厘米，宽 13.5 厘米，为三级文物。

这是三八五旅武西独立营第三军分区在 1943 年向总司令部呈送的《军械工作总结报告》。由原村支书王志祥保存。1982 年 8 月 4 日，他将其移交武乡县文物管理所保管。

八路军卫生部部长孙仪之用的《医方捷径》卷上

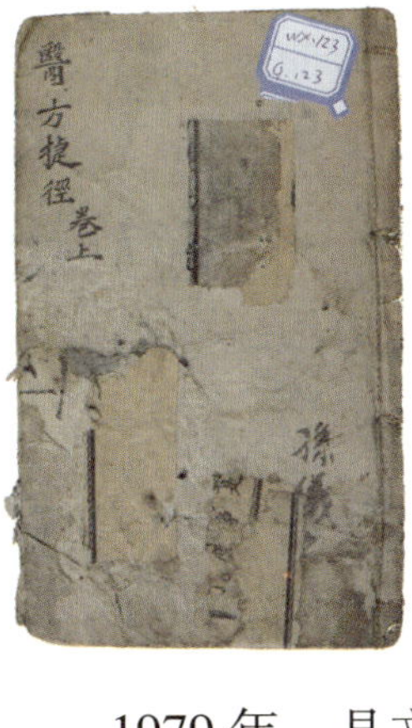

书质地为纸质。长 19.8 厘米，宽 12.3 厘米，线装订，右翻页，封面书写有“孙仪之”姓名。为三级文物。

这本书是抗日战争时期八路军卫生部部长孙仪之在土河坪驻扎期间用过的《医方捷径》卷上。八路军总部野战卫生部是八路军专门的卫生机关，在抗战期间组织和领导各部队卫生运动及各种救护工作。野战卫生部转移时，他把这本书留给了房东岳世鹏。

1979 年，县文管所在土河坪考察卫生部旧址时，征回此书。

抗大学员读过的《新大众》第四十期

该书质地为纸质。长 17.5 厘米，宽 12.8 厘米。为三级文物。

这是抗日战争时期抗大学员读过的《新大众》第四十期。为华北新华书店出版的通俗读物。《新大众》在 1945 年 6 月 1 日创刊，开始是月刊，后来改为半月刊，之后改称《新大众报》。

八路军总部供给部用过的水桶

水桶质地为铁皮。高 33 厘米，宽 24 厘米，口径 24 厘米。为三级文物。

八路军供给部驻地西堡村东，有个孤老头叫李太荀，因患严重的关节炎，行动十分不便，供给部副部长发现后便安排警卫员梁水汉经常给老人担水。老人激动地给人说，八路军的队伍就是好。

1983 年，武乡县文管所专程到西堡采访时，老人已去世。两位邻居老人给我们讲述了此事。于是就向他的儿子李天杨征用了这个十分破旧却有收藏价值的水桶。

八路军战士用过的麻尾弹

麻尾弹质地为铁质。长 46 厘米，直径 5 厘米。为三级文物。

1940 年，在与日军作战时，我们的手榴弹暴露出了大问题，有时候从崖头上扔下去，在半空就爆炸了，根本炸不死敌人。为此左权将军十分着急，骑马到柳沟兵工厂要求技师碱玉制作出一种既扔得远，又能落在地上才爆炸的手榴弹。经过多次努力，终于成功制成了麻尾弹。左权将军高兴地夸赞碱玉说：“你为抗战又立了一功。”一次就要了 40 箱。麻尾弹在保卫黄崖洞战斗中发挥了重要作用。1981 年，此麻尾弹移交给武乡县文管所。

八路军战士用过的镢头

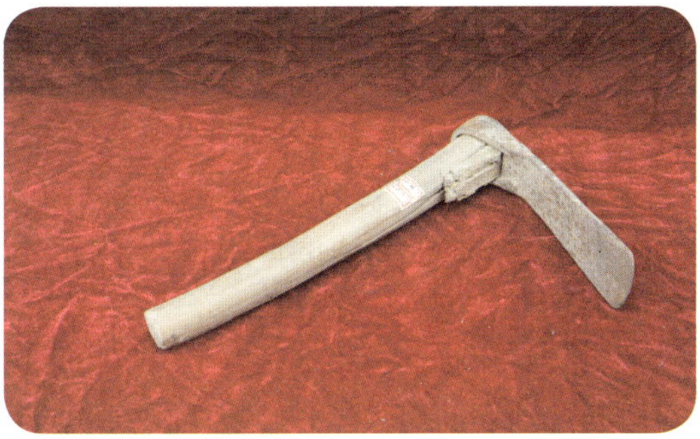

镢头质地为铁质。宽 4.6 厘米，长 21 厘米。为三级文物。

这是抗日战争时期八路军战士用过的铁镢头。砖壁村张生尧的南房里安放着总部电台“龙山部”。一天朱德总司令和左权副参谋长到此发电，见张生尧从地洞出来，朱总下去一看，地洞通到在外面崖头上。朱德总司令说，这个办法很好，当即给民运队做了安排。根据地军民积极响应朱德总司令号召，挖掘战斗窑洞。1980 年张生尧捐赠。

明扬游击队用过的地雷

地雷质地为瓷质。口径 5 厘米，底径 8 厘米，高 17 厘米。为三级文物。

这是抗日战争时期明扬游击队用过的瓷地雷。1939 年左权副参谋长安排给杨立三，在柳沟兵工厂烧制的。1982 年，在柳沟兵工厂马岚头冯金富家征集。

八路军总部用过的茶壶

水壶质地为瓷质。高 53 厘米，底径 24 厘米，口径 11 厘米。为三级文物。

这是来自重庆大后方的战地妇女儿童考察团陈波儿、王子菲、宋边霞在砖壁村驻扎期间用过的水壶。当时房东牛四孩为他们喝水方便而赠送的，他们硬是不接收，后来几经推辞，管理科干事给房东付了两元冀南银行票，陈波儿才收下水壶。后因王子菲不慎将其壶盖打碎，在他们离开总部时，把水壶留下了。1981 年 7 月 23 日，房东牛四孩将其捐献给武乡县文管所。

八路军战士用过的脸盆

脸盆质地为搪瓷。直径 34 厘米，底径 21 厘米。为三级文物。

这是北方局妇委会负责人浦安修在石圪垤烟里村驻地用过的脸盆。她用这只脸盆给彭德怀副总司令洗衣服、给小孩儿洗脸、给药厂伤员洗绷带。妇委会走后，房东李海水一直用它。1988 年，武乡县文管所考察革命纪念地时，征集回来的。

八路军总部警卫排用过的子弹袋

子弹袋质地为牛皮。长 54.5 厘米，宽 10.4 厘米。为三级文物。

子弹袋分别有八个装子弹的小盒。此子弹袋为原八路军总部警卫六连连长唐万成所用。1981 年，县文管所王照骞同志在河南新乡采访他时，他赠给“八路军总司令部砖壁旧址纪念馆”。唐万成讲述他曾带着此物参加了白晋北段大破击和围困大战，新中国成立后，自己一直保存着。

朱德同志在王家峪用过的砚台

砚台质地为石质。长 15.2 厘米，宽 10 厘米，高 1.8 厘米。为三级文物。

此砚台是朱德总司令在王家峪时使用过的砚台。他用其批电文、鉴定文件。当时国民党右派势力掀起一股反共势力污蔑八路军游而不击的做法。朱德总司令奋笔写下了《寄语蜀中父老》，回击敌人的无耻谰言。1988 年 4 月 12 日，房东张子阳将此捐赠给县文管所。

太行二届群英大会宣传部印制的木刻画

木刻画质地为纸质。长 37.3 厘米，宽 44 厘米。是解放战争时期的宣传品，为一级文物。

画面为翻身后一家人团聚愉悦的生活场景。题有“俺爹勤劳动，俺娘纺织忙。自从翻身后，光景过得强”“一舟画”“太行二届群英大会宣传部制”。

图书在版编目(CIP)数据

武乡物质文化遗产图录 / 杜煜主编. — 北京：中国文史出版社，2024.12. — （武乡历史文化通览）.

ISBN 978-7-5205-4984-4

Ⅰ. K292.54-64

中国国家版本馆CIP数据核字第202401P607号

出 品 人：彭远国

责任编辑：秦千里

出版发行：中国文史出版社

社　　址：北京市海淀区西八里庄路69号院　邮编：100142

电　　话：010-81136606　81136602　81136603（发行部）

传　　真：010-81136655

印　　装：山西人民印刷有限责任公司

经　　销：全国新华书店

开　　本：16开

印　　张：238

字　　数：3500千字

版　　次：2024年11月　第1版

印　　次：2024年11月　第1次印刷

定　　价：1000.00元（全七册）

WUXIANG WENHUA JICHENG
WUXIANG LISHI WENHUA
TONGLAN

武乡文化集成·卷一

陈建祖 主编

武乡历史文化通览

武乡非物质文化遗产图录

刘晓芬 主编

中国文史出版社

《武乡文化集成》编委会

总 序

甲辰之岁，万象更新。武乡热土上，乘新时代之春风，政治、经济、文化一体推进，正所谓政通人和，百业俱兴。

自古以来，莫不盛世修书，藉以兴文化俗。今有《武乡文化集成》之问世，摘精选要，撷英荟萃，乃国内县域文化系统整理出版之巨创，亦寻祖根，追文脉，固根基，增强文化自信之壮举，可庆可贺也！

文化之兴，缘于地理；或曰据于地理，乃出人文。

太行逶迤，上党巍巍，雄视华北，俯控中原，自古乃兵家必争之地。元人熊戴歌咏曰："天下多名山，太行居第一。泽潞伯仲间，上党天下脊。屹立界中原，形势控南北。"武乡踞上党北缘，乃千年名邦，抗战圣地。其东有板山竦立，如长城蜿蜒；其中有漳河流金，泽润乡里；其西则俯视晋中，藏风聚气。此土此境，古有商周遗物，有石勒要寨，有寺院林立，绵绵不绝，而民风俭啬，勤于耕读，崇尚勇武，远近闻名。清代乾隆《武乡县志》"风俗篇"云："武乡之为县，在万山中，金玉珠贝无所产，商贾舟车不至，民安于畎亩、诵读，无逐末游食、猎取富贵之人。""其民质而不醇，其俗俭而不猥。"此乃武乡传统文化之概要，民风之底色，文化渊源之所自。追溯千余年传统文化，不亦绵长醇厚乎！

帝制灭而共和兴，社稷衰而危亡存，仁人志士，前仆后继，奋起斗争。武乡籍共产党人、革命先驱李逸三、史怀壁、武三友等，建立中共武乡县委员会，组织"五抗"，风起云涌，艰险曲折，板山漳河间，闪耀赤色曙光。全面抗战始，抗日烽火燃烧在太行山上，八路军总部、中共中央北方局、一二九师师部开进武乡，先后驻武乡王家峪、砖壁诸地，朱德、彭德怀、左权、刘伯承、邓小平、杨尚昆等在此指挥抗战，武乡乃成太行根据

地之重镇。长乐村战斗，歼寇两千；百团大战，威震敌胆。柳沟设兵工厂，肇始军火生产，装备抗日武装；抗大、鲁艺，学校遍及山乡僻壤，培植红色基因。武乡儿女，慷慨参军，牺牲何止千万；家乡父老，纳鞋交粮，自愿支援前线；太行奶娘，忘我取义，哺育革命后代。仰望太行之巅，遍布民族脊梁；回首抗战圣地，鲜血浸染。《少年先锋》，如诗华章；抗战篇章，辉煌绚烂。此乃武乡近世文化之鲜明本色。回首武乡之红色文化，不亦感人至深乎！

斗转星移，国运昌隆；改革开放，其命维新。武乡大地，文脉绵延，异彩纷呈。其初有高沐鸿之《太行吟》、冈夫之《故城谣》、张万一之剧作《小二黑结婚》，歌咏烽火岁月，隽永悠长；继之有寓真之《行道集》，赓续家国情怀，书写不尽之乡愁。抗战文化则梳理备至，书写将军之百战智勇、战士之慷慨赴死、军火之急急生产、民众之纷纷支前、友邦之慷慨资助，红色文化，洋洋大观。作者群起，深研备至，提炼太行精神，表彰抗战英模，可歌可泣，化育万民，进而为新时代不忘初心、继续前进之强大动能。回首七十年文化景象，不亦壮观乎！

武乡文化，厚重绵长，总而成之，采而辑之，舍我其谁！县委县政府下决心，定大计，集贤能，编方案，以规范性、系统性、权威性为基准，博采旁搜，摘取英华，卷次三分。首卷为历史文化，通览千载；继之以红色文化，特色引领；卷三是现当代文化，文苑集萃，遂成20册，汇千万字，煌煌然为武乡文化史上之空前巨著。武乡文脉，一以贯穿，高如板山，长若漳河，实乃空前之壮举，既为资政要览，亦成万民寻根溯源、永久承传之宝典，具彰往而昭今之效，其价值、意义不言而喻，毋庸赘述焉。是为序。

中共武乡县委员会

武乡县人民政府

2024年6月

凡　例

一、本丛书以马克思列宁主义、毛泽东思想、邓小平理论、“三个代表”重要思想、科学发展观、习近平新时代中国特色社会主义思想为指导，选取武乡文化精华，编纂而成。

二、本丛书以基础性、系统性、权威性为基本编纂标准。

三、本丛书以武乡籍贯的作者为主要选取对象，以描写或记述当今武乡地域范围内的文化为内容选取标准。

四、本丛书选取的著作体裁不限，主要选取学术著作和文学作品。为了全面记述武乡的历史文化，特别组织作者新撰了武乡历史文化的通览性著作。

五、本丛书按照历史通览、文化特色、时代新篇为基本分卷依据，分武乡历史文化通览、武乡红色文化撷英、武乡现当代文化集萃3卷，共33种著作，编为20册。

六、本丛书为集成性著作，尊重原著内容的完整性，一般不作增删；为保持观点正确、内容准确、体例统一所做的修订，均经作者完成，并经专家予以审定。

七、本丛书对每一部入选著作的内容及其作者均予简介，以便阅读和使用。

八、本丛书根据各书特点而区别整理方式，涉及古文、文献等，予以标点，并适当注释；涉及文化遗产等内容，则以图文结合的方式予以记述。

【主编简介】

刘晓芬，1984年生，武乡县故城镇故城村人，2007年毕业于山西师范大学音乐学院。曾任武乡故城小学教师，武乡县群众艺术馆科员，现任武乡县文化馆馆长，长治市第十五届人大代表，武乡县第九届、第十届政协常务委员。多年致力于武乡群众文化事业和武乡红色文化传承发展，任长治市声乐协会会员、山西省合唱协会理事，多次担任大型文艺演出组织编导工作，屡获山西省、长治市音乐竞赛金奖、银奖，获武乡县“劳动模范”“文艺宣传标兵”和“文化工作特别贡献”奖。

【内容简介】

武乡立县千余年，地处上党地区北缘，与晋中相连，上党文化与晋中平原文化频繁交流，非物质文化遗产非常丰富。本书收集武乡从国家级到县级非遗项目，涉及传统技艺、生活用具、饮食调味、婚丧嫁娶、文化娱乐、医药卫生等方面，有武乡秧歌、顶灯、鼓书、剪纸、炒指、枣糕、砂器、开花调、形意拳、文社火、花杠庙堂音乐、大板书、面塑、刺绣、根雕、霸王鞭、炕围画、编草、织布、漆艺、泥雕等方面共60余个项目，以文字记录和图片相结合，并附录了相关的故事和曲艺，以及非遗传承人，是武乡非物质文化遗产的全面梳理和记录，具有较高的史料价值。

目　录

概　述

文化遗产是指人类创造并遗留、流传下来的具有历史、艺术、科学价值的文化财富，包含物质文化遗产和非物质文化遗产。非物质文化遗产则是指各民族人民世代相传，并视其为文化遗产组成部分的各种传统文化表现形式，以及与传统文化表现形式相关的实物和场所。非物质文化遗产是一个国家和民族历史文化成就的重要标志，是优秀传统文化的重要组成部分。

非物质文化遗产体现了一个国家、地区和民族独特的表现力、创造力和感染力，展示了源远流长、独具特色的生产生活风俗，表达了人们对生活的美好祝愿和向往，蕴含着深刻的文化基因，承载着特色鲜明的民族记忆，是民族智慧的结晶与民族发展的源泉。

中国特色社会主义进入新时代，习近平总书记站在实现中华民族伟大复兴的战略高度提出“文化自信”，指出：“中华民族有着五千多年的文明史，创造和传承下来丰富的优秀文化传统。一方面，随着实践发展和社会进步，我们要创造更为先进的文化。另一方面，在历史进程中凝聚下来的优秀文化传统，决不会随着时间推移而变成落后的东西。我们决不可抛弃中华民族的优秀传统，恰恰相反，我们要很好地传承和弘扬，因为这是我们民族的根和魂，丢了这个根和魂，就没有根基了。”

武乡是一个千年古县，勤劳勇敢的武乡人民用自己的聪明智慧创造了灿烂的物质文明，更为我们留下了丰富的非物质文化遗产。这些非物质文化遗产，承载着武乡的人文历史，反映了武乡人的审美情趣、思想观念、礼仪道德、生活习惯乃至民族情感等丰富的文化内涵，反映了过去，也承载着现在和未来。如今，社会发展日新月异，人民生活水平不断提高，在追求现代生活时尚的同时，非物质文化遗产受到鄙视和冲击，一些依靠口传心授予以传承的民族文化遗产不断消失，许多民俗文化面临人亡艺绝的危险。近些年来，党中央、国务院高度重视非物质文化遗产的保护和传承工作，制定颁布了一系列方针、政策。各级党委、政府开始重视和加强对非物质文化遗产的保护工作，扭转和改变了过去被动不足的工作局面。不少地方还通过深入挖掘和保护民风民俗发展壮大旅游经济，推进两个文明取得显著成效。

一、武乡历史悠久，人杰地灵，文化底蕴深厚

武乡古称涅县，西晋始置武乡县。武乡位于太行山西麓，山西东南部，长治市最北端。地跨太行、太岳两山，横亘于太原盆地和上党盆地之间，地势险，古称“潞泽之咽喉，冀南之牖户”，历来为兵家必争之地。境内山河交错，沟壑纵横，最高峰花儿垴海拔 2008.5 米，最低处监漳滩海拔 800 米，东西群山连绵起伏，中部属黄土丘陵地带，浊漳河、潘洪河纵贯境内。

武乡因武山与乡水而得名。全县 20.5 万人，总面积 1610 平方千米。县境东西长 150 千米，南北最窄处仅 10 千米，形似“玉如意”。东临黎城、左权，西连平遥、祁县，北与榆社相接，南同沁县、襄垣为界。太焦铁路、太长高速公路、519 国道、汾邢高速、208 国道、322 省道、武左铁路、权马公路、太焦高铁等在境内纵横交错。交通十分便利。

武乡，历史悠久，物华天宝，人杰地灵。在数千年的沧桑岁月中，沉淀了浓郁的地方历史文化，自然与人文相得益彰。早在距今约 7800 年前的新石器时代早期，这里就有人类居住。夏商分野，九州之冀，先后有贵方土房之说，又为赤狄氏祖居地。周封蔡地，因参与武庚叛乱而放逐，后设皋狼，诸侯争霸，春秋因皋狼而战，留下三国分晋之说，奠定战国七雄之基。汉置涅县，西晋三析，始得武乡。千余年中，曾设立州郡之荣耀，亦经蠲除撤县之暗淡。综观武邑古史，细流涓涓，汇数千年文明之长河；细品方舆文化，繁星点点，缀数十代文史之菁华。从炎帝北行筑占卜古台，到魏武挥鞭著苦寒之行；从法显讲经离相寺坐化，到竺佛说法南神山仙成；从奴隶石勒创后赵王朝，到宇文父子领两代将军；从程君启南举廉吏第一，到昆仑先生誉文压江南，更有抗战之时，八路军总部、中共中央北方局、一二九师、抗日军政大学等重要党政军机关在武乡长期驻扎，朱、彭、刘、邓等开国元勋在此运筹帷幄，指挥了艰苦卓绝的华北抗日战争，孕育了光照千秋的太行精神。

特殊的地理位置和悠久的历史传承铸就了武乡深厚博大的文化底蕴，也留给后人丰富多样、声名远扬的非物质文化遗产。

二、非物质文化遗产丰富，种类繁多，极具保护传承价值

由于武乡的特殊历史和地理原因，在这块神圣的土地上培育和流传下大量的非物质文化遗产。这些遗产涉及民间文化、传统技艺、生活用具、饮食调味、文化娱乐、医药民俗等方面。

武乡是戏曲之乡。土生土长的武乡秧歌，从清代问世以来，历经锤炼，日臻完美。戏曲梨园，百花争艳，板式丰富，行当齐备，现存传统剧目150多部、现代戏250多本，声冠上党城乡，誉满三晋大地，早在2008年就被首批获准列为国家级非物质文化遗产保护项目。

武乡秧歌戏好看，民歌优雅动听。以“开花”为代表的山歌小调、抗日民歌、方言土语，饱含深情，触景生情，随唱随编，地方色彩浓厚，黄土韵味十足。开花调以情歌为主，兼含颂扬、贬低等内容，在当地民间流行演唱数百年，经久不衰，当今社会流行的开花小段达数千首。

武乡三弦书、武乡琴书是山西的主要曲种之一，也是武乡最具特色的曲艺形式。这种曲艺土色土香，说唱自然，地方气息浓厚，给人淳朴通俗之感。其说唱以地方语音为主，道白讲究字正腔圆、吐字清晰。曲调干净硬朗，节奏明快。内容以说唱历史和现代故事为主题。武乡三弦书和鼓书现在保存的传统书目有150多部、近现代书目有100余部。由武乡三弦书和鼓书派生出的曲艺形式还有武乡大板书和謦调。武乡大板书是在武乡鼓书的基础上改革了音乐唱腔，加唱多种戏剧唱腔，并增加打击乐伴奏的一种演唱形式。其唱腔吐字力度强，曲调丰富多变，节奏明快，属声音阶“微”调式。现存有此类传统曲目60余本，现代书目30多本。瞽调起源虽众说纷纭，但多数人认为是由武乡三弦书派生而出，也有人认为是由道情发展演变而成。演唱人员、形式、伴奏乐器都和三弦书基本相同。现存有古剧本20余本、现代剧本30余本。

武乡跑腿秧歌，也叫地圪圈秧歌，是流行于武乡全境民间久唱不衰的一种原生态民歌。跑腿秧歌起源于唐代，形成于清代。这种秧歌形式简单、板腔灵活、锣鼓相佐、即兴表演，乡土气息非常浓厚。表演大多在院落、街头、广场，后来也逐步走上舞台、剧场。此种秧歌最大的特点是演唱者触景生情，现编现唱，以快速、通俗、幽默、风趣、鲜活见长。一首秧歌由四句组成，如同一首打油诗，可以独立完整表达一个意思。无须化妆道具、提前编排、音乐伴奏。其演唱内容非常广泛，小至个人、家庭、民俗、生活，大到区域、国家、社会；近看社会发展变化，远眺地理、历史、远景、畅想等，曲目流传至今的有上万首。

文社火，原为大型祭拜活动中祭祀、巫术、傩仪、百戏、乐舞、参军戏、民间杂耍等表演形式的统称。晚清时期，在武乡一带将其中的一种表演形式定名为“文社火”。这种表演是由多数人参加伴唱伴舞、少数人扮演一定故事人物的表演说唱的娱乐形式。文社火有多种曲调，场次固定，内容有情节，表演有形式，伴唱伴舞者步调队形变换一致。伴奏乐器主要有二把、二胡、板胡、笛子和硬乐等。代表剧目有《摘花椒》《打樱桃》《小拜年》《放风筝》《打秋千》等。

武乡文化遗产极为丰富，不仅戏剧、曲艺、民歌声名远扬，而且民间舞蹈、杂耍、绝活、打击乐等，丰富多彩，形式多样，各具特色。如顶灯舞、斤秤锣鼓、小花戏、霸王鞭、走乱团、八音会、竹马、抬杠、扛桩、高台、霍官、九曲黄河阵、狮子舞、龙灯舞、踩高跷、打秋千、扭秧歌、二鬼扳跌等。

顶灯舞是一种独特的群体性舞蹈，少则十几人，多则上百人，多在晚上表演。顶灯者剃光头或头扎毛巾，头顶顶一个装着沙土的碗，沙土中插一支点燃的蜡烛，或放一盏小油灯，舞者脸上或后脑画狰狞的鬼怪脸谱，手持特定道具。顶灯舞属于队列性舞蹈，可两纵队，也可四纵队，边行进边动作，队列不时变化，民间也称“走故事”，个人基本舞步主要是“走步”“碎步”“自由步”“秧歌十字步”。顶灯舞伴奏大多只有锣鼓打击乐。打击乐基本鼓点是“四二拍”和“四三拍”。

斤秤锣鼓是武乡民间打击乐中的一个锣鼓谱。它始于南宋，完善于元朝，盛行于明清时期，流行于武乡城关附近村庄。斤秤锣鼓打击乐曲谱是当地艺人通过十两和十六两秤的数制转换记谱的。这种鼓点打起来高亢嘹亮，节奏明快，起伏跌宕，上击下拍，左敲右打，铿锵有力，是打击乐中高档的民间艺术，广泛应用于民族乐队、民间器乐合奏，以及民间吹打乐队。

小花戏形成于清代中叶，是在地方小调的基础上，受当地戏曲影响从文社火中派生出来的一种文艺形式。它既是戏，更是舞（扇子花舞）。舞蹈的主要道具是扇子，要领是扇子舞花，舞步是十字步，舞蹈通过扭、跳、颠、转，以及和队形的大穿插、剪子股、蛇蜕皮等变化，表现舞蹈的主题。过去小花戏表演只用二至五人，目前小花戏表演已向大型方块舞蹈队发展，人数少则几十人，多则几百人。

霸王鞭，又名打花棍，是由少年儿童表演的一种传统歌舞。将木棍截成3~4尺长，用彩绸或彩纸裹贴，也有直接用油漆涂成彩色的，将棍两端钻眼孔，拴上彩穗、铜铃。表演动作有单打、双打、绕头、过腿、翻身打脚等。表演时由领队用哨子或口令指挥，使数十名甚至上百名男女儿童动作一致，花棍飞舞，铃声铿锵，行进整齐，有的还伴唱歌曲，边打边唱真是好看又好听。

走乱团，也叫走乱弹，传说形成于明清时期。走乱团是一种集体舞蹈，可以几十人，也可以上百人。演员双手各持一个自制的约2尺高的灯笼，随领舞人（也叫伞头）踩着音乐鼓点扭动前进，可以在广场原地舞，但主要是行进舞。其队列变化较多，主要有“大穿插”“卷席筒”“剪子舞”等。

八音会。八音会的名称是由8种传统的民族乐器组合而来，即金、石、丝、竹、匏、土、革、木八种乐器，是将 8 种乐器聚集伴奏演出的一种艺术形式。演员可徒步表演，但大部分是踩着高跷表演的。八音会所用曲调原来只有“度林英”一种，后来，许多地方套用了许多节奏合适的其他曲调。唱词也无定式，是由文人事先编好，再加以合乐、排练好的。

竹马也称跑驴，由 8 人以上参加。表演者人人胸前戴纸扎马头或驴头，臀后扎一尾巴，与人连在一起，扮为骑马状进行表演。表演时踩着鼓点、唱着小曲，按一定程式扭动前进。

抬杠，是旧社会老百姓给县太爷送贡品而形成的一种表演形式，一般为两人抬一木杠。所用杠子很长，约两丈，中间的贡品装饰很华丽。行进时，抬杠人踏着锣鼓点风趣地在场中表演。一队可以有几杠，后面还跟着由少女组成的舞蹈队。表演有滑稽的抖肩、换肩等动作。由于杠子长而软，时而也将杠子弹在空中，煞是有趣。

扛桩，也叫背铁棍。铁棍或木棍固定须有一套设备，成年人背铁棍或木棍，上系一儿童，表演时有音乐锣鼓伴奏，上下随伴奏做微小的动作表演。

高台，是流行于武乡东部石门一带的民间文艺活动形式。这种民间文艺，最早来源于古代的祭祀活动，由人装扮成神，先在庙内或街道表演。为了便于人群观看，渐渐将表演搬到桌子上，人们抬着桌子移动，这样就形成了“高台”。后来，随着表演规模扩大，桌子又变成一块大木板，上面扎一竖三角的背景，背景上根据所扎的故事人物进行彩画装饰。故事人物少则 5 人，多则 12 人。一般分三层，最高一层一人，呈“枣山”状布置。传统高台扎的戏有孙悟空三打白骨精、五鼠闹东京、十二寡妇征西等。高台规模最大时由 12 人抬着行走，改革开放后，高台改为平车推着行走。

霍官，将长、短两根杆子绑成十字状，短杆两端由两人抬空，长杆前端坐一表演者，后端坐一胖汉，前后呈压板凳状，一上一下，表演行进。长杆前端坐着的多为一官（七品芝麻官装束），后端坐一村民（布衣打扮），表达了劳动人民对旧官吏的讽刺和戏弄，是一种有意义的传统艺术形式。

九曲黄河阵，是用 19 根边柱组成巷道、围墙，用油灯悬灯结彩，群众鱼贯而入“九宫十八阵”，并在河边燃放烟火，组成火树银花的壮丽景色，令人如游天宫、如泛银河的一种艺术形式。流传至今已有 300 多年的历史。

狮子舞，扮演的狮子有大小之分。大狮子由两人配合，小狮子一人即可。大狮子中的两人共披一张用布做的狮子皮毛，脖子、脚腕上拴满铃铛。表演时，大小狮子前有两人手持彩球引逗，街头戏行，故有“狮子滚绣球”之别称。

武乡不仅民间艺术丰富多彩，民间小吃也美味可口，声名远扬。最具代表性的有枣糕、灌肠、煎饼、炒指、干面饼子、抿圪斗、凉糕、和子饭、捻疙搭、豆角焖面、小米焖饭、炒饼、北瓜丝火烧、炒拨烂子等。

枣糕，是在武乡城关一带流传逾千年的民间名吃。乡村居民将大枣和小糯米相结合，经过科学配置，上锅蒸馏，熟后食用。此食品颜色鲜黄、香甜软绵，是武乡人在春节、元宵节等重大节日和举办婚丧大事时必备的一种美食。

灌肠，是分布于武乡故城、城关、洪水、韩北、监漳一带的民间小吃。将荞面、盐、水搅拌成糊状，把糊倒入碟内上锅蒸熟，后用刀具划成条状或方块状，加上蒜、醋、小磨香油等调和食用。其营养丰富，有清热解毒的功效。

煎饼，是武乡民间的一种风味小吃，多见于集市饭摊与农家。煎饼大致可分为米面、白面、荞面和杂面煎饼几种。最具特色的是米面煎饼，将小米碾成面粉，倒入盆内用米汤水把面粉搅成糊状，放温暖处发酵半天，同时将发酵的米面粉放入适当比例的碱液搅匀至无酸味。然后，倒入煎饼鏊子煎熟。这种食品制作简便，易于携带，色泽鲜艳，软绵可口。

炒指，是武乡民间流传时间很长的一种面食制品，因其外形像人的手指而得名。其做法是把白面、糯米面或米面、玉茭面和好后，擀成厚厚的饼，然后切成手指大小的块儿，随后，将干土磨成粉，再用铁锅将干土滚沸后，把干面条块儿下入滚沸的干土中炒熟。这样炒出来的干面块香脆可口，便于携带。当时的后赵皇帝石勒就把这种食品封为“黄土炒指”。后来为了叫起来顺口，慢慢地人们便省略了“黄土”二字，只称为“炒指”了。

干面饼子，起源于清代顺治年间，是武乡人最常用的一种食品。这种食品是将面粉、碱面、食用油、精盐、花椒面配制成面团，放置在案板上揉成一长条，揪成大小均匀的小面剂，压扁，擀成圆饼形状，放到鏊子上，将两面烙成黄色花纹后，再放入饼铛里正反烤熟鼓起，即可食用。这种食品色泽鲜亮，外脆里香。

抿圪斗，是武乡民间的一种普通饭食。所用材料有白面、高粱面、豆面。做法是先在盆内将面和好，然后将调好的面块放在抿床上，手握抿具，用力向着抿孔下抿压，抿下的面呈一寸长圆条状，煮熟后即可食用。

武乡是一个令人神往的地方。在这片赖以生存的神奇土地上，人们不仅能够吃出特色，玩出花样，而且还用自己聪明的头脑和勤劳的双手创造出许多奇特的艺术工艺。如武东太行特制的砂罐、武乡剪纸、纺绳技艺、武乡纸扎、武乡刺绣、“五香”醋、手工挂面、香油、编织、雕刻、炕围画、门帘画等。

砂罐技艺始于明末清初，其祖先从贾豁郝则角搬往洪水镇南坪村开始烧制砂罐，至今已经传承多代人。南坪村“赵氏”砂罐的第一代传人赵长福是从平定学艺，返回家乡后，对本村的土质进行考察，发现这里的矸土存量大、面积广、质量好，非常适合砂罐的制作，随即开始制作砂罐。制罐原料属于纯天然矿物质，含有对人体有益的微量元素，很适合居民煮食、熬药使用。

武乡剪纸始于汉代，经历千年世代艺人传承与糅合，以“镂空”的技巧，制作出丰富多彩的剪纸工艺品。武乡素有“十里八村各不同”的说法，农闲时一把刀、一张纸，特别是大年除夕之日，家家户户用精巧的剪纸装扮屋里屋外，营造节日气氛，表达自己美好的祝愿。在战火纷飞的战争年代，老区人民用剪纸作品庆祝胜利，表达军民鱼水情，并逐步创作出丰富的剪纸内容和特殊的剪纸花样。

纺绳技艺，在我县流传已有二三百年的历史。纺绳要先选好麻皮，然后用一套由木料制成的家用纺车，右手旋转纺车，左手牵麻皮。随着纺车转动，麻皮逐渐拧成条状，然后根据大绳所需粗细，将多股绳子合成并将绳子拧紧。最粗的绳可纺至核桃粗，最细的可纺至豌豆粗，所以称为“豌豆绳”。

武乡纸扎数代相传，距今已有两百年历史。早在 19 世纪初，武乡人就以传统手工制作纸扎系列产品，如花圈、轿子、童男童女、金银斗、摇钱树、引路菩萨、元宝等陪葬品。随着社会的进步，现在又增添了电视机、小轿车、冰箱等葬礼用品。这些纸扎产品以纯手工和言传身教的方式延续至今，不求量大，只求量精，深受消费者喜爱。

武乡刺绣（堆鼓绣），是五代十国后赵石勒皇帝时期口传下来的一种刺绣针法。堆鼓绣就是把中华民族的多种刺绣针法相融合，并融入当地浓烈、粗犷、朴实的地方风格，在孩子出生、满月、周岁以至加冠前的每次生日时，亲朋好友馈赠其老虎鞋帽、狮子帽、童升帽、五毒肚兜等特殊刺绣物品上所使用，预祝新生儿生命旺盛，勇猛无畏。

陈醋是山西的特产。在武乡更有一种借当地地名谐音而得名的地方调味品“五香醋”，这种调味品配方独特，风格别致，历史悠久，深受外乡人厚爱和赞赏。“五香醋”的传承工艺相当隐秘。古有传男不传女一说，是一种安身立命的看家本领。古法酿醋是视天气温湿变化而变化的真功夫，最为讲究的技术就是不依靠任何添加剂，可以制造出多种多样的风味食醋。

武乡手工空心挂面制作技艺源远流长，相传从清朝开始，至今已有九代传承。目前在周边已形成品牌影响力。这种挂面是以小麦粉添加盐、碱、水，经手工拉制悬挂干燥后切制成一定长度的干面条。纯手工空心挂面味道鲜美可口，煮制时耐煮耐泡，绑把成型，携带方便，是老、幼、病人及产妇皆喜爱的方便食品。

武乡的非物质文化遗产品种繁多，涉及面广，不一而足。加强非物质文化遗产的保护，不仅是国家和民族发展的需要，也是国际社会文明对话和人类社会可持续发展的必然要求。在多元文化激荡并争夺话语权的当今世界，对于增强民族的自信力和凝聚力，展示和发展国家文化软实力具有重要作用。

三、我县非物质文化遗产抢救保护取得明显成效

2004 年 8 月 28 日，第十届全国人大常委会第十一次会议批准通过了《保护非物质文化遗产公约》的决定，2005 年 3 月 26 日，国务院办公厅下发了《关于加强我国非物质文化遗产保护工作的意见》（以下简称《意见》）。2011 年 2 月 25 日，第十一届全国人大常委会第十九次会议又通过了《中华人民共和国非物质文化遗产法》。《意见》指出，非物质文化遗产是各族人民世代相承，与群众生活密切相关的各种传统文化表现形式和文化空间。非物质文化遗产见证了历史的发展，又是珍贵的、具有重要价值的文化资源。我国各族人民在长期生产生活实践中创造的丰富多彩的非物质文化遗产，是中华民族智慧和文明的结晶，是联结民族情感的纽带和维系国家统一的基础。保护和利用好非物质文化遗产，对落实科学发展观，实现经济社会的全面、协调、可持续发展具有重要意义。其指导方针是："保护为主，抢救第一，合理利用，加强管理。"国家这一系列重要文件的颁布，标志着随着我国现代化建设进程的不断推进，党和国家把加强社会主义文化建设提上了重要议事日程。党和国家保护和传承非物质文化遗产的政策法令颁布后，各级党委、政府积极响应，齐抓共管，普遍重视了对非物质文化遗产的收集、整理、抢救和保护工作。2009 年，武乡县委、县政府两办专门下发了实施意见。在上级宣传文化部门的亲切关怀和具体指导下，县文化部门多管齐下，群策群力，统筹规划，不断加大提升非物质文化遗产保护和传承工作的力度，在短期内进行了广泛宣传发动和调查采访，制订了非物质文化遗产保护工作的规划；制定出非物质文化遗产保护项目认定的具体标准和办法；拟定出地方乃至国家级重点保护项目名录；建立了传承人档案，及时采取措施进行抢救性记录；贯彻保护工作原则，统领各项保护措施；逐步建立了各项认证制度、传承帮助制度和保护制度等一系列工作制度，把我县非物质文化遗产保护和传承工作很快纳入常规化、规范化、科学化和制度化的健康管理轨道。

为把县委、县政府关于保护和传承非物质文化遗产项目的指示落到实处，县文化部门把非遗保护工作列为文化工作的重头戏，全力以赴展开工作，利用"文化遗产日"、传统节日、文化节庆活动，积极组织开展了一系列"接地气"的非遗活动，充分展示非物质文化遗产的魅力，积极开展收集、整理、抢救、保护工作。仅两年时间就普查非物质文化遗产大项16个、小项700余个。最终通过筛查、评审、申报，已获准国家级非物质文化遗产保护项目 1 项、省级非物质文化遗产保护项目 8 项、市级非物质文化遗产保护项目 21 项、县级非物质文化遗产保护项目37项。这些非物质文化遗产项目涉及民间文学、传统技艺、生活用具、饮食调味、文化娱乐、医药民俗等。经过专家筛查、评审和上级部门认定，武乡的非物质文化遗产资源主要特点是历史文化资源厚重，古迹遗址广泛分布，文化底蕴深重浓厚，非遗项目丰富繁多，具有鲜明的地方特色和特殊的保护传承价值。

近年来，我县非物质文化遗产工作始终坚持“保护为主，抢救第一，合理利用，加强管理”的总方针，在积极做好抢救、保护的基础上，又通过有效的活态传承、各类活动的开展，让非遗进校园、进社区、走进群众的生活，从而使我县非物质文化遗产的弘扬和传承收到良好效果。

党的二十大再次吹响了新时期建设社会主义文化强国的进军号角，明确了今后一个时期文化建设的指导方针和发展战略，为坚定文化自信，发展中国特色社会主义文化指明了前进方向，把文化战略、文化定位提高到一个全新的高度。在新时期建设社会主义文化强国的进程中，广大人民群众将从追求物质财富的“物质经济时代”，进入一个追求文化精神享受的“追求文化精神时代”。广大人民群众对“美好生活的向往”提出了新的要求，这也就强烈呼唤广大文化工作者，增强做好本职工作、增强保护和传承非物质文化遗产的责任感和使命感，创造中华民族更加多彩璀璨的先进文化。因此，作为历史悠久、物质文化遗产丰富的老区武乡，一定要深刻领会习近平总书记的重要指示，坚定文化自信，牢记自身使命，加强非物质文化遗产的保护和传承工作，让非物质文化遗产在历史的进程中展示特殊的魅力，发挥更好的作用。

武乡县委、县政府领导历来非常重视非物质文化遗产的传承保护工作。新一届县委、县政府班子组建后，更是把非物质文化遗产的保护和传承工作列入了特殊议事日程，明确要求文化部门不仅要注重对非物质文化遗产的抢救、保护，更要注重对非物质文化遗产的创新、记载和传承。县委书记贺思宇同志在全县宣传文化工作会议上强调，文化工作者和社会学者要本着对历史负责、对文化负责、对武乡发展负责的精神，精益求精地写出你记忆中的当地文化历史。武乡具有深厚的文化历史底蕴，但武乡至今还没有一部像样的文化典籍。在我们这一届领导班子任期内，就要完成这样一件功在当代、利在千秋的事情。因此，县文化部门将不负县委和全县人民的重托，组织广大非遗工作者、文学爱好者，集中人力、物力、财力，牢记使命担当，下足功夫，铆足冲劲，为武乡老区谱写非物质文化遗产的精彩乐章。要从热爱武乡，充分展示源远流长、悠久深厚的民俗文化底蕴的角度，写好历史名县、革命老区武乡的故事，写出一部真实反映家乡历史、赞扬家乡发展、亲近家乡人民，具有鲜明的时代价值的文化典籍。

令人欣喜的是，习近平中国特色社会主义思想为中国特色社会主义文化发展的道路指明了前进的方向，更激发了全民族文化创新的活力。改革开放的强大动力正摧枯拉朽般冲击着老区人民传统的思想观念和小农经济意识，武乡人民在保护和传承非物质文化遗产的同时，也在创造着新的生活习俗和新的时代风尚。武乡的文化团体在逐步恢复和重建，文化娱乐形式在不断改变和创新；武乡人民的生活习惯在大力改善提升，生活质量在不断丰富和提高；武乡人民的生产方式在不断改进创新，生产品种质量也在丰富和提升。武乡的一切都在随着时代的前进而变化，武乡人已经从传统的农耕经济的桎梏中走了出来，投身于社会主义市场经济的大潮中。武乡人民将会在自己这块光荣的土地上为国家、为社会创造更加丰富、更加光鲜的物质财富，为人类做出更大的贡献。

纵观历史，武乡的前辈曾经在这块热土上创造了光辉灿烂的历史，留下了珍贵的非物质文化遗产；展望未来，武乡的新一代子孙，必将高举习近平中国特色社会主义理论旗帜，用自己聪明的头脑和勤劳的双手去完成历史赋予的光荣使命，创造无愧于时代的特色产品和时代业绩。长江后浪推前浪，一代更比一代强。我们坚信，武乡的英才仍会遍及华夏大地，武乡的非物质文化遗产必将名扬大江南北，武乡的明天将会更美好！

国家级非物质文化遗产项目

武乡秧歌

武乡秧歌是一种地方小剧种，是传播流行于武乡、襄垣及周边晋东南、晋中等28个县区，深受当地群众喜爱的一种戏剧演唱形式，在华北地区的小剧种中占有重要位置。由于它同襄垣秧歌同出一源，后天发展也大同小异，因此，20世纪80年代初，省剧协有关专家经过考察决定将武乡秧歌和襄垣秧歌合称为襄武秧歌，2008年6月报批获准列入第二批国家级非物质文化遗产名录。

一、武乡秧歌的起源及形成

《武乡县志》（1986年版）记载："据大有横林寺戏台壁所记，清道光二十九年（1849），已有武乡秧歌戏班在该台演出。"距今已有170多年历史。

武乡历史悠久，人杰地灵，民间文化艺术源远流长。当地人民群众勤劳朴实，喜爱文化艺术，为地方文化艺术的形成奠定了良好的社会基础。相传在清光绪初年，河南沁阳人张金川来襄、武边界打铁谋生，学会了流行于两县的"纺花调"等民间小曲，后又到长治西火村一带，学会了"西火干板秧歌”。他将这些民间艺术融会贯通，加上自己的艺术天赋，演绎出一种“一道腔”秧歌。

“一道腔”秧歌唱腔高亢流畅，旋律活泼风趣，节奏明快刚劲，得到了襄、武边界地区人们的广泛认同，也很快在当地流传吟唱开来。特别是在春节、元宵节期间，一些村庄三五人合作常自编自演一些涉及男女纠葛、家庭风波的简单情节故事，如《偷南瓜》《摘豆角》《打玻璃》《四岔捎书》《收草帽》《吸金丹》等，随意加进“一道腔”秧歌唱腔，撂地摊演唱。演唱时有故事情节，也有了角色行当之分。这就是武乡秧歌的雏形。

清光绪十三年（1887），由张金川和襄垣县上良村的王福锁、武乡县陌峪村的韩具保等发起，集中了襄武交界处西营、下良、监漳、城底、上合、下合、陌峪、却净、上良、白杨岭等十八个村的演唱好手，如王根然、吴存保、马七斤、赵满有、田维、吴六四、韩具保、韩黑痣、梁和尚、韩中元等，组织起襄、武两县一个半职业班社。在一些富户的支持下，购置了服装、道具、头盔。剧目也增加了《刘芳舍子》《鹿林庄》《凤仙庄》《雨伞记》《小姑贤》《土地堂》等整本戏，唱腔也发展形成了“二性”“紧板”“慢板”等演唱旋律，各种行当唱腔也开始有所区别，演唱也由广场搬上了舞台。这就是最早演出武乡秧歌的十八村秧歌班。

十八村秧歌班成立后，很受当地群众欢迎，演出市场不断扩大。当时，不少富户看到秧歌演出有利可图，便争先成立专业秧歌戏班，还有一些上党梆子大戏班改唱秧歌。从光绪十六年到民国二十六年（1890—1937）这47年间，我县境内先后出现了鸣凤班、富乐意班、鸣胜班、原乐意班、永乐意班、悦意班、三元班、庆荣班等二十几家大戏班，加上各村自发组织的秧歌班，

共计有30多个秧歌班。随着秧歌班的大量涌现和不断走红，不少秧歌名流徘徊游走在各个戏班之间。甚至连多年经营上党梆子戏班的鸣凤班，在秧歌兴盛时期也涌入大批秧歌名流，改成了秧歌戏班，这就大大推动了武乡秧歌剧的发展。然而，时隔几年后，由于秧歌唱腔的限制，不适宜排练演唱大型戏剧，加之许多神庙不准以秧歌戏敬神，鸣凤戏班就开始采取“梆子”搅“秧歌”的形式演出。他们让剧中扮演帝王将相的花脸、武生等行当唱上党梆子；扮演才子佳人、平民百姓的生、旦、丑等角色演唱秧歌，艺人们把这种演唱形式称作“风搅雪”。这样用“剧琴”“反字二把”“老木胡”“鼓板”“唢呐”“梆子”等上党梆子的陈匡怡伴奏乐器，也顺便给秧歌伴奏演唱。由此，原来一直停留于“干板秧歌”演唱的秧歌剧种逐步发展成为有乐器伴奏的“武乡秧歌”。“风搅雪”形式的出现，使秧歌剧开始演出大型朝代戏。梆子戏的表演形式及软硬乐器在秧歌戏中的运用，为秧歌剧填补了不少空白。别的秧歌剧班主见鸣凤班改革，也纷纷效仿，添置蟒、靠、头盔、玉带等行头开始搅唱梆子戏。到民国初期，襄、武两县秧歌戏班在原有的秧歌剧和梆子剧目外，又增加了大型剧目如《访苏州》《桃花庵》《刘公案》《青峰山》等近30本。秧歌剧头把琴师任八孩在演出实践中，总结体验剧琴头把伴奏秧歌的效果，不及皮黄戏的“二黄”伴奏秧歌协调入味，于是就大胆试用“二黄”伴奏秧歌，收到良好效果。随后，各秧歌班相继模仿推广。从此，“二黄”“反字二把”“老木胡”就被确定为秧歌剧的三大伴奏乐器，也使武乡秧歌这一剧种在演唱、伴奏上趋于完善。

二、武乡秧歌的风格及特色

武乡秧歌来源于农村，产生于民间。这种地方小剧决定了其唱腔高亢激越、优雅婉转、幽默风趣、活泼自然，极具地方乡土特色。从武乡秧歌的演唱调色看，头把定调为降E调（5 2）弦，唱腔为“板腔体”，伴奏乐器最初有“二黄”“反字二把”“老木胡”，后来又逐步增加了“二胡”“三弦”“扬琴”“中阮”“电子琴”等。演唱板式主要有“慢板”“二性”“紧板”“踩板”“散板”“鼓板”“哭板”“数板”“圪联板”“花音踩板”等十种基本板式，

以及“念板”“叫板”“过板”“送板”“转板”“溜板”“切板”等多种辅助板式。秧歌戏剧的扮演角色一开始只有“三小”，即“小生”“小旦”“小丑”，后来因演出剧目需要，又增加了“须生”“青衣”“花脸”“老旦”等角色，使该剧演出行当逐步得到完善。道白以武乡方言为主。传统演出剧目150多部、现代戏250多本，其中传统古装剧《嫁妻》《落花记》《忠义缘》《赵兰英进京》《罗通扫北》和现代戏《王贵与李香香》《小二黑结婚》《富家营》《社长的女儿》《红灯记》《奇袭白虎团》等为该剧种最具影响力的剧目。

纵观该剧种发展演变，主要集中呈现出七大特点：一是行当唱腔板式齐全丰富，起、溜、过、送、切等过渡板式也全部定型。伴奏乐器三大件固定，丝弦曲牌、打击乐锣鼓经和唱腔已形成一整套秧歌戏体系。二是创造了自己独特的规范语音和一套基本的表演程式。其语音道白、服饰化妆、幕景道具、动作表演等，集中代表了太行文化和上党乡间习俗。三是创作保留了自己的近百本看家传统剧本，如《河灯会》《忠义缘》《落花记》《小姑贤》等，还保留了一批现代剧目，如《小二黑结婚》《王贵与李香香》《嫁妻》《娘随驴去》等。四是在演出宫廷大戏时，可以与当地旧有的上党梆子唱腔混用，独自创作出一种“风搅雪”的演唱模式。五是在行当唱腔上，采用降E调（52）弦，男女音高相差四度。这比起生、旦同腔同调的其他剧种来，既适合男女嗓音之别，又充分展示其特点，让男女科学发声在戏剧中得到充分展现。六是在唱法上基本保持了原生态发声法，让滑音、假声、婉转音得到有效发挥，呈现出高亢、刚劲、明亮、清脆的山区特点。七是武乡秧歌与襄垣秧歌尽管同出一源，却又是各具特色、韵味不同的同一剧种的两个流派。自然在演唱中给观众带来不同的美感和享受。

三、武乡秧歌的发展及提升

1937 年，日寇发动侵华战争，武乡秧歌各戏班相继解散，秧歌剧种陷入低谷。

1938 年，八路军总部进驻武乡，为恢复秧歌剧团，服务抗战救国，带来特殊的发展机遇，1939 年农历正月十六，武乡成立“挺进剧团”，到 9 月改称“光明剧团”。1940 年，日军占领段村，武乡被迫分为武东、武西两县。武西成立了“战斗剧团”。名艺人王会孩、张新尧、赵万山、李海水、梁旭昌、崔来法、韩西江、任八孩、李来春等分别加入各剧团开始排练演出，武乡秧歌剧重现活力。

当时，在武乡两个剧团的编剧有张万一、高介云、殷士肤等。他们紧密配合抗战工作，先后编出了《上前线》《胡春华拥军》《劝夫参军》《小二黑结婚》《改变旧作风》《王贵与李香香》《换脑筋》《送郎参军》《谁救活我们》《纺织英雄》《捉特务》《劳动英雄》《打马牧》等一百多部抗战现代剧。与此同时，两个剧团还排练上演了阮章竞的《赤叶河》、赵树理的《万象楼》、辛鹰的《关家庄》、马健翎的《血泪仇》等进步剧目。更让人欣喜的是，八路军部队和边区的著名文艺工作者李伯钊、陈荒煤、赵子岳、寒声、夏洪飞等也参与了秧歌剧的编导工作。进步秧歌剧的大量创作演出，观众对秧歌艺术的渴

求，也呼唤当时的文艺工作者积极尝试设计提升了许多新的音乐唱腔和戏剧曲牌。从此，剧目排练注重人物性格的刻画，改变了套用程式和千人一面的僵化表演。1945 年后，剧团又吸收了大批女演员，从而使演唱形式更加多样，内容更加丰富，演出效果明显提升，宣传影响的作用大大增强。特别值得一提的是，武乡秧歌剧团在当时战火纷飞的恶劣环境中，运用游击战术坚持演出，涌现了许多可歌可泣的感人事迹，对抗战胜利做出特殊的贡献，受到八路军总部首长朱德、彭德怀、左权的热情鼓励和太行群英会的嘉奖。这也是武乡秧歌发展的第一次飞跃。

1946 年后，随着武乡光明剧团在太行山区影响的扩大，太行区便将光明剧团收编为“太行光明剧团”，进而成为山西歌舞剧团的前身。1947 年以武西战斗剧团为主体与光明剧团留下的部分演员合并新成立了“武乡翻身剧团”。这个新组建成立的剧团，在王世荣、魏东升、弓庆福、韩俊鸿的带领下，继续传承好的团风，宣传党的方针政策，为人民群众演出了《光荣牌》《两种作风》《绑住结婚》《闹人家》等优秀剧目，对推动当时的土改运动和解放战争胜利产生了积极影响。直至 1949 年中华人民共和国成立前夕，翻身剧团又改名为“武乡大众秧歌剧团”。

中华人民共和国成立后，随着社会主义文化的繁荣，武乡秧歌又进入一个新的发展阶段。1950 年，剧团编剧王世荣上调长治专区文工团，1952 年后，剧团整顿健全了领导班子，吸收了下合村剧团的郑桃英、任生奎、杨春印、魏来子、魏福贵，大陌村剧团的刘凤兰，东沟村的王改云、王翠莲等一大批青年演员，使剧团人员的结构更加合理，演员阵容更加强大，演出质量也大大提高。至 1964 年“四清”前夕，剧团不仅新编创作了现代戏 50 多本，移植或自编古装剧40多本，而且在省城太原还成功展演了《傅家营》《社长的女儿》《奇袭白虎团》《骨肉情深》等现代戏，涌现出一批新生代名演员，如郑桃英（小旦）、郭改云（青衣）、刘凤兰（老旦）、张改花（泼旦）、任生奎（丑角）、任二货（须生）、蒋马儿（丑角）、杨春印（小生）、石培堂（花脸）等。这是武乡秧歌发展的又一次飞跃。

1964年，“四清”开始，武乡秧歌剧团参加晋东南地区文艺整风，演出剧目受到限制，主要演员受到冲击。1966年，“文化大革命”开始，剧团改称“毛泽东思想宣传队”，演出内容变为小节目。1970年，武乡县解散二分（晋剧）团，保留秧歌剧团，剧团又招收了一批青年演员，主要是排练演出“革命现代样板戏”。值得一提的是，1974年，在武乡秧歌老前辈张万一、王世荣的关怀下，邀请省歌舞剧院李秉衡、省晋剧院李守祯两位作曲家指导，县秧歌剧团的乐师任八孩、成宝川、李金兆紧密配合，潜心研究。在传承挖掘传统唱

腔的基础上，大胆吸收京剧及其他剧种的优点，改革创作了武乡秧歌的“散板”“摇板”“数板”“念板”“哭板”“踩板”等唱腔板式。乐队加进了二胡、三弦、笛子、扬琴、低胡、中阮、琵琶、月琴、小提琴，以及铜管乐器，大胆尝试排练出革命现代样板戏《红灯记》。从剧情的整体安排到音乐唱腔设计，以及人物的塑造上都给人以耳目一新之感。1975 年，该剧目在晋东南地区戏剧会演中获得极大成功，后到省城演出也受到戏剧界和广大观众的一致好评，并灌制了唱片在全省市场大量发行。这部秧歌剧的成功排练演出，不仅开创了武乡秧歌大胆改革创新的先河，而且为武乡秧歌留下了许多不朽的名曲名段，成为武乡秧歌后续发展创新的样板，也成为武乡秧歌发展的一个新的里程碑！因此，这是武乡秧歌发展史上的一次新的飞跃。

改革开放以后，武乡秧歌又有了新的发展，剧团编剧王充理配合老剧作家张万一，新编或加工整理了近 20 本现代戏和历史剧。其中《王贵与李香香》《小二黑结婚》《嫁妻》《女兵传奇》等剧目被省电视台拍摄播放；《石勒传奇》《忠义缘》《五凤朝周》《娘随驴去》等剧参加省、地、市会演获奖。一批中青年演员如安娥英、王月英、姚长旺、李效珍、魏玉秀分别获省、地、市优秀演员称号，并得到观众广泛认可。

四、武乡秧歌的萧条与停滞

1982 年后，由于电视和网络文艺的冲击，武乡秧歌日渐萧条，武乡秧歌剧团名存实亡。在这种特殊的背景下，县委、县政府及宣传文化部门为挽救和振兴武乡秧歌，先后开办了五期秧歌艺术培训班，培养了 200 余名秧歌演唱人才。其中优秀演员有房树芬、王慧芬、胡小丽、王丽芬、段水英、李

勇、赵树青、关菊萍、张立军等，乐队方面有张志斌、郁向忠等。这批演员从1985年到1993年间，在县剧团和社会演出中发挥了骨干作用。

武乡秧歌虽然一度失宠，但毕竟是当地人民在长期生活中创作并引以为傲的艺术瑰宝。在武乡秧歌一度走衰的那段时间，武乡籍在外老干部经常打电话、捎口信，甚至在武乡的宣传媒体发文强烈呼吁恢复组建武乡秧歌剧团，渴望听到乡音，听到家乡戏剧。武乡文化界名流乃至武乡的普通百姓都在呼唤武乡秧歌继续传承和再度振兴。事实上，原武乡秧歌剧团离退人员王充理、安娥英、姚长旺等一批名老艺人也在秧歌戏剧的极度萧条期，自发组织、坚持编演秧歌小剧，如《人民法官郑大明》《换烟》《智破“活神仙”》《税法与公民》《四仙女游武乡》等剧目。他们用自己的实际行动，在身体力行地传承武乡秧歌，用家乡之音宣传党的方针政策，歌颂着老区的新人新事新风貌。特别是国家关于重视和保护非物质文化遗产的政策出台后，县委、县政府在2006年，制订了一系列保护传承计划，提出了“一年大赛，二年建团，三年见效”的近期奋斗目标。在县委、县政府的关怀重视下，宣传文化部门先后于2006年、2007年、2009年，举办过三次武乡秧歌大赛。

首届武乡秧歌大赛：

首届武乡秧歌大赛于2006年8月在县城电影院举行，报名参赛人员达到160多人，比赛分专业和业余两个组进行。经过预赛和复赛，决出专业组获奖人员11名，业余组获奖人员14名。

专业组：一等奖：房树芬

二等奖：王慧芬　常效平

三等奖：王丽芬　胡小丽　赵宏波　郭书芬

关菊萍　段水英　成　良　关红丽

业余组：一等奖：白小英

二等奖：史玉丽　胡巧红

三等奖：李国平　弓栓平　吴小平　白小丽

申焕梅　冯爱龙　孙泽阳（10岁）

郝　斌（女8岁）　杲惠风　李小凤　董如明

第二届武乡秧歌大赛：

第二届武乡秧歌大赛于2007年9月在县城举行，通过选拔、比赛，决出获奖选手7人并参加长治市首届民间秧歌大赛。

一等奖：房树芬

二等奖：王慧芬　王丽芬

三等奖：胡小丽　关菊萍　段水英　白小丽

获奖演员房树芬、王丽芬、胡小丽、王慧芬赴市比赛，最后房树芬以最高分获得全市第一名。

第三届武乡秧歌大赛：

第三届武乡秧歌大赛于2009年在县城举行，报名参赛人员50余人，经过激烈角逐，决出获奖选手6名。

一等奖：董小玲

二等奖：暴贝贝　弓栓平

三等奖：李先锋　殷树国　杜先先

五、武乡秧歌的传统剧目及艺术名流

武乡秧歌在形成和传承发展中，既给世人留下了许多脍炙人口的优秀剧本，也为社会培养了大批戏剧名流。

武乡秧歌传统剧目主要有：

1. 搭戏：《吊孝》（1890）《小姑贤》（1890）《上坟》（1892）《天雷报》（1892）《打铁》（1893）《借圪枝》（1900）《偷南瓜》（1912）《坡前会》（1922）《土地堂》（1925）《李翠莲上吊》（1933）《庄子探妻》（1938）《小过年》（1939）《三顶灯》（1939）《截江》（1939）《李三娘》（1953）《白氏传奇》（1953）《摘豆角》（1955）《二进宫》（1960）

《三岔口》（1980）。

2. 本戏：《四岔捎书》（1890）《二妇拉楼》（1898）《访苏州》（1923）《韩玉娘》（1924）《舍子》（1925）《雨伞记》（1925）《落花记》（1926）《东门会》（1926）《五台山》（1928）《土地堂》（1928）《四郎探母》（1930）《火焰驹》（1935）《坐楼》（1936）《凤仙庄》（1936）《河灯会》（1936）《五行山》（1937）《兰家岗》（1939）《沙陀国》（1939）《屯土山》（1939）《挂印封金》（1939）《鹿林庄》（1939）《挡将》（1940）《打玻璃》（1940）《慈云观》（1942）《朱仙镇》（1946）《甲申300年祭》（1946）《冤猴案》（1953）《戏中书》（1953）《红珠女》（1959）《卷席筒》（1957）《芙奴传》（1957）《空印盒》（1957）《三进士》（1958）《白玉簪》（1958）《胡月凤》（1959）《双狮图》（1959）《福寿镜》（1960）《楚王宫》（1961）《赵氏孤儿》（1961）《逼上梁山》（1977）《小刀会》（1978）《忠义缘》（1978）《杨门女将》（1980）《雏凤凌空》（1980）《三打白骨精》（1981）《屠夫状元》（1982年）《岳飞挂帅》（1982）《姐妹易嫁》（1982）《王宝钏》（1983）《破洪州》（1983）《寇准背靴》（1984）《斩杨景》（1985）《挑女婿》（1985）《杀妻》（1985）《嫁妻》（1986）《石勒传奇》（1991）。

3. 连本戏：《杀子报》（1900）《对绣鞋》（1900）《泰山图》（1910）《白蛇传》（1910）《洗衣记》（1920）《杀楼》（1921）《红灯记》（1922）《胡丘山》（1925）《丹霞寺》（1925）《访花园》（1929）《访山东》（1933）《游龟山》（1955）《抛绣球》（1959）《河灯会》（1980）《五凤朝周》（1988）。

4. 现代戏：《上前线》（1939）《劝夫参军》（1939）《兄弟参军》（1939）《换脑筋》（1940）《打马三》（1940）《离婚案》（1940）《忠报国》（1942）《万象楼》（1943）《重婚案》（1943）《人民大拥军》（1944）《关家庄》（1944）《小玩器》（1944）《天灾人祸》（1944）《疤山会》（1944）《年初》（1944）《糠菜夫妻》（1944）《小二黑结婚》（1944）《春桃》（1944）

《窑洞》（1944）《战争之夜》（1944）《改变旧作风》（1944）《胡春华拥军》（1944）《血泪仇》（1944）《组织起来》（1945）《李马保》（1945）《王来法》（1945）《兄妹开荒》（1945）《滔天罪恶》（1945）《白毛女》（1946）《王贵与李香香》（1947）《官逼民反》（1947）《圈套》（1947）《四大恶霸》（1947）《三门婿上寿》（1947）《贺工》（1947）《赤叶河》（1947）《两条心》（1948）《夫妻识字》（1948）《刘胡兰》（1953）《县长的女儿》（1963）《夺印》（1963）《傅家营》（1964）《山村姐妹》（1964）《刘三姐》（1964）《游乡》（1965）《彩虹》（1965）《风雷渡》（1965）《苦菜花》（1965）《奇袭白虎团》（1965）《骨肉情深》（1965）《红灯记》（1970）《沙家浜》（1973）《盘石岭》（1974）《朝阳沟》（1975）《三上桃峰》（1975）《洪湖赤卫队》（1978）《破涕为笑》（1983）《义务看护队》（1988）《女兵传奇》（1988）《娘随驴去》（1994）。

武乡秧歌历代戏剧名流

第一、二代名艺人：

梁和尚（1868—1939），北上合村人。主演小旦，他相貌俊俏，身段窈窕，音域宽阔，嗓门响亮，演出名剧有《白蛇传》《青峰山》《秦雪梅吊孝》等。

韩中元（1869—1939），北上合村人。主演小生，他唱腔优美，风格独特，具有南路唱腔特色，吐字道白标准，演出名剧有《四郎探母》《八郎回朝》《东门会》《对绣鞋》等。

董三荀（1897—1944），上却净村人。演技全面，演生、旦、净、丑都有特色，先后带出李海水等二十多个高徒。

郝过法（1886—1928），龙湍村人。艺名“白牡丹”，主演旦角，他唱腔悠扬婉转，做戏细腻，扮相俊美，演出名剧有《青峰山》《小姑贤》《访山东》《刘芳舍子》《洞房装疯》等。

魏炳全（1881—1959），下合村人。主演花旦，他发音高亢，喷口爽利，行腔婉转曲折，俏皮多变，扮相俊秀，眼神运用灵活自如，演出名剧有《河灯会》《土地堂》《小姑贤》《桃花庵》等。

韩三保（1881—1966），陌峪村人。主演小生，他装扮风度翩翩，举止潇洒，道白朗朗流利，声情并茂，演出名剧有《白蛇传》《河灯会》《雨伞记》《小姑贤》等。

王会孩（1908—1981），陶家沟村人。主演青衣，他咬字清晰，嗓音宽厚，真假嗓、高低音运用自如，行腔以中音为主，稍发沙嘶，给人以酥甜之感。演出名剧有《刘芳舍子》《祭塔》《卖爱姐》《秦雪梅吊孝》《三娘教子》等。

安琚林（1897—1971），蟠龙村人。主演大生，他嗓门清亮，唱腔婉转，略带山歌风味，身段优美，功底扎实，所饰人物形象个个生动引人。演出名剧有《宋江坐楼》《刘墉访山东》《访苏州》《东门会》等。

张新尧（1897—1962），大堂村人。主演泼旦、老旦，他吐字清晰流畅，动作表情自然大方，既富于幽默之感，又不失庄重姿态，演出名剧有《四郎探母》《天雷报》等。

第三代名艺人：

李海水（1919—1965），东沟乡西沟岭村人。首届中国戏剧家协会山西分会会员，先演旦角，后又演生、净、丑等角。他不仅文武场都能为之，而且生、旦、净、丑均可应行。武乡秧歌“四名角”之一，演出名剧有《河灯会》《雨伞记》《游龟山》《社长的女儿》等。

崔来法（1913—1993），监漳村人。武乡秧歌正宗派传人，武乡秧歌“四名角”之一，主演旦角，演出名剧有《桃花庵》《赵兰英进京》《胡春花拥军》等。

梁旭昌（1914—1968），北上合村人。主演小生，武乡秧歌“四名角”之一，演出名剧有《血泪仇》《天灾人祸》《对绣鞋》《刘芳舍子》等。

韩希江（1909—1979），北上合村人。主演小生，兼演旦、净、丑角，武乡秧歌“四名角”之一，演出名剧有《万象楼》《白毛女》《血泪仇》《关公院》《打蟠龙》等。

梁全发（1918—1998），北上合村人。主演小生，演出名剧有《河灯会》

《小姑贤》《血泪仇》《赤叶河》等。

韩二全（1917—2003），北上合村人。主演小丑和小二花脸，他扮相真切，架势喜人，表演幽默，动作风趣，唱腔别致，演出名剧有《刘墉访山东》《摘豆角》《扬州观灯》《王贵与李香香》等。

任八孩（1911—1982），监漳村人。武乡秧歌首席坐文场口头把椅。他演奏“二黄”的特点是功法快，腕力强，出音刚、清、脆，托腔保调严密、准确，处处为演唱者提神，被公认为武乡秧歌最佳伴奏操琴师。

成宝川（1919—1994），监漳村人。坐武场口打鼓板，他敏悟性强，潜心钻研，刻苦好学，对艺术精益求精，为武乡秧歌剧种打击乐伴奏发展留下了丰富的经验和锣鼓谱资料。

第四代名艺人：

郑桃英（1926—2019），下合村人。主演花旦，是武乡秧歌最有影响的名演员之一，晋东南、晋中两地曾一度把武乡剧团称作“桃英剧团”。演出名剧有《赵兰英进京》《雨伞记》《刘三姐》《游龟山》《小二黑结婚》《朝阳沟》等。

任生奎（1932—2019），下合村人。中国戏剧家协会山西分会会员，武乡秧歌享有盛誉的丑角演员，武乡秧歌剧种的代表性传承人之一。主演丑角，演出名剧有《打玻璃》《蝴蝶杯》《双狮图》《三上桃峰》《山村供销员》《骗婚记》《嫁妻》等。

刘凤兰（1930—2016），大陌村人。主演老旦、青衣，她嗓音浑厚清纯，唱慢板韵味浓郁，吐字真切，声爽气足，字正腔圆，沉稳大方。演出名剧有《刘芳卖子》《桃花庵》《傅家营》《红灯记》《三上桃峰》《小二黑结婚》等。

张改花（1936—2013），小名板三，大有村人。主演泼旦，她的唱腔圆润，婉转多变，吐字清楚，有浓郁的乡土气息和地方风味。演出名剧有《卷席筒》《福寿镜》《雨伞记》《赵兰英进京》《朝阳沟》等。

郭改荣（1937—2017），韩北乡果烟堖村人。山西省戏剧家协会会员，主演青衣正旦，她的唱腔高昂激越，悠扬悦耳，委婉动听，韵味十足；做派深沉稳重，感情真挚，落落大方。演出名剧有《福寿镜》《三进士》《卷席筒》《海港》《三上桃峰》《杨门女将》《雏凤凌空》等。

蒋马儿（1931—2016），涌泉乡蒲池村人。山西省戏剧家协会会员，主演丑角，演出名剧有《白毛女》《王贵与李香香》《落花记》等。

杨春印（1935—1999），韩北乡下合村人。主演小生、须生，后担任导演。演出名剧有《王贵与李香香》《游龟山》《焚王宫》《罗通扫北》《苦菜花》《红灯记》等。

李金兆（1942—2022），蟠龙镇下型塘村人。中国剧协山西分会会员，乐队主奏及音乐设计，为《社长的女儿》《山村姐妹》《沙家浜》《阮八姐》《海港》《磐石岭》等50多部剧目做了音乐设计并著有《武乡民间音乐》《武乡秧歌唱腔集萃》《武乡秧歌剧目选编》上、下集等书。

史培堂（1931—2006），韩北乡韩北村人。山西省戏剧家协会会员，主演净角，演出名剧有《罗通扫北》《游龟山》《白蛇传》《傅家营》《下河东》《岳飞挂帅》等。

魏福贵（1934—2000），韩北乡下合村人。武乡秧歌第四代首席司鼓，他坐姿端庄，演奏平稳舒展，节奏明快，干净利索，场道清楚，为50多个

新旧剧目做了出色伴奏。

六、武乡秧歌发展前景

武乡秧歌历经风雨，在这片古老的土地上传承发展了170多年，已经深深植根于人民群众的心底。武乡人民爱听秧歌，武乡人民爱唱秧歌，武乡人民希望这朵艺术奇葩能在家乡的这片热土上得到永久保护和传承。在国家下发保护和传承非物质文化遗产项目的通知后，武乡县宣传文化部门响应号召，雷厉风行，收集资料，上报项目，使该项目获准审批成为第一批国家级重点保护传承非遗项目。在县秧歌剧团萧条解散的20多年时间里，许多有识之士、秧歌爱好者自发组织了武乡秧歌协会、武乡秧歌演艺团体，利用各种场合、时机和媒体演唱和传承武乡秧歌。今年，在县委、县政府的重视和支持下，又恢复组建了武乡红星秧歌剧团。有国家的政策保护扶持、人民群众的爱戴拥护、县委县政府的重视支持，加上一代又一代秧歌爱好者的努力，相信武乡秧歌这朵艺术奇葩一定会更加光彩夺目、绚丽不败！

附一：

武乡秧歌戏历代名人谱

项目 姓名	性别	生卒年	籍贯	行当	扮演剧中人物	有何声誉和特技	政治面貌	从师何人
梁和尚	男	1868–1939	北上合村	小旦	《白蛇传》中，白素贞	武功扎实，扮演形象栩栩如生。		南路宫调李连则
韩中元	男	1869–1939	北上合村	大生	《东门会》中，齐王《八郎回朝》中，八郎	道别如南腔口声，称为“侉中元”。		南路宫调李连则
韩三保	男	1881–1966	陌峪村	大生	《四郎探母》中，四郎《河灯会》中，梁正卿。	道白流利，唱腔优美。		张金川
魏炳全	男	1882–1959	下合村	青衣	《桃花庵》中，杜氏《土地堂》中，狐狸月仙。	身段灵活，表演活灵活现。		梁和尚

项目 姓名	性别	生卒年	籍贯	行当	扮演剧中人物	有何声誉和特技	政治面貌	从师何人
郝过法	男	1885–1928	龙湍村	小旦	《白蛇传》中，白素贞。《小姑贤》中，桂花。	唱腔优美委婉，人称“白牡丹”。		吴存保
郝国川	男	1894–1957	苏峪村	鼓师	《刘云访山东》中，打扬兵过场。	鼓眼真切，手法明快，滴水不漏。		关二则
安琚林	男	1897–1971	蟠龙镇	大生	《宋江坐楼》中，宋公明《康熙访苏州》中，康熙皇帝。	功底扎实，唱腔婉转优美。		韩忠元
董三苟	男	1897–1947	上却净村	正旦	《东门会》中，姜氏妇人《探妻》中，田氏。	唱腔优美，相貌似女，身段妙巧。		南路小东则
张兴尧	男	1898–1962	大塘村	老旦	《天雷报》中，金花母。《小姑贤》中，玉安母。	唱腔洪亮，人称大唐“活老旦”。		梁和尚
王全孩	男	1908–1981	桃家沟村	青衣旦	《青峰山》中，白素贞。《刘芳舍子》中，张海堂。	喷口洪亮，人称“苦旦”。		董三苟
韩希江	男	1909–1979	北上合村	丑	《打玻璃》中，秃老明。《杀子报》中，二和尚。《河灯会》中，梁忠。	道白口利、明快，有秧歌声腔的独特风格。	党员	梁和尚
任八孩	男	1911–1982	监漳村	拉头把	手音灵活，取音准确，能悲哀随声。	弓法整齐，技艺独具特色		刘宝定
赵三全	男	1914–1985	古台村	丑	《泰山图》中，贾进子。《康熙访苏州》中，王宝童。《摘豆角》中，小没呐。	功底流利，声腔特色明快。		韩希江
李海水	男	1919–1965	西沟岭村	大生	《游龟山》中，田云山。《血泪仇》中，联保主任。《冤猴案》中，吴阁老。	道别声腔明快、流利，功底扎实，称晋东南第一生角。		董三苟
赵万山	男	1920–1980	岸北村	丑	《绑住结婚》中，老福成。《桃花庵》中，王三氏。《小二黑结婚》中，三仙姑。	嗓音洪亮，咬字真切，观众称之“当场变”。		侯上猴
成保川	男	1920–1984	监漳村	鼓板师	注重演员内情表达，演员瞪眼、歪嘴，细微变化，都能配上鼓点儿。	每个演员台词，他一字不差都背下来，能当场道词。		郝国川
郭子俊	男	1923–1972	北上合村	小旦	《小二黑结婚》中，小芹。《绑住结婚》中，春孩。《小姑贤》中，小姑桂花。	声色并茂，细致逼真，人称“还殃旦”。	党员	梁和尚
韩二全	男	1925–	北上合村	二净	《偷南瓜》中，小秋来。《盗皮箱》中，张迁。	口音流利，唱词分明。	党员	韩中元

续表

项目 姓名	性别	生卒年	籍贯	行当	扮演剧中人物	有何声誉和特技	政治面貌	从师何人
崔来法	男	1913-1990	监漳村	正旦	《胡春花拥军》中，胡春花。《桃花庵》中，杜氏。《访花院》中，丫环春红。	表演情真意切。襄武秧歌中四大名旦之一。		韩三保
梁旭昌	男	1914-1968	北上合村	大生	《四郎探母》中，四郎。《东门会》中，陈文子。《游龟山》中，胡彦。	表演情感出色，功底深厚，观众称之“活四郎”。		韩中元
李江书	男	1913-1972	西河村	青衣	《刘胡兰》中，刘胡兰母亲。《绑住结婚》中，绑住母亲。	表演活灵活现，男扮女角，人称“真老婆”。		郝培兰
史全义	男	1914-1957	韩北村	大净	《罗通扫北》中，程咬金。	功底扎实，表演形象逼真。	党员	韩珍福
梁全法	男	1925-1985	北上合村	小生	《六郎盗骨》中，六郎。《游龟山》中，田玉川。《游湖》中，许仙。	嗓音脆利，表演形象逼真。	党员	梁和尚
程专才	男	1866-1929	刘家沟村	小旦	《白蛇传》中，白素贞。《鹿林中》中，金花。	嗓音洪亮，形象出众，人称“红牡丹”。		
董中旺	男	1932-	大有村	小旦	《王贵与李香香》中，李香香。《小二黑结婚》中，小芹。	男扮女形象逼真，受到观众称赞。	党员	崔来法
史金中	男	1950-	东堡村	大净	《罗通扫北》中，程咬金。《小二黑结婚》中，金旺。	声音洪亮，动作功底扎实。		梁全法
弓庆福	男	1924-1983	寨上村	小生	《小姑贤》中，王玉安。《河灯会》中，梅田雪。《刘胡兰》中，石三孩。	塑造人物活灵活现，栩栩如生。	党员	李来春
郑桃英	女	1926-	下合村	正旦	《宋江坐楼》中，阎惜娇。《秦雪梅吊孝》中，秦雪梅。《小二黑结婚》中，三仙姑。	身段俊美，唱腔清脆。吐字清，韵味浓厚。扮演人物形象逼真。		魏炳全
任二货	男	1930-1986	神西村	小生	《游龟山》中，田玉川。《小二黑结婚》中，金旺。《回荆州》中，吕布。	表演形象出色，近于生活。	党员	弓庆福
蒋马儿	男	1931-	蒲池村	丑	《挑女婿》中，知县。《王彦休妻》中，陈梁。《三门婿上寿》中，和贵。	表演形象近于生活，观众称他“马儿官”。	党员	赵万山

续表

项目 姓名	性别	生卒年	籍贯	行当	扮演剧中人物	有何声誉和特技	政治面貌	从师何人
史培堂	男	1931–	韩北村	大净	《游龟山》中，芦林。《狸猫换太子》中，包公。《罗通扫北》中，程咬金。	嗓音洪亮，喷口哄大，人物形象栩栩如生。	党员	韩二全
杨春印	男	1935–1997	下合村	小生	《梵王宫》中，花荣。《李三娘》中，咬脐郎。《红灯记》中，李玉和。	功底过硬，动作矫健，表演生动。	党员	梁旭昌
郭改云	女	1936–	果烟垴村	青衣	《李三娘》中，李三娘。《游龟山》中，田氏妇人。《小二黑结婚》中，三仙姑。	嗓音洪亮，秧歌风味特别浓厚，音域宽阔。	党员	史全义
刘凤兰	女	1931–	大陌村	青衣	《红灯记》中，李奶奶。《刘胡兰》中，胡兰母亲。《游龟山》中，田妇人。	善于表达人物丰富的感情。音域洪亮，观众称她“压桃英”。		崔来法
张改花	女	1936–	大有村	泼旦	《雨伞记》中，凤英母亲。《青峰山》中，李梦月。《朝阳沟》中，金凤母亲。	行腔婉转，吐字真确。表演风趣幽默，人称满台转。		崔来法
王月英	女	1949–	小活庄村	小旦	《红灯记》中，铁梅。《沙家浜》中，阿庆嫂。《寇准背靴》中，柴郡主。	个性突出，动作敏捷，善于刻画人物性格，观众称之“活铁梅”。		杨春印
安娥英	女	1955–	蟠龙镇	小旦	《小二黑结婚》中，小芹。《王贵与李香香》中，李香香。《屠夫状元》中，党凤英。	其嗓音清亮，行腔自然流畅，音腔婉转，十分优美动听。		郑桃英
李仙英	女	1928–	北社村	小旦	《刘胡兰》中，刘胡兰。《葵花》中，葵花女。	扮演刘胡兰形象逼真，是秧歌剧开创女角。	党员	崔来法
韩四孩	男	1933–1983	韩北村	拉头把		能带动演员性情，发挥音腔婉美动听。		任八孩
魏福贵	男	1928–	下合村	鼓板		为秧歌鼓谱做出了较大的贡献。	党员	申虎德
魏玉秀	男	1950–	下合村	小生	《小二黑结婚》中，小二黑。《王贵与李香香》中，王贵。《罗通扫北》中，罗通。	唱腔流畅，表情自然。	党员	任二货
李效珍	男	1955–	马堡村	小生	《王贵与李香香》中，王麻子。《辕门斩子》中，杨延昭。	其嗓音清脆委婉动听，表演逼真细腻。		杨春印

续表

项目 姓名	性别	生卒年	籍贯	行当	扮演剧中人物	有何声誉和特技	政治面貌	从师何人
史如玉	男	1926–	韩北村	大生	《游龟山》中，田云山。《刘云访山东》中，刘云。《小过年》中，素枝爹。	吐字脆利，唱腔独特。		梁旭昌
姚常旺	男	1950–	盐土凹村	大生	《吴汉杀妻》中，吴汉。《寇准背靴》中，寇准。《小二黑结婚》中，刘修德。	唱腔清脆嘹亮，表演形象逼真。		任二货
刘焕娥	女	1950–	大陌村	花旦	《梵王宫》中，含烟。《茶瓶计》中，丫鬟春红。《游龟山》中，胡凤莲。	灵活朴实，功底强硬，唱腔清亮脆利，人称赛桃英。		李海水
程万全	男	1928–1998	刘家沟村	大生	《刘芳舍子》中，刘芳。《刘云访山东》中，刘云。	他20岁任本村支书50多年，是我县业余剧团一名优秀演员。	党员	赵满宏
李金兆	男	1941–	下型塘村			吹拉弹打	党员	任八孩
高介云	男	1926–	故县			编《干部改变旧作风》《胡春花拥军》	党员	父亲 高沐鸿
张万一	男	1917–1982	蟠龙镇		《岳飞传》中，岳飞。	编《王贵与李香香》《小二黑结婚》，能导能演。	党员	
王宣恒	男	1897–1973	东沟村	大生	《打金枝》中，唐太宗。	唱上党“皮簧”有声有色。	党员	韩三宝
王世云	男	1923–	禄村人			剧本获得边区政府文艺征文特等奖。	党员	
殷士肤	男	1920–	茅庄村			编剧《誓死不做亡国奴》《送郎参军》。	党员	

1890年至1937年武乡县政府成立剧团一览表　表1

班社名	活动年代	戏东掌班		生	旦	净	丑
古台村鸣凤班	1890年至1936年	郝专官 程起万 王巨才	赵成晋	吴存保 关六四 王根五 梁旭昌	郝过法 韩臭孩 王会孩 张新尧 马银木	李海水 赵专官	赵万全 赵三全 韩四江
		马村 故县 牛家岭	西岭	山角坡 沙坡 襄垣 北上合	龙湍 枣岭 桃家沟 大唐 王庄沟	西沟岭 河西	岸北 古台村 上合村
上北漳三元班	1891年至1936年	王三元 韩中元	韩三保	韩三保 梁旭昌 赵珍福 李福全	崔来法 梁和尚 韩黑志 董三够	韩德山 韩三孩	侯上猴 韩希江
		上北漳 北上合	陌峪村	陌峪村 北上合 土河村 阳桃湾	监漳村 北上合 陌峪村 铁净村	陌峪村 陌峪村	王和垴 北上合
牛家岭庆阳班	1930年至1937年	安先云 梁和尚 梁旭昌		安琚林 梁旭昌 梁全法 崔海林 马敖则	李海水 崔来法 王会孩 梁会会 郭子俊	赵满宏	韩希江 赵三全 韩二会
		老东角 北上合 北上合		蟠龙 北上合 北上合 果烟垴 王庄沟	西沟岭 监漳 桃家沟 北上合 北上合	城底	北上合 古台村 北上合

1890年至1937年武乡县政府成立剧团一览表 表1

乐 队	主要剧目表	材料来源
申虎德 梁够成 刘保定	书中书 庄子探妻 借圪枝 打玻璃 刘拍儿上坟 摘豆角 偷南瓜 落花计 刘芳舍子 戏中戏 小姑贤 高山上坡	梁全法 崔来法
襄垣 上合村 襄垣	秧歌	北上合 监漳村
吴二则 梁够成 申虎德	庄子探妻 李翠莲上吊 雨记 坐楼 落花计 桃花庵 风仙庄 盗皮箱 装风洞 兰家岗 刘芳舍子	崔来法 成保川
意安 北上合 襄垣	秧歌 秧歌 风搅雪 秧歌 秧歌 风搅雪 秧歌 秧歌 秧歌 秧歌 秧歌	监漳村
郝国川 刘凤鸣 任八孩	鹿林庄 坡前会 访松江 访苏州 打玻璃 坐楼 河灯会 清河镇 清峰山 桃花庵 白蛇传 刘芳舍子	崔来法 韩二全
苏峪村 大陌村 监漳	风搅雪 黄腔 风搅雪 宫调 秧歌 秧歌 风搅雪 风搅雪 风搅雪 风搅雪 风搅雪 秧歌	监漳 北上合

1890年至1937年武乡县政府成立剧团一览表　表2

班社名	活动年代	戏东掌班	生	旦	净	丑
蟠龙顺意班	1890年至1930年	安据林	安据林 张金川 韩德山	关贵成 王会孩 董三够 关七四 马七斤	阎苟儿 关水云	韩毛孩 侯上猴
		蟠龙	蟠龙 河南 陌峪	韩家垴 桃家垴 铁静 沙坡 河西	阎家庄 关家垴	韩家垴 王和垴
西窑咀鸣胜班	1892年至1931年	赵成晋	吴存保 关六四 王根成	赵来旺 赵千孩 张兴尧 王会孩	史全义 韩中元	韩希江 韩二全
		西岭村	山角坡 沙坡村	下司村 下司村 大糖 桃家沟	韩北 北上合	北上合 北上合
窑上沟永乐意班	1930年至1931年	梁和尚 赵四孩	梁旭昌 梁全法 梁全会 韩具福	梁和尚 张兴尧 魏炳全 刘俊明	韩希之 史全义	韩希江 韩二全
		北上合 上司村	北上合 北上合 北上合 陌峪	北上合 大糖 下合 果烟垴	北上合 韩北村	北上合
陌峪原乐意班	1918年至1931年	韩三保 韩黑痣	韩三保 梁全林 崔海林	韩三孩 韩黑老 魏臭孩 魏丙全 陈专才	赵满宏	赵万山
		陌峪村	陌峪村 北上合 果烟垴	陌峪村 陌峪村 枣岭村 下合村 刘家沟村	城底村	岸北村

1890 年至 1937 年武乡县政府成立剧团一览表　表 2

东西场	主要剧目表	材料来源
任八孩 刘保定 郝国川	刘芳舍子 白蛇传 曹庄杀狗 小姑贤 刘云访山东 雨伞计 落花计 打玻璃 收草帽 二妇人拉楼 枣阳城 田二宏开店 洗衣计	安据林
监漳 襄垣 苏峪村	秧歌 风搅雪 秧歌 秧歌 风搅雪 秧歌 秧歌 秧歌 秧歌 秧歌 秧歌 秧歌 秧歌	蟠龙
刘凤鸣 关二则 刘富掌	书中书 戏中戏 高山上坟 闹洞房 杀子报 师徒案 李不当休妻 庄子探妻 访山东 三开膛 访荆州 二进宫	崔来法 梁全会
大陌村 意安 大有	秧歌 秧歌 秧歌 秧歌 风搅雪 风搅雪 秧歌 秧歌 风搅雪 风搅雪 风搅雪 二黄	监漳 北上合
梁够成 任八孩 郝国川 王四孩	血手印 泰山图 土地堂 三娘教子 小姑贤 鹿林庄 白蛇传 桃花庵 坡前会 东门会 雁门关 五绝阵 河灯会	梁全法 韩二全
北上合 监漳村 苏峪 东沟村	风搅雪 风搅雪 秧歌 秧歌 秧歌 风搅雪 风搅雪 风搅雪 黄腔 宫腔 黄腔 风搅雪 风搅雪	上合
刘凤鸣 关二则 梁够成	书中书 戏中戏 访书院 河灯会 雨伞记 土地堂 鹿林庄 偷南瓜 摘豆角 白蛇传 访山东 莲花盏 枣阳城	崔来法 梁全会
大陌村 意安 北上合	秧歌 秧歌 秧歌 风搅雪 风搅雪 秧歌 风搅雪 秧歌 秧歌 风搅雪 风搅雪 风搅雪 秧歌	监漳 北上合

1939 年至 1967 年武乡县政府成立剧团一览表　表 3

剧团名称	活动年代	领导人员	编辑	演职员			
				生	旦	净	丑
光明剧团	1939年至1947年	陈凤翔 高介云 王宣恒	张万一	李海水 梁旭昌 梁全法 崔海林	崔来法 梁全会 郭子俊 赵来旺	韩二全 李海水	韩希江 韩二全
		指导员 团长 团长					
		小道场 故县 东沟	蟠龙	西沟岭 北上合 北上合 果烟垴	监漳 北上合 北上合 下司村	北上合 西沟岭	北上合
战斗剧团	1940年至1940年	殷士肤 吴番 任志隆	殷士肤	弓庆福 任志隆 李玉书 弓玉全	李江苏 张俊全 王会孩 阎应龙	李玉青	赵万山
		茅庄村 段村 神西村	茅庄村	寨上 神西 砖北 寨上	西河 大良 桃家沟	山交	岸北
翻身剧团	1943年至1953年	肖焕云 魏东生 韩俊宏	王世云 肖焕云	李海水 梁旭昌 梁全法	郭子俊 梁全会 崔来法 李仙英 董中旺	史全义 史培堂	赵万全 韩二全
		中村 下型塘 韩北村	中村	西沟岭 北上合 北上合	北上合 北上合 监漳 北漳 大有	韩北 韩北	岸北 北上合

1939年至1967年武乡县政府成立剧团一览表　表3

东西场	主要剧目表	材料来源
韩付堂　王四孩　任八孩　成保川　郝国川	刘胡兰……歌剧　血泪仇……秧歌　改变旧作风……秧歌　舍子……秧歌　白玉簪……宫调　坡前会……黄腔　四郎探母……黄腔　韩玉娘……风搅雪　对秀鞋……风搅雪　清河镇……风搅雪　清岸山……风搅雪　邺宫图……风搅雪	韩二会　崔来法
北上合　东沟　监漳　监漳　苏峪		北上合　监漳
刘富长　郝志堂　段保玉　郝六孩　刘凤鸣	刘胡兰……秧歌　绑住结婚……秧歌　训子……秧歌　摘豆角……秧歌　借圪枝……秧歌　访山东……风搅雪　白蛇传……风搅雪　慈云观……风搅雪　桃花庵……风搅雪　清河镇……风搅雪　清岸山……风搅雪	殷士肤
故到　五峪　寨上　五峪　大陌		茅庄村
王东河　任八孩　成保川　郝国川	王贵与李香香……秧歌　绑住结婚……秧歌　刘胡兰……歌剧　小二黑结婚……秧歌　韩玉郎……风搅雪　邺宫图……风搅雪　白玉簪……宫调　白蛇传……风搅雪　访山东……风搅雪　对绣鞋……风搅雪　仙云展……风搅雪　四郎探母……二黄　游龟山……风搅雪	成保川　崔来法
东沟　监漳　监漳　苏峪		监漳

1939年至1967年武乡县政府成立剧团一览表　表4

剧团名称	活动年代	领导人员	编辑	演职员 生	演职员 旦	演职员 净	演职员 丑
大众剧团	1953年至1962年	史顺义 史全义 王运斌 李海水	王书明 韩松林	李海水 梁旭昌 梁全法 史如玉 任二货 杨春应	郑桃英 刘焕娥 刘凤兰 崔来法 张改花 吴引弟 郭改云 武仙果	史培堂 韩二全	任生奎 蒋马儿
		支部书记 团长 支部书记 团长					
		南台村 韩北村 小活庄 西沟岭	石板村 韩家垴	西沟岭 北上合 北上合 韩北村 神西村 下合村	韩家村 大村 大村 监漳村 大有村 王庄沟 西堡村 韩北村	韩北村 北上合	下合村 甫池村
秧歌剧团	1962年至1967年	王运斌 魏东生 李海水 郑桃英 侯富有	王书明 韩松林	李海水 梁旭昌 梁全法 史如玉 任二货 杨春应 魏兰孩	郑桃英……韩家垴 刘凤兰……大陌村 武仙果……韩北村 张改花……大有村 崔来法……监漳村 吴引弟……王庄沟 郭改云……西堡村 崔焕仙……东里庄 郭焕梅……北上合 闻改花……石板村 魏润莲……下合村 王月英……小活庄 梁仙香……北上合	史培堂 魏来子 韩二全	任生奎 蒋马儿
		书记 团长 团长 副团长 支书					
		小活庄 下型塘 西沟岭 下合村 狐则沟	石板村 韩家垴	西沟岭 北上合 北上合 韩北村 神西村 下合村 大陌村		韩北村 北上合 北上合	下合村 甫池村

1939 年至 1967 年武乡县政府成立剧团一览表　表 4

东西场	主要剧目表	材料来源
段宝玉 任八孩 韩四孩 刘凤鸣 魏福贵 成保川	尹灵芝……秧歌 县长女儿……秧歌 闯宫抱斗……风搅雪 游龟山……风搅雪 冤猴案……秧歌 李三娘……秧歌 卷席筒……秧歌 火焰驹……风搅雪 小过年……秧歌 赵氏孤儿……风搅雪 枣阳城……秧歌	崔来法 梁全法
寨上村 监漳村 韩北村 大陌村 下合村 监漳村	王贵与李香香……秧歌 小二黑结婚……秧歌 傅家营……秧歌 训子……秧歌 宋江坐楼……秧歌 胡邱山……秧歌 桃花庵……风搅雪 金中计……风搅雪 回荆州……风搅雪 三进士……风搅雪 四中书……秧歌 玉凤配……秧歌 访山东……风搅雪	监漳村 北上合
段宝玉 任八孩 韩四孩 魏福贵 刘玲祥 成保川	山村供销员……秧歌 小二黑结婚……秧歌 山村姐妹……秧歌 挑女婿……秧歌 沉香扇……秧歌 专奴传……秧歌 游龟山……风搅雪 金钟计……风搅雪 游西湖……风搅雪 狸猫换太子……风搅雪 桃花庵……秧歌 卷席筒……秧歌 小过年……秧歌 梵王宫……风搅雪	梁全法 崔来法
寨上村 监漳村 韩北村 下合村 大陌村 监漳村		北上合 监漳村

1939年至1967年武乡县政府成立剧团一览表　表5

剧团名称	活动年代	领导人员	编辑	演职员			
				生	旦	净	丑
人民剧团	1967年至1989年	史高祥、武玉堂、温子清、暴恩旺、刘中玉、苏华、任生奎	王充理	史金中、杨春应、魏玉秀、史如玉	霍爱英、安娥英、董卫平、张雪芬、武生莲	苏华、张专寿、史明扬	任生奎、殷团川、王丙旭
		支书、支书、支书、支书、支书、团长、团长					
		东堡、武家庄、温家沟、监漳、蟠龙、城关、下合	东沟村	东堡、下合、下合、韩北	芝麻角、蟠龙、大有、富庄、城关	城关、陈家垴、郝家垴	下合、寨上、李峪村
光明剧团	1989年至1999年	暴留庆		赵素清、常效平、武晋中、李效珍	魏文明、房素芬、李翠萍、段水英、郭书芬	李俊川、史效青、陈小兵	李勇
		监漳村		马庄、北水、团松村、马堡	下合村、东庄、监漳、涌泉	圪针庄、南台村、新庄	义门村

1939年至1967年武乡县政府成立剧团一览表　表5

东西场	主要剧目表	材料来源
刘贞祥、暴留庆、李孟松、武怀义	吴汉杀妻……宫调、杨门女将……宫调、八郎回朝……宫调、秦香莲……宫调、骗婚计……秧歌、王贵与李香香……秧歌、小二黑结婚……秧歌、下河东……宫调、罗通扫北……宫调	史金中、史如玉、魏玉秀
大陌、监漳、郝家岭、城关		韩北村
张志斌、魏瑞红、张如飞	秦香莲……宫调、吴汉杀妻……宫调、下河东……宫调、雁门东……宫调、法门寺……宫调、斩杨景……宫调、黄公案……宫调	魏玉秀
胡家岭、下合、熬垴		下合村

武乡新编创作秧歌剧《柴胡情》

【剧情简介】

1939年夏，八路军野战卫生部制药所转移到武乡县刀把咀村。当时，由于医疗条件太差，在太行山根据地坚持英勇抗日的八路军将士患上流感、疟疾等病症。而日伪顽对根据地严密封锁，药品奇缺成为最大的困难。制药所的干部工人，结合这里山大沟深、中草药资源丰富的特点，带领广大医务人员发动群众上山采集柴胡，先后熬成汤药、制成片剂给病号服用，收到一定疗效。为了快速、方便医治疾病，1940年，卫生部建议将柴胡进行蒸馏提取制成针剂。于是，制药厂开始了柴胡注射液的研制工作。他们克服了技术水平低、设备条件差等困难，加之日军对根据地疯狂“扫荡”需要经常转移等因素，研制人员一次次反复试验，刀把咀村村民不惜牺牲一切全力支持配合。军民经过一年的试验，终于以蒸馏提取有效成分试制出柴胡注射液。柴胡注射液的诞生，不仅给前方将士和根据地军民带来了福音，极大提升了我军的战斗力，而且打破了中药无注射液的历史，在中药史上具有划时代意义。1943年5月《新华日报》发文，向世界报道这一医学界新贡献，成为我国有关中药西制成功的首例。

本剧以跌宕起伏的故事情节、感人至深的民族大义，再现当年在日寇频繁“扫荡”的残酷环境中，在研究专业人员缺乏、生产设备十分简陋的条件下，八路军制药厂研制人员和刀把咀村村民克服困难，不怕牺牲，共同努力开创中药西制先河的曲折道路，讴歌了八路军制药厂研制人员敢于实践的首创精神和太行军民生死与共、血浓于水的鱼水深情。

【时间】抗日战争时期

【地点】太行区武乡县刀把咀村

【人物】陆　浩　男　40 岁　八路军野战卫生部制药材料厂厂长、药剂科科长

童　莹　女　21 岁　八路军野战卫生部制药材料厂医药研究员

张海元　男　31 岁　民兵指导员

韩兰英　女　23 岁　张海元妻子

村　长　男　55 岁　刀把咀村村长

韩权贵　男　41 岁　小窝铺村村民

梁财旺　男　48 岁　刀把咀村村民

海元母　女　60 岁　刀把咀村村民　张海元母亲

松泉一郎　男　41 岁　鬼子队长

王秃则　男　35 岁　汉奸　说话严重结巴

韩　芳　女　26 岁　剧团演员

文　慧　女　20 岁

柴富贵　男　28 岁

八路军夫妇

医护战士若干

民兵若干

日本兵若干

群众若干

第一场
全　民　抗　日

【1939 年夏

【幕启

【暗光

【太行山，群山中一座平静而破旧的村落

【一曲武乡抗战民歌画外音回荡在深山峡谷之中……

“一片一片黄花儿艳 漫山遍野开

一队一队八路军 到咱村里来”

【启光

【刀把咀村公所

【舞台一角布置舞台，横挂一条幅，上写：“德则角秧歌剧团抗日宣传队”

【群众围观互动

【剧团演员韩芳表演唱拥军宣传，最好用老秧歌表现

韩　芳（唱）　太行山上狼烟滚，
来了日本鬼子兵。
军民团结如一人，
保家卫国打日本。
刀把咀村众乡亲，
拥军模范争光荣。
万众一心齐奋进，
众志成城民族魂。

【向台下高喊

（喊）　乡亲们！抗战以来，咱们的八路军舍身忘死打日本鬼子，保护咱老百姓，咱们应该用实际行动拥护八路军，多做军鞋、多交公粮、积极支前。

【韩兰英在人群中双手举一双千层底布鞋站起

韩兰英（喊） 说得好，咱们一起做军鞋，让咱八路军穿上多杀敌，立功。大家说：好不好？

【群众齐喊

群　众（喊） 好！

【妇女们齐喊

妇女们（齐喊） 我们一起做军鞋！

【群众鼓掌欢呼

韩兰英（唱） 乡亲们！

民族英雄人人敬，
南征北战八路军。
风餐露宿千般苦，
浴血奋战杀敌人。
军爱民，民拥军，
军民抗敌一家亲。
患难与共同命运，
拥军支前最光荣。

【韩权贵在人群中举手站起

韩权贵（喊） 我生在龙门长在小窝铺，自小上山砍柴卖木刨药材日子过得平平稳稳，狗日的日本人来了害得咱都不能安生，赶不走小日本咱就没办法活，所以，我坚决拥军支前！对不对？

【群众齐喊

群　众（喊） 对！

【群众齐喊

群　众（喊） 我们都拥军！赶跑鬼子兵！

【海元母在人群中手托菜篮站起

海元母（喊）　菜根、萝卜、山药蛋，叫咱八路军就捞饭，一碗米汤，煮篮鸡蛋，炒指、炒面都能顶饭，行军参战捎带吃饭。亲人吃饱身有劲，给咱多多杀敌人！

【群众齐喊

群　众（齐喊）　对！多多杀敌人！

【梁财旺起身默默走上舞台激动地唱出自已那颗对刀把咀的感恩与坚决拥军的决心

梁财旺（白）　乡亲们！

（唱）　彰德府牛家庄敌人所占，
逼得俺全家人离家逃难。
山套山川套川一路要饭，
难充饥苦度日提心吊胆。
路过伢小岑山腰喝了口水，
赶黑儿我来在咱刀把咀。
借我家给我地给我粮吃，
一家人受接济暖在心间。

（喊）　我出力垒墙盖房啥也能干，跑腿腿，送物资，站岗放哨都可以。大家说我这样拥军，能不能算？

【群众齐喊

群　众（齐喊）　能算！出力、跑路、担水、担煤炭！

【梁财旺抬起胳膊擦了擦激动的眼泪，深深地向乡亲们鞠躬致谢

【村长走上台激情洋溢

村　长（白）　乡亲们，前天，我已经接到区上指示，有一支八路军部队要进驻咱村，大家一定要积极拥护，竭尽全力配合咱八路军！

众乡亲（齐喊）　坚决拥护！全力配合！

【海元内喊：“乡亲们，八路军来了！”

【海元带着民兵连上，海元边走边喊

海　元（喊）　乡亲们……八路军来了！八路军来了！

（唱）　红旗飘军号响威风凛凛，

一排排一个个昂首挺胸。

为民族求解放铁骨铮铮，

山沟里迎来了革命亲人。

这是咱刀把咀全村荣幸，

抗倭寇驱豺狼军民同心。

叫一声乡亲们来迎亲人，

八路军马上就来到咱村。

【舞台上下一片欢腾，大家争先恐后向路边涌来，自觉站成一排欢迎八路军入村

【村长见群众一起涌向村口大喊道

村　长（喊）　乡亲们！大家分站两边，准备迎接八路军。

【群众自觉排好队让出通道欢呼八路军队伍

【陆浩、童莹率领八路军携带医药后勤物资、医护人员带着医疗器材上

【村长、海元及民兵连列队迎接，村长上前与陆厂长握手表示欢迎

陆厂长（白）　遵照八路军总部的命令，我们野战卫生部从今天开始就算正式进驻咱们刀把咀村了。

村　长（喊）　首长，欢迎欢迎！这是我们的荣幸哪！请！

【在群众的欢呼声中，村民扭起秧歌，唱起武乡抗日民歌《八路军进了村》

（女）　八路军哟进了村

（男）　哎咳哟 好齐整

（女）　男女老少村口迎

（男、女）　哎咳哟 喜盈盈

（女）　身背长枪真英俊

（男）　哎咳哟 好威风

（女）　看见亲人格外亲

（男、女）　哎咳哟 八路军

（女）　杀汉奸哟打日本

（男）　哎咳哟 真英雄

（女）　军民合作游击战

（男、女）　哎咳哟 显神通

【在一片喜庆的欢呼声中，村长、海元、韩兰英等站立群众前欢迎八路军的到来，与陆浩、童莹握手欢迎

【伴随着武乡抗战民歌灯光缓缓渐弱

【幕落

【切光

第二场

瘟　疫　横　行

【幕启　弱光

【武乡抗战民歌调画外音回荡在太行深山峻岭之中

战火纷飞太行山，瘟疫横行，军爱民来民拥军，铸就了柴胡之情

【开花声中，舞台灯光渐亮，巍巍太行山，群山峻岭，

【启光

【刀把咀村韩家祠堂

【破旧的大门上挂有“八路军总部野战卫生院”简易牌匾，陆浩心事重重

【陆厂长简陋的办公室

陆　浩（唱）　山风呼松涛啸云山古道，
茫茫岭蒙蒙雾峻岭崇山。
战火中炮声隆杀声阵阵，
马蹄急传命令寝食难安。

反“扫荡”军情急战斗正酣，
流行病疟疾传遍地感染。
根据地遭封锁缺少药品，
卫生部两手空重重困难。
总部令形势急泰山压顶，
苦思索无良策愁上眉间。
望群山喊天地求找神仙，
驱病魔克顽疾助我渡过难关。

【童莹急匆匆上

童　莹（白）　报告！

陆　浩（白）　进来。

童　莹（白）　陆厂长，您找我？

陆　浩（白）　是的。刚刚又接到总部命令，流感、疟疾大面积传染，已严重影响到部队的作战能力。总部命令我们，集中力量、抓紧时间研制出有效药品，抑制疫情的扩散！

童　莹（白）　是啊，这个情况大家都清楚，就是苦于敌人封锁严密，药品买不到，也进不来，看来只能靠我们自己了。

【童莹低头思考，突然，眼睛一亮

（白）　陆厂长，我们能不能召集大家与当地民间医生，共同研究想想办法呢？

陆　浩（白）　对！这个主意好，我们抓紧组织进行讨论。

【陆浩与童莹正在发愁时，韩权贵肩背一大布袋大汗淋漓急匆匆上

韩权贵（白）　首长！首长！

【陆浩看见急忙上前帮韩权贵把布袋放下，吃惊

陆　浩（白）　老乡，您这是？

韩权贵（白）　首长，听说部队好多战士都发冷发热的，高烧不退。那是发疟疾了。我拿的是柴胡，俺山里人穷，买不起药，

伤风脑热时把它熬成汤喝，好好发发汗，还是很管用的。这是晒干的，我拿来让试试，如效果好，咱家里还有，随后等晒干了，全都给送来。

陆　浩（白）　老乡，柴胡有这么大的疗效？

韩权贵（白）　是的，我们祖祖辈辈就是用山上刨的药材治病的。

陆　浩（白）　您是哪个村的？

韩权贵（白）　小窑铺。

陆　浩（白）　离这里远吗？

韩权贵（白）　二十多里吧，从民国开始，小窑铺和刀把咀就是一个编村，经常来往，习惯了，不远！

陆　浩（白）　哦。老乡，辛苦了！那我就收下了。小童，你拿去称一下，要给老乡点儿钱。

韩权贵（白）　首长，看您说的，这还称啥，我是来卖柴胡的？

【此时，童莹恍然大悟。

童　莹（白）　柴胡！柴胡！

陆　浩（白）　对。柴胡！

韩权贵（白）　柴胡怎么了？

童　莹（白）　老乡，您提醒我了，柴胡要起大作用了！

（唱）　《神农之草》有记载，
味苦微寒药性平。
主治肠胃去结气，
退烧截疟益神经。
调达肝火疏理气，
胸去邪逆一身轻。
柴胡长在深山中，
花黄绿叶土埋茎。
浴沐汤煎皆有效，

咱要念好柴胡这本经。

陆　浩（白）　老乡！

（唱）　老乡你送柴胡正是时候，

困境中见希望解我心忧。

八百里太行山龙蜷虎卧，

大山里中药材应有尽有。

刀把咀依太行靠山而坐，

刨药材搞研发百计千谋。

看见你让我们天晴雨过，

提醒了梦中人解困消愁。

韩权贵（白）　首长！

（唱）　山里人家贫寒靠山吃饭，

土药方祖辈传身康体安。

半辈子刨药材养成习惯，

土办法治百病代代相传。

不顶事加加量也能再换，

中药材还保险不能小看。

权贵我常采药群山为伴，

谈草药说病情不愈也缓。

陆　浩（白）　老乡！

（唱）　战士们染瘟疫流感群患，

根据地遭敌人封锁阻拦。

今天起我们要请你为伴，

共商量采草药暂渡难关。

韩权贵（白）　首长！

（唱）　八路军需要我任劳任怨，

不用请我也会走在前边。

治流感驱瘟疫柴胡荆芥，
刀把咀这草药漫山遍野。
童　莹（白）　陆厂长！
（唱）　山高林密易隐蔽，
就地取材省时间。
战士染病要医治，
迫在眉睫等不起。
陆　浩（白）　老乡！
（唱）　前线需要供药品，
万分火急任务紧。
事不宜迟把山进，
刻不容缓即动身。
（白）　老乡，那就辛苦你了！
韩权贵（白）　首长，看您说的！没事！
童　莹（白）　老乡，那咱们现在就去准备。
韩权贵（白）　好嘞，走！
陆　浩（白）　一定要注意安全。
童　莹（白）　是！
【童莹与韩权贵转身而去
【陆浩感激而欣慰
陆　浩（白）　多么纯朴的太行人民哪！
（唱）　太行山老乡们纯朴憨厚，
争拥军表赤心走在前头。
一宗宗一幕幕解囊相助，
憨厚的山里人感人肺腑。
依群众靠人民同心拥护，
载史册铸丰碑抗战征途。

八路军驻武乡驱除日寇，

老乡们，你们为胜利打下基础。

【陆浩露出满意的笑容慢慢转身下

【切光

【启光

【童莹带着制药厂的八路军战士拿着采药工具、布袋在音乐中上

【村长、海元、韩兰英、韩权贵、梁财旺牵头带着刀把咀的群众挑着箩筐提着篮子拎着布袋从另一侧上，与童莹迎面而碰

【童莹对村长

童　莹（白）　大叔，您这是……？

【村长胸有成竹

村　长（白）　同志，八路军的事，就是我们刀把咀的事，刀把咀的事，就是我们全村老少爷们儿的事！我们一起采药去！

【童莹一时激动得说不出话来！眼含热泪望着众乡亲立正向村长及全体村民敬了一个深表谢意的军礼，全体八路军一起立正敬礼

【童莹激动地对村长

童　莹（白）　出发！

【村长学八路军敬礼

村　长（白）　是！

【村长示意群众退后给八路军让出通道

【童莹带队走过，村长带父老乡亲紧随其后，浩浩荡荡向深山挺进

【灯光随着采药队伍远去而渐弱

【启光

【武乡抗战民歌音乐中，漫山遍野的军民忙碌着一边采药一边爬山

乡亲们（唱）　“一坡一坡柴胡苗，长得管也好，一群一群乡亲们，与八路军上山采药忙。”

战士们（唱）　“一家一家老乡们，和蔼又可亲，一次一次心感动，彰

显着军民鱼水情。”

【武乡抗战民歌音乐声中

【灯光渐弱

【切光

【弱光

【启光

【破旧的大门上挂有“八路军野战卫生部制药材料厂”牌匾，医护人员、民兵、村民穿梭来往，拉风箱扇火的、推碾子碾柴胡的一片忙碌景象

【韩权贵忙碌地接收村民源源不断送来的柴胡，海元推着碾子碾柴胡，韩兰英跟碾子翻着柴胡，村长在一边摇着手摇机器，梁财旺担回来水往瓮里倒，童莹挨个检查着各个环节的进度，满院子呈现一片忙碌的气氛，看着大家热火朝天忙碌的身影，童莹拿出腰间的毛巾擦了擦自己额头上的汗水，瞬间露出了满意的笑容

童　莹（唱）　纯朴的乡亲们品格高尚，
一次次触动我热泪盈眶。
太行山好地方让人难忘，
民和蔼心良善情深谊长。
军爱民民拥军团结向上，
刀把咀同我们相依为强。
疟疾染流感传百孔千疮，
老乡们熬柴胡土方药汤。
送战场难保温药无保障，
中药材制药片口含预防。
老乡们一个个当仁不让，
抗瘟疫求胜利势不可当。
困难中军民齐乘风破浪，
战火中铸就了铁壁城墙。

为革命求解放勇兵虎将，
根据地一家亲集思益广。

【童莹激动地向大家致以亲切的问候与崇高的敬意

童　莹（白）　乡亲们，大家辛苦了！为了不让前线战士们继续忍受病痛的折磨，都能够得到及时有效的治疗，你们破家为国、无私奉献、任劳任怨的付出感人肺腑！我代表八路军野战卫生部制药材料厂陆厂长向你们表示深深的谢意与崇高的敬意！

【立正，敬礼

【村长感慨地

村　长（白）　同志！

（唱）　山里人没文化老实疙瘩，
明是非知谁在卫国保家。
八路军抗倭寇威震天下，
杀鬼子除汉奸血染黄沙。
老百姓表赤心添砖加瓦，
比战士洒热血算得什么。
制药厂保后勤出力不怕，
怕的是家不宁房倒屋塌。

童　莹（唱）　军民团结一条心，
碧血丹心不忘本。
赴汤蹈火血流尽，
气壮山河遍忠魂。
医药保障负重任，
万众一心皆是兵。
百炼成钢全民动，
自力更生大家庭。

【村长坚定地

村　长（白）　说得好啊！“百炼成钢全民动，自力更生大家庭。”乡亲们，咱们这个大家庭可是“时间紧任务重哪”，为了早一天为前线的亲人送去咱制药厂的胜利成果，大家一定要振作精神！发扬我们山里人不怕苦不怕累的精神！乡亲们，加油！

【群众激情高昂地

群　众（齐应）　加油！

【海元边推碾子边擦汗兴高采烈地

海　元（唱）　推一圈又一圈出力流汗，

韩兰英（唱）　里一遍外一遍翻匀细碾。

海　元（唱）　干柴胡碾盘上碾成面面，

韩兰英（唱）　铜麻罗细心筛精挑细选。

村　长（唱）　到我这摇一摇压成片片，

抗瘟疫防流感送到前线。

同甘苦共患难不分昼夜，

刀把咀军民情血脉相连。

【大家你说我笑沉浸在一片忙碌之中

【突然，梁财旺内喊：村长……拿着扁担急匆匆上

【梁财旺着急地

梁财旺（白）　村长，不好了，村里好多人出现忽冷忽热症状！有的甚至站都站不起来了！

【村长惊讶地

村　长（白）　啊！

【童莹见状镇定地

童　莹（白）　别慌，走，我看看去！

【海元母扶拐棍踉踉撞撞上

【童莹见状扶住海元母亲切地问道

童　莹（白）　大娘，您这是怎么了？

海元母（白）　孩子啊。今天早上醒来就一会儿冷一会儿热的，走路都快站不住脚了。

【海元与兰英见母亲生病赶紧放下手中的活跑到母亲身边焦急地

海　元
韩兰英（白）　娘，您这是怎么了？

童　莹（白）　快扶大娘进屋！

【海元、兰英扶海元母进屋，童莹紧跟随其后进屋

【韩权贵焦急地对村长

韩权贵（白）　村长。这可咋办哪！

村　长（白）　不着急，等等看，童医生会有办法的。

梁财旺（白）　唉！前线战士的病情还未解决，咱村里人又……唉！

【童莹出来，海元紧随走出，村长等人上前

童　莹（白）　村长。疟疾感染！

【童莹对海元

快去把咱做好的药片先拿来赶紧给你娘服用，我去看看村里的其他老乡。有啥情况记得及时通知我。

【对韩权贵

（白）　大叔。您去拿药。

【对村长、梁财旺

（白）　村长。我们走！

【童莹、村长、梁财旺急下，海元、韩权贵去拿药，海元进屋，韩权贵拿药下

【灯光渐弱

【幕落

【切光

第三场

群　策　群　力

【武乡开花调画外音

“太行山战旗飘铜墙铁壁　军爱民民拥军一家人情暖人间。”

【启光

【“八路军野战卫生部制药材料厂”办公室

【陆浩独自愁眉不展心急如焚

陆　浩（唱）　战事紧药品缺瘟疫横行，
根据地又感染父老乡亲。
卫生部责任重驱疫治病，
畏艰辛任劳累军民同心。
熬汤药制片剂不断改进，
乡亲们一个个昼夜不停。
片剂药刚成功大家服用，
但愿能驱瘟疫康军健民。

【童莹、村长急匆匆上

童　莹（白）　陆厂长，前线战士陆续反馈战场上服用片剂药很难及时找到水源送服不说，关键是药效都感觉不是很理想！老乡们也都一致感觉效果不是很明显，我们还需再做进一步琢磨与改进。

村　长（白）　是啊，都觉得还没有往日的汤药管用！

【陆浩镇静地

陆　浩（白）　柴胡，苦平微寒，头晕呕吐、寒热往来、胸胁苦满……

【转身对童莹与村长

（白）　当前，老乡们的症状与前线战士相同，都是疟疾寒热感染者，按理说，不可能不管用啊，不会是我们在哪个环节出了啥问题吧？

童　莹（白）　制药过程的每一个环节，都是我亲自盯的，应该不会出现啥问题的。

村　长（白）　对呀！我们也都是严格按照童医生的要求一步一步操作的。

陆　浩（白）　中药医治较慢，比不了咱们之前常用的“奎宁注射液”啥的药品效果那么显著，也很正常，咱们先不着急，我觉得，应该会管用的！

【陆浩一句“奎宁注射液”好像让童莹突然明白了什么

童　莹（白）　奎宁注射液……

【童莹眼前一亮，大胆惊喜地

（白）　陆厂长，有了，我们何不利用当地充足的柴胡草药来尝试研发个“中药西制”！

陆　浩（白）　你的意思是研制开发“柴胡针剂注射液”？

童　莹（白）　对。“柴胡针剂注射液”。我们现在的“奎宁注射液”已经彻底断供，如果研制成功的话，让“柴胡针剂注射液”作为“奎宁注射液”的替代品，我们就地取材也不受敌人的封锁限制，我觉得我们可以一试。

村　长（白）　这个主意好啊！

陆　浩（白）　我们的制药设备你也知道，非常有限，做针剂可想而知！

童　莹（白）　我们可以依靠群众的各种生产农具，用传统的土办法去“蒸馏”提取。我觉得还是应该可以的。

村　长（白）　童医生说得对，需要我们提供啥告诉我，我去想办法。

陆　浩（白）　好吧。那这个艰巨的任务就要靠咱们自己去完成了。克服一切困难，需要当地群众配合的，交给村长去商量解决。

【对村长

（白）　老叔，辛苦你们了！

村 长（白） 说啥呢。咱一家人不说两家话，我还是那句话："八路军的事，就是我们刀把咀的事，刀把咀的事就是我们全村老少爷们儿的事。"坚决支持，全力配合。

同 志（唱） 八路军保家园冲锋陷阵，
缺粮食药匮乏自力更生。
瘟疫传流感患军民染病，
村里人看在眼急在心中。
不言苦不怕累鼎力相助，
军民齐泰山移大展宏图。
村里人一定会全力以赴，
时间紧任务重谁也清楚。

陆 浩（白） 好！一旦我们成功了，那可是"功在当代，利在千秋"的好事，更是困境中的奇迹哪！那咱就这么定了，事不宜迟，尽快着手去落实。

【童莹胸有成竹地立正敬礼

童 莹（白） 是！

【童莹与村长转身下

【陆浩看着童莹与村长远去的背影露出了满意的笑容

陆 浩（白） 军民团结永远是我们的胜利之本啊！

（唱） 巍巍太行人民情，
善良憨厚多真诚。
翻身解放乾坤定，
永载史册贯长虹。

【陆浩下

【幕落

【切光

第四场

破　釜　沉　舟

【幕启

【弱光

【武乡开花调画外音

“柴胡开花黄圪灵灵，刀把咀诞生了柴胡剂，举世闻名”

【启光

【柴胡针剂蒸馏现场，童莹与几位药剂师在看着医药相关的资料，认真反复做着试验

【场内有一个土火炉、蒸笼、风箱、水瓮、柴胡、煤炭及柴火等

【村长、海元、兰英、韩权贵、梁财旺与制药厂的八路军战士，有拿着纸笔记录时间的、有涮柴胡的、有拉风箱的、有看火的，都在为柴胡针剂的研制开发而热火朝天忙碌着

【童莹在谨慎地吩咐着大家

童　莹（白）　同志们，大家辛苦了！为了“柴胡针剂注射液”药品的安全，我们一定要严格注意每一个环节、每一个程序，必须要做到细致无误，千万不能出现任何误差与闪失。大家都听明白了吗？

【大家齐声回应

明白！

【随着一声响亮的回应……在忙碌的身影中音乐起，建议用伴唱、独唱、合唱融合表达词意

瘟疫肆虐流感传，
太行山上起波澜。
日寇侵略又来犯，
药品匮乏军营寒。

烽火岁月疾病患，
封锁严密处处拦。
就地取材挑重担，
自力更生拒艰难。
柴胡针剂注射液，
力挽狂澜变新天。

【优美的歌声中童莹双眼激动地看着手中的注射液喜出望外地

童　莹（白）　成功了！提取成功了！我们提取成功了！

【众人见状顿时沉浸在一片欢呼声中

【童莹高兴地对身边的药剂师

（白）　快！快去通知陆厂长，快去通知陆厂长，我们终于成功了！

药剂师（白）　是！

【药剂师高兴地通知陆厂长而去

【童莹激动地

童　莹（白）　真是功夫不负有心人哪，我们的战士终于有药可用了，我们的父老乡亲终于有药可用了！

【村长骄傲地

村　长（白）　嘿嘿！我说小日本啊小日本，不怕你封锁再严密，就怕我们主意坚！你断我们“奎宁注射液”的路，俺们就地取材也可以，瘟疫横行你们还想着让俺们自生自灭呀！嘿嘿，没门儿！

【转身伸出大拇指对童莹

村　长（白）　童医生。厉害！真是厉害！

【童莹把脸一板

童　莹（白）　唉！大叔啊，话可不能这么说，这可不是我一个人厉害，这是咱们大家的功劳，是我们在一起不分昼夜、不辞辛劳、废寝忘食和大家无私奉献的胜利成果！大家都厉害，都是民族的英雄。

海　元（白）　这也不全对啊！你是专家，没有你，就算俺们再怎么折腾也是白搭！我们弄不了呀！

韩兰英（白）　是啊！你才是真正的大功臣！

陆　浩（白）　你们都是“柴胡针剂注射液”的大功臣！缔造者！

【话语声中，陆浩向他们走来

陆　浩（白）　人民不会忘记你们！历史的丰碑上会铭记刀把咀辉煌的这一刻！不分昼夜、风里雨里时刻可见大家忙碌的身影，为了“柴胡针剂注射液”，为了战胜瘟疫驱散流感！大家都辛苦了！

【敬军礼

【顿时响起热烈的掌声

【在掌声持续的同时，音乐伴随，大家给陆浩讲述着研制“柴胡针剂注射液”的过程与不易，背景显示屏显示：

“1940 年夏，八路军野战卫生部制药材料厂（厂长张其榜、政治指导员温萱），在当年战火纷飞的战争年代，在条件十分恶劣而又简陋的情况下，借用农户提供的石碾、铁锅、陶缸、竹筛等工具，因陋就简、就地取材、军民团结，陆续生产了各种膏、丸、丹、散等中药制剂。当时由于疟疾、流感盛行，战士们与当地父老乡亲多有感染，因熬制中药携带与运输不方便，制药厂自力更生，克服种种困难，及时在刀把咀村研发试制了中国第一支柴胡针剂注射液，时称‘暴泼利尔’（发热停），开创了土法西制中药的先河。”

【陆浩手拿“柴胡针剂注射液”慷慨激昂地

陆　浩（白）　同志们，乡亲们！

（唱）　中国的第一支柴胡针剂，

日寇的封锁下枯树生枝。

共产党八路军全心全意，
为民族求解放舍身忘死。
太行山乡亲们任劳任怨，
舍小家为大家奉公克己。
传统的中草药土方西制，
战火中铸就了天下神奇。

【陆浩看着手中的柴胡针剂

【卫生员搀海元母上

陆　浩（白）　真是想不到啊！我们终于成功了！

童　莹（白）　陆厂长，这“柴胡针剂”虽然提取成功，接下来，我们要做的事还有很多，比如，“试剂”需要在人身上找出是否安全的答案；在感染者身上找到药效的作用。

陆　浩（白）　小童。来吧，让我来试！

【村民争先恐后涌到童莹面前

群　众（白）　童医生。让我来试、让我来试……

【陆浩斩钉截铁地

陆　浩（白）　不行！

【海元母见状上前

海元母（白）　孩子们。你们都别争了，还是让我来吧！

【海元、兰英、陆浩、童莹几乎同时一起走向海元母，搀扶着老人

海　元
韩兰英（白）　娘！

陆　浩
童　莹（白）　大娘！

【海元母面带慈祥的笑容若无其事语重心长地

海元母（白）　你们都不要再争了，这柴胡针剂啊，让我来试最合适！试验成功了，我的病不就好了嘛，就我现在这身体状况

啊！如果失败了，就当我这把老骨头为柴胡针剂注射液的研发做贡献了，也没啥可惜的！你们都还年轻，人民更需要你们！

（唱）山里人喝草药祖辈传统，
我这把老骨头不必担心。
一辈子我也到花甲年龄，
帮不了八路军其他营生。
你们都还年轻肩负重任，
抗敌寇驱瘟疫需要你们。
试药针我今天主意拿定，
就算死也绝不怨天尤人。

海元母（白）孩子们哪，都别再说了！你们就放心吧，我在这个地方生活几十年了，从来都没听说过柴胡还能把人药死！

【对海元和兰英

你们别害怕，娘肯定不会有事的！

【童莹无奈地望着陆浩

陆　浩（白）小童，你来吧！
来，扶大娘进屋。

【海元、兰英上前与八路军女战士扶海元母进屋，童莹紧随进屋

【陆浩转身去注射液提取点向医护战士拿了一支装有药剂的注射器

陆　浩（白）小王。你随我来。

……

医护战士（白）陆厂长您

陆　浩（白）执行命令！

【医护战士无奈跟着陆厂长下

【村长明白了陆厂长是去试针了，焦急地在院子里走来走去

村　长（白）唉！

（唱）老嫂子试药针主意坚定，

陆厂长做表率以身试针。
抗瘟疫研针剂草药西制，
但愿得都平安试剂成功。

【众人焦急之际，童莹高兴地跑了出来，激动地

童　莹（白）　陆厂长，陆厂长！

【陆厂长应声急匆匆上

陆厂长（白）　小童，大娘她怎么样了？

童　莹（白）　陆厂长，大娘试针以后没有出现不良反应。

陆厂长（白）　好！太好了！

【村长欲问陆厂长试针情况，陆厂长示意制止

陆厂长（白）　这里的草药让我们看到了希望！这里的父老乡亲诠释了民族的团结！个个临危不惧、奋勇当先的精神铸就了柴胡针剂注射液的诞生，结下了情同手足的鱼水之情。

（唱）　毅然决然老母亲，
义无反顾试药针。
民族精神心坚定，
为国为民舍己身。
人民军队爱人民，
父老乡亲更忠诚。
患难与共齐奋进，
柴胡针剂见真情。

（白）　太好了。接下来咱们的任务将更加艰巨了，咱们需要尽快再找个相对隐蔽且群众较少的地方，去做另一个我们急需的玻璃制品——安瓿。

村　长（白）　安瓿？这安瓿是个甚东西？

陆　浩（白）　老叔，是一种密封的小瓶，常用于存放注射液的药物，以及疫苗、血清等。

村　长（白）　哦。就是药瓶儿吧？

陆　浩（白）　对。咱们的“柴胡针剂注射液”不能老拿着注射器到处跑吧。我会尽快与军工部玻璃厂取得联系，商量玻璃原料的来源。到时候啊，咱们直接拿回来融化吹瓶儿装药就好了。

村　长（白）　哦。好的。

【随着一阵急促的马蹄声，八路军通讯员急匆匆上

通讯员（白）　报告，总部急电！

【陆浩接过密电打开一看，顿时脸色大变

【通过陆浩的表情，童莹敏锐地感觉到情况很不乐观

童　莹（白）　陆厂长，总部又有啥新的指示吗？

陆　浩（白）　总部命令，关家垴战役即将打响，我们需要做好相应的一切后勤医疗救治的准备，总部到时候还会派国际援助咱们的手术医师到咱们卫生院来。还有，总部得到可靠消息，日本鬼子可能已经知道了我们卫生部在刀把咀村驻扎的消息，为了保证后勤医疗的安全，让我们提前做好一切可能的防备或转移，谨防敌人对我们卫生部医疗后勤实施致命摧毁！

童　莹（白）　啊！陆厂长，我们的各项生产工作刚刚步入正常，再转移的话，那得浪费多少时间啊！唉！

陆　浩（白）　小童，总部也是为了咱们卫生部的安全着想，执行命令吧！

村　长（白）　那就去焦龙洞吧，那里山大沟深不容易被发现，而且离咱刀把咀还不是很远，焦龙洞还有天然的活水，乡亲们来回运送药材、粮食也方便。

陆　浩（白）　好。就去焦龙洞！

村　长（白）　我这就安排村里人提前去收拾一下，尽可能再盖几间房子。

梁财旺（白）　村长，收拾“焦龙洞”和盖房子的事，交给我，我会盖房子。

村　长（白）　好。到时候我会组织部分村民和你一起去。

【转身对韩权贵

（白）　权贵啊，柴胡等药材从今天开始就陆续向“小窝铺”的“老坟沟”转移，“老坟沟”离“小窝铺”和“焦龙洞”都不是很远。你对那边比我更熟悉，这个任务交给你，提前抓紧去“老坟沟”打点打点。

韩权贵（白）　行！您就放心吧！

村　长（白）　陆厂长，您看这样行吗？

陆　浩（白）　大叔，你的地方你做主！我们听你的。

村　长（白）　好，那咱就这么定了。

【突然想起

（白）　哦，对了，陆厂长，咱们的“安瓿”我看就到东庄去吹吧！那里比较偏僻！

陆　浩（白）　东庄？

村　长（白）　对！东庄。

陆　浩（白）　走！咱们现在就过去看看！

众　人（白）　好！

【陆浩、童莹、村长等人从另一边下

【灯光渐弱

【幕落

【切光

第五场

成　仁　取　义

【幕启

【弱光

【武乡开花调画外音

“阳坡儿外麦的，背凹凹儿谷，

当汉奸害同胞熬胶们祖上没德 。”

【启光

【刀把咀韩家祠堂

【破旧的大门上挂有“八路军总部野战卫生院”牌匾，医护人员穿梭来往送药，村民抬伤员，源源不断的伤员接踵而来，缺腿少胳膊的悲惨景象反复出现，医护战士忙碌着检查伤兵伤势，急救、手术、包扎疼痛难忍的哀号，时不时地都会让医护战士流下心痛的眼泪

【混乱杂声中，激烈的枪炮声响起

【枪炮声过后，背景电子屏随着清晰的键盘声，屏显：

“1940 年十月，关家垴战役打响，八路军野战卫生部又将面临艰巨的挑战，在刀把咀研制开发的‘柴胡针剂注射液’也初现规模并顺利生产，各种药品的研制开发有效提升了战斗中战士负伤所需的一切后勤保障。”

【忙碌地救治还在继续

【一医护战士急匆匆跑上

医护战士（白） 童医生，陆厂长让你马上过去一趟，那边有战士急需手术！

【童莹擦去额头的汗水边给负伤战士包扎边回应

童　莹（白） 好的，我知道了，马上过去。

【说完把手边的工作托付给身边的医护战士并嘱咐道

你来继续包扎一下，一定要轻，我去去就来！

医护战士（白） 好的，童主任。您就放心吧！

【童莹跟随医护战士匆匆而下

【场内依旧一片忙碌的急救景象

【音乐起画外音

卫生部接伤员残肢断臂，

前线紧炮声隆枪林弹雨。

医护员救伤兵不分昼夜，
乡亲们抢时间跑断双腿。
信念坚研草药坚持不懈，
村民们一个个废寝忘食。
刀把咀军民齐铜墙铁壁，
太行山见证了舍身忘死。

【灯光渐弱

【切光

【哑声静夜中，危急存亡之时

【灯光渐亮

【鸡飞狗叫

【“八路军野战卫生部制药材料厂”办公室

【海元内唱：“奶奶庙消息树倒在山顶。”

【海元急匆匆上

海　元（唱）　眼看那小鬼子就要进村。
吩咐了民兵连护送村民，
制药厂来报信不敢消停。

【海元高呼

海　元（喊）　陆厂长，陆厂长，快！日本人来了！日本人来了！

【陆浩应声跑出

陆　浩（白）　快，赶紧收拾东西。

【民兵队员护送乡亲们上

【村长、童莹、兰英与医护女战士上

村　长（白）　大家不要慌，妇女、孩子与老人先走！

【对童莹

童医生。带医护战士跟（指妇女、孩子）他们一起走。
其他人随我来，帮八路军收拾东西，能带的都带上！

【兰英和童莹带着医护战士搀扶老人手拉孩子下，村长、海元与民兵、男性乡亲们迅速分散进屋收拾

【紧张的音乐声中大家大包小包背出急下

【舞台另一侧王秃则大摇大摆带着鬼子上

王秃则（白）　停停停停……停！

【王秃则的结巴语把鬼子兵的步伐搞乱，转身低头哈腰

太太太太……君，刀刀刀刀……把……把……咀……

【松泉一郎不耐烦地给了王秃则一巴掌

松泉一郎（怒白）　八嘎！

【松泉一郎一巴掌下去，王秃则利利索索地

王秃则（白）　到了！

松泉一郎（白）　八路、民兵通通的抓起来！

王秃则（白）　请……太太太太君放……心，今……天是：“瓮……中逮……王八，十……拿九稳！”

松泉一郎（白）　前进！

王秃则（白）　前……进！

【王秃则的吆喝让鬼子兵走都没办法正常走，带领鬼子过场下

【海元内唱：“心急如焚往回赶。”

【陆厂长、村长、海元等男性乡亲们背着包袱急上

海　元（唱）　鬼子已到村里边。

为保大家都安全，

我改方向去周旋。

【海元把自己的包袱塞给村长

叔，万一我有不测！民兵连就交给您了！不惜一切代价，一定要保证卫生部与“柴胡针剂注射液”的安全！

【话音刚落猛推村长

快走！

【海元提枪上膛转身返回去

【陆厂长欲拦海元，但为时已晚

陆　浩（喊）　兄弟……兄……

【突然！海元返回方向枪声四起

【村长含泪伸手拉陆厂长

村　长（白）　快走！

【村长、陆厂长、民兵连民兵们边跑边不时回头瞭望着海元的身影下

【海元边跑边向鬼子开枪，引诱着鬼子向村长他们的反方向奔跑

海　元（大喊）　狗日的小鬼子，来吧！

【朝鬼子继续连开数枪欲下，与前来支援他的韩权贵、梁财旺相碰，海元大怒。

你们又回来干什么？快走！

梁柴旺
韩权贵（白）　不！要走一起走。

海　元（白）　你们……

【此时，鬼子已经堵了去路步步向他们逼近，三人一起向鬼子来的方向开枪，边打边退下

【鬼子冲上过场追下

【海元内唱：坡上岭下把狼诱。

【韩权贵、梁财旺被海元推上，返身继续向鬼子开枪，韩权贵、梁财旺不甘心急忙返回去继续同海元一起向鬼子射击

海　元（接唱）　群追不舍遭围堵。

生死存亡这一步，

命悬一线难逃脱。

父老乡亲卫生部，

决不能落敌人手。

敌众我寡无退路，

权贵财旺赶紧走。

【海元拉起韩权贵与梁财旺并推出

海　元（喊）　你们快走！

【此时，王秃则已带领鬼子追上，海元一个箭步冲上前，把韩权贵与梁财旺挡在身后，三拳两脚打倒最前面冲上来的三个鬼子。王秃则见状抱头退回，韩权贵与梁财旺急忙上前同海元与鬼子厮打，打斗中一鬼子刺向韩权贵！海元上前阻拦掩护韩权贵挡住刺刀肩膀受伤，海元强忍疼痛飞起一脚将鬼子踹倒在地。杀声阵阵，眼看大批鬼子即将围上，海元双手拉起韩权贵与梁财旺顺手推下山坡大喊

海　元（喊）　走！

【大批鬼子已经逼近，明晃晃的刺刀再次刺向海元，海元反手握住鬼子的枪杆与群敌对峙，突然使劲儿再次将鬼子摔倒在地，筋疲力尽的海元被鬼子团团围住！王秃则气呼呼地跑过来下了海元手中的枪，上气不接下气地

王秃则（白）　他奶……奶的，你给给给给……老子……子子子……再再再……跑跑跑跑……跑啊你？没看出来，还还还……他妈妈妈……的挺……能打的呦，来！

【王秃则随即怒踢海元一脚

来呀！再再再……打呀！

【海元狠狠瞪了王秃则一眼

海　元（怒白）　哼！吃里扒外、祸害乡邻，芝麻地里撒黄豆——你个杂种！

王秃则（怒白）　他他他他……妈的……死死死死……到到到到……临头头头头了……还还还还……嘴嘴嘴嘴……嘴硬！

【说着拿枪对准海元的脑袋，看见松泉一郎走过来，王秃则赶紧摇头摆尾地迎过去得意扬扬地

王秃则（白）　太太太太……君，抓抓抓抓……住……一一一一……

个……民兵……头目。

松泉一郎（白）　呦西！

【王秃则受到松泉一郎的夸奖，更是得意忘形摆出一副自以为是的样子

【三个鬼子兵陆续跑来向松泉一郎报告

鬼子兵甲（白）　报告，东庄没有人！

鬼子兵乙（白）　报告，西庄也没有人！

鬼子兵丙（白）　报告，店儿也没人！

松泉一郎（白）　哼！可恶的八路，狡猾的民兵！

【松泉一郎转身走向海元，假惺惺地

你的，老实交代，刀把咀有多少八路？卫生部在哪里？有多少像你这种民兵的干活？通通的交代！不然的话，我会让你死得很难堪！你的明白？

【海元满不在乎地

海　元（白）　哼！我不明白！

【王秃则两眼一瞪，恶狠狠地

王秃则（白）　信信信信……不信……我我我我……现……在就……崩崩崩崩……了你！

【王秃则说着又把枪指在海元的脑袋上

【松泉一郎举起指挥刀推开王秃则怒冲冲地

松泉一郎（白）　八嘎！

【王秃则被吓得赶紧退后

【松泉一郎皮笑肉不笑地再次对海元

（白）　嘿嘿嘿……大日本皇军滴忍耐是有限度滴，你滴最好乖乖滴听话，我可让你荣华富贵，重获自由，也可让你……哼哼……生不如死！说！

【海元表现正义凛然的样子豪壮地

海　元（白）　哼！要杀要剐随你便，老子不知道！

【松泉一郎气急败坏地

松泉一郎（白）　八嘎！你滴良心大大滴坏了！带走！

【王秃则冲上去把海元五花大绑起来

王秃则（白）　撤！

【王秃则押着海元头前走，松泉一郎随后同下

【音乐起幕后合唱

顶天立地英雄汉，

视死如归上刀山。

宁死不屈身遭难，

血染巍巍太行山。

【音乐合唱声中，韩权贵与梁财旺从沟里悄悄爬上来，顺着鬼子撤离的方向尾随而去

【幕落

【切光

第六场

晴　天　霹　雳

【幕启

【弱光

【武乡开花调画外音

“黄纪垴外迷魂草把方向颠倒，

山沟里的英雄汉，血染故土，魂牵梦绕。”

【刀把咀村公所

【陆厂长、童莹、村长、海元母、兰英、民兵与八路军医护卫生员默默无语地静坐在一起等待海元的消息，鸦雀无声

【一位民兵突然站起来气愤地

民　兵（白）　海元哥是为了救我们大家，他才独自一人返回去，把鬼子引开，最终寡不敌众被小鬼子抓走的，我们老这样死等也不是办法，依我看，干脆和小鬼子拼了吧！

众民兵（喊）　是啊，拼了吧！

村　长（怒）　胡闹！

海元被抓，生死不明，难道我就不伤心吗？

陆　浩（白）　是啊！村长说得对，海元同志被抓，大家心里都很难过！咱们不能贸然再去做任何无畏的牺牲！

【童莹站起眼含热泪悲愤地

童　莹（白）　海元同志，奋勇当先赴汤蹈火就是为了我们大家和“柴胡针剂注射液”的安全！你们都好好想想，如果我们中间再有任何一个人发生意外！我们对得起他吗？

【童莹话音刚落，两位民兵眼含热泪浑身血迹斑斑跌跌撞撞上，所有人的目光都在注视着他俩，海元母见状慢慢站起向他俩走去，陆厂长、童莹、村长紧随其后

【突然，两人一起双膝跪在众人面前

海元母（白）　你们找到了吗？我儿他在哪里？

韩兰英（着急地）　你们倒是说话呀！

民兵甲（哭诉）　大娘、嫂子，海元哥他……他他他……

海元母
韩兰英（白）　他怎么了？

民兵甲（白）　昨晚，在牛家岭被小鬼子给……给残忍杀害了！

【哭……

民兵乙（白）　昨晚，小鬼子丧心病狂地杀了那么多人，我们想把海元哥带回来的，结果，我们俩找了大半夜都没能确定哪个是海元哥的遗体呀，都是只有身体没有头啊！

【两个民兵已泣不成声

海元母（哭唤） 我的儿啊……

韩兰英（哭喊） 孩儿她爹……

（哭板） 晴天霹雳噩耗传，

肝肠寸断恨无边。

【海元母晕倒

娘……

【俩民兵急忙起身扶住，童莹就地实施抢救后俩民兵背起海元母下，童莹随下

鹃啼五更凄风冷，

鹤唳三更苦雨寒。

【民兵连再也无法控制复仇的冲动

民 兵（骂） 小鬼子，我操你祖宗！老子跟你们拼了！！！

【提枪欲走

【村长、陆厂长急忙阻拦

村 长（大喊） 都给我站住！

【陆厂长语重心长地

陆 浩（白） 同志们哪，大家千万不能冲动，这个仇，我们一定要报，但不是现在！你们明白吗？

村 长（白） 你们都给我听好了，当前，我们先想办法把海元遗体接回来比什么都重要！

【转身对兰英

英子，你想想看，海元身上有没有可以让我们可以准确认定是海元遗体的东西？

【兰英悲恸欲绝地

韩兰英（白） 搂肚，前两天我刚给他缝了一件黄色的搂肚，在搂肚的右下角绣有一个红色的绣球。

【说完又泣不成声

村　长（白）　英子你放心！我们不惜一切代价一定会把海元给你找回来的。

【童莹与两位民兵上

【童莹过去扶起兰英安慰着下

【村长对两位民兵

村　长（白）　你俩过来。

【两位民兵应声走来

村　长（白）　回去吃饱喝足，好好休息，今晚，你们还得辛苦一下，再去一趟牛家岭，把海元的遗体带回来，到时候，我会安排人在柳沟附近接替你们，一定要注意安全！记住“黄色搂肚，右下角绣有一个红色的绣球”。

民　兵（白）　行！

村　长（白）　你们回去吧！

民　兵（白）　嗯。

【两位民兵下

【陆浩惭愧地

陆　浩（白）　老叔，八路军欠你们的太多太多了！海元同志……

【村长打断陆浩的话

村　长（白）　陆厂长，不要再说了，我们是一家人！我们的目标只有一个：“柴胡针剂注射液！”海元临走时千叮咛万嘱咐让我不惜一切代价，一定要保证制药厂和“柴胡针剂注射液”的安全！他的牺牲，值！我们应该为他感到骄傲！

【陆浩紧紧握住村长的手激动地

陆　浩（白）　老叔！

（唱）　抛头颅洒热血太行儿女，
八路军卫生部铭记心底。
几年来刀把咀无私奉献，

一次次舍身忘死化险为夷。
老乡们民兵连一身正气，
抗倭寇驱瘟疫所向无敌。
张海元指导员鞠躬尽瘁，
载史册留英名永垂青史。

【唱腔结束，建议对接《在太行山上》的："红日照遍了东方，自由之神在纵情歌唱！看吧！千山万壑，铜壁铁墙！抗日的烽火，燃烧在太行山上！气焰千万丈！听吧！母亲叫儿打东洋，妻子送郎上战场。"可唱可单乐

【歌声中陆浩、村长相搀慢慢下

【灯光渐弱

【切光

【启弱光

【泣不成声地唱武乡抗战民歌

"又是娘来又是妻，八路军民兵连，与乡亲们哪，都在等你。"

"丢不下家来丢不下孩，丢不下亲戚邻家，恓惶的呀，叫人心寒。"

【刀把咀村公所

【陆浩、童莹、村长、韩权贵、梁财旺、卫生员战士扶着海元母，童莹扶着兰英，民兵等众乡亲与八路军静静肃立

【抗战民歌声中，四个民兵抬着海元的遗体缓缓上，兰英看见海元的遗体欲喊却未喊出声，头晕眼花倒在童莹怀中

【陆浩悲痛地

陆　浩（喊道）　立正！敬礼！

【陆浩、童莹率全体八路军、医护战士，对着海元遗体敬军礼

【海元母见状挣脱卫生员的搀扶，强忍悲痛的心情，老泪纵横双眼紧紧

盯着一块白布掩盖着海元遗体的简易担架，迈着沉重的脚步向遗体走去，边走边叨叨着

海元母（白）　儿啊！娘，在这里已经等你整整一夜了，跟娘回家！娘来接你了……跟娘回家……

【海元母走近遗体，伸出颤抖的双手抚摩着冰冷的儿子！慢慢掀开白布看见无头的儿子！霎时一惊！撕心裂肺地

啊！我的儿……儿……儿啊……

【海元母痛不欲生，气血攻心，一口气哽咽着上不来在颤抖着，卫生员急忙跑过去搀扶

【梁财旺跑过去背起海元母下，卫生员紧随而下

【经过童莹的施救兰英苏醒，睁眼看见梁财旺背着海元母，失声痛喊

韩兰英（大喊）　娘……娘……

【伴着哭喊声目送海元母被背着远去，突然，转身面向海元的遗体

【撕心裂肺的呼唤划破了太行山寂静的夜空

韩兰英（大喊）　海元……孩儿她爹……

【哭喊着向海元的遗体冲去，中途跪倒继续爬行到海元的遗体跟前

【众乡亲下跪！全体八路军脱帽、鞠躬

【在场众人悲声四起

韩兰英（唱）　孩儿她爹……

见亲人无头体肝肠寸断，
小鬼子似虎狼惨绝人寰。
恨汉奸无人性狗仗人势，
心残忍似禽兽狼狈为奸。
恨败类卖国贼天打雷劈，
帮鬼子杀同宗祸害乡间。
孩她爹遭不幸含冤而去，
报国仇雪家恨怒目切齿。

【哭喊……

韩兰英（唱）　孩儿她爹……
你为救根据地舍生取义，
抛父母丢妻儿命丧黄泉。
你可曾也想起老娘无依，
上有老下有小我怎度日。
你一定也曾把妻儿惦记，
无奈你身不由己无能为力。
你放哨我做军鞋未在一起，
走无音回无声魂归九泉。
你一心誓保全柴胡针剂，
冲在前为了让军民转移。
刀把咀史家咀乡亲惦记，
牛家岭把你寻魂归故里。
山坡上柴胡花为你哭泣，
林中鸟肠断哀回荡人间。

【兰英悲恸欲绝埋怨道

韩兰英（哭诉）　孩儿他爹！这个家没有了你，我可怎么活呀……
（接唱）　虽贫苦在心底信念坚定，
抗倭寇我知你不怕牺牲。
望乡台你回头看上一眼，
八路军民兵连都在你身边。
一生恩半世情同床共枕，
现如今守空房丢我一人。

【音乐声中童莹怀着悲痛的心情从一侧缓缓上

山沟里长夜寒孤影悲痛，
兰英我只落得黯然销魂。

【兰英怀着绝望的心情回头泪眼望着院中一棵大树，突然，起身直冲过去……欲自尽

【童莹一个箭步冲过去把兰英抱住，树前村民冲上阻拦

童　莹（大喊）　嫂子！

【童莹泣不成声地安慰着兰英

（白）　嫂子，你不能这样！大娘她不能再失去你！你还有六岁的女儿她更需要你！你的家不能没有你！你不能这样……

【兰英向天悲呼

韩兰英（悲呼）　娘……我的凤儿……

【转身又跪向海元遗体远去的方向

孩儿她爹呀……

（接唱）　负山戴岳谁帮衬，
泪流空房悲满心。
血海深仇家国恨，
不共戴天记心中。
家破人亡血流尽，
恩山义海半生情。
哭天喊地满腹痛，
生离死别未了情。
孩儿她爹……她爹……

【兰英眼前一黑哭晕，倒趴在海元的担架上，童莹见状急忙上前继续施救！医护战士紧跟而去

【合唱声中众人跟随民兵抬着海元的遗体从背景平台上慢慢远去

天妒英才忠魂去，
地增孤坟梦容颜。
青山绿水留浩气，
铁血丹心照万年。

泪倾太行松柏祭，
军民同悲泪涟涟。
沧海桑田芳草凄，
名留青史在人间。

【乐落

【幕落

【切光

第七场

痛 不 欲 生

【幕启

【弱光

【数月后

【韩兰英家院子

【武乡抗战民歌画外音

“凄风苦雨寒月夜，滴滴慈母泪，手搭门环望不见，儿呀儿，你在哪里？”

【海元母头发苍白散乱，手搭门环泪眼遥望远方

【悲痛地

海元母（大喊） 天哪！

（唱） 望苍天乌云暗星月无光，
看院落不见儿家破人亡。
小孙女喊爹爹疼在心上，
儿媳妇哭丈夫痛断肝肠。
人养儿为防老皆有所望，
我这算落了个甚的下场。

持家务苦儿媳一人来扛，
又当爹又当娘饱经风霜。
有心想替儿媳帮点家常，
因儿去不由我大病一场。
多亏得儿媳妇贤惠善良，
恨自己倒添乱雪上加霜。
天杀的狗汉奸为虎作伥，
熬胶们害我儿丧尽天良。
小鬼子无人性野兽豺狼，
善良的山里人村村遭殃。
少吃穿难度日家家一样，
病缠身累家人白费口粮。
叫一声海元儿等等为娘，
黄泉路娘陪你同赴冥漠之乡。

【紧接画外音伴唱音乐起

【凄凉的伴唱声中，海元母绝望地慢慢转身回屋，拿一根麻绳出现在家门口，吃力地将绳子搭在了门垴上挽扣

慈母手中线，游子身上衣，
谁言寸草心，报得三春晖。
生母泪尽寒窑院，
悲恸欲绝赴黄泉。

【音乐声中，村长、童莹跟着韩兰英推门进院，

【兰英见母亲自寻短见，惊讶大喊！急向屋门跑去，村长、童莹一起随去

韩兰英（喊）　娘……

村　长（喊）　老嫂子……

童　莹（喊）　大娘……

【三人一起将海元母救下，村长帮助童莹急忙施救

【兰英悲痛无助地呼喊着

韩兰英（喊）　娘……你醒醒……娘……

（唱）　叫一声我的娘你快醒醒，

有多难你不该暴殒轻生。

夫就义娘病倒祸不单行，

家贫洗媳无力身无分文。

多亏得八路军父老乡亲，

帮咱家渡难关解困重生。

你睁眼看一看恩人登门，

村长与童医生到咱家中。

【在童医生的施救下，海元母缓缓睁开双眼

【韩兰英见母亲得救，又激动又委屈地

韩兰英（白）　娘……娘……

童　莹（白）　大娘……大娘！

【童莹对韩兰英

童　莹（白）　嫂子，快去给大娘倒点水来。

【兰英转身进屋倒水，村长语重心长地

村　长（白）　老嫂子，这咋这么糊涂啊！大家都知道你心里难过，很难迈过去这个坎，说实话，这事儿搁谁家都难以接受；但是，海元他已经走了，咱活着的还得活呀！你不为别的，看在你贤惠的媳妇与年幼的孙女份上也一定要坚强地活下去！你不能丢下她们不管，你说你这是干啥呀。

【兰英端着一碗水出来俯身喂母亲喝水

韩兰英（白）　娘，来喝点水。

【海元母几口水喝下，慢慢意识清醒，老泪纵横泣不成声地

海元母（白）　我活着就是这个家的累赘啊，我现在啥都做不了，整天看着儿媳妇一个人忙里忙外疲惫不堪，还得再伺候我，

我于心不忍哪！

韩兰英（白） 娘，我不累！只要您能好起来，健健康康的，苦点累点那都不算什么！我和孩子需要的是您！

童 莹（白） 来，先扶大娘回屋。

【一起扶海元母回屋，童莹意味深长地安慰道

（白） 大娘，您是一位英雄的母亲，您培养了一个优秀的儿子，他为了民族的解放，为了卫生部和“柴胡针剂注射液”与全村父老乡亲的安危付出了宝贵的生命。他的牺牲是光荣的！我们应该为他感到骄傲！咱们更要化悲痛为力量，坚强地活下去，要目睹赶走小鬼子、百姓翻身、民族解放，看到抗战全面胜利的那一天。

村 长（白） 是啊，小鬼子他蹦跶不了几天了，咱们的“柴胡针剂注射液”试剂成功，让战士们脱离了瘟疫的折磨，大大提升了部队的战斗能力，胜利的喜讯传遍太行山的每一个角落。对了，还有那个吃里扒外的狗汉奸已被咱八路军抓获就地正法了。我想，海元他也该安息了！

【海元母振作精神双目凝视村长

海元母（白） 杀了？

村 长（白） 对！

【海元母激动地

海元母（白） 儿啊！你听见了吗？八路军为你报仇了！为你报仇了！苍天有眼哪！

【海元母双眼缓缓看向俯身搀扶的兰英，伸手摸着兰英的头愧疚地

唉！就是苦了你了！张家欠你的太多了！

韩兰英（白） 娘，看您说啥呢，我兰英生是咱张家的人，死是咱张家的鬼，我不后悔。海元走了，我会替他照顾您一辈子的，娘。

（唱） 兰英我嫁张家上天缘分，
老母亲待儿媳胜似亲生。
海元他遭不幸英勇舍命，
孝敬您儿媳我替他完成。
八路军民兵连全村百姓，
同甘苦共患难风雨同行。
吃点苦受点累不足言论，
只盼娘好起来无愧我心。

童　莹（白） 大娘！

（唱） 兰英嫂表诚心真情实意，
她就是大娘您亲生闺女。
人常说不看僧面看佛面，
就凭她您也该善待自己。

村　长（白） 老嫂子！

（唱） 上辈子修下了今生福分，
换来你这辈子孝子贤孙。
儿媳妇胜闺女相依为命，
养育了张海元民族英雄。
报国仇雪家恨患难与共，
化悲痛为力量告慰忠魂。
你正义儿英勇媳妇孝顺，
只盼你病痊愈振作精神。

（白） 老嫂子，家遭不幸的时候，你就是她母女的希望，更是她母女唯一的依靠！你再倒了，她们还怎么活？

海元母（白） 唉！老糊涂了，他叔啊，是我自私，是我辜负了大家对我们家的期望，又让你们为我操心了！我要尽快好起来！不添斤它也添个两，我还得上山刨柴胡去！

村　长（白）　你呀！就在家好好养病吧！刨柴胡有我们呢。

【转身对韩兰英

英子啊，你这两天就先别去药厂了，在家好好陪陪你娘，家里有啥困难你就告诉我，村里帮你解决。

【梁财旺内喊“村长……”急匆匆上

梁财旺（白）　村长、童医生我可算找着你们了。

村　长（白）　怎么了？

【梁财旺边喘气边焦急地

梁财旺（白）　陆……陆厂长找你们。

村　长（白）　哦，走！

童　莹（白）　大娘，那我们就回去了！我有时间再来看您。

海元母（白）　哦，俺孩注意安全啊！

童　莹（白）　大娘，您就放心吧。

梁财旺（白）　大娘。您好些了吧？

海元母（白）　好多了！

韩兰英（白）　真是麻烦你们了！

村　长（白）　不麻烦！都累一天了，休息吧！我们就回去了。

【童莹握住兰英的手

嫂子，好好在家照顾大娘，有空我再过来。

韩兰英（白）　好。你们快去吧！

【村长与童莹和梁财旺起身出门，兰英送出

村　长
童　莹（白）　回去吧。
梁财旺

韩兰英（白）　你们注意安全。

村　长
童　莹（白）　嗯。

梁财旺

【兰英目送村长、童莹消失在夜幕中，随手关门，情不自禁地

（唱）　我的娘终日里以泪洗面，
兰英我痛在心强忍坚持。
制药厂忙碌中不思恩怨，
回家里一进院凄凉无比。
寒月夜孤星闪身心疲倦，
好在有八路军街坊邻居。
同仇敌共患难同舟共济，
只盼得拨乌云百姓安居。

【乐声中，兰英深情仰望天空，慢慢回屋

【乐渐弱

【幕落

【切光

第八场

泪　别　相　送

【幕启

【弱光

【两年后

【武乡开花调画外音

“洋瓷盆的开花倒上水，左瞧右瞭，八路军，你甚时回。”

【电子背景显示屏屏显

1943年《新华日报》（华北版）以“医学界的新贡献”报道了八路军野战卫生部制药厂中药西制的首创。“柴胡针剂注射液”，医名“暴泼利尔”，系用土药柴胡提制而成，对原虫、

细菌类原形质有强力的杀灭或抵制其发育之作用，不仅可治疗流行感冒、回归热、产褥热、肺结核发展期之发热等，并有代替奎宁治疗一般疟疾与顽固疟疾的功效。

【灯光由弱慢慢渐启

【刀把咀村公所

【舞台一角布置舞台，舞台正中间悬挂毛泽东与朱德的大幅照片，台前挂一横幅，上写：“热烈祝贺八路军野战卫生部制药厂‘柴胡针剂注射液’试制成功庆祝大会”

【村民敲锣打鼓，扭起秧歌，村长走上舞台激动地

村　长（白）　八路军同志们、乡亲们，大家好。今天，在咱刀把咀举行这个庆祝大会，是我们全村的荣幸！更是我们全村父老的光荣！八路军卫生部即将转战他乡，在这个特殊的日子里，首先，大家欢迎童医生为我们讲话。

【在大家的欢呼声中童莹缓缓走上舞台满怀深情地

童　莹（白）　同志们，乡亲们！中国的第一支“柴胡针剂注射液”在这里诞生！太行山浓浓的军民鱼水之情，在这里，让我深感恩逾慈母！无可挑剔！在这里，生活的点点滴滴，都深刻铭记在我的心里！在这里，让我感到了家的温暖和亲人的眷顾！这里的乡亲们胜似爹娘亲如兄弟姐妹！我们舍不得大家，更舍不得这个地方！

（唱）　感动天感动地眼含热泪，
舍不下众乡亲情深意切。
抛头颅洒热血史册铭记，
太行山孕育了英雄儿女。
民淳朴心善良真诚实意，
诠释了军民情血脉相连。
天也留地也留云愁雨怨，

只可叹任在肩不由自选。

同志们、乡亲们，再次感谢父老乡亲对我们的支持与不惜生命代价的付出与呵护！谢谢大家！

【面对乡亲们与观众敬军礼

【童莹边擦眼泪边向舞台下走去

【村长强忍心中无比的难过走上前

村　长（白）　谢谢童医生！我代表全村父老乡亲感谢八路军对刀把咀的这份情谊！为了民族的解放，全民抗战、驱除日寇，让全国的老百姓都能够过上安稳的生活，这也是我们每一个人应尽的义务！能为八路军效力，更是我们的荣幸。接下来大家用热烈的掌声欢迎八路军卫生部制药厂陆厂长为大家讲话，大家欢迎！

【锣鼓响起，掌声一片，在大家热烈的欢呼声中陆浩缓缓走上舞台

陆　浩（白）　八路军野战卫生部制药厂的全体指战员、刀把咀村的全体父老乡亲、民兵连，大家好。

今天，我们在这里隆重举行“野战卫生部制药厂‘柴胡针剂注射液’试剂成功庆祝大会”暨乡亲们组织举行卫生部转战他乡的欢送告别仪式。首先，我要给大家宣读“八路军总司令部”给我们发来的贺电。

【欢快的锣鼓声与掌声同时响起

【陆浩摆手示意安静，宣读总部贺电

野战卫生部制药厂全体指战员：

你们在刀把咀村父老乡亲们的无私奉献和全力支持与配合下，齐心协力、不辞辛劳、排除万难、自力更生！研制出“柴胡针剂注射液”，不仅治愈了流行疾病，还创造了中国医学界空前的奇迹。为此，致电祝贺！

八路军总司令部

宣读完毕。

【霎时，锣鼓声声掌声欢呼

陆 浩（白） 乡亲们

（唱） 话精诚说团结中药西制，

柴胡剂注射液绝后空前。

困境中多少个不眠之夜，

汗水中铸就了举世奇迹。

离别时庆祝会喜中含泪，

祭忠魂敬英雄痛在心间。

刀把咀这一别何时相见，

军民情似海深缘尽情牵。

让我们在今天这个特殊的日子里，为了告慰他们的在天之灵！我们向他们致敬！全体八路军指战员都有，立正！敬礼！

【向天空以及乡亲们敬军礼

村 长（白） 感谢陆厂长的讲话，感谢总司令部发来的贺电！

【悲痛地

我们更要致敬我们失去的战友……陆厂长……

【转身对所有八路军战士

同志们保重！

（唱） 一声声一句句一言难尽，

忆往昔更让我老泪纵横。

八路军为百姓奋不顾身，

山里人为恩人不怕牺牲。

一宗宗一件件心心相印，

刀把咀结下了柴胡之情。

众乡亲民兵连无比心痛，

寒风里送亲人难舍难分。

【渐渐切光

【刀把咀村口

【追光灯照亮一对八路军夫妇，文慧怀抱刚出生的孩子交给韩兰英并嘱咐道

文　慧（白）　嫂子，孩子出生还未满月，部队转移，长途跋涉，我们实在是无法带孩子随军，希望您能收留并抚养他长大成人，我们将一辈子都感恩不尽！拜托您了！等将来抗战胜利后，如果我们还活着，会专程回来感激您对孩子的养育之恩！如果，您再也不见我们回来了，请您千万别怪我们！也别再等了！那我们一定是牺牲了！

【听到文慧说到“牺牲”，兰英果断伸手捂住文慧的嘴

韩兰英（白）　你千万不要这么说！等抗战胜利后，你们一定要回来！我还等着你们回来感谢我呢！

【双手接过孩子

孩子你们就放心吧，我会把他当成自己的孩子一样，把他抚养长大的！

柴富贵（白）　嫂子，战火纷飞的年代，“柴胡针剂注射液”诞生在咱们英雄的太行山，孩子又恰逢这个时候出生！为了让我们的后代铭记这一段辉煌而又艰难的岁月，我们特意为孩子起名为“柴胡”，刀把咀，也将成为我们永远的牵挂！拜托你了！

【八路军夫妇再次交替抱起自己的孩子含泪亲吻孩子，做最后的告别

【敬礼！夫妻依依不舍归队而去

【音乐起

【启光

【乡亲们提着篮子，端着小米粥，拿着鸡蛋、炒面等吃喝争先恐后向村

口涌来

【画外音合唱声中，陆浩、童莹率八路军列队走出，村长率乡亲们在村口相送做最后的告别，和兰英在一边的八路军夫妇忍痛割爱留下孩子，向兰英敬军礼后，扭头双双归队。乡亲们有的双手把一碗一碗的小米粥送给八路军喝，有的往他们兜里塞鸡蛋，相互握手或拥抱告别！童莹突然看见村口孤独的韩兰英，急忙出队向兰英跑去，与兰英紧紧地抱在一起哭诉告别！向兰英敬礼，随即一步一回头，依依不舍返回归队

泪别相送言难尽，
恩深似海军民情。
暮暮往事将成梦，
寒风扫泪湿衣襟。
山河无恙云霞映，
他乡征途盼归程。
柴胡花开山歌韵，
来年再无昔日景。

【送别的歌声中，背景屏屏显

八路军野战卫生部制药材料厂在刀把咀驻扎五年半时间，后来情况好转后，迁至黎城的北委泉、左权等地，其后一分为二，一支迁往河北武安县，组建利华化学大药厂，后北上为北京制药总厂（现双鹤制药集团），另一支迁往河北磁县彭城镇韩家庄组建前卫制药厂，后南下为武汉制药厂（现武汉远大制药集团），皆成为我国制药界的领军企业。

【随着歌声渐弱，八路军已远去，全体父老乡亲依然还默默站在村口，在村长的带领下摆手，还在瞭望……

【乐曲声中灯光渐弱

【幕落

【切光

非物质文化遗产省级项目

武乡顶灯

一、武乡顶灯赏心悦目瑰奇之处就是头上的灯，令人瞩目的是繁星闪烁的夜幕下，列队者顶上灯舞动，妆容靓丽，载歌载舞，摇曳多姿，顾盼传情，神态别致，足下生辉，通身光彩照人……

武乡顶灯舞是一种独特的民间舞蹈，近些年来颇得演艺界青睐，中央电视台曾拍过电视专门报道，电影《炮打双灯》中也用过其形式。省级文化部门曾专门进行过挖掘整理，被审定为省级非物质文化遗产重点保护项目。但目前仅有武乡县城关村、东村保留有顶灯舞，从县境范围来看传播范围并不广。

顶灯队行进时的队伍变换和舞者伴随着锣鼓点有节奏的扭动，再加之“圪圈秧歌”编词伴唱，可以说顶灯舞是一种原始古朴的“歌伴舞”形式。其走法有“卷帘洞”“蛇蜕皮”“九连环”“大穿堂”等。顶灯队人数不限，少则六七人，多则上百人。多在晚上表演。表演者服饰没有统一规定，有的队统一服装，有的队因故事情节需要，跟角色配套穿衣。现在的顶灯队大都穿扭秧歌、跳舞的各种服装。顶灯者头上的灯，是用一个中

型的木碗、瓷碗、塑料碗，把碗边转圈糊上各色纸，里边放旧式灯盏或蜡烛，点燃后顶在头上表演。

顶灯者剃光头或头扎毛巾，头正中顶有一个装着沙土的碗，沙土中插一支点燃的蜡烛，或放一盏小油灯，脸上和脑后画着狰狞的神鬼脸谱，或根据故事情节画上各种人物脸谱。前一种服装随便，可持各种武器；后一种按故事中的人物穿戴，手持特定道具。

顶灯舞伴奏，大多只有打击乐，武乡东部有的顶灯队配有文乐与歌唱。打击乐基本鼓步是：仓 仓｜齐仓 齐｜仓才 仓才｜齐仓 齐。文乐伴奏有“度林英”“刮地风”等节奏感较强的民间乐曲。其表演洒脱粗犷，因此让人驻足观赏，流连忘返。

由于顶灯者是碗里放上素油的灯盏或蜡烛在晚上表演，故人山人海、人潮如涌、人头攒动，在仲夏夜的星光下举目遥遥相望，一派灯火辉煌，顶灯队列的行进汇成人流，势若蛟龙游弋，令人油然而生“天街明灯”之喟叹。

二、“武乡顶灯”舞姿古朴瑰丽，其城关村、东村浓郁的乡土气息背后蕴藏的是一种对亘古绵延的历史遗风的追寻……

顶灯舞，对其起源，无可靠文字记载，如今众说纷纭。一说是产生于春秋孔子时代，是妇女们为使男人们在元宵节晚上社火活动中目不斜视而采取的一种约束手段。传统小戏《顶灯》反映的就是这个故事。怕老婆的男人们顶着灯集结起来，边走边舞，形成了一道景观，便延续成顶灯舞。二说是产生于三国时期，蜀后主刘禅为纪念孔明“善观天象”而发起的一种“陆地星河”文艺形式。三说是 1983 年，时任武乡县文化局局长的李志宽和武乡县剧团编剧王充理，到北京找到作家阮章竞（阮老抗战年代曾随八路军总部在武乡工作，其夫人赵迪之抗战期间曾任武乡县委书记）讨论《石勒传奇》剧本。阮章竞曾对二人说："西晋时期，移居武乡境内的羯族人，常受到西晋统治者在夜间偷袭抓捕。石勒想出一个绝妙办法，让羯人头上顶灯，脸上勾画神鬼样狰狞脸谱，击鼓鸣金，群起边喊边舞来吓退敌人。石勒十八骑起兵后，打了胜仗，也让士卒顶红灯狂舞以示庆贺。石勒建后赵国称帝，武乡属赵国，民间便把顶灯当作一种娱乐形式，在每年正月自娱自乐。"当时李、王二人专意在讨论剧本上，对阮老提及的"武乡顶灯"只是听而过之，未做细探深究，不知阮老所说有何依据。但目前，许多专家学者对第三种说法比较认可，那么顶灯舞最迟也在西晋时期形成。

从西晋始，历经东晋、南北朝、隋、唐、五代十国、宋、元、明、清、民国，直至如今，武乡境内"顶灯"这一娱乐形式一直延续下来，用于敬神活动和自娱自乐。据说在清朝康、雍、乾盛世时期，武乡境内大一点的村庄几乎都有顶灯活动。已知最早的艺人为清乾隆时期的武六孩、程天山。以前的传承人无史料记载，到清末民初，举办顶灯活动的村庄和人数逐年减少。抗日战争时期，八路军总部驻武乡境内，每逢八路军打了胜仗，许多村庄的顶灯队伍又以此娱乐形式到八路军驻地进行慰问演出，以示祝贺。并掺进 1~3 位唱武乡"圪圈秧歌"的表演者，即兴编词，颂扬共产党、八路军；抨击日、伪反动势力，起到了宣传教育人民奋起抗战、保家卫国和打击敌人的积极作用。在共产党、八路军领导的重视和支持下，顶灯活动又逐渐兴盛起来。据几位当年曾在陈赓旅长部下当兵的武乡籍老八路讲述：有一次前张庄村的顶灯队伍到宋家庄慰问，陈赓旅长看着他们在光秃秃的头上顶着碗边糊着纸的灯，

还能又扭又摆，觉得很有意思。于是就脱下军帽，露出光头，从一个顶灯者的头上把碗拿下顶到自己头上，跟着扭摆起来。因为不摸要领，没有功夫，碗从头上掉落下来，洒了一肩膀油，逗得围观群众和八路军战士拍手大笑。从抗战到中华人民共和国成立初期的1957年，顶灯活动在武乡还是常演不衰。由于抗战时期曾经战斗生活在武乡的许多八路军官兵与民同乐，不少人也学会了顶灯表演，中华人民共和国成立后他们把这一艺术形式传播到全国各地。因此，在其他省、市不少地方也曾有过顶灯活动。到“文化大革命”时期，顶灯被当作“四旧”“毒草”取缔禁演。

20世纪70年代，武乡县的城关村和东村又恢复了顶灯活动，在每年元宵节前后出街表演。“武乡顶灯”这一古朴瑰丽的非物质文化遗产毋庸置疑应该薪火相传，发扬光大，而我们追随一代又一代先辈传承人的足迹，都必然对他们因“武乡顶灯”的发扬光大所做出的不懈努力而肃然起敬……尤其是城关村、东村，由于历届村委领导对顶灯这一群众性娱乐活动都特别重视，每年都要发动和组织群众积极参与，老年人传、帮、带，青年人承、学、练，城关村、东村的顶灯得到了弘扬和发展，使这一艺术形式能够完整保留并日渐兴盛。

武乡鼓书

一、武乡鼓书声扬千里，音传万年，武乡鼓书是流淌在武乡人身上的精神血脉，其古老的月琴音符里激越而出的是一代又一代生息、繁衍在武乡这块苍天厚土那绵延至今的“太行浩气传千古”的人文沉淀……

武乡鼓书（也叫武乡琴书）是武乡民间土生土长的一个小曲种，主要流行于山西的上党和晋中地区。其唱腔吐字力度强，曲调干净硬朗，节奏明快，定调因人嗓音宽窄而定，属六音阶“徵”调式。伴奏乐器主要有“特制月琴”“土二黄”“反字二把”“木胡”“八角鼓”以及后来发展添加的“二胡”“三弦”“电子琴”等。

这里不妨细说一下武乡鼓书的主要乐器，也就是弹唱时用的特制月琴。它的制作是用木板对成八角形的琴筒，两边贴半厘米厚的桐木板，再接上琴头、琴杆而成。用四根钢丝弦，外两根定“1”，里两根定“5”。再用一根带子系在琴头和琴箱底，挂在演奏者身上弹奏演唱。多人演唱时所加的其他乐器，都为普通常用乐器，没有特别之处。弹奏者弹奏时左手食指和无名指要套两个半寸长的铜制或铁制手帽，便于按弦出音，右手食指戴一牛角尖或羊角尖磨制的骨质指帽，用于弹拨里、外弦。

其板式有“柳调”“垛板”“花板”“簧腔”“哭板”“大板”“散板”以及开书前用的“大起腔”和“小起腔”等多种形式。

说唱时盲艺人以坐唱形式为主，3~8 人不等，围桌而坐，可按书中人物分开角色，对唱对说。明目艺人则模拟戏曲演员动作边说边表演，活泼生动。琴书艺人的语音特色、方言语音，能使较大范围的观众听懂。

表演形式随意性强，可一人自弹自说唱，可两三人对着说唱，还可以伴舞或小品形式表演，演出阵容可大可小。

艺人们使用的琴是由定居在武乡的羯族人弹奏的八角琵琶演变而来的，这种改良后的长杆月琴，既弹出了北方人的大气粗犷，又弹出了太行山黄土高坡的空旷豁达。

艺人说唱既可以在田间地头尽情挥洒，也可以在剧院舞台上当众表演。书目题材丰富多样，既有经典传统曲目，也有艺人根据时下热点即兴编演的曲目，是基层组织宣传党的方针、政策和引导群众的宣传利器。

二、溯源武乡琴书的发轫，令人遐思金戈铁马浩气激越而发千古之幽思……

遥想武乡这块土地，历史久远，西周时称"皋狼"之地，西汉置涅县，西晋称武乡。新石器时代这里就有人类活动，留下了很多人文遗迹。县境内山河交错，沟壑纵横，有多处关隘，历来是兵家必争之地。

武乡鼓书的渊源，过去无史书记载，据老艺人相传，它的起源最早可以追溯到 1700 多年前，相传后赵皇帝石勒带兵打仗时，士兵们常在军中打鼙鼓呐喊助威的"喊兵号子"，武乡鼓书即由此演变而来。大约在公元 303 年，羯族人石勒领兵起义，士兵们在军中练习刺杀时打鼙鼓呐喊"哼、嗨、哼、嗨"，当时称"喊兵号子"。鼓书在演唱时，人员可多可少，多则 8~10 人，少则 1 人自弹自唱。人多时加伴奏乐器二黄、三弦、二胡、扬琴、中阮、板胡、小鼓和梆子。主唱人以坐唱为主，必要时可站起或走到前面辅以简单的动作表情，演说传统段子，道白、动作、声调模拟戏剧各行当人物角色。其说唱语言基本用的是武乡方言。

后来传到民间，逐渐形成劳动人民群体劳动喊的号子，当时称为"瞽儿腔"。"瞽儿腔"的"瞽"字，特指盲人乐师。这也是"武乡鼓书"特有

的一个表演群体。到南宋理宗年间，本地一盲艺人瞎二，手拿两块羊骨板相击，口诵吉利词句借以乞食，并把“瞽儿腔”穿插进来，人称“骨板书”，在长期的发展演变过程中，曾先后易名“瞽儿腔”“八角鼓书”等。鼓书名艺人王云则将土制月琴改良后成了武乡鼓书的专用乐器。

在抗日战争和解放战争期间，武乡县组织盲宣队到各地演出，受到了政府嘉奖。

1958 年，王云则的徒弟成光明进京说唱，周恩来总理接见成光明时说，这种说唱应叫“武乡琴书”。从此，该曲种既叫武乡鼓书，又叫武乡琴书。2009 年，该曲种申报省级非物质文化遗产保护项目时，正式定名为“武乡鼓书”。

虽然武乡鼓书根据历史考证是武乡的老祖先流传下来的，但它的传唱地、影响力辐射到了周边许多县区，从现在的地理划分来看即分布在武乡县、晋中市榆次区、襄垣县、黎城县、左权县、榆社县等县区，足见它的广泛性、普及性及大众化。

如今的武乡鼓书板式丰富，旋律优美动听，韵味独特，成为太行山区各县人民群众喜闻乐见的主要曲种之一。它在革命、建设、改革开放和新世纪互联网时代等不同的历史时期自发承担了宣传的责任，对加强精神文明建设，丰富群众文化生活，构建乡村振兴和谐社会乃至走向实现中华民族伟大复兴的“中国梦”和“第二个一百年”伟大征程，都将起到不可替代的宣传作用。

三、武乡鼓书流传千年，薪火相传，一代又一代艺人用他们那把古月琴弹奏而出的精湛说唱艺术赢得了百姓的喜闻乐见，其生命力历经千年仍沛然不衰，保持着旺盛的蓬勃生机和清新活力，至今已有七代传人

武乡鼓书现保存的传统书目有 150 多部、近现代书目 100 多部。其中，

传统书目有《呼延庆打擂》《穆桂英挂帅》《韩齐王》《金鞭记》《兴唐传》《珍珠珍珠汗衫记》《小八义》等；现代书目有《王贵与李香香》《九路围攻》《一块银圆》等。各个时期的艺人，他们在表演上各有千秋，贡献了自己的说唱才艺，赢得了观众好评如潮。

斤秤锣鼓

一、“斤秤歌”锣鼓点打击乐流行所在地及其渊源考证与鼓乐特征

武乡县地跨太行、太岳两山，位于太行山的西麓，山西省东南部，长治市最北端，为上党盆地的北大门。这里又是全国著名的革命老区，人民子弟兵在这里壮大，太行精神在这里发扬，民族脊梁在这里挺起……在这方热土上，古老的16两“斤秤歌”非物质文化遗产锣鼓队，以昂扬向上的姿态，擂响民俗文化战鼓，演绎“天下公平”真谛，风靡老区大地。

“斤秤歌”锣鼓点敲打起来高亢嘹亮，节奏明快，起落跌宕，上击下拍，左敲右打，铿锵有力，是打击乐中高级的民间艺术，广泛应用于当地民族乐队、民间器乐合奏，以及各种戏剧、曲艺、歌舞和吹打乐队中。

据专家考证，“斤秤歌”锣鼓点打击乐始于南宋，完善于元朝，盛行于明、清，流传于山西省武乡县丰州镇富庄村、东村、城关村、魏家窑村一带，也波及武乡的东乡、西乡的一些乡镇及邻县的部分村庄。

“斤秤歌”锣鼓点打击乐曲谱，产生年代未见史料记载，但据艺人口传曲谱，可追溯至明、清年间。由此可见两百年前，“斤秤歌”已经在武乡留下了

它的节拍。1993 年，“斤秤歌”锣鼓点打击乐的曲谱由任广厚、任积厚初步整理，后经过 15 年不断完善，最终成稿，还原了历史原貌。2008 年 5 月 15 日，《山西日报》黄河文化周刊的“人文瑰宝”专栏，对该非物质文化遗产进行了报道。

武乡几代老艺人都对“斤秤歌”的曲谱进行不断整理加工，不断创新改进，同时武乡县丰州镇一带的锣鼓队，在长期的演练艺术实践中，不断融入其他打击乐的艺术元素，使武乡“斤秤歌”逐步形成具有一定模式且独特的地方打击乐，使它的内涵更加丰富，表演更加完美，故传承至今。

那么为何定名为 16 两“斤秤歌”呢？这要从中国古代度量衡的单位 1 斤等于 16 两说起。这就涉及其中的换算问题。

南宋杰出的数学家和数学教育家杨辉，钱塘（今杭州）人，有关于“两价化斤价”的歌诀：“一求，隔位 625；二求，退位 125；三求，1875；四是 25；五是 3125；六是 375；七是 4375；八是 5；九是 5625；十是 625；十一是 6875；十二是 75；十三是 8125；十四是 875；十五是 9375；十六是 1 斤”，意思就是一两等于 0.0625 斤，二两等于 0.125 斤，三两等于 0.1875 斤……这也是人们初学算盘时都要打“625”叠加的原因。在没有电子计算机以前，16 两“斤秤歌”还是财会人员的必修课。

随着社会的发展，从秦汉到唐宋的一千多年间，民族大迁徙、大融合，杂居中原，经济文化频繁交流，汉代吹管乐的流入，魏晋南北朝铜响器的传播，胡音沙锣和西域铜钹的加盟，老艺术家们把 16 两“斤秤歌”歌诀用古代打仗擂的战鼓、鸣锣开道的锣和佛教礼仪祭祀的大钹，以及小锣、小钹等组合，按照 2/4、3/4 的节拍演奏出“斤秤歌”锣鼓点。据专家考证，在这些乐器中，鼓，在打击乐中占有领军地位，它是各乐器配合的核心，一切听它指挥，才能奏出和谐音乐。鼓还是古代祭祀、报警、驱除猛兽的号角和武器。锣，古代为“金”，两军交战，常以锣来指挥，有鸣“金”收兵之说。铜锣在南北朝时期可能是由西北少数民族引入内地。钹，民间叫作“镲”，是常见的打击乐器，大约在公元350年随《天竺乐》传入中国。

经过对上述史料信息的分析，不难看出奏乐师将歌诀精思妙运融进“斤秤歌”的演奏中，至此，我们不得不感叹作为融数字性、趣味性与娱乐性为一体的民间艺术——“斤秤歌”堪称绝佳。

另外，从乐理与度量衡的奇妙结合上看，则显示出该曲谱包含的一诺重千金的诚信意蕴之所在。16两“斤秤歌”也叫16两“金星秤”，它是北斗7星，南斗6星，福、禄、寿三星组成的16两秤星。它告诫做买卖的人要诚实信用，不欺不瞒，不能缺斤少两。否则，缺一两无福，缺二两少禄，缺三两折寿，要恪守公平交易信条。早在明英宗朱祁镇天顺元年（公元1457年），“兰州紫建”一家商号刻的印章写得清清楚楚，上联：货真价实童叟无欺；下联：假充字号男盗女娼；横批：天顺永记。过去凡是买方、卖方在签订协议或合同时上面均盖有此章，这章一直沿用到民国末年。这一佐证，近年富庄写村

志时才被发现，村民任福堂还保存着此件。

在鼓乐演奏中，乐师特别讲究，严格将 16 两“斤秤歌”打击乐转换成打算盘的口诀：一是 625 ，二是 125，三是 1875……演奏者需倒背如流。每个操作者必须先背下曲谱，大锣、小锣、小钹、大钹打的次数，要求都是按锣鼓点曲谱进行敲打。一两按 625，二两按 125，三两按 1875，四两按 25……一定要按 2 / 4、3 / 4 的节拍敲打鼓点。

“斤秤歌”具有广泛的群众基础，如今，“斤秤歌”打击乐是武乡人民文化生活中不可缺少的一部分，每逢正月十五闹元宵、婚丧大事、大型祭祀庆典活动，民间器乐、民间歌舞、吹打乐都离不开“斤秤歌”的加盟。民间“顶灯”秧歌用的打击乐就是 16 两“斤秤歌”打击乐。故挖掘、收集、整理 16 两“斤秤歌”打击乐艺术对丰富群众文艺生活、提高人民素质、构建和谐社会、建设精神文明都将产生重要意义。

综上所述， 16 两“斤秤歌”是一种古老的鼓乐名，它的鼓谱广泛应用于民族乐队、民间器乐合奏，以及各种戏剧、曲艺、歌舞和吹打乐队，是武乡县特有的地域音乐文化，这是继晋南威风锣鼓、绛州鼓乐、陕北安塞锣鼓之后，挖掘整理的又一项非物质文化遗产，对延续和传承传统民族文化具有重要的历史价值。尤其是锣鼓乐队摆的“公”字造型，蕴含了“天下公平”“天下公道”的寓意，让人耳目一新，给人以艺术享受，令人回味无穷。

二、“斤秤歌”锣鼓点打击乐“非遗”的保护

几代武乡音乐人都对“斤秤歌”的曲谱付出了大量心血。其中：

第一代：任建刚、韩如玉、宋九斤

第二代：任元则、郝会珍、魏金川

第三代：任雪堂、武双贵、杜效泉

第四代：任积厚、任广厚、武玉文、范阿秀、段成留

第五代：东村两支锣鼓队

代表性人物：

任广厚，男，72 岁，酷爱民间艺术，从小受家庭文艺熏陶，5 岁起跟随祖父、父亲参加村上的打击乐活动，练习“斤秤歌”打击乐。7 岁那年，正值 1945 年 8 月庆祝段村解放，在旧县城（今故县）文艺会演，打霸王鞭获金奖。1951 年县上春节文艺会演，富庄村获锦旗一面，个人获表演一等奖。1951 年参加工作后，一直从事民间文化的研究、收集、整理工作。在县文化局任副局长期间，组织武乡群众文艺竞赛获长治市戏曲会演一等奖，武乡秧歌《嫁妻》剧目获长治市一等奖，省电视台录制播放。先后参加《武乡县志》《组织史》《青运史》《合作史》和《武乡抗日烽火》的编撰工作，多次参加省、市学术论文研讨会并发表学术论文。1993 年整理的 16 两“斤秤歌”打击乐曲谱，结束了只有口传而无曲谱记载的历史，具有较高的艺术价值和研究价值。

时光荏苒，如今 16 两“斤秤歌”打击乐口诀艺术，历经沧桑，能流传至今，实属不易。特别是当今多元文化艺术的冲击，使这一优秀文化遗产的传承目前仍面临诸多危机。熟悉 16 两“斤秤歌”的民间艺人越来越少，多数老艺人已故，剩下的也年事已高，力不从心，后继乏人，再加上斤秤歌演奏技巧不易掌握，使这一演技难以传承，面临失传。鉴于上述原因，若不引起高度重视，采取抢救性保护措施，16 两“斤秤歌”锣鼓点打击乐将濒临失传。多年来该项非遗的保护单位为武乡县群众文化馆。

武乡县群众文化馆已经采取的保护措施有：

1. 武乡县已建立了县非物质文化遗产保护领导小组。

2. 在东村组建了两支16两“斤秤歌”打击乐队伍。一支是由30多名中老年人组成的锣鼓队；另一支是由东村小学，28个少年组成的锣鼓队。

3. 发动老艺人任广厚、任积厚整理了16两“斤秤歌”打击乐曲谱。

4. 在省、市、县的重视下，加大了宣传力度，撰写了16两“斤秤歌”文章，电视台、报纸、刊物相继进行了宣传报道。

5. 填写了申报省级非物质文化遗产文本，录制了光盘，拍了表演照片。购置了锣、鼓、镲、服装、道具，录制了光盘和照片。

经过武乡县群众文化馆的不懈努力，“斤秤歌”非遗取得了明显的传承效果：

1. 保存16两“斤秤歌”古老曲谱，抢救、收集、整理“斤秤歌”传统曲谱和有关文字资料，建立斤秤歌曲谱资料档案。

2. 不断充实扩大16两“斤秤歌”打击乐非物质文化遗产的传承基地。

3. 保护民间老艺人，发掘、培养传承新秀。

2011年，收集整理“斤秤歌”曲谱资料，继续完善曲谱体系。

2012年，申报省级“斤秤歌”非物质文化遗产保护项目，录制了光盘，加大保护力度。

2013年，在东武乡、西武乡建立培训传承基地，逐步形成群众广泛参与的活动。

2014年，走出去到绛州学习，提高保护技艺。

2015年，召开学术研讨会，培训传承人才。

武乡剪纸

武乡县历史悠久，民风古朴，历来民俗文化浓郁，武乡剪纸艺术就是这片土地上的劳动人民创作传承下来的一朵璀璨夺目的民间艺术奇葩。

武乡剪纸源远流长，经历千年世代艺人传承与糅合，以“镂空”的技巧，制作出武乡民间特殊的剪纸艺术文化，素有“十里八乡各不同”的说法。农闲时，一把刀、一张纸，裁剪出得心应手的纸花，特别是大年除夕之日，家家户户用精巧的剪纸装扮节日气氛，表达自己美好的祝愿；在炮火纷飞的战争年代，老区人民用剪纸作品庆祝胜利，表达军民鱼水情。在生活与斗争中逐渐形成了丰富的剪纸内容和特殊的剪纸样式。

自20世纪60年代以来，现代文明与时代文化潜移默化地影响着武乡民间剪纸艺术家，他们突破传统，大胆革新，采用新技术，重在反映现实生活和富有鲜明时代气息的地方特色情景。尤其依托武乡革命老区，开发以红色旅游为主题的剪纸产品，折射出人们对现代美好生活的追求，既歌颂了武乡人民艰苦卓绝的抗战精神，

激励后人继承和发扬老区的光荣传统，还不失传统文化的内涵品质，共同把这一民间剪纸艺术发扬光大。

工艺制作上，剪纸，又叫刻纸，起源于汉代，是一种镂空艺术，在视觉上给人以透空的感觉和艺术享受，其载体可以是纸张、树皮、布、皮等片状材料。剪纸艺术作为一种很普遍的群众艺术，同时也是民族传统文化的有机组成部分。其传承的特点是此种民间传统手工艺，在家族中代代相传，直至如今。

武乡民间剪纸伴随着山西民间剪纸艺术的产生和发展而发展，并逐渐形成一种具有独特风格、地域特色的民间艺术。特别是在炮火纷飞的战争年代，武乡老区人民仍然以高昂的抗战精神和乐观的浪漫主义精神，用剪纸艺术表达着对节日的庆贺和对胜利的祝福，表达着军民鱼水情深，显示出特别的艺术魅力。

剪纸是由手工做成的，多由乡间妇女完成，常用的工具有两种：剪刀和刻刀。正宗剪纸在清朝就不用剪刀了，经过多年的工艺改革，制作更精细，效率更高。一次制作可做出 20~30 张相同的纸品，被称作刻纸。剪纸刻法有阴刻、阳刻和阴阳刻三种。相关器具有剪刀、刻刀、垫板、宣纸。

武乡剪纸传承了山西剪纸的基本做法，以镂空的方式加工制作，富有传统工艺的简练、纯朴的特点，并融入武乡革命老区的地方特色，以宣传红色景点、红色文化的剪纸作为开发方向。

武乡剪纸的文化历史价值在于：剪纸作为武乡当地土壤滋生的综合性的文化艺术，是武乡民俗民风的现实表现，从不同侧面反映了武乡深厚的历史文化底蕴和武乡人民追求美好生活的理想境界。它所具有的历史渊源、基本内容、基本特征是珍贵的。对武乡民间剪纸的挖掘、抢救、保护将极大地带动和促进武乡民俗文化的发扬。对武乡剪纸进行挖掘、抢救、保护，对于丰富山西美术史内容，乃至中国美术史都将大有裨益。

武乡剪纸有着广泛的商业前景。武乡人民勤劳淳朴，武乡山川秀美，是与井冈山、延安、西柏坡齐名的中国四大革命老区，发掘传统艺术的潜力，用传统的剪纸艺术形式与武乡红色旅游文化相结合创作出栩栩如生的作品，彰显老区的独特魅力，成为宣传武乡文化的重要媒介，同时为宣传老区武乡开辟了新路径。

随着社会多元化的发展，人们对一些民间传统习俗日益淡化，加之物质文化生活极大丰富，所以传统剪纸制作工艺受到了一定的影响，一些剪纸制作工艺比较高的能人巧人，因年事已高逐步退出创作，致使这门手工艺术面临传承难的问题。

目前，武乡剪纸的优秀作品创作者胡栋，她自幼受家庭剪纸制作的影响，通过自己的钻研和努力，继承了武乡剪纸的精髓，并形成了自己精致细腻的风格，尤其致力于对武乡红色旅游产品的开发和研究，宣传武乡特色文化。2010 年 5 月，胡栋的作品参加世博会山西周活动，受到剪纸艺术界人士的一致好评。同期，“武乡剪纸”成功入选省级非物质文化遗产名录。

胡栋剪纸的代表作品有《清明上河图》《孔子》《武乡八大红色旅游景点》等。

附：武乡优秀剪纸作品与剪纸作品创作者胡栋近年获奖的相关证书及剪纸作品

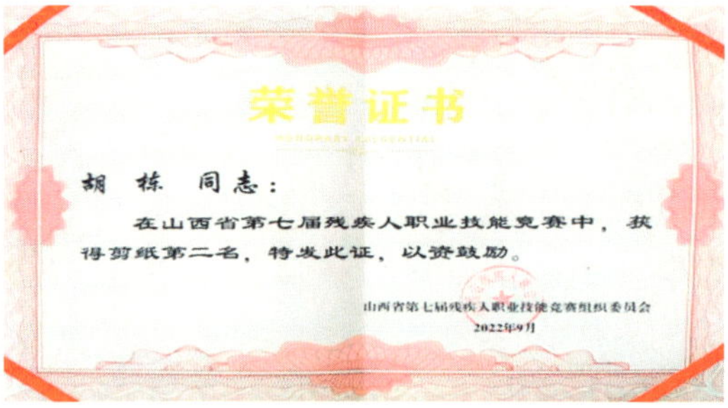

荣誉证书

胡　栋　同志：

在山西省第七届残疾人职业技能竞赛中，获得剪纸第二名，特发此证，以资鼓励。

山西省第七届残疾人职业技能竞赛组织委员会

2022年9月

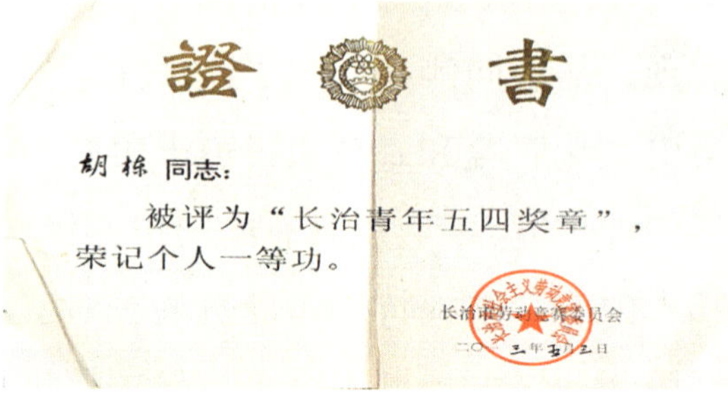

證　書

胡栋　同志：

被评为“长治青年五四奖章”，荣记个人一等功。

长治市劳动竞赛委员会

二〇 三年五月三日

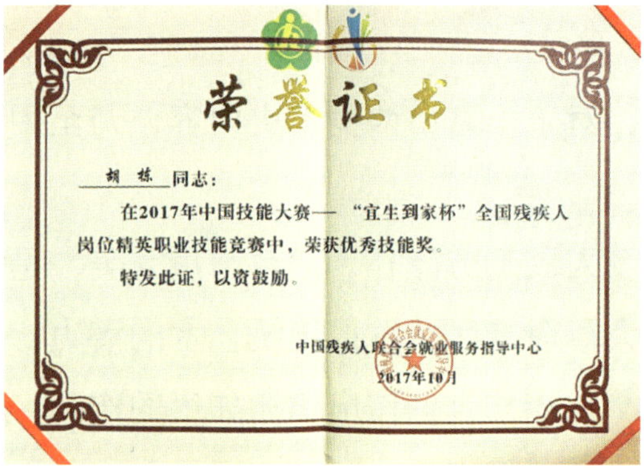

荣誉证书

胡　栋　同志：

在2017年中国技能大赛——“宜生到家杯”全国残疾人岗位精英职业技能竞赛中，荣获优秀技能奖。

特发此证，以资鼓励。

中国残疾人联合会就业服务指导中心

2017年10月

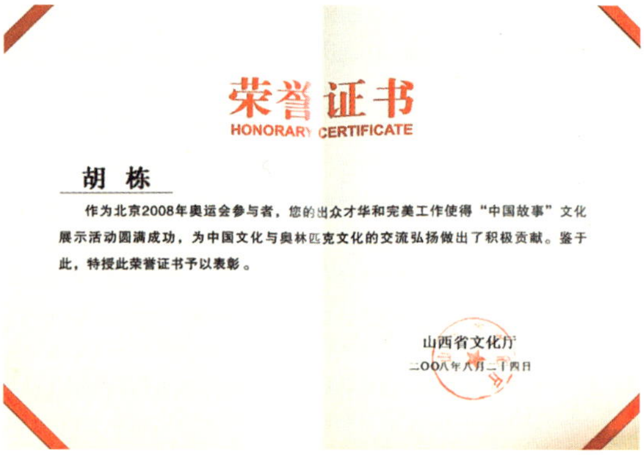

荣誉证书

HONORARY CERTIFICATE

胡　栋

作为北京2008年奥运会参与者，您的出众才华和完美工作使得“中国故事”文化展示活动圆满成功，为中国文化与奥林匹克文化的交流弘扬做出了积极贡献。鉴于此，特授此荣誉证书予以表彰。

山西省文化厅

二〇〇八年八月二十四日

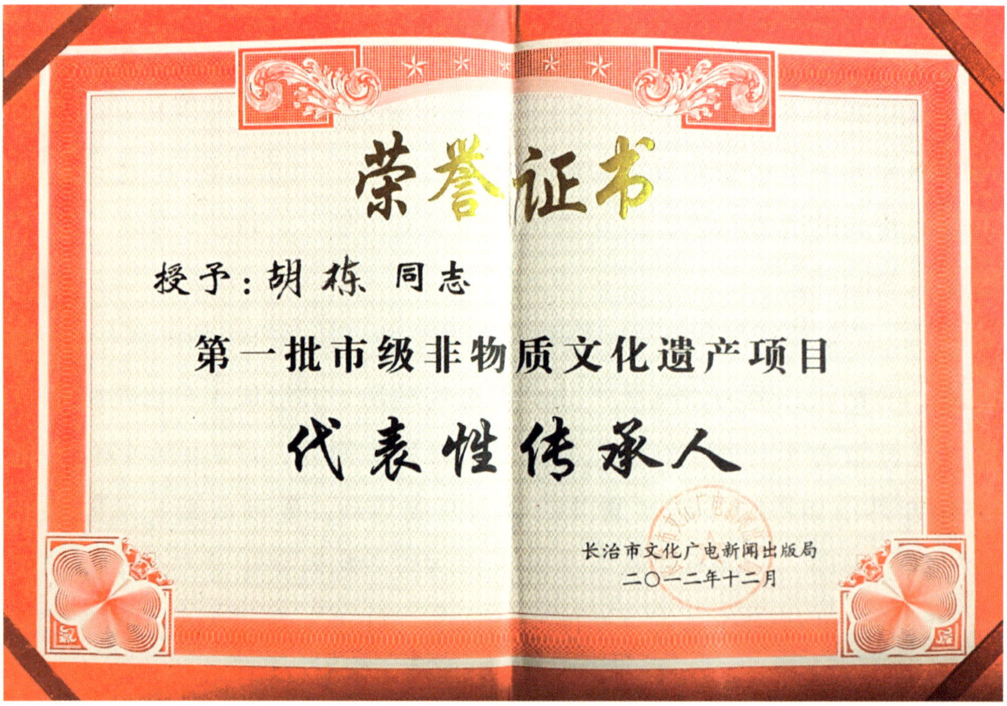

荣誉证书

授予：胡栋　同志

第一批市级非物质文化遗产项目

代表性传承人

长治市文化广电新闻出版局

二〇一二年十二月

武乡炒指技艺

一、翻阅古史，武乡“皇（黄）土炒指”，承载着历史的烟云尘埃，凝聚着古战场安营扎寨时坊间师傅们的智慧

武乡历史久远，据考证，新石器时期这里就有人类居住，留下了很多的人文景观和名吃名点。武乡“皇（黄）土炒指”就是由这片土地上的劳动人民创制而成的。它是晋东南武乡县特殊地域自然条件下民间文化习俗特产。因其形如人之手指，香甜酥脆，故名妙指。

“皇（黄）土炒指”制作技艺最早可上溯至西晋年间，距今已有1700多年的历史。西晋时，住在武乡境内的羯族人石勒，原是匈奴羌渠别部的后裔，惯游牧，善骑射，后来跟随刘渊反晋，被封为大将军，常带兵打仗，有时因战况紧无暇安锅造饭，就让士兵带蒸煮的干粮充饥，蒸煮熟的面食干粮含有水分，易腐烂变质。石勒部下一个伙夫，试着用糯米面和玉茭面和制擀成饼状，再切成手指般长短的面条，把铁锅里放上较细的黄土粉，用柴火在锅下燃烧，等到黄土被烧得像沸水一样冒起土泡来，把面条放在锅内土中搅拌烧煨，烧开后的面条酥脆可口，带在身上永不变质，成为行军打仗时很好的干粮。石勒的部队因为有了这种特殊的备战干粮，增强了战斗力，所向披靡，连打胜仗。最后占领了黄河以北大部分地区，在襄国（今河北邢台）称帝。加封创制炒指的伙夫为粮草官，特给炒指定名为“皇（黄）土炒指”。时间一长他们还发现常食“炒指”可以克服水土不服出现的呕吐腹泻。从此，炒指在武乡民间流传下来，成为儿童常备的零食。

至抗日战争时期，“皇（黄）土炒指”成为驻扎在武乡的八路军部队行军打仗的必备食品。中华人民共和国成立后，又广泛地被住校学生和出外做工者用作干粮和补助食物。

二、武乡“皇（黄）土炒指”，其形如人之手指，香甜酥脆，厨艺特别讲究

“皇（黄）土炒指”的制作技艺是口传心授的传承方式，炒指的好坏、可口不可口，关键在于和面和烧土两道程序。

小糯米：太行山区的一种谷子，成熟后谷穗呈大红色，碾出的米粒细小，可包粽子，磨成面粉可制作各种蒸糕、油糕。

玉茭面：就是玉米面，黄的、白的玉米面均可用。

和面：把这两种面和起来加水揉成面团。

蒸馏：把面团放入蒸笼中蒸熟后取出来晾冷。

擀面：把晾冷的面像擀面条一样擀成小指厚的饼状。

切条：把擀好的饼用刀切成手指长短的面条，以待上锅炒煨。

筛土：把黄土研碎筛细，放入大铁锅中。

安锅：垒一座简易灶台，将锅放上，下面放入干柴，点燃烧锅。

拌炒：等到铁锅里的细土像开水一样滚沸起来时，把切好的指条放入锅中拌炒。

使用的器具："皇（黄）土炒指"全赖手工制作，所用器具简易。面食制作工具：面盆、面案、擀杖、蒸笼、刀。炒作工具：大铁锅、搅拌铲、笊篱。

成品按口味有甜、咸两种，现在又有白面、鸡蛋加白糖的炒指。

一年一度的武乡县八路军文化旅游节的举办吸引着八方美食家加盟推介，极具美誉度、知名度的乡土传统美食传播效应良好，武乡"皇（黄）土炒指""非遗"的保护已经提上日程。

"皇（黄）土炒指"是纯手工制作，保留着西晋至今1700多年来的武乡民间烧炒传统技艺，其"非遗"的价值日益引起了民俗文化领域专家学者的重视。

食用价值："皇（黄）土炒指"有温补脾胃的功效，环保卫生，携带方便，是逃灾避难最宜带的备用食品。

历史价值："皇（黄）土炒指"起源于西晋，具有悠久而深厚的食品文化价值，是研究后赵石勒军旅生涯在军需食品供应方面的活标本。

文化价值：“皇（黄）土炒指”是工艺文明与民俗文化结合的代表，反映了中国百姓的聪明才干和勤劳俭朴的生活态度，可以说是一种民族大融合的结晶。

“皇（黄）土炒指”从西晋石勒军中传到武乡民间。心灵手巧的妇女只要看几遍，亲手做一次即可学会炒制，其传承形式基本是母传女、婆传媳，当然也有亲戚邻家互教互学的，不是一对一的传承谱系，具有大众化特征。

目前，武乡炒指仍健在的代表性传承人有：

杨清法，男，69 岁，丰州镇富庄村人，制作炒指已 40 多年。

杨素文，男，48 岁，初中文化。丰州镇富庄村人。从小受家庭影响，12 岁就跟随祖父、父亲学习制作炒指，在制作过程中积极探索，总结经验，产品主要有甜、咸两种，还有白面、鸡蛋加白糖的。制作的炒指在集市、各个超市及杂粮店中销售。

但应该看到，“皇（黄）土炒指”传统技艺的纯手工性质局限于相对狭小的坊间，难以大批量机械化生产。虽然它的地方特色和技艺传承广泛受人称道，但这种工艺的生产规模难以扩展。

再者，市场经济带来普遍的急功近利浮躁心态，使得年轻人不愿意学习传统工艺，相关部门对保护、发展传统工艺的关注不够，“皇（黄）土炒指”的手工技艺保留在 50 岁以上妇女的手中，陷于后继乏人的窘境，这一特色食品有消失的可能。

武乡县文化馆身负保护非物质文化遗产的重任，为保护炒指这一传统手工技艺，专门对该项目的工艺流程进行录像拍摄，并整理成文字资料，入档

保存。并在该文化馆内成立“皇（黄）土炒指”研发小组，旨在保护“皇（黄）土炒指”的传统手工技艺特色，挖掘其历史文化内涵，抢救和整理相关工艺绝技资料；保护培养传承人；建立拜师授艺制度。重点工作是对“皇（黄）土炒指”的传统手工技艺进行保护、研究与开发，使这一技艺在新的历史条件下，得到传承与健康发展。为此文化馆筹资，建立“皇（黄）土炒指”手工技艺录像存档、整理文字资料、炒指制作的规模性基地，成立“皇（黄）土炒指”研发协会，各乡镇妇联担任理事，各村妇联主任为协会会员，成立产品生产和销售公司，推进规模化生产和销售，确保世代传承。

武乡枣糕制作技艺

武乡枣糕是山西省晋东南武乡县特产。大约在东汉西晋时期，武乡人将当地的大枣和小糯米相结合，上锅蒸馏，熟后食用，香甜绵软，为当地人所喜爱。

千百年来，武乡人把这具有独特风味的食品，当作春节、元宵等重要节日的必备佳肴。材料为当地红枣、黍米、小软米和水。纯手工制作，所用器具简易，主要有铁锅、和面盆、蒸笼、淘米筛等。

武乡作为枣糕产地，处于太行山腹地，位居山西省东南部，最高处海拔 2008 米，最低处 800 米，属黄土丘陵地带，四季分明，年降雨量在 500~600mm，气候条件非常适宜种植黍米。黍米是制作枣糕的主要原材料。武乡枣糕制作技艺核心区在丰州镇。

具体流程：

淘米。把米放入水中洗 2~3 次，2~3 分钟。

磨面。把淘好的软米晾干倒入磨面机中磨成粉状。

拌面。把软米面和玉米面以一定比例倒入盆中搅拌。比如，15 公斤软米面配 2.5 公斤玉米面和 6 公斤温水搅拌。拌面时逐步加水，把面拌成颗粒状，然后醒面 4~5 分钟。最后将颗粒面搓成面沫，准备上锅蒸馏。

蒸馏。蒸前先煮沸铁锅内的水，然后把和好的面放入蒸笼中，放一层面铺一层枣，依次进行，共放四层枣，第五层用面盖上，蒸半小时左右。

出笼。把蒸好的枣糕倒在案板上，用手蘸上食用油（以防粘手）拍打整理即可。

武乡枣糕的制作技艺独特性在于：

武乡枣糕是纯手工技艺制作，传承方式为口传心授，原料为当地最好的大枣、最软的黍米或小糯米。

制成后的枣糕色泽金黄，鲜美可口，有补脾、健肾、降压之功效。

经考证这种美食佳肴的渊源，可追溯至西晋时期，居住在武乡境内的羯族人石勒，原是匈奴羌渠别部的后裔，惯游牧，善骑射，后来跟刘渊反晋，

被封为大将军，带兵打仗，有时因战况紧而两三天不能饮食，石勒部队一伙夫试着用大枣和糯米面上锅蒸熟，士兵食用后，两三天不感饥饿，适用于行军打仗饮食不规律，于是把枣糕作为军中必备食品。所以，石勒铁骑粮草

无忧，故能百战百胜，称雄割据一方。

抗战时期，八路军总部驻扎武乡。八路军也把枣糕作为行军打仗的必备食品，并把枣糕称作“千人糕”。作者以“千人糕”为题发表文章，曾被选小学三年级语文课本。1998年，武乡枣糕参加了“长治市首届神农文化艺术节暨商品交易会”，获风味小吃一等奖。

武乡枣糕作为武乡名吃，是本县传统食品中具有不可估量经济价值的项目之一。武乡枣糕起源于西晋时期，具有悠久而深厚的历史传统和食品文化价值，是研究后赵石勒军旅生涯在食品方面的活标本；而且武乡枣糕是工艺文明与民俗文化结合的代表，反映了武乡人民的聪明才干和勤劳俭朴的生活方式，是一种民族文化的结晶；武乡枣糕具有润心肺、止咳、解五脏、治虚损、除肠胃癖气的作用。看似不起眼的武乡枣糕，兼具经济开发价值、历史文化价值、以及强身健体的药用价值。

枣糕制作原先是纯手工小规模生产，走街串巷叫卖。2010年，随着人们对传统食品的喜好，原来的方式适应不了形势的发展，才在红旗农贸市场租房制作销售，这样有了固定的场所，生意越来越好，传统工艺才得以发展壮大。

目前，由于武乡枣糕传统技艺纯属手工作业，很难以机械化大批量生产，其发展局限于相对狭小的地区，虽然它的地方特色和技艺传承被人称道，但这种工艺的生存空间、生产规模难以拓展，后继乏人，如不加以重视，面临逐步失传。

武乡枣糕列入长治市非遗名录后，越来越多有远见的民营企业家加盟武乡枣糕传统技艺的开发并占领市场，经济前景可观。其中，山西武乡卓良石磨枣糕店，继承传统的枣糕制作工艺，对淘米、磨面、蒸馏都有一定的规范技巧，现有专业从事该遗产项目保护工作人员 12 人，其中男性 4 名、女性 8 名，有关制作工序，员工正在逐步掌握熟悉应用之中。注册了瓦窑科卓良商标。他们建立了集制作、包装、培训、展览为一体的基地，占地近 800 平方米。展览馆陈设有传统制作工序的实物，如制作的各类工具、图片、详细的制作说明、项目获得的各级荣誉证书供人们参观学习。为了更好地把该项目发展壮大，他们也通过现代信息技术扩大宣传，扩大制作规模，引进新的包装、储藏技术，卓良枣糕有望走进千家万户，使老区的传统工艺享誉全国。

砂器制作技艺

一、武乡传统工艺砂器产品的地理标志及历代制陶师傅薪火绵延的历史回眸

武乡砂器传统工艺的发祥地，在东部洪水镇南坪大队卧龙头自然村，西距县城50公里，村庄附近盛产优质陶土，土壤资源种类繁多，比如煤、铝、铁及高岭土、黑陶土、铝矾土、碱白土、大红土等，土壤内含有益于人体健康的多种微量元素，如氧化铁、钙、镁、钾、钠、锌等。这里属于干旱和丘陵地带，早晚温差大，空气新鲜，夏天凉快，气候干燥，对制作陶瓷产品有着得天独厚的优势。

卧龙头自然村制作砂器从清同治年间就开始了，据记载，明清年间，赵氏祖先从武乡贾豁合德甲搬迁到卧龙头自然村。制作“赵氏”砂器的第一代传人叫赵长富，其手艺是从河南洛阳师傅那里学来的。他对该村的土质进行考察与研究后发现这里的矸石（黏土）储存量大，面积广，质量好，很

适合制作砂器，于是他便开始了制作砂器。

砂器由纯天然高岭土、黑陶土制作而成，含有多种矿物质和对人体有利的微量元素。用砂器做出来的食物原汁原味，所以，曾作为贡品进贡州、府、宫廷。

武乡砂器制作是家族世传，其代际承传已历 5 代，第一代赵长富，第二代赵陆，第三代赵继德、赵全江、赵三江，第四代赵书堂，第五代赵俊峰。

据如今第五代传承人赵俊峰记述，砂器工艺的传承革新历程如下：

1840 年春，始祖赵长富从河南洛阳师傅那里学来了一项烧制砂锅工艺，将传统单一的黑砂锅改为上色的银砂锅，使产品更加美观。

1872 年赵陆，为了提高烧制砂锅的通风效果，把当时使用的拜改制为风匣进行通风，使烧制砂锅的窑炉增加了一倍多，烧制的产品时间短，质量好。

1918 年到 1928 年间，由于砂器需求量增大，曾祖赵陆让三个儿子分别去不同的地方开办砂锅制作作坊，培养了一批学徒，传授给他们制作砂器技艺。

1977 年，父亲赵书堂把作坊从左权马家拐迁回卧龙头村，成立了卧龙头陶瓷厂，在当地培养了四名专业的砂器手工艺制作师傅，扩大了砂器的生产规模，创新了粗瓷，制作了盆、瓮、坛、缸和蒙古窑。

在长期的制陶实践中，通过历代制陶先人的勤奋努力，精益求精，逐步形成了一套赵氏自己的制陶特色：

独特的原材料。原材料主料为当地黑陶土、高岭土，辅料有碱白土、大红土、铝矾土，经现代科学监测分析，含有多种人体所需要的矿物质和微量元素，如氧化铁、钙、镁、钾、纳、锌等。像碱白土，当地经常有人用它来炒炒指等一些食物，用它炒出来的食物不但味美清香，而且还具有治疗痢疾，具有消食、消炎、健脾和胃等功能。

独特的配方技术。武乡砂锅与其他地方砂锅相比，分量轻，原材料颗粒比较粗，特点是传热效果快、透气性好、锅体内储存热量足、保温时间长、耐酸碱防腐化、煮肉原滋味、熬药不变性、煮饭不变色且味美可口，还可以发豆芽、干烘、烧饼、炒菜而不易炸裂。锅内可以看见不同程度的配料颗粒和裂纹痕迹，颜色花纹深浅不一致，冬日保温效果可达 2 小时。

独特的造型技艺。砂器盖子上的锅盖疙瘩儿、锅下的三个锅角儿、锅两边平耳与花耳都刻有武乡砂锅独特的花纹图案，有用三根茎制作的药茶壶壶梁，有用瓦子制作的锅胚口，还有特制的带肚锅、培口锅、小口锅等。

独特的使用方法。武乡砂锅在使用前，先把新买来的砂锅放在小火上干烘，当温度上升至 40~60℃之间时，把有浓度、有温度的面汤或米汤倒入砂锅内，按体积大小的二分之一，等锅开后熬制 3~5 分钟，把砂锅内的微小细孔糊一下，再清洗干净就可以正常使用了。

以前人们都知道用砂锅熬饭、煎药好，但不知道好在哪里。其原材料经现代科学监测分析，含有多种人体所需要的矿物质和微量元素，如氧化铁、钙、镁、钾、纳、锌等。所以，用砂锅做出来的饭菜，有一种特别清香纯真的味道。用砂锅、砂壶做饭、煎药和其他容器相比，在体积、容量、火温、时间都一样的情况下效果不同。砂锅可以熬制出各种食材、药材的精华和药效，其他金属容器和砂锅相比都有一定的差距，其道理就在于砂锅的原材料和制作工艺以及烧成温控。其一，原材料配比好之后，首先要用水，水分在

锅坯内占有一定空间。其二制作锅坯时，砂具产品有内膜，内侧是不需要拍打成型的，正常锅坯应该有微小细孔和小砂眼，外侧是用巴掌拍打挤压成型的，没有微小细孔和小砂眼，经过日晒和烘干锅坯内的水分，再以 900℃以上的高温烧成成品，砂器里面的空间增大，像呈细小的蜂窝状，所以熬制的各种食材肉类效果更好，传热快，保温时间长，有养胃保健的作用。

武乡砂器技艺主要有以下几点：

原材料使用的是本村周家拐的黑陶土、高岭土和铝矾土、东山顶的碱白土和后凹掌的大红土。原材料拉回后要经过至少两个月以上的风吹日晒雨淋，时间越长制作的产品越好。

把所有原料用粉土机粉成粉末，再用细箩筛过滤一遍，去掉杂质，按比例配料，把配好的料搅拌均匀，加上适当水，人工赤脚初踩泥一次，运回料房备用。纯手工制作砂器前两天，再行二次踩泥，直到踩到泥不粘脚为止，用塑料膜盖住发酵两天。

制作拉坯成型。根据市场需求制做大小不同的砂器产品，在制作过程中需要使用内外模具、木锤、巴掌、砂刀、水刷、轮则、粘片等工具。制做好的锅坯 200~260 件为一窑，放在太阳底下暴晒三天后，送入烘干房烘干，温度在 40~60℃之间。

烧制。先点火，上煤，装窑，逐步升温，装窑与烧制一炉大约需要一小时，温度控制在 900℃ ~1000℃，这炉砂器就烧制成功了。

上色。把烧好的砂器由三人密切配合，快速从炉上取下放到地下的煤窝里，进行上色。

二、武乡砂器工艺非物质文化遗产的保护与新形势下的技艺革新

在新时代新形势下，该非遗项目在当前存续状况非常艰难，纯手工制作砂器工序工艺十八道，产量不高，没有很好的平台推广，经济效益差。

为弘扬大国工匠创业精神，提高非遗项目的社会影响力，砂器传承保护不断寻求资金支持，进一步巩固该项目传承基地。

目前，卧龙头自然村砂锅生产基地生产人员共 8 人，其中有 1 人负责采料、粉料、配料、打杂，4 人拉坯，3 人烘干烧制，产品成功率达 90% 以上，销往全国各地。

武乡砂器的烧制，经历了卧龙村赵家数代人的技艺创新。1840 年春季，第一代传承人赵长富改革创新了砂锅使用垄锅烧制的方法，解决了单一烧制砂器和砂锅合用的窑炉，使砂锅砂器在烧制时有了窑炉区分，让武乡砂锅产品更加美观亮丽。1872 年第二代传承人赵陆，为了提高烧制烧锅的通风效果，把当时使用的拜改为风匣进行通风，使烧制砂锅时间短，见效快，质量更好。

2011 年 6 月 19 日，现如今的制陶传承人赵俊峰对武乡砂锅传统技艺和制作工序工艺进行了一次全面的整理和研发创新，弥补了各个环节的不足，时间花了三年半，投入研发资金 30 万元人民币，主要解决了如下问题：

在村周边寻找新的原材料，试验新原料的结构、密度、光泽度、可塑性、耐高温等情况。

改建工坊 1600 平方米，接通水电，创新了压锅机和隧道窑炉，高 2 米，宽 2 米，长 50 米，成功研制烘干与烧为一体的新型隧道窑，利用余热反复进行烘干，降低成本，使烧制产品顺利达标。

2016 年 12 月，赵俊丰被列为长治市非物质文化遗产项目代表性传承人，2017 年 4 月成功注册了山西赵俊丰金砂锅制造有限公司，注册资金 100 万元人民币，新建工坊一处，800 平方米，各种模具 300 余件。同年 7 月成功注册了卧龙恒鑫陶瓷生产有限公司，该项目设计占地面积 14125 平方米，建筑面积 12500 平方米，分酒瓶车间、球磨机工房、成型机工房、模具车间、原料库、成品库、体验中心、文化遗产博物馆、产品展示中心等，同时配套建设环保安全节能设施，项目总投资 1100 万元。大力弘扬武乡优秀的传统制陶文化，使长治市非物质文化遗产发扬光大，吸纳周边村庄 120 人就业，发挥了扶贫就业工坊作用。

附：2022 年山西赵俊丰金砂锅制造有限公司法定代表人赵俊丰传承创业自我简介

我是山西赵俊丰金砂锅制造有限公司项目的代表性传承人，也是公司的创始人，对配料、制作、工艺流程有一套完整的管理方案，现有从事该遗产项目保护工作人员 11 名，其中：男性 8 名，女性 3 名，有关制造工序、工艺流程他们正在逐步掌握熟悉之中。已开展的传承实践车间到处都有他们的身影和作品。

现在的青年人逐步对文化遗产有了进一步的了解和爱好，对未来的传承工作也充满了信心。公司构建有展览馆，展览馆陈设有传统制作砂器工艺流程、图片、文字、实物、工具等展品，也有创新电器零件配套产品和该项目的各种荣誉证书，供大家参观学习。展示活动场所有两层楼，两个走廊长 24 米，宽 2 米，96 平方米，展览馆 75 平方米，同时配套有宿舍、休息室，

作为开展保护传承工作场所。投入人民币18.9万元。资金全部是靠产品销售盈利支撑，到目前为止，资金极度缺乏。为了更好地把该项目发展壮大，公司于2022年5月参加了梦然欣集团有限公司，希望通过集团公司的电子网络、视频宣传广告、物流等销售产品，以增加经济收入，确保非遗传承工作顺利开展，逐步发展壮大。我是一名退伍军人，也是该项目的负责人，做好这项工作是我应尽的责任。

保护措施及取得的保护成效：

该遗产项目列入市级非物质文化遗产代表性项目名录后，为加强和促进该项遗产的保护传承工作，授权方长治市文化和旅游局作为砂器技艺项目申报省级非物质文化遗产代表性项目申报视频（包括素材）和申报图片的版权所有人，已将该申报材料的合法非专用权利授予被授权方山西省文化和旅游厅。

目前已经采取以下几条具体保护措施：

1.2017年4月成立了山西赵俊峰金砂锅制作有限公司，注册资金100万元人民币，新选地址构建600平方米2层办公楼。一层为展览馆，二层为工会和职工活动场所、宿舍，另外构建食堂、成品库房、原料库房合计400平方米，合计投物、投资、投工折合人民币68万元人民币。

2. 新建钢结构手工基地，制作工坊与烧成车间为400平方米，每天可有8名学徒工同时进行实践，烧成车间3人实习设备模具齐全，合计投工投物投资32万元。2017年7月，引进投资商合作，筹建卧龙恒兴陶瓷生产有限公司，在山西赵俊峰金砂锅制造有限公司的旧址的基础上改建而成，改进日用陶瓷生产车间面积280平方米，场地300平方米，烧成车间260平方米，烧成窑炉一套，各种模具1000余件，酒瓶车间2000平方米场地已经硬化，钢架顶梁已经焊好，地泵一台已经安装完毕，球磨车间800平方米砖结构围墙已经建好，原材料拉回厂内1000余吨，项目保护计划在实施之中。

未来保护规划展望：

1. 在现有的纯手工艺技术工序流程基础上，公司全体职工轮流按照制作程序进行培训，巩固技术核心内容，并建立档案考核，根据考核结果给予年

终奖励和升职，使传承人有获得感和责任感。

2. 在工艺美术研究室设有研究新材料和新产品的小窑炉，另有加工原材料设备一套，各种原材料 20 余种，每月有专人研发。

3. 成功研发电砂锅，下一步研发酒瓶上彩釉的核心技术，加大宣传和文化遗产产品的优点特点，要给予研发保护工作人员一定的比例经济收入和提升空间，让他们各自发挥自己的独立思维，以良好的产品回报社会、造福人民。

4. 为了更好地传承发展壮大该遗产项目，基地与卧龙恒兴陶瓷生产有限公司约定在公司计算投产两年内构建 1000 平方米的展厅，一处 300 平方米的传承实验室，每年以 10% 的速度培养合格传承人。

5. 约定与梦然欣集团有限公司，通过电子公共服务平台、网络视频号，大力弘扬该项目的文化遗产价值，打造该遗产文化品牌，使产品规模化，上档次，逐步打造集展览、旅游、销售、生产、餐饮、住宿、采摘为一体的示范基地，为乡村振兴建设和文化传承做出更大的贡献。

参与卧龙恒兴和梦然欣集团公司的管理，引进两家企业的资金，为基地发展壮大提供强有力的资金保障和管理保障。

卧龙恒兴陶瓷有限公司已经投入 400 万元，正在修建 2000 平方米生产工坊和全自动 80 米长的烧成窑炉，800 平方米球模机房已经安装好，5 台球模机泥泵池已经建好，日用陶瓷厂工坊已经建好 800 平方米，还有一处 800 平方米未完工，紫色窑一套已建好，有模具 1000 余件，机电设备 38 件。梦然欣集团公司为了实现乡村振兴这个目标，积极响应党的号召，参加非遗和特色企业组建，3 个集团公司目的是相互探讨、学习，帮助支持，宣传推销，抱团取暖，引进资金按比例下发各公司，努力发展好各公司的特色产业，为社会做出更大的贡献。

武乡开花调

一、比兴寄情，源远流长

武乡县地处太行山腹地、山西省东南部、长治市北部，是全国红色旅游目的地之一。武乡是一个有着悠久历史和革命传统的老区，武乡开花调就是这里土生土长的原生态曲调。

开花调，顾名思义，主要是因唱词以“××开花”为起兴句，引出所要表达的情感命名的。更独特的是所谓“开花”，不仅是植物之“花”，而且各类物品均可“开花”，如“门搭搭开花扑来来，甚风刮张你来来”等。另一特征是起兴句与表意句完美结合，起兴句不仅起到起韵的作用，还要

与下句表意相关联，如“门搭搭响”是要开门的前兆，引出了情人来相会的澎湃激情。还有一特点是，歌词在对唱中，内容相互接续，与戏文一样延伸。这就是开花调的特色，现编现唱，

构思精巧，语词新颖，凸显了浓厚的地方色彩，为当地民众喜闻乐见。

武乡开花调起源于何时，无文献可考，相传唐宋时已有流传，成为与信天游、爬山调并行在黄土高原上的著名曲调，因起句以“×× 开花”作比兴而得名，以男女对唱为多，以表达情感为盛。《武乡县志》上有“男女乐作，阗阗不绝”的记载。据流传的开花调词，如“葵花开花顶顶黄，穷人们都向李闯王”，说明开花调在明末时已经非常成熟。武乡清末进士李华炳也有《集俗语》诗记载了开花调，可见在清末到民初，开花调更为兴盛。因传唱普遍，几乎村村有歌手，人人均可吟，歌词无固定，随心表实情。因无词曲结集流传，故而明清时期的原貌已经残存无几，主要传承群体亦难以考证。

二、挖掘整理，繁荣发展

从民国初年到抗日战争时期，是开花调发展的又一个飞跃时期，也是一个大变革的时期，发生了从原来的以情歌体到革命体大转变。特别是在抗日战争时期，群众利用开花调演唱形式，歌颂共产党、八路军，宣传抗日救国，每当有大型集会，会前都有拉歌环节，无论军民，各队推选名手，形成热烈竞赛的场面。

为了宣传发动群众积极参加抗日，歌手自发地以旧瓶装新酒的办法，编唱了许多宣传抗日的歌词，音乐人层出不穷，在洪水镇一带有著名的“四娥”，即魏三娥、石玉娥、李三娥、李春娥，还有梁彩花、李彩梅等音乐人，特别是杜五孩、韩俊宏等音乐人，开始做了一些记录，成为可考的较早的传唱音乐人。到 20 世纪六七十年代，又有以蟠龙镇为中心的演唱群体，如姚长旺、王先萍、安娥英等音乐人，无论从歌词还是曲调都有所创新和发展，使得开花调得以继承。到八九十年代，又有关菊平、段水英等音乐人得以继承。进

入21世纪后，由于广播电视特别是流行音乐大量的冲击，民歌传承受到一定影响。为传承这一非遗项目，王买军、董小玲等音乐人不遗余力，积极努力，把开花调搬上了舞台，起到极大的保护传承作用。

需要提及的是，自20世纪40年代起，韩俊宏等人就做了一些开花调的记录，80年代音乐工作者王仲祥又大范围地收集记录武乡民歌，收集到的开花调就有百首以上，代表曲目有《有了心事慢慢来》《你在圪梁俺在凹》《河儿石头井儿的水》《当不了英雄别登门》等。近年来，这种干唱（不配音像的"清唱"）民歌虽有原始的、粗犷的风味，但有人认为登不了大雅之堂，故而受到市场冲击，新一代音乐人王买军等，一方面积极深入山村走访老人，进行采风、调查，搜集整理第一手资料；另一方面积极把开花调引入到舞台演出、音乐市场中，在不失传承历史文化韵味的基础上，赋予其新的内涵，不仅唤起了人们的记忆，更使广大观众对此产生浓厚的兴趣，开花调又回归到人们的生活中，这可以说对武乡开花调的传承起到了极大的推动作用。

武乡开花调曲牌很多，在东部乡村广为流传，有不少曲牌流传到长治市襄垣县、沁县；晋中市榆社县、左权县、和顺县等地。流传到左权县的几种开花调被列入左权民歌，其余十几首开花曲牌，为武乡人久唱不衰，虽也有流传出境的，但仍被公认为是武乡正宗的开花调。

三、与时俱进，引吭高歌

武乡是著名的民歌之乡，武乡人民用歌声歌唱美好生活，开花情歌深植于这片民歌沃土中，开花调以其独特的艺术魅力，在当地及周边县广为流传。

特别是在抗日战争时期，开花调在发动群众、动员参军、号召民众参军参战的过程中起到了极其重要的作用，如“荞麦开花棱搭棱，当不了英雄别登门”，在根据地广泛传唱，使许多优秀青年在前线争当杀敌英雄，以优异的成绩回报心爱的姑娘，回报村里的乡亲。传统民歌体现了极其重要的社会价值，在当代仍然有着重要的传承价值。

中华人民共和国成立后，人民群众当家做主，过上了幸福生活，更是欢欣鼓舞，放声歌唱党，歌唱社会主义。武乡开花调发展到鼎盛时期，到改革开放乃至新世纪新时代的今天，由于文化艺术的繁荣，艺术工作者把武乡开花调搬上了舞台，推上了影视屏幕。作为武乡劳动人民集体智慧创作的艺术结晶，开花调从山庄窝铺唱到省城，2005 年到首都保利剧院为中央首长和北京人民演出，得到很高的评价和赞誉。

四、保护使命，任重道远

但我们也应清醒地看到，武乡开花调现在在群众中流行传唱的人数很少，原来几首曲调优美、旋律婉转的开花调能够唱出原汁原味的人更少，为数不多的歌手也将步入老年行列，武乡开花调如果不加以抢救保护，将会濒临尴尬的边缘化境地。当前，文化生态的改变和其他艺术形式的浸润，使开花调面临着异化和同质化的严峻问题。为破解这一难题，更好地传承、保护和发展国家级非物质文化遗产，武乡县委、县政府提出深度挖掘非物质文化遗产的区域特色和时代价值，结合山西省国家标准化综合改革试点工作要求，大胆尝试，实现非物质文化遗产区域性整体保护。

开花调列入市级非物质文化遗产代表性项目名录后，武乡县文化馆为更好地保护和传承该遗产采取了如下保护措施：

1. 为保护开花调这一传统音乐形式，武乡县文化馆专门对该项目的唱腔进行录像拍摄，并整理曲谱资料，入档保存。

2. 在文化馆内成立武乡开花调研发小组，重点对开花调的传统唱腔进行保护，使这一音乐技艺继续传承与发展。

3. 保护武乡开花调的传统唱腔，抢救和整理相关唱腔资料。

4. 保护传承人，培养一批传承人，让传承人经常参加省、市级的比赛，以此扩大武乡开花调的知名度，扩大群众基础，实现有序传承。

非物质文化遗产市级项目

武乡形意拳

一、武乡形意拳的授拳渊源

武乡形意拳以五行拳、十二形拳为主要表现形式，包括劈、崩、钻、炮、横五拳，龙、虎、猴、马、鸡、鹰、熊、燕、鹞、蛇、骀、鼍十二形拳。有单练套路进退连环拳、进退四把拳、进退五形拳、综合形意拳等；对练套路主要有五花炮、十捶、十二捶、打手、六手、推船、缠手等。器械单练主要有单刀、双刀、罗家枪、单棍、鞭杆、春秋大刀等；器械对练主要有对棍、对枪、三节棍对枪、鞭杆截枪、小梢截棍、四门梢则等。

武乡形意拳的流传范围，主要分布在武乡县中部，辐射到武乡县东西部，影响到榆社县境内。

历来传拳学艺，师承有自。在武乡，老一辈形意拳师傅为了强健体魄，防身御敌，很早就已经习练形意拳。清末民初，河北人倪水孩，把河北形意拳传入武乡，其再传弟子刘生林后又跟随形意拳大师李太和的弟子王有祥继续学习形意拳，又跟平遥通臂拳名家李恭学习通臂拳，从而把形意拳的贴身短打和通臂拳

的放长及远有机结合，融为一体，自成一脉，形成了具有独特风格的武乡形意拳。20世纪六七十年代武乡形意拳得到空前发展，习练形意拳的村庄达到40多个。

随着老一代拳师的相继过世，武乡形意拳现已濒临失传。面对这种青黄不接的困境，2007年在武乡形意拳第四代传人王应中师傅的大力倡导下，武乡县成立了形意拳协会，会员达到150多人，武乡形意拳得以继续传承和发展。

长期以来，武乡形意拳的师徒授拳以口传身教为主，现在各种徒手单练和对练套路、器械单练和对练套路已制作成光盘。

武乡形意拳的传承如下：

第一代：倪水孩

第二代：董林书

第三代：刘生林、赵福忠、胡会保、董文斌、王采林、董琴书、董瑞书

第四代：李彦成、刘锁珍、崔保锁、曹付堂、赵九先、王应中、赵留俊陈三小、董俊宏

第五代：刘奋林、姜亚文、王　峰、赵玉祥、周鹏飞、李生平、李爱国李红京、李占文、杨俊先、张新照、韩小牛、段青宏、王玉青李树峰

仍健在的老拳师简介：

王应中，男，61岁，武乡形意拳第四代传人，11岁开始学习形意拳，精通形意拳、长拳、通臂拳。

赵留俊，男，61岁，武乡形意拳第四代传人，10岁开始学习形意拳，精通形意拳、八卦掌、太极拳。

二、武乡形意拳“非遗”的保存、传习与弘扬

武乡形意拳继承了心意拳、形意拳的传统精髓，又与通臂拳的技艺融会贯通，把形意拳的贴身短打与通臂拳的放长及远有机结合，起势蹲猴式出手三

体势，融入通臂拳的七拳八膀技法，从而脱胎于心意拳、形意拳而自成一脉。

武乡形意拳是以五行学说为理论基础，它与中医的脏腑学说相统一，具有坚实的中医养生理论依据，具有强身健体、修身养性、祛病延年之功效，富于实战技击效果。它独特的健身方法融合中国传统医学、气功学、宗教学、人体科学、武术文化，具有重要的历史价值、文化价值及极高的研究价值。

长期以来，由于老拳师缺少文化知识，传承只能靠口传身教，不能用文字等形式准确记载。2008 年，成立了武乡县形意拳协会，对濒临失传的武乡形意拳进行抢救性挖掘整理，专门聘请武乡形意拳第四代传人王应中担任协会副主席，负责武乡形意拳的研究和教学。把武乡形意拳的徒手单练对练、器械单练对练等套路进行了录音摄影、文字记载。招收一批新学员教学，制定各套路动作标准，培养一批教练员，参加各地举办的各类武术比赛，在本县各中小学校进行形意拳教学，培养一批新的传承人，使这一扎根于太行山区的武术奇葩得以更好地传承与发展。

2009 年，县财政预算列支 1 万元、社会捐助 4 万余元、会员交纳会费 1 万余元，共计 6 万余元，作为研发经费，用于武乡形意拳中五行拳、十二形拳、进退连环拳、五花拳、打手、六手等各个传统套路的保护。形意拳，这一扎根于太行山区的武术奇葩将会得以更好地传承与发展，未来武乡大众体育健身传习的愿景将会更加光明。

石勒故事

一、武乡石勒故事的流传地的渊源脉络

石勒（274—333），字世龙，初名㔨背，小字匐勒，上党武乡（现武乡县故县乡东河沟村）人，羯族。后赵建立者，是我国历史上具有重大影响的人物。他由一位出身赤贫的奴隶，通过一系列艰苦卓绝的奋斗，最终登上了皇帝宝座，在北方建立了疆域广阔的后赵王国，成为我国历史上唯一“由奴隶到皇帝”的传奇英雄。石勒发轫于第一次反东海王起义时，追随牧帅汲桑投靠公师籓。后投靠汉赵刘渊。石勒在汉人张宾辅助下以襄国（今河北邢台）为根据地，先后灭了王浚、邵续曹嶷等西晋在北方的势力。前赵平阳政变后正式与刘曜决裂，319 年十一月称赵王，都襄国。329 年吞并关中取上邽，灭前赵。北征代国，使后赵成为当时北方最强的国家。石勒称帝的经历和治国措施，对封建统治阶级的帝王特别是少数民族建立的王朝产生过不小的影响。

后赵皇帝石勒，作为一位有军事统帅能力和政治远见卓识的少数民族政治家，没有上过学，但懂政治，有头脑，知道老百姓的疾苦。他使中国北方从战乱中得到统一，改革法制，整顿赋税，对人民是有好处的。他懂得从历史中吸取知识，不识字就叫人读《史记》《汉书》给他听。他还重视读书人，兴办学校。

石勒的崛起，距今约 1700 年，他是我国历史上唯一从奴隶走上皇帝宝

座的历史风云人物，历尽千辛万苦，借典午之衰，聚十八骑纵横天下，经过数十年艰苦卓绝的拼搏，终于取得了中国北方大部分疆域，建立了后赵国。其功业表现在：①军事与政治上的重要创举；②“文治”方面的历史贡献，制定了《辛亥制度》五千文，颁布了我国历史上的少数民族政权第一部成文法典，重视经济建设，迅速提高了综合国力，使后赵成为十六国中最为强大的国度；③重视教育，兴办学校，关注人才培养，尊重知识，尊重人才，重视文化建设，发展文化事业，设置和安排了一系列文化管理机构和官员，文化事业的长足发展，推动了科技进步，使后赵时期的发明创造成为当时的世界之最；④崇信佛教，提倡佛教，使佛教在中国北方广泛传播。

石勒故事具有较高的艺术价值和研究价值。挖掘、收集、整理“石勒故事”对丰富群众生活、提高人民素质、构建和谐社会、建设精神文明都将产生重要的推动作用。“石勒故事”是武乡县特有的地域文化，对延续和传承传统民族文化具有重要的历史价值，对地方的经济发展与文化品味的提升，具有积极意义和重要作用。同时，为我们重新认识 2~6 世纪的民族迁移、东西文化交流打开一扇窗户。

二、武乡石勒故事“非遗”的抢救保护

石勒兵寨距今 1700 年（面积 6.5 万平方米），石勒城距今 1521 年（面积 13.5 万平方米），上塞下城共 20 万平方米。石勒时期的地下暗道、地洞四通八达，十六国时期的石头城址在全国来说也是少见的。

据考，石勒起兵遗存地的残迹在武乡县域分布的区域有武乡县故县乡北原山、东河沟村，监漳镇的马池沟，涌泉乡寨上、黑营、牧羊山及丰州镇马牧、王路、书社及周边县区的一些村庄。

石勒在武乡的遗迹，是石勒故事的重要依据。关于后赵石勒的文献记载有《魏书》《晋书》《隋书》《旧唐书》《中国人民大辞典》、民国版《山西通志》清光绪版《潞安府志》《和顺县志》《榆社县志》《武乡县志》等。媒体报道：山西电视台《善待文化遗址》、武乡石勒传奇《寻访山西文化名村》，黄河电视台《千年遗训秘密》进行了专题拍摄报道。中央电视台《探索·发现》

栏目纪录片《暗道疑云》已拍摄播出。

“石勒故事”流传距今约1700年，斗转星移，朝代更迭，石勒故事能流传至今，实属不易。当今多元文化艺术的冲击，使这一优秀文化遗产传承目前仍面临诸多危机。熟悉“石勒故事”的人越来越少，多数老艺人已故，剩下的也年事已高，力不从心，后继乏人。

当代有关石勒著述的代表人物：

李东光：著有石勒的历史专著；

马生旺：编撰《石勒：武乡千古一帝》；

李驰骋：著有石勒长篇演义小说及电视连续剧剧本。

在保护措施方面，由当地政府主管部门牵头，申请在县文化馆成立“石勒文化研究组”，负责石勒文化的挖掘整理和研究及有关石勒资料的入库保存。立项修建石勒寨；立项恢复、修建石勒时期的地下暗道以及与石勒相关的古迹并定期召开石勒文化研讨会。

文社火

在武乡一带，清晚期即将其中的一种表演唱形式，定名为“文社火”。文社火作为最古老的风俗，是古时候大型祭拜活动中祭祀、巫术、傩仪、百戏、乐舞、参军戏、民间杂耍等各个形式的统称。

这种表演一般只在每年的几个庙会、请神、祭拜活动中出现。演员一般均为十几岁的孩子，人数根据表演的故事确定，演员着戏装，手舞扇子；主要伴奏乐器为笛子，还有二把、二胡、板胡，以及锣、鼓、铙等。主要代表剧目有《摘花椒》《打樱桃》《小拜年》《盼丈夫》《石采花》《小采花》《放风筝》《打秋千》《卖菜》《铲菜》《游花园》《回婆家》《怀孩子》《秦雪梅吊孝》等。

抗日战争时期，也曾以旧瓶装新酒的形式，编写了一些新词，进行宣传演唱，有《大生产》《秀英告状》《送郎参军》《反对买卖婚姻》《打关家垴》《慰问八路军》等。这些曲目主是要配合当时的形势，后来基本失传。

花 杠

一、武乡花杠的历史探源

“花杠”，也叫“黄杠”，是武乡县广泛流传的一种具有地方特色的民俗活动，源起自古代朝臣或藩王给皇帝进贡的贡品“皇纲”。在明中期，人们在祈雨、贺岁等祭拜活动中开始利用这种形式抬祭品，后来成为当地民间祭拜活动的主要娱乐形式之一。其名称由“皇纲”演变为“黄杠”，后因抬杆用花布缠绕，又演变为“花杠”。

花杠由二人抬着行走，杠子用细木棍外缠花布，所抬杠箱亦用花布扎起，中插巨大的鸡毛掸子，四角竖挑弓，各挑一朵彩花。抬杠人一般身着轿夫戏装。一般表演是四驾或八驾花杠为一组，外加压“杠”大臣。

花杠没有任何乐器伴奏，抬杠舞动时，杠箱上下颤动，使杠箱上的铁环、响铃发出声响，节拍明显，别有情趣。抬杠者相互配合，步伐一致，花样可以随意翻新，动作粗犷质朴，具有很高的观赏价值。主要活动在蟠龙镇石门村。该村 1972 年曾出土石磨盘，证明该地 7800 年前就有人类居住。由于地处偏僻，一直延续着古老的民间习俗，特别是正月十五请神会、四月初一古庙会、九月九“秋报”会，一直保持着古老的祭拜形式和活动，“文化大革命”中停顿十余年，现在基本又恢复起来。目前，武乡还有不少村庄有这样的活动，特别是石门村，男女青年多会抬花杠。

花杠的压杠人是统领，装扮为七品县官模样，手持芭蕉扇，倒骑毛驴，喝令开道。抬杠人杠不过肩露头，二人做同向、相向、相背而抬的表演，高至头顶，低至臀尖，都是杠子的活动范围，基本的动作有“一步三点头”“鱼鹰凫水”“摇三摆”等，更多的是两人相互配合的自由运动，杠子在舞者的头、肩、背、臀等部位不断滑动，配以站立、卧、蹲、躺等翻腾动作。

抬花杠表演动作自如而夸张，粗犷而质朴，有浓郁的地方特色，杠抬花既是一种民俗活动，也有着独特的舞蹈动作，技巧性、观赏性独树一帜。

二、武乡花杠的传承与保护

第一代：郝德安，具体情况不详。

第二代：郝二帮。

郝二帮，武乡县蟠龙镇石门村人，初中文化，从事此类活动已三十多年，多次参加县级、市级等大型活动。

由于抬花杠不能作为民众赖以生存的手段，这项技艺渐渐被人轻视，传承艺人年龄老化，出现了绝技无法传承的局面。

武乡县文化馆身负保护非物质文化遗产的重任，专门对该项目进行录像拍摄，并整理成文字资料，入档保存。目前，石门村坚持将传统古庙会延续下来，并积极筹资，组织人力物力，精心排演，抢救和整理相关资料，从而保护该村古老花杠民俗的传承。

武乡纺绳技艺

纺绳是武乡民间传统技艺，其流程是：首先选好麻皮，然后用一纺车纺绳。纺车，用木料制作，圆形，中间有一把柄，右手旋转纺车，左手系麻皮，随着右手转动，麻皮逐渐拧紧成条状，然后根据所需粗细，粗绳需要 8~12 股绳批，小绳则需 4~6 根绳批。纺绳季节一般在农历 7 至 8 月，因这个季节潮湿，麻皮不会因干燥而拉断，最粗的绳可纺至核桃粗，最细有豌豆粗，所以称为“豌豆绳”。

武乡纺绳技艺已有两三百年历史，主要是在西乡的故城、涌泉及东乡的录村，纺绳匠甚多。

武乡庙堂音乐

一、武乡庙堂音乐的探源

武乡县历史久远，山川秀丽，人杰地灵，历史上出现过诸多良将和文人学士。历朝历代修建在这片土地上的寺院、道观数不胜数，最出名的离相寺、大云寺、真如寺，当年僧侣云集，佛教庙堂音乐便逐渐兴起，并得到较大范围的发展，成为武乡民间宝贵的文化遗产之一。

庙堂音乐是寺院内和尚诵经拜佛时吹奏的乐曲，也称为“法曲”。

武乡庙堂音乐属五台山体系，始于东汉时期（公元495年），其曲调古老优雅、悦耳动听，僧侣所用乐器一般有管子、笛、云锣、鼓、木鱼、手鼓、大钹等，曲目丰富，体裁广泛，形式多样，风格独特。吹奏起来华丽优雅之声入耳动听，给人一种优美流畅、引人入胜的感觉，尤其是加上身穿佛衣的乐工绘声绘色的演奏与烧香时香烟缭绕，真如身临仙境一般。武乡庙堂音乐是武乡民间音乐宝贵的遗产之一。据旧县志考证，武乡的离相寺建于东汉时期。东晋时西竺高僧佛图澄从洛阳入太行山，曾云游到此设坛讲经。后来高僧法显从印度取经返回，带回天竺的经文和法曲，在此圆寂，留下包骨法相舍利真身。法显带回的法曲，先由离相寺僧人演习，成熟后传播于武乡、襄垣等附近十几县，庙堂音乐得到发展。

一千年来，武乡庙堂音乐经历了一个不断吸收、改革和发展的漫长过程，逐渐使庙堂音乐向社会延伸，除敬佛、坐禅、念经和传教外，地方上的绅士、富豪办丧事也要请和尚念经吹奏法曲，给僧人一定的吹奏报酬。所以，庙堂音乐和民间其他音乐更为广泛地交流，吸收民间音乐精华，充实与丰富了庙堂音乐。分布区域为武乡、襄垣、沁县、屯留、长子、黎城、榆社等县区。

庙堂音乐由“瑜伽焰口”“禅门日诵”“吹腔之部”“三昼夜本”“散曲”五部分组成。“瑜伽焰口”用于“做佛会”“超度之灵”，是一种朗诵、咏唱和表演相结合的仪规形式。“禅门日诵”是僧侣念诵佛经的仪规。“吹腔之部”是纯器乐，是庙堂做大课用的典仪。“三昼夜本”“散曲”是专门为民间做法事用的曲牌。

庙堂音乐的器材有：

云锣：又名十样锦，六面小铜锣用皮绳挂在长方形铁架上，下面镶一木把子。六面小铜锣分别定音为小工调的“上、尺、工、六、五、乙”，即简谱中口调的“1、2、3、5、6、7”六个音，它是佛教音乐的打击乐器。

手鼓：一尺长木把镶插在一面小鼓腔中，演奏者一手提鼓，另一只手击打，是佛教音乐的指挥乐器。

铙：是佛教音乐打击乐器，它的形状是中间有一突起的圆球，击打时用手握住圆球。一般由吹管的演员负责演奏。

钹：同铙，在庙堂音乐中起着主导作用，它的形状与小草帽相似，响铜制成，与铙相伴分击演奏。

管：是庙堂音乐的主奏乐器，它由哨子、杆子两部分组成。杆用铜或锡制成，长 17 厘米，杆上有八个音孔，前七后一，也有前六后一的七音孔管。管发音高，明亮清脆，尖细，透明，捎带鼻音，最适宜演奏典雅哀伤的乐曲。

笙：是庙堂佛教音乐的重要伴奏乐器之一，演奏时至少要两人以上。

笛：也叫横笛，音色高昂嘹亮。

庙堂音乐，乐队编制自成体系，以管、笙、笛等吹奏乐器演奏曲目，配以打击乐，铙、钹、手鼓、云锣、木鱼，吹奏起来华丽优雅，入耳动听，给人一种优美流畅、引人入胜的感觉，使人如身临仙境，是民间音乐的瑰宝。

“法曲”因用于佛教法会而得名，含有西域各族音乐的元素，传至中原地区后与汉族的清商乐相结合，形成了以清商乐为主的“法乐”。唐代，法曲又掺杂道曲而发展至极盛。当代，法曲已不多见，能演奏庙堂音乐的乐队更为少见。因此，保护法乐显得极为重要。

二、武乡庙堂音乐的传承与保护

目前庙堂音乐基本失传。据考，精通庙堂音乐的比较有代表性的人物有：

第一代：刘怀云、胡水云。

第二代：张碾留、李金兆。

第三代：张拴卫、张如飞、五如珍。

李金兆，男，1942 年生，武乡县下型塘村人，1959 年参加县秧歌剧团，先后在乐队演奏笛子、唢呐、二胡、扬琴等乐器，20 世纪 60 年代中期，开始音乐创作，曾为《嫁妻》《忠义缘》等 50 多个剧目设计音乐唱腔，获市级音乐创作奖，参与《襄武秧歌戏曲音乐集成》编撰工作。他对武乡秧歌改革发展做出了突出贡献，1984 年调入武乡县文化艺术学校担任校长，为武乡培养了大批乐队演奏员。近年来，他收集整理了《武乡民间音乐》并印刷成书，给后世留下了宝贵的精神财富。尤其是在挖掘收集庙堂音乐方面费尽周折，他寻找艺人，记录曲谱并反复校对，收集整理了十几套庙堂音乐。

庙堂音乐现已无专门乐队演奏，现健在的吹管子把式为数不多，所掌握的法曲腔调很少，只有少数几位专门研究民间音乐的音乐工作者，挖掘整理了一部分曲目，如不组织专门乐队排练演奏，庙堂音乐仍然处于灭绝边缘，急需拯救保护。

面对此种困境，已上报当地政府主管部门，申请在县文化馆成立庙堂音乐研究会，负责法曲的挖掘整理和研究，培训演奏人员，使其传承发展。为使庙堂音乐得到及时保护，主要保护其曲目不致失传，传承后继有人，现已使庙堂音乐和曲目资料入库进档，以数字化方式保存，并认定若干庙堂音乐传承人，组织专门乐队，使之全面系统地传承下去；成立了基金会，为庙堂音乐传承募集资金。

高台技艺

一、武乡高台的历史探源

高台，是流行于武乡县东部一带的民间文艺活动形式之一，是民间社火的一种，也是抬阁的一种。最早来源于古代的祭祀活动，由人装扮成神，先在庙内或街道表演。为便于人群观看，渐渐将表演搬到桌子上，人们抬着移动，这样形成了“高台”。高台已有二三百年的历史，具有深厚的群众基础和广泛的影响，它是当地民间最具有代表性的文艺形式之一，其制作手段，特别是掌握平衡，有着独特的技巧。

武乡蟠龙镇石门高台技艺，早在明朝末年已经形成。每逢庙会、祭神之时，村里就扎起高台。随着进化和演变，高台上的演员从大人演变为小孩，也从初始的表演改变为基本不表演，而主要展示的是扎高台的技艺，每年旧

历正月十五演出，是农村群众喜闻乐见的文艺形式之一。原来是有 32 人抬着行走，中间是一层木板，上面扎一竖三角状的背景，背景上根据所扎的故事彩画装饰。靠着背景的就是故事人物，少则 5 人，多则 12 人。一般分三层，最高一层一人，呈“枣山”状布置。主要扎的故事有“孙悟空三打白骨精”“五鼠闹东京”“薛仁贵征东”“樊梨花倒坐锁阳城”“十二寡妇征西”“三请诸葛亮”等。为了取得高台平衡，在木板下面还要加两扇磨盘。以前每年四月初一庙会都要扎高台，“文化大革命”时期中断了，直至 20 世纪初，石门高台技艺又恢复起来。并改为由平车推行。

二、武乡高台的传承保护

高台最能展示太行山地域文化魅力，是晋东南大地上一朵民间艺术奇葩，有着重要的传承和研究价值。由于“文化大革命”的影响，许多村庄的这种民间活动停止后就再也没有恢复起来，以至失传，从 2002 年起石门村根据一些老人的回忆，将此继承下来，抢救了一项非物质文化遗产。

石门高台技艺的传人：第一代郝晋芳，第二代卫西江，第三代卫爱国。卫爱国是武乡县蟠龙镇石门村人，初中文化，从事该项目已二三十年，多次参加县、市级各类大型活动。

武乡县文化馆身负保护非物质文化遗产的重任，专门对该项目进行录像拍摄，并整理成文字资料，入档保存。近些年来，石门村坚持将传统古庙会延续下来，并积极筹资，组织人力物力，把该项民间文艺活动传承下来。石门村村民不仅主动投入上千个劳动力进行制作，村里还累计花费数万元，购置各种戏装、彩画以及原材料，保护传统特色，抢救和整理相关资料。尤其在保护传承人、培养传承人、挖掘历史文化内涵等方面做了大量工作。

武乡灌肠

武乡灌肠是在武乡特殊地域条件下产生的反映当地民间文化习俗的美食。其呈圆形，分两层，食用时用刀划成条状或方块，加蒜、醋、辣椒等作料。

武乡灌肠制作传承已延续两三百年，中间也有演变改进过程，传至近代，东西乡大同小异，主要区别在于用小瓷碗作为模型，出笼后成碗状。其传承形式基本是母传女、婆传媳，邻居之间互教互学。主要分布在武乡县故城、城关、洪水、韩北、监漳等地，食材最初是用荞面、盐、水搅成糊状，倒入碟内上锅蒸，晾干后，用刀划成条状或方块食用。

近些年来，由于土壤板结，土质发生变化，生产出的荞麦发硬，没有筋性，口感不好，且吃下去难以消化。有鉴于此，制作灌肠工艺及配料也在与时俱进，掺进了少量白面。经过多次试验，荞面和白面的比例为 7：3，这样配料制作的灌肠口感好，不易碎，并且对糖尿病患者等有益。近年来，在

武乡县及周边各县的饭店餐桌都有以武乡灌肠为主的冷拼盘供消费者食用，灌肠还作为食用佳品在佳节时馈赠亲朋好友。

武乡灌肠反映了武乡当地百姓的聪明才智和勤劳俭朴的生活态度。

武乡灌肠属手工式生产性质，难以大量机械化生产，其发展局限于相对狭小的区域。随着市场经济的冲击，所以该项目生产逐年呈下降趋势，面临失传的可能。

武乡县文化馆身负保护非物质文化遗产的重任，为保护这一传统手工技艺，专门对该项目的工艺流程进行录像拍摄，并整理成文字资料，入档保存。在馆内成立“武乡灌肠”研发小组，抢救和整理相关工艺绝技资料，重点是对“武乡灌肠”的传统手工技艺特色进行保护，培养传承人，挖掘其历史文化内涵，使这一美食技艺在新的历史条件下，继续传承与健康发展。

武乡干面饼子制作

一、武乡干面饼子的历史渊源

西汉置涅县，西晋称武乡，武乡县历史悠远，留下了很多人文景观和名吃名点。武乡干面饼子就是由这片土地上的劳动人民创制而成的。

两三百年前的清代，武乡境内的老百姓，在传统发酵面打烧饼的启示下，试用干面制作饼子，效果很好，比烧饼优点甚多，所以该制作工艺一直流传至今。

武乡干面饼子是晋东南武乡县特殊地域条件下产生的反映武乡县民间文化习俗的特产。其呈圆形饼状，两层，中间夹一层舌头状的调料，口感酥脆。分布区域包括武乡县、襄垣、沁县、榆社等附近的地方。

抗日战争时期，武乡干面饼子成为驻扎在武乡的八路军行军打仗的必备食品，中华人民共和国成立后又成为住校学生和出外做工者的自带干粮和补充食物，也是百姓之间走亲戚看朋友的馈赠食物。

武乡干面饼子的主要原料是白面、盐、花椒，制作时把白面用温水和匀后用擀杖擀成饼状，然后把盐和花椒搅成糊调和挶入饼心再擀成饼状，摊在铁铛上烘干 4~5 分钟，再放入炉内烘烤 3~4 分钟即可取出，趁热食用味道更好。近年来，在饼子双层内夹上肉或柿子更是别有风味。

武乡干面饼子属手工制作，所用器具简易，和面工具瓷盆，烘烤用铁鏊、

铁钩，火炉用焦炭或无烟焦炭。

武乡干面饼子主要特征口感酥脆，浓香可口，久吃不厌，外出携带方便，便于做干粮充饥，外出可储存一星期不变质，风味独特，反映了武乡人民的聪明才智和勤劳俭朴的生活态度，是乡土文化传承的结晶。

二、武乡干面饼子的传承与保护

武乡干面饼子制作已有二三百年，中间也有演变改进过程，早年不添加盐、花椒，随着时代的进步，人们生活水平的提高，加入了许多调味和元素，使干面饼子更加色彩丰富，美味可口。

据调查，常年临街打制饼子的优秀技艺人有：

郭爱军，男，1972 年出生，汉族，高中，丰州镇城关村人，从小跟父亲、哥哥学习制作干面饼子，在制作过程中，积极探索，不断改进创新，使干面饼子这一地方名吃又增加了许多新的元素，深受消费者好评。

武乡干面饼子传统技艺属于手工式临街坊间小生产性质，难以大量机械化生产，其发展局限于相对狭小区域，经济收入十分微薄，所以该项目很难做强做大。

武乡县文化馆筹资 1.5 万元，用于对“武乡干面饼子”手工技艺录像存档、整理文字资料、研发组办公经费和建设干面饼子制作的规模性基地，保护“武乡干面饼子”的传统手工技艺特色，抢救和整理相关工艺资料，保护传承人，培养新的传承人，挖掘干面饼子的历史文化内涵。

武乡“五香醋”

一、武乡“五香醋”渊源追溯

武乡“五香醋”产地在监漳镇监漳村。这里地处太行山西麓起伏不大的丘陵地带，气候温和，四季分明，土壤肥沃。这里的人民勤劳俭朴，当地山披绿、沟有水，日照长，昼夜温差大，是优质五谷杂粮的种植区，更是优质微生物的栖息地，特别适合高档酿造产品的生产制造。

“五香醋”是当地的民间特产之一，相传历史有1500多年之久。因其祖传密方配方独特，所以味鲜美、风格别致，又因历史悠久，尤其受外乡人的厚爱和赞赏，在无以计数的百姓口传心授下，500多年前借文字的谐音而得美名曰“五香醋”。

“五香醋”古法酿造工艺历经1500多年的演变，不幸的是祖传遗物在“文化大革命”中被毁，但残存遗物及相关歌诀内容幸而仍然完好保留下来：“三月春艳阳，采氧最吉祥。三桃花盖曲，天护地持壮。三七酉发酵，打七封七装。三日火中火，色增神功强。三九冬捞，三伏夏晒，一百零八日阳修，三百之十夜阳养。静观紫黛隐黄红，扑鼻清酸透浓香。人间餐饮味仰止，美容祛邪添福康。”

“五香醋”的传承工艺相当隐秘，古有传男不传女之说，是随一年四季温湿变化的古法酿醋真传，最为讲究的制艺就是完全不依靠添加任何外来之物，就能够制造出多种多样的风味食醋。

斗转星移，“五香醋”的生产也经历了沧桑巨变。古法生产使用陶缸、铁锅，现在采取锅炉供热，蒸料锅蒸料，灭菌器灭菌，全自动负压灌装机进行灌装和包装等。1991 年，该技术又一次在武乡县城亮相，当即引起极大的轰动效应。

“五香醋”除了本身是种风味独特的调味品之外，还具备许多药用功能。如良好的气味可使人深呼吸，能增进人的肺活量，对预防感冒、杀菌、净化空气大有效用。

二、武乡“五香醋”“非遗”的继承保护工作

据考，“五香醋”已历传人大致为：第一代张富官，第二代张金印，第三代张书文。

目前传人系张书文，男，汉族，出生于 1949 年 3 月 8 日，系武乡县监漳镇监漳村人，高中文化程度，后来完全从业食品酿造，现在从事生物酿造工程研究和推广工作。

“五香醋”在武乡县曾经一度由武乡县海鹰调味品实业有限公司生产，后来企业名称变更为山西桃花春小米醋业有限公司。

“五香醋”传统技艺至今成为当地非遗产品，受到政府保护，得到进一步继承及发扬光大：①保护“武乡五香醋”的传统酿造技艺特色，抢救和整理相关工艺绝技资料；②保护传承人，培养一批新的传承人；③挖掘其历史文化内涵和经济价值；④成立“99 红”生物发酵研究所；⑤购进化验检验设备；⑥购进电脑、打印机、刻花机，用图文并茂（剪纸艺术）的形式向社会广泛宣传传统非物质文化遗产。

武乡跑腿秧歌

武乡跑腿秧歌，也叫地圪圈秧歌，是流行于武乡久唱不衰的一种原生态民歌。2016 年申报获准为市级非物质文化遗产项目。

一、跑腿秧歌的起源及形成

据传，武乡跑腿秧歌起源于唐朝贞观年间。开始是一些牧羊人、老农在荒山、野地随心所欲，自由吟唱。这种演唱形式在落后荒凉的旧时代流行了好几千年。直到清代，跑腿秧歌才开始在武乡县的东西部山区走进村庄，走进院户，走进临时演出场合，开始有锣鼓伴奏，有了较为完整的表演形式。据洪水镇泉河村老人郝天如回忆，在清代中期，从忻州地区过来武乡东部山区的一位放牧人，嗓子好，善编一些顺口溜，在高山牧坡放羊时随编随唱，自由发挥，常用当地人吟唱的跑腿秧歌调，唱出许多赞颂当地人情风俗、男女爱情的跑腿秧歌小段。村里的人们听说牧羊人唱得好，就跟着他唱，和他交流探讨，并在过春节、元宵节时请他回村里演唱，和他对唱。后来人们在农闲和节日演唱时，为了给演唱者有喘息、思考的空间，有人便敲打起锣鼓相佐，随之便形成了正式的跑腿秧歌。这样口口相传，村村相传，逐步向全县及周边地区延伸扩展。参与人数不断增多，演唱韵调不断扩展，各地选手演唱时又融入当地不同的生活习俗，便发展成不同风格流派的跑腿秧歌表演形式。

二、跑腿秧歌表演的形式和内容

跑腿秧歌是一种无须编排、无须音乐伴奏、无须着装、无须舞台、无须做任何准备的干板演唱形式。这种表演形式简单，板腔灵活，锣鼓相佐，即兴演唱。大多是在农村的野场、村头、院落进行。表演时圈内有一个或数个秧歌手演唱，四五个人敲打锣鼓相佐，观众围圈观看。在东部地区，演唱者手拿一只铁响环，当锣鼓响起后，演唱者举手摇动响环，表示秧歌内容已经想好，伴奏锣鼓随即停下，演唱者先唱前两句。前两句唱罢，锣鼓做间隔性伴奏，随即演唱者接唱后两句，就此，一首秧歌就算完成。在西部地区，演唱者不仅要手拿一只响环，还要手拿一面形如小旗一样的“高乐牌”道具。在演唱完第二和第三句时都要有锣鼓做间隔性伴奏。在中部地区、县城周围，跑腿秧歌往往是伴随着扭秧歌的形式出现。在南部地区，跑腿秧歌还常伴随着拉故事的形式出现，但演唱者不扭、扭秧歌者不唱，整个形式是舞而不唱、唱而不舞。各个地方演唱的韵调虽然不同，但句式均为四句头顺口溜，韵律为四句全押韵或第三句岔开，每句一般为七字或十字。演唱时由演唱者触景生情，随心所欲，现编现唱。以快速、通俗、幽默、风趣、鲜活、形象为好，所用曲调因人因地而异。由于演唱的内容是演唱者触景生情，随意唱出，所以，涉及的范围非常广泛。大到歌唱形势、政策、地理、生态，小到涉及风俗、民情、家庭、生活；前要追溯到悠久历史、名人、名言，后要展望社会发展的前程、远景、未来。丰富的生活实践使歌手口中的唱词五彩斑斓，极具观赏价值。

跑腿秧歌的表演一般在春节、元宵节走街、串户，或在庙会中进行。秧歌的特点主要是表达一种赞美、颂扬、祝福之意，有时也把一些历史故事，通过整合、编排演绎出来，逗人取乐。然而更多的是反映当地民情、风俗、爱情、生活方面的内容。跑腿秧歌最耐人寻味的是演唱内容的生活化、乡土化和形象化。演唱者通过广泛地收集生活素材，准确地把握地方的人情、风俗，人物的身体特征、肖像特点以及自然现象、社会舆论等方面的内容，声情并茂地进行贬褒、颂扬、嘲讽，形成独特的表演风格，产生异样的表演效果。跑腿秧歌的表演，一般是由两人对唱，三人二对一，四人联唱，每人唱一句，形成一首完整的秧歌。有时还可以由多人抢唱，围绕一个主题、对象，形成措辞幽默、针锋相对的挑逗、对唱，更以增强表演的效果，营造欢乐的气氛，感染和吸引观众。跑腿秧歌的表演虽然形式单调，却演唱自由、随意、创新、多变，充满了欢乐、热情、搞笑的气氛，体现了豪迈、强悍、淳朴的民风，自然真切地表现了山区劳动人民的情感和愿望。

三、跑腿秧歌的流行和发展

由于交通设施的限制和影响，中华人民共和国成立之前，跑腿秧歌一般都局限于农村山庄及周边几华里的范围。从中华人民共和国成立初期到“文化大革命”前，跑腿秧歌已经在武乡县的洪水、故城、涌泉、分南、城关、上司、韩北、监漳、贾豁一带广泛流行，也涌现出一大批跑腿秧歌名家，但各地的秧歌表演艺术一直得不到广泛交流，各地演唱选手互不相识，画地为牢，封闭保守，自得其乐。演唱时间主要集中在春节、元宵节闹社火，赶庙会，走家串院，后来又逐步延伸到一些家庭办婚丧大事、过生日、做满月、暖房、祝寿等场合。直到 20 世纪 70 年代中期，全县举行元宵节文艺会演，洪水镇季家庄村秧歌队首次进城参演，才在县城引起巨大轰动。当时的文艺表演队进城表演前有个不成文的惯例，就是先要到各单位进行慰问。洪水镇季家庄村的当家歌手韩振（绰号“钢叉二孩”）走一处红一处。他走到哪里唱，观众就跟到哪里。他的秧歌被人们四处传诵，看表演的人围得水泄不通。

为满足观众的要求，县文艺组委会在五交化商店门前专门用一辆大卡车搭起一个简易舞台，让季家庄秧歌队在这个舞台上演唱，才算勉强满足了观众的要求。

季家庄秧歌队首次

进城演出在全县引起强烈反响。随后，各地的秧歌队也开始纷纷组建，秧歌演唱在各种不同的场合自发开展活动，涌现出许多著名的秧歌手，也给世人留下了许多脍炙人口的秧歌名段。

改革开放近30年时间，由于流行音乐的冲击，跑腿秧歌曾一度跌入低谷，演唱人员也青黄不接。

直至2005年，《国务院办公厅关于加强我国非物质文化遗产保护工作的意见》颁布后，才逐步扭转了跑腿秧歌受冷落的局面。在县委、县政府及宣传、文化部门的关怀支持下，组建了跑腿秧歌协会，整理出版了跑腿秧歌资料，发展扩大了跑腿秧歌队伍，连续举办跑腿秧歌大赛和专场晚会。2010年以后，随着互联网的迅猛发展，网络为跑腿秧歌艺术爱好者搭建了自由娱乐的良好平台，跑腿秧歌才如雨后春笋般迅速发展起来。据不完全统计，仅几年时间，通过微信组建的跑腿秧歌群就有30多个，影响比较大的有“唱响跑腿秧歌”“同乡会”“东方明珠”及“武乡跑腿秧歌群”等，在各个群里演唱者达到8000余人。跑腿秧歌的形式也由过去的单唱、对唱发展到二对一（三人对唱）、四人接唱、跑腿秧歌小品等。演唱也由山坡野场、农村院落走进县城，走向更大的舞台，演唱的影响力迅速扩大。

四、跑腿秧歌的特色与流派

跑腿秧歌之所以能在武乡世代流传，广为传唱，经久不衰，根本原因在这种草根艺术具有鲜明的地方风味和浓郁的乡土生活气息，具体讲，主要有以下几个方面特色：

1. 形式简单，板腔灵活。跑腿秧歌的表演形式非常简单，不受音乐、服装、幕景、舞台以至时间、地点的限制，随时可以在街头、广场、院落、山坡表演。演唱者在锣鼓敲打起后进入场地，来回走动构思演唱内容，想好演唱内容后摇动手中的响环或摆手锣鼓即停，开始演唱。演唱的板腔，就更不受任何限制，可以是多人演唱一个板腔，也可以是各自演唱自己的板腔，即使是多人演唱一个板腔，也只是大致相同，而且不受音阶高低、节奏快慢的限制。

2. 触景生情，即兴表演。跑腿秧歌的一个鲜明特点是走到哪唱到哪，见啥唱啥，触景生情，随编随唱，即兴表演。这种演唱属于一种意识流的文艺表现形式。演唱者在表演前无须做任何准备，随时收集演唱素材。演唱者依靠敏捷的思维、快速编排唱词能力和即兴出场的演唱表现能力，一般要在十几秒内完成一首秧歌，在对唱或者比赛时要求编唱的时间可能还要更短些。而且演唱基本能够达到内容简洁明快、通俗易懂、主题突出、新颖动听，能够准确完整地表达一个意思。

3. 入情入理，自然流畅。跑腿秧歌的演唱虽然自由灵活，即兴随意，但在内容的选择和把握上，还能够做到入情入理，自然流畅。一个好的跑腿秧歌手，在平时就十分注意对事物的观察，素材的收集、筛选、取舍，在演唱时也非常注重对内容的编排把握，能够真正做到选择内容入情、入理，能够准确、形象地反映事物的本质，满足观众的欲望，让演唱表演恰到好处，和观众产生共鸣，给观众以极强的感染力和震撼力。

4. 幽默风趣，整齐押韵。一个优秀的跑腿秧歌手不仅表现在他的思维敏捷、反应快速、演唱即兴上，更主要的是表现在他不断调整表演灵感、灵活运用语言、幽默风趣表现秧歌内容的能力上。跑腿秧歌的板腔规则一般为四句一体，每句多为7字或10字，即（二二三式）或（三三四式），唱词的韵律为四分之四拍，每句四小节，结构和四句律诗差不多，讲究每句尾字押韵或第三句尾字岔开。

5. 方言浓重，特色鲜明。跑腿秧歌的一个鲜明特点是必须用方言土话演

唱，这样更能表现出地方的淳朴民风、真切的情感和浓郁的乡土气息。跑腿秧歌如果用普通话演唱就显得呆板、拗口，做作无味，而用当地方言演唱才能让人感到通俗自然、形象逼真、真切感人。

6. 紧贴观众，内容新颖。跑腿秧歌能赢得观众特殊喜爱一个重要的原因，就是秧歌的内容新颖，紧贴观众，歌手完全可以根据观众的需求随时调整创新演唱内容。跑腿秧歌演唱者是普通百姓，演唱在观众中间，内容是观众熟悉或亲历的生活素材，语言是土话土音，这本身就很容易与观众产生共鸣。再加上演唱者随时注意观照观众情绪，随时调整唱词内容和表情，因而，更能让观众的欲望得到极大满足。

跑腿秧歌在武乡县大部区域流行演唱，以锣鼓敲打伴奏形成特殊风格，大体可分为四个流派，即东乡秧歌、西乡秧歌、中乡秧歌和南乡秧歌。

1. 东乡秧歌：跑腿秧歌的起源地和主要流行区在洪水东部山区一带。其演唱特点是唱腔爽利，简洁自然，幽默诙谐，真切感人。演唱的形式主要有二人对唱、多人抢唱、二对一、四人接唱一首秧歌等。东乡秧歌的唱词每句多为 7 字或 10 字，第一、第二和第四句句尾押韵，第三句句尾岔开，一首秧歌 28 个或 40 个字。有时根据秧歌的内容适当增加文字，但整体韵律不变。演唱的基本旋律是：

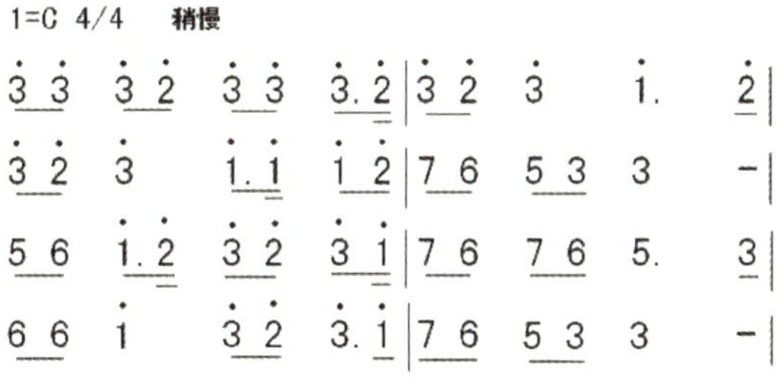

演唱规则是上下各两句，中间夹锣鼓相佐。第一句为出句，第二句为回句，第三句为送句，第四句为收句。东乡秧歌的演唱有升平回收之分，让人听后有舒适、完整、爽快的感觉。

2. 西乡秧歌：主要集中传唱在故城、涌泉一带。其演唱特点是唱腔优美，整齐押韵，回旋婉转，细腻逼真。跑腿秧歌表演在西乡的春节、元宵节等大型节日活动中占有特殊重要的位置。节日会演文艺队入场，跑腿秧歌队排在首位，演出节目要由跑腿秧歌开场。在传统的古庙会、闹社火等文艺演出中，跑腿秧歌也要占一半以上的时间。西乡跑腿秧歌的唱词多为 10 字，一首秧歌 40 个字，少数歌手有时也唱 7 字头，且每句句尾押韵，第三句一般不岔开。它和东乡秧歌的主要区别在于声调不同，歌词的字数不同和演唱风格不同。演唱的基本旋律是：

西乡秧歌的演唱缓慢悠扬，起伏跌宕，便于思索转换，演唱不易打结、磕绊和出现差错，但听起来有刻意、臆造、作秀之感。

3. 中乡秧歌：集中传唱于县城附近的城关、东村、上城、下城一带。其特点是简洁明快、高亢直率、粗俗随意、俏皮滑稽。一般的秧歌演唱夹杂在扭秧歌和顶灯等乡土歌舞表演中。每句唱词的字数内容和韵律都不定，比较随意，有时是四句全押一个韵，有时是前两句押一个韵，后两句押另一个韵；前后两句的意思也不够统一。演唱规则是上下各两句，中间夹锣鼓，前两句和后两句唱腔基本相同，属于一腔倒，上下两句之间的旋律基本相同。演唱基本旋律是：

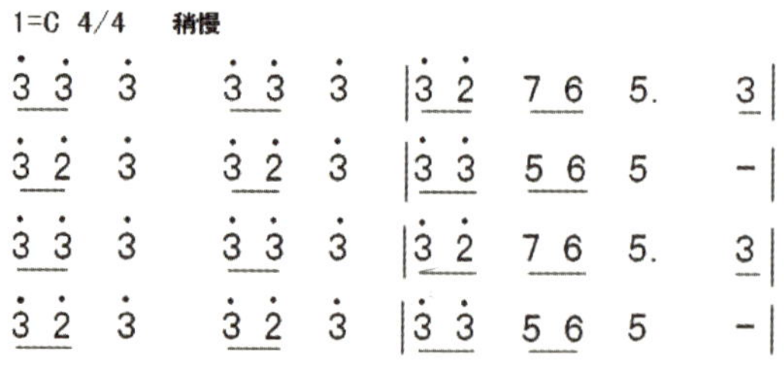

中乡秧歌的演唱过于随便，旋律不显高低婉转，上下句基本不分，让人有生硬、拼凑、轻浮之感。

4. 南乡秧歌：集中传唱于上司、监漳镇一带，其演唱特点是场面隆重，形式讲究，着装花哨，演唱有序。受襄垣习俗的影响，南乡秧歌表演首先要组成一个表演队，多则五六十人，少则三四十人，人人穿装扮相，手提灯笼，最前面有一个手举塔状道具和响环的指挥者，表演要敲打锣鼓，有条件的还有乐队伴奏。秧歌队进村串户要放炮三声，锣鼓响起报告对方，对方要敲打锣鼓出村迎接。迎接一方先唱秧歌表示欢迎，客方接唱秧歌表示感激，然后才由主方把客方引进演出场地开始表演。演唱秧歌中间还要拉故事。但在演唱时不做表演，拉故事中间也不唱秧歌，最后有挑高人唱一首秧歌谢幕退场，整场演出结束。南乡秧歌偏重形式，注重队伍的气势，而演唱的内容却不太考究，演唱稍显呆板、拗口、拘泥，旋律也偏直、生硬，不够柔和，有失自然、简练之感。演唱的基本旋律是：

1=C 4/4 稍慢

56 1 76 65 | 35 61 5 – |

76 1 35 61 | 65 32 21 – |

53 5 6 6 1 | 66 53 2 – |

31 65 65 3 | 67 65 3 – |

（注，上面的旋律中除第二行结尾的 1 外，其他 1 要加高音。）

五、跑腿秧歌的组织与活动开展

跑腿秧歌虽然在武乡县流传历史悠久，但一直处于自由组合，自发活动，无组织管理状态。时至 2014 年 8 月，才有尚进田、武成珍等人组织筹建了武乡县跑腿秧歌协会，召开了第一次代表大会，选举产生了协会领导机构。

协会顾问：魏书文　赵保红　王仲祥

名誉会长：安占伟　张碧玉　崔旭光　李珍明

协会会长：尚进田

常务副会长：武成珍

副会长：李星光（兼）　张爱平　张晋才　刘兴胜　郁爱清　关连斌

秘书长：武成珍（兼）

副秘书长：张国华　张志荣

协会成立后，全县的跑腿秧歌大赛、大型跑腿秧歌活动都由协会组织。一般在每年的春节、元宵节和消夏日举行。有时县里举办大型活动，协会也按照上级主管部门的安排，配合开展宣传活动。

武乡跑腿秧歌协会成立大会现场

县主管领导和全体会员合影

按照协会章程的规定，2019 年 8 月，跑腿秧歌协会举行第二次代表大会。大会选举产生了协会第二届领导机构。

会长：尚进田

常务副会长：武成珍

副会长：张晋才　张爱平　刘兴胜　李玉明　王效清　程二宝

秘书长：张晋才（兼）

武乡县跑腿秧歌协会第二次全体会议现场

武乡县跑腿秧歌协会第二届领导成员合影

跑腿秧歌协会成立前后，先后举行过四次全县性大赛：

第一届跑腿秧歌大赛

第一届大赛于1999年元宵节前由县文化局组织在广场舞台举行，全县60多人报名参赛，大赛的主题是“科技兴农”和“计划生育”。最后决出一等奖一名、二等奖两名、三等奖三名。

一等奖：张爱平（洪水镇党成村）

二等奖：董传锁（洪水镇闫家庄村）

芦忠义（洪水镇苏峪村）

三等奖：史如英（洪水镇苏峪村）

说　明：另两名无考。

第二届跑腿秧歌大赛

第二届大赛于 2009 年 9 月由县委宣传部、文化局在县电影院举行，全县 40 余人报名参赛，大赛的主题是“粮食直补”。

一等奖：张爱平（洪水镇党成村）

二等奖：芦忠义（洪水镇苏峪村）

张晋才（故城镇故城村）

三等奖：郁爱情（大有乡粉头村）

史如英（洪水镇苏峪村）

段延寿（丰州镇东村）

第三届跑腿秧歌大赛

第三届跑腿秧歌大赛于 2016 年 2 月 22 日（农历正月十五）在县城广场举行。大赛由县委宣传部、县文化局、县文化服务中心、县电视台、县文化馆、县跑腿秧歌协会联合举办。报名人数达到了 100 多人，大赛的主题是“中国梦”“改革开放新变化”“反腐倡廉”等，最后决出了一等奖一名、二等奖两名、三等奖三名，优秀奖九名。

一等奖：王效清（洪水镇小水凹村）

二等奖：李玉明（洪水镇郝家岭村）

李素芳（洪水镇季家庄村）

三等奖：杜晋中（故城镇山交沟村）

任玉田（洪水镇当城村）

赵中信（洪水镇拴马村）

优秀奖：刘乃堂、任爱国、段延寿、程雪堂、郝素清、孙永红、李彦青、韩吉秀、王旭东

第四届跑腿秧歌大赛

第四届跑腿秧歌大赛于2024年2月22日（阴历正月十三）在县城广场举行。比赛在县委宣传部的指导下，由县文旅局、文化馆和县跑腿秧歌协会联合主办。报名参赛16人，大赛的主题是："振兴乡村，家乡变化。"大赛通过初赛和决赛决出了一等奖1名，二等奖2名，三等奖4名，优秀奖9名。

一等奖：孙永红（洪水镇当城村）

二等奖：王照清（洪水镇大西岭村）

李润平（蟠龙镇小庄村）

三等奖：杨效珍（故城镇高台寺村）

李成菊（洪水镇肖家岭村）

宁国先（洪水镇阳坡庄村）

王艳青（洪水镇寨坪村）

优秀奖：赵二红、王旭东、李丽萍、程跃凯、杨树维、苗彩凤、武俊明、李新文、程　玉

武乡县第四届跑腿秧歌大赛颁奖现场

纪念"改革开放四十周年"活动跑腿秧歌比赛

为纪念改革开放40周年，由县文化局、文化馆举办的"上党记忆，时代新风"群众文化活动跑腿秧歌比赛，分东、西两区分别在洪水和故城进行。

比赛的主题是“扶贫攻坚”“生态文明”“武乡文化”“农村变化”“健康教育”“和谐家庭”等。

东区比赛于2018年8月3日在洪水舞台举行：

一等奖：孙永红

二等奖：任爱国、王照清

三等奖：宁国先、王艳青、韩小胖

西区比赛于2018年8月20日在故城舞台举行：

一等奖：赵汉文

二等奖：程二宝、赵相全

三等奖：杨树伟、郭俊德、常利川

2018年2月27日，涌泉乡第一届跑腿秧歌比赛在涌泉乡政府举行，这也是乡、镇一级举办的首次比赛。比赛的主题是“大力调产，发展经济”“扶贫攻坚，脱贫致富”“乡村文明”等。

一等奖：郭俊德

二等奖：李彦青、张二红

三等奖：张应文等三人

六、跑腿秧歌的名人、名段

新中国成立前的跑腿秧歌名人、名段，因无任何文字记载，无法考证。

新中国成立以后的跑腿秧歌名人有：

东乡：韩　振（绰号钢叉二孩）、高增荣、张然则、韩振贤、韩二林、郭唐英、韩应河、武珍如、韩巨金、韩应龙等。

西乡：程雪堂、武梦林、范连生、范效文、闫二全、郝忠全等。

中乡：范阿秀、武作英、武生才、段二孩、张二臭等。

南乡：杨德山、武来福、李顺心、马树文、李德驾、李常茂、赵德芳、杨守田等。

跑腿秧歌名段摘录：

各位观众听俺表，抗战历史要记牢；

宁愿杀头和坐牢，红色江山千万保。

各位观众听心怀，香花毒草两分开；
香花让它全开放，毒草连根剜出来。

东西南北哪儿也跑，哪儿也没有武乡好；
吃上抿面才舒服，听着秧歌才幸福。

旧社会俺穷得叮咚响，没吃没穿没住房；
自从来了共产党，生活一天比一天强。

穷人翻身做主人，改革开放又脱了贫；
翻身不忘毛主席，致富感谢邓小平。

自从有了一风吹，哪阵想吃哪阵推；
半前晌背张玉茭的，不误晌午吃抿尖。

自从成立了专业队，开工就打硬埂堰；
里头砌来外头垫，两年普及大寨县。

点上电灯不用油，拖拉机耕地不用牛；
水管的流水不涨河，人坐上飞机不用走。

走路要把脚步看，人要意长心要宽；
各人要把各人管，向前容易后悔难。

敲锣打鼓震天响，改革春风吹武乡；

大力建设新农村，勤劳致富奔小康。

改革开放不容易，依托资源和优势；
老邓领导搞改革，摸着石头过河去。

自从包产到了户，农民都才吃饱肚；
有的挣钱致了富，有的漂洋把海过。

县委书记焦裕禄，心系兰考穷人们；
带领人民战三害，身患重病不休息。

抗美援朝上战场，有个名字最响亮；
他用胸膛挡机枪，特级英雄黄继光。

党中央来指航程，干部群众都齐心；
同心实现“中国梦”，中华民族要复兴。

八年抗战造就了无数英雄，不怕苦不怕死太行精神；
要觉醒记国耻历史教训，要奋斗创未来珍爱和平。

好儿女有理想志在四方，改山河换面貌穿上新装；
山水美土地肥处处风光，干今天想明天再创辉煌。

先天下忧而忧忧中带愁，后天下乐而乐乐在心头；
昔日里穷苦难今日方休，日荣华月富贵幸福千秋。

好男儿就应该远走四方，好闺女就不用打扮穿装；

好夫妻都恩爱情深意长，好人家永没人说短道长。

党中央对农民常把心操，特困户都吃上低保五保；
人人都参加了合作医疗，看大病花小钱国家报销。

秧歌是非物质文化遗产，既通俗又风趣还有内涵；
老祖先留下来不可失传，我呼吁年轻人快来接班。

武乡城发展快好得没说，街道宽小区新楼房林立；
家家利好又多琳琅满目，流口水尝不尽地方小吃。

为儿女都应有孝敬思想，得前程切莫忘二老爹娘；
父母亲付出了千辛万苦，才换来晚辈人幸福天堂。

新时代新文化科技领先，国策好前途美气贯九天；
国家强人民富美好家园，新农村真可谓沧海桑田。

地球转日月照紫气东升，乾坎宅坤宇门相配相称；
一发祥二发福三发人丁，风水好脉穴真人杰地灵。

附一：

名段集锦

第一节　东乡秧歌

韩振秧歌选

今年是唱常时节也是唱，
今年和常时节不一样，
常时节在地下打圪圈唱，
今年我上来汽车上。

我出了大门打了个拐，
看见伢张主任就上来来，
心里高兴手疙抖，
浑身就不知道是执念[①]来。

各位观众听心怀，
香花和毒草两分开，
香花要让它全开放，
毒草要连根剜出来。

过了年打了春由冷变热，
小苗苗小草草发了芽芽，
男人担圊粪把耕地拾掇，
老婆孩孩都出来打个圪垃[②]。

剃头铺师傅剃得好，
剃了的脑[3]不长毛，
洗漱刮理服务好，
收费不多才一毛。

说起光棍很是苦，
衣服破了没人补，
别人冷热有衣换，
俺常是露皮露肉露骨头。

说起光棍心发愁，
没人做饭常受饿，
别人香汤辣水调顿吃[4]，
俺顿顿是米汤窝窝头。

老人我虽然生得丑，
日本“扫荡”可拖过我，
一拖拖到疆峪口，
待也没那搪了手。

去年成立了专业队，
开工就打硬埂堰，
里头砌来外头垫，
两年普及大寨县。

旧社会老婆们活得恓惶，
婆的嘴[5]汉的打并无商量，

寻干部伢不管痛哭一场，
大不过去娘家寻寻爹娘。

各位观众听我说，
秧歌可还不完嘞，
都在我肚儿圪团[⑥]的，
倒出来总有一篮的。

担罢锅来就担盆，
黎城道上磨了个明，
肩膀越担越不疼，
人到哪点哪点行。

当罢孩孩当后生，
人来世间尽事情，
修房盖屋娶媳妇，
还得照看当家人。

自打有了一风吹，
哪时想吃哪时推，
半前晌背张玉茭的，
不误晌午吃抿尖。

①执念：怎么。

②圪垃：较大的土疙瘩、土块。

③的脑：脑袋。

④调顿吃：换着花样吃，每顿都不一样。

⑤嘴：骂的意思。

⑥圪团：蜷缩着、不加整理地存放着。

张爱平秧歌选

咱武乡不愧有英雄人民，
抗日战争立下了不朽功勋，
有两千多干部万余民兵，
三千多烈士为国献身。

回想起周总理他老人家，
真把人感动得热泪倾洒，
他无儿又无女不顾自家，
鞠躬尽瘁为人民又为国家。

自小儿我待见唱个秧歌，
正月儿尽人请不缺台口，
跟上唱沾了光我也庆贺，
窑湾乡肖家岭说上老婆。

输送带送原煤把火烧燃，
锅炉水在水塔上下循环，
热气冲各机器来回运转，
发了电照了明人人喜欢。

作务[①]小的是饥荒，
作务闺女是银行，

闺女现在都涨价，
没有十万娶不上。

秧歌是咱武乡古老传统，
一代一代接一代流传至今，
特别是正月天非常适应，
走乡下串村庄很受欢迎。

美国黑人打篮球世界冠军，
黑人在世界上非常出名，
这些年黑人在世有了威信，
奥巴马是黑人当了总统。

脑筋想嘴儿说心儿颇算[2]，
其实说唱秧歌挺不简单，
经过了高级机关组成段段，
唱出来既押韵又得合款。

人也生地也生觉着把捉[3]，
说老婆第一回去了伢家，
说得多了伢说我是个傻瓜，
说得少了伢说我是个哑巴。

太阳红月亮白阴了又黑，
冬天冷秋天凉夏天挺热，
老天爷刮大风阴了就下，
天上下地上流河涨水发。

工业上用电脑大力生产，
农业上用电脑科学种田，
医疗上用电脑把病来看，
银行用电脑存款取款。

自古道歪菜[④]对歪菜，
拐驴的搭上破布袋，
金砖对上个洋烟袋，
刺节碰上个洋苦菜。

黄继光挡枪眼英勇牺牲，
邱少云守纪律引火烧身，
罗盛教救儿童钻了冰凌，
杨根思和敌人同归于尽。

你说罢来我就说，
办事不能太着急，
钱难挣来屎难吃，
王八好当气难出。

点上电灯不用油，
拖拉机耕地不用牛，
水管的流水不涨河，
人坐上飞机就不用走。

电灯照大广场万道红霞，
领导和同志们我见了亲热，

又高兴又激动精神焕发，
就当是新媳妇回了娘家。

我觉得我活的带些恓惶，
老思想老脑筋老不开放，
光知道死活受日夜奔忙，
永不知道小姐在甚的地方。

我和俺老婆好挺有情感，
不能做细营生也能穿换⑤，
虽说不炒菜做饭掌瓢炒盘，
掂尿罐倒垃圾没拿偷懒。

不赌博不抽烟永不喝酒，
我这人挣下钱都能攒纣，
发工资赶紧就装在兜兜，
回到家手把手交给老婆。

①作务：生下并养活。
②颇算： 思考、想、考虑。
③把捉：局促不安。
④歪菜：即歪踹，不周正的意思，同歪瓜裂枣。
⑤穿换：有穿的，能换着穿。

芦忠义秧歌选

今日来县城唱秧歌，

观众们能否想起我，
我家住洪水苏峪村，
名叫忠义俺们姓芦。

我来县城逛了逛，
确实和以前不一样，
小伙们穿着很潇洒，
闺女们打搽[①]的都漂亮。

尊敬的首长听听我，
洪水镇今天来问候，
光唱的两个干秧歌，
没那给你们报[②]馍馍。

妇女们生育不要多，
生得多了犯错误，
轻的也要罚你款，
重的送你派出所。

县领导以前叫县太爷，
这霎霎[③]叫你勤务员，
只要为咱群众办事儿，
老百姓就会牢记你。

毛主席领导打江山，
穷人解放才把身翻，
浴血奋战整八年，

才把老蒋赶台湾。

刘胡兰是女英雄，
文水云周西村人，
就义时不到十五岁，
生的伟大死的光荣。

红军长征不简单，
过草地来爬雪山，
上有敌机乱轰炸，
后又敌兵紧追赶。

抗美援朝上战场，
有个名字最响亮，
他用胸膛挡机枪，
特级英雄黄继光。

河北怀来董存瑞，
隆化战场上前线。
舍身炸掉敌碉堡，
光荣牺牲十九岁。

县委书记焦裕禄，
心系兰考穷人们，
带领人民战三害，
身患重病不休息。

援藏干部孔繁森，
全心全意为人民，
藏族群众心中装，
雪山高原留忠诚。

改革开放顺民心，
包产责任到农民，
齐心协力奔小康，
共同建设新农村。

改革开放不容易，
依托国情和优势，
老邓领导搞改革，
摸着石头过河去。

安徽凤阳小岗村，
十年九旱太贫穷，
十八户农民搞承包，
成了改革排头兵。

五一二地震来得急，
汶川同袍受损失，
党中央发出救援令，
各路大军齐调集。

有的闺女们要彩礼，
开口就是上万千，

等自家小的说媳妇，
有口难言落后悔。

说起这个唱秧歌，
锣鼓响哗[4]心里就有，
正月天出外闹红火，
走遍江湖都是朋友。

感谢武乡电视台，
为俺们搭建了好平台，
展示自我上舞台，
武乡到处出人才。

全场观众听我言，
我文化莫那水平浅，
有心我倒多唱俩，
又怕观众们不待见。

①打搽：打扮。
②报：拿上、带上。
③这霎霎：这会儿、现在。
④响哗：响起来、响着。

史如英秧歌选

我家住在洪水镇，
苏峪就是俺的村，
我的名字叫史如英，

现在在村当农民。

各位首长都听咱，
见了你们好亲热，
想和你们握握手，
彩车太远够不着。

今天回来咱武乡，
县城一派新气象，
栽花种草讲文明，
风景优美赛苏杭。

老区人民齐响应，
欢欣鼓舞迎国庆，
鲜花盛开武乡城，
经济腾飞人振奋。

改革大旗高高举，
高楼大厦平地起，
栽花种草搞创建，
山水园林新家园。

金水银水财源水，
也不像家乡新洪水，
工农商贸齐发展，
财政收入超亿元。

各位观众都听咱，
千万不要搞赌博，
赌博能把人变坏，
妻离子散家分裂。

党中央号召叫生育计划，
当干部首先要带头执法，
身的正在人前才好说话，
自身硬才能够带动大家。

敲锣打鼓震天响，
改革春风吹武乡，
大力建设新农村，
勤劳致富奔小康。

吃喝嫖赌四大害，
谁要沾上谁变坏，
重者关押要判刑，
轻者也把家产卖。

红色旅游打品牌，
八方游客引张来，
先去看看纪念馆，
然后再转堋堋寨。

每年都把县城上，
年年翻新大变样，

去年建成新高中，
今年装修体育场。

县里召开三干会，
领导作风大转变，
过去难见领导面，
现在常把干部见。

穷人翻身做主人，
改革开放又脱了贫，
翻身不忘毛主席，
致富感谢邓小平。

武乡县成立了秧歌协会，
我也是协会的一名成员，
今黑夜上台来进行表演，
激动得夜黑夜就没拿入睡。

我今年倒活了六十多岁，
说起来搞文艺实在待见，
吹拉唱打锣鼓甚也揆对[①]，
总觉得都不像秧歌随便。

武乡县变化大瞧得很清，
红旗路建大桥南北相通，
形成了双十字街市文明，
街道宽电灯亮车水马龙。

咱武乡搞绿化面貌一新，
栽花草又种树景色迷人，
青山绿水好风光空气清新，
山增福水增寿造福子孙。

咱武乡地方好山清水秀，
清洁卫生环境好世上少有，
街道楼房和超市都是一流，
就当是到新加坡出国旅游。

远看像杭州和苏州园林，
近看像华盛顿英国伦敦，
要不是宝塔街给咱做证，
根本就认不得武乡县城。

①揍对：凑合、将就。

郁爱清秧歌选

新社会政策兴得好，
不叫老婆们多生了，
生两个有些多一个就好，
一个不生也能吃五保。

唱秧歌这个事非常怪倒[①]，
十个人有九个就不知道，
说你好你就好不好也好，

说你不好你就不好好也不好。

骂人都害怕骂个熬娇，
打人都害怕打着的脑。
睡觉都怕被窝钻上虼蚤[2]，
老婆们怕汉的和女人圪倒[3]。

鼻眼耳嘴长出来是个的脑，
高级零件组起来是个电脑，
上微信玩手机又要电脑，
年轻人不见面把对象来找。

在民间闹文艺五花八门，
唱秧歌倒也是其中一种，
跑腿秧歌是咱县文艺传统，
唱出来有它的特殊功能。

月琴书唱秧歌是咱县名流，
土特产是姊妹各有千秋，
石乃福说琴书到处奔走，
代替不了东乡儿跑腿秧歌。

天官地官他是真神，
大禹治水天下太平，
三皇五帝传到如今，
咱们都是炎黄子孙。

木匠不待见朝天卯，
石匠不待见凿石槽，
油匠不待见画直道道，
庄家农民不待见抓鸡草。

唱秧歌好比一盘棋，
你在东来我在西，
你走你的当头炮，
我走我的立马车。

穆桂英大破天门阵，
樊莲花挂帅把西征，
梁红玉击鼓退金兵，
花木兰替父去从军。

唱秧歌本是没量斗，
尽管唱来尽管有，
如果大家站得尽管不走，
咱能唱到明年九月九。

人不得个全瓜不得个圆，
哪个人也想十全十美，
只说是要嘴皮也还轻闲，
没防住半垄地儿瞎了眼。

爱平兄弟你古万④能撇，
你老婆的情况我也摸，

你老婆长得实在黑，
跌到煤炭里头根本寻不着。

①怪倒：奇怪得很。
②虼蚤：跳蚤。
③圪倒：有私情。
④古万：真的很、非常，和“关”意同。

尚进田秧歌选

在场的观众们都来听我，
我也想唱自己和跑腿秧歌，
要说我就生在秧歌窝窝，
可是俺及小儿并不爱秧歌。

二十多上师范求学念书，
在学校又爱上风琴二胡，
老师说我搞音乐还有天赋，
从此后对秧歌不屑一顾。

从学校毕业后有了工作，
可过年我总要回俺老家，
闹红火和乡亲常把话拉，
伢都们总是在夸伢钢叉。

过了年从老家返回单位，
乡亲们说的话还响在耳边，

钢叉二土八生让人赞美，
跑腿秧歌又怎让百姓待见？

九九、零九秧歌赛举办两届，
我当时都在场又当评委，
看着伢参赛者都现唱现编，
不禁我对秧歌心生敬佩。

2011 武乡民歌协会筹建，
领导让我把秧歌资料整理，
访名人查资料收集名言，
我跑遍全县的山山水水。

季家庄我访过钢叉亲友，
他侄儿见到我老泪横流，
他感谢上级领导重视秧歌，
他感谢我编书把前辈记纣[①]。

上司乡乐家平访过德山，
他身残当医生光棍实寒[②]，
我向他访秧歌满心喜欢，
又是唱又是拉话永没完。

故城西区我访过老程雪堂，
秧歌资料存放得纸质发黄，
当他把资料给我双手送上，
我当下激动得热泪盈眶。

2014县里组建秧歌协会，
头一次就吸收四十名会员，
正副会长秘书理事各就各位，
县领导还出席了成立大会。

从那起年年都办消夏晚会，
跑腿秧歌更成为一大亮点，
其他节目观众们不楞待见[③]，
跑腿秧歌一出场轰动全县。

2015跑腿秧歌一书出版，
填补了文艺资料一大空白，
书印了一千册还不算圆满，
抱回来没几天一嚯咙[④]抢完。

16年三届秧歌赛隆重举行，
跑腿秧歌在全县更加放红，
中青年学秧歌虎跃龙腾，
不少的老名流为秧歌献身。

记得是去年六月一个前晌，
插口儿[⑤]我的手机一直在响，
开手机有人轻轻呼唤老尚，
他说我是忠义已重病在床。

听说他得病我泪水直流，
可他在电话里又把我求，

他说我在世也活不了多久，
临走时你能否来亲自送我。

我记得那已是八月十九，
我和成珍带花圈赶到村口，
烧了一座高香磕了仨响头，
哭了声忠义兄好不该早走。

为适应新形势把秧歌提升，
抓机遇又组建了唱响大群，
东西乡秧歌名流参与其中，
出主题又点评提高了水平。

七年来风雨兼程道路坎坷，
我一直和秧歌拾跟[6]着走，
唱秧歌结识了多少朋友，
编书籍更让俺离不开秧歌。

看武乡跑腿秧歌得到振兴，
听观众看秧歌一片掌声，
想歌手一个个水平提升，
我老汉心中感到无比温馨。

我知道跑腿秧歌路还很远，
我懂得满足观众还有距离，
但为了跑腿秧歌美好明天，
只要一息尚存就勇往直前。

①记纣（zhòu）：记住的意思。
②光棍实寒：一个人很可怜的意思。
③不楞待见：不太、不是很喜欢。
④一嚯咙：一群人一下子。
⑤插口儿：衣服口袋里。
⑥拾跟：一起，相跟着。

关连斌秧歌选

党中央十八大指引航程，
新当选总书记名叫近平，
刚上任就推出八条禁令，
反腐败打老虎也打苍蝇。

大老板旅游去美国苏联，
干部工人旅游到青岛大连，
老百姓收入低苦不堪言，
想旅游只能到蟠龙洪水。

在世上人和人不能相比，
有本事无本事分出高低，
有本事好生活吃肉也咸，
无本事粗茶饭觉着如此[①]。

千里迢迢进鹅毛，
万年松树怕风摇，
攒下银两如山厚，

难买生死路两条。

家有黄金用斗量，
不如供子上学堂，
银两有价书无价，
书比银两格外强。

山在西来海在东，
山水相连到处通，
千里遇面来相会，
五湖四海会宾朋。

红尘世界主传流，
儿孙后代不断头，
父母活得来尽孝，
百年戴孝送坟头。

天旱雨涝不均匀，
世上有富就有穷，
富人爱和富人处，
穷人见了穷人亲。

一道黄河九道沟，
九道沟儿出金牛，
金牛吃得太行草，
喝断东河水不流。

人在世上到处走，
五湖四海交朋友，
仇人多了生灾难，
朋友多了路好走。

走到商厦抬头瞧，
六层大楼修得好，
上边三层人睡觉，
下边经商进元宝。

一栋大楼修得能②，
龙山火海围个紧，
八洞神仙来进宝，
九天仙女送金银。

当今世道古万美，
手机电话在身边，
有钱不用搁家中，
存取方便放卡里。

天怕浮云地怕荒，
人怕穷来草怕霜，
小鸡害怕黄鼠狼，
孩的们都怕有后娘。

有钱人闯世界道路畅通，
没钱人出门的寸步难行，

富有人出门的谁也紧跟，
人穷了亲弟兄也觉得不亲。

世人不能搞攀比，
人家骑马咱骑驴，
回头望见个推车汉，
比上不足下有余。

现在的世道古万时兴，
妇女们穿皮鞋都带高跟，
有的人穿上鞋直打能能[③]，
有的人踩不稳还跌断懒筋[④]。

打了光棍事事难，
一双筷子一个碗，
晚上无人展铺盖，
病到临终无人管。

天旱雨涝不均匀，
穷富各自不相同，
富了时光过得好，
手头无钱难出门。

钱是人的养命根，
白银买中黑心人，
做人不要多贪财，
贪财最后落骂名。

①觉着如此：觉得舒服。
②修得能：技术水平太高，让人难以置信。
③直打能能：脚放不平，站立不稳。
④跌断懒筋：骂人的话，不像话的说法。

韩应河秧歌选

季家庄本是秧歌窝，
打起锣鼓谁也有，
好的秧歌登过报，
差的秧歌扔了咯。

我本人好比一块砖，
哪里需要往哪里搬，
盖了楼房我也不骄傲，
砸了高节[①]我也不悲观。

高高山上一棵槐，
又粗又大长起来，
粗的儿拉板割立柜，
圪枝儿[②]屈折[③]当烧火柴。

镇办公楼盖得好坐西朝东，
县领导亲自下来剪彩庆功，
住新楼办实事又改变作风，
一拉窗帘就瞧着全镇人民。

自从伢白书记来咱洪水，
贫困帽子摘下来扔到外前，
搞工作上项目合情合理，
不贪污不浪费不请客送礼。

千里雷头万里闪，
十里乡俗不一般，
东乡人都待见跑腿秧歌，
县城人恐怕就不稀罕。

我在台下瞧了瞧，
墨镫乡小花戏演得好，
书记乡长都费心劳，
左权花戏贴上墨镫商标。

武乡来了个张近智，
玉茭收割腊熟期，
老骚胡吃荞麦一律过，
庄稼不死也得死。

老君爷呀老君爷，
你家就住在窑跟前，
就算是开绞车的瞎了眼，
你则尼就不能给咱掩纣些。

张县长下乡到韩北，
秘书通知把豆腐吃，

下乡不吃一般肉，
叫武装部家出门打石鸡的[4]。

①砸了高节：砌了厕所。
②圪枝儿：树枝、细枝。
③屈折：用手折断、用膝盖弄断。
④石鸡的：野鸡。

郝素清秧歌选

家住武乡洪水镇，
说来是武乡的东大门，
新寨村委我是季家庄村人，
姓郝不敢我才叫素清。

今黑夜来段村搞表演，
我和各位领导才见了面，
先祝你们工作都顺利，
把武乡工作推上新台阶。

胡书记工作能力很强，
长治城区提拔到武乡，
率领全县人民致富奔小康，
生活上都富裕要上天堂。

咱唱得急来打得紧，
今黑夜时间倒也老大阵[1]，

我倒有心多唱俩，
时间过得不等人。

咱东乡西乡是一家人，
来来往往尽熟人，
乡村之间手拉手，
老百姓之间心连心。

改革开放三十年，
咱武乡面貌大改变，
村村通了水泥路，
来回坐车挺方便。

咱武乡是革命根据地，
各项工作都走在前，
为了转型大跨越，
万众一心做贡献。

高山上点灯我名头大，
其实我可不算话[②]，
因为俺家穷上不了学，
肚儿根本就没文化。

各位观众听我言，
我八艺[③]不大学识浅，
俺好比一个猪尿泡，
戳破光头尽是水。

看着老汉跌了跌[4]，
我赶紧给他去号脉，
伤着骨头我给他接，
伤不着骨头给他开中药。

公检法干警为人民，
秉公执法不偏心，
法律面前讲平等，
抓住坏人不留情。

工行农行信用社，
一个行业三单位，
为了投资经营钱，
服务热情又全面。

电业局文明好单位，
一心一意供应电，
不管白天和黑夜，
责任到人不离队。

人来世界活一回，
当罢孩的当青年。
当罢青年当老汉，
花开花落不几天。

人得喜事精神爽，
鸡儿高兴了乍翅膀，

活人不能有害人心，
办事一定要来回想。

钱在世界是养命根，
没那金钱难生存，
有钱买得鬼推磨，
湿脚扎刺也不嫌疼。

麻将本来是玩具，
有人却用他赌钱去，
赢了吃请得花费，
输了打架又生气。

照相的弟兄你听俺，
你要老婆不费难，
你家开得照相馆，
老婆倒有几不篮⑤。

武乡城修建得巧夺天工，
称得上是长治一大明星，
古建筑千佛塔在城当中，
高速路在城边笑迎客人。

千佛塔稳坐在县城当中，
见证着咱武乡古今文明，
抗战英勇杀敌尽是英雄，
改革开放抓经济尽是标兵。

①老大阵：时间不短。

②不算话：没能耐、不行。

③八艺：技艺。

④跌了跌：跌在地上。

⑤不篮：手编的篮子。

李树芳秧歌选

锣鼓响起我把台登，
我要把秧歌唱几声，
百姓表演大家听，
跑腿秧歌是草根。

千里云头万里闪，
十里乡俗不一般，
乡下人待见听秧歌，
来县城恐怕就不稀罕。

南坪上砂锅卧龙头碗，
熬垴村编的箩头不篮，
武乡全县都知道，
季家庄跑腿秧歌是特产。

季家庄秧歌伢是特产，
师傅们在世时名声非凡，
看来我吃不了这碗饭，
圪伶[①]爬到半树进退两难。

自古人来到世界上活，
永不能叫长喜或长乐，
富人爬到山顶要往下落，
穷人也好闹两天好人家。

自古盘古才开天地，
佛祖安天才计时先，
先留下山来后留下水，
才流传人间成了世界。

文王留下金木水火土，
佛祖留人阁天伦才传世走，
杜康留下喝酒好坏事都有，
李世民留下唱戏唱秧歌。

中国历史先是夏商周秦，
盘古开国猿猴才变人，
经历了百万年原始社会，
归根结底才留下炎黄子孙。

我给大家先说夏商周秦，
两汉朝和三国东西两晋，
南北朝隋唐五代十国顺，
最后排下来才是元明清。

一九一二年中华民国成立，
孙中山在南京才宣誓就职。

从此后君主制正式结束，
中华民国这一年正式开足。

历史挺进一九四九年，
十月一日这一天咱记心里，
新中国成立就是这一年，
人民高呼毛主席万万岁。

回顾二零一六年，
全国人民笑开颜，
贵州建成了中国天眼，
一带一路快发展走向世界。

千里的风霜万里的寒，
人有来回天地转，
地脉周转生富贵，
五湖四海走路宽。

党中央来指航程，
干部群众要齐心，
同心实现中国梦，
中华民族要复兴。

①圪伶：松鼠。

张国华秧歌选

武乡跑腿秧歌好，
据说起源在唐朝，
久唱不衰底蕴深，
现炒现卖竞风骚。

跑腿秧歌就是好，
简单便捷用人少，
只要撑开圪圈圈，
触景生情出绝招。

东西南乡和中乡，
秧歌唱出来就不一样，
只要大家细品尝，
麻汤[①]油糕各有特长。

翻一座大山认一道梁，
成一门亲事多一个娘，
多一个朋友多一条路，
惹一个人儿垒一垛墙。

人生来世像下棋，
将相士马炮卒车，
过河卒子打老将，
有德有艺无人欺。

人生如梦像水流，
道路不平多崎岖，
君子视死如风去，
天大困难头不低。

忍字头上一把刀，
卧薪尝胆志气高，
冤家宜解不宜结，
风平浪静和为好。

人生来世活一回，
坎坷挫折不可免，
只要自信不自卑，
从来行行出状元。

长人容易活人难，
做人容易认人难，
认准好人好共事，
交上赖人不安然。

自古好事需多磨，
心急吃不了热豆腐，
坎坷磕绊不算啥，
恩爱和谐福寿多。

挣钱当官人所欲，
做人品格数第一，

挣钱多少并无够，
官不清正不如不。

酸甜苦辣都尝遍，
苦难欺软最怕硬，
好汉笑迎每一天。

人生在世活一回，
谁也不要笑话谁，
灌肠凉粉一个样，
稀粥糨糊差不离。

人遇挫折莫自卑，
人逢喜事莫自吹，
从来天无绝人路，
寒冬过后是春天。

高高山上金丝草，
也有阳光照不到，
死阴背儿臭老蒿，
有时也能当金条。

处人休将和气伤，
让人一步又何妨，
从来大盒扣小盒，
舌头能把牙磨光。

各位乡亲听俺表，
共产党对咱实在好，
知冷知热知甘苦，
哪点儿也要照看到。

娶媳妇先看当家人，
娘家人人品最当紧，
看了娘的脚后跟，
闺女不差三二分。

茭的开花圪垛穗，
人才丑差缘法②对，
只要听着好秧歌，
好比肚儿吸拉面。

满山荞麦开白花，
与人相处凭缘法，
有缘千里来相会，
无缘对面不说话。

①麻汤：油条。
②缘法：读 yān，缘分、有眼缘，互相顺意的意思。

抗击疫情莫放松（2020）

今年和往年大不一样，
红灯笼红十字同时闪亮。

贺新春送祝福手机上网，
抗疫情中国人挺起脊梁。

疫情来人刚强公民担当，
听党话跟党走把牢方向；
手冰冷心火热党群齐上，
保国家卫民众中国力量。

疫情狂我先上声音洪亮，
不怕死冲在前树立榜样；
上有上下有下铁壁铜墙，
一条心一盘棋统管城乡。

情有义爱无疆人民至上，
医生们护士们直奔战场；
救国殇献大爱日夜繁忙，
天晴朗地宽广红旗飘扬。

钟南山李兰娟提出封城，
领团队在战场冲锋陷阵；
爱生命爱生活竭尽全力，
保健康得安宁中华功臣。

咱武乡县医院出了英雄，
郝晓敏和魏芳主动请缨。
下武汉抗疫情立下战功，
为咱们老区人增添光荣。

县妇联搞宣传编“三字经”，
上了书上了报誉满省城；
访家属送温暖联合登门，
捐善款献爱心堪称先行。

新冠病成瘟疫“兵”未退净，
望大家莫放松防护心情；
既治标又治本标本结合，
阻击战歼灭战彻底打赢！

刘乃堂秧歌选

姓刘名字叫个乃堂，
从小儿身体就不大健康，
农业社那时候给伢放羊，
没想到今日来到秧歌专场。

先慰问县政府全体职工，
再慰问各机关和各个系统，
文化教育卫生公安部门，
下岗职工贫困户五保老人。

我慰问县领导来到专场，
新一年万事如意身体健康，
好领导巧安排步步向上，
正确计划大部署再创辉煌。

跑腿秧歌以后要有发展，
唱秧歌人可算是有了靠山，
唱哪儿住哪儿抽空转转，
不用花钱能参加旅游集团。

党中央对人民照看周全，
老百姓也参加养老保险，
年龄大身体弱不能种田，
住家儿养身体也能领钱。

当领导做工作深入民心，
水泥路硬化好村村开通，
下雨天不打滑不荡灰尘[①]，
不影响老百姓出门通行。

大些村伢都还安起路灯，
不用电用的是太阳热能，
到时间自动着[②]照得很明，
黑夜家走出来觉得放心。

水泥路铺得好实在平整，
没圪梁没圪凹走着平稳，
老年人上了路不拄棍棍，
小儿童上街要大人放心。

拖拉机搞旋耕连耕带耢，
旋出来又虚泛程度达到，

播种机它不重用着轻巧，
没牲口咱也能种上玉茭。

过去的小土路确实不好，
有圪梁有圪凹长得老蒿，
年轻人上了路不能快跑，
老年人不小心常肯[3]跌倒。

新科学搞发明实用又好，
哪点儿办事情也用电脑，
电脑里确实是功能不少，
全世界大联网都能看到。

土地下户哈哈笑，
动弹[4]不用队长叫，
吃不迭[5]饭来放不迭碗，
穿不迭鞋来戴不迭帽。

说老婆那时没安排合适，
不好的我不要好的我说，
走了个蛇蜕皮有些着急，
所以我说老婆等到五十。

俺们来唱秧歌相跟俩仨，
他在东我在西挺有缘法，
我唱的撒把了他给拾掇，
就好比洋曲灯[6]离不了盒盒。

你这个唱秧歌挂了号号，
就是没修下个好的人表，
可惜你的脑上长的白毛，
长成些黄毛毛你看多好。

这几年唱秧歌数你抖威，
今年了唱秧歌我要发挥，
我也想上县城参加会演，
夺一夺全县的头名状元。

爱平你抱负着很大梦想，
要我看你总怕指望不上，
话得说不普通⑦人不漂亮，
长头发圪出脸⑧没那形象。

你那个好霜土没那捂着，
讲科技搞栽种新的办法，
空气阳光温度正好适合，
你娘怀你勿阵吃上苏打。

①荡灰尘：扬起灰尘。
②自动着：自动亮了。
③常肯：经常可能。
④动弹：劳动。
⑤迭：来不及、赶不上，着急去办别的事。
⑥洋曲灯：火柴棒子。
⑦话得说不普通：话需要说得新奇、不能平淡。

⑧圪出脸：面容皱巴，皮肤不舒展。

任玉田秧歌选

今天和父老乡亲见了面，
我先给大家拜上个晚年，
先慰问各领导工作顺利，
再慰问老同志身体强健。

武乡县元宵节大搞文艺，
上场来先慰问县委书记，
搞工作少添汤要多下米，
咱县的大发展全得靠你。

武乡城今晚期[①]大搞红盛[②]，
又人山又人海一片欢腾，
又安定又团结万众一心，
全县工作搞得好开拓创新。

四小孩唱秧歌打出品牌，
进入了山西省文艺舞台，
黑夜家看电视你都打开，
全省人都要看当城四孩。

你看我唱秧歌把式不行，
我年时还参加河南梨园春，
普通话不会说人听不懂，

音调调可足顶左权占明。

你看我唱秧歌把式不沾，
我真还到北京参加春晚，
我上台观众们都把手拍，
春晚结束还发了玻璃板。

咱来县城搞娱乐，
全场观众笑哈哈，
到晚期咱再侃圪叉[③]，
今前晌正儿八经唱上俩。

下巴骨上头一张嘴，
鼻的上头一双眼，
两个耳朵往张围[④]，
合起来这就叫个脸。

在场的观众都好好儿瞧，
唱秧歌的人才可数我好，
单单飒飒[⑤]好身腰，
到太原街儿也能卖票票。

锣鼓打得实在急，
我给观众作解释，
唱了这个俺就不，
不要惹伢都日合泣[⑥]。

唱罢准备起身走，
父老乡亲们待见我，
不给亲戚们加秧歌，
怕走后叫人都骂我。

不是我不给大家唱一段，
俺单位有事情我作难，
今晚期槐安矿上四点班，
误了上班伢要罚我款。

①晚期：下午。
②红盛：红火。
③侃圪叉：瞎说乱侃。
④往张围：往跟前围。
⑤单单飒飒：利利索索、精精干干。
⑥日合泣：不喜欢、讨厌。

李润平秧歌选

各位观众都听我，
俺家乡姓名啥也有，
武乡县来乡大有，
自然村就叫个下峰头。

咱武乡成立了秧歌协会，
唱秧歌登台上都能见面，
领导们管上吃又要管睡，

走顿了还要给发上毛钱。

全场人过春节得意扬扬，
一边说一边唱心情舒畅，
黑夜里看电视就在桌上，
收录机唱的是王贵香香。

年时[①]十来月儿把衣发开，
我倒把各位领导挂在心怀，
今日像小燕儿展翅飞来，
足顶纣梁山伯见了英台。

年年正月儿唱秧歌，
大年初一还出外头，
观众们伢都笑话我，
说外幌的[②]带的些大麻油。

在场观众听我表，
实际上唱秧歌买卖好，
吃上好的儿咥上糕，
最后插口儿还装票票。

大的大小的小人可不少，
男的男女的女都仰的的脑，
看人才我老货人表不好，
唱秧歌今晚期说的儿不少。

大一步来小一步，
猫儿夹的个死老鼠，
见人穿衣你扯布，
老汉你赶挺是个冒牌货。

你也唱来他也唱，
你俩人不要挺抬杠，
唱了这个咱换一项，
叫声观众们掂分量。

各位观众听我言，
剪的股自古是尖对尖，
唱秧歌场儿没好话，
谁也不要计较谁。

在场观众听明白，
张爱平吓得倒不出来，
张爱平如果要出来，
永远离不开伢四小孩。

叫声爱平我说你，
你在东来我在西，
今晚期咱是一盘棋，
红黑老将比高低。

叫声爱平你听我讲，
你那个八艺比我强，

你句句唱的都上纲，
我驴屁股诌在马胯上。

爱平兄长你听明白，
你可不要忘了钢叉二孩，
你要是忘了钢叉二孩，
你勿个浆水瓮哪儿酸来[③]。

叫声书旺你听我，
今日在台上唱秧歌，
肚儿秧歌你不多，
就当是屎圪缕范了坡[④]。

各位观众都听咱，
洞上的书旺没着落，
三斗煤灰二斗沙，
真是有尘又有圪渣[⑤]。

素清素清你听我，
咱俩进来合住口，
你来我往对秧歌，
唱唱年轻人们说老婆。

年轻人说老婆确实难办，
说上伢丑闺女得说好看，
抱孩的喂上奶还得喂饭，
黑来家糊住火掂上尿罐。

叫一声爱清你听我，
唱秧歌可不要太发愁，
今晚期在台上唱秧歌，
你要是唱不行了[6]还有我。

我铜锅碰了个铁刷的，
圪嘢[7]萝卜碰了个木擦的[8]，
豁儿嘴碰了个木八的[9]，
虾马眼[10]碰了个实瞎的。

在场的观众听我讲，
唱了这个咱收场，
俺倒有心多唱唱，
好时间不能叫俺都占光。

①年时：去年。

②外幌的：那个人，有不屑一顾、不太尊敬的意味。

③勿个浆水瓮哪儿酸来：“勿个”是那个的意思，“浆水瓮”是农村沤酸菜用的瓮，合起来。

意思是人要知道来处，要知道报恩。

④屎圪缕范了坡：屎壳郎力量不够滚下坡。

⑤圪渣：小渣渣。

⑥唱不行了：不想唱了，唱不动了，没心情、没精力了。

⑦圪嘢：干了的、缩水了。

⑧木擦的：擦菜用的檫子，木了不快了的。

⑨木八的：木头条。

⑩虾马眼：看不清东西眯着眼的人。

王效清秧歌选（物资小区危情救援有感）

王效清虽打工四方游走。
家乡的一草一木常挂心头，
这两天虽然是冷风嗖嗖，
我觉得身上当是烧上锅炉。

中华有悠久的优良传统，
红色的武乡有无数英雄，
八年抗战咱莫那怕过日本，
还怕咱小女孩爬上窗棂。

三月天十九日前晌九点，
武乡县物资小区传来惊险。
六楼爬出七岁女趴在窗沿，
万众揪心时刻有生命危险。

热心群众拨打了救援电话，
一一零一一九到现场筹划，
只因为胡同小车放不下，
一时还无法开展救援工作。

园林局郭晓刚灵机一动，
骑电动取钥匙心急如焚，
就莫哪顾得上领导批准，
抢修车开一线夺秒争分。

现场的观众都十分着急，
生怕那小女孩有个闪失，
家里头抱出来被的褥的，
搭起了爱心网以防万一。

升降篮撑起了消防民警，
郭师傅扭握着圆周手柄，
经过了五分钟惊心动魄，
小女孩平安得救扑向母亲。

就在那小女孩被救一瞬，
现场上想起了热烈掌声，
多少的爱心人多少激动，
看看咱老区人有多光荣。

孩她爹常年在天津打工，
把孩的锁家儿母办事情，
不知是想下楼寻找母亲，
还是学蜘蛛侠模仿超人。

天下的父母要照好孩的，
经常要多引导悉心教育，
不能叫下一代有所闪失，
要不了咱这把力就算白出。

要说是事情倒圆满结束，
没防住救援车还挂坏奥迪，

在现场认定了责任编出，
三万八偿还钱应该谁出？

网络上把消息往出传播，
说是把救人英雄反倒讹住，
人都说这事情做得真臭，
好心当了驴肝肺太没情由。

县委和宣传部高度重视，
传媒网电视台曝光此事，
各媒体报忧愁同样报喜，
打破砂锅都想要问个根底。

甚事情八九它总要见十，
电视台采访了女孩家属，
主人说孩命是郭师傅救的，
砸锅卖铁这个钱也该俺出。

郭晓刚说的话更加感人，
他救命并莫那想当英雄，
再说是主人家也满接满应，
正能量我只盼人间太平。

一方要有困难八方支援，
腾飞汽贸总经理伸手相援，
只要是小孩子生命安全，
奥迪车开到我厂免费修理。

事情它虽然已告一段落，
人们的激动心情不能放下，
不愧咱老区人民光明磊落，
危难关头都伸手帮她一把。

感谢县委宣传部和群众拥护，
感谢新闻各媒体始终关注，
感谢好人郭晓刚无私朴素，
感谢腾飞李经理爱心援助。

社会主义新时代不断向前，
世上还是好人多温暖无边，
只要人人都出力把爱奉献，
世界将会变成了美好人间。

祝愿咱武乡县辉煌发展，
祝愿咱武乡人生活美满，
老区人办事情真是不凡，
王效清为家乡双手点赞。

李成菊秧歌选（反腐倡廉秧歌）

湖南台刚放完反腐大剧，
剧名就叫作人民的名义，
反映的腐败问题非常实际，
拉山头搞帮派做尽坏事。

电视里腐败官听我诉说，
省级干部赵春立腐败头目，
拉帮派搞腐败无孔不入，
国家的土地资产大量流失。

腐败官员幕后策划高育良，
利用职权拉山头营私结党，
赵玉龙为他把情人送上，
在香港生子女丧尽天良。

公安厅长祁同伟目无国法，
执法犯法搞腐败无恶不作，
把权力变私用胡抓黑挖，
到最后躲山上畏罪自杀。

党中央下决心惩治腐败，
再不能让贪官一直胡来，
害群之马乱作恶党风败坏，
反腐倡廉树形象人心大快。

有些干部确实是心无群众，
搞帮派拉山头大失民心，
又贪污又行贿不顾民生，
你拉我我拽你联手同盟。

腐败官员耍权势百姓无奈，
共产党好形象让他们败坏，

白吃白拿是他们利益所在，
习总书记真英明惩治腐败。

党中央十八大公开叫板，
打老虎拍苍蝇惩腐诚然，
如果你不收敛作恶多端，
坐牢房服刑法沦为囚犯。

有些的大贪官滑稽可悲，
他以为自己能一手遮天，
依仗一时有权势施展权威，
实际上还不如狗屎一堆。

有些的官员们着实可恨，
为了钱为了权坑害群众，
国家财产他仗势占为己用，
狐朋狗友结死党压迫百姓。

还有些小苍蝇肯作大恶，
在乡村目无法乱拿乱挖，
老百姓深受害莫那办法，
没想到总有一天纪委调查。

不作为不办事这叫懒政，
这种人再不能让他留任，
既无才又无德更无人性，
下放到养猪场打扫猪粪。

实际上贪官们并不聪明，
钱再多也买不来人间真情，
共产党培养你付出资本，
结果你把党性丧失贻尽。

反腐败打老虎也拍苍蝇，
大老虎进牢中讲出真情，
自以为没人管到处横行，
到最后才知道法律不允。

贪官们自以能呼风唤雨，
不顾命不要脸抢占民女，
包小三养情人生下子女，
纪检委一调查抓的是你。

搞腐败花样多形形色色，
来世上活一回一文不值，
祖宗们因为你脸上无色，
儿女们因为你大门难出。

当领导应该是人民公仆，
吃皇粮不能不为人民做主，
败党性害民族实在耻辱，
还不如回家种些山药红薯。

有些的贪官们可贴挖能，
家里头床底下全是现金，

有了钱不敢花胆战心惊，
到最后只能接受法院判刑。

贪官们钱再多不如废纸，
不敢花只能是偷偷放起，
瞧纣钱花不上贪心不死，
纪检委一调查就装病寻死。

人来世当上官并不容易，
用真心为人民才是宗旨，
为百姓办实事得到满意，
百年后留美名人人想你。

吸教训总结经验不做贪官，
全心全意为人民勇于承担，
万古千秋干革命永无遗憾，
焦裕禄式好干部代代流传。

用公款吃喝玩蔚然成风，
用公车拉情人法理难容，
党中央抓党建整顿作风，
一个个全曝光严厉处分。

不管腐败分子法术多高，
也逃不出共产党法律围剿，
只要是在世上没拿死了，
最终要受国法审判坐牢。

党中央总书记力挽狂澜，
扫黄毒反腐败惩治贪官，
赃款赃物按法律一遭退还，
党风正民心顺国泰民安。

①可贴挖能：实在过分。

李润平秧歌选（女）（哭老爹）

多两天没进群唱上两声，
实在是这两天忙的不行，
一件事倒叫我玩耍不成，
没防纣老父亲一命归阴。

唱秧歌未张嘴先把泪流，
老父亲命归阴无法挽留，
纵然他有遗憾没法张口，
当初没赶上到医院抢救。

我想爹心儿越觉得恓惶，
没防纣他急走丢下俺娘，
做儿女好愧心痛断肝肠，
实无奈千呼唤他到了天堂。

回想爹作务俺实在太难，
苦自家也叫俺吃饱穿暖，
就算是当年苦日子艰难，

他也没叫俺们受累作难。

想起来俺爹有好的人格，
儿女们隔气[①]了都可找他，
他啥时也当真秉公执法，
从顶心到脚底把儿女数落。

人们说世上的亲情难隔，
想不通俺爹到底已经去哪，
真想叫老天显灵把梦来托，
告他说我和俺娘都很想他。

有时候冷静下来也犯破算，
生了病没法救撒手人寰，
擦干泪要坚强把老娘来看，
叫老娘过余生才算正办。

叫一声众亲友你听我谈，
瞧纣爹一天病我永莫那管，
实打实我心儿太实遗憾，
悔不该在家等该送到医院。

一天家为上班家儿又忙，
多两天没回家看看爹娘，
进了院我倒先看到俺娘，
他说是爹在家不大舒畅。

拉起话爹还和平时一样，
因此上俺们就莫那多想，
他恶心光想吐霍乱症状，
俺娘说就因为昨天受凉。

因此俺就莫那当成个事情，
觉着他受风寒歇歇就行，
说来是他不想吃正好空空，
歇一歇空空肚好把饭用。

俺姊妹家儿忙本天返回，
我不太忙留下来陪伴俺爹，
一黑来俺爹就不大如此，
哼不断一黑夜也莫那合眼。

清早起俺爹还精精明明，
我和娘倒歇说请个医生，
俺爹他不说话也不吭声，
后来看唇变黑才觉病不轻。

看着俺爹的病问题严重，
呼吸加快还叫想坐起一阵，
再看父不由我泪如泉涌，
抱住爹哭喊着不想叫起身。

俺爹他体温降越来越冷，
就算是再呼唤也不回应，

当下我倒觉得天透圪隆，
一重棒打得我发不出语音。

从来我没遇过这种事情，
没想到老父他再不能复生，
从此后看不到老爹音容，
今生世再见不上俺的父亲。

人一生很短暂来去匆匆，
老父亲年高寿一命归阴，
儿和女都孝顺尽了孝心，
老父亲归西去走得安宁。

人一生总也得走这一回，
到西方去报到也是终点，
活的人尽尽孝安慰自己，
不要到多年后还落后悔。

望友人亲戚们顺便节哀，
痛失了老父亲是天大之灾，
人到老归西去上天安排，
人虽去老人家音容还在。

老父亲身患病驾鹤归仙，
亲朋们莫伤心节哀顺变，
化悲痛为力量再创新篇，
老父亲在天灵得以安慰。

①隔气：互相生气、闹别扭。

王照清秧歌选（农民闹养种）

农业农村和农民，
合起来这就叫三农，
中央重视搞扶贫，
优化产业来调整。

一年之际在于春，
抱边垴堰把地耕，
圪枝拉渣收拾尽，
再把土壤来翻松。

化肥有害没那理，
吃坏人来种坏地，
把人吃得常住院，
把地种成硬坯坯。

买种子要找大商家，
小商小贩怕有假，
哪年产品不能圪倒差，
扫扫伢条缝和二维码。

不知道甚元素在里边，
我可没那考究权，
反正人吃了伤身体，

多用圊粪农家肥。

勤俭节约好传统，
源远流长传到今，
可也得灵活来管控，
该花的花来该省的省。

种子一旦买成假，
种在地里不发芽，
再多的投资算白搭，
颗粒不收无收获。

溜豆子得均匀摆，
科学合理来安排，
稠了早早地去间开，
稀了跟手儿就补栽。

隔上两天去瞧瞧，
是不是庄稼出了苗，
该除的除来该刨的刨，
早早地除了小草草。

野生动物种类多，
圪伶獾的和山猪，
石鸡的还有瞎红鼠[①]，
山公鸡还有野兔兔。

要是不管也不照，
山公鸡牵[2]来野兔咬，
杀害它们就不要，
装扮成老汉来吓跑。

过两天玉茭要长高，
也长出苦菜和老蒿，
灰菜玉谷和抓鸡草，
猪朗朗[3]还有谷苗苗。

锄顿了报上个铁耙耙，
连根挖起带不拉[4]，
扔在圪梁坎[5]在洼，
带土带水它就活。

赶牲口要把玉茭耕，
留上个圪壕圪棱棱，
下顿雨了把水冲，
让它充分吸水分。

转眼就要到收秋，
男女老少往地走，
好客气[6]的玉茭笑呵呵，
可算是今年又丰收。

土合地来赶平车，
尼龙口袋担箩头[7]，

不篮还有竹篓篓，
汉的挠来老婆抽。

现在的社会挺先进，
玉茭不碎又创新，
铁丝网接住做成囤，
倒在合儿[8]真省力。

扢顿玉茭[9]扒了皮，
穗儿和穗儿放一起，
回到家儿倒合儿，
确实是省工又省事。

放玉茭把泼儿[10]来平整，
砖疙瘩把洞架在空，
底下要留上圪隆隆，
专门就叫来通风。

农民的思想在改善，
好好儿打并[11]玉茭杆，
不点不挭[12]也不敢，
怕叫咱环境受污染。

新农民来不一般，
方方面面在改观，
爱花爱树爱护山，
叫山清水秀天更蓝。

玉茭秆闹成个碎顿顿[13]，
撒在地儿正当中，
做到了废物再利用，
下年养种能顶粪。

①瞎红鼠：田鼠。
②牵：啄。
③猪朗朗：一种猪草。
④不拉：来回拢、钩，可以断了草根。
⑤坎：丢、扔、不要。
⑥好客气：实在好的意思。
⑦箩头：一种圆形虚空的盛物农具。
⑧合儿：里面。
⑨拯顿玉米：掰玉米的时候。
⑩泼儿：放东西的地方。
⑪打并：收拾。
⑫梗：火烧。
⑬碎顿顿：碎纷纷，碎成粉末状。

郭凤平秧歌选（清明祭父母）

蓝蓝的天空上白云飘荡，
春风吹杨柳梢微微荡漾。
清明节儿孙们都把坟上，
山间路行人多大车小辆。

凤平我孝父母心情一样，

翻山沟爬圪梁来到坟上，
泼上汤插上香把纸钱烧上，
哭了声好恓惶我的爹娘。

女儿我泪满腮跪拜坟前，
好希望父母亲看我一眼，
父母的养育恩牢记心间，
不由我想起了儿时童年。

小时候不听话我很淘气，
上房上挖巧儿[①]把瓦掀起，
上树上摘果的又摘枣儿，
让娘亲操碎心时常接记。

当儿时永不听娘的教导，
七岁上娘把我送进学校，
叫老师严格些把我管教，
培养好长大了成块材料。

七岁上进学校我把书念，
老师伢一教我就能学会，
黑夜我油灯下把书来背，
娘亲你陪伴我也不能睡。

父母亲养育我可不容易，
又纺花又织布受了大制[②]，
女儿长大后带你到城市，

将赶上好时代你倒离去。

今日里来墓地祭奠爹娘，
不由我心酸痛觉着凄凉，
带来了吃穿用烟酒果糖，
希望你在天堂换换衣裳。

烧高香烧纸币银钱万两，
爹和娘收起来不受恓惶，
愿父母安详在天堂之上，
家和谐邻友好安然无恙。

大树下祖先们欢聚一堂，
泼上汤告祖先呼唤爹娘，
跪坟前身叩头祭拜天皇，
女儿我真想叫爹娘还阳。

叩过头长跪地永不想起，
闭上眼泪满腮如同下雨，
女儿我长成人跟你睡睡，
人世间再无人能和娘比。

诉一诉人世间苦乐惆怅，
悄悄话似乎又告诉爹娘，
爹娘话女儿我念念不忘，
女儿我家幸福儿孙满堂。

女儿我传承了祖先品行，
无愧于爹娘的家规教训，
女儿我延续着父母生命，
父母的英灵将万古留名。

这坡底坟阴里睡着爹娘，
不说话不喧哗温馨安详，
大柳树随地脉直上天堂，
墓碑上镌刻着昔日辉煌。

女儿我把爹娘再唤一声，
今日里上坟来把心完成，
愿爹娘在天堂快乐无穷，
安息吧我老爹还有娘亲。

父母的养育恩情似海深，
今生世报不完父母之恩，
趁父母在世时好好孝顺，
人去世再不能死而复生。

人要留子孙后草要留根，
辈辈的鸡儿它辈辈都鸣，
劝儿女父母床前尽孝心，
不要叫父母去了遗憾终身。

①挖巧儿：掏雀儿。
②受了大制：受了大辛苦。

韩秀川秧歌选（历史不断在翻新）

盘古初崩天地天地分开，
混沌初似渺茫无法记载，
天地人三皇他朝袭时代，
人间道相互才慢慢传开。

小时候也学过大禹治水，
到如今可能有四千多年，
大禹他坐江山文化领先，
甲骨文记载了当时要点。

夏朝后施暴君更为猖狂，
施淫乱失去了民心所向，
野人部落在黄河叫个成汤，
讨伐暴君打败夏夏朝灭亡。

家族化坐天下父亲传子，
六百多年商王朝三十一支，
纣王他是商朝的左后皇帝，
一天家在后宫不理朝事。

殷纣王不理政倒会享福，
光躲在后宫院贪恋女色，
众高官不拥护民心所失，
武王鹿台烧纣王商朝结束。

历史上有名的牧野之战，
摧毁了商王朝六百年江山，
周文王周武王英明果断，
得民心得民意安居乐业。

哪朝代总也有贤士能人，
渭水河周文王遇上太公，
能掐算保周朝江山坐稳，
姜子牙封神榜流传后人。

畏耍耍诸侯国一百多个，
谁也想争王位自己独立，
可能是周朝的气数也尽，
才出来秦始皇统一中国。

秦始皇坐江山一世英名，
历史上也算是一代枭雄，
边关上修起了万里长城，
为叫百姓安居天下太平。

秦暴君欺压百姓苦度时光，
农民起义才出了陈胜吴广。
楚霸王为项羽刘邦汉王，
楚汉战争分胜负定国安邦。

甚朝代也不能长治久立，
汉献帝坐天下矛盾滑稽，

贼董卓戏貂蝉丑态百出，
中原地群雄逐鹿分成三国。

三国两晋南北朝莫那几年，
老百姓经受的是战火硝烟，
群龙无首到隋朝出了杨坚，
隋文帝坐江山才统一中原。

哪个国家也不能天长地久，
隋炀帝探琼花下了扬州，
抓壮丁压百姓开通运河，
这也是大隋朝灭亡到头。

李世民坐江山实不容易，
一心想老百姓过得富裕，
国泰民安他首先发展经济，
历史上才留下贞观之治。

大唐朝三百载世袭统治，
接下来五代十国倒又开始，
陈桥兵变赵匡胤适合天时，
东京汴梁坐下了真龙天子。

大宋朝三百年化为尘土，
没想到外族人也肚大气粗，
元世祖忽必烈家在蒙古，
侵犯中原灭宋朝在京定都。

三百年大明朝光辉灿烂，
到最后又落得官逼民反，
李自成领兵把北京攻占，
崇祯皇没办法吊死梅山。

大清朝整整儿坐了十季，
有名的还数伢乾隆康熙，
百姓乐国富强狠抓经济，
历史上留下了康乾盛世。

一九一一爆发了辛亥革命，
孙中山当总统坐了南京，
袁世凯复帝制在中国坐阵，
北洋政府分政局动荡不宁。

三七年爆发了全面抗战，
国民党在里头它也添乱，
蒋介石顶不住他跑到台湾，
五星红旗天安门永远灿烂。

陈晋军秧歌选（打工艰辛要账难）

武乡是好地方人杰地灵，
一片热土养育了万代子孙，
抓一把家乡土贴在前胸，
无论在天涯海角永不忘本。

人在世不能够一概而论，
有当官有农民层次不等，
有商贩有老板社会精英，
还有人漂流在外四处打工。

说起来打工者在外很难，
出大力挣小钱混个吃穿，
一年过到头来血汗熬干，
到年底不给钱令人心酸。

给老板常年打工受伢克打[①]，
尝尽了世上的酸甜苦辣，
完了工不给钱莫那办法，
伤心泪往出流如同雨下。

出了门去打工要账很难，
更怕的是遇上个瞎八[②]老板，
欠下账没诚信脸又翻船，
心太黑装腰包连根都剜。

还有人当老板心态不平，
不讲道理找借口坏尽良心，
他推你你推他推脱责任，
恓惶的要债人找不着门门。

说起来要结账确实挺难，
登了门气不顺还把脸来翻，

欠下账没诚信脸又翻船，
要账人可怜得像孙的一般。

今天寻明天要三天五天，
今天去明天找趟趟白费，
心里苦身体累精神崩溃，
他不高兴一句话能推几年。

如今这欠账的都是老爷，
要账的当孙的得看伢眉眼，
如若你不冷静闹翻了天，
黑道白道利用上你还得倒给。

这种事人群中经常出现，
换位思考有改善能得到理解，
社会好本事大能自由发挥，
农民工血汗钱才能不拖不欠。

①克打：训斥。
②瞎扒：坏、没素质、没规矩。

孙永红秧歌选（秧歌情缘）

一五年在矿上把手挤着，
医院回来家里我倒请假，
家住的没营生莫那办法，
抱起勿个手机挺[1]上网络。

我记得有一天是个晚期，
要手机唱秧歌进了群儿，
只说来微信上唱上两句，
听着伢有人唱真上档次。

我和他在群儿来回对答，
他秧歌唱的是古万入格，
随后我就赶紧来查访他，
我问他你是谁住哪儿家？

我问罢他来他就开口，
伢马上用秧歌来告诉我，
这位好朋友请你记住，
俺家就住在咱广志半坡。

接下来他就又把我来问，
你家住哪个村名字叫甚，
我告他俺家住在当城村，
我名字就叫一个孙永红。

我听着这个高客八艺沾些，
秧歌伢内容深音调优美，
我问他是不是半坡红卫，
我听你说过书对你了解。

他又说朋友你要听明白，
你秧歌唱得可真是不赖，

你当城古万好尽些人才，
我还能认得勿个四小孩。

就这跌个[②]俺俩人常聊天，
哪个群里头也要唱一回，
我觉着和他实在缘法对，
就是从来还莫那见过面。

光光儿聊微信没那见面，
群里头唱秧歌也常抟嘴[③]，
说活莫那觉着也不两天，
转眼之间倒又过了新年。

十五黑夜南台寨闹红盛，
我十六返回天洼回了俺村，
十七伢白返头把俺邀请，
我遇上红卫爱国还有玉明。

二十一下寨村大闹红盛，
和拉弟中信还配得素清，
没想我走好运一炮打红，
俺四人两场秧歌都唱成。

我在下寨红卫他可在寨坪，
观众们上下跑的来回听，
黑夜在微信里头都议论，
伢说都待见听俺俩年轻人。

二十二黑夜到了闫家庄，
我和伢红卫都在场，
恰恰是俺俩人配搭档，
从此就这地个拾跟上。

俺俩人拾跟上出了外前，
走哪儿可哪儿也配对对，
感情深处得好寸步不离，
好弟兄好歌友处了二年。

年时夏到段村他文化下乡，
我上班可了伢东庄煤矿，
要是一天莫那把伢见上，
我心儿就觉着实在圪凉[④]。

我为红卫唱秧歌不顾吃穿，
我为红卫出门的不觉饥寒，
我怕红卫上了火给他舀饭，
我拉红卫去高节不嫌麻烦。

我唱秧歌要是莫那红卫，
心里头时时刻刻把伢挂念，
在场儿也不想转外圈圈，
就当是出门的没穿布鞋。

打一天要是不和红卫拾跟，
就当是跟前像短了情人，

有时就达不泛[5]南北西东，
嘴里头没唱的打不起精神。

我见红卫就当刘备见张飞，
我见红卫就当宋江见李逵，
我见红卫就当马季见赵炎，
我见红卫就当本山见范伟。

我和红卫相处得感情太好，
今生今世也不怕把心变了，
要想变除非是泰山跌倒，
要想变除非是石头烂了。

①挺：经常。
②就这跌个：就这样子。
③抟嘴：互相切磋。
④圪凉：心慌、不知所措。
⑤达不泛：不明白、不知道、想不通。

李红卫秧歌选（秧歌结情缘）

握话筒摆了手来到台前，
永红弟今晚期陪伴红卫，
只因为天快黑抓紧时间，
俺二人唱秧歌直奔主题。

我也好耍 QQ 常上微信，

群里头结识了兄弟永红，
在网上处下了深厚感情，
才有机会把秧歌继续传承。

唱秧歌俺俩人经常拾跟，
从来就永莫那犯过脸红，
去哪儿搞演出他把我引，
我要是离了他就不能出门。

自从俺俩个人相处拾跟，
别人就则尼好也不如永红，
弟兄们一辈的不再离分，
白头到老走顿了咱俩拾跟。

我还盼兄弟能转成女人，
下辈的和永红举行结婚，
办喜事入洞房拜堂成亲，
咱夫妻恩恩爱爱度过一生。

兄弟你下辈的成了我老婆，
肯定我时来运转永不发愁，
虽然我长的是样儿太丑，
生孩的不敢叫照你四舅。

兄弟你说这话不懂道理，
自古道人来世天配姻缘，
恩恩爱爱过难关成了夫妻，

薛平贵讨吃还成了状元。

掌柜的唱罢了你再听我，
黑墨镜戴眼上我想遮丑，
因为我急需要说个老婆，
今晚期在台想踅摸个台口。

好朋友你唱罢倒又该我，
说起来说老婆我实在发愁，
虽然说看中我都能举手，
伺候盲人一辈的路可难走。

台下的观众们你都听我，
待见红卫你给我说个老婆，
两三年说老婆寻不下台口，
哪个女的待见我台下举手。

说起我人才来实在太丑，
打了光棍好多年没人嫁我，
有老婆回家就能把伢布纣[①]，
我回家永没人给暖暖被窝。

因为现在天到黑时间不早，
唱了这个秧歌了咱就拉倒，
台后边还坐的高手不少，
不要叫观众把好节目误了。

唱了个秧歌我倒退后头，
观众们送掌声把我挽留，
只要是观众们给我拍手，
我再抖抖精神加俩秧歌。

落了锣鼓叫观众听个明白，
唱了这个秧歌了说声拜拜，
鞠上一躬我转身返回后台，
老外家说再见古德芭艾[②]。

①布纣：抱住。
②古德芭艾：Goodbye。

王旭东秧歌选（跑车艰辛）

这霎霎堵了车心躁的不行，
开手机进网络点开咱群，
问一声大家好都晚上安宁，
不吃劲[①]进网来动动唱声。

这霎儿车堵在两省交界，
要说离家乡才百八公里，
结果堵了整整一明一夜，
一霎霎动一动才往前圪尾[②]。

水中你唱罢了再把我听，
跑车这个买卖不成营生，

天天在车里像住了牢笼，
停住了才下车稍稍放风。

说起这跑车还真得小心，
俩眼窝时常瞪得当是銮铃，
俩手握方向盘脚踩油门，
抽空儿哼秧歌能缓解心情。

众朋友在群儿都把我听，
开车的还不如当个农民，
当农民春天种秋天收领③，
开车就不知道天黑天明。

说起我跑大车也挣现金，
千般罪万般难永说不清，
我觉着总不如当个农民，
黑夜家总还能睡个安生。

叫一声观众们都听我讲，
跑大车在外前确实恓惶，
交警伢等纣了把礼送上，
开罚单伢还要把分扣光。

说起个潇洒来我也潇洒，
走南京闯北京眼儿红活，
在路上跑车啥也能见着，
时不时能听见车辆响哗。

自找前途来真的是莫那，
半辈的在路上历经坎坷，
风雨雪雾别人都能在家，
我恓惶瞪俩眼路上爬沙④。

老农民误了种能播重茬，
俺们这号买卖不能拉撒，
煤矿装煤场卸发愁不杀，
缺斤短两伢不把工资来发。

你说来这霎儿跌在地上，
我觉着你睡地也挺对当，
明天早穿衣裳不用起床，
穿破鞋把纣腿就能穿上。

你今年唱秧歌成了名演，
和伢都⑤拾跟上又能挣钱，
你面汤还能够多少喝些，
我啥时才能把面汤见见。

开大车这个事确实不美，
大不过就是为多挣个钱，
谁叫咱不好好把书来念，
学上个开车的光能送煤。

①不吃劲：不得劲、不舒服、不顺心。
②圪尾：挪动。

③收领：收拾。

④爬沙：艰难地往前、寻生活。

⑤伢都：别人、其他人。

任爱国秧歌选（武乡特产）

你要问咱武乡有甚特产，
我觉着西岭背家肯种山药，
天洼圪梁肯种些莜麦荞麦，
洪水墨镫种上谷巧儿不散。

姜井洼粉头圪梁肯种小麦，
老百姓不买面把生活调节，
下广志种大棚有茄子西单，
檫耙落彊[①]买顿了钻进窑湾。

朱家垴卖水果把洪水摆满，
洪水家卖河捞六块一碗，
闫家庄有煤矿国家所管，
俺下石墙光买些石仓石板。

一路上往下走去了蟠龙，
砖壁老婆跳花戏肯买裙裙，
监漳家肯种些西瓜花生，
北漳家卖水果是国光红星。

你要说监漳家肯种西瓜，

瓜圪拉儿不叫闲拼上萝卜，
成熟了担上它上街卖俩，
一块钱才给你一疙瘩瘩[2]。

要说伢龙湍家违种生活，
家家户户抓经济专种香瓜，
一种瓜三种色有绿有花，
打开吃一股香味又甜又沙。

说武乡唱武乡咱不跑武乡，
返回来再唱唱上下型塘，
柳沟村河不棱皮烟祥良，
家家户户基本上开的饧房。

芝麻饧来饧圪蛋，
绳头麻圪丝[3]都能换，
孩孩们见了不吃饭，
不给他钱了就偷鸡蛋。

芝麻饧来灌糖饧，
五块钱报上能卖五根，
老人们吃上能返年轻，
老汉们吃上能当民兵。

咱武乡不仅是县城名城，
土特产在全国也很有名声，
拉驴肉麻辣烫凉糕烧饼，

汾州香早成了皇家贡品。

产条麻出党参乌金滚滚，
脆圪桃[4]香瓜子还有柿饼，
干面饼则响叮当遍布全省，
又香脆又好吃受人欢迎。

东沟家卖的是灌肠凉粉，
故城故县种高粱又饱又红，
成熟了割穗穗捆成捆捆，
迎来了丰收年五谷丰登。

上司家产梨儿成亩接片，
好杏儿出自咱故城权店，
上司家好梨儿又大又脆，
好杏儿直管收打出平面。

咱武乡象征着太行精神，
勤劳的武乡人都是英雄，
用双手修新路致富脱贫，
盼武乡明天好前程似锦。

①檫耙落彊：各类农具。
②一圪瘩瘩：一小块块。
③麻圪丝：麻丝丝。
④圪桃：核桃。

宁国先秧歌选（母亲十月怀胎）

尚会长提出了孝字当头，
为人子都应当孝敬父母，
小羊羔吃奶时双膝跪母，
小乌鸦也知道寻食反哺。

慈父母养育恩恩重如山，
为子女费心血报答不完，
人生在尘世上父母恩宽，
子孝父女敬母理所当然。

人来世谁都是父母所生，
父母亲为儿女受尽艰辛，
不怕苦不怕累勤劳一生，
为儿女都应该孝敬双亲。

娘怀儿一个月提心吊胆，
只恐怕有差错遭下麻烦，
有了病不打针也不吃药，
为的是叫儿女生长平安。

娘怀儿两个月草发芽芽，
父高兴娘喜欢玉树开花，
盼儿女像瓜果日夜长大，
病魔缠亲生母她也不怕。

娘怀儿三个月面容改变，
每日里总觉得身体很累，
看上去三分像人七分鬼，
为我儿在人前强装笑脸。

娘怀儿四个月四肢生长，
只觉得对身体有了影响，
不想吃不想喝饮食不香，
不想走不想动光光想躺。

娘怀儿五个月五脏丰满，
茶不思饭不想百病来缠，
又恶心又头昏嘴里吐酸，
腿走路不想抬发困发软。

娘怀儿六个月刚好半年，
下身困上身疼苦不堪言，
手也肿脚也肿举步艰难，
为胎儿不求医受苦受累。

娘怀儿七个月刚逢七关，
食娘肉饮娘血腹痛不安，
用双手摸摸肚儿在动弹，
肚里头再难受娘也喜欢。

娘怀儿八个月八宝长全，
坐不安睡不宁心似油煎，

为儿子平安长母子见面，
亲生母甘为儿受苦受累。

娘怀儿九个月即将分娩，
走身子光移肉好似刀剜，
生孩子疼得娘肝肠痛断，
前心疼后心憋咬紧牙关。

生几生死几死才见儿面，
赤条条血与身抱在怀间。
十个月怀胎苦恩重如天，
养育恩比山重记在心间。

郝永生秧歌选（处事哲理）

人来世界活一回，
也有苦来也有甜，
本来活得就很短暂，
数数确实也没几天。

遇事咱就不较真，
烦恼多了也不顺心，
心平气和益寿增，
难得糊涂幸福人。

人生富贵一场梦，
何必追求太较劲，

老人老汉节俭用，
当牛做马非儿孙。

前世五百年曾相处，
才换来今天的擦肩过，
蚂蚁搬家无法数，
人生相处贵为和。

人生不过想多活，
春长夏开秋冬落，
有的好比人生花，
加油好比在工作。

睡觉要把门窗来关，
断掉空调与电扇，
夜晚血脉走得慢，
切不可夜来中风寒。

破锅自有破锅盖，
傻人自有傻人爱。
该吃该喝常自在，
有事不要往心里揣。

送走了月亮迎太阳，
晨风吹来精神爽，
新的一天先开唱，
活的一天更比一天强。

送走了秋季迎冬天，
阴阳转换多锻炼，
清早空气实在鲜，
千万别把懒觉睡。

冬季到来天降温，
多穿衣裳箍围巾，
起来在家等一等，
喝上杯开水再出门。

天上星辰添异彩，
一元复始冬又来，
有了烦恼咱要想开，
换位思考乐心怀。

忙到东来忙到西，
忙得我裤的也抽不起，
高间儿忘了拿卫生纸，
半路上坐下永不想起。

花开花落永无暗，
梦中还觉灯火寒，
人生本来是转个弯，
知足常乐多健谈。

世界上很少有一扇窗，
人来世界不妄想，

看看这花花世界上，
原来都是梦一场。

有人哭来有人笑，
先有年轻后有老，
有人病来有人好，
让咱转世走一遭。

朵朵牡丹红苕花，
片片含情时兴发，
风雨吹打不嫌怕，
随缘过日小成大。

花红石头和动听，
绿树色染半天中，
亲亲之心方为本，
处处花开处处春。

任和平秧歌选（迎新春）

一八年的钟声还没敲响，
和平我提前把祝福送上，
祝福您好运到无处躲藏，
祝福您好身体平安健康。

眼睛一闭一睁就是一天，
花开了花谢它又是一年，

元旦过腊八它紧紧相随，
我愿你每一天快乐无边。

我愿你上班时偷偷撒俏[1]，
我愿你下班时能活蹦乱跳，
我愿你时常唱秧歌音调，
一觉醒来枕头边全是钞票。

新一年新气象同贺元旦，
愿朋友一八年美美满满，
生意火事业顺平平安安，
日进斗金常快乐寿比南山。

新春到菩萨临把祝福来送，
爱情亲情朋友情份份真情，
官运财运桃花运运运亨通，
大财小财意外财财源滚滚。

元宵到朋友们兴高采烈，
告别旧年烦恼事一去不返，
叫健康和快乐常常相伴，
好家庭和和美美幸福美满。

生活的道路是弯弯曲曲，
和谐的生活才幸福甜蜜，
再难的时光要不断继续，
二零一八祝大家开心幸福。

幸福航船驱迷雾，
国泰民安踏坦途，
开门大吉秧歌舞，
新春美满绘新图。

龙马精神狗年到，
心情愉快烦恼少，
扭扭八字扭扭腰，
早睡早起身体好。

日出东海落西山，
遇事情一定要乐观，
常常微笑心舒坦，
新年好运宏图展。

①撒俏：撒欢儿。

赵爱忠秧歌选

锣鼓打得震天响，
迈步走进秧歌场。
从小就把秧歌唱，
秧歌是我一爱好。

显王村是好地方，
南北窄来东西长。
历史悠久物产好，

人杰地灵资源广。

红灯高挂奏音乐，
隆重庆贺元宵节。
会场设在大西角，
干部群众都喜欢。

过春节贺十五从古到今，
借机会表一表我的心情，
显王村各位么父老乡亲，
祝您们春节好万象更新。

春天过夏天来从秋到冬，
新世纪新岁月万事顺心，
祝父老身体好松柏长青，
贺青年成栋梁肩负重任。

今天上台来我心情激动，
见到咱观众们非常高兴。
首先祝愿大家身体健康，
再盼咱万事好一帆风顺。

党支部村委会一心为公，
处处办事情都为咱村民，
搞建设建新村完成工程，
上表彰下欢迎振奋人心。

好干部好比是一盏明灯，
给群众指明了前进航程，
肯吃苦不怕累为咱群众，
这真是好干部人人赞颂。

人怕老是一种心理状态，
反而是越怕老越要变衰。
一个是越怕老老得越快，
另外是易患病老年痴呆。

人老了夕阳红积极面对，
能做到尽量做不留后悔，
不少人六七十失去伴侣，
伢还要找女人再把婚配。

实际上人都想常活年轻，
活一天少一天真不由人，
就是说欠屁股不把时跟，
毕竟是昨日过又活今日。

老年人咱都要活出精彩，
对事情应该有坦然心态，
只要是身体好怪也不怪，
而且是感觉到无比豪迈。

所有的老年人想在一块，
我劝你莫要把面子太爱，

要珍惜开放的美好时代，
该做的要快做不要等待。

唱秧歌好内容来自什么，
它也是离不开日常生活，
为什么人家就内容不缺，
主要是伢善把生活观察。

说小说和散文来自作家，
他深入实际中体验生活，
所以说能写出实际情节，
写出来读者看能把心抓。

人生的道路是实在短暂，
走过去返回来做一想看，
应该有信心去克服悲观，
再努力去创造人生非凡。

李玉明秧歌（夫妻感情）

夫妻二人唱秧歌实在俊劲[①]，
好搭档好秧歌好的内容，
尚会长出题目俺们听从，
伢叫唱夫妻二人好的感情。

说起俺夫妻感情一言难尽，
我二十三她十八俺们相认，

我大她整六岁叫六六大顺，
一见面勾小指一言为定。

俺老婆嫁给我挺有福气，
半辈子对她好处处重视，
从大陌引出来不用种地，
从小村搬洪水到了城市。

说起来俺老婆真有本事，
工作单位是人寿保险公司，
她会说话好脑筋又会办事，
回了家踊哒哒[②]还给我撑气。

俺老婆社会上名声远扬，
保险公司是精英业绩辉煌，
引上我去旅游叫我欣赏，
坐上飞机到澳门又到香港。

引上我到北京又到故宫，
引上我到天津又到厦门，
引上我到苏杭观看风景，
引上我唱秧歌来了段村。

俺老婆人才好又有才干，
大半辈恩爱夫妻和我陪伴，
我在家挺自由随便圪转，
伢在公司一年挣二三十万。

好夫妻好感情一生相伴，
好家庭好生活永说不完，
舞台上唱秧歌时间太短，
感谢观众掌声大为俺点赞。

①侒劲：出力、使劲儿。
②踊哒哒：飘忽忽、自认为有能耐。

张爱平、李红卫、孙永红、王效清秧歌联唱

（唱响跑腿秧歌，回馈家乡父老）

张：唱秧歌必须得五花八门，
李：从俩人唱秧歌变成四人，
孙：这的唱全凭得脑筋聪明，
王：这样的唱起来观众爱听。

张：从清朝到民国直到如今，
李：跑腿秧歌在武乡一直传承，
孙：老的儿不行有了红卫永红，
王：效清我又唱秧歌踏上征程。

张：武乡县唱秧歌掀起高潮，
李：正月天尽台口能挣票票，
孙：伢都说我永红唱得最好，
王：我效清能挣钱招财进宝。

张：这俩人唱秧歌可贴自高，

李：说明我技艺高唱得太好，
孙：再加我人年轻嘴嘴太巧，
王：这俩人太猖狂让人烦恼。

张：姜了还是我老的辣，
李：只有我红卫才叫高客，
孙：老张比上我水平太差，
王：还数我效清顶呱呱。

张：深酒越放越好喝，
李：好酒才能摆上桌，
孙：不过你老张胃口差，
王：放的久了就成了糠萝卜。

张：后生们不要和俺瞎圪咋[①]，
李：圪咋圪咋你能执念咱，
孙：你要是犟嘴就赶回你家，
王：没眼了也不能叫撂倒他。

张：不信洗脚盆还能淹杀人，
李：粉连纸能倒折腿一根，
孙：嘴坏[②]老张这个硬棍棍，
王：豆腐也能打坏你俩眼睛。

张：三个后生实在怕，
李：效清伢身高个的大，
孙：我永红是个好高客，

王：半坡红卫太毒辣。

张：你也说来我也说，
李：不用给你们做解释，
孙：唱秧歌达到大家都满足，
王：再不用当城勿个二柄的。

张：我瞧着咱广场人山人海，
李：是因为跑腿秧歌唱得精彩，
孙：观众们都爱听不想走开，
王：一代一代接一代继往开来。

张：这霎霎我瞧着天快黑，
李：唱了这个咱就拉倒哇，
孙：路径道远倒都想回家，
王：祝愿大家狗年都快乐！

①圪咋：挑衅、斗嘴。
②嘴坏：骂坏。

第二节　西乡秧歌

张晋才秧歌（生活没钱不行，有钱不是万能）

每个人生活中必须有钱，
有了钱就能够买米买面，
有了钱还能买酱醋油盐，

这就是生活的起码条件。

咱再说生活的锅碗瓢盆，
所有的家具都自不产生，
商店里你去买没钱能行？
哪怕是少一分也买不成。

人生活光有吃也难生存，
因为人不可能永不出门，
出门的你就得衣服加身，
穿衣服没拿钱还是不行。

又有吃又有穿仍然不行，
吃五谷不可能永不生病，
有了病你就得吃药打针，
没那钱医院它不白就诊。

且不说生活中更高标准，
住房的要考虑楼房几层，
出门的坐上车便利通行，
室内又装潢得高档时兴。

请大家慢慢听来我表明，
现实的生活中样样是真，
听了后大家要细细记清，
哪一样讲不到大家补充。

伢都说有了钱使鬼推磨，
没钱他经常可心里难过，
立不是立来呀坐不是坐，
于是就变成了找钱恶魔。

因为钱把家庭妻离子散，
寻找钱不守法去把错犯，
一个人坐牢房家中犯难，
子随妻外嫁人去找平安。

因为钱男人们拈花惹草，
女人们出家外到处乱搞，
和会的好家庭经常争吵，
到最后各奔东西把婚离了。

因为钱有的人精神失常，
在家中能不认自家爹娘，
兄弟间抢钱财相互杀伤，
亲人能变仇人互不相让。

因为钱多少人失去朋友，
借了钱不归还半途分手，
甚至去要钱财捺了屁头①，
真像是人世间的一条疯狗。

因为钱有的人走上绝路，
一个人他活得感到难受，

无活相一气下就去跳楼，
或者是服毒药又把江投。

因为钱贪官们走向犯罪，
想贪钱他乱用手中职权，
犯了法关进牢失去地位，
一生中名和利全部捣毁。

现实的生活中不再列举，
总之是因为钱心窍鬼迷，
最终是害别人又害自己，
落了个坏下场生不如死。

虽然说当今是经济社会，
没拿钱你只是活受死罪，
但不能不考虑权衡弊利，
你放的不当人你去当鬼。

群里边群友们你们听过，
人人都应该在心中有数，
闹人家没拿钱日子难过，
只要是靠勤劳肯定没错。

娘生下一个人一份能力，
靠能力去挣钱心安理得，
生活中不攀比常感知足，
一定会常幸福不把轨出。

朋友们听后要对照自己，
是不是你处境非常危险，
如果是行为上不够检点，
要迅速来一个勒马悬崖。

今晌午我唱的这个钱字，
是不是听起来也有意思，
劝大家动脑子经常反思，
咱今后搞钱要走对路子。

①捺了屁头：被打了。

程雪唐秧歌选（我和跑腿秧歌）

捉手机登微信上了咱网，
指头按嘴儿唱有些生疏，
跑腿秧歌一生伴随着我，
我对它感情深好比老婆。

我记得那一年我才六岁，
跟上伢去上街一夜不睡，
高兴得不嫌冷不嫌受罪，
我爸爸寻张来[1]倒我则背[2]。

曾记得八岁上进了书房，
听不进老师教我 bpmf，
就爱听老汉们谈论秧歌，

静悄悄耐心听竖起耳朵。

尊敬的老师们都在听我，
天生下最爱听跑腿秧歌，
一听着捣锣鼓扔了馍馍，
一不气[3]跑到伢秧歌房房。

小时候脑筋差就是糊的，
一听着唱秧歌跑开步的，
顾不上吃饭了饿上肚的，
烤火火觉不着烧了裤的。

一说起唱秧歌咱就没撇[4]，
十二三唱秧歌出丑百化，
调不了大嫂的能办角角，
当的是老婆的扭扭捏捏。

小时候家贫穷住的窑的，
过年有五升米一斗茭的，
穿的是大袄儿当成袍的，
高兴的唱秧歌才调上烧的。

跑腿秧歌待见唱爱得要命，
二十上去外村高兴地接送，
遇上伢郝忠全最有名分，
初遇面唱秧歌我比他硬。

我生在五一年本是属兔，
从孩孩学秧歌没跟师父，
东北良修过了三年水库，
一下班我就把秧歌操谋⑤。

修水库带过工当过连长，
到后来又去了公社牧场，
学毛著背语录技术加强，
从那时唱秧歌有了名响。

回想起学秧歌受过折磨，
被累得狼夹了硬用犁拖，
又投师又访友没拿结果，
现场编现场唱现场直播。

当年轻唱秧歌不是瞎撇，
及时雨对得好上问下答，
一登了秧歌场掌声热烈，
走一处红一处人见人夸。

到如今人老了脑筋生锈，
我觉得跑腿秧歌莫那唱够，
唱到老学到老继续奋斗，
活一天唱一天永不退休。

人老了就如同断线风筝，
我看的秧歌比生命贵重，

唱不了总要唱尽些弊病，
还希望老师们批评指正。

咱秧歌就好比会土居官，
常言道看容易做着也难，
有能耐唱出来真不平凡，
无本事当出门丢了盘缠。

自己编自己唱自己推销，
自古来唱秧歌不贴商标
土秧歌唱出来谁也不要，
老风婆不讲理刮上就跑。

自古道唱秧歌不留本的，
睡梦中跑出来跌到桶的，
场场儿转圈圈不拉磙的[⑥]，
天要是塌下来有地顶的。

秧歌是非物质文化遗产，
既简练又风趣还有内涵，
老祖先留下来不可失传，
我呼吁年轻人快来接班。

虽说是唱秧歌没有本把[⑦]，
尽量儿不要说不好听话，
的脑上穿袜的脸上难下，
不要叫前头走后头人骂。

文艺界本来是青年天地，
唱出来赶流行声音清脆，
老汉的在里头啥也不会，
人说咱老越老百不处贵[8]。

我兄长讲此话太实谦虚，
咱弟兄唱秧歌不能除皮；
近几年搞改革共同富裕，
要有好说了赖良心何居？

一排排一栋栋都是新房，
家里头电器化现代装潢；
吃不尽穿不绝收入增多，
这都是跟上伢老邓沾光。

先天下忧而忧忧中带愁，
后天下乐而乐乐在心头；
昔日里贫穷苦今日方休，
日荣月华富贵幸福千秋。

咱弟兄唱不完过街秧歌，
歌颂的干部好群众佐光；
挺胸脯迈大步再往前闯，
把咱村建设成特色村庄。

党号召农林牧全面发展，
多植树多造林绿化河山；

要保护森林法齐抓共管，
不要让少数人随便乱砍。

尘世上君子多小人不少，
交上个小人算你糟糕；
甜言言蜜嘴嘴笑里藏刀，
还没有过了河他就拆桥。

狼行的千里地总是吃肉，
虎行动万里山最怕豺狗；
偷咬狗摆尾巴牙齿不露，
小二人谋害人难以防住。

想朋友想得我神经失调，
吃不香睡不好夜罪难熬；
黄道日吉利时两家相交，
就好似亲兄弟一奶同胞。

黄河水万丈深无法测定，
也不像咱兄弟恩深意重；
情词恩爱话发自内心，
兄又恭弟又敬四海清风。

常言说数九天冰冻山河，
相交好也不是一日之寒；
三伏天清风雨前场万变，
咱兄弟就好比绿水青山。

钢刀快割不断江河流水，
背后言坏不了知心朋友；
哪怕是天崩裂着砸塌地球，
咱弟兄好恩情不能分手。

咱弟兄初见面义气相连，
想必是前生定才有今天；
有缘人一千里也来相见，
无缘人面对面也不团圆。

松柏树四季青颜色不褪，
时时地想朋友口口磨碎；
今日里来相会感动天地，
请回去共赴贺元宵大会。

众神灵在大殿欢聚一堂，
合村人元宵节前来上香；
保咱村真富贵世代永长，
福禄寿三星照人人安康。

为人民流血汗抗战八载，
娱乐会来纪念理上应该；
想必是虎离山青山还在，
石碑上刻美名千古传开。

干圪梁穷沟沟咱也不嫌，
酸枣扒死扎人长在岩边；

受苦人种庄稼汗水相连，
面向着黄土地脊背朝天。

穿上好吃上饱谁也知道，
将书堂熬出来录像各老；
说三纲论五常一字不晓；
务农人就知道耕种田苗。

你说你没文化受下恓惶，
小时候我倒是进过书房；
也没学会个 B、P、M、F，
家里人弄住我做饭刷锅。

老韭菜不入池自立土地，
红里果吃着好又香又脆；
明星出在了少年之最，
人无志看来是空长百岁。

人生在尘世上不能攀比，
十个指头戳出来长短不齐；
漫不讲咱同是凡夫俗子，
是神仙也好泄露天机。

听一句良言语三冬温暖，
恶言语冷落人六月心寒；
恩爱话人爱听自在安然，
粗暴话最伤人招惹祸端。

为官清民自安官上加官，
妻贤良子行孝父母心宽；
弟兄们不分家财源不散，
妯娌们常和睦顺气仙丹。

比成我佛祖爷念不了经，
比成我孙悟空蹬不了云；
比成我万岁爷成不了龙，
比成我讨吃的上不了门。

正月里闹元宵及古至今，
宋公明到汴梁元夜观灯；
私访了李师师李逵不愤，
痛打了杨太尉大闹东京。

二月里黑旋风嚷闹不休，
忠义堂就要杀寨主之头；
写下了军令状两人各收，
备上马刘家庄去问来由。

正月里元宵节灯火大张，
什么人芦花口取笑周郎？
小周瑜他活了多大岁数？
什么多什么小甚不久长？

正月里元宵节灯火大张，
张翼德芦花口取笑周郎；

小周瑜他活了二十三岁，
计又多龄又小命不久长。

观一对八卦灯内含九星，
诸葛亮坐茅庵夜观天文；
身穿的八仙衣手执汗巾，
掐指算刘贤主来请卧龙。

红灯照如日月地久天长，
照得咱贵府人阖家安康；
元宵节天赐福送来吉祥，
子孙孝妻媳贤福禄满堂。

观一盏太阳灯是个火星，
时时的工作忙游走太空；
日光照分四季春夏秋冬，
地球上生万物靠它生存。

观一盏火车灯走路如飞，
行得长像巨龙喊叫如雷；
人称它最力大日行千里，
土路上它不走专走铁轨。

静坐时常思虑自己不对，
闲谈时切莫论他人是非；
忍者安让者宁以和为贵，
教君子怕小人不算吃亏。

心头上一把刀忍字最高，
把忍字学到手护身法宝；
凡遇上怒上心忍耐为妙，
消消气下下火祸飞九霄。

山外头还有山天外有天，
人背后还有人贤中圣贤；
学不尽圣人语诗书万卷，
走不尽修行路佛法无边。

人前头说出话如同泼水，
大丈夫言出口驷马难追；
真君子立下誓天理相随，
比桃园三结义情如一体。

量小非君子古人常谈，
无毒不丈夫俗语相传；
欺软的怕硬的不算好汉，
歪心眼短做事枉为儿男。

虎离山落平阳狗也要咬，
凤落架倒不及架中公鸡；
龙有难困浅滩浑身是泥，
大丈夫受了穷无人看起。

富人们说出话实在气粗，
穷光蛋说出话当是豆腐；

虎虽猛全在青山保护，
君子穷志不穷不愁变富。

有志人吃本事靠吃计谋，
无计人吃力气凭的吃苦；
只要是肯劳动由穷变富，
人常说没眼姑天也照顾。

镜中花水中月空捞一把，
山不高水不深不可貌相；
可不敢门缝里把人看扁，
过大河挽裤腿谁不湿脚。

身的正并不怕狂风摇摆，
心要正胆就壮神鬼不挨；
说公平讲交易老实常在，
是真金并不怕去跳火海。

好男儿就应该走在四方，
好媳妇就不用打扮梳妆；
好夫妻都恩爱情深意广，
好人家永不怕背下饥荒。

谁也是闭上眼异想天开，
谁也是睁开眼就想发财；
不怕有百般艺随身所带，
混不过老天爷一致安排。

地也久天也长人生短暂，
黄金时青春过再不复返；
过了船无渡口悔之已晚，
兔过山再打枪也是枉然。

打电话听声音也能见人，
小手机贯全球信息最灵；
买电脑搞储存精益求精，
墙壁上看电视多台多收。

吸一口名牌烟美味清香，
解疲劳提精神喜气洋洋；
吃一根继一根根根续上，
兄又恭弟又敬地久天长。

文明村文明人文明观念，
光荣牌光荣门光荣庭院；
吉星楼吉星灯吉星常见，
幸福村幸福人幸福万年。

虎离山落平阳狗也要咬，
凤落架倒不及架中公鸡；
龙有难困浅滩浑身是泥，
大丈夫受了穷无人看起。

瓦上霜经不住风吹日晒，
纸糊舟并不敢开进大海。

不念书休想能考上秀才，
不修行怎能够去坐莲台。

臭毒的成了精不是东西，
荞麦皮飞得高吓唬飞机。
小蚯蚓全凭的吃土屙泥，
七寸蛇休想与高龙相比。

食大了要伤人言多语失，
说出话泼出水悔之莫及；
聋哑人吃黄连有口难言，
脸上头不搽粉总要抹黑。

无才人劝阁下嘴上留德，
你不要平地上垒上圪堆；
真君子大丈夫尊重事实，
万不要给自己脸上摸黑！

黑了明明了黑日月如梭，
山常在水常流人生几何；
此一时彼一时得过且过，
得容人且容人忍受谦和。

这两天感冒浑身难受，
喉咙疼嗓子哑咳之蛋嗽；
脯的儿又蠕人挤的嗝斗，
水鼻的流出来收拾不住。

一扇铙拍不响孤掌难鸣，
一棵树再高大并不成林；
一个人摸不着众人的心，
一堵墙挡不住四向的风。

①寻张来：找过来。

②则背：背。

③一不气：一口气。

④没撇：没得说。

⑤操谋：一门心思想着。

⑥场场儿转圈圈不拉磙的：牲口拉磙碾谷转圈，自嘲唱秧歌也是在场子转圈圈。

⑦本把：记录东西的本子，可以参照，意为唱秧歌都是即兴演唱。

⑧百不处贵：死不要脸，不嫌害臊。

张志荣秧歌选

过春节贺新春元宵又到，
挂彩灯奏鼓乐大放鞭炮，
恭庆贺虎年到连连捷报，
秧歌队捧神位归登宝庙。

好年景好收成风调雨顺，
好家庭好人缘德高望重，
好儿女好才华立业成栋，
好爹娘好福气享受不尽。

人生在尘世上不能攀比，
一把掌五指头长短不齐，
漫不说咱都是凡夫俗子，
是神仙他也会差错出事。

天也长地也久人生短暂，
黄金时青春过再不复返，
过了船无渡口悔之已晚，
立了秋闹养种徒劳枉然。

锣鼓喧天步不停，
放声高歌颂党恩，
改革开放脱了贫，
大村小村气象新。

咱武乡大创举经济繁荣，
老区人继发扬革命传统，
八路军纪念馆全国文明，
旅游兴客来往收入剧增。

娱乐队站殿前喜庆欢腾，
得大喜俺不忘神赐宏恩，
有福人时运转双喜临门，
结良缘娶贤妻抱上千金。

钢刀快割不断江水河流，
善交际结识下知心朋友，

哪怕是天地裂震开地球，
咱弟兄好情谊不能分手。

唱一段夫妻歌不断矛盾，
过日子免不了拌嘴磕碰，
火气头闹一阵雨过天晴，
说归说闹归闹心儿没甚。

为儿女都应有孝敬思想，
得前程切莫忘二老爹娘，
父母亲付出了千辛万苦，
才换来晚辈人幸福天堂。

当爹妈不容易辛苦多年，
把儿女拉扯大立业赚钱，
逢节日过礼拜常回家看看，
老人们喜盈盈心比蜜甜。

当保姆进城市心情开朗，
不多时就脱土变了模样，
吃得好住得好把权贵依傍，
回老家打手机小车接上。

有了钱光景好活得舒坦，
有了钱气也粗没人小看，
有了钱好交友关系更宽，
有了钱谋事业顺利发展。

当寡妇时光难把人难煞，
想搭碰没合适品性难摸，
有坎坷找个汉帮忙合作，
人又说贞不守风流勾搭。

谁也是闭上眼异想天开，
谁也是睁开眼就想发财，
不怕你百般艺随身所带，
命不好运不跟老天作害。

但凡是恓惶人生来胆小，
宁吃亏也不敢和人争吵，
走道儿害怕把蚂蚁踩到，
树叶儿落下来怕砸着的脑。

知心人知心话拉在兴头，
肺腑话未谈尽说走就走，
真心留实心待拖袖拽手，
路途远风寒大让我担忧。

武乡城发展快好得没说，
街道宽小区新楼房林立，
家家利好又多琳琅满目，
流口水尝不遍地方小吃。

元宵节闹红火大有兴头，
好机遇结识了全县高手，

非物质古文化承前启后，
摆一席文化餐以歌会友。

得儿女图的是接代传宗，
当爹娘谁都是望子成龙，
儿成器登高位得势成名，
老父母身也贵得意威风。

为父母不和谐狂风骤雨，
你欺我我压你互不相依，
搞内战乱折腾缺面少米，
恶环境生长出变态儿女。

郝新堂秧歌选

家住在吉祥地四季如春，
全家人老与少和睦温馨，
福禄寿三星照喜气增生，
年年过好运行人寿年丰。

人勤快天随意事事如心，
家和睦事业兴步步高升，
财神到家快乐运顺福临，
长安康永吉祥喜乐门庭。

讲仁义积德行家安吉祥，
心气和宽待人常行善良，

好心人好报应永久安康，
威望高福禄大地久天长。

有才人凌云志前途无量，
就如同大厦屋高楼万丈，
敢奋斗肯吃苦步步向上，
锦绣花吐芬芳万千气象。

有福人出门厅满面春风，
好人家好事业富贵长存，
钱有钱财有财福寿双临，
人兴旺誉满门前程似锦。

门面好坐向顺气宇非常，
一家人迎出门喜气洋洋，
老的健少的壮和睦安康，
人有福家有财吉庆满堂。

天有道时光好风调雨顺，
地有道五谷丰万民欢庆，
国有道文武臣同心秉正，
家有道儿孙孝和睦亲同。

村有规民有约奉公守法，
讲诚信讲和谐民众团结，
家有德事业好无比优越，
有困难互相帮鼎力合作。

人来世真可谓短暂一生，
转眼间少到老走马观灯，
钱财事随人意不必争论，
交朋友会忍让放开心胸。

一个人来世上命中注定，
穷与富好与赖不能由人，
谁也想活得好人前做人，
无福气硬追求枉费心情。

不愁吃不愁穿人有钱花，
比上差比下强活得潇洒，
闺女们都待见把你来夸，
谁也想亲近你和你生活。

我和你不能比差距很大，
没钱财没本事没有两下，
老婆的肯唠叨常说闲话，
孩的们受委屈嫌没钱花。

新正月春光明霞光万道，
男和女老和少同庆元宵，
唱的唱跳的跳眉开眼笑，
老传统新文化红火热闹。

大街上人拥挤车水马龙，
鞭炮声锣鼓声震耳欲聋，

国家强人民富四海升平，
同庆贺共享受天堂美景。

新世纪现代化科技领先，
国家强民安乐美好家园，
政策好目标远气贯九天，
新中国大发展跨越超前。

旧社会百姓穷粗粮为先，
到如今生活好日子甜美，
白米面肉蛋奶营养全面，
景色好时光美世外桃源。

一杆杆彩色旗随风飘动，
一对对大红灯闪耀腾明，
新正月闹红火一片欢腾，
众乡亲来观看争相簇拥。

在此地立此村面向春秋，
时代人居福地吃穿不愁，
咱们村人丁发高中魁首，
地气灵人吉祥天长地久。

左有龙右有虎脉旺奇妙，
前有水后有山吉星高照，
玉带河富贵路神姿佛腰，
阳光明紫气生招财进宝。

锣鼓声鞭炮声声声相连，
闹新春庆吉祥福满人间，
勤劳动创大业建设家园，
太阳圆月亮圆万家团圆。

范连生秧歌选

讲尊老说爱幼传统文化，
文明国礼义邦发扬光大，
可现在有些人不尊不孝，
讲仁义诚礼信变成空话。

世界上莫过于双亲恩重，
是父母为子女成就生命，
既知恩就必报不能忘本，
讲理论守规矩才合天性。

对儿女施爱心有章有节，
万不可溺爱子娇惯一切，
管吃穿严管教守礼守法，
多学识办事业志向远大。

现如今小孩们都像祖宗，
为父母视宝贝不敢吭声，
想要啥都满足娇惯成性，
最终是害儿女又害家庭。

八路军一个个英雄好汉，
为解放全中国流血流汗，
上战场都争先忠心赤胆，
不怕苦不怕死浴血奋战。

小日本来中国狂妄胆大，
仗凭着国力强武器优越，
没想到中国人坚如钢铁，
游击战打得它流水落花。

抗日战造就了无数精英，
不怕苦不怕死太行精神，
要觉醒记国耻历史教训，
要奋斗创未来珍爱和平。

东方亮鸡报晓旭日出海，
天青蓝阳光明喜鹊飞来，
元宵节到府上贺喜送福，
新一年逢吉祥如意添财。

虽然你年岁高精神焕发，
面如童发如鹤健壮有佳，
有春风化春雨有喜有乐，
南山松常青树夕阳彩霞。

有福人迎门庭满面春风，
好家庭好事业富贵长存，

人有人财有财福至心灵，
能奋发能成功前程美景。

家宇新门庭美气象非常，
一家人同迎接喜气洋洋，
合家人老少壮欢乐安康，
福禄寿三星照吉庆满堂。

家住在吉祥地四季升平，
想一事成一事件件如心，
心存善处事平天顺人顺，
人有情天有意常走红运。

好地里长庄稼叶茂根深，
积善家祖有德后继有人，
家风正教养德孝子贤孙，
辈辈传代代接光祖耀宗。

庄稼人靠的是勤劳发家，
好家庭离不开勤俭节约，
一个勤一个俭默契配合，
家和谐有吃穿美好人家。

轰天炮震地鼓天亮地明，
众乡亲元宵会恭贺新春，
财神爷送吉祥进到府中，
贺吉祥添如意五福临门。

人勤快天随意事事如心，
家和睦事业兴步步高登，
财神到家昌盛风平浪顺，
常安乐永吉祥福满门庭。

今天是二月二拜祭瘟神，
男和女老共少都来欢庆，
老传统新文化千秋永照，
锣鼓响鞭炮鸣人人高兴。

二月春地复苏桃杏开花，
春雷动百草生翠绿生芽，
人勤劳春来早时间抓紧，
天时顺风雨和年丰人华。

为盼望丰收年祭拜上天，
天保佑更吉祥家家安全，
国策好人奋斗喜讯连连，
气温适风雨顺必是丰年。

新时代新文化科技领先，
国策好奔头大气贯九天，
国家强人民富美好家园，
新农村真可是沧海桑田。

范效文秧歌选

老长寿年高迈万福安康，
有范进中举人八十岁上，
老盆珠八百八不为寿长，
南极的老仙翁常在世上。

好地儿长庄稼叶茂根深，
好人家出的是孝子贤孙，
好儿女有出息远走高登，
自古就有句话子贵父荣。

老大哥人尊重本事超群，
老大嫂人厚道会做后勤，
子孙们一个个伶俐聪明，
和为贵乐安康幸福家庭。

地球转日月照紫气东升，
乾坎宅坤宇门相配相称，
一发祥二发福三发人丁，
风水好地脉真人杰地灵。

七间的砖瓦房明亮清堂，
满堂红石台阶特别排场，
家里头安空调冬暖夏凉，
祝愿你好家庭地久天长。

十六下本官我路过咱村，
满大街围了个水泄不通，
有男人有女人老汉儿童，
都想叫坐官人唱上几声。

国家泰民安乐上下官清，
有几句家常话告知乡亲，
好时代也不要忘了贫穷，
哪个人也不可能荣耀一生。

人活在世界上牢记根本，
永不能忘记了养育之恩，
交朋友办事情讲究公平，
回家来对长辈多加孝心。

三十年从河西转到河东，
人在世也不能常富常贫，
先吃苦后享乐方能成名，
有才人受人尊出自寒门。

知足者心常乐能忍自安，
大丈夫真君子肚大心宽，
躲恶人不等于人无才干，
会吃亏才算是真正好汉。

山再高顶不住九层蓝天，
水再深水下边还有水源，

官再大官上边也有爹娘，
劝世人永不要无法无天。

有些的地方官胆大包天，
老百姓有苦难无处伸冤，
又贪赃又枉法争权夺利，
你害我我谋你失去和谐。

老百姓享太平国泰民安，
招贤才看品德选拔清官，
只要是清正廉不腐不贪，
当一任父母官千古流传。

咱弟兄虽不是一母所生，
都爱好唱秧歌有了感情，
同行人在一起臭气相通，
说两句知心话觉得开心。

知心话说几句贵似黄金，
兄弟我一定要牢记心中，
咱兄弟感情深落地生根，
盼咱的友谊花越开越红。

自一九三八年日寇侵华，
进中国实行的烧杀抢掠，
全国人忍侮辱苦难挣扎，
多亏了共产党挽救国家。

邓小平号召搞改革开放，
引外资上项目国家兴旺，
实行了承包制土地下放，
国力强民富裕蒸蒸日上。

好夫妻长流水日久天长，
有了钱也不能忘了糟糠，
互尊重互信任实话实讲，
和为贵亲不断相助相帮。

多年的老朋友一起上场，
就好比脑白金黄金搭档，
施一礼先问声全家安康，
盼望你身体好年高寿长。

关帝庙敬先人祭拜圣君，
一讲忠二讲义千古留名，
仁义礼忠勇善以德待人，
一焚香二叩首心诚则灵。

郝忠全秧歌选（夸权店梅杏，夸沁县新貌）

唱秧歌先慰问各位来宾，
杏花开喜相迎贵宾光临，
杏花香飘万里招蝶引蜂，
请贵宾赏杏花游览杏林。

权店村梅杏好知名品牌，
各地的经销商争相购买，
色香味是上品人人喜爱，
打出了武乡的经济招牌。

请贵客前去把杏花观赏，
万亩林万亩花鸟语花香，
保证你游杏林心情舒畅，
一步顺百步顺财夺三江。

权店村种植下万亩杏林，
三月里花绽放蜂蝶成群，
七月里杏成熟树枝艳红，
迎客商来采摘引进财神。

小日本发动了侵华战争，
烧杀抢恶政策灭绝人性，
南京城大屠杀三十万人，
报国仇雪家恨刻骨铭心。

八百里太行山山高水长，
八路军把总部扎在武乡。
军爱民民拥军同把日抗，
直打得小日本狼狈投降。

太行山竖丰碑历史见证，
漳河水见证了革命历程，

共产党发动了人民群众，
军与民齐奋战痛打日军。

党中央总书记发出号令，
倡廉洁反腐败匡正党风，
勤俭节约是党的光荣传统，
贪污腐败最可耻千古罪人。

改革后三十年经济繁荣，
有的人富起来忘了贫穷，
下饭店大吃喝甚贵点甚，
忘记了老红军万里长征。

要发扬老前辈光荣传统，
搞节约反浪费无上光荣，
当干部好作风牢记心中，
浪费是败家子坐吃山空。

当干部要带头厉行节约，
搞挥霍会变质身败名裂，
干部大贪欲强思想堕落，
一步错违党纪触犯国法。

二郎山山前是北方水城，
微风吹银光闪碧波万顷，
端午节龙舟赛万众欢腾，
你争先我恐后各显神通。

二郎山圣景地翠柏苍松，
水连城城连水北方水城，
山看水水映山美妙绝伦，
沁州城山水美旅游胜景。

涅河水向东流自古到今，
县政府做决策马上动工，
沿涅河修水利造福万民，
为民众办实事群众赞称。

进县城逛大街用目观赏，
楼整齐街道宽树木成行，
树翠绿花飘香胜过苏杭，
沁州城变成了人间天堂。

青青山绿绿水处处风光，
沁县人为家乡打扮梳妆，
去旧貌换新颜秀丽端庄，
全凭着好儿女巧手一双。

高科技带动了技术革新，
反季节种蔬菜塑料大棚，
新鲜菜冬天卖五花八门，
抓经济保增长市场繁荣。

农民们有了钱思想开阔，
盖新房住新居遍地开花，

老百姓也过上城市生活，
住楼房看电视骑上摩托。

二郎山有古迹北魏石刻，
西湖水映日月有鱼有虾，
山水花自然美招引游客，
好县城甲天下风景如画。

讲团结促和谐开拓奋进，
抓经济保增长效益提升，
工农业收入高日增月胜，
咱城乡一步步走向繁荣。

杨效珍秧歌选（母亲看病）

前一段老母亲倒把病生，
爸爸他把电话给我打通，
从太原往回走不敢消停，
恨不能插翅膀飞回家中。

回到家见母亲病情严重，
不说话不能走神志不清，
就因为病情重不敢远行，
速决定打上车下了段村。

到医院上下楼忙个不停，
心电图脑 CT 核磁共振，

经过了一系列检查会诊，
医生说妈妈她得了脑梗。

办手续住病房挂上吊瓶，
妈妈她一直在昏迷之中，
病床前泪满腮打湿衣襟，
守母亲我不敢离开半寸。

千声呼万声喊我的娘亲，
求求你醒一醒睁开眼睛，
你不能就这样如此狠心，
你让我为女儿尽尽孝心。

喊娘亲喊得我喉咙嘶哑，
任凭喊母亲她就不应答，
没有你就没有温馨的家，
没有你咱家里缺少快乐。

病床前哭得我裂肺撕心，
揪心痛用语言无法形容，
就好比尖钢刀扎在我心，
恨不能替母亲忍受疼痛。

我怨天我怨地老天不公，
恨不得跪地下去求医生，
默默地去乞求各位神灵，
求求您还我个健康母亲。

妈妈她一天多终于清醒，
病床上微微地睁开眼睛，
高兴地跳起来去叫医生，
激动地把母亲搂在怀中。

母亲她一天天脸色红润，
一口药一口汤喂入口中，
为娘她坚强与病魔抗争，
就知道她丢不下女儿效珍。

病床前回想起儿时俺妈，
盼儿坐盼儿爬盼儿长大，
她盼儿学走路口中长牙，
她盼儿会吃饭能把饭端。

她叫儿学梳头把辫来扎，
她叫儿碎纸上去学画画，
她叫儿拿上鞋连鞋穿袜，
她陪儿去读书煤油灯下。

忘不了娘送儿把学去上，
娘在家等儿归把学来放，
她怕我不小心吃饭烫伤，
生病了更急坏我的亲娘。

我就是妈妈的掌上明珠，
她告我失败是成功之母，

在外头遇到了艰难险阻，
妈妈我永远是坚强支柱。

人生路我心里充满信心，
爸和妈永远是指路明灯，
她为我一生中挡雨遮风，
洗净了心灵上不良灰尘。

妈妈她养育我含辛茹苦，
我愿做小乌鸦反哺孳乳，
我愿做小绵羊跪地吸乳，
我愿做小拐杖把你搀扶。

看一看人衰老满头白发，
看一看满嘴里安上假牙，
忘不了甘乳汁把我养大，
忘不了养育恩涌泉报答。

山再高山上头还有蓝天，
官再高官上头还有娘爹，
水再深水下头还有水源，
劝世人孝父母百孝为先。

妈妈她病痊愈回到家中，
全家人都高兴乐在心中。
爸爸他禁不住露出笑容，
盼母亲陪爸爸度过余生。

人一生总会有酸甜苦辣，
人人都得经历生离死别，
别看重今天的悲欢离合，
人世间总会有阴晴圆缺。

李月平秧歌选（当保姆难）

群友们都听我倾心畅谈，
唱一曲人生路保姆真难，
只希望接下来久转轮换，
再不要转穷人受其磨难。

如今的新社会体制改革，
农民们再不靠自种庄稼，
社会的生活品日益涨价，
再加上养儿女要把钱花。

没办法背行李离家出门，
到省城当保姆去把钱挣，
临行前含着泪叮咛老公，
扭回头再抱抱亲生孩们。

含热泪忍悲痛匆匆离家，
对家里一万个割舍不下，
为了把家里的经济搞活，
去省城做家政把名报下。

保姆的工作多种类不同，
看儿童做护工月嫂也行，
不管咱选择了哪个工种，
也都得去入户谨慎小心。

一踏进客户门就再不言欢，
更不敢掏手机网络交谈，
家里头甚的活样样咱干，
累弯腰不敢去床上展展。

主人伢在床上发号施令，
咱就得端茶水把伢伺应，
又怕冷又怕热把伢心疼，
只盼得赢主人一面笑容。

一开始进户家提心吊胆，
看主人眼色变见风使船，
雇主的吩咐话不敢怠慢，
更不敢学偷懒立立站站。

好容易等到了日落时分，
闭上眼睡不着想念家人，
耳窿里仿佛有儿女声音，
又仿佛父母在呼唤乳名。

当保姆旧社会都叫奴才，
随时叫随时应立马就来，

你要敢迟慢点主人不爱，
横着眉竖着眼骂你滚开。

在伢家就好比把监来进，
限制了自家的一切行动，
想家人不敢把电话打通，
黑夜里常思念泪湿衣襟。

好容易受煎熬一月已整，
休了假回家里看望亲人，
见丈夫述衷肠热泪奔涌，
不由得把我儿亲了又亲。

当保姆辛酸泪千种万种，
怪只怪咱命苦投胎农民，
咬着牙含着泪历尽苦辛，
唱一唱保姆难表表寒心。

农村的妇女们确实可怜，
为养家为孝敬吃苦在先，
在外头吃了苦面带笑颜，
只盼望全家人生活甜美。

赵相全秧歌选（香港回归）

唱响群众高客都听仔细，
唱秧歌也应该关心国事，

虽然说这件事早已过去，
咱不妨作一下简单回忆。

唱香港要唱个有头有尾，
香港到九龙街同位一体，
总面积一千多平方公里，
三百多个大小岛风景优美。

咱香港自古以来属于中国，
论位置它位于欧亚大陆，
它成为全世界航运第一，
是太平洋印度洋交通要塞。

自英国把鸦片带进中国，
清政府更腐败有害无益，
官员们获暴利日夜抽吸，
士兵们丧失了作战能力。

爱国将林则徐接受派遣，
领导了著名的虎门销烟，
毁鸦片经历了二十多天，
表达中国人的意强志坚。

英国人恼怒中驻城大军，
在香港爆发了鸦片战争，
攻大海骗广州攻打虎门，
又先后攻镇江宁波厦门。

英国军返南京继续侵略，
对中国实行了军事威胁，
清政府丧失了民族气节，
签订了不平等南京条约。

就因为签订了南京条约，
中国人遭受了八国侵略，
英与法等八国互相勾结，
把北京圆明园烧杀抢掠。

旧中国清王朝无能软弱，
又逼迫签订了北京条约，
山河破国土丢任人宰割，
中华民族经历了水深火热。

英国贼对香港长期统治，
山河破民心碎不能忘记，
多少年期盼着结束统治，
多少年等待着扬眉吐气。

党中央领导的实在英明，
要维护国家领土主权完整。
邓小平以高超政治才能，
提出了一国两制基本方针。

一九八二年九月中旬，
邓小平会见了撒切尔夫人，

向英国提出了庄严声明，
中国要收回香港领土完整。

八五年联合声明终于生效，
从中央到地方欢欣雀跃，
党中央早部署安排巧妙，
盼九七七月一日早日来到。

九七年七月一日庄严时刻，
两国人把香港政权交接，
英国人垂着头离港回家，
驻港部队进驻港安居乐业。

九七年香港回归捷报传来，
党中央十五大又胜利召开，
中国巨人站起来好不气派，
万民乐同欢庆喜在心怀。

谁落后谁挨打历史教训，
清政府不争气祸国殃民，
共产党是救星国力强盛，
收香港医治了百年伤痛。

九七年七月一热闹非凡，
举国上下同欢庆人海人山，
英国人拔下了眉梢旗杆，
五星红旗在香港代代相传。

收香港实现了祖国统一，
洗雪了百余年的民族耻辱，
这一页将载入史册，
东方明珠它更加光彩夺目。

党中央制定了基本方针，
葡萄牙又签订联合声明，
乘东风抓机遇乘胜进军，
九九年十二月又收复澳门。

今日里我唱香港今古奇观，
新香港好事多永无说完，
但等的有一日收复台湾，
求和平盼统一国泰民安。

赵二红秧歌选（歌颂太行山）

歌满喉情满腔走近唱响，
唱一段太行山供你欣赏，
八百里太行山山高水长，
谱写下一页页新的篇章。

太行山古老山四海名扬，
八百里石头山坚硬如钢，
八百里风云起更加苍茫，
八百里石如画鸟语花香。

古老的太行山地灵人杰，
石坡上草浓绿牛羊不缺，
石窝里通公路四通八达，
石崖下村与村相互连接。

微微的太行山铜墙铁壁，
山连山岭连岭天险峡谷，
动人的好故事在这里传说，
太行魂披锦绣列入史册。

太行谱写着感人的事迹，
八路军在太行打过游击，
刘伯承邓小平彭总朱德，
壮志酬建奇功丰功伟绩。

太行山英雄山树木琳琅，
八百里多壮观英勇顽强，
八百里前敌口摆下战场，
八百里英雄赞歌谱写华章。

石窝里埋地雷尘土飞扬，
石沟里打游击捉了迷藏，
石坡上壁营里架上机枪，
打得它小日本昏头转向。

八路军来到了太行山上，
军与民心连心豪情万丈，

父送子妻送郎同赴战场，
革命的历史上写下文章。

如今的太行山不同寻常，
八百里放彩虹处处风光，
八百里山河壮锦绣披上，
八百里绘宏图更加辉煌。

石窝里有资源挖掘宝藏，
石坡上腾空起架上电网，
石沟里高速路永无阻挡，
石崖下盖起了大厦楼房。

美丽的太行山我的家乡，
有多少新鲜事这里传扬，
如今的太行山鸟语花香，
高山上喊一声我爱太行。

美丽的太行山就是我家，
春风吹草绿色遍地开花，
彩蝶飞百鸟叫漫天朝霞，
山也清水也秀风景如画。

高山上骏马叫牛羊很多，
高速路大小车来往穿梭。
高山下挖宝藏挖掘财富，
描绘出一幅幅繁华蓝图。

微风吹银光闪风光处处，
武乡县就在这太行居住，
东武乡西武乡人物风流，
留后世写春秋流传千古。

雄伟的太行山日新月异，
就好比玉龙腾高空飞起，
高山上去瞭望满心欢喜，
吼一声太行山我永远爱你。

刘慧萍秧歌选（第一次悲惨婚姻）

进群来唱唱我悲惨婚姻，
一说起就让我感到心痛，
这是我亲身经历真实事情，
人与人的命运大不相同。

九三年十九岁我已出嫁，
我前夫当木工把钱挣下，
俺俩口感情好情投意合，
和公婆相处好人人都夸。

结婚后我有了爱情结晶，
九四年五月份孩子出生，
家里头添男丁其乐融融，
前夫他高兴得喜在心中。

自从我把儿子给他来生，
前夫对我更是百依百顺，
家里头家外头他全负责任，
一心让我看好儿子就行。

千也好万也好永无表尽，
九五年秋却把车祸发生，
在那年二零八刚刚修通，
朋友们和前夫亲自同行。

回来的路途上出了事情，
就这样前夫他没了性命
当时他坐的是朋友三轮，
开车的坐车的共有三人。

那时候二零八还没监控，
肇事者逃得远无影无踪，
根本就没法儿查此案情，
丧三命开车的上了良心。

中午时交警队打来电话，
伢告我他们把事故出下，
当时候我听了非常着怕，
打上车赶现场心乱如麻。

事故它出在了分南地段，
到现场见鲜血流了一摊，

三个人已经是把脸盖暗[①]，
就知道犯人已把命来端。

见前夫倒在了血泊之中，
扑通一声晕得我神志不清，
身边人赶紧过来就掐人中，
一大阵我才算稍微清醒。

一醒来就往前夫跟前来爬，
一边哭一边喊孩儿他爸，
你真狠心就把俺娘俩撇下，
叫我和儿子以后怎样来活。

就这样我还得忍痛振作，
他家儿还有六十多岁爸妈，
我赶紧把棺木衣裳备下，
一个人撑起来又把他打发。

从出事到出殡我汤水没进，
对人生我已经心灰意冷，
三天的时间我是隔霎[②]就晕，
谁可怜我和儿孤苦伶仃。

失前夫箭穿心精神崩溃，
那时儿子才一生日俩岁，
气得我从此也没了奶水，
儿子就靠吃饭天天揆对。

自古天灾人祸咱没办法，
丢下我和儿子还得要活，
上有老下有小饥荒邋遢，
我命运真正就这么坎坷。

人一生本来就坎坷不平，
该走的该留的不由咱们，
大家都要珍惜婚姻感情，
更要珍惜身边每位亲人。

谁也想闭上眼异想天开，
谁也想睁开眼就能发财，
谁也想好家庭快乐开怀，
可谁也共[3]不过老天安排。

地也久天也长人生苦短，
黄金期青春过不再复返，
过了船无渡口悔之已晚，
这一段苦经历就算唱完。

①盖暗：全盖住，不留一点缝隙。
②隔霎：隔一会儿。
③共：强不过、惹不过。

程丑三秧歌选（武乡特产）

说武乡道武乡武乡真好，

古时候出过帝出过阁老，
武乡的名人们确实不少，
确实是代代的能出英豪。

八路军纪念馆在咱武乡，
国家的领导人常来观赏，
老八路好精神继续发扬，
牢记住革命历史源远流长。

八路军司令部设在砖壁，
彭老总和群众非常亲密，
为抗日杀鬼子缺穿少吃，
都是咱老百姓他们给的。

文化园实景剧是武乡龙头，
吸引来外国人观光旅游，
观看了实景剧赞不绝口，
日本人真感觉好没情由。

板山的实景画确实最好，
拍电影拍电视都把它找，
大家要有时间都去瞧瞧，
确实是满眼福自在逍遥。

咱武乡特色产品确实不少，
在这儿我给你重点表表，
型塘的辣椒的名气真高，

把四川朝天椒都能压倒。

芝麻型炒指的也都出名，
都是咱武乡的特色产品，
谁要是有胃病称上几斤，
炒指的能治胃不用医生。

反过来再说咱干面饼则，
它也是武乡的一道名吃，
足顶纣东北的猪肉饺的，
走亲戚访朋友带上几个。

咱武乡分出来东乡西乡，
东乡人爱打扮会说会唱，
女人们身材好长得漂亮，
后生们不出门也找上对象。

西乡人老婆们老实本分，
不会说不会唱就会劳动，
在地儿常动弹就不像女人，
走出来不漂亮又不干净。

西乡儿好东西伢也不少，
荚的面擦圪斗名气不小，
有梨儿有苹果还有圪桃，
大棚里种西瓜还有葡萄。

权店的梅杏树赫赫有名，
电视台来报道采访新闻，
春季里杏花开满山红润，
成熟了营养高吃着舒心。

还有咱好小米远近闻名，
绝对是农家肥绿色产品，
就因为东西好伢才进贡，
能喝咱小米粥不喝奶粉。

武乡县风水好人杰地灵，
走出来都是些孝子贤孙，
不管走多远都不忘乡音，
都盼着到老了落叶归根。

第三节　中乡秧歌

段延寿秧歌选

伴上秧歌往东走，
三官庙前出了丑，
没有银钱买纸扎，
整整齐齐磕个头。

赵老大是个大能人，
你在武乡出了名，
高山上点灯名头大，

飞机上挂暖壶高水平。

供热公司常供暖，
年时冬天可冻翻，
我和你们商量通，
给俺村盖个换热站。

我说这话果不差，
你在这儿开桑拿，
俺在这儿洗过澡，
伢你用的搓澡客。

叫老板来你注意听，
你眼中根本就莫那人，
你过去也经常去东村，
唱秧歌执念不吭一声。

各位观众听分明，
王老板对俺很热情，
今黑夜我可不能唱，
引得个孙孙倒打了盹。

马瘦毛长屁股松，
穷汉说话无人听，
富人不要把穷人笑，
穷人不要把富人恨。

我说这话全是真，
三十年河西到河东，
富人不能辈辈富，
穷人也没有栽穷根。

四二年太行反扫荡，
八路军开进咱武乡，
军民团结一条心，
关家垴里庄打胜仗。

军爱民来民拥军，
军民如同鱼水亲，
老百姓送米送军鞋，
八路军前线打冲锋。

八路军来了日本鬼跑，
吓得他无条件投降了，
丢下了特务和汉奸，
共产党对他也不轻饶。

朱老总来[①]彭老总，
他和咱穷人心连心，
王家峪栽下红星杨，
在老区永远扎下了根。

唱完旧的再唱新，
吃水不忘挖井人，

现在过上了好生活，
不忘咱前辈的老革命。

说武乡来唱武乡，
武乡现在可大变样，
迎宾街来宽又长，
太行街通到高速上。

宝塔街前修广场，
政府楼好像是金凤凰，
要不是塔在正中央，
根本就认不出是武乡。

漳河涅河修得美，
挖了污泥聚清水，
比它苏州杭州都好，
到了晚上有喷泉。

武乡好来武乡美，
背靠青山前面是水，
山水园林好风景，
国家级卫生文明县。

老区改革闹开放，
引进了外资和外商，
脱贫致富奔小康，
把贫穷甩到太平洋。

文化园来实景剧，
还有游击战体验园，
吸引游客成千万，
打造一流红色旅游区。

大舅家来拜年非常高兴，
没想到遇上大舅生日，
过大年祝您家吉祥如意，
贺生日我祝您福寿康宁。

好儿女好媳妇又好女婿，
孙子外甥都可爱又都争气，
村里人如常把大舅眼气，
这辈子你怎修下这等福气。

大舅你前半辈受了困苦，
闹下家产又供孩子念了书，
自古道前半生是父教子，
后半生才修来儿敬父母。

唱秧歌为的是心情快乐，
要生活就必须有吃有喝，
过时节聚一起拉哒拉哒②，
吃好喝好开了心各回各家。

①来：和。

②拉哒拉哒：拉拉家常。

武成珍秧歌选

千佛宝塔高又高，
古今中外是个宝，
咱要登上十三层，
只活年轻不活老。

白天秧歌黑夜灯，
这是百年老传统，
张灯结彩贺佳节，
欢聚一堂贺新春。

媳妇们不要过分要强，
生下孩子咱也要当娘，
所以你们都好好想想，
生了气不要指爹骂娘。

秧歌来在新楼院，
吉祥如意真富贵，
祝贺全家都快乐，
福寿富强万万年。

吃饭要吃七成饱，
五谷杂粮调剂好，
油盐酱醋不多放，
清淡素雅品位高。

老年人办事情要稳重，
每走一步就要留脚印，
不要让别人瞎评论，
更不要给儿女们留把柄。

冬季保养最关键，
天寒地冻人受罪，
调理气血舒脾胃，
快乐健康人增岁。

党中央书记习近平，
心中装着咱老百姓，
十八大提出“中国梦”，
节日到边疆去慰问。

老百姓都希望平平安安，
干部们都想着提拔当官，
农民们都希望丰收增产，
搞企业都想成为大款。

贪污腐败是顽症，
又害国家又害民，
党中央下达反腐令，
老虎苍蝇一起弄。

党的政策就是好，
困难职工吃低保，

贫困农民有人管，
看病住院能报销。

城关村里变化大，
新年新人新规划，
户户住上新楼房，
人人手里有钱花。

党的纪检威力大，
腐败分子都害怕，
老虎苍蝇一起打，
贪官污吏都落马。

发展生产自做主，
国家转向把贫扶，
不让农民吃了亏，
生活困难还直补。

大年初一风光美，
全家团圆饭桌前，
恭祝来年好光景，
发财致富挣大钱。

锣鼓喧天贺马年，
春风吹绿农家田，
科技兴农夺高产，
人寿年丰喜连连。

蛇年已去马年到，
一年更比一年好，
社会进步百业兴，
人民生活大提高。

党的政策威四海，
不正之风通通改，
改革创新促发展，
让群众的腰包鼓起来。

腐败高官纷纷落马，
社会正气威严挺拔，
祖国建设日新月异，
国泰民安合家欢乐。

第四节　南乡秧歌

杨德山秧歌选

小锣儿本是一块铜，
地土相掺紧打邻，
人情礼道常交往，
两个村本是一家人。

平柜立柜写字台，
茶几沙发中间摆，
音响电视加电脑，

摩托小车开过来。

锣鼓音乐刚落下，
叫声亲戚你听着，
抽袋烟来喝盅茶，
缓一口气再娱乐。

不喝茶来不抽烟，
热情招待俺感谢，
只因时间太宝贵，
抓紧娱乐才是心愿。

先忠告村里的年轻夫妻，
恩爱情长相伴过好日子，
拌个嘴肯吵闹还属无知，
枕头边一亲热就算了事。

再忠告当儿女切记心中，
对父母一定要好好孝敬，
世代传谁都要当父母亲，
不论穷不管富要将心比心。

多祝愿全村的花甲老人，
心情好想得开欢度人生，
一辈子多劳累勤勤恳恳，
度晚年活百岁福寿康宁。

党中央发号召扶持“三农”，
很关注农业农村还有农民，
种地再不用出农业税金，
直补款到家户百姓顺心。

上司乡是武乡梨果之乡，
特色种植实在是正确主张，
苹果树核桃园黄梨改良，
村村栽户户种早奔小康。

计划生育党中央国策良好，
少生优生加优育最为重要，
全国人民一定要响应号召，
利国利民抓落实不可缺少。

脱贫致富是一项重要任务，
重科技抓信息资金帮扶，
县乡村三结合帮包到户，
服务群众早脱贫少生快富。

改革开放如春雷一声巨响，
上项目搞扶贫大事一桩，
贫困村困难户不受恓惶，
孤寡人最低生活有了保障。

四合院里修高楼，
院里院外前古万抖，

家里摆下三转一圪扭，
找一个好媳妇不用发愁。

秧歌队锣鼓响慰问登门，
全家人欢天地满面笑容，
进场来唱一曲欢迎欢迎，
又发烟又端茶十分热情。

进门来四下观抬起头瞧，
东西有砖瓦房正面有窑，
南面儿坐落着红砖街门，
好生活全家乐满面欢笑。

黄河地挂灯盏有三百六，
灯灯明盏盏亮映在心头，
神灯亮照全村消灾解愁，
好运气年年送天天都有。

黄金香三叩首参拜三官，
保佑咱全村人户户平安，
盼望着添人口早生早产，
愿三官早显灵家家喜欢。

伴秧歌闹元宵进村拜年，
放鞭炮进贵门锣鼓喧天，
首先祝全家人身体康健，
再祝愿新一年事事顺利。

过罢年闹元宵正月里正，
家家户同欢乐挂上红灯，
礼炮响灯火明热闹全村，
盼吉祥庆丰收心想事成。

第五节 挑高秧歌

房桂馨秧歌选

正月里来正月正，
刘伯文稳坐南京城，
打板算卦庙广义，
修道的先生徐茂公。

二月里来草发芽，
从天降下樊梨花，
单刀赴会黄花女，
刘金定又把西门杀。

三月里来桃花开，
吕蒙正寒窑赶过斋，
讨吃要饭薛平贵，
曹忠上山打过柴。

四月里来四月中，
董卓他父叫董云，
王允定下美人计，

吕布大战凤仪亭。

五月里来五端阳，
关公出征杀潘庄，
老爷他会拖刀计，
敌手无意他不防。

六月里来热难挡，
南天门上杨二郎，
王母娘娘蟠桃会，
孙悟空大闹在天堂。

七月里来秋风凉，
收宫杀院秦始皇，
嫪毐临死千刀剐，
亲生老母吊陀梁。

八月里来山发黄，
纣王寺院去降香，
宫院收下妲己女，
要害比干大忠良。

九月里来重阳节，
渭水河边姜子牙，
文王请他他不去，
武王进车把他拉。

十月里来天气爽，
孔明修仙卧龙岗，
刘备想把荆州借，
才搬孔明扶朝纲。

十一月来水结冰，
吏部天官老刘墉，
连城十二告国太，
多亏寺院喇嘛僧。

腊月梅花开要过年，
宋朝名将小岳飞，
枪挑梁王立战牌，
生死自愿上有天。

秧歌本是无声斗，
只管唱来只管有，
别一个的咱不唱，
单唱三国夺阿斗。

说东吴小周三急忙来到，
说娘娘抱太子私自出朝，
开言来把娘娘一声高叫，
抱太子过江去要把祸遭。

龙国母身有病盼我不到，
抱太子过江去不犯律条，

我抱是刘家子过江已到，
说赵云来拦挡所为哪条。

虽然是刘家子赵家来保，
谁不知长坂坡汗马功劳，
有功劳无功劳暂且不表，
把阿斗来撇下两手一挑。

开言来把周三一声高叫，
即开舟过东吴跑他一遭，
我这里猛一听舟船开了，
倒叫我赵子龙心似火烧。

他在船我在岸两不相交，
在江岸我不能展翅飞高，
耳两旁又听的兵马乱叫，
想必是张二子来把兵交。

有一盏刘备灯过江引亲，
到东吴摆酒宴拜望太君，
正因自荆州事情义不同，
赵子龙把驾保时刻小心。

有一盏孔明灯神机妙算，
在卧龙修佛仙自在安然，
刘关张三结义初立江山，
弟兄们搬孔明出离茅庵。

有一盏赵云灯枪法太准，
长坂坡打一仗果逞英雄，
回朝转见兄长大公为敬，
汉刘备赞赵云常胜将军。

有一盏张飞灯云遮雾罩，
骑一匹乌骏马果称英豪，
遇曹操派兵战三声大叫，
当阳桥塌三孔难把兵交。

附二：

名艺人小传

（按出生先后排列）

魏炳全（1881—1959），武乡韩北下合村人，10 岁便参加本村秧歌自乐班演出，13 岁被张金川收为徒弟带进了“十八村秧歌班”，主演花旦，其唱腔、喷口爽利，行腔委婉清丽、俏皮多变，加之扮相俊秀，颇受观众欢迎。他 20 岁回武乡“永乐意”戏班挑班，与梁和尚、韩忠元、韩具福、魏春堂等同班演出，不断吸取别人之长、补己之短，演技日臻成熟。其间，培养出了崔来法，后成为武乡秧歌四大名旦之一。1946 年，又在下合村业余剧团教戏，把自己全部技艺传授给郑桃英、任生奎、杨春印等。他一生为振兴襄武秧歌作出了积极贡献，是武乡秧歌发展史上一个重要人物。

王会孩（1908—1981），武乡东沟陶家沟村人，出生于一个贫苦的秧歌艺人家庭，从小受父亲影响，酷爱戏曲艺术。七八岁跟着父亲跑戏班，15 岁入王庄沟“牡丹班”，拜吴六四、马七斤为师，主工青衣、正旦。由于本人天资聪明，学戏认真，深得师父器重，很快以扮演《祭塔》中的白素贞崭露头角。

1925年，王会孩出科到“庆荣秧歌班”唱旦，扮演《刘方舍子》中的贫穷孝妇张海棠、《祭塔》中的白素贞、《卖爱姐》中的龙素珍、《秦雪梅吊孝》中的秦雪梅、《三娘教子》中的王三娘、《桃花庵》中的窦氏等角色。其唱腔咬字清楚，嗓音宽厚洪亮，真假嗓、高低音运用自如。他还将武乡民间妇女哭声的音调，巧妙地融进唱腔之内，并在慢板行腔中加进了一些“唉、呀、哇”的虚字衬词，使之唱腔独具特色，腔韵别致新颖，被观众誉为“活海棠”“真雪梅”。

王会孩先后住过武乡的“鸣凤班”“顺意班”“元乐意班”及襄垣的“悦忌班”“天义班”等秧歌戏班。

1947年春天，王会孩被邀参加县“翻身剧团”，主演青衣、老旦。在现代戏中也扮演一些中、老年农妇角色。后返回东沟业余秧歌剧团教戏，1957年回村务农，1981年因病逝世。

王会孩一生从艺，为发展武乡秧歌剧种旦角唱腔作出了很大贡献，给后人留下极深印象。

任八孩（1911—1982），武乡秧歌剧团琴师，武乡县监漳村人，儿时投刘保定名下，学拉上党梆子“剧琴”“反字二把”。15岁出师，在武乡“三元班”“鸣凤班”“庆荣班”等秧歌戏班乐队拉下手。17岁开始领场，是李海水、梁旭昌、韩西江、崔来法等秧歌四大名角的得力琴师。

1939年12月17日，任八孩同李海水、梁旭昌等同去王家峪八路军总部参加了朱总55岁寿辰纪念大会，受到左权副总参谋长夸赞。1940年春，任八孩被招聘为“光明剧团”文场头把，长期的演出伴奏实践中，他摸索和创造了一套武乡秧歌伴奏的技法，对后来影响很深。

1946年，任八孩随团上调到太行行署剧团。1948年，襄武两县剧团合并，任八孩继续操琴领场，后随团调往省艺术团体。但因酷爱秧歌，又同李海水、梁旭昌等人返回武乡剧团。当时他的琴艺已到炉火纯青之境，人称“八师傅”。其声誉在襄沁武辽与名演员李海水齐名。他与李海水、梁旭昌、崔来法，以及后来的郑桃英、任生奎、刘凤兰、史培唐、郭改荣等名演员长期合作，对他们的演唱摸得透，因而伴奏十分和谐。他演奏“二黄”的特点是弓法快、腕力强，出音刚、清、脆。托腔保调严密、准确，处处能为演唱者托底提神。他的演奏常常博得观众叫好。

任八孩对上党梆子十分精通，因而在武乡秧歌的“风搅雪”曲牌的完善中起了很大作用。他一生带了 30 多个徒弟，除县剧团外，农村剧团也很多，如县剧团的李金兆、韩四孩等。他在武乡秧歌发展史上是一位很有影响的人物。

1971 年春，他调往化肥厂。虽年迈，但仍念念不忘武乡秧歌的发展。在 1977 年整理本书第一稿时，他曾给予莫大帮助。1980 年，他退休回原籍，1982 年患病逝世，终年 71 岁。

崔来法（1913—1993），武乡县监漳村人，他从小拜名旦魏炳全为师。魏炳全是“铁匠旦”张金川的徒弟，崔来法便是襄武秧歌的“正宗”传人。

他演过很多的戏，在古装戏《桃花庵》中扮演道姑陈妙善，在《兰英进京》中扮演丫鬟李孟月，尤为拿手。他和名演员李海水常年搭班，同台演出，或为姐妹，或为主仆，或为母女，十分出色。他和李海水、梁旭昌、韩西江的名字排列在一起，被称为武乡秧歌“四大名角”。1940 年，他参加了县光明剧团，曾在现代戏《胡春花拥军》等剧中担当主演，至今仍有不少老年人啧啧称赞。

他的表演特点朴实大方、自然流畅，有时唱得如同说话一般，但韵味浓厚，一句句无不在板眼之中，具有很强的感染力。他演唱时着力传人物之情，以声传情，声情并茂。

新中国成立以后，由于女演员登台，他便把全部精力放在培养徒弟方面。后来的旦角无不受他的影响，张改花的唱腔现仍延续着崔来法年轻时的韵调。

崔来法是中国戏剧家协会山西分会会员，在 1977 年为整理这本书第一稿时提供了不少资料。1993 年春因病在原籍逝世，享年 80 岁。

梁旭昌（1914—1968），字培业，号恒山，武乡县北上合村人，中国戏剧家协会山西分会会员。幼年上私塾，20 岁拜秧歌老艺人韩忠元为师，先后在武乡“鸣凤班”“庆荣班”专工小生。他在《雨伞记》中饰演小生王玉山，以扮相俊美、身段矫健、表情细腻、动作敏捷及转雨伞的特技表演，名扬沁、潞、辽三州各县，与李海水、崔来法、韩西江并称为武乡秧歌“四大名角”。后改唱须生、老生，曾在《刘公案》中扮演刘云、《河灯会》中扮演梁正亭，上党梆子、二黄、上党落子都唱得很有特色。

抗战时，他参加了游击队，投身抗日救国运动，后又调入武东光明剧团。在演出现代戏中，曾以《血泪仇》中的王仁厚轰动了整个太行抗日部队。他先后为武乡秧歌培养了一批较有名气的演员，如杨春印、史如玉等。“文化大革命”中受到冲击，积郁成疾，于 1968 年 8 月 20 日病故，享年 54 岁。

李海水（1919—1965），武乡县东沟乡西沟岭村人。12 岁拜鸣凤班名旦董三狗为师，在《河灯会》《雨伞记》中初露头角。1937 年日军侵华，戏班解散，他回村当民兵，学会了二把、三弦、二胡等乐器，并用鼓书、清唱等形式宣传抗日，同年加入中国共产党。

1939 年冬，县光明秧歌剧团成立，他调入主工旦角。在《天灾人祸》《小二黑结婚》等剧中，以自己的演技名噪太行文艺界。26 岁，嗓子倒仓，改演须生、老生，极为成功，唱腔和艺术上有了自己的独特风格，给观众留下极深印象。

新中国成立后，在武乡秧歌剧团任副团长兼导演，导演了《刘三姐》《县长的女儿》《戏中书》等 30 多本戏，自己的表演艺术也达到炉火纯青的地步。他的道白、唱腔、表演，至今仍被人津津乐道。他曾两次出席省文代会，为首批中国戏剧家协会山西分会会员。

1965 年，身患癌症，与世诀别，艺龄 34 年。他为武乡秧歌的发展与振兴作出了卓越的贡献。

成宝川，生于 1920 年，武乡监漳村人。监漳是襄武秧歌发源地十八村之一，少年时他就学会了唱秧歌，并能演奏老鼓、鼓板、大锣、小锣、镲等打击乐器。1942 年参加光明剧团任司鼓，他的基本功强，鼓板打得干净利落，且能在演员的一招一式上给予配合。演员们说："只要是成师傅坐场，戏保准能唱响。"他在打击乐的改进方面建树颇多，并为武乡秧歌剧团培养了不少打击乐手，如后来的魏福贵、刘珍祥、姚兴旺等。他对武乡秧歌的武乐发展作出了较大的贡献。

高介云，1926 年 5 月 21 日生，武乡县故县村人，剧作家、作曲家。1938 年参加革命，1940 年加入鲁迅艺术学校学习，1942 年调武乡武东光明剧团任团长。其间，他与张万一等合编了《组织起来》《改变旧作风》等秧歌现代戏，曾获太行文联颁发的鲁迅文艺最高奖。此外，他对武乡秧歌的音乐唱腔还进行了改革创新。他和琴师、演员密切配合，对秧歌原板式的旋律、音域和演唱方法潜心研究，使各行当唱腔更加明显，更加科学化。如今的慢板、二性板后的文乐过门即他的创新。

1946 年，他随光明剧团上调到太行行署，继续任团长。在这一时期他出版了《贺功》等剧本，并为大型歌剧《赤叶河》等剧作了曲。为此他荣立太行区立功运动二等功。1948 年，太行光明剧团与晋北区后勤政治部人民剧团合并，高介云任该团艺委会主任，专职从事歌剧作曲兼乐队指挥。

1949 年，他列席了第一次全国文代会。翌年入中央音乐学院学习，走上了新的创作道路。他先后在华北文联、华北晋剧团、天津市歌舞团、天津音协、河北梆子剧院担任领导，创作了《义和团》等大型歌剧，并发表歌曲 100 余首。相继出席了全国第二、第三次文代会。1962 年调天津剧协任秘书长，又创作了《老万师傅》等近 10 个剧本。

1970 年，他返回武乡，谱写了《红灯记》的音乐唱腔，20 世纪 80 年代初，他又为武乡剧团编了《绣鞋疑案》《阴差阳错》等剧。他虽远离武乡，但仍十分关心武乡秧歌这一剧种的发展，仍为武乡秧歌发展作出了很大贡献。

1973 年，他任天津市文化局艺术处副处长，1977 年任天津市戏剧创作研究室主任，出席了全国第四次、第五次文代会，当选为中国剧协理事、天津市剧协分会副主席。

郑桃英，女，武乡县下合村人，1926 年生人。从小爱唱爱跳，17 岁在本村剧团唱戏，拜名旦魏炳全为师，专工花旦。曾在《兰英进京》中扮演赵兰英，在《雨伞记》中扮演李凤英，以扮相秀气俊俏、表演逼真洒脱、唱腔俏皮多变而闻名襄、武两县。1953年参加县秧歌剧团，先后在《刘三姐》中扮演刘三姐，在《游龟山》中扮演胡凤莲，可谓走一处、响一处，唱一场、红一场，后来群众干脆把武乡剧团称为桃英剧团。中年以后，在现代戏《小二黑结婚》中扮演三仙姑，在《朝阳沟》中扮演银环妈，在观众心目中留下了较深的印象。她的唱腔特点是巧妙运用“闪板”，即张口空前半拍。她唱的慢板韵味醇厚，音色优美，吐字真切，行腔适度。她唱的二性板和数板俏皮多变，喷口爽利，轻重得宜，委婉别致，独树一帜，因而她的唱腔被人们称为“桃英腔”。

“文化大革命”中，她调县化肥厂当工人。

刘凤兰，武乡县大陌村人，女，1927年生人。幼时在本村秧歌剧团演戏，拜旦角刘珍福为师，先演小旦，后演青衣、老旦。1952年参加县秧歌剧团，后和李海水结婚，在表演方面得到教益，演技有了很大提高。在唱腔方面受到王会孩唱腔影响，嗓音宽厚，保持着浓厚的传统风格。她在《蝴蝶杯》中扮演田夫人，在《小过年》中扮演老婆儿，做戏细腻，表达人物内心感情准确，内行人都赞服她的做派。在现代戏《红灯记》中扮演的李奶奶，在《三上桃峰》中扮演的青兰妈等艺术形象，都给观众留下了深刻印象。

她的声音在中年后虽不甚圆润柔细，但结实醇厚，饱满嘹亮，高低声运用自然流畅，再加上善于控制气息，演唱起来字字清亮，音韵和谐，可谓武乡秧歌名老旦。

蒋马儿，涌泉乡浦池村人，1931年生，11岁拜名丑赵万三（又名环全）为师，专工丑角。1942年参加县秧歌剧团，1971年离开艺坛，从艺近30年。曾任剧团副团长职务，是中国戏剧家协会山西分会会员。

他在舞台近30年的艺术生涯中，以扮演现代戏中的反面人物著称，如《王贵与李香香》剧中的大秃、《刘三姐》中的莫管家等，把人物表现得淋漓尽致、活灵活现。在演古装戏中以“纱帽丑”见长，在观众中有“马儿官”之称誉，是武乡秧歌剧团20世纪40年代到60年代的名演员之一。

蒋马儿的嗓音略显沙哑，音域也不宽。但他用心琢磨，根据自己的嗓音条件，创造了一种低回婉转、如诵似念的唱腔，深为观众喜爱。不少唱老丑行当的演员，都学习这种唱法。他的唱腔，已经成为老丑行当的代表唱腔之一。

任生奎，武乡县下合村人，1932年生。从小拜襄垣郭小俊为师，专工丑角。1953年参加县秧歌剧团，塑造了近百个栩栩如生的正、反面丑行艺术形象，在晋中、上党两地享有盛誉。

他的表演诙谐风趣，夸张浪漫，口、鼻、眼运用自如，表情丰富多变。演古装戏以家郎见长，曾在《游龟山》剧中扮演家郎，在《访山东》中扮演瞎盘山，在《嫁妻》中扮演老赌棍，在《忠义缘》中扮演胡知县等，都为观众啧啧称赞。他在现代戏《三上桃峰》中刻画的中间人物老六，在《山村供销员》中刻画的老张，在《小二黑结婚》中刻画的媒人铁嘴老三，堪称三绝，无人可及。他多次荣获市、县优秀演员奖。1980年，他出席了山西省第四次文代会，被吸收为中国戏剧家协会山西分会会员。他的嗓门高、大、洪亮，音域很宽，吐字清爽，高低音运用自如，其唱腔独特别致，为秧歌丑角之偶像。

杨春印，武乡下合人，1935年出生。武乡秧歌剧团名演员，中国戏剧家协会山西分会会员。从小在下合剧团演戏。1953年参加县秧歌剧团，拜梁旭昌、任二货为师，专工小生，也演须生、老生。

他在40余年的艺术实践中，对襄武秧歌小生唱腔不断进行探索和创造，在继承传统的小生、须生唱腔的基础上创造了新的小生腔。为武乡秧歌小生的唱腔开辟了先河，为后来许多小生演员走出了新路。他的唱腔特点是委婉柔细、行腔稳健，善于用装饰音润腔，尤其在滑音和倚音的处理上形成了他独特的演唱风格。

他在《游龟山》中扮演的田玉川、《梵王宫》中扮演的花云等，深受同行赞誉；在现代戏《小二黑结婚》中扮演的小二黑、《红灯记》中扮演的李玉和等无不受观众赞扬。中年后，演须生、老生行当角色较多。20世纪70年代后，在剧团担任导演，并荣获晋东南地区文化局的“导演奖”。1984

年以后，在武乡戏校任副校长，致力于接班人的培养，1999年因病去逝，享年64岁。

张改花，女，艺名“板三”，生于1936年，武乡县大有村人。1953年参加县剧团，拜名旦崔来法为师，专工泼旦行当。因其敏悟好学，小旦、青衣、刀马旦、老旦的角色都能演。在古装戏《清峰山》《清河镇》中扮演李梦月，在《落花记》《访松江》中扮演丑丫鬟，深受观众欢迎。在现代戏中扮演反面妇女形象，无不受观众欢迎。与郑桃英、刘凤兰、郭改云齐名，在艺术界享有较高声誉。

她的唱腔继承了崔来法的演唱风格，行腔婉转、吐字真切，善用加花旋律、滑音装饰音来润腔。她的泼旦腔极具特色，灵活多变，常为后来的丑旦所效仿。

郭改荣，女，武乡县西堡村人，1937年生，从小在果烟堖村秧歌剧团唱戏。1952年参加县秧歌剧团，拜崔来法、史全义为师，专习正旦，也演小旦、老旦。在群众中享有较高声誉，为中国戏剧家协会山西分会会员，曾获地区级优秀演员奖。

她的表演动作稳健，举止大方，形神兼备，以演悲剧人物最为见长。她在《三进士》中扮演的孙淑琳、《卷席筒》中扮演的苍娃嫂，感人肺腑，催人泪下，引起观众共鸣。她在现代戏《海港》中扮演的方海珍、在《三上桃峰》中扮演春兰等角色，都给观众留下了较深印象。

她的嗓音清亮，音域很宽。她剔除了以往旦角唱腔中带有的男腔痕迹，丰富和发展了旦角的声腔。她行腔高昂激越、力度较强，有浓厚的地方韵味，为武乡秧歌名旦之一。

李金兆，武乡县下型塘村人，1941年生人。1959年参加县秧歌剧团，拜任八孩为师，先后在乐队演奏二黄、二胡、大提、黑管、扬琴等乐器。

20世纪60年代中期，开始音乐唱腔设计。从1963年到现在，为40多个剧目设计了音乐唱腔，其中，与省歌剧院的李秉衡同志共同设计的《王贵与李香香》《嫁妻》等剧目参加了长治市观摩演出，多次获音乐创作奖。在

20多年的创作实践与舞台实践中，摸清了其唱腔板式的发展演变规律，所以他设计出来的唱腔既有时代风貌，又不失传统秧歌的乡土气味。

至今他先后为武乡剧团培养了四茬乐队演奏员，有50多名。1984年他调戏校担任领导，致力于培养本剧种的接班人。1980年被吸收为中国戏剧家协会山西分会会员。

姚长旺，武乡县崔土凹村人，1950年生人，1973年参加武乡县秧歌剧团，拜任二货为师，专工老生。1983年在《王贵与李香香》剧中扮演李德瑞，获晋东南地区中年优秀演员奖。1985年被中国戏剧家协会山西分会吸收为会员。

他嗓音清脆嘹亮，行腔圆润厚实，不但秧歌唱得好，唱梆子、唱落子都有自己的特色。他识简谱，懂音乐，每唱一个角色，都要根据人物变换一种唱法。他的一些唱段，被灌制了唱片和盒式磁带。省电视台拍摄武乡秧歌《王贵与李香香》和《小二黑结婚》两剧时，他扮演李德瑞和二诸葛等形象秧歌，颇受专家和群众欢迎。

魏玉秀，武乡下合村人，1950年生人。1963年参加县剧团，拜任二货为师，专工小生，是武乡秧歌剧团在20世纪七八十年代的主要演员，在观众中较有名气。他在《忠义缘》中扮演的刘逢春、《黄鹤楼》中扮演的周瑜、《屠夫状元》中扮演的党金龙，在现代戏《小二黑结婚》和《王贵与李香香》中扮演的小二黑、王贵等人物，给观众留下了深刻印象。他的小生唱腔行腔稳健，委婉流畅，为观众所称赞。

霍爱英，女，武乡县芝麻角村人，1954年生人。1971年参加县秧歌剧团，拜郭改云为师，主工青衣。1979年在《忠义缘》中扮演李凤英，参加晋东南地区专业剧团会演，获优秀演员奖。在《王贵与李香香》中扮演媒婆，在《小二黑结婚》中扮演旦嫂，在《嫁妻》中扮演李母，受到了戏剧界领导和专家们的一致好评，是武乡秧歌剧团在20世纪七八十年代的主要演员，在观众中有一定的影响。她嗓音清脆，唱腔婉转，喷口爽利，吐字清晰，保持着传统的唱腔韵味。

安娥英，女，武乡县蟠龙镇人，1955 年生人，8 岁入学。1968 年入蟠龙学校的“红孩子宣传队”。16 岁被吸收进县秧歌剧团，由于她虚心好学，善于琢磨，嗓音不凡，基本功厚实，很快便在戏剧界初露头角。

1976 年，剧团恢复上演传统剧，安娥英便拜郑桃英为师，专工小旦。不久，她在《十五贯》中扮演的苏戍娟，在《忠义缘》一剧中扮演的柯翠莲，均在晋东南地区剧团会演中获奖。1983 年，她在《王贵与李香香》剧中扮演的李香香，获地区一等奖。1986 年在电视剧《嫁妻》中扮演许秋莲，获长治市优秀奖。

安娥英嗓子好，音域宽，发声清脆嘹亮，音色特别。她的唱腔，高低音运用自如，行腔流畅自然，或低回婉转，或高昂激越，都使人听得甜美有味。加之她刻苦钻研，肯下功夫，使自己的唱腔独树一帜。

安娥英多才多艺，在曲艺、民歌方面有很深造诣。目前她灌制了很多秧歌、民歌等唱片，省电台曾播放过其演唱专辑。不少行家认为，她是武乡秧歌的一流演员。

1984 年，她被选为市人大代表，1986 年被中国戏剧家协会吸收为会员。1990 年调入县文化馆，至今仍从事戏曲研究工作。

李效珍，武乡县马堡村人，生于 1954 年。1971 年参加县秧歌剧团，拜杨春印为师，专工大生行当，也演丑角。1983 年在《王贵与李香香》剧中扮演王麻子，获晋东南地区优秀演员奖。1985 年被吸收为中国剧协山西分会会员。他嗓音高昂清亮，唱腔俏皮流畅，善用各种润腔方法来装饰自己的腔调。省电视台拍摄武乡秧歌《嫁妻》和《王贵与李香香》两剧时扮演了王麻子，并是《王贵与李香香》剧中的王贵和《嫁妻》剧中的李秀祥的配音演员，他的唱腔，被中国唱片公司灌制了唱片和盒式磁带。

附三：

武乡秧歌剧目一览表

（剧目后括号内年度为本剧起演时间）

①传统剧目

A. 搭戏

《吊　孝》（1890 年）
《小姑贤》（1890 年）
《上　坟》（1892 年）
《天雷报》（1892 年）
《打　铁》（1893 年）
《借圪枝》（1900 年）
《偷南瓜》（1912 年）
《坡前会》（1922 年）
《土地堂》（1925 年）
《李翠莲上吊》（1933 年）
《庄子探妻》（1938 年前）
《小过年》（1939 年）
《三顶灯》（1939 年）
《截　江》（1939 年）
《李三娘》（1953 年）
《白氏传奇》（1953 年）
《摘豆夹》（1955 年前）
《二进宫》（1960 年前）
《三岔口》（1980 年）

B. 本戏

《四岔捎书》（1890 年）
《五行山》（1937 年）
《二妇拉楼》（1898 年）
《兰家岗》（1939 年）
《五台山》（1928 年）
《沙陀国》（1939 年）
《访苏州》（1923 年）
《屯土山》（1939 年）
《韩玉娘》（1924 年）
《挂印封金》（1939 年）
《舍　子》（1925 年）
《鹿林庄》（1939 年）
《雨伞记》（1925 年）
《挡　将》（1940 年）
《落花计》（1926 年）
《打玻璃》（1940 年）

《东门会》（1926 年）
《土地堂》（1928 年）
《四郎探母》（1930 年）
《火焰驹》（1935 年）
《坐　楼》（1936 年）
《凤仙庄》（1936 年）
《河灯会》（1936 年）
《卷席筒》（1957 年）
《芙奴传》（1957 年）
《空印盒》（1957 年）
《三进士》（1958 年）
《白玉簪》（1958 年）
《胡月风》（1959 年）
《双狮图》（1959 年）
《福寿镜》（1960 年）
《梵王宫》（1961 年）
《赵氏孤儿》（1961 年）
《小刀会》（1978 年）
《杨门女将》（1980 年）
《三打白骨精》（1981 年）
《岳飞挂帅》（1982 年）
《慈云观》（1942 年）
《朱仙镇》（1946 年）
《甲申 300 年祭》（1946 年）
《罗通扫北》（1950 年）
《冤猴案》（1953 年）
《戏中书》（1953 年）
《红珠女》（1959 年）
《姐妹易嫁》（1982 年）
《王宝钏》（1983 年）
《破洪州》（1984 年）
《寇准背靴》（1984 年）
《斩杨景》（1984 年）
《挑女婿》（1985 年）
《杀　妻》（1985 年）
《嫁　妻》（1986 年）
《石勒传奇》（1991 年）
《逼上梁山》（1977 年）
《忠义缘》（1978 年）
《雏风凌空》（1980 年）
《屠夫状元》（1982 年）

C. 连本戏

《河灯会》（1980 年）
《白蛇传》（1918 年）
《对绣鞋》（1900 年）
《杀　楼》（1921 年）
《泰山图》（1910 年）
《杀子报》（1900 年）
《洗衣计》（1920 年）
《红灯记》（1922 年）

《胡丘山》（1925 年）
《丹霞寺》（1925 年）
《访花园》（1929 年）
《访山东》（1933 年）
《游龟山》（1955 年）
《抛绣球》（1959 年）
《五凤朝周》（1988 年）

D. 现代剧目

《上前线》（1939 年）
《人民大拥军》（1944 年）
《劝夫参军》（1939 年）
《关家庄》（1944 年）
《兄妹参军》（1939 年）
《小玩器》（1944 年）
《换脑筋》（1940 年）
《春　桃》（1944 年）
《打马三》（1940 年）
《窑　洞》（1944 年）
《离婚案》（1940 年）
《战争之夜》（1944 年）
《精忠报国》（1942 年）
《改变旧作风》（1944 年）
《万象楼》（1943 年）
《胡春花拥军》（1944 年）
《重婚案》（1943 年）
《血泪仇》（1944 年）
《天灾人祸》（1944 年）
《组织起来》（1945 年）
《疤三会》（1944 年）
《李马保》（1945 年）
《年　初》（1944 年）
《王来法》（1945 年）
《糠菜夫妻》（1944 年）
《兄妹开荒》（1945 年）
《小二黑结婚》（1944 年）
《滔天罪恶》（1945 年）
《白毛女》（1946 年）
《骨肉情深》（1965 年）
《王贵与李香香》（1947 年）
《红灯记》（1970 年）
《官逼民反》（1947 年）
《沙家浜》（1973 年）
《圈　套》（1947 年）
《盘石岭》（1974 年）
《四大恶霸》（1947 年）
《朝阳沟》（1975 年）
《三门婿上寿》（1947 年）
《三上桃峰》（1975 年）
《贺　功》（1947 年）
《洪湖赤卫队》（1978 年）

《赤叶河》（1947 年）
《两条心》（1948 年）
《夫妻识字》（1948 年）
《刘胡兰》（1953 年）
《县长的女儿》（1963 年）
《傅家营》（1964 年）
《刘三姐》（1964 年）
《彩　虹》（1965 年）
《苦菜花》（1965 年）
《破涕为笑》（1983 年）
《义务看护队》（1988 年）
《女兵传奇》（1988 年）
《娘随驴去》（1994 年）
《夺　印》（1963 年）
《山村姐妹》（1964 年）
《游　乡》（1965 年）
《风雷渡》（1965 年）
《奇袭白虎团》（1965 年）

瞽　调

一、武乡瞽调的探源

武乡瞽调属唐、宋变文之余脉，由变文发展为道情，到明、清时发展为瞽调。瞽调的主要乐器是三弦，弹唱者坐在罗圈椅上，扶手上捆绑着一扇小铙，怀抱三弦，手持特制的弦拨子，边弹唱边敲击小铙，脚蹬甩板踩击节奏（甩板用五块枣木串联起来，底板绑在膝下），弹唱起来优雅婉转悦耳动听。瞽

调因流行时间长，书目传下来很多，有《全屏扇》《还魂带》《铁笔记》《忠烈传》等长篇书目，据不完全统计有上百本之多。知名的盲艺人张书才、石生花、田进财、韩庚江、张效荣、李保山等都是演唱瞽调的名家。1938 年，盲艺人张效荣在瞽调的基础上改革发展成后来的三弦书，从此说唱瞽调的盲艺人逐年减少，只有李保山师傅坚持到最后。1981 年李保山逝世，因他一生不带徒弟，自此瞽调销声匿迹。幸亏有一段录音，2014 年姚长旺听录音记谱，用瞽调演唱了抗战故事《圣人泉》，才使瞽调重新面世传承下来，2016 年瞽调被审定为市级非物质文

化遗产保护项目。

二、武乡瞽调的非遗传习与保护

改革开放后，外来文化和新型文化像潮水一般冲来，武乡瞽调也和其他传统文艺形式一样，演出机会和平台逐年减少。加之瞽调销声匿迹多年，现在抢救复活，没有演出的平台，想学瞽调的学员得不到经济利益，因此成为该项目传承发展的主要障碍。

瞽调于宋、金时在武乡萌芽，明、初两代盛传，传唱年代久远，古朴典雅，且流传下来的书目很多，有一定的历史研究价值。瞽调音乐唱腔婉转流畅，曲调优美文雅，就是在当今社会用这种曲调演唱，通过一些老艺人近年的实践演出证明，群众特别喜欢。利用群众喜爱的艺术形式宣传党的方针政策，歌颂新时代人民群众的幸福生活，歌颂中国共产党的丰功伟绩，具有实用的社会功能。武乡瞽调在祖国文艺的百花园中，古为今用，再放异彩，有重要的文化意义。

据调查传习者大致如下：

第一代：刘全珍　李保山

第二代：姚长旺　王充理

第三代：郁向忠　胡鹏飞　王彦南　房素芬　陈爱民

武乡瞽调在姚长旺和王充理两位老艺人的带领下，排练了瞽调《孔子分行》和《今昔砖壁》，使该项目起死回生，得到初步恢复。

今后，为了把武乡瞽调发扬光大，应该切实加大对这一项目工作的经费投入，编排一至两个精品书段，引导和鼓励学员们，并争取得到县政府的重视和财政支持。学员们有了经济收益，可提高学习的信心，从而把瞽调的演出质量提高一个档次。

让瞽调深深扎根在人民群众心目中，群众爱听爱看，永远立于不败之地，这是根本。2023 年，武乡县政府将这一项目作为一项系统工程，争取用 3 年的时间培训民间文艺人才，出版民间文艺丛书，打造具有影响力的文艺品牌，开展具有鲜明特色的文艺活动。组织演出队伍，积极开展民俗文化活动，为展示和弘扬民族文化艺术搭建平台，培养传承人，让武乡瞽调传承不断，永远开放在祖国曲艺的百花园中。

附一：

武乡琴书唱例

1. 彩楼配

（选段）

春景桃花隔岸红，夏季莲开满池中。秋风丹桂香千里，冬雪寒梅伴老松。听我紧鼓慢板道来。嗯嗯嗯嗯上场来表罢了提纲书归了正哇嗯，叮零当啷开了正音。哎嗨依呀嗯上场来事儿俺永无说尽哇嗯，校正鼓板换一换音，哎哟依呀嗯换换音。换换音，换换音呀么哼哼嗯哼嗯哼嗯哼嗯哼换换音呀么哼呀个哼呀个哼呀个哼呀个哼哼。说书也有九腔十八调，还有那七十二哼哼。离了哼哼不好听，离了哼哼不能合音，因此上说书人上场总得哼：嗨嗨哼哼嗨呀个嗨呀个哼呀个哼呀个嗯个嗨嗨嗯个嗨嗨那哈依呀哼啊哎依呀哼呀个哼呀个哼呀个哼呀个哼哼。正表的大宋一统震江红，有家丞相刘大人，自幼儿娶妻陈氏女，哟哟哟夫妻恩爱情意深。不生多男共多女，所生一个女花童。自幼儿就把爱名儿起，刘玉莲就是她的名。小姐长到一十七岁，并没那找下个称心人。宫院娘娘传密旨啊，叫她高搭彩楼选相公。密旨传到丞相府，没几天彩楼已经搭现成。这一天老爷坐在客厅上，直把丫鬟叫了一声：“丫鬟到来，丫鬟到来。”小丫鬟一听老爷喊一声，急忙忙上了客厅中。上的客厅双膝跪：“大老爷，今天你传俺为哪宗？”“丫鬟，你快到绣楼上，你快给姑娘说一声。

叫她梳妆快改换，带上绣球到彩楼上边儿选相公。”小丫鬟遵了老爷命，她急忙忙来到客厅中。穿宅越院来得快，得溜溜溜上了绣楼中。奔绣楼对姑娘把老爷的吩咐说了一遍，哎依呀姑娘她脸儿羞得红彤彤。你看姑娘忙准备，梳装打扮换衣襟。哦先把水盆放在外盆架上，十指尖尖落水盆，粉红汗巾展了面，擦去了脸上的水汗青。再把象牙梳罗拿在手，拆开青丝万发根，前头梳，后边儿抿，梳了又梳抿又抿，黑顶顶地梳了一个光宁宁。先梳赵君抱琵琶，后梳齐王乱点兵，赵君琵琶人人爱，齐王点兵爱煞人。左梳右挽盘龙架，右梳右挽水波云，盘龙架上加花草，水波云中呀麝香熏，中间还有些乱头发，梳了一个小庙庙正顶心，庙庙里梳的本是三员将，哟哟哟梳的本是刘备、张飞，还有关公。金镯银镯手上戴，十个戒指的发蓝青。一对耳坠的两边挂，出哩出啦金器还戴了倒有二三斤。穿的是绣花裤腿紫金带，花绸彩裤绣花儿红，石榴红袄穿在身，八幅罗裙串腰中，一对绣鞋沙木儿底，两头儿着地当中儿空，里边儿还缀着一个小铃铃，走一步呀还得铃铃铃铃，得铃铃铃铃呀又好看来呀又好听。噢小姐她打扮多停当，只把绣球带在身，你看回头就把丫鬟叫，随定姑娘下楼栅。丫鬟就在头前走，哟哟哟丫鬟下楼是通通通，姑娘下楼是咯噔咯噔，一般都是个裙衩女，一样样的下楼是两种音。只因为烧火燎灶是丫鬟，闺阁楼台女千金，丫鬟呀脚有外尺把多大，姑娘呀小金莲儿细个宁宁周周正正不大不小呀实在爱人，顶大二寸零的五几分。忽通通，咯噔咯噔。七六下了楼梯一十三层。下了楼梯来得好快一步一个草花名，一步走了一个迎春蕊，二步走了一个藕叶儿根，三步走了一个莲花儿瓣，四步走了一个柳条儿青，五步走了一个红牡丹，六步走了一个十月儿红，七步走不了半个砖，呀孩儿越走越爱人，哟哟哟八步还在院当中。花枝招展来得好快，风摆荷叶儿出府门，出门来就把彩楼上，哟哟哟彩楼下边有好多人。里三层、外三层，四面围了一个不透风，大个的前头扛上看，小个个们看不见的就扒住大个的打能能。扛的个胖汉出了水，扛的个瘦的娘呀爹呀喊骨头疼。不说众人看佳人，哎呀呀，再说说彩楼上边的女千金。小姐她把绣球拿在手，啊一下扔到半天空，绣球它朝着人群扑罗罗罗罗罗罗扑罗罗罗扑罗罗罗扑罗罗罗罗地往下落，这一回此书到了正交锋，要知道绣球单打哪一个呀，下回书上分解清。

2. 夺阿斗

（武乡鼓书）

向大家慢慢道来呀啊嗯，丝弦鼓板来个正了两音。哎哎刷啦啦推开一款鼓书文哎哎嗨哎嗨哼。打起呀锣鼓来动开板呀嗯，就把那三国说一款。赵云在皇娘怀前夺了阿斗呀嗯，一旁恼了小周三，我保定皇娘太子到东吴去，你胆大过来敢把我拦，今天犯到你周个爷手，小子你想逃活命费了难。丈八银枪拿到手，照定了赵云刺喉呀咽。眼看赵云难逃命，行船来了张老三。老张飞黑铁乌盔头上戴，身穿铠甲扣连环。乌色胡须根根乍，二个目一瞪赛铃鸾。乌骓马不住吱啦啦叫，鞍前挂着挡将鞭。从小舟跳离到了轮船上，就把四弟问一番。老张说："四弟你往哪里去？怀抱阿斗为哪般？"赵云说："我正在江边来瞭哨，看见周三抱定太子上了船。皇娘太子东吴去，恐怕两家有麻烦。我驾小舟赶到了轮船上，阿斗太子夺回船。皇娘面前夺阿斗，那边恼了小周三，丈八长枪拿到手，照定我赵云刺喉咽。要不是三哥呀你来得早，我四弟想要活命难上难。"赵云滔滔往下讲，倒叫恼了张老三。

老张闻听心处恼，叫一声小周三："肚子倒比天还大，胆敢讵定皇娘太子上了船。今日犯我张爷手，想逃活命难上难。"丈八长矛拿在手，照定周三刺喉咽。只听咔嚓一声响，小周三血淋淋的人头落船板。

周三一命死过了，那皇娘真真哭得泪不干。哭了声周三表兄死得苦呀，叫了声哦哦周三表兄嗯嗯你死得屈冤，哎嗨哟你死得屈冤哎咳哟死得屈冤呀。你只说为国尽忠哦总有好总有好呀，谁知道哦一命哦就染黄泉。叫了声周三表兄哦哦你等等俺哎咳哟等等俺哎咳哟等等俺。那皇娘真真哭得如酒醉，要寻短见染黄泉。拿起罗裙蓬了面，黑定江心往下翻。那皇娘，这回扑江要寻死，罢罢罢此书到了正交关。这就是赵云张飞夺阿斗呀，说到这里算说完。

3. 王三愣治“圪桃虫”

眼怕瞎，耳怕聋，鼻子就怕气儿不通。肿炸腮就怕打呵嗳，气管炎怕得是立了冬哇啊嗯。嗯嗯嗯嗯上场来表罢了提纲书归正啊嗯，说一个小段大学家们听。嗯哎咳依呀哼慢慢儿听呀，慢慢儿听呀，慢慢儿听呀么哼哼嗯哼嗯哼嗯哼慢慢儿听呀么哼呀个哼呀个哼呀个哼呀个哼哼。说的是（这个）南庄有个王三愣，找了个对象叫圪桃虫。圪桃虫肉浓浓，生来想吃不想动，每天装病躺炕上哇，嘴里还不住地哼哼哼。因此大家叫她是哼哼婆，也有人叫她就是外圪桃虫哎哎咳哼。圪桃虫头天娶到南庄上，天明呀就开始了哼。王三愣一见心里高了兴，身上取出一根明晃晃侧棱棱又尖又长三棱儿针。上炕骑住哼哼婆，裤子退到了脚后跟，举起钢针如绣花，噌噌噌屁股蛋上干了三个血窟窿哎嗨哼疼得个哼哼婆娘像杀猪，窝在三愣屁股底下骂她母亲：“亲娘呀你女儿得了个哼哼病,都怨你把我娇惯成,如今嗯娘你好活儿受苦,亲娘呀，屁股蛋上实在疼，哎咳哟实在疼哇嗯嗯嗯屁股蛋上实在疼哎咳哟实在疼。”圪桃虫哭得真恓惶，一旁喜坏了王三愣，抬腿放起了哼哼婆，哈哈哈哈笑连声：“哼哼婆，圪桃虫，我早就听说你有这种病。如果今天没治好哇，再扎就得从外得脑顶。”圪桃虫一听急忙圪爬起，顾不得疼，顾不了哼，日儿蹦跳到地当中，拽起裤子就捅火，放下火柱就找水桶。这就是哼哼婆娘书一段，说到这里算完成。

4. 武乡抗日模范县

（武乡大班鼓书）

九万多人的武乡县，九万多人齐出征。哼慢慢道来哎哼丝弦就鼓板来嗨呀么哼，首先合正音呀哎哎哎哎哎哎嗨哎嗨哎嗨哎嗨哎嗨哎嗨哎嗨哼叮零就当啷来开了正音。说武乡来道武乡呀哼，尚武之乡人敬哎仰。古来又分东西乡呀哼，南北窄来东西长。黄土沟深高圪梁，游击战争好地方。八路军挥师上太行呀哼，总部转移驻武乡。腾出房子烧热炕，欢迎咱部队进山庄。开展自卫游击战，全民皆兵上战场。巧妙利用青纱帐，炮楼下奔回牛和羊。反蚕食，反“扫荡”，仗仗打得都漂亮。神出鬼没游击队，鬼子最怕魏名扬，最怕魏名扬。一听名扬游击队呀哼，叫爹叫娘忙躲哎藏。八年抗战贡献大，武乡出人又出粮。参军青年一万五，不惜热血上战场。公粮筹集二十五万担，军鞋多达十五万双。养育八路子弟兵，吃饱穿暖打胜仗。十四万人口的武乡县，九万多人上战场。

5. 拥军

军爱民来民拥军，军民团结一条心。党政军民团结紧，争取胜利大反攻哎。丝弦鼓板来首先合了音啊哎哎哎嗨哎嗨哎，叮铃当啷来开了正本哎哎嗨哎嗨哎，革命的同志爱中华，反对日寇哇来侵略。东条内阁他提口号，灭亡中国不用三个月。卢沟桥上哟打鏖战，天津上海哟把营扎。抢占了宛平和开封啊嗯，进攻绥远和察哈。阎锡山老贼他害怕死啊嗯，大兵那个撤退上往南拉。蒋介石老贼他也不抵抗啊嗯，急忙下令把兵撤。大官小官小兵往后退，跑到西安来住下。眼看咱们要亡国，来了咱的救命客呀哎嗨哎嗨哼。伟大领袖毛主席啊嗯，好比汉朝老诸葛。还有咱朱德总司令，领导军队有办法。红军改编了八路军啊嗯，深入华北把敌杀。党政军民都巩固得好哇嗯，根据地像铜又像铁呀啊哎嗨哎。毛主席抗战整八年，才把人民来救下。这样的恩情咱们不能忘啊嗯，要把咱们军队嘛来报答。粮食要碾细交军队，部队吃上哟把敌杀。所有这个伤兵来咱村，必须让他们住好家。各村成立起接待站，妇女儿童来配合，端汤端饭伺候他啊哎嗨哎嗨哎。部队要从咱村过啊嗯，必须热情招待他。肚中饥饿把饭用啊嗯，他要渴了烧水喝。部队要买咱东西呀，价钱不能来乱搞各啊哎嗨哎嗨啊。妇女们大量做军鞋哇哼，必须用好布和好麻。好布该用给咱们军队们用，好麻叫给军队把底子来纳。有些的个别妇女们啊嗯，她那个想法不正确。好布在留给她的丈夫来用啊哼，好麻在要给她男人纳。这些小心思要不得，大会说服批评她。如果再三不改悔，马上把她来改革。想一想，没有咱们共产党的好领导好军队，怎能过上这个了这个好生活。这是拥军宣传话，希望大家牢记下。大家听了多研究，看咱说得正确不正确。宣传工作大开展，提出来意见咱补上它。这是《拥军》一小段，说到此处算完结啊啊。

6. 一只母鸡

上场来，拉起了丝弦定好了音啊哼，唱一段武乡鼓书大家听哎哎咳咿呀哼。慢慢地哼呀紧紧地跟呀紧紧地跟呀么哼哼嗯哼嗯哼嗯哼，紧紧地跟呀么哼呀个哼呀个哼呀个哼呀个哼哼。说书的也有九腔十八调，还有七十二个哼。离了哼哼唱不成个调哇，离了哼哼不好听，因此上上场来总得哼，还得哼成一个音，不住劲地哼一块儿的哼，嗨嗨哼哼咳呀个咳呀个哼呀个哼呀个嗯个嗨咳嗯个嗨咳哪哈咿呀哼嗨哎咿呀个哼嗨哎咿呀个哼嗨得儿哼嗨得儿哼嗨得儿哼嗨哼嗨哼嗨哼嗨嗨嗨！哼呀个哼呀个哼呀个哼呀个哼呀个哼呀个哼哼说的是一九三九年，八路军转战进太行。总部扎在了王家峪，这可就喜坏村西魏大娘。只因为家里住了一位老八路，知冷知热问寒问暖一见他就知是个热心肠。还有两个战士小张和小李，又担水那又和煤张口闭口叫大娘，叫的个大娘心里似蜜糖。这天晚，趁着那老八路没有事呀。四个人坐在门前拉家常。魏大娘她倒突然问：“老同志，俺问你是多大个官？我看呀你不是团长也是个营长。我问您您可见过那毛主席呀，听说朱总司令在华北，你可知他住在啥地方？”老八路他笑笑回答说：“毛主席现在在延安，朱司令嘛，他现在也许是正和老乡把话讲。”大娘说：“哎！我要是能见见司令该多好，也不枉来在世上活一场。说实话，俺倒有一个小想法，不知你肯不肯就帮俺忙？”小张说：“大娘有什么为难事呀，说出来咱好商量。”大娘说：“俺有一只老母鸡，你看它，胖绒绒、肉乎乎，没有四斤也有三斤八九两。俺舍不得卖来那舍不得杀，就想送给朱总司令尝一尝。我想你们常开会呀，朱总司令保证能见上。托你们将这只鸡转给总司令，啊求你们三位帮帮忙。”小张一听他倒傻了眼呀，小李说：“大娘，你这心意我能转达，可收你母鸡这个忙可不敢帮。司令开会常常讲，谁违反群众纪律谁得坐班房。你想想朱总司令他哪能收，这事以后咱再商量。”大娘一听站起身来就要争辩呀，这时候忽然从门外进来刘邓二首长。刘伯承师长一进门，司令司令喊声忙。这大娘一听发了呆，没想到，日盼夜想的朱总司令他就在身旁。又听说部队马上要转移呀，这怎能赶上杀鸡熬鸡汤。她急忙出门来找鸡呀，想让司令随带上，哪知她刚把母鸡捉在手，总司令早已转移出村庄。魏大娘追到村口没啦追上，望着大路止不住的热泪往下淌：“司令呀，你本是官不像官，真正儿和咱穷人一个样。多好的司令多好的人，穷苦人永远把你记心上。”这就是一只母鸡书一段，军民情深传太行。

7. 咱们工会有作为

（武乡大鼓书坐唱）

各级工会有作为，咱们会员唱起来。哎咳哎嗨哼上场来鼓琴一响心高兴呀哼，人一高高兴就爱哼哎嗨哎咳哼。你也哼我也哼，咱们大家一块儿地哼。会过的哼跟上弦弦哼，咳咳哼哼咳呀个咳呀个哼呀个哼呀个嗯个咳咳嗯个咳咳哪咳衣呀哼啊哎衣呀个哼咳哎衣呀个哼咳红心哼咳心儿哼咳心儿哼咳哼咳哼咳哼咳哼咳嗨哼呀个哼呀个哼呀个哼呀个哼呀个哼呀个哼哼。红心是长治市委好安排，工会组织全覆盖。乡镇工作上了星，村级工会挂了牌。从此以后咱都建起“名人档”，生产生活有了后台。咳哎咳衣呀哼咱们的工会建起来，哎哟哟文体活动好精彩。有了组织和场所，各种比赛办起来。又舒心来又健体，素质提高来得快。哎咳衣呀哎咳哼自打工会建起后，技术比赛办起来。安康杯，先锋军，还有百千万都立功劳。劳动创新大提高，争当劳模尊重劳模关心劳模学习劳动新的风尚树起来。咳哎咳哎咳哼自从工会建起后，集体合同干等办商签起来。职代大会不含糊，企务厂务全公开。职工当家作了主，咱活得有尊严来又开怀。哎哎咳哎咳咳咳哼自从咱工会建起来，煤矿工人十项反利出了生。选出了群众监督员，安全隐患主要改。违章作业纠正快，哟哟哟矿山笑声多起来，多起来，呼儿咳咳呼儿咳咳呼儿咳咳呼儿咳咳多起来。哎咳衣呀哼帮扶中心建起后哟，各种服务来得快。冬送温暖夏送清凉，法律援助就业指导最及时，常把困难职工挂心怀。大病互助捐药费，哟哟哟金秋助学真不赖。人说工会是咱自己的家，洒向人间都是爱。哎咳哎咳哼这正是工会承载着党的爱，爱洒人间百花开。工会是咱的贴心会，众人浇灌花不败，以人为本第一位，咱们生活真精彩。转型跨越最给力，和谐发展花常开，和谐发展花常开，花呀儿花常开。

附二：

名艺人介绍

王云则（1907—1950），又名王海祥，武乡鼓书名艺人，东沟村人。9岁跟山东省黄吉太师傅学武，15岁以闯江湖打拳卖艺为生，后来还学过唱戏。他胆量过人，性情豪爽，走遍了山东、河南、河北、陕西、山西、内蒙古、青海等地。

1934年，他卖艺西渡黄河，结识了一位说唱西河大鼓书的朋友，开始学习弹、拉、说、唱。1937年全面抗战开始，他回乡务农。在此期间，他引进了秦琴（今名月琴），并继承了七条布袋刘汉宝大板书的伴奏方法，使鼓腔为之一新。自此，武乡鼓书问世。

他说唱的鼓书有《打皇印》《回龙阁》《八郎回朝》《白玉楼讨饭》；新书有《劳动英雄李马保》《王桂花改嫁》等。他的口齿清亮，吐字利落，书中有戏，戏中有情。扮男，举手踢脚；扮女，羞羞答答；扮官，威气十足；扮武，云身飞舞。常常以此博得观众称赞。之后，青年纷纷前来投师学艺。他教出了30多名鼓书徒弟。后来的鼓书名艺人成光明、张振勋、史海珍、李生元、张寿万、董二盘等，都是他的徒弟。

王云则为繁荣曲艺、发展鼓书、培养艺徒贡献了自己的毕生精力。1950年因病医治无效，不幸逝世，终年43岁。

史海珍（1917—？），武乡鼓书名艺人。原籍枣凹坪村，现居襄垣县东干郸村。自幼家贫，为了糊口，7岁开始给盲人引路学说书，9岁回家，随哥放羊为生，但仍唱不离口，练就了一副铁嗓门。

17岁时，他不顾父亲反对，毅然拜王云则为师学说唱。从此，开始了他的曲艺生涯。他具有独特的歌喉，因而很受师父器重。三年的刻苦磨炼，终于初露头角。1938年，八路军来到武乡，他毅然背起乐器参了军，在一二九师师部工作。后来，下连队当了排长，并不断做文艺宣传鼓动工作。在胡峦岭战斗中负伤后，残疾退伍回乡，参加了以师父王云则为首的鼓书团。王去世后，史海珍又和襄垣的几个人组建了鼓书队。1960年，县成立明眼人曲艺队，他担任队长。

他在鼓曲说唱上，独具自己的风格，他刚柔相济，声情并茂，发声坚实洪亮，音域宽广，吐字清晰纯正，气步运用自如，在武乡、襄垣、黎城直至整个晋东南地区都享有盛名。他的拿手书目有《呼延庆打擂》《刘公案》《呼家将》《小八义》《金镯玉环记》《小桂花住娘家》《洗衣记》《白毛女》等。

成光明，武乡鼓书名艺人，城关镇成家总村人。少年丧父，家境贫寒。14岁当牧童，后来学唱戏、学说书。因其天资聪颖，无师自通。15岁时自己买了一个八角鼓，开始练说鼓书，当时因不通文墨，只能编一些乡俗民情、家庭纠葛的笑话小段，虽说很受听众欢迎，但没有大本书目，难以生计。后经史怀庆推荐，到沁县民族革命中学免费就读，开始学习文化。学校组织娱乐晚会时，他的演出曾受到薄一波同志的高度评价。

在抗日战争中，他手持八角鼓，参加了县抗日政府组建的第一个县书团，并担任小队长。他到东沟村找到了武乡最有名的鼓书艺人王云则，拜其为师，潜心钻研学会了弹月琴、拉丝弦，并学会了《金钟记》《呼延庆打擂》《刘公案》等连本书目。出师后又自编了《送郎参军》《八路军爱人民》《新婚姻法》等十几段新书，活跃在武东县的山庄窝铺，受到了武东县政府和四区区政府的奖励。他能自编书段，随唱随编，而且词句风趣，合辙押韵，甚至在平时与人谈笑闲言，也是“顺口溜”形式，因此，在群众中得一绰号“成铁嘴”。久而久之，“成铁嘴”就成了他的艺名。

1940 年，他参加了裴清河领导的子弟兵团。后来，部队调往沁源受训，他被分配在团部话剧团。1940 年队伍整编，精简人员，他回到武乡。其间，他和师兄张瘦孩（王家峪人）为伴，仍搞说唱。在为八路军总部说唱《八路军抗日必胜》一书时，受到了朱德总司令的夸赞。

太原解放后，他奔赴太原附近说书，1950 年太原城区政府组织建立曲艺联合会，他被推选为该会主任，在太原城区颇负盛名。1958 年出席了全国第一届曲艺会演，受到了周恩来总理的接见。

成光明晚年在榆次市曲艺馆盲宣队工作，仍抱琴说唱。他在晋中、忻州、祁县、平定等地，带出 80 多名徒弟，较有影响的有太谷的赵贵珍、太原的张婴孩、忻州的郝喜花、祁县的尚拴狗等，为武乡鼓书的传播和扩大作出了较大的贡献。

常广生（1946—　），武乡琴书艺人，北涅水村人。9 岁上学，因家贫只读完高小。虽不是全盲，但因爱好曲艺，1965 年参加了县盲人曲艺队，拜张晋唐为师。他刻苦学习，深钻细研，加之他有高亢而圆润的嗓门，因而对武乡琴书曲调的发展（音域的拓宽）起了很大作用，也形成了其独特的旋律风格，成为武乡琴书的一个代表艺人。他勤于探索，善于吸收他人之长，说书时曲调多变，吐字清脆，音色甜美，即兴编词，出口成章，深受群众欢迎。1986 年 9 月成为中国曲艺家协会山西分会会员。1988 年光荣加入中国共产党。担任武乡县盲宣队队长。

李明秀（1946—　），武乡琴书骨干演员，砖壁村人，中国曲艺家协会山西分会会员。现担任窑湾乡文化站辅导员。他自幼酷爱曲艺，1958 年投史海珍学艺，1963 年下放回村后，仍以说唱为生。在继承史海珍说唱风格的基础上，他大量吸收了京津鼓曲的表演技法，形成了自己的独特风格。另外，他还热心编书。他常说的长篇书目《说唐传》就是他创作的。他的拿手传统书目有《金钟记》《金镯玉环记》《还魂带》《赶斋》等。

近年来，在外地曲种的影响下，他对武乡鼓书大胆改革，精心探索，使史海珍流派又有新的发展。现在他常常身背月琴，串庄说书，深受东部山区群众的喜爱。

刘怀旺（1928—？），武乡琴书艺人，大有乡长乐村人。1938年入县盲宣队，随张国维学艺，很快就掌握了一人操打七件乐器的技艺，一时在鼓曲界崭露头角，出师后，走乡串户，颇为群众喜爱。

他善于自编自演，拿手的传统书目有《珍珠珍珠汗衫记》《金屏扇》《还魂带》等。在战争年代自编自演了《拥军》《除汉奸》等新书小段。在县曲艺队领组说唱。

李文学（1936—1989），武乡琴书艺人，广志乡韩青垴村人，先天性失明，自幼家境贫寒，15岁随鼓书艺人刘明清学艺，三年出师，单独领组说唱。

他演唱的特点是自拉自唱，嗓音洪亮，人物刻画逼真，尤其仿学旦角极像，为群众交口称赞。他的拿手书目有《小八义》《五女兴唐传》《图龙传》等，1989年因病去世，享年53岁。

王三炳（1935—？），武乡琴书艺人，蟠龙镇小活庄村人。1949年入县盲宣队，跟大林书学艺，演出时插科打诨，特招人喜爱。他掌握的书目很多，拿手书目有《佘公案》《新龙传》《争亲传》等。1980年至1987年为县曲艺队队长。

附三：

武乡三弦书书目一览表

（1）长篇传统书目一览表　　△为失传书目

书　目	回　数	主唱者	书　目	回　数	主唱者
姜公案	48	李三则	杨怀玉下山	10	常会宾
王公案	32	吴全万	郭丁香	12	程雪唐
余公案	54	王三炳	洗衣记	20	程雪唐
薛刚反唐	28	常会宾	刘公案	50	张叶青
小八义	120	张叶青	包公案	22	程雪唐
访通州	24	刘怀旺	金钟记	100	王云则
姚公案	32	王三炳	争亲传	20	王三炳
回纹屏	40	李三则	牙牌记	88	武金奎
回龙传	12	程雪唐	困龙传	60	张叶青
金屏扇	48	刘怀旺	丝鸾带	60	刘全珍
珍珠汗衫记	42	岳水秀	清烈传	32	武金奎
金镯玉环记	32	常广生	新龙传	40	李三则
北京传	18	李保山	蜜蜂记	48	刘全珍
三红传	40	武金奎	铁笔记	36	武金奎
双鞭记	60	常广生	还魂带	44	李三则
五女兴唐传	42	李三则	胭粉记	32	郝树青
响马传	18	常会宾	忠烈传	42	李保山
粉妆楼△	120	孟文华	秦英征西	48	王树生
罗通扫北△	50	孟文华	打登州△	22	孟文华

（2）中短篇传统书目一览表

赶斋	小人传	大闹天宫	单刀赴会
孙二娘开店	审砖头	吕洞宾买药	卖烧饼
卖笼饼	武松打虎	孟姜女	罗成算卦
花亭记	大换房	酒色财气	宫门挂带
白玉楼	扬州观花	韩信算卦	抢铜钱
吴阁老查宫	八姐游春	晋王过江	打来呆
武松赶会	刘林吃酒	拖荆耙	三鬼毛
张三卖布	出樊城	王祥卧冰	小姑贤
劈山救母	孙宾拜寿	二老夸子	大脚王
鸟莺对话	张生戏莺莺	庄王访贤	吃粽子
匡胤赌钱	八八栽瓜	潘杨讼	相和段
猛虎学艺	渡林英	包家夸桑	拜寿
中山狼	两头忙	包家落凡	吃糕
老寡妇上坟	打尿床	包家散心	偷南瓜
匡胤恋赌	二妇人拉楼	十不足	怕老婆
小寡妇上坟	谄大夫看病	黑妞	小跑毛
黑脸段	拙妇人缝衣	六月六	刘方舍子
九虎归宋	反菜园	吃黄杏	十八女拜寿

（3）现代书目一览表（小段）（1938—1990）

书　目	作　者	演唱者	书　目	作　者	演唱者
西安事变	韩庚江	王云则	闯将李技荣	殷士肤	刘晋唐
井冈山起义	胡海亮	张叶青	雷锋		常广生
八一南昌起义	孟文华	韩庚江	两队长	王仲祥	陆　涛

书　目	作　者	演唱者	书　目	作　者	演唱者
减租减息	孟文华	张叶青	战地新歌	王仲祥	张　晶
囤集公粮	张维国	张晋唐	鬼怕人	王仲祥	李明秀
新阶段	孟文华	李保山	激战前夜	王仲祥	胡桃英
备荒节约	李克宽	张叶青	一块银圆	王书明	常广生
八大让步	孟文华	王云则	一只母鸡	王仲祥	李明秀
打长乐滩	张国伟	张叶青	后娘心	王仲祥	赵玉花
百团大战	胡海亮	刘明清	同心曲	王仲祥	李小芬
打辽县	韩庚江	刘全珍	哄场	王仲祥	弓素梅
打吴家垴	胡海亮	韩庚江	巧护彭总榆	王仲祥	安娥英
地主与长工	王士荣	刘怀旺	太阳星星月亮	王仲祥	张　青
劳动英雄	移　植	张叶青	唱煤乡	王仲祥	南　雁
蒋军必败	王士荣	张叶青	风雨情	王仲祥	
大军南下	寒　声	韩庚江	放光芒		成光明

武乡大板书

一、武乡大板书的探源

武乡大板书起源无处查考，据清朝末年大板书的名老艺人刘汉保说，大约在明朝末年就有大板书作场演出了。大板书是一种多人作场演唱的曲艺形式，演唱时主唱者坐正中间，面前置放一张八仙桌，桌面上摆放大鼓、小锣、班鼓（有用木鱼代替）、小镲、大铙等打击乐，平面敲击；桌下面挂着一面大锣，主唱者左脚上缠绑着锣槌踩击，右脚踩击木鱼，起梆子作用。主唱者两边坐着头把、反字二把、木胡和弹拨乐演奏者伴奏。大板书的唱腔板式有大起板、二性板、散板、哭板和簧腔等，主唱者用这几种板式叙述故事情节。由主唱者和另外两个伴奏者，分担故事中的人物角色，像唱戏一样，用武乡秧歌、上党梆子或落子的唱腔抒发人物感情。所以，大板书曲调豪放、打击乐丰富，很适宜表演较大场面的宫廷故事。其传统书目有《回荆州》《夺阿斗》《杨七郎打擂》《杨八姐游春》等 60 多个。抗日战争时的书目有《长乐滩大战》《关家垴战斗》等 30 多个。现代书目有《智取威虎山》《小二黑结婚》等 20 多个。随着武乡大板书的衰落，现在这些书目也基本消失。

武乡大板书演唱形式别致，一人操作七件打击乐器主唱，另有 5—8 人陪唱，唱腔热情奔放。加之掺唱各个剧种的各种板式的唱腔，红火热闹，备受观众青睐。用大板书形式演唱场面宏大的古今战争故事的书目表现力极为丰富，所以说该曲目有实用价值。武乡大板书在太行山很有影响，且形式独特别致，在祖国文艺的百花园中，独放异彩，失传可惜，很有传承发扬的必要。

二、武乡大板书的传承与保护

改革开放后，外来文化和新型文化像潮水一般冲击乡村，传统文化在当时没有得到重视和有效保护。武乡大板书也和其他传统文艺形式一样，演出机会和平台逐年减少。加之大板书是一人操作七件打击乐器，学起来有一定难度。2000 年，李文学逝世后再无人学，中断 15 年之久。2014 年，虽然重新面世，仍然没有引起社会重视，没有多少演出机会，所以学大板书的年轻人少之又少，是该项目传承发展的主要威胁之一。

据调查，武乡大板书的传承者如下：

第一代：刘汉保

第二代：张宝富　岳宝禄

第三代：张叶青　邢效荣　刘明清

第四代：董林会　李文学

第五代：王充理

第六代：白占文　胡鹏飞　王彦南　郁向忠

自武乡大板书被评定为市级非物质文化遗产保护项目以来，扩大了该项目传承人的数量，一些老艺人边教学边排练。率先排练的大板书《狗小名片》和《抗日模范县》，使该项目起死回生，得到初步恢复。将大板书传统书目《夺阿斗》记录整理出来，让徒弟们学习演练。2020 年，受新冠病毒疫情影响，不能集中排练学习，但王充理和少数学员编排的大板书《抗击疫情不放松》，录制成音像用微信发到学员群里传教，使大板书进一步得到传承和

发扬。

为了把武乡大板书发扬光大，高度重视这一项目的艺术研究工作，在保持基本特色的前提下，运用科学的理论和方法加以修改、提高，从而焕发新的活力。编排一至两个精品书段，争取得到本县县政府的重视和财政支持。2023 年，文化馆组织大板书演出队伍，积极支持和协助民间艺人制订保护和传承民间艺术工作计划，加紧授徒传艺，培养新的传人，让武乡大板书传承不断，永远开放在祖国曲艺的百花园中。

武乡纸扎

武乡纸扎是用于丧葬的非遗项目，距今已近200年，成品有花圈、马、轿车、童男女、金银斗、摇钱树、引路菩萨、元宝等八种。随着社会进步，又增添了现代产品，如电视机、小轿车、冰箱等葬礼纸扎。该纸扎系列产品以纯手工和言传身教的方式延续至今，不求量大，只求量精，因此深受消费者喜爱。

武乡纸扎的基本程序是：

1. 设计：工程不论大小，首先必须在科学合理的设计下操作，才能有良好的效果，纸扎也是如此。为满足部分用户意愿，在不影响传统的框架下，也可做小幅调整，如形体大小、颜色搭配等。

2. 选料：制作好框架，选料至关重要，常用者有高粱秆、芦苇秆、谷草秆、麻绳、米丝、五色纸，兼备笔、墨、糨糊等。

3. 下料：只有下好料才能做出各种好模型，基本要求是尺寸要精确，粗细均匀，长短合适，软硬兼顾。

4. 扎架：选好料，下好料，扎架更重要，基本标准是比例均匀，结构牢固，上下对称，整体端正。

5. 选纸、剪纸：选质量上等、颜色鲜艳、尺码标准的纸张特别关键，且有过硬的裁剪手工，既省时又省料，剪出的模样栩栩如生。

6. 组合粘贴：组合粘贴更要精心细作，每项粘贴必须一步到位，稍有疏忽，就会前功尽弃。

武乡面塑

一、武乡面塑制艺的历史探源

面塑，在山西晋东南地区俗称“捏面人”“花馍”等，各地叫法不一，形态也各有特点，为“中国的活雕塑”，距今已有1340多年的历史，早在汉代已有史书记载。世界面食在中国，中国面食在山西，山西人民群众在民间日常生活中以面粉为主料，调成不同色彩，用手和简单工具塑造成各种栩栩如生的形象。面塑经过几千年的传承和经营，历史可谓源远流长，早已成为中国文化和民间艺术的一部分。后来人们逐渐加彩并掌握“一印、二捏、三镶、四滚”等技法，使面塑得以发展，成为民间一种传统艺术。

武乡县“面塑”艺术源远流长，到明代，面塑逐渐脱离食用，演变成单纯的艺术形式而独立存在，一些身背工具箱、四处奔波的面塑艺人出现在繁华闹市，以此为生计，促进了面塑艺术水平的提高。武乡的民间面塑以对天、地、神的祭祀和祈祷为主要功能。面塑在节日中的作用十分明显，如春节供奉天地的枣山、元宵节卷包、端午捏虎、七月十五捏面人、中秋捏桃。明、清年间，岭

头张氏家族就利用面粉做出各种各样的花馍与人物，历经多年的发展，逐步形成一种民间艺术。岭头村第三代面人张福水夫妇主要做花馍，俗称“嘛糊糊”，第四代面人张素清已用面粉独立做出各种各样的人物造型，以馈赠亲友为主。至今张家已有第五代传承人，以捏古代和现代人物为主，也可现场捏出人的肖像。

武乡 14 个乡镇、1 个开发区都有制作花馍的习惯，心灵手巧的农村妇女都会捏制花馍。武乡民间有个习俗，那就是逢年过节、婚丧嫁娶，以及喜庆时日，都要捏制面塑以示庆祝。这种家家户户都要进行的民间艺术活动，造就了大批捏制花馍的能工巧匠，而且世代相传，绵延不绝。

面塑的基本制作过程为选料、捏制、笼蒸和点色等，利用“印、捏、镶、滚”的方法，使作品更加形象逼真。具体过程如下：

1. 选料。选取上等的精面粉、糯米粉、蛋清、甘油等纯天然原料。

2. 捏制。捏制是一道主要工序，各种形态的作品全出自艺人的手中。

3. 笼蒸。捏制好的各种造型，面醒后上蒸笼蒸熟，方可成型。

4. 点色。蒸熟后的面塑作品稍凉后，要根据人物、走兽和花草特征上色，使其鲜艳，富有观赏性。

武乡面塑作品

主要面塑作品有古代人物（如文财神、武财神、门神等）、现代人物（主要有反映八路军抗战史和各时代人物的造型）和动物雕塑（如十二生肖、西游记等）。

二、传承与保护

武乡面塑历史久远，但主要在日常生活中传承，专门从事面塑艺术的人较少。

张会兵，男，出生于1972年，山西省长治市武乡县上司乡岭头村人。自幼受堂爷爷奶奶的熏陶，喜欢面人，经常拿面在手里不停捏，27岁时，他捏出的面人已栩栩如生，深受周围人们的喜爱。2008年，张会兵在北京麓王斋书画院学习水彩、人物、写生，多次和面塑名家交流、学习。2013年成为中国美术家协会会员、中国玩具协会会员，2016年获北京市顺义区民间艺术展示一等奖。

由于现代人生活节奏快，大量民间传统工艺传承乏人，面塑也同样受到了影响，面临着逐渐失传的危险，武乡面塑在现代化生产的冲击下，有走向低谷之趋势，如果不加以继承和发展，我们的后人可能将无法再欣赏到这种源远流长的独特艺术种类。

目前，有关武乡面塑的保护措施有：继续学习民间博大精深的面塑技艺，独立创新，自成一派，加大投资力度，重点促进武乡岭头的面塑技艺代代相传，并发扬光大。

1. 协助县委、县政府成立县级面塑工艺保护机构。

2. 成立武乡县面塑学会，互相学习，提高技艺。县文化部门举办面塑交流比赛，让有一定面塑手工艺术的人赴外地学习取经并参加各种比赛。

3. 发挥能人作用，发动发明创造，形成面塑大气候。创办面塑工作室，在学校开设面塑手工课，把面塑带进中、小学校的大课堂。

九曲黄河阵

一、“九曲黄河阵”大众娱乐的迷人之处

“九曲黄河阵”民间传统项目盛兴在武乡县丰州镇城关村，是一项男女老幼都乐意参加的群众性娱乐活动，其传承群体是全村，以及全镇群众，不分男女老幼，尤其是正月十六晚上，总是人山人海，周围群众从四面八方赶来，早吃完饭前来串黄河，参观的人群扶老携幼，鱼贯而入，行进必经九曲十八阵，阵中灯火摇曳、五光十色、蜿蜒曲折，似游天宫。串黄河也叫“转黄河”或“踏黄河”，各文艺班子演出之前首先要串黄河，步伐多为秧歌步。串黄河之后，先列队向三宫行礼，而后开始表演，有祈祷风调雨顺、五谷丰登之意，串黄河的同时还要燃放烟火，一般多在每年的正月十六晚上进行。

“九曲黄河阵”作为城关村独有的民族传统艺术，已有300多年的历史，

民间流传谚语：串串黄河腿不疼，看看天灯双眼明；转转黄河圈，能活一百年；转转天灯杆，全家保平安；摸摸天灯杆，能去考状元，所以，300 多年来好多武乡群众每年都要串“九曲黄河阵”。

黄河灯阵外廓为正方形，内里分三行，每行三个小正方形，共九个，故称“九宫八卦阵”阵形，每边埋 19 根边柱，成为高出地面 1.6 米的木桩，柱与柱之间是 1.5 米的巷道。沿走向顺序用绳子拴成挡墙，每个柱的顶端安放一个油碗，到放灯时点燃照亮，灯阵周围扎缚成 1.6 米高的围墙。灯阵前面设两门，左边为正门，右边为反门，即进出口处，扎一宽 13 米、高 7—8 米的大型牌坊门，悬灯结彩，观众自正门入，循序行进，必经九曲十八阵，似游天宫。

二、“九曲黄河阵”的非遗意义及其传承与保护

“九曲黄河阵”也称“九宫八卦阵”，顾名思义，古朴醇厚，古风浓郁。

其阵形每边埋 19 根边柱，柱与柱之间组成巷道，灯阵周围均用苇席扎缚成 1.6 米高的围墙，灯阵进出口处扎一个大型牌坊松门，悬灯结彩，松门上悬横匾，大书“中军帐”“庆元宵”金色大字，戏班子请“三宫”敲锣打鼓，同时在河边燃放烟火，一簇簇火树银花高过了天灯杆，出现各种花色图案，游人目不暇接、流连忘返。

为使“九曲黄河阵”非物质文化遗产得到保存和传承，武乡县群众文化馆发动城关村村支两委干部，团结聚集所有热爱钻研从事该项文化遗产的老艺人及新艺人，形成“九曲黄河阵”串灯阵的中坚力量。在此基础上，广泛动员中年、青年虚心向老前辈请教学习，结成师徒传授关系，使“九曲黄河灯阵”文化遗产薪火相传。

在知识产权保护方面，启动由授权方武乡县文化和旅游局作为九曲黄河阵项目申报市级非物质文化遗产代表性项目申报视频（包括素材）和申报图片的版权所有人，将该申报材料的合法非专用权利授予被授权方长治市文化和旅游局。同时采取保护措施：

1. 组织社会上有威望的文化界和知识名人对这项文化遗产的表演进行同

步全程录像、录音，并形成完整的文字与视频资料，以实体形式予以保存，以利于进一步开展“九曲黄河阵”文化遗产项目教学理论研究。

2. 动员有经验、有名望的资深老艺人（主要是老一辈“九曲黄河阵”的老演员）开展传、帮、带活动，使“九曲黄河阵”的项目承前启后，永不失传。

3. 通过整理“九曲黄河阵”文化遗产的文字视频资料，出版专著，促进该遗产项目的保护传承。

武乡刺绣

一、武乡刺绣的渊源追溯

刺绣在武乡年代久远，据考，“堆鼓绣”非遗项目是石勒割据称王时期流传下来的一种绣艺。

“武乡堆鼓绣”原名“绣花儿”，是由“香包”“虎头帽”“狮子帽”“童升帽”“虎头鞋”等生活用品发展演变而成的。以丝绸为主要面料，通过起稿、描稿、剪裁、贴飞边、包棉花、包绸布缝合一起画图、配线等十几道工序制作，还要运用多种针法刺绣，形成具有立体效果的刺绣工艺。

二、武乡刺绣“非遗”的继承保护工作

“堆鼓绣”有一定难度，学的人多，真正坚持学下来的很少，在现代市场的冲击下，传统手工艺日渐衰微，剩下的艺术家已经寥若晨星。

张丽，1975 年出生于武乡县杨桃湾村，其名字是母亲为了让她将刺绣这一技艺更好地保护与传承下去而起的，现任长治市武乡县金丝维手工艺品专业合作社理事长，从小酷爱手工，喜欢美术绘画，爱研发创新刺绣。近五年内，创作“红色记忆”系列产品、婚庆系列产品、满月系列产品。其作品多次参加全国大型展览会、文博会，受到专家认可，并多次获得金奖。她培训农村妇女 1200 余名，创作作品 2000 余件，并在国内、省内多地展览。

为了将这门手艺传承下去，张丽花了 9 年时间，收集了数百种老绣品，并陈列加以保护，收集技术针法已达 40 余种，并形成文字和图片，以电子版形式进行保存。2011 年，成立了武乡县金丝维手工艺品刺绣基地，设立了非遗传习所，将武乡的历史人物、红色记忆、民族文化、农耕文化用古今刺绣的不同针法展现出来，让非遗进校园，弘扬武乡红色文化。

对于武乡刺绣非遗保护、传承，一是要完善刺绣教案，举办“堆鼓绣”作品展示；二是加大培训范围，创造社会价值；三是加大对非遗传习所宣传的力度；四是编写相关出版物，推广中华传统文化；五是深度挖掘刺绣技艺，使之发展成为现代民间手工艺品。

抢救、保护刺绣工艺，传承和发扬刺绣技艺任重而道远。目前，武乡县金丝维手工艺品刺绣基地建设完成，正在构思、创建刺绣（堆鼓绣）博物馆，形成产业规模，打造刺绣之乡，打造品牌，努力营造文化遗产保护的舆论氛围和社会环境，逐步建立全方位、多层次的非遗项目保护体系，切实将非遗保护工作引入全面规范的轨道，使非遗文化得到有效保护、良好传承和合理开发。

郝小英手工空心挂面

一、郝小英手工空心挂面作坊所在地及其历史渊源

武乡县位于长治市北端，分别与晋中市的左权、榆社、祁县，长治市的沁县、襄垣、黎城相接，交通便利，气候四季分明，年降雨量在500mm—600mm。郝小英手工空心挂面生产核心区位于监漳镇成家庄村胡家坡自然村，是赵树理笔下三里湾的所在地，交通十分便利，是武乡典型的农业产业区，气候条件也非常适宜手工挂面的制作。

从清朝开始，成家庄村胡家坡自然村已经形成了传统手工挂面的制作习惯，郝小英手工空心挂面主要依靠祖上传承。历经大明、任建楼、任福财、任安生、任恩、任成相、任兴林、任明山、任春旺（郝小英）9代传承，今第9代传承人郝小英更是热心传授这项技艺，让周边更多的村民掌握手工挂面的制作方法，使郝小英手工空心挂面逐渐形成规模、形成品牌。目前，在核心区域周边的百姓纷纷学习这项技艺，制作空心挂面成为脱贫攻坚致富增收的好项目。

郝小英手工空心挂面历经数代人的手口相传，形成了自己独特完善的制作技艺，做出的挂面粗细匀称、口感细腻、营养丰富，成为人们过年过节走亲访友的必备礼品。

由于郝小英手工空心挂面质量好，制作过程生态环保，不添加任何添加

剂，口感细腻劲道，产品供不应求。

手工空心挂面的制作程序是：①和面；②一次常温发酵，分条搓大条；③二次低温发酵，盘条、分条；④三次暗箱发酵，上杆、分拨、伸条、拉条、挂晒。

郝小英手工空心挂面富含蛋白质、碳水化合物、维生素E、磷、钾、镁、钠、硒、钙、铜等营养物质，经专家检测，有丰富的营养价值。

1. 富含皂角苷、蛋白酶抑制剂、异黄酮、钼、硒等抗癌成分，这些物质对前列腺癌、皮肤癌、肠癌、食道癌等癌症都有抑制作用。

2. 所含蛋白质较多，食用手工挂面具有增强免疫力的功效。

3. 富含铜元素，而铜元素是人体健康不可缺少的微量营养素。

4. 含有丰富的碳水化合物，能够给人体提供足够的能量。

5. 主要由小麦粉制作而成，经常食用这些食物，有利于缓解体内钙质的消耗，故手工挂面对预防骨质疏松有一定帮助。

二、郝小英手工空心挂面非遗存续与保护

郝小英手工空心挂面由于制作过程繁杂，其中绝大部分工序必须依靠人工完成，农村青年人多数不愿学习这项技艺，因此目前急需给予支持，让这项传统技艺能够发扬传承下去。

武乡县群众文化艺术中心作为保护法人单位，已将郝氏空心手工挂面的制作过程进行整理存档，多次邀请县电视台进行拍摄宣传，扩大郝氏空心手工挂面的知名度，带动周边居民共同传承该项目，逐渐形成生产、加工、销售一条龙产业链。

武乡根雕

一、武乡根艺的渊源追溯

根雕作为一种雕刻方法，是以树根（包括树身、树瘤、竹根等）自身形态及畸变形态作为艺术创作对象，通过构思立意、艺术加工及工艺处理，创作出人物、动物、器物等艺术形象，是中国传统雕刻艺术之一。

根雕艺术的特征是发现自然美而不显示加工造型技术的造型艺术，讲究“三分人工，七分天成”，意为根雕创作中应主要利用根材的天然形态来展示艺术形象，辅助性进行人工处理修饰。所以根雕又被称作“根的艺术”或“根艺”。

根雕艺术可谓源远流长，早在元、明时期，人们就用根做台，后来又把一些奇形怪状的树根随形代意雕琢成具有审美价值的艺术品。清代时，就涌现出一大批根雕艺术家，他们继承木雕艺术传统，创作出许多优秀的根艺作品，至今在北京故宫、上海豫园中，仍收藏着许多清代的根雕珍品。

根雕在武乡民间早有普及，在农村，一些能工巧匠利用树根、树身、树枝加以雕凿，制成“树根桌”“树根凳”“拐杖”“烟袋”“脊背挖挖”等，美观耐用，深受人们喜爱。

根雕在武乡确切起源之时不详，但老木匠用根制作的桌、凳、烟袋等作品在民间却屡见不鲜，不过大都是粗加工且简单实用的物件。新中国成立以来，武乡县文化馆的老职工马银元首开精细的雕刻先例，制作的作品曾在当时文化馆的游艺室摆放过。接着，文化馆的刘向金把根雕技艺推向新的境界，他的作品多而奇特，曾专门展出，并吸引和启发了不少人开始学习和爱好根雕技艺。在刘向金的启发下，县委组织部的魏新华也开始研究创作根雕作品，并发起组织了武乡县根雕协会，担任名誉协会理事长。在武乡西部，律师出身的李志明根艺作品另辟蹊径，开创新型根雕艺术。2000 年之后，张家沟村张晋英等一批根雕爱好者，开始参与根雕创作活动，参加了不少展览，并加入根雕协会，现在协会已有会员 50 余人，分布在乡、镇、村各地，为根雕的创新和发展打下了人才基础。

武乡县根雕艺术协会现有会员 50 多人，分布在武乡 15 个乡镇（区），县城会员较多，有近 20 人。作品有弥勒佛、雄鹰、鹿鹤龟同寿、笔筒、笔架、笔挂、花架、茶台等。

根雕协会为红色武乡培养造就了一批根雕人才，将太行精神融入根雕作品之中，用根雕激发人们积极向上的奋发精神，让根雕艺术焕发新的蓬勃的生命力。

二、武乡根艺非遗的继承保护工作

目前，武乡县群众文化艺术中心作为该非遗的保护单位，对本县根艺启动知识产权保护，由授权方武乡县文化和旅游局作为根雕项目申报市级非物质文化遗产代表性项目申报视频（包括素材）和申报图片的版权所有人，将该申报材料的合法非专用权利授予被授权方长治市文化和旅游局。

与此同时，采取根艺保护措施：

1. 成立根雕艺术协会，聚集根雕艺人和爱好者，逐渐形成团队力量。

2. 多次举办根雕展览，广泛介绍根雕作品，并进行评比颁奖，激励根雕爱好者的参与和发展。

3. 将根雕艺术列入县文化局申请非物质文化遗产项目，从体制上加以保护。

今后将致力于如下工作：

1. 整顿根雕艺术协会，落实活动内容，使其真正成为根雕艺术工作者的家；

2. 建设根雕艺术工作室，完善设备，使其成为根雕艺术工作的孵化器；

3. 聘请根雕专门人才来我县讲课培训，提高我县根雕作者的水平；

4. 组织根雕爱好者外出考察，开阔眼界，创新思维，更新理念，开展双创；

5. 举办根雕艺术展、根雕交易会、根雕研讨会，扩大影响，让根雕艺术走向社会、家庭，拓展根雕艺术市场。

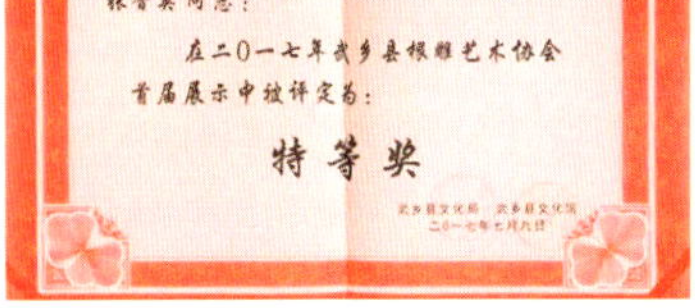

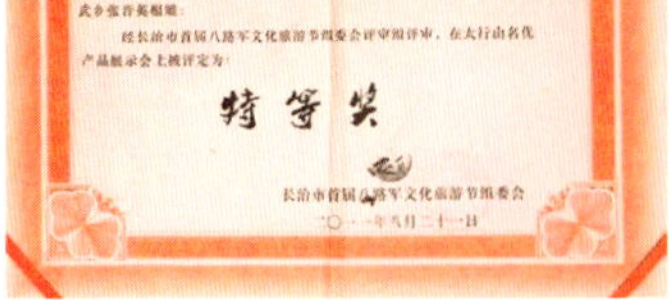

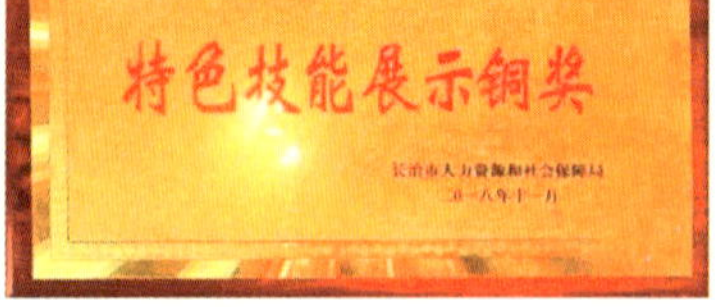

武乡三弦书

一、武乡三弦书的探源及曲艺特色流变

武乡三弦书流传于晋东南的武乡、沁县、沁源、襄垣，晋中的左权、榆社，晋南的安泽、浮山等地，以及河南南阳及其周边地区，形成于明末清初，至今已有300多年的历史。

三弦书最初由演员腿缚节子，怀抱渔鼓、简板演唱，称为“唱道情”。一人拉自制胡，再后来还加入笙、胡、筝等伴奏乐器，由走唱变为坐唱。发展到后期，三弦书演出时一般采用坐唱方式，伴奏者帮腔助势，情趣盎然。

武乡三弦书早期演出时由一人说唱，同时自行以三弦、甩板和小铙伴奏。后来发展成一人为主、多人辅助的群口演出形式。其中，承担主要说唱表演任务的人除弹三弦外，还需手打小铙、腿绑甩板。武乡三弦书表演前通常先要演奏一段器乐曲牌，接着吟诵四句“提纲”，然后“起板”或曰“叫板”，最后才转入“正书”说唱。其传统曲目以长篇为主，一部作品大致在30至60回，可连续演出一两个月。

相传，武乡三弦书由道歌演变而成。初为盲人串户说唱，借以乞食。当时的伴奏乐器只有木胡。从明代末年开始出现六七人一组的坐场说唱，唱腔只有流水一种板式。抗日战争时期，艺人们对唱腔进行改革，新增了四句提纲、起腔、散板等。

武乡三弦书因其伴奏主乐器“三弦”而得名，被太行山民间称为大书，主要有以下几点：

1. 道情。据艺人代代相传，三弦书的原型是道情，即道的歌，起源于唐、宋时的变文。据艺人李保山师傅 1980 年回忆，他从师爷口中听到的道情，伴奏和曲谱都十分简单。

2. 瞽调。从道情基础上发展来的一个曲种。起始年不详，清乾隆年间业已有坐场说唱。艺人称作瞽调，也有人称作官调。其唱腔已突破道情原来上下句的格式，出现了四句提纲、起腔、流水等板式。

3. 三弦书。三弦书又称平调。它是从瞽调基础上发展而来的一个曲种。它形成于 1938 年前后，抗日战争时期，因大量演唱抗日书目而名扬边区。

艺人张林书，原名张效荣，艺名大林书，1806 年生，武乡县凤台坪村人，16 岁拜瞽调名艺人石生华学艺，21 岁便唱响全县。他嗓音亮、音域宽、音色美、音韵醇且口齿清楚、吐字真切，具有轻俏柔婉、质朴低回的独特风格，不久被鼓曲界称为“州三把”，意为在沁州管辖的沁县、武乡、沁源三县内为一把手。他大量采集沁县老州调、晋剧、武乡秧歌、上党梆子、地方小调等乐曲，在瞽调基础上完成了“三弦书”的唱腔再创作。1939 年，他试着唱出去，首场就得到了群众的赞赏。在部队、地方文艺工作者的指导下，在“联专五县曲艺联合会”的推广下，武乡三弦书很快得到完善并传播开来。

瞽调是当地近代一个很有影响的曲种，伴奏主乐器是大三弦，其余有木胡、二胡、笛子、反二把、板胡等。坐场至少 5 人，多可达 10 余人。有影响的瞽调艺人有石生华（石泉人）、田进财（柳泉人）、张书才（吴村人）、张保富（土河人）、魏曼小（韩北人）、史更锁（东堡人）、宋锦端（显王人）、赵景聚（山交人）、韩庚江（石板人）、温锦亮（窑上沟人）、张锦玉（榆社县人）、李保山（西堡人）、李云庆（沁县人）、赵麻孩（襄垣县人）、刘炳忠（襄垣县人）、程万生（信义人）等。说唱的主要书目有《佘公案》《芦公案》《通访州》《争亲传》《姚公案》《包公案》《金屏扇》《兴唐传》《小八义》《粉妆楼》等，抗日战争期间又演唱了百余本现代题材的书目，如《井冈山起义》《西安事变》《百团大战》等。

1945 年，武乡三弦书在瞽调基础上形成后，仍与瞽调并行多年。直至 1988 年艺人李保山去世后，瞽调基本消亡。

三弦书具有重要的文化价值，它的衍变具有一定的典型性。三弦书是曲艺艺术中正统的曲种，堪称曲艺中的“活化石”。三弦书曲词、音乐千锤百炼，具有较高的艺术性。在中原诸多曲艺中，三弦书曲词文学性较强，雅俗共赏，音乐独具特色，实为中华曲苑中一株奇葩，极具抢救价值。

二、武乡三弦书传承与保护

武乡三弦书艺人现在不多，仅剩李红卫、王树生二人。三弦书日趋衰落，后继乏人（现仅剩两位盲艺人），急需采取相应措施，及时加以抢救保护。

三弦书是一种具有浓厚地方特色的艺术。一方面应大力宣传三弦书在民间艺术中的地位，另一方面应大力宣传为三弦书曾作出杰出贡献的人才，让他们的贡献得到社会的承认和颂扬，使它能够继续发展下去。

武乡县群众文化馆采取了保护措施：

1. 保护三弦书的相关道具、制品及作品，收集关于三弦书的书目、脚本，录制曲调并制成光盘。

2. 成立盲人曲艺队，吸纳三弦书仅有的传承人，开展送文艺下乡演出活动，把盲艺人的技艺传授到新人身上。

取得成效：

1. 三弦书在旅游节活动中搬上了舞台，受到来武游客的高度评价。

2. 在送文化下乡演出中，群众非常喜爱，场场爆满。

3. 通过组织大家商讨，在原汁原味的基础上，让三弦书更具群众喜闻乐见的艺术效果。

附一：

武乡三弦书唱例

1. 还魂带

（选段）

君子不得第，开口告人难。上一回说得本是俞麟山，说得俞虎同俞龙。嗯二大王正然把山下，举目抬头看分明。山下上来一匹马，骑着一个小相公。看他好像个上京举，至少也带三百银。马前马后无人在，光是小子一个人。俞龙看罢叫兄弟，俞虎出言唤长兄。山下上来个上京举，快快抢回咱山寨中。好大肥羊山前过，不要叫小子脱了身。二大王说罢了高声叫，令旗一摆他就叫喽兵。山下上来个上京举，快快抢回咱山寨中。一声令下如山倒，慌了手脚众喽兵。如狼似虎往上冲，嚎呼啦啦地围到正当中。有的上前顶住马，有的把相公拖下马能行。倾时扳倒留平地，浑身衣裳脱了个净。靴帽襤衫都脱去，取过一剥单线绳。双三扣来单三扣，哪扣不紧用脚蹬。就把他五花大绑来捆住哎，大王传令就快收兵。众喽兵有的上前拉上马，有的抬上呀李相公。翻山越岭呀是往回走，大王收兵随后跟。走罢山路来得好快，霎时回到寨大门。二大王在门外边得儿儿儿儿下了马，喽啰们拉过马能进行。大王下马又传令，噢快快绑回剥皮厅。众喽兵不敢消停，抓上公子就往回行。推的推、拥的拥，不大会儿来到剥皮厅。乒喇摔到斩桩下，用绳子捆了个直不挺挺。背插亡命旗一展，跟前放了个漆血盆。公子绑在斩桩上啊，再说两家大王公。迈开大步往回走，不大会儿回到宝帐中。进得宝帐落了坐，喽啰们伺候呀把茶斟，二大王用茶三杯方落盏，后山又来了下帖人。后山老大王有帖到，叫他们饮酒分赃快起身。

二大王后山去了咱不表，再说子秀李相公。公子绑在了斩桩上呀，嗯哼哼哼哼双眼流泪哭得伤心。嗯哼哼哼哼嗯公子呀斩桩上边掉下泪，哭了声，爹娘二老双亲。爹娘呀你只说孩儿上京总有好呀，谁知道孩儿倒着了难中。孩儿上京路过俞麟山，遇见呀大王下山岭，呀把我连人带马抢到山，如今绑在呀剥皮厅，剥皮厅上呀死了哇，撇下二老爹娘靠何人。你二老堂前谁行孝，唉百年以后叫谁送终。嗯公子呀声声哭得如酒醉，十人听见九伤心。任凭他公子怎哭诉，并无救苦救难的人。一待说咱叫公子死过了，他是上方东斗星。再说公子不该死，大睁两眼无救星。这也是人不该死总有救呀，寻上个救苦救难的人。要知道书中再说哪一个呀，唉咳呀绣房里说说小姐俞秀英，小姐呀正在绣房把花绣，耳热眼跳不安心。左眼不跳右眼跳，左耳不烧右耳红。心跳磨乱坐不定，哈嚏哈嚏不住地打嚏喷。小姐呀一阵阵好心躁，忽然然想起来事一宗。要知道小姐她想起甚，罢罢罢此书说到正交锋。

2. 巧护彭总榆

（赴省会演优秀节目）

彭总他遭陷怎评说，将军树下起风雷。嗯说得是月牙儿摇动寒风吹，忽悠悠砖壁上飘来一群鬼。说是鬼不是鬼，一个个黄袍大褂戴柳盔。身背晃晃大板斧，鬼鬼祟祟倒像贼。领头的一副瞎红眼，小鬼们叫他是草上飞。看他们来到砖壁村外山神庙，一棵榆树下面围成堆。众小鬼一个个拔下了大板斧，对准榆树要发威。突然间大庙铁门一声响，庙堂里走出个老人好魁伟。你看他银白胡须紫棠脸，腰带穗儿两侧飞，一双大眼似利剑，就像关公老爷下了庙帷。这一下吓得那众小鬼呀呀呀呀直后退，屁股底下风直吹。草上飞也没法飞，趴在地下当了乌龟。老人他挺身走上前，骂一声混账王八草上飞："你年纪轻轻不学好，聚众闹事赛土匪，为啥合伙来砍树，三更半夜你当盗贼？""噢，原来是个守庙老头，我还以为是个鬼，老东西，告诉你，我们是造反兵团武卫队的，今晚要把这榆树剁碎，听人说它是当年彭德怀栽的，肃流毒嘛要彻底，不准它再在太行山上来逞威！草上飞张牙舞爪往下讲，看庙人又气又急心欲碎。他手抚榆树泪如泉，千言万语好伤悲。想当年，彭总带兵上太行，砖壁村里扎堡垒。彭总他，为了穷人苦奔波，时刻把咱的冷暖挂心扉。乡亲们没粮开荒地，村里头没水下山背。三九年栽下这棵树，彭总他又培土又浇水，抽空儿护，抓空儿理。榆苗长成钻天树，为抗日军民团结战斗树了丰碑。几十年，一见它如同见了彭总的面，一见它革命的战鼓心头擂。可眼下，匪徒们惨无人道要砍树，不行我死也得将树守卫。可是这，三更半夜人入睡，我不能呼，不能喊，不能走，也不能离，这叫我一人一手怎退贼。守庙人一时作了难，忽然间一条妙计上了心扉。他按了按怒火擦了擦泪，走上前叫了一声草上飞："小老弟，这树本是我亲手栽，七八岁上就浇水。你们肯定弄错了，要知道砍错榆树嘛，以假冒功要吃亏。若不信，你去叫人来做证，要哄你刀劈斧砍我也不后悔。"草上飞一听老汉说得实在，心里想：老汉说得倒也对，因为事后还要向上级请功打报告，一旦弄错就倒了霉。草上飞想罢命令小鬼："进村给我找个证媒。千万不可惊动人，快去快叫快点儿回！"两小鬼进村把人叫，谁知道一传二二带四，霎时间来了社员一圪堆。众社员一见有人要砍树，忽啦啦靠住榆树往上围。齐声喊：这棵树就是老汉的！一块吼：谁要砍树俺拼谁！这声音太行山谷齐回荡；这声音万里长空起惊雷。吓得那众小鬼齐筛糠，一边筛一边退，嘴里直怨草上飞："怪你有勇无有谋，替老汉叫来人一堆。这地方社员真齐心，要砍树，恐怕小命得一风吹。"你看看草上飞众小鬼，哭丧着小脸认倒霉。倒托板斧撒腿就跑，守庙人众乡亲，守护榆树有胆威。从此以后一年一年又一年，十年站岗成村规。到今天彭总榆健在太行山，枝更壮，叶更翠，时刻和俺紧相偎。真好比彭总铮铮铁骨映日月，千秋万代放光辉！

3. 黄崖洞保卫战

（武乡三弦书）

山中有个黄崖洞，绝壁天险瓮圪廊，天然石洞大又深。头顶着板山美如画，呀桃花寨上呀桃花红，西北垭口通武乡，东南出口下黎城。抗日敌后兵工厂，华北地区很有名。前身是榆社韩村修械所，三九年迁来了黄崖洞。左权将军彭老总，创办工厂费尽心。白手起家办工厂，工厂规模日益增。生产的武器数量大，枪炮能造好几种。鬼子视为眼中钉，几次“扫荡”全落空。四〇年深秋叶落尽，鬼子集结五千人。这次扫荡来得猛，企图捣毁黄崖洞。头上派出飞机轰，配备了重炮十一门。左权将军下命令，转移机器转移人。敌我力量悬殊大，当代孔明唱空城。调来总部特务团，以守为攻静制动。日本鬼南口发总攻，摆开了架势要冲锋。害怕陷入地雷阵，赶来山羊一大群。羊入雷区探路径，日本鬼子随后跟。羊入雷区呀无响动呀，鬼子这才敢前行。羊蹄蹄小分量轻，全副武装士兵沉。忽然滚雷从天降，冲天爆炸响连声。日本鬼血肉横飞起了空，是人是羊分不清。手榴弹，地雷阵，炸死鬼子数千人。这场战争很著名呀，特务团保卫这黄崖洞立了大功。

4. 将军泉

（武乡瞽调）

上场来不表闲言语，嗯哼哼推开了前朝论古今。说的是二郎神担山古今传，神话相传上千年。二郎他为何要担山？听我呀一一说根源。盘古呀开天尧之前，十个太阳在天上边。晒得呀森林起大火呀，晒得土地冒了烟。百姓生在了火热中呀，大汗淋淋实可怜。天神呀二郎就发慈悲，一下担起了两座山，担山呀忙把太阳赶，要把那太阳压山间。一日呀来到了太阳山，只觉得乏困口又干，坐在了板山呀歇了歇呀，打开了葫芦饮圣水，圣水就刚刚儿饮了一半呀，他想到百姓吃水有困难。朝着呀山下就大声喊，接水来接水来快接水。那时正好是夜半，百姓们睡得正香甜，二郎他以为是百姓懒呀，生气将葫芦水踢翻。顺坡往下流呀，圣水就渗进了水华山。从此地面就不见水，留下了神话代代传，嗯哼嗯哼嗯嗯哼嗯哼嗯。

附二：

武乡三弦书名艺人介绍

张林书（1906—1962），又名张效荣，艺名大林书。著名三弦书创始人。他生于武乡县凤台坪村，自幼家贫，早年母亲改嫁，全靠乡邻亲友筹粮糊口，16 岁拜本县石泉村石生华学瞽词，出师不久便崭露头角。他擅长演奏三法，后在二把、小海笛、二胡、木胡演奏上也有一定造诣。他嗓音亮，音域宽，高音明亮，低音厚实，且吐字真切，以情行腔，以字行腔，功夫极高，因而不久便名扬于州三县，被群众和曲艺界称作“州三把”，意思是在沁州府管辖的沁县、沁源、武乡三县内属于第一把手。当时，他演唱的主要书目有《佘公案》《芦公案》《姚公案》等。

1938 年，入县盲人宣传队。在演唱的曲种上，他总是说：鼓儿腔软，州调（沁县老州调）散，柳调呆，瞽调喘。意思是鼓儿腔曲调没有生气，老州调板式多、调性杂、不易衔接，柳调仅上下句、旋律性差、较呆板，瞽调吐字猛、急，唱大书太费劲。于是他有意识地接触各种鼓曲、戏曲、民歌小调，终于，在沁县老州调、瞽调基础上，吸收晋剧、秧歌、上党梆子、上党落子，以及各类民歌小调，经过几年的锤炼，形成了一个全新的曲种——武乡三弦书。

武乡三弦书一问世便受到群众的喜爱，向他拜师者接踵而来。在各级领导的重视下，在“联专五县曲艺联合会”的推广下，武乡三弦书便很快普及开来。他演唱的传统书目有《佘公案》《芦公案》《争亲传》《访通州》《姚公案》。抗日战争时期还演唱了大量的新书目，如《井冈山会师》《南昌起义》《过雪山草地》《任爱珍杀敌》等。1949 年后又演唱了《组织起来》《抗美援朝》《速成识字法》《陈林保单干》等。

1962 年，他身患沉疴，仍然带病坚持演唱，不幸昏倒在场上，抬回家后，不日病故。享年 56 岁。

韩庚江（1906—1982），艺名乐王爷，武乡石板村人，三弦书名艺人。幼年家贫，7 岁害眼病无钱治疗，双目失明。12 岁跟柳泉田晋才学习乐器，历时 5 年，熟练掌握了笙、管、胡琴等演奏技术，并学会了瞽调说唱。他 16 岁开始单独卖唱，走遍武乡县大小村落及晋东南各县。1938 年为了抗日救国，加入牺盟会，同年入武乡县盲人宣传队，从此串乡宣传几十年。

韩庚江精通 18 种乐器，尤其擅长唢呐和三弦。他功底深，技艺高，能同时吹奏 4 支唢呐，吹灯、吹花、吹塔无所不精。他熟练演奏的乐曲有 60 多首。每次书前总要吹打一段。他对瞽调也进行了大量改革，形成了自己的风格。后来又学会了三弦书，并将自己的创造融入进去，因而所唱曲调变化多端，感情丰富，也正因为如此，其他盲艺人没能完全学会，结果曲随人亡。他演说的主要传统书目有《金屏扇》《包公案》《小八义》《粉妆楼》《兴唐传》《巧合奇冤》等。战争年代，曾参与张万一的剧本《王贵与李香香》和著名诗人、剧作家阮章竞的大型歌剧《赤叶河》音乐的谱曲。1982 年 9 月于故乡病逝，终年 76 岁。

刘全珍（1915—1983），又名旦小，巩家垴村人，武乡三弦书名艺人。他 4 岁双目失明，11 岁拜狮则底村魏富生为师，16 岁出师后，开始单独说唱瞽调，后来便向大林书学唱三弦书。他拿手的传统书目有《蜜蜂记》《金屏扇》《回龙传》《新龙传》《粉妆楼》等；拿手的新书目有《五女争功》等。他说唱的《西安事变》《大军南下》《百团大战》等新书分别在 1943 年、1946 年、1947 年获县文教会奖旗。其演技一时轰动了武、襄、沁、榆、辽等县。1946 年应邀去北方大学文艺研究室讲授民间曲艺课。1958 年参加了省曲艺会演，荣获锦旗。

刘全珍最善于吸收民间小调，因而他的三弦书别具一格，唱腔奇绝。此外，他还能配合各个时期的中心工作创作段子，曾编创了《桂花改嫁》《新结婚》《送子参军》等新书。他还培养了许多优秀的三弦书演员，三弦书名艺人张晋堂就是他的大徒弟。

1983 年，刘全珍因病逝世，终年 68 岁。

李保山（1915—1988），又名李珍堂，西堡村人，瞽调名艺人。他出生于一个殷实的农家。5 岁时患天花，双目失明。11 岁投师东堡村史兆锁学艺，由于史师傅技艺平庸，一年后又从师土河村著名瞽调盲艺人张保富，到此学业提高迅速。由于他天赋高，记性强，拜张师傅不足百日，就能主演长篇书目。半年后张保富病故，12 岁的李保山便单独沿村说书，一时引起听众极大兴趣。

1938 年，他参加武乡盲人宣传队，为盲宣队的骨干力量，曾带领盲宣小组，远到襄垣、长子、武安、涉县、和顺等 30 多个县境内说唱新书。其间，曾受到著名作家寒声、高沐鸿、陈荒煤、赵树理的指导，这些均对提高他的艺术水平起了一定的作用。

李保山一直演唱瞽调。他口才流利，唱腔优美，音域宽阔，每场书中总要插入落子、梆子、秧歌等多种唱腔，以补充瞽调板式之不足。因此每次演出都博得听众喝彩。他最有影响的书目有《金屏扇》《小八义》《刘公案》《玉环记》等；新书目有《大军南下》《半夜鸡叫》《河神娶亲》等。

1988 年 10 月，因病医治无效，卒于原籍，享年 73 岁。至此，瞽调绝迹。

张国维（1916—1964），小名张狗儿，艺名小林书，蒋家庄人，三弦书名艺人。3 岁患眼疾双目失明。13 岁拜水泉村盲艺人王义孩为师，学说瞽调。18 岁谢师出徒，在武乡、榆社、襄垣一带说唱。

他的三弦指法娴熟，并能将上党梆子、皮黄、落子、武乡秧歌的唱腔，巧妙地融进书曲之中，能用三弦的“$\dot{2}$”音代替小锣声，用“5”音代替大锣声，将脚板作挎板用，演奏得十分和谐。三弦书加戏曲是他的独创。唱腔上善于博采众家之长，熔于一炉。1938 年入县盲宣队后，向负有盛名的三弦书艺人张林书学习腔韵和演技，以弥补自己的不足。一时，襄、武、沁、榆、辽五县的群众都称他为“小林书”。

他演唱的拿手书目有《金屏扇》《兴唐传》《珍珠珍珠汗衫记》《金镯玉环记》。在战争年代自编自演了《杨志祥杀敌》《杨子民反正》《小婉花不卫生》《任爱贞诱敌》等新书。新中国成立后，他在盲宣队中先后担任过组长、分队长、副队长等职，并多次获地、县曲艺会演奖。1964 年因病逝世，终年 48 岁。

武金魁（1917—？），涌泉村人，三弦书艺人。5 岁害眼病，双目半盲，12 岁拜师窑上坡王黄小学书，此后，一直以说书为业。1942 年加入武西盲宣队，学唱三弦书。

在 50 多年的曲艺生涯中，武金魁成为武乡人民十分熟悉的三弦书艺人。他记性特好，武乡所有传统书目几乎全能背诵，是目前记书最多的一人。他最有影响的书目有《困龙传》《清烈传》《牙牌记》等。武金魁唱腔婉转、嗓音明亮、吐字清晰、润腔优美。武金魁 71 岁时仍随盲宣小组走乡串户，为山区群众演出。

孟文华（1918—1946），魏家窑村人，三弦书名艺人。他 4 岁双目失明，11 岁投师于狮则底村盲艺人魏富生门下学艺，15 岁即能单独背起三弦游乡说唱。他经常活动在沁县松村一带，结识了一些有文化的“派官”，文化艺术素养有了一定提高，当时曾被称为“盲眼神童”。

1938 年抗战开始，县组织盲宣队，孟文华带头入队，成为队上一名骨干艺人。他脑子聪慧，掌握了许多旧书目，如《珍珠珍珠汗衫记》《花亭记》《武松打虎》《秦英征西》《瓦岗寨》《罗通扫北》《破孟州》等。

张晋唐（1926—1980），监漳镇下堎坪村人，三弦书名艺人。少时读书，聪明好学。1948 年因患眼病，双目失明。1949 年参加了县盲人宣传队，从此开始了他的曲艺生涯。

入队后，他投师刘全珍，孜孜不倦地学习，不论新旧书目的演唱，还是各类乐器的演奏，都有独到之处，年纪轻轻便成为极有影响的艺人。

他会的传统书目有《珍珠珍珠汗衫记》《花亭记》《吕蒙正赶斋》等，其中，《珍珠珍珠汗衫记》的说唱最为听众喜欢。他在业务上能随时吸收新东西，在说唱新书中更能突出自己的独创，如《老两口许亲》《偷南瓜》等，至今人们仍津津乐道。他说书的特点是吐字清晰、唱腔圆滑，在刻画人物上逼真动人、惟妙惟肖。

1980 年因病去世，终年 54 岁。

张叶青（1927—？），又名张素芳，阳南头村人。三弦书、琴书名艺人。他 10 岁害眼病双目失明，11 岁跟狮则底村魏富生学说书，15 岁出师单独唱，1938 年参加了县盲人宣传队。

1939 年曾同韩庚江、胡海亮等人到八路军总部王家峪为朱总司令与部队进行慰问演出，获得奖金 30 元。由于他的工作出色，1942 年被评为先进个人，出席了县模范文教工作者大会，并于 1945 年担任盲宣队队长。同年，协同行署文联，联络各县盲艺人成立了联专五县曲艺联合会，他任联合会主任。1947 年秋，他领着十几名艺人顶风踏雪，到涉县赤岸村，为德高望重的刘伯承祝贺五十寿辰，受到边区政府和部队首长的鼓励。1947 年该小组参加了太行文联培训班，荣获模范小组锦旗。

他演唱三弦书、鼓书皆可，声音厚实，吐字真切，深受群众喜爱。他精通盲文字谱，常将形势告诉同行以提高素质，完成盲文字谱书目 11 本。

张叶青是武乡盲人宣传队创始人之一，1980 年他成为中国曲艺家协会会员。

李三则（1944—？），韩青垴村人，先天性失明，三弦书名艺人，任县曲艺队副队长。

李三则学书认真刻苦，不久就坐场主唱。他的演唱特点是吐字清晰，真假嗓糅合较好，说书注重人物外在形象和内在性格的刻画，因而很快就坐上了县曲艺队说书第一把交椅。

他的拿手书目有《白马告状》《姜公案》《秦英征西》《还魂带》等。1985 年他演唱的《还魂带》被省文化厅录了音像。1985 年在长治市纪念抗日战争胜利 40 周年调演大会上荣获锦旗一面。

岳水秀（1948—？），三弦书艺人，韩北泉窑山村人。幼年双目失明，

14 岁随三弦书艺人韩庚江学艺，1967 年入县盲宣队，为盲宣队骨干艺人之一。他演唱的三弦书字正腔圆，曲调婉转，润腔细腻，刻画人物逼真。显著特点是演唱持久力强，每场书达两个钟头左右，因而广受群众喜爱。他的拿手书目有《姜公案》《珍珠珍珠汗衫记》《访通州》《清烈传》等。

安娥英（1956—？），女，武乡县蟠龙镇人。武乡秧歌剧团名演员，中国戏剧家协会会员。20 世纪 80 年代曾多次演唱武乡三弦书。她嗓音圆滑，演唱功底极厚，第一次开创了女声三弦书先例，并大量吸取晋剧、武乡秧歌、武乡民歌、上党梆子等音乐，大大发展了武乡三弦书唱腔，群众和专家们都说，她一人救活了三弦书一个曲种。1980 年她参加山西省曲艺调演，演唱的《巧护彭总榆》被评为优秀节目，她被誉为山西曲艺青年优秀演员。

附三：

武乡三弦书书目一览表

（1）长篇传统书目一览表　　△为失传书目

书　目	回　数	主唱者	书　目	回　数	主唱者
姜公案	48	李三则	杨怀玉下山	10	常会宾
王公案	32	吴全万	郭丁香	12	程雪唐
余公案	54	王三炳	洗衣记	20	程雪唐
薛刚反唐	28	常会宾	刘公案	50	张叶青
小八义	120	张叶青	包公案	22	程雪唐
访通州	24	刘怀旺	金钟记	100	王云则
姚公案	32	王三炳	争亲传	20	王三炳
回纹屏	40	李三则	牙牌记	88	武金奎
回龙传	12	程雪唐	困龙传	60	张叶青

书　目	回　数	主唱者	书　目	回　数	主唱者
金屏扇	48	刘怀旺	丝鸾带	60	刘全珍
珍珠汗衫记	42	岳水秀	清烈传	32	武金奎
金镯玉环记	32	常广生	新龙传	40	李三则
北京传	18	李保山	蜜蜂记	48	刘全珍
三红传	40	武金奎	铁笔记	36	武金奎
双鞭记	60	常广生	还魂带	44	李三则
五女兴唐传	42	李三则	胭粉记	32	郝树青
响马传	18	常会宾	忠烈传	42	李保山
粉妆楼△	120	孟文华	秦英征西	48	王树生
罗通扫北△	50	孟文华	打登州△	22	孟文华

（2）中短篇传统书目一览表

赶斋	小人传	大闹天宫	单刀赴会
孙二娘开店	审砖头	吕洞宾买药	卖烧饼
卖笼饼	武松打虎	孟姜女	罗成算卦
花亭记	大换房	酒色财气	宫门挂带
白玉楼	扬州观花	韩信算卦	抢铜钱
吴阁老查宫	八姐游春	晋王过江	打来呆
武松赶会	刘林吃酒	拖荆耙	三鬼毛
张三卖布	出樊城	王祥卧冰	小姑贤
劈山救母	孙宾拜寿	二老夺子	大脚王
乌莺对话	张生戏莺莺	庄王访贤	吃粽子

匡胤赌钱	八八栽瓜	潘杨讼	相和段
猛虎学艺	渡林英	包家夸桑	拜寿
中山狼	两头忙	包家落凡	吃糕
老寡妇上坟	打尿床	包家散心	偷南瓜
匡胤恋赌	二妇人拉楼	十不足	怕老婆
小寡妇上坟	诌大夫看病	黑妞	小跑毛
黑脸段	拙妇人缝衣	六月六	刘方舍子
九虎归宋	反菜园	吃黄杏	十八女拜寿

（3）现代书目一览表（小段）（1938—1990）

书　目	作　者	演唱者	书　目	作　者	演唱者
西安事变	韩庚江	王云则	闯将李技荣	殷士肤	刘晋唐
井冈山起义	胡海亮	张叶青	雷锋		常广生
八一南昌起义	孟文华	韩庚江	两队长	王仲祥	陆　涛
减租减息	孟文华	张叶青	战地新歌	王仲祥	张　晶
囤集公粮	张维国	张晋唐	鬼怕人	王仲祥	李明秀
新阶段	孟文华	李保山	激战前夜	王仲祥	胡桃英
备荒节约	李克宽	张叶青	一块银圆	王书明	常广生
八大让步	孟文华	王云则	一只母鸡	王仲祥	李明秀
打长乐滩	张国伟	张叶青	后娘心	王仲祥	赵玉花
百团大战	胡海亮	刘明清	同心曲	王仲祥	李小芬
打辽县	韩庚江	刘全珍	哄场	王仲祥	弓素梅
打吴家垴	胡海亮	韩庚江	巧护彭总榆	王仲祥	安娥英

书　目	作　者	演唱者	书　目	作　者	演唱者
地主与长工	王士荣	刘怀旺	太阳星星月亮	王仲祥	张　青
劳动英雄	移　植	张叶青	唱煤乡	王仲祥	南　雁
蒋军必败	王士荣	张叶青	风雨情	王仲祥	
大军南下	寒　声	韩庚江	放光芒		成光明

霸王鞭

一、武乡霸王鞭舞蹈的独特之处

霸王鞭是集舞蹈、音乐、体育于一身的艺术表现形式，传达给观众一定的视觉冲击效果。潇洒大方、滑稽幽默、干净利落的律动带着欣赏者去感受韵律美；肢体随着伴奏音乐的张弛、快慢、强弱而起伏，使得板鞭流畅，再加上表演者声情并茂的演绎，在舞台上形成一幅幅舞美画作，体现了艺术美。2020 年 5 月，被列入武乡县非物质文化遗产保护项目。

霸王鞭在表演时，舞者双肩前后摆动，左右扭腰送胯，双脚随节拍上下颤动， 随着舞步的起落，霸王鞭发出有节奏的、清脆悦耳的响声。霸王鞭现有上百种打法（套路），一个套路最少 4 拍，最多 36 拍，用民乐队伴奏，舞蹈动作连贯自如、刚毅矫健，表现了女性形态的优美。舞者热情、开朗、豪放、潇洒，情绪高昂时，舞蹈随着歌声、音乐节奏变快，动作亦更加奔放热烈。表演时，队形可以大胆变化，传统的有“心合心”“背靠背”“脚勾脚”等动作，根据方向改变打出许多配合，由配合产生出许多表情动作来。

新中国成立前，舞蹈霸王鞭一般为4人、8人、12人男女集体表演，男的手握鞭杆，穿传统戏曲中的短打武生服装，女的手拿彩扇，穿彩衣彩裤，扮成传统戏曲中的小旦进行伴舞。霸王鞭现在一般是多人表演，男女舞者都穿秧歌服装。表演时配以歌声，由唢呐和锣鼓伴奏烘托气氛，有些地方为突出霸王鞭本身的击打声和铜钱的沙沙声效果，有时也可以不用歌声和乐队伴奏，队形变化各种各样。传统的走法是，单行舞蹈进场，绕场一周，再变为两横行，过程中再变为四横行。民间还有走故事的行进方式，这种方式现在会的人已经不太多了。

霸王鞭表演流行于武乡县域，这里位于太行山中段西麓、山西省东南部、长治市最北端，资源丰富、交通便利，是全国红色旅游重点县，群众十分喜好“霸王鞭”这种民间艺术。每年“元宵节”是民间文化展示的集中时段，群众喜爱，争相参与，相互竞争，因而“霸王鞭”艺术发展也迅速，十分兴旺。

霸王鞭的制作：取一根直径为2—3厘米、长度约1.2米的木棍，用红、黄、绿布条全部裹缠起来，再用一根约10厘米长的铁丝套入五六个铜钱和两三个小铜铃，然后将铁丝弯回固定在木棍一头，霸王鞭既好看又能随舞作响。这个鞭子很吸引人，特别是孩子们喜欢。

霸王鞭的基本动作：霸王鞭舞蹈突出鞭的舞动和击打，常见的动作有“吸腿击鞭”“十字步击鞭”“蹲步击鞭”“击地鞭”“抡鞭”“击腰鞭”“击肩鞭”“脚踢鞭”等十多种。特别是“背滚击鞭”“躺地击鞭”，舞者躺在地上翻滚击鞭，鞭杆绕身飞舞，铜钱四下作响，矫健洒脱，节奏流畅，气氛欢快，让观众眼花缭乱、目不暇接。表演时，要求舞者“击鞭不露点”，即鞭鞭有响，不能击空。“步子要稳健”，指“马步”“弓步”“转身步”，每种姿态都要做得稳，力求步步有鞭花。“抡鞭需成圆”，即舞者向左、右、上、下、前、后抡鞭时，都要做到“六点三圆”。“滚翻有绝招”，即要求每个舞者不论是跳、翻、滚、转、蹲、跪都得技艺高超。果烟堖霸王鞭传统的舞蹈，基本是八拍重复，强调“四下四上”。

霸王鞭的一般形式是边唱边舞。唱的曲调一般是欢快一点的民歌。

霸王鞭舞蹈目前在县域内作为开展大型活动的一种主要传统舞蹈，由于它来源于百姓生活，所以它的传承脉络极为广泛。只要老百姓喜欢，有点舞蹈基础的都可以传承，老百姓不论男女老幼只要喜欢都可以学习。

目前，最兴盛的是韩北乡果烟堖，著名的传承人有崔思祥、张改果（女）；洪水镇熬堖村组织者为乔晋忠、赵辉峰；县城的组织者有78岁的杜海昌、王红英（女）。

二、武乡霸王鞭的渊源考证

各地有关霸王鞭的来历说法不一，有的说霸王鞭原是姜子牙用的“护神鞭”，有的说是产生于秦末的楚汉相争。项羽与刘邦击掌相约，先入咸阳者为王。项羽一路过关斩将，所向披靡。每攻下一城池，项羽便站于马背，挥舞马鞭，高歌劲舞，舞至酣时，命士卒折木为鞭再舞，共同欢庆胜利。其歌舞的欢快之情，吸引和感染了当地的百姓，人们便纷纷仿效。结果这种欢庆胜利的即兴舞蹈形式，就由军营传播到民间，逐渐演变成一种传统舞蹈节目。因项羽自称西楚霸王，霸王鞭便由此得名。还有一种说法是，霸王鞭源于后赵石勒。西晋末年，居于武乡的羯族人石勒，初时因不满西晋王朝的压迫，率众反抗，百姓纷纷响应，石勒的势力不断壮大，逐步称霸中原。打仗获胜后，兵将们的喜悦之情难以言表，便自发持枪械手舞足蹈起来，以庆贺赵王称霸中原。这种舞蹈形式流传到民间，一步步发展成了彩鞭形式，于是人们将这种舞蹈称为“霸王鞭”。还有的说是从二人台中传到民间的，也有人说是明、清时，穷人要饭时，常唱歌说快板，甚至情不自禁地舞动手中的打狗棍，逐渐成为霸王鞭表演的程式和套路。

三、武乡霸王鞭的非遗存续价值

“霸王鞭”是在特定的历史条件下形成的，是经过千百年人们已经形成的审美意识和审美情趣在实践中有选择地、合理地吸收、提炼、改造、发展、创新的产物。人们从中不仅可以体会到丰富的节庆习俗和民俗风情，还能深入了解民俗文化和历史内涵，进一步弘扬民族精神，促进文化创新，增强文化自觉和自信，促进我国的文化瑰宝长久传承。

“霸王鞭”的动作来源于古代庆典中的武术，为扩大受众群体，对动作加以改编、创新，降低难度，但也要求男性表演者双腿屈膝，夹胯提气，收腹含胸，行走时要有弹性，打鞭要有力度，动作干净利落，耸肩、扣肩等动作要轻松自然。要求女性表演者夹胯提气，耸肩弹臂，两腿稍弯，脚跟着地，女角表演时和男角的风格一致，特别是行进的步法，要有缠足妇女的动态特点。再加上轻快的伴奏音乐，展现了朝气蓬勃、积极向上的精神面貌。

四、武乡霸王鞭的非遗保护任重道远

霸王鞭是人们欢度喜庆节日的一种活动形式，但“霸王鞭”的传承存在一些问题。

首先，“霸王鞭”舞蹈与传统的民间舞及现代流行舞在风格上有一定的差距，导致欣赏者的数量急剧减少；其次，“霸王鞭”艺术的推广具有局限性，不能得到有效传承；最后，非遗传承缺乏适应时代发展的衍生物品，或缺少与“霸王鞭”能够产生碰撞的契合点。

霸王鞭作为武乡非遗项目，武乡县群众文化馆对其保护取得明显成效，旅游节活动中将霸王鞭在搬上了舞台，受到来武游客的高度评价；在送文化下乡演出中，受到群众喜爱。

今后，武乡县群众文化馆将坚持不懈努力开展下列工作：

1. 继续收集整理关于武乡霸王鞭的舞蹈资料。

2. 组织武乡霸王鞭传承人录制音视频，形成数字资料以便保存。

3. 把霸王鞭纳入群艺馆免费开放培训内容。

4. 在县里开展大型活动中，积极排练霸王鞭节目，将之推上大型舞台。

5. 将武乡霸王鞭列入“非物质文化遗产进校园”项目中，使霸王鞭在青少年一代中生根发芽。

非物质文化遗产县级项目

抗日战争故事

武乡是一座没有围墙的革命博物馆。抗日战争时期，八路军总司令部、中共中央北方局等党政军机关在这里长期驻扎，朱德、彭德怀、左权、杨尚昆、邓小平、刘伯承、徐向前、聂荣臻、罗瑞卿等一大批老一辈革命家都曾在此运筹帷幄，指挥广大军民与敌浴血奋战，夺取了一个又一个胜利。从 1937 年 11 月起，八路军总部先后 5 次进驻武乡，在武乡驻扎过 9 个村庄，驻扎村庄最多，驻扎时间长达 536 天。为保卫武乡，八路军先后曾有 8 个旅（纵队）、31 个团在武乡生活战斗，武乡可谓村村住过八路军，户户出过子弟兵。在这片热土，留下了一代开国元勋的光辉足迹。

武乡，是抗日模范县、拥军模范县，是誉满全国的抗日老根据地，孕育了伟大的“太行精神”，在中国革命史上写下了光辉的一页，武乡成了当之无愧的“八路之都”“抗战圣地”，武乡对中国革命的贡献将名垂千古。军爱民，民拥军，许许多多可歌可泣的感人故事至今在武乡老百姓中广为传颂，激励老区人民在新的征程上踔厉奋发，勇毅前行！

魏富吉故事

魏富吉是民国时期襄武一带传奇性人物，流传有很多传奇性故事，积极向上，教人向善，大都是口口相传流传至今的，也可在秧歌、戏文、故事、书籍中查找其踪迹。魏富吉故事对于发扬人心向善、淳化民风，具有很强的教育意义。

完善修复魏富吉遗迹遗址，大力宣传魏富吉事迹，继承发扬魏富吉人心向善的理念，通过制作和修复场景、墙绘、图画等形式再现魏富吉当时的故事场景，通过访问和记录老年人口口流传下来的故事，以实景或情景表演的形式展现出来。

民间小调

民间小调一般指流行于城镇集市的民间歌舞小曲。武乡的民间小调是县级非物质文化遗产，是以开花号子、信天游为主的民间小调，内容以武乡本土的人物故事为主，经过历代的流传，在艺术上经过较多加工，具有结构均衡、节奏规整、曲调细腻婉柔等特点。

小调在流传过程中，其曲调由于受歌者的个性、审美习惯、填配新词、唱法不同等发生不同程度的变异，因而形成不同的变体，以及不同的种类。例如我县较出名的民间小调有《抱琵琶》《五女观灯》，以太行抗日民歌联唱为主体的小调有《当不了英雄别登门》《八路军进了村》。总之，相互之间既保持着传承的派生关系，又自成一体，各有特色。

炕围画

武乡民间炕围画，始年无考。清代，富户家中已屡见不鲜。我县农村从东乡到西乡，家家户户普遍盘有火炕，喜欢在炕的周围墙壁装饰，由此产生了炕围画。“炕围画”是我国劳动人民创造的一种民间绘画形式。“炕围画”的长度，可根据炕形不同自行确定。它的高度一般为70厘米，画面高度可占2/3，剩下1/3的部分可涂绿色调和漆，或者选用自己喜爱的色泽调和漆。在处理好墙壁的基础上，先用铅笔和米尺在炕围画的顶端打一条线；以“富贵不断头”“竹节连续”“拐字”等图案作为花边，然后在下方开几个画池，在池内就可以作画了。先画出人物或山水花草树木的轮廓线，然后着色。旧时的炕围画，画池中多以才子佳人、戏剧人物、山水花鸟为主。新中国成立后，炕围画除保持传统的画法外，反映时代特征的画面也屡见不鲜，如“文化大革命”中曾画有样板戏人物，“农业学大寨”运动中曾画有改天换地、治山治水的场面，以及改革开放中祖国的辉煌成就等。

随着市场的繁荣，民需产品日益丰富，炕围布料逐渐代替了炕围画，人们只需将炕围的长度量好，到市场

上裁好，固定于炕围，既美观，又大方，图案花色新颖别致；脏了，拆下来一洗即可，经久、便捷、耐用，是最时尚的炕围装饰。

进入新世纪后，炕围画不再盛行，有绝迹趋势，亟须抢救。

门帘画

以前乡村农家惯以门帘画作为装饰。门帘画为白布墨画，一般只画芯，四角为简单图案。传统的门帘画，画有“二龙戏珠”“丹凤朝阳”“狮子滚绣球”“虎啸山鸣”“喜鹊登梅”“紫燕春柳”“小猫扑菊”等。现在，门帘画上除有一些图案外，女人用彩色线绣出的祝福字句较多，如“吉祥如意”“幸福美满”“心想事成”“福富临门”。门帘画多为半截或多半截，煞是美观。

南神山庙会

南神山古建筑群，包括普济寺、观音殿、普贤殿等。作为市级重点文物保护单位，这里不仅以山水清幽、林壑静美、风景秀丽著称，每年农历三月二十四的南神山古庙会更是颇具特色。庙会上，人们登山祈福，看大戏，吃小吃，这场热闹的民俗文化活动已经沿袭了数百年。

庙会是最富有地区文化特色的传统民俗文化活动，尤其是在广大的农村地区，除了春节之外，庙会作为民俗文化的载体，凝聚着一定地区人民的思想感情、道德风尚和审美情趣，包含了人们对美好生活的祝愿，南神山庙会自然也不例外。

南神山曾有10院、24景，不过由于历史原因被损毁，只剩下一院茅棚房。1999年，南神山古建筑群被列为长治市重点文物保护单位，2005年重新修建成如今的5院。在修建时，山里埋藏的众多石碑被发现，它们用自己独有的方式，默默地讲述着南神山的历史。

南神山在当地人心中是非常神圣的。相传，很久以前，山里有一条恶蛇经常作怪伤人，有一位姓耿的师傅为民除害降服了恶蛇，人们为了感谢耿师傅，就在山上为他盖了一座庙，敬奉他为“南神爷”，并在每

年的农历三月二十四这天举办庙会庆祝“南神爷”的诞辰。

南神山庙会究竟起源于何时？据《武乡县志》记载，天竺帛氏佛图澄，于西晋永嘉四年（310）经洛阳来武乡南神山茅棚修行，并修建普济寺，后经唐、宋历代修葺，明、清时已颇具规模。伴随着庙宇的修建，庙会也应运而生，寄托了人们特殊的情愫。

南神山庙会，每年从农历三月二十三开始，不仅周边十里八村的村民会提前赶来闹红火，就连襄垣、榆社等地的人也会扶老携幼聚集于此。庙会期间，戏班名角应邀而至，商贩货郎不请自来，本村艺人争相献艺，大家共同祈求平安吉祥，成为这一带农村地区一道独特的民间景观。

戏台就搭在景观池旁的空地上，一般会邀请上党梆子或上党落子剧团前来演出。除了正规班子，往往还有民间艺人自己搭台演出，表演鼓书、琴书、秧歌等。台上演员演得情真意切，招招见功底，台下观众看得如痴如醉，不由得融入戏内。

武乡早在1933年就成立了中共地下党组织，曾经利用南神山庙会开展活动。1935年农历三月二十四日，南神山庙会正盛，党组织利用这一时机，在一密林中选定了会址，召开秘密会议。到会的有赵瑞璧、李丙权、王锦心、魏怀德、李福元、程登瀛、武寿彭。会议主要讨论了如何加强斗争和党的活动方式等问题，并做出了四项决定：（1）加强对全县群众性武术活动的领导，扩充这方面的人员，发展党组织，为将来创建党的游击武装奠定基础；（2）派魏怀德打入县公安局，分化瓦解公安人员，收集情报；（3）党的活动方式，要隔断横的关系，采取单线联系；（4）加强对党员和抗战团员的教育，要求必须严守党的纪律，保守党的机密。这次会议在武乡县建党史上具有重要的历史意义。

新中国成立后，随着社会的发展和人们生活水平的提高，很多民间习俗发生了改变，但是南神山庙会依旧传承了下来，而且它被赋予了新的内涵。通过举办丰富多彩的活动，以扎根乡土的民俗文化特色打动人，通过广泛的参与性和互动性吸引人们，保留民俗，传承文化，振兴乡村。

嫁　娶

封建时代的婚姻是“父母之命，媒妁之言”。女方父母视女为摇钱树，贪图财礼高价出卖；男方“娶女问妇，撕皮割肉”，不惜钱物，债台高筑，青年男女成为封建礼教的牺牲品。婚后妇女备受虐待，“娶到的妻，买到的马，由人欺由人打”，正是广大妇女痛苦生活的真实写照。婚姻步骤主要有四个：

议婚：男女双方经媒人往来撮合、父母了解、索取四柱（年、月、日、时），求阴阳先生合有无克忌后，即议“聘金”。

订婚：由媒人为双方互换礼品，女叫许亲，男称送亲，改日交换庚帖。

请期：男方择吉日备礼纳彩，由媒人率领，用食盒两架将彩礼抬送女家，并告迎娶月日。富豪人家，需银锁一个（重半斤或十二两），以及手镯、珍珠、玛瑙、耳环、戒指等，衣物全系花缎丝绸。一般人家，十衣十裤，30斤棉花、20尺布、百余块现洋。

娶亲：一般是“等亲”，“迎亲”者少。女方是送嫁妆，男方抬轿迎娶。有钱有势的是亲娶，红、蓝两乘轿，女红、男蓝。新妇穿蟒衣，头戴凤冠，足踩毡被，拜毕祖先搀扶入轿，鼓乐前引，花轿随后。女方由舅父、叔父或亲友陪送，俗称“送客”。

新娘下轿要“拜天地”，随后男前女后引入洞房。入夜有“闹洞房”之习。次日，举行祭祖及参拜公婆与亲族邻居。受拜者要请吃饭，表示答谢。

第三日，新郎（有的新娘也去）到女方家拜见岳父母，叫作“出戚”。第九日或择吉日，女方家接姑娘回娘家。百天后，由其父送回婆家。至此，婚娶步骤即结束。

贫寒人家无力讲求排场阔气，一切从简。

抗日战争时期，抗日县政府颁发了婚姻新法令，推翻了买卖婚姻和父母主婚的千年恶习。法令规定，男女平等，男人不能随便写休书，抛弃妻子。婚姻自主，结婚要到区政府领取结婚证书；婚后，夫妻不和，须经区政府批准，发给离婚证书。

新中国成立后，新的婚姻制度建立，使得男女恋爱自由，婚姻自主。并积极响应党的号召，实行晚婚晚育，优生优育，呈现出新的道德风尚。虽然嫁娶时还保持一些旧的传统风格，可多数与时俱进，展示出新时代新风貌。武乡革命老区和全国一样，新办法、新风格给村民带来无限幸福、无限欢乐。

恋爱：有情人终成眷属。当男女青年到了婚嫁年龄，随着一起学习、工作的相互了解，恋情也油然而生。随着时间的推移，便用各种方式彼此在感情上沟通、心灵上交融、爱情上加温。过去，流行于武乡的开花调，即男女表达爱慕的方式，两地生活的只能通过写信交流感情。现在，双方互加微信即可。

提亲：男女双方恋爱成熟了，男方就得到女方家提亲。过去一般是男方由介绍人领着去女方家提亲，现在，为表诚心，男方父母也有一起去提亲的。女方家待客，除了炒菜，主食吃饺子、拉面。包饺子，取意相互包容、圆圆满满。如果不了解武乡乡俗，往往会闹笑话。男方第一次上门提亲，或女方第一次去相家，除了饺子的包、拉面的“拉”外，如果人家给你吃擀面（赶）、饸饹（压）、捻圪垯（撵），特别是揪片（断），那你这门亲事就没指望了。

登记：确定结婚以后，双方凭身份证和单位证明到民政部门办理结婚手续，叫登记。符合条件的领到了结婚证，属合法婚姻。没有什么讲究。登记时间由双方商定，有的在订婚前，有的在订婚后。现在年轻人时兴五一、

十一、元旦，或公历 5 月 20 日（520 即“我爱你”）作为有纪念意义的结婚登记日。

相家：婚事初定以后，女方要到男方家走走、看看，了解男方家庭情况、住房状况，俗称“相家”。相家日期约定后，女方由姐妹朋友陪同前去男方家相家。相家这天中午，男方准备丰盛的饭菜，由介绍人和男方父母亲属陪同招待。饭后，男方还要给女方相家礼金和被面、枕巾之类礼品，女方随陪者也相应给点礼金。午饭后，女方回去。

订婚：相家以后，女方如果没有什么挑剔和意见，订婚的日期就不远了。男女双方积极准备结婚用品，边请阴阳先生根据双方的属相是否相冲相克择出吉日，用红纸将婚日及注意事项写出，有的阴阳先生甚至将各种事项如引亲、下马、入洞房的具体时间及面向方位都要写清楚，在订婚之日送给女方。女方如果接受就算定了。订婚之日，男方拿上所买的东西及彩礼，由介绍人陪同去女方家订婚，女方也同样备有丰盛的饭菜和美酒，主食为饺子。午饭由女方父母及亲属参加，边吃边商谈有关事宜。娶嫁吉日确定之后，双方紧锣密鼓进行结婚准备。

娶嫁：娶嫁之日，亲朋好友络绎不绝道喜祝贺，灶厨师傅们精心制作美餐佳肴。

这天，男方家，新郎一大早起床，响炮，吃饺子、炒饼，然后开始张罗娶亲准备工作。接着，总管及帮工人员陆续到位，然后根据前一天公示的执事安排，各司其职，扒蒜切葱，添煤看火，炒菜馏糕，忙乎着早餐。吹鼓手们也相继到达，总管将迎亲队伍组建后，过去是爆竹声声，鼓乐齐鸣，现在禁止燃放烟花爆竹后，一般都流行炮车打头，既隆重热烈，又安全环保。娶亲队伍起程，婚车在前，车头上贴有大红喜字，并系着红绸挽成的大红花，车身有拉花围饰，后面有车若干辆，相随着驶向女方家。娶亲队伍离女方家距离远的，要过好多村庄或一些城镇，为了避免沿途婚车被拦截，引亲者还得散点糖果、香烟才能过去，有时协调不周，会出乱子，甚至酿成事件。是骑马娶的，陪娶青年也十字披红，骑马相随前去娶亲。总管早上将娶亲队伍安排启程后，开早饭。上午，厨灶人员准备午餐，礼食房人员上礼登记，贴对联、喜字和窗花，布置洞房，摆放家具。

这天，女方家，新人也是早早起床，吃炒饼、饺子。据传，男女双方谁吃得饭早，婚后由谁来当家。所以，男女双方都力争早吃饭。现在信息发达时代，为讲究男女平等，一对新人往往用电话微信约定，凌晨过后，同时开饭。当男方引亲队伍到女方家后，乐团尽情演奏歌唱，新娘开始洗脸梳妆婚饰，穿起婚纱。过去，流行男方把梳洗用具送来后女方才开始梳头，现在因为化妆烦琐，时间紧任务重，准新娘往往一早就开始化妆了。等男方引亲队伍到达，往往已经化妆完毕。当然，也不是男方一来就跟上走，那样显得咱闺女不矜持。往往由女方亲属及朋友出一些节目和考题，让男方引亲和新郎表演答题，表演过关、答题全部正确才可进闺房。当然，此类题型比考公务员要简单许多，如问新娘的生日、爱好等，有时，还得往闺房里面塞红包。时间太长，考题太多，红包也塞够了，引亲队伍等不及了，只能强行冲进。乐也乐了，闹也闹了，新郎就扶起新娘，与父母磕头拜别，走出院中与娘家父母及亲属合影。然后新娘头上盖上红盖头，新郎将新娘抱起送上婚车，坐在车内新的红褥子上。婚车下铺有新娘衣服一件，婚车前后移动三次，方可行驶。闺女出嫁启程，送亲者坐车，抬嫁妆者事先将被褥、婚箱几大件抬上嫁妆车，娘家亲属送 100 米，村民们围观尾随送至村口。

入洞房：当娶亲队伍行到男方村边，引亲者开始鸣炮发信号，表示媳妇将进村，乐团锣鼓喧天在前，婚车、嫁妆车、送亲及女方道喜车相随。来到男方家门口，抬送嫁妆者将车上嫁妆一一由男方相助接回洞房，过去是大扣箱放在院中，向男方展示陪嫁物品，现在是做一个存款单模型，陪嫁几万到几十万不等，事后给不给不知道。女方送亲者由男方接亲者接回招待处，司机和抬箱者一同被招待，饮茶抽烟。在喜庆的锣鼓声中，男方母亲将下轿钱（古时是坐轿）递给媳妇。媳妇一看，嫌少，不下，再加钱，这叫加富贵。下车后，新娘立于罗圈椅子上，不能落地，新郎将新娘抱或者背回洞房。这段抱与背的过程，颇为艰难。同事朋友故意刁难新郎新娘，再加人们的簇拥，你推我搡，我拉你拽，前仰后合，逗得围观者捧腹大笑。

午餐：总管将送亲和迎接人员安排就餐后，亲朋好友、左邻右舍，以及上礼者也同时安排就餐，多为 10 人一桌，吃 10 大盘，有啤酒、饮料、低度酒款待，主食为馍、枣糕、炒饼等。后来各村成立红白理事会，从简办事，中午一律不上酒菜，来客通通都是蒸馍大烩菜，也有吃炒饼的，既节俭又大方，场面喜气洋洋。

闹洞房：晚上，年轻人闹洞房，武乡话叫乱媳妇。乱媳妇在过去比较低俗，还有一套叫法，如“筛油糠”“柳树盘根”“摸圪蚤”等。现在城乡普遍都文明进步了，那些恶俗陋习都消失了，都是健康向上的内容和形式。有让媳妇唱歌、猜谜的，方式五花八门。夜深入眠，年轻人听门的，新人的家人还专备有好饭相待，门外放一把扫帚，表示吉利。乱媳妇，三天没大小，但第一天比较热烈，第二、第三天逐渐降温，三天婆媳互赠礼物，九天不吃重饭。

回娘家：第九天由女方家长辈或兄长叫（接）新娘回娘家，从娶时的原路走三回（娶、叫、送都要走同一条路）。媳妇回娘家常规是住一个百天后由娘家长辈送回婆家，叫闺女时不能让父亲去叫，送闺女时不能让母亲去送，爹不叫，娘不送。如果遇到特殊月份，必须提前送回。如过年，逢农历五月、九月、腊月等，如果不回婆家，怕犯禁忌，有歌谣：“正公、腊婆、九大伯，两口的不和恶五月。”意思是说，如果正月不回婆家，对公公不好；腊月不回，对婆婆不好；九月不回对大伯不好；五月不回，两口子不和睦。当然，这些只是民间传说罢了。回婆家时，媳妇给丈夫及婆婆每人做一双鞋，正好展现一下媳妇的手艺，现在多在市场购买。至此，结婚礼仪就告一段落。

葬　礼

丧葬礼俗繁多，民国时期葬礼大体沿袭晚清习俗，新中国成立后，旧俗被革除，但丧葬的主要习俗未改。

入殓：棺材用松柏或杨柳木制作。入殓就是将遗体装进棺材。棺内放五色线、七星钱、铜、铁、石灰、木炭等。死者要铺儿盖女，即儿子做褥子，女儿做被子，死者的人主（女性逝者为娘家人，男性逝者为姥姥家人或妻子娘家人）亲眼检视后无异，方可入棺，入棺后取下蒙脸纸，一切安排好后，由平辈人盖棺钉材。

送孝：总管将家人列出近亲名单，让帮工者送孝，告知死者出殡日期，是否合葬。

画棺：画棺也称油材。家人将油匠请至家中，把棺材油漆或刷成黑色或棕色。若是新坟，染红色，绘龙凤和山水花草等图案，亦有画富贵不断头的边纹，棺上面画有日月星辰。棺的两帮书写着“驾鹤仙游、魂归西天”“俭朴勤劳、风范常在”“流芳百世、名垂千古”等祭奠祝语。

纸扎：纸扎是出殡时一个重要的组成部分。主要有马、轿车、金童、玉女、金斗、银斗、摇钱树、引头幡、楼院等。改革开放以来，人民生活水平日益提高，活着的生活享受，如看电视、打电话、听录音等，逝世后，儿女们也想让他们在阴府冥国，充满人间的现代生活气息。哀悼期间，为表孝意，还特意购回花圈。

纳纸：逝者去世的当天晚上，由家中晚辈端条盘，放香和黄纸1张，孝子女身穿白布孝服，拄着哭棍，有帮工者打起火把，到村外老爷庙祭奠，以示报告老爷，并将黄纸1张用石、土块压在地上，祭奠后返回。

掘墓（打葬）：总管执事后，在村里寻找一个丧头，负责掘墓或抬灵柩等丧事，一般为8人，亦有9人的，每人发抬丧白布一块。这掘墓也有好几种情况和讲究，如旧坟墓多已占满，或不吉，需建新坟，动土时，香火齐上，鞭炮齐鸣，以图双方吉利。在双亲中，如男性先逝，可进葬，女者先逝，则要寄埋，待后合葬。如原来寄埋者入正坟墓，坟工人员掘开墓，子女们拾起遗骨，按顺序放入小棺内摆好。如单身死亡，还要寻找死偶，叫冥婚。

搭灵棚：出殡前一天下午，一般人家都要雇棺罩、搭灵棚，帮工者配合主人将灵棚撑起，四周用棚布遮好。

移棺：出殡前一天，坟工人员将灵柩移出屋，安放在灵棚下，将纸扎一类摆放在灵前，灵堂内还设有供桌、供品。

押魂：傍晚时分，总管启动后，人主家（死者娘家或姥姥家人）领先烧香，所有的亲朋身着白布孝服或戴孝帽，跟着祭祀烧香，烧纸队伍出发，每隔几步有点火的负责照明，也有的村在街道旁放路灯，多为玉米棒蘸柴油点燃，返回时仍不会熄灭。哭泣的人们排成一大串，孝子女在后边，泪如雨注，泣不成声。总管还特意安排有架孝人，以防掉队或发生意外。吹鼓手们尽情演奏。烧纸的队伍行至村外远处，将押魂马点燃，孝子们手持哭棍将燃烧的纸马使劲向上一挑，让亡灵彻底脱离阳间。哭泣的人不再哭泣，大人拉着孩童速返舍，并叮咛，不敢往回看，以防灵魂复归。

守灵、吹棚：孝子女们在灵棚下坐上干草，通宵守候叫守灵。接着，便是吹鼓手大显身手的时候了。孝子女、侄儿男女及近亲为对逝者深表孝意，让吹鼓手们晚间吹打一次，每次约20分钟，每人每次10—20元钱，亲戚多的，音乐团有时会折腾到拂晓。

出殡：出殡这一天，早上没什么忙的，厨灶人员忙于做饭。吹鼓手们揉揉惺忪的双眼，陆续到场，吹打一两回，然后吃早饭。以前来祭祀一般是云首蒸食，现在以上礼洋为主，祭洋的多少根据关系而定。礼食房，由1人记礼单，礼单上姓名下方记述着礼品名称及数量，食房人员按约定成俗回礼。直系亲属，供品丰盛，还要上街头，将供品摆在桌上，吹鼓手演奏，将供品迎回，叫迎供。午后，出殡前，逝者是党员干部的，支部村委还要举行追悼会或遗体告别仪式，有村上党员干部参加，臂戴黑纱或胸佩白花，由1人主持，1人念悼词，追忆逝者生平贡献，并敬献花圈。接着，孝子女们穿起白孝服，腰系麻辫，在丧头的引领下，到门外摆有抬棺的葬具处祭灵。然后，所有亲朋参加灵前祭奠，纸扎全部打出，孙子扛着引头幡，边散纸钱；外甥手持摇钱树，哭泣着走出门外，出门时食房人负责每人发一块食品，叫发“富贵”。接着，坟工人员把灵柩抬出，放在棺架上，搭上棺罩，吹鼓手在前，纸扎、花圈相随，孝子扯灵，孝女扒棺，摆成长蛇阵，号啕大哭。当出殡队伍行至村外邀祭，武乡话叫答邀领。抬棺者放下灵柩，休憩片刻，棺罩掀去，吹鼓手们演奏完毕，近亲者跟着灵柩到坟前，待埋葬后一同返回；一般亲朋，脱去白衣、白帽，各自散去。

入葬：入葬时，先由媳妇和闺女依次进墓葬打扫，媳妇从外朝里扫三下，女儿从里往外扫三下。闺女、媳妇出来后，孝子照着墓葬抛下第一锹土，向墓葬里抛撒银圆（钱币），落到墓葬里越多越好。然后由坟工填土埋葬，并覆成坟堆，将哭棍插于坟头。全程只能覆土，不能用锹拍，怕后人出拍子（武乡话：不诚实、说谎的人）。覆好后，孝子仰面于坟头，将哭棍向上拔一拔，埋葬结束。

丧葬完毕，孝子要主动帮坟工扛一件用具回家，以示感激。孝子坟工归家后，大门口放一面盆，面盆里盛水，并放置一把厨刀，孝子、坟工洗洗手，握住刀把，左转三圈，右转三圈，表示金盆洗手，一刀两断，从此阴阳两隔，不再纠缠。因此，平常面盆里是严禁放菜刀的。

谢客、扫厨：晚上，办事主家举行谢客招待，帮工者全部参加，一般以烟酒相敬，饭菜丰盛。过去，孝子女们还要在院中向帮工者磕头致谢，给坟工每人送 10 件食品、香烟。第二天早上，主家还专门致谢灶厨人员，殡葬丧事结束。

复三：出殡第三日，孝子再到坟茔祭奠。祭奠孝子女穿重孝到人主家道谢，称“谢丧”。复三之后，已出嫁的闺女即可回婆家。此后，根据逝者过世的日期，每七天到坟前（头七可能还在灵堂）一祭，七次为止。此后到百日再祭。每一次的供品都不一样，有歌谣：“一七烧（饼），二七浇（煎饼），三七馍馍四七糕，五七煮角的（饺子），六七圪垯的（揪片），七七摆八碟八碗供品。”还有长进七、短百日之说，长进七，意思是有几个孩子长几天，如有三个孩子，算七七四十九天，加上三天，在五十二天上祭奠；短百日，有几个孩子短几天，基本上都是不到一百天。到一周年、三周年、十周年进行大祭。

猝死的年轻人叫“夭折”或“夭亡”，当天埋葬，叫“热死热埋”，一切从简。

1975 年“农业学大寨”运动中，绝大部分坟地上的墓冢被平掉，开垦为耕地。当时死去的人葬入公坟。1980 年以后，公坟制度不再执行。

满　月

婴儿出生一个月，家人亲戚要为婴儿做满月。旧时重男轻女，男女有别，现今，生男、生女都一样祝贺。满月，男孩提前一天做，女孩整一月做。婴儿在满月前要剃一次头，谓之剃胎毛。满月有大小之分，主人家根据家庭情况决定后通知亲友，以便他们早做准备。做大满月以产妇的娘家，也就是婴儿的姥姥家为主，不备熟食，而是送小米，据说姥姥家小米可以下奶。同时，要做被子、衣服，男孩做布老虎，女孩做布狮子。其他亲戚，根据关系亲疏决定上礼多少。近年来，村里家家户户都有礼品馈赠，大多数人家都是送上礼金。近亲除了送礼金外，还要送衣物，有一整套讲究。例如，姥姥要送上衣，奶奶要送帽子，姑姑送裤子，姨姨送鞋，妗子送袜子，大娘婶子送裤带，加起来刚好是一套衣服。有歌谣说："奶奶帽，富贵罩；姥姥袄，穿上好；姑姑裤，穿上富；妗的袜，穿上发"。全部为吉祥之意。

脱 锁

武乡当地的小孩子在过 12 周岁生日的时候要大办宴席。“脱锁”的传统意义已经发生改变。给孩子过 12 岁生日变得和结婚、孩子过“百岁”一样重要。大多数家长给孩子过 12 岁生日的方式基本一样，就是要很早就开始订饭店、发请帖、雇乐队，请亲朋好友去捧场。特别是近几年，这已经成为一种风气，大有蔓延全国之势。

黄堂凹偏方

相传黄堂凹信仰的是大佛道，系由黎城性空山道长李老祖（太原人）所创，是将儒、释、道教综合一理、自成一体的禅宗教派。其理念是："修的无影殿，竖的无影像，烧的无烟香，不设功德箱，不收无功荣，只凭心有诚，佛在心中留。"行善积德，为民服务。

约在清代嘉庆年间，武乡县芝麻角村的霍昆仲入性空山，修行学道，学成受道长之遣回到黄堂凹、水花崖修行传道，至今已有两百年历史。县境内共有3处：黄堂凹、水花崖、大寺凹，其中，黄堂凹历史最久，在武乡东部地区影响较大，传承至今基本形成民间信仰。

现继任者王忠田(武乡县窑湾人)，1980年入山修行，1994年任住持至今，为人祛病，择选良辰吉日，为人生不得意者指点迷津，与人为善，劝人积德，影响波及河南、河北及省内其他地区。黄堂凹偏方取材广泛，凡是乡村常见的植物都可入药，成本很低，效果却屡有奇效。

种谷流程

武乡的土壤、气候条件适合谷子大面积种植。谷子作为五谷之首，很早就在武乡县种植。谷子种植是武乡的传统产业。抗战时期，武乡小米曾经养育了八路军将士，有力地支援了抗日战争。那么，谷子是怎么种出来的？传统的种植流程主要有以下几个步骤：

1. 选地轮作

由于谷子籽粒小，芽弱，顶土能力差，因此种植谷子要选在土质疏松、地势平坦、土层较厚、排灌良好、有机质含量高的地块上。地块选好后，要精细整地，整好地。谷子要轮作倒茬，忌重茬（同一块连续种植谷子），不迎茬（在同一块地上隔一茬种植谷子）。谷子轮作一般 3—4 年。谷子前茬最好是豆类，其次是小麦、玉米等作物。

2. 精细整地，施足基肥

精细整地能防旱、保墒、保全苗。整地要早动手，土壤化冻一犁深就要及时浅耕，并结合浅耕施足基肥，一般每亩施农家肥 5000 千克、翻二铵 15 千克，耕翻后要立即保墒。整地后应使土壤达到细、透、平、绒，上虚下实，无残株、残茬即可播种。

3. 播种

（1）适时播种。谷子种子发芽最低温度 7℃—8℃，最佳温度在 13℃左右，幼苗不耐低温，因此确定谷子播种期要因地制宜。在 4 月下旬至 5 月上旬播种为宜。谷种用 50% 多菌灵按种子重量 5% 的用量拌种，可防治黑穗病。

（2）播种量与播种深度。按照需要苗数、发芽率、真杂率、千粒重计算播种量，一般每亩播种量 1—1.5 千克。播种深度应根据墒情好宜浅、墒情差宜深的原则，播种深度 3—4 厘米为宜。

（3）播种方法。谷子播种方法很多，常用方法是耧播和机播（条播、穴播）两种。

（4）播种要求。撒籽均匀，不漏播，不断垄，深浅一致，播后要及时镇压。春旱严重、土壤墒情较差的地块可增加镇压的次数，以提高出苗率。

4. 田间管理

（1）苗期管理。要做好保苗、蹲苗、间苗、除草等环节。3 叶期间苗，5 叶期定苗，条播株距 8—10 厘米、行距 18—20 厘米；穴播株距 20 厘米、行距 20 厘米，每穴留 2—3 株，亩保苗 3.7 万—4.2 万株，结合间苗或定苗，浅中耕松土进行谷子蹲苗促壮苗，定苗时留生长一致苗，留壮苗不留弱苗，留绿苗不留黄苗，留健壮苗不留病虫苗。杂交种间、定苗时要拔除杂苗及野草。

（2）拔节到抽穗期。6 月下旬进入拔节期，要结合浇水，深中耕，亩追尿素 15 千克。到孕穗期，结合浇水，亩追三元复合肥 20—25 千克，并及时中耕除草。天旱时多进行中耕，中耕不仅能够增加产量，而且可以提高米质。

炒拨烂子

炒拨烂子是武乡城乡一种简易食品，当地人民普遍食用。其制作方法简单，容易操作。

1. 先将土豆削皮，洗干净。准备一个擦子，孔要大一些的，用擦子擦成丝。

2. 把土豆丝裹上一层面粉，用手拌起来，把面和土豆丝拌匀。

3. 上锅蒸 20 分钟。

4. 准备好葱，切丝；蒜切末；韭菜切段。喜欢吃辣椒的可以放点青辣椒。

5. 锅里放少许油，把切好的食材放到锅中，把蒸好的不烂放进去一起炒，两三分钟就可以了。

和子饭

和子饭也叫“调和饭”，与米汤相对应的叫“菜汤”，是武乡传统的食品。制作方法在武乡很有讲究。主料有用清米的，有用炒米的，也有用玉茭圪糁。配料按季节多用豆类（黄豆、青豆、大白豆、小白豆），以及嫩玉米粒、红薯、土豆、南瓜、鲜豆角、干豆角、花生米、核桃仁、红萝卜、白萝卜等蔬菜。品种可多可少，适量就好，根据喜好，各取所需。多用盐、醋、油、葱花、蒜片炝锅，烹汁。

具体做法：冷水锅里先投入豆子（花生米、核桃仁）置旺火上，待水大开后，下入所需配料和小米（圪糁），熟后，投入如香柱细的3—5寸长的三和面条，略煮，放盐，找好口味起锅。另用热油将葱花、蒜片炸出香味，点上醋成汁，烹入“调和饭”内搅匀即成。季节不同味不差，投放配料变化大；一样两样也能行，十种八种能容下。食时，配小泡菜或白萝卜片更佳。

崇城寨传说

崇城寨，位于县城东65.3里的墨镫乡东南处，山中绝壁万仞，悬崖千重，危岩凌汉，巨石悬空，情势绝险，山口有“太行天险”石匾，入山有一线鸟道，只可辗转回环、蚁附而行。崇城寨就位于鸟道回环处，寨中有圣泉寺一处。圣泉寺旁，有一个石洞，洞内渗出一股清泉，常年积满坑，既不溢满，也不枯竭。整个建筑上面覆盖着巍峨的嵌岩，下临探不到底的深谷，凭栏而望，令人腿颤目眩。当地老百姓称此寨为“彭彭寨”，可能是岑彭寨的语误，因沟南另外有一寨，人称“马武寨”。岑彭、马武是东汉时期著名的大将。相传这两员大将年轻时不受重用，曾招兵买马，在崇城山安营扎寨，与朝廷抗衡。岑彭寨内，寨东有一处遗迹，名为高欢避暑亭。高欢是南北朝时期蓨县（古地名，今河北省景县南）人，曾任北魏、东魏大丞相，北魏武泰元年（528），尔朱兆杀死孝庄帝后，他率兵讨伐尔朱兆，经过武乡县时曾在这里避暑。此处悬崖覆顶，日照不及，盛暑凝寒，使人疑有千年余雪积于谷中。

在崇城山圣泉寺附近，有一座小山头，形状酷似蛇头，当地

老百姓称之为蛇头山。这蛇头山还有一段传说呢!

相传在很久以前，圣泉寺里住着一老一小两个和尚，整天烧香拜佛，打坐修炼。却说有一天，小和尚正在闭目打坐，忽觉耳边凉风飕飕，身体竟离开蒲团，慢慢升高，又缓缓落下。小和尚大喜，以为自己已炼出门道来，便下功夫修炼。接下来的日子里，小和尚的身体越升越高，慢慢竟能离开地面三尺多高。小和尚兴冲冲地将此事告诉师父，老和尚却感到此事有些蹊跷，便趁小和尚打坐时偷偷观察，不看不知道，一看惊得老和尚吐出半截舌头。原来，这寺庙的房梁上竟然盘踞着一条大蟒蛇。此畜牲常年累月在此定居，撷山水之精华，已长成碗口粗，只见这蟒蛇吐出红红的信子，探探风向，便张开血盆大口，慢慢将小和尚吸到半空。小和尚离地面越高，重力越大，所以这蛇吸到一定程度便吸不动了，只得缓缓将小和尚放在地上，如此三番。只怕这条毒蛇再修炼一年半载，便会将小和尚活活吞下。老和尚既怕惊动蟒蛇，又怕小和尚受到惊吓，便心生一计。第二天，老和尚准备了一盆烧红的木炭火，让小和尚打坐时顶在头顶，说这样对修行有好处。小和尚遵嘱行事，只见凉风飕飕，小和尚连同木炭盆一起升入空中。那蟒蛇吸不动人，却将木炭盆准确地吸入口腹。刹那间，只见那蟒蛇被木炭火烫得四下翻滚，拼命挣扎，小和尚一见吓得半死，被老和尚救走。那蟒蛇窜过房梁，爬上山头，上下滚动，把整个山顶搅得乱石翻飞，终于被活活烫死。蟒蛇死后盘踞在山上，化成一块巨石。

灵湫洞传说

武乡东部的山里，有一个石洞，叫“灵湫洞”。据说这个洞“狭三里，宽二里，里边又是一层天”。在这个石洞里，住着一位非常爱护老百姓的蛟龙爷。每年春天一旱，武乡东部的老百姓就要到这里祈雨。由于祈雨的人很多，自然形成了先来后到的规矩。这里面却有一件奇怪事，就是离“灵湫洞”四五十里外的宋家庄村人一到，就得让他们先进洞祈雨。因为从前发生过这样一件事——太行山脚下的宋家庄，村前有一座大山。山上长着茂密的松柏，四时有常开的花卉，一眼望去与众山不同。传说这座山下有一口深潭，直通东海。潭里的水一年四季满满的，溢出来，沿着一条石缝终年往外流。老年人说，如果半夜将耳朵贴在石壁上，还能听到里边哗哗响的水声呢。事情就出在这座山和这股水上。

宋家庄有个宋长发，膝下无儿，只有一个女儿名叫桃花。桃花姑娘生得要多美丽有多美丽。人们说桃花姑娘的眼明得就像山里流出来的水，脸俏得就像山上初开的桃花。这个桃花姑娘也真怪，不爱穿，不爱戴，就爱山上的桃花。每年阳春三月，桃花一开，桃花姑娘每天都要爬上山插满一头桃花回来，站在那清澈见底的溪水边“照镜子”。

一年一年过去了，桃花姑娘十八岁了。这一年春天，她又到山上戴了一头桃花归来，照例到溪水边上去梳洗。这一照，使她大吃一惊：只见透明的溪水里，有一个英俊的小伙正含情脉脉地望着她。姑娘的脸红了，红得胜过头上戴的桃花……从这一天起，桃花姑娘每天都要到溪边去，还有人看见她望着溪水自个儿说话呢。

过了些时候，桃花姑娘的肚子渐渐大了起来。有一天夜里，宋长发做了一个梦，梦见村前的大山开了一道石门，从门里出来一队人马抬着轿子到他家迎亲来了。忽被一声炸雷惊醒，屋外大雨连天，耳朵里还听到锣鼓喧天的声响。第二天，桃花姑娘竟不见了，炕上留下一个胖胖的小男孩。当天夜里，宋长发又做了一个梦，梦见女儿回来了，告诉他说：自己做了小龙的媳妇，请父亲照顾好孩子小蛟，桃花和小龙忘不了他的恩情。

一年又一年，小蛟长大了。宋长发不能叫这十二三岁的孩子吃闲饭，就让小蛟去放牛。一个小小的孩子，赶着两头牛，在一条没有水和草的石山沟里发了愁。他抓起一把土来扔到一块石板上，心里说：“要是有一块地就好了。”正想间，石板变成了平展展的地。他高兴极了。他又折了根青草插在地里，转眼长出了鲜嫩鲜嫩的青草。牛儿吃饱了，小蛟又用树枝在地下划了一道，立刻流出了一股清凌凌的泉水来。

这件事让宋长发知道了。他想：“我缺的就是地，何不让小蛟造几亩地呢？”第二天他领着小蛟走过这道沟，翻过那条梁，小蛟照着宋长发的意思，撒了一片土，就是一片平展展的地……

宋长发发财了，地有百顷，粮食堆得像座小山；牲口多得数不清。可是他也发愁了，他想：“地是小蛟造出来的，以后小蛟要是分家当，那该怎么办呢？”他左打右算，最后想了一个坏点子。七月初一那天，宋长发和小蛟一块喝酒，宋长发左一杯、右一杯，一直让小蛟喝。小蛟也是生成的酒量，一杯接一杯直管喝。天黑下来了，小蛟醉了。宋长发轻轻抱起小蛟走到了村边上桃花姑娘照脸的小水潭边，狠命地扔了下去。这小蛟一到水里，咕嘟咕嘟喝了几口水，将身一翻，竟变成了一条青黑色的蛟龙。身长数丈，二目如电，光鳞巨爪。几曲几伸后，一个喷气，就是一声霹雳。它腾身跃起，接连在空中翻了几圈，大口一张，一股大水从天而降。大水照准宋长发的地冲去，大水过后，小蛟龙便摆尾飞向了东山的“灵湫洞”。

小蛟虽然恨透了宋长发，但它没忘记宋家庄这一带的穷苦人。所以，看乡亲的面子，宋家庄人祈雨能先进洞。

直到现在，宋家庄一带每年七月初一总要下雨。人们还能闻到雨里边带着酒气呢。

香油技艺

武乡传统香油制作技艺分为选料、磨浆、泼浆等工序。香油又分为白芝麻香油和黑芝麻香油，其中，白芝麻香油以食用为好，黑芝麻香油以药用为好。

工艺流程为：选料。香油选料考究，制作工艺严谨，是其长盛不衰的主要因素。芝麻分白芝麻、黑芝麻和红芝麻。香油现用原料主要为白芝麻，为了保障香油的质量，要选色泽纯净、籽粒饱满、无杂质的上乘芝麻，淘洗、滤杂、晾干。

热炒、扬凉。炒芝麻时要把芝麻均匀地逐渐加热，所以要不停翻搅。过去这是一项繁重的劳动，现已改为使用电力机械。这一环节很关键，要凭经验看火候，火候不足则油味不足，火候过则油有苦味且出油率低。芝麻炒好后，必须尽快扬凉。俗话说："馏到的芝麻，搅到的油。"意为越凉油越香，油浆搅得越透，出油率越高。

磨浆。芝麻炒好、扬凉后要上磨磨浆。过去石磨用牲畜拉或人推，现改为使用电力机械。

泼浆、墩油。麻浆磨出后放进大铁锅内，一边泼入适量开水，一边搅拌，由稠浆变为稀浆。之后，一边摇晃、震动大锅，一边用葫芦杵浆液，待油析出浮于液面后撇出。这一环节要反复进行。撇出的油须再经过沉淀、过滤、去杂。这时的油为浅酱色透明的澄清液体，芳香扑鼻。将香油盛入容器加上包装即可上市。

毛线编织水壶套

毛线编织水壶套作为武乡县传统技艺之一，流传许久。

编织方法：首先用环形起针方法，第一圈6短针，第二圈每个针目加一针，共12针，第三圈间隔一针加一针，共18针，以此类推加针，加至比水壶底小一圈结束。对应每个针目钩一圈长针。接着是3个外侧长针钩针，看图片位置入针。3个内侧长针钩针，从里面入针，对应花样钩编4行后把花样交换一次，原来的内侧长针钩外侧。一直钩编至水壶的长度，自己在杯子上套一下看看就知道了，然后钩一圈短针，钩一条带子。一个水壶编织套就完成了。

打铁技艺

打铁是武乡一种原始的锻造工艺，盛行于20世纪80年代前的农村。

据载，自商代中期起，中国就有了开始使用铁器制品的现象，距今已有3000多年历史。

打铁虽然原始，但很实用；虽然看似简单，但并不易学。一般来说，入师先行拜师礼，然后按打铁的规矩从头开始学。头3个月是拉风箱，从一早拉到天黑，直把双臂拉得酸痛肿胀，每拉一下都得咬一下牙，可是不能停下。拉风箱3个月后，双臂不痛也不胀了，这时候算过了第一道关。拜师的第二年才能抡二锤，抡二锤第一个月，胳膊也会肿胀酸痛。二锤抡满一年后，学徒才能拿头锤。头锤不大，但需要技术。学徒刚拿头锤时，师父会手把手地教一段时间。一个铁器成品的好坏，关键看拿头锤的人对火候的掌握。拿了一年头锤，学徒就“可以出山”了。但打铁行业还讲究“三年满，四年圆”，就是学徒通过3年“学满”了，但还没有真正报师恩，不能称为“圆”。要在师父的铁匠铺里义务帮一年忙，算是对师父的报答。

合拍的师徒在共事中配合会十分默契，

敲打声非常有节奏。把铁放在火炉里加热，拿头锤的人用铁钳将烧得通红的铁件夹出来放到铁墩上，指挥抡二锤的下手锻打。头锤打在哪里，抡二锤的下手就往哪里砸。他们配合默契的一个秘密是有约定“暗号”的：头锤用锤子在铁墩上敲两下，意思是要抡二锤的下手一起来锻打。两人在锻打的过程中，头锤按照节奏在铁件上敲了之后，如果又在铁墩上敲两下，就是预告抡二锤的下手，这一锤打了就歇下。

可以说，通过锻打，在老铁匠手中，坚硬的铁块变方、圆、长、扁、尖均可。铁器成品有与传统生产方式相配套的农具，如犁、耙、锄、镐、镰等，也有部分生活用品，如菜刀、锅铲、刨刀、剪刀等，此外还有如门环、泡钉、门插等。打铁的工具有风箱、火炉、水槽、铁钳、铁墩、铁锤。铁器制作要经过下料、拉坯、拉钢、焊接、锻打、成型、冷锻、磨光、沾火、调正、再磨光、安装等多道工序，其中，最为关键的便是淬火和回火技术。通常打铁师傅把铁块煅烧得红红的，用铁钳子钳到铁砧上，通过不停挥锤敲击褪去红色，再送进炉膛，钳出来重新锻打，周而复始，直至打出想要的铁器形状。

编草筛

武乡县有一位编草筛的老师傅，一根根普普通通的竹子，在他的巧手打造下，化成薄薄的篾片，篾片不断交织穿插，变成了家用器具——竹编草筛子。筛子通体用竹，不仅结实耐用，而且天然环保。

传统竹编草筛子工序繁多，需要锯竹、划竹、编筛底、制筛托、编筛筐、铺筛底、剪边、搭圈、缠筛子等 9 道工序。在这些工序中划竹最考验篾匠手艺，把竹根据需要用刀划开，一手执竹，一手拿刀，拇指按住刀口，从青篾到黄篾，一根竹子竟能剖出好几层篾片，最薄的篾片可以像纸片一样轻薄。而剖出篾片的厚薄，全凭篾匠手指的感觉和个人经验。功夫都在“刀”上，用多大劲儿，劲儿往哪里使，都需要大量的经验技巧，稍不注意就会劈到手上。

做筛子需要把竹篾泡软，这样好编织。筛子的底用宽竹做，这样做出的筛子不容易坏。好的筛子要保证所有接头之处藏而不露，整体紧实圆滑。

手工乐器

手工乐器制作盛行于晚清以前，因当时少有专业制作乐器，所以在韩北内顷有一户冯姓人家，因地制宜，用砍伐来的树木做简单的乐器。抗日战争时期，八路军用这些手工乐器：板胡、二把、二胡、刹板、梆子、月琴等演奏的剧目鼓舞士气，团结民众一致抗日。

虽然这些手工乐器简单，但特征是双层皮，虎音雄厚悠长。随着各种型号乐器的普及，这些手工乐器已基本无人使用，销量很少，濒临灭绝。

手工做鸡蛋皮小老虎

蛋雕是一种集绘画与雕刻于一体的民间手工艺术，以鸡蛋、鸵鸟蛋等为原料。

蛋雕工艺品有多种，一种是用雕刀在表面颜色较深的蛋壳上雕刻出各种图案，另一种是选用质地较厚的蛋壳，以浅浮雕或镂空的手法雕刻的作品，还有一种是将上述两种方法结合在一起完成的作品。由于禽蛋壳比较薄脆，想要完成一件作品难度很大。

蛋雕首先要从挑蛋起步，能入选的蛋壳颜色要深且均匀，这样才有可能表现出作品的明暗变化，呈现立体感，而且表面没有划痕，形状呈水滴状者为佳。雕刻前，要在蛋的底部（较圆的那端），画上小圈，然后用刀轻刻出一个小洞，引出蛋液、去掉内膜、阴干后才能进行创作。

一把刻刀，一枚蛋壳，蛋雕艺人通过高超的技艺和独具匠心的精神使蛋雕成为一项精妙绝伦、令人称奇的工艺品。近几年，武乡非遗传承人把艺术和武乡的人文资源紧密结合起来进行创作，在这薄薄的蛋壳上，先后手工创作出“鸡蛋皮小老虎”等众多蛋雕作品，表达出对家乡的热爱、对艺术的热爱和对蛋雕文化的传承和创新。

泥　雕

泥雕是武乡的一项传统手工技艺，主要有以下几道工艺：

一、备泥加工

首先将泥去掉杂质，用木槌、木棒敲砸，有条件的可用捣泥机加工。太湿的泥要先放在室内通风处，让泥土达到合适的湿度；太干的泥则要砸碎，放在容器内，浇上适量的水浸泡，然后再进行捣炼，使泥土达到软硬适度又不黏手为佳。加工好的泥块要放在缸内或其他盛具内，用湿布或塑料布盖好以保持一定的湿度，备用。或者直接购买雕塑红泥。

二、小样稿制作

根据设计图，制作小样模型。

三、搭内骨架

搭制骨架常用木板、铁丝、钢筋、铁钉等。泥塑的骨架像人的骨骼一样，起着支撑和连接的作用，它是泥塑的基础条件，不可忽视。

四、上大泥堆大形

泥与骨架备好以后，就可以动手上泥了。先在骨架上喷一次水，以便泥块与骨架能牢固结合，不易掉落。上泥时，将泥块一块一块堆贴在骨架上，用手按紧\拍实，然后层层加泥，用木槌或拍泥板将泥砸实贴牢。

上大泥时，要从大处着眼，从整体入手，切忌缩手缩脚，陷入局部细节

的塑造中。

雕塑是三维的创作，每添一块泥都要照顾到各个视角之间的关系，要经常转动雕塑台，不断进行观察比较。泥不要一次堆足，只要堆出大形即可。

五、深入塑造

在大的形体与比例准确的基础上，便可进入深入塑造的阶段。在深入塑造的过程中，要不断调整和把握整体与局部的关系，处理局部与细部的关系，要注意对称关系，可在泥塑上画中心线来检查、比较和修正。

泥塑在制作过程中要注意经常对泥塑作品喷水，特别是在夏季水分容易挥发，更要定时喷水，使泥始终保持在合适的干湿程度，以便塑造形体。冬季气温低，泥塑如不注意保暖，一旦冻结，整个泥塑会松裂，所以要在暖和的室内工作。每次工作结束以后，要用塑料布把泥塑包好，使泥塑不易干裂。

自编席

在改革开放前，武乡县村民多以窑洞形式居住。为了防湿、防潮，农民用芦苇或者秫秸（高粱收获后的秸秆）编织成与炕一般大小的日用品，覆盖于土炕上，因能在上面席地而坐，故称之为“席”，其制作过程称为“编席”。

编席是一门古老的手工技艺，也是农民的一种谋生手段。编席工序复杂，用料讲究，要先选取优质的原材料，主要经过剖、轧、敲、刮等工序制作而成。随着社会发展，武乡人民的居住方式正在发生着悄然变化，现代的席梦思床已进入千家万户，炕席已经淡出了人们的视野，编席这门技艺也将面临失传。

织　布

织布的方式很原始，必须具备织布的设备和技术。织布的设备是一张织布机、一架纺车。

民间织布要经过搓花圪卷、纺线、拐线、浆线、络线、经线、穿扣、收线、刷线、缠穗的、织布等纯手工流程才能完成，手工织布生产工艺极为复杂，每道工序、每件产品都包含着妇女们繁复的劳动。在武乡八路军文化旅游节，大有乡长乐村妇女们的织布展示受到游客的好评。

具体来说，纺线织布有如下程序：

一、搓花圪卷

搓花圪卷，先找一块光滑的小石板，再拿一根细“茭箭箭”（茭箭箭是高粱秆长高粱穗的那一节），把撕好的棉花小片用茭箭箭卷起来，在石板上搓几下，然后用手轻轻压住搓好的花圪卷，另一只手把茭箭箭抽出来，这样一根空心花圪卷就搓成了。

二、纺线

右手转动纺车轮，带动线锭子转动，左手捏着花圪卷接向线锭子的线头，花圪卷随着线锭子的快速转动自动捻成线。反转纺轮将纺出的线一层层缠在线锭子上，越纺越多、越缠越多，逐渐成为一柱，拔下锭子上纺的线柱，再次进行。

纺线是过去妇女们的一门必修课，熟练的纺线者一天可纺四两棉花，看上去不慌不忙，但差别全蕴藏在内功里。纺棉花不但要有韧劲，有毅力，有耐性，还要有劳动强度，两只手还需紧密配合。花圪卷被指头捏得太紧，不出线；捏得太松，纺出的线粗。纺车的转速太快，上的劲太大，容易不出线；转速太慢，线的机械拉度不到位，线容易断。纺线，是一种高技术、高强度的劳动。

三、拐线

拐线是用线拐子，一手拿着线拐子中间的竖棍，一手牵着线依次绕过线拐子两横棍的四个端点，缠到一大把，线拐子上盛不下了，就用线头捆住卸下来。

四、浆线（烧火、打糊）

浆线是为了增强线的黏度，提高线的硬度，这样织布时不易断线，不出毛又光滑，使后续各道工序能够顺利进行。浆线时，用面和水加少量捣烂的杏子仁，再上火加温搅拌打糊后浇到盆中的线上，用擀面杖捶，用手反复揉搓，将面糊全部揉到线中去，浆好后的线要用力拧干，挂在通风的地方晾晒，把线彻底干透。

五、络线

“络线”就是把拐好的线安装在专用工具的十字架上，一边是十字架，另一边是缠线的丝刷，用手转动丝刷，把十字架上的线缠在丝刷的上面。

六、经线（挂线）

通过预算，每斤线织多少布就拉多少长度的线，直至拉到合适长度为止。将丝刷上的线按序从经柱架上的环内抽出来，另一人用木棍套在线上依次绕到最后一根经柱上，每根经线在大拇指处完成交叉。这种交叉是织布的关键，交叉后，一根经线就变成一对经线了，然后利用最后的两根经柱将这种交叉状态保持下来。

七、穿扣

从穿扣开始，各道工序都在为上机织布做具体准备。穿扣就是从线团中

心将交叉线头掏出来，用两根竹棍，也叫交棍，穿过交叉头，将交棍两边用带子连接固定，让线始终保持交叉的状态。然后把两根交棍系紧，开始穿扣。穿扣时必须有两人配合完成，把管扣紧紧贴近经线的第一根柱子，从上到下排列有序，把每根交叉的线从管扣中扒过来（一个人用双手把交线靠近管扣，另一人用锥子把线引过来），用带子把扒过管扣的交叉线固定下来。这是一个非常重要的环节，所以需要有很大耐心，不得有误。

八、收线

经线完成后就要收线，收线要从最后的经柱收起，也就是从经线的交叉处收线，为了保持每一批交叉的状态，必须用带子将交叉孔捆系。从最后的经柱处将线提起，然后将经线缦绕起来，就可以进入下一道工序（刷线）了。

九、刷线（上机架）

经线完成后，进入刷线环节，首先要把经线交叉过管这端安装在织布机卷线的滚轮上，尾部的线拴放在拖线架上（有些地方的人把拖线架叫“索拖的”）。为了把刷的线能够拖展、拉直，也可以在拖线架上加些重量（放些石头块），这样就可以刷线了。刷线时要由上向下刷，把线上所有的毛刺刷掉，再用管板过一下，把刷过和过了管板的线卷在织布机滚轮上。卷线时要夹一些事先整理好的谷穗秆，以防上一层线和下层相互混咬，就这样按程序，刷完的线子全部卷在织布滚轮上。

十、缠穗的

缠穗的是将线缠成中间鼓两端尖的麦粒状，也叫“线穗子”。缠时把线头拴在一枚铜钱上，将铜钱插在茭箭箭中间，缠好后，从里面把铜钱拉出来，里面的线头就跟着抽出来了，再轻轻地把茭箭箭拔出来，成了空心线穗穗。织布时，用水把线穗子浸湿，放到梭子里，留在外面的线头从梭子中间的小孔中抽出来。织布时线从内部抽动，直到抽完。如果用外面的线头，线容易打结，抽不动，没法织。

十一、织布

在织布过程中，手和脚的配合很重要，双手轮翻操作梭子，右手投梭，穿过经线，交给左手，右手拉动管板拍打一次纬线，这时脚踩踏板一次。双手就是这样循环往复投梭拉扣，这样织出的布才会更平整更结实，因而更具有艺术魅力。

编簸箕

武乡地处山区，竹源丰富，竹匠师傅能编制成各式各样的竹制日常用具，如笆篮、簸箕、筛子等。从圆扁四方至一角箩、二角箩、三角箩、四角箩、五角箩、六角箩等，五花八门，漂亮极了。

编制簸箕是一种精巧的活儿，万万不可粗糙。先选定毛竹，选用优良竹子有其妙法，看中部开叉的竹枝是否有两根，有两根的属竹妈，一根的就是竹公；然后用竹刀在竹节上试扎几刀，听是否有声响，好竹子几乎没有声音，柔韧度较好。选好竹子后砍回家，裁下头部和尾部，头部做“匣”，中部和尾部剖成篾片。把它剖成像纸一样的薄片，叫作篾，用篾打笪子，形状大小各异。削匣一项更是巧妙，若没削均匀，则不好弯曲，前功尽弃，既浪费原料又白费工夫。最后是上匣，奥妙就在这里，太松太紧都不行。总而言之，整套工序都得认真细致，否则无法卖到好价钱。

葫芦烙画

葫芦烙画也称烫画、火笔画等，具有悠久的历史和独特的艺术风格。烙画葫芦艺术家用烙铁在物体上熨出烙痕作画，与葫芦融为一体能永久保存、收藏，艺术价值极高。相传起源于汉代，后失传，清朝遂又兴起。当时采取的“火烩工艺”将葫芦的木质材料与中国传统的烫画技法相结合，以烙铁代笔，运用国画的白描、工笔、写意等手法，在葫芦光滑坚硬的木质表皮上，创作出人物、山水、花鸟、走兽等形象，随着艺人对艺术的理解和对烙铁的娴熟运用，画面呈现出焦、黑、褐、黄、白等多种层次和国画渲染的效果，表现力非常丰富。葫芦本身就有古画的基调，在上面临摹出名家的国画作品，线条流畅准确、形态栩栩如生、意境幽深高远，给人以耳目一新、不媚不俗的感觉。烙画艺术使葫芦由农家瓜果登上了艺术殿堂，成为一种集拙朴自然和高雅精美为一体的民间艺术品，具有很高的欣赏价值和收藏价值。

烙画葫芦分大（高 35—40cm）、中（高 15—25cm）、小（高 5—12cm）。由于图案是被灼（烫）上去的，所以仅有黑色。上面的画主要分为风景、人物、动物、古代神话、古代灵兽等。主要技法如下：

1. 选烙画素材。尽量要以老画、名画、画工较好的题材为临摹对象。采用现代题材，画的内容和葫芦不协调。

2. 选葫芦。一般采用两年的皮质较好的葫芦进行烙画。葫芦经过一年的风干、日晒、把玩以后，颜色纯正，水分干透，适合烙画上色。

3. 在葫芦上烙画。画人物要有素描和工笔画的基础，画山水花鸟虫鱼还要有国画的基础，切忌心浮气躁，急于求成，要完全按照技法来烙画，才能做出一件完美的作品。

4. 烙画工具，一般采用 25W 或 35W 的电烙铁，带有调压器。可以把烙铁头改造成需要的形状，此形状要适合画点、线、面，就像毛笔一样，字的笔画、粗细、笔锋、技法都能体现出来，画画的各种技法如皴、染等也能表现出来。

5. 烙画要仔细认真，需要把每个部分的细节都仔细描绘出来。

注意事项：首先，避免强日光照射，烙画葫芦之所以用一年以后上色的葫芦，就是为了画完以后不用再日晒上色了。其次，在室内摆放，经常要擦拭把玩，让葫芦上浆，包浆以后烙痕就不会褪色了。最后，在不摆放的时候放在纸盒里防潮，防化学侵蚀，防磕碰，防虫蛀。保养的时候，可以用一小块布包一点花椒，放在葫芦里。

连翘茶

刀把嘴是武乡县的重要连翘产区。抗日战争时期，八路军制药厂、野战医院等长期在此驻扎，利用当地丰富的药材资源为抗战提供了支撑。该地现今制茶工艺主要依靠当地群众采摘野生连翘，经过严格的制茶工艺加工而成。连翘茶的主要作用有清热解毒、强心利尿、止吐保肝等疗效，临床上主要用于治疗外感风热、痈疡肿毒、高血压等。

连翘茶中含有多种维生素及各种有益成分，不仅可以抵制痢疾杆菌、伤寒杆菌、大肠杆菌、链球菌等，而且其含有的维生素 P 可以降低血管通透性，也可以在一定程度上起到止吐，以及抗肝损伤的作用。连翘茶对于发展壮大当地集体经济、推进乡村振兴有重大价值。

走乱团

走乱团是一种多人参与的民间舞蹈。参与人数少也行，多亦可，人越多越好。武乡县大有乡却净村走乱团一般参与人数在 100 人左右，人人穿红戴绿，左手高举彩色灯笼，右手甩彩条，在头人的带领下，有序前行。头人打扮特别，色调鲜艳，以红黄为主，他左手持的灯笼更高大，右手拿一个铜制的响环（立体环形状，里边装有铁砂，摇动起来，声音很大），主要用于指挥队伍。队员的动作是：外八字脚，身体稍蹲，前行时，手臂随步伐合着锣鼓点的节奏自由摆动，左手灯笼也上下交替。动作虽然简单，人数多了很好看。标准要求是：队伍在前进穿插时必须脸对脸，而且要相互微笑点头。

却净走乱团最大的亮点在于它的队列变换。200 多年来却净人锤炼出许多行进队列，主要队列有蛇蜕皮、剪子股、石鸡丢坡、卷席筒、小鬼脱靴、八卦串顶等。

秧歌的伴奏是锣、鼓、镲、小锣等打击乐器，通常和走乱团融合在一起，以造气氛。表演者头箍白毛巾，腰系彩带。条件好的地方还有彩绸服装。其中，有若干名丑角，他们画着简单的脸谱，舞姿古怪，表情滑稽，整个场面热烈欢快。

走乱团一般和跑腿秧歌结合。走乱团主要是队列舞蹈，光走不说话，不能表达大伙心中的意思。特别是串村慰问时，跳一段后，走乱团队就变为一路纵队，转起了圈圈。这时秧歌歌手走进场地中间，一摆响环，舞乐停下，开始演唱。唱完上两句，舞乐插一四拍过门鼓点，即咔圪隆咚｜咔 00 ｜，待唱完下两句，锣鼓便敲打起来，走乱团舞动起来，待下一个演唱者上场乐器再停，如此反复。

姜村手擀面

面条最初只称为“饼”，“水溲饼、煮饼”便是中国面条的先河——“饼，并也，溲面使合并也”（引：刘熙《释名》），其意指用水将面粉和在一起所做出的食品均称为“饼”，后来人们用木棍将和好的面饼擀薄，用刀切成条，即“面条”，是当今北方大众的重要主食之一，深受人们的喜爱。山西人以面食为主，但是在现代化的今天，手擀面已不多见。姜村手擀面只有在村里办喜事的时候才可以吃到。届时四五个农村精壮汉子，门扇大的案板，两根一人多高的擀面杖。大缸和面，两个人两根擀面杖轮流擀面，一人撒玉茭面薄面。擀好后，四人同时动刀把数十层的面切块、切条，场面很是壮观。手擀面具有很好的寓意，又名长寿面。

油漆彩绘

武乡古建筑油漆彩绘工艺，是古代为了保护木建筑构件免受日晒、风吹、雨淋而进行的油漆涂饰，既有保护作用，又有装饰效果。此技艺经过上千年的发展，最终形成了一整套具有中国特色的装饰工艺。

在新中国成立初期，故宫管理者为组建古建筑修缮队伍，从全国各地寻找能工巧匠，当初山西一共有 24 位技术人员参与到这项伟大的工程之中。其中，石板村古建彩绘手艺人王全木（在北京时称“王效先”）便是其中之一，他为我们国家古建筑的保护和传承贡献了自己的一份力量。

武乡传统建筑的门窗和室内家具油漆是家庭装饰的重要不分。新房新门窗、刚制作的箱柜桌椅，通过颜色覆盖加工，经久耐磨，亮丽纷呈，给家庭增加温暖舒坦之感觉。油漆工艺起源很早，传统的油漆颜色多为朱红色和黑色相配。20 世纪 70 年代后，县城百姓喜欢以橘黄、乳黄、枣红、玫瑰红等色彩油漆家具，以果绿、米黄、浅蓝、土红油漆门窗。传统的工艺法，一般先将木质用腻子粉抹平小孔、小缝、凹处，然后用粗细砂纸打磨光滑，将颜色涂好，再用清漆涂之，以增加美观和保护木质作用。

武乡县柳塘池

韩北镇土河村有一个池塘，面积32亩，池岸柳树环绕，人称“柳塘池”。池建于何时，无法精确考证。从“千层树、八角井，三街六寺九观音，三十二亩柳塘地，七十二亩聚羊桥”一直流传至今的古老歌谣中，可以想见，柳塘池已经很久很久了，从有关描写土河村的诗文中考证，最迟在明代就已经出现。

黄土高原干旱地区的蓄水池主要起蓄水和调节的作用，解决人畜用水问题。在武乡东部山区几乎每个村庄都建有蓄水旱池，有的水池用石头砌筑而成，在村中的池子很有讲究，石护栏上雕刻有图形，石墩上有石雕，周边遍植杨柳，成为村中一个地标性建筑，如原来韩北村、东堡村的水池，结构与雕刻都有一定的讲究。但也有的地方，尤其是村外的蓄水池的边沿用黄土夯实拦水，在武乡非常普遍。

土河柳塘池有别于其他地方的水池，它有两个特点：一是占地面积大，竟有32亩，像一个小湖泊，而一般的水池仅有一两亩大；二是池子边沿高出地面，用黄土堆砌而成，周边植柳树一圈。土河村如此巨大的旱池，在武乡乃至晋东南地区都非常少见。

武乡县焦龙洞祈雨仪式

武乡及其周边各县到武乡东山焦龙洞祈雨始于五代后晋开运二年(945)，距今已有一千多年历史。

祈雨是古代社会的一项重要的政务活动，如遇旱情严重，县衙就要组织专门的祈雨活动。行前，焚香敬拜，先官后绅，民众尾随，到洞口鸣炮三响，肃立拈香，香灰落地，则进洞祈雨，引洞人领头在先，水官随后，祈雨人士鱼贯而入，引洞人领先高呼，众人齐和。进入横河，由水官侧身，以皿满水，系于颈项，原路出洞。在洞外跪拜的随从人员合掌齐声喊佛号，遂另择道路返回。在祈雨队伍返回时，过往村庄的百姓都要出门跪拜于大门前，俗称“接雨”。祈雨队伍回到城内，设位安神，焚香祭拜，连续几天，直至大雨来临。

民间祈雨仪式虽然没有官家祈雨烦琐，但基本程序、仪式相近，也甚隆重庄严。前一日下午即洒扫街道，祈雨的人员斋戒沐浴。第二天一早敲锣打鼓，焚香燃鞭，头戴柳帽，赤脚行走。洞外祭祀，敬香放炮，随引洞人赤脚进洞“取雨”。祈雨的人出洞后，水官将盛水容器揣于怀中，“圣水”不能见日头，

也不可洒落在外。祈雨队伍进村时，其他村民一齐出动，男人戴柳帽，女人白巾裹头，男女老少手持柳枝，跪迎“圣水”。同时，在村内设立牌位，供奉老焦爷，并伴有唱戏、说神书等娱乐活动。

图书在版编目(CIP)数据

武乡非物质文化遗产图录 / 刘晓芬主编. — 北京：中国文史出版社，2024.12. — （武乡历史文化通览）.

ISBN 978-7-5205-4984-4

Ⅰ. G127.254-64

中国国家版本馆CIP数据核字第2024SF7427号

出 品 人：彭远国

责任编辑：秦千里

出版发行：中国文史出版社

社　　址：北京市海淀区西八里庄路69号院　邮编：100142

电　　话：010-81136606　81136602　81136603（发行部）

传　　真：010-81136655

印　　装：山西人民印刷有限责任公司

经　　销：全国新华书店

开　　本：16开

印　　张：238

字　　数：3500千字

版　　次：2024年11月　第1版

印　　次：2024年11月　第1次印刷

定　　价：1000.00元（全七册）

WUXIANG WENHUA JICHENG
WUXIANG LISHI WENHUA
TONGLAN

武乡文化集成·卷一

陈建祖 主编

武乡历史文化通览

程康庄集

清·程康庄 著

李雪梅 点校

中国文史出版社

《武乡文化集成》编委会

总　序

甲辰之岁，万象更新。武乡热土上，乘新时代之春风，政治、经济、文化一体推进，正所谓政通人和，百业俱兴。

自古以来，莫不盛世修书，藉以兴文化俗。今有《武乡文化集成》之问世，摘精选要，撷英荟萃，乃国内县域文化系统整理出版之巨创，亦寻祖根，追文脉，固根基，增强文化自信之壮举，可庆可贺也！

文化之兴，缘于地理；或曰据于地理，乃出人文。

太行逶迤，上党巍巍，雄视华北，俯控中原，自古乃兵家必争之地。元人熊戴歌咏曰："天下多名山，太行居第一。泽潞伯仲间，上党天下脊。屹立界中原，形势控南北。"武乡踞上党北缘，乃千年名邦，抗战圣地。其东有板山竦立，如长城蜿蜒；其中有漳河流金，泽润乡里；其西则俯视晋中，藏风聚气。此土此境，古有商周遗物，有石勒要寨，有寺院林立，绵绵不绝，而民风俭啬，勤于耕读，崇尚勇武，远近闻名。清代乾隆《武乡县志》"风俗篇"云："武乡之为县，在万山中，金玉珠贝无所产，商贾舟车不至，民安于畎亩、诵读，无逐末游食、猎取富贵之人。""其民质而不spirit，其俗俭而不猥。"此乃武乡传统文化之概要，民风之底色，文化渊源之所自。追溯千余年传统文化，不亦绵长醇厚乎！

帝制灭而共和兴，社稷衰而危亡存，仁人志士，前赴后继，奋起斗争。武乡籍共产党人、革命先驱李逸三、史怀壁、武三友等，建立中共武乡县委员会，组织"五抗"，风起云涌，艰险曲折，板山漳河间，闪耀赤色曙光。全面抗战始，抗日烽火燃烧在太行山上，八路军总部、中共中央北方局、一二九师师部开进武乡，先后驻武乡王家峪、砖壁诸地，朱德、彭德怀、左权、刘伯承、邓小平、杨尚昆等在此指挥抗战，武乡乃成太行根据地之重镇。长乐村战斗，歼寇两千；百团大战，威震敌胆。柳沟设兵工厂，肇始军火生产，装备抗日武装；抗大、鲁艺，学校遍及山乡僻壤，培植红色基因。武乡儿女，慷慨参军，牺牲何止千万；家乡父老，纳鞋交粮，自愿支援前线；太行奶娘，忘我取义，哺育革命后代。仰望太行之巅，遍布民族脊梁；回首抗战圣地，鲜血浸染。《少年先锋》，如诗华章；抗战篇章，辉煌绚烂。此乃武乡近世文化之鲜明本色。回首武乡之红色文化，不亦感人至深乎！

斗转星移，国运昌隆；改革开放，其命维新。武乡大地，文脉绵延，异彩纷呈。其初有高沐鸿之《太行吟》，冈夫之《故城谣》，张万一之剧作《小二黑结婚》，歌咏烽火岁月，隽永悠长；继之有寓真之《行道集》，赓续家国情怀，书写不尽之乡愁。抗战文化则梳理备至，书写将军之百战智勇，战士之慷慨赴死，军火之急急生产，民众之纷纷支前，友邦之慷慨资助，红色文化，洋洋大观。作者群起，深研备至，提炼太行精神，表彰抗战英模，可歌可泣，化育万民，进而为新时代不忘初心、继续前进之强大动能。回首七十年文化景象，不亦壮观乎！

武乡文化，厚重绵长，总而成之，采而辑之，舍我其谁！县委县政府下决心，定大计，集贤能，编方案，以规范性、系统性、权威性为基准，博采旁搜，摘取英华，卷次三分。首卷为历史文化，通览千载；继之以红色文化，特色引领；卷三是现当代文化，文苑集萃，遂成20册，汇千万字，煌煌然为武乡文化史上之空前巨著。武乡文脉，一以贯穿，高如板山，长若漳河，实乃空前之壮举，既为资政要览，亦成万民寻根溯源、永久承传之宝典，具彰往而昭今之效，其价值、意义不言而喻，无庸赘述焉。是为序。

中共武乡县委员会

武乡县人民政府

2024年6月

凡　例

一、本丛书以马克思列宁主义、毛泽东思想、邓小平理论、“三个代表”重要思想、科学发展观、习近平新时代中国特色社会主义思想为指导，选取武乡文化精华，编纂而成。

二、本丛书以基础性、系统性、权威性为基本编纂标准。

三、本丛书以武乡籍贯的作者为主要选取对象，以描写或记述当今武乡地域范围内的文化为内容选取标准。

四、本丛书选取的著作体裁不限，主要选取学术著作和文学作品。为了全面记述武乡的历史文化，特别组织作者新撰了武乡历史文化的通览性著作。

五、本丛书按照历史通览、文化特色、时代新篇为基本分卷依据，分武乡历史文化通览、武乡红色文化撷英、武乡现当代文化集萃3卷，共33种著作，编为20册。

六、本丛书为集成性著作，尊重原著内容的完整性，一般不作增删；为保持观点正确、内容准确、体例统一所做的修订，均经作者完成，并经专家予以审定。

七、本丛书对每一部入选著作的内容及其作者均予简介，以便阅读和使用。

八、本丛书根据各书特点而区别整理方式，涉及古文、文献等，予以标点，并适当注释；涉及文化遗产等内容，则以图文结合的方式予以记述。

【作者简介】

程康庄（1613—1679），字坦如，别号昆仑。明清之际山西武乡县信义村人。明崇祯八年（1635）拔贡，清顺治十一年（1654）被山西巡抚保荐隐逸，应试高等。清顺治十七年（1660）入仕，康熙十四年（1675）以年迈返乡，康熙十八年（1679）病卒于武乡。程康庄宦游南北，政绩蜚声，其作亦名震江浙，时人曾有“新词濯江汉，古艳灿云霞”之美誉。他曾与清初文坛领袖王士祯以文相知，诗筒往来，唱和不绝，人称“上下江诗伯”，传为佳话。

【点校者简介】

李雪梅，1980年生，山西太原人，山西大学古代文学博士，山西大学文学院副教授、文献学教研室主任、硕士生导师，兼任中国俗文学学会理事、元代文学学会会员。2019年被评为山西省教育领域“三晋英才”青年优秀人才。主要研究方向为古典文献学、明清至近代典籍整理与研究、俗文学文献整理与研究。

【内容简介】

程康庄有《自课堂集》《程昆仑先生诗文合集》《昆仑草》《衍愚词》等作品行于世，内容上激浊扬清，启人心智，既包孕明末清初社会生活的深厚内容，具有较为深广的社会意蕴与文史价值，又寄寓了明清鼎革之际自身生命情怀的感受与表白。清初名士陈维崧评选明代及清初古文、诗词编成《四大家文选》，程康庄之诗词与古文两入其选。足见其作品价值之高。此外，程氏家族为明清时山西武乡望族，方志记载中传承有序，代不乏人。本次《程康庄集》的整理，对以上诸作及相关方志资料进行了全面搜集并加以编排，且将评选本中清初诸学者对程康庄作品之评点悉数保留原貌整理收入，并收录了研究程氏家族和程康庄诗文的两篇硕士论文。希望在完善这部清初文人全集的同时，也有助于读者深入了解山西武乡程氏家族炳赫六代、翘楚辈出的地域文化现象，并对学界全面理解、研究明末清初文人思想演变轨迹提供个案参考。

本集附录了清代程林宗的《惊邻诗钞》。以广流传。原附《南亭诗钞》不属程氏一族之作，因剔出另编成册，亦收入《武乡文化集成》第一卷。

文风薪传道统脉
诗名称誉上下江

——论程康庄生平及其文学创作（代前言）

一、鞞山漳水读书堂

程康庄，字坦如，别号昆仑。明万历四十一年（1613）生，山西武乡县信义村人。程氏家族为当地望族，以山林起家。其祖父程启南，字开之，号凤庵，其人“性刚果，多大略，博学工文”，曾任工部左侍郎，加大司空服俸，后因不愿受宦官挟制而辞官归里。

程康庄天资聪颖，刻苦勤奋，博览群书，尤擅诗文，在故里读书期间，遍游鞞山漳水，与武乡社会下层接触较多，因此，他在秉承深厚家学的同时积累了丰富的生活阅历，描写家乡风土的诗作感情尤为真切，如“种瓜山地冷，蓄菜豆苗酸”（《避地土河杂诗十首》之七）、“选隘悬崖露，人家置屋牢”（《避地土河杂诗十首》之六）等。异地为官后，程康庄与故乡的联系亦从未隔断，如“雨夜兼风夜，他乡忆武乡”（《避地土河杂诗十首》之九）等。

程康庄少时随祖父程启南在京读书，文名早扬，所作诗词曾轰动京都文坛，当时文坛耆宿如陈大士、罗文止、杨子常辈交口称赞，均为之叹服，赞誉其诗“比之齐晋，狎霸中原”，纷纷引其为“小友”。

崇祯七年（1634）程康庄二十一岁时，就学于山西学政袁继咸帐下。次年，他考取拔贡。崇祯九年（1636），袁继咸被山西巡按御史张孙振诬陷，押解入京。山西名士傅山先生等联络生员百余人，联名上疏，赴京为袁继咸诉冤请愿，袁继咸之冤抑方得申张。这次斗争历时八个月之久，在当时传为佳话。程昆仑为师请命，自是奋勇当先，他陪伴傅山先生左右，协力谋此义举，并有诗记之："青主去救袁夫子，千金掷地神扬扬。抗书共我见天庙，袁师乃得归故乡。"（《投知引赠张伯将郡丞》）

程康庄少年时即勇担义举，敢于直触天颜，经历自是不凡，其人品性格颇受武乡一地朔风雄壤、大气萧爽的地域脉息与雄浑气质之熏染，而这种独特风格，于其诗文中，亦是不时流溢。

二、胸蕴韬略政声扬

明崇祯八年（1635），程康庄考取拔贡。清顺治十一年（1654），他被山西巡抚保荐隐逸，应试高等。清顺治十七年（1660）补江苏镇江府通判。

当时正值清王朝定鼎之初，政局混乱，镇江地处要冲，有驻军镇守。海氛甫靖，军民混处，治安纷扰。程康庄到任后，拯灾伤，抚流困，辅佐幕府，恩威并用，有的放矢地制定出一系列防止驻军扰民的条例规范，如有违反，严惩不贷。一时间民怀兵慑，镇江府内遂治安肃然，程康庄之名亦因此而威震江浙。

程康庄虽严明慈惠，循良著绩，其仕途却并未因此而一帆风顺。他在镇江府通判之位上履政多年，直至康熙六年（1667）方得调任安庆府同知。

程康庄赴任安庆后，留心民瘼，切务实政，制定防江策，平息盗风，决疑案多所平反，社会大治。安徽巡抚甚至下令把他的治乱方针推行于沿江各县，江南、江西人民均赖其法令而得以安宁。

康熙十年（1671），程康庄奉诏回京补官。尔后因前任事的牵连，迁任陕西省耀州知州。仕途不畅，程康庄内心不乏怨怼，"苍茫羁命达，世意碍芳兰。侧目当年事，浮名此日寒。"（《赴渔阳访胡詹事》）但为官者对辖地百姓应有的责任与关爱，于他心中却须臾未有忘怀。时耀州遭叛军万余围城，城故圮坏，程康庄临敌无惧，力挽危局，亲自督率兵卒吏役，日夜巡防，往来戍守，誓不与匪俱立。叛军临城下，程康庄守坐矢石之巅，整暇不迫，并伺叛军隙连发数十炮，一举歼灭，耀州困境乃解。

平内扰外乱，保全一方百姓，无疑是为父母官者的重要职责，兵迫城下，芟夷乱境中，程康庄挺身而出，以君民念重，以身家念轻。这种重任在肩、担当道义的胸襟气度，折射出了中国古代知识分子的高贵人格与精神。

耀州围解后，防军到来，军需供应极其浩繁，官府财力顿时吃紧。程康庄为不扰民生，遂倾其私有，并以个人名义借债，奔走上下，方保供应。此无私之举大得民心，在他离任耀州时，耀州百姓攀辕卧辙，送之远郊，而后为其立德政碑及肖像祀之。

唐太宗曾有名言："以铜为镜，可以正衣冠；以古为镜，可以见兴替；以人为镜，可以知得失。"程康庄的身影，留存于镇江、安庆、耀州的历史镜面中，在似水流年、浩瀚烟波中，照出的是人格，反射出的则是为官者须臾不可远离的高洁品德。

三、古艳诗文传江上

簿书岁月守漫长，讼庭亦是读书堂。程康庄莅任镇江前后八年，这段时间可谓他一生中最为得意的时期，不仅政绩蜚声，且于案牍偷闲，恣情泼墨，屡著诗文，文士风流，名噪江浙。

程康庄自幼即喜临池染翰，日练不辍，观其行书，颇有颜柳风骨。他喜好搜求古人碑帖，尤其是他补刻镇江焦山《瘗鹤铭》，极尽苦心孤诣。焦山乃镇江东北伸入长江的一座山，与南岸象山对峙，现为著名的风景旅游区。焦山《瘗鹤铭》是极珍贵的文化遗产，被历代大家称道为"书家冠冕""神仙之迹"。但程康庄履政镇江时，这一著名石刻已淹没于江水中，"非穷冬水落，绝望不能至其地"（《天下第一江山记》）。而且，铭石崩裂于潮汐，字迹毁损惨重。程康庄为挽救这一至宝，苦求其拓本，并依据初拓全本作了补刻，以十三块石，横亘五丈余的规模，置于海云堂两庑供众人观赏，另又写了《〈瘗鹤铭〉跋》一文记述此事，且引经据典，合理推断出《瘗鹤铭》的作者为南朝时期的陶弘景。

《〈瘗鹤铭〉跋》一文，思想激荡，文采斐然，陈维崧曾赞道："事奇文更奇……风流文采，掩映一时，传之千古，当深人流想矣!"此事在当时儒林中传为盛事美谈。焦山碑林中，至今仍珍存有程康庄的诗碑。

其时，在扬州任推官的文坛领袖王士祯，因公渡江，与程康庄纵游名胜，诗筒酬唱，过从甚密。时人将二人称为"上下江诗伯"。王士祯曾有《焦山晓起送昆仑还京口》：

山堂振法鼓，江月挂寒树。
遥送江南人，鸡鸣峭帆去。

程康庄亦多有记二人同游之作，如《竹林寺》：

夹山疑见古招提，白石青松路不迷。
江映高窗双屿出，天围绝顶众峰低。
时闻猎骑回钟梵，每逐官曹就品题。
拟煮春泉参玉版，城中美酒不教携。

也许是因所游皆镇江山川寺院，程康庄此时期的山水诗多充满隐逸情怀与风尘俗吏的暇豫从容之乐，同时也与王士祯"神韵说"之清远诗论相得益彰。

另外，程康庄曾有《菩萨蛮·咏〈青溪遗事〉画册和阮亭程邨作》八阕，当时就以"辞旨凄丽"而为人赞叹，得"句意闲永，词家习气淘洗一尽”之佳誉。兹取其中《读书》一阕为证：“纱窗然蜡摇风竹，摊书微解咿唔读。奈是语应人，行间一处频。移时即对面，伴剧题纨扇。讵忍不回头，青灯暂欲休。”

乾隆三十年（1765），乾隆皇帝畅游焦山，曾写有《焦山古鼎歌复用沈德潜韵》，诗中有语：“咏事义正王诠部，释文古博程昆仑。”足见二人文名已并传广远。

综观程康庄的诗文，在汲取唐诗宋词古法遗风的同时，更重于真情实感的抒发，为文练句颇下功力，有秀逸、奇峭、婉丽兼融的独特风格。此外，程康庄历任地方官，对明清之际的政治斗争与社会变革均有深刻认识，这在他的作品中亦有所反映，如《呈杜兵备道三十韵》《庆云见东南行》等，因此其作品具有较高的史料价值。

除王士祯外，程康庄在镇江先后知交者还有陈维崧、吴伟业、钱谦益、王士禄、孙枝蔚、宋琬、施闰章、林古度等荦荦大家。陈维崧曾批阅明代及清初古文、诗词不下数百卷，古文选得归有光、王猷定、侯朝宗、程康庄“四大家”文章，编成《四大家文选》，诗词选得十家，程康庄之诗词亦在其中。陈维崧在编就书稿时曾伏案叹曰：“甚矣！作者之难也。盖百余年能文章者，不下数百家，而可传者独数人。甚矣！作者之难也。”如此之难，程康庄之作却能两得其选，足见其才如海。而程康庄的主要著作《自课堂集》，即由钱谦益、陈维崧二人选注，分为古文、诗、诗余三大部分，其中选文六十余篇，诗一百六十余首，词四十余阕。《自课堂集》中，除钱、陈二人外，王士禄、王士祯兄弟等人亦有多处评点，众口推崇，如：“高古深厚，自是子美敌手”；“典雅新丽，太白佳句如此”；“辟境造意甚奇，滔滔漭漭，有一泻千里之势，古人中唯太白堪与比儗耳！”虽不免有过誉之嫌，但也足可见程康庄诗文品位之高，一般诗人难望其项背。

程康庄在清初官场虽任职仅至同知、知州，但其诗词文在清初文学史中的地位不可忽视，清初诸大家与其交往甚厚，对其诗文皆有极高的评价，由此可证其作品价值之所在。可惜乖于时运，程康庄其名未能远传，其作亦未能高显。其六世孙程林宗在《题先昆仑大夫诗集》一诗中曾有扼腕之叹：

江上诗翁俱有名，当年尽许谢宣城。
谁知今日骚坛盛，寤寐空山掩颂声。

诗后附语："今诸公集皆行世，而先集或不尽知，为可叹也！"

四、炳赫六代焕文章

程康庄虽政声显赫，却仕途乖蹇，屡遭排挤。他临危受命，绾政耀州，成效斐然，颇得护军之青眼，曾许他官升巡道，却被他事所阻，未能如愿。程康庄心灰意冷之余，遂自行求去。康熙十四年（1675），他屡次上书要求退休还乡，得朝廷准核后，由耀州郁郁归里。

武乡一地，地僻山深，耕多于读，程氏一族却是以山林起家（程康庄在清初任山林隐逸制科），以文学绵延。程康庄在外为官时即喜购书，回乡时将所余俸禄悉买书以归，庋藏于家，武乡士人借观者不绝，皆曰："是昆仑先生宦囊也！"此后数代，武乡一地藏书最富者皆为程康庄后裔。

康熙十八年（1679），程康庄病卒于武乡，《清史列传》卷七十一为其立传。正所谓"遐迩行行，德音秩秩"。他的宦途，绝非微官俗吏蠹虫横生的案牍生涯；他的诗文，得名江上，灿若云霞；他的身影，也将在历史的长河中永存。

前辈风流，后人可攀，程康庄之六世孙程林宗，字泰卿，一字介山，警敏深思，博览经史，时人曾有诗赞曰："家学渊源有正声，昆仑之后见先生。长才未合山林老，大雅终成著作名。"（白建中《赠程介山先生》）程林宗虽胸有丘壑，在三晋文坛颇负盛名，却绝意进取，他一生优游乡里，以文学自娱，亦不忘鞭策后进，陶铸人才，于鞞山漳水间设帐授徒，曾言："吾生平知无不言，言无不尽，解人可索，即此当授受也。"诲英育贤，桃李盈门。年八十岁，无疾而终。遗著甚富，成帙者有《孟子醒批》《史记文津》《左传琼林》《昆仑年谱》《司空家乘》《介山文编》《惊邻诗草》等。

李雪梅

2016年8月

点校说明

《程康庄集》书名，为本次点校整理时所定。清代刊行的程康庄诗文集，在名称上颇不一致。2008 年以后，在搜集到各种与程康庄诗文词集相关的版本基础上，经过整理点校而完成，故重新定名。

本次点校搜集到的与程康庄诗文词集相关的版本主要有六种，六种版本分别作为校勘底本、校本、参校本（包括各种本子在点校中使用的简称）情况，分别说明如下：

一、清钱谦益、陈维崧编选的《自课堂集》，康熙五年（1666）刻本。此本在 20 世纪 30 年代由山西省文献委员会编入《山右丛书初编》。1986 年，山西人民出版社据《山右丛书初编》本影印出版。由于《山右丛书初编》采用铅字排印，字词句的遗漏或转排时的错误较多。而原先使用的本子在《中国善本书目》及国内各大图书馆馆藏书目中均未见存，《初编》本在收录程康庄诗文词的数量方面，是相关的诗文集版本中最多和最完备的，故本次点校以《初编》本作为点校底本。点校中按诗文词的不同类别分别称为《自课堂集·诗集》《自课堂集·诗余》《自课堂集·文集》。

二、清黄传祖、王士祯、李长祥、杜濬评选的《程昆仑先生诗文合集》，康熙四年（1665）刻本，九行二十字，花口，无鱼尾，四周单边，属国内外孤本，现存首都师范大学图书馆善本部，是目前国内外所藏与程康庄相关的诗文集版本中最早、最好的本子，内容含诗、词、文三部分。因收录数量方面少于《自课堂集》本，故本次点校以此作为校本。点校中简称《昆仑诗文合集》。

三、清陈维崧编选的《四大家文选》，康熙六年（1667）刻本，九行十八字，白口，单鱼尾，四周双边，山西省图书馆藏。另有清卜崖主人嘉庆四年（1799）钞本，山西大学图书馆藏。此总集选录有昆山归熙甫、归德侯朝宗、南昌王于一、武乡程昆仑四人作品。程昆仑诗、词、文三者兼选，另三家仅选文。本次点校主要以此总集之康熙刻本为校本，点校中简称《昆仑文选》《昆仑诗选》（含诗余），文集【校记】中部分内容涉及与嘉庆钞本的对校，在出现处具体标明为“嘉庆钞本《昆仑文选》”，以与康熙刻本区分。

四、清武乡诗人赵三麒编选的《程昆仑诗草》，康熙四年（1665）刻本，八行二十字，单鱼尾，四周双边，仅收录程康庄诗三十七首。本次点校以此作为校本。点校中简称《昆仑草》。

五、清王士禄、陈维崧编选的程康庄词集名为《衍愚词》，清康熙四年（1665）留松阁刻本，九行二十一字，花口，无鱼尾，四周双边。收录程康庄的小令、中调、长调词，是收录其词最完备的本子。本次点校以此为程康庄词的点校底本，其他本子中所收词则作为校本和参校本。点校中仍称《衍愚词》。

六、清武乡诗人范桓一编辑，程林宗、魏一泉鉴定的武乡清代诗人诗歌总集《南亭诗钞》十四卷，道光二十九年（1849）刻本，八行二十一字，黑口，单鱼尾，四周双边，山西大学图书馆藏。其中收录程康庄诗歌一卷，凡七十首。《南亭诗钞》所收诗歌基本已见于《自课堂集》与《昆仑诗文合集》。但其所用底本为程康庄六世孙程林宗家藏刻本与钞本。本次点校以此作为参校本。

本次点校的附录部分编收了以下内容：附录一为程康庄及其家族人物小传。附录二为《程昆仑先生诗文合集》目录、康熙刻本《四大家文选》之《程昆仑文选》《程昆仑诗选》（含诗余）目录、《程昆仑诗草》目录、《衍愚词》目录、程林宗《介山文编》目录。附录三为清代王士禄在《衍愚词》后所附《广陵倡和词》全文。附录四为程林宗《惊邻诗草》二卷全文。附录五为《南亭诗钞》十四卷，除程康庄诗一卷、程林宗诗二卷已见于正文《程康庄诗集》与附录四外，其余十一卷全文收入。

本次点校使用的《自课堂集》《昆仑诗文合集》《四大家文选》《衍愚词》版本，均为评选本，整理时将清初诸学者大家之评点保留原貌，全文录入。

原诗题、文题中带有“×首”二字者，“×首”与诗题、文题字号相同。如“×首”是整理者所加，则为小字号。

原文字迹漫漶不清处、阙字墨丁处，若诸版本均无法识别补正，一律显示为□。

程康庄作品文义典奥，点校中疏误遗漏处，敬请专家学者批评指正。

李雪梅

2024 年 5 月 1 日于山西大学

《程康庄集》修订说明

本次修订以三晋出版社2016年《程康庄集》为基础，尊重历史原貌，保留文集特色，具体工作集中在以下两方面展开：

一、2016年《程康庄集》采用繁体汉字横排，本次修订转换为简体汉字横排。

（一）将文集中繁体、异体字整体转换为对应的规范简体字，部分繁体字、异体字无对应的简体字形，则保留原字。

（二）古人姓名中的异体字不改，保留原字。

二、本次修订将2016年《程康庄集》的“点校说明”置于书前，聊供覆按，基本遵循。

（一）纠正了新发现的错字与疏漏。

（二）在程康庄诗集部分据《南亭诗钞》新补入三题十二首诗，分别为《归安烈女顾季繁许字乌程张九彰未及结离彰病死烈女闻讣投缳从一以终》《赠石艾杨丕显》《宣州旅舍》（十首），体例均与原书统一。

（三）本次修订将2016年《程康庄集》两篇前言一体录存，以备参览。

限于才力及学识，错谬疏漏，所在多有，恳请读者不吝指教，以便后续不断改进。

目　录

序

诗集

附录三

序

《程昆仑先生诗文合集》序　五篇

汤格序

古文代有隆盛，才士生其间，远或数十年，或数千里而后一遇。总视文运，盛则穷，穷则复之，机起而大变其习。世遂遵为功首，谓以时代为升降者，妄也。唐诗、宋策、元词所尚不同，用古则一。士童而习之，学成，献其长于朝，当大放厥词，旁涉纵横排钳之语，月露风云之状，采名、法、道、墨诸家，折中其说，以故古学易成，朝廷赖其用。最下奇计异谋，亦散见于州镇。近代悉罢诸科，俾从事八股业，自屈首受书后不得跳跃时文外一步，凡以消磨人士之智力归于醇谦，使上无难操之患，下有易制之形。用此术也，设非天才卓出之士，无能以全力肆志。古文兼赋、颂、歌、诗、序、传诸体，有一人为宜足以振，以是为汉唐宋元之才所不及也。

我祖台昆翁先生，真至人哉！先生负美姿，读等身书，弱冠以特典选赴京师，得尽交当世之贤豪，咸愿从其游，故其诗文若豫章之质劲，三吴之创拔，关洛之简要。修其驱遣，成一家言，无不楮墨飞动，惊犹鬼神，递世无如。古者封禅、升歌诸大典，令尚书给笔扎、草仪制以进，因而朝典未荣于著书，然迹其裒然大集，俨古切今，彬彬质有至文。视诸此捷南宫之士，联章圭组，炫耀一时，及其后竟无一字可传，长与蠹朽同腐，以此较彼，其所得奚啻霄壤哉？

抑先生产于铜鞮，近尧舜故墟，典谟唐风，为政事歌咏所自出。今以至盛藻宣化扬风，益弘大司空公之茂绩，当吾润战马纵横，羽书飞驰之下，尚朝决政务，夕撰文词，网罗经史稗乘无虚日，则先生之足传者，正未有量。予之序之，将与天下共见之，固不仅为扬盛者之常言也。

顺治辛丑初秋治下金坛汤格顿首撰

王昊序

今之为诗、古文、词者满天下，其所谓诗、古文、词者，岂诗、古文、词哉？问其才，才无有也；问其学，学无有也。字礫而句剽，此唱而彼和，于诗不知何藩篱，辄群然曰：此汉魏也，此三唐也，此宋元某家某家也；于文又不知何门户，辄群然曰：此《左》《国》也，此马、班也，此韩欧八家也。究其所为，曷尝有丝毫之相似哉？

武乡程昆仑先生示余全集，其诗则刿刻性灵，脱落尘滓，想曲而不失于险，趣幽而不失于苦，至于即境寓怀，庇材征事，博雅而钟鼓鼎彝，悲状而鬼神风雨，可谓美矣、备矣。若其文则源委于经，浩瀚于史，坚削于子，叙事而描绘毫毛，谈理而劖刻金石，纪游而山水名胜环映笔端，感茜而亲串至情勃溢楮上。噫嘻！又何善也！

先生负绝世才，少长学门，于古今典籍无所不窥，每一搦管则雾滃云滜，杂沓肆至，盖其才既开迈，而又能种学积文以湛深。其思所以致此，岂可与天下之浅夫妄竖轻自标帜者同日而语耶？

夫予固非能知诗古文词者，懵然而为之，欲以自快其臆耳。而卒不能入之以学，出之以才，是以往往至于无成。读先生集，其指诲予者深矣。先生之诗古文词，大非今天下之为诗古文词者，然使今天下之为诗古文词者，读先生集，而皆知嘿然内惭，受其指诲，如予今日也。则虽谓先生之诗古文词，即以挽今天下之诗古文词者也亦可。

后学瑯琊王昊拜手敬题

沈传曾序

经生为文，理虽博而施诸用则疏；骚人为诗，情虽逸而准乎义则薄。盖其所处隘而所见迂也。武乡程昆仑先生，海内名宿也，箧珍遗笏，案富藏书，家学有本，久为世所推重。而公之天植聪悟，好学深思，复有超于诵读之士，盖其修之家而效之天子之廷者，既已博大而宏深矣。况公自晋抵吴，而佐理于南徐也，下太行之巍峨，倾黄河之激荡，绝淮渡江，胸中之奇，吞吐万状。甫下车，遽呼疮痍凋敝之遗民而噢咻之，询疾苦，厘弊蠹，若烛照数计而龟卜焉。夫然后以彼经济之材，出入风雅，故其为文宏远渊邃，可以上轶晁贾；其为诗浑雄奇峭，可以驱使李杜。殆非经生之帖括，骚人之枯吟者比。古铜鞮之都，羊舌氏邑，马叔向既以博雅有文驰誉汝坟江汉，而文中子著书龙门亦自拟宣父，今公继之而作，河汾间信多君子哉！

抑余有感为文章之事，寸心千古；而俗吏汲汲于刀笔筐箧，辄便废置。今公独能于鞅掌簿书之暇，焚香扫室，萧然隐几，不忘撰述，岂非其积之者厚而养之者有素欤？予与公为世谊，公莅兹名郡，厌饫吾公之清麈，犹以盈盈一带，不得朝夕促膝为憾。然捧读所著，如读秦汉诸书，析理论事斐亹不穷；又如读唐乐府，叙述开元、天宝间事，纤悉可听，昌黎、永叔诸君子殆瞠乎其后矣。予每读一过，辄浮白而叫绝，予幸矣，予自此远矣！

吴陵世小弟沈传曾得宗撰

张自烈序

天下称能诗、古文者岂鲜哉！迨论诗、古文，往往家殊轨、巷异喙，昵所好为去从，体与法荡然尽，尤陋则文党寡直谅，忘规箴，誉人自誉，哆然相矜负，其弊至于尽人能诗、古文，尽人不识诗、古文，虽一二能诗、古文者，卒喜誉而不加进，惜哉！

以余观程子昆仑之为诗、古文与论诗、古文，则有进于斯者。程子生平富学问，乐虚受，后先与陈大士、杨子常论制艺，必求所自得，不屑拟效一体，以苟自夸道。诗、古文亦如之。余心韪程子非一日，适程子出诗、古文如干首，属余序，余告程子曰："芑山非能为诗古文，然不妄喜论诗、古文。曩有客覆'程先生诗、古文'俾余射者，余阅未半，喟曰：'非他人，必武乡昆仑程先生也！'及得所获全集，诚然。未几，客又杂取它诗文似程先生者绐余曰：'此亦昆仑程先生也。'余阅未半，又喟曰：'赝也，姑舍。'"是客惭沮去。夫世之妄喜可者，逐影随声，同彼同此，独余断然识昆仑于是非真似之介，不稍稍回惑者，无它，盖以昆仑知昆仑，世莫余欺耳。论诗、古文者，可忽乎哉！

是时，昆仑闻余言，为失笑良久，更端告余曰："芑山素以直谅著，天下莫不闻。我非希谀者。川有原，印浦乃大，请规。"余许诺，还而卒读其诗、古文，义不阿。诗如《避地土河》《长平八子》《除夕怀弟》《感梅》《冬槐》诸什，当日友孝之情，嘤鸣之谊，悯时悼俗之意，类荡旷毫楮间；古文如《王父大司空行述》《郭九子》《陈壶岚序》《游华山》《禅隐》《古峰记》，皆颉颃古人法度。至于诸篇其间演意尽物，连类极喻，景气萦纡，俄顷万状，此又昆仑所独能，余所反历厌饫而忘倦者也。即不敢谀，安用规？然则合昆仑诗、古文观之，大都求自得，屏拟效，孳孳与良友镌琢不怠，故励勤日进。后此天下为诗、古文者能尽如程子，而谓今不古若，余弗信也。程子诗、古文不止是，往者兵燹踵继，散逸为多，今搜其仅存者授梓，后为序其略，使诸同人知程子之志不忘规，而余两人之论诗、古文，非苟同之学者，尚慎所法从哉！

芑山同学弟张自烈序

潘陆圻序

近年以来，海内相切劘于诗者不啻数十家，其诗之好恶精确，有识者能辨，然为诗于今日，予甚难之。非为诗难也，诗成难耳。从来文章家，离合之际甚微，诗又文之至精者，而无所师承则难。诗者，持也，所以持人性情也，乃者人心不古，求其“发乎情，止乎礼义”，庶几风人之旨则难。圣门皆通六艺，独为古体、近体、绝句、歌行若干，于近代之摹仿刻画固有所不屑，于古之掏心缕肾、谐声考律、一切音节，又未尝不川呼而谷应者。盖先生之心淡以远，先生之风朗以畅，胸中所自得，则固超出世人之上，而于诗无所不造极，俨乎登作者之堂无疑。

昔文学为四科之一，独子游、子夏擅称言。子游生于勾吴，今吴越诗人如魏雪窦、朱子蓉、蒋驭闳诸公风流儒雅，庶几不坠先贤之教。子夏设教西河之上，先生家武乡，去其地不远，今崛起三晋间，诚卜氏以后一人欤？《易》曰：“同声相应，同气相求。”自兹以往，诗教之盛将以天下。予读先生集，谓有关于风教者，厥功诚甚大也。

松陵后学潘陆圻手题

以上录自清黄传祖、王士祯、杜濬选编《程昆仑先生诗文合集》，清顺治辛丑（1661）刻本卷首。

《四大家文选》序 四篇

陈维崧序

昆山归先生熙甫、归德侯先生朝宗、南昌王先生于一、武乡程先生昆仑集若干卷，选文共若干篇。集既成，维崧伏而叹曰：“甚矣！作者之难也。盖百余年能文章者，不下数十百家，而可传者独此数人。甚矣！作者之难也。”昆山生嘉、隆间，一时士大夫，务为骫骳委靡诸陋习，几度古学不道。即有一二巨公，高材博学，以文辞相雄霸，要其离合，究未知于古人。何如昆山，独以声稀味淡之文，一唱三叹，使读者低回掩抑而不能自已。当其为之于举世不为之时，世亦颇有訾謷先生者，而先生毅然为之不顾。及其为之既成，世亦稍稍知有先生，而先生是时则既已老矣，是可叹也！归德、南昌，皆少负异才，又家世贵公子，熟习掌故，沈酣恣肆，大放厥辞。然归德殁时，年止三十七；南昌稍踰中寿，亦穷愁坎壈，不得志客死。则两先生者亦未尽其才之为可惜也已。武乡少与临川陈际泰、东乡艾南英、常熟杨彝齐名，为诗、古文，幽深雄厚，地负海涵，与古人为掎角。然仅仅以别驾润州，稍迁贰皖城二千石。其于文人之遇合，何如也？数人者，其时不同，地不同，生平仕宦与否亦大不同，而文章可传则同。即其为文章，昆山以柔淡胜，得之欧；归德以灏博胜，得之大苏；南昌以峭健胜，得之老苏；武乡则以险绝胜，得之柳，亦微有不同者。至其文以载道，则无不同也，故曰：“文章可传则同。”后之人流连于经史之渊源，反复于唐宋八大家之正变，慨然于百十年以来而有此数人，则此数人者，其时世之先后亦可以不计已。夫韩之与柳也，其名位不甚相远也。欧苏曾王之与韩柳，时异也，而并传。南丰、大小苏之于欧阳，师弟也，异也，何不可并传？韩柳欧苏曾王而并传，则如韩如柳如苏如曾王者，何独不可并传也耶？

康熙六年丁未孟夏阳羡陈维崧撰

程世英序

吾友陈子其年，工古文词，因有慨于古文离合之际，而毅然示学者以所宗也，于是有四家之选。四家为归太仆震川，为王于一，为侯朝宗，为程昆仑先生。选成，程子反复读其书一旦夕，不禁起而叹曰："嗟乎，其年岂不真知古文之离合能不惑者哉？"今夫古文之离合甚微，苟于其不可合或不必合，或仅得其貌之合与一端之合而合焉者皆无。当其年合四家文选，则断断非不可合、不必合，仅得其貌之合与一端之合之类也。惟其可合可必合，非仅得其貌之合与一端之合。故虽以太仆之去三公者，如彼其久，即三公生同时，又以江右、中州、山右之不同地，其生平未尝有闾党之叹、肺腑之戚，并疑未尝有执杯酒、道殷勤与报赠缟纻之绸缪。乃三公者，顾各以其才学识不谋而若出一心手，以合于太仆之所为文，是以其年遂决然合之而无疑。使非然者，即生同一室，比肩如弟昆，操笔墨，共风雨寒暑，至其为文，或反相去远，吾知其年必不以合也。嗟乎！其年岂不真知古文之离合能不惑者哉？余由其年之意推之，是岂惟三公合于太仆，凡太仆以前为太仆所合者，皆可为三公所合，又岂惟三公之可各相合；凡三公以后能合于三公，以远合于太仆者，又皆可以合于三公。论文者，高瞻远望于山高水长杳邈不相接之处，而于其文心之相生者，忽追而得之，历历然援此续彼，不计今昔，此其故难为不知者道也。

康熙六年岁次丁未仲春黄山程世英敬撰

何絜序

文统之传也，未尝一日不在天地间。无其人以主之，则其统散；散而不有以收之，则其统乱。欲救其乱，不得不先定其主，使天下晓然知统之所在。

夫统肇自六经尚矣，周左氏丘明出，合六经之体要，创为谋篇之法，而后天下知有所为章法，有所为句法，有所为字法。故六经者，文统之鼻祖；左氏者，文统之高祖也。左氏往而战国先秦之文出，其统遂一散。汉兴，长沙、江都犹承战国先秦余风，司马子长出而收之，变化于左氏之法，自成一司马氏之文，是司马氏者，文统之祖也。后之或宗高祖或宗厥祖，其派遂于焉分矣。东汉开靡漫之习，其统又一散，散而历魏晋宋齐梁陈隋，其统乱，乱而无有一能救之者。至唐韩退之、柳子厚手辟荆榛，理则本之六经，法则追乎司马。夫退之、子厚去司马氏九百余载矣，乃能反久乱之统而归之正，甚矣！子长之遗泽甚深，而韩柳之功为甚钜也。韩柳以继述为创垂，是文统之祢也。宋欧阳永叔、苏老泉、子瞻、子由暨王介甫、曾子固，皆能私淑退之、子厚者，是文统之宗子也。噫嘻！文统之传至此可称极盛。以故学者多尊韩柳欧阳苏王曾八家为文统之主，而八家之选于是相继传之天下。有明自归太仆震川出，而韩柳欧阳苏王曾之统始有所属，无散乱之忧。是震川者，实韩柳欧阳苏王曾之宗子也。由震川迄于今，作者不啻百家，其统又将散，乃山右则有程昆仑先生出，中州则有侯朝宗出，江右则有王于一出，又皆能继震川之传，以上承韩柳欧阳苏王曾之统，是皆韩柳欧阳苏王曾之宗子也。韩柳欧阳苏王曾之宗子，是即司马子长之宗子也；司马子长之宗子，是亦六经、左氏之宗子也。

陈子其年，淹贯六经，兼综于周、战国、先秦、两汉，以缵绍于唐宋八家，而博览于前明以来诸子之文，因集四家文选，属余为之序。余故历溯之如此，使天下晓然知统之所在，相传于天地间，庶几乎前此者之散也乱也，不致贻后起者之咎也夫！

时康熙丙午岁之长至日京江何絜雍南氏敬题

卜崖主人识语

陈其年所选昆山归震川、归德侯朝宗、南昌王于一、武乡程昆仑四大家古文，余庚辰家居时得见于史小山先生馆中，读而爱之，意在购求。小山，武乡人，云书板久已散失，即一二刻本所存于昆仑之后人者，亦不可多得，为之怅然。及宦游京师，再见于李淑度太史处，亟假其刻本抄之，置之案头，以供朝夕披览。忆庚辰至今，阅四十年，而得遂其初愿，亦快事也。

时嘉庆四年己未六月卜崖主人识

以上录自清陈维崧编《四大家文选》，清卜崖主人嘉庆四年（1799）钞本卷首。

《自课堂集》序　十二篇

李长祥序

甚矣！文之途岐也，归于正而后可。故古今之称作者，其论文必先辨其是非，得乎是之所在，其自著之文者无不是矣；不得乎所在，其自著无复一是者矣。昌黎氏之言曰："惟其是而已矣。"此之谓也。六经以外，《左》《国》之文，孟子、庄周、司马迁、班固之文何如哉？昌黎、临川、庐陵、眉山之文何如哉？是犹大路然。后之为文者，繇之如犹大路，然其间忽忽有六朝，生于唐虞夏商周秦汉之后，若不知有圣人，不知有左丘明、孟子、庄周、迁、固其人者，此不可解矣。去六朝之世，唐宋大家相继兴起，以明之三百年其文虽衰，犹未坠地。自其末年迄于今日，学者忽忽尚六朝，不知有圣人，不知有《左》、《国》、孟子、庄周、迁、固，又不知有昌黎、临川、庐陵、眉山，尤不可解矣。

唐虞夏商周秦汉之文，唐宋八大家之文，其在人耳目之际，犹月然，虽儿童见之，皆知其为月也，不以为盘也；抑犹星然，皆知其为星也，不以为火也。陆机、陆云之辈出，以盘而混之月，以火而混之星，后之人又抱盘以为月，执火以为星，于光彩天上垂之大地者则遗之，独何与？其陷溺之亦至于斯哉！

数十年来，海内之号为文人者，有王于一、侯朝宗、张绣紫、谢石臞诸人，其成家各不同，要皆驱驰于大道之中，生于狂澜，卒能砥砺，可谓不惑矣。王生、侯生既已继没，绣紫、石臞又以不得意之人困于风雨，予正以二公之在此时相与究论，乃于晋中又得昆仑程子。其文或以八大家变太史公法，或以太史公变八大家法，又或以太史公、八大家变已法，又或以已变太史公、八大家法，而自成其为一家之言。夫文无所宗，则荒唐无所主；有所宗矣，不能以其所宗者互相变，或互相变矣，不能以其变者变已，亦即能以其变者变已矣，或又不能以已变其所变者，是皆不能以无恨于其文焉。以观于昆仑之文，可谓变矣，可谓变变矣，无不变则无有乎一定之文，而无有乎一定之文正以有乎一定之文，文章之道然哉，则昆仑然乎哉。

文之在古今，苦于多榛芜，时六朝榛芜矣，相与尚之，又榛芜矣，岂惟榛芜，且将坠地。侯生常自谓少时汩没六朝，极力为之乃得拔出，王于一则视六朝如寇仇，二公是以有其文名于世。今吾党渐孤危，得昆仑子，盖幸焉，其与西泠、青湘同驱驰乎？大道乃在斯乎？

予过润州，昆仑以其文来，予因述予之所谓文者，而叙其文如此。

康熙三年九月古夔李长祥木庵撰〔一〕

【校记】

〔一〕《自课堂集》落款仅为“木庵”二字，“康熙三年九月古夔李长祥撰”据《程昆仑先生诗文合集》补。

王士禄序

昔人谓韩退之以文为诗，今观其诗，泱泱也，虽柳之以诗为诗者无以过也；谓苏子瞻以诗为词，今观其词，琅琅也，虽黄与秦之以词为词者无以过也。惟其才大，故无不宜也。

昆仑以文章名海内，乃点笔为诗，诗工；倚声为词，词又工。其《衍愚词》四十余篇俱在，试取而读之，纵复专家独诣能远过乎？是以词求昆仑，雅不足以尽昆仑，亦可以见其才大而无不宜矣。仆更有异焉：古来工文者，退之之前莫尚班、马，班则犹有《明堂》《宝鼎》诸诗，子长不闻也，是工文者不必尽兼诗也；古来工诗者，子瞻之前，莫尚李、杜，李则创为《菩萨蛮》《忆秦娥》诸词，子美不闻也，是工诗者不必尽兼词也，即其莫尚者，且有然矣。

吾闻大江以南之尸祝昆仑也，于其文合某某四家而奉之为大家，于其诗合某某十家而奉之为名家，出其余为词，又为专家独诣之所不能过如此。此岂区区兼人之目足用褒赞欤？若夫挈温较韦，拟柳比周，仅操词家之说以相衡量，抑愈陋矣。仆固略而弗述也。

济南王士禄西樵撰

蒋超序

昆仑程公集成，海内鸿生隽老序之者无数，论意气则有若似园赵君石渠，美兴会则有若西陵孙君宇台，崇问学则有若芑山张君尔公。至于追原水土之深厚，阐扬祖孙创述之闳深，与夫表章风雅，流连遇合，姚江朱君博成实总其粹。其他衔芳送华，涂冻舟漆，异口同声，不可胜述，盖皆出乎至诚，非谬谀也。公宦不列雄要，四方之士至者，无缟纻之欢，而其佩服若此。

昔子云著书，世无识者，惟桓谭、侯芭信其必传。以今观之，犹恨子云不如公征信之速耳。夫文章一道，依世互变，西汉子长去古未远，其气浑厚，其学赡雅，一时号为文字之祖。自此而后，迁延至于六朝，俳俪大作，昌黎振兴其间，挽弱为强，斫雕为朴，子瞻所谓“功不在禹下”也。在宋之初，大儒崛起，以倡明理学为宗，义主恢彻，词主演迤，然而浮泛从蔓动辄盈纸，识者厌之。明兴，凡为学者束首受书，曲肱安谷，即学为八股软熟之体，因而阑入古文词，忽偶忽散，倏古倏今，街谈巷议，无不窜集，揆诸龙门、昌黎，真不啻龙伯之于僬侥，西施之于嫫母也。公自为制举业，即好为崛强瑰异，与西江、松陵诸公颉颃颜行。吾先子与琴张、介生两先生，盖皆自愧为邾莒不能及焉。鼎革以来，公流离放废，奇气郁结，益发之于古文词，粲粲落落，琅琅荡荡，句廉皎洁，刿鉥心肾。甚者珠光玉威，变幻百出，不可捉摸。

噫！西汉不可作，惟昌黎思有以拯之。当时学者如樊宗师、元次山，大中二子，皆称貌似而已，固不能闯其隩隅，陟其门户也。及明，有圭峰先生力追沕古，有方圆曲折之势；继此而后，诚未见有能胜圭峰者也。公为吾郡通守，官事丛脞，大兵永镇以来，拮掘刍茭，日不暇晷，又累摄军正，鞭扶之暇，口瘏手瘁，独能专精学问，有志复古若此，使得如子长、子云优游石渠、金马之间，执油素记异闻，于以润色国家鸿业，岂有量哉？

公仕途益显，其文章将益进。惟予不肖，忝为公班尹，子孙不能学公万一。见公全集，辄晓夜受而读之，兼为诸公殿后，叙之曰：祢韩祖马，儿视樊元孙刘，即之宛然一圭峰而已。此书必传，敢以鄙言为定。

金坛后学蒋超撰

钱谦益序

余生平师友多在三晋，若曹安邑、傅定襄、孙沁水、张阳城数辈，皆以正学伟节表仪朝野，而武乡程司空凤庵，推诸公之声气，以臭味及余。日月递更，宿草弥望，每矫首三晋云山，晨星晓月，耿耿在心目间，为怅然太息者久之。而司空之孙昆仑使君，应玄纁之聘，筮仕京口，清声异政，与其渊才雅思，金春玉应，腾涌于金鳌铁瓮之间。余窃喜司空之有后，可以为善类之劝，而尤惜诸公之箕裘邈然无闻，未知夫天道之果可必者终何如也。

昆仑闻余犹强饭，喜大父辈行尚在人间，尽出其诗文，属余为叙，且谓余有老马识道之智，俾是正其得失，则请循而论之。余读世之作者，户立坛墠，曹分函矢，人和氏而家千里，彬彬乎盛矣。繁声缛彩，骈枝骊叶，以裨贩为该博，以剽拟为侧古，买菜求益，嚼饭餧人，其失也罔；幺弦促节，浮筋怒骨，发音声于蚓窍，穷梦想于鼠穴，神头鬼面，宵吟昼厌，其失也诞。要而言之，雕花不荣于春阳，涔蹄不归于印浦。核其病源，曰无本而已矣。

旋观昆仑之诗文，才气横溢，词源倒流，如喷泉之涌出，如龙气之直上。徐而按之，辞有体要，文有原委，不骋奇于篇什，不求工于字句，如武库之有五兵，如玉府之有六玉，井井乎其行列也，离离乎其相属也，进而扣所有，愈出而愈不穷也。韩子有言："昭晰者无疑，优游者有余。""养其根而竢其实，加其膏而希其光。”有本者如是，其昆仑之谓乎？

吾闻司空少负渊敏，得纯正两夫子之家传，出入天人，上下经史，著书满家，张皇幽眇，屯膏未施，以其学诒子孙。昆仑之学，其发源于乃祖远矣。《诗》不云乎？“有斐君子，如金如锡，如圭如璧”。吾谓君子之光泽，与被于金锡圭璧者犹浅，而浚发于子孙者弥深且长。读昆仑之诗文而瞻企其光芒润泽溢金锡而孚圭璧者，可不知其所自也乎？昔者文中子之教兴于河汾，而叙世家者，授《元经》而歌《伐木》，推本于铜川府君。余叙昆仑之文而趣举其所由来，其亦有河汾之志乎？白头黄发，三世老友，若犹是雕缋之句，吹嘘声名，望尘吹影，与斯世寻行数墨之流，角逐于少年场中，此固非余之所以自处，而亦岂昆仑之所以属余者哉？

虞山钱谦益撰

吴伟业序

吾友新城王贻上为扬州法曹，地殷务剧，宾客日进，早起坐堂皇，目览文书，口决讯报，呼謈之声沸耳，案牍成于手中。已而放衙，召客刻烛赋诗，清言霏霏不绝。坐客见而诧曰：“王公真天才也。”乃贻上盛推程公昆仑不置。程公，镇江通守也，南徐幕府初开，军国异容，主客狎进，程公一儒者，左支右掣，日不暇给，顾以其间为诗、古文、词，与贻上邮筒唱酬于烟江相望之内。尝登焦山，披草搜《瘗鹤铭》遗迹。为冲波撼击，缺蚀不完，别购善本，磨悬崖而刻之。拉贻上同游，相视叫绝，凭高吊古，各赋一章纪其事，江干之人艳称之。

余因以追溯旧游，盖识贻上在十年之前，而昆仑别去已三十余载。贻上年盛志得，一以为赵张，一以为终贾，其材具诚不可揣量。昆仑制举艺盛，为当时东南诸子所推。岁月绵邈，知交零落，若余之仅存者，其衰迟已不足数矣。乃昆仑农力耆事，克振奋于功名之涂，吏治文章偕精强，少年争能而度智。吾闻山右风完气密，人材之挺生者，坚良廉悍，譬之北山之异材，冀野之上驷，严霜零不易其柯，修坂骋不失其步，若程公者真其人乎？噫嘻！抑何其壮也。

在昔江左六朝，京口、广陵为桓、庾、王、谢名家世胄回翔之地。扬州从事、北府参军文采风流，至于今未沫。贻上之先大司马，有勋德于云中；昆仑大王父大司空公，清修直谏，在先朝皆著节老臣。今两家子弟砥砺名行，读书从政，绰有令闻，览斯编者，能无慨然于世德之显翼而家学之弘长乎？昆仑之于文，含咀菁华，讲求体要，雅自命为作者，其从吾郡袁子重其邮书于余也，自以身名畹晚，投老一经，不克酬其所志，视其中若有不舍然者，余则以为士君子处世，当随分自效而已。自古富贵而名多澌灭，唯博闻绩学之士，垂论著以示来祀，虽残膏剩馥，与江山同其永久而又复奚憾焉！因叙其集以归之，并以寓贻上何如也。

康熙四年上巳前五日通家治弟娄东吴伟业拜题〔一〕

【校记】

〔一〕“通家治弟娄东吴伟业拜题”据《程昆仑先生诗文合集》补。

魏裔介书

向者在部之日，辰入申出，循例执簿，未得效执鞭之谊，然闻老年翁才名久矣。今春蒋虎臣公祖以大集见示，每一披阅，则赏心悦目。窃以为古文之废久矣，三代而后，自当以马、班为宗，韩、欧为嫡派。二苏笔舌妙天下而失之泛滥，程朱理学入堂奥而诗文有逊焉，明季一代，濂溪、正学、弇州而外，寥寥也，岂不难哉？大作于流衍之中而絜以法式，于奔放之余而达以精采，然非镂金剪彩之比，其为大家，可传无疑也。方欲寄声相询以千秋文字之秘商，而彭子士报先至，已道台意，续承手教，虚怀殷殷下询。若以仆之著述，足以稍继古人之一二者，仆非敢当。以为诗以抒情，贵得三百篇讽谕之意，故子美可尊也；而并喜香山文以抉理，贵得六经经纬之意，故两汉可师也。而兼取唐宋金粉之香艳、训诂之饾饤，不足以言诗，不足以言文也。

今先寄拙作数种，希指教一二。彭子士报不日南去，此后瑰玮之作、隽永之咏，望不时教示之也。临楮驰切，不尽欲吐。

柏乡魏裔介撰

龚鼎孳叙

南徐北顾之间，山川丽崎，江流湍激，从来文人骚客登临凭眺之所也。每思得荀中郎、王阿大一流人做官此地，与风景相映发，当倍有可观。今果获遇武乡程昆仑。昆仑，大司空孙也，司空先代名臣，昆仑为其佳子弟，少年时蜚声京雒，颉颃上流。其古文辞苍深崛奥，直抉柳柳州、王介甫之神，世人不知，以为似孙樵、刘蜕，非矣。诗歌坚古深朴，上逼浣花翁，绝非斗花俪叶者比；诗余琢字鍊句，周秦辛陆，遂兼其胜。昆仑昆仑，足以豪矣。至其干局英达，意气磊落，凡诸懿迹，笔不能书。即如陈子其年，天下才也，昆仑独于风尘蹭蹬时以国士待之，此岂今人所易得？然则人如昆仑，而岂徒文章之士乎哉？舟次广陵，夜读《昆仑全集》，倚樯题数语寄之。

康熙五年十月合肥龚鼎孳撰

黄文焕序

当此时，士子谈诗文者，大多润不必漱，签不必胪，慨然席踞古右，何地蔑有？诗尤倍文，以字句无几，舌易辞强，腹易辞枵也，年踰穿弁，梓已数帙，昔之老名下嗛嗛然怯于问世以务鈢胥，此风绝矣。

居官则谈诗文太寥，不惟簿书废道，原不暇谈，且不肯谈，平日本领未窥奥突，于是饰词自张曰："吾长于政事，此小技耳，于道非尊。"即能诗文，复不敢谈，恐人视为文章声气，皈依贻累也，宁逃之一丁不识，不欲附于万卷经破。又地有南北之分，北方风气高劲，不坠纤丽，本属诗文之区，空同、于鳞均擅北产，然南方唱和，习所渐染者多，至于以时论之，则宜少宜多又各分焉。前日老名下迄今尚存者，闭门造车，喑不轻吐，间或吐之，闷而不梓，候实宜少。若生在今日，宦在今日，得志逢时，其气壮，其情乐，百无可闷，盖居官与士子俱宜多不宜少矣。

昆仑诗文之名，啧啧万口，余以夏五过京口，新称识荆，示集索弁。爰于众论中为拈定论，不专谀诗文，而穷诗文之所从来，宜多宜佳何在，则请共核之，曰时兼前后也，地兼南北也。方其为诸生时，与陈大士、章大力、罗文止、张公亮、杨子常诸公竖发干霄，涟沦萦水，夙昔精华，尽收诸不律中，低回酝酿，迨今日而始出其瑚琏，则兹时之孚尹，固所再收者，于以生虹，夫何艰哉！岳生属北，纡组则南，此非地兼乎！

昔人谈诗文，谓得江山之助，或有江无山，或有山无江，不能两全；独京口则诸山大江毕备，金焦为江中澄泓突兀，奇尤居胜。公且以其诗文为金山、为焦山，谁与京者？天下之泉多矣，中冷孤称第一，于以供昆仑磨墨醮毫，益助第一之诗文，不其然乎？

晋安黄文焕撰

陆圻序

晋中程昆仑先生，本武乡华胄，以名德博洽为时辈所推。崇祯间，如杨子常、顾麟士、陈大士、罗文止诸君咸推为祭酒，以文章取正焉。寻州郡钦崇道风，屡征山林逸遗，先生皆却之。顺治时，对策大廷，为京口司马，一时称其廉平。

予过润州，读其全集。五古风格，出入建安、黄初，而五七诸近体绝句则兼有李杜之长，或时浸淫于嘉州、龙标之间；至排律及七言歌行，则浑然少陵也。文章原本马、班，融会左、谷，其顿挫处则入韩欧诸大家，而峭劲遒壮，往往有不屑唐宋之意。盖其学博而才高，气坚而骨秀，故能独有千古，俯视流辈，良有以也。山左王贻上先生有才子之望，颇与先生齐名，而推之为今之空同，且云："古文匠心，于周秦及唐宋大家无所不合。"予常服其知言。

钱塘陆圻撰

杜濬序

盖余既序昆仑程先生诗文集，而发明其湛深经术，学有原本，与泛滥词章者不同。昆仑以为知言，因属余泚笔论定其新旧诸藏稿，既卒业，则知之益深，因复为之序曰：

余读《春秋左氏传》，其传列国卿大夫吁谟辞令，盖莫高于晋。再读《国语》，益数其意思深长，非他国可及。彼自从亡五人，以及范文、栾武、韩宣、魏献、羊舌大夫之徒，炳然蔚然，不可尚矣。至汉而有龙门迁，遂为百代文章之冠。晋二孙、南北朝温子升辈姑不论，而三唐人文林立，若王勃、宋之问、温庭筠、司空图，指不胜屈；其最者，诗赋则有王维，文章则有柳宗元，足称千古之绝，何其盛哉！窃怪自宋迄今，虽作者不乏，而求其岿然杰出之士，可以颉颃王、柳者，顾颇不易遘，何欤？即近代所推有王槐野氏，观其习尚，盖亦时作耳，非古人匹也。何以其难若是欤？岂诚天运有时而剥复，地气有时而变迁欤？

乃今昆仑氏崛起上党，奋发为天下雄，其叙事之文，祖述司马迁，不必言矣。吾评其诗，绝类王维，盖不事王之修饰，其质肆往往近杜而有王之灵异；其文绝类柳宗元，盖不事柳之刮削，其怪奇往往近韩而有柳之疏峭。至以其余溢为小词，则又闲雅都丽，有温庭筠之风焉。是皆晋之杰也，响绝于世已千年矣。

昆仑一朝而寻其绪，则吾不第服昆仑之才，而并以贺太行之屼嵂、黄河之混茫，其毓为人文，行将复春秋、汉、唐之旧也，岂不快哉！或曰：昆仑之复古，不惟其文章，即其吏治斌斌，盖亦不减其乡之冯野王、尹翁归、张京兆诸烺烺烛史册者。余尤以为笃论云。

黄冈杜濬撰

朱一是序

余少时言诗者户竟陵也，既而趋济南，二者皆有失。竟陵尚别恶同，羊枣马肝，此单嗜耳，岂可饭乎？济南曰："唐无古诗，自有其古诗。"余曰："明无唐诗，自有其唐诗。"然去唐远矣，其失也，声律通美，性真不抒，庖人司烹，肥腐巨鲜，腻口少味，易牙吐弃之。竟陵若在，亦反唇讥矣。近家颇知明诗之非唐，其于唐也，又好谈初盛，句规字仿，无异于集唐而已，之所以为唐且初盛者安在？

夫诗者，性情之事也，隐乎内外，触乎古人之诗而内诗见焉。譬包阳之镜，就日引燧。燧者，诗也；日者，诗之性情也；镜者，古人之诗也。苟无性情，以古人之诗为诗，是无日而但有镜，即有光明，镜之光明耳，安从取燧以适我用哉？

昆仑程公，文人之宿老也，而兼长诗。以古人之诗引性情之诗，冥然相赴，古体忽颜谢，忽陶韦，近体忽李杜，忽高岑王孟，无诗不合乎古人。要之，皆昆仑之诗，昆仑性情为之耳，岂止剂竟陵、济南之偏，并近家之句规字仿者而变化出之，其为真唐诗也哉！

公，晋之武乡人，三晋分属赵。夫子删《诗》，有《唐风》，无《晋风》，何也？晋之分有《魏风》，无《赵风》，又何也？史言三晋多权变之士，昆仑以诗著闻，岂不补删《诗》者之有憾欤？今昆仑之诗俱在，丽而则，质而多，风人读之，锵锵乎若附金石，非《邶》《鄘》以下可拟，况《唐》《魏》之俭偻，视如何也？

海宁朱一是撰

顾宸序

余与昆仑先生订交最先，读其诗文最久，欲序屡矣。余迟迟未出，盖谓凡物处美恶之间者，必待人言而后定。先生之诗文，辟诸夜光照乘，凡有目者，皆知其为至宝，必呶呶焉噪于其侧，既无从摘其瑕，又安必指其瑜乎？世惟眩于好誉者之云，而天下诗文之真面目尽掩，非诗文之自掩也，誉之者实掩之也。韩欧之后，更无韩欧；李杜之后，更无李杜。今必誉之曰："文，韩欧也；诗，李杜也。"先生何必不韩欧？何必不李杜？然而先生之真面目掩矣。即如夜光照乘，虽栖之以敝簏，袭之以败絮，其连城之价正复不减；若籍之以良锦，韬之以文匮，饰乎其外而夸其美以示人，并其中之所存者，几于不可定，况言心之声也。以先生之心而发为先生之诗文，其光气熊熊然，所云夜光照乘者，皆先生之诗文也。使先生必心韩欧，心李杜，则当先生操觚咿咏之时，心韩欧也，则文韩欧也；心李杜也，则诗李杜也。更何从而发先生之诗与文哉？先儒有云："制于人而不得为者，吾莫如之何；由乎我而人莫之制者，不有得于人，必有得于天。"此所云诗文之真面目也。先生之得于天者，人莫之制，岂韩欧李杜遂足以制先生乎？今先生之诗文具在，虽孤行于世，可也；虽与韩欧李杜并列，可也；虽韩欧李杜从而退避三舍，亦可也。又何必以韩欧李杜概先生之诗文，而使先生受制于人也哉！此余不敢轻序先生意也。虽然，序不足为先生重轻，而序者必托先生以传，李汉、李阳冰之徒，使不见姓名于韩、李之集，将泯没无闻于世久矣，则余又何必不序先生之诗文，而托先生以传也乎？

梁溪顾宸撰

以上录自清钱谦益、陈维崧选编《自课堂集》，山西人民出版社 1986 年据民国二十三年（1934）山西文献委员会铅印本影印，铅印本据清康熙五年（1666）刻本排印。

诗　集

《昆仑草》叙

吾乡大司空程开之先生，立朝四十载，不以寸金遗子孙。吾友昆仑，其冢孙也，生而颖异，少即见知于袁临侯、陈大士两先生。而程子喜著述，数年来躬耕力学，有祖父风。居无何，新朝求旧，乃就征车。予时薄宦吴陵，忽承过访，衙舍萧条，故人相对致足乐也。然程子英雄之气，犹时时见于眉宇。予时赠诗有“高兴倾残酒，玄言当异书”之句，而程子谓稍可与语，即倒其奚囊相饷，琴剑外止诗数卷而已。予虽不工诗，而喜读程子之诗，尤喜与程子论诗，乃程子不肯以猪肝累人，掉头而去。予思其人，辄把其诗以吟，如见程子。予时有三晋国风之选，因即为先梓其诗，要使人人读其诗如见程子，如与程子论诗。夫程子避迹东山，别未数年，而其诗若此。吾闻才人之作，穷而益工，信夫！今圣明崇尚风雅，程子方应运以起，则其才从此日以异，其诗且日陈之明堂清庙中，予虽执是集以论程子，而又不可得已。

似园赵三麒石渠氏撰

宋荔裳观察吴门举子索题四首

玉雪分眉宇，骅骝倍绝尘。理衣能自爱，对客已相亲。是幼儿才有知识光景，要明眼人看出。砚抚金星贵，茶黏赤印春。向来飞动意，当不为蒲轮。观察莱阳人，高栖吴郡，故云。

客梦摇沙岛，箕裘天属情。是旅寓吴门语。无官终易得，继荚可为荣。较“向来飞动意，端不为蒲轮”更明白道出。药自穹窿采，珠从香水生。百年应已定，吾道预提衡。落想极深。

虎儿虽未语，符彩入云流。物态差分醉，乡心易解愁。客中举子，实有此境，妙，妙。膝边添岁色，掌上视吴钩。写得入情。召石何时到，秋光正未柔。又是“客梦摇沙岛”注脚。

新诗应万卷，当任后昆传。宗武终能赋，于陵嗣必贤。思从缥缈下，气与岛门旋。六句总因观察一代诗豪，婉转发挥，且五六切“莱阳”“吴郡”。更妙。待入丹崖去，清江两岸悬。如此结法，余音袅袅。

【评语】极飘逸，极奇变。昔人谓襄阳清远，右丞雅秀，然方之于此，奇气篾如矣。陈其年

寄相国魏石生先生二首

芳兰瞻顾五云居，紫阁丝纶素有余。疏草柏台霜独凛，参苓藤署鉴恒虚。即看今日承明地，犹是当年中秘书。相国由庶常起家，故云。冲主宵衣方励治，赤霄理翰近何如？结语捷。

【评语】相国先由大中丞晋冢宰，从来兼之者鲜矣！非此不足以尽其生平。陈其年

恒山岳气接王畿，帝辅繇来近紫薇。槐水且徐营绿野，人伦方倚重黄扉。禁中尽日携书卷，座上能时见布衣。进贤著书，当今惟有相国耳。问字几年心折此，“此”字承五、六二句，妙甚！平津东阁望终归。

【评语】雅调高音，非大历以后可及。方楼冈

寄大司马龚芝麓先生二首

紫塞黄云芦荻秋，诸蛮应避武乡侯。名归自昔推江夏，道广于今属太丘。尚书舟过维扬，晋谒之士至数千余人。自古得人之盛未有若此者，信非妄语。天下方舆分缓急，人间虎豹肃征求。卓炼。只今百道风烟息，铜鼓宜分宵旰忧。

【评语】片类可废其余，字累足以为玷。先生每下一语，从千锤百炼而出，故特见菁华，宜乎宇内同声推毂也。陈其年

尚书喉舌重朝端，中外真同柱石看。记籍所收征士众，解衣常念故人寒。“名归自昔推江夏，道广于今属太丘”，自人归尚书言。“记籍所收征士众，解衣常念故人寒”，自尚书好客言。功名汉上归羊祜，雅量江南属谢安。退直品题新作遍，自惭萧艾附椒兰。叙事自古。

【评语】清辉濯濯，高、岑绝佳之作。方楼冈

吴伯成明府重筑慧山二泉亭

载取华流上客船，银涛不断草如烟。聊随画毂春山下，新筑红亭夕照边。一唱三叹，使人不复知有对偶，故妙。游屐为寻雷笋出，双林留试雨茶旋。一气注下。谁将韵事能重纪，补辑当年陆羽编。

【评语】句句相生，句句相成，盛唐法则。方楼冈

赠潘雨臣

挐舟久欲过畷城，何日公余信此行。拂水老臣同静便，梅村学士共诗名。如晓闻天籁，清机徐引。赍辞苜蓿阶前奏，春酒笙镛座右倾。着色俱别，只是不与人同。独惜黄侯诸子谢，灵光今只见先生。侯广成、黄蕴生皆畷城名宿。

【评语】轻轻动宕，姿态横生。少陵所云“诗罢地有余，篇终语清省”，正是此等。陈其年

同袁重其游锡山秦园二首

精灵高衍近名泉，载酒登霞系客船。引水入园花坞遍，依僧为圃荔门全。湖云善舞如垂袖，吴鸟能歌类管弦。不待入园而方塘槎蘖，风台翠羽，使人羡恋不已。真属妙手。肯借袁安一高卧，少游词谱共君填。看竹不见主人，故作余想。

【评语】李、王之胜锺、谭，在高整，锺、谭之异李、王，在清新，昆仑兼之矣。方楼冈

薜荔斜侵雨后山，与君蹑屐到其间。此等句与“何日公余信此行”承上转下，妙不可言。清泠一涧分泉液，瘦削群峰亦雾鬟。秀润浑成，宛然如画。节钺中丞无别墅，留仙祖为中丞。藏书太史得名山。既过秦七思黄九，谓黄心甫。袁尹风流莫便还。

【评语】王槐野论诗，必要有照映，有关锁，有顿挫，有开合，先生之诗，既能高蹈，又复流转，于此有专美矣。陈其年

同重其鲁公然明右尊宴毛东令丹六宅观菊

野岸青山郭，虚舟到隐沦。菊枝犹袅袅，时属秋尽，用“犹”字妙。公子自循循。丹六少年，东令之子。秋尽鱼梁浅，官闲杖屦亲。因秋尽水落，故鱼梁浅；因鱼梁既浅，故舍舟步履，与杜“幸有舟楫迟，得尽所历妙”同一襟期。晚来供玉馔，莫限酒杯频。

【评语】访观晚菊，全在此处着眼，自觉陡耸。名手之异于是蹊者以此。陈其年

毛东令丹六邀同重其电发右尊鲁公杓石然明游大石山日暮无僧思诣灵岩不果

归云何太晚，僧去不知家。大石幽僻，至无一僧，只有石花肃客耳。嵌石危方定，大石高数十丈，插天倒垂而下，其中可容百许人，险侧可畏，其境最奇。飘枫骤不哗。神幢无佛火，荒极。天界有龙蛇。石巅有池，龙常畜于此。想像琴台胜，栖林应未差。日暮无僧投止，故思灵岩胜地，应未差耳。

【评语】名人为诗，即境布语，自然高旷。若于鳞、明卿，十篇而外不耐多读，正以着意在字句耳。陈其年

金孝章为其子亦陶写《运甓图》索题

我慕金阊里，埋名有亦陶。艰难无众力，矫激任吾曹。运甓心事，揣摩周到，虽使亦陶自言，未必及此。肉食金闺远，躬耕谷口劳。分阴应自惜，不必问山涛。切实语，不浮。

【评语】荣芬出群，居然天宝之音。方楼冈

扫　叶

霜叶肯辞地，飘零奈若何。奇极，险极。离披林屋尽，摇落洞庭波。初晰微微出，寒阴故故多。叠字最怕俗，又怕牵强，如此独擅其妙。汝曹观节序，莫自恨蹉跎。作扫叶诗似对人谈道理，奇绝。

【评语】奇峭绝伦。咏物如此，季迪梅花，孟载芳草，卑卑不及格矣！陈其年

赠李肤公

悬舆晏息历艰辛，流涕时看谏草新。行砥必无惭柱史，数奇终自属遗民。韵高调雅，却不见惨淡经营之色。春申涧道游踪密，绮季山根筑凿频。谁谓商瞿兰梦晚，丈夫五子更嶙峋。可谓有是父有是子。

【评语】三句从次句生出，五六句又从第四句生出。全诗总是首句“历艰辛”，法力甚细。方楼冈

赠陈伯峻游击

楼船走舸谷阳屯，移戍桓桓诵虎臣。千里吴山云逐旆，半生葛坞剑随身。芙蓉秋月鸡豚静，杨柳东风壁垒新。华秀雄丽。江上支离沙作岸，支离，陈名。不知受服是何人。

【评语】雅炼之甚，高响振青云。方楼冈

赠吴冉渠郡丞 二首

大冠威重鬓眉苍，治在延陵属故乡。巧合。游迹人徐留宝剑，来归自粤献《长杨》。古书多载金阊里，冉渠赠书十二橱，拟以来岁倍之，其好学如此。夜雨常同朱雀航。丹箓可能分示我，闻将采术到良常。

【评语】寓矫捷于冲雅，所谓“濯足万里流”也。陈其年

虬檐白袷续长编，军署新开海岳边。清老。鼙鼓应销蝨蜮众，鵁鶄近断荻芦烟。青摇酒荦关门柳，红见词人幕府莲。气最闲适，非幽细人无此矩度。不献九如歌十赉，横吹画角放楼船。

【评语】读之兴致翩翩，觉宽然有余地，岂若今人局促垂头盘跚蹩躠以自域哉！陈其年

奉呈按察佟韩一先生

帝庭扬涣号，虚馆捧瑶京。嵩岳元精异，骅骝乡曲英。蝉冠峨剑佩，豸服驻双旌。耿邓官勋大，刘卢地望清。国章因祖德，公族继家声。乌府祥麟集，圜扉茂草生。趋庭颁锦韡，浥露赐金茎。政已标三异，鸾今伫一鸣。匡时劳陟屺，拔俗借持衡。历叙其世业、政治之美。铃阁衣从彩，珠栊萱更明。八龙荀氏美，七贵汉时荣。迹并丘园秀，筵麈纡组迎。御杯调宝瑟，促桂听银筝。历叙其家伦、宴会之盛。夜猎长杨火，天空细柳营。皂雕双箭下，突骑角弓横。鹰眼高秋疾，黄沙锋候平。回鞍千嶂碧，飞盖数峰晴。历叙其射猎之能。野出青泥饭，餐分黑鬟羹。常倾三雅爵，每荐五侯鲭。豁达仍霄汉，恭勤信藿诚。下僚矜畹晚，幕府际峥嵘。历叙其待下款洽之诚。愿保东华气，皇涂揭令名。此乃所以达报之意。

【评语】五排之妙，杜、白称雄。使二君操翰，亦岂能复过于此？方楼冈

留别钱日庵太守二首

使君简迪自王廷，署有黄芝五种馨。已见射潮成浙岸，更闻鼓瑟咏湘灵。精确语，不易。悬车共饮中冷水，触石同翻《瘗鹤铭》。北府军储关气象，专城今赖有平亭。气隐又苍厚。

【评语】使事圆妙如此，诗家化境。方楼冈

高盖朱幡旧有名，敢因钱起共诗盟。芙蓉日落江逾静，丁卯桥空水自清。确妙。至此讽咏无尽。谓我爱题《鹦鹉赋》，逢人尽拟济南生。谁言官树轻离别，驯鹤临歧有别声。使人可感。

【评语】一段不忍轻别之意，似骊歌在路，执手流涕，交情之密、共事之雅虽未说出，俱透露矣！此与“北府军储”二句结法又自不同。陈其年

留别王玉叔司李二首

世难淳风独有君，花光竹实并江濆。自是盛唐，非中晚语。三时最沐天台雨，千里曾携雁宕云。止水闲庭同落木，想见其人。白头芳翰接皇坟。惭予将赋歌骊曲，旅服拟将酒半醺。

【评语】闲闲叙次，不盛谈功名政事，何有俗气得上其笔端？陈其年

名郡风流古士师，临歧慷慨赋将离。冰心只合裴宽共，野竹何妨袁灿窥。不难于典切，难于韵致。丹室未归藏旧屐，石梁入梦有新辞。因君拂拭梳翎羽，先生量迁皖城。敢学公仪拔露葵。

【评语】典雅新丽，太白佳句如此。陈其年

留别吴冉渠郡丞

深秋九月大江濆，诏许涪翁入境闻。公量迁同安郡丞，抚军题疏，诏许赴任。揽辔共成回雪赋，经时同检《碧鸡》文。一时文雅之盛，真为难得。山斋墙外过青玉，郡阁窗前候白云。公与冉渠联署，语见确妙。此去龙眠山下望，不堪回首惜离群。

【评语】清逸俊发，不假雕饰。此情至笔随而天然凑泊者也，今人虽藻缋满眼，其于秋水芙蓉相去远矣！陈其年

赠同安赵太守

使节驱车张镇州，褰帷争羡五骅骝。气概好。起家辽海称经术，物色天阶冠列侯。阳泽春台青口畔，月明犬吠小孤秋。境与事协，故佳。悬知佐郡非能事，扬历空随庾亮楼。

【评语】如离朱、墨翟，动有轨则。陈其年

少室行赠赵献吾太翁九十

少室山人面如雪，铅笔光流身潋洌。硬悍见笔力。九十犹堪授壁书，子孙衮衮为时杰。阿丘不用逍遥杖，老溪惟闻广长舌。东村清酣美且贱，一饮百斗心始悦。饮如长鲸，益见豪态。泛滥城市同鼓刀，旋憩云亭能唤铁。徐州秃尾此地无，露鸡秬枚随炰鳖。字字真切而不矫使之笔行之，故不可及。不愿结绶金马门，但喜寻幽探禹穴。安期食枣大于瓜，屈强得饱乃奇绝。结法亦奇绝。

【评语】少陵《石壕》《潼关》诸作，皆是真切见妙。此诗笔刀雄使，可敌万夫。而献吾一生行径，纤毫毕出，所以为奇。陈其年

遥寄吴人千明府

衔策单车出建章，少年才思美青扬。山东词赋同金剪，勾漏丹砂结翠房。近水始知天汉广，离家益觉夏阴长。先生为同江司马，吴公即令武乡，属其梓里。再三讽读，益觉其用意之精当。十年宦迹同黄干，李熹何曾望故乡。七律结句如是雄捷者绝少。

【评语】此诗当分二段看，上四句美明府，下四句乃自叙也。然五六承上起下，事虽自叙而意属明府，回环合抱，固称双绝。陈其年

赠孔履文

分林结宇瞰江州，玉帐常从拥上游。弥节自能增气色，履文在抚军幕下，妙！妙！银筝犹自说风流。陈琳奏记工无敌，奉礼琴樽烂不收。属对之正，用事之妙，当无有两。不见鲸鲵千里静，垂鞭欲控听鸣驺。

【评语】流丽捷老，典则宏深，可谓兼到。方楼冈

赠西毓

拂衣投老一丘亭，抱膝时闻夜雨铃。户外松阴常不改，苑中仙粒有余馨。西毓静摄，二十年不入城市。闲寻郁莒克鱼税，会注金沙当《水经》。几度百花洲上望，始知身世重黄宁。句硬有力。

【评语】通首雄厚，无一懈句懈字。惟梅村先生乃可与先生比美耳。陈其年

寄赠梁溪吴伯成明府

青溪一点倍孤妍，华省双凫望若迁。春雨到门寒仄仄，兰皋借客月娟娟。好客之诚，隐然言外。葛洪炼药随丹井，吴质论文散紫烟。右丞善作富丽语，无此秀色。遥忆九龙岗下路，对言应费买钱山。秦学士对岩新辟名园在山麓。

【评语】诗未有不清而可以言稳、不工而可以言老者。名人之作在于气骨之间，岂得以貌求之哉？陈其年

吴司成梅村

南阁军谘盛有名，楞伽山上数峰晴。不知雪案诗盈尺，尽逐春风一夜生。司成有近刻。

【评语】太白绝句之佳，只在疏豁见大意，看此是何等轩爽。陈其年

宋观察荔裳

消夏湾前渐落晖，青城脍鲤未言归。何时对酌穹窿下，青翰舟中白板扉。观察寓吴门，移舟饯别。

【评语】落句不说尽，更有致。陈其年

计孝廉甫草

水国芙蕖十里风，还家应在伏阴中。三年到处逢人问，不及随翔踏雪鸿。南徐别甫草数年矣。

【评语】此诗转合妙在末句，与元微之《刘阮天台诗》同一机轴。陈其年

宋孝廉既庭

投板归来喜负书，新诗应是过黄初。松陵带得桃花纸，劲弩藏筋恨不如。电发携元人手卷，有既庭跋。

【评语】电发携元人手卷墨迹最多，且各占一沠。而既庭书法谨密，故并及之。陈其年

顾征君茂伦

笠泽风寒作雨声，麻衣履影闭柴荆。吴江最鲈有鱼贱，不忍行春绝送迎。征君闭门著书，时惠予鲈鱼。

【评语】即事敷咏而高致自见。陈其年

金处士孝章

踏葛攀林兴不穷，阵云滥滥石梁空。酒船市肉分皮截，最爱金家沙洛红。同游石湖大井市，金酒最著。

【评语】随意点缀，自有挥斥入极之态。陈其年

袁处士重其

垂老风霜无别丁，海东曾子雪千茎。任他贫贱长如此，不敢簪蒿怨目耕。重其以孝称。

【评语】奇险之句为绝，独有工部。方楼冈

送徐电发归

东去垂杨未挂丝，客心弥旷转凄其。河桥怪底人如市，只有春风与别离。电发自予署归里。

【评语】三四句用意极深折，反覆读之乃见。陈其年

姜茂才西铭

雄笔论文近入吴，灵篇籍记玉盘珠。画眉深浅随时问，应在人间甓社湖。西铭，甬东人，寓平江。

【评语】流丽捷老，典则宏深。陈其年

家文学杓石

征诗独属艳情篇，稚齿蛾眉四十弦。宝马千金应不惜，何缘华屋望神仙。杓石刻《闲情集》。

【评语】十诗高采宏亮，继武龙标，如玄圃积琼，岑山贯玉，钱、刘、皮、陆皆不敢望，况其他乎！方楼冈

送王孟迁之任滇中兼许文石不至

熊幡一去彩云西，玉案通幽近碧鸡。棠下垂阴烟漠漠，舟前过目草萋萋。用事入化，如水中之盐。南皮行盖谁相讯，逆旅分襟不敢啼。“不敢啼”乃深于啼。始信丈夫非是无泪。莫道平泉余怪石，牙樯犹恐不曾携。

【评语】意在笔先，点染皆妙，故无添砌之病。陈其年

答王翰孺

妍山黛色昔同看，陌上秦青歌未残。一自归桡临仞壑，翻令飞盖各风湍。行云流水，却有生秀之致。怀人火燧逢时变，时虽变而意不变，寄怀良厚。卧阁芙蓉出水寒。家在金堤深处住，篁门微尚挂鱼竿。

【评语】格律隐捷，李颀、常建得意之作。陈其年

薛式九给谏贻扇索题

扬言待诏接箴夔，画省春风意不移。置笏玉阶仙仗迥，陪趋金陛漏声迟。体格庄严。文章晚节飞腾入，献纳东亭高义垂。俊色又有味。补衮几年深雨露，许身数问夜何其。

【评语】典切流丽，与唐人早朝诗位置无二。陈其年

呈杜兵备道三十韵

青震扶舆首，中朝属望宜。乾坤资太始，日月近高枝。国转金城壮，秦台海甸奇。百花滋泽圃，千乘托名陲。邹鲁推玄轨，锺裴秉令姿。协龄成相业，并李得仙诗。世业青编旧，冰心茎露垂。开天拟凤戢，惊代佐龙

基。皇眷依丹地，人情仰素丝。历叙政迹，因其位与地而言之，而转掣甚易。良图必进御，谠论每宣墀。山立无留草，冠危有谏词。鸾栖宫禁竹，鹗落下方池。当用埋轮术，还资拥传驰。转掣具不着力。隼来风自直，鹏激力堪追。溧水皆藩服，留云若置棋。兼辖江、镇二府，故云。南行识练马，东去定蛟螭。武帐谋中野，戎行择捷儿。简孚申画在，防利宠绥期。转调更工。振鹭将书伐，酬庸合篆碑。最言已十上，专敕幸重贻。羽翼归茹蘖，公侯信刈葵。月卿移斗位，星使上台司。画角三军集，旌旃一鸟窥。“一鸟窥”正见其军客之肃。潘仁思作赋，衮职莫辞规。能以幽堂静，常教缘字披。排中妙境。澄江深浩浩，狠石白差差。又因江、镇发议，而奇情宕致，更自出群。驾驭多才子，征歌俯翠眉。榷关蛮客富，量地稻田治。不战非忘肃，全身固可师。史臣凭玉管，帝念及彤帷。

【评语】色泽之美，转掣之奇，其言亦长，纵横益妙。此工部所以独绝于千古也。陈其年

避地土河杂诗十首〔一〕

避地因岚曲〔二〕，穷栖易琢磨。是穷苦人本领。老峰当雨变，细草受泥多。众峰迷离，山雨急流之状，非久在山居人不知。未上韩康驾，宁辞宁戚歌。“宁”字是实用，非商量语。浮生甘药饵，山中受用。履道近如何。

【评语】辞清气老，得其一语即可以传。杜于皇

茅屋依谁立，中心浩不平。二语作叹，下六句皆其所叹事也。投镰方问姓，卖药尚求名。极没要紧事，叙出愦懑。秘诀留丹穴，生涯付耦耕。翻从高士往，身似白鸥轻。即“残生随白鸥”之意。

【评语】清响历历，包含无尽。黄心甫

终年期入道，懒病更相因〔三〕。“懒”是“入道”处，要知。书暗从鱼蚀〔四〕，形臞与鹤亲〔五〕。登山无蜡屐〔六〕，历洞有秋尘。写山中荒寂情绪，有渐近自然之

意。为卜匡庐曲〔七〕，安禅信隐沦〔八〕。

【评语】有道之言，自尔知缓〔九〕。陈伯玑

既和平，复新警。程千一

独往边阴静〔一〇〕，花时雪未消。江河依山〔一一〕，气候寒凉。虽盛夏，入山早晚着絮，故花时雪尚未消。柳眉将学翠，春燕欲闻娇。虽是写境，亦言气候。削管飞蓬牒，披衣认药苗。荒林拟卒岁〔一二〕，不敢问宽饶〔一三〕。

【评语】天然卓炼，五言律所难。王贻上

久客逢僧话，乡心一倍灰。僧一笠，少年能诗。雁堂皆破堵〔一四〕，马迹渐新苔。语宪苍凉。飞嵝崇丘立〔一五〕，绵冈宿墓来〔一六〕。"来""立"皆状其形势，其妙在此。愁闻钟磬响〔一七〕，风雨日西颓〔一八〕。难堪处在日色西颓。

【评语】诗须观其气格，若气格不高古，虽有佳句亦不入格。看昆仑诗，当于气格高古处辨之。钱牧斋

选溢悬崖露〔一九〕，人家置屋牢。村人居山腰土室，身如猿鸟，皆屡世不易其处。断断闻捽斗，日日见呼号。风土诗，写来如在眼前，便佳。索带尝粗饭，藜床共浊醪〔二〇〕。岭云无意绪〔二一〕，世间无心者莫过于云，反着"无意绪"三字，翻案甚奇。秋叶下南皋〔二二〕。

【评语】诸律格趣似老杜《秦州杂诗》。三四一联正如"家家养乌鬼，顿顿食黄鱼"，此何关于诗情？写出自有气味。诗不必太凿，而传者此类是也。若但习为吴语细咳，即白矜妩媚〔二三〕，不知其通体皆俗矣！作律诗者，属对、颜色、姓名处着尽功夫，巧施丹粉，乍见亦觉可喜，久之略无远神，此各家通病，即中晚所以不及初盛者正复如是，古朴一派不得不让西北诸公出人头地，温、邢之才固可与徐陵、江总同日语耳。陈伯玑

智井从无水，岑流总易干〔二四〕。地名土河，其实无水，居人率于十里外担负井汲，惟暴雨后始接池流，故叹其易干。种瓜山地冷，蓄菜豆苗酸。谋生之事，琐悉尽致。骨肉他乡远，提衡异路难〔二五〕。计疏归不得〔二六〕，苦境。终日腐儒餐。

【评语】寻常点景，淳朴。黄心甫

闲日消书砚，低头着鹖冠〔二七〕。客来深鸟怪，与"荒村惟见鸟"〔二八〕，"山鸟

怪人来”各有其妙。窗卷借天看。一“借”字妙甚，空景布奇。近读孙登赞，遥牧李白竿。全不着意，固自有致。自伤衰谢后〔二九〕，诗思入高寒〔三〇〕。

【评语】落拓可喜。黄心甫

荒寂有致。陈伯玑

雨夜兼风夜，他乡忆武乡〔三一〕。叠句奇，“武乡”二字更押得确妙。空阶如倒井，独树更摇霜。二句申说首句。归梦寒灯乍，一“乍”字合之梦境灯境，归梦境、寒灯境，幽凄变幻，令人堕泪。奇绝，险绝！此等句意古人所无。愁心别路长。二句申说次句〔三二〕。萧条临断壁〔三三〕，枕簟失堤防〔三四〕。

【评语】径生想异，一字不同世吻，是此道开辟手。黄心甫

不徒压倒竟陵，亦复摧颓历下。何雍南

不信青山路〔三五〕，苏门已五年。风霾随日变，扇雾几时迁。五载难堪过活。谷暗桃花瘦，山深鸡犬贤。上二句历叙荒凉之状，于此忽叹桃花、鸡犬之清贤。语似错乱，正寓意乱离之际，惟贤者而才能安此也，视祖咏“暗涧泉声小，荒冈树影闲”更进一步。东陵仍病肺〔三六〕，高枕琐窗眠〔三七〕。

【评语】自慰自嘲，许多无聊坎轲在内，先生诗每每侧看倍出，索解人岂易得耶？黄心甫〔三八〕

十首不即不离，参差错落，曲尽远近浓淡之妙。杜于皇

诸诗高古深厚，自是子美敌手，他家非不流丽，气味自别，正如小山清池难与黄河泰岱之观耳。钱牧斋

【校记】

〔一〕《昆仑草》此诗题为《避地土河杂诗八首》，“避地”“茅屋”二首无。乾隆五十五年版《武乡县志》题为《土河杂诗十首》。

〔二〕避　乾隆五十五年版《武乡县志》作“择”。

〔三〕因　《昆仑草》作“亲”。

〔四〕书暗从鱼蚀　《昆仑草》作“书里藏龟壳”。

〔五〕形臞与鹤亲　《昆仑草》作“床头濯锦鳞”。

臞　《昆仑诗选》、乾隆五十五年版《武乡县志》作“癯”。

〔六〕蜡　《昆仑草》作“木”。

屐　《昆仑诗文合集》作“履”。

〔七〕为卜匡庐曲　《昆仑草》作“寂寞从他惯”。

〔八〕安禅信隐沦　《昆仑草》作“悠悠陇亩民”。

〔九〕知　《昆仑诗文合集》《昆仑诗选》作“和”。

〔一〇〕独往边阴静　《昆仑草》作“正好寻诗料”。

〔一一〕江　《昆仑诗文合集》《昆仑诗选》作“土”。

〔一二〕荒林拟卒岁　《昆仑草》作“诸生罢绛帐”。

〔一三〕不敢问宽饶　《昆仑草》作“此地更寥寥”。

〔一四〕皆　《昆仑草》作“都”。

〔一五〕飞崿崇丘立　《昆仑草》作“茶是松枝煮”。

〔一六〕绵冈宿墓来　《昆仑草》作“桑从地畔栽”。

〔一七〕愁闻钟磬响　《昆仑草》作“惠休诗思熟”。

〔一八〕风雨日西颓　《昆仑草》作“见惯肯重来”。

〔一九〕溢　《昆仑诗文合集》《昆仑诗选》、乾隆五十五年版《武乡县志》作“隘”。

〔二〇〕共　《昆仑草》作“对”。

〔二一〕岭云无意绪　《昆仑草》作“飘蓬谁似我”。

〔二二〕秋叶下南皋　《昆仑草》作“惟有颂《离骚》”。

〔二三〕白　《昆仑诗文合集》《昆仑诗选》作“自”。

〔二四〕岑流总易干　《昆仑草》作“池流可壮观”。

〔二五〕提衡　《昆仑草》作“亲朋”。

〔二六〕计疏归不得　《昆仑草》作“低眉元自赧”。

〔二七〕低头　《昆仑草》作“伸眉”。

〔二八〕荒　《昆仑诗选》作“空”。

〔二九〕自伤衰谢后　《昆仑草》作“诗肠喧不静”。

〔三〇〕诗思入高寒　《昆仑草》作“强半畏离酸”。

〔三一〕忆武乡　《昆仑草》作“定客乡”。

〔三二〕二句　《昆仑诗选》作“二语”。

〔三三〕萧条临断壁　《昆仑草》作“不堪愁思苦”。

〔三四〕枕簟失堤防　《昆仑草》作“谁复捣衣裳”。

〔三五〕青山路　《昆仑草》作“龄犹少”。

〔三六〕仍病肺　《昆仑草》作“多处士”。

〔三七〕高枕琐窗眠　《昆仑草》作“还肯数周旋”。

〔三八〕黄心甫　《昆仑诗选》作“陈其年”。

雨中陪刘孔著给谏登金山同诸僚友

春雨还无赖，萧萧江际风。人当逢大雅，山莫在晴空。同雅人看雨景，自是胜事，然可与解者言。烟色仍花上，龙腥忽雾中。有此二句方见“山莫在晴空”之妙。提纲勿过急，相戒小奚童。又因“龙腥”句，“相戒”思议妙绝。

【评语】流动新粲，中含元气，全是盛唐。黄心甫

挽丹徒萧令亡姬

旅病医难愈，孤魂栖易惊。姬以母子隔绝郁死，乃知二语确当。峡云应是梦，妆镜复谁擎？情绪可伤。忍泪看儿女，逢人托死生。儿女勿失慈母，逢人托向，惨不忍读。灵辆从此去，肠断一枝琼。

【评语】句纯是血，不见有字。黄心甫〔一〕

一字一泪，只是体贴到极处。杜于皇

【校记】

〔一〕黄心甫　《昆仑诗选》作“陈其年”。

魏太康祠 公字于埜令太康李自成破城殉难〔一〕

国破身随尽，身亡义不亡。为死者吐气。但存天地在〔二〕，终是卞嵇长〔三〕。丘垄扶溪过，风烟到壁傍。风景悲切。谁知宓子贱，致此剑刀伤。

【评语】议论正大，更添惨切〔四〕。林茂之

【校记】

〔一〕《昆仑草》此诗题为《太康令魏于埜舅忠烈祠》。乾隆五十五年版《武乡县志》此诗题为《魏太康祠公讳令望字于埜为太康令李自成破城殉难》。

〔二〕存　《昆仑草》作“留”。
〔三〕卞嵇　《昆仑草》作“许雷”。
〔四〕更　《昆仑诗选》作“便”。

长平八子诗

陈壶岚[一]

壶岚旷周旋，十春谋一面。纲户倾陈醁，扫径通群彦。写书得良朋倾家酤[二]，情事如见。山色栖城头，长河净如练。即“山色”二句，想见壶岚胸中丘壑波澜，独妙。丘壑满胸中，浮华岂能眩。

【评语】不肆雕饰，老笔纬以真气，自司推倒词人[三]，大似太白放达之旨。陈伯玑

姬相周[四]

姬公方下士，返驾更延宾。登大倚积墨[五]，衣敝不重陈。古人风致。春城羁旅客[六]，迟暮但经旬[七]。二子远来谒，翛然同避秦。但说客居见子，而主人款客之情见于言外，意味深长，余波不竭。

【评语】行径不衫不履，堪为姬生衍作小传。陈其年

申葵衷[八]

申子寒毡破，粗縻逼画屏[九]。“逼”字说孤穷人，可怜。迎宾无杂座[一〇]，赁屋半疏棂。始交若有契，坐久更忘形。独谓吾诗老[一一]，终当托汗青。

【评语】格高气老。杜于皇

武君十[一二]

君十爱栖迟，衔觞事林壑。俯视尘土腥[一三]，亡簪茹藜藿。此中大有作用

在。关我匪繇天，板缠聊见薄。处穷人见识，要拿得定。剩有素心人，同期驭鸾鹤。

【评语】“关我匪繇天，板缠聊见薄”，此君十之高致，与俗流不同处。若世间无品人，处世涉物一无主张，则视乡愿何异？王贻上

陈吾青〔一四〕

吾青既藏辉，裘敝舍亦秃〔一五〕。独念王子房，经天注东哭。险极。当时英雄人，潜闼何太速。不如饮美酒，逸光向幽独。原是咨叹吾青，忽说道吾青哭子房上，却又将子房死亡一段极致悲悼，正是笔力之奇幻处。

【评语】逼似太白。陈伯玑

庞鸠六〔一六〕

鸠六屣履迎，投辖苦不早。下榻虽未成，所感在怀抱。凡交情之相洽，皆以意不以文，类如是。竹箨时写书，开樽验文章〔一七〕。想契已忘言〔一八〕，鸿名永为宝。

【评语】拈出一事，不必尽其人而可以尽其人。笔下历历落落，摇曳自喜。黄心甫

石泰华〔十九〕

泰华恩感人，豁达吐怀素。累觞求一醉，情神与之赴。取友在神情上，便非泛交矣！顾见日将昳，风尘漭回互。当恐促欢节，“恐”字正从“累”字来。酒向西光妒。反云酒妒西光，落想甚深。

【评语】说得磊磊落落，公荣、伯伦如在目前。陈伯玑

武二酉〔二〇〕

二酉富诗书，搴芳眇流辈。蜗舍取厨烟，随阶有余态。二酉好服食，有秘室，故历叙其位置。共友检农皇，晒药松阴背〔二一〕。卜筑本无尘，丹砂有时配。“有时配”则今尚未配，可知；意在言外，可想。

【评语】闲情冷致，着意渲染，特觉神采烨烨。黄心甫

《八子诗》较延之《五君咏》，此稍变其音节，转入唐调，尤喜其不陈。孙豹人

【校记】

〔一〕《昆仑草》此诗题为《陈壶岚孝廉》。
〔二〕书　《昆仑诗文合集》《昆仑诗选》作“出”。
〔三〕司　《昆仑诗文合集》《昆仑诗选》作“可”。
〔四〕《昆仑草》此诗题为《姬相周孝廉》。
〔五〕大　《昆仑草》《昆仑诗文合集》《昆仑诗选》作“山”。
〔六〕春城羁旅客　《昆仑草》作“一住却经旬”。
〔七〕迟暮但经旬　《昆仑草》作“有客颇好留”。
〔八〕《昆仑草》此诗题为《申癸衷孝廉》。
〔九〕粗鏖逼画屏　《昆仑草》作“秋容上画屏”。
〔一〇〕杂　《昆仑草》作“难”。
〔一一〕谓　《昆仑草》作“为”。
〔一二〕《昆仑草》此诗题为《武君十茂才》。
〔一三〕俯视　《昆仑草》作“摆落”。
〔一四〕《昆仑草》此诗题为《陈吾青茂才》。
〔一五〕舍　《昆仑草》作“舌”。
〔一六〕《昆仑草》此诗题为《庞鸠六进士》。
〔一七〕章　《昆仑草》《昆仑诗文合集》《昆仑诗选》作“草”。
〔一八〕想　《昆仑草》《昆仑诗选》作“相”。
〔一九〕《昆仑草》此诗题为《石泰华孝廉》。
〔二〇〕《昆仑草》此诗题为《武二酉茂才》。
〔二一〕松　《昆仑草》作“冬”。

吴铜川像

我爱铜川子，露顶存而真。被服压机巧〔一〕，风俗使其淳。回首双短袖，意气触星辰。激昂虽不偶，千里寻殊邻。两足颇结束，奉事山水津。露顶、被服、短袖、结束，皆就铜川衣褶上想象其生平行径，极琐细，极的确，一字移易不得。

自益清露苦，苟为奴隶嗔。昨从吴越来，新诗向我陈。高篇读未已，摇艳炮苍旻。句奇。不穷天下目，胸怀何繇中。一转，兔起鹘落，从天而降。兹意傥可传，欣欣常偕人[二]。落句天然奇绝，当有神助。

【评语】篇中奇横处定有一番刻画，一番体贴，津津道出，绝非纸上浮言可以袭取，大率惟太白可语此，余子固不足论也。黄心甫[三]

【校记】

〔一〕压　《昆仑诗选》作“厌”。

〔二〕偕　《昆仑诗文合集》《昆仑诗选》作“借”。

〔三〕黄心甫　《昆仑诗选》作“陈其年”。

对策太和殿

上国材贤浩纵横，人才济济，全从“浩纵横”三字看出。琢磨词气类华星。彩容好[一]。西山爽气朝来见，魏阙青途得后轻。未得之时，多少艰难，既得则见轻矣！笔涌万言风雨迅，人看一日羽毛成。雄健[二]。炉烟细处垂天仗，静听公卿曳履声。

【评语】何等雄浑，却无冠盖肤韗之气。黄心甫

【校记】

〔一〕彩　《昆仑诗选》作“形”。

〔二〕健　《昆仑诗选》作“倢”。

引见乾清门

多士逢秋志易开，百年鹓鹭此追陪。香山积翠新丰外，石鼓睛光御苑回。庄丽，然气自苍。紫禁金铺承辇至，朱门燎火动天来。引见语须如此庄严。临轩圣主垂清问，咫尺长杨献赋才。

【评语】点景易，实讲难。五六正佳，但知赏次联者，浅之乎言诗矣。黄心甫

赠西河万佥事二首〔一〕

王师轻翼剪浮娥〔二〕，宪节承恩丽日多。汾水远从天上静，见得王师所向无前，专言汾水安静之意。平丘昨向梦中过。都从安静得来。龙章曳藻飞殊宠，春令乘阳起太和。虽是酬庸，亦非太平盛事。按部鸣骢还问俗，西山寇盗近消磨。

【评语】是王师甫定后庆幸之词，勿作溢美语看过。钱牧斋

皋使单车执法年，森然玉尺镜中悬。澄清喜见西河郡，提挟还兼六府权。属对法老。万户风烟亲有色〔三〕，千山桃李尽皆贤。又从万公身上看出民安土美，太平景象。居王锁钥雄方镇〔四〕，象纬恒占四辅前。

【评语】语庄而不板，色采而不浮，所以可贵。杜于皇

【校记】

〔一〕《昆仑草》此诗题为《寄西河万佥宪二首》。

〔二〕轻翼　《昆仑草》作“倏忽”。

〔三〕亲　《昆仑草》作“新”。

〔四〕居　《昆仑草》《昆仑诗文合集》作“君”。

五叔庐墓南岭

鸤鸠事业等飞灰〔一〕，天上星精去不回。凭吊独深。孝子显名曾扰免，棘人多病畏登台。孝子心事，游观独废。三年哭泣无干土，五色文章出异才。若是无才人行孝，独不足以显扬祖德。惆怅司空艰守卫，尘昏常到北邙来。

【评语】从先德着手，起结便高出一世。潘江如

哀慕中精神结聚，不失气象，自尔悚动得人。杜于皇

【校记】

〔一〕鸤　《昆仑诗选》作“鸣”。

赠枣强张明府[一]

南方重会旷周旋，历落风尘古道全。江上画船非旧日，楚中萧鼓忆当年。今昔之感，盛衰不同。归心又值双凫近，客况何愁匹马还[二]。傲骨自在，所以可贵。无那广川花侵县[三]，红亭绿酒尽沽钱。

【评语】着意处出之轻捷[四]，乃见大家。黄心甫

确似高达夫七言律，非属泛拟。杜于皇

【校记】

〔一〕《昆仑草》此诗题为《代赠枣强张明府》。

〔二〕匹　《昆仑草》作“五”。

〔三〕无那广川花侵县　《昆仑草》作“不谓雷封堪乘兴”。

〔四〕之　《昆仑诗选》作“入”。

金山寺

寂寂澄江浅复深，帝乡遥动白云心。神仙有术能浮玉，老衲无言识藏金。语自不浮。潮过蓬壶通夜息，风分吴楚散秋阴。能使一篇警策，金山之灵奇亦吐露无余[一]。峨然怪石凭虚峙，南北帆樯自古今。

【评语】大雅之音，辞旨妥确。陈伯玑

整丽仍带流动，一字移他处不得。张祐中二联佳矣，而非完璧。况孙鲂“天多剩得月”句，敢与先生颉颃耶！黄心甫

【校记】

〔一〕亦　《昆仑诗选》无此字。

焦 山

一山浮翠落城隈，清磬声闻两岸开。妙处在一“开”字，使人可思。树梢人家经雨出，海门鱼浪逐风来。指次如画。云公讲法还留石，焦子辞金不起台。极目江天千古思，尘劳惭说佩刀才。

【评语】先生本幽异诡特之才，七言近体复有此清润雅捷，才大如海，真不可测。黄心甫

起语已画出焦山，如传神者面目既肖，向后衣褶布景便不劳余力矣！杜于皇

甘露寺

山楼庙拥白云平，万壑千峰面面生。语确。绝壁几人堪试马，双柑若个解啼莺。窗寒夜月迷秋色，石古松涛起梵声。秀丽之极。羡得鲈鱼垂钓叟，曾来沽酒向江城。

【评语】语意娟秀，无不妥确。钱牧斋

起二语已尽山形，与《焦山》诗同一结构。杜于皇〔一〕

【校记】

〔一〕杜于皇 《昆仑诗选》作“陈其年”。

润州刘司李环山堂 二首

高斋爽气接岩城，四壁山晖立意晴。妙在“立意晴”，似属有心。蔀屋齐炊千树合，臣心如水一江平。子美所云“语不惊人死不休”也。坐来玉案当云起，“起”字连“云”字说，妙绝，若易他字便无味。梦入金花有凤鸣〔一〕。他日长安风色好，应驰骢马望中行。

【评语】气清法老，平中之奇〔二〕。陈伯玑

才子风流动帝都，于今飞舄下双凫。匣中不负龙津剑，池内潜还合浦珠。东阁花香凭兴放，“凭兴放”，自在之极。西园草色得春敷。“草色得春敷”，想见除旧更新之意。槐堂综理多闲日，一向琅玕醉玉壶。

【校记】

〔一〕花　《昆仑诗文合集》《昆仑诗选》作“华”。

〔二〕平中　《昆仑诗选》作“中平”。

【评语】音响清越。钱牧斋

万岁楼

郡斋接近古楼台，尚想王恭鹤氅来。北渚春风生嫩柳，南山霁色落仙杯。风骨高迈。人烟自带横冈迴，鹅鹳偏惊列戍隧。每一登临深感慨，只今须借出群才。有楼以人重之思。

【评语】置之王少白〔一〕、孟襄阳二作中，不可复辨。杜于皇〔二〕

的是盛唐，不屑为随州、颍州等调。何雍南

【校记】

〔一〕置之　《昆仑诗选》作“即置之”。

〔二〕杜于皇　《昆仑诗选》作“陈其年”。

鹤林寺

名蓝曾嗣法融禅，古迹还追江左年。野色戴公篱槿外，松阴刘氏井苔前。语不可磨〔一〕。秋风青嶂盘黄鹤，春日丹花笑杜鹃。工丽至此。每叹簿书闲未得，来游半日已登仙。

【评语】三四一联，诗中有画。蒋虎臣

中四语鹤林事实，点染无痕，所以入妙。方尔止

【校记】

〔一〕可磨　《昆仑诗选》作“轻下”。

上党司理乘驰传访予穷巷中留饮数日去乃视伟予几以复来用答其意〔一〕

板榻方移夏，云峰正却尘。补出时令。世方倚鼎业〔二〕，性屡昧蒲轮。所爱寻商洛，终然托钓纶。何当思慑慑，忽有客辚辚。公子期毛薛〔三〕，时人重倩宾〔四〕。披襟忘结绶，敛笏下沾巾〔五〕。情词恻然。坐隐南风急，书成角扇新。淡能终友约〔六〕，诗可慰年贫〔七〕。遣词必俊。藿食衔杯酒〔八〕，荆桃种水滨〔九〕。是山庄穷巷光景。填门愧郑驿〔一〇〕，投辖效陈遵〔一一〕。际乱真难别，离群久益辛〔一二〕。雁苍宜数至，鲤赤幸常亲。只点“苍”“赤”二字便好。一诺无嫌隘，千金漫托邻〔一三〕。深山留老骥，杖策共祥麟。飞含影金烂，摛光动玉振。尝怀卫仲叔〔一四〕，百拜礼天民〔一五〕。结想高。

【评语】此等排律，篇法、章法、句法无一不得少陵之神髓，今人对面不知，则王、李、锺、谭瞇却眼孔，可胜浩叹！杜于皇

【校记】

〔一〕《昆仑草》此诗题为《上党连司理顾予山庄饮酒赋诗数日乃去又订后约于其行也而赋此》。

〔二〕世方倚鼎业　《昆仑草》作“世悲灰鼎业”。

〔三〕期　《昆仑草》作“访”。

〔四〕重　《昆仑草》作“羡”。

〔五〕敛笏下沾巾　《昆仑草》作“执手想怀民”。

〔六〕终　《昆仑草》作“忘”。

〔七〕慰　《昆仑草》作“任”。

〔八〕藿食衔杯酒　《昆仑草》作“鲁酒骄花睡”。

〔九〕荆桃种水滨　《昆仑草》作“张梨破醉阗”。

〔一〇〕填门愧郑驿　《昆仑草》作“赠言君吉甫”。

〔一一〕投辖效陈遵　《昆仑草》句作“酬句我陈遵”。

〔一二〕辛　《昆仑草》作“幸”。
〔一三〕漫　《昆仑草》作“冀”。
〔一四〕尝怀卫仲叔　《昆仑草》作“不辞东道主”。
〔一五〕百拜礼天民　《昆仑草》作“俟尔涅河滨”。

陈皇士太君七秩诗〔一〕

贤媛征彤史，徽柔配玉堂。星应宝婺降，筮得有妫昌。典切。懿善元珠映，幽闲拟蕙芳。大家遵训诫，季女洁烝尝。肃肃承佳会，优优佐令望。杯棬追茂宰，巾栉奉文庄。翰苑从官邸，乡闾避竖当。新纶还史局，旧德冠宫坊。别鹄孤鸣急，离鸾只影藏。陈情隆二惠，锡谥美千霜。龙采平舆并，鸿声冏寺扬。艰难宁恤纬，逊退但循墙。古郁绝伦。秋濯丝人锦，春挑帝女桑。蒿簪恒独御，瑶色每空张〔二〕。气岸俱古。截发成名广，悬铃叶梦祥。女师风里闬，子姓世珪璋。连璧归家督，双珠属季方。含饴欢胤厚，戏彩悦身康。琢璞为鸠杖，镂金入燕筐。语工致。天孙临巧节，寿轸发灵光。七秩兹开宴，群公毕进觞。罗纨馨蔼蔼，葱佩庆穰穰。想见钧天乐，还贻阿母浆。何能劳鞅掌，躬侍绮筵傍。

【评语】典丽深老，此体独步。杜于皇

典则整暇，是读书破万卷之手笔。陈伯玑

【校记】

〔一〕皇　《昆仑诗选》作“一”。
〔二〕色　《昆仑诗文合集》《昆仑诗选》作“瑟”。

题隐士高斋二首〔一〕

高处疑无地，青山与屋齐。悬崖绝壁，至其地者方知，切妙。不知城市里，犹觉白云低。

【评语】似一幅高尚书小景。杜于皇

出之极自然而意况最远。何雍南

面势因山壁，台高未列墙。恐遮流水去，天际晓苍苍。情景自然，临摹不得。

【评语】一段爽气浩浩落落，逼真青莲。黄心甫

【校记】

〔一〕《昆仑诗选》此诗题为《题张隐士高斋二首》。

挽程柴团太君 二首〔一〕

休父阴灵在，相从蟾兔移。只看丹旐上，犹带百年悲。词不奢而悲自见。

【评语】“只看”“犹带”，空字见奇。林茂之

谁谓清修久，犹教掩夜台。天不可问。九泉非往日，“非往日”已伏“不见”在内，妙，妙！不见子孙哀。

【评语】正以“不见子孙”，则子孙之哀益为深恻。钱牧斋

【校记】

〔一〕柴 《昆仑诗选》作“紫”。

读《旌孝录》有感 二首

封树长年怨，哀情发更多。遥知练水上，点点到寒波。凄绝。

【评语】“遥知”二字是读《旌孝录》语，名手一字不肯空下。林茂之〔一〕

江夏无双士，青乌葬四亲。大孝在能全四亲上。常存风木恨，慷慨向凌晨〔二〕。

【评语】五言绝极推盛唐王、李、崔、孟诸作，钱、刘以下诗虽工〔三〕，格渐下矣！读此诗叹古音斯未坠耳！周兼三

【校记】

〔一〕林茂之 《昆仑诗选》作“陈其年”。

〔二〕晨　《昆仑诗选》作“辰”。

〔三〕诗　《昆仑诗文合集》《昆仑诗选》作“句”。

挽内子四首〔一〕

窥红临镜想氤氲〔二〕，绣幕春风绝不闻〔三〕。上句依稀想象如或见之，下句云“绝不闻”，则情思更苦矣！忍使夜深清兔魄，翻帘犹照石榴裙。酸极。

【评语】通首不言悲而悲情更苦。潘江如

无情花鸟怨黄昏〔四〕，花鸟既无情，如何又说“怨黄昏”？解不得。薄命媚娥入羡门〔五〕。万里关山孤月冷〔六〕，断桥何处可招魂〔七〕。

【评语】此首虽有“怨”字，而着“花鸟”边说，所谓愈松愈紧也。潘江如

叹息容华事渺然〔八〕，悲事说尽。龙乡辍晓忆婵娟。犹怜旧日小儿女，细逐西风泣断天。痛语不堪多读。

【评语】儿女之悲，胜于己身，是一层紧一层也。潘江如〔九〕

舞镜情悲子骏坚〔一〇〕，绣香玉燕草芊芊〔一一〕。说出委积光景，情思惨然。早知买土藏云髻，何似吹箫莫学仙。自埋自怨，情绪无聊至极。

【评语】想到学仙幻极，却又说仙不必学。思路奥特，真空中之楼阁。黄心甫

【校记】

〔一〕《昆仑草》此诗题为《代挽内子四章》。

〔二〕窥红临镜想氤氲　《昆仑草》作“连城玉质委高坟”。

〔三〕绣幕春风绝不闻　《昆仑草》作“百斛明珠一旦分”。

〔四〕无情花鸟怨黄昏　《昆仑草》作“灵车斥苦去孤村”。

〔五〕媚娥　《昆仑草》作“人亡”。

〔六〕万里关山孤月冷　《昆仑草》作“最恨鬼区无所觅”。

〔七〕断桥何处可招魂　《昆仑草》作“枉教啼雨更招魂”。

〔八〕叹息容华事渺然　《昆仑草》作“舞镜情悲子骏坚”。

〔九〕潘江如　《昆仑诗选》作“陈其年”。

〔一〇〕舞镜情悲子骏坚　《昆仑草》作“劈破莲根丝尚牵”。

〔一一〕绣香玉燕草芊芊　《昆仑草》作“莲花流去水西边”。

玉燕　《昆仑诗文合集》《昆仑诗选》作“金钿”。

范怀素柳航二首〔一〕

杨柳萧梢思不穷〔二〕，“萧梢”贴“杨柳”，妙甚！临窗艳艳小桃红〔三〕。扁舟尽日垂阴满〔四〕，疑是明湖一路中〔五〕。柳航周遭偏植垂柳，间以桃株，西湖一名圣明湖。

【评语】想落云霄，无从消息，唐人中不易得也。蒋虎臣

植柳千行立暮烟，“立”字横甚。虚沙岸火傍高舷〔六〕。“暮烟”“岸火”都是夜景。夜深风雨惊人至，只恐乘流欲上天。雄奇高迈，使人不敢迫视。

【评语】辟境造意甚奇，滔滔漭漭，有一泻千里之势，古人中惟太白堪与比拟耳。钱牧斋

二首俱极悠扬婉秀，断是王龙标、李青莲一派。何雍南

【校记】

〔一〕《昆仑草》此诗题为《题邺下范怀素柳航二首》，《昆仑诗选》此诗题为《范怀素柳二首》。

〔二〕杨柳萧梢思不穷　《昆仑草》作“杨柳丝牵欲斗风”。

〔三〕临窗艳艳　《昆仑草》作“碧天如洗”。

〔四〕扁舟尽日垂阴满　《昆仑草》作“扁舟独为图书系”。

〔五〕明　《昆仑草》作“西”。

〔六〕虚沙岸火傍高舷　《昆仑草》作“书航遥挂最高边”。

答董心素〔一〕

不见于今又五年，归庐风雨拨书眠。夜来客梦梅花冷，冻折西窗三两弦。冷妙。

【评语】首句只言其别之久，下三句第述其别后孤穷情冷之况〔二〕，一字不及思忆与问答之意，而缠绵之情使人寻味不尽。林茂之

【校记】

〔一〕《昆仑草》此诗题为《董心素孝廉书至诗以讯之》。
〔二〕情　《昆仑诗选》作“清”。

赵平符齐云斋 二首〔一〕

忆昔曾登君子堂，桃花水外百垂杨。位置自佳。自从惜别如烟草，历乱多于春昼长。情至语，非特比拟之妙。

【评语】三四语隽永，有无穷之味。杜于皇

云根常自北山隈，半入前峰半入台〔二〕。确是“齐云”。溜雨呼莺浑不解，月明正好赋诗来。

【评语】可与王右丞《小台诗》并传。杜于皇

【校记】

〔一〕《昆仑草》此诗题为《赵平符进士齐云斋》。
〔二〕半入前峰半入台　《昆仑诗选》作“渐入前峰渐入台”。

秋雨呈任云石太守

秋日愁将雨点消，射阳北渚忆征艄。金风不肯吹愁去，风何以吹愁？且说“不肯吹愁”，更妙！点点从教助寂寥。不止不能消愁，反又添愁，不是怨风，还是恨雨。

【评语】不可增损，抵一长篇。杜于皇

赠高分司

草草相逢未可忘，长安雪后小糟傍。写酒楼倾盖，光景如画。自从一别风期后，又见秋花晚节香。

【评语】绝似嘉州。潘江如

饮西河朱太史峪园谋娇侑觞乃更以意属予延其舍予虽留醉然终却其请 四首〔一〕

疲驴皂帽入孤村〔二〕，客里逢春竹叶樽。但使杏花能做伴，莫教红袖傍云根。即春色点染有情。

【评语】不教红袖傍云根，不必说到自身而地步已敻不可攀。黄心甫

光气欲流。程千一

离石青娥倚画楼，离石在汾州宁乡县。凤鬟度曲不知愁。“不知愁”是幼年女子性情。莫因太史虹桥度〔三〕，错认仙人在上头。美人临胜地，发兴自是不同。

【评语】风气大佳。孙豹人

四竹成邻莫放宽，峪园四围布竹。感君青眼不曾难。大寓感慨。桃花洞口谁相问，小伎能邻范叔寒〔四〕。

【评语】谋娇自不俗，故峪园诗每首皆序及。杨子常

白水朱鱼太古岚，七字写尽园中胜概。园林二月柳毵毵。相逢只饮葡萄绿，“只饮”二字，却情意即在其中〔五〕。缟袖新妆堕马憨。

【评语】绝不露出却请意，涵蓄深广。黄心甫〔六〕

《国风》好色而不淫，即此数诗可想。杜于皇

【校记】

〔一〕《昆仑草》此诗题为《招饮西河朱太史峪园谋娇侑觞归涂谋娇复延至其舍予虽留醉然终却其请》。

〔二〕皂　《昆仑草》作“低”。

〔三〕莫因太史虹桥度　《昆仑草》作“莫缘太史飞桥过”。

〔四〕邻　《昆仑诗文合集》《昆仑诗选》作“怜”。

〔五〕情　《昆仑诗文合集》《昆仑诗选》作“请”。

〔六〕黄心甫　《昆仑诗选》作“陈其年”。

杜于皇陈集生同饮署斋

砚庐容几席，尽日象筵开。爱雨移廊坐，听更畏仆催。唯恐客去之情，使人消受。交新无狎论，气爽见多才。以气取人，是巨眼。呼取河东酒，情亲自酦醅。集生索家酝。

【评语】语至真到处，风味自别。王贻上

秋　雨

雨脚因门变，秋来也自妨。“妨”字险。小花缘迳湿，轻雾到衣凉。石级荒荒白，溪流暗暗长。两联写微雨入画。岁凶兼废酒，善于处穷，在一“废”字。山险恃空囊。空囊有何不恃？于“险”中却用得着，妙，妙！

【评语】设景着色，无不精入。杜于皇

凿空架险，此道中五丁手也。程千一

山　中

已是因书误〔一〕，冥居恨少书〔二〕。读书人一经贫贱，便无可展布处，而山中闲寂，无书可读，深用怅恨。非书能穷人，殆穷者而益专也。看山愁欲尽，学睡胜于初。不独是无书消遣之法，始信古人真有睡方。耕稼妨吾懒，儿童喜客居。杜南邻诗“惯看宾客儿童喜”〔三〕，彼是说看，此是说居，俱尽其妙。无嗟青草滑〔四〕，开辟带经锄〔五〕。句奇〔六〕。

【评语】山居人妙境，亦实境。潘江如

【校记】

〔一〕已　《昆仑草》作“本”。

〔二〕冥居恨少书　《昆仑草》作“身闲恨没书”。
〔三〕邻　《昆仑诗选》作“陵”。
〔四〕无嗟青草滑　《昆仑草》作“惊人疑有句”。
〔五〕开辟带经锄　《昆仑草》作“瘦貌不关渠”。
〔六〕《昆仑诗选》无此句批语。

赴渔阳访胡詹事〔一〕

苍茫羁命达〔二〕，世意碍芳兰。人耶？命耶？吾道非耶〔三〕？侧目当年事，浮名此日寒。风尘孤剑直〔四〕，峤岭暮钟残〔五〕。“直”“残”字老极。为问朝中旧〔六〕，苍生忆谢安〔七〕。

【评语】古调激越，自是名手。王贻上

【校记】

〔一〕《昆仑草》此诗题为《代呈胡内翰》。
〔二〕苍茫　《昆仑草》作“文章”。
〔三〕耶　《昆仑诗选》三处均作“也”。
〔四〕孤剑直　《昆仑草》作“期古道”。
〔五〕峤岭暮钟残　《昆仑草》作“桃李暂投竿”。
〔六〕为问朝中旧　《昆仑草》作“国士恩何报”。
〔七〕苍生忆谢安　《昆仑草》作“师情老更欢”。

丁酉四月既始得微雨〔一〕

小雨芳原润〔二〕，微飘动远空〔三〕。黑云初扇麦〔四〕，白鸟细随风〔五〕。是微雨光景。水庙和牛土〔六〕，桑林降玉虹〔七〕。是久旱后。不须矜大足，宿莽半荒䝁〔八〕。有忧勤惕励之意在。

【评语】喜雨诗难得如此苍老。钱牧斋

【校记】

〔一〕《昆仑草》此诗题为《丁酉四月予乡始得微雨六叔病中索诗走笔应之》。

〔二〕小雨芳原润　《昆仑草》作“红日焰烧空”。
〔三〕微飘动远空　《昆仑草》作“云生暮井东”。
〔四〕黑云初扇麦　《昆仑草》作“何人不看雨”。
〔五〕白鸟细随风　《昆仑草》作“到处碍长风”。
〔六〕水庙和牛土　《昆仑草》作“檐滴朱楼细”。
〔七〕桑林降玉虹　《昆仑草》作“河流碧涧通”。
〔八〕宿莽半荒畿　《昆仑草》作“一半是荒畿”。

赠马玉荀铨部〔一〕

梅风思旷荡，淑气引新年。乙未杪冬廿五日，为马公初度之辰，将届立春，措思切当。待露常披奏〔二〕，分曹独进贤。大节不苟。一经传竹素，上国听莺迁。惟愿青云侣〔三〕，春光只在前。“春光只在前”仍从“杪冬廿五日”发议，以此等语作寿诗，极妙！可悟作诗之法。

【评语】色泽芳鲜，一洗习气。钱牧斋

【校记】

〔一〕《昆仑草》此诗题为《乙未杪冬廿五日为吏部马玉荀先生寿》。
〔二〕露　《昆仑草》作“漏”。
〔三〕青云侣　《昆仑草》作“万千载”。

寄殷国张使君〔一〕

闻说三川郡〔二〕，张公载米来。馈鱼聊挂壁，“聊”字自然，与作腔者迥异。行县畏烦财。使百姓享无事之福，自是循吏。独坐临书帙，从人劝酒杯。风流可想。建封方好士，自有不凡材。

【评语】朴秀全是子美。杜于皇

【校记】

〔一〕《昆仑草》此诗题为《寄殷国张太守》。

〔二〕郡　《昆仑草》作“共”。

读《旌孝录》有感

凄凉江夏后，忠孝映丹青。负土存三叶，封丘抱一经。句苍老。风来天淼淼，火退雨冥冥。黄居被回禄，至先人四柩，寻致暴雨，柩独存。合兆应须吉，悲生腐草萤。

【评语】古雅卓练，所谓扣如哀玉者。杜于皇

棋　负

岂谓南风急，犹称赌墅为。漏天秋雨贱，残日菊花迟。“漏”字与“残”字、“贱”字与“迟”字各相照。犯角忧三遂，冲心怨百罹。感怀遥深。藏机应未密，不敢咎天时。自安之词，其思更苦。

【评语】感怀独深，绝无败亦可喜之意。林茂之

三寿诗 有序　四首

世有可寿者三，而年其一焉。展釜生鱼，留鸾集社，时得为而民可字，表百城之长，褒有德之侯，妙简麟阁，曰有政事。缕管题诗〔一〕，桃花浣纸〔二〕，崔颢咏而笔杜，君苗见而砚焚，华国者不朽，曰有诗文。绛绡生陆地之莲，匀漏蓄灵砂之种，偓佺算大，彭祖龄遐，是其寿也，盖在于年。邑大夫李公，红山诗伯，柱下名家。瘦马临羊径之涂，单车度胡甲之岭。化方周岁，令属悬蒲。作器铸田，莒叶同禾茎而滋茂；拘牛曝背，丝雨共风驷而咸调。传递得苏，窃铜无假。至于暇日，书寻鸟篆，诗染云烟。文淡郁而沉苍，赋浏亮而博洽。秋风亭上，长州县中，遂无不标之句矣！仆豆重榆暝，鹑悬壁立。执瓶筲之贱器，过

沟鬘之奇知。遂蒙蔡公倒屣而迎，以致陈君投辖而止。每抽屈宋之艳，必来班马之褒。届节兰秋，当公申旦，投珠顾印，叹所不如。嚼句成篇，心不能废，盖以言赠犹胜于食其德而罔报也。公方且廉称市韭，政誉雷门。诗作金声，名隶玉室。武城虽小，弦歌在户，王质采樵，尚且入道，而况于公乎？然公不但已也，绯衣银印，坐进三公，绿字丹文，扬光万载，然后翻霞觞而淋醉墨也〔三〕。其合三者而为寿乎？为赋诗四首。

瘠土逢山断〔四〕，邑处万山之中，土少石多，于山麓断处，始有微田。沟塍落日边〔五〕。藜飧姑简略〔六〕，锦使避周旋〔七〕。邑去驿传七十里，使车过临，皆不亲诣。秋水明于镜，子山佳句。风帘卷入天。帘卷入天，奇矣！因风卷入，尤奇，此等句皆古人所不及。士元非百里〔八〕，会傍酒如泉〔九〕。邑酒著名，李公终日泥饮，其于政务，垂帘坐理而已。

【评语】才人治小邑，所谓“印锁经秋带鲜痕”也。林茂之

山自聪明出，巧合。人生韩子城。长驱怜驿苦，蒙谕省民争。鹤瘦衔珠舞，槐深夹路生。此皆状清闲无事之意。凯之垂帘，夷甫清谈，有如一辙。自从明府在，鹰犬寂无声。

【评语】不劳而理，诗亦全不费力。林茂之

雷封何地古，诗思日堪题。喷墨皆成字，登楼每聚奎。李公风雅，于斯可见。花当珠露立〔一〇〕，用“立”字辄有思致，与“飞嵝崇丘立”同妙。月隐市桥低〔一一〕。佳景。本自为仙吏，双凫过野畦。

【评语】紧耸在五六一联，能使全首生动。林茂之

素节引东阡〔一二〕，坤牛饭暮天。奥辟〔一三〕。茎长丝载纲，露足雨添烟。唐人“宿雾足庙烟”不若此“添”字奇辟。国豆从时俗，琼膏乐寿年。“寿”字一见，亦不知其为寿诗。皋狼风土瘠〔一四〕，游倏小如拳〔一五〕。可作风土记。

【评语】兴致奇辟。林茂之

合全诗观之，大似柳愚溪游山水，胸手眼别有注射，能使穷陬瘠壤皆属可传。

杜于皇〔一六〕

【校记】

〔一〕题诗　《昆仑草》作“诗题”。
〔二〕浣纸　《昆仑草》作“笺编”。
〔三〕淋　《昆仑诗选》作“琳”。
〔四〕瘠土逢山断　《昆仑草》作“地僻城如笋”。
〔五〕沟塍落日边　《昆仑草》作“逢山缀石拳”。
〔六〕藜飧　《昆仑草》作“米盐”。
〔七〕锦使避周旋　《昆仑草》作“连最好烹鲜”。
〔八〕士元非百里　《昆仑草》作“罗侯方壮胜”。
〔九〕会傍酒如泉　《昆仑草》作“案牍躲周旋”。
〔一〇〕珠露　《昆仑草》作“露下”。
〔一一〕月隐市桥低　《昆仑草》作“柳度门前低”。
〔一二〕素节引东阡　《昆仑草》作“商气老肥田”。
〔一三〕奥辟　《昆仑诗选》作“奥”。
〔一四〕皋狼风土瘠　《昆仑草》作“大都缘界好”。
〔一五〕游倏小如拳　《昆仑草》作“落得抚琴弦”。
〔一六〕杜于皇　《昆仑诗选》作“陈其年”。

赠刘康侯美人子素 二首〔一〕

从来无字伎者，而予字之，即无不尚其娇且艳者，而予独素之，则子素固足当予字者也，固字之曰子素〔二〕。

永巷经春妆翠寒〔三〕，琵琶小伎素衣宽。即其装束，雅态备见。当时误入天台去，玉貌金蝉欲辨难〔四〕。肌理骨肉不可铺张，只在装束上揣摹，益冷妙〔五〕！

【评语】妙想妙笔。潘江如

绿帐流波谢绮罗，“流波”二字妙极。妖韶无奈夜情多〔六〕。微艳。红儿最有春如海〔七〕，春安得如海？妙不可言。度入东风障后歌〔八〕。

【评语】贻上最能为情语，公诗浑丽，复使人在思议之外。林茂之

【校记】

〔一〕《昆仑草》此诗题为《为刘康侯美人字》。
〔二〕序言据《昆仑草》补。
〔三〕永巷经春　《昆仑草》作“高髻云鬟”。
〔四〕玉貌金蝉　《昆仑草》作“至到而今”。
〔五〕妙　《昆仑诗选》作“益妙”。
〔六〕妖韶　《昆仑草》作“娇羞”。
〔七〕红儿最有春如海　《昆仑草》作“从来赵女传如玉”。
〔八〕度入东风障后歌　《昆仑草》作“一段穿云裂石歌”。

即王林州先生席赋十日红菊 二首〔一〕

欲逐寒英步紫苔〔二〕，柔须屈朵漫相催〔三〕。花未大作。凄辰落雨胭脂湿〔四〕，一日须当看一回。无字不是“十日红菊”，然恰是题中所有，他人却只字不能道出。

【评语】结句稳贴，意复含蓄。黄心甫

清光似与昨宵同〔五〕，回忆确妙。广漠金吹琥珀红〔六〕。十日花开犹未遍〔七〕，不知何事怨秋风〔八〕。问得无端，却妙。

【评语】反照出“十日”两字，高手浑雅如此。黄心甫〔九〕

【校记】

〔一〕《昆仑草》此诗题为《王林州先生席上命赋十日红菊》。
〔二〕欲逐寒英步紫苔　《昆仑草》作“雨过重阳菊渐开”。
〔三〕漫相催　《昆仑草》作“见新裁”。
〔四〕凄辰落雨胭脂湿　《昆仑草》作“胭脂乱抹双红颊”。
〔五〕似　《昆仑草》作“尚”。
〔六〕广漠金吹　《昆仑草》作“睡老难披”。
〔七〕十日花开犹未遍　《昆仑草》作“十日圆球开未遍”。
〔八〕怨　《昆仑草》作“恼”。

〔九〕黄心甫　《昆仑诗选》作“陈其年”。

白洋河题高游击壁四首 存二

万里风清绝燧烟，中军雄略在弋鋋。黄河曲里安如堵，用佐龙飞十四年。自然流动。

【评语】妙极天然，七言化境。邹流绮

白高金鞍捷臂骑〔一〕，磨刀霍霍日迟迟。雄心壮烈，视“独坐亲雄剑”〔二〕，气概又不同。将军玉帐娴韬略，知是狂氛欲尽时。不战而屈人之兵，先说健骑，后归主将，缺一不可。

【评语】调高气雄。周兼三

【校记】

〔一〕高　《昆仑诗文合集》《昆仑诗选》作“马”。

〔二〕亲　《昆仑诗选》作“观”。

煎　茶

下相祠前画角哀，云花骤雨作惊雷。七字皆状煎茶。不知谡谡清风起，又在凌虚百尺台。上三句每句伏案，末句以“又在”二字一挽，大有应接不暇之势。

【评语】高响入云。潘江如

对　酌

竹叶莼丝不自谋，残尊落日下红楼。主人只有情难尽，一似长河万古流。与青莲“别意与之谁短长”同妙，必传无疑。

【评语】一注而下，当是绝调。杜于皇

赠安东王分司

麟脯金盘进蕊宫，先生颜色倍青葱。太公更有安期寿，都在蓬莱渤海东。篇中“倍”字、“更”字、“都”字，照顾完密。

【评语】太公在署中，夹说有味。杨子常

赠文炼师 二首〔一〕

濯濯仙人王子乔〔二〕，灵颜翠发上丹霄〔三〕。始知五岳无行径〔四〕，不信华林一叶凋〔五〕。炼师诵《黄庭》，茹芝草，学延年之术，故语多托寓。

【评语】“不信华林一叶凋”，是向道猛勇之意，却微寓规讽。王西樵〔六〕

姑射仙人莫记年〔七〕，霓旌时御白云边〔八〕。不知却粒缘何事〔九〕，犹献人间子母钱〔一〇〕。说得好笑，令人自愧。

【评语】此虽讽人，还讽炼师，勿被瞒过。王西樵〔一一〕

【校记】

〔一〕《昆仑草》此诗题为《平阳文炼师哀人生之险毳安上帝之金台寄迹予乡圣母祠日诵黄庭茹芝草而四方之人以其新亦颇有献钱米者予尝造而问焉赠诗二章》。

〔二〕濯濯　《昆仑草》作“不见”。

〔三〕灵颜翠发　《昆仑草》作“赤龙指日”。

〔四〕始知五岳无行径　《昆仑草》作“腰中尝带昆吾剑”。

〔五〕不信华林一叶凋　《昆仑草》作“斩尽人间花月妖”。

〔六〕王西樵　《昆仑诗选》作“陈集生”。

〔七〕莫记年　《昆仑草》作“出洞天”。

〔八〕御　《昆仑草》作“到”。

〔九〕不知却粒缘何事　《昆仑草》作“不知调运金花药”。

〔一〇〕犹　《昆仑草》作“还”。

〔一一〕王西樵　《昆仑诗选》作“陈集生”。

壬午秋闱忝生余公不谓其驽下亟物色予谓阳直彭子籛先生程君果得途吾两人当破十万钱快诸公饮已落太原公房遭赚黜榜诸公咨叹欲识予卷知其处乃流俗口不可用谓失予卷不知欲识予也然予场前不以捉刺勤馆人谒请太原公固自守泊然耳〔一〕

怅望玄珠秋水滨〔二〕，津头无数采珠人〔三〕。俯视一切。骊龙未睡谁先得〔四〕，愁见朱弦又敝秦〔五〕。文章雅淡者，比之“朱弦”。

【评语】主司冬烘，古今同慨。以先生之才而不遇识者，真为恨事，何余公索之牝牡骊黄之外，此士所以有知己之感也。邹流绮

【校记】

〔一〕《昆仑草》此诗题为《壬午闱中余忝生父母急欲物色予谓同考彭子籛先生曰吾两人有得昆仑者出闱日当设席张筵食十万钱为诸公一醉既而落太原公房遂遭赚黜既放榜诸公扼腕予卷咸欲一识之当时里中轰传失予卷子不知乃欲识予也虽然予场前不肯见太原公固自守泊然耳》。

〔二〕怅望玄珠秋水滨　《昆仑草》作“不怨投珠终勒帛”。

〔三〕津头无数采珠人　《昆仑草》作“琵琶惭愧负君恩”。

〔四〕骊龙未睡谁先得　《昆仑草》作“当时难得骊龙睡”。

〔五〕愁见朱弦又敝秦　《昆仑草》作“肠断苏公枉注存”。

题袁母寒香晚节图〔一〕

拂牖筼筜木榻穿，寒花如雪雨田田。袁母二十九岁而寡，行年八秩，为《竹菊图》，寓寒香晚节之意。不知白发缘何尽？霜哺于今八十年。二语包藏无尽，比得上他人千百余句。

【评语】高华典重，一时作者无出其右。林茂之

重逢引赠荆郡丞〔一〕

荆君仇比三十载，手不停披去朱黄。已复星攒入太学，愿交海虞杨子常。子常传癖推第一，千众万象篇相质〔二〕。须臾倒抹似涂鸦，令庸众人败兴。惟君卷卷称入室〔三〕。我亦燃膏喜著书，同君岳岳起名誉〔四〕。当时虽共文星暗，淹室时临长者车〔五〕。李诗谢赋羡笔精，二十余人尽国英〔六〕。野情距跃终不改〔七〕，飞腾漫浪何由撑。神采奕奕，使人不敢逼视。况值袁师蒙大难，慷慨还生愤不平。吁嗟荆君尝草疏〔八〕，起得超忽。二十余人为之助。能令死灰忽又燃〔九〕，袁师谈笑出门去。豪侠举动，出入于生死之间，且能还其故物，津津言之，至今叹为奇事。即今汲郡佐风猷〔一〇〕，皆谓袁师荐君始〔一一〕。又找袁师一句，余波潆洄可爱。卫人利赖破诛奸，委珠披絮心如水。画出廉吏。我来访君诣卫辉〔一二〕，苍山点黛高巍巍。羽人勤息言君德〔一三〕，玉堂石室生光辉。荆君雅不为自润〔一四〕，大庇卫人何皆肥。清态肥人，不是一味无为。君不见，屡困蓬蒿藜藿子，犹致今朝淡不归。结在自己身上却不觉。

【评语】无端提出一杨子常，极口推许，钝人必谓与题面无关，岂知题中波澜筈节全在于此。及袁师一段，极力摹写袁师，正是推许郡丞作用处。特他人用正衔故不灵，此用侧挑遂尔耸动飞舞，不可控捉耳。黄心甫

七言古长于叙事，绝去雕饰，能使读者精神飞动。孙豹人

【校记】

〔一〕《昆仑草》此诗题为《重逢引赠荆二府》。

〔二〕象　《昆仑草》作“众”。

〔三〕君　《昆仑草》作“公”。

〔四〕君　《昆仑草》作“公”。

〔五〕淹室时临　《昆仑草》作“幸得门多”。

〔六〕尽国英　《昆仑草》作“更结盟”。

〔七〕野情距跃终不改　《昆仑草》作“由来高义互相许”。

〔八〕荆君　《昆仑草》作“我公”。

〔九〕燃　《昆仑诗文合集》《昆仑诗选》作“然”。

〔一〇〕佐风猷　《昆仑草》作“需分理”。

〔一一〕君　《昆仑草》作“公”。

〔一二〕君　《昆仑草》作“公”。

〔一三〕君　《昆仑草》作“公”。

〔一四〕荆君　《昆仑草》作“我公”。

结纳行遥寄姜明府〔一〕

余年二十号龙媒〔二〕，拳毛踏地诣金台。起调每每凌厉一世。回眸不见逢伯乐，徒然按剑被人猜。感从中来。新兴姜君摘句好，场中五判千军扫。相对唏嘘向我商，摇毫掷简生烦恼。久困场屋人，揣摩不定，牢骚无聊之状如在目前。君今结绶在南燕，邑无喧鹊却鸣弦。可邀冰柱雪车客，重上河阳玳瑁筵。

【评语】起势如持满之弦、吐衔之马，是歌行最得手处，后复遒宕，以少胜多。杜于皇

调急，是唐人孟东野。黄心甫

【校记】

〔一〕《昆仑草》此诗题为《结纳行赠姜明府》。

〔二〕余　《昆仑草》作“予”。

庆云见东南行

丙戌立秋后二日，玉琯新移气渐凉。碧天远引浩无际，卿云蓦见东南方。直叙作冒，已见大意。赤如朱雀千端锦，黄似灵州塞外羊。黑侔纯漆霏霏出，白照莲花剑上霜。青者飞来类车盖，只增一“者”字，灵妙出脱〔一〕，全不费力。心折先生神笔在此，世人不知。别有佳气郁其傍。奔腾轮菌非一态，随空乱足动鸾翔。屏翳婉转谋出岫，乍看还疑忽在冈。四句形容五色，混合一处，忽聚忽散，云之形体毕露。佛家九云未足语，从龙垂翼杳何所？邴原尚是人中鹤，

董京白社逢孙楚。罗文错落定休明，吐润敷华不得阻。“庆”字意出，诗之光昌博大所不必言。阊阖风高近大虚〔二〕，芙蓉日影下幽渚。大气磅礴。我慕虞廷歌复旦，时丰不止登禾黍。

【评语】他人定不敢将五色字五句排下〔三〕，先生直排去，略不用参差架叠法，气直而且老，如读汉人文，魏晋以下手脚视同粪土。其摹画处有一字落世谛否〔四〕？何物心孔〔五〕，藏此鬼斧神镂？黄心甫〔六〕

【校记】

〔一〕灵　《昆仑诗选》无此字。

〔二〕大　《昆仑诗文合集》《昆仑诗选》作“太”。

〔三〕句　《昆仑诗选》此字处为空格。

〔四〕有一字落世谛否　《昆仑诗选》作“无一字落世谛”。

〔五〕何物心孔　《昆仑诗选》作“是何心孔”。

〔六〕黄心甫　《昆仑诗选》作“陈其年”。

投知引赠张伯将郡丞〔一〕

吾鄗推奇节之士〔二〕，句生劲，七言古佳处。后有青主前伯将。主客双提，别具手眼。青主去救袁夫子，千金掷地神扬扬。抗疏共我见天庙，袁师乃得归故乡。至今抱瓮绝人事，埋光铲采游何方。此段言客。张公伯将不可及，癸酉飞才倾大邑〔三〕。风流不减乐与王〔四〕，剔华掞藻如波急。此段言主。余时籍甚少年场，龙文百斛声犹涩。“如波急”极得文章变动之妙，“声犹涩”要看出是不得志处，非自谦语。张公不弃为兄弟，胜流往往恣云集〔五〕。开化寺中拂绮筵〔六〕，嘈嘈杂杂奏朱弦。永新皓齿风情在〔七〕，枕麹承糟剧可怜〔八〕。我每洛薄居上座〔九〕，因公叔侄称尽贤〔一〇〕。自怪致身期反掌〔一一〕，悲在“自怪”。久之弃缟且空还〔一二〕。似太白。壬午苍茫犹一遇〔一三〕，风尘惨淡嗟迟暮。公今坐啸理邺都〔一四〕，富贵应不违其故。伯将不可及处。尝闻冰雪畏人知，转见屏蔽开炉铸。虚舍求贤似李邕，随车却有甘霖澍〔一五〕。叹我终年日益贫，悬空箪陋托隐沦〔一六〕。意氛由来不自惜〔一七〕，专权窦霍轻故人〔一八〕。意气虽不自惜，转为权贵所轻，可见从来通塞分途，难得意气之投分。呜呼青主身良贱，又挽入青主，妙！妙！自尔非公难具陈。不然相识满天下，世间谁有如公仁？宾主双结，如二贤合传。此只似不了语，然何尝不了？

【评语】今人不识师友二字，操管漫云，作诗亦言性情，亦言怀抱，不知其所藏为性情怀抱者何物？先生未尝为袁师专作一题，感触及之，声泪俱下。师友若此，五伦可知，五伦若此〔一九〕，则所藏为性情怀抱者不待拈髭搦管，即一举一动一语一默无非诗矣！区区按节寻声，所谓作诗必此诗也！焉得有诗人哉？愿奉武乡先生为天下词坛矜式，必先洞晰其本领所在，然后开卷读先生文集，乃不负先生现诗人身而为说法耳。黄心甫

神气超逸，熟于太白《忆旧游寄谯郡元参军》及《答杜秀才五松见赠》诸篇，方合此境。孙豹人

【校记】

〔一〕《昆仑草》此诗题为《投知引赠张伯将二府》。

〔二〕吾鄙推奇节之士 《昆仑草》作“吾鄙素言豪侠士”。

〔三〕飞才倾大邑 《昆仑草》作“高名满大邑”。

〔四〕减 《昆仑草》作“数”。

〔五〕恣 《昆仑草》作“成”。

〔六〕拂 《昆仑草》作“列”。

〔七〕皓齿 《昆仑草》作“树子”。

〔八〕剧 《昆仑草》作“转”。

〔九〕洛薄 《昆仑草》作“登龙”。

〔一〇〕因 《昆仑草》作“托”。

〔一一〕自怪致身 《昆仑草》作“自谓青云”。

〔一二〕久之弃繻且空还 《昆仑草》作“谁知弃繻复空还”。

〔一三〕壬午苍茫犹一遇 《昆仑草》作“壬午秋闱更一遇”。

〔一四〕理 《昆仑草》作“在”。

〔一五〕却 《昆仑草》作“独”。

〔一六〕托 《昆仑草》作“羡”。

〔一七〕意氛由来不自惜 《昆仑草》作“值兹兵燹流离后”。

〔一八〕专权窦霍轻故人　《昆仑草》作“畴是当年石契人”。

〔一九〕若　《昆仑诗选》作“触”。

绍声篇[一]

人生无子万事促[二]，伯道乐天如转烛[三]。广平虽有风少衰[四]，姚崇二字多致辱[五]。丞相明经继韦贤[六]，绿缥紫焰志高搴[七]。大儿将车次持杖[八]，能使神俊相周旋[九]。历叙子之贤愚作冒，欲奠一之有佳儿，乃见交谊古处，而笔致流动斑驳，自当压倒一世。邺下新传王奠一[一〇]，提衡倾盖酬群匹[一一]。昼理缥醪白露羹[一二]，耦曹满座无闲日[一三]。流丽可喜。侠气应留护地天，还从阿团问诏编[一四]。国器岂须归老大[一五]，豆芝咄咄在初年。奠一结客之外别无他长，故其象贤亦只就侠气一边说去。人情大都喜有息，何论相知未相识。从不识奠一上生议，高奇。成诗缉字动鬼神，此语未必无关力。将奠一有子说在得诗之助，不特将自己手笔看得大，一似世间实有此理[一六]，奇极，幻极。蓝田产玉不厌多，岁岁年年读我歌。羲之献之似立竹，参差瞥捩不如他[一七]。拓开说去，仍归在读己之诗上[一八]，可谓善占地步。

【评语】 世有其人，本无可传，而得名人之诗文以传者，不知何限。可见诗文力量足与天地悠久，语非怪诞，实有此理，虽谓奠一之子异日得昆仑此诗之助，固无不可也。钱牧斋

贺一不相知人之有子，是极泛套事。铺砌箕裘，令人欲呕，却从崎岖逼仄之处辟出一洞天，全副性情，全副怀抱，岂止点铁成金，直如菩萨神通，能令一切树间出庄严藏，今人奈何易言诗也！黄心甫[一九]

【校记】

〔一〕《昆仑草》此诗题为《绍声篇为邺下王奠一作》。

〔二〕人生无子万事促　《昆仑草》作“生平能解结奇人”。

〔三〕伯道乐天如转烛　《昆仑草》作“正当海内苦风尘”。

〔四〕广平虽有风少衰　《昆仑草》作“陟崇犯险何曾面”。

〔五〕姚崇二字多致辱　《昆仑草》作“妙卜怀素都其邻”。

〔六〕丞相明经继韦贤　《昆仑草》作“怀素为言王奠一”。
〔七〕绿缥紫焰志高搴　《昆仑草》作“缓急之中诚可必”。
〔八〕大儿将车次持杖　《昆仑草》作“昼锦堂前醉五侯”。
〔九〕能使神俊相周旋　《昆仑草》作“炊金更上鸳鸯楼”。
〔一〇〕邺下新传王奠一　《昆仑草》作“放眼肯交天下士”。
〔一一〕提衡倾盖酬群匹　《昆仑草》作“俗伍莫得知厥由”。
群　《昆仑诗选》作“郡”。
〔一二〕昼理缥醪白露羹　《昆仑草》作“常恐此道至君止”。
〔一三〕耦曹满座无闲日　《昆仑草》作“天涯寥落图知己”。
〔一四〕还从阿团问诏编　《昆仑草》作“咸从阿团觅象贤”。
诏　《昆仑诗选》作“绍”。
〔一五〕岂　《昆仑草》作“不”。
〔一六〕一　《昆仑诗选》无此字。
〔一七〕瞀捩　《昆仑草》作“叫出”。
〔一八〕仍　《昆仑诗选》作“似”。
〔一九〕黄心甫　《昆仑诗选》作“陈其年”。

酬林茂之将同贻上刻其诗集

仆本疏慵爱林壑，先人赐书手长把。何知作吏苦风尘，况值濒江逼戎马。自叹艰难秪厚颜，梦中聊自悔空山。“厚颜”因“艰难”来，既“厚颜”则不得不自悔矣！却说梦中悔空山，盖人情于梦寐之中属念山林，乃是常态，一经拈出，便使人痛快耳！纷纷鹓鹭徒满眼，终然弃我如等闲。此艰难处。三十年前思林子，怀中云锦深仰止。岿然鲁殿余灵光，晔若邓林茂楠梓。昨者贻我白门书，胸中颇著程坦如。奇肆。但讽名篇心迹亲，不问安置谁吹虚。茂之为贻上慰荐，然公之好士实不因人奖挹而然。闻翁今已踰耋齿，拄颏高咏尚未已。手书赠我之长歌，万里岷源导江水。二语长歌中极苍劲之句。得意忘年何敢当，疾读浑如按混茫。好学之诚于“疾读”二字看出〔一〕。别录集中两三卷，纵观天地久低昂。俱有致。乾坤倾洞寻干戈，文士精灵恃不磨。四方上下觅锺期，藏诗无过乃翁多。敢谢官微禄米薄，国门忍废琳珪作。请翁强饭当春风，况与王公同一诺。“同”刻意，只未“一”点出〔二〕。

【评语】酬赠诗入先生手〔三〕，定有一片孤情至性缭绕于前后左右而后下笔，世人作诗但从题下笔，从题下笔者末也，先有缭绕于前后左右者本也。不争末而争本，当代作者林立，孰能窥先生之涯涘哉？黄心甫

兴致潇洒，青莲笔意，此等自然以敏捷得之，殷璠所谓“气来情来”也。孙豹人

【校记】

〔一〕学　《昆仑先生合集》《昆仑诗选》作“士”。

〔二〕未　《昆仑先生合集》《昆仑诗选》作“末”。

〔三〕酬　《昆仑诗选》无此字。

元社拟春夜宴桃李园诗 有序〔一〕

白集无宴诗，考《唐文粹·春夜宴诸从弟桃园序》云：“会桃花之芳园，序天伦之乐事。群季俊秀，皆为惠连；吾人歌咏，独惭康乐。”与今本《桃李之芳园》有别，然天伦、群季、惠连、康乐皆指从弟，则俗从桃李者诞于是矣，因发其旨，与世见之。

青涂乘欻吸〔二〕，君子怀苦辛。盛年狥推恕〔三〕，薄俗负徂春〔四〕。往者不可追〔五〕，梓泽恣沉沦。昼夜岁之半〔六〕，寂历分良辰〔七〕。以夜补昼全，从“半”字上加一番警悟，使人不得错过。淑节刍新酒〔八〕，且未敦四邻〔九〕。楚雀缘风叶，华宗坠绿茵。都从桃园结想，绝无浮响。心赏欣在兹，护法会天伦。阿连比才悟，绮文灿高旻。肆志抽玄秘，康乐如有神。将从弟俊秀、天伦乐事，笔笔清出。名章拔灌木，迥句映沙尘。补出拟诗。况此晴芳气，千笑月前人。红霞纷未已〔一〇〕，甘与群季亲〔一一〕。又缴入春夜桃园。羽觞流不极，无惜攻伯仁。以宴从弟拟诗收，结构甚密。

【评语】词句芳润而气格之周祥温厚〔一二〕，虽太白未易及也。潘江如

【校记】

〔一〕《昆仑草》存《元社拟春夜宴桃李园诗有序》序言为：家有白集，并无宴诗。犹记《唐文粹》有《春夜宴诸从弟桃园序》，内云：“会桃花之芳园，序天伦之乐事。群季俊秀，皆为惠连；吾人歌咏，独惭康乐。”与今本云《桃李之芳园》有别，未知孰正。然曰天伦、群季、惠连、康乐则指诸从弟言明矣，今一从唐文，以安所信。

〔二〕青涂乘欻吸　《昆仑草》作“人生犹过隙”。

〔三〕盛年狥推刓　《昆仑草》作“朱颜日以老”。

〔四〕薄俗负徂春　《昆仑草》作“惭愧对青春”。

〔五〕往者不可追　《昆仑草》作“黄金弗可留”。

〔六〕昼夜岁之半　《昆仑草》作“昼短有夜长”。

〔七〕寂历　《昆仑草》作“百岁”。

〔八〕淑节刍新酒　《昆仑草》作“阳和都序首”。

刍　《昆仑诗文合集》《昆仑诗选》作“篘”。

〔九〕且未敦四邻　《昆仑草》作“丹葩曜角巾”。

〔一〇〕纷未已　《昆仑草》作“益清绪”。

〔一一〕甘与　《昆仑草》作“织字”。

〔一二〕祥　《昆仑诗文合集》《昆仑诗选》作“详”。

送魏次公之广阳〔一〕

严程宜别引〔二〕，冉冉抗前旌〔三〕。离情何哀郁〔四〕，秣马脂车轮。煎沙五六月，丹衢映人明。点缀苦热难行之景。黄金方结士，安得弗果行。朝发珍珠泉，暮出东山平。伫立已忽去，遗辉独屏营。是去后无聊光景。君才凌博物〔五〕，常怀千岁名〔六〕。何能阻往路，日夕齐逢迎。愿言奋羽翼，不见思弥生。既思良友，又欲良友之思我，此等投分，妙在两下心照。

【评语】南陂遗响，更增疏宕〔七〕。陈伯玑

有皇皇《京洛篇》之概，其情至则直接河梁矣，不以长短多少论也。杜于皇〔八〕

【校记】

〔一〕《昆仑草》此诗题为《送魏次公北上》。

〔二〕严程宜别引　《昆仑草》作“依亲宜北上”。
〔三〕冉冉抗前旌　《昆仑草》作“终然离别情”。
〔四〕离情何哀郁　《昆仑草》作“君行千余里”。
〔五〕凌　《昆仑草》作“傲”。
〔六〕常怀千岁名　《昆仑草》作“况向季智盟”。
〔七〕宕　《昆仑诗选》作“岩”。
〔八〕杜于皇　《昆仑诗选》作“陈其年”。

培风亭冬槐〔一〕

枯条撑屋角〔二〕，余枝聚门阑〔三〕。秋叶落已尽〔四〕，自信天地宽〔五〕。摹写冬槐之跳脱，是有至理存乎其间〔六〕，咏物如此乃深。顾盼理有适〔七〕，爱此形影端。有时寒月起〔八〕，或来门外看。陶句。干洁宜如此，持兹心想欢〔九〕。一槐耳，爱其端节，且从门外来看，奇人行径，自是不同。

【评语】“干洁”二字说冬槐，确妙。王贻上

“枯条撑屋角，余枝聚门阑”，刻镂突兀，妙在起句，入中幅便不奇。黄心甫

【校记】

〔一〕《昆仑草》此诗题为《魏进士培风亭冬槐》。
〔二〕枯条撑屋角　《昆仑草》作“门进离一步”。
〔三〕余枝聚门阑　《昆仑草》作“槐枝加客冠”。
〔四〕秋叶落已尽　《昆仑草》作“空冻全舒日”。
〔五〕自信天地宽　《昆仑草》作“势若安于阑”，句后另有“经次嵩垒路，奇情识者难”一句。
〔六〕是　《昆仑诗选》作“似”。
〔七〕顾盼理有适　《昆仑草》作“余亦方散人”。
〔八〕起　《昆仑草》作“寝”。
〔九〕欢　《昆仑草》作“观”。

感　梅

见汝悟时艰〔一〕，荣华向冬月。借梅寓意，悲共晚遇。南枝感激生〔二〕，将梅说得有心，更妙！北枝亦清越〔三〕。徂落道弥尊〔四〕，辞群志犹揭〔五〕。孤清之极，可赏在此。零雪纷下颓，微风鸣弗歇。坎轲合幽栖〔六〕，"合幽栖"接在"坎轲"之下，故妙！悇憛雕壮发。静夜生愧悔〔七〕，对如尝不曰〔八〕。静夜思，惟实有不可告语者，对梅付之嘿然，高人心事，全无隐讳。丈夫非无知〔九〕，宅情与汝竭〔一〇〕。所悦炜烁时，不易清坚骨。只高抬梅，妙在不说自己。

【评语】起五字蓦头一捧，通身汗下，是大导师。黄心甫

怀寄冷峻〔一一〕，《感遇篇》耶？《行路难》耶？杜于皇

【校记】

〔一〕汝　《昆仑草》作"尔"。

〔二〕感激生　《昆仑草》作"层递开"。

〔三〕清越　《昆仑草》作"力发"。

〔四〕徂落道弥尊　《昆仑草》作"世冷弥自立"。

〔五〕辞群志犹揭　《昆仑草》作"寡客香不没"。

〔六〕合幽栖　《昆仑草》作"恋贫身"。

〔七〕生愧悔　《昆仑草》作"面尔坐"。

〔八〕对如　《昆仑草》作"阖口"。

如　《昆仑诗文合集》《昆仑诗选》作"汝"。

〔九〕丈　《昆仑诗选》作"大"。

〔一〇〕汝　《昆仑草》作"尔"。

〔一一〕怀寄　《昆仑诗文合集》作"寄怀"。

马玉荀铨部太君屡相迎不到其弟既释褐宜沾禄贵重矣顾就养太君里中未仕马公乞诗纪之〔一〕

冠盖盛京华，攀轮鸣得意〔二〕。委身重妻子〔三〕，恐非平生志。妻子具而孝道衰，读之汗下。阿弟谢轩墀〔四〕，遗荣有余嗜〔五〕。不因三釜养，何独与人异〔六〕？马公莅南曹〔七〕，念母苦不置。长跪接素书〔八〕，十迎邈不至〔九〕。妇人惜家园，烂漫居常事。久宦致违亲，恍惚如梦寐。将妇人惜家园不肯即来说得极等闲，而人子思慕之情至于梦寐恍惚，波澜顿跌，愈松愈紧。诏许膺翟茀，苍茫佩君赐。起跪再致辞〔一〇〕，忠孝理不二〔一一〕。独有无家难，何以云不匮？愿以许身愚，批鳞求上治〔一二〕。进退各有节〔一三〕，家声幸不坠〔一四〕。结处双挽有力。

【评语】 至信之言〔一五〕，忠孝一致，惟老杜言之有味，读此令人感泣，觉李令伯《陈情表》俱可不必。杜于皇

【校记】

〔一〕《昆仑草》此诗题为《吏部马玉荀先生迎养大夫人不至其弟未就殿试随侍里中命同社为诗纪之》。

〔二〕攀轮　《昆仑草》作“逐客”。

〔三〕委身　《昆仑草》作“男儿”。

〔四〕谢轩墀　《昆仑草》作“换青衫”。

〔五〕遗荣有余嗜　《昆仑草》作“好手未策试”。

〔六〕何　《昆仑草》作“胡”。

〔七〕莅南曹　《昆仑草》作“在吏曹”。

〔八〕长跪接素书　《昆仑草》作“问母来何时”。

〔九〕十迎邈不至　《昆仑草》作“十迎不一至”。

〔一〇〕起跪再致辞　《昆仑草》作“览揆弟称觞”。

〔一一〕忠孝　《昆仑草》作“远近”。

〔一二〕求　《昆仑草》作“来”。

〔一三〕进退各有节 《昆仑草》作“或者慰母心”。

〔一四〕家声幸不坠 《昆仑草》作“消息时时自”。

〔一五〕信 《昆仑诗文合集》《昆仑诗选》作“性”。

北平除夕怀弟坦之〔一〕

流景判须臾〔二〕，客心危恐知〔三〕。苦在不敢知，不独有斯迈斯征之意。情愁薄天汉，世事良足疑〔四〕。大酺臻新岁〔五〕，去日弗羁縻〔六〕。人往所有返，历易难可为〔七〕。从来除夕诗被“难可为”三字包尽。飙尘忽及老，荡涤赴前期〔八〕。“赴前期”苦矣，“荡涤”二字更苦，妙！妙！凛凛互代谢〔九〕，四时更不移〔一〇〕。弱弟习柔翰，梦吐凤凰奇。蛟龙入我怀，控引天地思。临歧奋分手〔一一〕，坎壈怨阿谁。紫苔漫岱舆，千岁亦不饥。遥香子如薏，仙人乃采之。困贫守兹晷，安得恒少时。忽而文翰，忽而仙人，若断若续，情思缥缈，古诗之妙往往若此。

【评语】少陵喜晴诗，叙及桑麻妇女，忽云“千载商山芝，往者东门瓜”，离合之妙，波澜莫二。王贻上

古诗用生用拙，自工部以后绝响，时人不肯为，繇不能为，使之读此诗决不能解其妙，微公，吾谁与归？杜于皇

【校记】

〔一〕《昆仑草》此诗题为《都门除夕怀弟》。

〔二〕判 《昆仑草》作“断”。

〔三〕心 《昆仑草》作“子”。

〔四〕世事良足疑 《昆仑草》作“怪杀世上儿”。

〔五〕臻 《昆仑草》作“拉”。

〔六〕去 《昆仑草》作“旧”。

〔七〕易 《昆仑草》作“移”。

〔八〕荡涤赴前期 《昆仑草》作“坎轲予抱悲”。

〔九〕凛凛互代谢 《昆仑草》作“踌躇恋片刻”。

〔一〇〕四时更不移 《昆仑草》作“攒崒恨两眉”。

〔一一〕临歧　《昆仑草》作“双双”。

赠蒋虎臣太史

自惜生侧陋，无因陈四科。吏道又苦拘，闻见何由多。邂逅亲君子，论议如悬河。谓得展殷勤，轩车数来过。契阔忽已久，日月空蹉跎。昨来山有信，体中颇清嘉。叶。著书有余闲，真诀得茅家。叶。神仙可坐进，养寿节松霞。叶。此言岂予欺，此乐胜鸣珂。真正知己必欲养其身以有用，故相信之深，不可当作一段冷话。踌蹰为君念，再世承恩波。虽曰无宦情，其如主眷何？代为筹度，所谓爱君且欲君先达也，养其身以有用，正在于此。中朝正侧席，旦夕还銮坡。顾予思请益，预恐闻骊歌。

【评语】规模机轴，全似储光羲。黄俞邰

歌、麻二韵，古人通用，坡公古义尚然，今人绝无通者，不知《韵经》之故耳。方尔止

与颜、谢相逐，正未知谁为后先。何雍南

赠王贻上司理 三首

春风来清江，吹彼泽中兰。芳草日堪把，相望隔长澜。我岂无舟楫，欲往良独难。寤寐袭芳菲，独立以长叹。公与贻上夹处一江，虽诗筒往来不绝而会面维艰，大江南北倚两公为诗伯，“寤寐”“长叹”，盖道其实也。

【评语】淹婉无声色，而洗濯极净，其追琢之工在字句之外。黄心甫

嘤鸣岂不怀，所愧非同响。黄鸟飞春风，睍睆音下上。翩翩灌木间，百舌安能仿。毛羽本自殊，中心徒养养。淡淡数语，中怀百结。

【评语】音节甚清，然见其厚，不见其清。黄心甫〔一〕

直逼三百篇，奚有汉魏？程千一

大鹏抟风起，万里何逍遥。藐尔深林中，一枝寄鹪鹩。畀栖以俟时，英

雄立身不苟，本末毕见。翻飞愿一朝。自顾终菲薄，焉敢希扶摇。

【评语】八句中凡四转，曲尽抑扬之妙。杜于皇

“嘤鸣”二首全用比体，此法惟汉人有之，即汉诗中亦不多得，仅“新裂齐纨素”“迢迢牵牛星”“洛阳城东路”三首耳。方尔止

【校记】

〔一〕黄心甫　《昆仑诗选》作“陈其年”。

牛首山

金陵朝众山，南峰若拄笏。牛头何嶆崒，皇州俨对越。四语即可抵《牛首山记》，独子美《游山》诸诗差足拟此。晋家南渡时，徽名锡天辟〔一〕。前朝属混一，龙蟠兴也勃。离方象朱鸟，珠宫嵌石窟。何年小辟支，灵鹫标嵂兀。台殿驾空虚，金艭辉日月。朱华永芬芳，瑶草时翕艴。穷目大江外，帆影向空没。语多独诣。右顾指松云，山色苔径滑。灵境拟穷搜，日昃何能卒。怀哉赤县游，灵气岂消歇。忽然宕开，胸次旷然，不受羁绁。何当税尘鞅，岩栖采薇蕨。

【评语】游山诗最嫌涉套，此诗字字为牛首写照，俯仰今昔，恻焉兴怀，他山决难通用。方尔止

游览诗贵领其要，要者势位尚背起止之所在也，贸贸登眺，虽终年同康乐搜凿，犹未梦见耳。黄心甫

【校记】

〔一〕辟　《昆仑诗文合集》《昆仑诗选》作“阙”。

摄山栖霞寺

旧京日芜没，佳丽今可追。披图览名胜，命驾探幽奇。摄山郁东峙，乃在大江陲。孤嶂凌太清，日月互蔽亏。烟崖极登顿，云岫泯参参〔一〕。取景

状势，极其真切。珠宫晨夕梵，天花昼夜吹。奇石抱藤萝，高涧泻污池。乔松响春朝，飞藿聚秋蓠。施鸟及鸥凫，奔兽来麛麇。山间好景，须借文人之口形出，不然，虽有好景，如同错过。樵隐虽不同，风雨良在兹。缅怀明居士，更忆江总持。舍宅树逸轨，停山赋新诗。大药岂误人，灵草生有时。舣舟试登岸，东风赴前期。

【评语】摄山者，谓其山产灵草可以摄生也，明居士舍宅为寺，江侍中撰文勒碑，此栖霞本末所当指次，他人游览匆匆，知此者鲜矣！方尔止

有着落，不肯泛泛寓目〔二〕。“樵隐虽不同”“风雨良在兹”二语渊窈，为通篇筋骨，若无此二语，则精神不起矣。黄心甫

写景最幽窅，炼格又最稳切。谈长益

【校记】

〔一〕参参　《昆仑诗文合集》《昆仑诗选》作“参差”。

〔二〕有　《昆仑诗文合集》《昆仑诗选》作“句有”。

竹林寺

夹山疑见古招提，白石青松路不迷。江映高窗双屿出，天围绝顶众峰低。精理画意。时闻猎骑回钟梵，每逐官曹就品题。尝与王贻上游此。拟煮春泉参玉版，城中美酒不教携。寺中禁酒。

【评语】轩翥秀洁，七律中最上一乘，浅学不知其妙。杜于皇

格调全是盛唐，中原七子有其声响，无其气韵。方尔止

虎丘寺

盘空塔势出青林，一阜娱人自古今。四面维舟山路迴，千人听曲石场深。山形来路，指画分明。雉儿化后空狮吼，虎迹潜来但鸟吟。独上峰头望湖海，繁华消歇动悲心。一往情深。

【评语】登虎丘者踵接于路，至其精思秀气发扬透彻，能使山之本领毕见，从来作者应推独步。黄心甫

王贻上尊人五十双寿诗 四首

列朝听履上星辰，锡诰还加对策身。望著东山宜作相，樽开北海正留宾。属对精工。高门尽属朝中贵，大雅方归膝下人。可称有子。更喜齐眉俱黑发〔一〕，是双寿。拟逢十度赋庄椿。

【评语】举止闲雅，自属大家。邹流绮

双寿今朝庆肆筵，四方名彦奏鸿篇。欲知翁媪承颜喜，不离双寿。请看门阑致客贤。庭际晴梅舒近腊，杯中寒月放初弦。点缀有情。白华歌罢由庚继，谩诩仙人赤斧年〔二〕。

【评语】流丽可爱。周兼三

飞来玉羽舞庭中〔三〕，不是扬州致阿戎。庐橘着花看渐白，山矾吐秀爱初红。才着景便自疏秀。承筐珪币华筵盛，满壁文章上客工。思子更登吴观憩，方不泛。遥遥练焉入双瞳。

【评语】即“承筐珪币”“文章上客”着想，自觉高雅。邹流绮

鹊华山色晓烟开，献寿宜倾无算杯〔四〕。子仕绮年方早贵，大快心事。身恬世德又重培。两朝济上声名大，千里淮南祝颂来。金母木公差比拟，到底拈着双寿。玉音彤管共昭回。

【评语】发挥双寿之意却一字不落常径，所以为妙，然非以西樵、阮亭昆季必不能发公之奥衍至此。杜于皇

【校记】

〔一〕俱　《昆仑诗选》作“双”。

〔二〕赤斧　《昆仑诗选》作“遐鹤”。

〔三〕玉羽　《昆仑诗文合集》《昆仑诗选》作“白鹤”。

〔四〕算　《昆仑诗选》作“数”。

咏　菊三首

日子近重九，嗅之觉菊寒。不知风甚冷，但对南山残。此语总束上三句，意甚闲冷，与“悠然见南山”之句同妙。

【评语】此先生少年作，而真气已勃勃动人。林茂之

每叹经时秀，其如朝槿心〔一〕。只此二语，群卉目当见夺〔二〕。不知陶靖节，独有菊成林。

【评语】盛称靖节，正高抬菊处。林茂之

不到南阳谷，焉知青蕊繁。庭前摘短叶，痕绿上阑干。若云“绿痕”，则不妙矣。

【评语】三诗正以散散不着力见高。钱牧斋

幽秀之色，挹之不尽，其思之所入别也。程千一

【校记】

〔一〕其　《昆仑诗选》作“时”。

〔二〕目　《昆仑诗选》作“自”。

施又王过别二首

重过京岘路，此去复何之。游人行径，着此一问，情怀惘然。酒向离亭醉，迟君知几时？说破，更觉凄切。

【评语】流动蕴藉，五言绝当以此等为第一义。油腔涩调皆鄙不足道耳。林茂之

苦爱诗成性，高咏不碍闲。不云“不碍苦”，而云“不碍闲”，正妙。提防秋叶尽，莫度建陵山。两诗末句皆有劝其莫行之意。

【评语】“莫度建陵山”，正欲成其闲适之志耳。林茂之〔一〕

【校记】

〔一〕林茂之　《昆仑诗选》作“陈其年”。

挽乡达二首〔一〕

文献风规尽，阳城失大贤。空余青谷水，流恨在年年。“流”字下得自然。

【评语】老成。孙豹人

谢公闻弃世，谈笑驭霓旌。不厌穷泉苦，是谈笑转语。终怀故国情。

【评语】句短意长。钱牧斋

情随韵永，一往凄怆。程千一

【校记】

〔一〕《昆仑草》此诗题为《代挽乡尊》。

雨花台 二首

高原聊一上，花雨想空蹊。贳酒还青幔，分曹自白题。琢练语，自不可磨。烟销孤塔涌，树尽众山低。奇确。云气苍梧是，风前望不迷。

【评语】“烟销”“树尽”二语，写今日雨花台，曲尽其致，非亲历者不知。方尔止

老树亭何得，荒坟路可寻。曾收七族泪〔一〕，不换一君心。人人意中有此，口中却道不出。野祭来披剃，春祠忆合簪。苍凉。当时同室斗，惨极尚沾襟。

【评语】浑沦不露，情旨郁然。一唱三叹之外，尚有余情，从前作者皆可废却。黄心甫

【校记】

〔一〕七　《昆仑诗文合集》作“亡”。

袁重其轻舟过访

急雨临花在，春心亦自添。雨急而花仍在，故“春心亦自添”也。一“在”字引人入胜。帆轻冲驿至，烟晓得风占。一“占”字写风烟入神。见友时分惠，为

官俸独廉。皋桥他日往，访客下丹檐。

【评语】喜其来，计其往，使人感激。王贻上

题张山人像

楚山不可尽，逸思在挥毫。山人以书名。松势多新态，琴声入大涛。寒云时卧石，宝剑暗随绦。即景布语，皆佳。似得棋中趣，飞鸣向九皋。山人于棋，有“积薪”之誉。

【评语】事虽切景，诗自洒脱。林茂之〔一〕

【校记】

〔一〕林茂之　《昆仑诗选》作“陈其年”。

挽张洪宇总戎太君

飓风吹波翻海县，鯨鲵腾陆天地眩。帝遣天丁鼓雷电，致诛水怪坤轴奠。先师精卫天一方，口衔木石不相当。独遗阿母啼望羊，委驱泥沙甘绝肮。鲸鲵逃遁不敢将，海若哀之诉帝傍。太君死于寇氛，故极力行容〔一〕，生气犹在。百神招魂下大荒，乐奏钧天鸣凤凰。神之来兮何洋洋，身虽殒兮寿无央。行助厥子夙愿偿，哀哉阿母名芬芳。

【评语】结响悲壮，极抑扬转幻之妙，非长吉鬼语所能仿佛。杜于皇〔二〕

别有声光震撼于字句之外。谈长益

怆凄中具有激昂之势。何雍南

【校记】

〔一〕“行”　《昆仑诗选》作“形”。

〔二〕杜于皇　《昆仑诗选》作“陈其年”。

代孙皇符寿弟伯子 时伯子尊人孙兴公先生官刑部侍郎〔一〕

顾眄天涯弟与兄，榴花宫含映人明。百年侍养天伦乐，一日玄文彩气生。酒近南山争既醉，身依北阙可求名。娇歌急管当延发，雪藕胶梨事事清。

【校记】

〔一〕此诗据《昆仑草》补。

代寿李鸿胪太夫人之作〔一〕

觐帝初面出未央，彩衣新着宴高堂。翠涛满酌金螺重，嵩饭频闻玉屑香。郑母治家惟尚肃，柳庭训子定须昌。只教注算三千岁，自有长生不老方。

【校记】

〔一〕此诗据《昆仑草》补。

和李台辰饮集莲池〔一〕

司马园亭古，山公意复倾。抚琴流水共，落日暮云平。醉把宜城酒，歌翻子夜声。玉仪逢早夏，缃叶更扬清。

【校记】

〔一〕此诗据乾隆五十五年版《武乡县志》补。

归安烈女顾季繁许字乌程张九彰未及结离彰病死烈女闻讣投缳从一以终〔一〕

憔悴情伤事已非，三春血泪损腰围。薄眉京兆何曾见，破镜灵墟竟未归。不谓雉经从葬地，偏教玉貌负鸳帏。百年易尽身须死，零落残红到处飞。

【校记】

〔一〕本诗据《南亭诗钞》补。

赠石艾杨丕显〔一〕

芒鞋布袜雨萧萧，有客登临逼九霄。奉药仙人金象在，吹笙王子玉京招。华阳铁镜千株杏，曲长军书万里桥。不信真文兼秘略，几时横槊向嫖姚。

【校记】

〔一〕本诗据《南亭诗钞》补。

宣州旅舍 十首〔一〕

寂寂闲园卸宠珍，不堪蹇谔附王臣。谁知一觉宣州梦，还作宣州陌上人。

玉簟风清百尺楼，琐窗无计挽离忧。渭城草色年年见，不共桃花逐水流。

永丰柜柳下成溪，栽向城傍漆水西。日日行人桥上度，不教旋马过长堤。

春风受月上帘钩，卷向空房夜夜幽。黄卷已辞丹凤阙，薜萝不用苦相留。

归心一片向皋狼，愁见流莺又过墙。莫道不归归未得，密云天际雨茫茫。

一样春风送碧蹄，南风何紧北风低。不知绣谷人千里，望断河阳日已西。

不怨陶钧应物偏，刻廉自许在林泉。食荼虽苦犹堪饱，无奈秋声到耳边。

去年丛菊在园东，梓里清芬色色同。旅服未成秋已尽，教人空自忆花红。

磬玉峰阴剧雨来，雨余佳气郁崔嵬。山间麋鹿时时有，何事经年不放回。

自是经冬叶渐收，飒风吹尽叶还留。无端落木缘何事，忽忽征人泪欲流。

【校记】

〔一〕本诗据《南亭诗钞》补。

诗　余

《衍愚词》序一

客岁秋，予过京口，读昆仑程先生诗文若干篇，尝为序。今夏留广陵家，桴庵携一编适予旅馆，曰：“此昆仑先生所作词也，颜曰《衍愚》，曷再为之序？”予曰：“先生之于词也，颜曰《衍愚》，其义何居？意先生以诗文名天下，复工于词，生平既不能自藏其美，为举世之所炫鬻，又不欲以贤智先人，故托之以愚欤！然贤智之于人也，不以不先于人而或加后。譬诸珠之生于渊，玉之藏于石，茝兰之长于空谷，何尝有人之见者存也？而珠玉茝兰之贵，夫人而求之矣！然中有狂瞽者惑焉，乱人之耳目知识者多矣！夫人之辨珠玉也，用目，辨茝兰也，兼用鼻，而狂瞽者止用耳。乡里小儿不知狂瞽之为狂瞽也，听其指珠玉茝兰而鱼目碔砆萧艾之，则亦鱼目碔砆萧艾之而已。听其指鱼目碔砆萧艾而珠玉茝兰之，则亦珠玉茝兰之而已。虽其为珠玉茝兰也，自若不以狂瞽而夺，然而鱼目碔砆萧艾之乱于世，君子于此，不无人心世道之惧焉。先生于诗、古文、词，既善兼长，而又不欲以贤智先人，以愚自名，则先生之为先生也，自若固可谓之贤且智矣，而先生不以自居，犹珠玉茝兰之使人求而自得之也。虽然，予则谓如先生者，又何不可以贤智先人也耶？

时康熙丁未端阳后五日大蓬道者孙金砺介夫氏漫题于广陵旅次

《衍愚词》序二

昔人谓韩退之以文为诗，今观其诗，泱泱也，虽柳之以诗为诗者，无以过也；谓苏子瞻以诗为词，今观其词，琅琅也，虽黄与秦之以词为词者，无以过也，为其才大，故无不宜也。昆仑以文章名海内，乃点笔为诗，诗工，倚声为词，词又工。其《衍愚词》四十余篇具在，试取而读之，纵复专家独诣，能远过乎？是以词求昆仑，雅不足以尽昆仑，亦可以见其才大而无不宜矣！仆更有异焉。古来工文者，退之之前莫尚班马，班则犹有《明堂》《宝鼎》诸诗，子长不闻也，是工文者不必尽兼诗也。古来工诗者，子瞻之前莫尚李杜，李则创为《菩萨蛮》《忆秦娥》诸词，子美不闻也，是工诗者不必尽兼词也，即其莫尚者，且有然矣！吾闻大江以南之尸祝昆仑也，于其文合某某四家而奉之为大家，于其诗合某某十家而奉之为名家，出其余为词，而又为专家独诣之所不能过如此，此岂区区兼人之目足用褒赞欤！若夫絜温较韦，拟柳比周，仅操词家之说以相衡量，抑愈陋矣！仆故略而弗述也。

济南王士禄西樵撰

小　令

南柯子·春郊

岸草低新涨，山花压短墙。浅浅景自佳[一]。行逢满担冷淘香，安得垆头沽酒醉斜阳。

【评语】牛衣古柳卖王瓜，情致仿佛。王西樵

只是道得出，若眼前有景道不出，正使穷搜苦索，亦复何用？黄心甫

【校记】

〔一〕批语据《自课堂集·诗余》补。

捣练子·秋情

人寂寞，路弥漫，薄衫临镜影儿寒。人似霜华容易老，情舍无限〔一〕。夕阳先怯水晶盘。

【评语】“夕阳”句写秋情入微，觉人人有此感。王西樵

讽咏生怜。陈其年〔二〕

【校记】

〔一〕批语据《自课堂集·诗余》补。

〔二〕陈其年　《自课堂集·诗余》作“杜于皇”。

渔父·梨花

寂寞梨花带雨香，轻风不动意难偿。云易老，事多妨，片片惊飞忆故乡。

【评语】“轻风不动意难偿”摹写入骨。黄心甫

如梦令·对菊

今日酒清花瘦，欲语无言时候。与菊花无言，人淡如菊，语意自别〔一〕。恨重不禁愁，亏煞菊花独秀。掩逗，掩逗，〔二〕也得玉盘长守。

【评语】“欲语无言时候”，是菊开时的景意。“酒清花瘦”四字亦名隽。王西樵

词口合则无不合，此词家三昧也。王阮亭〔三〕

【校记】

〔一〕批语据《自课堂集·诗余》补。
〔二〕掩逗，掩逗　《自课堂集·诗余》作“奄逗，奄逗”。
〔三〕王阮亭　《自课堂集·诗余》作“杜于皇”。

长相思·望焦山

上金山，望焦山。潮没平沙涌翠鬟，芦洲断一湾。确当不易之语〔一〕。白云还，白鸥还。两岸人家烟水间，西风片舸悭。

【评语】大有羽扇纶巾之趣。王西樵

似张志和一辈人，视白香山“汴水流，泗水流”，又是一调。陈其年〔二〕

胜情高寄，如孟参军命驾时。邹程邨

数语耳，直可当《焦山图记》。何雍南

【校记】

〔一〕批语据《自课堂集·诗余》补。
〔二〕陈其年　《自课堂集·诗余》作“杜于皇”。

长相思·秋夕

暮天晴，暮潮平。一片红霞水底明，渔舟入浦轻。妙在“轻”字〔一〕。凉吹生，夕露清。嘹唳长空早雁声，寒衣催未成。

【评语】隽冽如读昆仑子诗。王阮亭

精神都在两结句之上。施又王

【校记】

〔一〕批语据《自课堂集·诗余》补。

感恩多·闺情

莫为南浦别，天上真愁绝。愿依桃李枝，复芳思。芳思依桃李，妙想天开〔一〕。　　倩取莺鸣蝶舞，傍香围〔二〕。要得怀归，何如休乱飞。较“东邻双翅垂”，思更苦，情更妒〔三〕。

【评语】情不知其所起，一往而深。王西樵

温香泥人，个中探讨，要自不浅。杜于皇

直从极微处写出无限幽艳，因知浅思肤解者未许言情。程千一

【校记】

〔一〕批语据《自课堂集·诗余》补。

〔二〕据词牌格律看，此处少“傍香围”三字。

〔三〕批语据《自课堂集·诗余》补。

相见欢·怀人

天边娇鸟衔红，锦堂东。三字接上引下〔一〕。愿掷芳心将去过帘栊。芳心非可掷之物，且难将去，不必胶柱，正妙〔二〕。　　添罗袂，游轩砌，玉玲珑。曲曲深深肠绕画屏中〔三〕。

【评语】“掷”字从古诗“卖眼掷春心”来，造语尤缥缈。王西樵

淡淡说来，却自情至。陈其年〔四〕

一段深情逸韵，不可方物，掷却心去，幻理奇趣。谭公子

【校记】

〔一〕批语据《自课堂集·诗余》补。

〔二〕批语据《自课堂集·诗余》补。

〔三〕肠　《自课堂集·诗余》作“赐”。

〔四〕陈其年　《自课堂集·诗余》作“邹流绮”。

长命女·咏燕

天欲晓。待卷珠帘飞去小〔一〕，妙在“小”字〔二〕。碧瓦参差皎。　看窗前人睡起，细语檐前声悄。等得双飞双去杳，绰约风光早。

【评语】“细语檐前声悄”数句，较前人如说“与亡斜阳里”反觉含蓄，足耐寻绎。孙介夫

“小”字押韵佳。黄俞邰

【校记】

〔一〕帘　《昆仑诗文合集》中无此字。

〔二〕批语据《自课堂集·诗余》补。

生查子·旅夜闻雁

壁月广庭辉，雁度人声静。为想稻粱谋，出户看联影。　寒入小窗虚，“入”字因“虚”字生来〔一〕。灯暖孤檠冷。倚枕听哀音，一夜悲蓬梗。

【评语】凄切处稼轩不能及。陈其年〔二〕

【校记】

〔一〕批语据《自课堂集·诗余》补。

〔二〕陈其年　《自课堂集·诗余》作“邹流绮”。

蝴蝶儿·咏蝶

蝴蝶儿，闹春闺。单飞不称阿娇思，开窗欲问谁〔一〕？“不称思”“欲问谁”，要领“单飞”二字，一气读下，方知其妙〔二〕。　怎似园中见，天光花影随。有情应许粉墙知，东邻双翅垂。“双翅”在“东邻”，可悲在此〔三〕。

【评语】篇意从少陵“俱飞蝴蝶元相逐”七字变出。王西樵[四]

通首结构在“单飞”“双翅”四字上，顺口读过则失之千里矣！王阮亭

【校记】

〔一〕开　《自课堂集·诗余》作“问”。

〔二〕批语据《自课堂集·诗余》补。

〔三〕批语据《自课堂集·诗余》补。

〔四〕此条评语据《自课堂集·诗余》补。

春光好·咏杏

梅靥碎，柳眉颦，艳阳春。正是鸠鸣蓬屋，不嫌贫。似与咏杏无涉，插入自妙[一]。　玄燕初窥粉脸，黄莺不及芳晨。绛趺千树仙人宅，总含仁。

【评语】“蓬屋”句妙于唐温宪“鸠鸣屋脊春”语，以之咏杏，尤得旁衬之妙。王西樵

小令中自有古调，此等是也，今人不知久矣！杜于皇

【校记】

〔一〕批语据《自课堂集·诗余》补。

点绛唇·咏草

春色朝朝，闲花遍野愁春树。欲寻知故，满地王孙路。　堪恨萋萋，一径和烟住。青无数，三字接的陡甚[一]。连天朝暮，寂寞将愁付。

【评语】“青无数”三字简妙，是咏草绝顶语。觉昔人“春风吹又生”“南北东西路”等语皆不及。王西樵

“一径和烟”二句，有风情，有摇摆，个中三昧。孙介夫

措思设景，仓皇奔注，使人不得停口住目而意态相逼而来，真是绝调。陈其年[二]

【校记】

〔一〕批语据《自课堂集·诗余》补。

〔二〕陈其年 《自课堂集·诗余》作“林茂之”。

菩萨蛮·咏《青溪遗事》画册和阮亭程邨作 八阕

乍 遇

小姑居处朱楼起，鸟啼声隐杨花里。香气出罗衣，能留蛱蝶飞。“能留”二字将香气看得重，故妙〔一〕。 远山青可见〔二〕，绣领遮团扇。小立看鸳鸯，心怜浴故双。妙在“故”字，将鸳鸯说得入情〔三〕。

【评语】气体古，甚似从六朝小乐府中变出。王西樵

语微入妙，又似有一种至理存乎其内。噫！天下非大文人未易与之言情也。黄心甫

轻婉葱茜，吹气若兰。何雍南

【校记】

〔一〕批语据《自课堂集·诗余》补。
〔二〕山 《自课堂集·诗余》作“出”。
〔三〕批语据《自课堂集·诗余》补。

弈 棋

曲廊幽砌丁香吐，千言一默眠鹦鹉。空局与郎棋，无嫌着子迟。当是作态〔一〕。 棋争先后手，局外防多口。曲尽女郎情性〔二〕。不定恼纤儿，回嗔纳子时。

【评语】“空局”二句，绝似《子夜歌》。王西樵

“回嗔纳子时”五字隽妙痴情，娇态煞是可想。孙介夫

在弈棋之情态上着眼，甚妙。林茂之

【校记】

〔一〕批语据《自课堂集·诗余》补。

〔二〕批语据《自课堂集·诗余》补。

私 语

桐花满院浑疑雪，疏枝影浸闲庭月。人映月娟娟，清阴并辨肩。夜乌飞未倦，暗识裙花茜。“私”字画出，妙，妙〔一〕。细语合谁闻，还应帐底人。明明道破，反妙然到底，使人不可得而闻〔二〕。

【评语】“人映月娟娟”五字幽靓，后段模写私语入微，亦从唐人“细语人不闻，北风吹裙带”脱胎。王西樵

情词最忌尘腐，如此濯尘冰壶〔三〕，方可谓之佳丽耳。杜于皇

【校记】

〔一〕批语据《自课堂集·诗余》补。

〔二〕批语据《自课堂集·诗余》补。

〔三〕尘 《自课堂集·诗余》作“魄”。

迷 藏

踏青已谢园林近，新妆自饰鸦雏鬓。女伴自迷藏，轻衫逐吹凉。贴“迷藏”上自切〔一〕。衣香防巧逻，暗向蔷薇躲。较“香气出罗衣，能留蛱蝶飞”更觉新颖〔二〕。窥丛见好枝，矜新插鬓丝。如此体贴，是精细人〔三〕。

【评语】“衣香防巧逻”，可谓巧思。王西樵

情生于景，知此者可语填词矣。陈其年〔四〕

【校记】

〔一〕批语据《自课堂集·诗余》补。

〔二〕批语据《自课堂集·诗余》补。

〔三〕批语据《自课堂集·诗余》补。

〔四〕陈其年 《昆仑诗选·诗余》作“王贻上”，《自课堂集·诗余》作“王西樵”。

弹 琴

秋风袅袅飘梧叶，博山炉内沉香爇〔一〕。绿绮手中弹，挥弦白雪寒。

明珠声一串，变作英娥怨。忽作变调，妙〔二〕。风雨暗潇湘，哀音应指长。

【评语】“挥弦白雪寒”、“哀音应指长”句意闲永，词家习气淘洗一尽。陈其年〔三〕

弹琴图画不出者，此则以微思冷致写出之。程千一

【校记】

〔一〕蓺 《昆仑诗选·诗余》作“热”。

〔二〕批语据《自课堂集·诗余》补。

〔三〕陈其年 《自课堂集·诗余》《昆仑诗选·诗余》作“计甫草”。

读书

纱窗然蜡摇风竹〔一〕，摊书微解咿唔读。奈是语应人，行间一处频。看想俱别〔二〕。 移时即对面，伴剧题纨扇。讵忍不回头，青灯暂欲休。妙处俱在言外〔三〕。

【评语】极钟情语〔四〕，出之极冷，所以妙。王阮亭

妙。陈其年

【校记】

〔一〕纱 《自课堂集·诗余》作“妙”。

〔二〕批语据《自课堂集·诗余》补。

〔三〕批语据《自课堂集·诗余》补。

〔四〕钟 《自课堂集·诗余》,《昆仑诗选·诗余》作“种”。

潜窥

常惊娇艳肤如雪，中庭顾兔分明月。物性惬雌雄，含情倚户窥。无人谁见惯，如此方能饱看〔一〕。何谓檀郎看。浅靥发红潮，回头理翠翘。

【评语】娇羞无语，正难为情。林茂之

惊疑惝恍，曲尽情致。王西樵

【校记】

〔一〕批语据《自课堂集·诗余》补。

秘 戏

残灯淡月肱环玉，朱颜一色分鬟绿。绡帐懒教垂，低声双笑时。观双笑则懒垂，亦应双指，而秘戏已在不言之表矣，妙，妙〔一〕。　　飞花粘屈戍，火齐宁容睹。明镜晓窗中，枕痕深更红。

【评语】模写处似从《焚椒录》中得来，“明镜”二句亦有味外味。王西樵

情在境中，注脚不得。黄心甫

【校记】

〔一〕批语据《自课堂集·诗余》补。

巫山一段云·宋玉

十二峰头小，云踪尽可怜。峰峰低度枕函边，实叙，的妙〔一〕。宋玉也难眠。　　湿透高唐馆，分题梦雨篇。山高云重阿谁怜，两押“怜”字，不碍其佳〔二〕。朝暮说神仙。

【评语】“峰峰低度枕函边”说得旖旎亲切。王西樵

“云踪尽可怜”是泛言，“山高云重阿谁怜”是指人言，各有其妙。林茂之

【校记】

〔一〕批语据《自课堂集·诗余》补。

〔二〕批语据《自课堂集·诗余》补，《自课堂集·诗余》批语中本为“邻”字，据词句当为“怜”字。

卜算子·题袁重其《侍母弄孙图》

大孝古来难，谁与袁生伍。堂上萱亲八十龄，犹作斑衣舞。　　善事吉祥来，春暖慈颜喜。拟使佳儿习父风，老大能如此。是大快心事〔一〕。

【评语】后段换韵，是花间遗法。王西樵

正以轻清见长。周兼三

【校记】

〔一〕批语据《自课堂集·诗余》补。

山花子·岁暮阮亭过京口用其见寄韵〔一〕

日暮江楼鼓角鸣，帆开驿路引笳声。十里回舟冰雪夜，尾舟行。
已订泊船三日计，相思彻夜二毛生。预恐归程方逼岁，有此句，下句方妙〔二〕。
过江城。

【评语】好在“尾舟行”“过江城”六字〔三〕，押得有味。钱牧斋

【校记】

〔一〕《昆仑诗选·诗余》《自课堂集·诗余》题为《山花子·岁暮阮亭过京口用其见寄来韵》。

〔二〕批语据《自课堂集·诗余》补。

〔三〕《自课堂集·诗余》“尾舟行”“过江城”后无“六字”二字。

朝中措·平山堂同阮亭次欧公原韵

千山晴色绘秋空，云影大江中。昔日遗踪何处〔一〕？只余白草悲风。
踯躅四顾，荒城落照，破寺疏钟。八字多少感慨〔二〕。风物向南差胜，江湖却羡渔翁。

【评语】胸中眼中，出脱一切。谭公子

如鹤唳秋空，当在六一、东坡之右。陈其年〔三〕

【校记】

〔一〕踪 《昆仑诗选·诗余》作“迹”。

〔二〕批语据《自课堂集·诗余》补。

〔二〕陈其年　《昆仑诗选·诗余》《自课堂集·诗余》作“杜于皇”。

海棠春·闺词同阮亭程邨作四阕

晓　妆

轻风暗触珠帘响，起语即俊〔一〕。琼户悄、琉璃结网。映镜耀新妆，珠色波中漾。　髻梳学就芙蓉样，逞浅靥、倾城相赏。眉翠串长鬘，留着修张敞。

【评语】温柔旖旎。黄俞邰

【校记】

〔一〕批语据《自课堂集·诗余》补。

午　睡

夜衾香汗眠难足，钩绮障、北窗肱曲。娇靥梦欢开，绣隐芙蓉褥。　袜围新剥鸡头肉，移昼漏、簟文生玉。“芙蓉褥”“簟文生玉”衬出佳丽〔一〕。鬟腻落芳兰，顾景南檐竹。

【评语】顾景檐竹，岂睡尚未足耶？陈其年〔二〕

【校记】

〔一〕批语据《自课堂集·诗余》补。

〔二〕陈其年　《自课堂集·诗余》作“林茂之”。

晚　浴

日移凉散疏梧影，飞的的、绮寮萤醒。珠汗顪兰汤，坐定冰肌冷。　当檐明月团如镜，扇新浴、香奁徐整。茉莉馥微风，旋欲烹茶饼。清事〔一〕。

【评语】铺叙晚浴始末，细心之极。顾茂伦

【校记】

〔一〕批语据《自课堂集·诗余》补。

夜　坐

梧桐露下疑疏雨，掩鱼钥、遍听砧杵。未疑向宵床〔一〕，凄切阴虫语。此境不堪〔二〕。　雁声嘹唳横天去，更地近、池塘蟆鼓。不寝忆良人，何处闲挥麈。

【评语】虽是夜坐，都叙到难寐处，此争上流之法。林茂之

【校记】

〔一〕疑　《昆仑诗选·诗余》《自课堂集·诗余》作“拟”。

〔二〕批语据《自课堂集·诗余》补。

柳梢青·海棠

春醉如醒，并芳连蒂，一样将迎。雨到含珠，风来舞翠，分外轻盈。

搴芳莫妒红裙，色占尽、名香暗轻。池内菱妆，楼前飞燕，的的倾城。“菱妆”“飞燕”，点缀人好〔一〕。

【评语】从来咏海棠者，无此摹拟。林茂之

【校记】

〔一〕批语据《自课堂集·诗余》补。

中　调

西江月·秋霖

绿野沄沄浅浪〔一〕，连天阵阵飞涛。荒天无计问游敖，憔悴一年花草。花草关心，正复不浅〔二〕。　帐冷芙蓉残梦，声声入耳萧骚〔三〕。无花无酒坐南

皋，啼鹬数来初晓。

【评语】 音节甚遒。王西樵

正自牢骚。陈其年[四]

【校记】

〔一〕沄沄　《自课堂集·诗余》作“弥弥”。

〔二〕批语据《自课堂集·诗余》补。

〔三〕入耳萧骚　《昆仑诗选·诗余》《自课堂集·诗余》作“慢入仙操”。

〔四〕陈其年　《自课堂集·诗余》作“杜于皇”。

燕归梁·劝酒

花谢残香不上枝。着意追随。一回欢笑一回思。杯在手、莫推辞。

破除万事前期远。金波动、锦云吹。全凭绿蚁浸玻璃[一]。休冷落、好花枝。丁宁语佳[二]。

【评语】 如听杜娘《金缕》。王西樵

似黄九，又似放翁，可谓当行。王阮亭[三]

多少商量，无穷爱惜，唤醒痴迷。孙介夫

【校记】

〔一〕玻璃　《自课堂集·诗余》作“坡璃”。

〔二〕批语据《自课堂集·诗余》补。

〔三〕王阮亭　《昆仑诗选·诗余》《自课堂集·诗余》作“杜于皇”。

望远行·春望

春日愁来人未来，携酒花林几回。鳞鸿多计语多才，凉沙过尽又崔嵬。

休怅望，溯波洄，远水萍花暗猜。“猜”字奇[一]。流年流水几时开，愁听孤夜棹歌哀。

【评语】“携酒花林几回”大是隽语。王西樵

幽情苦意，恻恻动人。陈其年〔二〕

【校记】

〔一〕批语据《自课堂集·诗余》补。

〔二〕陈其年　《自课堂集·诗余》作“黄俞邰”。

望江南·西湖 六阕

一

湖上水，两两断桥横。净洗铅华香粉腻，远吹鱼浪玉花明，影破恨浮萍。“云破月来花弄影”，不如此语浑妙〔一〕。　　翻落照，远远暮云平。日上花枝湘女怨，霞明水底茜衫盈，水调学歌声。水调反学歌声，无情说得有情〔二〕。

【评语】“影破恨浮萍”“水调学歌声”为西湖写照，可使游人阁笔。林茂之〔三〕

【校记】

〔一〕批语据《自课堂集·诗余》补。

〔二〕批语据《自课堂集·诗余》补。

〔三〕林茂之　《昆仑诗选·诗余》作“陈其年”。

二

湖上酒，箫鼓倍琼卮。画榜不教空月色，流杯莫负好花枝，潋滟六桥澌。　　生事小，买笑及芳时。“及”字应“小”字，妙〔一〕。花病阑珊将醉解，春愁瘦减畏容知，绿蚁印平池。

【评语】“买笑及芳时”五字自是解人语。王西樵

“畏容”知是“瘦减”，人欺瞒自己处，然实有此境。林茂之〔二〕

【校记】

〔一〕批语据《自课堂集·诗余》补。

〔二〕实　《自课堂集·诗余》作“适”。

实有此境　《昆仑诗选·诗余》作“实有境”。

三

湖上花，朵朵舞轻霞。笑靥有心矜国色，愁肠无那见春奢，飞燕自轻斜。　春梦短，花蕊漫相夸。红雨暗伤翻地锦，紫蕤新折负天葩，无语暮云遮。伤心在不言〔一〕。

【评语】盛衰之感，令人堕泪。黄俞邰

【校记】

〔一〕批语据《自课堂集·诗余》补。

四

湖上风，隐约度江东。怕折柳条双鬓短，愁飞花雨万家红，淅淅过湖中。　恩爱浅，漂泊恨难穷。清响虚徐吹拂拂，翥鸿拉揩怨重重，二语即歌舞形之〔一〕。指顾及芳丛。

【评语】语自婉约，亦如风之善入。王阮亭〔二〕

【校记】

〔一〕批语据《自课堂集·诗余》补。

〔二〕王阮亭　《昆仑诗选·诗余》《自课堂集·诗余》作“林茂之”。

五

湖上云，低亚复氤氲。五字能尽云之态〔一〕。出岫无心丰沛起，凌虚有路肺香闻，工丽可喜〔二〕。暗暖几曾分。　飞去急，心系在余醺。高观凤飞通泽气，重楼曲奏借仙翁，“高观凤飞”“重楼曲奏”，皆是言云〔三〕。锦绣百花文。状云尽妙〔四〕。

【评语】“低亚复氤氲”写湖云入妙，“凌虚”句撰语亦奇丽。王西樵

属对精美，压倒词坛。林茂之〔五〕

【校记】

〔一〕批语据《自课堂集·诗余》补。

〔二〕批语据《自课堂集·诗余》补。

〔三〕批语据《自课堂集·诗余》补。

〔四〕批语据《自课堂集·诗余》补。

〔五〕此条评语据《自课堂集·诗余》补，林茂之　《昆仑诗选·诗余》作“陈其年”。

六

湖上雨，摵摵意何穷。朱鳖出波将破块，高唐离梦亦云浓〔一〕，造语奇极〔二〕。飞糁万条风。挽风云更奇〔三〕。　镜水滑，漠漠对前峰。鱼婢散丝新得润，凫翁触石欲浮空，“散丝”“触石”俱指雨言〔四〕。箫鼓有无中。

【评语】“山色有无中”是平山妙句，“箫鼓有无中”是湖上妙句，可以分擅。王西樵

风流骀荡，可作西湖棹歌。陈其年

六首分别悲喜，体物入情。黄心甫〔五〕

风流骀荡，当作西湖棹歌，永世不易。杜于皇〔六〕

【校记】

〔一〕云浓　《昆仑诗选·诗余》《自课堂集·诗余》作“行云”。

〔二〕批语据《自课堂集·诗余》补。

〔三〕批语据《自课堂集·诗余》补。

〔四〕批语据《自课堂集·诗余》补。

〔五〕此条评语据《自课堂集·诗余》补。

〔六〕此条评语据《自课堂集·诗余》补。

锦堂春·晓起

朝露方收，纤霞乍卷，恰日上帘栊当面。梦初辞，风渐转。看雕梁乳燕，潜窥婉娈。　　占尽风流，玉钩将展，料粉气肌香相间。蝶情慵，莺唤浅。这娇羞意态，要人重见。“承恩不在貌，教妾若为容”，与此参看〔一〕。

【评语】写美人晓起光景，语语入妙，觉柳屯田为俗。王西樵

古诗人不屑作词者，以词尚软媚，诗贵高古，词取纤佻，诗宗浑雅，不但择体不同，亦颇相妨，恐入乎词出乎诗也。先生诗才幽窈，诗骨苍特，似具铁石心肠者。乃拈词温细，摇曳如出两人手，合古今算之，未见第二人也。黄心甫〔二〕

【校记】

〔一〕批语据《自课堂集·诗余》补。

〔二〕此条评语据《自课堂集·诗余》补。

渔家傲·咏荷

小叶平铺枝上早，潆洄绿水光相抱〔一〕。风动来回弥窈窕。尘事少，半天低度蓬莱岛。　　恰好红妆微步巧，欹眠一任轻风扫。对对绮罗依翠葆。人不到，昼长长自愁晴昊。句巧〔二〕。

【评语】幽俊正如雪中鸿影。陈其年〔三〕

【校记】

〔一〕光　《自课堂集·诗余》作“影”，《昆仑诗选·诗余》本句作“潆洄绿水潆相抱”。

〔二〕批语据《自课堂集·诗余》补。

〔三〕陈其年　《昆仑诗选·诗余》《自课堂集·诗余》作“邹流绮”。

声声令·春思

柔风目及，孤鹤横飞〔一〕，无端思绪隐难平。云翘迎气，坐看玉砌苔生，怕却檐花学送迎。　　何处吹笙？心里韵，指间声。断肠容易与谁赓。玉关人远，梦中寻，意难明。君怀莫知，古今同慨〔二〕。拼此夕、斗却心兵。

【评语】求之梦中，又是思量不着一条转计。陈其年〔三〕

【校记】

〔一〕鹤　《自课堂集·诗余》作“雀”。
横　《昆仑诗选·诗余》作“云”。

〔二〕批语据《自课堂集·诗余》补。

〔三〕陈其年　《昆仑诗选·诗余》《自课堂集·诗余》作“林茂之”。

长　调

念奴娇·万岁楼春望

海天春晓，看阴云吹尽，炊烟微白。万岁高楼聊一上，秀色南山堪摘。北固金焦，称雄天堑，渐觉重墉窄〔一〕。顷年镜考，山川遭此奇辟。　　堪笑草草登临，花残柳谢〔二〕，愁思茫茫集〔三〕。孝伯风流曾寄赏，山水依然畴昔。泽国增防，于今普遍，地尽婀戎索。南徐名胜，至此可消兵革。

【评语】浑脱流宕，直可追踪辛、陆。孙介夫

镜考今昔，绰有余情。林茂之〔四〕

【校记】

〔一〕渐觉重墉窄　《自课堂集·诗余》作“渐觉重墉”。

〔二〕花残柳谢　《自课堂集·诗余》作“花柳谢”。

〔三〕愁思茫茫集　《自课堂集·诗余》作“愁怀偏集”。

〔四〕林茂之　《昆仑诗选·诗余》作“陈其年”。

尾犯·秋闺

憔悴怯登楼，螺黛慵匀，粉香暗落。白玉扉中，锁冷文鸳素鹤。罗袖临风愁自此，桃笙过雨凉如昨。恰惊心，应有悲秋，人倚梧桐阁。　　潇湘云水涧，盼短征鸿消耗。泪染红巾，欲寄凭谁托。寒漏迢迢孤枕怨，青灯黯黯同衾约。无情新月，已照到水晶帘幕。

【评语】两段结句都可画。陈其年

桂枝香·润城怀古

吴头楚尾，恰把酒茫茫，凭栏无已。眺望山形依旧，江涛如此。夕阳落遍晴帆远，挂谯楼西风影里。伯符兄弟，寄奴宾客，飞扬飙举。　　凭谁信、英雄不死。但满目苍凉，暮云平矣。虎踞龙争铁瓮，俨然雄势。兵闻北府畴为用，只京口沽来酒美。旗亭月满，夹堤喧市，紫箫声起。

【评语】睹此茫茫，不觉百感交集。陈其年

沁园春·咏梅实

绿暗红疏，江岸繁枝，缀实累累。是种出上林，同心堪羡，结绿云岭，干腊偏垂。调鼎应须，倾筐曾咏，值得殷勤剖摘伊。称奇处，却望林止渴，啖核忘饥。　　当年驿使分携，料重过经心泪满颐。想掷去多情，手香犹染，嚼来何意，齿软如斯。倩女前生，徐娘半老，仿佛青青如豆时。难忘甚？向罗浮梦里，追忆风姿。上林有同心梅，见《西京杂记》。云山之上，其实干腊。吴氏《本草》曰：“梅核能明目、益气、不饥。”“青梅如豆”见词。

【评语】典核词难得如此风韵，倩女徐娘，取辟极新，末说转到花上，尤见情致。王西樵

文 集

《王司勋五种集》序

《诗》三百篇，本诸性情，故君臣之告戒，士女之赠答，郊庙之奏颂，忧谗畏讥之怆恻，春秋聘会，大夫陈述以见志，莫不有诗。然因事感怀，宣郁则止，无专之学；其在后世，始专以诗名家。于是汉有苏、李，魏有曹、刘，唐有李、杜、王、孟、钱、刘、韩、柳、元、白，宋有苏、黄，明有信阳、北地、琅琊、历下诸子，皆以一时并称为美。当时人亦推崇之，以为属辞比类，相得益彰，既非强世之所难能，而又以乐尽乎人之有同量，异曲同工，无所贰焉矣。

乃读诗者，上下于千百余年之间，声响已尽，美刺繇兴，其于苏、李、曹、刘、王、孟，原始考正，先后之间，沿其故名，少所訾议，而信阳、北地，则至于自相牾牾激卬而相稽。其他李之于杜，钱之于刘，韩之于柳，元之于白，苏之于黄，王之于李，论者皆以为不可几及。比之既已非实，不讳而猥居其先，以易天下之视听而并称能言者，遂至于不可尽信。然则大历、元和、元、绍、弘、正、靖、隆，其途屡变而不谋与于西汉、建安、黄初、开元、天宝之盛，方其沉郁，不待铢铢而较之，其势亦可大睹矣。犹曰风俗移易，与时推迁，此得之于异姓则然耳。

若夫伯仲之中，连翩络属，以共驱为能，则璩、玚、机、云之外，不少概见。然而应璩崎岖，牵引事例，应玚和而不壮，机、云饬采色，多觗滞，无流宕之美。倡予和汝，其致固足矜高，苟以责其不足，则尚有憾焉。惟西樵王公之诗，体物备善，其所裒集，自壬辰以至丙午，诗凡二十二卷，诗余二卷，篇章既众，淹通累贯，随方以合其节。当其得意疾书，虽刻烛授简，未若其迅，而贞纯丽秀，得之十年惨淡者，无异与仪部贻上兄弟竞爽，号为杞梓，名闻于天下。

呜呼！人之度越，奚啻霄壤？自昔生材之艰，或累百世而一出，或数十年而后一见，其难得易失如此。即在华疏精粹，同驰畛域，不能兼而有之，以乘势于一时。使公与贻上生不同时，时不同地，地不同姓，玩其诗歌，淳古声俊，可复开元、天宝之盛，犹将叹于慕无穷。而况处同气之间，不离阶除而进得唱酬之乐，退有激发之心，使天下毕赴以张其赫赫之光，岂非卓尔不群者乎？《诗》曰："棠棣之华，鄂不韡韡"，又曰："伯氏吹埙，仲氏吹篪"，声相应也。

【评语】司勋、客部，一时兄弟之盛，雄于天下。此文极论古今，飙发泉涌，激宕如意，此之谓文称其人。施愚山先生

高深苍老，激扬顿挫，直凌欧、苏，西樵、阮亭之诗，得此可并称不朽。方楼冈先生

极沉郁，转掣绝奇，至其论诗处，综核前哲，本末源流毕见，故是千年绝调。陈其年

《历纪》序

今上时乘十载，依放古化，于是虚己侧席，崇经筵、置日讲，间接宴见，以求天下之俊烈。绎堂沈公，以壬辰第三人及第起家，册府分麾，通永久之窟伏，乃上书自明。上闻其名，敕吏部召前，给方絮隃麋，书唐诗甚善，上方求俊烈，再召见弘德殿，问"贤贤易色"章义何在？口画之亡隐，敬事而信，所以安治之道尽卷卷，其暴发为文，务毕其度，务制胜之繇。公悉引申大义以中之。故上数以诗属公，为《召见》五言排律，《经

筵》七言近体，《文王访吕尚图》五言律，《纪遇》五言四十韵，凡六召而迭为进。公产云间，云间固工于诗，而所为诗清醇秀折，如天闲老骥，踣间三寻，伉倢奋竦，即隘为之，期而趋之，迅于注射，与云间诗复异然。

上尝喜书法，自董思白、王觉斯两公而后，当世娓娓无所偶，独数命公书唐诗及巨字，又令踰日专精录汉唐古文二卷以闻。其所书雄强拂蔚，因态为变，震动殊纵，故交错比董、王矣。

公素有赫赫之誉，临事尊重，勋业卓尔，论者以为方之前古，若贾谊、司马相如、柳公权、李白、吕文仲、王著、葛端辈，虽备顾问待便殿，要人各位其一长，惟公必备善乃已。上廉其能，令吏部更持议，复其秩如故，而先后所赐赉貂裘茶缎，意良厚。于是公连其事纪之，恐迟之或有所遗忘，受华名而忽圣泽，且无以示后人也，因请予引其端。予小臣数奇，无路见天子，今得公遇会处际之余晖，侧名于其间，即沾微秩。傥不附青云，亦何能躬睹其盛哉！董思白，名其昌，亦云间人。

【评语】胚胎秦汉，直可俯视韩柳。宋荔裳

叙事中奕奕生动，使人读之惟恐其易尽，自非太史公无此手笔。陈其年

《卖舡行》叙

昔陈季卿寓青龙寺，视竹叶为舟，泛江西斋，以为盛事。而欧阳永叔自汴绝淮，浮大江抵巴峡，计其水行几万余里，归而治其燕私之居，名之为“画舫斋”，有似乐于舟居者，何哉？

盖天下倜傥智计之人，往往飞舻击楫，以发其参辅奋荣之气。及其居幽处独，犹不能忘其势，固然也。宛陵愚山施公监司潮西六载，凌霜介烈，比待除归里，缩屋茨草垣舍，不治经史，袯襫而外，寂无余物，而所驾官舸，蓬窗如旧，其经崩湍激浪，春澌月溆者屡矣。宜其置之耳目，浮深结缆，与宾客斗酒促膝，眺迥以自娱。曾未几时，而弃之若遗，以营兔裘，斯岂

无故而然与？彼公所蓄，固洪橹不克时时出游，负重又无以资也。而括舟之令方亟，篙师黄头之费，渐不能继，是公之卖船买屋，固有所不得已而为之者乎！

夫世宁无无所易而屋具与有所易而不为屋者？此皆以为可有可无之事，故天下不乏卖船之人。卖船而无有望于其屋，则卤莽而存之，与卤莽而弃之，其于船无所系恋，此概可以不论。如公者，固非船不能为屋也，船之存亡关乎屋之得失，岂若季卿、永叔静对堂庑，栖息枕席之上，而其志意向往，即同青帘兼载，置身烟波杳霭之间，无所往而不极意称快哉！或曰：公涤除眦陇，不以玩物丧志。盖非也。

【评语】气沛而辞泽，如鲜霞之褰林，倾辉之映岫，此种文字最不易得。钱础日

凌虚抗势，用意于崎岖之外，故百转千回而姿态衍溢，叙卖船行者当以此为压卷。陈其年

《郡斋杂咏》序

丁未之岁，余量移皖城。十一月朔三日将晡，抵江口，距五里，惊飙蹶动，冲波峻急，飒然而至，舟人相对错愕，不能鼓枻与之复争。越日渡江，官署尚未起，闻予至，始有徙去者。

盖予之至以四日，而莅治即以五日，然后从而视之，庳屋无桹檫，蒿藜覆压，虺蜴之所家，日光活活，穿隙而入，予乃信皖城之荒侧也如此。居闲临暇，创"木庵""也足亭"，迤而上为"桐风阁"，阁之前莳以梅桃紫薇，每至花时，杂糅可爱。太守赵兴公以其傍隙地有楼翼然，虚檐闳旷，署以"来清"。大龙、百子之胜隐然远见，俯仰其下。予既无创治之劳，而又有升高之乐，遂循东桥，踰文竹岭侧出而揽其尤楼之外，渭川万竹，廓然森秀，虽寒茅逢藋，足蔽风雨。然视曩时委翳榛莽于荒侧之区者，有余适矣。骈梁甲馆，其欲何穷。

电发以予之知所止也，分以一诗纪之。夫皖地在陈时，与九江俱隶江

州。昔元微之《寄江州司马白乐天》诗，残灯无焰，暗风吹雨，于寒窗起坐之际，觉僻陋之苦，若有恻然不得已而居之者。乐天亦云，此语他人尚不可闻，况仆哉？然则予之所处之地抑可知矣。

【评语】处极苦之境而能乐，真乐也。先生有萧然物外之致，可谓青山碧水，高深各极。先生乐皖城之荒陋，皖城乐先生之潇洒矣。方楼冈先生

此篇位置应在韩愈《阳山送客》之上。成二鸿

初极说得荒凉，中复极其闲旷，末复从闲旷中转入荒凉，矫翅连轩，回环合抱，必传之作。陈其年

《吴吟》序

余倅润州七载，岁一至平江，旋不踰时，只取晨凫之隐，不复浮游曼衍，以旷瞻为娱。丁未之岁，余四至平江，更历寒暑，至累月踰时，犹不得归。自非风雨之交，未尝不与客俱逐水泥丘，不顾穷尽，而客之来者日益众，沙棠一叶，几不能容。予思人生聚散无常，要以大贤仇偶为快耳。以予之偃蹇，虽抱膝窘蠢，私恨约结，固不求眷恋于人，而人之于予当无有厚之以意，举之以色者，此其常也。何乘沙浮醴，同人于野，至穷声音，极延瞰，务飧饔以逮夜，不忘丽泽之益。岂居穷而行钝，而复有登临声气之助，反若出于富贵旗旄之所不能几者。

即予之初意亦不及此，彼世人得守其家者，毋论若贫不自得与仕宦他乡，虽同亲戚，共昆弟，曾不得朝夕与居，日为衎衎之欢，况姓氏爵里迥然不齐，越在千里之外，一岁而四至，不为疏数，可不谓之难乎？不然，亲戚昆弟非其所依，犹不能不以饥寒名位为累，使非予偃蹇，必不能与吴习，不与吴习，亦安能为此吟？人生聚散，其可忽乎哉！

【评语】感慨抑扬，曲尽史迁之法，而视友朋如骨肉，以文章为性命之意，洋溢言表，昆仑真不可及哉！方楼冈先生

奇横古折，轻逸秀润，无所不有，八家之文，止占得一边，吾于先生无间然

矣。陈其年

《孙无言归黄山》序

江南之胜，甲于天下，而广陵、新都，考其分野，悉隶扬州。其初未尝分也，至春秋战国时，或隶吴越，或隶楚，相继无有间。迨秦已来，始分广陵为九江郡，新都为鄣郡，而域仍隶于扬州，其富饶亦略等。繇此推之，分域已定，虽百世其无改，宁独今乎？然则后之居广陵、新都者，亦无俟过为分别矣。乃广陵号沃野，为天下奥区，珠玉齿革、玳瑁金锡、鱼盐丝布，百货之所集，其舟车往来，冠盖遨游，相望于道。居其地者，犹江河就下，易富不乏无所期而自至。惟新都人居之独多，虽其人未即来，私心向往诚有之。若夫自广陵趋新都，其生产更落，无所资度，非人情之所便而心期会。

休宁孙子无言，居广陵，独日以黄山为念，因豹人请予言叙其归志，何也？或曰：黄山有虎头醉石，水帘餐霞，珠砂之峰，石床丹灶可以栖息，其梯峦溪洞之美，险远幽邃，因推而前，逾广陵且倍屣，无怪乎无言之戒期遄归也。或曰：不然，广陵虽坦，衍其间小帆、罗浮之山、甓社、平望之湖界乎属内，而平山、竹西、甘泉九曲之池、二十四桥皆近在几席，昔何逊、韩琦、欧阳修之徒日集豪杰而宴之，温醇肥美，往往登顿忘返，然必取于此，未始他求。黄山即可矜，苟与广陵絜长较短，终未能下，亦何必怀此故都哉！或曰：士之归也，因循念其乡，彼有不可忘其所钟在其中。则无言装为去，宜不旋踵。若无所为容者，乃居广陵十余年，匿不即归，岂无言欲归而未能遂耶？亦有所待而然与？夫自古圣贤信任之端，在于持志，其志既立，恣所为，顾有不可乱者。

《易》曰："嘉遁贞吉，以正志也。"又曰："不事王侯，志可则也。"古之人有身处草野之中而心乎魏阙者矣，是故长卿题柱，郭丹入关致叹，子云弃繻而去，终拜谒者，蓬荫掷板就学，虽所趋在功名，诡于道德，而皆能不伤其志以逢时命。当其身在贫贱而履亨之念未衰，此其意岂须臾忘富贵哉？至于老聃柱史，曼倩从乎汉朝，君平下肆，庄子为漆园吏，伯休卖药都市，则又身寄朝市之中而志在山林，将昔之所云大隐混迹，其道或同乎此耶？

兹无言居广陵，重得黄山地青崖白谷之间，自奋结思之日久矣，彼其强立不回，盖有轻视繁器，荡袪物累之意，不肯因时俯仰，变其恒节，将取舍之极正于内，而操术之坚著于外，志一立则从恣绝耳。若以为依恋先人之庐墓，与亲戚邻里朋俦欢然道故，是生人之常情，究无足为无言重轻。

且无言之诗，惊采动人，即欲逃名，其可得乎？诚能居静以御动，取彼以励此，使黄山之志久与相洽，惟吾之所得为，则何必忧怀慑处，栖躬硗狭，然后乃为归哉？今以广陵之丽，行所无事，以制其躁妄而有以自止，则天下更无不可居之地，即茕茕羁守广陵，终其身无蹑天都、剑石之墟，聚庐而托处焉，又胡不可也。

【评语】送无言归黄山序多矣，而无言卒未归，则知其托于文章以有传耳。予于诸序，独喜介夫为第一，今又得先生而两，盖深心老法，相御而行，末段反题处更为奇观，后学熟读此等文数篇，岂复有题足为我难哉？李云川

曲折千里，滔滔汩汩，而赴壑结脉，仅在末后一议，此文之善于宕漾以取气势者也。谋篇之法，繇此可悟。谈长益

送归黄山序盈千，余最爱三篇，王于一以呜咽胜，孙介夫以含蓄胜，若夫风驰霆击，地负海涵，则昆仑先生以雄奇胜。先生诚文中之昆仑也，他文悉培塿矣。陈其年

《陈氏家乘》序

自武王封虞舜之后胡公满于陈，而陈之姓始著。敬仲以降，元龙、伯玉皆能以廉隅自饬，然间世而一生，无如太丘父子祖孙，性行淑明，聚于

一门之内，天下诵说无穷而及于今。

今陈君吉甫之为谱也，垂法戒，别善恶，使后之人见其懿行则曰："我曷不为此以底于理？"见其嚚昏则曰："我其可以恶德而忝厥类乎？"若离于理，虽百世而后其能免于訾耶？若然，则吉甫之谱，乃以彰善而革秽也。后之人由是笃于行义，缓急通其有无，亲疏无所怨议；父严子孝，长幼以睦，口警于目而勉于心，罔有凶德者，夫非此谱之功也哉？

吉甫之祖，自豫章来为安庆郡丞，后遂卜居龙舒，吉甫又自龙舒迁于皖，则吉甫之谱虽踵隆公之后而实创于皖。曜所闻而亲所信，克昌厥世，以守宗祊，其自此昉矣。且吉甫精巫咸之术，贫富悉与善药，不责其报，其所施姓名书于帷墙几满。吾闻龙眠、百子之间多隐于术，吉甫岂非其人欤？

【评语】此篇纯似荊公。宋荔裳先生

议论同于老泉而古劲过之，卓然西京之制。鲁青藜

清逸宕折而古气却自横溢，所谓泉飞云散，似其情思者耶？先生于诸体殆无所不备。陈其年

代重刻《贞观政要》题辞

康熙己酉八月，方伯黄石法公自建业来皖城，从大中丞张公折狱覆奏，携《贞观政要》示余曰："此黻黼太平有余矣。吾从仕宦邸，其于金阊、盐官、建康之间，购之十年乃得此书。恐世之常不得见此书，而吾得之又恐其不传为可叹也。"余曰："曷梓之？可乎？"皖城太守赵君兴公因慨而许请终其事。未几，兴公没，而公亦以读礼去官。

庚戌四月，公复来皖，其所欲梓者竟不得梓。过逢署太守事刘君松舟，踵而成之，将以致天下之献纳吾君者先自《贞观政要》始，且令天下后世之读此书者，既不若公购书之勤且劳，而闻道兴业之功日滋以远，不亦广乎！刘君曰："予安敢贪天之功，惟我法公耀明于世。"公曰："否，凡政不

得其要，犹朽索之驾啮膝，动见耗病。若以章程轨事，则迅于景靡。故政不得其要者，皆妄也。夫今与昔虽不同时，其张弛因革之宜随形裁割，乘古人所已效，则法尊而势便；先事而为之计，推成而为之谋，则不至于有过。后之览者，循是书而行之，是世有变而道不可变，久安长治，固可恃源而往矣。”

【评语】言约而理该。宋荔裳先生

似不着力，而古折疏宕之气若千锤百炼而出，无一字泛下者，非古文化境，焉能有此。陈其年

《嘐城唱和诗》序

袁子重其既以《江行赠言》恳恳请予为序，丁未春杪，与予同舟，复以《嘐城唱和诗》使予一续其事而笔之于言。夫天下岂少能言之士？而袁子皆弃不以请，即余亦不以袁子之请为屡求速效，不以任其事，而袁子必以为嘐城之诗虽善，得吾之言而后有所验于天下也。

吾闻嘐城，昔有唐仲升、娄子柔、李长蘅、程孟阳，皆世所称贤豪，近日侯广成、黄蕴生诸君，悉一时之秀。今袁子之至，皆不及见，况于予生长铜鞮，数千里外，徒慕嘐城而未至其地者哉！欧阳文忠公谓“善人君子，难得易失”，而交游零落如此。使袁子今日得见仲升诸子，其哀集唱和之盛，当不止此。则予即不获至其地，而获见袁子所集仲升诸子唱和之诗，今昔之美当与并传，而予亦如身至其地焉者，庶几不使他日有生不同时之感也。

【评语】全从淡宕处得欧阳永叔之神，绝无描摹刻画之迹，正使终日描摹刻画者不能下一笔耳。顾修远

有开阖，有抑扬，有顿挫，兴致淋漓，情文悱恻，自是必传之作。笔意松快极矣，而中间步伍又复严整，才法两到，能不服膺耶！孙介夫

《江上草》序

润州当江南山水之胜，江流浩漾，岩窔屹崒，削成而孤立，为世所独绝。其近而釜鼎、檀、汝、唐、长五州，马迹，石公，远而水漸、鸡笼、九灵、烂石、华姥、郁冈，独公、良常之山，所为幽阜清林，春芜灌莽，溪峦洞壑之美不可胜穷。

余来八年，于此欲尽得而揽之，以歌咏其盛，顾非有征输钱谷之繁，震愆毛挚之治，与夫峋嵝苍梧之远不暇及。而予以佐理戎问，牙旗缤纷，马矢塞道，皆未能躬亲其地以式遄其行，况于烂然成章乎？

东嘉玉叔王公，司李润州，治尚仁恕，饰以文雅。政事之余，其于北固月华，金焦八公，鹤林招隐，顾龙竹林之间，足迹所诣，毕为之诗。旁及金阊、虎丘、惠山、要离冢、漂母祠、韩侯钓台、芜城，无不清辞盛藻，爰效风骚，即友生之所赠答，节孝之所激楚，缘情喻志，亦以吐出其胸中之奇。

余以穷愁抑郁之身，未尝越诸郡以外，不过一举手一举足之劳，而志莫之逮。乃闻诸山之名，则其气勃勃然不能自止。及询其实，则若方壶万里之外，渺不相属，胡独异哉？且予与公从此总辔别矣。公所处东嘉，于润州为接壤，异时补官，舟车往来，经过于此，风流淡荡，山川有灵，则属辞缀响，犹将俟之以垂诸金石。余将守土皖城，其舟隥苍流之胜，终不能从而与之游也矣！

【评语】一能游，一不能游；一能诗以纪其胜，一无暇为诗以纪其胜；一后尚能再游，一后游尚未有期。两两相形，只如说家常话，而参差曲折自具，深得大家之法。顾修远

昌黎《新修滕王阁记》，步步以不得游观为恨，此则处处将自己托影，而山川之胜、玉叔之诗，笼灯罩月，不即不离，全以神致取胜者，大家中惟永叔有此境界耳。孙介夫

徐电发集序

友朋之于人，甚矣哉！《易》曰：“出门同人，又谁咎也。”又曰：“官有渝，从正吉也。”《礼》曰：“儒有合志同方，营道同术，并立则乐。”由此观之，盖天下之人才既多，然后知其所各受形之以其最能，然后知其可勉。故安肆鲜腆之行尝出于孤陋少闻之人，必毕欢于所交，以日验视其所为，庶可使人之善有以合于己，而天下之吏于是乎有得人之庆，虽敬义而德不孤，不习无不利，亦待其德之既立，往攸利乃与习流异，非漓然其无所与也。

往时，余倅京江，日与曹耦登临于射堂、研山之侧，瓠叶兔首，招寻不绝。而地当沃衍，涂四达，衣冠之儴佯，驻舟停策，輙为需于之合，故士至京江以不得见予为耻，然予借以托下风结遐心，则有之矣。欲其行吟口诵以耽思乎经术，非特不能顾，亦有所未暇耳。今莅皖城，处于狭厄荒侧之区，其地淳卤沙莽，山石渐渐，且墉墼卑陋，巷无居人，即于浮山、天柱之胜，皆远在百里以外，不克乘凌，无所期穷其所以往。故予得以精研百氏之囿，奋其独断，以亲坟索，当其包罗古今，游神八极，旦旦而嗟究之，亦若沛乎有余，而求其更生抗论，同尹敏、班彪之互发不寝，谢真、边让之雄谈未已，王弼、裴徽之语彻天人，是欲东其辕而西适，其力虽勤，终其身不至，岂得有一日而数变其说，以匡予之不逮者哉？

春仲，徐子电发自吴郡来，为童蒙师，气骏而德攻，辞奢而才亦美，时时著书，至与身等。予尝岁时无越思，宛委尚未就；电发操翰即成，成即一字不复再易，敏捷之称，砉然以解。余每于清宴之暇，辄来就电发坐木庵中，丙夜不辍。电发清言绪论，辩若悬河。至其赋诗临文，慨当以慷，余见其纵横成章，若绛螭之腾九闳，相与疑义共析，声彻左右，彼道生之遇真长，其义岂踰于此耶！

以电发之才，宜无所往而不合，乃名山挹之而不以至，止矿朴以自藏而类相从，是离膏粱而怀窟志也。夫行莫乖于寡党，乐莫大于相知。余得近电发以来，回视曩者在京江时，衎衎陶纵，方延瞰应接之不暇，恒若抱札负笔，力不能从，尚何进德修辞之是问。今处狭厄荒侧之区，虽浮山、天柱之胜不克凌乘，而蓄六典九籍之富供其浏览，又有电发日傍膝而相对，吾知蹈暇处逸，耳目专而英华积。是曹耦众不必谓其多，结游独不必谓其简，予之敬义而德不孤者，岂非以狭厄荒侧故耶？虽然，电发今又将行矣，则予岂特结游之独而已哉？

【评语】如登临名山大川，使人意气超举，又如读《伐木》诸诗，使人心志和平，增友声之重，电发奇士，得先生而益彰矣。施愚山

昆陵晚悟文法，只“开阖”二字，究文之开阖，即《易》“翕辟”之义也，此文可谓尽开阖之妙。前叙京江之多友而反不见有益，盖是“翕”，而“翕”后叙皖城之荒侧，得电发而相与有成，是“翕”而“辟”，可知昆仑学术原本六经，即日用饮食，莫非文章之道。方楼冈先生

今之规模大家者，优孟衣冠，索然气尽矣。先生雄奇变幻，不可以一家名之。每出一语，川流山峙，决然不可澌灭。起衰振懦，信属第一手笔。陈其年

陈伯饶入学序

士之始进，以文遇知于督学使者〔一〕，其功不足以济三户〔二〕，其声华气力不足以自赡养。岁之举者率以二十五人，盖其所习闻而为故例也〔三〕，而何至矜名〔四〕宠能缀文奋辞以称其美乎？程子曰：是不然〔五〕，吾尝见为童子试者矣。童子去诸生，特一间耳。试之前独核其三代籍贯，扶同诈冒。吏持其卷，必十倍其真〔六〕。试之日，以割裂极枯涩之题，窘其才思，限其光晷，其售者百或得五七焉。其不中试者〔七〕，虽负英才〔八〕，竖隶得加之以威，稍有不充其欲者，必借端中伤，是以困穷〔九〕既不获肆力于诗书而名之以富〔一〇〕，又有身家门户之累〔一一〕，麋沸之患，上下不可知。毁身憔志，尚

惧无以自保，又何优游执经之乐乎？

石盘陈伯饶[一二]，吾知其免于此哉[一三]！其父累叶席仁恕[一四]，以农事起家。伯饶年弱冠，能习经书大义，已载其名于二十五人中，循是而往[一五]，不易其行，即欲久淹岩穴[一六]不可得也。韩愈之言曰："文章之作，恒发于羁旅草野，至若王公贵人，气满志得，非性能专好之，则不暇以为。"使伯饶生于王公贵人之家[一七]，虽不受窘辱，然未必涉猎书传[一八]。今读书专一之气以取时名，而又无向者麋沸之患，庶几其克济也哉[一九]！

【评语】质朴见古致，后段回顾前段，酷似昌黎。张尔公

朴质是其本色，好在朴质中正极松快，而松快处又纯然古法，能自制其笔之所之，遂使气逸而静，全不躁矜以伤其雅，读之如卢陵在前，不觉其为近代文字也。陈其年[二一]

极老靠又极烟波，极峭削又极夭矫，其老靠处正其烟波处，峭削处正其夭矫处[二二]。陈其年

【校记】

〔一〕嘉庆钞本《昆仑文选》卜崖主人旁注："一起如瘦鲸渴虎，掉尾而下。"

〔二〕嘉庆钞本《昆仑文选》卜崖主人眉批："《史记》：楚虽三户，亡秦必楚。"

〔三〕习　《昆仑文选》作"饫"。

〔四〕《昆仑诗文合集》有旁注："得古文先抑法。"

〔五〕嘉庆钞本《昆仑文选》卜崖主人旁注："六字一转。"

〔六〕真　《昆仑诗文合集》《昆仑文选》作"直"。

〔七〕《昆仑诗文合集》旁注："童子试苦境数出。"

〔八〕嘉庆钞本《昆仑文选》卜崖主人旁注："可叹。"

〔九〕嘉庆钞本《昆仑文选》卜崖主人旁注："夭矫而下。"

〔一〇〕《昆仑诗文合集》旁注："农家。"

〔一一〕《昆仑诗文合集》旁注："读书人有许多难处，历历如画。"

〔一二〕《昆仑诗文合集》旁注："接句敏捷。"

〔一三〕嘉庆钞本《昆仑文选》卜崖主人旁注："一笔收。"

〔一四〕《昆仑诗文合集》《昆仑文选》中"其父"后有"似鹤"二字，此处应断

句在“似鹤”之后。

〔一五〕《昆仑诗文合集》旁注：“规勉语。”此句《昆仑文选》卜崖主人旁注：“下语有分寸。”

〔一六〕《昆仑诗文合集》旁注：“期望语。”

〔一七〕《昆仑诗文合集》旁注：“期望语。”

〔一八〕《昆仑诗文合集》旁注：“转有钧力。”

〔一九〕嘉庆钞本《昆仑文选》卜崖主人旁注：“如此便收如万马奔腾，刁斗一声，忽焉而立。”

〔二〇〕嘉庆钞本《昆仑文选》卜崖主人旁注：“到底不下一实笔。”

〔二一〕《昆仑诗文合集》此评语为李研斋先生所云。

《十峰堂集》序

吾读书自尧舜以至今日，其文称繁衍矣，而深严奥郁，卒莫过于六经。遗人用之，繇其道率治安循，非其理，其言弗验。故《易》奇而隐，辞变象占，曲折应之无不中；《书》叙政事，拂世摩俗，更复醇古；《诗》三百篇，温柔敦厚，与诗穷变；《春秋》比辞属事，言谨而义尽；《乐》比声律，《礼》备法物，纲纪人伦。盖古之人非专意兴纵以为之文也，抚时触事，浩乎其有得也，而后辞举焉，亦以其理确焉耳。其后杨子云拟《太玄》，乃终不显，王安石废《春秋》，不列学宫，胡安国谓其灭伦乱理，而春秋之道至今益盛，此岂可以意为增减也哉？至于秦汉之际，文彩蔚然，惜所以施之不纯。宋人尚理，其踪迹坦白之处，反极安于朴露固矣。今之为文者，务为辩博可喜，然浮箬演迤，辄书其所见，甚者等于稗贩，顾视六经，齮龁割裂之不暇，况能相底于成乎？

独晋陵钱君础日，文以经史为根柢，清醇尔雅，无骈枝骫骳之习，以待理得而决然出之，往往袱被浮游，经督亢、析津、灵岩、长白之间，汹涛所激，崭岩所感，羁愁蹇产之怀，一以摅之于文，清虑慧志，不改其度。故础日所居近九峰，径轮广袤，皆参差奇绝。又虑九峰不自收拾，辄自比一峰，曰："吾恃九峰为类而不孤，虽洪志之青牛，长房之葛陂，庞德公之于鹿门，未若吾以身为之障，非形格势阻而能禁吾意之所以往，斯已足矣。"是以每当静对硉兀，郁拂泄云，粉野之变幻，不出户庭而悉在。

夫以山水之胸，牢笼经史，克济其长，不清绝不足以发其高洁精神，不足以驱淹抑，迨久而忘其虚实，不知九峰之有而一峰之为无。故羁穷得与俱，乃效功于文章，以一驭九，集成而命之曰《十峰草堂》，岂为诞乎？

【评语】 原原本本，光怪之气逼人。宋荔裳

以人作一峰，事本奇，而文之灵奇变幻，出无入有，无所不妙，当其操纵随意时，笔利干将矣。陈其年

《兼济堂集》序

文之与诗，为之于斯道将著之时，非专举其锐，则浅植而薄发，其更事也甚难。非权籍者力有以振之，则必不能以己之说式于四墺之外。其示人也不广，以甚难之术，行不广之教，终其身处于知之所未周，而究无以济其成。故足乎己无待于人者，业也；有其权以助其教者，其势也。古之人业崇而势尊，然后可以得志于天下。以予观于唐宋以来，如安石得君主之专，固勿问已；昌黎、庐陵、眉山兄弟，数尝柄用矣；柳州、南丰，载笔褰帷，不可谓不遇也；惟明允、少陵、太白之徒，虽遭困踬，卒奇其才，召对天子之庭，授之以职。是以天下缀文之士，毋论识与不识，闻其名者，皆有以著其能而希其光。故教之化人也深于命，人之效上也捷于令。泰山之高，不嶕峣则不以浡汾浡滃云而散歊蒸，彼荷旃诵读者习见其上之人，乃可以如此而使其言久存也。即同是而辐辏慕之，顾非有卑蠢固陋之质，亦知腐塞诚不可用，必不肯自安废失。及其为之，又多为上所亲重，则所以起奥渫之穷而章其美也，岂其微哉？

今柏乡魏公，以程朱之学肩皋夔之任，巨川舟楫，保衡夹介，已归大府之誉矣。而所为诗文，精神奥拔，齐乎日月之光，虽古之微言六义，条

贯表里，务有以尽乎情实。盖公齿不过强仕，而道德文章、政事名位粹于一身，天下深享弼亮之功，沾其清芬俊烈，二十三年于兹矣。使公鞠躬管籥，进求尽忠而不存心于著书立说，则斯人无以诵公之妍辞。即公著书立说，而伸于此者诎于彼，譬之遵涂而行终苦流渎，调钟谐金石而使之运斤，亦无以塞天下之望。即公能之矣，临高而高有以挟之，而负其盛位，往且不见，俾物终无以窥其深浅，则虽立之以表，犹不能作其气，鼓其勇，夺其耳目，是亦气矜之余也。兹公居上相之尊，理学诗文满衍大备，是前人之所不能兼者，公悉兼而有之。其于卑官窟伏沦迹之子，身处环堵，易衣并食，不啻推分结欢，延揽然信，山川且不足以间之。矧其气感平生，扶摇谋面，近在辇毂之下者，虚往实归，岂有藏疑自匿而不克遂其砥砺者哉？

予荷公知，与吴子冉渠、杨子仲延梓公诗文，公诸方内，使学者积之于虑，著之于目，感悟效法，因其居高以起之，必为巧发而理解，丕变之机，将在于此。然则当斯道将著之日，谓权借者专举其锐，舍公而谁乎？夫权借之与诗文固不必尽合，要之非权借则诗文之指又何由而大显哉！

【评语】柏乡为赵忠毅宅相，故理学、文章皆有所本，序中以上相之尊、理学诗文、结欢之节，相激而出，备两汉之遗法者也，可与《昼锦》《醉白》两记并传而三。方楼冈

滃郁崒嵂中极流宕曲折，是以柳州之风骨兼昌黎之神韵，近代震川、遵岩诸公无此深厚。末幅叙公推诚下士一段，令读者唏嘘累息。徐釚识

尝见柏乡魏相国《与昆仑先生书》云："向者在部之日，辰入申出，循例执簿，未得效执鞭之谊，然闻老年翁才名久矣。今春蒋虎臣公祖以大集见示，每一披阅，则赏心悦目。窃以为古人之废久矣，三代而后，自当以马、班为宗，韩、欧为嫡派，二苏笔舌妙天下而失之泛溢，程朱理学入堂奥而诗文有逊焉，明季一代，濂溪、正学、弇州而外，寥寥也，岂不难哉？大作于流衍之中而絜以法式，于奔放之余而达以精彩，然非镂金剪彩之比，其为大家，可传无疑也。"

又《与彭士报书》云："余于时人之文，二十年来未有大赏心者，诗则佳者指不胜屈，殆亦无愧古人。今于程子昆仑之文，不禁赏心，盖自今春虎臣蒋太史见惠，乃知

武乡有此硕士。士报兄至，又得详其况怀，益令我生溯洄之思矣。‘所谓伊人，在江之湄’，能无慨然？”

又《与彭士报书》云：“今之为文者，病于浮诡散漫，无有式度，其知式度者，又病于枯索藻彩之不露，是之谓瘦諾，惟昌黎公无此失，虽眉山父子亦未尽祛此也。程昆仑好讲程式，此得作古文之准绳矣，而时发为光彩，露为锋锷，木之豫章，刃之干将也，吾是以叹赏不置焉。”

合观数书，相国之推许乎先生者备矣。而先生叙相国之集，委曲详明，尽其情实，乃知文字之投合，风飞云起，信非偶也。陈其年

《云起楼集》序

夫人之嗜好不同，结髦锻炼，其尚固偏，垂缨执筹，委己从之，虽贤者有所不免。乃至营得失于未可知之间，敞罔掩噎，终身而不知返，皆好之不得其正者也。惟上焉者，得诗文而习之，风雨晦明，惬志以相与，自非负材明达既专且博，则退有就求之心，当前而或失者有矣。

故匡衡读书，不辞客作。延笃从唐溪季度受《左氏》，无纸成诵而去。凡从内得于心又乐从其所与游，苟遇于日，务尽其能，不敢谓他日可待而忽，以为今人之不足恃，必其中有好之而莫知其穷者乎？曲阿高君芝岩，少有叔伦之誉，又有楚珍、公亮、简臣、虎臣诸公，鸡坛同志，不出里门，皆一时之彦，已而复以文章致身，数上春官，久于燕市，上自垂绅鼎食，下至羁贱之士，审其善端，悉交其人，如饥渴之于饮食，彤彤泄泄，期竭其术而后止。其于银钩铁画之奇，红梅墨菊之秀，弥年累月，购之不以为劳，故其发为诗文，宽闲靓适，有恢宏黼黻之观。论者以为秾郁纤秀，自昔难兼，使无闳意眇指，采摭既众，天柱之高，剧骖之坦，岂能强而同之乎？

高母有贤，操食蓼自给，每以洛诵取友为训。今君方朱轮墨绶，以就烦邑，将有投纶得鲂之佐，夹介雷封，为慈母授经介寿之报。然则登高而

赋，箧笥益富，当与楚珍、公亮、简臣、虎臣诸公，后先接踵，岂非委心结意之不肯苟哉！

【评语】古色斑然，有鼎匜之气。宋荔裳先生

泓然淡折，挹之深深，绝似欧阳永叔。纪檗于

结构极密，字句极炼。此文着眼处，全在好之得其正上，至其光焰不磨如庐江丹井，烨然烛天矣。陈其年

《唐诗韵汇》序

古之为类书者多矣，虽以欧阳询、张说、白乐天、陆贽之贤，皆聚集其事，以自矜其能。后之编次者，每每掠其腴隽以附益之，惟恐其不备，而《太平》《册府》至号为御览，欲以此周知天下之事理，岂不悖哉？今施君匪莪，辑《唐诗韵汇》一书，岂沾沾于字句之怫悦而不遑其余耶？抑概缕其全篇，自以其质为赏罚而不加减否耶？吾观四唐之诗，体制初备，克殚所长，又当时以此进退人材，士子白首研精，法律之严，属耦之切，智力架构，无所不善其清越之声，甚者谱为乐章，达于宫寝。呜呼！可谓盛矣！

匪莪之为是书也，按部分韵，无论其所本所不合与合，末始终毕具，使世之学人，去好恶接于目而知穷然后无。不特开卷之间，高华易见，即倾黪之作，几于沮颜感懑而不能有以自容也。岂兔圈记室，割裂其辞者可比哉？匪莪负材殊俊，于学无所不通。初为宛陵学博，事省功倍，及绾符范州，兵火之余，桑枢旧荜，上漏下穿，无浮荣之累，故得以渔猎而不制，虽一体之中，可千万计，乃能视世之所少者而专攻之，则其传于后世又可知也。若夫匪莪之诗，亦集唐句，上下其间而损益之，转运舒绎，如出一人之口，每当得意疾书之时，辄不能自禁。轩豁诡秘，往往至于滂流。余辛亥在燕，匪莪尽出其所有以饷予，求予言而弁之甚殷。予固不喜为诗之割裂者，故因是书，别其得失以辩之。

【评语】文字结构要争上流，如存全篇而厌补缀，此乃据上流之法也，故婉转畅发，有伦有脊。钱础日

类书之弊在于割裂，既使上下文义不显，徒令观者作闷，犹其小者也；自有类集而学人束书不读，使俭腹者窃取失实，斯先生之痛恶而深绝者矣。陈其年

《文概》序

国家受命二十三载〔一〕，上方持乾符通肆觐〔二〕，旁求俊乂〔三〕。车书方物，大小之国毕至。文治已洽，于是天下文章之士，大放厥词，各程其材以效伎美，风发泉流，务极宏侈之观。京江何子雍南、程子千一，方少年，天资雄迈，喜论著。自周秦汉唐宋以来，精深闳博，和平淡薄之音，名贤所遗，莫不探颐兼综，支分而条晳矣〔四〕。然其言既存，其论已定，凡诸家之所睹记，藏之名山，传之其人，未尝放弃于榛莽之间。因其所已然，粲然备具，乃二子者之选，断自明洪武，迄康熙丙午，几三百年，合其文辞，汇为一书，曰《文概》。其间人止数篇，虽有专家之学，力蹙幅尽，不以多及〔五〕。嗟乎！二子者之苦心〔六〕，于斯略可见矣。

夫天下之大，斯文之众，纷纭駁沓，必体制既立，然后可以辨其工掘〔七〕。是故有诏册、论告、制诰、露布、记序、题跋、书表、论策、说解、辩议、颂赞、箴铭、祭文、行状、碑诔、墓志、疏传、哀辞之异其体，绮靡浏亮〔八〕，俊烈雄放，凄恻峭直〔九〕，辩洁彬蔚，深醇尔雅，平彻苍厚，炜焕奇肆之异其辞，天地日月、风雷霜露、江河山阜、人伦事物、禽虫鱼兽、花实草木、楼台邸第之异其变动。葳蕤挥霍，所趋各殊，虽有智鉴，不可以力强而致。方其肆力于文也，精思傍訊〔一〇〕，驰骛乎上下之际，未始不以为恢恢乎其若有遇也。及其机见既穷，岨峿底滞〔一一〕，而后叹其途之既广，非一人一事之可以推求，而劳此生以竭情于无余者，尽可悔也。故里之郁者〔一二〕，往往言不能文；言之文矣，又或志泥而易乱。

仲尼曰："言之不文，不能行远。"杨子曰："雕虫篆刻，壮夫不为。"

孟子皇皇周流，不暇著述，不以求乎隆隆之誉者，以此也。今之人知尚八家矣，吾知其无有异也。然后之致论者，以韩柳之才，不克为史，永叔和雅，时乏英气，荆公文深而暗，南丰负质峻洁，失之宽缓，三苏之文，沛若有余，微伤于巧。彼八家之于文，可谓盛矣，而汲汲以穷年者，非其不及〔一三〕，义实相妨，又何论其材之下焉者乎？

故二子者之为是选也，断自洪武，以明之文未论定也，迄康熙丙午，从王也，盛方始也，又体无不备，故人各以其类也。然则二子者之选，非徒以是概天下也。乃天下之文，不尽概于斯，而斯文足以概之。抑将使天下之读是文者，推广其意〔一四〕，嚅哜涵泳而渍渐以入焉。吾安知所云概者，不进于古所为耶？不然，恐天下之人贵远而贱近者陋也〔一五〕，贪多而拒少者失也，拘其所见而不以自广者愚也，告之而不以喻者耻也，如此而谓曰：二子者之选，将以概乎天下之文而求其归焉，又乌可不思其所据也哉！

【评语】武乡素为文，探源周秦，扬光汉魏，矜字慎句，舍毫不下，渐放为大家之篇。虽体制条畅，而神腴气古，词隽调折，所为矜慎者自见，譬黄河万里，纡洄九曲，其宏深更在星宿之有本也。今人妄为大家而不识大家，徒以柔曼缭绕者当之，其亦知武乡之大家有如是哉！朱近修

行文纡徐，有峨冠博带之容，此自气度迥别处，余尤喜其善状从来文人情事，胜读陆机《文赋》。孙豹人

润色鸿业，扬厉本朝，子云、长卿之传也，其文气横奥，则由其识坚而笔悍耳。陈其年

【校记】

〔一〕国家　《昆仑诗文合集》作“皇清”。

〔二〕《昆仑诗文合集》旁注：“起处弘敞。”

嘉庆钞本《昆仑文选》卜崖主人旁注：“一起矞皇。”

〔三〕义　《昆仑文选》作“乂”。

〔四〕哲　《昆仑诗文合集》《昆仑文选》作“贯”。

〔五〕嘉庆钞本《昆仑文选》卜崖主人旁注：“字奇。”

〔六〕二　《昆仑诗文合集》作“三”。

〔七〕掘　《昆仑诗文合集》《昆仑文选》作“拙”。

〔八〕嘉庆钞本《昆仑文选》卜崖主人旁注：“胜读《文赋》。”

〔九〕恻　《昆仑诗文合集》作“凄”。

〔一〇〕嘉庆钞本《昆仑文选》卜崖主人旁批：“甘苦之言，读之太息。”

〔一一〕《昆仑诗文合集》旁注：“转折动宕已尽情事。”

〔一二〕里　《昆仑诗文合集》《昆仑文选》作“理”。

〔一三〕《昆仑诗文合集》《昆仑文选》旁注：“又一宕。”

〔一四〕意　《昆仑诗文合集》《昆仑文选》作“义意”。

〔一五〕《昆仑诗文合集》旁注：“似忽说开乃更紧密。”

刘昆麓诗序

顺治己亥，余与昆麓刘君同谒选京师，十月探竹，予得倅润州，君为司理。庚子春，又肩随莅事。彼润州当海逆熛起之后，枹鼓余息，大狱朋兴，君以衔策驭黠马，左右于执事之间，考中听色，奏当如流。当其时，郡人钦君风节，皆以为崔郾谦之复见今日。壬寅，君移治临江，如在润州时，计征骓在路，十年于斯矣。辛亥，余补官来燕山，与君同寓萧寺，君乃稍稍出其诗以相示，俾予叙之。余思初与君在润州相戒为廉吏，澜清露覆，请寄无所容，只知君以吏能也。今君之诗，醇郁流宕，如江澄月朗，使人听之凄清欲绝，无艰涩羃兀之态者，非久于词场而能若是耶！抑治剧理屈，清材骏发之气，出其绪余以为诗，而后能相与以有成耶！

君生于武阳，有紫金漆园之遗，服形练色，行光容裔，而其诗复与政迹称最。考刘氏才彦，代不乏人，其来有自矣。故孝绰辞藻，流闻河朔；隐之酌水，其操益励；道和莒人，仓卒立定；孝泉赋诗，天泉池荷；方之于君，岂有逊乎？且予既见君于兰若，而漳浦别驾禹君谷王能诗寻至，星沙太守吕君大吕习于吏事，闻亦饬装在马蹄间，彼三君者，皆武阳人，悉与予结游。呜呼！天之生材，夫岂偶哉！

【评语】此等结构，惟昌黎能之，王介甫而下，未之及也。宋荔裳先生

思理镵岩，下笔极有分寸，妙在叙次中老辣波宕，自非时流可几。陈其年

《松台山房诗集》序

凡物之速成者〔一〕易尽，而坚好者必迟。《周礼》㡛人湅帛，以栏为灰，渥淳其帛，实诸泽器，淫之以蜃，宿诸井，厥七日夜。段冶铸剑，用赤堇之锡，若邪之铜，助以雷雨，不足雠也。阮师作刀，授以水火之齐，候阴阳，炼五精，取刚柔之和，需以三年。染者三入而为纁，五入为緅，七入为缁。若夫操的而贯虱，九折臂而成医，蒙金以砂，琢玉于璞，陶施之事，髻垦薜暴，不入于市。是物之坚好〔二〕，其为之甚难而又迟若此，固未有取效于速成而朝夕不相待者也。其于诗文也亦然〔三〕。

司马迁父子，相继为太史，厥有《史记》。班固《汉书》〔四〕，仍彪之业，固死，章帝复令其妹昭就东观校缉，始足成之。张衡为赋〔五〕，乃至迟以十年，岂依违其思肠而不之决耶〔六〕？并心肆力，势固不得止耳。至于相如之腐毫，王克之气竭〔七〕，孟郊之奇涩，贾岛之苦吟，唐球之燃膏，张说之凄惋，皆迟之又久，研虑方定。呜呼！可谓难已。

东欧季昭张公既殁之二十五年〔八〕，又典王君始以其诗属予为序〔九〕，且谓予曰：“吾习公久，或道过其门，凡所为饮食宴乐，悲歌激愤，无所不有，独未尝一语及诗〔一〇〕。今公且汐〔一一〕，公之裔有藏而惜之者，以其诗来，幸君之详择而勿伤其志〔一二〕。”

予观其诗，洋洋累千余篇，则世之以诗名者，又未有若公之盛者也。其诗阐谐辨洁，音容康乐，而探赜致远，虽豚鱼鬼神之幽渺，无不极其形容，每有一物而咏至三四十首者，体裁略备〔一三〕，可谓得才人之致矣〔一四〕。然公宦迹所至，山川险怪，其间盛衰之几，羁愁柳郁，嘿然有感，悉于诗乎发之。至建节益州，持公屏私，去其苛暴，与民休息，虽与贤士大夫晋接之顷，深用自晦，更绝口不言诗〔一五〕，故公之诗又往往不为人所知。闻子

既择其诗如千首，爰援之梓〔一六〕，因语之曰："世人在方内足齿乎人〔一七〕，甫能操翰〔一八〕，应声成响，即倨然有居高自矜之意〔十九〕，篇什諓諓，争以其诗鸣于世。今中丞研精数十年，缀藻弥烦，独不出一语以示人，此其志岂复为朝夕可喜之计哉〔二〇〕！"嗟乎！诗学之日杂而诗亡，舒元舆所谓"数与麻竹相多，虽举天下为剡溪不足给"，以视公之诗材工丽，深用自晦，又当何如也？

【评语】前段是阅历甘苦之言，复声采具备，昌黎《答李翌书》〔二一〕，谓古之立言者，无望其速成，中间自序如是者有年，凡数转，得此文正相发明，而笔意放纵自如，则又得之养气者不同也。孙豹人

诗文之难成，譬诸练帛铸剑，迟之久而又久，方能尽善尽美，此至论也。今人刻烛击盖，自夸为敏捷者，读此文能无废然？方尔止

先生每为余言，生平著书十失其九，今兹所锓，悉系仅存。盖先生平日最攻苦于文〔二二〕，故能探幽抉奥，直夺昌黎、庐陵之席也。此篇明道似昌黎，顿折似庐陵，若其繁称博引，则又极似柳州《论李睦州服气书》，噫！至矣！陈其年

【校记】

〔一〕《昆仑诗文合集》《昆仑文选》旁注："突兀。"

〔二〕《昆仑诗文合集》《昆仑文选》旁注："总来。"

〔三〕《昆仑诗文合集》《昆仑文选》旁注："以上零零碎碎拉拉杂杂万态惶惑。"

〔四〕《昆仑诗文合集》《昆仑文选》旁注："鱼龙百变，只有七字收入正意。"

〔五〕《昆仑诗文合集》《昆仑文选》有旁注："以上杂述事物，此又历数古贤人君子，为闻之难，以为义例。"

〔六〕《昆仑诗文合集》《昆仑文选》旁注："拗笔最妙。"

〔七〕克　《昆仑诗文合集》《昆仑文选》作"充"。

〔八〕《昆仑诗文合集》《昆仑文选》旁注："六字作结唱三叹，得庐陵之神。"

〔九〕君　《昆仑诗文合集》作"公"。

〔一〇〕《昆仑诗文合集》《昆仑文选》旁注："主"。

〔一一〕今公且沕　《昆仑文选》作"今且公沕"。

〔一二〕《昆仑诗文合集》《昆仑文选》旁注："志字是大纲领。"

〔一三〕略　《昆仑诗文合集》作"明"。

〔一四〕得　《昆仑诗文合集》作“极”。
〔一五〕《昆仑诗文合集》旁注：“主。”
〔一六〕援　《昆仑文选》作“授”。
〔一七〕在方内　《昆仑文选》作“就方内”。
　　　　乎　《昆仑诗文合集》《昆仑文选》作“平”。
〔一八〕甫　《昆仑诗文合集》《昆仑文选》作“才”。
〔一九〕意　《昆仑诗文合集》《昆仑文选》作“态”。
〔二〇〕《昆仑诗文合集》《昆仑文选》旁注：“志字照应。”
〔二一〕翌　《昆仑诗文合集》《昆仑文选》作“翊”。
〔二二〕攻　《昆仑文选》作“工”。

《懒逸草》序

今夫竭心思腐神智终其身，传者不能逾数篇，焚膏继晷，而句之精者，累世不数见焉，岂诗之为道苦难而事离若此哉？当其事与景赴，其悲歌感慨之衷，岩佚简易之气，若以适其兴会而止，及其简练揣摹得之而措之手，然后知其扞格而难操，辞与愿违，动见乖迕，则古之以诗传于世者，皆立志甚深者也。

立志深则其光焰亦厚，故其始也不敢为，及其为之也不敢易，既已为之而不易矣，则不得以不甚惜之心，不自重其所处。是以闭门距跃，勤则得多，从未有以“懒逸”命世者。吾友壶岚陈君，独自颜其草曰“懒逸”，何也？盖陈君之为人，以之求田问舍则懒，撩零五白则懒，浮湛鄙里则又懒；而蝉联于酸风苦雨之中，挟策于惨淡经营之际，则选言而后出，尚恐吾诗之或一毫以懒也，而敢取径于懒乎？

或曰：陈君之懒，似在于逸。计其居恒之诗，激触所得，偶然为之，缥缈漫灭，以废弃而不能悉存，陈君之懒，似在于逸也。或曰：不然，陈君笃于诗情而懒于世务，有所不懒以成其懒。诚惧其久而逸也，取一脔片羽以发吾覆者，谋诸杀青，又何不可，讵听其逸焉而已乎？

陈君曰：否，否。余尝恨世之外强而中干者，勇于立言，喋喋求多，以取怜重，为克核者所嗤笑，诸君奈何窘我懒逸耶？虽然，迎寒以夜来诸阴也，川不可防气之导也，陈君即欲遂其懒逸有不可得者。况陈君长男已过典谒矣，次男亦咄咄逼人，其弟吾青又欲火攻其兄，吾恐齿牙奖借，天下之口，将不独属陈君。彼陈君者，宁获以懒逸自竟哉！

【评语】就“懒逸”二字反复穿穴，似讽似规，前后因断为连，借宾形主，深得古大家谋篇之法。张尔公

题是懒逸，文却说不懒逸，然究竟未下断语，隐显即离，妙有文心，此为韩欧秘诀。李云田

笋迸生于石隙，绝不旁溢一语，而层次干霄之气，具足于此。文气甚得子长之洁。谈长益

宕逸淋漓，似昌黎《送高闲上人序》；淡荡往复，似永叔《僧惟俨诗集序》。一段曲似一段，一步紧似一步，成连先生刺船时，海水窅冥，真能移我情矣！陈其年

为张芙庄明府序〔一〕

山西之为县，七十隶于府，八隶于州〔二〕。然独沁州土敝为最堉，武乡乃隶之，硗狭甚于州。其地连山二百余里，土分少而石分多〔三〕，即上之所界〔四〕，又崾峗不平。耕者畏其盘纡九折，使牛摩髋脱肉而欲其菑播得乎〔五〕？递引而下之为大沙，磊磊尝不绝。每水涝则伤稼，岸易为谷，愆阳则囷簏成虚。不毛之地凡什九，乃使之出租赋，守条籍，岁较其入，往往以积逋致困。其里社萧条，率二十里落落十余家〔六〕，皆穴处于峻崿之间，遥伺之，支体危竦〔七〕，形色非人，矧身于疲曳者欤？盖无人耘耔者复如此〔八〕。

其权店驿〔九〕，悬隔百里而缩。风霜兵火之余，人烟灭没，诸台司部使者，朝夕至或不得僦屋暂居。凡鸡糈脍脯轮蹄帷幔之需，无一不取资于县给，极纷卒不可治。或风雨之交，河流迅急，击之不断〔一〇〕，不能辨牛马

者，又时时有之。为属吏即不敢谢守土，必亲请承命迎道左，以是率为常。

夫权店之为涂也既远〔一一〕，而南关之在其封内〔一二〕，又为邻州代其置邮，至兼程敝策而去，何惫也。其水陆无所产，无翁伯素封持篋资，候时转物以通商贾。独士大夫贵盛，喜读书，博洽通美，有登高而赋者，比类酬和，相与发其光华，准其尺度〔一三〕，则吟哦之际，亦有其胜者焉。

荆南张公之莅是邑也，毛米无侵，条汇其地丁之荒亡者，由大中丞白公代请，报可，免其十之四焉。呜呼！昔之人困之以税田灌输之法〔一四〕，而公之利行之于转盼俄顷之间，先号后笑，民今而后，得以优游用宁矣。公才盛未已〔一五〕，无苟且操切之政〔一六〕，其谋诸己也，不恃其事之不至，恃我有以豫之。权店旁有巨盗结仇，毒矢以掠行人，公捕得之，悉受诛。老子曰："慈故能勇，俭故能广"，其公之谓欤！

公志行文章，卓绝于时，簿牍期会之暇，即与诸生湛匿于铅椠之业〔一七〕。降至牛医乞儿〔一八〕，悉以和色承之，盖以父母之心，加一邑之众，必纤毫无憾而后即安。大抵公之为人也，仁厚沉静，不决躁险，严以其类而考之，必有增秩之荣与难老之寿，以应夫修母致子之理。况公居平慎内闭外，引接道气，此诚凌霄汉纳华滋之至要也。不然，以公之勤勉，成其德业之所就者如此，岂非运行体中精神大于身，故能独遂其功者哉？会大夫士共与盉斝觞公而征序于予〔一九〕，予故即公所为逾强之事而推言之〔二〇〕，其于可久之道也，顾不伟欤！顾不伟欤！

【评语】开口一气，精神充发，气象雄武，全是韩昌黎矣。张尔公〔二一〕

无一语涉祝颂套，迳叙述张公治邑本末，褒扬令德，明备婉至。张尔公

古人作文，每有关于国计民生，如此前叙地方之弊，后出芙庄治行，总是杜少陵称《舂陵行》讽天下为邦伯意也，所以寿之者至矣，而所以自寿其文者何如耶？顾茂伦

最有关系文章，却得之寿文中，大奇。陈其年

【校记】

〔一〕为 《昆仑文选》作"寿"。

〔二〕山西之为县，七十隶于府，八隶于州　《昆仑诗文合集》《昆仑文选》作“山之西其县七十有八，七十隶于府，其八隶于州。”

〔三〕《昆仑诗文合集》旁注：“言地土之薄。”

〔四〕即上　《昆仑诗文合集》《昆仑文选》作“即其土”。

〔五〕《昆仑文选》旁注：“苦甚，不可卒读。”

〔六〕《昆仑诗文合集》旁注：“言风俗。　《昆仑文选》旁注：“此刚直逼柳州。”

〔七〕竦　《昆仑诗文合集》作“疏”。

〔八〕《昆仑文选》旁注：“一结。”

〔九〕《昆仑文选》旁注：“入权店驿。”

〔一〇〕《昆仑文选》旁注：“沟洫志中奥语。”

〔一一〕《昆仑文选》旁注：“真昌黎。”

〔一二〕《昆仑诗文合集》旁注：“言迎送之远。”

〔一三〕《昆仑诗文合集》旁注：“忽于序次瘠疲中发出一段，风雅操纵之妙如此。”《昆仑文选》旁注：“秋鹰忽撇，捩拖将回，转折之势如此。”

〔一四〕《昆仑文选》旁注：“只用数语唱叹，文不多而意已足。”

〔一五〕盛　《昆仑诗文合集》《昆仑文选》作“涌”。

〔一六〕无　《昆仑诗文合集》《昆仑文选》作“无一切”。

〔一七〕即与诸生湛匿于铅渐之业　《昆仑文选》作“即与士大夫质疑问难，深相敬待”。《昆仑诗文合集》在此句后有“故质疑熏德者，决百川而归之海，其于缨纬之流，深相敬待”。《昆仑诗文合集》旁注：“先政事而后文章，看他步骤。”

〔一八〕降至牛医乞儿　《昆仑文选》作“虽降至牛医贱隶”。

〔一九〕会　《昆仑诗文合集》《昆仑文选》作“会公初度之辰”。

〔二〇〕言之　《昆仑诗文合集》作“言之期进三公而寿诸国焉”。

〔二一〕张尔公　《昆仑诗文合集》作“李研斋”。

王贻上诗序《自课堂集》本〔一〕

王公贻上诗，英绝为世称首，莫不交口诵之，盖公年少，本其家学，肆力于歌诗，岂阿所好哉？往岁谒选京师，以两家籍谊，公尝不弃予，进而教之。胠其装，得公生平撰著最多，皆伯氏、西樵、礼吉、子侧诸公所亟称者，其足以导扬风雅，鼓吹一代无疑。是时，余心折公，未尝不叹其道弥广而诗弥工也。

今公李邗上，余倅润州，两人时晤，语如畴昔，顾余鞅掌簿书，虽乐诵公诗，欲勉己和之，辄不可得。乃公一日过余曰："严沧浪云：'诗非强作，待境而生'，斯言非诬。"然念余所遭历，江山之胜，佳时月夕，未见于辞，诗境安在？深幸公自有诗境，诗又无弗工也。

昔刘勰论商周楚汉至详，尝姗斥魏晋之浅绮、宋初之讹新，以为风气使然。至于王通，其于谢庄、王筠，谓其纤碎，徐陵、庾信，诎其夸诞，若是者，举非定论耳。夫诗世代升降不齐，其间崛兴间出，不以世代渐劘者，往往不绝，它亡具论。唐贞观洎景龙，诸应制体制略同，而苏颋诗称最。即《小臣桃花行》，当日虽逸其姓氏，至今读之，能令群作皆废，岂可以李、杜、储、王而外，遂无其人哉？

以余观近代诗道寖降，公独蔚然以古秀典则为诗家矩矱，后先所撰著，莫不尽其能而专美，乃世类言新城追踪历下，与琅琊昆季翃翊，孰知公兼体备善，非一端可涯涘哉？顷公偕余凭眺金焦、麟冢、龙洞诸胜，感时吊古，发为声歌，皆穷态极妍，高响翔于天，幽光可以潜于渊，几于康乐《游山》，少陵《岳阳楼》《秦州》《何氏园》诸篇，轶琅琊、历下而过之。虽诗待境生，公则希微寥泬，何往非境，何境无诗，屹乎不为世代所拘。余故知公之诗之必传也，公其以余言质西樵诸公，诸公谓余阿乎哉？

【评语】文之淡者难于纵，此之纵处全是淡处，而秋水澄泓，其中有物未易窥也。冲夷宕折，矩度全是庐陵。潘江如

淡漠处如弹古瑟，音响最不易寻。陈其年

【校记】

〔一〕此文据《自课堂集·文集》录，与《昆仑文选》本之《王贻上诗序》文字差别较大，故分录并存。

王贻上诗序《昆仑文选》本〔一〕

余服膺王公贻上诗深且久，心识其为今第一诗人，故天下莫不交口推公能诗。盖本其家学之远与韫蓄之素，岂阿所好哉？往岁谒选京师，以两家籍谊世讲，公尝不弃予，进而教之，得反复读。公生平撰著最富，皆伯氏、西樵、礼吉、子侧诸公所亟称者，其足以导扬风雅，鼓吹一代无疑。是时，余心折公，未尝不叹其道弥广而诗弥工也〔二〕。迨别去，遂不复言诗，然犹幸公司李邗上，余倅润州，两人不时晤语如畴昔。顾余鞅掌簿书，才远不逮公，虽乐诵公近著，欲勉己和之，辄不可得。一日过余曰："严沧浪谓'诗非强作，待境而生'，斯言非诬。"然自顾余所遭历，未暇搦管，诗境安在？深幸公自有诗境，诗又无弗工也〔三〕。昔刘勰论商周楚汉至详，颇姗斥魏晋之浅绮，宋初之讹新，以为风气使然。王通则以纤碎绌谢庄、王筠，以夸诞陋徐陵、庾信。若是者，举非定论耳。夫诗世代升降不齐，其间崛兴翘出，罔随世代渐劘者，代有数人，他亡具论。唐自贞观洎景龙，诸应制体裁略同，乃惟苏颋诗至今传。即当日《小臣桃花行》，偶逸其姓氏，能令群作皆废，至于李、杜、储、王，曷尝不羽仪百代哉？

以余观近代诗道寖降，王公独蔚然以古秀典则为诗家矩矱，后先所撰著，莫不尽其能而专美，乃世类言新城追踪历下，与琅琊昆季颉颃，抑孰知公兼体备善，非一端可涯涘哉？顷公偕余凭眺金焦、麟冢、洞龙诸胜，感时吊古，发为声歌，往往穷态极妍，高响可以翔于天，幽光可以潜于渊〔四〕，几于康乐《游山》，少陵《岳阳楼》《秦州》《何氏园》诸篇，轶琅琊、历下而过之。虽诗待境生，公则希微寥泬，何往非境，何境无诗，屹乎不为世代所拘。余故知公之诗之必傅也，公试以余言质西樵诸先生，诸先生谓余阿乎哉？

【**评语**】淡漠处如弹古瑟，音响最不易寻。陈其年

【校记】

〔一〕此文据《昆仑文选》录。
〔二〕《昆仑文选》旁注："一句小结。"
〔三〕《昆仑文选》旁注："又一小结。"
〔四〕《昆仑文选》旁注："二语惟王先生足当云。"

《重刻郭九子诗》序《自课堂集》本〔一〕

余方总角，著书辄盈几案，然以羁贱，不能自刻而刻人之诗，又不能自刻人诗，而因众以刻其人之诗，余固古所谓遗其有我者之人也。虽然，鵔鸃孔雀，皆自爱其羽，而精卫独衔石填海，亦各从其志而已矣。

杨侯郭九子，流寓武安四十余年而殁，负性孤骞，其诗虽学景陵，要自刻露，不用一律以犯难而蹈高，与之衡今人较上下，则今人无所幸焉矣。又十年，余客于此，悲九子之诗不传，谋与九子交者，与之图博辑料简之事，皆欣然许其成。所称含光宵练，有识共赏。向使九子即不陨获，能自剞劂，而其诗又不足以传，则有在而糊窗覆瓿者矣，况其没乎？

乃九子既殁，而露盘梓及其半，未几，露盘又亡，至于予而始尽敛其居平诗歌，以发惜诵之幽光，斯非独九子之诗之存，而诸君子之笃于义也。昔皇甫谧为《三都》作序，世始知重左思；徐渭为中郎所许，世乃知有渭名。余虽不敢言为九子掘根存实以成其名，然用力少而取材众，凭予乞言，彗泛画涂，若斯之易，则非遗其有我者之人，未有不亟刻己诗而急亡友之诗者矣。

【评语】落笔有奇理异彩，是天之使然，人不可得而强也。

俯仰多态，感慨环互，自〔四〕构架之材。似苏子瞻《乞葬董传书》，古今交道所难，余畏爱昆仑类如此，非独慕其工于辞也。张尔公

不自刻诗而刻人之诗，先生生平笃于交谊如此，读此文胜读一篇《山阳闻笛赋》也。陈其年

【校记】

〔一〕此文据《自课堂集·文集》录，与《昆仑文选》之《〈重刻郭九子诗〉序》文字差别较大，故今录并存。

《重刻郭九子诗》序

《昆仑文选》本〔一〕

余不能自刻而刻人之诗〔一〕，又不能自刻人，诗而因众以刻其人之诗，余固古所谓遗其有我者之人也。虽然，鵔鸃孔雀〔二〕，皆自爱其羽，而精卫独衔石填海，亦各从其志而已矣。

杨侯郭九子，诗人也，其诗似学长吉。时出严苦之调，以发其险仄之思。即间有瑕纇，然不用一律，以犯难而蹈高。与之衡今人较上下，则今人无所幸焉矣。夫九子流寓武安，历四十余年而殁。又垂十余年，余客于此，悲九子之诗不传，遂共诸常与九子交者，与之谋博辑料简之事，皆欣然许其成。所称明月步光，有识共赏。向使九子即不羁贱，能自剞劂〔三〕，而其诗又不足以传，则有在而糊窗覆瓿者矣，况其没乎？

乃九子之诗，必待其没，而露盘刻诸吴下，止及其半。未几，露盘又亡，镂板无存，迄乎今时，始得缀辑其全。斯非独九子之诗之存，而诸君之笃于义也〔四〕。昔皇甫谧为《三都》作序，世始知重左思；徐渭为中郎称首，世乃知有渭名。余虽不敢妄言为九子增益诗名，然用力少而取材众。凭予乞言，彗泛画涂，若斯之易，则非遗其有我者之人〔五〕，未有不亟刻己诗而急亡友之诗者矣。

【评语】落笔有奇理异彩，是天之使然，人不可得而强也。李砚斋〔六〕

俯仰多态，感慨环互，自是构架之材，似苏子瞻《乞葬董传书》。古今交道所难，余畏爱昆仑类如此，非独慕其工于辞也。张尔公〔七〕

不自刻诗而刻人之诗，先生生平笃于交谊如此，读此文，胜读一篇《山阳闻笛赋》也。陈其年

【校记】

〔一〕此文据《昆仑文选》录。

〔二〕《昆仑文选》旁注："引喻奇绝。"

〔三〕《昆仑文选》旁注："文情悄然。"《昆仑诗文合集》旁注："此一折深曲婉痛。"

〔四〕《昆仑诗文合集》旁注："将诸君高抬却自具身份。"

〔五〕《昆仑文选》旁注："掉尾处姿韵独绝。"

〔六〕《昆仑文选》无此评语，据《昆仑诗文合集》补。

〔七〕《昆仑文选》无此评语，据《昆仑诗文合集》补。

《绥庵诗集》序

庚子春，予倅京口，数晤金沙蒋公虎臣。公以诗著名，于诗神理敷畅，辞义卓然，为之起敬。冬杪，从刘司理读公《宿金山寺》诗，始大异之，然未极其所止，窃以为其致与人殊矣。越数日，公过予，授一编曰："予集成，子其为我序之。"顷得肆睹其所为以为幸。壬寅三月，蒋君玉大将诣江杨，就予郡斋理前说，予不辞固陋，请得而尽言之。

夫诗盛于唐，世辄谓古今人不相及，宋元且毋论，明初作者，时或旁通直畅，然沿习故输屡矣，形束而不即变。至何、李奋起相然信，始革芜音，王、李继之，济以雕润，虽盛藻跨俗，而疏折朴削之美，抑郁未遑，迨景陵出，风斯靡矣。

今寓内词人，并躯方驾，所在都有，而求其深中隐厚，自竖有余，为世所称诵者甚少。惟公之诗，搜奇破险，穷幽入微，不羁固难知，或拟之松陵、昌谷、平昌、昌黎之间，非不得其一端，而未能有以尽其变。盖公气质高迈，情思刻深，而又遭世早遇，加以学问，故风雅之作，波属云委，使非少陵不足以期之矣。或曰：公以盛齿掇巍科，跻华省，不数岁，典浙试，名为得人。扫轨以来，托志南陔，优游爱日。未几，而洒皋鱼之泣，陈李密之情，近且怆深播越，并日而食，若无以自存，而公静以驭之甚安，其诗名日以尊。

故天人之忧，孺慕之感，一篇之中三致意焉。今集己亥以后诸作，奋危言，舒哀绪，音彩高耀，不可一世，视杜陵入蜀后诗波澜无二。向使公典试后旋反承明，遂参揆席，虽其词藻著之台阁，然求其诗创绝人区，发皇忠孝，以振起时代之衰，穷而益工，如集中所载，不犹有间耶？今公以方富之年，浴德立言，会天子以师传强起之。公澡身稷契，砥节有素，岂不施之裕如哉？

予少游京师，尝及事尊甫先佥宪公，与公亮、简臣为金石之交。余虽寡昧，不足窥公津涯，知其上孚庭训，垂教后世，所有光显其亲，将在乎此，孰谓诗之为道，古今人不相及哉！

【评语】 引而归之于大，彼字句之文，不战而自屈矣，文家占地步类如此。李云田

作诗序必须如其人如其诗，若概以李、杜、岑、孟目之，作者之性情反不能自见。余于淮上读虎臣诗，爱其清折淡远别有寄托，先生此序能从其至性中写出无限忧感，绝不作仕官中铺张扬厉之语，是深知虎臣之心者矣。顾修远

作文必先立意，立意高行文自高，中间朴处掘处，尤不可及。陈其年

《携虹草》序

方今海内宴安[一]，名公巨卿，深沉于诗，且既已致身通显，其力足以聚书取友，加学而不已[二]，虽江河可移，况负魁奇伟丽之材者乎？乃备位者沿是迹而起，心耻其不能诗，虑无不漫然为之避，异量之名[三]，世俗不察，从所致以为重，即莫有起而正之者。

凡人之行，非谓抱义者也[四]。下之至于桑门羽人，里巷布衣之士，时以其羁愁抑郁之思，尽发之于其诗，穷年矻矻，习与慧增，而言之善者[五]，亦复可采[六]。若彼贱者，肆志吐辞，不及择音，而欲持浅薄乖次之谋造作于时，此诗之所以多可訾也[七]。夫天下之人，不竭力尽知而欲其能诗[八]，犹不琢玉而求温泽也。故习之者众，则美者赴功，其始[九]必有将盛之形；

视之也轻，则沿流必易，其终故有易衰之患。昔建安之间，号称七子，开元天实，不过李杜王孟高岑储常数人而已。今期声律之名〔一〇〕，而不毕其学，何今人之视诗太易乎？

钱唐禹金高君，不务苟同。禹金以研敏之资〔一一〕，峥嵘高论，其所为诗歌，务衷于闲丽而后即安，以命词场，何施不可。而乃致书于予曰："仆废百事，激励于诗，气雄不以下人，且从未尝乞人序，盖以世鲜知己。而古文之难，虽纷然各出，求其驾左史凌昌黎而独传于后者，实未之见也。兹典型在御，愿得一言以为重。假令今则不得公文，在仆为弃奇不能知人〔一二〕，固无以自慰。"然则禹金之诗，已厌薄世人一切而驾其上，猎乎精英，止乎义理，乃犹不求人知而务极其功于人〔一三〕，所不见之地，此岂今人亡具盗名者所可几哉！余时日尽费于簿书，未能卒读其诗，而即为之序，于其行也，敢摭其实。读禹金之诗而听其言，彼易视诗者〔一四〕，亦可以废然而返矣。

【评语】诗道难言，作诗序尤难。昆仑先生之诗，博综经史，涉历世故，上而公卿大夫，下至布衣寒士，无不争慕其诗，得一言以为重。而禹金尤不屑一切，乃独乞其序言以传。至此文之论诗处，无一泛滥语，非学深才厚者不能道只字。顾修远

今天下无不人人为诗矣，讽先生此文，为之三叹，其有功四始，何减卜子夏一序。陈其年

文字最忌入俗，虽岐扁不能医也。先生以古郁之思，运变变之笔，使俗下不敢望其项背，信是一代左手。然明〔一五〕

【校记】

〔一〕宴　《昆仑文选》作"晏"。

〔二〕《昆仑诗文合集》旁注："拈出学字作骨。"

〔三〕《昆仑诗文合集》旁注："世俗可笑。"

〔四〕《昆仑诗文合集》旁注："句古。"

〔五〕言　《昆仑诗文合集》作"鸣"。

〔六〕《昆仑诗文合集》旁注："平心之论。"

〔七〕而欲持浅薄乖次之谋造作于时，此诗之所以多可訾也　《昆仑诗文合集》

作“其言鄙而俚，其思浅而不属，此诗之为道多可訾也”。

〔八〕《昆仑诗文合集》旁注：“好喻。”

〔九〕《昆仑诗文合集》旁注：“古文老境。”

〔一〇〕《昆仑诗文合集》旁注：“结学字。”

〔一一〕研　《昆仑诗文合集》作“妍”。

〔一二〕《昆仑诗文合集》有旁注：“宕折。”

〔一三〕《昆仑诗文合集》有旁注：“从致书一段结束。”

〔一四〕《昆仑诗文合集》有旁注：“冷然有余味。”

〔一五〕此评语据《昆仑文选》补录。

《江行赠言》序

今夫事之关于彝伦者，苟不发于至性，则不足以风示来今〔一〕，而言亦不能垂之以其久。故共姜靡慝，爰赋《柏舟》；《陟屺》慎旃，永怀瞻望。至于《蓼莪》之衔恤，琳妻之女训，崔母之通经，斯其言固足以传矣。然而悲思哀慕之音，率感激于一己，而四方之彦，歌咏未备，则公论之难齐〔二〕，而人情不可期也。迨夫事远人湮之后，不有作者，其何能述？乃使古人行事，芜灭于山巅水涯凄风断简之间者，不可胜纪，岂至行未纯而真风不足以训世耶？抑阻于时而未能以罗而致之耶〔三〕？

平江袁子重其之母，二十九岁而寡，抚育孱嗣，尚在提抱。今重其童然秃且老矣，食贫负薪，以养其母，母亦行年八秩〔四〕，而贤母孝子，节操益坚。至于饥寒困苦而不变，故重其随其所之。士大夫皆乐与之交，既从其游，旋纪其事，诗歌之众，累然充栋。其于南徐广陵，大江南北，旬日之内得诗四十余首，虽逆旅者亦及焉。夫重其非贵显于时〔五〕，而二郡又非其里党，何道而臻此？贞行感人〔六〕。呜呼！可谓盛也已！

【评语】至性二字，联络通章，又无蹊径可寻，真是作者。随意写来，极真极朴，重其得此而传矣。凡立功贵有其具，而不能无借于天；立言亦贵有其具，而不能无借于人。如重其，赤贫之士耳，虽能爱慕其亲，若无《霜哺全编》〔七〕，寓内谁知有袁氏之母，亦复谁知有袁氏之子哉！武乡程昆仑先生，既许孝子之有母，更许节母之有子，尽收重其《江行赠章》，付之梨枣，复为弁言，以纪其盛。是寓内诸君子，皆有借于先生之一言以为不朽，而袁氏之节孝，更有其具矣。岂非天助乎！宋射陵

析处必使之渡，收处必使之留，文在情中，声在弦外，仿佛成连先生刺船海上时。陈其年

文之整者难阔，厚者难劲，此则整矣厚矣，整而阔，厚而劲矣，允为范世之业。程世英千一识

【校记】

〔一〕《昆仑诗文合集》旁注："成仁取义，至性二字。"

〔二〕《昆仑诗文合集》旁注："自古忠贞遗逸，其与长林茂草俱尽者，不知凡几，读此可发三叹。"

〔三〕《昆仑诗文合集》旁注："此又归之于己及覆咏叹，极俯仰顿挫之致。"

〔四〕《昆仑诗文合集》旁注："精意刻画。"

〔五〕《昆仑诗文合集》旁注："如此收法，极其道拔。"

〔六〕贞　《昆仑诗文合集》作"至"。

〔七〕整理者按：二〇〇七年五月十三日，中国嘉德国际拍卖有限公司春季拍卖会拍品中有《霜哺篇》三卷，手写纸本原件。拍卖《提要》中云："此件为清初常熟孝子袁重其所辑，原为四十余卷，至道光已散残，顾开增重付装池成三卷，光绪间归常熟翁同和收藏。此篇为清初常熟孝子袁重其为感念其母寡居贞节、悉心养育之恩所辑。现存三卷内收清初题诗题字题跋者有宋曹、方夏、席世珍、沈维祯、翁应祥、堵景濂、孙永祚、雷珽、汤潜、李模、沈卜玮、尤沦、严炳、俞南史、洍衡、陈煌图、李应臭、沈祖孝、董弘度、沈余任、刘云铭、贺鸿诣、贺麒征、周致、濮淙、徐士俊、孙枝慰、姚文悍、冯纷、邓焮、杨能格、彭行先、金俊明、董天凤、归士瑨、何士龙、陈匡国、陆庆滋、陶世济、秦德汾、徐致远、成才、沈晋、王问奇、徐崧、程秋卿、邹只谟、顾予谦、张彦之、徐日隆、朱之嘉、郝毓、唐履雪、钱鼎瑞、王天壁、王又□、潘恬如、袁骏、章钦允、章绂、夏澄、徐震、芮超拔、金灏、邓汶、瞿玄錥、俞南藩、范恺、宋奎光、尹在方、金原、顾开增、黄晋良、俞瑒、王瑞国、袁和、冯行贤、余□、沈卜琦、朱格、朱樵、施臧、马翀、李郊、童衍、冯萼舒、顾嗣芳、归起先、陆起元、钱光颐、陈遂、袁明道、杨静、杨元卿、王应度、蔡文瀛、章耿光、尤汝、赵均、瞿涵、袁晋、吴翼、子宣、陈洵、冯鼎位、沈建、陆圣邻、朱鏕、文熙光、孙宝侗、叶松、顾善、徐雍、柳颖、李逊之、崔九嶷、王明阳、田宗周、顾复、程世英、黄家舒、

高雄勉、吴宗汉（南村）、徐震（语石轩）、朱茂棠等计百二十余人，其中多为明季遗老。按：此件原为四十余（轴）卷，以此数推之，或有千人。袁重其后人，乾隆、嘉庆年间苏州府著名藏书家袁廷梼，同样也是少年丧父，由慈母抚养成人。其成人后，遍请当时名家五百余人，仿效其先祖袁重其，又编《霜哺遗音》六卷。

王翰孺稿序

夫物不受变则材不成，人不易业则智不明。今天子思驾前古，专以策论表判设科，士从此博通务经术矣。往时海内所贡士，概以八股一法考其程度，故士人并时覃思，其心力毕粹于此，必有穷圣理于既湮，发微言于不坠，偏胜独得而篇有可存者焉，非一旦之可以尽废也〔一〕。

平舆王君翰孺，顺治十五年举进士，尽心于八股间，清回俊发，学有专家，几失而复得者再矣〔二〕。晋陵邹君程邨，悦其有可存者梓之，问序于予。予与翰孺同官南徐，其受知于君者深〔三〕，其知君之文亦深〔四〕，余因为之旁通其论矣。

夫世人之文，过平则词芜气竭，争事阐缓，固揄弃不足道。才大者乃骇而谋之〔五〕，务极恢谲，然于以神止理安则又大蹶，浮疏终愧，大氐绵连殆矣〔六〕。翰孺之文，气浩理得，其于圣贤之旨，思无越畔，然尝阔而大之，称其才能，亦无所不合。其理南徐也〔七〕，不欲泰迫，必累于德，江南积案盈筐，赖君多所平反〔八〕。不任系绁榜笞，务究切之而转规穷曲，使顽顿虞诟无耻之民望风奔遁〔九〕，岂非所谓邦之司直者耶？昔人尝言之矣，士或多闻，而不及施于治国，虽左史倚相，第使之考妖祥，纪事实；司马谈号通今古，善文词，乃终于文史星历之列；至于发大议，定大策，开人之所惑，于以正君训民威敌，则古者叔向、子产、晏婴、令尹子文之徒以是为文，张之后世焉。今翰孺将闳中而肆外〔一〇〕，发为精华，流为政事，在境无夜吠之声，当官有言泉之乐。吾不知叔向、子产、晏婴、令尹子文之徒于翰孺之雄略如何，而翰孺之文则期进于古〔一一〕。于以秉画省之直笔，补东观之阙文，名闻于外〔一二〕，声施于境，岂其犹有所待哉〔一三〕！

【评语】辞气奔腾之极。李砚斋〔一四〕

策论表判与八股，一代兴废之所关，故篇中借翰孺之文论其始末，文复姿态俱备，真大家之合作。邹程邨

闳衍而乃切。杜于皇〔一五〕

文有根据。陈其年

【校记】

〔一〕非一旦之可以尽废也　《昆仑诗文合集》作“非亶备类而已”。

〔二〕学有专家，几失而复得者再矣　《昆仑诗文合集》作“散云霞之彩而泄其思”。

〔三〕君　《昆仑诗文合集》作“公”。

〔四〕君　《昆仑诗文合集》作“公”。

〔五〕《昆仑诗文合集》旁注：“词语简练。”

〔六〕绵连殆矣　《昆仑文选》作“促数耗矣”。

〔七〕思无越畔，然尝阔而大之，称其才能，亦无所不合　《昆仑诗文合集》作“不失尺寸，浑然坚而厚，比之先辈取法荆川、太仆之间，俗下罕俪矣，且翰孺为人慷慨气谊”。

〔八〕君　《昆仑诗文合集》作“公”。

〔九〕《昆仑诗文合集》旁注：“又就不泰迫、累于德宕跌一番，曲折尽态。”

〔一〇〕将　《昆仑诗文合集》作“之文”。

〔一一〕《昆仑诗文合集》旁注：“又拟左史倚相、司马谈而诣之。”

〔一二〕闻　《昆仑诗文合集》作“垂”。

〔一三〕岂其犹有所待哉　《昆仑诗文合集》作“岂不伟哉”。

〔一四〕此评语据《昆仑诗文合集》补。

〔一五〕此评语据《昆仑诗文合集》补。

《字汇辩》序

余读芑山张子《字汇辩》，古今六书是非已备于诸君子前序〔一〕。顾余交芑山久，知芑山之为辩，非含其精且微、远且大者，日肆力于粗显近细，

句栉字比，以耀人见闻者也。或曰[二]：芑山二十年来，隐屏郊坰，闭户著书如初，其雠窜《字汇》，有功承学，惜未锓流耳[三]。余闻而叹曰："谅哉！芑山之守道不渝也。"

夫余自识芑山[四]，见其稽古慎交[五]，身虽隐而匡世拂俗，鲜不适于用，名虽章而俭德抑虑，未尝矜其能。至于奖就四方之士，上溯孔孟关闽濂洛之学，不徒以训诂自见。今之为《字汇辩》，非辩字也，即明道辩惑之功也。卒观其书，审音考文，厘复纠谬，既集六书之成，而其间因字以穷理，穷理以阐经，据经以翼史。下逮历代诸子百家怪奇玮丽之说，博捃精择，与经史递相发明，究归于理学经术之源流，使学者识所折中，而不为异端曲说所眩，岂但探颐于颉诵，问奇于棻雄，为所不必为，殚岁月而耗铅椠哉？

宋涑水司马光曰："备万物之体用，莫过于字。三才之蕴，性命道德之奥，礼乐刑政之原，皆系于此。"横渠谓："经义取证明而已，虽不识字，何害为善？"余颇疑之，士苟不识字，经义且不明，何有于为善哉？此芑山所以参互六书，补后先未备，为一代开继之助，学者执六书求之则非也。昔家纯公、正公[六]，以倡明理学为己任，虽不得志于时，当熙宁、绍圣间，诸大臣相继引荐，稍有所建白，附在史氏，而又得周濂溪为之师，吕晦叔、邵尧夫为之友，衎衎讲肄，道教日著[七]。纯公知大常礼院[八]，虽与有司议，抵牾不合，进退自如[九]，未有群起而排之者。正公刚直见忌[一〇]，亦止苏轼、胡宗愈等党坌謷牙[一一]，诬以奸邪，究无毫发损于正公。然而后世有识者，深痛方圆枘凿之不相入[一二]，吾道隆污显晦之所繇分也，岂阿两公哉[一三]？芑山独学寡与，可谓艰劬甚矣[一四]，而觏闵挫抑，辄复倍蓰于纯公、正公。

嗟乎！岂尽芑山之过与？抑时使然与？是书卒业于十数年羁困之余，揆诸正公修辑遗书，庶几有补之意[一五]，其明道辩惑之功何如哉[一六]？读是书者，追惟响者阴陶与典之讹，旁魄规磨之陋，乃始慊墨伙颐，叹芑山博综至是〔一七〕，而不知是书〔一八〕固不足以尽芑山也，惜夫！

【评语】字原有关系，此于字之内，更求其有关系者究竟，字是如此。特难为无识人言耳，文字真能追髓〔一九〕。

先生文皆古劲奇辟，此又条达淹密，岂昌黎状樊绍述辄似绍述耳。潘江如

芑山先生，余三十年父执也。著书穷理，守先待后，然气性崖岸，往往为流俗人所翕訾，故昆仑先生此文相为悲慨。至借字学以发凡起例，尤见两先生其相知深也。陈其年

【校记】

〔一〕已　《昆仑诗文合集》作“业”。

〔二〕或　《昆仑诗文合集》作“先是余方购芑山撰者，友人谂余”。

〔三〕惜未　《昆仑诗文合集》作“甚巨惜未”。

〔四〕芑山　《昆仑诗文合集》后有“以洎于今”。

〔五〕稽古　《昆仑诗文合集》后有“则甄藻儒先之醇疵，举世淆乱者能别之，慎交则洞晰气类之诚伪，举世狎迩者远之”。

〔六〕正公　《昆仑诗文合集》后有“两先生”。

〔七〕道教日著　《昆仑诗文合集》作“道日以著，教日以盛”。

〔八〕《昆仑诗文合集》旁注：“原本家。”

〔九〕自　《昆仑诗文合集》作“绰”。

〔一〇〕刚　《昆仑诗文合集》作“侃”。

〔一一〕止　《昆仑诗文合集》作“仅”。

等　《昆仑诗文合集》作“诸人”。

〔一二〕深痛方圆枘凿之不相入　《昆仑诗文合集》作“往往为两先生太息不已，盖深痛枘凿之不相入”。

〔一三〕公　《昆仑诗文合集》作“先生”。

〔一四〕芑山　《昆仑诗文合集》后有“以公正之端恪，兼纯公之温称”。

〔一五〕意　《昆仑诗文合集》其后有“较若合符”。

〔一六〕哉　《昆仑诗文合集》作“此”。

〔一七〕博综　《昆仑诗文合集》作“精传”。

〔一八〕《昆仑诗文合集》旁注：“步步推开。”

〔一九〕《昆仑诗文合集》此语为李砚斋所评。

宋射陵诗序〔一〕

诗人之法，可学而至。独才与气之间，其隐在内，体无定端〔二〕，虽有善者，亦不能为之强同。苟求其善操己之长，与性冥通，则适于道〔三〕，而皆有可传。艺之至者不两能，岂不信哉？今之号为诗人者，离本失实，舍赴我之涂，而徒为我所附之涂〔四〕，困于才能，举动乖错，即令似之，观者怠厌，其亦不善用所长矣。

射陵宋君，产于淮阴，砥廉隅，又属古乘、皋父子、孟卿文学积渐之地，习为诗歌，才清气沛。今由广陵渡京口，凡江河之所临泛，行旅之所流憩，山林之胜，人物之贤，悲欢俯仰〔五〕，莫不吐纳华音，裁于独断。其诗深而利，博而有法，指事怀人，归诸本实。吾闻物之奇者，金玉剑蜃之类，其气皆能上薄于天〔六〕，结为光怪城阙楼阁，而况于才人之诗乎！夫诗道日新，英玮芊眠〔七〕，人无才气，果未能显，若蹈借前贤，宁有当哉！

【评语】为幅甚短，情思周密，其起伏变化，有百折不穷之势。杓石

直是下视樵蜕，或曰："于八家何所似？"余曰："似王荆公。"陈其年

【校记】

〔一〕整理者按：《自课堂集》题为"射宋陵"，据《昆仑诗文合集》改作"宋射陵"。

〔二〕《昆仑诗文合集》旁注："确。"

〔三〕《昆仑诗文合集》旁注："原不敢于雷同。"

〔四〕《昆仑诗文合集》旁注："语工。"

〔五〕《昆仑诗文合集》旁注："机流手敏。"

〔六〕《昆仑诗文合集》旁注："奇极，横极，如飞流孤嶂，磊落可喜。"

〔七〕《昆仑诗文合集》旁注："到底奇横。"

《宋荔裳先生文集》序

五岳以泰山为宗[一]，自昔德业文章之盛，以孔子为宗。土厚而殊尤，其人必奇，行义必不同于俗。吾闻山东之国，繇孔子已来，商瞿、曾参、孟轲、伏胜、匡衡、郑玄、何休之徒，湛于经术；王粲、左思、颜延之、刘勰、任昉，皆能以文采耀于世，风俗与化移易，岂非士发愤厉、有根柢之容、隐然岳峙者哉？

荔裳宋公，齐之昌阳人也，之罘丹崖，得气至厚，其为古文辞，理析秋毫[二]，务丰奇伟之辞，惊态横生而不离乎古法[三]，天下慑服，亡能仰视之者。然公所遇虽穷，其文屡变而益工，烦省险易，皆见其长。呜呼！古文之传绝久矣，赖公而彰之[四]，以振呰窳之病，庶几其有瘳乎！公爱士之诚，出于性成，制义度衷，亮贤疏举，才俊之士充庐接踵而至[六]。相与援翰讨论，共起居，接饮食，后先所慰荐，堀穴岩岩之子，甚备得其心，虽在逆旅[七]而风雅不鬲，终宴竟日，日更数十人[八]。故公当琐尾流离之顷，竭智毕志，出死力以相从者，悉彰蔽于公[九]，非好著书立说[一〇]，取友识道，理能若是哉？予王父大司空公仕山左，繇宪副大参廉宪左右辖垂十年，莅其地，与公之先世结分独深。今公不远千里而锡之以文，属余为序，亦可以知公之耆文能神期矣。

【评语】铺张语能不泛设便佳，而下笔简练，深得韩、柳之法。孙豹人

序今人之文，直从泰山孔子说来，可谓源本之论矣[一一]，非玉叔不足以当之。方尔止

短而严，开阖皆有节制，是昌黎文字。陈其年

【校记】

〔一〕《昆仑诗文合集》旁注："一起耸拔作势。"

〔二〕析　《昆仑诗文合集》作"拆"。

〔三〕惊态横生而不离乎古法　《昆仑诗文合集》作"惊态横生而合其变"。

〔四〕然公所遇虽穷，其文屡变而益工，烦省险易，皆见其长　《昆仑诗文合集》作“是以抽华若拾遗，迟疾听其俯仰，无刺喉燥吻之习，而巧复有余”。

〔五〕《昆仑诗文合集》旁注：“作一波荡，如菱门之束三峡。”

〔六〕才俊　《昆仑诗文合集》作“艳发”。

〔七〕《昆仑诗文合集》旁注：“五字是龙门四公子列传数万言。”

〔八〕《昆仑诗文合集》旁注：“所不到处。”

〔九〕彰　《昆仑诗文合集》作“鄣”。

〔一〇〕《昆仑诗文合集》旁注：“借患难相处一段，唏嘘感慨，益令宋公生色，如《晏婴传》之叙越石父也。”

〔一一〕源本之论　《昆仑诗文合集》作“尊崇之致”。

魏邓林稿序

余少即儃僈废时，遗形丘壑〔一〕。时魏子邓林方行，文能黾勉而用笃，然视其人〔二〕，呐呐不轻出诸口，吾甚异之。及读《专学篇》有云：“听清角之韵，不见嵩岱之形，察秋毫之末，不闻电霆之响。心入秋毫，意溺清角，始知游心无垠，然后一勉于正，而期其所必至，非矫为之也，不得不用笃耳〔三〕。”邓林为仲舅对槐公子，仲舅慷慨喜施予，且性不畏强御，井里时执不下，常取片言止之，其为人如此，而不及见邓林有今日。然而纯笃用学〔四〕，邓林固有以报仲舅矣。耳不顺乎非，口不隶乎善，与名贤比榻而坐，或说一高言，如饥得珍俊，喜动于颜色，岂同于一意诵读，冥行而擿埴者乎〔五〕？邓林虽屡挫于时，然为文高严俊丽，其光昭先绪，不虑其不显〔六〕。邓林往矣，予既喜其篇章矫异绝俗，而其气谊又郁纷纭以独茂，邓林其真不可测哉〔七〕！

【评语】质坚而思入又洁。〔八〕

能铲去诸家蔓语，结句尤有深情。张尔公

关锁绾合极有法。陈其年

【校记】

〔一〕遗形丘壑　《昆仑诗文合集》作“未能得气去”。

〔二〕《昆仑诗文合集》旁注："一篇主意。"

〔三〕《昆仑诗文合集》旁注："照应。"

〔四〕《昆仑诗文合集》旁注："又照应。"

〔五〕《昆仑诗文合集》旁注："正见用笃处。"

〔六〕邓林虽屡挫于时，然为文高严俊丽，其光昭先绪，不虑其不显　《昆仑诗文合集》作："邓林之文高深奇丽，不可一世，其遭时处际，光昭先绪，岂足为邓林难者。"

〔七〕《昆仑诗文合集》旁注："含蕴无穷。"

〔八〕《昆仑诗文合集》此语为李砚斋所评。

郝文彊入学序《自课堂集》本〔一〕

邑之西有烂柯、西交诸山，峭险阻隘，蹄股相承。然上无松桂榆柳美箭之所生，下无鱼蒲之产，其人黑肌而广额，负土而粗饱，单贫狭厄，无鼓箧之士质疑问难，以求仕进。独石盘距百里外，灵岩穷岫，松桧旁通，子衿不绝，四时之中，吾伊达于林谷。郝子文彊，予舅氏腾霄公子也。予年十二，怀璧就试，与舅氏同时入学宫，时文彊尚未生，舅氏谓予曰："使吾亦有子如虞诩，岁通《尚书》，于愿毕矣！"今不图文彊之忽进于斯也。文彊意美志励，有殊异之资，选良材，求明智，不能使文彊即学宫而止，殆潜精研思之业，不于其身，必于其子孙，其至文彊而归善也耶！噫！石盘钟邑灵秀，草木溪涧，蓊勃披拂，文彊又能依师义，博通经业，有相助之美。苟教之不失其时，考行询誉，又安见形胜之不足以发其文思也？

【评语】通篇借形胜发论，极抑扬顿挫之致。钱牧斋先生

寓有期属文彊意，不多设谀辞，行文伸缩合度。张尔公

秋鹰削草，矫锐无前。陈其年

【校记】

〔一〕此文据《自课堂集·文集》录，与《昆仑诗文合集》之《郝文缰入学序》文字差别较大，故分录并存。

郝文彊入学序《昆仑诗文合集》本〔一〕

吾邑之西有烂柯、西交诸山〔二〕，峭险阻隘，蹄股相承。然上无松桂榆柳美箭之所生，下无鱼蒲之产，其人黑肌而广额〔三〕，负土而粗饱，鼓箧之士，绝世不宜见。石盘距百里外，泉流布之，怪松奇石，映带左右。四时之中，吾伊达于林谷，子衿接踵。郝子文彊，予舅氏腾霄公子也。予与舅氏同入学宫，摩研有日，而不图文彊之复进于斯也。文彊意美志厉，有无异之姿，选良材，求明智，不能使文彊即学宫而止，殆潜精研思之业，不于其身，必于其子孙，其至文彊而归善也耶！噫！石盘钟武乡灵秀，草木溪涧，蓊勃披拂，文彊又能依师义，博通经，有相助之美。吾知同进诸子，有同畏其锐者矣，又安见形胜之不足以发其文思也？

【评语】通篇借形胜发论，极抑扬顿挫之致。钱牧斋

寓有期属文彊意，不多设谀辞，行文伸缩合度。张尔公

秋鹰削草，矫锐无前。陈其年

【校记】

〔一〕此文据《昆仑诗文合集》录。

〔二〕烂柯、西交　《昆仑文选》作“以形胜名者有烂柯、西交”。

〔三〕《昆仑诗文合集》旁注：“是穷乡僻壤光景。”

沛山记

山水之峙于天壤，不可胜纪，苟非吾之所有，虽太华、匡庐、嵩岱、彭蠡之胜，跖穿膝暴，不能遍历。即偶一游涉，如逆旅之行，蹰亡将久之势，徒与咨嗟叹息，以过而不留为恨。独长平之沛山，在梁溪西南，取道里许，大司农沛苍田公童冠刻意，近在乡聚之内，未尝涂觏卒遇，停策其开。已而公仕于朝，任职不能出，又未获揽兹山之所谓西南爽气者。

顺治辛丑冬，始一过里门，与父老怡衎，乃求所谓沛山，探岩之巅而止。长峦青壁，激触嶒峻，万松蕃滋，与山为际，然羊肠错迕，每逢其绝处，辄得襄岸，非假乎人力，皆能夺松之所区。有所施宜，蓬室处中，大率科别易足，于是席草列饮，鲜云薄垂，岑鋈尽露，不有此也，山何以止我哉？上有沧池，水可深丈余，渺沔漭沉，当其既溢，达于阳陆之隈，神龙所凭依，屡于旱时循祷，甘雨汎沛。久之，栋楹樊棂，挠折朽败，乔松不卫，而日且伤伐之。

山旁草田，可资引溉，土人逋赋，废不操作，闻公之来，窃相告语求售曰："今其能释我前患耶？"公既得山之明年，为康熙壬寅，方除地燔翳，栖神凌槛，更择其闲旷，编葺岩庭，以为攸止之所。升高骋望，凡梁溪之枌榆，庐舍鸡犬，担负历历，皆在目前。异日者，公岁时临玩，聚宗族宾客于斯，风亭月榭，在于几舄，非有旷日跋涉之劳，择地而行，尚虞不足，岂若太华、匡庐、嵩岱、彭蠡之远不可托哉？虽然，沛山之久于梁溪数千余年，求之必得，可趋而就也，必待公以兴者。天固厚于他时而使之顺安于万世，其自此始乎？吾观前古，山水之以人显者众矣，不特鲍、陶、壶、焦、禹门之名，因人而重，即兰亭酒楼、钓台铜鼓，一事之微，稍经濡迹，犹足导扬无穷，况沛山之迹，公业得之为己有也哉！

【评语】沛山披榛莽剪茇而得，固自奇胜，文则纡回苍洁，一唱三叹，尤是老手。龚芝麓先生

绝似柳子厚《黄溪》《西山》诸记，而匠心惨淡，无摹拟之痕。宋荔裳

柳子厚《永州新堂记》为穹谷嵁岩渊池于郊邑之中，逸其人，因其地，全其天，文辞峭拔，亦是此意，然较之先生此作，灵动奇快则未之有逮矣。陈其年

游华山记

殊名同质者〔一〕，华也，旧志曰滑。树声弥古，西漳之湑焉，滗沁州之交口，漫淤于浊漳〔二〕。程子曰："冀州之水，黄河自秦西北来，复有浊漳，

会彼乐阳，此发鸠之山，炎帝少女之所采而取也。”浩汗乎浼哉！君子不以滞嵲之多而忘天柱之功〔三〕，九河之费而忽葱岭之自，吾于是而登兹山之所以为本矣。郡守俞公曰：“滑非雅也，不若花。”而予邑中丞魏公，又易之以华，其名益美。吾闻巨灵仙掌以分河流，具在于华，其事甚奇，滑之所仿佛与？何〔四〕名之古也！形势详中丞记中。

丙戌八月，游息于此，程子肃然而肆睇曰：“众山幢嵘中而乃有华，有华而众山皆培嵝矣。”众山之情气咸在华，远而睇之，百里外皆有华也〔五〕。郿嶆咫尺之间，反隐而不见，瑰伟幽遐，盖众山之精色俱夺矣。高阆箭括，石磴迭出，松枝磊砢稍于清汉之表，虽无求奢乎，乃复以少见奇。大抵华之为体也，水事远而人景鲜，孤情逼而天机露，锦石斑驳，或如茄房，或如纸臼，或玄发靓妆，或椎颡蹙鹖，架高布浅，胎于石而族于石〔六〕，殆无往而不与石为类也。故山之砠者，咸取资于草木，所谓叶帷树柱，土迹居其半，华不让美于肤，斯为难耳。山下出泉，丁香生石罅，穴胸贯脑〔七〕，山果熟自落，红越丹砂，石殿无櫋，不具筑墁，当与天地毕命〔八〕。左偏一阁墙旧圮，予所理也，经五岁矣，再面如逢故人。郡人王生，趺跽石室中，猎师樵子，往往见者，戏侮其下，何不登羽车而去乎？俞公传甚佳，王生当借之以传，彼深山之遗跽者，固多矣。

程子曰：“嗟乎！吾观《虞书》，西巡狩致祭西岳焉，地镇秦城，于今为烈，夫非此礅宕乎？”今山之形与貌山者之心，殆无往而不欲华也。夫华，宁不可学哉？夫华，宁不可学哉！

【评语】不难在牢笼胜概，而难在格高体厚，句工字琢，备擅其长，子厚当之，未免小巫耳。钱牧斋〔九〕

奇幻不测，别具匠心，华山诸记推此为冠。忽起忽伏，如罗浮两碣，因风雨而成合离。张尔公

郦道元《水经注》无此苍厚，柳柳州《钴鉧潭记》无此雄高，必传，必传！陈其年

【校记】

〔一〕《昆仑诗文合集》旁注："突兀。"
〔二〕漫澿　《昆仑诗文合集》作"澿漫"。
〔三〕《昆仑诗文合集》旁注："笔路离奇，绝非常境。"
〔四〕《昆仑诗文合集》旁注："吞吐有致。"
〔五〕《昆仑诗文合集》旁注："数语已书华之形胜。"
〔六〕《昆仑诗文合集》旁注："句工。"
〔七〕《昆仑诗文合集》旁注："句工。"
〔八〕《昆仑诗文合集》旁注："句工。"
〔九〕《昆仑诗文合集》此句为钱牧斋所云。

游禅隐山记

余久负柴桑之癖，居于坻崿之间，盖无日不山者，而悄怆慕类，又欲考胜以发其欢，是诚好骛哉！丙戌之秋，余弟坦之谓予曰："榆州虽弹丸，而禅山巀嶭，怪石翳荟，不可名状。"七月既望，期往观，已而纠褱不果。二十一，余乃发东田，薄暮，素沫滂沱，檐绳溜下。二十三，秋霖犹不止，厥明，光风劚云，火精隆起，其流潦虽止而泥淖沾濊，跼石之足，不敢奋而前，然心不能久待。趋至黑石崖，路险不任骑，每泥一斗，水半之。又沿弓背蛇行，前趾未脱，后者复陷，乃恨石名而全未见骨，何倒置也？日昳，至长宁，低枝稠浊，蚊虻聚如雷，寺僧秉炬入，寻具茗承饮，水盐汽不可食。翌日，至高书峪，去禅山五里耳，俄欲得山，颓府不材之地，入背皆泛去，亡足谋厥心者，以是益欲得山。乃山于径穷处忽来，与我之来也，情势相告，俱在一里之外。崖峐方脱，偶见即欣，视诸山体稍昂豁，而岩窟独美，如中岳而诵嵩高，其为四山之中则尊矣。入深忘返，渺然无际，高掌蔽其前，指族向抱，予命名屏山。松之芊眠，虽不甚多，桀竖者，支堕者，偃盖形者，郁郁羁雌者，清风时来，凄若自止。屏山趾因于桥，石甃颇工，时久而泐，仅通五两。桥下涧水西流，会于漳。予独往视之，瑟泊涟罗，石怒迹其上，诡故不迹水，鱼贯而过，至此粉光不易入，似涩缩不能忍。

予行乱石上，不至灭跗，循桥而度，止存释迦一殿，余皆废诸榛莽，荡为平沙矣。僧如善连居敞匝，营砖石之重窑，山门四旁，不拂自净，有碑尚在，皆面墙而立，龟趺悉没，可叹也。左偏堰碶下颓，无非沮洳者可圃之，外无隙地，稍过，即志云道人泉，此独不智。游事稍竣，振衣戒道，回顾鹿苑颇宽，而荒涂在目。诸红爪绀发，珊瑚之舌，无不漏身于浏飗，凄惘于霒霫。一僧性洪，来如逆旅，如善亦居远村，过此虽僧亦山中所无也。余蹙然而慨曰："余在髫龀，即闻禅山之胜过于诸寺，寺僧诛蓬蒿而变黄污，出乘翳骆，藏镪盈筐，五六年间，烬于萑苻，至使剽栈不闻。嗟乎！始盗不过数人，驱除甚易，纲漏吞舟，执事之罪也，不禁动河山之感。"是日下山，宿于蔡树砦，遂为记。

【评语】严峻苍郁，仿佛柳子厚《黄溪》《钴鉧潭》诸游记，而色酣畅较胜。周兼三

山水愈奇，摹写愈平，此胸中无山水者也；摹写愈奇，山水益奇，此胸中别有山水者也。试看子美《发秦州》诸诗，秦州安得有奇山水？即使秦州山水果奇，更无奇于子美之诗者，读先生此记，亦作是观。顾修远

架险缒空，如邓艾裹兵入蜀；至于凭吊之余，忽生怆惘，则又不得仅作游记观耳。何絜雍南识

钩棘搜剔，畦径都绝，觉柳子厚诸游记了不异人意，訾家洲、钴鉧潭能毋裂眼争耶？陈其年

游古峰山记

初繇禅山至蔡树砦，日已暝，小睹傻俙，崖斗上不得盘曲，草滑如脂，余之举趾，恒以两仆为高低，实不辨广轮。土人束燎，瞭瞭语于涂，晃朗犹日，是日于夜也。诘朝，历官石岩至漆树林，莲峰忽卷，久之益险，石

齿硿砑者，互衔不尽，矗矗仄仄，仿佛势欲坠，或小如盘，或大如骆驼，楼阙攒蹙隐现，近在舄履之间。余本畏山险枳步，患诸君先我，诡忘其艰，辄即往。既登，乃诩诸君曰：“余善出不意，何似韩信从夏阳渡军安邑时耶！”然余之任两足，实驱市人而战，其不依骆肩而娄幸者，但防其气靡耳。

至则峻岭揉云，即古峰山安国寺也。殿外四碑光可鉴，一书“庆成府官田”。常岁征租者，巾车而来，捆载而反，率六百里，然岁不过得缗五百环。当时榆州何以隶南朔作佃，其远若此。三牌鳞次立，文悉鄙陋不可读，其他丛林螭桷，曩之凶渠彀弩而来者，悉以代薪爨。折而南有饔舍，以柴樊之，数武建层构百尺，朱云安窗，最上则楼而易之以台，飞廉不发而叫风铜马，息心深山窈窕中，良于十万师矣。

东下一泉湛然，华浪不作，夹于礐体，受半瓠稍宽然有余，坐而汲，无劳人之费，然千人饮之弥不穷，予呼为触云泉。水尻有田，可以穿窦洒流，亩足一种，一日之作苦而甘永费，惜哉！中衢地稍塌，流水潺湲，塌旁柳偃蹇不成行，蛇伸孛散，杂花吐牙，摇魂于赤柽之间，多不可状。钩祓观北泉所谓作潺湲声者，有自来矣。命仆夫释马长松之下，缰绂不施，花蹄绿藓与青茸俱平。蹑冈而上，群岑忽俯，万松错若，略壮如指，或摇如麈尾。其飞节界于道连拱者绝少。与士人坐盘石角饮，双松肪为炬，酒得沸。明旦，秋云泛滥，垂芒欲雨，从东阪下，处处马博颊也，约数里而缩，仆踵力不及则助以手，手力不及则摄以目，踵手目之不及则河下龙门駚不越也。

求一卷节石小顿，不可得，土人笑指西北，有顶山势更嶕峣，即志云诸山突起而此为之冠，使公见之宁不复叹郁垒哉？乃兴适无余，遂不往。

【评语】叙裁变动如水穷云起，寓言十九，悟者自悟。末段从惨淡经营中出，使人神魄洗然，故不易及。张尔公

怪怪奇奇以为序事，惟昌黎能之，兹何出穷制胜无穷也？其中引喻庄诙，俱出人意外，读此视柳州诸记，未免有积薪之叹。李云田

字里行间，觉有无限嶙峋险仄，非先生性情中自具山水，不能道只字。浅根人临山水佳处，纵欲求奇求奥，卒不能奇不能奥也。何絜雍南识

斑剥奥缺，苍异凉诡，不可句读，只可扪摸，觉字痕纸背犹为苔藓所缠。陈其年

游准提岩记

循太玄洞而东，厄岖盘行，不一里，崖壁斗绝，可数百尺。山麓有岩石罅垂累，势态突怒如欲落，虽勇者，乍触之乃栗。沟其前断，诸秀木缘滋，繁芜蒙缀，每当青逵朱夏，白藏凄厉之时，日月在形，众山错迕，无所弗见。岩临径口不深，游者轩轩坦坦而入，无俟呼类束炬，有伏阴幽忧之防，然从无窟宅其中者。侍御左公反税之后，风收雨霁，辄葛衣鹿裘以往，仿八体，录方书，寒暑勤事勿替，拾橡饮水，与人事敕断。既殁，州人为像祀之。其傍季子蕊渊于中妍饰准提菩萨，骨法衣理明蔚，准提岩以名。

夫物不自始，有始之者矣。当此岩未有以拟像也，非无强力可为者不为，其欲为之者，率皆往来佛老子之徒，郁邑侘傺而赍志以老死，荒寒委旷，鳞石萧条，以讫于今，岂足异哉？余守是邦之二年，来游于此，蕊渊数请予之言，益不怠。余固爱其境幽，撮而记之，俾镵诸石。后之至斯岩者，如彭祖之井、贾岛之峪、白公之堤，以其人存，非得之余之言而以传于后耶？

公讳佩玹，字栗仲，由侍御为山东观察使，侍讲沈公绎堂题其额。

【评语】深思曲致，于诡故不测处有鹊反鸾惊之势。先生冶耀，如子厚之居柳州，使山水因人而传，左公当资以不朽矣。杓石

不难在深而难在异，不难在曲而难在新，不难在新异而难在尔雅，此种文字，非气候已到者决不能道只字也。陈其年

天下第一江山记

凡事之废兴，物之存亡，散落衍溢〔一〕，皆以工力敌，其质之坚脆，罔几也。故昌黎道高与寡，其撰《平淮西碑》，虽势阻力格，禁之无繇，至于矫遣断击，名亦足以暴于天下。而段文昌之文，诎不旋踵，向时之禁，适所以显天下能者耳〔二〕。焦山《瘗鹤铭》，滥汩江流中，非穷冬水落绝望不能至其地，而论者谓瘦捷清拔，大字之妙，无过于此。后之往观者，流连反覆，相与考其源流，穷其时代〔三〕，以荒忽无名之迹，见知闻之所不及，揣拟摩切，以求其人，若有不能已于目而释于心者，而周廊之刻则过焉而不问，岂非废兴存亡之几，理至者数无以道之〔四〕，而何论其质之坚脆也哉？

余来治润，康熙四载于暮之春，同张君南溟、程君苍孚、袁君重其诣甘露寺山门。门当山南峻岨处，梁天监中武帝尝幸此，赐二铁镬〔五〕，中储水以饮僧众。镬受水广，产碧芙蓉，苏文忠诗“坡陀受百斛，积雨生微澜”是也。又御书“天下第一江山”六字，久之，字漫〔六〕灭破耗矣〔七〕，镬亦仅存焉。今门榜六字，乃宋淮东路总管延陵吴琚所书，琚寡嗜欲，惟日临池学书，纵体肹蚃，绰有余态。董文敏称六字为江以南第一名榜，虽克所愿，而风掣雨蚀，木书有暗。余俾人挈置其下，就如松铅，意戢势珍，复见旧时之所贵，仍揭之楣。时宋君射陵寓润，工书法，遂乘原字双钩，惊鸾之美，视昔有加。余捐赀勒石，去高安埤路相逮，与游人往来会。呜呼！木石形也，坚脆质也，固矣〔八〕；然而事贵取于当机，而物尝入于人之所不能料〔九〕。以予观于前古，吴主皓改元甘露，寺名用之，至夫乾符、建炎、至元之间，屡罹兵火，其寺之废兴存亡者频矣〔一〇〕。铁镬今已不存，即琚所书亦非武帝之旧，又安知琚之所书木与石之久暂？岂若世俗不察，石必久立，木乃侵迫即朽，不同量哉？予独喜射陵之钩摹，磊落骨梗，能尽琚之巧，其后必传，而不在乎木与石之间也。至兹字之借吾文以传〔一一〕，焉能于百世之外较木石为坚脆耶〔一二〕？

【评语】 本是立石以求永久，却从木石之久暂不可预定，翻覆变幻，立议甚奇。至于前后关捩，归诸文与字之可传，尤为笃论，名山借兹以不朽矣。黄俞郃

小文字极往复抒折之妙，坚朴处尤不可及。陈其年

议论既奇，叙事又古，凌厉顿挫，备极其美。然明〔一三〕

【校记】

〔一〕《昆仑诗文合集》旁注："一篇骨子。"

〔二〕显　《昆仑诗文合集》作"昭"。

〔三〕《昆仑诗文合集》旁注："即焦山以形甘露，文情激宕。"

〔四〕导　《昆仑诗文合集》作"夺"。

〔五〕铁镬　《昆仑诗文合集》作"从镬"。

〔六〕《昆仑诗文合集》旁注："老笔。"

〔七〕破　《昆仑诗文合集》作"堕"。

〔八〕《昆仑诗文合集》旁注："绝大议论，委曲操纵，宕迭生情。"

〔九〕入　《昆仑诗文合集》作"出"。

〔一〇〕《昆仑诗文合集》旁注："情文悲壮。"

〔一一〕《昆仑诗文合集》旁注："转更生奇态。"

〔一二〕较　《昆仑诗文合集》作"因"。

为　《昆仑诗文合集》作"较"。

〔一三〕此评语据《昆仑诗文合集》补。

永慕堂记

古之人功遂名尊，率治私第，建堂橑以称其志，如白乐天之"七叶"、韩魏公之"昼锦"、梅吏部之"有美"。彼所称贤豪，皆印足其势能之荣顺且宴宴。苟不出于此，亦不过留连于碧澜烟雨之间，而居有彤轩，退有文欜，其心无所求于世，卒其所自为谋者，与富贵之人不异，孰有临榱桷而思父母者哉？曾子曰："身也者，父母之遗体也。"行父母之遗体，居处不庄，非孝也；事君不忠，非孝也；莅官不敬，非孝也；敢不敬乎？故孝也

者，百行之统也，孝道勖斯领闻备矣。然孝于亲，其所遭亦有不齐者焉。怡声愉色，得侍父母之侧，幸也；或父母有一在堂，其命也；即岵屺失望而感时辍社，劬劳之德，郁邑不得伸，卒不敢有须臾之或忘者。

所谓大孝终身慕父母，吾于浍州侍御张公见之矣。公初就外傅，日记千言赠君，心斋公心独喜曰："是儿岐嶷明秀，当必孤骞，张氏其能显耶？"十一岁辄孤，太君范孺人以一妇人矫厉支拄，于屯邅之际，篝灯戒读，极夜而不止。公由胶序登贤书，乙未举进士中第，丙申得令广川，洗冤平反，有莱芜鲁山之颂。天子廉其能，寻召入为侍御，特命持斧吴会。公服单薄，按部耸善落奸，不遗余力，七郡倾风而化。壬寅，上疏乞归闾就养，而太孺人年且八十余，竟苦二竖，斛火罔效。服除，公方乌衣苍佩，进陈明法，立于柏府之中，搏风待问，追思自家食以至策名之后，其间更寒暑，改穷达，奉太孺人之指导者三十余年，虽赠公赐爵如柱吏，然不获见绛驺簪笔之盛，业已禄不逮养矣。往者即绾铜符，簿领剧邑，其迎养太孺人者，亦不及一岁而止耳，曾不能如葭墙折芰，时啜菽饮水，常在慈母匕箸之右，此公之痛心疾首而不能已于慕者也。夫人之于父母之年，既不可以力而致，而时移岁改，顾复之恩久而遂忘者，比比皆是也。向使公积疴六载，饥馑侵夺，苟非太孺人食荼不挫，延越人医之，俾其操瓢亢宗易业之言傥入于耳，其去持橐补衮之尊安奚啻霄壤？故齿禄以来，走独鹿，过卢沟，历绛岩、支硼、大江长荡之险，浆酒霍肉，闭距而不通，具官衔命，忽忽未尝自释，而今已矣，生鞠之恩可忆而不可复睹矣。彼公年未老，能养而不得养，其所以自尽者独有一慕耳。今慕之日多于养之日，则公又安得而不永为慕邪？昔王义方拜御史，请命于母，终为直臣；崔玄暐奉母训，以贫不自存为愿，卒以清节得名，是不忘亲者所以忠于君也，累日积久而致行之。然则公之所为永慕者，岂特有怀二人已哉？

【评语】写仁人孝子之心，其词清醇而雅健。龚芝麓先生

昔人云："读《陈情表》而不流涕者，必非孝子。"吾于此文亦复云然。宋荔裳先生

公文多苍严奇崛，而此缠绵笃挚，有呜咽之音，惟贾长沙、杨恽一辈人足以语此。陈其年

尚友堂记

浍州侍御张公既以“永慕”题其堂，而复名其三子曰友周、友程、友朱，别为堂以居焉。康熙辛亥，余补官来京师，公谓予：“子曷为之记?”予再拜受命。窃观唐虞三代以降，嬴秦取诗书百家杂烧之，自是诸经孔孟之学，不能自立，学者罢老于阴阳名法，穿凿缴绕。汉兴，虽稍稍补绽缺失，而弘崇杂霸。魏晋而后，专己保残，佛老之徒几遍天下，虽使契施五教，弗和于俗。因循及宋，使非茂叔、与家、钝公、正公、元晦数贤倡明道统，举诸经《语》《孟》，考定章句，拆疑参实，又著《太极通书》《定性语录》《近思》《纲鉴》《小学》等书，佐翼圣道，然后性命之旨旷然壹趋于正。绝续之间，几何不澶漫决坏哉？是以君子慎人所以交己，审己所以交人，原其所以来，则知其所以去，见其所为始，则观其所以终，此在正交之道则然，况于尚友古之人乎？昔马伏波之诫兄子也：“龙伯高敦厚周慎，口无择言，廉公有威。愿汝曹效之，杜季良豪侠好义，清浊无所失，不愿汝曹效也。”王杲以默、沉、浑、深名其四子，乃曰：“欲汝曹顾名思义，松柏之茂，隆冬不衰，晚成则善终。”夫敦厚周慎，默沉浑深，不过圣道之一体，而企踵不已者，施衿结褵，淑身之训，恐其流于燕僻耳。今公卓踪清轨，既以身为律度矣，而必令三子尚友乎数贤者，盖以独智之虑，害世伤道，而受取既严，则微言大义渐渍于成教。不然，徒挹雕陵之余绪，穷石室之遗文，春华清藻，抚几溢目，彼浮天体物岂有穷极乎？抑数贤者，非独以理学鸣于世也。考茂叔司理南康，执法至委手版，部使为之伏气；钝公在御史，极论新法不便；正公与钝，正殿说书，不负侍讲；元晦九考在外，立朝仅四十余日，其所立身进退，各有本末。今三子者约履强志，

能使濂洛紫阳之学复存于今日，是杨、吕、陆、蔡尚在大小履冒之中，他焉者讵可俪乎？此公命名义哉！

【评语】从尚友发出如许大议有关世道之文。龚芝麓先生

援引根据，有典有则。宋荔裳先生

倡明理学之文，务期明白正大，垂之百世而罔弊，当以此种为则，先生之文岂可以一格拘哉？陈其年

与陈大士书

乙亥岁，祭酒倪公元璐建议复古成均之法，诏天下减场一日，如乡试例，糊名易书，分房校士，以学使者为总裁。丙子，汇所拔士，贡之天子，肄业辟雍，教之以兵农礼乐天下国家之务，许其计划当否，言便事，指斥奸佞，不得禁之，郁兴大肆〔一〕。然后需以岁纪，第其高下，材行砥砺，授之以翰林台谏六部之官；材良而行不备，试之以守令；其材行弇鄙者，则斥不复用。仆年二十，随所贡之士旅亦进，得至京师凡二千余人。相国某闻而恶之，削元璐爵，卒不以此取士，而士而卒蹙缩不敢复言〔二〕。当是时，太学生以赀入应制举者五千余人；越岁丁丑，公车之士复五千余人。计凡在京师者，又一万余人。足下以盛名居闲曹，士作肃相从问文辞，日以百数，各惬其愿而归，如候虫飘风之过耳，问其姓名则已忘之矣〔三〕。足下所不可忘，独有十人，书之东壁，而以仆为选首。于是山东王汉、容城乔已百、常熟杨彝、吴门徐鸣时辈，推足下之意，时时近仆；仆亦刻身为文，得势益彰〔四〕，声施辇下。

忆足下初从先大人司寇公，见仆文，急读之，称善〔五〕，常在稠人广聚之中，吟诵不绝。仆始入都，即车骑过从，每有良朋宴私，仆必与俱；或偶有所忆，折简招之，当其上下古今，闳论崇议，源流既合，得意之后〔六〕，出见妻子。仆尝出《政治得失策》及《申救山右学使者疏》，足下酒后耳热，唏嘘感慨，抑何壮也！仆苦不能远睇，长安道上，风沙满目，每遇足

下跬步之外，辄不知匿避；足下遥见仆，必下马顾盼，与仆立语，移时乃去，今之缙绅所未有也〔七〕。

自仆屯蹶觚滞，絜絜归里，即闭门著述，既不能以显美自张，及其见之篇章，则沮然骇指，以是〔八〕虽间道稍加〔九〕，而只以自慰。今足下之使，踰上艾，出皋落，临九京之险，皆嶒崚岩穴，劳形消骨而后至，以致足下之书，滲灑之资，言繁意重，覼缕不竭，而索仆所为文，其言曰："今人之文，大率有二种，奢辞余润，则取法于云间；而反之者，则谨毛失貌，务出于卑下。夫道不趋中，必有矫枉之弊，事不适雅，则来速朽之机〔一〇〕。《易》云物不可以终合，故受之以泰。道丧数百年而将显，其有待命于吾子耶？知吾子之业，月异而岁不同，其可虑谤讪以自止乎〔一一〕？"足下爱仆而略其陋，谓可进与作者，意良厚，乃仆不能策名理世，今复昌言孑立，悠悠之口，徒益〔一二〕诋诃耳。既而思之，今之以文鸣于世者，亦少刊落矣。抑知古之为文者，变如庄周，哀如屈宋，洁如马迁，专如扬雄，皆不相规迹〔一三〕，卓然有以自命。今日之文，虽以先辈大家为则，然当用其意与法，不当学其腐与庸〔一四〕，而遂以为先辈大家也。惟足下制举之文，清奇刻削，能发前人之所未言，二百七十年以来少有其敌，天下用其麟角者已能乘坚策肥，致身富贵，而足下守其道弥笃，教天下益不能已，固足以畅仆之所怀来矣。至足下所写古文辞，恢弘肆衍，雅俗间出，则与足下之制举业所谓清奇刻削者稍异，虽贤者固不可测。然以足下之才，即为庄周、屈宋、马迁、扬雄、唐宋八家之文，无所不可，要不当趋世俗之所艳，易精竭虑而施功于不用之地〔一五〕，是则非仆所望于足下也。足下之与时文，世俗之所矜者，足下不以听也。足下之所有者，又必世俗之所无也，何独至于古文而取世俗之耆乎？仆愿足下以拂于于耳背于时者，自坚其所守，而务返乎醇一不遍之理，臻于茂美，天下后世必有知足下之文者，亦以大贤之所许为贵耳，彼阛阓蘖细之言，岂有当哉？艾千子集大半出于时文之序，其他论说甚少，淘洗难尽，失之太易；足下苟易具所操〔一六〕，自非足下敌也。大抵国家以制科取士，故研精章句，不复以古文为念，惟足下其裁之。仆蒙足下惓惓之爱，未有葭莩之亲也，而足下推择不已者〔一七〕，欲其共相切劘也。使旋录诗文数十首奉献，未知其有得也。然不敢从时应事以取世怜，惟足下有以教我！道远思劳，言不尽意。

【评语】劲悍中复饶夷犹，文气在退之、习之之间。若规切大士处，与仆雅有同怀，其后大士想不能用其言以有进，故经义得以单行，使海内立言之士读已吾集而短气，背时坚守，教我至矣。至大士之推奖清流，自是古人风烈。寒夜诵先生此篇，为低回者久之。李云田

向读何、李论文，愈写到紧切处，殊觉不紧切，愈写到烂漫处，殊觉不烂漫，以其所争驳，皆古文之皮毛，正使班、马、韩、欧从旁窃笑。得先生此论，大雅不群，文章之精微毕见，不独箴切大士，可尽教今世之梦梦于古文者矣。顾修远

峭骨雄姿，副之以名言卓论，古文中论文书最多，从未有亲切而劲悍如此文者。何絜雍南识

此文分两大段，前段序交情，拉杂琐碎，写得极缠绵，后段论古文，反复纡回，写得极婞直，到十分处，初看之若断，细看之仍一片也。先生文格不苟处，亦先生人品不可及处。陈其年

【校记】

〔一〕《昆仑诗文合集》旁注："取士之术，尝不欲得其用，在奉行者，何如耳。"

〔二〕《昆仑诗文合集》旁注："可叹处在此二语。"

〔三〕《昆仑诗文合集》旁注："所谓君自难记，非脱累也。"

〔四〕得势益彰　《昆仑诗文合集》作"得势益彰，不忍释手"。

〔五〕称善　《昆仑文选》作"称善，不忍释手"。

〔六〕《昆仑诗文合集》旁注："大士慷慨之处呼之欲出。"

〔七〕《昆仑诗文合集》旁注："与大士在京师知厚处，结。"

〔八〕《昆仑诗文合集》旁注："信道贵笃，从来如此，行文之奇，直凌《史》《汉》。"

〔九〕间　《昆仑诗文合集》作"闻"。

〔一〇〕机　《昆仑诗文合集》作"讥"。

〔一一〕《昆仑诗文合集》旁注："写归里后与大士知厚处，一结。"

〔一二〕徒益　《昆仑诗文合集》作“只增”。

〔一三〕《昆仑诗文合集》旁注：“真文章命世之本。”

〔一四〕《昆仑诗文合集》旁注：“议论醇正，实是至言。”

〔一五〕竭　《昆仑诗文合集》作“极”。

〔一六〕《昆仑诗文合集》旁注：“正中千子之病，若千子者，可曰水穷未见云起也，余于今人之文亦有此论。”

〔一七〕《昆仑诗文合集》旁注：“拉拉杂杂，又说出一段知厚，将规且处作一结。”

壬午辞邑侯余公举立德立言立功书

仆命薄材谫，闭门诵书，徒以枯木朽株稍自敛制，为阁下宽仁所见录，不敢为尺一之牍以烦隶人之问。而阁下好之益笃，每有一味之甘，一物之美，则必同耆，欲竭诚款，不择朝暮而进。仆结茅学宫之侧，阁下朔望过临，必呼左右询仆在否。身为之驾，抚存慰藉，或竟日以去。父母妻子，苟有疾病，必致药饵，一日数馈问不绝，毕至安乃止。是何阁下不忘崛伏，除拘挛之见而德契同也〔一〕？岂以仆为尚堪用世哉〔二〕？昨望门相造，又以立德立言立功荐仆，以答晋抚之聘，然仆才质耿鄙，实有未克充其望者〔三〕，敢为阁下陈之：

夫子依于孝弟，依于顺友，依于信，循涯察分，不过尽其彝伦之职而止耳，非即以此为可贾声名〔四〕，荷盛宠之端，矧仰轹昔贤，如蹈春冰，衔此狂戾，罔知攸置。至于键户诵经，泛滥百氏，只以谓遁世而无闷，非必求知于人也〔五〕。且仆年齿未暮，多愁善病，方之徐幹之操翰成章〔六〕，孔璋草檄能愈头风，岂特未逮〔七〕，盖亦相去以远矣。方今流氛未遏，中原土地，相继陷没，仆既无木箭纸羽之奇〔八〕，远思长想，终苦不任〔九〕，此不足膺立德立言立功之聘，章章明矣。若夫赋性疏庸〔一〇〕，日未至昳，昏昏思睡〔一一〕，胸中长有所欲尽，每以形格势禁，不敢悉吐，即或方出诸口，从旁笑者已谓狂悖尪怯〔一二〕，如此以应符牒，岂不戾哉？虽阁下欲自隗始，弗斥驽骀，而山麋之性，不乐翘车，即勤勤终身不悔。惟阁下遂其狷洁之怀，则余烈可以激人共被清风矣。

附：邑侯余公《荐蔡抚立德立言立功文》："廉得程康庄，事父备孝，同焦华之梦爪；送母极哀，似王修之罢社。声气联于吴越，而匪类则割席矜高；友恭著于庭闱，而让美则荒园独恋。却临城之巨寇，虮虱无所复依；结寄傲之蓬窗，猿鹤于焉自宕。三坟五典，乐钟鼓之长康；六纬七经，擅巾箱之特富。文流水泻，缀笔不甚停思；辞望春华，染翰即求无偶。他如通时达务，剸犀何难；议助救荒，挥金不顾，诚所谓德言之渊薮而功实之典模也。"文达，蔡抚批云："程生文行表表，通达时务，无忝三立之选，仰候回省聘行，缴。"蔡公讳懋德，字云怡，己未进士，昆山人。巡抚山右。余公讳一凤，字忝生，甲子举人，龙游人，为武乡令。李学宪《申荐蔡抚文》："廉得程康庄，姿饶根器，学本渊源，玉树临风，夙擅谢庭之秀；牙签映雪，穷搜邺架之奇。纷内美而六行惟修，怀席珍而千秋自命。牛耳共推于吴越，允称名下无虚；鸿仪难秘乎铜鞮，可谓国家有士。急需乐顾，宜厕狄门〔一三〕，此真正学古尊经、秉礼淑躬之彦。本道叨有地方之责，不敢不博采舆论，仰祈物色者也。"李公讳联芳，四川进士。

【评语】先生于此，其有知己之感乎？古来感恩易，知己难，昌黎所以致不满于一岁九迁也。惟先生仕情甚淡，乃为真德真功，然余侯之于先生，亦云真知己矣。顾修远

往见徐巨源、刘伯宗却聘书，辞义茂远而闳正，得此文可鼎足而立矣。谈长益

淡泊宁静，先生自树有素。至于文气坚重，当于西京以上求之。程世英千一〔一四〕

嶷然断山，先生之人；杰然老干，先生之文。陈其年

【校记】

〔一〕德契同也　《昆仑诗文合集》作"合德一也"。

〔二〕《昆仑诗文合集》旁注："因接为起。"

〔三〕未克　《昆仑诗文合集》作"能副"。

〔四〕《昆仑诗文合集》旁注："敦伦大节，看得平常，是大学问人作用。"

〔五〕《昆仑诗文合集》旁注："真隐如此。"

〔六〕多愁善病，方之徐幹之操翰成章　《昆仑诗文合集》作"过日辄忘，方之

高风读书不知雨暴。”

〔七〕逮　《昆仑诗文合集》作“达一间”。

〔八〕之奇　《昆仑诗文合集》后有“又乏鸣琴钩巨之手”。

〔九〕《昆仑诗文合集》旁注：“辞婉而意坚。”

〔一〇〕疏庸　《昆仑诗文合集》后有“多愁善病”。

〔一一〕思　《昆仑文选》作“欲”。

〔一二〕《昆仑诗文合集》旁注：“贤者杜口卷舌，岂得已哉，可发三叹。”

〔一三〕厕　《昆仑诗文合集》作“侧”。

〔一四〕此评语据《昆仑诗文合集》补。

甲申辞荐举书《自课堂集》本〔一〕

昨示求贤文格，又欲以寡暗之质，策名服宠，有怀恐坠，无愧不集。盖垄薪井汲，切松煮术，乃依山之笃恋，愧然无徒，亦诚久矣。昔狂寇未宾，晋抚云怡蔡公仄席求贤，不惜羔雁，而邑侯余公每以顽才，齿录明哲。仆去乐辞荣，屡书避匿，不敢以希当世之务。夫当是之时，搦朽摩钝，铅刀皆思一割，曾不能以此时有所建明，尚复何益于殿最乎？甲申岁，州县求举者肩差钟系，而仆隐名南郭，未尝一往厕足其间，此事人所共见，岂不灼哉？今阁下惓惓敷求，若仆遂膺辟命，则昔之式庐而请者，既以谢绝不顾，而复厌弃墙东，贪求脂膏，总使仆可有《北山》之讥，而憔悴支离，职业旷坠，毋乃病乎？惟愿许全初志，庶几养日修夕，则残躯得以永托矣。

【评语】韩昌黎具起衰之才，三上宰相书，未免过于悲憾，士当穷愁未遇，实有难为情者。先生却聘诸书，意甚坚决而语多谦婉，以视昌黎，何如也？周兼三

绝类任彦升诸启。陈其年

【校记】

〔一〕此文据《自课堂集·文集》录，与《昆仑诗文合集》之《甲申辞荐举书》文字差别较大，故分录并存。

甲申辞荐举书《昆仑诗文合集》本〔一〕

昨示求贤文格，又欲以寡暗之质，策名服宠，有怀恐坠，无愧不集。盖垄薪井汲，切松煮术，容劣之本谋，即依山之笃恋，况仆具遽除之疾情，去乐辞荣，杜门东鲁。盖心路依穷而益昏愧然，无徒亦诚久矣。往明云怡蔡公抚晋，选建正人，类下求贤之辟，邑侯忝生余公，每以顽才，齿禄明哲。属书避辞备载，仆背时匿迹，录其一二以观，可省复论。夫当是时之时〔二〕，搦朽摩钝，铅刀皆思一割，曾不能以此时有所建明，尚复何益于殿最乎？逆贼李自成甲申岁，州县求举者，摩肩接踵，而仆隐名南郭，未尝一往厕足其间，此事人所共见，岂不灼哉？顾以从鸥志夙，采药心勤，安贫乐陶，径卧病清槟。惟愿许全未念，庶几养日修夕，则残躯得以永托矣。

【评语】韩昌黎具起衰之才，三上宰相书，未免过于悲憾，士当穷愁未遇，实有难为情者。先生却聘诸书，意甚坚决而语多谦婉，以视昌黎何如也？周兼三

绝类任彦升诸启。陈其年

【校记】

〔一〕此文据《昆仑诗文合集》录。

〔二〕《昆仑诗文合集》旁注：“有此一振，文气生动。”

乙酉辞征赴选书《自课堂集》本〔一〕

同司理过东山游，数日乃去，归即读移文，又征仆赴选。仆制尚未终，似可无言，将默然而已乎？恐乖贱子自陈之义。昔仲车避讳，足不履石，温叟念父，不听丝竹。石与丝竹虽为琐小，而避之者，因父故也，况于三年之丧乎？自古皆然。惟宰我欲短丧，而孔子责之，颜回设生鹿堕角之喻，所繇与方、储、李、陶异矣。仆自髫年丧母，常存蓼莪之悲；今父服未除，方越周岁，迫切在衷，凄怆之痛，岂缘霜露而动？是以每当礼墓之余，即

柴车草履，凝涕于高岩大泽之傍，虽有青紫之荣，非其志也。夫人各有志，有入关而叹者，亦有匿迹敕断家事者，今既欲用之，而必枉其才，以屈其仕，无论性有所不能，即其材果能贸然任之而不辞，阁下亦安取此薄于孝之人而弗顾天下之论乎？伏愿收回成命，则廉耻不至沦丧，阁下亦无失人之诮矣。

【评语】文旨凄恻而结构正自井然。钱牧斋先生

似魏晋间笺奏，词短而情长。周兼三

又似陆云诸书。陈其年

【校记】

〔一〕此文据《自课堂集·文集》录，与《昆仑诗文合集》之《乙酉辞赴选书》文字差别较大，故分录并存。

乙酉辞征赴选书《昆仑诗文合集》本〔一〕

同司理过东山之游〔二〕，留数日乃去，归即读移文〔三〕，又征仆赴选。仆制尚未终，似可无言，将默然而已乎？恐乖贱子自陈之义〔四〕。昔仲车避讳〔五〕，足不履石，温叟念父，不听丝竹。石与丝竹虽为琐小，而避之者，因父故也，况于三年之丧乎？自古皆然。惟宰我欲短丧，而孔子责之〔六〕，颜回设生鹿堕角之喻，所繇与方、储、李、陶异矣。仆自髫年丧母，常存蓼莪之悲；今父服未除，方越周岁〔七〕，迫切在衷，凄怆之痛，岂缘霜露而动？是以每当礼墓之余，即柴车草履，凝涕于高岩大泽之傍，思代隐居之名，遂守文公之制，伏据严难而申复。庶使仆无不孝之识，而礼有一成，凿凿可断矣。理合陈乞，冒昧冒昧。

【评语】文旨凄恻而结构正自井然。钱牧斋先生

似魏晋间笺奏，词短而情长。周兼三

又似陆云诸书。陈其年

【校记】

〔一〕此文据《昆仑诗文合集》录。

〔二〕同司理过东山之游　《昆仑文选》作“日来同司理过东山之游”。

〔三〕归　《昆仑文选》作“初旋”。

〔四〕义　《昆仑文选》作“意”。

〔五〕《昆仑文选》旁注：“引句甚确。”

〔六〕责之　《昆仑文选》作“有食稻衣锦之诮”。

〔七〕所繇与方储李陶异矣。仆自髫年丧母，常存蓼莪之悲；今父服未除，方越周岁　《昆仑文选》作“一师一友，晓譬若此，其谁敢为万世之罪人哉？仆自髫年丧母，常存蓼莪之悲；今父服未竟，才越周岁”。

民视民听论〔一〕

圣人所持以驭天下之法〔二〕，有可自己操者，有不可自己操者。可自己操，是以使天下服其不测之能；不可自己操，抑仍自吾裕夫感通之故而已可以有所不扰于天下，已可以不扰于天下，而小往大来之数，平康正直之理，一人券之而有余矣。故天下但见圣人之有所操于己〔三〕，不见圣人之无所操于己，则诚有要焉。可以使天下断断然无不操于己之事，何所为操乎？吾有取于《广至理》所云：“圣人以天下之耳目为视听。”试为之敷别其说。

《书》曰：“天视自我民视，天听自我民听。”言乎天之视听存乎天下之人也。《易》曰：“知几其神。”言乎圣人之智如神也。使圣人谲幻其术而无要道以为之操，虽智穷天地，犹有所不能，而况天下之大，滭浡蔓羡，威蕤纷纭，贱或在内，虎或在旁哉？而要之不极天下之至详，无以得天下之至要。田巴谈齐稷下，论三王，蔑五帝〔四〕，从而服者千人；鲁连一说，使其杜口卷舌，终身不敢出。樗里之智，自以为天下不足以当之，及遇甘茂而智穷，天下之机非一人技术所可料，此言虽小，可以喻大，田巴樗里，此其验与？虽然，未睹其大也。自古及今，聪明之君莫有绝于尧舜者，尧舜之时，以四岳九官十六族之耳目为其视听。故君曰都，臣曰俞，君曰吁，臣曰拂，筹国事若一家，推赤心如父子。而其大者，羲和授时，羲仲东作，雷雨不迷，山川望秩，其君曰宥之三，其臣曰杀之三，以至于草木焦卷，禽兽奔遁，五品以驯，而车服以庸，皆万祀之鸿业，百代之仰沫。尧舜方且勤于求贤〔五〕，逸于得人，号为如神，尊曰浚哲，上副三光之明，而为万物称首者用此，以是为天下之至详乎？天下之至要乎？不谓之天下之至要不可也。苟不握其至要者〔六〕，即号物之数有万，兼以三公九卿二十七大夫八十一元士，为不能求柴胡、桔梗于睪黍梁父之阴，综核之政，告密之门，天下至此日多事矣。是以诚得乎操于己者，虽以尧之安安，舜之无为，四岳九官十六族之助，禹稷契皋夔之臣〔七〕驰骤视听而有余。不得乎操于己者，虽以汉宣帝之察，唐则天之苛，三公九卿二十七大夫八十一元士之多，号万之众，以求耳目而不足，今有人于此，百无不知而或昧于一焉〔八〕。数百以至于一，如命杨之枝，偶一不中，前者皆覆矣。有一人者，知得其半而明庶物，察人伦，以准而考之焉，则百无不中矣。不操于己，百败之道也；操于己，百中之道也。《诗》曰：“如彼飞虫，时弋一获。”“先民有言，询于刍荛。”又曰：“予曰有疏附，予曰有先后，予曰有奔走，予曰有御侮。”《书》曰：“若跣不视地，厥足用伤。”是圣人以人之耳目为己之耳目，又以耳目人之耳目转相耳目其人〔九〕，故其视不穷，听不窘，推其至要以应天下之至详。可操于己者，固操之己也；不可操于己者，亦操之己也。天下有知不辨菽麦之人，而圣人弗之易焉矣。虽然，圣人者，天下人之耳目也，有圣人而万品以之就裁焉。故天下得以其身为质，而供葑菲之求。不然，是蚊蝇终日奔腾〔一〇〕，曾不能越阶序，及其附兰筋依六驳，岂不坐致千里哉？此文有四友而十五王之业以冒，非文犹有借于四友之谓也。

【评语】极有法又极纵，极纵又极入，尤难在江海之文，浩浩万里而不妨于清秋之澄霁也。以司马长卿、贾长沙之文兼之宋儒之理，雄视一代，未易就也。李砚斋先生

雄节迈伦，高气盖世，苍苍莽莽，一往之势。观海莫测其澜，当代古文手，不得不推为第一耳。杨子常

腾名冠俗，扬采绝群，正便百折千回，舒卷各极其致。非山川间气所生，何能有

此？主考袁袁山先生

张旭之草书，公孙大娘之舞，变幻纵横，浏脱顿挫，每读此等文，动叹子瞻无奇。陈其年

【校记】

〔一〕《昆仑诗文合集》《昆仑文选》题为《圣人以天下之耳目为视听论》。

〔二〕《昆仑诗文合集》旁注："开大而精。"

〔三〕《昆仑诗文合集》旁注："如环无端。"

〔四〕《昆仑诗文合集》旁注："星月光芒横于天上，半夜欲落。"

〔五〕《昆仑诗文合集》旁注："收法老。"

〔六〕《昆仑诗文合集》旁注："一波未平，一波覆起。"

〔七〕《昆仑诗文合集》旁注："得意之文，有神相奏，不知不觉。"

〔八〕《昆仑诗文合集》旁注："反复辩论，文气折而不穷。"

〔九〕《昆仑诗文合集》旁注："意到成法，全无笔墨之痕。"

〔十〕《昆仑诗文合集》旁注："收有余情。"

拟宋以范仲淹兼知延州谢表 康定元年

哲王勤远，特予专阃之司；圣主励精，不忘一隅之虑。有其人者易其备〔一〕，故士多而国以宁〔二〕；纬夫武者经夫文，故相难而将不易。俯躬无地，申命自天。臣仲淹上言：窃惟衣裳所会，皇图有不率之邦；弧矢以威，帝载有未归之俗。是义虽存乎决胜，而效必取于用人。虞辟四门，咨众岳以亮于采〔三〕。周咸二辅，重分陕以大其祯〔四〕。思方叔之猷，美吉甫之德。裴度临蔡，秉钺而功乃成〔五〕；邓禹能文，总戎而外始定。元勋推毂，国老受脤，如济川之有舟，若幽堂之得烛。迨作牧之权不重，则简在之命亦轻。分虎出守，犹以囊被蒙讥；持斧抚民，不免薏苡作谤。卒未有委诸葛于锦江，拔吕蒙于行阵，使之自图方略，坐镇名城，如今日者也。兹盖伏遇任官在正，夹辅惟贤，量出于兼容并包，志勤乎参天贰地。受投水之巨石，用若登天；去障日之浮云，视同弃屣。宣麻殿上，使车入闾，谓元昊暴兴，

西陲扬起。虽有流唐漂虞之志，而遐方有所未来；虽有戢戈柙刃之心〔六〕，而内地犹有所未服。顾我锡士〔七〕，莫如延州，仅偏安地乎？〔八〕固精兵处也。有事则急〔九〕，而事过即已，岂内庭用人之意？所以结其死绥之谋〔一〇〕，守无不周〔一一〕，后战无不威〔一二〕。固国家养士之隆〔一三〕，所以食其保障之力，爰是命臣分麾以讨。俾臣固圉求宁，岂是却觳握筹，取其悦礼〔一四〕，抑复祭遵在汉，急于用儒。幸犀节之既持，敢曰乱绳不理；且牙璋之已建，宁容横草无功。必使远臣无尸禄之嫌，庶几圣主有贤臣之颂。臣仲淹宠深报浅，恩大才微。受臣要冲，出于非常之望；加臣阶级，莫知所至之由。虑先驽骀，首填沟壑。伏愿用人无二，宥过不疑。惧取中山之功而猜乐羊之心〔一五〕，则老臣不求先容之可念〔一六〕；畏无曾参之德〔一七〕而致投杼之憎，则朝廷遥制外官之可悲〔一八〕。惟十有二州〔一九〕，咨十有二牧，以五百里甸〔二〇〕，暨五百里绥〔二一〕，庶负固之伦槁街授首，而冠带之国玉帛朝宗矣〔二二〕。

【评语】心与云开，翼随风举，王、骆有其丽藻而无其清标，苏、欧有其飘逸而无其苍厚，此道中领袖〔二三〕，舍此安归？杨子常

有声有韵，有色有态，似陆宣公奏议，又似苏学士表启，场中得此，举为白眉，信非偶耳。房考李翔南先生

拟唐宋表而以近体行之，纵雕缋满眼，如唐人作齐染画，不无起人指摘处。昆仑以古文手作称颂体，曲折排宕，古气苍然，所谓使事而不为事使，微眉山，其谁与伯仲？真宋表中楷模之作也。邹程邨

骈丽之体，写得如许生动，真足掩映一时，宜杨子常先生击节此文不置。陈其年

【校记】

〔一〕《昆仑文选》旁注："大雅铿訇。"

〔二〕《昆仑诗文合集》旁注："气古而笔捷便不同。"

〔三〕于　《昆仑诗文合集》作"予"。

〔四〕祯　《昆仑诗文合集》作"桢"。

〔五〕《昆仑诗文合集》旁注："语必孤秀。"

〔六〕戢戈柙刃　《昆仑诗文合集》作"涤殷荡周"。

〔七〕士　《昆仑诗文合集》作“土”。

〔八〕《昆仑文选》旁注：“流丽。”

〔九〕急　《昆仑诗文合集》作“忧”。

〔一〇〕《昆仑诗文合集》《昆仑文选》旁注：“卓尔不群，即使当时范公握管，不能畅所欲言若此。”

〔一一〕周　《昆仑诗文合集》作“备”。

〔一二〕威　《昆仑诗文合集》作“克”。

〔一三〕隆　《昆仑诗文合集》作“报”。

〔一四〕《昆仑诗文合集》旁注：“辞丽春华。”

〔一五〕《昆仑诗文合集》旁注：“字字入情。”《昆仑文选》旁注：“悲慨如子瞻诸谢表。”

〔一六〕念　《昆仑诗文合集》作“悲”。

〔一七〕畏无曾参之德　《昆仑文选》作“畏匪曾参之贤”。

〔一八〕悲　《昆仑诗文合集》作“念”。

〔一九〕州　《昆仑诗文合集》作“岳”。

〔二〇〕甸　《昆仑诗文合集》作“绥”。

〔二一〕绥　《昆仑诗文合集》作“甸”。

〔二二〕负固之伦槁街授首，而冠带之国玉帛朝宗矣　《昆仑诗文合集》作“冠带之国得身浴思膏，负固之伦亦首悬槁街矣。”《昆仑文选》作“冠带之国得共浴恩膏，而负固之伦亦共沾王化矣。”

〔二三〕袖　《昆仑诗文合集》作“秀”。

乞修聚杨桥启〔一〕

盖闻促障千寻，须留鸟道，长河万里，亦有石门〔二〕。矧夫吕母张侯，亘飞虹之妙势；赤兰白虎，掩浮渭之能声者乎？武乡土河聚杨桥者〔三〕，蔽日金峰〔四〕，回溪地络，有圯受履则如砥长歌，失彴闭涂则束马言返，洵四区之都会，而东山之济津也。正德五年，知县呼公，庀村劝众，合巧程工，繇是驰骋螭龙，念三时之保障；徘徊雁齿，类半月之乘空。不期地有骞崩，流多泛滥〔五〕，市栏没藓，高鸟过而衔衣；断锁斜梁，香步留而怯堰〔六〕。某君剑捕吞蛟，情悲折柱，指困中之粟，葺雾隐之桥，犹恐水涨桃花，不归泻荡[七]，是以身穷马岭，别引涂沟。然鹅眼之资既奢，则卿云之惠弥急，意寻余烛，心艳残膏。达官贵人，分东阁西园之费；素封蒸士，捐仙华丹穴之资。从此修路通辕，少壮翠微之色；连阡历陌，都知启闭之时。特为从史若此[八]。

【评语】转折类欧、苏四六，故文势奇动，无填剽之累。钱牧斋先生

结响鉴然，不逊齐梁诸子，当于骈丽中审其韵度。张尔公

是齐梁四六体，不是初唐四六体，当辨。陈其年

【校记】

〔一〕杨 乾隆五十五年版《武乡县志》作“阳”。

〔二〕《昆仑诗文合集》旁注：“在王初寮、蒋子礼之间，柳州岂得以骈拇忽。”

〔三〕杨 乾隆五十五年版《武乡县志》作“阳”。

〔四〕峰 乾隆五十五年版《武乡县志》作“章”。

〔五〕滥 乾隆五十五年版《武乡县志》作“溢”。

〔六〕《昆仑诗文合集》旁注：“秀蔚中气骨崭岸。”

〔七〕《昆仑诗文合集》旁注：“工警。”

〔八〕史 乾隆五十五年版《武乡县志》作“臾”。此句《昆仑诗文合集》旁注：“单句结。”

人才策

愚观天下无事[一]，则人才覆露[二]，轻于鸿毛；天下有事，则摩励人才[三]，重于泰山，非其异也。王人居广厦细旃之间，南金北毳，充于府库[四]，燕歌赵舞，纷纭后庭。出建翠华之旗，随乘流珠之马[五]。材官驺发，惟所指麾；公卿大臣，屏气汗息，唯恐得罪远窜；小臣贱品，复不敢越俎于其间[六]。士虽有仪张之口、范蔡之辩[七]，复何所用邪？及其有变[八]，武夫纨绔之子，削剥军储，以事达官贵人。兵骄祸动[九]，所至辄靡。欲一旦收治安之效，捷如风雨，则养育人才，安得不如泰山之重哉？

今陛下破格用人，备知民间疾苦，近又下罪己之诏，减膳撤乐，畎亩耆老，皆扶犁感动〔一〇〕，愿少存喘息〔一一〕，以观大化之成。即小有未安，正殷忧启圣之日，而非以为外患之足忧。虽然，执事发策，急以人才问，而思所以学习之。愚虽经生，暗于大义，敢不据所见闻以陈之乎？

伏惟问曰：人有才，犹水能润，火能热也。涓潦隙光，润与热能几，必候到坎盈，然后烹调五味，滋溉百物。水火不习，尚不能有功于人〔一二〕，而况才乎？夫天下之物，各有完亏；完亏之候，各有生熟。天不能冬温而夏肃，地不能水上而火下，三岁之童，不能持走，其势然也。故见歧路而悲，睹素丝而泣〔一三〕，良以习俗移人，贤者不免，而要以习之中善恶各别也。

问曰：明试法祖唐虞，试之将以习之也。《书》曰“学古入官。”惟九载考绩，任之既久〔一四〕，故君子得以有所著见，而小人不敢为非。不学而入官，犹未操刀而使割也。

问曰：武侯曰“学须静也，才须学也”。意学固所以习欤？夫学非静则无以致远，才非学则不足与观理。是犹朋从而扰，面壁而立，其能有所通乎？

问曰：三代莫盛于成周，至今读《王制》《大司徒》诸篇，所以习之者抑何备欤！自学废，士始习以官，仓人库人其小也。《周礼》以乡三物而教之，故家有塾，党有庠，术有序。简其不率教者，以告于大乐正。又上造士之贤于上，而命之大司马，复试之以贤，然后官之。且立东胶西虞之名，故涉见浅闻者退，而一时人才之盛如此。仓人库人，此学之废与？

问曰：汉公卿缺，则补以良二千石。守令辟选多自椽吏功曹。试考人才之盛，莫如孝武孝宣之世。孝武时，文学则有公孙弘〔一五〕、董仲舒，应对则有严助、朱买臣，奉使则有张骞、苏武，筹算则有桑弘羊，笃行则有石庆、石建，将帅则有卫青、霍去病，质扑则有卜式，审律则有李延年；孝宣时，文学则有萧望之、尹更始，将相则有赵充国、邴吉、魏相、于定国，治民则有黄霸、龚遂、王治、韩延寿、张敞、严延年之徒，非其习之素，何其备员耶？

问曰：唐臣建议，凡不历都督刺史，不得任侍郎列卿，不历县令，虽有善政，不得任台谏给舍，非以其习欤？此又用人之格言，而罘罳之龟鉴也，使实奉行之，其可久也。

问曰：天下之大，非一流之业，钓射蓬轮，道可相通。儒者而器别朝歌，书生而功成采石。即国朝蹇忠定以中秘起，杨文贞以审理起，李文达以铨曹起，商文毅辂，彭文献时，皆以词林起。然其谋事断疑，救时达变，绩烂汗青，抑又何欤？岂所以习之学者素与？

国初定制，原以三途并取，故一时人才，各摅所长〔一六〕。宋濂一代文章之宗，他如知府况锺辈，皆起于不次。今圣明勤思赞弼，枚卜之隆，布罗中外，宏文之贵，移诸卓循，革事例银马之旧，复成周辟雍之规，周到之仁，沕潏蔓羡，迩陬游原，遐阔泳沫。然愚以为救时之策莫如久任〔一七〕，久任则与事相习〔一八〕，无扞格难操之虑。若其不能，从而黜之可也；苟能之矣，即仿古增秩之例以励其余。愚窃见当今之人才，惟推官县令犹有考选一途，有所期而砥节；至于司道郡守，望卿寺翰林终无可至之日，况于尚书侍郎乎？且尚书侍郎、卿寺翰林既已不习外务，而使之分任国家之事，虽贤者不乏而准为成例，则几何而不至于扞格难操也哉？倘升下焕然，与天下更始，必使之内外互迁，则疏逖之臣喜其有功名之路，而内之大臣不得居积重之势，如此而曰天下无才，天下岂真无才邪？

【评语】吞九溟于笔海，抗五岳于辞峰，扪虱而谈当世之务，皆有以中其髋髀，真古文之极笔。主考袁袁山先生

辞必穷力而追新，情必极貌以写物，人间余习一字不肯犯其笔端，今世之昌黎也。杨子常

议论精切，其透处直配眉山矣。李砚斋

条对详晰，复有古光坚响，此西汉晁、贾体也。陈其年

【校记】

〔一〕《昆仑诗文合集》旁注："吞吐汉魏。"

〔二〕覆露　《昆仑诗文合集》《昆仑文选》作"之育"。

〔三〕人材　《昆仑诗文合集》《昆仑文选》作"人才之求"。

〔四〕府库　《昆仑诗文合集》《昆仑文选》作"郡库"。

〔五〕流珠　《昆仑诗文合集》作"恶离"。

〔六〕越俎于　《昆仑诗文合集》《昆仑文选》作"有所关说于"。

〔七〕《昆仑文选》旁注："词锋坌涌。"

〔八〕变　《昆仑诗文合集》《昆仑文选》作"事"。

〔九〕祸　《昆仑文选》作"寇"。

〔一〇〕感动　《昆仑诗文合集》《昆仑文选》作"往观"。

〔一一〕少存喘息　《昆仑诗文合集》作"少许曳死"，《昆仑文选》作"少须臾死"。

〔一二〕《昆仑文选》旁注："引语如画。"

〔一三〕《昆仑文选》旁注："杨泣路歧，墨悲素丝。"

〔一四〕《昆仑诗文合集》旁注："条答详明。"

〔一五〕《昆仑诗文合集》旁注："闳肆淹雅，可垂金石。"

〔一六〕各摅所长　《昆仑诗文合集》《昆仑文选》作"各有所得"。

〔一七〕救时之策　《昆仑文选》作"当今之急"。

〔一八〕久任则与事相习　《昆仑文选》"久任则"后文字与《自课堂·文集》多不相同，录全文于后，供参考："久任则诸务备举，应黜者立黜之，优者仿古增秩之例，再以六部大臣更相历次，登进阁员，则大事不模糊矣。又宜令郡县入翰林部属，部属仍历司道，翰林亦出习外务，则平天下无如此也已。"

水草庵乞油疏

丙午冬，余过秣陵，循览故墟，至水草庵，万竹隐蔽，如穷野聚落，芜阶编蓬〔一〕，旁达于河，引其水可以浸注污涂，佳蔬杂植〔二〕，不劳而具，三时恒蔚然。去城仅里许，而人迹罕至，车马之声，不绝于耳〔三〕，余喜其类隐者之所居，从而息焉。其僧木御不尚冥寂，好为纪纲纯朴之言〔四〕，织悉曲折，为人譬说而毫不以怠。噫！是庵也，既无列刹砀基之侈，孤居而僻处，其徒又能只肃克顺以修其教，于是必期之以日，而后听者始来，观者始众〔五〕。拟于十月之望，告环生土长之人，纵来之而阐其说，白龇齿以至童子〔六〕，凡有至者，咸叩其解，磨揉答问，终日不倦。虽浮屠之术〔七〕，儒者所不道，乃乐从文史，其志亦有不可没者。然而一油之微，苟为不畜，则无以克下厨〔八〕，和滋味，故必以求施于众力。夫事有所因，其用乃彰，使此庵处桃叶青溪之间〔九〕，乌衣冶城之侧，则人物轇葛，不谋而合，亦无俟劝之而后施。今世之人不以孤处，或闻予之言而乐为施焉。若有油然其自得，勤然其不能自已者，虽借劝于微，是两得也〔一〇〕。况智而杰者，操之自我，诚不以是，亦何借于余言哉？

【评语】极似曾南丰《墨池记》，短峭甚，更荡漾甚。陈其年

涔蹄耳风，沸之而澜，亦自如绮。李云川

回环作致，小庵得此可传矣。谈长益

题最小而文中“不尚冥寂，好为纪纲纯朴之言”等处最有关系，侯朝宗论文谓“于人所忽处，必动色敷陈”，此之谓也。程世英千一识

【校记】

〔一〕《昆仑文选》旁注：“入手铺叙，即多追琢之音。”

〔二〕佳　《昆仑文选》作“嘉”。

〔三〕《昆仑文选》旁注：“城市中自有山林，要人领略耳。”

〔四〕《昆仑文选》旁注：“异人。”

〔五〕《昆仑文选》旁注：“还将幽隐处说破，妙，妙！”

〔六〕白　《昆仑文选》作“自”。

〔七〕术　《昆仑文选》作“流”。

〔八〕克　《昆仑文选》作“充”。

〔九〕《昆仑文选》旁注：“转侧振宕之间，潆洄不尽，古秀之致，相遇于笔墨之先。”

〔一〇〕是两得也　《昆仑文选》作“文是两得也”。

东田建三宫殿疏

予本性爱丘山，自流氛入范阳，天地否闭，即去城五十里，结茅东田。东田丹崖峭绝，能使行者顾岭息心，虽无飞泉松桧金刹之所栖处，然多古君子，时时驰骋古今，辞条理举，亦一乐也。其居仁慕义，无问亲疏远迩，岁时馈问尝不绝，以故予即轻去其乡，而亦乐与之相安焉。近复同文章之士扬榷上下，每苦梵宇剥蚀，崇闳者少，甚矣，其时与地之难遇也！以东田古君子之多，而又有慕义好善之诚，宜乎〔一〕其积之能散，必有弃宅以为攸馆者，不必其自图福利而后为之也。无何，史君自远舍宅一区，地四十二亩，复谋装严三官其中，凡金漆丹雘之费，不得不取助于四方。寺僧明智，持簿谒予，乞引其疏端。呜呼！予尝游三吴燕豫之间，稍闻形胜，即裹粮景从〔二〕，以为声华文物之助，矧此近在几席，即吾之汉南河朔也〔三〕，而有不喜助其成者乎？虽然，人世喜施予〔四〕，非有国家之令甲，有司之督促，而急为之就者，必有以希其福利而然也。孔子曰："民可使由之，不可使知之"，亦微示之以意而已矣。不然，人孰不欲拥沃壤起台榭〔五〕，居则有连檐高阁之美与？夫土爰稼穑之富，乃一朝拱手而奉之神明，若捧爵酒，妻女无诟谇之语，岂非慕义好善有以积之而然乎？吾故广其说而布之，必多从风而靡者，而又何装严丹漆之是虑也哉！子曰："鬼神之为德，其盛矣乎！"使天下之人齐明盛服以承祭祀〔六〕，洋洋乎如在其上，如在其左右。诗曰："神之听之，终和且平"，盖劝善也〔七〕。

【评语】纯乎《史记》，非复落八大家圈套矣。以为此题此体，尤难之也，一句结极古极老，意又极远，味又极长。李研斋

题甚小，议论甚闳博，募疏之别体也。张尔公

募疏文闲写淡写，极得体，末数行硬笔盘空，奇绝。陈其年

【校记】

〔一〕《昆仑文选》旁注："顿挫。"

〔二〕《昆仑诗文合集》《昆仑文选》旁注：“应首句性爱丘山。”

〔三〕吾　《昆仑诗文合集》《昆仑文选》作“古”。

〔四〕人世　《昆仑诗文合集》《昆仑文选》作“世人”。

〔五〕《昆仑诗文合集》旁注：“就人情反写一段，情致淋漓。”

〔六〕《昆仑诗文合集》旁注：“大文正如此作民祠文字，可谓正人心矣。”《昆仑文选》旁注：“不意此题忽有此结，先生可谓圣于文也。”

〔七〕《昆仑诗文合集》旁注：“结法老。”

募修观音堂疏《自课堂集》本〔一〕

今夫以虚言而取信，以一人而敛天下之财，往往其耳目所及者，辄皆符其所愿，何浮屠之募修独易哉？然予乡之观音堂众矣，谓大士之于人也，更事悲爱耳，故随其所至，不无诚信，乃大士之灵智，同其为堂之丰俭大小不能听其齐，岂关乎为文之人及募修之人，其行于己与得于人者，各因其分而止耶？惟邑南山之麓，负山临水，曲有才致，结构因诸众力，至于缺则补之，则予仲叔必自期于成。客岁秋雨泛滥，以致丹墙飞栋。兀兀然于箕星玄冥之下，无复向时幽秀矣。邑人于是蹙额而请曰：“施言之功，等于喜舍，惟公之言，乞书厥端。”呜呼！人世之所乐输者有二：其一欲尚冥寂，希后效焉，则输；其一欲时登眺，博明高焉，则亦输，他不具论。往者流寇作难，士大夫咸婴祸患，而余叔至挟室家，入狼虎之都而安堵以归，何以无局蹐乎？夫大士不因人之好施而后行其悲爱，彼世之人，因敬生舍，因舍得全，虽以日积之微，亦可以乘乎至盛之理，况达官素封分宝镪而出之者哉？异时屹嵘以成连房周堵，俯河流而作障，牵烟柳而回岚，则又有游人墨士挟马如龙，携觞洁榼而至者，谓之冥息可也，谓之游览可也。不然，波臣啮堤，客岁水溢，可为大患，虽更起而张之，吾知其同于聚沙耳，曾不若所至之区即有诚信也，忍乎哉？

【评语】行文舒缩合度，凡其意之所到，笔即随之，惟东坡有此。钱牧斋先生

游戏之文，子瞻小品。陈其年

【校记】

〔一〕此文据《自课堂集·文集》录，与《昆仑诗文合集》之《募修观音堂疏》文字差别较大，故分录并存。

募修观音堂疏《昆仑诗文合集》本〔一〕

今夫以虚言而取天下之信〔二〕，以一人而敛天下之财，未有过于募修一事者。予乡之为观音堂者众矣，谓大士怜人之困苦而好行悲爱，故随其所至，不无诚信。然大士之灵智同其为堂之丰俭大小往往不能齐，则又关乎为文之人乃募修之人〔三〕，其行于己与得于人者，各因其分而止耳。惟邑南山之麓，负山临水，曲有才致，结构虽资众力，至于补所不足，则予仲叔助之独多。客岁愁霖泛滥，以致丹墙飞栋，兀兀然于箕星玄冥之下〔四〕，无复向时幽秀矣。邑人于是蹙额而请曰："施言之功，等于喜舍，惟公之言，乞书厥端。"呜呼！人世之所乐输者有二：其一欲增功德，作忏礼焉，则输；其一欲时登眺，博名高焉，则亦输，他不具论。往者流寇作难，缙绅之家咸受其祸，而余叔至携室家，入狼虎之都而安堵以归〔五〕，谓非有所助而然耶？夫大士不因人之好施而行其悲爱，而世之人因敬生舍，因舍得福〔六〕，一砖片瓦，斗粟千钱，尚有不泯。况达官贤士分宝镪而出之者乎？异时屹嵘已成连房周堵，俯河流而作障，牵烟柳而回岚，则又有游人墨士挟马如龙，携觞洁榼而至者〔七〕，谓之顶礼可也，谓之游览可也。不然，波臣啮堤，客岁水溢，可为大患〔八〕，虽向人欲语，吾见其同于聚沙耳〔九〕，曾不若所至之区即有诚信也，忍乎哉〔一〇〕？

【评语】行文舒缩合度，凡其意之所到，笔即随之，惟东坡有此。钱牧斋先生

游戏之文，东坡小品。陈其年

【校记】

〔一〕此文据《昆仑诗文合集》录。

〔二〕《昆仑文选》旁注：“空起。”

〔三〕乃　《昆仑文选》作“及”。

〔四〕玄冥　《昆仑文选》作“冥玄”。

〔五〕《昆仑诗文合集》旁注：“喜舍之一证。”

〔六〕福　《昆仑文选》作“利”。

〔七〕《昆仑诗文合集》旁注：“得意之笔，如疾风之卷秋叶。”《昆仑文选》旁注：“兴酣落纸，珠玉皆成咳唾。”

〔八〕为　《昆仑文选》作“谓”。

〔九〕《昆仑文选》旁注：“逆挽有千钧之力。”

〔一〇〕《昆仑诗文合集》旁注：“冷致。”《昆仑文选》旁注：“三字煞得住。”

方楼冈邵村诗跋

袁子重其将访予南徐，无舟〔一〕，至昆陵，即诣楼冈、邵村舟同行。与方初未识也，二方闻袁子来，既相得甚欢，遂置酒泥饮，穷昏旦不绝〔二〕，各为一诗赠之，搜择箧中无箑，即取同舟人杨子亦昭箑，书之其上〔三〕，以贻袁子，同舟人相视大笑。袁子俾予纪其故，其在道路，似加密焉〔四〕。

【评语】段落数折，入他人手，不知作多少衬贴，此则峻削骨立，一字一转，而神情眉宇飞舞纸上，更有他人千言万语不到处，洋洋洒洒，大文字之法即藏其中。黄心甫

人奇事奇文更奇，竹数尺而有万丈之势〔五〕，传矣。陈其年

【校记】

〔一〕《昆仑文选》旁注：“无舟妙。”

〔二〕昏旦　《昆仑文选》作“日夜”。

〔三〕《昆仑文选》旁注：“无箑更妙。”

〔四〕《昆仑文选》旁注：“诎然而止。”

〔五〕竹　《昆仑文选》作“作”。

书平母冯孺人《节孝编》后

有是母，有是子。然有是子，乃知有是母。使冯孺人不以馇酏奉姑，六籍训子，佐夫勤恤民隐，绝聚粮之资子远，仅尽心干栉，纵笄总笔羹之节，无沈辞清藻以发扬其芳烈，则其事不足以传。古云："一人之精，文重思烦，刊落不尽。"平母修理诚高，非得天下才名之诵，揭义无穷，亦安能为中悃之宗哉？

【评语】绝似班孟坚《汉书赞》。宋荔裳

文仅百字，如挽强拗铁，遒劲非常。纪檗子

如画影腾空、神剑在匣，时作龙虎之声，使人不敢逼视，在短文字中此是第一等，必传无疑！陈其年

《维扬合画》跋

古之画者，顾、陆、张、吴，不必尽同，岂一画而必数人合辙哉？况匼匿澜沦、枯槎槁木、盘车栈路、渔市风亭之间，皆参差以取势，损益变化，乃尽其能。

今龙标丘君俾侍御、道人、山樵共作一画，隐其姓名，又未指某山、某水、某宫室人物、某桥、某舟、某林木为侍御与道人、山樵之笔也。及予视之，清绝雄放，精灵之气，杳霭之色，悉聚指下，虽予亦不知其同也异也。然视之既穷，其意各别，始信是画去其形似，存其骨气，骋思运斤，其同之而未尝不异也。要之此三人者，真人杰哉！

【评语】尝见黄、倪合作于吴中友人之家，各具妙义，不相下而实相成，但有不得于时之意见楮墨间。读此想见此画之妙，龙标曾向余索题者再，而偏阻不得相示，惜哉！方楼冈

先生短文临霞发秀，益加精妙，子厚送李渭、独孤申叔等篇，非不短悍，视此未

免气促耳。陈其年

《焦山古鼎诗》跋

尝考唐元和中进士刘师服、校书郎侯喜与衡山道士轩辕弥明为石鼎联句，生劲奇险，辞旨幽眇。南阳韩愈，为叙其事，文情激宕，得其情状。后世文章之士，无所学焉而至〔一〕。独新城王氏之盛，甲于天下，铨部西樵公、仪部贻上公，诗人之冠冕，于今亡比。

尝游焦山，观所为古鼎者，雕螭刻篆，龙文九光，各为一诗记之。其诗纵横豪迈，辩若河泻，且为文明本末〔二〕，征兴废，多骨鲠慷慨之音，期为有所省〔三〕，以垂万世。又缩楮为图，高一尺三寸二分〔四〕，腹径一尺五寸八分，口径一尺四寸五分，耳高三寸，阔四寸二分，足可六寸一分，深可八寸二分，释字七十八，阙字七，疑字八，蚀字二。其铭之文虽不全，然隐约可读，使后世之人观览诗图，不必登双峰三诏之间，而周鼎之源流形似，尽在其指掌中矣。

吾不知石鼎之在当时有刻篆否？能释其音义否？其浅深、大小、长短为图与否〔五〕？而愈之文与师服、侯喜、弥明之联句皆不及焉。其两公之诗踰古垂烈〔六〕，则有识者皆得而见之，又毋问也。至于余文，虽不必与退之较轩轾〔七〕，分优劣，读两公之诗，不可不有以叙之，以贞诸石。

【评语】段落分明，而前后关键，缠绵贯合，步步有法，老到之极。方尔正

口齿历历，如数家珍。凡作家之文，须观其神气之间，疏密合度，自有一段不可及处。杓石〔八〕

离奇驳蚀，先生所长，最喜其神理黯淡，不易扪摸也。陈其年

【校记】

〔一〕《昆仑诗文合集》旁注："古劲。"

〔二〕文　《昆仑诗文合集》《昆仑文选》作"之"。

〔三〕《昆仑诗文合集》旁注："句经百炼。"《昆仑文选》旁注："一句含蓄二十

一史。”

〔四〕《昆仑文选》旁注：“笔法似退之化记。”

〔五〕《昆仑文选》旁注：“如烟云灭没，风物傥恍，又如岩岫杳冥，姿态浓淡，可望而不可即也。”

〔六〕《昆仑诗文合集》《昆仑文选》作“其诗之深逊两公”。

〔七〕文　《昆仑诗文合集》《昆仑文选》作“之”。

〔八〕杓石　《昆仑诗文合集》作“鲁公”。

周元恭诗跋

今时士大夫喜著诗，诗复喜多。其初放言遣辞，不自择其美恶，故以多胜者反以多败，而无孤往独立之概焉，安在其能诗也？夫狻猊吞貙裂犀，一日可尽五百里，鹏翼如垂天之云，故纵所之负青天。苟不能食貙犀，而责其五百里，无垂天之翼，而望其绝云气负苍天，吾知其难矣。

以余观于周子元恭之诗，虽不甚多，泓峥萧瑟，历落可喜，有孤往独立之概焉。盖元恭之志，无取于多，而多之累已去，多之累去而少者乃以天存。嗟呼！如元恭者，又安可量哉？

【评语】深于诗者，方知少之妙；善于序诗者，方能言少之妙。今作诗者多，而能自少者鲜矣。中间奇峰忽吐，如蜃楼海市，眩人心目。然细按之，不过二三行耳。此先生之善用少也，作诗者不当作如是观乎！顾修远

寥寥数语中，奇情横肆，陆离光怪，令人不可逼视。杂昌黎杂作四首中直无分辨，却妙在借诗少立说，尤以金针示人，要知时下大部题本稿覆瓿何益？孙介夫

《瘗鹤铭》跋《自课堂集》本〔一〕

焦山鹤蜕有铭，书法遒利能自振，然所谓华阳真逸、上皇山樵人，皆无时代姓名可考。或曰撰自顾逋翁，如《圣教序》集右军字耳。夫逋翁非藏名者，何从得右军笔而迹其所为乎？或曰为陶贞白。贞白隐于良常，以

华阳度之，或其是耶？且华阳在润州境内，与焦山非相绝，当其往来高峰峻岨之间，得意疾书，姑隐其名，使后人推索得之。亦犹郭景纯以爪发埋石箄山，欲以藏诸名山耳。考贞白昔慕灵迹，颇以名心为累，陆敬游十赉当九锡，其文辄称引《金经》《鹤铭》，疑属好事，得无类是欤？

今观其字，清劲有法，孤云新月，当在虞、褚诸公之上，其为贞白，益信矣。铭石崩于潮汐，其拓本唐宋之时尚全，即欧公仅得六十余字，后此者能观其形势哉？予倅南徐，寻近代残本亦不可得。

辛丑秋，计逋客出《玉烟堂帖》相示，乃见此铭，从初拓全本仿而刻之，而神情近似。余因叹《鹤铭》之在今日，名存实亡，况江间洲渚，人烟灭没，蹑山而望，荒寒在目，又谁从山中穷此胜迹，乃垂金屈玉已属乌有耶？因损禄秩镌石，与后世共宝之，庶巧之在人者，天下得而废之也哉！

原铭怪石峻嶒，大于半间屋。其阳砥平，四方如席。字累累成行，纵横正等。今易之两两相比者，从海盐翻本，笈笥可以取观，为石十有三，横亘五丈有奇。经始于辛丑阳月，至壬寅上巳毕工。谋置海云堂两庑，与众赏之。赞于兹举者，吴人潘生陆、计生侨。

【评语】钟鼎文也，与铭相称。〔二〕

焦山虽奇，《瘗鹤铭》字苍古有法，尤山中之第一奇观。昆仑补刻海云堂内，既不没古人之用心，而山灵实借以生色矣。行文有断有击，有源有流，自是作家之文。钱牧斋先生

事奇，文更奇。先生为润州，王阮亭先生为扬州，两先生昔搜剔古人残碑断碣，风流文采，掩映一时，传之千古，当深人流想矣。陈其年

【校记】

〔一〕此文据《自课堂集·文集》录，与《昆仑诗文合集》之《瘗鹤铭跋》文字差别较大，故分录并存。

〔二〕此评语未署评者之名。

《瘗鹤铭》跋《昆仑诗文合集》本〔一〕

鹤蜕有铭，见于焦山，书势入神，宜积久以必传。其华阳真逸、上皇樵人二人者，无时代姓名可考，以为撰自顾逋翁，如《圣教序》沙门集右军字为之。夫逋翁非藏名者，且何从得右军真迹而克辨此乎〔二〕？又意其为陶贞白。贞白隐于良常，以华阳度之，当是。且华阳在润州境内〔三〕，焦山相去颇近，可谓协矣。当其往来幽境，欲借名山以传，姑秘其名字，令后人推索得之。亦犹郭景纯以爪发埋于石箄山〔四〕，即此意耳。考贞白昔欲上升，颇以名心为累，陆敬游以十赍当九錫，其文辄称引仙家《鹤铭》，雅属好事，得无类是〔五〕。

今观其字，结构甚有蕴籍，当在虞、褚诸公之上，故是六朝名手，其为贞白益信矣〔六〕。铭石崩于江涯，潮汐侵蚀。其榻本独唐宋之间为完，即在欧公时，仅得六十余字，后此可知。藐兹山灵，不能禁冯夷见夺，惜哉！予倅兹郡，寻近代残本亦不可得，为之怅然。

辛丑秋，计逋客出《烟堂帖》相赏〔七〕，获睹此铭，从初榻全本，仿而刻之〔八〕，而神情近似。余因叹《鹤铭》之在今日，名存实亡，况江间洲渚，即绝人烟，继此登焦山，而望洪荒在目，又谁从山中寻此胜迹，且属乌有耶〔九〕？因损俸勒石，庶几后世登临之士得共宝之，不没古人之用心尔〔一〇〕。

原铭怪石峻嶒，大于半间屋。其阳砥平，四方如席，字累累成行，纵横正等。今易之两两相比者，从海盐翻本，笈笥可以取观，为石十有三，横亘五丈有奇。经始于辛丑阳月，至壬寅上巳毕工。谋置海云堂两庑，与众宝之。赞于兹举者，吴人潘生陆、计生侨。

【评语】钟鼎文也，与铭相称。李砚斋先生

焦山虽奇，《瘗鹤铭》字苍古有法，尤山中之第一奇观。昆仑补刻海云堂内，既不没古人之用心，而山灵实借以生色矣。行文有断有击，有源有流，自是作家之文。钱

牧斋先生

【校记】

〔一〕此文据《昆仑诗文合集》录。

〔二〕《昆仑诗文合集》旁注："可破疑案。"《昆仑文选》旁注："便折到众论。"

〔三〕《昆仑文选》旁注："文情淡远。"

〔四〕《昆仑诗文合集》旁注："发前人之所未发。"

〔五〕《昆仑文选》旁注："不作一实煞语。"

〔六〕《昆仑诗文合集》旁注："又一结束。"

〔七〕《烟堂帖》　《昆仑文选》作"《玉烟堂帖》"。

〔八〕仿　《昆仑文选》作"放"。

〔九〕《昆仑诗文合集》《昆仑文选》旁注："古来名迹之泯灭者多矣，可胜三叹。"

〔一〇〕尔　《昆仑文选》作"云尔"。

元人手卷跋

暗由火见，学书而不得古人之迹，虽资性踰人，无以著其扬波腾气之势。昔羲之初习卫夫人书，怡怿以为独步；迨渡江北游，然后见李斯、曹喜、锺繇、梁鹄、蔡邕诸书，又见张华岳碑于从兄治所，始信习卫夫人书胶柱乖剌耳。

今电发所蓄元人书法甚富，几四百年矣，箕张婉蠖，各尽其能，非人世所有。置之几案间，正如断云连鹭，神彩为工。夫世之毫翰特起，委弃于荆棘者何限。电发研思不已，黑唇皂袖，则虽盐石尚有益于金玉，况宝此英异之笔乎！

【评语】昌黎杂说，简折为胜，以取姿耳。若直叙中奔腾奇矫，复有不得不止之势，虽增一字不可，此道固当推公独步。陈其年

不数百言而曲折无尽，有岑蹄江海之势。方楼冈先生

王端士七言绝句诗跋

世谓律难于古，绝句又难于律。夫绝句之为辞也简，其骋思齐章〔一〕，固不难于古与律也〔二〕。然古之为体，汪洋灏瀁，足以恣其俊烈〔三〕。律言稍充，利华赡，工属偶，意思芊眠，于以孚甲幽蔚，变幻百出，律之去古亦尚有间哉！至绝句，则迫于易尽，傥荡之材，不能羁束，而情致刊落，又若索莫〔四〕，弗能为之振拔，非古与律之所可俪也。

若端士之于诗易矣，于七言绝尤易矣。凡京江广陵之所纪，无非七言绝句，其声摩空，星稠绮合，岂其有异于人哉？精思不劳，而闲靡根于性情〔五〕。《序》曰："诗者，志之所之也，在心为志。"斯出之不竭矣。

【评语】忽起忽伏，忽捭忽阖，务极天然，绝无牵合支离之态。东坡所云："行乎其所不得不行，止乎其所不得不止。"惟斯文有之。黄心甫

夭矫百转，顾盼伟如，若蛇龙震撼，风雨卒临，不能窥其所届。韩式灵

短小精悍，文中郭解。陈其年

【校记】

〔一〕《昆仑诗文合集》旁注："波澜涠涠。"

〔二〕难　《昆仑诗文合集》《昆仑文选》作"艰"。

〔三〕《昆仑文选》旁注："精语。"

〔四〕若　《昆仑诗文合集》《昆仑文选》作"苦"。

〔五〕靡　《昆仑诗文合集》《昆仑文选》作"丽"。

四氏赞 四氏俱真定人死于流贼之难容城乔百一为之作传〔一〕

程昆仑曰："余平生喜节侠，然以世俗人不谈〔二〕，或有人，余或不知焉〔三〕。"灰林魏氏，年十四于归，始三朝，见贼如急，恐不得死，端表移景恒直，噫，不可异哉！贼恨狡女〔四〕，深虑以全〔五〕，峨峨淑德〔六〕，渊然明

节矣。

赵氏义声，肝心断伤。然昔人谓〔七〕：“一脉存不可谓之绝，一目张不可谓之乱，一人有立志不可谓之土崩〔八〕。”闻今贼中衣冠者时时不绝〔九〕，氏独气刚不挫以死〔一〇〕，其何烈也〔一一〕！倘所谓俗风不能移者耶〔一二〕？

尝读传，见史母程夫人，将其家下峡江，以橐金腰缠之。兵暴至〔一三〕，与妪谋曰：“输金果可生吾儿，无资不复能出蜀，均死。死以全史儿，妪见身死，为吾出腰中金，告儿速走。”遂死，儿逃。余窃叹：当死时不以惊悸未定，次第出其儿，诚烈矣〔一四〕。顾高氏难此焉？身既临贼，始仓皇决变，全母与夫儿三人命后，乃抗颜处死不退哉！身死数日，鸣沙扑面，草聚发间，椒岭无人，风烟俱息〔一五〕，幽魂当此，可哀也已。

梁氏，梁家庄人也，为梁家生气矣。古人爱一草木尚生歌咏〔一六〕，梁氏死义如何乎？然安谓非与高氏激发而为此者乎〔一七〕？语曰：“中道性成。”岂不信耶？〔一八〕

【校记】

〔一〕四氏俱真定人死于流贼之难容城乔百一为之作传　《昆仑文选》作“真定人死于流贼之难。”《昆仑诗文合集》无此附语。

〔二〕《昆仑文选》旁注：“可以观世。”

〔三〕《昆仑诗文合集》旁注：“好论头。”

〔四〕狡　《昆仑诗文合集》作“猾”，《昆仑文选》作“滑”。

〔五〕深虑　《昆仑诗文合集》作“再三”，《昆仑文选》作“挟智”。

〔六〕峨峨淑德　《昆仑诗文合集》作“峨淑德”。

〔七〕昔人谓　《昆仑诗文合集》《昆仑文选》无此三字。

〔八〕《昆仑文选》旁注：“更奇。”

〔九〕时时　《昆仑诗文合集》《昆仑文选》作“往往”。

〔一〇〕气刚不挫以死　《昆仑诗文合集》《昆仑文选》作“明挺坚决，酬还死志”。

〔一一〕也　《昆仑诗文合集》《昆仑文选》作“耶”。

〔一二〕《昆仑诗文合集》《昆仑文选》旁注：“每有言外之意。”

〔一三〕《昆仑诗文合集》旁注：“以史母形出高氏。”

〔一四〕不以惊悸未定，次第出其儿，诚烈矣　《昆仑诗文合集》《昆仑文选》作“全活幼子，义人节士有不如”。

〔一五〕鸣沙扑面，草聚发间，椒岭无人，风烟俱息　《昆仑诗文合集》《昆仑文选》作“埃垢积首，草横发间，连山夜寂，人烟四绝”。《昆仑文选》旁注：“惊心动魄，至文，至文!”

〔一六〕爱　《昆仑诗文合集》《昆仑文选》作“嘉”。

〔一七〕《昆仑诗文合集》旁注：“寥寥数语，意思深长，使人寻味不尽。”

〔一八〕语曰“中道性成。”岂不信耶　《昆仑诗文合集》作“君子不同匪人，盖即有以”，《昆仑文选》作“君子不同匪人，盖良有以”。

《四氏赞》附跋〔一〕

韩子称长袖善舞，多钱善贾。即三代来求传人，亦往往或幸或不幸焉。今千金之家，身死求名，志铭计不无即得者，有若奇夫义妇，斧锧临头，白刃截颈，长林之墟，荒草无垠，声烟响灭〔二〕，可胜道哉！予每念之，悲来填胸。时流贼之难，主辱虽殷，而臣武不力。吾友百一，搜扬女节，岂可谓非视此耶？昔欧阳公传断臂妇人，以愧其人。百一礼丘叙传，则诚古君子之念欤〔三〕！

【评语】离奇错落，极其变化，得龙门传赞之髓。钱牧斋先生

数言耳，波澜万状。余曾见《豫章传》、平叔《陈烈妇传》，极相似。陈其年

【校记】

〔一〕此文据《昆仑诗文合集》录。

〔二〕《昆仑诗文合集》旁注：“今古恨事。”《昆仑文选》旁注：“深相痛惜。”

〔三〕念　《昆仑文选》作“风”。

祭城隍文

问者以天地积阴，寒雪翻纷，将恐利于麰麦〔一〕，厥为民害。智穷虑诎，畊耨懈怠，无以赡养孤弱，备粢盛明，其簠簋报塞乎神明。神明不享，重

以凌澌结气，上下皑皑咸一色〔二〕，崖沉谷没，弗克痛断，惟予闵闵是惧，披竭至诚，以昭布乎元神。庶几协气横流，白日出位，晴和景明〔三〕，三光为之肸蚃，不敢忘神之祀，承事有常。

【评语】 古气斑斓，绝非常调，高于韩、柳一等。读此作，真如向桃源避秦人问汉魏以前，有非今世所知者，岂特淮鼎余丹，顿使鸡犬脱却尘骨乎？宋射陵〔四〕

森然古崛，直是周以上，不论秦汉矣。龚黄召杜，爱民之意虽同，恐无此文采耳。程世英千一识

似谣，似庾语，似《易林》，似农家书。陈其年

【校记】

〔一〕利　《昆仑诗文合集》《昆仑文选》作“不利”。此句《昆仑诗文合集》旁注：“元老忧时之言。”《昆仑文选》旁注：“奥衍瑰奇。”

〔二〕《昆仑诗文合集》旁注：“简奥古健镜之文。”

〔三〕《昆仑诗文合集》旁注：“字字西汉，真可俯睨晋魏。”

〔四〕宋射陵　《昆仑诗文合集》作“宋份臣”。

成甫吴公墓志铭

康熙元载，壬寅初夏，友人进士吴君自铜鞮二千里外至〔一〕，相与握手道故。语未及终，辄凄怆泣下，乞为厥祖铭其所以名久存者，曰：“嗟！胡不悲？吾先祖怀奇任直，未得志于时，为世闻人。今一旦考终于正寝，君与吾同里闬，交深，知吾祖甚悉，非君不能铭吾祖；吾祖非君之铭，不足以取信于人。”呜呼！予别公未几而铭公也，能不痛哉〔二〕？

公韩桧，字成甫，沁洲徐村人。年少读书，务博通大义，肆志不诎于富贵，虽伏处岩穴布衣之士，然好施予。视里中丧祭婚娶〔三〕，富者以礼，穷乏以贷之。伯兄栋家贫，惟仰食于公，赖公以火，竟殡葬其死〔四〕。岁当大祲，翳弃道殣，公自缩八口〔五〕，出粟哺枵者，赈人之急如己身，岂复有所期要耶？公性自迭〔六〕，进士君已贵，不盛车骑，务导从。春秋佳日，即

杖履召诸故老，安步阡陌之间，弹琴赋诗，调笑诙谐，每泥饮，至于忘归。或进士君偶至〔七〕，诸故老欲引避，面作赤，俯首促促，公必令钧席耦俱，竭其欢乃罢。志愈恭，气愈下，未尝一日而有自矜之色。

乃公处家庭，则待其子若孙，肃如朝典，故公有六子十一孙，皆早自豫教，经书传记，率循理警说。其子若孙习为文章者，悉有名于时。冢孙琠，己亥以弱冠举高第，负气节，富言辞〔八〕，必有光大先绪者，公既以忻忻于前，且复无所憾于后矣。公娶于郝某女，尝逮事翁姑，能佐公以孝闻，以顺治辛丑二月二日先公一年卒，距生明万历丁亥十二月二十六日，年七十有五。公生于万历戊子六月五日〔九〕，卒于康熙壬寅正月十八日，少室中一岁，而得年适同。子六人，同出。道黄，先公九年卒，娶某女〔一〇〕；道默，廪生，娶某女，为进士君琠父；道馩，增广生，娶某女，继某女；道馥，早卒，娶某女〔一一〕；道著，廪生，娶某女；道凝，廪生，娶某女。孙男十一人，长即琠也，娶某女；琦，聘某女；璜，聘某女，道默出。瑛，娶某女，继某女，道黄出。琬，娶某女；琰、珪，未聘，道著出。瑚，聘某女；琏、琮、璠，未聘，道凝出。孙女为道黄出者三，一适诸生刘青藜，一适诸生霍文龙，俱先卒；一适襄垣诸生魏三卿。道默出者三，一适某，一适某，一未字。道馩出者三，一适某，二未字。道馥出者一，许某。道著出者一，未字。凡十一人。曾孙女一人，琠出，许某子。将以某岁某月某日葬公于某山之阳〔一二〕。琠时守选于家，暴迹以扬其祖，可谓知所本矣〔一四〕。予因系之铭曰：

奕奕吴氏，遥裔实繁。历世滋大，恩纪华轩。所由勃兴，孝义直方。既安其居，以笃不忘。厥胤维则，闺人匹休。秉德合度，乃贻孙谋。诸孙翼翼，方尊维长。率祖攸行，声号直上。乞言纳石，爰暴生平。无有议怨，允兹德程。演而肆之，永固不刊。后世迭兴，幽宅其安。

【评语】节举大概，而吴公品行宛然在目。陆士衡曰："铭贵博约而温润。"此其是矣〔一四〕。王鹤山

为生平故旧志墓，不妄许一字，酷似昌黎之铭东野。周兼三

每爱读王介甫诸墓志铭，此八家中别调，亦千古来绝调也，正似先生此种文。陈其年

【校记】

〔一〕此句《昆仑文选》旁注："叙得真挚有致。"

〔二〕能　《昆仑诗文合集》《昆仑文选》作"岂"。此句《昆仑文选》旁注："淡。"

〔三〕《昆仑文选》旁注："省。"

〔四〕《昆仑文选》旁注："省。"

〔五〕八　《昆仑文选》作"人"。

〔六〕迭　《昆仑诗文合集》《昆仑文选》作"佚"。

〔七〕《昆仑文选》旁注："好摹写。"

〔八〕富言辞　《昆仑诗文合集》《昆仑文选》作"言语妙天下"。

〔九〕五　《昆仑诗文合集》《昆仑文选》作"九"。

〔一〇〕女　《昆仑文选》作"氏"。

〔一一〕女　《昆仑文选》作"氏"。

〔一二〕葬　《昆仑诗文合集》《昆仑文选》作"合葬"。

〔一三〕《昆仑文选》旁注："老笔简练。"

〔一四〕是矣　《昆仑诗文合集》作"近之"。

某公暨配烈妇某氏合葬墓志铭

晋有君子曰某〔一〕，小学时，以伯兄为师〔二〕。伯兄已贵，公方束发〔三〕，从伯兄立，则端服整足〔四〕，伯兄命之坐，然后坐，俯首低肘，持恭敬自卫，年三十以为常〔五〕。与人交，不临高而为高，故公始发为文章，志静思深，务衷于道，识与不识闻其名者，皆曰："君子，君子！"呜呼！今世为贵人子弟〔六〕，即不穷雕绘美绮骑引醇饭肥，亦以修艺自矜釜鼓易满耳〔七〕，焉有盈而不溢者哉〔八〕？公虽席兄贵，家至贫，食齑委巷，治壁中一经，业甚精，尝著《尚书解义》四卷。早年廪学宫，屡试辄屈诸生其下，诸生亦人人自废。

崇祯十七年，流贼李自成寇晋，滥索金钱，公挟伯兄远遁，贼追蹑者几百人，张军破伍，从者星散，无不见贼惜勇〔九〕。公大语曰："事莫伤于犹豫，灾莫重于狐疑〔一〇〕。今丛林在前，峻谷在后，短兵强弩，进退无据，惟有死斗耳。"公善〔一一〕决拾〔一二〕，毙数人，乃引而去。于是毕入平河、隆德之墟〔一三〕，登山〔一四〕临水〔一五〕，备经险阻，未尝以时命自尤〔一六〕，意气之不衰如此。贼锋少劣，手捽贼渠而报之，弃其身，喂诸狗鼠猨狖，伟哉烈也！语曰："通乎道者，不可惊以怪。"信然哉〔一七〕！

逾三载，某月日卒，年三十六〔一八〕。曾祖某官，大父某官。父某，初配某氏，早卒〔一九〕，继配妇某氏〔二〇〕。伯兄隐居深山时，米盐薪餐，往往告匮，霸陵醉尉，不无殊视，烈妇同爨〔二一〕，事兄嫂益谨，无有间言〔二二〕，闻公之丧，悲涕不能自止，曰："天乎！嫁其人而不从其死，背理害道篾伦，纵腼颜复比为人，其何以自对乎？"趋至其门，从余傍顾，见穗帏即哭，失声以绝〔二三〕。既苏，家人劝之百端〔二四〕，终不然否一语〔二五〕。后五日亭午，寒风裂饥〔二六〕，孤馆虚明，烈妇忧来煎迫，以头击地者数，泣尽继之以血，遂缢死〔二七〕，年二十有五〔二八〕。

噫！舍生于吞气之人〔二九〕，决命于俄顷之际，视从来冠带之伦，矫语平时，自称鸳鹭，当其变也，化筌变茅，是何不如不读书之女子，从容就义，视死如归哉！伯兄将以某日葬公于某山之侧，而烈妇为祔。伯兄属予志，予曰：文繁云富，公执笔海涵地负，函然有干青云之志〔三〇〕，可以达矣而不达〔三一〕。追蹑崇宕时〔三二〕，决狐疑，定死生，自以为长弃沟壑矣〔三三〕而不死。患难既平，伪贼授首，即茹薇被褐，以至胡耇可也〔三四〕，身殒名存，岂富贵可敌哉〔三五〕？烈妇守贞不蘸，发露肝伤，形如腒腊〔三六〕，后期一死，亦妇之常，魂亡舟折，何其速也〔三七〕。火不焚影，一夫一妇，同归泉路，声施天壤。嗟呼悲哉〔三八〕！是为铭，铭曰：

彼有君子之称而死不奇，乃妇人从一以终而名不可移。呜呼！此一朝之事而千古以为悲，后之良史耶！其将采为〔三九〕？

【评语】情恻音哀，摹写曲尽。张尔公

先生此文前幅似《史记》，中幅似《后汉书》，而议论过之。周尚拜识

奇处似昌黎《樊宗师铭》。陈其年

【校记】

〔一〕《昆仑文选》旁注："起便峭岸。"

〔二〕以伯兄为师　《昆仑诗文合集》《昆仑文选》作"即师其伯兄"。

〔三〕方　《昆仑诗文合集》《昆仑文选》作"才"。

〔四〕服　《昆仑诗文合集》《昆仑文选》作"股"。

〔五〕持恭敬自卫，年三十以为常　《昆仑诗文合集》《昆仑文选》作"无箕倨偃仰之容，终三十年同一日，若尊尺璧。"

〔六〕贵　《昆仑诗文合集》《昆仑文选》作"名"。此句《昆仑文选》旁注："唱叹处穷然苍古。"

〔七〕自矜釜鼓易满耳　《昆仑诗文合集》《昆仑文选》作"自矜斯釜鼓之满耳"。

〔八〕焉　《昆仑诗文合集》《昆仑文选》作"乌"。

〔九〕无不　《昆仑诗文合集》《昆仑文选》作"咸"。

〔一〇〕《昆仑文选》旁注："何等机略，如见王镇恶、萧摩诃一流人。"

〔一一〕公善　《昆仑诗文合集》《昆仑文选》作"公素善射"。

〔一二〕决拾　《昆仑诗文合集》《昆仑文选》作"一人决拾"。

〔一三〕毙数人，乃引而去，于是毕入平河隆德之墟　《昆仑诗文合集》《昆仑文选》作"而横敌胆落矣，逮夜乃得从别径遁去，于是遍历平河、隆德之墟"。

〔一四〕登山　《昆仑诗文合集》《昆仑文选》作"登山为文"。

〔一五〕临水　《昆仑诗文合集》《昆仑文选》作"临水叶韵"。

〔一六〕备经险阻，未尝以时命自尤　《昆仑诗文合集》《昆仑文选》作"备尝艰阻"。

〔一七〕《昆仑文选》旁注："何其崛奇。"

〔一八〕三十六　《昆仑文选》作"三十有六"。

〔一九〕卒　《昆仑文选》作"丧"。

〔二〇〕某氏　《昆仑诗文合集》《昆仑文选》作"某氏者，某女也"。

〔二一〕同爨　《昆仑诗文合集》《昆仑文选》无此二字。

〔二二〕益谨，无有间言　《昆仑诗文合集》《昆仑文选》作"恭敬不替，同爨十余年，莫有间言。"

〔二三〕悲涕不能自止，曰："天乎！嫁其人而不从其死，背理害道篾伦，纵腼颜

复比为人，其何以自对乎?”趋至其门，从余傍顾，见穗帏即哭，失声以绝　《昆仑诗文合集》《昆仑文选》作“陨涕承睫，及至其门，前布悬纸，内列穗帏，烈妇抚棺，一痛而绝。”

〔二四〕劝之百端　《昆仑诗文合集》《昆仑文选》作“百端劝之”。

〔二五〕终不然否一语　《昆仑诗文合集》《昆仑文选》作“终不然否一语，其死志已立矣”。

〔二六〕寒风裂饥　《昆仑诗文合集》《昆仑文选》无此四字。

〔二七〕烈妇忧来煎迫，以头击地者数，泣尽继之以血，遂缢死　《昆仑诗文合集》《昆仑文选》作“于群坐中忽出，即其处觅之，已缢死”。

〔二八〕年　《昆仑诗文合集》《昆仑文选》作“年仅”。

〔二九〕《昆仑文选》旁注:“劲语盘空。”

〔三〇〕函然　《昆仑诗文合集》《昆仑文选》作“函函然”。

〔三一〕《昆仑文选》旁注:“一折。”

〔三二〕宕　《昆仑诗文合集》《昆仑文选》作“岩”。

〔三三〕《昆仑文选》旁注:“二折。”

〔三四〕《昆仑文选》旁注:“三折。”

〔三五〕《昆仑文选》旁注:“四折。”

〔三六〕《昆仑文选》旁注:“五折。”

〔三七〕《昆仑文选》旁注:“六折。”

〔三八〕嗟呼悲哉　《昆仑诗文合集》《昆仑文选》作“呜呼痛哉”。此句《昆仑文选》旁注:“七折。”

〔三九〕彼有君子之称而死不奇，乃妇人从一以终而名不可移，呜呼！此一朝之事而千古以为悲，后之良史耶！其将采为。　《昆仑诗文合集》《昆仑文选》作“德可仰，贵不奇。石可坏，名不移。贤人嗟，哲士萎。云山恨，鸾鹤随。一朝事，千古悲。彼良史，将采为。”

代魏克正墓志铭〔一〕

魏克正，世居武乡，美须眉，俶傥负喜气〔二〕，善为人策〔三〕，事无不中。尝慕鲁仲连之为人，顾不欲钩棘章句，务泛滥无所然否，而自孤其智能〔四〕，尤善规堰潴，束帛斛米，皆经区画，虽处布衣冠，门外车马联延不绝〔五〕。与大司马震彝魏公及予为执友，予两人凡有所兴作，则必与克正谋。克正尝为予两人新池隍，美桥梁，与粥结庙，偶一不继，即倒彼橐中所有以期于成，而又能量其出入之数以相准，故事无不治。

甲申岁，流贼李自成犯予乡〔六〕。予罹难后，环堵萧然，克正出多金济予。当是时，追念昔者缓急婚宦相扶持，承颐仰沫相晏乐，无不约同河山〔七〕，至此馈问皆绝。尝叹歌鱼之士已散，克正攻独引手任恤〔八〕，又戒莫属人知，此岂操觚之士怀璧盗名者所可及哉？

南山僧脱凡几百人〔九〕，克正指囷中粟数十石，供其盘餐。曾无留意，外节已衰而慷慨如昔，予于是悲其时虽迈而志弥迅也〔一〇〕。一日忽辍食，卧床蓐间不起，汤熨针石酒醪无不到，俞跗治之亡效。予往问之，未尝不洒然异容〔一一〕，雨涕泣下也。克正且属余无忘墓文为不朽〔一二〕，予固已心许之。

克正讳四端，生万历五年二月初四日，卒顺治某年某月日。祖讳琏，贡士。父讳礼贤，妻李氏，李科女〔一三〕，能遵姆训。克正婢妾甚多，而逮下无害色〔一四〕。弟三杰，侄足征，皆茂才，应征武生〔一五〕。侧室三人，姚氏、张氏、武氏。子二人，长起征，守备，早卒，娶郭申女，至今在，能却百镒〔一六〕；次桂征，娶生员李廷森女。孙男一人，上游，娶赵钦女。曾孙一人，曰灵凤。铭曰：

急者济之以其时，无者通之以其财。苟不知治生与择人，亦安能施之以各当哉？嗟嗟魂兮，招之而孰知其来。〔一七〕

【评语】 重在贷金一节，慨当以慷，淋漓满志，如韩文公作《柳子厚志铭》，用以柳易播一事尽情绚染，振荡文情，遂觉通篇豪迈，大家得意之作。张尔公

写克正之为人，皆在文游古处慷慨任侠上，极其盛衰之感，悲凉之态，使人读之恻恻心动，真妙笔也。〔一八〕

太史公《伯夷列传》、韩退之《柳子厚墓志铭》合为一文，何其跳荡乃尔？陈其年

【校记】

〔一〕代魏克正墓志铭　《昆仑诗文合集》《昆仑文选》作“魏克正墓志铭”。

〔二〕喜气　《昆仑诗文合集》《昆仑文选》作“气”。

〔三〕善　《昆仑诗文合集》《昆仑文选》作“喜”。

〔四〕《昆仑文选》旁注：“炼句刻苦，类曾南丰。”

〔五〕联延　《昆仑诗文合集》《昆仑文选》作“属路”。

〔六〕犯　《昆仑诗文合集》《昆仑文选》作“侵”。

〔七〕《昆仑文选》旁注：“叙事中夹议论，写得烟云历落，胜读昔人绝交书也。”

〔八〕攻　《昆仑诗文合集》《昆仑文选》作“顾”。

〔九〕南山僧脱凡几百人　《昆仑诗文合集》《昆仑诗文选》作“上党僧脱凡，居南山几百余人。”

〔一〇〕《昆仑文选》旁注：“呜咽之语。”

〔一一〕尝　《昆仑文选》作“常”。

〔一二〕余　《昆仑文选》作“予”。

〔一三〕李科女　《昆仑诗文合集》《昆仑文选》作“李科女，媛号之诵”。

〔一四〕而逮下无害色　《昆仑诗文合集》《昆仑文选》作“而逮下无害色，克正是以无小星之困”。

〔一五〕应征武生　《昆仑诗文合集》《昆仑文选》作“应征武生，丙夜书声助以熊丸，盖善辅克正之志矣”。

〔一六〕能却百镒　《昆仑诗文合集》作“能却百镒柏舟”，《昆仑文选》作“能却百镒誓柏舟”。

〔一七〕急者济之以其时，无者通之以其财，苟不知治生与择人，亦安能施之以各当哉？嗟嗟魂兮，招之而孰知其来　《昆仑诗文合集》《昆仑文选》作“呜呼克正，惟予之干。曩友云亡，稽琴曰散。葬子佳城，夜台漫漫”。

〔一八〕此评语未详评者。

先王父资善大夫加工部尚书服俸管佐侍郎事程公行述〔一〕

上齿而至鲐背〔二〕，服官而至台司，天属而至五世〔三〕，在古鲜俪而况于今乎？不然〔四〕，或终老牖下，而易箦之时〔五〕不免挛缩呻吟，而后物故，亦生人之大齐也。王父有前三者〔六〕，而又从容以去。于戏！是所谓度行积思而几于道者耶〔七〕？然功名虽已见于天下，迹其居平，实自为志，不欲以金玉易撰述，惟少即望孙康庄博一第，光大先绪。今即厄塞不得伸〔八〕，奈何令王父治行寂寞乎〔九〕？且孙庄毁而扶杖，不获抽轩邈之辞，累二十日而仅得其一毛，又安能不令王父治行寂寞乎〔一〇〕？按程氏出自洛阳，远祖讳敏，当高帝时负版武乡，遂居信义，为信义人。九传而生通议大夫，讳继孔府君，继孔府君生通议大夫，讳视箴府君，王父考也，仁德隐约，皆得工部左侍郎如予王父官。

王父讳启南，字开之，号凤庵〔一一〕，博学工文辞，天拔自然。明万历庚子，蒸髦士献书太原，学使者陈公所学，预使县次给食，馆王父三立书院，已彻棘。惟王父文通经书古义，擢领经元，与金台赵维寰〔一二〕、武林葛寅亮〔一三〕声称振天下，语具从信录中。辛丑成进士，冯公琦发策所甄士，而本房吴公宗达、张公至发，先后登鼎铉。王父与文公在兹，其文又冠绝时人。

壬寅，起家襄阳府司理，山南索剽悍〔一四〕，喜争，小不耽辄为大讧。王父绎于庶顽，不忍究法，所推鞫亦罔不直人意。郡有婢盗金走，而要杀于路者，构求民间，见手帕灰，官以为民间杀婢〔一五〕，罪抵死。理者十辈来，皆言民间杀婢，罪固当，王父蹶然起曰：“叱嗟！安有灰而辨其为首帕，亦安有首帕灰而辨其为被傳之婢乎〔一六〕？”乃微使人缉诸路，得一人。王父指之曰：“此杀人者。”追其金，金具在，众亦不知其竟以何术得杀人者，民间之罪释之，语具别集中。

直指使按部诸干禁点吏奸民不公数十事，下司理，司理日拜谒罢敝，当验问，不得验问。一日，皆捕系至，王父适自乌台出，吏料其不能即决〔一七〕，曰：“捕系者若何？”王父即肩舆上系令背经纬之，深瑕浅衅，务尽其曲折，数十事人姓名，无一人忘失者。吕堰驿界，过客飞文负势，不尽执票〔一八〕，驿常私具朱鬣，朱鬣更不给，王父使一指挥按验之，得票使为传置〔一九〕，害马遂息。

癸卯，分校楚材，得周子训、傅子伊、李子世高、刘子寰、邢子懋勋、张子尧熙、彭子健侯。丙午，当滇比士，复聘王父，得庄子自正、雷子恒、张子法孔、周子良材、陈子爰诹、曹子宗载、吴子天民。诸门下生三以天曹掌选[二〇]，而法孔以贞素尤著名于世。王父凡七荐于西台，治臣黄公，抚臣张公，上封事最其能。己酉，更推选吏部，会收税太监溪壑无厌，王父砥廉节，不能中其欲，未得请，山南人轸慨高风，事不就，立庙岘山上，与羊叔子同祀，可谓隆施支久已[二一]。

庚戌，吏部尚书孙丕阳请擢贤能深俸官员，擢王父兵部武选司主事。王父疏陈三可虑，其略曰："臣闻勾践谋国，避及怒蛙。秦穆投醪，虎臣奋命[二二]。故将有死之心，士卒无生之气，而兵不雄于天下者，自古及今未之尝有。今京操之法，厮役豢养皆厮其中，按籍而呼，则竖发语难，征发甫罢，则连幕几空，一可虑也；骁骑龙骧，非中官子弟，则台省之私人，是以爪牙为纨绔之地，而威棱无以澹于方国，二可虑也；轻躯倾命之人，飞将不侯，捆载既入，则补官除罪，计无不遂，此天下智桀之士所为寒心[二三]，而国家异时必有难俯之祸，三可虑也。伏祈清冒滥，屏私人，简将帅，则臣幸甚，天下幸甚！"书既奏[二四]，上大悦。癸丑，加升郎中，管理清黄[二五]，凡世爵武卫应具官即日得官，不应具官终难啖[二六]以利，大臣居其间，亦不得招权揽金钱。

王父修貌，身不胜衣，冲夷奋为仁勇，重为辅臣叶公向高、李公廷机、枢臣王公象乾所引重。往例清黄事竣，增秩至大恭，王父力辞不受，言："臣为天下除幸窦[二七]，臣不亦当以躐级呈身[二八]。"神庙廉其素狷好，迁山东济南道副使。岁苦蚆蝛齐集，争豕牢而咽糠核者数十万家，煮革木实不得即绝粒闭目死。王父亲即其处绘之，使吏抱图上书，乞不赋山泽，许得支官舍之储蓄周委隶首，又与隶首分食饮，时拊循其跛且弱者，俾鱼贯会食，食毕然后罢归舍。于是齐人皆自以为程公能活我[二九]，所活当以数十万计。青、齐之壤界有神通寺，诸盗依险阻旁丛，引强持满，要攫赤仄，过者鲜得脱于虎口[三〇]。王父择刺操者百五十名[三一]，立神通营，披甲楯，就加芟剃，诸盗咸曰："须谨避此刺操。"亡匿山中[三二]，盗悉平。

戊午，升布政司右参政。其明年，例入觐，衣被丑敝，希简交接，虽覆州县殿最，绝不许汇录文书〔三三〕，假盘餐以通赂贿〔三四〕。及长安还日，发箧中，并无尺缯〔三五〕，诏赐金杂帛，有云："二东民力，焚竭少宽，辽海军储，灌输长利，可谓积勩于齐鲁间矣。"庚申，迁按察司〔三六〕。天启壬戌，举天下清操卓异，王父为第一。会上命吏部都察院吏科都给事中河南道引奏〔三七〕，赐宴赉帛，仍纪录，即与不次擢用，语具《十六朝广汇》中。寻迁右布政；顷之，又迁左布政。廉平能约束法令，令于国中曰〔三八〕：贪婪之倚法者，以其重兑故也〔三九〕，今与有司约，凡解户至，使人自为兑〔四〇〕，不得令左右把撮。苟非库贮即急仓口以借手于人〔四一〕，解户可即日归至京边钱粮，吾有以熟虑之也。解户亦自兑毕，率百两为锭，取其一〔四二〕，榜曰样银。吾先寄而入之主者，俟解户至〔四三〕，视轻重铢两罔差，趋验收〔四四〕，是吾令行于国中而交闻于主者也〔四五〕。此便在齐无抗弊，固甚善。久之而民益利，解户多奇羡，恐中干，密注其数，移有司。有猾吏侵牟〔四六〕，不自虑知觉，乃有司已得文，取吏掠笞数十，吏恐，以头触地请死。自是不敢相缘引为奸，而民省漏卮矣。

东疆弗靖，曾重加齐人税，以给客兵。事已，客兵去，岁溢银三十六万两，前两台居藩者，以为役财供奔走，得自取之。会邹滕之间，白莲妖人徐鸿儒，集群不逞，至数十万人，奋棘矜而下者十余城，势至燎原。齐兵益骄横，犷恶陶掠，借口需粮饷，已而掠尽，又扬去。王父曰："是三十六万两可用也。"两台心难之而口不忍发，又知王父清执不可回，乃命历城令吴公阿衡招纳白梃十万，椎牛酿酒，捐角徒裼以趋敌〔四七〕，不用国家半铢之费，以天之道家自为斗之心，逆憝叛党如缚豕而置之京师〔四八〕，计上首功。既有旨〔四九〕，劳王父以节钺。癸亥，升太常寺正卿。泽流在民，民思之不能已〔五〇〕，又皆千里负担骈沓不绝，至合符之顷，犹肃只愿我公留。踰时得蜚挽，恐代者为政即黩货故也，为庙春秋奉祀，如在山南时。

王父所在有冰蘗声，乘折辕至都，卖田自给，考正旧仪。时逆党魏忠贤衔宪蔽明，无所还忌，王父与东林诸君子窃怀愤。乙丑，乞赐骸骨，疏曰：“自古治乱荣辱之端〔五一〕，在所信任。苏子曰：‘冰炭同处，必至交争。薰莸共器，久当遗臭。’言君子小人不同位也。今魏忠贤威移主上，蟠连禁闼，倪文焕、崔呈秀等扇党与，摇唇膏吻而横于世。指夷光为嫫母，借钩钜作刑书，如邹元标、孙居相、叶向高、李邦华、张光前等，咸削籍排摈，不容于位，万璟、杨琏坐掠重身死，魏大中、左光斗、赵南星又禁锢桎梏，坐法柱造赃款〔五二〕，以王振、刘瑾之势加之郅都之手，不六翮尽空不止〔五三〕。彼魏良弼、魏良才等，方且坦腹加官，意广心轶，危毒海内，语曰：‘民志不入，狱囚自出’，况齐州荒旱，彭城水绝〔五四〕，江南地震，关中豕妖，反天不祥，于斯见之矣〔五五〕。乃尚有进玉玺，赋凰仪者，以便偏指，非臣所望也。臣愚以为，众正立即朝之祯祥，群枉至即国之妖孽，今即使朱草日生于廷〔五六〕，麒麟在囿，臣犹以为无因而至，而敢为回面污行不思变辙者乎？臣愚，非徒抱寂寥之志〔五七〕，有不求闻达之诞也〔五八〕，臣实不欲同罢驴为群，与汨俱没。臣知此言出，必与忠贤有隙，将枉王度剸刃臣，然臣奋然有不顾死亡之心〔五九〕，愿尽拳拳，伏乞陛下信忠贤等耗乱国柄〔六〇〕，罪应死，早加元标等于近膝之上，厉贤予禄，臣即受败害，固所不辞。臣闻‘忠无不报，信不见疑’，虑陛下即过意〔六一〕，以擢臣间伍之中〔六二〕，稍勿程督，当放臣还山中〔六三〕。幸陛下裁察，无使臣困顿长安，终无所益。”

疏上，忤忠贤意，即日斥退。当是时，天下方为魏忠贤建生祠，楼阁相望，使者縻郡国，仓廥不赡〔六四〕，又从豪贵人相贯贷，豪贵人心甚喜〔六五〕，愿助郡国，皆大费，使者或踹财纪姓名以为祸福。王父滋不平〔六六〕，为文讥贯贷者。

居四岁，怀宗立，事觉奸露，急收殛魏党，并疏倪文焕等注为逆案，使后世知狠如枭贪如狼〔六七〕为臣不忠者悉屏戮之，而邦华等俯临盘石，诏悉起田间，以礼折节之。己巳，起升王父通政司通政使，谓王父敢言不附权党，荫一子入监读书。世所推贤大臣，山右有曹公于汴、韩公爌、孙公居相、魏公云中、王公之寀、魏公光绪，并王父为七人，吾邑武乡居其三。

庚午，数折于外，武器皆敝损〔六八〕，圣意以起部冗阘，故大司空缺重其人。廷议咸奉王父。王父素遵轨躅，不欲暴贵炫耀，但受工部左侍郎。居半岁余，大司空终亦不补，王父身兼任之，为作铠胄袖、皮兜鍪、步盾、火禽、燧象。及圣意自度已具足〔六九〕，然后听人补。时听陵数岁劳苦不成〔七〇〕，木商砖贾言楠杉在崇岗绝箐之地，围丈者难觅，砖自临清舟航相接，暨悉诣陵所〔七一〕，必一钱专直一金，徒恃口舌，挠工期，或货入者延迁待，他官〔七二〕以是颇为常。王父呼商贾让之曰："国家待若等独赢，若数言砖木乏绝，今山不加童，窑不加寡，而工累岁悬若手，与若期，五月不至，则若之命悬于金科之下矣。"商贾皆徒跣谢，务奉法顺流，陵寝竟告成。于是上以为能，加大司空服俸，领官如故，又诏赐黄金十斤〔七三〕，表里二十端，例荫一子，固让不受，而寺人之徒噏噏复用事矣〔七四〕，属户、工二部以太监张彝宪视事。尚书座引而西，彝宪引而东，诸司既见尚书，彝宪居正堂舍，不得不揖。彝宪出入，仪卫甚都，右侍郎某气折，每出，孅趋而送之尽恭〔七五〕。王父曰："古者大揖空〔七六〕，金印紫绶，禄比丞相〔七七〕，而彝宪扰之奸人〔七八〕，吾安所能共事也？迩孙、曹诸公，相继已去位，吾宁澳涊恋职，岂腐鼠可吓耶？"连章求退〔七九〕。值都御史缺人，吏部以王父名进，彝宪嗾科臣某〔八〇〕疏，论王父年七十且老，当致政，然王父素清慎，亦不能他所啖说〔八一〕。王父杜门不治事，陈乞归里，凡十一疏，其略曰："当逆党肆虐之时，臣濒死者已数矣〔八二〕。陛下不以臣不肖，拔臣内史，晋臣司城，臣即碌碌未有报效。然考高祖止给内侍洒扫之役〔八三〕，故赵同恭乘，袁盎寒心，乃陛下无人〔八四〕，独用彝宪监事。臣恐忠贤虽诛，而忠贤之类尚冀死灰复然〔八五〕，不止羞朝廷，而辱当世之士也〔八六〕，臣不敢自言爰鼎，臣闻积羽沉舟，群轻折轴。今科臣某〔八七〕，小人之尤，孽芽其间，排抵臣年老，不足任事。臣虑一日不去，必加诟姗。况臣雅游已尽，彝宪定用急臣〔八八〕。臣生平为气每欲独完，岂可使见放余生复就汤镬？”疏再入〔八九〕，得旨：“工务殷繁，正资坐理〔九〇〕。览奏，情辞恳切，准暂驰驿归里，病痊即行起用。”

王父虽身不可见〔九一〕，每邑中灾疲有大徭役，使使与两台陈乞，如邑志所载〔九二〕，原粮一石〔九三〕，全征银八钱三分一厘，今如王父议〔九四〕，以瘠疲例，止征五钱一分五厘，其章章较著者已〔九五〕。冬十二月，流贼贯弓之卒百万，一日夜驰二百里，以兵袭城西隅，有骄色，计在必得。王父曰：“我分守此，诸君勿乱，守部哗，则心不固矣〔九六〕。城中火起亦不救，下自有救之者〔九七〕。”贼见城上黄盖起，悉引兵前，王父窥其来处，连发数十炮。贼卒死数千人，皆慑服〔九八〕，莫敢支吾，急引去。继输粟修睥睨表城炮台敌楼〔九九〕，遗书督臣张公宗衡、郡守焦公裕，致大炮二十位，城圮，又分部筑之，至今城西南临河如却月形者是也〔一〇〇〕。沁州浮粮忽累三千余金，民繇是重困敝〔一〇一〕，上急征如渴思饮，狡吏怙势，持符牒者若挚鸟之酷〔一〇二〕，于是州牧张公三杰，综核其数，请王父与藩君力争之，得免。

甲申，流贼李自成窃起，据九鼎，使怀宗不终其纪〔一〇三〕，王父胶致缧绁，以孙庄辈夹获得不死。已而李自成使贼党身劝为之驾，王父叱之曰：“在魏党用事时，吾铩羽不仕，贼揣我何心？岂以吾为惧死哉〔一〇四〕？”贼党义之，置不问。王父久城居，至是复还信义。信义剧傍更立一寨，名双修，中结草亭篱筚。冬则营窟其间，偻而进，无遗欲矣。所著书有《易经宗圣录》《集贤录》《易时草》《阴符经解》《医学撮要七类》《也足园文稿》，卷帙浩繁，无余资不能尽显于世〔一〇五〕。王父宽然长者，所过循理譬说，为人师表，纪纲弦歌之声不绝，诸儒始得修其经艺，若魏子枚野、左子寅三、李子胜其、安子振生、家犹子衍洙，咸荐贤书，诸孙附凤成进士。兵燹之后，狐兔游于堂除，诸博士撞钟待问，靡然乡风矣。或族中人，理生不得其意，为给荆笔残行，子性皆满意去〔一〇六〕，读书益不辍。推此之志意，于未婚者侄彝绩、奏绩〔一〇七〕，曾孙一中辈，悉为委禽，亦不责其报。信义故先世兵大起，南城缺门，为作开合，左偏水所崇期也。堆石布其渠，表其外廊〔一〇八〕，宜文昌，又立一阁。故城之水，折入五雉，与柱础平，将坏其里舍，别往受之，则费民田，民不便。王父计亩赏所值而自供其税粮〔一〇九〕。俗曰〔一一〇〕："舍沟不忘本也。"自此之旁，权店有盗孙宪，侵夺数起，骴骼不绝于路。王父独上书熹庙〔一一一〕，以一守备治次舍，距兵三百，至今不能废。

王父虽历朝甚久，家无长物，常所奉饭而食者以十数。少时所受饩一日尽，不尽不归，邑侯黄公怜之，从所居市膏腴，曰："无愁劳铅椠也。"王父详许受，以资弟哲南辈，故王父少时，不会计利事，窘益甚。惟从叔希灏虑其窘，赤仄半自出，王父自受敕归，分己财为置松柏庐舍祠堂，田亦如之〔一一二〕。厥后吾邑先用事大臣虽睨成〔一一三〕，然早即世，惟王父独存，邑中质平补弊，尽王父所独裁。

一日，王父即自为志〔一一四〕，其言曰："昔宋景文公作治戒，训其子以俭葬，皇甫谧、周盘之徒，咸有达观，不欲务崇侈，予因自为志，不令我死买文章求谀，非我志。"其言颇涉怪者而已，不及生平政绩：

予生以壬戌〔一一五〕，月辛亥，日如其年，时如其月。予年十七，百日习一经。曾纳凉慈云寺，假寐，蝇丑扇触予面，侍者为拂予面上〔一一六〕。刘子杰〔一一七〕见而异之，予笑而不答。予丧父，丧母，丧王父，荐遭闵凶，九年不得就试。俗送形之日，则捽盆，阴阳家治桃茢，急驱遣，予亟止之曰："人受生于父母乎？受生于桃茢乎〔一一八〕？受生于父母，父母必爱子，子必愿见父母，遣之何为？予尚恐不得见父母，子勿遣，伤我心。"

予与弟如玉，夜行大泽中，迷路，视草间有光，顷之，光触天，有伟丈夫长十丈余，语予："此神光也。"予去之，耻与魍魉分荣，光亦忽不见。庚子家约，非予妻高淑人躬簸扬〔一一九〕，则五种不得精凿。时斛粟方致七斗米，箕中水暴发〔一二〇〕，既长踰丈，而捷书即至。越岁，偕计吏北上，止延寿寺。丙夜独就舍，比丘心虑予思茗，擎一器往，则俨然白叟也〔一二一〕，假寐朱几上〔一二二〕。比丘恐惊叟醒〔一二三〕，辄腾踔，厥明，复见予，不知叟所处〔一二四〕。以事变恒常，谓余上第春官故耳〔一二五〕。予李南郡，郡中人失火，烧万余家，惟徙家室，訾不暇举，自太守郡丞以下迹至皆使人救火，火愈不得息。予闻往，向火指画，令其返〔一二六〕，火即返，所烧空隙处，移时亦无火。南漳县井甃不成，诸囚瘴暑阳骄蹇，辄欲死，予视其地穿之，未三尺，得古井〔一二七〕，短绠可汲。自戎曹迁二东宪副，抵里门，谒崔府君庙。往时监司至者，黄冠发鲸鱼三，千石之钟如其数，铿然响殿上。予为人除拘忌，与伯兄秀峰辄安步以往，甫叩头，黄冠阙然不至，而洪钧亦自响者三。秀蜂兄在旋虫下惊曰："雷师乎！"为右辖，诣岱宗灵岩寺，僧俸悬黎之磬，击轩訇之鼓，胜幡十，簧三枚，迎予山旁口。入其寺，饮予萱带，作委线饼，菇粱珍异骈罗，皆不假咄嗟而办，予颇怪其夙具为用，诘所自，僧言数在寐中师命之〔一二八〕："程公定宜此时来。"问师何人，则六十一年前五台顺寂僧也〔一二九〕。由是在奉常，触奸不死，在冬官，以尚书服俸领左丞，三代同爵〔一三〇〕，荫及妻子，此亦布衣为人臣之极也。我即终，慎勿请谥世官祭葬，留应得之物〔一三一〕以还朝廷；毋听入乡贤，留非分之荣以予孔庙。吾殁后，岘山渤海之间，魂魄常依于此，比于桐乡焉足矣。葬埋之法，棺以周身，柏三寸，椁以周棺，松二寸，灵辆前具铭旌一〔一三二〕，书予官爵，具帆十，书《薤露》其上，刍灵从宏父本等，止十六人，不须多，亦不足用縠练，毋用熊罴四目〔一三三〕，使桑门诵经，毋使俳优扬清哇如俗。暖伴衣衾，足覆恶器，以瓦营兆止，勿犯五终，吾欲露形脱囊而下，度汝等理难，为吾子孙，万勿务华求观美，不听改之，改之是以吾为真死〔一三四〕也，汝岂忍以吾为真死哉〔一三五〕！为吾志日，行年八十二，为崇祯十六年癸未。吾日砥墨，反复作细书，不曳杖，如三四十岁人。眼前即五世子又孙〔一三六〕，孙又作人父，男女几四十人。兵乱以来，散处方隅，予多不能识，即识，识其稍长者〔一三七〕。"

为志后，又七年所，王父足迹不入城市，超然荣辱之外。庚寅十月朔八日，忽治具觞族人，列子孙其下曰："京生云：'孰易如苇，孰化如毁'，谓人生至促也。吾生平不用医药，对汝曹，顾无甚怜之色〔一三八〕。”语涉恢奇，复就楸局，娄胜，精彩倍张王，虽颇怪其语不祥，以张王故，不虑其它，独时时见空中肃手，键户寂无人，遥作语，已而大笑。家人亦有窃视其青衣角巾，立西南隅者，蒸汗即如雨，不敢复近前。是日日中归舍，无疾而薨，私悲公悼，不下亿万人。

呜呼！痛哉！王父生嘉靖四十一年壬戌十月十一日亥时，至顺治七年庚寅十月初八日午时〔一三九〕，享年垂三月不至九十。元配王母高氏，封孺人，累赠淑人，沁州生员高公文斗女也，性不喜饰文绮，自饭尝草蔬，然事耄姑极滋味醇醲，脱簪珥以供客，费恒不乏，劳苦而中捐，生嘉靖四十三年甲子八月十六日戌时，卒万历三十四年丙午六月二十八日亥时。继配王母张氏，累封淑人，沁州儒官张公信女也，读书识大义，数劝王父罢官休舍，当白莲揭竿时，抱印立井上，脱有祸，亟从井以为洁泉矣，生万历十七年己丑七月初九日午时，卒崇祯四年辛未闰十一月二十五日寅时。子男六人，长即先府君，讳嘉绩，怀宗御极，历刑部云南清吏司郎中，尽心期无刑，怀宗褒其“惟良折狱”〔一四〇〕，详具县志、国史中，不具载。初娶李母，赠宜人，巩昌府经历李公佳女；继即先慈魏宜人，儒官魏公烁女，为兵部尚书魏公云中女弟；继赵母，封宜人，儒官赵公良珍女，俱先卒。次讳伟绩，以增广生抡入太学，万历癸丑报讣，晋诸王邸中，娶户部江西司主事魏公之干女，为行唐知县魏公国模女孙；次史公遵女。次讳奇绩，幼拾芹泮，修文地下亦最早。俱先王母高淑人所出。次讳兰绩，增广生，娶沁州生员杨公起龙女，继杨公起鹏女。次讳皋绩，举人〔一四一〕，娶榆社赠中书舍人李公可绪女，为宛平县君李公锦制女孙。次讳乃绩，廪生，娶沁州儒官李公应试女。女子二人，长适府谷知县魏公鳌子增生魏绳绪，为湖广巡抚魏公光绪弟；次适沁州贡生霍公守身子生员霍人龙，为沅州府同知霍公梓孙。俱系王母张淑人所出。孙男八人，长即康庄，安庆府同知〔一四二〕，娶沁州增生刘公光彦女，为黄岗知县刘公梦周女孙。次康年，县丞[一四三]，娶太康知县魏公令望女。刑部先府君出。次康世，生员，娶沁州癸酉举人刘公光蔚女，为徐州同知刘公梦弼女孙；继省祭李时化女，继魏永康女。次康祉[一四四]，增广生，娶生员魏启中女。伟绩出。康舄，生员，娶江宁知县杜君来凤女[一四五]。兰绩出。康济，皋绩出。康功、康侯，乃绩出。俱未聘。孙女四人，伟绩出者一，适大司马魏公震彝子生员魏世泰，早卒。兰绩出者一，早殇。皋绩出者一，乃绩出者一。俱未字。曾孙五人，长正，县丞[一四六]，娶廪生魏间大女；次骧，举人[一四七]，娶魏运兴女，即庄所出；次为则，举人[一四八]，娶生员李光春女，康年出。次豸，康祉出，未聘。曾孙女七人，庄出者三，长适生员张育葵子张际泰，余未字。康年出者一，适昌邑知县魏莲岳子生员魏编。康祉出者一，俱未字。玄孙二，其益，聘魏编女；其观，未聘，正出。外孙男一騋，外孙女二，俱幼，绳绪出，将以辛卯二月十八日营葬王父旧阡，起两王母祔焉。

嗟呼！王父清风高节布天下，遐迩铺勋而啜惠者，至厚赡也，今炳一晦千，治行寞[一四九]，然人所习闻见者，又不敢不稍加论次，俾太常议谥，史馆编载，有所得稽考，而冀立言君子铭之，世有同目，必有同心[一五〇]以怜其泣血者矣。

【评语】力大思精，气长法整，真宏文也。有条有理，有经有纬，固是料好，然织作染色之功难矣，绝大文字。劲以志为结，法力大，近代未有也。[一五一]

笔势如生龙活虎，无处不变动，无字不奇古，能使大司空公呼之欲出，是行述中从来第一篇文字，韩、柳、欧、苏集中皆无，皆不能及。钱牧斋先生

似柳柳州《府君神道表》、曾南丰《先大夫集序》，叙裁历然，兼寓怆恻，文生于情，类如此。张尔公

合龙门《平准》《封禅》、扶风《食货》《地理》、昌黎《平淮西》《南海庙碑》、庐陵《泷冈阡表》而为一文。天雨粟，鬼夜哭矣，虞山钱牧斋先生云此是“行述中从来第一篇文字，韩、柳、欧、苏皆无，皆不能及”，知言哉！陈其年

【校记】

〔一〕先王父资善大夫加工部尚书服俸管佐侍郎事程公行述　《昆仑诗文合集》

《昆仑文选》作“先王父资善大夫加尚书服俸管工部左侍郎事程公行述”。

〔二〕《昆仑文选》旁注：“起势嶙峋。”

〔三〕《昆仑诗文合集》旁注：“起势嶙峋，包含一篇大意，逼似欧阳永叔之文。”

〔四〕不然　《昆仑诗文合集》《昆仑文选》作“即不然”。

〔五〕篑　原作“蒉”，据《昆仑诗文合集》《昆仑文选》改。

〔六〕王父　《昆仑文选》作“我王父”。

〔七〕《昆仑文选》旁注：“坚古。”

〔八〕得　《昆仑文选》作“能”。

〔九〕王父　《昆仑诗文合集》《昆仑文选》作“我王父”。《昆仑诗文合集》旁注：“如此冒起，有异色，有古质，奇甚，奇甚！”

〔一〇〕王父　《昆仑诗文合集》作“我王父”。

〔一一〕号　《昆仑文选》作“别号”。

〔一二〕与金台赵维寰　《昆仑诗文合集》《昆仑文选》作“颉颃金台赵惟寰”。

〔一三〕武林葛寅亮　《昆仑诗文合集》《昆仑文选》作“金陵李胤昌、武林葛寅亮”。

〔一四〕索　《昆仑文选》作“素”。此句《昆仑诗文合集》《昆仑文选》旁注：“突入，好。”

〔一五〕《昆仑诗文合集》《昆仑文选》旁注：“叙次逼古。”

〔一六〕《昆仑文选》旁注：“叱嗟二字，如解光奏赵昭仪一书中间有云瞠也。”

〔一七〕《昆仑文选》旁注：“叙次皆酷似正史。”

〔一八〕票　《昆仑诗文合集》《昆仑文选》作“官票”。

〔一九〕使　《昆仑诗文合集》《昆仑文选》作“始”。

〔二〇〕《昆仑诗文合集》旁注：“得士。”

〔二一〕《昆仑文选》旁注：“奇人奇事。小结。”

〔二二〕《昆仑诗文合集》旁注：“诸疏皆渊古有气岸，可遴入名臣奏议。”《昆仑文选》旁注：“诸文皆汉疏。”《昆仑文选》又有眉批注：“越王伐吴，欲人轻生，见怒蛙而式之，左右曰：‘奚敬于此?’越王曰：‘以具有气也。’古乐府‘以醪投漆中，谁能别离此。’”

〔二三〕《昆仑诗文合集》旁注：“古笔。”

〔二四〕书既奏　《昆仑诗文合集》《昆仑文选》作“书奏”。

〔二五〕《昆仑文选》眉批注：“青黄，疑是青黄四时乐也。”

〔二六〕《昆仑文选》眉批注：“此处俱从《汉书》“食货”“地理”“志来”。

〔二七〕《昆仑诗文合集》旁注：“名言。”

〔二八〕不亦　《昆仑诗文合集》《昆仑文选》作“亦不”。此句《昆仑文选》旁注：“写直臣有声有色。”

〔二九〕于是　《昆仑文选》作“于是乎”。

〔三〇〕《昆仑文选》眉批注：“赤仄，即钱也，汉武铸赤仄以一当五，盖以赤铜为郭也。”

〔三一〕《昆仑诗文合集》《昆仑文选》旁注：“弥盗。”

〔三二〕《昆仑诗文合集》旁注：“古笔。”

〔三三〕汇录　《昆仑诗文合集》《昆仑文选》作“寅缘”。

〔三四〕赂贿　《昆仑诗文合集》《昆仑文选》作“贿赂”。

〔三五〕《昆仑诗文合集》旁注：“廉介。”

〔三六〕迁　《昆仑诗文合集》《昆仑文选》作“加升”。

〔三七〕会上命　《昆仑诗文合集》《昆仑文选》作“上命”。

〔三八〕令于　《昆仑文选》作“于”。

〔三九〕《昆仑诗文合集》旁注：“实政令美文辞，从汉诏变来。”

〔四〇〕凡解户至，使人自为兑　《昆仑诗文合集》《昆仑文选》作“凡解户到即自兑。”此句《昆仑文选》旁注：“兴利。”

〔四一〕库贮即急　《昆仑诗文合集》《昆仑文选》作“贮库便兑”。

〔四二〕取其一　《昆仑诗文合集》《昆仑文选》作“任取一锭”。

〔四三〕至　《昆仑诗文合集》《昆仑文选》作“到”。

〔四四〕趋　《昆仑诗文合集》《昆仑文选》作“即许”。

〔四五〕《昆仑诗文合集》旁注：“古笔。”

〔四六〕《昆仑诗文合集》《昆仑文选》旁注：“假怀中得，极为排宕。”

〔四七〕《昆仑文选》眉批注：“《张仪传》‘秦人捐甲徒裼以趋敌’，犹言袒裼也。”

〔四八〕《昆仑文选》旁注：“戢乱。”

〔四九〕既有旨　《昆仑诗文合集》《昆仑文选》作“有旨”。

〔五〇〕泽流在民，民思之不能已　《昆仑诗文合集》《昆仑文选》作“民思恋不”。

〔五一〕《昆仑诗文合集》旁注：“劾逆党。”

〔五二〕柱　《昆仑诗文合集》《昆仑文选》作“枉”。

〔五三〕《昆仑诗文合集》旁注：“简言危切。”

〔五四〕绝　《昆仑诗文合集》《昆仑文选》作“决”。

〔五五〕《昆仑文选》旁注：“极似刘向、李寻语。”

〔五六〕廷　《昆仑诗文合集》《昆仑文选》作“庭”。

〔五七〕《昆仑诗文合集》旁注：“古笔。”

〔五八〕《昆仑文选》旁注：“此疏即汉文所少，必传无疑。”

〔五九〕《昆仑诗文合集》《昆仑文选》作“出万死不顾一生之计”。

〔六〇〕伏乞　《昆仑诗文合集》《昆仑文选》作“乞”。

〔六一〕虑陛下　《昆仑文选》作“陛下”。

〔六二〕《昆仑文选》旁注：“直而辞戆。”

〔六三〕山中　《昆仑文选》作“山”。

〔六四〕《昆仑文选》旁注：“廥音脍，刍囊之仓。”

〔六五〕《昆仑文选》旁注：“无一笔不史迁，大奇。”

〔六六〕滋　《昆仑文选》作“兹”。

〔六七〕后世　《昆仑诗文合集》《昆仑文选》作“千秋万载后”。此句《昆仑诗文合集》旁注：“古笔。”《昆仑文选》旁注：“又夹杂论出。”

〔六八〕皆敝损　《昆仑诗文合集》《昆仑文选》作“敝损”。

〔六九〕及圣意　《昆仑文选》作“圣意”。此句《昆仑文选》眉批注：“《周礼》：火弊献禽以祭社。《左传》：巨人尹固与王同舟，王使执燧篆以奔吴师。注：烧火燧系象尾使赴吴师惊却之。”

〔七〇〕时听　《昆仑诗文合集》《昆仑文选》作“德”。此句《昆仑诗文合集》旁注：“筑山陵。”

〔七一〕暨悉　《昆仑诗文合集》《昆仑文选》作“悉”。

〔七二〕《昆仑诗文合集》旁注：“古笔。”

〔七三〕又诏　《昆仑文选》作“诏”。

〔七四〕《昆仑诗文合集》旁注：“照应。”此句《昆仑文选》旁注：“连绵山岭，若断若续。”

〔七五〕《昆仑文选》旁注：“文笔如画。”眉批注：“孅音纤，纤，趋足供也。”

〔七六〕揖　《昆仑诗文合集》《昆仑文选》作“司”。

〔七七〕《昆仑文选》旁注：“淡文。”

〔七八〕《昆仑诗文合集》旁注：“古笔。”

〔七九〕《昆仑诗文合集》旁注：“引退。”

〔八〇〕科臣某　《昆仑诗文合集》《昆仑文选》作“党人阮震亨”。

〔八一〕所　《昆仑诗文合集》《昆仑文选》作“有所”。

〔八二〕臣濒死者已数矣　《昆仑诗文合集》《昆仑文选》作“臣频死者数矣”。

〔八三〕祖　《昆仑诗文合集》《昆仑文选》作“帝”。

〔八四〕乃陛下　《昆仑文选》作“陛下”。《昆仑文选》眉批注：“赵同，幸臣也，事出《史记》。”

〔八五〕《昆仑诗文合集》旁注：“防危。”《昆仑文选》旁注：“安得闻此忠言。”

〔八六〕朝廷　《昆仑文选》作“明朝廷”。

〔八七〕某　《昆仑诗文合集》《昆仑文选》作“阮某等”。

〔八八〕《昆仑诗文合集》旁注：“古笔。”

〔八九〕再入　《昆仑诗文合集》《昆仑文选》作“入”。

〔九〇〕正资　《昆仑文选》作“资卿”。

〔九一〕《昆仑文选》旁注：“以下叙家居事。”

〔九二〕如邑志所载　《昆仑诗文合集》《昆仑文选》作“如邑志所载减征粮一揭”。

〔九三〕原粮一石　《昆仑诗文合集》《昆仑文选》作“每原粮一石”。

〔九四〕今如王父议　《昆仑诗文合集》《昆仑文选》无“如王父议”四字。

〔九五〕《昆仑文选》旁注：“有文。”

〔九六〕《昆仑诗文合集》旁注：“方略。”

〔九七〕《昆仑文选》旁注：“妙。”

〔九八〕《昆仑诗文合集》旁注：“退贼。”

〔九九〕《昆仑文选》旁注：“城上垣缺曰睥睨，言于孔中睥睨非常也。”

〔一〇〇〕却　《昆仑诗文合集》《昆仑文选》作“小却”。

〔一〇一〕困敝　《昆仑诗文合集》《昆仑文选》作“困”。

〔一〇二〕若挚鸟之酷　《昆仑诗文合集》《昆仑文选》作“若猛兽挚鸟之发。”

〔一〇三〕怀宗　《昆仑诗文合集》《昆仑文选》作“天子”。

〔一〇四〕《昆仑文选》旁注：“即惜守节，照应忤当。”

〔一〇五〕《昆仑文选》旁注：“又序。”

〔一〇六〕性　《昆仑诗文合集》作“姓”。此句《昆仑诗文合集》旁注：“厚宗族。”

〔一〇七〕于未婚者侄彝绩、奏绩　《昆仑诗文合集》《昆仑文选》作“而于未婚者侄奏绩昆仲”。

〔一〇八〕廊　《昆仑诗文合集》《昆仑文选》作“廓”。

〔一〇九〕计亩赏所值而自供其税粮　《昆仑诗文合集》《昆仑文选》作“计亩偿所值而自贡其税粮”。

〔一一〇〕《昆仑文选》旁注：“峭。”

〔一一一〕独上书　《昆仑诗文合集》《昆仑文选》作“上书”。

〔一一二〕《昆仑诗文合集》旁注："报德。"

〔一一三〕睨　《昆仑诗文合集》《昆仑文选》作"晚"。此句《昆仑诗文合集》旁注："一篇大文，只闲闲数语结之，真古文老手。"《昆仑文选》旁注："一篇大文，只闲闲数语。"

〔一一四〕《昆仑诗文合集》《昆仑文选》旁注："以自志作收，奇极。"

〔一一五〕"戍"原作"戌"，据《昆仑诗文合集》改。

〔一一六〕《昆仑诗文合集》旁注："怪事。"《昆仑文选》旁注："奇。"

〔一一七〕杰　《昆仑诗文合集》《昆仑文选》作"三杰"。

〔一一八〕《昆仑诗文合集》旁注："文气生动。"

〔一一九〕簸　《昆仑诗文合集》《昆仑文选》作"簸扬"。

〔一二〇〕水　《昆仑诗文合集》《昆仑文选》作"火"。《昆仑诗文合集》旁注："怪事。"《昆仑文选》旁注："奇。"

〔一二一〕叟　《昆仑诗文合集》《昆仑文选》作"猿"。《昆仑文选》旁注："奇。"

〔一二二〕假寐　《昆仑诗文合集》作"悬睡"，《昆仑文选》作"悬垂"。

〔一二三〕叟　《昆仑诗文合集》《昆仑文选》作"猿"。

〔一二四〕叟　《昆仑诗文合集》《昆仑文选》作"猿"。

〔一二五〕余　《昆仑诗文合集》《昆仑文选》作"予"。

〔一二六〕《昆仑诗文合集》旁注："怪事。"《昆仑文选》旁注："奇。"

〔一二七〕《昆仑诗文合集》旁注："怪事。"《昆仑文选》旁注："奇。"

〔一二八〕命　《昆仑诗文合集》《昆仑文选》作"告"。此句《昆仑文选》旁注："奇。"

〔一二九〕《昆仑诗文合集》旁注："怪事。"《昆仑文选》旁注："奇。"

〔一三〇〕《昆仑诗文合集》旁注："结服官至台司案。"

〔一三一〕《昆仑诗文合集》旁注："见何等心胸。"

〔一三二〕辆　《昆仑诗文合集》《昆仑文选》作"輛"。

〔一三三〕罴　《昆仑诗文合集》《昆仑文选》作"熊"。

〔一三四〕《昆仑文选》旁注："奇古班驳处，上有苔藓痕。"

〔一三五〕《昆仑诗文合集》旁注："古笔。"

〔一三六〕《昆仑诗文合集》旁注："结天属至五世案。"

〔一三七〕《昆仑文选》旁注："妙。"

〔一三八〕《昆仑诗文合集》旁注："应从容以去案。"

〔一三九〕顺治　《昆仑诗文合集》《昆仑文选》作"清顺治"。

〔一四〇〕怀宗褒其“惟良折狱” 《昆仑诗文合集》《昆仑文选》作“怀宗帝褒其‘惟良折狱’”。

〔一四一〕举人 《昆仑诗文合集》《昆仑文选》作“廪生”。

〔一四二〕安庆府同知 《昆仑诗文合集》《昆仑文选》作“府通判”。

〔一四三〕县丞 《昆仑诗文合集》作“贡生”。

〔一四四〕祉 《昆仑文选》作“社”。

〔一四五〕君 《昆仑诗文合集》《昆仑文选》作“公”。

〔一四六〕县丞 《昆仑诗文合集》《昆仑文选》作“增广生”。

〔一四七〕举人 《昆仑诗文合集》《昆仑文选》无此二字。

〔一四八〕举人 《昆仑诗文合集》《昆仑文选》作“生员”。

〔一四九〕寞 《昆仑诗文合集》《昆仑文选》作“寂寞”。

〔一五〇〕必有同心 《昆仑诗文合集》旁注：“怀侧。”

〔一五一〕此评语评者不详。

宁州同知窦公行状

公讳希你，字企善，山西武乡人。以顺治九年恩拔天下贡士，试吏部，公考中州同第二。十六年四月，授宁州同知，九月始抵任。甫至，当事以公才可任，署万安县，诣万安五日而代者至。既归，又移署乐平，三辞乃克免〔一〕。值宁州牧无人，更以公署之，遂不得辞。夫万安故属庐陵，乐平隶鄱阳，公所处则豫章地也〔二〕。故例署官皆不越境外，独公兼摄三府之间〔三〕，曾不踰期。当是时，台司皆喜公智能以待其事〔四〕。宁州漕运多积逋，吏取民榜笞桔拱之〔五〕，其令广于秋荼〔六〕，民苦骨肉离，不复相任，固欺也〔七〕，国赋终不得平。公气仁，拊循元元，不忍任法〔八〕，然不以废法，而赋亦不废。前牧尘牍久不结，仰于公也〔九〕。公计日浅而孰虑精，推逸取劳，不烦自理。州有余生负钦赃产且尽，身虑无聊，前牧不能代解免，公委曲陈其家破伤，产尽亡以伤〔一〇〕，卒免其赃。岁大比士〔一一〕，柴炭供自州，常供之外，吏辄中饱，不足以当饿虎之蹊，公按其籍，不多与〔一二〕，亦不多取，而民气乃复。甘泉基自署舍旁，官匿其有，民无以自托，而欲固不可致也。公曰："水火当与民共之，奈何独幽默以自珍乎〔一三〕？"即为竹篱界之，宁人幸其在界外，皆得取〔一四〕。公清同修水〔一五〕，薪米瓜蔬之属，率先价而后取，民度其予我过多，以所余者还官厅，其自择而已。公有署万安以及宁州〔一六〕，至顺治十七年六月，计前后止九阅月，而事无不集。当事罗其才〔一七〕，方谓其旷日积久而计公也〔一八〕，宁之人方谓"克利于民〔一九〕，乐我公之尽策"，公乃起而叹曰："嗟乎！吾毛血衰矣，岂少俶党任厥职者〔二〇〕，而独劳我也〔二一〕？且吾闻之：'欲而不知止，失其所以欲；有而不知止，失其所以有。'吾岂若妄庸人，衣文绣之衣，矜龟组之华，旗旄而驰道，气雄志得，一不在位，则心恒鞅鞅而浮游于世之温蠖者乎？"遂乞休〔二二〕，终不复顾。当事者知其不能夺〔二三〕，乃允其归。

公性本纯和，无傲容〔二四〕，然羽之笞之，务训子侄以礼〔二五〕，尝抚其甥孟生辅阳，三为之娶，分其产与子等。公以为爱子孙之计深〔二六〕，不若为子矜利普安于中饬于行施于亲党〔二七〕，岂复求为可报之德哉？以康熙二年六月十五日卒，享年七十三。

公姓肇自东晋，始祖海；至四传而生明，登明正德辛未进士，历官光禄寺正卿；明生一桂，登嘉靖丙戌进士，历官刑科都给事中，以大显于时；曾祖熊；祖攀桂。考豪，陕西安化县知县，先娶魏氏，继程氏、安氏，俱先公卒，又继魏氏。子男二人，长方旸，廪生；次旭旸，庠生。孙男二人，长凤生，庠生；次凤宾。公与予共谒选于京师〔二八〕，同寝食者三载，而旭旸与之俱。方旸与予有文字之知，余又属其母党，今自数千里外来请予为之状，予固宜有言也，何敢辞？谨状。

【评语】叙事简而爽，其操纵处，姿态横生，烟云缥缈，真永叔得意笔也。顾修远

前后就企善辞署、引退二事上，见其恬静之思，是其本质。中间形容其任事处，又具作用，非史迁不能有此转掉如意之手笔。杓石

文则刻苦，意则自然，有针线，无痕迹，讽之绝可爱！陈其年

【校记】

〔一〕《昆仑诗文合集》旁注："叙次简古。"

〔二〕《昆仑诗文合集》旁注："一束乃紧。"

〔三〕《昆仑诗文合集》旁注："正见其才可任。"

〔四〕《昆仑诗文合集》《昆仑文选》旁注："语含蓄妙。"

〔五〕桔掑　《昆仑诗文合集》《昆仑文选》作"梏拲"。

〔六〕广　《昆仑诗文合集》《昆仑文选》作"密"。

〔七〕《昆仑诗文合集》旁注："古笔。"《昆仑文选》旁注："句法。"

〔八〕《昆仑诗文合集》旁注："作用。"

〔九〕《昆仑诗文合集》《昆仑文选》旁注："句古。"

〔一〇〕伤　《昆仑诗文合集》《昆仑文选》作"偿"。

〔一一〕岁大比士　《昆仑诗文合集》作"岁大比"，《昆仑文选》作"岁当大比"。

〔一二〕《昆仑诗文合集》旁注："作用。"

〔一三〕《昆仑文选》旁注："句法。"

〔一四〕皆得取　《昆仑诗文合集》《昆仑文选》作"得取，至今呼为窦公泉，称其名实也"。

〔一五〕公清同修水　《昆仑诗文合集》《昆仑文选》作"公清同修水，尚捐俸以赈贫生，轮焕学宫，自用不过"。

〔一六〕有　《昆仑诗文合集》《昆仑文选》作"自"。此句《昆仑诗文合集》旁注："一束更紧。"《昆仑文选》旁注："作一总结。"

〔一七〕当事罗其才　《昆仑诗文合集》《昆仑文选》作"当事者奇其才"。

〔一八〕公　《昆仑诗文合集》《昆仑文选》作"功"。

〔一九〕克　《昆仑诗文合集》《昆仑文选》作"尽"。

〔二〇〕《昆仑诗文合集》旁注："古笔淋漓，逼真欧阳永叔之文。"

〔二一〕也　《昆仑诗文合集》《昆仑文选》作"耶"。

〔二二〕乞休　《昆仑诗文合集》《昆仑文选》作"即日乞休"。

〔二三〕知　《昆仑诗文合集》《昆仑文选》作"料"。

〔二四〕无傲容　《昆仑诗文合集》《昆仑文选》作"无骄傲之容"。

〔二五〕务训子侄以礼　《昆仑诗文合集》《昆仑文选》作"务训子侄以礼，又立义学以教其乡人"。

〔二六〕《昆仑诗文合集》旁注："此一束，使全章皆为生动。"《昆仑文选》旁注："又以一语作束。"

〔二七〕利　《昆仑诗文合集》《昆仑文选》作"之利"。

〔二八〕此句《昆仑诗文合集》《昆仑文选》作"公与予共谒选于京师，尝托厚于公”。

乡介宾儒士悦彝魏公行状《自课堂集》本〔一〕

予幼失恃，先君司寇公职宦于朝，颇依舅氏悦彝魏公，心仪舅氏，如见母焉。己丑四月辛亥，梦公形貌颓唐，沮然为离别状，心怪之而不敢言。越一日，公果暴卒。及公卒，自远方吊者辄数百人，以公谊至高闻于里党，予乃更尝涕，不啻失恃也。公弟奠彝先生则又尝师予，命状公行。予少习古文词，重以师言不可违。状曰：

公讳和中，字悦彝。始祖成甫，虞城人，元末徙居武乡。曾祖讳玉，祖讳国林，俱挟骏才，食饩为诸生冠。祖病且死，时祖母程氏年十七，生烁三月耳。截发五十载，三旌其间，语具邑乘中。烁生五男一女，男讳在中、持中、致中、受中。受中，所谓奠仪先生者是已，公当其四，女即先妣魏宜人。日读百家书，羸疾寝剧，犹训予兄弟不辍，公有以教之故也。初，公未生，母李氏梦月落烓皂，诘朝而生其所。公修髯伟姿，多智鉴，少即不受束钳，且其家以仕官鸣于时者益众，若大司马振彝、中丞元白、太康令于埜、宝鸡令沧岳、孝廉星杓，缨组辉耀，集于一时。公上下古今若数一二，卒不肯就试捆束声调，尝曰：“丈夫当有奇行，使千秋万年后尸祝不绝，公侯将相，其量宁能百世？何以狐裘而羔袖耶？”祖、母二亲相继遭闵凶，而居庐茹素，未尝见断，有曾、闵之所不能加者，岂得以公为狂脱也哉？三兄亦先公卒，其所以葬之视三丧。诸侄世封、世官、世巽、世征，为家塾延其师，横经讲贯，孳孳不怠。国税岁输二百余金，尽出其私，而不以告言。世官病，乃祝天曰：“兄止此血胤，宁以吾子当其险。”卒两全焉。终其身无谯让，诸姓尽补邑弟子，而世官文益闲美，骎骎乎火攻者众矣。今理生饰行课田问织婚嫁已毕，子孙成行，虽三兄而在，未必使人人无所怨议于心。而公以一人无亲疏厚薄之嫌，其与通显得志于时者，比权量力，不知谁当雄霸耳？公尝为从伯某后，产至渥也，已而有嗣，一旦尽舍以去。大司马既死罹难，需金甚急，公贷以数百，振人之厄胜于己私，率此类也。里中人于是高公谊，徇朝廷令甲举公宾介，有司望公深，亦延颈思托焉。

如流贼啸聚之时，公建北城浮桥，绾毂其口，又督修炮台，捐造大炮，夜奋白挺立城头，击贼之细卒首竿于市，贼始慑而遁。属岁饥，野如赪，为饥民施馇粥，日结浩穰，更为室二区，别男女之来就食者。当斯时，人矜懻忮，丰取啬出，彼耕者无所仰食，独公贷之粟而不责于人，借以生全者甚广。兵燹以来，侨居下郝，下郝盗故往来哨集处，巷无居人，公亲抚流人垦之，又极技巧通盐磁贩油卖酒，与时俯仰，以所长易其所寡。至今山砠水崖之下，原田膴膴，所谓羊门马户者遍阻岩为居矣。

公素善解纷，诸怀急少年有格斗，不敢使公闻，闻之则恣言极谏。虽乡豪居其间未必听，得公一语，涣然冰释。里中人以是不至捍文网。大抵公孝友，喜施予，诸借机利而生者悉资于公。自鸡鸣起至日入西暗，手署口诀，各厌其意而归，能以贱征其所贵，未尝一饭无杂宾，然其奇羡或胜于纤啬。饮酒不能多，每过从诸君，即漏尽不休，人反以公为豪于酒。卒之日，无问老少，重茧而来者屦错于户，亦可以信公之好行其德矣。

公生于万历十九年八月二十二日，卒于顺治己丑年四月二十四日，享年六十有一。元配籍氏，乡耆来聘女；侧室二人。子男三人，曰世晋，庠生，籍氏出，娶贡生李永兴女；曰世谦，曰世豫，某氏出；女一，孙男一人。将以某月日葬于某山之阳，为撮其实，以待乎后之人。

【评语】极清极纵，起伏极贯串，其工练之处，逸动之姿，全不伤古，在古志状中却是庐陵，信不谬也〔二〕。

起伏断续，酷类太史公列传，能不朽悦彝先生者，赖有此文。劈空提出“失恃”二字，通篇文情皆含蓄其中，故语皆确不可移。张尔公

或似《段太尉逸事状》，或似《货殖传》，或似《吕氏春秋》，纷纷纶纶，令我骇然以惊也，可云无一字在秦汉人以下。陈其年

【校记】

〔一〕此文据《自课堂集·文集》录，与《昆仑诗文合集》之《乡介宾儒士悦彝魏公行状》文字差异较大，故分录并存。

〔二〕此评语评者不详。

乡介宾儒士悦彝魏公行状

《昆仑诗文合集》本〔一〕

予少即失恃，先大父多从事宦邸〔二〕，颇依舅氏悦彝魏公，心仪舅氏，如见母焉。己丑四月辛亥夜，梦公形声颓唐，黯然来别，窃心怪之而不敢言。越日，公果暴卒。及公卒，自远方吊唁者以数千，莫不賔涕，一口称公谊至高。予闻之，痛悼者屡日夜，不啻失恃也〔三〕。公弟莫彝先生，横经讲贯，则又尝师予，手行述一通，命状公行。予幼习古文词，重以师言，不可违。状曰：

公讳和中，悦彝字也。始祖成甫，避元乱自虞城徙居武乡，故世为武乡人。六世曾大父讳玉，大父讳国材，俱挟骏才，为诸生冠食饩云。其大父临诀时，祖母程氏年十七岁，生考讳烁，甫三月矣。冰霜五十载，三旌其间，语具邑乘中。烁生五男一女，长讳在中，次讳持中，次讳致中，又次讳受中，受中所谓莫仪先生者是已〔四〕，公居四，女即先妣魏宜人。日读百家书，坐羸疾寝剧，尚训予兄弟勿辍，公夙教之故也。公生之初，太夫人李氏梦月落娃灶〔五〕，诘朝而生其所。公修髯伟姿，多智鉴，少即不受束钳。公家缨组纷勃，若大司马震彝、中丞元白、太康令于埜、宝鸡令沧岳、孝廉星杓，蝉联辉耀，集于一时。公上下古今若数一二，卒不肯就试捆束声调，尝曰："大丈夫当有奇行，使千秋万载后尸祝不绝，公侯将相，其量宁能百世？何用狐裘而羔袖耶〔六〕？"祖、母二亲相继遭闵凶，而居庐茹素，未尝见断，有曾、闵之所不能加者，岂得以公为狂脱也哉〔七〕？三兄亦先公卒，其所以葬之视三丧〔八〕。长兄有子世巽，仲兄子世官，季兄子世封、世征，为家塾延其良先生，食之以甘脆之食，衣之以文绮之衣，钱粮岁纳二百余金，无不出于公者。世官将痘，夜祝天曰：“兄止此血胤，宁以吾子而当其险。”卒两全焉。凡三十年如一日，终身无谯让，诸侄尽补邑弟子，而世官文益闲美，骎骎乎火攻者众矣。今理生饰行课田问织婚嫁已毕，子孙成行〔九〕，虽三兄而在，未必使人人无所怨议于心。而公以一人无亲疏厚薄之嫌，其与通显得志于时者，比权量力，不知谁当雄霸耳？公尝为从伯某后，产至渥也，已而有嗣，一旦尽让以去。大司马家素贫，既死罹难，需金甚急，公贷以数百，振人之厄胜于已私，率此类也〔一〇〕。里中人于是高公谊〔一一〕，徇朝廷令甲举公宾介，有司待公一如待荐绅先生，荐绅先生亦罔不延颈思托焉。

初，流贼啸聚之时，公建北城浮桥，绾毂其口，又督修炮台，捐造大炮，夜奋白挺立城头，击贼之细卒首竿于市〔一二〕，贼始慑而遁。属岁饥，野如赪，为饥民施饘粥，日给浩穰〔一三〕，更为室二区，别男女之来就食者。当斯时，人矜懻忮〔十四〕，丰取啬出，彼耕者无所仰食，独公贷之粟而不责于人，借以生全者最众。世乱以来侨居下郝，下郝盗故往来哨集处〔一五〕，巷无居人，公广抚流人垦之，又极技巧通盐磁贩油卖酒，与时俯仰〔一六〕，以所长易其所寡。至今山砠水崖之下，原田膴膴，所谓羊门马户者遍阻岩为居矣。

公素善解纷，诸怀急少年有格斗，不敢使公闻，公闻则恣言极谏。虽乡豪居其间未必听，得公一语，涣然冰释〔一七〕，里中人以是不至捍文网。大抵公之为人也〔一八〕，孝友性成，喜施予〔一九〕，诸借机利而生者咸资于公。公自鸡鸣起至日入西暗，手署口诀，各厌其意而归。能以贱征其所贵，未尝一饭无杂宾，然其奇羡或胜于纤啬。酒不能多饮，每过从诸君子，即漏尽不休，则人反以公为豪于酒。卒之日，无问老少，重茧而来者屦错于户，亦可以知公之好行其德矣〔二〇〕。

公生于万历十九年八月二十二日，卒于顺治己丑四月二十四日，享年六十有一。元配籍氏，乡耆来聘女；侧室二人。子男三人，曰世晋，庠生，籍氏出，娶贡生李永兴女；曰世谦，曰世豫，某氏出；女一，孙男一人。将以某月日葬于某山之阳，敢撮其实，为立言君子志不朽焉。

【评语】或似《段太尉逸事状》，或似《货殖传》，或似《吕氏春秋》，纷纷纶纶，令我骇然以惊也，可云无一字在秦汉人以下。陈其年

【校记】

〔一〕此文据《昆仑诗文合集》录。

〔二〕父　《昆仑文选》作“夫”。

〔三〕《昆仑诗文合集》《昆仑文选》旁注：“回照首句。”

〔四〕《昆仑诗文合集》旁注：“清山。”

〔五〕《昆仑诗文合集》《昆仑文选》旁注：“奇。”

〔六〕《昆仑诗文合集》旁注：“以议论叙事，是正文，是波澜。”《昆仑文选》旁注：“慷慨语，如闻其声。”

〔七〕《昆仑诗文合集》旁注：“回顾不就试一段。”《昆仑文选》旁注：“忾慕尽致。”

〔八〕《昆仑文选》旁注：“省。”

〔九〕《昆仑诗文合集》旁注：“议论叙事。”《昆仑文选》旁注：“思理沈蔚，遵葭先生得意笔。”

〔一〇〕《昆仑文选》旁注：“省。”

〔一一〕《昆仑诗文合集》旁注：“忽接此一语，因上文助大司马推见生平起伏，皆合度。”

〔一二〕《昆仑诗文合集》旁注：“句法。”

〔一三〕《昆仑文选》眉批注：“浩穰，多也。”

〔一四〕《昆仑文选》眉批注：“懻音记，懻忮，狠也，强直貌。”

〔一五〕《昆仑诗文合集》旁注：“史传笔法。”

〔一六〕《昆仑诗文合集》旁注：“经济。”《昆仑文选》旁注：“奥折如读《管子》。”

〔一七〕《昆仑诗文合集》旁注：“王彦方之流。”

〔一八〕《昆仑文选》旁注：“又总叙。”

〔一九〕予　《昆仑文选》作“与”。此句《昆仑诗文合集》旁注：“结上文，忽用此一句，又生下文。”

〔二〇〕《昆仑诗文合集》旁注：“结法老。”《昆仑文选》旁注：“好结。”

附录一

程康庄及其家族人物小传

程启南小传

程启南，字开之，成进士，授襄阳推官，决狱多所平反。升兵部武选司主事，疏陈大可虑者三，请清冒滥，屏私人，简将帅。升郎中，迁济南道副使。岁大饥，绘图及书，使吏抱以上，乞不赋山泽，许，得支官舍之储粟以周之，所活甚众。

历布政司右参政，升按察使，迁右布政使，寻转左。平妖人徐鸿儒之乱，以功晋太常寺卿。时逆当弄权，启南疏言："自古治乱荣辱之端，在所信任。魏忠贤威移主上，蟠连禁闼，倪文焕、崔呈秀等扇党与，摇唇膏吻而横于世。指夷光为嫫母，借钩钜作刑书，以王振、刘瑾之势加之郅都之手，不六翮尽空不止，令齐州荒旱，彭城水决、江南地震、关中豕妖，反天不祥，于斯见矣，乃尚有进玉玺、赋凤仪者。臣愚以为，众正立即朝之嘉祥，群枉至即国之妖孽，今即使朱草日生于庭，麒麟在囿，臣犹以为无因而至，而敢为回面污行，不思变辙者乎？臣实不欲同罢驴为群，与汨俱没。乞故臣还山。"

疏入，忠贤怒，即日罢归。居四岁，崇正收元当诛，即起通政司通政。寻升工部左侍郎，加尚书服俸，领官如故。而寺人之徒嗡嗡复用事矣，属户、工二部以太监张彝宪视事。启南连疏求退，其略谓："熹皇帝拱默中人，有窃政者似犹不足异，今天子英明，日夕望太平，而蹈覆辙，酿乱胎，臣恐忠贤虽诛而忠贤之类尚冀死灰复然，不止羞朝廷，而辱当世之士也。"章累十一上，得旨，予告还里。陈请两院减武乡征粮，从疲瘠例，豁沁州浮粮，累金三千余两，民甚德之。国朝顺治七年卒。

先是，权店有盗孙宪侵夺客旅，胔骼不绝于路。天启间，启南请于朝，设一守备治次舍，防兵三百，盗以屏息，至今权店营不费。寿八十有九，子孙绳绳四十余人，以科贡显者踪相接云。

据乾隆五十五年（1790）《武乡县志》卷三"人物"录入。

程嘉绩小传

程嘉绩，字复初，少司空启南之长子。性沉静端方，虽贵介，喜淡约，寡鲜衣怒马之好。为诸生时，试屡冠军，因数奇不售，就胄子选太常寺典簿。所辖有庖人乐舞生二千六百员，月支几六千金，故事簿腊削自润，嘉绩不私一钱。寻迁左府都事，会大同饷匮，有脱巾之变，流寇交讧，挽运不通，嘉绩不辞艰苦，输挽克济。未几，转秋官员外郎，有世宦苗思顺一案株连沉阁最久，嘉绩分别条奏，无辜者悉为平反。复晋本部郎中，出大将猛如虎于狱，后如虎卒以死报国，群推嘉绩为知人。

科臣阮震亨以墨败，奉三百金为寿，倩要人缓颊于嘉绩前，嘉绩唾其面，以是得伉直名，不为众容，拂衣归。杜门却扫，修温清，课子孙，不问户外事，亦不屑事家人产。观空习静，公府不通一刺，里中亦忘其为名大夫。后数年，卒于家，卒时有异征，崇祀乡贤。

据乾隆五十五年（1790）《武乡县志》卷三"人物"录入。

程伟绩小传

程伟绩，启南次子，以增生入太学，性孝友。甲申之变，闯贼荼毒缙绅，责令捐助。启南被执，以爵尊，当七万金，无金，祸将不测。伟绩拮据百端，得万余金。金入，以数未满，系不释。大兵至，贼狼狈奔秦，凡被系绅拥俱西，伟绩复前请代，贼畏启南老，得许。伪将军趋众绅及伟绩等行，在道窘辱备至。七月朔，始达西安，而先至者俱已骈首就戮矣。先是，启南宦山左时，伟绩往省，旅中邂逅一士子，语言豪放，伟绩心异之，呼与共饮食且资其道里费。至是伟绩到西安，册入丞相府，忽有吏人来曰："丞相呼谒。"谒时，即前所遇士子也。徐曰："若无恐，吾当生若。"越数日，得伪旨，免死，安置镇安，伟绩赖其力，与偕至者俱得免，盖伪相牛金星云。

据乾隆五十五年（1790）《武乡县志》卷三"孝义"录入。

程皋绩小传

程皋绩，字何功，一字思令，启南第五子。生而沉默，七岁能文，每超然有远想，学使者袁袁山甚见器重。年十二即入泮，是时文竞尚浮艳，引用诸子，皋绩独湛深经术，大与时趋远。壬子，同侄孙为则、骧一榜登贤书，时有"三凤齐鸣"之羡。居父母丧，尽哀尽礼，卢墓三年，不履城市，合邑称为纯孝。

己未，子必达已膺乡荐，父子偕北上，必达不第，而皋绩以迟暮成进士。戊辰，授蓬莱令，清介自守，衣不重帛，食无兼味，从不以赎锾入箧中。邑陋规有八保，保敛百金皆奉邑令，实私橐。皋绩笑士之曰："吾无用阿堵为也！"事切民生，力为之，唯恐不及。当路重其人，交章荐摄郡司马篆，八邑咸服，恨扳辕不得留。莅任不满三载，致仕归，行李萧然。

皋绩为人温恭端肃，虽系出华胄，而恂恂惟谨，不以声色加人。旋里后杜门不出，博览载籍，以教子孙为专业，惟一老苍头供应对给扫除，怡然自乐，数年卒。

据乾隆五十五年（1790）《武乡县志》卷三“人物”录入。

程必达小传

程必达，字子上，别号青谷，皋绩之子。幼纯笃，通敏好学，父训严，承意唯谨。邑令齐漳群邑中士为文会，必达与太史史珥、吏部杜李俱为诸生，同文坛，迭相伯仲。戊午，领乡荐。己未，同父皋绩上公车，皋绩捷南宫，而必达竟以不第归。会母李氏病，必达侍寝闼三载如一日。顷，皋绩已宦蓬莱，必达葬母毕，即赴皋绩任。皋绩为官以清慎闻，告归行李萧然，必达徒步相从。抵家后，晨昏侍养，丧葬悉如礼。授文水县教谕，署理盂、祁两县学事，所至以力学修行劝励，士子皆能识拔其俊杰者，学使汪灏深赏之。戊子，三秦缺《礼经》，应聘分校，所得皆知名士，而解元来文爆出其门，主司顾悦履赠诗有“棘闱喜挹冰心洁，桂苑欣悬玉锦空”之句，阅者以为真实录云。卒于官。

据乾隆五十五年（1790）《武乡县志》卷三“人物”录入。

程康庄小传

程康庄，启南孙。天质颖悟，学问渊博，年未冠，从祖读书燕邸，文名动公卿，一时文坛老宿如陈大士、罗文止、杨子常辈交口推叹，比之齐晋狎霸中原。明崇正时，贼闯至晋，逼士大夫从逆，康庄以匿迹得免。

我朝定鼎，由贡任镇江府判官。时海氛甫靖，兵民杂处，右民则兵哗，右兵则民病，康庄恩威并用，民怀兵慑。升安庆同知，决疑狱，多所平反，画策防江要害，盗贼屏息。因公误，左选陕西耀州刺史。值叛兵万余围城，城故圮坏，康庄且筑且守，伺贼隙连发数十炮，贼党死者甚众，遁去，城得全。甫解围。防兵至，供应浩繁，倾囊橐赔补，继以称贷，民不扰，事亦不废，州人立祠祀焉。

康庄虽已仕，犹手卷不辍。判镇江，山东王阮亭官江宁布政，以文相知。公余则两相唱和，置诗筒往来，人称为“上下江诗伯”。陈其年订明及今诗、古文，批阅不下数千百卷，而诗仅得十家，古文四家，读者咸推确评，康庄两入其选。喜购书，所余俸悉买以归。武最僻，书称难觅，今藏书家最富者莫如康庄后裔，邑所无者，士往往得借观曰：“此昆仑先生之宦囊也!”

据乾隆五十五年（1790）《武乡县志》卷三“文苑”录入。

程昆仑别传

尝读郑荔乡《诗钞小传》，不胜挂漏之憾也。传凡四卷，国朝诗人已略备矣，而于三晋，取泽州陈相国廷敬、蒲州吴征君雯，此外无传焉。百余年来，海内推为诗伯，莫如新城王尚书士祯，所谓渔洋先生者也，而渔洋之显，实由相国于召对时荐达之。厥后征君至京师，渔洋见其诗，目为仙才，诵其句于公卿间，于是征君之名大噪。然则渔洋，固山右二诗人之枢纽矣。顾其时以博学名天下，与昆山顾宁人颉颃者，太原阎征君若璩；而以文章驰誉者，武乡程耀州康庄。征君之诗有《眷西堂集》《秋山红树阁集》《箧中遗稿》。耀州之诗有《自课堂集》，而《诗钞小传》并遗之。予宰武乡，耀州六世孙林宗出其家藏旧本，得以尽读，然散轶者亦不少矣。集有刊本，而版多残缺，爰即旧本钞而存之，且为之传云：

程康庄，字坦如，号昆仑，武乡人。先世仕宦，由进士起家。昆仑少时与临川陈际泰、东乡艾南英、常熟杨彝齐名，顾不得登甲乙科，由拔贡入太学，未仕而归。顺治中应隐逸征，对策太和殿，选拔镇江府通判。秩满，迁安庆府同知，坐前政宿狱不举发，镌级授耀州知州。年六十有五，告归二年，卒。

昆仑深于经义，旁贯子史百家之书，诗、古文并沉思而入，脱颖而出，复以余力为小词。济南王西樵序其集，谓昆仑“以文章名海内，乃点笔为诗，诗工；倚声为词，词又工”，可见其才大而无不宜。西樵者，渔洋兄士禄，号西樵山人。昆仑为序其《十笏堂诗集》，故交相引重如此。序西樵兄弟集外，复序宋荔裳集、施愚山《卖船行》。昆仑宦不列显要，而所交游皆当代名流。诗文集成，序之者吴太仓伟业、龚合肥鼎孳、杜黄冈濬，世称太仓梅村先生、合肥芝麓先生、黄冈茶村先生，而昆仑先生之号并著。宜兴陈检讨维崧选四大家集，昆仑与焉。四大家者，昆山归有光熙甫，归德侯方域朝宗，南昌王猷定于一，合昆仑而四也。

官镇江时，王渔洋为扬州推官，两人夹江而治，诗筒往来不绝，大江南北倚之为大宗。集中所存赠答诸诗，非阿非泛，盖相得在性情之际焉。顾其时非优游无事也，当海逆熛起之后，枹鼓余息，大狱朋兴，讯鞫故非倅职，而昆仑素以敏决闻。受任于大府，听断无虚日。其地古号润州，山川绮丽，昆仑偕宾客乘小舟破浪游览，啸歌唱酬，金焦、北固间莫不有诗文之迹。然而所治狱，目览口辩，呼謈之声沸耳，谳牍已具于手。去之安庆日，江南北有绘《昆仑渡江图》鬻于市者，往往得重价。今尚有《为政风流册》藏于其家。

暨佐安庆郡，郡为两江锁钥，江上下四百里，所难在防汛。昆仑已擅鞫狱名，巡抚一以委之，决断如镇江日。而设保甲、清盗源、造快船、利诇刺，巡抚下其式于江南，惟游览之兴少辍。由浮山、天柱之胜，皆在百里外，而所居墉壑卑隘，巷无居人，乃代之以研精坟索为退食之课，而诗文之作则如曩时。历二官而政事文章相映发，然犹未上马横槊，下马赋诗也。

迨知耀州，邻郡县贼氛弗靖，境内为震恐，大帅驻师于州，士马往来如织，刍茭供顿，责办于疆吏。既使之饱腾矣，而庆阳贼数万薄城下，设方略，冒矢石，御之于外。比入官廨，则莳花剃草为暇豫状，民心倚之而安。贼时去时来，渠魁毙于城隘之炮，丑徒死者数百人，乃解去，相戒不复犯耀州。拒守几二年，贼尸积于城下，而诗卷盈于箧中，虽祭遵之雅歌投壶，曷以过之？

昆仑之古文诗词，诸先生评之详矣，而见遗于郑氏，其书名《诗钞小传》，盖即所见之集而钞之。然四家文集颇行于世，何以不经见邪？昆仑同时人阳曲傅处士山亦擅诗名，《诗钞小传》之不录，殆与顾炎武宁人皆在夏肄殷遗之列，而遵史家限断之例。然阎征君又何不以录邪？傅处士字青主，有子曰眉，字寿髦，能为古赋。祁县戴廷栻枫仲，编《晋四家诗》，青主父子居其二。阎征君字百诗，号潜丘，有子曰咏，字复申，集名《左汾近稿》。

作者王藩，后改名王崧，字伯高，号酉山，云南浪穹人。清嘉庆己未年（1799）进士，丁卯年（1807）选授武乡县令。本文选自其《乐山集》（《云南丛书》集部之三十八）。

刺史程昆仑先生事略

先生讳康庄，字坦如，号昆仑，武乡县人。父嘉绩，明季官刑部，以伉直著。先生幼随父京师读书，文名动公卿间，如陈大士际泰、罗文止万藻、倪鸿宝元璐、钱牧斋谦益，皆引为小友。弱冠为诸生，考高等食廪饩。

崇祯甲戌，受知于袁学使继咸。乙亥，考选拔贡。丙子，袁公为巡按张孙振所诬逮京，晋士傅青主山、薛如京宗周等伏阙上书，先生与焉。袁公事解，旋丁父艰归。蔡中丞懋德讲学三立书院，征先生，辞不就。甲申之变，闯贼破晋，逼晋士从，逆檄取先生，先生匿山谷以免。旋贼败，先生潜入省，哭蔡公柩，并与经纪其丧，复归，教授诸弟及子侄。

清顺治甲午诏举隐逸，抚军以先生应试高等，用通判。乙亥，补江南镇江，时局甫定，其地为水陆要冲，驻将军以为镇抚，兵民杂处。先生佐幕府定策，截江上下巡徼，又允乡人告军士舍乡不法状，严禁诬告及株连，水陆无惊，将军亦才先生。

先生既了公事，日与诸文士诗篇相唱酬，且泛舟焦山麓，摩《瘗鹤铭》，并摹刻别石以供拓取。庚子，王文简士祯司李扬州，因公渡江，与先生纵游名胜，皆为诗以纪之。

康熙丁未，擢安庆府同知。平反疑狱，复定防江策，严保甲以清盗源，造快船以追逋逸，盗风以息。巡抚下先生法于沿江州县，民皆得宁。寻以前任宿狱未清，坐先生违限，以知州降补。

辛亥，授陕西耀州。甫抵任，有庆阳叛卒万数余猝至围城。城故圮坏，先生率众且筑且为守计，伺匪隙炮击之，匪多死伤，遁去，城得全。未几，防兵至，供顿浩繁，费用不给，先生倾家资，继以称贷，民不扰，事亦无废。既而大吏议复裁道缺，以先生才且深得州人心，将以先生升任，事不果。

丁巳，乞休归，时州民为立碑纪德政。先生既归，载书连骑，庋藏于家，邑人士借观者不绝，皆曰："是昆仑先生宦囊也！"己未，卒于家，年六十七岁。

耀州人闻先生之殁，且皆为祠以祀焉。先生少即以文学著称，及仕，簿书戎马间不废吟咏，又笃于友谊，先后所交名德如吴梅村伟业、王西樵士禄、孙豹人枝蔚、沈绎堂荃、宋荔裳琬、施愚山闰章、程周量可则、徐电发釚、陈伯玑见衡、林古度茂之诸公，皆有诗往复。又在镇江时，与王文简诗筒往来，时有"上下江诗伯"之称。及任耀州知州，入都尤为龚端毅鼎孳、魏文毅裔介所赏识，遗著有自课堂文、诗、词集。先是，陈其年维崧尝合选归震川有光、王于一猷定、侯朝宗方域，合先生文为四大家文刊以行世，三家有文无诗，惟先生文、诗、词兼采，蒋虎臣超评先生文以“祢韩祖马，儿视樊元孙刘”云。

据民国二十五年（1936）山西省文献委员会印《山西献征》卷六“文学”录入。

奉政大夫耀州知州程公暨宜人合葬墓志铭

耀州何以爵奉政？府丞降也。昆仑自京口丞皖，皖留狱连昆仑坐降。昆仑才适于用，出言为章，加民为政，不能毕其志为有用之才臣，责降，降而议升，不升，昆仑已矣。以今责备昆仑之才难为用，岂其情哉！

王季宅程，程内诸侯连毕陌，曰“毕程”。毕程先后仕晋，毕姓凡十一氏，程卒如初。自婴讫郑祖伯休，赵为程置祭邑，程后仕赵仕乐，别祖中山广平，亦犹毕阳仕楚。毕程之子孙在晋，状程自河南迁晋，疑明道令晋城侨居，然谱载明道后微，自泽、潞至于阌与、马首、梗阳、邬氏，何程之多也。墩篁综四十四房，土断江南、河南之支子迁客，别为异望，西北程不详，非其祖矣。姓，性也，姓其祖，性其祖也。

昆仑司空，讳启南府君，父比部都官，讳嘉绩府君，各有传。父子起书狱，禽猕盗贼，自出齐藩羡银三十六万，剃莲妖，奏谳平江伯如实，先后怒逆当弃官，不以富利勖其子若孙。

昆仑讳康庄，弱冠亲师取友，北面天下之贤者。习为为文章世事，讲求钱谷、兵刑、律令、簿书，将为知己者用。丙子拔于乡，入监，会学使为直指诬逮，诣阙与同辈告冤，不以旄头刺胸杜口，下尺一还其师。比部葬服除，走位林虑，刊其死友诗以传。倪司成、钱宗伯儿子畜之，蔡抚军国士遇之。抚军殉晋，哭柩下，越十年吊唁吴越老人。天下知与不知，无不悲其情。性其情才，情其性不才，吴章子弟更师，而翟门之宾客皆散，五步车过，千里鸡黍久寒，贪冒阴贼之不才，斥为无情，何可易昆仑性也？僻居，累檄不就，司空即世，伯叔子弟学未成，僮手指百，俯仰无不用其情。情所难遣，抹掇一切，于其诗若文，忽歌忽哭，忽断忽续，吞吐抑扬古今之得失，以尽其才，坐是连蹇无用。

甲午，诏举隐逸，抚军上其名主爵。己亥，通守镇江。镇江南徐，伯休为宣王伐徐，奸宄接引通海。大将军开幕用，别驾为军政正，下记立断。附城贾船盛歌舞，藏盗魁其中。截江上下巡徼，水居以宁。军舍乡有秩，讥逃人见，知株送免，陆处以静，将军才别驾。别驾方与客校文，搔首金焦、北固之上，乘小舟，破巨浪，所在有昆仑。丁未，同知安庆，沿江四百里，五舒出没，浔阳越货，掩贼无踪迹，乃造快船求盗，严保甲以清盗源。抚军用其式江西、江南，会旧承宿狱，坐昆仑违限，左迁通守丞至今，难为也。府记多平视压牒，牒下不如州县之手记，州县徇蔽纵舍，通守丞不行部，狱久不成，捕亡诘盗不满品，先州县坐，不坐必以赇免。长才失职，狱与盗何由清？军兴知耀州之政，粮草责办，兵从枕席上过，事已，比他省贱直估销，吏自以家财补额，又供驻耀军帅刍茭，出马牛，入养卒，田夫无所扰。环庆贼门于耀，守坐矢石之巅，臂三分垂城外，贼去复来，蔽贼去来之隘，巨炮殪贼渠，歼其徒隘下，乃解。护军于是多耀守之知兵也，议进守佥共巡道事，不果用。

昆仑事护军、抚军，两大将军喜其才，顾昆仑性谨严，前不贳罪，后不买官，大吏虽喜，莫为助。受代宿狱同过，文吏退贼同功，纠过不免，叙功不录，才不才竟等，累详求去。去后耀州立碑，更二年肖像祀之，《金石录》程止两碑，使昆仑竟其用。北府东关，驰驱陕洛无西顾，独南征西塞碑哉？陇蜀若兵事，程包益州计曹，奏牧守益资谷便宜募赏，汉用其策，板盾数起之寇戢。不戢用程信功曹赴敌，募得二十五人，蜀无北向，惜也，不尽昆仑之用也。

武乡多有用之才，所以用其才者实难。程遐佐襄国略中原，勒不用而思右侯，司空、比部亦然。昆仑不用，往往情见乎辞。天下之人不敢掎摭昆仑，以其诗若文尊奉为大家。昆仑不示其伯叔子弟，伯叔子弟壬子三举于乡，司空子一，昆仑子侄二。己未，皋绩成进士，而正，而瓖，而为则，上而乃绩，诸叔专制举，昆仑之诗文独传，以彼其才，崎岖润、皖，设裥之役不我用，退而工其诗若文，位在制举之业之上。不令伯叔子弟学，盖自伤其情之歌哭断续，不免废书而泣也，悲哉！

昆仑卒康熙十四年某月十六日酉时，生万历四十一年五月十四日戌时，得年六十有七。死先爵，生先禄，闻毕程损禄增爵，貌匽而亡，爵禄不为毕程，免矣。不以耀州掩奉政，不以同知、奉政压耀州，行状权衡如此。至命妇不然，《春秋》诸侯五等，妻皆曰“夫人”，《礼》上大夫、卿、中、下大夫四等，妻皆曰“世妇”。同知、知州妻“宜人”，其命可以上下也。娶沁州刘梦周孙女。梦周，先司空进士，内外大家。宜人入门事姑，事姑所事之祖姑，事祖姑孝，姑从官代为妇，事姑又孝，昆仑从学，代为子，生正，加膝上文褓书语，姊姒戏为羊舌母，师羊舌，事大夫姤。宜人纳籍氏、孙氏，孙举子瓖。宜人前死四十年，妇先卒不书葬，葬不迎主于祠，其式幂程氏家庙。昆仑无继室以死，情也。十月朔六日，合葬祖父之下，子孙女妇例书：正，国学生，三娶，进士魏令望孙女，继韩贡士正女，又继杨春耀女；瓖，举人，娶魏运兴女，继赵继鼎女。女三，嫁为士人张际亨、赵伟侯、杜其兢妻。孙四，生员凡三。其益，娶进士魏名大孙女，继国学李廷机女；其观，娶生员冯云卿女，正出；其扬，聘生员李光春女；其显，幼业儒，瓖出。孙女要举人赵伟品子田，正出；曾孙良翰，其益出。

正里武乡，以其铭属振姬，昆仑、振姬齐年，儿时仪其人，竟死，余须断而正髯当胸戟。其缞斑斑血土，语昆仑辄废籍起，惭其家貌，程氏盛，毕氏衰矣。黄庭不死修昆仑，昆仑死不竟其用，才士亦有未尽耶！铭曰：

白鸡走涅，涅下武乡。黄流白璧，冠带清漳。漳南望夫之山，漳北甲父之邦。孤儿赵于彼室，赞仆程于此食。祖马祖兮策九方，母民母兮婴八疾。武武库之霜戈，文文当以丹笔。江声有截，河流可揭。昔阳车轮，苦成弓冶。宾馌鄹川，铜鞮羊舌。羊舌之母，不生叔虎。阏与母生，不缵其武。克缵克生，礼法为程。春雨秋阳，涅水之平。铜宫之祠攸徂，魏榆之石与语。

作者毕振姬，字亮四，号王孙，又号颉云。山西高平县人，顺治三年（1646）进士。本文选自其《西北文集》卷九。

明经程介山先生事略

先生讳林宗，字泰卿，一字介山，武乡县人。幼读书，警敏好深思，不规规于制举文，博览经史百家言，以传人自期许，或且迂笑之，不顾也。为诸生，每考辄高选。嘉庆庚午，黄勤敏钺督晋学，将取先生优贡，未果。癸酉，周学使系英考选拔贡生，先生身素弱，病中不废读书，至道光辛卯，病晕，遂绝志进取，益以文学自娱。奖励后学，不遗余力，谈锋甚健，听者多忘倦。性不喜为人师，尝曰：“吾生平知无不言，言无不尽，解人可索，即此当授受也。”乡人皆重先生，有文事皆属之。

先生亦笃孝友，尚风节。其先刺史康庄茔倾颓已久，祭田且分裂，先生合族众为修墓，以祭田按籍归公，备祭扫，立宗会，族人大服。又从侄某没而子幼，家且落，先生代为经理，抚幼子，了债券，子能成立，悉以归之，无稍私。邑人筑城，先生董工作，尤著勤慎。岳大令维城称之曰：“君之文，为于举世不为，信特立不群之士；君之才，即南面郡县循史亦可立致也。”

先生卒优游乡里以终，咸丰壬子卒，年八十岁。遗著甚富，其成帙者为《孟子醒批》《史记文津》《左传琼林》《昆仑年谱》《司空家乘》，《介山文编》三卷，《惊邻诗草》二卷。

先生为诸生，时值云南王乐山崧宰武乡，激赏其文。王公富藏书，先生得尽读之。

文中称：《论语》云孔子弟子见者二十九人，尚谆疵参半，瑕瑜不掩，则三千、七十又何论乎？盖天以生物为道，圣人以体道为教，后儒严以卫道，其弊至乡愿之徒亦得依傍其间，而圣道反晦。又据《宪问》（《论语》“宪问”第十四）《牢曰》（《论语》“子罕”第九）定《论语》即此二十九人所记，其徒之门人传之。复援《中庸》《公羊》《谷梁》，尚逊于《论语》，而不传姓氏、不见载籍之。曾子有门人，反胜于子思。公羊、谷梁，信其为亲炙圣人之久者，所作又称讲书之作，足以乱经而废注。《论语》“鲤退而学《诗》、学《礼》”二句，文、注均明白，讲者改孔子勉之之言，为伯鱼自言，则涉自矜于未异闻有间，是尤不通之论。

又论《中庸》云：宋儒之学由《中庸》起，遂目其书为传道之书，若以孔氏之教，无不原于此书为千古不传之秘，不知其书出自六经，其事则唐虞三代礼乐兵农，无所谓独得与奇异。是《中庸》之为书也，舍事业而高谈性命，《中庸》岂有是教哉？苟不至以《中庸》为专言性与天道之书，则《中庸》与宋五子之书两得矣！尊孔子教愈精而愈失，德行、言语、政事、文学代不乏人，稍有圣人之一节，则一才一艺皆能不见绝于圣人，圣人之道常行而《中庸》之统以立，而必曰名臣良将不得为《中庸》，文人学士无与于《中庸》，吾见乡愿之无非无刺已接迹而来矣。

又论《史记》：为言事，非绎理；为文，非续经。反复数百言，皆中肯綮。

又论《庄子》：荒诞之说即矫弊之心，其矫弊之心即明道之心。庄子盖以为彼知吾说之过，当其心已明而先王之道具在，初不必俟吾言，故其教人之言不为正而为反，心亦可谓曲而苦矣！

论《管子》：逆知王道难以猝行，其道必及于天下后世，是以《山高》《乘马》诸篇言之不足，而又长言孔子之称，为救时起见，姑取之以待王者之来，是《匪风》《下泉》之思。

孟子之卑为后世立法，王霸之辨在于诚，伪率天下而害仁义，皆假之一念启之。孟子以卫道自任，恐其行于后世，安得不卑云云，皆持论之精者。

与先生同时同名者有赵先生昌业。赵先生讳昌业，字敬斋，一字肄园，武乡县人。父扩，以乾隆乙酉举人，尝任荣城令。先生少耽诗，长而博涉群书。嘉庆辛巳，王乐山崧宰武乡课士，首取程介山林宗，继复拔先生。庚午乡试，甫出首场，闻父病，急驰归。主司得卷拟中第三，以不得二三场卷摈先生。家故贫，教授自给，不苟取予，为文为学日益邃，曾谓："文以凝练设色为工，粗疏浅陋果有当于古人耶?"其文由《文选》入，晚爱《陆宣公奏议》，圆畅流走，能得其意。诗则学西昆体兼温飞卿、韩致尧，晚化于陆放翁。道光癸未，为恩贡生，甲申卒，年五十八岁，遗著成卷者曰《潜居琐记》《课余草》。己酉，邑文学范桓一士熊辑刻《南亭诗钞》，选先生诗一卷、程先生诗二卷焉。

据民国二十五年（1936）山西省文献委员会印《山西献征》卷六"文学"录入。

附录二

《程昆仑先生诗文合集》目录

送魏次公之广阳

培风亭冬槐

感梅

马玉荀铨部太君屡相迎不到其弟既释褐宜沾露贵重矣顾就养太君里中未仕马公乞诗纪之

北平除夕怀弟坦之

赠蒋虎臣太史

赠王贻上司理三首

牛首山

摄山栖霞寺

七言古诗

重逢引赠荆郡丞

结纳行遥寄姜明府

庆云见东南行

投知引赠张伯将郡丞

绍声篇

酬林茂之将同贻上刻其诗集

挽张洪宇总戎太君

五言律诗

避地土河杂诗十首

雨中陪刘孔著给谏登金山同诸僚友

挽丹徒萧令亡姬

魏太康祠公字于埜令太康李自成破城殉难

杜于皇陈集生同饮署斋

七言律诗

虎丘寺

王贻上尊人五十双寿诗四首

五言排律

上党司理乘驰传访予穷巷中留饮数日去乃视伟予几以复来用答其意

陈皇士太君七秩诗

五言绝句

题张隐士高斋二首

挽程紫团太君二首

读《旌孝录》有感二首

咏菊三首

施又王过别二首

挽乡达二首

七言绝句

挽内子四首

范怀素柳航二首

答董心素

赵平符齐云斋二首

秋雨呈任云石太守

赠高分司

饮西河朱太史峪园四首

赠刘康侯美人子素二首

即王林州先生席赋十日红菊二首

自课堂集·诗余

自课堂集·文集

《懒逸草》序

《绥庵诗集》序

陈其年诗序

《十笏堂诗》序

《兰陵十子诗》序

天下第一江山记

游禅隐山记

游古峰山记

游华山记

圣人以天下之耳目为视听论

人才策

与陈大士书

甲申辞荐举书

乙酉辞征赴选书

壬午辞邑侯余公举立德立言立功书

拟宋以范仲淹兼知延州谢表康定元年

水草庵乞油疏

东田建三官殿疏

募修观音堂疏

四氏赞

《焦山古鼎诗》跋

王端士七言绝句诗跋

《瘗鹤铭》跋

祭城隍文

祭杨母文

先王父资善大夫加尚书服俸管工部左侍郎事程公行述

《四大家文选·程昆仑文诗选》（康熙刻本）目录

程昆仑文选

卷之一

卷之二

卷之三

《焦山古鼎诗》跋
王端士七言绝句诗跋
方楼冈邵村诗跋
《瘗鹤铭》跋
祭杨母文

卷之四

乡介宾儒士悦彝魏公行状
先王父资善大夫加尚书服俸管工部左侍郎事程公行述
宁州同知窦公行状
某公暨配烈妇某氏合葬墓志铭
魏克正墓志铭
成甫吴公墓志铭

程昆仑诗选

卷之一

五言古诗

长平八子诗陈壶岚、姬相周、申葵衷、武君十、陈吾青、庞鸠六、石泰华、武二酉
吴铜川像
元社拟春夜宴桃李园诗有序
送魏次公次之广阳
培风亭冬槐
感梅
马玉荀铨部太君屡相迎不到其弟既释褐宜沾禄贵重矣顾就养太君

七言古诗

五言律诗

卷之二

七言律诗

煎茶

对雨

赠安东王分司

赠文炼师二首

壬午秋闱忝生余公不谓其驽下亟物色予谓阳直彭子镬先生程君果得途吾两人当破十万钱快诸公饮已落太原公房遭赚黜榜发诸公咨叹欲识予卷或误传失予卷然场前不以捉刺勤馆人谒请太原公固自泊然耳

题袁母寒香晚节图

诗余

菩萨蛮·咏《青溪遗事》画册和阮亭程邨作乍遇、弈棋、私语、迷藏、弹琴、读书、潜窥、秘戏

山花子·岁暮阮亭过京口用其见寄来韵

念奴娇·万岁楼春望

朝中措·平山堂同阮亭次欧公原韵

海棠春·闺词同阮亭程邨作晓妆、午睡、晚浴、夜坐

长相思·望焦山

长相思·秋夕

南柯子·春郊

春光好·咏杏

生查子·旅夜闻雁

相见欢·怀人

锦堂春·晓起

捣练子·秋情

胡蝶儿·咏蝶

如梦令·对菊

《程昆仑诗草》(《昆仑草》)目录

代挽内子四章

感梅

重逢引赠荆二府

五叔庐墓南岭

题邺下范怀素柳航二首

魏进士培风亭东槐

寄西河万佥宪二首

董心素孝廉书至诗以讯之

赵平符进士齐云斋二首

绍声篇为邺下王奠一作

壬午闱中余忝生父母急欲物色予谓同考彭子镂先生曰吾两人有得昆仑者出闱日当设席张筵破千万钱为诸公一醉既而落太原公房遂遭赚黜既放榜诸公扼腕予卷咸欲一识之当时里中轰传失予卷子不知乃欲识予也虽然予场前不肯见太原公固自泊然耳

太康令魏于埜舅忠烈祠

三寿诗有序四首

结纳行赠姜明府

上党连司理顾予山庄饮酒赋诗数日乃去又订后约于其行也而赋此平阳文炼师哀人生之险毳安上帝之金台寄迹予乡圣母祠日诵黄庭茹芝草而四方之人以其新亦颇有献钱米者予尝造而问焉赠诗二章

代呈胡内翰

寄殷国张太守

代孙皇符寿弟伯子时伯子尊人孙兴公先生官刑部侍郎

代寿李鸿胪太夫人之作

代赠枣强张明府

丁酉四月予乡始得微雨六叔病中索诗走笔应之

《衍愚词》目录

小令

山花子一首

朝中措一首

海棠春四首

柳梢青一首

中调

西江月一首

燕归梁一首

望远行一首

望江南六首

锦堂春一首

渔家傲一首

声声令一首

长调

念奴娇一首

尾犯一首

桂枝香一首

沁园春一首

程林宗《介山文编》目录

介山山人事略沁州王省山松坪撰

《介山文编》序中江岳维城方亭撰

《介山文编》序睢阳识吾氏汤若泌拜题

《介山文编》自序程林宗撰

卷之一

《论语》解一
《论语》解二
《论语》解三
《大学》解一
《大学》解二
《中庸》解一
《中庸》解二
《孟子》解一
《孟子》解二
《左传》读
《史记》读一
《史记》读二
庄周论说
唐宋八大家文说
杜诗解说
《管子》论
李斯论
书《乐山集》后
书赵瓯北《十家诗话》后
明灵王庙记
松庄关圣阁被灾记
药王阁记
城隍神庙记
娲皇圣母庙记

痘疹圣母庙记
重修大云寺记
新修武乡城记
祁县小义村程氏祠堂记
案壁阡新置祭田记
游南堂记

卷之二

募修南山庙疏
南岭阡重修墓碑疏
十三经墨刻疏
《摩崖碑》跋
麻仙姑小像赞
程义官小像赞
答赵敬斋书
与王松坪书
东田老隐君传
赵学山先生传
赵敬斋诗集小传
王乐山先生制义序
重订先大夫文集目录序
王敬亭诗序
送赵善渊归滇序
代王乐山师寿四笔山人序
寿丁礼门明府序
郑广文寿序

先司空家乘序

先昆仑先生年谱序

《介山文编》自序

《史记文津》序

先奉政大夫耀州知州前安庆府同知程公墓表

侯铨教谕史公墓表

儒林郎翰林院编修李君墓表

张君墓表

文林郎知武乡县事邓公行状

赵以成墓志铭

窦既勤墓志铭

封翁魏震川墓志铭

程汝于墓志铭

范云台墓志铭

陈贡生墓志铭

郝封君墓志铭

范太学墓志铭

范例贡墓志铭

赵宜人家传

赵后序

附录三

广陵倡和词 琅琊王士禄西樵撰

《广陵倡和词》序

广陵红桥之集，得四十六人，可谓盛矣。已而之远者、还故乡者、往京畿者次第散去，四方之客殢留于此，止予与荔裳观察、顾庵学士、西樵司勋、长益、其年、云田、方郕八人而已。惟定九为土著，巢民、散木、孝威、汝受、希韩属广陵州县者也。豹人、穆倩、舟次则侨家广陵者也，犹得十七人，诗酒宴聚，交欢浃月。初集时分，赋五言近体，复限“屋”字韵，赋《念奴娇》词，嗣是诸子踵华增美，倡予和汝，迭相酬赠，多至十余首，少者七八首，抽新领异，各出心裁。涵今茹古，觉前人花间、草堂之席已夺螯弧而登。

客岁，司勋在西湖时遇观察、学士，共赋《满江红》词，用“漾”字韵，亦人得十余首，鲸铿春丽，曲尽精能。夫以一韵一调之险涩，句安字适，无不裂石穿云，则知举天地间最难方物、未易经营之事，一出文士之心胸，神明变化有如是者。比观察北上，长益南旋，其年还阳羡，巢民返雉皋，云田游晋陵，定九避迹东原，舟次访旧白下，希韩继往，相对止数人，意亦不复灭。岁聿云暮，顾庵归槜李，方郕归宣城，孝威归吴陵，汝受归崇川，客居止予与西樵、散木三人，不禁聚散离合之感矣。

除夕，西樵招予同散木过寓园叙话，岑寂围炉，置煴火相向辟寒。家家爆竹不绝，四近小儿女敲金击鼓，声震户牖。出视亭除，碧天一色，星光粲灼，满城烟火旋绕半空如雾。虽漫作诙笑，乡思牵怀，能无中结？顷之，泾阳雷子伯籲携樽至，且曰："天涯知己得共守岁，不愈于家人妇子叹老嗟贫耶？"三人拍掌大喜，犹恨舟次方归，豹人在舍，阻隔城闉，不能呼与偕来，失此良晤耳。因悬窭数覆射为令，中不以量饮，复举疑难发论辩觞矫枉者，间杂嫚嬉，牵率典故成俳语骫骳，行酒陶陶然，不知身与天地为何物矣。遂用少陵韵作《今夕行》各一章，漏下未尽一刻罢，就寝。元旦蚤起，承司勋命，作倡和词序，因及此，以志一时兴会云。

康熙丁未正月上日四明孙金砺题于广陵寓舍

《广陵倡和词》小引

向读荔裳、顾庵、西樵三公湖上倡和《满江红》词，人各八阕，缠绵温丽，极才人之致。叹为温、韦以来所未有也。今年三公复泊邗上，偕四方诸同人刻烛倚韵，更人得《念奴娇》词各十二首，猗与盛矣。余惟自昔名人胜士放废屈抑，往往作为文词，以自表见，即或流连香粉，称说铅华，类宋玉之繁靡，等陈思之绮妮，要其厥指，所托非属。苟然忠爱之怀于斯而寓，则又不仅歌场舞榭，擘轴题笺，仅作浅斟低唱，柳七之伎俩已也。余曩者憩迹桃叶、竹西间，颇爱制小词以送时日。今皆弃为敝帚，不复置问。览诸君子之作，风流骀宕，兴寄甚高，余即才尽肠枯，而见猎心喜，能无望红桥烟柳一为怊怅哉？

淮南龚鼎孳识于燕邸之春帆

《广陵倡和词》姓氏 王士禄编

宋 琬	字玉叔号荔裳山东莱阳人	曹尔堪	字子顾号顾庵浙江嘉善人
王士禄	字子底号西樵山东新城人	陈世祥	字善百号散木江南通州人
邓汉仪	字孝威号钵叟江南泰州人	范国禄	字汝受号十山江南通州人
沈 泌	字方邺号岵劬江南宣城人	季公琦	字希韩号□□江南泰兴人
谈允谦	字长益号□□江南丹徒人	程 邃	字穆倩号垢区江南歙县人
孙枝蔚	字豹人号溉堂陕西三原人	冒 襄	字辟疆号巢民江南如皋人
李以笃	字云田号耨香湖广汉阳人	陈维崧	字其年号□□江南宜兴人
孙金砺	字介夫号果庵浙江慈溪人	宗元鼎	字定九号梅岑江南江都人
汪 楫	字舟次号耻人江南休宁人		

念奴娇

小春红桥燕集同限一屋韵 时有鱼校书在座

芜城城北，共诸公高会，衔觞引瞩。相约还为文字饮，抹尽清丝脆竹。已歇兰芳，仍迟梅信，那得花枝簇？狂情无那，愁看落落枫菊。 幸有青鸟红巾，似遥还近，巧笑人如玉。何必苹香飞絮暖，已觉烟光堪掬。羞日愁春，易求难得，二句皆鱼玄机诗中语。好句知能续。晚归惆怅，天寒人返萝屋。

【评语】红桥一夕，有此妙词，可与梓泽、兰亭并传，不止续祠部公风流韵事已也。曹顾庵

一往情深，当于行间字外遇之。邓孝威

名彦如林，丽词胜锦，有先生领袖，足以张此会矣！风流标韵，当与老铁《花游曲》并传千古。沈方邺

读曹顾庵学士五词奉柬用顾庵西樵其年长调先成韵

华披秀振，羡词成星子，琅玕十幅。还似楚骚传屈子，句里龙堂鳞屋。削迹艰虞，擅场风雅，未遣中书秃。何须哀怨，国香合在幽谷。　黄九秦七虽能，那如坡老，豪气尤堪掬。依向欢场歌苦调，终类季疵击木。画壁垆头，题巾酒次，此事推君独。穿云裂石，好将配入豪竹。前段第三韵、后段第二韵皆就顾庵初本和者，顾庵后复自定，乃改“秃”为“宿”，改“木”为“蹙”耳。

【评语】老气披纷中，复尔春葩流溢，此谓老手，此谓彩笔。宋荔裳

丽词豪气，有挥斥千秋之概。此道新辟，蚕丛应推吏部。邓孝威

峭句盘空，如秋鹰削草。陈其年

送宋荔裳前辈北行兼寄舍弟贻上用顾庵即席见示韵〔一〕

征帆竟举，怅客中分手，旧游难续。洒酒船头看去浪，愁绝离觞屡覆。却忆频年，萍踪数聚，春草欢鸣鹿。杜诗“春草鹿呦呦。”子荆零雨，醉来那忍重读。　道遇小弟仪曹，为言别久，和仲思同叔。和仲，子瞻小字，同叔，子由小字。畴昔逍遥堂后意，不尽远书几幅。淹迹江乡，倦游京国，寂寞东西屋。黑窑重九，会同谁把黄菊。已亥重九，贻上同顾庵于黑窑厂登高，各有诗。庚子，余同顾庵于黑窑厂登高，亦有诗，并有忆舍弟之句。

【校记】

〔一〕本阕词后评语文字漫漶不清，待考。

送朱近修还海昌吴西崖往山阴兼怀宋既庭先还吴门次顾庵韵

杯残人起，便骊歌纷唱，晨征肃肃。一别参差真似雨，那得云龙相逐。才子吴融，隐人朱放，各拥孤帆宿。金蕉南下，又螺青似新沐。　关吏

伐鼓通晨，几朝沿溯，却过支硎麓。寄语章华词赋客，爱尔人文皆玉。鹤市烟寒，鸡陂露冷，何处张融屋。白云南雁，怀人漫咏兰菊。

【评语】送别景多于情，前人擅场处往往在此。诗词正同一机轴也。杯残人起，便极神隽。孙豹人

以韵笔抒其藻思，故每下一语，辄令人作数日想。陈散木

云龙相逐，押既超绝，人文皆玉，造语尤隽。孙无言

次韵答沈方邺并呈李研斋太史及冒辟疆孙豹人无言程穆倩宗梅岑诸君子

由来文字，是荒年之谷，丰年之玉。喜遇隐侯苗裔在，胜事选楼堪续。笔役风骚，腹罗经史，原委明桓穆。武平一事。风流跌宕，驾他厨俊名目。

况是群彦彬彬，琳琅辉映，触目如蚕簇。艺苑文坛相犄角，戎子支驹逐鹿。好句争呈，竹西亭畔，选尽柯亭竹。把来还讶，龙威书出林屋。

【评语】填词如此典雅，令南北两宋诸公阁笔。程穆倩

“簇”字妙押。宗梅岑

更倡迭和，有击鼓坎坎、拊缶呜呜之概，狂奴得此真持，寸玑而博照乘也。沈方邺

送李云田往吴门次留别韵

昨来良会，喜长歌才已，短歌重续。杂坐挥毫纷气色，好手人思得鹿。大雅扶轮，小山承盖，慢戏非同束。奇文共赏，为欢真觉难足。　　就里才子君虞，文心肆映，绣结金还蹙。惆怅风流云散遽，忽忽摇魂送目。司马挑琴，鄂君覆被，君有兼人福。怜不平读羁旅，朔风吹老茅屋。

【评语】佳事如此多矣而不传。赖徐、庾之笔，乃觉艳思飞动，千古所以尸祝词人。邓孝威

云田诡娶宝镫，皆自为描写，有羡之者，有谤之者。得吏部持平之论，何等简要清通，不必打下鸳鸯棒矣。邹程邨

诵“司马挑琴”三句，何物李生？乃能消此奇福。陈其年

次韵答范汝受兼柬陈散木时散木以《含影词》属订

萧然高寄，羡孔轩鸾翥，耻同征逐。我向伦侪惊小异，有类梦中呼服。服子慎事。锦拟文披，尘将手并，那是风尘物。新词幽艳，真嗤桃李粗俗。　更有正字高才，扶舆间气，融结同清淑。越艳吴趋赓和好，书遍蛮笺几束。大白频浮，小红低唱，爱煞姜郎曲。绮情似此，并堪丽竖爇烛。

【评语】字字矜贵，视徒事骥续者，直堪唾弃耳！孙介夫

寻常唱酬，幽情深致，娓娓乃尔。吴野人

“梦中呼服”思出匪夷，次韵多如此类，直分戴席矣！汪舟次

次韵答孙介夫

词场今日，问何人拔帜？阿谁夺纛？心识孙樵文采富，不止量珠以斛。日下畴双，雾中独矫。袁也羞同伏。比来酬唱，敢云便拟皮陆。　复是小乘初禅，愧他杯渡，肆啖人间肉。羡子机锋殊自有，已似南能稻熟。顾我何长？差能解得，不闭并平读门目。佯狂作达，余生冀享顽福。

【评语】才华迸露，正如云发泉涌。吴野人

用事酷似大苏次韵之作，读至后幅，看慧业文人说法何等现前。孙豹人

读此词，知司勋定是维摩诘一辈人再来。李云田

读季希韩十词赋赠次希韩读《炊闻词》见柬韵

新词授我，讶笔端出没，蛟泅龙洑。直得苏家读史法，把酒灯前豪读。如此佳人，平生觅句，定耻双眉蹙。嵚崎历落，笑他周柳轻俗。　自愧

兴寄颓然，声如秦缶，那得同哀玉。笔纵不停文不点，只是枚皋拙速。原词有“不让滕王才速”之句。何似君家，临风振响，韵胜丝兼竹。老夫辟舍，合居季野牛屋。

【评语】次韵之妙，直如天衣无缝，岂非神手？宋荔裳

只“蛟泗龙洑”四字，何人解道？通篇读去，尤累累如贯珠。陈散木

读此恨无大白满前也，黄皮裤褶，上马舞槊，仆计将出此。汪舟次

次韵答汪舟次

科头箕踞，许佯狂我辈，追踪琴牧。况对二分无赖月，好佐听鸿灭烛。为语玄机，收将红泪，“红泪一双流”，亦鱼玄机诗。一唱欢闻曲。亭亭真似，薛涛名擅西蜀。　　更喜字比雕阴，校书名素，字红儿。唐有杜红儿，是雕阴官伎。罗虬为作《比红儿诗》者也。禅同天女，怜我辞何肉。舟次词原注：司勋以茹蔬坐西隅，校书特自东移席近之，亦茹蔬云。绮语谁云成堕落，自负前身金粟。漫说心摇，无劳手语，情寄横波目。别来怀梦，寒衾缩尽书屋。

【评语】吏部湔雪以来，久断荤血，长斋绣佛，终与散花天女有缘耶？冒辟疆

名士悦倾城，自昔皆然。迴环数四，令人想见风流杜牧。孙介夫

语语精致，字字洗剔。季希韩

次韵陈其年赠阿秀并示西樵之作兼答邓孝威李云田陈散木范汝受

曾于曲宴，见渠侬少小，羞蛾攒绿。青鸟琼台烦几至，始听红窗一曲。局厌弹棋，豆安骰子，缘少珠盈斛。齐奴歌里，绿珠愁绝双犊。　　总道小住为佳，彩云易化，难入忘忧录。佳客且教题凤去，赢得片时倚玉。解状幽修，语传清照，人比东篱菊。更贪清晓，晶帘卧看膏沐。

【评语】画美人者不难以浓至，而难以清映，不意虎头颊上三毫，竟在西樵一枝斑

管，晓景如沐，晶帘明净，仇十洲《汉宫春晓图》，少嫌其设色太浓耳！曹顾庵

真实受用，乃能写出风流如许。“佳客且教题凤去”，如此柔情，客虽去不嗔也！邓孝威

香艳之姿，出以幽婉，当一篇绿窗小记看。范汝受

送方郕还宣城兼怀唐耕岛舍人用孝威韵

朔风猎猎，怅停帆起柁，渭城一曲。雌霓仄读怜君词赋好，郑重湘东斑竹。得失尘轻，升沈电幻，无事论臧谷。瞿硎隐处，高眠不乏山屋。 最念我友唐球，诗瓢共识，艺苑称尊宿。闻道秋灯书细字，老去吟情弥笃。济上车回，耕岛曾客济南。江东云远，几载怀幽躅。东阳归去，离忧寄与千斛。

【评语】舒卷自如，开阖尽意。谈长益

前段是送方郕，后段是怀耕岛，结复补出“兼”字意，是以古文易格为词者。尤悔庵

词之以情胜者推周、秦；以气胜者推苏、陆，以雕镂胜者推高、史，西樵兼此三长，融成一片。读此十二词，直欲陶铸南北宋诸家，讵止极温提韦，称兼人之才耶？彭羡门

西樵跋语

西樵自记曰：仆此十二词，自首篇外，皆杂次诸公韵者。诸公多谬许其押韵之精，不殊自运。仆则自谓此实欲省思力，正如昔人所云“匆匆不暇草书耳”。仆又尝谓“诗不宜次韵，次韵惧致伤逸气；词不妨次韵，次韵或逼出妙思”。世有文殊，定契兹语也。

附录四

惊邻诗草 程林宗撰

《惊邻草》题词 柳廷爵二首

群峰回抱水环湾，闻有骚人在此间。索读惊邻诗一卷，瓣香应是白香山。

不须惨淡费经营，信笔拈来便有情。比似晋阳傅青主，扬镳分道各驰名。

《惊邻草》题词 王梦聘四首

诗才排奡似文才，大力能将鼎举来。一自点苍翁去后，骚坛又向此公开。浪穹王乐山先生官武乡，以诗倡后学，人士翕然从之。

名山梨枣亦无多，知否先生意若何。山谷编诗三百首，啖名原不亚东坡。

诗格标新自课堂，百年谁与瓣心香。而今后起风骚著，才信传家有锦囊。

早岁曾从崔灏游，登场许我共清讴。昨窥大集恣狂兴，胆敢题诗在上头。

《惊邻草》题词 魏守经四首

狂歌自许号惊邻，想见楼头百尺身。直以古文骄俗笔，但将余事作诗人。光明别有探怀锦，咳唾能消扑面尘。比似昔贤都不似，心花发处少陈因。

苍凉法曲再三弹，咏史诗篇是大观。疑义欲将前代问，聪明不受古人谩。一腔热血心中事，万顷惊涛舌底澜。如此胸襟如此笔，恐难乞与小儒看。

论诗原不异论文，独茧双抽思不群。底事秋风泣罗隐，教人愧汗对刘蕡。近来为我开三径，老去怜余张一军。记得早年承奖饰，洱苍香瓣欲平分。介山先生书余诗后句。

万斛明珠价定饶，有缘许我献刍荛。携来薇露花间读，拼得琴材爨后焦。膜拜只宜呼贾佛，望洋辄拟弄韩潮。思量代作推敲势，斗觉吟魂黯黯消。草名惊邻，取丑女效颦诗意，颇别附识。

《惊邻草》题词 范士熊四首

漳水鞞山里，骚坛日日新。烟霞供吐纳，冰雪炼精神。盖世心胸润，平生面目真。更教添老健，天纵作诗人。

一卷诗兼史，集中多咏史诗。堂堂仰大风。眼高千古上，笔扫六朝空。洱海源堪溯，昆仑派不穷。公昆仑先生后，曾师云南王乐山明府。望洋无际岸，晓日映波红。

每造惊人句，才高不肯平。古今翻案论，天地侧身行。绝迹追前辈，联欢到后生。芳邻叨近接，相应愧同声。

袖稿常相示，披吟日几回。河山燕赵纪，气息汉唐来。《北上草》为集中大观，另有古文二卷。骨瘦原超俗，名藏不掩才。门前迟奏鼓，胆怯怕闻雷。

《惊邻诗草》序

序曰：《惊邻诗草》两卷，凡以记游，历摅胸臆，非敢与世争工拙也。夫诗出于志，发乎情，譬诸风雷巨响，万物借以生成，而蛙鼓蝉琴细鸣，亦所不废，夫亦适乎情通乎志而已矣。拙稿原五六百首，己亥秋，将谋开雕，删其半而存其半，而编次仍其旧焉。

介山主人识并计数如左

卷之一

赠家墨庄叔

同是司空裔，相看保令名。雨窗多墨迹，寒夜起书声。有子能兹事，无钱慰此生。前村风雪裹，一夕话分明。

暑日登东城楼

火轮羲驭暑天愁，傍晚披襟上县楼。地近塞原沙当土，城连麦秀夏中秋。云移树色千家合，滩转涛声几片流。最是熏风偏送暖，醉来满眼照红榴。

和王明府盆鱼韵

谁贮陶盆水，宛如鱼在渊。从来坳泛芥，漫拟瓮藏天。腹广鳞归壑，中虚影破圆。牧情应入梦，也许兆丰年。

得张芝亭书

清晨出里门，县卒致缄帛。云有太原讯，知是北京客。谢卒置怀中，叹息如三月。深知念我情，数日不忍发。

和张芝亭晋祠元韵

未得登悬瓮，空闻晋水名。桐圭今在否，遗庙映波清。

和林春浦闺思

翠袖倚栏杆，清风响佩环。侍儿微会意，遥指月团团。

九日雨和芝亭

九日无花酒，阴阴雨细侵。锁窗唯有梦，遥入暮蝉吟。

城头望南山红叶阻水不得登山醉后狂歌

安得并州剪，剪断漳涛水。乘风骞入南山中，饫眼林光灿红紫。青女怜我重整妆，玉池照镜开容光。三千侍儿擎红拂，二八娇娥笑绮堂。珊瑚屏风霓为裳，玛瑙瓮贮紫云浆。风飘飘兮吹衣，逸兴飞兮不归。举杯酌酒将致词，恍兮惚兮怨别离。猛然忽悟立城头，但见红山缥缈，如隔海上之仙洲。吁嗟乎！白云封山趾，秋水深无底。极目望断成幻视，欲往从之水弥弥。酒后耳热狂舞起，安得并州剪，剪取漳涛水。

云南李晓林明府罢令汾阳寓邑署中旧未识也偶见余诗于王西山师案头因来见访奖慰再四寻示其近作数首若夙契者诗以答意 三首

榴花照槛柳毵毵，独卧柴关对远岚。剥啄声中投素鲤，推敲势里晤华簪。高轩重枉昌黎驾，粉署长留郭泰骖。自是爱人兼爱屋，无端臭味重滇南。

漳滨洱海路茫茫，万里宫墙接瓣香。已愧苍蝇随骥尾，敢掺布鼓过雷塘。抛来蜀锦风翻艳，拾得江珠夜有光。绿水红莲宾主美，鲰生何幸座琳琅。

白雪阳春调最高，寄来篇什擅风骚。蔷薇盥诵余香泽，蕉叶临池染墨膏。旧润芙蓉开满岸，新披珠玉灿挥毫。汾河浪阔漳流远，一任仙丹笑指篙。

回首年华盛气降，谬承词客契无双。金丹未换神仙骨，古调难弹世俗腔。王氏青箱凭若续，和家锡钵倩谁扛。报君一语君应笑，卅载经生老碧窗。

仲秋望后洪蔼亭张羲河赵善渊王典五夏渔汀见过 四首

西风料峭扫窗纱，满院秋阴落晚花。忽讶跫然空谷响，小童飞报客来家。

衫履翩翩迥不侔，入门虹气一时稠。茶烟细扬无他语，问我酬诗庾亮不。时和王明府诗。

几人出谷盼迁乔，清脆拈诗各一瓢。自笑诤琤檐下响，也随明月奏笙箫。

冰署琴鸣鹤样丹，凭将油幕化骚坛。寒儒惯有穷愁疾，一见诸君自解欢。

邑署中赠别林春浦兼呈张芝亭

洱苍夫子罗奇英，明府西山先生，大理府人。门前桃李何嶒嵘。其间仕宦不相识，好音怀我歌丁丁。前有芝亭后春浦，文章卷卷俱登瀛。芝亭渊雅孰与匹，春浦重义山可轻。昔在太原旅邸遇，议论慷慨风环生。浊酒半壶衡当世，仰天大笑冠绝缨。冀北滇南一万里，悬蓬策马宾幕迎。春浦为晋名幕。囊中无钱不羞涩，污蔑龌龊讵堪行。汾水汤汤晋水绿，堪比君之遇我情。一饭漂母岂望报，踏破菜园梦魂惊。时炙羔招饮金陵园。今来省师再觏面，握手喃喃话生平。倏见征雁旋巢鹊，别来几时日月更。可怜拥髻穷愁病，室人久病。顾饬中厨无人烹。已知君无世俗态，其如鄙念恒硁硁。劝君信信还宿宿，天寒休使骊驹鸣。人生聚散无定所，今年欢笑何年赓。出门忽讶漳水泮，潺湲仍带别离声。泪下沾襟不可拭，况复芝亭亦北征。张方谋旋固安。

辛未七夕寄张四芝亭林三春浦两同门五十韵

易水归家客，皋川入幕宾。清秋人并杳，永夜月孤轮。昔会漳滨署，同游泗水春。词章宗汉魏，胶漆继雷陈。醉笑灯前舞，狂惊笔有神。擘窠卑索靖，尺牍迈陈遵。共得鸳针绣，群沾鹤料银。萍逢无热客，星聚有芳邻。昨岁秦冬月，严程晋塞辰。两君争仗义，贱子莫依仁。时明府西山师以案狱赴省，二子俱从。远信凭青鸟，封缄托锦鳞。行踪何寂寞，怅望实沉沦。顿觉非前事，还期步后尘。眼穿将落日，肠断欲凌晨。一至仙凫反，重嗟落雁频。张衡旋故里，家固安。和靖遇乡亲。其同乡夏公判乐平，招入幕。异地应同梦，扬镳各一身。伤心春草碧，洒泪柳条新。每忆渊涵品，恒余雅量真。风流都不改，慷慨果谁臻。兀坐惊时序，劳思益苦辛。寒毡终日困，蓬巷隔年贫。赋就谁酬和，诗成莫比伦。生离堪隐痛，久别渺缘夤。近得平乡讯，终虚北地人。三秋忧悄悄，七夕渡潾潾。野鹊填虹驾，牵牛问水滨。空传天上信，愁向世间询。聚合何难定，痴情未了因。索居同子夏，发箧类苏秦。未对昆山策，难辞鹖羽巾。墨光笺烂漫，蠹轴卷嶙峋。炼药丹飞白，裁篇画染皴。琴童书榻睡，瓦雀土阶驯。月朗千竿竹，凉侵百结鹑。翻花风锦簇，点草露珠匀。濡首唯樽酒，开襟只钓纶。鞞山云卧径，甲水浪迷津。石艾平定参军署，燕台固安傍禁城。渐离还击筑，召伯正分巡。各遂幽栖志，兼消俗态嗔。郗超原在帐，张翰不思莼。何得琴堂晤，重为绛帐伸。老师治最古，小邑俗还淳。永昼花开县，慈颜日对椿。荒郊齐拱候，茂草荷陶甄。邻境蝗飞远，华筵鸠咏均。马家无刻鹄，骥子总符麟。世好仍欢洽，交情解蹙颦。临风感旧雨，缄帛语谆谆。

壬申上元

踏歌声里上元天，系彩悬灯处处连。若个童儿争白打，谁家少妇戏秋千。小桃傍暖新翻蕊，古树冲寒未著烟。岁岁年年都似此，教人且挂杖头钱。

太原旅次别刘司狱

此地宦游人，如君性独真。插篱花冷淡，入座语清新。惠我衣犹假，借衣应试。忘形迹自亲。骊驹歌即日，俯仰黯伤神。

留别戴七少府

被黜东归急，风尘不见兄。时公出。空将汾水泪，留赠故人情。白露侵装速，黄花满署迎。别来应问讯，遥想雁吞声。

崇法寺

崇法禅林想晋王，当年营造甚堂皇。秦关不守烽烟警，剩有金人丈六长。

双塔寺

城垣一带拂云堆，双塔峨峨挂斗台。绕郭人来金界地，松涛竹韵寺门开。

晋阳怀古六首

河山表里帝王州，冀北雄封莫与俦。猃狁见歌诗《小雅》，霸图谁念鲁《春秋》。瓜分韩赵争端起，版浸城堙诈术稠。回首废兴成底事，城垣叠叠水悠悠。

龙蟠晋水邈江都，胜算西征握帝符。公子翩翩真命世，狱囚的的是通谟。宫娥入侍同兵谏，突厥连营近霸图。愧杀泰山徐道冠，果然直取独夫无。

鹦鹉难飞武媚亡，梁公数语足兴唐。休言享殿姑从侄，定是朝廊子嗣娘。控鹤幕中莲渐落，秉钧门下李还香。摸棱剪纸今何在，故里穹碑尚有光。府南门外有狄梁公碑。

播迁中外几时平，共叹唐衰尽握兵。不有沙陀戡乱国，早为宣武禅神京。茂贞宥讨灰还炽，张濬兴师衅更生。太息同朝尽倾轧，谁知忠义晋阳名。

契丹策命雁门收，石晋称儿再世愁。直以舅郎成敌国，反教臣主绝中州。请兵宰相能驰表，启衅庐龙实内谋。十一年来仍虏去，汾河莫洗古今羞。

晋王东去泣孤臣，讲院祠前俎豆新。一旅莫援悬瓮破，三关难靖太原尘。黑风吹战天无日，白骨成堆血染春。恨杀张雄城早陷，忠襄遗表至今陈。时二月八日，大风昼晦。

宿三家村

客子行程晚，孤踪入野村。夕阳罗石径，红枣压柴门。伏枕砧声远，披衣露点繁。凌晨清梦里，惆怅满林园。

咏史之一 五首

六王既毕四海一，始皇刻石李斯笔。自从擅伐起春秋，蹂躏战国乱逾疾。迩来四百八十年，不有整顿治安出。鞭挞海宇非秦罪，仁义不施治无术。天下何定定于一，毕竟邹峄语堪述。

芒砀山中一匹夫，斩蛇仗剑古所无。豁达大度来泗上，五载帝业群豪扶。是时西楚气盖世，驱鱼驱爵何其愚。卓哉卓哉汉高帝，吕后不制胡为乎。君不见，《关雎》之诗歌淑女，威加海内还须儒。

西狩获麟圣笔绝，谦恭下士来剽窃。汉兵其如子德何，以假紊真凭喉舌。本纪不列列大传，篡逆案定六州铁。戏言呓语如小儿，不值一笑何须说。吁嗟乎！后来盗贼将授首，皇后不改真一辙。

赤眉铜马聚如蜂，更始盆子俱非龙。汉家大德十二世，白水文叔乃其宗。昆阳一战鬼兵戢，剪灭陇右除群凶。我谓中兴不仅此，投戈讲艺真雍容。节义堪全四百祀，严陵一钓水淙淙。

骂使辞婚亦常耳，不许孙权良有以。如何据此怨髯公，荆州论失无乃鄙。曷来孙刘曾联婚，娇妹丝罗成宴喜。何以湘南方画界，荆楚相争竟无已。从此臣魏再和蜀，我道东吴总无耻。

张瑞图自京师至即日见过

千里神驰忽面逢，征衣未脱便相从。三秋互讶鱼书绝，一笑仍联雁影重。户外童儿知姓字，尊前快论豁心胸。年来别况还如昨，只是愁添镜里容。子时丧妾。

奉和明府西山先生中秋集宴乡友元韵

中秋皓魄倍澄鲜，况复冰壶对绮筵。万里泥踪收庾亮，一时水调唱坡仙。乡心不隔床前影，宦辙偏逢帐下缘。与座多旧门生。惭愧琼楼游未得，也从棠荫仰清圆。

和赵善渊中秋集宴元韵

莲漏初催水镜呈，今宵不隔万方晴。遥知朗朗开襟阔，快睹棱棱琢句清。玉兔投怀仙药幻，金蟾斗掌异人惊。乡心共醉南楼月，漫拟关山几片明。赵知医，好道术，与明府同乡，近有归志。

和洪蔼亭中秋集宴元韵

霓裳度曲盼他年，喜近宫墙月正圆。万里枌榆新结社，六堂翘楚旧登筵。絷留离石人如玉，韵入琼楼句亦仙。为问夜来攀桂客，肯教伧父共高天。洪亦明府乡门人，以优选入贡，旧客永宁。

和张羲河中秋集宴元韵

籍籍家声重帝州，昔年光霁快同游。重来惯见莲开幕，与座刚逢月满楼。张旧从游幕中，今再至。万里清辉霏玉馔，千秋延赏定名流。谁怜寂寞空山里，尚有樵夫拾子不？

藏　扇

恩情岂忍绝，寒暑自更迭。君试出门看，秋雨忽成雪。良时八九月，握手难遽别。低回再三留，君情亦不悦。送君陈筐箧，莫谓常虚设。努力惜清风，来夏依然热。

暮春自东田往下寨口占

红尘拂拂柳霏霏，送尽莺歌入翠微。地僻颇嫌鸟道迥，春深未碍马蹄归。桃花落处梨香续，白板开时绿嶂围。午发稻田宵宿寨，连环不断兴如飞。

夏日过苏峪砦访李会三留饮数日见其子雠校音画兼携游其先畴九前辈西园读书处留赠 四首

插天高砦绝尘埃，绿树阴浓面面开。入迳马嘶云渐散，到门童讶客何来。多情屡劝青精饭，话旧频倾碧玉杯。十载金兰今未歇，邻家莫笑久徘徊。

几回鱼贯晋阳城，历试铜鞮岁月更。知我穷途怜季子，感君高义薄荆卿。年来聚首情何惬，到处离群梦已惊。此日乡关寻旧约，肯教云树怅平生。

亭亭玉树谢家风，兰茁其芽数阿戎。校字每愁鱼目溷，倾囊不问杖头空。看来绕膝眉真白，说起趋庭面有红。我愧商瞿熊梦晚，对君惆怅话幽衷。

十日平原兴未收，晚风携手雪堂游。连阶细草侵书案，映水疏葩涌笔头。俯仰遗徽怀宿老，低回逸事想风流。无端路向园林指，夕照鞭丝意转幽。

游桥子沟李氏山林赵敬哉馆此信宿留别即呈地主会三昆仲 四首

松苍竹秀柳含烟，几处亭台别有天。碧沼暗通清涧外，绛纱高挂翠微前。诗牌逸兴追遗躅，其先即主讲于此。语石芳名仰昔贤。碑有安金铭诸老名。共道芙蓉依绿水，不妨游子屡随肩。

频年招我赴山隈，此日登临惬溯洄。四序寒暄花作主，一庭风月酒为媒。高谈有兴敲残唾，趣语生新捻断鬟。堪笑灯阑方枕籍，林禽已唤白驹来。

兰亭兴尽忽来悲，握手鱼汀有所思。毕世光阴人渐老，三春桃李鸟嫌迟。卢生漫就炊粱枕，毛遂曾夸脱颖锥。计日槐花依旧迫，伊谁双叠快同时。

镇日盘桓镇日忙，酒杯茶灶墨花香。名园只借诗人屐，胜地难容俗客床。检点奚囊盈赠轴，殷勤地主护行装。临歧策马频回首，一别同心几处伤。

斗山歌寿明府王西山先生六十

七星耀北极，五岳高岱宗。上天下地仰鸿蒙，谁其备此昌黎公。自唐而下罕其匹，西山先生今忽逢。我读先生集，堪与昌黎一。气侵河汉，光射太乙。淋漓濡染大手笔，寸云遍雨观日出。我被先生政，饰以经术县水镜。昌黎不鄙宰阳山，先生一一奉为令。所以精神大于身，案牍风清莫撄神。吾邑小试特偶耳，鞞山漳水万家春。即今周花甲，尚无二毛侵。从此筋力愈强健，鸾姿凤羽炳麟麟。呜呼！岳中泰山星中斗，万古悠悠俱不朽。果能经济与文章，即可天地同长久。我欲酌斗浆小培塿，仿佛唐人之仰国子先生，以是为西山先生寿。

张防如广文与妓小兰约赎为妾事已谐而兰病卒张索诗纪事因戏赠之 二首

一弯新月斗金莲，已报南唐气数迁。谁似蒲东明月夜，隔墙花影玉人眠。

兰花兰剑映珠帘，漫道投梭玉女嫌。已是江皋思解佩，无端绿鬓掩妆奁。

酬王敬亭见赠兼呈典五罗秋昆仲

乌衣巷里王氏贤，羲之献之谁敢先。滇南凤羽耀联璧，昆玉竞秀不可及。前年季方已先鸣，今年难弟火攻兄。两昆惠我琳琅灿，阿督入坐语何清。伊予吟兴久枯涩，对君星聚开颜色。近朱者赤近墨黑，芝兰气味幸可饰。请君多遗锦绣段，我亦赠君七襄织。君家兄弟如八龙，龙文百斛满壁东。破壁飞去云相从，是何意态奇且雄。君不见，森森玉树植谢公。西山明府，其世父也。

示病妾

妆台抛却药笼加，瘦减腰围怯影斜。早怪烈风吹冻蕊，辰冬卢氏妾逝。又惊秋雨泣残花。朝云诵咒生相忏，蔡确题诗念转赊。怜汝不须频下泪，老夫心已到禅家。

生　日

虚度年华又一周，近来名累倍堪忧。云中送尽飞鸿影，枥下空余老骥愁。镇日挥毫诗律细，有时开匣剑光流。秋风乍起心犹壮，可许桑榆晚更收。

七月十七日即事 二首

蒲柳曾伤落露丛，那堪兰蕙卷秋风。绿珠抱恨愁肠绝，红线酬思泪眼空。漆发漫惊明镜畔，香尘犹忆象床中。谁怜取次埋双玉，悔杀当年想梦熊。

桃根桃叶总无情，薄命相遭百事轻。已是飞花抛醉蝶，重教落絮恼残莺。两翻泪溅鲛珠湿，一样愁添鹤鬓惊。旧梦未回新梦续，连环不断度平生。

秋日过鞞山书院述怀示王生梦聘族子黉 二首

风吹古树叶飞飞，策杖携童过绛帏。昔去只因蝇遽集，今来恰值燕辞归。已岁为院长，明年以谗言去。关情旧雨谁宾主，到耳新声任是非。一笑当年成底事，花间负手暂牵衣。

怜才心迹向谁论，汝等将无一二扪。世态炎凉分尔我，人情反覆变朝昏。云消日脚方知丽，雨透苗根始湛恩。从此披襟还洒脱，高秋爽气净苔痕。

魏长万招饮赏菊作诗索和即用其韵

夕阳浓淡映疏篱，有客提壶斗好诗。鸿雁声中秋已老，寒蛩枕里菊偏迟。但须酌酒酬佳艳，不用关心惜晚姿。一自品题高靖节，输他廿四信花词。

哭霍耐圃姊夫 四首

风吹麦浪夏成秋，马渡前村怅玉楼。花柳有情含雨泪，乌鸦无主向人愁。书田未获身先老，士饩微沾志莫酬。珍重儿郎休废读，槐阴深处绿还稠。

妖梦从来属有无，君今果否握灵符。眼穿易水鱼书绝，肠断南亭雁影孤。李贺上天空外乐，柳侯为祟幻中诬。《搜神记》罢《齐谐》续，总是幽明隔异途。予曾梦姊夫铨固安县，跃马北行。及晤，姊夫惊曰："阴阳相背，吾其休矣！"其为固安阴宰乎？及疾，作语涉鬼神事。

王郗联婚是内亲，卅年倾倒契何真。生前到处投胶漆，没后凭谁问水薪。阿士果能文咄咄，女媭休效詈申申。任君托付将来局，曾记当年痛赤贫。

月前曾贺鹊成群，前月为其子完婚。今日登堂泪影纷。树外不堪囊剑系，床头剩有纸钱焚。侧身怅望惊阴雨，回首荒凉慨暮云。君若降灵应念我，九泉无路痛难闻。

癸酉二月选拔得隽谒学使周石芳夫子

先生以太仆寺卿南书房行走督学山西

盛世衡文广，熙朝得士贤。春秋多卓荦，选拔定高骞。滥厕明经第，欣逢癸酉年。名材珠树绕，使者铁丝牵。太仆通仙籍，书房近御筵。轩凭周晋壤，菲采彻漳渊。旧试三军冠，新诗片玉坚。云中鸿羽顺，池内鲤鳞穿。佳句承庄诵，斯文荷枣镌。名胜南郡满，声到太原连。伫听圜桥讲，先观冰鉴县。愿随虹节驻，拜舞影蹁跹。岁试列予第一，文刊试牍。选拔第三场，先生诵予诗，示沁州三学诸生。

自州旋里

选拔后时侄子病疽侄孙丧母去秋妾亡生女不育室人因病

朝发铜鞮城，暮到南亭宿。一路披春风，杨柳绿可掬。守门无长须，立衅婢发秃。病妻闻我来，床卧强被服。不羡君成名，依代君筹熟。君志掇甲科，不徒浮名逐。选科原捷近，廷试骤食禄。衣冠须伟丽，别有一面目。依已薄禄相，君亦非介福。桃叶渡不回，文褓久不育。青蚨与朱提，时时叹局蹙。君有两犹儿，大者嗟逝速。遗孤属幼童，前月母死哭。次者背发疽，出险日默祝。析箸城外居，彼此俱不彀。昨晚吉语来，应门乏尺六。幸有君从兄，代客剪园蔌。以此卜君命，此举恐碌碌。喃喃听妇言，叹息且仰屋。家计日萧条，久病艾须蓄。去秋失琵琶，今春姓未卜。潦倒名场中，胡为谋探竹。时来锦添花，命薄伸亦缩。日落命燃膏，床头摊书簏。

潞安学署晤别魏丹崖姊夫

传闻上党郡，有女如罗敷。何意寻春迟，往返苦长途。城南有仕宦，广文魏姊夫。十年未谋面，此去兴不孤。姊夫闻我来，互看双鬓枯。妹子闻我来，其先娶予姊，继室予族妹也。被服婢屡呼。甥女垂垂拜，雏发夸天吴。彼此问家讯，嘻笑语模糊。登堂谒前辈，七十拖紫朱。其尊人云川翁。夸我应试牍，咳唾落玑珠。君家桥梓贵，两世贡皇都。金针可许度，鸳鸯绣得无。信信还宿宿，欲去转踟蹰。虽未获彼美，幸得聚首娱。亲戚常相见，见也我不图。忽惊泽州信，皋比反不诬。凡兹入选者，赴省习操觚。急与姊夫别，兹游快也夫。时谋娶妾潞郡，不果。魏秉铎是郡，因留止署中，闻学使自泽州旋省，辞归。

子洪口西岩寺赠僧

峰回路转暮云平，古刹依岩对面迎。直北途开千里驿，冲南地跨数州程。地为沁泽咽喉。梵钟夜断溪声净，锡钵朝飞鹤翅轻。自是心清多妙绪，门前未碍马蹄行。

奉学使檄调肄业晋阳书院

轻装来太原，晋阳书院赴。兹地频过从，驾轻就熟路。忆在庚午年，考优于此住。今来茂叔门，窗草仍如故。我有同郡人，代我谋书库。东北屋半间，窗明花曲护。院丁勤洒扫，萧洒朝及暮。煮茶闻书声，插架走鱼蠹。课余歇柳阴，闷时阁上步。九府皆友朋，怀抱一一吐。既可理旧业，兼能豁情素。日落院外游，佳句时时赋。时沁州王松坪为谋书屋。

登纯阳宫后阁临海子有怀赵敬哉

庚午同王松坪赵敬哉饮此阁下有停水俗呼海子

阁上绝尘埃，阁下镜面开。白云与掩映，绿树相徘徊。渔人坐苔矶，沉网思鳔腮。旁有近水舍，渔庄此处该。昔我同心友，烹鱼携酒来。事已隔数岁，阁下仍绿苔。夕阳明倏忽，空翠欲上台。碧云合已矣，怀人亦幽哉。

寿李方州六十即呈贻典

李言其叔方州少补诸生游历齐鲁今年届六十将以嘉平祝寿索诗

析城名宿应星南，座有丹砂发不毵。黉序蜚声文久著，山川游历胜频探。洛中高会推司马，函谷祥云忆老聃。遥念冰盘倾绿竹，阮家风味定同酣。

留别王松坪同年

同是秋闱失意人，一毡一席共嗟贫。三年久下陈蕃榻，六月重钦郭泰巾。汾水波流游子泪，铜鞮日暖故园春。归家莫唱骊驹曲，枌社相依再结邻。

甲戌四月北上发辽州 二首〔一〕

束装偕计吏，旗插朝考字。结伴有同人，匹马联作二。此行获升斗，聊可了名志。辽阳虽邻境，平生未一至。久为辕下驹，滥厕千里骥。随身有笔札，游览记其地。

五指山连断，坦途石亦乱。山高城自小，居民聚还散。沁辽二属州，乱山居其半。我本山中人，名山未饱看。所遇皆支山，太行乃为干。何年五岳游，大观惊河汉。去去谒帝京，而今无永叹。

【校记】

〔一〕自此首至《宿洪水》旧名《北上草》。

石鼓岭 和顺界

平地欻涌山，山矗如立壁。宿莽古道开，马盘腰作敌。半山吹山风，谷鸣水石激。悬崖考石鼓，可能声霹雳。石隙走细流，苔绿翠欲滴。山顶林垂果，丹砂间漆沥。侧帽挂林枝，马惊手难摘。行行二三人，樵牧何处觅。窄道频停鞭，足茧将安适？

麻秸岭 和顺界

方下石鼓岭，未得息马力。麻秸岭又来，曲折更难测。踯躅不任行，路小迳益仄。马尾崖悬空，马头坡斗逼。虎豹踞其巅，攀陟喘不息。俯视下村墟，万丈不可极。山坳磊神龛，鬖面人不识。旁塑两白狼，赑屃随肘肋。小憩胆亦寒，目眩地生黑。岭后势渐平，余险犹岐嶷。卓午腹雷鸣，午餐何处食。

李阳村 和顺界

饱孤老拳厌卿手，石勒李阳今何有。村人遥指沤麻池，至今广可数十亩。下马徘徊访遗踪，父老无存时平久。石赵雄据上党时，眼中只有泗上叟。并驱光武鄗曹瞒，那有乡邻挂诸口。到底窃据等霏烟，村名李阳转不朽。李阳李阳又何人，乡里尊之亦可丑。承平不见任侠徒，鸡虫得失亦其偶。笑尔当日成底事，荒村野店一杯酒。

松子岭 乐平界是日大风

暮宿李阳村，朝过松子岭。风起声飕飕，仆以装绵请。马上披羊裘，孟夏初冬景。策马马不前，马嘶寒气哽。嘘气满山中，吹垢马忽猛。尾鬣线如飞，衫笠那能振。遥思列子御，细参跨鹤骋。始悟小游仙，乘风捕风影。我闻仕宦途，九万抟风境。念兹忘攀险，眯眼开俄顷。临崖知勒马，俯视如黑井。

风火岭 平定界

仆夫催道左，有岭名风火。饭后试陟之，摇摆如船舵。是时风南来，随风任扬簸。名火果不虚，汗出松缠裹。兹岭逊于前，路宽行尚可。行行入枫林，叶披肩半亸。下马暂宽腰，山凹倚石坐。击石取火星，唆烟透袅娜。虽惮筋力劳，幽赏心尚妥。颇念家栖时，高卧亦坎坷。连日入山行，迥觉非故我。呼仆一鼓前，气壮足不跛。日落风止鸣，野店罗山果。

自石门至故关四十里入直隶井陉界

石门故关平定界　二首

硗确中通径，迢迢过石门。关临秦月小，山杂塞云繁。逦迤开车辙，回旋露齿痕。时平防掠少，疆界与谁论。

关外仍山道，西来客渐交。幽州连晋壤，并地达秦郊。智井时空汲，危崖任结巢。一声挑水饭，顿觉土风淆。石门至关水缺，人多穴居，关外卖凉水米饭。

井陉怀古

井陉之山隘而峻，水名绵蔓莹且润。赵地原非古战场，淮阴如何背水阵。旧云赤帜二千人，拔赵树汉众称神。逆知空壁利旗鼓，传飧破赵会向晨。我来此地求其说，恐非因险成施设。韩信下魏破代后，汉收精兵已疲绝。千里馈粮兵多饥，断其辎重如何支。进不能战退难守，左车之计胜万师。幸而成安一竖子，不用广武遂至此。假令其计如水流，二十万众何敌彼。细绎其故盖有由，当是窥赵如沐猴。彼国无人不足畏，只有广武定不收。所以还报即大喜，夜半传令直缚豕。成竹在胸为胜算，岂果兵法置之死。吁嗟！绵蔓之水日东流，淮阴奇功杳难求。土人指点谈兵处，四围山色豁双眸。路旁有韩信谈兵处石刻。

获鹿早发车行三十里外皆坦途矣 二首

月明残影问前程，车走如流驾已轻。余梦未完原许续，倏惊日向地中生。

连日登临满面尘，今朝拥辔渡前津。横卧车箱人不见，轻沙软衬听辚辚。

渡滹沱河正定界 二首

风平浪静望漫漫，一叶舟中也自宽。两岸川光留不住，声声欸乃渡前滩。

梦魂从不到江南，千里帆县胜景探。此日风光真个好，还嫌顷刻兴难酣。

正定府 二首

数丈金身佛，浮图十二层。一声钟磬响，膜拜又何曾。城内大佛寺未及游览。

城郭平沙外，山川大地浮。时平休试剑，谁复问留侯。

常山怀古

禄山犯顺寇东京，先时拒者自藁城。手提金衣者谁子，常山太守名杲卿。同事长史初迎贼，见公指视始订盟。遂奋长戈竭力拒，炳然大义一军惊。河东骄横由三郡，范阳在北称雄兵。国忠激贼骤生变，二十四郡无人争。是时公家多忠义，更有平原堪联名。惜哉功略竟不就，敢以成败相讥评。吁嗟乎！平原义气炳星日，公之死节至今生。君不见，天津桥下水流激，潺湲犹作骂贼声。一家殉难偕长史，高风直与常山并。贼犯藁城，长史袁履谦迎贼，贼赐金紫衣，命仍守常山。得颜公指视，乃脱衣趋兵。洎贼据洛阳称制，颜与袁史被执，贼支解天津桥下，骂不绝口，颜氏之家，死者三十人。

清风店中听女子度曲 定州界

清风店里少年郎，左臂承鹰右举觞。黄金不惜买歌舞，平生最爱赵州娘。赵州女子颜如玉，一声高唱掩红妆。侍儿扶来款莲步，丹唇未启身流光。从容理鬓歌喉转，娇娇的的鼓笙簧。滑如流莺鸣上下，轻似响泉韵丁当。别有柔情声婉转，贯珠累累更凄凉。此时少年摇便面，全以目听涎空咽。缠头频频出床头，手撑尊酒亲贴钿。酒后直续别曲名，弦索骤改音节变。繁弦急管两三声，泪落双行归别院。我叹少年非知音，此女心中定有恋。关北连年饥馑臻，或者良家卖作贱。心中无限曲折情，不遇江州谁能见。方悟浔阳琵琶声，香山当年非漫唁。夜深何处访行踪，空有伤情留片片。作诗聊以慰幽怀，明日街头问当遍。

清河村刘节妇白石坊 定州界

我过清河村，坊石白如雪。上刻刘节妇，亭亭何皎洁。我闻妇女人，烈与节迥别。殉夫不踰时，惨毒是为烈。守身待令终，坚贞乃称节。其节略有三，孝姑抚孤子。更有不二天，心死冷如铁。不知刘节妇，其节主何说。同是维纪纲，不必过饶舌。清水留美名，白石更堪锲。如白不可污，如石不可裂。物与人相宜，坚光无磨灭。唐人青石句，真赝大县绝。

刘禹锡故里 定州界

中山留故里，一代仰诗豪。迁谪时同柳，行踪偶忆桃。荒烟迷古戍，残月下晴皋。诵得金陵句，萧萧逸兴高。

慕容故都碑 定州界

闰运缠江左，氐羌气暂骄。上游形偶据，北地土为饶。正统开王会，中山削伪朝。欣逢全盛日，不必问群妖。

保定府酒楼同人集宴 得筵字

旅况何萧瑟，登楼宴绮筵。客来千里地，人到上层天。光焰烧银烛，欢腾喝采拳。辛盘罗异味，丁馔著余膻。拗项盂盛鸭，牵鳞脍掇鲜。瓮开仇氏酒，蔬剪白家莲。翠袖歌鬟峭，清童按节偏。金铃分个个，玉磬定圆圆。语杂兼南北，醇交任倒颠。陈蕃联榻坐，毕卓据槽眠。齐下生花笔，同铺白雪笺。敲诗星隐曜，得句夜流连。人散鸡声错，车喧马影骞。凌晨还醉卧，属仆漫呼前。

杨椒山墓道碑 定兴界

我读先生集，久为先生泣。我过先生墓，又为先生揖。分宜肆毒时，大罪炳列十。人人岂不知，只畏祸遽及。天启忠悯心，狄道旋加级。甘受杖于廷，二王苦牵入。风吹满城香，骑箕天外立。瑞气绕泉台，千秋仰原隰。浩气偕丹心，何待人补葺。

涿　州

涿鹿由来是帝都，鼎湖仙去挂龙须。熙朝更有长生诀，万国春台入画图。

张桓侯故里 涿州城外

惨淡风云会，桓侯亦虎臣。蛟龙同得雨，叱咤正留神。是处仍枌社，伊谁号德邻。帝京今已近，天地一家春。

上卢沟桥 顺天界

急欲上卢沟，卢沟不可得。所过多泥泞，荒凉转一色。辗转循长途，策马难为力。望绝不踌躇，低头且暂息。倏惊指顾间，卢沟在我侧。地中启宏图，天开大罗国。万人拥一桥，车马四面塞。置身青云端，视下都逼仄。方知荒凉地，转为此增饰。举手摘星辰，昂首戴北极。天人变化间，从来在顷刻。便拟住天上，不食人间食。

都门杂诗 十首

宫殿云烟里，楼台掩映中。数间桥琢玉，一带藕翻红。乳燕巢晴谷，流莺啭绿丛。上林遥望处，天上瑞光融。

长夏炎蒸候，都门日卖冰。银盘霏片片，玉担削层层。小港看鸥浴，深塘见鲤腾。清凉同一味，傍晚好呼朋。

不尽风光好，歌场与酒场。娇喉连喝采，绿乳对红妆。按节来清唱，倾壶趁晚凉。月明人影乱，冠盖拥花香。

宣武门西去，争传洗象河。万人惊雪浪，三伏跃银波。鼻卷珠抛远，蹄翻玉溅多。凤麟郊薮在，异物漫婆娑。

城外梨园闹，优觞亦可娱。锦翚唯有管，宝顶尽抛珠。曲调分南北，神仙幻有无。累累声十二，四座竞狂呼。观剧人贵者取翎留管，次取项珠留座。梆子腔小旦尾声唱宜男好连十二者，众始喝采。

隔舍绿桐响，琴声满翠屏。愔愔流水曲，落落纸窗棂。伴月披衣坐，迎风近户听。漏残弦渐歇，寒照入空亭。

顿觉朝来爽，西山万笏齐。云中天在上，日下岭皆低。绿柳鸣黄鸟，红莲照碧璃。圆明园渐近，翘首望仙梯。

日落声逾闹，幽栖只一床。避蚊垂帐角，爱月掩灯光。调响谁家笛，更催隔舍觞。繁华无限意，谁复梦黄粱。

碧眼缠红额，西洋妇最奇。耳边环有漏，背上发生璃。岛屿通中国，咿唔笑月支。无须矜绝技，日者暂相资。

日落霞光起，人归趁晚霞。夕阳犹舞蝶，古树正栖鸦。旅思衔杯断，幽怀续梦斜。飘零何所见，瓶傍镜开花。

红鹦鹉歌为贾客赋

海螺红是壳，玛瑙红是石。桃花开后瞥成阴，石榴照眼叶翻碧。谁似君家鹦鹉红，猩猩染血浑身赤。我疑此鸟来陇西，羲和御日赤鸟迹。又疑此鸟出滇南，赤龙拔须血化魄。不然羽翼虽长成，那有鸿毛戴赤帻。绿树衬荫颜不加，余霞照耀色不易。曾闻鹦鹉能救火，长翎刷水水渐释。直愁红羽复引火，飞舞之势燎原迫。到底人情爱暖因爱红，万花烂漫笑东风。况复巧言兼慧性，逢人谁信色成空。

送张芝亭之固安

漳畔栖迟客，分飞近一年。金台重把袂，易水又扬鞭。北望恒山秀，西来紫气连。都门风景好，谁复屡随肩。

太学观石鼓

久读韩苏诗，今来看石鼓。三千年法物，岿然独存古。篆字何累累，字迹多鱼鲁。磨灭已难稽，俯读徒伛偻。维鱼贯之柳，数句尽可睹。其余存者半，多半亦难谱。独怪秦汉前，词人口不吐。唐初盛文章，陈仓近三辅。直待韦与韩，鼓文始有主。太学尚未存，韩子嗟徒苦。数徙乃入燕，稳置学宫庑。金填木作椂，宝之如岣嵝。嗟予一陋儒，鸡醯常与伍。置身璧雍间，籀文见步武。宣王中兴主，昭代文昌府。胜事聚于兹，作诗当拜舞。

白鹦鹉歌

白鹦鹉，何皎洁。来陇西，产冰穴。仙骨珊珊玉为心，想见聪明净冰雪。都中正当六月天，惟汝性不因人热。非不热，容颜绝。面上凝脂如美人，翅上停霜何朗彻。想当玉貌飘邈来，陋兹尘世淄难涅。我语鹦哥儿休矜，高洁自饶舌皎皎。从来容易污喃喃，善语不如拙。君不见，贵妃镜台明如星，鹦鹉日日诵心经。妖梦忽来数有定，自愁此身难久停。苑中鹦鹉冢荒凉，至今人说雪衣娘。于戏！至今人说雪衣娘。

夜　雨四首

细雨连绵入夜沉，纱窗料峭客惊心。寻常一样疏更响，偏和檐铃韵更深。

残烟袅袅枕痕参，隐约檐铃入梦酣。睡到五更全不醒，不堪零落是更三。

梦回仍自响寒檐，故故西风卷画帘。剩有残灯明卷轴，牙签历落尽垂尖。

一声鸡唱夜初删，入户疏星月影弯。最是清怀随处得，烟云瞥眼正相关。

喜靳子泰同年新选庶常

甲第谁先得，亭亭独有君。金坡仙许步，玉署尔能文。愧列鸳鸯谱，难逃鷃雀群。蓬莱天上望，幸勿笑泥云。

苦　热

少陵尝思踏层水，昌黎腰腹坐釜蒸。六月炎暑驱不得，坐使静躁相侵凌。都下三伏热尤甚，摆襶触热人生憎。卓午静坐头欲晕，窗上纱暖日光凝。盘飧当前气熏屋，那有心清穷水陆。因思吾乡当暑日，山水窟中容暇逸。好树连云巢飞鹊，清风吹浪浴鸣鹤。念兹山居亦不恶，长夏如年最足乐。今来上谷留燕北，饭当熟时不能食。置之不过俄顷尔，案上盂中已变色。伫望秋风雁南归，随风依旧故园息。平生不惯学附炎，蓟门酷暑休来逼。

暴　雨

暴雨随时至，寒生六月天。崇朝风满座，昨夜月同眠。冷热分今古，炎凉孰后先。方知燕蓟地，黜陟总堪怜。

落　花十首

一夜廉纤响，崇朝锦片飞。空嗟颜色好，顿觉瓣香稀。粉蝶留残梦，流莺恼故衣。伤心看夕照，漠漠送余晖。

已恨芳春少，重惊宿雨来。风流谁赏识，旖旎尔尘埃。公子收铃索，佳人掩镜台。阑干留十二，往复自徘徊。

西窗声料峭，故故有蛩鸣。满院胭脂冷，空阶锦绣盈。飘来犹拾翠，扫处半飞英。不信封姨妒，园林试一凭。

漫说衰由盛，方知色是空。数枝犹泣露，几瓣尽随风。剩有愁生黛，徒教泪溅红。童儿强解事，蹴着笑玲珑。

底事情如醉，无端梦不醒。美人多冷落，春意最飘零。西子溪犹碧，昭君墓已青。古今同一恨，高枕锁窗棂。

日暖烟生玉，窗虚肉映纱。乱红吹不散，空翠扑犹加。纵有回风舞，谁将羯鼓挝。殷勤枝叶护，隔岁想仙葩。

绿珠楼上坠，宋玉可招魂。信有香能返，难云色尚存。隋园消旧梦，洛浦访新痕。谁赎文姬去，萧萧日渐昏。

绀紫难添色，朱殷欲有零。三秋人未去，历劫尔难停。对此情无极，飞来味尚馨。佩环留不住，凉月下空亭。

阁道铃犹响，图中面不逢。明皇嗟入蜀，汉代泣和戎。古有难追恨，今多绝望容。绿阴铺满地，恼杀影重重。

花风二十四，花信竟何如。寂寞谁怜汝，荒凉独感予。几年遭佛劫，旷代近仙裾。想入非非际，三生幸友于。

廷试报罢呈周石芳侍郎即以述怀

有鹤何能舞，羊公徒蹙颦。先生权静听，鲰生得敬陈。林也年少日，读书异众人。声诗求屈宋，章句追周秦。穷年劳披览，得助若有神。以此超流辈，文章惊使臣。秋试虽屡黜，身价绝风尘。谬承先生荐，老大拔成均。每以国士器，斯文刊要津。来都百余日，滥厕观光宾。方异谋升斗，岂敢学隐沦。谁知揣摩谬，屏弃盖有因。甚负先生意，奖饰荷陶甄。今当雁南度，随风出城闉。鞞山漳水侧，著作望等身。不求苟富贵，亦不愧清贫。他时访弟子，少微灿星辰。

同李晴峰郝默斋高龙门诸同年游金鱼池 二首

都门遥望暮云平，携手同行傍晚晴。扑刺游鳞随浪涌，已知秋向碧池生。

霞光霭霭到畿南，绿树红云镜面含。自是恩波随处有，不堪憔悴照清潭。

上户部侍郎黄左田先生二十韵

太乙文昌职，神仙宝玉司。奇章能却贿，李绛本无私。每管金仓事，应培宰执基。往来投利刃，出纳讵纷丝。万户瞻农政，千家仰度支。屏风堪表节，补服漫称奇。伏猎讥何有，秋毫计在兹。屯田苏有绩，武库杜偏宜。忆昔衡文日，常怀应试时。并门县藻鉴，唐俗采风诗。捷足驽中马，名材药内芝。鲰生同感激，下里漫栖迟。小草栽原浅，春风坐有期。文章分甲乙，臭味绝差池。酉岁圜桥贡，庚年礼部知。不材嗟雾隐，大德久云披。再被抡才黜，重来抱璞悲。真成鸡笑鹤，未许鲤翻螭。画虎应惭我，登龙又向谁。堪怜归浩荡，千里隔京师。先生视学三晋时，岁科两试俱拔予前茅，寻以优生咨部，将取贡，不果。事在庚午年，尝批予试牍及窗稿数篇。

留别同门刘露亭比部

旧挹司曹者，新联一瓣心。香分滇水阔，秋到蓟门深。老骥驰西极，栖禽返故林。明朝挥手去，书寄待琴音。露亭为乐山师高徒，时寄信，望回音。

留别董竹溪太史

久宦君思旧，还家我独非。人随秋雁去，客话故山违。蓟北羁官籍，畿南问钓矶。双鱼何日到，落月照柴扉。

留别同寓诸同年

久拟京华住，其如舛命何。应门人绝少，到处债偏多。未许争骐骥，难言决鹳鹅。诸君分袂饯，忍泪把秋螺。

都门早发宿长兴店 二首

寒檐月未坠，鸡鸣人揽辔。送者六七人，个个心如醉。来时是何心，一官畅所志。去时又何心，被黜容憔悴。生本沦落人，计年四十二。所遇皆穷途，自顾涕欲泗。冠盖盛京华，立脚独无地。秋风吹我衣，秋雨代作泪。去去慎勿言，征程第一次。

怕见前来路，见之如堕雾。不过数月耳，往反分朝暮。前来兴欲飞，瞬目不暇顾。卓午又来此，卧床不成寤。店主向我言，先生勿自误。暂去仍来京，求官志须固。皇家正需材，开馆常记注。赋诗须近时，写字合四库。考馆补显官，数年可展布。兼可举京兆，尺五天独步。胡作守株迂，归去欲待兔。拜谢主人情，惠我邀荣遇。我非高尚徒，遭际实难诉。都下生计艰，落魄心所惧。兼以年老大，逢时亦无趣。乡闱既非遥，何必违其故。倘登鹗荐途，计偕再来赴。我生命多舛，妻孥还待哺。旅馆觅潲灖，龌龊幸不苦。孤负挽留意，此情原无恶。话别频倾壶，明晨过古戍。

获鹿道中遇雨

已是轮回地，频惊劫数更。连山云带润，近水电偏明。暴雨凭滩到，洪河遍地迎。淋漓衣尽湿，瑟缩笑鸥轻。

自都旋里宿洪水镇

关河连日到，禾黍近深秋。客况床偏稳，乡音语倍稠。愁从今夜绝，心籍故山收。检点轻装未，新诗当债酬。

祷雨店子渠有验呈王明府西山先生三十韵

县小花开满，农忙稼未抽。祷林逢茂宰，符契托神庥。几处官曹集，时明府率僚属分祷。南渠我辈由。心勤途失险，足茧汗难休。一至三更赴，频听午夜筹。鸡声村寂寂，灯黯路悠悠。踊跃趋丹壑，追呼引翠畴。日胜星倏灭，树涌雾初收。古庙团松柏，香龛护冕旒。庙祀焦氏，昭泽龙王。衣冠重振肃，拜跪各含愁。此举元非妄，伊谁认寡尤。人神能默契，风雨得飕飗。渴想奔泉骥，晴看浴水鸥。洞开乘宝筏，瓶汲贮灵湫。入洞取水。约发杨枝插，吞声佛号讴。俗祷雨冠杨柳，呼南无。肩随龙盖转，踪接凤旗稠。极望云堆岸，重来水荡舟。来时西北已雨，漳河涨。往时川利涉，归际渡偏忧。雀跃迎郊外，凫飞遇陌头。同来民吏错，齐上埠坛幽。设坛东寺。眼泪还偷拭，尘劳竞互酬。仰天飞叆叇，匝地拥锄耰。顷刻檐花落，回翔石燕浮。绿云消溽暑，紫陌润新秋。馌妇提筐反，田家戴笠游。操豚从野祝，报赛荐嘉馐。利自推神伯，功还仰邑侯。几年膏泽渥，今日悫忱投。董子儒宗远，明府用江都祷雨法。香山古句遒。琴堂恩浩荡，翘首颂盈篝。

烈妇诗 有序

烈妇李氏，邑韩壁人。年十五，嫁于土河村魏某为妻。未逾期，夫采薪坠崖死。时妇归宁母家，闻变，踉跄至，一痛而绝，救之得苏。不食，俄而绐其姑党曰："若能指示我夫死所，得一望而哭，即作未亡人无憾。"家人信之。其夫之死也，尸为姊所舁归。妇遂挽姊以行，至，则高山坠石，鸟兽悲号，残魂已杳，寂无人声，妇呼号望崖而投。村民不及救，未移时而卒。年十六岁，嘉庆十年某月日也。土河环山少水，巷无居人。而魏氏不知为死者求旌，事遂寝。予先人有遗业于此，岁恒至，求得烈妇投崖处，为之怅然凭吊，不减古烈丈夫也，因作诗以记其事。

土河名河乃无水，土河有山势隈垒。中有烈妇甘殉夫，身殁数载无人诔。妇何姓氏夫何人，夫婿魏姓妇姓李。魏家夫婿躬作樵，采得薪来助甘旨。悬崖坠石命已矣，糟糠之妻一朝委。问妇此时年几何，罗敷采桑岁可纪。嫁得黔娄未逾期，谁云此变即当死。烈妇宁母氏，归来痛不起。家人再三劝，母氏亦来訾。绐言夫死何山隈，得望其处为幸耳。家人信之不复疑，烈妇出门随阿姊。不闻樵者歌，但闻猿声悲号入骨髓。不见往来人，但见太行山麓势迤逦。直下数仞深无底，残魂血缕约可指。寄语家中人，我夫在此俟。不敢临崖反，尚觉化石鄙。一声泪堕一身倒，贞魂粉碎危崖里。可怜烈妇甘殉夫，可怜村民不挂齿。沧桑荣枯倏忽变，谁采清名汗青史。作诗指点行路人，断臂割鼻安足拟。

丁家垴课田

峰回路转白云巅，历尽坡陀到野田。绝顶开涂人入瓮，深沟汲水月生泉。村落悬崖，渠有水泉。一犁初雨三推日，百亩新畬二月天。借问春光何处早，流莺声彻绿杨烟。

客斋送程午亭游辽西 二首

关塞三千里，风霜廿六程。胜游谁赋别，久坐客愁生。砚冷温余火，书青照短檠。夕阳鞭影外，应忆故人情。

惯作冬烘客，明年又一年。老驽恒伏枥，壮士每筹边。路绕行宫外，梅迎古驿前。归来春正好，纪胜有新篇。

留别祁县书斋

一年小住傍柴荆，卧雪寻春赏最清。暂去莫垂留别泪，重来仍见故人情。茶炉拨尽余寒汁，牙轴高悬绝诵声。落得帘栊真自在，梅花竹影月盈盈。

戏赠友人续弦 二首

琴心一曲引文君，彩凤求凰定不群。入户未瞻瓜子面，搴帘先讶石榴裙。灯前合卺新添酒，梦里登台旧有云。我愧鸾胶犹未续，夜来佳话欲平分。

知君的的近红妆，杨柳春风百事忙。镜里画眉颜欲笑，怀中剥乳手生香。扶来婉转莲生步，试到温柔玉满床。只是佳人先胆怯，鬑鬑颇有奈何乡。其人有微髭。

岁暮将自祁县小义村书斋旋里先寄家人有作 二首

残书抛却寄家书，忽忆家乡怅岁除。潘岳悼亡今已矣，马融设帐竟何如。他乡跨鹤留陈迹，故里飞鸿有定居。漫道应门无五尺，吴姬抱子解烹鱼。是岁室人亡，侧室生子。

不堪宝瑟挂重帷，又见吴儿尚哺儿。但有明珠擎玉掌，敢将破镜照愁眉。沧桑变态人嗟异，俯仰随缘我自知。料得归家还舐犊，椒盘柏酒共嘻嘻。

土河村李烈妇殉夫投崖死邑侯王西山先生作诗勒石四方宦客多咏其事邑中士亦翕然和之要自隗始因再吟以附前篇且殿诸公焉

怅望贞魂又几年，太行山麓土河边。冰心一点完名节，热泪千行洒素篇。语石停骖留吊客，口碑载路达重泉。书生事业无由显，屡写清诗待汝传。

薛鸣皋以同人所题双蝶图扇索题

双双粉蝶斗花梢，无数玑珠满纸抛。摩诘诗中原有画，不需贾岛再推敲。

钱　呵

清晨索阿堵，对之发长吁。兄有神通力，何独吝寒儒。飞飞化蚨去，杖头存几余。贱子最挥霍，今为世揶揄。床头杀风景，囊里成空虚。面目笑枯槁，举动多龃龉。凡此贫病者，将毋为兄与。请今与兄约，非徒较锱铢。不用兄去耳，用之兄来诸。想兄性圆转，谅不怪吾迂。隐闻钱神怒，此君亦何愚。凡事豫则立，不见是为图。吾实不吝尔，尔自不相于。平昔托清流，臭气曾诟吾。一旦遇缓急，方欲权有无。吾辈时过访，尝恐塞破庐。眼孔原不大，又不善处余。一文方到手，子母全不拘。数百谋一馔，十千兑杭酥。甚者缠十万，奢望驾江湖。昔日邓氏聚，贯朽不肯驱。近者和家癖，善贾尚不沽。诸虏惟善守，侬故不违渠。而今自铸错，素不善积储。吾将从此逝，往来数难乎。叩头谢钱神，幸宽小子辜。凡兄之所呵，一一非相诬。半文原不值，拙性最难除。听兄自来往，不敢泣穷途。

东党参歌谢窦止斋见遗

沈阳高参天下闻，黄金数两才几分。寒士购此原无力，眼穿上党想氤氲。上党地形天下脊，参种茸茸结津液。自从石赵家园生，延蔓邑东石门隙。故人怜我虚病侵，持赠数把号东参。呼童汲水煎活火，浮浮吐气响清音。鼻观一嗅通佳味，那待尝之始调气。如此笼囊不厌多，千金买来恐耗费。我闻沈阳之参近非真，贾客栽种每相因。以假易真人莫辨，盛以锦篋售愚民。又闻高丽所产坚且壮，根苗芦头如沈状。究竟功力同不同，往往索价最上上。何如石门即是吾邑村，价廉名实性和温。菁华虽逊沈阳种，在昔采之有专门。寄语贵客豪华子，莫图嘉名求彼美。金玉其外内败絮，卖柑者说诚可耻。君子小人尚溷名，一苗真赝将谁争。但得上党真种子，远胜奸贾盗虚声。从今服此元气足，何时得报一饭情。

潞州怀古

三垂冈上溯前游，乔梓同来几度秋。亚子果然超犬豕，奇儿早已笑骅骝。百年歌罢含酸泪，数矢遗时雪壮愁。记否国门瀔鹣爵，而今夹寨适堪酬。

上党怀古 二首

无官可赏赞皇封，三镇平由泽潞功。上党尽凭藩节号，李回深喜泽袍同。于今郡县烽烟绝，在昔河东跋扈雄。漫道武宗能任相，淮西远略有余风。

太行山畔问前程，父老犹知北镇名。郭谊细奸全卖主，魏公均罪不留情。腥膻久扫壶关隘，激壮如闻潞水鸣。回首地形天下脊，徒夸险固几能生。

闺　思

春来何事最消魂，花映纱窗柳映门。独坐深闺谁与语，衔泥燕子没苔痕。

暴　雨

连日多阴雨，今朝更暴哉。雷霆凭地起，铁骑破空来。顷刻檐花落，须臾霁景开。神功终敛却，佳句想三台。

感　镜

影落流星片片融，也随寒鸦背花重。可怜一段清如水，不照芳容照瘦容。

闺　鉴有序　六首

诗有闺情闺怨而无闺戒，作《闺鉴》以补之，欲闺中知所鉴也。

岑楼高数丈，大厦闭重关。金碧流辉处，雕镌错彩间。花开纱映肉，烟袅篆联环。冰雪帘微动，依稀认翠鬟。

孝帐连云起，行行艳妇来。青蛾娇白屋，红粉伴泉台。绝少麻衣著，居然锦段裁。游人评赏处，一笑答余哀。

灯火连天闹，佳人看剧人。联车拥绣髻，满座笑丹唇。瓜子徐吹壳，菇烟迴出尘。无端来暴客，忍怒怕惊邻。

窄窄人争小，弯弯我见怜。每当新妇到，顿使万声传。绝顶飞双蝶，凭空落瓣莲。马嵬留锦袜，无乃太垂涎。

绿柳长堤外，钿车似水流。香风吹粉黛，软语盼娇眸。只有儿依稀，全无客当头。仆夫辕外坐，纳履忌曾不。

密坐罗嫱且，联姻号阮刘。探筹添皓腕，喝彩间娇喉。珠履交相错，银波顾盼流。淳于当此夕，一石醉难酬。

卷之二

拟古杂诗 十二首

绿竹何玲珑，碧梧散清风。中有一凤凰，食竹栖其桐。既鸣而且舞，五色耀晴空。人生无文采，何以饰匪躬。

清风吹明月，斜挂古松前。下有会心人，超然无俗牵。自言此中趣，得之不用钱。持谢红尘子，胡为苦烦煎。

入溪采紫砚，摘须作名笔。置之几席前，情闲性以逸。中书头忽秃，端石自完质。涉世贵藏锋，对此爽然失。

昔欲结芳邻，恒苦犬吠贫。相知信有日，形迹反不亲。入门先踟蹰，上堂不逡巡。主人诚倾倒，遑恤声狺狺。

忧思忽而至，成句。止棘何营营。三人成市虎，聚蚊响雷声。幸有冰壶鉴，体物得其平。谗言虽罔极，水落石自呈。

平生二三人，同盟而为友。阔绝因间言，谁肯执其咎。静夜还自思，不忠我已有。物腐虫乃生，人言在其后。伐木歌丁丁，此道贵长久。

出妇背面啼，红雨落玉梨。新人何袅袅，云鬓漾玻璃。东邻来丑妇，蓬头而历齿。见妇发厉声，谓出城有理。想当事夫日，举动任所之。阿娇元善媚，不汝遣何为。长跪谢丑妇，诚如卿所訾。有美深自蔽，反为邻里耻。驽骀笑骐骥，从古即如此。

空庭老榆树，枝枝挂青钱。随风为簸荡，落地亿万千。童儿争拾取，谓此世所怜。岂知阿堵物，一一不任穿。因思守虏痴，吝惜何其坚。藏之扑满里，何异弃阶前。

筑室谋道左，三年不成屋。鲁莽力田园，秋至何能熟。不断反受乱，辟则为世僇。唯有古圣贤，虚怀若空谷。天下本无私，庸人自碌碌。

十年尚守贞，金闺贮倾城。借问兰芝女，毋乃妆奁轻。明珠为上饰，翡翠足下萦。有时摇细步，一片琳琅声。东阿誓不嫁，轻薄漫相迎。不遇梁伯鸾，谁能移此情。

君居白狼北，妾住湘江边。湘江竹有泪，君身隔云烟。幸有千里月，夜夜恒经天。不见湘江水，但看月孤悬。月明有圆缺，妾心无后先。

昔年慕远游，纵观括地球。北登燕然塞，南望洞庭秋。沧海穷岛屿，西极骋骅骝。绣错中原胜，浩荡惟所收。兀兀已数年，壮志何能酬。穷大必失居，此意恒悠悠。

咏史之二 五首

有力难割公闾腹，无木可枭元海头。夕阳一语了西晋，江表僻处浪悠悠。百十年间弃河洛，王谢相业差堪酬。兴师不问十六国，风声鹤唳苻秦愁。只此一事堪围墅，足减数世清谈忧。首二句邵子语。

青衣执盖真个丑，夺玺堕车报非偶。刘渊石勒陷中原，继者纷纷何其久。虫蛆已叹瓜离离，虮虱又知衣敝垢。神州陆沉几春秋，追原祸端谁为首。他年南北判鸿沟，堪怜晋代事已有。

艳丽风流数南朝，就中佛事盛梁萧。宗庙面牲绝血食，舍身亿万何喧嚣。空即是色陈叔宝，狎客嫔妃斗香娇。后庭花开绕玉树，粉白黛绿描诗瓢。君不见，北齐亦有小怜美，更请君王猎一遭。

北朝文物颇近古，后有宇文前道武。五经博士仿周官，崔皓苏绰齐拜舞。召除鹫院毁贝经，耻与江左空无祖。自从达摩渡芦江，灰劫大数无其伍。人言瞿昙最有灵，敬之毁之都无主。

黄尘汗衣皂荚理，普六茹坚实后起。扫清六合通北南，三百年来谁与比。奈何立广信独孤，捶床误我嗟已矣。西苑离宫数百区，万人莫挽龙舟水。可怜遭春诗验焉，杨花落尽乃生李。

介休李侯村传有汉李陵墓魏云榜作诗索和诗以辨之

将军降虏便从戎，此地如何马鬣封。欲为英雄留胜迹，不妨村落表侯功。平生深愧苏属国，一代关情太史公。讹以传讹权吊古，五千精锐野棠风。

祁县怀古 三首

钗钏家家卖，脐灯竟自烧。司徒锄篡逆，陵庙雪灰焦。变起关东众，名高汉献朝。隆夷事工拙，凭吊黯魂销。

伯喈才一叹，何遽狱难逃。旷代斯文尽，伤心国士遭。三台踪枉结，太尉首徒搔。恨杀囚蚕室，翻嫌史笔高。

唐代能诗者，飞卿号八叉。西昆名许共，扬子辱难夸。艳曲人争仰，方山尉偶加。霸才谁是主，凄绝露珠花。“花房透露红珠落”亦温句。

晋祠怀古 四首

一水名全晋，平畴拥稻花。环流清启镜，小涨怒号沙。柏老撑寒翠，祠高掩绛纱。桐封真胜地，回首数峰鸦。

流水还如玉，青莲句曲包。山川罗霸王，风雨助龙蛟。是地摧隋柳，何年续楚茅。兴亡真一瞬，往事听鸣坳。

公主千春宴，同郎返晋时。契丹何有父，石氏竟如儿。烽火频掀顶，神仙一着棋。川流依旧绿，永叔漫题诗。

未得登悬瓮，昙文问老僧。洞云森列碣，石藓剔凭灯。往事鸥浮渚，寒声雁断鐙。曝书亭句好，枥马借何曾。近人朱竹垞游此，见《曝书亭集》。

清尘寺芍药 二首

觅得维扬种，今来几树看。殿春偏有艳，带雨正流丹。贝叶翻余碧，昙花笑未残。离情休把赠，香界满阑干。

玉盘曾供佛，金带相公夸。桥畔今初谱，仙宫第几家。红灯烧彻夜，白犬吠残霞。一切都空像，回头噪暮鸦。

昭君曲

昭君远嫁白草寒，马上琵琶行路难。千古美色嗟弃置，至今尚论犹心酸。当时画师不肯赂，塞外应悔摧心肝。讵知掩闭深巷里，焉能玉貌冠宫纨。君不见，六国美人入秦室，高唱宫怨月团团。

遣　兴

季子不理于其嫂，后来佩印匍匐倒。应侯曾受折胁辱，茎豆马食解烦恼。丈夫恩怨必分明，此语去古已不少。冤怨相报何时了，犯而不较乃为宝。

屡荐不售慨然有作

不作焦尾琴，爨下觅知音。不为柯亭竹，赏识得其深。空教卞和伤刖足，抱璞不遇难为心。谁是没石饮羽技，短衣杜老何处寻。

偶　成二首

草木嗟同腐，诗书独自全。男儿千载志，贫贱几人传。皓首争荣辱，青云别后先。蹉跎年已老，屈指又年年。

马尸真裹革，班笔已封侯。事业前贤著，桑榆若个收。聪明千虑失，浩荡百端愁。历历芳踪在，琅嬛几度抽。

淮阴侯墓和友人作墓在灵石岭上

鸟尽不藏弓，淮阴愧蒯通。汉家皇后妒，国士主恩空。此日王孙泣，他年外戚雄。何须诸吕王，已是牝鸡风。

同人赏菊分韵得佳字

佳客逢佳会，东篱兴亦佳。秋阴鸣雁共，明月草虫偕。带露香三径，因风淡一阶。凭谁称靖节，老眼试频揩。

咏史之三 三首

曾闻新丰涌山奇，高二十丈旁有池。其中禾黍特具状，奇奇怪怪龙凤姿。又闻淳风占术异，女主代位危唐基。求而杀之灾愈盛，天之所命谁能移。咄哉咄哉武则天，四千年史无其时。

杨家姊妹斗红妆，秦姨虢姨俱赐庄。每岁十月从驾幸，五家队属何风光。遗钿坠舄道旁羡，十里烂漫流余香。渔阳鼓角动地起，鸟啼花落悲上皇。女宠色荒何足论，风流独有唐三郎。

早生圣主万民福，半夜宫中对天祝。精诚一点果通天，天降赤光已野伏。五季独数周世宗，劝于民事毁天竺。何如嗣源一武夫，不以天下为所独。君不见，祖龙赭衣遣数千，王气凿断鬼应哭。

七　夕

银河浅淡月笼轻，万古徒留七夕名。天上果能星合渡，云中已是雁离声。盆莲浸露红逾湿，砌草披风绿渐清。最是深闺情不解，空床拜罢有余情。

鞞山怀古和李晓林韵

磊落胸襟是此翁，鞞山云扰洛城东。果然逐鹿追王气，不仅兴龙鄗伯雄。长啸一声开闰运，传家两代没奇功。南朝北魏须臾事，莫遣行人吊羯戎。

题乐山师《万里还山图》

出山亦何为，非徒为小试。还山又何为，无乃非其意。我代图中人，曲曲想胸次。浣花稷契心，万里来作吏。吏罢挥玉麈，骊驹唱不置。去去且勿言，心事何曾遂。我乃为题诗，富公宦游记。出山既有因，还山亦高谊。事业虽无多，快意有其二。诗卷在人间，宿儒皆远僻。九府十六州，文章久衣被。名流晋水清，身还凤羽翠。云山绘叠叠，琴鹤迤逦至。壮哉还山图，我读心如醉。

奉送王乐山师自晋阳书院归滇 五首

惊传驺从赋言旋，卧病漳滨夜不眠。立雪琴堂成往事，折梅驿使在何年。春风桃李花初发，秋思莼鲈味欲涎。此别恐同烧佛劫，滇南冀北涕涟涟。

十四年来臭味真，而今弟子孰传薪。儒冠画饼难充饿，佛钵盛金不馈贫。只许登龙评月旦，何曾附骥绝风尘。低回枉费雕镂力，老我离情泪满巾。

满城桃李饯征鞍，万里长途夕照残。楚水孤帆风味冷，黔云卷瘴树声酸。三年雨化春常在，百里雷封荫尚宽。此去不须愁旅况，儒林循吏并登坛。

尺幅名图万里程，寄来文笔更伤情。月明梁上魂无定，草白城垣梦亦惊。落日那堪云渐合，登高怕听雁吞声。他时景况今先得，已觉离愁不断生。客有为先生写《万里还山图》，先生因自撰序，其寄林书云：“落月满屋梁，犹疑照颜色。努力崇明德，皓首以为期。”去后情景，尽此数语中，前四即用书意。

曾闻清德属庞眉，先生先世多寿考。莫患投怀玉燕迟。既有崇龟称佛子，那愁张邵是楂儿。还山滋味桃源得，涉世风波鹿梦知。我劝先生休著意，沧桑阅遍总如斯。其序文有“伤丧子”及“情随事迁，感慨系之”等语。

题丽人小照

巫山云雨楚襄王，梦到荒唐事亦香。谁是花开衔野鹿，红巾青鸟艳垂杨。

渔舟唱晚图

霞光斜对阁头江，片片回帆启晚窗。满岸芦烟孤鹜起，月明秋水唱渔腔。

细　雨

细雨蒙蒙展画图，如烟如雾洒平芜。田园凹凸看明灭，楼阁参差望有无。散向青山梳鬓髻，飘来秋水绉氍毹。鱼游碎浪鳞穿罽，蝶恋飞花翅压珠。槛外丁丁摇铁马，帘前袅袅篆香炉。谁家织妇愁添线，几处行人懒问涂。最是幽怀凭枕簟，偏宜逸兴饫醍醐。蝉鸣古树音逾静，鸠唤危巢意不孤。启户阴风收远岸，登楼爽照扑城隅。霞光入座残云卷，快睹晴晖沃野纡。

书七月十五日事

七月十五中元节，瓜果垂垂中庭设。小儿跪拜礼不成，小女跳跃频偷窃。此时秋初暑气蒸，滂沱暴雨倏忽兴。平生好奇如好古，饱看大雨阑干凭。陡然座下水侵器，回顾中庭已满地。不知水从何处来，稚妻弱子谁能避。堂后有堰堰复高，堰上通衢水迢迢。傍堰居人不治水，翻使浸堰堰涌潮。家童飞报得其处，老夫冒雨出门户。贫无畜仆侄散居，不呼四邻谁是主。南邻呼偏呼北邻，求助唇焦且蹙颦。会看雨势更倒井，兼有霹雳怪惊人。畚锸一时难为力，聊以巨石杜不测。急穿水渠水别去，剩有余功且暂息。须臾雨住水不流，自顾此身方觉羞。短衣犊鼻斜戴笠，怯立雨中缩如鸥。归来中庭不可入，水退淤泥除不及。盘盂有饭饭皆寒，妻孥指画声声怚。我劝妻孥且莫愁，人生得失难推求。佳节方贺旋遭变，祸福从来说不休。试教密云不雨雨于夜，夜黑无人事转怕。说到此中都破颜，快呼热酒醉阶下。儿童欢呼鼓腹游，笑我衣湿风飕飕。频推瓜果犒邻里，仰看归云天外浮。

咏　古 三首

晋惠死饼毒，伤哉亦何愚。安知非红丸，智者不及虞。观其惜嵇血，服之不肯除。何异旌折槛，忠佞鉴不诬。蛙鸣都莫辨，此语果有无。

古人耐琐屑，竹木巧如拙。古人重勤劳，借甓运筋血。中原正格斗，坐视岂英杰。砥柱镇狂流，炼石补天缺。所事济与否，肝胆沥冰雪。麈尾谁家物，毋乃胜口说。卓哉陶侃训，我心为之折。

圣人贵定静，缓急各有宜。四郊正多垒，围墅非其时。小儿已破敌，毋乃矫情为。临事在知惧，孔氏焉我欺。

阶前草花数从红绿相间绀紫纷披临秋转艳爱而成诗 三首

满院花阴满径杉，晚风料峭卷秋衫。攒来碎锦童偷摘，落处残英鸟尚衔。镇日樽开看一一，有时客到话喃喃。输他岩柱篱边菊，自尔清幽景不凡。

偶移斜影上珠帘，渐卷残须入帽檐。底事多情心欲吐，无端含意手频拈。清风到处摇歌扇，明月随人启镜奁。绿射纱窗红射眼，新秋逸兴正无厌。

绛霞初放紫云苞，历落分明浅淡交。晚浴秋风琼佩响，朝衔湛露绀珠抛。寒蛩故故眠低叶，瓦雀双双将远梢。兀坐隐囊情不已，手携灌瓮句轻敲。

寻药师庵

仄迳斜阳又一山，漳涛倒跨小桥弯。春风遍拂龙蛇窟，落日平临虎豹关。面对西来重关。蔼蔼红云天外闪，盈盈远树望中删。清幽不与南冈接，留得危崖任客攀。

春日游南堂

香风不断转红尘，柳拂烟霏渡远津。几处草光嘶勒马，无边晴色惹游人。虬鳞乱拥苍株老，菱面频开碧水新。寻得山僧茶饼熟，白云窠里杏花春。

神仙洞沟 二首

桃源自昔杳烟霞，散步东郊路转斜。两岸回峦萦绿树，一湾流水绉平沙。樵童跨犊肩翻笠，馌妇穿篱鬓惹花。寄语武陵休问讯，人间到处有仙家。

晴岚积翠晚风前，故故黄鹂夏木巅。近水楼台俱入画，傍崖鸡犬讶登仙。刘郎去后天台杳，王质来时局道偏。肯与群鸥相狎处，钓竿轻拂一溪烟。

赠张筠庵明府二十韵

林也驽骀质，钦君廊庙贤。骅骝权伏枥，鹰隼必高骞。昔授河阳县，名腾谷远边。郎官遭偃蹇，狱案苦钩牵。部议求疵累，天书宛玉全。张署沁源，以狱案议降，引见得补县丞试用。囊空谁与赎，性定不求圆。遂解银章佩，聊需粉署联。铜城谋馆谷，漳畔摄微员。张馆沁州署，今暂署予邑典史。永昼棋敲簟，良宵鹤伴弦。衡文勤下士，纵酒拟登仙。每矢单寒念，恒余草泽怜。识韩今有路，御李旧多缘。客岁东堂黜，高秋古驿前。班荆蒙慰借，缓辔得周旋。庚岁予应省试，榜落，路中得晤。谬托胶投漆，空怀翰染笺。琴堂重握手，蓬巷屡随肩。感激芝兰近，苍茫岁月迁。梳翎仰知己，屏气叩诗篇。丹桂何年折，琼梯指日悬。为君歌此曲，浩荡舞蹁跹。

春日送魏云榜广文赴省试用即以述怀报太原博士杨定轩王松坪并问阳曲张中翰遗稿因有后三章 六首

谒部挑原早，除官计尚迟。束装聊赴省，摄篆且需时。草绿边城戍，花开古晋祠。征途饶得意，尊酒暂相离。

学也非求禄，儒冠自昔贫。休思纨绔习，强作宦游人。傀儡终嫌假，麒麟要认真。风流原有价，安定仰前津。

乡举人争重，儒冠世最轻。身闲书易读，俸薄性能贞。此日骊驹曲，他时苜蓿清。鳣堂留惠否，香瓣问诸生。

郎署君今得，名场我倦游。平生耽著作，身世笑沉浮。白发何来早，青云不到头。明珠抛满案，覆瓮已先愁。予著书七种，无力付梓。

晋水浏清处，儒巾厄两贤。谈文心独慧，作诵口流涎。典雅耽成癖，推敲句尽仙。君行应过此，报我病同怜。定轩能文，松坪能诗。

生死知交客，并门更问谁。中书抔故土，斗酒酹新碑。我昔论文地，君今小住时。名山藏果否，凭吊有余思。张中翰前年故矣，予向集青主遗书，张尝索稿广辑，未知成帙否？

赠蔡虞夫吏目 三首

蔡摄县典史尝游禹穴登泰山能诗工八分书

蔡子千人杰，初逢即有缘。临春诗发艳，满纸笔生烟。冀北需参佐，漳滨备末员。风流兼磊落，来往欲随肩。

城外川光绕，衙前拥翠岚。马原推冀北，人或拟江南。偶聚星惟五，招朋益者三。此邦风最古，君试久停骖。

足迹半天下，东西南北时。探奇窥禹穴，选隘阅秦碑。我有幽栖癖，君多纪胜诗。他年随宦辙，策杖到瑶池。

和蔡虞夫客游八咏

日观峰

岱宗气概正嶙峋，齐鲁青来未了因。半夜峰头观日出，海边波照阔无津。

荣成观海

无风鼓浪望漫漫，天水相连欲辨难。海市未逢留日脚，波间岛屿尽流丹。

芳乐苑

宫市无闻水一湾，东昏何处望烟鬟。金陵剩有云霞丽，依旧江光艳蒋山。

平山堂

淮南壮丽更无双，四座传柑唱晚腔。莫羡琼花称第一，风流太守照春江。

金　山

润州山色倚江浔，万派江流入望深。想见坡翁参佛日，妙高台上静禅心。

焦　山

孝然祠外吸江亭，暮雨残烟入照青。瘗鹤雷轰仙迹杳，何人辨得换鹅经。

虎邱山

吴门西去望邱山，霸气全消墓未删。剩得灵岩西子洞，荒烟蔓草想娇鬟。

黄鹤楼

武昌城外大江流，仙迹犹传骑鹤楼。风雨长留崔灏笔，果谁捶碎浪悠悠。

咏史之四 四首

天津桥上杜鹃见，地气南来觇世变。得气岂尽关禽鸟，如彼雨雪集维霰。青苗新法困民生，怪将诗书谈丧面。南士作相引南人，传法护法何周遍。在昔贾生欲更张，汉文黜之或有见。

金牌十二兵撤籍，十年之功坏一夕。南宋和议实自愚，少保冤狱溯在昔。独怪何物一书生，奸权妒功早为策。从此似道与弥明，偷安苟活群接迹。道学大明莫补亡，谢家论变将谁责。

赵宋家法迈前朝，用兵一事真寥寥。孝宗之言实信尔，侮辽肉金元兵骄。三百年来版宇窄，忠厚开基反飘摇。割据分雄多不久，金辽二国祚遥遥。君不见，猃狁居然叛中兴，周家耀德何能招。

九十年间论斯文，无如鲁斋与白云。二许孰优谁能定，立言必须案典坟。学以治生为最急，忧道君子何曾云。况乎出仕为祭酒，何如教泽衍河汾。白云终老一韦布，一心尊道方殷殷。

暮　秋

黄叶凋零处，霜花只自矜。三秋时已暮，四序感频增。到耳排云雁，惊心脱臂鹰。蹉跎何日补，愁对帐前灯。

秋　兴

短垣鸡叫午，荒迳犬狺寒。近日多幽兴，于书得异观。室虚窗是镜，砚冷笔成丹。检点裁衣未，砧声送夜阑。

登楼忆客

晓起浑无事，凭楼一望余。水兼天漾日，云傍树遮庐。雨洗秋光老，风清古戍虚。雁宾今已到，客意竟何如。

龙泓歌

咄哉咄哉龙泓奇，乃在县东沤麻池。周围数亩涵空碧，其中深浅孰测之。每当朔风吹水立，平指镜面映玻璃。或如巨室陈宝器，古鼎玉瓒尊雕牺。或如龙窟开水面，驾以蛟鼍蟠以螭。别有莲炬燃华盖，灯虫煜烁鳞之而。色即是空空是色，一一映彻人生疑。曾闻词客称海市，冰中幻象古所遗。咄哉咄哉龙泓奇，后来问津读是诗。

沁州怀古

昔年门与地，今日乌苏村。赵将闲鹅鹳，秦师丧魄魂。数家云气合，一带雁声吞。指点干戈地，黄羊没草痕。

春雪行 并序

道光四年三月十四夜大雪，有雷，凌晨压坏家园古槐之南柯。柯旧临屋脊，且不利于邻舍，以有他故，不能施斧斤，尝厘漂摇，今朝为雪所压。所压之处，又为雪衬，两家屋宇无恙，而总归于雪。喜而赋诗，命曰《春雪行》。

雪花大如掌，冻雷半夜响。清明已过七，寒气透书幌。启户看雪雪无声，山坳墙垛一望平。积霰上树树肥重，地连天白云英英。家有老槐高屋闑，南柯傍邻折不折。邻家向我削龙爪，啧有烦言颇饶舌。我昔买此堂，主人诉衷肠。自言此槐最灵异，曾伐别枝招余殃。夜梦血汉县左臂，梦回惊悸不起床。事虽恍惚情真切，每当风雨我心热。既愁我屋摧，又怕邻宅裂。辗转连年无计施，那有鬼斧如截铁。谁知柯落不因风，一夜雪压倏成功。繁枝扫屋屋衬雪，片瓦无惊雪玲珑。老干着屋撑屋角，骨重专车反县空。天公直联雨情好，故遣滕六显神功。从此比邻开口笑，此番春雪雪最妙。只留古槐郁青葱，不忧风号南柯棹。元白绿杨两家春，请与我邻试凭眺。恍如百尺桐无枝，伫见晴云和绿照。

介休怀古 三首

一杯寒食酒，几度《采薇》歌。身隐文焉用，功辞禄不磨。绵山田尚在，介子树偏多。愧煞同心舅，贪天誓指河。

伯喈铭不愧，有道德何尊。党锢超同辈，仙舟重国门。生刍今日泪，老树昔年魂。垫角巾谁羡，徘徊日渐昏。有道墓有汉槐。

四朝真宰相，若个不矜功。晚作耆英会，人荣潞国封。几年辞帝牖，毕世冠儒宗。明道归伊洛，千秋论最公。

画马歌

近代名手画汗血，神骏独数赵松雪。唐家伯虎称后劲，人物工整马少别。君家此帧何处来，数马披练都奇绝。两匹龁草并饮池，一匹磨痒色如铁。别有竹批双耳骏，清高顾视如呜咽。骅骝自命从不凡，战场一洗驽骀劣。迩闻西藏正用兵，万马连钱气嚼啮。一以当十成大功，四蹄蹀躞如电掣。马兮马兮价千金，燕台郭隗心为折。时西征哈式格尔。

城北最高楼遇雨

长夏薰蒸拥麦畦，城楼直上与天齐。雷声忽送云根合，日色斜侵雨脚低。绝顶淋漓惊野鹳，绿崖彩翠挂川霓。阴晴恍惚神来往，伫目依然卓午蹊。

鞞山古松歌

冉闵灭尽石家宗，尚留手殖三乔松。石家故寨改学宫，雍容俎豆非兵戎。两松雁行泮东立，相倾相让昆季从。霜皮溜雨高百尺，倔强撑盖何童童。上者昂首枝四出，下者少俯摇清风。泮西一根尤苍翠，伛偻驼背如拄筇。三松远望荫北原，矗如岚翠矫如龙。有时雨集泮水溢，霹雳之声撞洪钟。石家割据廿余载，三松阅尽几春冬。惜哉既贵召父老，锦衣未回与松逢。君不见，物犹如此我何堪，琅琊攀树泪淙淙。

东郊春望 三首

暮雨连天片片红，楼台掩映百花丛。烟光淡荡春山涌，草色朦胧夕照空。几处钓竿抛水畔，数家鸡犬隔城东。双柑若个寻芳径，百转流莺一老翁。

洗却尘怀与闷容，霏烟满眼兴何浓。白篱倒著三三径，翠盖低垂面面松。挂堞川原明镜碎，入檐村落画图重。桃花流水当前是，莫遣渔人别样逢。

乳莺双双斗尾梢，飞花片片搅云坳。输他百日三春景，总是千红万紫包。麦垄香风油饼熟，楼头明月翠旗抛。游人忘却迟迟日，傍晚情浓过别郊。

离相寺双柏歌

咄哉咄哉双柏柯，乃在古寺县东阿。香叶栖凤不计年，霜姿屈铁坚铜磨。十围叉手穷仰止，突将数丈青云过。两株对立二猛将，珊瑚交并枝婆娑。绀宇尽摧佛碣断，那知植者为谁何。先有离相后武乡，想见晋魏诸头陀。是时皈依穷变幻，名材不减青山罗。至今封殖何足论，偃蹇正坐长蹉跎。可怜空山无人识，柏台梁栋原非佗。柏兮柏兮几春秋，阅尽古今头不皤。吁嗟乎！阅尽古今头不皤，清风谡谡来长歌。谚云："先有离相，后有武乡。"

赠魏生恩荣

我发初覆首，随母汝家走。汝之曾祖母，戏我牵黄狗。旁有文夫子，斑衣舞垂手。导我观画像，云是太康叟。画面如画心，英气摘星斗。至今四十年，忆之常在口。四世乃见汝，幸为名家后。忠孝传汝家，勉旃汝宜守。向我苦索诗，报汝焉可苟。仁者赠人言，愧予非其偶。自古称在昔，兹言果可否。史太儒人，先慈之姑也，其子绳祖先生，生有孝行。魏太康公殉节事，见《明史》"忠义"第五。

南　关

两山对立如执戟，中有古道分等级。清流急湍曲折回，石骨浪溅声似泣。左道盘空右道来，犬牙相错马斗立。就中略展数筵宽，茆店小市聚成邑。当年金人曾屯兵，南朝无人我得入。仰天一叹天如线，时平不怕兵戈袭。金太子叹处。

赠李生秀陵即呈赵敬哉

余年二十二，汝父称把臂。相与赵敬哉，三人同一志。脱换势利情，结契倾文字。兴来山作主，醉后语颇肆。铜鞮与晋阳，题桥思驾驷。伯乐望眼穿，盐车泣老骥。潦倒三十年，归来容俱悴。沧海讶桑田，生死各异地。汝父赴玉楼，忆之如梦寐。秋水望敬哉，知续《醉乡记》。我亦老冬烘，头巾任儿戏。汝今寻父执，怡然不我弃。愧煞尔父子，桥梓都伟器。对汝反无言，气结百端思。别无赠汝物，赠汝一掬泪。死者长已矣，九泉无路寄。持报赵敬哉，兹情渠不异。其父会三遵及、赵敬哉昌业俱恩贡。

平遥道中

麓台方历尽，汾水又撑篙。生计何时得，萍踪到处遭。唐尧封有树，吉甫墓徒蒿。俯仰观身世，床头醉浊醪。

汾阳怀古

离宫别馆尽玲珑，营建当年气概雄。此日荒邱无处问，河流片片一帆风。

述　怀

我生事事都安命，百事无成多由病。自从十五染翰时，背项困疲怕恭敬。昼寝朽木原难雕，偶有客谈尝卧听。兴来每向郊外游，数日徜徉心方定。鹤膝蜂腰并鼠肝，瘦面黔娄难对镜。四十已衰五十老，饮啖粗比少年胜。从此或可学老饕，一笑东风助吟性。

游司徒村十韵

策马临南岸，冲花转北村。鹤巢虬树老，犬吠绿云繁。是处岩穿洞，伊谁瓮灌园。高低峰变影，湾曲水流痕。土砦鼯鼪落，危崖虎豹蹲。残霞收宿霭，曲榭绕层轩。淡荡风微峭，悠扬景欲暄。溪喧吞石骨，山险破诗魂。座有青精饭，香盈碧玉罇。司徒名最古，遗迹与谁论。

书魏一泉诗后 三首

八行闹墨便升天，七字谁人爱谪仙。我旧有情今已淡，对君垂泪复垂涎。

怜才消息信相通，说项逢人口不空。只是炎凉成世态，买船先问孝廉翁。

鸳鸯绣罢再无文，岂有金针可度君。说到庾公曾学尹，洱苍香瓣欲平分。一泉师事王生梦聘，王生尝从余游，余又与王生同学邑侯云南王乐山先生。

谒南山灵润公祠二十韵并序

庙建不详时代，旧称龙泉神，亦曰敷应侯。至宋封今号。明嘉靖间，遣大臣特祭，称南山之神。今每岁三月赛神，尚缘其旧，遇旱祷雨辄应。相传神乃耿将军，为河北二十八将之一。考邑乘及旧碑，究无确据。

奠宇留名岳，崇班列上公。雷霆迴地轴，霖雨赞天工。缥缈层峦外，萦回一气中。胡宽矜巧匠，顾恺有神功。祠前阁无梁，架殿五楹，颇有梅梁奇。曲想蛟蟠窟，高瞻贝阙宫。褒封缘宋始，特祭有明同。鸟迹残碑立，龙文古册崇。松涛喧梵语，鸱吻响阴风。每值三春丽，欣观列鼎隆。都人罗虎节，山鬼避虬弓。粟影金龛护，香烟宝盖笼。钟螭形赑屃，檐马韵玲珑。百拜争趋陛，三呼欲效嵩。莺歌邱谷变，燕舞栋梁穹。蹑屐苔侵绿，流觞曲泛红。由来联华岱，不仅秀南东。暮霭群峰合，祥光四面通。问年穷甲子，访道拟崆峒。孰谓云台峻，翻疑列宿空。凭栏搜往迹，果否印虚衷。

题惠怡园刺史磨镜小照

云母屏开玉署清，风流太守自神明。惊传宝鉴悬堂净，忽讶冰壶对面莹。照我空灵忘色相，逢人研丑自公平。江心漫诩圆光满，挹得心华彻底呈。

春日同魏云榜胡云亭孝廉徐琢堂陈古愚县尉王兰谷诸幕友陪邑侯岳方亭宴集米玉田广文学署 三首

雅会芳春集，名园此地探。山川连几席，宾主尽东南。隔座藏钩秘，分曹射覆参。筵开当美景，明月照晴岚。学署高出城头，山川一览。

桃李垂檐外，槐阴入晚衙。登临皆大雅，谈笑到儒家。我有金兰癖，人多斗石夸。习池风景好，不问种园瓜。

清漳城外绕，一望压城低。伧父无聊赖，官曹逐品题。月临灯影乱，风过漏声迷。午夜忘重宴，残尊听远鸡。

漫　兴二首

竹叶能摇翠，桃花也自红。川原三径外，风雨一窗中。插架牙签富，烹茶石鼎融。月明临杵臼，随意步墙东。

满耳秋声至，寒虫作意鸣。乾坤容老朽，山水爱闲情。有梦留书味，无心望鼎烹。百年同一瞬，身后最堪惊。

客有为余言东山遇虎状聊歌之

漏岩之岭东复东，地近太行万壑冲。磴盘鸟道无旁踪，行人忽与虎相逢。虎踞对面途莫通，抵死推之纳沟中。不知力尽身难容，人骑虎下数丈峰。是时夜黑正隆冬，啸声飒飒响阴风。人虎相抱势皆穷，欲下不下忘始终。偶触虎须手臂松，斑奴得势若脱笼。得命飞来复有躬，谈虎色变古所同，临危妙手真空空。

造　屋二首

求田兼问舍，岂独下床眠。但得茅檐稳，谁教达者怜。营巢春燕熟，培户蛰虫穿。编草牵罗处，绸缪信有焉。

种菊留三径，栽桑荫满墙。花间容立马，竹外好联床。风雨从今蔽，琴书得静藏。传家兼课子，好嚼故园姜。

梅 花

淡淡偏生色，高寒物望收。休思逢驿使，何逊在扬州。

遥送周侍郎石芳夫子旅榇自苏州归葬湘潭

此日湘水潭，呜咽涩且滞。不见大鸟飞，哲人嗟已逝。吴门怅师表，江湖谁路祭。知己感平生，闻讣徒掩袂。牖下老朽材，磨镜苦无艺。何日荐生刍，南望得流涕。

得杨定轩广文书

先生真作者，麟经手长把。不敢信前人，注意独心写。鄙人守树株，何日拜床下。书来怡我情，应知和者寡。

闻大司马黄左田先生予告旋里

客从都中来，侈谈杕度好。事业留朝端，前月已告老。愿赐骸骨归，抗表再三祷。盛朝全名臣，诏许归四皓。先生遂初服，轻装已就道。公卿嘉二疏，祖饯屣应倒。海内思夹辅，垂后有文藻。想见绿野中，一一惬怀抱。谁知门下士，侯芭犹属槁。

三贫士诗 三首

邑中有贫士，其人为窦状。苦爱龙门书，少陵耽绝唱。三吏与三别，手摹笔大放。朗诵《天官书》，如瓶泻水浪。严冬鹑百结，不顾俗眼谤。

邑中有贫士，其人为魏庄。日高厨无火，从容坐书房。六十应童试，背诵金陈黄。不问人彀否，只问好词章。绳规兼矩步，毕世最端方。

邑中有贫士，其人为魏轩。予少曾问字，先生学有源。文笔傲前辈，书法自高骞。苦无灯火具，巨椽作柴燔。先生方高卧，卖书买酒樽。

奉怀王乐山师

不见武乡侯，南望心作痒。昨来乐平讯，彩云仕宦往。当面遇王宰，修志为山长。忆昔归田后，作书辞吾党。晤对再无期，沉浮信或爽。吾师不出山，吾侪终肮脏。云山万里余，安得侍几杖。生当长相思，死作来世讲。再三穷问讯，临风祝饭强。师归滇后，来书云：“此后不唯晤对无时，并寄书亦无路矣。”

辛卯七月将赴省垣病晕而止自是绝意秋闱矣迩值壬辰同人见招作诗谢之借以述怀 四首

到眼秋光好，名场我自知。曾删罗隐泪，不续孟郊诗。安分全贫骨，随禄乐寿眉。此生无禄相，息驾已嫌迟。

仰视鹰初厉，凭看雁影飞。三秋人共健，一笑我忘机。顿觉今朝是，深知昨日非。途穷书可读，回首素心违。

卷轴阎家富，亭林炳枣梨。诸贤勤考索，时辈隔云泥。果有书能著，何妨榜不题。穷通原已定，明月照青藜。阎百诗、顾亭林。

连篇矜买菜，三纸券无驴。如此为文陋，应来作者吁。名经知是佛，卧草不嫌迂。果得藏山业，千秋信友于。

赠刘藻翔广文 四首

青藜芳迹杳难寻，窃幸刘郎入境临。得句桃花千树发，关情芸蠹万函深。春风满座寒回暖，秋水成文古证今。莫怪金尊投契久，当年说项已倾心。刘与予交，云榜其介也，刘读全史。

杨云元草自风流，每怪斯文莫与俦。再有君家罗卷轴，深知吾道足绸缪。鳣堂久绝关西迹，谈苑新邀义庆游。窃恐皋比瓜代侯，骊驹未唱已先愁。太原杨广文国泰喜著书。

古文一瓣念惺惺，若个探源问海星。我愧腹枵多棘手，君忘曲误屡垂听。看来斑管香留粉，说起欧篇翰染青。廿二史书翻绎遍，乌丝纸上走雷霆。刘深许予古文。

汪洋雅度满腔春，玉树庭前更卜邻。剩有箕裘联臭味，绝无城府扰清真。高堂注捧毛公檄，古道思传释氏薪。此日骅骝犹待驾，当途谁是九方甄。刘命子来谒，其补缺尚待来年。

夏日同修城工局诸同人南山小集 三首

翠烟松盖起，绿水绕云深。胜迹名山著，登临我辈心。烹茶资拾橡，扫径爱披林。北望城垣隐，遥情挹远岑。

古寺槐龙蛰，披鳞倒露尖。苔深云影护，干老雨痕添。就此铺歌席，伊谁问酒帘。涛翻钟磬响，晚梵贝经拈。寺有龙爪槐。

何处淋漓笔，高低仰石岩。苔封文可译，藤古字偏嵌。兴到同金谷，诗成启玉函。兹游真不厌，归路话喃喃。

喜城工落成呈明府方亭先生 有序

武乡城敝久矣，明府岳公捐俸劝捐，延吾辈廿四人，葺而新之，其利普矣。林宗无似，恐惠泽久而就湮，爰集同人，分体献韵，敢云矢其文德，或胜食德而忘其报者，得七言古一章，为诸人首唱焉。凡二百七十二字。

蜿蜿蜒蜒何曲折，旧城乍新坚似铁。四面楼角连云飞，城隅一阁更奇绝。经之营之成者谁，方亭先生首捐资。先生有文辉翰苑，先生有政庇城池。工巨难免广招士，绸缪未雨当如斯。我从城南仰城脊，气象峥嵘迥异昔。朝来云霞抹角红，暮霭烟树散金碧。南低北昂拥画图，漳河朝案鞞山宅。临流枕山绝秀明，崭然一新何嫌窄。忆昔我武号涅城，后魏太和始变更。千年畚锸难穷究，增其式廓端在明。我朝岂乏泥垩补，女墙终堕雉堞平。先生奋起襄盛事，百堵重兴素所志。力劝富民挥丁男，唇焦舌敝心不二。至诚感神人乐从，醵金假士不假吏。遂戎置薪成伟功，一劳永逸享其利。何须冬官奏绩隆，众志成城颂我公。君不见，谢埭苏堤并潘县，荫以甘棠播以风。又不见，锦城田父乐泥饮，说尹在口口不空。城北枕鞞山，南临漳河，势若游龙。尊经阁高出城巅。岳公由庶常改官县令。武乡在汉为涅县，后魏太和年迁县于今治，以涅为故城，前明路、戴、黄、刘四公增修。

漳河涨十二韵河发源乐平经武乡城汇于黎城

万壑齐奔注，平滩浩汗波。大声摧地转，高浪驾天过。谷隘流应急，山稠濑自多。西来经北转，东下却南拖。猛势吞江海，危涛乱鹳鹅。吹沙鳌赑屃，决岸虎嵯峨。城堞为船舵，楼台落水窠。紫澜回翠岛，雪浪带晴螺。黎国渟潆处，皋川澎湃阿。直疑槎可上，莫讶凿如何。对此苍茫境，因之激荡歌。龙门指日近，砮箭阅长河。

题先昆仑大夫诗集

江上诗翁俱有名，当年尽许谢宣城。谁知今日骚坛盛，寐寐空山掩颂声。先人宦镇江时，王西樵赠诗有“参佐风流如谢朓”句，当时以为知言。今诸公集皆行世，而先集或不尽知，为可叹也。

午后成诗十数首喜而有作

六十人惊老，成诗兴尚豪。八叉予自愧，三赋古来高。子美才难尽，江郎梦未遭。此生名果得，富贵等秋毫。

哭赵敬哉 二首

白首哭老友，气结不能吼。岂只重交情，深恐名渐朽。平生爱斯文，声名端在后。君集尚未成，吾衰岂能久。绝业穷名山，伊谁说在口。忆昔初操觚，名场同浪走。回头望孙阳，青眼竟何有。隙光叹白驹，古道期与偶。予腹负将军，君才罗二酉。橐笔衍昭明，炼句鉴湖耦。予耽太史公，欧苏与韩柳。各守其面目，相倾不相负。朅来乐山师，一一蒙善诱。维时声气通，升堂争授受。尔来三十年，坎坛不易守。持论河汉惊，角逐争妍丑。庶几有千秋，或不愧野叟。一朝隔幽明，只手可擎否？古人耐久朋，佩印荣组绶。生死虽分途，富贵居人右。尔我通贱贫，千金享敝帚。区区竟在兹，大惧成覆瓿。念尔不能忘，梁月照汝首。魂兮曷归来，酹汝一杯酒。

岁晚债逾逼，谋生计何仄。泉台讯忽来，万事归太息。之子竟何之，衰颜更减色。一日长于君，玉楼挽不得。相隔数十里，恨无双飞翼。予衰久患晕，策蹇难为力。子素敌酒兵，撑肠翦瘤贼。胡为数日病，二竖竟听匿。人生果须臾，叹息曷有极。可怜终贫贱，骥子幸嗣职。兼有弟子由，后事不须忆。其子裕，茂才，其弟孝廉昌祚。俯仰观身世，头白难再黑。朔风吹水枯，冰雪满地塞。白昼黯无光，老泪时时拭。

送丁礼门明府灵榇南旋 四首

丹旐翩翩起，空囊落落回。无钱生计蹙，有梦故乡哀。莫翦甘棠树，谁怜避债台。灵輀从此别，肠断旅魂来。

斯文真欲坠，大雅许登坛。剩有花封满，谁将枣木刊。白杨他日痛，薤露隔年寒。父老衔悲送，青钱掩泪看。

惠我经盈卷，淋漓榻石岩。苍茫千载秘，珍重数层缄。知己倾行盖，神交抵故衫。死生虽异路，报饭启瑶函。公尝赠予墨刻十三经。

苦爱予文好，逢人说项贤。难忘知己感，信有赏心偏。风雨连天黯，江湖划地联。楚南何日到，愁见暮云烟。

酬王松坪寄怀之作次原韵 四首

我友王摩诘，高名定远哉。千秋传旧业，一代仰新裁。希白过司马，推袁笑子才。挑灯观近作，巨口为君开。向评王诗，近人袁子才、前辈白太傅，今读“天地穷吾党，山林老异才”等句，白集罕见，《小仓山集》瞠乎后矣。

惯学雕虫技，衰龄习未除。侧身天地古，回首故人疏。果有千秋后，休怜一瞬初。名山藏绝业，附骥竟何如。余信王诗必传，他日贱名附见于王集，有厚望焉。

无才甘老拙，鼎食讵能求。枥下原非骥，溪边偶近鸥。莲心思出水，菊性不悲秋。会得浮生趣，残霞照晚楼。

先生真大器，姜桂老逾辛。雷雨堪酬世，诗书足饷贫。名高文苑传，花现宰官身。他日飞腾讯，双鱼莫厌频。王秉铎太原秩满，以县令候补。

咏史之五 三首

前明大案曾有三，论者疑义难深谭。红丸移宫并梃击，小者三案又谁参。讵知武宗殊嗜好，侈心今古无穷探。不爱宫阙爱旷野，宣府豹房我家耽。不爱皇帝爱将军，头衔威武称奇男。

逆案三等诛东厂，宵小鼻息众人仰。白马甘露变叠生，无如厂臣成大党。诬灭忠良罗网兴，杨左诸公苦掠搒。东林要典比春秋，何物诸生援圣仿。纷纷生祠遍天下，长生禄位孔子上。

我读梅村《圆圆曲》，诗史微词得实录。延陵陛辞赴雄关，妇人不合入兵局。身在关中心在京，一闻入籍怒容触。兴师不为急公难，请兵讵为全家辱。花明雪艳独冠时，进爵王妃非所欲。

挽岳方亭明府 八首

岳由翰林改官武乡调任汾阳卒归葬四川

近传汾水吏，绛阙已归真。棠树空留荫，仙凫少是人。招魂应溯旧，闻讣转惊新。蜀道猿啼处，他时泣卧麟。

汾水垂新泪，皋狼忆旧官。分疆河尚润，隔世泽应干。已断熏风曲，难回黍谷寒。川原芳草歇，愁对露珠残。

壮岁瀛洲选，银章改外符。方期迁大吏，讵意泣穷途。旧雨骊驹唱，新愁断雁呼。桐乡如恋葬，泉路望还珠。

尚有城垣在，人亡绩未亡。低回筹筑削，浩荡拓金汤。佛表崇龟号，神留陆氏光。岂惟碑堕泪，呜咽满清漳。任武乡，有修城巨工。

琴堂垂绛日，雅意在传经。空有侯芭酒，难招宋玉馨。诸生伤劫数，两县谒幽灵。不信修文早，成蹊满外庭。

蓬巷传呼急，分庭仆数更。卢仝方闭户，韩愈转寻盟。每挹兰言重，因怜鹤俸轻。思君今已矣，西望泪纵横。屡顾予草堂。

量移君注意，鏖战我心消。觅榜嗟名落，逢人问讯遥。挥鞭虚晤对，返棕实魂销。兹事真堪痛，回头别灞桥。予绝迹秋闱，公犹望获隽，又属赴任，不果。

少保精忠著，将军战绩雄。先生衣旧德，奕世冠儒宗。栈道衔哀去，瞿塘入梦空。西南愁绝望，悲动锦江风。

答魏一泉

古文久不作，诗道亦零落。吾衰何能为，叹息才力弱。纷纷时艺辈，掇科縻好爵。询诸古文词，茫然无线索。国初盛文章，诸老费斟酌。堪登作者堂，等身兼满橐。此意向谁论，聊与君爰度。君今果名流，少小露锋锷。操觚即凌云，汉唐泒不错。我尝蹶秋闱，力劝君荐鹗。年来已夺标，孝廉船绰绰。从此藏名山，著作身后托。回瞻帖括者，抛砖徒见谑。究竟渠谫陋，善戏不为虐。君时嘉我言，快如风卷箨。何劳来佳句，意厚词不薄。谬推马识途，滥祝健勿药。挥汗反内顾，今古两无著。我言享千金，君诗启秘钥。走笔报瑶章，报我增惭怍。

黄山苔字歌和柳渔湖明府 有序

前明黄石斋先生，闽之漳浦人也。有祖墓在漳之铜山外，地濒海。道光戊子，茔内石有苔纹，作“黄山”两字，又如飞白书，作“黄界”

两字，单作“黄”字者，又八九处，俱楷法遒劲，盈尺许。柳明府曾至其地，询知为土民欲侵黄茔，似苔纹浮字以示警。因思昔贤忠孝感孚，所在不乏，而苔字究属创闻，爰作歌以传其事，今明府来署武乡，出以示客，余因和之。

咄哉咄哉苔纹奇，大为忠孝标坟基。黄山两字已别白，黄界二字更无疑。文炳文蔚不一字，有如面命谆谆辞。堪笑世人痴，妄思侵边陲。不怕山灵岩斧钺，竟忘茔近海之湄。是时海若闻而怒，洞开水府遣龙螭。珊瑚作笔岛为砚，海水磨墨鳞之而。灵旗恍惚终嫌怪，波涛作戏犹同嬉。大书楷书锺王体，特借苔绣如刊碑。事为有目所共睹，六丁鬼斧无容施。贤哉柳子厚，假字作为诗。携来冰雪句，随在使人知。遍告天下窥视者，尔曹胡不念民彝。呜呼！尔曹胡不念民彝，请歌黄山苔字诗。

范桓一自怀庆来曾以拙稿托其付梓今果刊板携至喜而有作即以鸣谢

一杯聊洗故人装，喜见雕镌姓字香。敢谓文名真不朽，漫劳刀笔顿生光。三章有约愁将负，毕世多情债已偿。感激无言迸涕出，为君高义正难忘。

秋日携榼同赵凤原广文魏云榜孝廉范秀亭范桓一从孙世纶诸茂才游南山寺红叶满山即席同赋限林字二十韵

老去情难尽，秋来爱晚林。南山曾屡陟，结伴快同寻。枫叶红高下，霜丛艳浅深。半天霞霭霭，万籁响沉沉。染出宫娥锦，穿成玉女针。数层罗绀髻，一带露华簪。促坐围丹嶂，开筵对远岑。野蔬充细嚼，家酿餍频斟。逐队唯中酒，清谈不碍箴。猜拳声错落，调笑语凌侵。良宴宽拘束，澄怀阅古今。槐如龙启蛰，劫是佛光阴。玉井何年祷，香龛已作霖。僧归显净榻，忏诵惬幽襟。寺内松擎盖，门前水咽琴。池流清彻底，云影淡将临。剔藓搜奇字，登楼发兴吟。悲欢今日事，聚散异时心。杰阁余残照，川烟透远砧。夕阳催送客，回首雁吞音。山有龙爪槐、罗汉像、八角井、灵润祠、双松、双池、石刻经楼、观澜阁诸胜。

寿王松坪母曹太君

客从铜鞮来，盛夸王宰回。新销彩云役，祝母寿筵开。刺史偕绅士，都来衔酒杯。缭绕云璈奏，绮席灿三台。我谓客浅露，尚未获孺慕。想当上寿时，心事一一诉。儿无报最能，频劳倚闲步。昨岁解铜差，万里资鼓铸。暑月渡九江，怪风杂云雾。大雨如倒井，同船不相顾。忽惊竹缆断，性命浮名误。儿荷慈母恩，江神卒默护。今春入皇都，销差蒙记注。王事幸有成，将母为急务。扶母赤藤杖，滇龙血惊怖。奉母敬葡萄，西域佛所付。何须补白华，儿久娴诗赋。别无寿母物，不匮可反哺。以是为称觞，华筵乃展布。大孝得欢心，客言只世故。松坪令云南元谋，解铜入京，渡九江口遭风雨，赖盐船脱险。销差引见，奉旨填卓异班，尽先升用，暂归寿母，仍赴滇候升。

花气十绝

不是花香不是风，阳春有脚转洪蒙。乾坤清气元难得，尽在潘安一县中。

春阴满地护花栏，料峭东风怯早寒。遥想深闺诸女伴，是谁嘘气气如兰。

一轮明月夜沉沉，宝鼎炉烟入静临。瞥见胆瓶春艳色，氤氲四座布云深。

四气回环春最和，百花亭畔贮娇娥。天葩乱坠绿犹染，臭味还须叩释陀。

数弓曲迳几层层，摘艳寻芳喜并登。不待明皇催羯鼓，春风和气一齐蒸。

阴阳橐籥气缠绵，太极窗前万卉鲜。悟彻花开闻满院，何尝大界隐三千。

暖气薰蒸蝶倦飞，佳人拾翠素心违。等闲忆得辽西梦，对镜长吁尚未归。

东来紫气满函关，禁苑花开琥珀殷。闻道中和新布令，玉栏杆外拥仙班。

一样柔情百样娇，袭人芳气夜相邀。金陵旧有秦淮曲，艳舞争吹紫玉箫。

扶桑海气日蒙迷，夕照莲峰气渐低。花气红蒸山水绿，是谁能向气中题。

次韵和陈商哲遣怀诗聊以释憾 二首

偶见新诗迥出尘，居然抱憾在前春。褊心未化深惭我，迁怒偏逢错怪人。垢起一言都可笑，冰消两面各回嗔。劝君此后浑忘却，桥梓交情要认真。

千里名驹忽绝尘，知君高调入阳春。偶然对话旋忘我，曷不原情索解人。事到平时终属淡，心存热处反成嗔。名篇和罢从头续，白发谆谆最率真。

范桓一次韵见和仍叠前韵酬之 二首

一堂聚首快同尘，笔下通融腕下春。古调自来推乐府，今诗毕竟数唐人。濠梁得意鱼知乐，乔木求声鸟不嗔。拟把香山邀唱和，好将俗韵换天真。

潇洒风流不染尘，超超元箸手生春。应从唐室传佳句，漫拟随园觅主人。时与桓一论小仓山房诗。得意忘言原可喜，刻舟求剑定逢嗔。桃花流水当前是，分付渔郎莫认真。

附录五　程康庄及其诗词研究

马富罡　著

【作者简介】

马富罡，男，山西孝义人。现为陕西师范大学文学院在读博士，研究方向为先秦两汉魏晋南北朝文学。出版《中华经典家训选注》（甘肃人民出版社 2018 年版，第二作者）；古籍整理《史汉方驾》（陕西师范大学出版总社 2022 年版，第一作者）。发表学术论文数篇。

【内容简介】

本文对清代初年文坛名宿、武乡程康庄及其《自课堂集》的诗词进行了系统的分析研究，内容涉及程康庄家世、生平、著述、交游，以及程康庄诗词的思想内容、艺术特色、诗学主张等诸方面。文章运用传统整理古典文献的考据辩证法、归纳总结法和系统梳理材料方法、结合宏观理论研究方法，对上述问题进行探究与论述，力求深入解读程康庄其人其文，进而发现其独特价值。

前　言

程康庄，字坦如，别号昆仑。生于明万历四十一年（1613），卒于康熙十八年（1679），山西武乡县信义村人。程氏家族为当地望族，以进士起家，程康庄祖父程启南，字开之，号凤庵，其人“性刚果，多大略，博学工文”①，曾任工部尚书，加大司空服俸，因不愿受宦官挟制而辞官归里。

程康庄天赋异禀，博览群书，长于诗文。少时随祖父程启南在京读书已颇具文名，受到当时文坛老宿如陈大士、罗文止、杨子常等人的赞赏，并誉其诗“比之齐晋，狎霸中原”②。崇祯七年（1634），就学于山西学政袁继咸帐下，与傅山、薛宗周为同学。崇祯八年（1635）考取拔贡，送至京师“汇所拔士贡，之天子肄业”，“所不可忘，独有十人，书之东壁，而以仆为选首”③，为天子门生，受到特殊恩遇。甲申国变之后，程康庄先后有《甲申辞荐举书》《乙酉辞征赴选书》，以“父故也，况于三年之丧乎”④为由，坚持拒绝举荐；将“惟愿许全初志，庶几养日修夕，则残躯得以永托矣”⑤ 作为易代之后的志向。这一切都表明程康庄心怀皇恩，忠于故国，且力图以遗民自居，并选择了乡村隐逸生活，坚决拒绝出仕。顺治十一年（1654），程康庄以“山林隐逸”被山西巡抚保荐，被迫出仕，有违初衷。顺治十七年（1660）补江苏镇江府通判。

① （清）史传远修：《武乡县志》，台湾成文出版社 1968 年版，第 432 页。
② （清）王轩等修：《山西通志》，中国省志汇编之十三，台湾 1969 年版，第 2694 页。
③ 时新著：《清初三诗杰：程康庄吴雯王含光》，三晋出版社 2010 年版，第 2 页。
④ （清）程康庄著，李雪梅等点校：《程昆仑先生诗文集》，三晋出版社 2008 年版，第 218 页。
⑤ （清）程康庄著，李雪梅等点校：《程昆仑先生诗文集》，三晋出版社 2008 年版，第 216-217 页。

当时，清政府政权初建，政局混乱。程康庄到任后，心系百姓，辅佐幕府，恩威并用，制定出一系列防止驻兵扰民的政策，一时间民怀兵慑，威震江浙。康熙六年（1667），程康庄调任安徽安庆府同知。十年（1671），程康庄奉诏回京补官。后因前任牵连，迁任陕西省耀州知州。此时正值三藩叛乱时期，王虎臣叛军万余人来犯，程康庄亲自上阵，指挥筑城防守，经过几次血战将叛兵打退，为朝廷平定三藩做出了特殊的贡献，被图海称赞为“文武兼备的能吏”。程康庄于康熙十四年赋闲返乡，返乡后的情况记载不详，我们可从其诗文片段略窥他对故乡的热爱。康熙十八年（1679），程康庄病卒于武乡，《清史列传》“文苑传”为其列传。

程康庄莅任镇江前后八年，这段时间可谓其人生最为得意之时，不仅政绩斐然，且闲暇之时，恣情于笔墨，文士风流，一时名噪江浙。其间，在扬州任推官的王士禛与程康庄纵游名胜，诗歌酬唱，交往甚密，时人称之为“上下江诗伯”。程康庄在镇江先后知交者还有陈维崧、吴伟业、钱谦益、王士禄、孙枝蔚、宋琬、林古度等文坛大家。

程康庄自幼及壮，勤奋好学，诗文多为时人称道；为官清廉，心系百姓，政绩斐然。他一生著述丰富，在《程昆仑别传》中有这样的记载：“耀州（程康庄）之诗有《自课堂集》，而《诗钞小传》并遗之。予宰武乡，耀州六世孙林宗出其家藏旧本，得以尽读，然散佚者亦不少矣。”[①] 据此，程康庄著作除今存之《自课堂集》外，散佚著作还有《诗钞小传》等。

《自课堂集》由钱谦益、陈其年二人编选，分为古文、诗、诗余三部分，共收诗168首，题材主要涉及纪游写景、朋友赠别、怀古咏史、品书题画等方面；文67篇，包括序、书、记、启、策、疏、跋、赞、祭文、铭、行状等，文体丰富；词43阕，有27个词调。《自课堂集》中，除钱、陈二人外，王士禄、王士禛兄弟等人亦多处评点，众口推崇。此本为康熙五年（1666）刻本，在二十世纪三十年代由山西省文献委员会收入当时编辑的

① （清）程康庄著，李雪梅等点校：《程昆仑先生诗文集》，三晋出版社2008年版，第315-316页。

《山右丛书初编》。

因此研究程康庄家世、生平、交游以及《自课堂集》诗词具有以下意义：

第一，家世研究的意义。对于程康庄家世的研究，有助于探究山西武乡程氏家学。程氏家族为当地望族，书香门第，藏书丰富。以进士起家，祖父程启南，曾任明工部尚书、大司空。程康庄父亲程嘉绩，曾任明刑部云南司郎中，母亲魏氏，是儒官魏烁之女。程康庄少年随祖父在京读书，其祖父对其影响甚大，甲申国变后，他归隐不仕与其官宦世家的背景有很大关系。程氏家族人才辈出，程昆仑之六世孙程林宗，警敏深思，博览经史，以文学自娱，于鞞山漳水间设帐授徒，一生著述颇多。研究程康庄后世，有助于我们了解程康庄诗文思想的传播情况及其对后世的深远影响。

第二，生平、交游研究的意义。对于程康庄生平、交游的研究，有助于以人物为出发点，证实明末清初的政治状况，了解明末清初之学术背景，深究文人在改朝易代时的心态。清初的主要诗人有遗民诗人、贰臣诗人、台阁诗人，程康庄与这三类都有关系，前期归隐不仕与后期被迫出仕使自己置身于贰臣的尴尬境地。程康庄在镇江、安庆等地与王士禛、陈维崧、孙枝蔚、林古度等大臣、遗民的交往唱和，又是当时江南文化氛围与文坛活动的真实反映。

第三，诗词研究的意义。

一是文学价值。《自课堂集》由钱谦益、陈维崧选注，还有王士禄、王士禛兄弟多处评点，如“高古深厚，自是子美敌手”、“奇峭绝伦，咏物如此”① 尽管这些评语多有推崇，但我们仍可从中看出程康庄诗文的艺术特质。《自课堂集》又是程康庄文学思想的反映，我们可以从中看出其当时特定环境下的文人心态，其诗风、文风的转变又是其人生经历的客观写照。程康庄在诗歌理论上并无专论，大多散见于其为友人诗集写的序跋。程康

① （清）程康庄著，李雪梅等点校：《程昆仑先生诗文集》，三晋出版社 2008 年版，第 91 页。

庄论诗讲求性情，以才运气，其《〈王司勋五种集〉序》云："然因事感怀，宣郁则止，无专之学，其在后世，始专以诗名家。"[①] 我们可以从中了解其诗学主张。通过对《自课堂集》诗词思想内容和艺术特色的研究，有助于更全面地了解明末清初文学。

二是文献价值。程康庄的诗词为研究程康庄家世、生平、交游的重要资料。程康庄诗文，题目多点明作诗起因、人物、地点、职官，如《同袁重其游锡山秦园二首》《奉呈按察佟韩一先生》《吴伯成明府重筑惠山二泉亭》等等，题目具有"诗序"作用，对于研究程康庄交游状况、佐证部分官员仕履及文人的生平，文献价值明显。

三是认识价值。《自课堂集》中的诗词是明末清初政治状况的反映。程康庄历任地方官，对明清之际的政治斗争、社会变革均有深刻的认识，这在他的作品中亦有所反映，如《呈杜兵备道三十韵》《庆云见东南行》等等，其作品具有较高的史料价值。

程康庄文学成就斐然，其诗、词在清初文坛享有较高的地位。清初众多大家与其交往深厚，对诗文皆有极高的评价，由此可以证明其作品价值之所在。可惜乖于时运，程康庄其名未能远传，其作品亦未能高显，其六世孙程林宗曾有扼腕之言："今诸公皆行世，而先集或不尽知，可谓叹也。"因此，关于程康庄及其诗文的研究，对其生平事迹记述性原始资料相对较多，而对《自课堂集》的研究相对较少，对他的交游、著述和文学价值的全面性研究还有待完备。

今人对程康庄及其诗词的研究主要体现在以下几个方面：

一是关于程康庄生平及诗、词、文的研究。时新的《清初三诗杰：程康庄吴雯王含光》[②] 一书，首先将程康庄的生平分为五个时期作简要介绍，并多次提到其交游情况。接着又从文章大家、杜诗后劲、词学新声三个方

① （清）程康庄著，李雪梅等点校：《程昆仑先生诗文集》，三晋出版社 2008 年版，第 122 页。
② 时新著：《清初三诗杰：程康庄吴雯王含光》，三晋出版社 2010 年版。

面对其诗文进行论述，为我们研究程康庄及其《自课堂集》提供了思路。张瑞杰的《论清初山右诗人程康庄的诗风转向》[①] 认为程康庄诗歌以顺治十六年仕清为界，由诗学竟陵，以性灵、幽情单绪为宗旨转向冲和淡雅，渐趋盛世温柔敦厚之音。其诗风转变在清初具有典型意义，反映出清初诗人群体的审美追求，颇能代表清初诗歌的创作风尚。张瑞杰的博士论文《清代山西诗歌研究》[②] 专门列出一节，从诗风的变迁、诗学理论、程康庄与顺康诗坛三个方面来介绍清初山右诗人程康庄，并认为程康庄在清初诗坛占有重要地位。

二是对《自课堂集》的研究。目前关于《自课堂集》的文本点校已经出版。山西大学李豫、李雪梅以陈维崧、钱谦益编选的《自课堂集》为点校底本，《程昆仑先生诗文合集》《昆仑文选》《程昆仑词》《南亭诗钞》等五个本子为参校本，对《自课堂集》进行整理点校，成书题名《程昆仑先生诗文集》[③]，并在附录里面附有程昆仑与其家族人物小传，《广陵唱和词》全文以及程康庄后世子孙程林宗的《惊邻诗草》，这无疑为我们研究程康庄及其诗文提供了可靠的文本。

三是对程康庄交游情况的研究。这方面并没有专门的期刊论文，只在一些硕士论文或者年谱中偶有提及。例如：陈慧丽的硕士论文《清初诗人徐釚研究》[④] 中认为二人在康熙四年（1665）开始往来，并有诗歌《秋日同程昆仑郡丞暨重其、枃石、然明、右尊诸子游大石山作》。又如《王渔洋事迹征略》[⑤] 记述康熙四年（1665）春，程康庄与王渔洋议刻林古度诗集，古度手书长诗寄程康庄，康庄有诗答之。

---

① 张瑞杰：《论清初山右诗人程康庄的诗风转向》，《长春师范大学学报（人文社会科学版）》2014年第3期。

② 张瑞杰：《清代山西诗歌研究》，2016年苏州大学古代文学专业博士学位论文。

③ （清）程康庄著，李雪梅等点校：《程昆仑先生诗文集》，三晋出版社2008年版。2017年，此集修订为《程康庄集》（二册），由三晋出版社出版。

④ 陈慧丽：《清初诗人徐釚研究》，2012年苏州大学硕士学位论文。

⑤ 蒋寅著：《王渔阳事迹征略》，中国社会科学出版社2014年版。

四是对程康庄文学理论的研究。程康庄作品丰富，但是对其文学理论的研究却比较少见，多散见于一些研究论述山西武乡历史、文化、名人的文章中。这很难揭示程康庄的文学思想，更不成体系，可以说关于程康庄这方面研究仍为空白。

综上所述，学界对程康庄及其《自课堂集》的研究虽然取得了一些成果，但是其研究还较为零散，有待于全面与系统地整理。程康庄作为明末清初特殊政治环境下的文人，又被陈维崧推崇为与归有光、王猷定、侯方域并列的“古文四大家”，与王士禛、吴伟业、钱谦益等名家大家多有来往，其诗、其文亦有典型意义。因此通过对程康庄家世、生平事迹及其诗歌思想内容与艺术特色的研究分析，对促进程康庄整体、全面的研究有一定的价值，同时也可以繁荣清代文学的研究。

第一章　程康庄的家世、生平与著述

第一节　程康庄家世考述

据《武乡程氏家谱》记载，“武乡有程姓始于信义”①。程康庄祖上为河南人，根据《程氏原祖分支神布》（现存于武乡县故县村程庆文家）记载：元顺帝至正十一年（1351 年），程思德（程敏）、程思让、程思贤三人为躲避元末战乱，从河南归德府虞城县迁至山西，分居于武乡铜城（今信义村）、祁县东观镇、太谷西贾村。

武乡程氏家族为当地名门望族，家族的兴盛往往是几代人坚持不懈努

① 程春虎著：《武乡程氏家谱》，香港天马出版有限公司 2007 年版，第 9 页。

力的结果。《武乡程氏家谱》记载，武乡程氏家族祖辈发展情况如下：

武乡程氏家族始祖为程敏，原名程思德。此人勤劳能干，初迁武乡铜城，便开垦荒地，且种田因地制宜，讲求技术，几年后家庭逐渐殷实，在信义村站稳脚跟。程敏做人以诚实守信、讲求义气为做人宗旨，并将“信义”二字刻于自家门楣，以示其讲诚信、有礼仪。程敏生有二子：程建中、程建庸。

二世祖程建中为将军，生有三子为：程时举、程代举、程可举。三子程可举随父出征而未归，或是战死沙场，或为迁居别地不得而知。

程建庸以务农为生，生子程德举。

三世祖程德举为农民，生二子：程凤、程鹤，皆以务农为生。

四世祖程凤生二子：程玫、程琰，程玫迁至河北邯郸，程琰无子出。

程鹤生四子：程廒、程原、程碧、程盛。程廒、程原以务农为生，程盛为生员，是程氏家族取得的第一个功名，说明程氏家族已经开始由农耕向读书转变。

由于祖辈勤劳，勤俭持家，程氏家族发展到五世，家境富裕，人丁兴旺，迎来了改换门楣的契机。明英宗正统六年（1441），旱灾和蝗灾接连发生，“正统六年八月，顺天府、直隶真定府、山西平阳府所属州县各奏：春夏不雨，田禾旱伤，租税无征”①；“正统六年八月直隶并山东等处春、夏亢旱，蝗蝻生发”②；“正统六年八月河南右参政孙原贞奏，所属府州县蝗灾”③。全国各地灾难频发，百姓生于水生火热中，朝廷无暇顾及，明英宗下诏张贴告示，要求民众捐资赈灾。五世祖程碧慷慨“捐谷三千石助赈”④。这一义举受到朝廷的嘉奖，朝廷下令赏程碧半朝銮驾一套，包括龙凤扇、皇罗伞、金瓜、鉞釜、朝天镫、大刀、铜棍和开道旗，并封其为“五谷

① 李国祥、杨昶主编：《明实录类纂——自然灾害卷》，武汉出版社 1993 版，第 238 页。
② 李国祥、杨昶主编：《明实录类纂——自然灾害卷》，武汉出版社 1993 版，第 6 页。
③ 李国祥、杨昶主编：《明实录类纂——自然灾害卷》，武汉出版社 1993 版，第 238 页。
④ （清）史传远修：《武乡县志》，台湾成文出版社 1968 年版，第 320 页。

神”。同时，皇帝御笔亲题“义民”匾额，并下旨在信义村建“义民坊”，且将铜城改名信义村。程碧这一义举大大提高了家族威望与当地影响力。

武乡县程氏家族从五世开始分为廒、原、碧、盛四支，四支在九世前情况如下：

廒祖分支，世代务农。

原祖七世程茂为义官，程茂生程节、程和二子。八世程节、程和均为义官。程节生三子：程继张、程继周、程继孔；程和生两子：程继文、程继孟。九世程继张、程继周为贡士，程继和为生员；程继文为义官程继梦为岁贡，其余均为农民。

碧祖分支，七世程暹考取岁贡功名，九世有四个生员和一个义官，其余均务农。

盛祖分支，家谱遗失，具体情况不详。

通过以上资料记述可知，程氏家族在九世前基本以务农为主，从五世祖程盛考取生员开始，陆续有考取功名者。十一世程启南等人考取进士，这意味着程氏家族开始由农耕家庭慢慢向科举家族发展，并逐渐成为武乡县著名的科举家族。

一、祖父到六代孙

（一）祖父

程启南（1562—1650），字开之，号凤庵，祖父程继孔，父亲程视箴。为程氏家族第十一世子孙，“性刚果，多大略，博学工文”[①]，万历二十九年（1601）进士，第二年授襄阳推官。其间，勤政爱民，轻徭薄赋。由于政绩突出，经朝中诸大臣推荐，擢兵部武选司主事。其间他“疏清冒滥，屏私人，简将帅，多所采纳，癸丑升郎中”[②]。不久，为辅臣李廷机所引重，迁

① （清）史传远修：《武乡县志》，台湾成文出版社1968年版，第432页。
② （清）史传远修：《武乡县志》，台湾成文出版社1968年版，第432页。

山东济南道副使。当时，山东遭受特大蝗灾，赤地千里，民不聊生。然而，各级官府不顾人民死活，横征暴敛，强逼赋税。程启南上疏朝廷，为民请命，请求朝廷免除山野庄田和河塘池泽的赋税，并允许开官仓赈济百姓。经他再三疏请，朝廷允准，山东人民得以存活。程启南组织当地百姓积极开展抗灾自救，使山东人民迅速恢复了生产。他的这些举措，令山东人民感恩戴德，在他升任太常寺卿奉调回京时，“民思恋不能已，为庙春秋奉祀，如在山南时”①。

八年（1619）升参政，又二年（1621）升按察使。又二年，朝廷选举勤政爱民的官吏，授程启南“天下第一廉吏”的匾额。后任右布政使，转左布政使。当时，齐州、青州一带有“妖人”作乱，并且占领了十几个县城，骄横行掠。程启南“择操刺百五十名遍加剃，盗悉平”。

天启三年（1623）奉调回京，迁升太常寺卿。天启五年（1625）因弹劾权奸魏忠贤罢官归田。当时天启皇帝极端宠信魏忠贤，朝中只知有魏忠贤，不知有皇帝，称魏九千九百九十岁。各级官员惧其淫威，或卖身投靠，或同流合污，或明哲保身。程启南不惧其权势，“以宗社大计，奋不顾身”揭露魏忠贤的累累罪行。崇祯二年（1629）被重新起用，奉诏升任通政使；崇祯三年（1630）迁工部左侍郎，因办事干练，督建德陵有功，迁升工部尚书，加大司空服俸；崇祯四年（1631），因不愿受宦官挟制而辞官归隐，直至清顺治七年（1650）十月辞世，终年 89 岁。

程启南一生做事光明磊落，清廉正直，循公奉职，为民请命，不谄权贵，大节凛然，为官三十余年，处处留佳绩，受到官民的交口称赞。他教育子女以节义简朴传家，以诗书礼乐为教。在其教导下，其后代人才济济，书香满门，成为武乡县首屈一指的望族。

（二）父母、叔父

程启南有五子，由于资料阙失，此处仅列程嘉绩、程伟绩、程皋绩。

---

①（清）史传远修：《武乡县志》，台湾成文出版社 1968 年版，第 432 页。

程嘉绩为程启南长子，程康庄父亲。据乾隆五十五年（1790）《武乡县志》载：

程嘉绩，字复初，少司空启南之长子，性沉静端方，虽贵介，喜淡约，寡鲜衣怒马之好。为诸生时，试屡冠军，因数奇不售，就胄子选太常寺典簿，所辖有疱人乐舞生两千六百员，月支几六千金，故事簿削削自润。嘉绩不私一钱，寻迁左府都事，会大同饷匮，有脱巾之变，流寇交讧，挽运不通，嘉绩不辞艰苦，输挽克济。未几，转秋官员外郎，有世宦苗思顺一案株连沉阁最久，嘉绩分别条奏，无辜者悉为平反，复晋本部郎中。出大将猛如虎于狱，后如虎卒以死报国，群推嘉绩为知人。

科臣阮震亨以墨败，奉三百金为寿，倩要人缓颊于嘉绩前，嘉绩唾其面，以是得抗直名，不为众容。拂衣归，杜门却扫，修温清、课子孙，不问户外事，亦不屑事家人产，观空习静，公府不通一刺。里中亦忘其为名大夫，后数年，卒于家，卒时有异征。①

程嘉绩，少时聪明，性情沉静，一生淡泊名利。历任太常寺典簿、左府都事、刑部云南司郎中等官职。任职太常寺典簿时，掌管 2600 余人的财政收支，程嘉绩兢兢业业，不贪一分一厘。迁任左府都事，大同军饷匮乏，盗匪横行，货物流通不畅。程嘉绩不辞辛劳，改善当前局面，运送物资，惩治盗匪。毕振姬《奉政大夫耀州知州程公暨宜人合葬墓志铭》载："昆仑司空讳启南府君，父比部都官，讳嘉绩，府君各有传，父子起书狱，擒猕盗贼，出自齐藩羡银三十六万，薙莲妖，奏谳平伯如实，先后怒逆珰弃官，不以富利勖其子若孙。"②

母亲魏氏，儒官魏烁之女。

---

① （清）史传远修：《武乡县志》，台湾成文出版社 1968 年版，第 435 页。
② 常赞春纂辑：《山西献徵》卷六"文学"，山西文献委员会 1936 年版。

程伟绩，程启南次子、程康庄叔父。据《武乡县志》之《程伟绩小传》载，程伟绩对父母孝顺，对朋友讲义气，以增生入太学。甲申之变，闯王李自成荼毒缙绅，责令捐助；程启南被逼捐赠七万金，如果不执行，将有不测。程伟绩四处奔波才凑得万金，因差捐赠数额较多，程启南被刑囚。后来，闯王节节败退，狼狈逃去陕西，同时带走囚禁之人。程伟绩为了照顾年迈父亲，亦然请求与父亲同行，一路上备受窘辱。

程启南曾在陕西做官，程伟绩经常去看望父亲。一次，在旅途中邂逅一士子，语言豪放，程伟绩被其才气折服，与士子同桌豪饮，并赠其盘缠。程伟绩到西安，册入丞相府，忽有吏人来报："丞相呼谒。"谒时，即前所遇士子也，士子说："若无，恐吾当生若。"为报程伟绩恩情，士子竭力营救被押解的缙绅，最终"伟绩赖其力，与偕至者俱得免，盖伪相牛金星云"[①]。由此可知，程伟绩是一位有孝心、有魄力，敢于吃苦的男子汉。

程皋绩（1635—?），字何功，一字思令。程启南第五子，程康庄叔父。生性较为沉默，7岁便能为文。志向远大，深受学使袁袁山的器重。12岁即入泮，当时文风趋向浮艳，大家喜欢引用诸子之语装饰文章。程皋绩则喜欢钻研经学，这与当时的学术风气相背离。父母相继去世，皋绩十分悲伤，"尽哀尽礼，卢墓三年，不履城市，合邑称为纯孝"[②]。康熙十八年（1679），皋绩带儿子程必达一起进京考取功名，必达不第，皋绩以迟暮成进士。康熙二十七年（1688），授蓬莱令。做官以后，他清介自守，尽职尽责，生活十分俭朴，"衣不重帛，食无兼味，从不以赎锾入箧中"，事事以民生为重，关心百姓之疾苦。后任摄郡司马，在任不满三年，即辞官还乡。皋绩为官清廉，归来时行李萧然。

（三）堂弟

在程康庄众多堂兄弟中，程必达是比较出色的一位。

---

① （清）史传远修：《武乡县志》，台湾成文出版社1968年版，第438页。
② （清）史传远修：《武乡县志》，台湾成文出版社1968年版，第309页。

程必达，字子上，别号青谷，皋绩之子。自幼纯正善良，通敏好学，办事谨慎。父亲家教甚严，必达对父亲毕恭毕敬。康熙十八年（1679），程必达与父亲一起进京考试，父亲中了进士，必达却遗憾落榜。此时母亲李氏病重，必达伺候在母亲病床前，三年如一日。母亲病逝，必达安葬母亲后即随父来到蓬莱，悉心照顾父亲。程皋绩为官清廉，告归行李萧然，必达与父亲徒步返回家乡。到达家后，程必达每天陪在父亲身边，父亲死后“丧葬悉如礼”。后来被授予文水县教谕，处理盂县、祁县两县的学事。对此，必达尽心竭力，在他的管理下出了许多知名人士，深受学使汪灏赏识。后来，必达应聘于二秦分校，讲授礼经，他培养出许多名士，其中解元来文爆就出自其门下，主司顾悦履赠诗有“棘闱喜挹冰心洁，桂苑欣悬玉帛空”之句。

程康世，程康庄从弟，《武山县志》载：“程康世，字坦夫，康庄从弟，诸生。”① 除此之外，没有更多关于程康世的记载。

（四）妻刘氏

程康庄之妻刘氏，为沁州增生刘公光彦之女，黄岗知县刘梦周孙女。刘梦周曾任司空，明万历十四年（1586）进士，内外大家。刘氏深明大义，对公婆悉心照顾，对孩子严加管教，毕振姬《奉政大夫耀州知州程公暨宜人合葬墓志铭》载：“生正，加膝上文褓书语，姊戏为羊舌母师。”孩子还在襁褓中，刘氏就对孩子悉心教导。

（五）子孙

程康庄有二子三女。长子程正，为刘氏所生。次子程骧为孙氏所生。

程正，字长文，县丞，娶三房，分别是进士魏令望孙女、贡士韩正女、杨耀春女。

程骧，字云文，康熙壬子（1672）举人，娶二房，分别是魏运兴女、

① （清）史传远修：《武乡县志》，台湾成文出版社1968年版，第309页。

赵继鼎女。

女三人，长女嫁士人张际亨，次女嫁士人赵伟侯，三女嫁士人杜其兟。

孙男四人，其中三人为生员，分别为：

程其益，娶进士魏名大孙女，继国学李廷机女。

程其观，娶生员冯云卿女。

程其扬，娶生员李光春女。

（六）后辈

前辈风流，后人可攀，程康庄之六世孙程林宗就是一名杰出代表。

程林宗，字泰卿，一字介山。从小聪明好学，不规矩于制举文，博览经史，时人曾有诗曰："家学渊源有正声，昆仑之后见先生。长才未合山林老，大雅终成著作名。"程林宗深明大义，先刺史康庄坟墓颓废已久，祭田且分裂，程林宗合族众人为其修缮墓地，并列立宗会，族人大服。家族有位侄子不幸去世，留下幼子无人照顾，程林宗代为抚养孩子，直到其可以自力更生。程林宗学识渊博，胸中有丘壑，在三晋大地上颇负盛名。他拒绝考取功名，一生游玩于山水之间，以文学自娱自乐。同时不忘鞭策后辈，培养人才，在鞞山漳水间设帐授徒，并立志"知无不言，言无不尽，解人可索，即此当授受也"。他一生诲英育贤，桃李盈门，终年 80 岁。一生著述颇丰，有《孟子醒批》《史记文津》《昆仑年谱》《司空家乘》《介山文编三卷》《惊邻诗草》二卷。

二、程康庄家族兴盛的原因

（一）谨于修身，勤于治学

文化是一个民族、一个国家不断发展的不竭动力，家族发展也是如此，没有文化支撑，则如逆水行舟不进则退。程氏家族作为科举家族，一直以来十分重视后人对诗书的学习，在《武乡程氏家谱》家教篇导言中就明确规定“不论贫富贵贱，要以诗书礼乐为教”[①]。学习礼仪诗书不仅仅为了考取功名，更重要的是使后人能够知廉耻、讲节义，继承祖先遗志，光耀门楣。程氏家族从十一世程启南中进士以来才真正步入了科举家族，为了其家族发扬光大。程启南三世内子孙共六十五人，只有十一人从农，其余最低为生员，足见个人的科举功名对于后代的影响。究其原因还是启南一脉谨于修身，勤于治学。比如启南修双修寨后闭寨不出，每日与其孙康庄潜心治学；又如程必达任文水县教谕，管理盂县、祁县学事，“所至以力学修行劝励，士子皆能识拔其俊杰者”[②]。在古代，读书是改变家族及个人命运的重要途径，程氏家族最终通过读书考取功名变成官宦之家。

（二）严格的家训与良好的家风

一个家族要想强大，除了良好的经济基础外还要有精神力量的支撑。而家训的修订正是一个家族精神力量的发展。家训为祖辈对晚辈的谆谆教导，引领后代走向正道。程氏家训在程启南修订之后，后代又不断完善，最终成为以下十则：

1. 忠君护家：忠君爱国，遵制守法。睦里和邻，勤劳俭朴。

2. 尊祖爱幼：家境贫寒，父母不可不孝。祖宗虽远，祭祀不可不诚。子孙若愚，文化不可不学。

3. 修德求术：不论长幼大小，都要以节义仁慈传家。不论穷富贵贱，都要以诗书礼乐为教。

4. 正经做人：不当偷惰忤的败家子，要做真善美的正经人。

5. 和平共处：官宦贫民，一视同仁。和平共处，平易近人。勿以权欺民，勿以强凌弱。勿以富刻贫，勿以少凌长。

6. 顾全大局：不顾他人利益，非君子。不顾大局事业，非丈夫。

① 程春虎著：《武乡程氏家谱》，香港天马出版有限公司 2007 年版，第 746 页。
② （清）程康庄著，李雪梅等点校：《程昆仑先生诗文集》，三晋出版社 2008 年版，第 314 页。

7. 得理让人：处人共事要原谅人，不可得理不让人。叫人原谅低人一等，原谅人高人一头。

8. 取众之长：自己的智不足，用他人的智来补。自己的仁不足，用他人的仁来补。自己的勇不足，用他人的勇来补。用他人的长，补自己的短。补足不发愁，只怕不求补。三人同行走，必有我师。

9. 计时损益：计算一年，不如计算一月。计算一月，不如计算一日。计算一日，不如计算一时。不论劳作与度日，要以一时计算损益。

10. 人生价值：寿命长短，时间是尺子。人生价值，功德是戥称。①

以上十条家训对于族人的教育有很大作用。家训中强调孝敬父母，家族弟子谨遵家训：程康庄因“事父备孝，送母极哀”而被举荐；程必达在父亲任蓬莱县令时对父亲照顾无微不至；父亲为官清廉，辞官返乡时无钱置办车马，程必达随父亲徒步返回家乡，父亲死后“丧葬悉如礼”。由此可见家训对一个家族兴盛、族人成才具有至关重要的作用。

在这样家族环境下，程康庄耳濡目染，生活中孝敬长辈，仕途上勤政爱民，治学方面著述颇丰，成为武乡程氏家族的骄傲。

第二节　程康庄生平考述

程康庄，字坦如，别号昆仑。生于明万历四十一年（1613）五月十四日，明崇祯八年（1635）考取拔贡。甲申国变后，程康庄选择了乡村隐逸，拒绝出仕。清顺治十一年（1654），他被山西巡抚保荐隐逸，应试高等。顺治十七年（1660）补江苏镇江府通判。康熙六年（1667），迁任安徽安庆府同知。康熙十年（1671），奉诏还京，后调任陕西耀州知州。康熙十四年（1675），上书退休还乡，得准核后，由耀州归乡。康熙十八年（1679），病

① 程春虎著：《武乡程氏家谱》，香港马有出版有限公司 2007 年版，第 803-804 页。

卒于武乡，年 67 岁。

程康庄一生大致可以分为五个时期。

一、乡居时期（1613—1659）

程康庄天资聪颖，勤奋刻苦，博览群书，年少时才华出众。据他自己说："余方总角，著书辄盈几案。"[①] 童年时期已著书立说。在故里读书期间，游历了鞞山与漳水，经常与武乡的社会下层接触，积累了丰富的社会经验，因此在他的诗作中描写家乡的风土时情感尤为真挚。

后来，随祖父程启南在京读书，"文名动公卿，一时文坛老宿如陈大士、罗文止、杨子常辈交口推叹，比之齐晋狎霸中原"[②]。龚鼎孳在《〈自课堂集〉序》中称赞程康庄说："少年时蜚声京、雒，颉颃上流。其古文辞苍深崛奥，直抉柳柳州、王介甫之神，世人不知，以为似孙樵、刘蜕，非矣。"[③] 龚鼎孳将他与柳宗元、王安石相比，批评世人将他比作孙樵、刘蜕。

程康庄 12 岁时，应童生试，考入学宫，他在《郝文彊入学序》中这样写道："予年十二，怀璧就试，与舅氏（魏奠彝）同时入学宫。"[④] 程康庄母亲魏氏是儒官魏烁之女，父亲常年在外做官，所以他多次依靠舅舅魏和中的帮助。程康庄幼年时曾跟随魏和中的弟弟魏奠彝学习古文。崇祯七年（1634），程康庄 21 岁，学政袁继咸修复三立书院，招收学生 300 余人，程康庄就学于袁继咸帐下。崇祯八年（1635）考取拔贡。当时在近万人的京师士子中，排名前十，"所不可忘，独有十人，书之东壁，而以仆为选首"。程康庄在京时，被引见于乾清门，《引见乾清门》这样写道："多士逢秋志易开，百年鹓鹭此追陪。香山积翠新丰外，石鼓晴光御苑回。紫禁金铺乘

---

① 程康庄著，李雪梅等点校：《程昆仑先生诗文集》，三晋出版社 2008 年版，第 167 页。
② （清）史传远修：《武乡县志》，台湾成文出版社 1968 年版，第 432 页。
③ （清）程康庄著，李雪梅等点校：《程昆仑先生诗文集》，三晋出版社 2008 年版，第 23—24 页。
④ （清）程康庄著，李雪梅等点校：《程昆仑先生诗文集》，三晋出版社 2008 年版，第 190 页。

辇至，朱门燎火动天来。临轩圣主垂清问，咫尺长杨献赋才。”① 崇祯九年（1636），袁继咸因受到山西巡抚按御史张振诬陷而被押解到京城，山西名士傅山、薛宗周等联络百余名山西生员联名上疏，并赶到京城为袁继咸伸冤，这次斗争持续了八月之久，在当时影响深远。程康庄这次积极为师请命而奔波，并有诗记录这次行动："青主去救袁夫子，千金掷地神扬扬。抗书共我见天庙，袁师乃得归故乡。"②

经过诸生的不懈努力与斗争，两次审理后，袁继咸终于冤狱昭雪。"袁公事解，旋丁父艰归"③。崇祯十六年（1643），山西巡抚蔡懋德自固关返太原，效法袁继咸，集进士讲学于三立书院，邀请程康庄去讲学，程康庄没有答应。甲申国变，闯王李自成攻破山西，威逼山西士人放弃抵抗，归顺起义军，程康庄隐匿在山中才幸免。李自成贼兵攻打太原，太原无重兵防守，贼兵势如破竹直逼太原，副将陈尚智投贼为前驱，总督余应桂对贼兵十分惧怕，无敢作为。蔡懋德誓众死守，最终自缢身亡。程康庄为蔡懋德义举感动，"不及民军败退，先生（程康庄）潜入省，哭祭公柩，并与经纪其丧，复归，教授诸弟及子侄"。④

程康庄在明朝取得拔贡，且名列前茅，为天子门生，受到特殊恩遇。甲申国变，江山易主，程康庄心怀皇恩，忠于故国，并且以遗民自居，坚决拒绝出仕，选择乡村隐逸生活作为易代之后的志向。在《甲申辞荐举书》中这样写道：

昨示求贤问格，又欲以寡暗之质，策名服宠，有怀恐坠，无愧不集。盖垄薪井汲，切松煮术，乃依山之笃恋，愧然无徒，亦诚久矣。昔狂寇未宾，晋抚云怡蔡公仄席求贤，不惜羔雁，而邑侯余公每以顽才齿录明哲，

① （清）程康庄著，李雪梅等点校：《程昆仑先生诗文集》，三晋出版社 2008 年版，第 33 页。
② （清）程康庄著，李雪梅等点校：《程昆仑先生诗文集》，三晋出版社 2008 年版，第 68 页。
③ 常赞春纂辑：《山西献徵》卷六"文学"，山西文献委员会 1936 年版。
④ 常赞春纂辑：《山西献徵》卷六"文学"，山西文献委员会 1936 年版。

仆去乐辞荣，屡书避匿，不敢以希当世之务。夫当是之时，搦朽摩钝，铅刀皆思一割，曾不能以此时有所建明，尚复何益于殿最乎？甲申岁，州县求举者肩差钟系，而仆隐名南郭，未尝一往厕足期间，此事人所共见，岂不灼哉？今阁下惓惓敷求，若仆遂膺辟命，则昔之式庐而请者，既以谢绝不顾，而复厌墙东，贪求脂膏，总使仆有《北山》之讥，而憔悴支离，职业旷坠，毋乃病乎？惟愿许全初志，庶几，养日修夕，则残躯得以永托矣。①

面对县令的推荐，程康庄意志坚定，语气谦婉，拒绝了举荐，不忘初心，隐逸于山水间教授学生。

在《乙酉辞征赴选书》中，程康庄又以“仆自髫年丧母，常存蓼莪之悲，今父服未除，方越周岁，迫切在衷，凄怆之痛，岂缘霜露而动”② 而推辞。

顺治十一年（1654），程康庄被山西巡抚保荐隐逸，应试高等。《刘昆麓诗序》写道：“顺治己亥，余与昆麓刘君同谒选京师，十月探竹，予得倅润州，君为司理，庚子春，又肩随莅事。”③ 清顺治十七年（1660），程康庄补江苏镇江府通判。

二、镇江通判时期（1660—1667）

1660 年春，程康庄到江苏镇江上任，“庚子春，予倅京口”④，职位为镇江府通判，这是一个掌管粮运、稼田、水利和诉讼等事宜的官职，属知府的手下，所以称“倅”。清王朝刚刚建立，根基尚浅，反清势力猖獗，各方政局混乱，镇江地处水陆交通要道，并有驻军镇守。当时，镇江海运方

① （清）程康庄著，李雪梅等点校：《程昆仑先生诗文集》，三晋出版社 2008 年版，第 216 页。
② （清）程康庄著，李雪梅等点校：《程昆仑先生诗文集》，三晋出版社 2008 年版，第 218 页。
③ （清）程康庄著，李雪梅等点校：《程昆仑先生诗文集》，三晋出版社 2008 年版，第 153 页。
④ （清）程康庄著，李雪梅等点校：《程昆仑先生诗文集》，三晋出版社 2008 年版，第 170 页。

面水寇经常侵扰，军民混处，治安相当恶劣。程康庄到任后，拯救灾伤，安抚流困，同时辅佐幕府，恩威并用，制定出一系列防止驻军扰乱民众生活的条例，并下令如有违反，将严惩不贷。《奉政大夫耀州知州程公暨宜人合葬墓志铭》载：

己亥，通守镇江，镇江南徐伯休，为宣王伐徐，奸宄接引，通海大将军开幕用别驾，为军政正，下记立断，附城贾船盛歌舞，藏盗魁其中，截江上下训徼，水居以宁。军舍乡有秩饥逃，人见知株送兔，陆处以静，将军才别驾。①

程康庄在镇江前后任职八年，不仅政绩蜚声，且文名远播，成为当时的一代名士。在此期间，他广泛结交名流，如钱谦益、施闰章、王士禄、王士禛、宋琬、杜浚、吴伟业等，留下许多珍贵的诗篇，这部分将在后面的交游考中详细阐述。可以说这是他一生最为辉煌的时期。

在此期间程康庄还广泛游历了许多镇江附近名山大川，《水草庵乞油疏》载：“丙午（1666）冬，余过秣陵（今南京），循览故墟，至水草庵，万竹隐蔽，如穷野聚落。”② 并有“今世之人，不以孤处，或问予之言而乐为施焉”③ 的感慨。在《吴吟序》中说：“余倅润州七载，岁一至平江（今苏州），旋不逾时，只取晨凫之隐，不复浮游曼衍以旷旷为娱。丁未（1667）之岁，余四至平江，更历寒暑，至累月逾时，犹不得归，自非风雨之交，未尝不与客俱逐水泥丘，不顾穷尽而客之。”④ 在《〈唐诗韵汇〉序》中称：“余辛亥在燕。”⑤ 等等。

---

① 常赞春纂辑：《山西献徵》卷六“文学”，山西文献委员会 1936 年版。

② （清）程康庄著，李雪梅等点校：《程昆仑先生诗文集》，三晋出版社 2008 年版，第 234 页。

③ （清）程康庄著，李雪梅等点校：《程昆仑先生诗文集》，三晋出版社 2008 年版，第 235 页。

④ （清）程康庄著，李雪梅等点校：《程昆仑先生诗文集》，三晋出版社 2008 年版，第 128 页。

⑤ （清）程康庄著，李雪梅等点校：《程昆仑先生诗文集》，三晋出版社 2008 年版，第 149 页。

程康庄在镇江任通判时，有两件事很值得一提。第一件事便是重刻“天下第一江山”石碑。《三国演义》中在“甘露寺招亲”提到这一故事：当时，孙权送刘备出寺之前，二人并立观望江山之景，刘备触景而感叹：“此乃天下第一江山也!”据记载，“天下第一江山”最初为南朝梁武帝书写，南宋时，著名书法家吴琚又重新书写，被书法家董文敏称为“江南第一名榜”。一次，程康庄和好友张南溟、程苍孚、袁重其游玩，到达北固山甘露寺山门前，看见寺的门榜上“天下第一江山”六个大字侵蚀严重，木书有暗，就决定将六个字照原样刻到石壁上去永久保存。程康庄邀请当时在镇江寓居的著名书法家宋射陵临摹吴琚的字迹，并保持了原字的特点，自己掏钱请刻匠，将字迹细心地刻到石壁上，还写了著名的《天下第一江山记》：

……

余来治润，康熙四载于暮之春，同张君南溟、程君苍孚、袁君重其诣甘露寺山门，门当山南峻蛆处。梁天监中，武帝尝幸此，赐二铁镬，中储水以饮僧众，镬受水广产碧芙蓉。苏文忠诗：“坡陀受百斛，积雨生微澜”是也。又御书“天下第一江山”六字。久之，字漫灭破耗矣，镬亦仅存焉。今门榜六字，乃宋淮东路总管延陵吴琚所书。琚寡嗜欲，唯日临池学书，纵体肸蜜，绰有余态。董文敏称六字为江以南第一名榜。虽克所愿，而风掣雨蚀，木书有暗。余俾人挈置其下，就如松铅意戢势珍，复见旧时之所贵，仍揭之楣。时宋君射陵寓润，工书法，遂乘原字双钩，惊鸾之美，视昔有加。余捐赀勒石。去高安埤路相逮，与游人往来会。①

……

同时，程康庄也在甘露寺留下墨宝《甘露寺》：“山楼高拥白云平，万

① （清）程康庄著，李雪梅等点校：《程昆仑先生诗文集》，三晋出版社2008年版，第202—203页。

壑千峰面面生。绝壁几人堪试马，双柑若各解听莺。窗寒夜月迷秋色，石古松涛起梵声。羡得鲈鱼垂钓叟，曾来沽酒向江城。”钱谦益评价此诗：“语气娟秀，无不妥确。”① 这首诗景物描写细腻，比喻巧妙，结构严谨，一气呵成，犹如山谷中的一泓溪水，蜿蜒而下，声色俱佳，自然优美，达到内容与形式上的完美统一。

另一件事则为补刻《瘗鹤铭》。程康庄自幼就喜欢临池染翰，每天勤加练习，其书法颇有颜、柳风骨。在焦山碑林中，至今仍然珍存程康庄的诗碑。程康庄喜好搜求古人碑帖，尤其是他补刻《瘗鹤铭》一事，极尽苦心孤诣。焦山为镇江东北处伸入长江的一座山，与南岸的象山相对峙。而焦山的《瘗鹤铭》极其珍贵，被历代书家称为“大字之祖”“书家冠冕”“神仙之迹”等等。程康庄任职镇江之时，这一珍贵石刻已面目全非、湮没于江水之中，而铭石崩裂于潮汐，字迹损毁相当惨重。程康庄竭力寻求拓本，然后根据初拓全本作了补刻，以横亘五丈、十三块石的规模放置在海云堂两庑中，并写《〈瘗鹤铭〉跋》将此事记录下来。同时追根溯源，通过多方考证，最终断定《瘗鹤铭》的作者为南北朝时期的陶弘景。跋文称“考贞白昔慕灵迹，颇以名心为累”，“今观其字，清劲有法，孤云新月，当在虞褚诸公之上，其为贞白益信矣”，“铭石崩于潮汐，其拓本唐宋之时尚全。即欧公仅得六十余字。后此者能观其形势哉？予倅南徐，寻近代残本亦不可得。辛丑秋，计遭客出《玉烟堂帖》相示，乃见此铭”，“因损禄秩镌石，与后世共宝之”。钱谦益对《〈瘗鹤铭〉跋》一文评道：“焦山虽奇，《瘗鹤铭》字苍古有法，尤山中之第一奇观。昆仑补刻海云堂内，既不没古人之用心，而山灵实籍以生色矣！行文有断有击，有源有流，自是作家之文。”② 陈维崧也对《〈瘗鹤铭〉跋》一文评赞道：“事奇文更奇，先生为润州，王阮亭先生为扬州，两先生皆搜剔古人残碑断碣，风流文采，掩映一时，传

① （清）程康庄著，李雪梅等点校：《程昆仑先生诗文集》，三晋出版社 2008 年版，第 37 页。
② （清）程康庄著，李雪梅等点校：《程昆仑先生诗文集》，三晋出版社 2008 年版，第 249 页。

之千古，当深人流想矣！”①

三、安徽安庆府同知时期（1667—1671）

康熙六年（1667），程康庄调任安徽府安庆同知。他在《〈郡斋杂咏〉序》中说：

丁未（1667）之岁，余量移皖城。十一月朔三日，将晡抵江口，距五里，惊飚蹶动，冲波竣急，飒然而至，舟人相对错愕，不能鼓栧与之复争。越日渡江，官署尚未起，闻予至，始有徙去者。盖予之至以四日，而莅治即以五日，然后从而视之，庳屋无椳橑，蒿藜覆压，虺蜴之所家，日光活活，穿隙而入，予乃信皖城之荒侧也如此。②

作者记录了去安徽安庆府任职的情景。路途遥远而且惊险，所去之地甚是荒凉，在这样的环境中程康庄仍有大量诗作产生，仍可以尽职尽责造福一方百姓，难怪方楼冈这样评价程康庄：“处极苦之境而能乐，真乐也。先生有萧然物外之致，可谓青山碧水，高深各极。先生乐皖城之荒陋，皖城乐先生之潇洒矣”③

关于程康庄在安庆府同知任职期间的事迹，毕振姬《奉政大夫耀州知州程公暨宜人合葬墓志铭》这样记载：

丁未，同知安庆，沿江四百里，五舒出没浔阳越货，掩贼无踪迹，乃快造船求盗，严保甲以清盗源。④

① （清）程康庄著，李雪梅等点校：《程昆仑先生诗文集》，三晋出版社 2008 年版，第 249 页。
② （清）程康庄著，李雪梅等点校：《程昆仑先生诗文集》，三晋出版社 2008 年版，第 127 页。
③ （清）程康庄著，李雪梅等点校：《程昆仑先生诗文集》，三晋出版社 2008 年版，第 128 页。
④ 常赞春纂辑：《山西献徵》卷六“文学”，山西文献委员会 1936 年版。

这里记载了安庆盗贼常出没，程康庄造船清盗的事迹。安庆郡为两江锁钥之地，沿江四百余里，最大问题是水患，最难之处在于防汛，任职期间，程康庄制定出许多防护海防的策略，他始终把民生放在第一位，关心百姓疾苦，并推出一系列合乎民生的政策。同时，他平息盗贼猖獗的风气，冤假错案必为百姓平反，安徽巡抚甚至把他的治理方针政策推广至沿江各县，江南、江西人因此而得以安宁。

四、陕西耀州知州时期（1671—1675）

康熙十年（1671），程康庄奉诏回京补官，因“以前任宿狱未清，坐先生违限，以知州降补”[①]。程康庄任耀州知州属降职调任，仕途不畅使程康庄内心不免有怨言：“苍茫羁命达，世意碍芳阑。侧目当年事，浮名此日寒。”[②] 但是他不计名位，慨然赴任。此时，正当康熙平“三藩”时期，时局动荡。他到任不久，陕西叛将王虎臣部下的万余叛军前来侵犯耀州，耀州百姓顿时陷于水火之中。程康庄出于对辖地百姓的责任，毅然投笔从戎，亲自上阵。他督率兵民筑城防守，日夜巡防，往来戍守，誓与军队共存亡。程康庄守坐矢石之巅，伺机对叛军连发数十炮，终于将叛兵打退，保卫了耀州的安宁。后来，在平定吴三桂中，耀州逐渐成为重要的军事战略基地，图海、周培公率领的清军驻扎于此，军需极其浩繁，程康庄作为地方长官，积极操练民军，囤积粮草，支援前战。官方财政吃紧，程康庄为不扰民生，倾其所有，并以个人名义举借外债，来满足军队需求，为清朝的平叛工作做出了特殊贡献，被图海称赞为“文武兼备的能吏”。

保全一方百姓的安宁是当官者应尽职责，兵临城下，程康庄不计个人安危，心系百姓，折射出中国古代知识分子高贵的品质与职业操守。程康庄离任之时，耀州百姓将其送至远郊，并为他树立政德碑。

---

① （清）程康庄著，李雪梅等点校：《程昆仑先生诗文集》，三晋出版社 2008 年版，第 319 页。
② （清）程康庄著，李雪梅等点校：《程昆仑先生诗文集》，三晋出版社 2008 年版，第 51 页。

五、返乡赋闲时期（1675—1679）

康熙十四年（1675），程康庄赋闲返乡，关于其返乡后的情况，记载并不多，我们只能从其诗歌的只言片语中看到其对故乡的记录。如《避地土河杂诗十首》之五云："不信青山路，苏门已五年。"① 又如《长平八子诗》，记录了程康庄家乡的八位文士：陈壶岚、姬相周、申葵衷、武君十、陈吾青、庞鸠六、石泰华、武二酉。

康熙十八年（1679），程康庄在老家去世，享年66岁。

关于程康庄的卒年，目前学界主要有两种说法：一是邓之诚《清诗纪事初编》载程康庄："卒于（康熙）十八年（1679），年六十七。"②《山西献徵》《山西历史名人传》《山西藏书家传略》《清代词学的建构》均采用此种说法。二是毕振姬《奉政大夫耀州知州程公暨宜人合葬墓志铭》载程康庄"卒康熙十四（1675）某月十六日酉时，生万历四十一年（1613）五月十四日戌时，得年六十有七"③。官大梁《程康庄的卒年及〈自课堂集〉》中称："程康庄的卒年是康熙十四年（1675），而非康熙十八年。程之卒年，《清史列传·文苑传》未载。《程公墓志》见毕振姬《西北之文》卷九云："（程康庄）卒康熙十四年某月十六日酉时，生万历四十一年五月十四日戌时，得年六十七。"④ 江庆柏编著的《清代人物生卒年表》也采取此种说法。

《刺史昆仑先生事略》记载："丁巳（1677），乞休归，时州民为立碑纪德政。先生既归，载书连骑，庋藏于家，邑人士借观者不绝，皆曰'是昆仑先生宦囊也！'己未（1679），卒于家，年六十七岁。"⑤ 而《程昆仑别

① （清）程康庄著，李雪梅等点校：《程昆仑先生诗文集》，三晋出版社2008年版，第23页。
② （清）邓之诚著：《清诗纪事初编》，上海古籍出版社1984年版，第732页。
③ （清）程康庄著，李雪梅等点校：《程昆仑先生诗文集》，三晋出版社2008年版，第314页。
④ （清）官大梁：《程康庄的卒年及〈自课堂集〉》，《学术研究》1989年05期。
⑤ （清）程康庄著，李雪梅等点校：《程昆仑先生诗文集》，三晋出版社2008年版，第320页。

传》记载："秩满，迁安庆府同知，坐前政宿狱不举发，镌级授耀州知州。年六十有五，告归二年卒。"[1]《陈维崧年谱》记载好友程康庄卒于康熙十八年（1679）[2]。

以上材料记载，程康庄卒年六十七岁应为定论，而毕振姬《奉政大夫耀州知州程公暨宜人合葬墓志铭》所云："卒康熙十四年某月十六日酉时，生万历四十一年五月十四日戌时"，实际为62岁，而与该文记载的"得年六十有七"相互矛盾。据此可以认定，程康庄卒年应为康熙十八年（1679）。

程康庄为官之时就喜欢购买书籍，归乡之时将所余钱财全部用于置购书籍，载书数车，庋藏于家中，武乡士人借书者络绎不绝，皆曰："是昆仑先生宦囊也"[3]

第三节　程康庄的著述

关于程康庄的著作，在《程昆仑别传》中有这样记载：耀州（程康庄）之诗有《自课堂集》，而《诗钞小传》并遗之。予宰武乡，耀州六世孙林宗出其家藏旧本，得以尽读，然散佚者亦不少矣。"[4]

《山西古籍印刷出版史志》载："程康庄在京都以诗文名于时。陈维崧选《四大家文抄》，其与归有光、王于一、侯朝宗并列。词亦入清《百名家词抄》及《国朝名家诗余》诸书。著有《寒山诗余》《衍愚词》等书。"[5]

《寒山诗余》与《诗钞小传》现存资料中均无记载，可能已散佚，程康庄现存著作有《自课堂集》《衍愚词》。

---

① （清）程康庄著，李雪梅等点校：《程昆仑先生诗文集》，三晋出版社2008年版，第316页。
② 陆勇强著：《陈维崧年谱》，中国社会科学出版社2006年版，第456页。
③ （清）程康庄著，李雪梅等点校：《程昆仑先生诗文集》，三晋出版社2008年版，第319页。
④ （清）程康庄著，李雪梅等点校：《程昆仑先生诗文集》，三晋出版社2008年版，第315-316页。
⑤ 李晋林，畅引婷著：《山西古籍印刷出版史志》，中央编译出版社2000年版，第200页。

《自课堂集》版本共有两种：

第一种顺治十八年（1661）刻本，又名《程昆仑先生诗文合集》，此本经无锡黄传祖、新城王士禛、古夔李长祥、黄冈杜浚评选，并于康熙四年（1665）刊行。该本凡四卷，序一卷、诗词一卷、文二卷，卷首有金坛汤格、琅琊王昊、吴陵沈传曾、同学弟张自烈、松陵潘陆圻、古夔李长祥凡六序，板式为八行二十字，小字双行，花口，无鱼尾，四周单边，卷内书牌页中题“程昆仑先生诗文合集”。卷内钤有“雪”“小石”“纸窗竹居”“舞津室”“故示宗藏”“竹慈”等印章。属孤本，是现存诗文集中最早的版本，现存首都师范大学图书馆善本部。

第二种为康熙五年（1666）刻本，该本共六卷，凡文四卷，诗余一卷，诗选一卷，此本由钱谦益、陈维崧二人选定，前有山右木庵、济南王士禄、柏乡魏裔介、合肥龚鼎孳、晋安黄文焕、钱塘陆沂、海宁朱一是、梁溪顾宸八人序跋。《清人诗文集总目提要》载：“日本内阁文库藏清刻本”[①]，二十世纪三十年代被收入山西省文献委员会编撰的《山右丛书初编》，共六卷，以铅字排印，1986 年由山西古籍出版社影印出版。

这两个本子词排列顺序、评选篇目、后评选人及评语完全相同。诗顺治十八年本有三首，山右丛书本未收；而山右丛书本三十九首，康熙十八年本未收。顺治十八年本按照五言七言古体诗、律诗、绝句的形式排列；山右丛书本不分类排列，排列顺序较为混乱。文顺治十八年本有八篇，山右丛书本未收；而山右丛书本有三十篇，顺治十八年本未收。此二本诗词文评语皆底一格，评论者凡四十人，评论风格皆不相同。

《衍愚词》为清王士禄、陈维崧选编，孙默校。此乃程康庄于康熙年间所作，并入《国朝名家诗余》。该本为收程康庄词作最完备的本子，共收录程康庄小令、中调、长调 46 阕。清王士禄在卷前序文中称：“（程康庄）以文章名海内，乃点笔为诗，诗工，倚声为词，词又工，其《衍愚词》四十

---

① 柯愈春著：《清人诗文集总目提要》（上册），北京古籍出版社 2001 年版，第 89 页。

余篇。”清孙金砺在序文中更是对《衍愚词》这一书目大家赞赏：“先生以诗文名天下，复工于词。生平既不能自藏其美，为举世所衒鬻，又不欲以贤智先人，故托之以愚。”

此本为清康熙四年（1665）孙氏留松阁刻《国朝名家诗余》本，版式为九行二十一字，花口，无鱼尾，四周双边，书口处镌有“留松阁”三个字，有“长乐郑氏藏书之印”“长乐郑振铎西谛藏书”二藏印，目前藏于国家图书馆。

《国朝名家诗余》，清孙默编，为现存清代最早之词总集，共四十一卷。编者本欲选刻百家，因去世而未成。所录为吴伟业《梅村词》二卷、龚鼎孳《香严词》二卷、梁清标《棠村词》三卷、宋琬《二乡亭词》二卷、王士禄《炊闻词》二卷、尤侗《百末词》二卷、陈世祥《含影词》二卷、黄永《溪南词》二卷、陆求可《月湄词》四卷、曹尔堪《南溪词》二卷、邹祗谟《丽农词》二卷、彭孙遹《延露词》三卷、王士禛《衍波词》二卷、董以宁《蓉渡词》三卷、陈维崧《乌丝词》四卷、董俞《玉凫词》二卷、程康庄《衍愚词》二卷。附孙金砺辑《红桥倡和第一集》一卷、《广陵倡和词》一卷。康熙元年先刻成王士禛等词共七卷，康熙六年续刻曹尔堪等词共六卷，康熙七年再续刻陈维崧等词共十一卷，康熙十六年又增刻吴伟业等词共十五卷。乾隆间编纂《四库全书》时，抽去龚鼎孳、程康庄二家及附录，改题《十五家词》，民国二十五年（1936），中华书局据之排印，收入《四部备要》行世，较为通行。[①]

程康庄诗文受到诗人或后人的推崇，其部分诗文被选入总集或别集中，流传于世：

一、清武乡诗人赵三麒编选的《程昆仑先生诗草》，此本为康熙四年（1665）刻本，板式为八行十二字，单鱼尾，四周双边，仅收录程康庄诗

① 钱仲联、傅璇琮、王运熙、章培恒、鲍克怡主编：《中国文学大辞典》，上海辞书出版社 1997 年版，第 1331 页。

37首。

二、清陈维崧编选的《四大家文选》，此本为清康熙六年（1667）刻本，版式为九行十八字，白口，单鱼尾，四周双边。目前藏于山西大学图书馆。另有清卜崖主人嘉庆四年（1977）刻本，山西大学图书馆藏。内收程康庄部分诗、词、文。

清范桓一编辑，程林宗、魏一泉鉴定的武乡清代诗歌总集《南亭诗钞》（十四卷），此本为道光二十九年（1849）年刻本，版式为八行二十一字，黑口，单鱼尾，四周双边，目前藏于山西大学图书馆，该诗集收录程康庄诗词一卷，七十首。

第二章　程康庄交游考述

中国古代文人多喜欢交游唱和，因其社会地位、价值观念、人生理想以及审美情趣等方面的相似，他们相聚在一起。通过频繁的交游唱和活动，不仅达到了思想的交流与情感的共鸣，而且展现了他们在特定历史环境下所具有的独特情感与生活体验。文人之间进行交游唱和背后具有深厚的文化意蕴，一直以来都是学界研究的重点。

程康庄在明朝取得了拔贡功名，为天子门生，恩遇优厚，且与傅山、薛宗周一起受知于山西学政袁继咸，并参加了援救恩师袁继咸的行动。甲申国变后，程康庄隐居山林，后又被迫出仕，先后任镇江通判、安庆同知、耀州知州，闲暇之时“公余与诸生赋诗论文无虚日”①，先后结交了如钱谦益、龚鼎孳、吴伟业、王士禛、王士禄、宋琬、施闰章、魏裔介等爵贵达

① （清）王轩等修：《山西通志》，《中国省志汇编》之十三，台湾华文书局1969年版，第2694页。

官，彼此间经常进行诗文往来，引起了江南诗坛的强烈反响，并为其赢得了诗坛声望。同时还结交了隐居江南的林古度、徐釚、孙枝蔚、林茂之等遗民布衣，并相互唱和。本章将根据程康庄交游群体的身份，对其略作划分，从乡贤彦友、爵贵达官、布衣遗民三个方面来考述其当时的交游状貌。通过对程康庄的交游轶事与流传诗文的考证，不仅能够解析其交友思想与心态，亦能了解古人交游真相，考察清初江南文人集社、酬唱之风，进一步发掘明清文坛承继与演化的历史脉络。

第一节　乡贤师友

一、朱之俊

朱之俊（1596—1671），字擢秀，号沧起，又号羼摄居士，山西省汾阳市大向善村人。明天启元年（1621）中举，天启二年会试，殿试赐同进士出身，入翰林院供职。不久迁国子监司业。天启七年（1627），因监生陆万龄请祀魏忠贤于国子监与孔子并尊之事得罪魏忠贤而罢官还乡。顺治二年（1645）夏四月，诏前朝才子，起用为秘书院侍讲，兼修国史副总裁。八月受命顺天乡试后，朱感到仕途艰险，前程莫测，于十月辞官，再次归隐还乡。回乡后多着力于捐资筹建道观寺院，学道信佛。

朱之俊与程康庄的交往开始于崇祯二年（1629），《清诗纪事初编》记载："程康庄少年失恃，多依祖父京都习诗，崇祯二年（1629），国子监收士子200余人，程康庄即从朱太守学"[1]，由此证实，程康庄曾是朱之俊的门生，朱之俊比程康庄年长16岁，当年朱33岁，程只有17岁。

程康庄任耀州知州之时，来到了朱之俊老家山西汾阳，并与之游历山水。程康庄有诗《饮西河朱太史峪园谋娇侑觞乃更以意属予延其舍予虽留

① （清）邓之诚著：《清诗纪事初编》，台湾明文书局1985年版，第732页。

醉然终却其请》（四首）：

其一

疲驴皂帽入孤村，客里逢春竹叶罇。但使杏花能作伴，莫叫红袖傍云根。

其二

离石青娥倚画楼，凤鬟度曲不知愁。莫因太史虹桥度，错认仙人在上头。

其三

四竹成邻莫放宽，感君青眼不曾难。桃花洞口谁相问？小伎能怜范叔寒。

其四

白水朱鱼太古岚，园林二月柳毵毵。相逢只饮葡萄绿，缟袖新妆堕马憨。①

从诗的题目可知，该诗写于西河（汾阳）朱太守（之俊）家乡。第一首写诗人骑着一匹筋疲力尽的老驴游历名山大川，来到汾州府峪道河的峪园时，恰逢春光正好，老师予以美酒盛情款待。

第二首主要写与朱太守一起饮酒的情景。诗人醉眼蒙眬地望着园中小桥，好似有仙人般的青娥正在小桥上头走过。

第三首是对老师贤达风骨的赞扬。园中栽满了竹子，暗喻朱太史不畏艰险的风骨。程康庄感激朱太史对他的赏识。回想当年，二人在汾阳向阳桃花洞边上相互问候，犹如先贤王昌龄诗作“梁园秋竹古时烟，城外风悲欲暮天。万乘旌旗何处在，平台宾客有谁怜”那般耐人寻味。

第四首写饮酒后的情景。诗人相逢在春意盎然的春天，彼此恭谨对饮，

① （清）程康庄著，李雪梅等点校：《程昆仑先生诗文集》，三晋出版社2008年版，第48页。

尽显人生风采。醉酒后，主客一起骑马。文人的昂扬与洒脱显露无遗。

这四首诗歌表现出师生之间的深厚情谊，足见二人情感真挚。

二、傅山、薛宗周

傅山（1607—1684），初名鼎臣，字青竹，后改名山，字青主。别署公它、石道人、朱衣道人等，山西阳曲（今山西太原）人。明清之际著名思想家、书法家、医学家和诗人。明清建立后，傅山以遗民自居，出家为道，自号“朱衣道人”，行医看病，并积极参与抗清斗争。与顾炎武、屈大均等一批志趣相投的学者、遗民探讨学术、诗文唱和。著有《霜红龛集》四十卷。

薛宗周（？—1649），字文伯。山西汾阳人。明末抗清义士，顺治六年（1649），薛宗周与同乡王如金参加抗清义军，不幸牺牲于晋祠堡。

程康庄与傅山、薛宗周的交往开始于崇祯九年（1636）。当时，山西学政袁继咸修复三立书院，收晋士子300余人，傅山、薛周宗、程康庄为同学。三立书院的前身为山西省按察副使陈讲提倡建立的晋阳书院，后改为河汾书院。明朝中期，各州郡盛行兴办书院，并以“讲学自由，品评人物”为风气，对社会风气与官吏制度产生了不良影响，逐渐引起达官显贵的不满。明万历年间，皇帝朱翊钧采纳了张居正的奏疏，下诏停办书院。直至魏允贞任山西省巡抚时，才复建书院，后人称之为三立书院。程康庄在三立书院就读时，受到袁继咸的教导与提拔，二人感情深厚，亦师亦友。袁继咸（1593—1646），字季通，号临侯。宜春（今江西宜春袁州区寨下乡横塘村）人。明天启五年（1625）进士，历任湖广参议、右佥都御史、兵部右侍郎等职，与文山文天祥、谢枋得并称“江右三山”。

当时，魏忠贤正把持朝政，为扩充势力，尽力拉拢新科进士。袁继咸为人正直，反对宦官专权，于是借病南归。崇祯三年（1630），袁继咸被选授监察御史。其间，他上疏反对为了维持军队费用开支增加田赋的主张。

崇祯六年（1633），温体仁为内阁首辅，依靠太监势力，极力打击镇压东林党人。袁继咸上疏痛斥温体仁等宦官，换来了宦党们的厌恶痛恨。崇祯九年（1639），张孙振（字古岳）出任巡按御史，虽然官职不高，但代表朝廷的权威，权力很大。张孙振为温体仁的死党，一到太原任职就与袁继咸因孙有守入学三立书院之事发生冲突。八月，张孙振利用自己职务之便，借监察官员考绩的机会诬蔑弹劾袁继咸。此事激起了三立书院士子的极大愤慨。十月秋，袁继咸被押送京城，傅山、薛宗周等组织书院诸生进行“伏阙讼冤”，并向太原、汾州、平阳、潞州四府发出书信，请全晋诸生陆续进京。山西诸生积极踊跃赴京，程康庄随傅山、薛宗周一起进京，并伴随其左右。进京后，袁继咸关押在刑部狱中。傅山、薛宗周等联络赶来的山西诸生以及在京拔贡会同上疏，共有一百零三人签名，并投送至通政司。由于张孙振与通政司内外勾结，傅山等人多次投送，却屡遭失败。同时，张孙振威胁上疏的诸生，但傅山、程康庄等人并不因此而退缩，而是积极联系京城会试的举人，散发揭帖，揭露张孙振罪行。一时间京城百姓为袁继咸抱打不平，最后朝廷锦衣卫将揭帖、联名奏本直送崇祯皇帝之手，皇帝立即下令调查此事。崇祯十年（1637），张孙振被关押，刑部一直不过问此事，傅山等人又发动了一次拦轿请愿的活动，刑部才审理此案件。经过诸生的不懈努力和斗争，两次审理后，袁继咸终于冤狱昭雪。“伏阙讼冤”事件让傅山一举成名，在京城产生了广泛影响。

在这场斗争中，傅山、薛周宗起到了领导作用。傅山的散文《因人私记》不粉饰一字，坚持“实录”精神，详细记述了此次的诉冤活动，马世奇著《山右二义士》表彰傅山及薛宗周此次讼冤的义行。傅山《辨诬公揭》载：

山西通省司府州县生贡傅山、卢传第、周培诜、薛宗周、李凯、刘美、胡来贡、樊嶷、荆光国、韩庄、崔嗣达、程康庄、张璞、董绪、杨永宁等谨揭，为学臣清介见纠，禁系已久，乞主持谳案，以存公道，以服士心事。[①]

这里记录了程康庄同傅山参加了此次“伏阙讼冤”的行动。程康庄在《投知引赠张伯将郡丞》中说：

吾党推奇节之士，后有青主前伯将。青主去救袁夫子，千金掷地神扬扬。抗疏共我见天庙，袁师乃得归故乡。[②]

这次救援行动使程康庄逐渐成熟起来，而这次救援行动也具有重要的历史意义，傅山等人组织的散发揭帖、拦轿请愿等斗争形式，已经具备了近代中国学生运动的特点。后来康有为组织的“公车上书”，正是这次斗争形式的发展。

第二节　达官显贵

一、钱谦益

钱谦益（1582—1664），字受之，号牧斋，晚号蒙叟、东涧老人。为明末文坛盟主。学者称之为“虞山先生”。苏州府常熟县鹿苑奚浦（今张家港市塘桥镇鹿苑奚浦）人。明万历三十八年（1610）探花（一甲三名进士）。东林党的领袖之一，官至礼部侍郎，因与温体仁争权失败而被革职。明朝灭亡后，马士英、阮大铖在南京拥立福王，建立南明弘光政权，钱谦益依附之，为礼部尚书。后降清，为礼部侍郎。钱谦益比程康庄大三十一岁，与程康庄祖父程启南为同辈之人，且二人关系良好。钱谦益在为程康庄

① （清）傅山著《霜红龛文》，岳麓书社1986年版，第246页。
② （清）程康庄著，李雪梅等点校：《程昆仑先生诗文集》，三晋出版社2008年版，第319页。

《自课堂集》写的序中说：

余平生师友多在三晋，若曹安邑、傅定襄、孙沁水、张阳城，数辈皆以正学伟节表仪朝野。而武乡程司空凤庵推诸公之声气，以臭味及余。日月递更，宿草弥望，每矫首三晋云山，晨星晓月，耿耿在心目间。为怅然太息者久之。而司空之孙昆仑使君，应玄纁之聘，筮仕京口。清声异政，与其渊才雅思，金舂玉应，腾涌于金鳌铁瓮之间。[①]

程康庄与钱谦益的结识源于程康庄的祖父，二人真正的交往开始于顺治十七年（1660）程康庄任镇江通判。钱谦益于顺治三年（1646）官复原职，掌管翰林秘书院学士事，充修《明史》。但为官仅六个多月就称疾乞归，得到朝廷恩准返回家乡。二人所处地理位置较近，钱谦益为明清之际的诗坛主将、东南文人领袖，诗学成绩斐然，且程康庄认为钱谦益有“老马识道之智”，故多与其交游唱和。在《〈自课堂集〉序》中，钱谦益给予程康庄诗歌很高的评价：

旋观昆仑之诗文，才气横溢，词源倒流如喷泉之涌出，如龙气之直上。徐而按之，辞有体要，文有原委，不骋奇于篇什，不求工于字句，如武库之有五兵，如玉府之有六玉。井井乎，其行列也，离离乎，其相属也。进而扣所有，愈出而愈不穷也。[②]

程康庄与钱谦益均为“贰臣”，程康庄属被迫为官，钱谦益尽管辞官还乡，但还受到清廷的监视。二人具有相同的境遇，所以二人的交流更多是心理交流。

---

① （清）程康庄著，李雪梅等点校：《程昆仑先生诗文集》，三晋出版社 2008 年版，第 19 页。
② （清）程康庄著，李雪梅等点校：《程昆仑先生诗文集》，三晋出版社 2008 年版，第 19 页。

二、吴伟业

吴伟业（1609—1672），号梅村，别署鹿樵生、灌隐主人、大云道人，江苏太仓人。明崇祯四年（1631）进士，授翰林院编修。任南京国子监监司、左庶子等职。清朝灭亡后，吴伟业隐居乡间十年。清顺治十年（1653）被迫应诏北上，次年被授予秘书院侍讲，后升国子监祭酒。顺治十三年（1656）底，以奉嗣母之丧为由乞假南归，此后不复出仕。吴伟业是明末清初著名诗人，与钱谦益、龚鼎孳并称“江左三大家”。

据《吴梅村年谱》载，康熙三年（1664），吴伟业“为程康庄文集撰序”①。当时，吴伟业56岁，在《〈自课堂集〉序》中称：“昆仑别去已三十余载。”② 由此上推30余年，约为明崇祯四年（1631）。1631年，吴伟业中进士，取得会试第一名，殿试一甲第二名，授翰林院编修。程康庄于1633年曾随程启南在京读书，因此可推断京师那时二人便认识了。

程康庄任镇江通判之时，二人亦交往频繁，据《吴梅村年谱》引康熙《镇江府志》云：“时镇江新设军镇，通判职当赞理将军幕府，谓之理厅。康庄虽垂老，然辨治吏事如精强少年。军府之暇，四方名流相过从，置酒高会，吟笑于金焦、北固、八公、黄鹄之间。时王祭酒士禛为扬州推官，吴总判兴祚知无锡县，倡导风雅，俱能大致天下之客。而京口之馆舍，宾至如归，与两地相望，论者比之为三君焉。官镇江凡十年，升安庆同知，谪知耀州，卒。康庄与吴同知淇同佐郡，淇择客严，康庄交客广，爱兼，人两是之。”③ 这段文字虽没有记录吴伟业与程康庄具体的交游，但我们仍可从中窥探出程康庄当时江南文人交游的盛况，程康庄有《吴司成梅村》赠予吴伟业：“南阁军谘盛有名，楞伽山上数峰晴。不知雪案诗盈尺，尽逐

---

① 冯其庸，叶君远著：《吴梅村年谱》，江苏古籍出版社1990年版，第432页。

② （清）程康庄著，李雪梅等点校：《程昆仑先生诗文集》，三晋出版社2008年版，第21页。

③ 冯其庸，叶君远著：《吴梅村年谱》，江苏古籍出版社1990年版，第441页。

春风一夜生。”[①] 二人一起游览名山，留下了美好回忆。

在《〈自课堂集〉序》中吴伟业有言：“岁月绵邈，知交零落，若余之仅存者，其衰迟已不足数矣。”[②] 可知吴伟业把程康庄看成自己的知交，二人感情深厚。

三、宋琬

宋琬（1614—1674），字玉叔，号荔裳，山东莱阳人。顺治丁亥（1647）进士，曾任户部河南司主事、吏部稽勋司主事、陇西右道佥事、左参政，康熙十一年（1672），授通议大夫四川按察使司按察使，康熙十二年（1673），进京述职，遭遇吴三桂兵变叛乱，家属因此而遇难，宋琬忧愤成疾，死于京都，享年 59 岁。宋琬是清初著名的诗人，年少时即能为诗，时人呼为“南施北宋”。王士禛《池北偶谈》云：“康熙以来诗人，无出南施北宋之右。”[③] 又为“燕台七子”之一，“国朝六大家”之一；还有“清初六大家”“海内八家”等称号，著有《安雅堂集》。

程康庄与宋琬之间的交往源自祖辈，在《〈宋荔裳先生文集〉序》中这样写道：“予王父大司空公任山左，由宪副大参廉宪左右辖垂十年，莅其地，与公之先世结分独深。”[④] 也就是说程康庄祖父与宋琬祖父一起为官，交情甚深。在《〈宋荔裳先生文集〉序》中，程康庄这样评价宋琬之文：

> 其为古文辞，理析秋毫，务丰奇伟之辞，惊态横生而不离乎古法……古文之传绝久矣，赖公彰之。[⑤]

① （清）程康庄著，李雪梅等点校：《程昆仑先生诗文集》，三晋出版社 2008 年版，第 14 页。
② （清）程康庄著，李雪梅等点校：《程昆仑先生诗文集》，三晋出版社 2008 年版，第 21 页。
③ （清）王士禛著：《池北偶谈》，齐鲁书社 2007 年版，第 36 页。
④ （清）程康庄著，李雪梅等点校：《程昆仑先生诗文集》，三晋出版社 2008 年版，第 187 页。
⑤ （清）程康庄著，李雪梅等点校：《程昆仑先生诗文集》，三晋出版社 2008 年版，第 186 页。

程康庄准确地评价出宋琬此时作品的两个特点，一个是拟古，不离古法，具有古朴清俊、光洁健朗之美感，第二特点则是高雅。

程康庄有诗《宋荔裳观察吴门举子索题四首》，其四为："新诗应万卷，当任后昆传。宗武终能赋，于陵嗣必贤。思从飘渺下，气与岛门旋。待入丹崖去，清江两岸悬。"① 称赞宋琬为一代诗豪。

在《自课堂集》中，宋琬对程康庄文多处有点评，如"言约而理该"②"古色斑然，有鼎彝之气"③ 这些点评一语中的，不仅可以突出程康庄文章在当时逐渐成熟，技艺越发高超，更说明二人交往深厚，没有逐字逐句地读，哪能精确地点评出文章之精要之处。

宋琬离开吴门时，程康庄赠宋琬《宋观察荔裳》诗云："消夏湾前渐落晖，青城脍鲤未言归。何时对酌穹隆下，青翰舟中白板扉。"④ 二人分别于余晖之下，心情沉重，分别时无言以对，何时还能一起对酌穹隆下，泛舟游湖。离别之情溢于言表，二人感情之深厚可见一斑。

康熙十年（1671），程康庄调任陕西耀州知州，宋琬则有《送程昆仑谪刺耀州》一诗赠程康庄："青衫人欲老，五马向西州。乡树黄河隔，山城漆水流。袴襦歌叔度，稼穑颂公刘。华岳登临后，题诗寄旧游。"⑤ 诗人对程康庄老之将近还遭此奔波，表示同情与怜惜。程康庄心系百姓，为百姓尽职尽责，同时不忘吟诗作赋，寄情山水。诗歌最后两句道出作者心声：希望能登临华山，题诗作赋，以寄怀二人曾经的交游。

四、陈维崧

陈维崧（1625—1682），字其年，号迦陵，江苏阳羡（今宜兴）人。出

① （清）程康庄著，李雪梅等点校：《程昆仑先生诗文集》，三晋出版社2008年版，第2页。
② （清）程康庄著，李雪梅等点校：《程昆仑先生诗文集》，三晋出版社2008年版，第134页。
③ （清）程康庄著，李雪梅等点校：《程昆仑先生诗文集》，三晋出版社2008年版，第148页。
④ （清）程康庄著，李雪梅等点校：《程昆仑先生诗文集》，三晋出版社2008年版，第14页。
⑤ （清）宋琬著：《安雅堂未刻稿》卷一，清乾隆三十一年刻本。

生于官僚家庭，祖父陈于廷为万历年间进士，官至明左都御史，为东林党的重要人物。父亲陈贞慧与侯方域、方以智、冒襄并称“晚明四公子”，陈贞慧为复社领袖，明亡之际，曾组织义军抗击清军。这种富有气节的家庭环境对陈维崧产生了深刻影响。顺治十三年（1656），陈贞慧去世，家道中落，陈维崧生活逐渐贫困，从顺治十三年到康熙七年（1656—1668），陈维崧以世侄的身份寓居冒襄水绘园八年之久，其间与江南文士交游唱和，游历了镇江、苏州、南京、杭州等地名山大川。就在这一时期陈维崧认识了在镇江做官的程康庄。

龚鼎孳在康熙五年（1666）十月写的《〈自课堂集〉序》中说：“陈子其年，天下才也。昆仑独于风尘磳磴时以国士待之。此岂今人所易得？”程康庄镇江为官之时，陈维崧风尘磳磴。程康庄看重其才气，以国士之礼相待，二人交往甚密，并与其交往酬唱。如康熙五年（1666）春，程康庄招陈维崧、孙枝蔚、方文、谈允谦、程世英、何絜、邹祗谟诸人饮于镇江南郊外园亭，陈维崧填《风流子·南徐春暮，程昆仑别驾招饮南郊外园亭同方尔止、孙豹人、谈长益、邹程村、何雍南、程千一赋》词记其事：

来时寒食近，且近耳、讵料竟残春。正仆本多愁，何妨作达，官如不醉，遮莫伤神。见此际，酒旗斜唤客，榆叶弱萦人。燕子风前，是何言语，柳条烟里，别样腰身。　　名园行乐处，追欢笑何限，宝马香轮。况遇风流刺史，潇洒遗民。奈西望蒋州，春潮拍拍，北来瓜渚，暮雨纷纷。还怕当歌对酒，忽又沾巾。①

方文《涂山续集》卷二《程昆仑别驾招饮潘园赋谢》、卷四丙午稿《清明日程昆仑司马招同豹人、其年小饮》也记录了此事。

---

①（清）陈维崧著：《迦陵词全集》卷二十六，《四部丛刊初编·集部·陈迦陵诗文词全集》上海商务印书馆缩印本。

又如康熙六年（1667）端午，程康庄招陈维崧、谈长益、何絜、程千一等人看竞渡。陈维崧《贺新郎·丁未五日，程昆仑别驾招同谈长益、何雍南、石崖、程千一金山看竞渡》记录其事：

一鼓鱼龙急。看滔滔、妙高台下，乾坤嘘吸。仿佛云旗和翠盖，贝阙鳞堂齐葺。料此际、百灵都集。十万黄头皆突鬓，挽湘累、今夜谁先及。有人在，江潭泣。　　吴儿舵尾飘红褶。但回帆、水云飚处，翻身径入。不斗黄金惟斗捷，江水骇时欲立。惹商妇、银筝声涩。一霎悲欢才过眼，渐日斜、桂楫纷收拾。山如睡，黛还湿。[①]

程康庄的《自课堂集》中，诗、词、文，陈维崧的评语最多，如《宋荔裳观察吴门举子索题四首》诗后陈维崧评点：“极飘逸、极奇变、昔人谓襄阳清远，右丞雅秀，然方之于此，奇气蔑如矣！”[②]《朝中措·平山堂同阮亭次欧阳公原韵》评语为：“后段换韵，是花间遗法。”[③] 等等。翻检陈其年《湖海楼词集》，赠唱于程康庄的词作如《贺程昆仑生日并送其之任皖城》《舟次润城谒程昆仑别驾》等有五六首之多，可见他们之间的深交之况。

程康庄官至耀州后，陈维崧与程康庄仍有诗文往来，如陈维崧《沁园春·怀程昆仑》载：

畴昔从公，上松寥山，观北府兵，正鱼龙蒸黑，魂魂海气，水云沧白，滚滚江声，采石乘潮，皖桐移镇，异代龚黄比大名。芦沟驿，恰飞书寄我，感念平生。一麾出守孤城，又重向咸阳道上行。叹地名役栩，黄沙飒沓，天空周屋，戏树纵横。落照穷边，壮年薄宦，手板将迎岁月更。骊山顶，

① （清）陈维崧等著，钱仲联选编：《清八大名家词集》，岳麓书社1992年版，第330页。
② （清）程康庄著，李雪梅等点校：《程昆仑先生诗文集》，三晋出版社2008年版，第2页。
③ （清）程康庄著，李雪梅等点校：《程昆仑先生诗文集》，三晋出版社2008年版，第108页。

望并汾秋色，一片乡情。[①]

程康庄不仅与陈维崧交游唱和，且对其给予经济上的支持，据《广陵倡和词·乌丝词》孙默评语曰："其年《乌丝》一集，脍炙旗亭，昆仑别驾，已为镂板行世，入予《十六家词选》中矣。"[②] 可知陈维崧《乌丝词》一集为程康庄出资赞助刊刻，足见二人情谊之深厚。

五、王士禄

王士禄（1626—1673），一字子底，号西樵，山东新城（今山东省桓台县）人。自幼勤奋好学，工于吟咏，以诗法教授诸弟，皆成就斐然。顺治九年（1652）进士，历任吏部员外郎、充河南乡试正考官，后因事免官。曾游历杭州、湖山等胜景。母亲去世，因伤心过度而卒，乡人私谥"节孝先生"，著有《西樵集》。

程康庄在镇江为官之时，与王士禄多有交游，王士禄有诗《程昆仑召集万岁楼》：

千寻江阁引诸峰，夕景登临策短筇。参佐风流如谢朓，楼台潇洒忆王恭。三年梦里西津雨，午夜灯前北固钟。明日芒鞋别君去，城中遥望白云重。

诗中王士禄称赞程康庄风流如谢朓，潇洒似王恭，尽管明日即将离开友人，但依旧会思念友人，足见二人情谊之深厚。

程康庄为王士禄诗文集作序，在《〈王司勋五种集〉序》中称："惟西樵王公之诗，体物备善，其所裒集，自壬辰以至丙午，诗凡二十二卷，诗

① （清）陈维崧等著，钱仲联选编：《清八大名家词集》，岳麓书社1992年版，第316页。
② 李丹著：《顺康之际广陵词坛研究》，上海古籍出版社2009年版，第234页。

余二卷，篇章既众，淹通累贯，随方以合其节。”对王士禄诗歌评价之高。同时，程康庄感叹道：“而况处同气之间，不离堦除，而进得唱酬之乐，退有激发之心，使天下毕赴以张其赫赫之光，岂非卓尔不群者乎？”① 二人在一起互相鼓励，研习诗文，共享唱酬之乐，正是人间乐事。

王士禄在《〈衍愚词〉序》中，亦对程康庄词大力推崇，他说：“昆仑以文章名海内，乃点笔为诗，诗工，倚声为词，词又工。其《衍愚词》四十余篇俱在，试取而读之，纵复耑家独诣，能远过乎？”② 王士禄将《衍愚词》全部细读，并且对其进行点评，如评价《感恩多·闺情》为：“情不知其所起，一往而深。”《乍遇》为：“气体古，甚似从六朝小乐府中变出。”这些评价多为其深思熟虑之感叹，二人若不深交，怎可有如此中肯之语？

六、王士禛

王士禛（1634—1711），字贻上，号阮亭，别号渔洋山人，山东新城人。清初著名诗人。清顺治十五年（1658）进士，初官扬州推官，入为部曹，转至翰林，任国史副总裁、刑部尚书。康熙四十三年（1704）罢官归里。工诗词，论诗创神韵说。未仕时赋《秋柳》诗，崭露头角；官扬州五年，得江山之助，诗名大起。诗作甚丰，著有《带经堂集》《渔洋山人精华录》《居易录》《池北偶谈》等。

顺治十七年（1661）三月，27 岁的王士禛因进士位居二甲，未能在京做官，谒选扬州任推官。在扬州 5 年中，他先后游历了镇江、无锡、苏州、南京等地，结交了大量的东南名士，写出许多纯熟的诗文，成就了诗歌创作的辉煌。

王士禛到扬州之前，其诗名早已远播，奠定其诗名的约有二事。第一，顺治十四年（1657）秋，王士禛与诸名士云集于济南大明湖，赋《秋柳》

① （清）程康庄著，李雪梅等点校：《程昆仑先生诗文集》，三晋出版社 2008 年版，第 123 页。
② （清）程康庄著，李雪梅等点校：《程昆仑先生诗文集》，三晋出版社 2008 年版，第 95 页。

诗四章，一时间唱和者 10 余人。《〈菜根诗集〉序》云："又三年，予至广陵，则四诗流传已久，大江南北，和者益众。于是秋柳社诗为艺苑口实矣。"① 第二，赴扬州任职前，王士禛在京与汪琬、程可则、叶方蔼、彭羡门等名士诗词唱和，并刻《彭王唱和集》，当时渔洋等人"祖席赋诗，联为巨轴"，王士禛的名气备受京城文人的推许。因此，王士禛来扬州做官之时，东南文人并非看重其官职，而是为其才气所倾倒。王士禛以文人的身份与名士倾心相交，聚集在一起谈诗作词，互相唱和，诗作甚多。

王士禛赴扬州就任，因公事渡江来到苏州，与程康庄互相酬唱，过从甚密，人称"上下江诗伯"。顺治十七年（1661）冬天，王士禛与程康庄同游金焦二山、北固山、鹤林寺、招隐寺、竹林寺、海岳庵等名胜古迹。王士禛有诗《焦山晓送昆仑还京口》赠程康庄：

山堂振法鼓，江月挂寒树。遥送江南人，鸡鸣峭帆去。②

又有《江上寄程昆仑二首》：

白浪金山寺，青山铁瓮城。故人今不见，杨柳作秋声。江北望江南，只隔江津水。日暮寒潮生，愁心满扬子。③

王士禛还有《山花子·寄程昆仑京口》：

黄鹤山前黄鹤鸣，杜鹃楼外杜鹃声。记得戴颙招饮地，共经行。北固

① （清）王士禛著：《王士禛全集》，齐鲁书社 2007 年版，第 2005 页。
② （清）王士禛著；惠栋，金荣注；宫晓卫，孙言诚，周晶，闫昭典点校整理《渔洋精华录集注》（上册），齐鲁书社 2009 年版，第 111 页。
③ （清）王士禛著；惠栋，金荣注；宫晓卫，孙言诚，周晶，闫昭典点校整理《渔洋精华录集注》（上册），齐鲁书社 2009 年版，第 91 页。

烟云春望远，南徐风雨暮潮生。一片澄江如练影，接芜城。

程康庄以《山花子·岁暮阮亭过京口用其见寄来韵）和之：

日暮江鼓角鸣，帆开驿路引笳声。十里回舟冰雪夜，尾舟行。已订泊船三日计，相思彻夜二毛生。预恐归程方逼岁，过江城。[1]

词中描述二人游玩时的江上美景，极具诗情画意之美感，二人一唱一和，突出了二人深厚的友谊。

顺治十八年（1661）春，王士禛以公事客金陵，居故老丁继之家，听其闲话秦淮旧事，乃属好手为画《青溪遗事》一册，陈维崧为题诗。又自题《菩萨蛮》八阕，陈维崧、彭孙遹、邹祇谟、董以宁和之，程康庄、吴绮、彭桂、陈祥裔、罗文颉、孙在中又续和之。[2]

顺治十八年（1661），王士禛在广陵有《朝中措·平山堂次欧公原韵》，程康庄有和作。程康庄以《朝中措·平山堂同阮亭次欧公原韵》和之。

顺治十八年（1661），渔洋有《海棠春·闺词》四首，邹祇谟、彭孙遹同作，尤侗、陈维崧、陈玉瑾、程康庄和之。[3] 程康庄以《海棠春·闺词同阮亭程村作》（四阕）和之。

程康庄在《赠王贻上司理》中写道："春风来清江，吹彼泽中阑。芳草日堪挹，相望隔长澜。我岂无舟楫，欲往良独难。寤寐袭芳菲，独立以长叹。"[4] 二人相距只有一江之隔，经常进行诗书往来，但二人情谊深厚，总觉得会面之难、会面次数之少，只因二人互为知音，因此才有"寤寐袭芳菲，独立以长叹"的感叹。《自课堂集》中有王士禛大量的品评之语，不仅

---

① （清）程康庄著，李雪梅等点校：《程昆仑先生诗文集》，三晋出版社2008年版，第108页。

② 蒋寅著：《王渔洋与康熙诗坛》凤凰出版社2013年版，第76页。

③ 蒋寅著：《王渔洋与康熙诗坛》凤凰出版社2013年版，第77页。

④ （清）程康庄著，李雪梅等点校：《程昆仑先生诗文集》，三晋出版社2008年版，第83页。

对程康庄诗歌做了精彩的点评与充分的肯定，也对其诗学理论进行了细致入微的分析。程康庄在《王贻上诗序》称：“王公贻上诗英绝，为世称首，莫不交口诵之。”[①] 对王诗大加赞赏。

这一时期，程康庄诗歌多有隐逸之风，一方面是因为镇江多寺院，名山大川又多，另一方面则因为受王士禛神韵说的影响，诗歌多了些清远的特质。

第三节　布衣遗民

一、林古度

林古度（1580—1666），字茂之，号那子，别号乳山道士，福建福清人。明末清初著名诗人。其诗文曾名噪一时，但不求仕进，长期寓居金陵游学，与曹学佺、王士禛、钱谦益等友好。明亡后，拒绝出仕，并以遗民自居，时人称之为“东南硕魁”。

程康庄与林古度的交往，是在其镇江为官之时。当时林古度已为诗坛宿老，与钱谦益、王士禛等交好。程康庄一则为其诗名折服，二则程康庄原以遗民自居，后被迫出仕，他欣赏林古度之气魄。故二人交往甚密。王士禛《与程昆仑》载：

林茂之先生，今年八十有三，文苑尊宿，此为硕果，亦岿然老灵光矣。顷相见，询其平生著述，皆藏溧水乳山中。诗自万历甲辰，未付枣梨。茂翁贫且甚，不能自谋板行，行恐尽沦烟草。今人黄口，才学号嘎，连篇累帙，便布通都。此老负盛名七十年至不能传一字于后世，可惜也。弟意先点其近作，约好事者，人任一卷，积石为山，集翠成裘，大是佳话，顾同

① （清）程康庄著，李雪梅等点校：《程昆仑先生诗文集》，三晋出版社 2008 年版，第 164 页。

志寥寥耳。[1]

这是王士禛写给程康庄的信，二人商量刊刻林古度诗文。事实上程康庄也倾囊相助，为其书稿刊刻之事奔波，并以《酬林茂之将同贻上刻其诗集》记之：

仆本疎慵爱林壑，先人赐书手长把。何之作吏苦风尘，况值濒江逼戎马。自叹艰难秖厚颜，梦中聊自悔空山。纷纷鹓鹭徒满眼，终然弃我如等闲。三十年前思林子，怀中云锦深仰止。岿然鲁殿余灵光，晔若邓林茂楠梓。昨者贻我白门书，胸中颇着程坦如。但讽名篇心迹亲，不问安置谁吹嘘。闻翁今已逾耋齿，拄颏高咏尚未已。手书赠我之长歌，万里岷源导江水。得意忘年何敢当，疾读浑如按混茫。别录集中两三卷，纵观天地久低昂。乾坤倾洞寻干戈，文士精灵恃不磨。四方上下觅钟期，藏诗无过乃翁多。敢谢官微禄米薄，国门忍废琳珪作。请翁强饭当春风，况与王公同一诺。[2]

诗歌开篇即道出作者心声，林古度与程康庄一样，都喜欢山林隐逸生活。但林古度能够坚持隐逸，以遗民自居，这是程康庄十分佩服的。接着叙述二人的交往情况，林古度年迈，仍为程康庄评点诗文。最后写程康庄为林古度刊刻书稿出资出力，尽管自己俸禄微薄，但能为其诗稿刊刻尽力，程康庄亦觉得十分荣幸。

在《自课堂集》中，有林古度大量评语。如对《弈棋》评价为：“在弈棋之情态上着眼，甚妙。”对《潜窥》评价为：“娇羞无语，正难为

① 谭邦和主编：《历代小品尺牍》，崇文书局 2010 年版，第 217 页。
② （清）程康庄著，李雪梅等点校：《程昆仑先生诗文集》，三晋出版社 2008 年版，第 73 页。

情。”[①] 这些评价没有对程康庄词过分拔高，而是站在欣赏者的角度对诗词品评。二人的交往，更多是在交心。

二、孙枝蔚

孙枝蔚（1620—1687），清初著名诗人，字豹人，号溉堂，陕西三原人。因其家乡关中有焦获泽，时人以“焦获”称之。

孙家世代经商，家业丰厚，李自成入关，孙家散家财组织团勇抵抗李自成，并因此而家道中落。孙枝蔚只身走江都，折节读书，肆力于诗古文。王士禛为扬州推官之时，孙枝蔚赠其诗，王称之为奇人，并与其成为挚友。

程康庄与孙枝蔚的交往，约在王士禛任扬州推官之时，在《溉堂集》中有四首诗为孙枝蔚与程康庄交游之作，如《饮程昆仑别驾署中》（二首）：

一

年年行李问轩墀，定荷淹留出署迟。雪后难逢深酒盏，画中兼指好花枝。宾朋常满三山口，风月须如六代时。自笑间关分手易，杜鹃楼上欠题诗。[②]

二

白首奔驰苦未休，长愁地主说穷愁。八行手札来前月，万古行人爱润州。官阁已书诗句遍，俸钱先为酒杯谋。邻江除却王司理，更有谁兼陶谢流。

这两首诗记录了二人交游唱和的胜景，第一首道出二人相聚在大雪过后，一起喝酒聊天、吟诗作画的胜景。“宾朋常满三山口”程康庄经常与友人集会进行饮酒作诗，其风流不亚于六朝名士，而聚会总是意犹未尽。

---

① （清）程康庄著，李雪梅等点校：《程昆仑先生诗文集》，三晋出版社2008年版，第106页。
② （清）孙枝蔚著：《溉堂集》卷三，上海古籍出版社1979年版，第6页。

第二首诗歌前半部分说明了二人在润州互有诗书往来，后半部分着重赞美程康庄在做官期间遍读诗书，广泛交友，饮酒作诗，如同陶渊明与谢灵运那般，寄情山水，风流无限。

而《程昆仑别驾生日赋诗为寿》则是孙枝蔚为程康庄的祝寿诗：

下床阅簿书，出门对禽鱼。一行作吏来，笔墨未曾疎。别乘良不恶，京口山水区。载酒凌云亭，便与神仙俱。忍饥啖杞菊，终称山泽癯。剧郡赖贤佐，何暇慕清虚。髯如鲁元翰，谁敢捋君须。将军且敬重，兵吏况区区。极贵固分内，烧丹徒为愚。安得支道人，相君目中珠。①

“载酒凌云亭，便与神仙俱。忍饥啖杞菊，终称山泽癯”写出了程康庄的风流与洒脱，诗歌最后道出作者愿同友人志同道合，有共同语言，为知交。

《清明日同方尔止陈其年饮程昆仑署中》

登筵白发愧飘蓬，绕署青山似画中。百五日逢天气好，十千酒遣旅愁空。张公洞口抄书客，桃叶津头说字翁。不为使君儒雅剧，何繇共对烛花红。

方尔止即方文。方文（1612—1669），字尔止，又字明农，号涂山，安徽桐城人。少年丧父，以游食、行医、卖卜为生。清军入关后，隐居于金陵。其诗浅显朴实，颇得诗人施闰章、陈维崧等的好评。著有《涂山集》。方文与程康庄亦有诗文往来。陈其年即陈维崧，字其年。清明时节，春光正好，风景如画，三人相聚在一起，诗人感叹自己羁旅愁苦不断，幸亏有这些好友相伴才使生活中有了希望。这群朋友志同道合，如果没有程康庄

① （清）孙枝蔚著：《溉堂集》卷三，上海古籍出版社1979年版，第6页。

的儒雅风度，二人何以彻夜长谈，诗句最后道出了孙枝蔚对程康庄之欣赏，也说明二人交往甚密。

三、徐釚

徐釚（1636—1708），字电发，号拙存，又号虹亭、垂虹亭长、菊庄，晚号枫江渔父，吴江（今属江苏苏州）人。康熙十八年（1679）召试博学鸿词，授翰林院检讨，入史馆纂修《明史》。因忤权贵于二十五年（1686）还乡。归里后东入浙闽，历江右，三至南粤，一至中州。游历之时与名流雅士互相唱和。康熙皇帝南巡，两次赐御书，诏原官起用，不肯就。卒年七十三。著有《南州草堂集》《菊庄词》《词苑丛谈》。因康熙十八年（1679）徐釚为官，此时程康庄已故，故将其列入布衣遗民中。

程康庄与徐釚的交往约为康熙四年（1665），徐釚有诗作《金昌杂诗八首》，其三为："金焦山色望中收，一片江声到石头。闻说使君能好事，硬黄双勒见风流。"其后面即有小注曰："润州程昆仑别驾惠寄天下第一江山石刻，赋谢。"[①] 康熙七年（1668），程康庄就任淮南芜州司马，其间，招徐釚入署，作为其子的启蒙老师。闲暇之时，二人互相酬唱，甚为欢愉。程康庄在《徐电发集序》中称：

> 春仲，徐子电发自吴郡来为童蒙师，气骏而德攻，辞奢而才亦美。时时著书，至与身等。予尝岁时无越思，宛委尚未就，电发操翰即成，成即一字不复再易。敏捷之称，砉然以解。余每于清宴之暇，辄来就电发坐木庵中，丙夜不辍，电发清言绪论，辩若悬河。[②]

徐釚教授程康庄儿子时，二人亦互相探讨问题，程康庄称赞徐釚才思

① （清）徐釚著：《南州草堂集》卷一，清康熙三十四年刻本，第235页。
② （清）程康庄著，李雪梅等点校：《程昆仑先生诗文集》，三晋出版社2008年版，第138页。

敏捷。二人亦经常进行清谈，丙夜不辍，而且徐釚辩论时口若悬河、滔滔不绝，足见其学富五车，才高八斗。从程康庄的种种溢美之词可见程康庄对徐釚的青睐与赏识。

二人经常访名山大川，赴芜湖郡前，两人与诸名士同游大石山，徐釚有《秋日同程昆仑郡丞暨重其、杓石、然明、右尊诸子游大石山作》[①] 待程康庄任芜湖司马时，徐釚科场失意，程康庄邀徐入其署。康熙七年（1668）五月，徐釚至芜湖，适逢程康庄生日，徐釚亦作《祝昆仑郡司马初度》[②] 为其庆祝。

当时的皖江郡斋，前人视其为邮舍，院子荒芜，蜗牛满壁，屋子里墙面黝黑，不可居住，程康庄自己出资修葺郡斋，他命人修葺亭台楼阁，在室内安竹床茶几，在庭前植树种竹，最终有了欧、苏、韦、米所到之时的胜景，并作《〈郡斋杂咏〉序》，徐釚经历了这个变化，于是作《郡斋杂咏六首》[③] 以记之。

徐釚离开之时，程康庄有诗《送徐电发归》："东去垂杨未挂丝，客心弥旷转凄其。河桥怪底人如市，只有春风与别离。"[④] 依依惜别之情油然而生。

通过上面的梳理我们可以了解到，程康庄所交的对象，无论亲疏、老少、官位高低，皆富才学。如明末清初诗坛盟主钱谦益，有"燕台七子"之一、"国朝六大家"之一、"清初六大家""海内八家"等称号的宋琬，也有号称"东南硕魁"以遗民自居的林古度等等。与这些志同道合的朋友交往可以互相参照，切磋笔墨，精进诗文，其诗风也逐步向清初诗坛靠近。程康庄生活在易代之际，又被迫出仕为官，与"贰臣"交往更多的是寻找心灵的慰藉，他们有诸多的相似之处，在一起交游自然能达到共鸣。《自课

① （清）徐釚著：《南州草堂集》卷一，清康熙三十四年刻本，第 237 页。
② （清）徐釚著：《南州草堂集》卷二，清康熙三十四年刻本，第 240 页。
③ （清）徐釚著：《南州草堂集》卷二，清康熙三十四年刻本，第 241 页。
④ （清）程康庄著，李雪梅等点校：《程昆仑先生诗文集》，三晋出版社 2008 年版，第 16 页。

堂集》诗文多为与友人登临山水或雅集酬唱而作，这些文人交往的产物是清初江南文人集社、酬唱之风的反映，有利于进一步发掘明清文坛承继与演化的历史脉络。本文通过选择上述有代表性的文人进行论述，旨在通过对这些不同类型的交游考察，有利于再现程康庄的交游环境以及交游网络，也有利于把握当时程康庄在这些文人群体中所处的位置，进一步帮助我们了解其在文学上的创作主张和诗歌艺术特色。

程康庄因交游唱和留下的事迹，诗文，补禆正史。如前文，以《自课堂集》中所收与友人相关诗文为依据考察程康庄生平事迹，以及以诗歌为线索考察其交游状况。此外，如程康庄为朋友文集作序，写行状、墓志铭等对考察程康庄及其朋友的事迹，以及明末清初政治状况亦有一定的补充作用。同时，通过对程康庄交游进行考察，更有利于勾勒出其文学创作轨迹与活动状态，进而进一步深入认识程康庄并确定其在清初文坛的地位。

第三章　《自课堂集》诗歌研究

第一节　程康庄诗歌创作题材

《自课堂集》共收诗歌 167 首，按题材来分，其诗主要涉及纪游写景、酬唱赠答、纪事抒情、品评人物，咏物题画等方面。

一、纪游写景诗

程康庄任镇江通判之时“先生既了公事，日与诸文士诗篇相酬，且泛舟焦山麓，摩《瘗鹤铭》，并摹刻别石以供拓取”①，因此诸多山水诗出现在程康庄笔下。他的山水诗或单纯描写各地名胜，或咏怀古迹、凭吊先贤，或记载民俗等。通过选取部分有代表性的作品，窥探其纪游写景诗反映的思想内容。

（一）描写名山古刹

程康庄任镇江通判，闲暇之时游览名山大川、寺庙古刹，他笔下出现了许多描写镇江及周边景点的诗歌，如《金山寺》：

寂寂澄江浅复深，帝乡遥动白云心。神仙有术能浮玉，老衲无言识藏金。潮过蓬壶通夜息，风分吴楚散秋阴。峨然怪石凭虚峙，南北帆樯自古今。②

金山寺位于镇江西北的金山上，始建于东晋，布局依山就势，使山与寺融为一体。寺内主要建筑为天王殿、大雄宝殿、观音阁、藏经楼、方丈室等。清朝时期与普陀寺、文殊寺、大明寺并列为中国的四大名寺。诗人由远及近描写金山寺美景，金山寺屹立在澄江之上，白云之间。金山寺原为扬子江的一个中心岛屿，因江水曲流，于光绪末年才与陆地连成一片。远远望去如浮在水中央的一块玉，故作者言“神仙有术能浮玉”。相传在唐代，大臣裴休之子法海来到镇江金山，见原建庙宇已毁，便决心修复金山寺。他住在金山山洞之中，每日披荆斩棘，甚是辛苦。一日，他在江边挖得黄金数镒，并告知知府李绮。李绮上报皇帝，皇帝授命把黄金交与法海作修复庙宇之用，并敕名“金山寺”，故诗人云：“老衲无言识藏金。”诗人应用无穷的遐想与传说来衬托金山寺这一佛教圣地的神秘与典雅。诗歌后半部分突出了寺庙的灵动、奇特。

① （清）程康庄著，李雪梅等点校：《程昆仑先生诗文集》，三晋出版社2008年版，第319页。
② （清）程康庄著，李雪梅等点校：《程昆仑先生诗文集》，三晋出版社2008年版，第36页。

又如《焦山》：

一山浮翠落城隈，清磬声闻两岸开。树梢人家经雨出，海门渔浪逐风来。云公讲法还留石，焦子辞金不起台。极目江天千古思，尘劳惭说佩刀才。①

此诗采取由远及近的方式描写，极目远望，映入眼帘的是绿树掩映的焦山，山下小城被绿荫包围。悠扬的钟声唤来长江之水，将焦山一分为二，甚是奇妙。近处着眼，虽然只有一山之隔，但山脚下与江上犹如两个世界：山下细雨绵绵，行人在雨中前行，江山却是波涛汹涌，浪拍海岸，极为凶险。作者登上焦山，望着如画美景，极目远望，追思千古。

程康庄描写山水名胜往往不单纯只是描写景物，中间还穿插着抒情，例如《鹤林寺》：

名蓝曾嗣法融禅，古迹还追江左年。野色戴公篱槿外，松阴刘氏井苔前。秋风青嶂盘黄鹤，春日丹花笑杜鹃。每叹簿书闲未得，来游半日已登仙。②

这首诗不像写景，更像与读者交流，娓娓道来：先追溯了鹤林寺的悠久历史，然后叙说来过此地的著名人物。接着描述寺中美景，以青山、丹花为静景，黄鹤、杜鹃为动景。静中有动，如山水画一般，与王维“明月松间照，清泉石山流”有异曲同工之妙。最后一句触景深情，不要说自己有多忙，山中美景正好，来游半日便可领略山中美景，足见诗人对此景的喜爱之情。

---

①（清）程康庄著，李雪梅等点校：《程昆仑先生诗文集》，三晋出版社2008年版，第37页。
②（清）程康庄著，李雪梅等点校：《程昆仑先生诗文集》，三晋出版社2008年版，第39页。

又如《牛首山》《摄山栖霞寺》《竹林寺》《虎丘寺》等，在描写景物的同时，抒发了作者的真情实感。

通过以上分析可知，程康庄游历的地方多为寺庙或者传说与佛教有关的名山，一是因为镇江多名刹古寺，佛教气息浓厚；二是佛家主张出世，不与世俗同流合污，寺院使人心里沉静。程康庄是被迫出仕，在官场并非自己初心，通过游览寺院来使自己内心平静，使隐逸之心在这里得到慰藉。

（二）叙写出游经历

在程康庄山水诗中，有一类诗在描写景物的同时又记录了游历过程，甚至游玩者也在诗中记录，犹如山水游记一般。如《同袁重其游锡山秦园二首》：

其一

精灵高衍近名泉，载酒登霞系客船。引水入园花坞遍，依僧为圃荔门全。湖云善舞如垂袖，吴鸟能歌类管弦。肯借袁安一高卧，少游词谱共君填。

其二

薜荔斜侵雨后山，与君蹑履到其间。清冷一涧分泉液，瘦削群峰亦雾鬟。节钺中丞无别墅，藏书太史得名山。既过秦七思黄九，袁尹风流莫便还。①

首先这两首诗歌向我们交代了陪程康庄出游之人为袁重其；其次又交代作者与友人载酒乘船而出行；接着开始介绍秦园美景，这里美景使人不待入园而方塘、槎枒、风台、翠羽已经让人羡恋不已。最后两句诗人引用袁安高卧的典故赞美袁重其身处困穷但仍坚守节操的行为，作者愿与其一

① （清）程康庄著，李雪梅等点校：《程昆仑先生诗文集》，三晋出版社2008年版，第5页。

起酬唱赋诗，作为知交。

其二开篇交代在暴风雨过后，山路泥泞，诗人与友人袁重其蹑足而行。群峰在雨水的浸润下越发清秀挺拔，宛如仙境。

另外如《雨中陪刘孔著给谏登金山同诸僚友》《袁重其轻舟过访》《同重其鲁公然明右尊宴毛东令丹毛六宅观菊》等也属于这种叙写出游经历的纪游写景诗。这类诗歌往往向读者交代同游者、出游时间、地点等，为我们考察诗人及其友人的行迹提供了宝贵资料。

二、酬唱赠答诗歌

在朝为官数十载，程康庄与友人或诗酒相邀集会于山间一亭，或登山临水游戏于诗文之间；他们酬唱诗既有欢欣畅快，也有满腹牢骚；既有忘情于山水间，又有怀才不遇、感念友人。现实生活与思想生活的丰富充实，为其酬唱赠答诗的创作提供了素材。因此，《自课堂集》所收的167首诗中有多一半为酬唱赠答诗。其诗按内容主要分为三类：

（一）寄怀诗

友人不在身边，与友人感情甚深，故以诗以寄之，以表达对朋友的相思之情。如《遥寄吴人千明府》，开篇即对朋友大加赞赏，认为其“少年才思美青杨”，且写词作赋技艺高超，才华横溢。第五六句“近水始知天汉广，离家益觉夏阴长”①，作者于外地做官，自然会思念家乡。此时吴明府为武乡县令，诗人意在表明家乡不仅有自己亲人，更有自己挚友，借思念家乡来表达对朋友的思念。最后两句是诗人感情的升华，在外做官十余年，啥时候可以回到自己家乡？挚友何时得以复见。又如《寄殷国张使君》：

闻说三川郡，张公载米来。馈鱼聊挂壁，行县畏烦财。

① （清）程康庄著，李雪梅等点校：《程昆仑先生诗文集》，三晋出版社2008年版，第12页。

独坐临书帙，从人劝酒杯。建封方好士，自有不凡材。①

诗歌前四句赞美张使君勤政为民，廉洁奉公；一个为百姓着想，使百姓享无事之福，自己生活节俭的好官形象跃然纸上。第五、六句写出了张使君既喜欢独坐书斋，又喜欢与人喝酒交往，塑造了一个洒脱、率直的文人形象。在庙堂之上为百姓着想，闲暇之时能读书作诗，与朋友酬唱往来，这样的朋友必然是不凡之才，值得深交。

另外《寄赠梁溪吴伯成明府》用“春雨到门寒仄仄，兰皋藉客月娟娟”② 来说明友人之好客。而《寄相国魏石先生二首》“问字几年心折此，平津东阁望终归”含蓄地表达了对友人的怀念，不知何时可以相见。

（二）赠答诗

赠答朋友的诗在《自课堂集》中达15首之多，程康庄所赠之诗或赞美友人的学识，或赞扬朋友的德行，或赞扬朋友的与众不同。如《赠潘雨臣》：

挐舟久欲过睝城，何日公余信此行。拂水老臣同静便，梅村学士共诗名。赉辞苜蓿阶前奏，春酒笙镛座右倾。独惜黄侯诸子谢，灵光今只见先生。③

诗歌首联道出作者对友人的怀想，迫不及待想与友人相见。颔联说明了友人才气十足，与“梅村学士共诗名”，也道出作者对其才气的赏识。而最后两句诉说作者心声：侯广成、黄蕴生这些睝城名宿早已与潘雨臣相见，并在一起互相交流，而我今天才见到先生，其相见恨晚之感不言而喻。

① （清）程康庄著，李雪梅等点校：《程昆仑先生诗文集》，三晋出版社2008年版，第54页。
② （清）程康庄著，李雪梅等点校：《程昆仑先生诗文集》，三晋出版社2008年版，第14页。
③ （清）程康庄著，李雪梅等点校：《程昆仑先生诗文集》，三晋出版社2008年版，第4页。

《赠安东王分司》云："麟脯金盘进蕊宫，先生颜色倍青葱。太公更有安期寿，都在蓬莱渤海东。"[①] 这首诗为祝寿诗，诗人鼓励友人要像姜太公那般健康长寿。

又如《答董心素》：

不见于今又五年，归庐风雨拨书眠。夜来客问梅花冷，冻折西窗三两弦。[②]

首句即交代二人分别已有五年之久，思念之情不言而喻。诗歌后半部分着重写诗人分别后孤穷情冷之情况。风雨过后天气阴冷，夜晚温度低，独自一人看书又寂寞，诸多"冷"汇聚在一起，诗人自然怀念友人，诗中没有一个字涉及对友人思念，而思念之情在诸多"冷"的汇集之下耐人寻味。

《赠吴冉渠郡丞》中"青摇酒荦关门柳，红见词人幕府莲"赞扬友人闲适的心境与生活；《赠西毓》中开篇两句"拂衣投老一丘亭，抱膝时闻夜雨铃"对友人潇洒自如、无拘无束的生活大加赞赏。还有《赠王贻上司理》《赠文炼师》《赠高分司》等诗作，或是感慨友人在外漂泊的艰辛，或是抒发与友人无意间相遇的欣喜，或是因无法与友人相见而思念……不论主题如何，情感真挚是这类诗作的共同点。

（三）留别诗

留别诗多为临别赠言，或对朋友殷切嘱托，互相勉励，或感念友情依依惜别。如《留别吴冉渠郡丞》：

深秋九月大江濆，诏许涪翁入境闻。揽辔共成回雪赋，经时同检碧鸡

① （清）程康庄著，李雪梅等点校：《程昆仑先生诗文集》，三晋出版社 2008 年版，第 61 页。
② （清）程康庄著，李雪梅等点校：《程昆仑先生诗文集》，三晋出版社 2008 年版，第 46 页。

文。山斋墙外过青玉，郡阁窗前候白云。此去龙眠山下望，不堪回首惜离群。[1]

诗人与友人分别在深秋九月，朋友因诏不得不离开，想想以前在一起骑马游玩、对诗作赋的情景仿佛如昨日。最后两句诗人又回到现实，向山下望去，离别的身影渐渐消失在茫茫白雾中，依依惜别之情油然而生。

又如《留别王玉叔司李二首》：

其一

世难淳风独有君，花光竹实并江濆。三时最沐天台雨，千里曾携雁宕云。止水闲庭同落木，白头芳翰接皇坟。惭予将赋歌骊曲，旅服拟将酒半醺。

其二

名郡风流古士师，临岐慷慨赋将离。冰心只合裴宽共，野竹何妨袁燦窥。丹室未归藏旧屐，石梁入梦有新辞。因君拂拭梳翎羽，敢学公仪拔露葵。[2]

这两首留别诗与前面一首在写作手法上有异曲同工之妙，都是先写友人因为有事必须离开，接着开始叙述二人在一起或游览山水名胜，或在一起切磋诗艺、填词作赋，最后两句往往感叹相聚时光太短，依依惜别。值得一提的是程康庄留别诗大部分为士人而作，但里面不谈功名政事，只是闲闲叙次，因为程康庄的交游没有任何功利而言，只是知己在一起互相交心罢了。

---

① （清）程康庄著，李雪梅等点校：《程昆仑先生诗文集》，三晋出版社 2008 年版，第 11 页。

② （清）程康庄著，李雪梅等点校：《程昆仑先生诗文集》，三晋出版社 2008 年版，第 10 页。

（四）送别诗

古往今来，许多文人墨客对于离别总是歌吟不绝。程康庄也不例外，古时候因交通不便，通信极不发达，朋友之间往往一别数载难得相见，所以诗人特别看重离别。离别之际古人或设酒饯别，折柳相送，或吟诗话别，因此离情别绪就成为古代文人吟咏的一个永恒的主题。在《送徐电发归》中，程康庄这样送别友人：

东去垂杨未挂丝，客心弥旷转凄其。河桥怪底人如市，只有春风与别离。①

二人分别在杨柳初发芽的早春，客人来时心情愉悦，转眼间因为离别而变得忧伤起来。河桥那里人很多，但不是为我送行，诗人真正在乎的只有那别离的愁绪。

在《送魏次公之广阳》中：

严程宜别引，冉冉抗前旌。离情何哀郁，秣马脂车轮。煎沙五六月，丹衢映人明。黄金方结士，安得弗果行。朝发珍珠泉，暮出东山平。伫立已忽去，遗辉独屏营。君才凌博物，常怀千岁名。何能阻往路，日夕齐逢迎。愿言奋羽翼，不见思弥生。②

以往的送别诗往往用离别的场景来渲染依依惜别之情，诗歌最后往往抒发离别之情。这首诗歌别具一格，“煎沙五六月，丹衢映人明”用来衬托友人去广阳苦热难行之景，表示对友人的记挂。“朝发珍珠泉，暮出东山平”友人的行程可以脱口而出，足见友人在诗人心中的地位。而“伫立已

① （清）程康庄著，李雪梅等点校：《程昆仑先生诗文集》，三晋出版社 2008 年版，第 16 页。
② （清）程康庄著，李雪梅等点校：《程昆仑先生诗文集》，三晋出版社 2008 年版，第 76 页。

忽去，遗辉独屏营”则是友人离去后独自一人无聊光景的真实写照。诗歌最后“愿言奋羽翼，不见思弥生”，诗人既思念友人，希望友人思我，此等投分，足见诗人对友人情谊之深厚。此诗最大的特点是利用反衬的手法来表现自我依依惜别之情，诗人关心友人归去路途遥远、环境恶劣，留下一人甚是无聊，又希望友人思念我等种种自我表现，足见诗人与友人情谊之深，惜别之情自然浓郁。

（五）吊挽诗

程康庄喜欢交游，也极重友情。因此，他的吊挽诗中有相当一部分作品是为他的诗友而作。对诗歌共同的爱好缩短了程康庄与友人的距离。当他们或其亲人离开人世的时候，程康庄在诗中真实地表达了他的哀痛：

如《挽程柴团太君》（二首）：

其一

休父阴灵在，相从蟾兔移。只看丹旐上，犹带百年悲。

其二

谁谓清修久，犹教掩夜台。九泉非往日，不见子孙哀。[1]

程康庄的悼亡诗多为五言绝句，与前人不同的是，程康庄的吊挽诗不做道德的拔高，不过分夸大对方的功业，而更多采取叙述的口吻。“九泉非往日，不见子孙哀”突出阴阳两隔永不得见的苦楚。

《挽丹徒萧令亡姬》：

旅病医难愈，孤魂栖易惊。峡云应是梦，妆镜复谁擎？忍泪看儿女，逢人托生死。灵輀从此去，肠断一枝琼。[2]

---

① （清）程康庄著，李雪梅等点校：《程昆仑先生诗文集》，三晋出版社2008年版，第24页。
② （清）程康庄著，李雪梅等点校：《程昆仑先生诗文集》，三晋出版社2008年版，第26页。

这首悼亡诗犹如叙事一般，先说友人亡姬因病无法医治而去世，接着叙述去世后家人哭泣场面，最后叙述灵车已去，亡者入土为安，从叙述的过程中来表示对死者的沉痛哀悼。

《挽乡达二首》：

其一

文献风归尽，阳城失大贤。空余青谷水，留恨在年年。

其二

谢公闻弃世，谈笑驭霓旌。不厌穷泉苦，终怀故国情。

乡贤达贵去世是本地的巨大损失，他们渊博的学识、高尚的道德、为人处世之风范潜移默化影响着周围的人。对于乡达的去世，程康庄用“文献风归尽，阳城失大贤”拔高乡贤之地位，意在表明其人对乡里贡献甚大。而对于他的离去，诗人表示惋惜，将永远记挂在心中，故曰“留恨在年年”。

三、咏物、题画诗

（一）咏物

程康庄的咏物诗数量虽然不算多，但多数精巧别致。首先咏物诗多为绝句形式，精悍易读；其次在咏物的过程中用委婉含蓄的方式表达对物的欣赏与喜爱，同时借所咏之物的高贵品质来表达自我情感。例如《感梅》：

见汝悟时艰，荣华向冬月。南枝感激生，北枝亦清越。徂落道弥尊，辞群志犹揭。零雪纷下颓，微风鸣弗歇。韬轲合幽栖，悇憛雕壮发。静夜生愧悔，对如尝不曰。丈夫非无知，宅情与汝竭。所悦炜烁时，不易清坚骨。①

诗以五言的形式，开篇以物喻人，借用梅花来说明世事艰难，荣华富贵来得太晚；接着用拟人手法诉说梅花的清越、高洁，其观赏性就在于此。后半部分以抒情为主，作者静夜独思，只是有许多不能告人之语只能对梅诉说。最后两句借物言志，不管什么时候，自己清越、高洁的品质不会改变。全诗实则在诉说作者之苦楚：出来做官并非自我本意，但不管遇到什么困难，总会如梅花一般高洁清越“不易清坚骨”。

《咏菊》三首以五言绝句的形式，写出了菊花的闲适、高洁、坚守自我的品质。

其一

日子近重九，嗅之觉菊寒。不知风甚冷，但对南山残。

其二

每叹经时秀，其如朝槿心。不知陶靖节，独有菊成林。

其三

不到南阳谷，焉知青蕊繁。庭前摘短叶，痕绿上阑干。②

第一首，已经九月了，天气已微寒，菊花不管天气变化，只是按照事物生长、开花、败落的规律进行，突出菊花的闲适、清高，不受外界干扰，坚守自我的品质。

第二首作者借陶渊明爱菊，不与世俗同流合污来赞美菊花高洁品质。菊花盛开时，群卉目当见夺，陶渊明不为五斗米折腰，独爱那份属于自己的菊花。这里实则暗喻作者归隐时的心境。作者想像陶渊明一样，过隐逸

① （清）程康庄著，李雪梅等点校：《程昆仑先生诗文集》，三晋出版社 2008 年版，第 78 页。
② （清）程康庄著，李雪梅等点校：《程昆仑先生诗文集》，三晋出版社 2008 年版，第 88 页。

闲适的生活。

第三首诗表面赞美菊花的美丽，实则说菊花坚守的品质。即使将菊花摘取晒在庭前，其绿色的痕迹直至干枯也清晰可见，足见其坚守自我品质之高贵。

（二）题画

题画吟咏是清初文人追求风雅的一种表现形式，也为文人交游的形式之一，清初题画诗众多，许多文人诗集中有题画诗，程康庄也不例外，他的题画诗多为人物肖像画，且题画诗中往往融入自我情感，如《题袁母寒香晚节图》：

拂牖筼筜木榻穿，寒花如雪雨田田。不知白发缘何尽？霜哺于今八十年。①

袁母二十九岁便守寡，含辛茹苦将子女养育成人，青丝变白霜。这首诗将一位慈祥、可敬、劳苦功高的母亲形象刻画得淋漓尽致，突出作者对袁母生活不易的感叹和母亲伟大的赞扬，尤其是“不知白发缘何尽”一句以疑问的口语道出了母亲无尽的辛酸与伟大的功绩。

又如《题张山人像》：

楚山不可尽，逸思在挥毫。松势多新态，琴声入大涛。寒云时卧石，宝剑暗随绦。似得棋中趣，飞鸣向九皋。②

这首诗题目为题人物画像，全文没有一个字提到人物肖像，但人物形象却清晰可见。作者通过景物来衬托人物，利用楚山高大伟岸、大涛磅礴

① （清）程康庄著，李雪梅等点校：《程昆仑先生诗文集》，三晋出版社 2008 年版，第 64 页。
② （清）程康庄著，李雪梅等点校：《程昆仑先生诗文集》，三晋出版社 2008 年版，第 91 页。

气势、飞鸣向九天的洒脱来表现人物的大气、伟岸与潇洒。

四、思念亲人诗

程康庄在外为官数十载，自然对亲人甚是怀念，有的亲人已离去，只能借诗歌来凭吊，以表达对亲人的相思。如《五叔庐墓南岭》：

鸤鸠事业等飞灰，天上星精去不回。孝子显名曾扰兔，棘人多病畏登台。三年哭泣无干土，五色文章出异才。惆怅司空艰守卫，尘昏常到北邙来。①

“三年哭泣无干土”一句道出后辈对死者的尊重、思念；“五色文章出异才”来表示后辈勤奋努力，做到了光宗耀祖，这是祖上恩德，保佑后辈。而后辈对先祖最后的孝道便是努力奋进，光耀门楣。

除了对五叔的怀念，也有对其兄弟的思念，如《北平除夕怀弟坦之》：

流景判须臾，客心危恐知。情愁薄天汉，世事良足疑。大酺臻新岁，去日弗羁縻。人往所有返，历易难可为。飙尘忽及老，荡涤赴前期。凛凛互代谢，四时更不移。弱弟习柔翰，梦吐凤凰奇。蛟龙入我怀，控引天地思。临歧奋分手，坎壈怨阿谁。紫苔漫岱舆，千岁亦不饥。遥香子如薏，仙人乃采之。困贫守兹晷，安得恒少时。②

诗歌的前半部分以叙述时光短暂为主，“独在异乡为异客，每逢佳节倍思亲”是诗人这时候的真实写照，时光流逝，兄弟有好长时间没见，又逢佳节，心中自然思念。诗人与弟弟“临歧奋分手”，遇到坎坷谁又能来帮

① （清）程康庄著，李雪梅等点校：《程昆仑先生诗文集》，三晋出版社2008年版，第35页。
② （清）程康庄著，李雪梅等点校：《程昆仑先生诗文集》，三晋出版社2008年版，第81页。

助？表达了对弟弟的思念。

亲人的去世让程康庄内心悲痛，伤心之时写下了《挽内子》（四首），表达对妻子的思念之情：

窥红临镜想氤氲，绣幙春风绝不闻。忍使夜深清兔魄，翻簾犹照石榴裙。①

这是一首怀念亡妻的诗。开头第一句诗人依稀记得昔日窥看佳人对镜梳妆的温馨场面，那绣帘下春风般的音容却已香消玉殒，诗的后两句以设问之语结束：皎皎月光还会透过窗纱映照佳人的艳裙吗？诗人以“忍使”二字将对妻子的怀思之情表现得愈加哀惋痛彻。短短四句，可以说曲尽悲情。全诗中不带一个悲字，却处处流露出悲情，足见诗人对妻子情真意切。

叹息容华事渺然，龙乡辍晓憶婵娟。犹怜旧日小儿女，细逐西风泣断天。②

儿女之悲，已经让诗人无暇顾及，妻子去世无异于雪上加霜，诗人只能“细逐西风泣断天”。

第二节　程康庄的诗学主张

程康庄并没有作品来单独阐述其诗学主张，但我们可以从其诗作和为友人所作的诗集序跋以及师友为《自课堂集》写的序跋等材料中窥探其诗歌创作倾向，并总结其诗学主张。

① （清）程康庄著，李雪梅等点校：《程昆仑先生诗文集》，三晋出版社 2008 年版，第 44 页。
② （清）程康庄著，李雪梅等点校：《程昆仑先生诗文集》，三晋出版社 2008 年版，第 44 页。

一、诗之为道苦难

在《〈松台山房诗集〉序》中程康庄对诗歌创作有这样的见解：

> 凡物之速成者易尽，而坚好者必迟。《周礼》：“盲人涑帛，以栏为灰，渥淳其帛，实诸泽器，淫之以蜃，宿诸井，厥七日夜。”殴冶铸剑，用赤堇之锡，若邪之铜，助以雷雨，不足雔也。阮师做刀，授以水火之齐，候阴阳，炼五精，取刚柔之和，需以三年。染者，三入而为纁，五入为緅，七入为缁。若夫操的而贯虱，九折臂而成医，蒙金以砂，琢玉于璞，陶施之事，髻垦薜暴，不入于市。是物之坚好，其为之甚难而又迟若此，固未有取效于速成而朝夕不相待者也，其于诗文也亦然。
>
> 司马迁父子，相继为太史，厥有《史记》。班固《汉书》，仍彪之业，固死，章帝复令其妹昭就东观校辑，始足成之。张衡为赋，乃至迟以十年，岂依违其思肠而不之决耶？并心肆力，势固不得止耳。至于相如之腐毫，王克之气竭，孟郊之奇涩，贾岛之苦吟，唐球之燃膏，张说之悽惋，皆迟之又久，研虑方定。呜呼！可谓难已。①

在这段话中，程康庄认为好东西必须经过千锤百炼才能得到，且好东西必迟，进而推论出写诗宜于迟慢，而不能速成；诗以少为妙，而不能求多。程康庄认为练帛、铸剑、淘金、琢玉其实与写诗是一样的，需要经过苦难与磨炼方可成，又举“相如之腐毫，王充之气竭，孟郊之奇涩，贾岛之苦吟”等例子，论述作诗之难，必须持之以恒，且经久不息地下功夫，才可成诗。

在《〈携虹草〉序》中，程康庄说：“夫天下之人，不竭力尽知而欲其

---

① （清）程康庄著，李雪梅等点校：《程昆仑先生诗文集》，三晋出版社2008年版，第155页。

能诗，犹不琢玉而求温泽也，故习之者众，则美者赴功，其始必有将盛之形。”① 一块璞只有精工琢磨，才能光泽温丽。古往今来能以诗传世的，都是“竭心思、腐神志、终其身”，意志坚定之人。唐诗最盛的开元、天宝年间，也不过就出了李、杜、王、孟、高、岑、储、常这几个人。这是他们坚持的结果。

程康庄在《〈懒逸草〉序》中，紧紧围绕“懒逸”二字辩驳，意味深长。文中称“今夫竭心思腐神智终其身，传者不能逾数篇，焚膏继晷，而句之精者，累世不数见焉，岂诗之为道苦难而事离若此哉？……则古之以诗传于世者，皆立志甚深者也，立志深则其光焰亦厚。”② 诗人苦心孤诣，惨淡经营，推敲出来的诗句仍然害怕下的功夫不够，怎么还能够偷懒呢？诗人实际上是“笃于诗情，而懒于事务”。正是由于诗人懒于去做那些求田问舍的鄙俗事，才能有高逸久远的诗情。通过对“诗道既然难，诗人为何反说懒”这样一个问题的辩驳，从而得出写诗难的结论。与袁枚《随园诗话》中“作诗能速不能迟，亦是才人一病”③ 有异曲同工之妙。

二、诗歌讲求性情，以才运气

所谓性情主要是指个人内在的情感，也就是竟陵派所倡导的“幽情单绪”“奇情孤诣”的创作境界。竟陵派兴起于晚明，以锺惺、谭元春为代表，二人均为湖北竟陵人，因名竟陵派。提出重“真诗”，重“性灵”，主张向古人学习“引古人之精神，以接后人之心目”，达到一种所谓“灵”而“厚”的创作境界。总体上追求一种幽深奇僻、孤往独来的文学审美情趣。④ 程康庄在《〈王司勋五种集〉序》称：“《诗》三百篇，本诸性情，故君臣之告戒，士女之赠答，郊庙之奏颂，忧谗畏讥之怆恻，春秋聘会，大夫陈

---

① （清）程康庄著，李雪梅等点校：《程昆仑先生诗文集》，三晋出版社 2008 年版，第 173 页。
② （清）程康庄著，李雪梅等点校：《程昆仑先生诗文集》，三晋出版社 2008 年版，第 158 页。
③ （清）袁枚著：《随园诗话》卷十四，清乾隆十四年刻本。
④ 袁行霈主编：《中国文学史》（第四卷），高等教育出版社，第 176—177 页。

述以见志，莫不有诗。然因事感怀，宣郁则止，无专之学，其在后世，始专以诗名家。”[①] 因此诗歌要讲求性情。

但只讲求性情还不够，诗人不仅要表达其内在心绪，又要表现其外在事物，这样才能做到表里合一，诗歌方显灵动自然。这就需要以才出气。在《宋射陵诗序》曰：“独才与气之间，其隐在内，体无定端，虽有善者，亦不能为之强同苟求。其善操已之长，与性冥通，则适于道，而皆有可传。艺之至者不两能，岂不信哉?”[②] “气”即为性情，“才”为外在表现力，且要驾驭“气”。诗情的表达不仅要靠性情的内在表现，还要借助“才”的外在表现力。

“诗人之法，可学而至”[③] 无论是“气”的养成，还是“才”的表达，这些都离不开学习。

王昊在《〈自课堂集〉序》云：“先生负绝世才，少长学门，于古今典籍无所不窥，每一搦管则雾滃云潗，杂沓肆至，盖其才既开迈而又能种学积文，以湛深之思所以致此，岂可与天下之浅夫妄竖轻自标识者同日而语耶?”[④] 程康庄重视经史典籍的学习，在确立“气”的诗学前提下，又从古今典籍中汲取营养，以此来提高自我“才”的表现力，达到以才运气。

在《〈十蜂堂集〉序》中程康庄曰：

吾读书自尧舜以至今日，其文称繁衍矣，而深严奥郁，卒莫过于六经……今之为文者，务为辩博可喜，然浮筋演迤，辄书其所见甚者，等于裨贩，顾视六经，龂龁割裂之不暇，况能相底于成乎?[⑤]

---

① （清）程康庄著，李雪梅等点校：《程昆仑先生诗文集》，三晋出版社2008年版，第122页。
② （清）程康庄著，李雪梅等点校：《程昆仑先生诗文集》，三晋出版社2008年版，第185页。
③ （清）程康庄著，李雪梅等点校：《程昆仑先生诗文集》，三晋出版社2008年版，第185页。
④ （清）程康庄著，李雪梅等点校：《程昆仑先生诗文集》，三晋出版社2008年版，第3页。
⑤ （清）程康庄著，李雪梅等点校：《程昆仑先生诗文集》，三晋出版社2008年版，第142—143页。

程康庄以自己的切身经历来强调：固然学问可以使诗歌意境深邃幽远，达到以才运气的目的，但是过分学问又会使诗歌缺乏灵动之美，使诗歌陷入僵化。

程康庄认为“夫以山水之胸，牢笼经史，克济其长，不清绝不足以发其高洁精神，不足以驱淹抑，迨久而忘其虚实，不知九峰之有而一峰之无。”[①] 学问可以提高“才”，但是我们不能故意堆砌，卖弄学识，应该发挥学问的高洁，将学问很好地融入诗歌之中，使学问自然运用到情感的表达上，景物的刻画才更加清新别致，意境才更加深邃幽远。

三、诗歌应结合“时运”

每个时代都有其特定的时代风格，特殊的时代环境将给诗坛带来新的影响。因此诗歌要结合其“时运”的变化而变化。“夫诗世代升降不齐，其间崛兴间出，不以世代渐劘者，往往不绝，它亡具论。”[②] 时事变化风云莫测，诗歌也应该随着时事变化，彰显时代特色，否则将会消沉。

程康庄在《〈绥庵诗集〉序》云：

夫诗盛于唐，世辄谓古今人不相及，宋元且毋论，明初作者时或旁通直畅，然沿习故输屡矣，形束而不即变。至何、李奋起，相然信始革芜音。王、李继之，济以雕润，虽盛藻跨俗，而踈折朴削之美，抑郁未遑，迨竟陵出，风斯靡矣。[③]

诗歌兴盛于唐代，世人认为宋元诗歌不及唐代，以此明代诗歌以唐诗为尊，提出了“复古”口号，但是一味地承袭却忽略了创新与变化，最终使诗歌陷入僵化的困境。竟陵派纠正了明中期复古派拟古的流弊，提出了

① （清）程康庄著，李雪梅等点校：《程昆仑先生诗文集》，三晋出版社 2008 年版，第 143 页。
② （清）程康庄著，李雪梅等点校：《程昆仑先生诗文集》，三晋出版社 2008 年版，第 164 页。
③ （清）程康庄著，李雪梅等点校：《程昆仑先生诗文集》，三晋出版社 2008 年版，第 171 页。

重“真诗”，重“性灵”，提倡学古人之精神，以开导今人心窍，深厚文学底蕴，追求“幽情单绪”“奇情孤诣”的创作境界。竟陵派结合“时运”变化，使诗风风靡一时。

第三节　程康庄诗歌风格及其变迁

程康庄认为“夫物不受变则材不成，人不易业则智不明”[①]。诗歌亦是如此，要结合“时运”的变化才能使诗歌焕发生机。事实上，程康庄诗歌风格也随着时代的变化而变化。程康庄诗风的变化以顺治十一年（1654）仕清分为前后两期，前期诗学竟陵，重“真诗”“性灵”，追求“幽情单绪”的创作境界，诗歌多为山水田园诗。清朝定鼎，程康庄以“山林隐逸”举荐出仕，但是当时反清复明思想蔓延，统治者采取文化高压政策，致使文网甚严，疑忌尤多。诗人尽量避谈政治，以纪游山水、赠答酬唱为主，诗歌风格逐渐冲和淡雅，趋于温柔敦厚。

晚明诗歌因为“七子”的复古而走向僵化，以袁宏道为代表的公安派，在接受李贽“童心说”的同时，又提出了“性灵说”的文学主张，并且肯定了诗歌表现人的个性与欲望等情感的重要性，并且极力矫正前后七子文学复古难以克服的拟古蹈袭的弊端。但公安派在矫正的同时又走向俚俗肤浅的极端，从而淡化了诗歌审美情趣。继公安派之后，以锺惺、谭元春为代表的竟陵派崛起于文坛，他们继承了公安派的“性灵”说，并针对其弊端，力图将诗歌引入“幽情单绪”“孤行静寄”的审美情趣。

竟陵派风靡文坛三十余年，受诗坛风气之影响，程康庄“诗文皆学锺、谭”[②]，讲求性情，应用以才运气的诗学理论，避开公安派的流弊，在师古与走行两方面相结合的基础上，逐渐形成“幽情单绪”“奇情孤诣”的竟陵

① （清）程康庄著，李雪梅等点校：《程昆仑先生诗文集》，三晋出版社 2008 年版，第 179 页。
② 邓之诚著：《清诗纪事初编》，上海古籍出版社 2012 年版，第 732 页。

诗风。如《雨花台》（二首）：

其一

高原聊一上，花雨想空蹊。贳酒还青幔，分曹自白题。烟销孤塔涌，树尽众山低。云气苍梧是，风前望不迷。

其二

老树亭何得，荒坟路可寻。曾收七族泪，不换一君心。野祭来披薙，春祠憶合簪。当时同室斗，惨极尚沾襟。①

第一首诗歌描绘出一幅万籁俱寂、烟销树尽、塔涌山低的雨花台图景，给人以幽寂、凄清的感觉。高原一望无际给人以空旷的感觉，而“烟销孤塔涌”与“大漠孤烟直”有异曲同工之妙，给人以寂寥之感觉，“树尽众山低”又塑造出一幅万籁俱寂、空寥寂寞的景象。全诗处处给人以幽远空寂之感。

第二首则以老树、荒坟为吟咏对象，也含有一种清冷、幽峭的味道，塑造出一幅荒坟无人管、老树亭前斜的荒凉景象。而最后两句“当时同室斗，惨极尚沾襟”说出了造成此景的原因，让人觉得心寒，无疑给这样的景象又增添了几分寒意，这种“幽情单绪”呼之欲出。

又如《秋雨》：

雨脚因门变，秋来也自妨。小花缘迳湿，轻雾到衣凉。石级荒荒白，溪流暗暗长。岁凶兼废酒，山险恃空囊。②

秋雨给人以寂寥、肃冷的感觉，历代诗人以秋雨入诗，塑造悲凉、凄

---

① （清）程康庄著，李雪梅等点校：《程昆仑先生诗文集》，三晋出版社2008年版，第91页。
② （清）程康庄著，李雪梅等点校：《程昆仑先生诗文集》，三晋出版社2008年版，第50页。

寒的意境。诗人用“轻雾”“白”等色泽明亮甚至耀眼的词语，欲将秋意浸染，使秋意更具幽情。“岁凶兼废酒，山险恃空囊”，诗人将个人的穷困潦倒之感与山中秋景的寂寥相融，加上秋雨的肃杀，其传达的情感更显“幽情单绪”。

程康庄用字不仅不避险怪，而且注重炼字，要求用精练的字眼塑造出幽深奇僻、孤往独来的意境。如《扫叶》：

霜叶肯辞地，飘零奈若何。离披林屋尽，摇落洞庭波。初晰微微出，寒阴故故多。汝曹观节序，莫自恨蹉跎。[①]

陈维崧评价此诗：“奇峭绝伦，咏物如此。”[②] 诗歌首联“肯”“奈”二字表现出叶子被霜冻而无奈下落。“初晰微微出，寒阴故故多”叠字的应用，道出了黎明时分太阳似出非出，天空似明非明，寒气甚多的场面，寒阴二字的应用越发使场景孤僻，幽深奇僻的场面呼之欲出。

“世积乱离，风衰俗怨”，甲申国变，程康庄隐居山林，以遗民自居，后又出仕，环境的变化使得程康庄诗风处于一个动态的变化过程。顺治十六年（1659），程康庄出任镇江通判，后任安庆同知、耀州知州，其做官期间，清朝政治局面已经逐步稳定，文坛上易代时的愤怒、忧怨的声音逐渐削弱，盛世之音开始唤起。与程康庄经常交游唱和的龚鼎孳位居高位，总持风雅；王士禛“神韵”诗引领诗坛，整个诗坛不平之音被盛世雅声逐渐替代。程康庄官至镇江，个人身份发生了变化，与江南各方好友交游唱和，受诗坛风气之影响，其诗风渐由幽情单绪转向冲和淡雅，与神韵说暗通一气，渐趋温柔敦厚。但程康庄诗风是一个渐变的过程，如《焦山》就是其诗风转变的代表作。

---

① （清）程康庄著，李雪梅等点校：《程昆仑先生诗文集》，三晋出版社 2008 年版，第 7 页。
② （清）程康庄著，李雪梅等点校：《程昆仑先生诗文集》，三晋出版社 2008 年版，第 7 页。

诗人从远处着笔，描绘了一幅绿荫掩映下的焦山，以及山脚下树林围绕的小城。“清磬声闻两岸开”极具悠扬闲适之感，犹如长江之水闻声而来，将焦山空寂的山谷填充，使其不那么突兀，青山绿水映衬下的焦山更加迷人。颔联写出了一山之隔，江上与山下的不同风景，山上细雨温和滋润，山下“海门鱼浪”随风而来，一柔一强，别具风味。尾联诗人将境界进一步拓宽，诗人登高远望，感叹“极目江天千古思”。诗人初到镇江做官，远离家乡，孤独寂寞，自然“千古思”。程康庄极爱“苍寒”之境，更喜欢追踪“古人之精神”。而这首诗无论从意境构造还是用字上，诗人逐渐减少了“幽情单绪”“奇情孤诣”之感，而清丽澄明之感若隐若现，说明程康庄诗风正在逐渐向温柔敦厚转变。

程康庄生于官宦之家，祖父、父亲均为明代官员，虽在明代没有做官，但已取得拔贡，为天子门生，忠君爱国思想使他隐逸，拒绝出仕。甲申国变，清军惨绝人寰的扬州十日、嘉定三屠的血腥屠杀等惨案在其脑海浮现，现实的落差使他在诗歌中出现故国之思。但值得注意的是程康庄与钱谦益、吴伟业等在明朝居官多年且身处高位，甚或仕清高官龚鼎孳、刘正宗等官僚相比，其故国之思显然较弱。其出仕后心理冲突、身为贰臣的愧疚之感也较钱谦益等少了许多。在程康庄身上没有钱谦益的反清复明迹象，也没有龚鼎孳身居高位的失路之感。入仕后的程康庄，无论在精神上还是在诗歌风格上，逐渐向王士禛、魏裔介、施闰章等完全由清朝培养起来的清初新贵靠拢。

程康庄诗歌中反映民生、社会等现实诗作几乎没有，其诗歌题材多为咏物、写景纪游、朋友赠答之作，也许是因为“无意中将人们的目光从改朝换代的残酷现实引向远距离社会的自然美景，这就更加显示出一种盛世元音的局度，客观上起着歌舞升平的作用”①。程康庄为官之后，其诗格风格相对圆润了许多。如《润州刘司李环山堂》：

① 朱则杰著：《清诗史》，江苏古籍出版社1992年版，第20页。

高斋爽气接严城，四壁山晖立意晴。蔀屋齐炊千树合，臣心如水一江平。坐来玉案当云起，梦入金花有凤鸣。他日长安风色好，应驰骢马望中行。①

自古逢秋悲寂寥，秋天本愁绪较多，诗人首联却塑造出秋高气爽之意境，给人以清爽淡雅之感。颔联写傍晚时分，千家万户开始做饭，炊烟缭绕村庄，一片闲适淡雅。诗歌前四句写出了环山堂所处环境之幽。这里环境描写清丽脱俗，虽然幽静，但用字明丽，“幽情单绪”渐去，取而代之的是温润典雅。又如康熙十年（1671），程康庄奉诏回京补官，对策太和殿，诗云：“上国材贤浩纵横，琢磨词气类华星，西山爽气朝来见，魏阙青途得后轻。”② 整首诗积极向上，意气风发。诗描述了国朝人才济济，对策引用言辞如同繁星闪耀华丽。全诗雍容典雅，不失温柔敦厚之意。

程康庄诗风转变以顺治十六年仕清为界，前期诗学竟陵，以性灵、幽情单绪为宗旨。后期做官后，与江南名士交游唱和，互相诗文往来，诗风逐渐转向冲和淡雅，渐趋盛世温柔敦厚之音。其诗风转变在清初诗坛具有典型意义，反映了清初诗人的审美及其心理变化，亦可代表清初诗歌的创作风向。

---

① （清）程康庄著，李雪梅等点校：《程昆仑先生诗文集》，三晋出版社2008年版，第37页。
② （清）程康庄著，李雪梅等点校：《程昆仑先生诗文集》，三晋出版社2008年版，第33页。

第四章 《自课堂集》词研究

词兴盛于唐宋，沉寂于元明，在清代又出现了中兴之势，出现了宋词以后的第二座高峰。清代诗人之多，存词之盛，远远超过两宋，据严迪昌先生之《清词史》述说："仅就编纂《全清词》时汇辑情况而言，清初顺治、康熙之卷即得词5万余首，词人数逾2100。"① 反观程康庄传世之作仅为46阕，单从词作数量来看，只是冰山一角。词数量有限，却赢得众多名家的推崇，如王士禄在《〈衍愚词〉序》中称："昆仑以文章名海内，乃点笔为诗，诗工，倚声为词，词又工。其《衍愚词》四十余篇俱在，试取而读之，纵复耑家独诣，能远过乎?"② 陈维崧评价其词："情生于景，知此可知填词也。"③ 众名家对其词推崇备至，可见其词确有过人之处。

第一节 程康庄词的思想内容

清初诸词家，多承袭花间草堂之余绪，其词风偏婉委妍丽，涉及题材较少，其风格多变者亦少矣。《自课堂集》中收程康庄词调27个，46首。综观其词，其风格无法摆脱云间余韵，但与同代词人相比，其词涉及题材较为丰富，涉及了如怀古词《桂枝香·润城怀古》，咏物词《春光好·咏杏》《点绛唇·咏草》，纪事词《菩萨蛮·咏〈青溪遗事〉画册和阮亭程村作》（八阕），也有抒情山水词《西江月·秋霖》《长相思·望焦山》等，

---

① 严迪昌著：《清词史》，人民文学出版社2011年版，第1页。
② （清）程康庄著，李雪梅等点校：《程昆仑先生诗文集》，三晋出版社2008年版，第95页。
③ （清）程康庄著，李雪梅等点校：《程昆仑先生诗文集》，三晋出版社2008年版，第105页。

题材丰富，耐人寻味。略作筛选，大致将词分为以下几类对其所表达的思想内容进行研究：

一、咏物词

“咏物之作，最要在寄托。所谓寄托者，盖借物言志，以抒其忠爱绸缪之旨。‘三百篇’之比兴，《离骚》之香草美人，皆此意也。”[①] 在词史上，词一直以抒发个人感情为主，直至南宋，咏物词才得以快速发展。南宋末，张炎、王沂孙等人所著《乐府补题》将咏物词之体式、风格、境界等方面发挥到极致。清代咏物词继续发展，出现了许多名家与名作。

好的咏物词“要须字字刻画，字字天然，方为上乘。即间一使事，亦必脱化无迹乃妙”。[②] 程康庄之咏物词，构思精巧，以抒发其内心感情为主。如：《春光好·咏杏》：

梅靥碎，柳眉颦，艳阳春，正是鸠鸣蓬屋，不嫌贫。玄燕初窥粉脸，黄莺不及芳晨。绛跌千树仙人宅，总含仁。[③]

阳春三月，春光正好，梅花已谢，柳枝刚发芽，杏花开了，满树洁白，鸟儿在树上筑巢，欣欣向荣的春意展现在我们面前。等到新燕刚刚露出粉脸时，树上已经挂满了果实，果实里总含杏仁。这首词点睛之句为“绛跌千树仙人宅，总含仁”，与“不嫌贫”相对应，意在赞美杏子开花时不嫌贫爱富，选择了“鸠鸣蓬屋”之地，结果是不管在哪里总含仁。咏物实为喻人，赞美那些不嫌贫穷，默默奉献，不管在哪里总以仁义之心待人的高尚之人。

再看《渔家傲·咏荷》：

---

① 吴梅著：《词学通论》，复旦大学出版社2005年版，第4页。

② 唐圭璋编：《词话丛编》，中华书局1986年版，725页。

③ （清）程康庄著，李雪梅等点校：《程昆仑先生诗文集》，三晋出版社2008年版，第102页。

小叶平铺枝上早，潆洄绿水光相抱。风动来回弥窈窕。尘事少，半天低度蓬莱岛。　　恰好红妆微步巧，攲眠一任轻风扫。对对绮罗依翠葆。人不到，昼长长自愁晴昊。①

这首词刻画荷花极尽闲适之美，荷叶平铺在水面上，与碧绿的湖水相得益彰。微风吹过，荷叶摇曳多姿，犹如画卷一般。其摹情规物，不失栩栩如生、可鉴动人之感。

程康庄的一些咏物诗将咏物与抒情结合在一起，如《点绛唇·咏草》：

春色朝朝，闲花遍野愁春树。欲寻知故，满地王孙路。　　堪恨萋萋，一径和烟住，青无数。连天朝暮，寂寞将愁付。②

这首词感情基调为忧愁。春天到了，万物复苏，可词人的愁绪如这野草遍地都是，即使一把火将这草一烧而尽，过不了许久，总会青无数。从早到晚，天地间似乎总是充满着忧愁。词人为何而愁，只因“满地王孙路”。词人先扬后抑，举目所望是一片春色正好，然而这些花草却愁绪不断，这一顿挫折射出时代的变化。程康庄处于明清易代之际，对明王朝怀有深厚感情。在他看来，明代江山无限美好，正如春色朝朝。可是清兵南下，“扬州十日”“嘉定三屠”使世间万物蒙上了忧愁，挥之不去，表达了词人对故国的怀念。

二、艳情词

词初兴之时，多是配合宴乐乐曲而填写，且演唱者多女性。创作者多喜欢与歌女在酒席间觥筹交错之时即兴填词，因此歌女们容颜、身姿、才

① （清）程康庄著，李雪梅等点校：《程昆仑先生诗文集》，三晋出版社2008年版，第118页。
② （清）程康庄著，李雪梅等点校：《程昆仑先生诗文集》，三晋出版社2008年版，第102页。

艺及宾客与歌女们之间的互相仰慕、离愁别绪、相互交心等素材就成了词人吟咏的对象，其风格也多为婉约别致、缠绵悱恻。欧阳炯在《花间集·序》中曾曰：“则有绮筵公子，绣幌佳人。递叶叶之花笺，文抽丽锦，举纤纤之玉手，拍按香檀。不无清绝之词，用助妖娆之态。自南朝之宫体，扇北里之倡风。”① 这是晚唐五代时词初兴时的真实写照，其内容与风格趋于香艳。艳情词在词坛上一直长盛不衰，程康庄亦有艳情词创作，例如《尾犯·秋闺》：

憔悴怯登楼，螺黛慵匀，粉香暗落。白玉扉中，锁冷文鸳素鹤。罗袖临风愁自此，桃笙过雨凉如昨，怕惊心，应有悲秋。人倚梧桐阁。　潇湘云水阔，盼短征鸿消耗。泪染红巾，欲寄凭谁托。寒漏迢迢孤枕怨，青灯黯黯同衾约，无情新月，已照到水晶帘幙。②

词之秋景，本就凄婉幽清，伴之一夜不能寐、面容憔悴的女主人登楼独望，罗袖随风任飘，孤独无依，泪染红巾，令人倍感怜惜。“寒漏迢迢孤枕怨”道出女主人公生活的孤独寂寞，而这种情况并非偶然，实则夜夜如此，读至此使人越发对主人公怜爱。全词感情基调为“愁寂”，词中处处可见愁绪，句句凄凉场景可现。

程康庄的《菩萨蛮·咏〈青溪遗事〉画册和阮亭程村作》（八阕）以组词连缀的形式来书写艳情：

乍遇

小姑居处朱楼起，鸟啼声隐杨花里。香气出罗衣，能留蛱蝶飞。　远山青可见，绣领遮团扇，小立看鸳鸯，心怜浴故双。

① （后蜀）赵崇祚编：《花间集》，中华书局《四部备要》本。
② （清）程康庄著，李雪梅等点校：《程昆仑先生诗文集》，三晋出版社2008年版，第120页。

弈棋

曲廊幽砌丁香吐，千言一默眠鹦鹉。空局与郎棋，无嫌着子迟。　棋争先后手，局外防多口，不定恼纤儿，回嗔纳子时。

私语

桐花满院浑疑雪，疏枝影浸闲庭月。人映月娟娟，清阴并蝉肩。　夜鸟飞未倦，暗识裙花茜。细语合谁闻，还应帐底人。

迷藏

踏青已谢园林近，新妆自饰鸦雏鬓。女伴自迷藏，轻衫逐吹凉。　衣香防巧逻。暗向蔷薇躲。窥丛见好枝。矜新插鬓丝。

弹琴

秋风袅袅飘梧叶，博山炉内沉香爇。绿绮手中弹，挥弦白雪寒。　明珠声一串，变作英娥怨。风雨暗潇湘，哀音应指长。

读书

纱窗然腊摇风竹，摊书微解咿唔读。奈是语应人，行间一处频。　移时即对面，伴剧题纨扇。矩忍不回头，青灯暂欲休。

潜窥

常惊娇艳肤如雪，中庭顾兔分明月。物性惬雄雌，含情倚户窥。　无人谁见惯，何谓檀郎看。浅靥发红潮，回头理翠翘。

秘戏

残灯淡月肱环玉，朱颜一色分鬟绿。绡帐懒教垂，低声双笑时。　飞花粘屈戍，火齐宁容睹。明镜晓窗中，枕痕深更红。①

词人用《菩萨蛮》的曲调记录了青溪遗事，曲调平仄递转，以繁音促节表现深沉而起伏的情感。

---

① （清）程康庄著，李雪梅等点校：《程昆仑先生诗文集》，三晋出版社2008年版，第103—107页。

第一阕《乍遇》记录了词人在杨花怒放的暮春时节偶遇美人的情景，美人的香气透过罗衣，引来蝴蝶纷飞不忍离去。远处青山青翠欲滴，近处美人香艳娇羞，二者相得益彰，美不胜收。词的最后两句表面写看鸳鸯成双，实则思念美人，希望与美人在一起。情感表达细腻真挚，含蓄委婉。

第二阕《弈棋》整首词的情感基调为淡雅。词的上阕以静为主，身处曲廊幽砌处，没有棋谱与棋子，二人空局对弈，不嫌对方落子迟，旁边无人打扰，闲适优雅的情景映入眼帘。下阕以动为主，二人博弈，旁观者出谋划策引棋路，下棋者争先落棋子，这自然引起美人的“回嗔纳子时”，美人娇态煞是可爱。词的上下阕静动相互映衬，突出弈棋之乐与对美人之喜爱。

这八首词记录了与美人在一起的点点滴滴，初遇美人之娇羞，博弈之优雅，私语之恬静，迷藏之含蓄，弹琴之闲冷，读书之惬意……词人表面为记事，实则抒情，突出对美人的喜爱。值得一提的是词人将博弈、弹琴等雅事写得十分别致，情感流露其间；将潜窥、秘戏等俗事写得尤为淡雅，美人之娇羞，不胜言表。

程康庄的艳情词多为抒情之作，其内涵亦寄托作者对生活、对人生之体悟，早已脱离了明代以来低俗淫艳之习气，词的总体风格面貌为含蓄隽永、清新自然。词的整体风貌亦向雅正靠拢。

三、山水词

山水一直是词人喜欢吟咏的对象，面对山水词人有感而发，在山水词作中表达自我真情实感。程康庄任镇江通判，闲暇之时与友人访山涉水。面对山清水秀的江南美景，词人写下许多脍炙人口的山水词，其中最著名的莫过于组词《望江南·西湖》（六阕）：

一

湖上水，两两断桥横。淨洗铅华香粉腻，远吹鱼浪玉花明。影破恨浮萍。翻落照，远远暮云平。日上花枝湘女怨，霞明水底茜衫盈。水调学歌声。

二

湖上酒，箫鼓倍琼卮。画榜不教空月色，流杯莫负好花枝。潋滟六桥澌。生事小，买笑及芳时。花病阑珊将醉解，春愁瘦减畏容知。绿蚁印平池。

三

湖上花，朵朵舞轻霞。笑靥有心矜国色，愁肠无那见春奢。飞燕自轻斜。春梦短，花蕊漫相夸。红雨暗伤翻地锦，紫蕤新折负天葩。无语暮云遮。

四

湖上风，隐约度江东。怕折柳条双鬓短，愁飞花雨万家红。淅淅过湖中。恩爱浅，漂泊恨难穷。清响虚徐吹拂拂，翥鸿拉挞怨重重。指顾及芳丛。

五

湖上云，低亚复氤氲。出岫无心丰沛起，凌虚有路肺香闻。晻暖几曾分。飞去急，心系在余曛。高观凤飞通泽气，重楼曲奏藉仙翁。锦绣百花文。

六

湖上雨，槭槭意何穷。朱鳖出波将破块，高唐离梦亦云浓。飞糁万条风。镜水滑，漠漠对前峰。鱼婢散丝新得润，凫翁触石欲浮空。箫鼓有无中。[1]

---

① （清）程康庄著，李雪梅等点校：《程昆仑先生诗文集》，三晋出版社 2008 年版，第 103—107 页。

六阕组词分别写了西湖的湖上水、湖上酒、湖上花、湖上风、湖上云以及湖上雨，六阕词均为上阕以写景为主，下阕着重抒情，情景交融的西湖美景别有一番风韵。

湖上水被断桥一分为二，近处一看那是歌女卸妆后的香粉浮在水面，微风吹过，浪花翻涌，甚是明亮。湖上漂浮着碧绿的浮萍，把倒影分解得支离破碎。夜幕降临，远远望去，天际与湖水融为一体，湘女悠扬的歌声在西湖飘荡。这首词记录了西湖水上美景，从白天到晚上都别有风韵。

湖上花，明喻与暗喻相结合，抒发盛衰之感。词人表面上写湖上花百花争艳，美不胜收，实际上也指歌女在青春年少之时正如湖上花这般明艳动人。但青春易逝，岁月难留，曾经飞燕为之倾斜的花（美女）最终也是“紫蕤新折负天葩”，只能“无语暮云遮”。

另外湖上酒，写出了歌女之无奈；湖上风道出了风之善入各处，随遇而安之态；湖上云写出其来去自由，锦绣百花文之状……西湖美景宛如人间仙境，是作者用心感受之结果，亦道出词人之心声。

又如《南柯子·春郊》：

岸草低新涨，山花压短墙。行逢满担冷淘香。安得垆头沽酒醉斜阳。①

这首词写的郊游晚春之景如此清新，展现了一幅春意盎然的春景图：河水新涨，春草初绿，山花始开，枝条柔嫩，倚墙长势正猛。行过之处，遇卖冷淘面的担子，香气扑鼻，诱人垂涎。这样的美景词人不能尽情享用，也许因为公务繁忙，故而感叹“安得垆头沽酒醉斜阳”。什么时候可以在这里把酒言欢，一醉方休。词人与其因酒而醉，不如说是

① （清）程康庄著，李雪梅等点校：《程昆仑先生诗文集》，三晋出版社 2008 年版，第 96 页。

为美景而醉。这首词清新自然，是描写山水的上乘之作。

四、咏史怀古词

咏史怀古是词人必不可少的创作主题，尤其是明清之际，朝代更迭，山河破碎，词人巨大的心理落差感急需一吐为快。词人以现实为起点，通过对历史事件和历史人物的反思来表达对现实之态度，或借古讽今，或暗喻政治，或借历史人物表达自己人生之失意。词人实则用曲折之方式表达了自己的人生态度与人生思考。程康庄被迫出仕镇江通判，内心的失意与落差自然很多，游赏余暇，亦常以亲身经历与古者相比较，内心的苦楚呼之欲出。这些词多慷慨悲壮。如《桂枝香·润城怀古》：

吴头楚尾，恰把酒茫茫，凭栏无已。眺望山形依旧，江涛如此。夕阳落遍晴帆远。挂谯楼西风影里，伯符兄弟，寄奴宾客，飞扬飙举。　　凭谁信，英雄不死，但满目苍凉。暮云平矣。虎踞龙争铁瓮，俨然雄势。兵闻北府畴为用，只京口沽来酒美。旗亭月满，夹堤喧市，紫箫声起。①

词人登上润州城楼，凭栏眺望，山河依旧，却已物是人非。遥想当年孙策、孙权二兄弟建功立业何等威风，南朝第一帝刘裕成就霸业气势豪迈。英雄丰功伟绩依旧在，但已满目苍凉。词人借润州怀古抒发对故国的怀念，但因清初文化高压政策，诗人只能含蓄表达。

又如《念奴娇·万岁楼春望》：

海天春晓，看阴云吹尽，炊烟微白。万岁高楼聊一上，秀色南山堪

---

① （清）程康庄著，李雪梅等点校：《程昆仑先生诗文集》，三晋出版社2008年版，第120页。

摘。北固金焦，称雄天堑，渐觉重墉窄。顷年镜考，山川遭此奇辟。　　堪笑草草登临，花残柳谢，愁思茫茫集。孝伯风流曾寄赏，山水依然畴昔。泽国增防，于今普遍，地尽娴戎索。南徐名胜，至此可消兵革。①

万岁楼位于江苏镇江月华山，乃千古名楼，唐宋时曾名噪一时。词人登上望岁楼，观望春景。词的上阕，着重以描写景物为主，尽管海天春晓风景正好，北固金焦，雄伟秀美，却有阴云笼罩。词的下阕以怀古为主，登上万岁楼，尽管满园春色，但此时词人愁绪满怀。想到孝伯曾经寄情山水，何等逍遥自在，而如今自己被迫为官，寄情山水已无可能，且现在加强兵防，自由受限。现实的落差与孝伯当年风流对比鲜明，无尽的愁绪油然而生。

五、赠答词

在程康庄的词作中，赠答词数量相对较少，但其表达的内容却别有一番风韵。例如《山花子·岁暮阮亭过京口用其见寄韵》：

日暮江楼鼓角鸣，帆开驿路引笳声。十里回舟冰雪夜，尾舟行。　　已订泊船三日计，相思彻夜二毛生。预恐归程方逼岁，过江城。②

词的上阕以写景为主，着重描写友人离开时的场景。词的下阕描述了友人离开后对友人的牵挂，以致两鬓生白发。全词表达了词人对友人的牵挂，足见其感情深厚。

① （清）程康庄著，李雪梅等点校：《程昆仑先生诗文集》，三晋出版社2008年版，第119页。
② （清）程康庄著，李雪梅等点校：《程昆仑先生诗文集》，三晋出版社2008年版，第108页。

又如《朝中措·平山堂同阮亭次欧公原韵》：

千山晴色绘秋空，云影大江中。昔日遗踪何处，只余白草悲风。　踟蹰四顾，荒城落照，破寺疏钟。风物向南差胜，江湖却羡渔翁。①

平山堂位于扬州市西北郊蜀冈中峰大明寺内。始建于宋仁宗庆历八年（1048），当时欧阳修出任扬州太守，看到此处环境深幽古朴，便在此筑堂。在此处观有“会当凌绝顶，一览众山小”之感觉，江南诸山，可历历在目，好像景色与此堂处一水平线，平山堂因此而得名。许多文人墨客常在此吟诗作赋。在元代，平堂山曾一度荒废，明万历年间（1573—1619）重新修葺。程康庄、王士禛二人在此游历之时，只感觉“昔日遗踪何处，只余白草悲风”，当年文人在此相聚，一起吟诗作赋的胜景已经不复存在，留下的只有“荒城落照，破寺疏钟”，这自然引起词人的无限感叹。虽然江南美景远远胜过北方，但是来此做官并非词人之本心，词人更羡慕渔翁的自由自在。词人不单纯是游历名胜，更是向友人表露自己心声。

第二节　程康庄词的艺术风格

词在宋以后，经过金元明三代的沉寂，在明末清初又焕发了生机，出现了中兴之势。一时间填词者云集，名家佳篇如雨后春笋涌现出来，词坛新声不断。但程康庄词作多为中兴之初作品，词风多承袭明代旧习，尤其受晚明“云间”派余绪影响。但仅概括为“云间”之余绪，不足以概括程康庄之词风。王士禄在《〈自课堂集〉序》中称：“谓苏

① （清）程康庄著，李雪梅等点校：《程昆仑先生诗文集》，三晋出版社 2008 年版，第 109 页。

子瞻以诗为词，今观其词，琅琅也，虽黄与秦之以词为词者，无以过也。”又如《清人词话》中邹祇谟评价程康庄词风：“诗家有王、孟、储、韦一派，词流惟务观、仙伦、次山、少鲁诸家近似，与辛、刘徒作壮语者有别。近惟顾庵学士情景相生，纵笔便合，酷似渭南老人。言远方伯，洮洮清迴，与葛理问震父瑜亮。更如岸初、文夏、耕坞、昆仑诸公，俱以闲澹秀脱为宗，不作浓情致语。求之近代，其文待诏、陈征君之间乎？”[①] 认为程康庄词风为“闲澹秀脱”。程康庄词风在继承“云间”派之后更有不少发展，其词风可以概括为以下几个方面：

一、清新淡远

程康庄存词46阕，其中小令达到30阕之多，因此从其小令亦可以窥探其词风。小令以描写为主，以字数为限，且词中所表达的喜怒哀乐、情感起伏须与词牌相契合，所以小令在词中甚是难填。而云间派犹以写小令见长，其词强调蕴意无穷。程康庄受其影响，其词有清新淡远的风格。如《长相思·望焦山》：

上金山，望焦山，潮没平沙涌翠鬟。芦洲断一湾。白云还，白鸥还，两岸人家烟水间，西风片舸悭。[②]

这首词极具清新淡远之风格，首先词人从远处着笔描写景象，看见潮水将沙滩冲平，远远望去，辽阔幽远，芦苇被潮水冲折，断了一片。远远望去，蓝天上白云随风飘逸，幽远闲适，水天相接的地方海鸥飞过来；再看两岸人家，笼罩在一片白雾中。词人取景较远，自有辽阔之感，用字以白色、翠色为主，自然清新，因此这首词极具清新淡远

① 孙克强、杨传庆、裴喆编著：《清人词话》（上），南开大学出版社2012年版，第65页。
② （清）程康庄著，李雪梅等点校：《程昆仑先生诗文集》，三晋出版社2008年版，第97页。

之感。

又如《柳梢青·海棠》:

春醉如醒，并芳连蒂，一样将迎。雨到含珠，风来舞翠，分外轻盈。 搴芳莫妒红裙。色占尽、名香暗轻。池内菱妆，楼前飞燕，的的倾城。[①]

这是一首咏物词，极具美感，词开篇即说春醉如醒，春天被美景所陶醉。春雨落在海棠上，雨水晶莹剔透，微风吹过，翠绿的叶子摇曳多姿，分外轻盈。再看楼前飞燕，个个倾国倾城。词人取景于春天海棠，本就极具新鲜，加上春雨的洗涤、春风的吹拂、新燕的点缀，犹如山水画一般，极具清新之感。

又如《南柯子·春草》中“岸草低新涨，山花压短墙”，《长相思·秋夕》中“暮天晴，暮潮平。一片红霞水底明”，《春光好·咏杏》中“梅靥碎，柳眉颦。艳阳春。正是鸠鸣蓬屋，不嫌贫”等词取景清新幽远，用字清新淡雅、色泽鲜艳，词极具清新淡远之风格。

程康庄与王士禛交好，二人经常交游酬唱，闲暇之时亦互相探讨诗艺，受其“神韵”说影响，程康庄词有清新淡雅之感。王士禛“神韵”之义，写情贵在朦胧，崇尚清远。也就是写情的时候要将景融入其中，用景色来表达思绪，这样才极具朦胧之美。而写景时则要选取清新幽远又能蕴含诗意之景物来抒发词人情感，使得情景交融。程康庄词风的清新淡远，既受云间遗韵影响，也受王士禛神韵说之影响。而这种词风无疑也迎合了即将到来的康乾盛世，对后来朱彝尊提倡的“醇雅清空”之词学审美无疑给予很大的启迪。

---

① (清) 程康庄著，李雪梅等点校:《程昆仑先生诗文集》，三晋出版社2008年版，第111页。

二、细腻娴雅

细腻娴雅是程康庄词的又一艺术风格。《清人词话》引黄心甫在《自课堂集·诗余》中评价程康庄的词风为"古诗人不屑作词者，以词尚软媚，诗贵高古；词取纤佻，诗宗浑雅。不但择体不同，亦颇相妨，恐入乎词出乎诗也。先生诗才幽窈，诗骨苍特，似具铁石心肠者，乃拈词温细摇曳，如出两人手。合古今算之，未见第二人也。"[①] 黄心甫认为程康庄的词温细摇曳。而杜濬则认为："乃今昆仑氏崛起上党，奋发为天下雄，其叙事之文，祖述司马迁，不必言矣。吾评其诗，绝类王维，盖不事王之修饰，其质肆，往往近杜而有王之灵异。其文绝类柳宗元，盖不事柳之刮削，其怪奇往往近韩而有柳之疏峭。至以其余溢为小词，则又娴雅都丽，有渝庭筠之风焉。是皆晋之杰也。"[②]

细腻是说程康庄在写景或者咏物、抒情时刻画得细腻别致，而娴雅则表示程康庄用词高雅、塑造词的意境闲适淡雅。如《长相思·秋夕》：

暮天晴，暮潮平。一片红霞水底明。渔舟入浦轻。　　凉吹生，夕露清，嘹唳长空早雁声。寒衣催未成。[③]

傍晚时分，天气晴朗，水面平静，晚霞洒在澄澈的水面上，一幅安静祥和的画面展现在读者面前。在写景方面，这首词写得细腻别致，"一片红霞水底明"既写出晚霞的灿烂，又道出水的清澈明净。渔舟轻轻靠岸，好似不愿意打扰这美景，这首词画面感极强，极具娴雅之风。

又如《锦堂春·晓起》：

① 孙克强、杨传庆、裴喆编著：《清人词话》（上），南开大学出版社 2012 年版，第 66 页。
② （清）程康庄著，李雪梅等点校：《程昆仑先生诗文集》，三晋出版社 2008 年版，第 28 页。
③ （清）程康庄著，李雪梅等点校：《程昆仑先生诗文集》，三晋出版社 2008 年版，第 98 页。

朝露方收，纤霞乍卷，恰日上帘栊当面。梦初辞，风渐转，看雕梁乳燕，潜窥婉娈。　　占尽风流，玉钩将展，料粉气肌香相间。蝶情慵，莺唤浅，这娇羞意态，要人重见。[①]

黄心甫评曰："乃拈词温细摇曳，如出两人手，合古今算之，未见第二人也。"词人写美人晓起的光景，写得细腻别致，极具闲适淡雅之境。朝露刚退，朝霞已消，太阳初升起之时，美人刚刚从梦中醒来，神态慵懒，正在观看燕子在廊下嬉戏。这些景色聚集在一起犹如画卷一般，将美人刚起来的慵懒、娇羞刻画得细致入微。

第五章　程康庄及其诗词的价值与影响

清初诗坛的诗人群体主要为遗民诗人群、台阁诗人群和贰臣诗人群。程康庄与这些诗人群体均有交往，且互有诗文往来，这引起了江南诗坛的强烈反响，这在一定程度上为其赢得了声望，使其在顺康诗坛占有一席之地。《自课堂集》前有众多诗坛名家为其作序，可见其影响广泛，我们可以从众多名家口中得知程康庄其诗其人在当时影响：

首先是清初诗坛"一代正宗"[②] 王士禛。程康庄任镇江通判时，王士禛适任扬州推官，二人常诗笺往来，隔江唱和。吴伟业《〈程昆仑文集〉序》记载了王士禛对程康庄的推崇，序云：

① （清）程康庄著，李雪梅等点校：《程昆仑先生诗文集》，三晋出版社 2008 年版，第 117 页。
② （清）袁枚著，王镜海注释、王果选校：《随园诗话》，岳麓书社 1994 年版，第 77 页。

已而放衙，召客刻烛赋诗，清言霏霏不绝，坐客见而诧曰“王公真天才也”，贻上乃盛推程公昆仑不置。程公镇江通守也，南徐幕府初开，军国异容，主客狎进，程公一儒者，左支右掣，日不暇给，顾以其间为诗、古文、词，与贻上邮筒唱酬于烟江相望之内。[1]

而王士禛长兄王士禄，在《程昆仑招集万岁楼》将程比为“参佐风流如谢朓，楼台潇洒忆王恭”[2] 同时在《〈自课堂集〉序》中说：

昆仑以文章名海内，乃点笔为诗，诗工，倚声为词，词又工，其《衍愚词》四十余篇俱在，试取而读之，纵复专家独诣能远过乎？是以词求昆仑，虽不足以尽昆仑，亦可以见其大才而无不宜矣，仆更有异焉。[3]

王士禄认为程康庄诗词文俱佳，称之为大才没有不合适的。尽管这些评价有夸大其词之嫌，但依然可从其中看出程康庄诗词成就之高、影响之大。钱谦益为清初诗坛重要人物，他也对程康庄诗文评价极高，他说：

旋观昆仑之诗文，才气横溢，词源倒流如喷泉之涌出，如龙气之直上。徐而按之，辞有体要，文有原委，不骋奇于篇什，不求工于字句，如武库之有五兵，如玉府之有六玉。井井乎，其行列也，离离乎，其相属也。进而扣所有，愈出而愈不穷也。[4]

---

① （清）程康庄著，李雪梅等点校：《程昆仑先生诗文集》，三晋出版社 2008 年版，第 21 页。
② 沈德潜等编：《清诗别裁集》，上海古籍出版社 2013 年版，第 121 页。
③ （清）程康庄著，李雪梅等点校：《程昆仑先生诗文集》，三晋出版社 2008 年版，第 16 页。
④ （清）程康庄著，李雪梅等点校：《程昆仑先生诗文集》，三晋出版社 2008 年版，第 19 页。

钱谦益称赞程康庄诗本性情，才气横溢，学养深厚。

程康庄任耀州知州时曾入京述职，为诗坛名家龚鼎孳所赏识。龚鼎孳在《〈自课堂集〉序》中称其：

> 其古文辞苍崛奥，直抉柳柳州、王介甫之神，世人不知，以为似孙樵、刘蜕，非矣。诗歌坚古深朴，上逼浣花翁，绝非斗花俪叶者比。诗余琢字炼句，周、秦、辛、陆，遂兼其胜，昆仑昆仑，足以豪矣。[①]

另外还有魏裔介称赞程诗："每一披阅，则赏心悦目。"[②] 这些诗坛名家对程康庄诗文大家赞赏，尽管有些评论有过誉之嫌，但是在一定程度上也反映出程康庄诗文品位甚高，在当时文坛声誉之高，影响之广。

程康庄在顺康诗坛的影响，我们还可从时人或者后人对其诗文的认可度来看。陈维崧曾经批阅明代及清初古文、诗词数百卷，选得归有光、王猷定、侯方域、程康庄四人作品，编成《四大家文选》。陈维崧在编就书稿时曾感叹："甚矣，作者之难也！盖百余年，能文章者不下数百卷，而可传者独数人。甚矣！作者之难也!"其他三家只以文入其书，唯独程康庄诗词文全列其中。可见程康庄诗文品位之高，影响之大。四大家中，归有光为明代著名散文家，其《项脊轩记》《寒花葬志》脍炙人口，王猷定也为当时文学家，备受时人推崇。侯方域为"清初三家"之一，也是孔尚任《桃花扇》的蓝本人物。程康庄与归、王、侯三人共为"四大家"，其诗坛影响不言而喻。

沈德潜在谈到清初诸选本时说："国朝选本诗，或尊重名位，或籍交游结纳，不专论诗也。陈检讨《箧衍集》较诸本为善，然只及康熙癸丑。"[③] 陈维崧编选《箧衍集》诗，阅诗数百卷，选录极其严格，诗词

---

① （清）程康庄著，李雪梅等点校：《程昆仑先生诗文集》，三晋出版社 2008 年版，第 24 页。

② （清）程康庄著，李雪梅等点校：《程昆仑先生诗文集》，三晋出版社 2008 年版，第 22 页。

③ 沈德潜等编：《清诗别裁集》，上海古籍出版社 2013 年版，第 1 页。

选得十家，其中程康庄有诗数十首得选其中。李锡麟等辑录的《国朝山右诗存》共二十四卷，其中选程康庄诗达53首之多，数量位居全省入选者第八。范士熊编选武乡诗歌总集《南亭诗钞》凡十四卷，将程康庄诗歌单独为一卷。从时人或后人选录程康庄诗歌的数量，我们便可知道程康庄在顺康诗坛占有一定地位，其影响相当广泛。

程康庄在清初文学史上的地位不可忽视，清初诸名家与其交往深厚，对其诗文亦推崇备至，可见其作品确有价值。乖于时运，其作品未能高显，其才气在后代未能远播，难怪其六世孙程林宗感慨："今诸公集皆行世，而先集或不尽知，为可叹也！"

有个问题值得我们考虑，尽管程康庄在清初诗名很大，但在后来的文学史中一直没有得到广泛的关注，而且历来的文学史家似乎对程康庄在文学史上的地位也缺乏比较客观的评价。笔者认为原因主要有二：

第一，程康庄"贰臣"身份。甲申国变后，程康庄心怀皇恩，忠于故国，且力图以遗民自居，坚决拒绝出仕。顺治十一年（1654），程康庄以"山林隐逸"被山西巡抚保荐，以拔贡任镇江通判，摄大营理事。程康庄被迫出仕，有违初衷。因此，在此意义上称其为"贰臣"，亦不过分。有学者称："有一类作品，一直有着广泛的读者，但谈论它的人却很少。悄悄地风行，却又不敢大胆地言谈，这是唯有中国才有的现象。"[①] 这类作品就是由贰臣所创作的文学。贰臣文学遭逢灭顶之灾是在清代，乾隆帝在敕编《四库全书》的同时，也禁毁了大量他认为有悖伦理纲常、不合名教、危及皇朝统治地位的著述，其中不乏贰臣的作品。在查禁钱谦益的诗集时，乾隆特下旨："钱谦益本一有才无行之人。在前朝时身跻膴仕，及本朝定鼎之初，率先投顺，洊陟列卿。大节有亏，实不足齿于人类。……今阅其所著《初学集》《有学集》，荒诞悖

① 孙郁：《关于周作人》，《南方文坛》2006年第2期。

谬，其中诋谤本朝之处，不一而足。”[①] 乾隆皇帝对钱谦益的批评实则遵循“诗品如人品”这一古老命题，强调的是作家的立身品节、道德修养对文学作品的思想内涵、外在风貌的决定作用。这正为儒家正统诗教观念，具有浓重的政治教化性质与鲜明的道德训诫色彩。

程康庄身仕明清两朝，其人品受到质疑，诗歌思想亦不被推崇。其诗文集因此并未收录四库，诗歌传播亦受到阻碍。因此其名声未能远播。

第二，程康庄诗歌本身具有不可避免的缺陷。清朝定鼎之初，对文化实行高压政策，后随着社会的稳定，整个清初诗歌在审美趣味上出现转向，渐趋于盛世雅音。身为本朝诗人，程康庄诗词无论是遗民情结，还是“贰臣”气节负罪感，表现得不是很明显。当朝文人有虑于文字贻祸，对社会时事多避而不谈。这种政治背景必然会影响诗歌在反映社会现实生活的深度、力度。再者从诗学角度看，程康庄早年诗学竟陵，后与王士禛交游唱和逐渐受其“神韵派”思想影响，因此诗词多为清新淡雅的语言，悠远蕴藉的意境，细腻幽微的情感，追求诗情画意的美，模山范水、淡化现实的倾向有所滋长。这些诗篇格局相对比较小，气魄不宏伟，且整饬工雅，含蓄空灵而内容流于空洞无物，缺乏真挚感情和社会内容，诗风走向形式主义，在反映社会生活内容方面有一定的束缚性，这是一个不争的事实。可以说，“神韵缥渺”是神韵派诗风的整体弊端。

---

① 《清高宗实录》卷二〇二二“乾隆四十一年十二月庚子”条，中华书局 1987 年影印版。

结　语

程康庄生于官宦之家，少富才名，受时人赞赏。受学于袁继咸帐下，恩师被诬陷，程康庄与傅山等人联名上疏，赴京为袁继咸诉冤请愿，可见其尊敬师长、讲求义气。甲申国变，归隐拒绝出仕，后又被迫为官，历任镇江通判、安庆同知、耀州知州。为官期间心系百姓，尽职尽责，深受百姓爱戴。闲暇之时，与江南名士交游唱和，先后结交了达官显贵如钱谦益、吴伟业、王士禄、王士禛、宋琬、龚鼎孳，也与徐釚、孙枝蔚、林古度等布衣遗民往来频繁，由其交游情况亦可窥探清初江南文坛的盛况。

《自课堂集》收诗168首，按题材内容可分为纪游写景、酬唱赠答、咏物题画、思念亲人四类。其诗风大致以顺治十六年仕清为界，分为前后两期，前期诗学竟陵，以性灵、幽情单绪为宗旨。后期诗风逐渐转向冲和淡雅，渐趋盛世温柔敦厚之音。其诗学理论提倡诗歌讲求性情，以才运气，同时要结合时运之变化。《自课堂集》收词46阕，按内容可分为咏物、艳情、咏史怀古、山水、和韵五类，尽管存词较少，但亦可窥见其诗风，清新淡雅、细腻娴雅为其主要特征。

在顺康诗坛，程康庄诗文受众名家推崇备至，评价极高。诗文入选诸多诗文集，数量可观，可见其诗文价值极高。因其“贰臣”身份，其人品、诗品亦受到质疑，加之诗歌思想单一，缺乏深度，其作品未能高显，其才气在后代未能远播，以后在学术界应该引起重视。

从以上论述不难看出，对程康庄的研究使我们对清初文化史、文学史、社会史等有一定的了解，对明末清初诗歌的总体把握也有很大帮助。放眼整个清初诗坛，像程康庄这样才华横溢、颇有声誉的学子俯拾皆是，如宋征壁、吴刚思、方大猷、熊文举、李元鼎、高珩等，他们对后世文坛的影响不同，后世文人对他们的评价也各异，他们都属于是清初诗坛的佼佼者，是他们在推动清诗史发展的同时，也使中国古代诗歌的发展史异彩纷呈，美不胜收。但令人遗憾的是，这些具有诗学价值的研究对象并没有进入当代学界的研究视野，他们大多过分注重于对清诗史的宏观概括和总体梳理，对微观的个体很少涉及，再加上受传统文学史的编写偏见，只对少数几个重要的个体做一而再，再而三的深入挖掘，对那些在清诗史研究中也具有重要作用的二流个体视而不见，殊不知这些人才是构成清诗史的大多数，对他们的研究能弥补清初诗坛的研究缺陷，能促进整个古代文学史的重新建构。

本文就是对清初诗歌个体研究的一次尝试，虽然对程康庄生平、交游、诗歌内容和特色等都有所论述，但限于学识浅陋，只论及皮毛而已，离充分全面深刻还相差很远。不足之处有以下几点：

首先，本文试图通过对程康庄个体的研究去揭示清初诗坛的整体特点和清初士子的整体风貌，明显有以点概面的弊端。这也是此类论文的普遍缺陷，毕竟清初诗坛是由许多个体组成的，要想全面深入地研究清初社会、文学等整体状况，需要研究大量的文人文集和大量的史料。

其次，本文以程康庄诗文集为研究文本，其《自课堂集》为选本，因此对程康庄诗歌思想全面的把握有一定影响。另外目前学界对程康庄的研究甚少，所以笔者在本文得出的一些论断是否合理，能否成立，还需要后来研究者的检验，一些肤浅粗俗、不成熟的论述也有待于方家的弥补和改正。

因此，本文旨在抛砖引玉，希望借助对程康庄及其诗词的研究促进对整个清诗、清词史研究的补充，尤其是对非主流文人个体的研究，有利于进一步深入挖掘山西地域文化的丰富内涵，从而推动清代诗词史的研究向纵深发展。

参考文献

（一）古籍类

1. **史部**

（清）史传远修：《武乡县志》，台湾成文出版社 1968 年版。

（清）王轩等修：《山西通志》，中国省志汇编之十三，台湾华文书局 1969 年版。

（清）张楷修：《安庆府志》，中华书局 2009 年版。

（清）舒其绅等修：《西安府志》，三秦出版社 2011 年版。

（清）纪昀撰：《四库全书总目》，中华书局 1965 年版。

（清）冯夔飏重修，朱霖增纂：《镇江府志》，乾隆十五年（1750）增刻本。

（清）赵尔巽等修：《清史稿》，中华书局 1977 年版。

王钟翰点校：《清史列传》，中华书局 1987 年版。

（清）张廷玉等著：《明史》，中华书局 2013 年版。

2. **集部**

（清）程康庄著，李雪梅等点校：《程昆仑先生诗文集》，三晋出版社 2008 年版。

（清）李锡麟等辑：《国朝山右诗存》，嘉庆六年刻本，山西大学图书馆藏。

（清）陈维崧辑：《箧衍集》，康熙刻本。

（清）陈维崧著：《湖海楼诗集》，《四部丛刊初编》本，商务印书馆。

（清）陈维崧著：《陈迦陵词全集》，《四部丛刊初编》本，商务印书馆。

（清）张应昌著：《清诗铎》，中华书局1960年版。

（唐）柳宗元著，贝远辰选注：《柳宗元诗文选》，人民文学出版社1980年版。

（清）沈德潜等编：《清诗别裁集》，上海古籍出版社1984年版。

（清）徐世昌《晚晴簃诗汇》，中国书店影印本1989年版。

（清）吴伟业著：《吴梅村全集》，上海古籍出版社1999年版。

（清）王士禛著，李毓芙等整理：《渔洋精华录集释》，上海古籍出版社1999年版。

（清）袁枚著：《随园诗话》，中国戏剧出版社2002年版。

（清）傅山著，丁宝铨刊、陈监先批校：《陈批霜红龛集》山西古籍出版社2007年版。

（二）今人著作

孟森著：《明清史论著集刊》，中华书局1959年版。

张舜徽著：《清人文集别录》，中华书局1963年版。

姚奠中主编：《山西历代诗人诗选》，山西人民出版社1980年版。

郭绍虞著：《清诗话续编》，上海古籍出版社1983年版。

萧一山著：《清代通史》，中华书局1985年版。

钱仲联主编：《清诗纪事》，江苏古籍出版社1989年版。

伊丕聪著：《王渔洋先生年谱》，山东大学出版社1989年版。

吴宏一著：《清代词学四论》，台湾联经出版事业公司1990年版。

朱则杰著：《清诗鉴赏》，浙江大学出版社1991年版。

伊丕聪著：《王渔洋诗友录》，北京燕山出版社1993年版。

袁行云：《清人诗集叙录》，文化艺术出版社1994年版。

叶嘉莹著：《清代名家词选讲》，北京大学出版社 1995 年版。

薛愈著：《山西藏书家传略》，山西古籍出版社 1996 年版。

黄人等辑：《清文汇》，北京出版社 1996 年版。

张仲谋：《清代文化与浙派诗》，东方出版社 1997 年版。

秦国经主编：《中国第一历史档案馆藏·清代官员履历档案全编》，华东师范大学出版社 1997 年版。

袁行霈主编：《中国文学史》，高等教育出版社 1999 年版。

朱则杰著：《清诗史》，江苏古籍出版社 2000 年版。

柯愈春著：《清人诗文集总目提要》，北京古籍出版社 2001 年版。

孟森著：《明清史讲义》，上海古籍出版社 2002 年版。

孙克强著：《清代词学》，中国社会科学出版社 2004 年版。

刘世南著：《清诗流派史》，人民文学出版社 2004 年版。

魏中林整理：《钱仲联讲论清诗》，苏州大学出版社 2004 年版。

蒋寅著：《清诗话考》，中华书局 2005 年版。

谢国桢著：《明末清初的学风》，上海书店出版社 2006 年版。

刘大杰著：《中国文学发展史》，复旦大学出版社 2006 年版。

刘纬毅著：《山西历史名人传》，山西人民出版社 2006 年版。

张慧剑著：《明清江苏文人年表》，上海古籍出版社 2008 年版。

时新著：《清初三诗杰：程康庄吴雯王含光》，三晋出版社 2010 年版。

汪超宏著：《宋琬年谱》，人民文学出版社 2010 年版。

严迪昌著：《清诗史》，人民文学出版社 2011 年版。

蒋寅著：《王渔阳事迹征略》，中国社会科学出版社 2014 年版。

刘萱著：《清初贰臣词人研究》，中国社会科学出版社 2014 年版。

山西省武乡县县志委员会编：《武乡县志》，山西人民出版社 2014 年版。

（三）期刊论文

王学泰：《以地域分野的明初诗歌派别论》，《文学遗产》，1989 年第 5 期。

官大梁：《程康庄的卒年及〈自课堂集〉》，《学术研究》，1989 年第 5 期。

刘纬毅：《三晋文化的特质》，《山西师范大学学报（社会科学版）》，1998 年第 1 期。

张兵：《遗民与遗民诗之流变》，《西北师大学报（社会科学版）》1998 年第 4 期。

孟肇咏：《“诗仙”吴雯诗作的艺术特色》，《河东学刊》，1999 年第 5 期。

张兵：《论清初遗民诗群创作的主题取向》，《西北师大学报（社会科学版）》，2000 年第 2 期。

张兵：《清初关中遗民诗人孙枝蔚的交游与创作》，《宁波大学学报》2000 年第 1 期。

李世英：《论清初诗歌思想的特点》，《兰州大学学报》2000 年第 4 期。

刘扬忠：《清初广陵词人群体考论》，《江西社会科学》2004 年第 7 期。

周晓琳：《古代文学地域性研究的回顾与前瞻》，《文学遗产》，2006 年第 1 期。

吕会东：《清代山西进士的分布状况及原因》，《孔庙国子监丛刊》，2006 年第 2 期。

贺国强，《“学问”与“性情”的诗学同构》，《苏州大学学报（哲学社会科学版）》，2006 年第 5 期。

曹秀兰：《论清初“贰臣”词人心态及对深化词境的意义》，《南阳师范学院学报》2008 年第 2 期。

严迪昌:《金台风雅总诗人——龚鼎孳论》,《语文知识》2008 年第 1 期。

马卫中:《明末清初江苏诗歌总集与诗派之关系》,《苏州大学学报(哲社版)》,2008 年第 5 期。

白一瑾:《从黍离变雅到庙堂正雅——论清初贰臣诗人的诗风演化》,《北京大学学报》2011 年第 1 期。

张瑞杰:《论清初山右诗人程康庄的诗风转向》,《长春师范大学学报》2014 年第 3 期。

张瑞杰:《论〈国朝山右诗存〉的典范性和地域性》,《晋阳学刊》2015 年第 5 期。

(四) 学位论文

王晓顺:《龚鼎孳贰臣心态与诗歌创作研究》,2001 暨南大学中国古代文学硕士学位论文。

宋莉媛:《个人对区域文化的认同——以王士禛在江南交游为中心》,2006 年苏州大学中国古代文学专业硕士学位论文。

李有强:《王士禛主导下的广陵词坛研究》,2009 年华东师范大学中国古代文学博士学位论文。

陈慧丽:《清初诗人徐釚研究》,2012 年苏州大学中国古代文学专业硕士学位论文。

张瑞杰:《清代山西诗歌研究》,2016 年苏州大学中国古代文学专业博士学位论文。

徐方芳:《王士禛在扬期间文学活动研究》,2016 年扬州大学中国古代文学专业硕士学位论文。

附录六　武乡县程氏家族研究

弓雅婧　著

【作者简介】

弓雅婧，女，1990 年出生，山西长治武乡县人，中共党员，毕业于山西师范大学中国史专业，历史学硕士。

【内容简介】

武乡县程氏家族于元末至正年间从河南迁居武乡信义村，崛起于明末清初。武乡县程氏家族是当地有名的大族，发展至今已传二十八世，明清时期在地方治理中发挥的作用不容忽视。本文从以下几个方面综合分析武乡县程氏家族的发展情况，包括武乡县程氏家族所居住的地理环境；程氏家族的源流及兴起；明清以及民国时期程氏家族的人口繁衍、居住区域、科举成就及主要代表人物等情况；程氏家族的文化底蕴包括家族祠堂的建立，家训与宗族信仰的建立以及鼎盛时期的文学成就。

第一章　武乡县程氏家族的地域环境

地域环境是人类赖以生存的基础，在古代以农业为本的社会中，地理环境显得尤为重要。优越的地域环境促进当地人的生产发展，反之则阻滞人的发展，而且不同的地理环境会形成不同的生产特点，造就不同的人文环境。

一、武乡县建置沿革

武乡县历史悠久，据1972年石门村牛鼻湾最新的出土文物考证，武乡县已有近8000年的历史。武乡县的名称源于其境内的武山和乡水，西周至春秋时期武乡为“皋狼”[①]之地，战国时期称“涅”，先后属韩、赵；秦朝时属于上党郡；西汉依秦制属上党郡，县城在今故城镇。西晋武帝泰始年间，“涅县分为三县，即武乡、轑阳、涅县，从此就有了武乡县”[②]。之后随着政权变更，武乡县的行政区化和名称在不断变动。公元710年再次恢复武乡县名并一直沿用至今。明初武乡县属山西布政司冀南道沁州，清代武乡县属山西省冀宁道沁州；民国十九年（1930年），直属山西省。抗日战争期间，山西省划分为七个行政区，“武乡县属于第三行政区专员公署”[③]。1945年10月开始，武乡县属于晋冀鲁

---

① 皋狼：最早见于《战国策·赵策》，战国时属于赵国。相传今武乡县南关镇和故城镇先后为皋狼城邑。

② 山西省武乡县县志编纂委员会：《武乡县志》，山西人民出版社1986年版，第3页。

③ 山西省武乡县县志编纂委员会：《武乡县志》，山西人民出版社1986年版，第6页。

豫边区太行行署第二专区。中华人民共和国成立后，武乡县属于山西省长治市行政专员公署管辖，1958 年 1 月，榆社县和武乡县合并，称武乡县，属于晋东南专区，1957 年 7 月，榆社、武乡再次分治，1971 年夏，山西省革命委员会将武乡县的分南划归祁县，石盘划归榆社，墨镫划归左权，将襄垣的龙王堂划归武乡，1972 年春，又将以上四公社划归原县至今。

二、武乡县地理及人文环境

（一）武乡县地形特征

武乡县地处太行太岳两山之间，位于山西省长治市北部。东部与黎城县、左权县相邻，西部与祁县、平遥县毗邻，北界榆社县，南部与沁县、襄垣县接壤，总体地势呈东西高、中间低的马鞍形。武乡县“东西广二百五十里南北袤五十里”① 呈东西长南北窄的长条形。县境东部的大部分地区海拔在 1400 米以上，最高峰花儿垴海拔 2008 米②，西部地区海拔在 1300 米左右，北部和南部的大部分地区海拔在 1000 米至 1300 米之间，中部地形比较平缓，最低处监漳滩至西川一带海拔 800 米③。全县属于黄土丘陵地带，具体可分为石质山区、黄土丘陵区和较平川区三个不同的地形。石质山区占全县 30%，主要包括县境东部和西部的部分地区，这种地质山峰林立、石厚土薄不适合农业生产。黄土丘陵区占全县 56%，主要包括县境北部南部广大地区，这种地质土层厚是粮食作物的主要产区。较平川区占全县 13%，以故城镇、城关镇、故县和监漳滩为主，这种地质土地肥沃，非常适合农业生产，部分地区可以

---

① 山西省武乡县县志编纂委员会：《武乡县志》，山西人民出版社 1986 年版，第 3 页。
② 山西省武乡县县志编纂委员会：《武乡县志》，山西人民出版社 1986 年版，第 1 页。
③ 山西省武乡县县志编纂委员会：《武乡县志》，山西人民出版社 1986 年版，第 1 页。

种水稻等高产作物。

（二）武乡县自然环境

武乡县属“温带大陆性气候，气候特征总体为冬季寒冷少雪，春季干燥多风，夏季炎热多雨，季风强盛”①。在这种气候条件下武乡县以旱灾（春旱、秋旱为主）、冰雹和洪涝灾害为主，除此之外还有霜冻、风灾、虫灾和地震等灾害。据《武乡县志》和其他资料记载统计，明英宗成化八年（1472）到1948年的476年间，武乡县有记载的大型自然灾害有85次，即约平均5年就有一次较大的自然灾害。这些灾害对当地百姓的生产生活极为不利，再加上诸多灾害持续时间较长，如康熙五十九年（1720）至雍正元年（1723）连续发生旱灾，导致百姓青黄不接，颗粒无收；灾害波及范围较广，如“康熙四十九年的雹灾长百余里，宽二十余里，雍正八年雹灾遍及四乡”②；多种灾害同时或者交替进行，如“顺治七年六月雨雹蝗同发，雹形如刀，禾稼大损，隙存者蝗又食之”③，对当地百姓无疑是雪上加霜。在武乡，民间流传着“有一旱必有一涝”④的说法。据《武乡县志》记载，旱灾和洪涝灾害往往交替进行，如头年旱灾，次年涝灾或者前半年旱灾后半年涝灾，如清光绪三年（1877）和光绪四年（1878）都是前半年大旱，后半年涝灾。旱涝交替发生对于农民的播种和秋收都有着毁灭性的打击。大型自然灾害发生之后，随之而来的是较大疫情的暴发，如清顺治二年（1645）五月大雨雹过后，“顺治三年大疫朝病夕死有一家数口死绝者，数月不止，人民避居深山，城市虚无人焉”⑤。多种灾害同时进行加重百姓的创伤，

① 山西省武乡县县志编纂委员会：《武乡县志》，山西人民出版社1986年版，第59页。
② 民国《武乡县志》卷二《志灾祥》，第181—182页。
③ 民国《武乡县志》卷二《志灾祥》，第179页。
④ 山西省武乡县县志编纂委员会：《武乡县志》，山西人民出版社1986年版，第82页。
⑤ 民国《武乡县志》卷二《志灾祥》，第179页。

使本就贫穷的人民生活更加艰难。

武乡县程氏家族的发源地为信义村①，在地理位置上属于今故城镇。故城镇在武乡县的西南方向，分别与分水岭乡、东良乡、涌泉乡和石盘乡接壤。故城镇属温带大陆性季风气候，气候温和，适合农作物种植。再者，故城镇面积广阔、地形平坦、土地肥沃，是武乡县西部重要的农作物产区。再加上故城镇境内有涅河、高台寺河、大寨河流经，且有信义、北良、灰咀、南沟和大水峪等五座小型水库，所以故城镇农业灌溉便利，有发展农业得天独厚的条件，故历来有“故城小平川，肥沃土地三万三”的美称。故城镇得天独厚的自然条件是程氏家族始祖程敏选择定居在此的主要原因之一。另一个原因是1630年程敏到达信义村后经观察发现此地“山环水绕、地平如镜、降龙伏虎、钟灵毓秀，为一块宝地”②，遂决定定居此地。定居此地之后，程氏家族不断发展，最终成为当地有名的望族。

（三）武乡县人文环境

据《武乡县志》记载称武乡县地处偏僻，大山环绕，为“山右小邑”，“武虽瘠邑，庙貌规制允称壮丽”，武乡县虽然贫穷，但是对于教育却颇为重视。“自乡举里选之法废而科目以起，人才亦由此辈出”③。因此在隋唐开科取士之后尤其是明清时期，随着魏、程、赵、史等家族的崛起，武乡县的科举成就日益突出。本文将明清时期武乡县及其周边各县的科举取士情况作了对比，如表1-1、表1-2所示：

---

① 信义村：原称铜城，五世祖程碧慷慨捐粮三千石后，皇帝感于其忠义，遂改铜城为信义村。

② 程春虎：《武乡程氏家谱》，香港天马出版有限公司2007年版，第746页。

③ 民国《武乡县志》卷三《选举》，第245页。

表 1-1　明朝时期武乡县及周边县的科举取士情况

县名 人数 时间	武乡县		襄垣县		黎城县		榆社县		祁县		沁县	
	进士	举人	进士	举人	进士	举人	进士	举人	进士	举人	进士	举人
洪武至宣德年间	3	5	1	12	1	4	1	4	1	11		4
正统至宏志年间		4	2	6	1	2	2		4	7		3
正德至隆庆年间	5	1	5	7	3	3	1	3	4	5	4	2
万历至崇祯年间	7	1	2	1	1	3			2	2	1	2
总	15	22	10	26	6	12	4	7	11	25	5	11

资料来源：康熙《山西通志》卷十九《选举》，中华书局 2014 年版。

表 1-2　清朝时期武乡县及周边县的科举取士情况

县名 人数 时间	武乡县		襄垣县		黎城县		榆社县		祁县		沁县	
	进士	举人	进士	举人	进士	举人	进士	举人	进士	举人	进士	举人
顺治至雍正年间	4	17	4				2	1	4	8	8	2
乾隆至嘉庆年间	6	23	2	4	4	4		3	1	11	6	9
道光至光绪年间	1	3		1	2	5	1			12	1	2
总	11	43	6	5	6	9	3	4	5	31	15	14

资料来源：康熙《山西通志》卷十九《选举》，中华书局 2014 年版。

通过比较发现，武乡县的科举取士总数在周边县中占有很大优势，尤其是到了清朝，武乡县的优势更加明显。这种优势的产生本文认为有以下几个方面原因：

首先，地方官员重视当地教育，据记载，明清时期武乡县大多知县或县丞都会重新整修学宫，以为储备人才之用。据《武乡县志》记载从明初至乾隆年间，武乡县共整修学宫 13 次，其中明朝 6 次，清康熙至乾隆年间 7 次，如“洪武初，曾鲁夫重修学宫”① “万历三十七年知县

① 民国《武乡县志》卷一《学宫》，第 103 页。

张五美重修”[1]“康熙二十四年知县高铁重修”[2] 等等。从《武乡县志》记载可看出学宫的规模非常宏大，包括“先师殿七间、东庑九间、西庑九间、戟门三间、东西角门各一间、棂星门三间、泮池（戟门处覆以石桥）、神厨三间、更衣所二间（棂星门内东）、神库三间、酿酒所二间（棂星门内西）、德配天地坊、道冠古今坊、照壁一座、下马碑东西各一座、宰牲所（在文庙西南隅墙后新建）、空房二间（在神厨后新建）、崇圣祠三间、名宦祠三间（崇圣祠东）、乡贤祠三间（崇圣祠西）、忠孝祠三间（在乡贤祠下侧），乐器、祭器、乐生三十六人、舞生三十六人、歌生六人”[3]。除此之外还有在文庙东侧清康熙十年（1671）知县齐漳重修的儒学宫，包括“明伦堂五间、有恒斋三间、务本斋三间、东西号房各八间、仪门三间、大门三间、天衢云路坊（在大门外偏西道口）、敬一亭一座（在明伦堂后）、尊经阁一座（在敬一亭后）、射圃亭三间（在学宫西）、文昌阁、奎星阁、教谕宅（在县治后）、正房五间、东西厢房各三间、正厅三间、学书门斗房各二间、东小厅二间、南书房二间、西小厅二间、厨房三间、仪门一座、大门三间、照壁一座、学田三十亩”[4]。还有知县高铁所建鞞山书院（在县治东北石坡下）和义学二所，分别为知县齐漳建的义学（敬一亭后）和知县吴阳[5]建的义学（在西门外）。武乡县学宫规模之大可见地方政府对于当地教育的重视程度，明清两朝尤其是明中后期至清初期地方官员大规模修建学宫，扩大学宫的规模，建立义学都促进了武乡县教育的发展。从表1-2中也可看出，清顺治至乾隆年间也是武乡县科举成就最为辉煌的时期，这说明了地方政府对当地教育发展的重要影响。

---

① 民国《武乡县志》卷一《学宫》，第103页。
② 民国《武乡县志》卷一《学宫》，第103页。
③ 民国《武乡县志》卷一《学宫》，第103—119页。
④ 民国《武乡县志》卷一《学宫》，第117—119页。
⑤ 吴阳，浙江秀水人，康熙十九年任武乡县知县。

其次，地方大族及乡绅对当地的教育所做的贡献也不可忽视。除了学宫和武乡县知县创办的两所义学以及鞞山书院之外，地方乡绅创办的南关镇义学和西关镇义学也对当地的教育做出很大的贡献。程皋绩[①]在《创立南关镇义学碑记》中写道："天之下地之上，寥兮浩浩乎其无垠，将以何物塞之，或以文章而不原于道德，则华而不实，或以事业而不本于学问，则流为刑名法术，而去圣人之道远甚"[②]。吴阳在《创立西关义学碑记》中言：

从古国有国学，乡有乡学，原以造就英才陶养德性，而后日廊庙之选，皆端于童蒙之初，习宣尼之学以致道，居肆成事正谓此也……武邑之儿童多有英敏颖异之姿，而父兄之教不谨，刚劲之风相习，虽曰父兄之咎，而实司民牧者之责也，况余素怀造士之心乎。爰是谋诸邑老李凤栖等，而苦无官地，特捐俸购买西关民地并买木料砖瓦，鸠工于辛酉桂月，而秋杪即告成焉……尤恐一时举行而不能相沿于永久，又盖造住房四间以安其身，置买地土顷余以赡其养，于是镌勒碑石，以俟后之同志者，总以相期于不朽，非谓沽誉于一时也。祈尔多士勿负于学，是余之跂焉而乐为之者，盖有深望乎后学者焉。是为记。[③]

这体现出了当地士绅对于地方教育重要性的认识，以及对于建立义学的支持。

再次，稳定的自然环境也为这一时期科举成就的取得提供了保障。虽然总体上武乡县由于受地理环境和自然环境的影响，当地灾害不断，民众生活贫苦，但是明末清初武乡县的科举成就呈稳定上升的态势，而且与周边县相比优势较大。这种局面的出现除了地方政府和乡绅对教育

① 程皋绩：程氏家族十二世，康熙十八年进士，任蓬莱县知县。
② 民国《武乡县志》卷四《艺文》，第410页。
③ 民国《武乡县志》卷四《艺文》，第413页。

的重视之外，还有一个原因就是此时期的自然环境相对稳定。通过《武乡县志》记载，从万历末年到康熙初年的四十多年中，武乡县的自然灾害相对较少，大的自然灾害有四次，平均十几年一次。稳定的自然环境能够保证百姓按时从事农耕，保证农业生产，“仓廪实而知礼节，衣食足而知荣辱”，只有百姓解决了温饱问题，才能投入更多的精力到教育当中。所以稳定的自然环境为此时武乡县优异的科举成就奠定了物质基础。

发达的人文环境为武乡县造就了一批著名的文武官员，如程氏家族的程启南，进士，明崇祯时期官至工部尚书，为官期间勇于同阉党做斗争；程嘉绩，程启南长子，太常典簿；程皋绩，程启南子，进士，蓬莱知县；程遒绩，程启南子，马邑县训导；程康庄，程嘉绩子，官至安庆府同知，其文学成就更为突出，是清初文豪四大家之一，被陈维崧、王士祯等人所推崇；程必达，程皋绩子，举人，文水县教谕。魏氏家族有四进士分别为魏云中、魏光绪、魏令望和魏名大，其中魏云中与程启南于万历二十九年（1601）同榜中进士，官至兵部侍郎，传为当地佳话；魏光绪，魏鳌长子，万历四十一年（1613）进士，宣大总督；魏令望，崇祯十三年（1640）进士，任太康县知县，在抵抗李自成时城破自焚，清朝谥号忠烈，其两个孙子魏公达、魏尚分别为武进士；魏名大，崇祯十三年（1640）进士，陕西宝鸡知县。除了上述程、魏两家之外还有史氏、赵氏、韩氏、杜氏等家族。这些家族共同促进了武乡古代科举的发展。到了近代，武乡县涌现出了一批不怕牺牲、有知识、有信仰的仁人志士。他们纷纷加入中国共产党，为武乡县及全国的解放事业做出不朽的贡献。如革命文学先驱高沐鸿、武乡县共产党第一人，国务院参事李逸三、省政协主席武光汤、抗战期间成立游击队保卫八路军总部的魏名扬等，总之贫瘠的土地却孕育出了无数优秀儿女，使之载入史册，让后人铭记。

第二章 武乡县程氏家族的源流与兴起

一、武乡县程氏家族的来源

《武乡程氏家谱》记载，“武乡有程姓始于信义”①，《程氏原祖分支神布》② 记载，元顺帝至正十一年（1351），程氏先祖程思德（敏）、程思让、程思贤兄弟三人为避元末兵祸，从河南省归德府虞城县流徙至山西。程启南在《程氏家谱序》中写道：“吾世为河南程氏，当元胡构患，徙晋者三，亦各散出三地，而侨居信义者讳敏，于是乎奉为始祖。”③ 是故武乡程氏家族的始祖为程敏。

武乡县程氏家族发展脉络较为清晰，始祖程敏定居信义后生两子，建中和建庸，建中为将军。二世祖程建中生三子，时举、代举、可举，三子随父出征未归，或迁居别地或战死沙场不得而知；程建庸生一子，德举。三世祖程德举生二子，凤、鹤。四世祖程凤生二子，玫、琰，玫迁往邯郸，琰无子；程鹤生四子，廒、原、碧、盛④。这就形成了武乡县程氏家族四支，简称“廒、原、碧、盛”四支，武乡县程氏家族就是在这四支基础上发展起来的，世系图如图 2-1 所示。

---

① 程春虎：《武乡程氏家谱》，香港天马出版有限公司 2007 年版，第 9 页。

② 《程氏原祖分支神布》：现存于武乡县故县村程庆文家。

③ （明）程启南：《程氏家谱序》，转引自程春虎：《武乡程氏家谱》，香港天马出版有限公司 2007 年版，第 14 页。

④ 程春虎：《武乡程氏家谱》，香港天马出版有限公司 2007 年版，第 9 页。

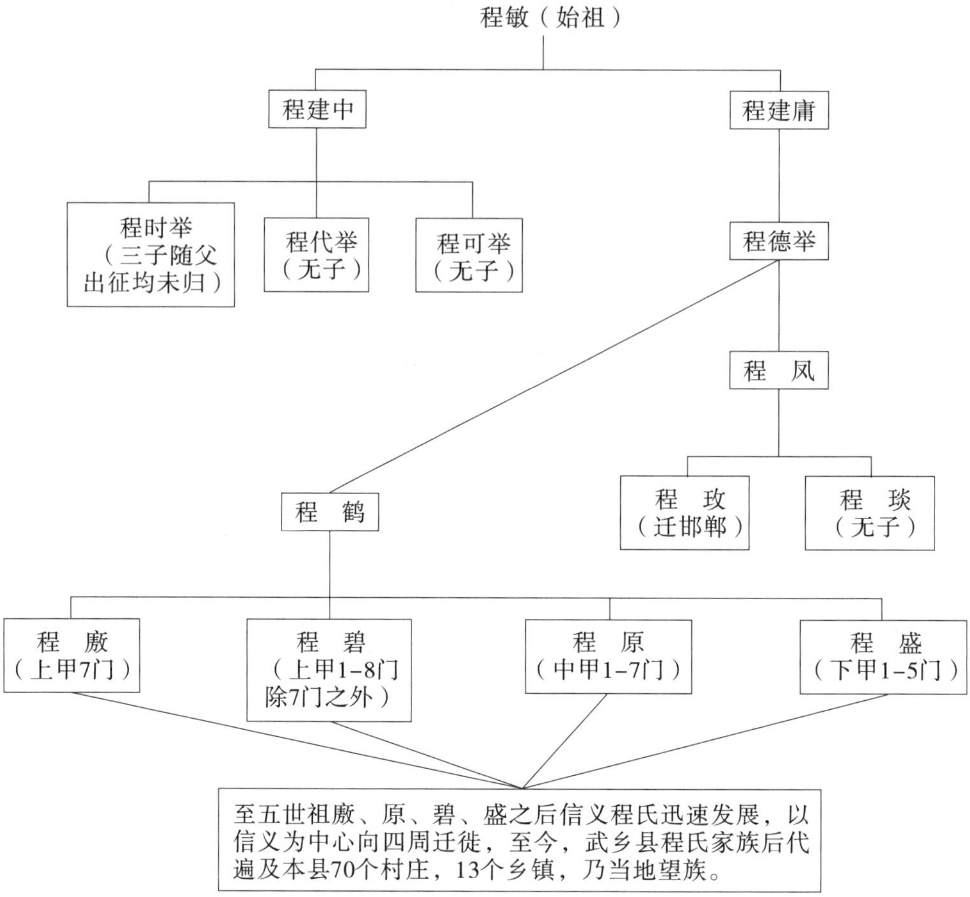

图 2-1　武乡县信义村程氏家族一至五世世系图①

二、武乡县程氏家族的兴起过程

武乡县程氏家族是明清时期当地的望族之一。明清时期，一般家族的兴起需要几代人不懈努力，程氏家族也不例外。武乡县程氏家族的兴起经历了九代人的努力，最终真正实现由耕入仕，成为当地的科举家族。《武乡程氏家谱》记载，程氏家族初期几代人发展情况如下所示：

① 资料来源：程春虎：《武乡程氏家谱》，香港天马出版有限公司 2007 年版，第 20 页。

武乡县程氏家族始祖程敏，原名程思德，《武乡程氏家谱》中关于他的记载不多。在程春虎①新编的《武乡程氏家谱》中主要记载了始祖程敏两件事，一是始祖程敏1351年定居信义村后如何扎稳根基。据说程敏定居武乡县信义村刚开始的几年非常艰难，他一边开荒种地一边给别人打忙工赚钱，由于勤劳能干，种地讲究技术，所以没过几年程敏就在信义村站稳脚跟。二是程敏将“信义”二字刻于自家大门的门楣上，表示程家“讲诚信、有礼仪”，这也是使整个程氏家族得以在当地立足的根本。程家以其勤劳、善良、诚信等品质不仅使生活富裕起来，而且得到了信义村村民的认可。村里其他百姓看到之后也效仿程家，纷纷在自家门楣上刻上了“信义”二字，“信义”二字成为全村的象征，一直持续到明朝。

二世祖程建中为将军，生三子，时举、代举、可举，三子随父出征未归，或迁居别地或战死沙场不得而知，《武乡程氏家谱》记载建中“携三子出征均未归”；程建庸为农民，生一子德举。

三世祖程德举为农民，生二子，凤、鹤。

四世祖程凤生二子，玫、琰，玫迁往邯郸，琰无子；程鹤生四子，廒、原、碧、盛。四世祖程凤、程鹤皆为农民。

五世祖程碧为武乡程氏家族发展的一个转折点。程氏家族发展到五世时已经成为当地较为富裕的大家族，虽然家谱中没有具体说明，但是史料的记载则证明了这一点。《武乡程氏家谱》《武乡县志》《山西通志》以及明《英宗实录》中都记载着武乡程氏家族五世祖程碧慷慨捐粮的事迹。史料记载，明英宗正统六年（1441）② 自然灾害频发，全国大荒，饿殍遍野。据《明实录类纂（自然灾异卷）》记载统计，在这一年中，全国的自然灾害波及十余省份，主要包括直隶、山东、山西、

① 程春虎：山西武乡县东良侯村人，程氏家族23世。

② 关于五世祖程碧捐粮的时间，程春虎编纂的《武乡程氏家谱》记载是正统四年，但是《明英宗实录》和乾隆版《武乡县志》都记载为正统六年，故笔者认为是正统六年。

陕西、河南、辽东、浙江、湖广、四川等粮食产区和经济发达地区。灾害主要为旱灾和蝗灾，如“正统六年八月顺天府、直隶真定府、山西平阳府所属州县各奏：春夏不雨，田禾旱伤，租税无征”[①]，“正统六年八月直隶并山东等处春、夏亢旱，蝗蝻生发”[②]，“正统六年八月河南右参政孙原贞奏：所属府州县蝗灾。”[③] 由于全国灾害齐发，明朝政府应接不暇，明英宗遂张贴告示赈灾。五世祖程碧出于慈悲，慷慨“捐谷三千石助赈”。[④] 朝廷感于其义举，赏程碧半朝銮驾一套，包括龙凤扇、黄罗伞、金瓜、钺斧、朝天镫、大刀、铜棍和开道旗，[⑤] 封其为“五谷神”，皇上御笔“义民”二字匾额并且下旨在信义村建“义民坊”。

《明英宗实录》中也记载了程碧的义举：“正统六年三月丙寅，山西太原府民侯从信等十八人，平阳府民崔鼐等二十六人，泽州人郭谅等二十二人，潞州民张复旺等四十五人，沁州人程碧等三人……各出米麦杂粮千石有奇赈济，赐敕褒奖，复其家。”[⑥] 五世祖程碧的义举一方面说明程氏家族在第五代就已经非常富裕，另一方面程碧的义举也大大提高了程氏家族在当地的地位。《武乡程氏家谱》记载，程碧在接受明英宗召见时拒绝了封官和金银的赏赐，但是程碧“满载荣誉”而归，沿途有差役护送、民众相迎。经各族长商议将程氏家族门楣上的“信义”命名为村名，从此信义村一名便取代铜城流传下来，这大大提升了信义程氏的名望，为后代的发展奠定了基础。五世祖程廒、程原为农民，程盛为生员，这是程氏家族取得的第一个功名，虽然只是一个生员，而且没有入仕，但是在当时来说，生员的社会地位不同于普通百姓，成为生员之后就有了比平民百姓优越的身份，而且也说明了程氏家族已经开始由

---

① 李国祥、杨昶主：《明实录类纂——自然灾害卷》，武汉出版社 1993 版，第 238 页。
② 李国祥、杨昶主：《明实录类纂——自然灾害卷》，武汉出版社 1993 版，第 6 页。
③ 李国祥、杨昶主：《明实录类纂——自然灾害卷》，武汉出版社 1993 版，第 467 页。
④ 民国《武乡县志》卷三《孝义》，第 320 页。
⑤ 程春虎：《武乡程氏家谱》，香港天马出版有限公司 2007 年版，第 865 页。
⑥ （明）《英宗实录》卷七七，国立北平图书馆红格钞本微卷影印本，第 1530 页。

农耕向读书转变。

武乡县程氏家族从五世开始分为廒、原、碧、盛四支，四支在九世之前的发展情况如下：廒祖分支，世代从农；原祖分支七世程茂为义官，八世程节、程和（程茂之子）为义官，程节生三子，继张、继周和继孔，三人分别为贡士和生员，程和生两子，继文、继孟，两人分别为义官和岁贡。其余为农民；碧祖分支七世程暹考取岁贡功名，九世有四个生员和一个义官，其余为农民；盛祖分支由于家谱的遗失，所以具体情况不得而知。

据上述记载来看，武乡县程氏家族在九世之前基本上以农耕为主，从五世祖程盛考取生员开始，程氏家族陆续有考取功名者。尤其是原祖分支九世程继张考取贡士，程继孟考取岁贡，这种较高功名的取得意味着程氏家族已经开始由普通的农耕家庭慢慢向科举家族发展，十一世程启南等人最终完成了这个转变，成为武乡县非常有名望的科举家族，在当地影响甚大。

三、武乡县程氏家族各支盛衰状况

武乡县程氏家族从五世分支，九世分门，发展到九世时，程氏家族已经成为武乡县人口众多、影响较大的地方大族。由于族中人口众多，所以九世时程氏家族分为上中下三甲共20门，分别为廒祖分支为上甲七门；原祖分支为得宝、继张、继文、得贯、继孔、贯、公等七门，属中甲；碧祖分支为宗贵、登辅、登仕、朝臣、宗唐、登、健彦等七门，属上甲；盛祖分支共五门，属下甲。然而，各支、各门发展情况不尽相同。

在四支中除了盛祖分支的家谱遗失不计算在内，其余三支中按照科举成就来说，原祖分支的发展最为显赫。原祖分支共有七门，其中中甲五门在科举成就方面最为突出，其中取得科举功名者有“进士 2 人，举人 3 人，包揽全部家族的文举，贡生 10 人，占总人数的 30%，生员 93 人，占总人数的 42%，在各地为官者有 24 人，占总人数的 38%”①；其余二门、三门和四门也陆续有科举功名者以及为官者，但是远远比不上五门的成绩，其余几门没有科举功名获得者。其次是碧祖分支，碧祖分支共包括七门，其中较为显赫者为上甲一门、二门和六门，这三门中共有为官者 20 人，占总人数的 32%，在总体数量上可以与原祖分支并驾齐驱，但是没有出现显赫的官员，其余几门较为平庸，所以其影响力远远不及中一甲五门。廒祖分支相比之下发展较为平庸，取得功名者基本为生员，入仕者寥寥无几。盛祖分支由于家谱遗失，七世之后无记载，故不可考。从家族人数繁衍数量来看，廒祖分支发展至今共二十七世 5798 人，原祖分支共二十六世有 9348 人，碧祖分支共二十八世 10112 人，盛祖分支共二十六世约 3270 人。② 从这些数据来看原祖分支和碧祖分支在人口数量上占有绝对优势，其中碧祖分支人丁更为兴旺。

综上所述，武乡县程氏家族在发展中原祖分支中一甲五门是最为显赫的一门，不仅科举成就瞩目，而且入仕者众多，而碧祖分支人丁兴旺，这两支是武乡县程氏家族得以发展的重要保证。

---

① 数据来源：程春虎：《武乡程氏家谱》以及民国《武乡县志》等的记载。

② 数据来源：程春虎：《武乡程氏家谱》，香港天马出版有限公司 2007 年版，第 20—596 页。

第三章　明清时期武乡县程氏家族的发展

一、明清时期武乡县程氏家族的人口繁衍

武乡县程氏家族从元顺帝至正十一年（1351）从河南迁至武乡县信义村，至今已繁衍至二十八世，人丁兴旺也是程氏家族兴盛的原因之一。程氏家族从五世开始分为廒、原、碧、盛四支，各支发展情况不一。《武乡程氏家谱》记载，程氏家族从1351年迁入武乡到2005年程春虎先生第四次修编家谱的654年间，程氏家族最快一门已繁衍至二十八世，有的门已陆续发展至二十三世、二十四世和二十五世。为了数据更加准确，本文取其中间数，以二十五世为准，即从1351年到2005年654年间，程氏家族大约26岁左右为一代。明清时期即从1351年到1912年民国建立，程氏家族共繁衍了二十一世，各支人口繁衍情况如下：

（一）一至五世的人口繁衍情况

《武乡程氏家谱》记载，程氏家族始祖为程敏，二世2人，三世4人，四世2人，五世6人。由于程氏族谱在古代时女子不上谱，所以以上统计只是家族男子的数量，为了更加准确地得出武乡县程氏家族人口繁衍情况，笔者对武乡县程氏家族人口进行了估算①，得出程氏家族一世2人，二世6人，三世12人，四世6人，五世18人。② 四世人数减少是因为三世中3个

① 估算方法为家族女儿数量与儿子数量一致，妻子数量则按照一夫一妻来估算，无子嗣者不进行估算，以下也遵循此法。

② 资料来源：程春虎：《武乡程氏家谱》，香港天马出版有限公司2007年版，第20页。

儿子随父出征，迁居外地。

（二）廒祖分支的人口繁衍情况

廒祖分支的始祖为五世祖程廒，廒祖分支属上甲七门，在发展过程中，廒祖分支共迁往故城村北街、勋欢村、拴马岭村、权店村、河底村、磨里村、西渠村、石窑会、良侯店、沙河头、松北村、漆树坡、张庄村、郑家垴、郝家庄等15个村庄，分属故城镇、东良乡、分南乡、城关镇和上司乡5个乡镇。笔者进行估算统计得出，廒祖分支六世18人，七世41人，八世83人，九世65人，十世94人，十一世126人，十二世169人，十三世183人，十四世232人，十五世320人，十六世397人，十七世474人，十八世515人，十九世481人，二十世403人。[①] 廒祖分支在明清时期人口总体呈上升趋势，到了清朝晚期的十九世、二十世人口数量开始减少。

（三）原祖分支的人口繁衍情况

原祖分支的始祖为五世祖程原，原祖分支属中甲，九世时分七门。明清时期由信义村迁往武乡县各地，分别为邵渠村、东良侯后街、大寨村、石仁底、灰咀村、蒲池沟村、石盘南沟村、窑儿头村、段村、上城村、上司村、窑头村、马汉堎、王家庄、铺上村、魏家窑、西贾庄、故县村、王家垴、监漳村、前申良沟、蝉窑村、刘家沟村、柳亭郊、胡庄村、龙王沟、石科村、韩家沟、后侯家垴、李井凹、广志村、韩北村共32个村庄，分属故城镇、东良乡、石盘乡、分南乡、城关镇、上司乡、故县乡、监漳镇、贾豁乡、大有乡、广志乡和韩北乡等12个乡镇。经过统计估算得知原祖分支六世9人，七世26人，八世52人，九世105人，十世170人，十一世243人，十二世310人，十三世276人，十四世299人，十五世333人，十

① 资料来源：程春虎：《武乡程氏家谱》，香港天马出版有限公司2007年版，第21—50页。

六世 481 人，十七世 653 人，十八世 758 人，十九世 660 人，二十世 612 人。[①]

（四）碧祖分支的人口繁衍情况

碧祖分支始祖为五世祖程碧，碧祖分支属上甲，九世分门，共分七门。明清时期分别迁往故城村东街、东寨底村、南沟村、阳公岭、磨则山、孟楼沟、庄里村、陈村、北良侯村、石盘村、分水岭、五里铺、南关村、西庄则、大良村、祁村、白家窑、三里庄、脉落神、下却净、王庄沟等 21 个村庄，分属故城镇、东良乡、石盘乡、分南乡、涌泉乡、城关镇、故县乡和大有乡 7 个乡镇。据统计碧祖分支六世 9 人，七世 35 人，八世 89 人，九世 189 人，十世 282 人，十一世 396 人，十二世 436 人，十三世 338 人，十四世 379 人，十五世 519 人，十六世 650 人，十七世 739 人，十八世 842 人，十九世 763 人，二十世 722 人。[②]

（五）盛祖分支的人口繁衍情况

盛祖分支始祖为五世祖程盛，属下甲，共分五门。由于家谱遗失，盛祖分支的人口繁衍情况没有确切的记载，故笔者只统计和估算了现有记载。据现有记载，盛祖分支在发展中分别迁居故城村西街、东良侯前街、上庄村、夏家沟村等 4 个村庄。据统计盛祖分支六世 12 人，七世 22 人，八世 17 人，九世 26 人，十世 45 人，十一世 88 人，十二世 120 人，十三世 140 人，十四世 130 人，十五世 177 人，十六世 262 人，十七世 260 人，十八世 100 人，十九世 65 人，二十世 120 人。[③]

程氏家族在明清时期人口呈不断上升趋势，具体见表 3-1 所示，中间

---

① 资料来源：程春虎：《武乡程氏家谱》，香港天马出版有限公司 2007 年版，第 51—101 页。

② 资料来源：程春虎：《武乡程氏家谱》，香港天马出版有限公司 2007 年版，第 102—225 页。

③ 资料来源：程春虎：《武乡程氏家谱》，香港天马出版有限公司 2007 年版，第 228—559 页。

世系中只有十三世人口略有下降，而此时全县人口都呈下降趋势。《武乡县志》记载“1391 年明洪武二十四年，全县人口 53303 人，1592 年明万历二十年，人丁下降为 35970 人，1642 年明崇祯十五年，人丁数为 12568 人”[①]。这种人口锐减现象是由明末清初县境内战事频繁，灾害严重，瘟疫横行，地震亦不断发生而导致的。到了清初，天灾兵祸仍未间断，人口继续下降，到清康熙五年（1666 年），全县人口仅剩 12290 人，康熙朝之后，人口逐渐增多。从表 3-1 来看，正当全县人口急剧下降的万历年间和崇祯年间，程氏家族的人口变动不大（十一世到十三世）。除了十二世到十三世有少量的下降之外，这一时期程氏家族的人丁数基本稳步增长。另外一个变动时期是十八世到二十世，程氏家族人口数量连续下降，此时人口下降的主要原因是清朝晚期社会变动以及迁居外地。总体来说，明清时期武乡县程氏家族人口的变动的因素是多样的，但是主要受社会环境的影响。在自然灾害频发和兵患猖獗等社会不稳定时期，武乡县程氏家族人口数量往往减少，在和平年代，人口数量呈持续上升。除了受社会环境的影响之外，武乡县程氏家族人口的减少还有其他原因，如有的门人口减少是由家族迁居别地而造成的，有的门是由家族中子嗣稀薄造成的，如信义村廒祖分支十九世上谱人数 62 人，但是有子嗣的只有 22 人，这就导致信义村廒祖分支二十世人口锐减。但是从总体来看，明清时期程氏家族人口变动的最大原因是社会环境。

① 山西省武乡县县志编纂委员会：《武乡县志》，山西人民出版社 1986 年版，第 38 页。

表 3-1　明清时期武乡县程氏家族人口统计表

世系	人口数				总数（单位：人）
1	2				2
2	6				6
3	12				12
4	6				6
5	18				18
6	廒祖分支	原祖分支	碧祖分支	盛祖分支	48
	18	9	9	12	
7	41	26	35	22	124
8	83	52	89	17	241
9	65	105	189	26	385
10	94	170	282	45	591
11	126	243	396	88	853
12	169	310	436	120	1035
13	183	276	338	140	937
14	232	299	379	130	1040
15	320	333	519	177	1349
16	397	481	650	262	1790
17	474	653	739	260	2126
18	515	758	842	100	2215
19	481	660	763	65	1969
20	403	612	722	120	1857

资料来源：程春虎：《武乡程氏家谱》，香港天马出版有限公司 2007 年版，第 20—595 页。此表据《武乡程氏家谱》记载及笔者估算而成，数据不精准，但是可以大体反映出武乡程氏家族在明清时期人口数量的基本走向。

二、明清时期武乡县程氏家族居住区域的扩大

武乡县程氏家族“廒、原、碧、盛”四支在九世分为二十门之后，由于人口众多，各门为了更好地发展，选择了向其他村落迁徙。各支系在不断迁徙过程中，程氏家族在武乡县的居住区域不断扩大。如图 3-1 所示：

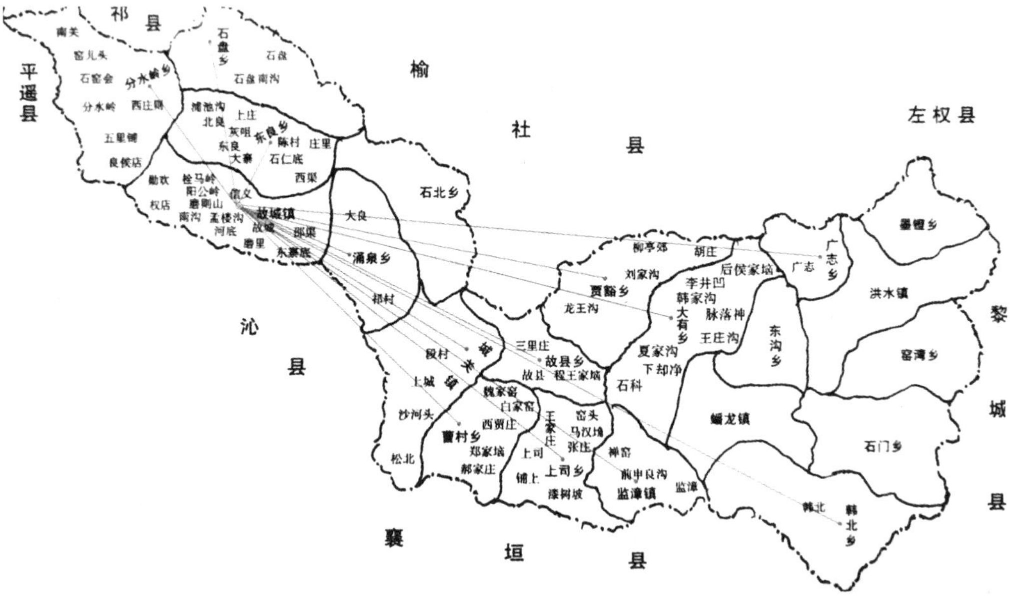

图 3-1　武乡县程氏家族在县内定居分布图

廒祖分支的迁徙情况。廒祖分支的迁居从七世祖开始。七世程吉由信义村迁居故城，七世祖程雷由信义村迁居西渠村；十一世程三教由信义村迁居河底村；十二世程思定由信义村迁居郝家庄；十六世程县由信义村迁居漆树坡；十七世程万贵由信义村迁居石窑会，十七世程可化、程可久、程可范、程可模四兄弟由信义村迁居磨里村，十七世程安仁由信义村迁居松北村，十七世程安义由信义村迁居郑家垴；十八世程德昆由漆树坡迁居张庄村，十八世祖程思艮由磨里村迁居良侯店村；二十世祖程坐、程金由

良侯店迁居拴马岭村。[①] 见图 3-2 所示。

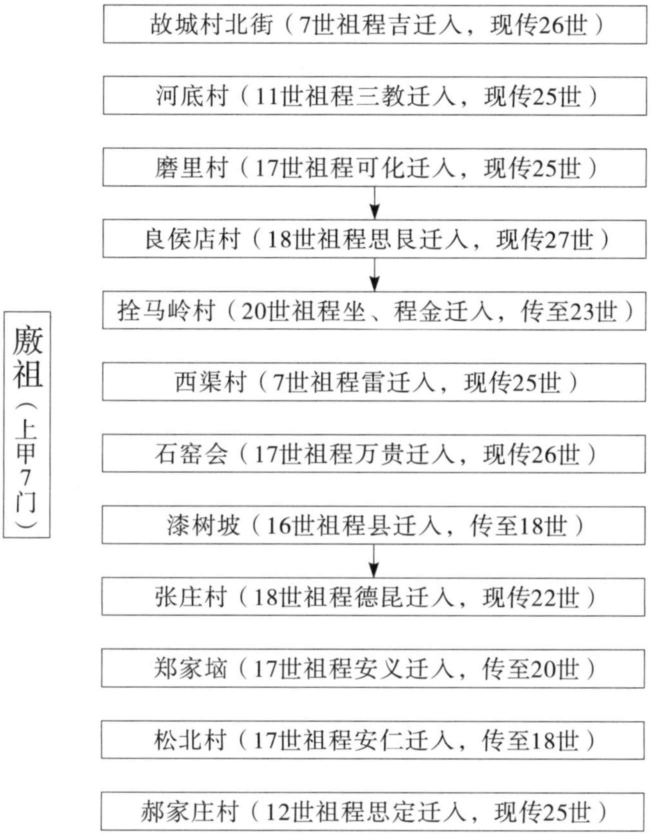

图 3-2　明清时期信义程氏家族（廒祖）在武乡县迁徙情况[②]

原祖分支的迁徙情况。原祖一支分为七门，各门情况如下。中一甲一门，十一世程傅南由信义村迁居马汉堈村；十一世程敬南由信义村迁居蝉窑村；十二世程子高由蝉窑村迁居刘家沟，十二世程子科由马汉堈迁居韩家沟村；十四世程富由蝉窑村迁居前申良沟；二十世程玉恭、程玉敬由马汉堈迁居窑头村；二十世程由刘家沟迁居后侯家垴。中一甲二门，十六世程永兴由信义村迁居灰咀村。中一甲三门，十四世程开先由信义村迁居邵

① 资料来源：程春虎：《武乡程氏家谱》，香港天马出版有限公司 2007 年版，第 21—50 页。
② 资料来源：程春虎：《武乡程氏家谱》，香港天马出版有限公司 2007 年版，第 21—50 页。

渠村；十五世程斐然由信义村迁居石仁底村、程国祚迁居麻糖坪；二十世程富洞、程富盛、程小孩从邵渠迁回信义村。中一甲五门，十世祖程动箴由信义村迁居大寨；十二世程伟绩由信义村迁居故县村；十三世程康年迁居由信义村石仁底；十五世程其扬迁居监漳镇，十五世程其名由信义村迁居广志乡，十五世程克珍由信义村迁居窑儿头村，十五世程克绳由信义村迁居石盘村；十八世由故县村迁居胡庄村；十九世程文魁由故县迁居西贾庄。二十世程芳由大寨迁回信义村。中一甲六门，九世祖程贯由信义村迁居东良侯村。除此之外还有是属于原祖分支，但是具体不清楚属于哪一门的情况，十六世程尚贤由信义村迁居王家庄，十九世程潜由王家庄迁居铺上村，二十世程秃孩由王家庄迁居韩北村。[①] 武乡县内迁徙情况见图 3-3 所示。

迁居外地者有中一甲一门，十五世程金虎由马汉堎迁居襄垣县；十七世程法才、程得才、程元才三兄弟迁居河南。中一甲五门，十二世程福绩由信义村迁居晋城泽州。中一甲六门，十五世程德隆由东良侯迁居沁水；十八世程仲福由东良侯迁居大同。

盛祖分支迁徙情况。盛祖一支为下甲一门至五门，但是由于旧家谱残缺其子孙没有记载，有记载的为七世祖程雷、程响、程纲由信义村迁居东良村，七世祖程强由信义村迁居故城；九世祖程彦盈由东良侯迁居上庄村；十三世程九恩由信义村迁居夏家沟，其余的均不可考。[③] 见图 3-4 所示。

碧祖分支迁徙情况。碧祖一支分为上甲一门至六门和八门，各门情况如下。上一甲一门，十一世程力敬由信义村迁居下却净村；十三世祖程大猷、程大才、程大贵由信义村迁居东寨底村，十四世程弘猷由信义村迁居白家窑；十六世程兰由信义村迁居庄里村，十六世祖程逵由信义村迁居三里庄村；十七世祖程继曾由信义村迁居庄里村，十七世程北云由信义村迁

① 资料来源：程春虎：《武乡程氏家谱》，香港天马出版有限公司 2007 年版，第 51—101 页。
② 资料来源：程春虎：《武乡程氏家谱》，香港天马出版有限公司 2007 年版，第 51—101 页。

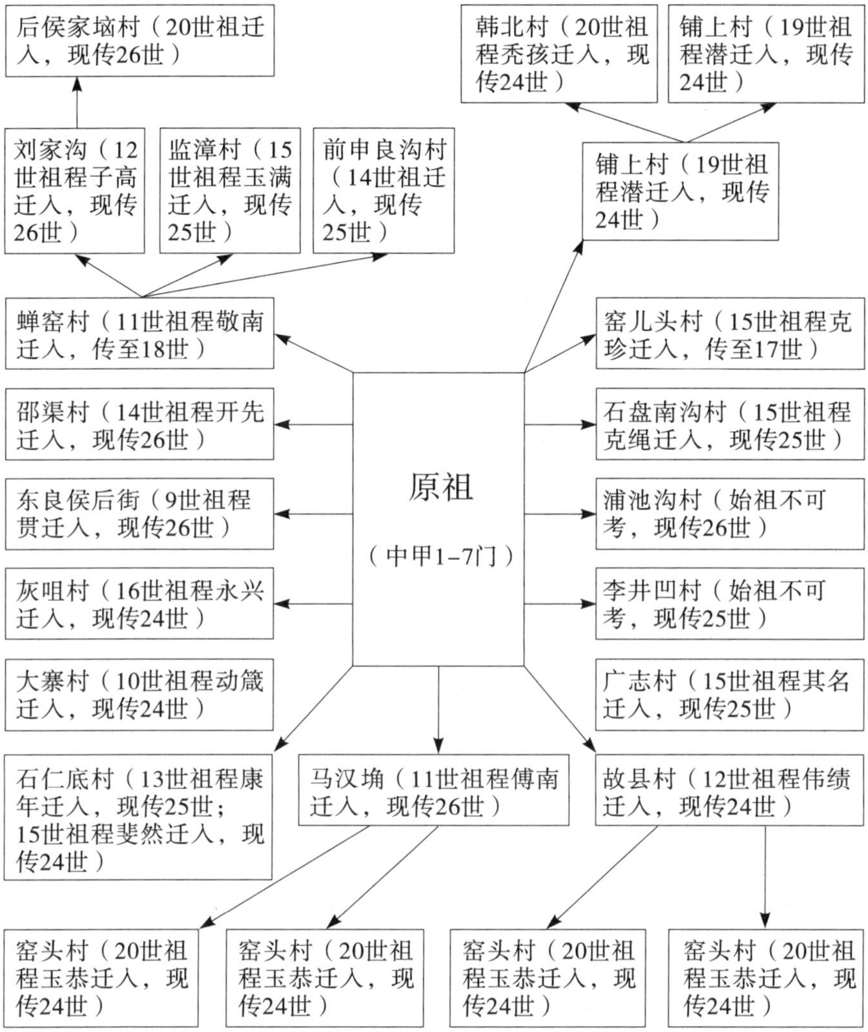

图 3-3　明清时期信义程氏家族（原祖）在武乡县迁徙情况①

居石盘村；十九世祖程永贵由信义村迁居陈村。上一甲二门，十六世祖程朝由信义村迁居石仁底，十六世程大捷迁居问则圪塔，十六世程恺由信义村迁居阳公岭；十七世祖程佩阴、程佩雨由信义村迁居分水岭，十七世程佩晴由信义村迁居西庄则村。上一甲四门，十三世程祁由信义村迁居祁村；

① 资料来源：程春虎：《武乡程氏家谱》，香港天马出版有限公司 2007 年版，第 226 页。

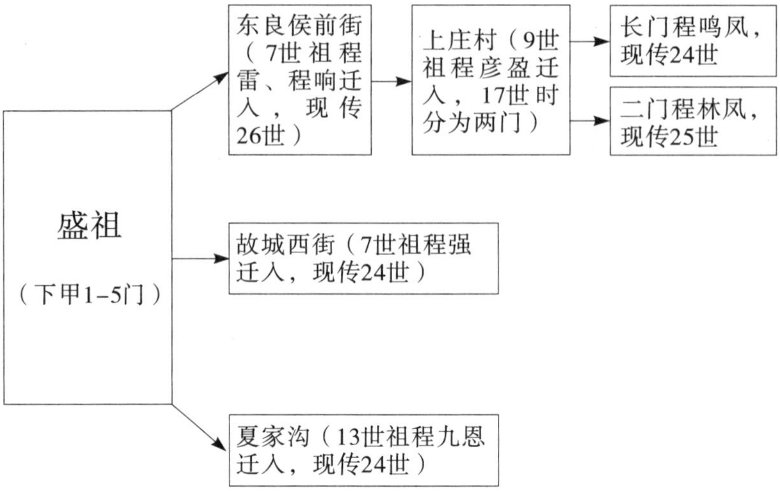

图3-4 明清时期信义程氏家族（盛祖）在武乡县迁徙情况①

十四世程今凤由信义村迁居五里铺；十六世程于重迁居韩家庄。上一甲六门，十四世程继超由信义村迁居故城，十四世程继虞由信义村迁居孟楼沟；十六世程昉迁居卧牛湾；十七世程体信由信义村迁居磨则山。上一甲八门，十五世程国琳由信义村迁居分水岭。② 见图3-5所示。

迁居外地者有上一甲一门，十三世程继先、程继新由下却净村迁居黎城县；十七世程照曾迁居沁水，十七世祖程德迁居山东省铁林县；十八世祖程丕义迁居太谷、程冠里迁居东关。上一甲二门，十六世程东、程柢迁居岳阳；十八世程特选迁居介休窑则头村；十九世程天福迁居赵州。上一甲四门，十世祖程都迁居祁县；十四世程今贤由信义村迁居南关。上一甲五门，十五世程善迁居北口。

通过对武乡程氏家族在民国之前的迁徙分布进行分析，得出下几点：

首先在民国之前武乡程氏家族的迁徙范围较小，基本在武乡县范围内

① 资料来源：程春虎：《武乡程氏家谱》，香港天马出版有限公司2007年版，第226页。
② 资料来源：程春虎：《武乡程氏家谱》，香港天马出版有限公司2007年版，第102—225页。

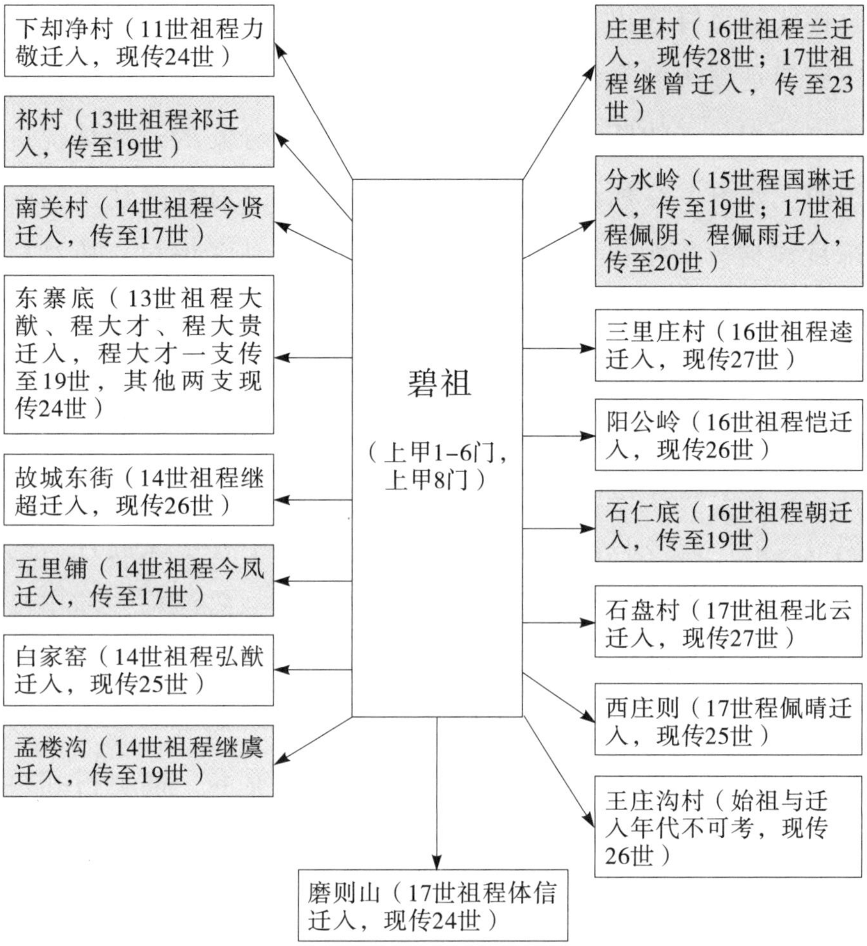

图 3-5　明清时期信义程氏家族（碧祖）在武乡县迁徙情况①

注：以上四个图据《武乡程氏家谱》记载而成，加灰底部分代表已无程氏家族后代居住的村庄。

进行，很少有迁居外地者。即便有迁居外地者，也大部分也在邻近的襄垣、沁水、太谷、祁县等较为近的地方，迁出省外的非常少，到民国之前武乡县程氏家族居住的村庄有六十余个村庄，十四个乡镇。

其次，武乡程氏家族在民国前的迁徙采取就近原则，程氏家族的迁徙是以信义为核心向周边扩散的。程氏家族在武乡县内的迁徙有两个阶段，

① 资料来源：程春虎：《武乡程氏家谱》，香港天马出版有限公司 2007 年版，第 102—225 页。

第一是直接从信义村迁出，在这个阶段中程氏家族大部分是迁往信义村周边的村庄或者是周边的乡镇。第二阶段是从已迁居的村庄再迁往别地。笔者以图 3-2 原祖分支的迁徙情况以及图 3-4 碧祖分支的迁徙情况进行分析并加以说明。如图 3-2 所示，第一阶段中，从信义村直接迁出的村庄有邵渠村、东良侯村、灰咀村、大寨村、石仁底村、马汉堬村、故县村、广志村、李井凹村、蒲池村、石盘乡南沟村、窑儿头村、王庄村和蝉窑村等 14 个村庄，这十四个村庄分属九个乡镇，分别为故城镇、东良乡、分水岭乡、石盘乡、故县乡、上司乡、大有乡、监漳镇和广志乡，其中迁往紧邻故城镇的东良乡、分水岭乡和石盘乡的村庄有八个，占总体比重 57%，迁往距离故城镇最远的广志乡只有一个村庄；第二阶段中程氏家族迁居的村庄共有窑头村、韩家沟、胡庄村、西贾庄村、刘家沟、监漳村、前申良沟、韩北村和铺上村等 9 个村庄，在这个阶段中迁居也采取就近原则。这九个村庄分属监漳镇、大有乡、上司乡、曹村乡①、贾豁乡、韩北乡等 6 个乡镇，其中监漳村、前申良沟属于监漳镇，韩家沟属于大有乡，铺上村和窑头村属于上司乡，西贾庄属于曹村乡，刘家沟和胡庄村属于贾豁乡，韩北村属于韩北乡，这 6 个乡镇是武乡县中部彼此相邻的几个乡镇。通过图 3-2 中也可以非常明了地看出武乡程氏家族在迁徙中坚持就近原则，如从监漳镇的蝉窑村迁居到同属监漳镇的前申良沟和监漳村；从故县村迁居到与其相邻的曹村乡的西贾庄和贾豁乡的胡庄村等。在图 3-4 碧祖分支的迁徙情况中亦是如此，第一阶段中从信义村直接迁往别地中，有 17 个村庄，分属 8 个乡镇，分别为故城镇的东寨底村、故城村、孟楼沟、磨则山、阳公岭，分水岭乡的南关村、五里铺村、西庄则和分水岭，东良乡的石仁底村和庄里村，石盘乡的石盘村，涌泉乡的祁村，故县乡的三里庄村，大有乡的下却净村和王庄沟，曹村乡的白家窑村，位于故城镇及与故城镇相邻的分水岭乡、石盘乡、东良乡、涌泉乡的共有 13 个，占总体的 76%，更体现了这一

① 曹村乡：现已撤销建制，原曹村乡镇现归属于城关镇。

规律。

最后，程氏家族迁徙的另外一个特点是程氏家族迁居的原因主要是为了生存。程氏家族五世分支、九世分门，家族越来越繁荣。在古代，土地是一个家庭赖以生存的主要生产资料，随着家族的发展，一个信义村已经不可能承载那么多人，为了更好地获取生存资源，向外扩展成为家族发展的必经之路。当然程氏家族的迁徙还有其他原因，如皇上的封赏，十一世程启南在辞官之后，皇上赏赐启南在当时的县城——故县居住，后其子十二世程伟绩便迁居此地，当然这是特例，绝大部分的迁徙还是为了获取更多的生存资源，这也从侧面反映出程氏家族人口的不断增长，程氏家族的不断繁荣。

三、明清时期武乡程氏家族的科举成就、入仕情况及封赠成就

武乡县程氏家族在五世时已经是当地非常富裕的家族了，不然也不会有五世祖程碧捐粮“三千石”的事迹。在家境殷实之后程氏家族开始由农耕转向读书，最早的是五世祖程盛为生员，之后一直到十世最高功名为七世祖程暹为贡士，但是没有入仕的记载。前十世基本为生员而且都为基层小官吏，没有较突出的科举成就，但是这几代人的努力为明末清初程氏家族科举成就的取得奠定了基础。

（一）程氏家族的科举成就

张杰先生在其《清代科举家族》一书中明确为进士家族做了定义：“科举家族中不仅举人数量众多，而且有三人以上获得进士功名，可称为进士家族”[①]。程氏家族一共有十一人取得举人以上的功名，包括四名进士，一

① 张杰：《清代科举家族》，社会科学文献出版社 2003 年版，第 63 页。

名贡士[①]和五名举人（不包括已经取得进士功名者）。这样的家族在当地来说已经是非常有名望的大族了。下面为程氏家族举人以上功名统计表：

表 3-2 武乡县程氏家族明清时期举人及以上科举表

世系	姓名	中举时间
3	程时举	进士
11	程启南	万历二十九年（1601）进士
12	程皋绩（启南子）	康熙十八年（1672）进士
15	程进琳	进士
9	程继张	贡士
13	程必达（启南孙）	举人，戊午科，康熙十七年
14	程寯（康庄子）	举人，壬子科，康熙十一年
14	程为则（康年子）	举人，壬子科，康熙十一年
12	程奋龙	武举
19	程联捷	武举

资料来源：程春虎:《武乡程氏家谱》，香港天马出版有限公司 2007 年版，第 604—622 页。民国《武乡县志》卷三《选举》，第 245—293 页。

注：此表据《武乡程氏家谱》以及《武乡县志》《山西通志》等记载统计而成。县志上没有程时举和程进琳的记载，据程氏族谱记载程时举和其兄弟三人随父程建中将军出征均未归，但是《山西历代进士题名录》和县志上均没有此二人考取进士功名的记载，故笔者认为是家谱记载有误。

综合《武乡县程氏家族家谱》和《武乡县志》记载分析，程氏家族取得进士及举人功名者大部分任地方官员，只有程启南一人在朝廷任职，还有部分没有出仕。从世系角度来看，从表中可以看出程氏家族九世有一个贡士，十一世一个进士，十二世一个进士和一个举人，十三世一个举人，十四世两个举人且为兄弟，说明程氏家族发展到十一世到十四世时达到其最繁盛的时期，也就是明末清初时期，成为程氏家族的顶峰。

① 贡士，明清时期，举人通过入京会试，合格者为贡士，贡士再经过殿试，赐出身者为进士。

除了进士和举人，一个家族取得“五贡”[①] 功名的成就，也直接反映这个家族的功名水平高低，程氏家族最高功名为贡生的人共有 30 人，具体统计如表 3-3 所示。

表 3-3　武乡程氏家族明清时期贡生表

名目	姓　名	世系	时　间
岁贡	程　暹	7	明
	程继孟	9	明
	程宗贤	9	明
	程步程	12	清顺治八年辛卯贡
	程遒绩	12	清康熙十五年丙辰贡
	程康年	13	清顺治十五年戊戌贡
	程　直	14	清乾隆五年庚申贡
	程　礼	14	清乾隆十五年庚午贡
	程述古	16	清乾隆九年甲子贡
	程日元	17	清
	程先明	21	清
拔贡	程康庄	13	明崇祯乙亥拔
	程观生	15	清雍正元年癸卯拔
	程林宗	18	清嘉庆癸酉贡
	程鹤翼	19	清
恩贡	程　仁	14	清雍正元年癸卯贡
	程　定	14	清乾隆二十七年壬午贡
	程　遂	16	清乾隆元年丙辰贡
	程　古	16	清
	程名世	17	清乾隆四十九年乙巳贡

① 五贡：清代科举制度中对五类贡生的统称，分别包括恩贡、拔贡、副贡、岁贡和优贡，除此之外还有一种由捐纳取得的贡生称为例贡。

续表

名目	姓　名	世系	时　间
例贡	程良知	10	明
	程　诏	10	明
	程伟绩	12	明
	程化龙	12	明
	程　正	14	清
	程广居	14	清
	程其扬	15	清
	程步堂	17	清
	程诲杨	19	清
	程　寿	21	清

资料来源：程春虎：《武乡程氏家谱》，香港天马出版有限公司 2007 年版，第 604—622 页。
民国《武乡县志》卷三《选举》，第 245—293 页。

据表 3-3 所示，武乡县程氏家族贡生包括恩贡 5 人，拔贡 4 人，岁贡 11 人，例贡 10 人，例贡占总人数的三分之一，意思就是程氏家族的贡生有百分之三十是由捐纳而来，其余的都是靠自身出众的才能考取的。30 名贡生中出仕人数为 12 人，几乎都为地方低级官员。其中七世 1 人，九世 2 人，十世 2 人，十二世 4 人，十三世 2 人，十四世 6 人，十五世 2 人，十六世 3 人，十七世 3 人，十八世 1 人，十九世 2 人，二十一世 2 人，基本分配均匀，说明程氏家族在十一世程启南之后后代发展较为均匀，没有出现极速衰落的现象。贡生 30 人中明代 8 人，清代 22 人也说明武乡程氏家族在清代得到很好的发展。

除了进士、举人和贡生之外，武乡县程氏家族的族人大部分获得的是低级功名，据《武乡程氏家谱》统计，武乡程氏家族共产生生员 222 人，监生 71 人，具体状况如表 3-4 所示。

表 3-4　武乡程氏家族明清时期生员名目表

生员	廪生	增生	武生	监生
144 人	18 人	16 人	44 人	71

资料来源：程春虎：《武乡程氏家谱》，香港天马出版有限公司 2007 年版，第 604—622 页。

生员，在明清时期是指通过童试考入地方官学的学生，俗称秀才，生员包括廪生、增生、附生等类别，成为廪生便可享有国家膳食补贴，有名额限制。成为生员之后就有比一般平民优越的身份。通过表 3-4 看出武乡程氏家族的廪生并不多，说明大部分生员为增生或者附生，不享受公家膳食补贴，不过生员毕竟不同于平民，除了有优越的地位还可以免除徭役，在地方上的影响也非常大。

明清时期监生是指不是由生员资格而是以其他途径进入国子监[①]读书的人，监生分为恩监、荫监、优监和例监四种，其中恩监是皇帝恩赐入学者，荫监是受祖上高官荫庇而入学者，优监是从附生中选拔入学者，例监是由捐纳而入学者，由于家谱中统称监生，所以具体是通过何种途径成为监生就不得而知了。

张杰先生在其《清代科举家族》中写道："家族中，只要有人取得五贡功名，在封建社会中便进入一种良性循环：由功名取得权力，由权力赚取金钱，再由金钱取得功名"[②]。武乡程氏家族由耕而读，进而成为科举家族，进入了良性发展轨迹，渐渐地入仕人数越来越多，其家族在地方上也就越来越兴盛了。

据《武乡程氏家谱》记载，程氏家族"清末（程氏家族二十世）之前有进士 4 人、贡士 1 人、举人 5 人、太学生 3 人、贡生 30 人、监生 71 人、生员 222 人、佾生 10 人共计 344 人，文官 64 人，武将 12 人，医官 2 人，20 世之前程氏家族男子人数为 6351 人，科举取士人数占总人数（二十世之

① 明清时期中央官学，全国最高学府。

② 张杰：《清代科举家族》，社会科学文献出版社 2003 年版，第 45 页。

前男子）的0.05%，官员人数占总人数的0.012%。”①武乡县程氏家族取得科举成就的人数与程氏家族男子总人数的比例显示程氏家族虽然在科举上取得了非常大的成就，但是仍旧以农业为主。

分析武乡县程氏家族的科举成就发现有一定的特点。首先，具有地理区域集中性。程氏家族在武乡县虽然发展分布广泛，遍及13个乡镇，70余个村庄，但是取得功名的人大多集中在信义村和故城村，其他乡镇的程氏家族成员基本上以农业为主，科举成就并不突出。其次，具有父子相承的特点。如果父亲的官职较大，那么其子孙基本都会取得较为优秀的科举成就。如原祖分支中一甲五门中，九世祖程继孔为程启南祖父，任荆山驿宰。程启南父辈分别任职守备、儒官、医官和吏员。到了程启南即十一世除了程启南任职工部尚书之外，其余兄弟程安南为把总、程哲南为千总、程训南为守备、程迪南为义官、程二南为生员。十二世中有程启南子程皋绩为进士，任登州府同知；程嘉绩为廪生，入太学，任刑部员外郎；程遒绩，岁贡，任马邑县训导等等。十三世中有程启南孙程康庄为拔贡，任安庆府同知；程必达，举人，任文水县教谕等等，之后不再列举。据统计中一甲五门中有进士2人、举人3人，占总人数60%；贡生12人，占总数48%；生员73人，占总数33%；监生27人，占总数38%；官员22人，占总数29%。只是程氏家族的一门就占了家族中较高功名的60%，说明武乡县程氏家族的科举成就的取得具有很明显的父子相承性。第三为时间段的集中性。如表3-5所示，从十一世到十九世为武乡县程氏家族科举和仕途上的发展高峰期，这一时期是武乡县程氏家族发展最繁荣的时期。

---

①　程春虎：《武乡程氏家谱》，香港天马出版有限公司2007年版，第603—622页。

表 3-5　武乡程氏家族元末至清末历代取得功名人数

世系	2	3	5	7	8	9	10	11	12
人数	1	2	1	1	2	9	19	32	27
世系	13	14	15	16	17	18	19	20	22
人数	29	35	41	36	50	29	28	9	2

资料来源：程春虎：《武乡程氏家谱》，香港天马出版有限公司 2007 年版，第 604—622 页。
民国《武乡县志》卷三《选举》，第 245—293 页。

（二）程氏家族的入仕概况

武乡程氏家族在明清时期不仅在科举上取得较为优异的成绩，在做官方面也毫不逊色。据记载，武乡县程氏家族进入仕途者上至高级官员（一到三品）、中级官员（四到六品）下到低级官员（七到九品）都有任职，有记载者共 63 人。除了朝廷之外，在地方任职的分布在 8 个省，其中河北省 3 个、山东省 1 个、陕西省 2 个、江苏省 1 个、安徽省 2 个、湖北省 2 个、福建省 1 个，其余都分布在山西省内（没有记载具体地方的基层义官都认为是在本地），具体情况如表 3-6 所示：

表 3-6　武乡县程氏家族入仕概况表

地区	世系	朝代	姓名	科举功名	所属支系	官职
朝廷	3	明	程时举	进士	信义村	翰林院典书
	11	明	程启南	进士	信义村，属原祖分支中一甲五门	历任襄阳府推官、武选主事、济南道副使、布政司参政、济南道按察使、山东省右布政使、山东省左布政使、太常寺卿、通政司通政使、工部左侍郎、工部尚书
	12	明	程嘉绩	廪生	故县村，属原祖分支中一甲五门	任南北太常寺典簿、左府都事、刑部员外郎
	18	清	程光居	监生	东良侯村，属盛祖分支下一甲	大学士
河北	10	明	程良知	例贡	信义村，属碧祖分支上一甲二门	蠡县主簿
	11	明	程怀敬		信义村，属碧祖分支上一甲一门	馆陶巡检
	11	明	程学曾		信义村，属碧祖分支上一甲二门	顺德府巡检
山东	12	清	程皋绩	进士	信义村，属原祖分支中一甲五门	蓬莱知县、登州府同知
陕西	11	明	程训南		信义村，属原祖分支中一甲五门	郑县典吏、守备
	13	清	程康庄	拔贡	信义村，属原祖分支中一甲五门	耀州知州
江苏	13	清	程康庄	拔贡	信义村，属原祖分支中一甲五门	镇江府通判
安徽	13	清	程康庄	拔贡	信义村，属原祖分支中一甲五门	安庆府同知
	13	清	程康年	岁贡	信义村，属原祖分支中一甲五门	太湖县丞
湖北	9	明	程继孔		信义村，属原祖分支中一甲五门	荆山驿宰赠工部左侍郎
	10	明	程诏	例贡	信义村，属原祖分支中一甲五门	荆州府照磨
福建	3	明	程可举		信义村	福清州学正

续表

地区	世系	朝代	姓名	科举功名	所属支系	官　　职
山西	9	明	程宗贤	岁贡	信义村，属碧祖分支上一甲一门	岢岚县训导
	12	明	程遒绩	岁贡	信义村，属原祖分支中一甲五门	马邑县训导
	12	明	程步程	岁贡	信义村，属碧祖分支上一甲六门	屯留县训导
	13	清	程必达	举人	信义村，属原祖分支中一甲五门	文水县教谕
	15	清	程观生	拔贡	信义村，属原祖分支中一甲五门	黎城县教谕
	2	明	程建中		信义村	将军
	6	明	程彬		信义村，属原祖分支	义官
	7	明	程茂		信义村，属原祖分支	义官
	8	明	程节		信义村，属原祖分支	义官
	8	明	程和		信义村，属原祖分支	义官
	9	明	程继文		信义村，属原祖分支	义官
	9	明	程登		信义村，属碧祖分支	义官
	10	明	程视箴		信义村，属原祖分支中一甲五门	儒官，赠工部左侍郎
	10	明	程言箴		信义村，属原祖分支中一甲五门	儒官
	10	明	程动箴		信义村，属原祖分支中一甲五门	守备
	10	明	程听箴		信义村，属原祖分支中一甲五门	吏员
	10	明	程尧卿		信义村，属原祖分支中一甲二门	义官
	10	明	程论		信义村，属碧祖分支上一甲一门	承差
	10	明	程谏		信义村，属碧祖分支上一甲一门	知印
	11	明	程淑南		信义村，属原祖分支中一甲二门	承差
	11	明	程安南		信义村，属原祖分支中一甲五门	把总
	11	明	程迪南		信义村，属原祖分支中一甲五门	义官
	11	明	程哲南		信义村，属原祖分支中一甲五门	千总
	11	明	程居敬		信义村，属碧祖分支上一甲一门	义官
	11	明	程元敬		信义村，属碧祖分支上一甲一门	义官
	11	明	程一敬		信义村，属碧祖分支上一甲一门	义官

续表

地区	世系	朝代	姓名	科举功名	所属支系	官　　职
山西	11	明	程学颜		信义村，属碧祖分支上一甲二门	儒官
	11	明	程道行		信义村，属碧祖分支上一甲五门	义官
	11	明	程如玉		信义村，属碧祖分支上一甲六门	儒官
	11	明	程兰玉		信义村，属碧祖分支上一甲六门	典仪
	11	明	程豪		东良侯村，属盛祖分支下一甲	典吏
	12	清	程步云		信义村，属碧祖分支上一甲六门	义官
	12	清	程步武		信义村，属碧祖分支上一甲六门	吏员
	12	清	程晋正		东良侯村，属盛祖分支下一甲	义官
	13	清	程之苗		信义村，属原祖分支中一甲五门	典吏
	13	清	程永祚		信义村，属碧祖分支上一甲一门	巡检
	13	清	程玉殿		东良侯村，盛祖分支下一甲	把总
	13	清	程玉极		东良侯村，属盛祖分支下一甲	把总
	14	清	程正	例贡	信义村，属原祖分支中一甲五门	县丞
	14	清	程广居	例贡	信义村，属碧祖分支上一甲二门	候选主簿
	15	清	程行道		信义村，属廒祖分支上一甲七门	吏员
	15	清	程其扬	例贡	监漳村，属原祖分支中一甲五门	县丞
	16	清	程遂	恩贡	信义村，属碧祖分支上一甲一门	候选主簿
	17	清	程明远		信义村，属碧祖分支上一甲一门	吏员
	18	清	程跃宗		信义村，属原祖分支中一甲五门	吏员
	18	清	程丕显		信义村，属碧祖分支上一甲一门	吏员
	18	清	程文光		信义村，属原祖分支中一甲四门	吏员

资料来源：程春虎：《武乡程氏家谱》，香港天马出版有限公司 2007 年版，第 604—622 页。民国《武乡县志》卷三《选举》，第 245—293 页。

据表 3-6 所示，在朝廷任职的最高官员为十一世程启南，为工部尚书。在地方各省中任职的占大多数的为低级官员。据统计高级官员占 3%，包括同知、知州、通判、大学士、员外郎、翰林院典书、守备、千总在内的中级官员共有10人，占16%；知县以下的低级官员有20个，占32%；包括义官、吏员①、儒官等在内的无品官员有31名占49%，也就是说程氏家族中高级官员共占19%，低级官员（包括无品官员）占81%，占绝大多数。之所以把不入流的吏员也统计进来，是因为吏员在明清时期是国家机构中不可缺失的一环。抛弃传统观念中对吏员这个阶层的偏见后我们发现，首先，吏员不仅在政治运行机制中占有重要地位，而且吏员这一阶层也有刚正廉洁、忠于职守成绩显著者。程氏家族就有从吏员出身而升任中级官员者，如上表所示十一世程训南，就由典吏升为守备。其次，由于吏员在最底层，所以对于基层社会的管理起着非常大的作用，所以这也扩大了程氏家族在地方上的影响力。

另外，不得不说的是程氏家族的寿官②的获得。明朝的寿官只有在恩诏颁布时才得以所赐，所以十分稀少，明朝三百年间只有十九次授予寿官，而程氏家族十世祖程希轼就被授予寿官，是非常难得的。到了清朝程氏家族陆续有七人被授予此殊荣，如表3-7所示。

表3-7　清代程氏家族寿官获得者

世系	16	19	19	19	20	21	21
姓名	程天赐	程鹤翼	程鹤林	程友仁	程司业	程楚云	程膺中
居住地	信义村	磨里村	磨里村	磨里村	监漳村	监漳村	信义村

资料来源：程春虎：《武乡程氏家谱》，香港天马出版有限公司2007年版，第604—622页。

寿官的获得既是一个家族荣誉的象征，也是一个家族在当地实力的体现。虽然明朝初期规定了授予寿官的年龄标准，即只要达到一百岁或者后

① 吏员：介乎官员和民众之间，代表各级政府行使临民治事智能的特殊阶层，是官僚政治体系的社会基础。

② 寿官：寿官从明朝开始设置，有官服官帽，一般为正八品或者九品，但不设官职，没有爵位，是一种虚职，是一种荣誉的象征。寿官为表彰“德行着闻，为乡里所敬服者”，受赐年龄最初为百岁老人，明万历之后降为七十岁，只有在恩诏颁布时才会授予，明朝十分稀少，三百年间只有十九次授予寿官。

期的七十岁就能获得寿官官职，但是在中后期实际操作中都成为形式。寿官获得者基本为官员家人或者官员本身，如明朝时期程氏家族十世程希轼，其父程鹏为生员、十六世程天赐为程启南的四世孙，其祖辈四代都为生员等等。寿官的封赏说明武乡县程当地的影响力之大。

从表 3-6 我们可以看出武乡县程氏家族在科举入仕方面有以下几个特征。首先有着很明显的家族性，武乡县程氏家族父子均为官，兄弟均为官，祖孙三代均为官者大有人在。如七世程茂为义官，其子程节、程和都为义官，其孙继张为贡士、继周为生员、继文为义官、继梦为岁贡、继孔为荆山驿宰赠工部左侍郎；其孙尧卿为义官，晋卿为附监，汉卿为监生、汉杰为生员、动箴为守备、听箴为吏员；二世孙淑南为承差、指南为廪生、启南为尚书、安南为把总、哲南为千总、训南为守备、迪南为义官；三世孙嘉绩为刑部员外郎、皋绩为蓬莱知县、遒绩为马邑县训导；四世孙康庄历任镇江府通判、安庆府同知、耀州知州，还是清初著名大文豪，康年为太湖县丞、必达为文水县教谕。[①] 其次，为官者主要集中在原祖分支和碧祖分支，其中属于原祖分支的有 32 人，属于碧祖分支的有 22 人，共 54 人，占总人数的 86%，其中原祖分支的中一甲五门 24 人占总人数的 38%，二门 2 人，四门 1 人，其他 5 人，共占 13%；碧祖分支中上一甲一门 11 人占总人数的 17%，二门 4 人，六门 5 人，五门 1 人，其他 1 人，共 11 人，占 17%。从以上数据可以看出，武乡县程氏家族为官者主要集中在原祖分支中一甲五门和碧祖分支上一甲一门，而这两门得以发展壮大是因为十世和十一世的发展，原祖分支中一甲五门十一世程启南为进士，工部尚书，碧祖分支上一甲一门十世程诏为例贡，荆州府照磨，这也就说明了程氏家族在取得科举成就后进入了良性循环中。而其余广大从事农业劳动的族人要想取得科举功名就比较难了，因为在古代读书科举是一种较大的投资，只有家里有足够的钱财才能进行下去，所以科举对于官宦家庭来说是一种良性循环，

① 程春虎：《武乡程氏家谱》，香港天马出版有限公司 2007 年版，第 51—75 页。

而对于普通平民来说就不那么容易了，程氏家族中各门清晰的分界线就说明了这点。

（三）程氏家族封赠成就

除了经过科举步入仕途之外，程氏家族还获得诸多封号。明清政府实行封赠制度，对为官者及其祖辈、父辈、妻、子进行加封。武乡县程氏家族的封赠情况如下：

武乡县程氏家族男子的封赠情况为：九世程继孔，以孙进士工部尚书程启南贵赠资政大夫、工部右侍郎加二品服俸；十世程视箴，以子进士工部尚书程启南贵赠资政大夫、工部右侍郎加二品服俸；十一世程启南，封资政大夫加工部尚书服俸；十三世程康庄，受封为奉正大夫；十七世程日元，以孙洲同程砚祖赠儒林郎；十八世程千里，以子洲同程砚祖赠儒林郎；十八世程壬千，以侄子洲同程砚祖赠儒林郎；十九世程砚祖，光绪戊寅受封儒林郎。①

武乡县程氏家族女子受封情况分为两种，其一是程氏家族族内妇人受封情况，其二是程氏家族外嫁嫡女的受封情况。武乡县程氏家族族内妇人的受封情况为：九世程继孔妻李氏、魏氏，以孙进士第资政大夫加二品服俸工部左侍郎启南贵赠淑人、待赠夫人；十世程视箴妻魏氏，以子启南贵赠淑人、待赠夫人；十一世程启南妻高氏、张氏，以夫贵封孺人，累赠淑人，待赠夫人；后又以子进士蓬莱知县皋绩贵赠太孺人；十二世程皋绩妻李氏，以夫赠孺人，后以子举人文水县教谕必达赠太孺人；十二世程遒绩妻李氏，以夫马邑县训导封孺人；十二世程嘉绩妻李氏、魏氏、赵氏，以子拔贡安庆府同知康庄赠太宜人；十三世程康庄妻刘氏，以夫赠宜人；十三世程康年妻魏氏，以夫太湖县丞赠孺人；十三世程必达妻李氏，以夫封

① 资料来源：程春虎：《武乡程氏家谱》，香港天马出版有限公司 2007 年版，第 658 页。

孺人；十五世程观生妻魏氏，以夫拔贡黎城县教谕封孺人。[①] 武乡县程氏家族外嫁嫡女的受封情况为，魏门魏之干妻程氏，以夫户部主政魏之干贵封安人；魏门魏光绪妻程氏，以夫督察院右副都御史魏光绪贵赠淑人；陈门陈所行妻程氏，以夫苏州府知府陈所行贵封恭人；赵门程其益之女，以子进士泽州府教授赵尔赠太孺人；史门史谦光妻，程其若之女，以夫进士奉新县知县史谦光赠孺人；魏门魏凤书妻，程林宗之妹，以夫进士平阳府教授魏凤书赠孺人、再娶程麟焰之女也封孺人；李门李端贵之妻，以夫进士翰林院编修李端贵封安人；李门李成元妻，以夫布政司李成元赠安人；段门程氏以子附贡兵部郎中段晓云赠宜人；郝门程氏以孙武生都司郝任照赠淑人。[②]

由上可知，程氏家族男子共受封 8 人，其中资政大夫 3 人，奉正大夫 1 人，儒林郎 4 人。女子（包括程氏家族已嫁女子）共受封 23 人，共封 34 次，其中四品以上受封者 8 人，共 12 次。四品以下的受封者 15 人，共 22 次。由此可见武乡县程氏家族女子受封以四品以下的等级为主，这主要是由于程氏家族大多为地方低级官员。明清政府通过封赠，把为官者与朝廷紧密相连，在这种封赠关系中，一方面为官者要时刻恪尽职守、尽职尽忠才能受封。另一方面，为官者在受封中享受到朝廷封赏给自己及家族带来的荣誉后更加积极地维护这种机制，达到宣传教化社会的作用。朝廷通过封赠制度，把文官这一群体牢牢掌握在这个制度下，让这一群体成为维护社会秩序，教化百姓的力量，更加有利于自己的统治。

四、明清时期武乡程氏家族代表人物及其政绩

十一世祖程启南是程氏家族第一位取得进士的人，是程氏家族发展的转折点，也是武乡程氏家族兴盛的奠基人和代表人之一。程启南（1562—

① 资料来源：程春虎：《武乡程氏家谱》，香港天马出版有限公司 2007 年版，第 659 页。
② 资料来源：程春虎：《武乡程氏家谱》，香港天马出版有限公司 2007 年版，第 660 页。

1650）字开之，号凤菴，山西武乡信义人，“性刚果，多大略，博学工文”[①]。万历二十九年（1601）中辛丑科进士，次年授襄阳推官。在襄阳府为官期间，当地“矿税流毒南省民不聊生”，启南目睹当地百姓的悲惨遭遇，愤然与当地税监斗争，言“税宜节，阉当撤”[②]。程启南在当地抗税监斗争中断案如流，多次为民平反，深得人民爱戴。万历三十八年（1610）庚戌，启南入为武选主事。针对当时官兵利用裙带关系领空俸、吃空饷，将帅冗滥，办事效率低下等现象，他直言上疏“三可虑”，即“清冒滥、屏私人、简将帅”[③] 等三项改革措施，“书既奏，上大悦，多所采纳”。万历四十一年（1613）癸丑升郎中；万历四十三年（1615）五月甲子“为辅臣叶向高、李廷机及枢臣王象乾所引，重迁济南副使”[④]。启南在任时“青、齐之壤界有神通寺，诸盗依险阻旁丛，引强持满，要攫赤仄，过者鲜得脱於处口，王父择刺操者百五十名，立神通营披甲楯，就加茇薙，诸盗咸曰：‘须谨避此刺操。’亡匿山中，盗悉平”[⑤]；万历四十六年（1618）八月己未“以程启南补参政”[⑥]；万历四十七年（1619）任布政司参政；天启元年（1621）庚申升为济南道按察使，为官期间启南勤政廉洁、忠于职守，每时每刻都不忘牵挂百姓。天启二年（1622）壬戌朝廷考核天下官吏，“举天下清操卓异，王父为第一”[⑦]，程启南被誉为“天下廉吏第一”，迁任山东省右布政使；天启三年（1623）三月丁巳“升山东右布政使程启南为本省左布政使”[⑧]，巡按山东，此时正逢白莲教作乱，程启南平“命历城令吴公阿衡

① 民国《武乡县志》卷四《艺文》，第 432 页。
② 民国《武乡县志》卷四《艺文》，第 432 页。
③ 民国《武乡县志》卷四《艺文》，第 432 页。
④ （明）《神宗实录》，卷五三二，第 10029 页。
⑤ （清）程康庄：《自课堂集》，卷一，文集，64，《先王父资善大夫加工部尚书服俸管佐侍郎事程公行述》。
⑥ （明）《神宗实录》，卷五七三，国立北平图书馆红格钞本微卷影印本，第 10819 页。
⑦ （清）程康庄，《自课堂集》，卷一，文集，64，《先王父资善大夫加工部尚书服俸管佐侍郎事程公行述》。
⑧ （明）《熹宗实录》，卷三〇二，国立北平图书馆红格钞本微卷影印本，第 1672 页。

招纳白梃十万，椎牛酿酒，捐角徒裼以趋敌，不用国家半铢之费，以天之道家自为斗之心，逆叛党如缚豖而置之京师”①。程启南凭借其机智果断剿灭当地匪患，保当地安宁，受到当地百姓的爱戴。程启南以“平妖人徐鸿儒之乱之功”奉调回京，迁升太常寺卿，在启南回京之后当地百姓“思恋不能已，为庙，春秋奉祀如在山南时”②。启南担任太常寺卿时正值魏忠贤阉党得道，面对阉党祸坏纲常、屠戮忠良的倒行逆施，启南愤起反抗，不顾一己之身“抗疏劾之”，多次上疏均被阉党扣压，面对阉党的恐吓，启南凛然不惧，再次上疏，疏曰：

自古治乱荣辱之端，在所信任……今魏忠贤威移主上，蟠连禁闼，倪文焕、崔呈秀等党与摇唇膏吻而横于世……万璟、杨琏坐掠重身死，魏大中、左光斗、赵南星又禁锢桎梏，坐法枉造赃款……臣愚以为，众正立即朝之祯祥；群枉至即国之妖孽……臣愚非徒抱寂寥之志，有不求闻达之诞也，臣实不欲同罢驴为群……当放臣还山中。幸陛下裁察，无使臣困顿长安，终无所益。③

然而，启南的上疏“忤忠贤意，即日斥退”，于天启五年（1625）启南罢官归乡，“当是时，天下方为魏忠贤建生祠”④，启南针对这种丑恶现象作文加以讥讽，但是程启南的文集在传世中遗失，没能保留下来，没能看到程启南的凌厉文辞，实为遗憾。天启七年（1627）八月，熹宗薨，其弟朱由检即位，改元崇祯。新帝崇祯大力剿灭阉党，于崇祯二年（1629）“起升

---

① （清）程康庄：《自课堂集》，卷一，文集，64，《先王父资善大夫加工部尚书服俸管佐侍郎事程公行述》。

② 民国《武乡县志》卷四《艺文》，第433页。

③ （清）程康庄，《自课堂集》，卷一，文集，64，《先王父资善大夫加工部尚书服俸管佐侍郎事程公行述》。

④ （清）程康庄：《自课堂集》，卷一，文集，64，《先王父资善大夫加工部尚书服俸管佐侍郎事程公行述》。

王父通政司通政使，谓王父敢言不俯权党，荫一子入监读书”[①]，启南被重新起用，奉诏升任通政使。崇祯三年（1630）庚午，程启南升为工部左侍郎，任职期间“百废具兴，诸什器咸备”，启南督建的德陵工程由于官商勾结，贪污国库，致使“德陵更数岁，工未就”，于是启南召商贾期以五月，砖木不至，法无贷，商人“素畏奉法，清直顺流”，德陵顺利完工。朝廷以其成绩卓著、办事干练，“上以为能，加大司空服俸，领官如故，又诏赐黄金十觔，表裏二十端，例荫一子，固辞不受”[②]；程启南重新被委以重任后准备大刀阔斧地成就一番事业，然而毒害明朝的痼疾复发。崇祯四年（1631），皇帝重新起用太监张彝宪管理户、工二部，张彝宪的地位凌驾于尚书之上，大有恢复明熹宗时期的阉党专政的局面。面对这种情况，程启南毅然选择辞官归乡，“王父曰，古者大揖空金印紫绶，禄比丞相，而彝宪扰之奸人，吾安所能共事也，趁孙曹诸公相继已去位，吾宁澳𣵀恋职，豈腐鼠可嚇耶，连章求退”[③]，启南不愿与阉党为伍，一再上疏请辞，连上十一疏，曰：

当逆党肆虐之时，臣濒死者已数矣。陛下不以臣不肖，拔臣内史，晋臣司城，臣即碌碌，未有报効，然考高祖止给内侍洒扫之役，故赵同恭乘，袁盎寒心，乃陛下无人，独用彝宪监事。臣恐忠贤虽诛，而忠贤之类尚冀死灰复燃，不止羞朝廷，而辱当世之士也……

疏入，得旨：“工务殷繁，正资坐理。览奏，情辞恳切，准暂驰驿归里，病痊即行起用。”[④]

---

① （清）程康庄：《自课堂集》，卷一，文集，64，《先王父资善大夫加工部尚书服俸管佐侍郎事程公行述》。

② 民国《武乡县志》卷四《艺文》，第433页。

③ （清）程康庄：《自课堂集》，卷一，文集，64，《先王父资善大夫加工部尚书服俸管佐侍郎事程公行述》。

④ （清）程康庄，《自课堂集》，卷一，文集，64，《先王父资善大夫加工部尚书服俸管佐侍郎事程公行述》。

启南辞官后回到故乡武乡县，据旨意居住在城南亭川（今武乡县故县），“追归，即绝意仕进，屏居不揖客，长吏罕识其面”[①]。虽然启南不问世事，但是他非常关心当地百姓的生活，遇到“邑中灾侵及大繇役，即条列白大吏，为民请命，不避怨谤”[②]。时逢沁州旱灾，启南上书两院陈请减税，“原量一石全征银八钱三分一厘，今如王父议以瘠疲，例止征五钱一分五厘”[③]，使沁州豁免征税三千余金。李自成起义军攻占北京后，建立大顺朝，听闻启南刚正廉洁，便下旨请启南出山任职，而启南不为所惑，叱之曰：“在魏党用事时吾不仕，贼揣我何心，岂以吾为惧死哉！”[④] 为了避免被搅扰，启南“复还信义”，在信义乡南良侯修筑一寨子，名“双修”。启南在寨中终日潜心研究《周易》及各名家医术，每有心得便撰写为文，先后所著有《易经宗圣录》《集贤录》《易时草》《荫符经解》《医学撮要七类》《心著集解》等，其书卷帙浩繁，但苦于“无余资，不能尽显于世”，可惜在传世中这些作品都遗失了。清顺治七年（1650）十月，启南晨起召集族人子孙，敛容曰：“孰易如苇，孰化如毁，人生至促也”，之后“引族人就棋局，精采倍张，至日中反舍，趺坐良久，语不及私而卒”[⑤]。启南终年八十九，有子六人，孙四十余人，“以科贡显者踵相接也”[⑥]。程启南一生为官清廉，心系故乡，心系百姓，事事从百姓的利益出发，不畏强权，勇于同阉党作斗争，受到官民一致好评。在教育子女上，他家教严格，“不论长幼大小，均要以节义简朴传家；无论贫富贵贱，均要以诗书礼乐为教”，在其教导下，其后代人才济济，世代为官，多有建树，书香满门，成为武乡县首屈一指的望族。

---

① 民国《武乡县志》卷四《艺文》，第 433 页。
② 民国《武乡县志》卷四《艺文》，第 433 页。
③ （清）程康庄，《自课堂集》，卷一，文集，64，《先王父资善大夫加工部尚书服俸管佐侍郎事程公行述》。
④ （清）程康庄，《自课堂集》，卷一，文集，64，《先王父资善大夫加工部尚书服俸管佐侍郎事程公行述》。
⑤ 民国《武乡县志》卷四《艺文》，第 434 页。
⑥ 民国《武乡县志》卷四《艺文》，第 434 页。

表 3-8 程启南履历表

时　　间	官　　职	资料来源
万历二十八年(1600)	庚子科举人	《武乡程氏家谱》、民国版《武乡县志》
万历二十九年(1601)	辛丑科进士	《武乡程氏家谱》《山西历代进士题名录》《自课堂集》
万历三十年(1602)	襄阳府推官	《武乡程氏家谱》《自课堂集》
万历三十八年(1610)	入朝任兵部武选司主事	《武乡程氏家谱》《自课堂集》
万历四十一年(1613)	升兵部郎中	《武乡程氏家谱》《自课堂集》
万历四十三年五月甲子(1615)	山东济南道副使	《武乡程氏家谱》《神宗实录》卷 532、《自课堂集》
万历四十六年八月己未(1618)	补参政	《武乡程氏家谱》《神宗实录》卷 573、《自课堂集》
万历四十七年(1619)	任布政司参政	《武乡程氏家谱》《自课堂集》《道光济南府志.卷二十五.职官志三》
天启元年(1621)	升按察司副使	《武乡程氏家谱》《自课堂集》《道光济南府志.卷二十六.职官志四》
天启二年壬戌(1622)	朝廷考核天下官吏,被誉为天下廉吏第一,由济南道按察使迁右布政使	《明代职官年表》《武乡程氏家谱》《自课堂集》
天启三年三月丁巳(1623)	升山东右布政使为本省左布政使,巡按山东	《武乡程氏家谱》《自课堂集》《熹宗实录》卷 32、《明代职官年表》
天启四年(1624)	升太常寺卿	《武乡程氏家谱》《明代职官年表—人物传》《自课堂集》
天启五年(1625)	弹劾魏宗贤,被罢免归田	《武乡程氏家谱》《自课堂集》
崇祯二年四月壬辰(1629)	被重新起用,升任通政使	《武乡程氏家谱》《崇祯长编》卷 20、《明代职官年表》《自课堂集》
崇祯三年二月乙卯(1630)	升工部左侍郎	《武乡程氏家谱》《崇祯长编》卷 31、《明代职官年表》《自课堂集》
崇祯四年(1631)	不愿受宦官挟制,辞官归乡	《武乡程氏家谱》《自课堂集》
顺治七年(公元1650)十月	逝世,终年八十九岁	《武乡程氏家谱》《自课堂集》

资料来源：列表主要来源于《武乡程氏家谱》中的记载和民国版《武乡县志》中少司空程启南传和程康庄《自课堂集》中“先王父资善大夫加工部尚书服俸管佐侍郎事程公行述”篇，辅之以康熙、雍正、乾隆、光绪及民国版本的《武乡县志》《沁州志》以及《山西通志》;《济南府志》;《明实录》;《明代职官年表》;《山西历代进士题名录》等资料的记载，力求相互印证，相互矛盾之处以程康庄的《自课堂集》及《明实录》记载为据。

十二世程嘉绩，字复初，程启南长子。嘉绩生两子，康庄和康年。嘉绩性格“沉静端方，里称纯孝”，受其父启南荫庇为太学生，之后任南北太常寺典簿。任职期间，嘉绩刚正廉洁，“所辖有庖人乐舞生二千六百员□几六千金，故事簿睃削自润，嘉绩不私一钱”①。后迁左府都事，嘉绩在任期间多次审理积案，为无辜者平反。后升员外郎，“有世宦苗思顺一案株连沉阁最久，嘉绩分别条奏，无辜者悉为平反”②。后升任刑部云南司郎中，“出大将猛如虎，于狱后如虎，卒以死报国”③。

十二世程皋绩（1635—?），字思令，一字何功，程启南第五子，生一子必达。康熙十一年壬子科举人，康熙十八年己未科进士时已到迟暮之年，授蓬莱知县，后以荐摄登州府同知，致仕归。皋绩“生有德器，温恭端肃，虽系出华胄而恂恂惟谨”④。皋绩好读书，生而沉默，七岁能文，十二入泮，弱冠即以文章名于所居。皋绩母亲去世后，他“尽哀尽礼，庐墓三年，不履城市”⑤，世人称为纯孝。在任期间，皋绩清廉自持、衣着朴素，“清介自恃，衣不重帛，食无兼味，从不以赎锾入箧中”⑥，面对当地陋规“八保敛百金皆奉邑令实私囊”，皋绩笑之曰：“吾无用阿堵为也”，即裁之。皋绩心系百姓，“事切民生，力为之，惟恐不及”⑦。任登州府同知不满三年，致仕归，行李萧然，归乡后皋绩杜门不出，每日博览群书，以教子孙后代为乐，

① 乾隆《沁州志》卷六《人物》，39。
② 雍正《山西通志》卷一百二十六《人物》，16。
③ 雍正《山西通志》卷一百二十六《人物》，16。
④ 乾隆《沁州志》卷六《人物》，39。
⑤ 乾隆《沁州志》卷六《人物》，39。
⑥ 乾隆《沁州志》卷六《人物》，39。
⑦《山西通志》，卷一百五十，中华书局出版社，第10440页。

怡然自得，数年后卒。

十三世程必达，字子上，别号青谷，皋绩子，启南孙。康熙十七年戊午科举人，任文水县教谕。幼年便“通敏好学，父训严承意唯谨”，康熙十七年，“己未同父皋绩上公车，皋绩捷南宫而必达竟以不第”①，必达遗憾落榜归乡，时逢其母李氏生病，“必达侍寝闼三载如一日”，葬母后投奔其父皋绩。皋绩归乡时行李萧然，必达徒步相从，回家后对其父“晨昏侍养，丧葬悉如礼”，后任文水县教谕，管理孟祁两县学事，所至以力学修行，劝励士子，皆能识拔其后杰者，学使注灏深赏之，卒于官。

十三世程康庄（1613—1675），字坦如，号昆仑，嘉绩子，启南孙。崇祯八年（1635 年）拔贡，历任镇江府通判、安庆府同知、耀州知州。康庄一生中最突出的是其文学成就。康庄一生著述颇多，主要有《自课堂集》文集一卷、诗余一卷、诗选一卷、《秋山红树阁诗集》《眷西堂集》《衍愚词》一卷、《程昆仑文选》四卷、《程昆仑诗选》二卷，补刻《瘗鹤铭》碑文，还有《全清词》中收录的程康庄词作 44 首。

康庄年少时便才学出众，幼年时由于父亲嘉绩在朝为官，所以康庄多依附其母亲魏氏家族，跟随其舅舅魏和中学习。少年时的康庄已经展现出过人的才华，“余方总角，著书则盈几案”②。康庄 12 岁时，应童生试，考入学宫，“予年十二怀璧就试，与舅氏同时入学宫”③。少年时，康庄随祖父启南在京读书，聪明好学，擅于诗文，龚鼎孳④在《〈自课堂集〉序》中称康庄“少年时即蜚声京雒，颉颃上流。其古文辞苍深掘奥，直抉柳柳州、王介甫之神”⑤。

明崇祯六年（1633 年），举正榜拔贡，时年 20 岁，未仕而归，顺治中

① 民国《武乡县志》卷三《人物》，第 309 页。
② （清）程康庄：《自课堂集》卷一，文集，24《重刻郭九子诗序》。
③ （清）程康庄：《自课堂集》卷一，文集，32《郝文彊入学序》。
④ （清）龚鼎孳：字孝升，合肥人，崇祯甲戌进士，清代任刑部尚书，著有《定山堂集》。
⑤ （清）程康庄：《自课堂集》序，10，合肥龚鼎孳撰。

应隐逸征，对策太和殿，其《对策太和殿》云：“上国材贤浩纵横，琢磨词气类华星。西山爽气朝来见，魏阙青途得后轻。笔涌万言风雨迅，人看一日羽毛成。炉烟细处垂天杖，静听公卿曳履声。”① 可谓春风得意。顺治十六年（1659）任江苏镇江府通判。

在镇江府任职期间是康庄最为得意的时期，虽然任职的时候康庄已经47岁，但是“康庄虽垂老，然辩治吏事如精强少年”②，到任后政绩卓著，“军府之暇，四方名流相遇”③，广交当地名流如王士禄、王士祯兄弟、施闰章、钱谦益、杜浚、汪琬等，成为一代名人。康庄经常与这些名流互赠诗词，与王士祯被称为“上下江诗伯”。除了在为官方面的政绩之外，还有两件事不得不提。一是组织重刻天下第一江山。据记载，“天下第一江山”这六个字是南朝梁武帝所写，南宋时，吴琚重新书写，到了康庄时，此石已被江水损坏，康庄见到此，甚为叹息，便请宋射陵临摹吴琚手法，并且捐资把这六个字重新刻在石头上，为此康庄专门撰文《天下第一江山记》以记之。

第二件事就是补刻《瘗鹤铭》④。除了善作诗文，康庄在书法方面也颇有造诣。康庄见《瘗鹤铭》石碑滑入江中破损惨重，为了挽救至宝苦求拓本，并依据拓本作了补刻，并撰文《瘗鹤铭跋》⑤ 一文以记之。在文中康庄推断《瘗鹤铭》的作者为南北朝时期的陶弘景，文中道：“或曰为陶贞白……考贞白昔慕灵迹，颇以名心为累……今观其字，清劲有法，孤云新月，当在虞褚诸公之上，其为贞白益信矣。”⑥ 文中道尽搜集拓本的不易：“铭石崩于潮汐，其拓本唐宋之时尚全，即欧公仅得六十余字，后此者能观

① （清）程康庄：《自课堂集》卷三，诗选，16《对策太和殿》。
② 乾隆版《镇江府志》卷三十四《名宦下》，第44页。
③ 乾隆版《镇江府志》卷三十四《名宦下》，第44页。
④ 瘗鹤铭：镇江焦山江心岛的摩崖石刻，历代书法家都给予高度评价。
⑤ （清）程康庄：《自课堂集》卷一，文集，57。
⑥ （清）程康庄：《自课堂集》卷一，文集，57《瘗鹤铭跋》。

其形势哉?"[1] 完成补刻之后钱谦益和陈维崧都对《瘗鹤铭跋》进行评价，且评价极高。钱谦益道："焦山虽奇，瘗鹤铭字苍古有法，尤山中之第一奇观。昆仑补刻海云堂内，既不没古人之用心，而山灵实借以生色矣！行文有断有系，有源有流，自是作家之文"[2]。陈维崧道："事奇文更奇，先生为润州，王阮亭先生为扬州，两先生皆搜剔古人残碑断碣，风流文采，掩映一时，传之千古，当深人流想矣!"[3] 除此之外《清稗类钞》中也记载了康庄补刻《瘗鹤铭》一事，名为《程昆仑搜瘗鹤铭遗迹》：

瘗鹤铭亭，在镇江焦山定慧寺西偏伽蓝殿之旁，铭为累代遗石，摹拓最难。旧刻于山麓，江水侵蚀，历年既久，遂崩裂江中。宋淳熙时出之，后又落于水。康熙朝，好事者摹工自江中迁出，缺蚀不完，因建方亭，甃铭成碑形以贮之。四壁俱镌历代名人字画，有苏东坡像，峨冠博带，神志宛然。当未建亭之前，有武乡程昆仑名康庄，尝游焦山，披草搜铭之遗迹，惜其剥蚀，乃别购善拓，磨悬崖而刻之。因拉王文简公再游，相视叫绝，凭高□古，各赋诗一章以纪事。[4]

在镇江府为官八年后，即康熙六年（1667），程康庄被调往安徽安庆府，任同知。程康庄在《徐电发集序》中写道："今莅皖城，处于陋□荒侧之区，其地淳卤沙莽，山石渐渐，且墉壑卑陋，巷无居人，即于浮山天柱之胜，皆远在百里之外。"[5] 他到任后制定防江策，平息盗风，社会大治。安徽巡抚把他的办法推行于沿江各县，人民都得以安宁。任职四年后，康熙十年（1671）由于受前人牵连，康庄被贬调任陕西耀州任知州。宋琬有

---

① （清）程康庄：《自课堂集》卷一，文集，57《瘗鹤铭跋》。
② （清）程康庄：《自课堂集》卷一，文集，57《瘗鹤铭跋》。
③ （清）程康庄：《自课堂集》卷一，文集，57《瘗鹤铭跋》。
④ （清）徐珂：《清稗类钞》鉴赏类第九册，中华书局出版社 1984 年版，第 4435 页。
⑤ （清）程康庄：《自课堂集》卷一，文集，10《徐电发集序》。

诗《送程昆仑谪刺耀州》记此事："青衫人欲老，五马向西州。乡树黄河隔，山城漆水流。袴襦歌叔度，稼穑颂公刘。华岳登临后，题诗寄旧游。"[①] 虽然康庄是被贬至耀州的，但是康庄依然勇于担当，到任后不久，陕西叛将王虎臣的部下率万余人来犯，在情势十分危急的情况下，康庄投笔从戎，亲自督率民众筑城防守，"既使之饱腾矢，而庆阳贼数万蒲城下，设方略冒矢石御之于外。比入官廨，则莳花薙草为暇豫状，民心倚之而安。贼时去时来，渠魁毙于城隘之炮，丑徒死者数百人，乃解去，相戒不复犯耀州"[②]。后在平定吴三桂的战争中，耀州作为战略要地，清政府派图海、周培公领兵驻扎于此，随之而来的是军需供应不足，耀州财政吃紧。康庄作为地方长官，倾其所有并以个人名义借债以供军需，且积极组建地方军队，亲自操练，为政府的平叛做出了贡献，因此图海称赞康庄为"文武兼备的能吏"。

康熙十四年（1675），康庄上书请求告老还乡，准奏后返乡，回乡后康庄继续以著书作诗为乐。康庄一生以其诗文著称，出身华胄，但仕途坎坷，官不列显要，唯有诗文是其得意之作。武乡县令王崧[③]赞康庄道："昆仑深于经纂，旁贯子史百家之书，诗古文并沈思而入，脱颖而出，复以余力为小词。济南王西樵序其集，谓昆仑以文章名海内，乃点笔为诗，诗工；倚声为词，词又工。可见其才大而无不宜"[④]。康庄的文章还受到许多名人的肯定。王士禄，字子底，士祯渔阳兄，号西樵山人，顺治壬辰进士，官至吏部尚书，在给《自课堂集》作的序中写道："昆仑以文章名海内，乃点笔为诗，诗工；倚声为词，词又工。其《衍愚词》四十馀篇，具在。试取而读之，纵复专家独诣，能远过乎！"[⑤] 昆仑为其《十简堂诗集》作序，故交

① （清）宋琬：《安雅堂集》未刻版。
② 民国《武乡县志》卷之四《艺文志》。
③ 王潘：后改名王崧，云南浪穹人，清嘉庆丁卯年（1807）选授武乡县令。
④ 民国《武乡县志》卷之四《艺文志》。
⑤ （清）程康庄，《自课堂集》，序三，济南王士禄撰序。

相引重如此。除了为西樵兄弟集作序外，昆仑还为《宋荔裳集》《施愚山卖船行》等撰写序。康庄在官场上虽不列显要，但是“诗文集成，序之者吴太仓伟业、龚合肥鼎孳、杜黄岗浚，世称太仓梅村先生、合肥芝麓先生、黄岗茶村先生，而昆仑先生之号并著”[①]。康庄还被陈维崧选入四大家，“宜兴陈检讨维崧选四大家集，昆仑与焉”[②]，“四大家者，昆山归有光熙甫、归德侯方域朝宗、南昌王猷定予一，合昆仑而四也”[③]。

十八世程林宗，字泰卿，一字介山，拔贡生，程康庄四世孙。林宗承家学，自幼聪慧，喜读书，弱冠补诸生食饩，试辄冠军。嘉庆癸酉中拔贡，京师未遇而归，乃绝意名场以诗文娱老。生平著作颇多，有《孟子醒批》《史记文津》《左传琼林》《昆仑年谱》《司空家乘》《介山文编》《惊邻诗草》凡七种，合为《麟趾堂集》。同邑绅补筑城垣，邑令岳方亭、维城亟称之曰：以君之才南面郡县循吏可无愧也，又赞其文集曰：“云其静则秋水澄，潭鱼龙隐见于其中也，其动则雷电交作而风伯雨师为之驰骋也，其叙次则龙门之洁净而风神则六一之顿宕也”[④]。咸丰二年卒，年八十岁。

十九世程先民，字午桥，信义人，岁贡生。先民少贫，游于平遥为馆僮，但是好读书，暇时从师课读，读辄有得，终岁不一归，乡邻罕识其面。入泮后始知名，尝设学授徒，先民对于就学的贫苦子弟非常同情，曰“天下之最苦者莫如贫，贫无以学者，其苦尤甚，吾不忍及吾身而坐使其辍学也”[⑤]，闻者叹服。先民在私塾教学孜孜不倦，从者如云，成饩士贡成均者数十人，盛极一时之盛。年六十余卒于家，有著作《午桥诗草》。

十九世程砚祖，字遗齐，司空启南九世孙。砚祖祖父程日元为岁贡，父里千，生员，叔父任里，监生，皆因砚祖封为儒林郎。砚祖性孝友，好

① 民国《武乡县志》卷之四《艺文志》。
② 民国《武乡县志》卷之四《艺文志》。
③ 民国《武乡县志》卷之四《艺文志》。
④ 程春虎：《武乡程氏家谱》，香港天马出版有限公司 2007 年版，第 713 页。
⑤ 程春虎：《武乡程氏家谱》，香港天马出版有限公司 2007 年版，第 713 页。

读书，“年十六失怙，砚祖刻苦自励倍於寻常，每归自塾，辄依依母侧，谈述家务，不命之退不退也”[①]。光绪丁丑戊寅连岁大祲，邑令吴敦请砚祖襄办赈务，丕著劳绩。事竣，蒙朝廷诏，授儒林郎。砚祖一生谦和，晚年更甚，唯恐不及。有一次砚祖回到家中，“见什物席卷一空，闻案下有人声呼之，出则所识某书生也。家人欲执之。砚祖曰，此某先生也，岂梁上君子哉”[②]，并“邀之别室食以酒食而谓之曰，此事非吾辈所为，一经发觉，不止贻君羞，且为儒林玷，如困乏，何妨明告。”[③] 此书生津津汗下，惭愧而去。砚祖族叔家贫穷不能自给，砚祖便割田百亩给族叔使之耕种，并且“不责租粟”。族侄世雨殁，无埋葬之地，砚祖便给其三亩作为坟茔，不收取任何报酬。砚祖办事公正，“不远众，亦不阿众，悉心筹划，务归平允而后已”[④]，历任邑宰，于邑中公益事务必延请咨询，邑侯会匾其门曰“公正和平”。光绪甲午冬砚祖患疾，便“取佃户欠租簿据及其他债券，悉付之火”，谓其子曰：“吾不愿汝曹向人索债也。”又曰：“勿以善小而不为，勿以恶小而为之，斯言耿耿，吾尝不去于怀，勉汝曹勉之，勿使吾家累世清德至汝等而不保也。”逾二载卒，年七十岁。

武乡县程氏家族秉承“信义”精神，出仕者基本为官清廉、心系百姓，而未出仕者也在乡间竭尽所能，广施善行。上述几位是程氏家族具有代表性的人物，武乡县程氏家族出仕者颇多，他们的事迹载于史书而流传当地，有的刚正不阿、断案如流为民平反；有的好读书，积极支持地方文化事业的发展；有的在文学方面有较大影响。总之，虽然武乡县程氏家族中为官者官职高低不一，但是都在努力地发挥着自己的作用，承担着作为一个大家族应有的责任，造福乡里。

---

① 程春虎：《武乡程氏家谱》，香港天马出版有限公司 2007 年版，第 714 页。
② 程春虎：《武乡程氏家谱》，香港天马出版有限公司 2007 年版，第 714 页。
③ 程春虎：《武乡程氏家谱》，香港天马出版有限公司 2007 年版，第 714 页。
④ 程春虎：《武乡程氏家谱》，香港天马出版有限公司 2007 年版，第 714 页。

第四章 民国以来武乡县程氏家族的发展

一、民国以来武乡程氏家族的人口繁衍

民国以来武乡县程氏家族的人口数量出现了较大的变动，各支情况如下：廒祖分支二十一世525人，二十二世548人，二十三世527人，二十四世379人，二十五世177人，二十六世37人，二十七世4人。原祖分支二十一世720人，二十二世973人，二十三世1032人，二十四世987人，二十五世535人，二十六世114人。碧祖分支二十一世858人，二十二世746人，二十三世779人，二十四世670人，二十五世447人，二十六世193人，二十七世28人，二十八世3人。盛祖分支二十一世370人，二十二世376人，二十三世407人，二十四世341人，二十五世164人，二十六世28人。① 统计结果如下：

表4-1 民国以来武乡县程氏家族人口统计表

世 系	廒祖分支	原祖分支	碧祖分支	盛祖分支	总 数
21	525	720	858	370	2473
22	548	973	746	376	2643
23	527	1032	779	407	2745
24	379	987	670	341	2377
25	177	535	447	164	1323
26	37	114	193	28	372

① 程春虎：《武乡程氏家谱》，香港天马出版有限公司2007年版，第20—595页。

续表

世 系	廒祖分支	原祖分支	碧祖分支	盛祖分支	总 数
27	4		28		32
28			3		3

资料来源：程春虎：《武乡程氏家谱》，香港天马出版有限公司 2007 年版，第 20—595 页。

据表 4-1 所示，可以看出民国以来武乡县程氏家族人口的变化趋势。二十一世至二十三世人口呈上升趋势，二十三世时程氏家族的人口数量达到顶峰，到了二十四世人口开始下降，二十四世之后人口数量急速下降。此时期导致人口数量下降的主要原因有二：其一是二十三世至二十四世时随着职业的变化，程氏家族族人大量外迁。如武乡县大有乡夏家沟的程氏家族，据记载从二十一世开始到 2005 年，夏家沟村程氏家族发展至二十四世，共 58 户，168 人。陆续迁出外地的有 32 户，95 人，占总人数的 55%，在本地生活的有 26 户，73 人（包括学生在内）。这说明民国以来武乡县程氏家族外迁十分普遍，这是导致程氏家族人口数量下降的一个原因；其二为上世纪八九十年代我国实行的计划生育政策使得人口数量大减。

二、民国以来武乡程氏家族居住区域的扩大

武乡县程氏家族在民国之前的迁徙主要为武乡县内的迁徙，迁徙的主要原因是为了扩大生存空间。到了民国以后程氏家族开始了大量的向外地迁徙，迁徙的原因主要是职业的需要。据《武乡程氏家谱》记载统计，武乡县程氏家族分布在全国二十个省，分别为黑龙江省、辽宁省、河北省、内蒙古、新疆、甘肃、山东、陕西、河南、江苏、安徽、湖北、四川、云南、贵州、浙江、江西、福建、广东，三个直辖市分别为北京、天津、上海。

（一）廒祖分支的迁徙

廒祖分支自民国以来迁徙范围扩大。明清时期廒祖分支在武乡县内的迁徙范围为县内的16个村庄6个乡镇，而且主要是故城镇及其相邻的乡镇，迁徙人数也不多，没有向外迁徙的情况。而到了民国以后，廒祖分支的迁徙范围扩大，而且由县内迁徙转变为对外迁徙。据统计民国以来廒祖分支的迁入地除了山西省之外共涉及10个省（包括两个直辖市），在省内以迁居太原者居多。民国以来廒祖分支迁居者共68户，其中迁往省外者有13户，省内55户。省内迁徙中除了县内迁徙有13户，其余42户分别迁居6个市和3个县，其中以迁居太原市为主，共14户，占省内迁徙的33%。具体的迁徙情况如表4-2所示：

表4-2　民国以来程氏家族廒祖分支的迁徙情况表

世系	姓名	职业	迁出地	迁入地
20	程七孩	工人	石窑会	太原
21	程迎春	工人	石窑会	太原
22	程四儿	农	石窑会	侯马
22	程留叩	农	石窑会	太原
22	程永远	农	石窑会	长治
22	程合儿	农	石窑会	太原
22	程三牛	工人	石窑会	太谷
23	程自春	农	石窑会	太谷
23	程秀珍	工人	石窑会	太原
23	程润明	农	石窑会	祁县
23	程春元	军人	石窑会	青海
23	程巨锁	农	石窑会	太原
23	程贵中、程贵保	工人	石窑会	太原

续表

世系	姓名	职业	迁出地	迁入地
23	程铁锁	农	石窑会	青岛
24	程扣川	农	石窑会	太谷
24	程书盘、程永盘	农	石窑会	祁县
20	程茂荣	军人	西渠村	四川
20	程岐山	农	西渠村	东良
21	程跃平	干部	西渠村	大同
21	程爱斌	农	西渠村	故城
21	程效唐	干部	西渠村	太原
21	程义唐	工人	西渠村	太原
21	程海成	农	西渠村	吕梁市高仁村
21	程海流	军人	西渠村	云南
22	程林庆	医生	西渠村	陕西
22	程水金	干部	西渠村	河南灵宝
22	程　祥	工人	西渠村	晋城
22	程吉	农	西渠村	晋城
23	程保娃	干部	西渠村	侯马
23	程玉娃	医生	西渠村	太原
23	程银娃	商人	西渠村	故城
23	程福娃	军人	西渠村	故城
23	程云书	工人	西渠村	河南灵宝
22	程效良	工人	郝家庄	圪针庄
22	程志周	工人	郝家庄	沁县
22	程新田	干部	郝家庄	北京
23	程大毛、程二毛	工人	郝家庄	太原
23	程少峰、程少平	工人	郝家庄	太原
23	程晓勇	工人	郝家庄	包头
23	程书奇	干部	郝家庄	太原

续表

世系	姓名	职业	迁出地	迁入地
23	程竹斌	农	郝家庄	天津
23	程昌、程海	工人	郝家庄	沁县
24	程玉明	农	勋欢村	孟楼沟
24	程三庆	工人	勋欢村	长治
24	程庆书	工人	勋欢村	权店
24	程爱国	农	勋欢村	故城
24	程福庆	干部	勋欢村	四川
24	程忠庆	工人	勋欢村	太谷
24	程文庆	工人	勋欢村	权店
22	程士林	干部	故城村	长治
23	程春德	工人	故城村	长治
23	程道达	干部	故城村	太原
24	程进财	医生	故城村	沁源县
22	程巴小	农	信义村	沙河头
23	程道坦	农	沙河头	晋城
23	程连魁	农	沙河头	太谷
23	程月旺	农	良侯店	陕西
24	程守书	农	良侯店	信义村
23	程任年	农	拴马岭	勋欢村
22	程赖小	工人	河底村	沁县
23	程增茂、程增胜、程增富	农	磨里村	信义村

资料来源：程春虎：《武乡程氏家谱》，香港天马出版有限公司 2007 年版。

综上所述，民国以来武乡程氏家族的迁徙有如下特点，首先，程氏家族迁居范围扩大，不再以县内的迁徙为主要形式，迁徙的 68 人中，有 55 人迁往外地，占总体的 81%，这和明清时期廒祖分支迁徙情况较少形成鲜明对比，程氏家族居住范围明显扩大。其次，民国以来廒祖分支迁徙的原因与明清时期不同，民国以来，由于程氏家族职业结构的变化，许多家族成员不再以农业为生，所以这一时期的迁徙是随着工作需要而进行的。据统计民国以来廒祖分支的迁徙中，农民共25人占总人数的37%，绝大部分属于县内迁徙，其余为工人、干部、医生和商人，共占63%，由于工作需要迁往其他省份。最后，民国以来廒祖分支的迁徙具有家族聚居性，从表4-2可以清楚地看出，明清时期已经扩展至十六个村庄的廒祖分支，在民国实现大规模迁徙的只有5个村庄，而且往往是一个家庭兄弟几人同时迁徙。

（二）原祖分支的迁徙

民国以来原祖分支的迁徙具有非常清晰的分界线，即从事农业劳动的族人为县内迁徙，而干部及工人迁往外地，且分门比较清晰，即一门都为农民而五门大部分为干部和工人，如表4-3所示：

表4-3　民国以来程氏家族原祖分支迁徙情况

分门	世系	姓名	职业	迁出地	迁入地
一门	22	程效平	农	马汉埆	上司村
	23	程金全	农	刘家沟	柳亭郊村
	22	程贵林	农	前申良沟	太谷
	23	程臭小	农	前申良沟	襄垣县
	23	程苏朝	农	前申良沟	上城村
	21	程开驷	农	故县村	龙王沟
	21	程三龙	农	故县村	段村
	21	程开祥	农	故县村	魏家窑
	21	程连生	农	故县村	程王家垴
	21	程橘云	农	监漳镇	石科村
	25	程小平	干部	柳亭郊	太原
三门	23	程福旺、程良旺、程三旺	农	邵渠村	信义村

续表

分门	世系	姓名	职业	迁出地	迁入地
五门	21	程秀昌	农	石盘南沟村	榆社
	23	程书林	干部	石盘南沟村	太原
	23	程广林	干部	石盘南沟村	北京
	21	程马儿	农	故县村	段村
	24	程金保	干部	监漳村	天津
	24	程金锁	干部	监漳村	天津
	24	程信国	工人	监漳村	太原
	24	程二定	工人	监漳村	太原
	24	程旭东	农	监漳村	黎城
	22	程天尧	干部	李井凹	太原

资料来源：程春虎：《武乡程氏家谱》，香港天马出版有限公司 2007 年版。

（三）碧祖分支的迁徙

碧祖分支从民国以来的迁徙以干部、工人和军人为主，共 15 人，占总人数的 65%，农民的迁徙占 35%，对外迁徙涉及四个省份（包括直辖市），6 个城市，两个县，农民的迁徙主要是县内的迁徙，具体情况如表 4-4 所示：

表 4-4　民国时期程氏家族碧祖分支迁徙情况

分门	世系	姓名	职业	迁出地	迁入地
一门	23	程建源	干部	脉落神	太原
二门	23	程方略	干部	信义村	武汉
	24	程志军	农	南沟村	太原
	23	程来富	军人	阳公岭	长治
	23	程子未	工人	阳公岭	太原
	24	程水旺	干部	阳公岭	太原
	24	程水山	农	阳公岭	太原
	24	程贵生、程木生	农	阳公岭	南沟
	25	程怀英	农	阳公岭	三交沟

续表

分门	世系	姓名	职业	迁出地	迁入地
四门	21	程圣育	干部	信义村	安徽
	22	程新维	工人	信义村	太原
	22	程正元	干部	信义村	北京
	22	程文元	工人	信义村	长治
	23	程爱明	干部	信义村	沁县
六门	23	程福昌	农	磨则山	信义村
	23	程甲小、程良贵	农	磨则山	南沟村
	24	程志军	工人	磨则山	太原
	24	程志龙	工人	磨则山	临汾
	24	程建平	工人	磨则山	祁县
	21	程虎	农	信义村	大良村
	21	程恩和	农	下却净村	脉落神

资料来源：程春虎：《武乡程氏家谱》，香港天马出版有限公司 2007 年版。

（四）盛祖分支的迁徙

由于盛祖分支家谱的遗失，所以明清时期的迁徙情况不得而知，因而民国时期的迁徙情况与明清时期也不具有可比性，盛祖分支从民国以来共有 20 人迁徙别地，迁居外地者有 12 人，其中为干部、工人因职业需求迁居者为 9 人，占盛祖分支总体的 45%，对外迁徙涉及 5 个省市自治区，占盛祖分支总体的 60%，其余为县内的迁徙，具体情况如表 4-5 所示：

表 4-5 民国时期程氏家族盛祖分支迁徙情况

世系	姓名	职业	迁出地	迁入地
21	程在城、程守城	农	东良侯	沁源县
21	程玉厚	军人	东良侯	四川
22	程怀仁、程怀义	农	东良侯	石仁底
22	程申印	农	东良侯	平遥
22	程贵生	军人	东良侯	太原

续表

世系	姓名	职业	迁出地	迁入地
22	程水木	工人	东良侯	太原
22	程丙孩	农	东良侯	古台
23	程炳生	干部	东良侯	晋城
24	程远大	干部	东良侯	江西
21	程国全	农	上庄村	东良村
22	程秃孩	农	上庄村	故城
22	程来有	农	上庄村	故城
23	程中元	农	上庄村	东良侯
21	程步高	干部	夏家沟	云南
21	程步鰲	军官	夏家沟	太原
21	程步威	干部	夏家沟	长治
22	程甲木	农	小寨沟	信义村
22	程成龙	干部	故城村	北京

资料来源：程春虎：《武乡程氏家谱》，香港天马出版有限公司 2007 年版。

综上所述，武乡程氏家族民国以来的迁徙与明清时期的迁徙相比有以下几点不同：首先，从武乡程氏家族四大分支来看，明清时期程氏家族的迁徙以原祖和碧祖分支为主，而民国以来廒祖分支成为程氏家族迁徙的主力军。据上表统计，廒祖分支从民国以来共有 68 户进行迁徙，其余三支共有 67 户进行迁徙，这一方面说明廒祖分支内部职业结构的变化，即族人职业多元化，有工人、干部、医生、商人、军人等；另一方面是说明廒祖分支人数的增加。其次，民国以来程氏家族的迁徙范围扩大，与明清时期相比，民国以来程氏家族的迁徙扩散到全省，甚至到全国范围。通过上表统计，程氏家族通过迁徙，居住范围扩展到全国十三个省和两个直辖市，十三个省分别为黑龙江、河北、内蒙古、青海、山东、陕西、河南、江苏、安徽、湖北、四川、云南、江西，两个直辖市分别为北京、天津，除此之外还有旅居国外者，程氏家族的居住范围得到扩大。最后，民国以来，程氏家族的迁徙主要是职业的需求。据上表统计，除了农业劳动者之外的迁徙共有75户，占总体的56%，农业劳动者在县内的迁徙共30人占总人数的22%，对外迁徙的占14%，所以由于职业需求而对外迁徙的占绝大多数，这也从侧面说明了武乡程氏家族自民国以来家族内部职业结构的变化，职业更加多元化。

三、民国以来武乡程氏家族所作的贡献及其代表人物

民国以来，随着国内革命形势的变化，程氏家族也从一个以科举兴盛的家族与时俱进，积极参加革命，从国内革命战争到抗日战争、解放战争再到抗美援朝，处处可以看到程氏家族族人的身影，新中国成立之后程氏家族投身于社会主义建设事业中，在各行业各领域中发挥着自己的作用。

程容，1916年生，程氏家族22世，原名程登瀛，1916年出身于武乡县马汉垴村一个普通的农民家庭，自幼聪明好学。1933年夏通过李逸三[①]介绍加入中国共产党，成为武乡县最早的5名共产党员之一。作为武乡县党组织的创始人之一，程容同时也是武乡县共青团组织、武乡抗债团的创始人。1933年8月县委领导机关成立并秘密召开会议，“参加会议的有李逸三、史怀璧、赵瑞璧、武三友、程登瀛（程容），会议由李逸三主持”[②]，会议确定“李逸三任书记，赵瑞璧、史怀璧、武三友、程登瀛分别负责组织、宣传、抗债团和青运工作”[③]，之后程容就负责青运工作和武东地区的工作。为了发展革命势力，程容以教师身份作掩护，深入开展武东区的党、团、群的

① 李逸三（1906—2003），武乡县故城镇北良侯村人，1927年1月考入黄埔军校分校第五期，同年12月加入中国共产党，1932年回到武乡县发展当地革命力量，创办《武乡周报》、筹办“武乡流通图书馆”“武乡通讯社”“印刷合作社”等合法机构宣传进步书籍，并积极发展当地革命志士加入党组织，并成立县委领导机关，领导当地百姓进行斗争，是武乡县党组织的创始人。

② 山西省武乡县县志编纂委员会：《武乡县志》，山西人民出版社1986版，第235页。

③ 山西省武乡县县志编纂委员会：《武乡县志》，山西人民出版社1986版，第235页。

组织工作，发展了武东区第一个“抗债团”团员李福元①，组织农民进行“五抗”② 运动，点燃武乡县的革命之火。革命斗争的深入开展，激起了反动派的仇视，1934 年 3 月，武乡县委遭到破坏，李逸三等四位同志被捕，高沐鸿③、史怀璧等人被通缉，《武乡周报》和“流通图书馆”被查封。在危急关头，1934 年秋，据太原特委指定，由赵瑞璧、程登瀛和武三友重组武乡县委，在程登瀛等人的积极努力下，武东区的党、团、群组织均得到较大的发展。1936 年初红军东渡黄河北上抗日的行动引发敌人的恐慌，被划为全省“四大赤县”之一的武乡县成为敌人关注的目标，1936 年 2 月，武乡县委再次被破坏，程登瀛历经艰辛辗转到北平，与高沐鸿等会合。1936 年 4 月西北局势发生变化，为进一步开展西北地区工作，北方局应“东北工委”要求，组织干部到西安，1936 年 9 月程登瀛被调往西安，从此改名为程容，受中共“东工委”领导。在西安期间，程容参加了由“东工委”组建的以学生为主共三百人的“学兵队”，这支特殊的队伍亲历了西安事变，程容曾先后参与了接管国民党电台和报社等工作。1937 年七七事变之后，太原成为抗战前线，程容与民族解放先锋队总队的部分同志被派往太原工作，在山西国共合作的特殊形式下巧妙地开展工作，为革命存储了一批骨干力量。1939 年程容调到延安马列学院进行学习。1939 年 12 月“晋西事变”发生，山西形势急转直下，程容被调到晋绥边区，先在中共中央晋绥分校主管教育工作，后任晋绥地委组织部长。1949 年全国解放前夕，程容随军南下，在邓小平同志任书记的中共中央西南局组织部任组织处长，

① 李福元，贫农，曾代表武东区“抗债团”参加县“抗债团”成立大会，是武东区第一个党支部书记、区委书记。

② 五抗运动，即抗债、抗税、抗粮、抗租、抗丁运动。

③ 高沐鸿（1900—1980），山西省武乡县人，中国共产党员，1919 年曾与张友渔等人组织共进社，创办《共进》刊物，与李逸三等人共同创办《武乡周报》，1937 年任晋东南文艺界救国委员会领导人，黄河日报社社长、太行区文联主任，1949 年后历任山西省文联主席，中共山西省委宣传部副部长，山西省政协副主席，1952 年加入中国作家协会，著作有诗集《天河》《夜风》，散文集《狭小囚笼》，长诗《湖上曲》《太行吟》《黄河一澄清》《故乡三部曲》。

兼管中共中央西南局党纪办公室工作。1951 年调西南军政委员会西南合作事业管理局任局长。1955 年初，程容奉命调回北京，先后任全国供销合作总社常务理事兼基层建设局局长和农产品采购部、商业部业务局局长等职。1960 年初程容调任中共中央西南局财委副主任，为发展西南大区的经济鞠躬尽瘁。“文革”中程容同志受批斗下放“干校”劳动，“文革”结束后程容同志积极努力恢复生产，整顿业务，使工作获得丰硕成果。1978—1992 年 15 年间程容同志多次参加全国人大、政协两会，1992 年程容同志正式离休。七十多年的革命生涯中，程容同志历任多职，不论是在白色恐怖的地下工作还是在革命斗争中还是在新中国的建设中，程容同志都满怀热情，忠于党、忠于国家、忠于人民，任劳任怨地奉献着，深受人民爱戴和拥护。

程步高，1911 生，武乡县大有乡夏家沟人，程氏家族 21 世，中共党员，毕业于抗大（抗日军政大学）分校。程步高于 1938 年 1 月参加武乡县名扬游击队，任分队长，同年加入中国共产党，7 月被委派到武乡城关任村队副，12 月起先后担任武乡县六、二、八、四、七区武委会主任兼区游击队长，带领民兵、群众抗日救亡，成绩显著。[①] 1939 年，日军攻占武乡县城段村，对敌斗争更加激烈，程步高领导民兵群众开展反扫荡、反奔袭、反维持斗争，积极利用当地有利的地形优势开展游击战，扩大根据地，缩小沦陷区，使小股日军不敢轻易扫荡，极大地保护了当地百姓的生命安全和利益。日军畏惧程步高，悬赏 5000 金元[②]取程步高人头。1941 年初，程步高奉命到抗大第五分校（驻涉县）进行集训，学习政治理论和军事技术。1943 年日军占领蟠龙镇，程步高带领民兵群众对敌开展麻雀战、地雷战等斗争，荣获武乡县委、县政府授予的“抗日先锋”荣誉称号和锦旗一面。1944 年 1 月调任武乡县独立营从事粮秣管理工作，不久就调任县委独立营

① 程春虎：《武乡程氏家谱》，香港天马出版有限公司 2007 年版，第 675 页。

② 金元：日伪敌占区流通的一种纸币。

合作社经理，为独立营与县委机关从事商贸工作。解放战争时期，武乡县独立营编为2野15军43师127团，程步高任该团的粮秣管理员，在解放鲁山、清华、汤阴、宏山、郑州的作战中记功两次，1947年7月记大功一次。新中国成立后，1951年奉命从野战军调到永善县任县长兼人民法院院长，在此任职期间程步高组织群众修通永善至昭通的公路，便利了人民的生活。1954年11月，调昭通专员公署盐务管理局任局长，后任专署民政科科长、专署秘书主任、专署党组成员、粮食局长、工业局长、工交党组书记、专署副专员、专署党组副书记等职。任职期间由于昭通地区缺乏技术人才，程步高积极到太原等地招收技术工人，购买机器设备，在其带领下建设了昭通通用机械厂、大龙洞电厂、地区技工学校等，为昭通地区的工农业建设做出了贡献。“文革”期间程步高蒙受冤屈遭到批斗和迫害，但是他毫不气馁，正确面对自己的遭遇，表现出一名共产党员应有的节操和高尚的品德。1982年程步高离休，1998年被行署党组织评为优秀党员，其事迹载入《武乡人物志》和《征途脚印——武乡籍老干部小传》第一辑。

程红宇（1918—1978），故城镇人，原名程成龙，别名程少云，程氏家族22世。1937年参加山西青年抗日决死一纵队，次年任纵队三总队三大队工作员、组长、政治部干事、供给部运输连政治指导员等职。1940年8月，调任晋冀鲁豫军区太岳纵队供给部采购处政治指导员、政治处干事。1942年至1943年，任晋冀鲁豫军区太岳军区陆军中学教员。1944年加入中国共产党，曾任军区供给处秘书、政治指导员、政治处教育干事、教员。1948年以后，程红宇“历任中国人民解放军62军186师营教导员、政治部组织科干事、副科长、干部科长、高炮政治部干部科科长。1953年后，任华东防空军政治部干部科长、政治部干部处处长、南京军区干部处处长、副部长”①。1958年后，“任中国科学院哲学系社会科学部历史研究所第三所办

① 山西省武乡县县志编纂委员会：《武乡县志》，山西人民出版社1986版，第677页。

公室主任、中联部拉丁美洲研究所办公室主任等职”①。程红宇对党忠诚，爱憎分明，工作负责，光明正大，曾荣获三级独立自由勋章和三级解放勋章。1978年5月在京病逝。

程坦（1917—1945），故城镇人，小名水旺，程氏家族23世。抗日战争爆发后程坦加入民兵组织，1938年加入中国共产党，1940年任故城镇抗日副村长，带领民兵游击队深入敌据点，杀死汉奸周明儿、李海金，协助游击队活捉伪自警团长杨明德，为民除害。1942年任村武委会主任，1943年秋在“榆社、武乡、涉县三县杀敌英雄大会上，荣获‘孤胆英雄’称号，奖步枪一支，锦旗一面，他的民兵小组获‘模范游击小组’称号”②。1945年2月15日，程坦只身与敌遭遇，英勇搏斗壮烈牺牲，年仅29岁，武乡县人民政府在蒲池村为他举行追悼大会。

程红，1966年生，女，武乡县贾豁乡刘家沟村人，程氏家族23世。1995年程红毕业于中国人民大学经济学博士学位，同年经北京市教委批准，破格评为副研究员。程红于“1996年获得北京市‘优秀青年骨干教师’称号，1997年入选由人事部、科技部、教育部等联合评选的‘国家百千万人才工程’，同年当选为北京市第十一届人民代表大会代表，任‘国民经济和社会发展计划审查委员会和财政预算审查委员会’委员，民盟北京市第八届委员会委员，经济工作委员会副主任，北京市地方税务局特邀监察员，北京市青年联合会委员（科学组），北京市商委副主任等职”③。1999年被国务院评为“享受政府特殊津贴专家”，2003年3月当选为全国十届人大代表。程红参加工作后一直致力于从事研究工作，科研成果丰硕，发表的科研成果160余万字，著有《城市市场与经济发展研究》《城市经济》《流通经济学》等10多本专业图书，公开发表论文60多篇，其中发表在国家级学

① 山西省武乡县县志编纂委员会：《武乡县志》，山西人民出版社1986版，第677页。
② 程春虎：《武乡程氏家谱》，香港天马出版有限公司2007年版，第725页。
③ 程春虎：《武乡程氏家谱》，香港天马出版有限公司2007年版，第677页。

术报刊上的论文 13 篇。程红是武乡县程氏家族在新中国成立之后的典型代表。

民国以来武乡程氏家族在抗日战争、解放战争和抗美援朝战争中作出了非常大的贡献。据统计程氏家族有 129 人入伍，在战争中牺牲 56 人，如表 4-6 所示，程氏家族英勇杀敌的事迹在当地广为流传，新中国成立之后程氏家族族人投入到各行各业中为新中国的建设添砖加瓦。据统计程氏家族有县、市及企业干部 217 人，村干部 89 人，教师 55 人，工人 263 人，医生 19 人，商人 9 人，职员 9 人，共计 661 人，如表 4-7 所示，他们在各自的行业中兢兢业业，共计立功受奖上百余次，成为各个行业的先进代表，为祖国的建设作出了不朽的贡献。

表 4-6　民国以来武乡程氏家族烈士表

序号	姓名	籍贯	生卒年月	世系	参加革命时间	牺牲时间地点	担任职务	所在部队	政治面貌
抗日战争时期									
1	程德祥	故城镇	1919—1943		1940	1943 年牺牲于蟠龙	连长	武乡独立团	
2	程五小	大寨村	1920—1945	20	1940	1945 年牺牲于陈村	排长	129 师 385 旅 769 团	党员
3	程大虎	西渠村	1909—1945		1939	1945 年 6 月牺牲于河南安阳	排长	决死队	党员
4	程德胜	下却净	1917—1939	22	1939	1939 年牺牲于漆树坡	战士	武乡独立营	
5	程起维	刘家沟	1916—1942	23	1936	1942 年牺牲于阳城县战斗	战士	129 师 386 旅 772 团	
6	程全生	茅庄村	1918—1944		1941	1944 年牺牲于襄垣县战斗	战士	14 团	
7	程玉堂	南沟村	1926—1945	21	1945	1945 年牺牲于上党磨盘垴	战士	8 纵队 23 旅 68 团	

续表

序号	姓名	籍贯	生卒年月	世系	参加革命时间	牺牲时间地点	担任职务	所在部队	政治面貌
8	程玉银	良侯店	1916—1945		1943	1945 年牺牲于霍县	战士	129 师 385 旅 769 团	
9	程志安	西渠村	1924—1945	19	1945	1945 年牺牲于沁县	战士	武乡游击队	
10	程贵元	西渠村	1924—1945	22	1945	1945 年牺牲于南沟	战士	武乡游击队	
11	程全胜	茅庄村	1921—1945		1944	1945 年牺牲于段村	战士	129 师 385 旅 769 团	
12	程小虎	东寨底	1919—1945	20	1940	1945 年牺牲于沁县	战士	14 团	
13	程秀保	故城镇	1925—1945	22	1945	1945 年牺牲于沁县	战士	14 团	
14	程相全	邵渠村	1915—1945	24	1944	1945 年牺牲于上党	战士	决死三纵队	
15	程丁未	五科村	1911—1943			1943 年与敌特战斗中牺牲	五科村农会主席		党员
16	程坦	故城镇	1918—1945	23	1938	1945 年在故城被敌杀害	故城武委会主任		
17	程应昌	南沟村	1910—1939	21		1939 年在榆社被敌杀害	民兵		
18	程俗通	茅庄村	1920—1940		1939	1940 年牺牲于康家沿战斗	民兵		
20	程不丢	下却净	1919—1941	22	1941	1941 年牺牲于活庄战斗	民兵		党员
21	程三维	东良村	1922—1942	23		1942 年牺牲于沁县	民兵		党员
22	程怀保	东良村	1915—1942	22		1942 年牺牲于沁县	民兵		党员
23	程兔林	东良人	1919—1942	22		1942 年牺牲于沁县	民兵		党员

续表

序号	姓名	籍贯	生卒年月	世系	参加革命时间	牺牲时间地点	担任职务	所在部队	政治面貌
24	程怀银	东良村	1916—1942	21	1940	1942 年牺牲于沁县	民兵		
25	程马良	石仁底	1922—1944			1944 年牺牲于南沟	民兵		党员
26	程秀士	邵渠村	1920—1944	23	1942	1944 年牺牲于邵渠战斗	民兵		
27	程最维	信义村	1919—1944	23	1943	1944 年牺牲于信义	民兵		
28	程水旺	信义村	1921—1945	23	1945	1945 年牺牲于信义	民兵		
29	程兴旺	故城镇	1919—1945	23	1937	1945 年牺牲于故城	民兵		
30	程三长	南沟村	1920—1943	21		1943 年牺牲于南沟			
解放战争时期									
31	程耀文	西渠村	1924—1948	22	1944	1948 年牺牲于四川宜宾战斗	营长	18 团	党员
32	程海益	信义村	1920—1946	21	1940	1946 年牺牲于河南汤阴战斗	排长	太行独立营三连	
33	程克勤	西渠村	1922—1947	21	1942	1947 年牺牲于河南	排长	四纵队 13 旅 39 团	党员
34	程明书	南沟村	1921—1947	22	1944	1947 年牺牲于山东	排长	四纵队 13 旅 39 团	党员
35	程兰田	信义村	1920—1947	24	1943	1947 年牺牲于大别山	班长	四纵队 13 旅 39 团	
36	程田林	信义村	1919—1948	21	1945	1948 年牺牲于徐州	班长	八纵队 24 旅 71 团	
37	程东贵	信义村	1924—1949	23	1947	1947 年牺牲于陕西陇县	班长	12 军 36 师 108 团	党员

续表

序号	姓名	籍贯	生卒年月	世系	参加革命时间	牺牲时间地点	担任职务	所在部队	政治面貌
38	程德唐	南沟村	1923—1946	21	1944	1946年牺牲于运城	战士	三纵队7旅19团	
39	程银昌	南沟村	1924—1946	21	1942	1946年牺牲于运城	战士	三纵队9旅	
40	程汉章	庄里村	1926—1946		1944	1946年牺牲于河南	战士	三纵队9旅	
41	程德全	西渠村	1925—1947	19	1945	1947年牺牲于河南	战士	15军43师128团	
42	程全厚	东良村	1923—1947	23	1944	1947年牺牲于山东	战士	11军31师91团	
43	程明书	南沟村	1925—1947		1942	1947年牺牲于解放鱼台	战士	14团	党员
44	程火英	南沟村	1923—1947	22	1944	1947年牺牲于大别山	战士	三纵队7旅19团	党员
45	程银唐	南沟村	1923—1947	21	1942	1947年牺牲于河南汤阴	战士	武乡独立团	
46	程朴唐	郝家庄	1917—1948	22	1947	1948年牺牲于太原战役	战士	八纵队24团	
47	程向生	信义村	1923—1948	20	1947	1948年牺牲于淮海战役	战士	12军23师	
48	程火书	邵渠村	1925—1948	25	1948	1948年牺牲于太谷	战士	太岳军区	
49	程火生	良侯店	1924—1948	23	1947	1948年牺牲于临汾	战士	八纵队23旅68团	党员
50	程守德	泉之头	1925—1948		1947	1948年牺牲于太原	战士	38旅112团	党员
51	程万鹏	夏家沟	1910—1946	21	1938	1946年牺牲于太谷	太谷县四区区长		党员

续表

序号	姓名	籍贯	生卒年月	世系	参加革命时间	牺牲时间地点	担任职务	所在部队	政治面貌
52	程亮宏	故城镇	1921—1946	23	1942	1946年牺牲于南沟	民兵指导员		
53	程志锁	邵渠村	1921—1946	24	1943	1946年牺牲于邵渠	民兵		
54	程云亭	信义村	1921—1946	22	1945	1946年牺牲于信义	民兵		
新中国成立后									
55	程寿仁	信义村	1923—1952	22	1947	1952年牺牲于朝鲜	战士	12军36师106团	
56	程水文	信义村	1924—1952		1947	1952年牺牲于朝鲜	战士	12军36师106团	

资料来源：山西省武乡县县志编纂委员会：《武乡县志》，山西人民出版社1986版，第513—667页。

四、民国以来武乡程氏家族的职业状况

明清时期武乡县程氏家族为典型的科举家族，民国以来随着科举制度的废除，程氏家族不再以科举取士作为振兴家族的唯一途径。随着国内革命形势的变化程氏家族的有识之士开始投笔从戎，投身革命。新中国成立之后武乡县程氏家族的族人应祖国建设需要步入各行各业，所以到了当代程氏家族的职业呈现多元化，如医生、教师、工人、职员、干部等，各行各业都有程氏家族的身影。据统计民国以来程氏家族有干部372人，军人138人，教师56人、医生16人，职员52人，商人9人，工人265人，如表4-7所示，除此之外还有少数从事会计、工程师等，在外就业人员占总人数（21世之后）的0. 08%，数据显示当代以来程氏家族仍然是以农业为主，但是此时期呈现的特点是职业的多元化，而且非农业人口显著增加。

表 4-7　民国以来武乡县程氏家族职业统计表

干部		军人		教师	职员	医生	商人	工人
县、市及企业	村干部	参军	烈士					
285	87	82	56	56	52	16	9	265

资料来源：程春虎：《武乡程氏家谱》，香港天马出版有限公司 2007 年版，第 623—657 页。

表 4-8　民国以来程氏家族人口数量与就业数量对比情况表

人数 / 支派	廒祖分支	原祖分支	碧祖分支	盛祖分支
人口数	2197	4361	3724	1686
在外工作人数	187	363	218	137

资料来源：程春虎：《武乡程氏家谱》，香港天马出版有限公司 2007 年版。

通过对武乡县程氏家族每一支在籍人口数量和职业统计发现民国以来程氏家族在职业选择上有如下特点：首先程氏家族中干部和工人占主要成分，据统计程氏家族中就职的共有 908 人，干部和工人共 637 人，占总体的 70%。其次在职业的选择上具有父子相承性，如属于盛祖分支的夏家沟村，全村程氏家族 21 世之后成年男子有 58 人，其中有干部 20 人，工人 9 人，工程师 1 人，警官 1 人，占一半之多，也就是说民国以来如果上一代为干部或者工人，那么下一代以至于其孙辈也会从事类似的职业。再次，人数多的支派，在外就业的人数越多，职业种类越丰富，反之亦然，如表 4-8 所示，原祖分支的人口数量最多，在外工作的人数就最多，盛祖分支人口数量最少，则在外工作人数就最少。

第五章　武乡县程氏家族的家族信仰与治学状况

一、武乡县程氏家族的家族信仰

（一）程氏家族祠堂的建立及作用

武乡程氏家族的祠堂于清顺治年间建立于信义村，祠堂的建立也是一个家族发展到一定程度的标志。程氏家族23世孙程春虎先生在其重新修编的《武乡程氏家谱》中对程氏家族的祠堂做了大概的图纸复原，并详细介绍了祠堂的构造，整体布局如下：

祠堂位于信义村东西中轴线的正北面，南临街，面积大约有600平方米，为南北向的长方形。祠堂主体由街道、石狮、旗杆、牌楼、戏台、戏院、厢房、卷棚和正殿构成。

街道：西街到北门的东西走向街，宽约一丈二，祠堂面临街。

石狮、旗杆：位于牌楼前，两个石狮在大门两边，两个旗杆竖在石狮两边，左右对称，甚为壮观。

牌楼：牌楼位于戏台前，是祠堂的门面，建筑宏伟，为三进式，中间高，两边低，顶盖铜瓦，转角设斗拱，飞檐翘角挂风铃，称金瓦插飞，上有各种兽头，牵坡猴，檐前挂一牌匾，上刻“程氏祠堂”四个大字，下面一长方形牌匾上面刻有“五谷神”程碧的功绩。牌楼由四根明柱支撑，每根明柱两侧由两块大石条斜抵稳固，风姿优美，古色古韵。

戏台：位于戏院前，为上下两层建筑，下层中间为祠堂正门，从牌楼中间进去即进入戏院大门；上层为五间通间大戏台。

戏院：位于卷棚前，从戏台一层进门便到达戏院，戏院中数株古柏参天，东西两侧各有厢房三间，西厢房为书房，东厢房为客厅。东厢房与戏台间有一小东门，为女子专用（因为只有男子才可以走大门，女子只能从小门进出），从此门出去为东墙外街道；西厢房与戏台间西南角处建一厕所。

卷棚：位于正殿前，结构为长廊式，宽丈余，专为祭祖设供所建，从戏院进入卷棚要上九层石台阶。

正殿：位于卷棚之北，为祠堂的主要建筑，亦称祠堂。堂内供奉程氏历代祖先牌位，明英宗时赏给"五谷神"程碧的半朝銮驾就陈列于堂内供后人参拜，程氏族谱设专柜放置正殿两侧。正殿与卷棚间只有尺余宽的一道滴水地，地面平行，可从卷棚正中直入正殿。正殿为砖木结构，前坡为三檩一札担，插飞，后坡为三檩，入深一丈五尺，正门前为退堂八幅，雕梁画柱，美观大方，成为当时西乡[①]一圣地[②]。

由上述可知，武乡县程氏祠堂共由九部分组成，"布局合理、结构严谨、工艺精致、朴实崇高、美观大方，远借白马山，邻借古铜城，晚借夕阳照，朝借钟声鸣，山、水、光、声、色相辉映，绝妙无比"[③]。可惜抗战期间，武乡县西乡被日军侵占，盘踞在南沟据点的日军于1945年将程氏祠堂烧毁，现已不复存在，成为遗憾。

祠堂是族人祭祀祖先的地方，但是祠堂的作用不仅仅是祭祀祖先，还是族长行使族权的地方，凡族人犯了族规时就由族长在祠堂惩戒、教育族人，所以祠堂也是一个家族自我约束的道德法庭，除此之外祠堂的建立也加强了后代族人之间的向心力，使得族内相互团结，起到拉近族人的血缘

① 西乡：武乡县城以县城为中点，以西俗称西乡，以东称为东乡。
② 程春虎：《武乡程氏家谱》，香港天马出版有限公司2007年版，第879页。
③ 程春虎：《武乡程氏家谱》，香港天马出版有限公司2007年版，第879页。

关系的作用。

（二）程氏家族严格的家训

家谱又称族谱、宗谱等，是一种以表谱形式，记载一个以血缘关系为主体的家族史的载体。一个家族要想强大，除了要有坚强的经济后盾作为支撑之外，精神力量的支撑也同样重要，而家谱中的家风家训则是一个家族发展的精神支柱。治家与治国在某种程度上有着一致性，正所谓国有国法，家有家规，大到整个国家小到一个家族甚至家庭，要想长久地发展下去就离不开人人必须遵守的规章制度和内化的精神内涵。程氏家族有着系统的家训，家训是家族祖辈对晚辈的谆谆教诲，一开始就以一种积极进取的人生观价值观来教育后代，对后人的行为处世、思想道德的培养塑造起着很大的作用。

程氏家训共由十部分组成，具体为：

1. 忠君护家：忠君爱国，遵制守法。睦里和邻，勤劳俭朴。

2. 尊祖爱幼：家境贫寒，父母不可不孝。祖宗虽远，祭祀不可不诚。子孙若愚，文化不可不学。

3. 修德求术：不论长幼大小，要以节义仁慈传家。不论穷富贵贱，要以诗书礼乐为教。

4. 正经做人：不当偷惰忤的败家子，要做真善美的正经人。

5. 和平共处：官宦贫民，一视同仁。和平共处，平易近人。勿以权欺民，勿以强凌弱。勿以富刻贫，勿以少凌长。

6. 顾全大局：不顾他人利益，非君子。不顾大局事业，非丈夫。

7. 得理让人：处人共事要原谅人，不可得理不让人。叫人原谅低人一等，原谅人高人一头。

8. 取众之长：自己的智不足，用他人的智来补。自己的仁不足，用他人的仁来补。自己的勇不足，用他人的勇来补。用他人的长，补自己的短。补足不发愁，只怕不求补。三人同行走，必有我师。

9. 计时损益：计算一年，不如计算一月。计算一月，不如计算一日。计算一日，不如计算一时。不论劳作与度日，要以一时计算损益。

10. 人生价值：寿命长短，时间是尺子。人生价值，功德是戥称。①

以上十条家训对族人影响甚大，对族人的教育起了很大的作用。家训强调孝敬父母长辈，要为官爱民勤政，要不忘祭祖不忘本，要与人为善，不欺压百姓，要帮助需要帮助的人。每一条都是衡量族人前进的标尺，引导族人如何前进，所以程氏家族的人们在兴盛时期也大多低调行事，如程启南为官期间清正廉洁，处处为百姓着想，被评为“天下第一廉吏”；十九世程砚祖谦和有礼，乐于助人，据记载，程砚祖晚年更加谦和。有一次在家中发现一窃贼，家人准备抓去送官，而砚祖却说“此某先生也，岂梁上君子哉”，并且“邀之别室食以酒食”劝诫这位窃贼，曰：“此事非吾辈所为，一经发觉不止贻君羞，且为儒林玷，如困乏何妨明告。”书生津津汗下，惭惧而去。对待外人尚且如此，面对自己族人有困难，砚祖更是慷慨解囊，砚祖“族叔家千贫不自给，割田百亩使之耕种，不责租粟”；此外程嘉绩、程伟绩、程乘龙等是程氏家族有名的孝子；程康庄、程进琳、程林宗等潜心研究学问，著述颇多，正是把严格的家训化为内在的动力，时刻谨记律己才能有程氏家族的兴盛。

（三）程氏家族家风的传承

1. 乐善好施、助人为乐

程氏家族从始祖程敏开始就一直坚持乐善好施这一美德。1351 年，程敏从河南迁到武乡后，辛勤劳动，没几年便在武乡成家立业，成家之后，

---

① 程春虎：《武乡程氏家谱》，香港天马出版有限公司 2007 年版，第 803-804 页。

程敏别出心裁，在大门的“门脑”[①] 上刻上了“信义”两个字，以代表“程家讲诚信，有礼义”[②]，之后子孙后代纷纷继承祖训，以义字当先，“信义”二字从元朝一直沿用至明朝。

从始祖程敏开始，程氏家族世代就以义、善为先。五世祖程碧经常在农忙时节帮助村里的人劳作，并且在明英宗正统六年全国大荒时果断捐粮三千石以救灾；十九世程先民设学授徒，遇到因贫穷而交不起学费的学子便免费对其教学，“曰天下之最苦者莫如贫，贫无以学者，其苦尤甚，吾不忍及吾身而坐使其辍学也”[③]，闻者叹服；十九世程砚祖对窃贼宽容大度，使窃贼“津津汗下，惭愧而去”，遇到族人贫困便“割田百亩使之耕种，不责租粟”，得知自己病重后，“取佃户欠租簿据，及其他债券悉付之火”，并对其子曰，“勿以善小而不为，勿以恶小而为之”，“勿使吾家累世清德至汝等而不保也”等等。程氏家族世代正是奉行这一准则才能以助人为乐，赢得别人的赞誉。

2. 清正廉洁、克己奉公

武乡县程氏家族从步入仕途开始就一心为民，克己奉公。十一世祖程启南，在任襄阳推官期间，看到税监欺压、勒索百姓，启南便不顾一己之利多次与税监作斗争，在斗争中启南“断案如流，多所平反”，深得人民爱戴。在启南离开襄阳时，当地百姓为启南与羊叔子同建一祠以表纪念。天启二年（1622）朝廷考核天下官吏，启南被誉为“天下廉吏第一”[④]。启南担任太常寺卿时正值魏忠贤阉党得道，面对阉党祸坏纲常、屠戮忠良的倒行逆施，启南愤起反抗，不顾一己之身“抗疏劾之”，多次上疏均被阉党扣压，面对阉党的恐吓，启南没有被吓倒，凛然不惧再次上疏。然而，启南的上疏“忤忠贤意，即日斥退”，于天启五年（1625）启南罢官归乡。天启

① 门脑：即大门的门楣，一般人家会在门楣上刻写吉祥的字词。

② 程春虎：《武乡程氏家谱》，香港天马出版有限公司 2007 年版，第 746 页。

③ 程春虎：《武乡程氏家谱》，香港天马出版有限公司 2007 年版，第 713 页。

④ 张德信：《明代职官年表》，黄山书社 2009 年版。

七年（1627）八月，熹宗薨，其弟朱由检即位，改元崇祯，新帝崇祯大肆剿灭阉党，于崇祯二年（1629）“己巳起升王父通政司通政使，谓王父敢言不俯权党，荫一子入监读书”①，“旌不附忠贤也”，启南被重新起用，任工部左侍郎。正当程启南重新被委以重任后准备大刀阔斧地成就一番事业时，皇帝重新起用太监张彝宪管理户、工二部，张彝宪的地位凌驾于尚书之上，大有恢复明熹宗时期的阉党专政的局面。面对这种情况，程启南毅然选择辞官归乡，不愿与阉党为伍，连上十一疏请辞。启南辞官后回到故乡武乡县，据旨意居住在城南亭川（今武乡县故县）。启南虽长时间官居高位，但是却低调行事，从不以权谋私，“迨归即绝意仕进，屏居不揖客，长吏罕识其面”②，以研究学术为乐。启南一生为官清廉，心系故乡，心系百姓，事事从百姓的利益出发，不畏强权，勇于同阉党作斗争，受到官民一致好评。

十二世程嘉绩，启南子，任南北太常寺典簿，任职期间，嘉绩刚正廉洁，“所辖有庖人乐舞生二千六百员□几六千金，故事簿朘削自润，嘉绩不私一钱”③。后迁左府都事，嘉绩在任期间多次审理积案，为无辜者平反。

十二世程皋绩，启南子，任蓬莱知县。在任期间，皋绩清廉自持、衣着朴素，“清介自持，衣不重帛，食无兼味，从不以赎锾入箧中”④，面对当地陋规“八保敛百金皆奉邑令实私囊”，皋绩笑之曰：“吾无用阿堵为也”，即裁之。皋绩心系百姓，“事切民生，力为之，惟恐不及”⑤。任登州府同知不满三年，致仕归，行李萧然。归乡后皋绩杜门不出，每日博览群书，以教子孙后代为乐，怡然自得。

---

① （清）程康庄：《自课堂集》，卷一，文集，《先王父资善大夫加工部尚书服俸管佐侍郎事程公行述》。

② 民国《武乡县志》卷四《艺文》，第 433 页。

③ 乾隆《沁州志》卷六《人物》。

④ 乾隆《沁州志》卷六《人物》。

⑤ 《山西通志》，卷一百五十，中华书局版，10440 页。

二、武乡程氏家族治学状况

文化是一个民族、一个国家不断发展的不竭动力，没有文化的支撑就没有发展的内在动力，对于一个家族也是如此。程氏家族作为科举家族，对于文化的重要性，他们有着更加深刻的理解与认识，所以程氏家族一直以来非常重视后人对诗书的学习，在《武乡程氏家谱》家教篇导言中就明确规定“不论贫富贵贱，要以诗书礼乐为教”。当然严格的治学之风并不是让所有族人都考取功名，而是要让族人通过学习礼仪诗书能够明大义、知廉耻，继承祖先遗志。

（一）武乡程氏家族严格的治学之风

程氏家族从十一世程启南中进士以来真正步入了科举家族，为了光大门楣使家族继续发展下去，程启南非常重视对其后代的教育。程启南有六子、十一孙、二十四曾孙、二十四名三世孙。其中六子中长子嘉绩为廪生入太学、次子伟绩为例贡、三子奇绩为生员，四子兰绩为增生、五子皋绩为进士、六子遒绩为岁贡；孙康庄为拔贡，少年时随其祖父启南在京读书、康年岁为贡、康世为生员、康祉为生员，康舄为生员、康阜为生员、必达为举人、期达为武生、颖达为生员、夫达为生员、之苗为典吏；曾孙程正为例贡、程骧为举人、写则为举人、日荣为生员、日乾为武生、日升为廪生、程珩为生员、程瑆为武生、程玳为生员、程詥为武生、程让为奉祀生、程直为岁贡、程仁为恩贡、程义为生员、程礼为岁贡、登舟为生员、登瀛为生员；三世孙其益为增生、其观为增生、其扬为例贡、其名为生员、其治为生员、其誉为生员、其永为生员、其若为廪生、其玫为生员、其德为监生、其位为生员、观进为奉祀生、观生为拔贡、克家为监生、克建为生员、克壮为武生、玺静为监生、孝逸为监生、立本为监生。[①] 程启南三世内子孙共六十五人，只有十一人从农，其余最低为生员，如表 5-1 所示：

表 5-1　程启南（进士）一脉功名情况表

<table>
<tr><th>子</th><th>孙</th><th>二世孙</th><th>三世孙</th></tr>
<tr><td rowspan="8">嘉绩
（廪生，太学生）</td><td rowspan="5">康庄
（拔贡）</td><td rowspan="2">正（例贡）</td><td>其益（增生）</td></tr>
<tr><td>其观（增生）</td></tr>
<tr><td rowspan="3">骧（举人）</td><td>其扬（例贡）</td></tr>
<tr><td>其显（廪生）</td></tr>
<tr><td>其名（生员）</td></tr>
<tr><td rowspan="3">康年
（岁贡）</td><td rowspan="2">写则（举人）</td><td>其治（生员）</td></tr>
<tr><td>其誉（生员）</td></tr>
<tr><td>奎（农）</td><td></td></tr>
<tr><td rowspan="7">伟绩
（例贡）</td><td rowspan="3">康世（生员）</td><td>日荣（生员）</td><td>其永（生员）</td></tr>
<tr><td>日乾（武生）</td><td></td></tr>
<tr><td>日升（廪生）</td><td>其若（廪生）</td></tr>
<tr><td rowspan="4">康祉（生员）</td><td>珩（生员）</td><td>其玫（生员）</td></tr>
<tr><td>珵（武生）</td><td></td></tr>
<tr><td rowspan="2">玳（生员）</td><td>其德（监生）</td></tr>
<tr><td>其位（监生）</td></tr>
<tr><td>奇绩（生员）</td><td>之苗（典吏）</td><td>如桥（农）</td><td></td></tr>
<tr><td rowspan="5">兰绩
（增生）</td><td rowspan="4">康舄
（生员）</td><td>谦（农）</td><td>观进（奉祀生）</td></tr>
<tr><td>詥（武生）</td><td>观大（农）</td></tr>
<tr><td>诚（农）</td><td></td></tr>
<tr><td>让（奉祀生）</td><td>观兴（农）</td></tr>
<tr><td>康阜（生员）</td><td>直（岁贡）</td><td>观生（拔贡）</td></tr>
</table>

① 程春虎：《武乡程氏家谱》，香港天马出版有限公司 2007 年版，第 73—77 页。

续表

子	孙	二世孙	三世孙
皋绩（进士）	必达（举人）	仁（恩贡）	克家（监生）
		义（生员）	克建（生员）
		礼（岁贡）	克壮（武生）
			玺静（监生）
遒绩（岁贡）	期达（武生）	登舟（生员）	孝逸（监生）
	颖达（生员）	登瀛（生员）	孝真（农）
		登右（农）	
	夫达（生员）	登左（农）	立本（监生）
		登岸（农）	克广（农）

资料来源：程春虎：《武乡程氏家谱》，香港天马出版有限公司 2007 年版，第 73—77 页。

据上表，我们可以看出个人的科举功名对于后代的影响，总体来说启南一脉呈良性循环。程氏家族的进士和举人全部出自启南一脉，而且五贡中启南一脉有十人，占总人数的 33%，取得这么好的功名，究其原因还是启南一脉注重自身的学识修养以及对子孙的培养。如启南修双修寨后闭寨不出，每日与孙康庄潜心研究学问；皋绩致仕归之后“每日博览群书，以教子孙后代为专业，怡然自得”。又如必达任文水县教谕，管理孟祁两县学事，“所至以力学修行，劝励士子皆能识拔其后杰者”。连续几代取得功名实属不易，随着受教育的人数越来越多，程氏家族也不断繁盛。在古代教育与科举紧密联系，读书是改变出路的重要途径，明白了这点，程氏家族在发展中更加重视教育的作用，严格的治学态度为程氏家族储备人才，进而取得政治影响和经济效益，这种良性循环的实现，使得程氏家族最终变成官宦之家。

（二）武乡程氏家族文学成就

《武乡县志》在第三卷文苑篇前言讲道：“立德、立言、立功于古称三不朽，顾德不可见，可见者言与功而已，出则为事业，处则为文章，其实一也。论者谓先器识而后文艺，夫器识者，德所见端，事业之根柢，而文章因之。视夫一行一节之长称述里巷者为不侔矣。故即次于人物之后，俾观者咸知所向，慕求自立焉”①。程氏家族的族人在立功和立言方面都做得相当出色，作为一个科举家族，在取得功名之后首要的就是寻求文化的发展，为培养后代做准备，作为一个大家族，程氏家族在著述方面贡献突出。据统计程氏家族中有著述的有 16 人，见表 5-2 所示，其中最为著名的为程氏家族十三世程康庄。

程康庄，启南孙，天资颖悟，学问渊博，与其政绩相比，他的文学成就甚为突出，在镇江做官期间与江宁布政使王阮亭（即王士祯）以文相知，人称为“上下江诗伯”。陈其年多为其诗词评析，并将康庄列入清初四大文豪，并将其诗选入《四大家文选》，在镇江时康庄与当时的名流如吴伟业、宋琬、施闰章、钱谦益、杜浚、王士禄、王士祯结交，颇受当时文人大家关注。程康庄的存世著作有《自课堂集》，收录在《山右丛书初编》中，《自课堂集》包括文集一卷、诗余一卷、诗选一卷、《衍愚词》一卷、《程昆仑文选》四卷、《程昆仑诗选》两卷。除了是著名的文学家，康庄在书法方面也颇有造诣，并喜好搜集古人碑帖，在镇江时补刻《瘗鹤铭》一事，在当时儒士中传为美谈。焦山《瘗鹤铭》极其珍贵，被历代书家称为“大字之祖”“书家冠冕”“神仙之迹”。但到了程康庄时，这一著名石刻已经毁没于江水中，铭石崩裂于潮汐，字迹毁损惨重。程康庄为挽救至宝而苦求拓本，然后依据初拓全本作了补刻，放置在海云堂两庑中，并写了《瘗鹤铭跋》一文记述其事。在焦山碑林中，现在也珍存有程康庄的诗碑，其行书颇有“颜柳风骨”。

除了程康庄，程氏家族还有许多文学修养极高著作颇多的人，如十一世程启南，在其辞官之后回到故乡，修建双修寨，即现在的大寨，在寨内

---

① 民国《武乡县志》卷三《文苑》，第 313 页。

和其孙康庄潜心研究《易经》和著名的医学著作，先后著有《易经宗圣录》《集贤录》《易时草》《阴符经解》《医学撮要七类》《心著集解》等。其书卷帙浩繁，但苦于“无余资，不能尽显于世”，可惜在传世中这些作品都遗失了，没能保留至今。不过在翻阅资料中找到一首启南的诗《皋狼图》：“满目浓阴入望迷，杏花深处飐青旗。征云远护平川路，细雨斜侵古寺碑。牛背一声横笛断，山头几阵乱鸦悲。行人问酒何方是？遥指前村半掩篱”①，诗中充满着启南对故乡山川草木的热爱之情。除此之外他还为《武乡县志》作序（《邑人程启南旧序》），并作《三官庙记》等文章。

十二世程皋绩写的《创立南关镇义学碑记》，文中处处强调做学问的重要性，认为“天之下地之上，寥兮浩浩乎其无垠，将以何物塞之，或以文章而不原于道德，则华而不实，或以事业而不本于学问，则流为刑名法术，而去圣人之道远甚”②。此外在文中他还叙述了创立义学的不易，鼓励学子好好研究学问。

十五世程进琳著《乡党讲义》《课徒草》《纲鉴史览》等。

十七世程步堂作《十景词》分别赞美当地十个著名的美景，分别为鼙山、漳水、南亭、北漳、东沼、南山、皋狼、龙洞、崇城和故城，其诗歌如下：

鼙山耸翠：空翠著层峦，秀色堪餐，望来浑有画来难。近视不知何处所？只好遥看。终古恁回环，无始无端，峨峨不是两鬟烟，赢得岚光常满郭，城挂鼙山。

漳水回澜：出郭叹汪洋，云是清漳。波澜壮涌乱流狂，顿使涟漪成激湍，一片寒光。望处总苍茫，浩浩荡荡，如斯逝者为谁忙，惹得渔人夸自在，曲奏沧浪。

---

① 山西省武乡县县志编纂委员会：《武乡县志》，山西人民出版社 1986 年版，第 429 页。

② 民国《武乡县志》卷四《艺文》，第 410 页。

南亭烟雨：小雨润无声，雾淡烟轻，楼台上下不分明。何处酒家篱半掩，老屋斜横。绿野有人耕，岭角云生，问谁破伞手中擎，定是寻诗犹未就，策蹇行行。

北漳夜月：漳水日悠悠，浪拍天浮，波心滚出水晶球，望里光芒还四射，照彻清湫。回首更凝眸，道院深幽，亭亭双桧翠云流，何处钟声飞入耳，月满芦洲。

东沼风荷：小渚傍岩阿，水浅花多，游鱼上下总随波，陡起轻风三五两，摆动新荷。绰约竟如何？偏反阿那，娇羞那惯恁消磨，镇日池边携酒醉，爱尔婆娑。

南山锦浪：木叶半含霜，菊绽花黄，抛来碎锦满山庄。晕紫添红争绚烂，疑是霞光。树杪淡斜阳，石径荒凉。秋深山色果如状，向晚停车看不足，远上高岗。

龙洞灵湫：石洞小而幽，中有灵湫，闲来胜地独勾留。那得清光常若此，谓有源头。山险暮云稠，欲断还流，溅溅泻出碧如油，化作甘霖千万点，润我田畴。

皋狼牧雨：云气荡虚空，山色鸿蒙，倒骑牛背任西东，短笛无腔时一弄，笑煞樵童。十里杏花红，罨画偏工，蓑衣箬笠旧家风。遥指踏青人未返，屐半泥融。

崇城岩险：老气镇乾坤，雨脉云根，岭嶒竦处果堪尊。笑尔诸峰环左右，貌若儿孙。何必洗头盆，险比龙门，神工鬼斧削无痕。绝顶河山凭一览，日射朝暾。

故城都会：极目望平原，车马喧喧，无情涅水任潺湲，流尽古今兴废事，剩有城垣。笑语杂人言，市井田园，河山巩固晋阳藩。共说皋狼名胜地，风日晴暄。①

---

① 山西省武乡县县志编纂委员会：《武乡县志》，山西人民出版社 1986 年版，第 423—425 页。

这十首诗收录在民国版《武乡县志》中，绝妙押韵的诗句描写着武乡的景色，表达着作者对自己故乡山水的热爱。

十八世程林宗著《孟子醒批》《史记文津》《左传琼林》《昆仑年谱》《司空家乘》《介山文编》《惊邻诗草》凡七种，名其集曰麟趾堂，可惜没有传世保留下来。在道光乙酉年，林宗创建《程尚书六子谱》。

表 5-2　程氏家族历代著作表

世系	作者	科举功名	著作、诗词及其他
11	程启南	进士	《易经宗圣录》《集贤录》《也足园易时草》《阴符经解》《医学撮要七类》《心著集解》；武乡县志序《邑人程启南旧序》《三官庙记》；诗《皋狼图》
12	程嘉绩	太学生	诗一首《故城》
12	程皋绩	进士	《创立南关镇义学碑记》《四书心得》《诗经集解》
12	程遒绩	岁贡	《白马山重修西齐王庙碑记》
12	程丕绩	生员	《八老会》
13	程康庄	拔贡	《自课堂集》《秋山红树阁诗集》《眷西堂集》《衍愚词》一卷、《程昆仑文选》四卷、《程昆仑诗选》二卷，补刻《瘗鹤铭》碑文，还有《全清词》中收录的程康庄词作 44 首。
13	程康年	岁贡	重修白马山碑文、诗一首《南山寺重九前一日作》
13	程康世	生员	八老图诗并序
14	程定	恩贡	雍正七年续修《程氏家谱》
15	程进琳	进士	《乡党讲义》《课徒草》《纲鉴史览》
17	程步堂	例贡	《十景词》《忆病述略》
18	程林宗	嘉庆癸酉拔贡	《孟子醒批》《史记文津》《左传琼林》《昆仑年谱》《司空家乘》《介山文编》《惊邻诗草》凡七种，名其集曰麟趾堂；《南亭诗钞序》《路记》《新修大云寺记》《娲皇圣母庙碑记》《护国显济王庙碑记》《程汝予墓志》道光乙酉年创建《程尚书六子谱》。
19	程先明	岁贡	《午桥诗草》
	程世能		《武乡县记》
	程衍株		《观音阁》
	程之诏		《天台山咏》

资料来源：程春虎：《武乡程氏家谱》，香港天马出版有限公司 2007 年版。

现在所记载的武乡程氏家族的著作不是很多，由于遗失、漏记等原因，上表中所列，就是所有程氏家族的著述。从表中看出程氏家族的文化积淀是从十一世程启南开始的，到了十二世、十三世达到一定的高度，到了后期也不乏其人，但是终究无法超越十二世、十三世的水平。从这点可以看出，著述水平与科举水平是有一定联系的，虽然不能说五贡以上功名取得者都有著作，或者五贡以下的就没有著作，但是在很大程度上，一个人的科举水平直接决定了其著述的能力大小，在古代，科举、做官、学问三者是息息相关的，武乡程氏家族著作较少当然有遗失的原因，但是笔者认为很大一个原因还在于程氏家族在科举方面水平不够高，因为在程氏家族生员是占绝大多数的，所以在著述方面还是有一定差距的。

第六章 武乡县程氏家族兴盛的原因

武乡县程氏家族是当地一个典型的科举家族，兴盛于科举，也衰落于科举，关于程氏家族兴盛的原因，笔者从家族的自我修养、与其他大族缔结姻亲两个方面进行分析。

一、武乡程氏家族的自我修养

一个家族的自我修养是其能够不断发展的根源所在，武乡程氏家族的自我修养主要体现在以下几个方面：

（一）编修家谱

自宗法废而后谱兴，编修宗谱成为重要的宗族活动之一，修谱的意义不言而喻。首先，家谱是每个人追根溯源的依据。“夫木有本，水有源，则知物各有自始，而古来仁人孝子未有不溯源者。故我族十一世祖讳启南者兴怀追远之道，念切敦睦之谊，探本穷源，分支别派以著为谱”①，而认祖归宗不仅可以认知自己祖先的历史，而且对后代的发展起着重要的激励作用。其次，宗谱是记载一个人及其家族信息来源的重要载体。“夫谱，家史也，要以传信”②，家谱记载了族人的生卒、婚姻等基本信息，在传统社会中是一个人的重要凭证。最后，家谱具有教化功能。“我程氏家族历来家教严谨，不论贫富贵贱，要以诗书礼乐为教，不论长幼大小，要以仁慈俭朴传家。教育子女，非礼勿视、非礼勿听、非礼勿言、非礼勿动，诚信做人”③。程氏家族家教严谨，对于族人的行为具有很好的约束力。

除此之外家谱的编修还能够提高族人的向心力和凝聚力。随着程氏家族发展的日益壮大，五世分支，九世分门，而且不断从信义村迁往别地，这样就会导致各支各门之间的联系不再紧密，甚至几世之后都相互不认识，所以续修家谱是非常必要的。程氏家族有记载的大规模修谱共有四次，第一次就是程启南立谱，由于编家谱是一件费时费力且需要大量财力的支撑才能完成，所以一直到十一世程启南才开始立谱。吏部尚书吴宗达、郑继之，礼部尚书黄士俊等曾为程氏族谱写序。第二次编修是十四世程定，在雍正七年续修程氏家谱。第三次是十八世程林宗，于道光乙酉年（1825 年）创建程尚书六子谱，十八世程文成撰续编家谱序。第四次是二十三世程春虎于 2005 年完成程氏家谱的修订。由于战乱等原因，程氏族谱在传承的过程中不断遗失，到了二十三世程春虎时，“旧谱失落残缺不全，新谱未曾建立，若再不抢救，恐有失传忘本之患”④，所以程春虎及时将编修程氏家谱

---

① （清）程定编：《续抄程氏家谱序》，转引自程春虎：《武乡程氏家谱》，香港天马出版有限公司 2007 年版，第 17 页。

② （明），程启南编：《程氏家谱序》，转引自程春虎：《武乡程氏家谱》，香港天马出版有限公司 2007 年版，第 14 页。

③ 程春虎：《武乡程氏家谱》，香港天马出版有限公司 2007 年版，第 802 页。

④ 程春虎：《武乡程氏家谱》，香港天马出版有限公司 2007 年版，第 32 页。

提上日程。这四修家谱除了便于族人寻根问祖，更重要的是使得族人不管远在何方都是一个整体，只有家族团结才能向前发展，所以程氏家谱的编修也有利于程氏家族的兴盛。所以在一定程度上，家谱的不断编修是促进程氏家族不断进步的原因之一。

（二）以诗书传家

武乡程氏家族自从元末迁居武乡信义以来以农耕立家，世代为农，到了五世祖程盛时考取生员，六世祖程彬为义官，七世祖程茂为义官，程暹为贡生，八世祖程节为义官，程和为义官，九世祖程继张为贡士，程继周为生员，程继孔为荆山驿宰，程继文为义官，程继孟考取岁贡，十世祖程尧卿为义官，程晋卿为附监生，程视箴为儒官，程听箴为吏员，程言箴为儒官，程动箴为守备，此时程氏家族每代人中都有考取功名者，大部分为低级功名，而且基本为低级官员，但是这些为之后家族的兴盛奠定了基础。程氏家族真正的兴盛是从十一世程启南开始的，随着启南官位的不断升高，程氏家族在地方的影响力也越来越大，家族内部也更加注重对后代的教育，启南在归乡之后除了教育后人之外与其孙康庄潜心研究学问，为后人做榜样，十二世嘉绩等在归乡之后也致力于对其子孙的教育，丝毫不松懈。十六世程百里，为村塾童子句读师，文武皆通，亲自教习子孙及当地幼童，成绩显著，“道光甲午乙未间，汪学使案试沁郡，有幼童默写十三经一无伪误，甚蒙叹赏，即其长子起鹏也，次子展鹏十数岁时五经亦默诵无遗。又亲教诸孙，于五经四子书俱能成诵。堂侄步堂六岁失怙，教之读，如教其子，凡子侄辈开笔为文俱令受业于邑……因益尽心教其子侄，百里处蒙馆三十余载，授徒百余人，能诵五经者数十人，以默经入泮者有沁郡白受采，默十三经者，起鹏外有同邑李彦芳。邑进士李重华询其督课法，曰：‘吾必使动于背诵，只是立志耐久不辞吃苦耳。’李深叹服之”①。除此之外程氏家

① 程春虎：《武乡程氏家谱》，香港天马出版有限公司 2007 年版，第 715 页。

族还有许多致力于教育后代读书之人。

古代科举制度将读书、入仕紧密结合在一起，程氏家族能够人才辈出，代代有五贡功名取得者，不得不说是程氏家族严格的教育而取得的。读书教育为程氏家族储备了足够的人才，成为程氏家族在政治上获得功名，走上科举家族的道路的根本原因。

（三）严格的家训

俗话说“成功易，守功难”，而对于一个家族来说也是同样的道理。家族兴盛一时只需一个人就可以做到，而要保持家族一直兴旺则要靠家族内部的管理，家风家训是一个家族发展的精神支柱，是一个家族成员必须要遵循的家法，有了家训，一个家族才能严格律己，才有向前发展的动力。程氏家族的家训共有十条，第一条就规定要忠君爱国，睦里和邻，遵纪守法，体现了程氏家族作为古代士大夫对君主和国家的热爱和责任。尊君之外程氏家族非常注重敬祖和孝敬父母，家训第二条规定，“家境贫寒，父母不可不孝，祖宗虽远，祭祀不可不诚”，体现了程氏家族对孝悌和敬祖的重视。除此之外程氏家族还非常重视仁礼，“不论长幼大小，要以节义仁慈传家。不论穷富贵贱，要以诗书礼乐为教”。程氏家族一开始便秉承对人友善、助人为乐的精神，才有了五世祖程碧捐粮三千石的义举，正是有了前人的积淀，才有了程氏家族十一世祖程启南为官清廉，被评为“天下第一廉吏”和坚决与阉党作斗争的气魄。把具体的家训化为内在的动力成为程氏家族发展的不竭动力。

二、武乡程氏家族与其他大族缔结姻亲

在古代，男娶女嫁意味着两个家族的结合，家族与家族之间的联姻是家族扩大实力的一个较为便捷的方式，通过联姻两个家族就成为一个命运

共同体，荣辱与共，而在这个过程中最重要的就是门当户对。程氏家族利用姻亲关系在当地构建了一张很大的社会关系网，不仅提高了程氏家族在当地的声望和实力，而且有利于其在官场上的发展。由于古代家谱中妇女上谱者甚少，所以程氏家族与其他大族的联姻只能通过程氏家族的封赠情况、贞节烈女旌表和县志中对程氏家族重要人物介绍、程康庄《自课堂集》中对其祖父程启南的行述一文以及程康庄的墓志铭中进行统计。

以程启南一脉为例，据程康庄《自课堂集》中先王父资善大夫加工部尚书服俸管佐侍郎事程公行述和毕振姬所著《奉政大夫耀州知州程工暨宜人合葬墓志铭》中记载十一世到十五世五代人的婚配情况如下：

十一世程启南，进士，工部尚书，元配为高氏，沁州生员高公文斗之女；万历三十四年丙午六月二十八日亥时娶继妻张氏，沁州儒官张公信之女，读书识大义，数劝启南罢官休舍。

十二世程嘉绩，刑部云南清吏司郎中，元配李世，巩昌府经历李公佳之女；继妻魏氏，儒官魏公烁之女；继妻魏氏，兵部尚书魏公云中之女；继妻赵氏，儒官赵公良珍之女。

十二世程伟绩，以增广生入太学，万历癸丑娶户部江西司主事魏公之幹之女，继妻魏氏行唐知县魏公国楧之女。

十二世程兰绩，增广生，娶沁州生员杨公起龙之女。

十二世程皋绩，举人，娶榆社赠中书舍人李公可绪之女，为宛平县君李公锦制女孙。

十二世程迺绩，廪生，娶沁州儒官李公应试之女。

十三世程康庄，拔贡，娶沁州增生刘公光彦之女，为黄岗知县刘公梦周女孙。

十三世程康年，县丞，娶太康知县魏公令望之女。

十三世程康世，生员，娶沁州癸酉举人刘公光蔚之女，为徐州同知刘公梦弼女孙；继妻省祭李时化之女；继妻魏永康之女。

十三世程康祉，增广生，娶生员魏启中之女。

十三世程康舄，生员，娶江宁知县杜君来凤之女。

十四世程正，增贡，县丞，娶廪生魏间大之女。

十四世程骧，举人，娶魏运兴之女。

十四世程为则，举人，娶生员李光春之女。

十五世程其益，增生，娶进士魏名大孙女，继国学李廷机之女。

十五世程其观，增生，娶生员冯云卿之女。

十五世程其扬，贡监，聘生员李光春之女。

十五世程氏，康庄女，嫁与士人张际亨为妻。

十五世程氏，康庄女，嫁与士人赵伟侯为妻。

十五世程氏，康庄女，嫁与士人杜其兢为妻。[①]

注：十四世程正婚配情况在毕振姬所著《奉政大夫耀州知州程工暨宜人合葬墓志铭》中和在程康庄《自课堂集》中先王父资善大夫加工部尚书服俸管佐侍郎事程公行述不同，在康庄墓志铭中记载程正正妻一个，魏氏，魏令望孙女；继妻两个为韩贡士正之女和杨春耀之女。

从启南一脉可看出，程氏家族联姻对象主要在本地，且与当地大族魏氏家族多次结亲，且门户相当。除了程氏家族迎娶其他名门女子为妻之外，程氏家族的女子在联姻方面也起到关键的作用，如表 6-1 所示，可以看到的史料显示武乡程氏家族女子大部分都嫁与中高级官员，当然不可能代表全部女子的归宿，但是这也说明女子联姻对于程氏家族扩大家族势力起到关键的作用。不仅在地方，在其他省份甚至中央都有了关系网，对程氏家族的兴盛起着很大的作用。

---

① 资料来源：程康庄《自课堂集》中《先王父资善大夫加工部尚书服俸管佐侍郎事程公行述》和（清）毕振姬所著《奉政大夫耀州知州程工暨宜人合葬墓志铭》中记载。

表6-1　武乡程氏家族女子姻亲表

魏门	户部主政魏之干妻
魏门	督察院右副都御史魏光绪妻
陈门	苏州府知府陈所行妻
史门	程氏其若之女，进士奉新县知县史谦光妻
魏门	程氏林宗之妹，进士平阳府教授魏凤书妻；凤书再娶程氏麟焰之女
李门	程氏羽中霄之女，进士翰林院编修李端贵妻
李门	布政司李成元妻
魏门	崇仁坊魏绳绪妻
李门	邵渠村武生李三新妻
魏门	廪生魏邦奇妻
陈门	进士陈所行妻
李门	生员李之瑨妻
段门	生员段恭候妻

资料来源：程康庄：《自课堂集》卷一，文集，64，《先王父资善大夫加工部尚书服俸管佐侍郎事程公行述》。毕振姬所：《奉政大夫耀州知州程工暨宜人合葬墓志铭》第九卷。

姻亲关系除了能够扩大家族势力，构建关系网，拓展血缘关系之外，姻亲关系的重要作用还体现在女性在生育和培养、教育后代方面。所以选择合适的女子担当家庭重任尤为重要。如十一世程启南的继妻张氏，沁州儒官张公信之女，她读书识大义，在明末宦官当道时数次劝启南罢官休舍。像这种能读书识大义的女子在程氏家族中不在少数。在古代的家庭中，尤其是丈夫早逝的家庭中，女子担任的责任就更为重大，明清时期对于女子的贞节甚为看重，一个女子能否为已故丈夫守节直接关系到这个家族的门楣荣誉，在武乡县志中就记载有许多程氏家族女子被旌表为烈女的，见表6-2。

表 6-2　武乡信义程氏家族贞节烈妇表

程禹臣妻	李氏旌表节妇
程应魁妻	崔氏旌表贞节
程宗玑女	聘廪生魏国才妻旌表节妇
程衢妻	赵氏旌表贞烈
程安民妻	白氏旌表守节
程会元妻	陈氏旌表烈妇
程骧妻	赵氏守节
程孝逸妻	陈氏烈妇
程光远妻	杜氏烈妇
程本初继妻	魏氏烈妇
程序继妻	陈氏烈妇
程可立妻	魏氏烈妇
程正中妻	李氏烈妇
程国选妻	郝氏烈妇
程明章妻	弓氏烈妇
生员程懋妻	魏氏烈妇
生员程浩妻	程氏烈妇
程好修妻	李氏烈妇
程慎修妻	窦氏烈妇
程先民妻	张氏烈妇

资料来源：程春虎：《武乡程氏家谱》，香港天马出版有限公司 2007 年版，第 661—662 页。

虽然守节在道德上是被迫的，但是也不排除很大部分女子主动情愿为丈夫守节。一般来说科举家族教育出来的女子有更浓厚的贞节意识，她们在丈夫去世之后默默地挑起家庭重任，抚养教育后代，也成为程氏家族兴盛繁荣的原因之一。

结　语

武乡程氏家族是元末至正年间从河南迁居武乡信义的一个普通家庭。经过始祖程敏及前几代人的辛勤劳作，程氏家族不仅在当地立足并且逐步成为富足的家族，为后代的崛起奠定了物质基础。武乡县程氏家族从十一世开始成为真正意义上的科举家族，之后历代人才辈出，尤其是程启南一脉，在全国各地均有为官者，在当地影响甚大。

明末清初是程氏家族最为繁荣的一个时期，在这个时期内程氏家族在许多方面都取得了很大的成就。首先，这个时期程氏家族在官场上顺风顺水，从十一世程启南官至工部尚书开始，到十五世即雍正末年，程氏家族共有38人为官，占总为官人数的60%，此时兄弟、父子同时为官者众多，而清朝中后期不再出现兄弟、父子同时为官的情况，而且也很少有取得较高功名的，也没有较高的官职，所以这个时期是程氏家族在官场上最为显赫的时期。其次，明末清初也是程氏家族文学成就最为繁荣的时期，程氏家族文学代表人物程康庄，启南孙，清初诗人，著作主要有《自课堂集》《秋山红树阁诗集》《眷西堂集》《衍愚词》《程昆仑文选》《程昆仑诗选》等，康庄与当时名流如王士禄、王士祯兄弟、施闰章、钱谦益、杜浚、汪琬等交好，与王士祯被称为“上下江诗伯”，康庄的诗还被陈维崧选入《四大家文选》中，足见康庄文学修养之高深。再次，此时期也是程氏家族拓宽关系网的时期，通过对程康庄墓志铭及其《自课堂集》的记载，程氏家族多与当地及周边地方大族联姻，不断形成了以姻亲关系、师门关系、同僚、同乡关系形成的一个大的交际网络，他们作为传统儒家的代表，成为地方上的权威代表。

清中期之后程氏家族渐渐衰落，科举制度废除之后，作为依靠科举兴盛的家族，程氏家族彻底失去了备感荣耀的地位。民国以来，程氏家族开始寻找别的出路，随着社会的动荡不安，军阀割据的年代，程氏家族中的有识之士开始投笔从戎，参加革命，二十二世程容成为武乡县最早的五个共产党员之一，为武乡县党组织的成立以及发展做出了非常大的贡献。除此之外程氏家族在抗战中牺牲重大，据县志记载，程氏家族有 56 名烈士，参军 82 人，为祖国的安定发挥了自己的作用。民国以来的程氏家族依然重视读书和教育，通过读书改变自己的命运，与明清时期不同，民国以来程氏家族职业多元化，开始从事各行各业。据统计，民国以来在外就职者共有 900 余人，他们在各自的岗位上发挥自己的作用，实现自身价值。

武乡程氏家族明清时期以农立家，以科举兴家，尤其是程启南之后，程氏家族成为当地有名的大族。作为当地大族，程氏家族士大夫们除了在为官期间勤恳廉政，心系百姓，在归乡养老之后也以“修身齐家治国平天下”为己任，勇于担当，把儒家伦理内化为对自己的要求，把家训传承下来。程氏家族历代士绅乐善好施，积极支持地方公益事业，热心家族及地方教育，对地方基层社会进行了有效的管理。民国以来程氏家族在地方上继续发挥着重要的作用，据统计民国以来，主要是新中国成立之后，程氏家族共有 87 人任村级干部，对维护地方稳定发挥着重要的作用。程氏家族得以发展兴盛，其根本原因是它的内在精神，这对于我们当今社会仍然具有重要的借鉴意义。

参考文献

一、文物与家谱

（一）文物

〔1〕《程氏先祖神龛》，现存于东良侯村程成大家。

〔2〕《程氏先祖神位》，现存于东良侯村程成大家。

〔3〕《程氏家族盛祖分支神布》，现存于上庄村程秃小家。

〔4〕《程氏家族原祖分支神布》，现存于故县程庆文家。

〔5〕《天下第一廉吏匾》，出自程春虎：《武乡程氏家谱》，香港天马出版有限公司 2007 年，第 866 页。

〔6〕《社稷功高匾》，出自程春虎：《武乡程氏家谱》，香港天马出版有限公司 2007 年，第 866 页。

〔7〕《天下第一江山匾》，出自程春虎：《武乡程氏家谱》，香港天马出版有限公司 2007 年，第 868 页。

〔8〕《高阁名臣匾》，出自程春虎：《武乡程氏家谱》，香港天马出版有限公司 2007 年，第 869 页。

〔9〕《程彤墓碑》，出自程春虎：《武乡程氏家谱》，香港天马出版有限公司 2007 年，第 876 页。

〔10〕军人程庆文荣誉奖章，出自程春虎：《武乡程氏家谱》，香港天马出版有限公司 2007 年，第 887 页。

〔11〕军官程桂生荣誉奖章，出自程春虎：《武乡程氏家谱》，香港天马出版有限公司 2007 年，第 869 页。

（二）家谱

〔1〕程春虎：《武乡程氏家谱》，香港天马出版有限公司 2007 年。

二、古籍与地方志

〔1〕（清）张廷玉：《明史》，中华书局 1974 年。

〔2〕（清）谷应泰：《明史纪事本末》，中华书局 1977 年。

〔3〕（明）申时行等：《明会典》，中华书局 1989 年。

〔4〕（清）夏燮：《明通鉴》，中华书局 1959 年。

〔5〕台湾中央研究院历史语言研究所：《明实录》，原北平图书馆影印本 1962 年。

〔6〕台湾中央研究院历史语言研究所：《明实录校勘记》，原北平图书馆影印本 1962 年。

〔7〕（清）赵尔巽：《清史稿》，中华书局 1977 年。

〔8〕王钟翰点校：《清史列传》，中华书局出版 1987 年。

〔9〕戴逸、李文海：《清通鉴》，山西人民出版社 1999 年。

〔10〕朱诚如：《清朝通史》（康熙朝），紫禁城出版社 2002 年。

〔11〕王云五：《清朝续文献通考》，商务印书馆 1912 年。

〔12〕（明）谈迁：《国榷》，中华书局 1958 年。

〔13〕黄云眉：《明史考证》，中华书局 1986 年。

〔14〕（明）雷礼：《国朝列卿纪》，上海古籍出版社 1995 年。

〔15〕朱保炯、谢沛霖：《明清进士题名碑录索引》，上海古籍出版社 1989 年。

〔16〕李国祥、杨昶：《明实录类纂》，武汉出版社 1992 年。

〔17〕沈云龙：《近代中国史料丛刊》，文海出版社 1966 年。

〔18〕周骏富：《清代传记丛刊》，明文书局 1985 年。

〔19〕清史编委会：《清代人物传稿》，中华书局 1984 年。

〔20〕江庆柏：《清代人物生卒年表》，人民文学出版社 2005 年。

〔21〕钱实甫：《清代职官年表》，中华书局 1980 年。

〔22〕叶恭绰：《全清词钞》，中华书局 1982 年。

〔23〕（清）蒋景祁：《瑶华集》，中华书局 1982 年。

〔24〕（清）徐珂：《清稗类钞》，中华书局 1984 年。

〔25〕王欣欣：《山西历代进士题名录》，山西教育出版社 2005 年。

〔26〕中国方志丛书：民国《武乡县志》。

〔27〕山西省武乡县县志编纂委员会：《武乡县志》，山西人民出版社 1986 年。

〔28〕四库全书存目丛书编纂委员会编：《安庆府志》，齐鲁书社 1996 年。

〔29〕中国地方志集成：康熙《安庆府志》，江苏古籍出版社 1998 年。

〔30〕中国地方志集成：道光《济南府志》，江苏古籍出版社 2004 年。

〔31〕（清）乾隆《镇江府志》，清乾隆十五年增刻本。

〔32〕中国方志丛书：民国《文水县志》，台湾成文出版社 1976 年。

〔33〕严长明：《西安府志》，三秦出版社 2011 年。

〔34〕（清）曾国荃、张煦等《山西通志》，清光绪十八年刊本。

〔35〕《三晋石刻大全——武乡县卷》，三晋出版社 2011 年。

〔36〕《三晋石刻大全——沁县卷》，三晋出版社 2011 年。

三、著作

〔1〕瞿同祖：《清代地方政府》，法律出版社 2003 年。

〔2〕臧云浦等：《历代官制、兵制、科举制表释》，江苏古籍出版社 1987 年。

〔3〕潘光旦：《明清两代嘉兴的望族》，上海书店 1991 年。

〔4〕孔令纪：《中国历代官制》，齐鲁书社 1993 年。

〔5〕山西省文献委员会：《山右丛书初编》，山西人民出版社 1986 年。

〔6〕徐开任：《明名臣言行录》，上海古籍出版社 1995 年。

〔7〕吕思勉：《中国宗族制度小史》，中山书局 1929 年。

〔8〕陶希圣：《婚姻与家族》，商务印书馆 1934 年。

〔9〕徐杨杰：《中国家族制度史》，人民出版社 1992 年。

〔10〕冯尔康、常建华：《中国宗族史》，上海人民出版社 2009 年。

〔11〕常建华：《宗族志》，上海人民出版社 1998 年。

〔12〕常建华：《明代宗族研究》，上海人民出版社 2005 年。

〔13〕常建华：《清代的国家与社会研究》，人民出版社 2005 年。

〔14〕李文治、江太新：《中国宗法宗族制和族田义庄》，社会科学文献出版社 2000 年。

〔15〕王鹤鸣：《中国家谱通论》，上海古籍出版社 2010 年。

四、学术论文

〔1〕刘广安：《论明清的家法族规》，《中国法学》1988 年第 1 期。

〔2〕张杰：《清代科举世家与地方政务——以婺源县程允中家族为例》，《辽宁大学学报》2001 年第 1 期。

〔3〕李巨澜：《浅论明清时期的族学教育》，《历史教学问题》2001 年第 2 期。

〔4〕肖唐镖：《宗族与村治、村选举关系研究》，《江西社会科学》2001 年第 9 期。

〔5〕刘永华：《明中叶至民国时期华南地区的族田和乡村社会——以闽西四保为中心》，《中国经济史研究》2005 年第 3 期。

〔6〕常建华：《明清时期的山西洪洞韩氏——以洪洞韩氏家谱为中心》，《安徽史学》2006 年第 1 期。

〔7〕冯尔康：《简论清代宗族的自治性》，《华中师范大学学报》2006

年第 1 期。

〔8〕常建华：《宋明以来宗族制形成理论辨析》，《安徽史学》2007 年第 1 期。

〔9〕王志龙：《近代安徽宗族对族田的保护——对乡俗、族规和国法的灵活充分利用》，《中国经济史研究》2007 年第 4 期。

〔10〕程敏：《山西武乡县东良侯村程氏家族研究》，《长治学院学报》2016 年第 1 期。

图书在版编目（CIP）数据

程康庄集 / （清）程康庄著；李雪梅点校. — 北京：中国文史出版社，2024.12. — （武乡历史文化通览）.

ISBN 978-7-5205-4984-4

Ⅰ. I214.92

中国国家版本馆CIP数据核字第2024VV1575号

出 品 人：彭远国

责任编辑：秦千里

出版发行：中国文史出版社

社　　址：北京市海淀区西八里庄路69号院　邮编：100142

电　　话：010-81136606　81136602　81136603（发行部）

传　　真：010-81136655

印　　装：山西人民印刷有限责任公司

经　　销：全国新华书店

开　　本：16开

印　　张：238

字　　数：3500千字

版　　次：2024年11月　第1版

印　　次：2024年11月　第1次印刷

定　　价：1000.00元（全七册）

WUXIANG WENHUA JICHENG
WUXIANG LISHI WENHUA
TONGLAN

武乡文化集成·卷一

陈建祖 主编

武乡历史文化通览

武乡古代名贤文存 郝雪廷 编

南亭诗钞 清·范士熊 编辑 马生旺 主编

中国文史出版社

《武乡文化集成》编委会

主　　编　陈建祖

执行主编　张继红

委　　员　石永兵　张碧玉　安志伟　郝雪廷
弓俊艳　杜　煜　温海明　张红伟
方小玲　刘晓芬　韩炳祥

总　序

甲辰之岁，万象更新。武乡热土上，乘新时代之春风，政治、经济、文化一体推进，正所谓政通人和，百业俱兴。

自古以来，莫不盛世修书，藉以兴文化俗。今有《武乡文化集成》之问世，摘精选要，撷英荟萃，乃国内县域文化系统整理出版之巨创，亦寻祖根，追文脉，固根基，增强文化自信之壮举，可庆可贺也！

文化之兴，缘于地理；或曰据于地理，乃出人文。

太行逶迤，上党巍巍，雄视华北，俯控中原，自古乃兵家必争之地。元人熊戴歌咏曰："天下多名山，太行居第一。泽潞伯仲间，上党天下脊。屹立界中原，形势控南北。"武乡踞上党北缘，乃千年名邦，抗战圣地。其东有板山竦立，如长城蜿蜒；其中有漳河流金，泽润乡里；其西则俯视晋中，藏风聚气。此土此境，古有商周遗物，有石勒要寨，有寺院林立，绵绵不绝，而民风俭啬，勤于耕读，崇尚勇武，远近闻名。清代乾隆《武乡县志》"风俗篇"云："武乡之为县，在万山中，金玉珠贝无所产，商贾舟车不至，民安于畎亩、诵读，无逐末游食、猎取富贵之人。""其民质而不詟，其俗俭而不猥。"此乃武乡传统文化之概要，民风之底色，文化渊源之所自。追溯千余年传统文化，不亦绵长醇厚乎！

帝制灭而共和兴，社稷衰而危亡存，仁人志士，前赴后继，奋起斗争。武乡籍共产党人、革命先驱李逸三、史怀壁、武三友等，建立中共武乡县委员会，组织"五抗"，风起云涌，艰险曲折，板山漳河间，闪耀赤色曙光。全面抗战始，抗日烽火燃烧在太行山上，八路军总部、中共中央北方局、一二九师师部开进武乡，先后驻武乡王家峪、砖壁诸地，朱德、彭德怀、左权、刘伯承、邓小平、杨尚昆等在此指挥抗战，武乡乃成太行根据

地之重镇。长乐村战斗，歼寇两千；百团大战，威震敌胆。柳沟设兵工厂，肇始军火生产，装备抗日武装；抗大、鲁艺，学校遍及山乡僻壤，培植红色基因。武乡儿女，慷慨参军，牺牲何止千万；家乡父老，纳鞋交粮，自愿支援前线；太行奶娘，忘我取义，哺育革命后代。仰望太行之巅，遍布民族脊梁；回首抗战圣地，鲜血浸染。《少年先锋》，如诗华章；抗战篇章，辉煌绚烂。此乃武乡近世文化之鲜明本色。回首武乡之红色文化，不亦感人至深乎！

斗转星移，国运昌隆；改革开放，其命维新。武乡大地，文脉绵延，异彩纷呈。其初有高沐鸿之《太行吟》，冈夫之《故城谣》，张万一之剧作《小二黑结婚》，歌咏烽火岁月，隽永悠长；继之有寓真之《行道集》，赓续家国情怀，书写不尽之乡愁。抗战文化则梳理备至，书写将军之百战智勇，战士之慷慨赴死，军火之急急生产，民众之纷纷支前，友邦之慷慨资助，红色文化，洋洋大观。作者群起，深研备至，提炼太行精神，表彰抗战英[illegible]，可歌可泣，化育万民，进而为新时代不忘初心、继续前进之强大动能。[illegible]首七十年文化景象，不亦壮观乎！

武乡文化，厚重绵长，总而成之，采而辑之，舍我其谁！县委县政府下决心，定大计，集贤能，编方案，以规范性、系统性、权威性为基准，博采旁搜，摘取英华，卷次三分。首卷为历史文化，通览千载；继之以红色文化，特色引领；卷三是现当代文化，文苑集萃，遂成20册，汇千万字，煌煌然为武乡文化史上之空前巨著。武乡文脉，一以贯穿，高如板山，长若漳河，实乃空前之壮举，既为资政要览，亦成万民寻根溯源、永久承传之宝典，具彰往而昭今之效，其价值、意义不言而喻，无庸赘述焉。是为序。

中共武乡县委员会

武乡县人民政府

2024年6月

凡　例

一、本丛书以马克思列宁主义、毛泽东思想、邓小平理论、“三个代表”重要思想、科学发展观、习近平新时代中国特色社会主义思想为指导，选取武乡文化精华，编纂而成。

二、本丛书以基础性、系统性、权威性为基本编纂标准。

三、本丛书以武乡籍贯的作者为主要选取对象，以描写或记述当今武乡地域范围内的文化为内容选取标准。

四、本丛书选取的著作体裁不限，主要选取学术著作和文学作品。为了全面记述武乡的历史文化，特别组织作者新撰了武乡历史文化的通览性著作。

五、本丛书按照历史通览、文化特色、时代新篇为基本分卷依据，分武乡历史文化通览、武乡红色文化撷英、武乡现当代文化集萃3卷，共33种著作，编为20册。

六、本丛书为集成性著作，尊重原著内容的完整性，一般不作增删；为保持观点正确、内容准确、体例统一所做的修订，均经作者完成，并经专家予以审定。

七、本丛书对每一部入选著作的内容及其作者均予简介，以便阅读和使用。

八、本丛书根据各书特点而区别整理方式，涉及古文、文献等，予以标点，并适当注释；涉及文化遗产等内容，则以图文结合的方式予以记述。

目　录

武乡古代名贤文存

郝雪廷　编

南亭诗钞

清·范士熊　编辑

马生旺　主编

武乡古代名贤文存

郝雪廷　主编

【编者简介】

郝雪廷，山西省武乡县人，1958年生。中国作家协会会员，山西省戏剧家协会会员，山西省中共党史人物研究会副会长，八路军太行纪念馆研究部原主任，山西大学马克思主义学院、山西财经大学马克思主义学院特聘教授，太行干部学院特聘专家，山西电视台“文化讲堂”特邀主讲人。先后出版纪实文学《八路军改编纪实》《追寻八路军总部》《游击队长魏名扬传奇》，长篇小说《太行山上》以及抗战史研究专著《八路军序列沿革研究》《抗战英魂录》《烽火留声——八路军将领故事集》等30余部。央视20集电视专题片《抗日中坚八路军》策划人之一；八一电影制片厂6集专题片《八路军与武乡》、山西电视台8集专题片《太行山上》撰稿人。多次接受中央电视台及有关省电视台的采访，曾获全国名人作品展示会银奖，山西省社会科学研究成果奖等。

【内容简介】

《武乡古代名贤文存》的搜集整理以散文为主，上溯商周，下达清末，从作者来说可谓宽泛，有大儒名宦、乡贤达士、客旅寓居、门馆乡民，主要内容围绕武乡人写、写武乡人、记武乡事而挑选，故其作者非止武乡一地之人，其排列则以作者生卒年为顺序。历代文人名士描述武邑风物、咏颂武邑名士、赞叹武邑名胜、记叙武邑大事的名篇佳作卷帙浩繁，诗词文赋层出不穷，大多如断线之珠，散落于浩如烟海的古籍之中，搜集整理之不易，非广搜博求不能全。为此通过各种渠道，搜寻典籍，详考碑刻，广求藏馆，遍访专家，以求少留遗憾；又详尽摘录，精心梳理，谨慎选择，认真点校，以期完美。该书篇成，又为读者打开了深入了解武乡历史人文的一扇窗户，对传承武乡文脉、发展地域文化不无裨益。

韩　非　（约前280—前233）

别称韩子、韩非子，战国时韩国（今河南新郑）人。战国时期哲学家、思想家、政论家和散文家，法家思想代表人物。韩王室诸公子之一，师从荀卿，有《孤愤》《五蠹》《内外储》《说林》《说难》等著作，大多集于《韩非子》中。

智伯请蔡皋狼

奚谓贪愎？昔者智伯瑶率赵、韩、魏而伐范、中行，灭之。反归，休兵数年。

因令人请地于韩。韩康子欲勿与，段规谏曰："不可不与也。夫智伯之为人也，好利而骜愎。彼来请地而弗与，则移兵于韩必矣。君其与之。与之彼狃，又将请地他国。他国且有不听，不听则智伯必加之兵。如是，韩可以免于患而待其事之变。"康子曰："诺。"因令使者致万家之县一于知伯。

智伯说，又令人请地于魏。宣子欲勿与，赵葭谏曰："彼请地于韩，韩与之。今请地于魏，魏弗与，则是魏内自强，而外怒智伯也。如弗予，其措兵于魏必矣。不如予之。"宣子曰："诺。"因令人致万家之县一于智伯。

智伯又令人之赵请蔡皋狼之地，赵襄子弗与。智伯因阴约韩、魏将以伐赵。襄子召张孟谈而告之曰："夫智伯之为人也，阳亲而阴疏。三使韩、魏而寡人不与焉，其措兵于寡人必矣。今吾安居而可？"张孟谈曰："夫董阏于，简主之才臣也，其治晋阳，而尹铎循之，其余教犹存，君其定居晋阳而已矣。"君是曰："诺。"乃召延陵生，令将车骑先至晋阳，君因从之。君至，而行其城郭及五官之藏。城郭不治，仓无积粟，府无储钱，库无甲兵，邑无守具。襄子惧，乃召张孟谈曰："寡人行城郭及五官之藏，皆不备具，吾将何以应敌?”张孟谈曰：“臣闻圣人之治，藏于民，不藏于府库，务修其教，不治城郭。君其出令，令民自遗三年之食，有余粟者入之仓；遗三年之用，有余钱者入之府；遗有奇人者使治城郭之缮。”君夕出令，明日，仓不容粟，府无积钱，库不受甲兵。居五日而城郭已治，守备已具。君召张孟谈而问之曰：“吾城郭已治，守备已具，钱粟已足，甲兵有余。吾奈无箭何?”张孟谈曰：“臣闻董子之治晋阳也，公宫之垣皆以荻蒿楛楚墙之，其楛高至于丈，君发而用之。”于是发而试之，其坚则虽簬之劲弗能过也。君曰：“箭已足矣，奈无金何?”张孟谈曰：“臣闻董子之治晋阳也，公宫令舍之堂，皆以炼铜为柱质。君发而用之。”于是发而用之，有余金矣。号令已定，守备已具。三国之兵果至。至则乘晋阳之城，遂战。三月弗能拔。因舒军而围之，决晋阳之水以灌之。

围晋阳三年。城中巢居而处，悬釜而炊，财食将尽，士大夫羸病。襄子谓张孟谈曰：“粮食匮，财力尽，士大夫羸病，吾恐不能守矣！欲以城下，何国之可下?”张孟谈曰：“臣闻之：‘亡弗能存，危弗能安，则无为贵智矣。’君释此计者。臣请试潜行而出，见韩、魏之君。”张孟谈见韩、魏之君曰：“臣闻：‘唇亡齿寒。’今智伯率二君而伐赵，赵将亡矣。赵亡，则二君为之次。”二君曰：“我知其然也。虽然，智伯之为人也中，粗而少亲。我谋而觉，则其祸必至矣。为之奈何?”张孟谈曰：“谋出二君之口而入臣之耳，人莫之知也。”二君因与张孟谈约三军之反，与之期日。夜遣孟谈入晋阳，以报二君之反。襄子迎孟谈而再拜之，且恐且喜。二君以约遣张孟谈，因朝智伯而出，遇智过于辕门之外。智过怪其色，因入见智伯曰：“二君貌将有变。”君曰：“何如?”曰：“其行矜而意高，非他时节也，君不如先之。”君曰：“吾与二主约谨矣，破赵而三分其地，寡人所以亲之，必不侵欺。兵之著于晋阳三年，今旦暮将拔之而飨其利，何乃将有他心?必不然。子释勿忧，勿出于口。”明旦，二主又朝而出，复见智过于辕门。智过入见曰：“君以臣之言告二主乎?”君曰：“何以知之?”曰：“今日二主朝而出，见臣而其色动，而视属臣。此必有变，君不如杀之。”君曰：“子置勿复言。”智过曰：“不可，必杀之。若不能杀，遂亲之。”君曰：“亲之奈何？”智过曰：“魏宣子谋臣曰赵葭，韩康子之谋臣曰段规，此皆能移其君之计。君与其二君约：破赵国，因封二子者各万家之县一。如是，则二主之心可以无变矣。”智伯曰：“破赵而三分其地，又封二子者各万家之县一，则吾所得者少。不可。”智过见其言之不听也，出，因更其族为辅氏。至于期日之夜，赵氏杀其守堤之吏而决其水灌智伯军。智伯军救水而乱，韩、魏翼而击之，襄子将卒犯其前，大败智伯之军而擒智伯。智伯身死军破，国分为三，为天下笑。故曰：贪愎好利，则灭国杀身之本也。

（录自《韩非子·十过》）

司马迁　（前145—？）

字子长，西汉夏阳（今陕西韩城南）人。史学家、散文家。任太史令，因替李陵败降之事辩解而受宫刑，后任中书令。创作了中国第一部纪传体通史《史记》。

管蔡世家（节选）

管叔鲜、蔡叔度者，周文王子而武王弟也。武王同母兄弟十人。母曰太姒，文王正妃也。其长子曰伯邑考，次曰武王发，次曰管叔鲜，次曰周公旦，次曰蔡叔度，次曰曹叔振铎，次曰成叔武，次曰霍叔处，次曰康叔封，次曰冉季载。冉季载最少。同母昆弟十人，唯发、旦贤，左右辅文王，故文王舍伯邑考而以发为太子。及文王崩而发立，是为武王。伯邑考既已前卒矣。

武王已克殷纣，平天下，封功臣昆弟。于是封叔鲜于管，封叔度于蔡：二人相纣子武庚禄父，治殷遗民。封叔旦于鲁而相周，为周公。封叔振铎于曹，封叔武于成，封叔处于霍。康叔封、冉季载皆少，未得封。

武王既崩，成王少，周公旦专王室。管叔、蔡叔疑周公之为不利于成王，乃挟武庚以作乱。周公旦承成王命伐诛武庚，杀管叔，而放蔡叔，迁之，与车十乘，徒七十人从。而分殷余民为二：其一封微子启于宋，以续殷祀；其一封康叔为卫君，是为卫康叔。封季载于冉。冉季、康叔皆有驯行，于是周公举康叔为周司寇，冉季为周司空，以佐成王治，皆有令名于天下。

蔡叔度既迁而死。其子曰胡，胡乃改行，率德驯善。周公闻之，而举胡以为鲁卿士，鲁国治。于是周公言于成王，复封胡于蔡，以奉蔡叔之祀，是为蔡仲。余五叔皆就国，无为天子吏者。

蔡仲卒，子蔡伯荒立。蔡伯荒卒，子宫侯立。宫侯卒，子厉侯立。厉侯卒，子武侯立。武侯之时，周厉王失国，奔彘，共和行政，诸侯多叛周。

（录自《史记·管蔡世家第五》卷三十五）

刘　向　（约前77—前6）

字子政，原名更生，世称刘中垒，西汉彭城（今江苏徐州）人。世居长安，官至中垒校尉。经学家、目录学家、文学家，其散文主要是秦疏和校雠古书的叙录，较有名的有《谏营昌陵疏》和《战国策叙录》。

知伯帅赵韩魏而伐范中行氏

知伯帅赵、韩、魏而伐范、中行氏，灭之。休数年，使人请地于韩。韩康子欲勿与，段规谏曰："不可。夫知伯之为人也，好利而鸷，复来请地，不与，必加兵于韩矣。君其与之。与之，彼狃，又将请地于他国，他国不听，必乡之以兵；然则韩可以免于患难，而待事之变。"康子曰："善。"使使者致万家之邑一于知伯。知伯说，又使人请地于魏，魏宣子欲勿与。赵葭谏曰："彼请地于韩，韩与之。请地于魏，魏弗与，则是魏内自强，而外怒知伯也。然则其错兵于魏必矣！不如与之。”宣子曰：“诺。”因使人致万家之邑一于知伯。知伯说，又使人之赵，请蔡皋狼之地，赵襄子弗与。知伯因阴结韩、魏，将以伐赵。

赵襄子召张孟谈而告之曰：“夫知伯之为人，阳亲而阴疏，三使韩、魏，而寡人弗与焉，其移兵寡人必矣。今吾安居而可?”张孟谈曰：“夫董安于，简主之才臣也，世治晋阳，而尹铎循之，其余政教犹存，君其定居晋阳。”君曰：“诺。”乃使延陵生将车骑先之晋阳，君因从之。至，行城郭，案府库，视仓廪，召张孟谈曰：“吾城郭已完，府库足用，仓廪实矣，无矢奈何?”张孟谈曰：“臣闻董子之治晋阳也，公宫之垣，皆以荻蒿楛楚廧之，其高至丈余，君发而用之。”于是发而试之，其坚则箘簬之劲不能过也。君曰：“足矣。吾铜是若何?”张孟谈曰：“臣闻董子之治晋阳也，公宫之室，皆以炼铜为柱质，请发而用之，则有余铜矣。”君曰：“善。”号令以定，备守以具。

三国之兵乘晋阳城，遂战。三月不能拔，因舒军而围之，决晋水而灌之。围晋阳三年，城中巢居而处，悬釜而炊，财食将尽，士卒病羸。襄子谓张孟谈曰：“粮食匮，城力尽，士大夫病，吾不能守矣，欲以城下，何如?”张孟谈曰：“臣闻之，‘亡不能存，危不能安，则无为贵知士也。’君释此计，勿复言也。臣请见韩、魏之君。”襄子曰：“诺。”

张孟谈于是阴见韩、魏之君曰：“臣闻唇亡则齿寒，今知伯帅二国之君伐赵，赵将亡矣，亡则二君为之次矣。”二君曰：“我知其然。夫知伯为人也，粗中而少亲，我谋未遂而知，则其祸必至，为之奈何?”张孟谈曰：“谋出二君之口，入臣之耳，人莫之知也。”二君即与张孟谈阴约三军，与之期日。夜，遣入晋阳。张孟谈以报襄子，襄子再拜之。

张孟谈因朝知伯而出，遇知过辕门之外。知过入见知伯曰：“二主殆将有变。”君曰：“何若?”对曰：“臣遇张孟谈于辕门之外，其志矜，其行高。”知伯曰：“不然。吾与二主约谨矣，破赵三分其地，寡人所亲之，必不欺也。子释之，勿出于口。”知过出，见二主，入说知伯曰：“二主色动而意变，必背君，不如今杀之。”知伯曰：“兵着晋阳三年矣，旦暮当拔之而飨其利，乃有他心？必不然，子慎勿复言。”过曰：“不杀则遂亲之。”知伯曰：“亲之奈何？”知过曰：“魏宣子之谋臣曰赵葭，康子之谋臣曰段规，是皆能移其君之计。君其与二君约，破赵则封二子者各万家之县一，如是，则二主之心可不变，而君得其所欲矣。”知伯曰：“破赵而三分其地，又封二子者各万家之县一，则吾所得者少，不可。”知过见君之不用也，言之不听，出，更其姓为辅氏，遂去不见。

张孟谈闻之，入见襄子曰：“臣遇知过于辕门之外，其视有疑臣之心，入见知伯，出更其姓。今暮不击，必后之矣。”襄子曰：“诺。”使张孟谈见韩、魏之君，以夜期，杀守堤之吏而决水灌知伯军。知伯军救水而乱，韩魏翼而击之，襄子将卒犯其前，大败知伯军而禽知伯。

知伯身死、国亡、地分，为天下笑，此贪欲无厌也。夫不听知过，亦所以亡也。知氏尽灭，唯辅氏存焉。

（录自《战国策·赵策一》卷十八）

刘　歆（前50—23）

字子骏，西汉彭城（今江苏徐州）人。世居长安，任中垒校尉、侍中太中大夫，迁骑都尉、奉车光禄大夫等。古文经学的继承者，曾与父亲刘向编订《山海经》。在校勘学、天文历法学、史学、诗等方面都堪称大家，曾著文《六略》，编制《三统历谱》等。

遂初赋（节选）

昔遂初之显禄兮，遭阊阖之开通。跖三台而上征兮，入北辰之紫官。备列宿于钩陈兮，拥大常之枢极。总六龙于驷房兮，奉华盖于帝侧。惟太阶之侈阔兮，机衡为之难运。惧魁杓之前后兮，遂隆集于河滨。遭阳侯之丰沛兮，乘素波以聊戾。得玄武之嘉兆兮，守五原之烽燧。二乘驾而既俟兮，仆夫期而在□。驰太行之严防兮，入天井之乔关。历冈岑以升降兮，马龙腾以超摅。无双驷以优游兮，济黎侯之旧居。心涤荡以慕远兮，回高都而北征。剧强秦之暴虐兮，吊赵括于长平。好周文之嘉德兮，躬尊贤而下士。骛驷马而观风兮，庆辛甲于长子。哀衰周之失权兮，数辱而莫扶。执孙蒯于屯留兮，救王师于途吾。过下虒而叹息兮，悲平公之作台。背宗周而不恤兮，苟偷乐而惰怠。枝叶落而不省兮，公族阒其无人。曰不爨而俞甚兮，政委弃于家门。载约屦而正朝服兮，降皮弁以为履。宝砾石于庙堂兮，面随和而不视。始建衰而造乱兮，公室由此遂卑。怜后君之寄寓兮，唁靖公于铜鞮。越侯甲[①]而长驱兮，释叔向之飞患。悦善人之有救兮，劳祁奚于太原。何叔子之好直兮，为群邪之所恶。赖祁子之一言兮，几不免乎徂落。

（录自宋代章樵编注《古文苑》卷五）

何　休　（129—182）

字邵公，世称何子，东汉任城樊（今山东济宁兖州区）人。儒学大师，曾任郎中、议郎、谏议大夫。著作有《春秋公羊传注疏》《春秋汉议》等。

州不若国

州不若国，国不若氏，氏不若人，人不若名，名不若字，皆取精详录也。

疏：“州不若国”，解云：言荆不如言楚。“国不若氏”，解云：言楚不

---

① 文中所写之“侯甲”，即侯甲岭，亦名胡甲岭，位于武乡县分水岭的南北通道上。郦道元在《水经注·汾水注》中说明：“有长坂，谓之胡甲岭。”

如言潞氏、甲氏。“氏不若人”，解云：言潞氏不如言楚人。“人不若名”，解云：言楚人不如言介葛卢。“名不若字”，解云：言介葛卢不如言邾娄仪父。注“皆取精详录也”，解云：正以贵重为详录，轻贱为略之也。字不若子。爵最尊，《春秋》假行事以见王法，圣人为文辞孙顺，善善恶恶，不可正言其罪，因周本有夺爵称国氏人名字之科，故加州文，备七等，以进退之，若自记事者书人姓名，主人习其读而问其传，则未知已之有罪焉尔，犹此类也。

（录自《春秋公羊传注疏·庄公》卷七）

刘　琨　（271—318）

字越石，西汉中山魏昌（今河北无极）人。中山靖王刘胜之后，晋朝政治家、文学家、音乐家和军事家。曾任并州刺史，大司空、大将军，都督并、冀、幽三州诸军事。著作有《刘琨集》及《别集》。

遗石勒书

将军诞禀雄姿勇略，自然大呼于纷扰之中，奋臂于骇乱之际，发迹河朔，席卷兖豫，饮马江淮，折冲汉沔，虽自古名将，未足为谕。所以攻城而不有其人，略地而不有其土，聚徒百万而莫为已用，翕尔云合，忽复星散，周流天下，而无容足之地，百战百胜，而无尺寸之功，将军岂知其然乎？存亡决在得主，成败要在所附；得主则为义兵，附逆则为贼众。义兵虽败，而功业必成；贼众虽克，而终归殄灭。昔赤眉盛于东海，黄巾连带三州，张昌、李辰，僭逆荆、豫，或拥众百万，横逸宇宙。所以一旦败亡者，正以兵出无名，聚而为乱。刘聪父子，戎狄凡才，乘衅肆毒，寇虐人神，杀父害弟，偷窃位号，自古及今，岂有聪比而可以正天下者乎？

见将军明鉴灼然，所宜悬了者也。况附聪之弊，渐以彰著，资财不为已用，名位不可得守，有若晨霜秋露，雰雾之气，虽朝凝而夕消，暂见而寻没也。今将军附贼，而望为民主，不亦难乎？将军以天挺之质，威振宇内，择有德而推崇，随时望而归之，勋义堂堂，长享遐贵。背聪则祸除，向主则福至。采纳往诲，翻然改图，天下不足定，鷜岂寇不足扫？成败之数，有似呼吸，吹之则寒，嘘之则温。今相授侍中、持节、车骑大将军、领护匈奴中郎将、襄城郡公，总内外之任，兼华戎之号，显封大郡，以表殊能，将军其受之，副远近之望也。自古以来诚无戎人而为帝王者，至于名臣建功业者，则有之矣。今之迟想，盖以天下大乱，当需雄才。遥闻将军攻城野战，合于机神，虽不视兵书，暗与孙、吴同契，所谓生而知之者上，学而知之者次。但得精骑五千，以将军之才，何向不摧！至心实事，皆张儒所具。

（录自《十六国春秋·后赵录》）

郦道元　（约466—527）

字善长，北魏范阳涿州（今河北涿州）人。地理学家、散文家。曾任御史中尉、北中郎将、冀州长史、鲁阳郡太守、东荆州刺史、河南尹等职。仕途坎坷，终未能尽其才。幼时曾随父亲到山东访求水道，后又游历秦岭、淮河以北和长城以南广大地区，考察河道沟渠，搜集有关风土民情、历史故事、神话传说，撰《水经注》四十卷。

浊漳水（节选）

有涅水西出覆甑山，而东流与西汤溪水合。水出涅县西山汤谷，五泉俱会，谓之五会之泉。交东南流，谓之西汤水。又东南流，注涅水。涅水又东径涅县故城南。县氏涅水也。东与白鸡水合。水出县之西山，东径其县北，东南流入涅水。涅水又东南，武乡水会焉。水源出武山西南，径武乡县故城西，而南得清谷口。水源出东北长山清谷，西南与鞞鞛（軨）、白壁二水合，南入武乡水。又南得黄水口，黄水三源，同注一壑。东南流与隐室水合。水源西北出隐室山，东南注黄水。又东入武乡水。武乡水又东南注于涅水。涅水又东南流，注于漳水。漳水又东径磻阳城北，仓谷水入焉。水出林虑县之仓谷溪，东北径鲁班门西。双阙昂藏，石壁霞举，左右结石修防，崇基仍存。北径偏桥东，即林虑之娇岭抱犊固也。石隥西陛，陟踵修上五里余，隥嵑路中断四五丈，中以木为偏桥，劣得通行，亦言故有偏桥之名矣。自上犹须攀萝们扪葛，方乃自津，山顶，即庾衮眩坠处也。仓谷溪水又北合白木溪。溪水出壶关县东白木川，东径百晦城北，盖同仇池百顷之称矣。又东径林虑县之石门谷，又注于仓溪水。仓溪水又北径磻阳城东而北流，注于漳水。漳水又东径葛公亭北而东注矣。

（录自《水经注》卷十）

魏　收　（506—572）

字伯起，北齐巨鹿下曲阳（今河北平乡）人，史学家、文学家。初以父功，任北魏太学博士。东魏时任中书侍郎，转秘书监。后北齐时官至尚书右仆射。齐文宣帝天保二年奉命著《魏书》，四年完书。

齐献武王讨尔朱兆于武乡[①]

秋七月乙未[②]，诏曰："顷永安驭运，载育皇储，遂锡泛阶，以申国庆。近经普泰，便尔中追。今罪人既殄，旧章斯复。宜述往旨，用卒前恩。皇子泛二级，悉可还授。文穆庙泛，故宜停寝。若已受者，依例追之。"庚子，以骠骑大将军、开府、南阳王宝炬为太尉公。壬寅，齐献武王率众入

① 题目为编者所加。齐献武王即高欢。

② 秋七月乙未指中大通四年（532）七月。

自滏口，大都督厍狄干入自井陉，讨尔朱兆。乙巳，齐献武王以尔朱天光、尔朱度律送之京师，斩于都市。己酉，以兼尚书左仆射、东南道大行台樊子鹄为仪同三司。庚戌，诏侍中、骠骑将军、左光禄大夫高隆之为使持节、骠骑大将军、仪同三司、兼尚书左仆射、北道行台，率步骑十万趋太行，会齐献武王。隆之解行台，仍为大丞相军司。齐献武王次于武乡。尔朱兆大掠晋阳，北走秀容。并州平。

（录自《魏书·帝纪第十一·前废帝广陵王》

庾　信　（513—581）

字子山，西魏南阳新野（今河南新野）人。文学家。先任南梁右卫将军，封武康县侯。侯景之乱时逃往江陵。后命出使西魏，因梁为西魏所灭，遂留北方，官至车骑大将军、开府仪同三司。北周代魏后，更迁骠骑大将军、开府仪同三司。死后追赠荆、淮二州刺史。有《庾子山集》传世。

周车骑大将军赠小司空宇文显和墓志铭

公讳显和，字某，上党武乡人也。自大雾浮河，长虹映渚，承源于若水，纂系于苍林。上党居韩之西，常山在赵之北，因地为氏，可略而言焉。祖求南，卫将军、冀州刺史。父金殿，征远将军、兖州刺史。并控鹤兵，俱张戎乐，声荣之盛，继踵当年。

公禀山岳之灵，擅风云之气，容止矜庄，声名籍甚。弯弧挽强，左右驰射，故得名高上谷，威振楼烦。袭爵安吉县侯，食邑五百户。永兴三年，幽、并叛换，有无君之心。帝顾谓公曰：“天下汹汹，将若之何?”公曰：“择善而从之。”乃诵《诗》云：“彼美人兮，西方之人兮。”帝曰：“是吾心也。”乃定入关之策。以公母老家大令预为计。公曰：“今日之事，忠孝不并。君不密则失臣，臣不密则失身。”帝怆然改容曰：“卿是我王陵。”迁朱衣直阁、阁内大都督，改封长广县公，邑一千五百户。

武帝初至潼关，太祖亲迎溱水。太祖素知公名而未之识也。目于众，疑而不问，直云："令此人射水傍小鸟。"应手即著。太祖喜云："我知卿名矣。"即用为帐内都督、沧州诸军事、沧州刺史，增邑并前二千五百户。黄公衡之快（决）士，魏后是以推心；潘承明之忠壮，吴王为之降礼。异代同荣，见之今日。

东夏边隅，地连荒服，井陉塞道，飞狐路断，乃以公为使持节、卫将军、都督东夏州诸军事、东夏州刺史。白波、青犊之兵，铜马、金绳之乱，莫不交臂屈膝，牵羊抱马。在州遘疾，解任还朝。小马留厩，余床挂柱，吏人攀恋，刊石陉山。虽非汉阳之城，还似扶风之路。授使持节、车骑大将军、仪同三司，加散骑常侍。以魏后元年疾甚，亡于同州，春秋五十七。天子辍乐，群公会丧。太祖亲临吊祭，哀恸左右。于时兵革交侵，普断赠谥，即以本官印绶权葬于同州之北山。今建德二年二月二十三日，迁葬于咸阳长安县之洪渎原。时逢礼乐之迁，代属讴歌之变，国虽异政，人足追荣，乃赠使持节、骠骑大将军、开府仪同三司、小司空，丹、延、绥三州诸军事、延州刺史、谥某公，礼也。

夫人高氏，渤海人也。柔参晋政，拒曹爽之异谋；起在汉庭，共王陵而俱封。况乎箴训有仪，言容以德，肃恭中兴，贤才内直。岂直不听杂乐，以变齐国之风；不食鲜禽，以断荆王之猎。昔之命葬季武子之西寝，今之同穴长平侯之北陵。

世子神举兄弟，至性纯孝，善居丧礼，有终有始，于身无改。是以宦成名，立孝显忠贞。铭曰：

北岳二名，葱河两本；其峻惟极，其源惟远。

俗禀山川，人资台衮；义烈桓桓，才雄悃悃。

乃祖乃父，继踵威雄；摐金北陆，鸣玉南宫。

隐若吴汉，贤哉窦融；负霜依德，无雷向风。

挺此含章，生兹秉德；孝实天性，忠为人则。
畅毂镂膺，燕南赵北；若水将通，九部可勒。
帷幄参谋，宫闱典职；善择忠言，能防变色。
繁弱已劲，淇园乃直；戟中小支，禽穿左翼。
建旟赤谷，挥戈武州；长城万里，河水双流。
颍川多恙，淮水未瘳；义重穿壁，恩深置邮。
于谷之口，于渭之阳；丘山零落，碑阙低昂。
草衔秋火，树抱春霜；书剑俱没，人琴并亡。
哀哀嗣子，纯心靡托；孝水未枯，悲松先落。
室进巢鶱，门通吊鹤；功臣身殒，绘图麟阁。

（录自徐立纲修编《钦定四库全书荟要·庚子山集》卷十五）

令狐德棻 （583—666）

字季馨，唐代宜州华原（今陕西耀州）人，史学家、政治家。隋朝末年，授药城县令。唐高祖时，任大丞相府记室，后任起居舍人、礼部侍郎，国子监祭酒，太常卿、弘文馆、崇贤馆学士等职。奏请重修梁、陈、北齐、北周及隋朝正史，被采纳，封彭阳郡公。龙朔二年加金紫光禄大夫。曾主编《周书》。

宇文神举①

宇文神举，太祖之族子也。高祖晋陵、曾祖求男，仕魏，位并显达。祖金殿，魏镇远将军、兖州刺史、安吉县侯。父显和，少而袭爵，性矜严，颇涉经史，膂力绝人，弯弓数百斤，能左右驰射。魏孝武之在藩也，显和早蒙眷遇。时属多难，尝问计于显和。显和具陈宜杜门晦迹，相时而动。孝武深纳焉。及即位，擢授冠军将军、合内都督，封城阳县公，邑五百户。

① 宇文神举，武乡人，鲜卑族，车骑大将军宇文显和之子。

孝武以显和藩邸之旧，遇之甚厚。时显和所居宅隘陋，乃撤殿省，赐为寝室，其见重如此。

及齐神武专政，帝每不自安。谓显和曰："天下汹汹，将若之何？"对曰："当今之计，莫若择善而从之。"因诵诗云："彼美人兮，西方之人兮。"帝曰："是吾心也。"遂定入关之策。帝以显和母老，家累又多，令预为计。对曰："今日之事，忠孝不可并立。然臣不密则失身，安敢预为私计。"帝怆然改容曰："卿即我之王陵也。"迁朱衣直合、合内大都督，改封长广县公，邑一千五百户。

从帝入关。至溱水，太祖素闻其善射而未之见也。俄而水傍有一小鸟，显和射而中之。太祖笑曰："我知卿工矣。"其后，引为帐内大都督。俄出为持节、卫将军、东夏州刺史。以疾去职，深为吏民所怀。寻进位车骑大将军、仪同三司，加散骑常侍。魏恭帝元年，卒，时年五十七。太祖亲临之，哀动左右。建德二年，追赠使持节、骠骑大将军、开府仪同三司、延丹绥三州诸军事、延州刺史。

神举早岁而孤，有夙成之量。族兄安化公深器异之。及长，神情倜傥，志略英赡，眉目疏朗，仪貌魁梧。有识钦之，莫不许以远大。世宗初，起家中侍上士。世宗留意翰林，而神举雅好篇什。帝每有游幸，神举恒得侍从。保定元年，袭爵长广县公，邑二千三百户。寻授帅都督，迁大都督、使持节、车骑大将军、仪同三司，拜右大夫。四年，进骠骑大将军、开府仪同三司，治小宫伯。天和元年，迁右宫伯中大夫，进爵清河郡公，增邑一千户。高祖将诛晋公护也，神举得预其谋。建德元年，迁京兆尹。三年，出为熊州刺史。神举威名素重，齐人甚惮之。五年，攻拔齐陆浑等五城。

及高祖东伐，诏神举从军。并州平，即授并州刺史，加上开府仪同大将军。州既齐氏别都，控带要重。平定甫尔，民俗浇讹，豪右之家，多为奸猾。神举励精为治，示以威恩，旬月之间，远迩悦服。寻加上大将军，改封武德郡公，增邑二千户。俄进柱国大将军，改封东平郡公，增邑通前六千九百户。所部东寿阳县土人，相聚为盗，率其党五千人，来袭州城。神举以州兵讨平之。

宣政元年，转司武上大夫。高祖亲戎北伐，令神举与原国公（如）姬愿等率兵五道俱入。高祖至云阳，疾甚，乃班师。幽州人卢昌期、祖英伯等聚众据范阳反，诏神举率兵擒之。齐黄门侍郎卢思道亦在反中，贼平见获，解衣将伏法。神举素钦其才名，乃释而礼之，即令草露布，其待士礼贤如此。属稽胡反叛，入寇西河。神举又率众与越王盛讨平。时突厥与稽胡连和，遣骑赴救。神举以奇兵击之，突厥败走，稽胡于是款服。即授并潞肆石等四州十二镇诸军［事］、并州总管。

初，神举见待于高祖，遂处心腹之任。王轨、宇文孝伯等屡言皇太子之短，神举亦颇与焉。及宣帝即位，荒淫无度，神举惧及于祸，怀不自安。初定范阳之后，威声甚振。帝亦忌其名望，兼以宿憾，遂使人赍鸩酒赐之，薨于马邑。时年四十八。

神举伟风仪，善辞令，博涉经史，性爱篇章，尤工骑射。临戎对寇，勇而有谋。莅职当官，每著声绩。兼好施爱士，以雄豪自居，故得任兼文武，声彰中外。百僚无不仰其风则，先辈旧齿至于今而称之。子同嗣。位至仪同大将军。

神举弟神庆，少有壮志，武艺绝伦。大象末，位至柱国、汝南郡公。

（录自令狐德棻主编《周书》卷四十）

李延寿

字遐龄，唐代相州（今河南安阳）人。生卒年不详。史学家，其政治与学术活动基本在唐太宗初年至唐高宗初年。曾任东宫典膳丞、崇贤馆学士、御史台主簿兼直国史符玺郎、兼修国史等官职。独立修成《南史》《北史》。

东平公宇文神举传[①]

东平公神举，文帝之族子也。高祖普陵、曾祖求男，仕魏位并显达。祖金殿，魏兖州刺史安喜县侯。父显和，少而袭爵，性矜严，颇涉经史，膂力绝人，弯弓数百斤，能左右驰射。孝武之在蕃，显和早蒙眷遇。时属多难，尝问计于显和。显和具陈宜杜门晦迹，相时而动，帝深纳焉。及即位，拜阁内都督，封城阳县公，以恩旧遇之甚厚。显和所居隘陋，乃撤殿省赐为寝室，其见重如此。及齐神武专政，帝每不自安，问显和曰："天下汹汹，将如之何?"对曰："莫若择善而从。"因诵诗云："彼美人兮，西方之人兮。"帝曰："是吾心也。"遂定入关策。以其母老，令预为计。对曰："今日之事，忠孝不并。然臣不密则失身，安敢预为私计。"帝怆然改容曰："卿，我之王陵也。"迁朱衣直合、合内大都督，改封长广县公。从孝武入关。至溱水，周文帝素闻其善射而未之见，俄而水傍有一小鸟，显和射中之。文帝笑曰："我知卿工矣。"进位车骑大将军、仪同三司、散骑常侍。卒。建德三年，追赠骠骑大将军、开府仪同三司。

神举早孤，有夙成之量。及长，神情倜傥，志略英赡，眉目疏朗，仪貌魁梧。明帝初，起家中侍上士。帝留意翰林，而神举雅好篇什，每游幸，神举恒从。袭爵长广县公。天和元年，累迁右宫伯中大夫，进爵清河郡公。建德三年，自京兆尹出为熊州刺史，齐人惮其威名。及帝东伐，从平并州，即授刺史。州既齐氏别都，多有奸猾，神举示以威恩，远近悦服。改封武德郡公，进柱国大将军，又改封东平郡公。宣政元年，转司武上大夫。及幽州人卢昌期等据范阳反，诏神举讨，禽之。时齐黄门侍郎卢思道亦在反中，贼平，将解衣伏法，神举乃释而礼之，即令草露布。属稽胡反，寇西河，神举与越王盛讨之。时突厥赴救，神举以奇兵击之，突厥败走，稽胡

① 宇文神举，武乡人，鲜卑族，车骑大将军宇文显和之子。

款服。即授并州总管。

神举见待于武帝，处心腹之任，王轨、宇文孝伯等屡言皇太子之短，神举亦颇预焉。及宣帝即位，荒淫无度，神举惧及祸，怀不自安。初定范阳之后，威声甚振，帝亦忌其名望，兼以宿憾，遂使人赍仚酒赐之，薨于马邑，时年四十八。

神举美风仪，善辞令，博涉经史，性爱篇章，尤工奇射。临戎对寇，勇而有谋，莅职当官，每著声绩。兼好施爱士，以雄豪自居，故得任兼文武，声彰外内。百僚无不仰其风则，先辈旧齿至于今称之。

子同嗣，位至仪同大将军，神举弟庆。

（录自《北史·列传第四十五》卷五十七）

宇文庆传[①]

庆字神庆，沈深有器局，少以敏见知。初受业东观，颇涉经史。既而谓人曰："书足记姓名而已，安能久事笔砚为腐儒业乎？"时文州贼乱，庆应募从征，以功授都督。卫王直镇山南，引为左右。庆善射，有胆气，好格猛兽，直甚壮之。稍迁车骑大将军、仪同三司。及诛宇文护，庆有谋焉。时授骠骑大将军，加开府。从武帝攻河阴，先登攀堞，与贼短兵接，中石乃坠，绝而后苏。帝劳之曰："卿勇可以贾人也。"复从武帝拔晋州，齐兵大至，庆与齐王宪轻骑觇之，卒与贼相遇，为贼所窘。宪挺身而遁。庆退据汾桥，众贼争进，庆射之，所中人马必倒，贼乃稍却。及拔高壁，克并州，下信都，禽高湝，功并居最。进位大将军，封汝南郡公。寻以行军总管击延安反胡，平之。历延、宁二州总管。

隋文帝为丞相，以行军总管征江表，次白帝，以劳进上大将军。帝与

---

① 宇文庆，武乡人，鲜卑族，车骑大将军宇文显和之子，宇文神举之弟，封魏征南大将军，曾任五州刺史、安吉侯。

庆有旧，甚见亲待，令督丞相军事，委以心腹。寻加柱国。开皇初，拜左武卫将军，进上柱国。数年，除凉州总管。岁余征还，不任以职。

初，文帝龙潜时，尝与庆言，谓曰："天元质无积德，其相貌寿亦不长，加以法令繁苛，耽恣声色，以吾观之，殆将不久。又诸侯微弱，各令就国，曾无深根固本之计，羽翮既剪，何及远？尉迟迥贵戚，早著声望，国家有衅，必为乱阶。然智量庸浅，子弟轻佻，贪而少惠，终致亡灭。司马消难反覆之虏，亦非池内之物，变在俄顷。但轻薄无谋，未能为害，不过自窜江南耳。庸蜀险隘，易生艰阻，王谦愚蠢，素无筹略，但恐为人所误，不足为虞。"未几，上言皆验。及此，庆恐上遗忘，不复收用，欲见旧蒙恩顾，具录前言，为表奏之。上省表大悦，下诏曰："朕言之验，自是偶然；公乃不忘，弥表诚节。深感至意，嘉尚无已。"自是上每加优礼。卒于家。

子静乱，尚隋文女广平公主，位仪同、安德县公、熊州刺史。先庆卒。

（录自《北史·列传第四十五》卷五十七）

杨　炯　（650—693）

字令明，世称杨盈川，初唐华阴（今属陕西）人。应制举及第，补校书郎，累迁詹事司直、梓州司法参军、盈川令。其作品有《从军行》《出塞》《紫骝马》等。"初唐四杰"之一。

唐同州长史宇文公神道碑①

诸侯计功，其铭曰仲山甫式于百辟；大夫称伐，其铭曰正考甫恭于三命。所以扬其先祖，示其子孙。上古之初，刊于礼乐之言；中年以降，述于宗庙之碑。文质既殊，条流遂广；山河永配，金石长存。或旌原氏之阡，

① 宇文公：即宇文斑，宇文神举之孙，因出生洛阳，文中写其为洛阳人，实为武乡人。

或表滕公之墓。观百林之字者，孝廉之旧业，于是乎不愆不忘；读黄鸟之词者，文范之余风，于是乎可久可大。

公讳珽，字叔珉，河南洛阳人也。宇文归之远派，宇文翰之余秩。龙火昼夜于锺山，鹏云南北于溟海。自中州圮坼，上国崩离，魏氏忘其宝图，齐人弄其神器。则天有成命，周虽旧邦，文王以业重三分，昭事上帝；武王以功成八百，阴骘下人。车书混一于域中，子弟星罗于海内。方乎刘泽，乃天汉之懿亲；匹以曹洪，即当涂之近属。及其隋室迁鼎，唐运握符，固亦坛社仍存，山河不替。曾祖显和，后魏冠军将军朱衣直阁东夏州刺史车骑将军散骑常侍长广郡公，周赠使持节开府仪同三司延丹绥三州诸军事延州刺史。《周书》有传。对扬天命，保乂王家。霍去病初封冠军，周亚夫始为车骑。剖符之重，任在于六条；建国之荣，礼高于五等。祖神举，使持节骠骑将军、开府仪同三司、京兆尹、柱国大将军、并潞肆石四州十二镇诸军、并州总管、东平郡公，赠少保。《周书》有传。材优辅弼，业赞云雷。晋则羊祜仪同，楚同若敖柱国。王章之拜京兆，天子闻其直言；郭伋之莅并州，诸童符其恩信。考谊，隋文皇帝挽郎，皇朝益州青城瀛州清苑二县令，钩深致远，直道正词，不汲汲于富贵，每乾乾于日夕。广都蒋公炎，非无社稷之能；太邱陈仲弓，自有闺门之德。

公庆成弧矢，气袭芝兰。剑则赤山之精，照牵牛于北列；鼎则黄云之宝，入天驷于东方。资大孝而立身，蕴中和以成德。词参变化，稽百代之阙文；学富图书，阅三冬之旧史。司徒袁粲，许之以桥梧豫章；处士祢衡，目之以椅桐梓漆。初任国子生，擢第授道王府参军兼郑州参军事。横经太学，射策王庭。高阳才子宣慈惠和之誉；武公新邑，济河洛颍之间。兼摄务殷，参卿位重。王徽之任达，国士升车；刘简之博闻，中郎寓直。秩满，授遂州司户参军事。天开井络，地泄江源。财雄翕习于外区，栋宇相望于近甸。尹兴为政，知陆续于众人；黄说临官，识包咸于数子，寻迁绛州翼城；今大梁星野，少泽封圻。城故绛以深其宫，都新田以流其恶。实惟繁剧，载著循良。鲁国有司，无擅徵之事；南阳郡吏，罢休沐之娱。州府状闻，乡亭颂德。亦由礼让之化，绵竹于是乎作歌；风俗之夷，浚仪于是乎刊石。稍迁符玺郎，寻奉敕检校鸿胪本官如故。环济要略，掌天子之符玺；刘熙《释名》，表京师之心腹。是分麾节，式赞王侯；国信不差，郊迎有序。迁尚书职方员外郎。《夏书·禹贡》，辨其川泽；《周礼·职方》明其物土。清晨伏奏，几承题柱之恩；闲夜絜斋，惟有张灯之宿。诏除朝散大夫晋州司马，寻迁长史。平阳旧县，姑射灵山；玉印仍存，瑶城未改。习凿齿之逢宣武，三命而践侍中；管公明之谒冀州，四见而登别驾。诏迁同州长史。河西辐辏，渭北膏腴。秦地之下邦，汉京之左辅，使君何以为政？端右宜其得人，江统智贤，直言则陈留阮宣子；唐林荐善，通理则汝南黄叔度。王祥纠合，屈公辅之宏才；荀羡逸群，壮冲天之劲翮。享年六十有五，以永淳元年六月二十一日，终于华州之别业。

呜呼哀哉！公元亨利贞，文行忠信。礼乐之君子，儒林之丈人。当在颜冉中求，自是风尘外物。友于之义，伯淮与季江同寝；朋从之道，鲍叔与管仲推财。优游太学之中，藉甚平台之下。辎车就列，化洽于二州；油轼当官，政成于半刺。道尊德贵，而大位不跻；有志无时，而天年不永。即以其年十月，迁窆于郑县安乐乡之西源。嗣子某官等，诗礼预闻，箕裘早学。生则尽其养，刘殷积粟于七年；殁则致其哀，唐颂绝浆于九日。占白鹤，相青鸟。郑伯所封，有咸林之采地；晋侯所赂，有河外之城邑。其川渭水而玉璜，其镇华山而金石。习习旟旐，纷纷野田。范巨卿则素车来哭，韩元良则缌麻设位。大夫受梁鸿之命，终陪列士之坟；妻子从田豫之言，竟托神人之墓。呜呼哀哉！铭曰：

国自东部，家承北平；遂荒中县，奄有神京。

时逢日薄，运改天正；二王之后，三代之英。

惟宗惟祖，有典有则；大魏将军，隆周柱国。

於穆显考，其仪不忒；礼乐宣风，闺门表德。

五才钟秀，百福与贤；蜀都曾子，汉代颜渊。
公之广学，其积如山；公之大辩，其流如川。
亲则郕霍，地居周郑；人物会同，歌谣鼎盛。
设官分职，天子有命；束发登朝，参卿军政。
江汉之流，河汾之都；礼优悬榻，任重前枢。
六玺为贵，皇天降符；九州为广，益地开图。
平阳守土，下部风俗；秦晋闾阎，山河轨躅。
缇油之化，海沂之曲；始听鸡晨，行复骥足。
龟长筮短，吉往凶来；宾朋永诀，徒御相哀。
华馆无象，元堂不开；青龙水曲，白马车回。
漠漠古墓，槭槭寒桐，郭门之路，平林之东。
天光少日，地气多风；凡生物而必死，唯君令始而善终。

韩如渊

唐代武乡韩壁村人。生卒年不详。唐咸通五年（864）撰此碑文。

韩氏碑文①

万物本乎天，人生本乎祖，凡有血气只伦，孰无所自哉？然积厚者流光，德薄者嗣促，衍数世而斩焉，无后者不可胜数，即似续有人而泒流代远，家乘失而世系湮，亦难溯厥由来矣！惟南阳韩氏则不然，考韩之始黄帝之裔，文武之胤也。成王封其母弟叔虞于唐，传十一世而至昭穆侯，封其叔父成师于曲沃，是为桓叔。桓叔次子万食采于韩，始以韩为姓焉。世有令德，为晋名卿，其丰功大烈铭竹帛而播列服者，昭然可考。递传至处与魏赵共分晋地，偕楚燕齐秦为七国。呜呼，岂不伟哉！乃无何而始皇暴

① 题目为编者所加。

虐，吞二周，并六国，韩氏之子孙匿迹昌黎，越数世而迁居南阳，历汉历晋，宗族聚处，未离此土。虽不能如周时之盛，而锡官封爵、轩冕相继，载于陵阙碑者济济有人。至后魏安定公讳备，迁居武乡韩壁村，遂为武邑韩氏。递至我唐有韩公秀殷，字行芳，尤其彰明较著者也。试即公所自出者言之：公父讳兴朝，祖瓘玉登进士第；瓘玉高祖讳衮，登懿宗四年进士。科第频仍，屡世书香，猗欤休哉！积厚者流光，洵不谬矣！籍非然者，自周迄唐不及二千年之久，世系无传声消迹灭者，难以枚举，又乌能冠带不绝，子孙绳绳如是哉？公念先人积德之厚，幸后嗣衍流之长，恐乔寓久远湮没而无稽也，属余作文以记之。余不揣固陋，乐公之族足以耀后世而垂永久，于是乎书。

时唐咸通五年二月有八日勒石

（录自武乡县韩北乡北上合村现存清嘉庆《韓氏家乘》）

韩　熠

唐代武乡韩壁村人。生卒年不详。唐中和五年（885）撰此碑文。

居士秀殷祖墓志铭

韩氏之先自镇国大将军南阳郡安定桓王之后，乃周姬之胤也，南阳有韩氏家庙陵阙碑纪发辉盛焉。令望相映，岂止冠冕者矣！世有隐名山谷，乐道居贫，其于令望高明亦注之不及也。今居士隐迹武乡，家逾数世，韩壁村西南约一里成其茔体也。太高祖讳衮，登懿宗四年进士第。祖讳瓘玉，登进士第。父讳兴朝，偕递迹高原取适家并合葬于本县通化乡。

居士讳秀殷，字行芳，志在修业，不务宦名，训子事师，俾亲儒道乡里谭善布在如川，俄成暮年，婴疾终世，去，咸通九年九月十七日卒于正寝，享年六十岁。娶陇西李氏，礼闲四德，行擅三从，作内范之母仪，摄邻里之恭敬，奈何风恙萦体，疾疢缠绵，虽药饵之万端，莫延留于瞬息，至中和三年癸卯岁八月八日寿终，享年七十六岁。

有子二人，长曰文楚，性亲儒道，志异宦途，好习诗书，笃专礼乐，孝行偏著，承颜道彰，奉祀祭之如存，供甘旨之雅备。初娶清河张氏，去，咸通十五年五月十二日卒，时年二十七岁；次婚天水赵氏，有男三人：长中起，次中贵，次中愿。

仲子文偘，中年遘疾，去，咸通十二年二月十五日卒，时年二十岁。有男一人：中庆；长女适史村郭氏，次女适大陌刘氏。

于中和五年岁次乙巳冬十月四日，令嗣迁父虚衬，归母玄宫。取亡弟文偘，并前妻张氏，附先祖大茔之东南约百步，特创坟阙。三世同丘，冀无间于生前，用不改于庭训。文楚以余宗从告述葬情，睹其生事以礼，死葬以礼，得毋申拙用纪铭乎？铭曰：

韩氏之族，自周乃昌；封侯建国，望始南阳。

轩冕相继，令淑馨香；派流代远，飘于此方。

伟哉居士，家籍武乡；不干俸禄，高卧云芳。

递传孝义，名声以彰；真石既固，地久天长。

（录自武乡县韩北乡北上合村清嘉庆《韩氏家乘》）

薛居正 (912—981)

字子平，后唐开封浚仪人。清泰二年（935 年）进士。历仕后晋、后汉、后周、北宋四朝，历官谏议大夫、刑部郎中、户部侍郎、兵部侍郎、参知政事、门下侍郎、平章事、左仆射、昭文馆大学士、司空等职，死后追赠太尉、中书令，谥号文惠。曾主持编撰《旧五代史》。

北出石会关[①]

叔琮引军逼潞州，节度使孟迁乞降。河东屯将李审建、王周领步军一万、骑二千诣叔琮归命，乃进军趋太原。四月乙卯[②]，大军出石会关，营于洞涡驿。都将白奉国自井陉入，收承天军。张归厚引兵至辽州，刺史张鄂迎降。氏叔琮即日与诸军至晋阳城下，城中虽时出精骑来战，然危蹙已甚，将谋遁矣。会叔琮以刍粮不给，遂班师。五月癸卯，昭宗以帝兼领护国军节度使、河中尹。六月庚申，帝发自大梁。丁卯，视事于河中，以素服出郊，拜故节度使王重荣墓。寻辟其子瓒为节度判官，请故相张浚为重荣撰碑。帝自中和初归唐，首依重荣，至是思其旧德，故恩礼若是。七月甲寅，帝东还梁邸。

（录自《旧五代史·梁书二·太祖纪二》）

氏叔琮军出石会[③]

四月[④]，汴将氏叔琮率兵五万自太行路寇泽、潞，魏博大将张文恭领军自新口入，葛从周领兖、郓之众自土门入，张归厚以邢、洺之众自马岭入，定州王处直之众自飞狐入，侯言以晋、绛之兵自阴地入。氏叔琮、康怀英营于泽州之昂车。武皇令李嗣昭将三千骑赴泽州援李存璋，而归贺德伦。氏叔琮军至潞州，孟迁开门迎，沁州刺史蔡训亦以城降于汴，氏叔琮悉其众趋石会关。是时，偏将李审建先统兵三千在潞州，亦与孟迁降于汴；及叔琮之入寇也，审建为其乡导。汴人营于洞涡，别将白奉国与镇州大将石

---

① 题目为编者所加。石会关即指武乡南关与祁县北关。

② 四月为唐天复元年（901）四月。

③ 题目为编者所加。石会关即指武乡南关与祁县北关。

④ 四月为唐天复元年（901）四月。

公立自井陉入，陷承天军。及攻寿阳，辽州刺史张鄂以城降于汴，都人大恐。时霖雨积旬，汴军屯聚既众，刍粮不给，复多痢疟，师人多死。时大将李嗣昭、李嗣源每夜率骁骑突营掩杀，敌众恐惧。

五月，汴军皆退。氏叔琮军出石会，周德威、李嗣昭以精骑五千蹑之，杀戮万计。初，汴军之将入寇也，汾州刺史李瑭据城叛，以连汴人，至是武皇令李嗣昭、李存审将兵讨之。是岁，并、汾饥，粟暴贵，人多附瑭为乱。嗣昭悉力攻城，三日而拔，擒李瑭等斩于晋阳市。氏叔琮既旋军，过潞州，掳孟迁以归。汴帅以丁会为潞州节度使。

（录自《旧五代史·唐书二·武皇纪下》）

张齐贤　(942—1014)

字师亮，宋曹州冤句（今山东菏泽）人，后徙居洛阳。太平兴国二年（977年）登进士第，先后担任通判、枢密副使、兵部尚书、同中书门下平章事、吏部尚书、司空等职，曾率领边军与契丹作战，颇有战绩。死后追赠司徒，谥号“文定”。有《书录解题》《洛阳缙绅旧闻记》传于世。

向中令徙义（节选）

不数年，潞之识者皆曰：“此向家千里驹尔！”出入衣冠美儒者，容止闲雅，不接非类，闻有德行道艺者，多就访之。无何，父殁，服除，辞潞之亲戚，有四方之志焉。累谒侯伯，皆曰寻常人，辄去之。事侯益，未半岁，又辞去。闻汉祖开霸府，欲往依之。

会岁饥，途多盗贼，由石会关欲入河东。时有常侍中右职郭勋，为石会关[1]镇遏使兼主关市。郭知书，有识鉴，向谒之，留之月余，且曰：“今盗贼满路，公引一小僮，策两驴，观君鲜衣美仪貌，不类贫约者，此去畏

① 石会关，即指武乡南关与祁县北关。

途，非利往矣。兼近闻有一火贼，去镇五七里，时尝习弓弩，过客无全者。更俟旬浃间，有伴侣三二十人，某亦集镇丁壮，送君出关路。”向志不可留，且曰：“不劳人送。”镇将郭勋睹其不可留，曰：“善自为谋。”

向遂行。不三十余里，遇群盗数十人，于路侧射弓。向直诣贼所，徧揖之，因自陈姓名：“某从职军将，失主无托，今往河东，欲投事。一僮两驴、随身衣装、一两贯盘缠外，更无财物。近知前程去者，皆遭劫剥，幸诸君周旋，劳三五人送过前程。”内一人长髯大面，壮捷魁伟，笑顾同辈曰：“观此人敢要我等送，何也?”中有一人曰：“彼有弓箭，试请伊射弓，如何?”长髯者谓中令曰：“兄弟方赌射，取弓箭射一两头。”向谦让久之，群盗坚请之。向若不得已，取弓箭射两头，凡箭皆出括可半寸许。群盗惊叹，留坐与语，且曰：“仆射于此，且住三两日否?容弟兄辈管领。”

向许之，却回至关。郭勋讶之，谓是不敢前进，向告之故。明日迄暮，盗魁果令人来请向。向随之，离镇可六七里，于墓林之侧，设席具馔，器物皆白金，方燃薪炽炭，刲牛烹煮之。既半，以酒劝向，向曰：“素不饮酒。”盗魁亦然之。食讫，命取送路来。须臾，一盗赍银一挺，牵一马至，素鞍勒全。盗魁曰：“仆射无马，聊代步尔。银到河东，充茶汤之费。”向皆纳之，得结盟而退。盗魁指挥小偷十人，送至前程，谓向曰：“此皆驱使者，有不如意，即痛挞之。”向明日遂行。既至晋阳，汉祖位望隆重，姓名无由通达。

（录自《洛阳缙绅旧闻记·向中令徙义》卷三）

王钦若　（962—1025）

字定国，宋临江军新喻（今江西新余）人。淳化三年（992年）进士甲科及第。历任秘书省校书郎、太常丞、左谏议大夫、参知政事、刑部侍郎等职。为迎合宋真宗仙道，伪造天书，争献符瑞，封禅泰山。累官司空、门下侍郎、同平章事、玉清昭应宫使、昭文馆大学士，监修国史。曾二度为相，逝后追赠太师、中书令，谥号“文穆”。主持编纂《册府元龟》。

张晖占梁侯驿[1]

周穆令均为潞州护军，世宗显德元年三月，河东贼将张晖，率前锋入寇，营于梁侯驿，潞州李筠遣令均率步骑各千人以拒之。乙亥，潞州上言，令均所部兵为刘崇所袭，官军不利时令，均营於太平驿。驿东南距潞州八十里，令均拒寇失于侦逻。是日，贼将张晖率众凌晨而至，王师遽然被甲介马。及彼退，我军追之，贼伏兵发官军，且斗且却，步卒降贼者数百人。余众回保潞州，我之骑军不伤者仅百余人，贼众乘胜遂薄于潞州之下。

（录自《册府元龟·将帅部·败衄第三》卷四百四十三）

书劝永降[2]

邑年三十，历位卿士，性少嗜欲，情厌事为。况今位尊身危，财多命殆，鄙人知之，何疑君子？君长、敬通揭节垂组，自相署立。盖仲由使门人为臣，孔子讥其欺天。君长据位两州，加以一郡，而河东畔国，兵不入彘，上党见围，不窥大［太］谷。宗正临境，莫之能援。兵威屈辱，国权日损，三王背畔，赤眉害主，未见兼行倍道之赴，昔墨翟累茧救宋，申包胥重胝存楚，轓女驰归唁兄之志。主亡一岁，莫知定所，虚冀妄言，苟肆鄙塞。未能事生，安能事死？未知为臣，焉知为主？岂厌为臣子，思为君父乎！欲摇泰山而荡北海，事败身危，要思邑言。衍不从。或讹言：更始随赤眉在北，永、衍信之，故屯兵界休。又遣子婿张舒诱降涅城[3]，舒家在上党，邑悉系之邑。又书劝永降曰：愚闻大夫不释故而改图，哲士不徼幸

① 题目为编者所加。康熙版《武乡县志》记载，古有梁侯驿，即今武乡分水岭乡良侯店。

② 题目为编者所加。

③ 涅城，即涅县城在今武乡故城镇。

而出危。今君长故主败不能死，新帝立不肯降，拥众而据壁，欲袭六国之从。与邑同事一朝，内为刎颈之盟，与兵背畔，攻取涅城。破君长之国，坏父母之乡，首难结怨，轻弄凶器。人心难知，何意君长当为此计。昔者韩信将兵，无敌天下，功不世出，略不再见，威执项羽，名出高帝，不知天时，就烹於汉。智伯分国，既有三晋，欲大无已，身死地分，头为饮器。君长衔命出征，拥带徒士，上党败不能救，河东畔不能取，朝有颠危之忧，国有分离之祸，上无仇牧之节，下无不占之志。天之所坏，人不能支。君长将兵不与韩信同日而论，威行得众不及智伯万分之半，不见天时，不知厌足。欲明人臣之义，当先知故主之未然；欲贪天下之利，宜及新主之未为。今故主已败，新主既成，四海为罗网，而天下为敌人，举足遇害，动摇触患，履深泉之薄冰不为唬，陟千钧之发机不知惧，何如其知也？绝鲍氏之姓，废子都之业，诵尧之言，服桀之行，悲夫命也。张舒内行邪孽，不遵孝友，疏其父族，外附妻党，已收三族，将行其法。能逃不自诣者舒也，能夷舒宗者子也。永、邑遂结怨焉。

（录自《册府元龟·总录部·书信》卷九百三）

宋　祁　（998—1061）

字子京，祖籍安州安陆，遂为雍丘（今河南民权）人。北宋天圣二年进士，历官龙图阁学士、史馆修撰、工部尚书。与欧阳修等合修《新唐书》。

刘沔守昂车关[①]

于是河阳王茂元以兵屯万善；河东刘沔守昂车关，壁榆社；魏博何弘敬栅肥乡，侵平恩；成德王元逵次临洺，略任、尧山、向城；河中陈夷行营冀城，侵冀氏。茂元别遣将营天井关，为贼将薛茂卿所破，执四将，火

① 题目为编者所加。昂车关在今武乡县城东北三公里，淹于太行龙湖之下。

十七栅。张巨进攻万善，不能下。茂元欲走，会日暮，贼自溃去。诏忠武王宰以本军入怀泽行营，陈许士票武，贼众素惮畏。而茂卿负战胜，冀厚赏。或言："其兵犯王略深，朝廷且怒，节益不可至。"稹然之，故茂卿大望，乃与宰通，即伪挑战，亟北，委天井关去，左右七营皆溃。茂卿奔泽州，使谍言于宰曰："泽可取，吾应于内。"宰疑不进，失期，茂卿扼腕怅恨。稹闻其贰，召诛之。宰进破刘公直，拔陵川。刘沔又取石会关。李石代沔领河东，稹因石兄洺州刺史恬移书乞降，石以闻，右拾遗崔碣表请纳之。帝怒，斥碣邓城令，诏敢言罢兵者戮贼境。上令石答书许稹面缚，石驰往受之，稹不出。俄而太原将杨弁逐李石，与稹连和。稹诸将建议："我求承袭，彼叛卒，若与之，是与反者。"械其使送京师，使康良佺屯鼓腰岭，败太原兵，生禽卒七百。帝犹不赦。

（录自《新唐书·列传第一百三十九·藩镇宣武彰义泽潞》）

司马光　（1019—1086）

字君实，号迂叟，宋陕州夏县（今山西夏县）人，史学家、文学家。历仕仁宗、英宗、神宗、哲宗四朝，卒赠太师、温国公，谥文正，主持编纂了中国历史上第一部编年体通史《资治通鉴》，有《温国文正司马公文集》《稽古录》《涑水记闻》等。

周纪（节选）

呜呼！君臣之礼既坏矣，则天下以智力相雄长，遂使圣贤之后为诸侯者，社稷无不泯绝，生民之害糜灭几尽，岂不哀哉！

初，智宣子将以瑶为后。智果曰："不如宵也。瑶之贤于人者五，其不逮者一也。美鬓长大则贤，射御足力则贤，伎艺毕给则贤，巧文辩慧则贤，强毅果敢则贤，如是而甚不仁。夫以其五贤陵人，而以不仁行之，其谁能待之？若果立瑶也，智宗必灭。”弗听，智果别族于太史为辅氏。

赵简子之子，长曰伯鲁，幼曰无恤。将置后，不知所立。乃书训戒之辞于二简，以授二子曰：“谨识之。”三年而问之，伯鲁不能举其辞，求其简，已失之矣。问无恤，诵其辞甚习，求其简，出诸袖中而奏之。于是简子以无恤为贤，立以为后。简子使尹铎为晋阳。请曰：“以为茧丝乎？抑为保障乎？”简子曰：“保障哉！”尹铎损其户数。简子谓无恤曰：“晋国有难，而无以尹铎为少，无以晋阳为远，必以为归。”

及智宣子卒，智襄子为政，与韩康子、魏桓子宴于蓝台。智伯戏康子而侮段规，智果闻之，谏曰：“主不备，难必至矣！”智伯曰：“难将由我。我不为难，谁敢兴之？”对曰：“不然。《夏书》有之曰：‘一人三失，怨岂在明，不见是图。’夫君子能勤小物，故无大患。今主一宴而耻人之君相，又弗备，曰不敢兴难，无乃不可乎！蚋、蚁、蜂、虿，皆能害人，况君相乎！”弗听。

智伯请地于韩康子，康子欲弗与。段规曰：“智伯好利而愎，不与，将伐我，不如与之。彼狃于得地，必请于他人；他人不与，必向之以兵。然则我得免于患而待事之变矣。”康子曰：“善。”使使者致万家之邑于智伯，智伯悦。又求地于魏桓子，桓子欲弗与。任章曰：“何故弗与？”桓子曰：“无故索地，故弗与。”任章曰：“无故索地，诸大夫必惧；吾与之地，智伯必骄。彼骄而轻敌，此惧而相亲。以相亲之兵待轻敌之人，智氏之命必不长矣。《周书》曰：‘将欲败之，必姑辅之；将欲取之，必姑与之。’主不如与之以骄智伯，然后可以择交而图智氏矣。奈何独以吾为智氏质乎！”桓子曰：“善。”复与之万家之邑一。

智伯又求蔡皋狼[①]之地于赵襄子，襄子弗与。智伯怒，帅韩、魏之甲以攻赵氏。襄子将出，曰：“吾何走乎？”从者曰：“长子近，且城厚完。”襄

---

① 蔡即古武乡，蔡州城在今武乡祁村；春秋时置皋狼国，城在今武乡故城镇。该文记载智伯瑶向赵襄子索要蔡皋狼（古武乡）事。

子曰："民罢力以完之，又毙死以守之，其谁与我！"从者曰："邯郸之仓库实。"襄子曰："浚民之膏泽以实之，又因而杀之，其谁与我！其晋阳乎？先主之所属也，尹铎之所宽也，民必和矣。"乃走晋阳。

三家以国人围而灌之，城不浸者三版。沈灶产蛙，民无叛意。智伯行水，魏桓子御，韩康子骖乘。智伯曰："吾乃今知水可以亡人国也。"桓子肘康子，康子履桓子之跗，以汾水可以灌安邑，绛水可以灌平阳也。絺疵谓智伯曰："韩、魏必反矣。"智伯曰："子何以知之？"絺疵曰："以人事知之。夫从韩、魏之兵以攻赵，赵亡，难必及韩、魏矣。今约胜赵而三分其地，城不没者三版，人马相食，城降有日，而二子无喜志，有忧色，是非反而何？"明日，智伯以絺疵之言告二子。二子曰："此夫谗臣欲为赵氏游说，使主疑于二家而懈于攻赵氏也。不然，夫二家岂不利朝夕分赵氏之田，而欲为危难不可成之事乎？"二子出，絺疵入曰："主何以臣之言告二子也？"智伯曰："子何以知之？"对曰："臣见其视臣端而趋疾，知臣得其情故也。"智伯不悛。絺疵请使于齐。

赵襄子使张孟谈潜出见二子，曰："臣闻唇亡则齿寒。今智伯帅韩、魏而攻赵，赵亡则韩、魏为之次矣。"二子曰："我心知其然也，恐事未遂而谋泄，则祸立至矣。"张孟谈曰："谋出二主之口，入臣之耳，何伤也？"二子乃阴与张孟谈约，为之期日而遣之。襄子夜使人杀守堤之吏，而决水灌智伯军。智伯军救水而乱，韩、魏翼而击之，襄子将卒犯其前，大败智伯之众。遂杀智伯，尽灭智氏之族。唯辅果在。

臣光曰：智伯之亡也，才胜德也。夫才与德异，而世俗莫之能辨，通谓之贤，此其所以失人也。夫聪察强毅之谓才，正直中和之谓德。才者，德之资也；德者，才之帅也。云梦之竹，天下之劲也，然而不矫揉，不羽括，则不能以入坚；棠溪之金，天下之利也，然而不熔范，不砥砺，则不能以击强。是故才德全尽谓之圣人，才德兼亡谓之愚人，德胜才谓之君子，才胜德谓之小人。凡取人之术，苟不得圣人、君子而与之，与其得小人，不若得愚人。何则？君子挟才以为善，小人挟才以为恶。挟才以为善者，善无不至矣；挟才以为恶者，恶亦无不至矣。愚者虽欲为不善，智不能周，力不能胜，譬之乳狗搏人，人得而制之。小人智足以遂其奸，勇足以决其暴，是虎而翼者也，其为害岂不多哉！夫德者人之所严，而才者人之所爱。爱者易亲，严者易疏，是以察者多蔽于才而遗于德。自古昔以来，国之乱臣，家之败子，才有余而德不足，以至于颠覆者多矣，岂特智伯哉！故为国为家者，苟能审于才德之分而知所先后，又何失人之足患哉！

三家分智氏之田。

（录自《资治通鉴·周纪一》）

康良佺守武乡[①]

忠武军素号精勇，王宰治军严整，昭义人甚惮之。薛茂卿以科斗寨之功，意望超迁。或谓刘稹曰："留后所求者节耳。茂卿太深入，多杀官军，激怒朝廷，此节所以来益迟也。"由是无赏。茂卿温怼，密与王宰通谋。十一月[②]丁巳，宰引兵攻天井关，茂卿小战，遽引兵走，宰遂克天井关守之。关东西寨闻茂卿不守，皆退走，宰遂焚大小箕村。茂卿入泽州，密使谍召宰进攻泽州，当为内应。宰疑，不敢进，失期不至，茂卿拊膺顿足而已。稹知之，诱茂卿至潞州，杀之，并其族，以兵马使刘公直代茂卿，安全庆守乌岭，李佐尧守雕黄岭，郭僚守石会，康良佺守武乡。僚，谊之侄也。戊辰，王宰进攻泽州，与刘公直战，不利，公直乘胜复天井关。甲戌，宰进击公直，大破之，遂围陵川，克之。河东奏克石会关。洺州刺史李恬，石之从兄也。石至太原，刘稹遣军将贾群诣石，以恬书与石云："稹愿举族归命相公，奉从谏丧归葬东都。"石囚群，以其书闻。李德裕上言："今官

① 题目为编者所加。
② 指会昌三年（843）十一月。

军四合，捷书日至，贼势穷蹙，故伪输诚款，冀以缓师，稍得自完，复来侵轶。望诏石答恬书云：‘前书未敢闻奏。若郎君诚能悔过，举族面缚，待罪境上，则石当亲往受降，护送归阙。若虚为诚款，先求解兵，次望洗雪，则石必不敢以百口保人。’仍望招诸道，乘其上下离心，速进兵攻讨，不过旬朔，必内自生变。”上从之。右拾遗崔碣上疏请受其降。上怒，贬碣邓城令。

（录自《资治通鉴·唐纪六十三》）

发横水兵赴榆社[①]

初，刘沔破回鹘，留兵三千戍横水栅。河东行营都知兵马使王逢奏乞益榆社兵，诏河东以兵二千赴之。时河东无兵，守仓库者及工匠皆出从军，李石召横水戍卒千五百人，使都将杨弁将之诣逢，壬午，戍卒至太原。先是，军士出征，人给绢二匹。刘沔之去，竭府库自随，石初至，军用乏，以己绢益之，人才得一匹。时已岁尽，军士求过正旦而行，监军吕义忠累牒趣之。杨弁因众心之怒，又知城中空虚，遂作乱。……

上遣中使马元实至太原，晓谕乱兵，且觇其强弱。陈弁与之酣饮三日，且赂之。戊申，元实自太原还，上遣诣宰相议之，元实于众中大言：“相公须早与之节！”李德裕曰：“何故？”元实曰：“自牙门至柳子列十五里曳地光明甲，若之何取之！”德裕曰：“李相正以太原无兵，故发横水兵赴榆社。库中之甲尽在行营，弁何能遽致如此之众乎？”元实曰：“太原人劲悍，皆可为兵，弁召募所致耳。”德裕曰：“召募须有货财，李相止以欠军士绢一匹，无从可得，故致此乱，弁何从得之？”元实辞屈。德裕曰：“从其有十五里光明甲，必须杀此贼！”因奏称：“杨弁微贼，决不可恕。如国力不及，宁舍刘稹。”河东兵戍榆社者闻朝廷令客军取太原，恐妻孥为所屠灭，乃拥

① 题目为编者所加。横水即指今武乡之洪水镇。

监军吕义忠自取太原。壬子，克之，生擒杨弁，尽诛乱卒。

（录自《资治通鉴·唐纪六十三》）

氏叔琮攻昂车关[①]

三月[②]，癸未朔，朱全忠至大梁。癸卯，遣氏叔琮等将兵五万攻李克用，入自太行，魏博都将张文恭入自磁州新口，葛从周以兖、郓兵会成德兵入自土门，洺州刺史张归厚入自马岭，义武节度使王处直入自飞狐，权知晋州侯言以慈、隰、晋、绛兵入自阴地。叔琮入天井关，进军昂车。辛亥，沁州刺史蔡训以城降。河东都将盖璋诣侯言降，即令权知沁州。壬子，叔琮拔泽州，刺史李存璋弃城走。叔琮进攻潞州，昭义节度使孟迁降之。河东屯将李审建、王周将步军一万、骑二千诣督琮降。叔琮进趣晋阳。夏，四月，乙卯，叔琮出石会关，营于洞涡驿。张归厚引兵至辽州。丁巳，辽州刺史张鄂降。别将白奉国会成德兵自井陉入。己未，拔承天军，与叔琮烽火相应。

（录自《资治通鉴·唐纪七十八》）

李　纲　（1083—1140）

字伯纪，号梁溪先生，祖籍福建邵武，宋代常州无锡人。宋政和二年及进士第，历官太常少卿，兵部侍郎，尚书右丞，河东、河北宣抚使，资政殿大学士，尚书右仆射兼中书侍郎等，逝后追赠少师。著有《梁溪先生文集》《靖康传信录》《梁溪词》。

---

① 题目为编者所加。昂车即武乡昂车关。

② 指唐天复元年（901）三月。

金人南侵[①]

余翌日见上，曰："人主之用人，疑则当勿任，任则当勿疑。而大臣以道事君，不可则止。今陛下惑于人言，于臣不得无疑，又不令臣得去，不知此何也。"上安慰久之。余自此多在告，日欲去而未得。会种师中殁于军前，种师道以病告归，执政有密建议以余为宣抚使代师道者。初，斡离不之师还抵中山、河间，两镇兵民以死固守，不肯下。肃王、张邦昌及割地使等驰至城下说谕，投以矢石乃退，沿边诸郡亦然。而种师道进兵逼之，金人出境，两镇无虞。粘罕之师至太原城下，亦坚壁固守，粘罕屯兵围之，悉破诸县，为锁城法以困太原。锁城法者，于城外矢石不及之地筑垒环绕，分人防守，内外不相通。而姚古进师复隆德府、威胜军，扼南北关[②]，累出兵由井陉道与师中犄角应援太原。师中进次平定，乘胜复寿阳、榆次诸县，不设备，有轻金人之意。又辎重、犒赏之物，悉留真定，不以从行。金人乘间突诸军，以神臂弓射却之。欲赏射者，而随行银碗只十数枚，库吏告不足而罢。于是士皆愤怒，相与散去。师中为流矢所中，死之。其余将士，退保平定军。而师道驻滑州，复以老病丐罢。上纳建议者之说，决意用余宣抚两路，督将士解围。

（录自《靖康传信录·卷下》）

张　纲　（1083—1166）

字彦正，号华阳老人，宋代润州丹阳（今常州金坛区）人。词人，崇宁殿试御赐状元及第，为官四十四年，先后任太学正，武乡县令，国子监，太学博士，秘书省校书郎，监察御史。著有《华阳文集》四十卷、《确论》十卷等多种著作。

---

① 题目为编者所加。

② 南北关即指武乡南关与祁县北关。康熙版《武乡县志·宦迹》中有姚古扼北关记载。

增修敷应侯庙记①

政和癸巳②夏六月，予自保定赴官武乡。自入境，所见皆童山濯濯然，无根茎之翳。洎至县宇，望东南山谷间，茂林蓊郁，气象葱蒨，疑其有异。询于吏民，有复者曰：乃旧龙泉神，崇宁中赐庙额曰“仁济大观”，初封爵秩曰敷应侯，祈祷无不应验。视事之三日，例当款谒，渡河而东五里，始入山门。一径通幽，迤逦陟高，杂木异卉，灌丛骈织，山花馥郁，野鸟和鸣，绿阴蒙蒙，细流涓涓，虽当盛夏，气候如中秋，尘外绝胜之域，宜神所宅。然顾瞻神祠，面北唯有一殿，两翼并无廊庑，堂前破屋三间，桶折瓦解，楹烂墉圮，庭地数席，茂草荒芜，弊漏狭隘，甚不称神明之居，意欲修之而未遑也。

越明年秋七月，常旸不雨，旱魃为灾，禾稼焦槁，民心惶惶，愁无圭撮之收。予不安处，乃吉蠲斋祓，躬率吏民诣祠恳祷。曾未浃旬，大濡甘泽，苗浡然以兴。选良辰致谢，坊郭洎五管二十九村之民持羊酒以祀者，不约而皆来。祭告毕，予呼父老而告谕之曰：神享民祀，民赖神休。方其旱也，予固当为民而祈神；逮其雨也，予亦当率民而报神。今神惠泽一方，功利甚大，予欲埙洼补缺，版筑增高，以广庙基；又欲修置廊庑，环合周匝，以称殿宇；不侈不陋，惟适厥中，庶几少摅报神之意。父老欣然从之。遂鸠工募匠，各输所有，经之营之，众力攻之。板筑基址高丈七尺有奇，横长三十步，纵阔七步，增修门庑挟屋计三十一间，塑像分列，斋献庖舍悉备。其中三门之北，跳空作轩，名曰“凌虚之轩”，以其板屋凌突而出在县墟之上也。三门之下，穴土甃为洞，名曰“通微之洞”，以其自外以达庙庭之中也。周轩三面，背两庑，面庙墙，皆架木为栏楯，所以备游观而畅

---

① 敷应侯庙即南山神庙。

② 政和癸巳，指宋政和三年（1113）。

瞻视也。栏楯之下，皆构厦为飞檐，所以注雨水而防垫圮也。一年而地基成，二年而屋宇成，三年而栏楯、洞厦成，皆所以缓节民力，因而循之也。西庑之西，有池湛然，名曰“灵应之池”。自池而西，循山腹小径，其外有泉觱沸，名曰“灵应之泉”，皆以其旱而取水，至诚祈祷，无不应也。

泉之东南，其上龛岩之间，壁有石佛，民呼“圣佛”，因为小堂，名曰“圣佛之堂”，世俗所传，祈嗣者有或得之，故谓“佛”为“圣”也。自堂东南，登峻坂，有磐石焉，其大几席，既高且平，因治地构圜屋，移旧亭名于此，以称其实，曰“拂云之亭”，以其下瞰林泉，仰而视之，宛然隐约在云间也。泉之北，缘山径渐下，其麓有亭，易名曰“松风”。旧名“拂云”，以其缭绕皆松，天籁时鸣，清风之来，亹亹而不断也。龙泉之景，此亭为尤胜。环视皆松，惟西南山谷为最多，高低参差，森森亿万，修柯耸干，旁枝密叶，干云蔽日，其形势如葆憧，如偃盖，如龙蟠蛇走。其风声音韵，如筑如琴，如苏门长啸。每至此徘徊忘归。予素有泉石烟霞之癖，为贫从仕，聊复尔耳，酷爱斯地，因为之词曰：

望东南兮郁嵚崟，神居邃兮宅山阴。
松森森兮密成林，泉涟漪兮石嶜岑。
朝霞烂兮暮云深，倦知还兮逸野禽。
嗟冗宦兮力难任，齿寝衰兮白发侵。
退食暇兮畅登临，览胜概兮动素心。
归去来兮思郁沉，肆挥翰兮发清吟。

（录自明成化《山西通志·艺文》）

樊大荣

金代武乡人。生卒年不详。乡贡进士。金承安四年（1199）撰此碑记。

东里段氏之族重建家佛堂碑记

夫木之生也，根之大者，枝必茂；水之出也，源之深者，流必长，此理自然。古人有言，信不诬矣。若其人之家世，子孙繁昌丰富，寿考历世逾远，绵绵而不衰者，岂非祖先积累阴德，显功有渐以致之乎？如东里段氏之族，从来远矣。既昌而炽，既寿而富，户籍增益，冠其一方，乡人所共知焉，足以见先人修仁行义。之后也，一日有九翁者，率其子侄及诸孙，携酒过访，曰：吾家居东里，盖数十世矣。自曾高而上，不能名其序次，然旧有家佛堂，石碣虽存，其奈字痕漫灭，不可考据。至于湔洗剔抉，仿佛得其一二，始知自李唐光宅元载，岁次甲申，先世段德基，次男弘庆以前，则学生郝公为文时，序其亲属二十有余口，迄今五百余岁。吾又不知为几代孙也，其间经五季扰攘，日寻干戈，朝梁暮晋，而复有靖康之乱。天下骚动，万民不安，至于离乡轻家，徙之远方者，不为不多矣。所幸吾属不离故居，得守基业，至于今日，枝叶延蔓三十余家，各有恒产，兄弟子嗣三百余口，十倍前世。况琪及从弟京，年俱及耄，复喜为太平民也。

幸遇国朝承安丙辰冬，至南郊礼毕，义先敬老一例，推恩特补进义副尉，私门之庆何其如之，复念景及桑榆，辄与诸族人共议，吾恐后世枝分派别，子孙逾久，不知其本原。复欲以宗族次序俾勒诸石，树之家佛堂，以遗后人，共守其先祖之祀，而不乏也，求余文为记。余喜其二翁年高而德劭，纯朴而不伪，俱受爵命，而又嘉其宗族亲睦，长幼有序，父义而子顺，兄友而弟恭敬，灿然有礼，以相接欢然，有恩以相爱喜，为乡里所称也。于是乎记。

（录自武乡县丰州镇东村现存碑）

李　俨

金代武乡墨镫人。生卒年不详。大定年间进士。此文撰于金泰和七年（1207）。

祖义坟碑序

上党河东之雄镇也，属县有八，黎居其一焉。县之西北，附山循流不远一舍地，里曰下庄。风俗清美，人物醇厚，乃吾先世居焉。族胤十数家，怡怡相睦，尤谨于礼法，以文字钓富贵者，代不乏人，故黎之名族右姓称我家焉。宋季，县赋屡输于辽，吾六代祖讳秀，病其飞挽迂远，与兄清分其血属，境辽而居焉，即沁之武乡墨镫里也。其兄秉命不融，没于未艾。二子让、贵，遭靖康之乱，避难而他，不详所居。惟时乃祖隐德于耕，富于经画，广布其田畴，宏启其地宅，为子孙计。居不数祀，财雄乡里，户籍推为优第一。周急惠困，略无少靳，人皆以是而德之。有子四人：曰信、曰素、曰俊、曰成，亦祇服克家。逮其亡也，诸子于迁附于黎之祖茔，虞其地远，阙时祭之礼。于是开白日之铭，卜青乌之兆，创建坟域于东山之阳，选其吉宅而安厝之。后子孙繁衍，支派益大，复营其别墅而分寓焉。有或寓苏峪者，广志者，横岭者，团松者，麻田者，黄璋者。岁时咸祭于是焉。至大定丙午春，墓祭礼成。吾大父讳聂泣然叹曰："大圣人制礼，所以明尊卑，序长幼，使上下有伦而不相渎也。而吾族繁大，□属数千指，又各异处，岁时之会面，目有不相接者，齿序有不相知者，名讳有相冒犯者，若是则非，所以上承先祖下正亲戚之道也。罪其可辞？"是故命工辇石而碑于坟，庸刻其世系于碣之阳，以昭为一，以穆为一，昭与昭齿，穆与穆齿，鳞次名讳而不之杂也。庶后之子孙知避，无陷于凌冒之罪。吾大父之用心，可谓孝于前而仁于后矣。惜乎！功未毕，而至于大父故。吾父赟其承厥志，诱率众族，毕其能事。乃鸠材树木而亭之，庸贮碑焉。亭之前，架堂三楹，将以贮簠簋而筵亲族也；堂之壁，复置其支派，□以序亲疏远近之杀也。因其时祭修会遇之好，坐视属于堂上，尊者尊处，卑者卑列，以正父子，以睦兄弟，灿然有文以相接，欢然有恩以相爱，不醉以酒而醉以礼，不饱以食而饱以德。周旋袭裼，和气熏蒸于几席之上；揖让升降，礼文交错乎阶阼之间。俾乡人目之者签曰：李氏之族胤如此，其昌炽耶！李氏之家风如此，其肃正耶！莫不仪而化之，长幼有序，上下有别，无乖争凌犯之变也。故孟子曰："巨室之所慕，一国慕之，此之谓也。"噫嘻！兹祖先之德善固可文诸石，使后世明著而不灭然。俨不肖，不敢称道先德，他日求宿儒名士而发扬之，姑次其世系而为之铭，赞曰：

惟我李氏，系乎伯阳。承承继继，尤茂于唐。枝叶扶疎，散而四方。我先派居，黎之下庄。箕裘是业，奕世联芳。至六代祖，分居武乡。爰有四子，洵美且良。俱隐于耕，世其农桑。种德树义，其家克昌。肇建坟域，朝阳之冈。波及于后，愈远愈长。建我父祖，家声载扬。构堂树碑，于先用彰。明昭次穆，序族也详。贻厥子孙，尚尔不忘。

时泰和七季岁次丁卯四月吉日立

（录自武乡县墨镫乡墨镫村碑）

李　义

元代武乡人。生卒年不详。曾任元上都路教授，元真二年（1296）撰此文。

复立武乡县记

武乡之为县尚矣，本汉涅城地，至晋乱置焉。石赵之兴，分上党涅、沾二县，更置武乡郡，于古榆社县属焉。后魏太和十五年，自古涅城徙武乡于南亭川，即今治所也。隋开皇初，郡废，县置如故，仍析置榆社县属韩州。唐贞观中，韩州废，县属潞州。宋太平兴国二年制属威胜军，今属沁州是也。南连襄垣而驰潞泽，北接榆社而走冀宁，西邻铜鞮而达晋宁，东抵辽山而通平定。虽云山邑，实居要冲，然而历代沿革不同，废置有自。皇元龙兴，兵甲甫定，人民荡析。至元三年丙寅，敕诸县邑，编户不满千数者省并之，所以裁减，纾民力也。时本县才七百，例罢并治于铜鞮，厥后以彼疆此界，催科有轻重之偏，以远里致期，输送有稽违之责，官立严程，民疲奔命。升平渐久，户口日增，武乡旧民咸思复立为便。

至元三十年癸巳，前沁州吏长李浩、县吏石赟等建言，今县户已及千余，可告复立。遂询谋于耆老人等，同心相应，入官陈状，至于再四。官核其实，然后准告。元真二年丙申，奏奉敕旨复立，即铸章印，置官吏，修廨宇，设市肆，县事焕然一新，官民交贺，咸得其所。

县境广袤东西二百四十余里，南北五十里，四乡二十六社，军民一千余户。於戏！是邑也民既庶矣，户既增矣，治既复矣。上以见国家深仁厚德，涵养元元，覆育之恩，次以见郡邑循良安集流亡，承宣抚麋，司牧之功；下以见邑人好谋能成，见义勇为，告复之心。邑人嘉尚其事，用事将来，乃征文为记。

愚思是邑之小，自并至复，仅三十年，户犹增倍，推之四海之广，兆民之众，太平今且百年矣，则天下户口之增又不知几千万亿也。按春秋之法，兴灭继绝者褒之，建事立功者赏之，盖勉善劝能，古今之公论，予窃其义而于是记。

（录自清康熙《武乡县志·碑记》）

王　彬

元代武乡人。生卒年不详。曾任儒学学录，大德五年（1301）撰此碑记。

重修汤王庙碑记

夫自三皇肇位降及五帝，所以继天道，立人极，施教化，明人伦，造书契，制衣饰器用，而礼法皆备，三王承之而出焉。汤兴于其中，观其师轩法昊，祖舜宗尧，代夏救民，不迩声色，不殖货利，任人惟己，改过不名，以义制事，以礼制心，乃圣乃贤，克宽克仁之德赫赫然，具载于《商书》，亘万古而存，不之坠也。武城之东几三十里，附大河之曲，川原掩抱，溪谷吞吐，厥壤肥浓，桑柘荣茂，聚庐为里，名之曰李峪。风俗淳俭，民皆殷富，咸知礼义，恰恰和睦。里之后仅数十武盘缘而上，有土掌迎阳，微宽而平，有古祠立焉，榜之曰“汤王庙”。故老相传，金泰和间创修之。其地势也依冈据峦，连山跨壑，逾百里不绝。庙之四方多有胜概，乐岭坞峙。其东永利桥壮，其西南临漳水，风浪云涛。北接怀山，岩松涧柏，此真神栖圣处之地也。逮国朝丙子春旦望，祝香礼毕，里中名族姜源、王贵等同辞而谓众言曰：“殿历年深，梁栋腐朽，丹青漫灭，日月不仍，以隘陋不足显神之威。欲广大庙宇，尊崇圣像，可乎？”佥曰：“可。”于是与众审材计料，日命工度木计日。将事，富者输财，贫者殚力，如鳞斯集，如辐是辏，工不绝役。以构以塑，以丹以艧，甃砌址基，开展院庭。易狭隘为宏敞，增卑下为高明。岁不数周，厥工告成，焕然一新。俾来者登庭入户，观其风翥云矗，虹亘电耀，巍巍焉，翼翼焉，惕然不觉敛衽加敬，所谓同天地，象日月，望之广，视之雄。现王之衮冕仿佛于瞻仰间，血食祀之故宜矣。《礼经》有云：“五岳四渎则祀之，名山大川、圣帝明王则祀之，有功于民、以劳定国则祀之。”余之于斯，岂敢饰虚祠以惑其众哉！能事既毕，一日姜源、王仲等挈壶觞而来，邀余求文而记之。余以乡邻之亲，友义不可辞，援笔以摭其实而书之，斯缘也。盖乡老王宝首倡于其始，郭瑀董督于其中，王仲子平图成于其后，大抵姜氏之族，纠集统率，居多有功。若夫施钱物、木植、装塑，凡有功于庙者，别具诸碑阴。谨拜手为之记。

（录自民国《武乡新志·金石考》）

李东阳 (1447—1516)

字宾之，号西涯，谥文正，湖广长沙府茶陵州（今湖南茶陵）人。明朝中叶重臣，文学家，书法家，茶陵诗派的核心人物。天顺八年进士，授编修，累迁侍讲学士，东宫讲官，礼部侍郎兼文渊阁大学士。有《怀麓堂集》《怀麓堂诗话》《燕对录》。

东门啸

王衍善清谈，居宰辅，矜高浮诞，不以经国为念，而思自全之计。以弟澄为荆州刺史，族弟敦为青州刺史，曰："卿二人居外，而吾留中，足为三窟矣。"及武乡羯人石勒等冠京师[①]，衍都督征讨诸军事。贼退，迁太尉为东海王越军司。越死，举军为石勒所破。勒少尝行贩洛阳，倚啸上东门，衍见而异之，顾左右曰："向者观贾贩声，有奇志，恐将来为天下患。"驰遣收之，勒已去。至是，勒问衍以晋故，衍为陈祸败之由，自言少无宦情。勒怒曰："君名盖四海，身居重位，破坏天下正是君罪！"使人夜排墙杀之。澄后为敦所害。永昌元年，敦举兵反，至石头城而还。明帝即位，敦尤反，死军中，众散，其党伏诛。

（录自清雍正《泽州府志》卷之四十八）

冯 经

明代武乡崇仁（今故县）人。生卒年不详。活跃于明成化、弘治间，岁贡生进士，兖州府教授。

永寿寺碑记

武乡县治西北百里地属贾封村，村有三峰山，山之半有说法台，其地

① 石勒，武乡羯族人，后赵开国皇帝。

峰峦秀丽，林木参差。自武平元年，失名僧人肇因其地而建是寺，其额曰永寿寺。寺之后又有古舍利浮屠之塔，仰而观之，高接云霄之表，凡骚人墨客之好事者，莫不登临以为游观之乐，则四围郡邑旷然在此目前。俯而视之，则群山蓊郁，巍然峙乎宇宙之间。北山之隈，旧有龙王堂一所，凡遇亢旱，虔诚祷之辄能以生枯槁。东望介推之庙，南观黎王之祠。舍身之崖，其高千尺而障之于西；八角之井，其深数丈而居之于北。之及泉亦能兴云作雨，以济万民之急，诚为一方之灵境也，而是刹建于其间。成化辛丑，沁州北关西里善士葛世英者素有济人利物之心、仗义疏财之志，一旦偶游是寺，见殿宇倾颓、廊庑损坏、佛像蒙尘、金容剥落、香火消疏、人迹罕到，既不能耸大众之皈依，又曷足起僧流之瞻仰，而居是寺者徒兴感慨而已。世英即虔心而有鼎新之愿，大舍赀财而兴装修之功。遂请本州山曲村大明寺上人觉真弟子性喜住持于此。因发苦行，恭持缘簿，不惮跋涉之劳，远及江南荆襄之地，得施主金帛若干数。大广兴修，遍竭十方之善士，鸠材陶甓，躬求百艺之良工，以故檀那善众、施主、信人，于是开广旧基，营筑新址，莫不同心协力，土木风行，斧斤雷动。重修正殿五间，壁绘八十四阁。增修南殿五间，内塑十二圆觉及十帝明王之像。东建护法之祠，西创伽蓝之殿。香积库瘾，悉有其所。方丈禅堂，俱有其第。金碧辉煌，丹青炫耀，并故造为之一新。弘治壬子十月二十八日厥功告成，而住持性喜同施主葛公世英乞予为记。予又景仰上人与夫门徒祖文、祖亮，尚当暮鼓晨钟，祈皇国于悠久，朝经夕忏，祝圣寿于无疆。度愚昧而同登彼岸，示昏浊而感出迷津。不惟享福于今世，抑且荣贵于来生矣。

（录自民国《武乡新志·金石考》）

窦　明

明代武乡东村人。生卒年不详。正德六年（1511）进士，任刑科给事郎中，疏事政四事、京营军弊、晋地荒粮，都被采纳。后出为裕州知州，擢陕西凤翔知府，官至陕西右布政使，山东按察使。

上各上台止分县治书

按本县故城，本战国蔡州地，至汉析为数县，涅县则东北一隅，而治因故城焉。晋改武乡县，后魏以县治僻居西南，徙治南亭川，即今治所也。东南尽境各一百二十里，南北尽境各三十里，自魏至今，千有余年，以在中土，未有废徙。近者义官某等谓县治破坏，漳水泛涨，一欲移治故城，欲分作二县。窃为本县背山面水，左右两峰，翼然并秀。河虽在于城南，而根基巩固，屹不能侵，阖县形势，无出其右，奚可以曾被盗贼而遽谓破坏耶？漳水夏雨暴集，势固泛涨，然其源流不远，其涸倚马可待。彼以一水犹云为害，若使县治西徙，则民之东来者益众。此水素纤，常渡之处无虑十倍，为害不愈大耶？知比岁荒教，流贼蜂起，军士壮民，随在守御，民之供饷，岁无宁日，多方抚慰，尤虑有瓦解之虞，此事亦在得已而可劳民以必为哉！古者建国立邑，必据中土，以四方来者，道理均也。今县治适为中土，四境又无分并，无故西徙，则方便而多方不便矣，是岂昔人宅中之意哉？盘庚迁都，作诰喻众，太王邑岐，属告耆老，盖怀土重迁者人之情，故圣人重之。今某欲举大事，而县士夫人众，俱不与闻，岂其识见高出盘庚、太王？而武乡今亦有狄难，甚不得已者乎？皇父，周之卿士诗人，犹刺不即我谋，而彼以匹夫敢若是欤？本县四塞皆山，不通商贾，岁值丰稔，租税犹有逋负，则其荒歉可知。今计未输税粮若干石，未解柴夫若干季，朝促暮督，州县催科非不严也，鬻妻质子，百姓办纳非敢慢也，而积年拖欠犹至若此，民贫财尽故也。县治废徙，动费钜万，财用奚将出耶？财者，民之心也，心伤则本伤，不可不熟虑也。城邑之分并，视户版之登耗，户版增则宜分，户版耗则宜并。本县原额七十里，节次并为四十里，每里户不满百，今为一县犹强支持，而谓分县可乎？县分故城，在西之人固便，在东者脱或比例告陈，亦当俯从蕞尔，武乡可分三县耶？夫以天时地利人情财用万无可，而独彼欲为是者，盖自以势倾乡曲，赀雄一方，故城土地皆我之田原，故城庐舍皆我之宗党，奋然一呼，环故城贫民之衣食仰给于我者孰不勉从。斯谋若遂，则田皆附郭而增价十倍，人皆城虎而据市咆哮，一县之众俱堕于术中，而一县之利俱不出彼罟矣。遂相挟诱县官，假差老人，捏词奏请。事成则功出于己，不成则罪有所归。又为惑众之心，公厅廨宇，不食劳众，且前使人赴京，路费不及数两，尚且沿门科敛，况公厅廨宇之大，彼肯独为之哉？凡百奸谋不能悉举，众情汹汹，皆有不食武昌鱼之心，畏其势而不敢抗，愚独以一县民命所关，不得已而哓哓也。临楮不胜战栗之至。

（录自清康熙《武乡县志・书启》）

广祐王灵应记[①]

嘉靖癸未夏四月八日，余家有负刍之祸。越数日，家尚惊危，皇皇未释，每漏下三鼓方就寝。一夕，梦王侍御史者造余，王固余同年进士也，时巡吾省。余因谓吾克风力动摇山岳，百度维新，而盗贼未息，岂宪纲大张而一隅或弛与？王曰：“斯固然矣。独不思君逾垣而出眷属，直厄而无恙者，谁之力耶？果尔，谁为余告，而逮辱台慈俯逮耶？”再浃旬，以他故谒村之广祐王庙，观王之像，俨然畴昔梦中所见者。既出，见门符有“爱生恶死人谋任使千般计，福善祸淫神鉴常悬一点公”之句，乃余先时有为而题于庙者，所谓嘉句，意或在是。始悟王也而待御之见，特假其名以神其机耳。时群丑虽擒而渠魁未获，余因再拜，祈曰：“已悉灵显，拯吾家于再造，仍冀威昌荡妖祲于不肆，则神依人而血食，人赖神而修妥矣。”已而渠魁束手投死，且自述荒迷，不利于外，谓非神夺其魄而阴驱之至乎？不然

① 广祐王庙在武乡县墨镫乡墨镫村。

何州县缉捕之不获而今若此乎？夫事涉窈冥，固非吾儒所宜道，但良弼赉而传岩肖，两楹断而哲人萎，梦兆之说其来尚矣。人心有灵，其阴阳会合之际，事各以类而神报之，殆亦理之常耳，奚足深讶？且广祐王之神在天下犹日之照万方也，其独灵于是者何哉？王之神虽无不在，顾庙斯土者久，吾人尊信而服事也专，精诚感召，宜吉凶祸福有祷而必应也。譬之开户引日而曰“日惟在是”，岂理也哉！或谓王之神固不爽也，而此报应显赫，弗图召告于方来则狃于恶者焉，知人不能逃神之鉴若此也。余曰：诺。命工砻石，详其事以为记。

（录自清康熙《武乡县志·碑记》）

李梦阳　（1473—1530）

字献吉，号空同，祖籍河南扶沟，生于庆阳安化（今甘肃庆城）。明弘治六年登癸丑科乡试解元，次年登甲寅科进士。初授户部主事，后进郎中，因写疏揭发刘瑾而入狱，后复职并升江西按司提学副使。善工书法，精于古文词，复古派“前七子”领袖人物。著有《乐府古诗》三十六卷、《疏书碑志序集文》二十七卷、《空同集》八卷。

武乡县武君墓碑

武君者武乡县人也，讳彪，字世雄。生二男子，长曰威，次曰盛。弘治间，武威为扶沟丞，三年忽心动，即日趋治装归。归逾月丧，其母逾年又丧。其父即武君也。县丧祭故鲜礼，而扶沟丞葬祭其父母则以礼，含敛，作木主，起祠屋，咸创自丞。丞又来乞表其父墓，余曰：嗟乎！武君，余闻其人，盖任侠者云。成化间，武乡丞张翔实扑杀豪吏王褫，而褫父辄呼其家众围官寺，将擒翔。是夜，翔缒城出，匿武君家，在城西十里段村。王褫家众即又围武君家，武君于是勒其子弟若乡少年，尽死与王褫家众敌，谕以祸福，卒解翔难。乃后翔以他事免，而武君辄又率其数骑送出境以还。张翔谓人曰："生我者武彪也。"而晋土故坚劲民豪，观史称盖聂代诸白，是已今有武君。然武君不专以力豪，而喜下贤士夫，又曾为缮梁、除道、建塾数事。而县俗故苦啬，其田亩人有老死不纻葛衣纨阿者，并不见诸纯丽物，武君则创导之桑，使务纺绩，今稍稍成效矣。前郭解厚施而薄望，振人之命，不伐其功，史氏称焉，及若孝弟事未著也。武君其父病，尝粪，粪苦，武君喜。父病乃寻愈。武君生永乐癸卯正月十一日，卒弘治壬戌正月十二日，年八十岁。娶李氏，举人李森女，长君六岁，先二年卒。有孙男子六人云。

扶沟丞曰：我先世太谷人。讳建，沁州知州，始徙武乡；讳祥，县务都监官；讳从义，山北廉访司知事；讳季良，辉州学教授。至国朝有讳炳文者，为县主簿，于武君为高祖。

（录自清乾隆《武乡县志·艺文》）

边　贡　（1476—1532）

字庭实，自号华泉子，明代济南历城（今历城区）人。弘治九年进士，初授太常博士，又升兵科给事中，嘉靖十年罢官归故里。著作有《边华泉全集》十四卷。

县令丞簿史题名碑记

武乡吴侯令阳信，以最称。收令与丞与簿若史者之姓名若干人列之碑，而树之于其听政堂之东，时正德辛巳夏四月之望也。

顷之，村父老十数辈，长眉曳筇杖，聚观之，按其名而数焉。至某也，则瞿焉，曰："是某也，真父母也。吾祖也，吾父也，尝事焉。吾赋税外无私征焉，吾举室休休焉。吾儿时尚及见也。今安得斯人者来焉，为父母焉。"言已，则已慨焉，歙焉，啜啜焉，泣焉。咄而思焉，爪其姓名弗忍移焉，恍焉若聆厥咳焉，盖与坐斯人于县堂而跪且拜焉者无以异也。又数之曰：“某也，某也。”则众也漠焉，若弗闻焉。又数之至某也，某也则曰：“是某也，三老役焉，某也者廷掾役焉，亦载名于斯也！”目以笑焉。又数之至某也，则出口唾焉，曰：“是吏而盗者也。”已，又瞋焉，怒焉，以杖戳焉，若将铲其名。

无或以告野史氏。野史氏喟焉，曰：“嘻！恶用是碑也乎哉！又恶用记乎哉！夫父老者之言斯尽矣。虽然，不可以不记也，亦不可以不碑也。使后之为令丞与簿若史者过而观焉，将问之父老曰：‘某循者乎？某良者乎？为若思也？某寻而常者乎？为若笑也？某酷者也？贪者也？为若怒焉者乎？’又思之曰：‘后之父老之指吾名也，将瞋焉乎？唾焉乎？漠焉而已乎？’盖问对之顷有感发焉，顾瞻之际有惩创焉，是侯之功也已。”

侯名琦，字汝器，丁丑进士。其心也直以恒，其守也正以固，其政也仁以明，有父母之道焉。征最以去，予固知后之父老之观斯碑者，将爪其姓名而思焉，泣焉，歔且慨焉，为之庙社以春秋焉，盖不止恍焉，若坐其人于县堂而跪且拜焉，而已也。

（录自《边华泉全集》卷十四）

窦一桂

明代武乡东村人。窦明之子。生卒年不详。正德十一年（1516）丙子举人，嘉靖五年（1526）丙戌进士。历任宝庆府推官、历主事寺丞府丞正卿、参议副使、参政按察使、河南右布政使。

新迁武乡县学记

武乡县学，故与县治相近，县南逼漳水。嘉靖癸巳，御史王公拓其城而更筑之，徙治于鞞山之巅，徙学于县之故治。鞞山据一方之胜，顾地高不能穿井以饮，民不能从县孤山上，而学与民居相杂，识得言学贵高明远览，而县学近民，还县治于故所，而徙学于鞞山，庶几两得其便。议之二十年矣，莫有任其责者。

至壬子，县侯赵公卿始因民之情，以状白当道，当道下其事，州太守按视，悉如县所议。费取诸赎金，力取者农隙，不逾年而告成。于是学得远去市井之嚣，而坐据一方山水之胜，学士大夫跃然增气，以为非侯莫能定也。侯来朝京师，谓予少业于斯，宜有言以告来者。

按图牒，武乡，石勒之故乡也。勒挟其枭雄，据有全赵，至名其所生乡曰武，可谓盛矣。然武乡之士不称石勒而皆诵法孔子，则以有学也。夫学者，所以变易其气质，趋之于仁义，而习大人之事者也。孟子曰："居恶在？仁是也。路恶在？义是也。居仁由义，大人之事备矣。"此士之事而学之实也。是故，孔子仁义之宗也，六经仁义之言也，庙祀孔子以为依归，择其士之秀者而廪饩之，使其日治六经之言，而不能以仁义体诸其身，则非朝廷所以设学教士意矣。孔子曰："德之不修，学之不讲，闻义不能徙，不善不能改，是吾忧也。"孔子且以为忧，况不如孔子者乎？忧之如何，如孔子而已，不然犹未免为乡人恶，在其诵法孔子也。

夫迁学之议，谋之二十年而不成，及其成也，则不逾年之间，为与不为耳。然犹有所待。至于仁义，则吾自有之，非如县治鞞山，相去之远，变易吾之气质，以趋吾自有之仁义，亦在为之而已。若其矜科目以徼科达，则士之余，吾乡固恒有之，非所以期豪杰也。一桂不佞，敬诵所闻，以告吾党之士。

（录自清康熙《武乡县志·碑记》）

王　彤

明代甘肃狄道州（今甘肃临洮）人。生卒年不详。举人。曾任武乡县知县。

大明故义官府君史公墓表

文林郎知武乡县事关西王彤撰

山西沁州之武乡，有里曰东田。东田之里惟史氏为世家，史氏有笃实之君子曰“义官府君”，讳敏，字好学，其言悬而信，其行和而谨，少常读书，知大义。既长，不乐仕进，隐居，养亲，甚得子道。遇宗族乡里一以恂恂礼让为先，由是人皆爱敬，人不忍犯。居家虽无事必蚤起栉沐，躬率僮仆以事农业。盖其天性勤俭，克成其家者如此。府君既殁，仍葬于祖茔之次。

至嘉靖十三年十二月初十日，会府君之仲子曰文，以疾卒于正寝。府君之长子义官曰书，倜傥英伟，以富盛甲于邑里。乃集族人而申告之，曰：“史氏自前代以来，支分派别，子孙益众。今昭穆无序而源流弗明，后将安所从事耶?”众唯命。于是卜地牛山之阳，林壑郁然，风气攸萃，实一方之形胜也。嘉靖十四年正月二十一日，启府君之窆而迁葬焉。文之丧亦以次随葬于下方。既襄事，义官书率文之诸孤，庠生天叙辈持先世《墓志》及《行状》，泣谓余曰：“史氏以秉直著称，厥后代有闻人。不幸族谱无徵，遂泯泯至此。公既有子民之责，愿哀而赐之以文，用表于墓。庶吾父吾弟不与草木同腐，亦吾为子孙者之幸。”言已，复泣。予感其诚孝，且有关于风俗伦谊之重，故弗克辞。按《状》：唐景云二年，有讳善者为骑都尉，授清河令。其后，子孙繁衍。曰恩，千户。曰文琇，翰林学士。曰文琏，乡贡进士。曰继先，国学生。曰杰，字仲英，义官，生五子：曰智，耆老；曰惠，胶州吏目；曰渔；曰秉；曰敏，即义官府君，娶任氏，再娶秦氏、朱氏。生三子，长即书，次曰文、曰章，皆任出也。三女，长适韩氏，次适王臣实，次适监生武永澄。

书娶韩氏。文娶安氏，生一子天伦，娶任氏，继娶韩氏，生五子：天秩娶韩氏；天叙，庠生，娶李氏；天与，娶李氏；天德，庠生，娶王氏；天爵尚幼。女一，适王经济。章娶李氏，生三子：继尧，娶李氏；继舜，武生，娶武氏；继禹，娶李氏。诸孙数十余人，俱幼。

呜呼！可谓盛矣。余尝因是而重有感焉。盖士之溺于习俗也，久贫者困于财而弗克为，富者荒于礼而弗肯为，遂使世代辽绝，名位汩没，为子孙者无所稽考。若书者慨然以继志述事为务，勤恳笃厚，不忘先德，表风俗，正伦谊，垂名教，一举而万善兴焉。不贤而能若是乎？余故详著史氏之盛，俾后世有所推本云。

时嘉靖十有四年岁在乙未春三月

（录自清咸丰六年《史氏家乘》）

李尧德

明代武乡墨镫人。生卒年不详。嘉靖三十八年（1559）己未进士，历官都御史。

重修烂柯山王仙翁祠碑记

武乡县西四十里有山曰烂柯山，山巅有王仙翁祠。相传仙翁讳质，本县山交里人。晋时常入山樵采，获遇真仙，寻亦仙去。后人因即其地构祠肖像以祠之，岁时雨旸，有祈辄应。祀典：为民御灾捍患者祀之，则此而蒸尝宜也。是岁仲夏，兵宪张公以巡行出此山，观风问俗，得仙翁遇仙巅末，即撤轩登谒祠下。仰见庙貌倾颓，遗像削落，因捐俸金，命该县重加修饰。县官奉令惟谨，尽撤上下之旧，咸与维新，易土像以石，期垂可久。复增棋局斧柯诸具，宛然前日事。工告成，申谕县官，请文为记，属笔于予。谨按《述异记》载其略云：信安郡石室山，晋时樵者王质逢二童子棋，与质一物，如枣核，食之不饥，置斧于坐而观。童子曰："汝柯烂矣。"质归乡里，无复时人。嘻！异矣。世率谓神仙杳茫，儒者所不道。嗟夫！神仙信杳茫矣。然稽诸载籍，往往有之，如刘阮入天台、渔人至桃源、卢生遇云房于邯道中，班班可据，则樵者又奚疑？第仙凡殊境，常人奚克臻焉？必其夙植灵根名棣木。公有素故，虽濡迹儒医渔樵间，要皆龙沙中人也。则其各有所遇，岂偶然哉！张公，名天驭，别号浅斋，直隶深州人，以宪副兵备上党，整饬戎务之暇，及此盛举云。

（录自清康熙《武乡县志·碑记》）

郑继之　（1535—1623）

字伯孝。明代襄阳人。嘉靖四十四年（1565）进士。先后任余干知县，户部主事、郎中，宁国知府，四川副使，太仆少卿，累迁大理卿，户部尚书，吏部尚书。卒赠少保。

程氏族谱序

余乡周启明氏视学中州时曾言：程夫子乡祀几遍中州云。或曰：程氏子孙多散处所，祀地乃尔，岂直中州，其在山右则武乡、太谷、祁县间，为族特盛，不可知者尚多也。万历辛丑，武乡程开之成进士，为吾郡司理。余曰：是固程夫子后与？因问之。司理曰：安敢自附，但其版原数中州，后因元胡之乱，十一世祖敏携别祖思贤、思让自河南生避山右，敏祖卜武乡之信义都籍焉。让祖居祁县之东观，贤祖居太谷之西贾。三地壤相接也。籍虽割而响嚅乡迩，顾遗庆吊不废，其子孙各千余人，不相掩顾，其去河南远，岂无水木之思，莫考谱牒之载，惟是三地舅弟科贡相暵发耳已。

开之召入为司马郎，凡三年擢司马大夫，又二年始次第，武乡之谱干分支接，多不失统，远不离宗，彬彬井井，若瓜瓞衍蕃，而根蒂不混焉。间出示余，因唏吁叹曰：考哉，司马大夫乎，物各有本，始近以知所生，远或不越五世，上之则有误家讳，而不知者别派考源，有若伯繄之子孙，至中衍后貌不复合秦赵矣。盖合也，不能不分，程氏所以有山西，山西所以有武祁［太］号三地分也，不能不合。今日所以有武乡谱，即所以续河南谱，其渊源世系，若循黄河而迹，龙门方丈之流，则司马大夫之昌山西而张河南，可少是谱哉。大夫初理襄廉，平明允惠，溢于全楚。比署本枢，益骏有声，允宗哉。大夫诗有之昭兹来许，绳其祖武夫示来许，正以绳祖武也，大夫有矣。大夫以谱乞余序，即以是志之。

万历乙卯中春，太子少保吏部尚书旧治生郑继之顿首拜撰

（录自武乡万历年间《程氏家谱》）

李　惟

明代武乡县东厢人。生卒年不详。岁贡。万余县训导。

复立崇兴寺碑记[①]

盖自金身召梦而佛经始贻天竺，绘像清凉而释教殆遍于国中，虽曰尘界六合，幻梦人世，然以古之帝王尚有尊敬，而诚信者似亦有道存乎其间，吾儒不可尽穷而深非者也。狄、胡二公之禁严矣，史称万代之所瞻仰，其终弗克扑灭焉者，谓非以其势重而不可殄欤？自是而后，国有禁例，修建益繁，凡梵宇林宫巍然壮丽，极有上拟廷阙者，无非示人触外惕中，动其为善之念，起遏恶之心也。今兹崇兴，古刹也，自创建及重修，迄今百有余年矣。至嘉靖十一年，邑宰因迁县乏木，将斯寺而废之。是时神无所依，僧穴处，固不敢觊其后日之为何如也。延至四十五年，住持僧誓来号静庵，门徒海宝号荆山，奋然有修复之志，且虑功大难举，然非得人不足以图成，遂集省祭温子秀、乡老李舜卿、张绍祖、史效智而商议焉。众咸欢然应之。

① 崇兴寺在县东许家垴。本文写于大明隆庆元年（1567）。

即同心协力，量财度功。施财者无限于贫富，效力者不计乎弱强。起建正殿三间、南殿三间、关圣伽蓝祠二间、门房一座，皆焕然而再造矣。其间诸神形像之修补悉备，彩绘无遗，将见金碧辉煌，轮奂奇新，而俨然西域梵宇之在目前也。见之者悚畏骇惊，诚足以动人，为善遏恶之意云。回视向废之日，不惟无少损，而且钜增其美。实自经始及告成，不越季而终焉。因请予为记。予以集事非难，得人为难，人得而事举矣。今静庵跻耆寿衰耋之年，而能成此光伟之业，诚足嘉也。故忘其鄙而稽其实，强为之志。尝闻曰："善作者不善成，善始者不善终"，言继之者之难也。今美矣，盛矣！因有其始矣！然使盛而能传，美而益彰，而保其成功于勿坏者，荆山之责也。噫！荆山其最诸！

（录自民国《武乡新志·卷三·金石考》）

俞汝为 （？—1607）

字毅夫。明代南直隶松江华亭（今上海松江区）人。明隆庆五年（1571）辛未进士。初授德化县知县，后历任寿阳、建德县令。升兵部侍郎、山东按察司佥事。万历三十年（1602）因蜚语左迁沁州知州。在沁五年，擢南京工部郎，未上任，卒。著有《黄河考》《长水墙院纪》《荒政要览》等。

风雷将军小传

将军姓焦氏，武乡县长乐里九师村人也。唐懿宗朝，父为掾吏典法曹，遇诬触者理出之，有阴行。母杨氏，以贤淑闻。咸通九年生将军，七岁不语，两手不展，父母以为不祥，欲弃之。忽元日，手展能言，聪敏颖异，众始称奇。好清净、恬养、符水之术，凡天文、地理、易象、遁甲咸臻其妙，莫测所自。日处静室中，焚修为事，不以术自炫。景福元年，夜梦日华贯顶，有道者送以石匣，曰："此天真赐汝也。"觉而开视之，皆龙文虎篆，莫可辨识，将军秘而藏之。遇异人指授，兼赐龙玺、宝剑各一。遂能轶风驾雾，鞭笞鬼神；出入幽显，无碍神游。小倦则棲隐南山洞中少憩焉。山中水石咸作龙虎龟鱼等状，可怪也。会上党妖祲为灾，焦往除之。事闻，赐号风雷将军。卒年三十四岁，葬司徒村。清太三年，以阴兵殄草寇，境土获安，民立祠城南祀之，代有显灵。至金，加封昭泽龙王。旱潦祷之辄应。

（录自清乾隆《武乡县志·艺文》）

魏之幹　（1550—1627）

明代武乡魏家窑人。万历丙子举人，顺天漷县（今北京通州）知县、良乡知县，敕授文林郎，后任户部浙江清吏司主事，又补江西司主事。

补阙堂记

宇内郡县，门以内大都建一馆，以便延接，而予邑则久阙焉。莅兹土者率多簿书征会之为兢兢，虽曰建之便，然亦计不及此。万历二十六年，邑侯纪公来任余邑，逾祀政暇，独计门之东隅土地祠止一间，浅陋弗饰，宜有以拓之，而庙前空基更作一馆，庶于承祭见宾为两当耳。遂聚财鸠工，躬自营度，增建土地祠三楹，宾馆三楹，围以墙垣，饰以丹雘。捐俸佣工，曾无一言厉者。功成，公命之曰“补阙堂”，盖志谦也。命予为记。余明侍斯堂者，即不文，何敢辞？夫有阙而后有补，公自下车以来，苞苴皆已谢绝，流移皆已襁至，士类皆已陶镕，闾阎皆已安堵，以至叫嚣狡狯之徒皆已敛迹，善政琅琅，即纤毫之阙无之，奚俟补哉！噫！公固无容补矣。但政由俗革，治贵宜民，后之继公者，登斯堂也，绎斯名也，其有不悚然思补者乎？长厚者补之以激扬，炫张者补之以宁静，户籍虚矣补之以绥来，公费繁矣补之以节省，催督严矣补之以抚字。风俗浇矣以淳厚补，士习坏也以节义补，政宽虑慢也以猛补，政猛虑残也以宽补。张弛中度，批导咸宜，斤斤焉凡有阙必思补焉。而共斯堂者亦必披衷而告，矢口而谭，宁为诤子，毋为谀夫，宁为便便，毋为诺诺，皆思以一得而补其万一。则下罄其情，上闻其阙，而斯堂之建也为不徒矣。苟为不然，在上者徒袭礼遇之虚文，曰阙于何有？在下者徒效伛偻之缛节，曰补于何有？是上下相蒙，吾未见其有成者也。不惟孤命名之意，而后有神非，前有巷议，亦大可畏也。纪公讳云鹤，字鸣远，号九皋，秦进士，升四川茂州知州。

（录自清康熙《武乡县志·碑记》）

明灵王庙记[①]

东汉记王姓邳，讳彤，光武时守和戎。是时，郡国皆降王郎，独王与信都守任光不屈。王郎势炽，议者多计入关中，王独定讨贼策。郡县响应，遂破王郎。汉家旧物，缘是克复。班孟坚赞其“一言兴帮［邦］”，苏东坡称为汉元臣，其知言哉！生持忠义，卒昭威灵，御灾捍患，代为崇祀，至宋始封为明灵王。邑城东少许，旧有庙，民之疾疫疡者，有祷辄应，四境香火集如蜂蚁，至院宇不能容。万历九年，乡耆李舜卿等谓其制狭小，非所以妥神灵而崇祀道也。于是大为增拓，折建正殿三楹，舞亭三间，两翼房各三间。其基则以砖石，取其坚也。其饰则以金彩，取其文也。而庙貌规制，森然改观矣。功成，征言于余，余以王嶷峻在云台，勋业在史册，威灵在宇宙，固无俟于余之赘也。惟以我皇上中兴，海宇宁谧，固太平全胜时也。惟王益敷功德，大为幽赞，俾窃据辈如王郎者罔敢觊觎。且又轸念疮痍多所救援，于以登斯世于春台寿域之中，则洪润之泽与漳流称远，掀揭之勋与行岳称高矣。其徽号崇秩，宁独膺于有宋哉？殆与我国家共永休矣。

（录自清康熙《武乡县志·艺文》）

---

① 明灵王庙在武乡县城（今故县村）东门外。

李锦制

字次麓，号元英子。明代山西榆社人。嘉靖年间举人，曾任博兴、文安、宛平等县知县，泾州知州。

创建玄武神阁记①

考楚服均州之南山有七十二峰、三十六岩、二十四涧、五台、五井、二泉、二潭，形胜甲天下，谓非玄武不足当之。其见于《寰宇记》者如此。山境之特胜者曰天柱峰，国朝成祖赐名曰太岳太和山。永乐戊辰，即天柱峰绝顶冶铜为殿，饰以黄金，内范真武像，选羽流二百人供焚扫，给田二百余顷以赡之，其钦崇立帝若是。盖以其赞化玉清，调元金阙，有裨乾坤，足以康国安民也。然神应肸蚃，奔走天下，入献香币，不可殚纪。肆都邑慕神功者，率建祠肃礼，殆周海隅。武乡邑东七十里镇曰广志，儒官李君绍泉自上祖居于是，世敦义让，派衍诗书，且以财望于邑。君饬躬秉礼，而倍恭神明，尤弗敢怠。以镇西故有关圣阁，时葺而敬事之。复于镇之东鼎建玄帝阁。其二子廪生僖、佳经理兴事，而赞襄者则侄蓁、藻、九思、九龄辈也。蓍日度地，庀材鸠工，凡栋梁、榱桷、槛楯、户牖、鸳瓦、级砖、文石、丹臒、匠作既廪费百金有余，取于乐输者约十分之一二，大都咸绍泉身之。肇事于万历戊子五月，落成于己丑六月。神既俨止，民有瞻依，画栋翚飞，巍墉耸雉，丹垩荧煌，高广轩豁，入斯境者易目瞩睇，诚足以礼神歆祀，伟然一方巨镇矣。余舅弟嗣庵常子行修，绍泉婿也，以其书币来问记于余。余曰："诚夫斯举也，心崇乎神，寄心于阁，神将鉴而庇之矣，盖神一诚也。"故传曰：神者，聪明正直而一者也。惟一故诚，惟诚故正直，正直斯聪明。矧玄帝为北极之精，而一诚之运，神功妙用有不可测者乎？自是而寅恭朝夕，祇事有严，君以诚孚，神以诚格，灵贶丕显，

① 玄武神阁在武乡广志村。本文写于明万历十七年（1589）。

嘉锡繁祉，固一诚之理，所以不爽而几之，所以潜通者欤？呜呼！诚不息则神亦不息。越若后之人嗣，此诚而罔致斁，则斯阁为不朽，而神庥愈荐臻也已。于是乎书之勒贞珉，以告来代。

（录自民国《武乡县志·金石考》）

靳于中 （1561—1644）

字尔时，号习鲁。明代河南尉氏人。万历二十六年戊戌（1598）科进士，仕至大理寺正卿，刑部尚书。卸官后徙居密县，后分移登封，义释“闯王”留下美谈。著有《礼记礼宗全录》四册。

明敕封承德郎户部江西清吏司主事魏公配安人程氏继安人程氏合葬墓志铭

山西武乡魏公，讳之幹，字伯贞，号扬溪。与予同寅于户部，志趣甚相投洽。公暇辄诗酒清淡，竟日夜不倦，天涯兄弟，惟我两人。厥后公拂衣归，而予犹沉宦海也。比予保厘三晋，公春秋尚强。段庐在迩，方切景行，而公则仙踪不可即，乃以长公郎廷望谒予，且命从予。复半载，予转官，其子乃还。两世一家屈指至今四十年于兹矣。忽一日有使自武乡来，持状以示，急取视之，公志状也。不觉肝肠百折，涕泪千行，抚膺曰：“天去吾老兄弟矣！”及按状，公疾弥留，谓其子曰：“志我幽者非汝靳老伯不可！”呜呼！予不志公谁志哉！

公始祖成甫，河南归德府虞城县人，与予原同省，以龙兴濠泗，干戈纷纷，避居山西之武乡。大明定鼎，遂占籍为崇仁坊六甲。成甫生璘，璘生严，严生清，清生宪质，宪质生璞，璞生国模，登嘉靖戊午科榜，尹行唐，正公父也。公行四，甫小学，举止端庄，资性颖慧，好学能文，乡人尽诧异之。赠承德公，卒于官。公扶榇归里，惧家声之或坠，卧薪尝胆，期其必就。而太安人复和丸以训，是以青衿不数年，中万历丙子科乡试，累上春官，瞿然曰："先君子丰于才德而啬于寿，不以此时为禄养，使萱草有白发之倚，椿树无紫诰之赠，将所学之谓何？"遂拣铨直隶顺天府通州漷县知县，廉明才望，漷盖不足以留也；调良乡，治良一如漷，三载考绩，敕授文林郎。当事者共为荐拔，升北京户部、浙江清吏司主事。会失调，告病归里，三年痊，补本部江西司。公才如挥利，守似冰清，部差每借重公。历管冬衣花布、明智坊、三草场、御马监草场、下粮厅、董土牛房、太仓银库、九江钞关。遇国有覃恩，加授承德郎，王言再锡，帝泽益隆，盖国家方不可一日无公。而公则以太安人年几八十，桑榆傍晚，松柏徂冬，犬马之力可致，乌鸟之情难忘，辞君就亲蔼然，喜气习习斑衣上也。及太安人仙逝，公葬祭如礼，人又称公为忠孝两全。此时公同安人方期偕老，不意安人又逝，公泣，不更娶，曰："始吾之继娶者以嗣之未立也，今不尔矣，优游高堂又十六年，福寿声名，子孙绳振，无所不备。"公盖人中仙哉！安人程氏，赠孺人，加赠安人，早卒。继程氏，封孺人，加封安人，即先之妹。勤俭禔躬，淑静维则，夙夜相公。凡公所不逮，悉以阃仪补之。迨公筮仕于朝，勉公勤劳王事。安人宜家，曲意事太安人，断机教诸子，公得以从容于靡盬者，内助之力多也。妾武氏。

公生于嘉靖二十九年九月初二日亥时，卒于天启七年四月二十九日卯时，享年七十八岁。继安人程氏，生于嘉靖三十八年正月初二日寅时，卒于万历四十年八月二十七日丑时，享年五十四岁。生子三：长曰廷望，遇覃恩选贡生，娶程氏，继程氏、李氏。次曰时望，例贡生，娶李氏。三曰令望，廪生，娶李氏。女四：长适庠生韩光愈，次适廪生李廷枢，三适太学生程伟绩，四适候廪生窦希信，俱继安人程氏出。孙男六，孙女一：男曰弥大，聘李氏；曰吉大，俱廷望继室程氏出；曰名大，廪生，娶沁州刘氏。曰滋大，时望出；曰闾大，聘李氏；曰容大。女曰凤占，令望出。其子廷望等于是年十二月初九日将启母圹，合葬于漳南兴文茔之东坡，巽山乾向。予辱有僚谊，情不容已，更洒泪而为之铭曰：公族甲于武乡，而公之德业又甲于族而无双，为家型范，为国栋梁，龙章凤诰，公之食报。子孙冠裳，将跨公灶。寿跻八十，忽焉如泰山之倒，卜葬于东坡之上，佳水佳山，亿万年其永好。

（录自民国《武乡新志·金石考》）

程启南　（1562—1650）

字开之，号凤庵，武乡信义人。明万历二十九年（1601）与同邑魏云中联捷同榜进士，先后任襄阳推官，兵部武选司主事、郎中，济南道副使、参政、按察使，开启二年朝廷“举卓异”，被誉为“天下廉吏第一”，后迁任右布政使，左布政使，太常寺卿，工部左侍郎、尚书，加大司空服俸。著有《易宗圣录》《阴符解》《也足园集易时草》《医学纂要》《集贤录》《心著集解》等。

《武乡县志》序[①]

说者曰：邑之有志，即一邑之史也。会须仰法《春秋》，悬之国门，以千金易一字不得乃称作者。愚谓史与志未可作平等观，史当其难，志居其易。《春秋》或笔或削，圣人以义裁之；或寝或贬，圣人以直断之；知我罪我，圣人以身任之。春秋无义战，贬存乎见多则其罪转甚可畏哉！其难可知。已后之良史必推迁、固，虽以郅都之功，两史俱入酷吏之科，则其不惮罪我，又可知也。

若夫志概无贬，辞得一善，则蜚蜚玉屑，落楮成锦，阃阁幽芳，遐陬节侠，阐发无遗，而三讳行乎其间，此隐恶扬善之书也，谁不感其受知？至于山川草木，会心处即图为景，飞洒珠玑，载歌载咏，卷石亦为之点头，有胜情者足不蹑备卧游焉，其乐只且。伊谁罪我，匪直我武为然，试观《一统志》与《广舆记》，皆然耳。窃念八景之外，其若千百，以分野论，

① 此文为清顺治二年版《武乡县志》序，该版目前未发现刊印本。

则《禹贡》以内，《海经》以外，我武不过一曲之弹丸；以计亩论，部邑七山二水，仅一分土之多。麓之下层累而上易畴，不满数武，如栈道然。语云：“水无涓滴皆为用，山到崔嵬尽力耕”，其我武之谓乎？当斯煨烬之余，幸逢兹李父母，如伤之切，晓畅时宜，善谋善断，且博学而词足，以发凡文告，是休嘉我邑人，惟祈去虚悬仍旧贯，毫无损于国，大有补于民。请申其说：如王粮六千余两，从未开征，本县之赤历可查；从未起解，藩司之收簿可查，况今无边警将无边费，尤式望下捐租之，今我武虚悬之数原非边额，所谓去之无损于国者此也。屯粮征解，州县各别，忽逆闯尽右武秩，戕军虐民，将屯粮错壤混分，乱政亟行，宁足为训？且折色有定数，宁忍向孑遗而倍之，所谓旧贯之当仍者此也。

至权店驿马，苦不胜言，然未去其害马者，则其害不可止。即如佥报马户一节，曩时有驿丞邵姓者，视为奇货，不已又假手猾吏，采访苛求，但藏瓯粟，诬以程罗，就中去取，钱神凭焉。朝甲暮乙，涂窜相仍，邑人讥为脱稿榜花，生斯驿者，如陷苦海，无复望其扬尘矣。盖上台未知苦，犹可望其转闻，以俟解悬于异日。今汾府李公祖有马户，里派之文直指黄公，祖有兑解马粮之议，若先得我心之同然，冒昧之条陈俱在也。但里派未厌，众心兑粮尚无实着，陈人为地方计，谨饶舌于志，以志原为地方设耳。

噫！权在斯人者不可必，而吾党可必者曾是不寝缅想。余为诸生时，相邀不知茶，案头无果窗，前无帏，一饱而止，惟酒无量兴阑，不揖而散，真率相忘，温公明训也。其后民风自北而南，初日苏意，既又戏曰傲苏，强北为南，不可由俭入奢，又不可之大者。余中人以下资，二酉未窥，一韵罔识，敢登作者之林，惟三官妙经，多所亵侮，遂详叙其根因，以妥其神。其诸狐庙碑记，多所割裂，遂详传义，以解其疑，非好辨也。前大中丞魏公诸衮取二作入于志，然两祠各序片石，似无容再为灾木。吾老矣，不能得侍尘下，姑留老人言斥名于尾。

（录自清康熙《武乡县志·序》）

请免均粮揭

揭为武邑残破已极，均粮万难取盈，恳祈仁慈，大为主持曲为裁免事：窃照均粮一法，即加派之别名，一丝一毫，皆取之地亩，征之小民。嗟此武邑，地为何地？山居其七，水居其二，一分作田，且半沙半石，为陵为壑，一望等于不毛。民为何民？贼寇焚掠之后，死居其二，所留孑遗，曾无半粟。今岁大荒，其死逃又莫可数。凡此非敢作无病之吟，试观本县地方之狭，曾不及邻封之半，而权店设兵，南关又设兵，则为贼薮可知，其被贼之多残又可知。即与三十一州县同免均粮，尤应独居其先，虽兵咨颁有成数，所望上台目击颠连之苦，或代为请命，或径咨部中，为武邑详呈苦状，免其征派，非独生等感德，万民颂回天之力于不朽矣。再有请者自惜为上所怜，定为灾疲减等，每粮一两，全征八钱一分一厘，止减征五钱一分五厘，勿论正饷与新加辽饷，皆依此减等之数。今征粮即不能全蠲，亦应照减等起数，原粮八千五百五十一两九钱四分一厘一毫，实该征银若干，此不得已，勉从应急，而犹未知其果能后办否也。为此哀鸣，公揭须至揭者。

（录自清康熙《武乡县志·奏疏》）

辞官疏

自古治乱，荣辱之端在所信任。苏子曰：冰炭同处，必至交争；熏莸共器，久当遗臭。言君子小人不同位也。今魏忠贤威移主上，蟠连禁闼，倪文焕、崔呈秀等扇党与摇唇膏吻而横于世，指夷光为嫫母，借钩巨作刑书，如邹元标、孙居相、叶向高、李邦华、张光前等咸削籍排摈，不容于位；万璟、杨琏坐掠重身死；魏大中、左光斗、赵南星又禁锢桎梏，坐法枉造赃款。以王振、刘瑾之势加之郅都之手，不六翮尽空不止。彼魏良弼、魏良才等方且坦腹加官，意广心轶，危毒海内。语曰：民志不入，狱囚自出。况齐州荒旱，彭城水决，江南地震，关中豕妖，反天不祥，于斯见之矣。乃尚有进玉玺赋凤仪者，以便偏指，非臣所望也。臣愚以为：众正立，即朝廷之祯祥；群枉至，即国家之妖孽。今即使朱草日生于庭，麒麟在囿。臣犹以为无因而至，而敢为回面污行，不思变辙者乎！臣愚非徒抱寂寥之志，有不求闻达之诞也。臣实不欲同罢驴为群，与汩俱没。臣知此言出必与忠贤有隙，将枉王度劓刃臣。然臣出万死不顾一生之计，愿尽拳拳乞陛下。信忠贤等耗乱国柄□应死，早加元标等，于近膝之上属贤予禄，臣即受贼害固所不辞。臣闻忠无不报，信不见疑，陛下即过意，以擢臣间伍之中，稍勿程督当放臣还山。幸陛下裁察，使臣困顿长安，终无所益。

（录自《古今图书集成·明伦汇编宫闱典宦寺部之三》）

三官庙记

邑人士聿修三官神祠，不日成者。久之，未有碑记以垂不朽。阅崇祯丁丑岁，爰使工人镌石，因浼余为之记。余亦共事中人，欣欣然愿效执笔。但于祀典未周知，而奉祀道人举妙经相示：“首序三龙女，各诞生一官，分天、地、水为三。其弥月之期，又分定于正、七、十之望日。”读未终，将信将疑，其然乎？其寓言耶？及考所纪宝号，绰有次第。上元品，天官赐福；中元二品，地官赦罪；下元三品，水官解厄。就此联而成偈，如《诗》之古风，演而成经，计一千六百七十五字，要皆附之于儒，其间数众生之恶德无所不至，吾儒之小人，而无忌惮也。通经立忏，即吾儒之悔过迁善也。若天堂，若地狱，随因随果，即易之福善福淫也。假神设教，是或一道，然而未可专恃焉。忏者曰：“诵三元妙经千遍，赐福赦罪解厄，三官各效其灵。代人诵千遍者，彼其善果亦如之。”余不其然，会须口诵心斋，百行俱粹，万缘皆空，以冥冥质昭昭，无愧天神，无愧地祇，无愧水灵，斯一真与三元合，用康用宁，其食报宁有既耶？倘无鸡鸣之善念，平旦之清气，而徒通妙经以希奢望。噫！曾谓三官不如林放乎？窃有说焉：天、地、水应作本等观，不必借胎生姓氏以滋幻惑。但羽流通法经必合掌？目凝经者无法。余亦默默心祝曰：安得先我同然之言，相与共证法门。恍然若或使之抽案头一卷，开卷便见宋王逵云："老氏之徒，立天、地、水府，三元三官之说，何也？盖天气主生，地气主成，水气主化，以三时首月之望候之，故曰三元。金为生，候天气；土为成，候地气；水为化，候水气。三元正当三临宫，故曰三官。"得是说，不觉色喜，因全录之以自信，并以信后人。洋洋乎如在其上，如在左右，神之问我固多也。由是思神之来格，修正七十之仪，报生报成报化，奉本等之祀而已。经始首序言，照存而勿论。

（录自清康熙《武乡县志·碑记》）

《程氏家谱》序

夫谱家史也，要以传信追维高曾而上所及知者，叙其本支远不及知者，姑阙之。孔氏有言，黄虞以前岂予兴汝所能知哉，斯亦阙疑之，旨足以纲吾谱耳。彼遥遥华胄，诸胡带令，何温共嗤之，吾实骍羞焉。吾惟知迁于武乡之信义，为信义社之程而已。噫，信义胡为乎来哉？吾世为河南程氏，当元胡构患，徙晋者三，亦各散处三地，而侨居信义者讳敏。于是乎奉为始祖，阅五世，玫又徙邯郸，一姓传舍，渐移渐离，当吾身而欲求合脉，会须明其世系，故于彼三方者，特谱其大端到于今若而世，世立一宗，俾其繇宗而知序，繇序而知亲，亲不以地隔而有遐，心其在兹一方者，考订尤为亲切。祖武转详，大宗冠其首，小宗递为次。我程氏之子若孙其丽不止于千，而表世载名，将一帙有余炤也。仍注为式，付彼中各为全谱，又割大官遗食，治圭田，备祭器，立祀法，但取礼洁不供难继祀外，积有余粒，量赡宗乏。其宗中叨有显者、封者、赠者，以及妇女之有恩荣、有节烈者并录之。以光前而裕后。再仿讳辩法，仰稽宗图，不至徵在重犯。间或一讳相袭，权用其半，如为束为文之类，亦自有别。其他小目，款款悉列于谱之前端，以备总考。谱成而谛观其始，怆然有余悲焉。遑遑之武、之祁、之邯、之太，何为重纲，而轻去其乡，惟胡之故？载观于今，又窃有厚幸焉。彼苍惠我，惮人发祥，瓜瓞所在，振振绳绳，岂不既庶所望？教之甚殷。乡者请序于诸名公，洋洋数百言，誉不忘规，早已教我谱中人矣。因进谱人而相劝曰：吾侪何敢当誉？惟祈于规处绎思，就中苏明允二言尤应书绅曰：其初兄弟也，兄弟其初一人之身也，我信义五世祖敖、原、碧、盛，岂非四兄弟乎？其初岂非敏一人之身乎？乃至今日而少凌长、众欺寡，亦复不少。嗟嗟，同社之近，尚尔龉龁，况百里外之祁邑、太谷，又五百里外之邯郸，遂将途人视之乎？总论其初，皆河南程氏一人之身夫。语之以身，即至愚皆切痛痒，何独于初身而忘之。《诗》曰：“无念尔祖，志不忘也。”《中庸》曰：“爱其所亲，信能爱其所亲。”斯称不忘祖者乎！

赐进士第资德大夫正治上卿加二品服俸工部左侍郎十一世孙启南序

（录自明万历武乡《程氏家谱》）

封有功

字又岗。生卒年不详。明代沁州（今山西沁县）人。万历庠生。

明故寿官古山程公墓志铭

余不谷，丁制苫居，屏谢世棼，尘蒙砚角矣。适外弟佩蘼子过讯，手出《渠堂伯古山公行状》一帙，进公乃嗣，涕泣而请志铭于余。余素木强弗工，月旦且中干，未娴藻绩。第余祖腹庐门，稔知公生平历履，辞不克。

按公姓程，讳论，字如式，古山其别号也。世贯武乡县之信义里。说者谓：程立孤之俊，自鼻祖来咸以富义甲晋阳。曾大父达课农乐善；大父文博饶赀劭德，宾燕黉宫。父宗瑞勤俭笃实，红腐相仍，以寿拜官；母李氏称女中丈夫。公生而聪敏，蚤有充闾迈迹之异，奈家政旁午，不得壹意讨习，弱冠援授布政司承使皇华，载咏苞苴，毫无染指。嘉靖三十六年，晋侯骄悍凌□潘□□刘方岳，以不韪公，代赍封疏，扮易服饰出城信宿，直叩魏阙奏□，刘方岳藉以无虞，此其一身都是胆，可谓忠以奉上矣。怙恃桑榆，承欢膝下，□百顺事之，真有问视遗矩，可谓孝以事亲矣。处兄荆州府照磨诏待，弟布政司知□谏同财别天显攸敦，可谓既友且恭矣。至若刚介持躬，谦撝接物，贱□贵德，凡隣壤缙神显硕，靡不缔为知己执友。古云：君子路上人，舍公其孰与归？舍立义冢，捐木助葬，堪媲麦舟之惠焉。嘉靖间岁歉，公输粟赈饥，当道□扁。隆庆之祀，谷复不登，公再赈，弗受奖，乃给义官于犹子名一敬者，迩年不祲，频因公之慷，出粟二百余石，缗十数奇，按部使者录而官其子曰元敬。焚于□金，殆难齿颊举也，袟满考最，例宜注籍铨曹，慨然乐隐，愿受冠带终身。生于嘉靖四年十二月十四日戌时，卒于万历二十六年二月二十一日亥时，诹吉本年九月二十四日安厝佳城于祖茔，享年七旬有四。配魏氏，先公卒；继赵氏、萧氏，内助克谐，鲜佩交警。男一即元敬也，娶沁郡训宁乡县学王尧夫女。女四：一适榆邑庠生常德修，一适本邑廪生李佳，一适沁郡臬掾张腾跃，一适望族魏穆。

呜呼！志以识不忘，铭以明不朽。大都表华实懿，垂光照后，假令寡令德于生前，则随物故而名泯灭，焉能流芳来世乎。盖必当之者非悬羊而后作者不至假虎之皮也。余匪佞曷敢为古山公泛滥一语，遂掇大概而致之。其铭曰：

古山之阳，里名信义；笃生哲人，玮行瑰意。受职藩使，事克有洛；忠孝两全，友恭兼备。乐子好施，泽人利世；寿高古稀，德耀来季。本□

源□，庆衍无际；潜光弗显，还真华胥。

（录自武乡县故城镇信义村存碑）

张五美

明代河北永年人。生卒年不详。万历十三年举人，三十四年（1606）任武乡县知县，三十七年主持修编成万历《武乡县志》。后任常州通判。

昭泽王传[①]

昭泽王，姓焦，失其名。唐懿宗威通九年七月初五日生长乐乡司徒村。生之夕，香气盈室，经宿不散，人咸异之。七岁，两手拘挛，言语謇涩，状貌类愚人焉。元日，手无故自舒，神采焕发，语亦通便，顾性喜道家言。至十三岁，凡天文、地理、易象、遁甲诸书一过目即晓畅。

景福二年正月八日夜，梦神人捧玉函，内盛灵符宝箓，谓王曰："吾奉帝命，以此书付汝，熟习之，当除邪宁众。"既觉，果有玉匣在其侧，启视则皆朱书天篆，文义多不可晓。后复遇异人指示，王遂了然。异人又以灵符、玉印付王，厥后驱妖降龙，随试辄效。东北山有一穴内藏五狐为祟，王逐之，就其中居焉，命之曰"五狐穴"。乾宁元年，壁底等村水骤发，漂民田庐无算。乾宁四年，县西蛇妖为患，王俱用符退水，而民俱获安。一日，游至漏岩泉，见众妇人浴不洁之衣，曰："此水不可以秽投。"遂指水南行，水遂南。光化元年，东山有释土常姓者，素习玄术，来谒王。与王同游东山，常用已术。途次衣带悉成龙蛇状。王曰："此幻耳，奚足尚。"常又知阔龙山水中有妖，求王除之。王用符投水，不旋而妖除。又同游北洞。洞与辽阳界相接，洞中蛟龙绕集，妖气逼人，常惊怖股慄，王则欣然谓天设之以俟我者。又于石中得古剑一口。光化二年，有富室陈演者，宅

① 文末注为明万历县志原传。

久为妖龙所据，其家因有一红槽。王至驱龙，因索红槽引之入洞。天福二年，上党妖魔为害，时太守王祐延王治之，妖遂息。太守以其向事上闻，奉旨封为云雨将军。

后脱蜕仙升，葬北五里，今将军坟是也[①]。王享年三十有四，没之后，代有显应。清泰二年，草贼啸聚，官于军不能禁。忽洞起红云，空中若有铁骑声，乱石飞下如雨，贼党无孑遗。加封灵侯爵，以长乐十六村租税为王香火资。开运二年，旱魃为灾，凡诣洞求雨者应如响，后来求雨自此始。天福四年，加封为显圣公。宣和元年，加封为昭泽王。元世祖南征渡海，时见王阴为之助师，旋遂加封曰海渎王。

（录自清康熙《武乡县志·仙释》）

黄士俊 （1570—1654）

字亮垣，一字象甫，号玉嵛。明代广东顺德人。明万历三十五年（1607）状元及第，历官宫谕少詹事、礼部侍郎、礼部尚书兼东阁大学士，入阁参与机务行相事。历太子太保，文渊阁大学士，少傅兼太子太傅。

程氏族谱序

语云：人贵族何谓也？得非以芝草无根，醴泉无源，固在人自树哉。然古先之世雅重宗盟，如姬水、大岳、神尧、李耳，必溯厥所自。夫亦探本穷源，敦睦展亲之道，不得不尔尔也。魏晋以来益重门阀，王、谢、崔、卢、顾、陆、朱、张表表，江左世号钜宗，不者即身都将相不敢进，而兴诸姓齿，族之所系岂渺小乎。则夫沐先人之遗，岿然光起荣烈，而不思表章世系，推先人之所繇，始及支派之所繇，蕃著为家乘以昭示，来兹亦义之所不敢安也。大司空程公凤庵，山右望族也。其十一世祖敏暨其别祖思

① 将军坟：在今武乡县上司乡岭头村。

贤、思让，原籍河南，因避元乱，出亡山右。敏侨居于武乡之信义都，思让侨居于祁县之东观，思贤侨居于太谷之西贾。生齿各繁，俱以千计，而甲第科贡亦各不乏人。司空公睹今日之繁衍，而念兹厥初，乃怃然曰：夫葵卫其足，葛藟荫其本根，万汇犹然，况于人乎？我祖宗流离播迁，倍尝艰苦，以获兹宁宇，我子孙邀天之灵，以无陨厥绪，实世世受釐焉。第一族而三异其庐，今虽本支攸叙，勉效敦睦，得毋日衍日繁，浸假而紊越者乎？乃为次第其谱，支分派别，原始致详。凡世德闺范，宅第丘墓，遗事遗迹，靡不备载谱。既成，属余为序。余卒业而叹曰：此非独程氏谱也，亦以志程公之家政焉。先王之世，氏族别而宗法出，宗法出而崇本修，睦别嫌明，微仁义之用，俱出而秩然，为天下先，独《谱》也兴哉，令后世子孙一展卷而数十世昭穆，灿若列眉。且人人籍诗书之泽，以光启百代，即谓人能贵族可也，实兹《谱》有以开之也。余座师如椿杨先生，昔与程公同门同官，知程公最深，为余言之最核，故不辞蠡弧之管而为之序。

赐进士及第东阁大学士太子太保礼部尚书东粤通家侍生黄士俊顿首拜撰

（录自明万历武乡《程氏家谱》）

李邦华　（1574－1644）

字孟暗。明代江西吉水人。万历三十一年（1603）乡试中举。次年，成进士，授泾县知县，有异政。崇祯元年任工部右侍郎，总督河道。不久改任兵部右侍郎，协理军政。崇祯十二年（1639）出任南京兵部尚书。十七年，北京城破殉国。追赠太保、吏部尚书，谥忠文。清廷加谥号为“忠肃”。

总督尚书魏云中传

公魏姓，生时父梦魏尚至家，因命名云中，字定远，号震彝。始祖成甫从河南籍武乡，七世至赠君灼举大夫。子三，公为冢嗣。魁杰俶傥，旁睨千古，桊耩鞠䏚者视罔啻凂，搦管一字，令人作数日想。南中陈公所学来督山右士，奇公文，擢诸生冠，晋阳书院试辄以公压卷。时有议公固僻于奇者，公夷然不屑也，曰：“吾而不奇，谁当奇者?”弱冠联掇庚子、辛丑科，筮仕项城。

项固多大猾，公甫下车，即击之。以贼首蔡项梗豫路，公设计得伏法，路以是无拾遗。项屡岁苦霪雨，公一祈即霁。邑中铮铮士选十八人充瀛州数，昕夕督课惟谨，迄今犹诵桃李出公门。课最，待御殿中。三王议并封，国本摇者数四，公力持之，得终立。时硕果食几尽，公生死以之争，剥庐者侧目。公因例转甘肃佥宪，公遂挂冠神武门。

里居十年，续《皇极经世》书以成父志。壬戌，廷推边才，起通州道，旋贰尚宝。旬余抚宁夏军，灵州固刘哱肆逆地。公内抚凋尪，外款银定，如请设屯田，府佐取易，沿河本色金城十二略不是过也。而军民之加额者，尤在止万里远戍一疏。所惜者，开香山铜，修硖口堡，及镇贺兰、凿明渠数事行未报成。倏以忤崔、魏归里。

崇祯元年，奉旨巡宣云间，抚臣以用兵为策之上，公议偏关达居庸千八百里，处处可虞款之便。赴平台召条上之，上悦甚，赐茶毕，遂命督宣大三镇师。都城戒严，公漏下二鼓同季弟权中等提戈至德胜门，都人恃以无恐，飞鱼服赐且二。而招降宁武哗卒，宽免三镇田租，此犹事之不胜胪列者。王加印据我河曲，倚王可贵为谋主。公间杀贵，竖立降旗，收拔难民，而以乡兵绝贼，导援兵，扼贼奔。公率亲丁千余，督秦将曹文诏直薄城下，力攻之，加印聚泣请死。功不成者一日，要功者为之中伤，公卒报罢。

旋里后鼓义建北城台，屹然一方保障，流寇三至城北，望险退，公之功在万祀矣。会忧时感疾，事刀圭者年余而呓语岑岑，犹闻作社稷计。及易箦时，赤气亘天，身骑箕尾，气壮山河，公应瞑，且不朽。讣闻，下部议，赠谥祭葬。会以寇变，未即覆。邑人建祠绘其像，复阖词请于宪台，俎豆宫墙间，而沁州则以之入名宦云。

（录自清康熙《武乡县志·人物》）

吴宗达 （1575—1635）

字上于，号青门。明代江苏宜兴人。万历三十二年（1604）进士。曾任翰林院编修，国子监祭酒，礼部尚书，东阁大学士，太子太保文渊阁大学士，少保兼太子太保户部尚书，少傅兼太子太傅吏部尚书、建极殿大学士，少师兼太子太师中极殿大学士。卒谥文端。有《涣亭存稿》传世。

程氏家谱序

程于山右为望族，其先以避元乱徙自中州，其始祖之支三：曰敏、曰思让、曰思贤。其居亦三：曰武乡之信义都，曰祁县之东观，曰太谷之西贾。其地相去以里计者百。其生齿繁衍各以丁计者千，其起家科贡有闻于时者，亦皆不乏人焉。今大司空凤庵年兄，为敏之十一代孙，世居信义者也。凤庵以请政之暇，过里门而慨然议修谱牒，于思贤、思让，则存之不忘始也，于厥子姓则不录有录之者也，于敏以下迄今则谨书之，且以藏于家而永其传。乞余数言弁之简端。

余惟汉魏以来，率矜阀阅，迁固诸书，争称神引圣以为重。至宋乃命举人斗食禄之家，悉委中书覆试，阀阅乃更轻，轻重何常。陈往事于广坐，则伏伽识高于元素，略遭际于一时，则宗韬气摄于耿青。我国家弥天置细，以俟麟凤来游，故宇内氏族或再盛，或崛起，或中衰，或后替，虽由天道，亦有人事焉。问其族而长幼相秩，弦诵相闻，相勉以节义，慈仁相敦以俭朴，而无有兴者，吾不信也。问其族而贵或骄贱，富或忍贫，少或凌长，诗书礼乐之教，不列于塾，惟偷惰淫侈之为安，而不趣于败者，吾不信也。即不然，陈江州何减崔博陵。区区显晦之迹，亦云陋矣。善乎藕明允之言曰：吾之服尽而亲尽，亲尽而情尽，喜不庆，忧不吊，相视如途人者。其初兄弟也，兄弟其初，一人之身也。既谱之矣，又引乡之望人，大吾族者为戒。至今读之令人穆然思，悚然惧。风庵仁心为质，服礼不愆毫发，其能兴仁让之风，于家而斌斌济济，益昌隆而光大之也。请载笔俟之矣。

赐进士及第建极殿大学士少傅兼太子太傅吏部尚书晋陵同门年弟吴宗达顿首拜撰

（录自明万历武乡《程氏家谱》）

李　梓

明代武乡人。生卒年不详。万历三十八年（1610）撰此碑记。

武金侯庙碑记

考之五代，均王嗣位，凶才擅权，罕见忠良，军士离心，杳闻节义。惟神崛起布衣，位登上将，武扶一国之衰，勇振三军之弱，明君臣之义，敦生死之节，不独在梁诸臣莫之及，虽列国亦无有出右者。尝详纪其遭际，忠烈首谅于敬翔，难逃赵、张之谤，奇谋相协于季振，尤来梁主之惑。德胜之捷，克期三日，中都之战，就擒一朝，非勇于始而怯于终也。用不用，故也。至以一死谢梁，生气凛凛，亘古今而常在，封显佑，封挂甲。水旱疾疫，有求必祷，皆曰神之灵也，闻风者无不信矣。万历三十八年，本境荒旱，民不聊生，于焉走辽阳，达石匣，迎神于村东五龙庙祷焉。斯时也人感神之灵，神鉴人之忧，俄而祝融避，冯夷出，祥云满天，甘霖遍地，四野腾欢，万民庆贺，曰：“神其有灵矣，胡不庙祀焉？”本村署平定州司训李公僖者，合族乡之耆老，会亲属之子女，而告曰：“愿建新庙者请输财焉。”众皆唯诺。卜地于五龙庙之右，鸠工集众，首建正殿三楹，雕神像二尊，轿二抬，金彩而碧饰之。次建南殿三楹，西廊房三间，惟东廊房缺而未补。厥弟贡生讳佳者独建三间，合五方之君子共成盛事。至兹之后，殿宇辉煌，香烟云集于阙下；神灵显赫，灵感日应于寰中。惟神之灵在天，无祷不应，如水之在地，无处而不有也。彼决地得泉，而曰水专在是，岂理也哉？故榜其门曰“敕封挂甲武金侯庙”，为一方崇祀之地也。用勒诸石，以冀不朽。

（录自民国《武乡县志·金石考》）

魏云中 （1581—1644）

字定远，号震彝。明代武乡魏家窑人。明万历二十八年（1600）中举，万历二十九年与同乡程启南联捷同榜进士。任项城知县，后升御史。万历三十七年因“例转甘肃佥宪”，挂冠归田。天启二年复出，任通州兵备道，召为尚宝卿，右佥都御史，兵部右侍郎兼右佥都御史，总督宣大山西军务。著有《续皇极经世书》等。

修南山神庙碑记

吾邑固多山，东南诸峰对峙，如门如阙，尤邑中大观也。旧有南山神座，其南邑人凡祷辄应，而大者乃能福国庇民、御灾捍患，历朝敕封，载之祀典备矣。祠以岁久，中不无倾圮焉者。邑人时有修举，属余为记。予谓世人最好鬼神，久亦不复敬畏，夫岂人心解弛，无亦所谓焄蒿凄怆，神者不神耳！夫神固妙人物以为言，而实人亦神之会也。南神胜概，归载嵯峨，傍喷神泉，下吐灵濑。每有雷霆交作，风雨时来，神若鼓之润之，象甚岌嶪，是以烟云暗霭，丹石巃嵸，群壑黤惨，修林森郁，此则神之灵也，而非人之所得与也。若夫经之营之，不采不质，结构峥嵘，攒拱突兀，佳气曈昽，祥烟郁葎，层檐翠楹，岧尧岑立，皓壁朱梦，崔嵬峦居，鼓钟则川岳振响，笙竽则吹万竞鸣，此则人之所以祈乎神也，而亦非神之所得与也。惟神佑人，惟人奉神，神与人可谓两无负哉！虽然神功无心，故其福谦祸盈，妙运不宰，人实有欲则类分矣。果其贞心质行，刚肠义胆，动畏神明，时凛法度，标空中之楼阁，净静里之乾坤，舒卷随时，盈缩在手，则有对神而胸脏洞开，骨气壁立誓如。或机可侔鬼，巧可侔神，朝齐暮楚，行浊言清，熟弄舌锋，全无夜气，时动杀机，倏移阴晴，声势煙赫于宇宙，鼻息上干于霓虹，且有望神而意气消沮，精魄飞散，肠胃肺肝，瓦砾厌然，如见欺漫无情者矣。呜乎！神于位为南，于象为离，于德为阴阳之类。为刚、为明、为公、为忠、为君、为父、为夫、为巾帼，凡君子之道属焉。彼阴柔险伏奸毒，滔佞于光天化日中，公然据黎丘而魍魉，此神之所必殛也。盖天道也，神其更有以相我人哉！是为记。

（录自清康熙《武乡县志·碑记》）

魏权中

明代武乡魏家窑人。生卒年不详。魏云中弟。明天启丁卯（1627）岁贡，任陕西鄜县知县、西安府同知。

吕公祠序

儒、释、道分为三教者久矣，然其理皆本于太极，而其用乃分为三门也。谈性者未始不言命，讲命者未始不言性，要岂强为附合，理原不容于二也。盖天道最大，顺生六子，而后逆而行之，必归于无极焉。儒能理世安民，天下之所需，其用最大矣。释氏悬花坐上，拈花示众，已传精一之微。至道教源流，本于《素问》，遡天地之根，演于道德，穷性命之源，亦何尝废时中而为子哉！但先于治身，其绪余以及天下，渺乎小矣。要其成神圣后搏垸乾坤，宇宙在手亦何尝不广其才哉！故一显于当时，一神于没后，其机有并垂不朽者矣。予于牧鄜之暇，翻阅三大教诸书，总归于无极而太极也，遂作上、中、下四图，而性命之理已全矣。指月，一说指月之性命，而释氏子时露矣。问生，一说问世人之性命，而道家之花蕊发矣。有能稳坐莲台而灌溉之，何愁中道之距不传于天下哉？予敢叩问吕师。谬为之序。

（录自清康熙《武乡县志·碑记》）

魏令望　（1591—1642）

字羽仪，一字于野。明代武乡魏家窑人。明崇祯九年丙子举人，十三年庚辰科进士，任河南商丘令、太康县知县，明崇祯十五年，李自成起义军攻城魏令望率军守城中殉职。著有《四子拾唾集》。

东山游记

环邑皆山，东山一带尤佳，有林有水，有石有洞有岩，同社兄胜其每艳称之。

崇祯戊寅九月，长兄应召北上，遂随往，作游山计。以是月初一日，同胜其社兄容、台二兄弥大家侄，旦发，至行唐河上伊所，兄为鸡黍饭我。晚宿离相寺，合掌礼佛，二兄有“明朝资佛力，稳步过山头”之句。

二日，早之南椒，南椒为山麓，过此渐奇。南有石洞，无暇览，可为重游地。山形如围，穷处又转，转则峻阪，微迳乱石，荦确如梯，而无级可数。路旁皆木藤互错，牵人衣，攀萝挽条而登焉。天半堆红襞绿，杂以元黄，春夏见当无此色。陟其巅，两山峙立，中通一线，俯视则日晃晃而烁，烟霏霏而细，草摇摇而碧也。村落当其前，为平沙，可远眺焉。噫！奇矣，一元之气，融结于亘古，归墟于山泽，而孕灵毓秀，僻在荒陬，不经名胜游览，遂寂寥无闻，如此者可胜道哉！然安知今日以往，无知山者，且山亦以知希，自全所好。山名小壑，余文之为大界峡，不独为景谀，使谋国者一夫当之，宁有万敌耶？时土人燃炮以惊，疑我者山谷为应。至此而下，则不任骑矣。山固多蹬，皆滑不任足。又诘曲盘旋，相与拂袖，翳掇碎石，仅能投趾，寸尺而进之，垒垒然如坠也。山行数十里，依壁出壁可百仞，往辄视壁径未绝，又似破壁而前。

（录自清乾隆《武乡县志·艺文》）

魏光绪 （1594—1641）

字孟韬，号元白。明代武乡魏家窑人。明万历四十年（1612）考中第一名举人，万历四十一年连捷辛丑科进士，授行人平命使，万历四十八年迁云南道御使，崇祯二年升太仆寺正卿，崇祯八年被罢官归田，崇祯十四年逝世。去世当日，重新启用为宣大总督的诏书到家。著有《抚楚奏议》《西台封事》《南华诂》《带草楼诗稿》《泰园谈记》《潞水客谈》等十数种。

陟秋山赋

林木之森秀，遇陨霜而变焉。红紫斑驳，相错成文，若明霞锦绮之在天半也。岁际斯时，一来登眺，秋怀多感，欣戚交臻，悯物数之凋骚，不觉放歌云尔：

霜风何色？赪此秋山。映千林而焰焰，缀满路之斑烂。霞漪兮石壁，斗锦驳兮湾环。披黄叶而径度，仰绝壁以同攀。步崇崖之险仄，到石岭之花关。尔乃扑地，寒云炽空，凉吹蛩冷，休吟雁归，犹字石骨全披。松泉乱沸，风叠遥砧，霜清半臂。讯虚阁之遥钟，访山间之古寺。栋宇兮何朝，金碧兮半凋。石谁聚而能点，花何雨而为飘。慧灯绝而弗焰，慈云冷而罢撩。蚀断层碑，鸟爪蜗涎之篆；侵残鹫岭，猿啼鼯啸之巢。穿蒙密兮俯崇丘，扳女萝兮翳松楸。云阴阴兮日黯黯，叶槭槭兮风飕飕。俯崇墉兮千万堞，望仙人兮十二楼。采灵苗兮思驻景，岁既晏兮徒淹留。不觉喟然其伤心兮，鸾空踯躅于层峰之上头。

（录自清乾隆《武乡县志·艺文》，参校南神山崇祯年间碑刻）

大界峡赋[①]

维兹秋日，挹彼秋山，沧洲靡易，白日趋闲。尔乃峤然而来，隤然而回。羌堆挂之奇条，掩危磴之周旋。即纡曲而怪巍，复碧黛而砰眩。怅起复之鳞鳞，掣纷披之片片。时截坦以横梁，或凿空而幻见。骨拗折而奚攀，势颓放而莫恋。乃其区分晋赵，地接邶鄘，凌高直上，泛广其中。恍青山之倒景，疑朝雨之初濛。忽岩邑之吞吐，同暮霞以随风。辟牖绵邈乎远执，柴扉荡潏乎巃嵸。是以水和林声，亦衔山秀。侣溪而宽，学海而瘦。乍悲厉而森凌，条藋乱之可嗽。遇嵚峡而犇汪，随沆漭而滴流。维时风回飕兮拂征裳，虫啾啾兮音为僵。露沾人兮俱古，艸辞兴兮先伤。木落穿兮天小，云睡芳兮峰扬。意其中必有长眉衣结，皱肤光彻，独枕边皃，遗蜕傍蛭。规白雪兮为书，友丹壁兮为节。余亦烦憺悲瞀，惨凄劳折，志廓落而增郗，揽友生以互结。重曰山中人兮焉久留，饮元津兮吐素流，将历览于五岳兮其谁为俦。

（录自清乾隆《武乡县志·艺文》）

玉华洞三石笋赋

访仙踪于乳穴，产玉蕊于瑶林。作三山之砥柱，象五岳之嵚岑。剑倚天而耿耿，笋出林以森森。宝气茏葱，并倚珊瑚之树；云鬟髻髻，齐簪玳瑁之簪。尔其拔地抽茎，排天耸干，华表撑空，觚棱插汉。灿兮若芙蓉之始华，哓兮若珪璋之未判。其高低之骈罗也，若伯仲雍穆以追随；其后先之辉映也，若主宾拱揖而燕衎。其清风之披拂也，依稀郁林之载归。其素影之璘玢，彷佛南山之犹烂。乐我城隅，画栋金铺；花林覆顶，文甃承趺。

① 据清康熙《武乡县志·古迹》载，该文曾有邑人魏令望朱笔修改

竹涓涓而始翠，花袅袅以四敷。鱼在藻而有跃，鸟巡檐以相呼。茶烟飏而紫雾，庭草翠而绿芜。檐过雨而挂瀑，池积涨以成湖。睠亭皋之丽景，洵有美而可娱。又何如吊影荆榛之侧，而溷迹鼠生鼯之涂者乎？若夫无为下南宫之拜，寒山共庾信之语。平泉以醒酒得名，松风以迎凉见诩。金陵则见梦于吴公，灵壁则旬封于宋主。或龙蟠而鹊起，或燕翔而雁翥。或兴雨以兴云，或堪鞭而堪煮。或镜挂月林之国，或华艳芙蓉之渚。或铸刀而切琬琰，或刻鲸而吼风雨。并皆士绅儒雅之林，而变化神灵之府。予又何能不借攻错于他山，而望磨砻于玉女。

（录自清乾隆《武乡县志·艺文》）

修东城楼记

东门之建久矣，有时以泐，不良于守。余曩捍贼于此，感事悚衷，不得不捐赀以建也。事干城守，例须关白，业于乙亥之秋具文报上，拟以明年丙子二月兴工肇建。而是岁适当大祲，死徙相望，遂移前所储粟煮糜施餔，三阅月而始竟餔，于时农务殷矣。涉夏徂秋，时值戒严，不遑奋锸。越明年，再饥，再餔，秋再备兵。越岁戊寅，始克以仲夏四日从事也。旧科半毁，拆卸至尽，自谯门楼洞下至石基而止。旧门洞瓴甋二重，余增而三；旧内外壁瓴甋一重，余增而二；旧门洞两帮不戒于杵，岁久穿漏，余杵而坚，且杂以石。门项高于旧基者五尺，楼高于旧栋者一尺。新易磉石一十有六，新辟楼门东向者一，新增石龙漕渫水者二。楼之上下垣升阤旧以土者，各易瓴甋，自地至于门顶，石磴三十有六。旧穿毁不任足者，各易坚石。鱼尾鸱吻，刻桷藻井，以及涂塈丹雘之事，凡可经久而美观者，罔不惟力是视。程材数年，讫工两月，一切经费，悉取之不佞耕获之余，罔敢以勤执事。惟是数年，私计代为桑梓绸缪者获借手告成，俾不佞无诳语于乡，则所深慰藉者。登斯楼也，轩轩翼翼，言言仡仡，可以勅干掫，可以肃眺望，可以容民蓄众，怀远而威敌。美哉！奕奕乎万世之利，恒必由之矣。往寇患抢攘时，毁堞颓垣，人无固志，众论纷纷，有欲为避地计者，有拟事急则移民于小城内者。避地之说先去，以为民望，国有常典，其谁敢奸此？断断无足齿者。迁城之说，是谓弃城，无论城小不能容，井汲不供，坐而待毙，即万一挠倖获免，事定之后，民其焉如？亦终与弃城等耳。余邑南濒大河，洪流足恃，东西绝涧，不利为寇；北则襟领上游，凭高瞰下，矢石之利，犹之乎建瓴水也。向虑城垣倾圮，无以定众志，兹包修之役已阅两载，诚使相循不已，即危垣可化为石城。一旦有事，第登陴而谨望伺，何敌不摧？而至谣诼牵率为也。在《易》之《坎》曰："王公设险，以守其国。"《诗·鸱鸮》之二章曰："天之未阴雨，彻彼桑土，绸缪牖户。"今则寇乱无已，鸣谯击柝之声往往而是，即今设险，已失未雨，况乎其泄泄也？且也地方之事，非一身一家之事，所赖智者效谋，勇者效力，富者效财，合千万心为一心，乃克有济。如第拥赀，自肥于一切，靡所致念守虏之计，诚自为得，其若地方缓急何？

（录自清乾隆《武乡县志·艺文》）

《魏氏家乘》叙

今夫谱牒之兴也，谅不于上室之世哉！三皇纪，兄弟数千头，历年若干岁，虽则潦略，实昉大都，而太史公列叙世家，与其所自叙，其间世系之详，班班可考，借征掌故之存，亦安所取衷乎？水有源，木有本，生人之伦，反所自始。仁人孝子之心，独何能无说而处于此？太公之封于齐也，五世皆反葬于周。孔子鲁人，而必曰我殷人，我宋人。圣人之不忘本也如是。

夫天启吾宗，实先毕万，其见于《左氏传》及《史记》诸书可考；而武乡之胤则断自河南始。盖自吾祖宗渡河以来，历年三百，历世一十有一，聚族而居有众数百，诘以高、曾而上，燕向人雁行之伦，位次何等，已昏然不可识别，而况其远焉者乎？文未丧乎？斯责在后死，予小子何多让为？何多让为？索居余暇，爰订演旧文，考世系之本源，列昭穆之差等，焕王言之烜赫，表绅搢之显荣，义例规条，一仿《史记·年表》及近日诸名家旧谱，而斟酌删润，则予小子实采取之。

杀青既竣，人授一帙，将使溯流者有敦本之思，封众者有兴仁之想。雍睦仁让，隐然可封，而谓是谱之所存，岂其征哉？正考父之铭其鼎也，曰："一命而伛，再命而偻，三命则循墙而走。"其恭也如是；陈敬仲之卜妻于齐也，曰："凤凰于飞，和鸣锵锵。"其和也如是。恭者，德之基也；和者，祥之萃也。能恭能和，何幽弗格？何远弗届？百世之昌，千亿之祀，厥有由乎？且夫族大者，媒怨人众者，府争世禄之家，鲜克有礼；高明之家，鬼瞰其室，敬之敬之，亦惟卑躬保族之为兢兢乎？

时崇祯壬申孟春上浣之吉，赐进士第通议大夫、钦差巡抚湖广等处地方提督军务、都察院右副都御史九世孙光绪谨书

（录自明崇祯武乡《魏氏家乘》）

重修南山神庙碑记

鬼神，阴阳之迹也。山川，神灵之萃也。鬼神不可见而其氤氲变动，回复摩荡，若有以司之于幽，是之谓神。民受其赐而不能忘，于是乎有明里肸童之举。《礼》曰："天子祭天下名山大川，诸侯祭封内山川。"又曰："山川神祇有不举者为不敬，不敬者君削以地。"若是乎山川之祀之重也。我国家修明祀事，凡宇内名山大川，岁祭于北郊之泰圻。夏至之日，天子亲往。其远在郡邑者，令有司以时致祭，不领于天子之祝官。二百七十余年以来，奉行惟谨，未之有改，可谓盛矣。吾乡诸山，既为坛而祝诸南门之外，而南山之神则又特为一祠，以祀诸其在所，岂不以近在郊圻，灵风

总萃，和时育物，功用弘博，以故累代相因，成尊崇而不替。南山故有庙，岁久倾圮，余时读礼，余闲兴思鼎建，而沈定王适以币交，兼有百金之助，资用既饶，畚锸遂举，一切规制材物，袭者半，增者亦半。凡前殿、后寝、戏楼、东西门并袭，周回廊庑、大门、露台、甬道、殿东西小门、后宫、便道、便门并增。增者无论，即有袭也，必撤其旧而新，是图维精维坚，以巍以焕，庙貌聿新，妥侑斯在。幡幢金鼓，信香明水，崩角稽首于阶除之际者，视昔有加，而神灵休嘉。沓来狎至亦若有以响答于人者。阴阳相感之理信乎？其不可诬也。魏光绪曰：庙祭，非古也。至敬不坛，扫地而祭，况乎其以庙也。抟植彩绘，委端而临之于上，近乎亵矣。然而入其庙，忾然有闻，洋洋乎若有所睹，肃乎其承事，而凛凛乎其不敢肆也，是亦圣人神道设教意也。鬼神之理，有无无有，可执而不可执，总在焄蒿凄怆间耳。执无为有与执有为无，两者皆讥，唯不可执，是以为神。犹忆壬申腊月之廿日，剧贼数万压境，于时屏翳嘘风，扬沙拔木，炯乎以兵端告者，是谁为之？更泊城，天空月皎，乘城之众得以徐施其伎俩，城下之贼亦莫由施其爪距者，又谁为之？即予纠合丁壮，追贼于数十里外，三战三捷。每当临阵，如若有神助者，又谁为之？神功昭然在人耳目，宁能忘报也哉！独是频年以来，岁比不登，疫疠间作，野兽群游于郊，择人而食，不避白昼，亦似乎神之漠然者，岂缘吾民罪业深重、运数莫逃，即神亦无如何与？阴阳鬼神之道，虽曰难知，吾终不能不厚望于神，以为斯民请命云。

（录自清康熙《武乡县志·碑记》）

朱之俊 （1596—1671）

字擢秀，号沧起，又号孱摄居士。明代山西汾阳人。天启元年中举，天启二年（1622）进士，入翰林院，不久迁国子监司业，后转翰林院侍讲。崇祯四年被罢官归故里。清顺治二年，任秘书院侍讲，兼修国史副总裁，顺治六年大同总兵姜瓖举兵反清，遣书于朱，敦请助理。朱经绵山逃避到武乡女婿家中，未应召。写有《赠傅青主》等诗。

明进士通议大夫巡抚湖广等处地方提督军务都察院右副都御史升总督宣大兵部右侍郎元白魏公墓表碑

辛巳之冬，天子以四方杌陧，思得大臣如郭尚父、裴中令者，以抒宵旰。时宣云总制少司马缺九卿，以大中丞魏公名上，甚当帝心，亟令有司敦劝应召，而公以是月薨于正寝。讣闻，天子震悼，朝野罔不惊惜。公子驷以家前石征文垂不朽。余以公事业在天地，德行光日月，天子应如唐、宋、魏、韩诸公亲洒宸翰，以载公勋绩，何假余言为重轻？然余史臣也，据实而书，抑又何让？按公讳光绪，字孟韬，号元白。世武乡人，始祖成甫公八传至中宪公，鳌公冢嗣也。幼多奇征，稍长遂刻苦攻读，十六补博士弟子员，二十六登贤书。明年成进士，释褐行人司行人，衔命册秦豫江右诸藩王，所至却绝馈遗，惟登览名山大川以抒写气。秩满授福建道监察御史，首疏抗论梃击诸大事，直声一时震天下，忠言谠论，群小侧目，事具广汇纪《存信录》。未几，巡按山东，益持法竣直，墨吏望风解绶比比。时妖贼徐鸿儒虽伏法，而传遍数郡，议者欲悉抗之以博富贵。公以渠魁既歼，余俱赤子，奚罪也？连章上争，卒得谕旨，安插复业者前后二十余万人，邹、滕、兖、泗之郊丰碑载德，比梁公焉。值逆珰肆虐，借三案毒正人，翼虎者又恶公，公遂谢事归。剸刃诸公犹日夜媒蘖，思中以奇祸，无何，珰殛死，世道清明。天子素知公，亟召还职，补云南道监察御史，迁顺天府府丞，摄君事平台。屡召问方略，言辄施行。长安中戚里贵郎毫不□肆强暴，论者以本朝尹天府无出其右者，为之比孝肃焉。转太仆寺正卿，疏争马价，归本寺三十万金。檄市骏三边以补诸营伍，适近郊多垒而云锦成群，军容为之壮，积贮尚赢数十万金，核实，天子嘉悦，赍以银币，特升湖广都御史。三楚辽阔，民苗杂处，妖人结党，十五府同日竖旗，以刻期举事。公默运机策，不日擒消□。黑雨苗作逆，公又命将征灭，三湘七泽之间无风尘警。事闻，下诏褒美，复有银币之赐焉。楚藩素骫法，人心惶惶，公悉心调剂，乃克底定。且造器械，简士马，抚疮痍，天下扰攘，楚独宴然，以半壁南天交还朝廷。楚人家祝，迄今未艾也。归里，值寇乱，出赀招健儿，率乡人为战守计。寇至每衅，不敢正视。邑界东城楼门圮，独力修建而成一统，又甃以石，金汤屹屹，不费县官一钱。大乱二十余年，城卒无恙。岁饥，人相食，出粟数千石以食饿者，榆、沁、襄、和之人亦俱奔赴，声钟而哺者万三千人，迨岁稔还里，率感泣颂，祷而后去。道上弃儿，别有慈幼局，置□媪数十人自收养。事讫，觅还原主，无者抚字成立，至今问之，犹能自言魏公儿也。自挂冠日事诵读，藏书十六厨，披阅殆遍。书法直追二王，犹肄习不少止，四方求获者珍比金玉。赋诗自王、李而后无能过者，书声朗朗，彻晓夕不休。客至一觞一咏，登山临水，风致俨然。著《南华诂》《泰园谈纪》《带草楼诗稿》《东巡全集》《楚奏疏》《文赋注批评》《潞水客谈》《筑游记》《华山记》《字通》《家乘》《带草楼全稿》行于世。其他建桥梁、修寺宇，凡可以利人者罔不举。薨之夕，邑人老幼哭声殷然，天下识与不识咸为致惜云。公生万历十四年八月二十一日，薨崇祯十四年十二月十三日。配韩氏，赠淑人。继程氏、高氏、王氏、张氏，俱封淑人。

（录自民国《武乡新志·金石考》）

李联芳　（1589—1657）

字侗初，又字参宇。明代四川威远人。明崇祯九年丙子（1636）科举人，曾任柳州知府、贵州都清道、山西学政。

申荐蔡抚程昆仑立德立言立功文

廉得程康庄，姿饶根器，学本渊源。玉树临风，夙擅谢庭之秀；牙签映雪，穷搜邺架之奇。纷内美而六行惟修，怀席珍而千秋自命。牛耳共推于吴越，允称名下无虚；鸿仪难秘乎铜千，可谓国家有士。急需乐顾，宜厕狄门。此真正学古尊经、秉礼淑躬之彦。本道叨有地方之责，不敢不博采舆论，仰祈物色者也。

（录自程康庄《自课堂集·文集（附文）》）

程世能

生卒年不详。明代山东临清人。岁贡，明崇祯七年（1634）任武乡县知县。

武乡县记

南北距五十里而缩，东西据二百里尚犹赢，有山无地，当其岩复嶂叠，倚壁搀天，碍日截霞，云沉石暗，仿佛欲坠且留，咄咄然将逼人者。四顾无出处路，山形孤特，趾互错处。小雨立成渠，千万峡宛转通有陆焉，与潦水微茫，争现没于一瞬。顷者，鹳鸣蚁垤，行人戒公毋渡矣。漳水自西来，横城过，所谓千万峡水成归之。至县前汇水，地忽加广，城下恒流，汩汩有声。冬夏不绝，仅如一线，经雨逾时，飞涛千顷，滂湃澎涌舞蛟龙，穿石激井不可测，坐城上平临南山，在几席可手而揽也。俯堞观涨则一望淼然，岸不辨牛马，浩乎洊哉！然不数时，依旧汩汩有声，不绝如线者，谁能益之，又谁能灭之？漳水出县去将百里乎，又不知经几十百折矣。然则守土者之地何在乎？即土之蒙翳山巅，久雨冲涤，下垛于趾，因山为形，附丽而蜿蜒者，殆无往非地也。或夷或崎，或横展斜拖，长至亩至数十亩者有之，广至数十百丈者苦绝少，又安得我疆我理南东其亩而治之？想三代始时亦有不井之田乎？既佃山以田，且穴山以居，有垣，有户，有层窗，有窈窕窔奥，叩之，一块土也。亦有营窟于半岩者，望之杳杳若古洞，洞前路仅容足，人行山腰，蟹侧接手而后度。崖上杂花树，垂藤罥之，秋来红绿茂蕤于巑岏之际，若山花拥髻十二行者，乌云鬖髿，或立鸦鬟翠滑，或倚鬟多无力。舞者宾带随风，睡者玉钗堕枕，无一不可歌、可咏、可图画。探幽寻契者，怀道协灵，宿情轸郁，一往甚深。虽迷路忘归，身化为石，而猛氓尫魈第恨不得生广野，趁熟耨博种大艺以肥，而嗫嚅咀嚼于猿磴鸟道间尚谓无地，避征徭也矣。

（录自清康熙《武乡县志·碑记》）

魏廷望

字肖野。生卒年不详。明代武乡魏家窑人。明天启元年辛酉（1621）恩贡生，任永寿县知县，补山东范县知县。著有《笑扃园诗集》《明太康县知县魏令望殉难实录》。

建观音阁记

本县东门外旧有关，年来四郊多垒，左顾单弱，县鸠材公，筑关门一座，距城十丈余，居民实其内，左而翼矣。乃门上无楼，恁高御下，为守为御，两苦之，众计亦及此矣，力难凑也。余为桑梓虑，独竭己赀，创建阁三楹，内塑大士像，金碧庄严，周遭列以女墙炮眼，无事则虔诚顶礼，有事则乘势守御，其增雄保障也哉！工始于崇祯七年春吉日，阅两月而告成。成之日，有客问曰："门以设险，借大士镇之何为？"应之曰："贼氛弄兵饮马，罪业深重，殆清平妖魔也。杨柳一枝，击贼之戎索也；净水万点，醒贼之甘露也；金童玉女，锁贼之虎贲也；佛灯高燃，照贼之宝炬也；梵音声声，擎贼之号令也；金磬木鱼，击贼之金鼓也；幡幢摇摇，剿贼之旌旄也。而大士方且以紫竹为营，以莲台为障，以慈悲为斧钺，以救拔为受降。彼窃发妖魔将自消自灭于三千大千之内，险孰险于是者？此余借庇于神之意事神，所以为民也。"客曰："唯。"

（录自清康熙《武乡县志·碑记》）

明太康县知县魏令望殉难实录

崇祯年间，曹闯诸贼盘据中原，破河南，陷南阳，围汝攻汴者，十年于兹矣。太康尤群贼出没之地。弟令望以庚辰进士，辛巳授康邑知县，本年十一月十七日上任。莅任之始，流殍满眼，袁贼即从东北来，掳掠焚劫，离城二里而遥鸣镝，时逼城下。本官栖城作署，昼夜戒严，谓："贼不一创不远遁。"因发村官军丁五百员名，格战于杨家庙，寇衄去，存玄缎七星旗一杆，斩首四级，生擒者三，具文报上司。获奸细四人，枭示讫，贼不得逞。十二月初三日，拔营南徙二十间。闯贼攻汴城，历腊至正，惊闻风鹤。本官率同士民日在城头，呕心沥血，誓作睢阳之守。壬午正月十七日，汴围稍解，大军之援汴者日取道康城，无虑数万，本官凑给刍粟。庚癸，不闻随约，康邑士民曰："贼虽遁去，未经大创，安知不卷土重来？有备无患。"乃捐赀增厚城垛五尺，每门加瓮城一圈，修筑壕堤，训练乡勇。又广扎悬楼六十座，小悬楼一千二百座，灭虏炮五十位，万人敌一千二百件，火罐、火药、矢石、器械难以数计，日夜拮据，不遗余力，自幸可恃无虞。

突于四月初七日，有随任家人王永禄踉跄奔入里门，遍身血伤，顶囟刀痕深二指许，面黄衣敝，一息仅存，举家惊骇。初不识其为永禄者，细询之，始知三月十二日闯贼纠合袁营攻陷陈州，日以精骑哨康界，而康城孤悬，一鞭可至。本官决策固守，以仓库属主簿、清衙付典史，身同张巡抚、孙举人并大家，巨室、教官、中军、练总等官，激以大义，分汛堵防，尽出库藏。每垛军十名，每名银一两，且誓曰："获渠魁者赏百金，获惯贼者金五十。"贮之城楼，示无食言。人心奋励，相戒效死。至十七日，贼遣数骑，持伪示一纸，众议汹汹。本官指贼怒骂，掷之城下。十八日辰刻，贼果拥众，大举四围，屯扎约各四十里许，盔甲枪刀如林，而鸟飞莫度矣。

少焉选锐直攻南瓮城，城上万人敌、火罐、柴木雨下者，逾时烧死贼数十人，贼少却。既而乘隙从城根剜入，本官知觉，亦乘势于城内剜出，两凑遂通一穴。我军于穴口藏引火物，又暗伏锋刃，毙贼数百余。贼不得志，移攻东南炮台，本官督众御以火炮炮台。贼之近城者击于海壕，远屯者开一血路，如此再四，毙贼不知几千，从此贼恨入骨，必克城而后已。遂合力攻东南角，凡一番至，本官身先率众，以万人敌、灭虏炮击之，死贼毕命于此者僵尸数万。

伤贼愈多而贼计益狡，又乘隙于城下凿孔藏一火坛，倏忽火发，城溃数丈，架炮上攻。本官躬冒险阻，挺身立溃处，指授方略。我军奋列两旁，贼爬上刺之，屡上屡刺。本官大加犒赏，银不足取，所束银带并银杯数只凑给，衿绅各捐金飨士，军人感泣，无不以一当十者刺贼，尸积成路。贼旦履尸以上，本官速取木版垒木垛御之。贼再上，我军刺贼于门版隙处，总刺死贼又不知几十百矣。贼稍退，士民各倡率鼓勇，无如贼更番愈锐。而官民不寝食者前后已浃旬，费尽心力。县官面骨身柴，须发皆焦，犹且鼓励赏赉。至十九日申时，贼复拥集木垛处，城上仍以万人敌击之，贼尸满海壕，略无退意。最后一炮药迸发而风迫内击，延烧营房火药，人不能立，贼遂乘火光登城。本官发竖眦裂，手刃二贼，随顾内丁王永禄曰："大劫至此，吾身当与社稷偕亡，誓作厉歼贼。"倏忽风雨骤集，彼此遂不及顾，同遇贼难。逾夜而永禄少苏，即僵伏于尸内，贼去始起。但见满城灰烬，求本官遗骸而不可得，随任二十余名口子妾仆婢杳焉无踪在。永禄因咽不成声。合家闻之，痛哭数绝。急命子侄辈速奔康邑，务求的耗。而大贼方围聚康境，未敢渡河，先遣家人张壮冒险间道，几被贼害，幸达康城，遍访于一二孑遗，莫不深服本官捍御之密、忠直之性，及道后来拒贼殉难一节，皆涕泗交流，欷歔不已。且思平时精明仁爱，离乱之秋，各修木主供奉，随得生员徐贡羽、李昌祚、王毅曾等公，呈一纸为题恤死难，知县以作忠义以襄大典事云云，内纪堵御事略如前。城陷从本官者陈门子、周印吏、王内丁等。本官刃贼后为贼所获，拥见闯贼，闯贼曰："我从陈州来，即知你是好官，我待汝以不死何如?"本官瞋目不屈，听其速杀，贼亦为之叹息，遂被害。从死者中丞张维世、进士冯贞吉、举人孙献策、生员王永济等二万余人。嗟嗟！五月县官身死封疆，碧血涂地，而旅榇不得正首邱焉。一子一妾同作冤魂之鬼，此在许国大义固所宜然，而遭惨至此，真有山河堕涕鬼神酸鼻者矣。兄廷望忍泪摭实而为之纪。至以此情此苦达天听，则有当事者之通章在。

崇祯十五年壬午五月中浣日

（录自清光绪《武乡县志·忠烈》）

李建泰 （？—1649）

字复余，号括苍。明代山西曲沃人。明天启五年（1626）进士。国子监祭酒，吏部右侍郎、吏部右侍郎兼东阁大学士。清兵入关后，召为清内院大学士，坐事罢归。后姜瓖反于大同，李建泰在太平与之遥相呼应，为清军所攻，迫降被杀。史称"风骨峭拔""性情慷慨"。

魏光绪传①

魏光绪，字孟韬，号元白，云中之从兄弟也。父曰鳌，以明经任香河、府谷两县令，居恒以不得一第为艰。光绪生而具异质，读书十行俱下，人即以社稷器目之。学使吴某试士，首拔之，是岁即获隽。明年成进士，授行人，奉命往江右、楚、豫诸省，诸王例赐金帛，概弗受。使旋，条上利弊，神宗可其奏。未几，丁父艰，哀毁骨立，时成称其孝。服除，擢云南道御史。

---

① 题目为编者加。魏光绪，武乡魏家窑人，万历四十一年进士，任太仆寺正卿，后任宣大总督，诏书到家，已经病故。

时东西两党如仇，光绪岳岳中立。凡所弹劾，不避权贵，长安士卒无不目为铁面御史。梃击一案，事关国本，聚讼十余年。光绪抗疏再四，卒屈傍议。寻转福建道，按山左，妖渠徐鸿儒授首，余孽伏草莽。当事者欲尽歼，光绪力疏争招降，全活十余万。《两朝存信录》记其事。珰逆嘱所亲不得，遂降级调外用。戊辰，怀宗立，召还，巡视京营，戎政一新，晋少京兆，秩署府事。属当校士，一权贵子名不录，权贵哗于朝。光绪弹文人，降旨让之。都门戒严，赴平台召，陈方略，蒙嘉纳。是年升太仆正，力争本寺牧地数万顷，又设处二万金。市西骏，事平叙绩，恩赍有加。楚中妖人作乱，光绪出奇歼其魁。土司彭元景恃险跳梁，又设间使其自攻，诸境得安。他如释黄元玉等冤狱、擒十五府造反首恶，难更仆数。

崇祯十一年讫十四年，民屡饥，光绪时家居，尽发其积粟以赈之，全活以三千余计。又立慈幼局，乳遗弃婴儿。流寇三薄城，遣勇士猛克济等夜袭之，擒贼首俊虎，斩五十余级。又虑城不堪守，捐赀重修，甃以石，两处门楼皆光绪所建也。而又造炮修寨，设义冢，建宗会，行医施药诸事，邑人至今德焉。性好著述，病笃犹不废吟咏。殁数日，总督宣大命下朝野，咸惜未竟其用云。

（录自清康熙《武乡县志·人物》）

魏时望

生卒年不详。武乡魏家窑人。魏之幹之子，廷望、令望之弟。明天启七年（1628）撰此碑记。

建药王阁记

予家所传药王像，肇自良乡，据像为孙真人，其详见诸医书，此不续悉，盖先君子服官即绘而香火之。予为儿时，朝夕所盼飨者，神灵昭格，有祷辄应。记神宗庚子春，予邑疫作，予家兄弟姐妹下及童仆咸病沉而呕药，药弗进，药鼎辍弗火矣。先君子惧，祷药于神，至夕俱闻异香，如煎沸药味，皆霍然病良已。因悟仙灶灵苗，非神之赐，应不至此。先君子尝商之曰："是当庙貌而虔祀之。"卒未逮也。予质羸弱，尤脾土作楚，长城钝椎，日复如是。至熹宗六、七之交，先君子弃予，而予病转剧，祷之药之，幸获平复。今上辛未，予承乏礼臣一载余，愧蒲柳之质，日待漏给事，其何以堪，乃旧疾复作，即请告抵里。所须惟药物，又获平复，昧昧思之，秋毫皆仗神宠也。急谋所以庙貌神者，有四关新设郊门，正兑地。兑，悦也。其闷禁肃清，商民乐悦意乎？又取诸豫，重门击柝，以待暴客义乎？予忾然兴怀曰："是神之义望情地也。"先是，券坏重理者廿日，上建四础而经营丹垩之。又两阅月，材出素具，役不及众，唯兹真人肖像以祠，予家夙愿毕矣。常读《易》而得《无妄》之卦"九五无妄，勿药有喜"，言不穷兵以戕民之命。《书》曰"恫瘝乃身"，言当以己之恫瘝视民疾苦。《云汉》之诗曰"鞫哉庶正，疚哉冢宰"，而诸臣之轸念于下宛然可想。惟愿神普其德施，以医一家者医一乡，医天下，则恫瘝鞫疚可以不作，而世歌勿药之庆于弗衰，以悦以豫，神与地俱灵也已。

（录自清康熙《武乡县志·碑记》）

魏藻德　（1605—1644）

字师令，一作思令，号清躬，直隶通州（今北京市通州区）人。明崇祯十三年（1640）状元，授修撰。十六年以疏陈兵事召对称旨，骤擢东阁大学士，入阁辅政。居位一无建白，仅倡议令百官捐助。次年，诏加兵部尚书兼工部尚书、文渊阁大学士，为北明最后一任内阁首辅。李自成破京师，被执，勒令输金，受刑而死。

魏令望传[①]

魏令望，字于野。王父国模，行唐令。父之榦，历司农曹。两世俱以孝廉起家。令望生而能属文，登崇祯庚辰进士，授商丘令。商丘与寿春接壤，故事商丘与寿春两地，每年轮流输粟至天雄，前数辈往辄不利。令望甫至官，即挽粟千五百石至，天子嘉其能，调繁太康。会流贼李自成屯数十万攻梁都五年矣，城中芋堑不给，人咸危其去。令望曰：“此正吾殒首效命之秋也。”既至，简刑徒及良家子，教以阵法，得精兵数千人。时李贼遣部下袁姓者炫甲而来，令望援琴清啸，度贼懈，衔枚夜出，疾击之，贼仓皇无所避，死者枕藉。捷闻天子，益异焉。袁贼惧，持伪檄诱令望。令望戟手高骂，掷不顾，援炮登陴，昼夜不息。贼穿城，继以炮，城溃。令望立溃处，以木障身，连发飞炮及大将军等，炮杀贼数万。贼且窘将遁，会天返风飚，延火库，城中哗然，贼乘隙突上，令望手刃二贼，自投火不死。贼复好言诱之曰：“自古有兴即有废，朱氏今当废，亦数耳！且若不过郎官，非大臣比，能从，我且用若。”令望瞋目叱曰：“贼奴！尔何知兴废。尔本天朝子民，一旦聚徒犯顺，如鱼游釜中，不日即族灭也。吾堂堂邑宰，误为汝所执，当速杀我，我死当诉诸上帝，祈天兵诛汝。”遂遇害，年五十二。季子兴及家口二十余人同日死，士民死者二万余人。值丧乱，未得请恩恤，太康人相与私谥曰忠烈。

（录自清康熙《武乡县志·人物》）

余一凤

生卒年不详。浙江龙游人。明崇祯十四年（1641）以举人任武乡县知县。其后

① 魏令望，武乡人。崇祯十三年进士，任河南商丘令，太康县知县，明崇祯十五年在与李自成起义军进攻守城作战中殉职。

分校棘闱，一时号称得人。

荐蔡抚昆仑立德立言立功文

廉得程康庄，事父备孝，同焦华之梦爪；送母极哀，似王修之罢社。声气联于吴越，而匪类则割席矜高。友恭著于庭闱，而让美则荒园独恋。却临城之巨寇，虮虱无所复依；结寄傲之蓬窗，猿鹤于焉自宕。三坟五典，乐钟鼓之长康；六纬七经，擅巾箱之特富。文流水泻，缀笔不甚停思；辞望春华，染翰即求无偶。他如通时达务，剸犀何难；议助救荒，挥金不顾。诚所谓德言之渊薮而功实之典模也。

（录自程康庄《自课堂集·文集（附文）》）

寅宾馆槐记

人有言：“宦辙传舍也，钱谷刑名画葫芦也。”予曰：“不不。”昔郭有道所至，每躬自洒扫，人知为有道宿处。王子猷住人空宅，便令种竹，曰：“何可一日无此君？”古人所之不苟如此，矧出绾绶代及瓜者乎？予生南土，山麋成性，雅与清阴修干作缘。自辛巳夏辞老母，间关至武，已称簿书俗吏，顾畴昔松风之梦，犹有未忘者。见郭外南山漳源诸胜，林木翳然，每褰裳就之，然究苦山童地寒少嘉卉。邑治以内袛庭际古槐四株，春末夏初，稍葱蒨怡人，余亘地平铺而已。既受事之明春，滴雨在砌，感于予怀，访诸土人，云：“树易植而垂永，槐称最。”愧予行独谫劣，未敢以三槐遗事效颦古人。然既滥竽久，曾不为十年树木计，使九原可作，且未免为子猷辈所嗤，尚堪望有道门墙耶？爰搜他墅，得槐数十株，移植宅内者三，正门内者四，寅宾馆者二。是月也，盛德在木，土脉既疏，著土信宿，匀萌旋茁，虽弱质未盈把，而异日如龙翔舞，参天匝地之势，居然在目矣。顾之喜甚，特以俚言记之，又从而咏曰：

山城寂兮节再青，化日舒兮条风新。

岭有室兮庭有尘，翳良木分为我邻。

移而树之深其窟，雨露时滋勾萌发。

清蔬罗罗引以长，愿言来兹庇林樾。

（录自清康熙《武乡县志·碑记》）

赵天麒　（1619—1662）

字平符，武乡崇仁（今故县）人。明崇祯十五年壬午（1642）举人，十六年癸未五经进士。拟选庶吉士，工部观政，以养亲辞归未任，奉旨终养。筑园于北原山下，题曰“笑樣”，奉父居。著作有《四书贞一》《北原山房稿》《理学真诠》《续高士传》等，不传。

州守程公署武乡县事修筑城堤碑记

堤之护城，犹唇之覆齿也。唇亡则齿寒，堤溃则城殆矣，故堤与城实相表里。吾邑南城一面，漳水经流其下，而西南隅首当其冲。明万历年间，邑侯南皮刘公讳联芳者，筑堤百余丈以护之。岁久倾圮过半，斗大孤悬，如漏舟之泊江中，岂不寒心？时值州守程公兼摄兹土，巡视城垣，一见即廑杞忧，进父老而谋之，谓灾切剥肤，适今不举，河水暴涨，载胥及溺，城垣何以自立？民生何以自全也？于是荐绅士庶莫不欢欣鼓舞，踊跃从事，而公则捐俸设处，不烦民间一钱一粒。莅政之余，不张盖设帏，课治于风月之下，而学博奇桢范先生指画方略，传餐不暇，与民同事，其劳最著。而尔忠林四公亦共襄厥成。曾不终月，而金汤在目，巩若磐石矣。

猗欤休哉！方今圣明，奖录城工，风励有位，似此保全阖城，以固吾圉，岂可与小小补苴罅漏者同日语哉！夫公，州守也，客岁修州城、兴州学，有百雉数仞之观，固其专间，兹不过代庖日月，乃其为国为民，不以久暂易心，不以州县歧视，况后之尹兹土者及瓜乃代，可不思水患而豫远之？于以禁粪厕，疏水道，无使蚁穴不塞，浸成滔天？则所以承先启后，惜民力者为无算矣！公讳宪，字章世，关东人也。英姿妙敏，文武全才，惠政覃敷，轻徭役，罢勾摄，清积案，革陋规，禁赌劝农，厘奸剔蠹，善政班班，不可殚述，则为之咏乐只之章而已。爰镌于石，以志不朽云。

（录自清康熙《武乡县志·碑记》）

李芳莎　（1602—1655）

字台辰，直隶永年（今河北永年）人。崇祯十六年（1643）拔贡。任郓城县令，顺治元年（1644）调武乡知县，后迁永州府同知，未赴任而罢归。为官皆有惠政，清操凛凛，善发奸伏。著有《准敕草》《威如堂诗集》，曾修《武乡县志》，然未见刊本。

建权店察院记

权店在武乡西七十五里，为泽潞要冲。梅邸旧以千金建，别有湫署估半之，崇祯年毁于贼。询其址，茀稆隐岭，莫可识别，而砾则近，似属疮痍甫定，物力蹇诎，委星轺乎萧寺。即使星矜弗程督，神则焉安？敢曰吾不能复其大者，姑小是图，顾蒙安席盛日何难？而芳莎承之于开国之初，视小邸大邸也，艰窘则十百未可计。李尉名芳，监厥工，体芳莎意，制宁位，无敢奢；缮宁疾，无敢愒钱；谷宁严核，无敢浮糜宽假。以故栌栱岿嵂，捷猎告成。不日，皇华自此肃然，令劳而尉分之，礼也。至区画凑泊忱煎，尉不得而分比之，负载推挽代则止，疾病痛楚，蔑代焉得。发虽髡而鬓不霜，且日缩颅肉，人冠以首，而余冠以眉，仅乃得竣，不可谓精神，非物力也。

乙酉七月二十三日立石

（录自清康熙《武乡县志·碑记》）

《武乡县志》序

万历丙午岁，五美张公宰是邑，季父廷尉公养志其半子，余从外祖也。邑距吾乡临洺三百里，窃从季父闻其梗概，虽贫敝，礼义节侠范滂所措诸州邑。张公辑志告竣于己酉，芳莎时八岁。及长，读其书，如游其地，神交诸名贵，有年矣。

本朝定鼎初年仲冬，芳莎应蓟抚雨恭宋公咨荐，探筹是邑，同侪忧其蕞陋，恐以逋赋累，屈指杨程诸僚，咸不获登启事。余弗深计，曰："处膏腴而不能自润，宁小而逸，乃大而劳乎？"会大族魏程诸公苦伪政酷虐，贼骑复盛，为疑兵窥蒲曲南，徼望新恩，如乳下儿待哺，自哂睢矬何足齿？乃人情尔尔。或以余布恩而来者，敢罪众望乎？拮据方五阅月，察厥利病，可得而言：

如被先朝以宗支不亿递科王粮已，秦晋豫辽济师溢为三饷，名虽不同，总居贞赋之外。今三饷蠲矣，独王粮未除，且作宾三恪，犹供亿无以为名，此武乡之害一也。

权店置邮，自明季节裁饩牵，下逮皂栈与舁，削其赀太半。勾摄马圉，如捕重囚，逋讼株连蔓引，目以楚横临之，若属何罪？此武乡之害二也。

属员节序相饷，檄赤贫胥驰献，题糕角、黍、屠苏、虾菹之属怀窃其半，内鸭而代之鹜，罂赵而淆以鲁，归则诧物力腾贵，丐直倍蓰，博一酣呼。弊之宜更者，此其一。

县距权店百五十里，梅驿既焚，行旌顿于兰若，极目荒山，燎铎不戒馆夫庖人，既非孝子顺孙，但缓尤楚。輶亵使星，无所不至，或晦夜呼灯，袖出烛跋如萤。积雪严霜，乌薪不继，榻冰火弱，醴酒三行，羹未尽而铄斧有声，腥突来而下箸无处，一呼则蹶，再呼则喘颤呐控，胥果其腹而令厚其颜。弊之宜更者，此其二。

风俗专祝由祷祀，好巫鬼佞佛，腥酒拂面，鬅鬙于思，腕匝戒珠，非释非道。妇不冠笄，稚子帜屋，内采问名，任冰人口语。既无题叶，又鲜俪皮。贫陋者流得以朝秦暮晋，牙角无虚日。弊之宜更者，此其三。

若乃名卿巨族，礼让相先，子弟恂恂，无鲜衣怒马，卑庳第宅。而郊外倚山傍水，简略开园，河近吹蛙，林密邮鸟，地颇宜松，花石相间，时出观游医，簿书俗气。一快也。

孝廉学博，安贫乐道，焚膏继晷，诗驰灞桥雪中，志寄芙蓉镜下。过从偃室，语不及私，可借以弥缝匡救，闻所未闻。二快也。

山势崆峒，河流奔放，野花杂药，霍馞撩人。人民椎鲁，寒暴影曒，饥餐嫩蕨，随地取给，有标枝野鹿之风。县治以东，林木蓊茜，柯叶蒙纠，伛偻出入。秋深霜落，五色灿然，诗料如许，逸兴轩轩，霞举不倦。三快也。

府史与皂蹶诈踵至，然五枝易穷，无巨猾大憝，挟吏短长，进退棰曳，慑伏有余，群鸟雀禾菰，欲束草为人，则审顾不下，无足深忧。郭西泉水，甘洁可瀹，旗枪酒赤，黄作琥珀，色味重浊苦烈。佃圃粪多力勤，蔬莜滑服，腻如膏，一醉一饱，所费甚廉，不龂距而隐情出，不简墨而草窃销。四快也。

夫害二弊三快四，所乐不足匹，所忧眉舒缩半，心愳遂结辖半，以是风韵，鄙琐文章，吏事亦略相半。然非文章无以饬吏事，非邑乘无以寄文章。乃邑乘自张公纂集后，缺略三十七年，披阅旧书，欲一笔削，而吏冗如猬。幸少司空凤庵程公独任总裁，魏孝廉星杓自主椽笔，劳怨居十之九。赵进士平符、杜孝廉丹丘、程拔贡昆仑、陈恩选景皋，并彬彬大雅，雠校不遗余力。至东壁图书则李生之任，左相丹青则魏生弥大暨弟驷，字擅钟王则陈生曰喜。另目纪绩，首李生正兴、魏生初盛及弟闾大、赵生梦麒、张生幼学赞之。芳莎得以参伍折衷，出四小序并诸文告、诗歌，诸公忘其俚溷，弗代藏拙，滥灾梨枣，敢攘众劳为己有乎？然是集计资百金，皆芳莎经营募酬，不两月而粗定，铅黄杀青色，已具小劳，附大典以光，或以藏山，或以覆瓿，斯权在后人矣。

（录自清康熙《武乡县志·卷首》）

成克巩　（1608—1691）

字子固，直隶大名人。崇祯十六年（1643）进士，授翰林院庶吉士。入清后，曾任吏部侍郎、吏部尚书、秘书院大学士、加太子太保、摄左都御史、少保、保和殿大学士兼户部尚书、少傅兼太子太傅等职。历充《太宗实录》《太祖圣训》《太宗圣训》总裁。著有《伦史》五十卷，《四库全书》载其辑有《御定道德经注》二卷，《清慎堂集》等。

都御史魏光绪传

武乡魏族甲山右，伟人前后蔚兴，而金枝饮露，玉树临风，推中丞元白第一。公讳光绪，字孟韬，元白其别号也。鼻祖成甫迁自豫之虞城，六世至大父邦佑，举子五人，点、煦、增、兼，公父鳌，居行四，同爨五十年，谦谨如一，乡人咸称其有万石风。公父两任香河、府谷令，恒居以艰一第为嗟。公生，髫龀耸秀，濯濯如月中柳。而行趋间，动合采齐，肆夏节时，已以社稷器名。及试，诸生中辄冠卿子军。丙午，乙于乡下，帷攻苦绝，不问家人生产，南面百城，公以此雄于今古。壬子，学使者吴公士奇群录科所首拔士，试于三立书院，公居第一。是岁获隽，明春中进士科高等。年才弱冠，首铨授行人于役江右楚豫诸省，诸王例赐金帛，概弗受。天使非关贿赂来，殆为公诵与。使旋，条上轺过处利弊，洞如观火。甲寅，丁香河公艰，哀毁骨立，襄事亲卜兆，督畚筑，时咸称孝。庚申，擢云南道御史，维时东西角党，公岳岳中立，凡所弹劾，不避权贵，长安市走卒无不目为铁面御史云。梃击一案，事关国本，聚讼十余年，无执咎者。公抗疏至再四，卒屈旁议，公论大明，可为功在社稷矣。

癸亥，继母服阕，补福建道，巡山以东，声震海岳，墨吏望风解组者比比，以故大法小廉，人以海刚峰方之。妖渠徐鸿儒授首，余孽伏莽，当事者欲尽歼，公力疏争招降，全活以十余万数。观风力拔奇隽士，檄督学使课业于书院，子科列贤书者，率公拔第一人，而宋公玫、马公之骥等十数人尤其特赏。会事竣报命，珰逆嘱所亲不得，遂降级调外用。戊辰，召公还言路，巡视京营，戎政一新。时赐环诸君子争借要典修憾，公以养福为主，从中持议，保全善类，士论韪之。晋秩少京兆，置府事属，当校士弊，恬抑竞神明自矢，一权贵子落孙山外，权贵哗于朝。公弹文人，上降旨让之。秋闱榜揭，桃李益门，而庚辰鼎元魏藻德即所拔士。

都门戒严，赴平台召上方略，概蒙嘉纳，是年升太仆正。力争本寺牧地数万顷，又设处二万金，差官市西骏，事平叙绩，恩赉有加。楚中妖人倡乱，七府震动，洪抚军以师无律解任，举朝推毂公。北至，出奇歼渠魁，乌合悉散。土司彭元景恃险跳梁，公设间谍，使其自攻，岳阳诸境悉安。他如释黄元玉等冤狱、默擒十五府同日竖旗造反者首恶，炳炳事绩，难更仆数。寇犯桂阳，忌者以公为口实，罢归。桂阳固赣州制治专辖地，乃制台不问而勘及公，人咸冤之。后以台省白其枉，得勿问。楚人为立生祠，贺相国勒记于石。里居，值乙亥、丁丑、庚辰三载大祲，公尽发其囷积，分厂煮糜，日二餐，活以三千余计。又立慈幼局，乳婴儿之途弃者。流寇三薄城下，公养死士猛克济等夜袭之，擒贼首俊虎，斩五十余级。东南城沕，不良于守，公捐赀重修，砌以石。又重建东城门并楼，费约千余金。而造炮修呰，设义冢，建宗会，行医施药诸事，邑人至今德之。事暇，游茂园中，触咏自如。“风流宰相唯有谢安”，时人以此推公。公性癖著述，虽寇氛云扰中，讴吟不废。武邑古文辞久不振，至公风雅倡酬，迄今彬彬称盛。辛巳秋，上拊髀思旧，敕部臣举废，公首与焉，少司马席推至再。杪冬，公以家修邑乘，未搁笔而疾作，信宿奄逝。卒后数日，总督宣大报至，痛哉！著有《抚楚奏议》《西台封事》《南华诂》《字通》《家乘》《带草楼诗稿》《泰园谈纪》《邑乘公志》《潞水客谈》。

（录自清乾隆《武乡县志·艺文》）

毕振姬 （1612—1681）

字亮四，号王孙，又号颉云，泽州高平县人。出身贫寒，辗转流离，明崇祯十五年（1642）举人，顺治三年（1646）进士，任平阳府教授，国事监助教，刑部主事、员外郎，山东济南参议道，广东兵备驿传水利道，广西按察使。著有《西北文集》。

奉政大夫耀州知州程公暨宜人合葬墓志铭

耀州何以爵奉政？府丞降也，昆仑自京口丞皖，皖留狱，连昆仑坐降，昆仑才适于用。出言为章，加民为政，不能毕其志为有用之才臣，责降，降而议升不升，昆仑已矣。以今责备昆仑之才难为用，岂其情哉！王季宅程，程内诸侯连毕陌，曰“毕程”，毕程先后仕晋，毕姓凡十一氏，程卒如初。自婴迄郑祖伯休，赵为程置祭邑，程后仕赵、仕乐，别祖中山广平，亦犹毕阳仕楚。毕程之子孙在晋状，程自河南迁晋，疑明道令晋城侨居，然谱载明道后微，自泽、潞至于阏与、马首、梗阳、邬氏，何程之多也。墩篁综四十四房，土断江南、河南之支子迁客，别为异望，西北程不详，非其祖矣。姓，性也，姓其祖，性其祖也。

昆仑司空讳启南府君，父比部都官，讳嘉绩，府君各有传。父子起书狱，禽猕盗贼，自出齐藩羡银三十六万，薙莲妖，奏谳平江伯如宾，先后怒逆珰弃官，不以富利勖其子若孙。昆仑讳康庄，弱冠亲师取友，北面天下之贤者。习为文章世事，讲求钱谷、兵刑、律令、簿书，将为知己者用。

丙子拔于乡，入监。会学使为直指诬逮，诣阙与同辈告冤，不以旌头刺胸杜口下尺一，还，其师比部，葬服除，走位林虑，刊其友诗以传。倪司成、钱宗伯儿子畜之，蔡抚军国士遇之，抚军殉晋，哭柩下，越十年吊唁吴越老人。天下知与不知，无不悲其情性，其情才情，其性不才。吴章子弟更师，而翟门之宾客皆散，五步车过，千里鸡黍久寒，贪冒阴贼之不才，斥为无情，何可易昆仑性也？僻居，累檄不就，司空即世伯叔子弟学未成，僮手指百，俯仰无不用其情，情所难遣，抹掇一切，于其诗若文，忽歌忽哭，忽断忽续，吞吐抑扬古今之得失，以尽其才，坐是连蹇无用。

甲午，诏举隐逸，抚军上其名主爵。己亥，通守镇江。镇江南徐伯休，为宣王伐徐，奸宄接引，通海大将军开幕用别驾，为军政正，下记立断，附城贾船盛歌舞盗魁其中，截江上下训徼，水居以宁。军舍乡有秩讯逃，人见知株送免，陆处以静，将军才别驾。别驾方与客校文，搔首金焦、北固之上，乘小舟破巨浪，所在有昆仑。丁未，同知安庆，沿江四百里，五舒出没，浔阳越货，掩贼无踪迹，乃造快船求盗，严保甲以清盗源。抚军用其式江西江南，会旧承宿狱，坐昆仑违限，左迁通守丞至今，难为也。府记多平视压牒。牒下，不如州县之手记。州县徇蔽综舍，通守丞不行部，狱久不成，捕亡诘盗不满品，先州县坐，不坐必以赇免。长才失职，狱与盗何以清。军兴，知耀州之政，粮草责办，兵从枕席上过。事已，比他省贱直估销，吏自以家财补额。又供驻耀州军帅蓊茇，出马牛，人养卒，田夫无所扰。环庆贼门于耀守，坐矢石之巅，臂三分垂城外。贼去复来，革贼去来之隘，巨炮殪贼渠，歼其徒，隘下乃解，护军于是多耀守之知兵也。议进守佥共巡道，事不果用。

昆仑事护军、抚军，两大将军喜其才，顾昆仑性谨严，前不贳罪，后不买官，大吏虽喜，莫为助，受代宿狱同过，文吏退贼同功，纠过不免，叙功不录，才、不才竟等，累详求去。去后，耀州立碑，更二年，肖像祀之。金石录程止两碑，使昆仑竟其用。北府东关，驰驱陕洛无西顾，独南征西塞碑哉？陇蜀若兵事，程包益州计曹，奏牧守益资谷，便宜募赏，汉用其策，板楯数起之寇戢。不戢用程信功曹赴敌，募得二十五人，蜀无北向，惜也，不尽昆仑之用也。

武乡多有用之才，所以用其才者实难。程遐佐襄国，略中原，勒不用而思右侯，司空、比部亦然。昆仑不用，往往情见乎辞。天下之人不敢掎摭昆仑，以其诗若文尊奉为大家，昆仑不示其伯叔子弟。伯叔子弟壬子三举于乡，司空子一，昆仑子、侄二。己未，皋绩成进士，而正、而骧、而为，则上而乃绩诸叔专制举，昆仑之诗文独传。以彼其才，崎岖涧皖，袯栩之役不我用，退而工其诗若文，位在制举之业之上，不令伯叔子弟学，盖自伤其情之歌哭断续，不免废书而泣也，悲哉！

昆仑卒康熙十四年某月十六日酉时，生万历四十一年五月十四日戌时，得年六十有七，死先爵，生先禄，闻毕程损禄增爵，貌匮而亡，爵禄不为毕程用，免矣。不以耀州掩奉政，不以同知、奉政压耀州，行状权衡如此，至命妇不然。春秋诸侯五等，妻皆曰“夫人”，礼上大夫、卿、中、下大夫四等，妻皆曰“世妇”，同知知州妻“宜人”，其命可以上下也。娶沁县刘梦周孙女。梦周先司空进士，内外大家，宜人入门事姑，事姑所事之祖姑。事祖姑孝，姑从官代为妇，事姑又孝，昆仑从学代为子。生正，加膝上文裍书语，姊戏为羊舌母师。羊舌事大夫妬宜人，纳籍氏、孙氏。孙举子骧，宜人前死四十年，妇先卒，不书葬，葬不迎主于祠。其式幂程氏家庙。昆仑无继室以死，情也。十月朔六日合葬祖父之下。子孙女妇例书：正，国学生，三娶，进士魏令望孙女，继韩贡士正女，又继杨春耀之女；骧，举人，娶魏运兴女，继赵继鼎女。女三：嫁为士人张继亨、赵伟侯、杜其兢妻。孙四，生员凡三：其益，娶进士魏名大孙女，继国学李廷机女；其观，娶生员冯云卿女，正出；其扬，聘生员李光春女；其显，幼，业儒，骧出。孙女适举人赵伟品子田，正出；曾孙良翰，其益出。

正里武乡以其铭属振姬。昆仑、振姬齐年，儿时仪其人，竟死，余须断而正髯当胸，戟其缭斑斑土。语昆仑辄废籍起，惭其家貌，程氏盛，毕氏衰矣。黄庭不死修昆仑，昆仑死不竟其用，才士亦有未尽耶！铭曰：

白鸡走涅，涅下武乡。黄流白璧，冠带清漳。

漳南望夫之山，漳北甲父之邦。孤儿赵于彼室，赞仆程于此食。

祖马祖兮策九方，母民母兮婴八疾。武武库之霜戈，文文当以丹笔。

江声有截，河流可揭。昔阳车轮，苦成弓冶。宾馌畷川，铜鞮羊舌。

羊舌之母，不生叔虎。阙与母生，不缵其武。克缵克生，礼法为程。

春雨秋阳，涅水之平。铜宫之祠攸徂，魏榆之石与语。

（录自清《西北文集》卷九）

程康庄　（1613—1679）

字坦如，号昆仑，武乡信义人。崇祯九年乙亥（1635）拔贡生，顺治甲午（1654）应山林隐逸制科，授镇江府通判、安庆同知，终耀州知州。工诗古文词，为时辈所重，素有文学之名，在江南时有“诗伯”之称，与归有光、王猷定、侯方域并称清初四大家。其词、诗、文章编入《四大家文集》。著有《自课堂集》《衍愚词》等。

东田建三官殿疏

予本性爱丘山，自流氛入范阳，天地否闭，即去城五十里，结茅东田。东田丹崖峭绝，能使行者顾岭息心，虽无飞泉松桧金刹之所栖处，然多古君子，时时驰骋古今，辞条理举，亦一乐也。其居仁慕义，无问亲疏远迩，岁时馈问尝不绝，以故予即轻去其乡，而亦乐与之相安焉。近复同文章之士，扬摧上下，每苦梵宇剥蚀，崇闳者少，甚矣其时与地之难遇也！以东田古君子之多，而又有慕义好善之诚，宜乎其积之能散，必有弃宅以为攸馆者，不必其自图福利，而后为之也。无何，史君自远舍宅一区，地四十二亩，复谋装严三官其中，凡金漆丹雘之费，不得不取助于四方。寺僧明智，持簿谒予，乞引其疏端。呜呼！予尝游三吴燕豫之间，稍闻形胜，即裹粮景从，以为声华文物之助，矧此近在几席，即吾之汉南河朔也，而有不喜助其成者乎？虽然，人世喜施予，非有国家之令甲，有司之督促，而急为之就者，必有以希其福利而然也。孔子曰："民可使由之，不可使知之。"亦微示之以意而已矣。不然，人孰不欲拥沃壤起台榭，居则有连檐高阁之美与？夫士爰稼穑之富，乃一朝拱手而奉之神明，若捧爵酒，妻女无诟诟之语，岂非慕义好善有以积之而然乎？吾故广其说而布之，必多从风而靡者，而又何装严丹漆之是虑也哉！子曰："鬼神之为德，其盛矣乎！"使天下之人齐明盛服以承祭祀，洋洋乎如在其上，如在其左右。诗曰："神之听之，终和且平。"盖劝善也。

（录自程康庄《自课堂集·文集》）

乞修聚阳桥启

盖闻促章干寻，须留鸟道，长河万里，亦有石门。矧夫吕母、张侯，亘飞虹之妙势，赤兰、白虎掩浮渭之能声者乎？武乡土河聚阳桥者，蔽日金章，回溪地络，有圯受履则如砥长歌，失徇闭途则东马言返，洵四区之都会而东山之济津也。正德五年，知县呼公庀材劝众，合巧程工，繇是驰骋螭龙，念三时之保障；徘徊雁齿，类半月之乘空。不期地有骞崩，流多泛溢。市栏没藓，高鸟过而衔衣；断锁斜梁，香步留而怯堰。某君剑捕吞蛟，情悲折柱，指囷中之粟，葺雾隐之桥，犹恐水涨桃花，不归泻荡，是以身穷马岭，别引涂沟。然鹅眼之资既奢，则卿云之惠弥急，意寻余烛，心艳残膏，达官贵人，分东阁西园之费；素封蒸士，捐仙华丹穴之资。从此修路通辕，少壮翠微之色；连阡历陌，都知启闭之时。特为从臾若此。

（录自清乾隆《武乡县志·艺文》）

赵三麒 （1623—?）

字乾符，亦字昆季，号石渠，武乡崇仁（今故县）人。进士天麒胞弟，清初廪生，顺治戊子（1648）恩拔贡生，入国子监，25岁授桂阳州同知，后补泰州同知，任同州知州，补横州知州。寿80余，“漳滨八老”之一。著有《似园集》《相史》《孽山澍沈》《浮槎集》《楚游草》《河灯图说》《医脉系辞》《牧同记略》等，多散佚。今《南亭诗钞》存其诗一卷。

请八老会启

盖闻用飨用燕，风清北海；不形不出，月突南溪。一叟九千，数寸眉齐眉。采药四人，三百十二岁。隔岁看花，甲社斯存，落英未远。矧武乡耆旧，石帝虚左而谈心；上党奇髦，采女操琴而引鼻。长者之车鹤随风举，先生之德山高水长。洎大雅渐移，并分罔任，白首如新，青衫强遣。广筵方丈，脱履受方朔之饥；陈馈刹那，遥途启孟公之键。名实未副而酬应为徒劳也。幸逢圣主敷尧舜之治，引粟帛于遐龄，前席紫芝闻妙谛；贤尹具夔龙之才，试弦歌于小邑，绕城白雪订新时。当兹除傩逐祟，梅花舒两岁之妆；春酒介庆，柏堞泛三朋之椵。若夫河清人寿，可共者伏腊岁时；地僻天高，无定者东西南北。良辰易迈，胜会难逢。麒猥以鄙德，窃附芳邻，弱冠结绶，甘旨久娱，庭闹矮巷，悬车步趋，今叨杖国。数亩一厘追呼，能败人意；十儿五女婚嫁，尚阻山游。迹共少年疏，岂因多病；情于故人重，殊惭索居。洁涓念一之辰，肃庀四六之豆。仰攀达尊，勉就薄设。劳劳何益，咸偷世外之闲；种种无存，且尽杯中之物。瑞草桥边，能饮酒一十五盏，东坡老正是酒人；兰亭图上，不成诗一十六人，献之辈何妨诗侣？至德不孤，宪言必再。得无薄，得无饥，叙天伦之乐事；某也文，某也隐，话亲戚之交情。日云暮矣，夜可卜乎！醉舞孙竞扶德星，将烦太史奏年尊。心益壮金城，独献老人图。

（录自清乾隆《武乡县志·艺文》）

高邑侯兴除实政碑记

武，晋地之末也，错附直隶州一隅之蕞等于畿，盖以南北关为七省要害，山深土瘠，民贫且鲁，地方利弊，上可以直信于下，下可以径达于上，求董铭绰谱亦罕矣。岁甲子春，三韩高侯来宰是邑，甫下车，斋致焦龙神，反旱为雨，其政肃而能任，首汰冗役，免更新胥，士民喜以为得侯晚。治理流闻，沁源借侯署县矣，铜保侯摄那矣。一州二邑之人争愿有高侯，惟其才足以兼而三之也。今敷治业已六载矣，奏绩两最，行将如茂，迁太傅。父老子弟乃得考具治状，彰其实政有五美焉：一曰革无益之工作。沁有察院考院，足供皇华驻节，更设东西两司，原备司道陪巡。兹代巡久撤，洵属赘屋，岁仍派武营缮西司，匠役物料不支，催提悉索实甚，幸侯署州，申请藩臬两台永禁武修。将西司改祀文、李、方、杜四贤，东祠原责沁源分办，亦得藉以并免。二曰建实用之书院。侯治武以文，捐金购地，创设义学，堂斋疱廨，靡不悉备，庶单寒之子，成得育才，以名世间。有寒士甫第，公车维艰，侯请详如五府。泽辽例，会试盘费，州县通融支给。复念南关镇距县百二十里，五方杂处，人多悍犷，从无塾社，侯弗斩赀，重建义学，亦如县制，延师给饩，关镇子弟知学自侯始。三曰广义仓。志言武民富者如贫，贫者如丐，饱饥缓急惟腰带。侯立教养，兼资坊义学之左，置仓廒十四间，捐谷备赈。再申请督学使者于学租内给贫士三分之一，以为常。四曰均编徭。武自流寇虔刘，子遗无几，徭必取盈，乃议单丁倍起，两则冀生齿渐复而轻之。岂新丁不收，旧差不灭，是以有世袭差、女户差、胎里差等名，奸徒以欺偷浮隐相校。侯条议上陈，屏绝陋弊。单车履亩，寓编审于讲约游户成俾，自实民还，且勿算事。察者服其明，增者服其公，贫者帖席，黠者革面矣。五曰泽枯骨。侯于白家窑相地得九亩四分，价给业主，粮入官户，永作漏泽园。四围植树，掩骼埋胔。复悯南关镇商贾旅椋露处，买宁子龙平地一区，施立义冢，养生丧死，庶可无憾。凡此五美，操心制行理准，自当足以垂宪来许。夫侯至德所被，事尽善实，不懂于是。惟此五者，远奉当事，允勒贞珉，故次其略如此。后之贤者，如曹平易不变萧侯已事，考诸故府易易耳。高侯讳铁，字中含，辽阳世家。

（录自清康熙《武乡县志·碑记》）

高邑侯创立南关镇义学碑记

先王本道德礼乐教天下，上无私师，下无私学，至于闾胥社师什伍之所鼓箧而从者，亦无不命于上，是以在师保，户户弦诵，不出比里而自成庠序矣。今天子右文敷治，海缴武卒，莫不受经，岂为太平之荣观，盖以道德齐礼而育才以名世，其责固在良有司。武乡邑侯高使君治武以文，县西之南关镇距城一百二十里，阴迦南北，南为七省喉吭，古称用兵地。今辽州借驿，五方杂处，好驰马游角即有俊秀子弟，贫无以延师，成归椎鲁。侯曰："庶而不教，圣人忧之；社学之设，不容已也。"爰捐金购地。又以本镇素不产木，复弗重费，取材于沁源山中，诸工役皆按支钱米，以故人乐趋事匝，而堂斋、庖廨靡不悉备。乃为慎选师儒，给以饩赀，俾单寒之子成得向学，从此人文蔚起，诗书之泽正未艾也。《记》不云乎：山川出云，有开必先，殆天之未丧斯文，而侯有是维新之治，进之以三代之英也。乡长某等佥义斯举，相率谒余言，余老且废，不能为腴词。夫立学明伦，侯之事也。愿居其地者，其以仁为宅，义为路，礼为门，廉耻为坊表，六经为户牖。有德有造，其于有恒，庶无负侯建学之意。昔范纯仁立乡校，而襄邑歌之至今；蜀文翁石室图，后人修之不坠。继往开来，尤有望于后之君子。

（录自清康熙《武乡县志·碑记》）

重修监张会仙观碑记

武邑在揭戾之麓，清漳经焉东行，二由旬镇，曰监张，志谓即唐陵川县旧址也。长河包络，千溪紫翠，怪石壁立，截断红尘。左则三陇云蒸，龙从火出也；右则石牛瀑布，虎向水生也。即一丘一壑可证五雷五宝，昔贾志韬会仙于此，因以名观焉。观始于元，拓于明，洎今几五百稔，沧桑叠变，镇之大厦金谷无一不为瓦砾，而道观如故，非有神物呵卫不能。兹岁丙午，天子俞礼部奏察天下寺观之广隘，为缁黄之盛衰。金推斯观甲于皋狼，故羽耆某目击殿宇剥蚀，合力扶颓整敝，式章仁里，山川增色，都载而诚一隅之蓬岛，可以集仙灵矣。余兄弟子侄恒寓此咿唔，故乐与有成。时上公车，过冯翊署，属余为记。噫！余自秩掌风尘，每持昌黎之议，不谈仙佛久矣。意者谓我心有净光神珠，为劳尘关锁，今索我以会仙之文者，讵非史之火枣乎？履斯观也，览三陇之径则知猎名者之忘险也，听牛泉之洗耳则知渔利者之忘陨也。参三景于丹台，访图澄之遗迹，则知神仙者英雄之退步也。若夫槐国罔分昼夜，桃源安问陆沉，吾将赋归来，披抱琴，踵憩于此，而扬言曰：通真伯起观君，濯足踏碎石牛泓，弹指点破陇山云。种福果于心因，开觉花于飘轮。清净法身，圆满报身，化百千亿身，还空空于真真。

（录自清康熙《武乡县志·碑记》）

武乡县监漳镇重兴集市暨建东阁之碑记

环武皆山石，田无物产，不通商贩。其男子号能耕者，卤莽灭裂，不能尽厥地利；其不耕者皆游民坐食耳。业废则民贫，民贫则转徙，户口耗而国课绌。前中丞元白魏公乃笃维桑梓，力请当事于监漳镇立市，民得恃以不匮。嗣廛肆闯烬，市亦渐罢，同知窦公与先大夫复振新焉。姜变之后，又为墟所。数百年来，易粟办赋暨日用所需仍仰给于外方，不惟舍己耘人，亦且迤道妨农。夫官如传舍，民难更始，地方有可兴除之利弊，谁为之幸？皇清统一，时和岁稔，督抚宪孜孜保庶，请问地方利弊。邑侯吴使君历陈民难，艰如屯征。本邑钱粮官廨马归驿养、课土讲约大政，废无不举，害无不除矣。再士民之控，因民所利，复兴镇市。侯躬巡，下令司直，禁武谨量衡革浮税，通功易事，各得其所。余时过而观之，见囊之游民，今习生业矣；曩贾贩不通，今愿藏市矣；转徙者，今适乐土矣。商歌廛，工歌肆，而农亦歌于野，曰何天之衢，吴侯赐也。吴侯有不归之各宪，各宪不有曰："此圣天子久安长治之福覃也。"夫市经三立，修举不易如此。开市之日，或羽士云，两河环流水口，必逮关帝阁镇之，庶其市永而弗替，佥以神人协从。不日成功，爰志贞珉，俾梅隐爰举者劝勉同人，各持公道，毋负侯意，幸甚！侯讳月英，字人千，蜀之中江人。儒学训导南廷俊、典史萧辉。清康熙九年。

（录自民国《武乡新志·金石考》）

游仙堂山记（节选）

太行自云中发宗，先天之艮，后天之干也。洛书之文，阳止阴上。伊止之所，为行之庭，志谓中原之正脉。两腋如华盖，仙堂在太行之中右腋，灵山之一。是山何有？有纪有堂群圣，岩岩鹤鹿，仙仙欲舞。李进士浚诗："此是蓬莱真境界，更于何处觅仙堂。"

山属西潞韩州略，武邑百里而遥。癸酉桂月望一日，石梁子出吊东堡，李生一人怂恿仙堂之游，献香糇粮，无声而办。十二日辰发，过崇法寺，寺松麈尾四垂，顶横枯槎，名天桥松，亦数百年嘉树也。驰十里，至大石坡。不可乘，着屐行五里。历枣凹，四灶无烟，虎豹交于溪壑，鸟雀相呼亦少。又五里，抵坪上，始闻跫音。荷锄而至者，史光典也，云：“仙堂寺，原坪上古刹，一夜风雨大作，起视，林石偃伏，佛殿宝幢，已神运于彼山矣。本村寺址，赋册尚载。”第林密路歧，人畏为怅，非谙历者不能前，即拉光典为导。越南横山，茅塞无路，闻樵丁丁，呼之不出。西折斜贝岭，十五里，牵藤而上，力尽，憩于松根，敲石火午炊，肴出杖底，雉飞炊下，应手而得，欣然一饱。行一里，循上虹岭，瞰襄垣城楼，与仙堂遥对，殆县之艮背也。导曰：“东有甘花，南有贤亭，两山重岚隐豹，仅管窥耳。”上上下下，再寻登峰路，数盘至巅，巅如上帝之碧炉。登望仙冈，俯视仙刹，若在大麓深处。既陟复降，悬岸千仞，五丁半天开径，俗谓舍身岩。众有戒心，不欲进，导曰：“天下之奇险，天下之奇观也，惟危得仙，又何画为？”乃踧踖擦耳，行约二里许，栈腐中断，进退不得，恨不立化猿鹤。结衣带，缒而下，不啻邓艾裹毡阴平也。十八转，始得石叶，稍平，出险相庆，取酒脯祭饷，甘苦亦略相当。高视，刹在山趾，及抵寺门，刹尚在［山］肩，回望舍身岩，云隐在有无间，游仙梦真从天而降矣。

（录自民国《襄垣县志·疆域略》）

程皋绩

字思令，一字何功、复初。生卒年不详。武乡信义人。尚书启南第五子，康熙十一年壬子（1672）举人，十八年己未（1679）进士，任蓬莱县令、太常寺典簿、左府都事、员外郎、本部郎中。后归里而卒。著有《四书心得》《诗经集解》《诗适》。

魏容大传

魏容大，字仲似，号翀仪。明末太康殉难知县令望次子。君生而颖异，七岁能文，读书识大义，尤深明《西铭》《太极》诸篇，不屑作雕虫之技。

为袁临侯首拔，食廪饩，随父任太康。

闯贼肆虐，值大比。父进而训之曰：“社稷，吾任也；箕裘，尔业也。胡为居此围城之中而不去也?”君泣不忍违，父怒而遣之，不得已，辞归。未几而太康陷，闻报绝而复苏，毅然领老苍头张壮，微行抵太康之墟，求父死所，康人已有殓而瘗者，扶榇归葬而祠焉。时君力方刚，虽旁午倥偬，不废弦诵。

国朝定鼎，益肆力于学，经史子集，无不泛览，下及方名技艺，亦究心而穷原本。七赴棘闱，几售不售。适停乡国岁贡，士学博员，缺不复补，君以廪长董学校事。邑中大利大害，知无不言，言无不中。荒粮为邑重困，走控上台，得豁免减赋贡十之四，屯豆求输本地，免车牛纳兑之累，数万户鸠鹄之民得存活者，君之力也。

康熙九年，领岁荐。又十余年，铨河津学博之任。仰文清公高风，训诸生，先器识而后文艺。邑令咸敬礼之，遇难处事必咨焉。君为之区画，悉中机宜。士服其化而民戴其德，大有造于津也。无何竟弃官归，复理藏书，沉酣焉。暇日与耆旧为率真会，弹琴弄笛，气概沉雄；间作韵语，冲夷淡远，在储王高岑之间。自奉约而戚族贫者、病者、待婚待輤者无不仰给焉。年七十三卒。

（录自清光绪《武乡县志·人物》）

高邑侯创立南关镇义学碑记

天之下，地之上，穴寥兮浩浩乎其无垠，将以何物塞之?或以文章而不原于道德，则华而不实，或以事业而不本于学问，则流为刑名法术，而去圣人之道远甚，而且儒林、循吏、史迁不能一而合传之也。盖兼才若是之难也，兼之者实维我之邑侯高公。吾邑为全晋末属，水至清浅不可渔，山瘠而童，厥田下下，厥赋视邻封独加多。官兹土者，往往困于难治，固地势使之然。按部经营，谈笑奏刀，诚非命世材不能。我公以终贾之年试颖百里，抱子惠之志敷为实政，百废厘然。其具举通商惠工，剔弊厘奸，饬保甲，申铎书，属当编审之期，帷露冕，穷乡僻壤，靡不亲历焉。以周知疾苦而哀其茕独，穷乡僻壤之民遮迎道左者，乐亲其颜色。夏雨雨人罔不治，春风风人罔不入也。善政固不可更仆数，而其大尤在振兴文教。下车数月，即延诸生而立文会，给以荆笔残行而次第其甲乙，暇日即为矍圃之射。甲子秋，列乡书者合有人，其明效已。今年建义学于县治之东偏，南关复创社学一区，为房若干间，鸠材庀工，悉出己赀，皆不费闾阎丝粒，而不日成之。择野处而不匿者实其中，出宪粟以招师儒，俾按日计程，口授耳传，习于勤而勿荒于嬉。夫南关当输蹄之冲，商旅之所至，贩夫牧竖之所往来也。间有习书名通算数者，斯称卤田特秀矣，不知有周孔之礼乐也，岂三代盛时远郊之地乡学里塾亦有所弗设乎？若留以待我公，盛衰升降是亦有数存焉。然天之生材不择地，于越勾吴春秋前尚不列王会，六朝而后沿及今，兹文采风流甲天下。金牛未通凫未辟之时，蜀固瓯脱耳。文公教化行，眉山父子相继出，不可谓不盛矣。继自今南关之人，当必有奋然振起，无愧我公之德化者。我公之兼才善政，不可仆数，即其文章觇其道德，即其事业觇其学问。建学其一端也，南关其一隅也，即吾邑亦不过偶试也，则观我公德政者，当另出手眼以较量于卓鲁董贾间，且何能执一事以通也。儒林、循吏合而为一者，其自我公防乎哉？

（录自清康熙《武乡县志·碑记》）

陈舜裔　(1662—1730)

字孝源，号石斋，武乡石门人。康熙五十七年戊戌（1718）进士，历任长治县教谕、闻喜县教谕、陕西伏羌知县。著有《印心集》。

重修净云庵碑记

人性之无不善也，苟有以触其天机，使诚发于中而夺于物，则悦安而守固，虽不必尽合于道，而亦可以破人心之悭，乐施之用，而相与观古道之留。仲尼曰："民可使由之，不可使知之。"盖深知牖民训俗之方，难与言精微中正之故，而因其机而导之，即庸愚不苦以为善之无阶，如世之修庙祠，神得无近似乎？今夫人莫不各私其有，往往父子兄弟箪食豆羹吝形于色，一旦割其财而分之，泥神木佛，将毋悭甚，乃毫无芥蒂，乐为资舍而竭力，虽心之蒙，实善之机也。不然人孰不欲拥沃壤、起台树，居有连檐高阁之丽，与夫土爰稼穑之富。忽焉拱手以奉之神明，若捧爵酒，妻女无诟厉之语，岂非慕义好善有以动之而然乎？如必正其非、辟其说，将并驱为鄙吝而一物莫舍，是诲之私也，绝其向善之萌也，大昧先生神道设教之旨也。故与其禁之，毋宁存之，以广其义，是亦行古之道而医世之微权寓焉矣。吾乡人多好善，而邑东称最。有居士韩名士、弟名状者，累世斋素，好佛老，喜施予，造浮屠，建梵刹，所到成功而勿坠。祖居鹅头，后寄耕韩家垴，因以起家。尝经天成砦下，见有古庙倾圮，神像剥蚀，遂恻焉心动，移之韩家垴，乞于叔祖葵阳君舍地以居，因之建宇装严，凡瓦石土木金漆丹雘之费虽取助于四方，而其父子兄弟乐蠲其财者居半焉。宁其自图福利而为之，抑其祖父来世有慕义好善之诚，宜乎其悦安而守固也。予过其地，乡人因丐予言以纪其事。呜呼！予虽不佞佛谄道，而未尝不乐取于人以为善，故亦不暇考其神之出处与夫福泽之感应，因乐广其义以布之，姑存其说而志之，盖劝善也。

（录自民国《武乡新志·金石考》）

关圣帝君庙重修碑记

天地之英华毕聚于人，故千百年有不泯之精神；人心之忠义常留于世，即愚夫妇有可传之爱敬。苟非至诚至圣，沁人性情，心术之微，必不能使州邑都郡以暨井里乡闾、深山穷谷，成知顶礼皈依闻名而起敬者也。昔狄梁公巡抚江南，毁淫祠千七百所，而夏禹、泰伯、季子、伍员四祠独存，非其有功民物，克敦伦纪，而人心感慕之诚，虽百世不能改乎？秦汉以下，忠勇之士不少概见，而精忠义勇必推关圣帝君为百代宗。祭法曰：法施于民则祀，以死勤事则祀，以劳定国则祀，能御天灾则祀，能捍大患则祀，帝于五者宁有一之未备哉？在汉代，爵前将军印寿亭侯，谥“壮缪”，功盖一世，气压两雄，史册星列，固无容再赘。后五百年，值开皇之祚，显于玉泉梵刹。又五百年，崇宁间为民争鹾水池，战蚩尤而歼其妖。自此以往，厥勋愈烈，厥灵愈爽。至明兴三百年间，卫国荫民，吉凶感应之状奇幻不可屈数，故玺书累锡，隆其赠典，曰大帝，曰天尊，曰圣，曰帝君，神通三界，威摄百灵，虽荒村茅叟、贩夫牧竖、红女婴儿亦咸知其神武，而不敢斁祠而祝之，要亦人心之精诚不容泯而三代之所为遗直也。邑东五十里许，地名温水，旧有帝宇一所，不知创自何年。经国初云扰后，村落荡为丘墟，荒烟一望，可怜焦土，而帝宇亦栋拆榱崩，风雨莫蔽，但见碑眠绿草、鹊噪残松而已。往来经过，能不恻心。于是村民等敏醵金钱，董匠修饬奠厥，居宁攸止。一时锦龛彩幔辉煌耀日，虽不能闳大雄丽如上清永宁诸公，而岁时伏腊、烟云缥缈、钟鼓晨昏较前又作一番新景，料亦神之所乐栖也。工成，请予为记。余赋性狂耿，不喜佛老，见乡人涂观葺寺辄不胜愤懑。至闻帝之建祠固精灵所不容亵，予亦叹今人之不可与道古而犹乐斯举，不失为忠义之遗，野老之□，未始不可与为善也。是为记。

（录自民国《武乡新志·金石考》）

胥　琬

生卒年不详。山东潍县（今潍坊市）人。师从明末清初著名学者周亮工。清顺治十八年（1661）进士。授任邱县知县、贵州石阡府知府、山西提学道佥事、布政使参议。

《武乡县志》序

今世仕者，令为难，盖令秩卑而近民。秩卑则上之层累而制之者，既多所拘牵，而不得以行其道；近民则下之属望而求之者，复嗜欲异情而不能尽惬其隐。令处其间，龃龉于上下之际，方奉公救过之不暇，奚暇留心简册、征文考献、辑为成篇以告将来也者？夫治莫大于风，而俗吏忽焉。风也者彰往而训今者也。阅古今之得失，验行事之成败，稽风俗之淳浇，审政治之条贯，为之变通鼓舞，以尽其用。昔之所留今人得而鉴之，今之所垂后人复得而鉴之，若是者，凡以风之而已。令诚留心简册，昭示来兹，是风之也，可谓知治本矣。武乡为沁州属邑，石勒产于其乡。在昔勒僭号天王，或亦一时雄区。然其地山川险阻，道路崎岖，童山石田踞其七八，可耕者才二三，土硗确而民贫，山右下邑也。辽阳中含高君作令于兹九年，且久政通人和，暇则与其邑之士夫父老登临觞咏，讲论往昔，抵掌留连，既详且确矣。爰取旧志，躬为校雠，阙疑存信，增删损益，莫不意匠经营，良工独苦。既刊成书，问序于予。予读之，见其有规模宏远之志焉，有忧深思远之虑焉，有彻桑衣袽之戒焉，有痌瘝之隐焉，有劝惩之征焉。其旨远，其词文，其事核而该，其意约而中。噫！君之留心，可谓勤矣，于是为知治本矣。抑尝论之，士之服古入官，文章经济岂有二道哉？出之于手与口而为文章者，措之施行则为经济。今观高君，盖闻道者，文章经济，左宜右有，异日其即以治武乡之理推而治天下也可知已。高君勉乎哉！坐而言之，起而行，吾将拭目俟焉。又岂弹丸之百里可羁其骥足也耶？吾既乐其书之成，而又卜高君之足以有为也。因论序其简端，以复之。

时康熙三十有一年岁次壬申十月既望山西督学使者北海年家弟胥琬拜撰

（录自清康熙《武乡县志·卷首》）

唐　甄　（1630—1704）

初名大陶，字铸万，号圃亭，四川达县人。顺治十四年丁酉（1657）举人，曾任山西长子县知县十个月，因与上司意见不合被革职。后曾经商，遍游河北、河南、湖北、浙江、江苏等地二十余年，后困于江苏，仍志在天下，靠讲学卖文维持生活。著作主要有《潜书》。

明　鉴

达良辅抚山西，武乡知县见，良辅曰："武乡之民何如？"对曰："有生色矣。"良辅曰："尔欺我哉，吾使人观于武乡，有女子而无袴者矣。女子而无袴，武乡之民，其何以堪！"平阳知府见，良辅曰："平阳之为县者，孰贤孰不肖？"知府举数人以对，良辅怒曰："百姓之所谓贤者，尔之所谓不肖者也；百姓之所谓不肖者，尔之所谓贤者也。尔不可以为三十四城之长。"劾而去之。当是之时，财贿不行，私馈虽不绝于府，无有以匹帛方物入二司之门者。良辅之所食，日不过肉三斤蔬一筐。观其让武乡之言，可不谓仁乎？观其察远县之贤不肖，而不任耳目于知府，可不谓明乎？己不受财贿，群吏亦不敢受，可不谓清乎？清且明，明且仁，宜山西之大治矣，而卒不见山西之小治者，何也？不知为政故也。请假其事以明为政之道：武乡知县见，良辅云然，且曰："吾与子约三年之内，必使子之民，人有数袴。"武乡知县必曰："愿受教。"良辅则曰："武乡之土虽瘠，亦必生也；武乡之民虽贫，亦有力也；以人之力，尽土之生，谁谢不能？子归而行四境之内，棉桑树牧，省宜时作，尺土不弃于山，寸壤不弃于谷，勿以文示，身往勤之，必期就子之功。”于是月观其举，岁察其利，上计之日，舍是不以行进退焉。平阳知府当逐，易知府，见，以教武乡者教之，督诸县棉桑树牧，举而不废，与同功；堕而不举，与同罪，是县一其赏一其罚，而府三十四其赏三十四其罚也，敢不尽心？山西之地，五府百州县，方数千里，不病其广也。县察其乡，旬一之；府察其县，月一之；巡抚肆察，时一之。举数千里之内转相贯属，视听指使如在一室，奚啻山西哉，宰制四海有余矣！此为政之大略也。

（录自《潜书·下篇上》）

田喜霱　（1632—1697）

字子湄，大同马邑（今朔州朔城区）人。清顺治十八年辛丑（1661）进士，康熙三年（1664）入翰林院，为内阁学士兼礼部侍郎，官三品。

程启南传

大司空程启南，武乡人也。神宗末年，士大夫争谈气节，以议论为事功，峻厉为丰裁，门户角立，倏忽升沉，几同夏云蜃气。其能循分奉职，不为赫赫名，而一再辞官，大节凛然与日月争烈者，吾于程司空无异词焉。

启南，字开之，风庵其别号也。性刚果，多大略，博学工文辞。万历庚子经元，辛丑成进士，王寅授襄阳李官楚宗冤牵引，久不结，启南廉其状，力争于直，指使以固维城。权珰横，启南拒之峻，言税宜节，阉当撤。已而矿税流毒南省，民不聊生，卒如所言。山南人德之，与羊叔子同祠。庚戌，家宰孙丕扬请擢贤能深俸官。启南入，为武选主事，即具疏陈三可虑言，宜清冒滥，屏私人，简将帅，多所采纳。癸丑，升郎中，为辅臣叶向高、李廷机及枢臣王象乾所引重，迁济南副使。岁苦飞，上疏乞不赋山泽，许得支官舍之储蓄，赒委隶首。戊午，升参政。庚申，升按察使。壬戌，举卓异，为天下廉吏第一，迁右布政使，寻转左。洁己敷政，除烦苛，持大体，廉而能平。会妖人徐鸿儒倡乱邹、滕间，下者十余城，兵骄横行掠，掠尽飏去。启南命历城令吴阿衡招白挺以歼之，逆憝叛党如缚豕而槛送京师，有旨赐金币。癸亥，升太常卿。民思恋不能已，为庙，春秋奉祀，如在山南时。

启南乘折辕至都，考正旧仪。时逆党魏忠贤焰方炽，启南以宗社大计，奋不顾身，抗疏曰："忠贤窃美灭权，蟠连禁阉。倪文焕、崔呈秀党附，摇唇膏吻而横于世，以王振、刘瑾之奸，加罗钳、吉网之惨，不尽空六翮不止不报。"遂疏乞骸骨。疏入，即日允放，此所为一辞官也。当是时，天下为忠贤建生祠者奢侈无度，郡国仓不继，豪贵人谄附，争助恐后，启南为文讥之。使者或滞财、籍姓名、为祸福，启南竟履虎尾而不咥。崇祯御极，收殛魏党，而邦华等悉起田间。己巳，诏升启南通政使，荫一子，旌不附忠贤也。庚午，廷议以起部冗阔不奉职，群推启南而素遵轨躅，不欲暴贵，谢之。及为工部左侍郎，百度具兴，诸什器成备。德陵更数岁工未就，启南召商责之，期以五月，砖木不至，法无贷。商素畏清直，奉法顺流，工遂就。上以为能，加大司空服俸，领官如故。例荫一子，固辞。而寺人之徒嗡喻复进矣，属户、工二部，以内监张彝宪视事。启南复疏言："熹皇帝拱默，中人有窃政者，似犹不足异。今天子英明，日夕望太平，而蹈覆辙、酿乱胎，祸将不忍言，不止羞朝廷而辱当世之士也。"章累十一上，始得旨准暂驰驿归，此所为再辞官者也。启南事四朝，扬历中外，任十余官，逾三十年，所过政迹，不可殚述，而余于一再辞官之故，娓娓言之独详者，阉毒酷烈，贤者多遇惨祸，人才之去就消长，国运之隆替系焉。天下事尚可为，启南甘无闷哉？迨归即绝意仕进，屏居不揖客，长吏军识其面。邑中灾祲及大繇役，即条列白大吏，为民请命，不避怨谤。事载州县志中。又尝自为志，徙薪远虑，聊托达观，不但皇甫谧、周盘之徒以俭垂训已也。

甲申，李自成陷都城，所至拷掠缙绅，三晋首罹其毒。启南爵高而守廉，无能厌贼溪壑。伪书五反，使贼令身劝，为之驾。启南叱曰：“方魏忠贤时吾不仕，今谓吾惧死耶?”贼令义之置勿问。启南久城居，至是复徙信义乡故宅，立一寨，名双修，中构草亭数间，手《周易》一卷，晏如也。庚寅十月，启南晨起，治具觞族人，列子孙其下，敛容曰：“孰易如苇，孰化如毁，人生至促也。”即引族人就棋局，精采倍张王。日中反舍，趺坐良久，语不及私而卒，得年八十有九。

子六人：嘉绩，比部郎，有良折狱风。伟绩，国学生，闯贼时代启南逮系西安者。奇绩、兰绩，俱有声黉序。皋绩，康熙己未进士，为蓬莱令，逾年告归，可谓克绍清德矣。乃绩，以明经为马邑司训，下帷攻苦，当即联翩飞去。诸孙绳绳四十余人，以科贡显者踵相接也。

（录自清康熙《武乡县志·人物》）

高　铁

字中含。生卒年不详。镶黄旗，辽东三韩（今不详）人。顺天贡监，授文林郎。康熙二十三（1684）年任武乡县知县。重修县志。康熙三十六年（1697）任广州府同知。

重修《武乡县志》序

郡县之志，所以佐国史者也。古者太史輶轩以观民风，采其事以上之天子，天子命其臣书之方策，垂示后世，厥典重矣。周衰，诸侯各自为史，秦废封建立郡县，汉唐因之，而郡县始有志。每当国家修史时，必博征天下之志，以考同异，参得失，故曰所以佐史也。顾史略而志详，史严而志宽，史有专职而志无专官。

方今圣明御宇，率土皆臣，往岁敕命儒臣纂修《一统全志》，盛典也。武乡虽僻陋，要为股肱近地。铁不敏，承乏兹邦八年余矣，夙夜兢兢，恒以不称厥职，负天子爱养元元之意是惧。独念此邑自三废三建来频经丧乱，自明以前从无专志。遥始作志者自永年张公五美，其时为明之万历。再作志者为李公芳莎，与张公同里，其时为本朝顺治之乙酉。自乙酉至今四十余年，夫此四十余年中天时之盈虚，人事之盛衰，物产之荣谢，更变不知凡几，自非重加纂辑，一旦天子搜罗旧闻，将何以应？

三十一年春，特延邑生魏名振、赵铎、窦飞龙、李嘉宾、李光春、史玿、关键、李勴、武九卿、赵之相、程康舄、太学生崔怀玺等采访遗事，汇缴于鉷。吏治之暇，进退笔削，几于废寝忘食。阅三月而告竣，前列凡例三十三条，后分门类四十条，而每类有总叙、有总论。人物则尤加意，故一人有一传，一传必有一论，至后复系以总论。然犹恐朴陋无文，贻笑士林。适云间宋子雨臣名苍霖、瞿子又陶名潜者馆于荒署，因而互订是非，共免讹草。夫昔人修志往往假手本邑绅士，而本邑绅士则未免易于取怨，倘畏怨而少为通融，难成信史。鉷既征其事，因曲谅绅士，所以独任而不辞。异日者輶轩所至，省方问俗，或可借以少补云尔。

时大清康熙三十一年岁次壬申四月谷旦

文林郎山西沁州武乡县知县加一级三韩高鉷题于武乡署之慎独堂

（录自清康熙《武乡县志·卷首》）

康熙甲子五月朔知县高鉷祭昭泽王文

厥考典制，能为民御灾捍患则祀之。又子舆氏有言：旱干水溢则变置，是神之功诚钜，而神之责亦綦重矣。鉷奉天子命宰此土，甫下车即闻武之民好神而渎祀，其黠者借神以渔猎，鉷知此甚非神之所乐闻也，悉禁止。四月朔雹雨，俱父老环选而请曰：“是昭泽王之所司也，愿弛禁，吾侪将聚钱以资赛焉。”鉷曰：“否。若所谓赛者，盖欲集巫觋，会俳优，作郑声以侫神，徒耗尔财，神必不享，孰若予之为尔请命也。”父老曰：“唯唯。”遂吉蠲为僖以告于神，翼神聪明，必能昭格。何意月之丁卯、甲戌连日雨冰，更甚于四月之朔，菽麦稚禾伤者过半，岂民之无良欤？鉷之不德欤？抑祭祀失时而禁赛所致欤？夫鉷之不德，宁灾我躬，民则无辜，胡为降割？况神即武乡人也，坟墓在武，子孙在武，而德泽声施亦在武，非若社稷之神之不能御灾捍患而可以变置者比也。则念彼桑梓，安忍不佑，敢披竭至诚以再告于神。庶几自今伊始，诊气消而阴阳不胁，时雨若而稼穑有秋，民之幸也。斯则神之所乐闻也。敬洁粢盛，伏惟来享。

（录自清康熙《武乡县志·祭告》）

赵　铎

字赵州。生卒年不详。武乡崇仁（今故县）人。赵三麒子，康熙四十三年（1704）甲申岁贡生。

赵汝钦行状

赵廷举，崇仁坊人。字汝钦。邑生克宽之仲子也。家酷贫，舞象时值岁寝，负米邯郸，奉养二亲。母孟氏病，亲至武当求灵药，往返几四千余里，母服之，病果愈。后数年，母卒，廷举庐墓侧三年，未尝见齿。父鳏居食息与俱，不入私室，人既啧啧称其难及矣。崇祯五年冬，流寇蜂拥至城下，居民争逃匿。父已八旬余，率家众巷战，为贼所执，以刀筑其颈胁之降，父抗詈不屈，贼怒将杀之。延举冒刃至贼前，哀号求免，愿以身代，贼不听。廷举私念曰："父死我亦死，徒死耳，父仇不得报，死何益？曷若生我身以报父仇可乎？"乃故为甘言以慰贼。贼悦，纵廷举归。廷举默识其寨中曲折及贼之状貌衣服，夜半挟利斧潜往斫之，贼应手毙，因大呼己姓名与所以杀贼故。群贼大惊，围廷举。廷举度不得脱，睨其旁有井，踊身入其中死焉。事闻，议旌表，因乱未举。海陵许光震为作《孝子传》，远近士人争赋诗以记其事。

（录自清康熙《武乡县志·孝义》）

魏　伦　（1704—1775）

字明川，号一峰，武乡韩壁人。雍正七年己酉（1729）拔贡，壬戌（1730）明通，授猗氏教谕，后补宁武教谕，不赴。从学者多所成就。生平著述甚多，有《庄子南华诂》《左氏评》《大中疏》等，多散失。

淹丧葬服议

武有以三年之外葬其亲，从迁葬服用葬者，非也。三年之丧，天下之通丧也。葬无常期，以爵为期。《礼》："天子九月而葬，诸侯五月而葬，大夫三月而葬，士匝月而葬。"虽天子不逾期矣，何有于三年之外葬其亲者？昔先王制礼，不敢过，不敢不及，三年之丧斩焉。衰绖之制所以教天下之孝，而孝子昊天罔极之至，情虽终身不解，爰限以礼，使不得过，有终身之成而无终身之服，是故丧不过三年。葬者，藏也，藏其体魄而安厝之，一日地下则死者一日安，死者安则生者之心亦安。于是乎有九月、五月、三月、匝月之限，何有于三年之外葬其亲？葬虽天子不逾期，而何有于三年之外以迁葬之缌葬其亲？其迁葬用缌者，所以伸孝子慈孙报本追远之心而起者也。人情入庙，生敬过墟，生哀哀，且生于过他人之墟，况其亲乎？此迁葬所以用葬也。《经》曰："改葬缌。"《谷梁传》亦曰："改葬之礼举下缅。"《韩子》曰："传称举下缅，缅犹远也。下谓服之最轻者，以其远，故其服轻。"此皆谓子之于父母，其他则皆无服。若主人当服斩衰，其余亲各服其服，则《礼经》宜详，不当惟云"葬缌"。由是推之，改葬之礼其服惟轻。卫司徒文子问于子思曰："丧服既除，然后乃葬，则何服？"子思曰："三年之丧未，丧服不变，除何有焉？"由是推之，三年之丧其服惟重，以三年之重服例改葬之轻服，其不可也必矣。夫先王非不能三年之外别制为葬服之礼，而《礼经》卒不载者。夫礼者，人情而已矣。葬不逾期年，人情之所安也。淹三年之丧，久而后葬，非人情之所安也。先王制礼，所以教天下人情之所安，非以教天下人情之所不安，是故有以解人子终身不解之丧。而服不得逾三年，即有以安死者生者，一日地下之安而葬，虽天子不逾期，其不能于三年之外别制为葬服之礼者，深没其文而阴寓其意，先王之意固谓人子一日不葬，其亲则新焉，衰绖之服一日不得释，其丧服不逾三年者，明乎九月、五月、三月、匝月之既葬，其逾三年也已远，非谓淹亲之丧至三年之外而丧服可遽除，于三年也何也？三年之服以父母之丧故服也，丧除而服除，非服除而丧犹在。服除而丧犹在，天下无是不情之人，先王即无是不情之礼，故《礼经》不载。若之何其以迁葬之葬治三年外未葬之亲丧也？先王固谓三年之外亲丧未葬，则执亲之丧者三年之外不得除服，彼自顾其身斩焉。在衰绖之中，即安忍以衰绖之身而与宾筵与婚嫁，听其亲尸柩暴露而淹不葬乎？三年不葬其亲，固天下不仁之人。三年之外葬其亲而引用迁葬之缌服，此又与不仁之甚者也。故以未亲之服葬迁葬之服，断断乎其不可也。而世有贫而少力者，或且曰“吾以俟升斗禄”，夫俟升斗禄果禄矣。未葬之曰以禄葬，葬为吾亲也，既葬之后以禄祭，祭未尝不为吾亲也。有壮而无嗣者或又曰“吾父母固尝望子又生子”，夫即子又生子矣，葬以前在柩之父母顾而乐，葬以后地下父母顾而未尝不乐也。不恤久淹亲丧之不可而执是区区，夫是区区者其为孝也小，而久淹亲丧，其为不孝也莫大矣。故迁葬用缌可也，以迁葬之缌为三年外始葬其亲之服断乎其不可也。

乃若不得已而有殡之礼，先王又尝虑或有他故而不欲重伤人子之心矣，不欲重伤人子之心，于是乎虽不成葬而有殡殡者，权也，即殡面死者安，则殡即同，权亦礼也。其或游或仕，或子幼妻稚而不能自还，遂葬于其土。既葬矣，及其返葬，仍从迁葬之服，不得引未葬不变服之例，亦礼也。《韩子》谓在丧当葬，犹宜易以轻服，况既远而反纯凶以葬，乃承上江熙之说。所以论天子诸侯者，其实仍为远迁，返葬者言之非谓过时不葬者言之也。

是故迁殡与迁葬，服可以从其同，三年之外葬亲与迁葬，服必不可以从其同。然则如之何而可以缌服，还迁葬以斩衰，正三年外之不葬其亲者使仍常服，新衰不得释，既葬乃释。夫然后久淹亲丧之风不载自息，而圣人教孝之旨，虽礼无明文而其意晓然，可共揭于天下。谨议。

（录自清乾隆《武乡县志·艺文》）

却孙都宪公荐博学鸿词书

伦书顿首大人阁下：伏承明问，雅意推荐，闻命悚惶，疚心在抱。伦自选拔赴都引见后，入监考到，适阁下正莅大司成，整顿六堂，严立规范。嘉伦试策，面留肄业。时以赴省赴都，负债甚夥，恐老父被索，倚闾不获，如命不得同一时诸名宿，以此时共砥北雍，厚培学植，憾矣。壬子，幸厕贤书公车，上不谒长安一贵人，虽以阁下雅相器重，亦未尝通一刺道一款，非敢自高，稔阁下于伦以文相知，不以声势相要也。乃者同年冯太史来招，谓阁下将以博学鸿词荐。伏思朝廷此选，破非常之格以待非常之人，必如古者屈、宗、贾、董、左、潘、二陆、两司马、枚乘、刘向之徒，充栋汗牛靡不周览，奇辞奥义靡不通晓，然后盘郁轮困，根之茂者其寔遂，膏之沃者其光华，鸣声和盛，鼓吹休明，毅然当之不愧。若夫三试报罢，虽以汗澜卓踔，潏泫澄深，起衰八代之手或且难之，自余碌碌，已无足比。穷乡晚进之士孤陋寡闻，尤其每况愈下，不待审处而决者也。岂阁下辱爱方殷而太史再来，掖与俱往，阁下立进崇阶，谓："生来何暮生，于长篇文直追唐宋，所谓不待相见，相信已熟者。准声韵之学，北人或非所长，然以生之材，何所不谙?"因饬取二场表判各一草，旋起舞曰："端庄杂流利，绝似长公诸小启，即此可矣。"伦亦不敢多置辩，仍偕太史退，乃辗转以思，终日终夜，喟然感念阁下惓惓意良厚，不宜重辜而抑亦所以自处者，尤不可不审也。国家需材之患，莫大乎上以寔求而下以名应，今将聚天下绩学摛词之士，特开鸿博之科。度其慨然起而相应者，凡自唐虞以来，经传之传留，史氏之纪载，诸子百家之论列，莫不披寻乎义蕴，反复乎训词，铿锵乎节族，而奋发乎文章。珠玑错落，云霞蒸蔚，大叩大鸣，小叩小鸣，所谓寔也。而今之于于焉曳其佩，峨峨焉缨其冠，曾未读书数箧，而偶得一当，辄欲假手以报者，则其名也不胜寔而名是徇，声援有人，根柢无人，不至辱朝廷而羞当世之不止。呜呼！其亦不思而已矣。倘思天地蓄孕如彼其富，古今之递积如彼其多，名山石室之藏如彼其不胜收，扛鼎吞牛之笔如彼其不易举，而试以身与其间，问所读古人书几许？所发愤蔚然为文章几许？学之不讲何有于博，词之不出何有于鸿，姑循名以责其寔，其不汗下通身，欲发声而不知口处者寡矣。伦之不敢轻诺者诚心识其然，自知明而审处熟，是故不以自负者负阁下也。阁下又谓今四方之献身者、从旁揄扬者曷胜指屈，吾先欲敬求桑梓中，三晋人文之薮何遽无人？而人之知名者寔亦不乏也。沁有吴正则，古今淹博，经术湛深；黎有高献则，学涌泉渊，声谐金石。虽伦耳目之近，见闻之狭而心焉可数犹有一二人焉。况阁下以汲引之深心，广物见之贤路，雁门以南，太行以北，贤人君子虽伏匿而不轻出，而如吴如高，由此其选者又不知其几辈也。故愿阁下之公之也。伦叔暴病，老父书趣归，他日倘增读十年书，穷遐极博，积气养厚，果能一日愤发，其所为天下碓。今朝廷不次人，然后得所审处，以其所学，黼黻盛明，虽不必出阁下之荐剡，而因此愧励得以反求其寔，不徒然以名应国家非常之选，则亦阁下教也，阁下力也。行已有日，滑吉手书，乃付太史，冀转致之阁下，惟阁下恕其愚戆不以为不可化诲而麾斥之，幸甚！幸甚！伦惶恐再拜。

（录自民国《武乡新志·丛考》）

杜师周

字子通。生卒年不详。武乡魏家窑人。进士杜李之孙。清雍正七年（1729）进士。继其祖杜李之志，好读书，中道殂。

与冯邑侯请复升斗旧制书

明府下车以来，严禁赌博，修筑河坊，裁割匠役，革责衙蠹，善政济济，固已人歌。二天家称众母近复有更换升斗一条，令下之初，人心惶惑，莫晓所以。周承德下风，以为必自有说，大约为地方利弊计。不料行之两月而弊端百出，民困日滋。夫升斗之制，惟京仓斗天下通行，较若划一至市集，所用虽有十三升之通例，而各处风土迥不得同，且不必就远论也。即如附近邻邑榆社为十六京升斗，襄垣为十二京升零七合斗，惟沁州武乡为十二京升零四合斗，其于十三升之数所差原自不多，俗便民安，行之已久，今倏取而增廓之，加至十四京升有余，窃以为大便于富民，大不便于贫民，便于放粟而不便于还粟，便于收租而不便于佃户，不便于柴者，复不便于籴者。今乡村镇店之豪猾者借官斗之名，皆以旧斗所放之粟而照新斗收矣。虽已经出示，奈山野愚民即欲赴诉而法重心骇，谁敢逆已行之新令！此不便于还粟而便于放粟者也。

武邑地瘠民贫，收租之家少而佃田之家多，既换大斗，收租者孰无贪志？本年即照着旧斗收取，来年自应以新斗加租地亩。犹是也，而收百石之租者坐而长十石之数，收千石之租者坐而长百石之数，佃户一不依允，田主随即夺地，贫民悚于失业，则俯首而从之，此项之受害尤酷，所谓便于收租而不便于佃田者也。今乡民之赴市粜粟者，以旧斗合新斗之数，每斗必加零余升几合许，多则为牙行括去，少则开除价值，愚民计及分文，竟至低昂莫辨，故纷纷争同，无市不然，此则不便于粜者。地方贫民籴石者少而籴斗者多，丰年粟贱，价值犹易凑办，一遇凶年，斗大价昂，势必以籴斗不足钱而籴升，则升合之利，又不在贫民而在小贩矣，此又不便于粜粟者。

凡此无穷之争端，皆为必至之理势，在上者本欲前民之用，而在下者反贻受病之由，何者？行之已久，俗便而民安也。近日以来，愚民无识，道路汹汹，皆谓明府换斗之后，以新斗粜麦豆数十石，又以新斗价值折收更夫余租数十石，此必讹传之语，岂明府为民之司牧前程远大，储台鼎公辅之器而乃析及秋毫，与民争小利耶？固理之所必无者。然而众口沸腾，甚于防川，恐于长民者之仁声不无稍损也。伏望涣发德意，追回新斗，仍依旧贯，更饬该房不得需索行户交斗使费，则万民悦服。倘谓令出惟行，或者避朝三暮四之名，其实恺悌为怀，与民同欲，虚公无我，从谏如流，知其不便而亟反之，又何损于日月之明、生成之量哉！此民间朝夕之需，物虽小而关甚重，有不得不指陈者，敢冒昧言之，惟明府留意。

（录自清乾隆《武乡县志·艺文》）

魏宸拱

字问之。生卒年不详。武乡人。乾隆十七年壬申（1752）恩科举人，任大同副教授。

移建海渎龙王庙碑记

松碧南山神庙者，武邑海渎王焦氏故庙也。自古立在山巅，今遗址尚存，后廓而大之，移于山之麓，几百年矣。栋楹梁桷枝楹腐黑挠折，盖瓦级砖破缺，黑白漫渍不鲜。本村王国柱等目击心感，慨然增修。工告竣，悉书募缘人名氏，属文于余。因按《志》所载，原其始，著其功德，识其封而终系其辞曰：海渎王，长乐司徒村人，姓焦氏，失其名。或曰失其即名也，莫知其然否。父为县里书弹，精《周易》；母杨氏，于唐咸通九年七月五日生王。生之夕，白光照舍，秀云绕屋。七岁尚未言，十三岁踔厉风发，亦精易象，出入天文，道地理、遁甲诸书。又得修养秘术，能致云雨。

夜梦日华贯顶，有神人送以玉匣，曰“此天赐汝”。俄而觉，玉匣在侧，启视皆龙虎篆，尝习读诵之，多不晓。后从容游，遇一父老至前，以灵符玉印付王，无他言，不复见，王怪之。由此知其术，得古剑，遂开北洞，曰：“是天设之以居我者。”即今之洞府是也。其功德：唐纲解纽，兵甲数动，王隐居奉亲，日行阴德事，以救济邻里。邑中大疫，王设方疗之。壁底等村水骤发；西有蛇为患；阔陇有妖；上党魔为祟人，数惊怖之；有富室为妖龙所据，王治之而妖尽绝，其驱除害物也如此。夫岂与智度方便虚荒怪诞同乎哉？游漏岩泉，有指水南行之异，自是腾云驾雾，王莫知所终。王享年三十有四，或曰二十有四，殁后葬县南十里，今殿则渠盖有王冢云。后歼除草寇，威灵四振。凡诣洞求雨者应如响，后人求雨自此始也。风灾熄灭，谷果完美，迄今数百年，松碧尤受其赐，人呼大天。其封曰：唐昭宗二年封为风雷将军。后唐废帝二年，加封灵侯爵，以长乐十八村租税为王香火赀。石晋高祖二年，加封为显圣公。宋征宗元年，天子感其灵，以为“古爵莫贵于公侯，故仿而依之以事神。今王亦爵也，虚王仪而弗用，非致崇极之意也”，遂加封为昭泽王。元世祖渡海南征，王阴为助，加封为海渎昭泽王。明太祖改封为海渎之神。凡六封。辞曰，学者多言无鬼神，然余读诸《志》至焦王驱妖降龙之事，岂不灵哉！迄今有祷必应，不崇朝而雨遍天下，况僻隅乎？余至松碧，闻庙有白杨二株，屹然可观，窃心异之。及入庙拜其像，心益肃然，如将见之。谨篆其事勒诸石，令求者得以览观焉。

（录自民国《武乡新志·丛考》）

董鹏程

字扶九。生卒年不详。武乡大有人。庠增广生员。乾隆十六年（1751）四月撰此碑文。

重修泰山圣母庙碑记

夫盖闻淫祀无福。夫所谓淫祀者，非必如迷群之拜佛，愚众之参禅，然后为淫祀也。祭法曰："法施于民则祀之，以死勤事则祀之，以劳定国则祀之，能御大灾则祀之，能捍大患则祀之。"及夫日月星辰，民所瞻仰也；山林川谷丘陵，民所取材用也；非此族也，不在祀典。东岳旧载，祀典非若无稽，胡神左道以惑众，则祭之也。固宜独是祭之，自有其人。《王制》曰："天子祭天地，诸侯祭社稷，大夫祭五祀。"天子祭天下名山大川，诸侯祭名山大川之其地者。凡非其鬼而祭之，皆为淫祀。故季氏旅于泰山，孔子深讥焉。考泰山在鲁国封内，唐封天齐王，宋朝以东方主生，加以"仁圣"二字，封帝□焉。□庙俨然，垂旒端冕，衣裳而坐，又立后宫于其后，此东岳行祠所由盛也。宋儒谓：不知又是何山以当其配。一言而迷雾洞开，吾儒所宜力为阐明□，庶挽颓风于万一，顾敢附会其词以滋惑也耶？虽然，亦自有说。伊川偶至一庙，令设座勿背神像，谓善，然人形背之，即为不敬。夫背之且不可，□可目击其像之自凌风雨乎？可见信之太真而诟渎者固非，忽为乌有而听其毁者，亦来得为是。此吾村泰山圣母庙，既已创建于前，焉得不修辑于后？且夫圣母之灵，其感人速，而入人深也，有自来矣。士女凡有疾病及求子孙者，咸于是祈祷焉，乃有求必应，无不称为神异，岂众冥冥之中，任行胸臆，作威福于人世哉！带魄沉魂，依草附木，坐山脉之雄气，聚人心之精诚，此其所以神也，此其所以灵也，此其所以有求必应，能感人速也，而入人深也。若谓卜地他所，规模已具，异日而木石潜移，则非余之所敢信。抑又闻之，川流山峙，是此形也，而人也何居？其气之流通可以相接也，而宇之也何居？孔子云：敬鬼神而远之。北溪谓此一言说得圆而尽，如正神知敬矣，每易失之不能远邪，神知远矣。又易失之不能敬，须是敬而远之，远而敬，庶两尽幽明之义。若然则淫祀固为无益，而重修又岂得已哉？因勒石征言，爰为之歌曰：

瞻仰泰岱兮威震鲁东，声灵赫濯兮封禅岱宗。

□柴望兮天子鲁公，今异境兮玉宇玲珑。

山巍巍兮殿陛中，神杳杳兮内佐充。

庙制重新兮森隆，民心欢趋兮乐政。

好主为德兮育我蒙童，母仪垂□兮配彼苍穹。

（录自武乡县大有乡大有村泰山庙现存碑）

吴嘉炎 （1724—1786）

字亨仲，一字静夫，山西沁州（今沁县）人。乾隆二十六年（1761）进士，授广东普宁知县，升广东儋州知州。吴琠曾孙、吴时谦之孙，吴正之子。

魏晴峰传[①]

乾隆甲辰，陕西沿边大饥，神木令魏君晴峰以筹办荒政，劳悴遘疾，弃官欲归。既得替，旋卒于邸，宦囊萧然。其孤鸾翱拮据，营道里费，始克扶榇旋里。人咸怪之，谓：“君固贫士，老得一官，宜为子孙计。且神木非瘠邑，何乃其贫若是？”或疑其伪，或以宦拙相窃议。其友沁州吴嘉炎闻而叹曰：“於戏！此可以见吾晴峰之贤矣。当今之世为廉吏难，贫士而老始为吏则尤难。若晴峰者，仕虽不显，未克大展其蕴，而能贫若此，亦足以愧天下贪鄙之吏，而为吾党之光矣。”

始，余弱冠时，闻魏氏为武乡名族，而晴峰负异材，刻厉学问，以孝友端直重于乡里，心窃慕之。岁壬申，晴峰以第二人举于乡。余同被举，夙昔倾倒，相见一握为笑，故同榜中交最笃。每公车北上，相聚累月。晴峰性傲岸，慷慨有大志，浊酒半壶，剧谈至丙夜，或论说古今人物可否，

① 魏惟五（1717—1784），字爵庵，号晴峰。武乡人。进士。官神木县知县。

天下事率，常屈其座人。余兄事之，推为畏友，谓晴峰取进士第，宜若拾芥然，一旦得志，其设施当有大异人者。乃晴峰文益奇，遇益困，六试南宫不售。壬辰，始挑选一等，分发陕西，鬓发皤然，年已五十六矣。余每慨然太息，悲晴峰之不遇也。

晴峰既登仕籍，喟然曰："士自束发受书而濒老始仕，既不能树奇功伟绩于天下，即欲为一邑筮仕之始，晋如摧如，安得尽行其志？要当不以富贵贫贱动其心，丧吾所守，可矣！"初以需次，故借补商州州同，旋署镇安县篆，秩满补授神木，所至以廉洁称。其署镇安也，在万山中，号僻县，官镇安者咸忧贫，晴峰独色喜，曰："此可以完吾守也。"其地多客民，各倚山岩麓为篱落相保聚，而杰黠犷悍，为土人患。晴峰为设教条，谆切劝喻，且重惩其不率者。久之则客主畛域悉化，民俗大和。尝有游僧以邪教越诉大吏，罗织数十家，将起大狱。晴峰察其诬，力争之，事得未成，镇安人以此尤德之。己亥，年六十三，始即真神木。神木迤北数十里，即蒙古地，设阃帅，宿重兵，游民四集，颇称难治。晴峰为政务清净，因其俗，使夷汉相安而执法不挠，兵不伤而民不孱孱受凌侮。神木以边方，故向食蒙古盐，无课额。当事者因商人请，议以"蒙盐均输河盐课额之缺"。令既下，他邑皆招商设局讥私贩，寻将为渔利计。晴峰屹不动，曰："易可以病吾民？"阅数月，大府知事不可，复檄止之。由是，神木之民皆知令君之廉静寡欲也。

癸卯岁，大祲，奉旨赈恤。晴峰时已被疾，犹蒙犯雾露，阅历山谷中，清查灾户及分厂给银。包封必亲阅，表散必亲授，择士人之谨愿者分任其事，吏役咸敛手不得毫发染指。又别出私钱购米若干石，以收养灾黎之尤不能存活者。劝富民分粟贷贫，严治盗贼，俾民虽灾而不害。自冬涉春，日夜为救荒计，病遂笃。位不称其德，而以死勤事，可哀也已！余既为作传，且语其孤曰："勿苦贫，幸得为清白吏子孙，荣孰甚焉。"子鸾翙，己亥乡试亦中式第二。

（录自清光绪《武乡县志·人物》）

史 恒

生卒年不详。武乡东堡人。生活于雍正年间，曾编修《史氏家乘》。

《史氏族谱》叙

上古有世而无系，中古有系即有世，则世系之由来尚矣。概自世族失传有甫及数世而不辨祖宗之爵氏者，非人尽椎鲁，由谱牒无□悠悠忽忽终日，戴天而不知天之高也。狄青不附梁公，君子韪之；崇韬下拜汾阳，识者嗤焉。虽世远年湮，其是与否微课尽考，然其一念孝敬，推诸仁人孝子之心，有不油然兴感者乎？我史氏三代以前不可得而考矣。自韩以崇风溧阳侯，其后椒聊繁衍，莫不代有闻人。之四明，之维扬，之宜兴以及福之晋江，蓟之顺德、邢台，虽地分南北，旧谱世系历历可考，莫非支分而派出者也。而我武史氏则邢台之一支，始丁孛罗之变，自北而南，寓居东田，固茕茕一浮客也。迄今瓜瓞绵绵，衣冠一世，登贤书者有人，选木天者有人，累累若若，推厥所自，孰非吾祖积厚流光，燕贻永远之所自至也哉？阅《县志》，史氏世有“醇谨”之称，但愿为祖父者传家以忠孝不以富厚，持家以廉俭不以骄奢，为子孙者当学为象贤不为匪类，为弓冶不为偾辕，则祖父后复为祖父，孙子而下复有孙子，可以勿替引之矣。假以溢我，我其收之。其咏常（棠）棣也，吾不得而知也。其咏角弓也，吾不得而知之也。甚而至怨一方交相瘉也，吾不得而知也。然犹是其一父之子也，一祖之孙也。何若是其咏常（棠）棣也、咏角弓也，甚而至怨一方交相瘉也，其亦不思耳矣？余是以稽之旧牒，参之遗老，爰成是《谱》，俾后世有述焉。其宗支不暇别录，以俟后之知者。倘曰“附会前贤以为谱牒光”，则余之所不敢出也已。是为《叙》。

雍正甲寅孟冬十一世孙恒敬撰

（录自清咸丰六年《史氏家乘》）

史传远 (1727—1806)

字伯猷，号小山，武乡东堡人。乾隆十七年壬申（1572）解元，二十六年辛巳（1761）恩科进士，历任陕西高陵县知县、兴安州知州、山东济南府知府。

护驾垴墓表

韩子嘉予少孤贫，未就师傅，然能问字考义，渐致赅博，善尺牍，辞旨驯雅，老学或不能及。每念家世遥远，自后魏徙武入籍，居邑东韩壁，明析居上郝，今又随祖父侨寄襄邑西营镇。缅想曩昔勋名代著，族望赫然，今诚不能承籍祖烈，辉映后先，不几忘其所自乎？幸而世系可考，谱牒递传，随代远年湮犹能纂次始末，汇辑成帙。俾历千数百年，如亲一堂。顾由身上溯，寻流考源，穷极本始，撰为世纪。将以四月初旬奉母丧，合葬护驾垴长兴坪祖茔之次，并举所撰世纪泐诸墓表，以垂永久，诣余而请序焉。按韩氏出自姬姓，晋穆侯仲子成师，生曲沃，庄伯及万，万食采于韩，因受氏为韩武子，传至虔为韩侯。汉兴，韩颓当封弓高侯。东汉，颓当后裔寻为陇西太守，居颍川，生司空棱，徙安定武安。后魏，常山太守武安成侯耆徙九门，生尚书令、征南大将军安定桓王茂。茂二子，长备，袭爵安定公；次均，金部尚书。备因南乱，徙武邑东五十里，名其曰韩壁，是为余邑韩氏。而均后衣冠世继，至昌黎伯益显。本传邓州南阳人，南阳乃河阳，秦城南阳，修武东三十里有南阳城，非邓州也。是均裔为河阳韩氏，而余邑韩壁韩氏。近村南废冢得居士秀殷墓碣首载：韩氏之先为镇国大将军南阳郡安定桓王茂之裔。其铭亦云“建国封侯，望起南阳”，想安定桓王已迁家河阳，而安定避乱由河阳徙武邑韩壁，至宋韩魏公琦继起相州，为一代伟人。至是而后世系无考，其可追述者惟近今数世而已。嘉予撰世纪至此姑阙俟考。其上郝韩氏自涧始，涧父江，祖宣，曾祖世英，高祖仙，居韩壁。明景泰年，涧析居上郝，生五子，长泰，次美，次茂，次旭，次会，分五支。旭生经，经生胕，胕生周，周生尚简，尚简生松，松生收贵，收贵生光斗，为嘉予高祖。曾祖进财，祖国盛，伯父炎，父炜，兄树功。嘉予名樠绩，为仲子，继伯父炎嗣，其分支及本支皆父承以子，子承以孙，备载世纪，序次秩然。余尝谓韩壁韩氏肇自后魏安定公徙家居此，于余邑为巨族，其后人必有文章事业克绳祖武，与河阳、相州相颉颃者。元及明，韩氏登贤书隶仕版者亦不乏人。苟能稽溯本原，拾残补阙，必不至终归沦落。嘉予与余素往来，偶一谈及，未尝不深为痛惜。今既举世所撰世纪表诸墓，其闻达于前者，名籍丕著，灿若目睹，即中叶湮没无传而徙居一族，源委胥备。其后人读是纪者，必谓前何累代显烁？今何终甘寒微？其有不奋然而起、勉企先迹者，必非人情！是则孝子贤孙之用心也夫。

赐进士出身乾隆壬申恩科解元历任山东济南府知府武邑史传远拜撰

（录自武乡县北上合村清嘉庆戊辰《韩氏家乘·卷首》）

魏鸾翱　（1741—?）

字廷仪，号鲁斋，武乡人。举人惟五子，乾隆四十四年己亥（1779）恩科举人。生有异才，过目不忘。有《武乡建置沿革考》《重修南山庙记》存世。

重修南山神庙大殿记

斯举也，崇仁、敦义两里之为香首者，醵金于其里之人，以成之者也。始事于丙午之二月，至丁未六月而土木绘画之工以次告竣。今戊申九月，香首将瓜代也，乃砻石纪其事以终之。考之《礼经》，山川陵谷，能出云为风雨者，成秩于祀典，故南山之神，吾邑有专祀，先大司马公、洎中丞公两记其于幽明之故、神人相际之宜，论说详矣。至兹庙建置之始，世代无征，前岁兴工时，工人理旧甓，见若有字者焉。谛视之，是陶人砖埴时锥画记岁月者也。其文为“大定二十年四月”，考“大定”为金世祖年号，其二十年，当南宋孝宗淳熙九年庚子。再阅十庚子而为我大清纪元乾隆之四十有五年，距今六百有九年矣。又考邑乘，有宋邑令张刚《重修敷应侯庙记》，则神之赐庙号封侯晋公在崇宁、大观之世，又前乎淳熙者七八十年。而旧号曰“龙泉神”，然则神之庙享于兹山也由来已久。至张令作记修庙时，奉行国家尊崇之意，乃益增其式廓矣。考张令所记，其庙制为堂、为庑、为帝献之室、为回廊、栏楯、飞檐。而庙内外有凌虚轩，有通微洞，有灵应池，有拂云、松风等亭，当日规模之闳深可想。沧桑代更，有时以废。其后也，龙宫梵宇，分建其左右。所谓南山神庙者，错处其间，有殿三楹，其他规制大都非当日之旧矣。而神所凭依，实在于是。自有明以来，碑碣具在，务以时修葺，其废圮罔敢怠也。维是雍正八年重修而后至今六十年，修葺之举尚无闻焉。比年来吾邑人颇好崇饰祠庙，兹山亦数有兴作，其在左右者皆革故鼎新，望之焕然，而兹殿也乃独敝亏于灌从萝茑之中，任其风剥雨蚀而莫之省顾，其何以妥灵祈而邀嘉贶？然则兹殿之宜修而久未修也，是南山迩日之一缺陷，斯举也亦可谓知务者欤？故谨书之，俾后来者有所观感焉。

（录自清光绪《武乡县续志·艺文》）

王　藩　(1752—1838)

又名崧，字伯高，号西山、石仙、乐山，云南浪穹（今洱源）人。嘉庆四年进士，嘉庆十二年（1807）任武乡县令。在职九年，改革盐政，使归于民，治理漳河，兴修书院。罢官后，地方人士挽留，嘉庆二十一年（1816）主讲山西晋阳书院。道德学问泽被山西。亦工书善画，尤擅人物，名重当时。著作有《乐山制义》《说纬》六卷及诗文集《乐山集》《布公集》《江海集》《提钩集》等。

鞞山书院记

天下州县所在多设书院，集儒生习业其中。武乡亦有一区，地在鞞山，故以为名。康熙二十五年，知县高鉷所建。嘉庆四年、十一年，知县吴邦治、邓方城相继增修，堂室门序凡三十一间，规模略具，而赡士无资，故院中虚无人。予以嘉庆十二年七月来知县事，颇思振兴，而未逾年转饷兰州。比归，署政之郭君长龄畀以罚输银三百两，为增舍用，乃率耆士度地、市材募工，增建正位。两厢七间，别为院宇，题其门曰“致道斋”。既竣，士稍稍来学，顾犹无以养之也。越二年，邑民先后捐田二十七亩，计其租粟，仅足以食一二人，而析为诸士膏灯费。其事昔无而今有，士皆乐之。书院之制，肇端于唐代宗为李泌作书院于来殿侧，《资治通鉴》纪之。迨宋而嵩阳、庐阜、岳麓、睢阳四大书院最著，若唐《六典》及《艺文》《百官》诸志所载之集贤、丽正等殿书院乃撰集文章、校理经籍之所也。浚仪王氏曰：“庠序之教不修，士病无所于学。”相与择胜地、立精舍，群居讲习。为政者就褒之，若岳麓、白鹿洞之类是也。鄱阳马氏曰：“州县之学，有司奉诏旨所建，或作或辍，不免具文；乡党之学，贤士、大夫留意斯文者，所建田土之锡，教养之规，往往过于州县学。”由此观之，书院固乡党之学也，然州县之学未尝不养士。唐以前远勿论，宋仁宗诏州县立学，增赐之田，由是学校遍天下。朱子《崇安县学田记》谓：养士之需，或取之经常之外。郑明德《遂昌杂录》载：平章尤公“每出，诸生拥遏叫呼曰‘平章今日饿杀秀才也’”。是则南渡后士犹廪于学官，及亡，而制乃废。虞、夏、商、周之学，圣人之所以为教尚矣。汉氏罢绌百家，博士弟子皆以通经为学。而其后刘宋、李唐于儒学外，更置玄史、文律、书算诸学，士所肄习亦多端矣。天下府、州、县皆立学，学以儒名，堂曰“明伦”。旁置四斋，设官教士，肄习五经、四子书，科举用经义，仕进由科举。自定制至今，历四百有余年，当其时士皆仰给，县官不传赋役，无籍于贤士大夫，故武乡有儒学而无书院。书院之设，自高君始。子夏曰："百工居肆，以成其事。"书院亦儒士之肆也。黄仲庸《校艺澧闱发策》有曰："平居不以利禄入其心而培植涵养，如木有根、水有源，用之则回既倒之狂澜，不用则倡和寂寞之滨，亦足以名世。"朱子与同时，见之叹服。夫士而曰儒所学者，修己治人之道。道载于书，不读，何由知？不知，何由行？科举盛时，有识之君子恒以"士不读书"为忧。归熙甫《送童子鸣序》曰："进士之业滋盛，士不复知有书，而日竟于荣利。"顾宁人《日知录》曰："八股盛而六经微，十八房兴而廿一史废。"阎百诗《潜邱札记》曰：三百年文章学问，不能追配前代者，八股时文害之。凡此绪论，皆以科举为儒学之弊也。然富贵，人之所欲。非仕进不能富贵，非科举不能仕。进士兢于荣利，并心壹志于科举之业，以蕲胜于人。读书虽不多而有资于科举者，犹莫不究心圣人修己治人之道。虽知之不深，行之不当，犹得于所业中窥其津涯。譬诸大木之一叶，去本虽远，不可谓非本之所生。其不得于科举，并不得附于学者。亲科举中人如在天上，为其所震慑，思有以追逐之，不待教养于书院。而农工商贾无不读书之家，无不崇儒之人。人材学术虽陋，亦寖成以尊，制卑以贵，制贱以贤，制愚之俗。值衰乱而人心不敝，世道能延夹漈。郑氏曰："九流设教，至末皆弊。"千载之后，弊将若何？归熙甫诸君子固尤其愈趋愈下，而愤激言之耳。

予为诸生尝游五华书院，暨沾科第，历充诸郡书院山长。见夫士之从学，为科举者什一二，为穷饿而利其赡养者什八九；其为文苟且剽掠，冀不被绌罚而已。若夫群居族处，为师弟子之位，讲章句、课文字，如王介甫《慈溪县学记》所鄙之"俗学"，惟应童子试者为然。名一附于学宫之籍，而其功遂辍，明伦堂四斋无一人肄习其中。盖读书为学，只求得为生员，其愿已竟。昔人资以科举之书目，未之见耳，未之闻也。

夫儒道自汉以来，为训诂、辞章、义理之学，其末至于科举、时文止矣。并此而无之，有世道人心之忧者，其若之何？予所至辄劝士读书，官于此尤以之为急而劝之。劝之方，一以性，一以情。或问："读书何为焉？"则诘之曰："人子当孝父母乎？"曰："然。""而父母为荣利乎？"曰："否。"于是告之曰："读书若是而已矣。"此劝之以性也。或问："书何所用，而舍生计以读之？"则诘之曰："子博弈乎？游观乎？"曰："然。""何所用而舍生计以为之？"曰："用以悦心志、娱耳目，于治身无伤也。"于是告之曰："读书又若是已矣。"此劝之以情也。

夫学，圣人之所兴；书，圣人之所作。圣人立法，无一不因乎人之性情，岂于此而矫诬之？是故有谓"为学读书无关于治乱兴衰"，而养士不如养兵者，吾信圣人而不信之。惟即人之性情以为劝。李泰伯《袁州学记》曰："汉孝武世祖孳孳学术，俗化之厚，延于灵、献。"欧阳永叔《吉州学记》曰："教学之法，本于人性。"曾子固《宜黄县学记》亦谓："人之性乐于学。"又曰："圣人之典籍，皆在学而明之。"则一县之风俗，成人才、出教化之行，首先之归，非远人也。然则鞞山书院虽隘，养士之资虽少，而来学之士群居族处，讲章句、课文字用以悦心志、娱耳目，无荣利之相竞，如人子之事父母，服习既久，渐窥夫修己治人之方，而握夫训诂、辞章、义理之枢要，其于科举、时文，奚足以云。爰勒诸石，以告来者。

（录自王藩《乐山集》卷二）

鞞山书院后记

古圣人治天下，立教于养之后。自王子以至庶民之子弟，皆有受教之地。虞、夏、商、周异其名，天子诸侯异其制，而在国在乡举可谓之为学。五事、五典、六德、六行、五礼、六乐、五射、五御、六书、九数，教与学之目也，而其为地则朝廷之大政皆出于其中。《诗·大雅》曰："雍雍在宫，肃肃在庙。"郑氏笺云："宫，辟雍宫也。群臣助文王，养老则尚龢，助祭于庙则尚敬。”《周颂》曰：“振鹭于飞，于彼西雍。”《诗·序》云：“振鹭，二王之后来助祭也。”《文王世子》曰：“凡学，春宫释奠于其先师，秋冬亦如之。”《学记》曰：“未卜禘不视，学此祭祀之政，行于学中也。”《周礼·春官·大胥》：“春入学，舍采合舞；秋颁学，合声。”《月令》曰：“孟春，命乐正入学习舞；仲春，上丁命乐正习舞；仲丁又命乐正入学习乐。”此作乐之政行于学中也。《王制》曰：“有虞氏养国老于上庠，养庶老于下庠；夏后氏养国老于东序，养庶老于西序；殷人养国老于右学，养庶老于左学；周人养国老于东胶，养庶老于虞庠。”此养老之政行于学中也。《王制》曰：“命乡论秀士升之司徒曰‘选士’；司徒论选士之秀者而升之学曰‘俊士’；升于司徒者不征于乡，升于学者不征于司徒，曰‘造士’。人曰：将出学、小胥、大胥、小乐、正简不帅教者，以告于大乐正，大乐正以告于王，屏之远方，终身不齿。”此黜陟之政行于学中也。《周礼·地官·州长》：“春秋以礼会民，而射于州序。”郑氏注云：“序，州学也。”《乐记》曰：“散军而郊射，左射《狸首》，右射《驺虞》。”郑氏注云：“左，东学也；右，西学也。”《文王世子》曰：“凡语于郊者，必取贤敛才焉，或以德进，或以事举，或以言扬。”郑氏注云：“语，谓《论语》，说于郊学也。”此习射进贤之政行于学中也。《鲁颂》曰：“矫矫虎臣，在泮献馘；淑问如皋陶，在泮献囚。”《王制》曰：“天子将出征，受成于学。”又曰：“出征执有罪，返，释奠于学，以讯馘告。”此出师治狱之政行于学中也。道之所在，修诸己则为学，施诸人则为政。行政即以立教，斯为造就人才之方。有人才以辅政，使之行其所学，天下安得不治？学莫备于三代，盛时其士之廪于学宫者，宜数十倍于后世。而考之《礼》《典》，未有言其费出之所自。朱子作《崇安县学田记》，以谓：当时为士者之家，各已受田，故得以自食其食，不仰给予县官。而江陵项氏《枝江县新学记》亦谓：古者无一民不养，而独无粟士之廪，则其士非为养也。而上下顾交趋之如葛裘欢食，然则必有不可舍焉者。二《记》之所揣测当矣。而愚以为古之时一夫受田百亩，无一民不养也；家有塾，党有庠，州有序，国有学，无一民不学也。学而成，为士而仕以受禄；学而无成，复于农而退耕于野。农隙制器，则工也。日中为市以有易无，则商也。天下之人无不学，则天下之田无非学田。岂若后世，歧教于养外，歧学于教外，而乃规规焉置田以养士哉？书院为乡党之学，予于前《记》既言之矣。武乡书院之兴修，亦于前《记》言之矣。然其时但曾建“致道斋”，并置田二十七亩而已，前《记》勒石之。明年士民复有出银、出田相助者，于是内外堂庑、房舍悉撤其朽败而新之；以田三十三亩有奇，增为诸生膏火费；而应读之书、应用之器亦略备。王介甫《慈溪县学记》曰：“慈溪小邑，无珍产淫货，以来四方游贩之民；田桑之美，有以自足，无水旱之忧（也）。故其俗一而不杂，人慎刑而易治。士多茂美之才而易成。”呜呼！观其所言，可知珍产淫货、游贩水旱之有妨于学矣。予之官于武乡，而亟营书院，亦以其俗、其人、其士颇合，于《慈溪学记》所言旷怀三代之治，欲使境内之民无不学，境内之田尽为学田。顾古法不可行于今，当变而通之，愿得好义之人广其施予，而于所置之田粟，撙节其用，积赀以买田。田苟足以赡士而有余，则凡黉宫、城池、庙宇、仓库、囹圄、亭障之兴作，鳏寡、孤独、废疾，夫徭役、吏胥、舆隶之资粮，度缓急，为次序，而皆取给于其中，又扩而充之。则使农之所耕，莫非书院之田；农之子弟，莫非书院之士。商贾悉归于农，游民绝而邪慝消。是亦古者教养合一、政学同衙之遗意也。癸酉之岁，甫称苟合，值官军过境，储糈供亿，官民之力皆殚，无暇他图。逾年稍纾，方谋展拓之，而予镌级去官矣。然予虽去而书院自在，鞞山修理之岁月，书籍、田土、什器之数目，经理之章程不可以不识也，故重为之记而系其事于左方。

（录自王藩《乐山集》卷二）

武乡嫁娶示文

某官为禁止嫁娶失宜，以重寿命而正风俗事：照得天道有阴阳，人道有男女。男女配合而为夫妇，将以孕育子嗣、承继宗祧也。阴阳之气和，而后能生品物；夫妇之理顺，而后能产婴孩。《周礼·地官·媒氏》：“令男三十而娶，女二十而嫁。”《礼记·内则》曰：“二十而冠，三十而有室；十五而笄，二十而嫁。”《家语》孔子曰：“（夫礼）言其极，不是过也。”又曰：“男子二十而冠，有为人父之端；女子十五许嫁，有适人之道。”故圣人之道，因时以合男女，穷天之数也。《毛诗》“标有梅”注曰：“三十之男，二十之女，礼未备则不待礼会而行之者，所以蕃育民人也。”《黄帝内经》曰：“女子二七而天癸至，月事以时下，故有子；丈夫二八，肾气盛，天癸至，故能有子。肾主水，受五脏六腑之精而藏之，故五脏盛乃能泻。”《经》所谓二七者，十四岁也；二八者，十六岁也；天癸者，水也；月事者，潮信也。肾者，蓄水之区也。泻者，倾也，输也。天癸在男为精髓，在女为经血，男女生育须凭精血交感。譬之天气下降，地气上腾，然后万物发生。天阳地阴，男阳女阴，其理一也。《易传》曰：“天地氤氲，万物华醇，男女构精，万物化生。”皆言交感之义。假使天地无气，何以氤氲？男无精、女无血，何以相构？不氤氲，不构精，何以化醇化生？是则男女必有精血，而后可以生育也，明矣。夫男娶女嫁，以为夫妇，所图生育也。不能生育，何贵于为夫妇？男精女血乃天癸也，水也。水有其源，待其满而能流，乃倾输之不涸，此《内经》之旨也。二七、二八，正男女水源长发之期，未及期而遽配合，则不能构精，徒堙蓄水之区。已至二十而不配合，则水既盈而壅之，必生郁结之疾。

古人淡于情欲，每有年长而未嫁娶者，圣人虑生育之不蕃，是以有三十、二十之制，非限之使迟，乃迫之使早，故曰“极不是过”。至于天癸未至，而即配合，古时无之，故不禁于禁令也。阴阳之气化不齐，男女之禀受亦异。天癸之至或不尽符二七、二八之期，然待其至而后交感，能交感而后生育。古今无异人，即古今无异致。考之书籍，《南史》载："张丽华年十岁，后主幸之，有娠。"《辍耕录》载："苏达卿女，年十二，赘浦氏子为婿，明年生一子。"此女子生育之最早者。晋明帝生成帝时年仅十三。北魏献文帝生孝文帝亦年十三。北齐琅玡王俨，年十四而生四男，此男子生育之最早者。要皆天癸早至而能然也。且夫人之形体全赖精血充足，而后可以运动；精血枯竭，轻则痿痹，重则陨亡。凡物之生，先小而后大，先弱而后强，精血亦然。男子二八、女子二七之前，所生精血，有如草木之萌芽，苟不戕伐则日渐强大，虽取用其枝叶，而根本无伤也。若不待其强大，而先损其萌芽，则根本既亏，枝叶自少，枯竭之患可立而待。又考史册：汉昭帝年十二立皇后上官氏，北齐高澄亦年十二而尚冯翊长公主，后周于翼年十一尚平原公主，此皆嫁娶之最早者。然未闻其生育，且不闻更有似此之人。夫富贵之家，何求不遂？乃数千年间，嫁娶之早止此数人传为异事，诚以配合太早，不惟不能生育，且致痿痹殒亡之灾，故相戒而不为，相沿而不易也。

本县莅任斯土六载，于兹闻知，县属妇人每多夭折，大半因产因痨。丈夫续娶有至于五六妻者，而男子之所以瘵丧身，遗妻别嫁，至于再三者亦复不少。于是男之续娶，女之别嫁，年齿不必相当，或二三十岁之伟男而娶十一二岁之稚女，或四五十岁之老妪而嫁二三十岁之壮夫。《周易》虽有老夫得女妻、老妇得士夫之爻，不过虚存此象，与载鬼、履虎诸占，同为寓奇于法而已。今乃于实事见之，不胜为之骇诧。细心体察，则闻男女嫁娶皆在十一二岁之年，若至十五六岁即谓之老男老女。以怪为常，以常为怪。较之古人，男子命冠之岁已作鳏夫，女子及笄之时便为嫠妇，白头偕老，十无二三。既得其情，爰思其理，岂非配合太早，精血枯竭之由哉？夫仁，育义正儒者之学，移风易俗，邑宰之责也。劝之不从，戒之不止，则刑罚加之，政之大端也。文中子曰：“早婚少聘，教人以偷。”县属民情，谨愿奸猾颇稀，独此偷风相习，殆缘儆觉无人合行，出示晓谕为此示，仰合属人等知悉：嗣后男女嫁娶均以十六七为率，年齿必求相当，少长不得太远。倘有不及岁而配合者，比照嫁娶违律论罪；其二三十岁伟男娶十一二岁之女，四五十岁老妪嫁二三十岁之男，从重以不应律论罪。未成婚者，改正离异；已成婚者，责令女家领回，待年再归原夫。如女家贫苦，男家给以钱米。凡有所犯，除治罪外，仍各罚财礼充公。本县专为保全男女寿命起见，有男女然后有夫妇。夫妇为人伦之首，风俗所关，欲正风俗，莫切于此。男女童稚，无所知识，为父母者，俱从夫妇而来，岂于交感生育之度尚有未明？务宜详绎示文，各发深省，互相告诫，力涤旧污。庶几男免鼓盆炊臼之嗟，女无别鹄离鸾之怨。人道之男女，应乎天道之阴阳。男女正而阴阳和，阴阳和而风雨节、年岁丰，岂惟吾民之幸，抑亦本县之幸也。毋违。特示。

（录自王藩《乐山集》卷二）

赵贡生五魁寿序

学校之典，著于有虞；生员之额，设自近代。盖政事非贤才不立，贤才非学校不成，于是有贡举之途、爵禄之等。唐增隋制，取士之科有六，而进士、明经为重。进士试诗赋，明经试经义。厥后，进士虽改用经义，而今之岁贡则仍沿明经之科。诸生食饩于学府四十人，州县递减其十，谓之“廪膳生”，增广之数亦如之，附学之生无额。三年大比，乡试中式外，廪膳生以次克贡。大率府学每岁应贡一人，州三岁二人，县二岁一人。计食饩至克贡之期，迟则三十年，速则二十年。贡之名义取于《尚书·禹贡之篇下》，所谓贡等贤才于漆丝、盐絺、球、琳琅之品，既贡而试于廷，第其高下而授之官，出身与进士相埒。进士由乡试、会试、中式乃得入对，而岁贡直达于廷，其路较捷，予之爵禄也隆，故督励之也严。立制之初，生员必肄业于学，日有课，月有程。食廪七年以上，学无成效者以充吏；六年以下追还所给廪米，黜为民。进士或一时文艺偶为主司所取，而岁贡经二三十年课试，苟非日事于学，必有降黜之虞。世目贡生为明经，名实之间，诚有其不爽者。近制恩施宽大，优恤寒儒，始弛降黜之条。继免廷试之举，廪膳生惟较食饩先后以次充贡，其有恩泽之年，则以应贡之生为恩贡，而次之者为岁贡，并由督抚学政考验，咨部注籍予授儒学官，而候选于家。人见其食饩以后无患于降黜，虽不从学而亦得循资充贡，或遂轻之。不知二三十年中学使案部几三年而两校士，廪膳生必与焉。使平日不学，乌能应试？其视一登春秋榜，即弃所业如敝屣者，固当迥异。予宰武乡七载，县之廪膳生充贡者凡三人，而赵君一元于嘉庆十四年恩例充贡。其始为廪膳生在乾隆五十四年，而入为附学生则在乾隆四十六年，计入学九年而食饩，食饩二十年而充贡，今年六十有二矣。其人才器甚伟，文笔颇豪迈，徒以舌耕自给，不得驰骛名场。恩贡岁贡，有学官之阶，然非部院考验达其名于吏部，则不注于铨选之籍。而赵君窘于赀用，未诣部院投谒，予尝惜之。二月二十九日，值其生辰，戚懿制屏为寿，且祝其早得授官。恩贡于制为儒学教谕，视岁贡之为训导稍崇，而需次则在二三十年间。然观坊刻之《职官》，全书中选授此官者，未尝无人。赵君年逾指使而精力正健，使其名达吏曹，选授此官，岂不胜于黄口白面后生目未睹经书，手未操翰墨，而遽拥皋比司木铎者乎？官即有待，而此日集亲宾，觥斝酬酢，回思应童子试几何年？入学几何年？食饩几何年？且回思何艺见取？而由童子入学何艺见取？而食饩经学使几何试而充贡？既忆得之，为座客述之。座客咸曰："愿君他日为教谕。"而诸生介寿称觞，并举今日之集而告之。是则今日之集，其乐已胜于授官，并为授官之兆也。予闻而嘉之，为《叙》之于屏首。

（录自王藩《乐山集》卷二）

程昆仑别传

尝读郑荔乡《诗钞小传》，不胜挂漏之憾也。《传》凡四卷，国朝诗人已略备矣，而于三晋取泽州陈相国廷敬、蒲州吴征君雯，此外无传焉。百余年来，海内推为“诗伯”，莫如新城王尚书士祯，所谓渔洋先生者也，而渔洋之显，实由相国于召对时荐达之。厥后徵君至京师，渔洋见其诗，目为仙才，诵其句于公卿间，于是徵君之名大噪。然则渔洋固山右二诗人之枢纽矣。顾其时以博学名天下与昆山顾宁人颉颃者，太原阎徵君若璩，而以文章驰誉者武乡程耀州康庄。徵君之诗有《眷西堂集》《秋山红树阁集》《箧中遗稿》，耀州之诗有《自课堂集》，而《诗钞小传》并遗之。予宰武乡，耀州六世孙林宗，出其家藏旧本，得以尽读，然散佚者亦不少矣。集有刊本，而版多残缺，爰即旧本钞而存之，且为之《传》云：

程康庄，字坦如，号昆仑，武乡人。先世仕宦，由进士起家。昆仑少时，与临川陈际泰、东乡艾南英、常熟杨彝齐名，顾不得登甲乙科，由拔贡入太学，未仕而归。顺治中应隐逸征，对策太和殿，选授镇江府通判。秩满，迁安庆府同知，坐前政宿狱不举发，镌级授耀州知州。年六十有五，告归二年卒。

昆仑深于经义，旁贯子史百家之书，诗古文并沉思而入，脱颖而出，复以余力为小词。济南王西樵序其集，谓昆仑“以文章名海内，乃点笔为诗，诗工，倚声为词，词又工，可见其才大而无不宜”。西樵者，渔洋兄士禄，号西樵山人。昆仑为序其《十笏堂诗集》，故交相引重如此。序西樵兄弟《集》外，复序《宋荔裳集》、施愚山《卖船行》。昆仑宦不列显要，而所交游皆当代名流。诗文集成，序之者吴太仓伟业、龚合肥鼎孳、杜黄岗濬，世称太仓梅村先生、合肥芝麓先生、黄岗茶村先生，而昆仑先生之号并著。宜兴陈检讨维崧选《四大家集》，昆仑与焉。四大家者：昆山归有光熙甫、归德侯方域朝宗、南昌王猷定于一，合昆仑而四也。

官镇江时，王渔洋为扬州推官，两人夹江而治，诗筒往来不绝，大江南北倚之为大宗，集中所存赠答诸诗，非阿非泛，盖相得在性情之际焉。顾其时非优游无事也。当海逆熛起之后，枹鼓余息，大狱朋兴，讯鞫故非倅职，而昆仑素以敏决闻。受任于大府，听断无虚日。其地古号润州，山川绮丽，昆仑偕宾客乘小舟破浪游览，啸歌唱酬。金、焦、北固间莫不有诗文之迹。然而所治狱，目览口辩，呼謈之声沸耳，谳牍已具于手。去之安庆日，江南北有绘《昆仑渡江图》鬻于市者，往往得重价。今尚有《为政风流册》藏于其家。

暨佐安庆郡，郡为两江锁钥，江上下四百里，所难在防汛。昆仑已擅鞫狱名，巡抚一以委之，决断如镇江日。而设保甲、清盗源、造快船、利诇刺，巡抚下其式于江南，惟游览之兴少辍。由浮山、天柱之胜，皆在百里外，而所居塘壑卑隘，巷无居人，乃代之以研精坟索，为退食之课，而诗文之作则如曩时。历二官而政事、文章相映发，然犹未上马横槊、下马赋诗也。

迨知耀州，邻郡县贼氛弗靖，境内为震恐。大帅驻师于州，士马往来如织，刍茭供顿，责办于疆吏，既使之饱腾矣。而庆阳贼数万薄城下，设方略、冒矢石，御之于外。比入官廨，则莳花薙草为暇豫状，民心倚之而安。贼时去时来，渠魁毙于城隘之炮，丑徒死者数百人，乃解去，相戒不复犯耀州。拒守几二年，贼尸积于城下，而诗卷盈于箧中，虽祭遵之雅歌投壶，曷以过之？

昆仑之古文、诗、词，诸先生评之详矣，而见遗于郑氏，其书名《诗钞小传》，盖即所见之集而钞之。然四家文集颇行于世，何以不经见邪！昆仑同时人阳曲傅处士山，亦擅诗名，《诗钞小传》之不录，殆与顾炎武宁人皆在夏肄、殷遗之列，而遵史家限断之例。然阎徵君又何不以录邪？傅处士字青主，有子曰眉，字寿髦，能为古赋。祁县戴廷栻枫仲，编《晋四家诗》，青主父子居其二。阎徵君字百诗，号潜邱。有子曰咏，字复申，集名《左汾近稿》。

（录自王藩《乐山集》卷二）

翰林院编修李君墓志铭

嘉庆己未，一、二、三甲进士凡二百二十人，武乡有一焉，李君是也。以二甲第十四名选庶吉士，授编修，未几，被病假归。归五年而卒。卒三年而同年王藩来宰是县。又四年，为志其墓。进士沿唐人故事，恒于释褐礼后，醵金设宴，同榜者毕集，谓之“会同年”，无定地，亦无废举。盖学术同，故科目同；学术出于道，道出于天，其相会也在性命。藉一宴以结平生之欢，联踈逖为舅弟，岂如李绛所云，四海九州岛之人，偶同科第也哉！值是年国恤，罢宴，同榜之人不能会于一日，故多不相识面。其知姓名也，凭登科记其族望也，凭齿录予以需次尚。遥策蹇归，距京师远，不得与诸同年通音问。迨丁卯岁入都谒选，则诸同年或仕于外，或罢归，或殁，二百二十人之官于朝者，仅什之二矣。每相见辄为予道李君之才，且惜其早逝，予闻而悲之。吏部掣签，适得是县。既抵任，访所居曰邵渠村，登其堂，拜其尊属。大母年九十，尚健饭；两尊人固未衰也。就问君之言动器宇，览遗书，想象其生平为悄然者久之。君先世义门人，自世晓公移居十世而生君，少颖特，七岁就傅，书读三过即不忘。十六入邑庠，己亥举于乡，九试礼部未第。乙卯会试发榜被黜，高宗纯皇帝阅进呈试卷，意有所感，命搜遗珠，得二卷，引见其人，并授内阁中书，君其一也。中书例得就试，故复由进士入翰林。其文章既受知高庙而登第，在今上亲政之初，为圣明所属意，宗工大臣咸爱重之，所以奖藉良厚。当是时，诸同年莫不谓旦夕跻显列、建功名、垂不朽者，二百二十人中惟君是望。孰意一阶未转，遽婴疾，辗转以至于不起耶？予览《县志》，稽文献，县人之膺科第显达者不少，而文章著名海内则推程昆仑先生。夫邑有名贤，士民得以宗法。君之遇合如珪璋之特达，不待荐引，非司马相如、扬雄可比，而事业文章未能表见于世。呜呼，岂非邑之不幸哉！君讳端，字凝度，号文轩，一号鉴亭。生于乾隆己卯，卒于嘉庆乙丑，得年四十有七。辛未九月二十五日，葬于西坪原。祖父廷瓒，赠儒林郎；祖母郝氏，封太安人。父培成，国学生，封儒林郎、翰林院编修；母程氏，封太安人。娶周氏，继娶程氏，嗣子昌宗。铭曰：

有才而不遇，人皆惜之；遇而不得展，谁为戹之？

地下辩论官材，斯乃修文郎之宅。

（录自王藩《乐山集》卷二）

附贡生梁君墓志铭

武乡之为县，在万山中，金玉珠贝无所产，商贾舟车不至，民安于畎亩、诵读，无逐末游食、猎取富贵之人，故境内鲜豪宗巨族。其以善人、长者见推里党而号“素封”者，县之东曰韩壁魏氏、上郝梁氏、苏峪李氏。是三氏者，予以核田土、案狱讼诣东乡，尝至其家，见其主人类皆恂恂守礼法，教子孙读书，习举子业。环其宇而居者数十百家，其田庐、衣食有无，莫不赖于主人。问其富，数田、树、畜牧以对，珍奇玩好无有也；问其业，督耕绩、征租、输赋而已，奇技异能无有也；问其致富之由，力稼穑，谨用度，铢积寸累而已，操奇赢、析秋毫之术无有也。始予抵县，见其地皆硗确，且多漳水支流，秋潦泛滥，茫然无畔岸，心颇不怿。既而往来诸乡察之，其民质而不瞢，其俗俭而不猥。其清门望族所为，无奇衺侈荡之习，乃乐之，如白香山之勾留于西湖焉。上郝当东乡之冲，而梁氏居在路侧，予诣是乡或值严冬盛夏，辄就而憩息避寒暑，因得以识梁君。逮君卒将葬，其家请《铭》其墓。

君祖籍洪洞人，明末有明经进士讳鼎者，迁武乡之白家窑，遂为县人。其后廪膳生员讳国祥者迁上郝邨，即君所居也。世以勤俭耕读相传，及君之曾祖讳凤台者，而家日丰炽。祖讳武城，举乡饮宾。考讳天足，例贡生，以孙文光系衔布政司经历，得请貤赠儒林郎。生子三人，长曰田，文光父，受封如文光职；季曰澍，儒学生员。君其仲也，讳雷，字百里，附贡生，举乡饮大宾，为人和厚敦孝友。少从师于晋阳书院，仰志受教，县试童子第一，补生员，游学京师，请业于名公卿，与四方贤士相结纳，为所赏鉴。肄业国子监，应顺天乡试，荐而未中。见其文者，咸惋惜之。父兄继逝，综理家政，始弃科举不事，席先世遗赀而区画愈详整愈恢拓。子弟藏修励于学，仆婢操作协于程。桑柘榆柳、黍稷麻麦茂于野，果蔬毓于园圃；牛马羊豕鸡犬，或牧或饲于薮、于皁、于牢、于簸；粟米溢于廪，衣裳而帛盈于笥；食料充庖厨，宾客集于堂。而为主人者，乃无纨绔酒肉气，无村野气，其平居，早夜董课兴作，不肯自暇逸，不严迫以责人。贫民之环其宇而居者，佃其田，赁其屋，贷其赀，而时其缓急以为出纳。贫不能偿者，蠲之；有求者，靡不应也。予觇其状而叹：夫儒者，以修己治人为学，治人以养民为先。自先王制产之法废，贫富不均，民失其养。汉以来名臣硕士，大者欲复井田古法，小者欲抑富人兼并，而宋叶适进卷则曰："小民无田，假田于富人；得田而无以为耕，借赀于富人；岁时有急，求于富人；游手末作，传食于富人；吏有非时之责无以应上命，取具于富人。然则富人者州县之本，代天子养小民，又供上用，虽厚取赢以自封殖，其勤劳亦略相当。"所论如是，昔但读其文，今乃验之于事。

昔汉晁错说文帝曰："游食之民，未尽归农，民贫则奸邪生。贫生于不足，不足生于不农，不农则不地著，不地著则离乡轻家。"予观武乡之民，无大奸邪，狱谳较他县为少。由于民多地著，贫者不逐末游食，富者能好礼恤贫故耳。使天下之民尽如武乡，而素封之家，尽如梁君，诸氏虽致于三代刑措，何不可之有？君生于乾隆三年三月初四日，卒于嘉庆十六年七月二十二日，享年七十有五，元配李氏，继配萧氏、王氏。子男五：丕光，国子监生；景光，候选按察司照磨；承光，候选守御所千总，嗣于澍；启光，国子监生；星光，业儒。女三：一适丙午科举人王锺俊，一适国子监生白含辉，一适赵昌遴。孙男二：上模，启光出；上德，星光出。孙女三：启光出。君之卒也，诸乡及邻县之人皆为垂涕，以其卒之明年某月某日葬于村南石佛前原。予悯老成之谢也，铭之曰：

先王之制重地著，畯良之本在力田。

金玉无用而易散，商贩盈亏俄变迁。

贻燕翼以不竭之府，建幽宅于不倾之原。

虽历云仍以百世兮，犹得瞻松柏而识曰某祖之行。

（录自王藩《乐山集》卷二）

例授文林郎知荣成县事赵君暨配李孺人合葬墓志铭

程生林宗、赵生昌业，武乡之髦士也。予来官此，二生时以文艺就质。程生为昆仑先生来孙，故有家学，予尝表其考务园之墓矣。

赵生考讳扩，字充之，别号松溪。乙酉举人，辛丑挑选一等，分发山东试用知县，补授荣成。引疾归，归十有七年而卒。先是，予偶为诗歌索和人，程生谓予曰："县有荣成君者，于诗道最深，今已即世。玉川子不及见韩昌黎也。"予闻而惜之。赵生居远无径，不能数至偃室。庚午乡试，予为第四房同考试官，邻房于第一场得一卷，持以见商。予阅而极赞之，趣之荐，果为主司所嘉，拟置第三，索其第二三场，不可得，无如何而摈之。发榜日发弥封，则赵生也。盖第二场将入闱，闻母讣罢归矣。主司房官廉得其故，咸扼腕。予归语县人，皆叹其遇合之蹇。居久之，生持荣成君行状及遗诗丐志其墓。予观其诗，诚如程生言。案其状：非独荣成君县之贤士，乃其配李孺人者，亦贤媛也。孺人幼失怙恃，鞠于祖母杜大孺人，年十五归荣成君，自伤不及事父母，幸得及事舅姑，于是本祖母所教以事父母之道，尽之于舅姑。劝荣成君“笃学，毋负贤父期望”。荣成君之父，贡生，例赠文林郎，讳子晖，好学，多干济才，攖于家累不克竟举子业，故课诸子学最严。李孺人承其意，恒励荣成君。荣成君年十七而娶，二十二而补诸生，明年乡试中式。虽屡踬于会试，而文卷固尝为房官所荐也。君母赵太孺人，贡生公继室也。生男五人、女二人，而君为长。贡生公临座，属以抚弟妹，如未婚嫁勿析箸，君一一遵之。举人先授知县，旧制也。始时三就礼部试，不得贡吏部即予之官。待三试者，举人志在成进士，不甘为风尘吏也。其后官材寖众，举人非三四十年不得选知县，求作教官亦不可得，乃为疏通之法，集群举人而采择之。略仿《唐六典》四事择材，观其体貌，听其口陈履历，而不试书判，于十人中取五六人，以其二为知县，余为教官，谓之“挑选”。知县曰一等，教官曰二等，不与者注知县衔，于吏部之籍而候选于家。挑选既得一等，则于吏部掣签，分发各省试用候补。省即古之州、部、道、路，而以政署之名名之也。掣签者，探筹投钩之类于慎行笔尘。谓明万历间孙丕扬创为之，用以选缺，今并用之。分省签曰直隶则使之直隶，曰山东则使之山东，曰山西则使之山西，余省皆然。既至其省，省之大官试之，以事值有应补之缺，然后计其到省先后之序而补之，故曰“掣签”。分发试用、候补一省之县缺候补者，不独举人一途，而举人则以试用名，恐书生不谙时政也。候补之官，无禄、无廨舍，凡车马服食居处之资，皆自营之。有候至十余年而后得补者，往往辗转称贷，贫窘无聊。而举人皆窭人子，困苦尤甚，轻生陨命者时时有之。君分发山东，李孺人继往见君，侨居省城，具衣冠。出而从公，俨然官也；返旅舍皇皇谋日用，转似失业之游民。瞩于目，厉于心，痛自节省，操作如民家妇。迨补缺，县濒大海，地斥卤，民贫瘠，君政主抚字而不事操切。孺人觇情势，衣食俭约，不改其度。或以为言，孺人曰：“凡物不可太过，太过无益于身，与弃其物何异？弃物以快意，吾不为也。”不好声乐戏事，家人或请演剧，辄曰："是纷纷者，直若狂耳。汝曹观之，独不代为惭耶?"时州县多亏空之弊，善弥补者为贤。君遂谢病，偕孺人还里，授徒自给，年甫四十七耳。君之谢病也，授政于代者而后去。家居十余年，其县官之数易矣，而忽以亏空事连君。古之取于民，有粟米、布缕、力役之征。唐已后为租庸调，为两税，雇役诸制今并而征银。州县官征之，转轮于司，库已征而输不及数，谓之"亏空"。前政之财既竭而去，或以责之后政，谓之"弥补"。后政能弥补之则已，否则综核其由而牵引历政之官。君之归里授徒，与寒士无异。沁州知州刘公察其贤，聘主铜鞮书院。生徒甚盛，学舍为之满。冻馁非所恤，惟试用候补时之逋负追呼日迫，冀得束修赀以偿之。无何，而山东遣吏持檄来召，生徒叹息而散。君携少子昌祚抵山东省城，旅舍烟火略具。济南知府行公雅重其名，夏遗葛，冬遗裘，语人曰："世乌有干没侵渔而贫病如赵君者乎?"事白得归，归而困备，愈不可支，日取典籍自娱。孺人每宽，譬之作苦以佐饔飧，曰："吾所素习也。"有以穷愁著书讽者，君曰："著书所以传后也，著而不传，何如勿著?著而期其传，则将苦思劳神，购秘书、求良友以取材，是欲去其愁，反违其乐也。古人云：'使我有身后名，不如生前一樽酒。'吾快吾意足矣!"有作辄弃去，所存数十篇而已。

尝夜酌，与孺人从容语及身世。孺人曰："生事如此，设有不讳，将何以殓君?"曰："《礼》言'称家有无'。苟无也，虽厚衣以薪何害?"时犹未病也。越数月竟卒。孺人念其语之为谶也，痛不已，后五年亦卒。卒时，长男昌业就试乡闱也。

予于荣成君，始闻其名，继睹其诗，而终不得见其人。尝读《礼学记》注曰："古者仕焉而已者归教于闾里。"《尚书·大传》曰："大夫士七十致仕，退老归其乡里，大夫为父师，士为少师。岁事既毕，余子皆入学。距冬至四十五日始出学，传农事，上老平明坐于右塾，庶老坐于左塾。余子毕出，然后皆归，夕亦如之。"郑氏注谓："上老，父师也。庶老，少师也。”又读《礼·内则》曰：“女子姆教婉娩。”《春秋传》曰：“《静女》之三章，取彤管焉。”《诗·周南》十一篇，《召南》十四篇，言女德者十之九。《邶风》所谓“彤管”，女史记事之赤管笔也。古之时所尚在德，所业在农。男女各以有德者为师，而农隙受学焉。武乡幸无商贾货财之扰，耕织之外无他业，教固可施也。予倘见荣成君，当尊礼之，以教县之弟子，而使妇人女子亦以李孺人为法。程生谓“玉川子不及韩昌黎”，予则憾“庞参不得见任棠”也。

君生于乾隆八年九月十三日，卒于嘉庆十年十一月初八日，享年六十三。孺人生于乾隆十年十一月初九日，卒于嘉庆十五年八月初一日，享年六十有六。某年月日合葬于某原，其族世子孙昌业已志于赵太孺墓，爰为铭曰：

生偕出偕处兮，殁同封同树兮。比翼翔舞兮，似双凫骞举兮。

（录自王藩《乐山集》卷二）

程务园墓表

宜兴陈其年检讨集《四大家文选》，三家有杂文而无诗，独武乡程昆仑诗文并载。昔尝读而爱之，部选知县，适授武乡，访其裔，得诸生程林宗。林宗昆仑之五世孙也，守家学不坠，食饩有年，而屡踬于乡闱，每作诗文，辄持来问可否。久之，述其先德生员务园行状，请表其墓。

予案所述，务园三岁失恃，赖母氏抚以成立，于是笃于孝养。乡俗尚菩萨会，士大夫家颇效之。母念似续，零丁日祷于白衣大士。务园素不佞佛，以母故委曲承顺，营务斋供。值会期，招姻戚女伴设佛事于家，以博母欢。母好周恤施予，而外家多贫，凡其婚姻、丧纪、庆恤诸事，度所费给之。岁时令节，招舅氏亲党宴于庭，女集于闺，又以钱粟、饮食分遗其未来者。沾润之家，咸德母而交赞务园之贤。女弟早字史氏，最为母所钟爱，史氏故，素封及婚期而家中落，母患之而未有言也。务园察知之，亟请曰："儿只此一妹，衣服饮食，当均。"乃厚为妆奁以嫁。家相距百里，岁以肩舆迎归暨送还，按时给薪米，母心乃大慰。先世多显宦，逮务园持门户时已寒素，所受遗产仅山田数十亩，计终岁租粟裁数十石。而母氏事佛、恤亲族之用，随心所欲，无告匮之语。平日节啬经纪，自奉俭薄，积以供母。而女弟妆奁，则倾家藏珍玩鬻之为赀，期以遂母爱怜少女之心也。有兄继伯父后久析爨，务园既娶，家政无大小仍听兄裁决，不敢稍违忤，见之必伛偻磬折，终身如一日。母心善之，尝抱孙及曾孙，顾务园曰："吾不幸早孀，守汝兄弟，延程氏两支。赖白衣大士慈悲赐佑，晚年得见曾孙，非汝竭力治办，曷克丞吾敬奉之志乎？"母每食，务园必进甘旨，率妇孺男女执匙箸侍立，奴婢列阶下。乡里传之，以为事父母者法。兄葬所后母，母见其棺椁美，谓务园曰："儿他日葬我能如是乎？"务园泣，诺之。邑多童山，少巨材，求之久，始得嘉树如所指。母卒，葬有期矣，而雨昼夜不绝，相地者以为"苟逾所择日，葬将有殃"，冒雨从事。时务园已委顿不支，流涕曰："雨不克葬，《经》有明文。何忍委吾母体魄于沟壑，有殃吾当受之。"及期，雨忽止，葬讫复雨，人以为孝忱所感云。少从魏更夫游传关闽之学，讲求宋儒性理及《大学》，衍义承家学。治《毛诗》，为文遵隆万桀，试辄不利。或劝援例入国学，不从，后竟补诸生。好亲近贤士大夫而鄙武生监生，故群小多衔之。尝为健讼之监生诬以殴落齿讼于学。学官索赂，不许闻于县。监生百计陷之，援其党为证，度百口莫辩。会知县许君廉，得其枉，将论监生诬告律。务园以为"殴落人齿，岂儒生所宜为？苟实，即不见罪而罪名已具，故不得不辨；既不实，吾已无罪名，何为致罪于彼？"遂不诘讼，而转为求免。许君以雅量超群，奖之。晚年悫士习日颓，不屑与居，常独游名山胜地，或与田夫野老谈谐遣兴。训其子曰："《论语》中'硁硁然小人'与《孟子》所言'乡党自好'，能如是即今世真儒。"又曰："宁方勿圆，宁拙勿巧，宁朴勿华，吾恒兢兢于是，愿汝曹守之。”被疾将殆，戒子孙游惰，“田宅可析而不可鬻，毋作商贾牟利病民”，年六十而终。讳本立，字道生，号曰务园。世系宗族、生卒年月、葬地日，具长男大宗所为墓志，所述大略如此。予览之而有取务园之为人，夫敦伦向学，闻者固应贤之矣。若夫禁鬻田宅、为商贾游惰，及鄙武生、监生诸言行，有合于仁人之用心，世或未之察也。吾儒所学惟仁，极仁之量曰“天下归仁”，求仁之方曰“己欲立而立人，己欲达而达人”。然则人之处世推己以及人，上也；不能利人亦不损人，次也；损人以利己，不仁之徒也。先王制地居民俊秀者升为士，余则耕而食、织而衣，农隙制器，日中交易，即工商也。登龙断而罔市利，谓之贱丈夫。盖所衣、所食、所用，取具于力所自致，而无损于人，不仁之路塞，然后可复其所性之仁。管仲治齐，欲求速效，判民为四，商贾始别于农工。夫子称其仁，复讥其器小，谓其不能塞不仁之路，彼虽仁民而民末由兴仁也。先王所重，莫如生财；所恶莫如耗材。财者谷粟、布帛、器具、牲畜，惟农与工生之，为日用所不可无，而非银与钱之谓也。银出于坑，非可擅采；钱出于冶，非可擅铸。商贾挟此力，不能致之物，攘夺农工所生之财，以取富贵，期势足以使人舍生财之道，以相角逐为游惰，而财之生也日寡。愚者反以生财之名奉之。呜呼！其亦不思而已矣。武生备干城之选，古者出师受戒于学，而晋文公之谋元帅也曰：说礼乐而敦诗书，制附武生于儒学之官，取义精矣。假使目不知书而肆行无忌，既不能事其父兄长上，安望其执干戈以卫社稷哉？士由乡而升于国监生者，为其肄业于国子监而名之，非为其有银百两也。武生试取有数，而监生无数，输银百两即可为之。小县且多至六七百人官府之役，如乡正、里胥之属各有定额，终岁乃更。监生既不传而役额不能为减额，减则事废也；不减而敷之于乡里平民。故监生最多之乡里，其平民直役之期倍速。役于官府，无异役于监生。人羡其荣且逸也，争欲为之。而地不产银，各逞诈力，规取世人之银。政事为其所挠，风俗为其所坏，皆由于损人以利己也。夫损人利己，仁人之所恶也。予是以有取于务园之为人也。既取之，故乐为表之。

（录自王藩《乐山集》卷二）

程林宗　（1773—1852）

字泰卿，一字介山，武乡城内（今故县）人。嘉庆十八年癸酉（1813）拔贡，候铨直隶州州判，任鞞山书院主讲。著有《惊邻诗草》《史记文津》《左传琼林》《孟子醒批》《昆仑年谱》《司空家乘》《介山文编》，合曰《麟趾堂集》。

重修洞门鼓楼记①

洞门，官署大门也。鼓楼，谯楼也。县署在中台街，基与城齐，楼踞洞门之上，高出雉堞而山川拱秀，为署内第一巨观。历年既久，石泐金寒，将有栋折榱崩之惧。道光乙巳，邑侯刘公欲新建之，适有军需余赀，又命乡约劝捐，兴工于春季，告成于中秋。凡费缗钱若干，门与楼乃焕然一新也。公于是进林宗，而命之曰："子其为我记之。"林宗复于公曰："公知夫前代名卿多有造作乎？在昔王恭居润州，万岁楼至今存焉；滕子京守洞庭，岳阳楼建焉；他如滁州之丰乐亭、广陵之平山堂，皆欧阳子所监制；名贤风流，照耀千古，艳称顾临眺胜境，特寄情山水耳。孰与公成此巨役为出政号令之地乎？且是楼又何逊于古所云也。公试登楼而望，每当春风澹荡，桃柳垂妍，夏则漳水奔流，惊涛拍岸；至红叶满岩，层冰如镜，四时之景，满楼皆贮。我公藉以挥弦布化，盖无俟戴月披星而颂声起矣。诚以公冰壶玉注，壁有悬鱼，又仁心为质。频年奉文令民捐助，悉以贫瘠。原之，公虽不言，吾民久庇大厦矣夫。是以鼓舞欢欣，乐与我公成此役也。公之造作，可谓不愧于古人矣。不唯此也，公报最指日不获，卧辙以留，而后来之召父杜母登斯楼也，其亦有所思乎？见郭外川原嵚崎，则思公之操

① 标题为编者所加。

履高洁焉；人民络绎不绝，则思公之网开三面焉；松柏苍翠，桃李成蹊，则思公之俯听父老、培养子弟焉。思之思之，不且继公而茂绩乎？信如是也，斯楼之建，岂特钟漏闻于四野，善政悬诸门厅也哉！行将衍公业于无穷，而吾邑人之被泽孔长也。公其以是言为然乎？请勒诸石而俟之。”

（录自清光绪《武乡县续志·公署》）

重修武乡城记①

武乡城，顺治以来时加补葺，而置薪不慎，石泐有时，敌楼栋折，雉堞仅存，其为敝城百年于兹矣。戊子秋，岳公捐捧兴工，择得绅士二十四人，量材执事，设局纠工，钱赀出入，不假书胥，绅士登计而官课其程。维时士矢忆心，资斧自备，储材平价，用力估值，官与绅士、工匠时错处于畚锸间也。明年，东城、北城成。又明年，西、南次第告成。洞门广敞，楼阁丹垩，直新城矣。公乃率士民登而乐之。将谋勒石，会公报最，调繁汾阳，乃命林宗作文记事。

林宗复于公曰：“事之废兴，岂不重赖人力哉！在昔宣王命南仲往城，朔方命尹吉甫城彼东方，江汉常武所为，颂中兴也。国家横一海宇，守在四夷，王介甫所谓联无形之城郭于伦常之内，而复鸠工于有象之设险。凡天下名城，每岁大府委吏巡视，而郡县官亦奏案报修，兢兢不倦。武乡非通都大邑，山城孤立于楬戾之西，鞞山北峙，漳水南流，不虞之备，似可缓图。公乃不费帑项，不闻怨言，如宋城者之有诅有祝。城成周者，且缓以来年焉。谓非大得民心，而能令百年之废一旦众志成之如此乎？武乡之城，非公之力而谁之力哉？”是役也，西城楼旧祀财神，令商贾家独修；公贮社仓钱千串有零，今亦公用焉。计人工八万有奇，用钱万缗千串有奇。

① 标题为编者所加。本文写于道光八年（1828）春。

刻石之日，爰即复公之言，颂公德焉。

（录自清光绪《武乡县续志·城池》）

续修东城上井一段工记①

城工竣于道光十一年，已刻石勒成矣。十二年九月初，塌毁东城上井一段，长十五丈，高四丈，宽二三丈有差，盖因秋雨连月，壅水冲决。又井有旁注余水之小井，日夕浸灌，是以老胎坏而新基决裂，并非新垣之不戒于杵也。维时经理二十四人散局归家，公中所醵之金，工毕而财已无余矣。邑侯丁明府因再请，别议修葺，而苦无经费，二十四人公同商酌，即于经理名下各照前捐之数，每钱一千，续捐钱四百，合得钱三百余千。十三年春，仍照前班立局开工，村中来城者裹粮从事，不耗公项。六月告竣，勒石以垂永远，非敢自鸣其劳也，庶以劝后来之固。吾圉者二十四家姓氏：县丞魏牧、附贡陈嘉谋、例贡范士鳌、原生魏德麟、进士魏凤书、举人郝廷栋、举人魏悬书、拔贡程林宗、武举郝向北、千总梁承光、千总郝起凤、千总蒋对扬、生员苏安邦、生员程里千、生员李通、岁贡魏锡五、廪生郝金琦、武生武秉珪、监生韩恒昌、监生郝经元、监生赵五云、监生魏仁泰、监生张立诚、从九魏起发。

（录自清光绪《武乡县续志·城池》）

重修城隍庙记

邑西关旧有城隍神庙一区，栋宇峥嵘，规模宏壮，予为儿时所习见者也。岁久倾圮，都人士议修者久之。先是，官兵过境，令民输金供顿，已而得羡金四百，众欲借以兴工，会权县者难之，几中止。赖郝君钟奇得卒

① 本文写于道光十三年（1833）春。

成之，不足则请于官，而令乡约里长公募集事，凡前后得金八百，为工若干，阅五、六年而庙貌乃新。工既竣，属记于予。

夫吾邑之事，城隍也。春祈则祭，秋报则祭，岁旱涝有祷则又祭。而其大者乃在五月之吉，谓神之诞辰，每岁逢祭之日，酒牢牲醴必丰必洁，稍有懈怠，神必示以显赫，甚且因之为祟。其余小民拜祷则朝夕骏奔，而县令之案牍有涉疑似者，亦往往移牒于庙，冀凭之以鉴其曲直。于是群以神为冥府果报之司，有类阎罗判官之掌，而忘其所自。予则以为此皆杂于浮屠之说，而未悉夫祀典之义也。尝读《冬夜笺记》，谓城隍之名见于《易》，所谓“城复于隍”也。又引《礼记》：“大蜡八水，庸居其七，水则隍也，庸则城也。”以为祀城隍之始，固已而未竟称之为城隍也。及考《北史》慕容俨镇郢城时，梁以舟师至城外，俨祷于城隍神。须臾风涛大作，遂破梁师，以为神助。是城隍之祀，盖始于六朝云。唐则李阳冰、张曲江、杜收之各有庙记及祭文，陆放翁所谓唐、宋以来郡县皆祭城隍是也。明初称号不一，曰帝，曰王，曰公，曰侯，因地而异。国朝则概去封号，但称城隍之神，此历代祀典之原，亦即城隍神之所以见重于世也。

若夫感应之说，古亦有之。《夷坚志》言殿前某纲，马济江以不祭城隍而马死过半；又言其通判之子病祟，延巫治之，俄而金紫伟人至，巫以为城隍神。是时城隍之祀与今制略相同矣，而不闻其为浮屠之说也。或又谓生人之正直者，死而为是神，此亦有说。《宋史》载苏缄尽节邕州后，交人入寇，见大兵至，呼曰：“苏城隍来矣。”又范旺守城死邑，人为像如城隍神以祭之。而吴澄亦谓江右以汉灌婴配食。由此观之，人未始不可为神，要即古之乡先生没而祭于社之义，非阴曹黜陟果类于阳世之升迁，如旧说云云也。然则神之祀典之义，略可识矣。宋张南轩之论曰“祀城隍，即祀社也”，其意谓古之为祀者，不过天神、地祇、人鬼而已。窃以为社既有专司，城隍亦不可虚附天下，一事一物，莫不各有神以主宰其间。矧金城汤池为官民共集之区，顾可无神以临之乎？然而其为神也，较祀社为益显，即谓地为祇之一也可。邑侯王乐山先生尝本南轩之说，题联于庙柱，予更推其意而论著之。

（录自清光绪《武乡县续志·祠庙》）

重修文庙记

国家以文教化成天下，二百年来郡县皆立学校。即莫不恭建先师学宫，俾多士莫献其间，于以雍容俎豆，阐发道德，诚盛典也。宋儒有言学也者，学为圣人也。韩子曰：道德之归也有日矣，况其外之文乎？何以世之学者不体盛世作育人材之义？兢兢焉惟具文是从，虽掇科名列显宦，询以圣贤之道而茫然，不过糟粕经史、剽窃绪论，以为名场进身，洵如是也。学校之设，适同终南捷径耳，曾何济于吁谟定命远猷辰告以驯致乎？贤关圣域也哉！吾邑学宫在鞞山之冈，规模壮丽，文明之象照临一邑。自乾隆甲午前令张公重建，七十余年惟正殿补葺完备，其余内外，日就倾圮。明府刘公下车以来，即廑维新。甲辰之秋，始同广文率领绅士决志鼎新，越今年乙巳告成。工既竣，乃命治下程林宗为文记之。林宗衔命巡视庙中，见有创建者：伐石起台，撤旧换新，自正殿台升至宰牲所，皆如之。有拚上盖而并补修前面者，此类甚伙。东西庑大成门、棂星门、东西坊、云路坊，榱题吻兽，一望生新。而殿后之名宦、乡贤、忠孝诸祠，实异地同功焉。至斋房、照壁、圆门、殿后水道、前后宫墙、角门，宜高宜下，宜直宜曲，宜通渠而利步，靡不筑之削之疏之，整齐而画一也。丕休哉！鸟革翚飞足以妥钟竿壮观瞻矣。吾因之有感焉。

夫以数十年上雨旁风，一旦举而新之，有为者亦若是焉已矣。圣贤之教人也，不过涤其旧染之污，以复其本然之善，况以人治人之道，尤非土木之取于在外乎？惟愿都人士澡身浴德，从此自新，以圣贤为可学而至，不惟无负明府经营之心，于以上酬熙朝，棫朴薪槱俾出而图君，足以化民成俗，岂不懿哉！《春秋传》曰："学殖也，不殖将落。"张南轩曰：学以复其性也，亶其然乎？太史公曰：诗有之高山仰止，景行行止，虽不能至，然心向往之。於戏尽之矣。光绪三年，教谕钮增垚恭勘前后殿、两庑，名宦、乡贤祠，砖瓦动摇，忠孝祠尤将倾圮，商同绅士张惟寅、范名晋、郝建忠等积赀重加修治。又庙西墙外魏姓俗呼蜂儿窝者，年久破败，紧邻庙墙，堆聚灰土瓦石，高与墙等，屋宇损伤、儿童任意登眺之所致也。兼之枣林从杂，根攒入庙，砌石掀翻。乃议墙外挑壕，宽深皆五尺余，墙根出而地基顺，由照壁南引而东注，流潦畅行。后值魏姓售其基址，约可拓地十亩，并明伦堂、照壁南地三亩，均用价买入庙。从此庙之四围，统归庙业，垣塘现固，永免他患矣。

（录自清光绪《武乡县续志·学官》）

《史记文津》序

童时受《毛诗》《尚书》，抽案头书窃窥之，不能句读，辄爱"太史公曰"四字，尚未知为《史记》也。长而读其书，尽其卷数，而义蕴则宏博难明，涉猎群册，终以为不及此书。私心窃计，何时得谢八股业，专肄于此，以毕平生之愿。频年不得志于名场，乃反复是编，久之似有得，不自知其是与否也。及涉笔为文，心与手应，视向之埋首八股中迥不侔矣，然后知古书之益人神智。而穷年矻矻，笃好之情出于天性，非迫于名利而然也。今老矣，向所披阅，尽付流水，独此耿耿予怀，爰命子弟抄而存之，俾之藏诸家塾，便于诵读已耳。全书俱在，聪明子弟他日或可望其包括，而此心耿耿，要已有托也。凡所抄录，略辑其篇兼节其段，详加评点，冀豁心目，总若干题，号曰《史记文津》，非敢谓已获其义，第论其文而已，亦非谓遽得其文，庶以为文津云尔。

（录自民国《武乡新志·丛考》）

敬哉诗集小传①

敬哉父扩，由孝廉任荣成令，为人诗酒风流，不崇势利。敬哉少娴吟咏，长而博涉群书，克嗣家学。弱冠补诸生，食廪饩。王乐山先生之宰武乡也，以斯文号召后学，四方博雅之士多归之，余时首蒙奖饰，尝以敬哉荐诸讲席。嘉庆庚午，先生分校晋闱，有邻房持卷来商先生，怂恿荐之，果为主司击节，拟中第三。已而二场无卷，卒屏之。榜发启封，即敬哉卷也。盖以二场后闻讣归矣。先生惋惜之，至是深契焉。

敬哉久蹶棘闱，益肆力于声歌，与余聚首时，浊酒半壶，阔论古今，有韵之文上下千载，几不知人世间何事足挂齿颊。余聆其丰采，未尝不悲其不遇也。大抵敬哉之学，以《文选》为门径，诗初学西崑体，艳丽出以蕴藉，亦时时染指于温飞卿、韩冬郎。既见《剑南集》，裁对工雅，有独出冠时想，而敬哉之诗亦于是乎成矣。文则六朝排偶中高置一座，晚爱陆宣公奏议，圆畅流走，直能呼之欲出。尝谓人曰："文以凝炼，设色为工，粗疏浅陋，果有当于古人否耶？"以此自励，亦以此教人云。家綦贫，舌耕谋生，终其身如一日。道光甲申，例得贡于廷，而时逢加恩，以岁贡为恩贡生。卒年五十八。有诗八百首，无卷数名号，未成帙也。其成卷者曰《潜居琐记》《课余草》，凡数种。

（录自清光绪《武乡县志·文苑》）

陈 默

字一斋。生卒年不详。武乡泉之头人。道光十四年甲午（1834）岁贡。赠朝议大夫，布政司理问加四级。

---

① 标题为编者加。赵昌业，字敬哉，一字肆园。武乡人。

公举孝廉方正呈词

窃惟令德乎于闾里，凡生值其时者，胥知翕尔而交推，硕望重于乡邦；凡居邻其侧者，靡不肃然而起敬，盖舆论出诸众口，非附和而随声，由直道自有公心，岂比私而阿党？此在上所以有旌别之权，而在下所以有阐扬之愿也。伏见本县附生范士熊幼勤学业，长列胶庠，夙守楷模，重规叠矩，动安礼法，尺步绳趋。早离严父，风木之痛时深；既乐贤兄，棣萼之怀弥笃。生则怡怡保爱，衣惟恐薄，食惟恐饥；殁则絜絜哀歌，意皆成诗，句皆成泪。惟能孝而致为克恭斯善，推而施于有政，居家大概，具见于兹。型世善端，曷胜悉举？事非我属，纤悉无言；物非己赀，丝毫不取。族人之贫窘者必为询以缓急，赒其困穷；邻里有忿争者恒相谕以朴诚，开其鄙塞。无訾议流俗之失，无干求官长之私。助修美富宫墙经营妥协，倡建节烈祠宇延访殷勤。时而城市溷迹，暇则山水娱情。偶探胜迹，文人把臂以相邀；恰值良辰，胜友倾心而共待。屐齿所到，铅椠频操，吟哦其结习，每搜罗著作以汇刊。音韵其素娴，常接引朋侪而联社，斯尽诗书之泽，罔非道德之华。信乎士君子之身为坊为表，允矣乡先生之范可法可传。某等居叨桑梓之近，感怀者无间睽违，谊忝瓜葛之亲，倾慕者非伊朝夕。谨呈。

（录自清光绪《武乡县续志·艺文》）

李重华

字伯香，号素园。生卒年不详。武乡玉品人。道光十九年己亥（1839）举人，二十五年乙巳（1845）恩科进士，任直隶新城县知县。卒年五十一岁。

重修净尘庵记

眼、耳、鼻、舌、身、意，六根界也；色、声、香、味、触、法，六尘界也。六尘净则六根净，外缘不染，内念不萌，此殆浮屠氏名净尘之旨也欤？而非吾之所谓尘也，则非吾之所以净也。履趾蹴蹀，轮蹄蹂轧，十步之内，非烟非雾，翳白日而昏青云。仕宦驰骤之邑，商贾辐辏之市，远而往之，烝烝然，暧暧然，不风而埃，莫辨庐里。须臾之间，白者易缁，而冲剧之途车骑络绎，行侣如蚁，抵舍相视，殆抟土为人而刻官窍也者，此则尘纲恢恢、渔猎众生者矣。善乎！老子之言曰：至治之极，邻国相望，鸡犬之声相闻，民各甘其食，美其服，安其俗，乐其业，老死不相往来。其谣曰：载以清净，民以安一。屺非群动，既息坱坲。不兴之验哉！浮屠别业之在南关者曰净尘庵，其地南通江汉，北抵沙塞，晋人贾于南，南人之商宦于晋者，率以是为通衢，策蹇担负，日相属于道。清泉白石沦于尘氛，而庵适当其冲，创始者其有意乎？其无意乎？杨枝甘露，遍滴熏心，相竞相耀之气平而涂之，人可归而室矣。庵之作始自无稽，乾隆间曾毁于火，住持僧澄琅重建，太史李公为记。近复圮于水，其徒曾孙性慧募而重修之，而乞记于予。夫予尘中人也，行将服官就道，插脚十丈软红，以博升斗。其于尘也，其从而扬之乎？抑求所以净者乎？

（录自清光绪《武乡县续志·文苑》）

籍文学 (1813—1886)

字鲁风，号瀛馆，晚年号迂叟，武乡松庄人。道光二十四年甲辰（1844）科举人，壬戌大挑一等，签掣浙江，加知州衔，后任太原教谕，太谷县训导，汾阳府教授，卒年七十有三。著有《浙水纪事》。

续修《武乡县志》叙

志与史相表里，而史皆采择于志，志固史之基也。武乡有志，创始于前明万历，入国朝来，邑令台辰李公、中含高公、秀千白公并踵修之。白公之修在乾隆庚戌，迄今几九十年，其宜续而修之也久矣。顾修之难也，无其时则不可修，无其人则不能修，即幸有其时与人，而或铺张扬厉，骋藻绘之虚词，无经济之实用，揆诸国计民生，毫无补益，则虽可修能修而亦不必汲汲于修。丙子秋，浙东书年吴侯来宰武，甫下车，革故鼎新，百废俱举，龙以振兴文教为己任。无如丑寅两年，连遭大祲，乳哺灾黎，家至户省，恒促促无暇晷。维时恩诏赈济，凡官府往复文移写惨目伤心之状，出滴泪迸血之言，其擘画周详，纤微毕至，洵有足为后世法者。又况此八九十年中，疆域山川固无少变，而户口之盛衰、物产之盈虚、兵刑钱谷之纷烦错杂，与夫职官科名、忠孝义烈各有其人，皆一邑文献所关，乌可漫无纪载、听其湮没而不传哉？今秋颇称小稔，民始有更生，望爵托宪曾公拟修《通志》，檄下各属州县，纂辑志乘以备考。侯乃开局书院，延广文钮松斋师主其事，并招集邑中绅士采访旧闻，收罗实迹，义例一本前人，去取悉凭公论。复不耻下问，每一门成，必走伻阳邑，再三商榷，文遂亦与参末议焉。刻将竣，谓高、白两《志》供有邑前辈叙载卷首，因命亦仿为之。文迂疏寡学，愧无以应。第亲逢盛事，既幸数十年废坠之绪，一旦得观厥成，又可使后之览者知有备无患，未雨绸缪，于以家给人足，群享乐利，无疆之休也，岂不懿欤？爰不揣简陋，略记其缘起如此。

大清光绪五年岁次己卯仲冬中浣之吉知州衔太谷县训导甲辰科举人邑人籍文学谨识

（录自清光绪《武乡县续志·卷首》）

赵纯仁　（生卒年不详）

字静山，号卧云子，武乡五里坡人。咸丰八年（1858）贡生。候铨直隶州州判。

县衙石坡开塞说

衙前石坡，小小修筑耳，无足说，亦无可说也。然二百十余年间，开塞者再，其所以再开再塞者，必自有说。而卧云子固亲与再开之役，而目睹再塞之事者也，是又乌能无说？

考前明嘉靖三十一年县令赵卿移县署于今治，初开此道。阅百二十三年，为国朝乾隆三十二年县令沈公士潮塞之。又阅九十四年，为同治三年，前署令方公登贤再开，甫四稔而今邑侯唐公思鋐再塞之。初开者不言其故，初塞者邑《志》虽谓其用堪舆言，而亦不载其言为何言也。至于再开之故，则谓县治前宜通明洞达，主官民两利，人文可蔚起也。再塞之故，则因前令连镌职以去而疑后任之不吉也。再塞后之吉凶，吾不能知。

尝就初开时官民数之，县令入名宦者二十二人，邑人登乡科者四十八人，内成进士者十七人，京官至尚书、外官至令丞，比肩林立，吾邑功名于斯为盛。又就初塞后官民数之，县令入名宦者仅二人，邑人登乡科者仅二十余人，出仕者寥寥无几。前何其盛后何其衰？谓是而无与风水，则已是而有与风水也。则此道之通塞，其所系岂浅鲜哉？

或曰：今之塞第仍旧惯而已，夫塞为旧惯，而开亦为旧惯，仍旧惯而塞，何不仍旧惯而开？且与其塞以俟其盛，何若开以俟其盛之为愈乎？或又曰：使开之为是，而开者未尝终吉，开之后两任连絓弹章，其不利不有明征乎？而何怪塞之者之借口也。然则塞之为是而塞者尤复不利，抑又何也？夫天道远而难测，人事近而可稽，不详审于人为而徒乞灵于天数，不亦惑乎？噫嘻！处不当言之地值，不敢言之时默，无一言可矣。第是役之兴，鸠工庀材颇费周章，不旋踵而鞠为茂草，乡之人群以为笑，而卧云子亦无说以自解也。因不惮狂瞽，聊以备刍荛之一说云尔。

（录自清光绪《武乡县续志·公署》）

吴　匡　（1848—1911）

字书年，浙江乌程（今吴兴）人。监生，光绪二年（1876）任武乡县知县，四年（1878）调补介休县知县，后任山西政司使。监修《武乡县续志》。

《武乡县续志》序

武处瘠区，在晋为鄙，而其山川奇特，间产英豪。石赵出而人称杰，昭泽封而人且神，姑勿论已。洎乎明季，冠裳林立。国初，诸老接踵而起，争以德行文章相砥砺，其时之处为硕士而出奏伟绩者尤不乏人，按籍而稽亦云盛矣。今虽稍不逮前，而扶与清淑之气都极，必发培植而振兴之，安在古今人不相及耶？光绪丙子，余始到官，适值连年大祲，颗粒不登，成尧世洪荒之象。时廑周室云汉之忧，自渐薄福，累及斯民。仰蒙大中丞曾公悯念通省奇灾，飞章入告，叠沛恩施，如救焚拯溺之弗遑，无微不至，有加无已。于以消沴戾而召祥和。嗟兹孑遗，何幸得此。今岁民困少苏，旋奉札谕筹及饥馑之余，百事废弛，亟宜续修邑乘，以存旧章，洵善后之要务也。第以吏事繁猥，浅见寡闻，不克希踪曩哲。因但就前《志》所讫，凡八十余年，事迹有可稽考者，延访耆旧，纂辑成编。体例悉准前规条款，略增新事。余亦于公暇时参互商酌，五阅月而蒇事。其中“灾赈”一门，案牍具在，详列无遗，欲览者触目警心。知身家性命之保全必赖人事，从此湔涤疮痍，复回元气，俾士食旧德，农服先畴。上有以纾圣朝子惠之怀，下有以副大宪抚绥之意，拳拳此心，何日敢忘？则夫斯编也纯疵参半，贻诮大方，知所不免而域于方隅，迫于时日，姑为守先待后之计，无暇于文字讲求，此则可共谅者也。至若明教化、移风俗，经正而民兴，必有能胜其任者，《语》云："如其礼乐，以俟君子。"余窃有厚望焉。

大清光绪五年岁次己卯嘉平上浣知武乡县事乌程吴匡识于县署之旷然楼

（录自清光绪《武乡县续志·卷首》）

钮增垚

字松斋。生卒年不详。山西寿阳人。壬子（1852）举人，敕授修职郎、例授文林郎，咸丰十年（1860）任武乡教谕，后升泽州教谕。纂修《武乡县续志》。

《武乡县续志》尾言

《武乡县志》讫于乾隆五十五年，越今八十余载矣。其间事远，久将就湮，老成既渐凋谢，后辈习举业、骛名场，又鲜暇晷以是间，尝议修而因循不果。光绪五年，奉曾大中丞劄，依前《志》为《续编》，体例素具而采辑尚匪难也。长官吴大令捧檄来商，钮增垚曰："古言三长作史，邑乘非史比，而实史之发源也。今不必别具炉锤，偏隅僻壤，文献无多，及时犹可搜讨，随类凑补，集腋成裘，或者亦可乎？"大令曰："唯唯。"乃聘邑绅李孝廉诸君总纂分修而兼采访，又延英年工书者若而人左右之为缮稿，每一门具，走伻太谷，就正邑孝廉籍广文裁定，旋付手民。此《续志》之书所以曰无几而成，颇速也。恭考《四库全书目录》，郡邑志以宋范成大《吴郡志》、明康海《武功志》为得法，而韩邦靖《朝邑志》尤推绝作，其简括不易几也，而详核犹可企也。窃计廿载以来，官常民事，守撤循途，一切由旧。其仅有兴作，如补葺学宫、教习乐章、创建考舍、劝募书院经费、申报节孝、重修祠宇诸事，官所会商，绅所经理，近在目前，如斯而已。惟夫灾赈一节，为从来未有之道，实我大中丞全副精神所寄，谨于灾祥门内特标四目。案牍具在，各列详书，使百世下刻骨铭肌，感怀勿替。盛德至善，固民之所不能忘也。其余各门，凡数十年流传未坠者，按次采入，略足成编，留遗迹于既往，衍余结于将来，虽伤烦琐，所弗计也。剞劂告竣，缀言于尾，聊以记其末。书中有无乖舛踳驳，听诸方家之公论，即请以是质之。

光绪五年己卯嘉平上浣武乡县教谕钮增垚识于学廨之独冷山房

（录自清光绪《武乡县续志·卷末》）

龙天护法碑文

"祷雨感应碑"记，光绪丙子，皇帝嗣统之二年，武乡合邑旱极恒旸，麦陇已焦，禾塍未垦，山泽之祈求几遍，官民之呼吁无灵，何期罄此愚忱，竟获感兹神契。适沁郡龙珠寺方丈晴峰大师飞锡来临，渡林至止，恳请代祷。顿发慈悲，谨卜南山佛殿建坛，讼经七日，以孟夏二十四起场。于是夜子刻取水，手钵方到，心香甫然，仰云叶之浓，倏雨花之飞，至竟日密霏琼液，周围普被灵膏。纪其异到，呼吸立通，拟其捷则影响犹滞。呜呼神哉！敬维大师定慧精深，参乘微妙，既博通乎三昧，乃施法于十方。兹于五月初吉功德圆满，群僚绅庶，感仰同声，各尽瓣香，争先解橐，非敢住布施于色相，亦聊当供养之香华云尔。

跋：吾山中晴峰大师，道名素著，主席多年。今夏乃于武邑祷雨，显是灵异，官绅重之。又于闰五月朔往伏牛山取水，期以五日，而大雨亦至。回思今春道场，万善归依，大师实有和合天人之妙，佥谓如来现世矣。吾里盛德王夫子经理此山数十载，秉性端直，不妄毁誉，见大师之感应如是，深羡无已，特勒石以志之，且命余序其事于碑末云。

（录自民国《武乡新志·金石考》）

王先畴

字寿田。生卒年不详。武乡长乐人。拔贡王梦聘之子，以冠军入胶庠，咸丰十一年辛酉（1861）拔贡。著述颇富，散佚殆尽，仅存《四景吟》等数首诗。

文昌阁重修记

县治之移于南亭川也自后魏始。其地北枕鞞山，南阻漳水，维时建县治于山巅，建学官于山麓。有明嘉靖间，始两易其址如今所，而文昌一阁，实踞山腹而扼其中，建庙三楹，南祀文昌，北祀奎星。下穿洞口，以通学宫，颜曰“龙门”。登阁凭眺，则万家之烟火，四山之风雨，两岸之田畴，俱可玩诸几席。其东南一峰，林莽苍群，尤觉秀色可餐。漳水蜿蜒自西而东，晴则以一线澄波，天光荡影；阴则烟雨迷离，万象恍惚。但闻园丁牧竖往来招呼于沙汀岸芷间，如展龙眠画，淡而不厌。又如登太华峰，思呼阊阖而诵佳句，回瞰山顶，乔松盘拏云表，直欲化龙飞去，高高下下，景随时易，实城中之巨观也。其创始年月，迄无碑碣。国朝康熙九年，邑令吴公月英嫌展拜地狭，拓筑其址而增高焉。添设享亭三间，阁前数武建坊，曰“文明”，其旁有轩，其南有楼，今楼与轩皆废，惟图及坊仍旧制。吴公者后易名齐漳，云自是虽有修葺，率依成宪，如斯者二百年矣。客冬方侯、郭侯相继来宰，二公咸精形家言，慨文运之不兴，谓地方少通显，实亦是阁峻极当上游而压胜也。议撤文明坊，下阁半基而聿新之。谋之邑绅，咸曰：“诺！”于是以次年某月兴工，某月告成。是役也，自洞以上减于旧础者不及一丈，纵横如旧，阁左女墙下与之齐，上栋旁宇，维新是图，丹垩藻绘，倍益壮丽。经费皆取给于建考棚所赀羡，约数百缗有奇。工既讫，乃征言于畴谋，勒石以纪其事。余维邑解处万山中，地瘠风俭，商贾不通，士之抱铅椠勤简蠹者恒，博一第维艰甚，且穷年矻矻，终其身不得列名乡校，盖平时不获名师宿儒之指授，当路又少推襟送抱之雅素。而武人士亦稍自矜持，不甘为风气之迁就，即有一二超隽之才得遂其志，而宦途鲜捷径，自爱自重，亦复抑郁困顿，无所凭借，不得已而仅为衣食计，糊口四方，比比然也。庸夫俗子见其如此，群相非笑，以为是诗书误乃身，而暴弃者又时时指为口实。呜呼！此士风之所以日下而人文鲜丕振耳，岂真天其施而地不效灵哉？伏考前明及国初时科第蝉联，文章功业，彪炳相继。迩来朝无显位，学少通方，岂昔之人皆应贵相而今之人独厄禄命耶？抑亦人杰地灵，任有志者自为，而非取兆于山川宫室之改移耶？若阴阳风水之说，古人亦尝言之，而有信有不信。汉曹完闵搢绅之途不济，开南寺门，承望华岳，卒使李儒等获入爵之荣。然赵兴每入官舍，移改穿筑，故犯禁忌而爵禄益丰。善乎，孟学君曰："文受命于天，不受命于户王。"《潜夫论》曰："同一宫也，成王居之兴，幽厉居之衰，其上如是，其下可知，第任教化之责者虽有奖励振率之盛意，必不能取佣而代为之庖。"不过曰如此则兴，如彼则衰，为彼都人求其攸往无不利之举，而听吾人自切黾勉，相观益善，以储异日，桢干干城之选，是则有司者之事焉耳。而如曰本根在是，勿事是焉，又岂诸公今日之所望哉？

（录自清光绪《武乡县续志·艺文》）

陈祝彭

字商哲，号蓉峰。生卒年不详。武乡泉之头人。例贡生，任翰林院待诏。著有《怡云山房小草》。

泉之头东山记

武乡泉之头村，东山耸峙，清泉喷流，彭也世居其间焉。顾村既以泉名，凡知吾村者莫不知吾泉，即莫不神吾泉。泉之为泉，昭昭也，固不求传而传矣，而独至东山则寂无闻焉。何也？岂泉可传而山无可传欤？抑必有藉而后传欤？夫是山也，层峦巀嶪，峭壁天成，暮霭晴岚，晦明万状。至若偃蹇之木，突怒之石，异草奇花，罔不萃于一山，而与吾门相对。昔我先人建文风塔于峰之肩，植松若棋布。以为斯山者一村之胜迹也，固应有以培之。余自髫年即与二三同志日游其间，虽雨雪之朝，风月之夕，未尝不仰而望，望而登也。迨后奔走异乡，遂间与此山隔别，或经年而不睹，或数月而一遇，因睽违也而竟若弃焉如遗，是余之负歉与山者良不少也。然而东山则勾萌芳发若为余而幽香，叠翠千重若为余而泼黛，霜枫林杪若为余而涂丹，雪压峦头若为余而傅粉。山之淡妆浓抹、回巧献媚于吾者不可胜述，则是山有大赉于吾也，彭曷敢漠然于山哉！游览不尽，形诸歌咏，企慕不忘，征诸梦寐寄情焉。而窃以为号且因以名吾集，然非敢谓东山因余而著也，余将附东山而传也。东山以余为然否？也还欲向东山而问之。是为记。

（录自民国《武乡新志·丛考》）

世　沅

姓名佚，字世沅。生卒年不详。武乡人。

祭姑母文

呜呼！吾姑之逝世也，已届四七矣。侄世沅遂得从诸叔父往，把酒陈词，痛哭于灵前。然侄之于姑，岂能一哭遂已哉？忆侄之生也，祖父莅任鱼棠，吾姑追随冰署。河山间隔，姑固念侄如儿，两地睽违，侄亦望姑若母，及姑随祖母返里。侄偕吾父趋迎，坐姑膝上，曾记饲以青桃，倚姑身旁，尚忆亲为总角，虽犹子哉，如所生也。既而吾母见弃，失恃兴悲。祖母抱病时多，既不克躬亲抚养；吾父在家日少，亦未能顾及纤微。饥而食，寒而衣，藉吾姑是恤；夙而兴，夜而寐，赖吾姑是携。夫何昊天不吊？变故频仍祖父谢世，吾父随亡。翙翙于飞，在姑虽叶和鸣之庆；哀哀莫恃，在侄转深无母之伤。所幸地处密迩，往来时在姑前路介之途，朝夕常亲姑侧，姑夫谊极云天，视内侄如同子弟，沅侄幼无提命，见姑如得严师，鸡窗攻苦，侄惟刻苦虽坚，雁塔蜚声，姑之相期更切。二十余载困厄艰难，侄惟姑告；十七年来欢悲苦乐，姑惟侄知。窃念吾父之如生，尤觉吾母之未死。而乃恹三病，三历秋冬；孱孱残躯，四更春夏。姑夫之进药诚殷，祖母之处心亦切，明知事革而莫救，亡思灾退而可延。入室问安，见一刻少和，即强宽而自慰；延医诊视，虽再询无恙，终顾虑而怀忧。奈学宪偏临，苦试期已迫，向吾姑而告别，叮咛次日当来。遇余弟而传言，忽讶昨宵已逝。匍匐来奔，只见灵床初设，高声呼吁，全无半语相回。岂期前日之语言，竟作终身之永绝。呜呼！思亲泪落，谁忍睹表弟之茕茕；哭女生酸，最堪怜祖母之戚戚。登姑之堂，人亡而遗容犹在；入姑之室，人去而手泽空存。愧孝养之未能，痛瞻依之莫逮。纵他年素怀得遂，不负训诫之深情；宁异时色笑重新，克报提携之大德。吁嗟乎！姑之性情懿范，虽闾里其可共传；可怜哉！侄之肠断神伤，实他人之所未识。追述平生，弥切终身之恸；低个今日，愈增罔极之悲。庶纸告哀于纸笔，或可稍节其呼号。

（录自武乡民国三十四年民间抄本《起凤腾蛟》）

李华炳　（1862—1926）

字少九，一字文园，号朴庵，武乡西堡人。十六岁入邑庠，光绪乙丑（1889）举于乡，任襄垣漳川书院主讲，癸卯年（1903）考中进士，先后任兵部、学部主事，后因母年迈弃官养亲，母故后任太谷县凤山书院山长。宣统初年举为山西省咨议局议员，并兼学务公所议长，又被选为清京师资政院议员。民国元年任长子知事，次年任武乡县商会会长、公款局局长等职。著有《职方史略》《诵芬轩吟草》等。

庚子拳祸始末记

呜呼！教育之关于国家岂浅鲜哉！以椎野愚陋之氓，挟其积不能平之气，乘机焚杀，以泄夙忿，小则为地方之祸，大则遗国家之戚。推原其故，非由未受教育知识不开之故欤？武乡为山右僻邑，风俗俭朴，民气驯良。自光绪初年，西教士设堂传教，驻城南二十里之上司村，祖庇同教，干预词讼。狡黠者依为护符，鱼肉良儒。日引月长，蔓延城乡。乡愚忿无所泄，乘隙思逞而祸机兆矣。

庚子夏，义和拳起畿辅，延入山西，以仇教为名，有传其术者，谓焚香念咒则神附其体，勇力倍增，可避枪炮。乡民转相告语，私相传习，旬月之间，所在蜂起，时教士已远避，教民亦多逃匿。习拳者招集乌合，至上司村毁其堂，搜杀教民，邑令王公畏其威且饩之粟，馆之关帝庙，于是拳势益炽，搜括焚杀无虚日。有大刀会数十人自东来，焚小麻角教堂，将赴上司村，闻已毁，驻陌峪，勒索供给，少不如意，辄以鞭挞从事。拳民闻之，责以不应殴大教人，彼教谓不人教为大教，争辩良久，约禀官平其曲直。道出乡村，随而观者络绎不绝。至城外，有乡民与大刀会口角，乡民以所持锄劚之，则大哄，人声鼎沸，喊杀震天地，我众彼寡，缚刀会十七人杀之。官吏闭门缩首，莫敢声，于是拳势乃益张而祸变成矣。时城乡云扰，拳民所至，索乡社供给，有不应者辄刃以胁，平民不堪其扰。会闻赵家岭教士尚在，教民多往依之，乃号召徒党百数十人攻之。赵家岭教堂据险要，筑堡墙，厚数尺，教民持数土枪，俗所谓过山鸟者，穴墙发之。一发击数人，扰攘数日，不可破，乃窜而归。闻联军入京，翠华西幸，于是纷纷若鸟兽散，燎原之焰，消灭于无何有之乡矣。

乃辛丑夏，而复有王安邦之事。王安邦者，襄之武生也，有膂力，习妖术，尝以事被革。拳乱既定，民教来党率其归，寻仇报复，拳民悚惧。

王安邦于乡南之佛爷顶倡言传法能避枪炮，且谣有仇教之说，于是附之者日众。教士闻之，闻于官，官遗役给王至扑之。王素以拳勇闻，官虑其报复，且为教士所迫，遂通禀上宪，檄襄令捕之，置之法。是年秋，和议成，各州县遭拳祸者皆赔款，武乡醵金万二千，搜括甚病，而教中之乘间报复者、勒索赔偿者，其数亦不赀云。

（录自民国《武乡新志·旧闻考》）

魏　怿

生卒年不详。武乡韩壁人。

焦龙洞记

自韩壁村逆折而东，千峰万壑，逶迤数十里。忽一山陡起，峻极霄汉，嵲嶫嶙峋，状况古怪。其山之膝有严洞焉，曰海渎焦龙王之水府也。地邻潞之黎城界，而神实武邑人，其户口现隶版籍。邑之南先世佳城峙焉，故武邑人之事之也尤惟谨。去洞数里许，立庙像祀，其创建莫稽所自。丁酉邑李公以旱祷响应，倡绅士而鼎新之。嗣后屡加修葺，碑碣可考。庙不敝，人不出，斯庙敝，即斯人出，此曾天数之适然，人事之感召，而又若有潜移默化，转祸为福，代宣其气而特司其职者。神生于十三岁时，梦帝授以赤符，俾除邪救劫，所谓聪明正直，能为民御灾捍患者，莫神若也。神之斩妖逐疫，呵护不详，固指不胜数。而近而可征，实而可据，普遐迩而共信者，犹莫如入洞取雨一事。每当旱魃之为虐，炎灾立至，禾苗待槁，无论上自官厅，下及庶民，斋戒沐浴，设坛取雨，果虔诚祈祷而优渥沾泥，可以立俟。则兴云致雨，其救民真所谓生死而骨肉也，关系岂浅鲜哉！故知洞无神何以见洞之妙，神无洞何以显神之灵？灵妙变化，可谓洞为武乡之胜景，而神为武乡之活佛矣。

（录自民国《武乡新志·丛考》）

段雨田　（1864—1928）

字公甫，一字润生，号倬庵，武乡东村人。曾任直奉大夫，山西大学斋务长、学务公所科长，山西咨议局议员，资政院候补议员，直隶南皮县知县，山西浮山知县，山西督军府参议，武乡县商会会长，公款局经理。

新建村东文昌阁碑记

古之所谓地灵人杰者，盖有必至之情，固然之理，而非铺张扬厉之辞也。故嵩生岳降，秀钟申甫之英；涧东瀍西，洛食成周之兆。然则后世堪舆家言，亦必有至情至理存乎其间，古人已先我而得矣。朱之所谓冀州之风水最胜，太行在前，恒岳在后，泰岱居左，华岳居右，是以三代而上帝王应运而兴，三代而下将相间世而出，虽曰九州岛之大，何地无才，然未有若此州之胜者，谓非风水之有使之然耶？吾乡旧祀文昌，有庙无阁，且居村西偏湫且隘焉。据风水之说，以为巽隅振文明。巽，东南位也；文明宜显著，阁高峻基也；故祀文星者率以东南建阁为准。而吾乡独祀于西偏隅，此诸前辈之所以久欲改建，而卒未有暇也。岁壬辰，家君以家政之暇，与二三父老商定斯义，佥曰："善。"惟估工浩大，所费亦巨，村中所积无多，难以轻试。家君则慨然解囊，除文昌会祭灾社旧存钱二十余千外，费钱五百余缗。财出素具，役不及众。是役也，村人公昌其议，家君独揽其成。飞阁流丹，高出云表。向之僻在西隅而无补风水者，今则迁之东南而隐符文运焉。向之湫焉隘焉而平坦无灵者，今则巍然焕然而克称巨观焉。工既竣，父老敬家君而请有以记之，家君遂手示雨田学步。时雨田适司铎归化，奉命之下，悚惶莫辞。窃维文昌者天下之文宿，司天下之文学也。然今之所谓文学者，则但学为科举之文，以求富贵利达而已。方其束发受书，一意致力于此，稍长则颛取获隽、有司之作朝夕而伏诵之，所以蹿高第、跻显仕取诸此而已无不足。至问理学儒宗不知为何术，历代名儒名宦不知为何人，国家礼乐兵刑之事，举百而不能对一。嗟乎！若而人者出而与人家国事，何以致君而泽民、安内而攘外也？审若是，地虽灵矣而所谓人杰者不滋愧乎？故士莫先于尚志，使士学为有用之学，即为天下有用之材，将处为纯儒，出为纯巨，人称杰，地效灵，而培修风水之说弈著，虽不必孜孜求富贵利达，而其理亦不外乎此。不然何地无巽位，使徒建一阁，以祀文星而求显达，遂谓地灵而人杰焉，讵必皆有效哉！惟愿后人因地灵而勉为人杰，自以人之杰而愈显地灵者，此即家君与诸父老建阁之苦心，亦即雨田今日之厚望也。谨述颠末，拜送邮筒，而请政家君并质里中诸父老焉。是为记。

（录自武乡县丰州镇东村文昌阁现存碑）

南亭诗钞

清·范士熊　编辑
马生旺　主编

【主编简介】

马生旺（1944—2022），山西省武乡县上司乡马家沟人，曾任武乡大有乡党委书记、县委组织部副部长，老干局局长，政协武乡县党组书记、副主席，县老区促进会、扶贫基金会副会长。主编《武乡墨镫》《石勒——千古一帝》，主持整理清康熙、乾隆、光绪以及民国《武乡县志》等。

【内容简介】

《南亭诗钞》是清代武乡40余位文人的诗歌总集，由武乡范士熊（号桓一）编辑成册，由武乡名贤程林宗、魏一泉鉴定，初刻于清道光末年。南亭川是武乡旧县城（今故县村）的别称，常代指武乡，遂名《国朝南亭诗钞》，简称《南亭诗钞》。其中收录诗1102首，分12卷。其诗诸体皆备，各表才情，内容非常丰富，而以歌咏武乡山水及民俗风情为主，也兼及各位诗人的仕宦所见，故不仅具备诗歌欣赏价值，亦可借以了解古代社会风貌，尤其对清代武乡的社会生活有很高的史料价值和认识价值。本书2014年由三晋出版社出版整理本。本次出版，作了进一步修订。因《武乡文化集成》卷一已收录《程康庄集》，为避免内容重复，《南亭诗钞》中有关程康庄的古近体诗不予收录，谨此说明。

徐介山
魏一泉
兩先生鑒定

南亭詩鈔

石竹齋藏板

國朝南亭詩鈔序

吾友范桓一性耆為詩而誼篤梓里自究心古人名作外於同鄉前輩時切御止又一時朋好偶有投贈輒鈔而藏之允同人唱喁之樂引范君為曹偶積時

國朝奉亭詩鈔弁言

奉亭山右僻邑熊又奉亭一部
人何敢言詩雖不能詩故耽詩
有見詩輒鈔而讀之問其工拙
不知也年來窮搜博採自元明
徒我　朝凡得奉亭人詩若干

南亭詩鈔附集序

憶二十年來與桓一共學爲詩

每一稿脫輒走問來往互相切

劘譬之翼鳴脰鳴繁聲競响初

非謂錦粲珠零欲以誇示于人

也頃者桓一選南亭詩鈔收鄙

《南亭诗钞》序

南亭，武乡古名也，汉设涅县于蔡皋狼。后魏太和年迁县于南亭川，故今不称“皋狼”而称“南亭”也。其地在太行之麓，上党之北，籍隶沁州，为三晋鄙邑。见于史册者，后赵石勒生身之地，尔时相之者若张宾、佛图澄辈皆南亭英杰。自石氏尊其“乡”曰“武”。唐、宋以来，文人不少，概见书阙有间焉。金、元之际，诗人邢安国见于元遗山之《中州集》，全诗亦不传。前明末造大老特起此，地方有记载，维时诗、古文并盛，若窦给谏之见于《张芹传》，若魏总督暨先尚书魏巡抚、魏太康，并见《明史》列传。国初诸前辈继之，麟麟炳炳，先昆仑之见于魏石生《兼济堂集》、陈其年《四家文选》、王渔洋《蚕尾集》《西樵集》，赵乾符之见于《渔洋诗话》，魏龙媒之见于《朱太史外编》，文名广播，邑小而斯文远胜于他邑，於戏！何其盛也！自康熙后三十年，杜郎中以八股号召后学，嗣后诸孝廉守其业，狎主齐盟。雍正、乾隆时，科第蝉联，制义而外，无他及焉。士生期间，求如明末诗、古文并传，久不闻也。嘉庆中，云南王乐山先生来宰县，攻艺之暇，诗、古文兼之，而且大声疾呼，为通儒。著作家彨然，后吾邑之肄业艺苑者，颇知古近体诗焉。尔来文雅彬彬，不懈而及于古，此物此志也。夫范子桓一专用力于声诗，于元、明、国朝诸诗人，网罗不倦，共得诗若干篇，手录成编，命之曰《南亭诗钞》。而征序于余，将捐赀以付剞劂，而吾辈与范子之诗，得附诸卷末。披览之余，嘉其表彰桑梓，而小邑之斯文得借以传，其激励后人，正无已也。故为历溯斯文之兴废，以为邑人劝。至钞内之诗之工拙，任有目者评之，又何待余言？

道光二十九年闰四月之吉，同里程林宗介山氏题于家塾之尺五轩，时年七十有七。

《国朝南亭诗钞》序

吾友范桓一性喜为诗，而谊笃梓里，自究心古人名作外，于同乡前辈时切仰止，又一时朋好，偶有投赠，辄钞而藏之，凡同人唱喁亦乐引，范君为曹焉。积时既久，自为诗日益工，而所藏诗日益富。盖业精于勤而物聚于好故也。今年夏，汇钞所选《国朝南亭诗》将付梓，属余为序，人之有技若己有之，意甚盛，力亦盛劳，顾其心若意其将传，而又恐其未必传也。余窃思诗文为天下公器，有梓其诗而传者，有梓其诗而不传者。要未有鐍置箧中，不令人见而传者。姑刋而行之，而选诗者之事已毕，即作诗者之心俱快然无憾。独计吾邑，地处偏隅，无风人韵士时相提倡，无名公钜卿为之表章，士生其间，足迹恒不出里闬，游览赠答所得已，仅即风云月露，借以闲适而意气无所激发，将公共诗，料亦为减色，以是为诗，隘已。然必以是为不可为诗，则其隘尤甚，且桓一之钞是诗，匪曰德极于音，身足于荫也，但就吾邑所有而撷取焉，纵不可传之天下，先可传之一郡一邑。然果已传之一郡一邑，即安见不可传之天下？吾知桓一此举，辉映先达，领袖后进，以是为有所表章也可，以是为有所提倡也可，他日鞞山漳水间有彬彬秀异之士，相继而起，披卷吟诵，如合乡先辈，宴集一堂，由是益肆力为之，而不拘拘于一乡之见，其风流照耀或有突过前人者，余与桓一幸获遐龄，倘犹及身亲见之也。

道光己酉端阳后十日，魏守经书于凤栖书屋之南窗。

《国朝南亭诗钞》弁言

南亭山右僻邑，熊又南亭一鄙人，何敢言诗？惟不能诗，故耽诗。每见诗，辄钞而读之，问其工拙？不知也。年来穷搜博采，自元、明迄我朝，凡得南亭人诗若干首，钞置案头，同人见之有劝付梓者，熊谢曰："兹钞南亭诗，第欲存之南亭，以备熊之披览，以备南亭人之谘询，如是而已，非敢出而问世也。"同人曰："三百篇为圣人所删定，如里巷歌谣，士女赠答，至今犹传。诗固不限乎人与地也。况南亭俗尚俭朴，有唐、魏风，安见其诗之必不可传者？倘秘之不传，恐久而散失，虽钞犹不钞也。"熊不获已，重加披检，取正于介山、一泉两先生。明以前另为一册，不入此编，凡我朝诗共订十二卷，名曰《国朝南亭诗钞》，以见我国家培育深厚，虽山陬僻壤，亦不乏声歌鼓吹，宣扬圣化于无穷也。卷首不列凡例，明钞诗之初心不及此也。诗不一格，各存其面目性情，不敢自立意见，以诗钞非诗选也。今从同人言，将付剞劂，爰以是言弁诸首云。

道光己酉清明后三日，南亭山人范士熊谨识。

《南亭诗钞附集》序

忆二十年来，与桓一共学为诗，每一稿脱，辄走筒来往，互相切劘，譬之翼鸣胆鸣，繁声竞响。初非谓锦粲珠零，欲以夸示于人也。顷者，桓一选《南亭诗钞》，收鄙作独夥。余虽感不胜惭，然披阅之余，恍觉酒痕灯光摇动纸上，即畴昔拈题分韵联吟共啸之人，亦时时遇于烟墨间。因叹诗文一道，乃吾人精神所寄，倘漫为摒挡，任其自浮自沉，如毁洪乔所投之书，甚可惜也。乃余以《瘦寒吟稿》请并付梓，而桓一若疑而有待者，揣其谦谦之意，特虑诗或不佳云尔，则曷思曩诗钞中所收鄙作非不佳之尤者耶？己所不欲，勿施于人。奈何于人已簸扬之，于己犹掩覆之耶，且亦思我辈生长僻乡，埋首牖下，正恐一二名流。素无良觌，并不知吾诗之不佳耳。但使数千百里外或数十百载后，果有高踞词坛者，断断然指吾诗而议其短于吾计即为大得。况短中亦间有长乎，又况桓一之诗之本非不佳者乎？然则余攫取桓一稿，而代为选择，以附《南亭诗钞》之后，乃感朋友先施之义，而以己所大欲者施诸人，即桓一不妨以人所同欲者，衡之己奚疑哉？奚待哉？

咸丰元年二月下浣同学魏守经亦权氏拜手题

是编所收之诗除登选诸君不吝惠珍外，尚有同志数人代为罗致，又钞本叙次前后，或卷帙已定复有补钞稿凡数易，洎开雕时另存底本以备雠校缮写之功积有时日。其中讹误亦多烦，校正均为有劳于兹役者。今将姓名备载于左，已登选者不载。

张　昂

李献扬

魏守约

韩炽昌

李秀陵

李承恩

魏锡五

魏南时

程际唐

魏在田

程肇初

白用中

张国恩

国朝南亭诗钞卷一

武乡范士熊桓一编辑

程康庄 字坦如，号昆仑，顺治甲午（1654）应山林隐逸制科，授镇江府通判，终耀州知州，著《自课堂集》。陈其年选入《四大家文集》。

说明：《南亭诗钞》卷一原收程康庄《古近体诗七十首》诗文已收录于本丛书之《程康庄集》中，此处略。

国朝南亭诗钞卷二

武乡范士熊桓一编辑

魏　驷　字龙媒，顺治甲午（1654）拔贡，著《草中吟》，见《山右诗存》。

临潼怀古

临潼山下老枯树，夜集乌鸢晓栖雾。
傍有温泉自昔闻，翠袖明珰来几度。
钿花零落数千年，剩粉残脂不堪顾。
绣岭峨峨万丈高，千枫万柏绿成涛。
浓阴落地清波冷，爽气侵人滓质淘。
朝元阁上马如练，玉阑干外同逐电。
山水徒然阅人多，人多阅山山亦倦。
我来初入咸阳道，草笠冲风尘浩浩。
临风忽忽动深情，不在开元在天宝。
政治依稀贞观风，无端欲向温柔老。
宫中汲水洗猪龙，湿云梦断尘难扫。
天子不能庇一妇，始觉刑于苦不早。

呜呼！
华清宫山川今古同，明珠碧殿知何在？
惟有松枝飙飙吹响骊山风。

述怀四首抄二

廉吏谋非拙，其如裕后何。
青毡余旧物，长铗动新歌。
世道升沉易，人情感慨多。
须眉徒似戟，空与日消磨。

潦倒违初愿，中宵叹不才。
行藏疑伏鬼，动止孰为媒。
有眼看人世，无方换俗胎。
一番虚岁月，依旧未颜开。

游解脱园奉和朱太史韵

太史成高隐，安轩辟草莱。
修篁藏小涧，高树出孤台。
花气迎尊近，萝阴接砌来。
徜徉浑不厌，莫负紫霞杯。

林外呼黄鸟，亭中宿晚霞。
水流花影动，风过竹阴斜。
盥手翻荷露，移樽扫石华。

坐来心自远，遮莫足生涯。

白云庄二首抄一

选胜来幽地，云深草木凉。
花繁迷鸟道，池浅露鱼床。
小憩尘根净，高谈舌本香。
何缘同杖履，倾倒白云乡。

太和宫二首抄一

霄宫开紫极，阶下列山川。
仙乐云霞外，灵旗日月边。
人家围远树，古道笼苍烟。
前去纡回险，无烦宝辔联。

楼山园二首抄一

呼吸疑通帝，岚光坐可收。
人闲心自古，地爽气如秋。
草色通幽径，晴光上小楼。
登临终不倦，何用问瀛洲。

带草楼远眺

天地无终极，平生一小庐。
愁因穷过我，病为老轻予。
避事门多草，消闲案有书。
由来泉石癖，谁借水云居。

林鸦披暮色，白日上高岑。
花石分欣戚，风烟变古今。
短歌伸壮气，独醉慰离心。
一自游人远，春归思不禁。

怀蔡二

容易前年别，伤予太瘦生。
梦将啼鸟断，心对落花惊。
山月窥人小，江云赠岭轻。
感怀同此夕，虚白照窗明。

花朝呼老仆游旧圃

石老霜华厚，松高月色清。
断厓随意草，深谷有时莺。
村酒经年酽，山童见客惊。
顾予发未白，共汝学躬耕。

结社南亭上，相违二十年。
墙教山色补，门倩水光连。
栽石留云住，虚窗任月悬。
青青休负许，樽酒与周旋。

汾阳书舍和陈宗来

天涯望不极，阶影上梧桐。
小径偏宜草，娇花学斗风。
客来茶正熟，鹤唳月方中。
但有高人致，何妨壁四空。

西峰寺

独上西峰寺，晴窗对夕曛。
花将风作态，经以贝成文。
老树欹如石，高烟聚若云。
了心求半偈，从此绝尘氛。

浴蕉和梁鹏溟明府

疏枝绿不尽，次第小窗阴。
分月开新面，凌寒见素心。
照颜花妒酒，感候雁催砧。
莫作萧萧雨，关河恨与深。

代友嘲别者

禾黍秋风外，心寒酒谩倾。
意深然诺重，恩尽别离轻。
烟雨催征马，云山澹客情。
何堪一夜发，凄月照江声。

送乙校书归汾

客去近重阳，良辰易惨伤。
桥头杨柳线，天外辘轳肠。
此事由来苦，如君不可忘。
殷勤重把臂，后晤各图方。

执手西郊暮，风霜冷佩珂。
宾朋方进酒，车马漫临河。
乡思君诚尔，离怀我若何。
只今容易别，华发较来多。

秋夜和张芙庄明府二首抄一

尽日愁侵鬓，萧萧风雨过。
鸟鸣山色暝，人静夜凉多。
水气明沙岸，江声送远波。
摇摇千里目，一榻意如何。

东郊独步

高寺依云近，幽怀爽气移。
野花寒自吐，山果熟犹垂。
红艳霜林净，珠明露草滋。
人烟溪径合，萧瑟满秋篱。

秋怀同王雉升刺史作八首抄六

金风不散故园愁，汾水虒山滞远州。
月下半龛容我懒，花前曲径待谁游？
朱门深锁孤烟暮，宝瑟晴悬万籁秋。
独倚枯颜空怅望，乾坤何处泛浮鸥。

风尘碌碌叹多忙，每到秋深意转伤。
酒后惯能矜手足，人前未许说肝肠。
斩蛟空切怀双璧，拜石无从礼瓣香。
飘泊年来成底事，沉酣莫讶伯伦狂。

牢骚谩自寄高吟，谁切西归报好音。
旧侣每惭酬一剑，家人偏易羡多金。
蒹葭露下惊寒早，砧杵风催感候深。
引领关山秋满目，萧疏园柳任晴阴。

散怀独上小溪桥，瘦骨苍颜类野樵。

花月有情留客醉，文章无分为谁骄。
烟霞事业同雌伏，山水行踪倩鹤招。
税驾未知何所似？囊无一物兴偏饶。

花谢花开一酒卮，高楼明月断肠时。
萧萧短发飘残夜，默默愁心寄远思。
车马西陵空有路，风流南国未逢知。
城乌散尽寒烟起，怅望樽前白苎辞。

倚杖空庭百感生，寒风吹柝上孤城。
江干问信逢人少，泽畔行吟掬泪盈。
青鸟不来仙路杳，彩云飞尽旅魂惊。
何堪乡思连宵发，听断窗前细雨声。

山居柬陈景皋别驾

云隐山畦种药苗，半生事业寄渔樵。
旋敲石火温春酒，为爱松风到草桥。
继述可能追象简，牢骚空自付诗瓢。
年来避迹存知己，独有幽怀未易消。

内子寄秋衣自汾阳至

风吹屈戌冷侵窗，珍重寒衣寄远邦。
咏絮经年长并谢，馌田何日喜同庞。
老来儿女三秋泪，病去诗书五夜缸。

为报平安多自勉，牢骚素志未全降。

漠漠秋原路草斑，轻衣寒透不堪删。
恐劳剪发频辞客，不畏妨斋免闭关。
菊径高低今日酒，雁书风雨夜来山。
寻常自是饶清苦，身外而今总属闲。

闻李寄庵司李挂冠返越

青山无恙好盘桓，执御何如执钓竿。
岘岭月明人似镜，鉴湖枫冷客辞官。
一尊剩有琴书在，五柳欣同燕雀安。
数载素心曾计此，相知不必更为宽。

大来兄坐上遇旧时别十二年矣，感而赋此

兰昌宫外柳如烟，曾荷银铛一往还。
九里香灯劳检校，十千花酒费周旋。
故人谢事成先辈，新爱同心尽后贤。
珍重春风金勒马，有人望断翠云钿。

睡起偶成

睡起庭阴听鼓蛙，箬皮冠冷杖藜斜。
流云卷雨朝栖壁，飞燕噙香晚到家。
离乱几年留竹石，行藏一世付桑麻。

西山爽气时来往，遮莫凭栏伴梦花。

漫兴次程思令观政韵

春花秋月两茫茫，回首难堪年少场。
但说有情俱是恨，可怜无事不成伤。
游丝已拟萦衰鬓，茶灶空支下夕阳。
人老老人终莫解，好将余念炷残香。

华鬓惊秋秋易过，摩挲双目奈予何。
已输好境沉风雨，暂倩离怀付啸歌。
百不能堪身老大，一无可取岁消磨。
多情竟尔情多误，为问君情孰使多。

六月望过冯翊，值赵乾符初度，即席和祝二首抄一

雨余桃熟照芳筵，喜共他方月又圆。
人到龙门心似水，诗分仙掌笔如莲。
三珠已见承家学，五袴遥知作牧贤。
酒为今宵同调醉，飞来紫气入熏弦。

玉石岩

鬼斧何劳劈大荒，春风一壑护灵长。
烟霞几处迷松径，萝月多年挂石床。

剔藓漫寻平寇颂，岩上有王阳明先生《平浰回军留题》。
栖幽思种避兵粮。避兵粮系果名，伏波曾过此饷军。
洞门未许云封锁，留取来时坐晚凉。

汾　上

猎猎风吹织水波，中流击櫂动离歌。
野花雨后香生细，深夜潭空月入多。
乡信忽来愁自慰，故园归去况如何。
倚舷一息神千里，侠骨难教岁月磨。

汾阳送殷康侯孝廉还楚

君渡湘江我渡汾，南鸿北雁索离群。
禅床有月曾双照，花陌无香不共分。
烟雨晴川人意远，秋风紫塞客思焚。
中原两地空消息，回首孤城万里云。

清明前二日，雨中同姜野修、李云田小集庞明府署斋二首抄一

客路同过逸兴豪，一年春事见东皋。
遥天杏雨飞清昼，小阁花阴醉浊醪。
贤士自能全白璧，时人谁解赠绨袍。
肝肠自昔推吾鄙，肯对良辰叹二毛。

赵平符进士隐居不仕，秋初招饮笑棹园

山园城隐四时秋，秋到山园暑尽收。
高树迎人惊叶堕，隔墙沽酒慰花愁。
钟情泉石先邀月，避迹风尘不买舟。
一笑机心棹欲断，几回烟雨任悠悠。

入 山

索居久已叹离群，欲向村南学力勤。
未买青山先约月，漫开茅屋且邀云。
桑麻坐话同邻叟，鸡黍周旋有细君。
小隐但教心意适，烟光输与客平分。

无 题

香尘十斛小腰轻，玉笛声迟媚眼清。
江上璧人来卫玠，宫中木鹤试张卿。
游仙漫说迷三岛，留恨应教妒五更。
一笑烟霞无觅处，武陵风雨乱啼莺。

东风破笑吐新葩，妒杀樱花石赵家。
上苑春深人似柳，昭阳日暖面如花。
焚香谩叩青头鸟，贳酒还停白鼻騧。
一曲江南夸玉树，清宵奈何付流霞。

秋雨寂坐报殷康侯、白铭石两社友二首

夜雨声残百尺楼，轻寒初上小窗秋。
家园梦醒情偏恶，旅况身轻意早休。
是处繁华徒刺目，几回萧瑟每低头。
从来知己悲难遇，热血盈腔未易酬。

一榻依栖肮脏身，多情误我入风尘。
明珠买笑谈何易，白璧酬知事有因。
狂态不妨惊俗眼，深思未许语痴人。
案头滴酒消残夜，任使筹催戍鼓频。

内兄朱咸贞西园落成招游赋赠四首

古木阴阴起夕凉，郁葱佳气护灵长。
青山遥对高人座，绿竹斜分瘦鹤堂。
自有天真移造化，不因结构入寻常。
林泉谩道长为主，好为苍生慰所望。

徜徉独上最高台，云物微茫一望开。
山色远从天际落，花香时过竹林来。
小槽水韵鸣苔砌，曲槛松阴浸酒杯。
莫讶桃源人世罕，盘阿今已绝尘埃。

小径纡回花木间，远来步步近蓬山。

藤床欲就青松盖，竹杖先过绿水湾。
地自何年开秀爽，人从今日乐幽闲。
沉灰莫羡风光盛，此是文园旧主还。

洞门日日锁烟霞，学士真同处士家。
茶灶乱支云脚冷，书床初拂月痕斜。
座开北海言霏玉，人是西昆舌吐华。
独幸尘颜今一洗，漫随博望借灵槎。

楚友白铭石见示先君遗爱碑兼叨过奖，依韵为赠二首抄一

黄鹄嵯峨俯大荒，先严曾此驻牙樯。
沧桑变幻成虚景，城郭依稀入梦乡。
旧德垂思留岘碣，高人戾止说甘棠。
休言海内存知己，白犬丹鸡愿更长。

山中即事柬岳续所明府

桃花方引入三邱，落叶惊看大火流。
苔径绿侵稀倒履，蕉窗青接自科头。
壮怀不尽思前席，幽梦多劳寄远州。
且共同心时解榻，月明烟水啸南楼。

赠榆邑郑明府

悬蒲长日敞虚衙，水白山青静不哗。
匣有蛟龙堪赠客，野无雀鼠傍栽花。
风流雅剩琴弦在，博识奇传带草斜。
却念楼前携手日，紫云深处望京华。

偶作二首抄一

与其常作客，何若主青山。
处世每多辱，人生几得闲。

悼亡六首抄五

甲申遘变，缧系商南，乡心永绝。随身贺氏，艰难备历，幸事定归里，竟以勤苦过劳，奄忽碎玉。嗟乎！众姬辞去，海外止见朝云；孤鹤归来，楼头时惊华表。为吟短歌，聊当痛哭。

半天凄雨客途难，泪尽南云十八盘。
消瘦铅华惟有骨，豺狼门外慰平安。
十八盘在蓝田县南，从此入商州路。

干戈望断梦中身，雾鬓风鬟共食贫。
犹忆腊梅成束买，带花相对折为薪。

钿花销尽绿成芜，片月朦胧石马孤。

君已梦醒心放却，半途留我待谁呼。

风烛浇残雪月天，于何来去忽成缘。
冥中亦有穷如我，莫长新愁痛昔年。

檐花灼灼晚霞残，人去人来漫倚阑。
鹦鹉声中犹唤汝，月明照我上蒲团。

题画二首抄一

罢钓无心逐浪流，轻簑老我一身休。
为贪前渡桃花好，绿水青山又放舟。

国朝南亭诗钞卷三

武乡范士熊桓一编辑

赵三麒 字乾符，号石渠，顺治戊子（1648）恩拔贡生。官同州、横州知州。著《似园集》，见《山右诗存》。

秋夜桂阳署中作

木叶下广泽，悲风起潇湘。
嗟哉远宦子，中夜徒彷徨。
束发志承明，佐牧于此方。
薄绩无可纪，岁月亦已长。
俯听蟋蟀鸣，仰观鸿雁翔。
良时少停晷，白露沾我裳。
顾瞻怀匹俦，悢悢使心伤。
终期崇令德，君子安其常。

西北有浮云，翩翩适江渚。
往来亦何常，随风自飘举。

客游慕乡县，束缚一如汝。
自我仕荆南，二纪缺将父。
魂梦有时归，寄书凡四五。
慈闱罹沉疾，兄妹各处所。
宁知怀中孙，又作泉下土。
悬弧虽有训，违亲亦良苦。
百虑积秋宵，繁愁谁与语。
感彼靡盬吟，搔首空延伫。

太上曰立德，其次曰立功。
受命守残疆，尺寸无所庸。
往岁经贼烽，蹂躏遍楚江。
田畴宿平莽，空城响悲风。
流亡渐已集，土鼓事春农。
讵曾期月间，免胄趋章缝。
湟水湛清波，芙蓉秀高峰。
迹惭卫飒并，心企虞潭共。
既婴民社寄，志愿毕所从。
何以建微勋，忧心徒忡忡。

楚国夙奥区，古人递游止。
嘉名溢江汉，俯仰非一美。
二妃泣湘滨，包胥复楚祀。
尝羡邺侯邂，龙池怀蔡子。
功存孔明碑，孝指苏耽里。
屈贾与濂溪，接踵去如咫。

历代有传人，史乘难具纪。
旷望对山川，延伫空徙倚。
悠然千古怀，当世谁知己。

感　怀

黄鹄东南飞，千里一徘徊。
朝辞鞞山树，夕宿罗浮台。
饮露激余清，啄粟鄙尘埃。
灵鸟庆文明，燕雀空疑猜。
自从巢官阁，三见芙蓉开。
众人作近玩，此鸟有远怀。

束发期古人，初志亦孤往。
七尺绊一官，违心事俯仰。
世路自羊肠，直道何能枉。
但令行所是，不必纷慨慷。
怀哉正气遒，寥廓存吾党。

淮南股肱郡，簿牍号烦剧。
卧理丰假豫，好古从所适。
下僚何久淹，禄养意徒切。
侧想高堂宴，望云勤日夕。
反愧贫家子，负薪能自竭。

骐骥乃亢轭，驽马遂风驰。

鸑鷟敛羽毛，瑞应少人知。
梅生吏吴市，伯鸾去会稽。
兵厨阮公醉，金门方朔饥。
仕隐虽异途，共怀心所悲。
余也安迂拙，进止昧初几。
何以慰我情，允借达者师。

舟至南雄，张太守仲贞遣香山王邑丞追予留行，持抚宪传将军手札，云麒七载孤忠，不受伪职，业登荐牍檄府起送擢用，惭负北山，终却其请，赋答

归棹长风里，不为世纲牵。
咫尺见南岭，芦鸿飞北天。
前舸悄早发，后舸追独前。
远致将军意，披洒招隐篇。
彩笔生寒渚，微节汗简传。
低徊发深省，万象仍悠然。
激流绝藩触，波声清叩舷。
轩冕岂不荣，初心安可捐。
倘未填沟壑，耕凿颂尧年。

庚子七夕大雨，复之任海陵，内子索句

日日思归不得归，今日归来又别离。
别离相见知何日，记得人间七夕期。

七夕别卿岂自由，停杯无语看牵牛。
牵牛岁岁长相见，何必机头泪雨流。
泪雨流，可奈何，少年休苦别离多。
君不见乐羊子之妻，其夫归来怒断机。
班生投笔志万里，画眉京兆空贻讥。
天涯自有王孙草，庭院梨花任乱飞。
卿莫恋，挽征衣，我马归时应自归。

潼关行吊大司马孙白谷先生

朝行潼关道，暮入潼关门。
入门长叹息，叹息吊忠魂。
昔年旱魃长猰貐，贼灌汴城偏逢雨。
南川民社白骨流，北岸援师尚歌舞。
舞残顿解鸳鸯瓦，血溅沙场千里赭。
地坼天崩可奈何，圜扉始起孙司马。
司马秉钺再登坛，官军复见贼胆寒。
请缨再造中原易，孤注谁知信主难。
信是养痈如养虎，犹道用剿不如抚。
司马歼渠黑水头，端皇喜捷武陵怒。
武陵何事速其辜，时引太宗曾杀卢。
四正六隅方水火，蓟北又乞分兵符。
援蓟秦兵留不还，司马孤军出潼关。
郏县一战多恢复，获铠破敌如摧山。
那其淫雨庚癸呼，广恩仍附鸡鸣徒。
癸未十月潼关陷，奋臂拒战无完肤。

肤裂犹有骂贼齿，磨顶锯骨甘如旨。
天教碧葬壮山河，差胜马革裹千里。
妻女就义尽从容，刑于闺阁皆君子。
同难更有乔参军，一剑身轻掣海云。
百年板荡几男子，肯将劲节输湘裙。
关山仍旧水仍东，惟有古木多悲风。
忠魂义魄塞天地，国破岂尽在苍穹。
君不见，
息壤一盟竟成功，谤书一箧无两聪。
又不见，
十二金牌便卖国，纵有英雄难为力。
吁嗟乎，
豫让请衣衣出血，椎中副车祖龙灭。
厉鬼真有杀贼才，盲闯而今安在哉？

与程昆仑似园夜坐

客散凉风夜，闲庭月上初。
竹声迷远近，松影见清虚。
高兴倾残酒，元言当异书。
漫随蝴蝶宿，花下梦魂疏。

李胜其孝廉以诗见寄，次韵奉酬

去国初游宦，新骖刺史车。
干戈千里梦，踪迹八行书。

入岭空闻雁，临湖只觅鱼。
何时来问字？重与摘葵蔬。

听友人弹琴

凉风宜晚集，灯火夜堂沉。
吴客鼓兰掺，临风写意深。
露桐应下叶，秋鹤欲投岑。
此调久沦寂，闻之开素襟。

东台场与九兄合符宿望海寺

岁暮难言别，僧床夜雨连。
芦深宜有雁，岛外是何天。
归梦无虚日，乡书动隔年。
坐迟明月上，皎皎遍桑田。

春晴镜陂探梅

残雪铺溪路，新花照水斋。
冒寒邀赋客，乘醉试芒鞋。
古干犹堪倚，疏香乍入怀。
漫夸元墓寺，好处隔层厓。

游法海寺

竹西歌吹地，沙砾起荒烟。
破寺寒城外，残钟落日边。
行人渡浅水，猎火烧平田。
今古维扬郡，沧桑几变迁。

怀魏龙媒兼柬程坦如

忆昔南川别，飘零又至今。
徒怀邱壑志，难按辘轳心。
秋色凉如旧，交情淡益深。
异乡连夜月，不耐捣寒砧。

秋日同苏判官、周雪山送魏字青、刘菊崖游吴门二首

病里惜离群，寒蝉老厌闻。
蓼花垂野岸，枫叶坠江濆。
幽兴琴三叠，狂歌酒十分。
送君频怅望，海上有停云。

渭北江南客，同歌秋水寒。
天涯宜酒伴，宦海羡鱼竿。
麋鹿苏台古，笙箫夜月阑。

四方君有志，莫叹别离难。

江亭寓目

萍影连桥翠，波随曲水遥。
花须堆孟鬐，柳带侮陶腰。
饷客云千稾，酬诗月一瓢。
边城刁斗急，乡梦复寥寥。

别　舅

云山隔晋秦，觌舅倍思亲。
发自青年白，家因乱后贫。
一卮将进酒，千里倦游人。
惜别言无数，唯期重此身。

送李枚及入都应试

六月燕台去，炎云亘朔方。
壮游休怨别，上国好观光。
马汗征衣湿，蝉声驿路长。
秋期倚门望，及早赋长杨。

南溪即事四首抄一

南溪容吏隐，几度到花邨。
眼阔河山小，官卑诗酒尊。
红芙擎玉座，翠盖捧芳樽。
偕乐归来晚，藤萝月映门。

题宫紫元先生著书园

元晏先生久闭关，邺园万卷待全删。
满朝交荐声名重，阖户谁知天地闲。
一代经纶羞小草，百年荣辱付名山。
即今仲蔚蓬蒿径，只许羊求共往还。

送吴兴公入越

二月轻风放短舲，春程犹是旧时经。
苏台乳鹿眠新草，驿路残花覆古亭。
千里梦回愁发白，一船人卧见山青。
期君多载双柑酒，入耳啼莺仔细听。

黄仙裳卧病樵园寄问

贫家犹苦病侵凌，寂寞园扉掩乱藤。
静里方书翻更熟，秋来衣带瘦初胜。

且将乐意分鱼鸟，为办闲心对佛灯。
努力尚须强饮食，无能馈药愧良朋。

闻友人移居寄赠

卜宅遥连南渡头，门前帆影暗沙洲。
画船合载书千卷，翠槛须添竹一邱。
长日下帷堪独啸，几时开径遂同游。
来春美酒叨金谷，豫拟看花坐小楼。

送友人赴淮阴幕

千金结束买吴钩，裘马翩翩羡壮游。
幕府晓开虚左席，军书夜报借前筹。
山阳县里边笳晚，漂母祠前楚水秋。
此去庾楼看夜月，知君原不为封侯。

赠别魏子存南归

惜别重逢扬子津，他年兰谊最相亲。
南州归去真高士，安邑贫时愧主人。
隋苑垂杨聊系舫，故园秋水待投纶。
还家几日新休沐，早晚题诗咏白苹。

寄怀朱沧起太史

西河夫子隐蓬莱，尚有文星照八垓。
摩诘自烹茶灶熟，香山新辟草堂开。
园名解脱烟霞满，客有神仙笑傲来。
莫道江南无驿使，可能一寄岭头梅。

己亥花朝同友山头闲眺

客岁花朝有醉吟，兹来重集到高岑。
千门细雨逢春半，二月新诗赋上林。
好景不妨时命酒，良朋且复一携琴。
相看莫负名山约，金谷兰亭此盍簪。

长安守岁次赵懿侯韵

岁序将分夜欲阑，天涯何事使心安。
一时梅柳春光早，数载风尘遇合难。
游子已驰新蝶梦，故人犹念旧鸡坛。
相逢痛饮燕台酒，慷慨谁歌易水寒。

秋杪刘肤公孝廉招集西野草堂听鹤分韵

天高白露下苍苔，开径迎寒护早梅。
七载羁栖秋又暮，几人豪侠酒相催。

灯传藜阁星犹聚，梦醒罗浮鹤自来。
漫道长鸣惊满座，行看戛羽上蓬莱。

别大恭杜子濂先生

必简才华屈宋宗，数年帱覆意重重。
驽骀枥下追风晚，桃李门前带雨浓。
琴景高山思再奏，酒添别泪若为容。
诘朝策蹇华阴道，回望去停海上峰。

丙午闱夜

长年寄傲倚南窗，为凿龙门客上邦。
五色文章天有数，千秋气谊士无双。
甫更宋萩同桑海，唯爱唐贤访曲江。
简得才豪思报国，青藜彻夜照银釭。

饯颜方伯

春风吹入紫薇香，西国人歌召伯棠。
一柱旬宣恩自远，二天雨露泽偏长。
盟心白水丝难涅，稽首彤廷玉有苍。
热水遥遥天际去，皎然明月照雕梁。

丙午夏杪饮冯翊七车署，月下与魏龙媒话别联句八首抄四

烽火西京日已停赵，天涯良晤共忘形。
樽开北海人多杰魏，花对南山笔倍馨。
不约月来清似水赵，谁栽竹老健如屏。
公权联句偏宜夏魏，阳德遥临射井星赵。

数载相思晋水西魏，秦川忽聚慰云霓赵。
连城有璧还归赵魏，抱瑟无心复去齐赵。
且喜风光人未老魏，相随剑履路难迷赵。
炎蒸不到青枫署魏，好普浓阴覆夏畦赵。

移樽花苑酌清宵魏，到处乌乌拊缶招。
秦晋不因衣带隔赵，风帆自与岳云飘魏。
数年贫吏存饥鹤赵，几道新纶赐佩貂。
幸际休明同聚首魏，肯教事业付诗瓢赵。

华云冉冉舞嶙峋赵，矗立遥天向客身魏。
竹下裁诗摇凤尾赵，松头酒灌濯龙鳞。
披襟直拟追河朔魏，问俗还堪赋洛豳赵。
共醉他方情更挚魏，故人何事忆鲈莼赵。

龙 门

岩山一片水中分，陵谷难迁斧凿纹。
放出鱼龙归大海，收来关岳绕孤坟。
飞花乱点船头额，曳履争穿石上云。
利导当年无所事，后人徒自说纷纷。

登南宁城旷怀次顾辛峰韵前十二首抄六

西江回合破荒天，铜柱崚嶒忆汉年。
胆护蚺蛇争逐鹿，金销孔雀伴啼鹃。
文章绣世埋春草，斧钺开山折柳烟。
薄暮城头舒老眼，郊关何处不凄然。

无策筹边助治安，昆仑关外苦留难。
毒蛇潜处千门寂，瘴雨蒸人六月寒。
若使侏儒知绿字，肯教虎穴探红丸。
仙公坡上梨花雪，僵卧年来未可干。

五花洲上璧连城，摔碎胡琴玉石声。
苏守省耕成拙政，阳明挥尘出奇兵。
宝弓铺地青牛角，布帐漫天白马营。
万里河山归半部，书生何事误苍生。

灯火楼船入夜明，琵琶别调和鼙声。

多君柝月青油幕，坐我春风白玉枰。
花为客愁殊草草，诗因心乱益平平。
登高始觉家山远，日近交南异甲庚。

水月空明洗画谯，钓鳌野叟玉为篙。
岂贪矶上张和笠，为耻人间范叔袍。
相国怜才传露布，将军舞剑读离骚。
沙场漫自呼庚癸，且向河边饮浊醪。

二月清明百六时，干戈剩处思安危。
雌黄易信稗官史，黑白难分鬼国棋。
雁入蛮乡声肮脏，佛沉海底笑慈悲。
宝华山下群仙会，放却青龙把虎骑。

登南宁城旷怀次顾韵后十二首抄七

劫火频惊隔树霞，烬余重看县前花。
画山聚米排珠树，觅石医天泛斗槎。
虎帐弧悬前代寺，琴堂榻寄细民家。
忽闻马上啼红怨，疑是龙香却手琶。

春衫初试蚁王台，铁筋传灯拨冷灰。
辽鹤归城红雨暗，仙凫触网紫云开。
拈花有韵香千笏，读史无言酒一杯。
胜地重游聊破寂，登高作赋愧樗材。

玉箫声里送黄昏，月载虚舟刻水痕。
客子犹传苏氏帛，穷交复到翟公门。
云迷别鹤衣难拂，春老流莺舌尚存。
细柳重营无绿草，教人何处忆王孙。

大块文章久厌尘，比来花样又翻新。
量能包地留余地，老不如人且看人。
竹下题诗悲劲节，马前草檄慰寒磷。
渔即漫道仙源远，流水桃花可问津。

傀儡场中事事新，鼎炉沸水养金鳞。
狼烟豹雾唯随分，花笑鸟啼各趁春。
退马坡前星挂剑，飞龙洞口石留人。
阴霾竟日双眸暗，万里孤舟一病身。

笑啼不敢意常愁，景胜何妨数眺游。
解组难随清献鹤，逃名思饭宁生牛。
几年作客炎蒸地，一夕怀乡鬓发秋。
螺女无媒遥怅望，山盘云髻出潮头。

萍踪落落问岐途，一橐单衣孰信无。
病里客怀言易愤，斗间剑气月同孤。
巨鳞冰鉴吞残蚌，老树春忙乳小乌。
澹宕白云亲舍远，几回梦舞老莱图。

衡　山

嵯峨南尽楚江天，七十余峰路几千。
铜柱挂云堆汉表，祝融看日起山巅。
金书玉简从谁得，石鼓朱陵不似前。
纵目衡阳千万水，每闻鸿雁一凄然。

王文成公祠守岁四首抄一

葵藿心悬瘴海边，铅刀淬厉甫经年。
□盘蔬冷辞今夕，午夜香寒对昔贤。
数卷残书终是累，一肩瘦鹤只增愆。
不才自合明良弃，何事山穷问远天。

送毛君瑞游戎之任姑苏

六载筹边汉将功，圣明南顾起飞熊。
言扛九鼎山河重，剑倚长城社稷雄。
犀甲凌风辞瘴海，虎邱列帐幌吴宫。
汾阳旧友阳关曲，子夜闻鸡月挂弓。

春怀和灵山林明府鹤龄叠次其韵十首抄四

东风吹柳染平芜，梦草塘前动客吁。
掬水擎天云树合，还珠听月海波无。

诗书何幸存吾党，衣食维艰愧室孥。
雨后杨花飞不起，黄鹂绕栋几招呼。

田园十载未全芜，梦寄南窗啸复吁。
琴碎难留饥鹤在，铗归岂为食鱼无。
劳劳海角探珠母，落落晨星辨鸟孥。
岭外梅花迟驿使，停舟隔岸每高呼。

八百桑田顷刻芜，书空未了鬼神吁。
登楼望月随高下，隔浦听钟乍有无。
柳汁点衣酬塾士，桃花醴面慰妻孥。
可怜闲却调梅手，那许东风折柬呼。

琵琶洲上采蘼芜，水咽离声触短吁。
野马渐消诸小有，海鸥相对两虚无。
支离顾影花为友，老大怜儿鹤是孥。
梦到邯郸春已暮，清风明月许追呼。

舜　墓

大舜昔南巡，不见南巡迹。
但余此墓旁，一片潇湘石。

韩仙祠祷雨

济世流琼液，仙风高万古。
蓝关唤雪来，岂不能呼雨。

户军里

屯井军民合，菜花满市门。
西京烽火后，剩得几家村。

城　南

士女踏青来，徘徊隋帝台。
杨花方落尽，又见李花开。

抚兴宁县雷溪十二峒猺民即事

猺蛮生长不知书，乱后横戈费剪除。
今日吹箫兼伐鼓，家家买得太平鱼。
峒有鱼名太平。

绿牡丹

十二楼台遍着花，纷纷黄紫斗豪华。
谁知锦幔雕栏内，别有明珠出石家。

看来难辨叶和花，浅白深红未足夸。
醉客满堂银烛暗，只疑云鬓隔窗纱。

送友之淮阴

江湖浪走一空囊，岁暮狂歌入楚乡。
莫向淮阴城上望，钓台烟草白茫茫。

闻　蝉

蝉鬓新妆透晓寒，飞来偏识侍中冠。
问臣那得心如水，赖有君王赐露盘。

国朝南亭诗钞卷四

武乡范士熊桓一编辑

杜来凤 字丹邱，顺治丙戌（1646）进士，官江宁知县。

东山小壑头

何年劳鬼斧，劈此岭头分。
度峡疑无路，粘天止见云。
嵚岑随马堕，风雨隔林闻。
共道前村近，行行已夕曛。

程康世 字坦夫，康庄从弟，诸生。

八老图诗并序

颜延之《五君咏》人各一章，章各八句，效为八老诗。愚以为三百篇后，惟选诗犹近古。而高年硕彦，亦不得以绮语唐突。若第言其寿，恐洛社、香山不独以年传也。稍推广之，要非溢情。

魏惠庵

栗陆去我远，智愚鲜复真。
皤皤者黄发，弥缝使其淳。
爱身惟宝啬，全物一心仁。
晨兴拥慧出，聊清九陌尘。

赵乾符

人当强仕日，是君悬车辰。
功名等爝火，轩冕安足云。
学稼与读书，一一具经纶。
贤者不可测，巢窝又焉分。

张文举

青牛栖一叶，日及竞朝曛。
无多造化力，居然天地仁。
百年远行客，立身令名存。
始知张仲蔚，堪为众所尊。

陈相禹

云气涵青谷，星光集盘山。
璚条凤爰止，玉津虬斯蟠。
野鸟鸣弦转，山花如渥丹。
前村社鼓歇，翛然杖策还。

赵世瑞　合符昆季

心远不在地，厖喧语阛阓。

逐逐各有营，斯人独无累。
乐圣匪逃禅，货奋轻泉贝。
欲寿则可为，蚁视权与贵。

王倪逢啮缺，长沮耦桀溺。
异苔可同岑，终感非亲戚。
不如墨胎子，西山同食力。
美哉二赵君，高踪齐在昔。

张奎白

沿山葺茆茨，结构罕经营。
夏来桑柘长，秋至禾黍盈。
有时凌绝巘，还复踏沙汀。
相羊澹容与，仿佛见先型。

程坦夫　古人每自赞，窃附群贤之末，而缀以诗

适俗既违志，遗世非我心。
虚牖朝光满，挥弦鸣素琴。
幽巷尘不到，长啸声振林。
藜床手道德，顿觉气萧森。

赵伟品　字岳卿，三骐从子。顺治丁酉（1657）举人，官隰州学正。著《小歇吟》，见《山右诗存》。

叔父之任海陵时祷雨禁酒戚友酌水送行

一杯乡水饯云旌，永日长途骥足轻。
琴鹤雨随携故物，河山半部续宗盟。
岂惟君子交宜淡，始识臣心守更清。
别后亲朋应计日，到时甘雨满芜城。

魏　佩　字德卿，诸生，见《山右诗存》。

避地榆邑后庄杂咏四首抄二

山到崔嵬处，犹然尽力耕。
植犁如挂壁，下种若悬枰。
晨夕期霖雨，桑麻敌稻秔。
家家金杏熟，筐筥一时盈。

拮蹶无暇晷，勤劳不惮焦。
析薪旋厝火，索带强耘苗。
幼女知经络，童儿解牧樵。
犹然生计迫，木叶饭晨朝。

程　正　字长文，康庄子，县丞。

山　居

寂寂居山馆，风林独鸟鸣。
虽无尘事扰，终起故园情。

程　骧　字云文，正弟，康熙壬子（1672）举人。

送徐电发之太湖

锦帆百里藉东风，翘首寒生畏转蓬。
残雪远山看尚白，小桃近水爱初红。
司空石上三峰秀，郭泰舟前一望通。
此去已知彭泽宰，主宾相遇意何穷。

魏世官　字邓林，康熙庚申（1680）选贡，见《山右诗存》。

咏　怀

何堪引镜忽成翁，壮气犹能拥渴虹。
书著玉杯终敝帚，琴弹珠柱总焦桐。
葵虽处晦原依日，兰自怀香岂借风。
莫虑禁中无颇牧，白头谁复慰文雄。

史　珥　字彤右，康熙丙辰（1676）联捷进士。翰林院清书庶吉士。

秋日访友

所之无住着，信步踏东林。
亦谓驱愁绪，相逢起道心。
坐忘微雨过，谈畏夕阳侵。
得意无言处，拈花听暮砧。

俄顷惜离别，迟迟去复来。
病躯谈倍健，乡思久弥灰。
不避儿童厌，浑忘更漏催。
归来戴明月，祖舞兴悠哉。

赠王寅若

长安落落谁知己，云水行藏共此心。
君以琴书轻富贵，我虽城市亦山林。
喜披青史衡今古，懒逐红波问浅深。
岂是吾曹虚岁月？而今天地一浮沉。

淮阴侯墓

哀此王孙卧北邙，行人谁不恨高皇。
沐猴江上歌方歇，走狗宫中泣未央。
母饭千金还重报，君恩百战忍轻忘。

阴谋纵使身宜戮，三族何辜一并亡。

魏　伦　字明川，雍正壬戌（1732）明通，官宁武教谕。

和李汝明八音写怀元韵二首抄一

金门射策漫疑猜，石枕岩头旧有苔。
丝急先防惊饵去，竹幽却许抱琴来。
匏樽一酌和颜解，土鼓三声逐笑开。
革道乃孚须巳日，木鸡养得几多回。

龙爪槐

怒攫鲸鲵驾海来，南嵬蜕骨起云堆。
苍茫夜盥三更雨，霹雳天轰二月雷。
奋臂直摇山岳动，挥拳惊拍浪涛开。
人间何处修鳞甲，应夺龙宫第一胎。

诸同人柬招次铨诗以却之

宦海何如斗室宽，十年已懒到长安。
宁知塞马福非祸，漫问鸣蛙私与官。
独坐摊书四五卷，客来剪韭两三盘。
个中自有真消息，不作邯郸梦里看。

魏惟五 字爵庵，乾隆壬申（1752）恩科亚元，官神木知县。

不寐

不寐凉宵永，凄然为感秋。
关山千里梦，风月五更愁。
城柝听还咽，灯花结故稠。
草虫如有意，窗外亦啾啾。

瓶花

小阁藏春色，瓶花烂漫开。
不教风雨妒，时引蝶蜂来。
疎影齐书帙，清香入酒杯。
数须随意好，诗兴欲相催。

春思

芳草阶前片片花，春怀无赖郁交加。
英雄气已消儿女，老大时方惜岁华。
南浦烟波人怅别，东风杨柳客思家。
夜来魂梦飞扬甚，又到秦关晋水涯。

春风怨

凭栏何故骂春风，断送芳华日几丛。
忍使多情清夜月，翻阶偏照落花红。

史　嶷　字九峰，诸生，著《尟峰楼吟稿》。

庐山口占八首抄四

初望庐山

舟泊盘塘岸，苍茫路不分。
满江风雨至，知是匡山云。

东林遇雨

匡山多老松，日久化龙去。
夜半龙归来，满林风雨怒。

瀑布泉

王母水晶帘，珠玑映碧落。
匡君偷得来，挂在黄岩壑。

自五老峰归

上到五老峰，仄径半天跨。
回看人间世，云迷不敢下。

赵　扩　字充之，乾隆乙酉（1765）举人。官荣城知县。

游天成寨

迤逦出山庄，幽寻惬所见。
乱石夹重崖，草色互葱蒨。
古路漫凹凸，意谓无诡变。
谁知倏忽顷，别自开生面。
峭壁莽阴森，几疑龙虎见。
中有磴道垂，艰哉渺一线。
仰观天成寨，突兀尚难援。
攀缘学蚁附，回顾目欲眩。
力尽地亦平，临眺却可忭。
众峰相起伏，远水如匹练。
夕阳一返照，好景各自献。
天末苍烟开，历历辨州县。
燃柴沸茶鼎，随便坐群彦。
有酒戒沉饮，惟恐足力倦。
日暮归来时，欢洽重开宴。

初到崇城

青山千余仞，微径苦仄仄。
忽尔回环处，宛然别一域。
悬崖直下垂，古庙居其北。
凭栏一南眺，连峰去如翼。

远景分浓淡，冈峦互相逼。
爽气豁吟眸，高风荡胸臆。
举足可升天，奚借罡风力。
始信陟山人，登峰宜造极。
嗟哉尘俗士，可望不可即。

公出遇雨戏作

人生不百年，忧喜常相半。
何乃炊黍许，方寸交萦乱。
五月久无雨，群黎苦旱暵。
绿苗虽复佳，再迟恐灼烂。
我此焉承乏，坐对颜应汗。
方拟竭诚求，既沐还既盥。
天心本仁爱，大号忽然涣。
前日既霡霂，今朝愈滋漫。
甘霖本为一，于中隔宵旦。
起望四野间，平畴胥浸灌。
而予方行役，征途亦颇惮。
点滴入衣袂，浊水溅舆幔。
更怜仆从苦，泥涂深没骭。
举步不盈咫，倾侧魂欲断。
未雨求得雨，既雨复长叹。
造物应问汝，如何平汝憾。
但可雨田塍，毋须及路畔。
人情真难足，书之聊一粲。

阅诗戏作

诗人往往兼好酒，李杜篇章传不朽。
要知李杜以诗传，不是酒癖传能久。
诗人往往兼说贫，上无茅盖下无裀。
屠沽贩负纷纷是，未闻都号能诗人。
诗人乘兴作豪举，淋漓酣歌深自诩。
今年贫到锥也无，遣兴更使天花舞。
我生嗜酒又奇穷，句不成文语不工。
若但论贫兼论酒，诗坛也合作诗翁。

海　望

纷纷名利角雌雄，一望沧溟觉意穷。
虚拟鬼神如有在，遂疑天地本来空。
依稀远岛呈微粟，缥缈浮生直转蓬。
云梦漫夸吞八九，且来放眼看鸿濛。

李　端　字凝度，嘉庆己未（1799）进士，官翰林院编修。

励志诗八首

日月运行，循环无既。
感兹素秋，立志斯贵。
毋昏尔神，毋靡尔气。

曾是圣贤，而敢不畏。

其畏伊何，无荒无怠。
如甘受和，如白受采。
仁由己为，过不惮改。
尚慎旃哉，庶无后悔。

登高远望，我怀古人。
书诫无逸，盘铭日新。
矧此志士，而敢因循。
无诚不动，有感斯神。
邹生吹律，黍谷回春。

精卫填海，海水无涯。
愚公移山，山势崿岈。
东隅已逝，桑榆非赊。
丰城剑气，终显张华。

渺渺修途，惟志可必。
有基勿坏，譬彼作室。
筑之登登，栋隆斯吉。
朴斲未勤，胡施丹漆。

谓山盖高，不弃培嵝。
谓水盖深，不弃咸卤。
容纳须宏，层累是取。

微玷弗除，终类璎瑀。
细行不矜，终偭规矩。

钢经百炼，绕指成柔。
肱能三折，良医可求。
知止得止，虽休勿休。
瞿瞿良士，职思其忧。
若农力穑，乃亦有秋。

千古薪传，惟精惟一。
作伪心劳，作德日逸。
积厚而流，御虚以实。
作为此诗，服膺勿失。

早发坡底过上巅山

客心急思归，驾言发清晓。
残月挂屋檐，鸡声出树杪。
马蹄响乱山，余梦犹騕褭。
行行渐跻攀，蚁磨盘空绕。
怪石立如人，近视斯了了。
不觉置身高，但见群峰小。
山凹四五家，古木啼寒鸟。
清泉汲涧深，炊烟透林表。
朝暾迎面来，下瞰明河皎。
出没望南关，云山互缭绕。

何当下平原，肆骋双眸瞭。

市炭行

吾家旧在皋狼东，乱山一带石珑璁。
炭窑相距百余里，凿山取道通蚕丛。
午岁设馆来榆邑，薪米价昂常不给。
更值严寒炉炭空，山童报我我心急。
是日大雪满城飞，填街盈巷人迹稀。
余素性迂少相识，叩户求人与世违。
遣童冒冷寻煤市，千缗能买我亦喜。
无何旁午黯然来，雪花遍身冰在履。
具言此地煤素缺，况复山径埋寒雪。
城中烟火几千家，半因求炭足蹩躠。
如是我闻一长叹，吾斋暂可乏薪炭。
先忧后乐古所云，独惜此时穷民少炊爨。
君不见，
凛凛寒威足损神，半山尚有采樵人。
手肤冻裂血水新，腹饥腰折仍负薪。
又不见，
当年王石蠢愚才，蜡薪饴釜竞多财。
金珠一旦委尘埃，过眼豪华安在哉？

敝裘歌为楷堂同年作相嘲并相慰也

楷堂下笔谁与俦，笑傲直欲凌沧州。
胸中锦绣轧轧抽，寒不可衣衣敝裘。
敝裘单薄难禁秋，况值岁暮多穷愁。
冻云朔雪满城头，纸窗乱打风飕飗。
伊人金石传歌讴，闭门不肯干王侯。
我时过访无鸣驺，有裘新制羊毛柔，
服之热汗如浆流。
豪华颇耀君双眸，夜来独卧鼾声齁，
我裘竟被穿窬偷。
怒号噪急干唇喉，玉楼冻合肌粟稠。
楷堂拍手笑不休，此后尚能骄我不。

楷堂新裘歌

岁在庚申月建丑，新裘骤见楷堂有。
严冬已过春又来，寒图强半消九九。
长安富贾善居奇，正是羊裘减价时。
自脱春衫换冬袄，春衫典去无还期。
我闻昔人长竿标，裈聊尔尔君裘毋。
乃类乎是，不然，直须量减十日粮。
奋焉一旦争观美，吁嗟裘兮来何暮。
东风渐绿庭前树。
会当春服满汀洲，君之新裘应如故。

过上巅山

树杪葱茏石径斜，盘旋车马上云霞。
千峰拔地排狼燧，两界分疆互犬牙。
夕照乍明飞鸟背，炊烟时透野人家。
谁知搔首苍茫际，有客题诗览物华。

己未九月送赵肖岩舍人南旋四首抄三

儤值同听禁漏残，交情淡处见交难。
忘年愧我非英友，守道怜君耐冷官。
五载宦囊书一簏，半生家计竹千竿。
肖岩诗有“琴高溪上千竿竹”句。
莼鲈正美思归去，闻说江天眼界宽。

不唱骊驹已惨怀，萧萧风雨黯燕台。
千家秋思催砧杵，一片离愁入酒杯。
匹马长途天欲暮，寒鸡茅店梦初回。
梅花发后君归未，记取江南驿使来。

昔年相伴值丝纶，古塞风云句尚新。
“古塞风云立马看”亦肖岩诗句也。
豪气已除真解脱，名心未退自沉沦。
拚来多病惟耽懒，掷去流光不计春。
我亦有田漳水畔，何时同作钓游人。

雨日出都口占

仓卒驱车出帝京，潇潇风雨倍关情。
素衣半染天街土，倦马空惭砥路平。
丹凤城边新柳色，白沟河畔旧流声。
归心仍是来心未，怕有旁人问姓名。

九日感怀

客中无事倚栏干，满目秋容眼倦看。
九日萧条居别馆，十年书剑伴征鞍。
林凋柿叶飘蝴蝶，风卷芦花滚雪团。
几欲登高怯萧瑟，无人知是客衣单。

留别黄杏江水部同年

剥啄惊传有故人，门前倒屣候车尘。
不图此会心方讶，又恐将离涕欲频。
握手互年双鬓改，联床绪语一灯亲。
春明旧雨如相问，只道山中似昔贫。

十二余年谒帝京，邯郸梦里笑卢生。
交因贫贱情方重，人到聪明福便轻。
得失几同蕉鹿幻，衣冠难免沐猴名。
玉堂旧事吾能记，一道冰衔沏底清。

与杏江夜话有感

悔煞初心苦好名，偶谈近况欲吞声。
八年作宦头空白，半世嗟儿梦亦惊。
命似黄杨逢闰厄，身犹寒菊傲霜生。
与君重话长安事，无复当年慷慨情。

九日游慈云寺

慈云古刹枕山隈，九日登临逸兴来。
鸿雁远随烟树没，黄花新傍梵宫开。
司空碑版垂遗迹，内有程司空凤庵读书处，碑版尚存。太傅精灵想晋才。
庙塑龙神像系晋太傅狐突
独倚西风无限意，半林落叶下苍苔。

遣怀简虎卿比部同年即步元韵

昔年同上大罗天，曾被人呼阆苑仙。
自古悭囊难作宦，于今破砚当耕田。
不情面目原乖俗，多病心思欲证禅。
一事输君能洒脱，竹床时借老僧眠。

己酉六月九日感怀

黑甜醒后昼犹长，席展桃笙小院凉。
步遍苔阶鞻映绿，拈残花瓣袖余香。
避人欲学三缄口，嗜酒常回九曲肠。
我本玉虚洞中客，何时控鹤上扶桑。

山中清夜

踏破苍苔月，冲开石上云。
酒醒琴一曲，无复世人闻。

春日偶成

香雾蒙蒙入望迷，数株红杏傍疏篱。
不愁细雨沾衣湿，且为看花立许时。

白马山杂咏

黄莺招我过林傍，吹面轻风阵阵凉。
卧到山间人不管，松阴为被石为床。

踏破苍苍石上苔，层峦高处拨云开。
归时笑与山僧说，赢得清风两袖来。

眺罢青山掩北堂，浑无一事对琴床。
纸窗半被狂蜂嚼，放出炉烟几缕香。

晓日腾腾转碧湾，空明一片映紫关。
不知谁把文犀带，抛在山间与树间。

寂寂柴门傍涧开，栖禽乱噪梦初回。
醒来怪问泉声急，为有西窗夜雨来。

夜窗坡底口占

孤灯谁伴客怀幽，唧唧虫声满院秋。
检点行装留絮袄，明朝准备过山头。

太上皇纪元周甲授受礼成恭纪

寿寓珠囊启，金瓯景祚延。
无私三极建，有象万方宣。
瑞气凝双阙，祥光被八埏。
候调葭律协，统正斗杓旋。
幸遇皇敷福，钦惟帝奉天。
一堂亲授受，六甲纪周全。
耄念休征备，龙飞大宝传。
文思常裕后，浚哲本承先。
治象风行草，心源月印川。
爰符箕毕好，直契典谟篇。

主器亨占鼎，宸衷健体干。
欢腾青甸外，诏下彩云边。
率土深怀保，穷檐乐惠鲜。
洗兵枹鼓静，视学石经镌。
额广芹争撷，科开茹必莲。
抡才兴朴棫，阐道察鱼鸢。
饮食生民质，人情圣世田。
叙彝畴锡九，赐宴叟盈千。
复旦鸿濛辟，重离旭照圆。
晓催银箭漏，香绕御炉烟。
虎拜群僚肃，嵩呼列辟虔。
礼成鹓鹭集，乐奏凤凰翩。
咿嘔图王会，睢盱绘史编。
微臣依禁省，稽首万斯年。

史　嶅　字鲁山，诸生，嶷从弟。

九日登铜鞮署内庆丰楼

长羁官署情何极，独上危楼思有余。
两见篱花都作客，数逢归雁总无书。
云环雉堞城堙屹，秋老龟山木叶除。
徙倚南窗频怅望，儿童忽报寄双鱼。时得家书

魏鸾翱 字仪廷，惟五子，乾隆己亥（1779）经元。

赠刘某

风雨送春归，旅思迷芳草。
之子惠然来，感旧倾怀抱。
二十年前数旧游，吾邑名士推两刘。
原甫贡甫方竞爽，词场踔厉伏匹俦。
流光倏忽如反掌，令伯墓前宿草长。
尊甫白首老明经，邂逅意气仍倔强。
见君常如对若翁，美髯飘飘气吐虹。
偏是文章憎命达，频年挟策走西东。
只今小隐不得意，丈夫自有青云志，
不为良相则良医，国手何妨从小试。
河间医脉接长沙，朱李后先各名家。
想君熟读原病式，定复旁搜撷英华。
古来此事堪不朽，折肱折臂用力久。
我今放言君信否？
休怅传经心事违，十年且试活人手。

国朝南亭诗钞卷五

武乡范士熊桓一编辑

赵昌业 字敬哉，扩子，道光癸未（1823）恩贡，著《课余吟草》。

饮酒诗十首选三

五伦天所赋，乐地容身宽。
湛露宴臣工，洗腆承亲颜。
闺壶宜偕老，友于藉团圞。
嘤鸣更相和，酬酢庆交欢。
何曾戒饮酒，束缚使拘挛。
流荡一忘返，坌起衅尤端。
二者相讥切，沉昏网易干。
先王岂流毒，大典悬不刊。
人自为酒累，于酒何责焉。

来者日已速，去者日已多。
童稚皆抱子，强壮发皤皤。

虽有补天术，难可掓蹉跎。
虽有拔山力，无由挽羲娥。
世事纷难料，反复如颓波。
我醉固无赖，不醉欲如何。

酒中有真味，无过韵与豪。
有如游名山，岩壑万花饶。
从容与领略，曲折随所遭。
又如负大敌，笳鼓间铎铙。
口作长鲸吸，辟易万夫逃。
易地则非宜，况乃成呶呶。
寄言提壶子，慎勿徒醨糟。

庚午岁，业赴秋闱于二场闻讣，旋里，既而介山不遇来归，遗书相问，哀慰备至，兼惠以诗始知鄙卷拟中第三迟日，谨成二十韵奉寄

晓日射檐隙，有客叩穷庐。
疑是催租吏，徐问子谁与。
家童走相报，手提双鲤鱼。
缄縢慎以密，颠倒赤与朱。
殷勤展书读，未发先欷歔。
苦语间层叠，真气绝牵拘。
首唁皋鱼恨，风木佐嗟吁。
继悲郄生对，东堂命龃龉。

终言刘蕡策，被放归穷途。
反复数百言，词尽意犹余。
赠我瑯玕句，终始忆微躯。
挥洒相思泪，字字鲛人珠。
羁愁杂感遇，幽愤何郁纡。
我愁日以迫，二毛欺鬓须。
块处同槁木，何以报琼琚。
甚愧良意厚，殊无一得愚。
颇闻古志士，不坠青云图。
君身岂久抑，自当收桑榆。
回首忽呜咽，悲风来四隅。
置书三叹息，泪下沾衣裾。

夜　梦

我梦从馆归，上堂拜阿母。
服饰如平时，宛然容可睹。
讶儿形何瘦，怜儿读何苦。
呼婢具茶汤，劝儿多饮茹。
亲手检衣衫，针线密密补。
言从儿去后，薪水时或阻。
庾粟行已空，朝夕专望女。
娓娓说劬劳，纤悉若条缕。
鸡鸣忽惊觉，瞻依无处所。
泪下如流泉，哽咽不能语。
永念慈母恩，恻然伤肺腑。

信成斋八咏

信成斋，外家李氏书室也。地有园亭之胜，每时入春夏，飞沉交畅，卉木争荣，仰观俯察，信游息之佳境也。猥以菲材，馆于此者近十年矣。暇日成小诗八首，欲书之壁以志梗概。匪敢示人，聊镌岁月云尔。

台

垒土临前衢，未须度寻丈。
茸茸翠罽齐，蹴踏平如掌。
环望接崔嵬，一缺通莽苍。
白云澹无极，邈焉发遐想。

池

澄波贮净渌，曾无纤翳侵。
宵翻素月影，日偃长松阴。
微风飒然过，空明难迹寻。
静对意弥永，泠泠清我心。

花

小径半攲折，疏散罗群芳。
后先各妍艳，窈窕无凡妆。
月影淡横砌，风香清度墙。
谁与惜幽赏，频来泛瑶觞。

木

树木如树人，培之固宜早。

箕裘历几传，群材各已老。
杨柳依楼春，桃李竞时好。
独爱百尺松，亭亭云汉表。

禽

飞飞集林鸟，时复流新声。
喁于不可辨，隐约呼其名。
来固足欣赏，去亦无吝情。
何事图消闲，损兹天籁鸣。

鱼

游鯈赪以红，天然二寸许。
来往媚晴涟，浮沉畅容与。
濠上虽云乐，未若抟风举。
旷哉逍遥游，无为作蛮语。

亭

亭幽足御暑，坐觉嚣尘空。
横榻北窗下，高旷羲农同。
户暗柳阴重，帘疏花气通。
好风飒然至，未暇论雌雄。

圃

小奚亦愿端，术谙灌园叟。
咿哑桔槔鸣，翠畦润何有。
凌霜撷寒菘，冒雨剪春韭。

未审肉食人，曾知此味否。

中夜吟

夜久不成寐，嚣然闻讼声。
肢体何杂还，环呼鸣不平。
证之以耳目，群谓得其情。
手云已生胝，徒为铅椠擎。
足云已穿踵，但遣竭蹶行。
口凛三缄戒，含意未敢呈。
腹固作雷吼，闻之使人惊。
此君茫无主，恻恻哀矜生。
环顾谓耳目，无蔽尔聪明。
耳目同声对，臣职给使令。
古人重颐养，毓以发光精。
前者余井李，蠹蚀犹半嬴。
非伊匍匐往，臣已同聋盲。
此事其有焉，愿主详其诚。
此君勃然怒，切责严权衡。
特遣肺腑语，同兹肝胆倾。
尔曹从我久，愚暗迈蚩氓。
无功不自愧，妄想非意争。
南亩困胼胝，优游几案横。
闾阎缺藜藿，朝夕匕箸撑。
无知固顽蠢，有觉何牵萦。
牙签列万轴，照惭明镜莹。

刍荛有妙理，过若微风轻。
负我亦已甚，我自育含宏。
苦思复焦虑，藉以代躬耕。
胡为不相励，欲我缚尘缨。
请今任尔适，何计得丰盈。
两造咸屏息，弭耳愿乞盟。
曾闻古遗训，体有大小名。
勤渠出尔力，从余斯迈征。
穷达自有命，税驾无歧程。
迁延各辞辟，静寂瑶台清。
渐近华胥路，冲漠无将迎。
栩栩化为蝶，何虑复何营。

煤　窑

金玉世所贵，罗致良独难。
水火民至足，待用宜无患。
水溺固多死，火烈民亦残。
岂惟不敢蹈，取之嗟难言。
吾乡产石炭，幽邃閟冈峦。
居人爱奇货，聚族钻巑岏。
既得疑拱璧，祭赛纷来观。
临穴皆惴惴，猿狖愁攀援。
其徒贾余勇，身轻插羽翰。
悬絙百千尺，辘轳转弯环。
投之深渊些，冥冥降云端。

缠头束爝火，聊当烛龙然。
冰冲凿终日，虚往期实还。
暮从智井出，魑魅谔人寰。
豫让全身漆，墨子丝长叹。
但见眼余白，谁复分朱颜。
狰狞鬼手馨，抢攘摊金钱。
归来竞沽酒，醉笑稼穑艰。
我为再三叹，颐养咸繇天。
胡为区区物，爱惜反成悭。
或云天道远，预以绝贪缘。
险犹恣攫取，易孰肯耘田。
不见江海上，贩舳踪缠联。
所得岂不伙，性命轻云烟。
人心固不一，嗜利生可捐。
缅想岩墙训，谁与信前贤。

晤李会三戏作

春多气上疾，今君病独否。
不遇折肱医，反逢剥床咎。
我时来问君，群婢共掩口。
痌瘝切乃身，岂虑言之丑。
君为呻吟语，颇异柳生肘。
初若骥尾舒，继如鸟吐绶。
舜行怯蚁随，韩王羞牛后。
请看身余几，但犹不畏首。

我乃逌尔笑，此疾来已久。
东坡食淡面，腹作菜园叟。
鲁望绝交书，誓谢杯中友。
我意殊不然，何用将腹负。
聊且食蛤蜊，更复进杯酒。
意尻神为马，足下风云走。
逍遥物外游，赘疣复何有。

斋前探春三月始花

探春特开早，不与群葩同。
托根富贵家，花瓷琢玲珑。
屏遮金翡翠，帐映红芙蓉。
龙涎烘兽炭，暖气春融融。
未腊已先放，含笑凌东风。
来观共错愕，谁许前争锋。
此时斋前花，暗淡霜雪中。
灵荄俨蠖屈，清干随云封。
正月未甲坼，二月犹蒙眬。
三月行已半，盈盈华始丰。
所性岂有殊，迟速渺难穷。
绕树成独笑，慰藉理潜通。
早芳虽自异，时过绿成丛。
迟开亦不恶，积久香愈浓。
君看松与柏，岂肯竞时容。
无为作慨惜，烂漫倒金钟。

读昌黎《秋怀》诗，因仿王梅溪叙意敬次其韵七首选五

秋气日槺槮，禾黍光蕤蕤。
白露夜沾濡，原草绿未已。
四野蟋蟀鸣，聒聒惊两耳。
倚户独彷徨，感叹愀然起。
为念岁月徂，直与驹隙似。
人生非金石，盛壮难可恃。
努力爱分阴，辙迹遵前轨。
春花虽云妍，秋实亦所喜。

愁人易感伤，经秋乃益悴。
回风一萧瑟，落叶纷委地。
林鹤饥不鸣，田雀饱欲恣。
饥饱何足言，旁观自感异。
恻恻方寸同，谁道知希贵。

日耀远山明，云拥前村暗。
今岁禾颇稔，用释农旽憾。
守望急遮逻，侦伺若鬼瞰。
重此性命资，护惜安敢淡。
医我独何为，摊书肆泛滥。
餍饫复沉酣，废弛常恐暂。
因思缉修绠，敢同不系缆。

纷纭丹与黄，低头勤校勘。
有如力田人，庶以储甄甑。

苍苍暮色合，霜露沾庭轩。
幽忧忽枨触，宿憾竞来奔。
归室挑灯坐，涕泗不能言。
念我哀哀亲，双櫕停堂前。
謦欬犹忆昔，晨昏不一餐。
口泽杯圈在，手泽遗陈编。
历岁不克葬，耿耿恨百千。
恻然伤肺腑，旁观为辛酸。
夜久欲就枕，颠倒不成眠。
起读蓼莪诗，凄怆无穷年。

道旁有嘉树，绿叶何美好。
菟丝与女萝，附托恐不早。
秋霜一飘零，憔悴不自保。
拳曲犹支撑，靡蔓日枯槁。
先事固已然，此时何必道。

魏烈妇死节歌

烈妇李氏，初婚后，夫死于樵，妇投其处殉焉。

魏烈妇，乃在武乡东乡之土河。
土河名河实坡陀，悬崖万仞形嵯峨。
其夫樵苏日往还，时夸趫捷凌高柯。

偶然失足嗟难寤，三月新婚那得顾？
于时烈妇初归宁，闻信仓皇迫奔赴。
入门翁媪方号咷，细究何所成颠仆。
不作呼天抢地形，但愿一到峰头望其处。
阿姊扶将导之往，径途步步增敞惘。
清晨犹自执柯来，如何一旦归黄壤。
风萧萧兮白日昏，天寒野旷难招魂。
耸身倏忽同飞鸟，双双僵卧危崖根。
行人见者泪如涌，移尸封作鸳鸯冢。
肯捐一死如鸿毛，须知恩谊邱山重。
烈妇素未读篇章，至性由天何激昂。
只今碧血疑飞洒，岁岁空山草木香。

手疾初愈示弟昌祚

我生于书分本薄，自伤疹痘难挥霍。
涂鸦但可备抄胥，每到临池面深怍。
今年夏季因炎蒸，乃似河鱼腹疾作。
瞑眩由来冀速瘳，敢嫌苦口辞良药。
筋力纷争战伐余，腹心疾去股肱弱。
于时已失左右手，拥袖讴吟俨自若。
偶因细字写乌阑，肘后无人讶掣索。
搁笔欲视反掌难，抱枝拳曲寒林雀。
小敌虽怯大或勇，赵罗未战先痁疟。
我家食砚本无田，辛勤笔札当耕凿。
农夫已将耒耜舍，谁肯芸田代秋获。

一身饥饱自不知，遑论琼枝仙桂斫。
岂知造物哀愚蠢，取怀而去还如橐。
病木逢春解向荣，蛰虫乍启行微蠖。
昨朝风暖日照户，窗明几净神冲漠。
跛不记履聊小试，逡巡欲步前仍却。
巨刄摩天苦柱撑，春蚓秋蛇渐盘错。
焉敢临摹蘧望工，但颂波磔还我昨。
归来敝帚直千金，南面休教易此乐。
古云兄弟同手足，我手炷艾女手灼。
我今固幸屈指信，为庆痌瘝弃女恶。
认取联床风雨候，东涂西抹纷涉略。
人生得意且随缘，试把埙篪共歌咢。

项王别姬图

先君嗜古薄玩好，手把一策时穷搜。
金石遗文并图绘，过眼仿佛轻云浮。
为言嗜好若成癖，无异珠玉生烦忧。
何况史汉工摹写，后世画虎徒贻羞。
独于此幅屡赏叹，往往顾视神夷犹。
绢素纵横不踰尺，内极远势穷深幽。
山川郁律莽回互，烟云惨澹风飕飗。
想当垓下兵四集，林端闪烁森戈矛。
重瞳气概动山岳，上马欲去回双眸。
美人掩袂惨作别，啼痕宛转蛾眉愁。
岸草野花皆异色，林猿山鸟齐啁啾。

须眉意态尽欲活，笔力何让龙门遒。
此画相传出旧邸，自先世来，云是沈王故物。
未详名氏标春秋。
若非远出顾陆辈，近亦当属文沈俦。
我家壁立无长物，安用宝绘争绸缪。
为因先时勤手泽，触目心瞿情难休。
为语后嗣须什袭，好与旧籍同藏收。

送穷俗以正月初五日扫尘土送之于野，名为“送五穷”

送穷竭诚悃，穷鬼乐嘻嘻。
感君意良厚，舍此复何之。
年年送穷穷不去，正坐深交得所据。
我今不送穷，听君嬲而翁。
有酒不设爵，有腰不卑躬。
穷鬼见之固大怒，魂馁腹枵难少住。
东邻饯美西筵丰，且往饮食游其处。
趁君方出门，急起掩吾扃。
历年行踪从此绝，应有玉帛充阶庭。

十一月十一日归馆寒甚夜酌新酿欣然有作

欲雪未雪山苍苍，欲暮不暮天茫茫。
寒风飕飕林鸟寂，行人惨澹驱河梁。
我来旧馆巡回塘，镜奁一抹涵清霜。

纷纷落叶干委地，足音勃窣鸣篢笪。
为忆秋获离山房，篱菊剪艳开黄裳。
日月几何不复识，有如赤壁重惋伤。
主人重义乐慨慷，乞我新酿如琼浆。
夜阑把笔忽忘冻，自取玉瓒倾流黄。

元夕叹

富贵得意如凌霄，坐拥珠翠罗笙箫。
华筵未散燎明烛，洞房夜夜皆元宵。
村氓终岁殚劳役，瓶罍倒尽无遗积。
也思佳节共欢娱，门巷萧条如宿昔。
天运寒暑自来往，人生苦乐分霄壤。
有余不足谁能齐，漫道今宵尽游赏。
我今株守在茅檐，枯鱼衔索悲所天。
孤灯相伴更愁绝，足茧荒山穷岁年。
更阑倚户还踯躅，四邻已睡声寂默。
惟有山月照团圞，独对清光三叹息。

积　菜

豆花开罢绿铺田，累累豆荚藏联翩。
满郊草露吟蟋蟀，连朝阴雨笼寒烟。
田家欲使豆易熟，芟夷仰藉秋阳鲜。
是时东邻约女伴，提筐携筥来新阡。
采撷纷纷烦素手，快如食叶蚕新眠。

归来爇火同烹菽，浮浮吐气何连绵。
鸾刀缕切细且碎，碧琉璨作黄金妍。
大入瓮盎小或缶，厌以巨石泣如涟。
岂惟御冬拟旨蓄，直以积贮贻来年。
旧谷既没麦未熟，洗濯尘污随流泉。
齑浆淹渍酸溅齿，和以脱粟加盐煎。
充肠敢比珍味美，妇子藉免沟中填。
我生饥饱亦有分，经营从俗还随缘。
且积黄齑三百瓮，聊把豪奢当料钱。

西山先生六秩荣庆

葡萄鸭绿罗浮苍，松梧竹箭难独当。
笃生贤杰何炜煌，清华远继辋川王。
冲龄卓荦志昂臧，喜闻雏诵声琅琅。
便谓他日为文章，要使天下群称扬。
三坟五典无遗忘，俯拾科第如探囊。
鼎彝终自耀岩廊，牛刀小试来陬乡。
心劳抚字廛如伤，政简弄清无诪张。
牙签万轴富缥缃，著书自晓及昏黄。
一帘花影围琴堂，今当耳顺弥康强。
天俾纯嘏寿而昌，父老拜舞称兕觥。
小子微末等粃糠，时来问字皐比旁。
浩无涯涘惊望洋，文以载道理大明。
训词深厚谁与京，古之韩愈今欧阳。
里辞进祝抒心香，迫窘诘屈走且僵。

庶几夫子莞尔将，聊助欢噱同俳倡。

寒食绵山怀古

何处不寒食，绵山幽意深。
春秋人一往，歌哭到于今。
古树苍藤合，残碑碧藓侵。
旌田留片土，翻叹霸图沉。

喜　雨

旱极翻如素，嚣然各不禁。
三农罢祈祷，旬日降甘霖。
阶草添生意，庭槐郁远阴。
翳谁生万物，于此见天心。

游离相寺

一径穿幽谷，言探古佛场。
地犹雄虎豹，天久属牛羊。
断碣依丰草，残钟卧夕阳。
惟余双柏在，突兀对青苍。

题圣泉寺

峭绝崇城寺，蓬壶物外情。
云浮天地白，泉喷雪霜清。
杂沓群峰幻，刁骚众籁鸣。
兹游愧仓猝，重过惬平生。

八月九日夜坐

病后嫌衣薄，垂帘夜坐幽。
酒肠还健在，诗思费冥搜。
林护半窗月，虫吟四壁秋。
更阑聊徙倚，河汉正西流。

南　关

纡途经百折，一线蜿蜒间。
石立截鸣濑，云行吞乱山。
蚕丛思蜀道，天险壮秦关。
叱驭曾闻训，驱之敢畏艰。

登小天台

峭阁凌霄建，登临思渺然。
风烟三晋阔，云树万家连。

缥缈浮空岛临小海子，
清虚小有天。
凭轩如羽化，何处觅真仙。

山头晚望

登山如附翼，四顾豁遥天。
马耳云峰伏，鱼鳞绣壤连。
夕阳千树锦，暝色一川烟。
归路凉风舞，飘摇意欲仙。

灯　罩

藉尔笼兰焰，摊书五夜中。
韬光宜用晦，鉴物本无穷。
坐对生虚白，时闻落碎红。
近将明月抱，旋转任西东。

土岭盘槐

亦是南柯种，葡萄忽误看。
纠蟠无寸直，夭矫作千端。
翠缕惊风乱，仙云覆地寒。
营邱虽有笔，摹绘恐犹难。

云虬谷春日杂诗

物外哗嚣绝，悲欢独往情。
春云饶雪意，乔木易风声。
谷响惊投足，泉清想濯缨。
授餐虚拥坐，未用不平鸣。

昏旦虽孤处，何心著绝交。
堂深来燕伴，门静有花敲。
学业同餐肋，行踪托系匏。
不离西阁意，岳陇欲腾嘲。

尚友儒生志，图书纵复横。
千秋时洒泪，一得有余情。
户暗春阴度，林喧爽籁生。
升沉归定分，懒意向君平。

鸟语惊春梦，披衣索锦囊。
欲将流水竞，终较白云忙。
局促踪何济，幽闲兴屡长。
归来试捻拨，琴润染炉香。

寒食明朝是，流光感岁年。
草心宜雨润，柳眼怯风牵。
地僻难赊酒，山深不碍眠。

兰亭新搨罢，独立向云天。

小园栖息稔，意与室家均。
散步闻啼鸟，开编见古人。
泉香分七碗，炭炽压重茵。
莫笑耽吟苦，生涯未即贫。

濡滞真无计，幽栖足静临。
风云知物态，草木见天心。
医俗勤看竹，忘言不鼓琴。
无才敢充隐，漫比入林深。

不作无情侣，逢花忍负春。
时浮蕉叶浅，夜缀玉虫频。
俗物忘城市，浇风静比邻。
所嗟同志邈，欲语竟谁陈。

兴至成孤往，苔痕印屐浓。
远村常隐树，古刹间闻钟。
径仄穿云险，田硗凿石慵。
愚公终计拙，直欲铲群峰。

霁景开怀抱，春容宿困醒。
懒云捎树白，残雪点峰青。
鹊喜迎人噪，农歌隔圃听。
今年花事好，为有雨含灵。

游漏岩岭

峭壁如悬画，披云诘屈登。
头森将陨石，足碍倒缠藤。
竽籁横空奏，丹黄带露凝。
家园虽咫尺，今始阅崚嶒。

久雨秋山饱，飞泉万壑鸣。
人随幽谷转，马蹴乱云行。
树杪平临过，飞鸿俯视轻。
未嫌途险阻，原异利名争。

结　庐

结庐尘境外，岁晚兴弥幽。
扫雪开山径，敲冰出冻流。
斋心忘宿味，瘦骨抵重裘。
未审廛居者，何人可共游。

饯　春

芳春如水去悠悠，祖帐沾巾不自由。
杨柳有情皆暗淡，燕莺无绪亦啁啾。
几人拾翠空相帐，何处寻花只益愁。
行色只今留不得，明年还与早来不？

娲皇寺白牡丹

地隔椒邱曲径斜，携壶来与赏天葩。
仙衣一色排云锦，玉佩无声坠月华。
顾我自宜安淡泊，问君何事厌喧哗。
门前尽日无车马，忘却人间富贵花。

芍药二首选一

丰神绰约态娉婷，惊恐还教倦眼醒。
裁碎彩云堆玉槛，熏余宝麝彻瑶庭。
桃红李白皆郊岛，魏紫姚黄作尹邢。
更有殊勋参素问，风流底事说葩经。

读前贤诗集有感

笺注纷纷只益疑，行空天马岂容羁。
从来善易休言易，焉有吟诗必此诗。
流水行云无定态，清风明月想襟期。
悠然离却言诠相，天女拈花欲笑时。

秋柳诗和王阮亭尚书原韵

暗淡情怀入梦魂，却将幽怨寄长门。
也曾少小承新宠，不觉长年感旧痕。

几度繁华随苑囿，只今寥落付烟村。
何人更奏关山笛，风岁含愁总莫论。

阴阴曾记拂征衣，跋马重来景物非。
河汉微云情澹宕，池塘春早梦依稀。
多情好谢黄莺语，旅况相逢白雁飞。
留得风前憔悴影，芳华回首愿多违。

板桥谁遣迹留霜，顿觉秋容到柳塘。
螺黛懒开金钿盒，舞衣行叠翠云箱。
曾将飞絮深怜谢，莫唱轻尘更恼王。
从此章台懒回顾，风光不是旧时坊。

一从消瘦倩谁怜，独立苍茫对晚烟。
投老尚余形袅袅，经时难禁思绵绵。
魂消铃铎归秦日，肠断边笳去汉年。
转眼盛衰都莫问，且携斗酒醉林边。

春柳诗和袁子才原韵

漏泄韶光早占先，轻柔来试艳阳天。
马蹄芳草怜今日，人面桃花忆去年。
腰瘦乍看飞燕舞，眉低犹作太真眠。
离人多少伤春意，都付旗亭客舍边。

闻道青青夹御河，缠绵到处欲如何。

东君未遣随红雨，南浦新看蘸绿波。
几度画眉嫌样浅，一番洗眼太情多。
莺花三月无边丽，何事沉吟玉笛歌。

淡抹鹅黄体最柔，旋将深翠染稍头。
本偕杏馆争新态，却惹兰闺触旧愁。
白马远嘶芳草岸，青帘高卷夕阳楼。
请君试认翩跹影，应为消魂不自休。

侨寓铜鞮，冒雪访葛秋壑太史

细雪霏霏涤路尘，冲寒为访葛天民。
人如黄绮须眉古，语带烟霞吐纳新。
敢把忘年称小友，直疑隔世契前因。
归来半醉逢人说，近与诗坛作主宾。

秋晚即事

寂寂家居亦寡俦，每依场圃作闲游。
云蒸暖日峰旋起，树倚悬崖叶尚留。
野语乍闻时捧腹，行吟未就屡摇头。
归来折得篱花艳，夜插灯前当酒筹。

留　须

几年西抹复东涂，从此鬑鬑亦有须。
揽镜敢同城北美，入门方信子南夫。
莫教捻断随吟咏，但可微掀助啸呼。
顾影居然殊故我，不须为檄责髯奴。

冬夜书怀

傀处深斋槁木同，情怀颠倒梦魂中。
孤灯暗淡更筹急，双棕萧条泪眼空。
已作老翁头欠白，偶谈生计面先红。
凭君莫漫言愁思，江海虽深尚未穷。

斜横北斗夜将阑，浊酒频倾屡欲干。
世事有经皆蜀道，痴情无梦入邯郸。
张仪舌在书堪读，元亮腰伸米最难。
畏见婆娑庭畔树，物犹如此我何堪。
堪字出韵

风催云阵雁声哀，倚枕宵惊倦眼开。
律里新阳寻又到，门前旧雨几曾来。
无方储峙销愁药，何处经营避债台。
惟有寒蛩知我意，清吟唧唧共徘徊。

生涯萧瑟砚为田，寂寞蓬蒿历几年。
耐尽祟魔浑似佛，瘦教鸡犬亦成仙。
刻穿玉楮今何补，刮待金篦孰与怜。
剩有元龙豪气在，夜深犹上大床眠。

春雪用东坡韵

花倚东君情尚惬，云沈北渚令方严。
打窗密似声摧叶，点水融同味着盐。
历落松杉迷埜径，啁啾鸟雀聚空檐。
人工何自争天巧，飞上浮图已合尖。

初怜宛转能穿户，旋讶污邪欲满车。
陌上平铺千疋练，林间近拥万丛花。
欢声已自闻农父，清赏还须问酒家。
欲对阳春歌白雪，仙才终愧手频乂。

初夏早起

檐光送曙鸟声幽，白袷轻披散发游。
但爱侵晨花照眼，不须破卯酒扶头。
桑麻滋长丰年象，燕雀绸缪未雨谋。
土銼炊烟行复起，黄粱一饱更何求。

奉和邓方舟明府元日原韵

共竢祯祥与日升，天教瑞雪快时晴。
春来顿觉诗情好，寒甚犹嫌酒力轻。
炉任婢添留篆碧，爆惊儿戏作星明。
野人不识承平乐，笑听街头击壤声。

春　暮

悄无人到昼迟迟，踯躅阶除一咏诗。
宿露润添幽草色，好风香度落花枝。
愁多渐觉朱颜改，困甚休将素志移。
谁道芳辰留一月，依然惆怅送春时。
时闰三月

寂　坐

空斋寂坐思无聊，铅椠虽陈亦懒操。
古树驱鸡闻膈膊，故衣多虱屡爬搔。
悠悠度日真输侃，碌碌随人敢荐毛。
已分闲愁捐未得，更将香草读离骚。

岁晚家居

岁暮归休脱鞅辰，闭门却扫类全真。
瞢腾突兀浑闲事，历落嵚崎可笑人。
未惹火攻来季弟，无劳水厄困佳宾。
尚思细讲齐民术，菜甲先春出土新。

无端岁事逼吟身，几许闲愁入短颦。
积负未堪连子母，检方细与论君臣。
搔头白发人非旧，转眼青阳序又新。
闻道土牛迎独早，缄藏斗酒待花辰。

和介山《榜落途次书怀》原韵

马多天下古雄州，憔悴归来惜壮游。
有志谓依红日近，无心又与白云收。
从人画取原由命，不作伶工只为羞。
剩有琴书堪自乐，遥知清趣日悠悠。

叶落西风径欲平，云山驱马几含情。
岂无美酒堪谋醉，只有才人解好名。
衣钵阿谁传后进，心香到处说先生。
介山为明府西山先生所器
旁观只笑貂裘敝，肯信他时衣锦行。

衾枕寒催五夜霜，无边劲气入秋商。
愁深拥髻怜通德，归时值尊间有疾
瘦减围腰讶沈郎。
旧业只今留铁砚，传经自昔有青箱。
君为昆仑先生后藏书甚富
春风一拂花如锦，摇落何须泪眼伤。

莫听秋笳与暮碪，无端撩乱百忧侵。
剑光中夜长冲箧，花样经时只自纴。
献璞旧传千古泪，断金徒说二人心。
君诗读罢重惆怅，犹有朱弦洞越音。

春日偶成

一邱一壑寄微躯，摒挡喧嚣百累除。
春水绿宜新涨后，杏花红在欲开初。
炉烟半袅观周易，酒力微酣读汉书。
但教儿童消永日，未知生计定何如。

愁

非醒非病渺难知，无绪无情不自持。
满院落花春去后，半窗寒焰雨来时。
洪垆点雪无功酒，寸木填河子美诗。
惟有华胥堪暂避，屡逢攻击路仍歧。

晤介山于城中，欢饮连日，留赠四首选三

渺渺花城盼好修，绵绵山馆怅离忧。
都将异地三秋感，并作平原十日游。
苏子妻贤能庋酒，醉翁童睡屡垂头。
与君快作通宵语，涤却胸中几许愁。

欧阳门下旧多贤，卓荦谁争子固先。
烂漫词华成白凤，澜翻舌本吐青莲。
金兰订谱愁勍敌，胶漆投怀快夙缘。
说到师恩辉旧德，手携遗状各潸然。
顷以先君行述求铭于西山师，及晤介山，
始知其得所乞墓表，因各出稿相示。

手把宜男佩细君，又将多病念朝云。
门庭寂寂谁为乐，意气昂昂自出群。
投契最怜牛马走，争雄终仗鹳鹅军。
年来结伴同刘阮，可许霓裳诧共闻。

书《剑南集》后

浣花溪畔旧风流，天遣诗人认昔游。
有句欲仙都化去，无钱使鬼任归休。
手胝忍抱雌黄见，心醉还将大白浮。
团扇自应余旧迹，画工能与写来不。

秋闲晚步

篱落萧疏菜欲黄，西风瑟瑟鬓间凉。
千畦禾黍迷村径，几叶梧桐堕井床。
海燕影稀知社近，寒虫声切感宵长。
新诗赓罢无人和，自拨银缸举一觞。

茶　灶

坡老常将活火称，花砖小筑兴初增。
欲看蟹眼波纹好，雅称龙头鼎足凭。
竹径有烟时避鹤，花间无事欲留僧。
劳他童子频挥扇，几度垂头唤不应。

酒　旗

一竿挑出画檐齐，弄影随风东复西。
红杏村边人共指，绿杨桥畔马频嘶。
招摇旅店春光早，掩映楼台夕照低。
我欲寻常行处饮，任他人笑醉如泥。

吊李公化龙榆社人

先生风烈继东林，为读遗编寤叹深。
贾谊上书曾痛哭，灵均被废且行吟。

运移敢奋螳螂臂，义重难忘犬马心。
坟畔旧标金石否，铮铮应自起遗音。

七月既望与友人夜饮河干

朅来河畔共招寻，此夕萧疏最赏心。
明月清风苏子赋，高山流水伯牙琴。
人间俯仰成今昔，物外登临足啸吟。
我醉请君同起舞，不须吹作洞箫音。

冬闲偶兴

世事茫茫百未通，痴顽端合老冬烘。
东施面目从来丑，南阮家声自昔穷。
胜负久捐蛮触斗，恩仇都付马牛风。
惟余一事难全置，夜夜匏樽莫放空。

南凹书馆冬日咏怀

依微小径入云根，陶复经冬气晏温。
荦确童山余乱石，杈枒秃树倚柴门。
扶衰近制新藜杖，破闷频倾老瓦盆。
车马不惊人迹少，疑从皇古度晨昏。

久偕童冠结为邻，惭愧朝朝苜蓿陈。
矮屋打头拳似蛰，晴轩炙背暖如春。

未能免俗缘多累，不合时宜只太真。
手把一编吟且读，误人犹自恋头巾。

唾壶击缺意难平，户外萧骚野籁鸣。
但有狂奴余故态，眼看竖子尽成名。
闻声暗暗青衫湿，揽镜萧萧白发生。
不及黄粱分一晌，邯郸究愧梦中情。

情怀镇日自依依，静对寒云雪欲霏。
子美行吟常苦瘦，昌黎内顾尚啼饥。
守株待兔终何益，缘木求鱼计更非。
惟有禅关滋味好，焚香默坐学忘机。

地无十笏足羁留，几静窗明兴亦幽。
供馔预占如射覆，题诗分韵试拈阄。
天寒深藉倾杯暖，夜永真思秉烛游。
可惜痴顽多健忘，三冬文史未全周。

兀坐萧斋榾柮红，自嫌头脑太冬烘。
才如韤线条条短，语忆心经色色空。
扪虱敢言天下事，雕虫深愧壮夫雄。
痴人亦自余清福，夜夜仙游蝶梦中。

冰壶宵结水晶球，衣褐旋成卒岁谋。
过眼光阴惊转毂，无心遭际付虚舟。
启期本自余三乐，平子何须赋四愁。

差幸年来婚嫁了，尚思五岳恣遨游。

三间老屋御冲风，兀兀穷年雨鬓蓬。
自觉卮言同嚼蜡，谁从朽质辨焦桐。
卧游纵少江山助，坐隐偏争战伐功。
兴至偶然思疥壁，雪泥留爪记飞鸿。

潦到名场说数奇，风尘憔悴鬓如丝。
酰鸡瓮里乾坤老，野马光中岁月驰。
枵腹枉思吞画饼，埋头竟作处囊锥。
宵来独拥寒灯坐，那怪杨朱泣路歧。

光射芸窗晓日晴，闲从史册阅纵横。
书生手进三千牍，老子胸藏十万兵。
鸿鹄有时排翮举，骐骥何事负车行。
回头局蹐真无赖，白首青云句漫赓。

暖　炕

瑰丽谁矜七宝床，春回枕畔不知霜。
鄂君拥被情逾好，荀令遗香味更长。
挟纩已教同妇子，负暄直欲献君王。
不须暖老思燕玉，夜夜阳台作睡乡。

咏　杖

斑然古色自天成，雅称萧萧发数茎。
曳处便疑身入画，扶来真觉病都轻。
几回望月随人影，一路看花和履声。
莫道提携常在手，他年会见化龙行。

咏　笠

悠悠清荫碧云笼，织就夫须费女工。
薄午忽经淋雨湿，晚风斜亸夕阳红。
曾从饭颗逢诗老，频向烟波访钓翁。
闻道圆灵形类此，普天翘首戴元功。

咏　屐

青絇赤繶莫同论，古制还如犊鼻裈。
缓步寻春芳草径，冲泥沽酒杏花村。
阮孚结习曾亲蜡，谢傅名山有旧痕。
叹息人生需几两，不须珠缀羡侯门。

咏　史

辛苦穷庐帐牧羝，每逢鸿雁向南啼。
可怜仗节归来日，不及秋胡遇故妻。

因机报汉竟何因，空负当年愤漶陈。
国士好将国色比，桃花祠内息夫人。

某氏园

树掩红楼映碧纱，骄奢欲拟五侯家。
只今惟有银床在，付与儿童学种瓜。

赠张两如

诗人消息近何如，为道于今锥也无。
不食人间烟火气，更教秀句出寰区。

少年意气掷千金，裘马轻肥尽友生。
门外只今罗雀满，何人来听读书声。

为程介山悼亡姬

手启琅函夜未央，亸鬟欹枕漫添香。
从今不与人传读，为渍江州泪几行。

零膏冷翠半欹斜，小鼎吹嘘自煮茶。
满院落花春寂寂，不堪鹦鹉唤琵琶。

坠溷飘篱绪语深，酒阑灯灺念惺惺。
生前大有怜香侣，何用伤心说小青。

苦忆昙花梦里因，感君词笔太怆神。
从来此福难消受，休怨桃花薄命人。

冬　晓

炉炭频添小榻横，由他风作不平鸣。
朝来斗觉寒侵枕，卧听山童扫雪声。

少陵草堂

一代风骚主，幽栖在草堂。
浣花供历览，锦里足徜徉。
故国逢离乱，秦关涉远疆。
艰难来陇蜀，飘泊寄他乡。
橘刺藤稍畔，春江锦石旁。
买邻心自切，小筑兴难忘。
种竹千竿茂，移松数尺强。
优游容膝地，培护及肩墙。
夜月明如水，秋风卷欲狂。
药栏花袅袅，柟树影苍苍。
野老时相过，居人乐未央。
燕莺浑熟识，鹅鸭饱余粮。
丙穴鱼知美，郫筒酒数尝。
吟诗排郁闷，感遇剧悲凉。
金鼓关山震，园林草木香。
重茅聊自庇，广厦渺难望。

莲幕亲前席，金鞍对举觞。
京华频入梦，吏隐自裁量。
云雾苍茫合，江天寂寞长。
留将诗老宅，俎豆冠词场。

国朝南亭诗钞卷六

武乡范士熊桓一辑选

程林宗　字泰卿，一字介山，正元孙，嘉庆癸酉（1813）拔贡，著《惊邻草》。

拟古杂诗十二首选八

绿竹何玲珑，碧梧散清风。
中有一凤凰，食竹栖高桐。
既鸣而且舞，五色耀晴空。
人生无文采，何以饰厥躬。

清风吹明月，斜挂古松前。
下有会心人，超然无俗牵。
自言此中趣，得之不用钱。
持谢红尘子，胡为苦烦煎。

入溪采紫砚，摘须作名笔。

置之几席前，情闲性以逸。
中书头忽秃，端石自完质。
涉世贵藏锋，对此爽然失。

平生二三人，同盟而为友。
阔绝因闲言，谁肯执其咎。
静夜还自思，不忠我已有。
物腐虫乃生，人言在其后。
伐木歌丁丁，此道贵长久。

空庭老榆树，枝枝挂青钱。
随风为簸荡，落地亿万千。
童儿争拾取，谓此世所怜。
岂知阿堵物，一一不任穿。
因思守虏痴，吝惜何其坚。
藏之扑满里，何异弃阶前。

筑室谋道左，三年不成屋。
卤莽力田园，秋至何能熟。
不断反受乱，辟则为世僇。
唯有古圣贤，虚怀若空谷。
天下本无私，庸人自碌碌。

君居白狼北，妾住湘江边。
湘江竹有泪，君身隔云烟。
幸有千里月，夜夜恒经天。

不见湘江水，但看月孤悬。
月明有圆缺，妾心无后先。

昔年慕远游，纵观括地球。
北登燕然塞，南望洞庭秋。
沧海穷岛屿，西极骋骅骝。
绣错中原胜，浩荡惟所收。
兀兀忆数年，壮志何能酬。
穷大必失居，此意恒悠悠。

上卢沟桥

急欲上卢沟，卢沟不可得。
所过多泥泞，荒凉转一色。
辗转循长途，策马难为力。
望绝不踌躇，低头且暂息。
倏惊指顾间，卢沟在我侧。
地中启宏图，天开大罗国。
万人拥一桥，车马四面塞。
置身青云端，视下都僻仄。
方知荒凉地，转为此增饰。
举手摘星辰，昂首戴北极。
天人变化间，从来在顷刻。
便拟住天上，不食人间食。

廷试报罢，呈周石芳侍郎，即以述怀

有鹤何能舞，羊公徒蹙颦。
先生权静听，鲰生得敬陈。
林也年少日，读书异众人。
声诗求屈宋，章句追周秦。
穷年劳披览，得助若有神。
以此超流辈，文章惊使臣。
秋试虽屡黜，身价绝风尘。
谬承先生荐，老大拔成均。
每以国士器，斯文列要津。
来都百余日，滥厕观光宾。
方冀谋升斗，岂敢学隐沦。
谁知揣摩谬，屏弃盖有因。
甚负先生意，奖饰荷陶甄。
今当雁南度，随风出城闉。
鞞山漳水侧，著作望等身。
不求苟富贵，亦不愧清贫。
他时访弟子，少微灿星辰。

都门早发二首选一

寒檐月未坠，鸡鸣人揽辔。
送者六七人，个个心如醉。
来时是何心，一官畅所志。

去时又何心，被黜容憔悴。
生本沦落人，计年四十二。
所遇皆穷途，自顾涕欲泗。
冠盖盛京华，立脚独无地。
秋风吹我衣，秋雨溅作泪。
去去慎勿言，旅况尝已备。

杨椒山墓道碑定兴界

我读先生集，久为先生泣。
我过先生墓，又为先生揖。
分宜肆毒时，大罪炳列十。
人人岂不知，只畏祸遽及。
天启忠悃心，狄道旋加级。
甘受杖于廷，二王苦牵入。
风吹满城香，骑箕天外立。
瑞气绕泉台，千秋仰原隰。
浩气偕丹心，何待人补葺。

咏古三首选二

古人耐琐屑，竹木巧如拙。
古人重勤劳，藉甓运筋血。
中原正格斗，坐视岂英杰。
砥柱镇狂流，炼石补天缺。
所事济与否？肝胆沥冰雪。

尘尾谁家物，毋乃腾口说。
卓哉陶侃训，我心为之折。

圣人贵定静，缓急各有宜。
四郊正多垒，围墅非其时。
小儿已破敌，毋乃矫情为。
临事在知惧，孔氏焉我欺。

赠魏生

我发初覆首，随母汝家走。
汝之曾祖母，戏我牵黄狗。
旁有丈夫子，斑衣舞垂手。
导我观画像，云是太康叟。
画面如画心，英气摘星斗。
至今四十年，忆之常在口。
四世乃见汝，幸为名家后。
忠孝传汝家，勉旃汝宜守。
向我苦索诗，报汝焉可苟。
仁者赠人言，愧予非其偶。
自古称在昔，兹言果可否。

史太孺人，先慈之姑也。其子绳祖，生有孝行。魏太康公殉节事，见明史忠义第五。

哭赵敬哉二首选一

白首哭老友，气结不能吼。
岂只重交情，深恐名渐朽。
平生爱斯文，声名端在后。
君集尚未成，吾衰岂能久。
绝业穷名山，伊谁说在口。
忆昔初操觚，名场同浪走。
回头望孙阳，青眼竟何有。
隙光叹白驹，古道期与偶。
予腹负将军，君才罗二酉。
橐笔衍昭明，炼句鉴湖耦。
予耽太史公，欧苏与韩柳。
各守其面目，相倾不相负。
谒来乐山师，一一蒙善诱。
维时声气通，升堂争授受。
迩来三十年，坎壈不易守。
持论河汉惊，角逐争妍丑。
庶几有千秋，或不愧野叟。
一朝隔幽明，只手可擎否？
古人耐久朋，佩印荣组绶。
生死虽分途，富贵居人右。
尔我通贱贫，千金享敝帚。
区区竟在兹，大惧成覆瓿。
念尔不能忘，梁月照汝首。

魂兮曷归来，酹汝一杯酒。

答魏一泉

古文久不作，诗道亦零落。
吾衰何能为，叹息才力弱。
纷纷时艺辈，掇科縻好爵。
询诸古文词，茫然无线索。
国初盛文章，诸老费斟酌。
堪登作者堂，等身兼满橐。
此意向谁论，聊与君爰度。
君今果名流，少小露锋锷。
操觚即凌云，汉唐派不错。
我尝踬秋闱，力劝君荐鹗。
年来已夺标，孝廉船绰绰。
从此藏名山，著作身后托。
回瞻帖括者，抛砖徒见谑。
究竟渠谫陋，善戏不为虐。
君时嘉我言，快如风卷箨。
何劳来佳句，意厚词不薄。
谬推马识途，滥祝健勿药。
挥汗反内顾，今古两无著。
我言享千金，君诗启秘钥。
走笔报瑶章，报我增惭怍。

寿王松坪母曹太君

客从铜鞮来，盛夸王宰回。
新销彩云役，祝母寿筵开。
刺史偕绅士，都来衔酒杯。
缭绕云璈奏，绮席灿三台。
我谓客浅露，尚未获孺慕。
想当上寿时，心事一一诉。
儿无报最能，频劳倚闾步。
昨岁解铜差，万里资鼓铸。
暑月渡九江，怪风杂云雾。
大雨如倒井，同船不相顾。
忽惊竹缆断，性命浮名误。
儿荷慈母恩，江神卒默护。
今春入皇都，销差蒙记注。
王事幸有成，将母为急务。
扶母赤藤杖，滇龙血惊怖。
奉母藏葡萄，西域佛所付。
何须补白华，儿久娴诗赋。
别无寿母物，不匮可反哺。
以是为称觞，华筵乃展布。
大孝得欢心，客言只世故。

松坪令云南元谋，解铜入京，渡九江口遭风雨，赖盐船脱险。销差引见，奉旨填卓异班，俟先升用，暂归寿母，仍赴滇候升。

城头望南山红叶，阻水不得登山，醉后狂歌

安得并州剪，剪断漳涛水。
乘风骞入南山中，饫眼林光灿红紫。
青女怜我重整妆，玉池照镜开容光。
三千侍儿擎红拂，二八娇娥笑绮堂。
珊瑚屏风霓为裳，玛瑙瓮贮紫云浆。
风飘飘兮吹衣，逸兴飞兮不归。
举杯酌酒将致词，恍兮惚兮怨别离。
猛然忽悟立城头，但见红山缥缈，
如隔海上之仙洲。
吁嗟乎，白云封山趾，秋水深无底。
极目望断成幻视，欲往从之水渺渺。
酒后耳热狂舞起，安得并州剪，
剪取漳涛水。

咏史二十首选十

六王既毕四海一，始皇刻石李斯笔。
自从擅伐起春秋，蹂躏战国乱逾疾。
迩来四百八十年，不有整顿治安出。
鞭挞海宇非秦罪，仁义不施治无术。
天下何定定于一，毕竟邹峄语堪述。

芒砀山中一匹夫，斩蛇仗剑古所无。
豁达大度来泗上，五载帝业群豪扶。
是时西楚气盖世，驱鱼驱爵何其愚。
卓哉卓哉汉高帝，吕后不制胡为乎？
君不见，
关雎之诗歌淑女，威加海内还须儒。

西狩获麟圣笔绝，谦恭下士来剽窃。
汉兵其如予德何，以假紊真凭喉舌。
本纪不列列大传，篡逆安定六州铁。
戏言呓语如小儿，不值一笑何须说。
吁嗟乎，
后来盗贼将授首，皇后不改真一辙。

赤眉铜马聚如蜂，更始盆子俱非龙。
汉家火德十二世，白水文叔乃其宗。
昆阳一战鬼兵戢，剪灭陇右除群离。
我谓中兴不仅此，投戈讲艺真雍容。
节义堪全四百禩，严陵一钓水淙淙。

骂使辞婚亦常耳，不许孙权良有以。
如何据此怨髯公，荆州论失无乃鄙。
曷来孙刘曾联婚，娇妹丝萝成宴喜。
何以湘南方画界，荆楚相争竟无已。
从此臣魏再和蜀，我道东吴总无耻。

有力难割公闾腹，无木可枭元海头。
夕阳一语了西晋，江表僻处浪悠悠。
百十年间弃河洛，王谢相业差堪酬。
兴师不问十六国，风声鹤唳符秦愁。
只此一事堪围墅，足减数世清谈忧。
首二句邵子语。

青衣执盖真个丑，夺玺堕车报非偶。
刘渊石勒陷中原，继者纷纷何其久。
虫蛆已叹瓜离离，虮虱又知衣敝垢。
神州陆沉几春秋，追原祸端谁为首。
他年南北判鸿沟，堪怜晋代事已有。

北朝文物颇近古，后有宇文前道武。
五经博士仿周官，崔皓苏绰齐拜舞。
召除鹫院毁贝经，耻与江左空无祖。
自从达摩渡芦江，灰劫大数无其伍。
人言瞿昙最有灵，敬之毁之都无主。

黄尘污衣皂筴理，普六茹坚实后起。
扫清六合通北南，三百年来谁与比。
奈何立广信独孤，捶床误我嗟已矣。
西苑离宫数百区，万人莫挽龙舟水。
可怜遭春诗验焉，杨花落尽乃生李。

天津桥上杜鹃见，地气南来觇世变。

得气岂尽关禽鸟，如彼雨雪集维霰。
青苗新法困民生，怪将诗书谈丧面。
南士作相引南人，传法护法何周遍。
在昔贾生欲更张，汉文黜之或有见。

斗山歌寿明府王西山先生六十

七星耀北极，五岳高岱宗。
上天下地仰鸿蒙，谁其备此昌黎公。
自唐而下罕其匹，西山先生今忽逢。
我读先生集，堪与昌黎一。
气侵河汉，光射太乙。
淋漓濡染大手笔，寸云遍雨观日出。
我被先生政，饰以经术悬冰镜。
昌黎不鄙宰阳山，先生一一奉为令。
所以精神大于身，案牍风清莫撄神。
吾邑小试特偶耳，鞞山漳水万家春。
即今周花甲，尚无二毛侵，
从此筋力愈强健，鸾姿凤羽炳麟麟。
呜呼！
岳中泰山星中斗，万古悠悠俱不朽。
果能经济与文章，即可天地同长久。
我欲酌斗浆，小培塿仿佛唐人之仰国子先生。
以是为西山先生寿。

井陉怀古

井陉之山隘而峻，水名绵蔓莹且润。
赵地原非古战场，淮阴如何背水阵。
旧云赤帜二千人，拔赵树汉众称神。
逆知空壁利旗鼓，传飧破赵会向晨。
我来此地求其说，恐非因险成施设。
韩信下魏破代后，汉收精兵已疲绝。
千里馈粮兵多饥，断其辎重如何支。
进不能战退难守，左车之计胜万师。
幸而成安一竖子，不用广武遂至此。
假令其计如水流，二十万众何敌彼。
细绎其故盖有由，当是窥赵如沐猴。
彼国无人不足畏，只有广武定不收。
所以还报即大喜，夜半传令直缚豕。
成竹在胸为胜算，岂果兵法置之死。
吁嗟，
绵蔓之水日东流，淮阴奇功杳难求。
土人指点谈兵处，四围山色豁双眸。
路旁“韩信谈兵处”石刻。

常山怀古

禄山犯顺冠东京，先时拒者自藁城。
手提金衣者谁子，常山太守名杲卿。

同事长史初迎贼，见公指视始订盟。
遂奋长戈竭力拒，炳然大义一军惊。
河东骄横由三郡，范阳在北称雄兵。
国忠激贼骤生变，二十四郡无人争。
是时公家多忠义，更有平原堪联名。
惜哉功略竟不就，敢以成败相讥评。
吁嗟呼，
平原义气炳星日，公之死节至今生。
君不见，
天津桥下水流激，潺湲犹作骂贼声。
一家殉难偕长史，高风直与常山并。

贼犯藁城，长史袁履谦迎贼。贼赐金紫衣，命仍守常山。得颜公指视，乃脱衣趋兵。洎贼据洛阳称制，颜与袁史被执。贼支解天津桥下，骂不绝口。颜氏之家死者三十人。

客有为余言东山遇虎状，聊歌之

漏岩之岭东复东，地近太行万壑冲，
磴盘鸟道无旁踪。
行人忽与虎相逢，虎踞对面途莫通，
抵死推之纳沟中。
不知力尽身难容，人骑虎下数丈峰。
是时夜黑正隆冬，啸声飒飒响阴风。
人虎相抱势皆穷，欲下不下忘始终。
偶触虎须手暂松，斑奴得势若脱笼，
得命飞来复有躬。
谈虎色变古所同，临危妙手真空空。

烈妇诗有序

烈妇李氏，邑韩壁人。年十五，嫁于土河村魏某为妻。未逾期，夫采薪坠崖死。时妇归宁母家，闻变，踉跄至，一痛而绝，救之得苏，不食。俄而绐其姑党曰："若能指示我夫死所，得一望而哭，即作未亡人无憾。"家人信之。其夫之死也，尸为姊所舁归。妇遂挽姊以行，至，则高山坠石，鸟兽悲号，残魂已杳，寂无人声，妇呼号望崖而投。村民不及救，未移时而卒，年十六岁。嘉庆十年（1805）某月日也。土河环山少水，巷无居人，而魏氏不知为死者求旌，事遂寝。予先人有遗业于此，岁恒至，求得烈妇投崖处，为之怅然凭吊，不减古烈丈夫也。因作诗以纪其事。

土河名河乃无水，土河有山势隈垒。
中有烈妇甘殉夫，身殁数载无人诔。
妇何姓氏夫何人，夫婿魏姓妇姓李。
魏家夫婿躬作樵，采得薪来助甘旨。
悬崖坠石命已矣，糟糠之妻一朝委。
问妇此时年几何？罗敷采桑岁可纪。
嫁得黔娄未逾期，谁云此变即当死。
烈妇宁母氏，归来痛不起。
家人再三劝，母氏亦来訾。
绐言夫死何山隈，得望其处为幸耳。
家人信之不复疑，烈妇出门随阿姊。
不闻樵者歌，但闻猿声悲号入骨髓；
不见往来人，但见太行山麓势迤逦。
直下数仞深无底，残魂血缕约可指。
寄语家中人，我夫在此俟。

不敢临崖反，尚觉化石鄙。
一声泪堕一身倒，贞魂粉碎危崖里。
可怜烈妇甘殉夫，可怜村民不挂齿。
沧桑荣枯倏忽变，谁采清名汗青史。
作诗指点行路人，断臂割鼻安足拟。

龙泓歌

咄哉，咄哉，龙泓奇，乃在县东沤麻池。
周围数亩涵空碧，其中深浅孰测之？
每当朔风吹水冱，玲珑镜面映玻璃。
或如巨室陈宝器，古鼎玉瓒尊雕牺。
或如龙窟开水底，驾以蛟鼍蟠以螭。
别有莲炬燃华盖，灯虫煜烁鳞之而。
色即是空空是色，一一映彻人生疑。
曾闻词客称海市，冰中幻象古所遗。
咄哉咄哉龙泓奇，后来问津读是诗。

春雪行并序

道光四年（1824）三月十四夜大雪，有雷，凌晨压坏家园古槐之南柯。柯旧临屋脊，且不利于邻舍，以有他故，不能施斧斤。尝仅漂摇，今朝为雪所压。所压之处，又为雪衬，两屋宇无恙，而总归于雪。喜而赋诗，命曰《春雪行》。

雪花大如掌，冻雷半夜响。
清明已过七，寒炁透书幌。

启户看雪雪无声，山坳墙垛一望平。
积霰上树树肥重，地连天白云英英。
家有老槐高屋闉，南柯傍邻折不折。
邻家向我削龙爪，啧有烦言颇饶舌。
我昔买此堂，主人诉衷肠：
自言此槐最灵异，曾伐别枝招余殃。
夜梦血汉悬左臂，梦回惊悸不起床。
事虽恍惚情真切，每当风雨我心热。
既愁我屋摧，又怕邻宅裂。
辗转连年无计施，那有鬼斧如截铁。
谁知柯落不因风，一夜雪压旋成功。
繁枝扫屋屋衬雪，片瓦无惊雪玲珑。
老干着屋撑屋角，骨重专车翻悬空。
天公直联两情好，故遣滕六显神工。
从此比邻开口笑，此番春雪雪最妙。
只留古槐郁青葱，不忧风号南柯掉。
元白绿杨两家春，请与我邻试凭眺。
恍如百尺桐无枝，竚见晴云和绿照。

喜城工落成呈明府方亭先生有序

武乡城敝久矣，明府岳公，捐俸劝捐，延吾辈廿四人，葺而新之，其利普矣。林宗无似，恐惠泽久而就湮，爰集同人，分体献韵。敢云矢其文德或胜食德，而忘其报者。得七言古一章，为诸人首唱焉。

蜿蜿蜒蜒何曲折，旧城乍新坚似铁。

四面楼角连云飞，城隅一阁更奇绝。
经之营之成者谁，方亭先生首捐赀。
先生有文辉翰苑，先生有政庇城池。
工巨难免广招士，绸缪未雨当如斯。
我从城南仰城脊，气象峥嵘迥异昔。
朝来云霞抹角红，暮霭烟树散金碧。
南低北昂拥画图，漳河朝案鞞山宅。
临流枕山绝秀明，崭然一新何嫌窄。
忆昔我武号涅城，后魏太和始变更。
千年畚锸难穷究，增其式廓端在明。
我朝岂乏泥垩补，女墙终堕雉堞平。
先生奋起襄盛事，百堵重兴素所志。
力劝富民挥丁男，唇焦舌敝心不二。
至诚感神人乐从，醵金假士不假吏。
遂戒寘薪成伟功，一劳永逸享其利。
何须冬官奏绩隆，众志成城颂我公。
君不见，
谢埭功堤并潘县，荫以甘棠播以风。
又不见，
锦城田父乐泥饮，说尹在口口不空。

城北枕鞞山，南临漳河，势若游龙。尊经阁高出城巅岳。公由庶常改官县令。武乡在汉为涅县，后魏太和年迁县于今治，以涅为故城，前明路、戴、黄、刘四公增修。

秋日，范桓一携榼招同白民表、李瑞亭、魏兰坪暨门人范钧、范锐、家弟肇初、从孙世纶游南山寺，分体赋诗，率笔成长歌

桓一招我赴秋筵，拟议在城在山巅。
纷纷少年来满座，去留唯我是定焉。
我无胜具且怕走，又恐不去拦诸友。
决计登山从众人，苦约缓步遮老丑。
沙滩踯躅几盘桓，入迳坡陀余勇残。
幸有霜叶豁双目，新妆迎我出林端。
赤如赤城霞蔚起，黄似黄鹂衣灿绮。
且行且止气渐和，已在寺中经楼底。
此楼正对红山红，青女针神恍来空。
绣出锦屏云外列，剪刀无迹逾春风。
合座欢腾饮醇酩，匆匆一饭毕饿顷。
穿林陟巅不肯闲，走险宛如鹿之挺。
或羡观鱼暂临池，或剔苔石问字奇。
或上松巅望云顶，或凌菊径探霜枝。
老夫彳亍山门路，惟学渊明抚孤树。
倏讶凉风吹我衣，诸子正游日欲暮。
灯前欹喘赋归来，自笑我何不自猜。
宾主元凯皆可畏，七十老朽真不材。

吊阎烈妇

土河烈妇死，四十年来无人继芳轨。
道光戊申三月初十日，贾庄烈妇堪媲美。
初闻此信咸哀之，继而言人人殊口不理。
或言此妇曾骂姑，或言改适有微旨。
将于老少妍媸择，彼此毁言渐比誉言多，
如以明珠诬薏苡。
上舍刘生住此村，向我详言，
誉者是夫家赵姓妇氏阎，结发夫妻元燕喜。
去年夫故夏之初，立志红颜守没齿。
常向抔土哭亡人，手焚袯襫并遗履。
贫民物重人即轻，缘此不和诸娣姒。
此妇有翁未事姑，譬诸臣无妇翁何从毁。
恨煞母家重恩养，俗以母家得再醮钱为恩养
曾许某甲事难已。
夫家翁嫜皆爱钱，那容嫠也靡他矢。
可怜薄命尽须臾，肩舆到门长已矣。
先是妇从母氏来，仍到孤坟泣不起。
回首佯欢别四邻，以故投缳不疑彼。
卒时年方二十二，夫家妒之加谤訾。
先生着笔自来公，莫教无疾万人指。
我闻此言顿释疑，采风他日或垂史。
作诗乞与上舍刘，鬼伯逼命往往尔。
况闻善善从其长，那忍坐视其烈真如此，
不闻誉之反遭俗下鄙。

国朝南亭诗钞卷七

武乡范士熊桓一辑选

程林宗

刘禹锡故里

中山留故里，一代仰诗豪。
迁谪时同柳，行踪偶忆桃。
荒烟迷古戍，残月下晴皋。
诵得金陵句，萧萧逸兴高。

都门杂诗十首选三

宣武门西去，争传洗象河。
万人惊雪浪，三伏跃银波。
鼻卷珠抛远，蹄翻玉溅多。
凤麟郊薮在，异物漫婆娑。

城外梨园闹，优觞亦可娱。
锦翚唯有管，宝顶尽抛珠。
曲调分南北，神仙幻有无。
累累声十二，四座竞狂呼。

观剧人，贵者取翎留管，次取顶珠留座。梆子腔，小旦尾声唱宜男好连十二者，众始喝彩。

顿觉朝来爽，西山万笏齐。
云中天在上，日下岭皆低。
绿柳鸣黄鸟，红莲照碧璃。
圆明园渐近，翘首望仙梯。

落花十首选二

已恨芳春少，重惊宿雨来。
风流谁赏识，旖旎尔尘埃。
公子收铃索，佳人掩镜台。
阑干留十二，往复自徘徊。

底事情如醉，无端梦不醒。
美人多冷落，春意最飘零。
西子溪犹碧，昭君墓已青。
古今同一恨，高枕锁窗棂。

介休怀古

伯喈铭不愧，有道德何尊。
党锢超同辈，仙舟重国门。
生刍今日泪，老树昔年魂。
垫角巾谁羡？徘徊日渐昏。
有道墓，有汉槐。

辛卯七月将赴省垣，病晕而止，自是绝意秋闱矣。迩值壬辰同人见招，作诗谢之，藉以述怀四首选二

到眼秋光好，名场我自知。
曾删罗隐泪，不续孟郊诗。
安分全贫骨，随缘乐寿眉。
此生无禄相，息驾已嫌迟。

卷轴阎家富，亭林炳枣梨。
诸贤勤考索，时辈隔云泥。
果有书能著，何妨榜不题。
穷通原已定，明月照青藜。
阎百诗、顾亭林。

酬王松坪寄怀之作次原韵

我友王摩诘，高名定远哉！
千秋传旧业，一代仰新裁。
希白过司马，推袁笑子才。
挑灯观近作，巨口为君开。

向评王诗，近人袁子才前辈、白太傅，今读“天地穷吾党，山林老异才”等句，白集罕见，《小仓山集》瞠乎后矣。

惯学雕虫技，衰龄习未除。
侧身天地古，回首故人疏。
果有千秋后，休怜一瞬初。
名山藏绝业，附骥竟何如。

余信王诗必传他日。贱名附见于王集，有厚望焉。

无才甘老拙，鼎食讵能求。
枥下原非骥，溪边偶近鸥。
莲心思出水，菊性不悲秋。
会得浮生趣，残霞照晚楼。

先生真大器，姜桂老逾辛。
雷雨堪酬世，诗书足饷贫。
名高文苑传，花现宰官身。
他日飞腾讯，双鱼莫厌频。

王秉铎太原秩满，以县令候补。

送璧桥出城四首选三

谳狱连秋起，平反直到春。
堪怜文雅士，偏近纲罗人。
公冶原非罪，南宫足免身。
城垣今饯别，惊定泪才真。

傍晚归家去，妻孥想见惊。
相逢如寤寐，对影自分明。
检点微躯重，安排俗务轻。
空囊留试牍，灯下试推评。
是秋乡试，以荐卷被黜。

斟酌辞贫贱，还须翰墨林。
尾烧观鲤跃，壳褪爱蝉音。
哀乐中年事，穷愁此日心。
桑榆元不晚，浩荡步云深。

晋阳怀古六首

河山表里帝王州，冀北雄封莫与俦。
猃狁见歌诗小雅，霸图谁念鲁春秋。
瓜分韩赵争端起，版浸城堙诈术稠。
回首废兴成底事，横汾千载浪悠悠。

龙蟠晋水邈江都，胜算西征握帝符。
公子翩翩真命世，狱囚的的是通谟。
宫娥入侍同兵谏，突厥连营近霸图。
愧杀泰山徐道冠，果然直取独夫无。

鹦鹉难飞武媚亡，梁公数语足兴唐。
休言享殿姑从侄，定是朝廊子嗣娘。
控鹤幕中莲渐落，秉钧门下李还香。
摸棱剪纸今何在，故里穹碑尚有光。
府南门外有狄梁公碑。

播迁中外几时平，共叹唐衰尽握兵。
不有沙陀戡乱国，早为宣武禅神京。
茂贞宥讨灰还炽，张浚兴师衅更生。
太息同朝尽倾轧，谁知忠义晋阳名。

契丹策命雁门收，石晋称儿再世愁。
直以舅郎成敌国，反教臣主绝中州。
请兵宰相能驰表，启衅卢龙实内谋。
十一年来仍虏去，汾河莫洗古今羞。

晋王东去泣孤臣，讲院祠前俎豆新。
一旅莫援悬瓮破，三关难靖太原尘。
黑风吹战天无日，白骨成堆血染春。
恨杀张雄城早陷，忠襄遗表至今陈。
时二月八日大风昼晦

奉和明府西山先生中秋集宴乡友元韵

中秋皓魄倍澄鲜，况复冰壶对绮筵。
万里泥踪收庾亮，一时水调唱坡仙。
乡心不隔床前影，宦辙偏逢帐下缘。
与座多旧门生。
惭愧琼楼游未得，也从棠荫仰清圆。

和赵善渊中秋集宴元韵

莲漏初催水镜呈，今宵不隔万方晴。
遥知朗朗开襟阔，快睹棱棱琢句清。
玉兔投怀仙药幻，金蟾斗掌异人惊。
乡心共醉南楼月，漫拟关山几片明。
赵知医，好道术，与明府同乡，有归志。

七月十七日即事

蒲柳曾伤落露丛，那堪兰蕙卷秋风。
绿珠抱恨愁肠绝，红线酬恩泪眼空。
漆发漫惊明镜畔，香尘犹忆象床中。
谁怜取次埋双玉，悔杀当年想梦熊。

秋日过鞞山书院述怀，示王生梦聘族子黉

风吹古树叶飞飞，策杖携童过绛帏。
昔去只因蝇遽集，今来恰值燕辞归。
已岁为院长，明年以谗言去。
关情旧雨谁宾主，到耳新声任是非。
一笑当年成底事，花间负手暂牵衣。

怜才心迹向谁论，汝等将无一二扪。
世态炎凉分尔我，人情反复变朝昏。
云消日脚方知丽，雨透苗根始湛恩。
从此披襟还洒脱，高秋爽气净苔痕。

哭霍耐圃姊夫四首选二

妖梦从来属有无，君今果否握灵符。
眼穿易水鱼书绝，肠断南亭雁影孤。
李贺上天空外乐，柳侯为祟幻中诬。
搜神记罢齐谐续，总是幽明隔异途。
予曾梦姊夫铨固安县，跃马北行。及晤，姊夫惊曰：“阴阳相背，吾其休矣。其为固安阴宰乎？”及疾卒，语涉鬼神事。

王郗联婚是内亲，卅年倾倒契何真。
生前到处投胶漆，没后凭谁问水薪。
阿士果能文咄咄，女婴休效詈申申。

任君托会将来局，曾记当年痛赤贫。

介休李侯村传有汉李陵墓，魏云榜作诗，索和诗以辨之

将军降虏便从戎，此地如何马鬣封。
欲为英雄留胜迹，不妨村落表侯功。
平生深愧苏属国，一代关情太史公。
讹以传讹权吊古，五千精锐野棠风。
“封”字出韵，属字宜平。

奉送王乐山师自晋阳书院归滇

惊传驺从赋言旋，卧病漳滨夜不眠。
立雪琴堂成往事，折梅驿使在何年？
春风桃李花初发，秋思莼鲈味欲涎。
此别恐同烧佛劫，滇南冀北涕涟涟。

十四年来臭味真，而今弟子孰传薪。
儒冠画饼难充饿，佛钵盛金不馈贫。
只许登龙评月旦，何曾附骥绝风尘。
低徊枉费雕镂力，老我离情泪满巾。

满城桃李饯征鞍，万里长途夕照残。
楚水孤帆风味冷，黔云卷瘴树声酸。
三年雨化春常在，百里雷封荫尚宽。

此去不须愁旅况，儒林循吏并登坛。

范桓一自怀庆来，曾以拙稿托其付梓，今果刋板携至，喜而有作，即以鸣谢

一杯聊洗故人装，喜见雕镌姓字香。
敢谓文名真不朽，漫劳刀笔顿生光。
三章有约愁将负，毕世多情债已偿。
感激无言拚涕出，为君高义正难忘。

漫兴八首选四

出门不是乐神恬，聊免床头困黑甜。
断续远闻僧舍磬，喧呼深避酒家帘。性不嗜酒。
孤寻翠霭山千叠，绕出回环水一帘。
策杖徘徊心浩荡，往来休怕世人嫌。

昔年偕计献京华，第一诗人设绛纱。
入座敢云攻玉错，款门竟忘擦铜沙。
未谋翔集难言凤，甘处卑污即是蛙。
三十余春真一瞬，至今深负奖名家。
谒黄左田先生，赐联云：“名家子弟征麟趾，晋水人文焕凤毛。”

万里滇南协凤箫，几番裁尾续金貂。
马融列乐谁同听，宋玉离骚不可招。
云南王乐山师已故矣
幸有文章盛佛钵，惭无佳句入诗瓢。

蓉城修罢人还续，地下侯芭再折腰。

西山爽气绝尘埃，良友如虹剥啄来。
犬为童驱柴栅掩，茶因客到鼎烟开。
数丛细草侵书案，一样疏钟出漏台。宅近鼓楼。
无底诗囊谈未了，圆灵水镜共徘徊。

有谈江南胜概者歌以纪之略加议论付诸杂述十首选六

江南梦想得栖迟，光景流连正及时。
春水桃花船载酒，绿藤茵席妓歌诗。
无边艳丽来烟巷，不尽风波在柳池。
极目云山都会地，天涯锦绣有谁知。

金陵六代帝王州，剩有昭明文选楼。
王谢青箱留世泽，齐梁诗卷自风流。
临春佳丽何年歇，南渡衣冠在昔稠。
惆怅旧家多冷落，喃喃语燕向人愁。

汉武雄心欲学仙，萧家武帝爱西天。
巫风一唱终成俗，好事千年不断禅。
莫问台城呼醲蜜，苦教梁庙绝腥膻。
而今万点燃灯塔，犹是当年赎命钱。
江南点灯万盏，为做好事，巫风借用。

洞庭波浪渺难攀，万顷琉璃滚雪山。
鼓枻扬帆方出险，倾樯倒舵又逢湾。
人间吴楚吞南服，水上乾坤夺汉关。
回首岳阳楼在望，青峰一发透烟鬟。

旧院风流数玉香，当年脱十也名娘。
缠头罗绮成都市，步阁笙箫引凤凰。
绿鬓菱花云影错，浅斟低唱夜情长。
尊前白发谈天宝，司理杨州极不忘。

《南部新书》：明末秦淮名妓沙宛在集，名蝶香，傅寿、杨玉香，色艺冠时。脱十娘年十九，渔洋为扬州推官，犹及见之。有《秦淮杂诗》。

蝶香诗集裹红纱，傅寿吹弹自一家。
漆发盘云低玉笛，软红削指落琵琶。
情怀满月疑仙侣，笑语临风胜馆娃。
千载秦淮流腻水，自今开遍板桥花。

次韵和陈商哲遣怀诗即以释憾二首选一

偶见新诗迥出尘，居然抱憾在前春。
褊心未化深惭我，迁怒偏逢错怪人。
垢起一言都可笑，冰消两面各回瞋。
劝君此后浑忘却，桥梓交情要认真。

神仙洞沟二首选一

桃源自昔香烟霞，散步东郊路转斜。
两岸迴峦萦绿树，一湾流水绉平沙。
牧童跨犊肩翻笠，馌妇穿篱鬓惹花。
寄语武陵休问讯，人间到处有仙家。

寄怀范桓一客修武将谋鄙诗付梓

迩来从不寄双鱼，心怕耽思手怕书。
饯别适逢冬至后，怀人恰在雁归初。
春回上党花争发，水涨中原绿满渠。
两地月明应共照，昌黎山斗近何如。
韩子修，武昌黎乡人。

累人不仅在猪肝，身后芳名托更难。
诗卷岂堪留播诵，文章久已倩雕刋。
《介山文编》范昔年在此刻成。
我真敝帚千金享，谁当青钱万选看。
那管方家同见笑，相轻一例古来宽。

溯回宛在近斜阳，老去情怀电里光。
客况爱听身壮健，游踪生怕念家乡。
且同黄鹄摩千里，莫效闲鸥守一塘。
仔细算来侬抱愧，校雠终日为谁忙。

三生石上溯前缘，敢道云龙比昔贤。
爱我频斟门下酒，携君同听海中弦。
近来渐觉朋侪少，过去谁怜岁月迁。
相得恩情酬再世，似将五内共雕镌。

酬魏一泉孝廉和余寄怀桓一代刻鄙诗之作，即叠前韵

砚田无复梦多鱼，深愧荒疏插架书。
良友常怀分袂后，高情犹忆在山初。
君前为鞞山院长。
芝兰气味频投我，桃李门墙近属渠。
想见案头堆积处，手挥目送果谁如。

曾闻高节忌羊肝，偶尔浮称也不难。
果有名山藏绝业，何尝文字重雕刋。
已非籝满教儿守，权作枭呼荡子看。
覆瓮元为身后事，眼前赢得寸心宽。
魏诗有羡予刻诗，恐其诗致不传意。

风雨萧萧卧夕阳，觉来依旧藉灯光。
无聊断续听官漏，有梦依稀隔异乡。
予每梦邻邑处馆。
踽步尚能随杖履，老怀漫拟到池塘。
同侪白发人何在？只见青年百事忙。

知君与我有奇缘，说到论文不让贤。

百尺杆头寻进步，一声焦尾续余弦。
多情毕竟分新旧，涉世何妨历变迁。
爱煞雕工搜五内，并将酬谢入刀镌。
原诗“五内”句系魏改成。

酬从孙世纶见和兼示勗业仍叠前韵四首选二

不辨金根与鲁鱼，休言遗砚复遗书。
无才我愧名人后，有志孙承世泽初。
敢谓云山联远脉，还思泉水注通渠。
一家眷属今多少，话到高曾总不如。

食肉何须到马肝，家鸡野鹜辨来难。
毁誉杂处文无定，学问深时句不刊。
那有琼瑶供客赠，旧余梨枣倩谁看。
世纶藏先集板。
芳踪历历青箱杳，苦忆江乡眼界宽。
先世历宦江湖。

谒樨生成明府，知故兄兰生方伯系选拔同谱，即日枉驾见过，而有作，率此鸣谢明府贵州石阡人方伯任江宁

方幸登龙阁敞开，旋惊蓬巷福星来。
辉光转眼生茅屋，家世从头问隶台。
隋制，隶台即今布政。

自愧云泥千里隔，谁知凫舄一时回。
金陵父老还悲颂，咫尺瞻园仰斗台。
顷以方伯《瞻园墨刻》诗见惠。

上户部侍郎黄左田先生二十韵

太乙文昌职，神仙宝玉司。
奇章能却贿，李绛本无私。
每筦金仓事，应培宰执基。
往来投利刃，同纳讵纷丝。
万户瞻农政，千家仰度支。
屏风堪表节，补服漫称奇。
伏猎讥何有？秋毫计在兹。
屯田苏有绩，武库杜偏宜。
忆昔衡文日，常怀应试时。
并门悬藻鉴，唐俗采风诗。
捷足驽中马，名材药内芝。
鲰生同感激，下里漫栖迟。
小草栽原浅，春风坐有期。
文章分甲乙，臭味绝差池。
酉岁圜桥贡，庚年礼部知。
不材嗟雾隐，大德久云披。
再被抡材黜，重来抱璞悲。
真成鸡笑鹤，未许鲤翻螭。
画虎应惭我，登龙又向谁？
堪怜归浩荡，千里隔京师。

先生视学三晋时，岁科两试俱拔予前茅，寻以优生咨部，将取贡不果。事在庚午年。尝批予试牍及窗稿。

和林春浦闺思

翠袖倚栏杆，清风响佩环。
侍儿微会意，遥指月团团。

涿 州

涿鹿由来是帝都，鼎湖仙去挂龙须。
熙朝更有长生诀，万国春台入画图。

夜雨四首选一

细雨连绵入夜沉，纱窗料峭客惊心。
寻常一样疏更响，偏和簷铃韵更深。

同李晴峰、郝默斋、高龙门诸同年游金鱼池

都门遥望暮云平，携手同行傍晚晴。
扑刺游鳞随浪踊，已知秋向碧池生。

霞光霭霭到畿南，绿树红云镜面含。
自是恩波随处有，不堪憔悴照清潭。

花气十首选二

春阴满地护花栏，料峭东风怯早寒。
遥想深闺诸女伴，是谁嘘气气如兰。

一样柔情百样娇，袭人芳气夜相邀。
金陵旧有秦淮曲，艳舞争吹紫玉箫。

国朝南亭诗钞卷八

武乡范士熊桓一辑选

王梦聘 字莘菴，道光乙酉（1825）拔贡，著《所吟偶存》。

义猫行有序

家中畜二猫，一灰色者，一黎色者。灰猫伤于犬，遗子哀号不食，后黎猫来哺乳，如己出然。噫！物犹如此，世之骨肉而胡越者，可怪夫？

畜猫能杀鼠，止暴胜羝触。
猫亦以类分，各自从其属。
貍奴出门去，误遭邻犬毒。
遗子苦茕茕，昼夜竞号苦。
死者无所归，生者何所育。
旁有黎色猫，爱怜情意笃。
行行燕引雏，恋恋牛舐犊。
初时犹畏怯，久之乃习熟。
就乳若母依，分哺如子畜。

岂无所产儿，心伤此孤独。
生成天地恩，异体亦顾复。
我闻鸡哺狗，孝慈致祥福。
人感物有心，物感人敬勗。
援笔成此篇，姑为谕薄俗。

喜岳方亭明府修城落成

武乡蕞尔城，乃立鞞山侧。
势随峰低昂，蟠曲甚奇特。
惜哉经岁久，剥落滋苔蚀。
断堞风烟沉，荒寒壁无色。
岳候始来官，顾之屡叹息。
古人设此城，卫民即卫国。
坐废不克修，奚以御寇贼。
乃召士民谋，坯完事孔亟。
利人人乐从，不假强驱逼。
富民为助赀，丁夫复宣力。
协众成钜功，崇墉起翼翼。
此城建后魏，基址颇逼仄。
有明嘉隆间，一再增其式。
今兹复襄事，规度越前则。
民感侯之劳，相与颂伊㳙。
侯曰吾何功，城守固其职。
方今海内安，防御孰严饬。
我武乃荒陬，作城漳河北。

官吏胥如斯，万里靖边域。

衙　役

朝廷众建官，任使必有吏。
其下供奔走，取名曰皂隶。
伺候公卿门，鄙秽众所弃。
自矜官爪牙，赫然倚声势。
威如狐假虎，行若蝇附骥。
齐相御扬扬，今昔同此志。
有时下乡闾，悍性猛于鸷。
气焰何逼人，燎原火方炽。
云是官人来，讼者听拘系。
符令众涣号，铁锁强牵曳。
哀求缓时日，王法有定例。
索钱持赠君，威严或而霁。
我归善为辞，此事可蒙蔽。
有罪与无罪，何若反掌易。
身虽假公务，心喜攫美利。
伤哉民膏脂，鼠辈乃罗致。
黄金为买裘，红尘日走骑。
朝醉酒家胡，暮作枭卢戏。
一朝复一朝，养骄愈纵恣。
良民任恐吓，望之皆畏避。
佥曰近权要，孰敢阻其意。
绛侯英雄徒，系狱且知贵。

安国亦大臣，溺灰遭汝詈。
我读古人书，感叹政俗弊。

纳官谷

汉立常平仓，安民即安国。
唐时分两税，古法犹未失。
咄哉青苗钱，可为长太息。
后世踵其弊，文纲日以密。
吏缘作奸伪，侵渔滋货殖。
春时人徂耕，县官有令出。
云是府帖下，开仓赈民急。
里正遵旨行，户口编甲乙。
负囊人尽趋，畴敢违法律。
仰给分固然，有名乃无实。
岁终吏催门，输纳且相逼。
一斛六斗余，加耗有定式。
我无儋石储，此责何以塞。
鬻衣复鬻田，庶可补所入。
岂知农人苦，所求无两得。
身虽免官刑，口已缺餐食。

十月一日祭先慈墓

王修少丧母，罢社同歔欷。
余亦失恃人，乃心常孤凄。

今来墓下拜，且当膝下依。
有泪不敢垂，恐触母惨凄。
忆昔处怀抱，拊循仰母慈。
春晖奈不久，寸草亦生迟。
嘉庆纪二年，遭家凶祸奇。
六月十八日，是母别儿时。
儿小无知识，呱呱索乳啼。
众为绐啖饼，不复凭棺尸。
阿父长咽呜，述母临终词。
余死亦何惜，念慈两婴儿。
谓兄与聘。
饥寒终自忍，入室谁扶持。
嗟哉兄及弟，成否未可知。
母今长已矣，母言心藏之。
生既不能养，殁惟修祭仪。
何图埽墓心，竟作望云思。
髫龄罹婴疾，道长阻水湄。
墓所去村十五里。
十六行出门，十七游泮池。
嗣后舌耕外，春秋墦祭稀。
作凉罪难赎，小子念在兹。
奉盂陈麦饭，剪纸为寒衣。
敢云志反哺，聊以达寸私。
墓木风萧萧，上有乌啼悲。
墓草霜露零，下有血泪滋。
幽明永相隔，此恩无报期。

岁暮留别诸生

朔风被旷野，岁暮凛寒威。
嗟彼鸟有巢，人其无所归。
依依二三子，执策侍我帷。
聚首虽云乐，家室愿无违。
来时春草生，去时雪霏霏。
岁月易相逼，尔心各自维。
但使勤所业，离别胜追随。
斯言难尽意，斟酌在酒杯。

南关道中

溪山亘百里，道凿入幽谷。
山岭重合抱，如蚕裹茧腹。
危崖怪石欹，石下人驰逐。
当面一峰陡，插天负踆足。
众峰比儿孙，罗列相倚伏。
乱石纷如麻，位置颇纡曲。
大者虎卧阙，小者棋散局。
高者树杪悬，卑者夹涧覆。
一步一心骇，奇险逼人目。
仄径绕山腰，行如蚁往复。
有时入杵臼，路断踪联属。
我陟山之巅，我仆山之麓。

相顾别天渊，战兢足缩缩。
下视万丈潭，水深讶雷毂。
路转山有口，寥落数家屋。
日下近黄昏，将投何处宿。

弃妇词

弃妇行出门，心违容寂寞。
拂衣拭泪痕，春雨梨花落。
新人艳红妆，绣帏罗珠箔。
得失理难齐，缣素何须度。
一步一回顾，来时路隐约。
不恨君情浅，但伤妾命薄。

鸡楼词 偶过某氏，见其畜鸡于楼，询之，曰：“为省鸡栅耳。”

我闻上古人如鸟，以巢代室居树杪。
后世珍禽重似人，以室为巢养群生。
惟鸡畜产待不时，田家树栅罗雄雌。
谁识红楼朱户中，呼雏彀彀群相栖。
糟糠鸡厌食，时櫟鸡懒息。
虽为家中禽，且振云中翼。
羽化登仙今信然，有缘鸡犬从刘安。
置身羞与凡鸟伍，重楼高上如升天。
吁嗟乎！
风雨萧萧鸡未鸣，有人仰屋叹终贫。

妻也啼饥儿号寒，衡门栖处愁交萦。
黄钟瓦缶位倒置，物何重兮人何轻。
世间万事类如此，鸡鸣狗盗拖青紫。
野鹤昂昂超出群，松阴未遇安所止。
我语鸡兮鸡莫嗔，汝曹食粟而已矣。
何居少陵广厦胸拄撑，操笔犹为缚鸡行。
又怪处宗嗜好与世殊，鸡窗夜谈到天明。
文人游戏亦偶尔，此中未必余深情。
君不见，臧文仲，卫懿公，
居蔡鹤轩事徒空，贻人口实笑愚蒙。
愿书鸡楼词，敬告主人翁。

过团柏铺感梁唐故事

团柏铺，驻军处，梁唐鏖战千余年，
行人指点将军树。
铁戟沙沉纵已消，鬼将神兵疑日暮。
庄宗年少善知兵，指挥部落旌旗明。
沙陀锐儿勇无敌，杀人如草静声息。
一战振威名，再战来温族。
上原兵变死余生，鸦儿有后怨仇复。
朱三老贼亦有言，生子当如李存勗。
洛阳既定中原平，从此怀安楚猴沐。
优伶日日竞歌呜，三郎嬉戏情未足，
子夜琼花乐内宫，传呼兵火起城中。
昔日赏军夫人阻，今日三军扶明宗。

咄咄英雄何至此，国祚竟亡宦人子。
李天下，今已矣，我为披读唐家史，
叹息遗命尽三矢。

读《汉书·高帝纪》，感项羽垓下之败，走笔作歌

项王绝世之英雄，青睛耿耿目重瞳。
学书不成复学剑，勇敌万人轻江东。
江东有子弟，响应云从龙。
挟利矢，挽强弓，势如破竹入关中。
诸侯疑是真天子，震叠莫敢仰而视。
最叵测，刘季子，鸿门宴，遁归矣。
王仁不肯过追逐，养虎遗害从此始。
吁嗟乎，
中原得鹿非由人，黄金间疏楚君臣。
垓下一朝变猝起，阴风凄惨来追兵。
左顾姬涕泣，右顾马悲鸣，
楚歌闻四壁，夜起难为情。
难为情，天亡我。
君不见，
挥刃前锋莫敢当，惟王固是善战者。
可惜岸前抛一死，
长江不渡奈公何，至今水上愁云多。

万里还山图为乐山夫子作

平子归田赋，欧公思颍诗。
古人高风不可及，我于先生亲见之。
先生出山十四年，携家作宦游并燕。
去去故乡万余里，中隔洞庭江汉渺云烟。
罢官客汾上，常此心旌悬。
一朝秋风猝而起，为言吾从此逝矣。
不念马少游，愿偕陆甫里。
我道此行讵徒然，英雄出处千秋看。
昔日林下来，所志非一官，
今朝林下去，著书藏名山。
山中绮皓日追逐，夕阳红照芝草绿。
悬挂东西南北之行车，落落乾坤一茅屋。
只惜世无班马徒，儒林之传谁其书？
独有房陵好事者，为公写作还山图。

炒豆歌

田家贵力兼贵食，每将琐事习为俗。
时当腊月岁务闲，闺中妇女竞烹菽。
为问此菽如何烹？老家遗法颇委曲。
以水濯溉润且滋，置之簷下冻经宿。
临期釜甑爨有方，炒术土掀手翻覆。
《本草》：白术以陈壁土炒。

须臾美味出中厨，燃火相煎亦何速。
又云莜粟须备尝，和以麻麦香馥馥。
娇儿喜食笑揶揄，未解让人手盈掬。
独有老翁爱软炊，牙齿动摇非所欲。
招呼满室遍尝新，窃话今年禾黍熟。
人生至足惟农桑，何事纷纷厌粱肉。

客有为余言东山取雨状

东山延袤数百里，中有洞府深无底。
古传将军者姓焦，术成炼丹久居此。
公邑人焦姓，其名不传，唐赐号“风雷将军”，宋封“昭泽王”，元加封“海渎龙王”。
郡旱吏民徒步往，就中取水雨随趾。
或云洞藏险且深，述之惊人汗流泚。
缘溪初入投濈湍，涉之如踏层冰寒。
前行坦夷可数武，忽夹小口身容钻。
黑风飕发火强照，炎暑当之股栗然。
其中拗折不能记，行如螘子珠曲穿。
陡然壁立卒当头，仰视窑孔搜冥幽。
铁环系石路攀上，导者力扶登峡舟。
行行取道渐俯下，神气始安心解忧。
何知奇怪理难测，前此所经未足述。
巨潭漫汗阻人行，下有龙蛇潜伏匿。
中横朽板阔寸余，登之一下一惴慄。
近前岩㕓洞悬流，以瓶盛滴只顷刻。
嗟哉当此性命轻，危途见入复见出。

应是神祇呵护灵，自来洞中未有失。

太康仆邑进士魏公令望，明末为太康知县，闯贼陷城殉焉。事见明史。

魏公宰太康，去家千余里。
二仆随之行，朝夕亲杖履。
居官未及二载余，炎炎烽火逼城隅。
公力拒之势不敌，声言城破捐吾躯。
呼仆来前谆谆命，凭渠健步寄家信。
归告家人莫思我，我为国死胡不可！
语罢入室公缢死，仆伏公尸寝床底。
乘间出城奔驰归，四顾无人鸟不飞。
黄尘蔽天天色惨，如闻鬼哭啾啾阴风吹，
此心悬。
忆家何处，此身岂敢惮行路。
望见贼来无地逃，潜伏尸下藏匿牢。
贼以刀数尸若干，项背支刃心胆寒。
屏气不敢稍蠕动，恐贼觉之全躯难。
行行十日抵故乡，公家闻信惊苍黄。
仆也长跪前致语，彼此相视泪如雨。
吁嗟乎！
满朝朱紫伊何人，国亡谁肯殉其身？
不如此仆能报主，万水千山历危苦。

酬范桓一嘱题假山

桓一既成假山复成诗，寄诗邀我共吟之。
我今未见山面目，但从诗中想像形离奇。
其山布置千万石，横斜隐见无定姿。
蜿蜿蜒蜒龙曲蟠浮空，
作其鳞之而就中，穿门洞如月一轮。
横闪屋角西，山耶门耶二而一。
门为山口山门楣，门能引人入胜境。
花木楼台回射影，山意幽闲如人意，
有时烟雨滴苍翠。
主君吟哦此中居，词笔摇岳摩空虚。
对之逸兴忽然发，招呼同志歌座隅。
竞秀争妍各有态，宛尔岩壑相萦纡。
我携顽石补其缺，邱垤终苦形区区。
读君诗篇高绝俗，空谷想见人如玉。
徜徉兹地终其身，嵯盘之乐无不足。
见诗何必复见山，聊作少文画图看。
是山岂必定真山，老泉木峰假借间。
大率凡事领其趣，佳境往往眼前遇。
隐几萦青卷帘白，山色撩人自朝暮。
君也于此写胸臆，城市隐处谁相识。
我独知君更怜君，赋诗遥寄假山侧。

李烈妇歌介休人

我闻之推割股真奇人，
只知有君不知身。
后人以氏名厥里，嗟嗟！闻者谁为兴。
不意彼女子，能人所弗能。
妻道视之如臣道，吾身虽杀成吾仁。
杀身胡为者，无赖伺邻左。
心艳花容欲折难，乘夜无人来欺我。
妇也拒以辞，激怒强梁凶锋施。
谓汝有命我有刀，刀所下处命如丝。
奋前抵却奈无力，顷刻桃红堕地时。
我身既不恤，那复顾我儿。
果然凶人肆虐唯不足，母也既戕子随之。
吁嗟乎！
妇岂不畏死？不死无以对夫子。
女儿毅然烈丈夫，古人所为奚过此。
但使风节重人间，乃身虽死犹生耳。
君不见绵上田，悯臣之死旌厥贤。
纵然当日焚身苦，至今寒食村无烟。
繄此妇人死大义，天章特为表其阡。
岂独贞魂慰九泉，流芳应可千万年。
千万年，一忠一烈相后先。

禽言六章有序

《禽言诗》，肇于苏、梅二公，后人学步者极夥，暇日仿此例赋《禽言六章》，皆取乡土所有者，余弗及。

叠被叠被，胡不早起？
男耕女织在苦勤，
此鸟声声惊人耳。
惊人耳，东方明矣。

此鸟暮鸣若云展被，朝鸣若云叠被，俗谓之鸣鸡。

姑姑裤，莫我顾，怀抱婴儿啼不住。
化作禽鸟啣怨深，终日叫向山头树。

谚云：有女子为姑抱婴儿，许给以裤，卒不与，遂感愤死，故声若云“姑姑裤”。

我儿错掇，阿母闻之气欲绝，
操戈杀人转自伤，母计虽巧儿奈拙，
天乎！天乎！五内迸裂。

昔有妇，爱己子，而虐其前子。一日并遣种麻，诈与前子熟麻种，声言麻不出者置之死地，其弟误取兄种。至日，苗竟不发。母愤死，化为此鸟。

赵家花狗，死于虎口。
飞向枝头夜夜啼，戒尔途人慎行走，
切近之灾莫须有。

此鸟名赵家花狗，童谣云：“赵家花狗，再来休走。狼来不怕，虎来一口。”

布谷布谷，肩尔犁，叱尔犊。

南阡趋耕春雨足。
三时竭作苦，禾稼九秋熟。
吾将衔穗献凤凰，布谷，布谷。
俗云：布谷秋时衔禾穗以献凤凰。
嘚嘚驰，鸣声悲，后有一鸟相追随。
云是哥哥虫，悯其兄死呼之归。
噫吁嚱！急难不殊原上鸰，
物犹如此人胡为？
相传兄弟二人，其兄为后母所虐，役于执鞭而死，化为嘚嘚驰。弟觅兄不见，亦变为小鸟随之。故声若云“哥哥嘚嘚驰”，盖土语驱马前行也。

姑恶行有序

里中某妇，有因姑捶楚而缢死者，故作诗以广东坡、石湖之意，且为妇女箴劝云尔。

姑何恶？姑不恶，生如此，孽自作。
君不见焦氏仲卿妻，诗人伤之歌孔雀。一解
为人妇事姑如母，家有未宜惟尔妇之咎。
若闻诟谇声，何以执箕帚。二解
姑贤即汝福，姑不贤亦非汝殃。
梅沃雪，菊艳霜，苦节乃有亨，厥惟家之祯祥。三解
曰于归日，母命之室。
讵可贻母罹而不娴于内？
则夫孝有亏，其惟汝是弼。四解
下情不得原，无以为冤，
父母生我乃溺我于水，而莫之援，

欲泣告夫子，义不可言。五解
死何以白其隐，生无以全其身，
我罪伊何？不敢怨夫良人。
邻里亦有知，窃为之饮恨而吞声。六解
何自苦如此人尽尔尔。
忆乃姑之少时，应亦遭倾否。
世事不可平，听之于天而已。七解
命何如荣辱在夫系，尔堂上拘侮怨。胡为乎？
尚其母，效尤妇，终为姑。八解
姑岂无过？而不敢拭面唾，触雷霆，心胆破。
伊亦有女将嫁人，何为若是摧挫。九解
怨兮为德，祸兮为福，嚚克谐以孝。
而今而后，可莫予毒。我陈此诗补女箴，
庶以使上下雍雍而和睦。十解

红巾贼

乙未（1835）三月五日，赵城妖贼乱，县令杨某全家殉焉。大兵至，匪党以次擒，称“红巾贼”，以红抹额云。

红巾贼，夜半起杀人，
赵城之城里，居民闻乱走。
苍黄人马践踏，死且僵。
忽惊昏黑耀如昼，炎炎火云冲天光。
就中惨者县公某，可怜尽室罹其殃。
须臾大兵自北来，贼众纷散如飞灰。

吁嗟乎，
鬼域幺魔自取灭，独有死亡痛冤结。

秋杪村居

纳稼知秋熟，劬劳不负耕。
穗遗村妇利，黍饷野人情。
乱雀喧场堵，斜阳快晚晴。
连枷何处响，隔圃听声声。

最是田家乐，桃源自一村。
市归谈谷价，节食馈盘飧。
鸡犬分依主，樊篱各护门。
偶然闻鼓吹，里巷闹黄昏。

家事为身事，贫忙那得除。
畜猫分剩饭，驱蠹晒残书。
菊满陶潜径，蓬生蒋诩庐。
近来余病退，秋雨卧相如。

赠韩正卿四首选一

沧桑阅历感浮生，零落相知半老成。
后辈于今交际少，斯文原自世途轻。
奔波累我身家计，迟暮催人儿女情。
漫抚牙琴操数曲，衷怀都向子期倾。

秋日归家途中述怀

着鞭款款送斜晖，路绕寒山入翠微。
家在白云深处住，人逢黄叶落时归。
残花欲谢当留别，暮鸟知还似倦飞。
莫讶中途多感遇，风尘今已上征衣。

读杜仲白郎中御试召对册录并序

公名李，邑人，仲白其字也。康熙间御试诸进士于畅春院，公与焉。辰刻给题，交午刻文就。侍卫进呈。有顷，上召入，顾问姓名、科甲暨官阶迁转甚详。且以“文不荒疏”褒之，既又顾谓侍臣曰：“此是不愧科名者!”公悉问对之语，手录一通。余于客中获睹之，感其以文章结主，知不负读书一生，况公文行尤乡人所矜式也。爰赋诗以志不谖。

曾闻当日试西清，落纸云飞孰与争。
作宦未尝忘学问，如公真不愧科名。
百年人去风流杳，一代恩知际遇荣。
今日手披遗录在，素怀辄向杜陵倾。

示魏生守经

谈经日日绛帷开，情饷登山数往来。
早岁知名端赖学，几番垂眼总怜才。
市阛少近尘防染，玉价迟沽志漫灰。
顾我亡羊寻觉晚，云程望汝上蓬莱。

奉送王乐山夫子旋里五首选四

骊驹闻道去西河，惆怅萍踪远寄歌。
一别天涯重会少，十年座下受恩多。
花经雨润心如醉，剑耐尘埋手费摩。
此日离琴抛欲断，万层海水渺烟波。

棠阴遗爱尽关情，往日弦歌遍武城。
只望慈云能久照，那知劫火已潜生。
宦囊留剩书中粟，口惠谁传去后名。
最是孤寒门下客，人前说着泪盈盈。

移驻行旌古晋阳，一时桃李萃门墙。
更无名世齐韩柳，自分传经在马杨。
白发愁侵人易老，青山梦绕客思乡。
悬知多士恩缘浅，留着仁风画扇扬。
去岁秋，同人绘讲学图，刻石于晋阳书院

一家沆瀣感尤深，说尹难忘是寸心。
自愧清贫思报饭，别无装送少添金。
春风此日空余坐，流水何年再听音。
若得青云程可附，也随北雁向南寻。

魏生以诗来赠，即依原韵五首选一

文章声价愧儒宗，浪引浮舟海上从。
恐效季良成画犬，谁知荀爽愿登龙。
丝抛古壁音难觅，曲奏高山兴转浓。
才信同声自相应，夜寒试与听霜钟。

读陶靖节传

徜徉邱壑本天真，果否桃源别有春。
彭泽归来秦岁月，浔阳老去晋诗人。
百年心事非关酒，一代风流自乐贫。
莫怪先生驱乞食，古来高士孰为邻。

秋闱榜落，归家述怀

仙风吹谪下瑶池，未许吴刚折桂枝。
银汉也曾查客至，荆山偏阻玉人知。
抱还燕石嘲休解，话到秦书想亦痴。
果否贫家女难嫁，入时羌为画蛾眉。

桥阴盼望竟如何？瞬息韶华廿五过。
一曲钟期琴未遇，十年维翰砚重磨。
含饴屡讯怜华箦，大母病中时问试信
画荻无缘感蓼莪。

不料家人忘我罪，归来季子赧颜多。

登科传语大门间，寂寞荒溪点额鱼。
漫道屈原鸣瓦缶，更无子厚佩琼琚。
乐窝四次书康了，笔阵千军付子虚。
解识春风来岁到，落花有意待吹嘘。

焚膏午夜检青箱，花样从新隶锦坊。
鱼贯终能成化雨，马蹄未碍蹶秋霜。
阿连爱学资修凤，小阮希踪忆解囊。
伯父升三公，以乾隆丙午科登乡荐。
休向蓬蒿甘守寂，风骚到底借名扬。

赠李生献扬有序

李子对扬，馆我于其舍南，今年秋病殁，拟致词谢归。乃弟献扬复敦留之，嘉其年少能学。赋诗以志交情。

狂夫漂泊久风尘，客里闲愁绊此身。
画饼已成无用物，授书羌遇有缘人。
师前模范心何切，座上埙篪意更亲。
叹息元方辞世早，空余难弟亦伤神。

催装欲去苦相留，感尔多情赋道周。
不使冯驩弹剑铗，愿从王豹听歌讴。
青年爱学知君少，绛帐谈经肯自休。
既种河阳花一朵，望花结果屡夷犹。

魏生守约抄余诗文成卷题曰，得师录，灯前披阅，感赋二首

箱抛故纸暗生烟，笑倩旁人手代编。
过去风尘余旧迹，吟来诗句感流年。
推敲敢拟金声掷，珍重翻劳玉躞悬。
那识春蚕情未了，引将丝绪倍缠绵。

荒斋臭味阿谁尝，怪底情缘结小郎。
已分三生亲左右，更怜一卷拜门墙。
花心不负春风约，琴调还随海水长。
知否人师难再得，袖来卍字瓣莲香。

秋日，访从舅李徙南先生，别后奉寄五首选四

亲交累世重潘杨，远结苔岑异地香。
敢以乌衣夸郄鉴，多蒙青眼待嵇康。
开襟自觉心怀旷，下榻还兼礼意长。
辜负怜才情过厚，穷途潦倒尚疏狂。

文章劝我学当时，年少耽吟枉费思。
罗隐才华知己少，苏秦感遇上书迟。
名言心醉床前酒，痼疾方参肘后医。
不敢雕龙夸手段，竭来车下拜经师。

寒灯秋雨话深宵，老去名心竟未消。
半世研磨窗下砚，一身来往市中箫。
书香未坠贫何患，酒客相逢兴倍饶。
别后停云劳我思，李沆风度望青霄。

通家子弟忝知名，衣钵传来到阿兄。
旧雨谁弹沧海曲，多年人感渭阳情。
花开老圃秋容淡，月照悬梁气味清。
一度思公一回首，心香从此瓣陈生。

寄怀王紫岩同年

客中传语歉平安，远道相思命驾难。
欲问起居亲折简，莫因疾病废加餐。
眼前人事逍遥过，肘后医方仔细看。
盼望钟离无恙后，双鱼早晚寄河干。

题赵敬哉诗集

刘伶坟上酒谁浇，只有青山伴寂寥。
诗句纵然传可必，科名终竟恨难消。
趋庭东郡家声旧，选胜南皮往迹遥。
今日倚楼人宛在，吟魂我欲向风招。

落花四首选一

流水年年恨，残英去去春。
惜花还自惜，不是旧来人。

读史杂咏十首选六

平原君传

平原好士自风流，食客缘何漫去留。
除却毛生皆碌碌，可怜枉斩美人头。

淮阴侯

鸟尽弓藏枉将兵，感怀推解误平生。
王孙休怨君恩薄，不见分羹父子情。

王昭君

萧萧青塚自黄昏，底事诗人怨恨论。
一曲琵琶千古泪，可思飞燕啄皇孙。

杨贵妃

宫中歌舞破潼关，仓猝銮舆狩蜀山。
一死马嵬唐再造，漫将倾国怨阿环。

苏子瞻

一官迁谪遍天涯，海外逍遥老岁华。

太息当时贾生论，岂知儋耳远长沙。

岳鄂王

风送边笳汴水东，英雄挥泪惜前功。
却怜叩马中原祸，不罪书生罪相公。

癸未七夕吊亡

一夕西风泪两行，鹊桥宛转渡银潢。
羡他相隔终相会，不似人间别恨长。

送　春

一帘风雨送花飞，诗兴阑珊酒力微。
只为伤春无限思，不知底事怕春归。

残红消瘦绿成茵，不上离亭亦怆神。
曾向春前来作客，送春却是未归人。

题惊邻草

诗才排傲似文才，大力能将鼎举来。
一自点苍翁去后，骚坛又向此公开。
浪穹王乐山先生官武乡，以诗倡后学，人士翕然从之。

名山梨枣亦无多，知否先生意若何？

山谷编诗三百首，噉名原不亚东坡。

诗格标新自课堂，百年谁与瓣心香。
而今后起风骚著，才信传家有锦囊。

早岁曾从崔灏游，登场许我共清讴。
昨窥大集恣狂兴，胆敢题诗在上头。

仿元遗山论诗绝句四十二首选二十六

门户纷纷各主持，递相祖述果谁师。
寻源直到音希处，苏李河梁赠答诗。

风骚相衍变歌行，两汉犹存雅颂声。
绝爱古诗十九首，吟来一字一深情。

盈盈篇牍累青箱，底事名流竞斗强。
孔雀东南诗一首，清风早已压三唐。

文心阔似海波澜，卓荦风骚起建安。
岂特才高俯余子，应排屈宋作衙官。

阮公僻嗜醉醇醪，酒兴能将诗兴豪。
最是咏怀深寄托，方他哀怨著离骚。

琴弦不鼓自余音，天籁何须指上寻。

惟有公诗难比似，闲云出岫本无心。

诗中康乐造深微，字拔长城力透围。
三谢风标高二陆，就中清格数元晖。

谁能马上辨雄雌，不料从军出女儿。
流水黄河今尚在，更无人唱木兰诗。

萧瑟江关冷咽潮，暮年词客倍魂销。
清新到处余悲壮，开府诗歌殿六朝。

襄阳四面楚山青，陶就风人好性灵。
不羡右丞诗有画，微云疏雨浩然亭。

诗格苏州胜柳州，飘然淡逸气横秋。
会心别有幽闲趣，人坐松阴听水流。

心雄倚马擅奇才，百首诗消酒一杯。
真个儿孙肖宗祖，太原公子裼裘来。

杜陵一集重千金，根柢渊渊江海深。
不向诗坛争树帜，九原班马早倾心。

香山诗句本天真，字字安和淡有神。
岂特秦吟声近正，集中乐府冠唐人。

眉山涉笔海生波，泼墨淋漓长短歌。
不分新诗与近体，世人一例学东坡。

绝调南风折大苏，涪翁老去变规模。
果然下笔开生面，衍就江西宗派图。

南渡诗人数四家，尤杨范陆尽清华。
就中偏爱石湖句，春雨一枝红杏花。

编集中州作史看，遗山一老压骚坛。
谁知沧海横流日，有此雄才逐杜韩。

虞杨范揭号诗宗，笔有余妍气未雄。
一代词章无巨手，竟将元曲变唐风。

长庆开元合一家，青邱绝世好才华。
兴来笔下风生快，胜饮卢仝七碗茶。

争传亮节李于鳞，格调终须让茂秦。
五字推敲过金石，瓣香老杜谢山人。

遗民谁与话沧桑，屈指梅村远擅场。
一听诗歌一回首，秋风笛部按伊凉。

无人不诵带经堂，旖旎风流独擅长。
只惜性灵被书掩，百年风雅主渔洋。

当年李杜齐名久，今日陈吴步后尘。
羡尔高才兼宿学，一时三晋两诗人。

文章尔雅味深含，一卷唐风仔细参。
自遇九重邀特赏，尚书声价重江南。

尽得风流袁子才，一枝健笔手持来。
画成色相关天界，雨后桃花雪后梅。

题诗后

花落花开花自知，不须老去怨春迟。
深情无限钟何处，夜雨孤灯续旧诗。

国朝南亭诗钞卷九

武乡桓一范士熊辑选

魏守经 字亦权，号一泉。道光壬辰（1832）举人，著《悔不读斋吟稿》。

白龙洞

石洞穿山根，地脉钟神秀。
入洞数丈余，灵渊泻寒溜。
探奇必鼓勇，彻底思穷究。
忽惊巨石立，秋雨濛濛逗。
探首更向前，如两矢夹脰。
顿觉凉侵肌，盲风生石窦。
深沉不见底，阴森暗白昼。
回踵寻绀宇，依山成结构。
俯临水满溪，仰看云出岫。
卧听松涛声，萧萧和猿狖。

正定府隆兴大佛寺

杰阁出城隈，遥瞻气葱郁。
随喜入寺门，行行看大佛。
金身高难攀，臂指亦奇崛。
梁陈诸帝时，佞佛多方术。
沿及隋开皇，此风同一律。
寺有隋碑佛像，为开皇六年造
相传铸此像，铜从古井掘。
发三菩提心，象教宣仿佛。
萧寺遍天下，六朝去飙欻。
毕竟广大门，别无灵可乞。
梵语说空空，云是波罗蜜。
法象大张皇，毋乃物于物。
一笑问如来，石幢花影拂。

怀旧诗有序十首选六

仆生三十有九年矣。浮沉乡曲，固多忌我之人；驰逐名场，亦有怜才之客。一番回首，往事惊心，岁月堂堂，未能每变而益上。小时了了，或以有短而见长。问交游于绮岁，针芥有神牵；别绪于天涯，云泥偶隔。斯固未免有情无能，自遣者矣。况复侘傺无聊，蹉跎尤甚。洵自顾而减色，思故人而腼颜。纵欲与谈，难学登床之彭羕；既无所适，空为怀刺之祢衡。累人况味，仍食猪肝。此日功名，似餐鸡肋，用是门无车马，书少鲤鱼。名师益友，殊非难记之人；死别生离，半少相逢之路。每一念及，怅触情怀。此夕此心，自鸣自已。茫茫消息，任为落井金瓶；琐琐话言，聊当飞声玉笛云尔。

予年方丱角，获见家映垣。
瞳瞳双眼镜，剥剥敲我门。
入门躯干伟，兀座如虎蹲。
先子呼小儿，此堪为汝师。
取汝课业来，为汝酌改之。
先生点窜毕，谓儿真有造。
自我授徒来，无如此儿好。
不图数月间，山颓此一老。
居虽接比邻，相见苦不早。

十四赴铜鞮，小试初涂鸦。
爱才有广文，招我入官衙。
其人老孝廉，姓郑名泰华。
谬许予文好，余论发齿牙。
诵我覆试卷，客座相矜夸。
过我寓舍中，厚意频有加。
自从去官后，相忆空叹嗟。
我思郑当时，望望天一涯。

师门受恩处，卓卓王雪堂。
往者岁辛巳，同赴乡举场。
余适染时疫，病势如虎狼。
先生不我弃，挈之还故乡。
患难肯相恤，此意安可忘。
何图有积毁，出自夫已氏。
先生厉声诃，低头但唯唯。

心迹不自明，此后疑滋起。
阔别数载余，前嫌渐释矣。
胸鬲间有物，何当掬以视。

天上有文衡，衡人百无失。
三次按沁郡，誉我过其实。
每当发试案，公然居第一。
记得奖赏时，喜气眉宇溢。
文章有包罗，善用垫折笔。
尤爱诗赋佳，比之仙乐律。
相望玉堂品，脱换凡夫质。
前年走京师，入谒马融室。
先生赐我饭，剧饮尽一日。
下第出都门，留我苦无术。
送我出门去，回头风瑟瑟。
多感李桷堂，好自中心出。
欲报知己知，后事难预必。
评予《古学卷》有“如闻仙乐耳晢明”及“玉堂仙品”等语。

我友郝桐轩，耻为浮薄士。
文战同蜚声，使君与操耳。
曾记客寓中，与君同卧起。
君读近思录，潜心宋五子。
我偶有过差，正色折以理。
少年独老成，相期式浮靡。
何意如此材，摧折秋风里。

昔郑子皮卒，子彦曰吾已。
太息时与命，不知何者是。

吾乡李徙南，终日常端坐。
作人耐清贫，口不言坎坷。
与人论事理，圆转髡炙輠。
下笔独老重，文章少许可。
尤好辨六书，鲁鱼校雠伙。
相与虽日浅，亦尝惠教我。
方欲以课艺就正，闻已捐官舍。

以诗讯桓一足疾

前日造访君，君适遘足疾。
恐碍步履艰，未敢入君室。
袖里一卷诗，携归率加墨。
中有感旧作，深情宛流溢。
知君相爱重，不啻自口出。
津津道往年，倡和重九日。
今年又杪秋，漳滨风瑟瑟。
霜葭秋水心，彼此应如一。
想君闭户居，在床聊偃息。
天假小憩缘，消闲富诗笔。
安知卧游兴，不化凌霄翼。
鄙人致私意，祝君病若失。
指日又重阳，高台快登陟。

桓一有《九日登高台感旧》诗云："漳滨南望树苍苍，知己相思水一方。"又句云："记得二年前此日，篱边倡和韵偏长。"怀余也。

前诗寄后，和章即来，叠韵再柬桓一

次韵和我诗，才似枚皋疾。
结此文字交，两地宛一室。
忆我方弱龄，涂鸦弄翰墨。
词章少范围，如水旁溃溢。
间亦事剽窃，词不自己出。
以此迄无成，蹉跎及壮日。
齐门好吹竽，而我偏挟瑟。
欲求同调赓，什中不获一。
近来获遇君，与古同鼻息。
许我谬推敲，投赠互走笔。
想见虚受人，小心常翼翼。
大智不自用，百虑恐一失。
当代谁吟坛，伫待君家陟。

读《于忠肃公传》

在昔明英宗，北狩次土木。
遇伏六师溃，明社几成屋。
史载忠肃公，身任危疑局。
持计效瑕吕，君命贰圉卜。
丧君复有君，征缮群辑睦。

贼酋拥上皇，索赂恣贪黩。
大同与宣府，勒降人不服。
贼破紫金关，闻风多畏缩。
于公严阵待，也先计穷蹙。
公更斥和议，谓非社稷福。
与彼不共天，坐敝滋惭忸。
琵琶终饯行，翠辇北辕复。
读史聊掩卷，额手得所欲。
何图不世功，翻酿成冤狱。
南宫夺门后，群小滋谤讟。
狡哉徐有贞，一方惨虺蝮。
谓不杀于谦，何以饰耳目。
市上公就刑，边方家窜逐。
当时有陈逵，为公收骨肉。
忠义在人心，想见同声哭。
直至成宏年，始得奇冤暴。
赐祠在墓旁，俎豆荐寒馥。
读史竟至此，悯忠泪盈掬。
哀怨与招魂，为唱巫阳曲。

田 家

田家重农桑，不知贵百货。
戊雨与庚晴，天时日考课。
偶然天不雨，疑比人游惰。
某天金斗满，某日水斗破。

盼雨雨果来，相将额手贺。

俗以时宪书五行廿八宿及建除相次名目占岁，谓金斗满，主丰；水斗破，主雨。

夜来有好风，吹送家家雨。
朝起行田间，带种润出土。
恂恂乎孺子，彼此争先睹。
朝来复暮来，禾兄已梭肚。

谚以苗将秀未秀为梭肚，盖状其含苞如杼形也。

万物有自然，助长亦何补。

嫩日烘遍地，湿烟与之俱。
露晞泥未融，且复停耘锄。
尽有三时苦，幸得一晌余。
比邻想慰劳，大吏无追呼。
古人亦有言，时还读我书。

牸牛夜伏阑，雏鸡方在菢。
黄昏月色清，柴门坐喧笑。
父老与子弟，言慈复言孝。
伛偻老农来，别有谆谆告。
随口述土风，居然成典要。

斋中读书杂述

周孔讲道学，理与事相辅。
理似室中藏，以事为门户。

大易有爻象，事皆堪指数。
无事有其理，近取复远取。
即境可玩占，其象如目睹。
自从汉宋来，理学相夸诩。
图画推衍多，错综互参伍。
奇偶与阴阳，微茫判然剖。
言数不言事，喧宾或夺主。

典谟在唐虞，史笔何驯熟。
嗣后数百年，文字反古穆。
殷盘及周诰，佶屈不可读。
吁众出矢言，深奥难通俗。
学人讲贯余，疑义费往复。
当日蚩蚩民，领悟何其速。
此是一疑团，谁为发吾覆。

诗乃有韵文，吟咏适情性。
因文得考义，传说有毛郑。
义正金就冶，辞葩花在镜。
朱子为集传，不信小序言。
词理取切直，就简必删繁。
我意诗中境，殊难一概论。
断章义各当，彼此同心源。
众说可俱忘，众说可俱存。

声与韵相劘，自然得反切。

韵以互叶成，声从发口别。
声如歌有宫，韵如歌有节。
声韵合并来，岂待人施设。
云何方隅士，不辨韵与声。
乡音混开合，唇齿昧重轻。
又或按旧图，一纵复一横。
隔标兼隔列，随人为变更。
譬之食不化，得粗遗其精。

古之立言者，为以文载道。
心有所欲言，匪徒文笔好。
我辈为文者，刻意欲相师。
孰为柳河东，孰为韩昌黎。
寝馈业已久，藉以弄笔姿。
摹拟求酷肖，貌合神或离。
只可饰耳目，未易入心脾。
扬子言下士，姓孔字仲尼。
名是质则非，何以冒托为。

我读古人书，苦不见古人。
怀疑欲相质，觌面终无因。
因思古人在，茫茫同此界。
无能待后来，嘅焉发长喟。
今世复生我，天地本非隘。
与我并生者，宛同一公廨。
公事公言之，此理远可届。

亲闻诋斥我，岂非一大快。

赠程介山先生

吾乡数耆儒，博雅推此老。
家学得渊源，于今存古道。
我年弱冠初，与公相识早。
未获接畅谈，觌面皆草草。
今年重洽欢，相见开怀抱。
每当聚首时，令人消热恼。
上下千百年，事理恣探讨。
谈锋一纵横，满座俱绝倒。
玉屑自霏霏，不嫌唇吻燥。
近闻著作富，诗文新脱稿。
笔下吐光芒，群议能包扫。
人莫名其器，人尽钦其宝。
志在藏名山，尚未锓梨枣。
我乃赠公言，愿公多寿考。
性命发英华，老健精神保。
沾丐及后生，随处留文藻。
当作线装书，一读一回好。
公倘然其言，斯人善颂祷。

腊月十二日得雪喜而有作

天时有雨泽，下济通地脉。
时或屯其膏，肥土变为瘠。
自从初秋来，不雨五阅月。
禾稼颇薄收，侥倖已有获。
糊口只目前，不堪谋蓄积。
老农将杀地，俗呼秋后耕为杀地。
土硬难起伐。
燥块坚如石，低洼干种麦。
麦苗偶出土，勾萌亦成尼。
昨夜朔风动，同云飘瑞雪。
瀌瀌复浮浮，堆余二三尺。
如挹西江水，转瞬苏涸辙。
指日新年来，岁事亦已迫。
回视瓮盎中，我粮殊未绝。
明年饼饵香，自有好时节。
我作喜雪诗，望梅聊止渴。

杂　述

古人自有真，诗文不徒作。
道德与功名，根柢殊不薄。
吾辈作诗文，束缚就绳削。
空谈无所补，已为输一着。

雨集沟浍盈，坐待水立涸。
胡弗屏浮伪，精神游淡泊。
聊以存吾真，解人应可索。

人心不尽同，出语或相左。
自有文字来，言语亦已伙。
或为奭雕龙，或如髡炙輠。
而况吟诗者，异席各分坐。
寄意在遥深，语不贪庸琐。
彼见为艰难，此见为贴妥。
问世徒悠悠，问心或颇颇。
自非大圣人，有可有不可。

贪者必求富，狷者常安贫。
谓我一无取，何以资一身。
美利所荟萃，每在要路津。
或用或不用，虎鼠互屈伸。
窖镪藏千万，毕竟遗何人。
所以达士心，不为利欲熏。
非必矜高节，亦非厌风尘。
物苟非吾有，过眼皆浮云。

日日云在天，年年花在树。
繁花自开落，闲云自来去。
万物有端倪，孰能言其故。
我身于万物，偶涉即成趣。

往往物不化，转为物所误。
安得将我身，化作千亿数。
散置在虚空，随处得妙悟。

书肆与说铃，愈出乃愈奇。
耳目所未及，附会徒滋疑。
燕公记事珠，愧不手中持。
同此一典故，恍惚忆前时。
人名与地名，一过弃如遗。
有时对广众，吃吃难措辞。
相嬲不相谅，谓我故靳之。
曷思孔子语，不知为不知。

俗士好徇物，劳劳左右袒。
每人而悦之，意气徒虚诞。
盛夏就清凉，隆冬爱暄暖。
积雨望新晴，昼长苦夜短。
忙煞头上翁，人意殊难满。

我生好饮酒，藉以浇磊磈。
醉后语多狂，醒后辄复悔。
尔来多痰涎，病酒岌岌殆。
每当会饮时，犹有豪情在。
沉湎古所戒，此弊终须改。
交谊淡以成，曲生恕我罪。

伦类智不同，厥有千万等。
或则矫如龙，或则廉如蚓。
或则度汪汪，或则心婞婞。
或以大为小，或以醉为醒。
彼此各短长，鹤胫与凫胫。
我生今人中，事事谢不敏。
不爱杨子毛，不摩墨子顶。
谨守舌端锋，偶为胯下忍。
知者其谁欤，暗中应首肯。

我年三十余，艾发日已多。
更阅四五岁，髭须全皤皤。
似欲示警戒，令我勿蹉跎。
我初不甘老，捻髭自吟哦。
视白若垢污，忍痛常刮磨。
辰岁值大挑，往赴求贤科。
举人大挑，投印结于吏部求贤科
买药自染须，如女画双蛾。
深浅不入时，宜被当途诃。
而今恋乡里，老友互相过。
年纪相上下，人辄呼以哥。
我亦居不疑，老态日婆娑。
挟长非挟贵，白须如余何。

秋怀杂诗

阴阳有消长，鼻息一出入。
气化自推迁，凡物不失职。
秋来衰草白，草心偏绿色。
荣枯交际处，端倪宛可识。
地脉潜滋培，亦如天不息。

我见守财虏，积金为长技。
心计密如丝，织就好田里。
心血耗欲尽，遗与纨袴子。
蜉蝣玩细娱，骄滛夸服美。
锦片日垢汙，江水不可洗。
何如大布衣，振袂秋风里。

秋霄甚寥廓，群雁方南翔。
随阳应节候，匪独谋稻粱。
空江多烟水，远岸多繁霜。
横风吹不断，参差复成行。
顾我罠罠影，比佽孰可望。
感此念友生，别意与之长。

朋友以义合，意气必相亲。
盈盈一水隔，致书托锦鳞。
情长语偏短，鄙意何由申。

亮节贵自守，岂在语谆谆。
炎凉日以变，时俗日以新。
缅惟圣人语，自厚薄责人。

前年米价长，所在皆石田。
室已如悬罄，何恃不恐焉。
今年米价廉，余粟难贸迁。
农家日用需，一一资金钱。
物多反昂贵，司市无其权。
安得造物者，斟酌为丰年。
天地犹有憾，何况人事偏。

人事日纷糅，万物各有命。
逐物施厚爱，尧舜其犹病。
穷巷一腐儒，遭逢荷仁圣。
有道贫且贱，碌碌乃前定。
独窃诗书泽，自怡山野性。
必如秋水清，眼似秋空净。
触景发狂歌，此事我为政。

蔡忠襄公祠公讳懋德，长洲人，巡抚山西太原，城陷自缢于晋阳书院三立祠。

三立祠之左，庙祀蔡忠襄。
昔公开府来晋阳，明季盗魁方跳梁。
躬驻河上战且守，与贼相持期年久。
贼不能渡无奈何，挫彼锐气十八九。

方冀旦夕歼鼠辈，无何师报潼关溃。
公乃退保太原城，竭力誓众词慷慨：
臣将有为，时不可为，
大厦就倾，一木难支。
臣力已疲，臣心不移。
平生马革欲裹尸，孤城已陷身从之。
守城城陷臣有罪，从容就义心无悔。
廻风猎猎飘云旗，迄今犹有神灵在。

湘水怨女篇有序

宿分水岭店，见题壁二绝句，情词悽恻，字画媚好，末署“湘水怨女泣书”。其自序略云：“妾本楚产，长于吴江，廿年前与某公子私有婚约，迨后天各一方，杳无音耗。近有客自燕来者，知伊出仕山西，故不远千里希践夙盟，讵料人之无良，竟遭摈斥。”云云。余不知其人而读其诗，因哀其遇，为赋长句。

吴江生长湘江女，飘泊天涯何处所。
颂橘骚兰怨倘同，珠啼玉泣情如许。
自云生世绮罗年，侨寓吴江江水边。
两小无猜成好合，真个姻缘一线牵。
错疑某是风流士，貌似莲花心似水。
并头花朵偎江波，管取莲房能结子。
一朝报道郎君去，料是留郎留不住。
此日纵拚玉镜分，他时待有银河渡。
密意柔情唤奈何，对郎不敢惨双蛾。
自屈指头轮去路，暗将眼泪揾秋波。
妆泪阑干眼懒开，终日待郎郎未来。

低骂浅嗔都不忍，只把红颜薄命猜。
凋落红颜与翠鬟，青鸾忽有天边信。
空闺严守廿年余，书生已佩专城印。
散郤眉端百结愁，陆乘车马水乘舟。
远道风波敢辞瘁，梦魂飞度古并州。
那识人心多叵测，盟誓重重言可食。
絮果兰因过辄忘，飘茵堕溷娇无力。
妾心不比郎心硬，枉取沉冤作话柄。
客邸聊为怨女吟，题诗转讳狂夫姓。
湘江归去路迢迢，憔悴容颜骨亦消。
回首当年还自忏，终身虚度可怜宵。
新诗读罢一灯青，说与旁人掣泪听。
岭水分流呜咽处，似闻哀怨响泠泠。

倒栽槐歌

怪哉槐柯色青铜，塞满庙院阴重重。
枝叶钩带相弥缝，仿佛圆伞撑高空。
根荄着地难寻踪，不受寻常栽培功。
酣嬉淋漓为形容，云端探首如虬龙。
又如张旭草书工，以头濡墨夸神通。
如此奇材不易逢，俯首暂托云龛中。
养成风烟何溟濛，会看飞去凌苍穹。

地震行时闰四月二十二日，余在白家窑西阡督工，为先君营葬地

道光庚寅四月夏，坏云垂垂满四野。
一声疾响东南来，漫空风势如奔马。一解
余时督工野外坐，忽觉坐地无帖妥。
摄衣欲起行，两足无一可。
重复伛偻不敢动，以身委地当箕簸。二解
沙扑面，风贯耳，断崖崩堰亘数里。
回首望故庐，仿佛烟尘里。
心急足违口欲噤，为语工人可归矣。三解
归来上高堂，一惊一喜儿见娘，
娘谓我儿勿惊恐，全家幸喜无毁伤。
我年今已近七十，见此灾异非寻常。四解
天欲暮，家人聚，危险情形相告诉。
床头坐话头忽晕，错认地震余恐怖。
侧闻邻舍作呻吟，屋瓦打人成痛苦。解五

长平怀古

长平驿，赵军壁。
廉颇坚壁待强秦，按兵不争功赫赫。
赵谓廉颇易与耳，代将独用马服子。
秦人反间策已售，阴使将军名白起。
奇兵三万劫赵军，四十万人尽坑死。
他日杜邮赐剑时，追悔其罪已晚矣。

血腥纷纷染土花，遗戈断镞湮黄沙。
我来凭吊天薄暝，髑髅山畔月初斜。

郭隗故里怀古

燕昭王，招贤士，先生言请自隗始。
战国纷纷势利场，自衒自媒毋乃是。
高台上，置黄金，风声所树朋盍簪。
贤于隗者行且至，一言颇见休休心。
后来太子丹，养士亦云厚。
无论卖浆与屠狗，感慨悲歌为奔走。
骏骨犹售五百金，果然千里马常有。

花儿匠歌丰台种花人，京师目为“花儿匠”

都门天下繁华地，往往通衢陈百戏。
槐树斜街晓卖花，香风过处成花肆。
借问此花何自来？种花人住在丰台。
东畦西陇遥相接，姹紫嫣红不断开。
奇葩异卉看齐放，颠倒四时成别样。
妙技真同七七工，园丁合唤花儿匠。
花匠卖花如卖菜，花朵纷纷车满载。
鸦觜移来绿野旁，蝳魂伴送朱门内。
多少朱门富贵场，亭台池馆常相望。
锦坊烂漫排文杏，银烛高烧照海棠。
豪家自有藏春坞，不用催花烦羯鼓。

那识栽培灌溉功，雨雨风风尽辛苦。
看花倘忆种花人，记取花田物候新。
稼穑艰难同此意，年年珍重眼前春。

送秋词

洞庭昨夜秋波起，遥望美人隔烟水。
才看春梦醒春人，旋触秋心到秋士。
枫丹芦白菊花黄，客燕宾鸿去住忙。
正是清凉好时节，俄惊店月与桥霜。
送春只当冶游久，暑退还如酷吏走。
独有多情感暮秋，耆旧场中辞好友。
西风槭槭飏归鞭，千里关河落照边。
如此销魂那可说，疏林一路是离筵。

枯树叹并序

道光甲午、乙未间（1834—1835），邑大饥，贫民剥榆皮为食，枌榆皆无完肤。至丙申春，并削树皮供薪爨用，近村杨柳刳割殆尽。又本年六月初一日夜大风雨，境内树被风雷摧折无算。迨初秋时，木叶凄然，黄陨者已就萎死。魏子哀之作《枯树叹》。

近村种杨柳，春夏常青葱。
向秋木叶瘦，黄碧参玲珑。
今岁婆娑生意尽，杈权枝干吟悲风。
我思故国多乔木，绕郭浓阴画簇簇。
阳木阴木取以时，萌芽不使牛羊牧。

任教秋杀代春生，叶落归根剥可复。
林麓预储梁栋材，大庇千间作厦屋。
胡为庇焉纵寻斧，弱植强妒人扶树。
直以利刃剥其肤，譬之衣绽不可补。
初如剥蕉后束笋，对面盗贼恣携取。
吁嗟愚民为饥驱，应非有意相毒痡。
苦将木屑当薪炭，遑恤区区荣者枯。
况复风雷同一劫，摧残尾段成模糊。
安得良有司，大声为疾呼，
列树先表道，培植到枌榆。
田里桑麻计，一一加匡扶。
树木皆蕃庑，十年计非迂。
使有菽粟如水火，而民焉有不仁乎？

吊土河村烈妇李氏

李氏，族人某妻也。某业樵，坠崖死，氏痛不欲生，绐人导往其夫死处，殉投崖下，时十六岁。程介山侦知之，曾以诗纪其事，后邑侯王乐山先生作诗吊之，勒石于书院壁上。

李氏女，嫁余族。
殉夫死，年十六。
此事垂今三十年，王程两诗人口熟。
乃复楼指一数之，毋乃纪实多繁复。
我按烈妇事，代想烈妇心。
夫唱妇随无间死，要将同穴比同衾。
临危视若履平地，不见悬崖百尺深。

当其闻变惨不食，梦魂已化双飞翼。
巉岩绝壁与同游，血肉之驱聊喘息。
望望崖下成乐国，人间风景皆无色。
仿佛亡人招手来，阿姊同行救不得。
尔时阿姊泪盈眦，旷野号呼村民至。
奔告家中人，咄咄称怪事。
以谓烈妇不读书，不识字。
去年初嫁来，与人了无异。
大义谁告之，此事谈何易？
呜乎！
此事谈来人不料，非有成格相仿效。
为臣死忠子死孝，平时岂有轻生貌。
不将转念负初心，何人不可维风教。
须眉愧不如巾帼，骇传烈妇方年少。

李烈妇歌

白如雪，犹可涅。
坚如铁，亦可折。
独有人之精诚，耿耿不磨灭。
侍中血，常山舌。
男子耳，何须说。
伟哉奇节女儿有，听我长歌此烈妇。一解
烈妇夫外出，夜坐灯荧荧。
寝床二稚子，对影殊伶俜。
有逾垣者，禽兽其行，

鬼蜮其形，骤以恶语肆唐突。
刀声霍霍风泠泠，是向挑之不从者。
冀劫以威，而怵其听。二解
烈妇见之乃大骂，呫嗫声情变叱咤。
道尔鼠辈胆何大，非礼相干向深夜。
骂声渐怯鸣声嘶，持器格拒力不支。
可怜中夜无人知，双雏梦醒啼将断，
一丝喘息魂已离。
既我身之不恤，遑恤我儿！三解
夜色萧萧阴风怒号，拚将弱息，一刀两刀。
烈心不畏豺狼性，果然毒手戕三命。
贞木甘教劫火烧，血腥不染游魂净。四解
邑宰诣验，妇貌如生。
乃禽其仇，廉其情，
复慨然叹曰：
“古来割鼻毁耳断臂断指者，皆以贞烈传其名，
守土者将激浊而扬清，
斯人不可以无旌。”五解
爰上其事，天语褒扬。
敕下所司，绰楔辉煌。
万口诵姓氏，齿颊余馨香六解
夫家谁？厥姓李。
母家谁？姓孟氏。
居何乡？南王里。
世间苟全性命者，吾见其死已久矣。
迴风云旗一归来，烈妇虽犹不死，

鸣乎！烈妇死乃长不死七解

牙画瓜子歌为程芷汀赋有序

芷汀，昆仑先生后也。其家藏有磋骨瓜子一粒，广阔仅二三分许，雕十八学士图，琴棋书画各一事，兼有一僮给使。其背面写古诗一首，连书疑共六十余字，乃七十四老人祝玉成镌赠昆仑先生者。芷汀出以示客且索诗。祝号培之，杭州人，以牙画著名，见《述异记》。

旧闻须弥纳芥子，世间幻说那有此。
又闻寸马豆人画，法工缩本相传聊尔尔。
乃今芷汀示我磋骨一瓜仁，掬手俯视不受指。
正面名画背法书，咄咄幺麽成绝技。
我欲读画揩双眸，愧不明目如离娄。
依稀可数十八人，知是雅集登瀛洲。
更有侍侧一童子，拱立听役双了头。
谛观骇绝已移时，覆其后面更见奇。
自题其画五言古，波砾琐细如蚕丝。
诗后两行添款识，不能卒读心猜疑。
幸有芷汀手钞另一纸，彼此雠校无差池。
却怪老人七十四，能以神通作游戏。
秋毫神妙莫可名，刻猴贯蝨何足异。
我有一语告芷汀，詹詹小言非其伦，
传家想见闲情寄，守此长物甘清贫。
况复昆仑先生垂后裔，橐中自有书等身。
牛毛茧丝析名理，小物瑰异非所珍。
鸣乎！

形下而器形上道，智巧皆由心所造。
凡物有形必有形，形者九天九渊恣探讨。
摩挲先泽宜深思，赤水元珠为至宝。

端午日桓一偕陈商哲枉顾，别后却寄

樽中才罢菖蒲酒，户外纷纷人躪柳。
草堂肯访仲先来，褦襶相看知否否。
不见桓一经数月，一揖但言久离别。
携来佳客未通名，心猜定是陈商哲。
阶前促坐不移时，急从袖底出新诗。
多是同人叠韵作，宫商相应无差池。
摇箑相看各无语，吟肩相促心相许。
鄙人有说愧如铃，撞击何当双巨杵。
我与桓一赓同调，尤羡陈君较年少。
果然续命有五丝，妄想同时作英妙。
傍晚客归留不得，挑灯读句重加墨。
灯花放处喜气多，疑照两君好颜色。

拉河煤有序

县东多煤井，土人积煤之所，地曰鲤鱼店。每冬月河冰合时，自县以西居民，辄取一小木具至积煤处，载炭数百斤，沿漳河冰面而上，较累累驴驮，获利差胜。然其劳瘁之状，视春夏间农功为甚。作诗纪之，俾采风者知吾乡贫民作苦有尤剧者云。

两山夹岸河冰阔，曲折一线途滑汰。

行人如蚁冰上来，背负重任步蹩躠。
短衣结束一棉袄，双足縢缠藉毛毦。
为问此何人，俱自县东来。
买煤鲤鱼店，都已载宝回。
尘沙上面风力遒，尺布掩耳声飕飕。
背后冰床二三尺，仿佛以纤拉小舟。
一步一掉臂，两步一垂头。
足踣手拄地，额破面血流。
有时冰面沙痕积，欲前不前多逗留。
前后同伴互相助，比肩用力同驽牛。
向前数步冰色净，得势骄捷争猕猴。
呜乎！严寒慄肌身反汗，冰上趱程夜达旦。
一人牵挽数百斤，博得两钱一斤换。
那知豪富人，红炉煨兽炭。
拥衾犹自怯早寒，熏笼不使香烟断。

陈贞女歌大中丞莲史先生长女

礼传牉合人伦始，处顺安常易易耳。
世人遇变多浮沉，力挽颓纲在女子。
女儿已寡称未亡，饮冰茹蘖皆寻常。
不成嘉礼遘凶礼，柏舟矢志追共姜。
未婚守节礼文无，而今复见陈莹姑。
莹姑生长仁宦族，幽闲贞静千金躯。
阿爷出守来山左，膝下娇花携一朵。
滇南公子圣人后，为倩蹇修相许可。

尔时缔好在官衙，束帛元纁初下茶。
凤凰迟叶和鸣卜，彩翼分飞天一涯。
竞说郎才兼女貌，鸿案何妨老德耀。
夭桃秾李偶逾期，阿郎已赴玉楼召。
回首当年方纳采，荏苒流光十二载。
零脂剩粉妆已残，石烂海枯心不改。
笛怨惟闻孤竹枝，琴声别有寡女丝。
义心苦调谁能识，女儿心事爷娘知。
爷娘知女心如石，欲向滇南通雁帛。
阿翁宦辙来粤西，适莅桂林为方伯。
意外忽闻贞女事，待遣鱼轩迎女至。
伫见佳妇如见儿，不禁老泪纷纷坠。
莹姑闻命径升舆，顺变权将素服除。
此后遂为孔家妇，腶修枣栗为亲娱。
阿翁悲喜为人告，此女全贞更全孝。
将为择嗣慰坚贞，他年合受金花诰。
严守空闺无怨嗟，重将消息报阿爷。
但得代夫事父母，余生无忝圣人家。

纪漳水灾

邑城建在河之浒，我家相距三里许。
村前别有一小河，青青夹岸连蔬圃。
酉年六月多霪霖，惯听彻夜淙淙雨。
一夜雨声杂河声，噌吰鞺鞳如钟鼓。
猜疑小河暴发异常时，枕上心惊未目睹。

天明看河出门前，漳河逼近小河边。
漳河以南小河北，无复田园连陌阡。
披猖浊浪连天震，茫茫难问城中信。
遥闻巨炮响城头，官民祈祷争性命。
越三四日水有涯，岸傍高脊露泥沙。
村民泅水入城去，归来告语相嗟呀。
西关街市泐堤石，东关沟水漂人家。
南门阖扇逐波去，敌楼以上坐虾蟆。
吁嗟漳涛无怒吼，敬陈一言君听否？
远不通漕运，近不溉田亩。
大不产鱼盐，小不生菱藕。
美利古来无，灾害近时有。
望望当滩厚壅沙，渟泓偏聚桥坡口。
西关外向南建阁，每冬月造桥，从此直达南岸，地名桥坡口。河落时此处蓄水甚深。
胡为洪流冲击河神庙，庙在城角石堰上，被水冲坍数处。
无乃波臣隳职守，安得事宜能善后。
奠定城基长不朽，不知谁是迴澜手？

国朝南亭诗钞卷十

武乡桓一范士熊辑选

魏守经

对月集唐句二首选一

野色笼寒雾王勃，空窗出艾烟项斯。
月明花满地刘长卿，秋入雨余天李昌符。
此室无他事贾岛，幽人应未眠韦应物。
遗风洒清韵朱庆余，心向静中圆李洞。

西岩寺

绕磴水涓涓，人疑别有天。
晴村烘落日，远树冒炊烟。
山忽开生面，钟能定俗缘。
吟鞭须缓着，拟是小游仙。

轮蹄投止处，僧寺得清凉。
小憩消尘块，无遮此道场。
岫云迎客惯，石佛笑人忙。
暂屏浮石虑，禅关叩不妨。
寺当往来孔道。

听王乐山先生弹琴作

万里无家日，千秋自命人。
闲愁寄骚屑，游艺亦精神。
雁阵清湘远，梅花小院春。
愔愔如有会，倾听意逡巡。
时弹《平沙落雁》与《梅花三弄》。

高怀绝凡响，斯道一身担。
弦指清音汛，文心妙悟参。
山空宜雪立，海静有风含。
仿佛琴中理，闻声愧未谙。

题惠怡园刺史磨镜小照四首选二

石畔科头坐，开函影动摇。
乍磨光炯炯，相对发萧萧。
宦况闲中领，吟情静里描。
风流何所似？卿月挂层霄。

铜鞮千万户，俱向镜心来。

大觉留圆相，无私即吏才。
智珠胸次抱，寿字画图开。
昨夜占星彩，寒芒耀上台。

读书清慧庵

借得僧寮住，闲窗闭白云。
琴声花雨润，诗界佛香熏。
胜地宜俦侣，幽栖静见闻。
阶前双翠柏，伴客影纷纷。

游南山

好山都北向，一水自西来。
云影吟筇导，滩声健步催。
岩腰行欲尽，隘口到方开。
小憩溪旁石，摩挲坐绿苔。

短草茸茸里，幽寻一径微。
泥融痕在屐，树小刺钩衣。
时鸟传天籁，池鱼见化机。
悠然生道念，独往叩僧扉。

金碧远空浮，琳宫色不秋。
白云穿石洞，红药护经楼。
山寺有藏经楼一区。

别有禅心净，兼将画景收。
更看槐影瘦，秃干老如虬。
龙爪槐在东偏院

坐话山灵共，勾留作别难。
吟诗题未就，啜茗量偏宽。
林冒烟千缕，风吹月一丸。
归途将欲转，屡次掉头看。

吊杨菊泉先生 菊泉讳延亮，湖南长沙人，庚辰进士，为赵城县令。道光十五年贼匪曹顺等作乱，被戕署中。

斗大孤城里，遥闻血染腥。
妖氛动群丑，小劫堕文星。
莽莽坏云黑，茫茫春草青。
河声与岳色，随处想英灵。

仙凫何日返，相晤记都门。
悲慨诗歌老，风流器识尊。
余在京师，曾晤菊泉于张岳樵先生处，且获读古、近体诗数章，多苍凉激壮之音。
卅年赍壮志，一别泣忠魂。
循吏竟如此，难将天道论。

棒檄来三晋，安舆奉老亲。
雪泥留宦迹，巾帼亦名人。
禄养能将母，艰危竟殉身。

绣余诗草在，一读一伤神。

菊泉母吴太孺人，号莲斋，著有《绣余诗钞》。

咏明史

北燕高飞日，深宫烈火红。
帝星沉半月，天意助东风。
误召徐辉祖，迟诛李景隆。
忠臣同一劫，杀运卅年中。

宣德游西苑，恩深太液池。
不求延圣寿，有暇谱新诗。
仙佛缘俱斥，君臣乐亦宜。
如何居别院，尚有静慈师。

郕王监国者，复辟本人情。
书敕成和议，琵琶望饯行。
童谣还土地，老树伐南城。
转把迎銮役，论功到石亨。

游畋行数数，自号大将军。
宣府兵常练，宸濠变果闻。
亲征宜用武，伴食只能文。
独有姚江伯，名儒克建勋。

继统传遗诏，公私两不妨。

孝宗宜有后，兴献本为王。
自合平情论，何庸聚讼忙。
哭声齐震阙，大狱已仓皇。

顾命先生受，匡时重任胜。
肃清看海内，功过半江陵。
纵负伊周望，何来舜禹称。
威权能震主，毋乃太骄矜。

浙党与东林，吾儒酿祸深。
门墙争托足，忠义亦矜心。
不作同声应，甘为异类侵。
奄人资口实，仇怨惨相寻。

妖书投匿后，挺击又红丸。
骇变传宫禁，惊猜到内官。
张差颠恐伪，可灼罪难宽。
想像危疑案，令人胆亦寒。

如何李选侍，犹欲据乾清。
竭力宸居定，防危宠爱轻。
他时自隆礼，蜚语太无名。
杨左诸公疏，神灵鉴血诚。

缇骑纵横出，纷纷说厂臣。
旁观嗟扼腕，公愤掷闲身。

直自追三代，名宜号五人。
青山埋侠骨，墓草亦精神。

烽火连番警，徘徊可奈何？
温周庸相误，张李盗魁多。
天运崇朝变，民谣遍地讹。
空余殉国恨，热血未消磨。

飞檄辽东去，迟迟未入关。
家亡俱碧血，发竖泣红颜。
妖气消除尽，清师底定还。
中原聊纵目，万里此河山。

草　帽

头衔真草草，面相肖团团。
制与芒鞵称，形同伞盖看。
渍痕凉雨透，写影夕阳残。
不作阴晴备，峨峨枉大冠。

葛　衫

年光过采葛，被服比方空。
作用冬裘配，成功魏屦同。
一襟轻障日，双袖远含风。
表出师前圣，衣帽慎饬躬。

竹　帘

不可居无竹，湘帘挂绮寮。
香烟留绿晕，花影碎红潮。
宛转薰风引，玲珑月色邀。
谤人门户外，直节总条条。

蕉　扇

有庵名种纸，迁地此材良。
剪取蜡心硬，裁量凤尾长。
前身曾卷雨，入握定生凉。
消受人书扇，淋漓翰墨香。

小　院

小院昼沉沉，云移一径阴。
流光消坐卧，独语杂歌吟。
树影横窗瘦，帘波窣地深。
喜无褦襶客，差可涤烦襟。

呈王乐山先生

及身欲定千秋业，新手曾栽一县花。
到处诲人如子弟，暮年寄食尚天涯。

还山踪迹新图画，经世文章老作家。
此后祝公长健在，遥瞻洱海散余霞。

先生宰武乡，去官后为晋阳书院山长。时将归滇，自绘《万里还山图》。

咏龙爪槐以龙槐二字为韵

疏槐满院午阴浓，看到虬枝合号龙。
山雨来时飞欲去，漳流抱处卧堪容。
叶同鼠耳垂垂结，云作鱼鳞叆叆封。
傍晚恰宜明月照，骊珠一颗护当胸。

风涌如闻起蛰雷，烟霞深处见龙槐。
种同华省音声树，幻作空山变化材。
荫绕绿云拏不定，花飞黄雪战初回。
怜渠秃影童童立，知是曾烧尾段来。

芦沟桥

桑干水响听潺湲，万国来朝入此关。
天下江山都合抱，人生辙迹几能闲。
平沙浩浩尘千里，晓色茫茫月一湾。
云里帝城连咫尺，香街软绣近仙寰。

帝　京

天衢詄荡九门开，易水燕云亦壮哉。
郅治车书同就范，沿街锦绣列成堆。
楼台隙处江山丽，名利忙中岁月催。
如此风光说不尽，草珠一串试拈水。
《都门竹枝词》以草珠一串为名。

方今寰宇久承平，海内菁英集帝京。
果是风尘难物色，偶于阛阓验人情。
千官翊运神灵气，万国交欢杂还声。
但祝无疆延圣寿，卿云常护日华明。

新购草屋数楹，今年夏淫雨连绵，邻家于界墙撬孔，以我为壑。急与修治，仅免漂摇

忽看墙下涨痕多，屋小如舟汎汎波。
岂有偷光来凿壁，竟同放闸乍开河。
狂澜欲挽空惭我，非意相干且任他。
大庇欢颜吾愿在，萧萧茅屋此高歌。

赠程璧桥

少年才子老明经，今日相逢太瘦生。
消遣壮怀成淡泊，拚除贫病仗聪明。
风流诗笔罗昭谏，落拓狂名祢正平。
如此畸人不谐俗，感君每遇总多情。

热恼场中冷笑看，天教我辈耐清寒。
胸无俗累何城府，眼阅丛残遍稗官。
璧桥于说部书流览甚富。
经世文章休贱卖，依人剑铗肯轻弹。
剧怜尘鞅劳劳甚，小事胡涂学吕端。
璧桥不屑曲谨，尝有私印刻“大事不胡涂”句。

见以字纸糊窗者

绝怜蛛网与尘封，几讶斯文扫地同。
尚有光芒烘丽日，偶依门户障酸风。
有人消受笼纱碧，往事翻思劫火红。
莫再抛将闲笔墨，满怀咄咄只书空。

出西直门至海淀

晴光晻霭五云边，瑞气遥连宫树圆。
渌水绕城园放闸，朱轮满路客朝天。
芳春长作蓬蓬色，函夏全消漠漠烟。

行尽大堤三十里，得时花柳总嫣然。

壬寅元旦试笔

手把屠苏饮未巡，酒怀长健此吟身。
渐看儿辈如林立，共乐年华即境新。
丽日晴烘深院暖，好风吹送隔帘春。
比邻答拜方才罢，独坐床头养喜神。

一庭蔼蔼静无哗，清俸天颁处士家。
儿仿门联争弄笔，女依妆阁学簪花。
消闲凡世成仙界，纪丽文章揽岁华。
与物皆春聊设想，斯言自笑大而夸。

校阅书院诸生课卷

数卷文章点勘勤，明明甲乙判同群。
敢将我法为卿用，常把人田当已芸。
奕局休疑鸿鹄至，战场谁是鹳鹅军。
前程万里同途去，聊助衣装一二分。

和鲁风咏物诗二首

老　屋

蘧庐自昔掩蒿莱，消受吾儒抱膝陪。
坏壁常留佳句在，闲门偶款故人来。

啼蛩声里青灯冷，刈稻香中白板开。
广厦万间何处是，著书仰屋亦清才。

老　树

乔柯百尺望森森，伫待岩搜匠入林。
偶着花时非俗艳，便无云处也浓阴。
逢人不改清苍貌，阅世弥坚磥砢心。
好语名材休薄植，九天雨露自来深。

次韵和程介山先生，寄怀范桓一，客修武，并柬桓一

吟笺雅雅复鱼鱼，意绪缠绵代手书。
此老多情犹似昔，清谈竟日记当初。
文中史笔诗中画，月到天心水到渠。
放眼为君轮指算，一时朋辈有谁如。

一生如雪好心肝，自命千秋果不难。
众口分尝同脍炙，及身亲见付雕刊。
藏山事业君先定，流水光阴我共看。
卅载耽吟甘覆瓿，者番抃触那能宽。
程有《惊邻草》二卷，范在客中代为付梓，寄诗多感谢语。

我亦登高望夕阳，太行南畔想容光。
诗人到处多仙侣，范与修武赵翰秋、赵莲舟，河内陈子厚、李子翼诸君唱酬无虚日。佳境探来胜故乡。

千亩地成栽竹径，三分水是种鱼塘。

范尝有诗，自注云："自清化镇至河内，流泉花竹，土人名为小江南。"

羡他大好游行趣，黄鹄摩天不算忙。

程诗有"且同黄鹄摩千里，莫效闲鸥守一塘"句

都是苔岑有夙缘，两君瑜亮并称贤。

涪翁老去胸浇古，钟子相逢指泛弦。

校字独教游客任，交情岂为异时迁。

十年前有题词处，自幸微名亦附镌。

余与桓一并有《惊邻草》题词。

喜籍生鲁风乡试获隽兼念同学诸子

桂花香到菊花时，于重阳日闻报。

吉语传来恰属谁？

门幸登龙沿旧例，人应刻鹄共师资。

余壬辰座主为楚南龙白华先生，今年主司龙兰簃，余乡试大同谱也。

敢云业订千秋易，莫道丹城九转迟。

鲁风九赴秋闱。

云路分明阶级在，更烦说与阿连知。

生弟心舟亦从余学。

新将姓氏写红笺，藉甚才名我亦怜。

岂但文章能接武，更传衣钵到流年。

余辛酉生，至壬辰年三十二岁。鲁风癸酉生，至今岁甲辰亦三十

二岁。

从前声价争和璧，此后驱驰让祖鞭。
莫效老夫终潦倒，来春盼汝五云边。

频年挟策走长安，懒向朱门谒贵官。
纵有微名成画饼，空教先达望弹冠。
余今年会试卷出梁俪堂先生门，荐而未售。总裁为山左陈伟堂先生，亦向所受知者。卷已粘签荐校，卒未批明所以驳放之故。
诸公衮衮联镳去，匹马萧萧行路难。
今春下第归，同郡数人俱留京邸，出都时一无行侣。
叹息多歧车辙误，偏卿犹作指南看。

同辈论文互短长，抛针彼此看鸳鸯。
望人健步三秋月，老我多情两鬓霜。
道谊相期重吾党，时趋递变是名场。
嫁衣一着妆添艳，女伴何妨再忖量。

酬张两如

巴歈几曲寄闲情，自分无人识姓名。
岂果成金能点铁，翻劳报李远投琼。
余与两如初未谋面，其题余《南亭竹枝词》云："直呼点铁成金手，更有何人道不然。"
和歌雅有相思意，觌面应怜太瘦生。
他日牙舟如再遇，清琴重奏两三声。

广陵绝响听弹无，来札中引"《广陵散》里求知己，不特弹无听也无”之句。老去难将结习除。
握管我思窥半豹，曾于门人张其信处索君诗草。
临风君幸惠双鱼。
黄金散尽留诗卷，白发栖迟剩草庐。
遥祝先生眠食好，迩来吟兴复何如。

与明府谢蕙圃同年

十年齿长推前辈，记得同时咏大罗。
墩外苍生今日望，济南名士旧来多。
蕙圃，济南临邑人。
之官有鹤行装俭，入梦占鱼岁序和。
君下车时颇苦旱，既而岁大稔。
真个牛刀堪小试，武城化已洽弦歌。

老圃荒寒剩菜畦，江干无客驻轮蹄。
敲门忽报肩舆到，扫榻忙将手帚携。
愧我风尘牛马走，看君枳棘凤凰栖。
归来喜赋高轩过，伫望台星一色齐。
君遇访时余适刈菜，故有首二句。

内子生日

阿侬老去足风怀，况听卿言亦复佳。
安命本无天壤恨，居家岂有太常斋。
十三初嫁怜生小，内子归余才十三岁。
千万余庆愿孔皆。

酌酒今朝报鸿案，不劳亲手拔金钗。

山窗一径暑风斜，儿女团团昼景赊。
馆食乍归人似客，年荒惯赖妇持家。
浮生合共牛衣老，此后相看马齿加。
两首新诗为汝寿，添妆椎髻笔头花。

酬籍鲁风次元韵

文章五色作其鳞，抛掷何堪近市尘。
马磨团团千里足，鸡窗寂寂卌年身。
已看世局如棋局，不作诗人便酒人。
感汝往还相爱厚，老怀抚触每频频。

芸人芸己意交融，尔我将毋梗概同。
素与绚参翻得悟，青从蓝出孰居功。
声名恐误夸辽豕，飘泊何须感塞鸿。
此后光阴须郑重，莫将苜蓿恋盘中。

春草次赵莲舟韵

烧痕犹记去年秋，又逐齐烟绿几州。
天放晴时熏蛱蝶，风吹低处见羊牛。
踏从寒食青难了，看到斜阳淡欲流。
满地春晖谁与报？寸心莫漫说遨游。

萋萋嫩绿掩茅衡，如梦如烟莫可名。
行遍天涯同足迹，斗从妆阁亦心兵。
偶成书带真堪用，偏是城门便不生。
忆到蘼芜与兰茝，骚人香韵一声声。

西堂得句阿谁能，独占诗家最上乘。
千里莺啼迷驿路，半塘蛙部隐鱼灯。
也同春水生南浦，好伴桃花住武陵。
一种别愁谁管领，蝶魂是处化韩凭。

野色粘天望似簪，青如点黛碧如琳。
生同短发丝何密，痕比征袍色更深。
芳讯来时怀远道，夕阳红处画高岑。
遍尝百种储医药，便抵人间布地金。

春柳次赵莲舟韵

旖旎缠绵色不秋，况逢烟霭遍皇州。
排衙池畔施行马，戍笛歌中伴牧牛。
无限销魂饶晼晚，几回顾影自风流。
短长亭外留青眼，牵绾离肠赠远游。

亭亭车盖孰争衡，百尺曾传渤海名。
偶试折腰如揖客，乍看垂手学麾兵。
搓挪长线刚三月，消受东风过半生。
深院游丝耽静趣，任他邻笛暗飞声。

三眠三起旧称能，踠地真无隙可乘。
咏絮夫人初选句，漏春和尚早传灯。
宅门垂阴陶元亮，步屧随风杜少陵。
留取枝条覆行客，笼烟笼月总堪凭。

几树斜抽碧玉簪，剪来片叶亦瑶琳。
衬将酒旆楼台丽，藏得书声院落深。
白下清阴栖水国，黄昏明月护烟岑。
歌尘舞影休轻试，珍重梢头缕缕金。

桓一持赵莲舟“春草柳诗”索和，余与赵未谋面也，和诗成后再叠前韵，即介桓一代柬莲舟

回首词场三十秋，神交每欲遍方州。
看人才似脱羁马，笑我生同触字牛。
惯向朋侪操月旦，忽闻异地有风流。
昌黎乡畔添翘企，牵惹吟魂作梦游。

风雅丛中独抗衡，平原公子擅才名。
关情深处何关物，选韵精时似选兵。
脉脉草心无限思，垂垂柳眼可怜生。
阿侬亦是伤春客，况听旁人索和声。

追随大敌我无能，愧少长风万里乘。
说士分甘叨耳食，和诗攻苦印心灯。

文章合有神明契，曹偶应无意气陵。
漫道声华藉标榜，个中得失寸衷凭。

尤羡高朋得盍簪，联吟书记老陈琳。
七闽游迹天涯渺，一集词源海样深。
莲舟随其尊人容甫先生作宦于闽，幕客陈梅峰刻有《同声诗集》，中多莲舟之作。
早卜科名辉棣萼，从兄翰秋，丙午孝廉。
定知臭味爱苔岑。
他时更望同声续，字作珠排纸是金。

眼　镜

我闻真诰言，眼者身之镜。
镜与镜相须，清光能肆映。

须　梳

耽吟好捻髭，取栉自思理。
笑彼拂须者，乃受人颐指。

扫耳帚

耳门净扫除，不独消奇痒。
五音令人聋，涤尽筝琶响。

剔牙杖

我齿将欲豁，牙车先留隙。
一杖横挑处，聊堪当漱石。

南山二十四咏和范桓一

南屏堆锦

山下望山脊，烟霞间金碧。
是谁制锦屏，妙不关刀尺。

北阁观澜

山口接漳河，一阁将山锁。
北向宜凭栏，小憩临流坐。

双松拂云

夹路两株松，不作支离状。
双盖立童童，影拂云阶上。

两池映月

甃石暗相通，两池如两目。
波光带月流，明辉无断续。

龙爪蟠槐

天龙来听讲，鳞爪有余威。

好把虬枝护，防他破壁飞。

麟趾探洞

天上石麒麟，未必人间有。
偶探石一拳，低头拜圣母。

经楼拥翠

看山背负山，只合从旁见。
随喜到经楼，饱看山正面。

禅室围花

我闻诸菩萨，花落不沾身。
大众看花者，将毋花笑人。

绝壁留题

石上扫苔纹，涩绣数行字。
文虽难卒读，摩挲存古意。

上方闻梵

上方人籁静，梵呗出空林。
流水开花地，能生禅寂心。

佛座悬空

法象塑悬空，金身现一一。
无树亦无台，方是波罗蜜。

山门攒顶

斗角与钩心，凭空布八卦。
门设乃常关，为隔仙凡界。

云林听鸟

林茂鸟有托，云深鸟不知。
人禽俱自在，听到入林时。

石井观鱼

石泉好烹茶，取水八角井。
暂倚石栏干，数尽游鱼影。

老树摩霄

老树阅千年，云端独昂首。
俯视阶下松，只堪称小友。

繁澌咽草

山半出流澌，如人有血脉。
营卫互相滋，草木为毛发。

盛暑凝寒

一径入云深，炎歊俱隔绝。
人迹不到处，疑有古时雪。

清宵鸣籁

暮山群动息，暝色来空外。

刁骚一片声，众籁皆天籁。

晓雾初收

笼住青山色，千林宿鸟惊。
霎时烟幔卷，楼阁倍分明。

夕阳返照

夕阳工写影，偏恋最高峰。
游客屡回顾，雏僧方打钟。

春风逗芳

早春花含苞，无香亦无色。
忽地山风来，逗出春消息。

夏雨观瀑

树杪下飞泉，寒声一阵添。
洞门云锁处，如挂水晶帘。

秋霜染叶

秋老红树多，众山失苍翠。
携酒赏霜叶，人与山同醉。

冬雪封林

前度林峦好，经冬雪乱飘。
锦屏留赏遍，粉本与重描。

都中送春

一片花光九陌尘，娱人游眼逐番新。
分明帝里春常在，不道今朝是送春。

仿元遗山《论诗绝句》论国朝人制艺

华国文章第一流，精深博大说熊刘。
化将魄力无痕迹，璞玉浑金是次侯。

不教一笔有陈因，锻炼功深戚价人。
我忆为文伤命语，如看纸上血痕新。

群言笼罩众心降，神色温温鼎已扛。
雅称承平良宰相，曲江风度比京江。

绝艳惊才兰雪堂，直将选体变文章。
展成尤是风骚手，一样图书发古香。

规行矩步绝常蹊，力挽成宏路不迷。
理解晶莹耐攧扑，日光玉洁李安溪。

心胸俊气轶尘氛，清劲无如钱绍文。
见事分明快倾吐，居然健笔欲凌云。

起衰巨手力能胜，独占同时最上乘。
我爱慕庐文近古，低徊唱叹似庐陵。

抑扬往复态夷犹，别有风神淡不收。
清古行文推在陆，独将法脉继长洲。

独立苍茫感慨多，古今万象尽包罗。
自知一集文如史，定耐人间历劫磨。

入元入细羡墙东，真个心思一发同。
好与圣贤通鼻息，看题不若听题工。

元气浑沦结撰成，非徒排奡与纵横。
望溪文集推当代，不把时文让乃兄。

看他智巧费安排，恰有天倪在在皆。
此种文心真入妙，令人爱绝集虚斋。

宜兴储氏尽雄姿，尤重经畬是白眉。
稿内名篇多恰好，兰亭初写忆当时。

神情宛转妙关生，自有天然秀骨成。
争怪已山操选政，一时海内尽风行。

沉思大力本无加，早岁文章学五家。
老去晓楼尤卓绝，既为寒木又春华。

谔廷文笔凤凰鸣，骨力高骞藻耀生。
想见谏垣风节劲，斯人真不负科名。

经义爬罗妙想开，精详天与著书才。
纷纷典制能提要，朴茂谁如任钓台。

苍深风格继归唐，力阐微言理学昌。
不遇墙东耘老识，北方谁重赵梅塘。

诗人声价遍江南，确士先生绝学探。
不道晚年通籍后，时文意兴尚沉酣。

敏妙轻灵自一家，笔姿整整复斜斜。
蕴皋太史工言语，余慧常留在齿牙。

蕴辉用笔似螺旋，九曲真珠一线穿。
不肯丝毫留墨渍，白描高手李龙眠。

铗板铜琶唱独高，竞推寅谷是文豪。
稿中孟艺尤雄健，分与时人扶劣膏。

气息深醇管韫山，定知香办二方间。
续编更有标新处，欲把前人旧说删。

横绝一时汤海秋，笔端莽莽气浮浮。
雄心不受前人范，岂但才名压九州。

近见关中仁在堂，替人补缀嫁衣裳。
环肥燕瘦身材称，一片婆心作老娘。

从今无复上妆楼，自愧形容是宿瘤。
甘向他人妆镜畔，残脂剩粉总低头。

夜雨未足二首选一

敲窗急点一声声，枕上听来近二更。
却怨阶前花上叶，缘何不响到天明。

午后又雨

砰訇声欲挟轻雷，望望高空泼水来。
不信天公解侬意，催诗雨转要诗催。

檐溜涡中水色肥，枝头夕照弄晖晖。
痴心欲向残霞问，家在深山归不归。

花　影

日　影

簌簌花枝点缀工，氤氲花气荡虚空。
却看印地痕皆绿，衬得斜阳分外红。

月　影

待月谁怜翠袖单，移踪香径步姗姗。
迟来渐度疏棂外，窗纸新添画稿看。

灯　影

难从梦里唤真真，风雨黄昏惜好春。
榻外移灯刚试照，小怜玉体正横陈。

水　影

一泓空水倍澄鲜，倒映丰姿别样妍。
知是花神爱高洁，植根都近蔚蓝天。

镜　影

花花相对叶相当，仿佛佳人爱靓妆。
识得虚明涵色相，个中诗境悟沧浪。

帘　影

当户栽花却下帘，玲珑敲戛玉钩尖。
不妨清影都筵碎，细腻风光曲折添。

当风影

飐影风前不自持，斜斜整整妙参差。
许多活相更番见，流水行云无定姿。

栖烟影

疏枝大叶自纵横，一片烟光染惹轻。

卿以色身参示现，怕人着眼太分明。

压栏影

轻裾长袖宛仙乎，踠地浓阴占画图。
偏仗阑干相约住，不教一笔近平铺。

隔篱影

四面遮栏只暗窥，花身宛转寄人篱。
一枝斜影长如许，想见亭亭独立时。

国朝南亭诗钞卷十一

武乡范士熊桓一辑选

赵昌祚 字锦庄，昌业弟。嘉庆己卯（1809）举人，官阳曲教谕。

观抗桩

百戏争奇巧，乃为人上人。
其名曰抗桩，弈弈如有神。
抗者伟男子，宽衣步逡巡。
脑后帛缠竿，上出薄烟尘。
童女骑竹马，彩绣灿纷纶。
各各扬鞭辔，掉弄随意新。
忽然倒跌坐，忽然仰翻身。
次者挟雷鼓，往来若云屯。
五色相炫乱，铙镯亦具陈。
我来目眙久，难笑复难嗔。
宛似缘绳技，不知幻与真。
又如圆光顶，化出前世因。

无怪若狂众，骈集满四邻。
况值赛神会，色色并生春。
年丰人嬉乐，观蜡泽同均。

云虮谷

山林饶胜地，此处更无伦。
树古巢乌鹊，池空跃紫鳞。
峰环三面立，花逐四时新。
称此幽栖意，高歌学隐沦。

汾河泛涨二首选一

势拥全并下，平陶俨巨川。
涛惊殷动地，岸捲矗浮天。
禹鼎光芒现，尧封沮洳连。
讹言三十载，骀实欲西迁。

送敬哉兄赴晋阳书院，步元韵

垂杨却莫绾行舆，此去非关食有鱼。
百丈悬流龙化处，一函佳信雁飞初。
胸怀磊落千樽酒，襆被萧条数卷书。
赋有凌云宜早献，题桥何必羡相如。

迭凑埙篪惯食贫，今兄捧袂碾双轮。

最难宗匠能知己，夙负才名岂让人。
鼓铸有同金在冶，薪槱特采竹之筠。
辛勤菽水聊分任，可慰云山望远尘。

晋阳学署送别黄翼之之榆次幕

雪泥鸿爪古并州，塞马无端惜壮游。
榆石更增新话柄，汾波重续旧风流。
悲秋宋玉浑闲事，赋别江淹几许愁。
千里会看驰骥足，笑他株守日悠悠。

信成斋

亭榭园林事事幽，携来童冠与偕游。
前津怕有渔郎问，莫遣桃花逐浪流。

陈　默　字一斋，道光甲午（1821）岁贡。

读桓一妹夫哭两兄诗，感而有作

伦彝天所赋，赋性原维均。
所禀有清浊，厚薄遂相因。
更兼气习染，难存至性真。
卓哉范桓一，永怀骨肉亲。
我昔送妹归，造府谒者频。
友恭皆目睹，始末得备陈。

伯仲怜小弱，抚摩意循循。
养也兼施教，家塾日几巡。
君承兄懿训，名场初问津。
用博两兄欢，相爱无相瞋。
堂前和集福，荆树开芳春。
当境莫名乐，旁观欲置身。
未几两兄逝，郁陶气不伸。
灼艾嗟难再，泣罢泪沾巾。
抚孤时着意，肫肫乃其仁。
非饰言往视，耻为第五伦。
君今追往事，哀感实迸臻。
我今传此语，用风当世人。
人生有兄弟，义直侔子臣。
胡为戈操室，古道委荆榛。
读此哭兄诗，至性何恂恂。
油然皆感发，风俗使其淳。
愧我亲谊疏，不获常饮醇。
遥慕君令德，心契交以神。

梅　品

谱列群芳独早开，番风第一好寻梅。
生非附暖霜天作，老亦撑寒雪夜来。
傲骨不求沾雨露，癯形岂肯混莓苔。
合偕松竹称三友，落落孤山亦卓哉。

魏悬书　字云榜，嘉庆戊寅（1818）举人，官曲沃教谕。

落　叶

寒郊昨夜响西风，春去秋来事不同。
悟到乘除原了了，惜他荣悴太匆匆。
别离感集飘零日，今古愁深落拓中。
回首繁华消歇尽，十分惆怅意何穷。

一林风战叶声干，知否惊鸿结阵寒。
传怨宫人流水去，停车诗客落枫看。
湘波月冷猿啼急，汾曲云飞鹤梦阑。
最是无情风雨意，不堪萧瑟向江干。

谁送凉飔入暮秋，寒风吹过蓼花洲。
萧萧响入踈砧和，飒飒情随去雁浮。
扫径无人容绕屋，登楼有客欲回舟。
天涯等是飘零意，身事蓬飞一野鸥。

吹残浅绿与深黄，败叶如云下夕阳。
独向苍茫时目极，谁禁摇荡不神伤。
征人离思边关外，楚客悲歌古渡旁。
莫向寒天言惜别，置身高处任飞扬。

秋柳用渔洋韵

濛濛烟雨黯离魂，几处藤萝昼掩门。
上苑芳华成昨梦，灞陵攀折认前痕。
相思塞北人千里，寥落溪南水一村。
记得渭城轻送别，骊歌声里不堪论。

几日晴丝又早霜，春光淡淡忆池塘。
晓风残月屯田句，白絮黄花陆贾箱。
游子漫寻邀笛步，才人已嫁汝南王。
短长亭畔余衰草，情尽桥题古驿坊。

豪竹哀丝识舞衣，将军故客是耶非。
西园宴罢苔痕没，南内人归燕影稀。
未许青衫歌缓缓，那禁红叶故飞飞。
何戡老去殷勤甚，目断长干心事违。

珍重柔条亦自怜，江潭摇落夕阳烟。
低徊旧事泥沾絮，宛转新愁力竭绵。
班马萧萧思远道，鬓丝缕缕感流年。
栖乌莫漫啼高树，指日青归九陌边。

重游平阳郡大云寺

落叶荒林深几重，吟鞢来觅旧行踪。
夕阳满地天将暮，古寺无人风打钟。

程　黉　字璧桥，道光壬寅（1842）岁贡

观假山后复柬桓一

积石为门阙，入门如入山。
山中门轩豁，门外山老孱。
我来访奇胜，欲跻无由攀。
蟠屈虎蹲兽，嵌空龙攫环。
伫立未移时，悠然入其间。
譬诸大人腹，外狭中宽闲。
譬诸哲士胸，曲折妙转圜。
又如读古书，桀骜愁冥顽。
忽闻石能语，一笑开心颜。
天风扑面来，身世迥尘寰。
飘飘两袖举，顿忘世途艰。
昔君征为诗，未与山往还。
侧想庐山面，谁曾见一斑。
况复胸径率，从无邱壑跧。
以此空摩拟，孟浪何辞讪。

鄙作七律时尚未见山

愿君宏达谟，无徒为俗娴。
具此为山力，万事岂足患。
瀛洲十万丈，顷刻可踰闲。
炼将五色石，上为补天关。

途中日暮

指点前途暮色昏，强寻古道拨云根。
过来树杪方知岭，似有人家未到门。
野火断连烧马足，小河明灭点山村。
遥知白发挑灯处，为忆娇儿拭泪痕。

送赵善渊滇南归省

离亭谁与唱骊歌，闻道何蕃感蓼莪。
万里披云寻子舍，十年回首念庭柯。
诗囊倾剩新余米，剑箧藏来旧养禾。
我自有家怜咫尺，对君犹怅别情多。

方将欣赏借渊明，为爱奇文语足惊。
倾盖昔逢莲幕净，倚楼共托杏林荣。
善渊精岐黄术
雪深归路人千里，月冷空斋笛数声。
此去应无空雁足，好携金弹待云程。

李对扬　字□□，诸生

落　花

残红飘泊下疏廊，去住谁怜一瓣香。
滴泪有声愁夜雨，临风无语怨斜阳。
窗前清梦消孤影，水面流波洗旧妆。
减却名园多少趣，卷帘还自惜春光。

杜鹃花

望帝愁春去已西，山花红影映高低。
月栏依旧清风晓，不见杜鹃枝上啼。

程世纶　字芷汀，骧七世孙，诸生。

李烈妇歌

黄昏篝火人影孤，隔墙绥绥来雄狐。
此狐相媚转相吓，假威以刀虎负嵎。
遘斯阨者一女子，夜深月黑将谁呼？
厉声骂处身怯怯，床头惊绝儿呱呱。
持锹聊复与刀格，如以寸草撩虎须。
虎乃扑地吼，示意相毒痛。
分明顽寇薄城下，攻之不下城且屠。
此妇身为一块玉，此妇儿为双颗珠。

珠明玉朗知自重，珠沉玉碎不可污。
果然刀光飞动处，血腥一片红模糊。
诏下建坊旌曰烈，用此风义砭顽遇。
人生各有死，大节争须臾。
临变不引诀，妄云势所拘。
见危受命能自主，藉口时势胡为乎？
噫吁嘻！
烈妇乃光明象，物理有相符。
阳刚是，阴柔殊，
圣贤有庸遇，无烈妇哉烈丈夫。

酬桓一十一丈叠韵赐和游南山之作

游山诗屡读，读即愧同游。
又示惊人句，偏多阅世愁。
元诗有“今古想同愁”句。
高怀追往迹，俗耳笑淄流。
元诗注有“望僧培植林，泉惜非解人”语。
多独衔君意，吟诗当酒酬。

感　怀

卅年才几日，两鬓忽成丝。
笑我如蓬梗，闻人折桂枝。
时秋闱报罢
耽眠妻善病，失学子常痴。
独有多情月，相看不寐时。

年年驱乞食，内顾转多忧。
恐缺重慈奉，难分季父愁。
对人仍强项，避债又从头。
羡煞清闲福，前生几度修。

呈喻盘叔父

冉冉年光冬复春，都将砚食补因循。
半生骨肉无全分，叔幼失怙，余亦早失双亲。
三世承祧各一身。
叔嗣胞叔祖，今儿安澜又为其从父嗣。
富贵去来关福命，毁誉翻覆任乡邻。
叔每忧不理人口。
只须努力加餐饭，堂上重慈迈六旬。

呈魏一泉夫子

万叠鞞山一曲漳，先生中有读书堂。
不甘谐俗邀青眼，偶为怜才吐热肠。
诗酒自成真富贵，风花消受好年光。
我曾冒雪门前立，霭霭春和忆洛阳。

呈家介山先生

先生意态最超群，荡我胸怀比岳云。
天佑寒门遗一老，人言小邑有多闻。
久耽著述能绳武，不弃疏狂每论文。

溯彻水源情益切，阮家南北笑区分。

赠桓一十一丈

崎岖历尽识辛酸，说到相知兴未阑。
十载春风尝并坐，一庭花月好同看。
曾共笔砚，后又馆余其家。
交情久洽忘浓淡，世态无常笑暖寒。
君似苍松余似竹，虚心惟羡五云端。

赠白民表同门

空斋风雨不须伤，往日交情今更长。
最喜凤毛能立雪，长子彦清今在门下。
曾攀骥尾久联床。
文谙矩矱怜君细，诗懒推敲笑我狂。
窃幸新硎多在望，吟身那肯善刀藏。

题假山柬桓一十一丈

经营窟宅肖孱颜，底事非山唤作山。
为与石交同磊落，聊储诗料伴幽闲。
夏云高接峰千叠，秋雨平添水半湾。
却恐烟霞成痼疾，洞门虚敞不须关。

年来砚食愧硁硁，亲见为山次第成。

时馆余其家。

饶有工夫勤位置，偶然寄托得峥嵘。
看来学业全由积，悟到文章不喜平。
他日吟鞣休负约，青云足下问前程。

读民表叠韵柬一泉师桓一丈诗次韵奉和

二十年前忆旧欢，连床共话雨风寒。
诗缘交好联吟惯，人为贫忙聚首难。
李白醉图银管写，嵇康睡像玉沙团。
与君比似传神手，不到神传君不安。

折花二首选一

携得花枝满袖香，喁喁小语祝东皇。
折花总是怜花意，休恼诗人兴太狂。

花影二首选一

一段风流未易描，端相仿佛到深宵。
灯花却代生花笔，写出花身分外娇。

酬家介山赐和花影元韵

光风霁月每相逢，拟趁良宵步艳丛。
仰视花枝俯视影，始知文字贵玲珑。

先生训余为文，每讲翻空之法。

酬家介山赐和花气元韵

锐想雷霆快想风，化人妙手雨濛濛。
春城桃李争芳馥，都在先生呼吸中。

李　照　字东亭，诸生。

拟储光羲田家杂兴诗四首选一

夏来绿野耕，冬来入室处。
此中有真乐，天任变寒暑。
鸡犬时争鸣，仓箱多稌黍。
有时宾友过，挑灯相与语。
瓮开佳酿存，肴蔌自维旅。
醉余互枕藉，拟作羲皇侣。
别去还复来，情话重相叙。

秋柳二首选一

拂遍长堤与短桥，天涯何处不魂消。
荒烟冷雨迷三径，流水斜阳认六朝。
江上看伤游子目，夜来瘦绝女儿腰。
章台不是青青色，回首何堪话寂寥。

春　雪

图开九九正寒消，白雪无端复乱飘。
着地融成新绿水，随风堆上小红桥。
帘前错认梨云湿，花外平分蜨粉娇。
遮断江南芳草路，鸿泥印处马蹄遥。

题　画

除却音声画独难，天然佳景耐遥看。
江山阅岁疑前书，草木经冬妙不残。
无地忽开新殿阁，有人常着旧衣冠。
茫茫宇宙游谁遍，形胜时从壁上观。

崇城即景偶成二十首选四

偶遇崇城雾，入林迷旧路。
但闻鸟乱啼，不辨山何处。

偶听崇城雷，一震万山开。
少顷惊心定，才知山未颓。

偶坐崇城晚，月来山更远。
随月过山腰，熟认知僧返。

偶卧崇城晓，枕畔闻啼鸟。
但恐开窗迟，窗前白云少。

哭汤小冈师

上界文星陨，空山冷泪流。
但闻鸟乱啼，不辨山何处。
空把金针度，虚悬铁网收。
田文给衣还，范叔投吟时。

武承志 字仲远，诸生。

梅品三首选一

琼瑶为骨水为神，独有梅花品最真。
高卧空山伴寒士，低窥老屋趁诗人。
能回天地中和气，不负冰霜阅历身。
多少趋炎附暖者，纷纷开谢但争新。

梅韵三首选一

玉骨珊珊何处来，黄昏独立向苍苔。
簷前冷笑全神现，竹外斜窥半面回。
自是仙姿绝尘世，常随月影上瑶台。
只愁欲近还疑远，对我无缘一举杯。

魏绍烈 字兰坪，诸生。

酬范桓一即次其韵四首选一

家居为政历晨昏，克己虚怀念念存。
室静常教书卷伴，心平岂患浪涛翻。
故人相访频开径，世路弥艰不杜门。
欲挽狂澜回古道，老成风范自轩轩。

赠程介山先生二首选一

鞞山漳水郁苍苍，中有伟人开讲堂。
鹤骨松姿征寿考，花明雪艳拟文章。
千秋著作能绳武，万顷波涛欲挽狂。
莫讶斯文难小试，天遗一老庇穷乡。

魏封琦 字景韩，诸生。

春草次赵莲舟韵四首选二

葱茏满地翦谁能，曲折盘泥骏马乘。
韧叶长于书卷带，柔心细似绣帷灯。
结根自爱依兰泽，吊古何堪望艾陵。
拾得村前红豆子，相思欲寄奈无凭。

花朵谁家得意簪，分明铺席作琼琳。

几番春梦随长短，万里行踪共浅深。
曲趁水湾遮别浦，浓兼岚翠昼高岑。
美人欲学南园会，莫惜钗头斗草金。

春柳叠次赵莲舟韵四首选二

王恭濯濯学谁能，个里春归一路乘。
白板藏将人卖酒，画船维到客回灯。
晴明园景留金谷，曲折桥阴在灞陵。
飞絮纵随流水去，萍踪落落尚堪凭。

弱缕依稀系发簪，支分嫩碧向瑶琳。
家寻苏小春非少，曲度秋孃怨已深。
赖有桃枝陪隔岸，惯将草色接高岑。
斜阳影里频相望，遍映楼台点点金。

王梦周　字于东，诸生。

绵上怀古二首选一

鸿涯高蹈绝嚣尘，争望仙舟洛水滨。
海内名流皆重己，生平持论不方人。
洁身故自先厨俊，免难还应胜李陈。
今日驱车槐坂过，清风犹是汉时春。

李叔敬月夜寄诗

谁邀王豹共清讴，元诗有“幸从王豹处河西”句。
太白题诗上酒楼。李好诗兼嗜酒。
惊得一天星斗落，回看明月映漳流。

国朝南亭诗续钞卷十二

武乡范士熊桓一辑选

白建中　字民表，诸生。

春草次赵莲舟韻八首选四

野火曾烧隔岁秋，春来绿又遍皇州。
偶蓬兰泽争调马，不是桃林也放牛。
短陌烘晴知日暖，深闺斗巧想风流。
窗前苒苒休除却，愿共西堂作梦游。

池塘曲曲绕茅衡，满目迷离不辨名。
一自春归邹子谷，如将结抗杜回兵。
闲花乍落红微衬，好雨初晴绿怒生。
赢得芝兰同臭味，也将香韻和声声。

回黄转绿各矜能，莽莽东风势好乘。
满地薰香邀蝶醉，他生留梦化萤灯。

漫言贯节生江左，信有连枝属茂陵。
真个人间同检点，瀛洲消息早堪凭。

新芽出土露瑶簪，春色遥看似碧琳。
踏向红泥双屐浅，耕来绿野一犁深。
平沙渺渺迷荒碛，斜照依依恋远岑。
翠满人寰凭俯拾，从今省却买山金。

春柳叠次赵莲舟韵八首选四

年年攀折鬓先秋，送得行人历几州。
笛弄秦楼携碧玉，鞭敲巴峡拂黄牛。
记曾学舞条还弱，一自悬荑韵欲流。
伫待宫袍新染出，晴桥题处续前游。

丰姿婉娈孰争衡，张绪王恭各擅名。
垂手刚抛慈母线，弄腰如斗女儿兵。
蒙他青眼愁先破，掷尽黄金恨不生。
况有莺歌砭俗耳，枝头娇啭听声声。

送迎官道旧称能，逸兴离情竟互乘。
烟罨婿乡匀浅黛，月明儿店淡孤灯。
章台白马嘶前渡，萧寺红墙忆五陵。
触处魂消谁领略，劳劳亭任短长凭。

依依万缕拂瑶簪，嫩似鹅黄碧似琳。

匝地浓阴当路曲，漫天飞絮报春深。
城中朝雨增愁绪，圃外斜阳护远岑。
少妇楼头休怅望，封侯入到认腰金。

诸同人瞋字叠韵，积有五十余首，再续一诗无所酬和，聊以自遣

歌喉几串似珠尘，错落抛来满座春。
生怕齐竽吹一一，敢将郢曲和人人。
画蛇添足惭余拙，凡鸟题门任客瞋。
自度尾声惟自听，个中得失问元真。
《楞严经》：“观性元真。”

呈明府成樨先生次介山韵

河阳日日盼花开，幸有潘安载旆来。
漫羡儿童迎竹马，也随父老祝莱台。
入官免俗诗千首，课士论文月几回。
明府初涖任，即傍示生童，按月扃试。
暂屈凤鸾栖枳棘，五云多处是三台。成句。

福星沿路阜群生，莫怪人同绣佛迎。
良翰虚衷如镜影，澹台特赏即官声。
和介山诗有“如君三世比澹台”句。
风流涅水新观化，石刻瞻园旧有名。
明府兄任江宁方伯，诗刻瞻园，人争传诵。
健羡季方能作弟，一壎次吹罢一篪鸣。

次韻和介山酬榉生成明府之作

羡君老树尚花开，曾向栽花县里来。
旧识退之传李翊，介山为前令王乐山先生高足。
今闻偃也得澹台。
知非面与相标榜，信是神交数往回。
我读新诗金石响，兴公赋手在天台。

卌年闭户老书生，每为君来扫径迎。
初学邯郸羞步步，聊从巴郢和声声。
胸无边笥终输懒，手贮奚囊不为名。
近亦有诗干宰室，草生公府一虫鸣。

花　须

虾帘试卷爱花红，几缕香须荡晚风。
鼠笔轻描嫌未肖，游蜂半抱过墙东。

花　魂

依依脉脉想前身，花落花开未了因。
不是闻香魂可返，故枝那有再来春。

探　花

春光可到那人家，消息微茫问恐差。
蜂蝶代人作飞报，往来先占路三义。

簪　花

帽簷斜压影徘徊，看遍长安笑口开。
惟有一人真得意，春明门外状元来。

海棠四首选二首

东皇尽力护花丛，漠漠春阴淡淡风。
银烛高烧私问汝，娇颜似比夜来红。

绛雪红云不杂尘，枝头放出十分春。
怜卿似向嵰山住，无蝶无蜂自在身。

籍文学　字鲁风，道光甲辰（1844）举人。

落花吟

昨日春风来，花枝开灼灼。
今日春风来，花片满阶落。
开感吹嘘恩，落怨肆残虐。

那识春风意，恩怨两无着。
树立各为功，今昔何厚薄。
不见岁寒松，亭亭秀孤壑。

同郭以钦饮侯廷璧普洱茶戏作

傍晚有客过，呼童洁茶皿。
客言且无须，邀去啜佳茗。
侯生代北回，携得双龙饼。
采自洱苍溪，不数蒙山顶。
闻此意欣然，聊复从客请。
行行村南来，入门上灯影。
谈笑剧清欢，沦茶红泥鼎。
活火煎须臾，缕缕幽香永。
贱躯素畏寒，举碗忽忘冷。
连啜数瓯归，睡魔拚夜醒。
讵意卧中宵，酪奴斗作梗。
腹疾抱河鱼，辗转成灾眚。
吐痰类蜗涎，始入华胥境。
晓起默自思，只宜浇浊酩。
戏报两君知，敢复豪狂逞。
清味纵天然，亦须清福领。

李烈妇歌

介休李烈妇，孟氏之门楣。
舍生取义孟子语，以妇当之无愧辞。
烈妇生年二十八，双双文褓兰芽茁。
弄儿足不出户限，何处相逢有巨猾。
偶然狡猾窥其户，咄咄相看色然拒。
从来古井水不流，劝君狂念即时休。
岂惟不受包茅诱，感帨惊庞亦可羞。
叵奈老羞变成怒，侦得阿夫向他处。
一弯新月淡黄昏，过墙似逐流莺度。
时四月初五日
妄猜妇恐惊两儿，有挟而求那肯去。
口呿舌绊詈偏高，口能诛贼舌为刀。
贼刀相逼适相敌，刀影明时灯影黑。
灶前索器急抵拦，三命同争此一刻。
血缕已飞魂不飞，心窝有力手无力。
一家惨惨遭奇冤，寸断柔肠子母猨。
岂天有意彰其烈，夜气结轖天无言。
吁嗟乎！
有生不幸罹忧患，弱草轻尘俱梦幻。
独把纲常抵死争，烈心岂是临时办？
君不见，
悬輗受杖犹嫌轻，礼宗图画写平生。
又不见，

文姬朔漠留二子，才名毕竟羞青史。

和明府柳渔湖黄由苔字歌有序

龙溪柳渔湖来署武乡，言铜山有名儒黄石斋祖茔地，近某姓欲潜削营葬，会茔石苔纹蔓延作字。其文曰“黄山”，又曰“黄界”，一则楷书，一则似飞白书也。其单作“黄”字者又八九处，落落棋置，如画界然。渔湖曾亲往观之，因出所作歌，俾广布传闻，以为窥伺者警。捧读之余，率成里句，殿属和诸公后焉。

造物彰瘅司其权，假手万汇为言诠。
呵护海隅一抔土，不随蔓草零荒烟。
也似嵩山有神洞，藓书四字文蝉联。
我闻骇异转叹息，毕竟大贤能格天。
明季伟人黄石斋，文章忠孝当身肩。
抗疏直谏忧时事，欲挽狂澜转坤乾。
当日勋名垂宇宙，铜山之阴妥其先。
蠢尔愚民何贪昧，阴图卜葬侵牛眠。
山灵不敢隳职守，回风云旗来翩翩。
连夜诉公公诉帝，特敕大笔挥如椽。
茔后书“黄山”，石厚而苔圆。
茔前书“黄界”，苔疏而石坚。
疏者碧苔如散发，圆者黄苔如连钱。
其余一一添款识，画疆绝界无牵连。
尔时濒海有居民，争先快睹万口传。
芗江柳公风骚主，探奇亲陟山之巅。
初疑苍龙踞石上，爪痕深入势蜿蜒。
又疑六丁施鬼斧，大书篆额为雕镌。

摩挲石骨触手滑，土花细绣痕芊芊。
乃作长歌纪其实，要将此事垂千年。
吁嗟乎！
白杨萧萧松柏摧，今人古墓犁为田。
惟有正气还天地，斜阳宿草长绵延。
年年春雨苔痕长，此地陵谷无变迁。

六月五日大雨

岁旱痴龙失其职，原田龟裂农心恻。
卓午炎蒸汗雨挥，乍睹西山云墨色。
作雨不雨未可知，引领望之徒惶惑。
陡然一阵天风来，吹送云头生羽翼。
雷轰电掣山岳摇，迷茫雨气漫空塞。
急点坠地声铿然，直穿窗纸来砚北。
须臾万壑笙钟酣，倒盆倾出人惊匿。
初疑海上斗蛟龙，骇浪奔涛翻泽国。
又疑天公抉银河，长潢下注淹八极。
当门檐溜直如绳，栖身真在水晶域。
蚊虻苍蝇湿不飞，一洗炎嚣快胸臆。
树头忽闪夕阳红，敛却神功归静默。
童叟欢呼田夫歌，伫看今秋收稼穑。

晚秋即事效双声叠韵体

玉宇穹窿敞，清秋气味凉。
寒风终万物，皓月发孤光。
石隙蛩音咽，楼头雁影长。
东篱宜一醉，烂漫菊花黄。

夏夜独坐

晚饭才收苜蓿盘，斋前寂坐有余欢。
凉风一缕树头送，新月半轮花外看。
遣尽俗情身自健，留将书味意常宽。
如斯佳景真堪乐，那怪流连到夜阑。

题范桓一假山四首选二

经用云山一色新，聊存意思亦嶙峋。
高如太华谈何易，远拟蓬莱见未真。
白板不施门似洞，碧萝半卷径无尘。
莫将境地论宽仄，是否还须问主人。

程介山有诗于山，颇作不满语，一泉师再赋长句，意主调停。

消闲城市等山村，镇日看山不出门。
夜雨鸣秋听瀑布，朝阳散彩揽烟痕。
随时题句王维墅，留客围棋谢传墩。

君素能诗兼嗜弈。

更喜书声来隔院，嫏嬛福地至今存。

赠程介山先生

家学渊源有正声，昆仑之后见先生。
长才未合山林老，大雅终成著作名。
文寿枣梨留古笔，诗吟花鸟寄闲情。
巍然一殿灵光在，前辈风流重武城。

寄怀范恒一

市尘飞不到庭柯，石竹斋中称啸歌。
好句每从游览得，同侪定又唱酬多。
谦光可挹谁能似，情话相招我屡过。
一事尤堪征古谊，代人刊稿费搜罗。

君近选《南亭诗钞》。

呈一泉夫子

城南漳水绿鳞鳞，雅称幽栖绝世尘。
不朽文章留此老，兼耽棋酒隐闲身。
草堂时坐谈诗客，邻邑常来问字人。
我比诸君居最近，无嫌一日往还频。

绛帐亲曾侍马融，循循善诱有谁同。
爱才不尽相其意，校士平分自课功。

叵耐氍毹惭舞鹤，更怜飘泊伴飞鸿。
别来剩有吹嘘力，常似春风在座中。

雪　夜

五夜严寒自拥衾，那知酿雪径阴阴。
朝来忽听奚童扫，急问门前几许深。

题一泉师悔不读斋诗稿

乾坤清气入肝脾，脱口都成绝妙辞。
傥不题签开卷读，错教人认子才诗。

依稀弦指泛余音，海水天风自会心。
我记先生曾有语，不宜索解只宜吟。

万卷蟠胸落笔严，斋名自署抑何谦。
戎盐撒入金盆水，饮去方知水着盐。

不必区分宋与唐，自搴赤帜树词场。
学诗亦有平生愿，敬为南丰祝瓣香。

陈祝彭 字商哲，默子，国学生。

端午日次韵酬魏一泉先生去年午日见寄之作兼呈桓一姑丈

先生爱诗兼爱酒，风趣有如陶五柳。
常与范老结素心，每出新诗相可否。
记晤先生已周月，一晤谁知久隔别。
徒令亲炙一片心，高山向往慕贤哲。
今年又值去年时，重检先生午日诗。
一片灵机转复转，如以璇源为墨池。
读诗如对先生语，言情底事清如许。
也知大叩必大鸣，叵奈寸莛非巨杵。
桓一范老称同调，每把金针度年少。
携我曾来访草堂，欲问诗门臻众妙。
我意前缘续可得，酬诗匪敢弄笔墨。
手稿聊当缠臂丝，为两先生驻颜色。

酬介山先生释憾诗次原韵

年来破砚久封尘，捧读瑶章值小春。
欣幸恰生抵触处，谦虚还仰老成人。
每当曲误频叨顾，悔把心交错认瞋。
敬感片言雨冰释，前途接引最情真。

酬范桓一姑丈仍叠前韵

骚坛唱和绝嚣尘，佳客常留满座春。
画出神山诸胜景，编来涅水众诗人。
姑丈近作《南神山二十四詠》，又编《南亭诗钞》。
烟云过眼都成趣，宠辱忘怀自不瞋。
身世总如蕉鹿梦，至人无梦更全真。

再叠前韵酬魏一泉先生

面上惭堆五斗尘，和风扑处别成春。
闻君评尽成佳士，寄我诗如遇故人。
良觌无缘见自怯，爱才如命想忘瞋。
何当远道垂青眼，感愧交并也是真。

梅　品

何须冰雪助精神，傲骨天成迥不伦。
旷逸襟怀林处士，孤高标格孟山人。
羞为秾李春深态，爱友贞松岁暮身。
管领群英推第一，他年调鼎见经纶。

任长山寄书询余近况，且索鄙作，率成长句，聊以代柬

濩落风尘度岁华，先生远辱问生涯。
厌斟李白千金酒，爱饮卢仝七碗茶。
时余以眼疾嗜茶恶酒。
百感苍茫都付命，六时功课只看花。
如何鄙作还劳索，尊癖豨来也嗜痂。

题桓一姑丈《瘦寒吟稿》

洗尽铅华面目真，冰霜炼就苦吟身。
任教寒瘦嗤郊岛，不学开成以后人。

云霞缥缈忽飞来，五岳三山放眼开。
不是诗家多幻境，只因前世住蓬莱。
集中多游山诗。

五字长城果否同，文房妙手转空空。
不持寸铁常临阵，纵有偏师未许攻。
程芷汀推五言更佳，故云。

风满闲庭月满林，吟编往复费披寻。
忽然悟彻音希处，始识无弦别有琴。

花　影

色色空空见未真，偶从月下写精神。
看他满院婆娑影，错认离魂倩女身。

新磨宝鉴莫笼纱，的的名姝映彩霞。
彼此相看都一样，不知谁是镜中花。

王先瀛　字海洲，道光己酉（1825）拨贡。

哭李东亭

昔年桃李隔墙阴，共沐栽培化雨深。
此日东林何处觅，落花流水想知音。

荊山偏阻玉人来，惆怅方干枉见才。
才信功名原有分，英雄怀抱向谁开。

王先畤　字寿田，梦聘子，诸生。

张明三踪迹太疏，寄诗招之

镇日抛书卷，昏昏强自支。
无端孤客恨，总是故人思。
空谷怀金玉，寒山怅别离。

联床风雨夜，想见说诗时。

怀君风雪夜，倚枕自沉吟。
空色抛天地，炎凉阅古今。
暮云三载思，明月两人心。
未识张平子，何时枉驾临。

冬日馆中值海洲兄见过，喜而有作

风尘踪迹寄禅堂，两样生涯一样忙。
我学吟诗僧学笛，一声短共一声长。

老僧行迹自悠哉，采药寻常去不回。
为问山门谁启闭，暮云深锁晓风开。

范　锐　字退庵，诸生。

题假山应桓一叔父命

城中甲第多，栋宇迭相望。
为乏山林趣，稍稍嫌俗状。
阿叔信非痴，寄意在高尚。
能以游戏法，现出真实相。
两院交通处，安排山一桁。
筑石两墙根，塗髹皆摒挡。
石与石接连，斗笋相揖让。

仿佛洞天外，逐队排仙仗。
山腹大敞口，虚明如月亮。
方智与圆神，运用归意匠。
山巅一小石，骄捷猕猴样。
下阔上合尖，攒簇为屏障。
岂徒与目谋，直觉心神旷。
旁顾厦连云，不使尘容抗。
澄怀观道者，可省扆几緉。
我家托近庇，门户久依傍。
虽愧阮咸才，竹林常过访。
入门屡徘徊，仰止心相向。
况复程芷汀，此中开马帐。
时妹丈程芷汀设帐于假山后院。
豹隐托生涯，意气多跌宕。
我愿一招邀，联步青云上。
芷汀题假山有“青云足下问前程”之句。
蹑梯叫阊阖，上界闲闳壮。
山灵倘勒移，斯言应我谅。

留别书屋四首选二

小住无多亦是缘，周旋尔我况经年。
去时忽忆来时节，满院花开二月天。

终年相对竟言忘，尔自闲兮我自忙。
走笔题成离别字，休将呵壁笑荒唐。

假馆芷汀妹夫外舍，岁暮留别八首选五

广厦叨栖谊倍亲，权容设帐寄闲身。
代司门户无猜忌，笑我翻成启闭人。

学问无他在自勤，我甘我负复何云。
一年并不曾开卷，那有书声隔院闻。

每当晚饭欲归时，为听清谈坐不移。
满院花阴月初上，到家几度夜迟迟。

亲情友谊两相深，白水同盟是此心。
世故周旋都不事，惺惺一语感难禁。

来去无拘自在行，滥竽也算一先生。
书囊检点仍亲负，曾见何人管送迎。

国朝南亭诗钞附集上

武乡魏守经一泉选

范士熊 字桓一，号悦山，诸生，著《瘦寒吟稿》。

烈妇诗效盘中体有序

烈妇氏李，归土河魏某子。魏子死于樵，烈妇归宁母家，闻之啼泣而至，绐其姊导往夫死处，投崖殉焉。前令王乐山先生题诗勒石纪其事。

土河村，山突兀。数十年，传妇烈。
询姓氏，题石碣。农家女，嫁樵客。
年十五，初结发。夫坠崖，生死别。
妇闻之，泪流颊。母家来，气百结。
偕阿姊，登崒屼。猿啼哀，鸟飞绝。
百寻崖，一缕血。俯深谷，幽明隔。
足双跃，下千尺。芳魂离，芳体裂。
从泉路，觅夫魄。不同室，愿同穴。
山皆红，心独白。彼丈夫，生俱没。
此女子，死不灭。

哭两兄

少小离双亲，此身如弃掷。
谁与抚我成，赖有仲与伯。
伯兄多厚爱，解衣复推食。
提携三十年，一言不忍斥。
仲兄性颇严，谆谆诲不息。
恩威每并施，天亲无矫饰。
今忝列黉宫，回忆皆兄力。
叹昔丧亲时，我年才十一。
我母独我育，两兄皆嫡出。
待我无猜嫌，风雨共一室。
十四为完婚，十九儿抱膝。
衣食皆仰兄，友爱必周悉。
椿萱委秋霜，荆花茂春日。
虽少膝下欢，居常兄弟翕。
内顾复何尤？从游日负笈。
既欲显亲名，兼思报兄德。
不意命多舛，顺境旋成逆。
白杨起悲风，鸰原顿萧瑟。
嗟嗟一岁余，两兄俱永诀。
昔何爱我深，今何弃我急。
手足离我身，孤幼盈我侧。成句。
茕茕两犹子，伯兄暮年得。
仲兄有一女，孀居年十七。

痛定转思痛，对此心怆恻。
乌鸦知反哺，人何不如物。
亲恩未可忘，孩提全莫识。
兄恩记分明，历历犹能述。
古人怀一饭，况此深入骨。
我年亦渐衰，形瘁才尤劣。
壮岁已蹉跎，至今嗟何及！
身贱恩难酬，聊以歌此什。
孤雁云间哀，花萼雨中泣。
环顾小儿女，安知悲罔极。

龙洞山祷雨纪行

祷雨来东山，前途素不识。
夜发土河村，囊橐各携食。
土人作前导，入谷路转侧。
行行四五里，攀跻共努力。
渐觉置身高，凌风生羽翼。
欲看山外山，月黑渺难测。

行久山日吐，瞥见山色浓。
道右山翠滴，道左山花红。
左右互换形，奇壑间奇峰。
峰回路百转，应接难从容。
才下山腰去，历级又千重。
叠石成危梯，云霄有路从。

连度两崇山，东望青蒙蒙。

山鸟语留人，小憩依绝壁。
古庙临其前，焚香磬一击。
壁上穴乱穿，石溜时滴沥。
心意此灵境，龙湫或可觅。
谁知层梯下，云径犹未历。

隔径一峰起，插天如剑铗。
登峰竞造极，坡陡难着屧。
山面迎人面，人身山紧贴。
异草杂奇花，连云五色叠。
一仰一目炫，一步一疲苶。
云巅有磐石，坐卧俱妥帖。
方幸可平眺，转步汗流颊。
竟似骑空走，罡风生猎猎。
俯视人压人，踵与肩相接。
股栗不敢下，同行尽胆慑。

下山入山腹，纡徐穿小窦。
出窦降深岩，洞开面云岫。
风雷震神龙，古迹传闻旧。
焦龙神，唐赐号“风雷将军”，俗传蜕骨洞中。
中有不测渊，千年喷寒溜。
逼视畏阴森，深黑难底究。
向导选壮夫，装棉束衣袖。

秉火相掖入，隐隐闻雷吼。
入时掖者连声大呼，后遂不闻。
旁观为战兢，罗拜敬守候。
逾时始见出，默感神灵佑。

离洞束归装，问途途迴殊。
来时为谒庙，取道不嫌迂。
归时寻捷径，穿石披榛芜。
仰观一线天，郁闷何萦纡。
林壑转复转，南旋北折徂。
山岬途更奇，攀跃相提扶。
三面匝崔嵬，一面仅容躯。
来疑人入瓮，去如鼠窥窬。
重重难出险，勇往同贾余。

石磴忽盘旋，蹀躞可稳步。
小木护磴旁，不复虑歧误。
山脊一回望，疑云复疑雾。
苍茫路不分，指点山已暮。

迤逦下山麓，远远前村列。
近视见土河，方知还故辙。
夜静投人宿，回头思琐屑。
此行名取雨，未知本何说。
土人传为取雨辄应，遂成不易之俗。
炎天冒深险，艰苦身备阅。
却幸不虚还，探奇得洞穴。

聊作纪行诗，沿途写曲折。

初秋偶过南山，山僧留宿，夜游达旦，折屐归来，床头成咏

常向南山游，未向南山宿。
日暮山逾静，看山苦不足。
山僧知我心，宿我云间屋。
我留为夜游，披星当秉烛。
暗泉流苔径，屡屡阻幽躅。
不辨路高低，但觉步窘蹙。
山阿如有人，近视杂林木。
林鸟寂无声，高下虫声续。
坐久月初上，林泉多蕴蓄。
魄映沼生珠，辉含石韫玉。
玲珑树留影，满地花攒簇。
楼阁涵空虚，遥闻羽衣曲。
时山寺演剧。
直欲清我心，非徒娱耳目。
游罢卧云端，窗中月可掬。
月落起开门，晓色生寒绿。
群壑隐雾深，诸峰入云秃。
回忆昨宵游，妙在不重复。
移时云雾敛，山头红吐旭。
掩映数株松，新开图半幅。
恋恋不忍归。归途转迫促。

折屐竞成忧，到家依床蓐。

归途遘足疾。

人笑我何迂，我笑人何俗。

俗病最难医，那如潜林麓。

余以诗寄质一泉先生，今特遣使以所改拙作并五古一首见赐。且讯余足疾，次原韵走笔报谢

平生耽苦吟，才陋非劲疾。

昔遇介山老，指入唐人室。

今朝又质君，裁量中绳墨。

与我实有缘，情文备盎溢。

我为步履艰，裹足常简出。

君来顾我庐，中秋前二日。

惜哉未谋面，一别秋萧瑟。

忽度金针来，骊珠穿一一。

危坐竞披览，挑灯夜不息。

自恐懒病因，赠言传彩笔。

助我卧游兴，励我云霄翼。

来诗有“安知卧游与，不化凌霄翼”之句。

顿足忽起舞，我病真若失。

感君无限情，伫望高罔陟。

与覃怀陈子厚论诗

青青山下竹，艳艳河中芰。
巍巍覃怀城，历历名胜地。
中有一骚人，吟坛门久闭。
欲追汉魏上，两目空一世。
我乍聆其风，怀古心无二。
回忆六朝时，诗道稍凌替。
陶公率性真，其余争绮丽。
陈思不再作，古音复谁嗣？
卓卓陈子昂，抗古有余思。
盛唐人继起，诗律乃大备。
厥后代有人，同工或异致。
有明习其貌，乾坤少清气。
国朝盛文章，汉唐两能继。
梅村感沧桑，词多不掩意。
渔洋好论禅，三昧传微谛。
后起者随园，神通大游戏。
只恐不善学，辗转多流弊。
心常蓄此疑，欲问无人示。
子昂今复出，奇丽皆屏弃。
谬许我知音，重论诗律细。
更为进一解，学古原不易。
途歧固难论，貌似亦非至。
人各有性灵，不假强牵置。

流水与高山，随在托其志。
罗列万古人，如入五都肆。
世代何区分，千载神相契。

侨寓山阳，编同里赵敬哉诗，将付剞劂，河内李子翼见之，以书见招兼惠示所撰安泉诗话序文，敬哉诗已收诗话中，更索鄙作。感愧之余，成五古二首寄怀，聊以代柬

春日黄鸟鸣，栖在山阳树。
出谷求友声，友声何处遇。
忽睹雁飞来，遗我一尺素。
清风入我怀，款款情如故。
示我冰雪文，索我尘俗句。
我本非知音，自惭曲多误。
临风一再弹，愿得公瑾顾。
遥望安泉侧，一水阻长路。
向往自此深，朝朝复暮暮。
梦回月在梁，青莲如面晤。

倚楼人何在？邻笛声凄其。
同时不获友，隔世长相思。
子翼来书，询及敬哉近况，故答之。
岂必关桑梓，异地亦赏奇。
知君意良厚，古道犹在兹。
相许在性情，不珍绮丽词。

《安泉诗话》评敬哉诗云："夜梦五古一首，尤肫挚，有真性情。"

佳话重一时，传后信不疑。
愧我管中见，一斑未全窥。
方叹赏音难，何幸逢钟期。
投诗报君惠，君必不我嗤。
敬哉倘不死，应共感心知。

留别赵莲舟公子

夜深理行装，忽闻剥啄音。
故人来相送，赠我郢中吟。
灯前竟披览，终始怀知心。
忆昔过贤里，世德常相钦。
闻君游南越，趋庭侍鸣琴。
不获把酒论，归去惜光阴。
客冬重到此，未谒先辱临。
一见情如故，清谈开鄙忱。
春风频坐我，酬和诗共斟。
与君相爱重，不忍归故林。
今闻我将别，来对泪沾襟。
再三订后约，絮语夜已沉。
明朝别君去，长途载骎骎。
黄河波千尺，清漳水百寻。
彼此应如一，别后情更深。

长子道中

孤城大如斗，县小淳风多。
我久厌繁华，驱车城外过。
附郭田万顷，萧瑟境如何。
四望渺无际，平畴混绿莎。
远远见村落，林烟几处拖。
我昔未到此，曾闻古山阿。
庆云溯神尧，五色灿绮罗。
发鸠产精卫，羊头生佳禾。
今来访名胜，转疑古人讹。
苍苍百余里，渺不见烟螺。
惟见盘秀下，蓝水生微波。入屯留界。

和陈子厚失路，诗用元韵

我亦失路人，不甘随时俗。
一意任孤行，步履无约束。
行行竟迷途，前溪隔林木。
日暮问归樵，笑指途遵陆。
旁径人斗捷，入险多弯曲。
知君素不由，安敢为君告。
托足当慎始，莫待穷途哭。
一误岂可再，闻言知悚恧。

末 俗

末俗竞趋利，昏昏满一世。
利外或求名，名亦为利计。
有钱始作人，人言实非戏。
不知泉名刀，可狎亦可畏。
敛之以自肥，招怨众皆弃。
守虏一何痴，日夜常忧悸。
欲为儿孙谋，转贻儿孙累。
不至戕其躯，必将昏其志。
象以齿焚身，人因璧获戾。
刀即倚利旁，营营复何事？
我慕陶靖节，名利两无系。
月下荷锄归，吟咏随其意。
吾家陶朱翁，千金曾三致。
散之宗族间，一舸飘然逝。

有 客

有客好探奇，路不喜平直。
涉水欲穷源，登峰思造极。
山隈与水涯，舟车各努力。
力竭途转遥，可望不可即。
鼓勇行复前，往往临不测。
或误陷深渊，几为蛟龙得。

或误投悬岩，危蹲虎豹侧。
战兢不敢动，回头路已失。
仙人侣渔樵，为指迷途出。
禹门凿山开，河源溯流入。
峰回水复环，曲折妙堪忆。
九曲都游遍，三山云外立。
置身昆仑巅，遥观沧海日。

遣怀二首选一

此生如一梦，老去浑忘机。
人尽衒人智，吾自成吾痴。
足不履街尘，身不傍云梯。
一室如囚系，摊书手自披。
明月穿我窗，清风穿我帷。
寒梅是我伴，虚竹是我师。
居身素知足，怅怅复何思。
恨未破万卷，不足供取携。
恨未游五岳，不足荡襟期。
幸有二三友，往来互追随。
论文一杯酒，论兵一局棋。
世情与家计，两有两忘之。
田园任荒芜，亲戚常远离。
家人或相谪，世俗多诋訾。
身忽不自忆，那晓旁人嗤。
试问萧萧影，惟卿应我知。

采　莲

行行看采莲，惊散鸳鸯侣。
花深不见人，隔花闻笑语。
采莲莫采藕，藕断丝犹连。
无情若有情，有情能不怜。
采莲复采莲，独留莲房在。
芳容虽易残，苦心终不改。

鸳　鸯

珠泉流不已，游人且行止。
时见两鸳鸯，出没荷塘里。
鸳鸯惯戏水，双双池中浴。
浴罢理彩衣，飞上莲房宿。
采翼惹侬怜，欲描色难配。
回看采莲人，衣上绣成对。

途中咏怀古迹十二首选四

荒邱草乱生，指作苏妃墓。
不禁牧人来，牛羊践成路。

卌万英魂血，长留丹水名。
至今涛涌处，犹作不平鸣。

太行多白云，碑纪望云处。
不复见梁公，白云自来去。

车过古韩道，回首望虒亭。
故宫今已渺，原上麦青青。

南神山二十四咏

南屏堆锦

一疋云中锦，被风吹下天。
是谁都剪碎，堆在乱峰巅。

北阁观澜

飞阁衔山口，前临漳水湾。
每当春涨后，疑坐蜃楼观。

双松拂云

山半起楼台，云浮栏以外。
亭亭阶下松，对作云中盖。

两池映月

明月松间来，幽人池上卧。
双松映双池，一池月一个。

龙爪蟠槐

西爪东鳞见，团团蟠入林。

攫空疑酿雨，满院护浓阴。

麟趾探洞

石洞窃而深，洞口题麟趾。
麟儿讵可求，麟石探不已。

经楼拥翠

经楼高入云，正面层山绿。
老衲懒云游，此中卧游足。

禅室围花

绀宇花多少，问僧僧不知。
谁知花散处，正是坐禅时。

绝壁留题

绝壁看留题，年深苔灭没。
石儿历三生，但见藤萝月。

上方闻梵

万籁寂不闻，扶筇自孤往。
回首瞰琳宫，泠泠梵声响。

佛座悬空

佛本无住着，非同沾絮泥。
是空即是佛，何处不菩提。

山门攒顶

坐观山门顶，栌栱成别样。
恍疑佛座莲，倒挂松枝上。门在古松下。

云林听鸟

春来鸟声繁，满山啼不住。
数声入林来，一声穿云去。

石井观鱼

八角山中井，水清鱼可数。
知否鱼化龙，惯作山下雨。
井在海渎龙王庙，祷雨辄应。

老树摩霄

矫矫千岁松，参天无寸曲。
枝叶久摩云，今余老干秃。

繁澌咽草

澌从草际流，条条如乱线。
踏草欲寻源，乱流隐不见。

盛暑凝寒

入林不知暑，看山不知足。
满口咽寒云，吞将山水绿。

清宵鸣籁

夜深山月黑，鸣籁生空林。
松涛杂虫响，一一清我心。

晓雾初收

一气磅礴来，鸟鸣山不见。
朝暾出雾中，山忽开生面。

夕阳返照

落日远山明，近山俱欲黑。
惟余树杪红，点点焉支色。

春风逗芳

风来山花开，风过山花落。
山意欲争妍，常与春风约。

夏雨观瀑

雨里好看山，山山乱入云。
瀑布云中下，忽将山翠分。

秋霜染叶

北地江枫少，经霜顿萧瑟。
独爱此山红，众山俱不及。

冬雪封林

山中一夜雪，枯树尽开花。

疑入孤山路，来寻处士家。

喜　雨

十旬不雨愁地赤，一雨三日苏地脉。
似恐骤雨苗不支，故作雨丝徐护惜。
小雨初晴大雨至，泽下尺兮生上尺。
雨足浑忘经久旱，雨歧麦秀浪翻碧。
可识天心妙氤氲，从前不雨为酿麦。
今年翻比别年丰，农夫拍手贺阡陌。
古人有文名其亭，吾亦吟诗题吾壁。

积雪途中有感

冻云低压天茫茫，云端隐曜寒无光。
行人策蹇行道左，风裘雪帽为行装。
连朝积素偏生色，枯树齐开花六出。
雪山雪水画图呈，白描仿佛龙眠笔。
行行我已过溪桥，吟诗未就情无聊。
陡惊寒重雪又作，满衣飞絮随风飘。
前山僻仄道路壅，仆夫拥鼻双肩耸。
雪泥滑汰陷驴蹄，两手捉辔心恐恐。
曾闻昌黎雪拥蓝关前，章明文教配先贤。
又闻李愬雪夜入蔡州，武烈辉煌万古留。
我亦挺然七尺躯，终朝碌碌在泥途。
胡不闭门也学袁安卧，萧然犹足见真吾。

列妇歌为介休李开洪妻孟氏作

妇人义从夫，生死不可苟。
夫死妇殉之，死乃称烈妇。
夫在何敢死，况有儿恋母。
而今传异闻，遇变经难守。
有夫等殉夫，一身不自有。
有儿反累儿，同时遭毒手。
何处竟有此，乃在介休南王里。
里人重义为征诗，遥遥寄我烈妇启。
孟家女，归李氏，年廿八，举二子。
其夫执鞭业微贱，烈妇安之无歆羡。
夫归同卧牛衣中，夫出独理残针线。
一朝狂且窥户侧，瞥见夭桃好颜色。
妇颜如花心如玉，摇荡春风那可得。
狂且意难忘，日夕伺其旁。
伺夫夜不归，挟刃逾短墙。
休欺妇躯弱，骂贼乃能褫其魄。
休冀妇心转，拒贼已堪落其胆。
其如持久力不支，此时夜静人谁知？
独有眠床二稚子，呱呱觅母啼声悲。
贼心未遂贼怒甚，腥风拂拂魂俱懔。
不教覆巢留余卵，淫凶至此夫何忍！
夫何忍，堪陨涕，烈妇即不为身谋，
烈妇岂无怜儿意？

吾想烈妇当时身为贼所制，
求生既不可，求死亦非易。
拒贼明知贼难胜，骂贼激贼期速毙。
但恐妾身偶玷不克对夫子，
儿死儿活何暇计。
谁明此心暗室灯，临谁诉其冤，
天怒无言。
邑宰请谳，心白冤雪。
上之天子，旌此大节。
此身虽区区，此义非孑孑。
绵山火尚红，不灭炉中铁。
河汾水常碧，不磨刃上血。
烈哉千古昭日月，一时名宿皆有词。
吾亦歌诗以纪之，吾诗岂足传烈妇？
烈妇自足传吾诗。
君不见，
镌碑石工宁自治，碑文附书名并垂。
自治镌烈妇碑，不索直，碑文附书之。

题魏中丞贞固石有序

城东有盆石，中丞魏公家故物也。明崇祯间得之南郊山中。中丞拟制文，戏封为贞固侯，并镌三笋石赋于石座。阅二百年字迹依然。今太谷某姓耳其名，以重金购之，肩夫屡增不能移置。程芷汀邀余同咏，勉成七古一首以表其贞介，且明余攀留之意云。

一石巍然峙城东，灵秀特钟山岳中。

中丞魏公炼石手，五色炼就鞭石走。
戏笔能教石点头，封石永作贞固侯。
至今人渺世已改，煌煌巨笔千秋在。
忽然邻境闻其名，欲聘我侯镇青城。
百金不惜强延致，肩夫力尽山委地。
芷汀好奇纪以诗，邀我偕往同观之。
我叹此石曾遭劫，斑痕满身苔披甲。
当时国破身独存，柱石聊赖支乾坤。
诗云匪石不可转，匹妇矢心懔难犯。
况此石交封侯荷宠眷，贞风劲节岂肯变。
笑他虽有移山力，千钧难移石一片。

游覃怀天鹅池

野王城外沁河抱，野王城中济水绕。
济水入城从西来，南旋北折流微渺。
溯洄东市涤嚣氛，一池碧玉生波纹。
俗名天鹅鹅不飞，水边花柳高拂云。
上有阁道通禅室，曲槛回廊穿一一。
金碧楼台水面浮，恍如海市云中出。
我本侨居客雍城，未至即耳天鹅名。
今来名城访奇胜，尘氛满郭多嚣声。
转步天鹅入望中，红尘突出水晶宫。
幽鸟翻波鱼戏藕，烦嚣一洗天地空。
忆昔曾游百门泉，题诗把酒花开筵。
百门之水清且广，波光直与山光连。

天鹅小小开亭沼，城中翻比山间好。
别有乾坤不厌探，此境求之尘市少。
我来时值三月三，三三五五游花潭。
佳人栏前倚罗纨，公子池上停玉骖。
隔水茶棚绕烟树，乘凉小坐足幽趣。
六碗七碗觉身轻，两腋风生欲腾雾。
浑忘此际入尘市，凭栏宛在仙舟里。
人间到处有蓬瀛，蝎来游兴犹未已。
君不闻
凤凰池上凤凰留，石竹千载长悠悠。
又不闻
鹅湖鹊岸鹦鹉洲，名区历历堪遨游。
安得此身生羽翼，一时翱翔遍九州。

武乡大水行

吾邑城踞漳河北，依山叠石势屴崱。
西关东郭地稍卑，筑堤障河如两翼。
上列市廛与城齐，数百年来无倾侧。
道光己酉夏之夜，时六月十一日也。
漳河西下横流急。
两堤没水水身高，东西浪涌穿街入。
西堤廛舍弃一空，居人逃奔城内匿。
城东河与沟洫连，下流倒壅尤叵测。
入户穿房与人争，出门回望无家室。
此时夜雨倾倒盆，水来共讶银河溢。

我家城居南门里，与河逼近闻雷疾。
不辨河声与雨声，梦中惊起荷蓑笠。
冒雨屡次到门看，水满门中互嘘吸。
囊沙壅土不及防，拔关直捣势危逼。
波臣早已夺门去，虽有千夫挽不得。
南门阖扇漂去。
我欲攀梯诉上天，天昏月黑云泼墨。
渐及天明雨少止，跣足步向城头立。
潏湟滮泱浩无涯，波拥山城成泽国。
十里平沙变为海，环顾四山如岛出。
官民齐集共虔祷，神灵呵护全此邑。
午后水落河渐平，遍处询人竞欲泣。
吁嗟乎！
漳河之涨亦常耳，似此灾异从未识。
推询其故盖有由，连雨十日岑流汩。
是夜雨暴水更大，谷口又被漳河塞。
河水雨水相怒争，故尔浸淫无底极。
人言此城几不保，增堤筑石赖培植。
我道培基端在人，各自修省补惭德。
君不闻，
黄霸当年固金堤，思患预防何周密。
安得砥柱镇中流，千载安澜无一失。
明万历年，邑宰黄公元曾筑护堤七十余丈，以障水。

陈贞女歌桂林府莲史先生之女，云南府孔莘农先生之子妇

陈莹姑，字贞义，

如金坚，如玉粹。

不幸十年之贞变，苦节果然不负贞义字。一解。

贞女系出名门，乃文恭公之六世孙。

阿爷莲史先生，今开府巍科，早掇联三元，

毓秀储精珠在掌，为择快婿心相赏。

孔家叔宝夸玉润，满拟冰清称乐广。二解。

先是两家宦迹同，东郡其后分驰辙。

无定匆匆十二年，未赋于归咏。

泮水遥闻芹藻香，科名代卜芙蓉镜。

朝凶问六诏来，始信红颜果薄命。三解

女乃指天自誓休复休，空闺惨惨鬼神愁。

拼却铅华都弗御，望夫独坐望江楼。

桂林府有望江楼。

夫魂在何处？妾身在桂州。

招之不来漓水隔，从之欲往泸江悠。

同室同穴俱无望，愿与爷娘相守终白头。四解。

阿翁开藩来粤西，备悉贞女之志终不移。

具礼迎归象服是，

宜笄鬟，勤定省，妇道全无亏。

未识夫面代夫职，夫死不死宛在兹。

能使翁姑一见悲，且喜谓有阿妇如阿儿。五解。

陈孝妇，差可比。白贞姬，安足拟。

自来节烈不乏人，未婚守义无古礼。
我今补此贞女诗，遍告闺中儿女子。
须知亡于礼者，之礼此有如是。六解。

国朝南亭诗钞附集下

武乡魏守经一泉选

范士熊

自题瘦寒吟稿

牢落尘寰内，匆匆四十春。
乾坤支瘦骨，山水炼吟身。
绝少才华艳，惟留面目真。
手钞残稿在，敝帚是家珍。

老去情何极，愁来思不穷。
每多斯世感，愧乏古人风。
短刃时相接，长城未易攻。
胸无书万卷，那免语雷同。

俯仰悲身世，成句。孤吟对晚霞。
未能逃俗网，聊以度年华。

蟋蟀雨中泣，芙蓉霜后花。
老怀一消遣，非敢自名家。

屡结诗人社，推敲力共殚。
秋风频扫箨，经介山一泉两先生删定。
春水又添澜。芷汀商哲皆有题词。
交久论心易，才庸拔俗难。
阿侬原自丑，强笑为君看。

与程介山先生对话

尘世谁知己，清谈独爱君。
情投茶当酒，才大语成文。
古貌同时少，风流到处闻。
相期传绝学，白首不离群。

挽李徙南夫子

壮志终难遂，辞章卓不群。
人皆钦雅范，天竟丧斯文。
抱道贫非病，传经老更勤。
倏闻捐馆舍，漳北黯愁云。
夫子卒于北漳书馆。

宿旅店

离家已百里，犹得寄乡邻。
旅店星霜苦，同侪笑语亲。
晓鸡争唤客，夜雨欲留人。
记得关河险，临晨屡问津。

登晋阳城楼二首选一

登楼一高眺，今古意如何？
汾水秋风远，并门夕照多。
天开唐社稷，地拥晋山河。
眼底乾坤老，兴亡逐去波。

暮归二首选一

栖鸦千树乱，入郭近黄昏。
市罢灯连屋，人归月候门。
老兄频劝饭，稚子学斟樽。
知我意萧瑟，灯前笑语温。成句。

村居杂诗十首选六

暂将城市谢，归我旧田庐。
麦熟连云获，苗肥带雨锄。

幽居尘事少，久客故人疏。
识得山林趣，阶前草不除。

水曲山弯处，农居有几家。
棘林繁结子，瓜蔓乱开花。
庭杂笙歌鸟，门喧鼓吹蛙。
闲来蹲树下，群叟话桑麻。

终朝岩壑处，落落一身宽。
淡泊廉能养，茅茨分易安。
采樵晨举火，蓄菜夜供餐。
不是村居久，翻忘力食难。

村居自有乐，日日敞荆扉。
地僻衣冠便，山深草木肥。
瓮鸡抛卵出，梁燕护雏归。
白叟常相访，终身与市违。

田畔通微径，人来暑气清。
幽行芦草岸，凉语豆花棚。
风过林先觉，溪喧鸟不惊。
浮踪鸥鹭伴，泛泛一身轻。

寄食无求饱，偏多累主人。
俚言权下酒，粗饭敬留宾。
韭嫩充荒圃，醯陈乞比邻。

翻嫌肉食鄙，淡泊寓情真。

秋日邀白民表游小河家园

小圃临东沼，近魏司马莲花池。
邀君步出城。
交情如菊淡，诗思入秋清。
压架葡萄熟，穿篱蟋蟀鸣。
剩兹凉一味，早晚慰前盟。

哭学道夫子二首选一

满地雪飘飘，飞魂不可招。
春风嗟已过，朽木倩谁雕。
手植花千树，心澄水一瓢。
十年恩久负，回首恨难消。

挽明府岳方亭先生四首选二

一官终不擢，民望竟成空。
我为苍生哭，谁教直道穷。
玉堂辞旧雨，花悬想遗风。
何处寻魂梦，鹃啼蜀道中。
公四川中江人，由翰林改官知县。

痛哭西河令，卒于汾阳官署。

当年宰武城。
民间思召杜，吾党仰周程。
公曾兴复鞞山书院。
泪滴文湖冷，风留涅水清。
口碑传不朽，身后有荣名。

夏日邀程芷汀、白民表、陈商哲、魏兰坪集宴南山寺四首选二

城居苦烦溽，结伴入岩扉。
世外有天地，林中无是非。
僧闲陪客话，鸟熟近人飞。
韵语杂嘲笑，终朝坐翠微。

岚光朝暮异，俯仰豁幽襟。
啜茗临丹阁，移枰就绿阴。
时与芷汀、商哲围棋。
槐风披院静，松月映潭深。
热恼都消却，悠然悟道心。

读史感刘宠选钱事

宠亦行其素，芳名竟不磨。
恩深千贶少，廉极一钱多。
循吏古如此，世风今若何？
愿提天下耳，倾听会稽歌。

襄垣道中感旧

南游才出境，感旧为风狂。
两次南游俱遇风。
春暮裘仍薄，尘劳鬓欲苍。
同侪成隔世，乙岁赴河南同行者已殁。
邻里已他乡。
寂寞韩州道，飞花送客装。

初下太行作

太行南去路，流水绕村畦。
竹里通车辙，花间驻马蹄。
野从平面阔，山到尽头低。
回首羊肠道，苍茫云外迷。

舟渡黄河

黄河东去大，泛棹上堤巅。
河至邙山以东始为民害，两岸筑堤防之。
不雨雷鸣地，无风浪拍天。
飞身过冀豫，转眼变坤乾。
阅尽波涛险，方知此性坚。

从河内登太行归至泽州

陆海安车度，云梯缓辔行。
昂头霄汉近，回首野烟平。
两水夹怀郡，怀庆府南北，踞沁黄两河。
群山包晋城。
他邦联故国，历历数归程。

自河南归二首选一

家人喜相聚，离绪话多端。
久别频惊梦，初归互问安。
花怜荒径绕，酒对故交欢。
诗草囊中检，河山着意看。

自　遣

砚田荒已久，身世近如何？
岁月闲时少，工夫欠处多。
性柔妨直道，才陋奈诗魔。
独有清心在，如圭玷可磨。

天地能容我，匡居任啸歌。
世原知己少，理颇信心多。
月正山无影，风停水不波。

悠悠输众口，毁誉复云何。

喜假山成

真有飞来势，能将积翠分。
峰尖高受月，石罅润生云。
爽气开轩纳，书声出洞闻。
山在书室外。
余怀有幽癖，对此却尘氛。

果遂移山志，山幽径更斜。
撑空悬叠石，夹道乱栽花。
客至门穿洞，身闲榻卧霞。
径连山断处，面竹是吾家。

小　筑

晚年抱微尚，小筑白云陲。
书室筑近小山。
室静有千古，山深无四时。
课儿吟好句，留客着残棋。
镇日幽居便，尘氛渺不知。

独　居

俯仰三间屋，牢骚寄此身。
避人防白眼，入世恼红尘。

岁晚梅为友，宵深月作邻。
何妨同伴少，形影自相亲。

笑我离群久，闲居自赏心。
诗成钞又改，酒暖醽重斟。
梁燕通情话，盆花伴苦吟。
眼前尽吾侣，莫谓少知音。

早　晴

雨夜频惊梦，新晴豁曙容。
痴云烘嫩日，薄雾出遥峰。
径草拖泥乱，山花带露浓。
关心晨起早，郭外课三农。

苦　思

心已归天外，言方在个中。
前身追好月，过耳惜飘风。
理每双歧误，诗难一字工。
背人迟脱稿，生怕语雷同。

晚　晴

过午霞光烂，新晴水气香。
长虹落空涧，余雨乱斜阳。

天恐妨农业，人尤爱晚凉。
也随田父去，锄月陇头忙。

荒　寺

一径不知远，来寻野寺荒。
无僧风扫砌，露佛雨颓墙。
冻鹊巢枯树，残碑倚夕阳。
年年秋社候，席地乱焚香。

与一泉先生对话二首选一

忽忽清风到，开襟喜欲狂。
情多言较少，交淡味偏长。
分惠珠船赠，怜才玉尺量。
消除城府气，旧业与重商。

酬张茂才惺惠题假山二首选一

雅韵叨题壁，尘消俗径中。
惊传小谢句，饶有晚唐风。
窗月烟笼白，山花雪映红。
携君词绝妙，搔首欲凌空。

侨寓郡城留别张茂才晋二首选一

三载一相见，骊驹唱奈何。
名场重会少，旅馆别情多。
日暮栖鸦乱，宵深客雁过。
同将不尽意，长付沁流波。

故　城

智赵鏖兵地，千秋劫已烧。
名城余破堵，故垒长肥苗。
村落连阡陌，人烟变市朝。
皋狼重过处，犹听马萧萧。
时屯宿骡马，以供军需。

南关道中六首选三

高低蟠曲磴，穿石入云根。
径转乾坤仄，溪喧日月昏。
幽并连北辙，泽潞接南辕。
谷口当冲要，朝朝马足奔。

一水回环渡，山多路易穷。
危岩头上压，断岸足边空。
高鸟飞难度，单车辙不通。

可怜宋君相，坐失此关雄。
金粘罕过此，叹曰："关险如此，而使我过之，南宋可谓无人耶！"

山村依石罅，地僻耦耕荒。
款客兼牛酒，沿途绝稻粱。
马嘶通驿路，人语杂殊方。
阴雨连天苦，边愁搅客肠。

和韩曜升同门

一夜狂飙起，当门踞虎狼。
心常同皎日，履早戒严霜。
时有凶徒夤夜移尸于其门，君首控。
久别情如故，相看鬓已苍。
廿年重把袂，风雨感联床。

世只黄金重，君惟道义亲。
风平观静浪，雪霁度阳春。
冤案得白，君有诗留别。
好句酬名士，清樽别故人。
程介山先有诗饯行，曜升又置酒相别。
家藏书万卷，归咏乐天真。

途中口号

关山阅千里，风雨伴行人。
独客音书断，离乡车马亲。
乾坤皆逆旅，生计总劳薪。
名利两无着，红尘累此身。

山阳即事

车停宁城道，三月阻归程。
此地人相食，前途马不行。
田园经雨润，草木向春生。
圣主勤蠲恤，箪壶满路迎。

修武去年五月至今年二月不雨，野无青苗，草木尽拔。有食死尸者，有杀人以食者。近得雨，复蒙赈恤，民心稍安。

介山先生以近作见示与同人重结诗文社

八十心犹壮，披吟手不停。
红芙秋更艳，丹桂老逾馨。
戚里无同辈，词坛有典刑。
抱琴常过访，海上一峰青。

高怀不绝俗，此老最多情。
白社邀同调，青云望后生。

风来花竞放，月下鹤先鸣。
少长无拘束，文坛独主盟。

秋雨初晴，北城楼晓望见漳南诸峰有怀一泉先生二首选一

雨余霜露重，晓望入秋冥。
老树头先白，遥山眼独青。
楼高临北斗，水远隔南亭。
不见钟期久，牙琴几度停。

冬夜偶成

寒夜文坛肃，谁来把酒论。
灯残愁室暗，榻冷借炉温。
搁笔冰生砚，开帘月入门。
更阑不成寐，枕上殢诗魂。

山村杂诗十首选八

去城三十里，别有一乾坤。
云绕厓边路，山衔树杪村。
牧童偕跨犊，工女各当门。
才信幽居便，城居黄守樊。

荒村绝车马，客至鸟飞惊。

野犬迎人吠，田家买犊耕。
寒山花易谢，瘠地黍能生。
但苦新畬少，年年负耒行。
村人皆业农，无田者多，每春初则负耒出境，租种山田，岁暮始归。

农暇常挑菜，余田也种瓜。
登场嬉妇子，绕屋护桑麻。
径里花招蝶，墙头树噪鸦。
桃源今尚在，何日并移家。

茅齐岩半立，远近翠屏环。
林护窗中日，云藏天外山。
卧游人自古，坐对意常闲。
物我两忘处，如居虞夏间。

山寺度晨钟，山村罢夜舂。
疏烟沉绝壑，晓日透层峰。
采药惭高士，投镰谢老农。
每怀嵇叔夜，学得一生慵。

望绝疑无路，荆榛杂险巇。
樵人缘断壁，野鸟啄空枝。
山缺云生处，霞明日暮时。
此间幽兴足，惟许夜猿知。

辗转不成寐，深山独夜惊。

风声排户急，电影掠窗明。
老屋灯将灺，空阶水乱鸣。
客心如雨疾，倚枕盼朝晴。

深谷时难纪，情随景物更。
晓霜牛背白，落日鸟边明。
人共秋山瘦，心输夜月清。
幽居无个事，身外恼浮名。

惊邻草题词四首选一

每示惊人句，才高不肯平。
古今翻案论，天地侧身行。
绝迹追前辈，联欢到后生。
芳邻叨近接，相应愧同声。

怀　旧

回头云易散，凉夜赋凄其。
秋雨怀人侯，春风入座时。
去春游河内，曾造其庐。
花间曾把袂，竹外共题诗。
一别经年久，何时更赏奇。

去春，客覃怀子翼持其尊人《沁浦诗草》，乞余校定并求助刊。余以孝子之心未可重违，因赞成之。今果刊成见寄，答之以诗二首选一

捧读遗编在，遥闻诺诺音。
显亲酬素志，交友重知心。
千里传春到，孤灯入静临。
今番披不厌，聊当蓼莪吟。

呈明府刘鲁汀先生十首选四

一代经纶手，千秋著作坛。
文章筹海外，著有《防海备夷诸策》。
诗兴寄漳干。以近诗惠示。
信有花风度，能回黍谷寒。
武城今被泽，万姓尽腾欢。

断狱无留滞，如神坐照时。
勤常翻旧案，暇即补新诗。
力困东南纪，民痍远近知。
满腔皆热血，信笔写淋漓。
署内偶成，诗有“几见东南困少苏，
疮痍谁合一家春”等句。

卓卓归场论，商民两不妨。
近因盐课疲累，大府议欲商归地丁，公作《改课归场论》上

之抚宪。事虽未行，民皆颂之。

斯才非百里，此笔擅三长。

文教培花县，虚怀顾草堂。

鲰生叨下问，执卷傍宫墙。

补修学宫后，校录先贤先儒行实，屡命熊参考。

邻境冤成狱，平反动隔年。

沁源有冤狱，赖公平反。

视民皆赤子，随地见青天。

昔读平章解，今传循吏篇。

德言功并立，文质果相宣。

曾读公“平章百姓解”，今又见判案诸词，皆有卓识。

题程坦如先生《自课堂集》后

本是司空裔，山林自起家。

先生开之司空冢孙，国初应山林隐逸制科。

新词濯江汉，曾宦游江上。

古艳灿云霞。

混沌心能凿，昆仑兴更赊。

别号昆仑。

千秋无比似，别有一天涯。

一代龙门重，公诗偏擅场。

陈其年选四家古文，先生独兼诗。

人皆惊谢朓，友独契渔洋。

西樵赠诗有“参佐风流如谢朓”句，与渔洋交最早。

在昔交游盛，于今世泽长。
有堂名自课，六代焕文章。
介山先生其六世孙也。

题赵乾符先生《似园集》后

早作南州牧，耽吟性自廉。
静心故多妙，天巧不伤纤。
兴得江山佐，身直吏隐兼。
胸中吞七泽，潮涌上毫尖。

冯翊南旋日，词源历更深。
秦州多杂咏，郢客少同音。
改官冯翊后，又署兴宁集中有《冯翊草》《楚南草》。
胸自罗兵甲，怀常旷古今。
署兴宁时，身率乡兵平贼，作《南宁城旷怀诗》。
挂冠甫强仕，老去伴仙吟。
末知横州辞官，去府宪交荐不起，老年于漳滨结“八老会”。

编定王莘庵先生诗题后二首选一

穷年常抱病，坛下有余春。
彩笔传多士，青云阻此身。
千秋何论命，一卷足瘳贫。
手辑遗编在，泉台慰故人。

北郭怀古有石勒故宫

针骑凋零草木苏，千秋故垒想英谟。
羞问魏晋狐争媚，窃比高光鹿并驱。
鞞岭云消雄略渺，漳涛风涌啸声粗。
故宫此日遗龙种，百尺苍松旷代无。

喜城工落成呈明府岳方亭先生四首选二

名城簇簇傍严阿，物换星移几度过。
赵魏乾坤经阖辟，朱陈事业渐消磨。
后魏始徙城于鞞山之麓，旧为石赵故城。
明巡道陈耀、知县朱文博增筑南垣。
一声鼛鼓鸠工筑，四面云山雉堞罗。
知是长官能保障，口碑留得里人歌。

楼阁参差入望悬，倚栏吟眺踞城巅。
水萦半壁金汤固，石压环垣铁瓮坚。
北极星临千户晓，南亭人渡一川烟。
鞞山绝顶青于髻，宛似凭凌尺五天。

暮春游南山

仄仄芒鞋印浅沙，漳滨南去访烟霞。
溪边峰抱行疑窘，洞里云开望转赊。
满谷芳菲春景暮，半山楼阁夕阳斜。

暂停红杏离披处，随意衔杯坐落花。

兴来选胜到岩前，佛劫曾遭世屡迁。
绝壁扪萝多古迹，灵泉甃石自何年。
每从苔洞求麟趾，山有洞，名麟趾，求嗣者踵接焉。
偶傍松阴伴鹤眠。
几辈看山山不厌，花开花落总悠然。

万木丛中殿阁重，幽探到处豁心胸。
香浮莲座时参佛，云绕槐柯欲化龙。
佛寺有龙爪槐。
禅帐低笼红芍药，经楼高敞碧芙蓉。
回头咫尺尘缘隔，犹喜鞸山对面逢。

云间耸步极攀跻，放眼凭临百尺梯。
春树遥连烟郭淡，岑楼倒出石岩低。
重重积翠山如画，曲曲穿花路易迷。
忽听晚钟催月上，仍寻樵径过招提。

潞安府早发

鸡声满郭雪模糊，早起催装戒仆夫。
三月冰霜犹被野，五更车马正临途。
民遗赤翟风仍古，花发青春冻欲枯。
一路田苗多槁色，农忙还望足官租。

登太行山绝顶二首选一

一路崎岖两界连，行行已陟太行巅。
身经故国千重岭，目极中原万里川。
河水朝东分冀豫，云山拱北障幽燕。
孤怀直向虚空豁，眼底乾坤信渺然。

太行道中

驿程宛转绕羊肠，百里重关度太行。
岩石日修盘马路，山云时拂旅人装。
山路百余里，陡峭不任骑，今凿石平铺，尽成孔道。
极天鸟道通南北，隔岭花风变暖凉。
漠漠平原春似海，不须回首望家乡。

山阳怀古二首选一

董伏孤忠早戮身，临台逼禅泪沾巾。
运留火井犹称帝，位废山阳竟作宾。
国法不容曹父子，天心难挽蜀君臣。
笑他仍袭陈留爵，四十年间一辙循。

游苏门山山在辉县，上有邵康节安乐窝、孙登啸台，下临大沼石刻，多名人留题。

贪访名区绕翠湾，苏门仙境出尘寰。
四围竹树全临沼，万叠楼台半在山。
安乐窝空云影乱，啸歌人去鸟声闲。
千秋胜迹何从纪？石上题诗认藓斑。

题百门泉有序

泉出苏门山下，石窟如蜂窠，水从窟中涌上，颗颗成珠，故亦名珍珠泉。泉上开大沼，清可数鱼。中起楼台，花竹四映。临沼凭眺，但见玑珠乱抛，不知泉从地中出也。回映苏门、太行两峰，青翠欲流，河北胜概，以此为最。

竹外荷塘接稻畴，穷源转在岛中洲。
一潭碧玉鱼清数，万斛明珠鲛暗投。
蜃涌层楼开沼面，螺堆双髻映山头。
百门宛似蓬瀛路，日日探骊海客游。

次韵和程芷汀三首选一

远俗人嗤我辈酸，常偕明月倚窗阑。
棋枰偶对争先着，诗稿重删许互看。
千里云山双屐渺，廿年风雨一灯寒。
相守廿年惟游苏门小别
蹉跎岁月曾何补，往事回头感百端。

与长子完婚示内

鼓吹喧阗听到门，荆妻挈盒喜迎婚。
邑俗新妇到门其姑挈盒以迎。
儿痴转使余心碎，妇谨旋推汝分尊。
要识箴规由己立，休将好丑向人论。
阿家须信阿翁语，两不相妨义与恩。

示子侄二首选一

浮华结习最难除，景仰前贤自凛如。
格备治家朱子训，言该涉世伏波书。
居心要质天无愧，举步须留地有余。
但愿儿曹慎初服，善良便是好门闾。

咏红梅

一样梅花别样开，红罗亭畔暗香回。
寒虽至此偏殊色，热不因人亦异才。
满地冰霜浑未觉，争春桃杏漫相猜。
任他多买胭脂染，瘦影婆娑学不来。

小院荷花初放，遍邀同人题咏，无一至者。移时，忽然萎谢二首选一

知道濂溪属爱深，招邀几度听音沉。
媚时不肯矜殊色，矫俗谁怜有苦心。
君子顿嗟风已渺，诗人空想日初临。
翻疑太乙乘将去，恨不移船海上寻。

一泉先生见过别后感赋再叠原韵

勤持玉尺就才量，可许平分一瓣香。
别后有怀同欲白，见时无语两相忘。
群材自足传薪火，阿女还劳制嫁装。
子名晋受业门下。
一酌匆匆归思急，绛帷辛苦为人忙。

权店驿中即事呈刘明府彤卿先生

万壑萧萧班马鸣，兵尘满目客心惊。
伫看时雨从天降，犹听狂飙鼓浪生。
闻近海府县多失守。
愧我罗胸无片甲，知公坐啸有余声。
皋狼驿外频翘跂，预拟铙歌报太平。

上彤卿明府四首选一

公事频邀步入衙，攀鸿自愧少才华。
每思当辙嗤螳臂，忽忆穿墉畏鼠牙。
白壁何妨蝇偶玷，青天那许雾重遮。
从今乐向弦歌化，静掩柴门避世哗。
蒙公屡邀，与邑绅办理军需，每欲裁弊。未能，竟被讼。

酬白民表赐和名晋，感怀元韵二首选一

辛酸世味百般兼，闲退方知蔗境甜。成句
元亮琴心弦外得，达夫诗兴老来添。
同门获友交偏淡，后辈堪师训最严。
元诗有“偶涉春冰戒必严”句。
独抱骊珠人不识，浑如合浦夜光潜。

读王松坪先生《诗集诗》以寄怀六首选二

叔虞祠畔水涓涓，响答骚人奏七弦。
久仰文名高北斗，忽闻霖雨沛南天。
八千路阻予怀渺，三百诗存众口传。
戊子初，晤晋阳寓舍，得读《留别晋祠》七律数章后，宦游云南。今从友人处钞得大集古近体诗三百首。
此日披吟添技痒，花含枯树欲争妍。

地阔天浮眼界遥，九峰烟雨入诗瓢。

吟怀自昔吞三楚，宦迹从今问六朝。

“地阔天浮见洞庭”“九峰烟雨长天外”“三楚风云一气中”皆集中句。今又将宦游江东。

坛下春风期我坐，樽前明月与谁邀。

那能同溯大江去，极目穷观瀚海潮。

犹以未见全集，为憾。

南山游罢小憩山半，对酒弹棋月下成咏

斜阳催我下崔嵬，鱼鸟留人乐暂陪。

树杪泉分双沼出，山腰路转两峰回。

花围石座开棋局，月透松阴入酒杯。

夜定老僧才别去，数声箫管度云来。

悼　亡

不识匆匆何处归，亡时重着嫁时衣。

泉台始把翁姑拜，归余时已失双亲。

缌帐犹留子妇依。

今夜月明花已谢，昔年人渺物皆非。

悲风吹过元宵节，望断星桥鹊影稀。

亡于正月十五日夜。

空惟寂寂暗消魂，往事伤心莫再论。

周泽怒多颜少犯，孟光貌短敬长存。

知卿常有蒸梨惧，愧我全无割肉恩。

一度追思一增痛，背人独自揾啼痕。

忍病多年懒对吾，谁将残喘惜微躯。
冒愆每为家人误，执爨常同奴辈驱。
粗服乱头原自适，劳神焦思亦何愚。
年来僵卧频啼血，床褥殷红泪眼枯。
因血症亡。

十五来归五十辞，持家卅载剧多资。
助余婚嫁期常迫，罄汝装奁物不私。
孤侄无依犹待养，诸孙在抱更难离。
奈何一诀飘然逝，中馈于今付阿谁？

想到临危倍惨凄，重番叮嘱语凄凄。
平心已了前生债，增恼休将后事题。
环顾痴儿需爱护，初来新妇孰提携。
季子方完婚。
老夫忍泪趋帘外，怕听群鸟日夜啼。

春去真如一梦过，衾单枕冷奈人何。
愁添白发谁偕老，闷对青灯独自哦。
剩有梅花聊我伴，时盆梅正开。
讵无薤露为卿歌。
忘情莫把庄周怨，此后相思梦转多。

雪夜宿旅店

征途何处觅相亲，旅馆凄凉久断薪。
入牖寒风横舞雪，解装独客自偎尘。
鸡声到枕惊乡梦，鸿爪留泥认夙因。
已岁过此亦遇雪。
明日诗吟驴背上，萧萧自写画中身。

途中遇雪，偶感寒疾，投止山角店，主人苗姓，服事殷勤，兼赖其母善调饮，静养得愈，愧无以报

雪路谁怜范叔寒，幸从茅店驻征鞍。
耽游不解离家苦，抱病方知作客难。
进食款留非有为，挥金欲报总无端。
当年漂母今重遇，只愧相逢不是韩。

客中除夕

客里挑灯首自搔，驹光短短路迢迢。
一千里外逢除夕，五十年终剩此宵。
遣兴有诗兼有酒，还家无梦独无聊。
定知守岁儿孙聚，南望同怜马足遥。

客中答故乡诸友叠陈商哲韵五首选一

芳流时浣马蹄尘，竹里看花别有春。
好拟江南探胜景，自清化镇至河内，流泉花竹，土人名为小江南。闲来河北访诗人。时李子翼以诗见招。
自成水癖兼山癖，那计鱼瞋并鸟瞋。
说与知心休怅别，恬吟随处乐天真。

再叠前韵酬芷汀二首选一

空庭壁立缶生尘，桃李盈门竞向春。
贫借砚田供八口，健凌笔阵扫千人。
饮瓢难得心常乐，拭唾犹防面带瞋。
我独知君君谅我，交情逾淡味逾真。

与陈商哲论诗再叠前韵二首选一

净业繇来远俗尘，坛中坐久渐知春。
诗须有我还忘我，语欲惊人转畏人。
云出无心方自得，水流不竞复谁瞋。
渔郎莫把桃源问，一任仙舟访便真。

次韵酬介山先生寄怀中州代刊诗稿之作四首选二

曾闻远道暗投鱼，余归后方知以诗见寄。
愧乏吟笺代报书。
同调共酬诗寄后，一泉芷汀先有和章。
洗装犹念客归初。归时叨饮。
名藏鞞岭传新稿，派接伊川有旧渠。
两次代刊诗文，皆在中州。
记得洛阳夸纸贵，于今声价更何如。

自从判袂走河阳，夜夜床前望月光。
偶别真如鱼失水，多情犹怕客思乡。
“游踪生怕念家乡”，先生怀余句也。
山南冀北违千里，云影天光鉴一塘。
想到词源难忘却，说诗更比改诗忙。

读一泉先生见寄诗，再叠前韵书怀四首选二

词源丐润比枯鱼，自恨茫茫未见书。
苦思欲穷天地外，高吟妄想汉唐初。
观于鲸海难为水，凿破龙门自有渠。
要识诗人各言志，相如终逊不相如。
“我爱城中数诗侣，不相如处是相如”，先生寄怀诗中句也。

握手何由出肺肝，语言文字总非难。

人因交久能相谅，诗到情真自不刊。
最爱月从潭底印，每愁花在雾中看。
何时得把尘襟涤，共泛沧波眼界宽。

赠王寿田二首选一

乌衣家世名流续，王勃才多最妙龄。
乍喜词场逢小友，还从泉路忆前型。
登龙曾许诗追白，尊甫莘菴先生批余《哭两兄》诗云："虽使白傅握管亦不是过。"造风初看眼倍青。
偶对新知重感旧，山阳邻笛不堪听。

编定敬哉先生诗集题后

名稿争传赵敬哉，今人不让古人才。
酒浇陶令一篱菊，诗仿放翁千树梅。
敬哉嗜酒，诗得力于《剑南集》。
未获同时商旧业，只从隔世仰新裁。
编成还待知音赏，夜夜吟魂入梦来。

题龙媒先生《草中吟集》后二首选一

逼真情景两能兼，最爱吟毫手自拈。
艳似春山花怒发，清如秋水雨才添。
云开秦岭风催骑，露裛庭轩月满帘。
阅遍沧桑多感泣，骊珠独抱海中潜。

尊甫□元白中丞殁后，遭甲申之变，闯贼荼毒缙绅家。先生曾被系至陕右，归而避静一室，题其亭曰“裛露轩”，诗酒自遣，不乐仕进。

题悔不读斋吟稿四首选二

寸截双雕莫浪夸，繁枝删取见清华。
寒梅冒雪原超俗，老树逢春偶着花。
火铸生金才就范，天成璞玉品无瑕。
艰深奇丽都非是，真面常留此作家。

个中剩馥记曾沾，几度鸳针信手拈。
听到土风同我采，鉴定《南亭诗钞》。
绣余金线为人添。
三唐旧业陈言弃，一代新裁法律严。
课徒八韵诗尤佳。
翻把斋名悔不读，自题吟稿语谦谦。

东门访友不遇

薄暮出东郭，来寻五柳居。
门前植柳，故云。
逐人明月影，惟照案头书。

初冬同程介山、魏我山两先生南小饮四首选二

最喜蓬莱客共邀，朔风吹我过溪桥。
南山也似人耆旧，刊落浮华迹象超。

偕来烟岛泛霞觞，阵阵仙风拂袂凉。
世味酸咸都不问，自烧红叶煮云浆。

咏蜡梅花五首选四

一段黄香暗暗生，头衔何用说冰清。
树从鹤圃移来种，花是蜂巢酿得成。

黄昏花下耐幽寻，茅屋三间月一林。
贮得美人真绝色，翻疑此屋是黄金。

罗浮一梦唤初醒，小朵垂垂别肖形。
似恐啁啾来翠羽，满枝齐挂护花铃。
花形似垂铃。

繁英布地现全神，转向癯仙问旧因。
更是几生修得到，重教玉骨换金身。

花影和芷汀韵二首选一

一天晴景喜相逢，现出花身万万重。
行止光明谁得似？清风朗月想遗踪。

花气和介山先生韵二首选一

远远花香送暖风，行来微觉雾蒙蒙。
诗人费尽吹嘘力，只在东皇吐纳中。

咏南山牡丹

沉香亭畔旧姿颜，此日如何住碧山。
国色也能知引退，不求富贵到人间。

潞城道中

云梯叠叠径弯弯，策蹇纡回往复还。
无限画图看不厌，一重水界一重山。

初下太行口号

两日攀跻下翠岩，春风习习拂征帆。
山南山北炎凉变，脱却羊裘换布衫。

醒酒台

绝壑层峦一望凭，朝朝买醉唤诗朋。
却虞醒后翻多事，几度临台不敢登。

七　夕

碧汉长流不记年，一年一度鹊桥填。
若教牛女常相会，那有千秋七夕传。

即　景

满院秋芳夕照红，寒声未到信先通。
忽听鸣雁萧萧过，引起西窗一夜风。

初冬积雪，盆梅盛开，率笔成咏三首选二

十月山城雪满林，孤斋寂寞少知音。
寒梅怜我萧条甚，开向窗前伴苦吟。

常年待腊意逡巡，今日经冬已漏春。
一夜寒风飘急雪，梅花争得不精神。

题一泉先生《南亭竹枝词》后四首选二

寻常闻见妙翻新，天巧真逢著手春。
似读他乡风土记，转忘我亦个中人。
“天巧难逢著手春”，先生与余论诗旧句也。

屡就吟坛快赏奇，年来我亦学敲诗。
口头好语偏先说，妒煞君家偶得之。

后　记

马生旺

早在1996年之前，就得知《南亭诗钞》之名，并有幸在山西省图书馆查见其真容。《南亭诗钞》为清代中叶武乡籍文人的诗集。该诗集共收集诗作1102首。当时就设想把这十二卷的古版诗集点校刊印，为弘扬优秀的文化遗产作点贡献。但因当时条件所限，未能如愿。

2011年，在武乡三晋文化研究会会长李树生、秘书长李绍君、副秘书长郝雪廷等同志的主持和帮助下，我们从省图书馆拿到了诗稿复印件，经过近三年的努力，这部《南亭诗钞》终于由三晋出版社（原山西古籍出版社）、山西省图书馆、武乡县三晋文化研究会共同编校出版。这不仅展示了我县历史文化的精髓与底蕴，而且对研究我县历史，继承与弘扬我县优秀文化传统，启迪社会主义精神文明建设，具有重大的意义。

本书的出版发行，首先应该感谢山西省图书馆党委书记、副馆长石焕发同志的鼎力支持，没有她热忱的帮助，此书今天很难与读者见面。其次，应该感谢张松仪、赵晋峰二位领导，他俩为本书的成印，做了大量工作，也付出了不少的心血汗水。

本书在编校过程中，承蒙白国清同志为其作了精心点校，并对本书的出版，提出了许多好的建议，他不辞劳苦的付出，令我不胜感激。随后，又有王照骞、赵兰舟二位同志再次进行了审校，在这里对他们致以深深的谢意！

本书在编印出版过程中，得到了武乡籍干部史怀璧、张超、冈夫、常贵民、王稚纯、魏存庆、程俊方以及武乡三晋文化研究会成员姜向东、武承周、刘水平、杜宇声、魏留虎、任宇飙等同志的大力支持，在此一并谢过。

由于我们水平有限，疏漏之处在所难免，恳请广大读者多提宝贵意见。

2013年7月8日

图书在版编目（CIP）数据

武乡古代名贤文存；南亭诗钞 / 郝雪廷编；马生旺主编. — 北京：中国文史出版社，2024.12.

（武乡历史文化通览）. — ISBN 978-7-5205-4984-4

Ⅰ. I212.01

中国国家版本馆CIP数据核字第2024VT0945号

出 品 人：彭远国

责任编辑：秦千里

出版发行：中国文史出版社

社　　址：北京市海淀区西八里庄路69号院　邮编：100142

电　　话：010-81136606　81136602　81136603（发行部）

传　　真：010-81136655

印　　装：山西人民印刷有限责任公司

经　　销：全国新华书店

开　　本：16开

印　　张：238

字　　数：3500千字

版　　次：2024年11月　第1版

印　　次：2024年11月　第1次印刷

定　　价：1000.00元（全七册）

WUXIANG WENHUA JICHENG
WUXIANG LISHI WENHUA
TONGLAN

武乡文化集成·卷一

陈建祖 主编

武乡历史文化通览

武乡县志

清·白鹤 修
史传远 纂 马生旺 主编

武乡新志

民国·张扬祚 修
郝世桢 纂 马生旺 主编

中国文史出版社

《武乡文化集成》编委会

总序

甲辰之岁，万象更新。武乡热土上，乘新时代之春风，政治、经济、文化一体推进，正所谓政通人和，百业俱兴。

自古以来，莫不盛世修书，借以兴文化俗。今有《武乡文化集成》之问世，摘精选要，撷英荟萃，乃国内县域文化系统整理出版之巨创，亦寻祖根，追文脉，固根基，增强文化自信之壮举，可庆可贺也！

文化之兴，缘于地理；或曰据于地理，乃出人文。

太行逶迤，上党巍巍，雄视华北，俯控中原，自古乃兵家必争之地。元人熊戴歌咏曰："天下多名山，太行居第一。泽潞伯仲间，上党天下脊。屹立界中原，形势控南北。"武乡踞上党北缘，乃千年名邦，抗战圣地。其东有板山竦立，如长城蜿蜒；其中有漳河流金，泽润乡里；其西则俯视晋中，藏风聚气。此土此境，古有商周遗物，有石勒要寨，有寺院林立，绵绵不绝，而民风俭啬，勤于耕读，崇尚勇武，远近闻名。清代乾隆《武乡县志》"风俗篇"云："武乡之为县，在万山中，金玉珠贝无所产，商贾舟车不至，民安于畎亩、诵读，无逐末游食、猎取富贵之人。""其民质而不瞢，其俗俭而不猥。"此乃武乡传统文化之概要，民风之底色，文化渊源之所自。追溯千余年传统文化，不亦绵长醇厚乎！

帝制灭而共和兴，社稷衰而危亡存，仁人志士，前赴后继，奋起斗争。武乡籍共产党人、革命先驱李逸三、史怀壁、武三友等，建立中共武乡县委员会，组织"五抗"，风起云涌，艰险曲折，板山漳河间，闪耀赤色曙光。全面抗战始，抗日烽火燃烧在太行山上，八路军总部、中共中央北方局、一二九师师部开进武乡，先后驻武乡王家峪、砖壁诸地，朱德、彭德怀、左权、刘伯承、邓小平、杨尚昆等在此指挥抗战，武乡乃成太行根据

怀、左权、刘伯承、邓小平、杨尚昆等在此指挥抗战，武乡乃成太行根据地之重镇。长乐村战斗，歼寇两千；百团大战，威震敌胆。柳沟设兵工厂，肇始军火生产，装备抗日武装；抗大、鲁艺，学校遍及山乡僻壤，培植红色基因。武乡儿女，慷慨参军，牺牲何止千万；家乡父老，纳鞋交粮，自愿支援前线；太行奶娘，忘我取义，哺育革命后代。仰望太行之巅，遍布民族脊梁；回首抗战圣地，鲜血浸染。《少年先锋》，如诗华章；抗战篇章，辉煌绚烂。此乃武乡近世文化之鲜明本色。回首武乡之红色文化，不亦感人至深乎！

斗转星移，国运昌隆；改革开放，其命维新。武乡大地，文脉绵延，异彩纷呈。其初有高沐鸿之《太行吟》，冈夫之《故城谣》，张万一之剧作《小二黑结婚》，歌咏烽火岁月，隽永悠长；继之有寓真之《行道集》，赓续家国情怀，书写不尽之乡愁。抗战文化则梳理备至，书写将军之百战智勇，战士之慷慨赴死，军火之急急生产，民众之纷纷支前，友邦之慷慨资助，红色文化，洋洋大观。作者群起，深研备至，提炼太行精神，表彰抗战英模，可歌可泣，化育万民，进而为新时代不忘初心、继续前进之强大动能。回首七十年文化景象，不亦壮观乎！

武乡文化，厚重绵长，总而成之，采而辑之，舍我其谁！县委县政府下决心，定大计，集贤能，编方案，以规范性、系统性、权威性为基准，博采旁搜，摘取英华，卷次三分。首卷为历史文化，通览千载；继之以红色文化，特色引领；卷三是现当代文化，文苑集萃，遂成20册，汇千万字，煌煌然为武乡文化史上之空前巨著。武乡文脉，一以贯穿，高如板山，长若漳河，实乃空前之壮举，既为资政要览，亦成万民寻根溯源、永久承传之宝典，具彰往而昭今之效，其价值、意义不言而喻，无庸赘述焉。是为序。

中共武乡县委员会

武乡县人民政府

2024年6月

凡　例

一、本丛书以马克思列宁主义、毛泽东思想、邓小平理论、“三个代表”重要思想、科学发展观、习近平新时代中国特色社会主义思想为指导，选取武乡文化精华，编纂而成。

二、本丛书以基础性、系统性、权威性为基本编纂标准。

三、本丛书以武乡籍贯的作者为主要选取对象，以描写或记述当今武乡地域范围内的文化为内容选取标准。

四、本丛书选取的著作体裁不限，主要选取学术著作和文学作品。为了全面记述武乡的历史文化，特别组织作者新撰了武乡历史文化的通览性著作。

五、本丛书按照历史通览、文化特色、时代新篇为基本分卷依据，分武乡历史文化通览、武乡红色文化撷英、武乡现当代文化集萃3卷，共33种著作，编为20册。

六、本丛书为集成性著作，尊重原著内容的完整性，一般不作增删；为保持观点正确、内容准确、体例统一所做的修订，均经作者完成，并经专家予以审定。

七、本丛书对每一部入选著作的内容及其作者均予简介，以便阅读和使用。

八、本丛书根据各书特点而区别整理方式，涉及古文、文献等，予以标点，并适当注释；涉及文化遗产等内容，则以图文结合的方式予以记述。

【作者简介】

乾隆《武乡县志》，由知县白鹤主持修，武乡籍进士史传远承担编撰。民国《武乡新志》，由武乡县长张扬祚主持编修，曾任清直隶州州判、儒学训导郝世桢承担编撰。本书由武乡旧志整理委员会组织整理，点校。主编马生旺（1944—2022），山西省武乡县上司乡马家沟人，曾任武乡大有乡党委书记、县委组织部副部长，老干局局长，政协武乡县党组书记、副主席，县老区促进会、扶贫基金会副会长。主编《武乡墨镫》《石勒——千古一帝》，主持整理清康熙、乾隆、光绪以及民国《武乡县志》等。

【内容简介】

本册包括清乾隆《武乡县志》，民国《武乡新志》2种。乾隆《武乡县志》，白鹤修，史传远纂，乾隆五十五年完成，是继康熙《武乡县志》，在98年后续修的县志。包括四卷，卷一为建置、星野、山川、关隘等，卷二为贡赋、兵防、风俗等，卷三为名宦、人物、列女等，卷四为艺文等。《武乡新志》，张扬祚修，郝世桢纂，民国十七年完成，分四卷，卷一疆域、赋税、文儒、兵防、名宦等，卷二孝义、学校等，卷三沿革、营建、金石等，卷四古迹、著述等。前有详细的凡例，写法与古地方志体例大致相同，而撰写方法与观点与古志大有不同。本书2006年由中华书局出版/整理本，此次整理，对原文标点作了进一步修订。因《武乡文化集成》卷一已收录《武乡碑刻集萃》，故民国《武乡新志》中碑刻内容仅保留碑名，以免重复。

目　录

武乡县志

清·白鹤修　史传远纂

马生旺　主编

武乡新志

民国·张扬祚 修　郝世桢 纂

马生旺　主编

武乡县志

清·白鹤 修　史传远 纂

马生旺　主编

重修《武乡县志》序

武邑志自康熙三十一年重修，迄今九十有八年矣。时届重熙，风教之涵濡无遗下里；光依复旦，人文之炳郁不间一隅。每逢报政之岁，前令之循绩可师，亦越抡才之期，多士之科名足羡，兼以德著彝常，文归典则，发潜光于耆宿，表淑志于深闺，皆足以上维教令，下振风俗。而或未登简册，无以备辅轩而光史乘，伊谁之责？余甫莅兹土，即欲续增成编，以补前志之所未备。顾自揣不文，未获登作者之堂，是以拳拳于心，阅八载未敢操笔。然分终无可辞，乃择日集僚属，延本邑绅士素所信者，谋取旧志而增修之，皆欣然乐襄兹举。旋即分类并辑，上稽历史，旁参旧闻，并谕各乡长广摭轶事，以收散失。而余亦时于公余之暇共相商榷，务期允当。不三月而稿成，将谋梓矣。诸公请余言以弁其首，窃谓武邑崇山峻岭，土田硗确，无平原沃壤可资富饶，然其俗淳朴，男耕女织，积年无逋欠，读书多俊秀，擢巍科履仕版者累累不绝。官其地者，但能如其俗与相休息，即可尽职焉。余赋性无华，与其土尤相宜。是志之修，非以侈声誉也。事取其详，语归于实，其已载前志者，约略悉仍其旧，即间有更易，只缘相沿成讹，自应悉心校正，以传永久。至前志所未及载而今乃补之者，阅岁既久，叙述颇繁，亦未敢稍涉敷陈，自诩赡博，毋亦惟是，官纪其仁，士著其遇，出则考其猷为，处则观其述作，言规而行矩，其品可钦，守高而志一，其节足尚。第使见者生敬，闻者生慕，则感发兴起之风于是乎在，而又何铺张扬厉之足云！诸公其以余言为然乎否？是为序。

时乾隆五十五年岁次庚戌
十一月望日，文林郎知武乡县
事加三级白鹤长白山人萨克达氏
秀千甫题于署之旷然楼

《武乡县志》序

秀千明府白公莅任之八年，于武邑风土民情，既灼然有以周知其故，而其教令所及，务与民休息相安，而民亦乐与安之而不忍违，所古称良有司之风，殆庶几焉。余假归在籍，尝于晋谒之下，聆其言论，肫恳盎然，流溢于容色作止之间，其至性有过人者。一日，谈及邑志，前明以往，作者无可稽溯。我朝顺治二年，临洺李公芳莎曾经纂辑，只缘兵燹之后，捃摭无从，未免略而弗备。康熙三十一年，三韩高公中舍复加增修，是时民物康阜，典籍彰明，乃克完善。迄今将近百年，叨圣恩于叠沛，乐利骈臻，仰帝治于重熙，人文蔚起，凡可登诸简册以照示来兹者，视前倍有加矣。自非及时续增，恐异日沦失莫考，或亦守土者之责也。公于是毅然自任而属操笔于余。余甚难之。窃谓邑志与国史同，国史所论列者邑志悉具，故国史待邑志以成。武本小邑，而山川广袤之形，田赋高下之等，政治繁简之故，俗习淳浇之由，官其地者考绩蜚百里之声，生其土者登俊广三途之进，逮夫一德一行之长为闾里所称述，亦必特加表扬，以示鼓励。我国家省方问俗之至意莫逾于此，不綦重与！维时魏公孟和出其先君子一峰所著《武志续稿》，条理井然，原委胥备。复延邑中能文诸友相与，共襄此举。余既幸得所先资，而又商榷多人，乃敢应命。爰偕诸同事即前两公旧志并《续稿》所增入者重加检阅，复上稽历代各史及省郡各志，互相参质，俾归画一。其规制仍遵旧志，而义关去取间亦出以己意者，但求有合于叙述之旨，则无为从同也。至旧志所未及载，俱照《续稿》所增，依类第次。而阅时既久，耳目难周，且《续稿》亦有未及增入者，因广搜博考，兼谕各乡长，咨访故老，随所记忆，罗厥散失。每一成帙，必与公细加研究，不惮再四，以求允协，盖采取惟期其详，而折衷必归于当。于焉化民成俗，一邑之风教攸关，因之考献征文，曩时之典型俱在，条分二十有九卷，总以六，将谋梓矣。既冠公序于首，而余与同事诸友亦得附载数言，以记斯志之始末云尔。

邑进士历任山东济南府知府
史传远伯猷氏题于鞞山书院之寓室
时乾隆五十五年十二月三日也

重修《武乡县志》引言

县之有志，所以纪盛衰、征疑信，非徒摛华扬藻已也。其间景物之互异，俗尚之递迁，形势之屡更，与夫人文忠孝节烈之传闻而流播，虽一二十年间，且时升而时降，况中隔百余年之久而不补亡拾缺，重为修辑，后有作者，几何不抚积箧陈编而悼叹于坠绪茫茫之不可问也。武邑之志可考者始于万历邑令张公讳五美，至国朝顺治二年，前令台辰李公讳芳莎重修焉，博大精深，典赡详要，洵为奕世模楷。踵而行者，第续以补之足矣。逮康熙壬申，前令中舍高公讳铁又一修焉。辗转因循，遂沿于今，兴废之以可胜道哉！癸卯冬，我邑侯白公下车伊始，凡生民之利病，政治之源流，一切诸大务靡不焦心劳虑，期于百废俱举而后已。庚戌，因公接见，话及邑志，谓自雍正辛亥奉旨敕修，各州县多所更新，武虽褊小而科第连绵，尚称人文薮，胡再不谋？余因言，甲午，先严府君告病家居，思襄其事，广搜博采，汇为四册，而大半取裁于李明府之旧本。时县令张公讳五典盖巨手也，亦毅然以为己任。嗣先严即世，张公亦以他务挂冠，故尔未付剞劂，迄今又二十年矣。幸蒙询及，脱稿犹存，愿备大匠之庀材而饬用焉。遂延史公进士传远家督布经大咸共相筹划，曰：余自莅武八年于兹，每翻旧帙，趣殷然以增修壓念，特鞅掌鹿鹿而未有暇也，抑风俗人心攸系綦重而未易操觚以从事也。今得魏公粉本，再四披阅，规模已具，从而讨论修饰，订为一书，此固宰斯土者之责，其何敢多让。爰集邑之贤而能文者，或搜罗，或增添，或校对，而余亦幸从诸公后纂修汇辑，凡阅三月而功于竣。夫落落百余年来其为变更也屡矣，临文兴叹，不无杞宋之感，一旦因者因，革者革，而并详从前之所未及，微我邑侯白公虚心咨访，不遗葑菲，一破筑室道谋之见，而俾立章程，邑中纵有一二好古之儒欲举而修明之，非格于势禁，即阻于怨望，有日听其尘封焉而已，乌能纲举目张，展卷瞭如，用以信今而传后也哉！

时大清乾隆五十五年十二月三日

庚子科亚元拣选知县魏大履仲坦氏谨书

《武乡县志》元序

万历丙午岁，五美张公宰是邑，季父廷尉公养志，其半子余从外祖也。邑距吾乡临洺三百里，窃从季父闻其梗概，虽贫敝，礼义、节侠范旁所错诸州邑。张公辑志告竣于己酉，芳莎时八岁。及长，读其书，如游其地，神交诸名贵有年矣。

本朝定鼎初年仲冬，芳莎应蓟抚雨恭宋公咨荐，探筹是邑，同侪忧其蕞陋，恐以逋赋累，屈指杨程诸僚，咸不获登启事。余弗深计，曰：“处膏腴而不能自润，宁小而逸，乃大而劳乎?”会大族魏程诸公苦伪政酷虐，贼骑复盛，为疑兵窥浦曲南，徼望新恩，如乳下儿待哺，自哂晻蓬何足齿？乃人情尔尔。或以余布恩而来者，敢罪众望乎？拮据方五阅月，察厥利病，可得而言：

如彼先朝以宗支不亿，递科王粮已，秦晋豫辽济师，溢为三饷，名虽不同，总居正赋之外。今三饷蠲矣，独王粮未除，且作宾三恪，犹供亿无以为名，此武乡之害一也。

权店置邮，自明季节裁饩牵，下逮皂栈舆屏，削其赀太半。勾摄马圉，如捕重囚，逋讼株连蔓引，且以楚檟临之，若属何罪？此武乡之害二也。

属员节定相饷，儆赤贫胥驰献，题糕角黍屠苏虾菹之属怀窃其半，内鸭而代之鹜，罂赵而淆以鲁，归则诧物力腾贵，丐直倍蓰，博一酣呼。弊之宜更者此其一。

县距权店百五十里，梅驿既焚，行旌顿于兰若，极目荒山，燎铎不戒。馆夫庖人，既非孝子顺孙，但缓夏楚。辅亵使星，无所不至。或晦夜呼灯，袖出烛跋如萤。积雪严霜，乌薪不继。榻水火弱，醴酒三行。羹未尽而铄斧有声，腥突来而下箸无处。一呼则蹶，再呼则喘颤呐控，胥果其腹而令厚其颜。弊之宜更者此其二。

风俗尚祝由祷祀，好巫鬼佞佛，腥酒拂面，鬅髫于思，腕匝戒珠，非释非道。妇不冠笄，稚子帻屋，内采问名，任冰人口语。既无题叶，又鲜俪皮。贫陋者流得以朝秦暮晋，牙角无虚日。弊之宜更者此其三。

若乃名卿巨族，礼让相先，子弟恂恂。无鲜衣怒马，卑庳第宅。而郊外倚山傍水，节略开园，河近吹蛙，林密邮鸟，地颇宜松，花石相间，时出观游医，簿书俗气。一快也。

孝廉学博，安贫乐道，焚膏继晷。诗驰灞桥雪中，志寄芙蓉镜下。过从偃室，语不及私，可借以弥缝匡救，闻所未闻。二快也。

山势崆峒，河流奔放，野花杂药，霍靃撩人。人民椎鲁，寒暴影瞰，饥餮嫩蕨，随地取给，有标枝野鹿之风。县治以东，林木蓊茜，柯叶蒙纠，伛偻出入。秋深霜落，五色灿然，诗料如许，逸兴轩轩，霞举不倦。三快也。

府吏舆皂，虁诈踵至，然五枝易穷，无巨猾大憝，挟吏短长，进退箠曳，慑伏有余。群乌雀窥禾蔴，束草为人，则审顾不下，无足深忧。郭西泉水，甘洁可瀹，旗枪酒赤黄作琥珀色，味重浊苦烈。佃圃粪多力勤，蔬花滑肥腻如膏，一醉一饱，所费甚廉，不蚯距而隐情，出不简墨而草窃销。四快也。

夫害二弊三快四，所乐不足匹，所忧眉舒缩半，心卷遂结辖半，以是风韵、鄙锁、文章、吏事亦略相半。然非文章无以饰吏事，非邑乘无以寄文章。乃邑乘自张公纂集后，缺略三十七年，披阅旧书，欲一笔削，而吏冗如猬。幸少司空凤庵程公独任总裁，魏孝廉星杓自主椽笔，劳怨居十之九。赵进士平符、杜孝廉丹丘、程拔贡昆仑、陈恩选景皋并彬彬大雅，雠校不遗余力。至东壁图书则李生之任，右相丹青则魏生弥大暨弟驷，字擅钟王则陈生曰喜，另目纪绩，首李生正兴、魏生初盛及弟闾大，赵生梦麒、张生幼学赞之。芳莎得以参伍折衷，出四小序并诸文告、诗歌，诸公忘其俚溷，弗代藏拙，滥灾梨枣，敢攘众劳为己有乎？然是集计资百金，皆芳莎经营募酬，不两月而粗定，铅黄杀青，已具小劳，附大典以光，或以藏山，或以覆瓿，斯权在后人矣。

重修《武乡县志》旧序

高　铁

郡县之志，所以佐国史者也。古者太史辅轩以观民风，采其事以上之天子，天子命其臣书之方策，垂示后世，厥典重矣。周衰，诸侯各自为史，秦废封建、立郡县，汉、唐因之，而郡县始有志。每当国家修史时，必博征天下之志，以考同异、参得失，故曰所以佐史也。顾史略而志详，史严而志宽，史有专职而志无专官。方今圣明御宇，率土皆臣，往岁敕命儒臣纂修《一统全志》，甚盛典也。武乡虽僻陋，要为股肱近地。铁不敏，承乏兹邦八年余矣，夙夜兢兢，恒以不称厥职，负天子爱养元元之意是惧。独念此邑自三废三建来频经丧乱，自明以前无专志，遥始作志者自永年张公五美，其时为明之万历。再作志者为李公芳莎与张公同里，其时为本朝顺治之乙酉。自乙酉至今四十余年。夫此四十余年中天时之盈虚，人事之盛衰，物产之荣谢，更变不知凡几，自非重加纂辑，一旦天子搜罗旧闻，将何以应？

三十一年春，特延邑生魏名振、赵铎、窦飞龙、李嘉宾、李光春、史玿、关键、李勷、武九卿、赵之相、程康舄、太学生崔怀玺等采访遗事，汇缴于铁。吏治之暇，进退笔削，几于废寝忘食，阅三月而告竣。前列凡例三十二条，后分门类四十条。而每类有总叙，有总论。人物则尤加意，故一人有一传，一传必有一论，至后复系以总论，然犹恐朴陋无文，贻笑士林。适云间宋子雨臣名苍霖、瞿子又陶名潜者馆于荒署，因而互订是非，庶免讹舛。夫昔人修志往往假手本邑绅士，而本邑绅士则未免易于取怨，倘畏怨而少为通融，难成信史。铁既重其事，因曲谅绅士，所以独任而不辞。异日者輶轩所至，省方问俗，或可藉以少补云尔。

邑人程启南旧序

说者曰：邑之有志，即一邑之史也。会须仰法《春秋》，悬之国门，以千金易一字不得，乃称作者。愚谓史与志未可作平等观，史当其难，志居其易。《春秋》或笔或削，圣人以义裁之；或褒或贬，圣人以真断之；知我罪我，圣人以身任之。况春秋无义战，贬存乎见多则其罪转甚可畏哉！其难可知。已后之良史必推迁、固，虽以郅都之功，两史俱入酷吏之科，则其不惮罪我，又可知已。若夫志概无贬，辞得一善，则霏霏玉屑，落楮成锦，阐阁幽芳，遐陬节侠，阐发无遗，而三讳行乎其间，此隐恶扬善之书也，谁不感其受知？至于山川草木，会心处即图为景，飞洒珠玑，载歌载咏，卷石亦为之点头，有胜情者足不蹑备卧游焉，其乐只且。伊谁罪我，匪直我武为然，试观《一统志》与《广舆记》，皆然耳。窃念八景之外，其若千百，以分野论，则《禹贡》以内，《海经》以外，我武不过一曲之弹丸；以计亩论，鄗邑七山二水，仅一分土之多，麓之下层累而上易畤，不满数武，如栈道然。语云："水无涓滴不为用，山到崔嵬尽力耕"，其我武之谓乎？当斯煨烬之余，幸逢兹李父母，如伤之切，晓畅时宜，善谋善断，且博学而词足，以发凡文告，即是休嘉我邑人。惟祈去虚悬仍旧贯，毫无损于国，大有补于民。请申其说，如王粮六千余两从未开征，本县之赤历可查；从未起解，藩司之收簿可查。况今无边警将无边费，尤式望下捐租之，令我武虚悬之数原非边额，所谓去之无损于国者此也。屯粮征解，州县各别，忽逆闯尽右武秩，戕军虐民，将屯粮错壤混分，乱政亟行，宁足为训。且折色有定数，宁忍向子遗而倍之，所谓旧贯之当仍者此也。至权店驿马，苦不胜言，然未去其害马者，则其害不可止。即如佥报马户一节，曩时有驿丞邵姓者，视为奇货不已，又假手猾吏，采访苛求，但藏瓿粟，诬以程罗，就中去取，钱神凭焉。

朝甲暮乙，涂窜相仍，邑人讥为脱稿榜花。生斯驿者，如陷苦海，无复望其扬尘矣。盖上台未知苦，犹可望其转闻，以俟解悬于异日。今汾府李公祖有马户，里派之文直指黄公，祖有兑解马粮之议，若先得我心之同然，冒昧之条陈俱在也。但里派未厌，众心兑粮尚无实着，陈人为地方计，谨饶舌于志，以志原为地方设耳。噫！权在斯人者不可必，而吾党可必者曾是不寝缅想。余为诸生时，相邀不知茶，案头无果窗，前无帏，一饱而止，佳酒无量，兴阑，不揖而散，真率相忘，温公明训也。其后民风自北而南，初曰苏意，既又戏曰傲苏，强北为南，不可由俭入奢，又不可之大者。余中人以下姿（资），二酉未窥，一韵罔识，敢登作者之林？惟三官妙经，多所亵侮，遂详叙其根因，以受其神。其诸狐庙碑记，多所割裂，遂详传义，以解其疑，非好辨也。前大中丞魏公诸公取二作入于志，然两祠各序片石，似无容再为灾木。吾老矣，不能得侍尘下，姑留老人言斥名于尾。

修《武乡县志》例言

县志在前明无考。本朝以来李公台辰修于顺治乙酉，高公中含修于康熙壬申，至雍正戊申少江张公又修之而未就，时及百年，其阙略者多矣。簿书之暇，思为甄缉，因延邑中之能文者共襄其事。义例一本前人，而分合增减，间出新意，不敢苟异，亦无取雷同也。览者详之：

有旧无而今有者，疆域既分界划，而道路之经由、关隘之险要，皆守土者所宜周知。人物中有忠烈寓贤，尤关人心风俗之大允，宜别分门目，今新定。

有旧有而今无者，公仪具在会典，非一邑之私言。旧志所载军器，今已无一存者，亡固不可为有也。佞幸传志，石氏一弄儿，人既非武产，事尤不雅驯，亟削之。

有旧略而今详者，权店设专防，实备御之要计，邮递尤有司职守大者。旧志于田赋门中略举兵饷站支，而兵额夫马之额俱未及详。又仓储关乎民食，而积贮之数旧志亦不具，今始分门详列。

有旧详而今略者，田户赋起运存留之款，现行则例与曩日迥不相同，则照现例编载。而旧志运留之额目及节年裁汰诸项，第为撮存大略，不复详书。

有旧分而今合者，孝子、义士之分为二，文苑、字苑、画苑之分为三，岂无一人而孝义兼备文艺皆优者，似难划然分别。又如碑记、诗赋之属，统之以艺文，而各以类叙。他郡县之志皆尔，今亦以之。

有旧合而今分者，仙释附人物之门，寺观杂坛庙之内，夫二氏之教与吾儒原不相涉，侈谈灵异亦非不语怪之旨也，今别为诠次而统之以外志。

有缘旧志而增者，此类甚夥。如职官、选举之姓名，公署、城池、学校之修建，前不得减，后不敢不增也。又如田赋、丁徭之递更，必依年次补，不使稍舛漏。山川、古迹亦视旧加详焉。其他宜补者皆称是。

有考他书而旧志从删者，人物不载潘美，名宦不载傅仗、崔宏度，但志封爵而削其宦迹。风雷将军别录小传，而封爵、名宦两条俱不列此，皆义无可疑，并非妄事删削。

名宦人物之增入者，百十年来不过三数十人，皆征诸舆论，卓卓可称道，稍涉疑似者弗录，盖其慎也。余守土八年，颇谙旧闻，兹役也，采访之劳与邑人共之，而斟酌去留，未敢多让，知我罪我，任之可也。

现在之人不入人物，现在人之文不入艺文，非矫也。方望溪选文之例谓文章一道与年俱进，故其人现存者概不入录。沈归愚之选诗亦然。诗文且尔，况学问功名之大乎！若孝子、节妇取一节之奇者，不用此例。

风尘作吏，著述无长，勉与诸子考献征文，举数十年之坠典，聊云塞责，敢曰惬心，尚望高明匡所不逮焉。订残补阙，期不谬于昔贤；踵事增华，尤所望于来者。

长白山人秀千甫识

《武乡县志》原修姓氏

本县知县加一级三韩高铁中含甫重修

典史山阴龚立定侯氏

权店驿丞余姚黄元燮赞宸氏同督刊

本邑庠生魏名振玉依

赵铎赵州

窦飞龙潜之

李嘉宾燕之

李光春伯和

史玿季玿

关键文澜

李勴睿将

武九卿正笏

赵之相又如

程康舄孟旋

太学生崔怀玺献廷同采辑

魏君待聘之

杜云林楚材同校字

《武乡县志》重修姓氏

总修

知武乡县事加三级秀千白鹤

参阅

儒学教谕衣柳吴克成

督刊

典史加二级若衡周作铨

城守外委把总瑞符李祥光

纂辑

史玿季玿

邑进士历任山东济南府知府伯猷史传远

分辑

邑举人仲坦魏大履

邑举人仪廷魏鸾翔

邑举人翌圣武扬休

校对

邑岁贡生鉴堂韩丹桂

邑次贡生汉章阎云岫

邑太学优生玉美李文炋

邑廪膳生员尊一魏殿爵

邑附学生员书田赵文台

邑太学生吉士李蔼

采访

邑增广生员汉三郝人杰

邑太学生焕然安文德

总理

邑布政使司经历司孟和魏大咸

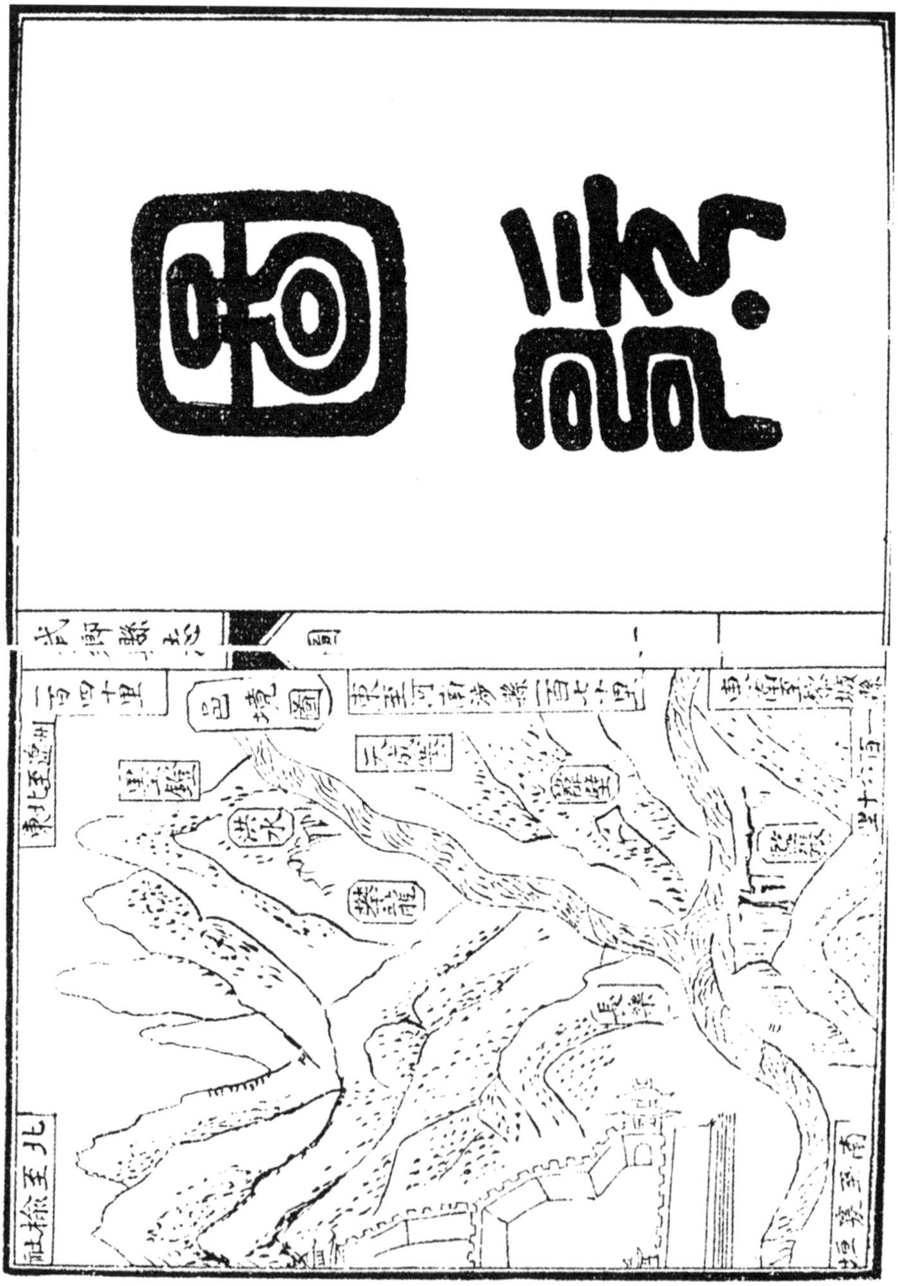

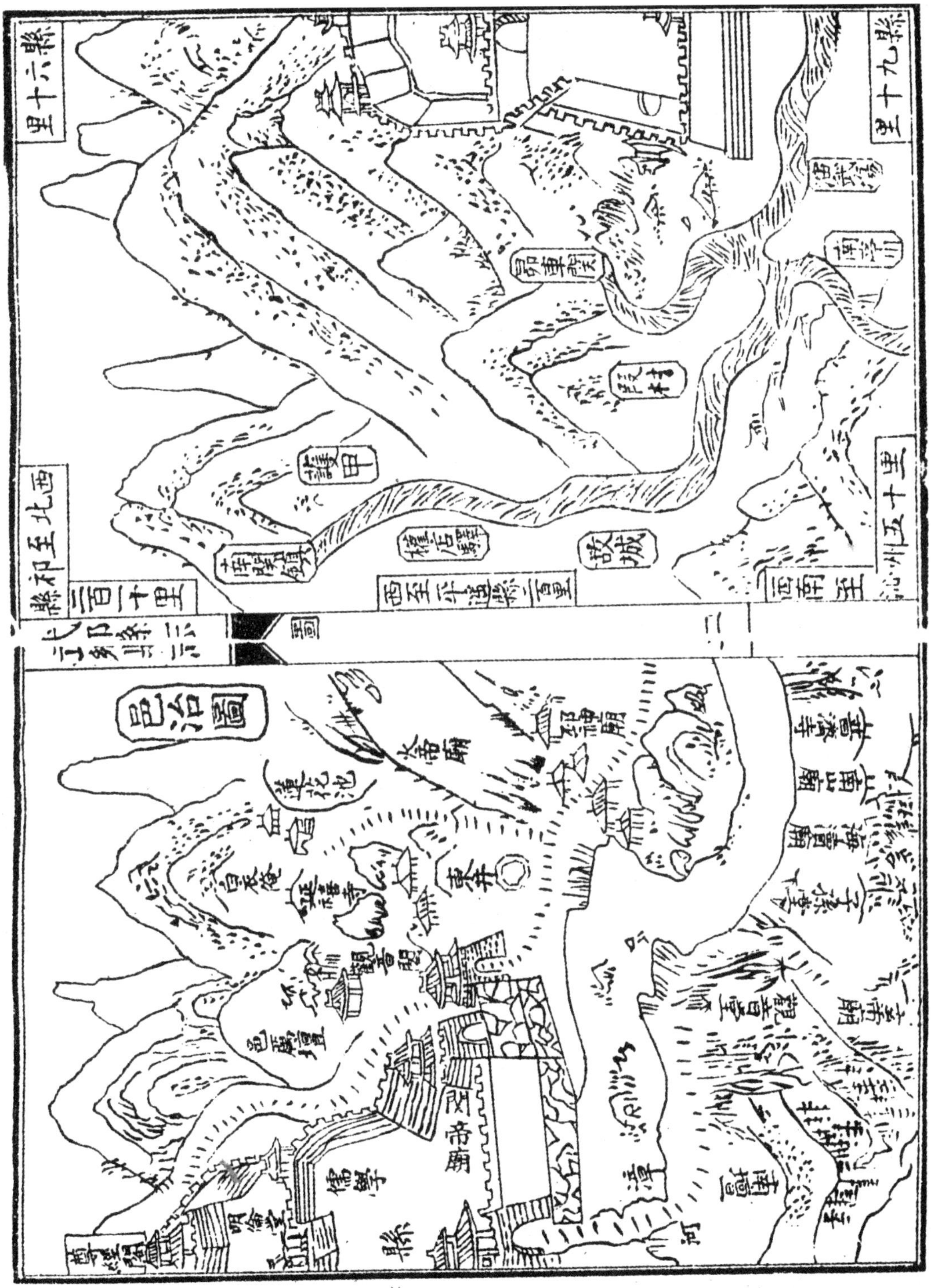
邑治圖

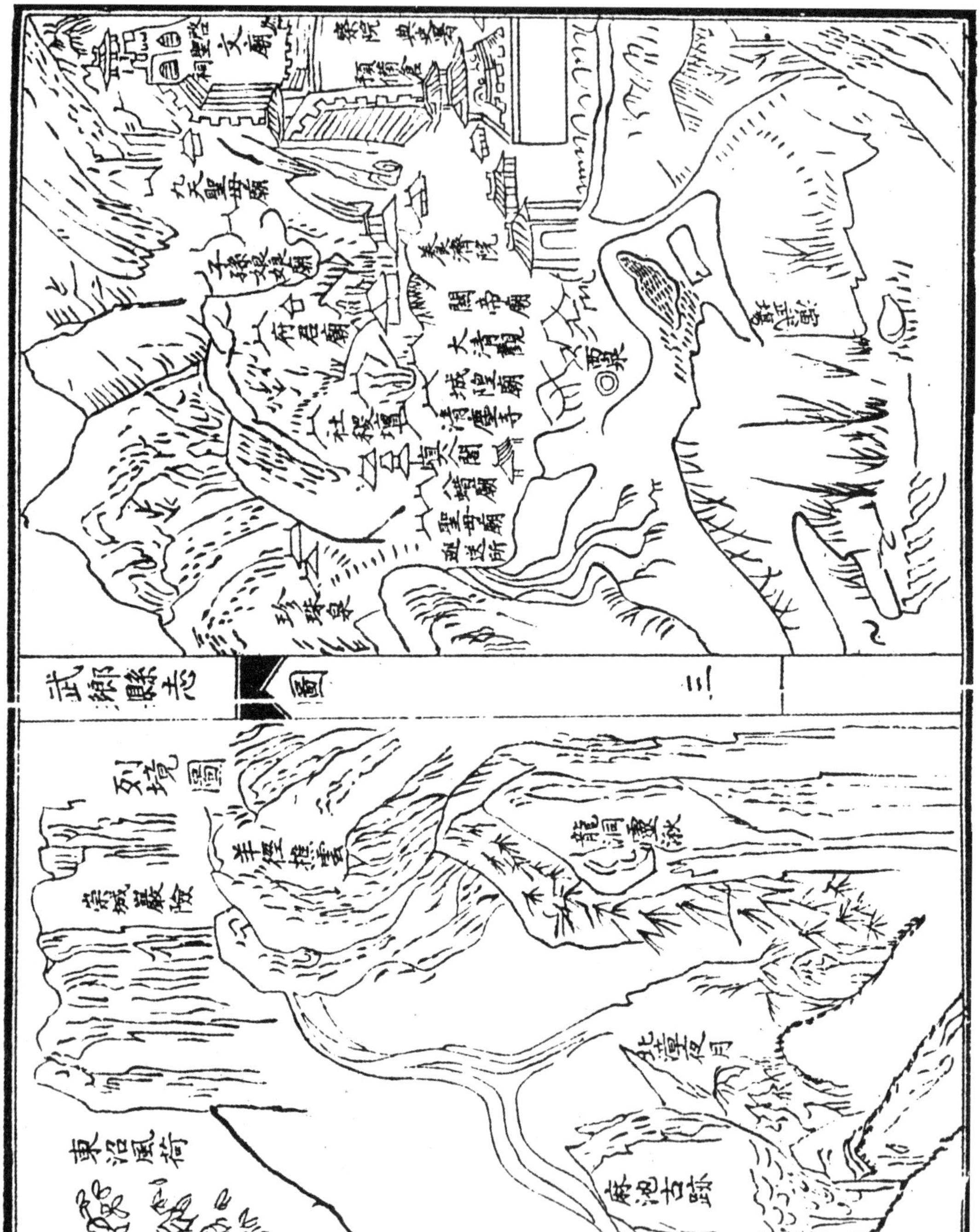
武鄉縣志
圖
三

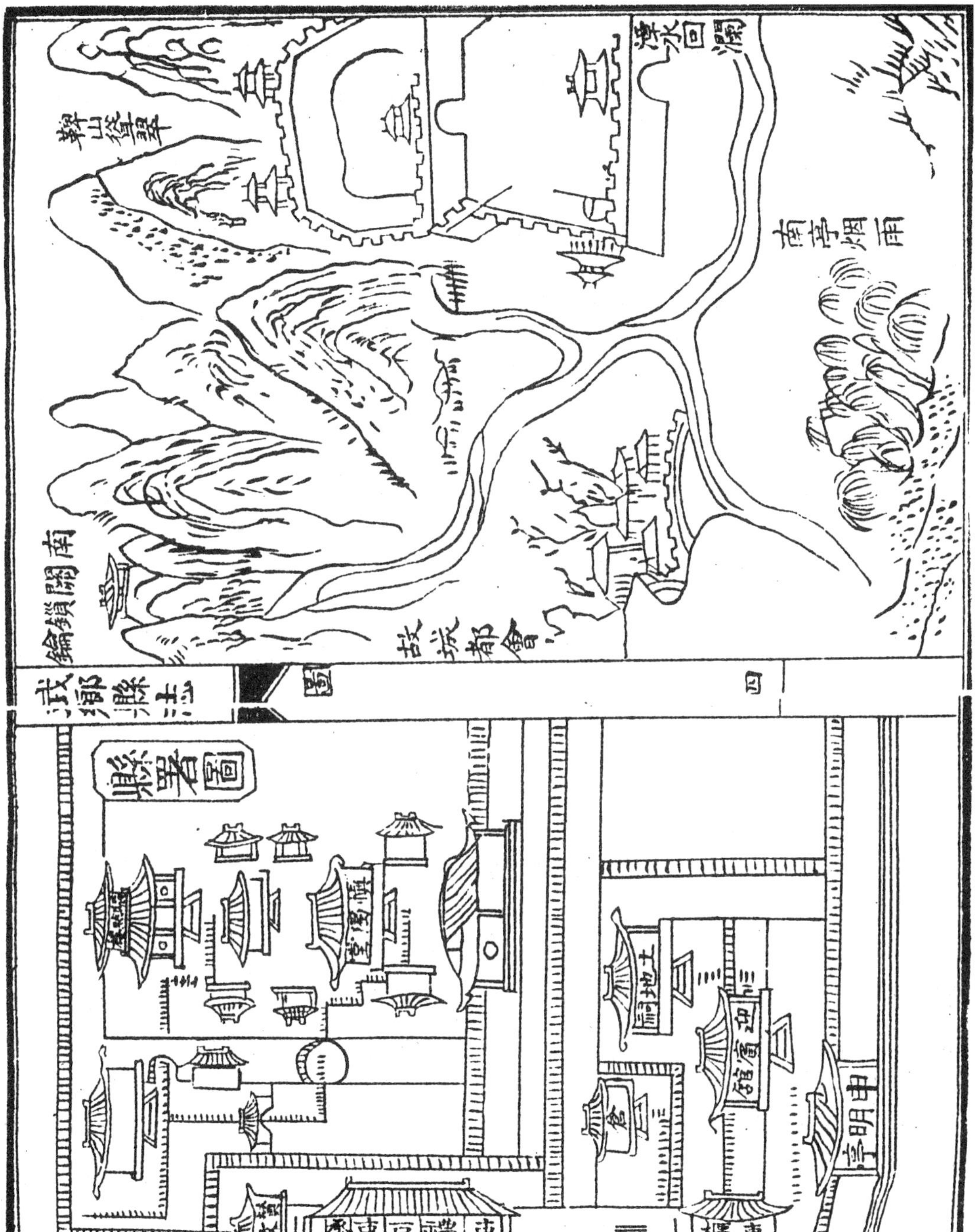
武鄉縣志
縣署圖

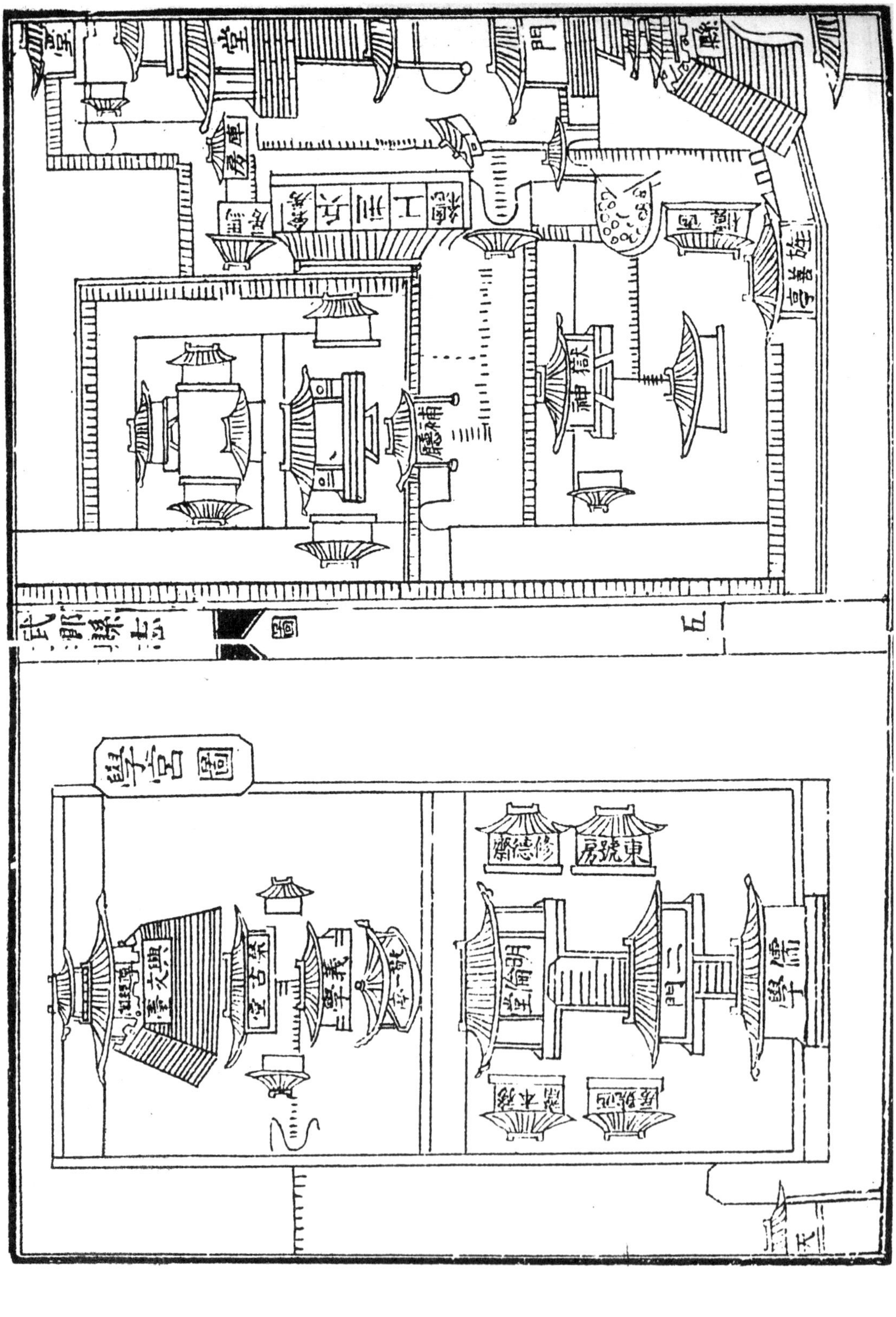
武鄉縣志
學宮圖
儒學
二門
明倫堂
東號房
修德齋

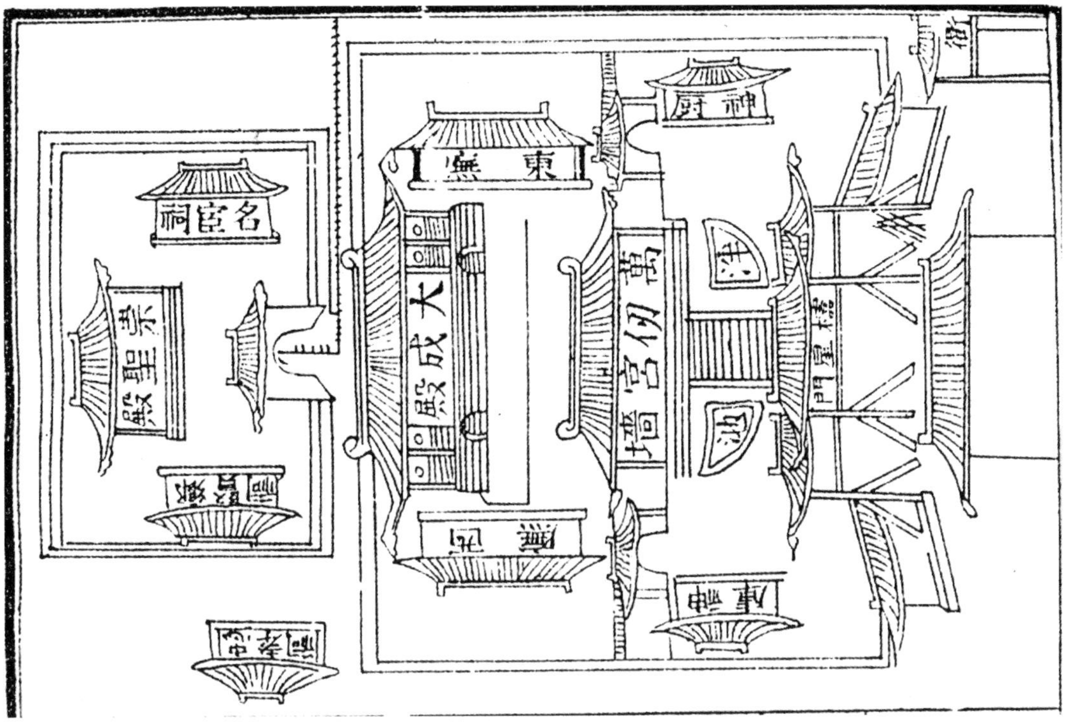

论曰：图以绘象，书以纪事，山川、城池、宫署、廨舍书千百言不能尽。而按图以稽，了若指掌，故省郡及各邑志皆先图后书。武乡旧图有五，其间或存或废、或改作之处，谨依现在规制，仍为五图，便观览焉。

《武乡县志》卷之一

建置沿革

古者分土授职，度地养民，形势相维，血脉相贯，所以屏王室助化理也。武乡僻处行麓，为山右小邑，顾疆里迭易广狭，于焉区分郡县，互更名称，因之代别。爰取历朝各《地理志》暨通省及前邑志详参并列，志《建置沿革》。

《禹贡》，冀州之域。

周、春秋时，晋蔡皋狼。《战国策》“智伯瑶求蔡皋狼之地于赵襄子”即此。

秦上党郡地。

汉始置涅氏县，属并州上党郡。《旧唐志》汉垣县。

东汉曰涅县。《通省志》：是时辽州榆社县皆两汉涅县，幅员广甚。

晋仍置涅县，始析置武乡县，并隶上党郡。是时又析置辕阳县，隶乐平郡。

后赵置武乡郡。领县无考。想即魏乡郡所领县也。

北魏乡郡。石勒分上党置武乡郡，后罢。延和二年复置，去“武”字，曰乡郡。

领县四：乡，即郡治。晋属上党。真君九年罢，轑阳属焉。阳城，两汉、晋属上党，曰永安中改。铜鞮、襄垣。太和十五年，由涅城移治于南亭川，即今治。按《隋志》又有后魏南垣州，寻改丰州，后周废丰州。

隋开皇三年，郡废，以乡县隶上党郡。十年，以故轑阳县地置辽山县，属太原郡。十六年，析乡县置榆社县。十八年，改阳城为甲水县，即今甲水。大业初，废榆社，仍入乡县，省甲水县入铜鞮。义宁元年，复置榆社县。

唐武德元年，以襄垣、黎城、涉、铜鞮、乡置韩州，并属焉。贞观十七年，韩州废，以乡县属潞州上党郡。则天时复名武乡。神龙年，去“武”字为乡县。寻仍名曰武乡。

五代俱属潞州。

宋太平兴国三年，于潞州铜鞮县乱柳石围中建威胜军，武乡隶焉。熙宁七年，废辽州，以榆社县为镇入武乡。元丰八年，复辽州，榆社往隶。

金天会六年，改威胜军为沁州。元光二年，升节镇军曰义胜，县仍属。

元至元三年，武乡省入铜鞮。未几复立，属沁州。

明万历二十四年，改属汾州府。三十二年，复属沁州。国朝因之。

论曰：武邑肇自汉涅，东尽轑阳，北兼榆社，南跨铜鞮之半，实为巨县。其治所即今故城镇，而甲水龙泉皆有城堞遗址。或涅水沮洳，城有迁徙。汉垣县，后魏曰沮城，其明验也。迨析涅置武乡，皆今榆社地，治所应亦在榆杜。今其县北三十里社城镇有古武乡城，殆非无据。厥后武乡移治南亭川，榆社往隶辽州，甲水亦省入铜鞮，而由涅为武乡，迭经更治，殊难确指，姑撮其大概云尔。

星野

自保章氏以星土辨九州分野，以观妖祥，推测者准焉。顾天道远矣，日轨星躔所历，言人人殊。晋土合并、冀二州，疆宇殊区，经度攸别，况以弹丸之武，僻在一隅，而欲矫于所不能，一索于所不可，知难矣。然郡从省，邑从郡，姑即天文所纪得相附丽者，略存其概。志《星野》。

《汉书》：昴毕为冀。

按：《天官书》，昴毕之分野，于辰在酉，赵地。其北信都、真定、常山及魏郡浊漳之北，尽代郡雁门、涿郡高阳与北方边外之国。其东广平、巨鹿、清河、河间、渤海、东平、文安、成平、章武河以北也。其南至浮水、繁阳、内黄、斥丘。其西太原、定襄、云中、五原、上党。武邑旧隶上党，白应主昴毕，但《图书编》惟大同为昴毕分，而武去昴毕三十余度。存以备考。

《晋志》：自危十六度至奎四度为娵訾，于辰在亥，属并州。又曰上党入鬼二度。

《文献通考》：上党入舆鬼三度。

《握天枢》云：上党入舆鬼二度。

按：娵訾卫分于辰亥，隔戌酉二宫而历申，去武远甚，舆鬼尤隔。

唐《天文志》：参、伐为戎索，为武政，当河东，尽大夏之墟。上党次居下流，与赵、魏接，为觜觿之分。

唐《地理志》河东道：盖古冀州之域，潞、泽、沁、辽为实沈分。

按：《天文志》：觜觿参伐实沈也。

《图书编》：沁州参井分野。

《明一统志》潞安府：参井分野，沁、武古上党郡地，亦参井。

《通省志》，《沁州志》汪宗鲁《星野辨》：《沁志》旧引《晋书》于辰在亥，乃参之辰在申，以沁视参，不隔酉戌二宫乎？详考《通志》，山西五郡二州，并载分星甚晰，沁独不载分野，盖以向隶上党，略之也。今即视上党分野，自应属参井。乃《武乡志》引《文献通考》，上党入舆鬼三度，《握天枢》，上党入舆鬼二度，而《晋书》亦云入鬼二度。然则一沁也，以为昴、毕，又以为参井，又以为室壁，又以为舆鬼，将何适从乎？窃意娵訾在亥之说既不可从，即昴毕间亦恐于沁无涉，何也？昴毕所属之冀，东南北郡邑甚广，且极于边方，其西惟太原、定襄、云中、五原及上党耳。今沁虽近上党，其地稍折而南，而昴毕微带冀之西隅，故疑其无涉，沁及所属应从参井之分。

论曰：前令李台辰谓小邑无专宿，何分野之足云？然五宫三垣遍覆宇下，芸芸万类俯地成形，即仰天等象，纪地而弗纪天，可乎！况志气交动，合若符契，必谓天远人迩，茫然罔识，修省则失之矣。

疆域 附里甲　乡约　村镇

晋闻喜裴司空秀尝作《禹贡地域图》，制图之体有六：一曰分率，所以辨广轮之度；二曰准望，所以正彼此之体；三曰道里，所以定经由之数。四曰高下，五曰方邪，六曰迂直，此三者各因地而制宜，所以校平险之异。武固山区，而周轮几四百七十里，诸体略具。封域之延袤、道途之险易，可不讲欤？为列其界限，次其经历，备守土者稽核云。志《疆域》。

东西广二百五十里，南北袤五十里。

东至潞安府黎城县界大界峡八十里，至辽州界松树坪一百一十里，至河南彰德府涉县一百七十里。

西至沁州界康公村二十五里，至汾州府平遥县界上店村一百四十里、平遥县治二百里。

南至潞安府襄垣县界高岭庄南二十五里，龙王堂三十里，少东至襄垣县治九十里，北至辽州榆社县界关壑口北十五里，方山村二十里，榆社县治六十里。

东南至潞安府襄垣县南漳四十里，至黎城县治一百六十里。

西南至沁州界姜村南二十五里。

东北至辽州界锅窑岭一百五里，辽州治一百五十里。

西北至权店驿七十里，至太原府祁县界南关北阴辿一百二十里，至平遥县界墓峪头一百三十里。

由县治至沁州五十里，至省城三百四十里，至京师一千三百五十里。

东经马庄、李庄、邢村、长乐村、胡峦岭越巅，经邢唐村、攀龙镇、温庄至石门村共六十八里，至黎城县界；西经梨园、关河、段村、上陈村、康公村共六十二里，至沁州界；西北经书社庄、故城镇、权店驿，由权店驿南至沁州界走马岭，再北由分水岭、窑儿头、南关镇共一百三十里至平遥县界，虽亦崎岖，犹属孔道。

南由魏家窑二十里至襄垣县界，西由段村十二里至沁州界，北经璞窑底十里至榆社县界关壑口，东北由攀龙镇经襄良水地、石渠头、洪水、苏峪、墨镫村一百十五里至辽州界，狭窄崎岖，胥非坦途。

论曰：武居太行之西，当泽潞咽喉，两汉迄晋，境宇殊阔。后赵建武乡郡，益增属治，与义宁、上党错壤相匹。北魏领阳城、乡、襄垣、铜鞮四县，郡治如故。然则襄垣、铜鞮故武属也，沾水、涅水皆武地也。郡经数代，鞭箠所及，彰彰可考。自隋析乡县置榆社，其后递置递析，各有攸属，而武乃块处弹丸，若逖稽典籍，则武邑提封，讵可以山城限哉！

里甲

崇仁里，分十一甲，设催头六名。

一、三甲，二、四、七甲，五甲，六甲，八、九甲，十甲，另一甲系官租粮。

敦义里，分十甲，设催头八名。

一甲，二甲，三甲，四甲，五甲，六、十甲，七甲，八、九甲。

长乐里，分十二甲，设催头七名。

一、四李二甲，韩二甲，三又十甲，五甲，六、九甲，七、八甲，十甲。

韩壁里，分九甲，设催头四名。

一、三、四甲，二、六、八甲，五甲、七甲，又八甲自封。

攀龙里，分十一甲，设催头四名。

一甲，二、三、四甲，五、六、七、八甲，九、十甲，又八甲自封。

皋阳里，分十一甲，设催头七名。

一甲，二、三甲，四、六甲，五甲，七甲，八、九甲，十甲，又六甲自封。

段村里，分十二甲，设催头四名。

一、二甲，又二、三、四、五甲，六、七、八甲，九、十，又十甲。

石盘里，分十二甲，设催头十二名。

上一甲，下一甲，二甲，三甲，四甲，五甲，六甲，七甲，八甲，上九甲，下九甲，十甲。

信义里，分十甲，设催头四名。

上、中、下一甲，二、三、四甲，五、六甲，七、八甲。

南关里，分八甲，设催头四名。

一、二甲，三、四新六甲，新旧五甲，旧六甲。

以上十里一百六甲，共催头六十名。

乡约　村镇

在城约，设乡约四名。

仁义约管城内。

尚贤约管东关、东河沟、小河口、赵家垴、魏家庄、神仙洞沟、郝家庄。

讲信约管西关、西河沟。北至背山，西至堂儿口。

修睦约管重关。北至小道场，西至黄沙坡。

河南约，村庄六十一，设乡约五名。

魏家窑、白家窑、东坡、杨家垴、畦则底、南亭、曹村、东沟、西沟、王家窑、松林底、庄则沟、阎家后底、河家沟、郝家庄、暴家峪、山羊垴、兴盛垴、高丘垴、黄柏峪、白草坡、柳圪增、梨园、魏庄、王白家堙、六盘垴、高家庄、南坡、郝尖垴、松庄、河口、东贾庄、西贾庄、陈泽滩、崔家庄、枣林则、张庄、曹村坡、郑家垴、兰家垴、吴家垴、前王家庄、后王家庄、七里沿、五庄、十家岭、上司村、下司村、小店则、二十四里铺、二庄、漆树坡、南高岭、北高岭、下岭则、杨桃沟、赵小庄、前岭头、后岭头、蒋家庄、刘家垴。

北岭约，村庄二十九，设乡约二名。

圪道、槐树沿、青阳沟、小沿则、下西庄、上西庄、王和垴、阳和、北沟、龙王沟、长沿、十里坡、八里庙、南庄则、杨桃湾、化树长、张家沟、上关、下关、濮窑底、五里坡、西沟垴、赵家凹、清江沟、李家垴、小东沟、王家垴、成家背、圪针庄。

马庄约，村庄二十六，设乡约三名。

马庄、韩庄、南王家垴、胡家庄、南马庄、丰泽垴、胡家垴、马家庄、丁家垴、朱家庄、李庄、武家庄、巩家垴、黎家坪、前郭家沟、后郭家沟、张庄、冀家垴、马家垴、漫坡、古台、水泉、阳南头、黑地角、代家垴、田庄。

长乐约，村庄二十六，设乡约四名。

长乐村、石窟、行村、石桥沟、南凹、龙湍（俗呼楼谈）、东辿、河西、鲤鱼垴、鹿村、马家沟、郑峪、前庄则、峪口、麻池沟、蝉窑、鲤峪、豪庄则、行唐、陌峪、胡峦岭、沿土凹、东坡、西坡、霍庄、桥坡。

监漳约，村庄二十七，设乡约四名。

监漳村、石牛泓、申良沟、花梨坪、下北漳、北社、杨桃湾、硌礓坪、南庄则、西川、泉则江、圪囤沟、圪针庄、斜道沟、西垴、古楼角、董家沟、南岭、东垴、南垴、良则角、吴村、行道岭、油房角、新庄则、后秋根庄、贯家坡。

下郝约，村庄十二，设乡约二名。

下郝，西垴里、枣林则、王家峪、石圪垤、南上郝、东庄、西庄、果沿、西垴、上漳、北漳。

东田约，村庄十九，设乡约三名。

堡里、西堡、桥南、松林、内顷西庄、李坪、固村、枣瓦坪、小石坡、枣凹庄、北红庄、圪溜、热凹、枣岭角、朝阳角、小斜坡、朱家山、岭则、树树角。

韩壁约，村庄十七，设乡约三名。

韩壁村、内顷、小庄则、斗底、上郝、马岚头、窑上沟、成家垴、庄底、窑神角、砖壁、烟里、史家嘴、王家角、大凹、窑儿凹、圪咙交。

攀龙约，村庄六十五，设乡约四名。

攀龙镇、中村、平头、下砦、关家垴、沙坡则、韩登、砦则垴、羊儿支、大井、小黄、大陌、石门、长日头、南山头、南交、蒺藜坪、石瓮则、大石角、上庄、色泉、上行堂、王家圪道、侯家垴、土河、刀把嘴、大坪、小坪、官牛角、德则角、悬窑山、樊家角、枰沟角、小岭则、祥良、东庄则、季家岭、阎家庄、圪老湾、皮则堙、枣树庄、大垴坪、梨树角、南塔、河不冷、柳沟则、温庄、李家坪、牛家岭、韩家垴、郭家垴、团松、道场、苗度、大西沟、小西沟、吴家岭、秦家堙、狼卧沟、大圪垴、杏得角、滑则岭、高家岭、十家庄、阪底。

洪水约，村庄四十九，设乡约四名。

洪水镇、显王、左会、狼卧角、石窑湾、川河、斗翻坡、大小水凹、红土凹、白坂头、董家庄、胡家岭、砖麻、西沟、麦仓岭、墨顶神、范家岭、西岭、菜树庄、洪水寨、窄圪浪、王庄、柳树堙、苏峪、蔡家壑、新庄则、小庄则、阎家庄、旺乐头、南坪上、锨则垴、武家背、刘家嘴、杜家庄、房家岭、八十亩垴、苏峪沟、茂树埆、桥则岭、庄里、东庄、莪头、新寨、季家庄、西坡村、小西岭、杏树堙、厥旦凹、门家沟。

皋阳约，村庄四十，设乡约四名。

大曲、洪岭、背庄则、张庄、胡也沟、梨园坪、石壑则、冯台坪、囤上、铁净、乾曹背、侯家垴、小姜岭、郝家沟、连家庄、苑家垴、何序沟、新庄则、车道岭、栗家沟、陶家沟、树心、韩家庄、太子池、细堙则、井则凹、东庄、风头、下王堡、李家庄、上王堡、陈家沟、张家庄、宋家庄、马村、贾河、郭村、蒺藜坪、流水坪、温家沟。

广志约，村庄二十七，设乡约四名。

广志、东风堙、西风堙、海神沟、上黄崖、下黄崖、大义沟、胡庄、宋家庄、庄则沟、蚂蚁圪道、石垂、下广志、郝家岭、南岭、长堙、菜岭垴、马家庄、戈北坪、柳亭交、新庄则、寒广、东沟、石坂、张庄、白家庄、檀村。

墨镫约，村庄三十一，设乡约四名。

墨镫、河神堙、下锅窑、南山、后沟、夜锅角、马步、羊圈则、曹家坡、南坪、麦秸岭、新村、白河、郝家垴、田凹、红沟、裴行头、成家垴、上北台、下北台、曲石沟、东井湾、西井湾、曹家堙、南台、东砦上、九龙凹、小市岭、西沟底、朱家垴、南湾。

段村约，村庄十五（实录十八村），设乡约五名。

段村、朱家凹、胡庄、东村、平家沟、南村、瓦窑窠、尉家渠、王家沟、胡家垴、马牧、凹里、张家垴、书社、王家垴、王路、赵庄、长庆。

石鼻约，村庄二十（实录二十一村），设乡约四名。

石鼻、下城、付庄、孙壁、成家沟、漆树坡、鸡笼垴、半崖、待诏岭、窑长、郭家岭、柳泉沟、沙河头、西河底、上城、阳城、史家垴、新庄则、西沟、张家岭、郝家垴。

聂村约，村庄十一，设乡约三名。

聂村、马圈沟、雨沟、西城、松树庄、庙坡、白鸦沟、东垴、凹里、何家庄、祁村。

义门约，村庄十（实录九村），设乡约四名。

义门、神西、邵渠村、李庄、南沟、砦上、神前、西河、神后。

贞烈约，村庄十四，设乡约四名。

周家坡、邢庄、龙泉下半街、庄头、风沟、石增沟、马家峪、龙泉上半街、灰芦沟、毛庄、蒲池、常家垴、猫儿头、北甲水西半街。狮子沟。

张村约，村庄十四，设乡约五名。

张村、下庄、石壁、东黄岩、西黄岩、东河、岭南、楼则峪、圪嘴头、张村沟、小梁村、南沟、园则沟、南垴。

石盘约，村庄二十七，设乡约五名。

石盘、内邑村、胡庄村、北峪村、孙庄村、文牛坡、保家沟、五氏角、化岭、白反坡、水桶沟、马圈塔、南窑头、南沟、羊道、世达沟、十八盘、坡角底、榆坪、牛家坡、暖水头、会同、南家沟、长斜、泉则头、向阳、窑底沟。

大梁约，村庄十九，设乡约六名。

梁村、麻衣辿、张家洞、高仁、西曲、李家垴、岸北、石人底、山交沟、温家沟、大沿沟、山交、北甲水、涧底、陈村、庄里、枣林、温家庄、西交沟。

信义约，村庄二十六，设乡约五名。

信义、南岭坡、高砦寺、双修岩、义峪、上庄、范家凹、连家山、蒲池沟、孟楼底、东良侯、北良侯、灰嘴、大水峪、西良侯、西湾、河北、五峪、南沟、河底、阳谷岭、磨则山、水沟、磨里、郝家庄、郭家庄。

故城约，村庄二，设乡约五名。

东街、西街、南街、北街、东砦底。

权店约，村庄二十一，设乡约四名。

权店、砦上、石匣、梁家沟、陈家沟、勋欢、马圈沟、果则沟、樊家五窠、良侯店、虎窑、南岭、戴家庄、钥匙沟、阎婆沟、石匣沟、虎腰庄、率马岭、西湾、尖沟、毫沟。

护甲约，村庄七，设乡约三名。

分水岭、五里铺、阎庄、南峪、楼则底、毛涧、泉则沟。

贾封约，村庄十七，设乡约二名。

贾封、斜坡、石板沟、康家庄、晏家庄、安凹、张家庄、窑峪、木则沟、五凤、石佛、杨司、黑神头、郭家沟、车道沟、南村、杨家庄。

南关约，村庄十五，设乡约四名。

南关、窑头、西沟、孙家河、石窑会、土门、西庄、官地、阳坡、柳背、时庄、秦王头、大滩、石图图、七里角。

西郊约，村庄九，设乡约一名。

西郊、陈家辿、庞家会、俊家庄、滑家庄、石门、后庄岭、孙家岭、滑家山。

市集 附

本城市逢一、三、五、七、九集。

故城镇市逢三、六、九集。

攀龙镇市逢三、六、九集。

洪水镇市逢二、五、八集。

贾河市逢三、六、九日集。

段村镇市逢一、三、五、七、九集。

石盘镇市逢三、六、十日集。

大曲市逢二、七日集。

监漳市逢二、五、七、十日集。

龙泉市逢二、七、日集。

南关市逢二、五、八日集。

论曰：里有长，乡有约，盖曩时三老啬夫之遗制，受令长之教以分治吾民者，柳子所谓有里胥而后有县大夫者是也。选择而使之，师古意而委任之，约束教导，未尝不责在斯人。而村氓野老皆可以赞鸣琴之理，如徒曰督轮将备征发而已，则骫骳阘冗与夫挟私玩法者，往往有矣。

山川 附桥梁

环邑皆太行之麓，而清漳迳其中。群峰重远，众壑汇流。武虽僻壤而兼大山大川之观，即一丘一壑亦穷幽眺远者所必资焉。至若垒石以通沮洳，架木以资利涉，王政俱在，例得附载。志《山川》。

太行山　在县东一百二十里，南北延亘八百余里，岿然为一方屏蔽，星鸟家所谓北条是也。山在凤台县南三十里，天井关横望岭，诸峰雄峙，为山总会。西南接砥柱、析城、王屋，又西迤姑射、中条、雷首，东北跨陵川、壶关、潞城、黎城、辽州、和顺、武乡诸州县。又北至燕山抵碣石，绵亘数千里，随地异名，艮岳、霍山、五台、句汁、芦芽皆其支脉，海内名山由昆仑而下，当以此山为第一。

鞞山　初名北原山，石勒微时尝闻鞞铎声，乃改今名。在县署北，县城在山麓，南低北昂，上连石勒砦。石勒故城在北原山上半里，周围四百六十步。晋永嘉时，勒屯兵于此。

南山　在县东南三里。有观音井、八角池，上有南山神庙。

三原山　在县东南二十里。有平原三，即三台岭。

显王山　在县东二十里长乐里。四壁层山，有古王墓。

胡峦岭　在县东三十里。上有古庵。

监漳山　在县东南三十里。有赵三麒会仙观记。详《艺文》。

德峰山　在县东四十里。有离相古刹。

左会山　在县东五十里。四壁崇峦。

西石坂　在县东五十里中村。可登眺。

石门　在县东五十里石门村右。两山对峙如门，中有古洞、钟乳石。

牛山岩　在县东五十里。形如卧牛，上有太山庙。

箕山　在县东六十里砖北村。其形如箕。

黄岩山　在县东六十里。旧《志》作“黄崖山”，注：“崖色黄。”

横岭山　在县东北五十里。一名怀安山，上有古寺。

紫岩山　在县东北六十里，山石皆紫色，有寺。

天城山　在县东六十里，一名大井山。层峦复壁，插入云表，昔人尝避兵焉。

中方洞　在县东七十里龙门山，界连黎城。赵三麒记：由阳河过伏虎崖，抵大岩，最高者为中方断碣。云山在太行之中，故曰中方。诸山纯石，截霞而上；诸水如磬，截霞而下。上为瓦封洞，半崖为盘安洞，旁石如砥，为三仙台。北为生生洞，右为俯观洞，山后为雨玉处，巅为捧天崖，对面为金莲峰。

墨镫峰　在县东七十里。双峰壁立。

韩家岩　在县东一百里。峭壁嵌空，危岩欲坠。赵三麒署曰：语石惟韩陵片石，犹可语耳。

羊径山　在县东一百里韩家岩东界。连黎城，高接太行，径狭，仅可通羊，故名。

龙门山　在县东一百里，对峙如门，中出清泉。由龙门行三里为韩家岩，岩东为羊径山。

五峰山　在县正东一百里。五峰并峙，雪浪峰最高，积雪不消，所谓“无磐石人，有磐石雪”也。

崇城山　在县东一百里。危桥渡空，绝壁凌汉，嵌岩遂谷，昔人尝避兵焉。

漏岩岭　在县东六十里东山极高处。邑人李之蕃诗：“行人望岭头，犹在层霄上。”

大界峡　一名小鳌头。在县东八十里。高峰上耸，忽断一陉。邑人杜来凤有诗，魏令望有《大界峡赋》。

西石山　在县东六十里。庙宇甚多，离苏峪村一里。

阳城山　在县西南十里，有显济王庙。

时山　在县西南三里。峰峦屏列，草木丛茂，巍然巨镇也。昔人以时游赏，故名。

白龙石洞　在县南十里，有神庙，岁祀。

神灵背　在县南三十里。上有灵显庙。

八角山　在县西五里。山形八角。

凤凰山　在县西二十里祁村北。俗传凤凰曾栖于此。

蓬莱山　在县西五十里蒲池村，一名小太山。

烂柯山　在县正西五十里。《明一统志》："隶武乡界。"

北轸岭　在县西十里。形势层叠而下，为段村一大来龙。

白马山　在县西七十里。上有晋世子申生并狐突庙，旧马鞍山是也。

三交山　在县西七十里。山水交合。

石臼山　在县北七十里，有古石臼。

西交山　在县西一百里。一作西郊山。

石盘山　在石臼山西。石多土少，山形肖盘。

护甲山　在县西北一百里，即分水岭，涅水出焉。明初置巡检司，后裁。

龙舟麓　在县西北一百里护甲镇。

麓台山　在县西北一百二十里，接沁源、灵石、祁、平遥四县界。

阴辿山　在县西北一百三十里南关镇北。两峰对峙，高出云表，惟山腰一道仅通往来。流水潺潺绕其下，虽盛暑经行，不苦炎热。

覆甑山　《地形志》：阳城有覆甑山，涅水出焉，东南合武乡水。

许山　在南亭上，有西齐王庙，下有三泉涌出如注，遇旱祷雨辄应。

繁氏山　在县西大梁村北。上有孝文皇帝庙，左晋恭世子申生，右显济王狐突。

武山　长山　稳室山　《县志》：见《水经注》。今迷其处。按方拟之，当在故城权店间。

漳水　漳有二：曰清、曰浊。在武为清漳，《书经》郑注：清漳出上党沾县大邑谷，今乐平少山也。浊漳出上党长子县鹿谷山，今长子县发鸠山也。祝徽《通志》：漳源有二：一在和顺西一百里八赋岭，名小漳水，流经榆社，合黄花岭水，至武乡县五里合涅水，至襄垣东北三十五里合浊漳水。一出榆社县北六十里县西黄花岭，至县西南合仪川河。

西川河　源出县北狮子岭，经松庄村、石盘镇入榆社境，下赤铺云簇镇和平村，马会村合漳。

涅水　即龙舟洞水，一源分为二派。其一北流出子洪口入汾，曰龙舟水。其一南流经县西五里东段村入漳，曰涅水，一名甲水。《水经注》：涅水西出复甑山，东流与西汤溪水合，出涅县西山汤谷，五泉俱会，谓之五会之泉交。东南流谓之西汤水，又东南流注涅水。又东经涅氏县故城南，东与白鸡水合，迳其县北，东南流入涅。

高砦寺河　在县西五十里。出大水峪，经良侯至高砦寺，由毛庄南入涅。以地势考之，疑即白鸡水也。

龙泉河　在县西四十里龙泉村。林茂泉清。

段村河　由园子沟经神西村东流，会马牧水，至合河嘴入漳。

南亭河　源出上村马铺头，至凤凰岭下二水合流，经南亭、曹村、魏家窑入漳。

石牛泓　在县东二十里监漳村入漳。

洪水　在县东六十里。出双峰山，从墨镫至庄里合南台水，至洪水镇合黄岩水，经北漳南入漳。

黄岩水　《水经》曰：黄岩水出辽山县西黄冈，合洪水入漳。

双泉　在县东北羊径山。山有三洞，中曰双泉洞。洞中二水分流，中位佛像。周围石壁，叩之其声如磬。

龙门水　在县东龙门山。山高水竭，苦无涌泉，惟此水从两峙间出，味清冽，远近数村皆取足焉。虎豹亦饮于此，村妇提瓮每与虎相争。

合渠　在县西一百二十里。南北二水，至此合流。

桥梁

石堤　在县城西南南城一面，漳水经流其下，而西南隅首当其冲。万历五年，邑令申九锡筑堤三十余丈，以障河水。十七年，圮。黄元会重修，加筑护堤七十余丈，最称巩固。

环水桥　在县城西门口。以水环城，故名桥。南口石堤上有河神庙。

漳河桥　在县西门外。桥坡下旧有小桥一座，一邑生魏世亨建，一邑人赵梦鲤建。康熙五十九年，邑令李援增修大桥，为一置桥租，每岁修葺。

关河桥　在县西三里。邑令李援建，因名李公桥。可通车，舆人不病涉。置有桥租，岁修。邑人德之，有碑记。

万善桥　在故城镇南。通沁州路。

万缘桥　在故城镇西南。通沁源县路。二桥俱张仁恒、程秉哲、杨克恭等募建。又植树千余株，以备修理。

永利桥　在县东二十里长乐村。雍正四年，邑令龚新仿关河桥旧制为桥四座：一马庄，一李庄，一邢村，一长乐村。

石涧桥　在县东十五里李庄、邢村间。河当放涨，道经北汕，两峰中涧水阻绝。康熙五十六年，邑令李援甃石为桥，至今赖焉。

岭头桥　在县东五十里韩壁、东田两村间，相距八里许，烟火相望，阻绝深沟。旧有土桥，岁久倾废，行人迂迳越岭，道且倍。乾隆三十六年，邑人魏伦捐赀，倡合村众重修。有记。

聚羊桥　在县东六十里上河村北。相传居人李姓育羊深山，莫知其数，此桥下临深涧，仅通一线，聚羊于此，细稽盈万，因名其人曰李万羊。其桥曰聚羊桥。康熙初，邑人程康庄合众修葺，有募缘引及碑记。

付庄桥　在县西南十里。两山夹水，甃石为桥，以通行人。

通济桥　在县西北百二十里。

姜村桥　在县西南二十里。知县吴名琅建。有碑记。

论曰：武邑左镇巨阜，右拥洪流，庶云两据其胜，惟山高川狭，无平原广亩可资富饶。而水并湍急，石梁难成，漳流入邑，九折十四度乃出境。西涅东洪皆未及十里八里许，数折数度。时及寒沍，土人率襄土垒石，加片木其上，所济往来，入春即撤，无常所。仅纪其最要者。

关隘

《易》曰："天险不可升也，地险山川丘陵也。"《周官书》夏官之职有司险，掌九州之图，以知其山林川泽之阻，而达道路。其厄塞之宜阻者，率无得通，谓之司险。武以弹丸之一隅，包络全晋中为险几何，然而僻处万山，梁园美田利无与焉。若夫重岩曲巘，宿莽荒沙，非惟人迹罕至，并鸟兽往来之仅堪容足者往往而有，则夫完要害、限出入，所以为固圉计，非守险者之责而谁责哉！志《关隘》。

赵家垴　县左侧，中距东河沟。平临县治，上有东岳庙，为邑左翼。

寺垴　县右侧，中距西河沟。平临县治，上有丈八佛寺，为邑右翼。

北岭　即北原山首，在县治后。县治固峻，岭乃益峻。为邑来山。

三原山　县治南，中距漳河，有平原三，因名。其形如幕，为邑朝山。

昴车关　县北三里。唐置，今废。漳川乡下关村为昴车关旧址，漳水经此。漳川乡又有上关村。《唐志》：北有昴车关。会昌三年，讨刘稹，河东节度使刘沔守昴车关。

关壑口　昴车关北十二里。两山环束，俯临漳水，迤逦逼仄，仅容一径，至此豁然一开。界连榆社，为北门之管。

攀龙镇　县东越胡蛮岭四十里。东至大界峡四十里，东北至锅窑岭六十五里。东由石门口入，分二径：一由石瓮庄逾山，为墓儿岭，一由南交庄逾山，为大界峡。入涧三里许二径仍合，界连黎城东北。由显王村逾山为漏岩岭，界连黎城。由洪水镇入墨镫口达锅窑岭，界连辽州。镇通两隘，路区为三，土人又名岔口。

石门隘口　由攀龙入温庄，石壁对峙如门，中通流水。正东诸山涧之总峡由南交为大界峡峡，山势绵亘数百里，忽然中分，别开奥区，辄诧神异。又名小壑头。由石瓮为墓儿岭岭，曲突奇险，盘道周环，皆以人力为，行人往往自崖而返。二径必由石门隘口，故此口为正东锁钥。

洪水镇　东七十里。旧名横水，土音讹为洪水。旧志引《唐史》，李德裕讨刘稹，干昭义军会横水戍，兵叛入太原，逐其帅。李石谓即此地也。《通志》云：横水戍莫详处所，凤翔东十里夜义河之说甚为迂远。李德裕曰："李相正以河东无兵，故发横水兵赴榆社。"则《县志》洪水镇之说亦未确核，但洪水东北距墨镫峰三十里，黄水自榆社北来，镇适据其冲，而武乡东境最延袤，自系控制胜地。

墨镫隘口　由攀龙入显王村，上升为漏岩岭，势与墓儿岭略似，纯用盘道。崇山绝险，无从觅径，界连黎城。由洪水镇经马堡入墨镫村，村前石壁千仞，隘口中分，仅通行人。转入东二十里为锅窑岭，界连辽州，度辽者非此口无径。为东北锁钥。

崇城寨　在墨镫镇。石壁万仞，半崖一径，差可陟寨岭，而草木翳之，不知其有寨也。石窦清泉，可以撤桥晏坐。

土河寨　东七十里。西南北三面阻绝深涧，东面有墙，今名土河村。太行山麓为东南屏蔽。

高岭　南二十里。由陉道岭山递高。《尔雅》："山中绝曰陉。"《元和志》："连山中断曰陉岭，故峻陉道逼仄。"界连襄垣，为正南锁钥。

姜村岭　西南二十五里。岭东为姜村，岭西为长街，沁州境郡邑。岭中分界，虽非绝险，亦属要地。

故城镇　西北五十里。汉上党郡涅县地，后赵郡治。今名故城，城堞尚存。又传为古蔡皋狼地。《通志》云：自交口北至团柏谷子洪镇，大约皆古蔡皋狼地，智伯瑶求之，将以制晋阳也。故赵襄子不许。镇城特其南原尔，故城镇西十二里至权店山愈峻，途愈险。

权店　东由五峪达故城镇，南入沁州界走马岭牛市铺，北入护甲山南关，阴辿接祁县界子洪镇团柏谷。险道二百里有奇，实为绾毂口。

南关　西一百二十里。涅原都南关里，领村二十有六，中有南关、石板沟、权店、勋欢、护甲、合渠、渠沟诸村，地皆绝险。而南关一镇，北界祁县，西达上店，山绝险，界连平遥。尤冀南牖户，潞泽咽喉。金武乡镇一南关。王世贞《适晋纪行》：午饭沁州，又数十里小憩铺舍，大雨忽作，转入深谷中，两旁皆峭壁，中通涧道，飞瀑悬崖而下，声如轰雷。计别取高岭箭括一门，十步九退，时时行绝间。磴阳壁直上，不可扪，阴壑数十百丈，约如蜀中左担山之险。抵一铺，束燎而前，凡数渡水，河流澎湃呛呟，若击数千钲。行里许，复逶迤攀高岭，其峻狭视前更倍，勉上辄前踣，下辄后踣。又里许，道差宽，而权店驿候火亦至。抵驿，将二鼓矣。明日已稍晴，乃发。两岸皆高山，绝云中为巨涧，沿涧水而北，崩峡东流，峡皆石骨。左道尽则渡而右，右道尽复渡而左，凡数十渡，气竭兴亦尽。未至南关驿，大抵无非山者，其中罅为涧，涧傍稍高为流道，道稍有羡地则为市舍，羡地稍宽而阜稍险，则为城邑，城邑之所不尽，坡陀上下则为田。宋靖康元年二月甲寅，粘罕攻太原不克，分兵过南北关权，威胜军李亘以城降。乙卯，陷隆德府。明隆庆元年，俺答大人至南关而返。

阴辿　在西一百三十里南关。镇北两峰对峙，高出云表，山半一道，裁通往来，护甲水绕其下。昔人建立南关，垒尚存，界连祁县，为西北绝隘，即金将粘没喝仰叹处。

论曰：武乡北枕鞞山，南临漳水，西接铜鞮，东拱太行。峰峦环叠，川泽潆洄，为一方之壮，形胜信有之矣。而说者谓在德不在险。汪竹岩云：善治者使民仰事俯畜，宽然有余，而复率之以孝弟忠信，即无形之形胜莫大焉。不然，虽太行孟门，奚足尚哉！司疆场者可审所尚矣。

城池　街坊、堡寨附

《管子》曰：内为城，外为郭，郭外之土开池，高则沟之。《墨子》曰：金城汤池，先王设险以备不虞。御暴卫民，莫要于此，城池之时义大矣哉！武枕鞞面漳，于金汤之义尤合。考《月令》孟冬之月，坏城郭，戒门闾，修键闭，慎管籥，凿斯筑斯，与民守之，责固在有土者，其街坊、堡寨并宜以时修葺，亦先患预防之一端云。志《城池》。

后魏太和十五年，自古涅城徙武乡于南亭川，即今治。形如箕，周约三里许。旧在鞞山麓，南低北昂，因岗筑土。景泰间，知县路斌包西外一区拓之。正德九年，知县戴魁加葺。嘉靖十二年，巡抚王献病其湫隘，檄县增拓，北连石勒寨，建县衙，南面尚无城也。嘉靖二十一年，巡道陈耀为寇患，始议筑南城，取潞泽所属民壮，搜各县无碍官银，以石为基，周三里，高丈余，辖以铁锭。亲督城下，期月告成。不数日，寇至，城中人畜赖以保全。隆庆三年，知县朱博文加高五尺。万历五年，知县申九锡筑石堤三十余丈，以障河水。八年，知县曹志学易女墙以砖。十七年，西南城圮，知县黄元会重修，加筑护堤七十丈。潞郡守刘复初精于堪舆，氏因邑城旧址东西二门，东曰宾旸，西曰寅饯，无南门。至是创开一门，题曰南薰。建城楼三间，铸铁牛镇水。东西门仍旧。三十五年，堤被水决，知县张五美复加修筑。四十年，知县刘联芳复增筑石堤百余丈。崇正三年，邑人司马魏云中北城增建敌楼一座，高三丈，周二十丈。邑人郡丞魏权中、知县魏廷望又即旧石勒寨为上城，易以砖垛，东西炮台各二所。七年，邑人少司空程启南建西门月城一座。十一年，东城门圮，邑人中丞魏光绪砖甃东半城，重建东城门，易旧额宾旸曰迎恩，自为记。去东门数十武再建一郭门，额曰耀武，东封上覆以观音阁，邑人范令魏廷望创。十二年，知县张继载以石甃西南城。邑人中丞魏光绪以石甃东南城，周围约三里许。

西门口建石梁一座，关以西一门曰巩固，又西重门一座，邑人大康令魏令望题曰表里山河。其上，邑人鸿胪魏时望建药王阁一座，匾曰崇仁。继而惑于形家言，南门塞，南薰楼毁。

国朝顺治十六年，州守摄县事，程宪重修护城堤，邑人赵天麒有记。康熙二十六年，知县高铁重开南门，复建楼于上，改题曰薰风。四十三年，知县祝兆麒重修城垣、城楼，凡三载，最称巩固。四十九年，知县李援补修西城。五十八年，南城毁，李援再修。雍正三年，东城少毁。五年，东城再毁，知县龚新重修。八年，南门圮，知县张宪龄捐修。先是，北城敌楼自康熙五十年日久已圮，邑人魏旌廉、邑生程日升、程其显、魏世家、赵晋、魏献等纠理公建，后财绌未竣。雍正八年，知县张宪龄始捐俸完成。乾隆二十五年，北城圮，知县吴名琅修。三十一年，北城尊经阁圮，知县宋惟重建。三十三年，知县沈士潮补修西城腰。三十五年，知县沈士潮补修东城腰。三十六年，西南城隅圮，知县张五典修。三十七年，并重修南城楼，题曰山川出云。

论曰：冬官崇城，六分以卫民也。县治连属重冈，土筑而土覆之，如涂涂附，无论据胜却敌，宁不为风雨是忧乎？递修递坚，著有成效已，事可鉴也夫。

街坊

中街　在县治南。

东街　在东门内。

西街　在西门内。

大东巷　在县治下之左。

大西巷　在县治下之右。

小西巷　在中街大西巷之间。

后巷　在东街之北横。

学道巷　在县治东畔巷，道通学署，因名。

西关街　在西门外。

德配天地坊

道冠古今坊　二坊俱邑令齐漳建。

天衢云路坊　以上三坊俱在学宫前。

文明坊　在县治后，邑令高铁重建。

南亭古郡坊　在县南街口，邑令高铁建。

关帝庙坊　在庙前。

城隍庙坊　在庙前。

太清关坊　在庙前。

承宣坊　邑令杨家凤题曰“父母孔迩坊”，在县南大街。邑令余一凤又题曰“古唐山邑”。

牧爱坊　在县前。

内地关防坊　在联芳坊对过，今废。

教养兼资坊　在鸣珂里北、县之东街口石坡上，知县高铁建。

义学坊　在西关城隍庙西，知县吴扬建。

桥梓联芳坊　在县街南，东向，为窦明、窦一桂父子建。

父子御史坊　在县南，为封翁魏鳌、御史魏光绪建。

梧冈起凤坊　在大街西，为进士李黼建。今废。

高掇天香坊　在县街南，西向，为举人李仁建。

步武坊　在大街东，为举人赵士元建。

褒封敕赠坊　在县东街口，为赠刑科给事中窦子文建。

六朝沐宠坊　在东门内，为魏廷望建。

父子司徒坊　在西街，为魏国模、魏之干建。

世科坊　为魏国模、魏之干、魏令望、魏名大、魏尚、魏公达五世登科建。

观光坊　为举人赵士元建。

登瀛坊　为举人赵士元建。

都谏坊　在西关外，为刑科给事窦明建。

进士坊　在墨镫，为李黼建。

兴文坊　在西关，为五经进士赵天麒建。

义官坊　在城西街，南向，为魏信建。

世跻巍科坊　在义官坊左，为举人魏上年、魏宸喜、魏宸拱、魏惇五、魏惟五、魏鸾翔建。

攀桂坊　在攀龙镇，为举人安刚建。

太史坊　在韩壁，为翰林院庶吉士史珥建。

进士坊　在攀龙镇，为安子讷建。

世掇巍科坊　在韩壁，为举人魏伦、魏大履建。

进士坊　在东堡，为史谦光建。

世掇天香坊　在西堡，为举人李深、李方白、李大受、李兢建。

进士坊　在东堡，为史传远建。

经元坊　在苏峪村，为举人李范建。

帝简千城坊　在邵渠，为武进士李皇弼建。

进士坊　在显王，为赵尔恕建。

青云直上坊　在邵渠，为举人李杲建。

玉堂伟望坊　在显王，为举人赵扩建。

攀鳞附翼坊　在中村，为举人萧汉弼建。

云外天香坊　在陌峪，为举人韩翔建。

鸿渐坊　在东村，为举人段肇基建。

鹏程坊　在神西，为举人任重建。

独步銮坡坊　在东垴，为举人李垂久建。

桂林一枝坊　在东门外，为举人窦培木建。

丝纶世美坊　在西关，为举人赵昇、赵玉台建。

恩荣桂籍坊　在段村，为举人武扬休建。

鹤鸣九皋坊　在长乐，为举人王钟俊建。

朝阳鸣凤坊　在邵渠，为举人李端建。

攀龙附凤坊　在中街，为举人赵文振建。

节孝坊　在东街，为王氏、赵氏姑媳建。

龙旨褒旌坊　在西门内西街，为扶沟丞武威制。

卓异孝行坊　在段村，为武威建。

孝子坊　在桥坡兴文坊北，为首贡生赵简建。

世孝巍峨坊　在段村，为首贡生武箓长建。

双节坊　在东村，为生员段恭侯妻程氏、康侯妻韩氏建。

义合著扬坊　在段村，为乡耆武光前建。

孝格天心坊　在段村，为奉祀生员武习路建。

纯孝格天坊　在权店，为生员李仙标建。

心坚金石坊　在学道街，为生员赵晟泰妻魏氏建。

苦节坊　在阪底，为关耀妻来氏建。

两世贞节坊　在石盘，为县丞郝芳妻任氏、媳李氏建。

义民坊　在信义，为程碧建。

论曰：国家推重制科，士君子鹊起昌明，棹楔峨峨，为足昭矣。若夫贞媛孝子，岂其惜有身后名而砥砺末俗，须借槐眉之树以存兹？则坊表落落，制科勋名，尚或垂诸竹帛，而里巷幽芳，无所附以自见，世久名湮，可胜叹哉！

堡寨

故城堡

东堡在县东五十里东田村。

西堡　在东堡西。

敦固堡　在县东七十里苏峪村。

孝节坊　在广志，为生员李攻、其妻李氏同建。

种德堡　在县东四十里上郝村。

天成寨　在县东五十里韩壁村南。

攀龙寨

洪水寨

重城寨　在县东北一百里崇城山。

墨镫砦

中村寨

南上河寨

土河砦

下河砦

广志砦

长乐砦

马牧寨

权店寨

护甲寨　在县西六十里分水岭。

南关寨

信义寨　又名双修砦。

论曰：郡志谓堡寨，即古守望遗意。乡民自为联络，猝有不虞，家人父子咸登陴捍御。无事时行保甲法，使团练一方互加做备，实御暴安民之良法。为民牧者，诚不可不究心于此也。

公署

公署所以临民，或视为养尊处优之地。土木崇闳，期以隆体制而耀观瞻，则劳民滋弊。又或视同邮舍，苟简废弛亦殊非临驭之宜也。武署地形爽垲，得居高临下之义，其规模位置不侈不陋，庶几适厥中者。昔人经始增廓之劳，具于旧册可覆按也。志《公署》。

县治旧在东门内崇仁坊街北，明洪武二年建，成化间知县许英呼盛相继修葺。嘉靖十二年，巡按御史王献徙治于北山石勒寨上。三十一年，知县赵卿移学宫于石勒寨而移县于今治。万历二十六年，知县纪云鹤增建寅宾馆。三十五年，知县张五美增修。

国朝康熙三十七年，知县祝兆麟重修大堂、大门、谯楼。乾隆二十四年，知县吴名琅重建大堂，改建宅门。三十二年，知县沈士潮改建照壁。先是，照壁外为道，南有石坡，通中街。至是，用堪舆家言，石坡拆，近移照壁，近堰改道于壁内。四十五年，知县许煌重修大门、谯楼。

县署

大堂五间，

鄭侯祠三间，在大堂东。

庫房三间，附大堂西。

东西书吏房各九间。

戒石坊一座，堂前甬道上。

东西皂隶房各一间。近坊稍南。

仪门三间，东西角门各一间。

土地祠三间，在仪门外东。

寅宾馆三间，在土地祠南，颜曰补阙堂。

禁狱，在仪门外西。

狱神祠三间，在狱墙内。

马房三间，在东角门东。

大门一座，砖台券门，上建谯楼三间。

照壁一座。

县宅

宅门，在大堂后。东西小门房各一间。宅门外。

二堂三间，东西厢房各三间。

小正房三间，在二堂西。

轩三间，在二堂东，颜曰浣石。东厢房三间。

楼五间，在浣石轩东，颜曰旷然。东西厢房各三间。

平房一间，在旷然楼西，旧为碧云阁。

正厅五间，在旷然楼南，是为内宅。东西厢房各三间。

前厅三间，在正厅南，颜曰慎独堂。南卷棚五间。

南北小轩各三间，在慎独堂西。

典史署　在县署大堂西。

捕厅三间，书役房各一间，大门一间。

客厅二间，在厅左。

正房三间，在厅后，曰慎敬堂。

内厅三间，东西厢房各三间，厨房二间。

察院在县治后街，今废。

公馆一所，在南关镇。旧为义学，知县高铁建。乾隆四十八年，知县许煌修，改西厅三间，南北房各三间，二门一间，东房五间，中一间为大门，前有照壁。

预备仓五：一在县治东北，一在县治西北，一在学宫傍，一在故城镇，一在洪水镇。

社仓三：一在城西义学东，一在故城镇，一在洪水镇，俱知县张宪龄建。

以上八仓，共廒一十四座一百二十间。

僧会司，官缺无设，署事仍住本寺。

道会司，官缺无设，署事者仍住本观。

普济堂，在县西关。雍正五年知县龚新建。

育婴堂，在县治大门东。雍正五年知县龚新建。

论曰：弹琴戴星，劳逸判矣。日坐堂皇，与吏民相见，或苦为簿书鞅掌，或称为门阶幽寂，各存其人，自为焉耳。语有之堂上远于百里，堂下远于千里。长民者将欲吏畏民怀，而情伪难防，怨咨难达。至于抚仓库而念稼穑之维艰，理监狱而虑刑罚之不中，据斯署也安得不夕惕若厉乎？

学宫

学校为储才地，庙祀先圣、先贤，典至巨也。武虽瘠邑，庙貌规制就称壮丽宏敞。今圣主褒崇至德，五代荣封，庠序钟虡，尤勤虐虑，凡为臣子安可弗思仰体耶？夫因革损益，虽各有时，修葺振兴，匪异人任，后之良有司贤绅士幸加之意哉！志《学宫》。

文庙旧在县治西南，明正德四年县丞陈溥徙建于按察司分司，即今县治也。嘉靖三十一年，知县赵卿复县治于崇仁坊街北而迁学宫于鞞山石勒寨。万历十七年，知县黄元会修。三十七年，知县张五美重修。崇正二年，知县杨家凤重修。

国朝康熙十一年，知县齐漳扩增基址，创建德侔天地道冠、古今坊及庙前照壁。二十四年，知县高铁重修。四十一年至四十六年，知县祝兆麒重修。乾隆初年，知县蔡廷瑞、藏祚巩屡加修葺。二十六年，知县吴名琅修。三十九年，知县张五典倡阖邑捐赀重建。五十五年，知县白鹤、教谕吴兄成补修。

先师殿七间。

四配：两楹祀复圣颜子、宗圣曾子、述圣子思子、亚圣孟子。

十二哲：两壁间祀闵子、冉子（耕）、冉子（雍）、宰子、端木子、冉子（求）、仲子、言子、卜子、颛孙子、有子、朱子

东庑九间。

先贤：

蘧瑗、澹台灭明、原宪、南宫适、商瞿、漆雕开、司马耕、梁鳣、冉孺、伯虔、冉季、漆雕徒父、漆雕哆、公西赤、任不齐、公良孺、公肩定、鄡单、罕父黑、荣旂、左人郢、郑国、原亢、廉洁、叔仲会、公西舆加、邽巽、陈亢、琴张、步叔乘、秦非、颜哙、颜何、县亶、乐正克、万章、周敦颐、程颢、邵雍。

先儒：

公羊高、伏胜、董仲舒、后苍、杜子春、诸葛亮、王通、范仲淹、欧阳修、杨时、罗从彦、李侗、吕祖谦、蔡沉、陈淳、魏了翁、王柏、赵复、许谦、吴澄、胡居仁、王守仁、罗钦顺。

西庑九间。

先贤：

林放、宓不齐、公冶长、公晳哀、高柴、樊须、商泽、巫马施、颜辛、曹恤、公孙龙、秦商、颜高(一名刻)、壤驷赤、石作蜀、公夏首、后处（一作石处）、奚容藏、颜祖（一名相）、句井疆、秦祖、县成、公祖句兹、燕伋（一作级）、乐欬、狄黑、孔忠、公西藏、颜之仆、施之常、申枨、左丘

明、秦冉、牧皮、公都子、公孙丑、张载、程颐。

先儒：

谷梁赤、高堂生、孔安国、毛苌、郑康成、范宁、韩愈、胡瑗、司马光、尹焞、胡安国、张栻、陆九渊、黄幹、真德秀、何基、陈瑄、金履祥、许衡、薛瑄、陈献章、蔡清、陆陇其。

御书“万世师表”匾额。

御书“生民未有”匾额。

御书“与天地参”匾额。

御制至圣先师赞碑，嵌正殿后墙前面。

御制四配赞碑，嵌正殿后墙前面。

戟门三间。

东西角门各一间。

棂星门三间。

泮池。戟门外，履以石桥。

神厨三间。

更衣所二间。棂星门内东。

神库三间。

酿酒所二间。棂星门内西。

德配天地坊。

道冠古今坊。

照壁一座。

下马牌。东西各一座。

宰牲所。在文庙西南隅墙后，新建。

空房二间。在神厨后，新建。

崇圣祠三间。正殿后。旧名启圣祠，祠启圣公。国朝雍正三年，遵旨改今名，祠五代五王。

配享：

先贤颜氏，讳无繇，字路。颜子回之父。

先贤曾氏，讳点，字子晰。曾子参之父。

先贤孔氏，讳鲤，字伯鱼，子思子伋之父。

先贤孟孙氏，激公宜。孟子轲之父。

从祀：

先儒周辅臣，字伯大，周子敦颐之父。

先儒张迪，张子载之父。

先儒程珦，字伯温，二程颢、颐之父。

先儒朱松，字乔年，朱子熹之父。

先儒蔡元定，字季通，蔡子沉之父。

名宦祠三间。崇圣祠东。

元

廉答失蛮、张纲、李唐臣、张大学。

明

高亮、许英、雍焯、高琏、李彦成、窦尚宾、刘迁、周逢吉、赵时通、黄元会、毛似筍、李茂成、贾缘。

国朝

申朝纪、李琛。

乡贤祠三间。崇圣祠西。

金

王师正。

元

阎士谦、阎瑄、武焕、暨子祺。吴纯、杨士元、任斗南、王忠、邢安国。

明

武纲、庞清、冯显宗、李仁、武显文、赵士元、窦明、魏鳌、魏云中、陈所行、魏光绪、魏令望、程嘉绩。

忠孝祠三间。在乡贤祠下侧。

明

魏信、武威。

国朝

赵简、李玫、武箓长、武光前、李仙标、武习路。

乐章

大哉孔子，圣道尊崇。维持王化，斯民是宗。典祀有常，精纯并隆。神其来格，於昭圣容。迎神。

自生民来，谁底其盛。惟师神明，度越前圣。粢帛具成，礼容斯称。黍稷非馨，维神之听。奠帛。

大哉圣师，实天生德。作乐以崇，时祀无斁。清酤维馨，嘉牲孔硕。荐修神明，庶几昭格。初献。

百王宗师，生民物轨。瞻之洋洋，神其宁止。酌彼金罍，维清且旨。登献维三，於嘻成礼。亚献、终献同。

牺象在前，殂豆在列。以享以荐，既芬既洁。礼成乐备，人和神说。祭则受福，率遵无越。撤馔。

有严学宫，四方来宗。恪恭祀事，威仪雍雍。歆兹维馨，神驭还复。明禋斯毕，咸膺百福。送神、奠瘗同。

乐曲

咸和迎神、撤馔、送神、望瘗同咸和曲。

宁和奠帛、初献。

安和亚献。

景和三献。

乐器

麾一、柷一、敔一、琴六、瑟二、籧六、笙六、凤箫二、横笛六、引节二、钟十六、磬十六、埙二、篪二、搏拊二、应鼓一、翟籥各四十八。

祭器附陈设

至圣位前爵三。

登一。中为太羹煮肉汁，不用盐酱。

铏二。两旁为和羹，以猪腰羊膂造。

簠二。一盛黍，一盛稷。

簋二。一盛稻，一盛粱。

笾八。一菱，二榛，三枣，四形盐，五韭菹，六菁菹，七芹菹，八笋菹。

豆八。一鹿脯，二芡，三栗，四藁鱼，五醓醢，六鹿醢，七兔醢，八鱼醢。《会典》载：凡祭丁品物非其土产者所以□代。

四配祭为四坛，各爵三、登一、铏二、簠一、簋一、笾六、豆六。十二哲东西二坛，各爵五、铏一、簠一、笾四、豆四。

两庑祭各十二坛，每坛爵四、簠一、簋一、笾四、豆四。

崇圣祠前祭器陈设同至圣前。

乐生三十六人。

舞生三十六人。

歌生六人。

儒学　在文庙东。康熙十一年，知县齐漳重修。

明伦堂五间。

有恒斋三间。

务本斋三间。

东西号房各八间。今废。

仪门三间。

大门三间。

天衢云路坊。在大门外偏西道口。

敬一亭一座。在明伦堂后。

尊经阁一座。在敬一亭后兴文台上。

射圃亭三间。在学宫西，今废。

文庙学宫基址，东北截至城墙，东南截至生员魏元采，南东截至生员魏元采，南西截至道，西至生员魏箱，北至城。

文昌阁。

奎星阁。在文庙坊前。两阁相倚，分南北向，下为洞门，曰龙门。

生员额数：

廪膳二十名，增广二十名，附学约三百人。岁科两试各入学十二名，岁试武生入学十二名。

教谕宅。在县治后。

正房五间。

东西厢房各三间。

正厅三间，学书门斗房各二间。

东小厅二间。

南书房二间。

西小厅三间。

厨房三间。

仪门一座。

大门三间。

照壁一座。

附学田

城南教场滩官地十亩，旧为县令养廉地，顺治初年知县罗三重拨给儒学。岁租所入，供庠中公费，余以给贫士膏火、婚丧之需。有碑记，存学宫内。又西城等地二十七亩，乡耆武变捐置，为先师八月二十七日诞辰致祭费，余充庠中公用。有碣记，存学宫内。

乡校

鞞山书院在县治东北石坡下，知县高铗建。

义学二：一在敬一亭后，知县齐漳建，今废。一在西门外，知县吴扬建。

论曰：武邑多絃诵声，而士子大抵鲜资生策，幸撷一芹，往往奔走。衣食以笔，舌佣四方，不能并心壹向以毕力于学。然数百年来，科第相望，孰非学校所养而成者乎？《诗》有之“菁菁者莪乐”，育材也。振兴培植，是师儒之责也夫，是有司之任也夫！

祠庙

伏读

大清律：凡社稷、山川、风云、雷雨等神，及境内先代圣帝、明王、忠臣、烈士载在祀典，应合致祭，神祇所在，有司依时致祭。其不当奉祀之神，非礼典所载而致祭者，罪如律。煌煌令甲，所宜遵行久矣。近又钦奉上谕，地方守土之官俱得行耕籍之礼，使知稼穑艰难，农民作苦，天时晴雨，地力肥硗，仰见圣天子敬天勤民重农务本至意。则先农坛之设，尤属至大极重，非寻常祀事可比。愿天下郡邑有功德及于一时被于一方者，冥漠感通，盛衰非一，而当其入庙而知敬竭崇报之忱，天理民彝，不容泯灭，寔与祀典相符契。至称佛称仙，不过缁流道侣，谨司香火，未尝过有崇奉，则别为纪录，不敢混也。郡志云尔，武邑略同。志《祠庙》。

先农坛。在城东二里许北原上。

社稷坛。在西关北。

风云雷雨山川坛。在漳河南。

邑厉坛。在东城外。

文庙。详《学校》。

关帝庙。在城者二：一在东门内，一在西关外；在乡者九：监漳、勋欢、韩壁、墨镫、故城、庄头、段村、魏家窑、关河。

城隍庙。在西关外。邑令张五美重修，邑人魏之幹记。

八蜡庙。在西门外。

酂侯祠。

土地祠。

狱神祠。以上三祠详《公署》。

文昌阁。有五：一在文庙南，详《学校》。一在西关外，邑人赵梦麒等公建；一在东皋村东，邑生李振基记；一在段村东门外；一在信义白马山，内藏丹桂籍。

奎星阁。有五：一在文庙前，详《学校》；一在南城楼；一在段村；一在东皋村南山；一在东村。

揆奋阁。在西关桥坡口面。南祀武成王，北祀奎星，邑绅赵天麒、三麒同建。

南山神庙。在县城东南三里南山上。宋宣和、崇宁中累封灵润公。明洪武七年，改称南山之神，有司岁祀。天启三年，藩定王暨邑人魏光绪捐金重修，有碑记。邑人魏云中在庙前建阁一座，三月二十四日圣诞香火甚盛，优人歌舞终日，名曰赛神。

海渎焦龙神庙。有四：一在县南店子渠；一在南山庙西，内有八角池，宋大观、宣和间屡封昭泽王，明洪武七年改称海渎之神；一在土河村；一在石树岭。

玉皇庙。有三：一在上郝村，一在上关，一在下城。

真武庙。在邑东南三里，邑人魏世师建。

东岳庙。有二：一在城东一里许高冈上，一在南关镇。

火神庙。在东岳庙西，邑人魏生中建。

三官庙。有四：一在县西关北，一在石门，一在阪底，一在东堡。

明灵王庙。在东门外半里。

五瘟将军庙。在东门外，邑令蔡廷瑞题曰吉祥寺。

张桓侯庙。在吉祥寺后。

府君庙。有二：一在三官庙西；一在墨镫，邑人李黼有记。

药王阁。有二：一在西关重门上，邑人魏时望建；一在段村南门外。

河神庙。在西门外石堤上。

马王庙。有二：一在显王南山麓，一在权店。

蚜蚄庙。在显王南山麓。

白龙王庙。有二：一在县南十里东贾庄，有石洞；一在土河村。

显济王庙。在阳城。

五龙庙。在麻池西坪上。

西齐王庙。有二：一在阳城村南，一在信义白马山。

太子庙。在白马山，祀晋世子申生。

齐王庙。在权店。

护国通灵侯庙。有二：一在墨镫，一在圪道村。

龙王庙。有二：一在南关镇，一在五龙山。

灵显庙。在县东坪上。

灵感庙。在监漳，俗讹为五龙庙。

孝文皇帝庙。在县西大梁村。

汤王庙。有二：一在李庄南冈，一在曹村后沟。

王太师庙。在县东辛村，祀梁王彦章。

泰山圣母庙。有二：一在县东韩壁牛山岭，一在洪水镇。

九天圣母庙。旧称太山行宫，在鞞山之西岭，邑人魏令望改建。

娲皇圣母庙。有二：一在城西北，地名杏树凹；一在洪水镇北西石坡上。

痘疹圣母庙。有二：一在娲皇庙西；一在中村西山之阳，邑生萧凝秀建。

眼光圣母庙。在九天庙西。

子孙圣母庙。有三：一在九天庙西，一在南山，一在县西娘娘沟。

咽喉祠。在县西关。

忠烈祠。在南亭川，祀太康县殉难知县魏令望。

大司马祠。在文庙坊左，祀兵部尚书魏云中。

节烈祠。在西关，祀节烈妇。

五公祠。在节烈祠右，祀邑令明刘迁、黄元会，本朝罗三重、李琛、揭延龄。

李公祠。在姜村，祀邑令李琛。

海神庙。在县东三十里石泉村东坡之阳，祀后赵石勒。

尧庙。在县西四十里神西村。

论曰：《洪范·八政》，其三曰祀，国之大事在焉。武乡俗颇淳朴，邑无淫祀，其著于典常者有司奉行维谨。而民间祷祠报赛之事亦各以义起，有其举之，莫敢废也。虽然正直依人，凉德何有？神人相际，又不徒在春秋享祀之迹也已。

《武乡县志》卷之二

贡赋 丁徭　田赋　民屯　留支　仓储　物产附

错亩定赋，计丁派役，自元及今，按籍可考。武邑土瘠民贫，加以两驿路冲，叠增供亿。迄乎明末，逃亡接踵，勉强而给赋役亦极难矣。我顺治年间屡蠲荒赋，康熙五十二年概停增徭。百余年来，生齿日庶，物产滋丰，皞皞乎休养生息，驾西汉文景而上矣。因利顺导惟良，有司是赖。至积贮为民，大仓物产，关乎土宜，以类相从，并宜在编辑之列。志《贡赋》。

丁徭

元

至元间止七百户，例罢。

元贞二年，户约千余，县治复立。

明

洪武间，四万二千三十丁。

万历二十年，三万九千九百七十丁，军匠僧道在内。

崇祯十五年，一万二千五百六十八丁。

国朝

顺治二年审编，一万二千七百一十四丁。

顺治五年审编，一万三千一百二十六丁。额编徭银并将缺额徭银加派地亩，名曰地差及派补经费，不敷银三千九百二两七厘一毫七丝三忽五微。

顺治八年二月，内具题奉旨蠲免伤亡人丁九百六十二丁，应免徭银三百二十四两二钱。

顺治十四年九月，内题奉旨蠲免逃故人丁五千二百九十九丁，应免徭银一千二百一十五两，实存人丁六千八百六十五丁，该征徭银二千三百六十三两七厘一毫七丝三忽五微。

顺治十四年，清出绅衿优免供丁七百六十五丁、徭银二百二十九两四钱、地差银三十二两六钱六分五厘五毫。

康熙元年审编，实行差人丁八千九百七十二丁，该均徭银一千九百八十一两三分六厘一毫八丝七忽五微。增办买本色颜料银一十八两五钱六分三厘八毫一丝二忽五微。地差银四百四两三钱七分九毫八丝六忽。

康熙六年审编，增出丁银一百三两八钱。

康熙十一年审编，增出丁银一百三十二两六钱。

康熙十六年审编，增出丁银三十九两八钱。

康熙二十一年审编，增出丁银五十七两六钱。

康熙二十六年审编，增出丁银二十四两二钱。

康熙三十一年审编，增出丁银一两二钱。

康熙三十六年审编，增出丁银一两四钱。

康熙四十一年审编，增出丁银一两二钱。

康熙四十六年审编，增出丁银四钱。

康熙五十一年审编，增出丁银一两。实行差人丁一万一千四百四十四丁，合顺治十四年清出绅衿优免共丁七百六十五丁，共人丁一万二千二百九丁。一内。

下上则二丁，每丁征银六钱，共征银一两二钱。

下中则七百四十八丁，每丁征银四钱，共征银二百九十九两二钱。

下下则一万一千四百五十九丁，每丁征银二钱，共征银一千二百九十一两八钱。

该征均徭并办买本色颜料加增银二千三百六十二两八钱，合顺治十四年增徭银二百二十九两四钱，共银二千五百九十二两二钱。

地差银四百四两三钱七分九毫八丝六忽，合顺治十四年增地差银三十二两六钱六分五厘五毫，共银四百三十七两三分六厘四毫八丝六忽。

以上徭银、本色颜料银、地差银三项，共征银三千二十九两二钱三分六厘四毫八丝六忽。

康熙五十二年，奉旨以康熙五十一年审编入丁额数为率，嗣后滋生人口永不加赋。

乾隆二十三年，奉文丁徭归入地粮，征收银一千二百九十六两一钱，随丁办纳银一千二百九十六两一钱。

乾隆三十七年，奉文停止审编，嗣后以乾隆三十二年分审编实行丁徭奉为常额。

右除乾隆二十三年归入地粮银一千二百九十六两一钱，该实征银一千七百三十三两一钱三分六厘四毫八丝六忽。

论曰：王者升中，祈报郊坛，陈版籍焉。故国中四鄙之夫家小司徒稽之，夫家之众乡大夫登之，而遂大夫稽其众，司民书于版，诏司寇献于王，重国本也。武在至元间户止七百，元真二年户约千余，明初丁以四万二千计，迄于末造，几且四减其三，何登耗之数大相悬绝若是？善御马者不穷马力，善御民者不穷民力，生息保聚，是在惓念国本者。

田赋

明

原额上中下地五千七顷五十亩三分九厘。

景泰间，因水冲沙压，报过失额地一千六百四十七顷六十三亩。

万历九年，清丈实堪耕种者四千六十六顷八亩，申报不允，务足原额，遂将山岗、道路、河滩、荒野强搜入籍，以足前额五千七顷五十亩三分九厘之数。

国朝

顺治十四年二、九两月内，山西巡抚白题奉旨于五千七顷五十亩三分九厘中蠲免续荒河塌沙压共地二千三百三十五顷一十三亩八分四厘七毫，实在熟地二千六百七十二顷三十六亩五分四厘三毫。

上平地八十七顷四十五亩七分七厘九毫，每亩征粮七升九合六勺二抄，共粮六百九十六石三斗三升八合九勺二抄三撮九圭八粒。每石折银七钱七分七厘五毫九丝四忽四微三纤三沙五尘七渺七埃，该银五百四十一两四钱六分九厘二毫七丝。地亩九厘，每亩征银四厘一毫七丝八忽八微二沙五尘三渺六埃，该银三十六两五钱四分六厘八毫八丝二忽四微六纤四沙五尘。二顷共银五百七十八两一分六厘一毫五丝三忽四微六纤四沙五尘。

中坡地八百二十七顷六十五亩六分七厘三毫，每亩征粮五升三合八勺二抄，共粮四千四百五十四石四斗四升八合四勺五抄二撮二圭二粒。每石折银同上地，该银三千四百六十三两七钱五分四厘二毫六丝。地亩九厘，每亩征银同上地，该银三百四十五两八钱六分一厘四毫四忽二微二纤六沙一尘四渺六埃七漠。二项共银三千八百九两六钱一分五厘六毫六丝四忽二微二纤六沙一尘四渺六埃七漠。

下瘠地一千七百五十七顷二十五亩九厘一毫，每亩征粮二升七合七勺一抄二撮五圭一粒，共粮四千八百六十九石七斗八升三合七勺八抄五撮三圭五粒。每石折银同上中地，该银三千七百八十六两七钱一分七厘八毫二丝四忽五微三纤四沙七尘一渺五埃。地亩九厘，每亩征银同上中地，该银七百三十四两三钱二分四厘五丝六忽二微七纤四沙六尘三渺八埃三漠。二项共银四千五百二十一两三分八厘二毫八丝八微九沙三尘五渺三埃三漠。

又有加增丝绢银一十八两八钱五分。

共征折色银八千九百二十七两五钱二分九丝八忽五微。

顺治十五年至康熙六年，开垦民田下地一十二顷三十亩五分七厘，共征银三十一两五钱一分七厘一毫六丝一忽三微二纤九尘三渺八埃。

康熙十六年，开垦民田共七百五十三顷七十三亩一分七厘，由知县齐漳虚报，当时有州县官能查报垦田百顷以上者，不论俸满即升之，例故也。上平地一十三顷五十六亩三分，中坡地一百四十八顷六十四亩八分二厘，下瘠地五百九十一亩五厘。共征银二千二百九十五两七钱八厘六毫七丝四忽八微一纤五沙一渺七埃六漠。

雍正六年至八年，开垦民田共一百六顷六十七亩六分一厘五毫，中坡地十顷七十六亩六分三厘，下瘠地九十五顷九十亩九分八厘五毫。共征银二百九十六两三钱一分一厘九毫九丝七忽二微九纤一沙九尘七渺六埃九漠。

乾隆二十三年，奉文丁归地粮银七千二百九十六两一钱。

以上民田成熟开垦共地三千五百四十五顷七亩八分九厘八毫，共折征银一万一千五百五十一两五钱七厘九毫三丝一忽九微二纤七沙九尘三渺二埃五漠，合摊入丁徭银一千二百九十六两一钱，该实征银一万二千八百四十七两一钱五分七厘九毫三丝一忽九微二纤七沙九尘三渺二埃五漠。

附：官租粮数，编入崇仁里另一甲内。

先农坛粮三钱一分三厘。

南坛粮五分八厘。

书院粮一钱七分七厘。

义学粮一两一钱九分一厘。

洪水社仓粮二钱六分六厘。

故城镇营房粮三分五厘。

周家坡营房粮六分一厘。

墩台粮三分四厘。

漏泽园粮四钱八分三厘。以上九项县署起纳。

洪水义仓粮四两三钱三分三厘。

故城义仓粮五两五钱九分。二项仓房起纳。

更夫粮一十二两八钱七分。工房起纳。

李公桥粮一两七钱二分三厘。

赵世桥粮一钱四分八厘。

赵孝子南桥粮六钱八分七厘。

南桥粮一钱九分。以上四项在城乡约起一两五分九厘，河南乡约起一两六钱八分九厘。

南桥新收粮九钱一分。河南乡约起纳。

民屯

明

屯田瘠地五百八十五顷四分二厘。

国朝

顺治十四年，山西巡抚白题奉旨于五百八十五顷四分二厘内蠲免河塌屯地二百四十五顷七十亩一分七厘六毫四丝。

实在熟屯地三百三十九顷三十亩二分四厘三毫六丝。

每亩一半征本色米一升□合七勺四抄一撮二圭，一半征折色银五厘八毫七丝六微。

应征本色米三百九十八石三斗七升九合一勺三抄六撮四圭，除改入临汾县征收米三百三十七石四斗五升六合九勺三抄五撮三圭三粒二粟外，实征本色米六十石九斗二升二合二勺一撮六粒八粟。每米一石，改征黑豆一石五十，实征黑豆九十一石三斗八升三合三勺一撮六圭二粟。

应征折色米如本色之数，每米一石折征银五钱，共银一百九十九两一钱八分九厘五毫六丝八忽二微。于本色米内改征折色，如临汾县改征本色之数，征银一百六十八两七钱二分八厘四毫六丝七忽六微六纤六沙，共米七百三十五石八斗三升六合七抄一撮七圭三粒二粟，折征银三百六十七两九钱一分八厘三丝五忽八微六纤六沙。

康熙三年，开垦屯田四十二亩。

共征银二钱四分五厘七毫一丝三忽六微四纤。

本色米四斗九升三合一勺三抄四圭，照前改征黑豆七斗三升九合六勺九抄五撮六圭。

康熙十六年，开垦屯田瘠地四十顷八十七亩七分，共征银二十三两九钱九分七厘九丝三忽二微二纤一沙五尘，本色米四十七石九斗九升四合一勺八抄六撮四圭四粒三粟。知县齐漳报。

军屯

乾隆二十八年，沁州千户所改归屯田地四十顷一十三亩六分七厘四毫。

每亩征本色粮二升九合九勺二圭六粒。

共征米一百二十石一升，随征丁徭银二十八两四分三厘。

以上民军屯田共地四百二十顷七十二亩九分四厘三毫六丝，共折征银四百二十两二钱三厘八毫四丝二忽七微二纤七沙五尘。本色米一百六十八石四合一勺八抄六撮四圭四粒三粟，折色黑豆九十二石一斗二升二合九勺九抄七撮二圭二粟。

右民田民军屯田共地三千九百六十五顷八十一亩五分一厘五毫六丝，共折征银一万三千二百六十七两三钱六分一厘七毫七丝四忽六微五纤五沙四尘三渺二埃五漠。本色米一百六十八石四合一勺八抄六撮四圭四粒三［粟］，折色黑豆九十二石一斗二升二合九勺九抄七撮二圭二粟。

总共丁徭地粮银一万五千四钱九分八厘二毫六丝六微五纤五沙四尘三渺二埃五漠，本色米一百六十八石四合一勺八抄六撮四圭四粒三粟，折色黑豆九十二石一斗二升二合九勺九抄七撮二圭二粟。

乾隆三年，奉文将匠价银四十四两一钱摊入地粮征收，永不加耗在外。

杂征

酒课银六两二钱。

商税正项银四十二两六钱七分一厘，遇闰加增银三两五钱五分五厘。盈余银三两四钱八分。以下七款无定额，今照乾隆五十四年奉报数目。

房田税契银一十七两二钱九分八厘。盈余银一十八两二钱五分二厘。

畜税银四十三两五钱三分。盈余银一十七两二钱四分。

牙税银一十五两四钱。

当税银二百三十五两。

起运　按：《赋役全书》载起运解部之目，地亩均徭外，有羊价、药味、纸价，有柴夫、木柴，有旧留项款，节年裁扣，并裁官经费，有奉裁驿丞俸工。此外又有造解绸绢银、铺垫银、颜料折色木色银、驿站裁咸银，大率八千有奇，而额编兵饷、驿站实支及官役俸工三款皆存留之项。自乾隆五十一年奉文定例，正杂钱粮尽数解交藩库，一切经费皆赴司领支，于是但有起运而无存留。而起运之目归于简明，非复向日之错互。今衹照现年运目开载，旧额不录。

地丁银七千一百二两九钱九分一厘。

屯折银三百九十二两一钱六分一厘。

改归军屯银二十八两四分三厘。

兵饷银四千四百七十两八钱一分四厘。

驿站地丁银三千二十六两二钱五分二厘，遇闰加增银二百三十五两四钱一分六厘。

造解潞绸并脚价银一十六两五钱一分。

造绢银七两八钱三分八厘。

商税正项银四十二两六钱七分一厘，遇闰加增银三两五钱五分五厘。

酒课银六两二钱。

以上共银一万五千九十三两四钱七分。遇闰加增在外。

正余杂税银三百五十两二钱。无定额，此系乾隆五十四年奉报之数。

留支　旧系有留之项，今在司库领支。

文庙春秋丁祭银四十两。

启圣、名宦、乡贤三祠祭祀银一十一两一钱八分。

风云雷雨山川等坛庙祭祀银二十四两。

海渎龙王岳神祠祭祀银九两。

关帝庙祭祀银十五两七钱八分。

五月十三日祭祀银五两五分。

雩坛祭祀银三两。

邑厉坛祭祀银一十二两。

朔望行香银五两六钱。

迎春神半银五钱。

乡饮酒礼银五两。

知县俸银四十五两。

门子二名，工食银一十二两。

皂隶一十六名，工食银九十六两，内扣拨仵作工食银九两。

快手八名，工食银四十八两。

民壮十名，工食银七十二两。

伞扇夫三名，工食钱一十八两。

库子四名，工食银二十四两。

斗级四名，工食银二十四两。

轿夫四名，工食银二十四两。

捕役六名，工食银三十六两。

禁卒八名，工食银四十八两。典史俸银三十一两五钱二分。

捕门子一名，工食银六两。

捕皂四名，工食钱二十四两。

捕马夫一名，工食银六两。教谕俸银四十两。

斋夫三名，工食银一十八两。

门斗三名，工食银一十八两。廪生二十名，饩粮银六十四两。

膳夫二名，工食银一十三两三钱三分三厘。

铺司兵三十七名，工食银二百二十二两。

更夫五名，工食银三十两。

孤贫六名，冬衣布花银五两六钱六分四厘。

起送赴考贡生盘费银六两。以上实支。

举人会试盘费银一十一两。

孤贫空缺银九钱四分四厘。二款存留应解。

以上共银一千七十四两五钱七分一厘。

论曰：耕菑者流力田以供租税，有司督课有程，殿最随之，急则浚民生而缓，或干吏议，抚字心劳，催科政拙，昔人固知其难矣。武乡大半山田，居民佃治，其中岁计所入，仅给八口，而急于公赋输纳如期，不借追呼鞭朴之烦，盖风气之淳，由国家深仁厚泽休养者久也。然而习俗或由俭而渐奢，人情亦由厚而趋薄，坊民之志、阜民之财是在善抚字者。

仓储

常平仓

原定额谷一万三千石，于乾隆二十六年十月内奉文赴司领银买增额谷一千石，每年出陈易新，至五十四年积息谷二千四十七石八斗七升三合五勺，本息共谷一万六千四十七石八斗七升三合五勺。

义仓

原劝捐谷三千三百二十六石，历年积息谷六百九十石九斗，至乾隆五十四年本息共谷四千一十六石九斗。

社仓

原额无考，照依奏销陈案，至乾隆五十四年本息共积贮谷二千三百四十一石五斗六升一合四勺。

右三项通共谷二万二千四百六石三斗三升四合九勺，分贮本城及西乡故城镇、东乡洪水镇。

贮谷廒口

本城廒口一十座，共四十六间。

故城镇廒口八座，共三十七间。

洪水镇廒口十座，共三十七间。

右三仓通共贮谷二万二千四百六石三斗三升四合九勺。

论曰：服田力穑，乃亦有秋岁之常也。惟水旱不时，天地不能常施其美利，而民人不能自谋其死生。未雨绸缪，莫如仓谷，此则君相造命之功，直济天人理数之穷者也。余三余一之风既不可追，则备荒莫大于积贮，所以慎管钥，防燥湿，谨出纳，为民牧者宜何如加意欤？

盐法附

食徐沟土盐，额设引六百一十四道，春夏每季销引一百五十四道，秋冬每季销引一百五十三道。按季缴额征税银二百五十二两五钱二分二厘，夏冬两季解旧系运商承办，乾隆三十四年更土商，三十九年定议以十里催头公办土商事一年代。

运商改为土商，其销引办课之规本无差别。运商承办之时，盐系商运商卖。卖盐之肆，城乡各有定所，非其所亡敢私鬻。及更换土商，人皆得随便运卖，商第给引征课，不问其所之。肆无常所，而负贩者亦时时有之，此则规程为小异耳。换商之议，起于里人梁生魁士倡之，于是先为武公里，继为武南亭，皆取十里公办之义。然攀龙、韩壁二里现不帮办，土商之法恐不能久，不知将来复作如何章程，乃为妥协也。

物产附

谷类

谷、青、黄、赤、白，种类不一。宿麦、春麦、草麦（即大麦）、莞豆、扁豆、稔子、黍（有黄、黑二种）、稷、粱秫、荞麦、黑豆、小豆、白豆、绿豆、姜豆、红豆、花豆、青豆、麻子。

木类

柳、槐、桑、榆、松、柏、椿、椵、楸、杨、蔡、樗。

花类

牡丹、芍药、大葵、小葵、秋菊、玉簪、金盏、水红、石竹、牵牛、凤仙、山丹、鞋僧菊、月季、水葱、六月菊、蝴蝶、萱草、玫瑰、鸡冠、黄刺梅、秋海棠、莴苣莲。

果类

桃、杏、李、柰、枣、梨、核桃、樱桃、榛、小果、苹果、郁李、棠梨、花红、葡萄、雁过红。

草类

芦苇、荻、苜蓿、荑稗、地椒、艾、菖蒲、香雯。

蔬类

葱、蒜、菲、芥、莙莲、莴苣、蔓菁、白菜、芫荽、菠菜、芹、茼蒿、红萝卜、眉豆角、白萝卜、蕨菜、山莪、羊肚菜、山药、茄、地龙松、葫芦。

瓜类

西瓜、北瓜、南瓜、菜瓜、王瓜、甜瓜、丝瓜、倭瓜、金瓜。

药类

甘草、苍术、桔梗、茅香、百合、车前子、茵陈、黄芩、柴胡、升麻、知母、马兜铃、猪苓、草乌、紫苏、牵牛、木通、款冬花、薄荷、贯众、地榆、秦艽、连翘、威灵仙、茜根、芍药、百部、瞿麦、远志、旋覆花、葛根、黎芦、苍耳、桑椹子、藁本、防风、漏芦、荆芥、槐实、山楂子、郁李仁、鼠粘子、夏枯草、地丁草、益母草、大小蓟、蒲公英、白头翁、干菊花、地骨皮、王不留行。

羽类

鸡、鸭、鹌鹑、憨鸡、胡燕、蝙蝠、鸦、鹊、石鸡、鹞子、燕、红鹤、水鸭、雀、鹳、鸱鸮、秃鹙、鹊鹧、雉鸡、啄木鸟。

虫类

蚕、蜂、蝎、蚊、蚁、蛇、蛾、蜗牛、蝇、蝉、蝎虎、蜥蜴、蚰蜒、蜘蛛、蟋蟀、蝴蝶、螳螂、蚯蚓、鼠负、蜻蜓、鹤鹑。

毛类

马、牛、骡、驴、猪、羊、犬、猫、鼠、狼、狐、獐、兔、猴、麃、田鼠。

鳞介之类

小鱼、鳖、蛙、蝌蚪子。

货类

丝、蜜、蜡、油、石灰、煤、炭、麻、铁、靛、酒（酿黍为之，极清洌）。

论曰：物产非止验土地之瘠肥、货财之丰杀，凡诸供应，胥于是出。武乡山无宝藏，水无鳞鲜，荒冈石土，举目萧条，则其生植之罕、土脉之硗可概见矣。瘠土之民多啬，驭斯土者宜何如其宽恤也。

兵防

省志曰：山西古称雄镇，凡召募、训练、屯守、饷运，较他省尤要，为全晋言之也。武以一隅厕其中，直弹丸黑子耳。而邑西邮权店营北接太原，南通上党，万山交束，最号严险，实为冀南之牖户、潞泽之咽喉。武备有不可不讲者。若夫武事得失，历代不一，例得附纪，亦守土者所宜周知也。志《兵防》。

兵额

明

万历以前无专官。天启间，南关而下，交口而上，多大盗渠魁，孙宪侵夺客旅，胔骼不绝于路。邑人程启南为请于朝，以一守备治，次舍防兵三百，盗以屏息，是为权店营之始。

国朝

原设防守一员。

康熙二年改设经制把总，属汾州营参将统辖。原额马步战守兵丁一百五十名。康熙初年历次裁汰兵五十二名。

今实在马战兵五名，步兵二十五名，守兵六十八名，共九十八名。

分汛设防各县属十处：

武乡城，外委把总一员，系汾州营发防兵十名。

后庄岭，兵三名。

南关镇，兵三名。

分水岭，兵三名。

良侯店，兵三名。

勋欢镇，兵三名。

周家坡，兵三名。

故城镇，兵三名。

沁源县，外委把总一员，系汾州营发兵十名。

沁源之王陶村，兵三名。

以上分泛十，共设步战守兵四十四名，本营留兵五十四名。

军饷

经制把总一员。每月俸薪银三两，一岁共俸薪银三十六两。

马战兵五名。每名每月饷银二两，一岁共饷银一百二十两。

步战兵二十五名。每名每月饷银一两五钱，一岁共饷银四百五十两。

守兵六十八名。每名每月饷银一两，一岁共饷银八百一十六两。

马步战守兵共九十八名。每名月支饷米三斗，一岁共饷米三百五十二石八斗。

把总自备马二匹、营马五匹。春冬二季：每马一匹每月料豆九斗、草六十束，折银七厘；夏秋二季：每马一匹每月干银九钱。一岁共马干银三十七两八钱，草二千五百二十束，折银一十七两六钱四分。黑豆三十七石八斗。

以上弁兵俸饷、马匹草料共银一千四百七十七两四钱四分，共米三百五十二石八斗，共黑豆三十七石八斗。

衙署

权店营

明天启前无专官，故无署。自设弁兵，乃即权店寨为衙署，在镇西畔高阜处。

国朝因之，历任接受，节次修理，无大增廓，而规模粗备。

大堂三间。

大门三间。

后西厅三间。

南北房各二间。

内书房三间。

南书房三间。

正库房三间。屯刀枪盔甲。

火药库房三间。在大门外，乾隆二年奉文新设。

县城驻防署在县治东北隅。

正房三间。

东房三间。

西房三间。

大门一座。

分汛墩台

县城西关口。烟墩五。

周家坡汛。望楼一，烟墩五。

故城汛。望楼一，烟墩五。

勋欢汛。望楼一，烟墩五。

良侯汛。望楼一，烟墩五。

权店汛。望楼一，烟墩五。

南关汛。望楼一，烟墩五。

后庄岭汛。望楼一，烟墩五。

演武厅在县治南。

论曰：权店营，自祁入武，由坦而隘；自武出沁，由隘而坦。中亘百余里，率皆崇岗峻岭，曲涧盘谷，势极崎岖。途则冲要控厄塞者，主必据，客必争固已。即生逢太平，越人于货往往有之。所以然者，升陵伏莽，出没其间甚易，一出坦平，则兔脱无踪，故有明之季，遂至侵夺客旅，胔骼遍野。自邑司空力请设营，盗以屏息，是则守土者固当为民防患，而士君子幸致大位，绸缪桑梓，亦当有思深虑远，得为而为者已。

武事

汉

更始败，讹言随赤眉在北，行大将军事鲍永遣弟升及子婿张舒等谋使营尉李匡先反涅城，开门内兵，杀其县长冯晏，立故谒者祝回为涅长。

魏

普泰元年七月壬寅，齐献武王率众入滏口，大都督厍狄干入井陉，讨尔朱兆。庚戌，诏高隆之为北道行台，率步骑十万趋太行会军。献武王次于武乡，兆大掠晋阳，北走秀容，并州平。

按：普泰元年即梁中大通三年。齐献武王，高欢也，时为大丞相。

唐

会昌三年，刘稹令都将康良佺守武乡，河东节度使刘沔壁榆社守昂车关。诏沔自将取关，以临贼境。后兵马使王逢击败良佺，良佺弃石会关，屯鼓腰岭。石会关复降于稹。及稹势蹙，潞枭将白惟信自武乡杀良佺，降昭义节度使卢钧。

梁

氏叔琮自太行入取泽潞，出石会营于洞涡。久之，粮尽乃旋。

梁兵围太原，大疫。氏叔琮班师令曰："病不能行者焚之。"病者俱皆言无恙，乃以精卒为殿而还。至石会留数骑，以大将旗帜立于高岗，晋兵疑其有伏，乃不敢追。

宋

靖康元年，金将粘没喝攻太原，悉破诸县，独城中以张孝纯固守不下，遂分兵而南。既逾南北关，仰而叹焉，曰："关险如此而使我过之，南朝可谓无人。"遂至隆德军，城中素无备，二日而陷，守臣张确死之。

夏六月，李纲督兵救太原，遣范琼屯南北关，解潜屯于威胜军，并战于南关。

金

元光二年，升沁州义胜军节度，置兵要路，武乡镇一南关。

元

都元帅杜丰取沁州，由是铜鞮、武乡、襄垣、绵山、沁源诸县皆下。

明

嘉靖二十一年七月初三日，俺答大举直抵城下，男女驱戕甚众。

隆庆元年九月，寇大入，至南关而返。是岁，石州陷。

崇祯五年十月冬，流贼拥至城下，发红夷炮四位击之，贼多毙。

五年九月，巡抚朱统殷潜令贺人龙由介休、灵石进平阳，艾万年入黄芦岭，李卑入文峪口，分道决斗。宣大总督张宗衡怒三将从鼎臣，檄之还，三将莫知适从，贼遂转入磨盘山。山方广六百里，贼紫金梁等以众十余万踞其中，瞰秦豫兵尽聚泽潞东南，乃乘虚突犯东北，从沁州武乡以陷辽州。时旧帅尤世禄病，宗衡强起之，使率人龙辈赴援。六年正月，复其城。四月，紫金梁、老回回自榆社走武乡，过天星走高泽山，总兵曹文诏皆击破之。

国朝

顺治六年，姜瓖叛，土贼多应之，掠民赀殆罄，旋即歼灭。

论曰：山右古称用武地，武虽弹丸，而南北关实为冲要，历代戎马之迹，其见于史册者可指数如此。今承平无事百有数十年，欧阳子所谓"民生不见外事，而安于畎亩衣食以养生送死"，诚哉是言。生斯世者，讵非幸欤？备录武事，非徒为地方纪也，援古证今，足以征国家威灵之远，休养生息之久，且深为吾民庆，为守土者庆焉。

置邮

驿传之设，皆由路当孔道，以宣德意，以供文书，每怀靡及昔人所为，有诜诜之感也。武虽弹丸，而有权、南两站，北接子洪，数隔大河，南连沁阳，即为郡治，中亘百四十余里，喘息呼吸之难，较他邑尤甚焉。宰斯土者，曷其奈何弗敬？志《置邮》。

铺舍

总铺。在县治前。

段村铺。离城十里。

马牧铺离。城二十里。

周家坡铺。离城三十五里。

故城铺。离城五十五里。

权店铺。离城七十五里。

勋欢铺。离城八十五里。

护甲铺。离城一百里。

南关铺。离城一百二十里。

以上八铺西北通平遥、太原。

姜村铺　离城二十里，一名聂村铺。

西南通沁州、平阳。

共铺舍十处，俱隶西乡，设铺司兵三十七名，岁支工食银二百二十二两。县以东不通大路，凡有公移往来，乡夫传递，无铺司之设。

夫马

权店驿原设马三十二匹，马夫十六名。康熙四十九年，协济河曲县李家沟马五匹。雍正五年，奉文裁马七匹。八年，协济五寨县三岔口马六匹，又协济马邑县马三匹，太平县马一匹。今在厂实额马十四匹，马夫五名，岁支工料银三百八十两八钱八分，遇闰加增。马日支银九分八毫，夫日支银三分。

南关驿向系辽州供应，榆社县协济。乾隆二十一年，奉文并归武乡。在厂马十匹，马夫五名，岁支工料银同权店驿。

权店驿原设递运夫九十七名。雍正三年，奉文裁夫三十七名。十年，又奉文裁夫二十五名。今在驿实存夫三十五名。岁支工食银三百七十九两八分四厘，每人日支银三分零。

驿署

小察院在驿北门内，前堂三间，皂隶房各二间，退省厅三间，吏房、厨房各二间，二门一间，并两角门大门一间。今废，止存基一亩。

大察院在驿南门内西街，今废，存基五亩。

递运所在驿街东，今废，改作马厂。

驿署在驿南门内西街，前因姜瓖之乱迁于故城镇。顺治二十年，沁州史目杨如楫署权店驿驿丞始移。故城之驿署重建于权店原署基上，旧有马王庙、牛王庙。今驿署堂西空地即马王庙基，贮积马草处即牛王庙基也。前驿丞崔泰合牛王、马王庙而建为一，驿丞郑忠又建戏楼一。康熙二十六年，知县高铁增建正房四间，耳房一间。驿丞黄元燮又增造书皂房、耳房焉。

乾隆二十三年，例定山西省南至凤台县星轺驿，北至祁县盘陀镇，山路崎岖，遇有日行六百里公文，准以四百里折算。铺司公文例日行一百二十里，以百里折算。

论曰：国家之有驿地，原以备缓急之需，每见平时悉委诸吏胥，虽不当用者亦漫为策遣，一旦有事，非额数缺少，即羸乏不堪，往往稽延公务，至为官累。因官之累而设法求济，势必并累乎民，则所为提防而申饬之，可勿讲欤？

风俗

运会之升降端视民风，故大史陈诗以观王制綦重。武邑俗称俭朴，有古陶唐氏遗意，然噩噩者流为靡靡，积习浸漓，亦势所固。然《书》云“乃逸乃谚，既诞”，曰昔之人无闻知，安保不时或一有乎？思其渐而预防之，是所望于司教化者。志《风俗》。

上党，赵之分，其俗悲歌慷慨而尚气节。《通志》。

勤俭朴实，专力耕农，不事商贾。《一统志》。

邑居万山中，其地硗瘠，气候迟暖而早寒。《州志》。

地瘠民贫，士醇气朴，不事商贾，地宜谷麦。《旧志》。

四民

士

父兄教先子弟率谨习时书者，多世其家，颇学问，知义理。近日风气渐开，都人士家弦户诵，以博雅为宗，一时蒸蒸向上，科目较夥于昔。抗粮唆讼诸恶习，自昔迄今，无敢有或涉者。

农

地隘土瘠，山高气寒，是故七月陨霜，农人往往清明前后种麦豆，五、六月种黍荞等。丰岁上腴亩仅一斛，斗米二百钱，其常也。中人日仅再食；岁不登，则糠榆木屑悉以充腹。遇旱魃，长幼成群，咸戴柳枝，幡幢笙鼓，迎龙神，置坛场拜祷，得雨方止。秋，趋各村乡醵钱，祀里社五谷之神，行报赛礼。亦有行于三、四月者，谓之春祈。纳稼后两税全输，从无逋赋。

工

木金陶土各匠色，亦有时以其职效能于人，然钝拙者多不善作奇技淫巧，即间作亦无所用之。特营耒耜制厦屋日用器具，粗足供应而已。终岁所获匠赀亦最廉，往往口众，家常苦不给。

商

土瘠民贫，逐末者少，人安朴鲁。无田者率以佣作食力，无人敢涉江湖、操奇赢游都市。邑本环山，舟车不通，无百货可以懋迁。其当行、酒行、大丧铺行胥太谷、平遥邻邑人为之，本籍挑贩不过砍柴卖炭、抱布贸丝而已。

六礼

冠

古礼久废，士大夫家亦概从简略。惟男子婚娶前一日，父醮，其子始加冠；女子于归前一日，始加笄，犹得古人遗意。

婚

初议婚婿家，求亲友为媒，往来通言，不用三姑六婆。订婚日，各将婿妇所生年月日时支干书诸绛帛，家贫用纸。设席宴媒，令其往来相易，先男后女，谓之取四柱，盖亦古问名之意也。庶民或送钱数千，或首饰一二，事士夫则否。

纳币，巨室贯不逾百金，贫民仅用钱数千。至期，婿家主婚者亲诣女氏，具柬拜送女氏主婚者，拜受是日，冰人姻戚毕会，女氏设席礼宾，尽欢而罢。

娶之日，婿出门迎入，并立行礼，谓之拜天地。次行交拜礼，然后入寝室，行合卺礼。次晨拜祖先祠，拜舅姑，亲迎奠雁诸礼，行者甚罕。近年士夫家间行之，观者如堵，竞相仿效，稍稍有复古意。

丧

送死多厚于奉生，颇合慎终之义。含殓窆赙，旌志举翣，遵古礼者六七。

殓之日，族长幼毕集，孝子孝妇成服后讣闻戚友，戚友皆致奠。

发引日，戚属白衣冠送葬，柩所经过处设祭路舍之下。至于崇释老信堪舆停柩待吉，向亦有之，今渐稀矣。

祭

士夫家建立家祠，四时分至致祭，元旦、端午、中秋、重九各荐时食。逢忌辰、诞辰，皆特祭。清明则墓祭，仪节皆遵文公家礼。庶民每值时节或祀于寝，或祀于墓，岁时不废。

燕会

乡党序齿，惟远宾别序，俗从俭约，不为非时之举。

庆吊

嘉则有庆，行馈仪。凶则有吊，行赙仪。各随厚薄相助，贫家借以集事。

时节

春

正月元旦五鼓，男妇各盛服祀神祭先，肃拜尊长，亲友交贺庆新，具酒招饮，旬日乃止。又爆竹谓辟恶鬼，爇丹药谓辟瘟，炽石炭谓迎旺气。

立春，远近皆趋城市，竞观土牛，以牛首红白等色占水旱等灾。又以抱芒帜蹦占寒燠晴雨。啖春饼生菜。

初五日，扫各舍尘土，仿送穷意。子时置通衢，名曰送五穷。

初八日，祭星，煮粟作饼，灯九盏、茶九杯奠之。

初十日，俗云鼠娶妇，用谷面作蒸食，名曰十子团，夜则置诸壁缝上穴以饷之。又以谷面为盏形，凡十二盏，以按十二月，闰月年作十三盏，以次列置笼内，候蒸热时视第几盏内有水，则为第几月有雨，无则主旱，多则主涝。

元宵，张挂纸灯，无华丽奇巧之制，地瘠故也。十三日夜起至十六日夜止，放烟火花爆，以木梢搭九曲黄河，上簪油灯三百六十盏，童子笙歌游玩，夜分始归。或架秋千为戏，各庙赛神。十六日，男女趋游城头闾巷，谓之游百病。

二十日曰小天仓，杂黍谷蒸作团，或炙油糕，祭仓箱井臼之神。二十五日，大天仓，祭亦如之。

二月二日，俗云龙抬头，以灰围宅舍，贴画葫芦于屋壁，辟百虫。煮油糕乾菜根食之，谓之熏蚰蜒。

三月三日，士人取柳枝遍插墙壁间，谓之驱毒蝎。

清明前一日及本日，男妇祭先祖茔，添土挂纸。士大夫各行宗会礼。

夏

四月初八日为浴佛节。

五月五日为天中节，又名端午。包角黍相馈遗，采艾佩戴，饮雄黄酒，悬艾虎于门首，小儿带五色线，系百索，以雄黄涂耳鼻孔，谓之辟恶。弟子拜礼师长，同侪具酒肴，携往郭外会食欢饮，俗呼踏柳。

六月六日为牛羊节，凡有牛羊者必以美食犒其牧人。伏日，汲水贮瓮作曲酱。

秋

七月七夕，少女陈瓜果祭天孙织女，名乞巧。

十五日为中元节，设麻谷瓜果于堂中祭先人，荐时食。亦有携香楮祭墓者，于禾间遍插纸旗。又俗传地官赦罪之辰，间亦作盂兰会。是月也农家乏食，割半熟谷炒新米以济之。

八月十五夜为中秋节，制月饼、瓜果祭月。毕，设筵赏月，以月之明暗卜来岁元宵之晴雪，有验。

九月九日为重阳节，制菊糕，侑以花果淆醑馈遗亲戚，拜礼师长，士人登高饮宴，簪菊酩酊，犹古遗俗。

冬

十月一日，以香楮羹饭祭先人，剪纸作冥衣，焚化墓前，名曰送寒衣。十五日为下元节，俗传水官解厄之辰，多持斋诵经者。

十一月冬至，用香楮祭墓，拜父兄师长。

十二月一日，炒麦豆，清晨食之，名曰咬炒。

初五日，以干蔓菁及诸豆合煮，名曰五豆。

初八日，以红枣黍米作粥，名曰腊八粥。

二十四日，洒扫舍宇，前一日夜饭后设饧糖香烛祀灶神，俗曰灶爷上天。

武俗娶亲，正、七、二、八以至六、臈皆论利月，惟自十二月二十四日及除日，阴阳家以为百神登天，时无禁忌，名曰赶乱岁。故一切嫁娶，凡早有妨碍者，至此皆不论利月，亦不另择吉日云。

除日，贴春联门神，换桃符，择粗大木炭竖于门侧，不拘仪物厚薄，互相馈送。夜则爆竹辟邪，或小集守岁。

载在《会典》者不具录。

高中含曰：风草之喻，孔孟皆言之，则移风易俗似乎在上而不在下。然而礼从宜，使从俗，其意又时时见于他书，斯何故欤？圣人若曰吾第率之以大道，则小者姑勿深论，即猎较之微意也。武土瘠民贫，俭不中礼，诚所不免，奢则从未之闻，斯固有足录者。然飞语含沙，挟私睚眦，二三狡猾渐亦生心其间，不特宰斯土者急任转移，而一二荐绅士大夫亦当思所以维持而补救之欤？

汪竹岩曰：余始至沁，颇安其简，直谓与疏拙之性相宜。如家世诗书习知礼法者，虽谨厚朴略，而行事实有古风。至若山村僻壤，教化所不沾，往往陋俗相沿，罔识彝典，予深为世道忧之，既再三严禁，以革其习矣。犹恐一时畏阻，鲜克有终，爰列数条，著之简编，期与吾民永杜焉。

一、禁母博儿妻。母孀改醮，子幼未婚，其继夫有女，遂凭媒说合，纳为子妇，财帛两不施焉，谓之母博儿妻。夫既为俪偶则女即其女，子即其子也。村愚不谙大义，贪于简便，而不知名不正则言不顺，是驱而纳诸渎乱矣。如有此等，父母并坐。

一、禁改嫁返葬。古者妇无再醮之义，故伊川先生云“饿死事极小，失节事极大”。然有家户零落孑身，茕茕不得已而再醮三醮者，亦末俗无可如何之事，但既经改适，则恩义绝矣。及其既殁，乃欲返榇归葬，甚至构讼无已，令死者有知，何面目复见前夫乎？嗣后若仍踵故习，宜各重惩其子。

一、禁孕亡刳剔。王政以仁泽民，惟罪大恶极之人偶漏于法，乃戮其尸。俗有孕妇不幸中天，而其家惑于重丧之说，虽情实痛戚，亦必剖腹去胎，使死者再受割裂之苦，生者忍视屠剥之形，彼独何罪罹此冤酷耶？憯恶异常，深可恨惋，如有犯者，以故杀论。

右汪竹岩所禁，沁武略同。乃更有兄收弟妻一条，其弟妻或利其兄赀产之厚，其兄或利其弟妻素善持家，辄相匹耦。蔑礼伤教，莫此为甚。解之者曰：弟烝兄嫂则不可，若兄收弟妻则以上兼下，宜若无罪焉。斯言出而效尤者日众，骎骎乎不可救止矣。诚同汪氏三条，并申厉禁，庶其有豸乎？

灾祥

《管子》云：天时不祥则有水旱，地道不宜则有饥馑，人事不顺则有祸乱灾祥。《春秋》未尝一及庆端，而日食、星殒、雨雪、雨冰、雨雹、风雷、虫蝗、水旱、兵火，谆谆备载，诚以令人喜不若令人惧。《易》曰：震虩虩恐致福祥。桑生复死，荧惑返舍，蝗蝻不入境，盖有自来。志《灾祥》。

晋

永嘉六年，草木异状。石勒所居北原山下草木皆有铁骑形，家园中人参花叶茂盛，有状如人。吴圣功曰：按《晋书·载记》，以此为勒少时符瑞，则当在惠帝时，但未明言其年月。州县旧志及《山西通志》皆载在是年，然勒时已贵为汉将，破晋立功筑垒葛陂矣。与晋《载记》不合，姑从之。

咸和七年，大雨雹。后赵石勒建平三年也。时雹起介山，大如鸡子，平地三尺，洿下丈余，行人禽兽死者万数。历太原、乐平、武乡等郡千余里，树木摧折，禾稼荡然。吴圣功曰：旧志、《通志》俱作咸和三年，今即《晋书》载记前后事考之，当在是年。

后魏

神瑞元年，雨雹。大如鸡子。晋义熙十年也。见旧志。

承明元年八月，大雨雹。平地尺许，草木禾稼皆尽。宋元徽四年也。见

《魏书·灵征志》。

熙平元年二月，赤乌见。按《魏书·灵征志》载是年是月，赤乌见肆州秀容谷，不言其见沁也。然旧志载此，不敢妄削。

武定七年夏，地震。梁太清三年也。见《魏书·灵征志》。

唐

开元十八年，月见五彩。刺史奏月抱瑞彩，扬光五色。见《通志》。

宋

建隆三年七月，雨雹。

元丰六年，禾二本间五垄合穗。

建中靖国元年十一月，地震，弥旬昼夜不止，坏城壁屋宇，人畜多死。时有司方言祥瑞，抑而不奏。

右二条并见《宋史·五行志》。

元

大德七年八月，地震。时太原、平阳、汾、潞皆震，连三四载屡震。

至正十九年，大蝗，民饥。蝗食禾稼，草木尽，所至蔽日，碍人马不能行，填坑堑皆满。饥民捕蝗以为食，或曝干而积之。又罄则人相食。是时，大都、山东、河东、河南五十余州县皆蝗。

右二条并见《元史·五行志》。

明

成化八年，大旱，民饥。

嘉靖十三年，大饥。人相食。

二十一年七月朔，日食既。午时昼晦星见，咫尺不见人物。初二日，寇抵城下。男妇杀伤、被虏者甚众，掠牛羊财畜以数万计。沁州、沁源同时被兵，大肆屠戮，守臣题奏，发金赈焉。

二十四年正月，双环套日。

三十四年五月，大风雨拔木。十二月，地震。有声如雷，延接千里，至次年正月中方静。朝廷遣户部侍郎邹守愚来祭境内山川之神。

三十五年冬，讹传刷选室女。民间一时婚嫁殆尽。

三十六年二月，天鼓鸣，天开。

十六日夜二更，天鼓鸣，天开数丈余，逾时乃合。

四十一年，饥。贼牛大等蜂起寇掠，知县率兵剿捕被却，越翌日始释还。

四十二年九月，地震。人民有压死者。

隆庆元年，寇掠城。至南关，与沁源同被兵，是岁石州陷。

万历十年，大疫。俗名大头风，有一家全殁者。

十一年，山崩。李庄北石山夜崩数十丈。

十五年，大旱。自春不雨，至七月民多饥死，弃婴儿于原野。

二十四年四月，彗星见。自西北起，光芒烛天，至七月始灭。

二十九年，大旱。自正月至七月不雨，无麦，民大饥。

三十五年三月，流星如斗。二十九日夜，有星大如斗，自东北流西南，照耀远近如炬。

三十七年，大旱。自四月至次年五月不雨，民大饥。是年四月初十日，省城鼓楼瓦兽吐烟，占主大旱，已而通省皆旱。守臣奏请得旨，发内帑银五万，临清、通州仓米四万，遣使赈济。

三十九年，大疫。逐户传染，俗呼为黍谷等症，死者甚众。

四十二年九月，地震。十三日戌时，从西北向东南，响声如雷，太原、平阳、沁、泽等地皆震，武乡为甚，城垛几倾，人有压死者。十月十二日戌时又震，二十四日丑时又震。

四十三年四月，蝗。从东南来，飞蔽天日，禾稼大损。八月，彗星见。其形如帚。白气冲天。东南白气一道，粗如瓮，长二丈，直上冲天，一月方息。

四十五年二月，地动。二十五日卯时动，越数日又动。

天启六年六月，地动。初六日戌时动，十七日丑时又动，二十五日亥时又动。

七年五月，雨雹。大如鸡子。

崇祯四年正月，日赤如血。二十七日。三月，雨土石。初四日晚，天忽暗，雨土泥石。十月，流贼掠县西鄙。十二月，二十四日。流贼焚县西关。

五年十二月，流贼来掠。直抵城下，杀伤居民，抢掳妇女无数。权店掺守张一龙、勇士猛克济力战而死，生员赵克宽骂贼被害，其子廷举杀贼报仇，以殉父难。

六年正月大疫。老幼死者无数。

十年闰四月，大雨雹。大者如象，次如牛，稼禾尽伤。巡抚吴甡疏奏请勘。

十一年二月，天鼓鸣。二十三日清明节，天鼓昼鸣如炮声。是年，先旱后风，民饥，人相食。邑人巡抚魏光绪东西立厂施粥，又立慈幼局收养路旁弃儿，存活者数千人。

十三年，大饥。斗米千钱以上，树皮草根剥掘既尽，人相食。

十七年正月，大风蔽日。初八日、二十七日。二月，大风雨土。初八日，大风复作，昼晦雨土，行人衣尽沾泥。三月，大风。初八日。本年春凡大风者四。正月，流寇入晋境。二月，破太原。三月，破大同。羽檄纵横，伪官遍设，变不虚生，信夫！四月，陨霜，豆苗冻死。八月，天鼓鸣。从西北起，彻东南。

国朝

顺治二年五月，大雨雹。连三日，冰雹大如鹅卵，越户牖捶人，击死牛羊无数，伤麦七百顷，高岸崩坼，化为巨浸，人民哭声震天，流亡载道。知县李芳莎申请蠲账。

三年，大疫。朝病夕死，有一家数口死绝者，数月不止，阖县人民避居深山，城市虚无人焉。

四年七月，蝗。飞蔽天日，禾稼尽啮，民食草根树根几尽，死者无数。

六年，兵燹。是岁逆镇姜瓖叛，据大同、汾、潞、泽、辽等郡邑，小丑乘时蜂起为帅，胡国鼎啸聚潞安，祸连沁属。十月初八日，大兵剿戮，山原寨谷荡然。

七年六月，雨雹蝗。雹形如刀，禾稼大损，稍存者蝗又食之。斗米银三钱。

八年五月，蝗。初五日，白蛾群起，生细虫无数，食豌扁豆荚。

十一年，大旱。四月至七月不雨，斗米银五钱，民大饥。

十二年大饥。斗米钱一千二百文，民流亡殆尽。

十七年，天鼓鸣，声如雷，起西北至东南。

康熙五年九月，天鼓鸣。初九日，声如雷。十一月，大雨。初七日，大雨竟日，漳河泛溢，城内街衢几可行舟。

七年十二月，日生珥。初四日，微阴，日见三珥，历卯辰二时。

十三年九月，彗星见西南。至十一月乃灭。

十六年，雨雹。四月至六月，凡六次。

十七年九月，大雨雪。禾稼俱冻死。

十八年九月，地震，大水。魏家窑、监漳等村田原尽被淹没。

十九年十月，长星见西南。长二三丈，东北指天汉，月余始灭。

二十二年十月，地震。初五日未时，房屋倒毁，居民有压死者。初六、七、八日不时地动。

二十三年秋，霖雨。凡七十余日。

二十九年秋，蚜蚄害稼。始为白蛾，后为黑虫，食禾叶殆尽。

三十年三月，大雪。十四日。五月，陨雪。十一日夜。

三十一年正月朔，日食，大风，五更起，初昏始息，尘埃蔽天，元旦拜祭，不能成礼。黄土蔽天。二十一日卯时，无风，黄土蔽天，从空至地，映照窗牖，屋壁如金。至辰时大风微雨，黄土始散。

三十四年四月，地震。初六日戌时，声如雷，房屋有震倒者。

三十五年夏，霖雨。历五、六月，至七月初旬始霁。未及白露降霜，秋禾一粒未收。

三十六年春，有苦雪。秋，复降霜。人民逃散，饿死几半。次年，斗米银三钱。

四十一年二月，空中响如雷霆（初四日）。

四十四年八月，陨霜。初五日，寒风，夜陨霜，荞麦尽死，谷粟皆秕。

四十七年冬，不雨。自九月二十一日，至次年正月二十五日乃雨，麦苗死者过半。

四十九年六月，大雨雹。形如鸡卵，夏麦尽伤。长百余里，宽二十余里。

五十三年，大旱。自正月至四月不雨，麦苗枯槁，收不及三分。五、六月雨，民始播种。秋复旱，岁歉。

五十九年七月，旱。八月，禾冻死。十九日，大风竟夜，寒甚，露凝成冰，禾粟尽秕，岁歉。

六十年，大旱。自正月至七月始雨，夏一粒未收，秋止蔓菁而已。斗米银四钱。

六十一年三、四、五月，大风。禾稼尽无。十一月，大星晨陨。初五日辰巳之交，有星自东南流陨西北，大如斗，光烈于炬，声如雷，其响迅而长，屋宇震动，人畜皆惊。

雍正元年，大旱，民饥。自康熙五十九年以来，州及两县连遭荒歉，至是春夏又旱，官吏匿不报请。独武乡知县揭延龄具文申报，各宪又被驳查，赖圣主留心民瘼，清问周知，特沛恩纶，发帑赈给，武乡独邀旷典，幸圣德感格天心。六月，大雨沾足，得获有秋，民以全活。

四年五月，大风，雨雹。初九日申初至未末，狂风不止，冰雹涌下，长十里余，宽二十里，树木尽拔。北社、下郝等村尤甚，有一大树刮二十里始落。

六年夏，疫。疫气自南而北，传染无遗，人各病三五日而复，间有毙者。

八年八月，陨霜雷雨雹。二十一日大风，二十二日陨霜，荞菽尽死，谷茎尚活。忽于二十六日迅雷雨雹，自午至夜，遍及四乡，轻重不等。二十七、八、九日，无分昼夜，雷雹时作，方所不一，农民惶惧，竞刈谷苗，止得半熟，每谷一斗碾米三四升。其不及刈者反得成熟。是岁，霜侵未甚，因惧雹速刈而遂成其灾也。

九年八月，陨霜。较八年为甚，谷稼岁歉。

十年夏，大旱。自正月至五月不雨，闰五月初二始雨。先于三月初旬微雪，麦苗多被毒死，其秀而实者仅得一分。

乾隆二十四年，大旱。麦苗尽槁，收不过二三分。秋复起虫，岁大饥。

三十五年，红光见。七月二十二日，自戌至子，照耀经天，观者无不惊怖。

三十九年，大风。自西北来，中有黑气，尘土蔽天，路上人马至为所埋。时二月初二日。

四十三年七月，陨霜。秋禾尽死，所收者皆秕糠而已。

五十三年十一月，地震。数千里余皆同。

五十四年十月，地震。

论曰：历代《五行志》灾异备载，《通省志》及各府县志尤加详，非第以纪天时。遇灾而惧，时加修省，则转祸为福。武虽小，亦上应天变，守土者苟寓目知儆则不必禳灾，而灾不为害，所关匪浅也。

古迹

外志氏曰：迹，古矣，所见异词，所闻异词，所传闻又异词，至人湮代远，昔之所欣，或化为禾黍丘墟矣。然一城一垒，贤侯宿将之所经营之；某山某水，前贤童时之所钓游或晚年卜筑之，所逍遥而杖履也。古人虽往，胜迹难湮，不纪其地表其人，漠然鸿爪视之，不几遗吊古者之憾欤？志《古迹》。

皋狼城　在县西五十里。两汉《地理志》载有皋狼县，皆隶河西郡，乃塞外地，与蔡皋狼无涉。且智伯瑶求此欲以北制晋阳，故赵襄子不与，于彼时情势尤切。其云皋狼城者，涅县本皋狼故地，故亦曰皋狼城，非两城也。

阏与聚　郭朴《志》涅有阏与聚，而《沁州志》乌苏村即古阏与。《武安志》亦载有阏与聚，《和顺志》梁榆故城即赵奢破秦兵于阏与地，引卢谌《艰征赋》。访梁榆之虚，郭吊阏与之旧，平然屡稽。各志佥云阏与在涅，谨仍其旧。

垣县　旧《唐志》有汉垣县，或先名垣，后改涅，或析置。今无考。

涅城　在县西五十里。汉上党郡县地，今名故城镇，城堞尚存。

沮城　旧《唐志》汉垣县，后魏曰沮城，后改乡县。

南垣故州　隋《地理志》上党郡乡县注。又有后魏南垣州，寻改丰州，后周废。按魏县隶郡，郡隶州，想即乡建为州，必领有各郡及郡各县，今俱无考。

甲水城　在县西五十里。本后周阳城县，隋开皇十八年改名甲水县，今废为甲水村。水北为武，南为沁。

龙泉故城　县西涌泉里，今文庙尚存。

武乡县故城　《通志》：榆社漳河源出县西北六十里武乡故县界黄花岑。《水经注》：武乡水出武乡山西，南经武乡县故城西，而南合青谷、仪川等水，至今县西五里合涅。按武乡山即黄花岑，武乡水即漳水。武乡县故城今在榆社县北三十里社城镇，晋析涅置武乡县，治所应即其处。

乡郡故治　按：后赵置武乡郡，后废。魏延和二年复置，去“武”为乡郡，治乡县。太和十五年，自故武乡城徙治于南亭川，即今治。

石赵故城　一名石勒寨，在县城北原山上。晋永嘉末，勒屯兵于此。左侧东河沟为石勒故居。勒生时赤光满室，白气自天属于中庭，山下草木皆有铁骑象。知县岳徵珽有记。

沤麻池　县南二十里，有谷，内有小溪，名麻池。晋石勒与李阳尝岁争此地，迭相殴击。及贵，召阳至，相与酣谑，引阳臂笑曰：“昔日厌卿老拳，卿亦饱孤毒手。”赐甲第一区，拜参军都尉。

高欢避暑亭　在崇城寨东。《通鉴》魏大丞相高欢击尔朱兆于武乡，尝憩此。

张氏隧道石　北魏燕国公王文谟之母。明崇祯中于东原得之。

灵应池　在店子渠海渎龙王庙。

东井　在县东门外，水从沙涌，邑数千家用之不竭。余邑侯尝云："武乡一水，可值万金。"

柳塘池　在县东五十里土河村。水色清白，虫蛙不生。

八座石　在东郊明灵庙前，传有八仙坐石观涛得名。乾隆三十年间为水所没。

珍珠泉　县东北一里。其水喷出如珠，邑人陈所行有诗。

立石　在县东监漳村石牛泓上，高三十丈，独立参天。邑人魏光绪驾云梯书"仰止"二大字于巅。

龙囤　在县东九十里。洞内往往流出五谷杂穗，土人相传为龙神扫囤。《通志》作龙崖。

玉华洞　在县东南交村，中多钟乳石，奇怪可玩。邑人魏光绪曾亲至其中，命以今名，有《玉华洞》《三石荀》赋。

西泉　在县西关。其水从石罅涌出，甘美异常。浙人游者品其水，味在惠泉上。

孝子里　在西关桥坡，以孝子赵廷举得名。里中有井，即廷举殉父难处也。其孙生员赵简建亭于上，颜曰孝子井。

百子亭　在子孙圣母庙东。知县高铁建，邑人赵三麒题。亭前有池，养朱鱼于中，冬夏不涸。亭后有泉，涓涓不绝。

紫石屏　在县西关外西渠口。邑人魏之幹刻"水绕山环"四大字于上。

观音井　在县南山观音堂内，邑人祷雨立应。

八角池　在县南山神庙前，其形八角，岁遇旱魃，邑人取池中水祷之立应。

千佛塔　在段村东门外净业庵左侧，高十三级，远可望数百里。康熙四十九年，洪润师建，知县李援有碑记。

倒植槐　在净业庵内。蟠结如盖，每当浓荫苍翠时，扶疏满院，可憩百余人，虽盛夏，处之顿生寒凉。

龙爪槐　在县南山神庙。劲节苍枝，盘旋屈曲，状如龙爪，故名。有赋并诗。

天桥松　在县东五十里东田村崇法寺。横柯结为口，投以小石，中者辄喜，故名天桥。邑人赵三麒有诗。

鞞山耸翠　县城建于其上，诸峰环拱，众流奔赴，有协于形家诸言。邑人魏光绪有诗。

漳水回澜　在县西三里余。秋水时至，百川灌河，奔涛若山，令人惊怖。邑人魏云中、赵天麒有诗。

东沼风荷　即城东莲花池。入夏盛开，红英满目，香风扑面，观者如云。知县张五美、邑人魏煦有诗。

南山锦浪　在县东南三里。山形如扆，每至秋霜被林，红紫斑驳，烂然可观。邑人魏令望有诗。

龙洞灵湫　在县东南六十里。洞中滴水下流，汇而为溪，每遇岁旱，虔祷辄应。邑人魏之干、杜来凤有诗。

崇城岩险　在县东一百里。危桥渡空，绝壁凌汉，嵌岩邃谷，为昔人避兵要地。邑人李惟一有诗。

南亭烟雨　有原田林木之美、廛闬村落之盛，方春烟雨，尤觉可观。邑人魏以宁有诗。

故城都会　县西五十里。平远葱菁，蔚然一都会也。邑人陈曰可有诗。

皋狼牧雨　县西五十里。平原牧雨，雨际烟蓑，有足观者。邑人程启南有诗。

北漳夜月　县东三十里北漳。有道院，院内双桧凌霄，每当秋夜，澄澈前川，山光月色争映，悠然胜致。邑人魏鳌、赵天麒有诗。

论曰：百里作吏，往迹所留，胥关兴废，即泉林片石亦足以资旧闻考轶事。每当治事之暇，披览舆图所纪，稽溯源流。亦或因公适野，道途所经，偶有见闻，辄笔为记，以供凭吊者之一助云。

冢墓

古之葬者，不封不树，后世乃有冢墓之设。然北邙松柏，累累相望，曾无过而问者，亦焉能为有亡哉！维其人事业文章炳一时而昭后世，斯其姓字尝在耳目前，而过其墓如见其人，九原可作，吾谁与归？乃足以发思古之幽情焉，士君子固当图其不邙者。志冢墓。

晋

赵王石勒墓　在县东北二十里赵王村石泉，有祠。

唐

昭武校尉上柱国姜绪墓　在县西故城东砦底。乾隆年间墓毁，得其志，知某官某名，移上原掩葬。志云：大唐故昭武校尉、上柱国、天水郡广平侯姜君墓志。君讳绪，字保本，天水郡人。祖驶，梁仕，岚州刺史。宽猛缺神，威恩饬性。赞六条干熊轼，宣七德于龙轮。父政，授苏州司马，夙列英藩，旋疑疾展。惟公策苦转规谋如泉涌，旋军返，卒立绩，封班便，授公上柱国，以彰忠烈。岂谓风条易动，逝水难停。春秋六十有一，遘疾，终于私第。

风雷将军焦氏墓　在县南店子渠。

武乡令李布公墓　中和五年卒于官，兵阻不得归，葬权厝县之东门外北原。岁久终平，人无知者。国朝康熙五十年，墓毁棺露，邑绅士睹其志铭，乃迁葬干榆岭，立碑以识之云。

延州司马李师行墓　在县东五十里砖壁村村南，观音堂内现寄存墓志石一块。

金

骑都尉男王师正墓　在县东十七里新村。

元

兴元路总管阎士谦墓　在县西五十里故城镇。

神童杨德修墓　在县东六十里韩灯村。

明

御史庞清墓　在县西龙泉镇。

广东道御史武纲墓　在县西十里段村。

吏部右侍郎任原墓　在县东三十里北漳村。今石羊、石柱尚存。

兵科给事中冯显宗墓　在县南一里许。

监察御史翰林院修撰武显文墓　在段村。

户部江西司主事魏之幹墓　在县南一里。

赠湖广巡抚都察院右副都御史魏鳌墓　在县南一里。翰林院侍讲学士屯留暴谦贞撰墓碑。

安化县知县窦豪墓　在县西北一里。

扶沟县丞武威墓　在段村。

宣大山西总督兵部尚书魏云中墓　在县东六十里襄垣县南坪，今迁本县城西十里余阳城村。

苏州府知府陈所行墓　在段村。

湖广巡抚都察院右副都御史魏光绪墓　鳌之长子，附葬茔次。

汉阳府通判武廷弼墓　在段村。

富平县知县赵民瞻墓　在城外一里赵家堖。

米脂县知县武钺墓　在段村。

太康县知县魏令望墓　在县南一里。

双忠墓　在县南一里白家窑。流寇薄城，防守张一龙、百总猛克济奋力截杀，众寡不敌，俱没于阵，土人敛钱瘗此。

国朝

前工部左侍郎程启南墓　在县西南岭，去信义三里。

江宁县知县杜来凤墓　在城外漳河南，济道脚三里。

宁州同知窦希偁墓　在城北山一里。

封同州知州赵廷抃墓　在西郊一里。

前癸未科五经进士赵天麒墓　廷抃次子，附葬茔次。

翰林院庶吉士史珥墓　在县东五十里韩壁村东。

吏部郎中杜李墓　在县南一里，后迁段村。

署阶州知州伏羌县知县陈舜裔墓　在石门村东北岭。

明威将军富平营守备段武侯墓　在段村。

奉新县知县史谦光墓　在东田村牛山沿。

赠兴安州知州史能谦墓　在东田村牛山沿。

博兴县知县安子讷墓　在县东四十里攀龙镇。

泽州府教授赵尔恕墓　在显王西原。

貤封文林郎魏子琦墓　在县东五十里内顷村西瑙。

同官县知县任重墓　在神西尧山下。

翰林院待诏魏宸喜墓　在县南一里。

论曰：《周礼》墓大夫掌邦之墓兆域而为之图。刍牧者绳之，掘发者刑之。又以荆榛封护，使毋与平原埒，盖其德有余馨，故遗丘断陇，百世后犹堪起敬也。武邑因山为墓，比户皆然，余甚慕之。然不能尽书，书其有贤行及有官爵者，以俟后人凭吊焉。

封爵

古来书券之赐、茅土之封，所系綦重。武虽僻陋，然遐稽近考，赐号乡亭，或实食郡邑，详书阀阅，庶几辉映简编。今依邑旧志并省郡各志所采录，统按年代以次叙列，其生于斯地而列爵他郡县者亦汇著焉。志《封爵》。

汉

武乡侯刘庆　高密顷王子。成帝建始二年正月封子劲嗣爵。

武乡侯刘劲庆之子　嗣父爵，后免国除。见《汉书》，载旧《县志》。

后汉

武乡侯严幹　建安中以讨郭援功封。见《省志》。按：《地理志》，汉武乡乃青州琅琊郡县，至晋始析涅置武乡。

魏

武乡亭侯傅嘏　高贵乡公。初繇关内侯晋封邑六百户。

晋

武乡亭侯傅畅　北地泥阳人，祗少子。元康元年，以祗讨杨骏功封。

附：

武乡公慕容友　河东王永弟。见《省志》。

以上三侯所封地应属琅琊，与武邑无涉，姑从前志所载。俟考。

后魏

燕国公王文谟　道武时人，官上柱国、东道行军总营、善州刺史，封燕国公。

长广县公宇文显和　永熙三年，以定入关功改封。详《人物》。

乡郡王元法威　见《州志》。

后周

阳城县公梁彦光　乌氏人。建德六年，以平齐功封。时阳城县隶乡郡，今县废，属武。

东平郡公宇文神举　显和子。初袭父爵，后以功进清河郡公，建德末改封东平。详《人物》。

阳城县公梁文让　彦光少子。宣帝即位，以父爵转封。

汝南郡公宇文神庆　神举弟。大象末封。

武乡郡公崔宏度　博陵人，诜子。大象二年，以破尉迟迥改封。考隋亦有崔宏度，说子，开皇初以佐命功封武乡郡公，同爵同名，不同时代，不同所出。见《省志》。恐未必有此两人，州志入后周，今从之。

武乡郡公刘志　世宗初，由华阴县男晋封邑通前一千户。

明

武乡王朱恬焞　沈简王长子，由武乡王晋王封沈。天顺元年死，谥曰康。

论曰：王侯，国史所记也。县志，特一邑事耳，而书之何欤？志者，因地纪实，据文考献者也。贞媛端士一节尚录之，况大者乎？当日尔公尔侯不知信如何其，而月异岁新，名留简策，或其人灵爽实式凭之，山城亦借以生色已。

职官

天下司牧之官，与民最亲者莫如令，问疾苦，勤抚字，端表率，其责顾不重，与丞簿、幕尉、职司、佐理、鳣堂讲席，道在明伦，其责均也。我武建邑以来，自北魏逮元，名籍可考者寥寥数人耳。有明，按籍略备。我朝百余年来，尤彰彰在耳目间，概登于编，非徒示博也。姓氏所留，口碑长在，既用彰往，兼以垂后云尔。志《职官》。

北魏

韦崇，太和中乡郡太守。见《名宦》。

杜崇，世宗时乡郡太守。

皇甫璋，安定人。肃宗时乡郡相。

宗显，永安中任乡郡太守。

西魏

辛畅，雄之父。狄道人。乡郡太守。

唐

李宁，乡县令。

闾丘珦，贞元十六年，由孝廉登第，任武乡令。太和七年，终于官。葬县东二里。旧志作“贞观十六年”，误。

唐汉宾，见《名宦》。

李布公，河南人。中和年任武乡县令。

金

李辅金，天会年知武乡县事。

元

廉答失蛮，详《名宦》。

张纲，详《名宦》。

李唐臣，详《名宦》。

张大举，详《名宦》。

右自设乡郡以后，沿革不同，官制亦异，谨依年代序其可考者，而原官注于姓名之下，共得十有四人。

明

知县

曾鲁夫，洪武初任。重修学宫。

王思礼

杨林

吴友文

张伯皋

时雍

杨均，府谷人。

路斌，见《名宦》。

高亮，见《名宦》。

高升，阜城人。

檀宰，平山人。

许英，宁阳人，岁贡。成化间任。详《名宦》。

杨本，威县人，举人。

高琏，详《名宦》。

呼盛，济阳人，举人。

党寅，耀州人，岁贡。

杨斐，禹城人，举人。

戴魁，大城人，举人。正德九年任。加葺城垣。

李崇德，武邑人，岁贡。

张继升，隆庆州人，举人。

陈琰，临清州人，举人。

王彤，狄道人，举人。

向瑗，洵阳人，岁贡。

白纲，清涧人，岁贡。

郭守忠，辽东卫人，岁贡。

刘迁，详《名宦》。

张谦，锦衣卫人，举人。

辛从惠，阶州人，岁贡。

陈经，滑县人，岁贡。

赵卿，兴平人，举人。

金鳌，锦衣卫人，举人。

邢润，定州人，举人。嘉靖三十五年任。

韩如山，晋州人，举人。嘉靖三十八年任。

孙淮，详《名宦》。

陈文同，武功左卫人，举人。嘉靖四十三年任。

赵仕，肤施人，举人。嘉靖四十五年任。

朱博文，新城人，岁贡。隆庆元年任。

崔士伟，详《名宦》。

曹志学，神州人，举人。万历五年任。葺城女墙。

张汝修，南郑人，举人。万历八年任。

张弦，详《名宦》。

赵思敏，详《名宦》。

黄元会，详《名宦》。

纪云鹤，详《名宦》。

王汝登，宁海人，举人。万历二十九年任。

张柱石，绥德州人，举人。万历三十一年任。

张五美，详《名宦》。

田济民，详《名宦》。

王鼎臣，详《名宦》。

刘联芳，详《名宦》。

孙鸣珩，莱阳人，岁贡。万历四十三年任。

万一豸，详《名宦》。

王充长，详《名宦》。

杨家凤，详《名宦》。

郜李芳，濮州人，选贡。崇祯三年任。

张祖良，魏县人，举人。崇祯六年任。

程世能，临清人，岁贡。崇祯七年任。

申九锡，详《名宦》。

张继载，镇原人，岁贡。崇正十二年任。

余一凤，详《名宦》。

县丞

刘辅，洪武初任。督修县衙。

朱文新

张顺德，州志作“刘愿德”。

乐高，州志作“药高”。

彭升

刘贞

李仲良

隆瓘，南安人，监生。

刘钊

萧仪，金州卫人，监生。

张春，沂州人，监生。

江涛，枣强人，监生。

贺达，真定人，岁贡。

王江，东昌府人，岁贡。

邱明，新河人，吏员。

宗鲁，曹州人，岁贡。

李永年，唐县人，监生。

陈翔，遂宁人，监生。

梁璋，隆庆州人，监生。

卢蕃，西和人，监生。

蒋世荣，伏羌人，监生。

宫居乾，安丘人，监生。

张禄，武安人，吏员。

陈溥，见《名宦》。

秦大时，三原人，监生。

周逢吉，见《名宦》。

骆邦宁，清丰人，监生。

孙奉禄，朝邑人，吏员。

刘登仕，富平人，吏员。

周文盛，广宗人，吏员。俞志“监生”。

王世强，恩县人，吏员。

赵应采，溧阳人，知印。

刘桥，邠州人，岁贡。嘉靖年任。

吕鹤翔，临淄人，监生。隆庆元年任。

李梦峰，岐山人，监生。隆庆三年任。

李聘，柏乡人，岁贡。隆庆五年任。

曹锡爵，万历四年任。

杨希贤，宜川人，岁贡。万历五年任。直己守法，催科便民。去日士民扳留，如失父母。

郭东启，静宁州人，贡生。万历八年任。

黄采，益都人，岁贡。万历十二年任。

王宏道，河南人，岁贡。万历十四年任。

郭思尧，费县人，恩贡。万历十五年任。外和心慈，学充才老，一介不取，民皆称之。二十一年裁。

主簿

胡定

僧善

梁永

车通，郃阳县人，监生。

安翊，邢台人，举人。御史左迁。俞志“安翔”。

高永，涿州人，监生。

何福，泾阳人，监生。

王琮，丰润人，监生。

武瑾，茌平人，监生。郡志作“隆平人”。

王道，神木人，监生。

高观，苏州人，监生。

刘诚，中部人，监生。

王渥，静海人，监生。

徐睿，永宁人，监生。

郭拱，邢台人，监生。

陈贯，昌乐人，监生。

刘伸，东明人，监生。俞志作“刘神”。

王宠，赵州人，监生。

胡琏，永年人，监生。

高哲，葭州人，监生。

郑时增，监生。

胡璋，威海卫人，监生。

王守正，安塞人，监生。

李尚忠，三原人，监生。

耿臣，胶州人，吏员。

王用仁，河州人，监生。

杨朝卿，陇西人，吏员。俞志作“朝钦”。

白三德，河南人，监生。隆庆二年任。俞志作“南和人”。

李腾蛟，单县人，监生。隆庆四年任。

任畸，固原州人，监生。隆庆五年任。

岳宗岱，监生。万历元年任。

石崇礼，监生。万历三年任。

文沛，辽东卫人，监生。万历四年任。

刘宗儒，澄城人，监生。万历五年任。俞志作“刘崇儒”。

梅芳，监生。万历八年任。

王廷彦，新城人，监生。万历十三年任。

张世林，雄县人，监生。万历十五年任。

朱思谦，保定府人，吏员。万历十八年任。

刘宗前，新郑人，监生。万历二十一年任。郡志作“刘光前”。此缺，于是年裁。

典史

陈敏，汝阳人。

田方，燕山卫人。

王建，州志作“王逮”。

王志

了思，邹平人。

夏武

王畿，安肃人。

高唐，海州人。

梁信，灵璧人。

任仲和，藁城人。

阎龄，隆庆州人。

黄经，清苑人。

党晟，咸宁人，承差。

刘铠，滦州人。

侯锐，三原人，承差。

宋律

苏端，德州人。

韩凤，齐河人。

王迪，永清人。

孙世禄，滑县人。

忽守志，朝邑人。

章明时，西安府人。俞志作“章时明”。

屠九州，仁和人。

麻得秀，富平人。

李坤，滨州人。

季舍，任丘人。

卯佩，睢州人。

杜邦直，醴泉人。州志作“植”。

徐子仁，和州人。万历十七年任。

卢业，夏津人。万历二十一年任。克勤厥职，铲除陋规。督建南门，动劳懋著。升富平主簿。

谢希儒，临县人。

杨国卿，清涧人。

申东，桐东人。州志作“桐柏人”。

周翰，蕲州人。

孟养义，邠州人。

王三尹，玉田人。

陈士章，温州府人。

田应化，延安府人。勤苦有为，募兵任劳任怨。

万德溥，麻城人。

胡沾恩，湖广人。

杨效震，延安府人。

黄志功，淳县人。

田养忠，华阴人。

房增观，肤施人。

杜三思，三原人。

张三畏，肤施人。

汝一凤，富平人。

范三聘，曲周人。

教谕

陈仪

赵让

张瑾，祁水人，岁贡。州志作“洪水人”。

朱铎，长洲人，举人。

杨威，汝阳县人，举人。

周纲，固始人，岁贡。

徐文昌，罗山县人，举人。

陈贤，锦衣卫人。俞志“岁贡”，汪志“举人”。

朱宾，巨鹿人，岁贡。

秦蓁，富平人，岁贡。俞志作“广平府人”。

王质，朝邑人，举人。宣德年任。

窦尚宾，详《名宦》。

宋文盛，枣强人，岁贡。

高明，资县人，岁贡。

雍焯，详《名宦》。

徐一龙，山长人，岁贡。俞志作“以龙”。

阎寿，平谷人，岁贡。汪志作“关寿”。

张鹗，冀州人，岁贡。

孟希曦，无极人，岁贡。俞志作“景曦”。

张景贤，襄城人，岁贡。

王秀民，武邑人，岁贡。

郭应元，宣府人，岁贡。隆庆元年任。

郭时中，兴济人，岁贡。

田子治，白水人，岁贡。

李春芳，平阴人，岁贡。

李诗，乐平人，岁贡。

张洙，内丘人，岁贡。

徐镛，五台人，岁贡。

王齐贤，真宁人，岁贡。

杨应时，内阴人，岁贡。万历十六年任。

张维渊，锦衣卫人，选贡。万历十八年任。俞志作：“孙维渊，锦衣籍，浙江人。”

齐闻道，详《名宦》。
许攀桂，广陵人。
赵国泰，榆次人，举人。
赵宗翰，灵丘人。
张西铭
谢天眷，镇蕃卫人。
杨天宠，偏头所人。
王自修，安邑人，举人。
廖日新，夏县人。
张极，平定州人。
庞克勤，修武人。师范端严，言动弗苟。
郑文嬉，五台人。
王续，元城人。
刘朝荐，蒲圻人。举力学攻文，为当道赏职，著《人鹏赋》，刊于厅壁。
尹三锡，镇远卫人。
刘崇古，枣强人。
黎民化，浑源州人。
马应时，唐县人。
张维奇，崞县人。修然静密，望之如仙神中人。
文应甲，绛州人。

训导

胡冕，东平州人，岁贡。
侯爵，遂平人，岁贡。
贾伦，束鹿人，岁贡。
赵策，周至人，岁贡。
李寅，安平人，岁贡。

赵时通，详《名宦》。

孙学，许州人，岁贡。

蔡文衢，金乡人，岁贡。

牛卿，武邑人，岁贡。

赵世瞻，真定府人，岁贡。

李文举，洛阳人，岁贡。

王崇道，祥符人，岁贡。

侯廷正，林县人。

汪邦圻，辉县人。

李秋，华州人。

满应斗，大兴人。州志作“潘斗”。

史梦麟，和州人。

黄三校，邠州人。

张质，肤施县人。

马可畏，新安人。

郑学颜，威县人。

王禧，阳曲人。

车芬，阳曲人。

王维苮，昌平州人。

递运所大使

李素

孙芝

王世禄，福平人。

许益，朝邑人。

李彦，朝城人。

李尚文，山东人。

张文，恩县人。

杜登

申邦彦，肃宁人。

田大用，定兴人。

刘定旸，州志作“刘廷旸”。

崔润

郭应藩

王大经

李贤，无锡人。州志作“无极人”。

郑正要，余姚人。

叶有声，三河人。

左讱，鄜州人。

李春光，沔池人。

韩炯，卢氏人。

许嘉恩，宁州人。州志作“许加恩”。

韩光思，富平人。

马士伦，延县人。

刘三省，郯县人。

郭微，富平人。

刁梦麒，禹州人。州志作“刁梦麟”。

汤学礼，平湖人。

权店营掺守

范琼

姚古

以上二人宋时守南北关者，附载于此。

范四箴，祁县人，武举。

丁遇甲，山西右卫千户。

宁三才，汾州左卫千户。

杨应龙，陕西榆林卫千户。

时大运，沁州千户所千户。州志作“时泰运”。

张一龙，详《名宦》。

沈世芳，陕西孤山堡人。勇敢当先，屡擒流寇。御下有法，地方无扰。升偏头所游击。

吴应秋

丁安邦，浙江人。

王尚忠，沁武营代管权店营。

右明代设官甚盛，后以次递裁，盈缩不一，谨依郡志并邑旧志搜辑序次，凡得三百二十有八人。

国朝

额设知县一员，典史一员，儒学训导一员，后改教谕。阴阳学、训术医学、训科、僧会司、僧会道、会司、道会各一员，权店驿驿丞一员，今裁。权店营把总一员，城守司外委把总一员。

知县

李芳莎，详《名宦》。

尚际明，罗山人，进士。顺治三年任。

杨大功，山东青州府安东卫人，进士。顺治四年任。

罗三重，辽阳人，荫生。顺治六年任。

陈尚德，辽东人，贡士。顺治九年任。

宁嗣韩，章丘人，贡士。顺治十年任。

巩国祚，巩昌府阶州人，生员。顺治十一年任。

张先翼，荆州府江陵人，举人。顺治十四年任。

梁之鲲，开封府鄢陵人，贡士。顺治十六年任。

岳征斑，宣府万全都司前卫人，举人。顺治十七年任。

马有喜，辽东人，荫生。康熙三年任。

吴月英，四川中江人，举人。康熙五年任。十三年改姓名齐漳。十七年奉命招抚吴逆，加通政司左参议，前往荆州，竟卒于荆。

李琛，详《名宦》。

吴扬，浙江秀水人，监生。康熙十九年任。

高铁，辽东人，监生。康熙二十三年任。重修县志。

祝兆麟，辽东人，监生。康熙三十六年任。

李援，夏邑人，岁贡。康熙四十九年任。

丁珍，上杭人，举人。康熙六十一年任。

揭延龄，详《名宦》。

王我都，清苑人，进士。雍正元年任。

赵枚，阳信人，进士。雍正三年任。

龚新，宛平人，监生。雍正三年任。

张宪龄，束鹿人，进士。雍正六年任。

张应渭，福州人，举人。乾隆元年任。

林嵩，贵州开州人，举人。乾隆五年任。

冯浩，河间人，举人。乾隆十年任。

蔡廷瑞，宁都人，进士。乾隆十一年任。

臧祚巩，诸城人，举人。乾隆十五年任。

宋惟，夹江人，举人。乾隆十九年任。

姜天正，玉山人，举人。乾隆二十二年任。

吴名琅，阳青人，举人。乾隆二十二年任。

宋惟，夹江人，举人。乾隆二十九年任。

沈士潮，慈溪人，举人。乾隆三十二年任。

张五典，泾阳人，举人。乾隆三十六年任。

江廷泰，江都人，进士。乾隆四十年任。

许煌，嘉善人，难荫监生。乾隆四十四年任。

白鹤，镶白旗人，翻译生员。乾隆四十八年任。

典史

李名芳，浙江山阴人。顺治二年任。

徐玉衡，都江人，吏员。

冯崇泽，山阴人，吏员。

王仁，山阴人，吏员。

龚应宁，余姚人，吏员。

萧辉，富平人，吏员。康熙十六年任。

种起龙，华阳人，吏员。康熙十八年任。

龚立，山阴人。康熙二十年任。

郑世臣，修武人，吏员。康熙三十五年任。

詹廷枢，宛平人，吏员。康熙四十二年任。

任天祺，遂安人，吏员。康熙五十一年任。

陈大铨，山口人，吏员。康熙六十年任。

沈王都，大兴人，吏员。乾隆四年任。

金升，会稽人。乾隆十一年任。

朱锦，山阴人。乾隆十七年任。

沈杰，大兴人，吏员。乾隆四十年任。

周作铨，会稽人，监生。乾隆四十八年任。

训导

宇维藩，肥乡人。顺治二年任。

张通，大同府人，岁贡。

李嘉会，大同府天城卫人，拔贡。

范齐正，平阳霍州人，岁贡。州志作“奇珍”。

侯应芳，大同府人，岁贡。三年任。

南廷俊，解州人，岁贡。

杜灯，万泉人，岁贡。

王开泰，大同广灵人，岁贡。

段高腾，灵丘人，岁贡。康熙二十年任。

邢洪基，繁峙人，岁贡。康熙二十六年任。

张应遴，岢岚人，岁贡。康熙三十一年任。

曹翰秀，蒲县人，岁贡。康熙三十六年任。

王缨，洪洞人，岁贡。康熙四十三年任。

孙琰，辽州人，岁贡。康熙四十六年任。

韩慧，洪洞人，例贡。

冯士倬，大同前卫人，例贡。

安泓襟，霍州人，岁贡。

张享名，乐平人，岁贡。

田种玉，榆社人，廪贡。雍正七年任。

傅溥，汾西人，岁贡。雍正十三年任。

罗龙章，清源人，岁贡。乾隆四年任。

刘百祥，朔州人，岁贡。乾隆八年任。

卫至临，赵城人，岁贡。乾隆十三年任。

教谕　乾隆十四年改训导为教谕。

韩藩，交城人，副贡。乾隆十五年任。

赵田，潞城人，拔贡。乾隆十八年任。

姚德元，永济人，恩贡。乾隆二十五年任。

郭嗣蛟，长治人，举人。乾隆二十六年任。

陈绪，石楼人，恩贡。乾隆二十八年任。

王廷诏，阳曲人，副贡。乾隆三十六年任。

郭可大，永和人，恩贡。乾隆四十五年任。

吴克成，襄陵人，拔贡。乾隆五十六任。

权店驿驿丞

崔泰，富平人，吏员。

陈金龄，青阳人，吏员。

郑忠，上元人，吏员。

黄元燮，余姚人。康熙二十年任。

张秋，临漳人，吏员。

张启洙，霸州人，吏员。

张重光，霸州人，生员。

楼映斗，大兴人，吏员。

赵吉，华州人。雍正九年任。

高伦，山阴人。雍正十二年任。

王朝仁，山阴人。

王允治，宛平人。

郭邦济，宛平人。

李霖，阴山人。

南关驿驿丞　乾隆二十一年，奉文自辽改归武邑。

陶洪宪，会稽人。

乾隆二十七年，奉文两驿驿丞俱裁。

权店营把总

和明节，汾阳人，行伍。顺治二年任。

冉明，太谷人，行伍。顺治四年任。

萧民泰，信山人，行伍。顺治六年任。

王大有，宁国府人。顺治七年任。

张烘，汾阳人，武举。顺治十一年任。

段相，阳曲人，行伍。顺治十二年任。

郭梦麟，徐沟人。顺治十七年任。

任国用，阳曲人。顺治十八年任。

薛君受，赵城人。康熙元年任，升沁州城守营千总。

李养俊，延安府人。康熙十七年任。

李进威，宁武所人。康熙十六年任。

王征，阳曲人。康熙二十五年革。

凭桂，花马池人，行伍。

武镇国，平阳人，行伍。康熙四十六年任。

张麟，阳曲人，行伍。康熙五十五年任。

王泽，阳曲人，行伍。

王之鸿，阳曲人，行伍军功。乾隆元年任。

张义，汾阳人，行伍。

赵漪，平阳府人，行伍。

南成富，平阳人，行伍。

陈震威，平阳府人，行伍。

赵建勋，直隶武举。

刘华，平阳府人，行伍。

张树立，陕西武举。

张应元，平阳府人，行伍。

城守司外委把总　雍正三年设。

侯永旺，汾阳人。

刘正

张月

刘进义

郝成斌

李祥光，汾阳人。

论曰：盖余叙次职官而瞿然有警焉。宋、元以前无论已。有明至今，四百余年，官斯土者数百人，今姓名具在，欲考其行事，得于父老之口碑者，所见所闻所传闻不过数人，余皆寂寂无可称道。后之视今，亦犹今之视昔，彼召父杜母，何以至今声施不朽也。昔何武居官所至无赫赫名，及去后尝令人思，愿与后来者共勉之。

《武乡县志》卷之三

名宦 《宦迹》附

《吕览》曰：泰山之隈，樵夫渔父画地而议长吏之臧否，如数黑白。何者？爱憎绝而是非公也。武邑唐宋以前沿革不一，宦迹多不可考。元明令丞、簿尉、师儒之设略如今官。逮及本朝澄叙，官方慎选宰牧，吏治之隆，骎骎乎追踪两汉矣。远则博稽史籍，近则采听甿谣，遗爱在人，不可得而泯也。后之守土者，其有感于斯焉！志《名宦》。

北魏

韦崇，字洪基。京兆杜陵人，寓居河洛。高祖纳其女为充华嫔，除南颍川太守。不好发摘细事，郡大治。频居中正，以平直见称。出为乡郡太守，任满应代，吏民诣阙乞留，复延三年。在郡凡九年，转司徒咨议。久之，卒。

唐

唐汉宾，莒公俭之苗裔也。会昌间，昭义节度使刘从谏署为武乡令，从谏卒，子稹拒命，汉宾固谏不从，举族见害。昭义平，敕赠武乡令。

元

廉答失蛮，中山人。久客江淮，得性理之学。至正初，由监生擢武乡令。居官立身，皆本平日所学，扶弱锄强，有不茹不吐之风。邑民思之，建遗爱碑于仪门外。入名宦。

张纲，邑人。至正间，由吏员为本县令。政教兼行，恩威并举。尝谓僚倅曰："牧民者有恤民之心、恤民之言，心恤者民信，言恤者民疑。"时妖氛为患，民惴惴不安，纲谕以大义，远近不惑。任满迁秩，邑人为建去思碑。入名宦。

李唐臣，邑人。至正六年任本县尹。秉公守正。值久旱，痛自刻责，遂雨，四郊沾足。岁稔，嘉禾生有一本六穗之异。入名宦。

张大举，见崇祀名宦，题曰元邑令。而州县旧志职官、名宦条俱不载其乡里、出自、莅任代年、居官政迹，并无由稽考。

明

曾鲁夫，洪武初任。重修学宫，见《通志》。

路斌，冀州人。景泰间任县令。见城甚湫隘，喟然曰："国家建立城郭，所以居民也。今城大如斗，所居几何？均我民也。在城内者安枕，在城外者保无寇盗虞乎！"因督众包西城外一区拓之，至今称便云。

高亮，泺州人。天顺初由举人任县令。常巡阡陌，课农桑，省民疾苦。道遇田妇馌耕者，亮取视之，皆糠秕藜藿，不堪下咽。亮流涕曰："民贫困如此，牧民者之罪也。"后入觐，民争馈赆仪，亮一无所受。见《一统志》并《通志》。入名宦。

许英，字俊之。宁阳人。成化时以岁贡莅县令。抵任，曰："民私议令且老，恐弗胜任。"英兴学校，劝农桑，均徭役，清词讼，一一不敢懈。流民复业者十余家。乡里有盗马者，英使人侦之，盗畏威，返之本主。九载，考最，升沁州知州。武人思之，有德政碑。入《名宦》。

高琏，醴泉人。弘治中由举人任县令。催科不扰，刑罚无私。常诵前人之言曰："催科不扰，是催科中抚字，刑罚无私是刑罚中教化。"父老至今颂之。入名宦。

李彦成，见沁州名宦。弘治间署邑教谕。清操丕一振颓风，文章足范士类。入名宦。吴圣功曰："彦成，磁州人，县《新志稿·宦迹》条作李茂成，亦磁州人，及后详列名宦姓名，则两祀茂成、彦成于祀，未审何故。”按：彦成系署不列职官，本邑职官内亦并无茂成姓名，姑阙之，以俟知者。

陈溥，鄢陵人，进士。授大理寺评事。正德四年，左迁邑县丞。莅政惟勤，率民以正。暇则聚徒讲学，环门而听者济济焉。

窦尚宾，长安人，岁贡。初授内江训导。嘉靖六年升邑教谕。禔躬耿介，敷教严谨，多士式之。入《名宦》。

雍焯，狄道人，举人。嘉靖间任教谕，与诸生会文，出俸供给，始终不辍，士多所造就。擢交城令，行取贵州道御史。入《名宦》。

刘迁，高陵人，嘉靖中由举人任县令。莅政惟勤，宅心忠爱。修南城，甫七月即底绩，功成而民不劳。未几，北兵至，全城无虞。民钦然曰：“微刘使君，吾侪尽罹锋刃矣。”益敬爱之如父母云。入名宦。

周逢吉，宁州人，监生。嘉靖间任县丞。清谨不阿，恩威并用。勤讲论以兴学校，斥邪术以正人心。时寇至城下，率兵固守，城赖以全，邑人德之。入名宦。

孙淮，肃州人，贡生。嘉靖四十一年任县令。守方行洁，节用爱人。居官无赫赫名，去后则见思。

赵时通，新安人。嘉靖间任训导。学识宏博，德行纯全，勤以诲人，该庠士钦服。入《名宦》。

申九锡，恩县人。隆庆三年以贡士任县令。心慈政肃，重农劝善，筑堤护城一事尤为永赖。

崔士伟，武定人，举人。万历三年任县令。时民间逋赋，历年为累，士伟请于当道，尽数蠲除，民庆更生，比户尸祝。

张弦，高阳人，举人。万历十一年任县令。廉静仁慈，清里甲，平讼狱，有古循吏风。

贾缘，韩城人，举人。任襄垣教谕，署邑县事。催科有法，御下无私，数月之间民大悦。入名宦。

毛似荀，掖县人，选贡。任泽州同知，署邑县事。操凝如玉，政蔼阳春，百姓爱如父母，吏胥畏若神明。入名宦。吴圣功曰："贾、毛二人署任，岁年未确。据泽州、襄垣志，应俱系万历初。"

赵思敏，蓬莱人，进士。万历十六年任县令。时值旱荒，饿殍枕藉于道，思敏恻然，悉心赈恤，全活甚众。流民闻之，亦大半复业。性严而明，门无私谒，狱无冤民。当道重其才，调繁阳城县。

黄元会，宁夏中卫人。尤历十七年以选贡任县令。催科不扰，编审无私，开荒田，招流移，勤树艺，教纺织，修学育才，筑堤捍患。在任九年，士民德之，立生祠祀焉。入名宦。

齐闻道，郑州人。万历二十一年由举人任邑教谕。布衣疏食，贫苦自励，振作人文，科名蔚起。升黎城知县、岢岚知州，俱以清节著闻。见省志。

纪云鹤，邠州人。万历二十五年由举人任邑县令，风度整严，明断兼资。升茂州知州。

张五美，永年人，举人。万历三十年任县令，邑人称其丰仪玉润，操守冰清。革火耗而粮长无赔累之苦，禁勾摄而闾阎绝鸡犬之惊。三十七年，大旱，民饥，五美申请赈恤，得帑金数千两，民赖以苏，迄今犹讴颂焉。

田济民，山阳人，选贡。万历三十八年任县令。明敏倜傥，夙弊顿清。在任匝月，士民戴之。

王鼎臣，清宛县人。万历三十八年以举人任县令。清廉慈惠。丁艰，贫不能归里，鬻产为道涂费。后补昌乐知县。

刘联芳，南皮人，选贡。万历四十年任县令。筑石堤数百丈以护水，地方赖之。升云龙州知州。武人思之，立祠祀焉。

万一豸，易州人，举人。天启元年任县令。才守兼优，清出羡余银四百余两，招募更夫，永杜派扰。升南阳府通判。

王允长，字庆我。吴桥人，进士。天启六年任县令。德性温恭，事母纯孝。自奉淡泊，秋毫不扰民间。上官廉其能，调翼城，升泽州知州。尝作《爱钱歌》，揭示通衢，曰："非我不爱钱，我爱谁不爱，敲骨吸人髓，天理良心坏。逼人卖田产，把来我置盖。逼人鬻妻奴，把来我养懒。逼人借银钱，把来我放债。人哭我欢喜，有些不痛快。我见爱钱人，当身遭祸害。又见爱钱人，子孙为乞丐。空落爱钱名，唾骂千年在。我有爱钱方，人已两无害。少吃一只鸡，可买五日菜。少穿一尺绸，举家有铺戴。俭用甚贪图，吾鼎又当爱。”累官河南副使。崇正末年死于闯贼之难。邑旧志作举人，《泽州志》作进士，今从《泽州志》。

杨家风，曲阳人，选贡。崇正元年任县令。神明果毅，绰有治才。修学宫、公署、城楼等，役练乡兵三百名以御流寇，皆不废民间一钱而事集俄顷。

张一龙，宁夏人，权店营操守，骁勇善战。崇正五年，流贼掠武邑至城下，一龙率兵来援，三战三捷。贼益众作，一龙恐其夜袭城，议登陴固守。有言其畏贼，或怀异志者，一龙怒，同勇士猛克济奋身深入，杀贼数十百人。转战之漆树坡，众寡不敌，皆死之。主人敛其尸葬坡上，号曰双忠墓。

余一凤，龙游人，举人。崇正十四年任县令。丰格修整，才识敏练，分较乡闱，一时号称得人。

国朝

李芳莎，字台辰，永年人。顺治元年，以拔贡任县令。清介自持，发奸摘伏如神。其尤著者，革驿递之累，省悬粮之额，地方利弊往往托之于诗，时以为诗史。尝延邑中绅士开局修志，进退笔削，芳莎一人任之。在邑三载，升永州府同知。

罗三重，辽阳人。顺治六年，由荫生为本县令。值姜瓖作乱，所在土贼窃发，三重多方绥辑，民以无扰。时兵荒之后，士多废业，尤加意培植。拨官地置学田，为贫士膏火婚丧之需，学校至今赖之。与前令刘迁、黄元会同建祠祀，名曰三公。

李琛，河北直隶高阳人。康熙十八［年］，以荫生为县令。县旧有飞粮，为民病，琛甫受事，具详恳请豁免，不允，则趋会城面陈，至恸哭不能止，抑郁成疾，不数月，殁于任，民哀之如丧父母。入名宦。又与前令刘迁、黄元会、罗三重同祠祀，改称四公祠，复立专祠于姜村。

揭延龄，永丰人，举人。雍正元年任县令。清慎廉明。时连岁旱荒，饿莩相望。延龄申报，蒙圣恩发帑赈济，延龄亲身散给，深山穷谷莫不遍历，吏胥罔得浸渔，民以全活。在官未及半载，卒。邑人思其德，奉主祀诸四公祠，改称五公祠。

张宪龄，直隶束鹿县人。雍正六年，由进士任本县令。为人宽厚，有器局，喜与士大夫相酬接。访求民生利弊，治事临民，悉归宽简。尝言为政大指在顺民情，戒无扰而已。其持论如此，民甚便之。尝辑县志综集，数十年事甚明备，未成而去。今其稿犹存。

吴名琅，江南青阳县人。乾隆二十二年，由举人任本县令。家世贵公子，学富才赡，能以文章饰吏治，征发期会，咸归平允。政简讼稀，公庭少事，则寄意于啸咏，书法绘事并皆佳妙，人咸以风流吏相许。尝改建大堂，规划有方，不勤民而事集。后调繁长治，升保德州知府。

沈士潮，浙江慈溪人。乾隆三十二年，由举人为本县令。平易近人，与吏民语煦煦如家人，务使尽底里。每听断，必持其平。值岁旱，步行祷龙洞山，往返二百余里，足重茧，不少休。甫归县，雨随大注，其诚感如此。爱奖许士类，每集诸生课试，丹黄甲乙，人无不心折者。戊子、庚寅两为同考试官，榜首皆门下士。又善形家言，先是县署前有石坡通中街，与南门相值，士潮以为甚不利于本邑之任宦者，命断，其言殊有验。尝欲于本邑巽地建文峰，以培风水，未果作，旋调繁曲沃。

张五典，陕西泾阳人。乾隆三十六年由举人为本县令。刚果明敏，迎事而决，无有留滞。然故无喜事，习驭吏治民不责于人情之外，尤以振举文教为己任。时学宫久敝，倡邑人捐赀重建，人服其教，无不乐从者。逾岁余而告竣，壮丽有加于昔。

右已请崇祀名宦者，凡十有七人，详著《名宦》之下，不再赘。

论曰：宦迹以彰遗爱，必莅官兹土，实有功德于民，法当特纪，以见勿剪伐。泽在甘棠，挹厥休徽，皆堪仰止。武虽小邑，然地有僻衍而秩无崇卑，若韦京兆之平直，王吴桥之清介，齐鄜州之造士，揭永丰之活民，仁德所留，民不能忘，其得邀崇祀与否，则有幸不幸焉。实心实政，不尽系此，备录其人，以志不朽，将来宦辙至止，知者京兆五日亦大可为，庶不至视为传舍焉尔。

选举

自乡举里选之法废而科目以起，人才亦由此辈出，非特其势使然，抑亦立教施化，各有其造就成全之术，故定为抡才巨典。我国家首重两闱而文武兼收，三途并用，立贤无方，于兹臻盛。武邑科第联翩，后先接踵，其以别途进者亦复不少，爰稽科目并各途出身以及恩荣所推，分类并列焉。志《选举》。

李师行，唐延州司马。

孙颙，唐朝议郎。二人见旧志。

陈宣赓，唐并州祭酒。

陈德，唐左监门直。

陈智，唐太庙斋郎。

陈琬，唐云中郡参军。

陈瓒，唐介休府别将。据交三沟陈礼墓碑，礼，唐逸士，曾祖宣赓，祖德，父智。长子琬，次子瓒，官如前。

王现，金将军。见王孝卿墓碣。

武建，太谷人。元初任泗州知州，再任沁州，遂移籍武乡，为段村武氏备鼻祖。

武从义，段村人。元平阳路令史，山北廉访司主事。二人见《武氏谱》。

武焕，元至正间授本县尉。见旧志。

阎士谦，元至正间任兴元路凤州知州，升兴元总管。见旧志。

阎珣，元巩昌路成州判官。

阎璘，元延安路扶化县尹。二人皆士谦子，见墓碑。

阎瑄，元至正初任陕西伏羌教谕。见旧志。

李佐，义门人。元铜鞮经历。

李宏道，佐之孙。元铜鞮学正。二人见州志。

李士林，宏道子。元许州知州。见阳城庙碑。

吴纯，元至正间任沁州判官，升安邑县尹。见旧志。

右元以前官可考者十有九人，而出身皆罔稽，谨依时代先后次于选举之首，其已见封爵者不赘书。

进士 宋以前无考。

金

王师正，明昌二年进士，历任南京留守判官。有政声。

李俨，大定进士。官爵莫考。

元

阎逢吉，至正进士。官爵莫考。旧志遗，今增入。

明

庞清，乙丑科联捷。洪武十八年丁显榜，历官扬州府知府。见《人物》。

冯显宗，庚戌科联捷。宣德五年林震榜。见《孝义》。

武显文，名绘，以字行。段村人。宣德乙酉、庚戌联捷。历官翰林院修撰、监察御史。入乡贤。

窦明，辛未科。正德六年杨慎榜。详《人物》。

李黼，甲戌科。正德九年唐皋榜。详《人物》。

吴琦，丁丑科。正德十二年舒芬榜。历城知县。

窦一桂，明之子。丙戌科。嘉靖五年龚用卿榜。详《人物》。

李尧德，己未科。嘉靖三十八年丁士美榜。历官都御史。乡科莫考。

程启南，辛丑科联捷。万历二十九年张以诚榜。详《人物》。

魏云中，辛丑科联捷。万历二十九年张以诚榜。详《人物》。

陈所行，丁未科。万历三十五年黄士俊榜。历任苏州府知府。详《人物》。

魏光绪，癸丑科联捷。万历四十一年周延儒榜。详《人物》。

魏令望，庚辰科。崇正十三年魏藻德榜。详《忠烈》，入太康名宦。

魏名大，庚辰科联捷。崇正十三年魏藻德榜。任陕西宝鸡知县。

赵天麒，癸未科五经联捷。崇正十六年杨廷鉴榜。

国朝

杜来凤，丙戌科。顺治三年傅以渐榜。任山东蒲台知县，补江南江宁知县。辛卯同考。

史珥，字彤右，韩壁人。丙辰科联捷。康熙十五年彭定求榜。选翰林院庶吉士。

程皋绩，启南子。己未科。康熙十八年归允肃榜。详《人物》。

杜李，字仲白。丁丑科。康熙三十六年李蟠榜。任迁江知县，陞行人司行人，历官至吏部稽勋司郎中。乙未会试同考。

陈舜裔，字孝源。戊戌科。康熙五十七年江应铨榜。由闻喜县教谕乙未会试中式是科，殿试伏羌县知县。

史谦光，字邃奄。乙丑科。乾隆十年钱维城榜。任江西奉新知县。

安子讷，字金铭。戊辰科。乾隆十三年梁国治榜。签掣陕西高台县知县。引见改授山东青州府博兴县知县。

赵尔恕，字喻人。戊辰科。乾隆十三年梁治国榜。签掣灵寿县知县，改授泽州府教授。

史传远，字伯猷。辛巳恩科。乾隆二十六年王杰榜。由陕西高陵县知县，升兴安州知州，历官山东济南府知府。

举人

元

武纲，段村人。元末乡举，历官广东道御史。乡贤。

明

任原，监漳人。甲子科。洪武十七年，历官吏部右侍郎。

庞清，龙泉人。甲子科。洪武十七年。见《进士》。

王郁，丙子科。洪武二十九年，南阳镇平教谕。

王敏，丙子科。洪武二十九年，凤阳府训导。

冯翊，辛卯科。永乐九年，西安府鄠县教谕。

魏纯，丁酉科。永乐十五年，未仕，魏氏科名自此始。

李信，庚子科。永乐十八年。

张宪，癸卯科。永乐二十一年。

李森，癸卯科。永乐二十一年。

李焕，癸卯科。永乐二十一年。

韩鲸，癸卯科。永乐二十一年。

冯显宗，翊子。己酉科。宣德四年。见《进士》。

武显文，己酉科。宣德四年。见《进士》。旧志遗，今增入。

夏亨，乙卯科。宣德十年，西安府训导、醴泉教谕、郧阳教授。

安纲，甲子科。正统九年，山东利津教谕、四川主考。

韩麟，壬子科。天顺十六年，汤阴知县。

李仁，乙酉科。成化元年，上蔡知县。

赵士元，庚子科。成化十六年。

韩浚，癸卯科。成化十九年，山阳知县。

窦明，甲子科。弘治十七年。见《进士》。

李黼，丁卯科。正德二年。见《进士》。

吴琦，癸酉科。正德八年。见《进士》。

窦一桂，丙子科。正德十一年。见《进士》。

魏国模，戊午科。嘉靖三十七年，武城教谕，升行唐知县。入《名宦》。

魏之干，国模子。丙子科。万历四年由滁县知县升户部浙江司主事，后补江西司主事。从祀沁州文中子祠。

魏兼，辛卯科。万历十九年。

程启南，庚子科。万历二十八年。见《进士》。

魏云中，庚子科。万历二十八年。见《进士》。

陈所行，待聘子。癸卯科。万历三十一年。见《进士》。

李人龙，勋之孙。丙午科。万历三十四年。

魏光绪，壬子科。万历四十年。见《进士》。

魏令望，国模孙。丙子科。崇正九年。见《进士》。

魏名大，己卯科。崇正十二年。见《进士》。

程衍洙，徽州人，寄籍。己卯科。崇正十二年。

魏以宁，宏志子。壬午科。崇正十五年。

赵天麒，壬午科。崇正十五年，五经中式。见《进士》。

杜来凤，明之孙。壬午科。崇正十五年。见《进士》。

国朝

李之任，字胜其。戊子科。顺治五年，是科共取七十九人。

安慰兴，字□□。戊子科。顺治五年。

赵伟品，字□□，梦麒子。丁酉科。顺治十四年，任榆次、襄陵两县教谕，补隰州学正。是科仍旧共取七十九人，庚子减额，共取四十人。

程皋绩，字思令。壬子科。康熙十一年。见进士。是科仍旧共取四十人。

程为则，字贻谋，启南曾孙。壬子科。康熙十一年。

程骧，字云文，启南曾孙，康庄子。壬子科。康熙十一年。

史珥，乙卯科。康熙十四年解元，见进士。是科共取四十人。

程必达，字子上，皋绩子。戊午科。康熙十七年。文水教谕。戊子，陕西同考。是科广额取四十七人。

赵奭，字白水，三麒子。甲子科。康熙二十三年。曲沃教谕。是科共取四十人。

陈舜裔，甲子科。康熙二十三年。见《进士》。

杜李，丁卯科。康熙二十六年。见《进士》。是科共取四十人。

史龙光，字孟荀，东堡人。辛卯科。康熙五十年，任泗州直隶州州同。是科额中六十三人，特加专经十人，五经一人。

李深，字邃庵，西堡人。庚子科。康熙五十九年，签掣河南扶沟县知县，改授右玉县教谕。

魏上年，字子颐。庚子科。康熙五十九年。

杜师周，字子通，李之孙。己酉科。雍正七年，是科各省同考，俱用邻省在籍之进士、举人。

杜根培，字厚庵，李之侄。己酉科。雍正七年。

安子讷，字金铭，攀龙人。壬子科。雍正十年解元。见《进士》。是科每十名恩增一名，取七十三人。

魏伦，字明川，騊之孙。韩壁人。壬子科。雍正十年，以壬戌明通任蒲州府猗氏县教谕，补宁武县教谕。

萧汉弼，字辅臣，中村人。丙辰科。乾隆元年，河南南召知县，改补右玉县教谕。是科同考试官复以知县为之。是年恭逢御极大庆，特开恩科，中省广额二十名，共取八十六人。

史谦光，龙光弟，东堡人。丙辰科。乾隆元年。见《进士》。

赵尔恕，显王人。辛酉科。乾隆六年。见《进士》。是科共取六十六人。

魏宸喜，字右之。上年子，甲子科。乾隆九年五经中式，任翰林院待诏。是科额中六十人。

李范，字畴九，苏峪人。丁卯科。乾隆十二年，解州夏县教谕，补吉州学正。

魏惇五，字敬庵。丁卯科。乾隆十二年。

窦培本，字仁山。丁卯科。乾隆十二年。

任重，字子厚，神西人。庚午科。乾隆十五年，知陕西同官县事，历署耀州保安、宜君等州县。

赵升，字东阳，迺麒之孙。庚午科。乾隆十五年。

史傅达，东堡人，壬申恩科。乾隆十七年解元。见《进士》。

魏惟五，字爵庵，松年孙。王申恩科。乾隆十七年亚元，陕西神本县知县，前借补商州直隶州州同。

李垂久，字东山。东域人。壬申恩科。乾隆十七年。

魏宸拱，字向之。宸喜弟。壬申恩科。乾隆十七年。现任大同府教授。

李杲，字阳明。邵渠人。丙子科，乾隆二十一年。现任阳城县教谕。

李方白，字仲方，深之子。西堡人。壬午科。乾隆二十七年，右玉县训导。

赵扩，字充之，显王人。乙酉科。乾隆三十年，山东荣成县知县。

段肇基，字振业，东段村人。戊子科。乾隆三十三年。

韩翔，字飞卿。陌峪人。庚寅恩科。乾隆三十五年。

李大受，字容轩。西堡人。庚寅恩科。乾隆三十五年。

李兢，字慎斋。西堡人。辛卯科。乾隆三十六年。

赵玉台，字昆联，廼麒曾孙，升之子。甲午科。乾隆三十九年，顺天平谷县知县。

魏鸾翺，字仪廷，惟五子。己亥恩科。乾隆四十四年。

武扬休，字翊圣。西段村人。己亥恩科。乾隆四十四年。

李端，字凝度。邵渠人。己亥恩科。乾隆四十四年。

魏大履，字仲坦，伦之子。庚子科。乾隆四十五年。

王钟俊，字升三。丙午科。乾隆五十二年。

赵文振，字学山，廼麒曾孙。己酉科。乾隆五十四年。

论曰：红绫绿汁，昔人艳称，科名非难，不负科名为难。武邑虽小，前后人文彬彬蔚起，炳耀史册，按籍可考。多士得与宾兴，叨兹异数，非徒致身通显，顾其所树立何如耳？次第载之，某也清刚方正，某也旂常节烈。睹斯志也，可以油然兴，可以悚然惧矣。

武进士

国朝

段武侯，乙丑科。康熙二十四年，任富平守备。

李皇弼，丁丑科。乾隆二十二年，署交城静安营都司。

武举人

国朝

赵牧，天麒子。丙午、乙卯、丁卯三科中式，任陕西西固城守御、江西南昌府守备。

魏公达，令望孙。壬子科。康熙十一年。

魏尚，令望孙。壬子科。康熙十一年。

段武侯，乙卯科。康熙十四年，见《进士》。东段村人。

窦界龙，甲子科。康熙二十三年。

魏君用，丁卯科。康熙二十六年。

魏君实，丁卯科。康熙二十六年。

刘锦标，丁卯科。康熙二十六年。西河底人。

李士吉，丁卯科。康熙二十六年。

李皇弼，癸酉科。乾隆十八年。见《武进士》。邵渠人。

李文瑜，戊子科。乾隆三十三年。榆坪人。

张拱极，庚寅恩科。乾隆三十五年。马蚁迪人。

李永清，庚寅恩科。乾隆三十五年。潞泽营把总。权店人。

张炳升，庚寅恩科。乾隆三十五年。平定营把总。

武恺，辛卯科。乾隆三十六年。西段村人。

郝钟健，丁酉科。乾隆四十二年。五峪南沟人。

陈璠，己亥恩科。乾隆四十四年。石盘人。

胄武 附

明

魏铭，以人才选锦衣卫，旎财□□世袭。

韩宗禹，由增生任山东兖州营旗鼓守备，署指挥签事。

魏允昌，由行伍任直隶加衔守备。

魏之蕙，任侯门教胄。

韩起龙，由行伍任江南宁藩卫都司。

魏朝望，由行伍任把总。

魏四端，由行伍任把总。子起徽，守备。

国朝

李国威，由行伍任交城静安营把总。

李进威，由行伍任广西富贺营守备。

李世启，由行伍任沁源县外委把总。

武汉魁，由武生候推千总。西段村人。

王师忠，由武生候推千总。

武恪，汉魁子。由武生候推千总。

论曰：文武并用，国家久安长治之术也。有明末造，人喜晏安，羞言戎马，稍涉疆场，即共斥为□伍。一旦寇盗窃发，仓皇莫御，其谁之咎与？国朝深鉴前失，武纬与文经并重，然后人知扼腕谈韬略，虽以僻小如武，近年以来，桓桓称盛，御侮有人，即一方可卜也。

恩贡

明

李廷标，字□□。墨镫人。任保定府通判。

魏廷望，字肖野。天启元年辛酉贡，任永寿县知县，补山东范县知县。

魏名大，之干孙。崇正元年戊辰贡。见《进士》。

国朝

窦希柟，字企善，豪之子。顺治八年辛卯贡，任江西宁州州同。

魏初盛，字□□。康熙元年壬寅贡。

孟辅旸，字□□。康熙十五年丙辰贡。

赵雯龙，字云生，坚之孙。康熙四十七年戊子贡。

程仁，字贯斋。进士皋绩孙，举人必达子。雍正元年癸卯贡。

程遂，字县五。信义人。乾隆元年丙辰贡。

窦通，字退庵。乾隆十五年庚午贡。

杜丕显，字□□。山交人。乾隆十七年壬申贡。

程定，字方中。信义人。乾隆二十七年壬午贡。

李允协，字□□。司村人。乾隆三十六年辛卯贡。

武仟，字夫长。段村人。乾隆四十四年己亥贡。

程名世，字希孟。信义人。乾隆四十九年乙巳贡。

刘建安，字□□。曹村人。乾隆五十五年庚戌贡。

拔贡

明

程康庄，字昆仑，启南孙，嘉绩子。崇正乙亥拔。任镇江通判、安庆同知，迁耀州知州。

国朝

赵梦麒，进士天麒胞兄。顺治二年乙酉拔。

赵三麒，字乾符，进士天麒胞弟。顺治五年戊子拔。任陕西同州知州，补广西横州知州。

魏驷，字龙媒，进士光绪子。顺治十一年甲午拔。

安蔚起，举人蔚兴弟。顺治年拔，任卫辉通判，升督粮厅。

史珥，韩壁人。康熙十年辛亥拔，见《进士》。

李瑾，苏峪人。康熙二十五年丙寅拔。

李璿，苏峪人。康熙三十七年戊寅拔。

程观生，字大临，进士启南曾孙直之子。雍正元年癸卯拔。黎城县教谕。

魏伦，鳌之元孙，□之孙。雍正七年己酉拔。详《人物》。

赵维新，字鼎臣，进士天麒曾孙。雍正十三年乙卯拔。

史耿光，字炳青，进士谦光兄。乾隆六年辛酉拔。

史峄，字鲁望。东堡人。举人龙光侄。乾隆十八年癸酉拔。

魏大观，字近光。乾隆三十年乙酉拔。

魏鸿祖，字观扬。乾隆四十年丁酉拔。

魏凤书，字炳廷。鸿祖子。乾隆五十四年己酉拔。

副榜

国朝

赵梦麒，顺治丙戌北闱副榜，任乐平训导。

孟洗心，字口口。康熙甲子副榜。

赵尔恕，乾隆三年戊子副榜。见《进士》。

张士超，字仲班。乾隆四十四年己亥副榜。

岁贡

明

李贽，任沁州学正，籍隶武乡。

张显，南京吏科给事中。

冯庸，彝陵州判官。

侯辅，陕西安塞县主簿。

胡本，云南府同知。

周楫，户部主事。

孔禋，西宁州判官。

武郁，段村人。泽州学正。

高伟，广东定安知县。

陈凤，直隶仪真县主簿。

陈理，应天府江宁知县。

武季良，段村人。徽州府教授。

张真，陕西伏羌县主簿。

张允，陕西开城县主簿。

胡沂，任上林苑监，嘉蔬署典署。

武俊民，段村人。北平廉访司主事。

李广

姚侑，山东齐东知县。

胡庸

韩吉

李遵，陕西宜君县主簿。

原铭

李福

赵琏

武希文，名绮，以字行。段村人。温州府推官。

任友

武镃，段村人。壬寅贡。

吴镇，开封府经历。

王钦，光禄寺典簿。

张辉

朱昶

胡琏

王昺，陕西渭南县典史。

陈纪，段村人。安陵州州判，升独石县知县。

李昂，河南新蔡知县。

赵汴

胡永，东昌府知事。

陈演，段村人。任山东断事，升辰州府同知。

胡俊

陈鹏，湖广襄阳府知事。

赵敬，举人士元父。临城县丞。

冯允宗

马鲛，山东济阳县税课局大使。

李春，大河卫经历。

张振，顺天府文安县丞。

王产铭，长乐人。州志作“王彦铭”。完县主簿。

武韶，广德州吏目。

冯升，迪功郎冠带闲住。

李锐，砖壁人。山东茌平主簿。

王宁，直隶临清主簿。

李敏，墨镫人。进士脯之祖。直隶威县知县。

冯经，进士显宗之子。山东兖州府教授。

李芳，陕西真宁县主簿。

张翀，山东宁海州判官。

王恕

史惠，东田人。山东胶州吏目。

陈璟，段村人。知县纪之子。

武威，段村人。河南扶沟县丞，详《孝义》。

段锦，湖广蒲圻县主簿。

李贤，江南苏州府知事。

赵聪，扬州府经历。

冯纬，进士显宗子。榆林卫训导。

魏谦，弘治六年癸丑贡，灵璧县主簿。

李蕃，监漳人。汉阳府照磨。

程暹，信义人。

安琢，史庄人。

陈继宗，鹏之子。

李麟，墨镫人。敏之子。

梁鼎，字新之。敦义人。

高明，河南府照磨。

张聪，陕西清涧县丞。

王纲

范文，山东曹县主簿。

李恭，李庄人。陕西西宁卫教谕。

李思诚，芳之子。

李璋，举人仁之子。河南祥府主簿。

籍惠，陕西韩城主簿。

刘敬

韩迪，韩壁人。举人麟之子。

李思让，芳之子。真定府照磨。

刘琮

赵士宏，举人士元弟。山东齐东县丞。

赵孟，举人士元子。通州吏目。

武纲，段村人。本县教谕。

张经，安肃县丞。

武登云，段村人。隆庆元年丁卯贡。

王志高

魏明道，孙庄人。怀庆府检校。

武廷弼，段村人。光禄寺署正，升汉阳府通判。

赵纯，齐州吏目。

梁尧夫，字希雍，鼎之子。济南卫经历。

李绘，墨镫人。麟之子。岚阳县主簿。

武永登，段村人。太平府照磨。

赵兰，山东东阿主簿。

李逢春，东昌府训导。

李绶，墨镫人。历城县丞、武定州判官。

李绍，麟之子。河南府知事。

程继章，信义人。

程继孟，信义人。

李守道，聂村人。

赵纪纲，鸿庐寺序班。

段孟昌，段村人。潞安府教授。

赵纪领

孟醇，信义人。阳信县丞。

魏明睿，孙庄人。

冯周南

魏琏，嘉靖甲辰贡，未仕。

李春先，墨镫人。平吉县丞。

赵坚

高汝祥，明之子。武安训导，升庄浪卫教授。

刘九思，安东卫训导，升高陵教谕。

武龙光，段村人。万历三年贡，考授州同。

梁廷先

孟绍孔，信义人。山东诸城县丞。

巩固忠，山东城武训导。

赵体坤，永寿训导，升武功教谕。

李辉

李世科，举人仁之孙。

张士贤，陕西甘州训导，升阳城教谕。

武民钺，段村人。陕西米脂知县。

赵晋，绛州训导，升沈府教授。

李春泽，墨镫人。解州训导。

李春奇，墨镫人。山东磁阳县丞。

魏士亨，孙庄人。

武铁，段村人。陕西庆阳府推官。

王纳谏，永宁宣慰训导，升宁化王府教授。

魏鳌，进士光绪父。隆庆壬申贡，香河、府谷两县知县。

魏点，交城训导。

魏烈，万历丙戌贡。

李惟，万泉训导。

赵希鼎，商州训导，升教谕。

魏珩，万历辛卯贡。

程宗贤，信义人。岢岚州训导。

赵民赡，宜君县丞，升富平知县。

魏赠，举人兼之兄。万历丁酉贡，平阳府霍州训导，升陕西巩昌府通渭县教谕。

李惟一，进士瀚之孙。历让四贡。

张官，解州训导，升屯留教谕。

陈待聘，进士所行父。忻州训导。

魏潘，万历壬寅贡，大同府训导。

梁克勤，陵川训导，升许州学正。

李宗贤，进士脯之孙。

窦豪，绛州训导，升安化知县。

孟亚孔，辽州训导，升潞安府教授。

杜明，进士来凤祖。

米时发，段村人。

李僖，广志人。平定州训导。

魏应元，万历丁巳贡，山东兖州府诸城训导，升汉阳府通判。

李佳，广志人。大同府训导，升交城教谕。

武兆麟，段村人。沂州同知。

刘三杰，信义人。交城训导。

安于正，攀龙人。

魏权中，进士云中弟。天启丁卯贡，陕西鄜县知县，升西安府同知。

魏宏绪，举人兼之子。崇正己巳贡。

魏崇德，繁峙训导，升壶关教谕。

阎尚德，灵石训导。

魏宏志，举人以宁父。广平府训导，升束鹿教谕。

魏生中，进士云中弟。长治训导。

李升霄，曲沃训导。

韩文耀，陌峪人。

赵名弼，岸北人。

张鸿儒，官之子。

国朝

陈曰可，段村人。进士所行侄。顺治二年乙酉贡。

李廷枢，字□□。墨镫人。顺治四年丁亥贡，平远卫训导，升绛州学正。

韩光维，子辉之。顺治七年庚寅贡，兴县训导，调天镇卫训导。

程步程，字□□。信义人。顺治八年辛卯贡，屯留训导。

李永兴，字□□。苏峪人。顺治九年王辰贡，荣河训导。

张幼学，字壮行。顺治十一年甲午贡。

魏崇奎，字光斋。顺治十三年丙申贡，兴县训导。

程康年，字□□，进士启南孙。顺治十五年戊戌贡，江南太湖县丞。

李正兴，字□□。苏峪人。顺治十七年庚子贡。

韩文炳，字□□。康熙元年壬寅贡。是后停贡八年。

魏容大，字仲似，进士令望子。康熙九年庚戌贡，河津训导，嗣后复照旧例贡。

窦日宣，字肆三。康熙十一年壬子贡。

梁献忠，字□□。康熙十三年甲寅贡。

程廼绩，字□□，进士启南子，康熙十五年丙辰贡，马邑训导。

窦方旸，字彭源，希偶子。康熙十七年戊午贡。

魏世官，字大来。康熙十九年庚申贡。

李若桂，字月台。康熙二十一年壬戌贡。

史垂芳，字□□。韩壁人。进士珥之父。康熙二十三年甲子贡。

赵维垣，字□□。郑峪人。康熙二十五年丙寅贡。嗣后罢廷试。

魏前驰，字远庵，应元孙。康熙二十七年戊辰贡。

魏揖，字□□。康熙二十九年庚午贡，山阴训导。

赵蔺，字相如，进士天麒子。康熙三十一年壬申贡。

韩美珍，字□□。陌峪人。康熙三十三年甲戌贡。

李珠奇，字□□。墨镜人。康熙三十五年丙子贡。

史恒，字圣之。东田人。进士谦光祖。康熙三十七年戊寅贡。

魏骃，字龙宾，进士光绪侄，举人伦之祖。康熙三十九年庚辰贡。

魏担，字□□。康熙四十一年壬午贡。

赵铎，字赵州。三麒子。康熙四十三年甲申贡。

魏名振，字玉依，举人上年父。康熙四十五年丙戌贡，榆次训导。

赵廼麒，字季瑞，进士天麒弟，康熙四十七年戊子贡。

杜咏，字□□。康熙四十九年庚寅贡。

魏近濂，字蒲江，容大孙。康熙五十一年壬辰贡，汾州府学训导。

赵琴者，字□□。三麒子。康熙五十三年甲午贡，交城训导。

魏象辂，字文轩，担之子。康熙五十五年丙申贡，永济训导。

史簶，字载笔，东田人。康熙五十七年戊戌贡。

魏松年，字子如，名振子，经魁权五之祖。康熙五十九年庚子贡，猗氏训导。

魏旌廉，字介庵，进士云中之曾孙。康熙六十一年壬寅贡。

杜云林，字□□，进士来凤孙。雍正二年甲辰贡。

孟轼，字楚材，副榜洗心子。雍正四年丙午贡。

刘锡祚，字开之。雍正六年戊申贡，永和训导。

阎赐履，字□□。雍正八年庚戌贡。

李景纲，字文伟，庄里人。雍正十年壬子贡，屯留训导。

魏士方，字□□。雍正十二年甲寅贡。

霍鼎，字□□。乾隆元年丙辰贡。

魏笏，字传一。乾隆三年戊午贡，平顺训导。

程直，字古愚，进士启南孙。乾隆五年庚申贡。

李天郁，字惠川。乾隆七年壬戌贡。河津训导，署乡宁县儒学。

程述古，字企彭。乾隆九年甲子贡。

白大雅，字宜川，新村人。乾隆十一年丁卯贡，寿阳训导。

张文泰，字在兹，西河底人。乾隆十三年戊辰贡。

程礼，字理也。乾隆十五年庚午贡。

李彤廷，字殿扬，墨镫人。乾隆十七年壬申贡。

李邦彦，字□□，北社人。乾隆十九年甲戌贡。

史载光，字敬夫，举人龙光弟。乾隆二十一年丙子贡。

赵士翘，字起叔，郑峪人。乾隆二十三年戊寅贡，闻喜训导。

史廷评，字季公，韩壁人。乾隆二十五年庚辰贡。

赵天秩，字□□，长斜人。乾隆二十七年壬午贡。

史列左，字记言，东堡人，进士传远之从父。乾隆二十九年甲申贡。

李士元，字文庵，乾隆三十一年丙戌贡。

魏灏，字天泉，邢唐人。乾隆三十三年戊子贡。

李凤仪，字苞九，墨人。乾隆三十五年庚寅贡。

韩翚，字□□，陌峪人。乾隆三十七年壬辰贡。

李喆，字□□，西堡人。举人竞之兄，乾隆三十九年甲午贡。

武对扬，字昭休，墨镫人。乾隆四十一年丙申贡。

马克昌，字□□，马家沟人。乾隆四十三年戊戌贡。

郝景贤，字希圣，马牧人。乾隆四十五年庚子贡。

赵方普，字雪堂，东堡人。乾隆四十七年壬寅贡。

武价，字维藩，段村人。乾隆四十九年甲辰贡。

梁于泗，字孔津，白家窑人。乾隆五十一年丙午贡。

李天贵，字□□，东域人。乾隆五十三年戊申贡。

韩丹桂，字鉴堂，西坡村人。乾隆五十五年庚戌贡。

论曰：自进士之选重而诸科多废格不举，贡生一途，人皆谓之明经，然非唐宋旧制也。其法始于有明，我朝斟酌大备，恩、拔、副、岁判为四选，英奇特达之彦时出其中。膺斯选者，诚不自菲薄，固当与两闱俊材并驱竞爽，岂徒需次循资博广文一席已哉！

例贡

明

窦二桂，宝封县主簿，升馆陶县丞。

董錡，县主簿。

姜山，沂水县主簿。

李仲坚，贡士绶之子。

程良知，蠡县主簿。

姜朝凤，广志人。

魏训

程诏，信义人。荆州府照磨，升潘王府工正。

窦尔颜，进士一桂子。山东章丘县丞。

武炳文，段村人。本县主簿。

魏谟，静海、仪封两县主簿。

窦尔训，进士一桂子。鸿胪寺序班。

李惟几，广志人。

魏中原

武靖，段村人。芦沟桥巡检。

赵景凤，涌泉人。

韩孔乐，长乐人。河南襄城县主簿。

魏时望，举人之干子，进士名大父。鸿胪寺序班兼鸣赞事。

武钊，段村人。广宗县典史。

李文锦，广志人。

李文蔚

程伟绩，附监。进士启南子。

赵基洪，附监。显王人。

魏世骏，附监，府同知。

韩胤，韩壁人。陕西开城知县。

国朝

程正，字□□，拔贡康庄子。由附监县丞。

魏晋璿，字章思，进士光绪孙，拔贡驷之子。高唐州吏目。

赵镈，拔贡三麒子。由附监县丞。

李若渊，字开唐，苏峪人。由附监广东昌化知县。

程其扬，字□□，拔贡康庄孙，举人□之子。县丞。

孟韦，州同知。

孟奎，吏目。

魏士标，由附监县丞。

李琏，由附监州同知。

史典，字虞传，东田人。由附监州同知。

窦凤宾，由附监吏目。

梁京，县丞。

张可斌，由附监县主簿。

崔怀玺，南关人。由俊秀。

李祥麟，苏峪人。考授县丞。

程广居，信义人。附贡。

武彪，字世雄。段村人。附贡。

阎开部，信义人。吏目。

刘焕文，南关人。

李沆，字露盘，苏峪人，知县若渊子，举人范之祖。附贡。

萧俊品，字千子，中村人。由武生入监州同知。

段贽，武进士武候之子。附贡。

安蔚森，字乐斋，攀龙人。由武生人监县丞。

李若超，苏峪人。拔贡璇之父。县丞。详《孝义》。

段旌，县丞。

李荫麟，沆之子，举人范之父。由附贡州同知。

赵玶，显王人。附监县丞。

史紫绶，增贡。

刘泽，吏目。

李景昉，字员亮。县丞。

史廷擢，字拔尤，韩壁人。附监主簿。

李蕃滋，字盛珍，广志人。州同知。

杜师周，进士李之孙，监生，己酉举人。

李伏麟，字潜光，沆之子，廪贡。灵丘训导，升广平府经历。

赵凤灵，显王人。主簿。

魏希曾，字省轩，贡生近濂子。州同知。

李彦国，拔贡璇之子，苏峪人。附贡。

李范，荫麟子。附贡，丁卯经魁。

李鳌，苏峪人。候铨县丞。

萧友良，字仲房，中村人。俊品子。廪贡，训导。

李道著，字闇然，权店人。候铨县丞。永清之祖。

李模，字仲楷，荫麟子。廪贡安邑训导。

史淑情，字和庵，东田人。录之子。例贡。

崔象山，南关人。例贡。

李采，字汝明，伏麟子。山东宁阳县丞，升盐运司经历。

李启元，字春阳，荫麟孙。廪贡。泽州府凤台教谕。

梁天足，上郝人。例贡。

李灼，字熙甫，伏麟子。廪贡。

魏大咸，韩壁人，举人伦之子。例贡，布政司经历。

李馨，由武生人监，湖南芷江县怀化驿驿丞，县署丞事。

李调元，字赞化，荫麟孙。贵州龙泉县典史。

赵子晖，字□□，举人扩之父。附贡。

杜重华，山交人。例贡。

梁雷，天足子。附贡。

王元会，寒广人。附贡。

郭王都，龙泉人。例贡。

魏大泰，字叔来，举人伦之子，附贡，两举优行。

李文元，字毓初。米之典史。

李坦，广志人。由监生州同。

李升，山交沟人。由监生州同。

陈贽，泉则头人。由监生州同。

魏大升，字象文，举人伦之子。候铨主簿。

郝允中，石盘人。由监生布政司理问。

窦光融，附贡。

郝钟奇，五峪南沟人。增贡。举优行。

韩枫丹，字爱林，鹅头人。附贡。

魏敦，字厚甫，举人大履侄，主簿大升子。附贡。

窦晒，沙河头人。例贡。

掾吏

明

崔麒，京仓大使。

董思尧，池州府小池驿驿丞。

吴宽，山东恩县主簿。

郝世宰，高平桥村驿驿丞。

韩浩，陕西马关驿驿丞。

巩思泰，大盈仓副使、商州巡检。

赵士锡，浙江税课司大使。

程豪，河南新郑典史。

温邦奇

窦荣光，郧阳县丞。

李维新，大使。

李赞化，阜平、寿光两县典史。

李阳春，权店人。湖广长沙府驿宰。

赵梦鲤，都察吏主簿。

赵永汉，大使。

李若泌，苏峪人。考授县丞。

国朝

杜槐俊，胶州仓大使。

李道珍，权店人。莱阳、义宁两县典史。

魏万裔，考未入流。

张重新，考从九品。

魏超，考未入流。

李大勋，考从九品。

李文郁，考未入流。

梁骥，考未入流。

董思益

张国兴，考未入流。

张德滋，考未入流。

王天辅，考未入流。

安峰秀，考未入流。

张玿，县丞。

张嘉士

武琬，段村人。

李士祺

武其禄，石盘人。

李勗

武天保，考未入流。

武绍前，考正九品。

郝邦静

石王基，考从九品。

赵珏

武清，段村人。

刘士芳

李永绍，考从九品。

刘印，考未入流。

魏宗唐，考未入流。

安藻，考未入流。

董学舒，大曲人。

阎安国，考从八品。

安维秀，考授八品。

李桧林

周登富，邢庄人。

王瑜，考授八品。

武达，考授八品。

郝玜

弓王珵，考授正九品。

郭维城

郝九卿

李文珍

郝元

韩运广，西坡村人。考授正九品。

王凤和，考授八品。

韩休礼，考正九品。

韩荣，吏目，韩壁人。

苑高发

李金枝，考正九品。

李资美

崔舜，考未入流。

韩涛，鹅头人。考授正八品。

李弼，典史。

郭府
牛天明
任国宰，考未入流。
李枝，考授九品。
郝邦岳，典史。
郝士琏
贾策
李焄
史公颖，考未入流。
石之璧
高涵
梁狄，考从九品。
魏景仁
阎吕升，铜仁县长官司吏目。
武佐，段村人。考从九品。
王贵龙
王显
李钟科
武守仁，佐子。考从九品。
李吉庆，考未入流。
武辉璧，段村人。考未入流。
程其凤，考未入流。
李唐辅，考从九品。
陈文焕，考未入流。
刘玉，考未入流。
李仪，考未入流。
李若连，考未入流。

李玉枢，考从九品。

李天培，考正九品。神前人。

陈汉儒，考未入流。

赵王碧，考从九品。

武才成，考未入流。段村人。

高继先，考从九品。

刘炤，考未入流。

张圣礼，考未入流。

赵麟祥，考未入流。

魏瑾，考从九品。

史学愚，考未入流。

陈述采，考未入流。

李辅粥，考未入流。

武煜，考未入流。段村人。

董万章，考从九品。

魏凤光

冯俊选

魏文成

陈春元

白珍

论曰：萧曹皆起身刀笔，而司马长卿亦以赀郎致位卿相。自汉而降，以他途进者，位大寮为名宦，代有其选。后世资格论人，辄谓某某以赀入仕，为此说者，藉令出其所学，与所谓某某比德量材，正不知颉颃奚似也，至掾考一流，尤近日人情揶揄者，岂铅刀竟无一用哉？譬梁栋榱桷，为材不同，其登于宫室则一而已，奈持一格以相天下士也。

封荫

明

窦子文，明之父，赠刑科给事中。又以孙一桂赠光禄寺卿。

马氏，明之母，封孺人。又以孙一桂封淑人。

马氏，一桂妻，封淑人。

窦尔长，一桂子，荫太学生，任户部照磨，升巩昌府通判。

武贵，廷弼父，封光禄寺署正。

王氏，廷弼母，封安人。

龚氏，廷弼妻，封安人。

魏国模，之干父，封承德郎、户部浙江清吏司主事。

王氏，之干母，封安人。

程氏，之干妻，封安人。

程氏，之干继妻，封安人。

程继孔，启南祖，封资政大夫、工部左侍郎加二品服。

李氏，启南祖母，赠夫人。

魏氏，启南继祖母，赠夫人。

程视箴，启南父，赠资政大夫、工部左侍郎加二品服。

魏氏，启南母，赠夫人。

高氏，启南妻，赠夫人。

张氏，启南继妻，赠夫人。

程嘉绩，启南子，荫太学生，任南北太常寺典簿，历升至刑部云南司郎中。

魏国柱，云中祖，赠通议大夫、兵部右侍郎、加赠资政大夫、兵部尚书兼都察院右副都御史。

王氏，云中祖母，赠夫人。

魏灼，云中父，初赠文林郎，项城县知县，累赠通议大夫，兵部右侍郎，加赠资政大夫、兵部尚书兼都察院右副都御史。

卫氏，云中母，赠淑人，再赠夫人。

董氏，云中妻，赠夫人。

李氏，云中继妻，赠夫人。

魏世师，云中子，荫太学生，候铨都察院照磨。

魏鳌，光绪父，赠文林郎、云南道监察御史，加赠中宪大夫、顺天府府丞。

董氏，光绪母，赠恭人。

陈氏，光绪母，赠恭人。

韩氏，光绪妻，封恭人。

陈待聘，所行父，赠文林郎、永年县知县，再赠中宪大夫、苏州府知府。

魏氏，所行母，累赠恭人。

程氏，所行妻，封恭人。

国朝

杜其浮，来凤父，赠文林郎、江南江宁府江宁县知县。

魏氏，来凤母，赠孺人。

萧氏，来凤妻，封孺人。

赵廷抃，三麒父，封奉直大夫、陕西同州知州。

张氏，三麒母，赠宜人。

魏氏，三麒妻，封宜人。

杜征友，李之父，赠朝议大夫、吏部稽勋司郎中。

魏氏，李之母，赠宜人。

魏氏，李之妻，赠宜人。

段朝裳，武侯父，封明威将军。署守备，管陕西常平营守备事。

梁氏，武侯母，赠恭人。

程氏，武侯妻，赠恭人。

魏氏，武侯继妻，封恭人。

李斌，进威父，封武德将军，署守备，管广西富贺营守备事。

霍氏，进威母，赠宜人。

阎氏，进威妻，赠宜人。

汪氏，进威继妻，封宜人。

魏巍，字尧功，近濂父，貤赠修职郎、汾州府训导。

赵氏，近濂母，貤赠孺人。

史恒，龙光祖，貤赠儒林郎、江南直隶泗州州同。

魏氏，龙光祖母，貤赠安人。

史兆鲲，龙光父，封儒林郎、江南直隶泗州州同。

魏氏，龙光母，封安人。

魏氏，龙光妻，封安人。

李沆，伏麟父，貤赠修职郎、直隶广平府经历。

魏氏，伏麟母，貤赠八品孺人。

李永超，深之父，貤赠文林郎、朔平府右玉县教谕。

韩氏，深之母，貤赠孺人。

魏子琦，伦之父，貤封文林郎、蒲州府猗氏县教谕。

李氏，伦之母，貤赠孺人。

李伏麟，采之父，貤赠征仕郎、山东盐运司经历。

郭氏，采之母，貤赠孺人。

史德菜，谦光父，封文林郎、江西奉新县知县。

魏氏，谦光母，封孺人。

程氏，谦光妻，赠孺人。

马氏，谦光妻，封孺人。

白崇绘，大雅父，貤赠修职佐郎、平定州寿阳县训导。

张氏，大雅母，貤赠孺人。

史宋彬，传远祖，诰赠奉政大夫、陕西直隶兴安州知州。

张氏，传远祖母，诰赠宜人。

李氏，传远继祖母，诰赠宜人。

史能谦，传远父，诰赠奉政大夫、陕西直隶兴安州知州。

李氏，传远母，诰赠宜人。

韩氏，传远妻，诰赠宜人。

武氏，传远继妻，诰赠宜人。

李翰，启元父，貤赠修职郎、泽州府凤台县教谕。

刘氏，启元母，貤赠孺人。

魏松年，惟五祖，赠儒林郎，陕西以知县借补商州直隶州州同。

史氏，惟五祖母，赠安人。

魏宸庸，惟五父，赠儒林郎，陕西以知县借补商州直隶州州同。

陈氏，惟五母，赠安人。

李氏，惟五继母，赠安人。

史氏，惟五妻，赠孺人。

魏上年，宸拱父，赠修职郎教谕，管岚县训导事。

程氏，宸拱前母，赠孺人。

姜氏，宸拱母，封孺人。

任国宰，重之祖，貤赠文林郎，陕西以知县借补凤翔府凤翔县县丞。

郝氏，重之祖母，貤赠孺人。

任志贵，重之父，赠文林郎，同官县知县，前借补凤翔府凤翔县县丞。

郝氏，重之母，赠孺人。

郭氏，重之妻，赠孺人。

陈氏，重之继妻，封孺人。

论曰：仕而邀有封典，覃紫焚黄，光昭存没，典固綦盛，又况荫及似续尤称异数乎？膺兹宠者，宜何如克副厥恩？令秉史笔者指名曰是固不愧父若祖者，是固不愧子若孙者，其荣施更奚似也。国家选举之隆于斯为极，故纪之以封荫终焉。

恩荣顶戴　乾隆元年，钦奉恩诏，凡生监军民年过八十以上、身无过犯者，给八品顶戴荣身。武乡凡得九人，今附于封荫之后。

段遇裳，生员。

赵素，佾生、增生，应麒子。

魏梁，佾生。

白明亮，以下俱老民。

李棻

王进全

李步朝，贡生士元父。

张俊英，贡生文泰父。

赵玉

人物

地灵人杰，自古云然，顾人借地传，地亦借人传。武邑名卿硕德，炳炳麟麟，辉映史册，归之地乎？归之人乎？典型宛在则效，攸关贤而列于乡，非徒扬前徽，抑以淑人心也。志《人物》。

晋

石勒，字世龙，小字智。勒其先匈奴别部，散居上党武乡羯室，因号羯部。祖邪奕干，父周曷朱，并为部落小帅。朱性凶粗，不为部众所附，勒壮健有胆略，好骑射，朱每使代己督摄部众，部众爱信之。并州刺史司马腾执诸部于山东，卖充军实，勒亦在执中，卖与平原师欢为奴。欢家邻马牧，勒与牧帅汲桑往来相托，遂招集王阳、夔安、支雄等乘赤龙騄骥诸苑马，号十八骑，掠绘宝以赂汲桑。成都王颖故将公师藩等起兵赵魏，众至数万，勒与汲桑率牧人得数百骑赴之。桑始命勒姓石名勒。藩拜为前队督。藩战败身死，勒与汲桑亡潜苑中。颖将如河北，汲桑以勒为伏夜牙门，率牧人劫掠郡县系囚，合军以应之，屯平石。桑自号大将军，勒为前锋都尉，攻邺，克之。寻为苟晞所败，勒乃往从刘渊，拜为辅汉将军。刘聪立，以勒为征东大将军。并州刺史汲郡公刘粲攻洛阳，勒留长史刁膺统步卒九万，徙辎重于重门，自率轻骑二万会粲于大阳，大败。监军裴邈于渑池遂至洛川，勒出成皋，围陈留太守王绩于仓垣，为缵所败，屯文石津。将北攻幽州刺史王浚，会浚将王甲始率辽西鲜卑万余骑败刘聪安北大将军赵固于津北，勒引军向柏门，迎重门辎重，自石门、济南攻豫州刺史冯嵩于陈郡。不克，进攻襄城太守于繁昌，斩之。先是，流民王如、侯脱、严嶷等起兵江淮，受刘渊官位。闻勒来，惧。遣众一万拒于襄城，勒击败之。至南阳，屯于宛之北山。攻克宛，斩侯脱，降严嶷，尽并其众。南至襄阳，攻克江西三十余垒，有据江汉之志。张宾以为不可，引军而北。太傅东海王越率洛阳众二十余万讨勒，越薨于军。太尉王衍率众东，勒追击破之于苦县，尸集如山，杀王衍及襄阳王范等十余万人。越世子毗闻越薨，出自洛阳，从者倾城。勒逆毗于洧仓，破之，执毗及宗室二十六王并诸卿士，皆杀之。与王弥、刘曜攻陷洛阳，出轘辕，执大将军苟晞于蒙城，以为左司马。刘聪授勒镇军大将军、幽州牧，领并州刺史。用张宾计，自汝南葛陂北都襄国，袭幽州，擒王浚杀之。刘聪加勒陕东伯，得专征伐。及刘粲为靳准所杀，勒率众赴平阳，曜称尊号，授勒大司马、大将军，加九锡，赠封十郡，并前十三郡，进为公。勒至平阳，靳明出与勒战，勒大破之。遣兼左长史王修、主簿刘茂献捷于曜，曜西如粟邑。勒焚平阳宫室，置戍而归。后因刘曜听谗杀王修，且停太宰赵王之授，怒曰："帝王之起，复何常也！赵王、赵帝，孤自取之，名号大小，岂尔所节乎！"勒乃自称大都督、大将军、大单于、赵王，以二十四郡为赵国，号为赵王。咸和三年，四诛刘曜，南降祖约。五年，号赵天王，旋即尊位，改元建平。自襄国都临漳。年六十卒，夜瘗山谷，莫知其所，备文物虚葬，号高平陵，谥明，庙号高祖。

石虎，字季龙，勒之从子，祖曰匐邪，父曰觅寇。勒父朱幼而子季龙，故或称勒弟焉。年六七岁，有善相者曰："此儿貌奇，有壮骨，贵不可言。"永兴中，与勒相失。后刘琨送勒母王氏及虎于葛陂，时年十七，好驰猎。年十八，稍折节，身长七尺五寸，趋捷善弓马，勇冠当时。勒深嘉之，拜征虏将军。御众严而不烦，莫敢犯者，指授方略，所向无前。勒都襄国，仗以征伐之任，南擒刘岳，北走拓跋，东平齐鲁，西走秦雍，克殄十三州，虎之功居多。咸康元年，虎废勒子弘，称居摄赵天王，改年建武。永和五年，称尊号，建元大宁，至大和六年，在位十五年卒。

石宏，勒第二子也，字兵雅。幼有孝行，以恭谨自守。受经于杜瑕，诵律于续咸。勒曰："世非大平，不可专以文业教也。"于是使刘征任播授以大书，王阳教之击刺。立为世子，寻署卫将军。勒殂，咸和七年季龙逼立之，改年曰延熙。后季龙废为海阳王。安步就车，容色自若。寻害之，年二十二。

北魏

王文谟，道武帝时人。尝为东道行军总管、善州刺史、诸军使。著有政绩，封燕国公。崇正间，邑之东原得其太夫人张氏隧道石，甚悉。他无考。

后魏

宇文显和，祖、父并仕魏，官将军刺史。显和袭爵安吉县侯。魏孝武之在藩也，显和早蒙眷遇。及即位，擢授冠军将军。帝每不自安，谓显和曰："天下汹汹，将若之何？"显和曰："择善而从之。"因诵诗曰："彼美人兮，西方之人兮。"帝曰："是吾心也。"遂定入关之策。以显和母老，家累众，令预计。显和曰："今日之事，忠孝不并，君不密则失臣，臣不密则失身。"帝怆然曰："卿是我王陵。"迁朱衣直阁、阁内大都督，改封长广县公。从帝入关，至溱水，宇文泰素闻其善射而未之见也。俄而水傍有小鸟，显和射而中之，泰笑曰："我知卿工矣。"引为帐内大都督。俄出为持节卫将军、东夏州刺史。以疾去职，深为吏民所怀。寻进位车骑大将军，仪同三司，加散骑常侍。魏恭帝元年卒，时年五十七。

吴圣功曰："按《周书》《资治通鉴》及《庾开府集》，皆作"宇文显和"，而山西旧《通志》、武乡旧邑志俱止作"宇文显"，似脱"和"字，今从之。

后周

宇文神举，显和之子。世宗初起家中侍上士。世宗留意翰林，而神举雅好篇什。每有游幸，恒得侍从。保定元年，袭爵长广县公。天和元年，进爵清河郡公。高祖将诛晋公护也，神举得预其谋。及高祖东伐，诏神举从军。并州平，即授并州刺史。神举励精为治，示以威恩，旬月之间，远迩悦服。寻加上大将军，改封武德郡公，俄进柱国大将军，改封东平郡公。所部东寿阳县土人相聚为盗，率五千人来袭，神举讨平之。宣政间，幽州人卢昌期、祖英伯据范阳反，诏神举率兵擒之。齐黄门侍郎卢思道亦在反中，见获，解衣将置于法，神举钦其才名，释而礼之，即令草露布、继又败突厥服稽胡，即授并、潞、肆、石等四州十二镇诸军、并州总管。及宣帝即位，忌其名望，惧为后患。复以素有宿怨，诏使赍鸩酒赐之，薨于马邑，时年四十有八。

唐

孙颙，字子掺。其先富阳人，远祖因官武乡，后遂为乡县人。唐时县尚名乡。颙学该邹鲁，才备宫商。退不绝俗，进不邀荣。官朝议郎。唐永昌年卒，年八十有七。子宝嗣。

李师行，砖北村人。父宁，前本县乡县令。时武乡隶上党，尚称乡县。有惠政。师行接武，历任陕西延州司马，吏畏人怀。子名可等五人。卒年八十有一。仪凤二年十二月初八日，葬箕山之南。康熙年间村人南耕得墓志。从邑旧志。

金

王师正，新丰里人。以进士任陕西按察司知事，迁南京留守判官，所至有政声。卒，崇祀乡贤。

元

阎士谦，至正初，任兴元路凤州知州，升兴元总管。卒，崇祀乡贤。郡志无，旧邑志未载其事实。

阎瑄，至正初，任陕西伏羌县教谕。深通经术，善诲生徒，有苏湖风。

卒，崇祀乡贤。

武焕，至正间，授本县尉。卓有德政，至今邑人诵之。卒，崇祀乡贤。

吴纯，至正间，任沁州判官，陞安邑县知县。卒，崇祀乡贤。郡志、旧邑志俱未载其事实。

明

任原，监漳人。洪武初，吏治明肃。原以甲子乡举登仕籍，清慎自持，所任皆称职。历官吏部右侍郎，其治绩惜不传。

武纲，见《选举》。初授直隶密云县知县，清廉严毅，门无私谒，累擢广东道监察御史。卒，崇祀乡贤。

庞清，洪武乙丑进士，任监察御史。尝被召迟赴，上诘之，对曰："送父还乡。"上趣使追之，至则楮镪数贯、蒜一连而已。上笑曰："汝名清，可谓不愧厥名矣。"御书"惟清"二字赐之，升扬州府知府。卒，崇祀乡贤。

李仁，字元善。举人，授上蔡县知县。清洁自持，一介不取。盘餐鲜肉，食啖芥菜，故名有"李芥菜"之谣。乡民某谒县云："耕地得白金若干，愿输之于官。"仁曰："闻汝素孝，且得金不隐，可谓善人矣。天赐汝物，勿矫也。"其人坚不受，仁遣谨愿吏为之置物产，其人感仁恩，密送金于家，弟知，力却之，乃叹服而去。九载，将迁擢，闻父病，即告归。归时父已愈，遂与弟怡怡于舍，不更仕。明正学以训子孙，敦孝让以化乡里，远近争效慕焉。卒，崇祀乡贤。

赵士元，成化庚子举人，见崇祀乡贤，而州、县旧志乡贤人物诸条俱不载。其嘉言懿行，必有足为邦人矜式者，惜不传。

窦明，进士，任刑科给事中。首疏时政四事及京营军弊、晋地荒粮，俱见嘉纳。又发用事者奸利，直声振一时。用事者中以法，祸几不测，以谏官毛宪等用救得免。出知裕州，尽心治民，不以迁谪介意。寻擢凤翔府知府，累官陕西右布政使。卒，崇祀乡贤。

李黼，进士，任莱阳县知县，有政声。未几告归，筑云深庄于其里，与乐平乔宇、襄垣刘龙、和顺王云凤结纳，倡酬吟咏，播一时义。官某等欲为奸利，挟众奏请，祈移县治于故城，又欲分作二县。黼上书各上台极言其害，事遂寝。书载《艺文》。

窦一桂，明之子，进士，授宝庆推官，历升光禄卿。以言事黜为河南参议，终河南右布政使。一桂读书留心性理学，为文崇艺黜华。既贵，见古庵毛宪讲学而悦之，时时执经请益，于克己功夫最多得力处。作《新迁县学碑记》，借以规多士，载《艺文》。

魏鳌，字景龙，号春江。生有异资，群书一览即弗忘。与昆弟点、煦、赎、兼五人狎主文坛，校试者非诸魏不压卷，人以五桂推服。顾数奇，九试不售，以选士授献县丞。登荐剡者九，檄旌者十九。擢令香河，治状如治献。会傍邑水灾，欲以香为壑，鳌力为民请命，部使者难之，即解组归。继补府谷县知县，吏畏民怀，治行为鄜延第一。后竟以强项归。里中突不黔者、丧不能具替者、贫无室与家者，皆仰借于鳌。构庐数楹，群里中子肆业，户外履常满。献县、香河皆崇祀名宦，卒，崇祀乡贤。

赵希鼎，号古松。孝友学博，由岁贡任商州训导。教士以和敬为主，倡捐修学宫，设学租，士人至今赖之。升周至教谕，亦以教商者教周至。于明伦堂设经史，诸生不时问难，剖析明确，无不惬其意以去。民有忿争亦来质，直者书嘉词赠之，曲者必委曲开导。久而相化，靡有讼争。年老告归，卒。商人思之，请祀于学宫。

窦豪，字以兴，明之孙，一桂侄也。生而轩爽特达，嗜读书，好施与。值岁歉，尝称贷以给饿莩。万历癸丑以明经选绛州司训。绛多宗室，其悍黠者拓地造屋，侵学旁基址。豪喻以大义，弗止，率诸生撤其屋，白其事于诸上官，卒得复故。五年，升陕西安化县知县。安化为边瘠地，民苦征输，际军需迫促，竟以赋不及额罢归。明年，有旨原之，豪不复起矣。居家二十年，八十一卒。

魏云中，字定远，号震彝。弱冠登进士第，授项城知县。项故多大猾，云中甫下车，即设计擒贼首蔡项诛之。课最，擢御史，劾礼部侍郎史继偕、南京兵部尚书黄克缵，又劾太仆寺少卿徐兆魁贪秽状。未几，劾诚意伯刘意臣，又持熊廷弼行勘及韩敬科场议。寻劾文选郎中周应秋纳贿嵩官，历诋其所用辽东巡抚张涛、云南布政使薛士彦、湖广提学副使董其昌。且言应秋受事，引进匪人，流毒天下。给事中吴亮嗣诋云中借端扫除吏部，吏部尚书赵焕亦为应秋辨，云中遂劾焕曲庇属官，亮嗣谄吏部。亮嗣复言云中入台数月，排击史继偕等八九人，又创匪人之说，设无形罗网。云中再列诸人罪状，痛诋亮嗣。帝皆不问。三王议并封国本摇者数四，云中力持之，不少借光。皇帝得立，佥壬皆侧目，时已例转甘肃佥宪矣，遂挂冠归。未几推边才，起通州兵备道，召为尚宝卿。三年冬，屡迁右佥都御史，巡抚宁夏。自哱拜乱，套寇乘之，毁黄峡、宿鬼诸口，三石关墩堡渐废，官兵不敢上贺兰山，贼反居内。云中缮堡凿渠，兴屯练士。明年十二月，魏忠贤恶其党东林，罢归。崇正二年，召拜兵部右侍郎。王象乾、张宗衡争插汉款剿议，尚书王洽请令云中行边还，言象乾策善，款议始定。云中乃列上八事：访属部，厚侦探，谨内外，恤将卒，修营舍，复额兵，定功罪，择守令。帝褒纳之。象乾请老，即命云中兼右佥都御史，总督宣大、山西军务。都城被兵，帅师入卫。三年，流寇陷山西州县，被劾，罢归家居，修城筑台以御寇，乡人赖之。卒，邑人建祠，绘象以祀之，复崇祀乡贤。

陈所行，字力如。父待聘，任忻州训导，有介节。归里，家贫，同妻魏氏茹荼自甘。所行流涕曰："大丈夫不能钟鼎养亲，何以为人？"遂扃户读书。年十七，登贤书，二十一岁成进士，授永年县知县。开水渠，平□价，民咸德之。时有乌鸦捕蝗之异，入为工部主事，升员外。督建工作省帑金十余万。中涓以不得侵渔，数行诟詈，所行弗为动。升大名府知府，审重囚五百余名，多所平反。后补苏州府知府。大盗叶郎生谋不轨，党羽连三省，所行先事觉之，捕郎生并首恶二十余人正法，余众解散，反侧悉安。苏，江左大郡也，事务猬集，所行亲为综理，不稍假吏胥权。以劳瘁致疾，告归。卒，年仅四十余。所著有《令永纪略》《芝应瑞》等草，崇祀乡贤。

魏光绪，鰲之长子。字孟韬，号元白。以进士高等授行人，奉命使江右楚豫，诸王例赐金帛，概弗受。擢云南道御史。时东西角党，光绪岳岳中立。凡所弹劾，不避权贵。挺击事起，聚讼十余年，无执咎者。光绪抗疏至再四，卒屈旁议，公论大明。巡按山东，妖贼徐鸿儒余党多潜伏，当事欲歼之，光绪力主招安，全活十余万。逆珰□嘱所亲不遂，矫旨降级调外用。崇正改元，召还，巡视京营，晋少京兆，升太仆寺正卿。力争本寺牧地数万顷，又设处二万金，差官市西骏，蒙叙绩，恩赉有加。楚中妖人作乱，廷推光绪为巡抚。比至，出奇策歼渠魁，乌合悉散。土司彭元景恃险跳梁，设间谍使自相攻击，岳阳诸地悉安。既而寇犯桂阳，忌者遂以为口实，罢归。桂阳固赣州专辖，非光绪所部，人咸冤之。厥后，台省白其枉，得勿问。家居，岁荐饥，尽发积粟以赈之，立慈幼局，乳遗弃婴儿。捐资修筑城垣，备战守，其义举尤多。十四年冬，总督宣大命已下而光绪卒，时论惜焉。崇祀乡贤。

程启南，字开之。成进士，授襄阳推官，决狱多所平反，升兵部武选司主事，疏陈大可虑者三，请清冒滥、屏私人、简将帅。升郎中，迁济南道副使。岁大饥，绘图及书使吏抱以上，乞不赋山泽，许得支官舍之储粟以赒之，所活甚众。历布政司右参政，升按察使，迁右布政使，寻转左。平妖人徐鸿儒之乱，以功晋太常寺卿。时逆珰弄权，启南疏言："自古治乱荣辱之端在所信任，魏忠贤威移主上，蟠连禁闼，倪文焕、崔呈秀等扇党与摇唇膏吻而横于世，指夷光为媒母，借钩巨作刑书，以王振、刘瑾之势加之郅都之手，不六翮尽空不止。今齐州荒旱，彭城水决，江南地震，关中豕妖反天，不祥于斯见矣。乃尚有进玉玺、赋凤仪者，臣愚以为众正立即朝之嘉祥，群枉至即国之妖事，今即使朱草日生于庭、麒麟在囿，臣犹以为无因而至，而敢为回面汗行不思恋辙者乎？臣实不欲同疲驴为群，与汨俱没，乞放臣还山。"疏入，忠贤怒，即日罢归。居四岁，崇正改元，珰诛，即起通政司通政，寻升工部左侍郎，加尚书，服僚领官如故。而寺人之徒嗡嗡复用事矣。属户、工二部以太监张彝宪视事。启南连疏求退，其略谓意皇帝拱默，中人有窃政者似犹不足异。今天子英明，日夕望太平，而蹈覆辙酿乱胎，臣恐忠贤虽诛而忠贤之类尚冀死灰复燃，不止羞朝廷，而辱当世之士也。章累十一上得旨，予告还里。陈请两院减武乡征粮，从疲瘠例，豁沁州浮粮累金三千余两，民甚德之。

国朝顺治七年卒。先是权店有盗孙宪，侵夺客旅，胔骼不绝于路。天启间，启南请于朝，设一守备治次舍，防兵三百，盗以屏息，至今权店营不废。寿八十有九，子孙绳绳四十余人，以科贡显者踪相接云。

程嘉绩，字复初。少司空启南之长子。性沉静端方，虽贵介，喜淡约，寡鲜衣怒马之好。为诸生时，试屡冠军，因数奇不售，就胄子选太常寺典簿，所辖有庖人、乐舞生二千六百员，月支几六千金，故事簿腈削自润，嘉绩不私一钱。寻迁左府都事，会大同饷匮，有脱巾之变，流寇交讧，輓运不通，嘉绩不辞艰苦，输輓克济。未几，转秋官员外郎，有世宦苗思顺一案，株连沉阁最久，嘉绩分别条奏，无辜者悉为平反。复晋本部郎中，出大将猛如虎，于狱后如虎，卒以死报国，群推嘉绩为知人。科臣阮震亨以墨败，奉三百金为寿，倩要人缓颊于嘉绩前，嘉绩唾其面，以是得抗直名，不为众容，拂衣归。杜门却扫修，温凊课子孙，不问户外事，亦不屑事家人产，观空习静，公府不通一刺，里中亦忘其为名大夫。后数年卒于家，卒时有异征。崇祀乡贤，详《仙释》。

赵廷抃，字献吾。烈士克宽之子，幼时往邻邑就傅，途次见魏某沿河淹没泥沙中，呼救不可得，去。魏之亲属疑其邻张令德害之也，讼之官。张不胜棰楚，自诬服，拟绞。越明年，廷抃归，闻其事，代白之，张得出。谢廷抃曰："微子，德死矣，德之命赖子以生。虽然，德贫甚，何以报子？"廷抃曰："吾哀子之冤而白之，岂望报乎？"稍长，补弟子员，治《尚书》，考河道《禹贡》今古代异，著《河贡图》，又著《圣狂分念图》《五经麈谈》。子天麒，以五经登癸未榜。怀宗召问："少年何以通五经？"对曰："臣在襁褓时，臣父口授其义。"又问："尔父之年几何？"对曰："甫周花甲。"明年，闯贼陷京师，欲收物望，久闻廷抃名，屡檄逼之，廷抃窜逃山谷最深处。贼怒，遍使人物色不可得。皇清定鼎，季子三麒以拔贡任同州知州，封廷抃如其官。年九十有一无疾而终，学者称为文备先生。

国朝

程皋绩，字何功，一字思令。启南第五子。生而沉默，七岁能文，每超然有远想，学使者袁袁山甚见器重。年十二即入泮，是时文竞尚浮艳，弓用诸子，皋绩独湛深经术，大与时趋远。壬子，同侄孙为则、骧一榜登贤书，时有三凤齐鸣之羡。居父母丧，尽哀尽礼，庐墓三年，不履城市，合邑称为纯孝。已未，子必达已膺乡荐，父子偕北上，必达不第，而皋绩以迟暮成进士。戊辰，授蓬莱令，清介自恃，衣不重帛，食无兼味，从不以赎锾入筐中。邑陋规，有八保，保敛百金，皆奉邑令，实私囊。皋绩笑却之曰："吾无用阿堵为也，事切民生，力为之惟恐不及。"当路重其人，交章荐。摄郡司马篆，八邑咸服，恨扳辕不得留。莅任不满三载，致仕归，行李萧然。皋绩为人温恭端肃，虽系出华胄而恂恂惟谨，不以声色加人。旋里后杜门不出，博览载籍，以教子孙为专业。惟一老仓头供应对给扫除，怡然自乐，数年卒。

程必达，字子上，别号青谷，皋绩之子。幼纯笃，通敏好学，父训严承意唯谨。邑令齐漳群邑 中士为文会，必达与太史史珥、吏部杜李俱为诸生，同文坛，迭相伯仲。戊午，领乡荐。已未，同父皋绩上公车，皋绩捷南宫而必达竟以不第归。会母李氏病，必达侍寝达三载如一日。顷，皋绩已宦蓬莱，必达葬母毕即赴皋绩任皋绩为官以清慎闻。告归，行李萧然，必达徒步相从。抵家后，晨昏侍养，丧葬悉如礼。授文水县教谕，署理盂祁两县学事，所至以力学修行，劝励士子，皆能识拔其俊杰者，学使汪灏深赏之。戊子，三秦缺礼经，应聘分校，所得皆知名士，而解元来文爆出其门。主司顾悦履赠诗有"棘闱喜把冰心洁，桂苑欣悬玉锦空"之句，阅者以为真实录云。卒于官。

赵三麒，字乾符，廷抃季子。孝友真醇，好读书，五岁即能歌。遭时乱，随父母避居村墟，日夕手一卷不释。国朝定鼎，入泮成饩士。戊子，以岁试冠军恩拔贡生。明年，廷试授职。冬，铨桂阳州同知，时年二十五矣。抵任后，署州事，请兵剿红头贼，身先士卒，冒矢石，恢复临蓝，救被掠男女五百余人，遣各还乡里。署兴宁，贼来围城，出其不意，统乡兵千人攻贼巢穴，大败之。寻丁内艰归。服除，补泰州同知。奸僧假塔敛钱，掘墓焚尸，并采生掠口，为民害。捕得，悉置诸理。署江都事，禁需女，囤户申免江滩赔粮一千五百余两。报最，升同州知州。丁外艰，复补横州知州。会有以夙隙谗于抚军被弹，适吴逆叛，即解组归，沉酣载籍。尝偕张文举、魏惠庵诸公会饮山乐堂，年胥八十余，时人羡之，号为漳滨八老。著有《相史》《鞞山树藩浮槎集》《似园集》《河灯图说》《医脉》《系辞》《牧同纪略》《楚游草》。

杜李，字仰白，号希古。幼沉笃刻苦，能读书。稍长，日诵数千百言，为文洋洋洒洒，悉有法度。康熙丁巳，年十九，即入庠。逾四年庚申，食廪饩，自是文日益进。家贫，授徒四方，藉修脯为仰举俯育计。丁卯，举于乡，仍馆外邻邑子弟，多所成就，而太史杨尤寄尤高第弟子纵论古今，驰骋上下，最莫逆。丁丑，成进士。壬午，选授河南封丘县，以内忧未任。己酉，补授广西迁江县。迁故蛮地，俗犷悍称难治。李下车即锄豪猾，除盗贼，缓催科，免徭役。逾年，四境肃然，乃讲学诱进诸生，人材蒸蒸日丕变。俸满，擢中书。去之日，士民流涕如失父母。在中书一载，疏通典故，凡制诰多出其手，称详明，升吏部考功司主事。乙未，充会试同考官。先是甲午十一月，祖仁皇帝钦试诸同考于畅春院，日未午，李首纳卷，已出公门，有召趋入澹宁居大内，询科甲里居官职及读书作文，甘苦甚悉，温语移时，御批文字："很好，不荒疏，有畅明气象。"是科独李所得尽奇俊，有逾他房。四月，即升稽勋清吏司郎中。李陟铨曹未逾四年，凡三转，畏慎勤谨，厥职克称，时方引领公辅可指日。未几，本年冬以疾去，人争惜之。旋里日读书如故，常以教幼孙为事，尤究心《易传》《毛诗》《左氏》诸书。诗仿吏部，歌行乐府，逼晋魏古文辞，瓣香左史卢陵间而自出机杼，不拾前人齿牙慧。年七十四卒。两子：根深、根生，俱庠生，早逝。孙师周，己酉举人，好读书，能继祖志，中道殂，惜未见其用云。

陈舜裔，字孝源，号石斋。为人精敏，廉悍侃侃，自矜重，遇事慷慨敢为，自其少已然。治科举业，甫成童，以五经补博士弟子员。甲子，年二十三领乡荐，困顿公车三十年，恨不早博一第以报国。己丑，选长治县教谕，以内忧未任。壬辰，补闻喜县教谕。乙未，会试中式。戊戌，殿试成进士，年五十有七矣。阅九载，始得谒铨部，初掣江西奉新县，引见时新选官例得折奏时务，上一览称善，谕云："陕省连办军需，地方凋敝，亟需整饬。看尔才能可用，其往陕西。"改令伏羌，舜裔感知遇恩，治羌一以实心行实政。羌故古宁州地，地冲民疲。时西塞方用兵，转输刍粟征敛行间物用，文檄飞驰。舜裔经营擘画，民不烦苦，事亦不废。诸除陋规，恤水旱，厘祀典，锄强暴，善政不胜书。当是时，舜裔以能吏名三秦。寻以治卓署阶州，阶有旧城堡寨两里远在山中，供应文武十数署柴薪，奔走担负不胜苦。舜裔至则尽革之，自鬻以为炊。营兵千余，恃众骄悍，强取民物，捕得尽置于理。兵大哗，将弁皆忿。舜裔曰："如若向所为，则阶民尽弱肉矣。"通详上宪制府，为褫弁职，由是兵戢民安。会豪猾傅某多不法，访参将治之，傅大惧，度公不可以货贿情而动，先事嗾其党牟道等十余人，唆羌属借署月征粮为词，勒商贾皆罢市，聚众登山，复诬于各上宪。盖舜裔以六月望后将旋羌，以催科各条预戒掾吏，豪遂假为口实，其实未尝立限征收也。当路不察，遽以激成民变劾。奉旨署牧陈舜裔催办国课，并非私派，苦累民间，不必革职。刁民聚众喧嚣，协制官长，目无国法，着严审定，拟具奏。讵承审官素忌舜裔，必欲文致如前，谄当路，舜裔大声怒目曰："我一死不足惜，奈何弁髦上言若是。"即具揭本抚刑部都察通政各司院曰所以唆勒刻幞状。"奉旨："牟道等抗粮聚众一案，情罪显然，乃久不具奏，其中必有情故，陈舜裔所揭不为无因，着该抚作速严审。"乃舜裔性刚好气，自念无辜受诬，愤恨无所出，比温旨再至，而病已入膏肓矣，即于次月春正朔日卒。卒后冤得白，豪猾皆遣戍编管有差，嫉舜裔者犹以前任亏空坐赔补□。其子也愚于羌十载，今上御极始邀恩宥，得扶榇归，年六十有八。著有《即心集》。子二：也愚，也章，俱庠生。

魏松年，字子如。祖迪征为武庠弟子，年八十有七。父名振，岁贡生，选榆次训导，不赴，年八十有三。两世以耆年厚德为乡里所称。松年少好学，有文名，顾数奇不能取科第，仅唐明经选。为人严直，衣冠言笑，一无所苟。家故贫，以笔舌供饘粥，非其所当有，一毫莫取也。至性过人，事继母无间言，友诸弟甚笃。五十丧偶，终身不再续，或问其故，笑不答。为猗氏训导，勤于其职，诸生咸畏而爱之。又能却馈遗，捐金置祭器，其洁己奉公如此。越二岁，丁内艰归，猗人□以诗，有“接物光风霁月，存心白日青天”之句，盖道实也。服阕，补翼城训导，不就。里居课子孙，日取《易》象性理诸书播文绎义，手自疏抄，以贻后昆，或时作小诗自娱。长吏钦其德，岁时遣人存问，三与宾筵，年八十有八卒。子宸庸，有孝行，邑人至今犹道之。

史谦光，字豫庵，号敬轩。性敦敏，受业胞兄凤光。兄笃于儒行，训课严而有法，悉秉承无违。初为文，庄雅如夙成。入童子试，阅者咸疑为旧作，故屡见黜。会学使聘同邑李伏麟随阅试卷，先以实告，乃获售。丙辰恩科举乡试。乙丑成进士，授江西奉新县令，县故多大族，谦光接遇惟谨，必以礼。听断务情理相先，不尽任法，尝数决疑狱，人钦其能。监生熊某健讼，每一官去辄贿吏去其讼案，后至者无从检察，益横甚，士民屡受其毒。谦光甫莅任，即默询诸吏，有赵吏发其事，具实详革，阖邑欢歌，有“今日拨云才见天”之句。顾赵亦黠吏，年终谕赵吊查近衙各铺赈簿，赵意查发官赈，亲取送宅，谦光逐页细检，得赵已未偿赈约数百金，诘曰：“汝一书吏，终岁需用若此，非受贿何？倘有发汝事者，较革监熊例应加等，不能为汝贳也。”赵当即恳退。一日公出，某素豪猾喜奔竞贿役，使导至其门，欲干以私，遂迎至门，曰：“公何来？”谦光悟为役所绐，笑应之曰：“适欲往彼路，经此耳。”立谈数语而去，其人以是故，不敢复来亲谒。时胡大中丞抚江西，谓其有循吏风，报最有日矣。乃两亲年皆古稀，且遘病，遽引疾归养。胞兄凤光早卒，谦光训其子嶷早岁入庠，为知名士。两亲同年卒，谦光逾年亦卒，人以未竟其用为足惜云。

魏伦，字明川，号一峰。生而磊落，有至性，读书务究大义。初为文，即慕启正、金黄诸公。不与时趣，尤邃于史学，上下数千百年兴败得失，皆能确指其故。雍正己酉科试，由附生选贡成均，迎送日，学使励谓曰："此次山右拔贡凡百十人有奇，率以书文较其短长，惟平定州某水利策暨汝兵策援据该详，词旨剀切，有济时才，庶其勉之。"朝考列优等，用者皆中年，伦年少，故不用。同乡孙文懿公官祭酒，素稔伦，拟以博学鸿词荐。伦自忖家贫，亲皆老，非舌耕无以养，辞不就。壬子乡试，同邑安子讷第一，伦第四，两人素相得。子讷文鱼鱼雅雅，具翰苑名流气象。伦文沉雄豪迈，议论纵横古今，皆中实用，有国士风，人谓两人功名殆未可量顾子讷年五十余始成进士，令山东博兴，旋卒。而伦六赴春闱，四荐皆不售，仅以明通授猗氏教谕，后补宁武，不赴。乃益肆力经济学，自秦汉以下各史及诸子各书，日夕披阅，每遇国家风教所成暨名贤勋业所始，尤潜心研叩，必以身置其间，实有得乃止。尝语人曰："吾自分数奇，未获一莅民社，吾所可安惟读书一生，于今昔治要所存，未能穷溯本原，无所归咎。吾且老，又乌能自逸也?"从伦学者多所成就，其吃紧训人处亦以是娓娓焉。生平著述甚富，多散失，长君大咸所藏，仅有《大中疏》《庄子南华诂》《左氏评》，是编底本悉伦所纂辑。关隘、武事二册，为前志所略，伦乃考次成帙，亦止就区区一邑言之。然即地可以知形，随事可以识备，亦足以窥见其一斑云。有传。

论曰：士君子功垂竹帛，德著彝常，方将崇祀宫墙，用光俎豆，岂但如昌黎所称乡先生，钓某水、游某丘，即祀于社而已哉！武邑前后诸公，在朝朝重，在野野重，所闻其人，所传闻其人，何可胜道？何元明而后祀于乡者晨星，为母亦力微寡援，岁久易湮乎？然而幽光潜德，百世犹馨，有激扬之责者，终不能无厚望焉。

文苑

立德、立言、立功，于古称三不朽，顾德不可见，可见者言与功而已。出则为事业，处则为文章，其实一也。论者谓先器识而后文艺，夫器识者德所见端，事业之根柢，而文章因之，视夫一行一节之长，称述里巷者为不侔矣。故即次于人物之后，俾观者咸知所向慕，求自立焉。志《文苑》。

元

任斗南，监漳人。贡生，侍郎原之父。学博能文，有重名。邑中碑版多出其手，好古者时踪得之。卒，祀乡贤。

明

孟亚孔，字泰岩。魁梧修髯，博极群书，精古今文体，名重乡里。以明经授辽州训导，考满擢潞安府教授。沈藩宗生贫者以百数，日来索酒食，亚孔分设二席，优文学者列上坐，论文讲学。无行者坐于下，终席不与交一言。其不逞之徒则启王惩创，久之，宗生知耻且好学，倾心于孟夫子矣。引年归，立社会文，鼓励后进。年八十五无疾终。生平著作甚富，惜皆散佚不传。

魏权中，云中季弟。性嗜学。崇正间，以贡生任鄜县知县。时流寇猖獗，权中练兵守城，贼数环攻，随宜御捍，乘间出，破贼斩级甚众，擢西安同知。平生雅好著述，虽仕不废。尝曰："至乐无如读书。"每有心得，辄见诸叙论，所著有《太极图》《鄜小草》甲乙集。

国朝

史珥，见《选举》。生有奇才，读书数行下，过辄了了。构文不假深思，援笔立成，日可得数十艺，数十艺如一艺。十二岁入泮，逾年旋食饩。壬子贡成均，试北闱本房，以第一人荐，主者疾其出山右，欲稍置后。房考不怿，竟摈落，曰："可留为山西第一人耳。"场后邀珥过从，持所荐卷扼腕叹曰："姑迟汝三载游上苑，吾不能以如此奇才为若辈作后殿也。"乙卯省试，果元闱墨出，远近争传诵，七艺俱刊，读者叹为如积薪，艺上一艺。明年成进士，选翰林院清书庶吉士。时昆山三徐当国，力致之门下，以国士相遇，羡为天赋奇才，不可幸而致也。潞生程尤爱其文仅得四五十首，姑授梓四方，来购者至不惜以千缗市，卒不多得，一时洛阳纸贵。珥既入馆，益肆力诸古大家，为文日益上清华诸选，虽平日号幽燕及三河年少者，无出其右。

未几，以积劳卒。著有《晋城草》《潞游诗草》。

程康庄，见《选举》。启南孙。天质颖悟，学问渊博。年未冠，从祖读书燕邸，文名动公卿。一时文坛老宿如陈大士、罗文止、杨子常辈，交口推叹，比之齐晋，狎霸中原。明崇祯时，贼闯至晋，逼士大夫从逆，康庄以匿迹得免。我朝定鼎，由贡任镇江府判官。时海氛甫靖，兵民杂处，右民则兵哗，右兵则民病，康庄恩威并用，民怀兵慑。升安庆同知，决疑狱，多所平反。划策防江要害，盗贼屏息。因公误左选陕西耀州刺史，值叛兵万余围城，城故圮坏，康庄且筑且守，伺贼隙连发数十炮，贼党死者甚众，遁去，城得全。甫解围，防兵至，供应浩繁，倾囊赔补，继以称贷。民不扰，事亦不废。州人立祠祀焉。康庄虽已仕，犹手卷不辍，判镇江，山东王阮亭官江宁布政，以文相知，公余则两相唱和，置诗筒往来，人称为上下江诗伯。陈其年订明及今诗古文，批阅不下数千百卷，而诗仅得十家、古文四家，读者咸推确评，康庄两入其选。喜购书，所余俸悉买以归。武最僻，书称难觅，今藏书家最富者莫如康庄后裔，邑所无者，士往往得借观，曰："此昆仑先生之宦囊也。"

李之任，见《选举》。著有《东山游诗草》《燕游草》《金屋草》《豫游草》《匡城草》。

赵伟品，见《选举》。梦麒子。家世能文，著有《小歇吟集》。

魏驷，见《选举》。光绪子。幼聪慧，为人风流骀宕，虽生本华胄，雅与士人交，太原傅山尤称莫逆。山尝避静武乡，驷为特下一榻，朝夕谈吐，多古今轶事。相与坐卧一亭，题曰"赛露轩"，唱酬最多。山善书，驷工山水，约以驷成一幅，山作若干书，邱豁自娱，不乐仕进。汾阳朱太史和韵诗有"影与形为伴，松将石作盟"之句，盖指实也。著有《草中吟集》。

魏騵，见选举。驷之从弟。失怙早，驷以从兄督课最严，谨承无违，屡试，与封君史恒迭冠军，为饩士，以家业渐不赡，馆辽阳程衍士家，馆金入颇厚。时庶兄鋆已殂，虽分灶久，辄平分，寡嫂范氏。范年已七十，偶疾，必加意调养，终身不履城市，县尹罕识其面。三举大宾，力辞，仅一□解。

日以训子孙为生。目已昏，遇晴明犹日诵数百言，为诸孙讲授，训以成人之道，不少倦。与封君陈彰吉、太学窦凤宾、诸生史玿及从孙珮为东岩五老会。珮尤过从久，诗酒相乐，年七十四卒。著有《东山诗草》。

陈曰可，见《选举》。能文，邑中诸名士文会，必推盟首。卷轴最富，著有《兰谷山房诗集》《医诀心传》，兼精医学。

陈曰喜，进士所行子，曰可从弟。有《兰谷续稿》，兼工欧王各体。

魏珮，字德卿。增生，举人以宁孙。有至性，少失怙，依继祖母韩氏、母窦氏为命。家贫，韩氏织纴为生计，珮以是故得不废学。及为诸生，竭力事祖母韩、寡母窦，色养备至，孝闻闾里。初为文，肃疏古朴，不能屈意用举子尺度，故屡不售，乃屏弃时艺，读书观澜，学为屡世笔砚，所坐卧其中，不窥户外，专心沉酣诸古大家，上自六经史汉，下至方舆、律历、卜算、稗官野史之书，靡不览。中年耳力重听而双眸善睐，垂暮仍手不释卷。同时郡邑沁曰王瑛，武曰魏，珮称古学者无逾两先生，邻邑文士无论识与不识，争钦之。邑令高其行，以诸生两与宾筵，学使者黄叔琬、刘于义皆给匾旌奖。著述甚富，多散佚，其可考者《心性才气图解》《三晋诗钞》《皋狼人文志》《十子金丹》《家中丞年谱》《四奇录》《表记志序汇草》诸稿。年七十四终。子道来、道煛，俱庠生。

安子讷，见《选举》。字金铭，号讷严。少负奇才，世罕足当，意好诸书，读辄有得，为文洒洒。年十八冠军，旋食饩。壬子持旨，文取雅正清真，风气一变，人人争自濯磨，冀得当以报。榜放，讷以《尚书》捷山西第一，其同学魏伦以《毛诗》捷第四，讷亦未尝少加欣也。讷与伦两人本平生交，时负气或不相下，到纵谈得意处，尤两相倾。伦尝为人言：“金铭非独制举业，诸诗古文辞源流本末上下数百家，言之亹亹，卷轴滋味含咀良深，非徒然高置者。”乙丑闱前，两人避静京邸一衲庵，春宵漏永，伦以目力不胜早就寝，夜半梦回，仰视金铭兀坐几头展卷，默尔达旦不辍，夜以为常，因叹真读书人。以心印心，别有命脉所寄，并声色臭味俱化也。戊辰果捷南宫，成进士。后携小奚策蹇驴，远不能致，晋省奇山、佳水、名园、古刹可到者，皆有履齿迹。归卧敝庐，则一樽酣饮，与古为徒，表传志，叙四方，求者无虚日。丙子谒选京师华阳，顾汝修先生时为顺天尹，讷顾门下得意生，烦以吏事，曰："不可以文事？"曰："可。"凡二载，签掣得陕西高台县，引见，改山东博兴县。博故东偏邑，讷又负夙才，操刃恢恢有余。然性疏放，自谓案牍尘积，可一朝咄嗟办，而当事不谅，斥为绠短。二载解组归。未及旋里，卒于山左会城，年六十有一，生平著作甚多，多散朋侪间，无力成集。所读无论经史子集，必有手评，评皆别出心眼，里中学者时借观之，借往往轶失。子二：绳宗、绪宗，生员。

赵士翘，字起叔。成童时即厚重端方，不屑与群儿伍。嗜读书，一灯萤萤，励志刻苦。应童试，早岁冠军，旋食饩，屡战棘闱，思拔一帜，卒不售。遇益艰，学益笃，而文日益富。友教四方，循循善诱，多所成就，仰之者如山斗。其子接、孙恩龙皆早列黉序，说者以为教学之报。嗣以明经授闻喜县教谕，严饬诸生，谓读书人立品为上，文艺次之，故合庠无敢恃矜滋事者。未及三载，竟卒于官，一时士子无不垂涕饮泣，叹文运之薄。其为人所器重，岂特武一邑已哉！著有《易经注》《四书讲》。

论曰：文苑之别于艺文者，艺文扬华摛藻，专以富丽为工；文苑则必实于名教，有裨而举而措之，皆可见诸事业。故武不乏文人，要惟经术湛深者，始得与焉。乃或当以雕虫小技，失之远矣。

忠烈

士君子不幸遭国家之难，即未获夷险济艰而复顾惜身命，于情何忍？子也死父，臣也死国，成仁取义，于是乎在。视夫偷一日之生而遗万世之耻者，盖不啻霄壤矣。明末流氛遍天下，我武以身殉者卓有三人，其义愤所激，洵非独一邑之光也。志《忠烈》。

明

猛克济，权店营兵。身壮健，膂力过人，尝与营士戏扑跌，才一扑，其士应手而仆，营众忿，将合撄之，克济嗔目大怒，张两手如左右来翼，叱曰。众皆股慄，莫敢前，营中争呼为猛如虎，克济由是得名，拔百总。崇正五年，流寇四掠，由襄垣乘势及武乡，薄城下。克济从其掺守张一龙率众来援，贼故多乌合，见援兵至，仓皇皆失措。克济佐一龙，即于城下列势，三战三捷，然贼势盛，一龙度不可即驱，与克济约故守陴，惧其夜之将袭城也。众或以为怯，甚有疑其怀异志者。克济奋然曰："我辈岂畏死者哉！特以众势不敌，姑老其众，俟再有衅可耳。"以目视一龙，意将为前驱，一龙递跃马出，克济尾之，径冲突流寇四围中。一龙，宁夏人，素骁勇善战，又引克济为辅，两人左右驰驱，率以一当百，杀伤甚众。贼稍稍却将奔，一龙趁势逐之，至漆树坡大捷。会贼后队至，转战势愈众，从兵见贼氛正炽，辄惊走，各鸟兽散，独一龙与克济奋力死战。须臾，漫山塞野，贼众倍至，周麾合围，困两人于垓心，大呼下马速受缚。一龙度不能出，拔刀自刎。克济反顾抢救无及，跪而曰："拼我一命，以至此者为君耳，君既死，克济安得独生？"时身已被数创，血流满襟，犹步战力杀十余人。贼众蜂拥，砍于乱军之中。士人寻其遗骸，同守将张一龙葬于白家窑，名曰"双忠墓"，人皆识之。

赵克宽，字得轩。崇仁坊人。增生。工诗文，兼负意气，直指临鞫鞮试，诸生以炼石补天命题作赋，克宽赋独工，直指叹赏之，报冠本庠。崇祯五年冬，多闯逆叛，一只虎李过破辽州及傍郡县，士民无不望风投顺。克宽年且耄，犹精力倍常人。闻□，扼腕叹曰："朝廷养士三百年，何无一人上报耶?"俄而贼至，攻县城，内外居民无不狼狈窜，克宽独率家众巷战，颇有斩获。顾贼众，力不敌，为贼执去。贼素闻克宽名，协之从，不屈，责其不跪。克宽怒发上冲，大骂。贼怒，将杀之，子廷举奔救不得，遂遇害，至死犹喷血作骂贼状。

魏令望，见选举。生平爱读《左氏内外春秋传》及汉以下诸史，尝挑灯阅张巡、许远事，浮一大白，曰："不如是，非人臣也。"以进士初授商丘令，调繁太康。时流贼李自成已屯数十万众攻汴五年矣，人咸畏其去，令望曰："此正吾殒身效命之秋也。"既至，简刑徒及良家子，教以阵法，得精兵数千人。时李贼遣部将袁姓者炫甲来侵，令望投琴清啸，度贼懈，衔枚夜出，疾击之。贼仓皇无所避，死者枕藉。袁贼惧，持伪檄诱令望，令望戟手高骂，掷不顾，援枹登陴，昼夜不息。贼穿城，继以炮，城溃。令望立溃处，以木障身，连发飞炮及大将军等炮，杀贼数万。贼且窘将遁，会天返风，飚延火库，城中哗然。贼乘隙突上，令望手刃二贼，自投火，不死，贼复好言诱之，曰："自古有兴即有废，朱氏今当废，亦数耳，且若不过郎官，非大臣比，能从我，且用。"令望嗔目叱曰："贼奴！尔何知兴废。尔本天朝子民，一旦聚徒犯顺，如鱼游釜中，不日即族灭也。吾误为汝所执，当速杀我。"遂遇害，年五十有二。季子兴大及家口二十余人同日死。太康以兵变，未得请谥，立庙祀之，私谥曰忠烈，本邑祀乡贤。

论曰：《忠烈》多载人物，内不别编，顾人物志其生平常行，而忠烈则又事变之适遭者。热血一腔，激于至性，奋不顾死，为国殒身，虽得二三人不为少，故别表而出之，以见白刃可蹈，大节不可夺，用愧世之为人臣而怀二心者。

孝义

百行莫大于孝，孝，庸德也。立身行道，显亲扬名，乃孝之大者。而或限于遇之所不能，一屈于力之所能，强于人子，欲致其亲之心，不既穷乎？然温清定省，庸夫庸妇皆可勉为之，但能于亲无憾，其为孝则一也。至毁体灭性，先儒所讥。近或以割股奉亲为孝，盖原其迫切之至情，亦人所甚难者。若夫轻财重义，济危周急，即古者亲睦任恤之谊，皆大有功于名教。视甘为吝惜而不顾者，其人之贤不肖何如也？志《孝义》。

后周

宇文神举，显和之子。至性纯孝，居丧有礼，乡人称之。

明

冯显宗，见《选举》。性至孝。宣德间进士，授兵科给事中。以父翊年老，疏请就禄养亲，特旨改授襄垣县教谕。显宗学问渊深，德性醇雅。子二：长经，次纬，皆以明经官司训。

武祺，世袭恩生。父焕为尉，赴京疾卒，时祺从，负骸归。过黄河，风大作，舟人恐，索骸弃水中。祺哭告不得已，随骸赴河，风即止。舟人惊援，俱得免，同舟者相庆，咸以为孝诚所感云。奉旨旌表，崇祀乡贤。

武彪，性至孝，好任侠。父病，尝粪苦，喜曰："苦即无忧矣。"父病果愈。县丞张翔有难，力救得脱。后翔以他事免，复统家骑护出境，俾不为仇害。翔尝语人曰："生我者武彪也。"彪又喜下贤士夫，倡诸义举，以便乡人，人至今德之。李崆峒为作墓碑。

武威，见《选举》。彪之子。母病，寝食不安，籲天祷神，愿以身代，母病果愈。后为扶沟丞，偶心动，即弃官归养。至家，果值母病，亲尝药饵，极尽诚孝。事闻朝廷，建坊旌表。

魏瑛，孙庄人。天性至孝。年十二即入泮。父病，亲尝药，昼夜不眠。及卒，哀毁过痛，绝而复苏，葬后庐墓三年。

李智，古台人。成化间父疾笃，剪爪沐浴默祷于南山神祠。祝毕，引刀剖其左胁，摘肝少许，烹以供父，父疾立愈。其兄仁令上蔡，有德于人，其人馈千金，仁弗受，其人密送金于家。智素服兄教，坚却之，其人叹而去。

赵一鹤，父病笃，夜梦人语曰："得鹤肉可愈。"一鹤自解曰："吾名鹤，非吾肉耶？"自为割股。昏沉间若有一人语曰："与汝二赤梃。"父病竟愈。奉文旌表，祠祀之。

李佳，见《选举》。性孝友，持廉隅，能文章。少与兄僖同食饩，需次岁贡，兄列居佳后，佳以弟不可先兄，固让兄先。贡学使嘉其义，给匾旌之。后二年，乃以贡授交城训导，考满称职，升兖州府教授，再转临洮卫经历。以年老不赴，卒于家。

赵廷举，崇仁坊人。字汝钦，邑生克宽之仲子也。家故贫，年十三值岁祲，负米邯郸，奉养二亲。母卒，庐墓三年，未尝见齿。父鳏，食息与俱，不安私寝。崇正五年冬，流寇蜂拥至城下，居民争逃匿。父已八旬余，率家众巷战，为贼 所执，以刀筑其颈胁之降，父抗□不屈。贼怒，将杀之。廷举冒刃至贼前，哀号求免，愿以身代。贼不听，竟杀之。廷举私念：父死我亦死，徒死耳。父仇不得报，虽死何益？曷若生我身以报父仇？乃故为甘言以慰贼，贼悦，纵廷举归。廷举默识其中曲折及杀父者状貌衣服，夜半，挟利斧潜往斫之，贼应手毙。因大呼己姓名与所以杀贼故，群贼大惊，围廷举。廷举度不能脱，睨其旁有井，踊身入其中死。海陵许光震为作《孝子传》，名其里曰“孝子里”，井曰“孝子井”。

李之沆，父业医。崇正五年，流贼至县境，之沆在城，念父外出，恐仓卒遭不虞，遂出城追觅，见父欲与归，闻贼已至城下，势甚迫，不得入，乃奉父避至辽州。未几，辽州陷，父子俱被执，贼知其父善医，令用药，父不肯医贼，贼怒，杀之。之沆伏尸号泣，并杀之，闻者无不流涕。

程乘龙，信义人。父病笃，甫死，寇突至，邻里无不窜匿，乘龙从容殓父尸，哭尽哀。贼首怪而问之曰：“我兵威所临，鸡犬皆走避，汝何人？敢在斯复作此举动，独不畏死耶？”乘龙指其榇，呜咽答曰：“此我父也，父死不为殓，非人也。弃我父以生我身，虽生犹死。”贼甚义之，呼其徒党共举而埋之，复酬酒于前而去。

程伟绩，启南次子，以增生入太学。性孝友。甲申之变，闯贼荼毒缙绅，责令捐助。启南被执，以爵尊当七万金，无金祸将不测。伟绩拮据百端，得万余金，金入，以数未满，系不释。大兵至，贼狼狈奔秦，凡被系绅拥俱西，伟绩复前请代，贼畏启南老，得许。伪将军驱众绅及伟绩等行在道，窘辱备至。七月朔，始达西安，而先至者俱已骈首就戮矣。先是，启南宦山左时，伟绩往省，旅中邂逅一士子，语言豪放，伟绩心异之，呼与共饮食，且资其道里费。至是，伟绩到西安，册入丞相府，忽有吏人来曰：“丞相呼谒。”谒时即前所遇士子也。徐曰：“若无恐，吾当生若。”越数日，得伪旨免死，安置镇安，伟绩赖其力与偕至者俱得免，盖伪相牛金星云。

程碧，正统六年，捐谷三千石助赈，赐敕奖谕，劳以羊酒。建义民坊。

魏信，成化十年，出粟三千石助赈，朝廷恩赐义官，建坊于西街。

魏琎，嘉靖三十五年，捐粟三千石助赈，敕赐冠带，旌表如例。

国朝

赵梦鲤，字化瑞。廷举子。常为都察院掾，考满候铨，掣签前二日梦父血流满面，觉即心恸，遂弃官速行。中途，果闻父死祖难。徒步归里，哀毁几绝，终身不仕。

李若桂，字月台。家于苏峪。国初，海内扰攘，兵寇交错，民间莫能辨。会官军过洪水，若桂父浩然误以为贼也，与同辈韩所德等九人邀截之，伤数人。臬司逮系，若桂不忍父罹法，祈以身代。解役怜其幼而白之官，官上其事于臬司。若桂遂同九人解赴京，九人以故杀官军拟罪，俱弃市，独若桂以孝行奉特旨赦免，并赦其父。

魏以继，崇仁坊诸生。应试省下，闻母丧，即恸哭而返。时寇扰晋豫，数百里绝人迹，所亲有阻之者曰："自省至家，盗贼充斥，俟其退，庶可归耳，不然有意外虞。"以继曰："母死不归，禽兽也。倘不幸而死于贼手，命也。免禽兽名以死，死亦甘心。"因昼伏夜行，至阴□，为群贼所执，告以大义，不从。以继骂不绝口，遂被害。

赵御封，崇仁人。顺治六年，避兵至七里沿，自度兵将至，势难两全，遂弃妻子奉父母先行。未及一里，猝与兵遇，虏之使行。辞以双亲年老，不敢远离。持之再三，义不少屈，遂被害。后有兵至，怜之，劝其党将御封父母妻子俱放还。

魏名雯，兴县训导。父崇奎卒于署，扶柩归武。既至，一恸欲绝，行道德感怆于城外东河沟书院。居丧，子身守灵，妻孥罕见其面。免丧后，有劝其归家者，不答。如是又二年，值长男暴卒，雯至家一视，殡殓，仍返丧次。葬父毕，始归家。

武籙长，字符禄，廪生。父兆麟，官沂州同知，籙长随往。沂多逋赋，麟有忧色，籙长请曰："吾家有田数顷，可鬻以代完，何忧焉？"父从其言，沂人德之。生平直谅刚方，见义勇为。既挨次当贡，会停止，领庠校十二年，为长吏所礼重。每饮读余，于地方利病、民生、休戚必竭诚相告，思有以兴除之。其请复屯米一事，至今军民称便。乾隆三年，奉旨旌表孝子，建坊。

赵简，字敬斋，梦鲤之子，廪生。善事继母，见称族党。父鳏居，晨昏奉侍，不入私室者数年。及卒，居丧尽礼。痛祖廷举死孝井中，惧岁久湮没，特建亭覆之，刊名人凭吊诗额于其上，并请学使汪灏记其事。父梦鲤施建漳河木梁，每岁补修，四十余年不惮胼胝。雍正年，奉旨旌表孝子，建坊。

李玫，庠生。孝行纯笃。父病危，祈祷于神，愿以身代，父病辄愈。母病，尝药视膳，朝夕不离。有同族贫乏者，供以衣食，人多沐其惠。乾隆七年，奉旨旌表孝子，建坊。

武光前，贫而能孝，力耕养亲。父殁，尽哀尽礼。母有疾，垢衣溺器，必亲手浣濯，略无难色。后家计渐饶，遇乡里贫不能婚葬者，每曲从母命，多所资助。康熙四十七年，路拾权店驿夫遗金三十两，立俟其归，还之。驿丞分半以谢，光前分毫不受。乾隆九年，奉旨旌表孝子，建坊。

武习路，段村人。字果庵。天性至孝，年十三父殁，葬后往省墓，痛哭昏绝。侧有二狼，睥睨蹲踞，竟不加害。事母虽极贫乏，而甘旨不缺。母病，背负出入者七年。及没，庐墓悲泣，闻者增哀。厥后三子七孙，皆成名。曾玄三十余人，以名著者亦叠起，人以为孝子之报云。乾隆三十三年，奉旨旌表孝子，建坊。

魏峒，有至性，童年失恃，事继母数十年无违言。继母殁，遗弟三人，峒方五岁，晋卿三岁，自强甫一岁，峒尽心抚养，以次成立，为授室置产，教督尤勤，诸弟皆游庠学食饩，为名士。学宪蒋廉其行，奖以匾曰“孝友型家”。东田小山赠诗有“弟幸皆成立，兄甘独苦孝”之句，盖其实也。

史耿光，字炳青。好学慕义，与弟谦光同师长，兄凤光文亦相埒，有难兄难弟之称。顾谦光捷南官，蜚声百里为良吏。而耿光仅以拔贡，终有遇有不遇也。性不喜治生产，以授徒为业，多所成就。谦光卒，遗子甫离襁褓，耿光为经纪其家，田亩庐舍，皆手为擘画，与前若两人者。尝曰："吾子肖长，不欲为作马牛。侄幼，不早筹其生计，吾不忍也。"迨成立，乃付以家事，一粟一丝无少私，乡里以是高其义。年七十余而终。子三，皆庠生。

李沆，知县若渊子。孺慕性成。父卒任，时沆年仅六七岁，哭随榇归，几不欲生。堂弟亡，遗孤俱幼，沆代理家政，不任恩德，里人至今犹称羡之。为人伉爽，好义气，有古豪杰风。能扶危济困，缓急相求无不应。家范严整，教子弟惟读书是务。厥后科贡累累，天之报善良有以也。

魏大壮，少懦弱，早失恃。继母性最悍，素不轻假色笑，怒则诟责交集，壮一以笑颜承之，必俟回嗔作喜而后安。嗣入庠，俨然成人矣。虽纤悉事，未尝敢自专，家故贫，舌耕在外日最夥。归即训诫其妻，谓："汝至吾家，母性固所素稔，倘半语微忤，不但妇职有亏，恐人并以议汝者议吾。"故姑妇相得，从未闻勃豀声。及继母卒，尝语戚友曰："人止知吾母严厉难犯，然有辱及吾者，母必力争，人往往惮之，今欲求再庇护，不可得矣。"语讫，即呱呱如孩提状，其至性有如此者。年逾四旬，尚未立嗣，每念不孝有三，时深惴惴，因置妾生子，天之报施善人，岂偶然哉？

程运道，早年失怙，事寡母以孝闻，母以节，旌建坊立祠。运道守祠奉祀，事之如生，不内处者二十余年。

阎云会，高仁村人。天性至孝，亲在则承顺无违，孺慕依依。殁后，庐墓泣血，历寒暑不易。罗学师廉得其实，给"孝心纯笃"匾旌其门。子生员汲三，父母同月相继亡，汲三亦居庐守制，不愧乃父风，孝乎里閈，远近称之无异词。

李惟精，孺慕性成，家道中衰，惟精负薪易粟，日修甘旨以供亲。亲殁丧葬，曲尽其礼，乡人咸嗟异之。

李仙标，庠生。父患沉疴，亲尝粪味。母程氏双目失明，日侍起居无少怠。兄嫂偕亡，抚侄一如己出。又助人婚葬，还人遗金，从无德色。乾隆三十二年，奉旨旌表，建坊祀祠。

武师吉，段村人。其父为进士，杜李婿。随杜赴广西迁江任，吉六七岁，即时时问母迁江何在，吾欲往寻父。至十四岁，竟赁伴往迎之，遇于洛阳，相将归。归逾年，父病卒，哀毁如礼。事寡母尤谨。家虽贫，甘旨必具，尝迎姑姊妹与母居，竭力供养，数十年如一日。

董协恭，父患瘫症，协恭昼夜相伴，不离左右者八载。及父殁，事继母陈氏，孝敬不衰。陈染疾，煎药供食，从不假他人手。陈殁数年，协恭抱病垂死，犹以未报母氏之恩为深憾云。

梁文金，少居母丧，哀泣尽礼。事父三十余年，孝养如一日。父病，侍汤药，衣不解带者数月。父殁，文金哀毁过甚，旋亡。

魏玉柱，奉继母色养备至，家虽贫，凡母所需，无不具。母晚年有疾，玉柱亲视汤药，历数年如一日，积劳成疾，先母三年而殁。前县江以“孝行可风”旌之。

李永达，素颇丰，事亲无失色。父卒，家道半落，奉母避静西川。母故多病，饮食浣濯，必经己手。母殁后，一日三餐必以荐，每逢节，具酒食于墓，祭毕即于墓头享馂，举数月所交何人，所做何事，缕缕陈述无异。生前人皆不呼其姓名，而称为孝子云。

李若超，康熙二十三年，捐粟千石助赈，详请抚台给匾尚义可旌。子璿，见选举。为人方正不苟，好义重气节，立塾延名师，有能读而贫者，资以膏火，皆得人。尝与邻生张振义同省闱，张感时疫，璿为延医药。不起，为敛具□棺盛其尸，竟不与试，辇而归之其家。张故贫，所费皆璿出，人皆服其高义。

论曰：爱其亲者必能爱人，敬其长者必能敬人。孝以生义，义以成孝，孝义笃而比户可封，行之乡党闾里，此物此志，行之邦国天下，亦此物此志也。或谓真孝义人何可得，特依附孝义立名耳。嗟乎！依附孝义以立名，不犹愈于公然无忌，敢于不孝不义而罔恤者欤？

隐逸

《易蛊》之上九曰："不事王侯，高尚其事。"遁世无闷之君子也。小隐山林，大隐朝市，特为轩冕解嘲耳。惟明治乱之机，审去就之分，晦养俟时，固非耽泉石癖烟霞者可比。盖其或进或退，各有本末，介于石不终日，知微知彰，万夫之望，彼以终南作捷径者，其谓之何？志《隐逸》。

元

邢安国，元末人。少以诗赋名，年甫四十，见世乱，即不应科举，遁迹泌阳间。闻许白云在南台得程朱正派，走步访之，论性理之学，充然有得曰："名教中真乐地也。"十余年归明。初，太祖兴天下既定，首崇文教，闻安国学行第一，屡征不起。曰："在三之节闻之熟矣，安有一身而事两朝者乎？"以元处士卒于家。

杨士元，韩灯里人。事父母至孝，家甚贫，昼耕夜读，稍有赢余，即分以周人疾苦，戚族婚丧尤赖之。尝值荒岁，鬻田以赈茕独，邑令上其事于朝。明初，以秀才征，辞不赴，人称为高士。士元曰："居深山中无官者众矣，岂皆高士哉？特以无材不克作兴朝佐命耳。"其严毅而和縠如此。孙德修，十岁称神童，举明经，仕别驾。

王忠，字孝卿。自幼以力学，闻孝行惟谨，重义轻利，不求闻达。乡里无远近，皆钦其高谊，曰："王先生，古君子也。"采风者稔其贤，欲推荐之，忠不愿，曰："第守吾十亩田，日再食足矣，君国事吾力弗堪也。"终身不仕。

国朝

张鸿儒，见《选举》。嗜酒能文，雅慕竹林中人。邑侍郎程启南延于家以训子弟，鸿儒论文所持诸体格最正，尤娓娓善诲不倦，每讲至得意处，辄起舞浮白自赏。程氏诸生承其教，多成就。崇祯间，应选拔，使者已定鸿儒，儒曰："我腐生也，国家无所用。"卒让魏生廷望。逆闯叛，流毒缙绅，鸿儒呼子弟于庭，尽燔书史，负耒耜为农业。皇清定鼎，首膺恩贡，例以知县用，官给路费赴京师。鸿儒延客豪饮，不数日金尽，不谒。选部文查，催有司促上道，鸿儒僧帽道服，同一老衲持钵至正定，遇年友，欲携入都，辞曰："我岂真无资斧哉？不愿仕也。"乃变姓名，卖文糊口于四方。三年归，日饮酒市，以赵可福家酿酒第一，题其帘曰："酒可人亦可，知味惟有我。"又有"可人新酿桃花酒，坐我春风怯早寒"之句。邑中亲友会集，非可酒不醉，馈上官，非可酒不受，可酒以是得名。知县杨大功造庐敬礼，每馈酒资举宾筵，不赴。晚年戒酒，涓滴不入口，读书课子，以寿终。

赵天麒，字平符。廷抃子。诞时母张氏梦麒麟自天而下，因取以名。五岁，父廷抃亲教之，目数行下，每课艺应手而成，能作大字，有神童称。年十有一为诸生，御史王观风拔通省冠，即以大魁天下许之。初，父以壁经授，旋谓父曰："国家以一经取士，士亦以一经自限乎？"遂肆力五经。崇祯壬午，以二十三艺冠本房。明年登进士。前代以五经登制科者，南有颜、揭、冯、谭四人，北惟天麒一人。时流寇犯豫，召对新进士，天麒条陈战守八策，俱当上意。拟选庶吉士，以家贫亲老辞。甲申之变，天麒恸哭求死，所亲劝之，曰："国亡与亡是也，但予未受职，无封疆任，且两亲在，独不为承欢计乎？"乃弃家负亲，匿迹东山。闯贼邀物望，累征皆不应。遣伪官威逼之，天麒焚冠服，投深崖下，树挂衣不死。作《贞一歌》以自鸣。皇清定鼎，直指黄某以地方遗贤荐，天麒引疾固辞。时三弟三麒官桂阳，寇乱三载，绝音问，母忧思甚，天麒冒险往，获信以归，忧得释。姜瓖反，据上党，逼天麒仕，不从，劫其家，终不夺。既而母卒，天麒哀恸数绝，庐墓侧。服除，当事交章荐，征檄至再，天麒匍匐都门，以父春秋高拜疏陈情，世祖皇帝俞允终养。天麒归，喜动颜色，筑园于北原山下，题曰"笑棹奉父"。居其中织麻种树，竭力以供其父。父病，祷于神，愿以身代。父卒，天麒悲恸不食，人劝之，天麒哽咽曰："某之所不死于当日者，以两亲在也。今两亲俱以寿考终，子职已稍尽，臣心亦得白。"卒不食。语子弟曰："我死，可与吾父同日发引，葬我以纸衣瓦棺，使后世知为处士之墓足矣。"遂瞑，年五十有三。著有《北原山房稿》《理学真诠》《续高士传》。

魏生中，见选举。字毕原，号抚夷，赠君灼仲子也。少负长才，雄于文，身都华胄，雅不喜翩翩裘马气，一经自乐，淡于仕进。当事争推荐之，生中皆力却。选长治县训导，见末造时事日非，未久，遂引去。尝谓：“吾兄云中官尚书，位极人臣，功在社稷。吾弟权中，官西安同知，佐兄防御有成效，为国讨贼，大张伟烈。吾才学无似，何须窃厚糈！为苜蓿一斋，犹弗堪也。”更号栖迟子，制生圹，作生志，颜曰：“预卜牛眠，大略谓人生一梦耳。世醒而睡，我睡而醒。最爱放翁‘须臾客去主人睡，一枕西窗半夕阳’句，尚惜‘一枕西窗半夕阳’，犹梦也，不知不觉，东窗有夕阳则真睡矣，乃真醒也。袁石公亦有生志云‘直而无礼，野而有趣，世不似予，予不似世’，四语尽我一生，无烦名公谀墓，余何为不然？袁公实先得我心者，虽然名利都忘，余睡也久矣。余家世世修德不倦，则又余之睡而尝醒者，余安能忘！”圹就，岁时与亲友赋诗对酌其中，铭曰：“石奠其基，砖攒其顶。四方八卦，有门常扃。抚夷全斯，似睡实醒。”

论曰：沈休文论隐，辨别心迹，品目参差，山深云僻，终已不顾，一于隐者也。晦道藏身，有托而逃，不一于隐者也。不一于隐则可以出而处，亦可以处而出，彼其心未尝一日忘天下。一于隐则玩世肆志，放浪形体，不至流毒。如晋人清谈，不止此山林隐逸，甘心枯槁而不悔者，君子无取，其审此至悉矣。

寓贤

郡志曰：君子之式我乡邦，遗休奕祀者，岂必皆桑梓哉！偶焉经过憩止之所，足使千百世下闻风景慕。某也因仕宦而来，某也缘讲学而至，能令贪夫廉懦夫立，是大有功于名教也。兼有乐土乐土，爰得我所，因偶寓而终附藉者，又以见此都之可怀云。志《寓贤》。

唐

姜绪，字保本。天水郡人。祖缺，梁岚州刺史；父缺，苏州司马、世仕唐，皆有政声。绪袭父封，时值兵燹，绪运筹决策，有旬日破竹之功，转负为胜。封昭武校尉、上柱国、天水郡广平侯。侨居武，始至不详何日。卒古沮城，年六十有一。妻范氏，赵州平棘人。以开元八年同葬城南坡下，后嗣无考。见《墓志》。

元

魏成甫，河南归德府虞城县人。为人果敢尚义，有气节。顺帝末造，烟尘四起，虞当戎马之冲，尤悉索无虚日。成甫喟然曰："大丈夫当四海为家，安能郁郁久居此，坐以待毙乎?"遂与其乡邻徐、吴二姓逾太行而北，审视郡邑之山僻而小者，得武，于邑南二里许于时庐旅。时人民逃窜，烟火甚烯，居斯土者多营窟，成甫暂僦其间，意俟太平，为首丘思，终将南旋。明太祖定鼎，天下渐定而余氛未息，兵阻当道仍不通。成甫熟于武，见其士俗可乐，于是有终焉之志。乃即其地伐茅诛径，爰立室家，命之曰魏家窑，遂入武籍，为崇仁坊第六甲，是时，军需刍茭，人供徭役，按册分派，赔累不胜。成甫以一人独当，与诸里为伍，终不寄他人篱下，盖其器识如此。妻死，谋葬地，梦神人赐以牛眠吉壤，明辰觅地师迹之，果得之邑南原地，名福堂坡，茔墓无算，皆北向，独此南向，风水家以为回龙顾祖，最难得，自是永为武人，不复作虞想矣。犹逾岁，必造虞省墓，旧日田庐以均分诸服属。卒之前数日，进诸子榻前而谓之曰："吾始以避难至武，同徐、吴二姓千里山川，间关跋履，茕茕一旅雁耳。今吾有地可葬，而二姓终将不禄，后死可葬我冢旁，弗恐其地下悲北风也。"子孙再拜受教。今两家累累，尚存子六：荣、璘、福、铭、镐、纯。铭以人才选锦衣卫执金吾，世其官，与有明终始。纯以永乐丁酉科登贤书，魏氏科名自此始。迄今孙曾繁衍，世为武乡望族，科第接武，皆成甫一人之裔。

明

李贽，直隶顺德府邢台县人。生平端方，自矢专事文墨，不与俗人为伍。明洪武初，以明经任山西沁州学正，实心训士，士率经明行修，奉为楷模。任满旋里，取道龙洞山，山路较窄，然视历襄垣途捷直二百余里，意在速返。会路经东田堡，雨潦淋漓滂湃，昼夜不息者四十余日，涧水声相闻，贽大恐。无何晴霁，原田如故，其耕泽泽，农夫谋野不辍，乃慨然叹曰：“原隰之不一也如此，使吾旬月前早归邢，淫雨若此，吾其鱼乎?”盖邢地故下雨过甚，尤易覆没，贽常苦水患，爰大羡东田为乐土，命其弟庐故里，更诸爽地，守先人田庐，以奉祭祀，而自留于武。武之东田，时有史奉先，亦邢台人，避李罗之变，先贽来武，籍东田，贽悦其先得我心，也即于东田与奉先为比邻，同籍武，安庐舍。长子孙于其卒也，葬村东烟底原。至今孙曾繁衍，科名不绝。其在邢者，前时犹问岁通往来；籍武者今分两里，一为敦义，一为长乐。士林族众略相匹，实同原一祖云。

国朝

程衍洙，江南徽州人。中丞魏光绪抚楚返，为其弟昌绪、绳绪延衍洙，受业于读书之翔鳞馆。衍洙在徽，本江南知名士，馆于魏，且教且学，诸子百家之书靡不读，以其秀气，发为文章，一时莫与颉颃。坐卧馆之南烟霏阁，淹贯博洽，学以日上。崇祯己卯，以武籍膺科举，一鸣惊人，辄登贤书。顺治元年，大兵平潞、泽，委衍洙署长子县。逆贼伪都督刘率万余人猝至围城周匝，索新令甚急，不出且屠城。衍洙曰：“鼠辈何猖獗至此，一死鸿毛耳。得活全城百姓命，吾当含笑入地下矣。”缒出，贼诱之降，不屈，械送西安，死。衍洙隶武，再娶，止生一女，适庠生魏鋆。鋆即中丞胞侄，不恤千里外返衍洙之尸于武，葬城南原下，丘墓现存。在徽日早有嗣，传闻子孙不绝。

傅山，太原人。字青主。明诸生。顺治初，求贤甚急，内外诸当路稔悉其人，征辟檄屡下，皆不应。夜潜出，会城避静，来武乡寓邑人魏驷家。驷于山本平生交，一至握手道故，遂为山择堂之西南隅，地僻而洁，洒扫特下一榻。山朝夕偃仰其中，自题曰“□露居”焉。山故三晋知名士，上自经史，下递诸子百家、三教九流之书无不读。尝受知于督学使者袁继咸，袁称巨眼，诸生文一览，非独第甲乙，并其人寿夭穷通，可立断。于山作击节，叹赏为绝世才，然非玉堂中人，多山林气，其以逸士终乎？未几鼎革，果终隐居武，日与驷谈，多古今忠孝事及国家兴亡、人臣进退去就诸大节，邑中诸名士时邀山于岩高林邃之所相游赏，随屐齿所到，皆有题咏，今遗迹甚多。夜辄与驷拥炉对酌，谈及赏心处，或达旦不寐。驷工山水墨，山乐构之，每得一画，为字一幅以偿。时中丞元白墓碑，树已久，驷爱山书，为磨砻而请易之。山遽颔，为更摹诸石。逾岁余，迹山者知不可强，亦渐稀，遂返太原。

论曰：寓贤以别于乡贤也，选举而下，其德行表表，列人物，列孝义、忠烈；文章郁郁，列文苑；尧舜在上而有巢、由，列隐逸，彰矣。若夫贤人君子，或宦或学，或偶焉憩止，或逾久而去，故统曰寓。至有以子孙世其地者，及其后为此乡望族，而其始固以旅寓来，曰止曰时筑。至于兹创垂有自不可忘也，是亦教孝之意也夫。

列女

自汉刘向著《列女传》，嗣后多续之者，宋曾巩序向著书之义甚精以粹，朱子尝亟称之。三晋古多淑媛，节烈尤著，表厥徽行，亦以推阐西京子政、北宋子固之训旨。武虽僻，不乏阃顺，自魏而下，得贤孝节烈者若而人，备列于左，维风振俗，于是乎在。志《烈女》。

后赵

石后刘氏，有胆略，石勒每与参决军事。

后魏

燕国公王文谟母张氏，汉张良之裔。矢德不爽，克称圣善。夫死训成令子，封夫人。卒年六十有六。

后周

车骑将军宇文显和妻高氏，封夫人。箴训有仪，容言以德。见省志。

明

王辂妻石氏，辂卒，氏年二十，坚心守节，誓不再醮。弘治间旌表。

王（名缺）妻杜氏，襄垣人，寓居墨镫之新村，为王氏妇。家贫岁饥，有里豪悦其色，欲以非礼犯之，氏以礼自防，凛不可近。豪乃贿其姑，以势压之，至日见笞挞，伤痕遍体，无二志。后豪竟肆强暴，氏疾走投崖。死后人名其崖曰“清风崖”，邑进士李黼为作传。

李龙妻赵氏，东厢人。年二十，龙卒，事姑育幼，清苦自持。嘉靖间旌表。

张拱辰妻赵氏，崇仁人。年十九，拱辰卒，即于本日沐浴焚香，哭甚哀，柩前自缢而死。院道动支官银发引旌表。

生员刘瓒妻李氏，崇仁坊人。早寡，苦节自守。嘉靖中旌表。

生员赵一科妻田氏，长乐里人，年二十余，一科卒，欲以死殉。家人抱二孤劝曰：“若死孤亦死，谁其存赵嗣？”氏感悟，茹苦饮泣，闭户课子，家人罕见其面。卒训二子谟、训成立，各廪于庠。万历八年，院道旌门，月给米二石。

魏邦定妻高氏，崇仁人。孀居守节，万历十二年，学道薛给匾旌表。

魏然妻梁氏，崇仁人。孀居守节，万历十二年学道给匾旌表。

廪生魏国才妻程氏，幽闲贞静，在阁时早以淑女称。于归后，国才素贫，氏安于淡薄。庶几，伯鸾之雅，国才赴乡试，困顿得疾，遂不起。氏年十九，子烁才三月，氏日夜卧苫席，意将不测，姑抱婴儿付之曰：“若死。是无七十姑，并无三月儿也。”氏因加粥少许，自营于祖茔之阡，送亡人归地下。日织麻缕为糊口计，群伯叔兄弟岁时馈问，概弗受。姑卒，哭葬如礼。训子成立。事闻，旌其门，年七十有三卒。

生员董汉简妻王氏、媳魏氏，姑媳双节。汉简卒，王氏守节四十载。其子卒，妻魏氏亦以守节终。

赵庆妻王氏、媳郭氏，姑媳双节。王氏适庆，庆死，氏年十九，遗子登高，矢志育孤，以存赵后。登高娶郭氏，又早卒，郭氏竭力事姑，凡衣衾棺椁预备二份。姑卒，郭氏躬殓，朝夕悲痛。至三日奠祭毕，嘱其家人曰："我姑已死，我事毕矣。"是夜即于姑柩前缢死。万历十八年，奉旨建坊旌表。

举人李人龙妻张氏，人龙家素贫，氏焚膏继晷，以佐夫读，得中后即卒。氏年十九，遗子完玉。氏和丸课读，得入泮。苦节四十年，以寿终。

举人魏兼妻赵氏，兼卒，子鸿绪方襁褓，氏哭抚之。及长，篝灯辟绩，延师课读。鸿绪后举明经。

魏堪妻李氏，贫甚，矢志柏舟，终始无二。

监生魏中原妻史氏，无子守节，怡然自适。

廪生魏邦奇妻程氏，邦奇早丧，遗腹产一子，氏备历艰辛，抚子成立。

生员王赈民妻魏氏，赈民卒，遗一子，氏年二十一岁，抚孤守节。子方成立，又早卒，复抚孤孙。两世孑立，氏苦力周全者五十年，寿终。

蔺如妻金氏，夫亡，守节而终。

生员杜如梁妻郝氏，年十五适如樑，如梁早卒，遗孤明才五月，氏备极艰苦，织纴为饔飧计，风雨飘摇时令人泣数行下。氏独抚孤，诲以忠孝大节，卒举明经。迄今子侄繁昌，人以为苦节之报云。

生员安永远妻王氏，年二十四，永远卒，抚孤子正成明经，孙曦士、养元，俱入泮，直指汪给匾旌奖。

冯烈女，父九金，襄垣人，寄居攀龙镇。初字里民胡栋，其父因栋贫，议改字富室刘九龄，女曰："贫富易操，何颜人世？"遂登楼自缢。

生员魏天知妻王氏，天知卒，孀居四十年，抚子女成立，以次婚嫁。崇正四年，知县部季芳给匾旌其门。

董烈女，父国章，年十五，未字。流贼乱，被获，女投粪厕，贼艳其色，曳出之，女大骂，被杀。

李烈女，父克宁，侨居攀龙镇，许字未嫁。流贼攻寨急，将陷，扬言曰："多与妇女即解围去。"女闻，恐受辱，从高坠崖，筋骨寸裂而死。

生员韩家奇妻李氏，判之女也，贼变，家奇被杀，其母弟子侄咸遭屠礫。悦氏色，不即加刃。氏怒骂，抱婴儿投崖死。

史光显妻刘氏，南台人。流寇乱，举家匿窑中。氏偶出执爨，贼猝至被执。氏绐曰："楼有金帛，可取也。"贼信之，令氏前行。甫登楼即阖户，从楼窗坠死。光显，《通志》作"举人"，误。

程可立妻魏氏，可立卒，氏年十七，抚子永祚，孀居三十二年，年四十九卒。

进士陈所行继妻程氏，年二十即孀居，抚三子皆非己出。历闯变，颠沛流离，不渝其守。三子皆成名士，氏七十岁卒。

进士魏令望妻李氏，逆闯之变，令望城陷，骂贼不屈，死。氏痛哭，挟其子兴大同日死。一门忠烈，人谓臣为国死，子为父死，妻为夫死，至今称叹不衰，以为真烈。

国朝

生员史孔笔妻韩氏，孔笔卒，氏年二十七，数欲自尽，家人劝之曰："双亲在堂，三子俱幼，汝死其谁倚?"氏隐忍自全。未几，舅姑继亡，兼流寇变，家产一空。氏备历艰难，纺绩延师以课子。子垂芳，贡士。垂铭，增生。垂鉴，附生。孙珥，解元，联捷进士，翰林院庶吉士。瑗，廪生。玮、玿俱庠生。氏守节四十年，六十六岁而卒。

生员魏以嘉妻赵氏，以嘉卒，氏年二十七，儿尚襁褓，氏哀毁不食，誓以死殉，父以立孤劝之，乃止。孤稍长，为娶媳段氏，三年而孤亡，又继甥为嗣，娶妇史氏。未几，甥又亡，姑媳三寡，相依十年，两媳又相继亡，止留氏，茕茕孤苦。值翁姑忌辰，氏苦卧神主前，泣血数升，闭室自尽。家人觉而救之，复苏。青鸟家言"魏之茔兆不吉"，氏乃典衣脱珥，购善地改葬，手拾翁姑夫子遗骸，指无完肤。祭毕哭曰："此未亡人毕命时也。"以头触棺，流血不止，家人扶归。抚幼孙振翼成立入泮。守节四十一年，魏之三门俱绝，今尚存一线，氏之力也。

魏晋封妻董氏，年二十八而寡，家贫无子，伯兄逼令他适，氏截耳自废，族人哀之，为立嗣，以全其志。苦守五十四年，寿八十二而终。

廪生魏世鼎妻李氏，年十九，无子，夫卒，举刀自刎，翁姑力救，责以全节，未能尽孝，后苏。侍养翁姑，备极孝敬。抚犹子为嗣，延师以训，不啻已出。年五十七而卒。

贡生魏运开妻王氏，夫卒，年二十八。有子四人，俱非己出。氏守节茹荼五十余年。教育诸孤，悉若所生。年逾八十终。

刘烈女，祁村刘柱女。姜瓖之乱，避兵洞内，贼攻洞执之，氏誓死不辱。贼缚氏于马上，过高崖，氏绐言身甚冷痛，贼释其缚，行数步，投崖死。家人觅其尸，见虎守尸旁，全体一无损坏，乃逐虎收尸葬焉。

举人魏以宁继妻韩氏、弟妇李氏、媳窦氏，一门三节。以宁卒，时氏方二十岁，投缳数四，家人救免。矢志守节，抚前妻遗孤景韩，不啻己出。未几，景韩亦卒，同孀媳窦氏抚诸孙，皆成立。守节三十七年。李氏，生员魏以贞妻，以宁弟妇也。以贞卒，李氏年二十五，无子，以族侄景徐为嗣，亦先氏卒。家酷贫，李氏织纴自甘，守节四十年。窦氏，生员魏景韩妻，以宁媳也。窦氏聪慧通文。二十二岁，景韩卒，遗孤三人，皆襁褓。颠连困苦，朝不保夕。窦氏上奉孀姑，下抚诸儿，延师以教。长子珮卒游庠。与姑韩氏、叔母李氏相依为命，年四十二而卒。魏门三节，至今犹啧啧称羡云。

孝子魏以继妻籍氏，以继奔母丧，至阴迪死贼，时氏年二十六，痛夫死非命，服毒绝而复苏。教育诸幼子皆成立，孀居三十余年卒。

韩文烨妻窦氏，文烨卒，氏年二十四，遗孤铭鼎，茹荼教子，早岁入庠。孀居四十三年，六十七岁而卒。

例贡赵基洪妻萧氏，基洪卒，氏年二十七，矢志守节。延师教子，泰阶、泰来、泰升俱得成立。六十三岁卒。

廪生赵养鳞妻韩氏，养鳞卒，氏年二十六，遗孤二：长璧，次玺。氏纺织训督，璧为诸生，玺为良农。孀居五十三载，虽年已八十，犹康健如故，人以为苦节之报。

生员李光蔚妻魏氏，光蔚卒，氏年二十有三。饮冰茹蘖，事姑孝，训子永元入泮。孀居三十八年卒。

李时化妻张氏，时化卒，遗子文郁甫十岁，氏备历艰辛，守节五十余年，训子成立。寿八十三卒。

韩恢祖妻魏氏，恢祖卒，氏二十二年（岁），无出。庶子泰来尚未周岁，氏提携课读，不啻己出。后泰来入泮，氏八十一卒，守节五十九年。

董葵妻魏氏，年二十五葵卒，三子俱幼，氏孤立无倚，纺绩鞠育，皆使成立。孀居五十余年，寿逾八旬终。

生员李之瑨妻程氏，之瑨卒，氏年二十有八，无子，清贫自甘，誓不再醮，孀居四十余年卒。

廪生李之蕃妻魏氏，之蕃卒，氏□年二十六，遗子三人，俱在襁褓，氏撑持门户，抚三子劭、勴、勔相入泮，孙士吉中丁卯武举。守节三十八年，年六十三卒。

石克卿妻程氏，克卿卒，年仅十八。苦节自持，抚子成立。孀居五十二年，寿七十岁卒。

程正忠妻李氏，正忠卒，氏年仅十七。遗孤秀方一岁，家贫甚。氏针杼度日，抚子二十余年。子又亡，遗两孙，氏抚之如初。寿八十一而孙复有子。

生员陈枚吉妻赵氏，年二十七而寡。日夜哀毁，欲自尽，念子舜祚、舜荫甫离襁褓，隐忍以存孤自任。后二子俱成立。氏年六十岁卒。

籍贵妻李氏，贵卒，氏年甫十九，遗子载方周岁，氏守节七十四年，年九十三卒。知县岳征斑给匾旌表。

赵加封妻郝氏，二十七岁而寡，子登龙方乳，赵家无甔石，氏拾菜磨饼存活，孀居四十余年，有孙三人，食贫如故。

张茂华妻白氏，茂华卒，氏年二十三，遗子二，家酷贫。有劝其适人者，氏以死拒。后值乱离饥馑，几不能存。中年始得与二子安土著，耕稼自给。寿九十余卒。子若孙俱成立。

关耀妻来氏，二十八岁而寡，子键甫三岁，氏念弱息孀姑，饮痛延生，事姑靡懈。姑没，丧葬循礼。课子胜严师，果入庠。乾隆十二年，奉旨建坊旌表。

武英妻韩氏，英卒，氏年二十六，无子家贫，守义不嫁。有强之者，辄叱曰：“妇人改节，从一之义何在？我宁死不为也。”啖糠纺绩，茹草自赡。孀居三十九年卒。

廪生魏初旭妻李氏，年二十七夫亡，子女俱幼，氏欲自尽，邻人劝之存孤，氏悟。时值乱离，守节不变。孀居三十七年，子女俱得成立。年六十四终。

魏启征妻郭氏，启征卒，氏年二十六，无子。念双亲衰老，取侄育为己子，延师课训，年游庠。及双亲继亡，殡葬悉如礼。年七十五岁卒。

生员赵勅封妻李氏，年二十八岁而寡，翁姑衰老，二子俱幼，氏藉针黹仰事俯育，孀居三十二年卒。

韩文炯妻董氏，年二十五岁而寡，抚三子教养备至，后两子入泮，一子业农。氏晚年温饱自适，寿六十七龄终。

张景瞻妻程氏，景瞻卒，氏年二十一，思以死殉，念遗孤选士，幼无所依，茹荼自甘，训子游庠。年七十三卒。

王业兴妻胡氏，业兴卒，遗子廷垣尚幼，氏备遭困苦，教子游庠。守节三十二年，寿六十有九卒。

以上照旧志。

王贤妻史氏，贤应役催粮，渡河溺死，氏年二十五。沿河号泣，觅得夫尸，归殓毕，自缢。贤，长乐村人。

生员魏尧都妻史氏，二十一而夫亡，阅数年，翁姑相继卒。遗幼叔三人，子亦甫离襁褓，氏抚育教训，视之无二，后皆能成立。茹荼二十七载，四十八岁卒。

李琰妻王氏，年十八而寡，遗孤祥麟尚幼，氏哭抚之，卒得成立。苦节三十四年，年五十二而终。

增生魏绳绪妻程氏，绳绪卒，氏年二十九，遗子麟尚幼，氏抚育训教，果得入泮。守节四十六年，七十五岁卒。

魏前骍妻武氏，前骍卒，氏年二十七，遗子尚未弥月，家贫亲老。氏晨昏纺绩，孝养不衰，延师训子，髫年入泮。五十九岁卒。

魏公妻段氏，年二十五而寡，子启后甫一岁。守节四十二年，六十七岁卒。

魏瑆妻霍氏、弟瑾妻韩氏，娣姒双节。瑆、瑾相继死，娣姒俱青年，同志守贞，孝事翁姑，终其天年。抚瑆子秉德、瑾子秉懿各成立。后并以寿考终。

举人程骧继妻赵氏，抚骧前妻子其扬、其显，恩谊周至，二子忘其非所自出。后生一子，甫七月而骧病没，氏矢志守节，教诲三子皆得游庠食饩。孀居二十年，年四十七卒。

张安兴妻李氏，安兴卒，氏年十一，遗子士远甫一岁。氏甘贫抚孤，守节四十四年，六十五岁而卒。

李玉珍妻白氏，年二十八而寡，两子俱幼，上有八旬孀姑。氏生养死葬悉尽礼，抚二子成立，以寿终。

李之英妻冯氏，年二十九而寡，甘受贫苦，誓死抚孤，孀居五十年，三子俱成立，寿七十九岁卒。

贡生魏生中继妻孙氏，总督云中胞弟妇也。于归二载而生中没，氏年甫一十九，未有子女。冰霜自励，守节六十九年，至八十八岁卒。初寡时，云中嫡孙泽浚始生，其母遽亡，氏身任抚育，备极恩勤。长为婚娶，生子旌廉。泽浚夫妇相继死，氏复鞠育旌廉，教之读书成明经。云中家声坠而复振者，皆氏之力也。

进士史珥继妻魏氏，年二十一而寡，无子，取犹子为己子，教之成人。守节五十一年，七十二岁卒。

武元相妻李氏，年二十八而寡，矢志冰霜，上事翁姑，下抚幼子，虽家人至戚罕得见其面。守节四十五年，寿七十三岁卒。

生员张育葵妻王氏，年二十九而寡，纺绩资生，事姑抚子。守节五十一年，寿八十岁令终。

程孝逸妻陈氏，年二十一岁而寡，无子。七日祭奠毕，哀号痛哀，自缢柩前死。知县龚亲给匾旌其门。

生员赵晟泰妻魏氏，晟泰病故，氏年二十一岁，日夜悲泣，几不欲生。因遗腹在身，不敢以死塞责。后八十日而生男，幼患疯症，氏忧劳成疾，吐血经年，几于灭性。事翁姑饮食衣履必躬亲，三十余年如一日。翁姑没，含殓殡葬皆合礼。为子延师，纺织针黹以佐束修。子维新于雍正乙卯年拔贡，乾隆七年，奉旨旌表节孝，祠祀。

武生程禹臣妻李氏，年二十二而寡，时舅姑已逾七旬，孤儿继周两岁，氏典衣脱珥，躬亲纺织以供。晨昏训子，亦获成立。乾隆七年，奉旨建坊旌表。

生员李玫妻李氏，玫卒，氏年二十有九，翁老子幼，氏以孱弱之身勤织紝劳，仰事俯育，两无所失。守节三十四年，乾隆七年，奉旨建坊。

生员段恭侯妻程氏、弟康侯妻韩氏，娣姒双节。恭侯卒，程氏年二十八，无子，几不欲生。为夫弟康侯娶韩氏，延师得食饩。未几，康侯早逝，韩氏年二十有四，遗两子，绶、绥，俱幼，程氏、韩氏同心守节，共事翁姑。日夕教两孤成人，厥后弟兄相继入泮。娣姒俱以寿终。乾隆八年，奉旨建坊旌表。

县丞郝芳叶妻任氏、媳李氏，姑媳双节。芳叶卒，任氏年二十，无子，继侄子人宣才三岁，抚养如己出，冰霜自持，三尺之童不容擅入内室。课子读书，能以慈母兼严父，守节五十五载。人宣妻李氏，年二十一而寡，孀姑失明，遗子汝霖、汝明俱幼，李氏忍痛守节，事姑备极艰苦。姑卧病不解衣者两载，及没，丧葬如礼。从兄无后，氏以次子汝明继。后长子霖病夭，无子，氏又与汝明另娶一室，生子，为汝霖嗣。其委曲维持，俾后嗣不至灭绝，真女中丈夫也。乾隆二十九年，奉旨建坊旌表。

以上依州志续入。

生员李培秀妻郭氏，权店人。二十九岁寡，坚贞自矢，遗子不使稍涉浮靡习。后家益饶裕，氏经营惟谨，诸子以次成名，为乡党所重。邑龚令公奖匾曰“孟母齐芳”。

魏名士妻张氏，十九岁寡，守节五十年终。前县高给匾旌奖，儒学韩题其门曰“节孝”，而系之以赞曰：“贤哉张氏，赋性端庄。于归名士，半载糟糠。夫因歉岁，趁食他乡。遗腹六月，幸诞儿郎。夫死不返，姑令改妆。柏舟自矢，誓同共姜。孝养翁姑，闾里称扬。四十余年，凛若冰霜。子既成立，孙亦成行。完名立节，日月齐光。”词虽俚，然语语道实也。

史藜光妻冯氏，夫亡，氏年十九，矢志从死，家人防护甚严，不得间，然未尝须臾忘死。逾半年，其父以氏青年无子，欲其再嫁，有求婚者，潜许焉。氏闻之，义不更生，恸哭绝粒死，氏时年二十。

佾生武习偃妻魏氏，习偃病故，遗孤侯、价俱在襁褓，氏纺绩课读，恒至夜分，每书声少间时，辄怒诃之，曰：“尔父没时以两孤付我，今尔曹暴弃若此，吾当以一死谢汝父耳。”言毕，辄涕泣不食。二子承训力学，后补增生。价成岁贡生，学宪夏给匾曰“荻画霜凝”。寿七十三岁终。

窦须学妻赵氏，二十岁寡，无子，以胞侄复镜为嗣。甫一岁，抚育如所出。稍长，教之读书。家故贫，织纴以供修脯，后入泮。守节三十七年，年五十七岁卒。邵学宪给匾旌奖，曰“冰霜玉洁”。

赵湜远妻魏氏，夫暴病亡，氏年二十，无子，矢以身殉。视夫含殓毕，潜身投井，家人救出之，颅破气欲绝。翌日乃苏，复乘间服毒药，又为家人觉夺，不得死。亲邻共敦劝之，乃强饭理家事。侄起极七岁而孤，抚之甚笃，卒以哭泣过度，年未四十死。

州同职安秉禄妻李氏，夫亡时年二十。翁姑先没，夫弟定成年九岁，孤无所依，氏尽心抚养，至于成立。定成生子，取为嗣。苦节六十二年，前县张给匾旌奖。

烈妇李允慎妻魏氏，允慎卒，即于柩前缢死。学宪夏给匾曰“寒闺劲质”。

监生阎进福妻李氏，二十九岁夫亡，二子皆幼，氏守节抚二孤。以纺绩供婚修脯费，苦守四十余年。长子定国游庠，次子安国考吏职。氏年七十五岁卒。前县龚详明各宪给匾旌奖。

郝建都妻李氏，二十五岁称未亡人，无子，以侄为嗣，尽心抚育，昼课耕读，夜勤织紝。守节四十余年，年七十四卒。前县张给匾旌奖。

监生武宅仁妻张氏，贡生文泰之女，年十五归于宅仁，孝谨端庄，能□舅姑暨夫子意。生三子而寡，时氏年犹壮，而舅姑已老，子皆幼。家事棼如，颇有飘摇风雨忧。氏茹苦绸缪，以妇道代子职，能委曲承欢，不使二人遇有丧子感。为子延名师，督课甚严，禁毋得窥户外，非呼召不许入私宅。子偶违教，不加谯责，但召与相对竟日，泣不食，俟诸子悔过，再三谢乃已。子扬烈、扬休，同年游庠，学使者廉知其母贤，奖以诗，有“老来蔗境甜逾蜜，不负丸熊午夜忙”之句。二子持归白母，母流涕言曰：“未亡人何敢当？但望尔曹努力耳，当更督率汝弟，大家向上，倘以此自足，吾终无以见汝父于地下矣。”二子悚然受命，益竞于学。氏年四十有八卒。卒后数年而扬休登贤书，少子扬光亦入泮。今其家课读甚勤，诸孙济济，无敢荒于嬉者，犹氏遗教也。

赵之瑛妻李氏，二十三岁夫亡，遗一子尚幼，矢志苦守。家贫，纺绩以为生计。抚子成立。前县龚表其门曰“正节”。遐年七十六卒。

武一乡妻阎氏，二十七岁而寡，养亲抚孤，矢不再适，七十八岁而终，前县旌其门曰“掺厉怀清”。

李文辉妻郝氏，权店人。二十六岁寡，守节二十五（年）。氏卒，学宪旌匾曰“桓孟高风”。

生员武彣妻杜氏，史部稽勋司郎中杜李女也。少通诗书，有淑女风。适彣后，善事翁姑，助夫勤学。后夫以疾卒，氏年二十九，教子育孙，卒苦百倍。守节三十一年以寿终。

庠生魏君召妻刘氏，二十三岁称未亡人，无子，以侄为嗣。苦守六十余岁，训子成名。前县张给匾旌奖。

霍冕妻萧氏，二十一岁失所天，矢志守节，养亲抚孤，年七十八岁终。前县张、前儒学田给匾旌奖。

梁璧妻韩氏，二十三岁寡，儿甫四岁，矢志抚孤。守节三十八年，年六十一岁终。前儒学罗给匾曰“苦节完成”。

李邃妻赵氏，二十五岁寡，守节抚孤，七十三岁卒。前儒学刘给匾曰“操比柏舟”。

魏殿飏妻李氏，二十五岁寡，儿方七岁。家贫，养亲抚孤，以纺绩度日，苦守三十年。前儒学陈给匾旌奖。

程国选妻郝氏，抚孤守节，年六十五岁无疾而逝。儒学给匾旌奖。

梁圣瑞妻张氏，圣瑞卒，氏即欲自尽，因遗腹在身，忍痛自守。厥后生子，养亲抚孤，备极辛苦。年七十三岁终。学师王匾旌其门。

吏员李显妻郝氏，家义门，寡时翁姑并老，子荣德尚幼，氏矢志守节孝慈，两无遗憾。后荣德贡成均。邑令张给匾旌之。卒时年七十有九。

程明章妻弓氏，夫亡时年二十七岁，抚六岁孤，茹苦守节，四十四岁而没。赵学师旌以匾。

李光敬妻程氏，寡时年方十七，遗子兆鳌甫三月，氏茹荼饮泣，训子得成生员。卒年五十一岁。学宪州尊两以匾旌其门。

刘学俭妻董氏，夫故，守节四十余年而没。

魏效公妻李氏，早寡，无子，守节四十余载。

魏杰祥妻蒋氏，夫没，四十余年守节完贞。

李作舟妻高氏，寡时年二十，立志苦守，抚育孤儿，现年五十五岁。

庠生赵天祚继妻韩氏，早岁寡，抚子成立，今六十三岁。

苏桂枝妻高氏，二十七岁夫亡，守节三十余年，六十八岁卒。学宪曹给匾曰“苦节可贞”。

赵直妻高氏，与苏桂枝妻为女兄弟，里民高可象之次女。二十六岁寡，姑老病，无子，抚族子为嗣，奉姑谨。姑殁后十数年嗣子又死，遗寡媳双瞽，嗣一幼孙，衣食皆仰给于氏。今八十二岁，犹日操作办衣履饘粥。前县江给匾旌其门。

郝禄士妻霍氏，二十九岁夫亡，守节抚孤，今三十余年。

赵一元妻陈氏，二十四岁夫亡，遗孤万福甫四岁，氏矢志苦守，抚孤成立，勤俭持家，家以小康。现年七十二岁。前县张、儒学王、典史朱皆给匾旌奖。

魏思义妻赵氏，夫亡时年二十七，矢志守节，现年六十二岁。前县张给匾曰“松筠节操”。

贾名儒妻骈氏，夫亡时年二十三，守节五十余年。前县宋、张两给匾旌奖。

生员程懋第妻魏氏、监生程懋德妻赵氏，魏氏二十七岁寡，无子，以懋德子卓立为嗣。赵氏二十八岁寡，子本立。娣姒同志，抚孤底于成立。魏卒年八十二岁，赵卒年七十四岁终。

武成年妻段氏，家西段村。成年少孤贫，娶段氏后即出外，病故，且无子，氏孑身佣赁，资奉衰姑以寿终，氏缞杖哭泣，引柩而葬。道旁观者无不以孝妇称之。卒年七十四。

魏增福妻王氏，增福没，善事翁姑。后姑卒，翁失双明，氏竭力奉养二十余年，无倦怠。

烈妇郝桓玉妻赵氏，桓玉殁，氏以死自誓，悬梁饮药者数次，以家人堤防稍疏，卒自缢。邑侯林旌以“铁骨冰心”，宜哉！

史宗妻郭氏，十八岁守寡，历今四十余年。前县汪以“柏舟矢志”旌其门。

武丕著妻任氏，夫故时氏年二十二岁，邻妇劝之曰：“人生几何，无以青年自误。”氏峻词拒之，抚孤守节。现今六十余岁。

孙世奇妻李氏，浓峪人。世奇死，遗子方六月，家贫甚，氏昼运薪水，夜勤针纴，艰苦之状，几难言尽。后子兆兴成立，门户得稍撑持，非氏之力不及此。氏以二十四岁守节，现今六十一岁，茹大宗师给匾曰“操凛冰霜”。

李箴听妻王氏、箴言妻高氏，箴听兄弟相继亡，二氏俱青年，守节白发聚首，里人重之。

李洙妻董氏，年二十四岁夫亡，遗孤二，氏抚孤守节，艰苦备历。五十一岁卒。儒学陈给匾旌之。

生员常廷旌妻张氏，年二十六寡，守节三十余载，养亲抚孤，孝慈兼尽。署县周给匾旌之。

史振妻刘氏，夫没时遗子甫一岁，氏矢志抚孤，备历艰辛。后其子又亡，乃取侄孙入嗣，抚之成立。守节四十九年卒。

生员程诒妻刘氏，二十八岁失所天，苦志守节，以巾帼任须眉者四十年。一子早殇，以侄守基为嗣。享年七十六岁。

李有福妻巩氏，二十七岁寡，家计贫薄，纺绩度日。子一，先氏卒，抚幼孙以自娱云。

王国正妻李氏，二十三岁，矢寡死不嫁，抚弟育孤，委曲周至。卒年七十四岁。

监生杜丕勋妻阎氏，岁贡生赐履女也。二十一岁孀居，抚侄为子，弱冠复逝。氏苦志冰霜，五十七岁终。学宪董给匾旌之。

魏俊妻韩氏，年二十五寡，清贫刻苦，纺绩攻书。子大豫国学，孙政教庠生，皆氏教训之力也。年八十四而终，依例旌表。

生员魏大震妻王氏，年二十七而寡，家甚贫，非十指作苦无以度日。遗子敞，教训有方，卒以成立。现年六十七岁，邑令旌表。

监生李长元妻史氏，二十一岁寡，日夜悲号，投缳几死者数次。家人敦劝，乃取胞侄李述为嗣，教育兼至。现年五十七岁。

教谕李启元继妻李氏，李长元弟妇也。夫卒后与寡嫂相依，之死靡他，经年足不逾阈，虽同妯娌，罕识其面，真可称一门双节云。

韩运开妻韩氏，二十三岁寡，艰辛备历，抚子及孙成立。五世一堂，八十三岁殁，人以为苦节之报云。

安闲妻韩氏，二十八岁寡，茹荼抚孤，内而井臼，外而农桑，无不区划精详，人以为有丈夫气。嗣后家计渐丰，皆氏之力也。百宗师给匾旌奖，现今七十一岁。

武士伶妻赵氏，南村人。二十五岁寡，时翁姑老，子生甫七月，养亲抚孤，五十余年。前县沈给匾旌奖。

郝通元妻张氏，二十四岁守节，今年六十二岁。前州宪曹、前县汪皆给匾旌奖。

郭师汾妻张氏，东良候人，沁州进士友荣之女。十八岁夫亡，无子，或劝之嫁，氏泣曰："翁姑皆老，夫死而吾去，将谁托？"竭力养亲，丧葬皆如礼。以犹子为嗣，抚育如己出。现年五十八岁。

烈妇史彭寿妻董氏，生员鹏程女，通文兼卜筮。夫彭寿不慧殁日，氏年十九，誓欲死，母家扳往。闻有来请婚者，给复曰："有什物在夫家，归取即回。"母信以为志可转也，欣然许之。归即投缳死，衣饰皆以针密缝，母以孝□，整饬如生前。前县吴给匾旌奖。

李必祥妻史氏，二十八岁寡，训子士璋入泮。前学宪夏给匾旌之。年六十六岁终。

李涣妻阎氏、李士魁妻安氏，士魁即涣子，三岁而孤，母阎氏年二十七岁，矢志抚孤，至成人授室。不幸中道殀，遗安氏年二十二岁，与姑同心守节。阎氏年七十一岁卒，前县沈给匾旌奖。安氏现年六十一岁，学宪茹给匾曰"柏舟励志"。

程好修妻李氏，二十七岁寡，家贫，子女皆幼，氏辛勤鞠养。子稍长，使从师读，男婚女嫁及修脯之费，皆取给于手指。本富家女，而耐苦如此，人皆称之。

程慎修妻窦氏，二十八岁寡，矢志抚孤。子授室后不幸亦死，荼苦三十余年，现年六十五岁。

韩硕妻连氏，二十六岁寡，现给匾旌奖，年六十二岁。

魏儒妻史氏，二十三岁寡，守节抚孤，四十余年卒。前县汪给匾旌奖。

生员史时可妻魏氏，二十五岁寡，无子，以堂侄烈光为嗣，抚养成立。年五十岁卒。

李元妻董氏，二十五岁寡，守节五十四年死。前儒学王给匾曰"松筠柏操"。

李廷瓒妻郝氏，二十八岁寡，子培成甫八岁。矢志抚孤，教子成立。其孙端中，乾隆己亥乡试，人以为苦节之报。前学宪曹给匾奖之，现年七十四岁。

刘得贵妻史氏，二十六岁孀居，至今六十二岁，前县陈给匾旌奖。

庠生赵之毅妻张氏，二十六岁守节，今六十七岁。

韩淑曾妻刘氏，二十一岁守节，今年六十一岁，御史王给匾奖之。

郝成都妻武氏，二十八岁孀居，今六十一岁。

刘汝周妻王氏，适汝周数年，夫走在外，今已四十余年。氏无子，奉事翁姑，为诸弟授室。家甚贫，拮据无怨言。现年六十七岁。

李伏刚妻高氏，二十四岁寡，无子，以侄为嗣。现年六十余岁。

魏德风妻李氏，二十三岁寡，持家严肃，抚孤成立，五十一岁卒。

庠生魏殿侯妻郝氏，夫亡时氏年二十七，子希鹤甫四岁。辛勤守节十有七年卒。前儒学陈给匾曰“闺阃淑范”。

监生赵和贵妻杜氏，二十二岁夫亡，子甫周岁，舅起愈年八十余，病发十余年，委顿床席。氏本欲从夫，转以亲老子幼不敢死，竭力养亲，丧葬皆如礼。持家勤俭，教子严而有法，邑人高其节，闻于县。前县汪奖之曰“钟郝遗辉”。现年六十七岁。

县丞李鳌妻魏氏，二十一岁寡，守节五十余年，前学师赵给匾旌奖。

生员魏江妻郝氏，二十八岁夫亡，子尚幼，辛勤抚养。子又早夭，继胞侄为嗣，抚爱过于所生，苦节四十年终。

刘琮妻梁氏，二十八岁称未亡人，抚孤成家。前学宪曹奖以匾曰“冰寒于水”。今年七十八岁，尚康健无恙。

张君贵继妻李氏，二十六岁寡，无出，抚前室子昌文甚有恩。昌文又早死，复鞠养孤孙，底于成立。持家有法，乡里称之。

赵思普妻史氏，二十三岁寡，守节已三十年。

郝汝梅妻李氏，二十二岁夫亡，抚孤守节，现年五十六岁。

周继夏妻李氏，二十一岁夫亡，遗腹生男，苦志抚守。现年五十八岁。

周小二妻王氏，十九岁夫亡，遗腹生子，苦守，今三十余年。

范廷献妻段氏，二十二岁寡，子甫周岁。家贫，纺绩以供朝夕。于成丁又死，遗两孙，抚育劬劳，现年五十二岁。

刘弼妻李氏，二十岁孀居，六十五岁卒。前儒学郭给匾曰“节慈堪旌”。

武李生美妻刘氏，神前村人。二十八岁寡，遗腹生子，苦守三十年终。

窦来德妻李氏，二十九岁守节，今年六十九岁。

窦宽妻张氏、媳王氏、李氏，姑媳三人：张氏二十三岁寡，王为窦来宾妻，二十岁寡，李为窦来仪之妻，二十六岁寡，守节皆过三十年。前学宪百、儒学陈皆给匾。

韩宁史氏，年二十七岁寡，取胞侄慕朝嗣，抚育教训，卒以成名。五十余岁而终，现给匾旌表。

史宣妻魏氏，魏梁都之女。二十八岁寡，茹蘖饮冰，四十余年如一日，抚嗣子不啻己出。七十三岁而终。

李时勤妻崔氏，夫没，氏年二十六岁，遗子一，家无半陇，婚嫁皆出自纺绩。年七十三而终。

李世贤妻李氏，年二十三而寡，遗子一，甫周岁。矢志抚孤，食贫无怨，现给匾旌表。

王九重妻萧氏，年二十八岁寡，现年六十二岁。

崔象峒妻董氏、媳杨氏，董适崔，早寡，子守业娶妻杨氏，亦早寡，姑媳相依，矢志柏舟。董氏年七十而卒，杨氏现年七十一，邑令旌表。

刘文光妻梁氏，二十六岁守节，五十六岁而卒。

房士璧妻韩氏，早寡，守节三十余年，现年六十五岁。

魏栋妻赵氏，栋出外久未归，氏事翁姑以孝闻。

李要德妻李氏，二十六岁夫亡，守节七十余岁而终。

史在书妻李氏，年二十五在书殁，子克长甫二岁。矢志抚孤，年五十六而终。

监生安建中妻刘氏，建中殁，氏十九岁，无子，抚侄如兰为嗣，恩爱曲至。后侄本生父卒，又复归嗣其父，氏孑身苦守，毫无怨言。现年五十八岁。

论曰：立人之道与天地并，乾健坤顺而男女正位其中，斯之谓三才。其表表称丈夫者莫如人物，而文苑次之。立德立功立言，三不朽之业具焉。忠烈、孝义其尤大者也，隐逸、寓贤又特其别见者，列女则合贤孝、节烈而并列之，柔顺贞固，从一而终，三纲明、九畴叙而天地之大义备矣。其尤崇节烈者，特其人之不幸，非必为是，奇节苦行而后以女德著也。范史曰“但探次才行尤高秀者，不必专在一操而已”，此之谓也。

外志

志何以称外也？二氏之教，儒者不道；怪异之说，孔子不语也。然孔子尝问礼老子，有犹龙之叹，桑门大士与贤士大夫游晋宋名人如逸少、灵运、鲍照诸君子与远法师、休上人辈往来最习，况琳宫梵宇星布宇内，其教可尽废耶？若幻化之传闻、梦合之轶事，有似戏谑者，亦稗官小史所摭拾也，别为汇集，以传之好事者。州志俞毅夫之论如此，今从其例，志《外志》。

仙释

晋

王质，本县三交人，采樵为生。性淳朴，独憩一室，闭耳合目，吐纳修养，数与人请辰一术。日樵出，前有青气，卸而行如将导引者。逾涅水而南陟山麓，麓有二童子对弈，与质一物，如枣核。质咽之，释各斧置旁，悉心观弈。其一方持子欲下不下，一笑问曰：“何怯也？”一答曰：“吾欲以怯为勇。”一又曰：“不似我无勇无怯，任汝争先后着，到了一枰戏局耳。”顾谓质：“尔速归，尔柯烂矣。”质视果然。归其家，无一存者，询之曰：“有一老曾负斧出，闻已逾百年矣，翁得毋是耶？”质骇之，复返原所，二童子已不见，惟存棋局。质恍然，寻亦羽化。后人即其地绘像以祀，曰王仙祠。

《省志》《越西姑蔑志》《青霞第八洞天》亦载此事，同代同名，未详孰是。

邑旧志李豪辰云："三交村山水交合，风气攸萃，相传为王质所生处。"按神仙事甚渺茫，晋人尚清谈，疑亦寓言，王质其人之有无，未可知。于武于姑蔑将毋同，存而不论可也。

佛图澄，本姓帛氏，天竺人。永嘉四年适洛，自云百有余岁，腹旁有一孔，常以絮塞之。每夜读书，则拔絮，孔中出光，照一室。平旦至流水侧，从腹旁孔中引出五脏六腑洗之，讫，还内腹中。能听铃音言吉凶，莫不悬验。

洛中寇乱，乃潜草野以观变。避难武乡，因大将军郭黑略以依勒。勒召试澄，澄以钵盛水烧香，咒之须臾，钵中生青莲花，光色曜日。襄国城堑水源暴竭，勒问澄何以致水？澄曰："今当敕龙取水。"乃与弟子数人至故泉源上，咒三日，水泫然微来。有顷，水大至，隍堑皆满。

鲜卑段末波攻勒，众甚蹙，勒惧，问澄，澄曰："昨日寺铃鸣云，明旦时当擒段末波。"兵伏城北，出遇末波，执之。刘曜自攻洛阳，勒将救之，群下咸谏以为不可。澄曰："相轮铃音云，军出当得曜。"勒甚悦，遂赴洛攻曜，生擒之。勒敬澄，遇事必咨而后行，号曰大和尚。

勒死之年，天静无风而塔上一铃独鸣，澄谓众曰："铃音云，国有大丧，不出今年。"既而勒果死。

及虎袭位，倾心事澄，尤重于勒，赵百姓有乐事佛者则听之。支遁林在京师，闻之，曰："澄公其以季龙为海鸥鸟也。"

郭黑略将兵征北山羌，堕羌伏中。时澄在堂上坐，惨然改容曰："郭公今有厄。"乃唱云："众生祝愿。"须臾，曰："若东南出者活，余向者则困。"复更祝愿。有顷，曰："脱矣。"后月余黑略还，自说坠羌围中获免，推检时日，正澄祝愿时。

黄河中旧不生鼋，时有得者，以献虎。澄见而叹之曰："桓温入河，其不久乎！"温字元子，后果如其言。

澄尝与虎升中台，澄忽惊曰："变！变！幽州当火灾。"仍取酒噀之，久而笑曰："救矣。"虎遣验幽州，云尔日火从西门起，西南有黑云来，骤雨灭之，雨亦颇有酒气。

虎大享群臣于大武前殿，澄吟曰："殿乎！殿乎！棘子成林，将坏人衣。"令发殿石下视之，有棘生。冉闵小字棘奴。虎造大武殿初成，图画自古贤圣、忠臣、孝子、烈士、贞女，皆变为胡状。旬余，头悉缩入肩中，惟冠髻仿佛微出，虎大恶，秘而不言。澄对之流涕，乃自启茔墓于邺西紫陌，谓弟子法祚曰："戊申岁祸乱渐作，己酉石氏当灭。吾及其未乱，先从化矣。"卒于邺宫寺。后有沙门从雍州来，称见澄西入关，虎掘而视之，惟有一石而无尸。虎恶之，曰："石者，朕也，葬我而去，吾将死矣。"明年，石死国乱，悉如澄言。

唐

风雷将军，姓焦，失其名。唐懿宗咸通九年七月初五日生长乐乡司徒村。生之夕，香气盈室，经宿不散，人咸异之。七岁，两手拘挛，言语謇涩，状貌类愚人。忽无日两手无故自舒，神采焕发，语亦通使。顾性喜道家言。至十三岁，凡天文、地理、易象、遁甲诸书，一过目便晓畅。

景福二年正月八日夜，梦神人捧玉函内盛灵符宝箓谓公曰："吾奉帝命，以此书付汝，熟习之，当除邪宁众。"既觉果然，启视皆朱书天篆。后复遇异人，又以灵符、玉印付之。东北山有穴，内藏五狐为祟，公逐之，就其中居焉。

乾宁元年，壁底等村水骤发，漂民田庐无算。四年，县西蛇妖为患，公俱用符退水，民获安。一日，游漏岩泉，众妇浴不洁之衣，曰："此水不可以秽投。"遂指水南行。

光化元年，东山有释氏常姓者，素习玄术，来谒公，与公同游东山。常用己术，途次衣带悉成龙蛇状。公曰："此幻耳，奚足尚。"常又知阔垅山水中有妖，求公除之，公用符投水，不旋踵而妖除。又同游北洞，洞与辽阳界相接，洞中蛟龙绕集，妖氛逼人，常惊怖股慄，公欣然谓："是天设之以俟我者。”又于石中得古剑一口。

二年，有富室陈演者，宅久为妖龙据，其家旧有一红槽，公至驱龙，因索红槽引之入洞。

天福二年，上党妖魔为害，时太守王祐延公治妖，遂息。太守以其事上闻，奉旨封为风雷将军。

后脱蜕仙升，葬北五里，今将军坟是也。公享年三十有四，没之后，代有显应。

清泰二年，草贼啸聚，官军不能禁。忽洞出红云，空中若有铁骑声，乱石飞下如雨，贼党无孑遗。加封灵侯，以长乐十六村租税为公香火资。

开运二年，旱魃为灾，凡诣洞求雨者应如响，后来求雨自此。

天福四年，加封为显圣公。宣和元年，加封为昭泽王。元世祖南征渡海，时见公阴为之助，师旋，途加封曰海渎王。

明

海贵，柏林寺僧，本县人。天性纯朴，朝夕礼佛，绝不闻禅室外事。供水陆者五，检藏经者二，袭师衣钵，积资颇丰，悉捐之，偿不偿听焉。人问之，曰：“施舍，僧家本业也，留之何为?”万历十四年正月，嘱其徒圆泽、圆宝曰：“尔辈念佛，吾将休矣。”须臾，危坐而化，其徒即塑其像于本寺。迄今香火不绝。

程嘉绩，少耽广成术，从父宦山左时有张、罗两道人数过从，嘉绩得其旨。里人有患虐者，嘉绩授之符，立愈。又为诸生时，有鼠残同学书册，嘉绩为作驱鼠文，以丹书禁其穴，鼠遂绝。有蚁布墙下，嘉绩令他徙，蚁即奔趋。又命之止，亦如其言。

流寇至，举城张皇，嘉绩独曰：“贼将去矣。”已而果去。

一日，谓妻曰：“汝登楼有神像，须三撮，似吾但面微赤耳，亟焚之。”妻登视果然，错愕不解，焚。数曰：“治具，罗子孙于前。”饮啖如常，时夜分就寝，鼻端微有声，视之，已长逝矣。

国朝

阎和尚，段村净业庵主僧，本姓阎，法名福江，字洪润。剃度不详所自，初云游四方，无常住。后乃卓锡净业。时有来访者，累日夜絮聒不休，不知所谓。给途费，用纸包发一绺，趣而使行。或曰：“其子也，意半路出家者。”净业庵其自创，昼则焚香礼佛，夜则朝斗所持咒语，人多不解，如是者以为常。善医卜，病家求方，随手折花枝木屑，或以埃土与之，立愈。为人卜牛眠，尝得佳域，精于堪舆家，皆叹莫及，称庵僻。

一夕，有盗至，闻息呼之曰：“吾有布一匹，已置庵前，无他长物也。”次后一夕，复有盗至，闻息呼之曰：“吾庵前为汝置斗米，汝持去。”自是盗相戒不敢近。人未悉其运神渊默也，以为先知，远近称活佛，求者益众。求必应，应无不验，然不责谢，有来谢者，坚勿受。

庵右建千佛塔，凡十三层，层异寻丈，而上高出云表。四方来观者，调视太原双塔，乃更峻。工甚巨，役甚繁，未尝于本邑募一缗。每层成日，姑少憩，以俟凝实。辄外出，不二三旬盈袭返。数年竣，不知其所自来也。已而曰：“此一方遇我厚，吾复入祉尘，为一方种福田，然吾行隳矣，当净除六贼，成吾正栾。”由是闭户修真，不与外人通恋。一日，语其徒曰：“吾世寿已尽，早营寝处所少息，醒将复出。”危坐而化。次日，付庄赵绅立小莲池上，和尚经其畔曰：“先生，荷花盛开将赏焉。”后至者胥以为先日已圆寂。相与诧异，殆和尚自神其术。

论曰：唐之韩子，宋之欧阳子，皆以卫道闲邪为己任，而昌黎与大颠师游，取其外形骸，以理自胜，不为事物所侵乱。庐陵尝删正《黄庭经》，是知二氏之教别行天壤，未可得而废也。世徒见庸黠僧道假缁黄之术以诬民惑世，则以为宜深恶而痛绝之，然苦修超悟之中，作佛成仙大有人在，乌可一概相量哉？今采其名行卓卓著于武邑者列为篇。

寺观

延禧寺，在县东关。元至元二年建。明洪武间，邑人魏严捐赀督修，后人塑其像于佛殿东南隅。崇祯十年，邑人魏尔直等重修。

清尘寺，在县西关。邑人魏令望建。

离相寺，在县东上郝村沟中。有双古柏，可十围，高参云表。

宝峰寺，在县东韩壁村。

清泉寺，在县东石门村。

真如寺，在县东土河村。

崇法寺，在县东东堡村中。有天桥松，赵三麒有诗。

三登寺，在县东胡蛮岭下。陌峪、邢唐、北漳三村公建。

永兴寺，在县东广志村。

石佛寺，有二，一在韩广，一在西关。

甘泉寺，在县东黄岩口。

崇胜寺，在县东横岭。

真云寺，在县东南台村。

福圣寺，在县东马堡村。

古柏寺，在县东新村。

洪福寺，在县东北贾河村。邑人魏廷望重建。

长乐寺，在县东长乐村。

南相寺，在县东东庄村南。宋景定二年建。

普济寺，在县南南山庙东。崇祯十年，邑人魏光绪改建，庭前有龙爪槐一株，最为奇古。

聚福寺，在县南吴村。

弥陀寺，在县西段村。

观音寺，在县西西城村。

三尖寺，在县西贾封村。

铁佛寺，在县东苏峪村。

隆教寺，在县西龙泉村。

大云寺，在县西故城镇。有宋治平元年石刻，尝敕赐寺额牒。

瑞云寺，在县西良候村。

慈云寺，在县西信义村。

金仙寺，在县西三交村。

建福寺，在县西祁村。

长兴寺，在县西王路。

福元寺，在县西北。

古祥寺，在县西。

胡庄寺，在县西。

净果寺，在县西权店。

雷音寺，在县西勋欢镇。

南关寺，在县西南关镇。

华严寺，在县西南关里西郊。

真净寺，在县西石盘。

佛灵寺，在县东邢唐村北。

极乐院，在县东曹家沿。

法云院，在县东攀龙镇。

观音堂，有三，一在县南里许，一在县西关，一在韩壁村东。

白衣菩萨庵，在县东门外延禧寺后。邑人魏鸿绪建。

白衣大士庵，在县东胡峦岭。前有茶棚，行人憩焉。

准提庵，有二，一在南山东岭上，邑人赵三麒建。一在县治西巷北。

净业庵，在县西段村东。阎和尚于庵后建塔一座，高十三级。

清慧庵，在县南魏家窑。

泰清观，在县西关。

通元观，在县东北漳村。

会仙观，在县东监漳村。

玉真观，在县西段村东门外。

昌公祠，在县东门外北原上。邑人魏权中建。

紫微宫，在县东下郝村。

纯阳宫，在县西段村。

宗圣宫，在县西故城镇。

吕仙阁，在县西关药王庙西。

天仙玉女祠，在县东攀龙镇南。

三仙圣母庙，在县东下黄岩。

右凡邑志郡志已录者皆序抄入，其余乡村建修甚多，不备载。

论曰：琳宫梵宇遍天下，释谈寂灭老尚虚无，此儒者之所以欲火其书而庐其居也。然碑额时出，敕赐营度，或命宰官里巷崇奉，相沿已久，夫谁火之而谁庐之？欧公有言“修其本以胜之”。夫苟修其本以胜之，琳宫梵宇适供游赏，比诸修竹层壑可也。

异录

上古

周公，本县周家坡人。善阴阳幻术，与沁州陶家沟桃花女同术，相去仅二里许。桃花女，俗称为彭祖甥女。公屡被女破其卦，为之切齿，因娶为媳，以术压死。女临死，嘱祖葬我时用斗杓朝北斗，口连呼桃花女者三，即死无恨。至期果尔。女寻出棺，奔元帝庙，立化在左。公随之至庙，立化在右，各有像存。

明

总督魏公生时，父梦汉魏尚至其家，以尚为云中守，故名公曰“云中”。其后，公果以兵部侍郎督宣大山西军务。侍郎程公启南初游庠，最贫困时瘟疫大作，人有见丧门神者，率举家病死。一夕，公醉归，见白衣人高数丈，公惊曰：“此必丧门也，吾命休矣。”已而念命数莫可逃，乃大声叱之丧门，即仰卧于地。公举步迫其足，忽缩丈余，且叱且迫之，随缩不见，自是遂绝。公竟无恙，疫气亦止。

魏世师，崇祯间父宦总督，时命修一厅，为宴会宾客所。落成，世师睡中恍惚门首竖旗三竿，觉而思：吾门必更大。未几，逆闯变，横索诸宦家子，不敷数则械系秦。比归，家业一空。康熙初，鬻于同州知州赵三麒，始悟妖梦是践。

国朝

康熙甲子，岁当大比，孟洗心笃杰举业，揣摩成熟，忽梦人谓曰："闱中题系为命全章，汝慎秘之勿泄也。"觉而喜甚，为文颇佳，欣欣然自负矣。一日，酒酣兴豪，以告同庠赵、陈两生，两生异之，各构一艺。及入闱，洗心方假寐，见向所梦者呵之曰："果泄余言，于汝何利耶？"惊悟而起，终夕彷徨，意绪纷扰。比揭晓，仅中副车，而赵、陈俱捷。

魏珮，年十五时患时疫，夜未分，气已绝，昏沉间，见有皂衣人负而出。珮祖居后巷，城东隅巷称阒寂。时天未甚明，负己者疾走，突遇两苍头，盖久侍珮祖以宁者，叱曰："此吾家公子也，负焉往？"挥拳将殴之。皂衣人释而逸，苍头一驱逐皂衣人，一负珮曰："公子得无受惊否？仆将送公子旋。公子年且七十余，若误耳。"及门曰："请尊便。太夫人望且久，吾不敢复入矣。"珮匍匐前，遇家童呼不应，遇婢呼不应，忽至中庭，见祖母韩氏方向床而哭曰："孙儿安在？"遽应，举家大惊，以水咽之。稍苏，具言所以，两苍头皆物故已久，距气绝已逾二辰矣。珮，忠厚君子也。比长入泮后，或诘之，笑而不言，然里人无不悉其事。后果以七十四岁无疾而终。

论曰：圣人之道，一而已矣。其人子臣弟友，无所谓仙释；其业田畴庐井，无所谓寺观。至托神征梦，惊世骇俗，以异录传，而荒诞愈甚矣。既无术火其书庐其居，则缁黄二家以法力显，则亦此邦之人以胜地隐，则亦此邦之土，不得概置之。自郐以下，若夫理所必无，事所或有，足以见命数之不可强、鬼神之不可欺者，传闻有据，录以示警，于人心世教未必无小补焉。故从俞氏之例统之以外，而各系其条于后。

《武乡县志》卷之四

艺文

李延寿论文苑，谓江左宫商发越贵于清绮；河朔词义贞明重乎气质。气质则理胜，其词清绮则文过其意，此南北词人之大较也。武为晋偏，何足论文？然亦界河朔，虽清绮未遑而气质犹是。作者远不可稽，自晋以下，麟麟炳炳，代有传述。谨就见闻所及，择其有关国政民生、有益世道人心者，汇为二帙，上以扬国家文治之隆，下以垂儒林博雅之助，庶论古者有考证云。

前代御制

封龙泉神敕宋宣和四年四月。

有功于民则祀之，国之典也。惟威灵之所感格，惠泽之所沾被，弥著而弥广，则祀号祭典与次俱升。威胜军武乡县仁济庙敷应侯，聪明之德望于一方，滲洒之仁渐于四远，庙食兹土，灵贶在人，曰雨曰旸，如响如答，稽参祀典，进陟公圭，神其承天之心、率神之职，顺适岁事，阴佑下民，服我赞善，万世无斁，宜特封灵润公。

祭南山神海渎神文明嘉靖三十五年二月二十九日。

皇帝遣户部左侍郎邹守愚致祭于南山之神海渎之神曰：维神受命上帝，镇奠一方，兹者山西蒲、解、泽、临汾、临晋、翼城、闻喜、襄陵、灵石、安邑、荣河、平陆、高平、芮城、夏等州县及河东运司各因地震，接连千里，响声如雷，震倒房舍，压死人民不计其数。惟兹灾变异常，予深用惶恻，特遣大臣敬赍香帛，往诣祭告，伏冀明神赞天敷佑，斡旋化机，潜消劫难，锡福生民，地方其永赖焉。谨告。

祭南山神海渎神文附

户部右侍郎邹守愚率兵备副使汪来、都指挥王玉致祭于南山之神海渎之神曰：天子明圣道，在位天地而抚神人，宵旰忧勤，期臻盛化。乃者地震之异，出于非常，圣心恻焉，惧神之不安于居也。不以余为不肖，亟遣以告于神。适然之变，毋亦于出数而不可逃者耶？神其毋或震惊，又知神之显灵于兹土，以予为善事神者，亟祷以虔请于神，冀锡之鉴，和阴阳，兴云雨，蕃登五谷，以康又我人民，则固神之能也。神其毋或靳惜，守愚不揣，以不腆之羞敢用邀惠于神，聿以予言为信也。俾予借以上欢宸衷，下辑民和，庶简用兹行，或者托神以逭咎，而神不亦永显耀于来兹也。维神其鉴之。

疏

覆山西抚按条陈肤见疏

山西布政司为陈肤见以备修省，以答圣怀事。万历二十一年九月初一日，蒙巡抚魏案验，准户部咨该本部题山西清吏司案呈，奉本部送户科抄出，巡抚山西都御史吕题前事等因，又该巡按山西御史徐题同前事，俱奉圣旨，户部知道，钦此钦遵。通抄到部送案。查本年四月内，该巡抚吕条陈款内称，所属沁、吉、隰三州，武乡、石楼、永和二县，素称凋疲，钱粮从来不及五分。武乡知县黄元会因经管十七年，正征十五年，边粮总计未完二分以上，照例参罚住俸，仍令督催。今知县黄元会额粮已完六分七厘、不免降俸，住俸深属亏苦，宜照灾疲事例减免二分参罚。本部看得未完钱粮已经题请缓征，武乡县知县黄元会十七年未完边粮如果完六分以上，准照灾疲事例减等，姑免住俸，即开复补支。本官仍准起送考满，奉钦依通行去后。今该前因，案呈到部，看得巡抚吕、按院徐题称，武乡县知县黄元会钱粮已完七分，未完者参罚原有定例。但该县素称凋疲，钱粮似应减免，既经抚按官题请，前来相应，复请恭候命下本部，移咨山西都察院，转行巡按，备行该司道，即将宽征数目给由缘由仍咨吏部知会等因，于二十一年八月初九日本部尚书杨等具题，十一日奉旨是。

议瘠疲州县完粮分数疏

户部题为酌议瘠疲州县完粮分数、以定考成、以苏民困事。崇正三年四月某日，山西清吏司案呈，奉本部送户科抄出山西巡抚耿题前事，奉圣旨该部酌议具覆，钦此。又奉本部送户科抄出巡按山西监察御史祝徽题同前事，本年六月二十三日奉圣旨户部知道，钦此钦遵。通抄到部，送司案呈到部，该部看得任土作贡，则壤分赋，自古已然，即国朝会典亦分别腴瘠，以苏民力而程官方也。三晋表里山河，夙称沃野，而硗角斥卤亦多不毛。民弗能以不获之田耐催科，则有相率以徙；官弗能以久积之逋抗考成，则有接踵而去。重之旱魃为虐，比岁不登，官畏其地若陷阱，而民脱其产若释负。不急一更张之，人无如何而赋亦受诎。此抚按所为合词而请也。今议该省所征，除辽饷紧急务期通完外，其余边王民屯站银等饷俱系正供，似难轻减，即加体恤亦难尽。狥查照例之载在令甲者，常完州县额定十分，其次疲则九分以上，下疲则八分以上。近因军兴加赋，供亿繁难。又有次疲八分以上、上疲七分以上之例，并无减至六分者，合无准于功令，斟酌折衷，如太原之忻州、定襄、辽州姑以边地近疲请定为限，务完九分。太原之崞县、代州、苛岚、五台、榆社、和顺，平阳之岳阳、汾西、隰州、大宁、永和、平陆，潞之屯留、襄垣、潞城，汾之永宁，泽州之沁水，请照次疲例，限完八分以上。太原之静乐、繁峙及岚县，平阳之蒲县、吉州、乡宁，潞之黎城，汾之石楼、宁乡，沁州及沁源、武乡请照上疲例，限完七分以上。至于民运边粮，尤宜多完，务居王民屯跕之先。庶重累豁而民安乐土，逋轻而官易及格也。其余未完州县，仍乞天语颁宣各项钱粮，务完十分，始为定额，用补疲瘠新议减捐之数。臣部定为画一，持以考成，则有所以示哀益而剂盈虚耳。伏祈圣旨裁酌申饬等因。崇正三年四月初三日，太子少保本部尚书毕等具题，本月初七日奉圣旨，依议分限催完，其余州县并通省辽饷，着照例全完，不得妄有观望，该部严饬抚按行。

请免均粮揭

揭为武邑残破已极，均粮万难取盈，恳祈仁慈，大为主持曲为裁免事。窃照均粮一法即加派之别名，一丝一毫，皆取之地亩，征之小民。嗟此武邑地为何地？山居其七，水居其二，一分作田，且半沙半石，为陵为壑，一望等于不毛。民为何民？贼寇焚掠之后，死居其二，所留孑遗，曾无半粟。今岁大荒，其死逃又莫可数。凡此非敢作无病之吟，试观本县地方之狭，曾不及邻封之半，而权店设兵，南关又设兵，则为贼薮可知，其被贼之多残又可知。即与三十一州县同免均粮，尤应独居其先，虽兵咨颁有成数，所望上台目击颠连之苦，或代为请命，或径咨部中，为武邑详呈苦状，免其征派，非独生等感德，万民颂回天之力于不朽矣。再有请者自惜为上所怜，定为灾疲减等，每粮一石，全征八钱一分一厘，止减征五钱一分五厘，勿论正饷与新加辽饷，皆依此减等之数。今征粮即不能全留，亦应照减等起数，原粮八千五百五十一两九钱四分一厘一毫，实该征银若干，此不得已勉从应急，而犹未知其果能后办否也。为此哀鸣，公揭须至揭者。

书

遗石世龙书　刘琨

将军发迹河朔，广卷兖豫，饮马江淮，折冲汉沔，虽自古名将，未足为喻。所以攻城而不有其人，略地而不有其土，翕尔云合，忽复星散，将军岂知其然哉？存亡决在得主，成败要在所附。得主则为义兵，附逆则为贼众，义兵虽败而功业必成，贼众虽克而终归殄灭。昔赤眉、黄巾横逸宇宙，所以一旦败亡者，正以兵出无名，聚而为乱。将军以天挺之质威振宇内，择有德而推崇，随时望而归之。勋义堂堂，长享遐贵。背聪则祸除，向主则福至。采纳往诲，翻然改图，天下不足定，蚁寇不足扫。且天下大乱，当须雄才。遥闻将军攻城野战合于机神，虽不视兵书，暗与孙吴同契，所谓生而知之者上，学而知之者次。但得精骑五千，以将军之才，何向不摧！至心实事，皆张儒所具。

报刘琨书　石世龙

事功殊途，非腐儒所闻。君当逞节本朝，吾自夷难为效。遗琨名马珍宝，厚赏其使，谢归以绝之。

与祖逊书　石世龙

祖逖牙门童建遣使降于勒，勒斩之，送首于祖逖，曰："天下之恶一也，叛臣逃吏，吾之深仇，将军之恶，犹吾恶也。"逖遣使报谢。

辞称尊号书　石世龙

孤猥以寡德，忝荷崇宠，夙夜战惶，如临深薄，岂可假尊窃号，取讥四方！昔周文以三分之重，犹服事殷朝；小白居一匡之盛，而尊崇周室。况国家道隆殷周，孤德卑二伯哉！其亟止斯议，勿复纷纭，自今敢言，刑兹无赦！

议奉介子推书　石世龙

寒食既并州之旧风，朕生其俗，不能异也。前者外议以子推诸侯之臣，王者不应为忌，故从其议。傥或由之而致斯灾乎，子推虽朕乡之神，非法食者亦不得乱也。尚书其促检旧典，定议以闻。

求言书　石季龙

盖古明王之理天下也，政以均平为首，化以仁惠为本，故能允协人和，缉熙神物。朕以渺薄，君临万邦，夕惕朝乾，思遵古烈，是以每下书蠲除徭赋，休息黎元，庶俯怀百姓，仰禀三光。而中年已来变青弥显，天文错乱，时气不应，斯由人怨于下，谴感皇天。虽朕之不明，亦群后不能翼赞之所致也。昔楚相修政，洪灾旋弥，郑卿厉道，氛祲自消，皆股肱之良，用康群变。而群公卿士各怀宝迷邦，拱默成败，岂所望于台辅有司哉！其各上封事，极言无隐。

上各上台止分县治书　李黼

按本县故城本战国蔡州地，至汉析为数县，涅县则东北一隅，而治因故城焉。晋改武乡县，后魏以县治僻居西南，徙治南亭川，即今治所也。东西尽境各一百二十里，南北尽境各三十里。自魏至今，千有余年，以在中土，未有废徙。

近者义官某等谓县治破坏，漳水泛涨，一欲移治故城，一欲分作二县。窃为本县背山面水，左右两峰，翼然并秀，河虽在于城南，而根基巩固，屹不能侵。阖县形势，无出其右，奚可以曾被盗贼而遽谓破坏耶？漳水夏雨暴集，势固泛涨，然其源流不远，其個〔涸〕倚马可待，彼以一水犹云为害，若使县治西徙，则民之东来者益众，此水萦纡，当渡之处无虑十倍，为害不愈大哉？比岁荒歉，流贼蜂起，军士壮民，随在守御，民之供饷，岁无宁日，多方抚慰，犹虑有瓦解之虞，此事亦在得已而可劳民以必为哉！

古者建国立邑必据中土，以四方来者道里均也。今县治适为中土，四境又无分并，无故西徙，则一方便而多方不便矣，是岂昔人宅中之意哉？盘庚迁都，作诰喻众；太王邑岐，属告耆老。盖怀土重迁者人之情，故圣人重之。今某欲举大事，而一县士夫人众俱不与闻，岂其识见高出盘庚太王？而武今亦有狄难甚不得已者乎？皇父，周之卿士，诗人犹刺不即我谋，而彼以匹夫敢若是欤？

本县四塞皆山，不通商贾，岁值丰稔，租税犹有逋负，则其荒歉可知。今计未输税粮若干石，未解柴夫若干季，朝促暮督，州县催科非不严也。鬻妻质子，百姓办纳非敢慢也。而积年拖欠犹至若此，民贫财尽故也。县治废徙，动费巨万，财用将奚出耶？财者，民之心也，心伤则本伤，不可不熟虑也。

城邑之分并，视户版之登耗，户版增则宜分，户版耗则宜并。本县原额七十里，节次并为四十里，每里户不满百，今为一县犹强支持，而谓分县，可乎？县分故城，在西之人固便，在东者脱或比例告陈，亦当俯从。蕞尔武乡可分三县耶？夫以天时、地利、人情、财用万无一可，而独彼欲为是者，盖自以势倾乡曲，赀雄一方。故城土地皆我之田园，故城庐舍皆我之宗党，奋然一呼，环故城贫民之衣食仰给于我者，孰不勉从？斯谋若遂，则田皆附郭而增价十倍，人皆城虎而据市咆哮，一县之众俱堕于术中，而一县之利俱不出彼罟矣。遂相挟诱县官，假差老人，捏词奏请，事成则功出于己，不成则罪有所归。又为惑众之心，公厅廨宇不令劳众，且前使人赴京路费不及数两，尚且沿门科敛，况公厅廨宇之大，彼肯独为之哉？凡百奸谋不能悉举，众情汹汹，皆有不食武昌鱼之心，畏其势而不敢抗。愚独以一县民命所关，不得已而哓哓也。临楮不胜战栗之至。

辞邑侯余公举立德立言立功　程康庄

仆命薄材谫，涉猎书史，徒以枯木朽株自敛，制为阁下宽仁所见录，不敢为尺一之牍以烦隶人之问，而阁下好之益笃，每有一味之甘、一物之美，则必同耆，欲竭诚款，不择朝暮而进。仆结茅学宫之侧，阁下朔望过临，必呼左右询仆在否。身为之驾，抚存慰藉，或竟日以去。父母妻子苟有疾病，必致药饵，一日数馈问不绝，毕至安乃止。是何阁下不忘崛伏，除拘挛之见而合德一也，岂以仆为尚堪用世哉？昨望门相造，又以立德立言立功荐仆，以答晋抚云怡蔡公之聘。然仆才质耿鄙，实有未能副其望者，敢为阁下陈之。夫子依于孝，弟依于顺，友依于信，循涯察分，不过尽其彝伦之职而止耳，非即以此为可贾声名荷盛宠之端。矧仰轹昔贤如蹈春水，衔此狂戾，罔知攸置。至于键户，诵经泛滥百氏，本以谓遁世而无闷，非必求之于人也。且仆年齿未暮，过目辄忘，方之高凤读书不知雨暴，孔璋草檄能愈头风，岂特未达一间，盖亦相去以远矣。方今流氛未靖，仆既无木箭纸羽之奇，又乏鸣琴钩巨之手，远思长想，终苦不任，此仆不足以膺立德立言立功之聘，章章明矣。若夫赋性疏庸，多愁善病，日未至昳昏昏思睡，胸中长有所欲尽，每以形格势禁不敢悉吐，即或方出诸口，从旁笑者已谓狂悖尪怯，如此以应符牒，岂不戾哉！虽阁下欲自隗始，不肯尽斥驽骀，而不肖偶有黯病，犹恐上孤维网，伏祈阁下遂其狷洁之怀，则余烈可以激人，共被清风矣。

与冯邑侯请复升斗旧制书　杜师周

明府下车以来，严禁赌博，修筑河坊，裁割匠役，革责衙蠹，善政济济，固已人歌二天，家称众母。近复有更换升斗一条，令下之初，人心惶惑，莫晓所以。周承德下风，以为必自有说，大约为地方利弊计。不料行之两月而弊端百出，民困日滋。夫升斗之制，惟京仓斗天下通行，较若划一。至市集所用，虽有十三升之通例，而各处风回，土不得同，且不必就远论也。即如附近邻邑榆社为十六京升斗，襄垣为十二京升零七合斗，惟沁州武乡俱为十二京升零四合斗，其于十三升之数所差原自不多，俗便民安，行之已久，今倏取而增廓之，加至十四京升有余，窃以为大便于富民，大不便于贫民，便于放粟而不便于还粟，便于收租而不便于佃户，不便于粜者，复不便于粜者。今乡村镇店之豪猾者借官斗之名，皆以旧斗所放之粟而照新斗收矣。虽已经出示，奈山野愚民即欲赴诉而法重心骇，谁敢逆已行之新令！此不便于还粟而便于放粟者也。武邑地瘠民贫，收租之家少而佃田之家多，既换大斗，收租者孰无贪志？本年即照旧斗收取，来年自应以新斗加租，地亩犹是也。而收百石之租者坐而长十石之数，收千石之租者坐而长百石之数，佃户一不依允，田主随即夺地，贫民悚于失业，则俯首而从之，此项之受害尤酷，所谓便于收租而不便于佃田者也。

今乡民之赴市粜粟者，以旧斗合新斗之数，每斗必加零余升几合许，多则为牙行括去，少则开除价值，愚民计及分文，竟至低昂莫辨，故纷纷争闹，无市不然，此则不便于粜者。

地方贫民籴石者少而籴斗者多，丰年粟贱，价值犹易凑办，一遇凶年，斗大价昂，势必以籴斗不足之钱而籴升，则升合之利，又不在贫民而在小贩矣，此又不便于籴粟者。

凡此无穷之争端，皆为必至之理势，在上者本欲前民之用，而在下者反贻受病之由，何者？行之已久，俗便而民安也。近日以来，愚民无识，道路汹汹，皆谓明府换斗之后，以新斗籴麦豆数十石，又以新斗价值折收更夫余租数十石，此必讹传之语，岂明府为民之司牧，前程远大，储台鼎公辅之器而乃析及秋毫，与民争小利耶？固理之所必无者，然而众口沸腾，甚于防川，恐于长民者之仁声不无稍损也。

伏望涣发德意，追回新斗，仍依旧贯，更饬该房不得需索行户交斗使费，则万民悦服。倘谓令出惟行，或者避朝三暮四之名，其实恺悌为怀，与民同欲，虚公无我，从谏如流，知其不便而亟反之，又何损于日月之明，生成之量哉！此民间朝夕之需，物虽小而关甚重，有不得不指陈者，敢冒昧言之，惟明府留意。

启

乞修聚阳桥启　程康庄

盖闻促章千寻须留鸟道，长河万里亦有石门。矧夫吕母、张侯亘飞虹之妙势，赤兰、白虎掩浮渭之能声者乎？武乡土河聚阳桥者，蔽日金章，回溪地络，有圯受履则如砥长歌，失徇闭途则束马言返，洵四区之都会而东山之济津也。正德五年，知县呼公庀材劝众，合巧程工，繇是驰骋螭龙，念三时之保障；徘徊雁齿，类半月之乘空。不期地有骞崩，流多泛溢。市栏没藓，高鸟过而衔衣；断锁斜梁，香步留而怯堰。某君剑捕吞蛟，情悲折柱，指囷中之粟，葺雾隐之桥，犹恐水涨桃花，不归泻荡，是以身穷马岭，别引徐沟。然鹅眼之资既奢则乡云之惠弥急，意寻余烛，心艳残膏，达官贵人分东阁西园之费，素封蒸士捐仙华丹穴之资，从此修路通辕，少壮翠微之色连阡历陌，都知启闭之时，特为从臾若此。

请八老会启　赵三麒

盖闻用飨用燕，风清北海；不形不出，月突南溪。一叟九千，数寸眉齐眉。采药四人，三百十二岁。隔岁看花，甲社斯存，洛英未远。矧武乡耆旧，石帝虚左而谈心；上党奇髦，采女操琴而引鼻。长者之车鹤随风举，先生之德山高水长。洎大雅渐移，并分罔任，白首如新，青衫强遣。广筵方丈，脱履受方朔之饥；陈馈刹那，遥途启孟公之键。名实未副而酬应为徒劳也。幸逢圣主敷尧舜之治，引粟帛于遐龄，前席紫芝闻妙谛。贤尹具夔龙之才，试弦歌于小邑，绕城白雪订新诗。当兹除傩逐祟，梅花舒两岁之妆；春酒介庆，柏叶泛三朋之椵。若夫河清人寿，可共者伏腊岁时；地僻天高，无定者东西南北。良辰易迈，胜会难逢。麒猥以鄙德，窃附芳邻，弱冠结绶，甘旨久悮，庭闹矮巷，悬车步趋，今叨杖国。数亩一廛追呼，能败人意；十儿五女婚嫁，尚阻山游。迹共少年疏，岂因多病，情于故人重，殊惭索居。洁涓念一之辰，肃庀四六之豆。仰攀达尊，勉就薄设。劳劳何益，咸偷世外之间；种种无存，且尽杯中之物。瑞草桥边，能饮酒一十五盏，东坡老正是酒人。兰亭图上，不成诗一十六人，献之辈何妨诗侣。至德不孤，宪言必再。得无薄，得无饥，叙天伦之乐事；某也文，某也隐，话亲戚之交情。日云暮矣，夜可卜乎！醉舞孙竞扶德星，将烦太史奏年尊，心益壮，金城独献老人图。

议

淹丧葬服议　魏伦

武有以三年之外葬其亲，从迁葬服用葬者，非也。三年之丧，天下之通丧也。葬无常期，以爵为期。《礼》：天子九月而葬，诸侯五月而葬，大夫三月而葬，士匝月而葬。虽天子不逾期矣，何有于三年之外葬其亲者？昔先王制礼，不敢过，不敢不及，三年之丧斩焉。衰绖之制所以教天下之孝，而孝子昊天罔极之至情虽终身不解，爰限以礼，使不得过，有终身之戚而无终身之服，是故丧不过三年。葬者，藏也，藏其体魄而安厝之，一日地下则死者一日安，死者安则生者之心亦安。于是乎有九月、五月、三月、匝月之限，何有于三年之外葬其亲？葬虽天子不逾期，而何有于三年之外以迁葬之缌葬其亲？其迁葬用缌者，所以伸孝子慈孙报本追远之心而起者也，人情入庙，生敬过墟，生哀哀，且生于过他人之墟，况其亲乎？此迁葬所以用葬也。《经》曰“改葬缌”，《谷梁传》亦曰“改葬之礼举下缅”。《韩子》曰：“传称举下缅，缅犹远也。下谓服之最轻者，以其远，故其服轻。”此皆谓子之于父母，其他则皆无服。若主人当服斩衰，其余亲各服其服，则《礼经》宜详，不当惟云“葬缌”，由是推之，改葬之礼其服惟轻。卫司徒文子问于子思曰：“丧服既除，然后乃葬，则何服？”子思曰：“三年之丧未，丧服不变，除何有焉？”由是推之，三年之丧其服惟重，以三年之重服例改葬之轻服，其不可也必矣。夫先王非不能三年之外别制为葬服之礼，而《礼经》卒不载者，夫礼者人情而已矣。葬不逾期年，人情之所安也。淹三年之丧，久而后葬，非人情之所安也。先王制礼，所以教天下人情之所安，非以教天下人情之所不安，是故有以解人子终身不解之丧。而服不得逾三年，即有以安死者生者，一日地下之安而葬，虽天子不逾期，其不能于三年之外别制为葬服之礼者，深没其文而阴寓其意，先王之意固谓人子一日不葬，其亲则斩焉。衰绖之服一日不得释，其丧服不逾三年者，明乎九月、五月、三月、匝月之既葬，其逾三年也已远，非谓淹亲之丧至三年之外，而丧服可遽除于三年也。何也？三年之服以父母之丧故服也，丧除而服除，非服除而丧犹在。服除而丧犹在，天下无是不情之人，先王即无是不情之礼，故《礼经》不载。若之何其以迁葬之葬治三年外未葬之亲丧也，先王固谓三年之外亲丧未葬，则执亲之丧者三年之外不得除服，彼自顾其身斩焉。在衰绖之中，即安忍以衰绖之身而与宾筵与婚嫁，听其亲尸柩暴露而久淹不葬乎？三年不葬其亲，固天下不仁之人。三年之外葬其亲而引用迁葬之缌服，此又与不仁之甚者也。故以未亲之服葬迁葬之服，断断乎其不可也。而世有贫而少力者，或且曰吾以俟升斗禄，夫俟升斗禄果禄矣。未葬之曰以禄葬，葬为吾亲也，既葬之后以禄祭，祭未尝不为吾亲也。有壮而无嗣者或又曰吾父母固尝望子又生子，夫即子又生子矣，葬以前在柩之父母顾而乐，葬以后地下父母顾而未尝不乐也。不恤久淹亲丧之不可而执是区区，夫是区区者其为孝也小，而久淹亲丧，其为不孝也莫大矣。故迁葬用缌可也，以迁葬之缌为三年外始葬其亲之服，断乎其不可也。乃若不得已而有殡之礼，先王又尝虑或有他故而不欲重伤人子之心矣，不欲重伤人子之心，于是乎虽不成葬而有殡。殡者，权也，既殡而死者安，则殡即同葬，权亦礼也。其或游或仕，或子幼妻稚而不能自还，遂葬于其土。既葬矣，及其返葬，仍从迁葬之服，不得引未葬不变服之例，亦礼也。《韩子》谓在丧当葬，犹宜易以轻服，况既远而反纯凶以葬，乃承上江熙之说。所以论天子诸侯者，其实仍为远迁返葬者言之，非谓过时不葬者言之也。是故迁殡与迁葬，服可以从其同，三年之外葬亲与迁葬，服必不可以从其同。然则如之何而可以缌服还迁葬以斩衰？正三年外之不葬其亲者使仍常服，斩衰不得释，既葬乃释。夫然后久淹亲丧之风不戢自息，而圣人教孝之旨虽礼无明文而其意晓然，可共揭于天下。谨议。

记

复立武乡县记　李义

武乡之为县尚矣，本汉涅城地，至晋始置焉。石赵之兴，分上党涅、沾二县，更置武乡郡。后魏太和十五年，自古涅城徙武乡于南亭川，即今治所也。隋开皇初，郡废，县置如故，仍析置榆社县属韩州。唐贞观中，韩州废，县属潞州。宋太平兴国二年，割属威胜军，今属沁州是也。南连襄垣而驰潞泽，北接榆社而走冀宁，西邻铜鞮而达晋宁，东抵辽山而通平定。虽云山邑，实居要冲。

然而历代沿革不同，废置有自。皇元龙兴，兵甲甫定，人民荡析。至元三年丙寅，敕诸县邑编户，不满千数者省并之，所以裁减纾民力也。时本县才七百，例罢，并治于铜鞮。厥后，以彼疆此界，催科有轻重之偏，以远里致期输送，有稽违之责，官立严程，民疲奔命。升平渐久，户口日增，武乡旧民咸思复立为便。

至元三十年癸巳，前沁州吏长李浩、县吏石赟等建言，今县户已及千余，可告复立。询谋咸同，入官陈状，至于再四。官核其实，然后准告。元真二年丙申奏，敕复立，即铸章印，置官吏，修廨宇，设市肆，县事焕然一新，官民交贺，咸得其所。县境广袤东西二百四十余里，南北五十里。四乡二十六社，军民一千余户。於戏！是邑也，民既庶矣，户既增矣，治既复矣。上以见国家深仁厚德，涵养元元，覆育之恩。次以见郡邑循良，安集流亡，承宣抚摩，司牧之功。下以见邑人好谋能成，见义勇为，告复之心。

邑人嘉尚其事，用示将来，乃征文为记。愚思是邑之小，自并至复仅三十年，户犹增倍。推之四海之广，兆民之众，太平今且百年，户口之增又不知几千万亿也。按春秋之法，兴灭继绝者褒之，建事立功者赏之，盖勉善劝能，古今之公论。予窃其义，于是乎记。

新迁武乡县学记　窦一桂

武乡县学，故与县治相近，县南逼漳水。嘉靖癸巳，御史王公拓其城而更筑之，徙治于鞞山之巅，徙学于县之故治。鞞山据一方之胜，顾地高不能穿井以饮，民能不从县孤山上，而学与民居相杂，识者知言："学贵高明远览，而县当近民，还县治于故所，而徙学于鞞山，庶几两得其便。"议之二十年矣，莫有任其责者。至壬子，县侯赵公卿始因民之情，以状白当道。当道下其事，州太守按视，悉如县所议。费取诸赎金，力取诸农隙，不逾年而告成。于是学得远去市井之嚣，而坐据一方山水之胜，学士大夫跃然增气，以为非侯莫能定也。

侯来朝京师，谓予少业于斯，宜有言以告来者。按图牒：武乡，石勒之故乡也。勒挟其枭雄，据有全赵，至名其所生乡曰武，可谓壮矣。然武乡之士不称石勒，而皆诵法孔子，则以有学也。夫学者所以变易其气质，趋之于仁义，而习大人之事者也。孟子曰："居恶在？仁是也。路恶在？义是也。居仁由义，大人之事备矣。"此士之事而学之实也。是故，孔子仁义之宗也；六经，仁义之言也。庙祀孔子，以为依归。择其士之秀者而廪饩之，使其日治六经之言，而不能以仁义体诸其身，则非朝廷所以设学立教意矣。孔子曰："德之不修，学之不讲，闻义不能徙，不善不能改，是吾忧也。"孔子且以为忧，况不如孔子者乎？忧之如何？如孔子而已。不然，犹未免为乡人恶，在其诵法孔子也。夫迁学之议，谋之二十年而不成，及其成也，则在不逾年之间，为与不为耳，然犹有所待。至于仁义，则吾自有之，非如县治鞞山相去之远，变易吾之气质以趋吾自有之仁义，亦在为之而已。若其矜科目以徼利，达则士之余，吾乡固恒有之，非所以期豪杰也。一桂不妄，敬诵所闻，以告吾党之士。

适晋纪行　王世贵

降庆己巳冬，予迁山西按察使。其明年之二月，乞放归田里，不许。至六月，期限已逾，会老母病良已，始决策治行装，所经路次不具述。

七月十二日，午饭沁州。又数十里，小憩铺舍，大雨忽作。转入深谷中，两旁皆峭壁，中通涧道。雨益甚，飞瀑争悬崖而下，声如轰雷，又似苍虬吐须鬣欲搏人。车马溅湿，涧道水暴发，舁夫股粟，计别取高岭。箭括一门，十步九退，时时行绝。磴间阳壁直上，不可扪，阴壑数十百丈，大约如蜀中。左担山而高下陡急不可状，壁间飞流，时时绝道，竭力争而度。久之，抵一铺，且暝矣。顾视铺室，皆已倾，无所不受雨，而民居仅土穴数家，不能容。幸雨小霁，乃决策弃行李，挟其人使佐舁，束燎而前。凡数渡水，河流砰湃嶒竑，若击数千金钲，汹涌冲突，目不可正视。麾导骑试之，马足虽陵，兢然不能逾腹。因贾舁者勇，乱流欢呼，拥而渡，相庆且脱险矣。

行里许，复逶迤攀高岭，其峻狭视前更倍。雨复奇作，束燎皆灭。舁夫固众，然不能以左右辅舆，第号呼舁者，使自力而已。勉上辄前踣，下辄后踣，跬武齑粉，度不可却。奋而行，又里许，道差宽，而权店驿候火亦至。稍稍定，抵驿，将二鼓矣。呼酒自劳，且以劳从者。察其容，皆有泪渍痕，因自哂："奈何以六尺徇一官也。"是夕，雨亦止。

十三日巳刻，稍晴。会行李亦至，乃发。两岸皆高山绝云，中为巨涧，沿涧水而北，泉声益奇，崩峡东流，为瀑布、为帘、为怒虬、为渴虹者不一，盖自是皆石骨矣。第左道尽则渡而右，右道尽，复渡而左，其险视前不啻类之。凡数十渡，气竭，兴亦尽矣。未至南关驿，薄暮，道沮洳益甚，从骑多委顿泥中，欢呼之声相属，久之始毕渡。大抵无非山者，其中罅为涧，涧旁稍为高道，道稍有羡地则为市舍，羡地稍宽而稍阜险则为城邑。城邑之所，不尽坡陀，上下则为田，其最下所视中原不啻数百千丈矣。十六日履任。

武乡县记　程世能

南北距五十里而缩，东西据二百里尚犹赢，有山无田。当其岩复嶂叠，倚壁搀天，碍日截霞，云沉石暗，仿佛欲坠且留，咄咄然将逼人者。四顾无出处路，山形孤特，趾互错处，小雨立成渠，千万峡宛转通有陆焉。与潦水微茫，争现没于一瞬，顷者鹳鸣蚁垤，行人戒公无渡矣。

漳水自西来，横城过，所谓千万峡水咸归之。至县前汇水地忽加广，城下恒流，汩汩有声，冬夏不绝仅如线。经雨逾时，飞涛千顷，滂湃澎涌舞蛟龙，穿石激井不可测。坐城上，平临南山，在几席可手而揽也。俯堞观涨，则一望森然，岸不辨牛马，浩乎奔哉！然不数时，依旧汩汩有声，不绝如线者，谁能益之？又谁能灭之？漳水出县，去将百里，又不知经几十百折矣。然则守土者之地何在乎？即土之蒙翳山巅，久雨冲涤，下垛于趾，因山为形，附丽而蜿蜒者殆无往非地也。或夷或崎或横，展斜拖长，至亩至数十亩者有之，广至数十百丈者苦绝少，又安得我疆我理南东其亩而治之？想三代始时，亦有不井之田乎？既佃山以田，且穴山以居，有垣有户，有层窗，有窈窕穸奥，叩之一块土也。亦有营窟于半岩者，望之杳杳若古洞，洞前路仅容足，人行山腰，蟹侧接手而后度，崖上杂花树垂藤育之，秋来红绿葳蕤于巑岏惯屹之际，若山花拥髻十二行者，乌云鬖鬌，或立鸦鬟翠滑，或倚鬟多无力。舞者，宝带随风。睡者，玉钗堕枕，无一不可歌咏可图画。探幽寻契者怀道协灵，宿情轸郁，一往甚深。虽迷路忘归，身化为石，而蠢氓尫魈，第恨不得生广野，趁熟耨博种，大艺以肥，而嗫嚅咀嚼于猿磴鸟道间，尚谓无地，避征徭也已。

补阙堂记　魏之干

宇内郡县门以内大都建一馆，以便延接，而予邑则久阙焉。莅兹土者，率皆薄书征会之为兢兢，虽曰建之便，然亦计不及此。万历二十六年，邑侯纪公来任余邑，逾祀政暇，独计门之东隅土地祠止一间，浅陋弗饰，宜有以拓之。而庙前空基更作一馆，庶于承祭见宾为两当耳。遂聚材鸠工，躬自营度，增建土地祠三楹，宾馆三楹，围以墙垣，饰丹雘，捐俸备工，曾无一言厉者。功成，公命之曰“补阙堂”，盖志谦也。命余为记。

余叨侍斯堂者，即不文何敢辞。夫有阙而后有补，公自下车以来，苞苴皆已谢绝，流移皆已襁至，士类皆已陶镕，闾阎皆已安堵，以至叫嚣狡狯之徒皆已敛迹。善政琅琅，即纤毫之阙无之，奚俟补哉！噫！公固无容补矣。但政由俗革，治贵宜民，后之继公者登斯堂也，绎斯民也，其有不悚然思补者乎？长厚者补之以激扬，炫张者补之以宁静，户籍虚矣补之以绥来，公费繁矣补之以节省，催督严补之以抚字。风俗浇也以淳厚补，士习坏也以节义补，政宽虑慢也以猛补，政猛虑残也以宽补，张弛中度，披导咸宜，斤斤焉，凡有阙必思补焉。而共斯堂者，亦必披衷而告，矢口而谈，宁为诤子，毋为谀夫，宁为便便，毋为诺诺，皆思以一得而补其万一。则下罄其情，上闻其阙，而斯堂之建也，为不徒矣。苟为不然，在上者徒袭礼遇之虚文，曰阙于何有？在下者徒效伛偻之缛节，曰补于何有？是上下相蒙，吾未见其有成者也。不惟辜命名之意，而后有神非，前有巷议，亦大可畏也。

纪公，讳云鹤，字鸣远，号九皋，秦进士，升四川茂州知州。

寅宾馆槐记　余一凤

人有言宦辙传舍也，钱谷刑名画葫芦也。予曰不不。昔郭有道，所至每躬自洒扫，人知为有道宿处。王子猷住人空宅，便令种竹，曰何可一日无此君。古人所之不苟如此，矧出绾绶代及瓜者乎？予生南土，山麋成性，雅与清阴，修干作缘。自辛巳夏辞老母，间关至武。已称簿书俗吏，顾畴昔松风之梦，犹有未忘者。见郭外南山漳源诸胜，林木翳然，每思褰裳就之，然究苦山童地寒，少嘉卉。邑治以内，只庭际古槐四株，春末夏初，稍葱蒨怡人，余亘地平铺而已。既受事之，明春滴雨在砌，感于予怀，访诸上人，云树易植而垂永槐称最。愧予行独谫劣，未敢以三槐遗事效颦古人。然既滥竽久，曾不为十年树木计，使九原可作，且未免为子猷辈所嗤，尚堪望有道门墙耶？爰搜他墅，得槐数十株，移植宅内者三，正门内者四，寅宾馆者二。是月也，盛德在木，土脉既疏，着土信宿，勾萌旋茁。虽弱质未盈把，而异日如龙翔舞，参天匝地之形居然在目矣。顾之喜甚，特以俚言记之。又从而咏曰：山城寂兮节再青，化日舒兮条风新。岭有室兮庭有尘，繄良木兮为我邻。移而树之深其窟，雨露时滋勾萌发。清疏罗罗引以长，愿言来兹庇林樾。

明灵王庙记　魏之干

东汉记王姓邳，讳彤，光武时守和戎。是时，郡国皆降王郎，独王与信都守任光不屈。王郎势炽，议者多计入关中，王独定讨贼策。郡县响应，遂破王郎。汉家旧物，缘是克复。班孟坚赞其一言兴邦，苏东坡称为汉元臣，其知言哉！生持忠义，卒昭威灵，御灾捍患，代为崇祀。至宋始封为明灵王。邑城东少许旧有庙，民之疾疫疡者，有祷辄应，四境香火集如蜂蚁，至院宇不能容。

万历九年，乡耆李舜卿等谓其制狭小，非所以妥神灵而崇祀道也。于是大为增拓，折建正殿三楹，舞亭三间，两翼房各三间。其基则以砖石，取其坚也。其饰则以金彩，取其文也。而庙貌规制，森然改观矣。

功成，征言于余，余以王嶷峻在云台，勋业在史册，威灵在宇宙，固无俟于余之赘也。惟以我皇上中兴，海宇宁谧，固太平全胜时也。惟王益敷功德，大为幽赞，俾窃据辈如王郎者罔敢觊觎。且又轸念疮痍，多所救援，于以登斯世于春台寿域之中，则洪润之泽与漳流称远，掀揭之勋与行岳称高矣。其徽号崇秩，宁独膺于有宋哉？殆与我国家共永休矣。

三官庙记　程启南

邑人士聿修三官神祠，不日成者，久之，未有碑记以垂不朽。阅崇正丁丑岁，爰使工人镌石，因浼余为之记。

余亦共事中人，欣欣然愿效执笔，但于祀典未周知，而奉祀道人举妙经相示：首序三龙女，各诞生一官，分天、地、水为三。其弥月之期，又分定于正、七、十之望日。读未终，将信将疑，其然乎？其寓言耶？及考所纪宝号，绰有次第。上元一品，天官赐福；中元二品，地官赦罪；下元三品，水官解厄。就此联而成偈如诗之古风，演而成经，计一千六百七十五字，要皆附之于儒。其间数众生之恶德无所不至，即吾儒之小人而无忌惮也。诵经立忏，即吾儒之悔过迁善也，若天堂，若地狱，随因随果，即易之福善祸淫也。假神设教，是或一道，然而未可专恃焉。忏者曰："诵三元妙经千遍，赐福赦罪解厄，三官各效其灵。代人诵千遍者，彼其善果亦如之。"余不其然，会须口诵心斋，百行俱粹，万缘皆空，以冥冥质昭昭，无愧天神，无愧地祇，无愧水灵，斯一真与三元合，用康用宁，其食报宁有既耶？倘无鸡鸣之善念，平旦之清气，而徒诵妙经，以希奢望，噫！曾谓三官不如林放乎？窃有说焉：天、地、水应作本等观，不必借胎生姓氏以滋幻惑。但羽流诵法妙经必合掌，目疑经者无法。余亦默默心祝曰："安得先我同然之言，相与共证法门。"恍然若或使之抽案头一卷，开卷便见宋王逵云："老氏之徒，立天、地、水府，三元三官之说，何也？盖天气主生，地气主成，水气主化，以三时首月之望候之，故曰三元。金为生，候天气；土为成，候地气；水为化，候水气。三元正当三临宫，故曰三官。"得是说，不觉色喜，因全录之，以自信并以信后人。洋洋乎如在上，如在其左右，神之开我，固多也。由是思神之来格，修正、七、十之仪，报生、报成、报化，奉本等之祀而已。经始首序言，照存而勿论。

修武乡东城楼记　魏光绪

东门之建久矣，有时以泐，不良于守。余曩捍贼于此，感事悚衷，不得不捐费以建也。事干城守，例须关白，业于乙亥之秋具文报上，拟以明年丙子二月兴工肇建。而是岁适当大祲，死徙相望，遂移前所储粟煮麋施铺，三阅月而始竟铺，于时农务殷矣。涉夏徂秋，时值戒严，不遑畚锸。越明年，再饥，再铺，秋再备兵。越岁戊寅始克，以仲夏四日从事也。

旧料半毁，拆卸至尽，自谯门楼洞下至石基而止。旧门洞瓴甋二重，众增而三。旧内外壁瓴甋一重，余增而二。旧门洞两帮不戒于杵，岁久穿漏，余杵而坚，且杂以石。门项高于旧基者五尺，楼高于旧栋者一尺。新易磉石一十有六，新辟楼门东向者一，新增石龙漕渫水者二。楼之上下垣升陀旧以土者，各易瓴甋，自地至于门顶，石磴三十有六。旧穿毁不任足者，各易坚石。鱼尾鸱吻，刻桷藻井，以及涂塈丹雘之事，凡可经久而美观者，罔不惟力是视。程材数年，讫工两月，一切经费，悉取之不佞耕获之余，罔敢以勤执事。惟是数年，私计代为桑梓绸缪者获借手告成，俾不佞无诳语于乡，则所深慰藉者。登斯楼也，轩轩翼翼，言言仡仡，可以勅干掫，可以肃眺望，可以容民蓄众，怀远而威敌。美哉！奕奕乎万世之利，恒必由之矣。往寇患抢攘时，毁堞颓垣，人无固志，众论纷纷，有欲为避地计者，有拟事急则移民于小城内者。避地之说先去，以为民望，国有常典，其谁敢奸此？断断无足齿者。迁城之说，是谓弃城，无论城小不能容，井汲不供，坐而待毙，即万一侥幸获免，事定之后，民其焉如？亦终与弃城等耳。余邑南濒大河，洪流足恃，东西绝涧，不利为寇；北则襟领上游，凭高瞰下，矢石之利，犹之乎建瓴水也。向虑城垣倾圮，无以定众志，兹包修之役已阅两载，诚使相循不已，即危垣可化为石城。一旦有事，第登陴而谨望伺，何敌不摧？而至谣诼牵率为也。在《易》之《坎》曰：“王公设险，以守其国。”《诗·鸱鸮》之二章曰：“迨天之未阴雨，彻彼桑土，绸缪牖户。”今则寇乱无已，鸣焦击柝之声往往而是，即今设险已失未雨，况乎其泄泄也？且也地方之事，非一身一家之事，所赖智者效谋，勇者效力，富者效财，合千万心为一心，乃克有济。如第拥赀自肥，于一切靡所致念，守虏之计，诚自为得，其若地方缓急何？

重修敷应侯庙记　张刚

政和癸巳夏六月，余自保安赴官武乡，入境所见，概皆童山。及至县宇，望东南山谷间，茂林蓊郁，气象葱蒨，疑其有异。询于吏民，有复者曰乃旧龙泉神，崇宁中赐庙仁济大观，初封爵秩曰敷应侯，祈祷无不应验。

视事之三日，例当款谒，渡河而东，几五里，始入山门。一径通幽，迤逦陟高，杂木异卉，灌丛骈织，山花馥郁，野鸟和鸣，绿荫濛濛，细流涓涓，虽当盛夏，气候如中秋，尘外绝胜之域，宜神所止。然顾瞻神祠，面北惟有一殿，两翼并无廊庑，堂前破屋三间，桷折瓦解，楹烂墉圮，庭地数席，茂草荒芜，敝漏狭隘，甚不称神明之居，意欲修之而未遑也。

越明年秋七月，常旸不雨，旱魃为灾，禾稼枯槁，民心皇皇，愁无圭粒之收。余不安处，乃吉蠲斋祓，躬率吏民，诣祠恳祷。曾未浃旬，大沛甘泽，苗然而兴。选良辰致谢，坊郭洎五管二十九村之民持羊酒以祀者不约而应。祭毕，余呼父老而谕之曰："神享民祀，民赖神休。方其旱也，余固当为民而祈神；逮其雨也，余亦当率民而报神。今神惠泽一方，功利甚大，余欲修置庙宇，不侈不陋，惟适厥中，庶几少摅报神之意。"父老辈欣然从之，遂鸠工募匠，各输所有，经之营之，众力攻之。

板筑基址高丈七尺有奇，横长三十步，纵阔六步。增建门庑夹屋计二十一间，塑像分列斋献，庖舍悉备。中有三门，门之北一轩，名曰凌虚轩，以其版筑凌空迥出碧虚中也。轩之下为洞，名曰通微洞，以其自外达中，幽邃不可测也。而庙之两庑回廊，悉皆架木为栏楯，所以备游观而畅瞻视也。栏楯之下皆构厦为飞檐，所以注雨水而防垫圮也。一年地基成，二年而屋宇成，三年而栏楯栋厦成，皆所以缓节民力，因而循之也。两庑之西有池湛然，名曰灵应池。自池而西，循山腹小径，其外有泉觱沸，名曰灵应泉，以其旱而取水，祈祷无不应也。泉之东南，其上龛岩之间壁有石佛，名呼圣佛，因为小堂，名曰圣佛堂，世俗所传祈嗣者，有诚得之，故谓佛为圣也。自堂东南登峻坂有磐石焉，其大几席，既高且平，因置地构圜屋，移旧亭名于此，以称其实，曰拂云亭。以其下瞰林泉，仰而视之，宛然隐约在云间也。泉之北缘山径渐下其麓，其亭易名曰松风，旧名拂云，以其缭绕皆松，天籁时鸣，清风之来，叠叠而不断也。龙泉之景，此亭为尤胜。余素有泉石烟霞之癖，酷爱斯地，因为之辞曰：望东南兮郁嵚崟，神居邃兮宅山阴。松森森兮密成林，泉涟涟兮石嶜岑。朝霞澜兮暮云深，倦知还兮逸野禽。嗟冗宦兮力难任，齿尽衰兮白发侵。退食暇兮畅登临，览胜概兮动素心。归去来兮思郁沉，肆挥翰兮发清音。

广祐王灵应记　李黼

嘉靖癸巳夏四月八日，余家有负刍之祸。越数日，家尚惊危，皇皇未释，每漏下三鼓，方就寝。一夕，梦王侍御史者造余。王固余同年进士也，时巡吾省，余因谓吾兄风力动摇山岳，百度惟新而盗贼未息，岂宪纲大张而一隅或弛欤？王曰："斯固然矣，独不思君逾垣而出，眷属厄而无恙者，谁之力耶？"果尔，谁为余告而遽辱台慈俯逮耶？再浃旬，以他故谒村之广祐王庙，观王之像，俨然畴昔梦中所见者。既出，见门符有"爱生恶死人谋任使千般计，福善祸淫神鉴常悬一点公"之句，乃余先时有为而题于庙者，所谓嘉句意，或在是始悟乃王也。而侍御之见，特假其名，以神其机耳。时群丑虽擒而渠魁未获，余因再拜祈曰："已悉灵显，拯吾家于再造，仍冀威昌荡妖祲于不肆，则神依人而血食，人赖神而攸妥矣。"已而，渠魁束手投死，且自述荒迷不利于外，谓非神夺其魄而阴驱之至乎？不然何州县缉捕之不获，而今若此乎？夫事涉幻冥，固非吾儒所宜道，但良弼赉而傅岩肖，两楹断而哲人萎，梦兆之说，其来尚矣。人心有灵，其阴阳会合之际事各以类而神报之，殆亦理之常耳，奚足深讶！且广祐王之神在天下，犹日之照万方也。其独灵于是者何哉？王之神虽无不在，顾庙斯土者久，吾人尊信而服事也。专精诚感召，宜吉凶祸福有祷而必应也。譬之开户引日而曰：日惟在是，岂理也哉？或谓王之神固不爽也，而此报应显赫，弗图诏告于方来，则狃于恶者，乌知人不能逃神之鉴若此也。余曰："诺。"命工砻石，详其事以为记。

重修烂柯山记　李尧德

武乡县西四十里有山曰烂柯山，山巅有王仙翁祠。相传翁讳质，本县山交里人。晋时常入山樵采，获遇真仙，寻亦仙去。后人因即其地构祠，肖像以祀之。岁时雨旸，有祈辄应。礼，为民御灾捍患者祀之，则此而烝尝宜也。

是岁仲夏，兵宪张公以巡行出此山，观风问俗，得仙翁遇仙巅末，即辍轩登谒，祠下仰见庙貌倾颓，遗像削落，因捐俸金，命该县重加修饰。县官奉令惟谨，尽撤上下之旧，咸与惟新。易土像以石，期垂可久。复增棋局斧柯诸具，宛然前日事。工告成，申谕县官，请文为记，属笔于余。

谨按《述异记》载其略云：信安郡石室山，晋时樵者王质逢二童子棋，与质一物如枣核，食之不饥，置斧于坐而观。童子曰："汝柯烂矣。"质归乡闾，无复时人。嘻！异矣。世率谓神仙杳茫，儒者所不道，嗟夫神仙信杳茫矣。然稽诸载籍，往往有之，如刘阮入天台、渔人至桃源、卢生遇云房于邯郸道中，班班可据，则樵者又奚疑？第仙凡殊境，常人奚足臻焉。必其夙植灵根，名隶木公有素，故虽溷迹儒医渔樵间，要皆龙沙中人也。则其各有所遇，岂偶然哉？

张公名天驭，别号浅斋，直隶涞州人。以宪副兵备上党，因整饬戎务之暇及此盛举云。

修南山神庙碑记　魏云中

吾邑固多山，东南诸峰对峙，如门如阙，尤邑中大观也。旧有南山神座其南，邑人凡祷辄应，而大者乃能福国庇民，御灾捍患，历朝敕封，载之祀典备矣。祠以岁久，中不能无倾圮焉者，邑人时有修举，属余为记。

余谓世人最好鬼神，久亦不复敬畏，夫岂人心懈驰，无亦谓焄蒿悽怆，神者不神耳。夫神固妙人物以为言，而实人亦神之会也。南山胜概，岿巀嵯峨，傍喷神泉，下吐灵濑，每有雷霆交作，风雨时来，神若鼓之润之，象其岌嶪，是以烟云晻霭，丹石巃嵸，群壑黤惨，修林森郁。此则神之灵也，而非人之所得与也。若夫经之营之，不采不质，结构峥嵘，攒拱突兀，佳气曈昽，祥烟郁葎，层檐翠楹，岧峣岑立，皓壁朱甍，崔嵬峦居，鼓钟则川岳振响，笙竽则吹万竞鸣，此则人之所以祈乎神也，而亦非神之所得与也。惟神祐人，惟人奉神，神与人可谓两无负哉！虽然神功无心，故其福谦祸淫，妙运不宰，人实有欲则类分矣。果其贞心质行，刚肠义胆，动畏神明，时凛法度，标空中之楼阁，净静里之乾坤，卷舒随时，盈缩在手，则有对神而胸脏洞开，骨气壁立矣。如或机可使鬼，巧如侔神，朝齐暮楚，行浊言清，熟弄舌锋，全无夜气，时动杀机，倏移阴晴，声势燀赫于宇宙，鼻息上干于霓虹，且有望神而意气消阻，精魄飞散，肠胃魂硗，肺肝瓦砾，厌然如见欺谩无情者矣。

呜呼！神于位为南，于象为离，于德为阴阳之类，为刚，为明，为公，为忠，为君，为父，为夫，为中国，凡君子之道属焉。彼阴柔险伏，奸毒谄佞于光天化日中，公然据黎丘而魍魉，此神之所必殛也。盖天道也，神其更有以相我人哉！是为记。

重修南山神庙碑记　魏光绪

鬼神，阴阳之迹也。山川，神灵之萃也。鬼神不可见而其氤氲变动，回复摩荡，若有以司之于幽，是之谓神。民受其赐而不能忘，于是乎有明禋肹蚃之举。礼曰："天子祭天下名山大川，诸侯祭封内山川。"又曰："山川神祇有不举者为不敬，不敬者君削以地。"若是乎山川之祀之重也。我国家修明祀事，凡宇内名山大川，岁祭于北郊之泰圻。夏至之日，天子亲往。其远在郡邑者，令有司以时致祭，不领于天子之祝官。二百七十余年以来，奉行惟谨，未之有改，可谓盛矣。吾乡诸山，既为坛而祝诸南门之外，而南山之神则又特为之祠，以祀诸其在所，岂不以近在郊圻，灵风总萃，和时育物，功用宏博，以故屡代相因，咸尊崇而不替与。山故有庙，岁久倾圮。余时读礼，余间兴思鼎建，而沈定王适以币交，兼有百金之助。资用既饶，畚锸遂举，一切规制材物，袭者半，增者亦半。凡前殿、后寝、戏楼、东西门并袭；周回廊庑、大门、楼台、甬道、殿东西小门、后宫便道、便门并增。增者无论，即有袭也，必撤其旧而新，是图维精维坚，以巍以焕。庙貌既新，妥侑斯在。幡幢金鼓，信香明水，崩角稽首于阶除之际者视昔有加，而神灵休嘉。沓来狎至，亦若有以响答于人者，阴阳相感之理，信乎其不可诬也。

魏光绪曰：庙祭，非古也，至敬不坛，扫地而祭，况乎其以庙也。砖埴彩绘端委而临之于上，近乎亵矣。然而入其庙，忾然有闻，洋洋乎若有所睹，肃乎其承事，而凛凛乎其不敢肆也，是亦圣人神道设教意也。鬼神之理，有无无有，可执而不可执，总在焄蒿悽怆间耳。执无为有与执有为无，两者皆讥，惟不可执，是以为神。犹忆壬申腊月之廿日，剧贼数万压境，于是屏翳嘘风，飏沙拔木，炯乎以兵端告者，是谁为之？三更泊城，天空月皎，乘城之众得以徐施其伎俩，城下贼亦莫由施其爪距者，又谁为之？即余纠合丁壮，追贼于数十里外，三战三捷。每当临阵，如若有神助者，又谁为之？神功昭然在人耳目，宁能忘报也哉！独是频年以来，岁比不登，疫疠间作，野兽群游于郊，择人而食，不避白昼，亦似乎神之漠然者，岂缘吾民罪业深重、运数莫逃，即神亦无如何与？阴阳鬼神之道，虽曰难知，吾终不能不厚望于神，以为吾民请命云。

东山游记　魏令望

环邑皆山，东山一带尤佳，有林有水，有石有洞有岩，同社兄胜其每艳称之。

崇正戊寅九月，长兄应诏北上，遂随往，作游山计。以是月初一日，同胜其社兄容、台二兄弥大家侄旦发，至行唐河上伊所，兄为鸡黍饭我，晚宿离相寺，合掌礼佛，二兄有“明朝资佛力，稳步过山头”之句。二日，早之南椒，南椒为山麓，过此渐奇，南有石洞，无暇览，可为重游地。山形如围，穷处又转，转则峻岅微径，乱石荦确，如梯而无级可数。路旁皆木藤互错，牵人衣，攀萝挽条而登焉。天半堆红襞绿，杂以元黄，春夏间当无此色。陟其巅，两山峙立，中通一线，俯视则日晃晃而烁，烟霏霏而细，草摇摇而碧也。村落当其前，为平沙，可远眺焉。噫！奇矣，一元之气，融结于亘古，归墟于山泽，而孕灵毓秀，僻在荒陬，不经名胜游览，遂寂寥无闻，如此者可胜道哉！然安知今日以往，无知山者且山亦以知希，自全所好。山名小壑，余文之为大界峡，不独为景谀，使谋国者一夫当之，宁有万敌耶？时土人燃炮以惊疑我者，山谷为应。至此而下，则不任骑矣。山固多磴，皆滑不任足。又诘曲盘旋，相与拂袖，翳掇碎石，仅能投趾，寸尺而进之，累累垒然如坠也。山行数十里，倚壁出，壁可百仞，往辄视壁径未绝，又似破壁而前。

重修监张会仙观记

武邑在揭戾之麓，清漳经焉。东行二由旬镇曰监张，志谓即唐陵川县旧址也。长河包络，千谿紫翠，怪石壁立，截断红尘。左则三陇云蒸，龙从火出也；右则石牛瀑布，虎向水生也，即一丘一壑可证五雷五宝。昔贾志韬会仙于此，因以名观焉。观始于元，拓于明，洎今几五百稔，沧桑叠变，镇之大厦金谷无一不为瓦砾，道观如故，非百神物呵卫不能。兹岁丙午，天子俞礼部奏察天下寺观之广隘，为缁黄之盛衰，佥推斯观甲于皋狼，故羽耆某目击殿宇剥蚀，合力扶颓整敝，式章仁里，山川增色，都哉，诚一隅之蓬岛，可以集仙灵矣。余兄弟子侄恒寓此，咿唔故乐，与有成时上公车，过冯翊署，属余为记。

噫！余自鞅掌风尘，每持昌黎之议，不谈仙佛久矣。意者谓我心有净光神珠，为劳尘关锁。今索我以会仙之文者，讵非俗吏之火枣。履斯观也，览三陇之崎径，则知猎名者之忘险也。听牛泉之洗耳，则知渔利者之忘陨也。参三景于丹台，访图澄之遗迹，则知神仙者英雄之退步也。若夫槐国罔分昼夜，桃源安问陆沉。吾将赋归来，披鹤抱琴，踵憩于此，而飏言曰："通真伯起，观君濯足，踏碎石牛泓，弹指点破陇山云，种福果于心因，开觉花于飘轮，清净法身，圆满报身，化百千亿身，还空空于真真。"

明灵王庙碑记　安子讷

邑东门外里许明灵王庙一区，屏山带水，俯郊原之胜，前之人两示鼎新，而因陋就简，未厌往来之目。住持僧真磐广叩檀那，仍旧址而廓大之，乐楼左右翼以回廊，藻绘丹垩副之，规度爽垲，焕然改观。其路当东乡之冲，于于者欢与维新矣。戊夏，偕友人游憩其地，僧方砻石谋记厥事。而余适苦疥虫之蠹，僧遂以碑文请，且以神之默驱者歆动之也。夫寒暑燥湿，惟人所感召已矣，神何心焉？况滋味醴醪，煎其腑脏而鬻其肠胃，喜怒哀乐，悖其正气而殃其平粹，神何能代人而加调摄之功也。且余不文，又何足为王重，然吾尝有以窥王仁心之为质焉。王卒正和戎，时光武踯躅河北，进退瞻乌，王独能于计穷势蹙之会而择木栖之，既而蓟北旋旅倡议西归，赖王较筹利害，侃侃廷诤，比势絜情，洞如观火，宁惟是效其尺寸，希垂功名于竹帛哉？当其时，新莽奋其威诈，穷凶极恶，四海嚣然丧其乐生之心。致赤眉青犊辈云屯蜂聚，所至糜烂，王目击而心恻也久矣。将欲起一世之疮痍，登诸春台之上，非命世之主莫能与也。故审于顺逆成败之数，决计从龙，慷慨进策，以救一隅者。基建武之王迹即以答来苏者，慰四方之引领则旧物克复，于汉室成再造之勋。王与云台诸将之所同，乃所为黍谷春同，于苍黔沛再生之德，而结济世安民之隐。念王与高密、广平三公之所独也，故曰仁也，史以一言兴邦赞之，亦徒识王之功而未测王之心者矣。惟是宫太常矣，侯灵寿矣，白马之盟，世祖黜吕后配享时且特申之。而王何以王？或曰王之号宋始锡之，若然必王调元赞化，代布五行之气，俾疫疠不作，聿昭显赫之声灵，故能膺褒封于七百余岁之后而千秋庙食。虽山陬孺妇，无不馨荐尸祝之，恐后冀邀和平之福于乃身也。是王之号仍所以酬王之仁也。僧之云“其爱我乎”？爰因其请而论记之。

重修圣母庙碑记　李范

洪水镇北里余有石婆神庙，左临漳河，右跨西阜，地平厂，接通衢。每岁暮春既望后，四方商贾凑集，贸易者累日。旧庙制院落有四，从南而入，门与乐楼相向，局势颇隘。东西两庑各十数楹，北为石婆神寝宫，正殿则娲皇圣母也。院植苍松二株，挺挺直上，风动摇曳，真有垂阴九华帐、弄影五云宫之势，奈历有年所，风雨剥蚀，不惟暗淡减色，亦且崩折可虞。镇中纠首等恐久而颓废也，思所以整理之。又有信士竭力相帮，爰输己财，募众赀，鸠工庀材。朽者易之，陈者新之，倾者直之，缺者补之，规模狭隘者恢而廓之。厥功肇于乾隆三十七年四月，迄三十八年九月告竣，请记于余。余与此地一水相隔，先人尝有重赀于斯，以故春曰享神胙，镇中人盛筵敦请以为常。余今又目睹其肯堂肯构，不废前业也。因为之记。

谨按：外记载诸侯共工氏与祝融氏战，不胜而怒，乃头触不周山，崩，天柱折，地维缺，女后乃炼五色石以补天。赵雪航辨之云：不周山既云天柱，必千仞之高也。共工氏身虽长，不过一丈而已，力虽大，不过百钧而已，岂能头触而崩之？又天者轻清之气积于上，去地之遥不知其有几千万丈也，后虽君临天下，不过一妇人耳，岂能飞身万丈之高，炼石以补之乎？且一元之气恢恢浩浩，覆帱无垠，何处补之耶？此盖《列子》寓言之妄，与夫断鳌足以立四极，聚芦灰以止滔水，皆虚谬之词，观词者不可不察。此论甚悉。世史谓与太昊同母生，而神灵佐太昊，正婚姻，以重万民之判，是为神禖。夫婚姻者男女之始，后既为神禖，则后之求子嗣者祷祈于是，固其宜也。或曰大生广生，天地之功也，又安有琐琐屑屑司孕育于杳冥者哉？余窃以为未尽也。夫天地无为，而诸神之运动于其间者，莫不各致其能，以效其功。而天地未尝与之争功，然而众神之功，孰非天地之功也。至于昔人之制为祀典也，凡有功德于天地之间者，莫不群然秩而祀之以致其报，而未尝疑于与天地分功，然而所以报众神之功亦孰非之，所以报地天之功也。惟天地之大生广生，虽风云雷雨，亦使尽其能于长养培植功而无遗利焉。而谓孕育之事，独无专司者乎？人欲报天地之功而无由，虽风云雷雨之效一能于天地者，亦秩之祀而无遗灵焉。而谓神禖圣母，独不当崇而奉之乎？曰邀福免祸，儒者所嗤，子独津津言之，何也？曰作善降之百祥，作不善降之百殃，非仅释家有果报之说也，即修身候命之士君子，其道亦如是焉。况夫祈福者未必尽善，亦或有向善心；禳祸者未必尽无恶，亦或有不敢为恶意。夫使人向善而不敢为恶，则于先王神道设教之本怀不无小补云尔。

喜祥寺重修碑记 魏惟五

邑东郊北原上有五瘟将军庙，创于前明之季，至我朝屡加修葺，而规模猥狭，弗称神居。雍正戊申岁，阖邑大疫，邑人祷于神，疫旋止。于是乃大增式廓，广殿重堂，闳门周廊，乐楼前拱，如蔽如翔，枚枚栗栗，濯濯渠渠，起瞻壮睹，望之岿如也。

越二十余载，风雨剥蚀，渐就凋敝，邑人暨住持僧募缘重修，选材设色，更极巨丽。而僧居门翼，复加增焉。先是，乐楼未弊，计待后举，无何，遭回禄之灾，爰因故基而新构之。至是，庙之内外乃愈虬蚴，象蝉虹宛星奔，视向之岿如者，望之且倍已。工既竣，首事将勒碑以纪其成，而征文于余。

余维五瘟使者之名始见于佛经，至隋复有将军之号，于是五瘟将军之祀遍天下。论者或谓祀瘟非古也，古者有逐疫无祀瘟，夫祀必以族瘟，不祥名也，于祀典非族。是大不然。夫天地无为而所以生物者，阴阳五行而已矣。阴阳五行之气运于天地，而不能无亭毒沴戾之处，于是有调剂节宣，开其郁而导其和，以赞生生之气者，则必尸而祝之，以崇其祀，谓其能为功于天地，而祀之以云报也。是故古人之制祭祀也，以天地为准，而凡有裨于生成者咸举之祀而有常秩，故大必详乎兴云出雨，而微不遗于迎虎迎猫，以其皆为功于天地，而功之固必报之也，又况调剂节宣，实能开郁导和，以赞生生之气者，而谓可无其报哉！且夫祀典之族之在祭法也有人有地有天，而祭之也有专有统。其专者，在人为烈山诸祀，在地为名山大川，在天为日为月，而其统者则惟星。星之祭曰：幽宗而星名甚夥，星职至繁，中宫天极星其一明者，太一常居也。太一者，天神之最贵者也。主使十六神，分知风雨水旱饥馑疾疫，是故风雨水旱饥馑疾疫之属各有攸司。五瘟使者其十六神之分使司疫乎？其后人始分其祀而古统以幽崇乎？然则古之逐疫者固假司者之灵以逐之，而人其寓焉者也，不然疫而无也则已有之，是固天地亭毒沴戾之气也，而可能以人逐耶？其亦震于末而忘其本矣。

吾邑之始为神庙也不知何因，以余所见，戊申年事则神之调剂节宣而开郁导和，以赞生生之气也。昭昭不诬，而倡为修复之举者固无介于或者之论，而知所以为报矣。庙旧即以瘟神名额，乾隆己巳始易名曰吉祥寺，易之者邑侯蔡也。呜呼！易是名者其亦有感于或者之论乎？余故因记而缀之辞，以著其义。辞曰：

帝居紫极，命星分职。十六其神，监观四国。四国有忧，疾疫其尤。爰进五神，曰惟尔诹。神承帝使，载驰载止。倒景始凌，下土周视，乃赞钧陶，乃驱竖妖。有祲斯汰，何崇〔祟〕不消。戊申之岁，我武构厉。四境仓皇，家延户殢。神濯厥灵，不日以宁。何以报之，庙祀惟馨。神有故庙，其制则约。是究是图，斯崇斯廓。于今有年，踵事增妍。弥漫且硕，气象万千。何彼小腐，敢尔乖忤。谓名不祥，谓祀非古。繄我蔡侯，嘉名是筹。吉祥表额，见者知不。维神之吉，承宣太乙。维神之祥，迅扫百殃。何古何今，壹此照临。斯名匪创，神庥无量。

修筑城堤碑记　赵天麒

堤之护城，犹唇之覆齿也。唇亡则齿寒，堤溃则城殆矣，故堤与城实相表里。吾邑南城一面，漳水经流其下，而西南隅首当其冲。明万历年间，邑侯南皮刘公讳联芳者筑堤百余丈以护之。岁久倾圮过半，斗大孤悬，如漏舟之泊江中，岂不寒心。时值州守程公兼摄兹土，巡视城垣，一见即廑杞忧，进父老而谋之，谓灾切剥肤，适今不举，河水暴涨，载胥及溺，城垣何以自立？民生何以自全也？于是荐绅士庶莫不欢欣鼓舞，踊跃从事，而公则捐俸设处，不烦民间一钱一粒。莅政之余，不张盖设帏，课治于风月之下。而学博奇桢范先生指画方略，传餐不暇，与民同事，其劳最著。而尔忠林四公亦共襄厥成，曾不终月而金汤在目，巩若磐石矣。猗欤休哉！方今圣明，奖录城工，风励有位，以此保全阖城，以固吾圉，岂可与小小补缉罅漏者同日语哉！

夫公，州守也，客岁修州城、兴州学，有百雉数仞之观。固其专间，兹不过代庖五日，乃其为国为民，不以久暂易心，不以州县歧视，况后之尹兹土者及瓜乃代可不思水患而豫远之？于以禁粪厕，疏水道，无使蚁穴不塞，浸成滔天，则所以承先启后，惜民力者为无算矣。公讳宪，字章世，关东人也。英姿妙敏，文武全才，惠政覃敷。轻徭役，罢勾摄，清积案，革陋规，禁赌劝农，厘奸剔蠹，善政班班，不可殚述，则为之咏乐只之章而已。爰镌于石，以志不朽云。

创立南关镇义学碑记　程皋绩

天之下，地之上，泬寥兮浩浩乎其无垠，将以何物塞之？或以文章而不原于道德，则华而不实；或以事业而不本于学问，则流为刑名法术，而去圣人之道远甚，而且儒林、循吏史迁不能一而合传也。盖兼才若是之难也，兼之者实惟我之邑侯高公。

吾邑为全晋末属，水至清浅不可渔，山瘠而童，厥田下下，厥赋视邻封独加多。官兹土者，往往困于难治，固地势使之然。按部经营，谈笑奏刀，诚非命世材不能。我公以终贾之年试颖百里，抱子惠之志敷为实政，百废厘然。其具举通商惠工，剔弊厘奸，饬保甲申。铎书当编审之期，襜帷露冕，穷乡僻壤，靡不亲历焉。以周知疾苦而哀其茕独，穷乡僻壤之民遮迎道左者乐亲其颜色。夏雨雨人罔不洽，春风风人罔不入也。善政固不可更仆数，而其大尤在振兴文教。

下车数月，即延诸生而立文会，给以荆笔残行而次第其甲乙，暇日即为矍圃之射。甲子秋，列乡书者各有人，其明效已。今年建义学于县治之东偏，南关复创社学一区，为房若干间，鸠材庀工，悉出己赀，皆不费闾阎丝粒，而不日成之。择野处而不匿者实其中，出羡粟以招师儒，俾按日计程，口授耳传，习于勤而勿荒于嬉。

夫南关当轮蹄之冲，商旅之所至，贩夫牧竖之所往来也。间有习书名通算数者，斯称卤田特秀矣，不知有周孔之礼乐也，岂三代盛时远郊之地乡学里塾亦有所弗设乎？若留以待我公，盛衰升降，是亦有数存焉。然天之生材不择地，于越勾吴春秋前尚不列王会，六朝而后沿及今兹，文采风流甲天下。金牛未通，鱼鸠未辟之时，蜀故瓯脱耳。文公教化行，眉山父子相继出，不可谓甲盛矣。继自今南关之人，当必有奋然振起，无愧我公之德化者。我公之兼才善政，不可更仆数，即其文章觇其道德，即其事业觇其学问。建学其一端也，南关其一隅也，即吾邑亦不过偶试也。则观我公德政者，当另出手眼以较量于卓鲁董贾间，且何能执一事以诵也。儒林、循吏合而为一者，其自我公昉乎哉？

赵三麒

先王本道德礼乐教天下，上无私师，下无私学。至于闾胥社师什伍之所鼓箧而从者，亦无不命于上，是以在在师保，户户弦诵，不出比里而自成痒序矣。今国家右文敷治，海徼武卒，莫不受经，岂为太平之荣观，盖以道德齐礼而育才以名世，其责固在良有司。

武乡邑侯高使君治武以文，县西之南关镇距城一百二十里，阴辿南北，南为七省喉吭，古称用兵地。今辽州借驿，五方杂处，好驰马游角，即有俊秀子弟，贫无以延师，咸归椎鲁。侯曰："庶而不教，圣人忧之，社学之设，不容已也。"爰捐金购地。又以本镇素不产木，复弗靳重费，取材于沁源山中，诸工役皆按支钱米，以故人乐趋事。匝月而堂斋、庖廨靡不悉备，乃为慎选师儒，给以饩赀，俾单寒之子咸得向学，从此人文蔚起，诗书之泽正未艾也。记不云乎：山川出云，有开必先。殆天之未丧斯文而侯有是维新之治，进之以三代之英也。

乡长某等佥义斯举，相率谒余言，余老且废，不能为谀词。夫立学明伦，侯之事也，愿居其地者，其以仁为宅，义为路，礼为门，廉耻为坊表，六经为户牖。有德有造，期于有恒，庶无负侯建学之意。昔范纯仁立乡校，而襄邑歌之至今，蜀文翁石室图，后人修之不坠。继往开来，尤有望于后之君子。

创建西关义学碑记 吴扬

从古国有国学，乡有乡学，原以造就英才，陶养德性，而后日廊庙之选，皆端于童蒙之初习。宣尼云“学以致道，居肆成事”，正谓此也。余自庚申孟夏来牧是邦，间阅县志，见前贤高士比肩接踵，相继云仍，代不乏人，可谓彬彬书礼之乡矣。独是义学一举阙焉勿讲。询诸高年士庶，咸云明季以及今兹从无建，余恻然久之，而又怡然喜喜。武邑之儿童多有英敏颖异之姿，而父兄之教不谨，刚劲之风相习。虽曰父兄之咎而实司民牧者之责，况余素怀造士之习乎？爰是谋诸邑老李凤栖等，而苦无官地，特捐俸购买西关民地，并买木料砖瓦鸠工，于辛酉桂月而秋杪即告成焉。遂卜吉延请阎作屏来主师席，给以馆谷，听从阖邑俊髦，凡属有志，会聚其中，声应气求，尤恐一时举行而不倾心向往，则义学蔚然生色焉。能相沿于永久，又盖造住房四间以安其身，置买地土顷余以赡其养。于是镌勒碑石，以俟后之同志者，总以相期于不朽，非谓沽誉于一时也。祈尔多士，勿负于学，是余之跂焉。而乐为之者，盖有深望乎后学者焉。是为记。

建权店察院记 李芳莎

权在武乡西七十五里，为泽潞要冲。梅邸旧以千金建，别有湫署估半之。崇正年毁于贼，询其址，苇橹隐嶙，莫可识别。而砾则近似属疮痍甫定，物力蹇诎，委星轺于萧寺，即使星矜弗程督，神则焉安？敢曰吾不能复其大者，姑小是图，颐蒙安席，盛日何难？而芳莎承乏于开国之初，视小邸大邸也，艰窘则十百未可计。李尉名芳，监厥工，体芳莎意，制宁俭无敢奢，缮宁疾无敢愒，钱谷宁严核无敢浮糜宽假，以故栌枅岧嵽，捷猎告成。不日，皇华自此肃然，令劳而尉分之礼也。至区画凑泊忧煎，尉不得而分比之，负载推挽代则止，疾病痛楚，蔑代焉得？发虽髡而鬓不霜，且曰缩颀肉，人冠以首，而余冠以眉，仅乃得竣，不可谓精神非物力也。乙酉七月二十三日立石。

重修韩壁村东北两大桥碑记　魏伦

自古废兴之事，虽曰天运，盖亦有人力焉，何独天下国家！乡邑之经涉、桥梁、道路之通阻，往往有之。吾村韩壁之南、东田之北距有大壑，深十丈，阔七八丈，中垒虹桥，行人通焉。不知兴自何年，然成以人力无疑。桥左稍南约里许折而东，再折而南，岐又有岐，枕南岩而栖息者人烟相望，不下数千户。户之北辙暨吾村之南亩，而耕馌由是者日不下数百人。方余为儿，所见称坦途焉。五十年来，稍稍不加修葺，风雨漂摇，日销月削，始则车马不通，既则徒步却足，如线罕存，高岸为谷，废坏尽矣。有心人未尝不慨焉伤之，卒无有过而问焉者，盖役巨费繁，莫敢先发，是以仰天而叹。迂道无由辗转，相待以迄于今岁。辛卯，余时告疾家居。夏，北桥成，秋复谋诸乡人，各出囊资若干，不足更募诸邻村之富而好义者。鸠工分番，日更一人，旁穿水洞，缩版以载，而捄陾陾而筑登登，迄乎如砥，复称履坦。而向之攀越牛山，崎岖上下，不惮数里。外迤逦（逦）而东之者依然，重寻故道于其间，得径直焉。与余少小所见，何宛然一辙也。是役也，凡九阅月，醵金凡百三十缗，力出于众人，不加劳。往来行人，欢声载路，群然叹息。于自崖返者，维有历年，一旦旋踵而尽复之，昔何以废？今何以兴？天人之故有喙者，宜何如置也？而特不知后之视今与今之视昔，正复何如。为悉原委，勒石岔口，将来者庶有感于斯文。

序

赵孝子集题辞　周明庚　泰州人

皋狼赵氏恒挺，异人如孝子者，少负血性，有奇男子之称。长报父仇，行烈丈夫之事。当其奉亲旨，则二百里之邯郸县，菽水时将；及其疗母病，则数千里之武当山，神仙忽晤。时遭国破，我亦家亡，老父之此项此膝，但知有君；小子之一发一肤，还归吾父。古鞞山下，每闻祝衄祝衄之歌；漳水河边，只吟独漉独漉之句。不杀此贼，吾何以生？既报此仇，吾可以死。洒冰天之热泪，提首领以见人，沉古井之游魂，戴须眉而入地，孝哉此子！奇哉此人！吾澥陵半剌，乾符公其阿咸也。广辑名篇，揄扬先德，事莫大于忠孝。苍苍者不独是天，死无愧于君亲；白白者有如此水，苌宏之碧血在地。荆轲之白虹贯天，往既感夫风雷，今又征乎月旦。鬼中之董狐安在？良史无多；皮里之春秋几人？中原有色。然则读是集也，宁止如细柳新蒲，痛下王孙之泪，云山江水，想见先生之风而已哉。

寿张芙庄明府序　程康庄

山之西，其县七十有八，其七十隶于府，其八隶于州。然独沁州土敝为最墡，武乡乃隶之，硗狭甚于州。其地连山二百余里，土分少而石分多，即其土之所界，又崾崅不平，耕者畏其盘纡九折，使牛摩髋脱肉，而欲共菑播得乎？递引而下之，为大沙磊磊尝不绝，每水涝则伤稼，岸易为谷，愆阳则困簏成虚，不毛之地凡什九。乃使之出租赋，守条籍，岁较其入，往往以积逋致困。其里社萧条，率二十里落落十余家，皆穴处于峻崿之间，遥伺之支体危疏，形色非人，矧身于疲曳者欤？盖无人耘耔者复如此。其权店驿悬隔百里，而缩风霜兵火之余，人烟灭没，诸台司部使者朝夕至，或不得僦屋暂居，凡鸡糈、脍脯、轮蹄、帷幔之需，无一不取资于县，给极纷，卒不可治。或风雨之交，河流迅急，击之不断，不能辨牛马者又时时有之，为属吏即不敢谢守土，必亲诣承命迎道左，以是率为常。夫权店之为途也既远，而南关之在其封内，又为邻州代其置邮，至兼程敝策而夫何惫也。其水陆无所产，无翁伯素封，持箧资候时转物以通商贾。独士大夫贵盛，读书博洽通美，有登高而赋者，比类酬和，相与发其光华，准其尺度，则吟哦之际亦有其胜者焉。

荆南张公之莅是邑也，毛米无侵，条汇其地丁之荒亡者，由大中丞白公代请报可，免其十之四焉。呜呼！昔之人困之以税田灌输之法，而公之利行之于转眄俄顷之间，先号后笑，民今而后得以优游用宁矣。公才涌未已，无一切苟且操切之政，其谋诸已也不恃其事之不至，恃我有以豫之。权店旁有巨盗结仇，毒矢以掠行人，公捕得之，悉受诛。老子曰“慈故能勇，俭故能广”，其公之谓欤？公志行文章，卓绝于时，簿牍期会之暇，即与士大夫质疑问难，深相敬待，虽降至牛医贱隶，悉以和色承之，盖以父母之心加一邑之众，必纤毫无憾而后即安。大抵公之为人也，仁厚沉静，不决躁险严，以其类而考之，必有增秩之荣与难老之寿，以应夫修母致子之理。况公居平慎内闭外，引接道炁，此诚凌霄汉纳华滋之至要也。不然以公之勉勉成其德业之所就者如此，岂非运行体中精神大于身，故能独遂其功者哉？会公初度之辰，大夫士共与盏华觞公而征序于余，余故即公所为逾强之事而推言之，其于可久之道也，顾不伟欤？顾不伟欤？（寿序例不入志，此篇因其言风土利弊甚悉，故载之。）

传

风雷将军小传　俞汝为

将军姓焦氏，武乡县长乐里九师村人也。唐懿宗朝，父为掾吏典法曹，遇诬触者理出之，有阴行。母杨氏，以贤淑闻。咸通九年生将军，七岁不语，两手不展，父母以为不祥，欲弃之。忽元日，手展能言，聪敏颖异，众始称奇。好清净、恬养、符水之术，凡天文、地理、易象、遁甲咸臻其妙，莫测所自。日处静室中，焚修为事，不以术自炫。景福元年，夜梦日华贯顶，有道者送以石匣，曰：“此天真赐汝也。”觉而开视之，皆龙文虎篆，莫可辨识，将军秘而藏之。遇异人指授，兼赐龙玺、宝剑各一，遂能轶风驾雾，鞭笞鬼神。出入幽显，无碍神游，小倦则栖隐南山洞中少憩焉。山中水石咸作龙虎龟鱼等状，可怪也。会上党妖祲为灾，焦往除之，事闻，赐号风雷将军。卒年三十四岁，葬司徒村。清太三年，以阴兵殄草寇，境土获安，民立祠城南祀之，代有显灵。至金，加封昭泽龙王。旱潦祷之辄应。

唐太宗御制石世龙传节略

后赵石勒，字世龙，上党武乡人也。勒生时赤光满室，白气自天属于中庭。年十四，随邑人行贩洛阳，倚啸上东门，王衍见而异焉，驰遣收之，会勒已去。所居武乡北原山下，草木皆有铁骑象，家园中人参悉成人状。父老及相者皆曰："此儿状貌奇异，志度非常，其终不可量也。"劝邑人厚遇之。勒每闻鞞铎音，归以告其母，母曰："作劳耳鸣，非不祥也。"既而卖与茌平人师欢为奴，欢家邻于马牧，勒与牧卒魏郡汲桑往来，勒以能相马自托于桑。桑始命勒以石为姓，勒为名焉。常佣于武安，为游军所困。会有群鹿傍过，军人竞逐之，勒乃获免。俄而，见一老父谓勒曰："向群鹿者我也，君应为中州主，故相救尔。"勒拜而受命。遂招集群盗，号为十八骑。刘元海称汉王，勒率众归元海，引张宾为谋主。东海王越率众讨之，越薨于军，众推王衍为主，率众东下，勒轻骑追及之，无一免者。勒重衍清辨，不忍加之兵刃，夜使人排墙杀之。听张宾之计，自汝南进据襄国，遣石季龙攻邺三台，邺溃。勒谓张宾曰："邺，魏之旧都，吾将营建。慨风俗殷杂，须得贤望以绥之。谁可任也?"宾曰："晋故东莱太守赵彭忠亮笃敏，有佐时良干。"于是征彭。彭至，入泣而辞曰；"受人之荣，复事二姓，臣志所不为，恐亦明公之所不许。"勒默然，张宾进曰："自将军神旗所经，衣冠之士靡不变节，未有能以大义进退者。至如此贤，以将军为高祖，自拟为四公，所谓君臣相知，此亦足成将军不世之高，何必吏之?"勒大悦曰："右侯之言得孤心矣。"于是赐安车驷马，养以卿禄。以石季龙为魏郡太守，镇邺三台。时王浚署置百官，奢纵淫虐，勒有吞并之意。会张宾有疾，勒就而谋之。宾曰："王浚假三部之力，称制南面，虽曰晋藩，实怀僭逆之志。立大事者必先为之卑，当称藩推奉。"勒曰："右侯之言是也。"乃奉表推崇浚为天子，浚大悦，遣使报勒，答以方物。时浚使至，勒命匿劲卒精甲，虚府羸师以示之，北面拜使以受浚书。浚遗勒麈尾，伪不敢执，悬之于壁，朝夕拜之。浚使还幽州，具陈勒形势寡弱，款诚无二。浚大悦，以勒为信然。勒将袭浚，而惧刘琨为后患，沉吟未发。张宾进曰："刘琨、王浚虽同名晋藩，其实仇敌。若修笺于琨，送质讲和，琨必欲于得我，喜于浚灭，终不救浚而袭我。"勒曰："我所不了，右侯已了，复何疑哉！"于是奉笺于刘琨，陈己过深重，求讨浚以自效。军达易水，浚将佐咸请出击勒，浚怒曰："石公来，正欲奉戴我也，敢言击者斩。"勒晨至蓟，叱门者开门。浚乃惧，或坐或起。勒升其厅事，命甲士执浚，立之于前，让浚曰："君位冠元台，爵列上公，据幽都骁悍之国，跨全燕突骑之乡，手握强兵，坐观京师倾覆，不救天子而自尊。又专任奸暴，杀害忠良，肆情恣欲，毒遍燕壤。自贻于此，非为天也。"送襄国市斩之。

大兴二年，勒称赵王。时晋征北将军祖逖据谯，将平中原。逖善于抚纳，自河以南多背勒归顺。勒惮之，不敢为寇，乃下书曰："祖逖，北州士望也，倘有首丘之思，其下幽州，修祖氏坟墓，为置守家二家。冀如赵佗感恩，辍其寇暴。"会逖牙门童建遣使降于勒，勒斩之，送首于逖，逖遣使报谢。自是兖豫间垒壁判然，叛者逖皆不纳。二州人率多两属矣。勒令武乡耆旧赴襄国，既至，勒亲与乡老齿坐欢饮，语平生。初，勒与李阳邻居，岁常争沤麻池，迭相殴击。至是，召阳至，勒与酣谑，引阳臂笑曰："孤往日厌卿老拳，卿亦饱孤毒手。"因赐甲第一区，拜参军都尉。祖逖卒，勒始侵戍边，梁郑之间骚然矣。

勒雅好文学，虽在军旅，常令儒生读史书而听之，每以其意论古帝王善恶。尝使人读《汉书》，闻郦食其劝立六国后，惊曰："此法当失，何得遂成天下！"至留侯谏，曰："赖有此耳。"其天资英达如此。

咸和五年，号赵天王，寻即皇帝位。将营邺宫，廷尉续咸上书切谏，勒大怒，敕御史收之。中书令徐光进曰："陛下天资聪睿，超迈唐虞，奈何一旦以直言而斩列卿乎？"勒叹曰："为人君不得专如是，岂不识此言之忠乎？向戏之尔。"会大霖雨，中山西北暴水，漂流巨木百余万根，集于堂阳。勒大喜，谓公卿曰："诸卿知否？此非为灾也，天意欲吾营邺都耳。"于是营邺都。因酒间，谓徐光曰："朕方自古开基何等主也？"对曰："陛下神武筹略，迈于高皇，雄意卓荦，超绝魏祖，自三皇以来无可比也，其轩辕之亚乎？”勒笑曰：“人岂不自知，卿言亦以太过。朕若逢高祖，当北面而事之，与韩彭竞鞭而争先耳。脱遇光武，当并驱于中原，未知鹿死谁手。大丈夫行事当磊磊落落，如日月皎然，终不如曹孟德、司马仲达父子，欺他寡妇孤儿，孤媚以取天下也。朕当在二刘之间耳，轩辕岂所拟乎？”群臣咸顿首称万岁。

勒如邺，临石季龙第，谓之曰：“功力不可并兴，待宫殿成后，当为王起第，毋以卑小悒悒也。”季龙免冠拜谢，勒曰：“与王共有天下，何所谢？”咸和七年卒。

唐太宗御制石季龙传节略

石虎，字季龙，勒之从子也。年六七岁，有善相者曰：“此儿貌奇，有壮骨，贵不可言。”性残忍，好驰猎，尤善弹，数弹人，军中以为毒患。勒白母王氏将杀之，王曰：“快牛为犊子时，多能破车，汝当小忍之。”年十八，稍折节，捷弓马，勇冠当时。勒称号，进封为王，邑万户。季龙自以勋高一时，谓勒即位之后，大单于必在己。及授其子宏，季龙深恨之，私谓其子邃曰：“吾躬当矢石，二十余年，克殄十有三州。成大赵之业者，我也。大单于之望实在于我，而授黄吻婢儿，每一忆此，令人不复能寝食。待主上晏驾后，不足复留种也。”

咸康元年，季龙废勒子宏，自称居摄赵天王，改元建武，立其子邃为太子。咸康三年，称大赵天王。河间公宣、乐安公韬有宠于季龙，邃疾之如仇。季龙荒耽内游，威刑失度。邃私谓中庶子李颜等曰：“官家难称，吾欲行冒顿之事，卿从我乎？”遂称疾不省事。季龙闻邃有疾，遣所亲任女尚书察之。邃呼前与语，抽剑击之。季龙大怒，收李颜等诘问，颜具言始末，废邃为庶人。其夜，杀邃及妻张氏并男女二十六人，同埋一棺中。立其子宣为太子，命宣生杀拜除皆迭日省决，不复启也。司徒申钟谏之，不从。季龙贪而无礼，既王有十州之地，金帛珠玉及外国珍奇异货不可胜纪，而犹以为不足。曩代帝王及先贤陵墓靡不发掘，而取其货宝焉。命石宣祈于山川，因而游猎，乘大辂、羽葆、华盖，建天子旌旗，戎卒十八万，出自金明门。季龙从其后宫升凌霄观望之，笑曰："我家父子如是，自非天崩地陷，当复何愁，但抱子弄孙日为乐耳！"宣素恶韬宠，宦者赵生得幸于宣而无宠于韬，微劝除之，于是相图之计起矣。韬宴其僚属于东明观，因宿千佛精舍。宣使杨杯、赵生等杀韬。旦，宣奏之。季龙哀惊气绝，久之方苏。宣乘素车，从千人，临韬丧，不哭，直言呵呵，使举衾看尸，大笑而去。季龙疑宣之害韬也，执赵生而诘之，生具首服。季龙悲怒弥甚，幽宣于席库，以铁环穿其颔而锁之，使韬所亲宦者拔其发，抽其舌，牵之登梯，上于柴积，断其手足，斫眼溃腹，四面纵火，烟炎际天。季龙从昭仪已下数千登中台以观之。火灭，取灰分置诸门交道中。并杀其妻子九人。初，戎昭张豺之破上邽也，获刘曜幼女，年十二，有殊色，季龙得而嬖之，生子世，封齐王。至是，豺以季龙年长多疾，规立世为嗣，刘当为太后，已得辅政，说季龙曰："陛下再立储宫，皆出自倡贱，是以祸乱相寻。今宜择母贵子孝者立之。"虎曰："吾欲以纯灰三斛洗吾腹，肠秽恶，故生凶子，儿年二十余便欲杀公。今世方十岁，比其二十，吾已老矣。"遂立世为皇太子。永和五年，称皇帝，建元太宁。寻卒。后石闵说季龙子石遵杀世，闵因诛遵，并杀季龙孙三十八人，尽殪石氏。

总督尚书魏云中传　李邦华

公魏姓，生时父梦魏尚至家，因命名云中。字定远，号震彝。始祖成甫从河南籍武乡，七世至赠君灼举丈夫。子三，公为冢嗣。魁杰俶傥，旁睨千古，䘵讲鞠肿者视罔啻浼，搦管一字，令人作数日想。南中陈公所学来督山右士，奇公文，擢诸生冠，晋阳书院试辄以公压卷。时有议公固僻于奇者，公夷然不屑也。曰："吾而不奇，谁当奇者？"弱冠联掇庚子辛丑科，筮仕项城。

项固多大猾，公甫下车，即击之。贼首蔡项梗豫路，公设计得伏法，路以是无拾遗。项屡岁苦淫雨，公一祈即霁。邑中铮铮士选十八人充瀛州数，昕夕督课惟谨，迄今犹诵桃李出公门。课最，侍御殿中。三王议并封，国本摇者数四，公力持之，得终立。时硕果食几尽，公生死以之争，剥庐者侧目，公因例转甘肃佥宪，公遂挂冠神武门。

里居十年，续《皇极经世》书以成父志。壬戌，廷推边才，起通州道，旋贰尚宝。旬馀抚宁夏军，灵州固。刘哱肆逆地，公内抚凋边，外款银定，如请设屯田，府佐取易，沿河本色金城十二略不是过也。而军民之加额者，尤在止万里远戍一疏。所惜者，开香山铜，修硖口堡，及镇贺兰、凿明渠数事行未报成。倏以忤崔、魏归里。崇正元年，奉旨巡宣云间，抚臣以用兵为策之上，公议偏关达居庸千八百里，处处可虞。款之，便赴平台召条上之，上悦甚，赐茶毕，遂命督宣大三镇师。都城戒严，公漏下二鼓同季弟权中等提戈至德胜门，都人恃以无恐，飞鱼服赐且二。而招降宁武哗卒，宽免三镇田租，此犹事之不胜胪列者。王加印据我河曲，倚王可贵为谋主。公间杀贵，竖立降旗，收拔难民，而以乡兵绝贼，导援兵，扼贼奔，公率亲丁千余，督秦将曹文诏直薄城下，力攻之，加印聚泣请死。功不成者、一日要功者为之中伤，公卒报罢。

旋里后鼓义建北城台，屹然一方保障，流寇三至城北，望险退，公之功在万祀矣。会忧时感疾，事刀圭者年余而呓语岑岑，犹闻作社稷计。及易箦时，赤气亘天，身骑箕尾，气壮山河，公应瞑，且不朽。讣闻，下部议，赠谥祭葬。会以寇变，未即覆。邑人建祠绘其像，复阖词请于宪台，俎豆宫墙间，而沁州则以之入名宦云。

都御史魏光绪传　成克巩

武乡魏族甲山右，伟人前后蔚兴，而金枝饮露，玉树临风，推中丞元白第一。

公讳光绪，字孟韬，元白其别号也。鼻祖成甫迁自豫之虞城，六世至大父邦佑，举子五人，点、煦、增、兼，公父鳌，居行四，同爨五十年，谦谨如一，乡人咸称其有万石风。公父两任香河、府谷令，恒居以艰一第为嗟。

公生，髫龀耸秀，濯濯如月中柳。而行趋间，动合采齐，肆夏节时，已以社稷器名。及试，诸生中辄冠卿子军。丙午，乙于乡，下帷攻苦，绝不问家人生产，南面百城，公以此雄于今古。壬子，学使者吴公士奇群录科所首拔士，试于三立书院，公居第一。是岁获隽，明春中进士科高等。年才弱冠，首铨授行人于役江右楚豫诸省，诸王例赐金帛，概弗受。天使非关贿赂来，殆为公诵。与使旋条上轺过处利弊，洞如观火。

甲寅，丁香河公艰，哀毁骨立，襄事亲卜兆，督畚筑，时咸称孝。

庚申，擢云南道御史，维时东西角党，公狱狱中立，凡所弹劾，不避权贵，长安市走卒无不目为铁面御史云。梃击一案，事关国本，聚讼十余年，无执咎者。公抗疏至再四，卒屈旁议，公论大明，可为功在社稷矣。

癸亥，继母服阕，补福建道，巡山以东，声震海岳，墨吏望风解组者比比，以故大法小廉，人以海刚峰方之。妖渠徐鸿儒授首，余孽伏莽，当事者欲尽歼，公力疏争招降，全活以十余万数。观风力拔奇隽士，檄督学使课业于书院，子科列贤书者，率公拔第一人，而宋公玫、马公之骥等十数人尤其特赏。会事竣报命，珰逆嘱所亲不得，遂降级调外用。

戊辰，召公还言路，巡视京营，戎政一新。时赐环诸君子争借要典修慽，公以养福为主，从中持议，保全善类，士论韪之。晋秩少京兆，置府事属，当校士弊，恬抑竞神明自矢。一权贵子落孙山外，权贵哗于朝。公弹文入，上降旨让之。秋闱榜揭，桃李盈门，而庚辰鼎元魏藻德即所拔士。都门戒严，赴平台召上方略，概蒙嘉纳，是年升大仆正。力争本寺牧地数万顷，又设处二万金，差官市西骏，事平叙绩，恩赉有加。

楚中妖人倡乱，七府震动，洪抚军以师无律解任，举朝推毂，公北至出奇，歼渠魁，乌合悉散。土司彭元景恃险跳梁，公设间谍，使其自攻，岳阳诸境悉安。他如释黄元玉等冤狱、默擒十五府同日竖旗造反者首恶，炳炳事绩，难更仆数。

寇犯桂阳，忌者以公为口实，罢归。桂阳固额州制治专辖地，乃制台不问而勘及公，人咸冤之。后以台省白其枉，得勿问。楚人为立生祠，贺相国勒记于石。

里居，值乙亥、丁丑、庚辰三载大祲，公尽发其囷积，分厂煮糜，日二餐，活以三千余计。又立慈幼局，乳婴儿之途弃者。流寇三薄城下，公养死士猛克济等夜袭之，擒贼首俊虎，斩五十余级。东南城泐，不良于守，公捐赀重修，砌以石。又重建东城门并楼，费约千余金。而造炮修砦，设义冢，建宗会，行医施药诸事，邑人至今德之。事暇，游茂园中，触咏自如。“风流宰相唯有谢安”，时人以此推公。公性癖著述，虽寇氛云扰中，讴吟不废。武邑古文辞久不振，至公风雅倡酬，迄今彬彬称盛。辛巳秋，上拊髀思旧，敕部臣举废，公首与焉，少司马席推至再。杪冬，公以家修邑乘，未搁笔而疾作，信宿奄逝。卒后数日，总督宣大报至，痛哉！著有《抚楚奏议》《西台封事》《南华诂》《字通》《家乘》《带草楼诗稿》《泰园谈纪》《邑乘公志》《潞水客谈》。

少司空程启南传 田善宁

大司空程启南，武乡人也。神宗末年，士大夫争谈气节，以议论为事功，峻厉为丰裁，门户角立，倏忽升沉，几同夏云煦气。其能循分奉职，不为赫赫名，而一再辞官，大节凛然，与日月争烈者，吾于程司空无异词焉。启南，字开之，风庵其别号也。

性刚果，多大略，博学工文。万历庚子经元，辛丑成进士，壬寅授襄阳。李官榷珰横，启南拒之，峻言税宜节，阉当撤。已而矿税流毒南省，民不聊生，卒如所言。山南人德之，与羊叔子同祠。庚戌，冢宰孙丕扬请擢贤能深倅官，启南入，为武选主事，即具疏陈三可虑，言宜清冒滥、屏私人、简将帅，多所采纳。癸丑，升郎中，为辅臣叶向高、李廷机及枢臣王象乾所引重，迁济南副使。岁苦蜚蠛，上疏乞不赋山泽，许得支官舍之储蓄赒委隶首。戊午，升参政。庚申，升按察使。壬戌，举卓异，为天下廉吏第一，迁右布政使，寻转左。

洁己敷政，除烦苛，持大体，廉而能平。会妖人徐鸿儒倡乱邹、滕间，下者十余城，兵骄横行掠，掠尽飏去。启南命历城令吴阿衡招白挺以歼之，逆憝叛党如缚豕而槛送京师，有旨赐金币。癸亥，升太常卿，民思恋不能已，为庙春秋奉祀，如在山南时。

启南乘折辕至都，考正旧仪，时逆党魏忠贤焰方炽，启南以宗社大计，奋不顾身，抗疏劾之，不报，遂疏乞骸骨。疏入，即日允放，此所为一辞官也。

当是时，天下为忠贤建生祠者僭侈无度，郡国仓么不继，豪贵人谄附，争助恐后，启南为文讥之。崇正御极，收殛魏党，凡抗阉者悉起田间。己巳，诏升启南通政使，荫一子，旌不附忠贤也。庚午，廷议以起部冗阘不奉职，群推启南，而素遵轨躅，不欲暴贵，谢之。及为工部左侍郎，百度具兴，诸什器咸备。德陵更数岁工未就，启南召商责之，期以五月，砖木不至，法无贷。商素畏清直，奉法顺流，工遂就。上以为能，加大司空服俸，领官如故。例荫一子，固辞。而寺人之徒嗡嗡复进矣，属户、工二部，以内监张彝宪视事。启南疏论，以去就争之，章累十一上，始得旨准暂驰驿归。此所为再辞官者也。

启南事四朝，扬历中外，任十余官，逾三十年，所过政迹，不可殚述。而余于一再辞官之故娓娓言之独详者，阉毒酷烈，贤者多遇惨祸，人才之去就消长，国运之隆替系焉，天下事尚可为，启南甘无闷哉？

迨归，即绝意仕进，屏居不揖客，长吏罕识其面。邑中灾侵及大繇役，即条列白大吏，为民请命，不避怨谤。又尝自为志，徒薪远虑，聊托达观，不但皇甫谧、周磐之徒以俭垂训已也。甲申，李自成陷都城，所至拷掠缙绅，三晋首罹其毒。启南爵高而守廉，无能厌贼谿壑。伪书五反使，贼令身劝为之驾。启南叱曰："方魏忠贤时吾不仕，今谓吾惧死耶？"贼令义之，置勿问。启南久城居，至是复徙信义乡故宅，立一寨，名双修，中构草亭数间，手《周易》一卷，晏如也。

庚寅十月，启南晨起，治具觞族人，列子孙其下，敛容曰："孰易如苇，孰化如毁，人生至促也。"即引族人就棋局，精彩倍张，至日中反舍，趺坐良久，语不及私而卒，得年八十有九。子六人，诸孙绳绳四十余人，以科贡显者踵相接也。

博士魏伦传　蒋元益

博士魏君者，山右武乡人也。名伦，字曰明川，晚自号一峰。其先自河南徙山右，遂隶籍焉。魏故显族，有官阀累世，而家未尝营产，迨君祖若父，萧然儒风，恒不给。君生禀颖异资，善承家学。弱岁应童子试，辄冠侪偶，补诸生。年二十二，挈其弟伉授徒乡塾，以馆谷资菽水。居常躬执爨，且课诵，或日晡未饭，研诸经及子史，矻矻不少休。如是累年，学益进。雍正己酉，学使者赏君所对策有国士之目，首拔贡成均。及秋省试报罢，孑身策蹇驴入都赴朝。考毕挑选午门，有御史稔君淹贯，称于王大臣曰："若能背诵《通鉴纲目》无遗忘。"王大臣咸为动色。君于御史者素未接也，是时君年未及壮，循分入监肄业，京师士大夫闻君名，争欲识君，君念亲远离，无以为养，留监怦怦心动。寻假归，仍授经其乡，从游者日益众，尊之若老宿。壬子，举乡试第四，主司庆得人。当是时公车北上，知君者属耳目共以鼎魁卜君，谓腾天衢在瞬息。乃自是六试，春官荐而不遇者再，仅一列明通榜，需次学博。乾隆丙寅冬，除猗氏县儒学教谕，猗士故贫，多以饥驱馆四方，鲜诣学舍者。君莅任，欲课士不得，叹曰："如此食广文俸无乃素食乎？"慨然思振兴之。无何以母忧去，服阕后三年，继丁父艰，先后治丧葬尽哀尽礼，时享祀如生存。既而补宁武谕，以疾辞不就。或劝之，君曰："禄不逮养矣。忍复远先人邱墓回忆畴昔。"辄辞二人出。友教他郡邑，又数偕计吏，仆仆都门，虽竭蹶，稍奉甘旨，而视膳问安否，曰："浅也。"时彷徨丙舍，攀宰水，大风雨，益顾恋不去。偶触遗书策，栝棬梦寐，依稀亲色笑，忽中夜呜咽，作孺子啼。晚年往往如是。君弟伉教之入县庠，从姪太豫、从孙敞皆幼孤，赖君成立。遭岁饥，分饘粥活其邻人，自餍糠籺。兀坐敝青毡，歌吟不辍，室无交谪声。宗党切近者比屋聚处，朝昏悉所事有无，黾勉恐后。暇日集少长，或坐或立，谈古先道，谊谆谆然，其诸子群从，无智愚，率雍和循谨。好读书，林立黉序，乡之人观于魏氏而相劝于善。

魏君生平学务实得，乐以经术造人，人亦乐就正于君，君所教无弃材焉。年六十有七，自撰生志。又五年而卒也。远近学者闻之皆叹息。旧属宰介体范生棣，君入室弟子也，契最深。君所为制举文与诗古文词若干卷，今范生悉为刊行于世。呜呼！魏君其流泽孔长矣。

魏董氏贤贞小传 吴若虚

魏举选娶董氏，于归日年仅十六岁，未及三载，举选辄远出。阅二十余年，踪迹杳然。家人婉言相劝，意欲更嫁，不从。继并逼之以威，几至饮食俱绝。议婚者行且有日矣，氏以“柏舟”自矢，之死靡他。不得已，择族侄万昌入嗣，恩斯勤斯，备极抚摩。长就塾，谆谆训诫，惟以成人之道相勖。一堂之上，融融泄泄，氏不知万昌非己之所出，万昌亦并不知氏非己之所自出也。后举选归，登堂拜母，慰问温凊，意其妻必他适矣，故无一语致询。及列坐，见氏俯首凄惋，如怨如诉，心窃疑焉。徐询之，乃其妻也，相对唏嘘，不觉泪涔涔下。夫从一而终，礼也，即幽姿劲节彪炳史册者亦未易更仆数，然不过完一已之操，无贻地下羞足矣。若氏之有夫而实等无夫，嫠也何害？无夫而终于有夫，女也不爽，真可谓离离合合，状难言罄者矣。然则举选一堂三世，聚庆合欢，非董氏之匪席，有以曲全之也哉？今万昌入庠，为武名士。回忆数十载前，云散蓬飞，似梦初醒，乐未极而悲又随之矣。而窃闻诸闾里啧啧称羡，无不共传为佳话云。

志

宇文显和墓志 庾信

公讳显和，字某，上党武乡县人也。自大雾浮河，长虹映渚，承源于若水，纂系于苍林。上党居韩之西，常山在赵之北，因地为氏，可略而言焉。

祖求南，卫将军、冀州刺史。父金殿，征南将军、定州刺史，并控鹤兵，俱张戍乐，声容之盛，继踵当年。公禀山岳之灵，擅风云之气，容止矜庄，声名籍甚。弯弧挽强，左右驰射，故得名高上谷，威震楼烦。袭爵安吉县侯，食邑五百户。

永兴三年，幽、并飞扬，有无君之心。帝顾谓公曰："天下汹汹，将若之何？"公曰："择善而从之。"乃诵诗云："彼美人兮西方之人兮。"帝曰："是吾心也。"乃定入关之策，以公母老，家大，令预为计。公曰："今日之事，忠孝不并。君不密则失臣，臣不密则失身。"帝怆然改容曰："卿，是我王陵。"迁朱衣直阁、阁内大都督，改封长广县公，邑一千五百户。

武帝初，至潼关，太祖亲迎凑水。太祖素知公名而未之识也。目于众，疑而不问。直云："令此人射水傍小鸟。"应手即著。太祖云："我知卿名矣。"即用为帐内都督、沧州军事、沧州刺史，增邑并前二千五百户。黄公衡之决事魏后，是以推心，潘承明之忠壮，吴王为之降礼，异代同荣，见之今日。东夏边隅，地连荒服，井陉塞道，飞狐路断。乃以公为使持节、卫将军、都督东夏州诸军事、东夏州刺史。白波青犊之兵，铜马金绳之乱，莫不交臂屈膝，牵羊抱解任还朝，小马留厩，余床挂柱。马。在州遘疾，吏人攀恋，刊石陉山，虽非汉阳之城，还似扶风之路。授使持节、车骑大将军、仪同三司、加散骑常侍。以魏后元年疾甚，亡于同州，春秋五十七。

天子辍乐，群公会丧，太祖亲临吊祭，哀动左右。于时兵革交侵，普断赠谥，即以本官印绶权葬于同州之北山。今建德二年二月二十三日，迁葬于咸阳长安县之洪渎原。时逢礼乐之迁，代属讴歌之变，国虽异政，人足追荣，乃赠使持节，骠骑大将军、开府仪同三司、小司空、丹延绥三州诸军事、延州刺吏。谥某公，礼也。

夫人高氏，渤海人也。柔参晋政，拒曹爽之异谋起，在汉庭共王陵而俱封。况乎箴训有仪，言容以德，肃恭中兴，贤才内直，岂真不听杂乐以变齐国之风，不食鲜禽以断荆王之猎！昔之命葬季武子之西寝，今之同穴长平侯之北陵。世子，神举兄弟，至性纯孝善，居丧礼有终有始，于身无故，是以宦成名立，孝显忠贞。

铭曰：北岳二名，葱河两本。其峻惟极，其源惟远。俗禀山川，人资台衮。义烈桓桓，才雉悃悃。乃祖乃父，继踵威雄。扴金北陆，鸣玉南宫。隐若吴汉，贤哉窦融。负霜依德，无雷向风。挺此含章，生兹秉德。孝实天性，忠为人则。畅毂镂膺，燕南赵北。若水将通，九部可勒。帷幄参谋，宫闱典职。善择忠言，能防变色。繁弱已劲，淇园乃直。戟中小支，禽穿左翼。建旆赤谷，挥戈武州。长城万里，河水双流。颍川多恙，淮水未瘳。义重穿壁，恩深置邮。于谷之口，于渭之丘。阳山零落，碑阙低昂。草衔秋火，树抱春霜。书剑俱没，人瑟并亡。哀哀嗣子，纯心靡记。孝水未枯，悲松先落。室进巢鸶，门通吊鹤。功臣身殒，绘图麟阁。

武乡县武君墓碑 李梦阳

武君者武乡县人也，讳彪，字世雄。生二男子，长曰威，次曰盛。弘治间，武威为扶沟丞，三年忽心动，即日趋治装归。归逾月丧其母，逾年又丧其父，即武君也。县丧祭故鲜礼，而扶沟丞葬祭其父母则以礼含敛，作木主，起祠屋，咸创自丞。丞又来乞表其父墓，余曰：嗟乎！武君，余闻其人，盖任侠者云。成化间，武乡丞张翔实朴杀豪吏王褫，而褫父辄呼其家众围官寺，将禽翔。是夜，翔缒城出，匿武君家，在城西十里段村。王褫家众即又围武君家，武君于是勒其子弟若乡少年，尽死与王褫家众敌，谕以祸福，卒解翔难。及后翔以他事免，而武君辄又率其数骑送出境以还。张翔谓人曰："生我者武彪也。"而晋土故坚劲民豪，观史称盖聂代诸白是已。今有武君，然武君不专以力豪，而喜下贤士夫。又曾为缮梁、除道、建塾数事。而县俗故苦啬其亩亩，人有老死不纻葛衣纨阿者，并不见诸纯丽物，武君则创导之桑，使务纺绩，今稍稍成效矣。前郭解厚施而薄望，振人之命，不伐其功，史氏称焉，及若孝弟事未著也。武君其父病，常粪，粪苦武君喜，父病乃寻愈。

武君生永乐癸未正月十一日，卒弘治壬戌正月十二日，年八十岁。娶李氏，举人李森女，长君六岁，先二年卒。有孙男子六人云。

扶沟丞曰：我先世太谷人。讳建，沁州知州，始徙武乡。讳祥，县务都监官。讳从义，山北廉访司知事。讳季良，辉州学教授。至国朝有讳炳文者，为县主簿，于武君为高祖。

赋

玉华洞三石笋赋 **魏光绪**

访仙踪于乳穴，铲玉蕊于瑶林。作三山之砥柱，象五岳之嵚岑。剑倚天而耿耿，笋出林以森森。宝气笼葱并倚珊瑚之树，云鬟鬖髻齐鬖玳瑁之簪。尔其拔地抽茎，排天耸干，华表撑空，觚棱插汉。灿兮若芙蓉之始华，嵬兮若珪璋之未判。其高低之骈罗也，若伯仲雍穆以追随，其后先之辉映也，若主宾拱揖而燕衎，其清风之披拂也，依稀郁林之载归，其素影之璘玢也，仿佛南山之犹烂。乐我城隅，画栋金铺，花林覆顶，文甃承趺。竹涓涓而始翠，花袅袅以四敷。鱼在藻而有跃，鸟巡檐以相呼。茶烟扬而紫露，庭草翠而绿芜。檐过雨而挂瀑，池积涨以成湖。睠亭皋之丽景，洵有美而可娱。又何如吊影荆榛之侧而溷迹鼪鼯之涂者乎？若夫无为下南宫之拜，寒山共庾信之语。平泉以醒酒得名，松风以迎凉见诩。金陵则见梦于吴公，灵璧则句封于宋主。或龙蟠而鹊起，或燕翔而雁翥。或兴雨以兴云，或堪鞭而堪煮。或镜挂月林之国，或华艳芙蓉之渚。或铸刃而切琓琰，或刻鲸而吼风雨。并皆士绅儒雅之林，而变化神灵之府。予又何能不借攻错于他山，而望磨砻于玉女。

大界峡赋 **魏令望**

维兹秋日，挹彼秋山。沧州靡易，白日趋闲。尔乃峤然而来，陨然而回。羌堆挂之奇条，掩危磴之周旋。既纡曲而怪巍，复碧黛而砰眩。怅起复之鳞鳞，掣纷披之片片，时截坦以横梁，或凿空而幻见。骨拗折而奚攀，势颓放而莫恋。乃其区分晋赵，地接邯郸，凌高直上，泛广其中。恍青山之倒景，疑朝雨之初濛。忽岩邑之吞吐，同莫霞以随风。蓬牖绵邈乎远执，柴扉荡潏乎宠炊。是以水和林声，亦衔山秀。

侣溪而宽，学海而瘦。乍悲厉而森凌，倏藿乱之可嗽。遇嵚峡而犇汪，随沆漭而滴流。维时风回飚兮拂征裳，虫啾啾兮音为僵。露沾人兮俱古，草辞兴兮先伤。木落穿兮天小，云睡芳兮峰扬。意其中必有长眉衣结皱肤，光彻独枕边，皃遗蜕傍蛭。规白雪兮为书，友丹壁兮为节。余亦烦憺悲瞀，惨悽劳折，志廓落而增欷，揽友生以互结。重曰：山中人兮焉久留，饮元津兮吐素流，将历览于五岳兮其谁与为俦。

陟秋山赋　魏光绪

林木之森秀，遇陨霜而变焉。紫斑驳相错成文，若明霞锦绮之在天半也。岁际斯时，一来登眺，秋怀多感，欣戚交臻，悯物数之凋骚，不觉放歌云尔：

霜风何色赪此秋山，映千林而焰焰，缀满路之斑。烂霞漪兮石壁，斗锦驳兮湾环。披黄叶而径度，仰绝壁以同攀。步崇崖之险仄，到石岭之花关。尔乃扑地，寒云炽空，凉吹蛩冷，休吟雁归，犹字石骨全披。松泉乱沸风叠，遥砧霜清半臂，讯虚阁之遥钟，访山间之古寺。栋宇兮何朝，金碧兮半凋。石谁聚而能点，花何雨而为飘。慧灯绝而弗焰，慈云冷而罢稍。蚀断赑碑鸟爪蜗涎之篆，侵残鹫岭猿啼鼯啸之巢。穿蒙密兮俯崇丘，板女萝兮翳松楸。云阴阴兮日黯黯，叶槭槭兮风飕飕。俯崇墉兮千万堞，望仙人兮十二楼。采灵苗兮思驻景，岁既晏兮徒淹留。不觉喟然其伤心兮，亦空踯躅于层峰之上头。

诗

南关　元好问（秀容人）

风里秋蓬不自繇，一生几度过隆州。无情团柏关前水，流尽朱颜到口头。

其二

路转川回失系舟，更教两驿过徐沟。多情团柏关前水，却共清汾一处流。

石勒墓 郝经（陵川人）

都门长啸气凭陵，瓜割中原霸业兴。夜葬山间谁得见，至今犹有守坟僧。

题南山神祠 邑令陈琰（临清人）

南山何突兀，神向此中依。夜月旌旗入，风云环佩归。香姻留翠霭，彩雾傍雕帷。岁稔民趋报，笙歌送落□。

过墨镫李进士云深庄 尚书刘龙（襄垣人）

云庄前度赏芳春，九月重来眼界新。秋色总归陶令菊，老怀偏注季鹰莼。台衡变理凭元宰，林壑逍遥付散人。况复东君能爱客，不妨痛饮任吾真。

前题

何处寻盘谷，居然李愿家。不辞杯到手，应愧笔生花。煮酒怜红叶，留题误碧纱。去年前此日，身尚客天涯。

过墨镫遇雨饮李进士宅 都宪王云凤（和顺人）

笑傲深村挂薜萝，西来云气忽滂沱。当窗翠竹无妨坐，把酒青山欲放歌。闭户经年何所事，杖藜今日此中过。英雄莫负经时手，老我功名志已磨。

过武乡道 冢宰乔宇（乐平人）

顷刻神工无已时，云容如鲁又如齐。山南山北阴晴异，不是途行却未知。

宿武乡铺

前林昏黑引松明，忽听雷鞭殷地声。恰有邮亭堪寄宿，空山风雨夜三更。

武乡道中 侍郎王崇庆（开州人）

策马巡行阡陌间，野花无语意何闲。柴门山犬迎人吠，半是流民复业还。

权店驿题 御史韩邦琦 （朝邑人）

四月深山似九秋，潇潇寒雨长离愁。仲宣无复荆州意，日暮他乡一倚楼。

次前韵 御史乔壁星

驱车代狩正新秋，邸室荒凉满目愁。且喜三农歌大有，观风持此报龙楼。

饯武左丞太公旋里 监察御史罗玹（扶沟人）

吾邑少尹河东彦，哦罗长松公事便。树静风埋心正切，举头忽见白云片。慈乌尚勤反哺恩，棒檄得无毛子馔。软舆疾走太行西，敢把清白膝下荐。先生重违父子情，渔竿暂掷石盘晏。衣冠朴素古人风，薰德何止晋俗变。奉养三牲心未足，百日便起乡关恋。游子挽留留不得，轮蹄填道奔相饯。客舍柳条色正新，谁人巧写春风面。到家倘怀洧水游，画图时展如相见。

送扶沟丞武公告养荣归 河南按察使车玺（泽州人）

送君北去出孤城，祖道筵开且暂停。别酒三杯情思切，春风千里马蹄轻。云连远树邮亭晓，舟泛沧浪汴水清。指日故园归到后，佳音勿惜奇愚生。

陕西副史 阎宪（洧川人）

写得图成歌别思，扶台秀色绚晴岚。江山入画供行旆，冠盖环筵竞驻骖。晓骑断云归洧北，暮帆冲雨过河南。关山千里荣归去，北雁来时好寄缄。

烂柯山 潞府理刑王致中（四川人）

从古皋狼说爛烂，柯柯遗迹劫尘多。长生争是无生妙，性地人人有密罗。

前题 邑令张柱石（绥德人）

凌霄壁立猥难攀，仙局云间绝宇寰。一粒金丹忘世味，千年白石变人颜。

东沼风荷 邑令张五美（永年人）

青草池塘水自移，天光云影浸涟漪。三千宫女拥罗盖，十二阑干映玉肌。露滴花心红霭霭，风吹水面绿差差。采莲声过鸳鸯浦，乱惹清香醉客知。

重午寓武乡公署 吴邦国（苏人）

节序惊重午，劳劳尚未休。崎岖鞞麓道，旱稿涅城畴。角黍呼童解，蒲醪勉自酬。为清尘牍案，到处苦羁留。

次前韵 蒋洽（武林人）

白驹如过隙，行役几时休。旅舍悬孤岫，山隈伴野畴。诗多青筒叶，酒少白衣酬。吏隐成吾拙，浮云任去留。

鞞山耸翠 广文杨天宠（偏关人）

神秀标空驾翠氛，碧岚澄处结波纹。杏花坛里三春雨，疑是岩间一片云。

权店道中　泽州知州崔晢

畏暑独行早，褰帷兴洒然。向南通泽潞，直北进幽燕。霞彩低盘岫，雷声暗激泉。山中鸡犬发，始觉有人烟。

公署留题　署令许大益（东昌人）

计日绾符八十三，是非独有寸心勘。生平坚白元无恶，尘世风波已自谙。岁月那堪人易老，行藏莫问事多参。故园□菊荒芜甚，回首吾庐奉老聃。

权店道中遇雪　李贞茂（肥乡人）

群山积素雪光浮，疑在琼瑶台上游。最爱天宫呈妙画，淋漓满纸点花头。

山右（寒）行

谒上台言及权店舆夫之苦，遍历三晋，地寒无绵，几为矜叹，因而申恤邮传，其利溥矣。余推广德意，为《山右寒行》，然县令岂敢越俎忧及旁邑。且乡武乡弹丸瘠苦，旁邑非可比，况则胡以山右言，曰物力云泥尔气候问。

邑令李芳沙（临洺人）

山右寒山石，无如武更寒。武寒何如塞外看，塞外风高石冻裂。须肌冰雪相纠抟，貂狐羊貉重裼袭，布绵疏薄等轻纨。武乡苦寒几塞外，布绵皮革逾金具，油把裹头半体单。富者如贫贫如丐，黍枣春糜仰八　。饱饥缓急从腰带，舆夫负重晚登山。石骨荒凉稀草菅，禽鸟无声山寂寂，但听流澌吞吐声潺潺。苍天无处不流泽，北有旃罽南有帛。鸟兽毛羽天生来，与世无求随所适。此乡无葛又无绵，寸缕何曾依木屐。冰石硍磕稻不生，楼梯地势非宜麦。君不见，六诏洱滇非禹甸，四时皆春气平善。纵逢酷暑胜严冬，皴瘃形骸焉忍见。交州南向指幽都，腊月深江浴未倦。安得西南气候通，大舒筋骨供徭传。

春雪

顺治二年岁次乙酉正月十七日，平地雪深一尺。甫惊蛰，二月初六日再雪如初。未清明，春雪，虽不如冬，然武乡地寒，正二月雪以为常，两见更异矣。《春秋》不书祥瑞，为《漉奕歌》纪其事。

寒岫吐云云气泽，六出吹花半天白。如珠如叶渐如拳，千山一夜堆盈尺。素鸟翩翾失羽仪，遥村不锁灯光赤。神惊误入广寒宫，琼楼玉宇新开辟。俄惊折入昆仑山，草木泥沙皆拱璧。谁知拱璧未堪珍，人不充饥牛不齸。滕六有灵知我心，不雨金钱专雨麦。此雪先闻瑞鲁公，皞少墟下岁曾丰。兹春两见铜鞞路，阴阳今昔宁相同。眼下流民未复业，良田美宅埋蒿蓬。山有獐狐不善猎，河邻陇亩无机通。龇窳偷生甘冻馁，呶呶焉敢夸天功。欲附辅轩贡俗土，长歌击筑多悲风。

武乡县杂诗十首

一

小邑虽贫陋，芬华体自存。前呵驱犬鸭，分胙足鸡豚。浊水蟠城脚，青山入县门。寥寥兵火后，辖得几家村。

二

嚣讼风偷薄，公私日怒争。设身穷变态，闭目想虚情。白社全疏阔，皇华苦送迎。馀闲姑假寐，突兀梦魂惊。

三

山水清音处，乌纱俗物来。谈文昏旧慧，积苦笑麓才。敛袖侵朱墨，推枰任土埃。中年多蹇拙，歌哭壮心灰。

四

鹊起仍韩赵，鑫斯衍魏程。深山偏嗜学，瘠地颇宜耕。酒量分升斗，诗才角弟兄。叨从儒雅后，渐入玉壶清。

五

星月行朝旦，山川尽险夷。逢花粗过眼，强饭不生肌。农事听虫豸，乡心问子规。谁怜疏鄙性，忍病不求医。

六

古城西去路，插入蔡皋狼。碑久摩如镜，城颓不掩墙。劫灰迷智赵，走利学工商。指点青楼地，黄蒿饱牧羊。

七

户甲连云峻，漳河绕县斜。氏昏方刈麦，春尽略开花。锡砚难调笔，铜壶促放衙。民间田赛蚤，日日鼓三挝。

八

结侠陈程谱，齐名李杜交。登筵稀果肉，讴曲按丝匏。水郭清蛙梵，山园压鸟巢。纶巾真吏隐，随意入花稍。

九

邸阁焚回禄，青红址尚存。蓬蒿逃户地，瓦砾去年村。酒案新苗湿，茶坊古字昏。绣衣初草疏，蠲恤满乾坤。

十

废垣嬉子画，狭窦土神龛。野曲迎人歇，方言渐尔语。心劳风信促，脾静菜芽甘。莫压山居苦，琴声满翠岚。

饮集莲池

端阳修志脱藁，魏孝谦星杓、程拔贡昆仑，暨李际隆、张稚侯、魏符九、赵应瑞、李胜其、魏存莪诸茂才招同宇广文、价生饮，大司马震彝、魏先生园亭、次公子大来以地主携榼至是地，名莲花池，为武乡胜概。柬呈程少司空风庵。

胜地重游不厌频，菖蒲炊黍应良辰。传呼何意来伧父，咄诺今偏累主人。急雨似催山果熟，披风方觉酒醅醇。坐中相约无凡语，班马曾经谒后尘。

普济寺槐月

广文宇维藩（肥乡人）

峰高月出较来迟，才着新槐影便垂。浓淡光中摇彩绣，空清色里蹙涟漪。景分楼阁相辉处，趣入星河欲淡时。坐久浑忘更漏永，玉华怜我更生姿。

驻权店驿攒饷夜坐对月

少府李名芳（浙人）

岑居山泽里，凄况梦难成。月色来相照，寒光满室清。

武乡署中偶题

沁州知州汪宗鲁（徽州人）

揽辔盘纡紫石屯，山城鞞铎近初更。千峰绕郭人烟密，二水争流古渡喧。俗静为看庭鹤瘦，官清更见荻帘翻。偶遗尘累闲寻赏，漫忆坡公雪浪盆。

武乡道中山

大学士陈廷敬（泽州人）

天工用拙莽难猜，画手曾经斧劈开。莫道荒寒少才思，米家山子有灰堆。

分山岭

南水下循环铺，北水入祁县界

分水岭前水两流，南来北往总悠悠。南水细微北水大，可怜来往不同愁。

沁州道中

山馆邮签数去程，短长亭堠送人行。悲风落叶铜鞮道，细雨寒芜石勒城。渐远关河秋色尽，欲投烟火暮云平。芜郊茆店凄其夜，白发黄尘莽自惊。

赋赵孝子事

孙枝蔚（三原人）

崇祯五年季冬夜，贼满山西武乡野。悲风愁云动千里，杀人之父城门下。念贼亦是人之子，胡不容人代父死。归语我友及里中：儿父仇不报，子活何为？愿假我斧，我必刺之。月黑鸡鸣，事不可迟。亲族向前相泣语：百万骑中贼何处，此贼胸前挂铜牌，此贼秣马在庭阶，诸君且勿劝我住。吾当畏圣贤，不能畏彼虎与豺。皇天怜孝复怜勇，须臾贼死不旋踵，一贼既倒群贼惊。此儿何姓复何名？自言身是赵廷举。吾奏上帝当歼汝，汝曹不孝复不忠。朝廷恩泽二百六七十年中，何忍负之弯汝弓，况复孤人之子烹若翁。言毕投井井无水，七尺吾当全归耳。死后白气上冲天，孝义皇天亦潸然。乡人名为孝子里，聂政荆轲安足拟！

孝子里

易东（扬州人）

痛哭前朝事，伤心忠孝门。千秋尔父子，百战此乾坤。井碧孤臣泪，山青烈士魂。枭狼重过处，慷慨向谁论。

南山龙槐

邑令祝兆麟（满洲人）

南山有槐树，夭矫如虬龙。蟠顶磨层霄，结根入几重。外干本坚刚，中心虚能容。托体在月殿，日夕对花封。白云自来去，不复知秋冬。四时保其真，千载还蒙茸。静夜风声作，十里疑涛松。

南关

吴琪

晓走南关道，霜华拂鬓斑。水声号怒石，月色淡深山。转仄千层磴，迂回百折湾。渐看红日上，情在五云间。

循环铺

曲曲羊肠路，天南塞北通。洪崖悬怪石，孤嶂落飞虹。云覆藤枝下，人游本末中。往来多旅倦，登眺兴无穷。

中秋夜薰风楼看月

邑令高铁（三韩人）

又见中秋月，无瑕似水晶。光摇银汉白，寒照玉壶清。席上宾朋意，天涯仕宦情。弦歌虽满耳，敢道化今成。

东沼风荷

不向风尘斗冶妆，偶然暂寄此池塘。植身素蕴经纶质，夺目尤夸锦绣章。杨柳参差非是伴，楼台掩映独生凉。众宾具莫仓皇起，共尔飞觥到夕阳。

鞞山眺望

宋苍霖（云间人）

石赵龙兴地，改成夫子宫。雍容今俎豆，离乱昔兵戎。叠嶂开斜日，孤城浴晚风。上东门不远，想象辨豪雄。

晚宿洪水

本是山深处，如何洪水名。风波满一世，今古想同情。月作飞涛色，松疑喷雪声。诘朝上马去，珍重话途程。

初春登旷然楼

岧峣峻阁俯城隈，历历诸峰入座来。有酒待邀关塞月，无花独忆岭南梅。千年胜迹烟中冥，一道春光望里开。沉醉浑忘身是客，放歌惊得鸟飞回。

九月登百子亭

县西城北有高台，仙宰登临绮席开。（是日中舍明府设宴亭上。）亭为熊罴占梦额，客因时序振衣来。孟嘉逸事垂千载，元亮高风动九垓。薄暮未须辞别去，黄花满署侯宾回。

莲花池上咏莲

周安（云间人）

三晋之区非泽国，凿池引水水难得。南亭更在万山中，清波溶溶岂易逢。何期郭外有胜地，华峰分得瑶葩至。浥露亭亭翠盖长，迎风含笑立红裳。若耶之溪浣纱影，洛川之神环珮冷。碧筒折取饮琼酥，呼吸相生透玉肤。倚树临流花作侣，对花酬酢花无语。人醉花前花不知，花间良会几多时。席地飞觞欢永日，隔林又见明月出。此时夏杪花尚开，商飚萧瑟秋声来。六朗颜色不可恃，节候炎凉贵知己。对花兴感发长歌，莲花莲花可奈何。

南山看红叶

少府龚立（山阴人）

绝顶霜飞早，秋林叶半红。止宜朝日映，尤与晚霞同。赤壁留余焰，吴江咏落枫。年年颜色好，欢赏意何穷。

龙洞祷雨立应喜赋

虫虫嗟太甚，为国乞恩波。久著灵奇迹，自然应感多。浓荫迷古洞，急雨洗崇阿。顷刻皆沾足，无劳云汉歌。

祷雨殿宅渠焦龙公祠口占

邑令蔡廷瑞（宁都人）

步祷南渠庙，行行展拜罗。悃忱通隔宿，霡霂洒千坡。绿润鸦叉树，青翻牛背蓑。传言神最异，此地受恩多。

店子渠祷雨步蔡来山韵

邑令吴名琅（青阳人）

策马趋南庙，凉风透绮罗。殿寒疏柳埭，白冷夕阳坡。菊径余黄蕊，苔垣覆绿蓑。瓣香亲奉罢，灵雨吁恩多。

其二

飞甘资润物，不数曼陀罗。纪秩苍厓碣，藏真赭叶坡。云流封晚洞，涛泻满春蓑。丰泽施无际，从来旧里多。

奖武节妇张氏兼勉其子扬烈扬休二生

提督学政吴岩（武进人）

滞苦停辛号未亡，竹筠松劲挺秋霜。老来蔗境甜逾蜜，不负丸熊午夜忙。

其二

翩翩兄弟入胶庠，试比郊祁列雁行。努力莫忘慈训切，秋风丹桂一时芳。

祷雨店子渠步蔡来山吴槐江韵

邑令张五典（泾阳人）

遗像何轩异，依然系绛罗。台真属焦氏，祷似应东坡。云影留张盖，农人并舞蓑。功归三日雨，黍稌入秋多。

其二

藏脱苍山顶，诸峰下界罗。穿云寻去径，驻马望回坡。已禁樵持斧，宁来牧荷蓑。非徙五十步，郁郁百弓多。

龙爪槐吟

广文吴克成（襄陵人）

乾隆戊申病月，余分祷雨南神山庙，有龙爪槐一树，轮囷磊砢，攒簇累积，大可百围，突兀上竦，惟有细弱数枝在其巅而已。环视不厌，口占十韵。

鞞山万重萃巀嶭，郁生世龙亦人杰。世龙龙去怅寂寞，惟余西云爪不灭。朅来城南大悲观，槐名龙爪色如铁。围堪蔽牛高参天，怪底满身尽大节。有如乌云当夏起，堆作轮囷才一瞥。又似苏家木假山，上耸三峰天所设。寒梅槎枒同苍古，却嫌檀心花似雪。老干浑脱不枯槁，纤枝舒翠覆群垤。号龙君若能行雨，何不垂仁伴列缺。书生为霖愧无具，池水请嘆救涸辙。

南山寺龙爪槐

冯兆观（山阴人）

南山有一槐，厥名曰龙爪。盘根古寺中，挺秀深林表。屈枝倒拂地，势不在夭娇。礧砢欲持起，蹙缩复回绕。阴密翳荟繁，岁久风霜饱。但爱翠色新，未觉株干老。譬似潭底龙，拏云入窈窕。有时挂甲爪，云外见袅袅。尔今蛰以存，斗石力不小。长依宝华会，法云护昏晓。

西泉

寄迹武乡山，颇爱武乡水。有客言城东，未若城西美。城西有西泉，他水无其比。致之亦不难，往来一里耳。仆夫尚惮远，每以他水诡。真赝乃易别，果非他可拟。始知何段辈，今竟罕所似。回首湿青云，吾欲漱吾齿。更惜张与陆，足迹未至此。岂可遗上善，诗继天随子。

暂寓东寺寒甚戏作

正是峥嵘欲雪天，僧房偶寄一青毡。号风壁隙通宵响，冷月梁间终夕悬。几暗短檠惟有晕，炉消败叶不留烟。定酬往日清游兴，未有今生熟睡缘。

南关道

窦明（以下邑人）

仄道连云险，行人堕泪看。雨来山色黑，雷斗水声寒。石径沿霄汉，松风入肺肝。凌晨梳白发，尘视此微官。

麻池怀古

魏鳌

万壑嶙峋古涧沟，干戈云扰几经秋。高光胜概凌霄汉，日月雄襟拥帝州。邻壤那须施毒手，当筵尚自说拳头。而今胜负知谁是，惟有青山依旧游。

北漳夜月

银汉无声夜气冲，冰轮飞上海门东。碧潭露冷光初满，玉宇星寒影正中。冷浸楼台看皎洁，清涵宇宙自玲珑。坐来三弄桓伊笛，几欲乘槎泛月宫。

龙洞灵湫

魏之幹

喷出灵珠若有神，森然清冷彻重垠。穴连地脉通东海，洞汇龙池隐蛰蝓。万井晴原沾膏润，一犁春雨洒元津。洋洋功德千年盛，庙享于今拜守臣。

羊径樵云

魏点

叠嶂嵱□石径斜，山樵无计锁烟霞。西风起处迷归路，一枕寒云入梦赊。

读书夜半闻漳涛声

魏兼

太乙青藜照夜清，较仇深处玉壶莹。漳澜准拟知文兴，故作涛声和诵声。

游南山寺

魏增

何处招提少，清幽此地难。嵌岩罗虎卧，曲水绕龙蟠。树带鸦声急，潭澄月色寒。定僧说法罢，石上抱琴弹。

前题

窦豪

古刹藏幽谷，无人僧独行。堂前松影乱，门外雨声清。宝地凭风扫，山田事火耕。问渠何所有，煮石度平生。

游勋欢寺

陈待聘

胜游穷绝谷，访道入珠林。优钵花香远，菩提树影深。欲通空色解，未了去来心。老衲归何处，空闻流水音。

普济寺之三

陈所行

古刹崇山上，凌空欲傍天。长眺低鞞岫，下视小漳川。缥缈云霞内，清虚日月边。漫言非岱舆，逸思欲登仙。

珍珠泉

太行之巅高嵂崒，是谁辟开蛟龙窟。泻来寒玉碎难量，中有鲛人声汩汩。汩汩滔滔滥不收，月明为主羞暗投。我来涧底拾瑶草，便欲移居涧水头。

崇城岩险

李惟一

太壑孤烟日夜浮，玉莲瓣瓣簇清秋。开山谁凿峥嵘象，避地真成汗漫游。云拥虹梁空外险，露寒仙掌洞中幽。琼田一雨灵苗长，灼灼花华数叶抽。

南关西上小店山

李人龙

晓起披残月，嵯峨履绝陉。风狂迷客路，雾重失山形。仄道愁盘曲，长川汉渺冥。幽禽啼彻处，凄切不堪听。

南山槐色

李廷标

干霄古干自昂藏，积翠深青次第妆。雨露浣将新黛绿，云霞绚出五文章。凤来不谓梧轻碧，莺转方知柳淡黄。看到花开催棘战，马蹄曾此为君忙。

游离相寺

安于正

昙花隐约散霏微，到此诸缘总息机。梵呗幽函山月杳，湘弦清澈水云飞。禅心自与尘氛隔，世路应知幻相非。独向丛阴频伫望，不知空翠袭人衣。

秋日同王霖雨年丈主政家叔游吴村聚福寺

魏云中

野寺临山径，秋初剑气冲。开樽寻岛屿，弄月倚崆峒。树密栖威凤，溪回立冥鸿。醉眠多兴绪，高卧啸长空。

题南山寺

殿开金宝地，宇结水云乡。天外连松舍，波心浸法堂。草深烟结雾，树老月凝霜。到此心如洗，参禅兴转长。

贼轰年余，近始宁息，暇日追忆颠末以示来者，兼柬同志诸友

魏光绪

秦饥不自聊，狗盗纷然起。侵寻连晋疆，三年殊未已。客秋三十万，飞渡黄河水。河保及蒲汾，倏忽数千里。十月崇正五年冬也廿四午，及我县西鄙。杀人如刹麻，纵火只弹指。红颜充下陈，青衿被驱使。宿春恣吞啖，馀者委泥滓。几案及瓶罂，一一遭撞毁。封拿椎肥牛，日夜酣宴喜。县中趣调兵，贼众始披靡。爰至腊月杪，万队复临迩。三更焚两关，城上集飞矢。关

人踏屋脊，抛打无停晷。鸣炮中其豪，平明乃东徙。卷地不知数，残暴犹昔耳。室庐一望尽，老稚同日死。哀哉数百年，保聚今已矣。俄闻辽郡破，复道和顺毁。移营倏来归，东西亦何驶。如兹匝岁余，田园尽荆杞。岂伊无官兵，供张纷填委。惟闻肆荼毒，何能及贼垒。予衰不自量，爰及二三子。纠集里中豪，誓欲清奸宄。初战石壁村，再捷南山趾。三捷漆树林，差刷巾帼耻。虽损橐中物，始愿固如此。旁观庶可谅，宁复烦诋訾。痛定复思痛，奋笔特兹纪。

乳洞玉柱

去予邑七十里而遥有钟乳洞焉，奇迹甚多，未易名状。最可诧异者玉柱一枝，长可六尺许，中为一柱，上下耸直，外分六节，疏棂攒布，上丰而下裀，附着中间之柱，空空如也。予曾亲至其地，摩挲诧异，欲携而不得。更二十年问之，则坚凝而合抱矣。暇日追咏，以示来者。

玄冥使者驱鬼工，吐乳滴柱垂虚空。下蟠地轴上穹隆，烛光照耀莲花红。柱大如盏直而通，外分六节光玲珑。每节下裀上则丰，疏棂攒布阔狭同。中空不碍往来风，刀铲斧削难为功。我欲取置园林中，雷轰电击威力雄。神物合留守中宫，谬欲致之何大蒙。低回眷恋思无穷，欲去不去心忡忡，至今梦落空岩东。

玉云板

云板，亦洞中物也。径可三尺许，厚约二寸，上系三寸，滑薄而圜，正当一小洞口，土人称为石门帘，取石击之，镒然有声，予更名玉云板。

裁云作郭云不寒，削玉为楮楮已宽。月轮侧挂景团团，越女新妆镜始安。上茎三寸系其耑，下垂峻削如峰峦。轻莹滑薄摩削难，叩之硌硌声铿然。虞庭九奏犹未阑，一拷一拊翔凤鸾，谱在空山长不刊。

春晚同吴山人仁吾兄、干野弟同至会仙观后扫召弹琴，兼穷水脉

携琴穷水脉，扫石坐云根。古调湘灵曲，空山杜宇魂。朋簪临晚盍，花鸟入春繁。坐待娟娟月，流辉映酒尊。

南山石壁

万树松杉蔽日，千山洞壑留云。桃花流水自去，蕙草兰香漫薰。法座晨参古佛，仙坛夜礼神君。幽岩何处清梵，隐隐鱼声乍闻。

监漳南沟之水可以灌田，而人弗之知也。予悯连岁旱，暵之苦，捐赀疏浚，亲督工役，兼题一律为识

御墨何年晋两侯，乱山宋阻见灵湫。源通星海千枝玉，声断龙门一派秋。绕涧崩雷摇殿阁，半天凉雨洒田畴。缅怀禹迹今犹在，满目黄云覆垅头。

山有二龙池，宋宣和二年敕封仁泽、广泽二侯。

龙爪槐

其一

怒鬣掀髯自不侔，昂藏千尺总龙犹。攲斜真作飞腾势，疏散翻因水石留。几叶呼风寒白日，数茎鸣雨到江楼。何年佛钵能降汝，长向沙门伴苾　。

其二

潜渊二月起龙眠，矫矫当空怒欲骞。密鬣垂帏浑似织，苍龙凑体不成圆。来乘雷雨三江外，老倚槎枒一壑前。莫以不材称散木，山中梨橘几能全。

其三

银云栉栉雨潇潇，白石清溪旧板桥。潇洒一丘容自老，婆娑千尺影空摇。骈枝拗彻铜声古，叠叶平铺黛色娇。石上镌题多岁月，凭将剔藓认前朝。

其四

绀殿初移鹫岭容，六时莲漏上方钟。檐楹曾见栖双鸽，风雨何当起一龙。东土重瞻新护法，南柯犹领旧提封。宝幢时拥空王座，偃盖亭亭翠几重。

流寇薄城，余与诸公画地而守，夜坐东城门楼偶成

身退犹当十万师，角巾团扇坐挥时。千金买骏多龙种，六郡趋风得健儿。赤白中天留景运，浮云绝塞敛寒飔。挽河自昔英雄事，蠢尔西酋讵足嗤。

二

片月孤城画角哀，桓桓貔虎翊登台。鳌肩稳系东维重，猿臂由来北地推。掌上山川明聚米，风前霹雳响奔雷。帏筹才禀中权令，已报南亭献捷回。

三

曾因国难赋同仇，诸彦兰心喜共投。画地经年临睥睨，挥戈长日拥兜鍪。一呼幕下多从令，三战城南属运筹。几欲上功来幕府，蛾眉妒杀汉宫俦。

四

太白星高未解兵，渡河长日报联营。虢虞自昔称唇齿，鲁卫由来属弟兄。风定旌旗闲自卷，霜寒铃柝夜无声。杞人何限忧天泪，才到枌榆转更倾。

鞞山耸翠

高岫峻嶒体势尊，太行为干此为根。群峰绝似儿孙列，二水全同衣带翻。民舍渐臻新气象，春阴不改旧晨昏。遥瞻直北宫墙近，邹鲁渊源教泽存。

春日至东城外迤北豁山最深处，却望县楼有作

云连天际白，山拥县楼青。二月莺花发，遥遥对锦屏。

登崇城砦兼忆大兄

魏令望

平生爱卧游，兀兀共谁语。今晨过名山，始觉有吾侣。草木翳危堤，支

径无出处。群峰次第朝，高骞集四园。刻削似枯禅，髻鬟若延伫。洞壑连云霄，滴流分如许。群从尽韩欧，山静入华胥。飒然丛叶间，时呼予与汝。孤映望人思，帝京在何所。

南水锦浪

霜林秋尽晚萧萧，丹锦烘空映泬穋。百叠云中开锦障，五纹天外起霞标。招提路近钟声动，罨画溪澄练影摇。岁岁川原佳丽地，几人壶榼盛相邀。

珍珠泉

枝枝香满珊瑚树，颗颗圆成水上珠。弹雀随候千仞有，渡关楚子一吞无。鲛人何事盘中泣，壮士宁烦领下图。往事绿珠悲绝响，依稀指点傍人呼。

二

幻世功名毕世忙，犹然沤里弄珠光。摘来不解盘中走，撒去还随波上扬。陈有宫人知就赏，燕从使客得招凉。问珠几许今何在，山色幽幽涧水长。

和李台辰饮集莲池

爱莲周子仲宣楼，昔日光华此地收。野犬无惊方迪吉，飞鸿有感曷胜愁。相逢茂宰云罗远，赢得间时斗酌游。谩说香山真率会，何如我武乐丹丘。

皋狼牧雨

满日浓阴入望迷，杏花深处飐青旗。征云远护平川路，细雨斜侵古寺碑。牛背一声横笛断，山头几阵乱鸦悲。行人问酒何方是，遥指前村半掩篱。

故城

程嘉绩

夹岸荒堤十里长，班荆共话故皋狼。于今沁武平分土，自昔铜鞮俱建邦。骏骨可怜郊外白，金符尚出畔中黄。黍离莫作西京恨，回首东山转断肠。

锦林

魏廷望

南山留老眼，相得味何佳。日日不肯厌，因之岁月差。群芳翠交加，微动皆震悚。今日我是客，我归君失宠。月明还自上，飕飕生凉风。唯见碧流水，犹怜石上翁。万载林中鸟，嘤鸣锦绣丛。

阴迦

揽辔经阴迦，崎岖路渺茫。水通南北界，山拥帝王疆。夹道尘如雾，沿途麦作粮。汉关拥地利，秦月皎天光。并骑行难列，一夫壮可当。无人羞筹短，有险欲谋长。为语丸封者，经心勿泛常。

九日冒雨游南山寺

魏名大

鹫岭秋声天外闻，黄花霜叶两氛氲。人瞻虎节平如水，景近南山友亦云。半偈诸缘清法界，双联几字透宗文。笙簧曲曲吹凉雨，一道寒流印縠纹。

题普济寺

宝刹天开图画名，驱除木魅与山精。慈灯漫照尘缘满，法鼓轻敲俗耳盈。佛曰可知周大部，维摩原自护丸城。回头了悟波罗蜜，不似轮回灭更生。

宿离相寺

魏崇德

古寺蛩声唧，寒山野水潺。夜深人不寐，明月满松关。

观音阁

程衍株

杰阁平临虎豹关，更开金碧贮慈颜。凭将兜率天中法，永镇耆阇窟里山。早莫鱼声清梵呗，高低幡影闪阑斑。年来久已无烽火，一任皈依自往还。

南山寺槐影

赵天麒

槐老参天几十寻，寒柯荡漾匝轻阴。风清沉漭云无定，溜决幽岩浪欲深。那起纤尘随野马，偏留疏景谙巢禽。乘凉此夕洵堪晤，逸态蹁跹索苦吟。

漳水回澜

大黾泉源涌碧波，练光耿耿落明河。流澌春卷桃花浪，石埭秋闻瓠子歌。鸳瓦几交迷燕雀，虹梁十道起鼋鼍。乘槎欲访牵牛渚，隔着仙凡可奈何。

和李台辰饮集莲池原韵

魏以宁

星聚云林酌酒频，水亭箫鼓浴兰晨。波光上下堤边柳，山色有无镜里人。歌度南薰留晚照，觞连北斗醉芳醇。琴鸣不许蛙声聒，九斛瀛州洒玉尘。

南亭烟雨

风柳毵毵径草青，淡烟疏雨入南亭。烟生天作琉璃海，雨霁山联翡翠屏。十里桑麻遥带郭，千家楼阁半开扃。何人贳酒旗亭下，日上阑干酒未醒。

东山小壑头

杜来凤

何年劳鬼斧，劈此岭头分。度峡疑无路，黏天止见云。嵌岑随马堕，风雨隔林闻。共道前村近，行行已夕曛。

土河杂诗十首

程康庄

一

择地因岚曲，穷栖易琢磨。老峰当雨变，细草受泥多。未上韩康驾，宁辞宁戚歌。浮生甘药饵，履道近如何。

二

茅屋依谁立，中心浩不平。投镰方问姓，卖药尚求名。秘诀留丹穴，生涯付耦耕。翻从高士往，身以白鸥轻。

三

终年期人道，懒病更相因。书暗从鱼蚀，形癯与鹤亲。登山无蜡屐，历洞有秋尘。为卜匡庐曲，安禅信隐沦。

四

独往边阴静，花时雪未消。柳眉将学翠，春莺欲闻娇。削管飞蓬牒，披衣认药苗。荒林拟卒岁，不敢问宽饶。

五

久客逢僧话，乡心一倍灰。雁堂皆破堵，马迹渐新苔。飞嵭崇丘立，绵冈宿墓来。愁闻钟磬响，风雨日西颓。

六

选隘悬崖露，人家置屋牢。断断闻捽斗，日日见呼号。索带尝粗饭，藜床共浊醪。岭云无意绪，秋叶下南皋。

七

眢井从无水，岑流总易乾。种瓜山地冷，蓄菜豆苗酸。骨肉他乡远，提衡异路难。计疏归不得，终日腐儒餐。

八

闲日消书砚，低头著鹖冠。客来深鸟怪，窗卷借天看。近读孙登赞，遥收李白竿。自伤衰谢后，诗思入高寒。

九

雨夜兼风夜，他乡忆武乡。空阶如倒井，独树更摇霜。归梦寒灯乍，愁心别路长。萧条临断壁，枕失篳隄防。

十

不信青山路，苏门已五年。风霾随日变，扇雾几时迁。谷暗桃花瘦，山深鸡犬贤。东陵仍病肺，高枕琐窗眠。

魏太康祠

公讳令望，字于野，为太康令，李自成破城殉难。

国破身随尽，身亡义不亡。但存天地在，终是下稽长。丘垄扶溪过，风烟到壁傍。谁知宓子贱，至此剑刀伤。

和李台辰饮集莲池

司马园亭古，山公意复倾。抚琴流水共，落日暮云平。醉把宜城酒，歌翻子夜声。玉仪逢早夏，缃叶更扬清。

南山寺龙爪槐

陈曰可

屈曲盘空势欲飞，扶疏千载映斜晖。风翻密叶金鳞幻，露湿虬枝玉鬣微。影度法堂惊过鸟，韵分清呗绕缁衣。天龙听讲无生诀，化作苍槐倚殿扉。

东城楼落成赠魏中丞

李正兴

东维城阙起新阴，楼阁高骞策险深。却敌威名开府略，图桑经济老臣心。风传鼓角干掫肃，月照旌旗壁垒森。羡道层甍增大观，年年报主足千金。

前题

张幼学

蜃涌蓬莱曙色新，楼台地回壮城阙。南亭驱寇传开府，东极绸桑话重臣。鸱吻气吞封豕虐，神荼威撼白狼尘。四郊无垒图阴雨，肉食何如林下人。

南山八角池

赵梦麒

南山阁下禁蛙鸣，碧沼澄岚万象清。犀炽难穷潭底族，珠含时见井中精。龙飞霹雳鱼从化，烟浸琉璃日渐生。一滴为霖消旱魃，焦王祠畔暮云横。

风雪中过烂柯山

李之任

雪花大如掌，猛风疾如箭。驱车烂柯旁，冥蒙迷所见。石磴磋砑不可攀，仙人楼阁五云间。层冰若雾萦断壑，欲往从之步履艰。我闻昔代有王质，采樵观棋未竟日。回头斧柯已无存，归来儿孙竟相失。因传山畔有仙踪，仙风仙气荡人胸。当场数看竟已了，千秋残局云犹封。紧余雅慕神仙事，玄圃蓬瀛梦魂至。过此疑有羽衣翁，拄杖碧玉烦翘企。元冥使者妒奇缘，浪雪回风转迍邅。登蹑犹夸双足健，谷口风声疾水溅。揽辔无言空叹息，芽龙咫尺难亲即。日餐石髓饭胡麻，琪花瑶草终莫识。从此顽根期澌磨，云开满拟扪藤萝。为祈真仙医俗疴，肯作采樵空烂柯。

雨泽龙神祠

森阴龙窟宝珠来，喷薄灵湫涌雪堆。树带湖光摇岸渚，鸟冲海气度池台。一规蘋藻迎鱼阵，数尺琅玕映石隈。至礼神君依洞府，为霖为雨润埏垓。

和李台辰饮集莲池元韵

衔杯河朔莫嫌频，况是蒲觞泛令晨。遇物能铭忻合座，挥弦解愠许同人。水澄荷碧知鱼乐，玉立潮红信酒醇。仙吏风流多白雪，湘灵托赋起埃尘。

和李台辰饮集莲池元韵

魏间大

鱼游队队鸟频频，万古天中贝此晨。函丈席间殊国士，招寻物外复何人。交论白社风犹昔，酒入青州味自醉。一曲数峰何处渺，悠然吹息等浮尘。

崇城岩险

安尉兴

绝巘层峦路不齐，肯教游骑得奔嘶。悬流直下千峰润，危堞平临万树低。呼吸疑堪通帝座，攀援笑欲接寒蜺。登陴试听金铃静，为有燕然石可题。

故城都会

陈曰喜

帝里山河似昔雄，上游襟领忆来同。提封尽挈诸州地，建旂遥瞻大国风。垒壁千年形胜在，沧桑一变市朝空。断垣残址荆榛满，樵牧依稀识故宫。

鞞山怀古

白气依然带远岗，临风遥忆鞞音长。常年胜事今尘土，极目平沙古战场。碓略无能分晋汉，壮怀漫自托高光。魂游丰沛知安在，留得山河送夕阳。

南山牡丹飞絮

赵三麒

南山火闰春三月，牡丹花红杨花白。柳眠无力初作絮，弥天香气晴吹雪。雪点春衫不觉寒，摇曳青丝愁绾结。脱得柳骨换萍胎，穿云沾土荣辱别。更有飞上蛛丝网，怯如不生亦不灭。花间富贵几多时，风送春归柳又折。莫道文章比谪仙，清平一调工媒孽。莫道风流比张绪，百年过去谁优劣。不如且贳春风酒，问柳哦松看苍狗。渔人何必寻武陵，流水桃花处处有。

龙池

万峰拥笏擘云翔，飞入鲛宫侍海王。石匣潜遗龙虎篆，水帘深斗鬼神堂。三年扫洞消尘劫，一滴为霖济旱荒。乘兴来游思访道，生天有路总茫茫。

焦王墓

司徒村近兴王地，躬稼当年此墓田。炁结丹砂化鹤去，道成黑虎抱龙眠。断碑未续平妖传，遗产犹存纳税篇。三尺荒丘谁下马，空教磷火泣寒烟。

八老图诗有引

张、程、魏、陈、赵五姓七老，皆隐君子也，皆余同学穷交也。偶于漳滨合成尚齿之会，与列则禄村张文举年八十九，西巷魏惠庵年八十八，后巷程坦夫年七十九，韩庄张奎白年七十七，北郊陈相禹年七十六，家仲西关世瑞年七十八，合符与余为同庚，年各七十四，以上八人合六百三十五岁。康熙三十四年立春后二日，于北院三乐堂同宴，宴罢分韵，更漏四下，畅饮不倦。余以此会稀有，乃为八老图，系以韵语。

乙亥排傩日，耆社开新霁。一年两孟春，八老三兄弟。俱生隆万时，六百四十岁。今人泥古人，古人今人瑞。文举青云姿，抱璞禄水砌。遨游酒圣前，欲续醉乡记。惠庵非工饮，作宾一扬觯。阔论四季呼，颇得养真谛。程生克绳武，一笏存远志。悬灯写道书，颠倒牛毛字。苹苹张奎白，母党侵兰气。同学几何时，老至成姜桂。赤松骂留侯，舌出酒半弃。陈子伟丈夫，仙庆桃源婿。长斋消雄心，醒眼盼羁骥。两兄席上珍，出语总成谜。折梅为觥筹，觞与飞霞佩。伊余齿最后，齐眉七十四。习性偶成懒，傲乃非本意。磬折迓穷交，合簪三多第。冰鲔盘中晶，雪荼天上味。征妓踏新歌，五禽如儿戏。蒸酝变石理，关塞无烽燧。朝宴赋升平，野叟得一醉。

八老会诗

张翔

家在石牛绿水村，雪浪挂壁雀遮门。书到策蹇矜匼匝，倚孙作杖礼高轩。忆昔同学俱少壮，文坛纵横号飞将。此夜尊前俱大髦，赋就遂初崇雅尚。五姓相传五世韩，八叟分飞八琼丹。心中五岳云霞起，杖底一龙天地宽。霜栢冰盘逢春早，耆英此会岂草草。几欲英雄几欲仙，肯叹无钱人易老。老至不知愚齿尊，座上琵琶拟昆仑。人生行乐须及时，支天劲骨几人存。君不见，肩累佣作八十九，平生温饱终何有。朔望牛酒或飞来，此物无劳上吾口。

八老社集诗

魏迪征

筹算于今又八添，合来六百四十岁。高阳才子谢难能，洞府神仙惭不逮。乡国进而将杖朝，居诸久矣如川逝。冥顽似我亦滥竽，嘉会耆英追古制。

其二

三老还须列五更，商山加倍画图成。卬非挟长居前辈，人奈谦尊署旭生。惟值钱铿隅末坐，即逢梁灏臂交行。久生无状浮沉耳，花影频移可着惊。

八老图诗并序

程康世

颜延之五君咏，人各一章，章各八句，效为八老诗。愚以为三百篇后，惟选诗犹近古，而高年硕彦亦不得以绮语唐突，若第言其寿，恐洛社香山不独以年传也。稍推广之，要非溢情。

魏惠庵

栗陆去我远，智愚鲜复真。皤皤者黄发，弥缝使其淳。爱身惟宝啬，全物一心仁。晨兴拥彗出，聊清九陌尘。

赵乾符先生

人当强仕日，是君悬车辰。功名等爝火，轩冕安足云。学稼与读书，一一具经纶。贤者不可测，巢窝又焉分。

张文举

青牛栖一叶，日及竞朝曛。无多造化力，居然天地仁。百年远行客，立身令名存。始知张仲蔚，堪为众所尊。

陈相禹

云气涵青谷，星光集盘山。璚条凤爰止，玉津虬斯蟠。野鸟鸣弦转，山花如渥丹。前村社鼓歇，翛然杖策还。

赵世瑞　合符昆季

心远不在地，愿喧语阛阓。逐逐各有营，斯人独无累。乐圣匪逃禅，货畚轻泉贝。欲寿则可为，蚁视权与贵。

王倪逢齧缺，长沮耦杰溺。异苔可同岑，终感非亲戚。不如墨胎子，西山同食力。美哉二赵君，高踪齐在昔。

张奎白

沿山葺茆茨，结构罕经营。夏来桑柘长，秋至禾黍盈。有时凌绝巘，还复踏沙汀。相羊澹容与，仿佛见先型。

程坦夫（古人每自赞，窃附群贤之末而缀以诗）

适俗既违志，遗世非我心。虚牖朝光满，挥弦鸣素琴。幽巷尘不到，长啸声振林。藜床手道德，顿觉气萧森。

八老会

陈丕绩

金门献赋兴犹迟，老至休言益壮时。要路每逢驱后进，青尊乍见合先仪。漫随高允辞丹诏，学绣平原续素丝。为报香山须倚醉，衰年不尽在谈诗。

八老会

赵若麒

潞公甲会甲午辰，我与昆季同丙寅。桃源不知数甲子，欲往从之一问津。迄今丙子来乡县，香车宝马疾飞电。大年老翁几酣呼，布衣罕与重阳宴。我爱漳滨八老人，能和能介复能贫。八人六百四十岁，程张赵魏合朱陈。霜须鹤发灯前聚，尽是穷交意自真。君不见，闾邱先生不拜赐，但愿门择修行吏。少者敬长长敬老，便是丰荣常寿考。

八老会

赵圣麒

甲子周余十六年，丹经日课字三千。莺花有信偕良晤，诗酒多豪集绮筵。耆德无烦推伯仲，壮怀未逮付云烟。交情如水清漳上，一洗人间脂粉天。

八老会

张星炳

中表自来世世亲，重订耆社钓漳滨。墨濡短发因书滞，红上衰颜赖酒醇。遍阅后生真有兴，欲谈前事恐无人。出门便是南山路，才见春来又过春。

南山寺

魏驷

白日破寒云，晴霞开远岵。鸿鹄志千里，胡为弋所慕。脉望岂不勤，变幻惊时务。何以慰我情，迢迢适南浦。飞泉涌天心，杂英覆华堵。垂纶不设饵，物象归自取。吹笛感游麟，敲棋探穴虎。倦来憩精舍，金碧辉净土。先严碑有训，经营自吾祖。留玉护诸天，题诗遍林庑。今来钟饭后，山鬼泣相呼。更上华严楼，藏经半蚀腐。小子感手泽，羲献愧绳武。刺股写遗篇，缺处翻贝补。聊述大人志，岂其求冥祜。洗砚走龙香，风清消溽暑。所遗亦已多，归来明月吐。

同外兄陈景皋家卜嘉大来两兄南山避暑

百尺龙楼未可攀，一双屐齿入林间。樽开河朔连朝暮，人约苏门自往还。野径菜花飞蛱蝶，清溪荇藻睡鱼蛮。由来胜引称难得，更欲行歌过小山。

赵平符进士隐居不仕，秋初招饮笑�园

山园城隐四时秋，秋到山园暑尽收。高树迎人惊叶堕，隔墙沽酒慰花愁。钟情泉石先邀月，避迹风尘不买舟。一笑机心榛欲断，几回烟雨任悠悠。

南山寺石壁

陈曰都

山色醉秋旻，幽探不厌频。波流澄晓夕，树杪挂星辰。煮石寻仙药，煎茶及桂薪。昙摩如可问，定后话前因。

东沼风荷

天辟银塘彼泽隈，波纹涟漪暗香堆。遥看翠盖笼仙质，坐倚红妆点酒杯。暑气平清千顷绿，天光远引一峰回。幽人剩有临流兴，赢得薰风入袖来。

和南山寺冰怀老人韵

魏容大

鹫岭苍茫列锦屏，何年卓锡梵宫精。祇园花发知春永，鲛室珠流悟本盈。日嵌金容辉净土，霜明红叶映专城。几回静证楞严解，学得无生胜有生。

秋日过南山有感

魏以正

赤城霞色满秋山，风度丹林鸟自闲。百锦云间罗虎拜，五纹天表引猿攀。钟敲漫击华胥枕，浪滚时惊宝觉关。心事无从资佛力，倚栏搔首泪斑斑。

南山寺重九前一日作

程康年

日子近重九，嗅之觉菊寒。不知风甚冷，但对南山残。

题南山石壁

安养元

绀宇疏钟隐约，翠微细草萋迷。云封洞口花落，风度松阴鹤栖。殿阁参差曲磴，藻蘋荡漾回溪。兴来偕客采胜，时静深林鸟啼。

东山漏岩岭

李之蕃

旭日淡林容，风摇空壑响。行人望岭头，犹在层霄上。

东山

窦日宣

高卧山间日景迟，桃花深处避秦时。叮咛鸡犬休轻聒，惹得渔郎惊梦思。

权店道中

魏弥大

少年负笈来，沿途不敢顾。仰见村夜月，巢在岩深树。微明耘石岭，得无西成惧。况复公家供，恐烦长官恶。嗟我穷厓人，劳劳何所慕。

东沼风荷

陈舜裔

胜日携樽漳水滨，临流徙倚兴更频。荷香暗袭擎杯入，柳色斜穿拥座新。疏懒漫同鸥鹭狎，啸歌独与水云亲。归来拾得残红蕊，散步东郊日已湮。

南山题壁

赵铎

豹隐南山晚，春寒滞早莺。云来冈势合，烟净月痕生。性弱怜杨柳，花繁辨杏樱。诗成无纸笔，画石倩谁评。

崇城山

魏伦

峻逼极天鸟道，幽回匝谷山花。朝吐一轮红日，晚餐几片落霞。

次韵蔡明府南山祷雨

南山托出祷，天毕自胸罗。才见羊生卵，悬知豕涉波。灌夫迟引桔，牧竖稳披蓑。寂若神功敛，三农慰已多。

龙爪槐

怒攫鲸鲵驾海来，南嵬蜕骨起云堆。苍茫夜盥三更雨，霹雳天轰二月雷。奋臂直摇山岳动，挥拳惊拍浪涛开。人间何处修鳞甲，应夺龙宫第一胎。

次臧明府南山普济寺龙爪槐原韵

史谦光

昔有神龙舒一爪，山鸣石裂云飞绕。霹雳夜半起阶除，化作古槐人不晓。前因应许伴优昙，童童如盖还如龛。秾枝密叶含真气，空髀脱节饶幽探。莫讶龙钟老欲死，鹤息龟眠存鼻齅。拟从尘外托灵根，一洗宿业凭佛地。吁嗟神物岂樗散，穷年岑寂守荒寺。胡不为霖走风雷，长此突兀惹时媚。寂灭由来属性成，那计山林与城市。阿谁曾识病维摩，日夕因依老衲子。明府风流鉴物精，笔情惨淡气峥嵘。模形肖象夺造化，晴天忽作风雨声。余也不材生此土，碌碌尘氛与俗伍。含毫抽句苦羞涩，徒然仰天鸣缶鼓。文成金石掷地来，舞善长袖贾多财。能使古物价增重，凿幽抉秘莫惊猜。君不见，泰畤汉柏与唐槐，骨死神存两悠哉。又不见，青牛老树尤奇特，得公此作与此槐，可与永垂并峙无愧色。

经小壑头

增贡高光谦（黎邑）

嵯峨千嶂合，一峡界东西。路向林端觅，云同马足齐。纡回峰远近，盘曲磴高低。自是神工劈，看余度石梯。

谒白马山狐太傅庙次壁间韵

魏惟五

逃秦窃国已非宜，胁召从亡更匪思。公于风云天所启，老臣心事日方曦。一朝命决河山壮，此地神游石树奇。（庙前有松，生磐石上。）飒爽英姿传肸蚃，千秋膏雨拜灵祠。

论曰：风云月露，大雅所讥，牛鬼蛇神，通人弗尚。志艺文者无取乎剿说，尤无取乎怪僻也。维有关于人情土俗之大，可以备掌故而诏将来，即一歌一咏，亦必标登临之胜概，摅凭吊之幽怀，于是乎取之。武固小邑，士君子颇以文采风流相尚，而宦游兹地者，又多有著作才，邓林杞梓，昆山璠玙，不胜采也。兹所辑录，皆取其与记载相发明者，以是为志之成焉。

武乡新志

民国·张扬祚 修　郝世桢 纂

马生旺　主编

《武乡新志》序

粤稽《周礼》，土训、诵训掌道地图、方志，小史、外史掌邦国四方之志。想当时，千八百国，其疆域、山川、方俗、物产诸类，莫不博访周咨，备载方策。自秦废封建改郡县，后世始有郡县志书之纂辑，其渊源盖昉于《周官》。今之邑，即古之国也。溯故实于志乘，成宪俱在，前代遗迹系后代之观感，先进懿行即后进之模范，宁可不汇集成帙而听文化其湮没耶？

考武乡，古称丰州，本汉涅氏县地，邑治则枕鞞面漳，包罗宏秀，峰峦耸峙，为上党之门户；河流环绕，实三晋之岩邑，亦形势险要之区域也。

民国十有六年夏六月，余奉晋绥总司令命来宰是邦，入境问俗。得悉士食旧德，农服先畴，即缙绅望族，亦多务实学而黜浮华，从无以食膏粱衣文绣相夸耀者。唐俗勤俭，于此为最。私心自计，窃喜风犹近古，治理较易，得以少藏予拙也。接篆后披阅邑志，宏纲细目，班班可考，一邑文献，信足取征，与成周设官分职注重图志之意无甚区别。惟自前清光绪五年经县令吴公书年督修后，迄今已四十余载，专制共和，政体虽有变更，而其间吏治民生、文章节义可以昭示来兹，维持道德伦理于不敝者。初不随时势为转移，补缀未遑，实为旷典。邑绅段公公甫系前浮山县知事，与予家严为壬寅科乡试同年，曾屡次提议续修，卒以事繁费绌，有志未遂。

余莅任后，又适值军书旁午之秋，支差筹饷，时无暇晷。而公亦在家养疴，未获再申前议。及予遵父命往省时已病剧，犹以勉为其难见嘱，盛意可感，良用歉然。兹幸军事告终，时和年丰，偃武修文，时不可失，遂邀集公款局经理魏绅筱山等开会协议，询谋佥同，当即选聘硕学宿儒，捃摭故实，讨论修饰。其经费由予筹措，并为之手订凡例，以定标准。凡有关风化者，皆踵事而增编；其事涉迷信者，胥屏弃而不录。主义取乎严格，思激浊而扬清；记载征之舆论，必循名以核实。而邑之诸士绅且均能纯尽义务，共襄盛举，互相采访，不辞风尘跋涉之劳，按例编辑，分任传、表、考、略之责。自本年五月开始肇修，至十一月末而蒇事。稿将付印，诸绅士请予审定，并为文以叙之。阅毕，复掩卷深思，曰，此志告成，实修己治人之龟鉴。稽古维新，因革损益，庶几行政有所依据，可为补阙之一种官箴。惟学识谫陋，簿书鞅掌，但期实事求是，传信将来，以副内政部饬编乡土志，藉保存文化切令，聊备一邑之掌故幸矣。若有挂漏不备之处，尚祈赓续而校正之，是所望于后之来守斯土者。

民国十七年十一月知武乡县事曲垣张扬祚撰于县政府

《武乡新志》序

予尝读王阮亭《蚕尾集》有云：前明郡邑之志不啻充栋，而文简事覈，训词尔雅，无如康对山志武功云云，以其犹《黄图》《决录》之遗焉。后得斯志而读之，方知以史为志，其义法之精深，体例之微密，简而有体，质而弥文，虽略略七篇，实胜他之鸿文巨制者。是诚纪载之极轨，志乘之标则也。我邑县志素列上乘，士林称善，惟以修辑有年，非翻刻有亥豕鱼鲁之误，即革新生风俗制度之变，时局递嬗，人文代谢，若长此不修，将何以资借镜而劝来兹。尔时遂有以此为蓝本而重修邑乘之志。洎于法校卒业，先教授国文于八中，后滥竽法界于河东，南北壮游，未遑及此。今春官绅倡此盛举，适获我心，乃又以薄宦羁身未能与焉，事与愿违，可为浩叹者也。然夙愿虽违，而人之好善谁不如我，谅诸君子必有与我同心者。凡所纪载，自能悉关国计民生、人心风尚，且述善恶以寓劝惩，明赏罚以资观感，扶世教，正礼俗，确乎可传，事固不必自为也。今志将成，不日付梓，既愧未襄盛举，兼以雀角纷繁，惟于百忙中率尔操觚，以明宿愿而已。至其颠末义例，已具详于诸执事序中矣，故第识予之志如此云。

中华民国十七年桂月南亭学士金声李振璠

序于运城山西高等法院第一分院书记官长室

《武乡新志》序

丁卯夏，垣曲张公耀铭来宰吾邑，以挥弦制锦之才，肩治剧理烦之任。甫越一载，而政平讼理，百废俱举，乃计及邑志之修，亦守土者之要务。谋诸邑绅，咸有同心，爰是开局肇修，邀集英耆，分门别类，各任厥职。余忝一日之长亦滥厕其间，方愧学殖荒落，老迈无能，于斯举无所表见，奚容叙为？顾感县长振兴之力，诸君服务之劳，一邑文献所关，俾衰朽之人得及身而观厥成，何幸如之！因不揣谫劣，赘数言以殿诸公之后。

窃维今之邑志即他年国史之资，我武邑志之修，前不具论，清康熙、乾隆间，高、白两公修之者再。尔时国家鼎盛，人文蔚起，贤令尹之宦迹、诸大老之勋名，炳炳燐燐，足以壮河山而耀史策。光绪末叶，亦有续志之刻，虽运会所趋，官师人物稍不逮前，而言典事核亦实录也。今者国体变更，咸与维新，同一事也，在昔为君主，在今为民权；同一职也，在昔为部铨，在今为选举。革故鼎新，文明日进，操觚者际新旧绝续之交，载数十年异同之事修之，殊非易易。然旧者仍其旧，宦途之职衔、士子之科名旧也，而不能入于新；新者从其新，信教之自由、毕业之等级新也，而不能入于旧。此非故为异，实不能强为同。他若山川之流峙、关隘之险固、纲常名教之重大、忠孝节义之表扬，则历万世而常昭，固无所谓旧，亦无所谓新，悉载之以饷来者。综古今之异，求名实之同，以示羊存之义云。斯役也，明府主持于上，诸贤赞助于下，而著述之多、笔削之劳，以魏君柳塘为最。其果准酌尽美，抑或不无疵谬，则以俟兼三长者之论定焉，岂余区区所能见及也哉？

中华民国十七年十二月　日

八旬老人郝世桢翰周氏谨叙

《武乡新志》序

观文化之变迁，考政治之得失，察民生之丰耗，审种类之盛衰，此国史之为用也。邑志非史，而实史之权舆，纪一方之掌故，用备輶轩之采微，志其孰与归。此所以自郡国之书托始东汉，而后世志乘之作遂遍于各郡邑也。武志昉自明末，入清一修于顺治乙酉，再修于康熙壬申，三修于乾隆庚戌，至光绪己卯，又一修焉。惟己卯之役，仅续修而非重修，虽继往开来，厥功云懋，然性质既非独立体例，遂欠完备，阅者每以为憾。且自己卯至今又五十年矣，非特景物之消长、风会之转移，因时乘除，今昔殊观，而国体改革又为我国历史上数十年来绝大之关键。兴革损益，万绪千端，则邑志之修非尤有不容缓者哉！第言修亦难矣，重修则才力不逮，恐盖前人之美，踵增则一再割裂，难免识者之诮，倘非折衷尽善，将何以彰既往而示来兹？

民国十六年夏，垣曲张公耀铭来宰斯邑，越明年，政通人和，百废俱举。睹邑志之凋残，痛文献之无征，慨然思有以修之。特邀集绅耆相与筹议，决定上承旧志，从事赓续。凡载之旧志者，不更移易；其见诸续志者，则与近五十年中之遗闻轶事融汇于篇。爰督士绅等博采广搜，分任共订，凡六阅月而蒇事。斯志也，取材略同前贤，轨辙犹在体制，谨依新例，炉灶重更，异日锓梓。既成，合旧志而为帙，统观则首尾衔接，分阅亦体例悉备，较之随类凑补者不相侔矣。虽缀拾编次不尽出张公之手，纰谬舛漏在所不免，然拾遗振湮，守先待后，后之君子其有起而裒汇之者，吾知其不得不假径于此矣。乃或者曰，方今烽烟未靖，为政者方忧国忧民之不暇，亦安事此不急之务为？不知海内承平之日，武备固不容或忘国家，多事之秋，文事亦何可偏废？若以一邑之典章文物，听其沦没而不之顾，年湮代远，杞宋无征，异日反而求之，不已成一不可补救之缺憾也欤？兹者斯志告成之会，正北伐成功之时，偃武修文之政行将实现。于目前欢腾鼓舞而为中华民国庆者，不当兼为斯志庆乎？桎不敏，忝附编辑之末，谨于名宦、名贤、文儒诸传略效绵薄，讹夺满纸，愧也何如！惟得与诸君子共观厥成，亦一幸事。将付手民，为述其概如此。

民国十七年十一月邑人柳塘魏培桎谨序

凡　例

一、方志之作，要在纲举目张。兹依修志新例，先立五大纲：曰图，曰略，曰传，曰表，曰考。纲之外复各分列条目，计图二、略八、传五、表三、考七，庶观者开卷可以了然。

一、新志上承旧志，从事赓续。凡旧志所载事实，概不更易一字，仍旧付印。至此次所编新志，因职官之裁设，户口之增减，前清、民国均有变更，故就新定官制，近查数目，分别登记，务期归于翔实。

一、旧志之后有续志，若续而又续，似易涉于含混，特将续志所载融汇于篇，以免一再割裂之弊。

一、人文故实之详于旧志者不复抄录，所以避蹈袭而免复沓也。然以遵从新例，重行编辑，如疆域、物产等略，沿革、古迹等考，历久而无大变迁者，不得不择录旧志以充篇幅，阅者幸加察焉。

一、续志于光绪丁丑赈荒之往复文札，纪载特备，连篇累牍，致占全部之半，喧宾夺主，颇乖志乘体制。今就其有关系者节录大略，其余一并删去，以副汰芜删冗之旨。

一、志非图不明，必精测详绘，方能使身历者按图不爽，神游者披帙若亲。新例方里、城郭、山脉、河道须各自为图，而近日各县修志者，多以一详图及城郭图冠于篇首，其余不复分绘。兹从其多数先例，以节篇幅，而便观览。

一、乡约驿站、学署书院、礼器乐章，俱属明日黄花。然兴革损益，皆考古者之所必研究，兹于各略各考中，撮其大略，以示来兹，俾免知今而不知古之憾。

一、开渠引水之事，新防故堰之所，新例宜载，良以水旱之在天者虽不可必而预防之，关乎人力者宜无不备也。新颁修志凡例，特标沟洫略一目，意盖在是。惟武乡山高水急，无水利之可言。甚且阳侯一怒，良沃成墟，捍患有心，弥害乏术。而城西南百余丈之石堤亦已渐圮渐湮，无可纪述，故于沟洫一略姑付阙如，附录简端，聊以识憾。

一、赋税正供，关系国计民生，至为重要。或增或减，不容少紊，第以晚清案卷失落，稽考维难，兹谨依旧志及近年清查财政各卷册缕载原额折合银洋，行分高下，立纲注目，庶民众可洞悉全邑财政状况，以符公开之义，而免浮收之弊。

一、婚丧新仪，尚未颁定，兹姑就见于邻近各县者，附录数条于礼俗略乡仪之后，以见一斑。斟酌而变通之，是在邑人之仿行者。

一、士农工商，有分利之不同，兹于生业略中纪载农工商各业，而不及士类，藉以唤起民众，趋重实业之观念。

一、《沁州志》进士吴正曰“名宦以岁久见思”，为定近年循良，姑俟将来。今从其例，以免好名者喜人颂扬，闻风者多方藻饰之弊。

一、名贤文儒，概本《三辅决录》序，所谓其人既往行，乃可述之义，生存者暂列割爱，非徒弭阿谀之嫌，亦所以励进德而重晚节也。

一、邑志异于家乘，世之表扬其祖父于家乘者，恒称为某公或某君。志则一邑之公史，不论有爵无爵，均可称名，无称公称君之例。邑旧志高中舍已论之甚详，今仍从其例。

一、节烈之表扬，所以正风俗而端教化，自宜阐发幽光，以保国粹。兹不论已故现存，但合于功令，女子年三十内守节至五十外无过者悉为载入，从各郡邑志之例也。中垒列女传，首母仪，次贤明，良以妇人之德，原非尽在节烈，今士女传并列贤妇，义盖本此。

一、选举表以其代年为先后，理也。惟胄武、例贡、封荫等以年湮代远，殊难确定其先后。而民国以来，毕业于各校者，亦未及详稽其年月，错综纷列，不免前后颠倒之弊，阅者谅之。

一、桥梁、道路关水陆之交通，旧志详桥梁而略道路，于义似有未协。

今于营建考内特分别干路、支路，详为纪载，以符孙中山先生行与衣食住并重之旨。

一、金石考钟鼎与碑碣并重。武邑僻处山陬，钟鼎绝鲜而丰碑巨碣则所在多有，兹广搜博采，一一罗列，并详录原文，不敢意为去取，宁失之滥，毋失之刻，所以存文献而资考证也。

一、武虽壤地偏小，而在昔名人辈出，著述颇夥，惟其存亡阙佚，未能确考，兹仅搜列原著名称，聊以塞责，博雅君子有以增补而教正之，实为幸甚。

一、艺文谨依修志新例，不另辟门类，有关于诸志诸考者，仿范成大《吴郡志》例，散列于各志各考之中，其余一并附入丛考，并准先儒选文之例。其人现存者，概不登载，以昭慎重。若异邑名流而志武之故实者，又当别论。

一、星野分度，非甘石家难以推测不爽，描写风景，而好事者每多点缀失实，故旧日各邑志所习见者，如衙署八景等图，星野怪异等志，或华诞而无用，或荒渺而难稽，兹一并从缺，庶免拘古而不知变通之诮。

一、著书选文，最易招尤，斯役采访缀拾之劳，虽属之邑绅，而综核名实则责无旁贷，其难其慎，但求无愧于心，知我罪我，自宜付诸舆论。

垣曲耀铭甫手订

《武乡新志》修纂姓氏

督修：

陆军营务处衔代理武乡县县长耀铭张扬祚

总辑：

例清授直隶州州判儒学教谕恩贡邑人季贞郝世桢

编辑：

山西大学校西学专斋毕业第四师范学校教务主任邑人柳塘魏培柽

山西大学校第一类高等科毕业武乡县农会会长邑人左箴郝新铭

清例授文林郎拣选知县庚戌科举人邑人芳卿郝瑞联

武乡县立师范学校主任清优级师范毕业举人钦加中书科中书衔邑人子良郝葆初

山西大学校中斋毕业本县第一高小校教员邑人朴昌赵克繁

清拔贡前本县自治事务所所长邑人云衢冯高翔

山西大学中斋毕业省立第四中学校教员邑人辅之杜相唐

校对：

清监生地方自治讲习所毕业学员邑人兰亭程世芳

北京陆军第一中学堂毕业邑人训畬赵书田

山西省立第四师范学校本科毕业现充武乡县立第一高小校校长邑人子恒李永昌

采访兼校对：

二等宝筏章省公署存记区行政长邑人秀臣郝钟铭

山西省立第四师范学校本科毕业现充武乡县立女子高级小学校校长邑人丹初范希云

山西高等农林学堂毕业武乡县乙种农业学校主任教员邑人平岐王政

山西法政专门学校商学本科毕业武乡县第二高等小学校校长邑人峻山赵晋杰

前清县立第一高等小学毕业廪生邑人子瑞李鸣凤

前本邑第三区模范示教邑人耀堂张映璧

山西第一中学校修业邑人筱彭李祖寿

前清廪贡生前本县县议会议员邑人契仙郝鸾书

前清附生邑人久青崔梦松

绘图：

山西陆军测量专门学校毕业陆军测量局课员邑人培业巩德基

陆军部艺士山西测量局一等科员优贡邑人裔卿郝瑞云

总理兼督印：

山西法政专门学校政治经济科毕业阳城县第四区行政长兼警佐邑人筱山魏培桂

协理：

清监生现充武乡县商会会长邑人德舆张式铭

缮写：

清国学生省立师范传习所毕业学员邑人驾航程渡瀛

前直隶栾城县公署稽核员邑人乾三李泰

山西第一甲种农业学校毕业邑人龙如程开骅

图考

丹图录字，书契开先，图与书恒相因而弗相离，盖穷理者须先观象，纪事者常兼绘形也。武志旧以五图冠首，第当时测绘未精，颇多讹漏，今从新法审测详绘于方里、山脉、河道、城郭、区村，历写于左，用便观览。言念古人，每怀靡及，或此一端之长，犹有过于前人者欤？作《各图》。

尝思不修志书难以稽全县之流风善政，不绘地图无以悉全县之疆域形势，足征志书及地图，与全县大有密切之关系也。愚于修志一事，素有是意，而于勘编地图更早有是心，故于全县之村庄、道路、山川、形势颇为留意。第因才疏学浅，技力薄弱，终觉不克胜任，未敢冒为举办。兹幸逢魏君筱山、郝君左箴等承张县长命，倡修县志，面嘱绘图，又奉县长张公函驰省，殷殷遥托。愚虽不敏，能不竭驽骀之力勉襄其事乎？是以穷搜旧稿，兼加调查，与郝君裔卿详为考订，而编成一图，以附志末，爰缕列数条于后，以便览阅者易于明了焉。

民国十七年夏月邑人培业巩德基谨志

民國十七年

編纂圖

喬鄉郝瑞雲題

位置

武乡县城在北纬三十六度四十八分，北平偏西经三度三十分四十七秒，英国伦敦东南格林威池偏东经一百一十二度五十九分十三秒；县西境在西经四度二分三十秒，东境在西经三度三分三十秒，北境在北纬三十七度五分三十秒，南境在北纬三十六度三十八分。

疆域

东以太行山山脉界黎城，西以山峰山接平遥，南隔会龙、焦龙、烂柯诸山与襄垣、沁源、沁县为界，北枕阴辿、东山、双峰诸山，与祁县、榆社、辽县接壤。东西广二百余里，南北袤六十余里，面积约五千三百九十余方里，占全省百分之一。

地势

境内川少山多，形颇起伏。尧王山坐镇于北，天城山耸峙于东，毓龙、凤凰、显灵诸山纵列于西南，左会、箕山、东阳诸峰横列于东南，山脉蔓延，分支错出。中有洪水、涅水，段村、高砦寺、南亭、连庄沟、峪口诸水分流入漳，横贯县之东西，经襄垣、黎城境而入海河。县城比太原高一百八十余米达，比北平高九百五十余米达。

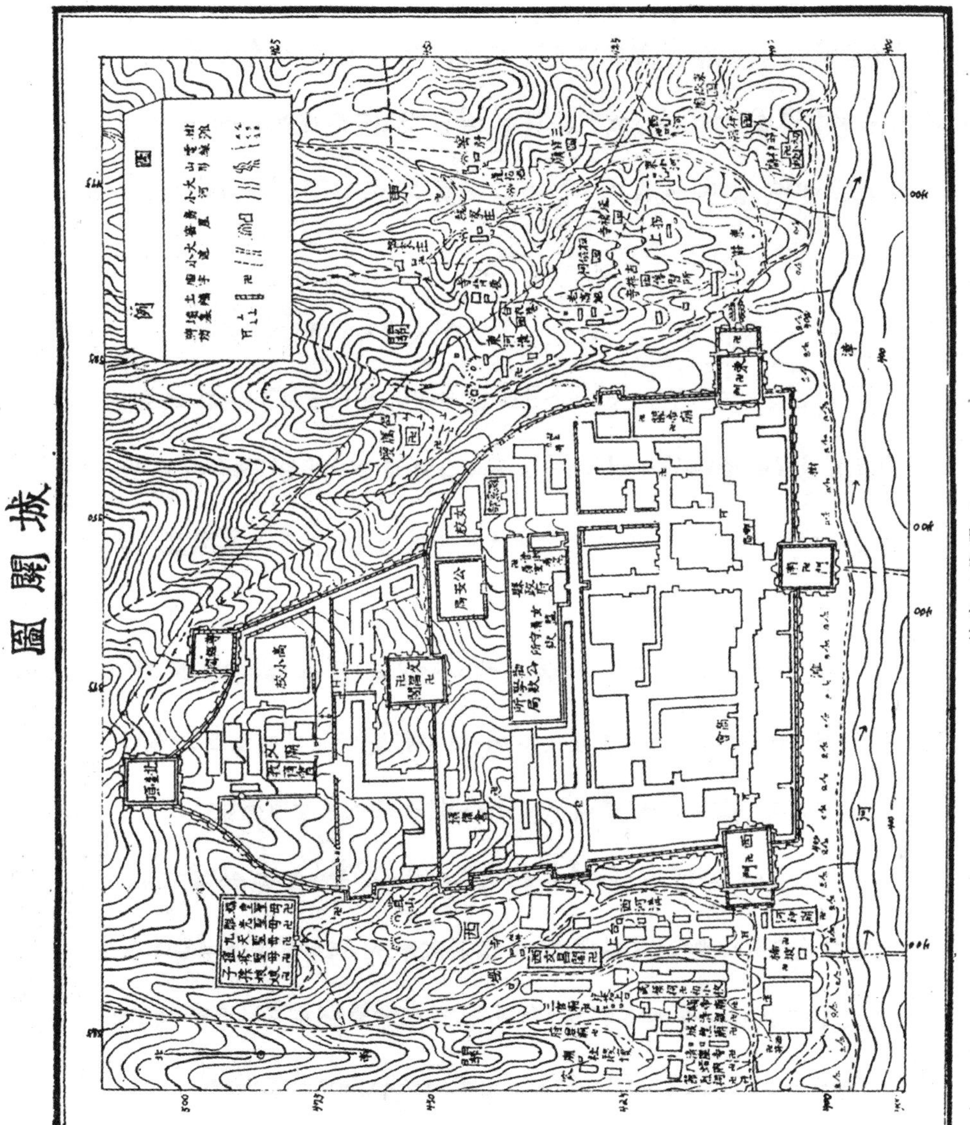
城關圖

全圖

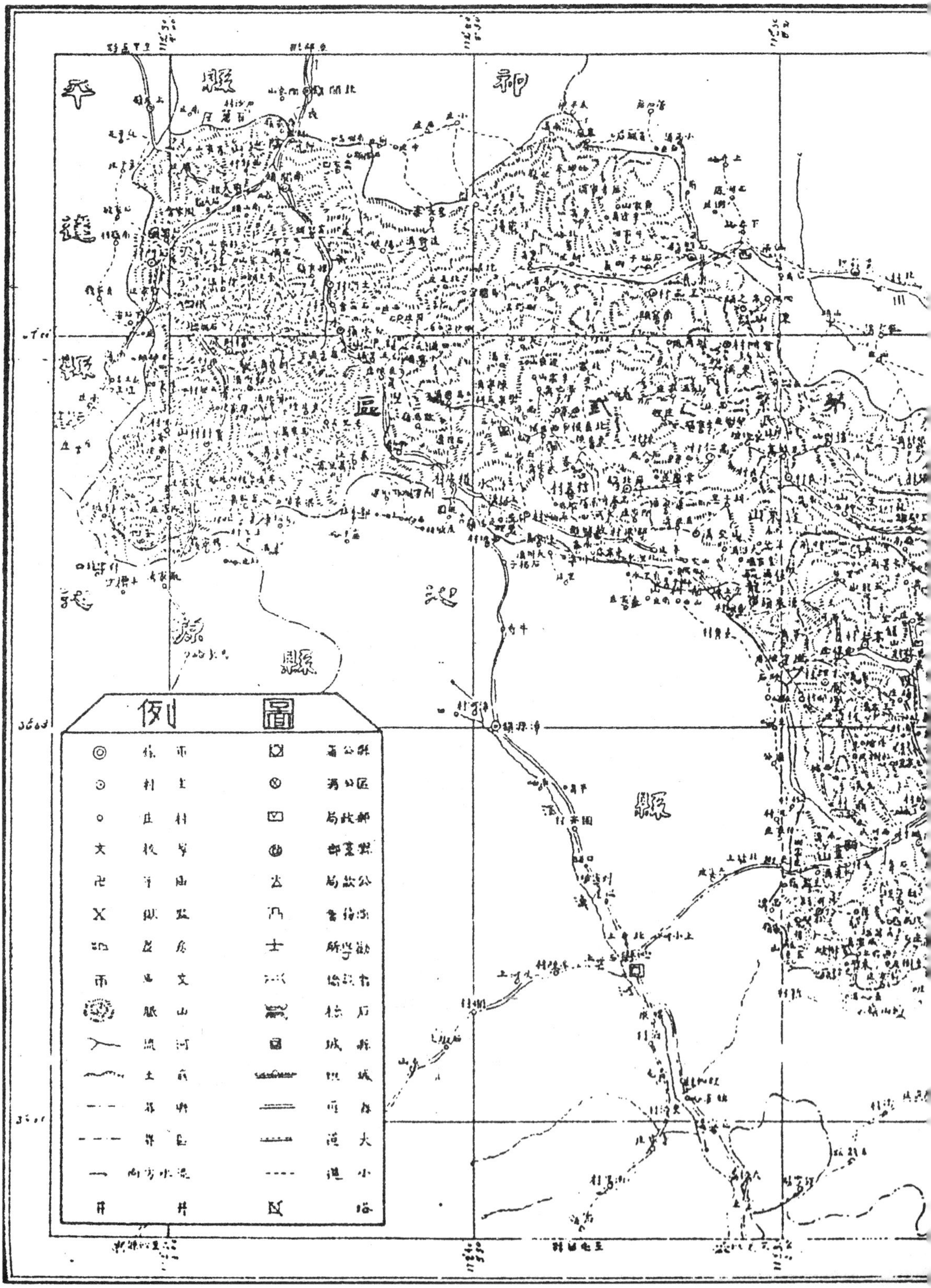

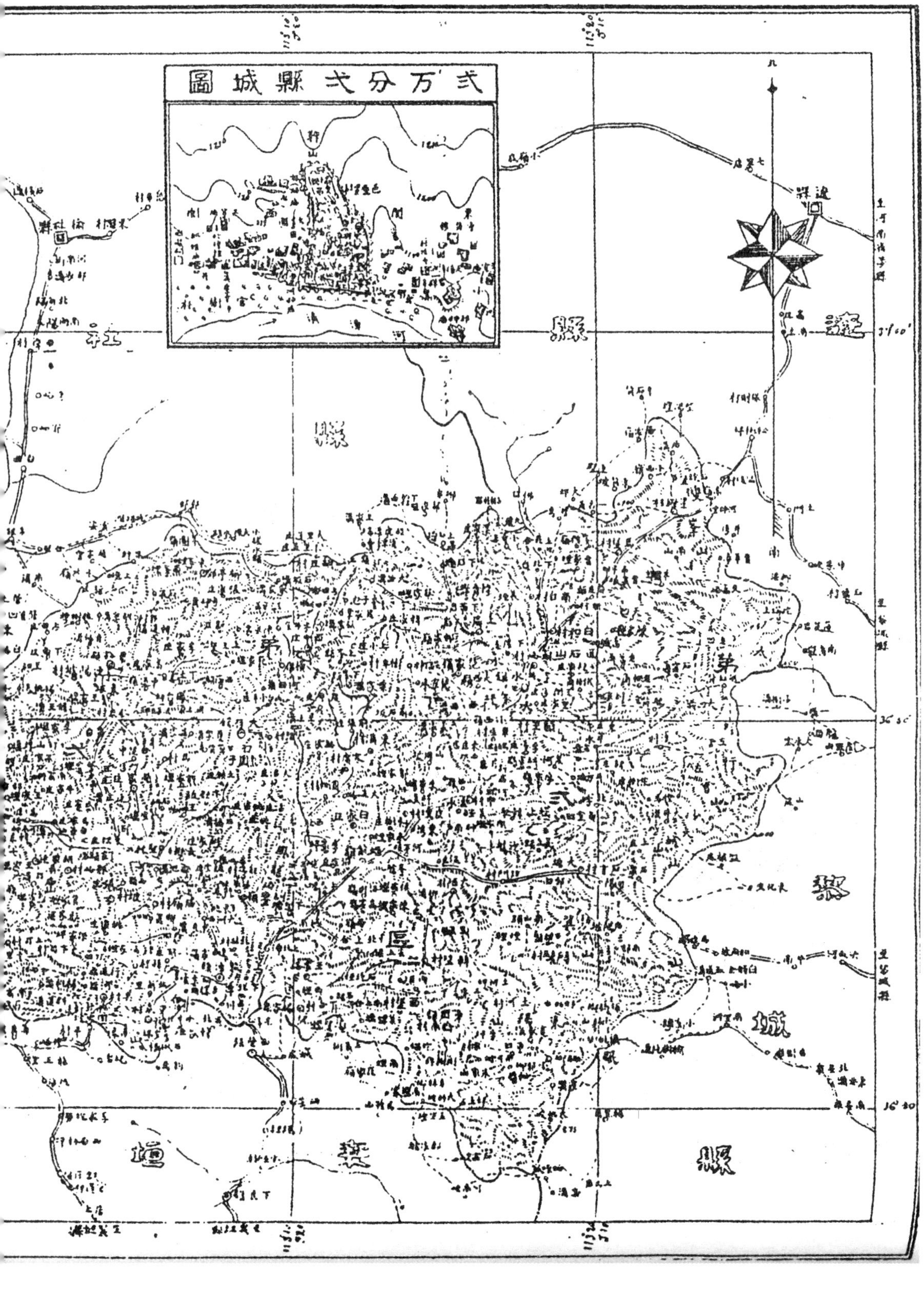
弍万分弍縣城圖

《武乡新志》卷之一

疆域略

古者分疆划井，掌自职方氏，典綦重矣。武乡纵贯榆、襄之间，横列辽、沁之中，虽地形硗瘠，而襟山带河，关隘重重，实亦奥区。其广轮之度，经由之数，咸拊循四境，奠厥攸居者之所必究也，顾可忽乎哉？作《疆域略》。

疆域 附里镇　市集　乡约　山川　关隘

东西广二百五十里，南北袤六十余里。

面积约五千三百九十余方里，占全省面积百分之一。

东至黎城县界大界峡八十里，至辽县界松树坪一百一十里，至河南涉县（说明：1949年前，涉县属河南）一百七十里。西至沁县界康公村二十五里，至平遥县界上店村一百四十里，平遥县治二百里。南至襄垣县界高岭庄南二十五里，龙王堂三十里，少东至襄垣县治九十里。北至榆社县界关鏊口北十五里，方山村二十里，榆社县治六十里。东南至襄垣界南漳四十里，至黎城县治一百十六里。西南至沁县界姜村南二十五里。东北至辽县界锅窑岭一百五里，辽县治一百五十里。西北至祁县界南关北阴辿一百二十里，至平遥县界墓峪头一百三十里。由县治至省城三百四十里，至北平一千三百五十里。

以上择录旧志。

里镇　市集

里　崇仁里、敦义里、长乐里、韩壁里、攀龙里、皋阳里、段村里、石盘里、信义里、南关里。

每里分数甲或十余甲，详见旧志。

镇　段村镇、涌泉镇、故城镇、石壁镇、石盘镇、南关镇、攀龙镇、洪水镇、大有镇、贾豁镇、监漳镇、东田镇。

市　本城市　逢一、三、五、七、九日集。

故城市　逢三、六、九日集。

攀龙市　逢三、六、九日集。

洪水市　逢二、五、八日集。

贾豁市　逢三、六、九日集。

段村市　逢一、三、五、七、九日集。

石盘市　逢三、六、十日集。

大有市　逢二、七日集。

监漳市　逢二、五、七、十日集。

涌泉市　逢二、七日集。

南关市　逢二、五、八日集。

石壁市　逢二、五、七日集。

以上各市集期俱沿用阴历。

乡约

旧分一百零八约：仁义约、尚贤约、讲信约、修睦约、马庄约、里庄约、古台约、石鼻约、松壁约、姜村约、下城约、河南约、贾庄约、八村约、南亭约、连元半约、北岭二约、攀龙约、中村约、石门约、东乡北岭约、监漳约、西川约、东皋约、吴村约、长乐约、禄村约、邢村约、型塘约、东田约、南山约、下合约、五村约、西堡约、洪水约、墨磴约、马堡约、新村约、南台约、广志约、王堡约、石泉约、树辛约、东沟约、黄崖约、大有约、苏峪约、东庄约、贾豁约、韩壁约、砖壁约、上合约、王路约、段村一约半、东村半约、马牧约、聂村约、西城约、祁村约、义门约、西河约、神西约、南沟约、寨上半约、涌泉二约、蒲池约、贞烈约、邵渠约、石壁约、南瑙约、楼则峪约、东黄崖约、圪嘴头约、张村约、故城三约、樊家五科约、信义约、岸北约、山交半约、东良侯约、北良侯约、河北半约、权店约、寨上约、勋欢约、石盘二约、会同约、泉之头约、内仪约、山交沟约、大梁村约、小良村约、高仁约、陈村约、南关约、外九甲约、护甲约、贾封约、张村四约、西郊约、五峪约、坡底约。

自民国五年划区编村，乡约之名遂废，全县计区三，编村八十有四，详《区村略》。

山川

山脉河流，旧志载之綦详，兹仅撮其主要者略举于下，以节篇幅。至有旧志所未列者则详加考注，俾后世有所参证焉。

太行山，在县东一百二十里。

烂柯山，在县西山中，有五景：一闪神崖，二锣鼓洞，三马蹄踪，四石棋盘，五石蘑菇。

鞞山，在县署北。

南山，在县东南三里。

天城山，在县东六十里。

崇城山，在县东一百里。

龙门山，在县东一百里。

白马山，在县西六十里。

大界峡，在县东七十里。

中方洞，在县东七十里龙门山界。

阴辿山，在县西一百三十里。

漳水，漳有二：曰清、曰浊。在武为清漳，出上党长子县为浊漳。

涅水，即龙舟洞水，一源分为二派。其一北流，出子洪口入汾，曰龙舟水。其一南流入漳，曰涅水，一名甲水。

洪水，在县东六十里。出双峰山，从墨磴至洪水镇合黄岩水，经北漳南入漳。

高砦寺水，在县西五十里。流入涅。

龙门水，在县东龙门山。远近数村食用，皆取足焉。

以上俱详旧志。

安澜山，在县东南二十里。山列如屏，悬崖数丈。

卧龙山，在县东南三十里。背接胡峦岭，西迎漳水，隔河望之，甚为可观。

凤翔山，在县东南庙岭西。一峰突起，插入云表。

会龙山，在县东南四十里东皋东南。南接襄垣北境。山多苍松翠柏，迥脱尘嚣，游人恒登览焉。

尧王山，在县西石壁村西北。上建帝尧庙。

万泉山，在石壁村南。势若长蛇，松荫覆郁，涛声壮烈，诚胜境也。

山峰山，峰峦秀丽，林木参差，上有永寿寺，山畔有说法台。在武城西北百里，属贾封村。

毓龙山，在涌泉村北。上建龙王庙，院内有井，泉水涌出。

东山，在泉之头村东。山势高耸，峰峦叠翠，松阴陈列，石塔嵯峨，亦一方之胜境也。陈祝彭有《东山记》，见《艺文》。

三垄山，在县东南三十里监漳河西南。形如凤翼，高冠群峦，景色清幽，迥出尘俗。邑人赵三麒撰《会仙观记》，言之颇详。

东阳山，在县东土河村。形圆如日，又踞村东，故名。

佛爷岭，在县东土河村。孤峰独秀，峻□霄汉。上有石庙，庙开四门，中竖石塔，塔上有石佛，四面各向门。

蓬莱山，在县西蒲池村东北。上建庙宇，山势高耸，四时景色，点缀幽雅。山腰有池，四围石砌成方形，内产五色鲤鱼，并有藻草叶，似荷而小，诚一方之胜也。旧志载之未详，今补注之。

双峰山，在县东墨磴村。绝顶泉涌，祷雨辄应。

八角山，在县西一里。山形八角：曰转□角、四亩角、老蒿角、棋盘角、窑儿角、沿沿角、西窑角、岐山角，山体玲珑，邑人有时往游焉。

焦龙山，在县西松碧村，距城二十五里。

灵显山，在县西姜村，至城二十里。

玲珑山，在县西马牧北。山有八景，而凸翠峰、凹晖曲，最称名胜。俗名黑龙山。

牧羊山，俗名五龙山。上建五龙神庙，绀宫□□，为一方壮观。在玲珑山西。

人人山，在会同西北。内有水晶石。

樊氏山，在会同南五里许。上建孝文帝庙，庙貌庄严，令人敬畏。

常旺山，在小良村南。山腰建水光圣母庙，庙势幽静，松林密布，盛夏居此，无异处竹林寺中。

天元山，在县东五十里韩壁村之西北。有先天道人寓于此。

连庄沟河，在县东十五里型村。源有二：一自榆邑发源；一自成家沟发源，合流五六十里，南入漳。间多深溪，常年水流不涸，濯涤最佳。

峪口河，在县东十五里。时有泞淤，有人至此辄绕道而行。

暖水泉，在涌泉镇南。泉从地起，长流不竭。镇以此得名。

天池，在涌泉西。大可数亩，长方形，村水皆归之，常年不竭。

北良侯泉，在北良侯村福源院前。水常不涸。

南沟泉，在南沟村西北。分大小二泉，村人饮水，悉取给焉。

陈村泉，在陈村东南鹿台山下。水颇旺。陈村、石人底二村恒洗濯于此。

分水岭泉，在分水岭村。村人饮水，亦取给焉。

泉之头泉，在泉之头村东。水从地起，如鼎沸然。村人即其地用石砌围护之，上凿龙口，水由口出，颇似小瀑布。其流味甘，供人饮用。

关隘

赵家垴在县之左侧，为邑左翼。寺垴在县之右侧，为邑右翼。其他若关氅口、三原山、权店、南关、高岭、阴辿、洪水、故城、石门、墨磴以及崇城寨、土河寨、姜村岭、昴车关等，均属要地，险隘天然，旧志载之俱详，今不复备注，以免复沓而节篇幅。

论曰：武乡扼上党之咽喉，夙号雄区，惟村舍寥落，道路崎岖，山童童而莫供樵苏，水发发而难资灌溉。甚且阳侯一怒，良沃为墟，自昔已然，于今尤烈，地势之困人庸有极乎？

区村略

乡老亭长之制渺乎尚已，后世乡约之设，犹存往古遗意，然率阘茸骫骳，无可称述。自区村之制定，然后区隶于县，村隶于区，又复村析为闾，闾析为邻，上下相系，脉络相通，故上者一令既出，莫不如身之使臂，臂之使指，宣条教，平争讼，野老村氓，胥可以助治理而推庶政，讵不盛欤！作《区村略》。

第一区 领编村三十四。

城关编村，东至阳坡联合村龙王沟十里，西至王白堙联合村连元三里，南至魏家窑编村界三里，北至下关联合村三里庄三里。联合李家垴、小松垴、灯盏圪道、南角沟、赵家凹、王家垴、当中庄、黄昏坡、小新庄、清江沟、石拐、小东沟等村，共分十二闾。

魏家窑编村，东至胡家庄联合村韩庄三里，西至王白堙联合村合尖垴四里，南至松庄编村界一里，北至城关编村界三里。联合西寨底、白家窑、东坡、杨家垴等村，共分十间。

松庄编村，东至岭头编村界十里，西至王白墠编村界三里，南至曹村编村界八里，北至魏家窑编村界二里。联合枣岭、兰家垴、蓢家庄、石家岭、吴家垴、西贾庄、东贾庄、郑家垴、后王家庄、深泽滩、张庄、七里沿等，共分十五间半。

王白墠编村，东至松庄编村界三里，西至阳城编村界四里，南至曹村编村界七里，北至东村编村界八里。联合合尖垴、魏庄、南坡、高家庄、六盘垴、连元等村，共分六间。

阳城编村，东至下城联合村富庄二里，西至沙河头联合村姜村二里，南至南亭编村界五里，南至下城联合村上城二里。联合武家庄、小新庄、白草墠、史家垴、西河头、石鼻、郝家垴等村，共分十二间。

下城编村，东至东村编村界二里，西至聂村编村界五里，南至阳城编村界三里，北至段村编村界二里。联合上城、富庄等村，共分五间。

沙河头编村，东至石鼻编村界八里，西至沁县界五里，南至南亭编村界十里，北至聂村编村界八里。联合半崖、漆树坡、西岭上、柳泉沟、东坡上、青龙垴、代照岭、太平庄、西沟、枣树庄、关地角、王盘岭、窑长、松壁、成家沟、姜村、郭家岭等村，共分十一间。

阳坡编村，东至赵家庄编村界五里，南至城关联合村李家垴三里，西北俱至榆社县境十三里。联合小沿则、王和垴、小窑科、杜家口、小庄、大长沿、杨桃湾、龙王沟、圪道□、上西庄、下西庄、冯家垴北沟、化树长等村，共分十一间。

贾豁编村，东至柳亭郊编村界二十里，西至赵家庄编村界五里，南至型村联合村许家堖十二里，北至榆社县境十三里。联合青杨沟、槐树墠、邢家堡、倪家庄、蒺藜坪、新庄、胡子沟、上堖、东坡、椿树垴、灵显坪、温家沟、夏家沟、韩道沟、马村、郭村等村，共分十九间。

柳亭郊编村，东南俱至王堡编村界十五里，西至贾豁编村界十三里，北至榆社县境五里。联合海神沟、东峰墠、西峰墠、新庄、石泉等村，共分七间。

李家庄编村，东至胡庄编村界五里，西至贾豁编村界五里，南至大有编村界八里，北至柳亭郊编村界十里。联合温家沟、大堙、韩家沟、曲则角、下细沿、陈家沟、上王堡、刘家沟、下王堡、张家庄、宋家庄等村，共分十二间。

大有编村，东至姚庄编村界口里，西至贾豁编村界□里，南至许家垴编村界□里，北至西中庄编村界口里。联合南庄、小寨、西岗头、苑家垴、洞上、石坡庄、侯家垴、大角沟、郝家沟、小江岭、梨平、胡野沟、背庄、前张庄、井窊、脉络神、甘草背、小庄、石壑、上脚净、下脚净、后张庄、河西沟、横岭等村，共分二十七间。

赵家庄编村，东至型村联合村峪口五里，西至漫坡联合村巩家垴五里，南至漫坡联合村里庄七里，北至贾豁联合村马村五里。联合连庄沟、代家垴、桃峪、王家垴、小庄、合德脚、田庄、阳南头、古台、水泉等村，共分十□间。

型村编村，东至长乐编村界五里，西至漫坡联合村里庄五里，南至庙岭联合村西岭三里，北至赵家庄联合村代家垴二里。联合魏家庄、红十沟、圪集、□泉沟、新庄、东辿、龙湍、青草角、许家垴、枣沿、石桥沟、王海峪、李峪垴、峪上、土河西、石科等村，共分十八间。

漫坡编村，东至监漳联合村申良沟三里，西至郑峪编村界五里，南至郑峪联合村姚家庄三里，北至庙岭联合村西岭三里。联合马家垴、白草辿、小庄则、圪台庄、里庄、郭家沟、武家庄、张庄、前沟、冀家垴、巩家垴等村，共分十二间。

下关编村，东至城关编村界五里，西至东村编村界三里，南至王白堙联合村连元三里，北至马牧联合村青山岭十二里。联合西沟垴、小长沿、圪针庄、陈家背、三里庄、牛腰辿、铺垴、康家庄、段家顶、朴窑底、上关、张家沟、小圪道、兴盛垴、五里坡、南庄、十里坡等村，共分十间。

郑峪编村，东至漫坡联合村张庄三里，西至胡家庄编村界二里，南至漫坡联合村冀家垴三里，北至漫坡联合村李庄二里。联合碾凹、后沟、新庄、蔴鞋凹、大甲良沟、姚家庄、前庄、马家沟、马汉角、窑头、冯家垴、禄村等村，共分十九闾。

庙岭编村，东至型村联合村河西三里，西至郑峪联合村窑头五里，南至郑峪联合村前庄五里，北至型村联合村枣沿六里。联合朱家庄、胡家庄、后东坡、红土辿、赵漫坡、桥则上、西岭、蒿庄、麻池沟、长乐、里峪、禅窑等村，共分十五闾。

胡家庄编村，东至郑峪编村界二里，西至松庄联合村七里堙三里，南至岭头编村界四里，北至城关联合村李家垴三里。联合马家庄、梁家庄、牛家庄、丁家垴、胡家垴、冯垴、韩庄、堂儿庄、寨上、马庄等村，共分十二闾。

岭头编村，东至吴村联合村行道岭九里，西至松庄联合村王家庄六里，南至襄垣界台则上十里，北至胡家庄联合村王家垴三里。联合下岭、漆树坡、腰凹、赵家垴、刘家垴、南高岭、后岭头、上西村、下西村、二十里铺、杨桃沟、小店则、姜家庄、前岭头等村，共分二十三闾。

东皋编村，东至监漳联合村鼓楼角五里，西至吴村编村界五里，南至襄垣界前楸根底五里，北至郑峪联合禄村五里。联合下平角、后楸根底、南斗角、贯家坡、泉背、南垴、良则角等村，共分六闾。

吴村编村，东至东皋联合村良则角三里，西至岭头联合村南高岭十二里，南至襄垣界田家坡三里，北至岭头联合村杨桃沟五里。联合老松沟、西垴、窑科、余盛庄、行道岭、斜道沟、圪针庄、董家沟等村，共分十一闾。

南亭编村，东至松庄编村界十里，西至沙河头编村界五里，南至沁县境十里，北至阳城编村界五里。联合庄沟、郝家庄、暴家峪、山阳垴等村，共分十闾。

曹村编村，东北俱至松庄编村界四里，西至阳城编村界三里，南至南亭联合村暴家峪四里。联合黄柏峪、东沟、松林底、高丘垴、兴盛垴、柳圪槽、王家窑、西沟、白草坡等村，共分十二闾。

东村编村，东至王白堙联合村连元五里，西至段村编村界二里，南至王白堙联合村魏庄一里，北至段村联合村胡家垴二里，共分六闾。

段村编村，东至下关联合村张家沟八里，西至聂村联合村白芽五里，南至涅水三里，北至蔚家渠联合村王路、书社两界约五里。联合胡家垴、红土窊、小庄则、胡庄铺、平家沟、张家垴、元窊、南村、朱家窊、王家垴、瓦窑科、胡庄等村，共分二十二闾。

蔚家渠编村，东至下关编村界十里，西至寨上编村界三里，南至段村编村界五里，北至马牧编村界二里。联合胡家垴、王路、赵庄、书社、王家沟等村，共分八闾。

马牧编村，东至下关编村界十里，西至寨上编村界二里，南至段村编村界五里，北至牧羊山七里。联合青山岭、长庆村、长庆凹、犁庄等村，共分十一闾。

寨上编村，东至马牧编村界二里，西至涌泉编村界五里，南至祁村联合村凹里三里，北至圪嘴头编村界十三里。联合峰沟、黑营、神前、西河、义门、南沟、里庄等村，共分十六闾。

聂村编村，东至上城编村界四里，西至涅水界三里，南至沙河头联合村姜村三里，北至祁村编村界四里。联合庙坡、雨沟、松树庄、东垴、马圈沟、白芽、西城等村，共分十二闾。

洼里编村，东至蔚家渠编村界五里，西至沁县涅水界□里，南至聂村编村界八里，北至寨上编村界□里。联合祁村、何家庄等村，共分八闾。

下北漳编村，东至襄垣杨家岭界五里，西至监漳编村界五里，南至襄垣南漳界三里，北至监漳联合村北社三里。联合杨桃湾、西川等村，共分十二闾。

胡峦岭编村，东至攀龙联合村犁塘十里，西至犁村联合村李峪五里，南至监漳联合村北社三里，北至大有联合村小江岭十二里。联合西坡、东岭、活塞坡、西庄、南头沟、盐土、姜家庄、罗全、井沟、倒行沟、侯庄、范管坪、大活庄、小活庄、郝家沟、姚庄、下犁塘、陌峪等村，共分二十闾。

监漳编村，东至下北漳联合村杨桃湾二里，西至郑峪联合村前庄五里，南至襄垣界吴北五里，北至庙岭编村界七里。联合泉江、胡家垴、圪洞沟、背角则、前申良沟、观庄、花莲脚、武家岭、中申良沟、石牛泓、洞则上、桥沟、成家庄、南庄、鼓楼角、北社、乐家坪等村，共分二十七闾。

第二区　领编村二十八。

攀龙编村，东至皮堙联合村柳沟八里，西至胡峦岭联合村范管坪五里，南至北上合编村界八里，北至白家庄编村界二里。联合奶奶凹、沿家庄、火石、老凹、小西岭、梨树堎、上型塘、侯家垴、王家圪道、高家岭、河不稜、大垴坪、蜂坡等村，共分十八闾。

白家庄编村，东至皮堙编村界五里，西至胡峦岭联合村姚庄九里，南至攀龙编村界二里，北至东沟联合村韩广八里。联合韩家垴、牛家岭、秦家堙、老中堎、郭家垴、苗杜、李家坪、道场坪、团松、团松寨、吴家岭、小西沟、大西沟、西沟岭、狼卧沟等村，共分十八闾。

皮堙编村，东至大陌编村界九里，西至白家庄联合村韩家垴四里，南至白家庄联合村牛家岭□里，北至石家凹□里。联合东湾、山角坡、大圪垴、季家岭、枣树庄、祥良、柳沟、温庄、东庄等村，共分十五闾。

东沟编村，东至白家庄联合村韩家垴五里，西至大有编村界十五里，南至白家庄联合村团松五里，北至树辛联合村栗家沟十里。联合确臼背、杨树脚、路家庄、王庄沟、西洼、杨坡、庙凹、汉广、石板、新庄等村，共分十四闾。

西中庄编村，东至广志编村界五里，西至大有编村界十里，南至东沟编村界十里，北至胡庄编村界□里。联合龙门堙、韩家庄、卢家庄、下蜂头、岭上、陶家沟、树辛、栗家沟、小庄、芦家长、前太子池、营窝、后太子池、上细堙、姜家井凹、李家井凹等村，共二十一闾。

中村编村，东至黎城界五十里，西至皮堙联合村山角坡五里，南至皮堙联合村温庄七里，北至东庄联合村新寨六里。联合大井、寨垴、尖山顶、郭家庄、席家岭、垴上、关家垴、七树凹、南晌黄、北晌黄、坪头、义安村、温水、杨李支、砂坡、芝麻角、杏树堙、蒙家沟、神南、萧家岭、南垴、韩登、下寨、柳树垴等村，共分二十七间。

东田编村，东至黎城界□里，西至西堡编村界二里，南至南山联合村桥南二里，北至韩壁编村界三里。联合中内顷、朝阳角、李坪、固村、杨桃岭、松岭、槐树湾、简凹、大小菓埆、车凹、乔家沟、嘴则、南河坡、苏岭、人家山、小李家角、荒嵩角、老荒角、烧高角、稔地沟等村，共分十三间。

西堡编村，东至东田编村界二里，西至王家峪联合村果堙垴五里，南至南山联合村桥南三里，北至韩壁编村界五里。联合内顷、西庄，共分一（十）四间。

南山编村，东至黎城界□里，西至襄垣界□里，南至襄垣界□里，北至东田编村界三里。联合桥南、枣凹、坪上、岭则、朱家山、北洪村、小石坡、圪柳、枣林角、树树脚、热凹、横岭、蛤蟆凹、牛家岭、苇池等村，共分十间。

土河编村，东至黎城界四十里，西至韩壁编村界四里，南至东田联合村李坪八里，北至砖壁编村界三里。联合大坪、小坪、德则角、刀把嘴、悬窑山、小岭山、官牛角、南塔、称勾角、圪桃角、蚮蚄庙、土河坪等村，共分十三间。

砖壁编村，东至黎城界□里，西至大陌编村界八里，南至土河编村界六里，北至大陌联合村南山头四里。联合堙里、榆树角、安棋盘、安乐庄、史家嘴、王家埆等村，共分十一间。

韩壁编村，东至土河编村界七里，西至北上合联合村窑上沟五里，南至东田编村界三里，北至北上合联合村马岚头三里。联合东内顷、斗底、大凹等村，共分十间。

上合编村，东至韩壁编村界三里，西至胡峦岭联合村下型塘七里，南至王家峪编村界三里，北至大陌编村界十里。联合陈家垴、窑上沟、庄底、窑申塝、马岚头等村，共分十二闾。

下合编村，东至王家峪联合村南上合三里，西至襄垣花暴拐三里，南至襄垣城底三里，北至胡峦岭编村界八里。联合上北漳、西坪、枣林等村，共分十三闾。

王家峪编村，东至西堡编村界八里，西至下合联合村西垴三里，南至下合联合村枣岭五里，北至攀（蟠）龙联合村型塘十里。联合南上合东头、西头、石圪垤、果堙垴等村，共分十闾。

石瓮编村，东至黎城界□里，西至大陌联合村石门十五里，南至大陌联合村南山头十里，北至中村联合村南垴九里。联合石泉、上庄、向阳、大石塝、蒺藜坪、大塔、郊口、马家岭、南郊等村，共分十三闾。

大陌编村，东至石瓮联合村郊口十三里，西至皮堙联合村温庄五里，南至砖壁联合村史家嘴八里，北至中村联合村神南六里。联合南山头、常立头、石门等村，共分十四闾。

洪水编村，东至苏峪编村界三里，西至范家岭编村界五里，南至东庄编村界八里，北至白和编村界八里。联合大水凹、小水凹、王庄、狼卧塝、河西、西河、红土垴、东垴、红土凹、水井、寨坪、北坂头、董家庄、柳树堙等村，共分十四闾。

苏峪编村，东至黎城界五里，西至广志联合村长堙五里，南至洪水联合村董家庄三里，北至白和编村界三里。联合敖垴、杜家庄、南坪、刘家嘴、茂树角、房家岭、小庄、房家岭、桥上、柴家花、庄里、望鹿头、苏峪沟等村，共分十三闾。

白和编村，东至黎城界十里，西至南台编村界五里，南至洪水编村界八里，北至马堡联合村曹家坡五里。联合陈家垴、天凹、当城、阳坡庄、裴新头、小新庄、北庄头、老蒿角、宁家庄、红沟、新村、合家垴等村，共分九闾。

南台编村，东至白和编村界五里，西至榆社县界□里，南至范家岭联合村洞则上七里，北至辽县界十里。联合南台寨、九龙寺、井湾、下北台、上北台、青翠垴、九龙凹、朱家垴等村，共分十三闾。

马堡编村，东至白和联合村合家垴七里，西至南台联合村下北台八里，南至白和联合村新村七里，北至墨磴编村界三里。联合南背、羊圈、南坪、麦稽岭、戈北坪、曹家坡等村，共分九闾。

墨磴编村，东至辽县界十里，西至辽县连壁村八里，南至马堡编村界三里，北至辽县温城八里。联合河神堙、岩凹、雁过街、锅窑、石圪垤、南山等村，共分十闾。

上广志编村，东至洪水编村界八里，西至胡庄联合村上王岭五里，南至南台编村界八里，北至范家岭编村界五里。联合长堙、韩青垴、蔡岭垴、前后郝家岭、三角河、南岭、半坡、下广志等村，共分十二闾。

胡庄编村，东至广志联合村三角河十六里，西至李家庄联合村下王堡十五里，南至李家庄联合村刘家沟三里，北至榆社县蕨地垴三里。联合宋家庄、上黄岩、蚂蚁圪道、下石墙、杏树堙、大岔沟、黄岩、赵家垴、上王岭、道场、庄沟、岭上、下细堙等村，共分十三闾。

范家岭编村，东至洪水编村界五里，西至□□联合村桃家沟七里，南至□□联合村花尖凸五里，北至广志联合村郝家岭□里。联合西沟、沿则上、杨家庄、先生坡、南头村、小蕨堝、菜树庄、墨顶神、麦苍岭、大西岭、白杨岭等村，共分九闾。

东庄编村，东至显王编村界五里，西至范家岭联合村西沟七里，南至中村联合村下寨五里，北至洪水联合村寨坪五里。联合小西岭、西坡、季家庄、石家凹、鹅头、新寨等村，共分十闾。

显王编村，东至黎城界二十里，西至东庄编村界五里，南至中村联合村北晌黄七里，北至白和联合村当城十里。联合左会、湾则、窄圪浪、新庄、泉河、孟家岭、窑湾、拴马、胡家岭、梨树庄、斗翻坡等村，共分十一闾。

第三区 领编村二十二。

故城编村，东至邵渠编村界五里，西至五峪编村界八里，南至沁县南涅水三里，北至信义编村界七里。共分十闾。

邵渠编村，东至山交沟编村界七里，西至故城编村界五里，南至沁县南涅水五里，北至岸北编村界五里。联合狮则沟、山交、茅庄、阎家庄、北涅水、高寨寺等村，共分十一闾半。

岸北编村，东至高仁联合村西渠七里，西至信义编村界十里，南至邵渠联合村高寨寺三里，北至北良侯联合村灰嘴十里。联合石人底、常家庄、东良侯等村，共分十二闾。

山交沟编村，东至涌泉联合村常家垴四里，西至岸北村卧龙山界八里，南至邵渠联合村山交二里，北至高仁编村界十一里。联合大沿沟、温家沟、康家沿、李家垴等村，共分十三闾。

涌泉编村，东至寨上联合村墨营八里，西至邵渠联合村山交八里，南至沁县古台河三里，北至小良村联合村田家沟十三里。联合灰楼沟、石槽沟、蒲池、马家□、峰沟、庄头、周家坡底、常家垴等村，共分二十一闾。

高仁编村，东至小良村联合村南沟五里，西至岸北联合村东良侯十里，南至涌泉联合村蒲池六里，北至会同编村界十五里。联合西渠、大梁村、蚂蚁辿、枣岭、西郊沟、梨树庄、陈村、温家庄、庄里等村，共分十八闾。

信义编村，东至岸北联合村槐圪塔五里，西至五峪联合村羊公岭五里，南至故城编村界五里，北至北良候联合村西良侯五里。联合河北、大寨、南岭坡底、蒲池沟、保安庄等村，共分九闾。

会同编村，东至泉之头编村界五里，西至玉品编村界六里，南至高仁联合村温家庄七里，北至石盘联合村南沟八里。联合长谐、南家沟等村，共分八闾。

石盘编村，东至榆社县下赤峪五里，西至玉品联合村石塔三里，南至玉品编村界五里，北至榆社县前庄五里。联合暖水头、牛家嘴、南沟、李家沟等村，共分七闾。

玉品编村，东至泉之头编村界五里，西至汾水岭联合村岩庄十五里，南至信义联合村义峪十里，北至祁县界二十里。联合南窑头、蒿庄、南沟、圪梁、后沟、水洞沟、盘家岭、牙廷沟、五世沟、四达沟、北坂坡、官家垴、侯家沟、石塔则、坡角底、内义、胡庄、化岭、十八盘、外丈牛坡、里丈牛坡、马圈堂、北峪等村，共分十三闾。

泉之头编村，东至榆社县偏良庄三里，西至会同编村界五里，南至会同联合村南家沟五里，北至石盘联合村南沟五里。联合向阳等村，共分五闾。

圪嘴头编村，东至榆社县任家垴八里，西至小良编村界十里，南至马牧联合村型庄二十里，北至榆社县金藏村十里。联合楼则峪、狼卧沟、张村、东河、岭南、东黄崖、西黄崖、神西、石壁等村，共分二十三闾。

小良村编村，东至圪嘴头联合村神西四里，西至会同联合村长谐十五里，南至涌泉联合村板橙沟十里，北至会同联合村二郎山八里。联合赵卜峪、南沟、田家沟、元则沟等村，共分五闾。

权店编村，东至五峪编村界五里，西至狗窑十三里，南至沁县走马岭二里，北至分水岭联合村五里铺□里。联合虎峪、樊家五科、西湾、陈家沟、寺沟、小寨沟、河沟、拴马岭、寨上、良侯店、嵩沟、马圈沟、菜则沟、勋欢等村，共分十一闾。

分水岭编村，东至权店联合村樊家五科二十里，西至楼则底编村界十里，南至权店联合村勋欢二十里，北至土门编村界五里。联合毛儿尖、明河崖、达蛮沟、五里铺、南峪、泉则沟、岩庄、北茅庄等村，共分八闾。

土门编村，东至玉品联合村水洞沟口里，西至楼则底编村界七里，南至分水岭编村界七里，北至祁县界二十里。联合孙家岭、秦王岭、小后凹、交泥辿、圪塔儿、官地、达对沟、河底、乔家凹、柳背、乔家岭、北旺村、司庄等村，共分六闾。

南关编村，东至祁县田庄七里，西至石门联合村西郊□里，南至土门编村界二十里，北至祁县界牌五里。共分六闾。

石门编村，东至土门编村界二十五里，西至平遥县界十里，南至楼则底编村界十五里，北至南关编村界十五里。联合庄则、前大滩、后大滩、西郊南山头、前庄、武家山、彭家山、活家山、后庄、石圐囫、庞家会、俊家山等村，共分八闾。

贾封编村，东至楼则底联合村窟则峪十二里，西至平遥县界七里，南至楼则底联合村安窊十五里，北至楼则底联合村石宝十三里。联合康家庄、孔子峪、郭家沟、五凤等村，共分三闾。

楼则底编村，东至分水岭编村界七里，西至平遥县界十里，南至沁源县界二十里，北至贾封联合村康家庄六里。联合窑底沟、张家庄、院家庄、墨神沟、南村、安窊、斜坡、石宝、池牙店等村，共分五闾。

五峪编村，东至故城编村界八里，西至权店编村界七里，南至沁县界六里，北至信义联合村南岭坡底七里。联合河底、磨里、郭家庄、孟楼沟、阳公岭、蔴塘坪、磨则山、南沟等村，共分十三闾。

北良侯编村，东至高仁联合村西郊沟五里，西至权店联合村西湾五里，南至信义联合村大寨四里，北至玉品联合村南沟五里。联合北寨、义峪、灰嘴、上庄、朱泉沟、李家山、大水峪、连家山、范家凹、西良侯、西寨等村，共分八闾。

区公所　第一区区公所附设本城警察所，第二区区公所设洪水镇九龙庙，第三区区公所设故城镇大云寺。

村公所　各村长于主村各设村公所以理村事，大都就旧有庙宇洁治一室从事，创建者甚不多见。

息讼会　附设村公所，村民有争执，由村长协同公断员出为排解鹅鸭之争、雀鼠之讼，往往消灭于无形。行之数年，颇著成效。

保卫团　编一村之壮丁以为团，农隙时延师训练，增进其自卫之技能。初，乡民未明本义，尝怀畏缩。近则智诚渐启，胆略渐豪，颇多守望相助之功。

村禁约　本官厅功令参以各该村习惯订立禁约，悬示村众，奸伪敛迹，驯良以安其利赖，止无涯际，非具文也。

论曰：区村之制，仿于东瀛，其意至良，其法甚美，固为文明进化之阶级，抑亦村本政治之要素也。当兹完成革命之时，政令推行速于置邮，苟非层层节制，何以朝令而望其夕施乎？此阎总座有言，促北伐之完成，胥归功于区村之制也。今者各省统一实行中山救国之主义，其堪为施行新猷之基础者已，不开大辂椎轮之始乎？呜呼盛矣！

赋税略

任土作贡则壤成赋，古今之通义也。第武乡地瘠民贫，三晋称最，仅恃一夫数亩，藉以自给，乃荒歉既遭于连年，赋税或加于额外，蚩蚩之氓，何以处此？当轴者斟酌而剂调之则为幸多矣。作《赋税略》。

田赋

田赋丁徭在昔之增减分合，悉载旧志，截至乾隆五十五年，计民田民军屯田共三千九百六十五顷八十一亩五分一厘五毫六丝，共丁徭地粮银一万五千两四钱九分八厘二毫六丝六微五纤五沙四尘三渺二埃五漠。内地差银四百三十七两六厘四毫八丝六忽，改归军屯银二十八两四分三厘。匠价银四十四两一钱，军屯米一百六十八石四合一勺八抄六撮四圭四粒三粟，屯豆九十二石一斗二升二合九勺九抄七撮二圭二粟。

道光四年，奉文：地差丁徭，一并归入地粮。

光绪五年，知县吴匡于大祲后查出荒地若干，转奏准永远豁免正粮及民军屯粮银三百零六两一钱二分六厘八毫，米二石三斗一升五合七勺八抄，豆四石三斗三升九合六勺五抄。光绪五年，上谕（上略）武乡县马堡等四十九村坍荒地八顷八十五亩二分六厘五毫，每年应征粮银三百零六两二钱二分六厘八毫，米二石三斗一升五合七勺八抄，豆四石三斗三升九合六勺五抄，着自光绪五年上忙起永远豁免。见续志誊黄。

光绪二十七年，奉文每粮银一两，带征亩捐银一钱五分一厘五毫。

民国元年，实征地粮银一万四千六百六十六两三钱四分二厘，亩捐照前带征。改归军屯银二十八两零三分，匠价银四十四两一钱，军屯米一百六十五石六斗八升八合四勺，屯豆八十七石七斗八升三合三勺。

民国三年，每粮银一两改征大洋二元，附征亩捐洋二角，征收费洋一角。计粮银一万四千六百六十六两三钱四分二厘，共折征洋二万九千三百三十二元六角八分四厘，附亩捐洋二千九百三十三元二角六分八厘，征收费洋一千四百六十六元六角三分四厘。改归军屯银二十八两三分，匠价银四十四两一钱，每两各改征洋二元，共折征洋一百四十四元二角六分。每米一石改征大洋三元，每豆一石改征大洋一元八角，每米豆一石附征收费洋一角五分，计米一百六十五石六斗八升八合四勺，豆八十七石七斗八升三合三勺，共折征洋六百五十五元零七分五厘，附征收费三十八元零二分一厘。

按：清末于额征之外另加耗羡，民国三年改征大洋，实连同耗羡在内。又清时潞绸造绢种种，上解银项均在以上一万四千六百六十六两余之内，其名称不备列。

民国四年五月，奉文每粮银一两，附征赔款洋二角。

民国七年，呈准每粮银一两，附征区款洋一角。

民国八年，奉文将枣洼村全划归武乡管辖，随来地粮四钱七分一厘。

民国十四年，呈准每粮银一两，附征警款洋一角。

民国十六年，因修筑汽路，占邑境民地二百九十三亩六分三厘，计该免粮银一十三两五钱九分八厘、屯米五合三勺，业经县署具文详报。

以上合计该实征粮银一万四千六百五十三两二钱一分五厘，折征大洋二万九千三百零六元四角三分；附征亩捐洋二千九百三十元六角四分三厘，赔款洋二千九百三十元六角四分三厘，征收费洋一千四百六十五元三角二分一厘，区费洋一千四百六十五元三角二分一厘。改归军屯银二十八两零三分，折征洋五十六元零六分；匠价银四十四两一钱，折征洋八十八元二角；军屯米一百六十五石六斗八升三合一勺，折征洋四百九十七元零四分九厘；屯豆八十七石七斗八升三合三勺，折征洋一百五十八元零九厘；米豆征收费三十八元零二分。除警费、区费、征收费外，共上解三万五千九百六十七元零三分四厘。

按：民国十六年，呈准十七、十八两年各于每粮银一两内附加补助地方公款洋五角。又民国十七年，奉文十八年内每粮一两附加北伐附捐洋一元，以一年为限。附志备考。

民国十六年，奉财政厅赋税数目表，计田赋项下多列七百余元。经县知事张扬祚代电呈明，此系坍荒地粮，在光绪初早已奏准永远豁免等情，田赋数目始得厘正。

留支

行政经费，每月大洋六百四十元。

监狱经费，每月大洋一百零七元。

税捐

酒课，在昔每年征银六两二钱，民国八年奉文免征。

当税，每号年征大洋五十元。

契税，卖契按百分之六，典契按百分之三，又各加省地方款百分之三抽征，照收起解，年无定额。

矿税，自民国九年七月起招商包收，包额约二千元。

商税，自民国六年三月起招商包收。

牙税，自民国十六年起招商包收，包额约二千元。

烟酒税，自民国六年六月起归烟酒支栈征收。

屠宰税，自民国八年起招商包收，连同附加包额约九百元。

畜税，自民国六年三月起招商包收，连同附加包额约一万二千元。

印花税，除去经手费百分之十五，实销实解。

斗捐，自民国六年三月起招商包收，包额约四千元。

烟酒牌照，自民国十六年起招商包收，包额约六百元。

皮毛产税、包裹税，民国十四年起招商包收，包额约一千元。

开收规费，每套收钱二百文，照收起解。

按：以上包额均系民国十六年份约略之数。

县地方公款

附加警款，每地粮银一两，附加洋一角，计总额一千四百六十五元三角二分一厘。

附加区款，每地粮银一两，附加洋一角，计总额一千四百六十五元三角二分一厘。

附加差徭，每地粮银一两，附加钱六十文，总额约大洋一百九十元。

学款生息，年利洋约三百八十元。

公款生息，年利洋五百四十元。

第四高小校基本生息，年利洋约九十元。

铺捐，每年大洋五百元。

里捐，每年大洋二百一十六元。

屠捐，每年大洋九十八元。

靛捐，每年约大洋一十八元。

戏捐，每年约大洋三百元。

骡驼捐，每年约大洋四百五十元。

当捐，每年大洋一百元。

牙捐，每年大洋二十四元。

公益捐，每年约大洋四千元。

婚帖捐，每年约大洋三百元。

杂捐，每年约大洋一十五元。

学校地租，每年约大洋六百元。

庙租，每年约大洋五十元。

公地租，每年约大洋一百六十元。

牙行公款，每年约大洋五百元。

畜税票钱，每年约大洋二百元。

契纸附加，每年约大洋七百元。

按：以上各款多属年无定额，兹姑依照十七年度预算表填列。

仓储

常平仓，现储谷一千零六十六石二斗二升七合八勺。

义仓，现无储存。

社仓，现储谷一千五百零九石。

丰备仓，现储谷五千二百三十五石一斗六升五合。

以上共储谷七千八百一十石零三斗九升二合八勺，分贮城内及西乡故城镇、东乡洪水镇。

按：武乡仓储，在昔之或盈或朒，悉载旧志。至清末出纳增减又屡有变迁，第以案卷久经沦失，其详已难尽考。兹仅就民国十六年现存之数填列。

村社仓，民国十二年奉省令，遵照省议会修正劝集社仓简章，劝令民人按地出谷，以成斯仓，分贮各编村。计第一区各村共贮谷二千零八十七石二斗二升五合七勺，第二区各村共贮谷一千九百五十石零六斗五升二合，第三区各村共贮谷一千四百一十六石九斗零七合，（内有旧储谷四百石有奇）。合计五千四百五十四石七斗八升四合七勺。

论曰：催租到门，致使赋满城风雨，近重阳者败兴而不终篇。赋税困人，岂独武乡一邑然哉？惟我武以弹丸黑子，处崇岩绝巘之间，童山石田十而六七，乃箠扑不闻而赋无逋欠，此其风为独厚，其情倍可悯矣。所幸革命功成，大事底定，用一缓二之政或可再睹于今日是非，吾人所引领以望者乎？

丁役略

户口之盛衰关乎国家之隆替，溯自计丁派徭以来，丁数之究诘，为难民以计脱，官以巧增。纸上之空文，远非丁口之确数，迨丁徭摊入地亩，然后丁自徭而徭。自徭，虽顾名失实，然调查上之难易前后不相侔矣。武乡近年丁口之盛倍蓰于清之中叶，宁非幸事？惟当此军鼓频兴之日，差务纷繁，输粮任役，奔命不遑，诚有所谓声嘶力竭脂血为干者。闻之善御马者不穷马力，休养调剂，不容或缓，是则不禁一为方请命者也。作《丁役略》。

户口

武乡在清康熙以前户丁之增减，旧志载之綦详。康熙五十一年，实有一万二千二百九丁，康熙以后无考焉。鼎革后逐细编查，始有实数可稽。

民国元年：

二万一千八百六十户，丁口一十万零四千二百五十四。男五万七千八百八十六丁，女四万六千三百六十八口。

民国十六年：

二万八千一百二十户，丁口一十四万二千三百八十四。男七万九千零一十四丁，女六万三千三百七十口。

徭银

清乾隆二十三年及道光四年，先后将丁徭银尽摊入地粮。详见旧志及本志《赋税略》。

驿站

原于县西设铺舍十处，并设权店、南关二驿。南关驿向系辽县供应，榆社县协济之。清乾隆二十一年并归武乡。光绪间，邮局遍设，驿站之制遂废，权、南二驿均改为差徭局。

权店差徭局，设正副局绅各一人，差务员、协理员各一人，局夫五名，遇差务繁紧添临时局夫二名。

南关差徭局，设副局绅一人，书记一人，局夫二名。

临时驻攀差务处，每逢军队由县东过境，县署酌派办差人员前驻攀龙村公所支应，差员、差夫随差务大小而定，事毕即行解散。

按：攀龙向不支应兵差，自民国四年辽关一役，奉上令权行支应。嗣后兵队往来罔不随所过，而供给之糜费浩大，官民交困，邑绅段雨田等曾将困苦情形具实上呈（原呈附录）。

呈为呈请转呈豁免东乡差徭事：窃查武邑向设权、南两差徭局，地瘠费繁，困难多端，已属力有未逮。前已呈明在案。前清权店另设骡捐局，俗谓骡柜，专收车骡捐以备支应流差。后归并一所，名差徭局，人即误认差徭局系收捐之地，亦即支应差务之地。东乡洪水镇亦设骡柜，以供应城内流差或权、南特别兵差，嗣经裁撤。民国元、二年，县议会为收款计，东乡攀、洪两镇亦设差徭局，流弊多端，旋即裁撤。四、五年后前任县长又设，未经会议。既而又裁，乃不知何故。于十年而后，间有由东乡攀龙村长代支应流差之事，款由县署领取。辽战之时，兵差络绎纷繁，地方不敢贻误军机，由官绅议定攀、洪两镇设立支差局。战事终止，此局裁撤，而兵差流差过东乡者仍催由攀龙村长支应，此实误也。

窃以辽县边境距襄垣西营镇七八十里耳，应由辽送襄垣，武邑则差徭两处已亏累不支，何能再事多设？且村公所实非差徭局，何得责成支应？本年预算，入不敷出者大巨，现状无法维持，惟有呈请县长转请兼省长俯赐体恤，转饬兵差流差并襄垣、辽县，免向武邑需索支应，以免亏累而昭公允，不胜迫切，待命之至。蒙阎督办饬冀宁道派视察员朱增荫查覆（查文附录）。

呈为呈覆事：按：查前奉钧署财字第一五四号，行知饬查武乡县攀龙差徭有无支应或裁撤之必要等因，奉此道尹遵即派委视察员朱增荫前往该县确查。去后兹据该员查明覆称，委员奉令遵即驰赴武乡县切实查询，查得该县公款局经理段雨田所称各节均属实情。在辽战以前，攀龙并无差徭之设，经行流差间或由村长代支。辽战终止后，攀龙差徭局即由该县自行裁撤，但来往流差现无由攀龙村长代支之必要，缘该县西路之权店、南关、城内等处均有差徭局，近年三处耗费颇巨，人民负担力有难支。此后攀龙若仍代支流差，不惟苦乐不均，抑且多费手续。委员察看攀龙距辽县九十里，攀龙距襄垣县七十里，共计自辽直达襄垣仅一百六十里耳。我省差徭路线超过此数者亦有数处（如石楼距汾阳二百八十里，中途虽经隰县地，仍由石楼直接送往汾阳。又如中阳距石楼二百二十里，仍系直接送运。再如离石距汾阳一百八十里，亦系直接支送等是），以此推定，襄、辽距离并非遥远，将来直接互送亦非奇举，且襄、辽各增差费无几，绝无支应之难，两县协力支办，实与旧规相符，尚可稍减武邑人民负担。至将来大宗兵差，仍须武乡预雇驮骡车辆等等先期派人前往攀龙守候支应。总之，武乡东路之流差毋庸攀龙再支，而大宗兵差仍须武乡县临时派人前往攀龙办理。如此变通，各得其平，亦可永无偏枯之患矣。以上各节如蒙採择，即请转饬辽县、襄垣、武乡等县按照办理。愚昧之见是否有当，伏乞鉴核施行等情。

据此道尹复核，该委所查尚属详细，攀龙虽向无差徭，而经行流差该村长实有代为支应情事，确系当日之误，襄、辽相距既系匪遥，若令直接互送，该两县差费所增无几，而武乡负担即可减轻。此后攀龙似无支应流差之必要，暂时即可裁撤。惟将来如遇大宗兵差，武乡地当两县之间，再行责令就近支应，以期简便，似此变通办理，非但可免偏枯之弊，且可临时不误军机。所有派委查明武乡县请豁免东乡差徭及拟议各缘由是否有当，理合备文呈覆，伏乞鉴核施行。旋蒙阎督办批准“凡有小数流差经过攀龙毋庸支应”等语。十六年正月，复蒙阎督办电令榆社征集驮骡一百五十头来武协助支差（原电附录）。

武乡县知事览：兹发给长治弹药库各种弹药，第一批于本月五日由省出发，需大车五十辆；第二批于本月七日由省出发，需大车五十辆。武乡县驮骡不敷用，准由榆社县每批各帮给一百五十头，由权店至沁县所需骡价着武乡县照章发给。除电榆社县知事遵照在权店接差并电沿站外，仰即遵照按站支差。事关军务，勿得稍延。督办阎东印。

为仰观段雨田原文暨道视察朱增荫查文，我武支应兵差之苦，榆社、襄垣诸邻封应从中协助之，而当轴者亦亟宜设法维持者也。乃榆社自此一助之后，凡军队过境，一夫一卒悉遣自县署，一骡一驴或遑至于数百里外，且沿路如洪水、东庄、墨灯等村，凡兵士经过，往往昼索餐夜投宿。村氓无知，辄自相惊扰，苦乐不均，殊浩叹。

论曰：武乡当元至元间户止七百，而县治不立。明、清以还，县治虽立，户口虽增，而蕞尔一邑或迫于丁徭，或疲于驿站，甚或交困于兵流差，而无所休养。支应如此繁难，人民无力担负，体恤元元，早定大局，惟贤执政是赖焉。

礼俗略

华朴关乎士习，丰啬本诸民风，斯固因地各殊，亦随时升降者也。武处万山之中，在昔民俭而近啬，士朴而守旧，今则稍异于前矣。窃谓奢俭中礼，华实并茂，盛世之民当如是也。若夫奢而流于浮靡，华而流于放诞，则失之矣。作《礼俗略》。

乡仪

冠

古礼久废，惟女子于于归日始加笄，犹略存古人遗意。

婚

初议婚，男家求亲友为媒，往来通言。订婚日，两亲家各立婚证书，由媒往来相易，并各设席醼媒。俗名“许亲”。

将娶，择吉纳聘。聘金在昔甚属无多，近则所增甚剧，家愈贫者其数愈巨，有多至二三百元以上者。虽屡经官厅严行取缔，迄未禁止。习俗移人，牢不可破，殊堪浩叹。

娶之日，婿家备彩舆迎新妇至，婿出门迎入，并立行礼，谓之“拜天地”，次行交拜礼。大都行拜跪礼，近士绅家亦有代以鞠躬者。然后入洞房，行合卺礼。次晨拜祖先祠，拜舅姑。

亲迎奠雁诸礼亦间有行之者，婚期必以吉，惟除日嫁娶无所忌，俗名“赶乱岁”。

丧

殓之日，孝子孝妇成服，择日送魂，族中长幼毕集，并讣闻戚友，戚友皆以香楮致奠。荐绅之家或择吉开奠，举行家礼，不必拘定第三日也。棺椁衣衾视家之有无，竭力购备，大抵送死厚于奉生，犹合慎终之义。

向日往往以家贫难葬，淹柩以待。近则此风渐稀，葬时多以昧旦前一日延请僧道讽经忏悔，富者延宾题主指礼，亦于前一日或前数日行之。

乡俗多自相集合为老人会，其法：会友有亲丧则各出资若干自钱数百文以至一千文，各会均有定数以助，他会友有丧时亦如之。法简而易行，贫家藉以集事。

祭

士绅家建立家祠，以时致祭。阴历元旦、端午、中秋、重九各荐时食。逢忌辰、诞辰皆特祭。

清明节及阴历十月朔日则各行墓祭，其无祠者或祀于寝，或祀于墓，岁时不废。

冬月墓祭，恒取五色纸重重折叠，于冢前烧化，谓为“送寒衣”。

庆吊

高年硕德，亲友各以诗文为寿。生子，则以锁铃等物相馈遗。娶者馈以财物，谓之“喜礼”；嫁者馈以衣饰，谓之“添妆”。有丧致赙仪，各随厚薄为助，大抵风尚淳厚，不斤斤于浮丽。

新制

新式婚丧诸仪节尚未通行，附录于后，备关心风化者之采择焉。

附新婚礼：

新郎着大礼服、礼帽、革靴。

新妇着粉红色衣裙，以白纱蒙首，手执鲜花一扎。

女引导员及送嫁女童服华美衣，均手持鲜花一扎。

司仪员登台宣布礼节（奏乐）。

男宾入席。

女宾入席。

证婚人入席，外向立。

介绍人入席，东西对立。

主婚人入席，外向立。

新郎新妇入席，男右女左，内向并立。

行结婚礼，新郎新妇相向三鞠躬。

证婚人为新郎新妇交换饰品。

新郎新妇于结婚证书署印。

证婚人、介绍人各署印。

两姓主婚人署印。

证婚人宣读训词。

来宾致颂词。

新郎新妇代表致答词。

新郎新妇谢证婚人及介绍人一鞠躬。

证婚人、介绍人退。

行见尊长礼三鞠躬。

行平辈相见礼一鞠躬。

来宾贺两姓主婚人一鞠躬。

主婚人出席，答谢来宾一鞠躬。

司仪员退，礼毕（乐止）。

附新丧礼：

将尸身安置正寝，以报丧条告各亲友。

治丧各事仍依乡俗行之。

寿衣，有职者着制服，无职者或礼服或袍褂。

择吉开吊，讣告亲友。

吊者行脱帽三鞠躬礼。

五服之亲均用黑纱围左臂。

妻媳女子七日不修沐、不饰妆。

发引时执绋人各佩孝花。

节序

阴历正月元旦五鼓，各炽薪炭于院，谓之“迎旺气”。男妇盛服祀神，祭先肃，拜尊长，戚友往来拜贺，旬日乃止。初五日黎明，扫各舍尘土，抛置通衢，谓之“送五穷”。初八日，于院中设灯祭星。初十日夜，俗云“鼠娶妇”，用谷粉作蒸食，名曰“十子团”，设祭于墙隅屋角。上元，张挂纸灯，自十四日夜起十六日夜止，燃放烟火，以油灯为九曲黄河。儿童笙歌为乐，或架秋千为戏。十六日，男女趋游城头闾巷，谓之“游百病”。二十日小天仓，蒸黍谷为团，祭仓箱井臼之神。二十五日大天仓，祭亦如之。

二月二日，俗名“龙抬头”，各张灯于门，谓之“挂龙灯”。并煮油糕干菜根食之，谓之“熏蚰蜒”。

五月五日为端午节，包角黍相馈遗，采艾佩带，饮雄黄酒。小儿带五色线丝，以雄黄涂耳鼻，谓之“辟恶”。弟子拜礼师长，各奉酒食为节礼。

六月六日为牛羊节，主人以美食犒其牧人。

七月七夕，妇女陈瓜果祭天孙织女。十五日为中元节，各携香楮祭于墓前。

八月十五为中秋节，夜设月饼瓜果以祭月，亲邻或相宴会。

九月九日为重阳节，士人或登高宴会，遗俗犹存。

十一月冬至，弟子拜礼师长，略同端午。

十二月一日，炒豆食之，名曰“咬炒”。初五日，煮杂豆为饭，名曰“五豆”。初八日，以红枣与黍米为粥，名曰“腊八粥”。二十三日夜，以锡食祀皂神，俗曰“灶爷上天”。

除日贴春联门神，家长以钱给子弟，谓之“压岁钱”。

阳历年节，城镇张贴春联，乡民亦有仿之者。

双十节悬灯结彩，以伸庆祝。

按：旧日妇女缠足，一邑盛行。近经官厅严禁，其风渐绝。溺女之习向亦有之，近则寂无所闻。至寡妇再醮，旧为乡里所不韪，市井无赖往往从中作梗，藉以勒索。

今则听其自由，罔敢干预者。他若自由结婚等习，近于学生中或一见之。凡此诸端，今昔殊异，聊志篇末，以示风尚迁移之一斑云尔。

附：

邑孝廉魏守经《南亭竹枝词》有叙，见续志。

经生长乡曲，已过半生，杂采土风，编成断句，非有美而有刺，聊同下里巴人。惟习见而习闻，绝少淫声古艳，谊关梓里，绰有闲情，语出蓬心，本无伦次。如谓干卿底事，矢口外诬，不妨于我相加反唇以报。

歌哭相依聚族谋，一般旧德与先畴。
鄙人敢学巴歈唱，为少崔诗在上头。

南亭竹枝词，前辈从无作者。

半耕半读世相传，不肯他乡作懋迁。
土著人多勤补拙，年年家庆总团圆。

吾乡前辈有流风，课幼工夫大抵同。
一卷小文传写遍，家家香瓣杜郎中。

邑郎中杜仲白课幼文，几无人不读。

上元芦席结神棚，烟火连宵气色增。
游遍黄河三百六，沿途五色纸糊灯。

以灯三百六十盏分行布列，如游卦形，而界为九曲，方其中者，曰“游黄河”。

闺阁停针拜祷忙，迎神称上验低昂。
听他女伴同声祝，我请姑娘跳一场。

正、二月间忌捉针，闺人束草为人，以称称之，从厕中负还，覆称斤两，长出为七姑娘。至两旁扶掖跳弄，卜问本年水旱及人事，多应验时，紫姑问卜之遗也。

贫家夜绩乏灯檠，凿壁难偷一点明。
晚饭才完盘膝坐，伴人暝色纺车声。

漳水冰泮水拖蓝，绕郭人家学圃谙。
杨柳阴中辘轳响，黄花如绣遍城南。
漳河南岸，菜花弥望。

鼓吹沿街聒耳频，纷纷士女出重关。
南山寺与城隍庙，旧例年年神请神。
三月迎境内神诣南山寺，五月迁诣城隍庙，似神迭为宾主者。

但凭片语订朱陈，两不相逢便结亲。
别样繁文都不用，一条长辑重媒人。
结姻者，媒人至门一揖，即为成礼，俗以婚名作揖。

亲上攀亲说不清，相逢都是有亲情。
但看年纪相当者，假借称呼表弟兄。

凡民匍匐此心同，况复比邻吊唁通。
各带襄钱刚足陌，黄昏上庙打灯笼。
有新丧者，三日既夕主人诣庙奠吊，谓之送魂。比邻来助，各带钱一百，灯笼一只，谓之灯笼会。

预先打划到通盘，物数零星是若干。
数目多时遍说把，土音真索解人难。
凡逆料后来曰“打划”；“若干”字为约略计数，而土人则以少为“若干”。又“把”乃一手所握，而土人则以百把、千把、万把为言。

安排合式称如此，敬畏存心念不当。

虑及收科没合煞，乡谈原不尽荒唐。

谓事物妥适为“如此”，似预有成式。而昭合者又恐有干犯，连呼“不当”。“没合煞”三字见《朱子语类》，犹云没收场也，今借为指斥不然之词。

趁虚料理过新年，数斗春粮压两肩。

比似寻常多一倍，人言腊月小秋田。

腊月小秋田，土人谚语。

赶乱成婚趁岁除，新年景色萃青庐。

阴阳无忌百无忌，底用拘拘时宪书。

除日娶妇，俗谓之赶乱。“阴阳”句全用谚语。

耳闻目见少新奇，唐魏遗风信有之。

我为同乡添话柄，闲中涉趣一泉诗。

论曰：礼有体制，俗重民风，所以重典常而见习尚也，顾可忽乎哉？然古今殊会，新旧殊风，重典则而守旧制，究不若因时乘便而改良。武邑士民于所谓婚冠丧祭之仪、节序祭奠酬酢之风，率由旧典者固多，而近日士民见夫新制叠出，可挽颓风，由旧习而渐遵新礼者亦所在多有。数十年后，体制渐变，俗尚一新，武民或浸变为革新之国民也。吾将拭目望之矣。

生业略

六府三事，所以养民也。古圣王发政施仁，罔不以厚民生为当务之急，乃后世郡邑志于典礼文物记载特备，而于人民生业往往略而不讲，是非一大疏漏也欤！武境环山，舟车不通，无百货可以懋迁，惟专力耕农，借以自给。虽稍有煤铁，而交通不便，销售为难，亦未能宏其业而食其利，无惑乎民生困苦而不克自振也，可慨已。作《生业略》。

农业

邑民专事耕农者十之七八，惟地乏水利，强半硗确，而区田换种诸法虽经官厅多方提倡，尚未通行。故每亩所获，丰岁上腴不过石余，其次或仅数斗，其无田产者辄为人佣耕，所得工资亦颇可自赡。耕多用牛，少骡马；肥料以厩肥为大宗，鲜制造者。

工业

木金陶土，各匠俱有，大率不甚精巧，营屋制器，粗足本邑之供应。其出境营业者甚不多见，输出品亦止砂锅、铁铧数种。邑东富有煤矿，悉用土法开采，以交通不便，转运艰难，故其业终未大盛。至山川茂密之区，居人往往于耕耘之暇斩伐树木，制为屋材，或更刳木为器，编条为筐，销售各处，藉补生计之不足，是则农而工者也。

商业

邑民在昔不事商贾，近渐有起而为之者，如当行、酒行、衣店、布店、药材庄、杂货庄等皆有之。然多系集资为小贸易，各行店之较大者则多属之外人。至涉江湖操赢奇者，迄今仍不多见。

衣

大都取给于土布，丝绸洋布之属亦间有之，冬裘夏葛者绝鲜。邑中向不产棉，近由农民试种，颇著成效。然山高气寒，产额不丰，仍多购自武安、霍县、洪洞等处。所幸妇女纺织之风一邑盛行，每过山村僻壤草屋茅檐，辄闻纺声隆隆，机声轧轧，亦一快也。至蚕桑之术，多未谙练，虽经官厅提倡，迄未大盛。

食

日三餐以为常，食品以小米、高粱为大宗，麦次之。邑产仅可自给，不假外求。丧祭婚嫁宴会之外，鲜肉食者。近日粮价飞涨，斗米钱二千七八百文，穷民往往以粗粝杂野菜而食。

住

构木为屋，穴土为窑，栖止各有定所，所营大都坚固完好。其宏敞壮丽虽远逊于通都大邑，然以山高地僻，绝少湫隘嚣尘之弊。乡民多不知注意卫生，而自与卫生无碍。邑民一衣一食，率皆粗陋，惟居处尚堪自适。至室中陈设，则概从简略。

傅：邑民大都各有田产，无田者不过百之五四。为工为商者往往兼理农业，而农民于收获之暇辄往来于平遥、太谷、和顺、武安等处，以肩挑为小贸易，其任劳耐苦之性远过他处。邑中无巨富少赤贫，资产阶级不似他处之大相悬绝，实为本邑之一大优点。惟人民惮于外出，智识固蔽，业务上少所发展，此其缺也。

附：前邑令王乐山藩旧论一则。见续志。

武乡之为县，在万山中，金玉珠贝无所产，商贾舟车不至，民安于畎田诵读，无逐末游食猎取富贵之人，故境内鲜豪宗巨族。其以善人长者见推里党，而号素封者类皆恂恂守礼法，教子孙读书。环其宇而居者数十百家，田庐衣食之有无莫不赖于主人，问其富，数田树畜木以对，珍奇玩好无有也；问其业，督耕绩，征租输赋而已，奇技异能无有也；问其致富之由，力稼穑，仅用度，铢积寸累而已，操奇赢析秋毫之术无有也。予始抵县，见其地皆硗确，且多漳水支流，秋潦泛滥，茫然无岸，心颇不怿。既而往来诸乡察之，其民质而不憯，其俗俭而不猥，其清门望族所为无奇衺侈荡之习，乃乐之如白傅之勾留于西湖焉。昔汉晁错奏文帝曰：游食之民未尽归农民，贫则奸邪生，贫生于不足，不足生于不农，不农则不地著，不地著则离乡轻家。予观武乡之民，无大奸邪，狱谳较他县为少。由于民多地著，贫者不逐末游食，富者能好礼恤贫故耳。使天下之民尽如武乡，虽致于三代刑措何不可之有！

论曰：人生数十寒暑耳，然勤俭耐劳则无业而可至有业，怠惰不勤则有产而移于破产，是知勤俭固人生起伏之一大关键也，又恶可忽乎哉！武邑居层山中，土地硗瘠，生计维艰，所幸者民风朴素，勤苦务农，而工商复能互为其用，衣食粗足，礼义可兴，勤俭著唐风之美，敦穆免齐俗之偷，民生前途冉能发展而扩充之，则武城其庶几乎？

物产略

民生莫先于食货，物产原关乎土宜。武境荒瘠，生产不丰，然果人各任其能，竭其力，饮食器用亦粗可自给。《书》曰："不贵异物，贱用物。"愿邑人三复斯言。作《物产略》。

植物类

谷、宿麦、春麦、草麦（即大麦）、稔子、黍黄、黑、赤、白数种。稷、粱秫、荞麦、莜麦、蔴子、玉蜀黍、莞豆、扁豆、黑豆、白豆、绿豆、小豆、姜豆、红豆、花豆、青豆、眉豆。

葱、蒜、韭、芥、莙荙、莴苣、白菜、蔓菁、芫荽、菠菜、芹、茼蒿、茄、萝葡红、白二种。蕨菜、山莪、羊肚菜、地龙松、山药、葫芦、西瓜、北瓜、南瓜、菜瓜、王瓜、甜瓜、丝瓜、倭瓜、金瓜。

柳、槐、桑、榆、松、柏、椿、椴、楸、杨、檫、楟、桃、杏、奈、枣、梨、核桃、樱桃、榛、小果、苹果、郁李、棠梨、花红果、葡萄、雁果红、木瓜、李。

甘草、苍术、桔根、茅香、百合、车前、茵陈、黄芩、柴胡、升麻、知母、猪苓、马兜铃、草乌、紫苏、牵牛、木通、冬花、薄荷、贯仲、地榆、秦艽、连翘、灵仙、茜根、芍药、百部、瞿麦、远志、葛根、藜芦、苍耳、蒿本、防风、漏芦、荆芥、槐实、山查、菖蒲、旋覆花、蒲公英、郁李仁、鼠粘子、夏枯草、地丁草、益母草、大小蓟、白头翁、干菊花、地骨皮、王不留、青蒿、参。

牡丹、芍药、大葵、小葵、秋菊、水红花、玉簪、金盏、石竹、凤仙、山丹、僧鞋菊、月季、水葱、六月菊、萱草、玫瑰、蝴蝶花、鸡冠、秋海棠、莴苣蓬、芦苇、苜蓿、黄稗、地椒、香雯、荻、菸叶、蓼蓝、棉。

邑中向不产棉，自民国四年县署奉省令，劝令农民试种，颇著成效。惟气候偏寒，产额不丰，故迄今犹未大盛也。

动物类

鸡、鸭、鹌鹑、憨鸡、胡燕、蝙蝠、石鸡、鸦、鹊、鹞子、红鹤、水鸭、鸱鸮、雉鸡、雀、鹳、秃鹫、鹡鸰、啄木鸟。

马、牛、驴、骡、猪、羊、犬、猫、田鼠、鼠、狼、狐、獐、兔、麃。

蚕、蜂、蝎、蚊、蚁、蛇、蛾、蝇、蜗牛、蝉、蜈蚣、蜥蜴、蚰蜒、蜘蛛、蟋蟀、刺猬、螳螂、蚯蚓、鼠负、蜻蜓、鵏鶆、蝴蝶、小鱼、鳖、蛙、蝌斗、獭。

旧志载有猴类，今删。案：邑境多山，昔有猴产其间。嗣以林木日稀，其种遂绝。至刺猬、水獭，旧志所无，近年来于县西发见刺猬，县东发见水獭，虽事属仅有，尚非子虚，姑存其名，备考证焉。

矿物类

煤、铁。

钟乳石、水晶石、石灰石。

县东铁产颇多，惟以获利甚微，废而不采者百余年。近邑绅李华炳等特集股开采，用资提倡，第以交通不便，销售为艰。熔炼悉用土法，厂所亦属简陋，其利犹未溥也。

制造品

丝、蜜、蜡、油、靛、酒、火硝、草纸、瓷碗、砂锅、铁锅、铁铧。

论曰：《禹贡·九州》，各有方物，《尔雅·释类》，皆有专篇。盖物有定名，生有定地，产于白壤必不能产于赤埴，产于山林必不能产于斥卤。江南有橘，移之江北，变而为枳，地使然也。武邑地土瘠硗，所产之物寥寥无几，然食货丰杀，民生所系，乌容略而不载耶？

兵防略

甲胄易于虎兕，袒裼僭于虻蚊，无他，一有备一无备也。武虽弹丸小邑，然扼潞泽之咽喉，为并门之屏蔽。而又居近边陲，匪扰堪虞，当此鼙鼓频兴、海内多事之秋，其于警备巡诘之事、训练守御之方，曷可一日忘哉！作《兵防略》。

清时设城守司一员，防兵十名，驻城守司署。署在县治东北隅，并设经制把总一员、马步战守兵九十八名，驻权店营。嗣于乾隆、道光、咸丰间，历次裁汰步兵十八名，止留存八十名。此外又分泛设防九处，每处防兵三名，详旧志。清末废，各分泛于城内，改置管带一人，寻改称警务长。

民国四年，警务长改称警佐。八年，兼区长职，以旧学署为警察所，计辖巡官一人、区助理员二人、马警六名、步警三十四名、伙夫四名、内警长三人。每届冬令，添招警士十四名。城外各警卡所驻警士，悉由警察所派遣。

常年警卡二处：

权店，巡官一员，马警一名，步警四名。南关，警长一人，步警四名。

冬防警卡五处：

贾豁，二十里铺，蚜蚄庙，石瓮，姚湾。

以上五处均各驻警士二名或三名。

区警

第二区：警士六名，入冬添招二名。

第三区：警士六名，入冬添招二名。

右各区卡警士平时分头巡逻，入冬则约期会哨，并责成各村保卫团丁仿而行之。唇齿相依，声息相通，较之往昔设汛分防之法尤为民人所利赖云。

警察所经费

俸给：全年三千三百八十四元。

办公：全年二百四十元。

服装：全年三百六十元。

旅费：全年二百一十六元。

侦缉：全年一百八十元。

右五项共洋四千三百八十元。

武器

老毛瑟一十七杆，九响毛瑟枪四杆，鸟筒枪五杆，马步来复枪一百四十三杆，抬枪贰杆，竹节炮一十三尊，百子炮五杆，抬炮三杆。

论曰：销兵为承平之隐患，故兵可百年不用，不可一日不备。古者天保治内，采薇治外。《周官·司徒》敷教司马统戎，诚以除残去暴，有非兵莫属者，况当海禁大开，列强竞争之秋哉？武邑于晋弹丸耳，而盗贼窃发，小丑跳梁，往往受大影响而不及捍御者，以僻处山陬，地近边陲故也。使为警察者，念筹款之艰，难尽个人之职务，毋放弃，毋游惰，有备无患，岂非长治久安之策哉？

名宦传

车攀刘公，花思潘令，汝阴立神，父子社浚，仪绘明府之形，是皆惠结人心而芸庶之爱戴出于不能自已者。武自北魏以降，官兹土而遗泽在人口碑载道者，悉载旧志。今博稽往迹，采听氓谣，于近百四十年又得八人，著之于篇，昭示来许。於戏！甘棠遗勿翦之爱，黎蒸永既去之思，非甚盛德，曷克臻此，膺民社者，可以油然兴矣。作《名宦传》。

清

王崧，号乐山，初名潘。云南浪穹进士。嘉庆十二年知县事。学问渊源，能以文章饬吏治。兴学课士，有文翁化蜀之风。嘉庆庚午，分校晋闱，号称得人。秩满去任，充晋阳书院山长。回籍时，晋人为《万里还山图》以赠，题跋甚夥。

岳维城，字方亭，四川中江人。道光六年，由庶常改官知县事。慈惠廉明，治民不责于人情之外，而民不忍欺。在任五年，政简刑清，咸以“岳青天”呼之。邑城经风霾剥蚀，倾颓已久，维城捐俸募资，延士绅魏牧等二十四人葺而新之。督视巡察，昕夕罔懈。工成，士林赋诗以颂。书院月课，久未举行，维城莅任，按月扃试，士各知奋。丁亥，徒步祷雨东山。暑为所侵，致构目疾，经年始愈。十一年，调繁汾阳，邑人于署门前勒石识之。

钮增尧，字松斋，寿阳举人。咸丰十年，任邑教谕。精强廉干，竭诚造士，按月课试生童，辄割俸为膳并优予奖赉。邑侯吴匡莅任，锐意振作。凡所兴革，咸与筹商。增尧详为擘画，悉中肯綮。修理书院经费多所劝募，并鉴文庙、乡贤祠砖石不完，忠孝祠尤将倾圮，延邑绅范名晋等加意修治，邑人德之。光绪四年，保举卓异，推升泽州府教授。

吴匡，字书年，浙江乌程人。光绪二年为县令。心存保赤，政尚严明，摘伏发奸，物无遁情。丁丑、戊寅连年大祲，具文申报，蒙朝廷发帀赈济，僻壤穷乡，匡必亲往散给，胥吏罔得侵渔，民多赖以全活。时哀鸿流连，宵小乘机窃发，劫掠时闻。匡侦查所得，悉置之法，四境为之一肃，士民称颂，迄今不衰。更补葺城垣，修理书院，续修邑乘，咸为后世所利赖。先是，邑令齐漳虚报地亩，致十里空粮为累。匡于饥馑之余查出老荒地若干亩，荒地内常赋若干两，前项空粮若干两，具详上恳，蒙准予永远豁免粮银三百余两、屯米豆六石有奇，此尤邑人阴受其福于无穷者。后调任介休，荐升山西布政司使。

吴葵之，字殿卿，河南温县人。监生。光绪六年为县令。洁己爱民，听讼必反覆推求，务得民隐。当时有“心同皎月、政蔼阳春”之誉。在任二年，致仕回籍。去之日，送者塞道，迄今犹讴颂不衰。

王树之，字培桂，河南登封监生。光绪初年为邑典史。尚气节，不苟取。向例，典史于冬月下乡点约，多所需索，并或招揽讼事，藉饱囊橐，至树之尽革其弊。民有亲丧贫不能具棕者，踵门乞助，辄予以钱数千，一时传为美谈。尝护理知县，听讼聪决，案无留牍。邑人为勒德政碑，树衙神庙。

李寿芝，字荇仙，湖南长沙廪生。光绪十四年知县事。多才博学，雅意作人。拔邑士优秀者入署课读，割俸以供膏火，并令村镇各设义学，酌其需费多寡，捐廉津助。虽簿书杂沓，不废操觚，诗文联额题咏至夥，士类翕然从风，文教丕振。文昌阁在学宫附近，风水家谓增而高之，文运当以勃兴。惟于学宫或有不利，前令率因循未敢轻举，寿芝特增修数丈，壮丽大盛于昔。并课农种树，务在利民。邑进士李华炳尝赋诗以颂，有“树人树木更殷勤”之句。后调繁临汾，擢升绛州知州，所至以循良著称。

张嘉桢，字干臣，直隶武清人。光绪二十九年知县事。以实心行实政，厘奸剔弊，风裁凛然。甫下车即率吏役两三人遍历乡间，凡民生、物产、学塾、仓储罔不咨询，务得其详。山路逼仄，辄徒步行，见者不知其为官也。其勤劳勤苦为清代历任知县中所仅见。曾奉上令改书院为学校，擘画周详，邑人迄今颂之。

论曰：语云风尘中每多俗吏，不汲汲于名即汲汲于利，求其实惠及民，在县令师尉中恒难其人，然亦未可概论也。武虽僻衍，而实心实政循分称职者代不乏人，甘棠之爱，岘首之思，固可谓惠政仁风。炳千秋而若揭，歌功颂德，至殁世而不忘，后之召杜不将观感而益思茂厥绩乎！

名贤传

自来建功之路不一而立德之基有常，一士之行可以贵轩冕而富钟鼎，在人自为之耳。武当明之末造，贤豪挺生，伟烈丰功，辉映史册。清乾嘉以降，虽已远不如前，然出而保惠黎庶，处而矜式乡邦，其令闻盛德，足与效美股肱、弼谐庶绩同传于不朽者，不一而足。考其芳躅，著其行事，后人景仰徽烈而取以自镜，其在斯编也夫。作《名贤传》。

明

魏令望，字羽仪。明崇祯时以进士授太康县知县，辛巳十一月十七日上任。莅任之始，流殍满眼，袁贼即从东北来掳掠焚劫，离城二里而遥鸣镝，时逼城下。令望栖城作署，昼夜戒严。谓贼不一创不远遁，因发材官军丁五百员名，格战于杨家庙，寇去，夺元缎七星旗一杆，斩首四级，生擒者三，具文报上司。获奸细四人，枭示讫，贼不得逞，十二月初三日拔营南徙二十里。闯贼攻汴城，历腊至正，惊闻风鹤，令望率同士民日在城头，呕心沥血，誓作睢阳之守。壬午正月十七日，汴围稍解，大军之援汴者日取道康城，无虑数万，令望凑给刍粟。庚癸不闻，旋约康邑士民曰：“贼虽遁去，未经大创，安知不卷土重来？有备无患。”乃捐资增厚城垛五尺，每门加瓮城一圈，修筑壕堤，训练乡勇。又广扎悬楼六十座，小悬楼一千二百座，灭虏炮五十位、万人敌一千二百件，火罐、火药、矢石、器械难以数计。日夜拮据，不遗余力，自幸可恃无虞，家人亦闻之窃喜。乃突于四月初七日有随任家人王永禄踉跄奔入里门，遍身血伤，顶囟刀痕，深二指许，面黄衣敝，一息仅存，举家惊骇。初不识其为永禄者，细询之，始知三月十二日闯贼纠合袁营攻陷陈州，日以精骑哨康界，而康城孤悬，一鞭可至。令望决策固守，以仓库属主簿清衙付典史，身同张巡抚、孙举人并大家巨室、教官、中军练总等官，激以大义，分泛堵防，尽出库藏。每垛军十名，每名银一两，且誓曰：“获渠魁赏百金，获惯贼者金五十。”贮之城楼，示无食言。人心奋励，相戒效死。至十七日，贼遣数骑持伪示一纸，众议汹汹。令望指贼怒骂，掷之城下。十八日辰刻，贼果拥众大举，四围屯扎，约各四十里许，盔甲枪刀如林，而鸟飞莫度矣。少焉，选锐直攻南瓮城，城上万人敌、火罐、柴木雨下者，逾时烧死贼数十人，贼少却。既而乘隙从城根剜入，令望知觉，亦乘势于城内剜出两凑，遂通一穴，官军于穴口藏引火物，又暗伏锋刃，毙贼数百余。贼不得志，移攻东南炮台，令望督众御以火炮、炮石，贼之近城者击于海壕，远屯者开一血路，如此再四，毙贼不知几千。从此贼恨入骨，必克城而后已，遂合力攻东南角。凡一番至，令望身先率众，以万人敌、灭虏炮击之，死贼毙命于此者僵尸数万。伤贼愈多而贼计益狡，又乘隙于城下凿孔，藏一火坛，倏忽火发，城溃数丈，架炮上攻。令望躬冒险阻，挺身立溃处，指授方略，官军奋列两旁，贼爬上刺之，屡上屡刺。令望大加犒赏，银不足，取所束银带并银杯数只凑给，矜绅各捐金飨士，军人感泣，无不以一当十者刺。贼尸积成路，贼且履尸以上，令望速取木板垒木垛御之，贼再上，官军刺贼于门板隙处，总刺死贼又不知几十百矣。贼稍退，士民各倡率鼓勇，无如贼更番愈锐。而官民不寝食者前后已浃旬，费尽心力，县官面骨身柴，须发皆焦，犹且鼓励赏赉。至十九日申时，贼复拥集木垛处，城上仍以万人敌击之，贼尸满海壕，略无退意。最后一炮，药迸发而风迫内击，延烧营房火药，人不能立，贼遂乘火光登城。令望发竖眦裂，手刃二贼，随顾内丁王永禄曰："大劫至此，吾身当与社稷偕亡，誓作厉歼贼。"倏忽风雨骤集，彼此遂不及，顾同遇贼难。逾夜而永禄少苏，即僵伏于尸内，贼去始起，但见满城灰烬，求令望遗骸而不可得，随任二十余名口，子妾仆婢杳焉无踪。初令望刃贼，后为贼所获，拥见闯贼，闯贼曰："我从陈州来，即知汝是好官，我待汝以不死何如?"令望瞋目不屈，听其速杀。贼亦为之叹息，遂被害。从死者中丞张维世、进士冯贞吉、举人孙献策、生员王永济等二万余人。贼退，康人修木主合词请于宪，祀名宦祠。当事者上之于朝，方下部议谥议恤，而大局中更，事遂寝。清乾隆四十一年，忠孝烈命祀忠孝祠，本邑仍祀乡贤祠。

按：明末流氛遍天下，我武以身殉者卓有三人，悉载旧志。惟羽仪当日以事状未具，疏漏孔多，至续志得其殉难实录，始克详为纪载，今录之以冠传首。

清

魏容大，字仲似，号翀仪，明末太康殉难知县令望次子。生而颖异，七岁能文，读书识大义，尤深明《西铭》《太极》诸篇，不屑作雕虫之技。为袁临侯首拔食廪饩，随父任太康。闯贼肆虐，值大比，父进而训之曰：“社稷吾任也，箕裘尔业也，胡为居此围城之中而不去也?”君泣不忍违，父怒而遣之，不得已辞归。未几而太康陷，闻报绝而复苏，毅然领老苍头张壮微行抵太康之墟，求父死所。康人已有殓而瘗者，扶榇归葬而祠焉。

时君力方刚，虽旁午倥偬，不废弦诵。有清定鼎，益肆力于学，经史子集，无不泛览，下及方名技艺，亦究心而穷原本。七赴棘闱，几售不售。适停乡国岁贡，士学博员缺不复补，君以廪长董学校事，邑中大利大害知无不言，言无不中。荒粮为邑重困，走控上台，得豁免减赋贡十之四。屯豆求输本地，免车牛纳兑之累，数万户鸠鹄之民得存活者，君之力也。康熙九年，领岁荐。又十余年，铨河津学博之任。仰文清公高风，训诸生先器识而后文艺，邑令咸敬礼之。遇难处事必咨焉，君为区画，悉中机宜。士服其化而民戴其德，大有造于津也。

无何竟弃官归，复理藏书沈酣焉。暇日与耆旧为率真会，弹琴弄笛，气概沈雄。间作韵语，冲夷淡远，在储王高岑之间。自奉约而戚族贫者、病者、待婚待转者，无不仰给焉。年七十三卒。

史传远，字伯猷，号小山。生而倜傥，髫年即立志不凡。顾家贫甚，十三岁始就学。晨炊夜息，同侪各散，犹自咿唔不辍。二十入泮，旋擢第一食饩。乾隆壬申，乡试中榜首。辛巳成进士。友教四方，多所成就。父能谦病故，呼号之下，一恸几绝。

起复后，四十三赴选，签掣陕西开阳，引见改授高陵。赴任值岁饥，府议设粥厂。传远以粥不能遍给，查实在无食者，按口给米，民赖以济。逾年冬，署潼关厅。次年正月，署郃阳。时用兵大小金川，陕当孔道，栈内五厅州县殊竭蹶，上宪檄调五人分遣往代，传远得沔县。沔县三驿皆高山峻岭，马少，站长爰觅驴百数十头，每差至，以好言恳其上下官给马役，给驴、衣被、器械，给夫，无有喧哗者。嗣接署澄城篆，未三月，京兵由陕到川，传远奉檄连夜赴临潼兼委。审渭南数十案，发奸摘伏如神。金川平，传远以卓异升兴安州知州。母病在籍，乃假病归。母卒起复，仍赴陕候补署咸宁篆。次年二月，抚宪保举升山东泰安府知府，请咨到部时，逢上幸热河，传远驰诣请训，有“泰安久饥，当善为筹办”之谕。到任，饬各属设粥，始就食者数百人，后至万人，活者无算。各属麦苗甚好，惟少雪，传远步上泰山夜祷，越二日，即得雪数寸。曹州府饥民为乱，奉宪谕查办，传远曰：“此皆饿民，图得粟而已，非叛逆比。”密饬文武官暂为停捕，果十余日而众悉散。次年七月，调济南府，新臬宪为旧上司，刑名要件一以相委，皆悉心审理无误。

既而有去志，或谓抚藩顾遇甚好，去胡为者？传远曰：“仕宦有何止境？惟知止乃不殆耳。”因呈病求退，回籍调理，遂不出。年八十而卒。

子寿安，太学生；奕安，庠生。

魏惟五，字爵庵，号晴峰。官神木县知县，以筹办荒政劳瘁遘疾，弃官欲归。既得替，旋卒于邸。宦橐萧然。

惟五少负异材，刻厉学问，以孝友端直重于乡里。乾隆壬申，以第二人举于乡，六试南宫不售。壬辰，始挑选一等分发陕西，鬓发皤然，年已五十六矣。既登仕籍，喟然曰：“士自束发受书，而濒老始仕，既不能树奇功伟绩于天下，即欲为一邑而筮仕之始，晋如摧如，安得尽行其志？要当不以富贵贫贱动其心，丧吾所守可矣。”

初以需次故借补商州州同，旋署镇安县篆，秩满补授神木，所至以廉洁称。其署镇安也，在万山中，号僻县，官镇安者咸忧贫，惟五独色喜曰：“此可以完吾守也。”其地多客民，各倚山岩麓为篱落相保，聚而杰黠犷悍，为土人患。惟五为设教条，谆切劝谕，且重惩其不率者。久之，则客主畛域悉化，民俗大和。尝有游僧以邪教，越诉大吏，罗织数十家，将起大狱。惟五察其诬，力争之，事得末减，镇安人以此尤德之。

己亥，年六十三，始即真（镇）神木。神木迤北数十里即蒙古地，设阃帅宿重兵，游民四集，颇称难治。惟五为政务清净，因其俗，使夷汉相安，而执法不挠，兵不伤而民不孱孱受陵侮。神木以边方，故向食蒙古，盐无课额。当事者因商人请，议以蒙盐均输河盐课额之缺。令既下，他邑皆招商设局讥私贩，寻将为渔利计。惟五屹不动，曰："曷可以病吾民！"阅数月，大府知事不可复，檄止之，由是神木之民皆知令君之廉静寡欲也。癸卯，岁大祲，奉旨赈恤，惟五时已被疾，犹蒙犯雾露，阅历山谷中，清查灾户及分厂给银，包封必亲阅，俵散必亲授。择士人之谨愿者分任其事，吏役咸敛手，不得毫发染指。又别出私钱购米若干石，以收养灾黎之尤不能存活者，劝富民分粟贷贫，严治盗贼，俾民虽灾而不害。自冬涉春，日夜为救荒计，病遂笃，位不称其德而以死勤事，可哀也已。

赵扩，字充之，别号松溪。乾隆乙酉举人。辛丑大挑一等。分发山东试用知县，补授荣城令。

扩生而颖异，纯笃好学。父贡生子晖课之严，二十二补诸生，明年乡试中式，其后分发山东试用有年，追补缺。县濒大海，地斥卤，民贫瘠，扩政主抚字而不事操切。时州县多亏空之弊，善弥补者为贤，扩遂谢病还里，授徒自给，年甫四十七耳。扩之谢病也，授政于代者而后去。家居十余年，其县之官已数易矣，而忽以亏空事连扩。

扩自归里授徒，与寒士无异。沁州刘郡伯察其贤，聘主铜鞮书院，生徒甚盛。冻馁非所恤，惟试用时之逋负日迫，冀得束修，资以偿之。无何，山左遣吏持檄来召，生徒叹息而散。扩携少子昌祚抵山东省城，旅舍烟火略具。济南德太守雅重其名，夏遗葛，冬遗裘，语人曰："世乌有干没侵渔而贫病如赵君者乎？"事白得归。

归而困惫，愈不可支，日取典籍自娱，有以穷愁著书讽者，扩曰："著书所以传后也，著而不传，何如勿著。著而期其传，则将苦思劳神，购秘书，求良友，以取材。是欲去其愁，反违其乐也。古人云，使我有身后名，不如生前一樽酒，吾快吾意足矣。"有作辄弃去，所存数十篇而已。年六十三卒。

李端，字凝度，号文轩，又号鉴亭。乾隆己亥科举于乡，由内阁中书中嘉庆己未科进士，选庶常，授编修。以病归，五年而卒，年四十有七。

先是乙卯会试被黜，上命搜遗珠，得端卷，批云："诗文清妥。"与遗卷中二人引见，授内阁中书。嘉庆四年，由二甲进士入翰林，亦为上所属意。武乡僻处万山中，朝无显贵，端又崛起，一旦陟薇省，署玉堂，历受二帝，特达之知与寻常通籍，及荐引奔竞，因而转阶者殊科，由是端之姓名爵里隐动京师，久之且遍天下。在朝八年，与朝士以诗文相高，士大夫无不倾心焉。

赵文振，字起斋，号学山。幼颖异，不受束缚，从蒙馆受业，未半载归，父赠君诘之，徐曰："彼不足师也。"已而命从乡先达治帖括，则又归。赠君怒，闭诸深室，不与外通。于敝簏中得太史公列传，本已剥其首尾，未数月而成诵，诵竟则从牖呼赠君觅书，赠君喜。沁州吴香山孝廉，相国文端公之孙也，卓荦不羁，为时名宿，乃挟其弟玉振往师之，甚悦服。三年归，香山送之曰："吾衣钵有传矣。"寻补诸生，食廪饩。

性至孝，母太孺人晚而折臂，不能执匕箸，朝夕侍床褥，不解衣带者三年。既丁内外艰，奉双柩于正寝，设帷帐，饮食则伛偻而进，若将终身。服除偕其弟咿唔于帐之侧，或劝之葬亲，俯而不答，人咸讶之，盖文振以己名未立，不获捧檄于生前，过此以往则不得与无财均，是伤孝子之心而未有以娱其亲心也。无何举乾隆己酉乡试，文振喜动颜色曰："吾今可以葬亲矣。"乃觅堪舆买山于段村之阳，偿金三百，敦事极丰备而后止。既窆资一空，曰："吾分当贫耳。"

文振素不理生掇芹，后日资舌耕，至是从游者益众，岁得馆谷可百石有奇，以其余赒贫乏，不使人知，疏于阿堵，约以自奉澹如也。尤以振兴后进为己责，邑中子弟贫不能学者给膏火，俟成立而后安。

文振遇豪富不稍假颜色，馆外邑时有豪富人，援例授显职，假文振以延誉其子弟，其子弟亦不事攻苦而欲得令名。尝谋冠童子军，已默使人遗金于郡守，既又惧曳白，谋载文振捉刀而不敢言，行有日矣。乃设宴以窥其意，酒三巡，豪富人起，捧卮而前，言未既文振大声曰：“唉！安有纨绔而夺锦标？亦安有诡遇而教子弟乎？吾岂贪鄙人甘其饵而供若之驱策乎？”掷杯于地，即日解馆归。大抵文振之为人也，不与世浮沉。尝戒人谈阴私，曰：“毋污我口，且遭冥谴耳。”

其居家肃若朝堂，于同族昆仲怡怡然，犯而不较。平生不苟衣冠，盥而后伏案。三赴公车不得志，遂绝意名场。未仕而卒，学者称为学山先生云。

郝廷栋，字柱臣，号砥峰，别号临川。幼失恃，父云祥训之严，授书辄成诵。弱冠补博士弟子员，食廪饩。受业邑人李凝度太史门，读书不喜涉猎，细心体会，务为深湛之思，尤精于《易》，究心诸家之说，折衷于朱子。制艺则神明变化，曲尽其妙。

乾隆壬子举于乡，六试南宫，五荐不售。嘉庆戊辰，铨河曲训导。丁继母忧，起复选榆次教谕。道光乙酉，以疾乞休。十四年卒，年六十有九。宰榆者，武乡旧尹雅与善，有赍夜谒廷栋者曰：“能脱我于法，报千金。”斥去之而终不言。

魏悬书，字云榜，号柳塘。嘉庆戊寅科举人。道光丙戌大挑二等，庚子选授平阳府曲沃县教谕之任。后设帐授生徒，其成进士、贡成均者数十人。

咸丰三年，洪杨军攻围怀庆，悬书每与邑令丁璜、训导胡彭龄谈及时事，辄默不语者久之，盖决有杀身之志而不欲言也。迨三年八月，敌由垣曲入晋，且及平阳，悬书愕然曰：“死期至矣。”敌果大至，与邑令丁同时骂敌不绝，并遇害，其长子介生及侄浩生皆死之，妻张氏携其九岁儿亮生投井。越日，门下士缒出母子，死而复苏。其仲子瑜生目击亲死，惊怖不食，幸不死。介生妇赵氏里居闻难，惊泣绝粒，邻人力劝进食，卒成疾，越岁而殁。

事闻，敕赠悬书国子监助教，世袭云骑尉。父子俱入祀曲沃昭忠祠，悬书复入祀沁州昭忠祠。

赵昌祚，字锡哉，别字绵庄。生有至性，早岁嗜学，十八入邑庠，文名藉甚。二十岁时父扩因荣成亏空，山左遣吏持檄来召，昌祚从侍逆旅，往返数千里，艰苦独任，务得亲之欢娱。后父卒，哀毁逾节，孝诚感人。事母亦先意承志，家虽中落，而甘旨不缺于供。母病，依依左右，目不交睫，奉侍汤药，昼夜罔懈。与兄昌业怡怡一室，敬而能让，出入肩随，数十年如一日。

嘉庆己卯举于乡，友教四方，成就后学甚众。道光丙戌，大挑一等，授阳曲教谕。阳曲为三晋首邑，士多英秀而习气浮靡。昌祚训迪诸生，品行为重，文艺次之。其始到任也，前任周鸣凤资斧告匮，不能旋里，昌祚赠钱数十贯无吝色。晋阳书院监院旧有专员，上宪闻其廉介，令兼其职。顾使者数往返回，昌祚终不就。上宪以高洁称之。

昌祚平生温柔敬慎，与人语皆真实无伪，有古君子风。告归后闭户检书，不履城市。每日早起，衣冠危坐，如对宾客，一门之内晏如也。年六十九卒。

魏牧，字受之，号景山。附贡生。幼聪颖，七岁入塾，过目辄成诵。十一学为文，有豪迈气，世父大咸奇之。十五入泮，弱冠后迫于家政，遂不暇理举子业。

先是，明季遇乱，家道萧然。至其本生祖伦登贤书后，所得馆谷丰盛，渐致小康。子孙继之克家，洎牧时产业日盛。励志读书，从邑宰严公课文，严每谓大咸曰："令侄器宇非凡，是大有作为者。"而牧亦自谓鹏程可立致。无何，世父大咸逝，三伯大泰以一箧付之，曰："此皆记簿，是汝大伯交予付汝者。"牧力辞不得，乃部署一切，事悉中礼，亲族交游皆叹大咸有知人之明，而牧能不负所托也。

用楚例开以县丞，即用，适其外舅史传远由济南卸任归，力阻之曰："宦海难言也，婿性太直，佐贰便于民而不便于长官，人贵自立耳，为一乡所矜式如王彦万可矣，何必沾沾为五斗米折腰耶?"因中止。而于乡党中有才堪贸易者授之赀本，有贫将辍读者助以膏火，失业佃之田，露宿者与之宅，凡婚嫁丧葬之匮乏者踵门，求无弗应，以故人心悦服，遇之靡不改容以待。邑中社中有公事经营，筹划财力，两无所吝。与众相商，必求有利无弊。

嘉庆癸酉，滑县变，权、南二站兵差络绎，王令设局延绅，命牧统理之（事详《置邮门》）。时听差者仆仆道路，间有违言。差竣，邑民某诬众绅控于部事，遂上闻，下抚院提讯，牧喜曰：“吾辈冤白有日矣。”赴省对簿，条陈出入，起讫分明，群喙乃息。

道光九年，岳令修城，延牧董事。牧日循城上，浃旬始一旋里。会大风雨，坠马折肱，少瘥即赴工。阅二年，工竣。崇垣巩固，足资捍御。

嗣后不轻出门，筑亭曰“知止轩”，朝夕其中，以翰墨自娱。乙未年饥，从黎邑籴粟数百石，减价以粜，邻村赖以全活者无算。年六十八卒。

程百里，字震峰，西渠村人。父鹰扬精骑射，而试辄不利。百里入塾四五年，即令仍肄武事。年十八，众中校射，发必中鹄，风标玉立，有祭遵雅歌投壶气象。一试不售，仍从师读。嘉庆庚辰，入武庠。后连丁内外艰，葬毕，余薄田数十亩，不足供食指，遂无意进取，而终以不获诵读为憾。乃谋就村塾，为童子句读师。一馆中文武并授，邑中以一人兼文武师且卓有成效者，百里外无两人也。

道光甲午、乙未间，汪学使案试沁郡，有幼童默写十三经一无伪误，甚蒙叹赏，即其长子起鹏也。次子展鹏，十数岁时五经亦默诵无遗。又亲教诸孙于五经四子书，俱能成诵。堂侄步堂六岁失怙，教之读如教其子。凡子侄辈开笔为文，俱令受业于邑。拔贡郝廷魁遇食物新登，必先送之。郝尝病疮，延医奔走，昼夜无间。郝感泣曰：“震峰真患难友也。”因益尽心教其子侄。百里处蒙馆三十余载，授徒百余人，能诵五经者数十人。以默经入泮者有沁郡白受采，默十三经者起鹏外有同邑李彦芳。邑进士李重华尝询其督课法，曰：“吾必使勤于背诵，只是立志耐久，不辞吃苦耳。”李深叹服之。起鹏尝言，幼时乃翁昼耘田，夕课读，其后挈儿坐地畔，戒令诵勿高声，恐为田间人嘲笑。虑书无善本，于《尔雅》《周礼》等书日检查数百字不厌烦。潜玩各书传注，择简明者易于土语，令童蒙易解。晚尤爱读史，间论古今得失。尝题坐右二语“平生守拙无他术，到处逢人劝读书”，可以知其志矣。

史嶷，号九峰，东田人。少孤，喜古书及诗古文词，入泮未几即弃举子业，用力于声诗，含而咀之，醇而后肆。从伯叔宦游，历齐鲁，下江湖，山川奇险，尽以助其文章。归而结茅东田，几四十年，图书茶灶，与古为徒。邑中文坛老宿及四方迁客骚人争式其庐，而与之上下其议论。邑侯张荷塘、谪官冯兆观、山人张翼苍，尤称莫逆。尝各出其集，待裁定焉。嶷自为文□等身，邑中碑铭传赞多出其手，而嫁以他名，志在于隐故也。

范士熊，字桓一，号悦山，晚号瘦寒吟叟。世居城内信义里。年十一怙恃俱失，仲兄命篷室徐氏抚之，每读《蓼莪》诗则泣下。事两兄如严亲，二十年曲尽弟道。两兄相继殁，有《哭兄诗》，诵者莫不欷歔。仲兄无子，以其长子诸生名晋嗣之。徐氏卒，命嗣子为之成服，丧葬如嫡礼。平居训子弟曰："与其贪污而致富，不如清白以安贫。"家不中资，亲友急难，竭力周恤。某村乏井，割己田凿池，村人沾足，偿地价不受。挚友某卒，有遗赀，子少，代为经纪十数年，人以为犹某存也。貌清癯，言规行，矩昭冥，以之往来，皆端人韵士，自奉甚约，而客必隆礼盛馔。遇人有过，蔼然劝诫，悦服改悔者不可胜纪。

道光年间，大修学宫，两庑神牌后旧有座屏书其事实，年久漫漶无存，精心参考经史，正误补缺，一一重书。事竣，缮成完本，家藏待刊。邑中孝子节妇，年久虑将泯没，邀集同志，采访申报，资斧独肩，贫乏者力赞成之。自弱冠补诸生后，两试有司不得志，遂绝意进取，而专攻于诗。凡所阅历，靡不以韵语出之。

尝南下太行，望黄河，过梁公望云处，指点盘谷李愿故居，寻孙登啸台、康节安乐窝，故造诣益深邃。值岁暮大雪，呼童拥帚，探梅月山。画士貌，其真于雪色花影间披褐亭亭，见之者以为襄阳伴侣放翁化身也。一时遐迩倡酬，诗简不绝，有不远千里而请质者。

客覃怀代人选刻《介眉吟稿》《沁浦诗草》《遗兴楼诗》《范氏同怀诗》，助刊《程林宗文编诗草》，选刊清代邑人诗十二卷，颜曰"南亭诗钞"，自著《瘦寒吟稿》《魏守经孝廉选》二卷，为刊附后。又著有《嘤鸣求友集》十二卷、《诗法训蒙》《训蒙格言》若干卷，未刊。

晚年习静，筑假山、书室，旁编篱种竹，啸咏其中。虽居城市，远绝嚣尘。平生遇邑公事，邑宰必强致而后至，至则侃侃而道，守正不阿，同官皆敬礼之。历与修城及权、南两驿兵差，不惮劳瘁，不费公中一钱。尝有句云："居心要质天无愧，举步常留地有余。"

咸丰元年，诏举孝廉方正，邑绅或属意，力却之。同治元年，众鉴前事，弗令预知，翕然具呈。知县梁大鹏、教谕钮增尧既为申荐，而后怂恿赴省，方伯郑两次延见，畅谈移晷。冼学使手书楹帖"帝命旁求推正士，邑传新咏集名贤"句赠之。旋以老病辞，不赴部。二年十二月卒，年六十三岁。寄挽诗者三年不绝。

以上《续志》人物。

郝邦仪，字凤韶，马牧村人。明季明经。龆龄就外傅，读书识大义。初补博士弟子员，旋食廪饩，其学益进，邃于经史，慷慨凛大节。方流寇猖獗，义愤填胸，奈请缨无门，未遂所志。迨明祚移，清廷薙发令下，一时放达名流不恤以胜国遗老作兴朝佐命。邦仪则黍油麦秀，恻然兴怀，愿以明之遗逸终誓不薙发，潜隐土洞中，足迹不履城市者十余年。尝赋诗以见志，有"但云颈可断，敢谓发容伤。留此归泉下，随亲见我皇"之句。忠孝之性溢于言表，于以知明清鼎革之际，邑士尚有守夷齐之节者，爰记之，以为廉顽立懦之一助云。

籍文学，字鲁风，号瀛馆，晚号迂叟松庄人。幼嗜读，倜傥有大志。弱冠食饩。道光甲辰举于乡，壬戌大挑一等，签掣浙江。

时洪杨军兴，江南不靖，人或代为危之。文学毅然就道，不少顾虑。至则杭城已失，左文襄督师堵剿，耳熟其名，招致幕府，委以转运事宜。文学相机调度，讫无失时。不数月而杭城克复，以劳绩特加知州衔。嗣因资用不充，力请改教还乡。

归署太原教谕，嗣司铎太谷。谷为文学旧游地，文章经济，人所夙钦，多士景仰，服从惟恐弗及，文学亦乐与成就之。龚学宪考太原府属教职，榜次不论县纲，特拔文学第一，其见重如此。后推升卓异，任汾州府教授，其奖进士子亦如在谷时。太守知其廉干，委兼督河工，文学课士之暇巡行河畔，寒暑无间，卒以年老事烦，罹疾告归。未几，卒于家，年七十有三。

文学孝友性成，事亲色养备至，日与胞弟恒学怡怡一堂，昼夜功苦，声蜚遐迩，人以难兄难弟称之。性又淡于名利，历任所得薪俸，不为儿女计，悉以购书，见所未见者虽重资不惜。其在浙也，虽军事孔亟，暇辄与名人巨公诗酒唱和，纵谈古今忠孝大节，颇极一时之盛。著有《浙水纪事》，藏于家。

子书盛，优廪生。孙毓华，平遥教谕。曾孙福田、润田，俱区长，勤慎慈和，卓有贤声，人谓为克绍祖风云。

魏高阳，字慕恺，号晴楼。韩壁村人。少从王莘庵先生学，性凝重，不苟言笑，而于业师询问时辄侃侃直陈，具旁若无人之概，侪辈咸异之。童年入邑庠，文名噪甚。

咸丰辛亥，年二十三，举于乡，归而益肆力于诗书。虽生长豪华而俭约自奉，逾于寒儒。与刘陵名士王子蕃昆仲相友善，唱酬无虚日。高阳有“我辈相期收实效，人生最怕受虚名”之句，可以知其志矣。嗣补芮城教谕，屏奢华，却馈遗，以身率教，一邑人士彬彬向风。会邻境土匪猖獗，高阳助邑宰筹防御之策，凡所擘画，悉中肯要，百姓赖以安堵。屡以归养乞休，不许。逾年卒于官，年仅三十有八。著有《知止轩吟草》。

史纪，字廷右，号竹轩，东田人。童年以能文名，弱冠饩于庠中。咸丰乙卯举人，授马邑乡训导。马邑自废县为乡，廨宇久倾。纪至，披荆斩棘，修葺一新。兴学课士，文风丕振。乡民遇有忿争亦来就质，纪为判别曲直，剀切劝导，罔不洽意而去。在任二年，致仕归。设学授徒，诱掖循循，深为士林所推重。门下列黉宫贡成均者百余人，年近八十卒。

李金鼎，字贡九，西堡人。清岁贡生。以襄办赈务奖叙军功六品衔。夙承庭训，颖敏过人，年十六补博士弟子员，旋食廪饩，文名藉盛。时魏一泉先生以文学号召后进，金鼎游其门，深为器许。顾屡膺秋试，数奇未售。同治庚午科卷已入彀，仍以额满见遗，同人咸为惋惜，金鼎则处之夷然。以高亲年迈，遂绝意进取。

性至孝，亲病呃逆，躬侍汤药，衣不解带者月余。本伊川事亲，不可不知医之旨，精研医理，乡邻求方药者应手多奇效。读书务明体达用，不斤斤章句之间。尝训其嗣曰："读圣贤书贵在立品，若怙势鸱张，武断乡曲，则名教之罪人也。每见近年士子一入庠序，便自高身价，服用侈靡，以致用度不充，隳名败俭，为乡里所诟病者比比皆是，廉隅不饬而欲异日为清白吏得乎？语云'俭以养廉'，尔等慎之。"躬理家政，丝粟不妄费，而于戚友缓急则解囊慨助无吝，邑无德色。天性方严，遇浮荡者，面责，不少贷人，多感而化之。光绪丁丑，岁大饥，往来市镇，粜粟周赡，赖以全活者甚众。邑侯吴书年延襄赈务，金鼎核户口给赈粮，自备食用，不费公家一钱，事后无訾嗷者。其德望之足以服人类如此。

李方华，字仲实，号石农。下北漳村人。弱冠补博士弟子员。时严亲春秋高倦于勤，委以家政。未几父卒，遂不复志进取。

顾天性嗜学，得暇辄读书，喜作擘窠行草，古劲峭削，有考亭遗意。尝以秃笔濡水书粉墙，作径尺大字。新构屋成，戒勿垩，日持敝笔泚垩水濡染淋漓，纵横挥洒，湿气熏蒸，至于染病不悔。书法绝佳而不自吝惜，有求者罔弗应，故其笔迹所在多有焉。

至急公好义，尤其特长。光绪丁丑，大祲，邑侯吴奉宪檄劝捐助赈，方华首倡捐，不少吝款。既集议购粮于苏漕，时饥民载道，劫掠时闻，吴议遣绅往，众有难色，方华毅然曰："中野鸿嗷，旦夕填沟壑。及今囊资往，犹虑转运艰难，缓不济急，如复畏难迁延，是坐视其毙也。吾当不惜一身以济万姓，请行矣。"吴高其义，遣之往。濒行，召其邻里而谓之曰："若有所需，当告我。我贷若年丰，若偿我乃第其等差立券与之。"众皆踊跃，有泣下者。未几，购粮归，吴及州守均额其门，以示褒嘉。先是，其母刘周急济困，乡人德之，方华一禀慈训，举凡宗族、故旧、寒畯、茕独，往往解囊慨助，毫无德色。而自奉则布衣蔬食，与农氓杂苦，持畚锸于炎天烈日中，如是者以为常。尝手书“先正刻于己为俭，俭于人为刻”二语于座右，其志趣可想而见矣。

晚年望益隆，邑宰有事必延之咨度，方华深自抑，非公不至，未尝干以私。乡里争讼，辄为排解。族事社事加意整饬，费不足则以私财助之。以襄办赈务奖布政司经历。年近七十卒。

段晓云，字书五，东村人。天资瓌颖，气宇轩昂。年十七，郡试冠军，旋游庠，朋友多以大受期之，顾家政纷繁，不克专攻举子业。且性不喜帖括，得暇辄读史汉大家文，学以精进。尝协同乡先辈助邑侯张石麓修葺鞞山书院，经营规划，备竭心力。时钮松斋广文、范桓一孝廉，每相劝曰：“以君超迈之资，曷可久囿于乡？宜与天下贤士大夫游，以博见闻。异日得志，国家桢干选也。”晓云感其言，第以家务牵缠，迟迟不果行。

迨子雨田稍长，适议叙洊，加至分部郎中，乃赴部引见，签分兵部职方司行走，大为堂官所器重，委两江甲帮办记功所行走。

嗣以继母贾构心疾，请假归省。时值丁丑大祲，邑宰吴书年闻其归，特邀商赈恤之方。当日仓廪颇实，而吴以未禀上宪，犹豫不敢发。晓云曰：“救灾如救火，稍缓则不济，当轴关心民瘼，先赈后报，必不至遭驳斥。”吴从之。曾忠襄公、阎文介公方主赈事，闻而嘉焉，吴以是益心折。晓云襄办赈务，综核收发，不避劳怨，并慨捐五百金以为诸富室倡。事竣，劳绩上闻，加给四品衔。年近七十卒。

程砚祖，字遗斋，司空启南九世孙。性孝友，好读书。年十六失怙，母郭为延师教读，俾继学业。砚祖刻苦自励，倍于寻常。每归自塾辄依依母侧，谈述家务，不命之退不退也。无何，母疾革，执砚祖手而训之曰：“吾家自司空以降，掇巍科登显宦者代不乏人，天之所以福吾家者亦云厚矣。汝以家务羁身，未克成名，丸熊画荻，吾甚愧之。但望汝以孝友恭谨自励，即所以承先志而慰亲心。书不云乎：惟孝友于兄弟，施于有政，是亦为政正，不必抛却白纻乃可谓之利市也。”遂卒。砚祖擗哀号，水浆不入口者数日。经邻戚苦劝乃节哀治丧，殡葬如礼。旋充鞞山书院经理，出纳分明，丝毫不苟。时主讲张朴斋孝廉尝语人曰："程公君子也，吾目中所罕见。"光绪丁丑、戊寅连岁大祲，邑令吴敦请襄办赈务，丕著劳绩。事竣，蒙朝廷诏授儒林郎，以直隶州州同候铨。

晚年，益扬抑谦和，惟恐不及。尝于薄暮返室，见什物席卷一空，闻案下有人声，呼之出，则所识某书生也。家人欲执之，砚祖曰："此，某先生也，岂梁上君子哉！"邀之别室，食以酒食而谓之曰："此事非吾辈所为，一经发觉，不止贻君羞，且为儒林玷。如困乏，何妨明告？"书生津津汗下，惭惧而去。族叔家千贫不自给，割田百亩使之耕种，不责租粟。族侄世雨殁无葬地，适砚田有地三亩可作茔，慨予之，不取值，其硕量孔德类如此。历任邑宰于邑中公益事务必延请咨询，砚祖不违众亦不阿众，悉心筹划，务归平允而后已。邑侯曾匾其门曰"公正和平"。光绪甲午冬寝疾，命取佃户欠租簿据及其他债券，悉付之火，谓其子曰："吾不愿汝曹向人索债也。"又曰："勿以善小而不为，勿以恶小而为之，斯言耿耿，吾尝不去于怀勉，汝曹勉之，勿使吾家累世清德至汝等而不保也。"逾二载卒，年七十岁。

李华炳，金鼎子。字少九，一字文园，号朴庵。七岁入塾，不数载于九经诸史悉能背诵，见者奇之。年十六入邑庠，明年食廪饩。文章诗词，皆为世重。嗣蒙学宪擢入晋省令德堂肄业，文思益进。

清光绪己丑举于乡，主襄垣漳川书院讲席，修坠起废，文风丕振，一时俊彦咸出其门。癸卯，捷南宫朝考，点主事分兵部，旋改学部。以母魏年老，弃官归养。逾年母卒，华炳泣谓其子曰："幸吾告休归养，得终汝祖母余年。倘稍事恋栈，必至遗恨。终身茫茫宦海，误人实多，汝曹识之。"服阕后，允太谷县山长。会朝议变更学制，闻令即改书院为学堂，以为邻邑倡。

宣统初被举为本省咨议局议员，时骆学宪慕其为人，聘兼充学务公所议长。寻被举为京师资政院议员，在院多所建议。鼎革后乃摒挡院务，谈笑归田。

民国元年，任长子县知事，奉令严缉秆草会匪，悉心侦访，务得其情，既不使元恶逍遥法外，尤不使良民罹于大辟，一邑咸称庆焉。

逾年，解组归，先后任本邑商会会长、公款局经理，剔冗除弊，井然有条。民国十五年卒，年六十四。其文章经术冠绝群伦，新旧学术，罔弗淹贯，著有《职方史略》《诵芬轩吟草》行世。

冯铭东，字左箴，号筱渠。东庄人。光绪庚子恩贡生。夙承庭训，长入胶庠，以优等食廪饩。家贫甚，不克专攻举子业，设帐授徒，负笈从游者甚众。每学使案临其门下，鲜有不获隽者，以故弟子几遍邑中。

初，其先世经商，逋负颇多，铭东以舌耕所得偿还渐尽。尝有欠铭东债者踵门求缓，铭东慨然曰："吾一贫彻骨，区区早不挂齿，责若偿而有济于吾犹可为也，责若偿而无济于吾何所取焉？若且行，吾不若窘也。"立出其券焚之，其高义达识有如此者。

三赴秋闱，两荐不售，遂绝意进取。某科后就闱题拟艺数首，进呈于课师邑广文钮松斋先生。后值进谒钮，出其文，谓之曰："能为此文，胡不赴试，以资斧艰对?"钮忿然作色，曰："子夏欲速见小利之病，武人恰中之矣。汝虽贫戚党中，宁无资助者，何自馁若此?"铭东唯唯，此可见痛为之惜矣。

生平谦恭扬抑，逢人必先揖而后语。里人有争，力为排解，不使成讼。卒年八十有四，乡里迄今犹称道不衰。

冯瀚清，字月溪，号静轩。恩贡生。铭东子。幼凝重，寡言笑，见者多疑其痴。稍长，父教之读，慧殊甚。九岁时尝有痘，医某以"黑狗咬，白狗戏"令属对，应声曰："火龙断，水龙医。"大奇之，谓其父曰："此子非常人也，将来必能光大门闾。"弱冠入邑庠，旋食饩。文名播遐迩，而瀚清益自攻苦，居恒不出户庭。偶一游，眺见有妇女处，辄避去，或绕道而行，其廉隅自重大率类此。性至孝，时祖母春秋高，每以家贫不得甘旨为恨，因父子各设塾授徒，藉博微薪。

光绪己丑，邑宰湘中李荇仙拔邑士优秀者，入署课读，给以膏火。瀚清与李华炳、段雨田、李壬林等俱列门墙，而瀚清尤邀青盼，盖重其器兼怜其贫也。

光绪癸巳，领乡荐，邑令王公聘主鞞山书院讲席，课艺暇辄以道德励后进，日与王公诗酒往还，未尝干以私。会有放足功令，瀚清力为提倡，并作《天足启》以破积习之迷，邑人争传诵焉。甲午之役，我国丧师失地，瀚清闻之，不胜忿恨，慷慨激昂，逢人辄道，盖其忠义之气发于天性，有不能自已者。使出登仕版，其设施当莫可限量，无如天不假年，仅四十一岁而终，人尽惜之。生平以道学自任，著有《寡过未能斋日记》《博笑集诗稿》《释迷启》。

段雨田，字公甫，一字润生，号棹庵。清陆军部郎中。晓云长子。幼承庭训，读书务会其通，不斤斤于章句。弱冠文名噪于庠序间，旋成饩士。光绪壬寅，登贤书，秉铎化，以振兴文教为己任。学政刘考十七属教官，擢取第一。时晋省创办大学，执教悉当代名流，雨田承当轴调委为大学斋务长，热忱将事，多士翕服。会争矿事发生，人多慑于外族势焰，噤若寒蝉，而雨田则据理力争，侃侃不挠，众以是服其胆识。既而任学务公所科长，被推为咨议局议员、资政院候补议员。岁辛亥，听鼓保阳，奉委摄南皮县篆。将之任，适丁内艰，乃归里。

民国肇元，曾一宰浮山，以土匪猖獗，未竟其用而返。民国七年，膺省议会议员，在会多所建白，蒙省长阎保举为荐，任职改选，后充督军府参议。寻退而家居，于邑中公益竭力襄助，先后充商会会长、公款局经理，经营筹划，务期周详，继任者踵其成规，咸相称便。

生平倜傥豪迈，卓尔不群，而遗大投艰，不辞劳怨，尤有过人之处。尝被选为第三届代议士，惜国会未开，莫能大展其用，论者未尝不重其人而悲其遇也。民国十七年卒，年六十有四。

论曰：东汉崇奖儒术，名流称最，此人才由于鼓励也。而予舆氏曰：豪杰之士，无文犹兴，士果自立，发名成业，任人自为，岂尽关乎时代哉？武虽僻壤，名人贤士后先相望，出则树伟绩于国家，处则留芳型于乡里。学问事功，昭人耳目，视他邑何多让焉！彼有作者宜如何奋发而兴起也？

文儒传

儒者立德立言，腾声茂实，大而范古铸今，扶轮大雅，小而扬葩奋藻，著迹一方，不然负斯文矣，虽一郡一邑之微，操觚者何止千万，然足以寿金石而传不朽者，惟贯于道者能之。故儒者之见重于世谓为在其文，不若谓为在其行。爰就邑中近百余年来称珍席上而无愧者，缀而成篇，一以彰往，一以诏来。作《文儒传》。

清

魏鸾翱，字仪廷，号鲁斋。生有异才，过目不忘。十二龄补博士弟子员，旋食饩，学使戈仙舟、陈钟溪皆以大器目之。幼时值文庙兴工，事竣，奉安两庑诸贤儒座位，鸾翱一见谓次序紊乱，言某居某上、某居某下，如其指乃复依序如前，人咸惊异之，其随事留心如此。

素敦交游，与邑孝廉王钟俊、武扬休诸人结诗文社唱酬无虚日，文工而敏，日可成数十艺。屡荐不售，年三十九，乾隆己亥始得登贤书。邑人程林宗爱其文，谓人曰："吾邑乡会，文出清奇，高古作者原不乏人，求所谓疏瀹性灵可补入注疏者仪廷公一人而已。"丁未岁，偕王钟俊赴试。礼闱场前王遇江南钟生，出僻典百以难王，气颇傲睨，王密询之鸾翱，翱为条举以对，且曰："吾儒宜卑以自牧，何可矜己而傲物也?"王录示钟，钟奇之，叹为山右名士，而不知其实出于鸾翱也。

惜生平著作散轶无存，所见仅《武乡建置沿革考》及《重修南山庙记》二篇而已。

赵昌业，字敬哉，一字肄园。父扩，由孝廉任荣城令。为人诗酒风流，不崇势利。昌业少娴吟咏，长而博涉群书，克嗣家学。弱冠补诸生，食廪饩。王乐山先生之宰武乡也，以斯文号召后学，四方博雅之士多归之，昌业与焉。嘉庆庚午，先生分校晋闱，有邻房持卷来商先生，怂恿荐之，果为主司击节，拟中第三。已而二场无卷，卒屏之。榜发启封，即昌业卷也，盖以二场后闻讣归矣。后昌业久蹶棘闱，益肆力于声歌，往往浊酒半壶，阔论古今有韵之文，上下千载几不知人世间何事足挂齿颊。人聆其丰采，未尝不悲其不遇也。

大抵昌业之学以《文选》为门径，诗初学西昆体，艳丽出以蕴藉，亦时时染指于温飞卿、韩冬郎。既见《剑南集》，裁对工雅，有独出冠时想，而昌业之诗亦于是乎成矣。文则六朝排偶，中高置一座，晚爱陆宣公奏议，圆畅流走，直能呼之欲出。尝谓人曰："文以凝练，设色为工，粗疏浅陋，果有当于古人否耶？"以此自励，亦以此教人云。

家綦贫，舌耕谋生，终其身如一日。道光甲申，例得贡于廷，而时逢加恩，以岁贡为恩贡生。卒年五十八。有诗八百首，无卷数名号，未成帙也。其成卷者曰《潜居琐记》《课余草》，凡数种。

程林宗，字泰卿，一字介山。先世明末显宦，五世祖康庄，世所称昆仑先生者。清初以文学起家，林宗承家学。弱冠补诸生食饩，试辄冠军。应乡举十五次，屡荐不售。嘉庆癸酉，学使周始以选拔贡京师，未遇而归。道光辛卯，病晕，乃绝意名场，以诗文娱老。

生平著作甚富，其成帙者《孟子醒批》《史记文津》《左传琼林》《昆仑年谱》《司空家乘》《介山文编》《惊邻诗草》，凡七种，名其集曰《麟趾堂》。

幼颖悟，童时授《大学》，问"子程子"作何解？塾师以尊美解之，曰："子朱子亦可乎？"塾师奇之。长而善病，喜读书，支枕之余不废涉猎。尝以传人自期，人咸迂笑之。与同辈谈，纵横跌宕，娓娓动听。下笔甚敏，若陈同甫之推倒一世，若苏玉局之一泻千里。间为韵语，抒写性灵，而不欲以烹炼见奇。

云南王乐山崧宰武乡，林宗为门下高足。乐山卷轴嶙峋，林宗得借观领，其绪论诗文，乃益归于醇。乐山属望甚远，谓友教四方未有如其精进者。性不喜为人师，而遇人辄训，常曰："吾生平知无不言，言无不尽，解人可索，即此当授受也。"既不得志，居家，遇事井井有条。同邑绅补筑城垣，邑令岳方亭维城亟称之曰："以君之才，南面郡县循吏，可无愧也。"又赞其文集有云："其静则秋水澄潭，鱼龙隐见于其中也；其动则雷电交作，而风伯雨师为之驰骋也；其叙次则龙门之洁净，而风神则六一之顿宕也。"至于议论独出，不拾前人唾余，则胸有智珠，故笔具炉锤也。

晚年杖履优游，遇田夫野老亦嬉戏淋漓。尝预作挽联曰："生平富贵原无分，身后文章合有名。"咸丰二年卒，年八十岁。

王梦聘，字莘庵。道光乙酉拔贡，著《所吟偶存诗稿》。家世读书，先后登孝廉、拔萃科者累累。贫而力学，舌耕为生。邑令王乐山崧深器重之，其行实虽轶而不传，然当日闻者生慕，见者生敬，要亦儒林中卓见者也。并著有古近体诗一百首，悉载《南亭诗钞》。

魏守经，字亦权，号一泉。父三汲，敦行积学，小试屡拔前茅，而终不得一售。孝谨廉让，见称闾里。村人贷钱，贫不能偿者辄焚其券。地邻某诬其侵界，不与较，割地一亩让之。艰于嗣，五十二岁始生经。

守经幼承家学，颖悟过人，终朝读，他人数日不能及。年十二文名已大噪，十四入邑庠科，岁试连冠军，列优等七八次，而无缺廪。二十七始食饩，历任学使，皆许为沁属第一人。中江岳方亭宰县课士，得其文，大加叹赏，谓青云可立致。道光壬辰，登贤书第九，典试张麓门深器重之。邑令聘主鞞山书院讲席，邑人士皆欣然庆得师。再上公车，不得志。甲辰谒选，未见收于吏部闱中，文已拟中而卒以额满见遗。自是遂无意进取，而授徒自给，四方之以诗文就正者户外履常满。口讲指画，娓娓不倦，略得其残膏胜馥，无不腾达以去。

晚年就馆昭余，亲炙者尝憾不获早奉教也。已而归里，讲学家塾之心稼楼，沁郡守延为铜鞮书院长，以疾辞。为人平易，不立崖岸，而清修自好，非公不至有澹台子羽风。

性嗜酒喜吟，于学无所不窥，而尤深于诗。曾刊其《悔不读斋咏史诗》百篇，不胫而走；《古近体诗》二卷刊入《南亭诗钞》，未刊者有《南亭竹枝词》《悔不读斋试帖诗》《古文制艺》，各皆成编，并杂著《课幼绪言》《学诗初柷》二帙。同治元年七月卒，年六十二岁。

李重华，字伯香，号素园。父企英，增生，隐居授徒，成就后学甚众。倡修李氏宗祠，族人始知向学。

重华幼承庭训，苦志读书，为文奇特，不徇时尚。道光己亥举于乡，乙巳成进士。以亲老告近分发直隶署容城篆，后补新城令。半岁，丁内艰归。重华履任时甚少，而奉委审案最著名。始至容城时多盗，重华勤于督捕，盗皆敛迹。其补新城也，念其地处冲要，为之平其徭役，除莠安良，民皆喜曰："李青天来也。"

性廉敏善断，尤能曲体人情，故人亦以情输之。年五十一而卒。著有《净尘庵记》。

以上《续志·文苑》。

李中敏，字灼先，号莲峰。西堡人。恩贡生。能文章，尤工行楷书法，以赵承旨为宗而并出以新意，自成一家。尝为同族某书墓志，文中有"皇考"二字，邑令江及广文王谓为干犯禁忌，遽以上闻。省当轴以事属非常，飞檄下县逮事主，讯知志为中敏手书并索之。时中敏方自异县解馆，归留城中友人家。友人欲匿之，中敏不可，毅然以出，曰："死，生命也，乌可以匿免?"遂就执。囚车就道，至徐沟县北门，遇赦归。相传，墓记既经进呈，清高宗见字体超绝，颇加叹赏，使中敏果至京师，当能名动公卿，故论者咸喜其中途得赦，而惜其遇赦竟返也。

李甡，字瞻林。西堡人。幼聪颖异常儿，甫能言即多惊座语，一时以神童称之。七岁入塾，塾师讲四字书，馆童多愚昧不甚解，甡睨视哑然，师叱曰："若笑胡为者，若岂能解是耶?"讯之则朗然为老生谈理，无一嗫嚅状。十岁学作八股文，能畅所欲言。十四岁以第一名入胶庠，寻入晋阳书院。一时交游如兴县康基田、康基渊，文水王钟健，平定李珍聘，太谷任琚、杜宪，忻县马腾蛟，汾阳彭腾万，太原石焕，皆当日名士，咸相推重。顾康、王诸君后先登甲乙榜，或至方面，而甡则年届三十犹沦落不偶，竟以青衿终身。予之才而靳其遇，天之生人，于甡益有不可解者，可慨已。

魏大履，字仲坦。乾隆庚子举人。父伦，以文坛耆宿名噪三晋。大履秉承家学，以诗文驰骋一时，碑铭传记多出其手，其他著述亦富，惜多散轶不存。生平意气豪迈，笃于孝友，常与一兄两弟怡怡一堂。时或提壶挈榼，约友偕游，分韵叠和，乐此不疲。雅人高致，乡里咸啧啧称羡云。

魏教，字化成，号西园。嘉庆辛酉举人，拣选知县，隐居不仕。设乡塾课诸学子，多所成就。邑令岳方亭耳其名，聘充西席，教其少子世仁。后世仁捷南宫，入翰苑，奉命督学山西，武乡士子多蒙拔擢。论者谓教以经师兼人师，岳氏功名，教实有以成之，非故为阿附也。

魏凤书，字炳廷，号丹崖，拔贡鸿祖之子，太康县殉难知县令望之六世孙也。嘉庆辛酉成进士，授国子监学正。以亲老告近，先后任潞安、平阳府教授，修坠起废，雅意作人。晚年致仕返籍，设学授徒，成就甚众。

魏献书，字俊三，号觐廷。道光己亥举人。吏部截取知县，以劝捐蒙奖光禄寺署正衔。性雅静，家居不仕，以时艺号召后学，诲人若亲其子弟，孜孜不倦，门下贡成均、登贤书者多所成就，一时有“桃李公门”之誉。生平端谨耿介，邑有公事，明府邀请，至再然后往，至则随分尽职，期于恰当而后已，他事不与焉，以故邑令咸推重之。著有《绵山诗草》《俊三文编》。

魏简书，字仲廉，号云馆。少有文名，年十五应童子试，州宗拔置第一，旋入泮成饩士。博极群书，尤精《左传》，时有“左绣癖”之称。顾久踬闱场，屡荐不售。道光乙酉科卷出，山左曹森门下大加赏识，副主司拟中元，因与正主司意不协，竟被黜，因奖以匾曰“望重圭璋”。壬辰，乡试闱中，与门人郭熙同号，简书首艺成，不甚惬意，乃以畀郭而精心结撰另构一艺。榜放，郭熙获隽而简书仍见遗。

丁酉成副贡，同人咸贺，简书曰：“吾以駘驽之质，谬为师友所称许，夙知科名不足轻重，所以仆仆而不自休者，欲为知己者一吐气耳。乃文场中屡战屡北，所获仅一副车，贺我者宁不增我愧乎？”语毕愀然。后竟郁郁赍志以殁，年四十有五。著有《尔雅注释》《太极图考》《易经讲义》。

张锦心，字朴斋，号织云。墨镫人。咸丰戊午科举人。晚年授曲沃县教谕，卒于任。生而天资瑰异，嗜读如命，经史子集，过目成诵。童年入邑庠，登第后名驰三晋，先后充辽县暨本邑书院山长。尝为辽州牧进士王锡衔所器重，饮食衣服以时馈遗不少缺。出其门者多以科名著称。辽县翰林刘秉钧、进士刘麟翔，邑进士李华炳，孝廉冯瀚清、段雨田皆其高足弟子也。生平著述颇富，惜多散轶不存。其经术文章为邑中近百余年来所仅见，故学者一经陶铸，咸能登黄甲，入词林，扬葩奋藻，激昂青云。顾文憎命达，仅以一学官终身。吁，可慨矣！

王先畴，字寿田。拔贡梦聘子。幼承家学，文名藉甚。早岁以冠军入胶庠，旋食廪饩，与兄先瀛相继拔萃科，大为某宗师所赏识，有“大宋”“小宋”之称。生平实行务敦，以孝友谦介为旨归。诗文潇洒绝俗，匠心独出。著述颇富，散佚殆尽，所传仅《四景吟》数首而已。

李秀良，字仲房。苏峪人。同治丁卯举人。幼以孝友著闻乡里。继母多病，呻吟床褥，秀良朝夕侍侧，中裙厕牏，亲为浣涤。亲没后哀毁骨立，凡事必于木主前禀命而后行，终其身如一日。尝有句云“寄语人间不孝子，青灯黄卷枉徒劳”，诚孝之怀，溢于言表矣。掇科后馆太谷杜太史瑞凝家为教，其子侄悉以成名。寻返籍主讲鞞山书院，文章经术名重一时。年五十余卒。子炜，弱冠入邑庠，事母至孝，人咸谓其能广孝思于不匮云。

李承恩，字桐卿。下司村人。少承庭训，读书不辍。为文雄伟高卓，性复渊静缜密，于事不苟毫发。生平不妄交游，惟与范士熊、王先畴诸名士日相磋磨，学问益邃。以老诸生授徒于乡僻间者数十年，口讲手削，唇焦笔秃，至于老髦不少倦。清咸、同后，邑中掇科第，列黉宫者多出其门。

郝茂椿，字寿山。郝家庄人。幼承庭训，才识过人。入庠后攻举子业，屡赴秋闱，荐而不售。旋理家政，为子弟延师教读，三子俱蜚声庠序。次子汝昌，尤有才名，人咸谓郝氏有家学焉。

茂椿老成练达，遇邑中公益事，辄于官绅间指陈利弊，侃侃不挠，其不吐不茹之概深为历任邑宰所推重。尝首倡整顿鞞山书院，一切规条，酌盈剂虚，擘画周详，莘莘学子，得沾实益。晚年雅好清静，而登门求教者犹日不暇接。乡邻有牙雀之争，得其数言，莫不言归于好。古人谓士苟存心于利物，不必济以财物，即分齿牙余芬而士民亦得蒙实惠，茂椿其有焉。

范名夏，字西怀，号莲溪。附贡生，光禄寺署正衔。谙达世务，人望蔚然。历任邑宰咸雅重之，有事必延请咨度名夏，深谋远虑，知无不言。邑令吴书年续修县志，李荇仙增修文昌阁，名夏实助成之。光绪丁丑襄办赈务，劳绩丕著。事竣，蒙朝廷奖给五品衔。

范乘骊，字德舆，号持庵。光绪乙酉拔贡。兄探骊，同治癸酉拔贡，伯仲齐名，人以难兄难弟称之。乘骊才华丰赡，英姿发越，下笔如行云流水，数千言可立就。每一艺成，观者咸为咋舌。尝授徒讲学，问奇者履常满户外。惜天不假年，未四十而卒。

李壬林，字二酉，一字六符，号礼泉。布政司经历方华长子。光绪丁酉拔贡。幼嗜书，读辄有得，为文不屑以帖括自囿，凡经史子集以及金石、书画、占验诸书罔不通晓，文名与同邑李华炳相埒，当时有“二李”之称。刻苦自励，往往漏三下犹拥被摊书。父虑其过劳，时加训诫，卒不少辍。性平易近人，善辩论，杂以诙谐，众莫屈其锋。然谨慎自持，非相知不妄发。尝引镜自伤不寿，选贡成均后不数载竟卒，人谓为积劳所致，不知其实有不解之忧。盖母崔弃养时，壬林方应秋试，父仅以微恙告之，迨闱后归来，则母死已半月矣。抚棺躃踊，一痛几绝，经邻戚相劝，渐进饮食，然终以不获侍母疾为恨，哀毁成疾，遂以不起。著有《二酉待雉草》。

冯赓，字殿飏，东庄人。光绪庚长恩贡。少灵敏笃学，游庠后设帐授徒，以谦和扬抑自励，即以教人。课子侄尤严，面命耳提，指导谆谆，即一步一趋亦必使循规蹈矩，邑人咸称冯氏有家训焉。其后世人文蔚起，赓实启之。

赓又精岐黄术，求者接踵于门，辄为诊视，不谄富，不憎贫，得其方药者罔不立愈。

光绪丁丑大祲，邑令延襄办赈务，竭力赞助，活人无算。时黎城毗连邑境处，饥民骚动，抢劫时闻，村人亦谋相应为乱，赓呵禁之乃止。无何，黎之乱民伏法，村人相庆曰："微冯公我辈罹法网矣。"卒年七十有三，至今人犹乐道其生平云。

赵澄恩，字子荣，墨镫人。少有文名，弱冠入邑庠。性淡泊，不求仕进，不事家人生产。工书法，尤善绘花鸟山水，一经渲染，绰有生趣。尝设帐于辽县之石匣村，暇辄挥洒淋漓，昕夕罔懈，每出一帧，士林莫不珍之。

赵椿年，字鹤斋，郭家沟人。岁贡生。好学深思，博通经史。尝设帐授徒，教人必推明性理精义、濂洛主旨而归。与身体力行，诱掖讲劝，煦煦如冬日，出其门者多以谨愿著称。椿年至性过人，兄弟四人早析爨，独奉父同居，曲尽孝道，邻里称之。生平务俭约，寡嗜欲，言规行矩，克己功深。逢人每语以立身持家之道，滔滔不倦。邻里薰其德而相率为善，如居郑公乡焉。

籍鸣盛，字和亭，松庄人。少刻苦读书，专务精纯。初入邑庠，继补增生。事亲能孝，失怙后奉继母尤和颜怡色，非定省后不入私室，数十年无稍懈。家虽贫，非义财一介弗取，持躬虽直，不立崖岸，澹泊谦和，琴菊自乐，有程伯淳、陶靖节之风。其为学爱研性理，兼究天文、推步诸术。因迫于家境，设馆授徒，循循善诱。经史外兼及数学、理化等科，开一邑风气之先。出其门者率磊砢英，多为世所重云。

曹锦，字云裳，一字画堂。庙岭村人。光绪庚寅岁贡。少聪颖嗜读，文思隽永。弱冠饩于庠，每科岁试，与兄镇互占榜首，人以"二陆"称之。某科闱中所作《陶渊明归里赋》，刊在《山西试牍》，尤为脍炙人口。嗣以迫于家境，遂绝意名场，藉舌耕以自给。清季襄邑暨邑中优秀之士半出其门。民国初，先后充第一高等小学校长、教育会会长，热心毅力，成绩卓著。寻被选为村长，循分尽职，深为省长阎所褒奖。年七十五卒。生平著作颇富，惜多散失，存者有《谦福堂遗稿》及《杂记》数种。

程先民，字午桥，信义人。岁贡生。少贫，游于平遥为馆僮，暇则从师课读，读辄有得。恒终岁不一归，乡邻罕识其面。入泮后始知名，尝设学授徒，馆谷甚廉，贫甚者或竟不取修赀。恒语人曰："天下之最苦者莫如贫，贫无以学者其苦尤甚，吾不忍及吾身而坐使其辍学也。”闻者叹服。在塾诱掖奖劝，孜孜不倦，从者如云。成饩士贡成均者数十人，颇极一时之盛。年六十余卒于家。

李步青，字梯云，邵渠人。幼朴诚好学，甫成童，四子六经背诵如流。旋补增广茂才，学问益臻纯粹，所为文典懋醇雅，不失先民矩矱。顾踬于秋闱，屡荐不售，士林惜之。家贫，藉舌耕以自给，教人于严厉之中，厉以慈和，学者咸心仪之。年六十余卒。门下士如榆社李天祥昆仲，文章经济，名重一时，咸谓步青之遗泽孔长云。

籍纪盛，字翊纲，号逸匏。恩贡生。修学长子。少孤，事母至孝，性温和，寡言笑。食饩后以艰于生计，设馆授徒，因材施教，俾各充其性灵。出其门者莫不斐然可观，诸弟亦赖以成名，士林仰之若泰斗，从而就正者肩摩踵接，纪盛一一指授，无倦容。生平循循儒雅，从未以疾言遽色加人。

母病，昕夕不离左右。母殁，哀毁逾恒，里人称之。从兄纯盛贫且病，奉之至家，医药饮食悉心供给，病痊乃去，了无德色。年四十卒，人以未竟其用，悼惜不忘云。

魏锡钧，字子衡，号西山。世袭云骑尉，岁贡生亮生之子，孝子介生之嗣子也。生而聪悟。三岁失恃，赖本生继母抚育成人。及长，以孝友闻。亮生尝教之曰：“吾屡战文场，未获一售。愤勉以承先志，汝之责也。”因授以经史诸书，咸能领解。弱冠入胶庠，旋食廪饩。蒙钱宗师题请，兼袭云骑尉。锡钧益自惕厉，惴惴恐坠祖德。从孝廉张锦心先生游，专心于六经暨八大家之文，有暇涉及书画，罔不精绝。顾五赴棘闱，两荐不售。无何科举废，援例成贡，分发委用训导。见国家多事，遂绝意仕进，于邑中兴学、储仓事务，多所襄助，屡为抚宪所嘉奖。

宣统改元，诏举孝廉方正，邑人均属意锡钧，锡钧婉言谢绝，不敢受。民国肇造，划区编闾，武乡原拟划分五区，以锡钧会同邑绅上书力争，得减而为三。民警摊款过巨，锡钧又与邑绅等呈明地方瘠苦，款赖以减，邑人至今道及，犹称颂不已。

生平嗜读如命，书籍多手自抄录。尝加批四子全部、《诗经》全部，所著有《下里吟诗集》《知不足斋诗草》《洗心社论说》。民国七年岁杪，无疾而卒。

王全珍，子聘之，神南人。岁贡生，乡饮大宾。年十三通经史，食饩后迫于家境，遂废举子业。设帐授徒，从游者甚众，诱掖循循，自弱冠以至耄年不少倦。著有《幼学津梁文集》，尝令弟子手钞一卷，不时诵读，门下之游泮水食廪饩者多得力于斯卷。生平矩步方行，动必以礼。遇后进，恒以读书立品谆谆相劝，以故人咸敬之。

段树理，字密园。聂村人。附贡生。性刚直，有古侠士风。邻里有不平事，辄义愤激昂，必代为申雪而后快。清光绪庚子之乱，邑中差务纷纭，当事者颇有侵渔，树理查得，尝讼之官。数年，讼始平侵，款尽返拨，充学校经费，士民翕然称之。尝肄业并垣法政学校，毕业返籍，先后充教育会会长、地方自治事务所所长，地方利弊罔弗洞悉，并不时为乡里口讲指画，不惮烦劳，其热心毅力诚有足多者。

魏培棠，字荫南。韩壁村人。生有异才，过目成诵。弱冠隶诸生籍，所为文豪迈骀荡，有战国策士之风，一时儒门耆宿咸以大器目之。而培棠亦以为云梯千仞，当不难扶摇而上也。顾以襁褓失怙恃，家道中落，至是窘益甚，所用多取给于典质，不得已辍学，减庸仆，课耕耨，每至债务纷沓，避无台，贷无门，人不堪其苦，而独处之夷然。性喜交游，清浊无所失。善辩论，纵横捭阖，往往屈其座人。为人排难解纷，不辞劳怨。乡人争讼，得其数语，辄屈服无异词。晚年，名益高，望益隆，自士夫以迄屠沽贩竖之流以事质成者户外履常满，培棠一一延接无倦容。先贤谓，“一命之士苟存心于利物，于人必有所济”，培棠其庶几乎？卒年五十有二。邑令郭表其门曰“万流仰镜”。

李唐，字桐初。学部主事华炳长子。岁贡生。幼聪颖，最得双亲欢。父尝抱诸膝而谓人曰：“此吾家千里驹也。”稍长，从父读，一再过即能朗朗背诵，一字不遗。数年间，四子六经烂熟胸中，而庭训綦严，夜课读每至漏三下，不敢有怠容。燕居侍侧，必恭必敬，不命之坐不敢坐，不命之退不敢退。出入必告诫诲，必遵于，以养成道德之操、端方之品。年十三始学为文，英姿勃发，才气横溢，下笔千言立就。年十七以冠军入邑庠，文名大噪，而庭训不少宽假。明年成饩士，父主讲襄垣，从之往，学益进。

庚子岁，肄业于并垣令德堂，旋入大学中斋。会各省甄拔优秀，令往日本留学，唐考列本省第一，归家摒挡行装，以误期不果行。又尝赴陕乡试，中途遇劫，行李尽失，同人酬金勉以偕往。唐曰："文章憎命，自古已然，逆而行之，祸且不测。今后将息迹田园，以尽天伦之乐，科名中不复问津矣。"民国初设帐训蒙，以《孝经》、四子书嘉惠后进，一乡学子得所依归。

母在父任罹危疾，唐驰往奉之返里。寻卒，唐悲深风树，羸病经年。嗣充本县第三高等小学校教员，以父疾辞归，亲侍汤药，寝食不遑。半年余父病益笃，唐彷徨焦灼，致酿重疾，先父半月而卒。

武惟扬，字鹰廷。武家庄人。岁贡生。父鸿业，以农事起家，有义行。诸子稍长，亟为延师课读。惟扬性明敏，能文章。游庠后设乡塾以教弟子，多所成就。生平宽和简重，淡泊寡营。尝摭拾古人格言，集而成编，题曰《寿世录》，时与同志数人遍历乡村刊送经卷，殷殷以劝人为善为主旨。

李桂堂，字步蟾，东皋村人。少瓌颖，能文章。年十八，隶诸生籍。博通经史，易理尤精。无何丁外艰，乃辍学，以理家政，自奉俭约而待人必丰笃。宗族敦，友谊重，然诺好施予。邻里贫者、病者、婚嫁丧葬之匮乏者，踵门求无弗应，常语人曰："夫子之道，忠恕而已矣。尧舜之道，孝弟而已矣。人病不求耳，夫何远之有？"又谓其子弟曰："吾先辈以刻苦起家，幸得小康，虽一丝一缕未尝妄费。吾等席先业，享温饱，已属非分。若更稍涉奢靡，则罪戾滋大。"闻者叹为名言。邑令王缉熙闻其贤，遇事辄延请咨度，桂堂竭诚赞助，务期于地方有利无害然后已。一时耆绅宿老咸相推重。

年仅四十而卒，王令旌其门曰"品重南亭"。

武凤昌，字瑞卿，号悔翁。段村人。恩贡生。五岁失恃，父同宗鞠育成人。年十八又失怙，以一身任治家之责，处置裕如，事继母以孝闻。食饩后设馆授徒，不复求仕进。尝充地方自治事务所所员，兼第四区民警局局长，洁己奉公，劳怨不辞。诸子各蜚声庠校，为乡里所艳称。性刚方，嫉恶如仇，而于清廉耿直之士则礼貌恳勤，惟恐不及，以故人咸敬而惮之。年六十九卒。

论曰：士先器识，儒分人己，文岂足以尽儒，儒岂专在乎文哉？若言行相顾，文辞皆道德之华，品学兼优，儒修悉躬行之实，斯其文非虚文，儒乃真儒矣。可以重儒林，可以蔚国华，可以式世俗，岂第曰儒服儒冠而已哉？

武乡新志卷之二

孝义传

人生斯世，学问可勉，而至性天不可强。而能每见穷乡僻壤之间、草茅微贱之士，事亲则色养备至，见义则慷慨勇为，甚且割股刲臂，断脰捐躯而不之顾惜，其天性真纯，不较之峨冠博带中以孝义著闻者更有加乎？至毁体灭性论者，每谓为失之过，愚不知天下士惟愚乃真，惟真乃诚，既诚于孝矣，愚亦何害于人哉？若夫舍生取义，圣人之所深许，吾益无闲然矣。作《孝义传》。

魏绳祖，字伯孚，一字嗣堂。廪生。幼不逮事父，其奉母也，饮食起居，色养备至，诸父昆弟几忘其为孝，而人言则啧啧称焉。母家规最严，孝子不得自专。母未食不敢问所欲，而进必亲视，母既食不敢请所与，而辙必亲视，于所恒食，必预为储之。母将就寝，必问其寒温，母曰：“可。汝宜去寝。”母小睡觉，必问思茶汤否，母曰：“否。汝宜去寝。”已而或门外，或牖间，犹徘徊焉。母闻，复呼之使去，然后去。每日如是，终身不懈。孙恩荣，诸生；曾孙绍烈，廪生。

魏明德，始生三月失怙，四五龄时遇父生辰，悲哀废食。岁时伏腊，祭荐必辰。九岁入塾，闻有读武王未受命节者，不言而存诸心。闻有诵《游子吟》者，沉思而吟于口。后虽因贫改业，而幼日所闻则终身不忘，常以孝教子，亦以孝劝人。里中有不共子职者必正言之，复婉道之事母以终老，啜菽饮水，曲尽其欢。邑宰汪公以“纯孝性成”匾其门，力却之。

武达孝，段村人。家道寒微，事亲至爱，每餐必思所嗜，率妻进馔，婉容劝食。父母时或怒呼，令跪自挞，且挞且泣，且泣且恳，怒解乃已。母殁父病瘫痪卧床七年，夫妇谨事无少懈。邻人新构一院，梦神语曰：“此孝子之庐，汝何得居？”后竟售于达孝。孙辈繁衍，人自为孝子之报云。

郝会元，长乐里人。父性端严，课耕最力。长男不作苦，挞楚频加，遂远遁。会元怀隐忧，暇日备干糗，请于父曰：“兄非敢任性，惧惕父耳，愿往寻之。”父怒不从，坚请弗已。父色少霁，曰：“有汝克家，复何求。汝必念兄，任自为之。”远近搜觅十数年，卒无耗。父临终嘱之曰：“儿诚孝，吾目瞑矣。尔兄无须念也。”会元终身深以为戚母陈氏，好善乐施，承顺无违。外家中落，迎养外祖母于家，并为治田以赡之廿余年。卒备棺衾，终其事。有堂叔贫甚，母亦令接于家，叔后卒，葬如母所嘱。

武维邦，段村人。性谨厚。妻张氏，俱有孝行。父续娶赵氏，性严峻，维邦承欢膝下，若不知其为继母者。赵生子，周岁缺乳，会张亦生子，夫妇拟寄养于外以乳弟，母不许，于是哺子而乳弟，不幸弟五岁殇，乃已。父殁，家益贫，敝庐不庇风雨。时当溽暑，夜半雨大至，维邦寄人家宿。心动不能成寝，急起至家，见内外皆水，负母趋邻舍，妻甫出院而屋遂倾。后贾于外，值母生辰，急归，日奔百余里，昏暮临河甚雨，四面汪洋，委顿于滩，跪祷竟夜。天明水落，始得归。越数日，为爨于家，雷电大作，村人见火光从门中飞出，正当维邦身，咸惊骇。趋视之，门有毁痕而维邦无恙，人皆异之。母殁，夫妇尽哀，亲族莫不称其孝行。卒之日，六子八孙入学校，列成均者济济矣。一时文人学士诔以“无骄无吝”“任恤睦姻”“谦和忍让”等词，道其实也。

石毓璋，信义里人。父廷杰，初娶任氏，生毓璋。任病卒，继娶郝氏，生毓瑛、毓瑾、毓璞。父母偶反目，毓璋以无母四子单几谏，自是一室雍和。胞叔含光故，婶母陈无子，以毓璋嗣。毓璋幼业儒，因嗣母寡，独弃学归养。陈病，医药罔效，望空虔祷，印送《敬信录》百本，母病遂痊。待诸弟当如父母在时，每曰："人不友于兄弟则死无以见父母于地下矣。"事死如事生，事亡如事存，毓璋有焉。

窦奎五，敦义里人。秉性朴诚，事亲恳挚。少时，遇时食方登，必婉容愉色，买物以进。未尝贻亲，以顷刻忧。及壮，母先卒，父病瘫痪。夜不解衣，昼不离榻，垢衣溺器，必自浣濯。因家素贫薄，舌耕图养，就馆远不过二三里，以为定省。计妻亦能曲体夫意，竭诚扶侍，如是者十八年。父嗜软饼，殁后遂不忍食，值父生辰忌辰，致祀丰洁，在外必速回。晚年遇有父兄者，劝之孝友，每自恨不能报恩于万一也。

苏安邦，东坡村人。自幼出就外傅，笃学不倦。中年失恃，念父鳏居，无人侍左右，遂负笈归，依依膝下，暇则手不释卷。强年始补博士弟子员。父患腿疾，医言饮活络酒可愈，依方自煮，夜半酒炽火，著体几遍，及熄肌肤如故，发眉无恙。论者以为孝诚所感。父晚年多病，日侍药饵，中裙厕牏，从不假手臧获，如是者廿余年，人咸难之。学官冯碧山以"顺德可师"表其门。父性仁厚，每春困时，出粟数十石分给贫人。秋成，第收其本，有不能偿者，安邦亦置而不问。其能养志又如此。子李，廪生。

萧锦，攀龙里人。三岁失怙，抱恨终天。其事母也，能以色养视于无形。母中年患腰痛，求医问卜，废寝忘餐，以是感患目疾，弗雇也。三十年而母殡，形销骨立，日三餐必以荐柩。未窆出告，反面如生时。不内处、不远适者三年。君子谓锦之孝，孝可能而难于其能久也。

郝廷燎，圪嘴头人。父程万，有子三：长金銮，三廷照，燎居次。幼同出就外傅，初作文则有法度。廷燎承欢膝下，不欲顷刻。时因援例为监生，俾兄若弟，专心肄业，兄弟后俱入泮，二老得优游颐养数十年。父病，廷燎求医选药，夜不解衣离。方仲夏，无瓜，父渴思食，不惜重费，求之远方。父病笃，曰："尔盍出收麦，预备吾身后费。"廷燎唯唯，终不忍出。有姊适石氏，病卒，遗一子三女，俱幼，抚之于家，恩养教诲，以慰亲心，可谓养志者矣。

安善悟，攀龙里人。至爱本于性生。年十岁，遭母丧，呼天抢地，泣血尽哀。后事继母，一如生母。弱冠出就外傅，虽担登以从师，犹陟岵以望父。时而还家，愉色婉容，承欢菽水。时而入馆，励精奋志，矢念显扬，虽功名未就而志向不衰。不幸忧劳交集，竟致成病。三十岁卒，乡人惜之。

郝念祖，增生。孝子廷燎之子也。事父母愉色婉容，一如乃父家传。母患眼疾，自习眼科以医之，母目复明。舅氏家甚贫，米面柴炭亲身负送，罔或不给，数十年如一日。无姊妹兄弟，顷刻不离亲侧。母病医药罔效，印施丹桂籍百二十部，母病果痊。父病，焚香默祷，愿以身代父病，亦痊。六十九岁无疾而逝，皆孝行所感也。

窦鼎，敦义里人。三岁失恃，无日不号泣啼血。逾年，父继娶张氏，鼎初见即依依膝下，以为母之复生也。稍长，爱敬有加。继母生二子，仲震、季丰。震善病，鼎为疏祷于神曰："仲若亡，吾母何生？不若损吾年以益弟寿。"仲疾旋愈。又念无财不可为悦，乃以事母托两弟，而自舌耕于太谷。一日在馆，家人来告曰："汝母有疾，汝季亦病。"闻之，不暇整行装，一昼夜至家。季弟已亡，幸母病少愈。不觉号啕痛哭，母问曰："汝何日登程？"曰："昨日。"母讶曰："谷距家二百余里，汝行何速也？"视其足，似有血迹，命家人解袜视之，则皮肤俱裂，新血沾濡。母叹曰："汝欲速见我，遂如此乎？"后母病殁，人或于数里外见之，不知其已死也。诘所往，曰："牛山之堙。归告吾儿鼎，俾来见我。"至家方知其母已故，因以所见与所嘱语之，鼎哀痛不胜，携母素所嗜者往哭于其地，愁云密布，悲风四起，宛遇其母于□见□闻之中焉。

以上《续志·孝义》。

魏介生，字绵谷。曲沃教谕悬书之长子也。方七岁时，父秉铎曲沃，偕堂弟浩生随任读书。至咸丰癸丑，粤军之变，扰及平阳，均被戕。先是，粤敌未至时，父命介生等而言曰："吾司铎政义，当效死，汝曹宜速去，勿遭不测。"介生等同声应曰："儿闻臣死君、子死父理所当然，若弃亲不顾而隐忍图存，儿等虽不肖，何忍为此?”言毕声泪俱下，卒不去。及敌至，介生等欲以身代父，敌不许。父骂敌，不屈死，介生、浩生助父拒敌，力尽被执，一同赴难。介生死年二十一岁，时咸丰三年八月初六日也。事闻，俱蒙敕旌孝子，同入祀曲沃昭忠祠。

李鼐，西堡村人。父永亨，出游大荒，多年未归，卒于台吉王地。鼐自幼患父远游，及长，立志踪寻，濒死者数次，终觅至父之死所，询得骸骨，负之而归。嗟夫！事隔数十年，地阻数千里，而于丛莽荒葬间觅父遗骨，可谓志坚行卓者矣。

附：魏孝廉惟五诗云：

大荒丛冢北邙同，有客寻尸万莽中。白骨两乡儿得父，黄泉一笑妪迎翁。泪余指点居停老，血尽锹函夜壑红。千古灯擎归榇事，莫论真赝总输侬。

又附：本村李孝廉方白诗云：

寻亲万里出焉支，虎豹丛中冢已夷。幸有心知曾执绋，不须血滴认遗尸。一棺孤另九旬母，两颊子思七岁儿。从此幽明均聚顺，时闻洒泪话分离。

杜翔麟，字云卿。性忠直，笃孝友，倜傥负有干略。幼事儒业，旋以家务猬集辍读。事亲至孝，父病，躬侍汤药，昼夜不倦。会母病侍疾，衣不解带者累月。及殁，哀毁骨立。葬后，每至墓祭，哀号不已。居乡，凡遇有急难者辄出资佐援。丁丑大祲，遇饥难度日者，倾囊赈给，里党赖以全活者无算。邑中公事，无不赞襄，每逢有司有侵公损民之举，挺身直指，不稍挫馁。会有司自觉惭沮，毁详上闻，以谋陷害。幸上宪廉明，察得其实，始得剖白，故乡人至今称道勿衰。

麟嗣由国学生，援例报捐布政司理问，未仕而卒。清光绪二十三年，学宪钱饬属遴选孝义，麟应斯选。

魏亮生，字仲明，号晓峰。曲沃教谕悬书之三子也。生而颖悟，八岁能文。咸丰癸丑，粤军破尧都，毁沃城，两兄随父同死于难。时亮生年九岁，同母投井中。越日，门下生缒出，俱复苏。随母扶榇归里。殡葬礼毕，受业于优廪生母舅张藻生先生之门，弱冠补博士弟子员，旋食廪饩，兼袭云骑尉。复从名孝廉张朴斋先生游。先生尝曰："及门诸子如魏生者罕有其匹，洵文坛中飞将军也。"清光绪丁丑大饥，饿殍满野，亮生见骷髅白骨，辄出资掩埋。甲申，设馆于祁，岁归家，行至阴辿，见路遗包裹一事，拆包细看，乃钱票多张。自念值此岁底，清结之时，失此巨款，有关性命。因至土门村旧友处亲书告白，揭示通衢，并守候二日，无人投问，始行归家。至除夕，失主始趋跄而至。问其里居姓名，则祁县乔姓脚夫也。问所失何物，则某号汇票一张，票额银五百两，某号钱票四百千，某号当票五张，与所拾毫厘不爽。亮生遂以原包付之。乔出钱五十千作谢，坚辞不受，强之仍不受。既而慨然曰："汝莫以常人之心度君子，吾爱此物，何告白为哉？"乔叩首而去。明年之正月，送来匾额一方，缎质而金字，题曰"一片冰心"。

亮生久困棘闱，竟以明经殁世。著有《问津草诗集》六百首，《自怡轩杂志》一卷。

附土门告白：盖闻《礼经》有临财毋苟之戒，宣圣垂见利思义之箴，故杨震却金，清风昭于一世；子罕辞玉，高义重于千秋。亮幼承训于父兄，长闻教于师友，紫绶频膺，难继簪缨，世胄青毡坐守，恐玷诗礼名门，是以自乐清贫，不求浊富，矢廉静于胸中，固所愿也。贪货财于分外，不亦过乎？兹值解馆旋归，路拾遗物，启包检视，则钱票多张，再三咨询，惟求完璧以归赵。倘一错误，安望真鼎之还齐用。特揭示通衢，招求原主，但能将钱数细述，丝毫无差，当即以原物奉还，分文不取。驾其速临，言不自食。谨告。

魏浩生，字浩然。副榜简书三子也。性敏捷，有胆识。幼从胞伯悬书读于曲沃学署。咸丰癸丑，粤军势炽，风鹤频惊。既而犯晋边，入沃城，合城官绅同殉节，浩生亦与难。先是，敌未至时，其伯父悬书令出城走避，浩生泣曰："愿与伯父共生死。敌虽至，勿惧也。"俄而敌顿城下，浩生手刃一人。敌大怒，钻刺之后，且毁尸焉。事闻，旌表如例，入祀昭忠祠。

范效苏，字亦泉。性孝友，负隽才。幼承庭训，博览群书。继以家境清寒，食指甚繁，学业几废者数年。弱冠后复一意下帷，无间寒暑，学业因以益进，于文诗外天算擅长。甫游泮水，旋食廪饩，为钱宗师所嘉奖。既而考入大学西斋，方图究心经世之学，以展致泽之怀，奈因父病旋里，侍奉汤药，数十日不稍怠。及父殁，能尽哀尽礼，萱堂前尤能先意承志，弗忍远离膝下。继以舌耕为业，循循以诱后进，虽劳不倦。旋承邑令延为视学员。时风气闭塞，苏不惜舌敝唇焦以劝之，则民情弗扰而事亦举办。方光宣之际，邑中学校咸有起色者，君之力也。嗣因积劳病故，邑人至今犹悼惜不置云。

史树春，西胡家堖人。赋性淳朴，力耕养亲。父殁，能尽哀。母段氏，年六十九岁，于清光绪戊申年病甚，医药罔效，树春侍奉汤药，数十日不少怠，焦灼莫可名状。忽一夜，梦有人语之曰：“母氏之沉疴，非餔以人之骨肉弗能愈。”醒而自思，弗自劚，安从而得骨肉？于是祷诸神前，焚香自誓，引巨斧以断其左手之小指，权言煎药以奉之，而母病竟霍然以愈。又据其家人云：“树春尝拾某人遗钱百余缗，自以为不劳而获，受之非义，又恐失者之逼命也。即询知失主，全数璧还。”于是乡里间人言啧啧，共传播其孝义云。

郝映庚，字明轩。马牧村人。咸丰戊午科武孝廉。至性过人，以孝友著称乡里。复慷慨仗义于村事社事，凡兴利除弊诸端力任不辞，虽艰难劳苦，弗恤也。居恒乐人稼穑，戒人游惰，训诲村人如子弟，不稍宽假，以故人咸敬之。子桂林，光绪甲午科武举。孙砚田，现署静乐县知事。

郝桂芳，字馨山。圪嘴头人。祖廷燎，父念祖，俱孝子。桂芳髫龄入塾，聪颖过人。年十七理家政，以节父劳，井井有条，家业日上。慨国家误于文弱，弃文就武。年十八游邑庠，两试秋闱均不售，遂绝意进取。家居，恂恂有长者风，能忍人所不能忍。尝有邻人横逆，斩其树木，兼侵房屋，悉置之不问，党里称之。寿跻八十有二，殁之日，六男一女、孙男女十余人，咸谓为厚德之报云。学政刘廷琛旌其门曰“望重耆龄”。

程绍琳，字乙环。本城人。清优廪生。性耿介，才气过人，所为文风流驰荡，一儒雅之士也。家素贫，事亲极孝，至侍奉亲疾于延医诊治外，药必亲煎，不假妻孥。朝夕侍亲侧，虽盛夏夜不成眠，衣不解带，殷殷于二年之久，直如一日。亲殁后哀毁骨立，处于外庭者三年。及遇亲之生辰忌辰，辄唏嘘流涕，竟无笑容。至葬时，诸事尽礼，不使稍留后日之悔，是其笃于亲有如此者。又有覃怀书贾张世福者，久货于武，偶感瘟症，无资归里。绍琳助以资斧，俾得安抵沁阳，终于原籍。是其当仁不让，惠及遐方有如此者。晚年设教四方，游其门者多所成就。洎屡战秋闱，数荐不售，人人惜之。琳至是而亦灰心功名，知不能以科名显也，遂退而著书立说以自娱。生平集有《纲鉴便览》《乡党讲义》《课徒草》等书稿，惜未刊行。至乙亥科秋闱报罢，由省旋里，身染重疴，竟一卧而不起，年仅三十有六。

程晋蕃，字念三。西渠村人。百里之孙。幼颖异嗜读，游庠后学问益进。其课生徒也不拘常格，而因材作育，各得其宜，故从游者入泮食饩多所成就。性至孝，家虽贫而事亲则色养备至，必得欢心。母病，亲奉汤药，不离左右，衣不解带者累月，垢衣溺器必亲手濯，不假他人。家人有劝其勿过劳者，晋蕃则曰："奉亲于呻吟床褥间，检点洗浴乃寻常事耳。吾岂肯以此微劳而稍留后日之悔乎？"遂侍奉亲侧，殷殷如故，不自知其劳倦也。及母病殁，殡葬尽礼，人以为处亲丧如晋蕃可谓情文兼至者矣。至逢节序，登丘省墓，犹依依冢侧，徘徊不忍去云。

郝桂林，太学生。字丹崖。附生象书之父也。祖与父两世俱以孝闻，奉旨旌表，见旧志。桂林幼受家训，克绳祖武，事亲色养备至。遭母丧，擗踊号呼，痛绝数次。父殁之日，哀毁骨立，泪滴成血。又因孺慕真诚，刻木以祀，冀有丁兰之感。平居每饭必祭，祭则感泣不止，终其身如一日，遐迩传闻。学使刘廷琛给匾旌奖曰"行感衢路"。又设家塾，延师督教子侄辈，师为沁郡廪生郭大忠先生，气严性正，学问优长，为弟子所敬惮。桂林馆谷丰隆，久敬不衰，自初至解，馆十七年无间言。郭卒乃已。使非以义气相感乎，安能久而不变乎？故至今乡里间犹啧称善，无异昔时云。卒之年四十有七。五子一女，家称小康，惟享年不久，人咸惜之。

李富全，南关镇之农人也，颇知自爱，取与不苟。一日，因粪田拾遗秽，偕村人王秉焕徐行道旁，见有遗囊，携归检视，乃米数斗，内藏银三百两。自念拾金不予，必有性命之虞。二人相商，遂一面张示广告，一面沿途追访。卒至北关旅舍遇遗金人，询知详晰，概以原封还之。噫！拾金不昧，吾闻其语矣，未见其人也。今竟遇之于乡间之一农人，不较之于暮夜却金，而凛天知地知我知尔知之义者为昭著乎？因缀数语，用以风世之贪婪不检者。

附：邑增生郝镜堂《拾金不昧歌》十二换韵：

南关有一李老翁，清白传家世业农。一朝关外拾一物，黄米实囊银成封。此物原自长子来，为完国课交藩台。载驰载驱出关外，不期失检委沙堆。倏焉得自老翁手，铸此大错争立剖。诸夏亲曙大有人，无厌戎狄羞焉否。风闻藩司有银秤，此衡最喜人持赠。有贿果能餍其心，非权早已知轻重。此囊原是赂藩司，黄白二米两心知。若无此物通关节，尔禄民指易见欺。一时我得黄白金，喜出非望感何深。愿将白金相分赠，笑而不受无贪心。清风矫矫群伦表，口碑载道虽不晓。激贪励竞当季世，兴起斯人知不少。拾金不昧刊横匾，邑宰（长子县）亲书何荣显。

近圣人居可高悬，始信南州有冠冕。我闻此事眉欲飞，知我治内化入微。渔者宵肃重不欺，比之单父增光辉。珠还剑寄教有驯，上不贪婪下安贫。从此夜户何劳闭，流行德政笑火轮。近年国家事旁午，财匮数受群夷侮。廉顽立懦有老翁，爱钱惜死羞文武。嗟嗟！人欲逐于虎口，不言钱心筑堵；曷若老翁绰有余，于人不苟一介取。

郭印田，事继母诚孝无伪。印田少瘦弱，早失恃，继母石氏待之厚，印田亦善事之，不知者并不知其为继母也。父殁后家道稍衰，母竭力经营，身同仆役。印田亦能曲意承顺，凡事奉命而行，虽纤维微事，未尝敢自专。母慈子孝，人无间言，以故家业渐裕。母生女一，适周氏，家道贫乏，生计维艰。印田赒恤不稍吝。母生如是，殁亦如是。尝语人曰：“吾先世家业，赖母中兴，妹亦与有分焉。”故终其身推恩于妹，不使稍有缺憾，其孝义有如此者。

李英，字俊卿。素业农，心性平和，笃于孝友，对于里党间公益尤输血忱。乙丑冬，值豫匪扰辽，因公殒命，人咸惜之。事闻于上，蒙兼省长阎准以村葬治丧，并优予恤金，奖匾赐字。夫在公民间，因公而蒙优恤，洵不数见之旷典也。

杨珍宝，字子玉。天资颖异，由山西明原中学毕业，考入沪上震旦大学，旋转武昌大学英文专门部。初患呕血，犹奋励异常，冀成初志。未几，复患吐泻，友辈劝令归里养疴。行经河南偃师，遇同乡挽留寓某军中，疾渐痊可。会该军将开往他处，珍宝少年英锐之气一发而不可复遏，竟负戟从之。此后驰逐豫鲁京津间，转赴绥远、包头等处，复抵甘肃、宁夏。入军事政治学校毕业，蒙委为独立第五十三师政治处处长。由陇经陕抵豫，为敌所困，固守虞城，敌以巨炮轰击，珍宝屹不为动，日夜奖励城内军民，奋勇抵抗，竟于民国十六年十月十四日中弹身死。临卒犹召集同志，嘱以须继续努力完成革命等语，情词极其悲壮。闻已由政治部郭部长转报冯总司令，优予褒恤云。

郝右铭，字左泉。天性孝友，童年而有成人器识，诵读外即知代亲分忧任劳，凡家务之巨细，昕夕关怀。考入山西农业专门学校垦植科。方负笈之初，自以为离亲远游，定省礼缺，子职有亏，依依弗忍去。庭训勉以男儿志四方，应以显扬为重，乃行。既入校，勤学砺行，每旬必函问双亲安，数年不倦。自奉俭约，一禀家训。惟于奉亲甘旨，虽多费，无吝色。既毕业，为平阳棉业试验场技士，代理场长。先后奉委赴北京调查，于棉学上富有经验，屡为上峰所嘉奖。计供职六年，视公事如己事，矢勤矢慎，劳怨不辞，艰险不避。民国十二年夏，由南京旋归，途经豫境，烽火频惊，竟以致疾。归里不久，寻卒，年仅三十有二。场长关以其因公积劳殒命上闻，蒙省长优予褒恤。右铭兄弟七人，一门融融泄泄，人无间言，右铭尤著称焉。

郝世铭，字新之，号警斋。郝家庄人。幼承庭训，颇识大义。长从魏孝廉献书游，学益邃，尝受知于河南进士梁珏先生。入庠后习举子业，既而悟曰："学以致实用为要，如帖括试艺，果有何实用乎？"遂弃而习医，著有《医科补正》一书，惜未问世。生平性耽诗画，手录本与批评本甚富。事亲常以得欢心为乐，恒曰："子之身，父母之遗体也，守父母之遗体，而不敢稍违背乎礼法；子之心尽父母之心安矣，人自不孝耳，孝亦何远于人哉！"清光绪丁丑岁遭大祲，家中乏食。先是，戚中有陈姓者客游于黎，至是，世铭往依之，食用皆仰给于斯人。至归里时，复承赠米粮，亲负而归，人比之子路负米云。同堂七八人，常以友爱为诸昆弟倡。至里党有争者，恒得铭片言以为重。卒之日，有某君致以挽联云："性耽载集情淡俗缘无愧儒林诚朴士，拙守迂疏巧无机变尤为我辈老成人。"盖志实也。

窦桂芳，沙河头人。天资纯朴，赋性孝友。早年失怙，兄弟四人率在冲龄，而桂芳年居长。家不中赀，食指浩繁，俱赖桂芳一身操持，终岁胼胝。所获供母甘旨外，又节衣缩食，以所余作诸弟膏火之资，俾各攻儒业。嗣三弟桂馨、季弟桂五相继成立于学、军两界，各著蜚声，而桂芳犹躬亲陇亩不少懈。一家融融，内外无间。现其母年已八旬，犹康健如初，惟桂芳因历身劬劳，年仅四旬即早世，乡邻咸悼惜不置云。

李亦莲，字少白。西良侯人。幼聪颖好学，弱冠游胶庠，成饩士，作文援笔立就，若不经意，而每一艺出，莫不脍炙人口。性至孝，十余岁读《鲁论》"孟懿子问孝诸章"，即知忾慕。及长，家境中落，父尝困于外债，势甚窘迫。亦莲代父苦力撑持，不轻禀白，竟以劳瘁致病，然犹力疾理家务，晨昏定省不少间。未几卒，年仅三十余。

论曰：孝为百行之原，义为四端之一。孝子义人，今古所重；三代而下，令德恒难。一节之长，一事之善，亦足以振颓风而励末俗，况孝义之大，宁可没乎？而或鄙为愚孝，讥其假义，抑何其不乐人善如此也。

士女传

闺中弱质恒碌碌，无所表见，然或身际艰危，断脰明节，惨遭变故，矢志完贞，他若母仪之淑慎，妇则之宣昭，是皆皦皦之行，足维坤柱于不朽。爰就续志所载及晚近采访所得，缀之于篇，用资激劝。嗣此女学昌明，其瑰琦之行宜更有多于今日者，谨志之以待。作《士女传》。

土河魏正五妻李氏，韩壁里李翔女。氏归魏不及一年，值归宁，夫樵堕崖死，氏闻奔回，卧不食。姑招其母劝之，氏曰："愿赴死所一哭耳。"先是，尸为姊所舁归，姊遂偕往。至则呼号，望崖而投，人不及救。舁归，卒不肯食，旬始毙，其矢志之坚如此。年十七岁，时嘉庆十年秋也。邑令王乐山崧有诗，刻石鞞山书院。

西堡李毓基妻武氏，崇仁里武师礼女。秉性温柔，无急言遽色。夫病卧时，常谓夫曰："设有不讳，誓不独生。"及夫卒，日夜哭，家人防之，密不得间。越一日夜，扃户自缢。孙李育良。

陌峪韩培英妻刘氏，刘其兴女，韩遇春之母。二十八岁夫故，二子俱在襁褓，氏立志抚孤。族人阴与他姓，关说肩舆到门方与氏言，意在强胁之。烈妇阳绐之曰："事至此，俟呱呱者熟睡，从之可也。"遂潜出，缢死于他所。

东贾庄赵木妻阎氏，农民阎福女。二十二岁夫故，一恸欲绝。阅数日，将夫衣履收藏，及遇夫生辰，携向墓所焚化。后归宁，父暗为订婚。及期方与言，氏行谓母曰："母日后能无悔乎？"归而哭于夫墓，手刨墓土深二尺余，家人强扶而归。言笑自若，人以是不疑。未几，肩舆到门，觅之，已扃户自缢矣。时道光二十八年三月初十日也。

苏峪从九品段明富妻姜氏，广志姜三太女。三十岁殉夫死。初同治十年十二月杪，明富自外归家，路过田边旧井时已昏黑，失足陷入，既死。始有觉者。氏惊闻痛极，觅死数次，经救得免。十一年正月初，夜半，家人略不及防，服毒而死。邻里集视，咸嘉其烈焉。

显王村赵二才妻冯氏，冯康女。光绪三年十一月初，其夫因年荒无度，卖与挑贩，客商走至村边崖头高处，倒身坠下而死。

洪水张□□妻李氏，未娶前婿已遘疾，婚后凡所以事之者甚至，阅五年竟卒。妇矢志自守，每值岁时、生卒辰，必携疾时所食往奠哭之，血泪涔涔。后两家贪重赀，合谋许婚于人，有成约矣。父往语之，妇度不能却，应曰："诺。"退易新衣，且入厨供馔，其父窃喜，晡后辞归，而妇忽不见。迹之墓所，楮灰浆汁犹新也。群起搜索，已缢于墙后败屋中，彼此惊愕，莫敢声言，草草启墓而合葬焉。

右续志烈妇七人。

下郝魏元长妻王氏，王赐履女。夫故，子三锡六岁时，翁某教职解任，空囊归，氏事之甚谨。翁殁后，家益困，命子就傅，以纺织助其不给，三锡后贡成均。

坪头张扶汉妻李氏，李习芳女。十九岁夫故，哀毁几不欲生，转念遗腹在身，不敢以死塞责。及子慕芳生，矢志抚育，备历艰辛，卒致慕以成立。孙子渊，贡入成均。

梨园魏阙妻周氏，周福楼女，魏继体丙南之祖母。氏孀居，子女俱幼，矢志抚孤，艰苦备尝，乡人至今称述焉。

岭头庠生张昌武妻王氏，王毓德女，张士桓祖母。氏孀居无嗣，或微讽以他适，怒斥之。孝事翁姑，贞洁自守。后抚侄昱生以为己子，恩勤尽瘁。尝语人曰："此点弱息，抚养成立，亡夫有子，吾可瞑目矣。"人咸以节孝称。

西堡李璧妻刘氏，刘协兴女。氏于归后，夫即远游。翁年六十，鳏且瞽，夫弟甫七岁，氏养老携幼，纺织资生，人尽贤之。阅十年，夫弟完婚。翁旋殁，柩犹在堂而夫之凶问至，氏饮水茹蘖，百计谋归夫榇，并翁柩礼葬之。弟妇又相继亡，孤侄三锡未周岁，氏抚之如子。稍长，分灯课读。后三锡为增广生，李门赖之以延。

上郝韩炎妻魏氏，魏亨通女，生员韩守朴之母。年十六于归，炎中道殁，氏年二十八，舅姑在堂，有女五岁，男守拙三岁，守朴生仅逾月。姑复病卧床褥八载余，家无中人产，氏以苦身历之，贞志全之，卒致诸子成立。

敦义坊监生窦致中妻王氏，生员王玉女，医学窦汉卿之伯母。氏孝养翁姑，抚孤成立，持家勤俭，励志坚贞，人皆贤之。

苏峪庠生李葆元妻史氏，史佚书女，监生李鹤之母。夫殁，上事翁姑，下抚幼子，劬劳家政，矢志靡他。

南庄张尊荣妻魏氏，魏兰华女，张廷臣母。夫殁后二老俱衰，奉侍无懈，遗孤八日，抚育成人。

道场武梦龄妻范氏，介宾范清瑜女，武佐之母。氏少娴母训，于归后事姑以孝闻。夫故，有遗腹，阅五月而生，矢志抚育。虽日夜饮泣，在姑前犹强颜承欢。姑哭子丧明，呻吟床褥者三十年，氏事之始终不懈。

白家窑张广盛妻武氏，武志唐女，张家珍之母。氏于归后，姑老夫颇不羁，纺织以供菽水。后姑与夫相继殁，遗子三岁，矢志不贰。夫姊瞽且寡，招至家，解衣推食，代尽弟道，子亦克家举。二孙家渐裕，人以为贤德之报云。

吴村张士俊妻李氏，李继可女，佾生张锦母。士俊殁，父母俱老，长子八龄，次子未离襁褓，无伯叔兄弟可依，仰事俯畜，惟氏是赖。后翁姑相继逝，营葬如礼。二子及孙俱成立。历试诸艰，志节不少挫。

苏峪李体元妻马氏，马程南女，李锦之母。氏孝养孀姑，恪尽妇道。夫殁，子甫三岁，贫不举火，依人针黹为生。

南台监生史用中侧室常氏，辽州常有文女，儒士德昌生母，监生德龄本生母。年十六于归，二十七而用中殁，时德昌甫三岁，氏绝食，意在于殉，其正室李氏以遗腹劝之。越三日而德龄生，氏矢志抚养，以德龄承长门图索祀。后德昌殁，氏暨媳张氏茹荼自甘，治家严肃有法。至今乡里犹称道之。

魏家窑巩昌龄妻李氏，李福柱女，巩发魁之母。氏严密自守，竭力事翁姑，和厚处乡党，循义教子侄，至今人犹称之。

司徒村赵琪妻李氏，佾生李泰女，生员赵士逄之母。琪殁时士逄七岁，延师课读，质衣以供修脯。尝对子泣曰："汝父以教子读书托我，凡汝所资，皆吾十指之力也。若不勤学，吾有死以谢汝父矣。"

崇仁坊魏文华妻赵氏，赵辙女，监生魏文举之嫂。文华殁，遗孤七岁，严姑在堂，督率其勤，氏奉命惟谨。后以子不克家赀荡身死。氏年老，迭遭家变，境遇穷迫，惟与孀妇日夜悲号，乡邻共伤之。

北沟李茂官妻刘氏，榆社刘光明女，李嘉会之母。茂官殁后氏勤俭持家，纺织度日，孝亲抚孤，矢志靡他。二侄失恃，抚之无异己出。

土河史稽勋妻张氏，张廷玙女，史培基之母。氏失所夫时，翁年已老，遗孤尚幼，孝慈兼尽。既而为亲营葬，为子完婚。家益困，心益坚，终身不易其守焉。

五里坡赵永全妻马氏，马新德女，赵泰之母。姑既衰子，子复愚拙，以纺织为生，没齿无怨焉。

司徒村赵�妻召氏，召克让女，赵士魁之母。氏孝敬翁姑，历七年夫溺水死，氏痛夫之死于非命也，悲号气绝，半日方苏，意欲殉。或劝以遗腹为重，从之。越六月而孤生，抚育卒致成立。

胡家庄王福荣妻赵氏，赵二酉女，王时中之母。氏夫故，不能具棺衾，翁姑在堂，子女俱幼，日夜纺织支持俯仰。后二老殁，嫁女娶媳，多事纷纭，糟糠不给，乃遣子出佣，以助衣食。六旬后，因劳成病，穷饿而死。

白家窑魏义泰妻武氏，武怀玉女，魏思聪之母。孀居时舅姑在堂，遗孤八岁，孝养无他志。

北台李芝桂妻王氏，王汝翼女，李本大之母。芝桂殁，二老在堂，氏代尽子职。抚七岁孤为之授室。既成立矣，而子复夭，抚弱孙以延嗣，人以为节孝两全云。

本城程光远妻杜氏，杜能让女。家綦贫，姑染沉疴，昼夜扶侍，始终不倦。夫游学，不终其年，遗一男一女，卖屋营葬，立志抚孤，以手工度日。子佾生，泰初业俞跗勤慎，犹遵母训云。

翰林院编修邵渠李端继妻程氏，夫卒，氏年二十四，祖姑年九十，翁姑亦衰老。以族子昌宗为嗣，琦为孙，朝夕奉养，高堂重庆，得终残年，昌宗亦得游庠。勤慎恪恭，二十年如一日。既昌宗又卒，遗孤瑜数岁，再鞠养之。年六十一卒。

砖壁监生李维魁妻梁氏，梁振翮女，李金丽之母。二十三岁寡，姑犹在堂，遗子三岁，矢志抚孤。后姑两目瞽，氏奉事十二年，终无倦色。

刘家沟程先民妻张氏，张有富女，程德信之母。双亲在堂，家极贫而孝敬不怠。诸侄失恃，抚育备至，终身不倦。

崇仁坊赵明妻召氏，召闲女，赵贤佐之母。氏天性朴诚，生二男。夫故，舅姑在堂，以纺织养家。越一年，次男殇，姑亦逝，两夫弟俱幼，氏勤抚畜，惟恐拂翁意。及为仲季暨子授室，翁亦旋逝，家寝衰，艰苦备历，终身无怨言，乡党称之。

凑柳埂刘炳璋妻郝氏，郝兆元女，刘肇绩之嫂。氏夫殁，家贫，亲老又无出，屡欲自裁。忽转念曰："一死塞责，孰事二老？孰抚夫弟？"于是十指营生，备历艰苦，六十余勤劳不倦，人尽贤之。

上北漳郝会元侧室申氏，廪生郝丕著生母，会元之选篷也。嫡无子，且有目疾，申来代操井臼，生三子。夫与嫡相继逝，殡葬以礼。维时家清贫，昼馌夜绩，作苦不怠。子稍长，延师课读，自啖糟糠而丰于脩脯。后其子联袂游庠，家渐饶裕。儿辈进甘旨，辄流涕曰："汝父母未享此奉，奈何忍下咽？"亦可见终身俭约矣。

牛家庄牛昌龄妻米氏，介宾米南星女，牛在田之母。氏夫殁，孀姑腿病，女三子一俱幼，日夜忧劳。姑殁，殡葬毕，两夫弟分爨嫁女娶媳，身独任之。后弟妇亡，遗孤侄三岁，抚之如子。

义门任希虞妻牛氏，沁州牛锁祥女，任协之母。希虞故，氏有遗腹，逾月始生。仰事孀姑，俯畜遗子。后家有病狂者，逼令改适，矢志不渝。

韩壁魏岐阳妻李氏，襄垣监生李情女，监生魏晋阳嫂。天性孝谨。翁贡生叙，晚年寝疾，岐阳时游学，氏奉药饵，积久不懈。继姑萧少一岁，事之维谨。岐阳卒后数年，姑亦孀居，氏怡颜承顺，甘心共守。魏素封食指繁，佐姑理内政，中馈甚赖焉。

西堡李崇贤妻韩氏，生员韩廷桂女，佾生李希贤之嫂。崇贤姑家贫，无子，上事翁姑终老，下抚弱女成人，与姊姒同爨二十余年。

韩庄张融中妻武氏，武维兴女，张廷辅之母。夫故姑犹在堂，纺织以供甘旨。遗子尚幼，抚畜劬劳，邻里咸叹美之。

西坡监生韩以观妻魏氏，魏五良女，增生韩炽昌之母。氏夫病狂，箠挞不时，委曲承顺，毫无怨言。及夫故，矢志靡他，事严姑能得欢心，待嗣子如己出。

崇仁坊赵岱妻窦氏，廪生窦元善女，赵文炳之母。夫殁后恃针黹奉事哀姑，抚育弱子，卒致成立。

东堡史锡衮妻韩氏，监生韩桂章女，史清心之母。夫殁，遗孤三岁，家贫，氏勤针黹，日夜劳瘁。以其家世习读诗书，子稍长，遣之从师，虽处穷饿，不忍弃其先业。

洪水镇张之任妻史氏，史赞荣女，张之杰之嫂。夫殁，家贫无子，母怜其苦，劝之嫁，流涕曰：“儿誓不再醮，所以劝儿者恐见累耳。夫家虽贫，何累母家。”从此不肯归宁，以纺织度日焉。

本城魏廷潘妻禹氏，禹国谟女，魏体元之母。氏夫赤贫，遗孤二皆幼，氏往来亲族家浣濯缝纴，卒能葬姑与夫。体元操丹青术，母子拮据，以勤苦终其身。

义门生员李对扬妻崔氏，庠生瞿恺功女，佾生李邕之母。对扬殁，氏触棺落齿，死而复苏，念子方二岁，矢志守节。姑痛之甚，氏因不敢昼哭。姑见其曲尽妇道，遂亦减戚加餐。洎姑殁，丧葬如礼，闾里称贤。

郭家沟武生赵怀瑾侧室张氏，赵立功生母。怀瑾卒，孤二皆幼，抚养皆至成立。事嫡敬且和，十余年如一日。

下关监生高远侧室曹氏，生员高步月慈母。十九岁而高卒，无子，以胞侄步月为嗣，躬勤抚育，爱如己出，卒能教子游庠。守节十余年，比邻罕识其面。

魏家窑魏联奎妻武氏，孀居时遗孤方五月，家极贫，恩勤抚畜，至于成立，终其身无他志。

型塘胡世俊妻魏氏，魏三锁女，胡进德之母。世俊殁，氏缢于柩前，索断而苏。家人咸集，以亲老孤幼劝慰之，幡然曰："抛姑撇子，吾罪滋大。"乃矢志事姑教子以终身。

东村杜广大妻陈氏，陈得成女，杜克恭之母。夫殁，遗孤方一岁，翁姑在堂。氏教养惟谨，矢志抚孤。后姑卒，事翁尤谨，翁年八十，得欢心焉。

段村里米南魁妻杜氏，东村杜金女。奉事舅姑，能得欢心，克勤克俭，以故贫而不迫。夫殁，家范谨严。三子皆幼，抚育成人。卒之孙、曾绕膝，老而益健，吉人天相，理固然也。

王路孟学仲继妻周氏，周德应女。夫殁，一子尚在襁褓，伶仃孤苦，备历艰辛。及子稍长，以家世业农，课以力田。旋且有孙，亦能成立。延藐孤于一线，挺苦节于五旬，乡人以为矜式。

东庄郝显义妻韩氏，韩儒忠女。夫殁，遗子荣庆十岁，荣怀七岁，一女亦幼。家赤贫，衣食不给，日以纺织佣工邻里。

段村里武威扬妻郭氏，郭朝璧女。孝不间于人言，顺无亏于妇道。夫亡，四子一女，惟仗十指生全。四十年来，男成女立，备阅艰苦。训子维严，日课耕耘。淑德令仪，堪垂金石。

常家垴常习业妻陈氏，陈匡弼女。夫故后，毁容矢志以自誓，上奉二老，下训四孤，子守朴、守默、守拙、景荣皆成立，八孙以次长成。苦尽甘来，福因德至，宜有此报云。

岸北村赵纲妻程氏，程尚仁女。夫殁后，谨守闺门，无非无仪，克勤克俭，节比松坚，情深荻训，幽贞足式，宜淑德之永扬也。

北沟监生李枝华继妻季氏，季思训女。夫故，男女皆未成立，伶仃孤苦，纺绩为生，以母代父，无一不严。先人祀事，常率子女虔恭尽礼，三十年如一日也。

长乐里张忠信妻刘氏，刘廷雷女。夫殁，二子俱幼，室如悬磬，而氏立志抚孤，备尝艰苦，闾里咸为叹息。

西坡韩世昌妻李氏，北台李信女。夫殁，儿女俱幼，或劝之改适，氏矢志靡他，黎藿充饥晏如也。

优廪生郝承恩妻周氏，监生周尔康女。谨守妇道，孝敬翁姑。夫殁无子，以夫兄殿恩季子自芳嗣。贞信自守，乡里推为亮节云。

白家窑张元龄妻杨氏，杨亨泰女。夫殁，孀姑在堂，子起发生甫两月，井臼亲操，不惜劳瘁。姑殁，丧葬必敬必诚。迨孤儿成立，遇事训诲，不少姑息。持家勤俭，乡里称之。

上北漳增生郝荣阳继妻李氏，李守愚女。夫故，虔心事姑，膳必先尝，寝必亲定。姑疾笃，昼夜服事，不解衣者月余。后姑殁，勤俭持家，抚侄子如己子焉。

苑家垴苑来君妻董氏，夫故后翁姑在堂，家贫如洗，以妇代子，勤劳备至，能得二老欢心。长子方十岁，使就食豫省。翁姑身后事宜咸能不苟。

石峪张聚兴妻巩氏，夫故后家贫子幼，艰苦备尝，谨事翁姑。姑旋病殁，遗两子皆在幼稚，氏鞠养教诲，过于所生。

松庄监生籍翼侧室王氏，氏性勤俭，夫故后事嫡尤尽礼。嫡室生子监生昌荫，自幼命氏抚养。昌荫生子廪生修学亦氏鞠养成人。家庭和睦，数十年无间言。凡劳剧之务，挺身直任，毫无矜色，以故姻族里党，咸叹其劳而不伐焉。

段村武好善妻魏氏，夫故后二男尚幼，瘠田数亩，氏日出而作，挈孤耕耘，日入而归，乘月纺绩。以故衣食粗具，能使孤幼成立，人咸叹美之。

巩家垴巩福寿妻李氏，夫故后一年翁亡，氏与孀姑度日。生一子周岁，家无余积，有劝之嫁者，氏曰：“姑老子幼，我独何心？”因涕泣不食。姑殁，尽哀尽礼，邻里叹息。

巩家垴巩庆财妻郭氏，氏守节后矢志靡他。后三年而姑亡，翁继娶，氏事之甚谨，而家故不丰。家人利其改适，氏自矢愈严，乃以其夫弟幼子嗣子而为之分爨，意欲困之也。而氏自折不回，针黹为生，每曰：“吾无子而不嫁，今有子，虽饥寒何患?”邻里咸称其贤。

化树长郭宗让继妻董氏，夫故，姑亦旋亡，翁老且鳏，氏体贴周至。夫弟逾年又亡，与弟妻矢志共守。无何，弟妻志夺，氏遂涕泣，不与言家计，托与继子监生峨。而事翁弥笃，乡里叹为女中丈夫焉。

张家沟佾生张秉仁继妻武氏，夫故时姑亡甫二年，氏经理姑丧，尽哀尽礼。生子方三岁。先是前妻子五岁失恃，氏抚养备至。或有向前妻子言继母者，前妻子怒不欲闻。里邻不多前子之能孝，而深叹氏之能慈也。

南亭李丙申妻季氏，夫故后姑孀已十余年，氏以孀妇事孀姑，始终尽礼。遗一子方三岁，恩养成立。其母家屡断妇志，氏矢志不移，甘贫食苦，俱仰给十指。

邵渠武生李三新妻程氏，氏夫兄弟五人，而氏夫居三。氏之寡也，祖姑在堂，幼子在抱，翁姑兄弟妯娌子侄辈同家四十余口，氏事上御下，无不尽善。立志抚孤，劳而不怨。祖母年九十余，尝语人曰：“吾三孙媳苦节自守，可称佳妇人。”皆信之。

武峪郝映霞妻常氏，夫故无子，念翁姑衰老，破涕为欢，曲尽妇道。又二年，翁以痛子情切病逝，氏事孀姑更加体贴。以犹子恒岳为嗣，尚在弱龄，氏恩勤鞠育，抚之如己出。后恒岳又亡，氏哀痛异常，勺饮不入口者数日。亲邻敦劝之，谓孀媳尚有子，幸而成立，犹存一线，何过痛若此？氏乃强饭。今遗孙甫三岁，姑媳抚孤共励，闺范谨严，里人咸怜而叹美之。

上城史正身妻崔氏，夫故无子，衣食不丰，心劳身苦，不惮其艰。族人为之立嗣，名纯儒。纯儒生子名绍董，氏竭力抚养，赖以成人。

本城赵大兴妻魏氏，夫故后室如悬罄，子女俱幼，同宗者恐受累，欲夺其志。氏曰：“我去子女将何以生尔？勿惧，虽携子女乞食亦不尔累也。”于是作苦勤劳，自食其力，穷困备尝，数十年如一日。

本城吏员高珍妻张氏，夫在时翁鳏八旬余，卧病数年，饮食便溺惟氏是赖，里中孝称妇。夫殁后，遗子树德方三岁，氏矢志甘贫，守节养子，终身如一日。

攀龙赵鸣冈继妻韩氏，新寨韩维城女。夫殁，家业贫苦，备历艰辛。族人以其胞侄奇士为之嗣，爱子侄，和妯娌，抚育幼孙，教养兼尽。

东庄张灏妻梁氏，白河梁汇女。夫殁，遗孤万选方数岁，鞠育维勤。

东堡赵万翔妻李氏，李三元女。于归时祖姑衰迈，孀姑失明，竭力奉事，以孝谨称。夫卒，昼夜悲泣，欲以身殉，家人敦劝之，乃矢志苦守。

东沟王可大妻韩氏，胡家岭韩二酉女。夫故姑已六旬，遗孤甫三月，糊口为艰。氏以纺绩度日，事姑至孝，凡有时食，必为力致。及子稍长，送就外傅，晚归课功，恩威并用。后因贫使务农业，时督责之。

皮堙王滥和妻汪氏，韩广汪家谟女。夫殁无子，侍奉衰姑，殷勤不懈。

槐树垴关俊继妻张氏，东庄张想良女。夫故，上事高堂，下抚孤子，家变屡经，矢心无二。兼修造桥梁，施舍米谷。

陌峪韩延祚继妻李氏，监生李鹏振女。夫故时翁姑在堂，前室生一子，氏念亲老子幼，不忍以死塞责，强力作家，迨为子授室而子复殁，抚育遗孙，人皆难之，氏处之裕如。

石门籍文炳继妻王氏，王宦成女。十八岁夫殁，三月遗腹子始生，前室遗一女，亦在襁褓，上无翁姑，下鲜娣姒，家业贫乏，艰苦不辞。子稍长，纺绩供读，男婚女嫁，卒能成立。苦节光明，人人咸敬之。

圪嘴头郝兆德妻周氏，周保则女。二十五岁守节，夫殁，衰姑年已七旬，子方十月，家道贫苦，不惮勤劳。姑卒，殡葬不苟，里人贤之。

郝家庄郝魁元继妻杨氏，杨存贵女。事翁姑以孝闻。夫殁，遗一孤，家赤贫，佣女红以度日，有怜之者劝改适，不答。其母亦怂恿之，氏曰："母怜女也，母有女犹女有孤，所以不死者为孤耳，如母言，孤将焉托？愿勿复言。"其志之不夺如此。

东村段崇魁妻李氏，李锦女。夫故后家贫甚，纺绩度日，闺范谨严。晚年困苦愈甚，迄无怨言。

白河梁溶继妻张氏，张廷宇女。夫殁，无兄弟妯娌之亲，独理家务数十年，井井有条。子德广，甫十岁，择师课读，不少姑息。后为子纳监，欲任以家政。而子复善病，延医合药无虚日。亲邻贫苦者时加温恤，卒时负债者甚多，谕媳无责偿，有焚券之风焉。

莪头韩晚成妻武氏，武德云女。夫殁，子椿联十岁，一女亦幼。携子女佣赁为生。或劝他适，以死矢之，卒至抚孤成立，女亦出嫁。

段村武登魁妻李氏，沁州李谦女。姑病瘫三年，尽心侍奉。夫患瘰疬，事之亦如事姑。夫殁，止一女，族人为之立嗣，抚爱如己出。

魏庄张继温继妻魏氏，魏天财女。夫殁，事翁姑十数载无间言。子化南周岁，抚以成立入成均。经理家务，咸有条理。族党有婚丧不给者必赒恤之，邻里传为美谈。

阎家庄叶德妻安氏，安文武女。二十一岁夫殁，翁八十余，一子尚在襁褓，日夜纺绩，备极勤劳，衣食之间未尝稍缺。

泉子头监生陈黯妻杨氏，榆社监生杨遇公女。二十一岁守节，氏素称淑慎，雅好幽闲。孀姑在堂，晨昏定省不懈。弱弟甚幼，抚育周至，以妇事姑，以媳代子，人称孝妇焉。

段村武绍基继妻魏氏，魏春魁女。于归时姑衰惫，前室子数岁，氏事姑克尽妇道，抚子无异己出。生男甫六岁，夫倏故，十指度日，上慰姑心，下严儿读。姑尝语人曰："自吾女夭逝，吾日夜悲伤。有妇如此，吾不复念女矣。"

贾豁监生魏鸿翔妻范氏，城内贡生范士鳌女。夫殁，日夜涕泣，至于失明。或言中表某愿结婚，不以无目嫌，母怜之，试与商，蹙然曰："此儿命也，母勿复言，但得魏氏一块肉延嗣则足矣。"后年近四旬，又遘腿疾，虽衣食无缺，而艰苦备尝矣。四十岁卒。

攀龙附生赵建中妻李氏，李三卿女。夫故后家渐贫，饔飧时不给，终无他志。族人共谅之，为择嗣子如璋。事姑育子，恪守妇仪，克完其节。

本城程本初继妻魏氏，魏盈仓女。事姑柔顺，抚侄勤劬。虑受饥寒，纺织无懈，卒不易其初心。

吴村监生李尚文继妻魏氏，魏道国女。十九岁夫殁，一子未周岁，翁姑皆先弃世。独理家务，克勤克俭，以育藐孤。子稍长，延师训读，俾能成立。

东沟王显荣妻李氏，生员李坚女。十八岁守节。夫旧有疾，煮粥煎药，凡事必亲。越四年，夫故，封发毁容，自安荆布。时家惟有叔婶，孝敬不异翁姑，定省外不出卧室。有劝改适者，不与辨。哭夫辄忘食，常冀诸夫弟有子，为夫立嗣。久之，事不如意，忧郁而亡。

大有镇董昌宗妻赵氏，赵怀廑女。夫殁，遗子甚幼，劳苦伶仃。及子稍长，家世业农，督以力田，抚一线之藐孤，挺四旬之苦节，乡里贤之。

井则洼监生董宜中妻范氏，监生范中元女。勤事女工，抚孤成立。

上城陈安全继妻任氏，任维女。矢志抚孤。前室子谟、己子训，抚之如一，昼课耕读，夜勤纺织，家道赖以小康。

魏家窑巩富奎妻韩氏，夫故，翁姑八旬余，遗一子方七岁，氏孝慈兼尽，以为分内事也。邻有他姓，子冻馁几死，氏知之，给以衣食，得生，招其族人而归之，今成人矣。夫堂弟贫苦无依，氏养之数十年如一日，今其夫弟尚健，而氏子事之不懈。人不多其子之能养，而多氏子能教也。

西黄岩郝宪书继妻崔氏，氏事翁姑能得欢心。使子就傅读，勤俭持家，坚忍守性，三十余年并无怨言。

西黄岩郝宪银妻李氏，夫殁并无遗孤，誓不改嫁，粗衣粝饭，不闻怨悔。

高仁监生阎清魁妻赵氏，夫故时姑衰老，子未周岁。氏亲操井臼，闭门度日，二十余年无异言。

石人底李在公妻常氏，夫姑舅姑在堂，幼子在抱，氏仰事俯育，无不尽善。

蔚家渠郝守约继妻赫氏，夫殁子幼，矢志靡他。门有饥饿者，具饭与之饱食；里有争斗者，使人为之解和。其天性又如此。长子成章，入武庠。

段村生员武殿元妻董氏，夫故后家式微，事姑抚子，贫不自给，卒守初心。

庙岭曹兰才妻张氏，夫故二年，翁姑俱亡，生子甫三岁。穷苦无依，纺织自给。有劝其嫁者，则怒斥之曰："吾虽饿死亦不为也。"后其子又亡，仍佣纺绩度日，乡里中无不贤之。

郭家沟冯金銮妻杨氏，杨甲科女。氏诚实温柔，立志安贫，抚孤育侄，盖数十年如一日云。

陌峪李生华妻季氏，砖壁李盈女。夫殁，一子生甫三日，屡欲殉。时闻儿啼，不忍舍李氏血脉，乃收涕毁容，抚孤以至成立焉。

上北漳郝荣生继妻赵氏，显王赵抚女。夫殁，一子名宜民方周岁，痛欲殉夫，不食者六日。既而瞿然曰："吾夫所遗仅一子耳，已无父，又使离母，何以成立?"乃立志抚孤。稍长，延师课读，以继书香。

本城廪生赵梦熊继妻史氏，史鹏程女。夫殁后儿女俱幼，家贫，人不堪其苦，而氏不惮劳瘁困，而能享有柏舟之风焉。

信义里程序继妻陈氏，陈和虎女。于归时不逮事翁姑，夫殁后祀事必敬必诚。一子旋夭，而规家弥肃，纺绩不出闺门。族人为之嗣，孙名懋功。氏性慈厚，族党有难处事，必为之委曲成全。有异姓幼男弱女，无所依养，赖氏抚育成人。鳏寡孤独，时周给之，资以婚嫁殡葬者指不胜屈，女中丈夫也。

坪头张文华妻霍氏，下寨霍有龄女。二十一岁守节，夫故时下无子女，上有翁姑，孤苦伶仃，以事二老者十有三年。

南沟郝凤翮妻李氏，监生李端午女。二十八岁守节，姑即世，子又夭亡，氏孤苦一身，坚心守志，始终如一云。

石盘里赵士豪妻王氏，沁州王久长女。氏生长寒门，于归弱族。夫殁后曲体亲心，克尽妇道，励节抚孤，终其身无倦色焉。

东村段起龙妻李氏，李来安女。夫故，上事衰翁，下育孤子，纺织时勤，言笑不苟，乡人啧啧称之。

聂村李金山继妻郝氏，郝秉谟女。夫故，八旬衰翁生事死葬，悉合礼仪。子女俱幼，鞠育辛勤。子又早夭，翁命以胞侄麟瑞双祧，抚爱如己出。

崇仁里魏钟英妻王氏，王志堂女。二十九岁夫殁，姑年已老，子犹在抱，家无余赀，食贫不厌。

韩壁里史诏妻李氏，李润富女。夫殁，家贫无子，纺绩自给。

信义里王旭妻张氏，张升远女。夫故后家无积储，抚成孤子，备极劬劳。

梨园魏端桂妻张氏，张果女。夫弃世，遗子金柱，纺织生活，数十年如一日。

马牧郝永中妻段氏，段璧女。夫故后一子尚幼，抚孤勤劬，终身无怨。

西河底佾生刘副魁妻武氏，武杰女。夫殁后遗男三女二，纺绩糊口，训子教女以终焉。

麻池沟王锡妻赵氏，赵协良女。二十六岁夫故，一子七岁，有劝之嫁者，氏叱曰："妇人改节，从一之义何在？我纵死不为也！"鹑结啖糠，教子成立，每语人曰："今而后可以慰良人于地下矣。"

敦义里从九品窦来仪妻李氏，李维秀女。夫故，涕泣不食数日，后见翁姑痛甚，乃强作笑容，以奉二老。一子尚幼，爱而能劳，尝诫之曰："汝克成立，慰祖父母之心，则予之事尽矣。"

聂村佾生李应成妻王氏，王正理女。夫故，哀毁不食，思以身殉，继念遗孤稚弱，忍死鞠育，卒致长子含章游泮，次子亦入成均，氏之力也。

敦义里窦执璧妻秦氏，沁州秦大兴女。夫故，子周岁，翁姑俱存，奉亲育子十数年如一日。

本城范名汉继妻魏氏，举人魏守经女。十七岁夫殁，前室子周岁，抚如己出，依叔翁诸生后举孝廉方正名士熊者，守节度日。无何，孤子出痘夭殇，痛不欲生。既而曰："自吾寡居，叔翁百般忧虑。子亡，老人旧疾复作，吾死是促老人寿矣。吾将偷生，稍尽孝道，以赎吾罪已耳。”然从此得欧症，调治不愈，三十三岁竟逝。

苏峪李蒸妻赵氏，赵余财女。二十三岁夫故，子二俱幼，氏不少姑息。长子连升、次子连中，勤苦业农，罔敢稍懈。

崇仁里魏持泰妻王氏，王家兴女。二十一岁夫故，谨事孀姑，以妇代子，力抚孤儿，俾成父志。

沙河头监生窦呈璧继妻武氏，武元佐女。夫殁，孀姑年迈，遗孤在抱，食指孔多。氏奉事高堂，务得欢心。惆抚诲子，宽严并用。男女婚嫁，井井有条，以致家道昌盛，子孙森立，人以为苦节之报云。

沙河头窦元璧妻郝氏，沁州武举郝廷佐女。夫故，恨无遗孤，哀毁不食。念二老在堂，不忍以死塞责。家众为之立嗣，爱如己出。姑尝语人曰：“吾家子女成立，数十年诸事不废，皆贤妇之力也。”

王家垴赵聚观妻史氏，史学武女。夫故，遗子四岁，家贫，以女工为生，不惮艰苦。

南关里佾生陈际清妻胡氏，胡锡福女。夫殁后姑老无孤，恪尽妇道，终身不移。

西峰堙张廷英妻章氏，章发女。夫故，幼子在抱，以养以教，以底于成。

史家垴史小山妻张氏，张永盛女。家贫子幼，艰苦备尝，如不自知其寡者。

郝家垴孟德魁妻郝氏，郝良弼女。夫故，家道式微，子生未期。劲节清操，矢死不二，乡人称之。

沙河头附贡生窦先甲妻武氏，监生武焕文女。夫殁无子，有劝改适者，氏斥之。茹苦坚守，以女工度日，劳而不怨。

泉则头增生陈祝冈继妻张氏，榆社千总张诏女。夫故后，遗前室子纶、缴兄弟二人，时舅姑年老，氏上奉甘旨，得亲欢心，下严训子，俾励志读书。长子纶，入成均；次子缴，食廪饩。

洪水镇张之俊妻程氏，程福昌女。夫故时二子俱幼，处穷约而不怨，事舅姑而能欢，宗族乡党称无异词。

崇仁里武双魁妻王氏，王习礼女。夫殁，遗孤甫周一岁，胞侄未及三岁，抚孤育侄，家贫亲老，纺绩为生。

长乐里邢慎妻董氏，监生董元富女。夫故，遗子周岁，治家教子，备历艰辛。

皋阳里陈恒昌妻李氏，李遐龄女。夫殁，二子俱幼，坚心守节，孙男数人皆赖成立。

敦义里李德惠妻魏氏，夫殁后，仓箱告罄，织纴维勤，金石盟心，芳徽克著。

皋阳里梁二妻倪氏，倪克仁女。幼失怙恃，与弱弟倚祖母为生。于归后，奉事翁姑，恪尽妇道。夫殁，遗二子一女，夫弟与妇又相继亡，氏抚育侄子女与己出同。男女婚嫁，只身支持。

贾豁武生李唐英妻张氏，夫故后，前妻遗二女，抚养如己出。夫兄嫂早逝，遗有子女，亦赖氏鞠育成人。母家欲夺其志，氏弗从。立志坚守，历久不移。

化树庄佾生郭岩继妻张氏，张修身女。夫殁，鳏翁在堂，八旬有余，氏孝道无缺。夫伯兄与其子相继病逝，仲兄出嗣，氏以仲兄孙树德为伯兄子嗣。守节时生子方三月，抚养两孤，俾致成立，家门赖以不坠。

松庄萧驷继妻程氏，程杰女。夫殁，遗子十三岁。夫弟与妇皆先逝，抚养侄子女与己子，婚嫁皆氏独力支持，茹苦终身。

洪水刘贵玉妻陈氏，陈天合女。夫故，一子甫三岁，贞静自守，力崇俭约，家道无亏，子能守业。

贾豁武生董其中侧室王氏，榆社王俊明女。夫故，矢志守节，上和娣姒，下抚儿孙，俭约端庄，恩爱备至。

皋阳里石成起妻张氏，张大业女。夫故，子方三岁，家贫如洗，以纺绩针凿为生。

长乐里任玘保妻李氏，李满女。夫故，一子周岁，以女工度日，教子成人。

皋阳里石韫璧妻姜氏，夫故，食贫无怨，织纴为生。挺劲节于青年，完清操于白首。

段村生员武澍继妻魏氏，崇仁里魏良佐女。于归七载夫故，男周岁，氏哀毁逾年，屡行自尽。良佐责之曰：“死易抚孤难，愿勉其难者，以存后嗣。”氏毅然以抚孤自任，艰苦备尝。澍存日已与伯兄吏员清析居，氏寡，复合，移伯嫂前院居住，以示不嫁之意。嗜纺绩，寿古稀，不少间。子国桓，弱冠游庠。孙修，嘉庆丙寅贡，灵丘县训导。

蒲池监生蒋来亨妻杨氏，沁州杨乘龙女，蒋清干之母。夫殁，衰翁在堂，甘旨无缺。抚幼子，教养备至，昼勤夜织，茹荼饮冰，卒之子女成立，家道赖以振兴。

蔚家渠郝鹏程妻王氏，三十九岁夫故，一子方在襁褓。形单影只，志矢柏舟，纺绩为生，寒暑无间。

孝妇段村监生武达孝妻崔氏，素孝谨。姑殁，翁病不省人事，氏随夫昼夜侍侧，七年如一日。尝以饼进，有故出，旋入，索饼不得，问之，翁曰：“已食。”氏遍索至被底，饼已污秽，取出易新以进。翁食毕，氏涤秽饼自食。床榻衾枕，常洗濯令洁，翁每曰：“子吾生也，妇亦如此，吾累孝妇矣。”他日，夫购邻院徙居，蓄米石余，有蛇蟠瓮内，取之数年不尽，人以为食报于天云。

孝妇信义里监生石毓璋侧室李氏，毓璋胞叔含光病故，婶母陈氏无子，以毓璋为嗣，李氏随之。陈悲伤寡独，时时涕泣，几失明。氏于阃内望空拜祷，自责曰：“姑几丧明，媳罪重矣。若天移疾我身，死且不朽。”陈氏闻之曰：“是余命也，于媳何尤。”自是不复涕泣，目亦渐明。氏念姑独处，与姑同寝二十一年。姑殁，独居三年乃入私室。

右续志节妇百五十八人。

本城孝子童生魏介生妻赵氏，武生赵聚元女。举人魏云榜之媳也。于归后，翁姑在堂，克尽妇道，人皆贤之。先是，翁授曲沃教谕，夫随任侍读。至咸丰癸丑，翁殉难，夫拒敌而同死。氏里居闻难，惊泣绝粒，誓不欲生。时复引带自经，幸赖解救获免。以经邻人力劝进食，不听，卒构疾而死。乡人咸以臣为国死、子为父死、妇为夫死羡之。嗣以一门忠孝节烈闻于上，蒙清廷旌表，迄今邑人称叹勿衰。邑岁贡曹锦有“忠孝兼全节又彰，一门殉难振三纲”之句题赠其家，盖记实也。

泉之头段正鸿妻陈氏，夫殁时啼泣不食，人劝之，卒不听。越三日，服毒自尽，遗子八岁，无人抚育。氏舍身殉夫，略不顾瞻，其性烈如此，人争奇之。时清光绪二十七年事也。子名启云。

本城拔贡范乘骊妻郝氏，附贡生郝茂椿之次女。年十五于归，三十而寡。子女无出，氏因无所适从，遂于夫殁之夜乘人不备，仰药而死。人咸谓轻生重义，贞烈可风。于清宣统元年蒙县令呈请山西学政旌表。

本城文童程毓山妻赵氏，氏年十七于归，二十一岁夫殁。昼夜涕泣，欲以身殉。又因家贫，恐父母夺志，遂绝粒而死。舍生取义，闻者叹服。清宣统元年蒙山西学政钱汇题抚院奏请旌表，奉旨入祠。

本城廪贡生试署永济教谕魏双元妻郝氏，增生汝觐之女。于归后谨守妇道，常懔夫纲。不幸夫殁于永济县学署，氏于灵柩回籍时竭诚祭奠，哀号不已。因无出无依，遂仰药而死。邻里闻知，莫不悼叹，识者咸知其得力于母教者为甚大也。

附：邑增广生员范献骊《咏烈妇歌》：

人生天地间，死生亦大矣。死者谁不有，死必得其死。丈夫效疆场，裹革良有以。女子从一终，贞烈亦自矢。吾乡士奇魏广文，娶室城东郝氏子。自从斯女入闺闼，循循自谨乃如尔。广文摄篆走蒲阳，未免鹿车居桑梓。一朝凶闻六诏来，（南亭诗成句。）烈妇闻之浑不语。浑不语，心自许，自谓生前差异人，务使此后芳名灼如炬。窃思死计诚自得，悲幸曾不见于色。至晚从容入闺房，理得残针犹未息。鸡犬息静月无光，仰天一呼声顿塞。谓有鸩毒甘如饴，仰之而安胡不食。端从泉路觅夫君，貌不胜人胜以德。胜以德，人皆羡，一朝声名满花县。人无贤愚悉脍炙，漳水鞞山色皆见。以视鞞山山开生面，以励清漳清漳彻变。莫谓区区弱质无足异，烈哉千古此其选。遍告闺中儿女子，力挽颓风无贵贱。乃兄寄我征诗启，吾即歌诗以纪之。芜辞诚难辉烈妇，聊藉烈妇传吾诗。摄巍科未足拟效忠烈，差可师燕桂郑兰。无足溯由来，宅相属坤仪。（烈妇系余甥女。）

附：郭允叔郝烈妇传并论

烈妇郝孺人者，武乡县魏士奇妻也。士奇负才，名武乡，士引以为重。再应乡试，不中式，孺人辄为好语以相慰，士奇安之有终焉。志得举于乡，入资选，授永济县儒学训导，孺人以有待，未从行。岁丙午，士奇卒于署，同官赙赠返其柩，孺人拊棺昏绝，呕血数升。葬有日矣，入室掩之，遂自鸩也。郭象升曰："近世学者渐染于西儒穆勒、约翰诸人之说，遂有谓以妇殉夫为蒙野不恕之事者，吾甚惑焉。古有感恩知己为友死难者矣，君子哀其心而褒之曰义士，此在欧美亦时时有之，即彼宁不引以为美谈者？何独至于夫妇而不之许耶？以道教之凌迟天下没溺于无耻之既久，有蹈义不回者出，固人道所赖以不绝者也。偷视苟息者滔滔皆是，而苛论乃集于死节之一二人，抑何所见之不儿女子若也。然则律旌节烈而亦不禁改适，或者圣人为中人立法则然欤？曰无所迫而甘之节烈之事，所以可贵也。律意其为贵者，增重者矣。大义不明，人皆以中人自待，有礼教之责者，又从而为之词，盖自归有光、汪中之说出，天下乃有病贞女者。欧学东来而天下并有病烈妇者，数世之后人道其几于熄乎？西儒斯宾塞尔有言教人以孝义，而举利害以言之，不如任之之为得也。伦理之间固有其不可解者焉，惟不可解而孝义之道存焉矣。夫殉夫者亦不可解之一，而孝义之至者也。小夫曲智，乌能窥见其本原哉？烈妇之戚段润生大令属余为烈妇传，因为伦次之如此，亦将使世之习于礼者无为莠言所夺也。

东村监生段效式妻魏氏，永济县教谕连元长女。年十六于归，新婚弥月，夫出外就学。时翁姑亦宦游在外，堂上仅留祖翁姑暨夫之弱弟。氏侍老抚幼，从未稍懈。阅三载，夫忽病归，为调药侍疾，衣不解带者累月，而其夫卒不起。氏年仅十九岁，痛不欲生，仰药者再，卒以营救得免。而转念夫家亲老子幼侍抚，动辄需人，一死转不足以竟夫志，因而隐忍残息，尚冀夫弟有子，获承夫祀。不期弱弟又殇，祖翁姑值垂暮之年，翁姑膝下痛无一点，氏一承侍奉。祖翁姑之大事，一以待将来翁姑之有子。茹痛饮泣，孝事维谨，人皆称其贤淑。未几，翁姑返里，祖翁姑相继逝世，丧葬俱毕，氏侍奉翁姑一如其事祖翁姑者，筹划内事，先意承志。民国五年，连元卒，氏助其母，营葬事井井有条。返曰："吾大事毕矣。"及姑生子，氏又曰："翁姑有子，宗祧不复为忧，未亡人得遂所志矣。"竟从容仰药自尽。时民国七年十月也。事闻得旌，乡里荣之。

东庄张烈女，笄年受茂树角梁焕成聘。尚未于归，适值光绪丁丑大祲，家人将鬻之顺德挑贩者，女闻之，悲号终日，投崖而死。

右烈妇六人，烈女一人。

乐家坪李廷机妻，青年守节，志同金石，乡里称贤。清嘉庆十五年，知县王旌曰"冰清玉洁"。

枣林李时叙妻安氏，氏年二十四岁丧夫孀居，贞操不贰。清嘉庆十八年，儒学教谕孟给匾奖之。

禄村张廷选妻李氏，夫殁时年十八岁，贞节自矢，抚孤勤劬。道光间，蒙县令苏题奖曰"松贞齐辉"。

马堡孙德虎母要氏，清道光间，特授直隶州知州顾给予"节孝维风"匾。

乐家坪李贵财妻暴氏，夫故家贫，守节数十年，贤声载道。清道光中，蒙知县李旌匾曰"贞节流芳"。

郑峪赵德善妻王氏，夫殁子幼，矢志守节，教子谨义，卒成良医，乡里称之。清咸丰间，蒙知县旌奖曰"白首完贞"。

下郝增生魏龙泉妻刘氏、副室张氏，夫殁，遗子甫周岁，各尽妇道，并力抚孤。清同治二年，县令梁给匾奖之曰"壶范联芳"。

黑营郝原田妻李氏，青年守节，终身不渝。同治九年，教谕钮匾其门曰

“白首完贞”。

胡家庄王中元妻赵氏，盟心金石，守节不变。蒙教谕钮奖题“冰霜矢志”，以旌其节。

阳家垴佾生张国正妻刘氏，事姑尽孝，抚孤成人。于清同治十三年旌表节孝。

神西任本性之曾祖母王氏、祖母崔氏、母武氏，三世守节，乡里称之。清知县梁大鹏旌之曰“三世贞烈”。王氏享年七十一岁，崔氏享年六十一岁，武氏享年八十二岁。

马堡孙德银妻李氏，清同治间，奉旨敕旌节孝。

沙河头窦训妻武氏，守节无玷。光绪五年，蒙学政朱奖给“昆玉秋霜”匾以旌之。

沙河头窦秉璧妻骈氏，沁县松村骈尔肃女。立志守节，誓不改适。光绪五年，蒙学政朱题奖“金石盟心”匾。

沙河头窦模妻骈氏，守节不移，志同金石。光绪五年，蒙学政朱匾其门曰“松柏同操”。

蔚家渠郝二卯妻史氏，守节安贫，人无间言。光绪七年，蒙教谕王旌其门曰“松筠贞操”。

郝家垴孟富魁妻任氏，抚孤志贞，白首不懈。光绪十一年，教谕霍旌以“节寿齐辉”匾。

赵庄李栖鸿之母韩氏，青年守节，抚孤成立。光绪十二年，教谕曹奖以“金石其心”匾。

下郝魏锡纯妻赵氏，南上合赵登才次女。夫殁时二十七岁，家贫无依，遗子深、治俱幼，氏纺织自赡，备尝艰苦，抚孤卒至成立。清光绪二十年，教谕李题奖曰“勤俭堪风”。年七十四卒。

郝家垴孟银妻王氏，励志守节，意不稍挫。清光绪二十三年，蒙山西学政钱旌以“志凛冰霜”匾，乡里称羡。

义门李靖妻郝氏，郝翁和之次女。夫殁时氏甫二十三岁，即矢志柏舟，上奉翁姑，下抚子侄，守节五十年，勤勤恳恳，以贤孝闻。清光绪二十四年，蒙邑大令陈旌以“苦节堪旌”匾。

寨上弓相清妻刘氏，家贫守节，人无间言。清光绪二十四年，学政刘旌以“金石盟心”匾，洵志实也。

下郝庠生魏锡岱妻李氏，砖壁李盈女。于归后孝敬翁姑，和睦邻里。夫殁，氏年三十，抚孤教养，俱协义方。子鸿逵、应逵以次游庠。清光绪二十四年，蒙学宪刘题奖曰“闺门礼则”。年六十七岁卒。

富庄任永成妻段氏，茹苦守贞，终成完节。清光绪二十五年，教谕苏匾其门曰“盟心金石”。

寨坪张为政妻常氏，氏年二十九岁寡居，柏舟自誓，菽水承欢。于清光绪二十三年，蒙山西全省学政钱奖题“节孝可风”匾以旌之。

型庄周郁妻胡氏，孀节无亏，一时称贤。光绪二十五年，钦命提督山西全省学政刘题给“抚孤两世”匾以奖之。

张村王明德妻任氏，夫卒，氏二十六岁，抚遗腹子成绪，卒致成立。守节四十年，目不窥户，邻人罕见其面。清光绪二十六年，蒙学使刘题奏，奉旨旌表。

王家垴佾生赵步蟾妻董氏，生员守拙女。夫殁，年十七，无出，痛哭欲殉，蒙救乃止。氏毁容自隐，邻里罕见。抚犹子为嗣，恩养备至，垂五十余年不改其节，闾里称贤。清光绪二十六年，蒙学宪宝奏旌节孝身后准建坊入嗣，行年七十有八，尚形康健。嗣子鹤年，太学生。

西胡家垴郝桂标之母李氏，夫死时氏年二十五岁，遗孤甫三岁，守节终身，勤俭不懈。光绪二十七年，教谕刘匾其门曰“慈竹贞松”。

石壁郝清和之妻任氏，夫殁，氏二十二岁，遗子殿选甫四岁，苦心守节，抚孤成人，经纪家政，井井有条。卒年七十六岁。蒙学使刘奖以“女中矜式”匾。子亦议叙从九。

上关高万兴妻孟氏，柏舟自矢，乡里称贤。光绪三十年，蒙教谕李匾其门曰“操节坚贞”。

里庄高升妻王氏，氏年二十岁夫殁，甘贫纺绩，守节不易。奉姑教子，人咸称贤。清光绪间，蒙学宪钱给匾旌表。

枣岭崔兆宇妻赵氏，性淑慎雅静幽闲。夫殁，时年二十一岁，无子守节，闺门严肃，邻近罕见其面。后以犹子儒明嗣。清光绪三十一年，知县赵以“志洁冰壶”匾奖之。

古台村杨秀枝妻张氏，早岁守节，贤声著闻。清光绪三十三年，蒙县教谕张题奖“松柏同贞”匾以旌之。

上关高万恒妻段氏，志节无玷，贤闻一时。光绪三十二年，蒙教谕李奖以“白首完贞”匾。

王家沟武治世妻郝氏，晋考之女。抚孤成立，奉姑尽孝。事闻后奉敕旌表节孝。又以子海清成武进士，诰封恭人。

东村段松猷妻魏氏，魏尚魁之三女。夫殁时氏年二十六岁，遗孤方八月，恩勤抚育，卒底于成。孀居四十余载，节行弥坚，毫无懈倦，时人贤之。

权店李清华妻崔氏，夫亡时氏年二十一岁，适遭大祲，家贫无食，抚有二子，长三岁，次在襁褓。举家三口，室如悬罄。会将转于沟壑，邻有怜其孤苦劝其改适者，氏坚持不摇。更有不肖徒招摇娶之，备舆马至门，氏痛哭流涕，不语不食。邻人深怜其贤而无可如何。时村有崔永者，家赀颇富，闻而往询，知氏素志本欲全节，惟衣食无出，乏计可筹，倘能苟延性命，誓不夺志。崔永即慨然允给氏小米二石、高粱一石、现钱三缗，氏欣然率二子领谢，安居度日。不肖徒见无隙可乘，亦释马窜去。氏得遂志，抚孤卒至成立。氏亡后，二子四孙，颇称小康，时人贤之。

南关崔俊秀妻梁氏，夫殁，年二十九岁，遗子六岁，女三龄。氏恩勤抚育，誓不变志。延师教读，子早入庠，孙与曾孙俱以贤闻。氏享寿七十有九，无病而终。在日督教甚严，故一门贤顺，方兴未艾云。

南沟村清武翼都尉郝壬照妻赵氏，氏十五岁于归，二十九岁丧夫，遗子甫周岁，哀毁骨立。既而曰：“死亦易耳，第弃其孤儿，不惟无以成夫志，且重遗翁姑忧，岂忍为乎？”未几翁殁，氏晨夕依姑侧，饮食起居，抑搔扶起，曲尽妇道，远近以孝闻。

南沟从九品郝辛照妻魏氏，夫卒时氏二十五年，誓以身殉，蒙救不死，乃慨然以事姑抚孤自任。时子晋璧甫三岁，姑又老病，凡汤药浣濯必亲为之，其心始惬。姑殁，治家綦严，始终罔懈，人咸难之。

黑营郝□□妻李氏，月满之长女，武举凌云之母。贤孝性成，守节不渝。蒙教谕李奖给“节寿并荣”匾以表扬之。

圪嘴头郝德昌妻张氏，夫殁，氏年二十，子甫八岁。守节抚孤，不妄所天，竭尽心志，事姑以孝，食力安贫，育子成人。现年七十有一，得孙男二、孙女三。蒙教谕刘奖以“苦节是贞”匾，人咸荣之。

胡家庄王荣妻张氏，守节终身，志行无亏。蒙知县题“孟母高风”匾以旌之。

武家庄武二香妻崔氏，氏年十九岁夫殁，子幼，守节四十余年。安贫纺绩，志不稍懈。清光绪间蒙学宪宝奖给“志同金石”匾以奖之。乡里称羡，至今勿衰。

大活庄生员王九德妻侯氏，夫殁，氏年十八，遗前子俱幼。矢志抚孤，均如己出，嗣诸子成立，入贡成均者二人。家业既裕，乡里贤之。于清光绪间蒙县令题奖曰“松竹完贞”。

庙岭曹琛妻成氏，生员化久之母。国民师范毕业，国英之祖母也。氏年二十寡居守节，自誓抚孤成名。清光绪年间蒙学宪钱奖匾曰“金石盟心”。享年八十而终。

寨坪张存修妻杨氏，夫殁时氏年二十九岁，抚孤奉姑，慈孝均全。于清光绪间蒙山西学政宝给予“礼宗女表”匾，以旌其节。

井湾村田永红妻张氏，氏年二十八岁孀居，抚犹子为嗣，事姑以孝闻。守节五十余年，机声不绝，宵火常明，人咸难之，氏处之晏如也。清光绪间蒙学政钱题给“冰雪心肝”匾以旌之。其侄玘妻李氏，年二十丧夫，氏以节孝相劝勉，李氏受其教亦能立志坚贞，抚子成立，迄今诸孙盈侧，怡怡一堂，乡人均比节于张氏云。

墨磴吕庆昌妻李氏，年二十九丧夫，家道贫寒，亲老子幼，俯仰维艰。氏守节抚孤，事姑以孝，三十余年冠婚丧祭不时而举，皆氏一人尽力支撑，可谓巾帼中丈夫者矣。清光绪间蒙署理知县张奖给“慈竹贞松”匾，以旌其节。虽曰扬名，实所以纪实也。

东峰堙增贡生倪肇基妻赵氏，守节抚孤，克遂初志。蒙清教谕李题给“节茂桐松”匾以旌之。

郝家庄增生郝汝觐妻范氏，附贡名晋之长女。夫殁时氏年三十岁，无出，抚犹子为嗣，早夭，氏守节五十余年，凛凛自持，乡人贤之。邑癸卯进士李华炳题“节孝慈和”匾以赠之。

贾豁庠礼生魏如霖妻邢氏，性贤良，明礼法。年二十九夫逝世，遗孤锋、锐俱数岁，殷殷抚养，教训维严。锋、锐长，弃文习武，兼理家务，事无巨细，悉承母命。十数年，家复兴，锐由武生援例营千总，亲老，未仕。光绪丁丑岁歉，氏命子出粟赈贫，全活无算。孙男女数人，俱以贤孝著称，寿八十余卒。

本城拔贡范探骊妻梁氏，年十七于归，阅十载夫病殁。守节以贞，治家以俭，抚嗣子如己出，数十年如一日。清宣统元年，蒙山西学政题匾旌表，民国三年以疾终，享年六十四岁。

赵庄李道仁之母郝氏，为郝社公之三女。年二十八岁守节，乏嗣，犹子承家，待如己出。蒙教谕宋奖以“慈竹贞松”匾。

中村萧彭庚妻王氏，十九孀居，子方一龄，家境贫寒，翁姑俱逝。氏抚孤守节，矢志不贰。清宣统元年，奉旨旌表节妇，敕建牌坊，年八十六岁卒。

中村萧康年妻王氏，夫故无子，矢志守节。清宣统元年，奉旨旌表节孝，敕建牌坊。

枣岭李贡阳妻赵氏，贡阳殁时氏年二十一岁，遗孤高庆尚未周岁。氏守节抚孤，备历艰辛。享年五十七岁。清宣统元年，教谕宋匾其门曰“苦节完成”。

王海峪张庚妻王氏，氏年十八岁夫殁，事姑至孝，抚孤成名。清宣统元年，蒙教谕杨奖以“节孝可风”匾，纪实也。

苏峪举人李秀良继室倪氏，氏年二十六岁夫殁，寡居，有遗腹举一男，守节抚孤，卒至成人。清宣统间，奉旨旌表节孝。子名炜，入邑庠。

砖壁马明扬之祖母李氏，年二十一失所夫，抚孤成立。授室生孙，即明扬，其子媳又相继而亡，氏鞠养幼孙，艰苦备尝。光绪初，学官咨访邑中节孝，悉以上闻。氏为匪人愚弄，耗赀二十余千未获受旌，迄今乡邻道及者犹以为恨。

交口郝治怀妻张氏，三十而寡，守节四十六年而殁。教谕胡旌之曰“苦节抚孤”。

堙里史□□妻杨氏，夫殁时年二十六岁，遗孤七龄，甘贫守节至七十五岁。经教谕胡旌之曰“苦节抚孤”。

堙里杨□□妻李氏，二十七岁寡居，遗孤三岁，抚育成人。邑教谕奖之曰“节寿双高”。

杨树脚王清明妻韩氏，夫殁三月后举一子，氏年甫十八岁，抚孤守节，矢志柏舟。清宣统三年，教谕胡题奖曰“慈竹贞松”。卒年五十六岁。

北良侯李磨孩妻郭氏，丧夫，年二十四岁，家赤贫，事姑至孝，治家勤俭，抚孤子卒至成立。年近七旬犹勤劬耐劳，人人贤之。

玉品李玉花妻任氏，夫亡，誓不改适，乡里称贤。

曹村武金玉妻董氏，孀居守节，称道者迄今不衰。

连元村魏殿飏妻李氏，柏舟自矢，乡里称贤。

连元村登仕郎魏阙妻周氏，节凛冰霜，人无间言。

本城范汝谦妻张氏，夫亡时氏年二十有九，守节四十六年而殁。宣统时，教谕宋题给“慈竹贞松”匾以旌之。

庄则沟杜存所妻程氏，存所出继于其季父为嗣，氏以婶作姑，事之维谨。尝佣于某巨室，艰苦自适，而于姑之甘旨不少缺。无何存所亡，氏之死靡他，仰事俯畜，皆以一身任之。现年近八十，壮健如初。长子天富每道及其母当年苦况，辄潸潸泪下云。

本城监生范承绪妻魏氏，青年守节，白首完贞。

本城范炳妻程氏，孀居守节，永矢弗谖。

本城魏苟孩妻李氏，夫殁，矢志坚守，邻里啧啧称羡。

胡家庄王兑元妻赵氏，守节抚孤，数十年如一日。蒙县令题旌曰“金石盟心”。

玉品程向朱妻张氏，安贫守节，矢志不渝。

韩壁廪生魏怿妻史氏，夫殁，抚孤成名。今七十余岁。

姚家庄姚登妻武氏，年二十三岁而寡，矢志坚守，抚孤成立，遐迩称之。

巩家垴巩守温妻刘氏，襄垣某绅之女。自适巩，孝敬姑嫜，和睦妯娌。年二十八失所夫，誓不改适，教子成立，乡里咸啧啧称羡焉。

李家庄邢慎妻董氏，青年守节，永矢弗谖。于清光绪间特请旌表。

圪嘴头郝鸿书继妻贺氏，医生以树之女。二十三岁夫殁，遗子二，均在襁褓，氏抚孤守志。而二子又俱夭，孑然一身，不变初志。淑慎勤俭，谐和妯娌。又受父指导得外科法，施针敷药，活人无算。人多邀请，拒不受值。现年五十三岁。

圪嘴头郝鹤书妻房氏，氏年二十一岁夫卒，遗长子玉台三岁，次玉树甫七月，守节抚孤，坚不变志。后长子夭亡，玉树卒能成立，由高等小学校毕业。氏事姑尽礼，调和妯娌。翁殁后事姑尤不稍懈。现年五十一岁，人咸贤之。

下郝魏舒泰妻史氏，夫殁时氏年二十二岁，遗孤甫六龄。坚守节操，矢志靡他，卒至抚子成立。享寿八十有二，完节而终。

圪嘴头郝有谟继妻李氏，二十八岁夫殁，遗孤甫十一月。守节自矢，之死靡他。后十余年子又亡，媳改醮，氏独居，姑与夫弟遇之寡恩，卒不改志，惟每日持斋念佛，食力自养。现年六十九岁，获蒙县长陈旌其门曰“金石完贞”。

楼则峪郝有林妻任氏，警佐象升之母。年二十九岁夫殁，遗孤二，长象升，次福金。矢志守节，事姑尽孝，乡里咸称，终其身无间言。民国六年，县长傅额其门曰“金石同真”。卒年四十七岁。

涌泉村武夺魁妻郭氏，氏二十一岁夫卒，遗孤二，皆幼。立志守节，誓不他适，藜藿自甘。事翁姑承顺无违，数年不窥园户，抚养二子皆至成人。民国十四年，蒙督军兼省长阎奖给“节孝流芳”匾。

山交村李新年妻郭氏，氏二十一岁寡居，有遗腹女一，甫二龄，嗣生子金孩。守柏舟节，不变初志，抚孤与女卒至成人。氏安贫无怨，日用惟取给于女红。时或躬任樵采，不辞劳瘁。行年六十岁尚康强无恙，人咸称之。

会同王更和妻李氏，监生王学尧之母。年二十四岁夫殁，遗孤甫三岁，安贫守节，抚孤成人。后子先殁，里人表以“节励冰霜”匾。氏享年八十三岁，孙曾满堂，家道殷实，人咸以为守节之报云。

石盘镇李三使妻刘氏，暖水头人。二十九岁夫殁，遗孤甫五月，氏立志抚孤，誓不改适。家贫食力，数十年如一日，卒至育子成人，乡里称贤。行年七十九岁尚健康无恙，人以女丈夫目之。

胡家庄王巽元妻景氏，早岁丧夫，守节不移。蒙县令旌曰“劲节可风”。

郑峪庠礼生赵钟金妻李氏，佾生秉政之母，贡生秉钧之婶母也。氏赋性仁慈，事姑至孝，姑或有病，常祷神自代。丁丑大祲，贷赀救活者甚众。督教子侄，抚育孙曾，不辞劳瘁，乡里称贤。事闻，蒙省长题给“孟陶遗范”四字以旌其闾。

陈村王衡妻张氏，氏年二十二岁夫殁，遗一子嗣。氏之兄嫂继逝，又遗侄子永谦等三人，大者七八岁，余皆在襁褓。氏矢志柏舟，于家资贫弱之际抚育子侄，严毅有法，卒至成立。氏享寿七十八岁而亡。邻里钦其贤而无力请奖，爰赠其匾额曰“宗族增辉”。

松庄恩贡籍修学妻武氏，佾生慵女。夫卒后家道中落，姑亦衰老，氏上事孀姑，下抚幼子，纺绩自给，三十年如一日。姑病汤药亲尝，衣不解带者累月。姑殁，殡葬尽礼。子纪盛、斯盛均蜚声庠校，乡里咸啧啧称羡焉。

上北漳郝育民妻赵氏，守节以贞，持家以俭。民国十五年，蒙山西省长阎奖给“贤淑同钦”匾，以褒美之。

上北漳郝景隆妻魏氏，贤淑雅静，慈孝兼全。民国十五年，武乡县知事吕奖给“壶范堪钦”匾，盖纪实也。

韩壁村清庠生魏忻妻王氏，幼读书识大义，十六岁于归，二十九岁而寡。夫殁时氏亦微患时疫，目击变故，不泣不言亦不食，亲邻劝慰，置若罔闻。适氏母来视女，乃以正言责之曰：“汝年未三十，诸子俱仅数龄，守节抚孤，汝之责也。若欲以一死了之，将何以见汝夫于地下哉！”氏闻言，乃大悲号，一恸几绝。强起，与家人料理丧事，日进薄粥数瓯，疾渐愈。亟为诸子延师教读，俾继学业。居恒集数人之事于一人之身，分一日之食为数日之用，邻里见者，咸为嘘唏。庚子岁，拳匪初作，儿童从之者若狂。氏长子亦谋与其列，氏戒之曰：“吾家累代科名踵接，至汝父而仅以青衿终，汝曹正宜攻苦求学，以承先志，而光泉壤。姑无论事之反常者鲜不为祸，即要拳弄棒，荒废学业，亦大可虑也。”其子乃止。会近族遗产颇富，应由氏子承继，顾族人有欲以其子承祧者商诸氏，氏慨然让之。人问其故，则曰：“但得时和年丰，吾家薄产亦颇可自给。儿辈果贤，三人共之而有余；其不肖也，并之一人而不足。予人以一子而违族人之意，殊不值也。”其雅量卓识类如此。氏固精纺绩，孀居后梭影机声，益无虚日。每于诸子自塾归，询问上课外辄为述所以修身持家之道，且绩且语，滔滔十万言。并喻以孤儿寡母之苦，况使各努力上进，以自树立。诸子偶荒于嬉则号泣自责，痛不饮食，必长跪请改然后已。乡里言贤母者恒以氏为则。现年六十三岁，临时执政段旌之曰“画荻风高”，省长阎旌之曰“守真秉德”。

附内务部褒词：

临时执政褒曰：坐宣文绛纱之帐，韦母传经；封怀清丹穴之台，巴嫠输役。自来巾帼每多完人，凡在闺门，允宜矜式。尔山西武乡县魏忻之妻王氏者，生自名门，于归士族，眉齐鸿案。寄庑下之春声，瞻和熊丸；创河东之家法，比旬夫人。恤灾昂斛，与诵为优，似桓寡妇行义，旌门荣光尤大，如此行状，宜矣褒扬。於戏！截发延宾，昭陶家之母范；毁容尚节，表梁媛之贞操。作之楔题，维乃矩德。

马牧郝刚中妻李氏，早岁寡居，奉姑以孝，守闺以节。治家严毅有法，鞠育二子均入邑庠，教孙七人俱能成立。享寿七十五岁，以贤孝终。民国年，蒙县长张奖以匾曰“孟母遗训”。

马牧清庠生郝桂芬妻郭氏，二十七岁寡居，矢志靡他，抚犹子为嗣，教养恩周，无异己出。持家有法，勤俭自励，数十年如一日。蒙县长张奖以“画荻遗风”匾。现年七十二岁。

上北漳郝维藩妻郭氏，青年守节，励志柏舟。治家勤俭，乡里称贤。民国十六年，蒙山西省长阎以“贞操淑德”匾奖之。

下郝魏名卿妻李氏，桥南李生兰女。孝事翁姑，义方教子，勤俭持家，其贤德懿行乡间同钦。民国十六年，县长张奖以“孟母遗风”匾。

神南王丕显妻郝氏，氏年三十夫故，守节抚孤，事翁姑以孝闻，邻里称贤。享年六十有九。蒙县长张以“慈孝扬庥”匾奖之。

泉之头陈绣妻张氏，二十三岁而寡，遗子一女一，俱幼，立志守节，抚孤奉姑，孝慈均著。整理家务，井井有条。姑殁，丧葬尽礼。子启瑞，清宣统己酉拔贡。氏年六十一岁，蒙知县张奖给“画荻遗风”匾以旌之。

泉之头陈纪妻刘氏，夫殁时氏年二十四岁，遗女又夭，茕茕独立，矢志柏舟。食力自养，艰苦备尝，数十年如一日，人不堪其苦，氏则毅然任之。年七十四岁，蒙知县张题奖“竹筠松心”匾以表扬之。

本城从九品附生魏锡磐妻王氏，贡生王国梁长女，曲沃县殉节教谕魏云榜孙媳也。年十九于归，时翁世袭云骑尉，岁贡生亮生在堂，事奉维谨，克尽妇道。年二十九夫殁，遗子廷辅才三龄，哀毁骨立，恸不欲生。既而矢志守节，教子成人。治家勤俭，辛苦备尝，数十年如一日。坤仪昭著，人咸称贤。现年五十有六，蒙县长张奖给匾曰“慈孝扬庥”，盖志实也。

洞上村魏庚元妻李氏，守节抚孤，奉姑以孝。蒙县长张奖给“操同松柏”匾以旌表之。

杨家垴张经良妻冯氏，抚孤奉姑，慈孝均著。于民国十六年，蒙县给匾旌奖。

上司村赵大声妻贾氏，守节食贫。民国十六年，蒙县署给匾旌奖。

皮堙王宝善妻安氏，二十九岁而寡，上事孀姑，下抚幼子，糠粝鹑结，备极艰辛。迄今子孙成立，家业日隆，氏之力也。民国十六年县长张旌之曰“柏舟励志”。

上郝韩文学妻张氏，民国十六年，县长张旌之曰“竹节松龄”。

寨坪张如鹏妻程氏，氏年二十六岁寡居，膝下苦无一点，立志守节。抚犹子文锦为嗣，爱如己出。治家躬亲，操作不辞劳瘁，至家境小康。戚党中有借贷者，氏全无吝色。母家贫甚，有侄孙人一，幼弱无依，氏常周以衣食。每谓家人曰：“吾先人宗祧幸有此一脉，宁吾俭缩，不忍见此子冻馁也。”其识大礼有如此者。迄今六十有五，家事犹亲料理，有条不紊。民国十七年，蒙县长张题奖曰“竹节松龄”，洵纪实也。

涌泉镇武世元妻张氏，氏年二十九岁夫殁，遗孤二：长义成，次海成。家徒四壁，度日维艰。氏柏舟自誓，抚孤成立，辛苦备尝，洵巾帼而丈夫者也。年六十五岁卒。今其诸孙绳绳，咸为后起之英，乡里贤之。民国十七年，蒙县长张奖题“柏舟遗风”四字，虽曰表幽光，亦所以纪贞节也。

本城从九魏嘉训妻郝氏，恩贡试用教谕郝世桢之堂妹，考准吏员有恒之媳也。于归年十七岁，幽闲贞静，言笑不苟。事翁姑克尽孝道。越五载，姑病殁，尽哀尽礼，乡人称叹。后值夫病，日渐加重，氏焚香告天，愿以身代。及夫病故，哀毁过甚，形瘦骨立，时年方二十九岁。遗孤二，念椿庭年迈，抚孤情深，乃破涕为欢，曲尽妇道。奉事衰翁，克尽诚孝。及翁殁，丧葬如礼。抚育二子，俱已成人。有孙八人，孙女四人。苦节四十年，人无间言。民国十七年，蒙县长张褒题“节孝双全”。

柳亭郊王之佐妻魏氏，从九贞元之女，岁贡曰俞之胞侄媳也。于归后，孝事翁姑，敬礼夫君。嗣翁姑先逝，其夫亦亡，时氏年方二十五岁，只遗一女，甫二龄，夫弟之佑方九岁，氏尝抚幼女弱弟而哭曰："王氏一门，只此而已。吾遇此境，讵能卸厥妇职耶?"因矢志守节，抚孤成人。虽备历艰辛，内操井臼，外理农桑，亦所不辞。时有悯其劳苦劝其再醮者，氏正色曰："余生长名门，颇识大义，饿死事小，失节事大，若谋改适，生何以对生母与胞弟，死又何颜见故夫于地下?"其完成妇节实基于此。至其抚犹子为嗣，经理家政，卒至小康。又以其赢余补修桥梁，建筑字炉，刊送《孝经》。诸凡善举，更是巾帼而不让须眉矣。其得被邻里之传述称颂，县长之给匾褒奖，不亦宜乎！

井湾村田玘妻李氏，夫殁年二十二，家境窘甚。氏子务农，朝夕督责，课以勤拙。嗣家境渐裕，迥非昔比，皆氏一人之力有以启之也。民国十七年，蒙县长张题奖曰"岁寒松柏"，所以志苦节，亦所以表幽贞也。

新村王德林妻韩氏，氏寡居年二十八岁，教子以勤，治家以俭。行年七十有六，尚康强无恙。民国十七年，蒙县长题赠"岁寒松柏"匾以旌之。

墨镫李绳久妻侯氏，氏孀居年二十七岁，家赤贫，靡所依。氏对于米盐薪水一身经纪，朝夕不倦，卒至抚孤成立，读书成名。享寿八旬有二，完节以终。民国十七年，蒙知事张旌其门曰"岁寒松柏"，盖纪实也。

鸿岭杜培清妻魏氏，培清殁年，遗孤纲才九龄，氏年仅二十八岁。适值清光绪丁丑大祲，连年不熟，家无升斗之粟。孀居无依，终日不能举火。有劝其再适者，氏面斥其非，谓烈女不更二夫，宁守困而死，不再醮而生也。嗣是日与子剥树皮刨草根以为食。光绪四年后，年既丰，只无地可耕，衣食维艰。乃母为纺织，子为佣工，历数十年之艰苦，家道始见小康。氏享寿七十有三，完节而终。邻里素钦其贤淑，民国十七年，为具其守节颠末于县署，蒙县长张旌其门曰"苦节抚孤"，志实也。

下司村赵让妻魏氏，氏年三十岁夫故，遗二子尚幼。守节抚孤，治家勤俭，教养诸孙，卒至成立。嗣于民国十七年三月，蒙县长张奖给"淑德懿行”匾以褒美之。

下关村高庚午妻魏氏，氏于归，适值家道綦贫，宵衣旰食，纺绩为生。后夫病殁，治家教子，历尽艰辛，晏如也。性复慷慨，好施予。村北土桥倾圮，募工修理，行人称便。迄今子孙成立，家道富有，皆氏一人之力也。卒年八十有六，乡里称贤。民国十七年，蒙省政府给予匾额，题曰“贞操淑德”。

七里堙村张泰升妻魏氏，清赞礼生守德之女也。于归七载，其夫病殁，氏年二十二岁。惨遭变故，痛不欲生。经亲邻百端劝慰，始渐进饮食。一孤藐小，四壁萧然，氏茹荼饮蘖，之死靡他。秽声不绝，宵火常明。汲水耕田，均以一身自任。其苦心孤诣，数十年如一日。现年五十五岁，氏子锦山克尽孝道，孙宋堂森森玉立，人以为张氏苦节之报云。邻里素钦其贤行，爰具其守节颠末于县政府，蒙县长张题给“清风亮节”匾额以褒美之。

东辿王庚申妻王氏，青年守节，矢志不渝。民国十七年，县长张给予“节孝勤俭”匾以旌之。

墨磴廪生吕景端妻韩氏，年二十七岁丧夫，遗孤亦夭。事姑尽孝，姑病辗转床蓐，氏亲侍汤药，不辞劳瘁，数年间如一日。民国十七年，蒙县长张奖题“操同柏舟”匾以旌之。

右节妇百二十三人。

洪水张文恭母杜氏，咸丰间，邑令梁旌其门曰“淑德可风”。

神前李清禄母郭氏，光绪间，邑令旌之曰“萱堂云暖”。

胡家垴任世中母魏氏，宣统三年，教谕宋奖以“德寿齐辉”匾额。

砖壁李钟毓妻魏氏，持家勤俭，教子有方。民国十三年，蒙曹大总统褒之。

活庄监生杜导汶妻魏氏，孝子千总魏锋锐长女，太学生青山河南高等检察分厅检察官青史之母也。孝事翁姑，色养备至，相夫以敬，教子成名。贤声昭著，遐迩传闻。蒙执政奖给“令德孔昭”匾，并赏银色褒章一座，加给褒辞，以励壸范，人咸称颂，迄今勿衰云。

附褒词：

临时执政褒曰："腾葛妙真之贤名，经年侍疾；蕴鲁义姑之智术，临难全宗。巾帼自有完人，闺门皆当矜式。尔山西武乡杜魏氏生长名门，于归士族，汲晨登鲤，昭广㵒之。至试课夜和熊，垂河东之家法；造桥谈蔡太君故事，行人则攸往。咸宜昂斛博，荀夫人，颂声比户，则更生重庆，如此行谊，允矣褒扬。於戏！大崔山南之宗祊，乳衰亲而再拜，坐韦宣文之经幔，传绝学于诸生。畀以楔题，光乃壶德。

洪水张守斌妻董氏，研究棉学，确有心得。蒙省长阎给以最优等织棉奖章。

南沟郝晋璧妻郝氏，民国十六年，蒙省长阎奖以"救灾恤邻"匾额。

王家垴魏允中妻梁氏，温恭淑慎，著闻乡里。民国十六年，晋绥总司令阎题给"式管昭彤"匾额。

下郝魏锦春妻赵氏，善事翁姑，教子有方。民国十七年，县长旌其门曰"慈孝兼全"。

祁村洼聂向尧妻赵氏，事亲能孝，相夫以勤。持家训子，有法有方。民国十七年，县长张题"淑德懿行"匾以旌之。

小店村徐景达妻魏氏，办理天足热心，蒙省长给予金色菊花章。

右贤淑十一人。

论曰：日星河岳之气，阴教阳教，性一而道同，其所称须眉丈夫，有一节一长堪取者，既载诸各门矣。今列女则并贤淑、孝义而悉载之，至贞心劲质，一意孤行，与夫悬梁绝粒殒生诸奇节，尤属风化所关。嗟呼！世衰道微，朝餮而夕醮者，何可胜道，而独之死靡他，从一而终，其人其事，恶可淹没而不彰也！在业经旌表者固不容遗，即未及表扬，其节行与国家褒扬条例吻合者亦并载之，以备后来之咨访者。马端临曰"诚恐一朝散佚失坠，无以属来哲"，此之谓也。

官师表

守土之官，佐理之贰，掌政教而行赏罚，责任綦重，其设施虽有不齐，而姓字流传均有有不可淹没者。武自北魏以来，令丞簿尉载诸旧志，兹增入旧志所未及载者，著为表。其惠德在人，尤不能忘者，别为传，是亦居官得失之鉴也。作《官师表》。

官师表一

清代	知县	教谕	典史	权店营把总	城守司外委把总
乾隆	严　谦 字虚白，浙江乌城县人。进士，乾隆五十九年任。			靳大忠 阳曲县人。乾隆五十六年任。	
嘉庆	吴邦治 河南固始县人。辛丑进士，嘉庆二年任。 恒　龄 汉军正蓝旗人。举人，嘉庆四年任。 邓方城 字楚屏。福建闽县人。乙丑进士，嘉庆十年任。 王　藩 号西山，后改名崧，号乐山。云南浪穹人。己未进士，嘉庆十二年任。详《名宦传》。 吕锡龄 河南新安县人。贡生，嘉庆二十年任。	孟宗泗 平定州人。甲寅举人，嘉庆十年任。	戴尚忠 顺天宛平县人。未入流，嘉庆十年任。 张凤翔 江苏丹徒县人。吏员，嘉庆十八年任。 徐良玉 安徽潜山县人。监生，嘉庆二十年任。	韩　升 右玉县人。嘉庆七年任。	于　耀 临汾县人。嘉庆十三年任。
道光	马步銮 字金坡。广西金州字人。进士，道光三年任。	米丰年 字玉田。平遥县人。癸酉拔贡，道光四年任。	陈企贤 浙江山阴县人。未入流，道光七年任。	赵万选 阳曲县人。道光二年任。	王金声 临汾县人。道光十二年任。

清代	知县	教谕	典史	权店营把总	城守司外委把总
道光	岳维城 字方亭。四川中江人。由庶常改官，道光六年任。 丁公路 字礼门。湖南宁乡县人。辛酉进士，道光十一年任。 汤若泌 号小冈。河南睢县人。举人，道光十三年任。 刘光枫 字彤卿。福建侯官县人。举人，道光十六年任。 刘熙敬 江西星子县人。进士，道光三十年任。	郑　康 字锡蕃。文水县人。副榜，道光十一年任。 赵栋一 闻喜县人。廪贡，道光十六年任。 潘宗海 荣河县人。举人，道光二十一年任。 曹敏植 字捷三。太平县人。附贡，道光二十六年任。	姜　融 江苏武进县人。未入流，道光十一年任。 黄　圻 江苏武进县人。监生，道光二十三年任。 鲁　炳 字春汀。顺天宛平县人，祖籍浙江。未入流，道光二十五年任。	王长春 临汾县人。道光十一年任。	乔　福 阳曲县人。道光□□年任。
咸丰	梁大鹏 字云阁。河南鹿邑县人。壬午举人，咸丰二年任。	张俊 榆次县人。副榜，咸丰二年任。 元克明 马邑乡人。拔贡，咸丰五年任。 钮增尧 号松斋。寿阳县人。壬子举人，咸丰十年任。光绪四年，保举卓异，推升泽州府教授。详《名宦传》。		张国仁 阳曲县人。咸丰二年任。	许得胜 赵城县人。咸丰元年任。 郑　禄 临汾县人。咸丰六年任。
同治	郭锦城 字容江。湖南湘潭县人。举人，同治三年任。 苏毓元 字薇卿。云南晋宁州人。进士，同治六年任。		王鸣岐 顺天通州人。祖籍浙江。未入流，同治六年任。 姚宇浚 字济川。顺天涿州人。监生，候选布政司经历，同治九年任。	畅　珠 字宝卿。临汾县人。同治六年任。	杜永胜 字勋卿。洪洞县人，同治十一年任。 郭　华

清代	知县	教谕	典史	权店营把总	城守司外委把总
同治	唐思铉 字玉儒。浙江山阴县人。监生，同治七年任。 张　辅 字石麓。顺天大兴县人。监生，同治九年任。倡捐书院经费，调补平陆县。 刘崇礼 陕西朝邑县人。监生，同治十一年任。 任澍林 监生，加运同衔，同治十二年任。 朱世增 监生，加同知衔，同治十三年任。				
光绪	吴　匡 字书年。浙江乌程县人。监生，光绪二年任，四年调补介休县。详《名宦传》。 吴葵之 字殿卿。河南温县人。监生，光绪六年三月任。详《名宦传》。 陈宝桢 字芝孙。湖北安陆县人。监生，光绪八年四月任。 王树之 字培桂。河南登封县人。监生，光绪十年六月护理。详《名宦传》。 袁　敬	王元绶 字□□。太原县人。附贡生，光绪六年任。 郝秀兰 字心如。代州人。增贡生，光绪八年任。 曹和铭 字新庵。蒲县人。同治癸酉科拔贡，光绪十三年任。 刘昴华 字次奎。阳城县人。庚午科举人，光绪十九年任。 苏　晋 字桐斋。交城县人。光绪乙酉科副榜，光绪二十年任。	颜祖越 王树之 字培桂。河南登封县人。详《名宦传》。 陈思湛 鲁毓麟 邢廷誉 吴学焘 张鸿瀚 郑清新	梁得胜 权店营把总，系于光绪二十年间改为权店营管带，于清末移往城内。	杨　盛 字茂亭。平阳府人。光绪十年任。 郑廷樑 字栋臣。行伍，临汾县人。光绪二十八年任。 光绪末裁撤城守司，外委把总一职，于城内设管带一员，统领巡警三十名。嗣管带又改称警务长。 管带： 张　炘 字煜如。沁县人。山西警务学堂毕业，光绪三十四年任。

清代	知县	教谕	典史	权店营把总	城守司外委把总
光绪	李寿芝 字荇仙。湖南长沙县人。廪贡生，光绪十四年六月任。详《名宦传》。 陈继三 字□□。光绪十七年任。 王缉熙 字子敬，浙江慈溪县人。同治丁卯举人，光绪十八年任。 曾茂林 字树棠。四川金汤县人。举人，光绪二十年任。 曾广文 字□□。光绪二十六年任。 谢　霖 字米仙。四川射洪县人。光绪乙酉科拔员，光绪二十七年十月任。 崔铸善 字□□。直隶庆云县人。监生，光绪二十七年十一月任。 魏鸿勋 字绩臣。福建□□县人。进士，光绪二十八年调补曲沃。 张嘉桢 字幹臣。直隶武清县人。笔帖式，光绪二十九年任。详《名宦传》。 赵宗抃 字铁卿。直隶定州人。光绪□□科举人，光绪三十年任。	刘　彬 字韬庵。阳曲县人。廪贡生，光绪二十七年任。 李景南 字午亭。曲沃县人。岁贡生，光绪二十九年任。 郭长俊 字镇东。太原县人。岁贡生，光绪三十一年任。 张丕烈 字扬甫。太平县人廪贡生，光绪三十二年任。 孟　瑾 字□□。文水县人。附贡生，光绪三十三年任。 杨尔英 字俊生。榆社县人。光绪甲午科举人，光绪三十四年任。			

清代	知县	教谕	典史	权店营把总	城守司外委把总
光绪	赵宗抃 字铁卿。直隶定州人。光绪□□科举人，光绪三十年任。 覃寿彭 字玉方。湖北蒲圻县人。光绪癸卯科进士，光绪三十年任。 蔡　枢 字振筠。直隶□□县人。光绪乙亥科举人，光绪三十年任。 安文澜 字瀚卿。直隶深泽县人。光绪□□科进士，光绪三十三年任。 陈祖绶 字墨农。浙江□□县人。任辰科进士，光绪三十四年任，调补河津。				
宣统	裘祖诚 字叔和，直隶河间县人。同治癸酉科举人，宣统二年任，委署黎城。 张维兰 字香樵。直隶玉田县人。光绪癸巳科副榜，宣统三年任。	宋绍微 字紫垣。介休人。光绪甲午科举人，宣统元年任。 胡树藩 字价卿。榆次县人。廪贡生，宣统三年任。 教谕职于清末即已裁撤。	单福缘 周衍庆 典史一职于清末即已裁撤。		阎维翰 字西园。芮城县人。山西法政学堂毕业宣统二年任。 郝瑞云 字裔卿。本县郝家庄人。山西陆军专门测绘学校毕业，优贡宣统三年任。

附：鞞山书院主讲

程林宗，邑人。见《文儒》。

王梦聘，邑人。见《文儒》。

魏守经，邑人。见《文儒》。

徐韫山，河南鹿邑县举人。

李秀良，邑人。见《文儒》。

黄维墀，平定举人。

张锦心，邑人。见《文儒》。

陈宽荫，湖北安陆县举人。

张人骐，字仲勉。垣曲县己卯副榜。

冯瀚清，邑人。见《名贤》。

原履中，辽县丁酉科举人。

张文蔚，字鼎来。浮山县举人。

官师表二

民国	知事	承政	承审	主计	视学	实业技士	宣讲	警佐附巡官	区长	管狱员
元年	王用霖 字靖轩。榆社县人。光绪乙酉科举人，山东候补道，五月任。 钮承恩 字鸿轩。介休县人。光绪二十八年应壬寅补行庚子，辛丑并科举人，十一月任。							景纪焘 字普卿。直隶元氏县人。山西高等巡警学堂毕业，警务长，十二月任。		
二年			竹龙章 字云轩。浙江嵊县人。考取帮审员。					杨浚 字□□，汾阳县人。北洋警务学堂毕业，警务长，十月任。		连耀 字昭明。沁县人。山西法政学校监狱科毕业，三月任。

民国	知事	承政	承审	主计	视学	实业技士	宣讲	警佐附巡官	区长	管狱员
三年	董思聪 字亶初。山西霍县人。光绪丁酉科拔贡，朝考一等第三名。直隶州州判，签分河南，二月任。 郭曾启 字振庭。直隶临榆县人。光绪丁酉科举人，历任介休孝义、临晋等县知县。九月任。									何蓉镜 字□□。河南济源县人，由监生遵行海防，例报捐典史。山西警务学堂毕业，警务长，六月任。
四年			朱 堃 字厚甫。浙江□□县人。山西法政学校毕业，帮审。					范 庆 字有余。山东曹县人。由行伍在山西大同镇充当差官，保荐尽先补用外委，并赏戴蓝翎五品衔。警佐四月任。 傅扬休 字钦臣。沁县人。中学校肄业三年，山西高等巡警学堂毕业。历充潞城、五台、榆社警务长。警佐，四月任。 李树敏 字菊岑。河南商城县人。清候选州同，广西法政学校毕业。警佐，八月任。		

民国	知事	承政	承审	主计	视学	实业技士	宣讲	警佐附巡官	区长	管狱员
五年	陈曾翰 字子周。浙江杭县人。清云骑尉世职，留学日本，法政政速成科暨宏文学院毕业。回国历充天津地方审判厅审判官、直隶成安、新河、武邑等县知县。七月任。							王　伟 字淑达。河南登峰县人。现寄住武乡，山西警察传习所毕业。七巡官，月任。 黄镇中 字□□。沁县人。山西警察传习所毕业。巡官。		刘世昌 字庆五。代县人。山西法政专门学校政科毕业。
六年								张文模 字□□。沁县人。山西警察学校毕业。巡官，四月任。 宋保衡 字治安。文水县人。山西警察专门学校毕业。巡官，五月任。 王景峰 字□□。河南陈留县人。巡官，十月任。 杨汝堤 字□□。陕西□□县人。山西警察学校毕业。巡官，十月任。		
七年	傅宝儒 字砚田。四川万县人。保荐免试。三月任。	刘启祚 字佑卿。临县人。清廪生，山西行政研究所毕业。			王　绥 字靖安。沁县人。沁县中学毕业。山西行政研究所毕业。十一月任。					

民国	知事	承政	承审	主计	视学	实业技士	宣讲	警佐附巡官	区长	管狱员
八年			原宗宪字廉生。芮城县人。山西法政专门学校法科毕业。	解枏字辅臣，闻喜县人。山西大学校高等科第一类毕业。二月任。		师儒杰字俊卿。河津县人。山西农业专门学校农本科毕业。三月任。	郭朝晴字晓峰。沁源县人。清附生。山西行政研究所毕业。三月任。	袁鸿勋字理臣。河南罗山县。山西警察传习所毕业。前江西永修县与陕西府谷县警佐。	孙宪宗字丕承。屯留县人。山西法政专门学校毕业。第二区。 陈金铭字泽三，和顺县人。区行政讲习所毕业。第三区。	石光荣字耀庭。四川光远县人。山西法政专门学校毕业。
九年			苏象先字荣祖。崞县人。山西法政专门学校法科毕业。八月任。		李其昌字明甫。洪洞县人。山西第二师范学校及行政研究所毕业。历充本县与阳曲县视学。十二月任。				郭宗泰字筱林。洪洞县人。山西商业学校毕业。第二区六月任。 刘柏青字□□。沁水县人。区行政讲习所毕业。第三区二月任。 柴凤山字丹溪。沁源县人。山西农业专门学校农本科毕业。第三区，十月任。	

民国	知事	承政	承审	主计	视学	实业技士	宣讲	警佐附巡官	区长	管狱员
十年					郭培贤字佐才。定襄县人。清廪生，本省法政讲习科暨行政研究所毕业。					
十一年	周家藩字惠侯。湖北咸宁县。光绪丁酉科优贡、朝考一等。十一月任。							韩钦字敬修。直隶赞皇县人。山西警察传习所毕业。前神池县警佐，一月任。	马天机字□□。忻县人。本县中学毕业。第二区。 都之耀字明甫。陵川县人。山西地方行政讲习所及北京内务部地方自治模范讲习所毕业。曾任陵川县公署第一科、第二科科员、山西省公署催办、晋城县禁烟编间委员、县高平第三区区长。第三区，七月任。	

民国	知事	承政	承审	主计	视学	实业技士	宣讲	警佐附巡官	区长	管狱员
十二年	高槐 字茂三。崞县人。山西农业学校垦植科毕业。本省育才馆毕业。二月任。 和克俭 字节三。忻县人。清增生，山西农业专门学校农本科毕业。曾充省公署实业科科员、山西政治实察所实察员，十二月任。					李秉懿 字□□。辉源县人。本县中学毕业，山西农业专门学校农本科暨育才馆毕业。十二月任。		黄政宽 字泽生。沁县人。山西警察专门学校毕业。前充祁县、宁武、沁源县警佐，三月任。 安中原 字瞻甫。五台县人。山西警察专门学校毕业。警佐。六月任。	杨雯祥 字□□。平定县人。由山西校士馆大学堂中斋肄业，高等农林等学校高预科林业本科毕业。第二区，二月任。 王文明 字子郁。平顺县人。清附生，区行政讲习所毕业。第二区，四月任。	
十三年						任王骥 字子良。河津县人。山西农业专门学校农本科毕业，怀仁县实业技士。八月调委。			马元良 字子贞。沁源县人。清增生，山西大学堂中斋肄业，行政讲习所第一部毕业。第二区，二月任。	
十四年	吕绍岩 字镜民。虞乡县人。山西大学校专门部机械工程本科毕业，育才馆毕业。七月任。	郑五峰 字冠山。五台县人。山西法政专门学校政治经济科毕业，育才馆毕业。十月任。	陈育瓒 字毓田。安邑县人。山西法政学校法科毕业，育才馆毕业。九月任。				牛在天 字星桥。清源县人。清附生，山西宣讲传习所暨行政研究所毕业。八月任。		和永清 字衍堂。长治县人。本县第一高小毕业，省立第一中学校毕业，大学校法科毕业，第三区，五月任。	

民国	知事	承政	承审	主计	视学	实业技士	宣讲	警佐附巡官	区长	管狱员
十五年		王乃武字镐伯。安邑县人。山西法政专门学校政治经济科毕业，本省育才馆毕业。三月任。 章泽郇字仲庠。浙江绍兴县人。山西行政研究所承政第一班毕业。六月任。		刘鼎新字象廷。临县人。北京平民大学商本科毕业、山西育才馆毕业。八月任。 余海涵字瀛仙。荣河县人。山西商业专门学校本科毕业，复由育才馆毕业。十一月任。		王鉴瀛字子登。垣曲县人。河东甲种农业学校毕业。二月任。			雷振声字子铎。壶关县人。山西第四师范学校暨育才馆毕业。第二区，二月任。	张维烈字镜侯。万泉县人。山西监狱学校毕业。八月任。
十六年	栗乃敬字季武。浑源县人。法政专门学校法本科毕业。历充宣化镇署文案、山西民军志编纂局书记长、平鲁县行政公署第一科科长、雁门道署第二科科员、省议会秘书、省公署第五科员。二月任。				李毓经字芷文。平定县人。第一师范本科暨育才馆毕业。七月任。		王秉公字纯仁。沁县人。清附生，警务学堂毕业，山西行政研究所承政班毕业。前朔县马邑乡警佐。一月任。		郄孔昭字鉴堂。屯留县人。山西法政学校法本科毕业。荣河县管狱员、大同县承审员，本省育才馆毕业。第二区，十一月任。	

民国	知事	承政	承审	主计	视学	实业技士	宣讲	警佐附巡官	区长	管狱员
十六年	张扬祚字耀铭。垣曲县人。绛州中学校毕业，前清学部奏奖岁贡，京师内务部高等警察学校毕业。历充山西省议会议员、晋军后方警备司令部秘书、分发直隶任用荐任职。六月任。				王迁燕字召封。五台县人。山西第一师范本科暨育才馆毕业。十月任。					
十七年		张学林字翰臣。隰县人。山西师范学校毕业，石楼县公署第一科科员，山西行政研究所承政班毕业，历充隰县第一、第三高小校校长、教员。八月任。	郭桂星字馨甫。赵城县人。法政专门法学校毕科业。七月任。			黄广文字德斋。浑源县人。由本县高小校暨省立第三中学毕业，后考入省立农业专门学校，林本科毕业。二月任。			任夺锦字豫庵。晋城人前清增生，区行政讲习所毕业。曾充榆社、壶关区行政长。第二区，九月任。	王汝楫字济川。霍县人。山西大学校法科毕业，省育才馆毕业。六月任。
十八年						余世昌字显甫。山西神池县人。山西农业专门学校及育才馆毕业。一月任。				李清溪字莲芳。山东德县人。山东公立法政专门学校及山西行政研究所毕业。一月任。

论曰：尼山之言，治理也。庶富之后而加之以教，邹峄之明王道也。省刑薄税之外，又由孝弟之义，可知为治之道，不外政教两端。则官师之所关，不綦重欤？吾邑自分治以来，治称上理，而官师之职前志所载颇称完备，然宜于古者不适于今。兹值文化大进，政事愈繁，助理之职不得不增，故于长官而外，掌庶政者有人，管讼狱者有人，财政实业各有专司，教育警察俱有分职。而又划分区域，各设行政长以分理之，是官师之设较前尤见尽善矣。治理得人，政教有不日新乎！猗欤休哉！

选举表

人才出于选举，而选举之法古今不同。三代而上行于学校，汉时出于郡县吏，魏晋之间出于九品中正，唐宋而后出于科举。至清则正途而外，凡捐赀纳粟皆可登进。及晚清，学校大兴，又复三代之制，选举之法虽废而兴贤任能之意则一也。语云："十室之邑，必有忠信。"武虽小邑，岂无可禄之才乎？集《选举表》。

《选举》补遗

吴延祚，周显德间乡贡。

胡庭，周显德间乡贡。

赵明，金大定间任都统。

赵珏，元人，任本县令，以廉洁自守，雅称好善。

陈嘉，元人，至元间进士。

赵广，元人，戬侄，任节度使。

王彬，元人，大德间平阳路儒学。

赵戬，元人，珏长子，任本县令。抚字嘉声，动乎乡国。

赵义，明景泰间，以义勇任本处总军都统。广裔孙。

魏必昌，明守备，城内人。

赵彦高，明万历间廪贡生，都统义子，郑峪人。

王敬宗，明嘉靖间，潞安府赈粟三千石，恩赐义官，建碣云峰寨，麻池沟人。

王璋，明宏治间赐义官。麻池沟人。

王琯，明吏目。麻池沟人。

李春白，明正德间新郑县驿丞。墨磴人。

赵良珍，明恩赐义官。

张翔，清康熙间八老会中之一。由优附生公荐大宾。禄村人。

张际亨，清康熙间乡饮大宾。禄村人。

右二十人旧志所遗，今补入。

选举表一

清	甲科	乡举	贡生	制科	武甲科	武乡举	学校毕业	胄武	例贡	封荫	杂进
乾隆		魏大赍字文止。五十七年壬子科，城内人。 郝廷栋字柱臣。五十七年壬子科，榆次县教谕，坨嘴头人。有传。 魏凤书字炳廷。六十年乙卯科。城内人。有传。 弓孟乙字青藜，号南坡。丁酉科。马牧寨人。	弓辅幽字肇基，号西川。二十三年岁贡，平遥县训导。马牧寨人。 弓辅夏字善卿，号西斋。二十七年恩贡，就职教谕，乡饮大宾。马牧寨人。 弓孟甲三十九年岁贡，乡饮大宾。马牧寨人。			弓元益字□□。甲子科。马牧寨人。 白祖乙字□□。丙午科。茅庄人。		魏凤勤字□□。武生，都司。 魏金蟾字寿征。都司。 郝壬照字青台。武生，都司。南沟人。 郝照黎字星联。武生，守备。南沟人。 梁承光字姚宗。守御所千总。 郝润芳守御所千总。	陈祝山字漪如。廪贡，部员外郎，广东司行走。泉之头人。 范名宋字筱一。增贡，署繁峙县教谕、陕甘米捐助饷事务，保举六品衔，中书科中书。城内人。	李国渊杲之父。貤赠修职郎，阳城县教谕。 李氏杲之母。貤赠孺人。 郝五魁起凤父。赠武德佐骑尉，守御所千总。马牧人。 魏氏起凤母。赠宜人。 李氏起凤妻。赠宜人。	张廷杰字培英。府同知加二级。南庄人。 魏斗宿字映垣。候选部主事加四级。城内人。 裴焕文字□□。府州同。 陈祝筹字海田。布政司理问加四级。泉之头人。

清	甲科	乡举	贡生	制科	武甲科	武乡举	学校毕业	胄武	例贡	封荫	杂进
乾隆			魏宸诰字谕之。五十七年壬子岁贡。城内人。 阎云岫辛汉章。五十九年甲寅岁贡。						段晓云字书五。附贡，兵部郎中、职方司行走。东村人。有传。	梁氏起凤妻。封宜人。	魏仲舒附生，光禄寺署正。城内人。 陈绩布政司经历。泉之头人。 段金山布政司经历。
嘉庆	李端字凝度。四年乙未科姚文田榜，翰林院编修。邵渠人。有传。 魏凤书字炳廷。六年辛酉恩科顾皋榜，国子监学正，潞安、平阳两府教授。城内人。	魏教字化成。六年辛酉科。城内人，有传。 魏悬书字云榜。二十三年戊寅恩科。翼城、介休、曲沃三县教谕。咸丰三年殉难，敕赠国子监助教，世袭云骑尉。城内人。有传。 赵昌祚字锡哉。二十四年己卯科，阳曲县教谕。显王人，有传。	魏箱元年丙辰恩贡。 魏兆槐字□□。元年丙辰岁贡。 史锡山字静亭。三年戊午岁贡。 赵握字仲瑜。五年庚甲岁贡。 李中敏号莲峰。五年庚申恩贡。 魏胜奎字映垣。六年辛酉拔贡。 窦建康字□□。七年壬戌岁贡。			张际升六年辛酉科。江南、江淮卫领运千总。 郝向北字拱之。九年甲子科。马牧人。 李攀龙十五年庚午科。峰沟人。		郝泽芳武生，守御所千总。 赵步云武生，守御所千总。 郝映字普光。守御所千总。 蒋对扬字休命。守御所千总。 郝起凤字仪昭。武生，守御所千总。马牧人。 段斗魁字□□。守御所千总。 魏鸿陆字仙墀。守御所千总。贾豁人。	魏怡字棣园。附贡，候选光禄寺署正。 范名夏字西怀。附贡，光禄署正加二级。城内人。有传。 郝荣椿字敷山。附贡，光禄寺署正加二级。郝家庄人。 郝维新字旧章。附贡。布政司理问。马牧人。 魏叙字典五。廪贡。韩壁人。	李廷玷端祖父。驰赠文林郎、内阁中书加一级，加增儒林郎、前任内阁中书加二级、翰林院庶吉士。 郝氏端祖母。貤封孺人，加封安人。 李培成端之父。封文林郎、内阁中书加一级，加封儒林郎，前任内阁中书加二级，翰林院庶吉士。	阎炽昌布政司理问。 郝润玉州同。马牧人。 段玉山附生，中书科中书。东村人。 陈绂布政司都事。泉之头人。 武显扬按察司照磨。 陈纶县主簿。 郝允中字□□。布政司理问。 郝瞰字孟明。布政司理问。南沟人。

清	甲科	乡举	贡生	制科	武甲科	武乡举	学校毕业	胄武	例贡	封荫	杂进
嘉庆		李青绮己卯科。墨磴人。	魏三锡字□□。九年甲子岁贡。 武修字献廷。十一年丙寅岁贡，灵丘县训导。 程曰元字锦标。十三年戊辰岁贡。城内人。 赵五魁字一元。十四年己巳恩贡。 李丝字学纶。十五年庚午岁贡。 魏廷璐字鸿宝。十七年壬申岁贡。 程林宗字介山。十八年癸酉拔贡。城内人。有传。 李青绮癸酉拔贡。墨磴人。					郝荣基字培之。守御所千总。 郝世魁字□□。衔千总。 李颖字敏轩。曹家堙人。都司。 郭思字□□。卫千总。 赵玷字□□。卫千总。 陈熙字容光。营千总。 窦炕字□□。营千总。沙河头人。 魏锋锐营千总。贾豁人。 李梓字□□。营千总。 魏兆麟字表瑞。营千总。 王永年字□□。营千总。 陈炳字□□。营千总。	韩炽昌字曜升。廪贡。 范旌鼎字柏周。廪贡。 王显义附贡。 张朔原字汉棒。乡饮大宾，附贡。 魏心田字礼耕。廪贡。本城人。 赵泰来字□□。附贡。 陈嘉谟字圣训。附贡。 王收元字守斋。附贡。 武居敬字□□。附贡。 陈嘉猷字徽庵。附贡。 武双峰字对山。附贡。 董道济字□□。附贡。 史永年字□□。附贡。	程氏端之母。封孺人，加封安人。 周氏端之妻。赠孺人。 魏鸿祖凤书父。封文林郎，潞安府教授。城内人。 马氏凤书母。赠孺人。 李氏凤书妻。赠孺人。 程氏凤书妻。赠孺人。 魏荃字荪璜。乡饮大宾。悬书父。敕赠修职郎。曲沃县教谕。城内人。 赵氏悬书母。敕赠孺人。 贾氏悬书母。敕赠孺人。	魏晋阳字虞封。布政司理问。 段尚钦字□□。布政司理问，乡饮大宾。聂村人。 董名世字□□。布政司理问。贾豁人。 郝维清字秋江。布政司理问。马牧人。 周楷字式之。布政司理问。型庄人。 魏鸿磐字石安。布政司理问。贾豁人。 杜广荣字少春。布政司理问。东村人。 陈庆衍字禹畴。布政司理问加二级。

清	甲科	乡举	贡生	制科	武甲科	武乡举	学校毕业	胄武	例贡	封荫	杂进
嘉庆			李赫字对南。十九年甲戌岁贡。 郝士林字□□。二十一年丙子岁贡。 武泰昌字仲通。二十三年戊寅岁贡。 李遵字会三。二十四年己卯岁贡。 李长福二十五年辰庚岁贡。					武守和字□□。营千总。段村人。 李毓芳字□□。营千总。 郝宪祖字章亭。武生，营千总。圪嘴头人。 阎广成字□□。千总。 陈坤把总。	郝茂椿字寿山。附贡。吏部注选儒学训导。郝家庄人。有传。 范名晋字子随。附贡。城内人。 王风和字春斋。附贡。 韩风来字仪亭。附贡。 窦先甲字□□。附贡。	郝汝梅允中父。赠儒林郎，布政司理问衔。 李氏允中母。封安人。 武氏允中妻。封安人。 李宪成元父。赠儒林郎，布政司经历衔。 史氏成元母，封安人。 程氏成元妻，赠安人。 史氏成元继妻，赠安人。	武怡字□□。布政司经历，署平凉县典史。 郝如鳌字六峰。布政司经历。 梁文光字□□。布政司经历。 李成元字韶九。布政经历。 程廷谷字丰下。布政经历。城内人。 郝大中字一权。布政司经历。马牧人。 郝炳照字午升。布政司经历。南沟人。
道光	李重华字伯香。二十五年乙巳恩科叶锦忠榜。直隶新城县知县。王品村人。有传。	魏守经字亦权。十二年壬辰恩科。魏家窑人。有传。 李重华字伯香。十九年己亥科。见甲科。	史献字丹峰。元年辛巳恩科。 武图新字瑞廷。元年辛巳副榜。 李逢年字际昌。二年壬午岁贡。			魏鸿举八年戊子科。贾豁人。 李在龙二十四年甲辰恩科。		陈庆钟武生，把总。 郝一清字□□。千总。 阎承先字□□。千总。	裴宗秀字辅晋。附贡。 郝宗经字虎符。廪贡。马牧人。 段晓霞字晴峰。附贡。东村人。	范青琏名夏祖父。貤赠承德郎，光禄寺署正加一级。 魏氏名夏祖母。貤赠安人。	梁星光字□□。州同。 李维城字□□。州同。 窦光亮字□□。州同。

清	甲科	乡举	贡生	制科	武甲科	武乡举	学校毕业	胄武	例贡	封荫	杂进
道光		魏献书字俊。三十九年己亥科，吏部截取知县，议叙光禄寺署正衔主讲，介休县绵山书院。城内人。有传。 赵昌寓字德甫。十九年己亥科。显王人。 籍文学字鲁风。二十四年甲辰恩科。同治壬戌大挑一等，分发钦加知州衔，任太谷县训导。松庄人。有传。	赵昌业字敬哉。三年癸未恩科。有传。 赵藜书字□□。四年甲甲岁贡。 王梦聘字莘庵。五年乙酉拔贡。长乐人。有传。 李兆鹏字徙南。五年乙酉科。 王子元字□□。六年丙戌岁贡。 武文若字孟彬。八年戊子岁贡。 胡士醇字□□。十年庚寅岁贡。 赵昌言字慎斋。十二年壬辰岁贡。 武炳一字炳廷。十二年壬辰恩科副榜。段村人。					窦训字□□。千总。沙河头村人。 武应元字□□。把总。 郝治民字心耘。清授武德骑尉佐郎、守御所千总。郝家庄人。 郝桂馨字一山。武德佐骑尉、守御所千总。马牧人。 暴希邵字志康。军功六品。监漳人。 程敬业附生。军功六品。监漳人。 王汝明字峻德。军功六品。长乐人。 胡道元军功五品。北社人。	安昭字□□。附贡。 安昂字□□。附贡。 白诵清字子春。附贡。本城人。 魏思敏字灵源。附贡。 郝效隆字书舫。附贡。 武文海字□□。附贡。段村人。 韩文史字□□。附贡。 李师勘字麟阁。次贡生。 杜翔鹏字□□。附贡。 陈汝梅字鼎臣。附贡。 窦桓璧字公瑞。附贡。沙河头人。 周廷绪字绵亭。增贡。型庄人。	雷氏名夏祖母。貤赠安人。 范士熊名夏父。赠奉直大夫、光禄寺署正加二级。 陈氏名夏母。赠宜人。 范名越名夏胞兄。貤赠奉直大夫、光禄寺署正加二级。 白氏名夏嫂，貤赠宜人。 赵氏名夏嫂。貤赠宜人。 杜文元广荣父。貤封奉政大夫，钦加五品衔，布政司理问。东村人。 赵氏广荣母。赠安人。 武氏广荣母。赠安人。	程砚祖字遗斋。州同。城内人。 魏金鳌字占先。州同。特授儒林郎。 米向寅字拱垣。州同。 陈有威字畏岩。按察司经历。 郝晋昭翰林院待诏，例授登仕郎。南沟人。 郝晋名翰林院待诏。 李万春翰林院待诏。 郝崑玉翰林院待诏。马牧人。 魏禄才未入流。 张汉辅未入流。 程云望未入流。 王在中候选吏目。禅窑人。

清	甲科	乡举	贡生	制科	武甲科	武乡举	学校毕业	胄武	例贡	封荫	杂进
道光			赵昌寯字德甫。十四年甲午科副榜。见《乡举》。 陈默字一斋。十四年甲午岁贡。 张鉴铭字□□。十五年乙未岁贡。 赵昌运字际隆。十六年丙申岁贡。 魏德麟字厚庵。十七年丁酉岁页。贾豁人。 魏简书字仲廉。十七年丁酉科副榜，例授直州州判。城内人。有传。 郝廷魁字辰垣。十七年丁酉拔贡。圪嘴头人。 李根本字务园。二十年庚子岁贡。					王德荣军功九品。禄村人。 赵銮字金波。军功六品。郑峪人。 赵文虎军功六品。李家庄人。 张来贞军功五品。南阳头人。 赵桂芳军功五品。郝德甲人。 赵桂兰军功五品。郝德甲人。 张效朱军功九品。王家峪人。 魏悦字泽亭。议叙军功。韩壁人。 李壬澍字润甫。都司衔。下北漳人。 韩书韵字□□。军功六品。新寨人。	赵泰升字□□。例贡。 赵凤楼字□□。例贡。 梁汾奇字□□。例贡。 任奋云字凌峄。例贡。 武敦字□□。例贡。 李荣苑字□□。例贡。 郝继立例贡。 范士鳌字冠山。例贡。城内人。 蒋桐封字□□。例贡。 段士英字□□例贡。 王名扬字显斋。例贡。 李佳林字□□。例贡。 赵魁文字□□。例贡。	魏希谋斗宿祖父。貤赠中宪大夫部主事加四级。城内人。 姜氏斗宿祖母。貤赠恭人。 魏文举斗宿父。赠中宪大夫部主事加四级。城内人。 赵氏斗宿母。赠恭人。 赵氏斗宿母。赠恭人。 郝氏斗宿母。赠恭人。 魏斗魁斗宿兄。貤赠奉直大夫部主事加二级。 李氏斗宿嫂。貤赠宜人。 郝氏斗宿嫂。貤赠宜人。	王守烈未入流。 王云奇字夏峰。九品衔。禅窑人。 窦芬芳未入流。 武鸿德九品衔。武家庄人。 史渊明未入流。下城人。 窦兰方未入流。 张如鹏未入流。 李作枢字希袁。九品衔。乐家坪人。 马充禄未入流。 武德行九品衔。枣岭人。 张如鹤未入流。 张炳成字耀廷。九品衔。石科人。 萧延年未入流。 赵济川未入流。

清	甲科	乡举	贡生	制科	武甲科	武乡举	学校毕业	胄武	例贡	封荫	杂进
道光			程 黉字壁桥。二十二年壬寅岁贡。 韩德棻字荐馨。二十四年甲辰岁贡。 郝纶恩字言如。二十五年乙巳岁贡。 张子渊字清泉。二十六年丙午岁贡。 魏 峨字眉山。二十六年丙午恩贡。东关人。 魏锡五字洪九。二十八年戊申岁贡。 王先瀛字海洲。二十九年己酉拔贡。长乐人。 范士骐字秀廷。三十年庚戌岁贡。 李献扬字瑞亭。三十年庚戌岁贡。义门人。					魏梦成字□□。军功六品。下郝人。 籍昌瀚军功六品。 王有仓军功五品。 魏培初军功五品。 魏宗琦字韩封。守御所千总。 邢连城军功六品。 倪彪炳例授承德郎，武略骑尉营千总。东峰烟人。 董守拙字迂斋。貤封招武都尉。 魏照熙字春台。武略都骑尉，守御所千总。 王绍业军功五品。石人底人。	赵冠文字□□。例贡。 郝慰祖字心怡。例贡。 郭尔昌字□□。例贡。 李 浚字□□。例贡。 魏本唐字古陶。例贡。 陈廷銮字凌霄。例贡。 阎俊士字□□。例贡。 郁五章字□□。附贡。 韩德纯字粹然。附贡。	程曰元砚祖祖父。貤赠儒林郎州园。 苑 氏砚祖祖母。貤赠安人。 程里千砚祖父。赠儒林郎、州同。 窦 氏砚祖母。赠安人。 郭 氏砚祖生母。封安人。 程任千砚祖叔父。貤赠儒林郎州同。 魏 氏砚祖婶母。貤赠安人。 籍 翔文学祖父。貤赠奉直大夫知州衔、县太谷儒学训导。 李 氏文学祖母。貤赠宜人。	范秋月未入流。冯家垴人。 赵仁中未入流。 赵 瑜字振亭。未入流。 赵 瑜字振亭。未入流。 程步云未入流。 赵德普未入流。南王家垴人。 范驾骊未入流。 魏咸熙未入流。 赵连芳字仲扬。未入流。南王家垴人。 程志濂未入流。

清	甲科	乡举	贡生	制科	武甲科	武乡举	学校毕业	胄武	例贡	封荫	杂进
咸丰		魏高阳字慕恺。元年辛亥恩科。芮城县教谕，议叙光禄寺署正衔。韩壁人。有传。 史纪字廷右。五年乙卯科。马邑乡训导。东堡人。有传。 张锦心字朴斋。戊午年科。主讲鞠山书院，曾任曲沃县教谕。墨磴人。有传。	武鸣銮字□□。二年壬子恩贡。 王绍鼎字□□。二年壬子岁贡。 米盈川字松槎。四年甲寅恩贡。 李家峪字□□。四年甲寅岁贡。 郝承祖字子烈。六年丙辰岁贡。圪嘴头人。 张文炳字东峰。六年丙辰恩贡。 赵纯仁字静山。八年戊午恩贡。候铨直隶州州判。五里坡人。 李向荣字□□。八年戊午岁贡。 李师愬庚申岁贡。墨磴人。		郝智芳字若愚。十一年辛酉补行庚申恩科。圪嘴头人。	魏锦涵八年戊午科。下郝人。 郝映庚字明甫。八年戊午科。马牧人。 郝智芳九年己未恩科。 赵瑚九年己未恩科。 郝兰芳字香斋。九年己未恩科。马牧人。 王耀义咸丰十一年辛酉科。石鼻人。 郝铭十一年辛酉科。西黄崖人。		孙镇蕃守御所千总。内仪人。 魏昭骏军功六品。 张连达字万源。军功六品。张家沟人。 郝晋升字子高。南沟人。武生，昭武都尉，钦加正四品衔。 郝晋璧字□□。南沟人。武生，诰封守御所千总。 魏锡钧字子衡。廪贡。三班分发委用训导兼袭云骑尉。城内人。 殷忠仁军功五品。乡饮大宾。马牧寨人。	武鹏达字□□。例贡。 籍昌俊字超千。例贡。 籍绍学字延庆。例贡。 王进锐字退庵。例贡。 张敏字志庵。例贡。 韩俊字超升。例贡。 王国梁字家栋。例贡。胡家庄人。 郝荣銮字仪臣。例贡。 李萃芳字□□。例贡。 李朝珠字□□。例贡。 郝建忠字进思。例贡。乡饮大宾，例授直隶州州判、试用教谕。郝家庄人。	籍昌遇文学父。赠奉直大夫知州衔、太谷县儒学训导。 赵氏文学母。赠宜人。 陈嘉谟祝山祖父。貤赠奉直大夫、刑部广东司员外郎。 周氏祝山祖母。貤赠宜人。 李氏祝山祖母。貤赠宜人。 王氏祝山祖母。貤赠宜人。 常氏祝山祖母。貤赠宜人。 陈杰祝山父。赠奉直大夫、刑部广东司员外郎。 张氏祝山母。赠宜人。	张维亿未入流。岭头人。 程鹤仪未入流。 张元佐字相臣。未入流。岭头人。 王正南未入流。 张世良未入流。 魏田璧未入流。 李德科未入流。圪针庄人。 李素林未入流。 赵荣锦未入流。圪针庄人。 张俊良未入流。 王肇州从九。麻池沟人。 程不庸未入流。 赵金梁字栋选。从九。郑峪人。 武人寿未入流。

清	甲科	乡举	贡生	制科	武甲科	武乡举	学校毕业	胄武	例贡	封荫	杂进
咸丰			李炳耀字□□。□□年庚申岁贡。 范锐字退圃。十年庚申恩贡。 王先畴字寿田。十一年辛酉拔贡。长乐人。有传。					武增荣字子华。军功五品。楼则峪人。 白玉成军功六品。本城人。 张云寿字介眉。军功六品。本城人。 郝德盛字茂侯。军功五品。本城小河人。 白友元军功七品。本城人。 魏接福字寿庵。军功五品。乡饮介宾。本城人。	魏㑺字子明。例贡。韩壁人。 赵雯字瑞卿。例贡。 籍启盛字开府。例贡。 魏凌云字笔峰。例贡。 王显成字□□。例贡。	张氏祝山母。赠宜人。 陈默祝筹父。赠朝议大夫、布政司理问加四级。 张氏祝筹母。赠恭人。 张氏祝筹母。赠恭人。 任氏祝筹妻。赠恭人。 岳氏祝筹妻。赠恭人。 魏鸿翔金鳌父。赠儒林郎州同。	赵宋俍从九品。郑峪人。 赵善谦未入流。 赵秉权字倚衡。从九品衔。郑峪人。 李晋字庚侯。按察司经理。 陈祝龄字膺九。按察司经历。泉之头人。
同治		李秀良字仲房。六年丁卯科。苏峪人。有传。	李旭字朝阳。元年壬戌恩贡。 李先白字春华。元年壬戌岁贡。 安景字□□。三年甲子岁贡。	范士熊字桓一，号悦山，晚号瘦寒吟叟。县学生，元年诏举孝廉方正，邑绅公举之，知县梁大鹏教谕、钮增尧申荐之。		武殿魁六年丁卯科。小圪道人。 郝世隆字营斋。六年丁卯科。兵部守备。郝家庄人。		范献骊字仲琛。本城人。清增生。曾充本县董事会会长、第一区民警长。 张思恭军功六品。大梁村人。	武从周字郁文。例贡。例授修职佐郎，候铨儒学副堂。段村人。 武桢字幹臣。附贡。段村人。	范氏金鳌母。赠安人。 魏鸿举金鳌本生父。貤赠儒林郎州同。 王氏金鳌本生母。貤赠安人。	陈统字子垂。詹事府主簿。 魏孜字勉斋。府经历。 郝益谦字□□。府经历。

清	甲科	乡举	贡生	制科	武甲科	武乡举	学校毕业	胄武	例贡	封荫	杂进
同治			李师侗甲子岁贡。墨磴人。 郝丕式字守斋。四年乙丑岁贡。 武堃字顺之。五年丙寅岁贡。段村人。 赵家啸字襄衢。五年丙寅恩贡。 张正名字荣实。七年戊辰岁贡。 陈祝眉字白良。九年庚午岁贡，试用训导、光禄寺署正衔。泉之头人。 程步堂字署玉。十一年壬申岁贡。 窦维桢字□□。十一年壬申恩贡。			郝梦麟十二年癸酉科。马牧人。		李虎元军功五品。邵渠村人。 李在园军功六品。邵渠村人。 杨润生军功五品衔。 魏麟书军功五品。	郝桂荣例贡。乡饮大宾。圪嘴头人。 武玉龙字云亭。例授修职郎。例贡。段村人。 张就正附贡。 裴鉴文例贡。 程寿椿例贡。 阎振基例贡。 郝育民例贡。 赵岩例贡。 郝维垣例贡。 崔清宇例贡。 张璧例贡。 魏华文例贡。 张步垚字际唐。例贡，乡饮大宾。 刘大在例贡。	王氏金鳌母。貤赠安人。 段元壮晓云父。赠奉政大夫、兵部职方司郎中。东村人。 周氏晓云母。赠宜人。 武氏晓云母。赠宜人。 程氏晓云母。赠宜人。 段晓霞晓云兄。貤赠奉政大夫、兵部职方司郎中。 武氏晓云嫂。貤封宜人。 陈焘庆衍父。赠奉直大夫、布政司理问加二级。 刘氏庆衍母。赠宜人。	魏牧字受之。县丞。韩壁人。 张齐贤字慕宋。县丞。 郝荣禄字慕韩。盐运司知事。 张培正字□□。按察司照磨。 武铭字心斋。按察司照磨。 赵金鳌未入流。岸北人。 张万禄从九品。田庄人。 张九思未入流。 董志忠从九品。阳南头人。 阎庆祥未入流。 张庆元从九品。阳南头人。 王日卿未入流。

清	甲科	乡举	贡生	制科	武甲科	武乡举	学校毕业	胄武	例贡	封荫	杂进
同治			范採骊字文渊。十二年癸酉拔贡。试用教谕。城内人。 武同宗字宗鲁。十三年申万不得戌岁贡。段村人。						董恭斌例贡。 韩福例贡。 籍懋学例贡。	陈炳庆衍本生父。貤赠奉直大夫、布政司理问加二级。 任氏庆衍本生母。貤赠宜人。 陈祝升统之父。赠征仕郎詹事府主簿。	赵成章从九品。郝德甲人。 李全佑未入流。 杨有成从九品。水泉人。
光绪	李华炳字文园，号朴庵。二十九年癸卯科榜钦点兵部主事，改学部主事、资政院议员、山西学务公所议长、长子县知事。西堡人。有传。	李华炳字文园，号朴庵。十五年己丑科。西堡人。 冯瀚清字月徯。十九年癸巳科。主讲鞞山书院。东庄人。有传。	赵憷字一贞。二年丙子恩贡。赵家庄人。 安效元字跻金。二年丙子岁贡。攀龙人。 张维寅守礼卿。四年戊寅岁贡。张家沟人。 冯赓字殿飏。六年庚辰恩贡。东庄人。有传。		武海清字发澜。二十一年应顺天会试第一百五名，紫光阁覆试三等，太和殿二试七十八名，赐同进士出身，钦点营用守备。王家沟人。	郝隆元年乙亥恩科。 李浴二年丙子科。邵渠人。 程联捷八年壬午科。信义人。 武海清五年己丑恩科。 郝桂林字丹庭。二十年甲午科。马牧人。 郝仲翌字沛霖。甲午科中式武亚魁。圪嘴头人。	张佩铭字仲箴。附生。三十二年在山西大学堂中斋普通科毕业，奖给优贡。宣统元年，在本堂高等科二类毕业。民国十一年，育才馆毕业。现充晋城县承政员。杨家垴人。		董肇虞例贡。 武元魁例贡。 李翱鸾例贡，乡饮大宾。磨里人。 窦凌阳例贡。沙河头人。 魏兆鸾例贡。 赵步霄例贡。 杜复勉例贡。 窦廷璧例贡。 窦海金例贡。	张氏统之母。封孺人。 张氏统之母。封孺人。 米连城丙寅父。赠儒林郎，州同。 史氏丙寅母。赠安人。 王氏丙寅母。封安人。 张氏丙寅妻。封安人。 武氏董守拙妻。貤封恭人。	刘广庆未入流。 高升从九品。桃则峪人。 张魁义未入流。 高万里从九品。桃则峪人。 武万金未入流。 魏宪文未入流。 魏俊德未入流。 魏俊逸未入流。 李有魁未入流。

清	甲科	乡举	贡生	制科	武甲科	武乡举	学校毕业	胄武	例贡	封荫	杂进
光绪		段雨田字公甫。二十八年壬寅补行庚子，辛丑恩正并科。清充归绥十一厅总学教谕，钦加同知衔，诰授奉直大夫、直隶南皮县知县、署浮山县知事。东村人。有传。	李金鼎字贡九。六年庚辰岁贡，充任三年，办赈有功，奖叙军功六品。西堡人。有传。 魏正寅八年岁贡。南坡上人。 王曰俞岁贡。柳亭郊人。 范乘骊字德舆。十一年乙酉拔贡，敕授修职郎，即用训导。城内人。有传。 王显仁字安之。十一年乙酉岁贡，皮烟人。 程先民例授修职郎。恩贡。信义人。有传。 梁维翰字墨林。戊子岁贡。			郝凌云字从龙。二十三年丁酉科，戊戌殿试大挑一等。黑营村人。	刘嗣尧字际唐。附生。三十四年在山西师范学堂简易科毕业，曾充本县视学暨第三四高小校校长。现充财政厅催款委员。本城人。		李甫新例贡。 韩庆龄例贡。 郝宗文例贡。马牧人。 郝银芳例贡。 程熙例贡。 武学海例贡。段村人。 魏风和例贡。 魏连元字捷三。廪贡。榆社县教谕。城内人。 魏双元字士奇。廪贡，永济县教谕。城内人。 萧凤翔字启瑞。增贡，泽州府教授。城内人。 魏咸熙例贡。城内人。 高士选字子青。增贡生。	郝现麟荣椿祖父。貤赠承德郎、光禄寺署正。 赵氏荣椿祖母。貤赠安人。 陈氏荣椿祖母。貤赠安人。 韩氏荣椿祖母。貤赠安人。 高氏荣椿祖母。貤赠安人。 郝金琦荣椿父赠。奉直大夫、光禄寺署正加二级。 聂氏荣椿母。封宜人。 魏氏荣椿妻。赠宜人。 王氏荣椿妻。封宜人。 张学程廷杰父。赠奉政大夫、府同知衔。	王九德附生。未入流。 王昌汉未入流。 韩凤岗未入流。 魏金鱼字文澜。按察司照磨。 李联元字星五。府知事。 魏大升字季允。县主簿。韩壁人。 陈祝彭字商哲。翰林院待诏。泉之头人。 郝荣集字子祥。翰林院待诏。 陈祝祥字和斋。国子监典籍。皋之头人。 梁新祚字□□。关刑部司狱。 李蔼字吉士。候监生，选典史。

清	甲科	乡举	贡生	制科	武甲科	武乡举	学校毕业	青武	例贡	封荫	杂进
光绪			籍修学 字敏来。十六年庚寅恩贡。 郝世桢 字季贞。十七年辛卯恩贡，例授直隶州州判，试用教谕。郝家庄人。 赵椿年 字鹤斋。十八年岁贡。前郭家沟人。有传。 季壬林 字二酉。二十三年丁酉拔贡。下北漳人。有传。 李　晙 字东升。二十四年岁贡。东皋人。 冯铭东 字左箴。二十六年庚子恩贡。东庄人。有传。						郝鸾书 字契仙，号新亭。廪贡，曾充本县县议会议员、事务所研究员。圪嘴头人。 李仙根 字灵台。附贡。磨里人。曾充民警局长暨事务所所长。民国元年充县署民治科科长。 郝晋云 字向三。例贡。南沟人。 郝晋康 字鹰侯。例贡。中书科书，光祖寺署正。南沟人。 郝晋元 字相初。廪贡，分发河南即补县丞。南沟人。 郝晋台 例贡。南沟人。 史渊海 字雨科。例贡。	杜　氏 廷杰母。赠宜人。 杨　氏 廷杰母。赠宜人。 张学曾 廷杰本生父。貤赠奉直大夫，府司知衔。 梁　氏 廷杰本生母。貤赠宜人。 郭　氏 廷杰母。貤赠宜人。 郝如鳌 王照祖父。赠武翼都尉都司加一级。 杨　氏 王照祖母，赠淑人。 秦　氏 王照祖母。赠淑人。 程　氏 王照祖母。赠淑人。 王　氏 王照祖母。赠淑人。	武从周 字文质。未入流。加九品衔。冯家堖人。 武奏凯 未入流。 王　正 未入流。 王　槐 未入流。 郝生华 未入流。马牧人。 程　坦 未入流。 郝时若 未入流。 张伏仁 未入流。 张伏礼 未入流。 郝金芳 未入流。 郝诚实 未入流。 魏凤光 字仪斋。从九品。城内人。 郝凌汉 字步霄。从九品。黑营村人。 武海瀛 字安宁。从九品。王家沟人。

清	甲科	乡举	贡生	制科	武甲科	武乡举	学校毕业	胄武	例贡	封荫	杂进
光绪			王全珍字聘之。二十八年壬寅岁贡，乡饮大宾。神南人。有传。 刘廷桂字馨山。岁贡。大陌人。 程司业字彝卿。辛卯岁贡。监漳人。 曹锦字云裳。庚戌岁贡。庙岭人。有传。 张青藜字莲舟。岁贡。东庄人。 张秉正字民彝。壬辰科岁贡。寨坪人。 史文辉字□□。岁贡。 张廷荣甲午科岁贡。洪水人。 郝世铨字典三。岁贡。						史维城字子卫。附贡，乡饮大宾,下城人。 窦逢春例贡。富庄人。 武殿升例贡。白芽人。 段树理字密园。附贡，补用巡检。聂村人。 段雨森字竹斋。附贡。东村人。	孙氏王照祖母。赠淑人。 郝映王照父。封武翼都尉都司加一级。 李氏王照母。赠淑人。 牛氏王照母。封淑人。 郝炳照王照胞兄。貤封武翼都尉都司加一级。	武告成字报功。从九品。王家沟人。 李兰忠正九品。 李兰庆。正九品。 郝荣兴字华甫。从九品。马牧人。

清	甲科	乡举	贡生	制科	武甲科	武乡举	学校毕业	青武	例贡	封荫	杂进
光绪			魏亮生字仲明。岁贡。承袭云骑尉。城内人。有传。 郝汝昌字文渊。岁贡。 程师濂字可亭。甲辰岁贡。城内人。 程楚云字指南。三十四年岁贡。监漳人。 张寿昌字□□。岁贡。洪水人。 程明德字新甫。岁贡生。现任辽县第三区行政长兼公安分局局长。城内人。								
宣统			曹钦字协堂。元年恩贡。庙岭人。 李春芳字桂五。元年恩贡。西堡人。						段雨兰字晼九。附贡。国子监典簿，五品衔。东村人。曾充民警分长。 段昌曾字炽堂。例贡。东村人。	李氏壬照嫂。貤赠淑人。 卫氏壬照嫂。貤封淑人。 魏本唐风勤父。赠昭武都尉。	郝生明字□□。从九品。马牧人。 孟成义字宜亭。从九品。郝家垴人。

清	甲科	乡举	贡生	制科	武甲科	武乡举	学校毕业	胄武	例贡	封荫	杂进
宣统			冯高翔字云衢。元年己酉拔贡。充县议会副议长。又充东二区民警长。东庄人。 陈启瑞字凤图。己酉科拔贡。 魏荣实字□□。岁贡。魏家窑人。 武凤昌二年恩贡。段村人。有传。 武惟扬字鹰庭。三年岁贡。武家庄人。 刘超汉字云程。岁贡。乡饮大宾。大陌人。				李久荣字向春。廪生。元年，在山西优级师范学堂理化科毕业，奖给举人。曾任本邑高小校校长、省国民师范主任、催款暨包税委员、第一兵站司令部军需官，陆军上尉衔。吴村人。 窦桂馨字乙山。附生。元年，在山西优级师范学堂理化科毕业，奖给举人。曾任第四师范学校教员，后任学监暨兵团教员、第八中学校教员。沙河头人。		范旌鼎字伯周。廪贡。例授修职郎，候选训导。 范肯堂字幹臣。增贡。东村人。 范效苏字亦泉。廪贡。钦加七品衔，例授文林郎。 李家驷字询臣。附贡。议叙训导。乡饮大宾。东皋人。 暴中伦字序衡。监漳人。 赵步霄字锡瑞。例贡。王家垴人。 李素芳字桂五。附贡。 李荫堂字槐庭。例贡。试用县丞。东皋人。	温氏凤勤母。赠恭人。 霍氏凤勤母。赠恭人。 魏凤厚凤勤兄。貤封昭武都尉。 阎氏凤勤嫂。貤赠恭人。 魏文麟金蟾祖父。貤赠昭武都尉。 董氏金蟾祖母。貤赠恭人。 张氏金蟾祖母。貤赠恭人。 魏鸿升金蟾父。赠昭武都尉。 张氏金蟾母。封恭人。	王智从九品。郝家垴人。 王好信字言实。从九品。石鼻人。 李如松从九品。姜村人。 任庆公从九品。富庄人。 李绍渊文林郎七阳品衔。城人。 窦义芳河南试用典史。沙河头人。 魏启光字东明。例赠文林郎。城内人。 窦椒芳未入流。沙河头人。 窦生荣从九品。沙河头人。 张仲篪字子和。从九品。乡饮介宾。下关人。

清	甲科	乡举	贡生	制科	武甲科	武乡举	学校毕业	胄武	例贡	封荫	杂进
宣统			李唐字桐初。三年辛亥岁贡。历充本县第一第三高小校教员暨襄垣县立师范学校校员。西堡人。有传。				郝葆初字子良。附生。元年，在山西优级师范学堂博物科毕业。曾充本县暨潞城县师范讲习所主任、本县第一第三高小校教员、第四高与小女校校长。本城郝家庄人。 籍斯盛字子文。附生。元年，在山西优级师范学堂博物科毕业。历充榆社第一高小校与本邑第一第三高小校校长、潞城县县视学员。松庄人。		赵秉钧字亦衡。附贡。试用训导。郑峪人。 韩文灼例贡。陌峪人。 史书田字经畲。增贡。乡饮大宾。东堡人。 张璧字韫山。例贡。乡饮大宾。史家嘴人。 张联斗字星五。附贡。史家嘴人。 张射斗字文光。附贡。史家嘴人。民国元年，省委本邑二区民警长。 萧鹤年字松亭。廪贡。试用训导。中村人。 魏名相字校臣。增贡。下郝人。	段晓云字书五。诰封奉政大夫，晋封中宪大夫，兵部职方司郎中。又子雨田，诰封奉政大夫，同知衔，候选知县。东村人。 李氏雨田母。淑人。诰封恭人，晋封淑人。 李氏公甫妻。诰封宜人。 田氏公甫妻。诰封宜人。 武治世海清父。诰封武都尉。王家沟人。 武治身海清二伯父。诰封武都尉。王家沟人。	张岐山从九品。张家沟人。 武德厚从九品。段村人。 段精忠从九品。聂村人。 武茂堂字松如。从九品。段村人。 武方畴字王心。蓝翎五品衔。段村人。 武耀周字光文从九品。例授登仕郎，候铨州右堂。段村人。 王承荣从九品。段村人。 武成荣从九品。段村人。 郝天柱从九品。段村人。 魏嘉猷从九品。段村人。 胡如璋从九品。

清	甲科	乡举	贡生	制科	武甲科	武乡举	学校毕业	青武	例贡	封荫	杂进
宣统							段树理字密园附生。二年，在山西法政学堂别科毕业。曾充本县自治事务所所长、教育会会长。聂村人。有传。 武德恒字子久。廪生。二年，在山西法政学堂讲习科毕业。段村。		李方华字仲实。附贡。布政司经历。下北漳人。 李镜华字蓉仙。附贡。下北漳人。 李华实字诚庵。附贡。军功五品。西堡人。 王肇南字盖臣。附贡。皮烟人。 韩汝济字□□。附贡。新寨人。 萧国传字亚师。附贡。中村人。 魏名卿字膺九。附贡。候铨儒学正堂。下郝人。 史焕文字从周。附贡。 郭世林字松亭。例贡。涌泉人。	郝清源海清母舅。诰封武都尉。马牧人。 李三锡华炳祖和。貤赠中宪大夫。 韩氏华炳祖母。貤赠恭人。 李金鼎华炳父。诰封中宪大夫。 安氏华炳母。诰赠恭人。 魏氏华炳母。诰赠恭人。 程氏华炳妻。诰封恭人。	武德富字子荣。从九品。段村人。 武森林字茂山。清授文林郎，七品衔。段人村。 武培字雨化。清生员，乡饮大宾。段村人。 周振绪从九品。型庄人。 范相骊字小溪分发河南试用典史。城内人。 魏有恒考准吏员候选典史。城内人。 魏瑜生字子明。从九品。城内人。 魏锡纶字荣廷。从九品。城内人。曾充通教育讲演员、议事会议员。

清	甲科	乡举	贡生	制科	武甲科	武乡举	学校毕业	胄武	例贡	封荫	杂进
宣统							郝瑞联字芳卿。由附生西在山西大学堂中等斋毕业入后升西大学堂专西斋学业，举毕给学人。奖部奏准，以知县拣选，历充榆社、第一本邑高小校暨女校校长、讲校师范所教习员，兼县应中学教员监之聘。民国三年，全县官绅公推为山西第全省二届会议育会员。九民国奉年，长充阁本省清查公委县政所财正所长。城东关郝家庄人。		薛庆实例贡。土门人。 籍毓华字实原。廪贡。任五寨、平遥等县教谕。松庄人。 魏赓飏字□□。廪贡。连元村人。 张联星字夺三。附贡。 倪肇基例赠修职郎，增贡。 董名标例贡。 张星垣附贡。故城人。 白净荣字心莲。廪贡。茅庄人。 李浚例贡。邵渠人。 白梦庚例贡。茅庄人。 白玉峰廪贡。茅庄人。		魏锡磐字安石。附生。从九品。候选直隶州吏目。城内人。 程世根从九品。城内人。 范泰来从九品。本城人。 程世兰从九品。本城人。 程树楷从九品。本城人。 程云鹏从九品。本城人。 程家骊从九品。本城人。 程家骐从九品。本城人。 程明心。从九品。本城人。 魏达从九品。城内人。 魏亨昌从九品东关人。 郝盘铭字新斋。文林郎七品衔。马牧人。

清	甲科	乡举	贡生	制科	武甲科	武乡举	学校毕业	胄武	例贡	封荫	杂进
宣统							郝新铭字左箴。二年，在山西大学堂中斋高等预科毕业。马牧村人。 杜相唐字辅之。二年，在山西大学堂中斋高等预科毕业。曾充襄垣第一高小校校长、省立第四中学校教员。鸿岭人。 魏培桱字柳塘。廪生。三年，在山西大学堂西学专斋毕业。历充道视察员、省立第四师范教务主任。韩壁人。		白受采廪贡。茅庄人。 程诲杨例贡。信义人。 张尊贤例贡。大梁村人。 阎振基例贡。高仁人。 范渊骊字潭九。附贡。分发河南用县丞。本城人。		魏明镜从九品。小河人。 赵克生从九品。本城人。 梁国栋从九品。本城人。 高崇华从九品。本城人。 郝葆廉从九品。郝家庄人。 范锡骊字荣九。从九品。城内人。 武清从九品。 籍启元从九品。 白生明从九品。本城人。 范瑞骊从九品。本城人。 范奋骊从九品。本城人。 魏仲锜从九品。本城人。 程怀德从九品。本城人。

清	甲科	乡举	贡生	制科	武甲科	武乡举	学校毕业	胄武	例贡	封荫	杂进
宣统							魏人镜 字以箴。增生。三年，在山西大学堂西学专斋毕业。曾充临时省议会常驻议员、临汾县主计员、晋军第三本地兵站司令部上尉副官、东路第一兵站司令部少校副官。魏家窑人。 郝瑞云 字裔卿。由中学毕业后于三年在山西测绘专门学堂毕业，奖给优贡，并授陆军部艺士。民国元年，充本县警务长。现充山西陆军测量局测量长。城东关郝家庄人。 郝焕明 字亦洁。三年，在山西测绘专门学校毕业，奖给优贡。曾充山西陆军测量员。南沟人。 李景莲 字德星。附生。三年，在山西优级师范学堂数学科毕业。民国八年，育才馆毕业。现充晋绥总司令部科员、省政秘书厅第一处一等处员。西良侯人。 赵书田 字训畬。三年，在北京陆军中学堂毕业。优贡。曾充本县财政科科员、公款局经理。郑峪人。 窦桂五 字翘之。三年，在北京陆军中学堂毕业，优贡。后升入保定军官学校毕业。现充北方国民革命军第一兵站司令官，以陆军上校待遇。沙河头人。 李濂清 字亦泉。三年，在晋阳中学堂毕业。岁贡。曾充本邑女子高小校暨第二高小校校长。墁坡人。				李芝田 从九品。本城人。 高尚义 从九品本城人。 刘存义 从九品。 高尚忠 从九品。本城人。 郝汝扬 从九品。郝家庄人。 郝汝功 从九品郝家庄人。 郝汝杰 从九品郝家庄人。 梁士选 从九品。 张秉钧 从九品。 孙世兰 从九品。 魏继德 从九品。 魏逢吉 从九品。 张太兴 从九品。 苏迎鹿 从九品。 张俊良 从九品。 张士良 从九品。 郝汝霖 字润臣。郝家庄人清增生，例授登仕郎。曾充本县县议会副议长。

清	甲科	乡举	贡生	制科	武甲科	武乡举	学校毕业	胄武	例贡	封荫	杂进
宣统							赵兴宋 字子仁。三年，在晋阳中学堂毕业。岁贡。曾任本县第一高小校教员、模范示教员。窑头人。 李树滋 字德甫。三年，在晋阳中学堂毕业。岁贡。 王　政 字平岐。山西农业专门学校预科毕业，林科修业。曾充本县农业学校教员、劝学所劝学员。省长委任本县清查财政公所正所长。现任本县公款局经理。陈村人。 周应熊 字祥征。型庄人。山西大学堂中等科毕业，曾充本县视学员。 段夺标 字锦如。增生。东村人。山西法政预科毕业。 赵克繁 字朴昌。现居村，原籍墨镫。廪生。山西大学堂中斋高等预科毕业。历充辽县第一高小校暨本邑第一、第三高小校教员。 王建中 字致和。皮烟人。山西大学堂中等科毕业。历充段村高初两等小学校暨本邑第三高小校校长。 段效曾 字雅亭。东村人。由陆军小学毕业后升入北京陆军中学毕业。				张绍良 从九品。 张佩镛 从九品。 张佩镛 从九品。 李大德 字厚生。从九品。墨镫人。 李大堂 字进轩。从九品。墨镫人。 郝凤书 字鸣岐。从九品圪嘴头人。 郝钟秀 从九品。圪嘴头人。 郝四成 从九品。圪嘴头人。 郭炳南 布政司理问。南关人。 崔锡荣 捐登仕郎。南关人。 郭向南 议叙候铨州右堂。南关人。 崔梦奎 登仕郎。南关人。 段树本 从九品。东本人。 段树人 从九品。东村人。 张广成 从九品。瓦窑科人。 段廷杰 从九品。东村人。 杜克恭 字子安。从九品。东村人。

清	甲科	乡举	贡生	制科	武甲科	武乡举	学校毕业	胄武	例贡	封荫	杂进
宣统											段万镒 从九品。东村人。
											段万炳 从九品。东村人。
											赵惠然 字其施。考授八品职员。郑峪人。
											李作桢 字幹臣。叙加六品衔。乐家坪人。
											李　炳 字承德。六品衔。东皋人。
											杜翔麟 字祥甫。布政司理问。活庄人。
											王　钧 字持衡。按察司经历加五品衔。
											王金镕 字悬镜。议叙五品衔。长乐人。
											陈祝龄 按察司经历。泉之头人。
											裴玉树 字海珊。光禄寺署正。大有人。
											魏金鳌 字占元。清授儒林郎。直隶州州同。
											魏安澜 光禄寺署正。贾豁人。
											白关西 布政司理问。茅庄人。
											黄开教 从九品。岸北人。
											赵弘浩 州吏目。
											王　瑜 县丞。长乐人。
											王子恕 候选吏目。禅窑人。

清	甲科	乡举	贡生	制科	武甲科	武乡举	学校毕业	胄武	例贡	封荫	杂进
宣统											王正中 字德纯。议叙九品衔。 米天心 字仁府。从九品。马庄人。 张调阳 字和斋。从九品。王家峪人。 张联咏 从九品。乡饮介宾。瓦窑科人。 刘希曾 字省三大陌人。从九品。 刘广达 从九品。大陌人。 刘广畬 从九品。大陌人。 郝　钰 从九品。石门人。 申国贤 从九品。土河人。 李钟毓 从九品。砖北人。 李永龄 从九品。砖北人。 史书云 字子青。附生。考授职员，试用巡检。曾充本县县议会议长。东堡人。 魏　坍 正九品。下郝人。 魏民彝 字懿卿。从九品。西堡人。 崔秀山 从九品。下郝人。 魏永烈 从九品。下郝人。 张相唐 字述尧。从九品。温水人。

清	甲科	乡举	贡生	制科	武甲科	武乡举	学校毕业	胄武	例贡	封荫	杂进
宣统											李师咏 从九品。下北漳人。
											关梦祥 未入流。萧家岭人。
											霍梦镒 未入流。下寨人。
											韩敬文 未入流。新寨人。
											张文锦 字华楼。从九品。寨坪人。
											董凤鸣 从九品。董家庄人。
											李　颤 字谨堂。从九品。
											周懋绪 从九品。型庄人。
											李长成 从九品。
											王　琚 从九品。会同人。
											李谦文 字受益。从九品。山交沟人。
											郭印潭 字从江。从九品。涌泉人。
											郭相唐 从九品。涌泉人。
											李绍唐 字嗣渊。文林郎七品。阳城人。
											郭文林 字茂如。从九品。涌泉人。
											郭希善 从九品。涌泉人。
											郝震川 字月清。九品衔登仕郎候铨州右堂。马牧人。

清	甲科	乡举	贡生	制科	武甲科	武乡举	学校毕业	胄武	例贡	封荫	杂进
宣统											王书田 字见龙。从九品。坡底人。 郭思法 从九品。涌泉人。 籍洪学 字锡九。从九品。 籍昌涌 从九品。 苗生庆 从九品。 籍汉章 从九品。 苗诚实 从九品。 魏如瑾 从九品。 魏臣周 从九品。岸北人。 魏省谋 从九品。 武天云 从九品。 魏凌云 从九品。 武炯煜 从九品。 赵　璞 从九品。 赵　璞 从九品。 王家栋 候选巡检。

清	甲科	乡举	贡生	制科	武甲科	武乡举	学校毕业	胄武	例贡	封荫	杂进
宣统											李耀春 李应春 李林春 李枝林 魏如璧 魏连璧 魏开封 均从九品。 魏学智 从九品。连元人。 魏丙南 例授登仕郎。 魏化成 待赠登仕郎。 魏兆槐 待赠登仕郎。 魏金林 贾自存 宋鸿恩 武鸿书 武　英 均从九品。 魏文来 字仪廷。吏目，候选登仕郎。 董善谦 未入流。 魏起发 魏天赐 魏贞元 倪全林 董善礼 裴炳文 程万金 邢　俊 张受荣 萧峥环 俱从九品。 萧峥奇 从九品。 李金魁 未入流。

清	甲科	乡举	贡生	制科	武甲科	武乡举	学校毕业	胄武	例贡	封荫	杂进
宣统											温常桂 张魁儒 魏昌期 魏　恩 曹满富 均从九品。 董全安 武德宽 李润成 李聚财 张凤鸣 程俊成 赵庆瑜 均从九品。 苗充实 字尔英。从九品。高寨寺人。 赵其汴 从九品。岸北人。 李生华 从九品。 李如奇 李德忠 李家翱 李家弼 均从九品。俱玉品人。 赵承恩 王宝林 魏嘉训 魏荣晋 均从九品。俱魏家窑人。 李希牧 从九品。邵渠人。 李殿选 从九品。邵渠人。 李　锦 从九品。邵渠人。 李绍纲 字振之。奎文阁典籍。乐家坪人。 李谦贞 从九品。山交沟人。

选举表二

始于民国元年，讫于民国十七年。

大学		专门
本科	预科	
王　缙 字子绅。新庄人。由国立山西大学校预科毕业，后考入日本明治大学政治经济科大学部毕业，政学士。现任山右大学校教授。曾充省垣南粥厂委员、本县清查财政所所长、教育会副会长、公民会总务科干事主任、武乡留省同乡会会长、晋绥粮服局局员兼同怀及台怀收发军粮处处长。 李作桢 字幹臣。砖壁人。由山西法政专门毕业，后考入日本明治大学政治经济科毕业。学士。 张思忠 字德五。寨坪人。由省立专门商业学校毕业后考入日本明治大学毕业，兼奖商业学士，曾充陵川、平陆、芮城、新绛、稷山等县整理村范委员，五台、大宁等县村政复查委员，虞乡、猗氏、襄陵、汾城黎城等县村政实察委员，直隶石门警察厅专办村治委员。 苏效泉 字耀川。东坡人。日本大学毕业。现任榆社县第三区区长。 郝钦铭 字协唐。马牧人。由山西大学校特别预科毕业，考入金陵大学农科毕业，学士，留校办事。现充金陵大学农业专科主任教员。 郝宝桐 字一新。南沟人。日本东京明治大学政治经济科毕业，政治学士。	郝新铭 字左箴。马牧人。清附生。考入山西大学校第一类高等科，于民国二年毕业，四年，奉巡按使金委充本县乙种农业学校校长。十一年，奉省长阎委为清查财政公所正所长。十三年，奉委为县立师范讲习所所长。现充县农会会长。 张国维 字子纲。李家庄人。北京新华大学预科毕业。 段昌绪 字子兴。东村人。大学预科毕业。 崔先正 字心斋。监漳人。大学预科毕业。曾任本县第一高小校教员。 李振玉 字昆山。马堡人。国立山西大学预科毕业。前由警察专门暨行政讲习所毕业曾充乡宁县巡官、沁县、辽县、长子县区行政长，襄垣县宣讲员，河北乐亭县第二科科员。 武誓彭 字西聆。段村人。国立山西大学一部毕业，肄业法科。曾充省立模范小学教员、太原晚报社总编辑、山西临时省党部执行委员，平民、成成、新民各中学教员。现充省立第一女子师范学校教员、山西清党委员会秘书、山西日报撰拟记者。	郝砚田 字镕经。马牧人。清增生。由山西法政专门学校法本科毕业。曾任潞安地方审判厅民庭推事。民国七年，以法科第一名考入育才馆毕业，委充外国文言学校队长。历充铜元厂检察员、司法部存记。继选为省议会议员、矿务管理处理事。又充招包委员荐任职，分发陕西任用。现任静乐县县长。 武葆秀 字乙峰。段村人。清增生。由山西法政专门学校政本科毕业，前山西高等检厅主任书记官，典狱长存记。荐任职任用山西禁烟成绩考核处处员、山西旱灾救济会调查股股员兼灾情调查员、平粜局委员。 杜青史 字鉴古。大活庄人。民国元年，山西法政专门学校法律本科毕业。太原地检厅候补检察官。曾任本县第三高小校校长、河南高等检察分厅检察官兼检察长。现充山西司法厅科员。 程英奇 字伯熏。本城人。清附生。山西法政专门学校政科毕业。曾充山西财政厅第四科科员。 孟陈舜 字恪三。祁村人。山西法政专门学校政科毕业。曾充朔县、永济管狱员，长子、关县区长。

大学		专门
本科	预科	
郝茂林 字竹园。上北漳人。山西大学校法科毕业。前任和顺县第三区行政长，现任潞城县第五区行政长。 郝文昭 字明甫。上北漳人。山西大学校文科毕业。曾充三民主义委员。 郝希曾 字述参。圪嘴头人。由山西国立大学第二部预科毕业，升入法本科毕业。		巩德基 字培业。魏家窑人。山西测绘专门学校毕业。现充陆军测量局测量员。 魏培桂 字筱山。韩壁人。清增生。山西法政专门学校政科毕业。历充潞城县第五区、阳城县第四区行政长，沁县编简委员，武乡县地方公款局经理。 赵晋杰 字后三。郑峪人。山西法政专门学校本科毕业。历充本县第二高小校校长、省政府录事校对。 郝右铭 字左泉。马牧人。山西农业专门学校垦植科毕业。奉山西省长阎委充平阳棉业试验场技士。经营擘划，不遗余力。继奉委赴北京中央农事试验场调查棉业状况，旋奉委赴南京传习棉业兼考察委员。 李春魁 字经五。西堡人。清附生。山西法政专门学校法科毕业。 段炳蔚 字仲文。聂村人。山西大学专门采矿冶金科毕业。民国七年，奉省长委任编简委员、禁烟委员。前充和顺县第三区行政长，现任长子县第五区行政长。 武效经 字慎言。段村人。山西大学专门采矿冶金科毕业。山西实业厅技术员。 申国宪 字世法。土河人。山西大学专门采矿冶金科毕业。 魏鸿志 字致远。松树庄人。山西法政专门学校法本科毕业、育才馆毕业。曾任长治县第二区行政长，襄陵、安邑、崞县承审员。 聂重义 字己仁。祁村洼人。山西法政专门学校法本科毕业。旋经督军征文选得第三名，嗣应北京司法部考试法官考列优等，分发河南洛阳地方审判厅推事。历任河南高等检察厅检察官、洛阳法院院长。现任山西第高级分院推事、代理民厅厅长。 武　藻 字蕴轩。段村人。山西农业专门学校农本科毕业。现任山西第一经济植棉场经理。 李兴唐 字渊如。行道岭人。山西商业专门毕业。前任沁水县主计员，现任平顺县主计员。 陈述舜 字绍虞。寨垴人。山西法政专门法本科毕业。曾充本县清查财政公所副所长暨第高小校教员。

大学		专门
本科	预科	
		张宗良 字留仙。寨坪人。山西法政专门学校政治科毕业。
		史标青 字简文。东田人。山西法政专门毕业、育才馆毕业。历任本省阳曲、平遥、祁县、大同、寿阳、盂县村政实察委员，平陆、垣曲、闻喜查防务委员。后又调升为山西省政府村政密查委员，嗣奉总司令阎电调中央战地政务委员会候委。现委直隶乐亭县知事。
		魏人藩 字仲屏。魏家窑人。山西法政专门毕业、育才馆毕业。曾充夏县、崞县承审员。
		姚相南 字子才。魏家窑人。山西商业专门毕业育才馆毕业。曾充崞县主计员。
		魏秉文 字章甫。松树庄人。山西农业专门农本科毕业、育才馆毕业。曾充晋城县三民主义训练委员。
		段述曾 字景贤。东村人。山西农业专门学校农本科毕业。
		聂　文 字子雅。祁村洼人。山西商业专门本科毕业、育才馆毕业。现充长子县主计员。
		王京望 字西翘。合尖垴人。山西商业专门学校本科毕业。
		杜兴唐 字相李。东村人。山西农业专门学校林本科毕业、育才馆毕业。第四甲种农业学校教员，现任大林区技术员。
		程开骥 字德庵。本城人。山西农业专门学校农本科毕业、育才馆毕业。历充省公署第六科学习办事员，黎城、静乐实业技士，槐苇统税局书记员，沁源第二区行政长。现任河北蔚县政府第三科科长。
		李　华 字秀实。马堡人。山西农业专门农本科毕业。现充第五小林区事务员。
		李振晋 字金声。马堡人。山西法政专门学校政治经济本科毕业。曾充第八中学校主任教员代理校长，山西高等法院第一分院书记官代理书记官长，山西高等法院书记官。
		籍礼耕 名福田。松庄人。山西法政专门学校暨育才馆毕业。现任长子县第二区区长。
		籍丕章 字显哉。松庄人。山西商业专门暨育才馆毕业。现任寿阳县主计员。

大学		专门
本科	预科	
		郝弓铭 字张甫。马牧人。由山西法政专门学校法本科毕业，考入山西育才馆，毕业后充购买驮骡委员，旋奉委为直隶元氏等县宣讲员，继又奉委为怀仁县承审员。现充高平县管狱员。
		吴廷杰 字仲选。上型塘人。山西工业专门机械科毕业、山西行政讲习所毕业。候补区行政长，现充山西兵工厂熔炼厂职员。
		魏麟祥 字云亭。王家峪人。山西商业专门本科毕业、育才馆毕业。历任汾西县主计员、长治等六县招包厘税委员、庙吴统税局委员。
		刘兆祥 字瑞卿。东坡人。由中学毕业。升入山西工业专学校毕业。
		张问明 字睿亭。白家窑人。山西农业专门农本科毕业。曾充第二经济植棉场经理，现任黎城县第二区行政长。
		史麟书 字稽古。韩壁人。山西美术专门学校毕业。
		魏步扬 字晋才。下郝人。山西美术专门学校毕业。
		安　慷 字佩如。攀龙人。山西美术专门学校毕业。
		郭炳书 字子昭。坡底人。文理专门学校毕业。
		程期远 字□□。东良侯人。山西农业专门学校毕业。
		魏文澜 字蔚如。韩壁人。山西商业专门毕业、育才馆毕业。奉总司令阎委充三民主义训练委员，嗣奉委灵丘县主计员。
		高宗泰 字镇东。下关人。山西文理专门学校法文本科毕业。历任本县公民会正会长、临时县党部执行委员，现任权南差徭局经理。
		李凤麟 字瑞塘。砖壁人。山西法政专门学校政治经济本科毕业。现任山西第八中学主任教员。
		程圣嘉 字虞善。信义人。由山西公立商业专门甲种科毕业，升入本科毕业。

选举表二续：

<table>
<tr><th colspan="3">中　　学</th><th rowspan="2">军警职</th><th rowspan="2">杂进</th></tr>
<tr><th>甲种</th><th>师范</th><th>中学</th></tr>
<tr>
<td>吴文彦
字子俊。上型塘人。山西商业专门学校预科毕业、山西行政讲习所毕业。前任和顺县第二区区长兼县佐，现任祁县宣讲员。

郭衍汾
字佐唐。吴家垴人。商业专门学校甲种科毕业暨育才馆毕业。现任静乐县主计员。

董大儒
字□□。董家庄人。山西商业专门学校甲种科毕业。

魏　韶
字善成。枣岭人。山西工业专门甲种科毕业、育才馆毕业。现任火药厂保管员。

王靖邦
字定之。南山人。山西商业专门学校甲种科毕业，曾任明原中学校学监兼教员。

郝宝珍
字蕴山。马牧人。山西工业专门学校甲种机械科毕业。

赵希鼎
字晋三。本城人。山西甲种工业学校染织科毕业。</td>
<td>陈启家
字振声。泉之头人。山西第一师范学校毕业。曾充平粜局委员、国语统一会编辑员、白晋汽路工局庶务长、女子师范学校教员。

魏文焕
字星垣。西王家垴人。山西第一师范毕业、育才馆毕业，曾充本县第一高小校教员、省立第一女子师范及公立女子中学教员、省公署办事员、本县清查财政公所所长、襄陵县县视学潞城县第三区区长。现任黎城县第四区区长。

杜封莱
字辅唐。本城人。山西第一师范本科毕业暨山西育才馆毕业。

李　蓉
字镜芙。马堡人。山西国师体育专科毕业，曾充本县师范讲习所教员。

范希云
字丹初。本城人。山西第四师范本部毕业。民国十六年，蒙山西兵站总监黄委为山西兵站东南路第一兵站司令部二等书记。</td>
<td>籍棐彝
字辅之。本城人。山西阳兴中学毕业。

籍叙彝
字禹攸。本城人。山西第一中学初级科毕业。

郝光华
字耀廷。东关郝家庄人。祁县中学毕业。

郝晋侯
字正卿。东关郝家庄人。山西斌业中学毕业，曾充公立晋华纺织公司技士。

张鹏飞
字云程。杨家垴人。山西第四中学毕业。

李嘉树
字誉甫。西贾庄人。山西第四中学毕业。

王　忻
字□□。西沟人。山西第八中学毕业。

邢起邵
字□□。李家庄人。山西第四中学毕业。

董嗣仙
字□□。贾豁人。山西第八中学毕业。

侯易亭
字□□。□□人。明原中学毕业。</td>
<td>张守斌
字质中。洪水人。山西陆军将校研究所毕业。历充山西陆军步兵少校晋军第一军总司令部军机处长兼署三十六团三营营长。

窦桂五
见《选举表》一。历充山西陆军学兵团排长，后升连长，改充辎重教练所队长及第三兵站司令官，兼中校参谋。又升辎重教练所教务长。现充北方国民革命军第一兵站司令官，以上校待遇。

史鉴古
字稽先。史家垴人。民国八年，警官传习所毕业。九年，充沁、武、榆、辽、源五县警察稽查委员，嗣任屯留县警佐。十四年，任浮山县警佐。

郝象升
字占恒。楼则峪人。山西警官传习所毕业。前任辽县警佐，现充右玉县公安局局长。

刘如璋
字文疆。称钩角人。山西警官传习所毕业。历充离石县警佐、襄垣、阳城等县巡官。</td>
<td>程士奇
字国甫。本城人。清副生。山西行政研究所承政班毕业，现任绛县承政员。

王应望
字子衡。合尖垴人。清廪生。山西行政讲习所毕业，曾充潞城县第二区行政长。

籍纯盛
字粹然。松庄人。民国十六年，蒙山西兵站总监黄委为东路兵站第一司令部二等书记。

籍日章
字暗然。松庄人。民国七年，省议员初选当选人。十年，复委为灾情调查员。

魏继舒
字□□。松庄人。省委盂县模范示教员。

魏照煦
字春和。贾豁人。省委平定县模范示教员。

魏廷贤
字献之。贾豁人。省委盂县模范示教员。

赵致中
字履和。祁村洼人。行政讲习所毕业。曾任孝义、平顺县宣讲员。</td>
</tr>
</table>

中学			军警职	杂进
甲种	师范	中学		
姚慎徽 字□□。魏家窑人。山西商业学校甲种科毕业。	高成哲 字俊甫。本城人。山西第一师范本科毕业。	武承烈 字文化。段村人。山西第八中学毕业。	赵承宋 字绍兴。本城人。山西警官传习所毕业。曾充高平、平顺等县巡官。	郝钟铭 字秀臣。马牧人。清副脩生。曾充本邑第四区民警分长、第五区调查户籍员，嗣充农桑局局长、农会副会长。民国九年，奉省长阎委任本县清查财政公所副所长。
巩崇基 字俊卿。魏家窑人。山西甲种工业学校染织科毕业。	高成均 字鸿甫。本城人。山西第一师范本科毕业。	武　峻 字超峰。段村人。山西第四中学毕业。	郝德芬 字桐卿。城东关郝家庄人。山西陆军辎重教练所学员队毕业。曾充北方革命军第六军上尉大接济长。	窦敬儒 字崇文。沙河头人。清附生，省咨议局自治科毕业。民国七年，充县农会会长。
李炳耀 字□□。南亭人。山西甲种农业学校毕业。	杜希莱 字景晦。本城人。山西国民师范本科毕业。	武广才 字□□。段村人。斌业中学毕业。	孙志谦 字和甫。白家窑人。山西警官传习所毕业。历充沁县、黎城等县巡官。	段炳青 字乙藜。聂村人。山西法政协会自治讲习所毕业。
武正印 字口口。暴家峪人。山西甲种农业学校毕业。	高成凤 字韶九。本城人。山西第四师范学校本科毕业。	武维周 字绍业。西王家垴人。山西第四中学毕业。	武肇基 字振业。王家沟人。警官传习所毕业。曾任和顺县巡官。	魏培棠 字荫南。韩壁人。民国元年，省委本邑第二区民警长。
李志仁 字□□。南亭人。山西甲种工业学校毕业。	高成芳 字幽香。本城人。山西国民师范本部毕业。	孟怀俭 字养德。郝家垴人。太原明原中学毕业。	武锡畴 字荣三。段村人。山西警官传习所毕业。曾充曲沃县巡官、石楼等县警佐。	石斯珍 字韫山。土河人。民国十二年存记区长。元年，曾充本邑第二区民警长。
宋成锦 字蔚文。贾豁人。山西甲种工业学校毕业。	武德颐 字灵初。段村人。山西第一师范本科毕业，现充本校附属小学科主事。	王海中 字□□。石鼻人。山西第四中学毕业。	李金敖 字□□。姜村人。现充陆军少尉。	张溯房 字仙友。下关人。奉省委为本邑模范示教员。
武孟津 字子会。段村人。山西工业甲种科毕业，北方国民革命军军事政治速成科毕业。曾充西北陆军炮兵第六团司事、察哈尔实业厅委任复兴工厂工艺部主任。	籍润田 字慰农。松庄人。山西第一师范本科毕业暨育才馆毕业。现任和顺县区长。	刘沛华 字映亭。祁村人。山右中学毕业。	武海中 字□□。段村人。现充中尉排长。	段联标 字中的。东村人。清附生。曾充本邑第四区民警分长、劝学所所员、本县宣讲员。
孟怀让 字子谦。郝家垴人。山西省立第四甲种农业学校毕业。	籍汤风 字汤风。松庄人。山西第四师范本科毕业，现任山西东路兵站第一司令部少尉司事。	刘忠旺 字汉兴。祁村人。山右中学普通科毕业。	赵来云 字□□。段村人。山西斌业专门学校毕业。现任炮三团团部见习员。	
		弓玉衡 字□□。马牧寨人。山西第八中学毕业。		
		李亦唐 字祖渊。姜村人。山西第八中学毕业。		
		张凤梧 字□□。富庄人。山西明原中学毕业。		

中学			军警职	杂进
甲种	师范	中学		
刘焕铭 字鸿儒。祁村人。山西省立农业甲种科毕业。 史通古 字德征。史家垴人。山西工业专门甲种机械科毕业。 史景纲 字宋卿。史家垴人。山西工业专门甲种染织科毕业。 郝人俊 字□□。下城人。山西农业甲种科毕业。现充岚县技术员。 王善政 字□□。段村人。山西甲种工业学校毕业。 韩效曾 字□□。段村人。山西第四甲种农业毕业。 李子敏 字逸隐。南高岭人。山西第四甲种农业毕业。 史逢麟 字纪祥。南台人。山西商业甲种科毕业。 张履泰 字□□。大梁村人。农业甲种科毕业。	籍芝田 字友兰。松庄人。山西国民师范毕业。 籍蕙田 字松逸。松庄人。山西省立第四师范毕业。 郭衍宗 字子林。吴家垴人。山西第四师范毕业。 贾师善 字□□。曹村人。山西第四师范本科毕业。 宋继殷 字山人。东沟人。山西第四师范毕业。 贾懿德 字□□。曹村人。山西国民师范毕业。 程尚鹏 字万里。刘家沟人。山西国民师范毕业。 董文锦 字俊卿。贾豁人。山西第一师范毕业。 武暂彭 详大学预科毕业栏。省立第一师范学校毕业。 李希密 字述令。南沟人。山西第四师范毕业。现肄业高师部。	郝书铭 字丹箴。马牧人。由太原新民中学毕业。现升入三晋高级中学肄业。 郝宝瑞 字子祥。马牧人。由山西第一中学毕业。现升入高级科。 郝文珍 字崇儒。马牧人。崇实中学毕业。 郝效儒 字孺筠。马牧人。山西第八中学毕业。现肄业高等师范。 禹肇夏 字承虞。聂村人。山西第八中学毕业。 李步文 字绍昌。聂村人。山西第八中学毕业暨雅乐专修科毕业。 武葆仁 字己认。段村人。山西第一中学毕业，现肄业工业专门学校。 武带铭 字道存。段村人。山西第一中学高级班毕业，现肄业山西大学机械科。 武履铭 字鼎思。段村人。太原进山中学毕业。	段效曾 详选举表一。由陆军预备学校毕业后充国民革命军第三集团军第三军二十二师师参谋长。 弓　平 字履均。寨上人。陆军兵站监部中尉衔少尉部员。 徐继勉 字续之。长庆洼人。山西省立医学传习所毕业。现任太原后方总医院司药长。 史裕前 字光甫。段村人。陆军十二团书记长。 赵晋儒 字子文。郑峪人。山西革命军东路第一兵站司令部书记长。 赵崑山 字玉川。□□人。斌业中学毕业。前任国民第三军营长，现任山西国民革命军第十师副官。	张焕星 字□□。阳南头人。省委盂县模范示教员。 张映璧 字耀堂。王家峪人。省委本邑第三区模范示教员。 石斯玉 字温如。土河人。省委平定县模范示教员。 申步青 字云路。土河人。省委平定县模范示教员。 马　让 字骏卿。小坪人。省委盂县模范示教员。 魏　钰 字其相。韩壁人。省委平定县模范示教员。 胡遵素 字宗鲁。胡家庄人。省委盂县模范示教员。 刘履祥 字元吉。洪水人。省委五寨县林业技术员。 张锦堂 字荣轩。洪水人。省委本县模范示教员。

中学			军警职	杂进
甲种	师范	中学		
李春畅 字芳华。陈村人。甲种商业毕业。 王　言 字唐风。陈村人。甲种商业毕业。 程开骅 字龙如。城内人。山西第一甲种农业暨行政研究所实业技术班毕业，历充本县农业局技术员、女子蚕桑传习所任教员、城防团书记员、新民工厂经理、长子县行政公署司法科科员、汾城县公署司法书记员。 崔子岳 字钟五。东河村人。山西商业专门甲种科毕业，现升入专本科肄业。	史稽古 字鉴明。史家堖人。山西第四师范毕业。 王敏政 字芦卿。石鼻人。山西第一师范毕业。现任本邑第一高小校教员。 刘培龙 字云卿。祁村人。山西国民师范完全科毕业。曾任本邑第八学区联合校长。 弓献镐 字宅京。马牧寨人。山西第一师范毕业。现充本邑第四高小校教员。 聂乾善 字□□。祁村洼人。山西第四师范毕业。曾充阳曲县小学校教员。 高进廷 字□□。上关人。山西第四师范毕业。曾充本邑第十一区联合校长。 段炳彰 字昭甫。聂村人。山西第一师范学校毕业。前充本县师范讲习所教员，现充第四高小校校长。 郝文明 字旭初。马牧人。山西国民师范毕业。	魏效祥 字冰释。段村人。晋阳中学毕业。 段同曾 字以期。东村人。阳兴中学毕业，现肄业农业专门学校。 段遵先 字矩如。东村人。山西第一中学毕业，现肄业农业专门学校林本科。 段荣盛 字守仁。东村人。进山中学毕业。 王懋德 字子昭。麻池沟人。山西第四中学毕业。曾充本县模范示教员。 王肇唐 字桐封。禅窑人。山西第四中学毕业。曾充本县女高小校及第四高小教员。 赵晋岳 字北屏。上司村人。明原中学毕业。 赵晋侯 字奇甫。郑峪人。山西第四中学毕业。 杨珍宝 字□□。□□人。明原中学毕业。 张效曾 字□□。禄村人。山西第八中学毕业。	王　伟 字叔达。原籍河南登封县人。寄籍武乡。山西警察传习所暨区行政讲习所毕业。清补用府经历。曾充陵川县收发员、河南登封县东乡清乡局局长、武乡县巡官。历充偏关、神池两县区长，河曲县禁烟委员，阳曲县兵站征运局办事员兼代第六区行政长。又充晋绥东南路第一兵站司令部中尉采办员。现充五原县办赈委员。 韩廷儒 字辅臣。马岚头人。国民革命军第十师第六十一团第一营三连少尉排长。 张长胜 字□□。阎家庄人。曾充四十九团七连少尉排长，现充兵站总监部运输第九队排长。 邢　忠 字□□。李家庄人。□□排长。 安鸿模 字□□。攀龙人。山西陆军第四旅第三十六团三营营副。 安治国 字□□。攀龙人。北方国民军东路兵站监部部员。	李　沣 字文迁。苏峪人。省委平定县模范示教员。 张绍良 字逸仙。察坪人。省委徐沟县模范示教员。 郝茂森 字竹亭。上北漳人。山西模范示教养成所毕业。省委平定县模范示教员。 王封晋 字桐卿。神南人。省委本县模范示教员。历充本县模范小学校校长、第二高小校教员、劝学所劝学员。 李　康 字健初。西堡人。省委辽县模范示教员。 李　庚 字梦初。西堡人。省委本县模范示教员。 李树文 字从周。西堡人。省委榆次县模范示教员。 安以敬 字德舆。温庄人。省委盂县模范示教员。 安松如 字茂哉。温庄人。委盂县模范示教员。

中学			军警职	杂进
甲种	师范	中学		
	段楚封 字子才。东村人。山西国民师范完全科毕业。 李永昌 字子恒。乐家坪人。山西第四师范毕业。现任本县第一高小校校长。 王道宏 字致远。禅窑人。山西第四师范毕业。现充本县第一高小校教员。 侯荣晋 字荫桐。东皋人。山西国民师范完全科毕业。 张师载 字理臣。下坪角人。山西国民师范毕业。 赵晋伟 字俊庵。郑峪人。山西第四师范毕业。 徐家骐 字□□。小店人。山西国民师范完全科毕业。 赵凯章 字子布。□□人。师范毕业。 赵禹章 字夏文。□□人。师范毕业。 郝玉泉 字清溪。石门人。山西第一师范毕业。	李唐俊 字冠山。乐家坪人。进山中学毕业。 赵履祥 字瑞庵。郑峪人。祁县中学毕业。 张效先 字□□。禄村人。山西第八中学毕业。 郭应征 字嘉述。小店村人。明原中学毕业。 赵忠良 字尽臣。□□人。太原斌业中学毕业。 韩　纲 字振三。韩壁人。山西第四中学毕业。 韩国俊 字有三。韩壁人。山西第四中学毕业。 史麟经 字素臣。东田人。山西第四中学毕业。 史麟笔 字春园。东田人。山西第四中学毕业。 李凤麟 详专门毕业栏。山西第四中学毕业。 魏　镜 字昭明。韩壁人。山右大学中学部毕业。	李战胜 字□□。西川人。督办公署卫队第四营第十二连排长。 王振邦 字□□。皮烟人。山西陆军第二十团三营十二连排长。 李之润 字雨亭。西堡人。山西警官传习所毕业。历任晋城、昔阳等县巡官。 王荫南 字树棠。皮烟人。省委本邑东二区民警长。 王道成 字□□。故城人。山西军官学校毕业。 王建中 字极甫。南岭坡底人。山西军官学校毕业。 郝堉杞 字□□。五峪人。山西陆军第十师第二十团中尉通信排长。 郝树人 字守仁。南沟人。山西军官学校毕业。北方国民革命军第三军一旅少尉助理员。 武永瑞 字□□。楼则峪人。北方国民革命军卫队十九团高级监视员。	安松如 字茂哉。温庄人。省委盂县模范示教员。 郝风岗 字茂哉。温庄人。省委盂县模范示教员。 魏步衢 字云程。下郝人。省委平定县林业技术员。 萧友兰 字馨如。中村人。省委平定县模范示教员。 萧承绪 字丕基。中村人。省委平定县模范示教员。 李联芳 字仲华。邵渠村人。清附生。现充黎城县第四区区长。 段绍曾 字衣言。东村人。曾充本邑第四区民警长、区行政长存记。省委本县整理村范协助员。 刘步蟾 字月仙。大陌人。民国十二年存记区长。

中学			军警职	杂进
甲种	师范	中学		
	韩廷佐 字翼之。马岚头人。山西第一师范毕业。	安以礼 字子仪。温庄人。山西第八中学毕业。	李永麒 字□□。南亭人。运输队排长。	
	张希仲 字希卿。石泉人。山西第四师范毕业。	石印泉 字子清。下广志人。山西第四中学毕业。	魏锦儒 字珍甫。本城人。警官学校毕业，现充省垣分驻所巡官。	
	刘培尧 字绍唐。王家峪人。山西国民师范完全科毕业。	王玉堂 字□□。故城人。外国文言学校毕业。	张从周 字□□。杨家堖人。山西陆军六十一团少尉排长。	
	刘步堂 字升之。圪堖人。山西国民师范完全科毕业。现充本县第一高小校教员。	胡维藩 字□□。故城人。山西第四中学毕业。	李守智 字□□。西贾庄人。现充少尉排长。	
	李瑞芳 字子春。南台人。山西第一师范毕业。现充本县第一高小校教员。	王建邦 字□□。南岭坡底人。祁县中学毕业。	郝象乾 字□□。楼则峪人。由育贤中学毕业。现充山西陆军第十五师连长。	
	李登堂 字明山。西堡人。山西第四师范本科毕业。曾充本邑第一高小校教员、第二区助理员，现充第六学区联合校长。	程文斌 字□□。信义人。山西第八中学毕业。	武叙畴 字洪九。段村人。清附生。两级师范毕业。巡警道委本邑第四区民警劣长，曾充本邑第二高小校校长，河津、乡宁稽查队队长。现充大宁县稽查队队长，陆军上尉衔。	
	安忻 字慰如。祥良人。山西第一师范毕业。曾充本邑第三高小校教员。	刘瑛 字□□。南台人。山西自勤职业中学毕业。	程忠和 信义人。现充炮十团二营三连中尉排长。	
	李宗唐 字桐封。温庄人。山西第一师范毕业。现充本县第三高小校校长。	申源清 字子澄。马堡人。山西第八中学毕业，军事政治速成科毕业。现充晋绥总司令部队员。	刘耀周 本城人。现充归绥革命军连长。	
		李春棠 字海桥。西堡人。山西第四中学高级毕业。	程水晶 东良侯人。现充工兵司令部排长。	
		李翠璧 字连城。王家圪道人。山西第四中学毕业。		

中学			军警职	杂进
甲种	师范	中学		
	安文藻 字丽如。攀龙人。山西第四师范毕业。现充本县劝学员。	李阔 字学海。西堡人。山西第四中学毕业。	赵贵堂 上司村人。曾充晋军步兵排长，现充河南陆军连长。	
	马恒山 字□□。王庄沟人。山西国民师范学校毕业。	郝润德 字效颜。上北漳人。山西第四中学毕业。	李金鳌 姜村人。陆军步兵百七旅二百十五团二营中尉排长。	
	张效房 字汉卿。大梁村人。山西国民师范完全科毕业。现充本县劝学员。	李莲芳 字香亭。李家坪人。山西明原中学毕业。	李得标 权店人。前解县警佐现充正太路稽查队长。	
	张国桢 字□□。大梁村人。山西职业师范毕业。	李荫棠 字化南。白家庄人。山西明原中学毕业。	李春魁 山交沟人。曾任平定县模范示教、陕西蒲城县巡官、兴县禁烟第三卡巡士。	
	郝玉岗 字仲崑。圪嘴头人。山西国民师范毕业。	李祖青 字景山。西堡人。山西第四中学毕业。	郝敬忠 权店人。曾充天镇县警佐。	
	李企英 字含华。山交沟人。山西国民师范毕业。	李炳煜 字子文。邵渠人。山西第八中学毕业。	赵鼎甫 本城人。现充和林县巡官。	
	李绍纲 字筱纪。山交沟人。山西国民师范毕业。	苗芝轩 字兰亭。高寨寺人。山西成成中学毕业。	刘宗尧 土河人。曾充陕西大荔县巡官、蒲城县警佐。现充绥远第五区警察署稽查员。	
	常廷弼 字□□。庄头人。山西国民师范毕业。	李昭 字□□。磨里人。祁县中学毕业。现肄业于商业专校。	李耀唐 本城人。曾充河北省临城县巡官，现任寿阳县政府收发员。	
	李应东 字□□。石盘人。山西国民师范毕业。第七学区模范小学联合校长。	李睿 字□□。磨里人。山西第八中学毕业。现充静乐县收发员。		
		郝煜 字泉香。南沟人。新民中学毕业。		
		张省山 字寓岐。大梁村人。山西第四中学毕业。		

中学			军警职	杂进
甲种	师范	中学		
	曹国士 字友仁。庙岭人。山西第一师范本科第一部毕业。现充本县师范学校教员。 魏重兰 字芝轩。本城人。山西第一女师预科毕业。曾充第四女师校教员，现充本县女高小校主任教员。 徐永莲 字艳卿。小店人。潞安女子师范毕业，现充本邑女高小校教员。 白凤英 字□□。本城人。潞安女子师范毕业，现充本邑女子高小校教员。 武汝楫 字济川。段村人。山西第一师范本科毕业。本县第二高小校校长。 李翠兰 阳城人。山西第一女子师范毕业。现任榆社县女子高小校教员。	张问明 字□□。大梁村人。山西第一中学毕业。 郝培棠 字□□。圪嘴头人。山西第四中学毕业。 郝培兰 字□□。圪嘴头人。山西第一中学毕业。现肄业高级中学。 崔玉明 字昆山。东河人。山西第八中学毕业。 李富贵 字荣华。邵渠人。山西第八中学毕业，现肄业云山高级中学校。 贾绍谊 字汉贤。蒲池沟人。山右中学毕业。 魏文澜 字蔚如。韩壁人。山西第四中学毕业。		

附：褒扬表一

始于明，迄于清。

京　褒	省　褒	县　褒
程启南 字开之。本城人。工部尚书。蒙监察御史杨希且题给“社稷功高”匾额。	魏鸿祖 字觐扬。本城人。丁酉科拔贡，蒙山西学政黄越题给“文阵腾霄”匾额。	魏　高 字介宾。本城人。蒙邑介祝兆题给“作宾王家”匾额。
程嘉绩 字心睨。本城人。刑部云南司郎中。蒙吏部尚书吴宗达题给“高阁名臣”匾额。	魏宸拱 字向之。本城人。王申科举人，蒙山西巡抚部院何景题给“凤池仙品”匾额。	陈丕绩 字□□。附生，本城西关人。因征粮有功，蒙邑令岳征廷题给“真读书人”匾额。
魏令望　魏名大 本城人。叔侄同榜进士。蒙东阁大学士状元魏藻德题给“双元兆瑞”匾额。	魏悬书 详《京褒》，蒙山西学政钱骏祥题给“与国同休”匾额。又蒙山西学政宝熙题给“一门忠义”匾额。	范清瑜 字□□。介宾，本城人。因举乡饮，蒙邑令恒龄题给“人伦表式”匾额。
魏　琎 字□□。嘉庆三十五年出粟三千石，赈救潞安饥民。奉旨恩赐义官。	范士鹏 字万里。本城人。介宾，蒙山西学政李煌题给“抱冲颐性”匾额。	魏近濂 字蒲江。本城人。岁贡，汾州府训导蒙邑令李绶题给“士林冰鉴”匾额。
史大相 字□□。南台人。奉旨敕封员外郎。	范名宋 详《选举》。以助办军饷，蒙一等威毅伯陕甘总督左宗棠题给“三晋由来有异材”匾额。	魏希曾 字省轩。本城人。州同衔，蒙沁州知州段汝舟题给“邦国硕辅”匾额。
魏　筌 字获璜。本城人。乡饮大宾，例封文林郎，嗣奉旨敕封修职郎。	段晓云 详《选举》。光绪三年助赈，蒙山西巡抚曾国荃奖给“心存利济”匾额。又光绪二十八年，因创办学堂，蒙山西巡抚张曾敭奖给“兴学乐善”匾额。又光绪三十一年，因积谷有功，蒙山西巡抚张人骏奖给“仁言利溥”匾额。	魏　峦 优廪生。本城东关人。蒙邑令王藩题给“谦谨可师”匾额。
魏悬书 字云榜。本城人。嘉庆戊寅恩科举人，道光丙戌大挑二等，任翼城、介休、曲沃三县教谕。咸丰癸丑殉难，钦赠国子监助教，世袭云骑尉，并给予恩骑尉罔替。崇祀沁州、曲沃各昭忠祠。子介生，侄浩生，同日殉难，俱蒙赦旌孝子，同入祀曲沃昭忠祠。媳赵氏，闻信绝食而死，亦蒙旌表。	范渊骊 详《选举》。光绪三十年，以办学务，蒙山西巡抚张题给“兴学乐善”匾额。	郝金琦 字铸韩。优廪生，东关郝家庄人。蒙山西乡试同考官陈鼎文题给“芹藻芳芬”匾额。
	武　杶 字□□。廪生，段村人。蒙山西学政刘奖给“望重儒林”匾额。	魏　玥 字□□。下郝人。寿官，嘉庆二年知县徐给予“宠赐商山”匾额。
		崔　华 字□□。下郝人。因应敦义里催头热心公务。嘉庆十年，县令王崧给“趋事克勤”匾额。

京　褒	省　褒	县　褒
	张　恺 字□□。武生，瓦窑科人。乡饮介宾。蒙山西布政司奖给“廉洁自励”匾额。 张守斌 详《选举表二》。蒙山西督练公所总办姚奖给银质“急公好义”奖章。 李彦芳 山交沟人。清附生，于光绪间曾蒙刘学宪给以“孝行可风”匾，并请旌表。	魏　筌 详《京褒》。以品端学正，教子成名，蒙武乡县知县岳维城题赠“清德凤翔”匾额。 魏简书 字仲廉。丁酉科副元。本城人。蒙榆次县知县、乙酉乡试同考官进士曹森题给“望重圭璋”匾额。 魏献书 字俊三。己亥科举人，本城人。蒙本县知县壬午科举人梁大鹏题赠“品学兼优”匾额。 白诵清 字子春。附贡，本城人。因办赈出力,蒙邑令吴匡题给“劳心赈务”匾额。 程砚祖 字遗斋。州同衔，本城人。办赈有功，蒙邑令吴匡题给“勤劳卓著”匾额。 魏斗宿 字映垣。部主事，本城人。因助赈救荒，蒙邑令吴匡题给“好善乐施”匾额。 李方华 字石农。下北漳人。以助办赈务，保五品衔，寻加布政司经历，州守匾其门曰“为善最乐”，县令额其门曰“任恤睦姻”匾额。 范名夏 详《选举》。光绪三年，因办赈出力，蒙邑令吴匡奖给“义以为尚”匾额。 籍洪学 字□□。松庄人。光绪三年，因办赈务有功，蒙县令吴匡奖给“克勤乃事”匾额。 程廷谷 字丰下。本城人。布经历，蒙邑令李寿芝题给“名重南亭”匾额。 白建中 字民表。本城西关人。介宾，蒙教谕钮增垚题给“示我周行”匾额。 郝茂椿 字寿山。附贡，郝家庄人。蒙教谕钮增垚题给“后学楷模”匾额。 魏连元　魏双元 城内人。兄弟先后任永济县教谕，蒙邑令进士安文澜题给“伯仲齐名”匾额。 张金鉴 字宝臣。增生，东关人。精通医术蒙邑令陈宝桢题给“是仁术也”匾额。

京　褒	省　褒	县　褒
		魏有恒 字锦山。本城人。考准吏员，分省补用典史。光绪三年，因办赈出力，蒙知县吴匡奖给“赈务勤劳”匾额。 赵时中 字圣协。韩庄人。医官，因精熟牛痘，蒙邑令梁大鹏题给“杏林上品”匾额。 高士选 字子青。增贡，本城西关人。因防瘟有功，蒙邑令进士陈祖绶题给“防危维益”匾额。 白含辉 介宾，本城人。因选举乡饮，蒙武乡县知县岳维城题给“养重东胶”匾额。 段晓云 详省褒。光绪三年，因助赈，蒙本县知县吴匡奖给“间阎颂德”匾额。又沁州知州吴承恩题给“德被漳滨”匾额。 郝致中 字和斋。马牧人。庠生，乡饮介宾，因丁丑大浸助办赈务，邑令吴给以“好善乐施”匾额。光绪八年，教谕王给以“品学兼优”匾额。 薛广仁 字□□。土门人。光绪八年，沁州知州穆奖给“乐善不倦”匾额。 武茂堂 字松如。从九品，乡饮介宾。光绪十四年，知县李公奖给“同培学校”匾额。 薛贵瑜 字□□。土门人。光绪十四年，县令陈奖给“急公好义”匾额。 李步青 字梯云。邵渠人。增生，乡饮介宾。教谕苏奖给“望重宾筵”匾额。 郝衡岳 字屏山。五峪人。增生，乡饮介宾，教谕苏奖给“德隆望重”匾额。 黄开甲 字□□。岸北人。庠生，乡饮介宾，教谕苏奖给“齿德兼优”匾额。 史维藩 字价夫。庠生，乡饮介宾，教谕李给“荣与宾筵”匾额。 王步云 字□□。石鼻人。庠生，乡饮介宾，教谕某给匾褒之。 张秉正 详《选举》。邑令陈奖给“同心尚义”匾额。

京褒	省褒	县褒
		张钟杰 字汉三。洪水人。邑令陈奖给“同心尚义”匾额。 魏咸熙 字绩庵。本城人。例贡生。光绪三十三年，因捐助学田，蒙知县陈祖绶奖给“赞成文教”匾额。 程渡瀛 字驾航。本城人。监生，自治讲习所暨师范讲习所毕业，曾充女小学校教员。光绪三十四年，因舍地保护城仓，蒙知县陈祖绶奖给“急公好义”匾额。 魏锡磐 详选举。光绪二十九年，蒙县令进士魏鸿勋题赠“学优登仕”匾额。 李蔚成 字□□。广志人。邑令裘公奖给“办公勤慎”匾额。 张汉阳 字荆卿。王家峪人。乡饮介宾，儒学正堂宋匾其门曰“作宾王家”。 郝步云 字□□。石门人。宣统二年，县令裘公因捕匪有功，奖以匾额曰“办公勤劳”。 郝万宽 字□□。石门人。宣统二年，县令裘公因捕匪有功，奖给匾额曰“办公勤劳”。 郝桂芳 字□□。石门人。宣统二年，县令裘公因捕匪有功，奖给匾额曰“办公勤劳”。 张晋阳 字桐封。王家峪人。乡饮介宾，儒学正堂宋匾其门曰“作宾王家”。

附：褒扬表二

始于民国元年，迄于民国十七年

中央政府	省　署	县　署
郝瑞云 字裔卿。清优贡，本城东关郝家庄人。于民国四年十二月，因充测量局一等科员，服务勤劳，蒙同武将军阎保请中央政府，特授陆军测量士。嗣因出差塞北内外蒙古，测量精详，蒙省长阎保请中央，晋给七等文虎章。十四年十二月，因充测量局一等科员，服务有年，成绩昭著，蒙山西督办阎保请中央政府，授陆军测量长。 王　伟 字叔达。原系河南登封县人，寄籍武乡本城三十余年。于民国六年，充山阴县清疫协助委员，因办防疫出力，蒙内务部奖给二等三级内务奖章。 高志选 字仲青。清监生，本城人。民国八年以个人私产房屋院二所捐入城关第二国民学校，蒙山西督军兼省长阎呈请教育部，奖给一等嘉祥章。 郝晋升 字子高。南沟人。清武生，钦加四品衔。民国九年，因捐助赈款，蒙内务部奖给一等金色义赈章。 裴玉树 字海珊。大有镇人。清光禄寺署正。民国九年，因捐助赈款，蒙内务部奖给一等金色义赈章。 魏人镜 字以箴。魏家窑人。于民国九年，因办赈出力，蒙省长阎呈请大总统奖给七等嘉禾章。十五年，以服务兵站特别出力，蒙山西兵站总督黄特保中央政府以荐任文职存记。	郝瑞云 详《中央政府褒扬》。于民国元年三月，因充任本县警务长，劳绩卓著，蒙山西巡警道周奖给“精明稳练”匾额一方。 张守斌 字质中。洪水人。现充三十六团三营营长，蒙同武将军阎给二等金质名誉奖章、四川会办陈给金质白鹤纪念章。 段雨田 详《中央政府褒扬》。于民国三年，蒙山巡按使金题给“热忱国事”匾额一方。又因辽关一役办差有功，蒙晋绥总司令阎题给“维护桑梓”额一方。 张式铭 字德舆。杨家堖人。民国三年，因劝募公债出力，蒙山西巡按使金题给“热忱国事”匾额一方。民国七年，蒙兼省长阎给予正绅褒状一纸。又因捐募赈款、监修监狱、县路出力，蒙省长奖给二等义赈奖章暨金色银色菊花章三座。十七年，蒙晋绥总令阎奖给“急公好义”匾额。 郝瑞联 字芳卿。清举人，城东关郝家庄人。民国七年，蒙督军兼省长阎给予正绅褒状一纸。于十年，以办学多年，成绩卓著，蒙山西教育厅长虞给予二等教育褒状。嗣因充当城关街长三年，以办理村政热心，蒙督军兼省长阎奖给银色双穗章一座。又因办理保卫团出力，复奖给“勇于自卫”匾额一方。十四年，因辽关战起，办差有功，蒙总司令阎奖给“维护桑梓”匾额一方。	魏培棠 字荫南。韩壁村人。清附生，于民国五年蒙郭县长题给“万流仰镜”匾额。 郝治民 字心耘。清守御所千总，本城东关郝家庄人。于民国九年蒙县长郭奖给“名寿兼崇”匾额。 郝新铭 字左箴。马牧人。因襄办赈务，蒙傅县长奖给“筹赈堪嘉”匾额。 武德恒 字子久。段村人。清廪生。于民国九年因办赈出力，知事傅公给“筹赈堪嘉”匾额。 郝钟铭 详《省署褒扬》。因管理放赈劳怨不辞傅县长给以“善与人同”匾额。 李正明 字□□。南沟人。民国十年，因修路舍地，经傅县长给“义让堪风”匾额。 李兴璧 字□□。南沟人。民国十年，修路舍地，经傅县长给“义让堪风”匾额。 李正华 字□□。南沟人。民国十年，因修路舍地，经傅县长给“义让堪风”匾额。 周永安 字□□。南沟人。民国十年，因修路舍地，经傅县长给“义让堪风”匾额。

中央政府	省　署	县　署
郝右铭 字左泉。马牧人。因充平阳棉业试验场技士，嗣代理场长，供职六年，成绩卓著，农商部给以四等奖章。 **段金山** 字筱峰。东村人。内务部奖给四等义赈章。 **段雨田** 字公甫。东村人。清举人。内务部奖给四等义赈章。 **段雨兰** 字畹九。清附生，东村人。内务部奖给四等义赈章。 **段继曾** 字省三。东村人。内务部奖给四等义赈章。 **段绍曾** 字衣言。东村人。内务部奖给二等义赈章。 **武葆秀** 字乙峰。段村人。于民国十年，因在高检厅主任书记任内日久，劳绩卓著，蒙司法部给二等银质章。十三年，又给一等银质章。 **李钟毓** 字□□。砖壁人。民国十三年，蒙大总统曹表其门曰“人伦表式”。 **郭步蟾** 字桂山。涌泉人。因助赈，内务部奖给五等义赈章。	**魏人镜** 详《中央政府褒扬》。于民国七年，因防疫有功，蒙山西省长阎奖给“驱疠有方”匾额。八年，于省长考核县掾属案内奖给三等桐叶章。又于审核地粮出力案内奖给金色双穗章。 **魏　焌** 字子秀。深泽滩人。清附生。民国七年,因办理防疫有功，蒙省长阎奖给“驱疠有方”匾额。 **武济文** 字于赋。涌泉人。一高与单级师范毕业。民国七年，由发明蚕丝，蒙山西实业展览会长阎赏给银色菊花章。民国七年本邑推选正绅，由县知事呈请督军兼省长阎赏给正绅褒状。 **郝晋康** 字膺侯。南沟人。因创立四高小校，施舍地址，热心学务，蒙省长奖给二等嘉祥章。 **苗泽青** 字沛生。高察寺人。山西省议会候补议员。因修县路监工出力，蒙省长阎奖银色菊花章。又因创立第四高小校筹办出力，勤尽义务，蒙省长奖给二等银色教育章。又因整理村范，协助勤劳，奖给金色双穗章。因劝赈劳力，奖给义赈银色加狮章。 **黄林忠** 字河标。岸北人。因办村政得力，蒙省长奖给二等宝筏章。又因创办第四高小校筹办勤劳，奖给二等教育加狮章。 **程绳武** 字□□。信义人。清武生，前本县第五区民警长。因捐资兴学，蒙省长奖给教育嘉祥章。	**李子成** 字□□。南沟人。民国十年，因修路舍地，县长傅给“义让堪风”匾额。 **李道德** 字□□。赵庄人。民国十年，因修路舍地，县长傅给“义让堪风”匾额。 **王占鳌** 字□□。长乐人。民国十年，因修路舍地，经傅县长给“义让堪风”匾额。 **王聚富** 字□□。长乐人。民国十年，因修路舍地，经傅县长给“义让堪风”匾额。 **郝鉴铭** 字宝三。清太学生。马牧人。因办理村社公事，不辞劳怨，经前县长周给以“急公好义”匾额。 **张武元** 字翼文。本城西关人。民国十年，因充西关国民学校学董不支津贴,奖给学生，蒙傅县长奖给“热心教育”匾额一方。 **石广俊** 详《省署褒扬》。蒙傅县长奖给“热心公益”匾额。 **张锦堂** 详《省署褒扬》。县长傅给“善与人同”匾额。 **张守铭** 字志恒。洪水镇人。县长奖给“善与人同”匾额。 **董鸿儒** 详《省署褒扬》。县长傅奖给“热心公益”匾额。

中央政府	省　署	县　署
	郝右铭 详《中央政府褒扬》。因充棉业试验场技士，办理出力，蒙兼省长阎给予二等兴业奖章与最优等金质奖章。 李　萃 字□。墁坡人。民国八年，给棉业奖章。 籍日章 字韬甫。松庄人。民国八年，因劝办天足，蒙省长阎奖给“共跻春台”匾额十年，因捐赈，复蒙奖给金色双穗章。 李　谦 字益甫。墁坡人。民国八年，给棉业奖章。 武儒林 字雅堂。段村人。清监生。于民国八年，以热心学务，蒙兼省长阎奖给金色菊花章。十二年，又以整理村范，勤劳卓著，奖给二等宝筏章。 段绍曾 详《中央政府褒扬》。蒙督军兼省长阎题给“热心公益”匾额一方，又奖给金色双穗章、金色菊花章、二等宝筏章。 范效纯 字实卿。东村人。蒙督军兼省长阎题给“共跻春台”匾额。 王建中 字致和。皮埋人。于民国八年，因劝办天足，蒙山西省长阎题给“共跻春台”匾额。十年，奖给银色菊花章。 崔梦松 字久青。南关人。清附生。民国八年，因劝办天足，蒙兼省长阎奖给“共跻春台”匾额。又因办分水岭防疫成效卓著，蒙兼省长阎奖给“驱疠有方”四字匾额。 窦桂馨 详《选举》。民国九年，蒙教育厅厅长虞以任事勤慎，管理合法，给予三等教育褒状。十二年，又由教育厅长马以任事年久，颇著勤劳，给予二等褒状。	李　龙 字□□。白杨岭人。蒙县长傅奖给“望重乡闾”匾额一方。 崔　岩 字□□。南关镇人。因运送电杆勤劳卓著，县长记功一次，第一科枕豁案。 李　静 字能安。西堡人。清佾生。民国十一年，蒙傅县长奖给“品端”二字匾额。 程世芳 详《省署褒扬》。于民国十一年，因修仓有功，蒙县长傅给“热心公益”匾额。 刘耀荣 字□□。祁村人。因办理团练尚属热忱，县给“团练可嘉”匾额。 张良弼 字汉杰。下关人。蒙吕县长奖“热心公益”匾额。 郝鸣川 字□□。攀龙人。于民国十五年，因热心公益，蒙吕县长匾其门曰“热心公益”。 安福全 详《省署褒扬》。于民国十六年，办村政有功，蒙县长张奖给“闾阎福星”匾额。 武承志 字子立。段村人。国民师范二年级毕业，因优待义勇军，蒙县知事张奖给“功在国家”匾额。 李　通 字无适。墨镫人。县长张奖给“至性过人”匾额。 崔宗泰 字□□。南关人。办差协助得力:蒙晋绥总司令阎令、县长傅令嘉奖。 李　翱 字子兴。西堡人。清附生。民国十七年，蒙张县长奖给“至性过人”匾额。

中央政府	省　署	县　署
	李华炳 详《选举》。于民国九年，因助赈，蒙山西全省赈务处奖给双穗章。十二年，因辅助村政，勤劳可嘉，蒙山西省长阎给金色双穗奖章。十五年，省长又匾其门曰“人伦表率”。 李壬澍 字润甫。下北漳人。于民国九年，因助赈，蒙山西省长阎会同全省赈务处奖给二等银色奖章，并给“扶危济困”匾额。 郝晋升 详《中央政府褒扬》。因助赈，蒙省长奖给银色加狮章。 郝桂月 字昭亭。马牧人。清庠生。民国九年，经山西省长阎给予义赈奖章。 魏培桂 字筱山。韩壁人。历任区长，蒙晋绥总司令以热心公益奖“急公好义”匾额。又以勤于职务，奖给六政奖章、名誉奖章。 籍斯盛 字子文。松庄人。以办理学务有功，蒙督办阎奖给金色双穗章。 王　伟 详《中央政府褒扬》。于民国九年，充神池县第三区行政长兼警佐，因办赈出力，蒙督军兼省长阎奖给金色双穗章。 郝钟铭 字秀臣。马牧人。清佾生。民国九年因充村长，办理村政有效，省长阎奖给金色双穗章。十二年，因办理村范，勤劳卓著，省长奖给二等宝筱章。又因办理村范，勤劳耐苦，知事高保荐区长，省署存记，奉省委名誉六政劝导员。十四年，充公款局经理，因辽战发生，办理差务，襄助擘画尚属得力，蒙总司令阎给予“维护桑梓”匾额。 武相周 字佐清。太学生。段村人。民国九年蒙兼省长阎给五等义赈奖章。	郝绍贤 字思齐。南沟人。因防杆草会匪有功，于民国十七年，蒙张县长奖给“闾阎保障”匾额。 李尚忠 字恕卿。广志人。蒙县奖给“洁己奉公”匾额。 程守业 字□□。东良侯人。因防杆草会匪有功，于民国十七年，蒙张县长奖给“闾阎保障”匾额。 赵东升 字子恒。本城西关人。因充西关第二国民学校学董，办学有功，于民国十七年，蒙张县长奖给“泽及庠序”匾额。 李树滋 详《省署褒扬》。蒙县奖给“一方善士”匾额。 周家柄 字□□。周家坡底人。因修路舍地蒙傅县长奖给“好善乐施”匾额。

中央政府	省　署	县　署
	张怀信 字诚五。温水人。于民国九年，因助赈，蒙山西全省赈务处会同省长阎给五等银色义赈奖章。	
	萧　镇 字子威。中村人。于民国九年，因助赈，蒙山西全省赈务处会同省长阎给银色双穗奖章。	
	萧　镇 字子威。中村人。于民国九年，因助赈，蒙山西全省赈务处会同省长阎给银色双穗奖章。	
	雷赈岳 字□□。蒙家沟人。于民国九年，因助赈，蒙山西全省赈务处会同省长阎奖给五等银色义赈奖章。	
	韩效文 字如唐。新寨人。于民国九年，因助赈，蒙山西全省赈务处会同省长阎给银色双穗奖章。	
	李全衡 字子钧。下北漳人。于民国九年，因助赈，蒙山西全省赈务处会同省长阎给银色双穗奖章。	
	暴泉盛 字□□。下北漳人。于民国九年，因助赈，蒙山西全省赈务处会同省长阎给银色双穗奖章。	
	魏安邦 字□□。下郝人。于民国九年，因助赈，蒙山西全省赈务处会同省长阎奖给银色双穗章。	
	马海水 字□□。王庄沟人。于民国九年，因助赈，蒙山西全省赈务处会同省长阎奖给银色双穗章。	
	武庚辰 字□□。道场人。于民国九年，因助赈，蒙山西全省赈务处会同省长阎给银色双穗章。	
	李先华 字□□。李家坪人。于民国九年，因助赈，蒙山西全省赈务处会同省长阎给银色双穗奖章。	
	王全瑾 字怀之。石板人。清附生。于民国九年，因助赈，蒙山西全省赈务处题给“扶危济困”匾额。十二年，任第二区整理村范协助员，辅助村政，勤劳卓著，山西省长阎奖给银色双穗奖章。	

中央政府	省　署	县　署
	萧兰馨 字芳亭。中村人。于民国九年，因助赈，蒙山西全省赈务处给予银色双穗奖章十四年，因充应村长，实力办事，可资表率，山西省长阎又给金色双穗奖章。 魏步衢 字云程。下郝人。于民国九年，因在平定县办理赈务，蒙山西全省赈务处题给“扶危济困”匾额，并给金色双穗奖章。 郭太厚 字□□。贾封人。于民国九年，因助赈，蒙省长奖给金色双穗章。 薛庆实 字□□。土门人。清例贡。于民国九年，因助赈，蒙省长奖给金色菊花章。又于十三年，因办理村政，成绩卓著，蒙省长奖给银色双穗章。 杨致和 字□□。分水岭人。民国九年，因助赈，蒙省长阎奖给银色菊花章。 阎贵连 字□□。分水岭人。民国九年，因助赈，蒙省长阎奖给银色菊花章。 董汉俊 字□□。分水岭人。民国九年，因助赈，蒙省长阎奖给银色菊花章。 武金腾 字□□。段村人。民国九年，因助赈，蒙省长阎奖给银色菊花章。 程世芳 字兰亭。清监生。本城人。于民国十年，因经募赈款，蒙省长给三等银色义赈奖章。又因修县路有功，蒙给银色菊花章。十六年，因办理差务出力，蒙晋绥总司令给“维护桑梓”匾额一方。十七年,以办理村政有功，蒙总司令阎奖给银色双穗章。 程明扬 字显卿。清附生。本城人。民国十年，以修县路有功，蒙省长阎奖给银色菊花章。 刘承汉 字继先。清监生。东坡人。民国十年以修县路出力，蒙省长阎奖给银色菊花章。十一年，以救济平蒲解绛，募捐巨款，蒙省长阎奖给“热心救灾”匾额。 武访畴 字王心。段村人。蓝翎五品衔。民国十年，因修县路，蒙省阎奖给银色菊花章。 孟陈舜 字格三。清附生。祁村人。民国十年因办村政成绩卓著，蒙省长阎奖给六政名誉章。民国十一年，因办理赈务，给五等义赈章。	

中央政府	省　署	县　署
	李唐弼 字梦良。清例贡生。阳城人。民国十年，因整理村范有功，给双穗奖章，晋给义赈四等奖章。十二年，因办理村范热心，给二等宝筏章。 赵兴宋 字子仁。窑头人。晋阳中学毕业，岁贡。于民国十年，因修路出力，给金色菊花章。 王丕极 字拱之。麻池沟人。本县高小校毕业。于民国十年，因修路出力，给银色菊花章。又因助赈，奖给五等义赈章。 王义明 字□□。长乐人。耆宾。十年，因助赈，奖给义赈银色章。 赵子良 字保初。赵家庄人。因整理村范，勤劳卓著，于民国十二年，奖给二等宝筏章。又因修路出力，给金色菊花章。又给等义赈章。 李华堂 字子宾。东皋人。清监生。于民国十年奖给五等银色义赈章。 暴良相 字佑卿。监漳人。太学生。民国十年，因助赈，奖给义赈金色双穗章。 暴俊秀 字殿英。监漳人。清监生。民国十年，因助赈，给义赈奖章。 李唐仙 字□□。行道岭人。民国十年，因助赈，给四等义赈章。 赵心田 字治生。郑峪人。清监生。民国十年因修路出力，给金色菊花章。又因助赈，给义赈金色双穗章。十二年，因查禁烟丹认真，给二等晓钟奖章。 胡钰堂 字振声。胡家庄人。民国十年，因助赈蒙省长阎奖给银色双穗章。 魏培柽 字柳塘。韩壁人。历充中学教员，民国十年，蒙教育厅厅长虞以启迪有功，奖给二等教育褒状。 李甫新 字铭初。砖壁人。民国十年，以助赈款，蒙山西省长阎奖给银色双穗章。又因整理村范有功，奖给金色双穗章。 张射斗 字文光。史家嘴人。清附生。民国十年,山西省长阎因修官道勤劳卓著，奖给“热心公益”匾额。又因助赈，奖给金色双穗章。	

中央政府	省署	县署
	韩希忠 字宋卿。上合人。民国十年，以整理村范有效，蒙山西省长阎奖给金色双穗章。十二年，以办理村范热心可嘉，奖二等宝筏章。 郭印封 字韬章。涌泉人。清庠生。村本镇村长二年。民国十年，因充修治县路监工员，蒙督军兼省长阎给予金色菊花奖章。 王长武 字□□。石门人。于民国十年，因办赈务，蒙省长奖给银色双穗章。 董汉杰 字□□。分水岭人。民国十年，因办村政，蒙省长阎奖给金色菊花章。十三年，又奖给宝筏章。 赵大鹏 字□□。上司村人。于民国十年，筹办赈务，得有义赈奖章。 侯维润 字德甫。侯家垴人。民国十年，因助赈，蒙省长阎给予银色双穗奖章。 籍华章 字寓文。松庄人。以捐赈，蒙奖给金色双穗章。 贾鸿迁 字□□。曹村人。以捐款，得银色双穗章。 贾成锦 字□□。曹村人。以捐款，得银色双穗章。 李永勤 字□□。南亭人。以捐款，得银色双穗奖章。 魏春林 字□□。因助赈，得奖义赈银色双穗章。 郝　培 字□□。侯家垴人。因助赈，得奖义赈银色双穗章。 张　淑 字□□。李家庄人。以修桥有功，蒙省长阎奖给金色双穗章。因助赈，蒙奖给银色双穗章。 张受荣 字□□。李家庄人。以办村政热心，蒙省长阎奖给金色双穗章。又因助赈，蒙奖给银色双穗章。	

中央政府	省　署	县　署
	郁生贵 字□□。陈家沟人。以助赈，蒙省长奖给银色双穗章。 李　嵘 字□。上王堡人。以助赈，蒙省长奖给银色双穗章。 郁兴中 字□□。陈家沟人。以助赈，蒙省长奖给银色双穗章。 张济瀛 字□□。蒺藜坪人。因助赈，蒙省长奖给义赈金色双穗章。 张步瀛 字□□。蒺藜坪人。因助赈，蒙省长奖给义赈五等狮子章。又因办理村政，蒙省长奖给二等银色宝筏章。 魏照熙 字春台。贾豁人。以捐赈，蒙省长奖给银色菊花章。 宁长寿 字□□。马村人。因助赈，蒙奖给银色双穗章。 温　伟 字□□。马村人。因助赈，蒙省长奖给银色双穗章。 李昌厚 字盛五。阳城人。因新修县路充监工员奖给金色菊花章。 武　标 字子高。段村人。蒙兼省长阎奖给四等义赈章。 武　巍 字则尧。段村人。蒙省长奖给四等义赈奖章。 史林俊 字子英。清监生。史家垴人。因助赈，给义赈奖章。 李成名 字□□。神前人。清监生，因助赈，给五等义赈奖章。 郝清俊 字□□。蔚家渠人。因修县路监工有功，奖给金色菊花章。 高凤岗 字□□。上关人。因修县路，蒙省长奖给银色菊花章。	

中央政府	省　署	县　署
	段树珊 字交园。清监生。聂村人。因充本村村长，蒙兼省长阎奖给二等宝筱章，又给金色双穗章，又给银色菊花章。 武思柔 字□□。段村人。因助赈，蒙省长阎给银色义赈奖章。 段雨兰 详中央政府褒扬。蒙省长奖给金色菊花章。 郝文炳 字朴斋。马牧人。乙种农业学校毕业。因栽桑成绩尚优，蒙省长阎给予褒奖证。 王肇基 字振业。胡家庄人。清武生。因办村事勤劳，奖给“热心爱人”匾额。又奖给金色双穗章。 曹　锦 详《选举》。因办村政，蒙省长给金色双穗章。 安家驿 字□□。白家庄人。因热心村范，勤劳卓著，蒙山西省长阎于民国十年奖给银色双穗章。十二年，给予宝筱章。 郝　钰 字□□。石门人。山西省长阎以捐赈奖给银色双穗章。 杨文敏 字□□。堙里人。因助赈，蒙省长奖给银色双穗章。 萧国孝 字□□。南郊人。以助赈，蒙省长奖给银色双穗章。 李　泉 字一清。广志人。因助赈，蒙省长奖给五等义赈章。 刘履祥 字元吉。洪水人。省署奖给“共跻春台”匾额。 张锦堂 字荣轩。洪水人。省长给“共跻春台”匾额。 董鸿儒 字□□。董家庄人。省署给三等义赈奖章，又给金色菊花章。 董先儒 字□□。董家庄人。省署给五等义赈奖章。	

中央政府	省　署	县　署
	董汉儒 字□□。董家庄人。省署给五等义赈奖章，又给银色双穗章。 董宋儒 字□□。董家庄人。省署给“扶危济困”匾额。 李振玉 字昆山。马堡人。省长阎给六政奖章，又给五等义赈奖章。 王德馨 字□□。胡庄人。省长阎奖给金色菊花章、银色双穗章、五等义赈奖章。 陈存粮 字□□。宋家庄人。省长奖给五等义赈章。 王维垣 字□□。宋家庄人。省长奖给五等义赈章。 程万银 字□□。故城人。因修县路监工出力，蒙省长奖给银色双穗章。 苗中田 字穗九。高察寺人。因助赈热心，蒙赈务处奖给银色双穗章。 程守谦 字□□。东良侯人。因助赈热心，蒙省长奖给银色双穗章。 黄思忠 字汉卿。岸北人。因助赈，蒙赈务处奖给银色义赈章。 王　理 字顺之。陈村人。因助赈热心，蒙省长阎奖给银色双穗章。 郭印田 字雨公。涌泉人。清武生。充任本镇村长前后六年，山西全省赈务处赏给银色双穗章。 崔　嵋 字□□。南关人。民国十一年，因办赈务，蒙省长阎奖给“惠济灾黎”四字匾额。又因办理村范成效卓著，奖给金色菊花章。 郭光林 字□□。南关人。清监生。民国十一年，因助赈，蒙省长阎奖给金色菊花章。 倪进儒 字宪文。东峰垭人。因助赈，蒙给三等义赈奖章。	

中央政府	省　署	县　署
	武德颐 字灵初。段村人。于民国十二年，兼省长阎给金色纪念奖章。 武　藻 字蕴轩。段村人。于民国十一年，因办植棉试验场著有成效，蒙兼省长阎奖三等兴业章。十二年，又给二等兴业章。 郭锦绣 字维城。石门人。民国十一年，因赈济饥民，蒙省长阎奖给“施谷救贫”匾额。 史渊海 字盈科。下城人。清例贡生。因办理村政成效卓著，奖给金色双穗章。 聂　澍 字济生。因办理村政，奖给金色双穗章。又因办理防务，给“勇于自卫”匾额。 弓习端 字钦甫。马牧寨人。因办理村政成效卓著，给金色双穗章。 杨耀德 字□□。上城人。因办村政，奖给银色双穗章。 李登峰 字□□。富庄人。因办理村政，奖给银色双穗章。 张良弼 字汉杰。下关人。因查禁烟丹认真，奖给银色双穗章。 李久荣 字向春。吴村人。优级师范毕业。举人。民国十六年，因充第一兵站陆军少校军需官，蒙总司令阎保举荐任职存记。又因助赈，给银色双穗章。 李希膺 字汉臣。东皋人。清增生。民国三年,充本县民治科科员。民国十二年，因办村政勤劳卓著，奖给银色双穗章。 暴来庆 字吉人。监漳人。本省法政预料毕业。民国十二年，因办村政劳绩卓著，蒙保归区行政长存记，并给银色双穗章。 李久华 字子春。吴村人。民国十二年，因办村政成效卓著，奖给金色双穗章。 李德瑜 字仲瑾。吴村人。民国十二年，因办村政勤劳卓著，奖给银色双穗章。 张中元 字景清。岭头人。于民国十二年，因办理村范勤劳卓著，奖给银色双穗章。	

中央政府	省　署	县　署
	张问达 字德三。温水人。因办理保卫团成绩优良，省长阎给予银色双穗章。 李文楷 字友模。西坪人。清附生。于民国十二年，因办理村政勤劳卓著，蒙省长阎给银色双穗章。 安凤台 字灵川。攀龙人。于民国十二年，因热心村范，勤劳卓著，蒙省长阎奖给银色双穗章，省公署存记区行政长。 安省谟 字□□。攀龙人。于民国十二年，因办理村政成效卓著，襄办保卫团尤属热心，蒙省长阎给金色双穗章。十四年，给予光复纪念章。 魏　治 字□。下郝人。于民国十二年，因办村政，省长阎奖给银色双穗章。 郝炳章 字文焕。小水凹人。省长给银色双穗奖章。 李　沣 字文迁。苏峪人。晋绥总司令阎给金色双穗奖章。 李树滋 字□□。墨镫人。晋绥总司令阎给金色双穗章。又奖金色菊花章、银色双穗章。 张习礼 字立甫。王家峪人。山西省长阎以热心村范，勤劳卓著，奖给银色双穗章。 刘步蟾 字月仙。大陌人。山西省长阎以热心村范，勤劳卓著，奖给银色双穗章，并以区行政长存记。 石斯珍 字蕴山。土河人。因热心村范，勤劳卓著，蒙山西省长阎奖给银色双穗章。 魏培槐 字瑞庭。韩壁人。省长阎以整理村范，勤劳卓著，给予金色双穗章。十四年以实力办事，奖给二等宝筏章。 闻　沧 字□□。郊口人。民国十二年，因整理村范，勤劳卓著，蒙省长阎奖给银色双穗章。 石广俊 字纯斋。上广志人。因充村长，蒙省长阎奖给银色双穗章、金色菊花章、二等晓钟章。	

中央政府	省署	县署
	李增荣 字□□。广志人。省长给银色双穗章。 徐良义 字□□。广志人。省长给银色双穗章。 史、读 字□□。南台人。省长给银色双穗章。 刘国桢 字瑞之。洪水人。省长给银色双穗章。 李　顗 字谨堂。马堡人。省长给银色菊花章金色双穗章。又蒙省政府褒赐“梓里宣勤”匾额。 申昌涌 字□□。马堡人。省长阎给金色双穗章。 王遵贵 字□□。上王岭人。省长阎给银色双穗奖章。 李华国 字荣亭。庄里人。省长阎给银色双穗章。 震文华 字□□。斗翻坡人。省长阎奖给金色双穗章。 李银泰 字□□。梨树坪人。省长阎奖给金色双穗章。 张绍良 字逸仙。寨坪人。省长阎给银色双穗章。 李鸣凤 字子瑞。墨镫人。省长阎奖给银色双穗章。 陈连步 字□□。故城人。因办村政得力，蒙省长奖给银色菊花章。 李希泌 字仰贤。邵渠人。因办村政得力，蒙省长奖给金色双穗章、二等宝筱章、一等宝筱章。 白士良 字眉夫。茅庄人。因办理村政劳怨不辞，蒙省长阎奖给金色双穗章。	

中央政府	省　署	县　署
	郝　淇 字卫川。五峪人。因办村政得力，蒙省长奖给二等宝筏章，又以区行政长存记。	
	张发亮 字□□。大梁村人。因办村政得力，省长奖给二等银色双穗章。	
	张新民 字□□。大梁村人。因办村政得力，省长奖给二等银色双穗章。	
	阎安氏 字□□。高仁人。因办村政有功，省长奖给二等银色双穗章、银色菊花章。	
	王　政 字平岐。陈村人。民国十二年，因协助村范，勤劳卓著，蒙省长奖给金色双穗章。	
	李华惠 字□□。玉品人。因办村政出力，蒙省长奖给金色双穗章。	
	李绍唐 字□□。北良侯人。因村政得力，省长奖给银色双穗章。	
	郝望曾 字□□。圪嘴头人。因充村长有年，蒙省长阎奖给金色双穗章。	
	郝来发 字□□。石壁人。因充本镇闾长，办理村范有效，蒙省长阎奖给银色双穗章。	
	郝金璧 字国□。小良村人。因充村长十余年，蒙省长阎奖给金色双穗章。	
	王　琚 字□□。会同人。省长阎奖给金色双穗章。	
	郭　陶 字咏之。涌泉人。因充本镇村副，省长阎奖给金色双穗章。	
	郭合印 字□□。涌泉人。因充本镇闾长，省长奖给金色双穗章。	
	郭唐辅 字左臣。涌泉人。因充本镇村长，省长阎奖给金色双穗章。	
	陈尚宾 字□□。石盘人。因充任村长，蒙省长奖给银色双穗章。	
	王仲元 字□□。石门人。于民国十二年，蒙省长奖给金色双穗章。	

中央政府	省　署	县　署
	李裕德 字□□。权店人。因办村政，蒙省长奖给宝筏章，又奖给金色菊花章。 梁文锦 字□□。白家窑人。以办村政热心，蒙省长给奖银色双穗章。 魏来隆 字荣甫。松庄人。以办村政有功，蒙省长给奖银色双穗章。 贾奇唐 字□□。黄陌峪人。以办村政有功，得银色双穗章。 魏培仁 字乐山。凤台坪人。于民国十三年捐募巨款修桥有功，蒙省长奖给金色双穗章。 张　标 字□□。凤台坪人。于民国十三年捐募巨款修桥有功，蒙省长奖给金色双穗章。 魏　梁 字□□。洞上人。于民国十三年捐募巨款修桥有功，蒙省长奖给金色双穗章。 魏天保 字□□。洞上人。于民国十三年捐募巨款修桥有功，蒙省长奖给金色双穗章。 魏培林 字□□。于民国十三年捐募巨款，蒙省长奖给金色双穗章。 董善谦 字□□。上铁净人。于民国十三年捐募巨款，蒙省长奖给金色双穗章。 陈茂年 字松如。王和堎人。因办村政有功，蒙总司令奖给银色双穗章。 窦尚文 字蔚斋。清佾生。沙河头人。民国十三年，兼省长阎题给“潜德幽光”匾额。 郝茂森 字竹亭。上北漳人。于民国十三年因办理村政劳绩卓著，蒙省长阎奖给金色双穗章。 魏名相 字枚臣。下郝人。于民国十四年因办理村政勤劳可嘉，蒙省长阎奖给银色双穗章。 安福全 字洪五。攀龙人。于民国十四年因充村长实力办事，可资表率，蒙省长阎奖给金色双穗章。 李　芝 字子高。山交沟人。民国十四年，充应村长，省长阎奖给银色双穗章。	

中央政府	省　署	县　署
	李如璋 字季印。石曹沟人。于民国十四年冬因辽关战起，办差有功，嗣于十六年蒙晋绥总司令阎奖给“维护桑梓”匾额一方，并给印花一纸。 巩树棠 字召五。魏家窑人。民国十四年，因充村长办理村政卓著成效，蒙省长阎给予银色双穗章。 崔保存 字□□。果沿垴人。民国十五年，省长阎题给“急公好善”匾额。 刘兴业 字□□。圪垴人。民国十五年，省长阎因赋性敦厚，笃于孝友，奖“矜式乡闾”匾额。 武葆秀 详《中央政府褒扬》。于民国十六年，因在高检厅勤慎供职，成绩丕著，蒙兼省长阎奖给三等桐叶章。 史标青 字简文。东田人。因历充村范委员，进级三次，记功三次，并蒙奖给光复纪念章。十六年，晋绥总司令部存记。 高宗泰 字镇东。下关人。民国十七年，因支应兵差昼夜罔懈，蒙晋绥总司令奖给“克勤厥职”匾额。 申邦彦 字俊卿。土河人。清附生。因充村副办理村政有功，民国十七年，蒙山西督办阎奖给银色双穗章。 韩廷儒 详《选举》。民国十七年，因北伐有功，蒙总司令阎给予名誉奖章。 李兰成 字□□。白家庄人。现任该村村长。因办理保卫团成绩优良，民国十七年五月，蒙晋绥总司令阎给褒状以鼓励之。 李　英 字俊卿。马堡人。因辽关一役，率众夜巡，误被枪弹亡身，蒙省长阎矜恤幽魂，荣以村葬。 吴文清 字□□。上型塘人。清从九品。为人好善施，曾修桥设坝，便利行旅。民国十七年，蒙晋绥总司令阎给奖“行道有福”匾额。 魏　铮 字铁生。韩壁人。清佾生。于民国十七年，蒙省政府奖给“孝友睦姻”匾额。	

中央政府	省署	县署
	李振汉 字兴甫。马堡人。蒙省长阎奖给银色双穗章。 史鉴古 详《选举》。蒙省长给予义赈奖章。 赵晋英 详《选举》。因办戒烟会热心，蒙省长给金色菊花双穗章。 张省山 详《选举》。因办学热心，蒙山西教育厅奖给二等教育褒状。 李增华 山交沟人。因捐资助赈，蒙省长给以义赈奖章。 赵义生 城内人。因筹办饷糈异常出力，蒙晋绥总司令阎奖给银色双穗章。 刘宪文 城内人。因筹办饷糈异常出力，蒙晋绥总司令阎奖给银色双穗章。 范好德 城内人。因筹办饷糈异常出力，蒙晋绥总司令阎奖给银色双穗章。 魏显名 城内人。因筹办饷糈异常出力，蒙晋绥总司令阎奖给银色双穗章。 李云洲 城内人。因筹办饷糈异常出力，蒙晋绥总司令阎奖给银色双穗章。	

附：议员选举表

清末		民国		
资政院	谘议局	众议院	省议会	候补议员
李华炳	段雨田	段雨田	魏人镜 段雨田 郝砚田	苗泽青

论曰：选举之法，代有更迁，济济多士，各乘时会，以图通显。其进身虽有不同，而咸当兢兢业业，求为通材硕器，以适于用，则古今无异理也。武乡晚近之人才，远不如乾嘉以前，今昔相形，宁毋增愧！逝者已矣，老者已矣，一般青年宜如何跃然奋，憬然悟，相与笃学问而砥躬修，以求昭史册而光邑乘耶。

学校表

学校始于五帝，明于夏，备于商，而莫详于周。唐宋以降，则远不如前。自晚清，欧风东渐，学校复兴，其制虽不尽同于成周之乡举里选，然小学、大学犹有乡学、国学之遗意。武自光绪二十九年改书院为学校，其后遂渐扩充，迄今计得高等小学五、师范学校一、国民小学二百六十有四，惟经费支绌，诸多谫陋，振兴而宏大之，是在邑人之关心教育者。至学署、书院等均关学校之沿革，以类相从，并著于表，示不忘本也。作《学校表》。

学校表　表中经费姑依旧年之数填列，合并识之

名称	地点	等级	经费	学生数	成立年月
第一高等小学校	城内旧日考院		一千零七十元	一四〇	光绪二十九年八月
第二高等小学校	段村弥陀寺		三百六十元	四七	民国四年六月
第三高等小学校	攀龙奶奶凹		四百五十六元	八〇	民国八年八月
第四高等小学校	故城城隍庙		五百一十五元五角	四六	民国九年八月
师范学校	东关吉祥寺		三百六十元	五〇	民国十七年七月
女子高初两等学校	本城旧日书院		五百八十元	四七	民国元年十一月
第一国民小学校	东关邳神庙	一	二百四十千文	三五	民国八年三月
第二国民小学校	西关武侯祠	一	二百四十千文	四三	民国八年三月
攀龙国民小学校	本镇法云寺	一	三百千文	三五	光绪二十九年二月
大有国民小学校	本镇飞龙寺	一	一百六十千文	二五	光绪二十九年二月
墨镫国民小学校	本村牛王庙	一	一百五十千文	三〇	光绪二十九年二月
涌泉国民小学校	本镇文庙	一	三百二十千文	三四	光绪三十年二月
故城国民小学校	本镇公地	一	二百四十千文	七二	光绪三十年二月
洪水国民小学校	本镇九龙庙	一	一百六十千文	三五	光绪三十年二月
东村国民小学校	本村关帝庙	一	一百三十千文	四一	光绪三十一年二月
段村国民小学校	本镇净业庵	一	二百九十千文	四三	光绪三十一年二月
聂村国民小学校	本村三官庙	一	一百六十千文	三四	光绪三十一年二月
土河国民小学校	本村龙王庙	一	一百五十千文	四八	光绪三十一年二月
石门国民小学校	本村清泉寺	一	一百五十千文	二九	光绪三十一年二月
邵渠国民小学校	本村李氏祠	一	一百四十千文	三三	光绪三十二年二月

名称	地点	等级	经费	学生数	成立年月
型庄国民小学校	本村关帝庙	一	一百五十千文	四二	光绪三十三年八月
信义国民小学校	本村关帝庙	一	一百三十千文	四三	光绪三十三年八月
贾豁国民小学校	本镇社房	一	一百五十千文	四一	光绪三十三年八月
南亭国民小学校	本村玉皇庙	一	一百七十千文	五一	光绪三十三年八月
曹村国民小学校	本村观音庙	一	一百七十千文	五八	宣统元年二月
监漳国民小学校	本村真武庙	一	一百六十千文	四四	民国元年二月
山交沟国民小学校	本村众神庙	一	一百六十千文	四七	民国元年二月
岸北国民小学校	本村永宁寺	一	二百九十千文	三二	民国元年二月
权店国民小学校	本村大公馆	一	一百二十千文	三三	民国元年三月
马牧国民小学校	本村崇福寺	一	一百六十千文	三二	民国元年三月
五峪国民小学校	本村弥陀寺	一	一百五十五千文	三三	民国二年二月
南关国民小学校	本村关帝庙	一	一百一十千文	三二	民国二年二月
石盘国民小学校	本村关帝庙	一	一百六十千文	四一	民国二年二月
分水岭国民小学校	本村福兴寺	一	一百二十千文	二四	民国三年二月
白家庄国民小学校	本村教堂	一	一百三十千文	一六	民国八年三月
下合国民小学校	本村娲皇庙	二	一百五十千文	四六	光绪二十九年二月
上广志国民小学校	本村永兴寺	二	一百二十五千文	二六	光绪三十一年二月
长乐国民小学校	本村三圣寺	二	一百四十千文	三一	光绪三十一年二月
马村国民小学校	本村众神庙	二	一百四十千文	二七	光绪三十一年二月
赵家庄国民小学校	本村石板庙	二	一百四十五千文	四三	光绪三十一年二月
大梁村国民小学校	本村永兴寺	二	一百五十千文	三八	光绪三十一年二月
白芽国民小学校	本村玄空寺	二	一百二十千文	四三	光绪三十一年二月
中村国民小学校	本村福善寺	二	一百三十千文	一九	光绪三十一年二月
韩壁国民小学校	本村宝峰寺	二	一百三十千文	三一	光绪三十一年二月
东田国民小学校	本村关帝庙	二	一百三十千文	三五	光绪三十一年三月
大陌国民小学校	本村德兴寺	二	一百三十千文	三九	光绪三十一年三月
东庄国民小学校	本村南厢寺	二	一百一十五千文	一八	光绪三十一年三月
苏峪国民小学校	本村崇福寺	二	一百三十千文	二六	光绪三十二年三月
上王堡国民小学校	本村明秀寺	二	一百三十千文	一七	光绪三十二年三月
义门国民小学校	本村观音庙	二	一百二十千文	三九	光绪三十二年三月
上北漳国民小学校	本村通玄观	二	一百二十五千文	四一	光绪三十三年二月
南山国民小学校	本村黑龙庙	二	一百三十千文	二五	光绪三十三年二月
西城国民小学校	本村观音庙	二	一百二十千文	二九	光绪三十四年二月
祁村国民小学校	本村观音庙	二	一百千文	三一	光绪三十四年二月

名称	地点	等级	经费	学生数	成立年月
吴村国民小学校	本村关帝庙	二	一百四十千文	二八	宣统元年二月
东沟国民小学校	本村龙泉寺	二	一百三十千文	三四	宣统元年二月
沙河头国民小学校	本村真武庙	二	一百三十千文	二二	宣统二年二月
砖壁国民小学校	本村三星寺	二	一百三十千文	四〇	宣统二年二月
禄村国民小学校	本村佛庙	二	一百五十千文	二〇	民国元年二月
高仁国民小学校	本村民房	二	一百三十千文	二八	民国元年二月
东良侯国民小学校	本村洪济院	二	一百五十千文	三四	民国元年二月
姚庄国民小学校	本村龙王庙	二	一百四十千文	三五	民国二年二月
坡底国民小学校	本村观音庙	二	一百二十千文	三一	民国二年三月
圪嘴头国民小学校	本村里社祠	二	一百六十千文	四〇	民国二年三月
皮堙国民小学校	本村王氏祠	二	一百三十千文	四二	民国二年三月
南沟国民小学校	本村郝氏祠	二	一百四十千文	二七	民国二年三月
内义国民小学校	本村公地	二	一百三十千文	三七	民国二年三月
北良侯国民小学校	本村福源院	二	一百五十五文	三二	民国三年二月
泉之头国民小学校	本村公地	二	一百五十千文	二八	民国三年二月
上司村国民小学校	本村教堂	二	一百二十千文	四六	民国四年二月
南台国民小学校	本村观音庙	二	一百三十千文	二八	民国四年三月
陌峪国民小学校	本村龙王庙	二	一百三十千文	三四	民国五年二月
姜村国民小学校	本村伏虎庵	二	一百五十千文	三六	民国五年二月
寨上国民小学校	本村玉皇庙	二	一百五十千文	三四	民国五年二月
西里庄国民小学校	本村关帝庙	二	一百二十千文	二三	民国五年二月
西石门国民小学校	本村三教庙	二	一百三十千文	二一	民国五年二月
苗杜国民小学校	本村社房	二	一百二十五千文	二四	民国五年三月
石鼻国民小学校	本村佛庙	二	一百八十千文	三四	民国六年二月
深泽滩国民小学校	本村白龙洞庙	二	一百六十千文	二一	民国六年二月
会同国民小学校	本村广福寺	二	一百四十千文	二九	民国六年二月
下城国民小学校	本村关帝庙	二	一百三十千文	四〇	民国六年二月
马圈沟国民小学校	本村社房	二	一百一十千文	一九	民国六年二月
马堡国民小学校	本村大庙	二	一百三十千文	一八	民国六年三月
陈村国民小学校	本村吉祥寺	二	一百八十千文	六三	民国六年三月
郑峪国民小学校	本村关帝庙	二	一百四十千文	二四	民国七年二月
玉品国民小学校	本村黑神庙	二	一百六十千文	三五	民国七年二月
贾封国民小学校	本村龙王庙	二	一百四十千文	一五	民国七年二月
新村国民小学校	本村五龙庙	二	一百三十千文	二一	民国七年三月

名称	地点	等级	经费	学生数	成立年月
白家窑国民小学校	本村佛庙	二	一百三十千文	二二	民国八年二月
松庄国民小学校	本村观音庙	二	一百五十千文	二六	民国八年二月
张庄国民小学校	本村社房	二	一百四十千文	二四	民国八年二月
神前国民小学校	本村三清庙	二	一百三十千文	二一	民国八年二月
楼则峪国民小学校	本村众神庙	二	一百五十千文	四四	民国八年二月
石壁国民小学校	本镇清凉寺	二	一百三十千文	二一	民国八年二月
显王国民小学校	本村社房	二	一百二十千文	二五	民国八年三月
古台国民小学校	本村牛王庙	二	一百三十千文	二七	民国八年三月
宋家庄国民小学校	本村焦龙庙	二	一百四十千文	三一	民国八年三月
龙王沟国民学校	本村焦龙庙	二	一百五十千文	二四	民国八年三月
上关国民小学校	本村玉皇庙	二	一百二十千文	一七	民国八年三月
东皋国民小学校	本村文昌庙	二	一百五十千文	一九	民国八年三月
下型塘国民小学校	本村社房	二	一百二十千文	三七	民国八年三月
小良村国民小学校	本村关帝庙	二	一百三十千文	三〇	民国八年七月
书社国民小学校	本村圣母庙	二	一百八十千文	四四	民国九年二月
石泉国民小学校	本村后赵圣母庙	二	一百七十千文	一九	民国九年二月
下黄崖国民小学校	本村紫崖寺	二	一百三十千文	一七	民国九年二月
西中庄国民小学校	本村黑龙庙	二	一百三十千文	二四	民国九年二月
树辛国民小学校	本村社房	二	一百三十千文	三五	民国九年二月
白和国民小学校	本村清净寺	二	一百三十千文	二六	民国九年二月
魏家窑国民小学校	本村关帝庙	二	一百五十千文	四四	民国九年二月
西王家堖国民小学校	本村民房	二	一百七十三千文	一七	民国十年二月
蚮蚄国民小学校	本村好妨庙	二	一百三十千文	二四	民国十年二月
南郊国民小学校	本村观音庙	二	一百三十千文	二四	民国十年七月
左会国民小学校	本村社房	二	一百三十千文	一九	民国十年八月
下北漳国民小学校	本村五龙庙	二	一百五十千文	三四	民国十一年二月
石瓮国民小学校	本村社房	二	一百三十千文	一九	民国十一年三月
八里庙国民小学校	本村土地祠	二	一百三十千文	二〇	民国十二年二月
北上合国民小学校	本村玉皇庙	二	一百三十千文	三二	民国十二年二月
寨坪国民小学校	本村三官庙	三		二八	光绪三十一年二月
河北国民小学校	本村慈云寺	三	一百二十千文	二五	光绪三十一年二月
西堡国民小学校	本村李氏祠	三	一百一十千文	三二	光绪三十二年二月
洼里国民小学校	本村观音庙	三	一百六十千文	三九	宣统元年二月
内顷国民小学校	本村龙王庙	三	一百二十千文	二七	宣统三年三月

名称	地点	等级	经费	学生数	成立年月
西良侯国民小学校	本村公地	三	一百二十千文	二九	宣统三年三月
岩庄国民小学校	本村观音庙	三	一百三十千文	二二	民国元年二月
王家峪国民小学校	本村列圣祠	三	一百二十五千文	二一	民国二年三月
史家嘴国民小学校	本村社房	三	一百一十千文	一八	民国六年二月
蔚家渠国民小学校	本村社房	三	一百三十千文	一五	民国六年八月
东黄崖国民小学校	本村观音庙	三	一百二十千文	二九	民国六年八月
山交国民小学校	本村金仙寺	三	一百五十千文	三一	民国七年二月
下广志国民小学校	本村社房	三	一百一十千文	二〇	民国七年二月
连元国民小学校	本村观音庙	三	一百一十千文	一五	民国八年二月
下司村国民小学校	本村社房	三	一百三十千文	二八	民国八年二月
庙岭国民小学校	本管五龙坪庙	三	一百一十千文	一九	民国八年二月
型村国民小学校	本村七圣庙	三	一百二十千文	二二	民国八年二月
下铁净国民小学校	本村永昌寺	三	一百二十千文	二三	民国八年三月
张家沟国民小学校	本村玉皇庙	三	一百二十千文	一九	民国八年三月
茅庄国民小学校	本村众神庙	三	一百二十千文	三七	民国八年三月
西渠国民小学校	本村关帝庙	三	一百二十千文	二五	民国八年三月
富庄国民小学校	本村真武庙	三	一百二十千文	一七	民国八年三月
上城国民小学校	本村关帝庙	三	一百四十千文	二八	民国八年三月
松壁国民小学校	本村佛爷庙	三	一百二十千文	四一	民国八年三月
雨沟国民小学校	本村关帝庙	三	一百二十千文	一八	民国八年三月
神西国民小学校	本村任氏祠	三	一百二十千文	三五	民国八年七月
韩家垴国民小学校	本村净云庵	三	一百一十千文	二五	民国八年七月
祥良国民小学校	本村三官庙	三	一百一十千文	一六	民国八年七月
南上合东头国民小学校	本村社房	三	一百一十千文	一三	民国八年七月
窑申瑯国民小学校	本村龙王庙	三	一百一十千文	一〇	民国八年七月
果堙垴国民小学校	本村观音庙	三	一百一十千文	二五	民国八年七月
朱家凹国民小学校	本村社房	三	一百三十千文	一八	民国九年二月
西河底国民小学校	本村关帝庙	三	一百三十千文	一六	民国九年二月
兴盛垴国民小学校	本村民房	三	一百二十千文	一四	民国九年二月
南王家垴国民小学校	本村民房	三	一百二十千文	一五	民国九年二月
胡家庄国民小学校	本村社房	三	一百二十千文	一六	民国九年二月
马庄国民小学校	本村社房	三	一百一十千文	九	民国九年二月
里庄国民小学校	本村龙泉寺	三	一百一十千文	一二	民国九年二月
圪台庄国民小学校	本村民房	三	一百二十千文	一五	民国九年二月

名称	地点	等级	经费	学生数	成立年月
窑头国民小学校	本村社房	三	一百一十千文	一六	民国九年二月
马汉脚国民小学校	本村社房	三	一百一十千文	一九	民国九年二月
马家沟国民小学校	本村民房	三	一百一十千文	二〇	民国九年二月
冯家垴国民小学校	本村观音庙	三	一百一十千文	一五	民国九年二月
杨桃沟国民小学校	本村社房	三	一百二十千文	一六	民国九年二月
峪口国民小学校	本村关帝庙	三	一百一十千文	二一	民国九年三月
李峪国民小学校	本村社房	三	一百一十千文	二一	民国九年三月
胡峦岭国民小学校	本村白衣庙	三	一百三十千文	三五	民国九年三月
李峪垴国民小学校	本村民房	三	一百一十千文	一八	民国九年三月
北社国民小学校	本村龙王庙	三	一百一十千文	三〇	民国九年三月
活庄国民小学校	本村龙王庙	三	一百二十千文	三三	民国九年三月
上铁净国民小学校	本村诸神庙	三	一百二十千文	二三	民国九年三月
枣堙国民小学校	本村娲皇庙	三	一百三十千文	三四	民国九年三月
石科国民小学校	本村崇兴寺	三	一百二十千文	三五	民国九年三月
郭村国民小学校	本村龙王庙	三	一百二十千文	二七	民国九年三月
陈刘家沟国民小学校	本村牛王庙	三	一百二十千文	九	民国九年三月
阳城国民小学校	本村公地	三	一百三十千文	二〇	民国九年三月
王白堙国民小学校	借住民房	三	一百一十千文	一五	民国九年三月
七里堙国民小学校	本村观音庙	三	一百二十千文	一二	民国九年三月
小店国民小学校	本村公地	三	一百一十千文	三九	民国九年三月
北湟水国民小学校	本村关帝庙	三	一百三十千文	二四	民国九年三月
樊家五科国民小学校	本村大寺	三	一百五十千文	二七	民国九年三月
石人底国民小学校	本村三官庙	三	一百一十千文	二五	民国九年三月
马蚁迪国民小学校	本村关帝庙	三	一百二十千文	二八	民国九年三月
大沿沟国民小学校	本村观音庙	三	一百四十千文	二三	民国九年三月
常家垴国民小学校	本村观音庙	三	一百五十千文	三三	民国九年三月
蒲池国民小学校	本村众神庙	三	一百四十千文	三二	民国九年三月
义峪国民小学校	本村公地	三	一百四十千文	二五	民国九年三月
勋欢国民小学校	本村雷音寺	三	一百二十千文	二八	民国九年三月
石窑会国民小学校	本村三官庙	三	一百三十千文	一六	民国九年三月
成家沟国民小学校	本村白云寺	三	一百一十千文	二四	民国九年三月
张村国民小学校	本村众神庙	三	一百二十千文	二三	民国九年三月
寨上南沟国民小学校	本村观音庙	三	一百千文	一三	民国九年八月
瓦窑科国民小学校	本村民房	三	一百三十五千文	一六	民国九年八月

名称	地点	等级	经费	学生数	成立年月
上型塘国民小学校	本村观音庙	三	一百一十千文	二九	民国九年八月
团松国民小学校	本村龙王山	三	一百三十千文	四六	民国九年八月
三角坡国民小学校	本村关帝庙	三	一百一十千文	一三	民国九年八月
下寨国民小学校	本村修真寺	三	一百一十千文	二三	民国九年八月
西沟国民小学校	本村民房	三	一百一十五千文	二八	民国九年八月
范家岭国民小学校	本村民房	三	一百一十千文	二八	民国九年八月
窑上沟国民小学校	本村邳神庙	三	一百一十千文	二一	民国九年八月
李坪国民国小学校	本村民房	三	一百一十千文	三五	民国九年八月
悬窑山国民小学校	本村黑龙庙	三	一百一十千文	二〇	民国九年八月
堙里国民小学校	本村观音堂	三	一百一十千文	二一	民国九年八月
温庄国民小学校	本村社房	三	一百一十千文	二八	民国九年十月
北响黄国民小学校	借住民房	三	一百一十千文	二〇	民国九年十月
沙坡村国民小学校	借住民房	三	一百一十千文	二〇	民国九年十月
新寨村国民小学校	借住民房	三	一百一十千文	二三	民国九年十月
暴家峪国民小学校	本村关帝庙	三	一百二十千文	二一	民国十年二月
庄则沟国民小学校	借住民房	三	一百一十千文	一二	民国十年二月
岭头国民小学校	本村社房	三	一百二十千文	二二	民国十年二月
武家庄国民小学校	本村鸿慈阁	三	一百二十千文	十一	民国十年二月
圪针庄国民小学校	借住民房	三	一百一十千文	一七	民国十年三月
麻池沟国民小学校	本村社房	三	一百一十千文	二一	民国十年三月
下王堡国民小学校	本村众神庙	三	一百二十千文	二四	民国十年三月
李家垴国民小学校	借住民房	三	一百二十千文	一三	民国十年八月
峰垴国民小学校	借住民房	三	一百一十千文	一六	民国十年八月
夏庄国民小学校	借住民房	三	一百二十千文	二五	民国十年八月
拴马村国民小学校	借住民房	三	一百一十千文	二〇	民国十年十月
湾则村国民小学校	本村社房	三	一百一十千文	一一	民国十年十月
窑湾村国民小学校	本村社房	三	一百一十千文	一五	民国十年十月
山阳垴国民小学校	张姓公地	三	一百三十千文	一三	民国十一年二月
西川村国民小学校	本村社房	三	一百二十千文	一二	民国十一年二月
田庄国民小学校	本村三官庙	三	一百一十千文	一七	民国十一年二月
郝家垴国民小学校	本村关帝庙	三	一百三十千文	一九	民国十一年二月
高寨寺国民小学校	本村健佛寺	三	一百四十千文	二六	民国十一年二月
庄里村国民小学校	本村大寺	三	一百二十千文	八	民国十一年二月
温家沟国民小学校	本村玉皇庙	三	一百二十千文	二一	民国十一年二月

名称	地点	等级	经费	学生数	成立年月
长庆凹国民小学校	本村园通观	三	一百二十千文	二三	民国十一年二月
黑营村国民小学校	借住民房	三	一百一十千文	一九	民国十一年二月
东河村国民小学校	本村土地祠	三	一百二十千文	二七	民国十一年二月
西黄崖国民小学校	本村白衣祠	三	一百二十千文	二九	民国十一年二月
南上合西头国民小学校	本村观音堂	三	一百一十千文	一四	民国十一年二月
王家圪道国民小学校	本村社房	三	一百一十千文	二三	民国十一年二月
安乐庄国民小学校	本村社房	三	一百一十千文	二四	民国十一年二月
杨李枝国民小学校	借住民房	三	一百一十千文	一五	民国十一年二月
戈北坪国民小学校	本村社房	三	一百一十千文	一八	民国十一年三月
庄里国民小学校	本村观音庙	三	一百一十千文	二〇	民国十一年三月
黄家堖国民小学校	本村社房	三	一百一十千文	二八	民国十一年三月
史家堖国民小学校	借住民房	三	一百二十千文	一八	民国十二年十月
王家沟国民小学校	借住民房	三	一百一十千文	二〇	民国十二年十月
陈家堖国民小学校	本村焦龙庙	三	一百一十千文	一七	民国十二年十月
鳌堖国民小学校	本村玉皇庙	三	一百一十千文	一六	民国十四年四月
山交沟女子国民学校	本村众神庙	一	九十千文	一八	民国二年二月
监漳女子国民学校	本村经堂	一	一百七十千文	二〇	民国七年二月
故城女子国民学校	本镇观上	一	一百八十千文	三四	民国七年二月
段村女子国民学校	本镇关帝庙	一	一百五十千文	二九	民国八年二月
马牧女子国民学校	借住民房		七十千文	一八	民国八年二月
高仁女子国民学校	本村阎氏祠		七十千文	一八	民国八年二月
寨上女子国民学校	借住民房		一百一十千文	二一	民国八年三月
贾豁女子国民学校	借住民房		六十千文	一八	民国九年二月
大有女子国民学校	本镇溪护院		九十五千文	一九	民国九年二月
邵渠女子国民学校	本村灵宇庙		七十千文	二四	民国九年二月
岸北女子国民学校	本村社房		八十千文	二三	民国九年二月
聂村女子国民学校	借住民房		七十千文	一三	民国九年三月
涌泉女子国民学校	本镇文庙		八十千文	一六	民国九年二月
攀龙女子国民学校	本镇北寺		一百七十千文	一一	民国九年二月
信义女子国民学校	本村关帝庙		九十千文	一三	民国九年二月
洪水女子国民学校	本镇仓房院		一百一十千文	一六	民国九年二月
上北漳女子国民学校	本村三官庙		九十千文	一七	民国九年三月
曹村女子国民学校	借住民房		一百一十千文	八	民国十年二月
南村女子国民学校	本村关帝庙		一百千文	一二	民国十年二月

名称	地点	等级	经费	学生数	成立年月
上司村女子国民学校	天主堂		六十千文	二六	民国十年二月
型庄女子国民学校	本村关帝庙		七十千文	三二	民国十年二月
南关女子国民学校	本镇社房		七十千文	二一	民国十年二月
东良侯女子国民学校	本镇社房		五十千文	九	民国十年二月
韩壁女子国民学校	本村关帝庙		一百三十千文	九	民国十年三月
石门女子国民学校	本村社房		一百千文	一八	民国十年二月
魏家窑女子国民学校	借住民房		四十千文	一一	民国十年二月
大陌女子国民学校	本村刘氏祠		九十千文	一二	民国十年二月
松庄女子国民学校	本村社房		五十千文	一三	民国十一年二月
东田女子国民学校	本村西院		一百千文	一二	民国十二年二月
东皋女子国民学校	本村社房		五十千文	六	民国十二年二月
东村女子国民学校	本村社房		八十千文	三八	民国十二年二月
学署	旧址在龙门下左侧，公安局现设于此。				
学田	连同学校地共有一十五顷余，每年收租二百六十余石，现均归公款局经收。				
书院	旧址在鞠山之麓，向名鞠山书院，两等女校现设于此。				
劝学所	设于旧日右堂内院，所长一人，所员三人。				
教育会	设于文庙西斋房，会长一人，副会长一人。				

论曰：自学校复兴，一洗晚清科举之积弊，尤乎尚矣。惟我武处万山之中，地瘠民贫，其读书学子往往因膏火缺乏致阻上进之路，此弊之关于地理者也。而由小学毕业，各生往往游闲袖手，鄙农工商而不屑为。家资稍裕者，尚足自赡，境遇困苦者，遂受其累，此弊之关乎人事者也。循名责实，补偏救弊，职司教员者其垂意焉。

《武乡新志》卷之三

沿革考

自封建易为郡县，大而百雉，小而弹丸，此疆尔界，原属井然不紊。嗣以或分或合，变迁靡常，故按籍而稽，今昔殊称，此穷本溯源者必究心沿革也。武乡肇自汉涅，郡县迭易，疆域频更，近以废州废道，隶属又复不同。谨依旧志所载，续而成编，以为考古者之一助云。作《沿革考》。

《禹贡》冀州之域。案《地理今释》：凡州县之隶山右者，皆古冀州地。

周《职方》属冀州。《周礼·职方氏》：河内曰冀州，其川漳，其浸汾、潞。

春秋时为晋地。相传即蔡皋狼之地，智伯瑶求诸赵襄子者，然未详所据。

战国属韩，后属赵。《史记正义》云：秦上党郡，今泽、潞、仪、沁等州，兼相州之半，韩总有之。七国时，赵得仪、沁之地，韩犹有泽、潞之半，半属赵。赧王五十三年，秦击韩于太行上党，潞守冯亭以地归赵。五十五年，秦拔赵上党。

秦为上党郡地。

汉为涅氏县，属上党郡。《地理志》：上党郡之县十有四，其六曰涅氏。师古注曰：涅水出焉，故以名县也。案：今之武乡暨辽州、榆社在汉时皆为涅氏县地。

后汉为涅县，属上党郡。《郡国志》：上党郡有城十三，其五曰涅，有阏与聚。案《地志》云：阏与聚今名乌苏城，在潞州铜鞮县西北。又仪州和顺县城亦曰韩阏与邑，一所未详。《通典》云：仪之和顺、韩之阏与。《省志》以《通典》之言为是。据此则汉涅县当兼有和顺之地。

晋仍涅县，始分置武乡县，并属上党郡。《地理志》：上党郡领县十，其八曰涅，其十曰武乡。案：是时又析涅氏县置轑阳县，属乐平郡。于是古涅氏之地分为三：曰涅，曰轑阳，曰武乡。

石赵为武乡郡。《魏书·地形志》：石勒分上党置武乡郡，寻罢。

元魏为乡郡。延和二年置。领四县：阳城，即汉晋涅县，魏初仍之。永安中改。《地形志》：阳城有涅城，覆甑山涅水出焉，东南合武乡水。案：涅城即汉涅县治，而阳城乃今甲水村，盖城迁而名始改也。乡，即晋武乡，为郡治。真君九年，罢轑阳县入焉，故治在今榆社县之北。太和十五年，徙治于南亭川，即今武乡县治。案：是时轑阳入乡县，古涅氏之地又并为二：曰阳城，曰乡。襄垣、铜鞮，魏乡郡，隶并州。后魏又称南垣州，寻改丰州，北周罢。又后魏复置轑阳，北周罢。俱见《隋史·地理志》。

隋废乡郡，开皇三年。以乡县属上党郡。《地理志》：上党领县十，其八曰乡。开皇十年，以故轑阳县置辽山县，属乐平郡。十六年，又析乡县置榆社县。十八年，改阳城县为甲水县。大业初，省榆社县，仍入乡县，并甲水于铜鞮。义宁元年，复置榆社县。案：甲水并而涅县始废，于是古涅氏之地别分为三：曰辽山，曰榆社，曰乡。

唐初，乡县属韩州。武德元年，以襄垣、黎城、涉、铜鞮、乡五县置韩州。贞观十七年，韩州废，以乡县属潞州。《地理志》：潞州上党郡领县十，其十曰武乡，北有昴车关。武后更名武乡。神龙中复称乡县。寻又称武乡。武德六年，复置甲水县，属韩州。九年省。

五代，武乡县俱属潞州。

宋，武乡县属威胜军。太平兴国三年，于潞州铜鞮县乱柳石围中置威胜军，省沁州入焉。《地理志》：威胜军领县四，其二曰武乡。熙宁七年，辽州废，以榆社为镇来属。元丰八年，复置辽州，以榆社为县往隶。案：是时榆社合于武乡者又十二年。

金，武乡县属沁州。天会六年，升威胜军为沁州。元光三年，又升为节镇军曰义胜。《地理志》：沁州锦山郡领县四，其二曰武乡，有胡甲武山、乡水镇。一曰南关。

元，武乡县属沁州。《地理志》：沁州领县三，其二曰武乡。至元三年，省入铜鞮县。元真二年复立，见元人《复立武乡县记》。案：是时武乡县废，三十一年而复。

明武乡县属沁州。《地理志》：沁州领县二，其二曰武乡。万历二十四年改属汾州。三十二年复属沁州。

清武乡县属沁州。考沁州领县三，其二为武乡，编户十里。

民国武乡县属冀宁道。民国元年，裁府州，武乡直属冀宁道。十六年废道，武乡直属省。

案：今之武乡暨辽州、榆社，在汉时皆涅氏一县地，晋始分置武乡，又分置轑阳。轑阳即今之辽州，而武乡则兼榆社而名之。元魏为乡郡乡县，《魏史·地形志》乡县有故武乡城、榆社城、魏城、方山，今皆为榆社县辖，而故武乡城，《通志》谓即社城镇是也。是时，轑阳复并于乡县矣。孝文帝太和十五年，徙乡县治于南亭川，是为今武乡所自始。隋析乡县置榆社，又以故轑阳地置辽山，而武乡之疆城定。

以史志考之，涅县始于汉，其城即今之故城镇，魏改阳城，隋又易名甲水，其地为今甲水村。阳城改而涅治迁，甲水并于铜鞮，而涅县遂废。武乡始于晋，由县而郡，倚郡为县，旧城在榆社之北，后徙于今治。太和十五年之徙城，乃郡治之乡县徙自故武乡城，而非今武乡所辖之故城。后三十九年，而涅县始为阳城，历魏、齐、周、隋，皆与乡县分域而治也。

旧志承元人之言，谓自涅城徙武乡于南亭川，似未详考于历代之故，而误以武乡为涅县之改名，其实未徙之先，武乡在榆社，而涅县阳城自为一县。自隋以后，榆、武分，甲水并，而涅县旧境乃分隶于铜鞮，乡县历代分并沿革之大略如是。

又案：武乡相传为蔡皋狼地，愚颇不能无疑。汉有皋狼县，班史《地理志》、范史《郡国志》皆属西河郡，《史记·表》有皋狼侯国，《索隐》曰，在临淮。史文不同，总之非上党之近邑，岂皋狼别又一地欤？而于传无征，此其不能无疑者一。

《史记·正义》云：秦上党郡，今泽、潞、仪、沁等州，韩总有之。七国时赵始得仪、沁及泽、潞之半，盖自范中行既亡以后，智、赵、韩、魏瓜分晋国，土地人民一切据为私有，又皆怀并兼攘夺之志。如张氏所云，则是时此地属韩而未属赵，智氏虽贪，岂应求韩氏之地于赵氏，此其不能无疑者二。

夫以智伯之贪愎，既已餍所求于韩、魏而因指名以索于赵，计必其膏腴殷庶之地，比韩、魏所致万家之县即不必过之，亦当无不及焉。此斗辟者同于瓯脱，何所取尔。台城李令君之志吾邑地理也，谓疆城首溯建置，战国时为蔡皋狼地，是岂土脉岁更，今硗确而昔上腴，否则智赵相争，焉用此石田为？谅哉斯言，此其不能无疑者三也。

若《通志》谓交口以北至团柏、子洪，大抵皆蔡皋狼地，智伯欲得之以制晋阳，故襄子不与，则似河汉，其言近于附会者已。习传已久，不敢臆说，姑识所疑，以俟再考焉。

旧志以监张（漳）为唐陵川县遗址，考之《唐史》，潞州无陵川之名，惟泽州高平郡有之，而今泽州之陵川与武乡若风马牛不相及。案《魏书·地形志》襄垣有临川城，今监张（漳）密迩襄垣之东北，其即《魏志》之临川城而后人讹以为陵川县也欤？

谨案：蔡皋狼地，据班孟坚《前汉书·地理志》、范蔚宗《后汉书·郡国志》，皋狼属西河郡。窃考古之西河郡即汾清州府，而永宁州为古西河郡治。永宁今为离石县，现离石县境有皋狼故城。编者附识。

论曰：武邑古为冀州域，或云春秋时蔡皋狼地。窃稽典籍，在汉原为涅县，逮晋始肇今名。自魏太和年间徙治南亭川，实为大关键。旧志谓武为古皋狼，续志则旁搜博引，力为纠正，言皋狼远在西河，不知皋狼果有两地欤？抑在彼而不在此欤？姑两存之，以备留心沿革者所参证焉。

营建考

古者分疆授职，度地养民，经营措置，不遗余力，故一邑一郡之兴废隆替，讵独地理攸关，要亦人事系焉。夫城池为民人之保障，桥梁关川泽之交通，署宇居以临民，堡寨设以备暴，兴斯筑斯，曷一非吾人所当措意者。他若道路、街坊、坛庙、局所，或系新营，或系旧建，以类相从，并著于篇。作《营建考》。

城池

后魏太和十五年，徙武乡于南亭川，即今治。形如箕，周约三里许。旧在鞞山麓，南低北昂，因岗筑土。景泰间，知县路斌包西外一区拓之。正德九年，知县戴魁加葺。嘉靖十二年，巡抚王献病其湫隘，檄县增拓，北连石勒寨，建县衙，南面尚无城也。嘉靖二十一年，巡道陈耀为寇患，始议筑南城，取潞泽所属民壮，搜各县无碍官银，以石为基，周三里，高丈余，辖以铁锭。亲督城下，期月告成。不数日寇至，城中人畜赖以保全。隆庆三年，知县朱博文加高五尺。万历五年，知县申九锡筑石堤三十余丈，以障漳河水。八年，知县曹志学易女墙以砖。十七年，西南城圮，知县黄元会重修，加筑护堤七十丈。潞郡守刘复初精于堪舆，氏因邑城旧止东西二门，东曰“宾旸”，西曰“寅饯”，无南门。至是创开一门，题曰“南薰”。建城楼三间，铸铁牛镇水，东西门仍旧。三十五年，堤被水决。知县张五美复加修筑。四十年，知县刘联芳复增筑石堤百余丈。崇祯三年，邑人司马魏云中，北城增建敌楼一座，高三丈，周二十丈。邑人郡丞魏权中、知县魏廷望又即旧石勒寨易以砖垛，东西炮台各二所。七年，邑人少司空程启南建西门月城一座。十一年，东城门圮，邑人中丞魏光绪砖甃东城门，易旧额“宾旸”，曰“迎恩”，自为记。去东门数十武再建一郭门，额曰“耀武”，东封上覆以观音阁，邑人范令魏廷望创。二十年，知县张继载以石甃西南城，邑人中丞魏光绪以石甃东南城，周围约三里许，西门口建石梁一座，关以西一门曰“巩固”。又西重门一座，邑人太康令魏令望题曰“表里山河”，其上邑人鸿胪魏时望建药王阁一座，匾曰“崇仁”。继而惑于形家言，南门塞，薰楼毁。清顺治十六年，州守摄县事程宪重修护城堤，邑人赵天麒有记。康熙二十六年，知县高铁重开南门，复建楼于上，改题曰“薰风”。四十三年，知县祝兆麟重修城垣、城楼，凡三载，最称巩固。四十九年，知县李援补修西城。五十八年，南城毁，李援再修。雍正三年，东城少毁，东城再毁，知县龚新重修。八年，南门圮，知县张宪龄捐修。先是，北城敌楼自康熙五十年日久已圮，邑人魏旌廉、邑生程日升、程其显、魏世家、赵晋、魏献等纠理公建，后财绌未竣。雍正八年，知县张宪龄始捐俸完成。乾隆二十五年，北城圮，知县吴名琅修。三十一年，北城尊经阁圮，知县宋惟重建。三十二年，知县沈士潮补修西城楼。三十五年，知县沈士潮补修东城腰。三十六年，西南城隅圮，知县张五典修。三十七年，并重修南城楼，题曰“山川出云”。以上录白志。

道光八年重修。前志：知县张五典重修之后，道光戊子，知县岳维城大修。邑人程林宗记云：武乡城顺治以来时加补葺，而置薪不慎，石砌有时，敌楼栋折，雉堞仅存，其为敝城百年于兹矣。戊子秋，岳公捐俸兴工，择得绅士一十四人，量材执事，设局纠工，钱赀出入，不假书胥，绅士登计，而官课其程。维时士矢忱心，资斧自备，储材平价，用力估值，官与绅士工匠时错处于畚锸间也。明年，东城、北城成。又明年，西南次第告成。洞门广阔，楼阁丹垩，直新城矣。公乃率士民登而乐之，将谋勒石。曾公报最，调繁汾阳，乃命林宗作文纪事。林宗复于公曰：事之废兴，岂不重赖人力哉！在昔宣王命南仲往城朔方，命尹吉甫城彼东方，《江汉》《常武》所为颂中兴也。国家横一海宇，守在四方，王介甫所谓联无形之城郭于伦常之内，而复鸠工于有象之设险。凡天下名城，每岁大府委吏巡视，而郡县官亦奏案报修，兢兢不倦。武乡非通都大邑，山城孤立于杨戾之西，鞞山北峙，漳水南流，不虞之备，似可缓图。公乃不费帑项，不闻怨言，如宋城者之有诅有祝，城成周者且缓以来年焉。谓非大得民心而能令百年之废一旦众志成之，如此乎武乡之城非公之力而谁之力哉！是役也，西城楼旧祀财神，令商贾家独修。公贮社仓钱千串有零，今亦公用焉。计人工八万有奇，用钱万缗千串有奇。刻石之日，爰即复公之言，颂公德焉。又续修东城上井一段工，记云城工竣于道光十一年，已刻石勒成矣。十二年九月初塌毁东城上井一段，长十五丈，高四丈，宽二三丈有差，盖因秋雨连月，壅水冲决；又有井旁注余水之小井，日夕浸灌，是以老胎坏而新基决裂，并非新垣之不戒于杵也。维时经理二十四人散局归家，公中所醵之金工毕而财已无余矣。邑侯丁明府因再请别议修葺，而苦无经费。二十四人公同商酌，即于经理名下各照前捐之数每钱一千，续捐钱四百，合得钱三百余千。十三年春，仍照前班立局开工，村中来城者裹粮从事，不耗公项。六月告竣，勒石以垂永远，非敢自鸣其劳也，庶以劝后来之固吾圉者。二十四家姓氏：县丞魏牧、附贡陈嘉谟、例贡范士鳌、廪生魏德麟、进士魏凤书、举人郝廷栋、举人魏悬书、拔贡程林宗、武举郝向北、千总梁承光、千总郝起凤、千总蒋对扬、生员苏安邦、生员程里千、生员李通、岁贡魏锡五、廪生郝金琦、武生武秉珪、监生韩恒昌、监生郝经元、监生赵五云、监生魏仁泰、监生张立诚、从九魏起发。

光绪三年补修。

光绪丁丑，知县吴匡莅任，阅视南城墙，碎石剥落，筹款补葺。虑及河水暴涨，直射城根，思所以预防之策。会商教谕钮增尧、典史姚宇浚，集绅普议，佥称保护城垣，宜于沿堤栽柳。于是同官各捐栽二三百株，绅商乡约一律捐栽。西起梨园口，东抵南神庙，约五里许，计柳栽几万株，当年皆活。四年入春更茂。九月，淫雨经旬，河涨大至，湍急直冲，日夜间悉数漂没。而五月夏雨大涝，河转南徙，真巨测也。其法原非不善，顾水若有意，功败垂成。后之议及此者，当以是为前车焉。

光绪二十七年六月，知县谢霖补修北城。

民国元年，县知事钮承恩补修西城。十二年，县知事高槐补修东城与北城。十七年四月，县知事张扬祚补修西城与南城。

街坊

（一）中街在县治南。

（二）东街在东门内。

（三）西街在西门内。

（四）大东巷在县治下之左。

（五）大西巷在县治下之右。

（六）小西巷在中街、大西巷之间。

（七）后巷在东街之北横。

（八）学道巷在县治东畔，巷道通学署，因名。

（九）西关街在西门外。

德配天地坊。

道冠古今坊。

二坊俱邑令齐漳建。

天衢云路坊。

以上三坊，俱在学宫前。

文明坊，在县治后。邑令高铁重建。

南亭古郡坊，在县南街口。邑令高铁建。今废。

关帝庙坊，在庙前。

城隍庙坊，在庙前。

太清观坊，在庙前。

牧爱坊，在县前。

承宣坊，邑令杨家凤题曰“父母孔迩”坊，在县南大街。邑令余一凤又题曰“古唐山邑”。今废。

内地关防坊，在联芳坊对过。今废。

教养兼资坊，在鸣珂里北，县之东街口石坡上。知县高铗建，今废。

义学坊，在县治城隍庙西。知县吴扬建。今废。

桥梓联芳坊，在县街南，东向。为窦明、窦一桂建。

父子御史坊，在县南。为封翁魏鳌、御史魏光绪建。

梧冈起凤坊，在大街西。为进士李黼建。今废。

高掇天香坊，在县街南，西向。为举人李仁建。今废。

步武坊，在大街东。为举人赵士元建。今废。

褒封敕赠坊，在县东街口。为赠刑科给事中窦子文建。

六朝沐宠坊，在东门内。为魏廷望建。今废。

父子司徒坊，在西街。为魏国模、魏之干建。今废。

世科坊，为魏国模、魏之干、魏令望、魏名大、魏尚、魏公达五世登科建。今废。

观光坊，为举人赵士元建。

登瀛坊，为举人赵士元建。

都谏坊，在西关。为刑科给事窦明建。

进士坊，在墨镫。为李黼建。

兴文坊，在西关。为五经进士赵大麒建。

义官坊，在城西街，南向。为魏信建。

世跻巍科坊，在义官坊左。为举人魏上年、魏宸喜、魏宸拱、魏惇五、魏惟五、魏鸾翱建。

攀桂坊，在攀龙镇。为举人安刚建。

太史坊，在韩壁。为翰林院庶吉士史珥建。

进士坊，在攀龙镇。为进士安子讷建。

世掇巍科坊，在韩壁。为举人魏伦、魏大履建。

进士坊，在东堡。为史谦光建。

世掇天香坊，在西堡。为举人李深、李方白、李大受、李竞建。

进士坊，在东堡。为史传远建。

经元坊，在苏峪村。为举人李范建。

帝简干城坊，在邵渠。为武进士李皇弼建。

进士坊，在显王。为赵尔恕建。

青云直上坊，在邵渠。为举人李杲建。

玉堂伟望坊，在显王。为举人赵扩建。

攀鳞附翼坊，在中村。为举人萧汉弼建。

云外天香坊，在陌峪。为举人韩翔建。

鸿渐坊，在东村。为举人段肇基建。

鹏程坊，在神西。为举人任重建。

独步鸾坡坊，在东垴。为举人李垂久建。

桂林一枝坊，在东门外。为举人窦培本建。

丝纶世美坊，在西关。为举人赵升、赵玉台建。

恩荣桂籍坊，在段村。为举人武扬休建。

鹤鸣九皋坊，在长乐。为举人王钟俊建。

朝阳鸣凤坊，在邵渠。为举人李端建。

攀龙附凤坊，在中街。为举人赵文振建。

节孝坊，在东街。为王氏、赵氏姑媳建。

龙旨褒旌坊，在西门内西街。为扶沟丞武威建。

卓异孝行坊，在段村。为武威建。

孝子坊，在桥坡与文坊北，为首贡生赵简建。

世袭巍峨坊，在段村。为首贡生武籙长建。

孝节坊，在广志。为生员李玫、其妻李氏同建。

双节坊，在东村。为生员段恭侯妻程氏、康侯妻韩氏建。

义合著扬坊，在段村。为乡耆武光前建。

孝格天心坊，在段村。为奉祀生员武习路建。

纯孝格天坊，在权店。为生员李仙标建。

心坚金石坊，在学道街。为生员赵晟泰妻魏氏建。

苦节坊，在陂底。为关耀妻来氏建。

两世贞节坊，在石盘。为县丞郝芳妻任氏、媳李氏建。

义民坊，在信义。为程碧建。

以上各牌坊，均按旧志照录。代远年湮，昔存今废者颇多，废而无稽考者姑缺。一俟调查确实，再为注明。

松柏同贞坊，在故城西街。为清武翼都尉郝壬照妻赵氏、从九郝辛照妻魏氏建，事实另详。

旌表节孝坊，在县东西堡。清光绪癸卯年奉旨为李璧妻刘氏建，旌表事实见旧志。体仁阁大学士、吏部尚书孙家鼐题联云："高行媲梁媛九天凤诏光宗祐，徽音齐柳母五夜熊丸裕后昆。"

节孝坊，在中村。有二座：一为萧彭庚妻王氏建。氏年十九孀居，子方周岁，家境贫寒，翁姑逝世，氏抚孤守节，矢志不贰。年八十六岁终。清宣统元年，奉旨旌表建坊。闻此坊彼后嗣人，现已拆毁，但事实昭然，不能因此湮没，故记之；一为萧康年妻王氏建。按氏夫故，无子，矢志不嫁。清宣统元年，奉旨旌表勅牌。

贞节坊，在蒲池村蒋氏宗祠前。清道光二十三年，为节妇蒋杨氏建。又建路碑一座。

县署

县治旧在东门内崇仁坊街北，明洪武二年建。成化间，知县许英、呼盛相继修葺。嘉靖十二年，巡按御史王献徙治于北山石勒寨上。三十一年，知县赵卿移学宫于石勒寨，而县于今治。自万历以后有清乾隆以前，屡次修建，悉载白志，兹详列之。

大堂五间，酂侯祠三间，在大堂东。库房三间，在大堂西。东西书吏房各九间，戒石坊一座。堂前甬道上，东西皂隶房各一间，近坊稍南。仪门三间，东西角门各一间，土地祠三间，在仪门外东。寅宾馆三间，在土地祠南，颜曰“补阙堂”。狱神祠三间，在狱墙北。禁狱，在仪门外西。马房三间，在东角门东。大门一座，砖台，券门上建谯楼三间，照壁一座。宅门，在大堂。东西小门房一间，宅门外。二堂三间，厢房各三，小正房三间，在二堂西。轩三间，在二堂东，颜曰“涴石”。东厢房三间，楼五间，在涴石轩东，颜曰“旷然”。东西厢房各三间，平房一间，正厅五间，在旷然楼南，是为内宅。东西厢房各三间。

前厅三间，在正厅南，颜曰“慎独堂”。南卷棚五间。

南北小轩各三间，在慎独堂西。

典史署，在县署大堂西。捕厅三间，书役房各一间，大门一间。客厅二间，在厅左。正房三间，在厅后，曰“慎敬堂”。内厅三间，东西厢各三间，厨房二间。

洞门、鼓楼。洞门，公署大门也。鼓楼，谯楼也。县署在中台街，基与城齐。楼踞洞门之上，高出雉堞，而山川拱秀，为署内第一巨观。历年既久，石勒金寨，将有栋拆榱崩之惧。道光乙巳，邑侯刘公欲新建之，适有军需余资，又命乡约劝捐。兴工于春季，告成于中秋，凡费缗钱若干，门与楼乃焕然一新也。公于是进林宗而命之曰：“子其为我记之。”林宗复于公曰：“公知夫前代名卿多有造作乎？在昔王恭居润州，万岁楼至今存焉。滕子京守洞庭，岳阳楼建焉。他如滁州之丰乐亭、广陵之平山堂，皆欧阳子所监制。名贤风流照耀，千古艳称。顾临眺胜境，特寄情山水耳，孰与公成？其巨役为出政号令之地乎？且是楼又何逊于古所云也。公试登楼而望，每当春风澹荡，桃柳垂妍；夏则漳水奔流，惊涛拍岸；至红叶满岩，层冰如境。四时之景，满楼皆贮，我公藉以挥弦布化，盖无俟戴月披星而颂声起矣。诚以公冰壶玉注，壁有悬鱼，又仁心为质，频年奉文，令民捐助，悉以贫瘠原之，公虽不言，吾民久庇大厦矣。夫是以鼓舞欢欣，乐与我公成其役也，公之造作可谓不愧于古人矣。不唯此也，公报最，指日不获，卧辙以留，而后来之召父杜母登斯楼也，其亦有所思乎？见郭外山原嵚崎，则思公之操履高洁焉；人民络绎不绝，则思公之网开三面焉；松柏苍翠，桃李成蹊，则思公之俯听父老培养子弟焉。思之思之，不且继公而茂绩乎？信如是也。斯楼之建，岂特钟漏闻于四野，善政悬诸门厅也哉！行将衍公业于无穷，而吾邑人之被泽孔长也。公其以是言为然乎？请勒诸石以俟之。”

旷然楼，光绪五年，知县吴匡、典史姚宇浚捐赀重建。

照壁，县治大堂内外屡有修葺，悉如旧制。惟照壁一座，前志载乾隆三十二年知县沈士潮改建。先时照壁外为道，南有石坡，通中街。至是用堪舆家言，石坡折移，照壁近堰，改道于壁内云云。至同治三年，署令方登贤复用堪舆家言，开道如旧，更于南城门口建大照壁一座。未几，知县唐思鋐又拆之塞之，邑人赵明经著《县衙石坡开塞说》，录之以资考证。其说云：“衙前石坡，小小修筑耳，无足说亦无可说也。然二百十余年，开塞者再，其所以再开再塞者，必自有说。而卧云子固亲与再开之役，而目睹再塞之事者也。是又乌能无说？考前明嘉靖三十一年，为县令赵卿移县署于今治，初开此道，阅百二十三年即乾隆三十二年，县令沈士潮塞之。又阅九十四年为同治三年，前署令方公登贤再开。甫四稔，而今邑侯唐公思铉再塞之。初开者不言其故，初塞者邑志虽谓其用堪舆言，而亦不载其言为何言也。至于再开之故，则谓县治前宜通明洞达，主官民两利，人文可蔚起也；再塞之故，则因前令连镌职以去，而疑后任之不吉也。再塞后之吉凶，吾不能知。尝就初开时，官民数之县令，入名宦者二十二人，邑人登乡科者四十八人，内成进士者十七人，京官至尚书、外官至令丞，比肩林立，吾邑功名于斯为盛。又就初塞后，官民数之县邑，入名宦者仅二人，邑人登乡科者仅二十余人，出仕者寥寥无几。前何其盛，后何其衰？谓是而无与风水则已是而有与风水也。则此道之通塞，其所系岂浅鲜哉！或曰令之塞，第仍其旧贯而已，夫塞为旧贯而开亦为旧贯，仍旧贯而塞，何不仍旧贯而开，且与其塞以候其盛，何若开以俟其盛之为愈乎？或又曰使开之为是，而开者未尝终吉，开之后两任连维弹章，其不利不有明征乎？而何怪塞之者之借口也。然则塞之为是，而塞者尤复不利，抑又何也？夫天道远而难测，人事近而可稽，不详审于人为而徒乞灵于天数，不亦惑乎？噫嘻！处不当言之地，值不敢言之时，默无一言可矣。第是役之典，鸠工庀材，颇费周章，不旋踵而鞠为茂草，乡之人群以为笑，而卧云子亦无说以自解也。因不惮狂瞽，聊以备刍荛之一说云尔。”卧云子，赵姓，名纯仁。

武乡县署，在前清光绪五年后虽屡有修葺之举，然案卷遗失，无可稽考。相传惟光绪十六年知县李寿芝重修。民国七年，知事宝傅儒重修谯楼。八年，又重修监狱。暨民国十三年，知事高槐新建上房院一所，计正厅三大间，东西配房各五间，以为长官眷属所居。原内宅一所，今为诸掾属之居。又补修围墙。十四年，重修公款局，详见《局所》。儒学署一所，在县治后，计分二院，详载《白志》。城守司署一所，在县署东，察院在县治后。今废。公馆在南关镇，详《旧志》。监狱署于民国三年设，土地祠移神像于衙神庙。

局所　警察所

方清末造，设于西关城隍庙。民国初建县议会，设于学署，旋因议会停办，学署改为警所矣。公款局成立伊始，暂赁私人房舍，于民国十二年移于县署之西，即清捕厅之前院。十四年，知事高槐改修东房，新建南厅三大间，并建大二门，规模大具。师范讲习所设于东关之瘟神庙，民国十六年停办。农桑局初立于城守司署，继设于八蜡庙，今裁撤。

桥梁

为交通枢纽，明哲言之綦详。武邑有名桥梁多载旧志，兹将采访所得、不见于旧志者附之。

康济桥，在县东十二里许连庄沟村南。创修嘉庆四年，六年被水冲塌，逮民国六年间重加修葺，规模复旧。计阔丈余，高五丈余，长十数丈。

永济桥，在康济桥外。因康济桥被水冲，五村合议重建木桥，以便行旅。

西腰桥，在县东，石门村之东土桥也。光绪三十三年重修，为石门、常立头等村交通咽喉。

固村口桥，在县东七里小庄口。原系郭家沟赵某施济，今归里庄经管补修。

贬妖桥，在土河村之土桥也。横驾巨沟之上，下通一湾水，为土河南北交通之总枢。

广济桥，在县东十五里峪口村南。

北社桥，在县东三十里北社南。归北社一村修理。

漳川桥，在县东南监漳南里许。光绪二十六年，被冰雹水覆没，嗣由监漳修筑，有碑可考。

天然土桥，在县东北阳南垴村北。当襄垣、榆社通衢，形势曲折，名曰蚰蜒。此桥中间原生避风草，虽飓风大作，行此桥上如坐室中，只闻风声，不觉风气。传言如是，还待证明，未敢轻于置信。

永安桥，在西黄岩村南。通南北往来大路，北沟内数十村庄平素往来及冬季载煤皆由此。凿石垒砌，高丈余。初建、重修俱有碑记。

顶山庙后木桥，在石盘之东南。

真静寺右石桥，在石盘之西南。

姜村桥，在县西二十里，为沁武通衢。向为石鼻四约公办，四约轮流经管。民国七年，改立村制，石鼻四约，现改为三村制，计姜村、沙河头经管二年，石鼻村制经管一年，下城村制经管一年。

通济石桥，在勋欢村。距城七十里。

庙宇

按武邑甚多，凡详载诸旧志者兹不赘述，谨将此次采访所得列左。

河北庙，在县西信义村北。

文庙，邑文庙有二：一在县治后鞞山岭。另详《学宫》，见《旧志》。一在邑西四十里涌泉镇。

三教庙，坐落在县西石门村，距城一百三十五里。计正殿三楹，祀三教儒、释、道之三教祖，并奉关圣帝、晋太子之神。计东西沁房各三间，南有乐台山门。

关帝庙，在县东南三十余里。漳水出境，庙建河北，属于吾邑。乐楼筑于河南，属襄垣，创建年远，无稽。民国八、九年间，两邑合力重修，现金碧辉煌，焕然聿新矣。

真武庙，在石圌图村东北，距县一百三十里。

七大圣庙，在县东型村，距城十二里。民国四年，邑人张升堂、李华炳、张树人等建修。前知事王用霖督办，榆社王恩永有记可征。

五圣庙，在县东赵家庄村。民国十年创建。

灵显庙，有二：一在县东五里马庄河南松山之巅，一在县吴村神灵背山中。创建于元德明二年，明、清屡次修理，至民国十一年重为补修。

护国显济王庙，在县东北社南卧龙山麓。清咸丰间重修，邑人程林宗有记。

文帝庙，在东皋村聚龙山。

娲皇圣母庙，在县枣烟西沟。创建于清乾隆五十三年，邑人王钟俊有记。

长庆庙，在县西二十五里长庆村西。祀崔府君，东角殿祀龙王。长庆，相传古为长庆府，但县志无考。

天九广生圣母庙，在县西北裕沟，距城三十里。

应感庙，在监漳三垄山。清嘉庆三年重修，邑人史传远有记。每岁逢四月十九日进香。

龙王庙，有三：一在姚庄，一在活庄，一在陌峪村。

五龙庙，在县东南庙岭凤翔山。每逢四月十九日进香。

鸿慈阁，在县东武家庄。邑人武惟扬创建，知事王用霖有记民国元年事。

泰山圣母庙，在县西石盘。庙势高耸，阶级数十层，登临眺远，一览无遗。河水回环，万山朝宗，真壮观也。

顶山庙，在石盘之东南。一名团鱼山，因山似团鱼也。

真武阁，在石盘东。阁制精巧，惜颓倾未修耳。

黑龙王庙，庙在玲珑山巅，距县西三十里。峰峦耸峻，高矗云霄，登临远眺，数百里以内历历在目，诚邑西之胜景也。

五龙王庙，在县西马牧寨上等村之北，距城三十里。庙建牧羊山巅，进士彭作邦有记。另详。

观音庙，在县东北十五里郝德甲东南。

二仙圣母庙，在县东峪口石料间。清顺治八年，邑人赵襟有记。每年三月十八日进香。

子孙圣母庙，在东皋村南山巅。创建于明万历四十三年。

龙王庙，有六所：一在县西贾封村，距城一百二十里。一所在楼则底村，并建黑龙神庙一所。一在分水岭。一在权店村。一在土门村。一在南关镇。

关岳庙，有二所：一在南关，距城一百二十里。一在马牧村，距城二十五里。

帝尧庙，有二：一在马牧村，距城二十五里。一在神西村，距城四十里。

关帝庙，有四所：一在土门村。一在分水岭。一在权店村。一在勋欢村。

护国显济王庙，在县西五十里蓬莱山。

焦龙神庙，在县东下郝村，即紫微宫。

娲皇圣母庙，在县东下郝村。大明崇祯三年兵部尚书魏云中创建。庙院凡三重，阶级以次而隆，最上为神殿，两翼有廓庑并钟、鼓二楼，中有牌坊，以通上下往来。下院有逼水台，皆大石砌成。乐舞台在庙南，中隔河渠，以万善桥通之。台上有飧亭三间。庙貌巍峨，松柏交翠，牌楼高耸，洵壮观也。邑孝廉魏守经有碑记。

五大圣庙，在县东攀龙镇，距城四十里。

泰山圣母庙，在县东攀龙镇，距城四十里。

关帝庙，在县西五十里故城镇。大明崇祯年建。

灵宇庙，在邵渠，距城五十五里。

烂柯庙，在县西烂柯山。

晋王庙，在高仁。永和年建，道光年重修。

关圣庙，在玉品村。

护国通灵王庙，在圪道村。

邳神庙，在西中庄。

护国显齐王庙，元至顺年间重建，在灵显坪。

后赵圣帝庙，在石泉。

道路

武乡幅员广袤，纵五十里，横竟有二百余里之遥。所辖道路，密如蛛网，险比羊肠，笔楮难罄。约略计之，有省路、县路之分，干道、支道之异。由权店向西北，经勋欢、良侯店、五里铺、分水岭、石窑会、土门、窑儿头达南关镇，北至祁县之北关，南通沁属之走马岭，

此段为太原与潞泽之通衢，即省路之大干也。由县治向西，经连元，渡漳河，历东村、段村、胡庄铺、书社，过小店岭达周家坡、庄头村、窑上坡、山交村、茅庄、邵渠村、故城镇、五峪村达权店，为县路之干，亦省路之支也。民国十年，知事傅宝儒因书社、小店岭山路崎岖，大为交通之险阻，商诸士绅，重改路线。不由书社，另经赵庄，凿山开道，历南沟以达周家坡。令邻村拨工修理，数月工竣。昔之险阻，顿成坦途。计道路所占民田甚多，由官作价，着地主领取。有赵庄人李道德、南沟人李正明、李兴璧、李正华、李子成、周永安弗领地值，情愿义让，后由官厅奖之。由段村经下城、西河底、姜村入沁县界，为县之干路。由县治向东，经马庄、型村、长乐、李峪，过胡峦岭、型塘、攀龙、皮堙、祥良、中村、东庄、寨坪、洪水、白和、新村、马堡、墨磴入辽县属之锅窑岭，为县路之大干。由型塘向东，经上合、韩壁、土河、虸蚄庙、小林山、焦龙神庙入黎城界，为县东支路。又由韩壁经东堡、西堡，以至襄垣，为县东南之支路。由城向西北，经

陈家背、南朴窑、底牛窑、辿村至关壑口，入榆社界。由城向东北，经棘树岭、杜家口、侯王家塪、贾豁，至槐树堙，入榆社属，为北乡之县支路。由城向南，经白家窑、小店村、二十铺、高岭村，入襄垣界。由长乐经监漳入襄垣界，属县支路。又由段村经胡庄铺、蔚家渠、型庄、西黄岩、石壁镇，历神西、小良村、园则沟，过老高山为长鲜村，而至泉之头而到石盘。又有由祁村经洼里、寨上、马牧、型庄、西黄岩、东河，至王宁，为榆社县界，为沁榆交通之要路。又由邵渠向北行，经高寨寺之西，为沁、榆冲途，往来行人，络绎不绝。中有数百步向系绕河而行，泥泞不堪，行旅苦之。村人苗世兴久有改修之志，遂命其子泽青购地数亩，设法改路。果于民国二年改官道于此地内，得免泞泥之患，行旅义之。由岸北石人底、陈村、会同、向阳、泉之头，入榆社界，均为县西之支路。民国十五年，奉上峰令，由权店至南关改修汽路六十里，计六尺以下小石桥由地方款修者，共有一百零二道，于十六年春修竣。土工、石桥、涵洞修成者七十有五，未修者二十有七。一俟由省款修筑之大桥动工，始能兴修，其有关于吾邑之交通者甚巨，不禁拭目望之。

堡寨

故城堡。

东堡，在县东五十里东田村。

西堡，在东堡西。

敦固堡，在县东七十里苏峪村。

种德堡，在县东四十里上郝村。

天成寨，在县东五十里韩壁村南。

攀龙堡。

洪水寨。

重城寨，在县东北一百里崇城山。

墨镫砦。

中村寨。

南上河寨。

土河砦。

下河砦。

广志砦。

长乐砦。

马牧寨。

权店寨。

护甲寨，在县西六十里分水岭。

南关寨。

信义寨，又名双修砦。

邮电

邮政

于清光绪季年城内设邮政代办所一处，洎民国初改为三等邮局，规模较前略备。

军用电线

于民国六年建设干线，由祁县由邑之西境入沁县界，支线复由沁县，横贯县境，达辽县界。县西分水岭、县东攀龙镇各设有分局。今邮电关系于县之交通甚巨，故附记之。

论曰：城池、堡寨，卫民也。道路、桥梁、邮电，便民也。县署、局，所藉之以临民治事也。至若牌坊，若庙宇，或则崇信仰以定民志，或则著表扬以励民德，凡所兴所筑，罔非切于民生之急务，然则营建之关系也讵可忽乎哉！

金石考

商周彝鼎，秦汉碑碣，金石为物，自昔推重。武邑在晋南，一弹丸耳，然丰碑林立，为名人所识跋者孔多。而近年石赵古印又忽发见于荒址古刹间，千余年之旧物至此复睹，亦一快也。汇而编之，聊以博崇古者所公好焉。作《金石考》。

赵王古印 案：此印系古铜质，千五百年前之物也。藏县东北三十里海神庙，庙祀赵王石勒。清光绪十七年修葺庙时住持僧寂重于垃圾中得之。相传此印所最奇异者，能一次印纸八张，末张字迹尤显。

离相钟 在县东离相寺，高六尺余，周十二尺，厚约二寸，重不可测。系政和四年铸造。八百年前之古物，响声洪大，闻数十里。

大齐天保三年古碑 于民国五年由北原山古坟发见之，字纯为六朝体，惜多漫灭不可读。此碑存教育会。

透玲碑 在县东韩登君观庙，金大定年间之古碑。石质玲珑，光亮异常。对向各村，返照毕肖透玲。碑即以此得名。

后周显德四年古碑 此碑名《神钟山丈八禅院碑铭》。系民国十二年贯庄村农夫耕地发见，今存监漳镇会仙观。

宣圣庙重修碑记 系元大德六年武乡县尹宋良弼撰。碑在县西四十里涌泉镇。

广福院碑记 金大定十五年刘引济撰。在县西会同村。碑面灵明，可鉴人影。字迹显然，镌刻整齐，碑顶蟠龙，雕琢灵秀。

全道庵元迹碑记 元大德六年翰林院编修官呼延伯起撰。在县西神前村，距城三十五里。

大明创建勅封海渎王庙碑记 兵部尚书邑人魏云中撰。在土河村。

县尹李公德政之碑 进士任斗南撰。在土河村真如寺。

重修宁庆寺大殿碑记 进士安子讷撰。寺在攀龙东七里温庄。

永兴寺重修碑记　进士安子讷撰。

关圣帝君庙重修碑记　陈舜裔撰。

重修三圣寺记　教授冯经撰。

重修南山神庙大殿碑记　举人魏鸾翱撰。

南亭重修诸庙神庙并筑护堤碑记　邑人王梦聘撰。

新修大云寺记　拔贡程林宗撰。

娲皇圣母庙碑记　拔贡程林宗撰。

娲皇圣母庙重修碑记　举人魏守经撰。

重修会仙观碑记　邑人魏守经撰。

重修八蜡神庙碑记　邑人魏守经撰。

重修崇城崖东门碑记　举人赵扩撰。

重修净云庵碑记　进士陈舜裔撰。

五龙神庙重修碑记　此庙踞牧羊山巅，清道光二十二年修。进士彭作邦撰。

重修南相寺碑记　赵昌业撰。

重修崇法寺碑记

重修通玄观记　举人史纪撰。

重修崇城岩圣泉寺碑记　李彤廷撰。

移建海渎龙王庙碑记　举人魏宸拱撰。系清乾隆二十七年。在县西松碧村。

重修圣泉寺碑记　魏叙撰。

复立崇兴寺碑记　廪生李惟撰。时在大明隆庆元年，在县东石科许家垴。

武乡县监漳镇重兴集市暨建东阁之碑记　拔贡赵三麒撰。清康熙九年。

创修圆通院碑记　举人赵昌祚撰。

永寿寺碑文　进士冯经撰。在县西贾封村三峰山。

重修净尘庵记　进士李重华撰。

移修观音庙碑记　进士史传远撰。

重修汤王庙碑记 元大德五年，儒学学录王彬撰。在县东三十里。

重修龙泉寺碑记 清顺治十七年，庠生赵希明撰。

白马山重修西齐王庙碑记 岁贡程乃绩撰。

二仙圣母庙重修碑记 恩贡生赵懔撰。

护国显济王庙新修碑记 拔贡程林宗撰。在北社村，县东三十里。

重修崇城崖圣泉寺碑记 举人张锦心撰。

重立防盗公约碑记 张锦心撰。

曾大中丞德政碑记 知州衔举人籍文学撰。

泰山圣母庙重修碑记 拔贡王先畴撰。大有镇。

创建玄武神阁记 李锦制撰。广志。

武金侯庙碑记 李梓撰。

极乐寺重修碑记 孙云锦撰。

重修遐福寺记 举人籍文学撰。

重修观音堂暨合村神庙碑记 恩贡籍修学撰。

重修太清观碑记 贡生魏亮生撰。

重修权店勋欢汎路碑记 前人撰。

重修真静寺碑记 岁贡陈默撰。

重修泰山圣母庙碑记 前人撰。在县西石盘，距城七十里。

重修宝峰寺碑记 进士李华炳撰。

观音寺补修佛殿碑记 举人郝廷栋撰。

信义村新建瘟神阁与财神并祀碑记 岁贡程黉撰。

重修清凉寺碑记 廪生赵黎书撰。寺在县西石壁镇，距城四十里。

圣母庙重修碑记 增生弓进修撰。在县西北峪沟，距城三十里。

重修五龙神庙碑记 岁贡曹锦撰。

新建村东文昌阁碑记 举人段雨田撰。

创建云峰寺碑记 岁贡李唐撰。

重修白龙洞庙记 前人撰。

重修三官庙碑记　廪贡生魏锡钧撰。

龙天护法碑文　钮增尧撰。

明进士通议大夫巡抚湖广等处地方提督军务都察院右副都御史升总督宣大兵部右侍郎元白魏公墓表碑　太原傅山书。翰林院侍读汾阳朱之俊撰。

魏氏始祖墓表　魏近濂撰。

明敕封承德郎户部江西清吏司主事魏公配安人程氏继安人程氏合葬墓志铭　侍郎靳于中撰。

东村段氏世七祖墓表　举人魏宸喜撰。

诰封明威将军管陕西西安府富平营守备事邑庠生段府君墓表　进士蒋陈锡撰。

瑞卿郝公暨原配武孺人王孺人合葬墓志铭　翰林院编修、内阁中书李端撰。

清河曲县训导榆次县教谕壬子科举人柱臣郝公暨原配魏孺人李儒人孺人合葬墓记铭　受业门人翰林院庶吉士、福建福州府同知、邵武府知府黄宅中撰。

西川任公祠堂记　举人郝廷栋撰。

孝子李廷森墓表　字象宸，清康熙封荫。墓在墨磴孙家岭。张瑞璧撰。

清太学生乡饮介宾行之段君暨元配周孺人继配武孺人程孺人李氏合葬墓志铭　道光壬辰科亚魁魏守经撰。

清貤赠中宪大夫兵部职方清吏司郎中附贡生晴峰段公暨德配她封恭人武恭人合葬墓志铭　丰咸戊午科举人张锦心撰。

清诰授中宪大夫晋封通议大夫陆军部郎中段公书五暨李淑人墓志铭　泽州郭象升撰。

清太学生静轩李君暨元配郭太君合葬墓志铭　进士李华炳撰。

清授中宪大夫晋封通议大夫陆军部郎中附贡生书五段公墓表　举人张友桐撰。

徵士范桓一先生墓志铭　王先畴撰。

程汝於墓志 程林宗撰。

说明：以下各碑，《武乡新志》只录碑名，无碑文。

元岁进士奉直大夫沁州知州武公建原墓碑

明故中宪大夫直隶苏州府知府进士陈公神道碑

明故湖广汉阳府通判武公神道碑

清雍正壬子科经元猗氏县教谕乙峰魏公神道碑

清武进士陕西富平营守备勅封明威将军段公神道碑 一在县西边，一在东村里许。

清孝子武习路之路碑 在段村西。

清乾隆十年孝义武光前之路碑

清赐进士出身翰林院编修李公神道碑 在邵渠村西。

清丁丑进士署靖安营都司李公神道碑 在邵渠村西。

清丙子举人勅授修职郎阳城县教谕李公神道碑 在邵渠村西。

清故终养五经进士赵公神道碑 在西关外。

清诰授奉直大夫陕西同用知州赵公神道碑 在西关外。

清中宪大夫学部主事癸卯进士朴庵李公墓表 在西堡村。

清进士资政院议员长子县知事李公神道碑

清武德佐骑尉守御所千总郝公之路碑

清授陕西富平营守备明威将军之墓碑

清诰封奉政大夫光禄寺署正加二级郝公金琦神道碑 在东关神仙洞沟口。

论曰：金石学为士君子所尚也久矣，自梁元帝为《碑英》百二十卷，嗣后究心金石代不乏人，逮有清遂成一种专学。良以古之金石文字，有致用之道三：即颂功、纪事、寓戒是也。然则金石之见重，岂仅在物质也哉！

编者按：《武乡新志》所列碑刻与《武乡文化集成》之《武乡石刻集萃》所收录碑刻多重复，故此次《武乡文化集成》卷一收录《新志》，只录碑名及其简介。谨此说明。

《武乡新志》卷之四

古迹考

人生寄焉耳，惟丰功硕德，奇伟杰出之士，赫赫然长存于天壤，后之人怀古兴思，虽颓祠、废苑、遗冢、荒丘以及林泉片石之微，偶一目睹，莫不如见其人，因而题咏之，增修之，欷歔凭吊于无已。於戏！其迹永播，其人为不死矣。至仙洞、灵山、梵刹、观宇，虽荒诞不足尽信，然亦足以动人景慕，发人观感，姑类列焉。作《古迹考》。

皋狼城，在县西五十里。两汉《地理志》载有皋狼县，皆隶河西郡，乃塞外地，与蔡皋狼无涉。且智伯瑶求此，欲以北制晋阳，故赵襄子不与，于彼时情势尤切。其云皋狼城者，涅县本皋狼故地，故亦曰皋狼城，非两城也。谨案：今离石有皋狼故城，与汉《地理志》所载皋狼隶河西郡之说相合，故附记之。编者识。

涅城，在县西五十里。汉上党郡县地名，今名故城镇，城堞尚存。

龙泉故城，县西涌泉里，今文庙尚存。

石赵故城，一名石勒寨，在县城北原山上。晋永嘉末，勒屯兵于此。左侧东河沟为石勒故居。勒生时赤光满室，白气自天属于中庭，山下草木皆有铁骑象。知县岳徵珽有记。

沤麻池，县南二十里有谷，内有小溪，名麻池。晋石勒与李阳尝岁争此地，迭相殴击。及贵，召阳至，相与酣谑，引阳臂笑曰：“昔日厌卿老拳，卿亦饱孤毒手。”赐甲第一区，拜参军都尉。

高欢避暑亭，在崇城寨东。《通鉴》：魏大丞相高欢击尔朱兆于武乡，尝憩此。

千佛塔，在段村东门外净业庵左侧。高十三级，远可望数百里。康熙四十九年，洪润师建，知县李援有记。

孝子里，在西关桥坡。以孝子赵廷举得名。里中有井，即廷举殉父处也。其孙生员赵简建亭于上，颜曰“孝子井”。

立石，在县东监漳村石牛泓上。高三十丈，独立参天。邑人魏光绪驾云梯书“仰止”大字于其巅。

百子亭，在子孙圣母庙东。知县高铁建，邑人赵天麒题。亭前有池，养朱鱼于中，冬夏不涸。亭后有泉，涓涓不绝。

以上择旧志之切合古迹者录之，前后计共十条。

武乡十景

范士熊诗序云：“武乡十景”题目字精语确，亲历乃识其妙。前志注有支离诗，亦率多影响。兹为征实分注，各照拟里律一章，非敢争胜前人，姑存其本来面目云耳。魏守经诗序云：凡郡邑志列十景八景，如春山秋水、晚积雪等名目，相沿相袭，几于依样葫芦。又题咏多用七律，言山则仰攀泰岱，言水则远挹江湖，排比铺张，殊多粉饰。武邑志自明万历年张公更定，亦有八景，后复增为十景。志中每题俱有诗，盖亦聊复尔尔者。兹为五古十章，拘蒴之见，非能别开蹊径，期不失其实而已。

鞞山耸翠：山自北来，左右分抱城垣，南低北昂，为石勒寨。今寨为学宫，古松数株，望之翠耸云霄，为一邑胜概。前志注“众水奔赴”云云，与题相左。

烟峦楼堞互争高，城上看山入画描。三面云连俱绕郭，千军翠耸直凌霄。铎闻岩半声虽渺，松望峰巅色不凋。万仞宫墙同仰止，参天拔地总超超。

山下望山脊，作势昂然耸。孤城贴山坳，左右峰如拱。朝辉与夕阴，变幻日数种。参错翳林木，楼阁虚空拥。山色望不极，知是烟岚重。

漳水回澜：漳流多矣，此指在邑前者。水出和顺，由北经县西，合西河东转，汇于县前东南峰峦纽束处所从出也。雨后涨难骤泄，激荡回旋，凭城俯视，足助文心。前注城西三里，奔涛若山，亦非本意。

北来漳水绕西湾，东转南回入县滩。半郭楼台翻倒影，两堤花柳障回澜。山如砥柱群流挽，城似黄河九曲蟠。欲助文心凭倚槛，一波一折耐人观。

鞞山一俯视，漳波时滉漾。偶遘数月旱，平沙但如掌。好雨连数旬，便已数尺长。惊飚卷回澜，可作文章想。浚源无绝流，浩气须善养。

南亭烟雨：南亭村也。景不在村而在与县相距之川，四山叠嶂，匹练中横，村树园林亘其南，城墉廛居缭其北，小雨迷离，炊烟笼罩，真画本也。四时皆尔，秋景弥佳，前注专指春景，失之矣。

缭白萦青断复连，南亭景色画来全。林园淡采三秋雨，村郭晴拖两岸烟。一水中分穿素练，乱峰高拥湿青莲。蓑翁归向漳滨渡，惊起沙鸥飞破天。

雨里看烟村，此画最难作。雨气自霏微，况复烟痕薄。历历南亭川，云光霭墟落。杨柳护楼台，晓风掠山郭。树外酒旗招，不碍吟鞭着。

东沼风荷：城东里许，旧有魏司马莲池，亭榭对列，盛夏荷开。酒客骚人，乘风纳凉，游赏云集，洵山中罕见之景，惜今湮没。

出郭东探一径香，曾传美景赏芳塘。红芙捧日披朝露，翠盖擎风纳晚凉。时敞花筵临水榭，频招酒侣侑歌觞。只今零落人谁问，独有瀛溪爱不忘。

荷沼城垣东，行行一二里。土岸夹两旁，明镜开一水。想当六月中，香风拂罗绮。净植目亭亭，羞比昌宗美。我欲避热客，造访花君子。

南山锦浪：在城东南三里许。山形如扆，花木丛杂，每至秋深，霜染林叶，烂若推锦，掩映于漳波，吞吐之中如青女抛机而蜀江新濯也。名曰锦浪，是谓天工。

南山隔水画图开，霜叶翻风几费猜。人讶桃花随浪涌，天张云锦出林来。停车诗客邀同赏，泛棹渔郎去不回。我欲寻源濯囊句，清漳一渡一徘徊。

城东绕城南，兹峚山然起。木叶翻霜风，万千斗红紫。风吹离复合，簸动如流水。又似锦绣衣，每幅见表里。不意招提境，繁华竟如此。

北漳夜月：北漳村距城三十里。临大河，面东山。道院有桧树二株，翠干凌霄，秋夜澄清，水月交辉，与树影楼台相照耀，胜景悠然。

村居漳畔对山弯，夜月临门静不关。槛外波含珠一颗，镜中峰拥黛千鬟。蓬瀛仿佛游俱幻，殿阁清虚梦自闲。道院亭亭双桧植，翻疑桂府在人间。

一样看明月，秋来清万景。况复川原广，弥觉非尘境。随喜入道院，满地桧柏影。出门望漳流，虚涵波数顷。高咏大罗天，体怯霓裳冷。

龙洞灵湫：在县东九十里。万山重抱，洞有神湫，深黑难测，寒气逼人。每雨后水流出洞，虎豹常饮其侧。相传风雷将军焦龙神居此，明封海渎王，遇旱，四方祷雨者踵相接。

万叠云山锁洞深，寒湫未见觉阴森。岩前虎饮常留迹，潭底龙蟠惯作霖。地擅风雷传自古，人怀膏泽到于今。漫言桑梓多沾溉，四海同源一脉寻。

我闻梦得言，水有龙则灵。兹洞著神异，一水长渊亭。白云满洞口，仿佛门常扃。岁旱祷辄应，取水汲以瓶。瓶中水一滴，飞洒盈郊垧。

皋狼牧雨：皋狼，相传为智赵所争地，在县西五十里平原。春满最宜，烟雨花村掩映，草色葱茏，牧人三五成群，蓑笠相间，有足观者。

春皋望雨暗消魂，牧地空濛野色昏。芳草青铺四五里，杏花红映两三村。笛声隐隐人踪渺，笠影轻轻牛背翻。极目皋狼何处问，苍茫犹是阵云屯。

城指蔡皋狼，形势弹丸大。草色长芊芊，涅水环其外。村落二三里，参错连晻霭。遥闻牧人笛，一声轶埃堨。雨笠与烟蓑，画图应可绘。

崇城岩险：县东百二十里有山曰崇城，危桥度空，绝壁凌汉。夏日烘晴，沟壑间常雷殷雨瀑。殿阁皆覆岩底，日照不及，悬绝千仞。盛暑凝寒，旧有高欢避暑宫，今圮。

耸出层霄壁立雄，崇城欲上路难穷。攀回乌道千寻断，望绝虹梁一线通。雷雨倒听天在下，楼台倒仰石凌空。深丛时有古冰雪，犹指当年避暑宫。

邑东崇城山，参天峻峭绝。仰攀陟其巅，危途历百折。崖谷阴森处，疑有古冰雪。譬之高洁士，不取时俗悦。我为诵成语，壁色立积铁。

故城都会：即古涅城。前志指为蔡皋狼城，为都字征实，究无确据。盖县在万山中，至此忽然开拓。开廛市，通孔道，阡陌交横，平原葱蒨，蔚然一都会也。

万山中辟一名区，郁郁葱葱此故都。车马至今犹络绎，城垣历久半模糊。腴分绿野连千亩，软踏红尘达四衢。莫作西京叹禾黍，当年廛市未全殊。

郡城建置处，云始自赵王。霸气久消歇，堞圮故城荒。附郭多腴田，禾黍连垣墙。其中列廛肆，百货仍蕃昌。铜鞮宫数里，形胜两相望。

进士岩，在墨镫之崇城山，为金进士李俨与明进士李鳞前后读书处。后人因以名焉。

慈云寺傅书匾额，在信义河北村之慈云寺。文曰“便是西天”，为明傅山书。

傅书对联，在县南三里普济寺。文曰：“读罢楞严闲听鸟声啼茂竹；烧残麝脑静观花影步苍苔。”龙蛇飞舞，笔势苍劲，相传为傅山书。

裛露轩，在鸣珂里。为阳曲傅山与邑人魏驷隐处。

石勒牧马处，在县西二十五里马牧村之南滩。相传为石世龙牧马处，村以之得名。有碑碣可考。

唐槐，在城内大西巷。清初，邑人赵三麒于树之中空处书“茂而有间”四字，字体苍劲，见者赞叹。

祠宇

大司空祠，在信义村。祀工部尚书程启南，附祀镇江通判程康庄。

学正祠，在县东西堡村。祀沁州学正李贽。

任公祠，在神西村。祀陕西耀州知州任重。邑举人郝廷栋有记。

元进士段光远祠，在县西东村。

太史祠，在邵渠村。祀翰林院编修李端，并祀武进士李皇弼、举人李杲。

进士杜公祠，在山交村，为进士杜来凤建。

进士李重华祠，在玉品村。

儒官程希灏祠，在西乡信义村。

冢墓

明莱阳知县李鳞墓，在墨镫。

明武定州州判李绶墓，在墨镫。

敕赐义士程碧墓，在信义村。

镇江通判程康庄墓，在岸北村。

翰林院编修李端墓，在邵渠村。

河南府知事李绍墓

易州同知李廷标墓

明孝义庠生李廷森墓，以上均在墨镫。

清武进士陕西富平营守备，敕封明威将军段武侯墓，在东村后沟。

清进士魏凤书墓，在东村村西北平头垴，俗名进士坟。

元故县尉武焕墓，在段村。

明光禄寺珍馐署署正武廷弼墓，在段村。

清武进士李皇弼之墓

举人李杲之墓，以上均在邵渠。

新城知县进士李重华墓，在玉品村，名高清秀圪嘴。

芮城县教谕举人魏高阳墓，在内顷村南。

清范徵君桓一之墓，在县南东坡村之顶。

清两举优行贡生魏大泰之墓，在韩壁村东之瓜地。

营用守备武进士武海清墓，在王家沟村北胡楼底。

同官县知县举人任重之墓，在神西村。

清戊午科武魁郝映庚墓，在马牧村西台坡上。

清兵部正郎段晓云墓，在东村后沟文笔山。

清甲午科武魁郝桂林墓，在马牧村西台坡上。

前署长子县知事进士李华炳墓，在县东五十里之东田镇东北隅。

曲沃县教谕戊寅举人魏悬书墓，在关曲村，距城五里。

光禄寺署正己亥举人魏献书墓，在关曲村。

清吏部注选直隶州州判丁酉副榜魏简书墓，在县南佛堂坡。

世袭云骑尉魏亮生墓，在榆岭。委用训导，兼袭云骑尉子锡、钧袝。

敕旌孝子魏介生之墓，在榆岭。

清候选知县举人魏大履墓，在韩壁村东之瓜地。

城垒

考武邑，在昔虽有沮城、垣县、甲水等之名称，或见于唐志，或见于他史。今则遗址都归圮废，多不可稽。兹可考证者，现距城五十里之故城镇，为古涅城，属上党郡。城堞遗迹尚存，余则荒烟蔓草，欲觅残垒，诚非易易耳。编者附识。

论曰：名区胜地，经往哲游览题咏而益彰，况荒祠遗冢为贤豪之所寄托者乎！地以人而重，非人以地而传。有子陵而富春之钓台堪式，有叔子而岘阜之碑碣流芳，非敬斯地，实敬斯人焉。然则世惟有不朽业乃始垂不朽名，后之君子宜如何奋勉自励以媲美先烈乎？

著述考

文以载道，诗寓劝惩，所关世运民生者，至深且巨，世有以雕虫薄之，所见亦云浅矣。武邑鸿彦，溯明末清初，煌煌炳炳，夐乎尚已。乾嘉以还，迄于近代，虽远不如前，然其著述可以藏名山而光邑乘者亦大有人。如弗采辑表彰，返诸寸衷难恝，备列简端，以期不朽。作《著述考》。

明

程启南，字开之。详旧志《人物》。著《周易宗圣录》《阴符解》《也足园集易时草》《医学纂要》《集贤录》《心经注解》。

魏国模，字子建。著《四书约解》《音律管见》。

魏云中，字定远，号震彝。详旧志《人物》。著《续皇极经世书》。

魏光绪，字孟韬，号元白。详旧志。著有《抚楚奏议》《西台封事》《南台封事》《南华诂》《字通》《家乘》《带草楼全集》《泰园谈纪》《邑乘公志》《潞水客谈》《巡东奏疏》《邹西平寇纪》《芳杜园诗集》。

魏令望，字羽仪。著《四子拾唾集》。

陈所行，字力如。详旧志《人物》。著《令永纪略》《芝应瑞等草》。

赵廷抃，字献吾。详旧志《人物》。著《河贡图》《圣狂分念图》《五经尘谈》。

魏权中，详旧志《文苑》。著有《太极图》《郿小草甲乙集》。

魏以宁，字星杓。见旧志。著《四书笔华解》《观澜小草》《东山小草》《莲池吟》。

魏廷望，字肖野。著《殉难集》《笑扃园诗集》。

魏鸿祖，字觐扬。著《钝叟家训》。

清

赵天麒，字平符。详旧志《隐逸》。著有《北原山房稿》《理学真诠》《续高士传》《四书注义贞一》。

程康庄，字坦如，号昆仑。详旧志《文苑》。著《自课堂文集》《秋山红树阁诗集》《眷西堂集》。

魏驷，字龙媒。见旧志《文苑》。著《草中吟》。

赵三麒，字乾符。详旧志《人物》。著有《相史》《鞞山树藩浮槎集》《似园集》《河灯图说》《医脉系辞》《牧同纪略》《楚游草》。

赵初盛，字□□。著《诗经解》《四书解》。

魏公琦，著《四书明捷解》。

史珥，字彤石。详旧志《文苑》。著有《晋城草》《潞游诗草》。

陈舜裔，字孝源，号石斋。详旧志《人物》。著有《印心集》。

李之任，字胜其。见旧志《文苑》。著有《东山游草》《燕游草》《金屋草》《豫游草》《匡城草》。

魏绳绪，字来许。著《妍露斋诗集》。

魏伦，字明川，号一峰。见旧志《人物》。著有《古文杂集》《医蠢至宝丹大中疏》《左氏评》《庄子南华诂》。

赵士翘，字起叔。详旧志《文苑》。著有《易经注》《四书讲》。

安子讷，字金铭，号讷岩。详旧志《文苑》。著《经史子集手评》。

魏珮，字德卿。详旧志《文苑》。著有《心性才气图解》《三晋诗钞》《皋狼人文志》《十子金丹》《中丞年谱》《四奇录》《表记志序汇草》诸稿，《历代编年录》《鉴古治统录》。

陈曰可，见旧志《文苑》。著有《兰谷山房诗集》《医诀心传》。

陈曰喜，见旧志《文苑》。著有《兰谷续稿》。

赵伟品，字□□。详旧志《文苑》。见《山右诗存》，著有《小歇吟集》。

魏騆，字龙宾。详旧志《文苑》。著《东山诗草》。

魏鸾翔，字仪廷，号鲁斋。见续《文儒》。著有《武乡建置沿革考》一篇、《南山庙记》一篇。

杜李，字仲白，号希古。著《课幼文稿》。

程林宗，字介山。见《文儒》。著《史记文津》《孟子批醒》《左传琼林》《昆仑年谱》《司空家乘》《介山文编》《惊邻诗草》。

赵昌业，字敬哉。见《文儒》。著《潜居琐记》《课余草》。

王梦聘，字莘庵。详《文儒》。著有《所吟偶存诗稿》。

魏悬书，字云榜。见《名贤》。著有《随城吟稿》。

魏守经，字亦权，号一泉。详见《文儒》。著有《悔不读斋咏史诗百篇》《古近体诗》二卷、《南亭竹枝诗》《悔不读斋试帖》《诗古文制艺》各成编，并著《课幼绪言》《学诗初桄》二帙。

范士熊，字桓一，号悦山。详见《名贤》。著有《瘦寒吟稿》《嘤鸣求友集》十二卷，《诗法训蒙》《训蒙格言》。

李重华，字伯香。详《文儒》。著有《净尘庵记》。

郝廷栋，字柱臣，号砥峰。见《名贤》。著有《临川文稿》行世。

魏高阳，字慕恺。详《名贤》。著有《知止轩吟草》。

魏简书，字仲廉。详《文儒》。著有《尔雅注释》《太极图考》《易经讲义》。

魏献书，字俊三。详《文儒》。著有《绵山诗草》《俊三文编》。

程步堂，字玉署。著《忆病述略》。

陈祝彭，字商哲。著《怡云山房草》。

魏亮生，字仲明，号晓峰。详孝义。著有《问津草诗集》《自怡轩杂志》二卷。

李华炳，字少九，一字文园，号朴庵。详《名贤》。著有《职方史略》《诵芬轩吟草》行世。

郝镜堂，字虚甫。著有《虞封诗稿》。

程先民，字午桥。详《文儒》。著有《午桥诗草》。

李壬林，字二酉，详《文儒》。著《二酉待薙草》。

冯瀚清，字月溪。详《名贤》。著《课心簿》。

魏锡钧，字子衡。详《文儒》。著有《下里吟诗集》《知不足斋诗草》《洗心社讲稿》。

曹锦，字云裳。详《文儒》。著有《谦福堂遗稿》。

程绍琳，字乙环。详《孝义》。著《纲鉴便览》《乡党讲义》《课徒草》各一卷。

范献骊，字仲琛。著《商隐园诗钞》。

郝麟，字玉书。著《自然庐吟草》。

论曰：闻之燕许为大手笔，是知吐属琳琅，必其人枕经胙史，寝馈于斯文者非一朝一夕之故。至发为文章，沉浸浓郁，蔚为一代大观，其文传，其人亦与之俱传矣。武邑虽地处山陬，而麟麟炳炳或以诗名，或以文著，固自不乏其人，又恶可以湮没不传以屈其文者并屈其人耶？

旧闻考

灾异之说，多涉迷信，然日食星陨虽不关于人事，而水旱饥馑宁非切于民生？历代五行志于灾异谆谆备载，盖有由矣。至兵火寇乱，治安所系，红羊浩劫，死亡流离，此尤吾人所虢虢不忘者。爰就所闻所传闻者，依例载列，昭示来兹。至礼器乐章，亦关旧闻，以类相从，附记于篇。他若幽异怪奇妄诞不经之谈，似非二十世纪人民所宜复道，悉弃而不采。作《旧闻考》。

嘉庆二年，岁大饥。斗米钱七百。邑令吴邦治劝捐散赈。在城范兰诣县，自请输粟百石助赈。又以粟杂糠秕以济饿者。

十四五年，连岁大饥。斗米钱七百，道殣相望。东村段元壮出所储粟以济饿者，又转粜外郡计图贷。韩壁魏牧籴粟数百石，减价以粜，邻村赖以全活者无算。

十八年夏五月，暴雨侵稼。秋，淫雨大风。邑南尤酷。松庄村东南洞口上建关圣阁，大水暴发，雨雹积二尺许。狂风震骤，林木摧折，水高于洞者数尺，摧阁破壁，神像楹桷一时都尽。是秋，滑县教匪跳梁，潞泽戒严，调北镇兵防卫，权、南二驿军务旁午。民间牛马半出，所刈禾多委地。其早熟者，又为淫雨所殒。程林宗《松庄重修关圣阁记》云：邑于晋弹丸耳，松庄则更藐矣。环山阻谷者数十家，无素封，乏蓄积，乃困于水浸以霪，复虐以风，而又地丁牛马之供给也。此即暂谋身家，不遑造建，非所甚急，神必阴鉴而默佑之。乃不移时而摧者，复不移时而建之，非勇于迁善，曷克臻此？顾或谓民既畏神，神必庇民，胡为暴雨侵圮，神且不自保。若是，毋亦有遗灵乎而不知非也。今夫天灾流行，何国蔑有，气数已定，圣贤不违。当其风掣电驰，神亦若退处无权，及时过而人不遗力而建之，而一切时事无阻焉。是人心转移即天心悔祸，而亦即神之所以为神也。方今东南用兵，捷书屡告，松庄为邑南蔽，安知神不默佑于千里之外，于以扫除群小，涤荡秽腥，使吾民乐颂国家固若金瓯，而灾戾不作，兵革无事，则所庇者且大而远，而岂仅一乡一邑云尔哉！夫临难而惧，儒者之心也。灾异谨书，春秋之教也。遂记以慰邑人而冀神之福庇焉。

道光十年闰四月地震。赵昌业诗：

道光十年岁庚寅，四月之闰廿二辰。日光惨淡天无色，气候恍于深秋邻。薄午以后转栗烈，农夫负耒归家门。居人掩户若瑟缩，欲将炽炭重焨温。太阳忽匿怪风作，声挟雷霆摇乾坤。黑气周旋咫尺暗，黄埃陡障双瞳昏。摆簸群峰尽起舞，颠倒大木争翩翻。万弩齐发屋瓦迸，春冰乱碎垣墉崩。有如昆阳军既溃，虎豹振恐亡精魂。又如淮蔡兵乍入，鹅鸭惊挠纷鸣喧。坐卧起立俨木强，瞠目愕顾谁能言。须臾少止出门望，但见瓦砾周篱藩。可怜从弟急趋避，反与祸会难逡巡。叔也楼倾未离户，完然不捐宁无神。抚躬得免各自幸，敢计毁折伤庭轩。夜阑屡动势未息，相牵野处同猿蹲。时时晕眩觉跳踔，大块飘忽成轻尘。安得韦幕及毳帐，用庇颠沛潜藏身。旋传陶穴情更苦，往往覆压连数人。老翁俯首重叹息，如此灾异耳未闻。我读《毛诗》至《十月》，陵谷易处详灾迍。其时天下困暴虐，上帝谴告非无因。方今天子甚神圣，胡为震动惊斯民。尧年际水汤遇旱，天道恍惚难具论。但愿闾阎各修省，力戒浮薄胥还纯。天地好生终不忍，自见高下奠位和气长弥纶。

十一年十二月，大雪。赵昌业记云：平地深逾数尺，晴后道路仅通一线，两旁若堰，二人相遇，欲为分避，苦投足而没胫焉。攀龙镇有屠人收豕于黎城，廿有余只，至山间皆窜入雪坑，无迹可寻，仅脱身以归。里人谓之雪洞途间，倒毙羸驴不可胜计。有行人入店近火而坠其指者。吾乡岁固多寒，似此之大，实所未见，亦异事也。

十四五年，连岁大饥。魏守经诗序云：道光甲午、乙未间，邑大饥，贫民剥榆皮为食，枌榆皆无完肤。至丙申春，并削树皮供薪爨用，近村杨柳刳割殆尽。又本年六月初一日夜大风雨，境内树被风雷摧折无算。迨初秋时，木叶凄然，黄陨者已就萎死。魏子哀之，作《枯树歌》：

近村种杨柳，春夏常青葱。向秋木叶瘦，黄碧参玲珑。今岁婆娑生意尽，丫杈枝干吟悲风。我思故国多乔木，绕郭浓阴画簇簇。阳木阴木取以时，萌芽不使牛羊牧。任教秋杀代春生，叶落归根剥可复。林麓预储梁栋材，大庇千间作厦屋。胡为庇焉纵寻斧，弱值强妒人扶树。直以利刀剥其肤，譬之衣绽不可补。初如剥蕉后束笋，对面盗贼恣携取。吁嗟愚民为饥驱，应非有意相毒痛。苦将木屑富薪炭，遑恤区区荣者枯。况复风雷同一劫，摧残尾段成模糊。安得良有司，大声为疾呼。列树先表道，培植到枌榆。田里桑麻计，一一加匡扶。树木皆蕃庑，十年计非迂。使有菽粟如水火，而民焉有不仁乎？

二十九年六月十一日夜，漳河溢。范士熊诗云：

吾邑城踞漳河北，依山叠石势岁崱。西关东郭地稍卑，筑堤障流如两翼。上列市廛与城齐，数百年来无倾侧。道光己酉夏之夜，漳河西下横流急。两堤没水水身高，东西浪涌穿街入。西堤廛舍弃一空，居人逃奔城内匿。城东河与沟洫连，下流倒壅尤叵测。入户穿房与人争，出门回望无家空。此时夜雨倾倒盆，水来共讶银河溢。我家城居南门里，与河逼迫同雷急。疾不辨河声与雨声，梦中惊起向蓑笠。冒雨屡次到门看，水满门中互嘘吸。囊沙壅土不及防，拔关直捣势危逼。波臣早已夺门去，虽有千夫挽不得。翩漂墒，我欲攀梯溯上天，天昏月黑云浓墨。渐及天明雨少止，跣足步向城头立。潏湟浨泱浩无涯，波拥山城成泽国。十里平沙变为海，环顾四山如岛出。官民齐集共虔祷，神灵呵护全此邑。午后水落河渐平，遍处询人尽欲泣。吁嗟乎！漳河之涨亦常耳，似此灾异从未识。推询其故盖有由，连雨十日岑流泊。是夜雨暴水更大，谷口又被漳河塞。河水雨水相怒争，故尔浸淫无底极。人言此城几不保，增堤筑石赖培植。我道培基端在人，各自修省补惭德。君不闻黄霸当年固金堤，思患预防何周密。安得砥柱镇中流，千载安澜无一失。

魏守经诗云：

邑城建在河之浒，我家相距三里许。村前别有一小河，青青夹岸运蔬圃。酉年六月多霪霖，惯听彻夜淙淙雨。一夜雨声杂河声，噌吰鞺鞳如钟鼓。猜疑小河暴发异常时，枕上心惊未目睹。天明看河出门前，漳河逼近小河边。漳河以南小河北，无复田园连陌阡。披猖浊浪连天震，茫茫难问城中信。遥闻巨炮响城头，官民祈祷争性命。越三四日水有涯，岸傍高脊露泥沙。村民泅水入城去，归来告语相嗟呀。西关街市泐堤石，东关沟水漂人家。南门阖扇逐波去，敌楼以上坐虾蟆。吁嗟漳涛无怒吼，敬陈一言君听否。远不通漕运，近不溉田亩。大不产鱼盐，小不生菱藕。美利古来无，灾害近时有。望望当滩厚壅沙，渟泓偏聚桥坡口。（西关外向南建阁，每冬月造桥，从此直达南岸地，名桥坡口。河落时，此处蓄水甚深。）胡为洪流冲击河神庙，（庙在城角石堰上，被水冲坍数处。）无乃波臣瘝职守，安得事宜能善后。奠定城基长不朽，不知谁是回澜手。

咸丰三年正月，红云满天（二十一日平旦）。二月，雨土（十七日平旦至巳时）。八月，长星见西方。初七日见，十余日乃灭。十一月，地微震（二十四日未刻）。十二月，大雪有雷（二十四日）。

十一年正月，雨土。　初六日，雨黄土终日。二月，雷雨雹（初七日午后）。五月，彗星见。二十三日夜，有星孛于北斗，贯紫微垣至天市垣。七日乃灭。八月，日月合璧，五星联珠（初一日卯时）。

同治五年夏，鞞山鸣。前志载，鞞山之鸣始于石勒，以其尝闻鞞铎声故也。学署建在山腰，平时寂静。是年夏秋之际，每夜漏四下，有声甚嚣，搅人沉睡，若驼铃牛铎之群行，淆杂莫辨。日高，声始渐稀。学中人耳熟既久，询之街市，亦往往云然。年余后不复作。

光绪三、四年，大祲。丁丑夏，旱。五月十四日，雨雹，漳河南岭头至监漳三十二村尤甚，夏麦尽伤。后六月至八、九、十月不雨，秋禾尽死，所收者秕糠而已。斗米钱六七百至一千四五百不等，人皆剥榆树取谷草磨面为食，饿毙者相枕藉。戊寅夏六月，又旱。秋九月，淫雨十余日，禾粟尽秕烂，岁仍歉。邑令吴匡随时体察，禀蒙钦差稽查山西赈务，工部侍郎阎、山西巡抚一等威毅伯曾奏，奉谕旨赈恤。往复公文甚多，详载续志，兹不赘。

光绪十六年，大地震，人民惊恐，屋宇倾圮者无数。

光绪十七年五月，大风。时有数人合抱之树为风力所拔起者，人民有随风而颠仆者，屋瓦震摇倒毁压伏者亦难以数计。

光绪二十一年四月，雨雹，大如卵，禾麦尽伤。

光绪二十六年，拳匪仇杀教民，天主教徒房屋多被焚毁。邑进士李华炳有《庚子拳祸始末记》，言之甚详。

记曰：呜呼！教育之关于国家，岂浅鲜哉！以椎野愚陋之氓，挟其积不能平之气，乘机焚杀，以泄夙忿，小则为地方之祸，大则遗国家之戚。推原其故，非由未受教育、知识不开之故欤？武乡为山右僻邑，风俗俭朴，民气驯良。自光绪初年，西教士设堂传教，驻城南二十里之上司村，袒庇同教，干预词讼，狡黠者依为护符，鱼肉良懦，日引月长，蔓延城乡。乡愚忿无所泄，乘隙思逞而祸机兆矣。庚子夏，义和拳起畿辅，延入山西，以仇教为名。有传其术者，谓焚香念咒则神附其体，勇力倍增，可避枪炮。乡民转相告语，私相传习。旬月之间，所在蜂起。时教士已远避，教民亦多逃匿。习拳者招集乌合，至上司村毁其堂，搜杀教民。邑令王公畏其威，且饩之粟，馆之关帝庙，于是拳势益炽，搜括焚杀无虚日。有大刀会数十人自东来，焚小麻角教堂，将赴司村，闻已毁，驻陌峪，勒索供给，少不如意，辄以鞭挞从事。拳民闻之，责以不应殴大教人（被教谓不入教为大教），争辩良久，约禀官平其曲直。道出乡村，随而观者络绎不绝。至城外，有乡民与大刀会口角，乡民以所持锄铲之，则大哄，人声鼎沸，喊杀震天地，我众彼寡，缚刀会十七人杀之。官吏闭门缩首，莫敢声，于是拳势乃益张而祸变成矣。时城乡云扰，拳民所至，索乡社供给，有不应者辄刃以胁，平民不堪其扰。会闻赵家岭教士尚在，教民多往依之，乃号召徒党百数十人攻之。赵家岭教堂据险要，筑堡墙，厚数尺，教民持数土枪，俗所谓过山鸟者，穴墙发之。一发击数人，扰攘数日，不可破，乃窜而归。闻联军入京，翠华西幸，于是纷纷若鸟兽散，燎原之火焰，消灭于无何有之乡矣。乃辛丑夏，而复有王安邦之事。王安邦者，襄之武生也，有膂力，习妖术，尝以事被革。拳乱既定，民教来党率其归，寻仇报复，拳民悚惧。王安邦于乡南之佛爷顶倡言传法能避枪炮，且谣有仇教之说，于是附之者日众。教士闻之，闻于官，官遣役绐王至，扑之。王素以拳勇闻，官虑其报复，且为教士所迫，遂通禀上宪，檄襄令捕之，置之法。是年秋，和议成，各州县遭拳祸者皆赔款，武乡醵金万二千，搜括甚病，而教中之乘间报复者、勒索赔偿者，其数亦不赀云。

又邑增生郝镜堂有《桐桂行古诗》，附录于后，诗云：

莲月初旬旋桑梓，沿途闻说义团起。犯门斩关出童年，有官折腰还罚米。此时南亭有三官（原任王、代理曾、委员李），贾取容易解纷难。不知自己焉知彼，震惊翦灭忘朝餐。更有铜鞮续绍尾。（沁州古名铜鞮，时州官德），一见狂且如蛇虺。鞠躬迓送城之南，大巫小巫判神鬼。独有沈官见理真，（翰林沈思镛，由襄垣署理平遥县。）海水不怕一车薪。（用棺活钉团首，其祸遂熸。）不谓挂官竟自去，曲徙无恩焦烂宾。乘灾倡乱具何肠，拔帜立帜我武扬。果能执戈卫社稷，纵死沙场可无殇。系何神咒夸雌口，系何神技逞毒手。汾营战队来数人，老拳未奋皆却走。红巾抹额红缠腰，卖牛买剑犊买刀。入室操戈自戕贼，日月无光农器销。其子杀人父淬刃，神威岂但震三晋。田野子弟收猪奴，敢哮黄堂侮金印。燕雀空有鸿鹄志，狐狸徒供豺狼饲。鸾凤所成枳棘丛，蛟龙渊萃虾蟆戏。（儿戏之军不能御侮，适足召乱，遂致八国联军入寇，京都失守。）清凉宸翰满山前，神武皋流射虎川。至今一读一景仰，永清聪知亶于天。天下为家可西东，回忆何由出深宫。无厌戎狄固难厌，晏安鸩毒我怀中。京师实为天下本，一动大事去不返。（明土木之变，于谦云云。）于公灼见鉴千秋，殷鉴何劳取诸远。“长安”两字大书壁，狂歌时将唾壶击。暮年未已壮年心，小儿犹解遥为忆。邻翁有子年十三，因风纵火口喃喃。自谓舞阳再世出，正言不入迷途酣。弹丸小邑真寒苦，赳赳自来独好武。几日相聚千余人，总缘久旱不见雨。茫茫天意孰听视，忽忽人心孰驱使。神兵杀人曰神也，官是凡人不敢理。（某村团误杀不入教之良民，报官，竟推以神兵不管。）浣纱孕妇血流红（茅庄河），避途横击卖菜佣（高寨寺）。暴及无辜等剔刳，侗侗年少敢行凶。嗟彼入教谁俑始，亦是吾民皆赤子。举家残贼实堪伤，始听其迷终致死。人能悔过天不加，后车怕覆鉴前车。胡乃当时误再误，致令今日差更差。俗传桐闰月再桂，阴霾噎噎障晴霁。妖孽不知起何人，白日谁拨浮云蔽。一介寒儒动嗔火，札檄潜传浑忘我。稚儿泣谏犯狂锋，惧有飞祸测诚叵。历将察学溯源渊，弓冶箕裘实有年。死忠死孝皆得所，（《郝氏宗谱》载明季闯贼之乱，先世尽节于忠孝者历历可数。）竟自飞蛾扑烈烟。北门锁钥尚尔尔，圭筚穷衿敢弄豸。只宜闭户读残编，何暇出头争朝市。灭身火自性中然，恐惧门屏家训传（性火灭身，祖训也。恐惧修省，父教也。书揭门墙，言犹在耳）。鸿轻泰重绎迂语，伏枥老骥寻扑缘（语出《庄子》）。危行言逊乱离轨，盗贼易死千金子。用携琴鹤夜焚香，告天省过而已矣。

二十六、七、八三年，连岁饥馑。二十六年夏，荒旱。八月初三日，雨雹成灾，斗米钱七百文。二十七年七月十八日，大雨雹，田禾树叶摧残几尽，兼有损毁屋瓦者。二十八年八月初旬，秀而不实，竟被霜杀，东乡一带，迭遭凶荒，民多啼饥。粟贵物贱，田地一亩，价值四千文。

宣统元年，雨雹。五月十一日，县西东段村一带天降冰雹，大如鸡卵，聚集最厚处约有尺许。禾麦尽毁，瓦屋为坏。

宣统二年夏，彗星见。

三年辛亥六月六日，雨雹。闰六月六日，复雨雹。是秋，日届落时，色赤如血。八月十九日，革命起义武昌，各省亦次第光复。未几，清帝退位，中华民国成立矣。

中华民国三年五月，雨雪。五月初七日，于县东韩壁、东田等村降雪三寸许。

五年夏，旱。

六年，龙泓献瑞。攀龙白龙洞南有龙泓一区，丁巳冬冰里冻有崇山秀峰，瑶草琪花，碗碟瓶坛，究然若真，一时观者如堵，莫不叹为神奇。次岁，邻近一带年景甚丰，始知冰呈异彩，乃丰年之兆也。

七年二月，县属分水岭一带发生鼠疫。查此疫自二月二十一日发现至三月五日扑灭，计十余日间死命者有二十三人之多，亦可见其传染之烈矣。

九年，大旱。冬十一月，地震。岁庚申，荒旱成灾，夏麦歉收，禾枯萎，收成十分之二三，粮价大涨，十室九空。幸赖知事傅宝儒心廑民瘼，发给仓廪，并邀集士绅设救荒会于县署。又红十字会散财发粟，民未转乎沟壑，否则不堪其命矣。十一月初七日戌时，大地震。邑增生范献骊有《地震行》，诗云：

民国九年戊子月，月之七日星河没。隆然有声自西来，浑似雷霆初勃发。（一解）目眩头晕不知故，四肢摆簸人难步。老幼伛偻倚床前，沉昏如堕五里雾。（二解）金铁远近一齐鸣，楼台板荡势欲倾。瞑目移时方驻歇，事后追维惊更惊。（三解）新学推原不为灾，（新学界人言，地震为火山作用，不为灾异。）习俗拘迷不必猜。我言譬人遇奇疾，焉可任其时往来。（四解）今日记载例编年，造物警人无后先。以俟他日采风者，补入邑乘灾祥编。（五解）

十三年，旱荒成灾。自春徂夏，亢旱不雨，时至小暑，犹是赤地，不得播种。夏历六月初六日雨始落透，而谷豆已失播种时，期所种者，不过糜黍荞麦而已。乃大暑以后，复亢旱，糜黍亦未得丰收，以成歉岁云。

夏六月，雨雹。六月二十四日未时，闻西北地雷声隆隆，忽而狂风大作，阴云如泼墨。冰雹骤至，大者如拳，次如鸡卵，或有三角状片状，不一而足。风借雹时雹借风威，田禾摧折，屋瓦被毁。由县西北陈村等处起，经大小良村、义门、马牧、型庄入榆社之魏城等村被灾甚重。

十四年春，瘟疫。是年春间，白喉症甚剧。此症非常危险，往往有医治不及而殒命者。

冬，樊军攻辽，武民望风惊扰。是年冬十月，樊军攻辽县，吾邑差务纷繁，当事者疲于奔命，居民风鹤频惊，争相逃匿。嗣溃军过境，抢掠富室，亦浩劫也。邑拔贡冯高翔有记甚详。

十五年，大饥。春夏亢旱，播种失时。秋八月，淫雨连绵，旱潦不均，五谷歉收。北漳杨桃湾一带更遭冰雹，斗米千钱，哀鸿嗷嗷。知事吕绍岩廑念民艰，请上峰蠲免田赋以纾民困，蒙准按灾轻重分别蠲免缓征。

十七年七月十八日夜，漳河暴涨。九月一日即夏历七月十八日，县西北及榆社属大雨，入夜漳水大涨，奔腾澎湃，声势惊人。西关水从桥坡口入东关，水从石桥栏杆上过，民房几为水漂没。沿关河关曲与县城东乡一带，民家禾稼多属被害，相传为道光己酉后第一次大河云。

同治三年，部颁《文庙祀位图》，录续志。

正位，至圣先师孔子。

配位，宋以前称封爵。元至顺元年赠颜子衮国复圣公、曾子郕国宗圣公、子思子沂国述圣公、孟子邹国亚圣公。明嘉靖九年，改称复圣颜子，宗圣曾子，述圣子思子，亚圣孟子。清因之。

哲位，宋以前皆称封爵。明嘉靖九年改称先贤某子，清因之。有子朱子升列哲位从一例。

先儒位，宋以前从祀者皆称封爵。明嘉靖九年改称先贤某子，周、张、程、邵五子嘉靖时称先儒，崇祯十五年改称先贤，位在七十子之下、汉唐诸儒之上。清俱称先贤，不称子。

先贤位，明嘉靖以前从祀者皆称封爵，嘉靖九年改称先儒某子。清称先儒，不称子。

谨案：武乡文庙神牌后各有座屏，恭书事实赞语，较他处为美备。

道光三十年，署县事刘端以至圣四配十二哲座屏字皆雕刻，公议髹绘重新两庑座屏，黄色笔写，年久凋残，不能辨识。于时搜罗经史，旁及群书，缺者补之，讹者正之。诸生范士熊力居多，知县刘与孝廉魏守经为之参订，而事实复完。有范氏家藏本可稽，惟彼时未奉部文，先贤先儒仍旧称子，异日重修，宜谨遵更正。

大成殿祀位

至聖先師孔子

宗聖曾子	復聖顏子
亞聖孟子	述聖子思子

先賢冉子	先賢閔子
先賢宰子	先賢冉子
先賢冉子	先賢端木子
先賢言子	先賢仲子
先賢顓孫子	先賢卜子
先賢朱子	先賢有子

兩廡先賢祀位

東廡四十位

先賢公孫僑
先賢林放
先賢原憲
先賢南宮适
先賢商瞿
先賢漆雕開
先賢司馬耕
先賢梁鱣
先賢冉孺
先賢伯虔
先賢冉季
先賢漆雕徒父
先賢漆雕哆
先賢公西赤
先賢任不齊
先賢公良孺
先賢公肩定
先賢鄡單
先賢罕父黑
先賢榮旂
先賢左人郢
先賢鄭國
先賢原亢
先賢廉潔
先賢叔仲會
先賢公西輿如
先賢邽巽
先賢陳亢
先賢琴張
先賢步叔乘
先賢秦非
先賢顏噲
先賢顏何
先賢縣亶
先賢牧皮
先賢樂正克
先賢萬章
先賢周敦頤
先賢程顥
先賢邵雍

西廡三十九位

先賢蘧瑗
先賢澹臺滅明
先賢宓不齊
先賢公冶長
先賢公晳哀
先賢高柴
先賢樊須
先賢商澤
先賢巫馬施
先賢顏辛
先賢曹卹
先賢公孫龍
先賢秦商
先賢顏高
先賢壤駟赤
先賢石作蜀
先賢公夏首
先賢后處
先賢奚容蒧
先賢顏祖
先賢句井疆
先賢秦祖
先賢縣成
先賢公祖句茲
先賢燕伋
先賢樂欬
先賢狄黑
先賢孔忠
先賢公西蒧
先賢顏之僕
先賢施之常
先賢申棖
先賢左丘明
先賢秦冉
先賢公明儀
先賢公都子
先賢公孫丑
先賢張載
先賢程頤

兩廡先儒祀位

東廡三十一位

先儒公羊高
先儒伏勝
先儒毛亨
先儒孔安國
先儒后蒼
先儒鄭康成
先儒范寧
先儒陸贄
先儒范仲淹
先儒歐陽修
先儒司馬光
先儒謝良佐
先儒羅從彥
先儒李綱
先儒張栻
先儒陸九淵
先儒陳淳
先儒真德秀
先儒何基
先儒文天祥
先儒趙復
先儒金履祥
先儒陳澔
先儒方孝孺
先儒薛瑄
先儒胡居仁
先儒羅欽順
先儒呂柟
先儒劉宗周
先儒孫奇逢
先儒陸隴其

西廡三十位

先儒穀梁赤
先儒高堂生
先儒董仲舒
先儒毛萇
先儒杜子春
先儒諸葛亮
先儒王通
先儒韓愈
先儒胡瑗
先儒韓琦
先儒楊時
先儒尹焞
先儒胡安國
先儒李侗
先儒呂祖謙
先儒黃榦
先儒蔡沈
先儒魏了翁
先儒王柏
先儒陸秀夫
先儒許衡
先儒吳澄
先儒許謙
先儒曹端
先儒陳獻章
先儒蔡清
先儒王守仁
先儒呂坤
先儒黃道周
先儒湯斌

续增从祀先儒：

袁燮，同治七年，浙江巡抚马新贻奏准，位在西庑先儒吕祖谦之次。

张履祥，同治九年，浙江学政徐树铭奏准，位在东庑先儒孙奇逢之次。

陆世仪，同治十三年，江苏巡抚张树声奏准，位在西庑先儒黄道周之次。

许慎，光绪元年，国子司业汪鸣銮奏准，位在东庑先儒后苍（颉）之次。

汉河间献王刘德，光绪二年，河南学政费延釐奏准，位在西庑先儒董仲舒之次。

张伯行，光绪四年，河南学政费延釐奏准，位在东庑先儒陆陇其之次。

崇聖祠祀位

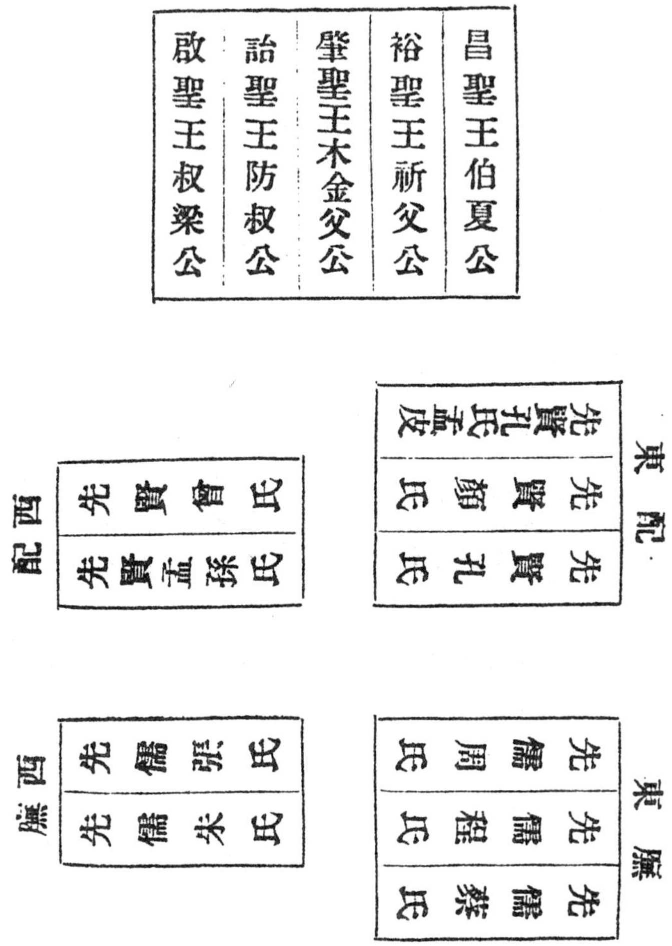

崇圣祠正位：

肇圣王木金父公，孔父嘉子，奔鲁，因家焉。

裕圣王祈父公，木金父子，或曰夷睾，以孔为氏。

贻圣王防叔公，祈父子。

昌圣王伯夏公，防叔子。

启圣王叔梁公，伯夏子，自微子至叔梁纥，计十四代。

清雍正元年，诏封孔子先世王爵，合祀五代，更名启圣祠为崇圣祠。

东配：

先贤孔氏孟皮，孔子庶兄。咸丰七年，河南学政俞樾奏准配享。

先贤颜氏，名无繇，字路，颜子回之父。

先贤孔氏，名鲤，字伯鱼，子思、子伋之父。

西配：

先贤曾氏，名点，字子皙，曾子参之父。

先贤孟孙氏，名激，字公宜，孟子轲之父。

东庑

先儒周氏，名辅成，字伯大，先贤敦颐之父。

先儒程氏，名珦，字伯温，先贤颢颐之父。

先儒蔡氏，名元定，字季通，先儒沈之父。

西庑

先儒张氏，名迪，先贤载之父。

先儒朱氏，名松，字乔年，朱子熹之父。

明嘉靖九年，诏天下学校各建启圣祠祀至圣父，而以颜、曾、思、孟父配之，称先贤。又以程、朱、蔡子父从祀。万历年，增入周子父，皆称先儒某氏。清雍正二年，诏先儒张氏迪亦从祀。

文庙乐章

迎神　咸平

大哉孔子，先觉先知。与天地参，万世之师。祥徵麟绂，韵答金丝。日月既揭，乾坤清夷。

初献　宁平

予怀明德，玉振金声。生民未有，展也大成。俎豆千古，春秋上丁。清酒既载，其香始升。

亚献　安平

式礼莫愆，升堂再献。响协鼓镛，诚孚罍甗。肃肃雍雍，誉髦斯彦。礼陶乐淑，相观而善。

终献　景平

自古在昔，先民有作。皮弁祭菜，於论思乐。惟天牖民，惟圣时若。彝伦攸叙，至今木铎。

彻馔　咸平

先师有言，祭则受福。四海黌宫，畴敢不肃。礼成告彻，毋疏毋渎。乐所自生，中原有菽。

送神　咸平

凫绎峨峨，洙泗洋洋。景行行正，流泽无疆。聿昭祀事，祀事孔明。化我烝民，育我胶庠。

祭器

大成殿，黄布神幔壹设，锡大香炉一，大烛台二，酒爵三，大酒罍一，大酒壶一，陈设盘一，木豆九，大铁丝纱灯笼二对，大铁高照一对，大锡灯台一。

东配，锡酒爵六，中酒罍一，香炉二，烛台四。

西配，锡酒爵六，中酒罍一，香炉二，烛台四。

东哲，锡酒爵三，中酒罍一，小酒壶一，陈设盘一，木豆九。

西哲，锡酒爵三，中酒罍一，小酒壶一，陈设盘一，木豆九。

东庑，锡中酒罍一，小酒壶一，陈设盘一，木豆九，酒爵三，木方纱灯九。

西庑，锡中酒罍一，小酒壶一，陈设盘一，木豆九，酒爵三，木方纱灯九。

崇圣殿，锡大香炉一，大烛台一，大酒罍一，陈设盘一，木豆九，酒爵五。

名宦祠，锡小酒罍一，小酒壶一，陈设盘一，木豆九，酒爵借用。

乡贤祠，锡小酒罍一，小酒壶一，陈设盘一，木豆九，酒爵借用。

忠孝祠，锡小酒罍一，小酒壶一，陈设盘一，木豆九，酒爵借用。

省牲所，锡小酒壶一。

奎光楼，锡小酒罍一，小酒壶一，陈设盘一，木豆九，酒爵借用。

大成门，木方纱灯三对。

武庙乐章

迎神　格平

懿铄兮焜煌，神威灵兮赫八方。伟烈昭兮累祀，祀事明兮永光。达精诚兮黍稷馨香，俨如在兮洋洋。

初献　翊平

英风飒兮神格思，纷绮盖兮龙旂。斞桂醑兮盈卮，香始升兮明粢。惟降鉴兮在兹，流景祚兮翊昌时。

亚献　恢平

觞再酌兮告虔，舞干戚兮合宫悬。歆苾芬兮洁蠲扇，巍显翼兮神功宣。

终献　靖平

郁鬯兮三申，罗笾簋兮毕陈。仪卒度兮肃明，禋神降福兮宜民宜人。

彻馔　彝平

物惟备兮咸有明，德惟馨兮神其受。告彻兮礼终罔咎，佑我家邦兮孔厚。

送神　康平

幢葆葳蕤兮神聿归，驭凤轸兮骖虬騑。降烟煴兮余馚馡，愿回灵盼兮德洽明威。

望燎　康平

焄蒿烈兮燎有辉，神光遥熉兮祥云霏。祭受福兮茂典无违，庶扬骏烈兮永莫罿畿。

文昌乐章

迎神　丕平

秉气兮灵躔翊，文运兮赫中天。觇旌兮戾止，雕俎兮告虔，迓神庥兮於万斯年。

初献　俶平

神之来兮笾簋式陈，神之格兮九筵式亲。极昭章兮灵贶致，蠲洁兮明禋升。香兮伊始居，歆兮佑我人民。

亚献　焕平

再酌兮瑶觞，灿烂兮庭燎之光。申虔祷兮神座，俨陟降兮帝旁。粢醴洁兮斋遬将，绥景运兮灵长。

终献　煜平

礼成三献兮乐奏三终，覃敷元化兮繄神功。馨香达兮肸蚃通，歆明德兮昭察寅衷。

彻馔　懿平

备物兮惟时，告彻兮终礼仪。神悦怿兮鉴在兹，垂鸿佑兮累洽重熙。

送神　蔚平

云輧驾兮风旂招，神之归兮天路遥。瞻翠葆兮企丹霄，愿回灵眷兮福我朝。

望燎　蔚平

烟熅降兮元气和，神光熉兮梓潼之阿。化成耆定兮櫜弓戢戈，文治光兮受福则那。

祭器

文昌位前，锡香炉一，烛台二，香筒二，酒爵三，红呢桌裙一设，红布神幔一设。

奎光位前，锡香炉一，烛台二，红呢桌裙一设。春秋官祭在南城楼。

论曰：积邑中百数十年之所闻事亦繁矣，约之可括为灾祥、兵火、礼器、乐章数端。夫灾祥之说《春秋》亦载，然《左氏》好详怪异，昔儒病之，盖以其涉于诞谩，惟兹所言者皆切于民生之休戚，非不经之说可拟也。至若兵火之事，国家治乱攸关，社会安危所系，详加采集，不厌其烦也。其他如礼器之数、乐章之词，岂可湮没不传？虽时政革新，古礼浸失，正如告朔饩羊，乌得以礼废而并废之哉？

丛考

志之作，恒分门别类而序列之，其门与类之无属者荟为丛考，非必罔关典要，以其涉于纤细也。如传之所偶见，听睹之所或及，或一端之有征，或片语之足录者是已。他若文艺一门，谨依新例删除，惟异地名流，此邦硕学，风流相尚，撰咏至夥，或关风教，或关掌故，苟悉听其沦没弗载，宁非遗憾！爰择其足与县志相发明者罗列篇末，亦斯志之大结束也。作《丛考》。

杂记

纪皇考案始末，邑人赵昌业有记曰：

武乡皇考一案，其事震骇天下，然原其终始，为时不过浃旬，其来也如云垂海立，其止也如雪化冰消。自古史籍所载，未有事关门户，悸魄惊魂，猝然化为乌有，有若是之奇者。昌业时方童稚，长而访辑其事，仰见我朝之英明仁圣，虽唐虞三代之君不能及也。谨珥笔纪之。

乾隆四十二年，县之东苏峪村举人李畸九范卒。李氏，昌业外家也。其子生员抡元，将于次年二月六日谋葬，乞志铭于辽州举人王尔扬。文内序畸九之父称皇考，只此一句，他无及焉。首刻撰者姓名，以先君属犹子婿，亦列名书丹。时方就试礼闱，而代为执笔者诸生李中敏也。比葬散讫，亦无他议。

四月十二日，抡元与从弟调元偶话于家塾之信成斋，斋去舍里许。午后忽有胥隶数人持牒入室，立拘生员李抡元，火速赴县。问其故，不言，请归宅治装，亦不许。仓皇催促簇拥马上而去。村隔县七十里，调元归舍觅骑，夤夜尾之入城，至则音耗严密，抡元已入狱，禁置不得见，街头皆窃窃耳语，比问即不答。投一熟识，乃闭户告白："若尚不知耶？因墓志'皇考'字已奏达天廷矣。"问："何以致此？"曰："不知也。传闻学官及某所为，今事在不测，尚自投罗网耶？"调元脱身独归，语家人曰："凡事用财赂，慎勿动，脱有不讳，身家且不保，何有于财？如不至是，则事涉钦案，诸人必不敢妄为。"因携资斧往供橐饘，始得阴察其详：

先是，广文王廷诏素不慊于李氏，而诸生李风和与苏峪李氏不同宗，宿衔怨焉。入学言及志铭，谓"考"字上擅用"皇"字，干犯禁忌，具牍首告。王即伸文于县，县令江廷泰不复审，顾递尔通详各宪，而事不可挽矣。巡抚巴公延三因事出非常，即时具奏，飞檄下县，逮系诸人，解送省垣成狱。抡元所为，首被擒获，旋分遣臬司李承邺、观察某检视各家，查究实迹。当是时，羽檄交驰，急于星火，闾巷哄传官兵旦暮且至，行将殄灭一方。

苏峪村邻舍，扶老携幼，急备糇粮，逃窜入山谷。其有老病不能行者，或至累日不举火。李氏家童仆雇工皆遁亲友，探信者率潜踪夜往，莫敢以昼。沁州守喜崇福闻上宪亲临，轻骑率驺从，夜至洪水镇，去苏峪二里许，昏黑不能行，叩户假灯，阛阓皆敛息莫应。遇一人，使呼乡保，踉跄如不闻，州守亲批其颊，其人鼠窜而去，谨乃得达其村，出封条，严启闭，抄录田产，搜检书籍。设施未定而臬司已至，内外审视一周，即往墓所。路不任肩舆，骑而行。归，语左右曰："此特衣食粗足，儒素之家耳，何至是？"抡元之母安氏率幼孙逊匍匐哀恳，臬司曰："事已上闻，无可为力，此中吉凶，惟视汝家福命耳。"又曰："我皇上至仁至明，窃意可无他虑，所以慰藉之者甚厚。"旋至业家，略为瞻视，一茶而行。县令之逮事主于狱也，讯知志为中敏手书，而中敏授徒异县，未即获。继而闻其回籍入城，有匿之者，乃昼闭四门，严加搜缉。中敏毅然以出，曰：“死生命也，逃匿岂能免乎？”因就逮。观察前至辽州拘撰者，送于县狱，检阅一过，间道先回。诸犯皆齐集于县。于是自臬司以下州县及巡捕官押监诸人解送起程，铁锁锒铛，囚车就道，持兵杖而防卫者凡数百人。夜宿邮亭，周环巡警者彻夜不得寝，诸役皆辛苦劳顿，又饮食不时，率共恨首告风和。夜或拘之梁。行三日至徐沟北门，为南北往来孔道，众方共息午肩。俄传圣旨已到，催排香案，听候宣读。诸人相视，面色如土，心以为即此就刑矣。忽跪听差官朗诵，诏曰：“‘皇考’二字见于《礼经》，屈原《离骚》及欧阳修《泷冈阡表》亦用之。在臣下礼宜恭谨，但腐儒拘于用古，并非叛逆，此事尽可毋庸办理，皆勿论。”读毕谢恩，方知事归乌有，立开三木，登时释放，时四月二十日也。

自起事至此，凡九日，奏章已再往复矣。万众攒观，欢声雷动，抃手称庆者固不独事中人也。归而歌舞，演赛感谢皇恩。阖邑士庶登门往贺，至闾巷不能容，惟县令、学官终惭怍不遣一介。后上恶其所行，旋皆因他事罢黜。

是时，先君春闱试毕，静候发榜，寓中同伴出游，见坊间有鬻邸抄者，纷纷竞卖，盖其事已宣扬都下，户说新闻矣。因市一纸，以示先君，先君大惊曰：“事虽平静，但不知家中若何景象？”乃星夜遄归。至则纤毫无损，如未尝有事者然。先君每与调元言及此事，辄戏之曰：“我之福运固胜于子，譬诸疾雷破柱，子虽不避，然受恐已多，我则时方酣寝，比觉而已天清日朗矣。是我之所以独幸者也。”

调元，贵州龙泉尉，即余舅。先君讳扩，山东荣成令。

赵旭元，字悟了，郑峪人。性仁孝，家虽贫，事亲色养备至，处众时行方便，禀赋慈悲，不计闻达，乡里无不钦其高谊。

光绪丁丑大祲，家人俱遭不祥，旋一意谋道，力访名师。到黎邑性空山求道，一去历数十年。稍有领会则出山渡世，常寓于大有谷间，号山曰中原。凡有病者求方，随手折花，稍或与尘垢，服之立愈。每日耕作所得，散给贫乏，因之所求必应，应无不验。如是历数十年，拜访为徒者不下数千。

施舍修桥、补路，出赀不吝。丁巳，行年七旬有七，当年四月间某因父病，延请旭元，谓子弟曰：“吾寿已尽，速营寝处。”延至诊视，则谓某曰：“你父命今秋当休，惟在吾后耳。”某闻言骇异，既而果验。《中庸》谓至诚之道，可以前知，即悟了之谓欤？

悟道，姓武，名元年。邑之段村人也。幼有至性，失怙恃后，勤于耕读。家贫寒，依叔以度日。弱冠既授室，忽自悟尘世名利如电光石火，人生观无非苦境，弗皈依三宝不足以解脱之。遂以善言劝其妻，俾改适。已则削发于辽郡之龙窑寺，法号为悟道。潜心修养，既有所得，则本释氏慈悲之旨，人有问病者，或一抚摩，或施法米，往往奇验。一钱不爱，所至人多欢迎。最奇异者，凡事能预知，相传其叔于某日亲往探视，悟道即早知之，迓诸寺外。其叔在途情形，均言之确凿，若所目睹。某年寺有强盗数人来劫，悟道略出片语，盗均慑服不敢动。以正言责之，喝令速去，盗始能抱头鼠窜散。年六十六岁，自言某月某日当圆寂，遗嘱火葬。届期果然，而送葬者达千人之多，至今人犹啧啧称羡云。

火灾志异

县西会同村近年屡遭火灾，其怪异不可理推。大约秋成以后，庄农柴草堆积，无故起火，延烧数处。或一日数举，或数日一起不等。在屋内者屋亦被焚，在野外者仅烧柴草而已，柴草之相离近者则延烧之。以故村人有柴草者往往分排野外，不敢连接堆积。而回禄之灾至今七年之久，年复一年，不复间断，未有如此延长、如此怪异之事，愿以质诸世之有科学知识者。

续志序目

武乡县续志序　邑令吴匡

武处瘠区，在晋为鄙，而其山川奇特，间产英豪。石赵出而人称杰，昭泽封而人且神，姑勿论已。洎乎明季，冠裳林立。国初，诸老接踵而起，争以德行文章相砥砺，其时之处为硕士而出奏伟绩者，尤不乏人，接籍而稽，亦云盛矣。今虽稍不逮前，而扶舆清淑之气、郁极必发、培植而振兴之，安在古今人不相及耶？

光绪丙子，余始到官，适值连年大祲，颗粒不登，顿成尧世洪荒之象。时仅周室云汉之忧，自惭薄福，累及斯民，仰蒙大中丞曾公悯念通省奇灾，飞章入告，叠沛恩施，如救焚拯溺之弗遑，无微不至，有加无已，于以消沴戾而召祥和。嗟兹孑遗何幸得此！

今岁，民困少苏，旋奉札谕筹及。饥馑之余，百事废弛，亟宜续修邑乘以存旧章，洵善后之要务也。第以吏事繁猥，浅见寡闻，不克希纵曩哲，因但就前志所讫，凡八十余年事迹，有可稽考者延访耆旧，纂辑成编，体例悉准前规条款，略增新事。余亦于公暇时参互商酌，五阅月而蒇事，其中灾赈一门案牍具在，详列无遗，触目警心，知身家性命之保全必赖人事，从此湔涤疮痍，复回元气，俾士食旧德，农服先畴。上有以纾圣朝子惠之怀，下有以副大宪抚绥之意，拳拳此心，何日敢忘？则夫斯编也，纯疵参半，贻诸大方，知所不免，而域于方隅，迫于时日，姑为守先，待后之计，无暇于文字讲求，此则可共谅者也。至若明教化、移风俗，经正而民兴，必有能胜其任者。语云“如其礼乐，以俟君子”，余窃有厚望焉。

续修武乡县志叙

邑举人籍文学

志与史相表里，而史皆采择于志，志固史之基也。武乡有志创始于前明万历，入国朝来，邑令台辰李公、中含高公、秀干白公并踵修之。白公之修在乾隆庚戌，迄今几九十年，其宜续而修之也久矣。顾修之难也，无其时则不可修，无其人则不能修，即幸有其时与人，而或铺张扬厉，骋藻绘之虚词，无经济之实用，揆诸国计民生，毫无补益，则虽可修、能修而亦不必汲汲于修。丙子秋，浙东书年吴侯来宰武，甫下车，革故鼎新，百废俱举，尤以振兴文教为己任。无如丑寅两年连遭大祲，乳哺灾黎，家至户省，恒促促无暇晷。维时恩诏赈济，凡官府往复文移写惨目伤心之状、出滴泪迸血之言，其擘画周详，纤微毕至，洵有足为后世法者。又况此八九十年中疆域、山川固无少变，而户口之盛衰、物产之盈虚、兵刑钱谷之纷烦错杂，与夫职官、科名、忠孝、义烈各有其人，皆一邑文献所关，乌可漫无纪载听其湮没而不传哉？今秋颇称小稔，民始有更生，望爵抚宪曾公拟修通志，檄下各属州县纂辑志乘以备考。侯乃开局书院，延广文钮松斋师主其事，并招集邑中绅士采访旧闻，收罗实迹。义例一本前人，去取悉凭公论，复不耻下问，每一门成必走平阳邑，再三商榷，文遂亦与参末议焉。刻将竣，谓高、白两志俱有邑前辈叙载卷首，因命亦仿为之。文迂疏寡学，愧无以应，第亲逢盛事，既幸数十年废坠之绪，一旦得观厥成，又可使后之览者知有备无患，未雨绸缪，于以家给人足，群享乐利无疆之休也，岂不懿欤？爰不揣谫陋，略记其缘起如此。

武乡县续志尾言

邑教谕钮增垚

《武乡县志》讫于乾隆五十五年，越今八十余载矣，其间事迹久将就湮，老成既渐凋谢，后辈习举业、骛名场，又鲜暇晷，以是间尝议修而因循不果。光绪五年，奉曾大中丞都依前志为续编，体例素具，而采辑尚匪难也。长官吴大令捧檄来商，钮增垚曰："古言三长作史，邑乘非史比，而实史之发源也。今不必别具炉锤，偏隅僻壤，文献无多，及时犹可搜讨。随类凑补，集腋成裘，或者亦可乎？"大令曰："唯唯。"乃聘邑绅李孝廉诸君总纂、分修而兼采访。又延英年工书者若而人左右之为缮稿，每一门具，走伻太谷县就正邑孝廉籍广文裁定，旋付手民。此续志之书所以日无几而成，颇速也。恭考徐《四库全书目录・郡邑志》，以宋范成大《吴郡志》、明康海《武功志》为得法，而韩邦靖《朝邑志》尤推绝作，其简括不易几也，而详核犹可企也。窃计廿载以来，官常民事，守辙循涂，一切由旧，其仅有兴作如补葺学宫、教习乐章、创建考舍、劝募书院经费、申报节孝、重修祠宇诸事，官所会商，绅所经理，近在目前，如斯而已。惟夫灾赈一节为从来未有遭，实我大中丞全副精神所寄，谨于“灾祥”门内，特标四目，案牍具在，备列详书，使百世下刻骨铭肌，感怀勿替，盛德至善，固民之所不能忘也。其余各门，凡数十年流传未坠者，按次采入，略足成编。留遗迹于既往，衍余绪于将来，虽伤烦琐，所弗计也。剞劂告竣，缀言于尾，聊以记其颠末。书中有无乖舛踳驳，听诸方家之公论，即请以是质之。

卷一：叙文、重修姓氏、建置、城池、公署、学宫、祠庙、贡赋（仓储、盐法附）、兵防、置邮（铺司）、风俗。

卷二：灾祥（誊黄、奏牍）。

卷三：灾祥（宪示、县禀）。

卷四：古迹、职官、选举（制科、进士、举人、武科、胄武、贡生、例贡、封荫）、人物、文苑、忠烈、孝义、隐逸、列女、艺文（记、诗）。

侨寓

唐

姜绪，字保本。天水郡人。

元

魏成甫，河南归德府虞城县人。

明

李赟，直隶顺德府邢台县人。

清

程衍洙，江南徽州人。

傅山，太原人。字青主。

以上五人均详见旧志。

仙释

晋

王质，本县三交人。

佛图澄，本姓帛氏。天竺人。

唐

风雷将军，姓焦，失其名。本县司徒村人。

明

海贵，柏林寺僧。本县人。

程嘉绩，本县人。

清

阎和尚，段村净业庵主僧。姓阎，法名福江，字洪润。

以上六人均详见旧志。

寺观

离相寺，在县东上郝村，为武邑佛庙之最古者也。创于东汉时，唐、宋、明、清屡加修葺。今则庙貌倾圮，不足以壮观瞻矣。寺在县属蟠龙村。见旧志。

宁庆寺，在县东温庄，创于清乾隆年间。

清尘寺，在县城西关。考为太康令魏令望所建，年久失修，倾圮不堪。民国十七年，邑人范希云等募赀修葺，焕然聿新。

崇兴寺，在县东石科、徐家垴间。明嘉靖十一年废，隆庆九年复立，邑人李惟有记。

兴福寺，在县东十五里连庄沟村北。创建于何代无稽，民国十二年重修，现今庙貌辉煌，佛像庄严，为邑东之新式寺院。

龙泉寺，在县东十里礼庄之东北。顺治十七年重修，邑人赵希明有记可考。

广福寺，在县西会同村冈上。创自金世宗大定三年，庙院内有古松一株，顶平如盖，势若蟠龙。

福兴寺，有二：一在县西一百里分水岭村；一在县西一百二十里南关镇。

普照寺，在县东三十五里上下型塘间。

三法寺，在县东下型塘西陌峪口。

清泉寺，在县东陌峪村南。

佛堂寺，在县东姚庄。

隆庆寺，在县西魏庄。距城八里。

遐福寺，在县南三里许白家窑。

崇佛寺，在县西二十五里马牧村。原名石佛寺，在村北，逮明成化年移建，改今名。民国五年重修。

佛兴寺，在县西二十里王路村。原建无稽，光绪三十一年重修。

清凉寺，在县西石壁北山之阳。庙貌巍峨，足壮观瞻，为一村之胜境。

观音寺，有三：一在县西西城村，见旧志。一在距城四十二里之义门村。一在张村东南。

金仙寺，在县西山交村。创无考，清同治年间重修。见旧志。

健佛寺，在县西高寨寺村，距城五十里。

永宁寺，在县西岸北村。

永兴寺，有二：一在县西大梁村；一在县东广志村。

弥陀寺，有二：一在县西段村，见旧志。一在县西五峪村。

吉祥寺，在县西陈村，距城六十里。创建之年月无考，清光绪五年重修。

永寿寺，在县西楼则底村。

洪济院，在县西东良侯村，距城六十里。清光绪年重修。

福源院，在县西北良侯。原建年代无稽，大定年改修。院有碑石一方，上书赵曾韩欧阳衎。

观音堂，有五：一在县南里许。一在县西关。一在韩壁村。一在松庄。一在县祁村，距城二十里，院内有唐槐一株，树内复生桑一株，俗名树上树。树粗计八围有余，其巨可想矣。

鹫峰庵，在县西南关镇之南，距城一百二十里。

净尘庵，在县西南关镇西北。邑人进士李春华有记，详金石考。

药师庵，在阳家垴村，距城二里。

守静庵，在县西寨上村，距城二十八里。民国九年重修。院内有古松三株，粗数围，高八九丈，数百年前之古植物也。

全道庵，在县西神前村。原建无稽，有元代大德六年碑文，另详。距城三十五里。

昊天观，在县西下城村，距城十二里。内有元代古碑。

太清观，有二：一在县西关，一在县西故城镇。

圣泉寺，在县东崇城山。

天主堂，有六：一在县南二十里上司村，创建于清光绪二十七年，占地二十余亩，有房百余楹。一在小店村，距城十五里。一在县东白家庄，距城四十里，创建于清光绪三十三年，堂高六十五尺，阔五十尺，长六十尺，有屋二十三间，占地五亩。一在狼卧沟，建于民国十三年，高五丈，长七丈，阔四丈余。一在小莫角，距城七十里。一在姚家庄，距城二十里。

方技

李绍邕，字□□。清太学生、乡饮介宾。义门人。幼失怙，事母至孝。酷爱读岐轩书，独居小楼数年，目不窥园，遍得其秘。能穷脉理，达变化，是三折肱而深入仲景之室者。性慈善，与人治病，不分畛域，所至著手成春，遐迩以名医称之。闻邕有其欲验其术之精否也，无病而请诊之，邕曰："足下之病虽未发见，然日内忌涉水，涉水则不治。"某虽漫应之而心未以为然也。经数日，疾忽发，急遣人请治之。邕问曰："病者曾涉水否？"曰："闻其涉水。"邕曰："渠不听吾言，以致如此，不能为力矣。"某病卒以不起。

相传有甲妇病颇剧，乙妇无病而相伴，请邕诊治之。诊毕，谓甲妇曰："汝病服药一剂即可愈，惟彼妇气色惨沮，恐致不测。"闻者悉置不为意。不料甫数日，甲妇病愈而乙妇竟以病殁，其神于医理多类此。

魏思韩，字宋钦。魏家窑人。清诸生。精医理，凡《素问》《内经》以及《金匮玉函》《本草纲目》等书皆了如指掌，施治本诸古方而并出以新意，神而明之，辄应手奏奇效。东皋李巍患时瘟，医者过用寒凉之剂，几致不起。思韩投以附子理中汤，数剂而愈。王白堙李壬子，冬月涉水兼食油腻，致腹大如鼓，医以大黄下之，病益剧。思韩诊其脉迟甚，用前方加白蔻、丁香等治之，沈疴立起。阳家垴某妇患抽搐，昏不知人。思韩以附子理中汤加南星、桂枝，投之三四服，病若失。一方而略事变通，各臻妙用，生平运用之能诸如此类。

性复关心公益，常约同志联名上邑令魏鸿勋书，革除公家就河南五约砍伐民树之弊，他若营修庙宇、举办团练、完葺书院、修治道路，罔不捐资赞助。作古已数十年而乡邻之称道弗衰，非所谓盛德难忘者欤？

艺文

重修净云庵碑记

进士陈舜裔撰。

附碑记文曰：人性之无不善也，苟有以触其天机，使诚发于中而夺于物，则悦安而守固。虽不必尽合于道，而亦可以破人心之悭，乐施之用，而相与观古道之留。仲尼曰："民可使由之，不可使知之。"盖深知牖民训俗之方，难与言精微中正之故，而因其机而导之，即庸愚不苦于为善之无阶，如世之修庙祠，神得无近似乎？今夫人莫不各私其有，往往父子兄弟，箪食豆羹，吝形于色，一旦割其财而分之于泥神木佛，将毋悭甚。乃毫无芥蒂，乐为资舍而竭力。虽心之蒙，实善之机也，不然，人孰不欲拥沃壤、起台榭、居有连檐高阁之丽，与夫土爰稼穑之富。忽焉拱手以奉之神明，若捧爵酒，妻女无诟诟之语，岂非慕义好善有以动之而然乎？如必正其非辟其说，将并驱为鄙吝，而一物莫舍，是诲之私也，绝其向善之萌也，大昧先王神道设教之旨也。故与其禁之，毋宁存之，以广其义，是亦行古之道而医世之微权寓焉矣。吾乡人多好善，而邑东称最，有居士韩名士弟名状者，累世斋素，好佛老，喜施予，造浮屠，建梵刹，所到成功而勿坠。祖居鹅头，后寄耕韩家垴，因以起家。尝经天成寨下，见有古庙倾圮、神像剥蚀，遂恻焉心动，移之韩家垴。乞于叔祖葵阳君，舍地以居，因之建宇庄严，凡瓦石土木金漆丹雘之费，虽取助于四方，而其父子兄弟乐蠲其财者居半焉。宁其自图福利而为之，抑其祖父来世有慕义好善之诚，宜乎其悦安而守固也。予过其地，乡人因丐予言以纪其事。呜呼！余虽不佞佛谄道，而未尝不乐取于人以为善，故亦不暇考其神之出处，与夫福泽之感应，因乐广其义以布之，姑存其说而志之，盖劝善也。

武乡县监漳里会仙起本碑

进士陈嘉撰。

附碑记文曰：昔老子言：域中四大，独先其道者，何也？以道能生天地，运日月，变通四时，化醇万物，无所不载，最为之大，故首称之也。上此圣人知道之至大，立之以为教，曰道教焉。历代以来达其理者，在此则延年，升霞则列仙。如彭钱铿服饵以长生，许旌阳积功以轻举，皆见于传记，岂虚言哉！

我大师贾公者，法讳志韬，是邑东贾里人也。素慕虚玄，有企及前人之志，礼本县朝阳洞段志真为引度师。一日志真北征，谒见长春宫大宗师清和真人，达彼命为北京道录。志韬无所请益，遂孤云野鹤，参同于四方者数载。岁在丙戌，始结庵于襄垣县之故县里而居之，闭户读书，忘餐废寝，由是专钻研儒道之书，深通正理，远近闻其风者皆钦仰之。至岁庚寅，乡中监漳里众耆老直诣彼中，请位当里之垅神庙师，处之久，常自念言：“神非道家之主，安可久于此乎?”遂相其水北之故基，其地势后高前下，背风向日，三垅山朝其南，五垅神护其北，左则有禅宗之古寺，右则有神钟之圣迹，前流一水，自西涧而来，潺湲之声不离于耳，派而分之，浸灌民田，带通蔬圃，其利溥哉！道俗佥曰：此天产宫观之地，不可失也。于是师乃化其观地于胡照、赵林、□□，进而施得之，其余相连合用之地诸人亦施之。地既完矣，木既伐矣，师遂将修盖之事付弟贾志常主之。师即日居环诸之山，至塞其户，不出其庭，守静致虚，于岁行三周为限。其师至，门人之辈盈村，主客之家不待催促而日逐之功程愈谨，连年之间，殿宇多而成者，其严饰则未也，及饰之出圜也。睹诸位之荒凉愧瞻，依之无所。其塑像则颜色之，楹桶则丹雘之，圣位之阙者补之，寮居之坏葺之者，乃圣乃贤，曰堂曰宇，不移不陋，焕乎一新。时到其间者瞻之仰之，莫不赞师功成。登仙之后，有曰其嗣人知观温公备礼而来，求碑文于余。余辞以不能，至于再，至于三而请，不得免而书之。其铭大蒙古国至元三年岁在丙寅三日吉立，曰地势迎阳，枕乎北岗。殿宇雄壮，圣贤列张。豁达窗户，分明塑妆。有阁冬暖，有斋夏凉。居者快乐，过客赞扬。前人成就，后嗣承当。有始有卒，无怠无荒。绳绳继继，百世流芳。

四大家文选序

陈维崧　其年

昆山归先生熙甫、归德侯先生朝宗、南昌王先生于一、武乡程先生昆仑，集若干卷，选文共若干篇。集既成，维崧伏而叹曰：“甚矣！作者之难也。盖百余年能文章者不下数十百家，而可传独此数人，甚矣！作者之难也。”

昆山生嘉隆间，一时士大夫务为骩骳委靡诸陋习，几庋古学不道，即有一二巨公高才博学以文辞相雄霸，要其离合，究未知于古人何如。昆山独以声希味淡之文一唱三叹，使读者低徊掩抑而不能自已，当其为之于举世不为之时，世亦颇有訾謷先生者，而先生毅然为之不顾。及其为之既成，世亦稍稍知有先生，而先生是时则既已老矣。是可叹也！

归德、南昌皆少负异才，又世家贵公子，熟习掌故，沉酣恣肆，大放厥词。归德殁时年止三十七，南昌稍逾中寿，亦穷愁坎壈不得志，客死。则两先生未尽其才，之所为可惜也已。

武乡少与临川陈际泰、东乡艾南英、常熟杨彝齐名，作为诗古文，幽深雄厚，地负海涵，与古人为犄角。然仅以别驾润州，稍迁贰皖城二千石。其于文之遇合何如也？数人者，其时不同，地不同，生平仕宦与否亦大不同。即其为文章，昆山以柔淡胜，得之欧；归德以灏博胜，得之大苏；南昌以峭健胜，得之老苏；武乡则以险绝胜，得之柳，亦微有不同者。至其文以载道，则无不同也。故曰文章可传，则同后之人流连于经史之源渊，反覆于唐宋八大家之正变，慨然于百十年以来而有此数人，则此数人者，时世之先后亦可以不计已。夫韩之与柳，其名位不甚相远也。欧、苏、曾、王之与韩、柳，时异也，而并传南丰。大小苏之与欧阳，师弟也。异也，何不可并传？韩、柳、欧、苏、曾、王而并传，则如韩如柳如欧如苏如曾如王者何独不可并传也耶？

魏一峰古文杂集叙

介休范棣

棣不敏，十年自津门返，窃从一峰先生游。从兄榕逮长一齿，同执经，狎伍嬉戏，言面之从多而倾心之受少。先生间与诸同人上下古今，纵横贯穿。方伺隙窃嗜诸传奇，溺志淫心，废弃正业，于先生之津涯畔岸，茫乎浩乎慨乎，其未有测识也。年十五，入郡庠，先生适有河东之役。逾岁以忧免，再延受学，仅三载始觉悟。少悛前非，方渐次肄力古大家。而先生以堂上春秋高，决意归养，攀留不获，自愧童时罔知取法，既又不获侍先生卒业，虽复悔之，何嗟及矣！先生谓吾于帖括一道，生平心力尝瘁于是，自许差有微长。诗、古文辞，实未窥昔人篱下。然侧闻先生膺选拔，方逾弱冠，学使者励衣园亟称试策为山右第一。乡会试受知车望亭、黄素堂，皆喜出其门，虽荐不果售，而推崇特甚，谓古作与时艺实抗行不相上下。鸿博之选，孙文定公特以先生荐，尤击节长篇文直追唐宋作者。先生固未尝以此自多，而诸先达争相器重，所以心仪之而不啻如自其口出者，必有在矣。先生馆余家时，以文求者无虚日，脱稿后辄不自收拾，棣等亦任听散轶，今在余箧中者千百十一耳。温江旋里，服阕需次，偶携吴门，乐诵不释。思欲公诸同好，他日尚将请命先生，广搜汇补，辑成大观，此特其吉光片羽以志，棣虽不能至，心窃向往之云尔。

却孙都宪公荐博学鸿词书

邑人魏伦

伦书顿首大人阁下：伏承明问，雅意推荐，闻命悚惶，疚心在抱。伦自选拔赴都引见后，入监考到适阁下正莅大司成，整顿六堂，严立规范。嘉伦试策，面留肄业。时以赴省赴都负债甚夥，恐老父被索倚闾，不获如命，不得同一时诸名宿以此时共砥北雍，厚培学植，憾矣。壬子，幸厕贤书，公车上，不谒长安一贵人。虽以阁下雅相器重，亦未尝通一刺道一款，非敢自高，稔阁下于伦以文相知，不以声势相要也。乃者同年冯太史来招，谓阁下将以博学鸿词荐。伏思朝廷此选，破非常之格以待非常之人，必如古者屈、宗、贾、董、左、潘、二陆、两司马、枚乘、刘向之徒，充栋汗牛靡不周览，奇辞奥义靡不通晓，然后盘郁轮囷，根之茂者其实遂，膏之沃者其光华，鸣声和盛，鼓吹休明，毅然当之不愧。若夫三试报罢，虽以汗澜卓踔，旛泫澄深，起衰八代之手或且难之，自余录录，已无足比。穷乡晚进之士孤陋寡闻，尤其每况愈下，不待审处而决者也。讵阁下辱爱方殷而太史再来，掖与俱往，阁下立进崇阶，谓："生来何暮！生于长篇文直追唐宋，所谓不待相见，相信已熟者。惟声韵之学，北人或非所长，然以生之材，何所不谙？"因饬取二场表判各一草，旋起舞曰："端庄杂流利，绝似长公诸小启，即此可矣。"伦亦不敢多置辨，仍偕太史退，乃展转以思，终日终夜，喟然感念阁下惓惓意良厚，不宜重辜，而抑亦所以自处者，尤不可不审也。国家需材之患，莫大乎上以实求而下以名应。今将聚天下绩学摛词之士，特开鸿博之科，度其概然起而相应者：凡自唐虞以来，经传之传留，史氏之纪载，诸子百家之论列，莫不披寻乎义蕴，反复乎训词，铿锵乎节族，而奋发乎文章。珠玑错落，云霞蒸蔚，大叩大鸣，小叩小鸣，所谓实也。而今之于于焉曳其珮，峨峨焉缨其冠，曾未读书数簏，而偶得一当辄欲假手以报者，则其名也不胜实而名是徇，声援有人，根柢无人，不至辱朝廷而羞当世之不止。呜乎！其亦不思而已矣。倘思天地蓄孕如彼其富，古今之递积如彼其多，名山石室之藏如彼其不胜收，扛鼎吞牛之笔如彼其不易举，而试以身与其间，问所读古人书几许，所发愤蔚然为文章几许，学之不讲何有于博，词之不出何有于鸿，姑循名以责其实，其不汗下通身，欲发声而不知口处者寡矣！伦之不敢轻诺者，诚心识其然，自知明而审处熟，是故不以自负者负阁下也。阁下又谓今四方之献身者、从旁揄扬者曷胜指屈，吾先欲敬求桑梓中，三晋人文之薮何遽无人？而人之知名者实亦不乏也。沁有吴正则古今淹博，经术湛深；黎有高献则学涌泉渊，声谐金石。虽伦耳目之近，见闻之狭，而心焉可数犹有一二人焉，况阁下以汲引之深心，广物见之贤路，雁门以南，太行以北，贤人君子虽伏匿而不轻出，而如吴如高，由此其选者又不知其几辈也。故愿阁下之公之也。伦叔暴病，老父书趣归，他日倘增读十年书，穷遐极博，积气养厚，果能一日愤发，其所为天下碓。今朝廷不次用人，然后得所审处，以其所学，黼黻盛明，虽不必出阁下之荐剡，而因此愧励得以反求其实，不徒然以名应国家非常之选，则亦阁下教也，阁下力也。行已有日，涓吉手书，乃付太史，冀转致之阁下，惟阁下恕其愚戆，不以为不可化诲而麾斥之，幸甚！幸甚！伦惶恐再拜。

修道君庙募缘引

邑人魏伦

武城西偏多庙祀，其畔北之连楹者三：左关帝，右城隍，而道祖老君祠式凭其中。积年倾圮，道会张一华将谋所以修葺之者，问言于余，募诸士庶。余惟祀典，凡有功于民者例应举间。核君巅末，周景王二十三年，宣圣与敬叔适周，问礼于君，而志君之生。或云商小辛时，或云周定王时，或云高宗二十四祀二月十五实君诞辰。自商迄周，多者八百年，少亦不下七百五十年余。其言至荒诞，不足深信，独定王相距七十二年，犹为近之，缁衣黄冠者辄奉为不祧之宗，傅会其说，指称教祖。明道有言，佛老之害甚于杨墨，害既甚矣，又何祀焉？然犹龙之叹，宣圣实心许之。而晦翁亦谓时君为柱下史，宣圣之问，非问所谓虚无杳冥昏默之道者，意其所谓害，殆亦流极使然，而非立教之本意，遂至此也。今观道德余论，若虚若愚之指殆强半焉，此其为功不于儒者之息事宁人庶有近乎？抑子舆氏之言曰："逃墨必归于杨，逃杨必归于儒。"而后儒谓道近杨，释近墨，或遵斯教者殆犹近里着己之意也。一华往矣，修废举坠。勤也不忘所守，崇本也，其必有人为神君之默佑其衷而共襄斯举者。愿勉旃，无后难。

拟翰林院落成表

魏伦

伏以皇仁浥露，木天临翠盖之华；霁藻摛云，棘院焕鸾旂之彩。彩毫拂而龙腾虎卧，上引星辰；玉版挥而鼍振鲸铿，高悬日月。鹓侣之华筚并集，龙门之藻耀欲翔。翰苑荣生，儒林喜溢。窃惟瑞启同文，大地原江河并丽；泰交合德，普天白雷电交辉。昔成在成周，官先内史；亦越汉代，选重灵台。至唐始有翰林之名，迄宋尤尚清华之彦。身得者荣逾衣锦，遥望者邈若登仙。封酒赐近臣，醉仙桃之春色；撤莲送学士，映弱柳于长堤。槐树庭前，御杖回而锦袍已覆；海棠枝里，宸章锡而宝额长悬。铃索丁冬，院外中官召试；画栏掩映，楼头仙女评诗。盖荟萃图书，中秘实文章之府；追随禁御，仰瞻即尺五之天。若夫桂子飘秋，桃花润雨。漏催五夜，未叨青琐之陪；烛尽三条，先夺龙舟之锦。工予怀之杼柚，花样生新；绣巧手于鸳鸯，金针细度。盈檐露下，尽拟黄榜标名；伏案星寒，争望朱衣点首。惟多士驰名之薮，实群材瘁力之场。然而缥缈瀛洲，徒羡浮槎隔岸；吟哦矮屋，谁怜挑尽寒灯。即掞藻赐龙池，率自词臣捧出；或封题颁试院，多从天使传来。未有接蓬海之仙舟，拥雨露风云而作句；幸冰壶之清苑，编菁莪棫朴以生春如今日者也。兹盖伏遇皇帝陛下，圣由天纵，德乃日新。玉殿晨修，抽甲乙丙丁之部；松轩夜惊，启春秋冬夏之书。固已搜问无遗，恢石渠而增虎观；菲葑并采，广鹿野以和鹤鸣矣！犹以词垣素称清秩，特颁巽命，俾予鼎新。属广厦之初成，展勾陈而夙驾。池光映彩，辰垣驰天驷之星；藜火腾辉，营室值文昌之宿。龙墀送暖，移步西青；鹭序迎和，开颜东观。虞弦播而卿云奏，徵角同谐；尧樽倾而湛露融，笙簧比德。行行玉笋，列侍阶前；字字珠玑，频来天上。摛词宠赐，拈韵□燕国之篇；染翰联吟，制格仿西京之体。谱元音于玉简，组织天成；发逸响于素毫，缥缃日丽。殺皆从律，真同赓拜之休；和必依歌，共奏太平之颂。俄焉载飞六御，共率千官。既举宴礼之崇，荣生玉署；旋乘鸾舆之肃，呼动棘闱。射斗分光，俯东西之环列；罗星错址，盻签轴之鳞编。辛苦风檐，悉归霄鉴；深严锁院，共接天颜。遂来飞白之书，锡之匾对；兼染上方之翰，播在殽诗。悬画阁而御笔淋漓，拂云笺而宸章烂漫。贤称为国，非道艺不入鼓吹；堂号至公，必真材始堪黼黻。垂诸金石，珍同赤字绿文；被之弦诵，韵叶金声玉振。增堂皇之藻蔚，炳□栋之葳蕤。与宴者饱德凫趋，恍游阆风之苑；观光者吹鼓鱼浪，尽嘘桃李之蹊。允矣！奇逢唐哉盛事，臣等七步何能？八叉未就！愧抽豪逸韵，有玷词坛；慕入彀奇珍，不遗铁网。花砖测景，幸沾太液之波；玉尺持衡，敢负冰清之鉴。伏愿禹文敷命，尧字传心。作诰垂莫，驾两汉三唐而上；歌风肆雅，追四始六义之先。发万丈之光芒，不数李杜；阐一画之秘奥，直接羲文。则从典册，以溯渊源。奕之人文丕振，大显承而昭模范，万年之有道弥昌矣。

文昌阁重修记

王先畴

县治之移于南亭川也自后魏始，其地北枕鞞山，南阻漳水。维时建县治于山巅，建学宫于山麓。有明嘉靖间，始两易其址如今所。而文昌一阁，实踞山腹而扼其中，建庙三楹，南祀文昌，北祀魁星。下穿洞口以通学宫，颜曰“龙门”。登阁凭眺，则万家之烟火、四山之风雨、两岸之田畴，俱可玩诸几席。其东南一峰，林莽苍翠，尤觉秀色可餐。漳水蜿蜒，自东而西。晴则一线澄波，天光荡影；阴则烟雨迷离，万象恍惚。但闻园丁、牧竖往来招乎于沙汀岸芷间，如展龙眠画，淡而不厌，又如登太华峰思呼阊阖而诵佳句。回瞰山顶，乔松盘拿云表，直欲化龙飞去，高高下下，景随时易，实城中之巨观也。其创始年月迄无碑碣。国朝康熙九年，邑令吴公月英嫌展拜地狭，拓筑其址而增高焉，添设享亭三间。阁前数武，建坊曰“文明”。其旁有轩，其南有楼。今楼与轩皆废，惟阁及坊仍旧制。吴公者后易名“齐漳”，云自是谁有修葺，率依成宪，如斯者二百年矣。客冬，方侯、郭侯相继来宰，二公咸精形家言。慨文运之不与，谓地方少通显，实亦是阁峻极当上游而压胜也。议撤文明坊下阁半基而聿新之。谋之邑绅，咸曰“诺”。于是以次年某月兴工，某月告成。是役也，自洞以上减于旧础者不及一丈，纵横如旧。阁左女墙下与之齐，上栋旁宇，维新是图，丹垩藻绘，倍益壮丽。经费皆取给于建考棚，所赀羡约数百缗有奇。工既讫，乃征言于畴，谋勒石以纪其事。余维武邑僻处万山中，地瘠风俭，商贾不通，士之抱铅椠、勤简蠹者，恒博一第维艰甚，且穷年矻矻，终其身不得列名乡校，盖平时不获名师宿儒之指授，当路又少推襟送抱之雅素。而武人士亦稍自矜持，不甘为风气之迁就。即有一二超隽之才得遂其志，而官途鲜捷径，自爱自重亦复抑郁困顿，无所凭藉，不得已而仅为衣食计，糊口四方，比比然也。庸夫俗子见其如此，群相非笑，以为是诗书误乃身，而暴弃者又时时指为口实。呜乎！此士风所以日下而人文鲜丕振耳，岂真天靳其施而地不效灵哉！伏考前明及国初时，科第蝉联，文章功业彪炳相继。迩来朝无显位，学少通方，岂昔之人皆应贵相而今之人独厄禄命耶？抑亦人杰地灵任有志者自为而非取兆于山川宫室之改移耶？若阴阳风水之说，古人亦尝言之，而有信有不信。汉曹完闵搢绅之途不济，开南寺门，承望华岳，卒使李儒等获人爵之荣。然赵兴每入官舍，移改穿筑，故犯禁忌，而爵禄益丰善乎？孟尝君曰："文受命于天，不受命于户。"王《潜夫论》曰："同一宫也，成王居之兴，幽厉居之衰，其上如是，其下可知。"第任教化之责者虽有奖励振率之盛意，必不能取佣而代为之庖，不过曰如此则兴，如彼则衰，为都彼人求其攸往无不利之举，而听吾人自切黾勉，相观益善，以储异日桢幹干城之选，是则有司者之事焉耳。而如曰本根在是，勿事是焉，又岂诸公今日之所望哉！

南亭诗钞序

程林宗

南亭，武乡古名也。唐宋以来，文人不少，概见书阙有间焉。金元之际，诗人邢安国见于元遗山之《中州集》，全诗亦不传。前明末造，大老特起，此地方有记载。维时诗古文并盛，若窦给谏之见于《张芹传》，若魏总督暨先尚书魏巡抚魏太康并见《明史》列传。国朝诸前辈继之，麟麟炳炳，先昆仑之见于魏石生《兼济堂集》、陈其年《四家文选》、王渔洋《蚕尾集》《西樵集》，赵乾符之见于《渔洋诗话》，魏龙媒之见于《朱太史外编》，文名广播，邑小而斯文远胜于他邑。於戏何其盛也！自康熙后三十年，杜郎中以八股号召后学，嗣后诸孝廉守其业，狎主齐盟。雍正、乾隆时，科第蝉联，制义而外无他及焉。士生其间，求如明末诗古文并传，久不闻也。嘉庆中，云南王乐山先生来宰县，攻艺之暇，诗古文兼之，而且大声疾呼，为通儒著作家勖，然后吾邑之肄业艺苑者颇知古近体诗焉。尔来文雅彬彬不懈而及于古，此物此志也。夫范子桓一专用力于声诗，于元、明、国朝诸诗人网罗不倦，共得诗若干篇，手录成编，命之曰《南亭诗钞》，而征序于余。将捐赀以付剞劂，而吾辈与范子之诗得附诸卷末，披览之余，嘉其表彰桑梓，而小邑之斯文得藉以传，其激励后人，正无已也。故为历溯斯文之兴废，以为邑人劝。至钞内之诗之工拙，任有目者评之，又何待余言？

《史记文津》序

程林宗

童时受《毛诗》《尚书》，抽案头书窃窥之，不能句读，辄爱“太史公曰”四字，尚未知为《史记》也。长而读其书，尽其卷数，而义蕴则宏博难明。涉猎群册，终以为不及此书。私心窃计，何时得谢八股业，专肄于此，以毕平生之愿。频年不得志于名场，乃反覆是编，久之似有一得，不自知其是与否也。及涉笔为文，心与手应，视向之埋首八股中迥不侔矣，然后知古书之益人神智。而穷年矻矻，笃好之情出于天性，非迫于名利而然也。今老矣，向所披阅，尽付流水，独此耿耿于怀，爰命子弟抄而存之，俾之藏诸家塾，便于诵读已耳。全书俱在，聪明子弟他日或可望其包括，而此心耿耿，要已有托也。凡所抄录，略辑其篇兼节其段，详加评点，冀豁心目，总若干题，号曰《史记文津》，非敢谓已获其义，第论其文而已。亦非谓遽得其文，庶以为文津云尔。

路记

前人

王家堖去县数里，而前后坡居其半焉。其路当南北之冲，数十村入城胥由是坡为陟降，盖疲塉也，实孔道尔。每当阴雨连绵，硗陿浸滑，上者拮据，下者目眩；若夫层冰积雪，马拥蓝关，人嗟履薄，更不胜其苦。其应官输租与城市粟器相易，任载者负载者，推挽岁不下数千石，奔走岁不下数万役。至于妇女往来，骏马衔橛，疲驴恋栈，又不间夫寒暑焉。其当修而慨于罔修也，自古在昔矣。道光己亥，都人士亢材兴役，城村协力，实属创举。前坡兼及坡下之沟渠，后坡并及棘树岭之北坡，无不土石相揉，畚锸并施。叫者削之，洼者筑之，畏泥则嵌石，望峻则凿险，迤逦而逼仄者拓之使宽，奥衍而曲盘者刷之使直，流可注泉沙亦齐岸，人力巧而天工错。越今年告成，昔懔陂陀，今如坦途矣。工竣勒石，请记于余。以如砥咏于诗，荡乎著于书，司空以时平治道路见于传。矧凿山开道，自昔为昭。兹役虽小，要亦领在冬官者。爰感都人士衔填之忧与创造之绩，不可不特纪焉。所有督工捐资列于左。

公举孝廉方正呈词

陈默

窃惟令德孚于闾里，凡生值其时者，胥知翕尔。而交推硕望重于乡邦，凡居邻其侧者靡不肃然而起敬。盖舆论出诸众口，非附和而随声，由直道自有公心，岂比私而阿党！此在上所以有旌别之权，而在下所以有阐扬之愿也。

伏见本县附生范士熊，幼勤学业，长列胶庠，夙守楷模，重规叠矩，动安礼法，尺步绳趋。早离严父，风木之痛时深。既乐贤兄棣萼之怀弥笃，生则怡怡保爱，衣惟恐薄，食惟恐饥，殁则絜哀歌，意皆成诗句，皆成泪。惟能孝而致为，克恭斯善推而施于有政。居家大概，具见于兹。型世善端，曷胜悉举，事非我属，纤悉无言，物非己赀，丝毫不取。族人之贫窘者必为询以缓急，赒其困穷；邻里有忿争者，恒相谕以朴诚，开其鄙僿。无訾议流俗之失，无干求官长之私。助修美富宫墙，经营妥协；倡建节烈祠宇，延访殷勤。时而城市溷迹，暇则山水娱情。偶探胜迹，文人把臂以相邀；恰值良辰，胜友倾心而共待。屐齿所到，铅椠频操，吟哦其结习，每搜罗著作以汇刊。音韵其素娴，常接引朋侪而联社，斯尽诗书之泽，罔非道德之华信乎？士君子之身为坊为表允矣。乡先生之范，可法可传。某等居叨桑梓之近，感怀者无间暌违；谊忝瓜葛之亲，倾慕者非伊朝夕。谨呈。

武邑东田镇重修诸神祠募缘引

李华炳

盖闻神威显赫，千秋蒙庇佑之恩；庙貌巍峨，百代肃明禋之祀。祀事孔明，有举莫废，灵光远照，随感皆通，而况御患捍灾，允为一方之保障。春祈秋报，宜享万代之馨香者乎！

武邑东田镇有庙一区，后为正殿，祀三官之神。中设飨亭，肃四时之祭。晨钟暮鼓，楼并列于东西；舞榭回廊，院更分乎内外。楼灵百尺，楼头观音，布慈云法雨。去庙十余武外，元武肃宝剑星旗以及土地祠，高临于池上，圣母殿远峙于峰头。散布焉盖有四五处，统计之不下百余楹。几经修补，具载碑铭。人以时而代迁，物以远而日敝。风雨飘摇，惟有鼪鼯栖栋；日星穿漏，但见榛棘含烟。不加葺修，何以妥佑！兹者合镇慕义，立志图新，计田起粟，按亩捐赀。富者欢欣而赴义，贫者踊跃而急公，故以敛钱供社，铸金为龙矣。第工程甚巨，耗费不赀。黄河九曲，谅难止以寸胶；大厦千间，岂易支于一木？伏望达官长者、义士善男，多多益善，不辞将伯之呼；源源而来，共拜仁人之赐。果布金于大地，点铁不辞；庶造塔于诸天，合尖有日。当仁不让，诸公忍袖手以观？有志未成，列圣亦倚门而望？

东西井沟修井记

李华炳

《易·序卦》云："井道不可不革，故受之以《革》。"《井》之四《爻象》曰："井甃无咎，修井也。"然则井之有待于革而甃修之也，伊古为昭矣。

东西堡之南，俗名东西井沟，有井十余，盖余先人与东堡共制者，载之家乘。岁久多湮没，今存者六七，惟西井沟之大南井、涩水井水较旺，而大南井水尤甘。内甃以木间十数，岁辄修焉。壬寅夏，天时亢旱，邻村之汲于兹者，马运肩挑，昼夜无闲。适甃木朽坏，谋所以修之者。余与史君经畬倡议，谓木石估相若而木不如石之坚。涩水井旧用石，数百年渫而不甃，其明征也。且近处有石，取携甚便，盍易以为一劳永逸之计。同事者韪之，乃募诸邻村，得钱若干，于孟秋经始，匝月而竣，东井沟之井并补葺焉。既蒇事，乃谋勒而属记于余。余维井以利物济人，故《系辞》谓为德之地，矧地处山麓，掘难及泉，偶逢岁旱，十数村人咸抑井于是。废而不修，弃瓮于敝漏，固乖利济之德，修而屡掷金于虚牝，亦非所以为德之地也。是举也，事止于修而易木以石，则义有取于革，虽未敢云井道之大成，而功期经久，汲可用而养不穷，庶亦利济之一端，而无愧为德之地欤？若夫劳民劝工，使一方并受王明之福，余窃有志焉而未逮也，愿以俟诸君子。

邑优行增生桐卿李先生传

李华炳

炳自束发受书，得力于祖训，庭训之日为多。入泮后，始就外傅，于邑中得两师焉，一为廷右史先生，一为桐卿李先生。史先生以名孝廉官学博位，虽不称其德，然犹获掇科第，列搢绅。李先生则通材硕学，与史先生同为士林所推重，而屡试不售，青衫终困，以一老诸生课徒于乡僻间者数十年，口讲手削，唇焦笔秃，至于老终然后已。论者谓两先生皆未尽才学，而李先生之遇尤为不偶云。

续增李氏族谱跋

李秀良

余生三十有七年矣！惭愧生平，事亲道缺，追远情疏，葛藟犹在，畴庇本根，桑梓徒存，畴敦毛里。有祖考而不知敬，有宗族而不知睦，只身负笈，半世授徒。舍闾里之近，日蹉跎于太原郡属间。回忆道光庚子岁，先大人宗谱之辑，殆茫茫乎若未闻，亦渺渺乎莫能考矣。

乙丑夏五月，株守书斋，困顿无聊，感怀弥切。因与族弟秀庠语及此事，嘱伊将旧谱觅来一观。展阅之下，见其上载本支系属甚详，右列图半页，绵绵者其不绝也。左叙功名事迹数行，彬彬者其相继也。自明迄今近五百年，由祖暨孙垂二十世。水也而必有源，木也而必有本。盖观是谱，而敬祖考、睦宗族之意遂不觉油然而生也。爰于诵读之暇，重誊一帙，以继先志，并续增庚子以后若干人，阅半月而谱成。呜呼！肆乃筵，授乃几，群思一本之亲；具且孺，翕且湛，共笃五伦之谊。后世子孙睹斯谱者，有同此凄怆怵惕者乎？余虽不敏，犹殷殷望之。

天足启

冯瀚清

窃闻细腰好于楚王，宫人多饿；缠足始于唐主，后世效尤。裙露双钩，共说凌波之稍；鞋成三寸，争夸新月之痕。岂知一体未舒，遂使毕生受累。勤劳不耐，对井臼而生悲；步履维艰，望道途而色沮。未作亏心之事，似罹刖足之灾，睹此情形，实堪悲悯。况又裹足未尽如法，妍求反以增媸，致使夫婿生憎，舅姑不悦。而女子短见，遂有因之而轻生者矣。近日各省已示严惩，鄙人闻之，不胜欣慕。为此敬告同志，共展慈悲，妥立章程，力为化导。已缠者姑仍旧贯，未缠者毋启新机。遂使漳滨诸女，一生既能壮健，生子亦易长成。吾知淑女衔恩，佳人戴德。不独绿窗添线，争绣平原；亦且宝鼎焚香，共呼活佛矣。

释迷启

前人

闻之摩顶拔毛，子舆氏辨不得已；出奴入主，昌黎伯感而成文。近有小丑猖狂，无知妄作，本为市井之无赖，佯悲道学之失传，清静寂灭，善饰说以欺人。天地君亲，故设位以动众。一倡百和，自矜蛊惑之能；攘往熙来，辄号龙华之会。说假放生，募金钱而私缠万贯；名为传道，入绣户而坐彻三更。致使青楼少女也号麻姑，白首狂夫竞称橘叟。此天地之所不容，神人之所愤者也。尤可异者：文人绅士，见异思迁，谓睹其人则秀骨姗姗，赤松居然不死；听其论则清言亹亹，黄屋曾不虚传。嗟乎！夫已氏巧于牢笼，良有以也。举世人落其圈套，岂无故哉！脱令其貌不扬，其言不雅，童子且知其不可，矧在老成；下愚且笑其无奇，况为上智？有干王政之诛，不赦若同十恶，必为正学所黜，遗臭可卜万年。说等刍荛，有意破近世之惑；距同杨墨，能言亦圣人之徒？

业师王海观先生传

李壬林

先生讳汉宗，字海观，姓王氏。于林为文人行，继亡室之从伯也。父钠，操农业，然性爱诗书，常语先生母舅曰：“读书最乐，吾当使小子读之。”顾家贫，先生读二年，以是有辍读意。使他日，母舅来诘之曰：“君向言读书最乐，今若此，岂前言戏之耶？”父告曰：“吾非不欲也，第家计不足，奈乏脩金何？”舅乃曰：“吾家虽不殷，然以甥辍业可惜也，吾当勉醵其脩金，毋废焉。”先生于是就傅，藉母舅之力恒多年。既冠，舌耕为人师。同治丁卯，林从先生游，以林幼颇慧，督课不少贷。语林先祖曰：“塾中十数童，将来可成者惟林乎？”朋侪偶来访，询及塾童，则指林而默告曰：“是子可造也。”是夏，林父入邑庠，时先生尚应童子试，于是益自奋发。每当同学咿唔时，先生亦啸咏其间，淋漓酣畅，若与诸生唱和然。日既夕，则命温故成诵者背，试其生熟，而于林尤详核焉。故外人谓先生善训蒙，良以是耳。当是时，同学中惟林少，每授同人业，必命林随之。既而读诗文。冬初，客过访先生，命以“雪夜故人来”题，使效试帖体。林起句云“乱云飘阶下，安知遇故人”，先生即对客称赏，盖林之性好吟哦，于此已露一斑矣。先生所业八股八韵外，若诗赋之类俱未染指，然以屡试不售，故则又借律赋钞而学步焉。当是时，林尚未学作赋也，先生偶他出，辄窥之，然究不知为何物，第爱而识之，钞而藏之，适性所好耳。厥后，林以赋驰骋词场，屡列前茅。虽林之初作赋无所授受，然当日之私淑，其所由来者远矣，惜先生至今未知耳。壬申，先生移席去，次岁始游庠，而林亦于丁丑冬入泮。每当春正贺岳家年喜，先生闻林至，必命至其家，询近况，或晤林于途亦如之。乙酉，林应选拔试，榜既发，先生迂道访获隽者，意盖惓惓于林也。客秋病痢，几不起，常语家人曰：“吾素无他恙，今若此，是年不永也。人生之寿夭何常，但使延喘于来春，俾我于就木之时，亦知选拔者为谁，即瞑目矣。”既以善调摄，客冬遂少差。今春，先生勉就馆，而病恒间作。夏四月，林叨选拔，世兄来，言曰："先生尚欲来贺喜，顾以身多病，遂不果来，然心欲见子，不识于既望之后能使先生一见否？"林以未至舅氏家，至期遂不果。五月初，林始谒于家，而不知先生已之馆，于是林有谒于馆之心，第以应酬繁，道亦迂，又不果。月既望，先生使人来，仍如世兄言，林询先生状，乃知病入膏肓矣。次日，拜谒于床前，家人指示之，并问知之否。则曰："林得选拔，拜我耳，我岂不知之。"林告以调养，先生尚首肯，且属林以他事，言多不乱，然瞑目即呓语喃喃，先生殆不起矣。别后三日卒，寿六十有二。时光绪丁酉五月二十日也。受业李壬林曰：林自制举业以来，时艺多不工，况古文一道别有门径，而传为史家体裁，自非三长俱足者，尤未敢为人作传乎？虽然时艺之不工良，由性不喜八股，生平又不甚措意，其不工也固宜。若夫传为古文之体，门径既不识，工拙更不必论，如是而有作，岂非无知妄作耶？顾受师恩深矣，受师知亦久矣，必拘拘而免妄作之咎，则饮水而不思源者，其咎不甚于妄耶？故撮其崖略著于篇，他日有志师墓表师墓者，或可为口舌之代焉。呜呼！林当受业时亦了不异人，而先生独刮目相待，视同门而尤关心焉。是此果有异人之处而不自知耶？仰先生怜才心热，转视不才为才耶？综观先生之惓惓于林，在乙酉之春，其访不惮道之迂。去秋病几危，又欲待选拔榜放焉。卒之林叨选拔，然后谢世。夫林之叨选固有天幸，而先生之病亟矣，乃卒见林之拜谒而后卒，更有天缘存焉。呜呼！古谓知弟莫若师，观吾师洵不爽也哉！

泉之头东山记

陈祝彭

武乡泉之头村，东山耸峙，清泉喷流，彭也世居其间焉。顾村既以泉名，凡知吾村者莫不知吾泉，即莫不神吾泉。泉之为泉昭昭也，固不求传而传矣，而独至东山则寂无闻焉。何也？岂泉可传而山无可传欤？抑必有藉而后传欤？夫是山也层峦巇业，峭壁天成，暮霭晴岚，晦明万状。至若偃蹇之木，突怒之石，异草奇花，罔不萃于一山，而与吾门相对。昔我先人建文风塔于峰之肩，手植松若棋布，以为斯山者一村之胜迹也，固应有以培之。余自髫年即与二三同志日游其间，虽雨雪之朝，风月之夕，未尝不仰而望，望而登也。迨后奔走异乡，遂间与此山隔别，或经年而不睹，或数月而一遇，因睽违也而竟若弃焉如遗，是余之负歉与山者，良不少也。然而东山则勾萌芳发若为余而幽香，叠翠千重若为余而泼黛，霜枫林杪若为余而涂丹，雪压峦头若为余而傅粉。山之淡妆浓抹、回巧献媚于吾者不可胜述，则是山有大赉于吾也，彭曷敢漠然于山哉！游览不尽，形诸歌咏；企慕不忘，征诸梦寐，寄情焉。而窃以为号且因以名吾集，（余号蓉峰，自名集为《怡云山房小草》。）然非敢谓东山因余而著也，余将附东山而传也，东山以余为然否也？还欲向东山而问之。是为记。

焦龙洞记

魏怿

自韩壁村逆折而东，千峰万壑，逶迤数十里。忽一山陡起，峻极霄汉，崨嶻嶙峋，状况古怪。其山之膝有岩洞焉，曰海渎焦龙王之水府也。地邻潞之黎城界，而神实武邑人，其户口现隶版籍。邑之南先世佳城峙焉，故武邑人之事之也尤惟谨。去洞数里许，立庙像祀，其创建莫稽所自。丁酉邑侯李公以旱祷响应，倡绅士而鼎新之。嗣后屡加修葺，碑碣可考。庙不敝，人不出，斯庙敝，即斯人出，此曾天数之适然，人事之感召，而又若有潜移默化，转祸为福，代宣其气而特司其职者。神生，于十三岁时，梦帝授以赤符，俾除邪救劫。所谓聪明正直，能为民御灾捍患者，莫神若也。神之斩妖逐疫，呵护不详，固指不胜数。而近而可征，实而可据，普遐迩而共信者，犹莫如入洞取雨一事。每当旱魃之为虐，炎灾立至，禾苗待槁，无论上自官厅，下及庶民，斋戒沐浴，设坛取雨，果虔诚祈祷而优渥霑霔，可以立俟。则兴云致雨，其救民真所谓生死而骨肉也，关系岂浅鲜哉！故知洞无神何以见洞之妙，神无洞何以显神之灵，灵妙变化，可谓洞为武乡之胜景，而神为武乡之活佛矣。

东山祷雨记

郝世铭

辛酉夏五月，旱魃为虐，秋苗将枯，邑人相率祷雨于东山焦龙洞，循旧例也，而余亦适与斯役。先是，虔祷雨泽，设坛于城隍庙，三日不应则取雨于五路，再不应则往东山而祷风雷将军庙焉。去之时，官民夜集雨坛，约数百人，焚香起程，官先绅次，民随之，若行军而衔枚疾走，风雨不避，昼夜不息。一若稍稽时刻，则愆期获戾。约行六十里，至土河而稍憩，始用午饭焉。晚登山至绝顶，阴风飒飒，盛夏而若深秋。余有“山高风力劲，路险夜难行”之句。时方二鼓，望焦龙洞近在咫尺，间路则叠石层层，崎岖险窄，临高而俯视，惟见黑雾迷漫，绝壑万仞，杳莫测其所穷，苟一失足，斯有性命之虞。迨至庙，约已三更时矣。庙不甚宏敞，正殿恰在危崖之下，额石悬空，摇摇欲坠。余方惊讶，庙祝云：“自有庙以来，数百年如此，特乍见者难免惊骇耳。”俄复起上洞，导者云：“由此而上，不过十数里。”遂由半山行。只见山前尚可迤逦而上，山后则峰峦陡峻，溪间绝流，山重水复，疑无路矣。幸有导者，穿林攀石，旋绕而下，过此而天色已晓。方贾勇以备前行，而不意山洞已在目前。比及洞，暂休片刻，而呼汤觅水者喧嚣不止。顷复气肃神凝，竚待拈香矣。官民跪于洞口，水官严装以入洞，进时喊声若雷，俗曰鸣洞。洞内传有上天梯、祭星石、粉白墙、大小牛口诸胜迹，闻所闻，未见所见。约一钟时，取雨者出，洞外人即齐声掌佛，相随而启行矣。归时不由旧道，路较前更险，所见惟峭岩绝壁，高峰插天，有若老人之头秃者，有若童子之云鬟高髻者，有若大将指挥三军静听者，有若宾主拱揖忽送忽迎者，怪怪奇奇，目不暇接。行至百里坡，高峰中仅有一线之小道，曩之见为石磴者，今复讶为上天梯矣。过山头，路稍平坦，始放足而行。及至韩壁，魏绅授午餐，设榻于家焉。厥明，晓行至上合，结伴而归，不复路宿矣。沿途接雨者约数千人，比至城而日已过午。焚香安神，静以俟雨泽之降云。

洗心

魏锡钧

耶教于七曜日忏悔祈祷，正合大易七日来复之义。夫大易无所不包，即以十二月卦体以讲吾侪洗心之义，自姤自复，历六阴而始生阳，则剥尽必复，是犹人于一念之差，渐至于剥丧天良，几无一隙之善念。然而丛云密布，未必无电光之一闪，虽牿亡殆尽，岂无几希之善端？苟于平旦清明之际能致力焉，则求其全体光明亦不难矣。使任其随发随蔽而不知致力，如将一粒明珠限于泥沙尘土中，则永无复获之期矣。谓其本无是宝耶？亦何尝无是宝也。谓其原有是宝，何至今不复见耶？吾甚惜，夫人之皆有是宝而不知爱护，遂致物欲蒙蔽，竟失其本明之体而不自知。是天全而赋之于我者，而我不惟不知慎重保守，而反污蔑董染，昧其本来，异日何以复还于天乎？是以汤铭于盘以自警，曰“苟日新，日日新，又日新”，此洗心之说所由此欤？然则心何以洗？曰：功利之心胜则洗以礼教，夸诈之心胜则洗以信义，贪墨之心胜则洗以廉洁，刻薄之心胜则洗以宽厚。心迷于声色也以道德之说洗之，心溺于富贵也以仁义之说洗之。洗以仁恕而忌嫉之心灭，洗以阳和而阴险之心去，洗以谦恭而傲慢之心净，洗以和缓而躁急之心消，此则洗心之法也。果能日日涤其旧染，而虚灵之真体自见，岂非复见天心乎？天心见则性明，率而出之，即所谓道也。以之齐家则家齐，以之治国则国治，以之平天下则天下平。非特吾儒惟然也，即老子之致虚、道家之炼气、释氏之明心，何一非洗心耶？但同一洗心而彼则置世事于不顾，吾儒之洗心则以为世用也，盖治人必先治身，治身必先治心。今则心法不讲，人欲横流，势利之心日甚，道德之心日亡，苟不不设法维持，渐至不知所以为人之理矣。故上宪忧之，令各处设立洗心社，以求复其固有之良。凡我同志诸君，每一星期来社听演，冀涤旧染，亦七日来复之义也。入座之时，宜各息心静气，回思前六日间己心之所存想，果无分毫偏倚乎？果无一丝翳障乎？内省有疚则以讲席为沐浴之盘，以圣贤训话、古今格言为洗濯之清水。锢蔽浅者一洗即明，即锢蔽深者亦久之而自新，犹卦体之一阳以至六阳，则阳明之全体见而天心复矣。至此而功可已乎？曰：乾者，健也。“天行健，君子以自强不息。”使功可已则天命之于穆不已，文王之纯亦不已，何为者耶？慎勿自弃。愿与诸君共勉之。

诗

吊李烈妇

邑令王藩

李氏女子魏氏妇，殉夫之烈世稀有。程生作记纪其详，我复缀叙冀垂久。烈妇生长农氓家，不知纨绮知桑麻。十六嫁作樵人妇，但知有夫不知他。夫出采薪妇在室，在室奉姑代夫职。忽闻夫堕危崖亡，天地黤黪无颜色。曾参杀人曾母疑，为樵陨堕情非欺。徇姑慰解死复活，貌强承顺心衔悲。阿姊能识堕崖处，给以往哭使导路。生已不重奔波轻，身未到彼魂先赴。野鸟群集猿哀号，仰视不见苍穹高。临崖一掷遂同穴，岂计如山如鸿毛。生前事夫未浃岁，没后事夫永弗替。于时嘉庆纪九年，距今双棺久閟闭。所居之村名土河，村实无水河无波。有此烈妇不名烈，循名责实嗟舛讹。表章幽隐邑宰事，纲常支拄乃世瑞。得请大吏旌其闾，胜饰高年竞作伪。时方稽核，耆民齿藉，故云。

鞞山怀古　山在武乡城北石勒故里。勒闻上有鞞铎声，故云

前人

芒砀云深王气融，肖形铁骑敢争雄。听书耳已倾前箸，闻铎心应愧大风。北郭台高参种绝，（石勒少时，家园种人参，悉成人状。今城北隅有台，相传勒屯兵于此。）东门碣在啸声空。（城东门外有石勒碑，字漫灭不可识。）金陵佳丽还消歇，触目偏劳吊古衷。

登文昌阁

前人

城从山半立，阁更踞城巅。呼吸能通帝，吟哦待问天。垂堂思往训，揽辔慕平川。谁铲群峰去，开襟览八埏。

调任汾阳留别武乡人士

邑令岳维城

手折芙蓉下玉京，翻来宦海问前程。头衔已撤条冰去，口碣空传勺水清。隰杻山枢风自古，鼠牙雀角日无声。改官四载曾何补，忽檄河汾西向行。

中郎何事听偏饶，怜我非桐爨底焦。质本粗材甘外吏，春吹弱羽亦迁乔。慈云已覆离椽竹，霖雨还看益黍苗。叮嘱苍生休惜别，抚琴人各答钧韶。

攀辕莫漫唱骊歌，第一功惭乐育多。官阁月扃勤校课，名山云护滞巍科。手非造凤轮难斫，士可登龙砚肯磨。坛坫虽开仍负负，（书院月课，久未举行，余履任按月扃试，士各知奋，而戊科仍鲜中隽者，亦余之不善教也。）教犹似此养如何。

六月山陬旱虐时，艰难徒步祷龙祠。翳生蒿目成云障，（丁亥祷雨，为暑所侵，遂成目疾，年来始愈。）鉴及蓬心格雨师。乞得连年鱼入梦，笑分五斗鹤充饥。好驱竹马迎凫旆，新政从头拜惠慈。

徒将身现宰官来，百姓相安敢见才。地易抚绥心尚慎，城难捍卫首宜培。虎牢成藉千人志，鹤俸艰输独立赅。修筑幸除涂附迹，多烦父老颂台莱。（邑人以城工落成，赋志见颂。）

此邦人士已难忘，更忆来游洛下商。断狱敢矜明以察，（河南武安民申庚等送有“明察以断”匾额。）悬堂偏颂镜弥光。（“虚堂悬镜”，邑民张忠贤等所上额也。）漫教饮马临汾水，暂倚吟鞭指太行。记取铜鞮一挥手，丝丝牵绾柳初长。

吊苏峪姜烈妇

邑令郭锦城

飞走仓皇岁事逼，荒径无人月色黑。田塍古井幽且深，陡然失足救不得。我闻此事尚哀怜，何况闺人如比翼。耳中传到骇非常，觅死数次真痛极。呜呼烈妇从一终，但知有夫他不识。夫死溺，妇死毒，同穴不忍九泉独，夫唱妇随允惟则。

戊午仲秋，同严屺望、倪绍泉、刘春波、陆奕昌、李静庵、周若衡、周文木暨余次子源澶游南神山小集，率成三十二韵

唐金

我未来皋狼，南山已注想。为闻境特幽，嘉树更萧爽。准拟到此间，偷闲便一往。隔岸堆翠微，烟岚为滉瀁。咫尺阻漳流，秋霖时迅涨。迟我阅旬余，引领心发痒。苍穹忽放晴，气得秋逾朗。宿约同心，清福愧独享。壶榼各携持，僮仆恣游荡。策蹇适朋侪，肩舆谢旗仗。我后出城南，涉漳漳则广。露胯任从人，竟过忘决漭。登岸缘山行，禾黍风摇响。径仄下篮舆，扶人不用杖。迤逦二里间，兰若倏已仰。诸君先在门，看我携儿上。入门礼空王，境爱幽而敞。参天松孤峭，络地槐崛强。白云满山窝，红叶杂林莽。陂陀带城郭，揽之入轩幌。野色淡平芜，画意倪迂仿。于时始坐憩，欢笑相抚掌。探奇更入林，藤稍牵鹤氅。摩崖得镌题，剔藓怜惝慌。有客蹑层峦，呼我我不觉。为是穷搜罗，力倦已强勇。晷影渐西颓，归途虞苍苍。促筵设松下，团坐随少长。煮茗汲新泉，添肴寻落橡。丝竹间清歌，盈耳畅幽赏。薄倦下平川，余兴犹跳荡。归来话灯前，兹游可无两。

游南山

严朱点

几处晴岚缥缈，一泓流水湾环。细草荒苔仄径，白云红叶青山。辔缓漫嫌马劣，奇探不觉入顽。剔藓摩挲古碣，扪萝登蹑烟□。酒兴泉鸣风发，诗怀天澹云闲。人似羲皇以上，神留山水之间。

游南山

倪德麟

皋狼胜迹数南山，叠嶂参差曲水环。古寺深藏红叶里，孤松高入白云间。峰头纵目神逾爽，禅院开樽意自闲。把酒剧谈忘坐久，晚风扶醉渡潺湲。

游南山

刘大复

今日南山宴，凌风兴欲飞。半林红叶韵，四座白云围。好友如秋淡，闲谈入道微。尽欢犹缱绻，未及月同归。

游南山

陆宝传

忆在寒食时，踏青爱晴昊。乘兴入南山，山径多芳草。适逢赛春社，巫觋纷祈祷。士女杂沓来，锣鼓喧山岛。静旨碍林泉，殊不惬怀抱。于兹春倏秋，斋居苦烦恼。山光隔岸横，眺望愈缥缈。去去兴勃然，漳水涨秋潦。病涉无由登，佳趣失不少。朅来汉芝翁，胸次殊浩浩。先得我心嗜，隔夜邀朋僚。以山作主人，酒肴随意造。我闻当欲狂，假寐待天晓。新晴日最佳，出沐山愈好。策马渡寒流，迂道绿林坳。泥泞马不前，径仄人几倒。彳亍三里余，古寺见林表。野卉散幽香，谷风传异鸟。憩息倚山门，俯视尘寰杳。汉翁独后哑，人从蚁行小。携手入兰若，径曲随窈窕。苍松皴虬鳞，古槐舒龙爪。云白浮潭静，叶红衬山老。翁乃不肯闲，攀跻穷搜讨。树低侧帽檐，藤挂绛袍袄。悬崖得古刻，漫灭已难考。藓苔斑陆离，泼水加帚扫。摩挲断续吟，人语空山悄。欢笑出幽岩，斜日依林杪。开樽面平芜，促坐藉秋叶。竹炉烧拾薪，山殽杂酸枣。有客发清歌，横笛音缭绕。歌罢夕阳微，四山青瞭瞭。阜狼一瓮城，庐舍苍茫绕。远火出疏林，不教归路渺。径截渡漳河，马嘶灯为皎。归来神飒爽，兹游恨不早。依依醉梦间，余兴犹未了。

游南山

李德芳

闻说南山寺，山环寺最幽。龙槐频想象，石壁冀勾留。节候欣多爽，登攀快有俦。遥看兴已逸，策蹇过漳流。

得到南山寺，幽奇境共探。清泉鸣石峡，叠嶂蔚晴岚。人杂云窝树，禽依法雨县。苏门疑此是，啸莫近龙潭。

雅集南山寺，攒殽共挈壶。五侯鲭不羡，六逸致应输。籁发群器静，秋澄万象苏。座中有摩诘，好继《辋川图》。（刘春波善画。）

晚下南山寺，苍茫踏藓苔。疏钟清碧落，夕露滑层台。历坡旋心定，扪萝醉眼开。临流停驭待，隔岸夜珠来。

游南山

周作铨

积雨新晴，清秋半老，白云红树山窝。前宵有约，携酒过漳河。古寺岚横翠绕，锦林里、扪遍青萝。忽搜得，留崖旧句，剔藓费摩挲。

呵呵，曾记否，年来此地，几度经过？怪今番挈伴，意兴偏多。欢尽更呼余沥，忘形处、大笑狂歌。同醉也，人扶上马，烛影乱寒波。（调寄《满庭芳》。)

游南山

周大彬

作客皋狼两度秋，南山缥缈隔漳流。年来病足惟趺坐，望里林峦梦里游。

晚窗雨霁挹晴岚，步履蹒跚兴亦酣。扶杖追陪留憩处，淡烟红树忆江南。

数峰苍秀水澄环，人寄清虚渺霭间。如此风光如此客，应留佳句在名山。

游南山

唐源洧

南山信幽奇，群贤更风雅。几杖得相从，仿佛舞雩下。

尽日穷佳境，归还恋此山。余情同夕照，犹在古槐间。

曲沃教谕魏公云榜殉节诗有叙

咸丰癸丑八月之变，曲沃城陷，广文魏公端坐明伦堂，骂敌不屈，死。子介生、侄浩生同殉焉。媳赵氏闻信，绝食死。事闻，旌表如例。父子俱祀昭忠祠。

（一）山西学政龚承钧湘浦　湖南湘潭人，癸亥榜眼。

正气由来秉自天，肯将清节让前贤。遥闻烈士捐躯日，又见霜闺就义年。白刃盟心知不负，青鸾表志惕弥坚。一门振得纲常起，岂问芳名与世传。

（二）山西学政朱福基西山，江苏无锡人。

魏氏忠贞本性成，太康而后见先生。甘心断领完臣志，忍使违心负圣明。作宦那曾尸爵位，读书真不愧科名。即今宠锡龙章日，行见馨香祀典荣。

（三）邑令苏毓元徵卿　云南人，进士。

忠孝由天赋，坚贞本姓真。何期千古节，俱出一门人。雨碧孤臣泪，山青烈妇春。深恩蒙帝鉴，褒典降枫宸。

魏氏忠贞著，家风继太康。一门垂大义，千古振纲常。气并河山壮，名争日月光。褒旌来紫极，天语表煌煌。

南亭留别

邑令李寿芝荇仙，湖南人。

十年俗吏老风尘，又到南亭两度春。今日徘徊漳水上，我来辜负宰官身。

商量文字夜深时，笑比冬烘不自知。寄语诸生须努力，秋风高折桂花枝。

穷檐子弟亦聪明，苦为饥寒学未成。但愿家家弦诵后，荒村都听读书声。

快将杨柳趁春栽，多仗天公雨露培。待得琼枝高百尺，他年好作栋梁材。

最好人皆古朴崇，结庐多在万山中。年年耕织饶真趣，勤俭犹留蟋蟀风。

偶看春色上楼台，又听骊歌几次催。却对东风无限意，涅城何日我重来。

卸邑篆后口占

邑令曾茂林

管领山城恰一秋，暂抛黄绶解离愁。株连恐有冤成狱，菊静惟招月满楼，宦海风波频起伏，官厨冷澹悟潜修。澄怀自觉清于水，并入漳江日夜流。

枭狼旧壤古弹丸，愧听舆人说好官。墉鼠讼成平反易，城狐技熟铲除难。从知政简刑方简，直到民安梦亦安。去后寓楼凭指点，龙门高处白云攒。

以下邑人

五叔庐墓南岭

邑人程康庄

鸤鸠事业等飞灰，天上星精去不回。孝子显名曾扰兔，棘人多病畏登台。三年哭泣无干土，五色文章出异才。惆怅司空艰守卫，尘昏常到北邙来。

对策太和殿

前人

上国材贤浩纵横，琢磨词气类华星。西山爽气朝来见，魏阙青途得后轻。笔涌万言风雨迅，人看一日羽毛成。炉烟细处垂天仗，静听公卿曳履声。

龙爪槐

魏伦

怒攫鲸鲵驾海来，南嵬蜕骨起云堆。苍茫夜盥三更雨，霹雳天轰二月雷。奋臂直摇山岳动，挥拳惊拍浪涛开。人间何处修鳞甲，应夺龙宫第一胎。

登崇城山

赵扩

青山千余仞，微径苦仄仄。忽尔回环处，宛然别一域。悬崖直下垂，古庙居其北。凭栏一南眺，连峰去如翼。远景分浓淡，冈峦互相逼。爽气豁吟眸，高风荡胸臆。举足可升天，奚借罡风力。始信陟山人，登峰宜造极。嗟哉尘俗士，可望不可即。

太上皇纪元周甲授受礼成恭纪

李端

寿寓珠囊启，金瓯景祚延。无思三极建，有象万方宣。瑞气凝双阙，祥光被八埏。候调葭律协，统正斗杓旋。幸遇皇敷福，钦惟帝奉天。一堂亲授受，六甲纪周全。耄念休征备，龙飞大宝传。文思常裕后，睿哲本承先。治象风行草，心源月印川。爰符箕毕好，直□典谟篇。主器亨占鼎，衷宸健体乾。欢腾青甸外，诏下彩云边。率土深怀保，穷檐乐惠鲜。洗兵枹鼓静，视学石经镌。额广芹争视，科开如必连。抡才兴朴棫，阐道察鱼鸢。饮食生民质，人情圣世田。叙彝畴锡九，赐宴叟盈千。复旦鸿濛辟，重离旭照圆。晓催银箭漏，香绕御炉烟。虎拜群僚肃，嵩呼列辟虔。礼成鹓鹭集，乐奏凤凰翩。咿盟图王会，睢盱绘史编。微臣依禁省，稽首万新年。

市炭行

前人

吾家旧在皋狼东，乱山一带石珑璁。炭窑相距百余里，凿山取道通蚕丛。午岁设馆来榆邑，薪米价昂常不给。更值严寒炉炭空，山童报我我心急。是日大雪满城飞，填街盈巷人迹稀。余素性迂少相识，叩户求人与世违。遣童冒冷寻煤市，千缗能买我亦喜。无何旁午黯然来，雪花遍身冰在履。具言此地煤素缺，况复山径埋寒雪。城中烟火几千家，半因求炭足蹩躠。如是我闻一长叹，吾斋暂可乏薪炭。先忧后乐古所云，独惜此时穷民少炊爨。君不见凛凛寒威足损神，半山尚有采樵人。手肤冻裂血水新，腹饥腰折仍负薪。又不见当年王、石蠢愚才，蜡薪饴釜竞多财。金珠一旦委尘埃，过眼豪华安在哉！

白马山杂咏

前人

黄莺招我过林傍，吹面轻风阵阵凉。卧到山间人不管，松阴为被石为床。

踏破苍苍石上苔，层峦高处拨云开。归时笑与山僧说，赢得清风两袖来。

眺罢青山掩北堂，浑无一事对琴床。纸窗半被狂蜂嚼，放出炉烟几缕香。

晓日腾腾转碧湾，空明一片映柴关。不知谁把文犀带，抛在山间与树间。

寂寂柴门傍涧开，楼禽乱噪梦初回。醒来怪问泉声急，为有西窗夜雨来。

城工落成上岳方亭明府

赵昌业

武于三晋为僻邑，城阛高下依山立。自从明季遭摧残，应敌仓皇事修葺。迩来郅隆日已久，风霾剥蚀成颓朽。南困长河北卧山，东西雉堞复何有。太史岳侯来下车，周环巡视独长吁。国家守土有专责，生民扞卫将何须。况复尊经杰阁关文教，岂可委废同榛墟。乃呼耆老及荐绅，量力佽助捐赀缗。仍就其中择才智，朝夕督课无惮勤。群谋既协材力集，经营尺寸无遗失。不烦国帑不劳民，计日程功应时毕。方今熙洽乐升平，念切保障谟何宏。行人漫道金汤固，化浃还因众志成。

游离相寺

前人

一径穿幽谷，言探古佛场。地犹雄虎豹，天久属牛羊。断碣依丰草，残钟卧夕阳。惟余双柏在，突兀对青苍。

煤窑

前人

金玉世所贵，罗致良独难。水火民至足，待用宜无患。水弱固多死，火烈民亦残。岂惟不敢蹈，取之嗟难言。吾乡产石炭，幽邃网冈峦。居人爱奇货，聚族钻□岏。既得疑拱壁，祭赛纷来观。临穴皆惴惴，猿狖愁攀援。其徒贾余勇，身轻插羽翰。悬絙百千尺，辘轳转湾环。投之深渊些，冥冥降云端。缠头东爝火，聊当独龙然。冰冲凿终日，虚往期实还。暮从眢井出，魑魅谔人寰。豫让全身漆，墨子丝长叹。但见眼余白，谁复分朱颜。狰狞鬼手罄，枪攘摊金钱。归来竞酤酒，醉笑稼穑艰。我为再三叹，颐养咸由天。胡为区区物，爱惜反成悭。或云天道远，预以绝贪缘。险犹恣攫取，易执肯耘田。不见江海上，贩舶踪缠连。所得岂不夥，性命轻云烟。人心固不一，嗜利生可捐。缅想岩墙训，谁与信前贤。

喜岳方亭明府修城落成

王梦聘

武乡蕞尔城，乃立鞞山侧。势随峰低昂，蟠曲甚奇特。惜哉经岁久，剥落滋苔蚀。断堞风烟沉，荒寒壁无色。岳侯始来官，顾之屡叹息。古人设此城，卫民即卫国。坐废不克修，奚以御寇贼。乃召士民谋，坯完事孔亟。利人人乐从，不假强驱逼。富民为助赀，丁夫复宣力。协众成巨功，崇墉起翼翼。此城建后魏，基址颇逼仄。有明嘉隆间，一再增其式。今兹复襄事，规度越前则。民感侯之劳，相与颂伊□（域）。侯曰吾何功，城守固其职。方今海内安，防御孰严饰。我武乃荒陬，作城漳河北。官吏胥如斯，万里靖边域。

题烂柯山

前人

此地传王质，千秋俎豆香。山河犹魏晋，人世阅沧桑。终局浮云变，遗言故老详。仙樵果安在，踪迹近荒唐。

鞞山怀古

前人

萧萧原草几春秋，铁骑犹疑响戍楼。王气有缘钟上党，英雄何事变中州。残碑销砾空余石，长啸奇横尚忆刘。生际承平金甲毁，漳滨卧听水安流。

喜城工落成呈明府方亭先生有叙

程林宗

武乡城敝久矣，明府岳公捐俸劝捐，延吾辈二十四人葺而修之，其利普矣。林宗无似恐惠泽久而就湮，爰集同人，分体限韵，敢云矢其文德或胜食德而忘其报者。得七言古一章，为诸人首唱焉。

蜿蜿蜒蜒何曲折，旧城乍新坚似铁。四面楼角连云飞，城隅一阁更奇绝。经之营之成者谁，方亭先生首捐赀。先生有交辉翰苑，先生有政庇城池。工巨难免广招士，绸缪未雨当如斯。我从城南仰城眷，气象峥嵘迥异昔。朝来云霞抹角红，暮霭烟树散金碧。南低北昂拥画图，漳河朝案鞞山宅。临流枕山绝秀明，崭然一新何嫌窄。忆昔我武号涅城，后魏太和始变更。千年畚锸难穷究，增其式廓端在明。我朝岂乏泥垩补，女墙终堕雉堞平。先生奋起襄盛事，百堵重新素所志。力劝富户挥丁男，唇焦舌敝心不二。至诚感神人乐从，醵金假士不假吏。遂戒置薪成伟功，一劳永逸享其利。何须冬官奏绩隆，众志成城颂我公。君不见谢埭苏堤并潘县，荫以甘棠播以风。又不见锦城田父乐泥饮，说尹在口口不空。

烈妇诗有叙

前人

烈妇李氏，邑韩壁人。年十五嫁于土河村魏某为妻，未逾期，夫采薪坠崖死。时妇归宁母家，闻变，踉跄至，一痛而绝，救之得苏，不食。俄而，给其姑党曰："若能指示我夫死所，得一望而哭，即作未亡人无憾。"家人信之。其夫之死也，尸为姊所舁归。妇遂挽姊以行，至则高山坠石，鸟兽悲号，残魂已杳，寂无人声。妇呼号望崖而投，村民不及救。移时而卒，年十六岁。嘉庆十年某月日也。土河环山少水，巷无居人，而魏氏不知为死者求旌，事遂寝。予先人有遗业于此，岁恒至，求得烈妇投崖处，为之怅然凭吊，不减古烈丈夫也。因作诗以纪其事。

土河名河乃无水，土河有山势崿垒。中有烈妇甘殉夫，身殁数载无人诔。妇何姓氏夫何人？夫婿魏姓妇姓李。魏家夫婿躬作樵，采得薪来助甘旨。悬崖坠石命已矣，糟糠之妻一朝委。问妇此时年几何，罗敷采桑岁可纪。嫁得黔娄未逾期，谁云此变即当死。烈妇宁母氏，归来痛不起。家人再三劝，母氏亦来訾。给言夫死何山隈，得望其处为幸耳。家人信之不复疑，烈妇出门随阿姊。不闻樵者歌，但闻猿声悲号入骨髓。不见往来人，但见太行山麓势迤逦。直下数仞深无底，残魂血缕约可指。寄语家中人，我夫在此俟。不敢临崖反，尚觉化石鄙。一声泪堕一身倒，贞魂粉碎危崖里。可怜烈妇甘殉夫，可怜村民不挂齿。沧桑荣枯倏忽变，谁采清名汗青史？作诗指点行路人，断臂割鼻安足拟。

吊阎烈妇

前人

土河烈妇死，四十年来无人继方轨，道光戊申三月初十日，贾庄烈妇堪媲美。初闻此信咸哀之，继而言人人殊口不理。或言此妇曾骂姑，或言改适有微旨，将于老少妍媸择彼此，毁言渐比誉言多，如以明珠诬薏苡。上舍刘生住此村，向我详言誉者是。夫家赵姓妇氏阎，结发夫妻元燕喜。去年夫故夏之初，立志红颜守没齿。常向抔土哭亡夫，手焚裓褍并遗履。贫民物重人即轻，缘此不和诸娣姒。此妇有翁未事姑，譬诸臣无妇翁何从毁。恨煞母家重恩养，(俗以母家得再醮钱为恩养。)

曾许某甲事难已。夫家翁嫜皆爱钱，那容嫠也靡他矢。可怜薄命尽须臾，肩舆到门长已矣。先是妇从母氏来，手掘孤坟哭不起。回首佯欢别四邻，以故投缳不疑彼。卒时年方二十二，夫家嫉之加谤訾。先生著笔自来公，莫教无疾万人指。我闻此言顿释疑，采风他日或垂史。作诗并与上舍刘，鬼伯逼命往往尔。况闻善善从其长，那忍坐视其烈真如此，不闻誉之反遭俗下鄙。

喜城工落成呈明府岳方亭师

魏守经

暂辞仙掖下雷封，棠舍浓阴积几重。领得专城风景好，鞞山高耸碧芙蓉。

记得山隈壁半颓，断垣古石绣莓苔。何缘众有成城志，比户欢声效子来。

醵合金钱慎度支，使君倡义首捐赀。夕阳野杵人闲话，众口讴思即是碑。

几声缩版听登登，雉堞寻常计日增。转眼画图开四面，宛然霞蔚与云蒸。

书城拥处锦城完，漫说居官保障难。鼛鼓不妨弦诵暇，儒林循吏并登坛。

近郭晴岚上戍楼，一川远色溪双眸。女墙微露红栏外，俯瞰清漳曲曲流。

城巅一阁更嵯峨，秀削青空点翠螺。人到上头看下界，望中烟火万家多。

铸来铁瓮费经营，恰喜鸠工不日成，我是河阳一小草，也从花县贺承平。

吊土河烈妇李氏

前人

李氏，族人某妻也。某业樵，坠崖死。氏痛不欲生，绐人导往其夫死处，殉投崖下，时十六岁。程介山侦知之，曾以诗纪其事。后邑侯王乐山先生作诗吊之，勒石书院壁上。

李氏女，嫁余族，殉夫死，年十六。此事垂今三十年，王程两诗人口熟。乃复偻指一数之，毋乃纪实多繁复。我按烈妇事，代想烈妇心。夫唱妇随无间死，要将同穴比同衾。临危视若履平地，不见悬崖百尺深。当其闻变惨不食，梦魂已化双飞翼。巉岩绝壁与同游，血肉之躯聊喘息。望望崖下成乐国，人间风景皆无色。仿佛亡人招手来，阿姊同行救不得。尔时阿姊泪盈眦，旷野号呼村民至。奔告家中人，咄咄称怪事。以谓烈妇不读书、不识字，去年初嫁来，与人了无异。大义谁告之，此事谈何易。呜呼！此事谈来人不料，非有成格相仿效。为臣死忠子死孝，平时岂有轻生貌。不将转念负初心，何人不可维风教。须眉愧不如巾帼，骇传烈妇方年少。

南山二十四咏

前人

南屏堆锦

山下望山脊，烟霞间金碧。是谁制锦屏，妙不关刀尺。

双松拂云

夹路两株松，不作支离状。双盖立童童，影拂云阶上。

北阁观澜

山口接漳河，一阁将山锁。北向且凭栏，小憩临流坐。

两池映月

甃石暗相通，两池如两目。波光带月流，明辉无断续。

龙爪

天龙来听讲，麟爪有余威。好把虬枝护，防他破壁飞。

麟趾探洞

天上石麒麟，未必人间有。偶探石一拳，低头拜圣母。

经楼拥翠

看山背负山，只合从旁见。随喜到经楼，饱看山正面。

禅室围花

我闻诸菩萨，花落不黏身。大众看花者，将毋花笑人。

绝壁留题

石上扫苔纹，涩绣数行字。文虽难卒读，摩挲存古意。

上方闻梵

上方人籁静，梵贝出空林。流水开花地，能生禅寂心。

佛座悬空

法象塑悬空，金身现一一。无树亦无台，方是波罗蜜。

山门攒顶

斗角与钩心，凭空布八卦。门设乃常关，为隔仙凡界。

云林听鸟

林茂鸟有托，云深鸟不知。人禽俱自在，听到入林时。

石井观鱼

石泉好烹茶，取水八角井。暂依石阑杆，数尽游鱼影。

老树摩霄

老树阅千年，云端独昂首。俯视阶下松，只堪称小友。

繁澌咽草

山半出流澌，如人有血脉。营卫互相滋，草木为毛发。

盛暑凝寒

一径入云深，炎歘俱隔绝。人迹不到处，疑有古时雪。

清宵鸣籁

暮山群动息，瞑色来空外。刁骚一片声，众籁皆天籁。

晓雾初收

笼住青山色，千林宿鸟惊。霎时烟幔卷，楼阁倍分明。

夕阳返照

夕阳工写影，偏恋最高峰。游客屡回头，维僧方打钟。

春风逗芳

早春花含苞，无香亦无色。忽地山风来，逗出春消息。

夏雨观瀑

树杪下飞泉，寒声一阵添。洞门云锁处，如挂水晶帘。

秋霜染叶

转绿乍回黄，众山失苍翠。携酒赏霜叶，人与山同醉。

冬雪封林

前度林峦好，经冬雪乱飘。锦屏留赏偏，粉本与重描。

白龙洞

前人

石洞穿山根，地脉钟神秀。入洞数丈余，灵渊泻寒溜。探奇必鼓勇，彻底思穷究。忽惊巨石立，秋雨濛濛逗。探首更向前，如两矢夹脰。顿觉凉侵肌，盲风生石窦。深沉不见底，阴森暗白昼。回踵寻绀宇，依山成结构。俯临水满溪，仰看云出岫。卧听松涛声，萧萧和猿狖。

倒栽槐歌

前人

怪哉槐柯色青铜，塞满庙院阴重重。枝叶钩带相弥缝，仿佛圆伞撑高空。根荄著地难寻纵，不受寻常栽培功。酣嬉淋漓为形容，云端探首如虬龙。又如张旭草书工，以头濡墨夸神通。如此奇材不易逢，俯首暂托云龛中。养成风烟何溟濛，会看飞去凌苍穹。

拉河煤有序

前人

县东多煤井。土人积煤之所，地曰鲤鱼店。每冬月河冰合时，自县以西，居民辄取一小木具至积煤处，载炭数百斤，沿漳河冰面而上，较累累驴驮获利差胜，然其劳瘁之状视春夏间农功为甚。作诗纪之，俾采风者知吾乡贫民作苦有尤剧者云。

两山夹岸河冰阔，曲折一线途滑汰。行人如蚁冰上来，背负重任步蹩躠。短衣结束一绵袄，双足縢缠藉毛毾。为问此何人，俱自县东来。买煤鲤鱼店，都已载宝回。尘沙上面风力遒，尺布掩耳声飕飕。背后冰床二三尺，仿佛以牵拉小舟。一步一掉臂，两步一垂头。足踣手拄地，额破面血流。有时冰面沙痕积，欲前不前多逗留。前后同伴互相助，比肩用力同驽牛。向前数步冰色净，得势趫捷争猕猴。呜呼！严寒□肌身反汗，冰上趱程夜达旦。一人牵挽数百斤，博得两钱一斤换。那知豪富人，红炉煨兽炭。拥衾犹自怯早寒，熏笼不使香烟断。

团练行有序

前人

时邑中有抽丁团练之举，官牒甫出，远近风闻，讹言四起。虽有稍明大义者代为辨析，究未及家喻户晓。且小民好为过虑，亦似有谈言微中者。余拟此篇，代胪下情，期于言者无罪，闻者足戒焉。第道民意中语则得矣，而于时事殊未能诵法得体。书竟，不胜惕息。

孔门谈治法，足食与足兵。秉耒荷戈各有事，古王教战先劝耕。壮者假日修礼义，邹峄不言团练名。良法有时不谐俗，周官亦足误苍生。前诗粗陈梗概未尽意，请公听我《团练行》。（一解。）编排齿籍，稽核众形。十六以上五十下，三人五人抽一丁。愚民少见多怪，侧目相看。抽及一人一家不安，抽及数人一村不安。未看拔戟成一队，先啧烦言搅一团。举事谋深收效浅，播敷容易造誉难。(二解。)民莫不欲逸，无事怕自扰。谓各有本业，无如安静好。抽丁令一出，美意人难晓。往往乡村间，鸣金属耆老。倏有父老叹息言，五六儿俱授室早。生儿多不若生儿少，孩儿大不如孩儿小。骤闻此语堪绝倒，徐思其故心慄慄。(三解。)少年豪俊无与俦，奉法将为团练头。率吁众戚出矢言，为重我民无尽刘。尺幅黄旗大书字，耰锄棘矜皆武备。火器许用佛郎机，官法督趣非儿戏。(四解。)团练头如主将，既调兵必征饷。兵之请饷有定期，予以金赀饱以糜。源源相继力不支，自须朘削民膏脂。(五解。)将有游民来，托名官身汉。众党数十人，轮班递更换。狗苟与蝇营，团聚在昏旦。藉此萃渊薮，行事弥犷悍。此辈易聚非易散，恫喝良民成习惯。良民间有厕其中，如以衣冠坐涂炭。(六解。)吾邑无巨富、无大侠，不近冲要途，外事无侦谍。乡民妄猜疑，谓患在眉睫。邑绅代晓谕，百喙徒喋喋。思告贤父母，何人为缓颊。此事即今未举行，群情汹汹先震慑。(七解。)呜呼！吾民汔可小息，惟喜康共。爰得我直尊亲分，谊明捍卫自尽力。善人教民可即戎，岂但巡逻及盗贼。君不见地中有水占畜众，帅师绝少潢池弄。又不见六尺七尺多壮夫，患寡患弱胡为乎？(八解。)

游南山

前人

好山都北向，一水自西来。云影吟筇导，滩声健步催。岩腰行欲尽，隘口到方开。小憩溪旁石，摩挲坐绿苔。

短草茸茸里，幽寻一径微。泥融痕在履，树小刺钩衣。时鸟传天籁，池鱼见化机。悠然生道念，独往叩僧扉。

金碧远空浮，琳宫色不秋。白云穿石洞，红药护经楼。(山寺有藏经楼一区。)别有禅心净，兼将画景收。更看槐影瘦，秃干老如虬。(龙爪槐在东偏院。)

坐话山灵共，勾留作别难。吟诗题未就，啜茗量偏宽。林罩烟千缕，风吹月一丸。归途将欲转，屡次掉头看。

题北城楼

陈默

雉堞绕层云，栏浮云以上。峥嵘百尺楼，稳压山河壮。

南亭烟雨

前人

溟濛一气接漳滨，树里南屏入县门。面郭云迷千万嶂，隔溪烟罩两三村。渔蓑隐隐鸥边立，牧笠轻轻牛背翻。鞞铎不闻闻笛韵，阴晴几度变朝昏。

喜城工落成呈明府岳方亭先生

范士熊

名城簇簇傍岩阿，物换星移几度过。赵魏乾坤经阖辟，朱陈事业渐消磨。（后魏始徙城于鞞山之麓，旧为石赵故城。明巡道陈耀、知县朱文博增筑南垣。）一声鼛鼓鸠工筑，四面云山雉堞罗。知是长官能保障，口碑留得里人歌。

棠荫年来教化淳，专城管领见经论。云连叠嶂规模旧，楼耸层霄结构新。官舍闲时清似水，花封是处霭如春。晚衙放后琴帘静，坐拥书编又等身。

弦歌满郭听声声，况复冰壶玉映清。身率倡先捐鹤俸，子来经始洽民情。趋公众有从风效，报国工宜不日成。真个一劳夸永逸，武城居即是金城。

画堞参差入望悬，登楼吟眺踞城巅。水萦半壁金汤固，石压环垣铁瓮坚。北极星临千户晓，南亭人渡一川烟。鞞山绝顶青于髻，宛似凭凌尺五天。(城背鞞山面漳水。南亭，古川名。)

南神山二十四咏

前人

南屏堆锦

一匹云中锦，被风吹下天。是谁都剪碎，堆在乱峰巅。

北阁观澜

飞阁衔山口，前临漳水湾。每当春涨后，疑坐蜃楼观。

双松拂云

山半起楼台，云浮栏以外。亭亭阶下松，对作云中盖。

两池映月

明月松间来，幽人池上卧。双松映双池，一池月一个。

龙爪蟠槐

西爪东鳞见，团团蟠入林。攫空疑酿雨，满院护浓荫。

麟趾探洞

石洞窈而深，洞口题麟趾。麟儿讵可求，麟石探不已。

经楼拥翠

经楼高入云，正面层山绿。老衲懒云游，此中卧游足。

禅室围花

绀字花多少，问僧僧不知。谁知花散处，正是坐禅时。

绝壁留题

绝壁看留题，年深苔灭没。石几历三生，但见藤罗月。

上方闻梵

万籁寂不闻，扶筇自孤往。回首瞰琳宫，冷冷梵声响。

佛坐悬空

佛本无住著，非同沾絮泥。是空即是佛，何处不菩提。

山门攒顶

坐观山门顶，栌栱成别样。恍疑佛坐莲，倒挂松枝上。（门上古松下。）

云林听鸟

春来鸟声繁，满山啼不住。数声入林来，一声穿云去。

石井观鱼

八角山中井，水清鱼可数。知否鱼化龙，惯作山下雨。（井在海渎龙王庙，祷雨辄应。）

老树摩霄

矫矫千岁松，参天无寸曲。枝叶久摩云，今余老干秃。

繁澌咽草

澌从草际流，条条如乱线。踏草欲寻源，乱流隐不见。

盛暑凝寒

入林不知暑，看山不知足。满口咽寒云，吞将山水绿。

清宵鸣籁

夜深山月黑，鸣籁生空林。松涛杂虫响，一一清我心。

晓雾初收

一气磅礴来，鸟鸣山不见。朝暾出雾中，山忽开生面。

夕阳返照

落日远山明，近山俱欲黑。惟余树杪红，点点焉支色。

春风逗芳

风来山花开，风过山花落。山意欲争妍，常与春风约。

夏雨观瀑

雨里好看山，山山乱入云。瀑布云中下，忽将山翠分。

秋霜染叶

北地江枫少，经霜顿萧瑟。独爱此山红，众山俱不及。

冬雪封林

山中一夜雪，枯树尽开花。疑入孤山路，来寻处士家。

龙洞山祷山纪行

祷雨来东山，前途素不识。夜发土河村，囊橐各携食。土人作前导，入谷路转侧。行行四五里，攀跻共努力。渐觉置身高，凌风生羽翼。欲看山外山，月黑渺难测。

行久山日吐，瞥见山色浓。道右山翠滴，道左山花红。左右互换形，奇壑间奇峰。峰回路百转，应接难从容。才下山腰去，历级又千重。叠石成危梯，云霄有路从。连度两崇山，东望清濛濛。

山鸟语留人，小憩依绝壁。古庙临其前，焚香磬一击。壁上穴乱穿，石溜时滴沥。心意此灵境，龙湫或可觅。谁知层梯下，云径犹未历。

隔径一峰起，插天如剑铗。登峰竞造极，坡陡难著屧。山面迎人面，人身山紧贴。异草杂奇花，连云五色叠。一仰一目炫，一步一疲苶。云巅有磐石，坐卧俱妥帖。方幸可平眺，转步汗流颊。竟似骑空走，罡风生猎猎。俯视人压人，踵与肩相接。股栗不敢下，同行尽胆慑。

下山入山腹，纡徐穿小窦。出窦降深岩，洞开面云岫。风雷震神龙，古迹传闻旧。（焦龙神，唐赐号风雷将军，俗传蜕骨洞中。）中有不测渊，千年喷寒溜。逼视畏阴森，深黑难底究。向导选壮夫，装绵束衣袖。秉火相掖入，隐隐闻雷吼。（入时掖者连声大呼，后遂不闻。）旁观为战竞，罗拜敬守候。逾时始见出，默感神灵佑。

离洞束归装，问途途迥殊。来时为谒庙，取道不嫌迂。归时寻捷径，穿石披榛芜。仰观一线天，郁闷何萦纡。林壑转复转，南旋北折徂。山岬途更奇，攀跃相提扶。三面匝崔嵬，一面仅容躯。来疑人入瓮，去如鼠窥窬。重重难出险，勇往同贾余。

石磴忽盘旋，蹀躞可稳步。小木护磴旁，不复虑岐误。山脊一回望，疑云复疑雾。苍茫路不分，指点山已暮。

迤逦下山麓，远远前村列。近视见土河，方知还故辙。夜静投人宿，回头思琐屑。此行名取雨，未知本何说。（土人传为取雨辄应，遂成不易之俗。）炎天冒深险，艰苦身备阅。却幸不虚还，探奇得洞穴。聊作纪行诗，沿途写曲折。

南关道中

前人

高低蟠曲磴，穿石入云根。径转乾坤仄，溪喧日月昏。幽并连北辙，泽潞接南辕。谷口当冲要，朝朝马足奔。

一水回还渡，山多路易穷。危岩头上压，断岸足边空。高鸟飞难度，单车辙不通。可怜宋君相，坐失此关雄。（金粘没喝过此叹曰：“关险如此而使我过之，南宋可谓无人。”）

山村依石罅，地僻耦耕荒。款客兼牛酒，沿途绝稻粱。马嘶通驿路，人语杂殊方。阴雨连天苦，边愁搅客肠。

北郭怀古（有石勒故宫）

前人

铁骑凋零草木苏，千秋故垒想英谟。羞同魏晋狐争媚，窃比高光鹿并驱。鞞岭云消雄略渺，漳涛风涌啸声粗。故宫此日遗龙种，百尺苍松旷代无。

烈妇诗效盘中体有叙

前人

烈妇氏李，归土河魏某子。魏子死于樵，烈妇归宁母家，闻之啼泣而至，绐其姊导往夫死处，投崖殉焉。前令王乐山先生题诗勒石纪其事。

土河村，山突兀。数十年，传妇烈。询姓氏，题石碣。农家女，嫁樵客。年十五，初结发。夫坠崖，生死别。妇闻之，泪流颊。母家来，气百结。偕阿姊，登崒屼。猿啼哀，鸟飞绝。百寻崖，一缕血。俯深谷，幽明隔。足双跃，下千尺。芳魂离，芳体裂。从泉路，觅夫魄。不同室，愿同穴。山皆红，心独白。彼丈夫，生俱没。此女子，死不灭。

过烂柯山

前人

不识烂柯处，今从山畔游。

仙枰长在望，尘世几回头。

名利终成梦，蓬瀛未可求。

光阴如过客，转瞬又千秋。（在山交前。案：相传本无定处，但兹山有圆石，径五六尺，如棋枰形，下承土柱，高丈余，皆自天成，亦可异。）

暮春游南山

前人

仄仄芒鞋印浅沙，漳滨南去访烟霞。溪边峰抱行疑窘，洞里云开望转赊。满谷芳菲春景暮，半山楼阁夕阳斜。暂停红杏离披处，随意衔杯坐落花。

兴来选胜到岩前，佛劫曾遭世屡迁。绝壁扪萝多古迹，灵泉甃石自何年。每从苔洞求麟趾，（山有洞，名麟趾，求嗣者踵接焉。）偶傍松阴伴鹤眠。几辈看山山不厌，花开花落总悠然。

万木丛中殿阁重，幽探到处豁心胸。香浮莲坐时参佛，云绕槐柯欲化龙。（佛寺有龙爪槐。）禅帐低笼红芍药，经楼高蔽碧芙蓉。回头咫尺尘缘隔，犹喜鞞山对面逢。

云间耸步极攀跻，放眼凭临百尺梯。春树遥连烟郭淡，岑楼倒出石岩低。重重积翠山如画，曲曲传花路易迷。忽听晚钟催月上，仍寻樵径过招提。

初秋偶过南山，山僧留宿，夜游达旦，折屐归来，床头成咏

前人

常向南山游，未向南山宿。日暮山逾静，看山苦不足。山僧知我心，宿我云间屋。我留为夜游，披星当秉烛。暗泉流苔径，屡屡阻幽躅。不辨路高低，但觉步窘蹙。山阿如有人，近视杂林木。林鸟寂无声，高下虫声续。坐久月初上，林泉多蕴蓄。魄映沼生珠，辉含石韫玉。玲珑树留影，满地花攒簇。楼阁涵空虚，遥闻羽衣曲。（时山寺演剧。）直欲清我心，非徒娱耳目。游罢卧云端，窗中月可掬。月落起开门，晓色生寒绿。群壑隐雾深，诸峰入云秃。回忆昨宵游，妙在不重复。移时云雾敛，山头红吐旭。掩映数株松，新开图半幅。恋恋不忍归，归途转迫促。折屐竟成忧，到家依床蓐。（归途遘足疾。）人笑我何迂，我笑人何俗。俗病最难医，那知潜林麓。

南亭烟雨

白建中

淡烟疏雨间斜阳，（成句。）屡向南亭极目望。杨柳阴浓添晚翠，楼台隐约近昏黄。山光入郭千般活，水色连天一味凉。好景迷离堪入画，谁摅妙笔比长康。

暮春游南山

魏悬书

春深花满洞中天，画里楼台入望悬。众岫森罗香阁外，双松对秀玉阶前。趾探麟洞争虔祷，爪攫龙槐欲怒骞。稔识此山多胜概，偕来吟眺乐盘旋。

兴尽呼朋笑语亲，春风归咏乐天真。喃喃语燕疑留客，片片飞花解送人。绝壑残霞余古树，平沙落日渡前津。到门明月来相候，检点诗囊唤酒频。

答邑侯岳方亭先生

前人

出岫云为饥所招，偶谈近况欲声销。师儒薄俗成卑贱，潦倒书生自暮朝。旧雨长怀烟漠漠，家山短梦夜迢迢。尔来明府遥相慰，一段慈云破寂寥。

崇城即景偶成

李照

偶遇崇城雾，入林迷旧路。但闻鸟乱啼，不辨山河处。

偶听崇城雷，一震万山开。少顷惊心定，才知山未颓。

偶坐崇城晚，月来山更远。随月过山腰，熟认知僧返。

偶卧崇城晓，枕畔闻啼鸟。但恐开窗迟，窗前白云少。

南山游罢小坐观澜阁口号

程世纶

离山更觉山光好，山里看山未见山。步出茂林才数武，疑从天外仰云鬟。

忘却观澜题阁上，回头几度望林峦。坐来忽见留题在，要把溪山两面看。

喜城工落成恭颂方亭夫子德政

范锐

蕞尔雷封小，郎官作保障。荒墉劳补筑，废纪尽更张。先世长城倚，垂名史策芳。雄师清海甸，豹略震遐方。曾荷西枢职，频叨北阙光。荣旌鞶带锡，宝箧御书藏。彪虎遵坛坫，麒麟绘庙廊。朝犹追武穆，册谥美勤襄。（岳大将军，谥勤，公之先入。）袭爵茅分土，趋庭笏满床。一门森列戟，累代拥封疆。武烈颓山岳，文光逼斗芒。兰芽科第续，蕊榜姓名彰。旧路瀛洲纪，先声翰苑扬。伟词标玉署，宠命接铜章。（公以翰林改知县。）报国心何切，治民任独当。偶来栖枳棘，暂尔屈鸾凰。山县浓花发，沙墉蔓草荒。巡行勤鞠育，环顾屡彷徨。募众情周洽，明农业不妨。弦歌千户暇，鼛鼓一时忙。乐利欢争舞，捐廉义首倡。堂廉垂永昼，野杵乱斜阳。两载鸠工集，重闱雉堞长。云阛连堡寨，水郭固金汤。阁耸霞披槛，楼成雀贺梁。烽堆排戍橹，树杪露牙墙。结构神功妙，经营意匠良。勋堪侔李勣，政已迈张鲂。击柝星临户，鸣琴月到堂。口碑留古道，颂谱叠仙乡。久托冰壶照，曾教玉尺量。（曾开局课士。）春风薰最普，冬日爱难忘。绛帐师同奉，藩垣守预防。公言皆勒石，私祝漫焚香。欲和诗千首，重称酒一觞。续貂惭拾唾，咏凤勉搜肠。望重钦鞬岫，风流溯曲漳。恩膏遗朴棫，德荫媲甘棠。聊试牛刀割，终期骥足骧。封侯绵世胄，柱石赖今皇。

晚游南堂

陈祝彭

野渡乱斜阳，来探大佛场。背山松绕径，面水柳遮廊。北郭炊烟淡，西园暮色苍。（庙在城南西一带，皆园圃。）何如方丈地，隐性独清凉。

南关道中

前人

阴壑连朝暗，晴岚一望新。云开山出岫，雨过水迷津。说险方惊鬼，疑途畏问人。雄心期报国，叱驭竟忘身。（探差至此。）

十景词

程步堂

鞞山耸翠

空翠著层峦，秀色堪餐。望来浑有画来难。近视不知何处所，只好遥看。

终古恁回环，无始无端，峨峨不是两烟鬟。赢得岚光常满郭，城挂鞞山。

漳水回澜

出郭叹汪洋，云是清漳。波澜壮涌乱流狂。顿使涟漪成激湍，一片寒光。

望处总苍茫，浩浩汤汤，如斯逝者为谁忙。惹得渔人夸自在，曲奏沧浪。

南亭烟雨

小雨润无声，雾淡烟轻。楼台上下不分明。何处酒家篱半掩，老屋斜横。

绿野有人耕，岭角云生，问谁破伞手中擎。定是寻诗犹未就，策蹇行行。

北漳夜月

漳水日悠悠，浪拍天浮。波心滚出水晶球。望里光芒还四射，照彻清秋。

回首更凝眸，道院深幽，亭亭双桧翠云流。何处钟声飞入耳，月满芦洲。

东沼风荷

小渚傍岩阿，水浅花多。游鱼上下总随波。陡起轻风三五两，摆动新荷。

绰约竟如何，偏反阿那，娇羞那惯恁消磨。镇日池边携酒醉，爱尔婆娑。

南山锦浪

木叶半含霜，菊绽花黄。抛来碎锦满山庄。晕紫添红争绚烂，疑是霞光。

树杪淡斜阳，石径荒凉。秋深山色果如妆。向晚停车看不足，远上高冈。

龙洞灵湫

石洞小而幽，中有灵湫。闲来胜地独勾留。那得清光常若此，谓有源头。

山险暮云稠，欲断还流，溅溅泻出碧如油。化作甘霖千万点，润我田畴。

皋狼牧雨

云气荡虚空，山色鸿濛。倒骑牛背任西东。短笛无腔时一弄，笑杂樵童。

十里杏花红，罨画偏工，蓑衣箬笠旧家风。遥指踏青人未返，屐半泥融。

崇城岩险

老气镇乾坤，雨脉云根。崚嶒竦处果堪尊。笑尔诸峰环左右，貌若儿孙。

何必洗头盆，险比龙门，神工鬼斧削无痕。绝顶河山凭一览，日射朝暾。

故城都会

极目望平原，车马喧喧。无情涅水任潺湲。流尽古今兴废事，剩有城垣。

笑语杂人言，市井田园，河山巩固晋阳藩。共说皋狼名胜地，风日晴暄。

孝廉方正桓——范征君挽词

前人

呜呼！身归佛国，魂返仙乡，境有人情无睽隔。吐珠玉以遗人，诗堪寿世；绣鸳鸯而度我，交是忘年。方谓乡登里选，定邀金币之征；何图木坏山颓，遽赴玉楼之召。弥留往日，悔一面兮无缘；决绝今朝，怅三生兮永别。

所幸者吟风啸月，《广陵散》犹在人间；堪嗟者白马素车，范巨卿反辞尘世。求友无声，绝莺鸣于此日；思君有泪，邀鹤驾以何年。

又挽诗一首

前人

戛玉铿金数十年，今朝永断白牙弦。证明因果方成佛，解脱尘凡便是仙。海上有龛留白傅，人间无地住青莲。月山旧日寻梅老，想趁梅开返洞天。

和明府柳渔湖黄山苔字歌有序

籍文学

龙溪柳渔湖来署武乡，言铜山有名儒黄石斋，祖茔地近某姓，欲潜削营葬。会茔石苔纹蔓延作字，其文曰“黄山”，又曰“黄界”。一则楷书，一则似飞白书也。其单作“黄”字者又八九处，落落棋置，如画界然。渔湖曾亲往观之。因出所作歌，俾广布传闻，以为窥伺者警。捧读之余，率成俚句，殿属和诸公后焉。

造物彰瘅司其权，假手万汇为言诠。呵护海隅一抔土，不随蔓草零荒烟。也似嵩山有神洞，藓书四字文蝉联。我闻骇异转叹息，毕竟大贤能格天。明季伟人黄石斋，文章忠孝当身肩。抗疏直谏忧时事，欲挽狂澜转坤乾。当日勋名垂宇宙，铜山之阴妥其先。蠢尔愚民何贪昧，阴图卜葬侵牛眠。山灵不敢隳职守，回风云旗来翩翩。连夜诉公公诉帝，持敕大笔挥如椽。茔后书“黄山”，石厚而苔圆。茔前书“黄界”，苔疏而石坚。疏者碧苔如散发，圆者黄苔如连钱。其余一一添款识，画疆绝界无牵连。尔时濒海有居民，争先快睹万口传。芗江柳公风骚主，探奇亲陟山之巅。初疑苍龙踞石上，爪痕深入势蜿蜒。又疑六丁施鬼斧，大书篆额为雕镌。摩挲石骨触手滑，土花细绣痕芊芊。乃作长歌纪其实，要将此事垂千年。吁嗟乎！白杨萧萧松柏摧，今人古墓犁为田。惟有正气还天地，斜阳宿草长绵延。年年春雨苔痕长，此地陵谷无变迁。

六月五日大雨

前人

岁旱痴龙失其职，原田龟裂农心恻。卓午炎蒸汗雨挥，乍睹西山云墨色。作雨不雨未可知，引领望之徒惶惑。陡然一阵天风来，吹送云头生羽翼。雷轰电掣山岳摇，迷茫雨气漫空塞。急点堕地声铿然，直穿窗纸来砚北。须臾万鼙笙钟酣，倒盆倾出人惊匿。初疑海上斗蛟龙，骇浪奔涛翻泽国。又疑天公抉银河，长潢下注淹八极。当门檐溜直如绳，凄身真在水晶域。蚊虻苍蝇湿不飞，一洗炎嚣快胸臆。树头忽闪夕阳红，敛却神功归静默。童叟欢呼田夫歌，伫看今秋收稼穑。

赠程介山先生

前人

家学渊源有正声，昆仑之后见先生。长才未合山林老，大雅终成著作名。文寿枣梨留古笔，诗吟花鸟寄闲情。巍然一殿灵光在，前辈风流重武城。

赠范桓一征君

前人

市尘飞不到庭阿，石竹斋中称啸歌。好句每从游览得，同侪定又唱酬多。谦光可挹谁能似，情话相招我屡过。一事尤堪征古谊，代人刊稿费搜罗。(君近选《南亭诗钞》。)

宿岭上

前人

暮雨随客来，茅店声清彻。向晓寒袭人，开户满山雪。

履端张先生邀同人赏菊

魏简书

篱边小集又倾觞，秋菊翩翩月转廊。莫道疏枝羞艳冶，由来傲骨不炎凉。名心未了风霜后，晚节能留天地长。佳色终须佳士赏，缘教盛会入诗囊。

三和履端兄原韵

前人

酬唱辛勤欲暮天，又裁佳制列尊前。三番领略春风意，一样清新秋水篇。白雪难赓频击节，青云得伴许随肩。多情作合缘如海，指点鹏程快着鞭。

前题

魏献书

三试骚坛志益坚，肯教祖逖着鞭先。主人屡款裁新赋，有客频催夺锦筵。自古清文推白雪，从来高选属青钱。龙门此会谁增价，莫道东山卧十年。

和履端三兄宾兴韵

前人

一举成名天下知，青云有路约佳期。应刘才调真难匹，稽吕交情最合宜。染翰才矜鹦鹉赋，拈毫直夺凤凰池。遥思此后重相会，应是成龙变虎时。

庚戌四月北上晚宿蟠龙

王先瀛

登龙期任进，首宿蟠龙镇。行行日已昏，邸舍烟中认。逐月亲朋来，殷勤相问讯。话别夜灯阑，前途屡戒慎。去去谒帝京，心远路非近。

墓岭山行

前人

素闻此山高且巉，平生恨未亲攀陟。问途经过石门东，润水潆洄峰崱屴。步步引人入其深，林麓微茫横一色。悬崖幽邃少人行，鸦阵羊群添粉墨。行行卓午陟山巅，胸荡层云风测测。西望乡关眼底收，东望画屏罗一幅。枫林佛髻绚丹青，雨后岚光清若拭。俯首下视十八盘，嵚崎逼仄心胆寒。曳袂牵衣碍萝棘，趑趄不进足盘桓。马行如蚁穿珠曲，蹭蹬蹄声磬空谷。前驱石径复崎岖，转盼深山日已夕。回头仍在乱山中，傍晚不知何处宿。因怪山奇路亦奇，果否溪径何年辟。

宿彭庄山店

前人

荒村投宿夕阳时，傍晚看山山更奇。户外一峰尖似笔，当头写出画中诗。

冬至后三日，子蕃、梦嵩两驾部相携来访，适余外出，得信驰归，盘桓二日，各抒所怀，别后赋此却寄（七律四章）

魏高阳

遥闻深巷驻双旌，辗转无眠夜向晨。失候定嫌情少阔，迟归翻恐意难申。同为风雪清狂客，共历冰霜阅历身。此会初心思不到，偏教公等作闲民。

有约偕来独后期，相逢真足慰相思。早教近市沽春酒，深喜连床说旧诗。尔汝忘形征道合，人生结纳贵心知。自怜才薄难为用，敢怨秋风不遇时。

心绪茫茫万种牵，复闻潢海尚烽烟。明时棨戟终剿贼，频岁干戈可奈天。地接溪山容我懒，班随鹓鹭让君贤。江湖魏阙同求是，莫共逍遥作散仙。

跂脚科头坐北窗，连朝把盏兴飞扬。不图聚首才三日，忽又分襟各一方。律管生春泥滑滑，千山养腊树苍苍。应知好句途中得，归去全家有和章。

松斋广文以诗大招同门，依韵奉赠一首

前人

吾邑老文衡，河汾旧有名。诗追唐代盛，言比晋人清。大笔思提倡，同门许载赓。嗜痂余久癖，一见倍关情。

范桓一先生嘱题踏雪寻梅小照

前人

炼就吟身总自如，思春隔世见真吾。欣逢托月烘云手，快写寻梅踏雪图。瘦影寒光终古共，（先生自号瘦寒吟叟。）诗情画意近时无。（图下有自题五古一章。）襄阳去后惟君继，一样风流两不孤。

桓一先生见余旧作略加删改且将以诗奉酬四绝句

前人

山村寂寂客寥寥，闷极孤吟一拈毫。自信羊皮难饰豹，疵多原不待吹毛。

枉说青云早得梯，目盲犹不辨东西。婆心谁似如来佛，肯向劳人一指迷。

也思脱稿再沉吟，其奈推敲懒用心。我服先生真慧眼，一言道破足知音。

盥读新诗奖不才，感惭交集屡徘徊。枯肠再索还同戏，好句何曾梦得来。

上吴书年明府

魏亮生

银章简授自燕京，莅宰予乡化育新。一段慈云迎淅水，满腔膏雨润漳滨。

冰壶玉尺证清廉，共仰琴堂吏若仙。剧喜王乔年鼎盛，操刀连最好烹鲜。

虚堂悬镜照无边，两袖清风拂案前。侧耳欢声腾四野，争呼生佛万家缘。

循良奏绩已经年，棠荫人称召伯贤。我愿福星垂永住，武城长此戴青天。

遗爱堪为百代箴，南亭四野尽棠荫。漳干不断回澜水，都是黎民口角津。

果然有脚自春生，耳听弦歌洽武城。今日牛刀聊小试，他年麟阁绘公名。

登千佛塔

前人

久负凌霄志，登高境愈奇。仰观临日月，俯视小城池。眼界开千里，胸怀畅一时。青云欣得路，雁塔快名题。

赵王墓

前人

石赵英雄过眼空，徒将伯业悼秋风。牧儿谁下铜驼泪，父老能言铁骑雄。邺郡故宫漳水外，榆州荒草夕阳中。夜埋山骨谁知晓，剩有鸦啼古木丛。

游离相寺

前人

古寺临山曲，行行纳晚凉。一犁梅子雨，满院枣花香。谒佛幡拖紫，翻经字射黄。清幽真福地，不减白云乡。

读晴峰禅师诗集跋后

前人

捧读鸿裁惬素怀，频将巨口为君开。直成一代风骚手，独擅千秋著作才。春到人间花怒发，风回海上浪争排。怀予袜线才抽短，也向班门弄斧来。

大声疑卷怒涛来，愈我头风一卷开。直使天惊真快事，能遭人忌是奇才。异书读尽仇秦政，凡马搜空爱郭隗。十二琼楼无定所，神仙何必住蓬莱。

送邑侯李荇仙夫子调署临汾

李华炳

仕学兼优仰典型，符分百里驻南亭。衡文何幸逢宗匠，抚字真堪颂福星。光耀冰壶心可白，材收樗栎眼垂青。（公下车，即招致诸生入署肄业，余首蒙拔取书院月课，屡蒙取外馆一。）金针不惜频相度，为绣鸳鸯未肯停。（公示诸生有蟾宫捷径，皆为文之法。）

楼台一样月溶溶，光彩先因近水逢。敢以识韩夸倚马，（余己丑乡试，卷出韩二州夫子房。）幸缘御李获登龙。（余从公受业，是科即领乡荐。）春风满座和光远，夏屋千间暖意浓。借问古人谁得似，文翁守蜀共芳踪。

德政覃敷涅水濆，树人树木更殷勤。（公议村镇立义学，并令广栽树木。）怜才雅望蟾宫步，（公大堂春联有“但愿南亭诸士多多折得桂枝来”句。）留别诗中亦道及。

校士频将鹤俸分。（署中肄业，膏火之费，皆公所给。月课奖赏甚厚。）循吏儒林宜合传，诗才文笔并超群。武城已洽弦歌化，深柳堂中诵典坟。

焜耀文星照上台，天恩遥向日边来。灵鸟暂作一枝借，良骥原非百里才。姑射山高添别恨，（在临汾县。）河阳花好待新栽。教言再领知何日，暗卜蓍龟仔细推。

集俗语诗有叙

前人

读《文章游戏》载有此体诗数十首，亦诗人集句例也。其妙处更如天造地设，令人解颐。乞儿歌笑，天籁自鸣；诗人篇章，老妪都解；文人之笔，固无不可也。因戏仿其体，得绝句十章，五律六章。

十年身到凤凰池，一举成名天下知。命里有时终须有，只争来早与来迟。

公门里面好修行，半积阴功半养身。行得好心有好报，皇天不昧苦功人。

三日黄沙九日晴，辈辈鸡儿辈辈鸣。孝顺还生孝顺子，前人开路后人行。

一辈不管两辈事，树留枝叶草留根。人家养儿防备老，养儿方知父母恩。

得高歌处且高歌，话不投机半句多。瓦罐不离井上破，恶人自有恶人磨。

恶语伤人六月寒，隔层肚皮隔层山。是非只为多开口，开口容易合口难。

未可全抛一片心，大树底下好遮阴。一分精神一分福，一寸光阴一寸金。

饱人不觉饥人饿，大家马儿大家骑。穿衣吃饭量家道，莫待无时思有时。

有米有面好夫妻，色不迷人人自迷。贪花不满三十岁，得便宜是失便宜。

忙有工夫急有钱，清平便是活神仙。人生有酒须当醉，人老何曾再少年。

书内有黄金，文章可立身。严工出巧匠，薄地傍肥邻。单怕货比货，难为人上人。养儿早得志，息气养精神。

世事为谁忙，事头莫可当。骂人休揭短，待客要风光。命好心也好，人长天也长。礼轻仁义重，佛受一炉香。

没雨怨东风，早晚一作功。事从根上起，人怕老来穷。运有十年旺，花无百日红。少小不努力，终是一场空。

随口打哇哇，吃酒又待茶。吃亏真是福，争气不养家。瞎汉看黄历，哑巴吃苦瓜。人情莫足境，何怕浪淘沙。

拳大胳膊粗，一壮当百虚。丑人多作怪，好事不如无。舍命陪君子，无毒不丈夫。本是黄土寨，认成夜明珠。

出门时时难，人心都一般。三年不开市，一笑来诗摊。每天吃三顿，没枣也一杆。抓抓诗两首，莫作等闲看。

上张明府二十韵（明府，名嘉桢，字干臣，直隶武清人。光绪二十九年五月初莅任亲事，六日即下乡询问民间利弊。）

张青藜

武乡真乐土，新来张明府。接篆未一旬，下乡问疾苦。仪从两三人，前趋无卤簿。不矜煊赫威，一心在安抚。山村至石门，士庶胥忭舞。路狭甚崎岖，山高拟峋嵝。肩舆不能行，明府辄步武。胼胝何劳瘁，计里十有五。洪镇阅义仓，兼询如行户。兴利与除弊，时时结肺腑。丝毫不累民，供馔皆自取。出城至回城，民俱爱，庆安堵。允矣古循良，杜母兼召父。编氓从此后，托庇仁人宇。合东西朔南，遍士农工贾。不日颂声作，德洋与恩普。实心行实政，不愧民之主。定教卜大同，夫岂云小补。欢欣俚语歌，非痛疾噢咐。一旦卓异升，应如失恃怙。

石勒寨怀古

前人

名寨犹增涅水光，屯兵胜地草流芳。每从瞻眺登临日，缅想英雄射猎场。遗迹南亭传石赵，甘心北面只高皇。书中得失听来晓，自古聪明总帝王。

武侯祠怀古

前人

先生未出草庐时，成算分明早自知。六伐七擒非得已，鞠躬尽瘁合如斯。公才十倍原无匹，天意三分定不移。披读出师前后表，今人惆怅武乡祠。

过沼泽王庙

李壬林

宝箓祥符迹最灵，此山何日建王廷。南临幽涧看龙洞，北枕悬崖树石屏。大峡云归室生白，晴天雨霁岫纡青。入门瞻拜微躬肃，无那行踪不暂停。

仿元遗山《论诗绝句》论南亭诗人

李壬林

诗文卓卓冠吾乡，谁似公能两擅长。但恐南亭诗草出，鲜知自课大文章。（程康庄先生，崇祯乙亥拔贡，国初举山林隐逸。尚书启南孙。著《自课堂文集》，官镇江通判。）

翩翩公子是神童，诗句诚佳画亦工。天宝乱离躬阅历，商州画景在诗中。（魏驷先生，顺治甲午拔贡，中丞光绪公子。著《草中吟》。）

纵横奇肆赵横州，俊逸天才孰与俦。无怪渔洋诗话里，也将佳句细寻搜。（赵三麒先生，顺治戊子拔贡。官横州知州。五经进士。天麒先生之弟。）

诗怀冲澹数坦夫，题遍南亭八老图。就里雄奇张仲蔚，诗钞何事一诗无。

岳卿造句最清新，隶事偏能笔底真。小歇吟虽不多见，送行一曲已惊人。（赵伟品先生，顺治丁酉举人。）

但知此老有诗肠，谁信东山有秘藏。可惜遗编难采访，于今仅见观文堂。（魏伦先生，乾隆壬戌明乾通，著作极多，今但有《观文堂文稿》行世。）

学佛学仙老隐君，旃檀镇日满炉焚。诗情自寄匡庐顶，归卧东山看白云。（史嶷先生，诸生。《介山文编》有《东老田隐君传》，道之最详。）

科名最重玉堂仙，气体高华出语鲜。应制尤多华贵语，此风不见已多年。（李端先生，嘉庆翰林。）

吟诗胆大酒肠宽，诗酒传家古所难。似到齐东观海后，许多奇气集毫端。（赵先生扩，乾隆乙酉举人，官荣城知县。）

胸怀淹博富搜罗，详考舆图力辨讹。诗似黄金虽些子，偏沾善价值多多。（魏先生鸾翱，乾隆己亥经元。）

寄情诗酒兴双酣，爱把瓣香祝剑南。一自名言惊太史，铜鞮雪夜畅清谈。（赵先生昌荣，道光癸未恩贡。扩公长子。）

笔底锋铓似剪刀，或言才气近粗毫。文编以外惊邻草，城上狂歌唱独高。（程先生林宗，嘉庆癸酉拔贡。）

赵家父子似眉山，轼辙齐名更一般。独惜乃兄多困顿，一枝丹桂弟能攀。（赵先生昌祚，嘉庆己卯科举人。扩公次子。）

使才磊落笔淋漓，摩诘胸中长有诗。说到十分真刻处，不输酷吏判囚时。（王先生梦聘，道光乙酉拔贡。）

一篇咏史尽新声，一部诗钞半品评。最是晚来工八韵，至今犹重魏长城。（魏先生守经，道光壬辰亚魁。）

开拓心胸上太行，寻诗终日负诗囊。骚坛不有斯人主，试问前贤孰表扬。（范先生士熊，生员，同治壬戌孝廉方正。《南亭诗钞》捐赀刻成。）

健笔如椽只手持，诗人兼善古文词。风流真数乌衣巷，果是羲之有献之。（王先生畴，咸丰辛酉拔贡。梦聘公子。）

叔衡太史贤婿，馆假荣归，缘余贱恙，亲来候讯。相见之余，惊善交至，积旬沉疴，顿觉豁然。走笔奉寄，志喜兼志感也（叔衡，辽郡翰林刘秉钧字也。）

张锦心

记从春晏集琼林，望眼频穿直到今。只怅老夫难再见，忽逢贤婿得重临。刍薪微恙欣都慰，宗祏增辉感不禁。最喜清华推翰苑，头衔真不点尘侵。

灯宇连霄结彩光，应知吉曜贯山庄。果然寒士开花径，恰得名贤到玉堂。声望已咸钦北斗，材华仍共说东床。留宾我愿希投辖，快倾平原十日觞。

前题七绝

前人

高轩闻说过蒿莱，佳信传将望眼开。床笫沈绵欣坐起，儿童竞说翰林来。

溪转峰回地自偏，孤村希驻玉堂仙。溯从虎谷过莱今，屈指于今四百年。

梅雪丰标鹤影清，冲和器宇四筵倾。快将玉尺持裁鉴，冠字原来是叔衡。

鞞山书院留别

前人

频年仙吏具书迎，如此为师亦自荣。敢谓津梁诸后学，虚烦俎豆一先生。感经夺席多般计，孤负攀辕一片情。旧馆不须回首望，归途高调唱行行。

谈诗论艺几经秋，相得师徒分义优。美荫栽成桃李树，狂风吹断木兰舟。临流谁赋公无渡，赠别偏贻王不留。珍重诸生骊唱意，也须携杖作重游。

年来设帐遍西东，踪迹飘零类转蓬。门户依人叨夏庇，才名怜我误冬烘。堪惊韶景春难驻，犹冀朝霞晚更红。惆怅脩金经卅载，囊钱依旧叹空空。

痛吸食鸦片者

冯瀚清

离离罂粟满平田，流毒军民剧可怜。到底人非金石质，分明鬼魅现灯前。

也从子夜续灯光，罂粟翻同桂子香。尽道书生黄瘦了，谁知不是为文章。

膏粱弟子不知愁，彻夜灯光动玉楼。日过八砖人未起，朝朝似有采薪忧。

李二酉先生来馆，值余他适，留诗以订再来。谨依原韵以答之

王全珍

萍踪难定步山溪，小馆初开曲柳溪。（时设馆曲柳溪。）不识先生今日到，寒酸归去顾号啼。

云树沉沉信暮春，窗前结想忆高人。漳滨一路清风顺，玉趾重来作主宾。

连床话别小阳天，道数光阴已隔年。今日来时虽不遇，留诗总是宿多缘。

幽斋独坐意徘徊，忽见兄诗境嶂开。春日暂成桃李会，秋风定折桂枝来。

论文绝句

程绍琦

文章自古判高低，品格难将一概齐。若不先明门户异，总教读尽也痴迷。

学士铜琶莫比伦，柳郎风月也怡神。人人各有庐山面，何事东施假效颦。

文章妙处性灵生，何事沿门托钵成。徒读遗书非善将，从心用运见奇兵。

金钟委地诚难响，玉磬悬空始有声。物性由来嫌占实，虚零粉碎足移情。

春风鸟语百花香，云绕青山月转廊。只要人心能管领，世间何处不文章。

脉络分明骨韵清，浑如水到即渠成。任教法有千般妙，熟后谁言巧不生。

兴会淋漓识见高，情来议论更滔滔。明如天际中秋月，思似江边半夜潮。

酒中觅稻原无稻，蜜里寻花不见花。酿得精华成至味，文章到此又何加？

梅态清腴桃绰约，牡丹富丽足繁华。天然风趣翩翩好，悟到文章也是花。

红尘意念淡闲心，一样琴弦两样音。阅到人情明世故，文章真际不难寻。

登旷然楼

郝镜堂

表里山河壮，奇观豁远眸。直将三晋景，都绘小楼头。鞞耸千重翠，漳横一带流。旷然何不旷，尽日乐哉游。

权店道中

前人

仆仆归途急，挥鞭送夕阳。功名徒自误，道路为谁忙。石涧泉飞白，山岩叶落黄。风光饶野趣，知是我家乡。

南关早行

前人

老仆催装急，出关星在天。路生难策蹇，手冷懒携鞭。石气含朝露，溪声激夜泉。行行十数里，犹见宿岚烟。

孝弟和睦四字歌

程先民

父母恩，侔天地，出入顾复靡弗至。生前奉养得鸡豚，胜列祭奠推牛备。呜呼试读《蓼莪》诗，罔极之报无穷期。

阋于墙，犹御侮，每有良朋弃如土。世态炎凉从古说，翻手作云覆手雨。呜呼试诵《常棣》篇，死丧急难关心田。

女子嫁，已从夫，百般苦乐皆由吾。富贵之家犹自可，糟糠之妻甘粝粗。呜呼试观《谷风》句，中道弃捐何不顾。

宗族繁，本则一，其初皆自一人出。有无相通相赒济，患难须扶须怜恤。呜呼礼有任恤言，水木谁可忘根源。

夜宿南关镇杂感诗

前人

前途日落近黄昏，炯树依稀认远村。星满寒溪桥映水，月明野店客敲门。煮来白粥肠堪饱，坐对红炉手自温。如此凄凉来甚晚，主人啧啧共谈论。

残灯明灭冷风吹，脱却绨袍体自披。枕畔往来知有鼠，衾中瑟缩冻如龟。那堪孤馆凄清夜，尚是乡关梦忆时。月色满窗寒类铁，喃喃口里又吟诗。

何处客人欲晓行，起来相对饭三更。一肩行李挑将去，四壁寒灯空自明。屡听仆夫嫌夜冷，暂歌短枕待鸡鸣。途中无限凄凉苦，每到寻思梦亦惊。

望断家乡未易归，恨难插翅向天飞。不知世上星双苦，俯视人间道路微。国号飞轮高十丈，身凄若木大千围。餐风饮露蓬莱顶，但愿来生意莫违。

南关自古号岩关，何故金人过是间。骑虏长驱从此下，翠翠急去竟难还。南朝天子终为小，北地诈臣敢抗颜。师道曾思河上扼，忠言不用泪空潸。

一介书生匹马过，凄凉情事感偏多。兴亡自古关天数，岁月于今指逝波。蜗角困争终已矣，驹光急去奈如何。不如对景联行乐，处处吟诗步步歌。

游权店北寺

魏锡钧

僻境名山古寺森，参天蔽日昔年林。烟岚瑞气人心静，狮象莲花佛座临。世外乾坤双眼阔，壶中日月半生忱。徘徊高柳群峰外，树里遥闻汉水音。

烂柯山

前人

数仞峰峦色映斑，烟岚拥护翠林攀。当年一局群仙会，此日指名一座山。

和长城先生四景诗

前人

翠陌红桥景色新，马蹄踏尽洛阳春。三千世界繁华遍，多少湖隈锦绣匀。好鸟名花都似友，青山绿水共为邻。长安古道休回首，万里河山触目陈。

杨柳阴浓夏月天，楼台掩映百花连。鱼游碧弄清豁口，草发红铺两岸边。棹放沧浪声数曲，锄归晚饭月初圆。薰风拂至沙场堰，拟向清松伴鹤眠。

萧萧枫叶树林秋，白露为霜万籁幽。雁断衡阳声寂寂，蝉闻小院语悠悠。红残惜叶词难写，花着寒梅菊傲留。看到蟾宫斜汉转，金风拂动桂枝头。

松柏林开众卉空，光阴运转又严冬。苏翁马上貂裘暖，谢女门前柳絮封。雪拥蓝关难过马，梅繁峻岭惯寻踪。推窗一望寒山白，冷压芦花遍地丰。

读家士奇诗

前人

一枝仙笔冠群英，文采风流夙著名。惠我佳章三百首，未曾展读已倾心。

万丈光芒笔底来，江花早向梦中开。定将仙句霓裳咏，文字居然翰院才。

啧啧才名众口传，拈来好句耐人看。入时举止争新样，愧我邯郸学步难。

得句先登李杜坛，毫端清拂气如兰。绝无半点尘埃色，心似湖光镜影宽。

闻朴庵李先生将赴都时，曾赋留别诗一首，同事各教员以及诸同人属和者不少。余因在家，皆未之见。昨晚散步间阶，偶闻萧生师俭等语及，不禁有触鄙怀。夫籍荒芜，此调不弹久矣。今勉从众，仍步原韵，俚词续貂，知不免为大雅所嗤也

曹锦

多才绝不费经营，雒诵瑶章剧有情。愧我无能徒墨守，如君岂第以诗鸣。方欣同学沾时雨，忽被遥天送晚晴。此去皇都襄盛治，他年万化谱由庚。

送郝元忠赴乡试遇雨

前人

微雨萧疏遂远行，茫茫天意似关情。只因艺苑将鏖战，故为先生预洗兵。

三载宾兴为得人，圣朝切切用儒珍。如君不但文华国，令我兼思德润

身。万里云程方发轫，一天烟雨早清尘。临行特赠无他物，叠献花笺当酒缗。

邑侯李荇仙夫子以留别诗六首见示，谨依韵奉和

前人

出水莲花不染尘，偏教著手自成春。风光霁月浑超俗，百里暂时寄此身。

话及功名酒醉诗，从来天道信难知。先生三晋文章伯，不许枝上借一枝。

秦镜高悬分外明，还期久道化能成。劝兴义学和栽树，舆颂时时载道声。

教士浑如把树栽，频沾化雨荷深培。愧予辜负梁公德，不是药笼有用材。

清洁无私德意崇。冰心一片玉壶中。宦囊若到临汾检，携得韗山两袖风。

一曲骊歌杨柳台，简书偏共漏声催。漳滨长望情何限，梦想芝颜喜再来。

晚游南山

范献曬

片云来去荡清空，山色澄鲜意不穷。半壁层峦分上下，两池流水判西东。霓裳有曲随风度，（时山寺演剧。）雉堞遥临隔岸融。我欲回归频注目，芳菲满地夕阳中。

邳神庙回廊题壁

前人

曲槛风涛万里情，西来爽气觉秋生。寥天雁度平沙远，隔岸河开夕照明。树隐南亭多雨雾，地隆北极涌山城。如斯好景无题碣，（前辈题咏未有及斯景者。）留与曹蜍续乃赓。

次李明府荇仙留别南亭原韵

前人

慧眼婆心莫障尘，一经著手便成春。慈航普渡人多少，的是弥陀现化身。

君子至斯曾几时，官声又被上官知。留公无计公偏去，不忍长堤折柳枝。

如公公正与廉明，何待三年治绩成。留荫甘棠人作慕，犹闻后世颂声声。

满城春色树多栽，（公于城外栽树数万余株。）端赖阿公着意培。十获应教偿此愿，那能有木不成材。

犹是陶唐古朴崇，读书堂在柳深中。千门万户弦歌起，布化如同草上风。

武民坐未稳春台，（公大堂对联有“愿与民同上春台”之句。）公又何之被上催。应有人家争祷佛，潜求他日复重来。

九日与魏君士奇、采臣潭九两兄同登北阁

前人

秋风万里逼崇台，拾级登临倦眼开。崱岃鞞山排岫出，纡回漳水抱城来。云飞远浦连三峡，禾刈平原扩九垓。翘首乾坤浑欲老，千年宫址付苍苔。（阁下为石勒旧寨。）

连朝素色丽清秋，时届题糕兴倍幽。花若有情应冒雨，人逢逸事快登楼。朱萸酒熟开三径，乌帽风狂落九州。自古重阳传令节，登高直欲会名流。

南城晚眺

前人

凭栏一高眺，俯仰意如何。夕照城中远，春风陌上过。阴云出古岫，漳水乏清波。侧首东郊望，殷勤寄意多。（昔年曾设馆东岳庙。）

次曾明府树棠留别南亭人士原韵

前人

旌麾临莅历三秋，阖邑军民解困愁。一片慈心苏鲋辙，满腔忠悃报龙楼。廉明久已孚群望，清慎依然励素修。放罢官衙琴一曲，千秋无愧附名流。

恩膏不间地弹丸，两袖清风作好官。升级欣看三事近，攀辕求驻一时难。讼余垂诫恩无既，出后萦思梦未安。云树迷离旌旆远，遥天福曜瑞常攒。

次李朴庵进士留别南亭自治同事原韵

前人

时艰共济见经营，大雅无违物我情。易俗方期臻上理，洪钟有叩即闻鸣。行看政绩宣朝野，（刻有都门之役。）惹得编氓话雨晴。别后风徽思不置，瓣香人颂李长庚。

狂澜力挽费经营，劳怨无辞感至情。剔弊端能清蠹蚀，因风辄自想珂鸣。德输梓里孚群望，诏赴金台趁晚晴。他日九重襄雨化，吾乡先庆免呼庚。

题南亭诗钞

前人

后贤先辈匹无俦，展卷俨然聚一楼。（魏一泉先生题先大父刊《南亭诗》有“二百年来前后辈携手同登文选楼”之句。）名属柴桑皆入选，词关风化即兼收。写怀咏史鸣天籁，异代同堂觌面谋。似此诗魂犹未绝，何烦麟笔纪春秋。

晚约同人游大司马魏公莲池旧址

前人

此地曾分太华莲，而今寥落异当年。全无荷盖迎朝露，剩有杨枝挂晚烟。偶伴朋侪探古迹，敢云歌咏继前贤。（先辈咏斯景者甚多。）何时再遇风骚主，重起楼台浚碧泉。

鞞山怀古

前人

云流星散感沧桑，几度临台向夕阳。此地龙兴追石赵，他年鹿逐比高光。鞞声久断英风杳，铁骑无存霸业荒。我欲凭凌徒浩叹，清漳东去水茫茫。

南亭旧属蔡皋狼，故垒千秋草木荒。无客解纷平智赵，有人阔论过高光。浮云天外思陈迹，流水声中憾夕阳。文献不存遗老没，飘零何处问兴亡。

乙未秋重游东岳庙，回忆数十年前读书于此，至今时势不无变迁，因以致慨

前人

禅房课读卅年前，夜半高歌月在天。不谓今朝重到此，寂然宫殿锁秋烟。

翘然古刹峙崇冈，风扫檐铃雀绕梁。旧地重经徒致慨，不闻人语乱斜阳。

南山题壁

前人

转侧步林泉，山深不计年。径荒余鸟迹，壁峭陨苔钱。草秀风和日，人

来雨后天。澄怀无俗虑，此境隔凡仙。

哀铁佛七古

程楚云

武城之东有东寺，铁铸佛像坐列次。自明迄今数百年，败瓦颓垣久废弃。昔日崇拜何其尊？今日荒凉可酸鼻。司其责者为何人，不见不闻岂不愧。犹忆三五年少时，曾到城中应小试。偶随同人来此游，有墙无屋已惊异。至今又隔数十年，风吹雨淋鲜荫庇。满身绣成苔藓斑，头裂体倾位易置。我闻原铸十八尊，其一他乡久逃避。今时惨状剧可怜，胡不携伴迁其地。又闻佛法神通大，霎时现相超人意。只须运法吹气中，金阙银台眼前事。忽然变作庄严相，如此人亦受其赐。胡为无臭复无声，草没尘埋如蔽器。自从欧学渐东来，神道设教皆疑贰。青年佻达更无伦，不似昔人痴如醉。若非棒喝打当头，谁举废坠崇祠侍。我今农校忝执鞭，地近神庭数数至。伤心惨目不忍睹，手无斧柯徒堕泪。哀哉铁佛将毁遗，古人创造非易易。我佛如来显神通，胡不示梦警官吏。(土人言此为十八罗汉，请观音像后，一尊忽自徙于某处，不知果有此事否?)

九日登鞞山

前人

漳滨游罢陟峰巅，多少愁思在眼前。野鹊竞啼黄叶树，征鸿哀动白云天。防争息战为童圣，薄赋轻徭忆昔贤。理乱不闻嗤我闷，远书何处得鱼笺。

次姚际唐过墨镫原韵

吕景端

万国衣冠集冀州，先生何苦效遨游。仅陈鸡黍君休笑，莫误箴规我自愁。为得龙门身始重，高攀冀尾意何羞。诚心欲铸金师佛，愿效平原十日留。

夜宿故城喜雨

魏宗库

旱魃频为虐，皋狼此又过。浓云方密布，大雨忽滂沱。旧事从头说，新诗信口哦。倦余依枕簟，不问夜如何。

游南山

郝麟

踏遍南山兴未阑，先贤题咏幸同看。探奇不觉归途晚，莫话群愁话旧欢。

我弄笙簧鸟弄声，松涛相和助幽情。老僧有意留佳客，惟有烦烦俗务萦。

徘徊信步入南山，百样名花百样颜。老宿名流留胜迹，自今朗诵不须删。(某先生意欲删改。)

偶眺南山恰遇春，南山一入净嚣尘。何时再约群仙会，还赖龙槐作主人。

游玲珑山答家叔虚甫

郝麟

父与儿游眺，行行喜欲颠。刚至玲珑境，时当正午天。倦憩深林里，欣欣共息肩。狼藉踞虎石，(山有卧虎石。)龙蟠座神前。户启凭风闭，山枯赖雨鲜。篱边花片片，溪畔水涓涓。邂逅村邻老，烹茶恰正然。不为五斗米，惟求一味闲。幽兴无阑意，峰腰起暮烟。稚子牵衣问，歌咏其言还。

端午

张秉正

端阳躏柳到山坡，指顾山间草木多。近午倦游将欲返，也随童子采蓑萝。

鞞山书院怀古

魏锡磐

黉堂欣见讲堂开，无数文人次第来。忆昔其间排将略，而今斯地育英才。两行侍侧程门雪，一邑弦歌石氏台。莫谓武城曾好武，鞞鸣已罢铎鸣才。

鞞山怀古

前人

晚风吹至赵王台，四面云山眼界开。忆昔前人神独往，慨今我辈迹偕来。儒书莫识兴王业，邑乘才称盖世才。磊落英雄曾在否？空留此地任徘徊。

祷南神山（十五韵）

僧恒桥

天涯策蹇印苍苔，为上神山别沁来。松峰突兀山城右，（山在武乡城东南。）榴花喷火酿奇灾。凭虚四顾焦麦陇，莫教禾塍远近开。（时旱极，不能种植。）拂地一声山木折，狂风满道怒尘埃。（风尘四起，不见天日。）漠漠如流村树隐，那见菽粟和雨栽。似此旱气连日拥，几人穷途泪满腮。不闻荷池喧夜半，溽暑何时减楼台。封疆大令愁百结，神蛟洞里几徘徊。（城东有蛟龙洞，朱大令往祷数次，不雨。）焚香四旬空拜祷，缙神无策壮志灰。敝衲破云游此土，（四月十四日来武邑城内。）有人推毂到崔嵬。杯盘罗列花果供，稽首桃李献几枚。潜龙与我泉一钵，（二十三日子亥，请雨于红龙庙。）三更遍洒翠林隈。百万生灵同涸辙，直待西江放春回。倏尔白点清晨散，凉彻牛窗峭晚雷。万里沾足蒙灵祐，盈眸百谷绿成堆。（是日大雨连夜。）

论曰：杂记属旁搜博识之林，序目留继往开来之迹。若侨寓诸贤，或则寄迹是邦，清风亮节，足以廉顽而立懦；或则久居兹土，代远年长，均能族盛而裔昌。彼白日飞升之举，迥超出科学知识律以外，固难遽以置信，乃宇宙间多不可思议之问题，乌能臆断其必无也！他如琳宫梵宇，向非国家祀典之所列。然今之信教自由，载诸宪法，庵观寺院，岂大同时代所宜废耶？至于医学推为仁术，诗文关乎国粹，苟弗采而辑之，则不免为邑乘终结之大缺陷。世之究心乡邦掌故者，或不以斯言为河汉乎！

后 记

马生旺

国有国史，县有县志。武乡县历朝历代的史书，均馆藏于县衙和文庙。然而，我县所有官方保存的历代志书以及大量历史文献，却因战乱而毁灭损失。日军在侵占武乡县城后，放火将这座有一千七百多年历史的古城池烧为废墟，价值连城的历史文献以及城中大量的文物古迹均被毁坏。新中国成立后，县人民政府重建历史档案，经过大量工作，从民间收集到民国十八年（1929）铅印的乾隆版《武乡县志》和民国版《武乡新志》两个版本的志书，成为武乡县档案馆的镇馆之宝，也是我县官方保存的古文献中仅有的珍品。

2002年，为有效保存文化遗产、研究武乡历史，进一步宣传武乡，让人们从更深层面上了解武乡，激励热爱家乡、热爱故土的高尚情怀，使这些遗产为武乡的经济社会发展与文明建设发挥其应有作用，长治市人大常委会主任张松仪同志倡导并委托武乡县有关领导同志，将这些稀缺的古文献资料整理点校再版，同时他还提出了再版旧志编印的七条建议，并落实了印刷经费20万元。通过多方努力，我们又在北京国家档案馆查找到了清康熙三十一年（1692）、清乾隆五十五年（1790）、清光绪五年（1879）三个刻本的《武乡县志》，并复印带回。这样，加上前面所述的两个版本，便拥有了四部五个版本的旧版《武乡县志》。2004年12月，在武乡县委、县政府的大力支持下，组建了《武乡县志》旧志整理委员会，抽调对古文献研究具有一定能力和水平的人员参加，正式启动了这项工作。

为确保再版质量，我们将这四部旧志书的点校排印出版工作，交由中华书局骈宇骞主任组织专家学者来承担完成。校样出来后，又经我县旧志整理委员会同志认真细致地校对审阅，纠错补漏，审定版式，提出意见，然后交由中华书局正式出版。从2002年至今，历经三年多时间，多次赴京，五易其稿，终于成书问世。

仔细阅读这些志书，我们为武乡的钟灵毓秀而自豪，为武乡的地灵人杰而骄傲。说到人杰，我县历史上英才辈出，当首推石勒。对于石勒，旧版《武乡县志》以大量的史料记载了他出生于我县县城（现故县）北原山下以及少年时期的种种活动，记载了他从奴隶走上皇帝宝座的曲折历程。石勒确系中国历史上不可多得的人杰。石勒系武乡人本来无可争辩，然而，近年来，相邻的一些县却有不同的看法，分别将石勒的出生地定在他们的县域。围绕这个问题，我们在国家档案馆专门查阅了榆社、和顺等县的旧志书。据《榆社县志》（乾隆版）卷八“割据”篇第18页载“石勒，字世龙，武乡人……”其后又有“论曰：石世龙，本武乡羯种也……”看来，榆社人的先祖已经对石勒是“榆社人”作了否定。而《和顺县志》（乾隆版）卷六“流寓”篇则记载着这样一段话：“石勒，本羯奴，少游洛阳，倚上东门长啸，王衍惊云‘此雏有异志’，勒遂遁去，来寓于和之北乡，以农为业……”从这段文字，我们可以看出，石勒本不是和顺人，在“倚上东门长啸”后，为逃避王衍的追捕，“流寓”于和顺，只是在那里避难一段时间而已。看来，和顺人的先祖也没有把石勒看作是和顺人。由于有以上文献记载，我们当承认此为事实。

按说，对石勒籍贯的讨论，不应是本“后记”的内容。我们只是通过这件事说明，《县志》是一个县历史的真实写照，特别是旧版《县志》里保存了丰富的历史资料，它所承载的信息，是我们研究历史事件和历史人物的主要依据，是异常重要和珍贵的。所以，我们一定要尊重历史，尊重古人，尊重他们给我们留下的历史记载，决不能随心所欲地加以修改，更不能编造，否则，《县志》也就失去了它所存在的历史价值和意义。

整理再版旧志书，是我县文化资源发掘和精神文明建设中的一件喜事，清康熙、乾隆、光绪版《武乡县志》以及民国版《武乡新志》点校简体横排本的成功整理出版，首先，我们应该感谢长治市人大常委会主任张松仪，中共武乡县委书记阎建书，县委副书记、县长周涛，县委副书记姚中华等同志，由于有他们的鼎力支持、直接领导和亲自组织，保证了这项工作的顺利完成。在此，我们还要对提供旧志版本、照片、参加校对、帮助审阅和给予多方面支持的同志以及原县人大常委会主任刘成书、沁县史志办主任马留堂等同志表示感谢。

四部旧志书，为我们提供了大量珍贵的历史资料，为研究武乡、了解武乡提供了便利和帮助。但是，由于历史条件的局限，书中也存在一定的封建糟粕和已被历史所淘汰的内容。所以，希望读者在研究取用时，一定要运用历史唯物主义的观点，去认真加以甄别和分析。

由于四部志书的时代特征强烈，有些古文辞艰涩难懂，点校再版工程浩大。加之我们的水平有限，经验不足，在整理编辑过程中不可避免地存在种种差错和缺漏，希望广大读者批评指正。

二〇〇六年一月十二日

（作者系原武乡县人民政协党组书记、副主席）

图书在版编目（CIP）数据

武乡县志；武乡新志 / 马生旺主编.
—北京：中国文史出版社，2024.12. —（武乡历史文化通览）. —ISBN 978-7-5205-4984-4

Ⅰ. K292.54

中国国家版本馆CIP数据核字第2024HM0979号

出 品 人：彭远国
责任编辑：秦千里

出版发行：中国文史出版社
社　　址：北京市海淀区西八里庄路69号院　邮编：100142
电　　话：010-81136606　81136602　81136603（发行部）
传　　真：010-81136655
印　　装：山西人民印刷有限责任公司
经　　销：全国新华书店
开　　本：16开
印　　张：238
字　　数：3500千字
版　　次：2024年11月　第1版
印　　次：2024年11月　第1次印刷
定　　价：1000.00元（全七册）

WUXIANG WENHUA JICHENG
WUXIANG LISHI WENHUA
TONGLAN

武乡文化集成·卷一

陈建祖 主编

武乡历史文化通览

武乡碑刻集萃

韩炳祥 王刚 主编

中国文史出版社

《武乡文化集成》编委会

总　序

甲辰之岁，万象更新。武乡热土上，乘新时代之春风，政治、经济、文化一体推进，正所谓政通人和，百业俱兴。

自古以来，莫不盛世修书，藉以兴文化俗。今有《武乡文化集成》之问世，摘精选要，撷英荟萃，乃国内县域文化系统整理出版之巨创，亦寻祖根，追文脉，固根基，增强文化自信之壮举，可庆可贺也！

文化之兴，缘于地理；或曰据于地理，乃出人文。

太行逶迤，上党巍巍，雄视华北，俯控中原，自古乃兵家必争之地。元人熊戴歌咏曰："天下多名山，太行居第一。泽潞伯仲间，上党天下脊。屹立界中原，形势控南北。"武乡踞上党北缘，乃千年名邦，抗战圣地。其东有板山竦立，如长城蜿蜒；其中有漳河流金，泽润乡里；其西则俯视晋中，藏风聚气。此土此境，古有商周遗物，有石勒要寨，有寺院林立，绵绵不绝，而民风俭啬，勤于耕读，崇尚勇武，远近闻名。清代乾隆《武乡县志》"风俗篇"云："武乡之为县，在万山中，金玉珠贝无所产，商贾舟车不至，民安于畎亩、诵读，无逐末游食、猎取富贵之人。""其民质而不瞢，其俗俭而不猥。"此乃武乡传统文化之概要，民风之底色，文化渊源之所自。追溯千余年传统文化，不亦绵长醇厚乎！

帝制灭而共和兴，社稷衰而危亡存，仁人志士，前赴后继，奋起斗争。武乡籍共产党人、革命先驱李逸三、史怀壁、武三友等，建立中共武乡县委员会，组织"五抗"，风起云涌，艰险曲折，板山漳河间，闪耀赤色曙光。全面抗战始，抗日烽火燃烧在太行山上，八路军总部、中共中央北方局、一二九师师部开进武乡，先后驻武乡王家峪、砖壁诸地，朱德、彭德怀、左权、刘伯承、邓小平、杨尚昆等在此指挥抗战，武乡乃成太行根据

地之重镇。长乐村战斗，歼寇两千；百团大战，威震敌胆。柳沟设兵工厂，肇始军火生产，装备抗日武装；抗大、鲁艺，学校遍及山乡僻壤，培植红色基因。武乡儿女，慷慨参军，牺牲何止千万；家乡父老，纳鞋交粮，自愿支援前线；太行奶娘，忘我取义，哺育革命后代。仰望太行之巅，遍布民族脊梁；回首抗战圣地，鲜血浸染。《少年先锋》，如诗华章；抗战篇章，辉煌绚烂。此乃武乡近世文化之鲜明本色。回首武乡之红色文化，不亦感人至深乎！

斗转星移，国运昌隆；改革开放，其命维新。武乡大地，文脉绵延，异彩纷呈。其初有高沐鸿之《太行吟》，冈夫之《故城谣》，张万一之剧作《小二黑结婚》，歌咏烽火岁月，隽永悠长；继之有寓真之《行道集》，赓续家国情怀，书写不尽之乡愁。抗战文化则梳理备至，书写将军之百战智勇，战士之慷慨赴死，军火之急急生产，民众之纷纷支前，友邦之慷慨资助，红色文化，洋洋大观。作者群起，深研备至，提炼太行精神，表彰抗战英模，可歌可泣，化育万民，进而为新时代不忘初心、继续前进之强大动能。回首七十年文化景象，不亦壮观乎！

武乡文化，厚重绵长，总而成之，采而辑之，舍我其谁！县委县政府下决心，定大计，集贤能，编方案，以规范性、系统性、权威性为基准，博采旁搜，摘取英华，卷次三分。首卷为历史文化，通览千载；继之以红色文化，特色引领；卷三是现当代文化，文苑集萃，遂成20册，汇千万字，煌煌然为武乡文化史上之空前巨著。武乡文脉，一以贯穿，高如板山，长若漳河，实乃空前之壮举，既为资政要览，亦成万民寻根溯源、永久承传之宝典，具彰往而昭今之效，其价值、意义不言而喻，无庸赘述焉。是为序。

中共武乡县委员会

武乡县人民政府

2024年6月

凡　例

一、本丛书以马克思列宁主义、毛泽东思想、邓小平理论、“三个代表”重要思想、科学发展观、习近平新时代中国特色社会主义思想为指导，选取武乡文化精华，编纂而成。

二、本丛书以基础性、系统性、权威性为基本编纂标准。

三、本丛书以武乡籍贯的作者为主要选取对象，以描写或记述当今武乡地域范围内的文化为内容选取标准。

四、本丛书选取的著作体裁不限，主要选取学术著作和文学作品。为了全面记述武乡的历史文化，特别组织作者新撰了武乡历史文化的通览性著作。

五、本丛书按照历史通览、文化特色、时代新篇为基本分卷依据，分武乡历史文化通览、武乡红色文化撷英、武乡现当代文化集萃 3 卷，共 33 种著作，编为 20 册。

六、本丛书为集成性著作，尊重原著内容的完整性，一般不作增删；为保持观点正确、内容准确、体例统一所做的修订，均经作者完成，并经专家予以审定。

七、本丛书对每一部入选著作的内容及其作者均予简介，以便阅读和使用。

八、本丛书根据各书特点而区别整理方式，涉及古文、文献等，予以标点，并适当注释；涉及文化遗产等内容，则以图文结合的方式予以记述。

【主编简介】

韩炳祥，男，1962 年 10 月生，中共党员，大专学历，山西武乡人。曾从事教育、财政、行政工作。先后担任《武乡县财政志》《武乡县人民代表大会志》等专业志书的执行主编。有《农业税改革刍议》《国有资产管理初索》《县级会计制度改革浅议》《与民意同行》《红星杨下理财人》《巧为无米炊》《小窝铺大历史》《走近新华社华北总分社的始发地》等多篇论文、通讯报道、纪实散文在省市级报刊登载。退休后热心于红色文化和地域文化研究，著有《神奇的焦龙爷》一书。现任武乡县三晋文化研究会副会长。

王刚，男，1979 年 1 月出生，中共党员，大专学历，山西武乡人。爱好中国古典文学、文献整理，地域文化。有《板山赋》《武乡千佛塔赋》等多篇文章发表于《映像》《中华辞赋》等各级报纸期刊。参编《武乡县志（1978—2016）》《长治历代文存（武乡卷）》《武乡抗战史料汇编》等书。

【内容简介】

本书是武乡历代碑刻史料的集成性著作，共收录起于后赵、止于民国的约 300 篇碑文，其地理范围基本以现代武乡建置为准。整理者秉持真实性、多样性、普及性原则，在《三晋石刻大全·长治市武乡县卷》的基础上，进一步网罗武乡地面上和文献中的碑刻史料，予以整理点校，并作配图与说明，便于阅读、检索、比照。其形式以寺庙碑刻为大宗，兼及摩崖题刻、墓碑、墓志等，其内容涉及政治、宗教、经济、法律、交通、风俗等，可谓包罗万象，亦可见有关上党地区、乃至中华古代杰出人物、社会历史诸方面的文献；其文多半朴实，亦兼有文采风流者，是绝妙美文；其书写镌刻兼具欣赏价值，是武乡古代社会、文学、艺术史料的宝库。

《武乡碑刻集萃》编纂说明

武乡位于山西省东南部，历史悠久，文化底蕴深厚。早在7800年前的新石器时代早期，就在人类这块土地上繁衍生息。在漫长的历史岁月中，积淀保存了许多极为珍贵的文化遗产。作为中华文化宝库中的瑰宝，碑刻不仅记录了历史，也传承了文化，是研究地方历史文化的重要载体。武乡碑刻不仅记录了武乡地区的社会变迁、风土人情，还展现了古人高超的书法艺术。在清代《国朝南亭诗钞》中就有“临风欲认前朝事，重洗苍苔石上看”“千年碑刻石头书，招来木客总能吟”等吟诵碑刻的诗句。武乡遗存下来的碑刻中诗文优美、意境深厚，正草隶行篆各体兼备，无论从历史研究还是从书法艺术的角度看，这些碑刻都具有相当高的价值，不失为我县一份珍贵的文化遗产。然而，随着时代的变迁和历史的演进，许多碑刻因自然和人为因素而或损毁或流失，其珍贵的历史信息和文化价值亟待抢救和保护。

为了更好地保存和传承武乡碑刻文化，我们编纂了《武乡碑刻集萃》。旨在通过系统地收集、整理并展示武乡地区的碑刻文化，以文字记录的方式梳理本县域历史文脉，从而全面展现武乡碑刻的艺术魅力和历史价值，为读者提供一个了解武乡碑刻文化的窗口，为武乡地域文化研究者提供丰富的碑刻研究资料。同时，我们也希望通过本书的编纂出版发行，唤起社会各界对碑刻文化的关注和重视，共同推动碑刻文化的保护、传承和弘扬。

《武乡碑刻集萃》是在《三晋石刻大全·长治市武乡县卷》的基础上，经过精心增删、整理编纂而成的。《武乡碑刻集萃》则重在收录碑刻，共收录了涵盖武乡地区各个时期、各种类型的碑刻作品300篇，其中遴选收录了《三晋石刻大全·长治市武乡县卷》中艺术价值高且具有较强的历史和文化内涵经过的碑刻作品216篇，增补了新发现的或新创作的具有较高的艺术价值和历史价值碑刻作品84篇，以求全面而准确地反映武乡碑刻的艺术价值和历史内涵。

在编纂过程中，我们遵循了以下几个原则：

1.真实性原则：所有收录的碑刻作品均经过严格的考证和鉴定，确保其真实性和准确性。对于存在争议的碑刻，我们进行了深入的调研和分析，力求还原其历史原貌。

2.多样性原则：在遴选碑刻作品时，我们注重其代表性和多样性。不仅收录了各个时期、各种类型、艺术价值较高的碑刻作品，还注重选择能够反映武乡历史、文化、社会等方面的碑刻作品。

3.普及性原则：为了方便读者阅读和理解，我们将所有碑刻作品的文字均改为简体字，并配以说明文字。

武乡碑刻的搜集、整理、研究是一项长期的艰巨而繁复的工作。多年来，我们不断地走访民间，搜集资料，跋山涉水，沐雨经风，披荆拂莱，剜苔剔藓，捶拓研考，抚摩识校，真可谓艰辛备尝，苦乐相伴。是中甘苦，如鱼饮水，冷暖自知，实难为人道矣。在县三晋文化研究会会长韩炳祥的亲自带领下，李绍君、王照骞、郝雪廷、赵兰舟、王玉斌、武承周、任宇飙、王刚等人专心致志，辨字体、查辞书，精编细研，终为一箧之果，以奉读者。书成之际，我们要感谢杜煜、李军、李翠平、高军民、李建红等拓印了县域内的几乎全部的碑刻；感谢各相关单位、各乡镇及有关村委给予的协助与支持。

今后，我们将继续努力，持续不断地搜集、丰富和完善武乡碑刻资料，为保护和传承武乡地区的碑刻文化遗产贡献自己的力量。同时，我们也期待更多的专家学者和爱好者加入到碑刻文化的研究和传播中来，共同推动武乡地区文化遗产的传承和发展。

由于编者水平有限，加之占有资料不全，谬误之处在所难免，尚望专家学者批评指正，我们将不胜感谢。

编　者

2024年5月4日

目　录

明

清

中华民国

后赵·北朝·隋·唐

“龙门”匾额

【简介】

后赵元年（319）勒石，现存于武乡县故县乡故县村。长102、宽63、厚17厘米，字体楷书，单字高43、宽35厘米，青岗石质，边饰卷草纹图案，宽5厘米。原镶嵌于石勒寨龙门拱圈洞门之上，后洞门毁于战火。石匾于2012年10月在石勒城龙门下郝晋忠家地基中出土。

【匾文】

龙门

王文谟诗碑

【简介】

北魏道武帝（386—408）时期勒石，1979年出土于武乡南山茅蓬寺遗址，现存于武乡县南山普济寺。红砂岩质，碑高70、宽46、厚15厘米，左上角残。字体亦隶亦楷，诗为乐府风格，共八句。落款为王文谟。据《武乡县志》（康熙版）记载：“王文谟为北魏道武帝时人（道武帝即拓跋珪，386—408在位），官上柱国、东道行军总管、善州刺史诸军事，封燕国公。”

【诗文】

谒南山茅蓬寺

王文谟

西域佛图澄，东土济苍生。

河边洗心秽，闻铃辩吉凶。

法慧皇太子，渡化石世龙。

圣师今犹在，南山梵音轻。

王忠南山造像碑

【简介】

北魏正光二年（521）勒石，现存于武乡县南神山。1998年出土于武乡县南山茅蓬寺遗址。碑黄沙岩质，四方柱体，高43、下宽28、上宽25厘米，四面均有石刻造像，前二、后三、左右各一，正面有四十二字的发愿文。

【发愿文】

王忠南山造像碑

正光二年，岁在辛丑，王忠于邑之南山茅蓬寺造像一区，为七世父母上生天上，皇帝陛下享祚无穷，故记之。

梁侯寺残碑

【简介】

北朝（439—581）时期勒石，1975年出土于武乡县北良村。碑高42、宽43.5厘米。粗糙的黄沙石质。两面均有文字，但字迹漫漶，很难辨认。据北京大学中文系教授李零考证，此碑为北朝残碑，碑文中明确提到“梁侯寺”。“梁侯”即为“良侯”，周围四个村庄（北良侯、南良侯、东良侯、西良侯）全得名于这座寺庙。

【碑文】

（碑阳）

……□□□□灭泯灭，故视听……古无以知来，由发慈觉，哀……垂迹，迦维昙灵，白净曜欢……言之法得道，尘沙无缘，未……□，使魔道日之复起耶？□……非笃信珍□，广发弘慈，□……沙门。梁侯寺渊禅师，久□……心证，舍超然觉观，慧悟□……□之常□□慧力盈矜□……三百人等，尽心竭力□□

（碑阴）

……□、勇思敬。……仁、何绍和。……□、□□贵。……□、□云珍。……□、□□云。……□□、□妙□、韩敬范。……□拱、荆魄女、王欢姿、马世妃。……□女、勇阿徒、马世姬、李明光。……□好、薛妙胜、阎延光、陈元妃。……玉、景明堂、李罗香、张荣妃。……白光仁、勇买光、勇黑女。……□□花、勇明堂、尹方好。

故城大云寺造像碑

【简介】

北齐河清四年（565）勒石。2002年维修大云寺时，在南殿东墙根下发现，现存于武乡县文物管理处。造像碑高78、宽52、厚15厘米。分两部分，碑首有一尊大佛像，15厘米见方。两面有铭文，中间一排有七尊佛像，宽6、高10厘米。据北京大学李零教授研究，铭文中“敬造祇桓精舍一区”是指在此地修盖这座庙（祇桓即祇园，亦作祇洹）；“更在西山大卢尖巅，造浮图一区”是指在武乡西境的山区一个叫“大卢尖巅” 的地方另外修建一座塔。

【碑文】

北齐河清四年故城大云寺造像碑

菩萨主阎法兴，大都主起像主傅永先，□佛弟子侯文敬，主阎万□，□□主阎子嵩，七仏主阎阿绍，卅六佛都观主阎绍兴，□□主郭殷头，主赵敬妃，大像主□□和，大铭主陈洪道，主长胜姿，菩萨主李和仁、胡容妃。（碑首文字）

唯大齐河清四年正月八日，邑子六十人等，自察己身，儵如电光泡沫，犹固观诸生灭，不异轮回，何殊环转，恐徒过一世，乃片功可记。遂躬率遍化，上为皇帝陛下、臣僚百辟，保命休延，寿同河岳，又为师僧父母七世因缘及诸蠢类，敬造祇桓（园）精舍一区，更在西山大卢尖颠，造浮图一区。都唯那主阎郎仁、□胡仁、阎子胜。都邑主陈萨保、胡要兴、李敬存。邑子阎绍兴、李文和、郎敬祧、陈义宾、卜回亩、阎荣捝、阎苌保、儿元仙、李阿洪、王世和、姬天柱、陈元宾、阎宗遵、阎景亩、阎洪遵、元辟恶、傅贵挽、李洪儁、姬天念、李敬遵、王元纂、阎领先、陈苌洛、阎长子、陈定宗、郑建业、李洪标、郭先伯、阎法贵、李寄捝、郭相贵、阎长□、姬天宜、李和仁、牛子和、李高似、李遵明、阎伯和、陈世遵、李遵业、王□仁、郭□□、阎乙合、张上音。

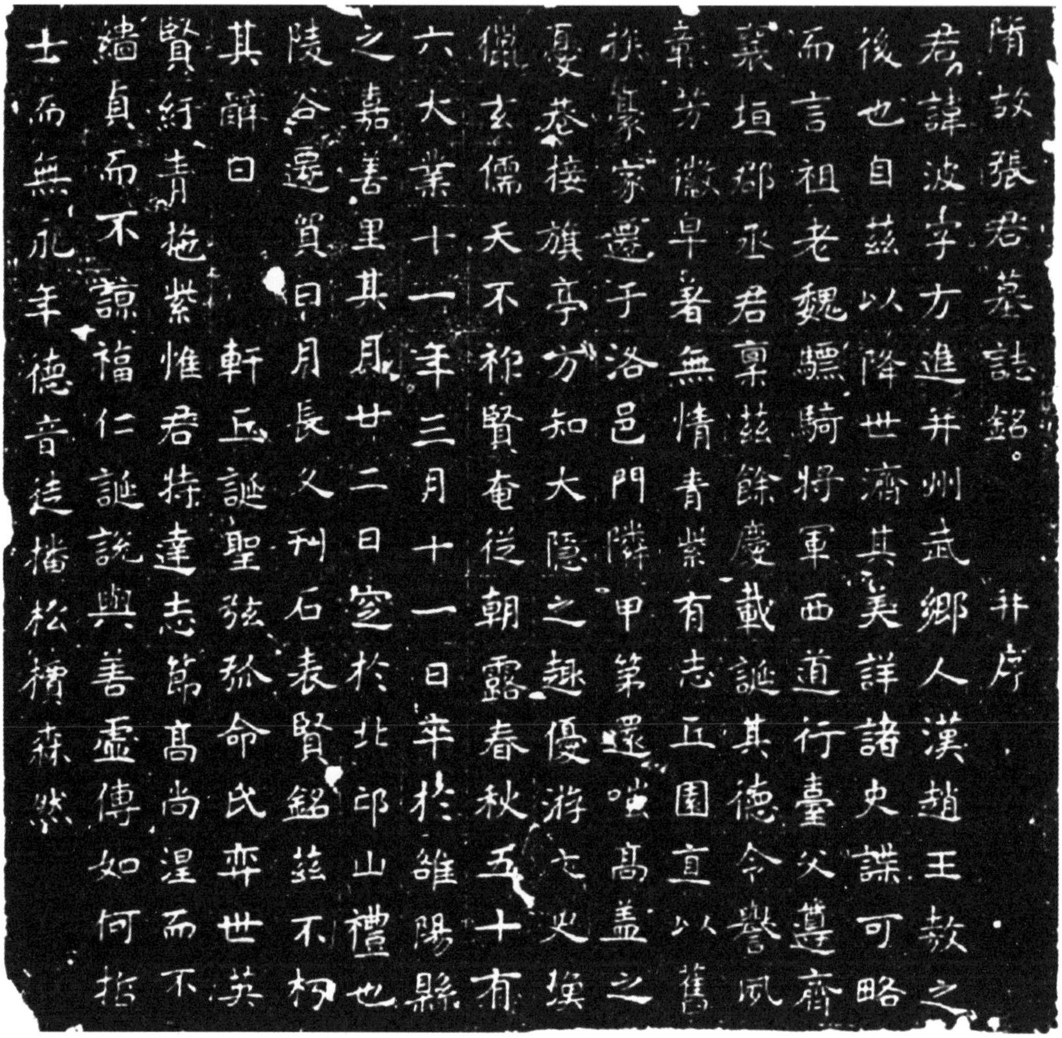
隋故張君墓誌銘并序
君諱波字方進并州武鄉人漢趙王敖之後也自茲以降世濟其美詳諸史諜可略而言祖老魏驃騎將軍西道行臺父遵齋冀垣郡丞君稟茲餘慶載誕其德令譽夙彰芳徽早著無情青紫有志丘園直以舊族豪家還于洛邑門隣甲第還喧高蓋之憂恭接旗亭方知大隱之趣優游之矣徽玄儒天不祚賢奄從朝露春秋五十有六大業十一年三月十一日卒於雒陽縣之嘉善里其月廿二日窆於北邙山禮也陵谷遷質日月長久刊石表賢銘茲不朽其辭曰　軒丘誕聖弦孫命氏弈世英賢紆青拖紫惟君特達志節高尚涅而不緇貞而不諒福仁誕説與善虛傳如何揞士而無永年德音徒播松檟森然

隋故张君墓志铭并序

【简介】

隋大业十一年（615）三月立石。正方形，长33、宽34厘米。志文正书，行16字，文16行。墓志盖长、宽均25厘米，阳文篆书。系清末于雒阳南陈庄出土，现存于武乡县开封博物馆。

【碑文】

隋故张君墓志铭并序

君讳波，字方进，并州武乡人，汉赵王敖之后也。自兹以降，世济其美，详诸史牒，可略而言。祖老，魏骠骑将军、西道行台。父遵，齐襄垣郡丞。君禀兹余庆，载诞其德，令誉夙彰，芳徽早著。无情青紫，有志丘园，直以旧族豪家，迁于洛邑。门邻甲第，还嗤高盖之忧；巷接旗亭，方知大隐之趣。优游文史，渔猎玄儒。天不祚贤，奄从朝露。春秋五十有六，大业十一年三月十一日卒于雒阳县之嘉善里，其月廿二日窆于北邙山，礼也。陵谷迁贸，日月长久。刊石表贤，铭兹不朽。其辞曰：轩丘诞圣，弦弧命氏。弈世英贤，纡青拖紫。惟君特达，志节高尚。涅而不缁，贞而不谅。福仁诞说，与善虚传。如何哲士，而无永年。德音徒播，松槚森然。

孙颙诗碑

【简介】

唐代前期（602—689）勒石，现存于武乡县南山普济寺。该诗碑1997年秋在南山卓锡池内出土，因岁月久远，长期在水中浸泡，周边已残破。残碑高86、宽48、厚4厘米。作者孙颙（602—689）。据《武乡县志》（乾隆版）记载："孙颙，字子掺，其先富阳人，远祖因官武乡，后遂为乡县（即武乡）人，颙学该邹鲁，才备宫商，退不绝俗，进不邀荣，官朝议郎，唐永昌元年（689）卒，年八十有七，子宝嗣。"诗二首，一咏锡卓池，一咏佛图井，共八句，字唐楷体，字迹清晰，每字约5厘米见方。

【碑文】

游南山（二首）

锡卓池

山围茅蓬锁云霓，正是佛图禅坐时。

当年双鹤归何处，至今犹传锡卓池。

佛图井
昔有佛图抛袈裟，顿作神井镇百煞。
每逢旱魃鱼化龙，甘霖一滴润禾稼。
孙颙

郝将墓志铭

【简介】

唐咸亨二年（671）九月立石。红砂石质，左侧残，正方形，边长57、厚8厘米。志文正书，行23字，文23行。中间有部分文字缺失。墓志盖箓顶，高12厘米，阳文篆书“郝君墓志”4字，有残损。现存于武乡县文旅中心。

【碑文】

维咸亨二年岁次辛未九月乙未朔廿六日庚申郝处士铭

公讳将，潞州乡县人也。自昔华夏承天，肇基王业，纲开道洽，泽润生灵。虽历数改归，神天易顾，代有英伟，委质相仍。洎后魏齐符光有咸洛，天下郡国氏族区分。公之一门，望高里闬，州都郡正先后重荣，乡党具瞻，衣冠仰止。祖买齐，任功曹。父绸随，任文学，实一代之英俊也。公始自弱龄，志高气远，执心谦谨，在丑无争，味道谈玄，怡然自得。属大业年季，随室播迁，地满豺狼，人填沟壑。公披榛取给，悦色养亲，堂构不亏，人伦称叹。及真人革命，区域重安，洙泗之风，充溢寰寓。公虽逢时，遇圣躬士征贤，志存扇枕，心无干禄，韬光隐耀，恓遁私门。有琴一张，时弄《广陵》之调；有书千卷，无亏甲夜之勤。赋拟闲居，□□□惟，诗题大隐，风骨超伦，服饵养神，龟延遐岁，岂其无□□□□□□□，于永徽五年三月卒于私室，春秋六十八。寻以其年其月权□□□□之原。夫人姜氏，此邑名家，地望清显。祖祢冠冕，昆季簪〔鼎〕□□□□□□忠恕，言归懿族，琴瑟相宜。诞育一男，年冲孤藐。夫人孀居，立志贞专特甚。恭伯之妻惭其节操，文伯之母愧以深仁，端拱闺闱，绝踪阃阈，不形怠怒之色，不亏容止之礼，弊服无惭，□飡不厌，每停机训子，竭贿求师。子遂经明行修，文清笔灵，将欲裹粮祈宦，弘□家门。何乃荼毒相仍，几于灭性，陟岵悲甚，风树叹深，谨即枝卜岁时以从告兆。夫人八十有一，咸亨二年八月廿日无禄。即以其年九月廿六日合葬于县城北弘化之原。呜呼哀哉！乃为铭□。

大唐重修茅蓬寺碑

【简介】

唐调露元年（679）三月一日勒石，现存于武乡县南山普济寺圣师堂。1962年在南山茅蓬寺遗址出土，黄砂岩质，通高177、宽87.5厘米，正面碑文局部风化，左边有人为砸毁痕迹，右边完好，边刻卷草纹图案。碑文现存于武乡县380余字，字体为唐楷，每字大2.5厘米见方，字体隽秀，堪称名碑。石碑因年代久远，背面已剥蚀一层，现厚约8厘米。

【碑文】

大唐重修茅蓬寺碑

原夫至道虚凝，圣教秘旷，循迹可语，就体难名。自金人觉悟，群生幽光，攘攘四生，因之以登正觉；攸攸□□，□此而去尘罗。神化圆通，十方归一，法道潜被，三涂不堕。宝雨天华，浮曜流晖，光照赫奕，非可言陈。武乡有南山，岧巍嵯峨，对峙如阙，青岚曈昽，丹岩峥嵘，茂林森郁，层檐凌空。昔天竺佛图澄大和上说法道场也。□□□妙，霞生茅蓬之台；荡荡光明，月满法轮之座。华盖覆像，皆垂交露之珠；玉砌拱龛，尽饰真珠之宝。慈舟永汛，□偈恒流。圣师竺佛图澄，于晋永嘉四年，东行

洛阳，普济众灵，逢时大乱，圣道不行，遂隐南山，结茅修持，随相转体，静观世变，行洗脏、辩铃、诵咒、役鬼、医死、卜吉之神通，遐迩轰传，奉者如云，遂至穷乡僻壤，寺立如林。曾度化赵皇石勒，勅封大和上。即为岁月深远，妆彩幽微，庄严凋零。属大唐上元元年，惠政弦歌，大德彰昞，装饰□□，津梁世界，礼乐更新，雅颂纡溢，于是广兴塔庙，绍隆三宝。有诏复兴斯寺，合僧三十三人并士女等，结念道场，追摹余轨。粤以调露元年三月一日，各舍净财，祥集众宝，选求妙工，遂重修茅蓬古寺，□□以斯功德。普及有灵，□□□□，斋成觉道，□□合僧众三十三人名：道成、慧明、 王福海、孙怀珍、刘金旺……

□□段君墓志铭并序

【简介】

唐永昌元年（689）勒石，现存于武乡县丰州镇东村段氏祖茔。段君，名卿，生于隋朝大业五年（609），卒于唐咸亨二年（671），享年六十二。夫人魏氏生于唐武德四年（621），卒于唐文明元年（684），享年六十三。

该墓志于1975年出土，右上角残破，铭石左边剥蚀严重，字迹漫漶，较难辨识。铭石高48、宽47、厚10厘米，铭文共22行，满行20字，字体楷书，不甚规范。

【铭文】

□□段君墓志铭并序

□享有德，其先魏人也，承段干木之后，因迁宦而家此。岂自兹□□莫风靡绝。曾祖齐任并州洛平县令，怀珠朗照，厚玉潜辉，近举威恩，远胜声实。祖讳藏，随任清谷府折冲，秉旄仗钺，绝域专征，同吕邵之翼周，类卫霍之佐汉。父讳卿，唐朝任本郡乡长，禀山河之秀气，沐云汉之英灵，清节孤标，冲襟独运，遂得乡闾率伏，人并畏威。不谓日落崦嵫，电飚春岭，君乃幼遭凶闵，弱岁偏罚。敦孝敬于乡间，崇温恭于里衎，乃以内谐琴瑟，外密友用。谁谓濒火难留，迁入岁宗之录，春秋六十有二，咸亨二年六月三十日，卒于私馆。夫人魏氏巨鹿人也。不谓桀花翻彩，犯朝露而同晞；桂萼浮英，乘晓月而将没。呜呼哀哉！春秋六十有三，文明元年七月一日瞑于私闱。哀子等号天魂散，扣地心摧，露引珠□，下浮鸟舍，啼而助哀。其子名曰□，洵为其□□俊聪明，诞灵天□，虽过太项之岁，不登□□□所，乃鷜鸠□鸣，芳兰已頳，遂得青鸟龔庆，白鹤来仪，以洽休征祥，开宅□□，永昌元年岁次己丑四月癸未朔十五日丁酉，合葬于乡郡城西八里，东段村东北一里武水乡之高原福地。其地左通□畛，右烈龙□，南临碧洛之津，北带抵鸟之岭。其中松林森耸，□□□□石□□□昽映日。虽须荣枯以质，金石同□不朽□□□□□□□表其初业。其词曰：

澜控星河，基□□□。祚□□□，名雕魏篆。百代莫箓，千年不殄。容泛行云，仪擦过雪。其惟神不动，非义不就。祀房既就，兰宫久绝。冥冥万里，幽幽永别。

周朝公士贾文变并夫人倪氏墓志序

【简介】

唐武周圣历二年（699）十月勒石，现存于武乡县故县村。原在武乡故县北台顶（北原山）茔地，2007年原武乡县政协党组书记、政协副主席马生旺同志发现并捶拓。墓志铭已破损为两块，拼合后偶有缺字。贾公，字文变，生于唐代武德九年（626），卒于唐武周圣历二年（699）。夫人倪氏，瑯琊上望乡县人，归贾氏四十余年，先卒于贾公。圣历二年（699）十月二十八日合葬于县城西北二里之原（即北原山）。该墓志铭高70、宽63厘米，楷书体，铭文中武周皇帝制字很多，如“圀（国）”“𤯔（人）”等。

【志文】

维大周圣历二年，岁次己亥十月六卒，二十八日巳时葬。周朝公士贾文变并夫𤯔倪氏墓志序

昔闻贾圀大夫洛阳才子，复有晨□制锦史不最餐，静夜听琴，方知位下莫不飞英声于万代，腾茂实于千秋，简篇刊之，播扬今古。君讳变，潞州武乡县尧年乡静俗里氏也。其先周文王□靖（胤），盖唐叔之后，望在襄陵，卜居此邑，根滋叶茂，遂为桑梓。祖珍齐任宁静乡长，父义逢隋季丧乱，四海崩离，五□南奔，四人日散。当斯之际，无处求生，遂乃戢翼隐鳞，遁居山野。素属河清海晏，日月祯明，未及腾云，先遭落翮。君以幼闲礼律，大晓诗书，不干禄于王侯，岂凡□于卿相。维显夫耕妇织，训子庭闱，送桂华居，承迎乡里，堂前酌桂，未独孔融膝上鸣琴，非徒叔夜，岂谓为两楹生梦，二竖居旨，寝疾弥留，俄从风烛。春秋七十有四，卒于馆舍。实谓家摧玉树，圀失明珠。水噎悲鸣，云愁泪下。昔颜回弃鲁，《论语》发悲伤之哀，子居从亡，《毛诗》起人百之叹，前哲后贤，伤痛一也。夫人倪氏，瑯琊上望乡县名家，禀性芬芳而生洁白，言归贾氏四十余年，不惮缝裳，实劳杼柚，宛如琴瑟，平等鸤鸠，浣濯衣裳，归宁父母。岂测容华减寿，智慧侵

年，菊彩松荣早凋露，遂以其年十月二十八日合葬于县城西北二里之原，礼也。其处乃是武乡之沃壤，韩魏之名墟。北带崇岗，望松桃之郁映；南瞻逝水，眺蒲柳之芬披。孝子之弟承休等人，则一夜而兴病，乃七旬而不寐，孝己未足过，伯喈莫能比。感使闺伤织妇，野怨耕夫，行路凄凉，亲罹悲痛，墓门乌思，垄树风哀，驷马悲鸣，群鸟失□。仍恐田□碧海，水变苍山，特刊石记时，流芳万古。

孝子承休，慎终内省。令终弟兄，□顺如花，副萼不辞，□葬耶孃。若不标名，谁知孝行。

大周先君墓志铭

【简介】

唐神龙元年（705）勒石，现存于武乡县涌泉乡庄头村李姓某村民家。原在武乡县涌泉乡庄头村北古墓茔地。2005年秋武乡县扶贫办武保秀同志发现并用铅笔拓片。墓志铭为一盒，盖上字为篆

字，铭文为楷书，每字大1.5厘米见方。先君姓李，字文宪，夫人田氏固城人，陈魏二新妇出身上党名家。该墓志铭保存完好，盖38厘米见方，为保心形，高10厘米，底宽38、长37、厚5.5厘米。墓志铭盖“先君墓志”。

【铭文】

大周先君墓志铭

大周神龙元年，岁次乙巳，十一月壬午朔二十八日己酉。

前晋王左右无恤府队缶李文宪并夫人田氏恩妻陈魏二新妇墓志

君讳字文宪，潞州武乡县君吴乡人。其先颛顼之苗裔，李老君之后也。祖穆齐任漠滴镇长史，父道随任榆州偃武县丞，制□朝散大夫。寻改豫州长史，并风姿迥逸，婚宦超凝，不镂而雕，不扶而直。夫人王氏，晋州临汾县令之女。伯文举，弟文冕。花如榶梿，鸟若鹡鸰，尺木未登，九泉奄及。伯母王氏，汾州平遥县人，父名文式，任赵州像城县令。叔母田氏，固城人，父讳善集，身游轺将军，河门镇将。二夫人善游南陌，便令刺史停车，若往洛川，定得陈王驻马。纵使王孙再起，未并娃婷，秦女重生，宁方窈窕。陈魏二新妇，懿族，上党名家，不惮缝裳，敢辞杼柚，未毕温清，早随薤露亦陪事舅姑，同时合葬。孝子武亮、武机，食者不甘，覆苫枕块。思高岸为谷，深谷为陵，故镌石记时，传芳万□。

李宁诗碑

【简介】

唐景龙二年（708）勒石，该诗碑1979年出土于武乡南山茅蓬寺遗址，现存于武乡县南山普济寺。碑周边已残破，但字迹清晰可辨。诗碑为黄沙岩质，高70、宽45、厚8厘米。诗共四句，字体为小篆体。作者李宁系乡县（今武乡县）砖北村人，唐景龙年间任乡县令，有惠政。景龙戊申即景龙二年（708），时任潞州别驾的李隆基游南山谒茅蓬，县令李宁陪同，写下此诗。

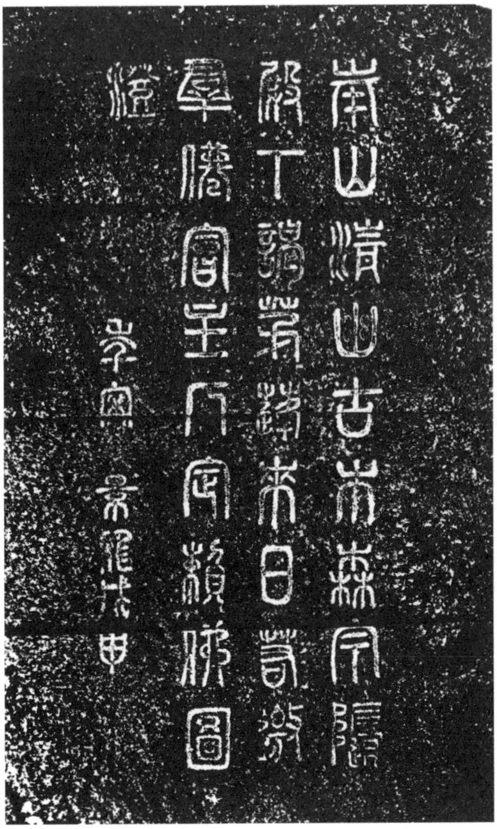

【诗文】

奉和临淄王游南山

南山清幽古木森，

今随殿下谒茅蓬。

来日若邀群仙会，

主人定赖佛图澄。

李宁　景龙戊申

唐慧宣南山摩崖题刻

【简介】

唐代勒石，具体时间不详。位于南神山始祖崖范献骊题刻下方。青砂石质，行书，2003年复修圣师堂时出土。据《南亭诗钞》载：“慧宣，常州法师，与道恭同召，曾于武乡南山挂单修持，讲经说法。”

【刻文】

大誓悯涂炭，乘机入生死。中州法既弘，葛坡暴亦止。

乳孔光一室，掌镜彻千里。道盛咒莲花，灾生吟棘子。

埋石缘虽谢，流沙化方始。

唐慧宣咏高僧竺图澄

宋·金·元

离谷寺释迦功德之碑

【简介】

宋太平兴国二年（977）勒石。现存于武乡县离相寺碑亭。该碑虬首，碑身青石质，两侧各有佛像8龛，佛首大部毁坏，人为敲打痕迹明显。碑高296、宽95、厚28厘米。碑首上雕释迦宝像一尊，下有题额“离谷寺释迦功德之碑”，楷书体，竖排三行，每行三字，字数讲究，取阳数之首，九九归一，单字大7厘米见方。碑阳为省内外诸山长老、高僧大德、善男信女、各界名流之功德芳名，文字排列无序，字体大小不一。碑阴“离谷寺释迦功德万人之碑”，依稀可辨。碑面剥蚀严重，字迹漫漶不清。据武乡县文物管理所原所长王照骞考证研究，离相寺于五代后周广顺三年（954）赐额“离谷寺”，宋代后期才改名为“离相寺”。

【碑文】

（碑阳）

离谷寺释迦功德之碑

（碑阴）

离谷寺释迦功德万人之碑

宋敕封大云寺牒

【简介】

宋治平元年（1064）勒石。镶嵌于武乡县故城大云寺正殿大门西壁上。文字清晰，经北京大学李零教授考证研究，牒文署衔者，“赵”即赵概，“欧阳”即欧阳修，“曾”即曾公亮，“韩”即韩琦，这些人均为宋治平年间当朝大臣。从牒文可知，这座寺庙原来叫“岩静寺”，从宋代治平元年（1064）才改名“大云寺”。该碑碣为青石质，高41、宽89厘米，楷书体，分大、中、小三种字体。字体遒劲，端庄工整，堪称名碑。

【牒文】

宋敕封大云寺牒

中书门下牒威胜军：

威胜军奏准赦勘会到武乡县岩净寺，系帐存留乞赐名额牒，敕旨取到祠部状系得文帐。

牒奉

敕宜赐“大云寺”，仍令本军翻录敕黄，降付本寺，依今来敕命所定名额，牒到准敕故牒。

治平元年四月六日

户部侍郎参知政事赵

户部侍郎参知政事欧阳

侍郎参知政事兼礼部尚书平章事曾

侍郎兼礼部尚书平章事韩

住持沙门　崇敏立石

敕赐应感庙额牒

【简介】

宋政和八年（1118）勒石。现存于武乡县监漳镇三垄山应感庙遗址。碑高155、宽73厘米，整碑横分三部分，上、中部完好无损，下部已严重风化，字迹漫漶，剥泐不清。字体可分三种类型，隶书、楷书、草书。整体结构布局巧妙，字体遒劲，大方规范。

【牒文】

敕赐应感庙额牒

尚书省牒威胜军武乡县应感庙

礼部状：承都省批送下河东路转运司奏威胜军申武乡县三垄山古庙一所，侧有二龙池，祈祷灵应，乞敷奏封赐庙额，本司保明是实，本部未敢施行，更合取自朝廷指挥。伏候指挥牒奉敕宜赐应感庙为额，牒至准敕故牒。

政和八年二月十六日牒（尚书省印）

起复中大夫尹左丞王特进少宰。

起复少……

太师……

威胜军

本军于政和八年二月二十六承受前……敕黄已给付武乡县收管……敕命赐到庙额……管庙宇务要严洁，知委政和八年五月十□日。

朝请权发迁威胜军管……

仁泽侯碑

【简介】

宋宣和年间（1119—1125）勒石。现存于武乡县监漳镇三垄山应感庙遗址。碑高178、宽97，整碑横分四部分：碑首高51厘米，上书“仁泽侯碑”4字，篆书；碑身二、三、四部分，草书、楷书皆有，草书大小不一，最大的“奉”字宽15、高17厘米，一般的字也有10厘米见方，楷书大多是2.5厘米见方。碑身最下部已剥蚀风化，字迹漫漶，剥泐不清。该碑整体结构布局合理，字体隽美大方。

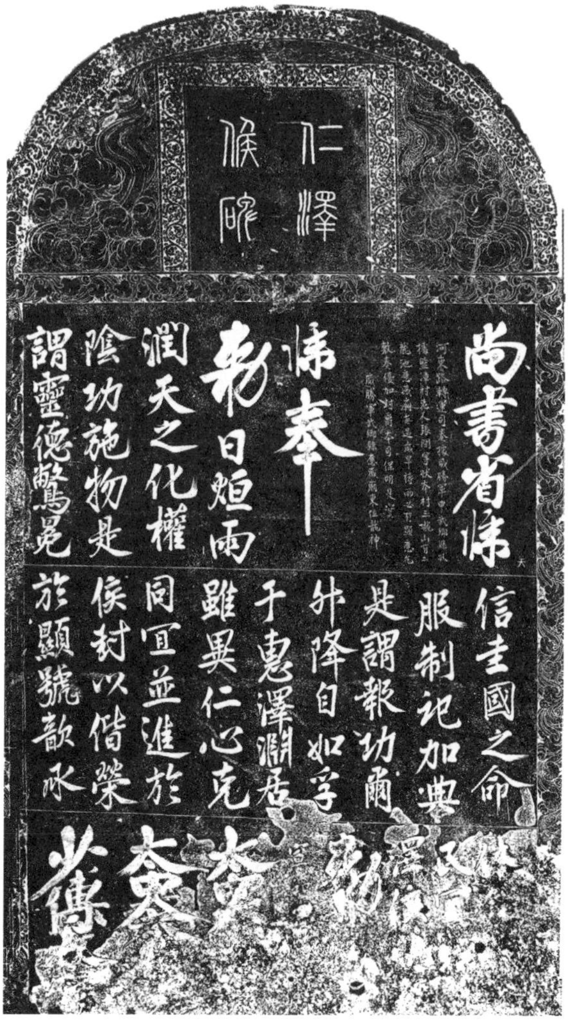

【碑文】

仁泽侯碑

尚书省牒

河东路转运司奏：据威胜军申武乡县状，据监漳村老人张闰等状，本村三垄山有二龙池应感庙，每遇岁旱，祷雨必有显应，乞敷奏优加封爵，本司保明是实。威胜军武乡县应感庙东位龙神牒奉敕：日烜雨润，天之化权，阴功施物，是谓灵德。鷩冕信圭，国之命服，制记加典，是谓报功尔。升降自如，孚于惠泽，渊居虽异，仁心克同，宜并进于侯封，以偕荣于显号，歆永……民宜□仁泽侯敕宣和……太宰、太史、少傅……

重建应感庙记

【简介】

金正隆元年（1156）勒石。现存于武乡县监漳镇三垄山应感庙遗址。该碑下半截已严重残损，字迹漫漶，无法辨识。残碑高92、宽72厘米。碑圆首，高22厘米，上书题额“重建应感庙记”6字，每字大，高6、宽5厘米。碑文每字2厘米见方。从残碑文字可看出，应感庙始建于北宋元祐七年（1092），到北宋宣和癸卯年（1123）增建大殿五间；相隔三十多年，于金代乙亥年（1154）又增建神堂三间，中构亭一间；直至金代正隆丙子年（1156），前后历五十四年，才告完备。

【碑文】

重建应感庙记

昔者先祖父讳淑致政宣德郎，闲游三垄山，观林木……峰峦耸翠，雅称□禅之居所，于元祐七年建……矣，始创小殿三间□岩腹，甃圣水二池……德希颜等拟议增广祠宇，当时势莫能攀……至宣和癸卯，别起大殿五间，继而……日固久。比年以来，所幸五谷丰登，至……乙亥春正月东建神堂三间，中构□亭一……缭墙，正隆丙子首尾三十余载，营葺仅完备……过者为之肃恭。况夫亡考讳矩于政和年……相从七稔，语及神之……广泽侯五月五日，非因上人之言，世俗莫得而知……者请勿疑焉。傥有可补阙处，所以待好事之□。

正隆元年……七月十五日张希颜等谨记

……胡京……张震

金正隆丙子

木匠　李权

泥匠　张□

古韩□宇绪刊

重建應感廟記

会同广福院敕黄记

【简介】

金大定十五年（1175）勒石。现存于武乡县石盘开发区会同村。碑高174、宽81、厚30厘米，分三部分：碑首篆额“敕黄记”3字；碑身上半部分为金代大定三年二月尚书礼部文牒，字体草书、行书皆有，草书大小不一，结构布局合理；下半部分是“广福院记”，全为楷书，字体隽秀大方，极具观赏性。

【牒文】

敕黄记

尚书礼部牒：

沁州武乡县会同村僧行念等，状告有佛堂一所，自来别无名额，已纳讫合著钱数，乞立院名，勘会是实，须合给赐者：牒奉敕可特赐广福院，牒至准敕，故牒。

大定三年二月二十日，令史向昇安石（尚书礼部□印）

中宪大夫行员外郎李

郎中镇国上将军行侍郎阿典

正奉御礼部尚书监督学承旨王

【碑文】

广福院记

夫世界人伦，是成住坏空之本，似浮沤出没，如石火电光。尝闻杨子有言云：人之性，善恶混，修其善，则为善人，修其恶，则为恶人，信不虚矣。昔潞州大都督府武乡县会同里，天平军讨击使李公讳宝亮，唐人也。恒修善行，匪造恶因。舍北土岗最高，下瞰一村，岗势秀丽，有老松一株，虬拔屈曲，势若蟠龙；顶平似华盖，寿及千岁，阴覆数亩。夏则风声瑟瑟，冷气袭人，公常慕此景。天福间于松北建家，佛堂数间，以待过往僧道，远近亲识。次年又造尊胜陀罗尼石幢，铭记仍在，尚可读之。后施为馆舍，继修寮室。当里兵部散官王文楷，造阿弥陁像及铸鸿钟，大小碑铭一十四座，或现或没，难可披诵。众请僧行住持，相继不绝，中间屡经兵火，或废或兴。

逮至本朝圣主，幸遇垂慈，弘慈佛典，特赐院名。院主僧行念，又度到门人善润、善广。于大定四年岁次甲申二月，敕赐到广福院。行念及众维那等，次年间，特建法堂五间，足表崇信佛法。人人怀辅国之心，个个有忠贞之志，男皆贤雅，女尽贞良，虽孩啼之童，悉皆好善，邻左闻者，无不推尚。彼院师徒，经开宝篆，义设群伦，磨惠剑而破尘笼，纜法舡而渡苦海。有村众等与僧行念，尝虑年岁深远遗没敕黄，率众共议，欲模刻于石，永传不朽，众皆欣从。又恳予以为记。予悯慈善事，义不敢辞，于是挥毫以记其实，庶使后世子孙知祖先之贤善也。愿刻石已后，皇基永固，圣祚无穷；四夷纳款于中都，万邦来朝于上国；寀寮文武擢禄位以迁荣，善友擅那保眷属而享泰。

岁大定十五年岁次乙未庚戌月乙亥日　住持僧善润立石

刘引济撰　太原府太谷县清河张天篆并书

襄垣县韩裕刊

大金故王公墓志铭

【简介】

金明昌元年（1190）七月十五立石。现存于武乡县墨镫新村。墓志铭圆首，高145、宽72、厚23厘米。额篆“大金故王公墓志铭”8字。志文正书，23行，满行40字。首行同额书。

刘从善，字泽卿，金代西京路应州浑源人。官至彰德府（今河南安阳）酒监。

【碑文】

大金故王公墓志铭

征事郎试大兴府大兴县令飞骑尉借绯刘从善撰

乡贡进士辽阳韩元外篆额

乡贡进士孙永贞书丹

公讳福，字仲信，古沁武乡人也。初，公之曾祖讳安，居于长乐，有祖坟存焉。娶郭氏，生四子。公之祖，其长焉，讳德朝。知夫源疏则流派分，本大则枝叶茂，乃析居而家新安里，以田桑事业。且念旧里相去逾七十里，时祭之礼，或多阙焉。又恐后人愈为之踈怠，遂于村之北卜以吉地，植以奇木，而立以坟茔。德朝娶徐氏，后有三子。公之父又其长焉，讳茂；次曰立，曰诚。娶赵氏生子三人：孟未名而他之，莫知所在焉；仲其公也；季曰权。公之幼而乃祖乃父俱厌世，公具葬仪而藏与坟。公后娶程氏，因其祖业，增置益大。外则善交友，乐施与；内则睦亲族，正家道。其俭德孝行、义风家法，为乡闾所称美。公富于春秋，于贞元二年八月十一日一病卒于家，享寿四十有五。有子四人：长训，字道通；次未名而丧；次证，未嗣而丧；次注。是时，惟训长立，姑于公克敛焉。公既没后三载，程氏卒。诸子欲葬，乃破冢起棺，但见其衣被已坏，骨肉不分毫腐朽，干彻如木。乡里父老共赞曰："虽五七百岁未尝闻之矣！"训娶李氏，生子三人：永亨，永贞，永思。注娶李氏，生子五人：永孚，永椿，永坚，永顺，永吉。噫！公之嗣续若此，岂公之德致然耶？如公之德，则丰其后也。宜乎训念祖先之幸裕，思孝敬而不忘，遂于围卜其宅兆，辨之以尊卑后先之位，饰之以棺椁衣衾之义，以己卯年十月吉日而安措之。息明昌庚戌，训又用己贿而构斯堂、立斯碑，则人子之道始终毕于是矣。因索铭于仆。公之孙，女夫也。窃知立铭建碣，自古足多，发德扬光，非文孰可欲辞而何？乃摭其实而为之。铭曰：

如公之人，克坚所守。孝道著矣，善于父母。悌行立矣，移及朋友。俭德为矣，其财以阜。天胡使矣。不有其寿。夫唯不有，以惠厥后。子孙蕃衍，既丰且厚。后公之葬，北岗其首。松柏其茂，冢壁其久。铭之于石，灵名不朽。

时明昌庚戌夷则望日　男王训立石

构堂者魏溢　刻石者冯沂　赵元

信义里重修利应侯庙记

【简介】

金承安二年（1197）勒石。现存于武乡县故城镇阳公岭村北白马山（也叫狐偃山）利应侯庙遗址（晋文公封狐偃为利应侯，始有其名）。通碑高194、碑首高64、宽84厘米，碑身高130、宽74、厚28厘米。黄砂石质。圆首，阳面正中刻有篆额“护国利应侯铭”。两面雕双龙盘珠浮雕，雕工精致，栩栩如生；背面雕刻双凤，凤头稍有剥蚀，下饰云纹。碑身阳面分上下两部分：上部分高60厘米，上书“沁州公据□使衙怙□奉尚书刑部符承部省例行奏奉”字样。之后有14行檄文告示。落款在碑左，楷书扁体字二十四个：“昭信校尉沁州军事判官周武功将军同知沁州军州事诸甲”，另起一行又有“刺史关昭”4字，每字大5厘米见方。落款时间为大定二十年（1180）六月。文字多有剥蚀漫漶，极难辨识，缺字也较多。碑下部分高70厘米，为“信义里重修利应侯庙记”，碑文共20行，满行24字。碑下端已破损，有的字无法辨识。碑阴铭施神地、助缘人名录。碑背面正中约6厘米宽，被人为凿刻，其余是刻工及布施者姓名。

【铭文】

沁州公据　□使衙怙□奉　尚书刑部符承　部省例行　奏奉

信义里重修利应侯庙记

贤首据新制已后，创建到三名额寺观，然是尽令断罪，仍令除去□。其间已有绘塑□事佛容□者不忍除毁，特然存□。其创罪犯亦予免放，两人移有犯本人科建制司□□□而不纠，依制断罪，仍并解见任□，各委司县正官科一员传话，应有寺观神祠寺处，一一躬亲点检。如系自来已有塑绘讫神佛容像者，从所委官先行后文，各管司县。其各管司县见得是实，□上执结申覆所为，□州排立守若出给国签即署合同，公据责符住持寺观等人收执膺，并造一□合同文簿□公据一道，随司县并一道司及州府省部文簿，一并用州府印各四□□合同字号赴合二部照验外，据见二神佛像者即令除去州所，为此□□□管随司县并都纲威仪司俨□奉施行。去后今据□申各称所，言官点检□□□，已有塑像神佛去处，其所□□□□保□是实，并各司县□上执□是实，得此续罪文状，在□依□，所奉修理合行出给，公据于内。武乡县委差武功任军□尉，奥□吾里也点检□信义村利应侯神一堂仕从自前塑像。村人□□□□□右具□前，今□□字号，公据付由祈□收执照用，不得违错。

大定二十年六月（加盖篆字印章）

【碑文】

信义里重修利应侯庙记

《传》曰：聪明正直谓之神。不以怒而威，不依人而灵，故人皆祭者，亦如神之在焉。仰应侯本晋文公外祖父也。晋侯公使太子申生伐东山皋落氏也，有应侯王死之，□戎某为左者，乃谓国君，自将此太子之战，则竭力而佐之。不日而皋□自皆灭之。故侯公始封应侯为□阳大夫，奢僭弗作，□□是为，则人皆受其赐矣，岂非公正之耶？不禄后葬于太原府□城县之西北马鞍山，因立庙焉。至宣和改元，时值岁旱，有当□耆老张援等辈率众敬诣灵祠，祈请圣水，仍显神威，应期沾□，殊无以答。遂于里之西北、白马神祠之左立其庙焉。曩者沾□，岁月寖久，殿宇隳摧，灵像废毁。至大定二十有二年，特□鸠工，更加完葺，各捐清贿，焕然一新，金碧翚飞，丹青烜赫，巍乎突兀，□横碧汉之间，耸矣峥嵘，丽构青宵之外。其势足以壮千古，其□可以光以一时。于是近年屡旱，应祷获征，一境黎氓，悉沾灵□，□时享祀，祟答有成，足以仰戴神休，敢忘所赞，苟非利应之私，讵能德符象帝而享血食也耶！若非纪其贞石，未□考凭。其维那乡老李颜等踵门坚求余记，义不容辞，固书其事以诣岁时云尔。

时承安改二年岁次丁巳三月甲辰乙亥初三日丁丑

辽州榆社县将相乡西周里乡宾进士宋世□□

当里清河瑁书

太原交城太平坊王道□□

玉工　仓事　裴满

重修大云寺记

【简介】

金泰和八年（1208）重阳立石。2019年3月出土，现存于武乡县故城大云寺。碑青石质，高170、宽72、厚16厘米。碑首线刻观音图案。志文楷书。

【碑文】

重修大云寺记

箕山马天牧撰

铜鞮比曲下邢恕书丹

里人杨铎篆额

箕山严从训书后

夫布金而构祇园，流银而成宝殿。考之释典，肇彼西方，三代以还，中国之未有也。至汉明帝乃立精舍于城门外以处摩腾，是为白马寺，此中国寺之始也。自时厥后，历晋宋齐梁魏陈隋唐以来，大而万雉城，小而十室邑，伽蓝梵宇，比比而立焉。沁据河东，称为名郡，武乡在沁又为剧邑。邑之西北两舍有余有里曰故城，山明而水秀，川坦而土膏，嘉木阴森，居民错比，真一州之壮观之境也。父老相传为古蔡州，然载籍无明文而未知其详也。城中央夹垲处，旧有寺一区，名之曰岩净。至宋治平元年夏四月，改曰大云，有石刻仍在焉。主僧曰云江，弟曰惠德，曰惠海。江即本邑石盘里人也。居之无几，遭靖康之乱，保而持之，其险阻艰难，岂可以单言而尽也。逮圣朝以功定之后，边尘不惊，江一日谓僧众曰："抚定以来，盗贼消亡，不图今日复见太平，吾之佛宇幸且存焉。有庑舍十数楹，足以居僧行；有佛田仅百亩，足以谷宾客。余且支倾补坏，粗合苟完亦以得矣。以吾观之，寺之所急者惟阙一钟耳。吾虽山野，不能兴造，诚欲创之，不识汝等以为何如？"众曰："和尚之愿则大矣，意则高矣，然天下新定，百事权舆，饥者仅得食，劳者仅得息，恐弗济，覆为有识者所笑。况闻之俗谚曰'宁起千寺，莫铸一钟'耳，盖言钟之难成也。"江曰："上以乘佛之威力，下以执吾之志心，何求而不得也！何为而不成也！请且试之。"于是匃金于四方，一在镕而能，事毕矣。钟成之十数年，但置于门庑之下。江尝叹曰："岂其巨钟居之平地，内不能壮其势，外不能远其声，得置之高阁则顾不伟哉！"〔静〕言思之，非一朝一夕，一手一足所能为也。遂与弟惠德博议于众耆老。耆老等众敬心稽首，异口同辞，皆愿赞成之。居士吕忠者，尤用力焉。召匠计之，所费无虑五百余万，求之于人□，不避寒暑，受之于人则不限寡多。经始于天德壬申之秋，落成于大定癸巳之春，以时之丰俭不同，人之难易不一，所以前后历二十余载。初，阁之未成也，每至大风雨则江立于其〔下〕□："有一倾覆，吾亦从此尽矣！"及阁之既成也，积年宿忧，方且写之。四方来观者，皆悦心快目焉。江先以皇统二年度弟子二人，曰善靖，曰善念。德也度弟子一名，曰善融。善靖，铜鞮山曲□〔人〕也。素聪悟正直，道行脩洁，通三学，尤长于唯识、因明等论，声问远著，四方善士论持戒修福者，皆曰："靖，戒师矣。"其为人敬仰有如此者。靖于大定十九年，因行脚而归，顾法堂旧且弊，谓门弟子昙隆曰："是刹之兴，岁月绵邈，法堂圮旧而又卑隘，吾欲增新之，汝则为之佐。"方且募工商略，居人阎寔等闻而说之，愿为领袖焉。于是富者输其财，贫者献其力，视其阙者增之，非者革之，崇卑而广隘，彻故而作，新年不再而功乃告成。使向之颓弊者，一旦兴举而壮观宏敞，人得改观。明昌丙辰，又锐意欲起普光堂一所，先镂三身佛暨十方佛，功未过半，不幸而有疾，及其弥留，泣谓昙隆曰："有志不就，古人攸悲。向吾游天党，寓于开元寺唯识院，发宏愿誓，欲起大众，方等无碍，并露戒坛，率化有缘者，期共成之。会制法不许而后已。今又欲起普光堂一所，殊未底法为之基构，故先刻镂佛像，是诚何心哉？示其堂之必成也。岂期功未过半而厥疾弥笃何！善缘难结而恶业苦障邪，吾病应不免，恐埋瘗九泉，终为所慊，汝肯为我成之乎？"隆曰："愚之才智不足以兴事，道行不足以感人，普光堂则诚不敢诺。必俟将来有为者为之也，十方佛则愿为和尚终其事。"靖渐瞑目不复有言，迂久卧而去之。徒众为之发哀，少顷，复活，曰："汝等来前，扶吾使少坐。夫有生必有死，此自然之理也，何必过悲？特未免俗耳，但命华严会众举阿弥陀佛则可矣。"言讫趺坐而化。时承安戊午岁阳月上日也。人之言曰："以师之生平，行业清高，修持诚一，不然则何去住明了而手段异于人也。"天牧因寄迹于是刹，隆公具道其事，诚欲以儆激后人，乃垦嘱天牧为之记，曰："祖师之艰难既如此，先师之付托又如此，若不刊之翠琰以示将来，恐昙隆迫以桑榆，填之沟壑，使祖师之劳，后来者无以知也，先师之志，后来者无以成也。幸毋固让焉，愿请为我记之。"天牧初辞以不能，既而询之于故老，果皆如其言，姑以不腆之文实纪之，虽后有雌黄矛盾之毁，亦所不恤也。时泰和八年中元日谨记。

泰和戊辰重阳日昙隆　立石

昊天观张本碑

【简介】

蒙古宪宗六年（1256）九月勒石。现存于武乡县丰州镇下城村昊天观遗址。碑青石质，高168、宽80、厚28厘米，碑座佚失。碑圆首，高34厘米，上书篆额“昊天观张本碑”6个篆字，字高8、宽6厘米，字体结构大方合理。碑文每字2厘米见方，字体楷书，清晰规范，共22行，每行满字45个。碑文近千言，散骈结合，读之韵味无尽。

【碑文】

昊天观张本碑

乡贡进士武乡县陈嘉撰

下郝紫微观道士杨志玄篆额

沁之东走一舍之余，武之西倍长亭之里，当沁武往之通途，有斜川焉。川之势如輞，南连其水，北背其山。山脚之阳，聚庐为里，名之曰下陈里。居民鲜少，厥壤肥浓，一境之间，称为乐土。里之东不逮劲弓三箭之地，有地曰“马房”。坌畛阙错，阡陌周遭，地势前倾，三阳正烛。故老相传曰：“此中若置神祠，必致居人享其富寿。”平时道流，安于逸乐，莫敢有措其手者。大师段公者，东段里人也，讳仲缘，字顺之。幼而出家，礼潞州天宁观闫讲师为引度。既入玄门，便识玄门之礼，端而虚，勉而一，事师如父，自谨犹子。同辈虽多，最先得法。岂期遭时多故，四海波腾，兵降从天，家乡荡尽。师仅脱一身，逃生河朔。其始至也，萍蓬无定。一日，游于曲梁之城，谒见防御使杨公者。公既相见，欢若平生，所出话言，如闻其臭。公乃即席而言曰：“师若不弃芜城，肯栖枳棘，师之所居，便有处置。”师苦辞不获，因而留焉。于是相将选踏胜地，得其城之西北之隅，卜者卜之吉。师喜曰：“此真宫观之所也。”是时有同业李仲本，亦预其事，下手经营，岁不两周，能事毕矣。居无几，喟然叹曰：“大丈夫功成不居，焉能郁郁久于此乎？”遂命驾而归，即付观与诸侄李彦清辈知之。既达乡中，询及向之遗老相传之地，即于权沁州事武建暨当里王氏处化而得之。时岁在戊戌，荡析幺余，不及艰得。师暨道士赫连仲耆量功命日平板干，称畚筑，运甓辇材，事六旬而构成正殿十有八椽，栋宇胶葛，基址状固，俯视仰观，快人心目。其余寮舍，亦欲继而营之。奈何天灾大降，事与愿违，既旱又蝗，野无寸草，龟肠蝉腹，人不聊生。师乃再下山梁，待时而动。后逢庚子，是处丰登，杖履西还，完其阙者，遂起东堂五间，西堂亦次而成之。迨乎庚戌之秋，壁图塑像，金碧交辉，方丈狭堂，相承断乎？至于丙辰，则三门客舍，一无不备矣。本

观知观史彦素，师之弟子也，惧其盛事不传于世，特以张本碑见请，三辞不免，辄敢以荒唐之语为之。铭曰：

河水汪洋，犹带之长。松岗盘郁，如云之苍。争明竞秀，川媚山光。峨峨琳宫，明秀之中。绛阙其丽，赤诚其崇。堂堂段公，羽衣之雄。心苦十载，千胜万功。是时道教，炎炎正隆。终南立祖，燕京列宗。公亦子孙，肯坠遗风。刻之翠琰，庶传无穷。

大蒙古国岁在丙辰九月戊子朔初九日丙申本观知观史彦素立石

本州天覆观道士杜希甫书丹

丰州道士安志坚同弟安德用刊

前中书宣府相公杨惟中

宣授沁州节使杜德明

武乡县令田祐　孙义

会仙观起本碑

【简介】

蒙古宪宗六年（1256）勒石。现存于武乡县监漳镇会仙观。碑首、碑座佚失，碑身正面剥蚀严重，字迹漫漶，难以辨认，背面字迹较清晰，所幸早在20世纪80年代武乡文管所王照骞已抄录全文。碑身高80、宽62、厚16厘米，碑文由武乡县进士陈嘉撰写。

【碑文】

会仙观起本碑

乡贡进士武溪陈嘉撰

昔老子言：域中四大，独先期道者，何也？以道能生天地，运日月，变通四时，化醇万物，无所不载，最为之大，故首称之也。上此圣人知道之至大，立之以为教，曰道教焉。历代以来达其理者，在此则延年，昇遐则列仙。如彰钱铿服饵以长生，许旌阳积功以轻举，皆见于传记，岂虚言哉！

我大师贾公者，法讳志韬，是邑东贾里人也。素慕虚玄，有企及前人之志，礼本县朝阳洞段志真为引度师。一日志真北征，谒见长春宫大宗师清和真人，达彼命为北京道录。志韬无所请益，遂孤云野鹤，参同于四方者数载。岁在丙戌，始结庵于襄垣县之故县里而居之，闭户读书，忘餐废寝，由是专钻研儒道之书，深通正理，远近闻其风者皆钦仰之。至岁庚寅，乡中监漳里众耆老直诣彼中请□当里之垄神庙师，处之久，常自念言：神其道家之主，安可久于此乎？遂相其水北之故基，其地势后高前下，背风向日，三垄山朝其南，五垄神护其北，左则有禅宗之古寺，右则有神钟之圣迹，前流一水，自西涧而来，潺湲之声不离于耳，派而分之，浸灌民田，带通蔬圃，其利溥哉！道俗佥曰：此天产宫观之地，不可失也。于是师乃化其观地，于胡

照、赵林、□□进而施得之，其余相连合用之地，诸人亦施之。地既完矣，木既伐矣，师遂将修盖之事付弟贾志常主之。师即日居环诸之山，至塞其户，不出其庭，守静致虚，于岁行三周为限。其师至，门人之辈盈村，主客之家不待催促而日逐之，功程愈谨，连年于间，殿宇多而成者，其严饰则未也。及饰之出圜也，睹诸位之荒凉，愧瞻依之无所。其塑像则颜色之，楹桷则丹雘之，圣位之阙者补之，寮居之坏者葺之。乃圣乃贤，曰堂曰宇，不侈不陋，焕乎一新。时到其间者瞻仰之，□不赞师功成。登仙之后有日，其嗣人知观温公备礼而来，求碑文于余。余辞以不能，至于再，至于三，而请不得免而书之。其铭大蒙古国至元三年岁在丙寅三日吉立，曰：

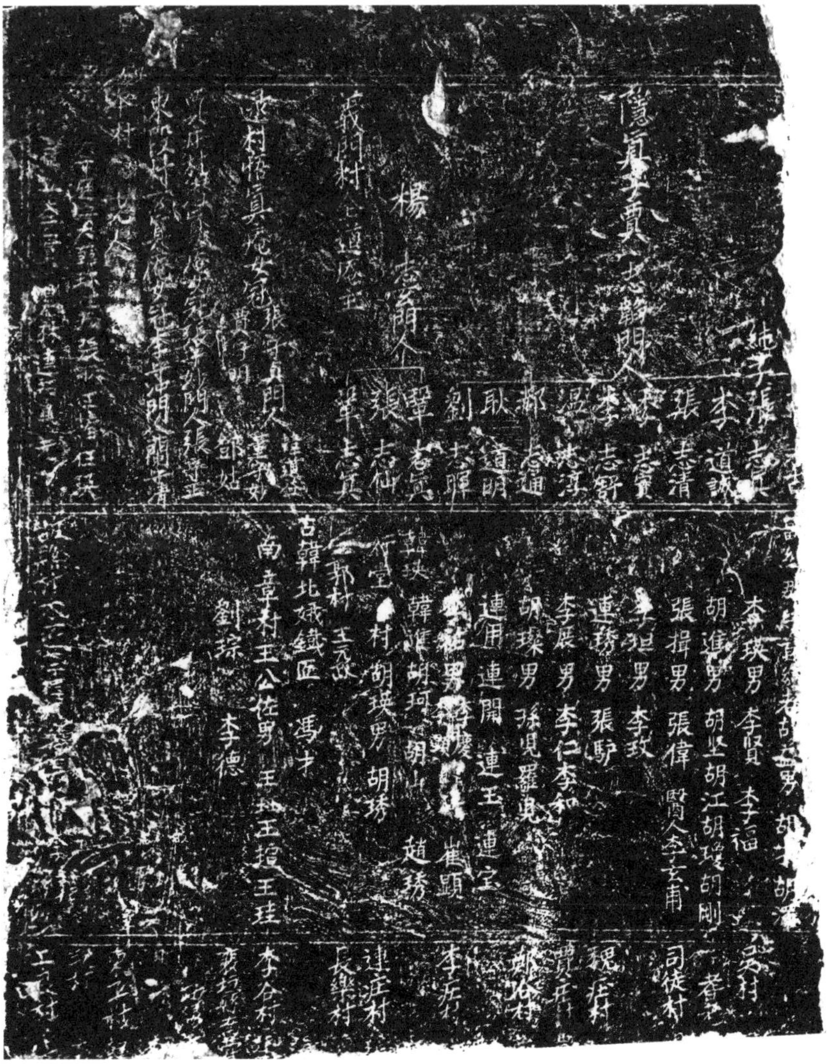

地势迎阳，枕乎北岗。殿宇雄壮，圣贤列张。豁达窗户，分明塑妆。有阁冬暖，有斋夏凉。居者快乐，过客赞扬。前人成就，后嗣承当。有始有卒，无怠无荒。绳绳继继，百世流芳。

隐真子贾志韬　门人纯

子　张志贞　李道诚　张志清　李志实　李志舒　温志淳　郝志通　耿道明　刘志晖

义门村全道庵主杨志玄

门人巩志贞　张志仙　巩志贞

逯村悟贞庵女冠　张子贞　贾子明

门人韩道益　董守妙　邓姑

贾庄村潜贞庵　女冠　张守妙

门人张守正

东段村玄贞庵　女冠 李守冲

门人兰守清

本村老人李庭实　韩珍　任茂　任椿　任瑛

吴村　司徒村　魏庄村　贾庄村　郑峪村

李庄村　连庄村　长乐村　李峪村

襄垣县南庄　东平村　上良村

助缘

时大元至元三年岁在丙寅三日吉立

韩灯太清观起本记

【简介】

元至元三年（1266）七月勒石。陈嘉撰文，任文书丹，郝叶篆额。现存于武乡县洪水镇韩灯村。碑通高150、宽66、厚18厘米。碑圆首，高32厘米，上有篆额“太清观起本记”6字，古朴大方，两边雕刻凤凰展翅及祥云花饰。碑身高118厘米，楷书。

【碑文】

韩灯太清观起本记

乡贡进士武溪陈嘉撰

前沁洲招抚使司经历任文书

中书省委太原路劝农官郝叶篆

颖山之西，其山渐浅，树石尽处，土壤宽饶，有里曰“韩登里”。杨氏继继而居之，积有年矣。其为士为农者，世不乏人。金国大定间，有先进杨士元，字善长，间出德行文章，声闻远近。诸侄杨仲平辈应词赋举者六七人，俱有声价。其的孙熙贞老人杨德修，字德卿者，生而聪敏，日记三千言，十岁登神童第，壮而学业精通，任职陕西西路会川司候。任满不仕，累值兵火，逃难于黎、涉山谷间，以教育后进为业。

大师杨公者，法讳志玄，字和甫，昔本县武乡里人也。丁年休官，摆脱尘缘，草衣本食，高卧石门玄堂山，颐真养道，穷通达理。德卿默知之，策杖来故里，与耄老霍茂、杨佺、杨僎、杨仁等议曰："和甫如此高尚，与本里杨氏远族之亲，何不施里中社亭故基以为观地，主立我里，岂不伟哉！"众皆许之。遂亲为疏，入山以请之，相见话久而一诺。德卿感公之性快，特施体己房廊、碾磨、石槽等物为观中之用。里人杨仕、杨德、杨僎、杨福、杨佺亦各施地土，永为常住。公赏诸君诚实，不抗而受之。遂率领徒众，化导乡中坛信。不数载间，玄元正殿成，次后东西云堂，法师灵官，方丈三门，斋厨寮静，无不备者。其塑像妆銮亦无遗缺。燕都掌教大宗师清和尹真人赐号曰"大清观"。和甫乃□□□长春之孙，清和门第也，赠道号"通玄子"，赐"冲寂大师"。金襕紫服，道契应缘。于本县下郝里建紫微观，石门玄堂山立洞云庵，监漳里创炼真庵，南上郝修妙真庵，太原路太谷县凤山重建隆道宫。各处引度男众女冠，修真主持。一日，公之门第杨道明等特来求记其实。余不愧不才，而乱道之。其铭曰：

迳如羊肠，涉彼东岗；岗头隐处，置此康庄；宅幽势阻，地胜人良。德卿十岁，经童登第；一任会川，不忍再仕；倾其家产，施与隐士。和甫休官，高卧东山；雅志凝定，不出山间。既受人施，须起缘事；圣殿鸾飞，云堂凤起；但是舍宇，应干圣位。数年之间，无有不备；一能施舍，二能兴制；余赏二仙，若合符契。

时大朝至元岁次丙寅七月二十五日

门第知观杨道明　武道福　立石

□川安　伯禄　刊

玄唐山洞云庵记

【简介】

这是一通构思别致的碑刻，前文后诗，且语言典雅，词藻华美。前文160字；后诗十二首七言绝句，凡372字。读之引人遐思，令人向往。碑首、碑座佚失，碑身高90、宽50、厚10厘米。现存于武乡县洪水镇韩登村。作者杨德修，生卒年月不详。据元代至元丙寅年（1266）刊立的《韩灯太清观起本碑记》记载，其祖父杨士元为金大定间（1161—1189）人，又该碑记作者为乡贡进士陈嘉，和监漳会仙观起本碑、下城昊天观张本碑的作者均为一人手笔，所以碑文的“丙寅八月望日”当为元至元三年（1266）。

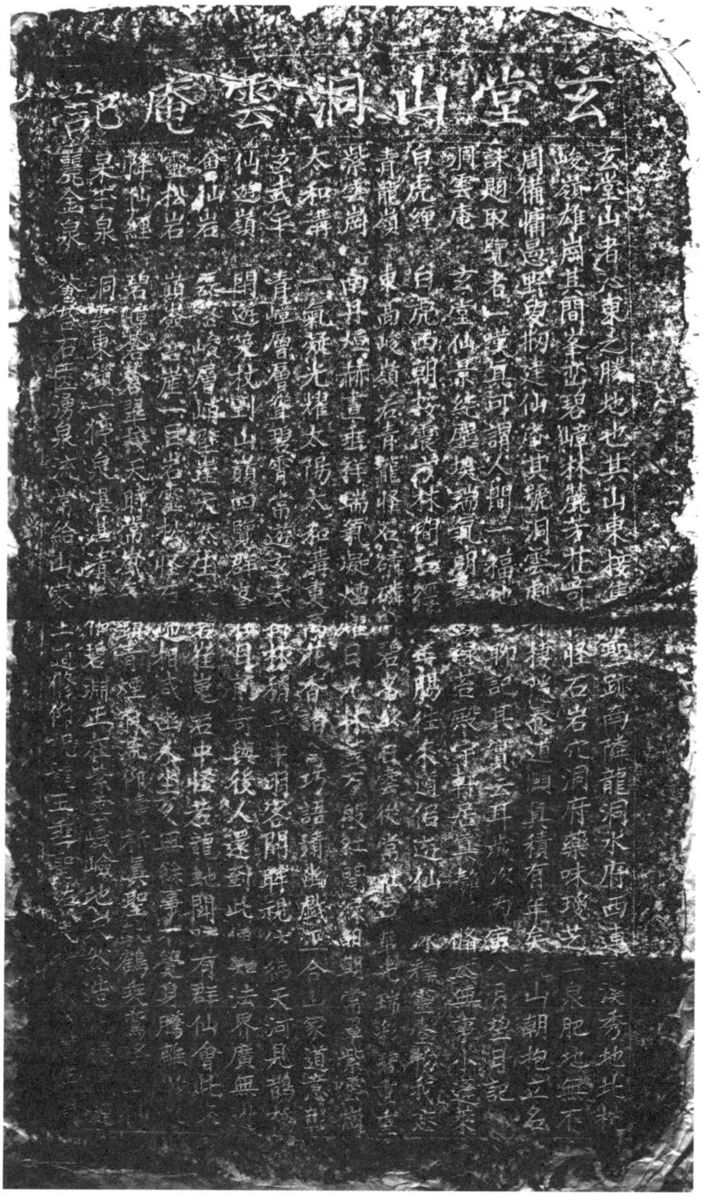

【碑文】

玄唐山洞云庵记

玄唐山者，沁东之胜地也。其山东接集布圣迹，南邻龙洞水府，西达武溪秀地，北枕峻岭雄岗。其间峰峦碧嶂，林麓芳花，奇松怪石，岩穴洞府，药味琼芝，甘泉肥地，无不周备，慵愚野叟，创建仙庵，其号洞云，处身栖隐，养道颐真，积有年矣。视山朝花立，名咏题取，览者一叹，真可谓人间一福地也，聊记其实云耳。岁次丙寅八月望日记。

洞云庵

玄堂仙景绝尘埃，瑞气明霞锁绿苔。
殿宇轩居真静所，翛然无事小蓬莱。

白虎缠

白虎西朝按震方，林间石径若羊肠。
往来道侣游仙境，冰释灵台物忘我。

青龙岭

东高峻岭若青龙，怪石磷磷卧碧峰。
终日云从常吐雾，华光瑞彩碧重重。

紫云岗

南丹烜赫昼垂祥，瑞气凝烟耀日光。
林麓万般红间绿，朝朝常罩紫云岗。

太和沟

一气凝光耀太阳，太和沟里万花香。
诸禽巧语清幽戏，正合山家道意彰。

玄武平

青嶂层层耸碧霄，常游玄武挂林梢。

平中羽客开眸视，彷佛天河见鹊桥。

仙游岭

闲游策杖到山巅，四览群峰在目前。
寄与后人还到此，便知法界广无边。

会仙岩

磊落峻层峭壁崖，天然生就碧崔嵬。
岩中怪若龙蛇斗，时有群仙会此来。

灵松岩

巅岙苍崖一巨岩，灵松怪石递相咸。
幽人坐久无余事，不觉身腾离世凡。

降仙缠

碧嶂苍苍翠接天，时常岚气锁青烟。
羽流仰祷祈真圣，驭鹤乘鸾降上仙。

杲玉泉

洞云东锁一停泉，湛湛清光似碧渊。
正在紫云巇崄地，天然造化胜流涟。

丽金泉

苍苔石篋涌泉流，常给山家至道修。
仰祝龙王垂圣祐，扶持饮用万年周。

德峰山重修钟楼之铭

【简介】

元至元六年（1269）孟冬勒石。吴从敬撰文并书丹。现存于武乡县离相寺碑亭。碑青石质，高133、宽65、厚16厘米。碑文21行，满行46字，楷书。碑石风化较重，字迹剥蚀，漫漶不清。

【铭文】

德峰山重修钟楼之铭

本里秀峰山庸儒吴从敬谨序兼书

立功启神基，不异于上者，袭祖承宗。营造刹希于西域，况往昔莫隆于古刹，而增修不遗于旧规，景仰神休业。不盈不缩，安安总天地之形；爰始爰谋，翼翼据阴阳之会。蹀躞往来，不日成之品汇厚康，与时俱矣。栋梁刻□□新，焕日月之辉，原隰冈陵秀丽，状亭台之势。虽岩廊已备于正址，而钟阁犹堕于危隅，岂斯力假千钧，是用功加乎节！琎珉肇造，光华增佛国之威；赑屃始谋，匠石贺禅天之吉。松风琴瑟，祝万寿之无疆；泉雨宫商，赞一人之至治。

甫膺纯嘏，申保康谣。太行之西，武邑之东，有山曰德峰，有寺曰离相，南耸德峰，北接丘阡，东绵太行，西抱温泉，见其山水明秀，物景鲜清，峰回路转，石怪松苍，藤交蔓衍。上下无村墟之烟火，屹立一寺，基图壮丽，形势雄伟……佛殿经阁，丹青辉煌，檐楹整节，明日燿霞，梵土之宫在也。得其景之不凡，僧之不俗，僧心之无心，□□□□□□□□□□□自待之，忘机之地矣。有僧普仙吉衲士之名，超然出于□□□□也。□□□□不凡□□不□□□□庶物以其有道以相尚也，或满山处□其心一也。且夫在山□□□□□尘居□□□□□□□□□□□□□□□□□□之各起然，□□□□□勤以其有道以相尚也，或满山□□□□□□□□□□□□□□□□□□□□□□□□□□□利禄安□□。

□具乃出类□□□□□□生身□□□□□□□□□□□□□□□□□□□□□□□黎之□也。□□□俗□□□世之名师。敬□□□□□老不劳四季之□□□□□□□□□成之日□阳□□□□□之开堂四沁阳□□□□□。师叔洪津戒师与诸僧□子依次□□□□□□□□□□退日月□□□□□□三载光阴，□速不觉龄。垂□纪默笔钟阁材木腐□□□□凋疏不□所用□□大□起心□化系田物类日备，命工经营□□勒□□不终日而成之落成之。凡□□匠石镌制坚珉，乃酬夙愿。且僧太普山踵门问许□□□为铭辞于再□□□□，性鲁而语讷，齿寒而文疏，深恐□笑□士之□，不免如直其辞以塞志意，观者恕过则幸甚。巳□□□□□□□

戒师□□德安师父洪浚立石修讲主普仙门人能训　能窘　能通

□□□郭氏兄泉浮□

至元六年岁次庚辰孟冬廿有三日

匠石　史庄 石伯川

房氏宗族之记

【简介】

元至元十五年（1278）勒石。权秉中撰文，和巨济书丹，张玫篆额。现存于武乡县韩北乡枣岭村。碑青石质，高140、宽 60、厚18厘米。碑文记录了唐宰相房玄龄后裔迁入武乡家族概况。

【碑文】

房氏宗族之记

敬斋门人黎城权秉中撰

古黎和巨济书丹

城底村张玫□□

南平房氏，其先齐州临淄人，唐宰相玄龄之裔。远祖道任并州录事参军。生庆，长子县令，后致仕，侨寓于此，因而家焉。庆之子，长曰崇环，次曰崇偘，俱推明经，拥兵麾，握郡章，荣耀当世。崇进最幼，不喜利禄，乃衣方袍，更私第作佛舍，即今之等慈院也。环佛布下，蔓延至壹拾陆族，五代同光。闲已志诸石。再□复有显人，谱谍散亡，不能记录。降及宋世，仕官陵夷，退居畎亩，不为商贾苛□之事，唯力□是务。有祖曰演者，为佛予名。于时伽迎瞻敬岳老之日，克期坐昇，今寺中遗躯存焉。□后□而为三族：其一曰润，有孙曰训，生巽，巽之孙，徙山东之枣强。其一曰振，生时，时四子曰勉、曰苑，勉字德懋，高才硕□名□动□国无子，苑生孜，孜二子曰昌、曰明，昌三子顺、颢、颙，明三子连、网、纪，今居里中。其一曰伸士，明昌泰和年间，以义雄乡里。子五人伟、侃、仪、俌、偵。伟三子，长曰□□，未名□卒，幼曰景隆，□□而卒，诚生构，构淳古质直人也。子三人，曰仲、曰俌、曰侯，今为乡曲名家。侃二子，绍先、仲礼。□祐中，绍先进纳得官宣武将军监西营酒税，无子。仲礼广威将军□□□义军。仲礼二子，守忠、守信，今居真定元氏之郭村。仪二子，幼而卒。俌六子，未妻而□，作□□籍□□官至敦郭武校尉，亦无疾而卒。俌弟之子曰完，生全，全二子曰思，三子曰德，今在里古□□□□年余，授馆元氏，构重跰而来告余曰："吾房氏自陵谷变迁而来，宗族边而□散□□□，叙为昌为明，于□为族弟兄也，思与材于构为同族弟兄也，守忠、守信于材为叔□□也，守忠、守信已寓他所，昌、明、思、材与构嗣守先业，同在桑梓。若不志之，□后世不知其宗祖所从来，亦无明亲族之远近也，幸怜而赐之文！"余与构同郡人，理不□以固辞，故为其次第云。尝试论之，根柢深而枝干茂，渊源浚而流派远，此理至必然也。夫人之子孙，以似以续，救世不衰而何？由先祖积德累行，庆源洪远故也。古今为恶者非不多矣，其□夷族灭，曾不旋跬，又何能使胤嗣之延长哉！今房地居南平，经千百年之远，犹绵绵派族相承不替者，岂非庆源洪远之所致哉？故为书之。至元甲□时三思然后记。

至元十五年九□□至九月

□房全　侄房□　□□　房昌　房非□□　立石

赵氏宗族之记

【简介】

元至元二十三年（1286）八月勒石。赵君壁撰文、书丹、篆额。现存于武乡县上司乡郑峪村学校院内，碑高134、宽68、厚18厘米。碑圆首，上有篆额“赵氏宗族之记”6字。碑青石质，文字稍有剥蚀。从碑文中可推断，郑峪村赵氏始祖赵元至元代立碑时的赵广已繁衍十一代，可见赵氏宗族之始祖赵元于北宋时期已定居于郑峪村。

【碑文】

赵氏宗族之记

天党古黎进士赵君璧撰并书篆

古韩城底村张政同弟琇　刊

木之生必有根，根柢固则枝叶茂；水之出必有源，源洪深则流派远。且人之子孙，以嗣以绩，流芳绵远而蕃衍盛大者，岂非根柢固而源洪深者耶？赵氏之先本嬴姓，出于颛顼伯益之后，益十三氏至造父，善御，事周穆王，受赵城，因为氏焉。襄、盾之后分晋为诸侯，邯郸襄、盾之下，派别枝分，无碑版可考，故我一祖忘其名讳，来居襄垣县之东墅，亦号曰邯郸，不忘其始也。凡诸祖考悉会步于赵王山下，古茔存焉。高祖讳元，赘于武乡县郑峪村郑侯，因家焉。元之子，长曰兴，兴之玄孙曰明，徙本邑输车村，金季大定间以义勇为本处总军都统。次曰昇，无嗣，早卒。幼曰嵩。嵩之曾孙曰珏，珏为本县令，以廉自守。珏五子，长曰戬，继宰是邑，为人传□，盹盹然嘉声动乎乡国。其余名讳礼不繁文，具载诸碑。□嵩□□化，孙曰广，□纯厚，年已耄期，屡以普睥□替为忧，□右而众嘱予为记。予也族也，不敢以不敏辞，而为之嗟曰：自世降道衰，圣人缘情□制五服，曰斩齐，曰期年，曰大功，曰小功，曰缌麻，而谓之服尽。服尽则亲尽，亲尽则情尽，情尽则喜不庆，哀不讣。甚矣！至于路人之不若！殊不知武王克商，成王继立，周公制郊祀之礼，上追十三世始祖后稷，配天而祭之，岂以五服为限哉！观广公等行事，故非浅浅用心者矣，志在乎修身齐家，昭先启后，广大雅生民之旨，庶几后来之人各知亲其亲，长其长，□风俗醇正，大有益于名教也，故喜为之书。

至元二十三年八月乙未朔甲辰日

全道庵元迹碑记

【简介】

元大德六年（1302）八月勒石。翰林院兼国史编修官呼延伯撰文，昊天观讲师赵彦安书丹、篆额。现存于武乡县涌泉乡神前村。碑高214、宽82、厚23厘米。碑青石质，保存完好，字迹清晰，碑圆首，上书篆字“全道庵元迹碑记”，每字大10厘米见方。碑文每字大3厘米见方。碑文记述全道庵自扬志玄以来创建、完善该道观之事。

【碑文】

全道庵元迹碑记

翰林院兼国史编修官呼延伯起撰

本邑下陈昊天观三洞讲师赵彦安书丹并篆额

大道无形，气分有形；大道无名，人生有名。气本道之形，人始道之名。上下入无声之极，古今传有形之声。由无形而之有形，则本一而派分也。全道庵者，派其本也，全其道也，发原于杨公老师志玄。师，沁之武乡人也。由金乱去家，流寓殊方之久，乱定而归，铭心于道，礼本邑朝阳洞段志真为引渡师。一日，其师上谒长春宫大宗师，清和真人奉命为北京道官，志玄以其师从仕不返，无所请益，遂云游访学，数载而还。义门乃其祖居之里，相其地形，高下岗峦环抱。东庙之初，平西山之烂柯，帝尧祠其

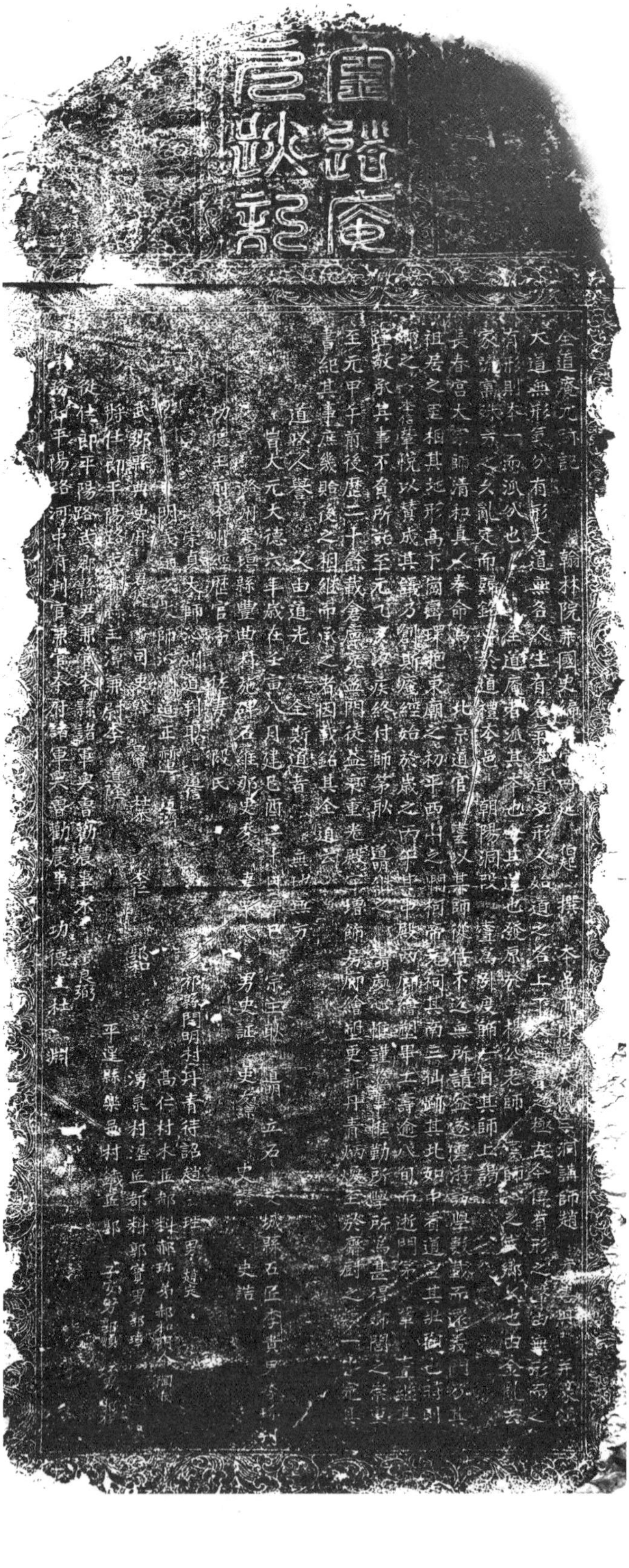

南，三仙迹其北，如中着道宫，其壮观也。时则乡之李信巩悦以赞成其议，乃创斯庵。经始于岁之丙午，其中殿两廊绘塑毕工，寿逾八旬而逝。门弟子巩志真继其踵，敬承其事，不负所托。至元乙亥以疾终，付师弟耿道明继之。道明处人惟谨，在事惟勤，所学所为甚得乡里之崇重。至元甲午，前后历二十余载，仓廪充盈，门徒益众。重光殿宇，增饰房廊，绘塑更新，丹青炳焕。至斋厨之类，一皆完具。书纪其事，庶几贻后之相继而承之者。。因载铭其全道云：道以人誉，人由道光；全斯道者，无地无方。

时大元大德六年岁在壬寅八月建己酉二十日辛巳宗主耿道明立石

交城县石匠李贵　男李珍　刊

潞州襄垣县丰曲村施碑石　维那史秀　妻栗氏　男史证　史有谅　史赞　史诰

功德主前本州经历官　李佐　妻段氏

崇贞大师道判耿道信

明义通玄大师沁州道正赫连道济

武乡县典史麻君德　司吏韩思贤　杜恭　李仁　郭和

将仕郎 平阳路武乡主簿兼尉李道隆

从仕郎平阳路武乡县县尹兼管本县诸军奥鲁劝农事宋良弼

承务郎平阳路河中府判官兼管本府诸军奥鲁劝农事功德主杜渊

祁县闫明村丹青　待诏赵珪　男赵定

高仁村木匠　都料郝珍　弟郝和　门人陶义

涌泉村泥匠　郝料郭宝　男郭璋

平遥县乐邑村铁匠　郭子安　男郭顺　侄男郭存

离相寺圆音雄辩大师塔铭

【简介】

元延祐五年（1318）三月勒石。铭石高45、宽53厘米，铭文23行，满行19字，楷书体，字体2厘米见方。塔铭为青石质，现存于武乡县离相寺。圆音雄辩大师本贯榆社长宁人，俗姓赵。生于蒙元癸丑年（1253），卒于元代延祐五年（1318），春秋六十有五。

【铭文】

离相寺圆音雄辩大师塔铭

盖闻幻生幻灭，浮花兴释氏之悲；如梦如□，逝水起孔丘之叹。人间寿尽，佛境缘成，抛□圆顶之仪，殒弃方袍之相，由是摇□幢盖，□净识于莲□，冉冉香花，送灵函于宝塔。大师者，本贯榆社长宁人也，俗姓赵氏。自弱冠之年礼到离相寺荣公园照大师为师，后于古坤净居臻公处特赐绯红。于至元十八年，又授本州僧副勾当，又至至元二十七年授宣政院札副僧正司勾当。前后二十余载，春秋六十有五，倏焉而逝。有门人讲主僧洪□、洪溟等大作佛事，黄金大葬而矣。辞世颂：

六十五年杳无踪，因缘散处尽归通。

今朝击破疑团子，一轮明月照长空。

门人讲主僧洪□　洪溟　洪淳　洪涛　洪勤等　师孙　□□　普会

众弟兄洪洋等　典座普和　普量　普能

本院讲经律论沙门赐绯寂照大师并书丹

本院知库维那　僧洪津　田头普通

离相寺下院　土河真如院　东田崇法院　监漳兴化院　永丰法云院

潞城县砖匠　崔珍　男崔贵王三等

延祐五年三月初四日功毕

古坤石匠　张琇　孙张鎣　刊

本院□□□□□□□□

真如院记

【简介】

元至顺四年（1333）勒石。襄垣进士张皙撰文。现存于武乡县韩北乡土河村真如寺院内。碑首、碑座已佚失，碑身高132、宽70、厚16厘米。记述真如寺创建事宜。

【碑文】

真如院记

蠹财莫甚于土木，而释氏之流为尤，甚者寺厥居而殿厥庐也。自佛刹蟠

据中夏，凡底法堂构，非奉于人之威命，则赖十方之檀施，旁缘营修，栋宇兴而委积来，廪粻待而苾刍合，此佛法资足衣食之道也。□者上不奉命，下不资众，能使巍巍殿宇，金碧相望也。求其人□于今者，得沁之武乡县东，土河里真如院讲主洪源也，初是利兴替，泐石可考。有宋大中祥符中，敕命为精蓝，金源祚竭，一炬焦土。天朝至元甲寅乡耆樊崇、李兴等属众谋曰："我国崇尚缁素，我里净土榛莽，拈香祝□圣于礼，文不有阙乎？且常住土田疆理封域犹可识别。岁久恐遂湮晦。寺欲兴可得乎？"相与求元施劄剂，持以谒其法属僧离相寺德浩者，俾主道场。然其来也，仅能拳瓦砾抽荆棘，其于栋宇，盖未遑也。十年壬戌，洪源年甫七岁，即学空术，目击颓圮，已怀兴复之志，晦养待时，誓述师事。既而道成法嗣，渐次修理后室。既丈前门，亦三殿佛祠神像刻一新，乃堂其僧，乃馆其宾，乃廥、乃庖、乃廪、乃厩、钟簴、田铎，百器毕具。首至治重光作噩之改元，尾至顺昭阳作噩之尝酎。凡材价工直，一出私藏。噫！可谓轻财有为，善继人之志者矣。夫释教绪余，因缘兴而廪其众，固其常也。

源独不然，不求所宜得，不靳所私有，于佛法衣坏室欲之意，殆庶几焉。或曰："释教本不耕而食，不蚕而衣，锡蜚杯渡，缾钵为生，乃为遵其教也。今独得不然，其所私蓄，岂天雨鬼输乎？"予应之曰："财者，民之心也，虽挟掊克之艺，尚不可必得，况其他者乎？僧□□有丐万室，而体常裎露，不出院而库余朋贝，顾其为人何如耳？若德动闾右，施积身富，非是公其固□以。虽然，世有啬节无能，财散非义，于院门无根榱片瓦之功者，盖滔滔也，视夫人又何如哉？"是年八月，其徒普献欲暴师之功德于来许，谒文勒石，予因得案其事而书其实，非私与也。曰：洪选者乃其弟，□□可能皆其后也。其与城平赞襄之力者，独普献为多云。

至顺四年八月下浣乡贡进士襄垣张翟记

柳塘樊砺篆　樊硕书

宿住持　洪源　洪选

门人　普溉　普能　普献　普奉　普旺　普贡　普展

孙　能昇　能开　能潮　能学　能景

至顺四年岁次癸酉壬戌月壬辰朔下旬乙卯日普献　立石

古□常君敕　刊

重修福源院记

【简介】

元至正四年（1344）十二月刻石。原存放于故城镇北良村福源院，现存于武乡县省博物院。高170、宽70厘米。碑额篆"福源院记"4字。志文楷书。拓本基本完整，边缘部分字迹缺失。该碑现今仅存下半部分。

【碑文】

重修福〔源院记〕

五峰山瑞云禅□□□ □□□法绍□□智珪撰　本院德聚书

粤哉！圆觉妙心婆伽梵入神通大光明藏金刚般若出世尊虔□□□孤独园陀罗尼门流出真如清净空无相义生诸正觉菩提□□□经被于时，众菩萨声闻天龙，圣众遍布于闫浮提界，广周于沙界尘区，德风西扇，偃朝东从，教及神洲，声流华夏，年越二千。时惟末运，□□百世已来，中有一人顿彻，惟我源公戒师者，俗姓路氏，太原榆次县郝都人也。母高氏忽于午梦僧徒行五人众骈田，幡花俨若，音乐清□，礼侍威严，异香芬馥，迎一老师通衢而过，人竞观看，亦随喜之，见若旧识。觉而有娠，谓父路宽密所梦诞，弥厥月，果子异，当默许出家。年甫十岁，礼福源祯公为师。染剃之后，习松梵音，迥异时辈；讲席谈经，惊诸耆宿。具戒之后，听于沁州天宁润公席次，举为座元，锋论无敌，讲及半中，遂次红衣戒□寸之，再延讲毕，师祯迁逝，

院务当行。遂将正殿、西堂、钟楼、南阁、僧厨、宾舍、客院、牛栏，不逾十载可满百间，开数山田，修二水磨，丛林备用无不具之。□□讶之，礼保州僧正事，为政数年，退辞弗往就值。大德癸卯地震，法堂摧毁，师余门人道诠再架虹梁，新诸枋檩，吻脊、琉璃，檐□青绿，志平砖石，油漆门窗，焕尔一新，俨如蓬岛。俗寿七十有九，僧腊三十有二，证取他山之粹珉，志旌本师之实□。一日，同洪济选□讲主来于五峰，嘱余序引纪师之德，固辞之二，坚让之三，曰："师之行，维公知实事。"不获已，姑应之云。乃为铭曰：

一从佛教来西天，偃草之风德自然。教分小始终顿圆，圆觉金刚显性□。淮师解彻体中玄，瓶泻悬河辩十全。理州僧事数余年，辞退归家结胜缘。一修水磨开山田，再新金碧率陁天。后时法惊雄雄然，老已衣盂迤胜前。我尽思惟不可诠，聊书梗概永为传。

（人名略）

时大元至正四年岁次甲申丁丑月丙寅□□□孙尚□□德慷立石志

县尹李公德政之碑

【简介】

元至正九年（1349）勒石。现存于武乡县韩北乡土河村真如寺。县尹李公，即李唐臣（生卒年不详），武乡人，至正六年（1346）任武乡县尹，秉公守正，卓有政绩。至正九年真如寺信士赵克诚等对其深为感佩，恳请乡贡进士任斗南为之撰文，刻之贞珉。原碑高175、宽72、厚16厘米，惜原碑下截残破，毁35厘米，剩余部分字迹清晰。碑圆首，上有篆额"德政之碑"4字。每字大8厘米见方，碑文每字大2厘米见方。

【碑文】

县尹李公德政之碑

乡贡进士监漳任斗南撰

乡贡……

两仪之清，五行之秀，妙合而端人出焉。故端人之在世也，志存扶纲常，心在正风俗，素愿泽物，恒其□厥时。是以不在位之高下、任之大小，随其所处，足以镜妍媸，足以权轻重，能使莸者化而熏，能使瘠者变而腴，又奚玷职蠹政之有哉！李公唐臣，本砀山之雅望也，幼以才德擢为蒲县佐，一任之间，清名藉甚，升为吾邑宰。到任之始，下令曰："圣天子付我以名邑，与我以膴仕，锡我以美爵，食我以重禄，吾君之赐厚矣，敢不竭忠以报之乎！斯民也，即吾君之赤子也，敢不宣化以字之乎！且赏罚者国之大柄也，今也有任之人慢不为意，由是小人无忌而君子不亨，德泽壅滞而教化阻碍者，职此之故耳。我则不然，善者必赏而恶者决罚。"于是立簿为两区以别焉。谓败常乱俗、欺公行私，上以凌官吏、下以贱民物者，斯乃蠹政之尤者也，必也责以重罚，加以严刑，遂使大奸巨猾自缩颈而屏息。由此教化宣明，德泽流行，元元乐业而安居，物物得所而咸阜焉。每向僚属言之曰："吾辈乃民之视效而取则者，古所谓师帅之职也。若同僚不和，吏属不睦，何以化民之为戾者乎？"于是卑以自牧，敬以待人，聿致监县公雪你、台簿佐丁公义卿、邑尉段公亮、参幕侯忠及大小诸吏，心同一人，事同一家，虽连气共乳者无若是之亲且义也。是以公之欲为者即为，欲行者即行，而无扭曲之患焉。每岁出郭劝农，唯引单吏只卒，自裹糇粮，行其阡陌，税于树下，不入人家，恐烦百姓。见耘者则戒以勤谨，逢□者则尝其旨否，遂使人人力本而无游惰之徒，所以田野垦辟而污莱变为沃壤者，故有由然耳。至正己丑，上司令属县赴州运常平积粟，一日之间，其力役不期而会者九百有余，粮遂流于本邑，而饥民赖以得赡，非有德者，其能感人如是乎？常曰："农桑衣食之本，学校风化之原，今国家课守，令以六事，然六事之中斯二者又其纲领也。若农桑有成，学校兴举，则仓平之得法，赋役之均平，盗贼

德政之碑
兩儀之清互行之秀妙合而端人出焉故端人之在世也志存扶綱常必在
高下任之大小隨其所處是以鏡妍媸是以權輕重
本碭山之雅望也幼以孝德擢為蒲縣佐一任之間
聖天子付我以名邑与我以膴仕錫我以美爵食我以重祿
敢不宣化以字之乎且賞罰者国之大柄也令也有
戢此之故耳我則不然善者必賞而惡者必罰於是立簿
斯乃蠹政之尤者也必也責以重罰加以嚴刑遂使大奸巨猾自縮
物得所而咸阜焉每向僚屬言之曰吾輩乃民之視效而取則者
庭者乎於是平以自牧敬以待人事致監縣公
家雖連氣共乳者無若是之親且義也是以公之欲為者即為
自畏糇糧行其阡陌稅於樹下不入人家恐煩百姓見耘者則
所以田野闢而汙萊變為沃壤者故有由然耳至正己丑
九百有餘糧遂流於本邑而飢民賴以得贍非有德者其能
國家課守令以六事然六事之中斯二者又其綱領也若農
之簡少斷可致矣如農桑不成學校不興欲四者之得備猶
禮師儒勸率生徒務要以成常年農隙之際每社各令立學
出俾樵牧之野成禮義之鄉化劍舞之風為弦歌之俗
目自張乎噫可謂得行政之本矣又況外兩有僚屬
之為宰者敢比哉嗚呼吾邑之民何其幸耶余因趙李
皇元以德為政承流宣化 在守及令 守令之司
明聖 涖物以仁 撫民以正 泠泠清潭 皎皎明鏡
千載奚罄
至正歲在屠
若蘇賓吉日趙克誠

之屏息，词讼之简小，渐可致矣。如农桑不成，学校不兴，欲四者之得备，犹却行而求前耳，安能至其所哉？”于是每旦公事之暇，亲诣泮宫，遵礼师儒，劝率生徒，务要必成。常年农隙之际，每社各令立学一所，若党与术间及巷莫不有学，三年之间，文风大振，而异才辈出，俾樵牧之野成礼义之乡，化剑舞之风为弦歌之俗，跻武邑之民于齐鲁之道。因之六事不求备而自备焉，得非纲既举而目自张乎？噫！可谓得行政之本矣。又况外而有僚属众善之助，内而有贤子世业之辅，是以风行而草偃者固亦宜矣，岂他邑之宰者敢比哉？呜呼！吾邑之民何其幸耶？余因赵、李二妙洎诸耆德来谒请文，遂为之铭。其辞曰：惟我皇元，以德为政。承流宣化，在守及令。守令之司，列宿昭应。独公之贤，与职相称。效乃忠诚，辅我明圣。济物以仁，率民以正。泠泠清潭，皎皎明镜。谁其知之，克诚思敬。珉德铭誉，俾来观听。树之道周，千载奚罄。

至正岁在屠维赤奋若蕤宾吉日

赵克诚　立石

泉河村申氏墓碑

【简介】

元至正十年（1350）勒石，现存于武乡县洪水镇泉河村东南1000米井台上。碑青石质，方首无座，碑高120、宽60、厚20厘米。由于岁月深久，字迹剥蚀，漫漶不清，残缺不全。1990年县文管所王照骞发现并拓片抄录。

【碑文】

申氏茔原记

至正十年岁次庚寅年春上旬日

立石人：申祐弟、申从道，女温水段郎夫申氏、显王姑父赵全、姑姑申氏，韩登姑父□林，姑姑申氏，洪水姑父张稳、姑姑申氏。

同立石人申从道□百车姐夫韩美、姐姐申氏。

铭曰：斯人之生，三才以正。地义天经，民则其行。赞戎祖考，克孝克敬。是曰秉彝，赞惟申氏，积善悠深，故多余庆。赫赫高高，月鉴如镜。

乡县北上郝村离相寺传戒大师洪律塔铭

【简介】

元至正十九年（1359）勒石。现存于武乡县离相寺。洪律大师，武乡县永丰村人，俗姓盖，生于蒙古至元十一年（1274），卒于元至正十九年（1359），享年八十有五。塔铭镶嵌在离相寺西塔林坟洪律大师舍利塔砖壁上。塔铭高47、宽38厘米，周边已剥蚀，字迹较清晰，每字大1.5厘米见方。

【铭文】

乡县北上郝村离相寺传戒大师洪律塔铭

浮世非坚，为幻化以难陶；不生不灭，兴释氏之遗言；如幻如化，起孔丘之常道。大师者，本里十里有永丰俗姓盖氏之人也。更礼于离相寺二公寂照大师为师。色身虽灭，幻化无穷。遥遥幢幡，迎归于宝塔；冉冉香花，引净识超昇。有门人讲主普应、普友等大作佛事，黄金大葬而矣。辞世颂：八十五岁是莫穷，因缘失散去无踪。今日舍尽八识去，有似明月照长空。

嗣法门人

本寺霑讲主　韵戒师　恕讲主　建讲主　禧讲主

嗣法门人聚讲主　敏讲主　环讲主　贤孙仁奘　仁彪

见塔门人讲主普应　师孙能君　能铣　能松　能固　仁舜

尚坑施主吴建应　男吴泰懿　孙吏吴鹏飞

讲主普友　能利　能稔　知库能就　普锦　能诚　能从　能住　能怡　尚座普泰　能靠　能谨　讲主能仲　普秀　能敏　能思　能胤　能增　普迁　能意

本寺大小僧众四十有余

砖匠　丰曲周君章

至正十九年癸酉月普应　立石

玉石　史住留

明

重修离相寺法堂记

【简介】

明洪武十年（1377）勒石，现存于武乡“离相寺”。下部残缺，无座，残碑高53、宽54厘米，青石质。碑文楷书，共19行，每行最多存14字。

【碑文】

重修离相寺法堂记

武乡县故城……布白金而构祇园，列苍玉以成佛刹……盛绪不二门之上乘也。武乡县东……之今逮有原之劫年狼烟塞大块……砾故墟也，况值岁之凶，僧皆菜色，旅……暇有事于佛哉？惟我大明承运，一统多方，创建寺观，井井有律，但……寺僧曰：稔杖□而归，睹鸳瓦被……岩廊日以圮，悯然著于心，形乎色……无勇，为之慨气。乃尽捐己之财……时之能事起自纤毫，百废毕举……秋残蔽兎脱，金碧鳞光，斗牛睨之……也，舆议恐没其实，欲传不朽，里……记，再辞不已，于是摭其源而铭之……

……龙，大统多方兮四夷咸宾，虽衲……改观兮，厥德以伸。

本寺修造讲……尊宿师伯讲主普恕　亲教戒师……

洪武十年岁次丁巳季冬二……

重修海渎庙记

【简介】

明洪武二十六年（1393）勒石。赵让撰文，赵赟书丹。现存于武乡县南神山八角圣井南5米处。20世纪80年代初，乡人发现并拓片、抄录。碑高105、宽65、厚20厘米。碑文共25行，满行40字，楷书。题额两行，每行三字。碑文周边饰以莲花卷草纹图案。

【碑文】

重修海渎庙记

圣人之制祭祀也，法施于民则祀之，以死勤事则祀之，以劳定国则祀之，能御灾捍患则祀之，凡有功于民者则祀之，无非所以酬功而报德，此古今不易之确论，万世经国之常典也。武邑之南十里有焦氏海渎神之故墟，东南五里有是神之庙祠。其神之灵，大旱所祷，无不获其应焉。时洪武壬申，武邑大尹王讳思礼适冠盖下车之初，值天不雨，民心皇皇，大尹遂感于衷而有忧民之心，虑恐玷于饥馁之际，乃洗心涤虑，恭诚渊默，祈祷于海渎之神，梵香□祝，遂感厥神，即日沛然，甘泽大足，润土□余禾，苗复苏，民心大悦。是雨也，乃大尹精诚之所致也。非为一家之惠，实为万民之福也。其格神之诚，感应之效，□斯则大尹政事施为之际，可得而知矣。嗟夫！是神之灵，祷无不应，虽曰神灵，亦待乎人之精诚，而后感□显□也。□武邑之士民仰赖于神，而神之所以利泽于一邑之人民者，殆亦多矣。故享神之祀，累代血食绵延而不绝者，岂不宜哉！大尹既有所感，每睹庙祠之旧陋，神像之摧萎，辄启忧心，愿施天禄，庸工修理。而工之领其事者，严督恪勤，不逾月间，功成告毕，庙貌皤然，为之一新，则大尹奉神之心至矣，报神之道尽矣。而神之所以感于大尹，致甘泽之降者，岂虚其应哉！在城耆士刘琰等，与余同有奖劝将来为善之心，因沾是神之惠，感大尹福民之心，偕进而谒予于黉堂，曰："愿请先生以述其词，勒之于石，以彰神明显灵之验，颂咏大尹精诚格神之效，岂不伟哉！"予于是而为之记。

重修海渎庙功德主承事郎武乡知县王思礼

迪功郎武乡县县丞刘德顺

撰修庙记儒学教谕赵让字公逊

训导胡嘉字章□

税课局大使卢春

阴阳训术陈弼

儒学训科霍敬光

僧会司僧会杨洪阔

道会司道会高善通

赵赟书

大明洪武贰拾陆年岁次癸酉叁月丙辰贰拾有肆日立

武乡县陈村吉祥禅寺重修碑记

【简介】

明成化十一年（1475）勒石，现存于武乡县故城镇陈村吉祥寺。该碑已残破，下半截中裂痕横贯整个碑体，剥蚀三四字。碑首高72、宽68厘米，中间镌刻“永世不朽”4字，两侧雕刻二龙戏珠图案，碑身高105、宽68、厚21厘米，碑文28行，满行46字。

【碑文】

武乡县陈村吉祥禅寺重修碑记

□勒□洪慈禅寺□严宗嗣讲经论柳溏真如寺衲文　扩书

盖闻二仪有像，显覆载以合生；四时无形，逢寒暑而化物。一气潜通，万□□□□夫。岂有高低之隔，江河注地，乃分清浊之端，其或万载千秋，一光成曙，影流大小，任器方圆，实彰照烛□□□颐□无私之壮，故我群生教主，十方医王，智愈日月之明，道□□□随机应感，衣弥利济之普，抚察厌忻即□□□庙之相，弘宣万品，典御十方，举威灵而无上，抑神力而无下，光□□□于宇宙。细之则摄于毫釐，无灭无生；历年□□□不古，若隐若显，运百福而长存。妙道玄疑，遵之莫测，其源立宗□□□栋梁，树法幢之天本，堪为教海之舟航，可作□□天之日月。大矣哉！大觉能仁，权树于雪峤，严前舍利，兴緌拓视，向给孤园内，资始教流震旦，白马西来，汉朝首创于□□，吴国肇隆于□左目。此星分四域，云布群藩，大岳名山，随方建立。洪惟圣朝太祖皇帝，混一天下已来，四海一治，万国来仪，圣德昭彰，卓冠万世。神□□□相承而钦上佛无天下名山大刹，泛泛兴焉。爰自武溪县治西北七十余里，有烟爨曰陈村，有古迹丛林曰吉祥寺。□□□布僧会司端公雪岩□，仕僧会闻公远方当代住持圆吉庆堂，俱本邑良家之苗裔之也，幼怀贞敏，卓性超群，□□□明，机锋峭峻。远方庆堂二上人者，自观其胜，□东达麓台，西带黑寨，北靠岫岭，南接故城，地平如掌，林木茂

盛。□□四面回抱，岭峻而泉清；山高似凤翼翱翔，岭峻如鸾飞展翅。先师雪岩之兴建，遇岁久而雨剟风摧。远方庆堂之继，降□□崇精舍之初，念融观先师之用力，孰继志于前人，不免恭持短疏，挽告檀那。兴修于正统载间，落成于成化之岁，鼎□□□□固带月归来，兴万载香火之丛林，历千秋祝延之金地，殿堂、廊庑、宝阁、钟楼、护法神祠、茶寮、僧舍，百有余间，方期□□□□十余载，焕然一新若也。珠沉赤水，逢时则光耀虚空；剑隐丰城，应世则气冲牛斗。道无显晦，事有因缘，遂有本寺修□□主庆堂自发洪愿，创修南阁，四椽五间，护法关王神祠，绘塑十六宾头卢尊者弥勒，菩提达磨（摩），檐莹青绵，金壁妆銮□□□宇一新。宗风伟振，鸠斯洪善。上祝皇基本固，国祚绵长，雨顺风调，万民乐业，真为社稷之精蓝，永作乡方之归憝。一日□□□众议曰：“所扩此寺功力浩大，笔言难穷，若不勒之金石，日将月就，恐为湮没。”《书》曰：文武之政，布在方策，其人存则政□□，其人亡则政息。今乃人得斯大梵宇，一新宗风，宏关欲显寺之兴举，勒镌金石，方陈不免，持礼祈文于真如丈室。□□□不获，粗为之序。

佛居补处，现率陁天。禾生中印，法泽大千。道高天地，惠贯中原。汉朝□□，□□□□。教相东传，□城名邑。陈村福地，吉祥祇园。二代神会，端闻先贤。见任□□，□□芳联。持心竭力，□□□殿。崇风伟业，泽被林泉。寺之惠也，诚舍晨香，圣寿齐天。

时大明成化十一年乙未□□二一叶丁丑日

前任僧会司□会闻远方　门人明山　明禅　明远　法孙洪太　洪善　洪□　□□　□□

本寺住持吉庆堂　立石

□□□会司僧会选南宗门人誓云　僧吏行亮

本寺修建住持　吉庆堂　门人明旺

下郝里石工　□□□

武乡县大尹许侯德政碑

【简介】

明成化十六年（1480）勒石，现存于武乡县旧县城（今故县村）。2010年3月故县中学修缮，从中学大门东侧出土，律师李志明、村民程庆文发现并抄录全文。大尹许侯即许英，字俊之，山东宁阳人，明成化十年（1474）以岁贡任武乡县令，多政绩，后升沁州知州。武乡百姓思之，为之树碑立传。碑青石质，高125、宽76、厚22厘米。碑圆首，内刻“许侯德政碑”。碑正面反面均有文字，正面为文，反面有序有诗，颇具特色。

【碑文】

（碑阳）

武乡县大尹许侯德政碑

敕赐文林郎山东道监察御史七十四翁

武乡县儒学教谕

武乡县儒学训导

沁州武乡县，座落太行万山中，石多土少，地瘠民贫，俗侥健讼，盗贼连年。至九年连岁水旱，仓库空虚，人民流亡，实为难治之所。成化十年武乡知事侯，山东宁阳世家也。乃伯道中先生，由翰林学士升礼部尚书。其自幼聪颖超伦，少从道中先生学，每读书数行俱下，于经、史、子、传，靡不精研，闻之熟而讲之审。今宰是邑，犹驾轻车而就坦途。视篆之日，首与同僚劝督农桑，以足民食；九等科差，以均民力；明剖决别是非，以简民讼。数岁养息休生，环封之内，民不识吏，犬不夜惊。时有医官魏瑄马被盗，赴侯告之，首支马赀，尔后获贼。往返流民先逃者二千有奇，至是闻风而来，归者千余。此但一举，不可悉数。是以县人知义者，恐久而泯其迹，征余言勒之贞珉，一以劝励后来之牧民者。余惟古之王者，治天下以六事，计群吏缺则选用之，或以兴学得名，或以息道获誉，或以简讼见称，或以□□之

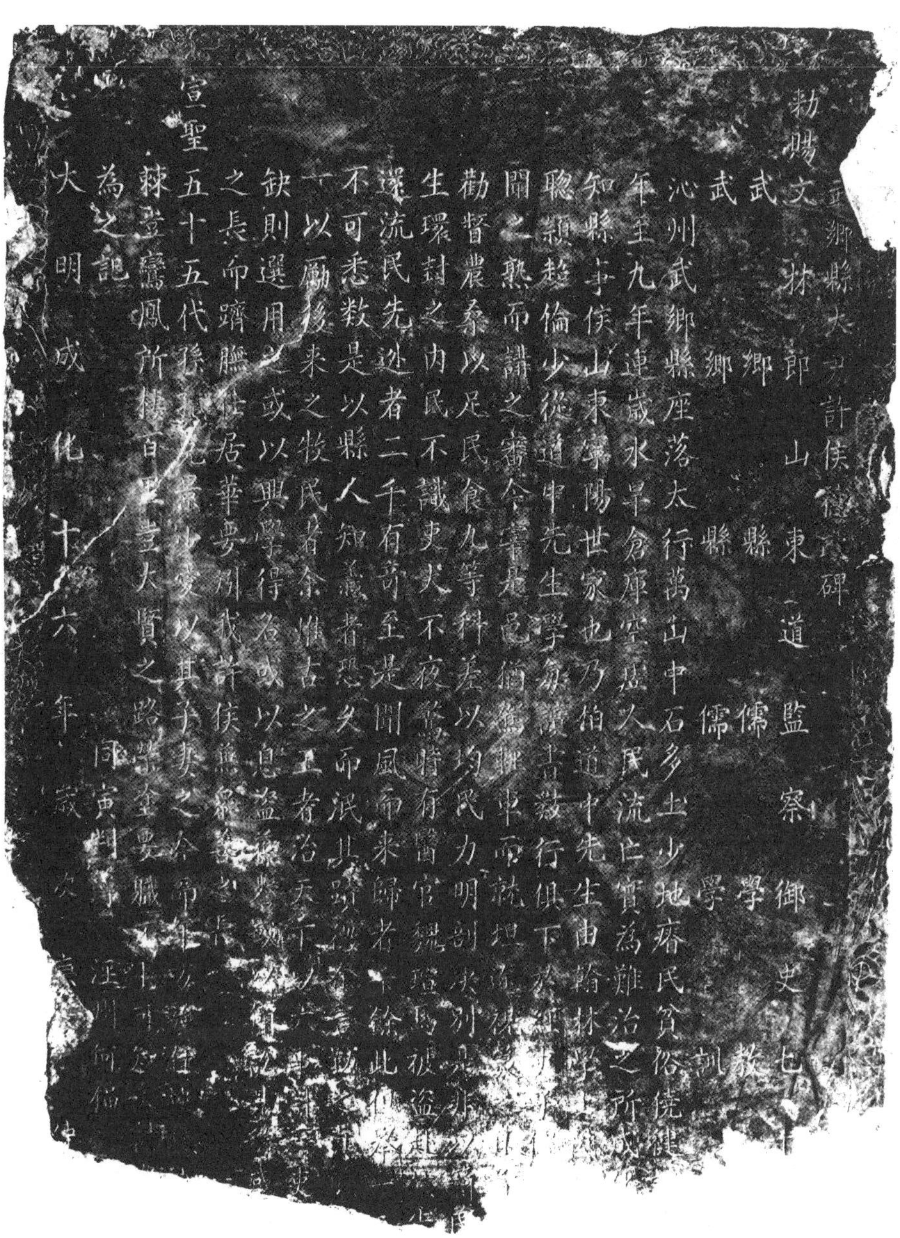

长，而跻膴仕、居华要，剏我许侯兼众善之长。宣圣五十五代孙孔克景少爱以其子妻之，今而年方强仕，觇抚棘岂鸾凤所栖，百里岂大贤之路，荣途要职不卜可知矣。请为之记。

同寅判簿泾州何福

大明成化十六年岁次庚□仲春

（碑阴）

许侯下车之日，迅雷风烈，雨若倾盆，人皆以为异焉。莅政未久，感逃移自返，化盗贼为良。又见祷雨有应，则向日之天变，实示之以祥。时教谕徐文昌作诗二首以贺之：

一

怪得来时雷雨倾，却无天示福星临。

一官未满秋冬季，百姓皆知父母心。

逃者归家曾用召，贼人还主不须擒。

无端异政言难尽，怪得来时雷雨倾。

二

邻邦雩祷枉劳神，是邑无庸却雨倾。
天道何尝于彼薄，人心未必似侯真。
凝眸物色青千顷，杂耳歌声蔼四民。
此事合当烦史笔，标名万古使人闻。

时教谕周纲因览前诗，亦成鄙律一章以贺之：

深羡贤侯宰是邦，廉平善政古无双。
德合苍汉隋时雨，化被黎民晓义方。
盗贼不擒知去恶，逃移未召愿还乡。
名闻藩臬及□抚，深羡贤侯宰是邦。

石盘：马子云　　却　净：郭　振　　阴阳生：张
聂村：聂廷圭　　北上合：秦　裕　　陌　峪：姜
段村：武　广　　□　志：李　彪　　韩　灯：张
韩北：韩　翼　　信　义：程　忠　　监张东：胡仲英
韩北：李　琰　　襄　垣：石玉工
义官：李　茂　王彦镐　史杰　安缨　武鋆　立石

重修大云寺记

【简介】

明成化十七年（1481）十一月立石。于2019年3月出土，现存于武乡县故城大云寺。碑青石质，长方形，高140、宽68、厚16厘米。额篆“重修大云寺记”6字。周边有瑞草花纹，志文楷书，碑文21行，行54字，，，多有残损。

【碑文】

重修大云寺记

国子监生沁阳张颙撰文

武乡县儒学生员本镇吕泰书并篆

故城坐落武乡西北两舍余，民物富庶，市藏商贾交质征诸史，乃古蔡皋狼之地，见革于前代，然敝城墉址尚存，故名阛阓，中有寺一区，名曰大云。规模宏丽，宝殿十二楹，佛有十三像，木刻精巧，五彩黄金饰，僧台翼之。历岁久，栋宇腐析，廉隅毁顿，风雨四入，彩绘漫漶。住持僧性福，宵旰相视而惧，欲有图为作新之志。顾僧行落，独难为功。时沁阳北关西里耆老葛俊贾于斯，俊性敏达，喜佛事，喜建功，福闻其贤，一旦谓俊曰：“吾具僧道行不能以动

人，有愧于心。昔云江善靖寓此，遭靖康之乱，保而持之，尤能造镛建阁，起法堂，刻佛像，树功业于后世。吾未免坐视殿宇为瓦砾之场而已耳。欲起大勋，值岁歉民阻饥，势难为之。不识公计以为何如？”俊慨然曰：“此义举，上人之责也，如有为之，予愿勷焉。”即合同门僧众，发所蓄并俊所施畀者会其费，福与俊又持簿乞民间，有得辄纪之。赀虑既足，殿宇岂可视旧小贬乎？由是鸠工集材，经营综理其事，□广正殿五间，高二十五尺，广视高倍二十尺，深不及广者十有二尺，东西庑各五间，高深则杀焉。正殿佛居肤衣黄金；东庑塑罗汉；西庑为幽都，塑十地阎君肖。俱彩绘围壁，阶基土砖居砻砌。斯时也，捐赀者不爱其财，赴功者不惜其力。殿庑、斋堂、庐舍、庖庾、山门，岿然其众，焕然其新，□□渠渠，各适所宜，足以壮观四方，骇人心。自遐迩来，来二门游者，仰瞻圣容，肃然敬信。居不夺其乐，览者不惮其劳，巍巍乎身毒极乐之境也。当时相是役者则有僧□环董其事者俊，协赞之者则有乡耆牛普真。始事于成化庚子之春，落成于辛丑之秋，功绩之大，不二载而完，意若福、俊之为，可谓为永永记者邪。毕事，列壮征记。予知佛者之道，直指人心，见性成佛。三代之时，佛法未有，至汉明帝流入中国，其后缙绅明臣力谏庭诤，以杜其流。历代人主，信否不一，兴废相继。迄我太祖高皇帝，席卷胡元，混一区宇，崇儒重道而释道教并存于世。但锡爵以统之，内隶于春官，外隶于有司，上下纳纲，纪不紊制，僧道簪剃，无得擅自，寺观不许创建。所以酌古宜今，以隆亿万载不拔之鸿基，囿斯民于仁寿平康也。然大云，古刹也；佛，额僧也。以古刹之腐析，经额僧之作新，遵旧制也。而福则行其所当行，为其所当为，矧道行感人，成功速见，阐扬名教，事业过人。沁郡属邑士大夫君子□之游□为寺之荣而有所慕，此世之梵林中绝无而仅有者也。呜呼！后之入沙门者当以福是仪，而以俊是叹焉。此颙为之记，示于悠久，来者有所征而感激之。若夫山川秀美，无不可爱，有天牧之记在。

成化拾有柒年岁次辛丑冬十一月吉旦立

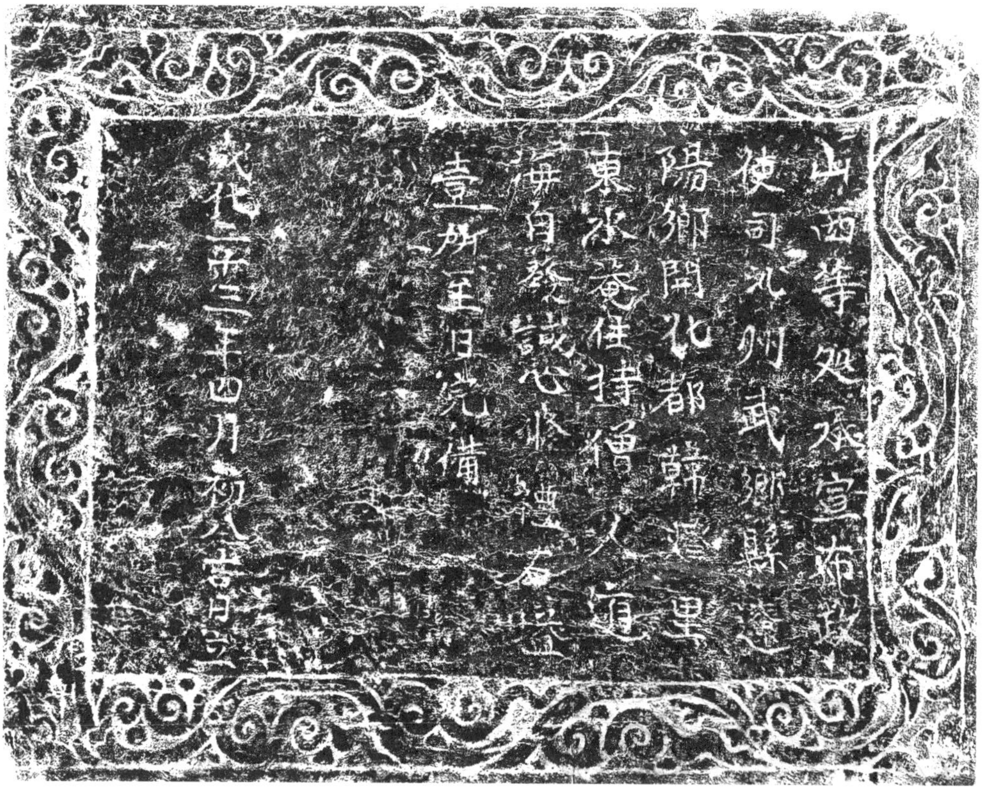

上庄村东水庵礼石塩刻石

【简介】

明成化二十三年（1487）四月立石。现存于武乡县蟠龙镇石瓮村上庄自然村。青石质，长方形，高43、宽43、厚14厘米。碑文楷书，满行5字，共7行，边饰云型卷纹图案。

【碑文】

山西等处承宣布政使司沁州武乡县辽阳乡开化都韩灯里东水庵住持僧人道海，自发诚心，修礼石塩壹所，至日完备。

成化二十三年四月初八吉日立

南山神庙灵感碑记

【简介】

明弘治六年（1493）勒石，现存于武乡县南神山。碑体上端残缺，少缺字；下端重残，缺字多。残碑高106、宽78厘米，碑首缺。碑文共25行，满行35字，楷书，大体清晰，少数难辨。文尾罗列有关姓名，字迹模糊。碑周有图案镶边。

【碑文】

南山神庙灵感碑记

□府致仕教授本邑人冯经□□

陕西榆林卫儒学训导冯纬□□

武乡邑治之东南五里许，有山曰南山。其势高耸，峰峦环抱，中有古庙一所，林木……曰南山之神。考其实迹，肇自大宋宣和间，以其有功于民，初封为仁济敷应侯……愈灵，感愈烈，□遇民之疾苦，祷之无不痊安。斯庙之左，复建海渎龙王之祠……角。□有亢旱，求之即雨，民受其赐远矣。神座之下，又有通微之洞，深广数□□隐……方胜景之地。迨我高皇帝龙飞淮甸，统御军戎，为诸夏臣民之主，大封海内名山大川及诸郡邑神□，昔尝有□，举载祀典。而是神之灵应，诚邑民所赖以生者，复赐庙号曰南山之神者，令有□春秋祭奠□有余年，血食兹土。弘治癸丑岁，自春继夏，亢阳不雨，田土干燥，苗稼弗生，民心惶□，莫之……大尹杨侯本暨诸僚寀，忧民之忧，虑恐秋成失望，遂率诸耆老人等，敬谒祠下处□祷之□□行及手令，□事自检恐有所不□见，以致愆阳不雨，焚膏祝毕，不旋踵雨密云□□滂沱沾之□，东阡西陌，无不沾之，秫秠菽麦，莫不阳茂，三农感叹，百姓胜欢，佥谓神固有灵感天，苟非令□有爱民之诚心，焉克以致神灵随感而应哉？适当报祀之期，众见庙宇门墙□□□倾圮，即令耆老……祀赵全、刘巨渊暨僧人惠□等，恪尽乃心，重复修整，民皆慨然应之而无异词。其愿施财

帛者……之□，趋事赴功者，如蚁续之。多砖瓦木植，不劳力而自大；土石之积，不费心而有余。于是择日……□□动，不逾月而殿堂廊庑焕然为之一新矣。今者告厥功成，耆老□旧主宗姓等恐泯其灵……特□贞珉，咸请予为记。予辞弗获，遂因其实而备道其始终焉，是为记。

时弘治六年岁次癸丑八月吉日立石

文林郎武乡县知县杨本威县人

迪功郎县丞张春沂州人

将仕郎主簿高永涿州人

典史李思邹平人

训导侯爵遂平人

（以下文字不清。）

重修三圣寺记

【简介】

明弘治七年（1494）勒石。冯经撰文，李仁书丹、篆额。现存于武乡县大有乡长乐村。碑已破成三块，碑首、碑座均失。该碑高150厘米、宽69厘米。碑文22行，满行48字，楷书。字迹古朴工整，破损处多有缺字。

【碑文】

重修三圣寺记

鲁府致仕教授邑人冯经撰文

致仕知县邑人李仁书丹并篆

三圣寺者，肇自大宋庆历二年五月戊戌创建，父老相传□□□儒释道三圣之像，因之以名。其寺坐落武乡县治之东二十五里长乐乡北山之阳，极为壮丽。其后宋祚湮废，鼎移于元，□兵烽燹，复为煨烬，荒基断础，荆棘丛生，仅存其址而已。迨我太祖高皇帝龙飞淮甸，混一区宇，揭日月于中天，辟乾坤于再造，□□以释教崇尚。由是招提鼎峙于京师，梵刹星罗于天下，诚一代之胜事也。宣德丁未，本寺僧圆受□□其殿庑久废，四顾寂寥，愍兹颓靡，日无以奉香火之所。于是会同施主王敏，各发诚心，大舍己资，集诸善众，鸠工度材，重建□正殿三间，绘塑释迦佛一尊，壁之左右，仍绘夫子及老君二圣之像，南建观音罗汉之堂，妆塑颇获完美。越成化丙申，本寺□□□德鉴号彻堂者，自幼蚤弃尘缘，顿悟心性，乃于正统乙丑三月，投礼古台定林寺讲经沙门道广为师，洁心供奉三宝□□□□懈，又见寺院偏狭，不足以容僧众，偕父王瑛同□郝氏暨兄王彦铭，尝任直隶保定府完县判簿，致仕还乡，与叔王瑛□□□其缘大兴土木之工，广集十方施主，创建后殿□□□塑毘卢尊佛于内。东殿五间，供奉水陆四十余轴，并阎罗十三土□□□建护法之殿，右设伽蓝之祠，东西廊庑各五□□□□□□□□三间，以延宾客。香积云厨之有其所，常住帑庾亦有其处。数载之间，前后左右，参差映带而焕然一新，其□□□□□□□不相侔矣。兹于弘治甲寅秋八月上吉落成其事，彻堂与兄判等彦铭辈咸征予为记，欲镌贞珉以垂永久。予观彻堂之西落，相貌不凡，深明智慧五蕴之理，顿悟佛主三乘之道。暮鼓晨钟，祝黄图于巩固；朝经夕□，贺圣寿以无疆。大阐宗风，延绵香火，俾丛林之气象复振，佛日之光焰倍增，实香火之中再兴也。若山门众屋之未备者，亦且不日成之无难矣，非彻堂用□之劝而劝善之笃，又安能措置兼备之若是乎！后之继领其事者，要必当以彻堂之心自勉，则基业永隆而法轮常转矣。故以为记。

大明弘治七年韵□甲寅秋八月吉日立石

文林郎武乡县知县古威杨本

□功郎县丞广川江□

将仕郎主簿涿郡高永

典史邹平李思

致仕僧会洪选

儒学训导遂平侯爵

署僧会事誓□

重修洪济院记

【简介】

明弘治十年（1497）勒石，现存于武乡县故城镇东良村洪济院内。碑青石质，高142、宽72、厚18厘米。圆碑首，碑首高30厘米，内书篆额“重修洪济院记”6字。碑面稍有剥蚀，字迹漫漶，间有难以辨识之字，字体楷书。

【碑文】

重修洪济院记

天台下传孝严宗古韩化城参学埜衲祖贤撰并书丹

本邑聚福禅院住山沙门淳拙庵篆额

天大觉垂慈洪源普济，欲明其事理而广大无涯，渺不可究也。自东汉时教法西来，流入华夏，圣王名贤，公卿、大夫、士庶等流，率崇信向建立梵宇名蓝，弥布遐迩，久而愈盛者无一不奉焉。兹今弘治丁巳秋季之吉时，沁州武乡县西去七十里许，此地曰良侯，有古迹曰洪济院，自古之兴隆福地也。尔来乃运更世革，隳弛弗治。历岁既久，基址无迹可纪，惟千佛塔断石瓦砥存焉。自大元皇庆二年，重构南殿一所，七架三楹，壁画十二圆觉释迦弥勒，开折设门而为圆融一会，俨然光烨。迨我国朝正统己未，师必定中山庄塑毘卢教主，左右文殊普贤背观音，金碧生辉，星飞彩饰。威光堂伽蓝祠，焕然一新；白云坞且过寮，俱各完美；厨库山门，前后□基，无事不具矣。今者，□□沙门性骙，雅号自然，乃本县良侯东里父毛林母氏之子。蚤年天资颖悟，淑善清真，有超尘出俗之气象也，遂投李荣公大和尚为师，岁守□瓶时□入室，风威仪严，益□宗风，益弘颈力，于成化六年孟秋之季，慨然爱心，重构正殿，一区七架五楹，内妆塑佛三身，绀像壁画八十四龛，弥勒居□，率内院一会，俨然炳焕髹丹，巍峨翚翼。迄今□申春结盖南殿。刻之以桷，髹之以楹，甓之以阤，周之以墉。缉营故址，焕然一新。斯工将毕，勒成诸石，谒□□纪之，再辞弗获，遂毛以碑。后来有志于丛林者，睹其益而辅弼末运，故崇奖而增广其端，永贻不朽也，庶几方求为之□□云。

时大明弘治十年岁次丁巳九月之吉旦住山第三代遗教沙门性骙

襄垣县在城北关西厢石匠　常文整　男扩广

重修离相寺记

【简介】

明弘治十一年（1498）二月勒石。祖贤撰文、书丹，可彬篆额。碑高250、宽69厘米。圆首篆额高72厘米，两侧和顶部饰以莲花卷草纹图案，图案宽20厘米。篆体“重修离相寺记”6字居篆额中央，每字高10厘米，宽8厘米。碑文共21行，满行57字，楷书体。两边有宽的草纹图案。整座碑体完好，字体清晰。

【碑文】

重修离相寺记

天台下传孝严宗古韩邑化城寺参学埜衲祖贤撰并书丹

本山前住持沙门可彬篆额

夫众善所归，皆宗实相，性实之理，相虚之事，互用交彻，舒卷同时，相因理立，不隐理而成相，理因相彰，不坏相而显理，即相即理，二谛圆融，离相离理，有无俱迁，事理双非，方名离相者矣。兹今弘治十一年仲春之吉，时沁州武乡县之东四十里许，有古迹，曰山名德峰，寺额离相，乃晋地一带之名蓝也。其山出岫五峰，涧藏四壑。左顾右盼兮山色峥嵘，前瞻后倚兮水光映接，景趋幽微，地之灵胜，堪为林苑栖心之所也。始自五代之后周，广顺三年岁次癸丑季秋之际，敕赐额名曰离谷创建，至大宋之间，改额曰离相。迩来年代辽邈，教有隆替，至大元之时，重修殿宇古塔台基，佛像壁画，遗古于今，鼎新一事。迨我国朝正统十一年，住山沙门雄林，殚敬摅

诚，重修正殿，七架五楹，鸠工庀材，撤其旧而新之。于景泰六年，举严佛事，沙门爱明、远兴缘躬自劝募，庄塑三身，绀像壁画，大觉真仪，炳焕髹丹，巍峨翚翼。至于成化四年，本山首座文端重新递构后殿一所，内塑释迦教主，文殊、普贤二大菩萨，住世应真十六大阿罗汉，五采彰明，蔚然宝所。迄今弘治七年，修造主文福，乃本邑北上郝里陈氏之苗裔。幼岁天资聪敏，戒行清白，表率羡林，扶持末运，夙威仪严，规矩益弘，愿力益阐，宗猷日唱，法众与文峻、祖会、可彬等同心，结构东西僧堂，左右廊庑、威光祠、伽蓝堂，焕然一新，白云轩、枯木堂俱各完美，厨库、三门、前后台基，无一不备者矣。盖于弘治九年，结构南殿转角三楹，刻之以桷，髹之以楹，壁之以垣，周之以墉。然菩提妙境，自古招提，虽于一夫一匠之力，经营一材一木之工，若非运志倾心，曷能致是？穷檐邃宇，丹楹刻桷，尊崇设像，毕至芬芳，而为佛祖之道场也耶？是宜工将告毕，勒成诸石，谒予以纪之。固辞弗获，遂案累次缮缉其事，而笔之镌，庶几方来而为轨范云。

时大明弘治十一年岁次戊午二月乙卯之吉旦

本山修造主文福　文峻　文瑞　住持沙门祖会

海众　祖万　祖效　祖理　祖果　祖谌　祖净　祖定　可堣　可仙　可昺　可晁　可瑭　可旻　可全　可宗　可玚　了财　了金　了具　了安　了赀

张晋后　立石

襄垣县在城北关西厢石匠　常文满 弟常文演　刊

重修建福寺碑

【简介】

明弘治十六年（1503）十月立石。现存于武乡县涌泉乡祁村。碑身高220、宽76、厚25厘米。另置碑首，浮雕盘螭纹，中下部双行篆“重修建福寺碑”6字。四周刻有花叶纹饰。碑体断为两截。碑文楷行体，字体疏朗。

【碑文】

重修建福寺碑

窃以群峦四顾而沙、漳交流，北……泽潞□□武□之盛□也。〔沁〕州武乡县之西北三十里许，有□名曰祁……古兴隆之福地也。其山出秀三峰……水有峰山峻领□□玉皇圣庙，南临天子神祠，□□凤凰山伴漳水而□□……迎真乃释教明心之所哉也。寺建之由□□□〔无〕迹可考，□考□者□有开山历代住持沙门，乃□□□□正□照大□师门人遇吉祥……盖正殿七架五区，内塑三身绀像。至大元〔至正〕二十四年重修正殿七架三区，内塑释迦三士。□□……□□□本寺□□□宽江门人性铭、性锐……

者，乃本邑张氏之子也。于正统十一年赴京□□□度牒，就遇天庭，喜庆听□礼部赐赏札付长……□延……圣寿万安者也。僧性鐶者，乃本村聂氏之巨族□□□以率领僧徒，同心协助，□化□那舍财运赀，鸠工庀〔材〕……厨禅堂□为屋者四十余间，命工彩画水陆圣像六十、□□二、绘缘十三、神圣三十余轴，置造铙钱法噐二架四副□……矣。今乃岁月由久则无时而泯焉。然一兴一废者，兹因住持沙门行奈乃本村聂氏之名家，其父□□□□……公大和尚为弟子，披寻教诲，久访名能。一日，慨然兴缘，〔同〕师弟刘行瑄□□□□同心□□□□□张□□……众命工妆塑弥勒、维摩、文殊三士，并十六罗汉、善神、护〔法〕诸天神像，金碧交辉，□□□□□□□……灾者，然竭诚修造，运志嘉崇，若非奈公和尚之硕德，仰赖施〔主〕之功能，曷尔成斯胜

□□□□□□可……圣明之君，下获生民之福以兴佛之教也，其来尚矣。盖自汉明〔帝〕开其端，梁武帝□其□□□□……佛重道之功，岂不然哉乎？若僧行奈等苦力劳心，修举废坠，□□何以光释教□□□□可……□其辞废峨月始末以为记云。

大明弘治十六年岁次癸亥拾月甲午朔越上旬日吉旦

武氏一门孝节记

【简介】

明弘治十七年（1504）勒石，现存于武乡县武乡段村（今县城）武氏坟茔。碑体较完整。碑高160厘米、宽73厘米。碑圆首高28厘米，额篆“武氏孝节记”6字，字高9厘米，宽7厘米。篆额两侧绘有凤凰双展翅及祥云图案。碑文25行，满行47字，不太清晰，然少剥蚀。

碑文记载武祖焕之子武祺“随骸赴河”，武祺之子武彪“尝粪验病”，武彪之子、立石人武威“事母不仕”，威伯母陈氏守节，其家族几代人之孝节事，堪称“一门孝节之所”，为时人喜谈而乐道。

【碑文】

武氏一门孝节记

沁州儒学学正乡进士天台叶宏撰文

八代孙仁淑处士武彪生前启意

十代孙庠生武廷弼书丹　武尽美取石　武尽善篆额

予之在沁州也，日与其州士夫杨君希政载道毕考论一州二邑故家旧族，凡事之关涉伦理者，悉裒录之，用书于志，以淑诸人，以传诸后。盖维持风教，吾职也。矧其地去尧都不远，勤俭质朴，前圣遗风犹存，幸圣天子命官

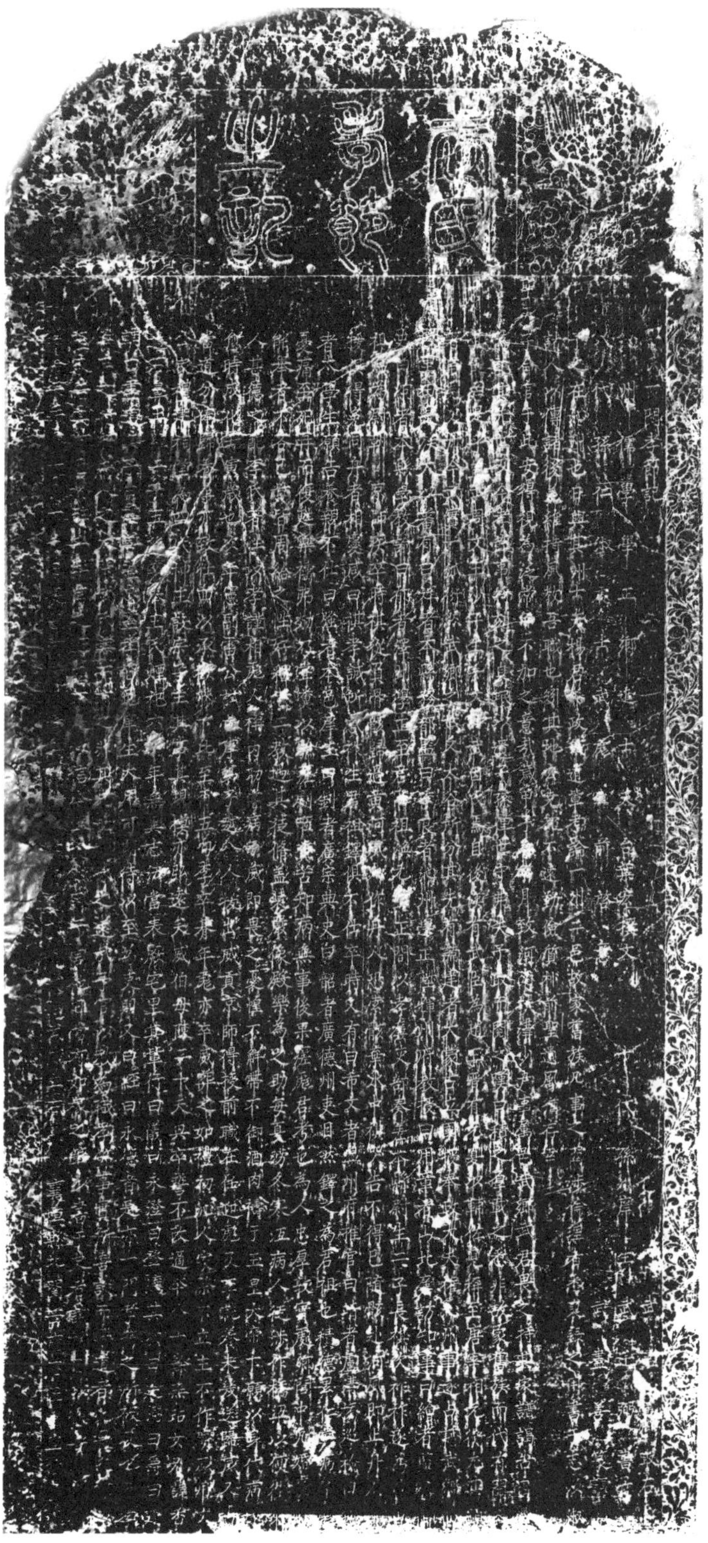

于此，安得视为泛常而不加之意哉！岁甲子年春二月，致河南扶沟少尹事、属邑武乡武君畏之，持其家谱谒告，因属为记其先世及今孝节事，将刻之贞珉，以遗子孙，俾世守弗失。予取而阅之，叹曰：积之厚载之悉，非故家旧族而代有闻人，其能若是乎？盖武周文王少子，生乎文王武田氏焉，自后汉有武臣，为赵王，晋有元夏，以辅佐见称，至唐宰相元衡，尤其显著，皆见史册。今武实一派衍然，武乡之武，又太谷所分。其先有讳建者，大蒙古立国授奉政大夫权沁州事，遂占籍武乡西段里，由是族大以蕃。有曰祥者，本县务都监；曰李艮者，沁州学正升辉州府教授；曰用章者，北山廉访知事；曰绘者，监察御史；曰回者，本县学教谕；曰郁者，泽州学正。至君高祖焕，元至正间以孝廉吏部奏差本县尉，生二子：长祺、次祚，遂为君曾祖焕为尉，朝京师疾卒。时祺从负骨骸归，归黄河，风大作，舟人恐，索骸弃水中；祺哭告，不得已随骸赴河，风即止。舟人惊援，俱得免，同舟者相庆，咸曰："祺孝诚所感。"祚生君祖铎，俱不仕卒。时又有曰希文者，温州府推官；曰靖者，卢沟桥巡防巡检；曰镒者，太学生，愿告养亲，不仕；曰强者，本邑庠生；曰钊者，广宗典史；曰韶者，广德州吏目。然铎之为君祖也，积德累仁。当病，子彪忧，痛至死，再而复甦，药祷弗效，乃尝粪以验，咂粪苦，知病无事，后果瘥。彪，君考也，为人忠厚敦实，处乡闾中，凡婚丧不能举者，不吝己赀，皆周给之。性好释老二教，遇其徒修盖装严像殿，乐为之助。每夏涝冬寒沍，病人徒涉，作桥梁一便往来，人甚德之。配李氏著性以孝谨相彪，人称内助。尝病，子威即畏之忧惶，不解带，不御酒肉，祷于玉皇大帝下，愿以身代，病遂愈，时成化壬庚岁也。次年宪副雷公试，邑庠学子越八人拔出，威贡京师，得授前职在任，迎彪及孝就养，未几送归，威又告当道，分俸归养，寻亦致仕回，以承欢膝下。比至甫五旬，李卒期年，彪亦卒。威葬之如礼。初，沁人家祭不立，不作朝，威用文公家礼，建祠堂，为四代神主，设宗子，主其事，其规模亦弘远矣。威伯母陈，二十夫卒，誓不改适，今八十余，无玷。女兄讳香，适石鼻二□五□卒。奉王氏禋祀六十年无异志，法当表厥宅里。其辈行曰仪、曰永澄、曰登、曰瀛，其次曰廷弼，曰爵，曰廷辅，曰尽道；其子曰尽善、尽忠、尽孝，皆邑庠生，大用可期待，以至为吏，则又曰经曰永德者，是亦一门孝节之所被及也。夫孝，为民之行，节为人之大闲，武氏兼而有之，非其先世遗休之远哉！予官以教为职，孝节事实所喜谈而乐道者，况畏之能以礼来告，其可已于辞乎？第言之轻，恐不足以信今传后，然因予言，他日当有如椽之笔，以书于史者，拭目以□矣。

时弘治拾柒年冬十月下元日提督河南扶沟县丞储仕职郎九代孙武威立石

襄垣县北关西厢石匠　常宣　常贤刻

明故处士武公墓志铭

【简介】

明嘉靖二年（1523）勒石。武公，名贤，字子良，生于明正统十一年（1447），卒于明正德十年（1515），享年六十有八。铭石高43、宽49.5厘米，楷书。铭文共28行，满行24字，字迹清晰。铭文作者李龢、书者窦明均为明代武乡名人。

【碑文】

明故处士武公墓志铭

赐进士第文林郎知莱阳县事邑人李龢撰

赐进士第朝议大夫布政司参议古鹭陈涛篆

赐进士第奉政大夫通政司参议邑人窦明书

处士讳贤，字子良。其先太谷人，始祖建，以守沁，因家于是，即今武乡段村也。曾大父讳绘，尹密云，历监察御史。大父讳祊。父讳强，以文闻，夭弗及显。处士幼充庠生，学以蚤孤废，然天资敏慧，于书章能通大义，故性虽豪而竟以义克财，能聚而施，无吝容。姊适李复望，夫妻同逝。遗子进，时才孩提，处士抚育长大，资给成家，而后遣之。国子生陈璟，垂没，以子言托处士，延于家塾，命肄父业，礼遇之隆，终始无间言，后著名儒林。邑令许公，有惠于民，以课最擢守沁州，迨去官，为豪姓所阻，处士不避艰险，百计拥援，俾许安归，许深德之，今犹问遗不绝。本县学庙苦于湫隘而迁今所，工浩役殷，众推处士督之，期年而功告成。凡乡之人枘凿而相判，事盘错而难理者，处士从容片言间无不立解。生平不畏强御，而好奖引后进，其礼贤活族殆常事云。正德十年十二月七日，以疾卒于寝。春秋六十有八，配王氏，有女无男，先处士卒。初辰州府同知陈公，处士父执也，素爱处士，因以女归之，生子永澄、登洲，而登瀛、登霄，又孟氏出也。处士痛家世儒而中微，以陈氏出儒门，性且婉顺，命抚四子，资其读书，四子今果成才，而永澄犹有声场屋。合永清、登云、登汉，凡七子。女七，俱适士夫家，间适苏相暨廪膳生赵益者，则陈氏出也。孙男十七，龙光、奎光、壁光、功、恩光、勋、箕光，他尚幼，女七。至是陈氏卒，得年七十有三，时嘉靖二年十月九日也。其年季冬朔，将启处士之圹而合葬焉，礼也。永澄乃介友人孟生春状以丐铭。夫处士，余乡之望也，而永澄久与余游焉，可以不文辞？乃按状而次其事于右，遂为之铭。铭曰：

无善及于人，孰谓之生？有子永其志，孰谓之死？呜呼！处士行洽于当时，而家昌于来裔，佳城幽幽处士安。

石工　常山　刊

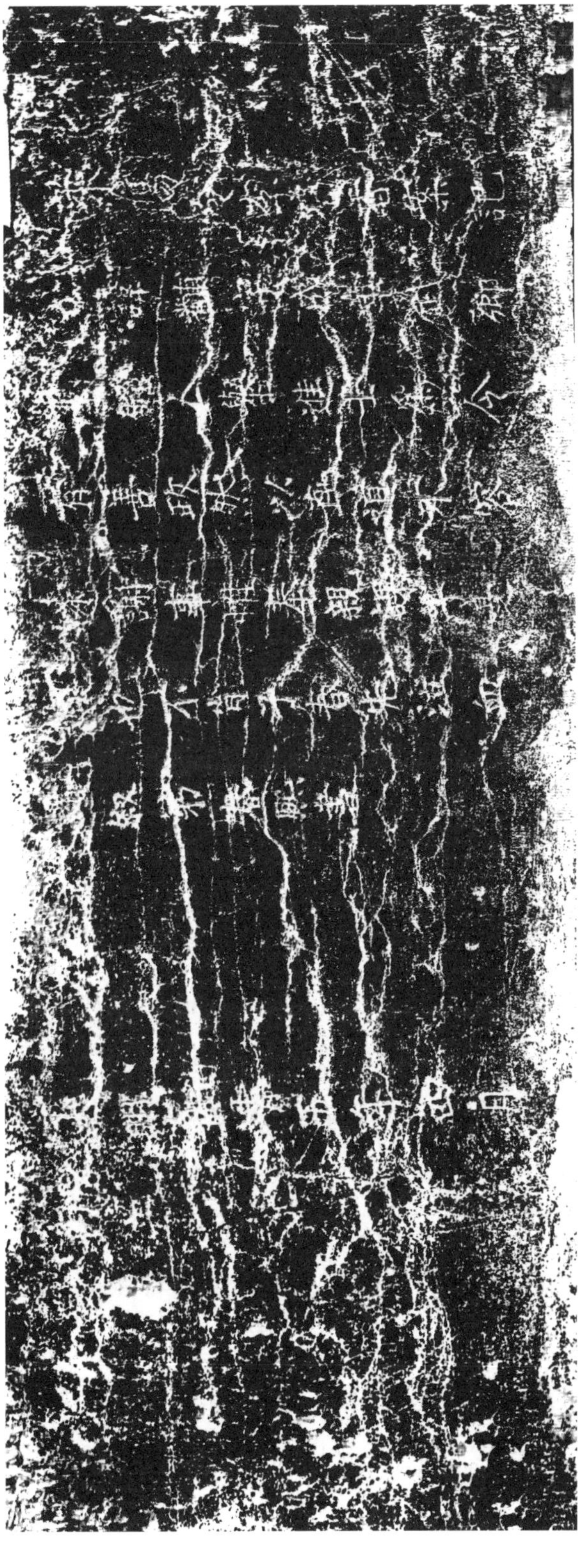

莱阳令李公香案记

【简介】

明嘉靖五年（1526）四月勒石，现存于武乡县墨镫村李公墓地。李公，名黼，字成章，武乡县墨镫村人，明代正德九年（1514）中甲戌科进士，被举为莱阳令。生年不详，卒于明嘉靖五年（1526）。该铭刻于香案正面，高19、宽50厘米，书体正楷，每字1.5厘米见方。

【刻文】

莱阳令李公香案记

公讳黼，字成章，武乡墨镫人，举进士，为令，有善政，然以直道不容，遂谢事，惟奉亲课子是务也。不肖子春先泣血谨叙，弟春熙书。

大明嘉靖五年四月　立

重修会仙观记

【简介】

明嘉靖七年（1528）勒石，现存于武乡县监漳镇会仙观。碑首佚失，碑高200、宽90、厚20厘米，青石质。碑身有两道人为凿打痕迹。碑文楷书，共22行，每行41字，单字4厘米见方。冯周南撰文、书丹，李湖篆额，李洞仁、任守明立石。碑文记载该道观创建、修葺、扩建、塑像、妆金、纪年和撰文因缘。

【碑文】

重修会仙观记

武乡古皋狼之地，川东一舍许，有村曰监漳，其东南里许，峰峦叠嶂，涧水潺漫，树林阴翳，有观一区，号曰会仙，土刚而燥，位面而阳，肇自蒙古至元三年，羽士志韬嗜玄□修真，创建于此。延及我皇明，三百余年，嗣守是观者，济济不乏□则。三清殿原有小像□尊。正德七年，本观道士李洞仁，西川李宗浩子，少亲暴守仙为师。睹其殿宇，岁□□为风雨剥落，颓圮不堪，第见圣像微末，于殿似不相称。于是，协同道长本村任守明，清心寡欲，愿一□之，阙者则补，敧者则□。圣像易塑以巨，画之以采，施之以□，及中区玉皇殿像并仝前饰。殿后旧立五□七真像，移于殿之□□。十王殿、三官祠创于殿之右，次则关王护道分侍，盖以合爻像也。外因基址复□□□室一十余楹，以便□□前后左右，举以法焉，朝经夕忏，咸得其宜。嘉靖七年戊子，功成事毕，尽善尽美。洞仁辈乃欲竖石以□□后，征余为文。余非知言者，辞弗获。余曰：观之兴废，在乎人之存亡也，存则兴，亡则息，必然之理也。故长再以见道庭之壮丽，终以见道派有□□义勇为好谋能□□，始有卒，无怠无荒，不半途而废者也。呜呼！道教犹龙，神妙莫测，苟备扬焉，不啻□□莛以击巨钟，其得□□，是以特因景意事情而刻之于石。若夫观之存亡，又在夫嗣守者力行何如□。谨记。

重修會僊觀記
武鄉古皐狼之地川東一舍許有村
會僊士剛而燥位面而陽肇自蒙古
皇明三百餘年嗣守是觀者濟濟不乏
宗浩子少親纂守任爲師覩其殿宇若
協合道長本村任守明清心寡慾愿一
中區玉皇殿像併分前飾殿後舊立
護道分侍盖以合爻象也外因基址
其宜嘉靖七年戊子功成事畢盡善
田觀之興廢在乎人之存亡也存則
長再以見道庭之壯嚴終以見道派有
呼道教猶龍神妙莫測苟脩揚焉不啻
本觀之存亡又在夫嗣守者力行何如
大明嘉靖七年歲次戊子仲夏吉旦武
吴村
文林郎知武鄉事臨清陳琰
廸功郎縣丞西和盧蕃　本
将仕郎主簿昌樂陳貫
典史保定黃經
儒學教諭西安竇尚賓
本村致仕官任儼
北社聽選官王鸞

潭其泉南里許峯巒
二年羽士志韜
三清殿原有小像
爲風雨剝落頹圮
缺者則補欹者則
真像移於殿之左
室二十餘楹以
仁輩乃欲竪石以
息必然之理也
義勇爲好謀能成
建以擊巨鐘其得
記
聞子馮周南
居士李瑚
道會司竇雲廣
官王崇　本觀
魏王　魏璉
員　李[illegible]　劉漠
趙達

嶂澗水瀠漫樹林陰翳有觀一區號
修真刱建於此延及我
李正德七年本觀道士李洞仁西川李
捉第見聖像微末於殿欲不相稱於是
像易塑以巨盡之以彩施之以
王殿三官祠刱於殿之右次則關王
前后左右舉以法焉朝經夕懺
後徵余爲文余非知言者辭弗獲余
月久遠得以修葺一念見道教
始有卒無怠無荒不半途而廢者也嗚
是以特因景意事情而刻之于石若
署陰陽學訓上科
署醫學　張琦
署僧會司海澄
洞仁　立石
任守明
劉濟
重唐
襄垣縣石匠常[illegible]常世美常山刻

大明嘉靖七年岁次戊子仲夏吉旦

武邑无闻子冯周南撰书

吴村□□庵居士李湖篆额

文林郎知武乡事临清陈琰

署阴阳学刘上科

署医学张琦

署僧会司海溢

迪功郎县丞西和卢蕃

将士郎主簿昌乐陈贯

典史保定黄经

儒学教谕西安窦尚宾

本村致仕官任俨

北社听选官王鸾

□道会司窦云广　□云瑞

本□□祭官王荣

生员　魏玉　魏琏　□春　刘济　刘焕　□思　董唐　李班□　赵达

本观住持　李洞仁　任守明　立石

承差　王翰□

襄垣县石匠　常豸　常世美　常山　刊

崇城寨观音堂记

【简介】

明嘉靖八年（1529）仲秋勒石，现存于武乡县墨镫乡崇城岩。该碑为颗粒性青石质，碑面剥蚀严重，字迹漫漶不清，极难辨识，缺字较多。碑高146、宽68、厚18厘米，右下角破损一块。

【碑文】

崇城寨观音堂记

武乡县墨镫里庠生……

吾家太行右，太行有寨名为崇城，上下不知几千丈许，而其东一□，隘而且长，□□□□□□□□□□□□，其西止可攀援而登，虽然，亦难矣。《易》曰：“有地险，此之谓也。”正德辛未，流贼破辽□□□□□□□□□□ □□，闻贼势猖獗，携眷属始至此，爰及里人数几百口。维时六月，薪水俱足，所缺者食也。□豫□□□□□ □□，岂不足以备乱邪？寄居旬日，间听鸟鸣之嘤嘤，觏人行之渺渺。绿树青山，水落石出，云悠悠□□□□□□而徐来，峰回路转，日出物鲜，襟怀舒畅，自不觉其超静闲外矣。盖其中广大宽平，固足以扩□之量□□□，萃聚不足以陶人之情哉！股栗之惧，自夫路险者言也。不然，何乐于是而彼则惧邪！因其所见者异□□□，发者不同也。僧名湛隆，居是山久矣，惟以其力之所事者为食，目之所接者为乐，施施而□□漫漫□□□毫世利不预也。人善其操守，莫不出金帛施予。伊曰：“吾为天地弃物，安于此足矣。今若此，敢私为□□□□取罪戾乎！”遂裒工集材，构观音堂一所，轮奂森严，妆塑俊伟。工毕，因叔父国子生绶来请余。儒家者□僧□所不道也，肯不自珍其身而为无亲者颂哉！呜呼！惜乎无以仁义与之言而徒以观音为美谈者。夫观音僧道也，彼虽拘其教而未能脱，然犹知吾父子君臣之懿，文章礼乐之盛。引伸触类，安知其故者悦深而不□新者即邪？是则可兴也已。矧隆师信遇余祖致之来使守此山，以备不测，患吾先子尝即此登临，余既为祖重父重叔父重，又嘉隆能甘淡薄心趋正道云尔。昔韩子送文畅述杨子之言曰……进之谨窃有所附……

明嘉靖八年岁次己丑仲秋望立

创造九天圣母庙碑

【简介】

明嘉靖十三年（1534）十月立石。现存于武乡县洪水镇左会村。碑高105、宽61、厚15厘米。碑额无字。碑文正书，行40字。

【碑文】

沁州武乡县土河北里左会村关家讲《书》云：有其诚则有其神，无其诚则无神。兹焉纠首虔心申云因嗣绵绵兼乳，并子女创造庙堂三间，庄□九天圣母娘娘金身三尊，周流春祀夏禴以祭之，秋尝冬蒸以祀之，就将助缘施主皆笔在牌，名留千载，相传万世以后，人人知福缘善庆，咸兴同善之心焉。

（人员名单略）

时嘉靖十二年仲秋修改盖庙堂　次年孟冬壬子日吉立

嘉靖皇帝褒奖武廷弼父母诏碑

【简介】

明嘉靖十五年（1536）勒石，现存于武乡县段村武氏祖坟碑亭内。碑青石质，高136、宽72、厚27厘米。碑左上、左下角均残，碑文共7行，满行33字，楷书，工整规范。文内有“敕命之宝”印章，图案清楚，碑周边镂刻卷草纹图饰。

【碑文】

奉天承运，皇帝敕曰：君子蓄才弗试，厥后克昌，朝廷沂其世而褒崇之，劝之孝也。尔武贵乃光禄寺珍羞署署正廷弼之父，隐德弗耀，望重乡邦，遗庆所钟，致有贤子，方以才识效用于时，宜锡纶褒，彰尔义训，兹特赠为儒林郎光禄寺珍羞署署正，灵其不昧，庶或祇歆。

敕曰：朕惟人才之兴，虽本诸父教，而母氏之善，实多恩可□□。尔王氏乃光禄寺珍羞署署正武廷弼之母，克秉巽德，夙著母仪，教育并隆，笃成令子，追惟遗训，奚吝褒恩，兹特赠为安人。灵爽如存，歆承无斁。

嘉靖十五年十二月二十五日（敕命之宝印章）

初任工部营缮所所正二任今职三任湖广汉阳府通判男武廷弼受

增修关王庙灵应记

【简介】

明嘉靖十五年（1536）勒石。冯周南撰文、书丹、篆额。现存于武乡县洪水镇上黄岩村。碑首佚失，碑身高114、宽63、厚24厘米，周边有花纹。碑文楷书，字体清晰。

【铭文】

增修关王庙灵应记

尝谓开诚致祷者，人也；随祷捷应者，神也。神因人而依，人因神而妥，所谓有其诚，则有其神是也。黄岩乃武乡之属地，距县七十里，东北之麓，山环水绕，树茂林深，居人繁止，清趣而最佳者也。旧时左有关王庙，仅足一间，岁时祈祷，灵应有征。历年既久，风雨摧剥，难保维新。正德戊寅，本村王泽、王国云、王绒，咸集宗议，而欲新之，聚财用梓，增构殿楹，饰以金彩，而神像貌俨然，有当时威猛之气。至嘉靖甲午岁，士夫耆庶祈神禀官，设立集场，以便贸易，左右南北归市者甚众。畏神之灵感，则俊者不敢欺其痴，强者不敢吞其弱，居者不敢凌其寓，各安生理，实神有祸福之兆焉。神灵在天下，如水在地中，无往不有是也。夫庙既完矣，神既安矣，斯民既又遂所愿矣，苟不纪其岁月，第昧立神保障之意。

爰征文用匠刻石以垂悠久。后之君子尚当景仰，而不可忽也。谨记。

武乡县无闻子冯周南撰并书篆

嘉靖十有五年岁次丙申莫春月初七日清明节立石

文林郎知县洵阳向琼

迪功郎县丞伏羌蒋世荣

将仕郎主簿赵州王宠

典史长安党晟

素神匠　平遥县段仲仁　男段艾

本县木匠　裴玉　郝时章榆次人

　　丹青　程保

广府曲周县丹青　原伦　男原从政

稷山县石匠　王万　王举　李其　刊

王氏世系之碑

【简介】

明嘉靖十五年（1536）勒石。冯周南撰文、书丹。现存于武乡县黄岩村。青石质。碑高165、宽78、厚16厘米，字体楷书。

【碑文】

王氏世系之碑

夫万物本乎天，人本乎祖；天以养万物为生，祖以传子孙为重。《孟子》所训："不孝有三，无后为大。"是人不可以无子孙也。子思所谓善继其志，善述其事，是子孙又不可以无继述也。古人之言甚且切哉！黄岩王氏一门，自鼻祖德明迁居于此，历百世之远，子孙振振，有若源泉之水，延流而不已也。举能事耕读、崇爱、敬富、好礼，冠裳济济，甲我武邑之名族。苟非先人积功累仁，何以致如斯之盛耶！族人王泽、王绒等以为，子孙忘其祖，是万物忘其天也。□□虽殊，然其养育之恩则一而已矣。昊天罔极，可不念哉！可不念哉！虽云春秋祭祀，输报本之诚，，第恐历世之远，湮其先世始末姓氏，后人又不可得而考矣，遂率族取石□予为文，以纪其迹，庶传永久。矧予非知言者，不得已而应焉。人有子孙，固尽义矣，不能继述者，未尽善也。本王氏有子有孙，善继善述，不惟尽其义，而又尽其善也，兹者特以宗□次第而系之，永言孝思孝□惟则，继后者□□勉之！是记。

武乡县无闻子冯周南撰并书

时大明嘉靖十有五年岁次丙申莫春月初七日清明节立石

赞辞：

於戏王氏，宗派繁衍。既读且耕，慎终追远。

周贫恤孤，互相劝勉。百世延长，满门瑚琏。

稷山县石匠　王万　王举　李□　刊

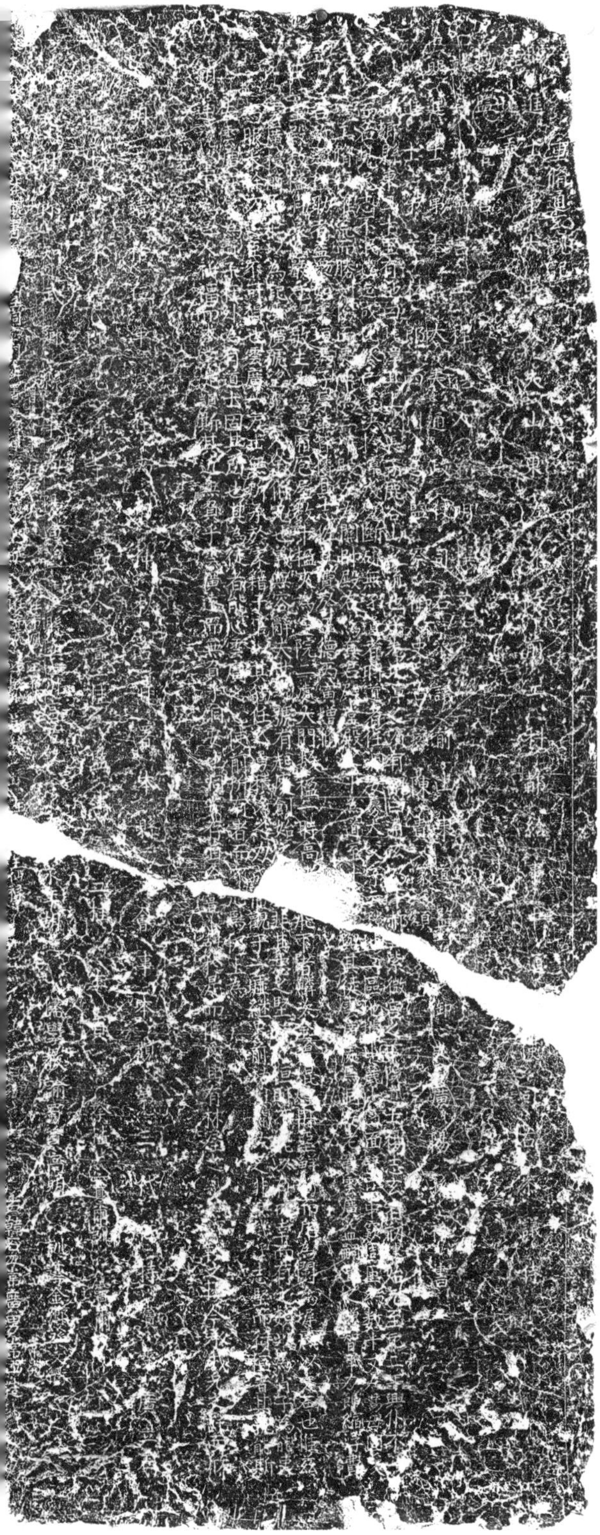

重修通玄观碑记

【简介】

明嘉靖十五年（1536）八月立石。现存于武乡县蟠龙镇上北漳村。碑青石质，高200、宽76、厚25厘米。碑文楷行体，字体疏朗，碑体断为两截，文字有所剥蚀。碑首未见。

【碑文】

重修通玄观碑记

赐进士第大中大夫山东左参政前工科都给事中通□使司石参议侍经奉敕监管营建乾清坤宁宫□□□人窦明撰文

赐进士第奉议大夫通政使司右参议前山东道监〔察〕御史广阳孙□书

赐进士第文林郎四州游监察御史古燕陈贵篆额

武乡县东三十里，有地曰北漳，其上党长子鹿谷山之流也乎。先北漳之滨有观曰通玄，乃下郝□紫薇宫之下院道士杨志玄者创建。始至元二年兴，仆不□而右见邑志不泯也。迄成化癸巳，悉决于漳，残甓断础，无孑遗者。时道者任洞安、募大父子云：隙地一区，地据山麓，上四面壁立，中窾周匝约数十丈，□易母固。爰鸠工修复，□荒而胜，划险而□，中为三清殿，左为关帅殿，右为真君殿，堂殿〔之〕下为道室十□□与其徒云广处焉。洞安老，窦云广益嗣□之〔殚〕智毕力，节缩浮费，若新还往助者益众。如襄垣冯子厚辈，皆怜其志，佐其费。于正德丙寅增修玉皇殿数楹，□象其严乎望敬生□为过厢庖屋数十楹，夹为室院二处，大门数楹，一时高□□飞，下者鳞次，金碧焜〔煌〕，丹垩鲜□。而凡为阑为墀，〔底〕以文石也。惟兹云广授简〔于余〕以为记。云广，号望霓道人，余伯兄也。义无容辞。夫世□号有起废，创始之□□非其志之坚、□□恒，则不□以有〔成〕。幸而有之类以为肖子为能吏为服采徐方□臣不可得也。云广，一方士，无所承于家籍子官，以其独任之勇、积久之力成。而观于一墟继□前功，其□大之非，庶几乎志坚而符恒者，其□能斯？夫云广在室为贤子，在外为有道士，固其所也。其为徒者，能心云广之心，使前所有者而不□焉。仍上为朝廷祝□，下为邑八祈福，而本堂是颛斯。其近无负乎云广，远而无负乎洞安也。洞安存日，今尝小甜。于是而推，爱其有林屋之乐□□□之扰，今承我兄之托而欣以为记。

大明嘉靖拾伍年岁在丙申仲秋吉日

署本县〔道〕会事本观第三代〔住〕持窦云广立石

重修离相寺记

【简介】

明嘉靖十六年（1537）勒石。实明撰文。现存于武乡县离相寺碑亭。圆碑首，碑体全高233厘米。碑首高65厘米，书有“皇帝万岁”字样。碑身高168、宽70厘米，保存完好，周边有花纹。

【碑文】

重修离相寺记

武乡古名郡，环郡皆名山，壮山皆名寺。其离相一寺，去县仅五十里地，曰韩灯，山水幽雅，林木蓊郁，又名寺中之名寺也。粤自明帝金人入梦之后，晋宋梁陈以迄于今，是乡梵宇独甲于他郡。然岁时不无久近，结构不无疏密，气化不无盛衰。方厥盛□固无分于久近疏密，均足以警世而化愚，劝善而惩恶，未必无小补。迨夫世运衰，德人亡，兼之风雨摧残，鸟鼠巢穴，则久者必先颓，疏者必先败，此理之自然，亦数之使然，若离相其寺之先颓败者欤！虽然，大凡事在天下，衰不终衰而有可鉴之理，亡不终亡而有可兴之机，顾在人修为何如耳！况斯寺为一山之壮观，郡之瞻礼者乎？嘉靖三四年已来，起至今，嘉靖十六年□□重修正殿等所完备，有僧曰可昂，系安珩之子，可昇，系韩灯李林之子，了兴，系陌谷姚仓之子，以德性俱坚定，以心田俱慧□□且识天道有循环之时，法轮有常转之妙，一旦慨然同心，发大愿，动大众，起大功，先之拓其地，以大其规，次之缭其垣，以卫其□□地，又其次也，乃立二门，中门之外有大门焉，气象森严，规模高爽。乃饰二殿，前殿之后，有正殿焉。栋宇矗兀，画彩鲜妍，东廊西□□廊，宛若长虹之挂汉，钟楼鼓楼，巍如华岳之参天，伽蓝殿、观音殿矗立后先，罗汉堂、参禅堂并列左右，僧房释室，万户千门□□灶厨堂，流渠走水，不二三载间而告落成。异哉！瓦砾之场，变而为金碧之地，土木之像，饰而为珠络之形；颓败之墟，倏而为□□飞鸟冲之美。昔也荒芜，今则琉璃夺目矣；昔也寂寞，今则画栋倚天矣；昔也陵夷，今则飞檐舞凤，碧瓦砌鳞矣。宫殿宏开，云雾缭绕掩映。虽金台之庆寿，金陵之报恩，谅亦不多让。呜呼！若可昂等，其功亦可谓奇矣，其心良亦可取矣。夫奇者，奇其成功之速，取者，取其劝善之心；固非奇其术，取其道也。予讶其请之远，遂不得已为纪其事云。

时大明嘉靖十六年八月吉日

赐进士第任山东按察使邑人窦明撰文

赐进士第任光禄寺□□窦一桂　庠生窦攀桂

（下略）

赠武邑胡庄寺修造圆□碑

【简介】

明嘉靖二十六年（1547）勒石。现存于武乡县石盘开发区胡庄村寺庙遗址。碑青石质，通高112、宽64、厚16厘米。碑圆首，中有题额“碑记”2字，周边饰卷草纹图案，碑文剥蚀较重。

【碑文】

赠武邑胡庄寺修造圆□碑

夫佛教之兴，其来远矣。生自周朝，兴于明帝。及昔宋齐梁，海宇之间无不建寺，□□都□谷名山咸建之，梵刹□□缁□，凡五徒辈修殿于此，精创塑圣像□乃僧众之秉□也。然□是说须凭人所敬服□所称之，有力有行之僧而为作也。君今□□曰于□事者果曾著□□入空门，三归五戒之行□不精严，诸千百家之书罔不步得，应缘伟□□无劳，事不义而不取，人非善而不交，言谈典雅，才器超人，诚吾教中之巨擘者也。一□□然生死倦怕无常，既为善交，当报佛恩，过有本寺正殿□间□两廊，伽蓝二祠，年久倾颓□舍□赀会集□超不□月余，焕然一新。有本村施主李崇德等喜公有德，赞公有能，有能不□，不能有善，不可以表善立者，堪掌其寺。迨嘉靖二十年三月上浣请于其寺之初，故事未遵□首论□宇，迨拜诣之□□观

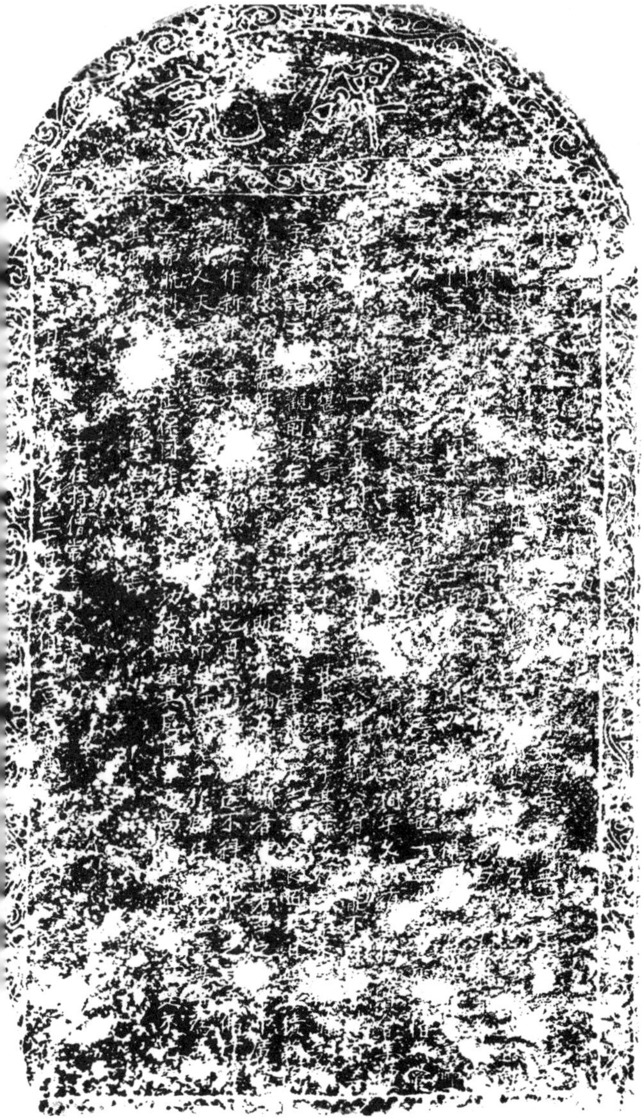

前后左右殿阁，白云□□李宰，释公立志，遂令良匠择日鸠工，积薪陶瓦，抡材伐石，□□经营，总理其事。富室佐财，贫者输力，视其阙者增□者，葺之□□而广□撤故作新，年不再功，修复如初，黝垩丹。辞之再三请□□□□不得已而为之，咸吾佛行佛法利人天，尚乃西方圣人不言而自□不化而身行□落乎？作群生之明鉴□梦乎？为万事立梯航，利益万民，延保国祚，名垂万世，功德无疆。其区区事而尚能□述者□□□□□□其所蕴□□□□以为表白云耳。□长。

本县知县　张谦

本寺住持僧常金　门人□□

时大明嘉靖二十六年岁次乙巳二十一日□□□吉日　立

明故迪功郎直隶保定府安肃县丞张公暨配李氏墓志铭

【简介】

明嘉靖三十年（1551）二月勒石。孟醇撰文，李世科书丹，张世贤篆章。现存于武乡县文物管理处。碑铭高47、宽60、厚10厘米，周边饰阴刻富贵不断头图案，青石质，保存完好。铭文楷书体，每字2厘米见方。该铭石于上世纪八十年代于曹村乡白家窑村西张氏墓地出土。张公，名经，字理之。生于明成化六年（1470），卒于明嘉靖二十九年（1550），享年八十有一。张公于明正德己卯（1519）入太学，嘉靖戊子年（1528）授直隶安肃县丞，嘉靖庚寅年（1530）致仕。张公配偶李氏，嘉靖庚子年（1540）先公卒。

【铭文】

明故迪功郎直隶保定府安肃县丞张公暨配李氏墓志铭

太学生时山孟醇撰文

儒学生三原李世科书丹

儒学生涅源张世贤篆盖

公讳经，字理之。世为山西武乡望族。曾大父讳幹。大父讳威，妣巩氏。父讳大兴，妣赵氏。生公颖秀，比长，通《论语》《毛诗》，补邑庠廪膳生，诚实驯雅，昕夕刻苦，有志于科第，惜乎命与时违，竟不获自遂。正德己卯登太学，友海内知名士焉。嘉靖戊子，授直隶安肃丞，督理马政。公在官，马极斯才之盛，人免劳费之苦。每年解京马价，无虑万余两，通无负累，公私咸便。凡年例馈遗，一切谢绝。安肃人德之，至形诸歌谣，有“张佛儿老爹”等语称颂，民到于今独景慕不衰。庚寅即倦勤致仕。迩来二十年余，优游来梓，课子弄孙，与朋侣登高饮咏，不知老之将至，足迹未尝轻至公门有所请嘱，士大夫咸高其节。配李氏，婉娩贞顺、笃敬宜家。嘉靖庚子七月十一日先公卒。公生平无疾，一日忽召其弟相及子秉彝辈，且喻之曰：

"吾将还造化矣。"遂瞑目不起。时嘉靖二十九年十二月二十四日也，春秋盖八十有一矣。公自为秀才，出而居官，寡言语，好崇奖后进，兹以侄秉衷暨侄孙士贤为时饱学士，行将大用，是以宗党景德。故其卒也，尤悼恸焉。子男一即秉彝，本县阴阳学训术；孙男二，长士英，前邑庠弟子，次士杰。女六，一适庠生李季常，适李凰，适刘光宙，皆名家子，余尚幼。曾孙男四：曰弓，四弛，曰弘，曰弧。女一。以卒之明年二月二十一日邑西南巽山之麓，启李氏之封合葬焉。其子秉彝泣且丐铭，予于士英为外舅，义不可辞。铭曰：

宪宪令德，抑抑威仪。士林乔楚，宦辙骥骐。壮年谢政，人高见几。年跻八秩，海阔山齐。巽山之麓，双玉同栖。太行拱翠，漳浦环围。我铭斯勒，万祀无虞。

石匠　常秋刊

南神山皇帝致祭南山神碑

【简介】

明嘉靖三十五年（1556）二月勒石，现存于武乡县南山神庙前。该碑青石质，圆首，下端已残破，残碑高142、宽70、厚26厘米。碑文楷书，共14行，满行32字，碑体四周刻波浪纹图案。从碑文可知：明嘉靖三十五年二月晋南大地震，皇帝派户部左侍郎邹守愚等来武乡南神山的南山神庙致祭祷告，乞求平安。

【碑文】

维嘉靖三十五年二月庚寅朔二十有九日戊午，户部左侍郎邹守愚谨率兵备汪来、都指挥王玉，以牲醴香帛致祭于南山之神，曰：天子明圣，道在位天地而抚神人，宵旰忧勤，期臻至化。乃者之异，出于非常，圣心恻焉。惧神之不安于居也，不以余为不肖，亟遣以告于神，适然之变，毋亦出于数而不可逃者邪？神其毋或震惊！乃又知神之显灵于兹土也，以余为善事神者，亟祷以虔，请于神，冀锡之鉴，和阴阳，兴云雨，蕃登五谷，以康乂我人，则固神之能也。神其毋或靳惜！守愚不揣，以不腆之羞，敢用徼惠于神，幸以余言为信也。俾余藉以上欢宸衷，下辑民和，庶简用兹行。或者托神以逭咎，而神不亦永显耀于来兹也乎！维神其鉴之！

尚飨！

迪功郎恩县王世强

文林郎知县晋州韩如山

典史□□□

将仕郎河州王用仁

署武乡县事沁州同知王继仁

县丞刘登仕

新任知县邢润

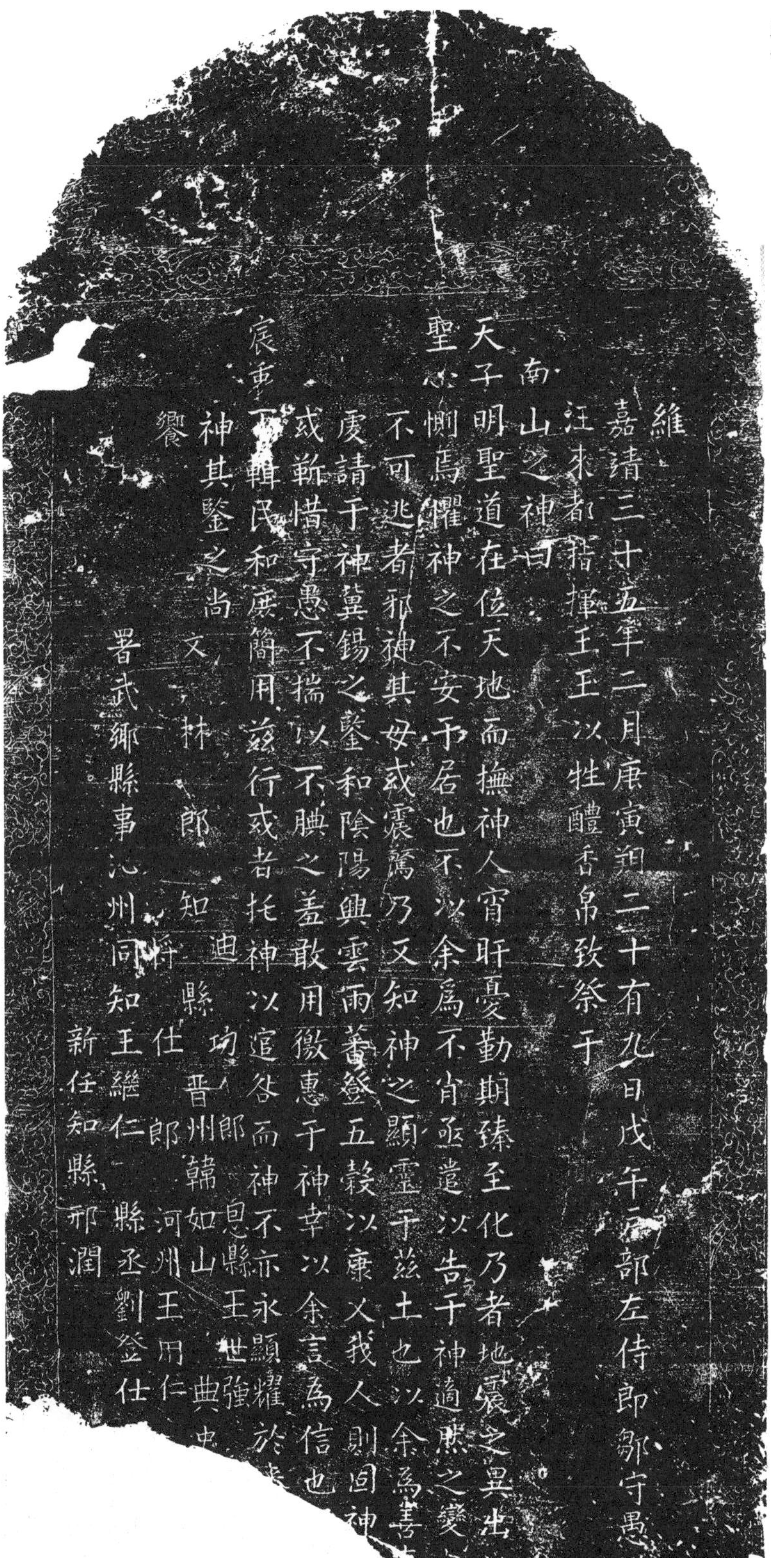

維
嘉靖三十五年二月庚寅朔二十有九日戊午戶部左侍郎郤守愚謹差兵
汪來都指揮王玉以牲醴香帛致祭于
南山之神曰
天子明聖道在位天地而撫神人宵旰憂勤期臻至化乃者地震之異出於
聖心惻焉懼神之不安乎居也不以余爲不肖丞遣以告于神適然之變毋
不可逃者耶神其毋或震驚乃又知神之顯靈于茲土也以余爲善
虔請于神冀錫之鑒和陰陽興雲雨蕃登五穀以康乂我人則回神
或靳惜守愚不揣以不腆之羞敢用徼惠于神幸以余言爲信也
宸衷下韙民和廣簡用茲行或者托神以逭咎而神不亦永顯耀於
神其鑒之尚
饗
迪功郎息縣王世強
文林郎知縣晋州韓如山典史
將仕郎河州王用仁
署武鄉縣事沁州同知王繼仁縣丞劉登仕
新任知縣邢潤

南神山皇帝致祭焦龙神碑

【简介】

明嘉靖三十五年（1556）二月勒石，现存于武乡县南神山海渎龙王庙（焦龙庙）前。碑青石质，方首，碑高162、宽78、厚26厘米，保存完好。碑文楷书，阳面10行，满行29字；阴面14行，满行34字。正面碑四周阴线刻龙纹图饰；阴面碑四周阴线刻卷草纹图饰。通碑整体美观大方。从碑文可知：明嘉靖三十五年（1556）二月，晋南大地震，皇帝派户部左侍郎邹守愚率副使汪来、都指挥王玉等来武乡南神山焦龙庙致祭祷告，乞求平安。

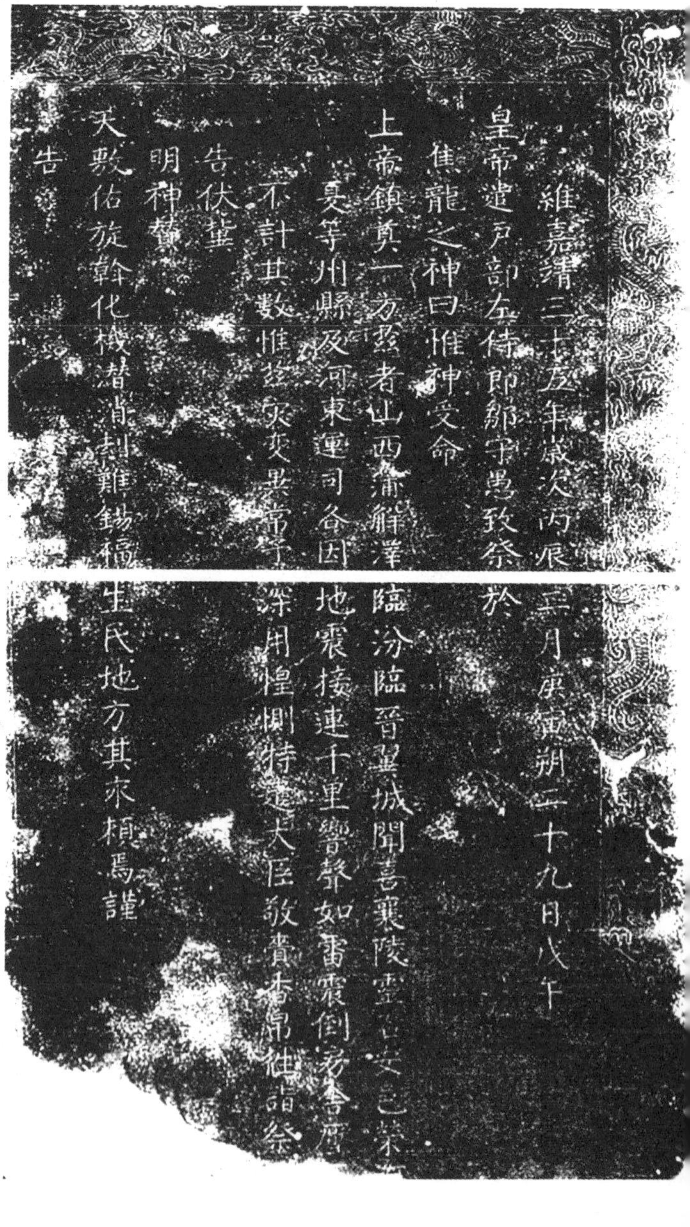

【碑文】

（碑阳）

南神山皇帝致祭焦龙神碑

维嘉靖三十五年岁次丙辰二月庚寅朔二十九日戊午，皇帝遣户部左侍郎邹守愚致祭于焦龙之神曰：惟神受命上帝，镇奠一方。兹者山西蒲、解、泽、临汾、临晋、翼城、闻喜、襄陵、灵石、安邑、荣河、高平、芮城、夏等州县及河东运司，各因地震，接连千里，响声如雷，震倒房舍、压死人民不计其数。惟兹灾变异常，予深用惶恻，特遣大臣敬赍香帛，往诣祭告，伏冀明神：赞天敷佑，旋斡化机，潜消劫难，锡福生民，地方其永赖焉。谨告！

（碑阴）

维嘉靖三十五年二月庚寅朔二十有九日戊午，户部左侍郎邹守愚谨率副使汪来、都指挥王玉，以牲醴香帛致祭于焦龙之神。曰：

天子明圣，道在位天地而抚神人，宵旰忧勤，期臻至化。乃者地震之异，出于非常，圣心恻焉。惧神之不安于居也，不以余为不肖，亟遣以告于神，适然之变，毋亦出于数而不可逃者邪？神其毋或震惊！乃又知神之显灵于兹土也，以余为善事神者，亟祷以虔，请于神，冀锡之鉴，和阴阳、兴云雨、蕃登五谷，以康乂我人，则固神之能也，神其毋或靳惜！守愚不揣，以不腆之羞，敢用徼惠于神，幸以余言为信也。俾余藉以上欢宸衷，下辑民和，庶简用兹行。或者托神以逭咎，而神不亦永显耀于来兹也乎。维神其鉴之！

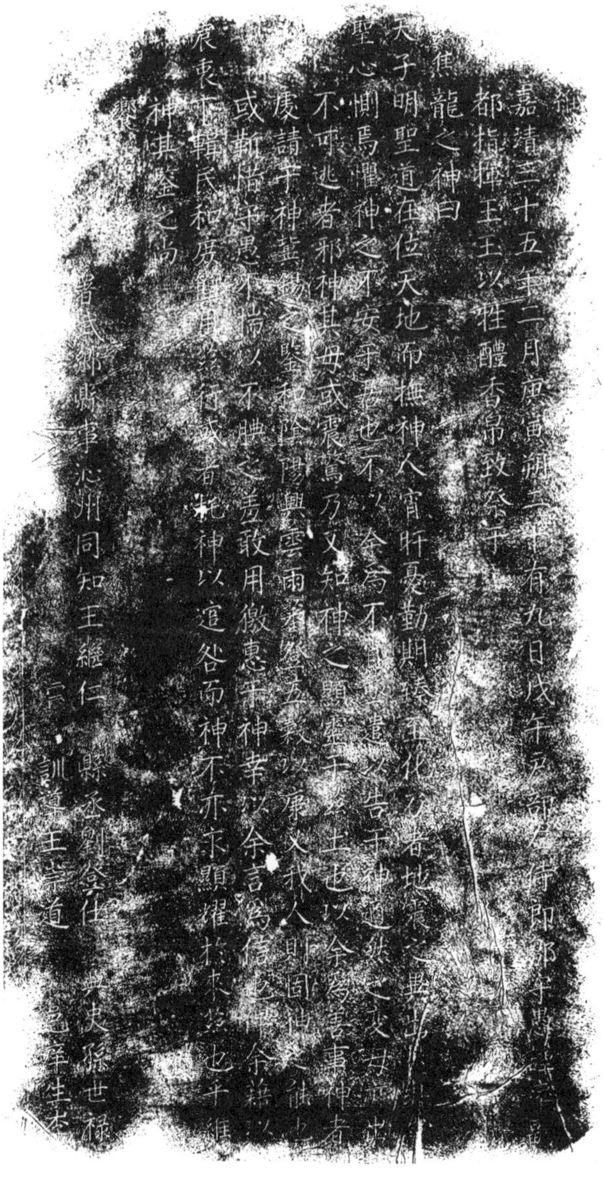

尚飨！

署武乡县事沁州同知王继仁　县丞刘登仕　儒学训导王崇道　典史孙世禄　立

邑庠生李世科书

重修离相寺碑

【简介】

明嘉靖三十六年（1557）七月勒石。魏之幹撰文，魏云中篆额，安太极书丹。碑青石质，宽67厘米。上下部均残，上部残损较多。碑文17行，楷书。碑边有花纹。

【碑文】

重修离相寺碑

……山远，水若抱若桓，坐落有古刹曰离相寺。寺以内莲台、竹林、祺花、灵鸟、霞光，不知其几万态，鼎创莫知其起……正统景泰，上下数百年间，载修载葺，列碑可考。至万历嗣载僧真语、惟康、妙法，以年深岁久，栋宇倾颓，丹青……鸠工聚材，务尘厥成，其所修补，有南殿十三间，东西廊十有四间，圣贤、伽蓝各一间，所绘有地藏十五像，凡……心斗角，金煌碧辉，入其中万相皆空，如给孤以西景味。工始于三十六年七月十五日，迨四十一年五月十□日……相而得其□焉。大寺以“离相”名，亦以佛本无相，离相即佛，乃相不自相，造自心造，心不寂则不离，不离而□……声色相恐怖，相罣碍，相□外复生相，宝雨不淋，野马不止，昙花不花，蔓草不除，慈航不驾，彼岸不登，谁与擎……相不能离，故曰色不离空，空不离色。又曰圆寂，唯圆故寂也，唯涉相不着相，故离相也，诚当其明心见性……蛇怪虫，种种构斗，正不离前，心自离之也。心无口鼻耳目，无思忆，无人我，无声色，无恐怖，无罣碍，而相果离……离也，寂成离也，百千万亿身，亦离也，离之趣善哉。诸相离，而真相现，七宝灵树相其华，八宝庄严相其体……乌知此之为离与不离耶？诸大众合掌唯唯，而法坛灯燃矣。

……户部主事杨溪魏之幹撰　男廪生魏庭望　魏时望　魏令望……

察御史侄震夷魏云中篆　庠生安太极书

富平知县赵民瞻　生员王政安等
通渭教谕魏增　儒官李可美等
岁贡生窦豪
李廷标　魏权中　魏肯志　魏生中
安仕俊　安九韶等
助　缘　性逮　性聪　性洛
海　众　真通等
性橦等
性和等
性喜等
性净等
僧会司祖域　贻远等
教谕王自新　平阳安邑县人　典史周翰
修造募缘僧　真语　惟康　妙法　仝□
木匠　李德亮　李明月　李明财　李明星
泥水匠　李凤桑　李登元　李登明
助缘住持　性橦　性潭
吉日立石　辽州石匠　张士春　崔尚库刊石
明嘉靖三十六年七月十五日

西城白马寺重修佛寺记

【简介】

明嘉靖三十六年至三十七年（1557—1558）勒石。王承教撰文，李登篆额。现存于武乡县丰州镇西城村白马寺遗址。残碑高160、宽75、厚18厘米，青石质，边饰卷草纹图案，字体瘦金体。碑上半截剥蚀。纪年落款为“乙未吉时”，碑文中又有“知县邢润”字样，据《武乡县志》所载，知县邢润到任时为嘉靖三十五年，离任时为嘉靖三十八年，所以勒碑时间应在嘉靖三十六年（1557）至三十七年（1558）之间。

【碑文】

（碑阳）

重修佛寺记

沁州儒学增广生员王承教撰

康公李登篆

……属邑之武乡有村落曰西陈者，依山而傍川，原阔而土厚，盖亦形胜地也。建佛以来，金神而现象。旧有佛寺一……相传创建于李唐，自朝讲经祖师子昌恩而昇新于元祐之二年。暨我大明正德间僧祖然重修，然徒续……继师志而益加完葺建。嘉靖甲午岁，武邑改县，治官毁其一殿及僧房十数间，以其木石而廨宇之用。续定不……止因抱恨而殒。释徒续满辈虽累加增饰，而终未毕其事。今寺僧惠显浮图之独出者也，感奋激烈，有恢弘之……继建，本村功德主李强纠都男李孟仁信心施舍，弗得而全，乃约沁州千户所舍余杨绲同与四方之好施者……其为修复之举，众喜其事，竞为之助，不一二载，殿宇僧舍过于其盖矣。显将以其劳并施物者之姓氏寺……之始末勒之于石，为后来者告。因介于孟仁叔李法李计信施而亦成功矣。事有成败，助缘功德施主王……有成功之德，功之立无大小，而贵于竟其成。惠显之僧也坚心为之志而继之以致力之勤，百年之禅……成后为之僧者使复如显焉，殿宇何忧其不久？释教何忧其不举也耶？续定之根其舒于地下佛氏……在天也耶！

……文林郎知武乡县邢润

……迪功郎县丞刘登仕

典史孙奉禄

儒学教谕

□□□□学刘尚科

琛秀

……日乙未吉时书

（碑阴）

西城白马寺

（碑右碑左上为施主姓名，略）

（碑左下为护寺地四至）

护寺地东西至堰南北至道本寺原置征粮平地三拾玖亩叁分于右

一段土地东南北至道西至寺主

一段南堰上地东北至道南至堰西至陈沟

一段场南地东西至堰北至道南至李复玘

一段麻地东至堰南至道西至□北至骈士英

计本寺坛越姜村松壁村石鼻白草堙大招岭

明太学生姜公墓志铭

【简介】

明隆庆二年（1568）三月勒石。程诏撰文，李世科篆额，李化东书丹。现存于武乡县文物管理处。太学生姜公，姓姜、名朝凤，字道征，别号鸣冈，武乡县却净人（今大有乡却净村）。姜公生于明正德四年（1509），卒于明隆庆二年（1568），享年五十有九。该墓志铭1996年于白家窑滩姜公墓出土，铭石高47、宽46、厚8厘米，青石质，富贵不断头饰边，保存完好。字体清晰隽秀，共24行文字。

【铭文】

明太学生姜公墓志铭

国子生邑人程诏撰

国子生邑人李世科篆

邑庠生李化东书

按公讳朝凤，字道征，别号鸣岡，武乡却净人，后并广志里，家于在城东门之内，将仕郎石谷翁之长子也，配王氏，继刘氏、李氏，其侧室俱名家闺门，有小星之风。生子二，长曰楠，刘氏出，余之婿也；次曰松，李氏

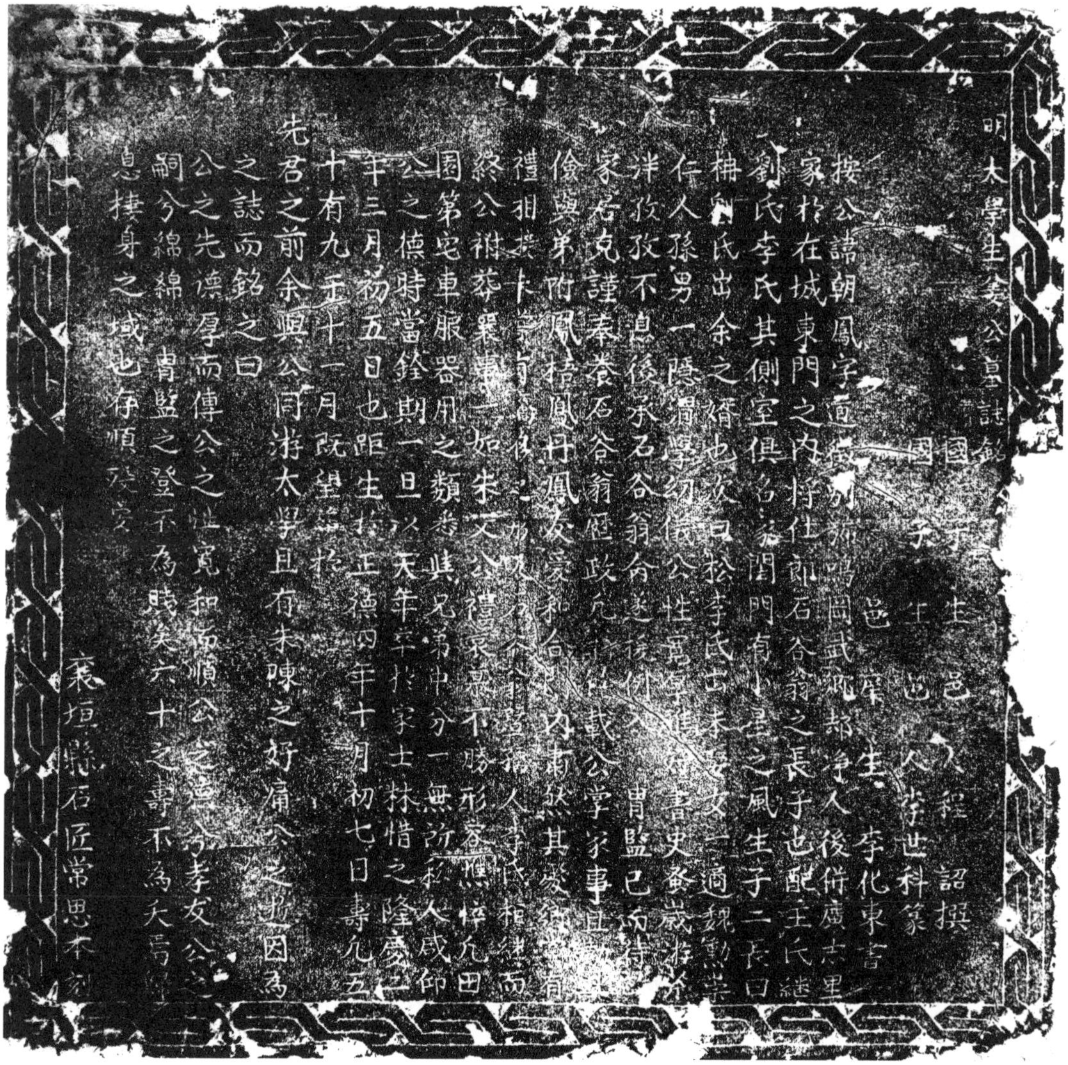
明太學生姜公墓誌銘
國子生邑人程詔撰
國子生邑人李世科篆
邑庠生李化東書
按公諱朝鳳字道徵別號鳴岡武鄉却淨人後併廣志里
家於在城東門之內將仕郎石谷翁之長子也配王氏繼
劉氏李氏其側室俱名家閨門有小星之風生子二長曰
楠劉氏出余之婿也次曰松李氏出未娶女一適魏勳堂
侄人孫男一隱渭學幼從公性篤學[illegible]書史每歲將[illegible]
泮孜孜不息後承石谷翁命遂從例入胄監已而待
家居克謹奉養石谷翁歷政凡[illegible]載公學家事且
儉與弟附鳳梧鳳丹鳳友愛和[illegible]內肅然其愛[illegible]有
禮祖[illegible]
終公祔葬襄事一如朱文公禮哀慕不勝形容[illegible]悴凡田
園第宅車服器用之類悉與兄弟中分一無所私人咸仰
公之德時當銓期一旦以天年卒於家士林惜之隆慶二
年三月初五日也距生於正德四年十月初七日壽凡五
十有九是年十一月既望葬於
先君之前余與公同游太學且有未陳之好痛公之逝因為
之誌而銘之曰
公之先德厚而傳公之性寬和而順公之道兮孝友公之
嗣兮綿綿胄監之登不為賤矣六十之壽不為夭焉[illegible]
息棲身之域也存順歿安
襄垣縣石匠常思本刻

出，未娶。女一，适魏勋，崇仁人。孙男一，隐渭，学幼仪。公性宽厚，雅好书史，蚤岁游芹泮，孜孜不息，后承石谷翁命，遂援例入胄监。己而待政，家居克谨，奉养石谷翁，历政凡十余载。公掌家事，且勤且俭。与弟附凤、梧凤、丹凤友爱和合，门内肃然。其处乡党有礼，相接未尝有骄侈之形。及石谷翁暨孺人李氏，相继而终，公袝葬，襄事一如朱文公礼，哀慕不胜，形容憔悴。凡田园第宅车服器用之类，悉与兄弟中分，一无所私，人咸仰公之德。时当铨期，一旦以天年卒于家，士林惜之。隆庆二年三月初五日也，距生于正德四年十月初七日，寿凡五十有九，于十一月既望葬于先君之前。余与公同游太学，且有朱陈之好，痛公之逝，因为之志而铭之曰：

公之先德厚而传，公之性宽和而顺，公之德兮孝友，公之嗣兮绵绵。胄监之登不为贱矣，六十之寿不为夭焉，归息栖身之域也，存顺殁安。

襄垣县石匠　常思本刻

修路碑记

【简介】

明万历十三年（1585）勒石，现存于武乡县韩北乡焦龙洞。碑高138、宽69厘米，碑文剥蚀较重，字迹漫漶。石碑上端刻有“修路碑记”4字。碑首、碑座均失。

【碑文】

修路碑记

洪维赫赫洋洋，龙天在上，所以建修桥路，设为阴德之大端。为祝四方黎庶经商，何者安祥，晨昏乃便。盖人施衣食与财者，其德不远；修桥补路，万年不朽，则成无边阴德也。是以郑大夫公孙鲁以乘舆济人。今有龙洞山壑头有山路一区，东接河南，西连晋界，此路崎岖险恶，道狭林稠，行人虑贼□伤，曼不知几计乎！兹者议，欲舍旧图新，趋祥避恶，□路于山□佛

则岭□□何迪延山熸岩经过侯台平，千物黄塘庄通至屡泉，林疏岗浅，烟爨相连，楗近□□数十余里，期于一月初六日兴工，十月二十日完备，工程浩大，但虑削高、补正、□□、平林，用度颇多，幸有大同府大同县善友李朝阳、韩亮纳承募缘之事，出□□勒□□□，承众议恭启武乡县仁□张老爷，有起山羊登毁官路峰为首，宋官问罪后补署学士高老爷，若有乐善好施，输赀十数两者，给赐门扁，叁贰两者花红赏赐，而不拘多寡，亦必刻石纪名，使人感念于百代福德乎！是为启也。

石匠　裴思　杨进甫　男杨波旺　杨波常

黎城县阴阳生　李盖登

万历拾叁年岁次乙巳孟春吉日

明故武邑处士双槐武公墓志铭

【简介】

明万历十五年（1587）十二月勒石。傅性敏撰文，李祯书丹，张三谟篆额。现存于武乡县城关村武氏祖坟地。武公，名观光，字佳宾，别号双槐。生于明正德十二年（1517），卒于明万历十五年（1587），享年七十有一。该铭于1997年出土于段村武家祖坟，铭高55、宽77、厚10厘米，周边饰卷草纹图案，下端稍有剥蚀，个别字辨识不清。

【铭文】

明故武邑处士双槐武公墓志铭

赐进士第大夫陕西庆阳知府前工部车驾司郎中睢阳傅性敏撰

赐进士第奉政大夫尚宝司正卿前光禄寺少卿庆阳卫李祯书

督理粮饷承德郎陕西庆阳府通判邯郸张三谟篆

慨世之评拟人者，每进轩谷而退常布，何以故？盖较之隐显炎凉间，而德姑置之也。讵知玉宝也不以不圭璋而掩其辉；珠亦宝也，不以不照乘而晦其媚，所宝任难以未用而不宝之。予志武公，志所宝而已。

按状，公讳观光，字佳宾，别号双槐，世为晋之名族，鼻祖有名建者，始入省之太谷籍，为沁州牧，因武乡之风土善，择段村里上焉。生四子，长祥，次祯、禧、祴。祥任本邑务都监。生从义，从义生季良。任辉州府教授。季良生四子，长絅，字尚文，任本邑教谕；次绘，字显文；三焕，字炳文；四郁，字士文。显文由乡贡国初任密云令，寻改编修，再改侍御。生二子，长枋，次梅。枋生三子，长林，次强，系邑庠廪员，三敖。强生二子，长能，次贤，举乡耆。生子八：长永葵，次永澄。澄由岁贡任太平府幕职；三永清，乡耆；四登瀛，医官；五登洲，儒官；六登云，七登霄，增广生；八登汉。永清者，实公之父也，配赵氏，生公。公生而岐嶷不凡，即弱稚，有成人度，稍长，嗜诗书，补弟子员，质敦而朴，厌尚靡丽，性公而

直，耻事媕婀，诸应酬悉宏度，恕施不苛刻，以连众戾情。尝读书至孔门论孝，辄掩卷，以不孝咎，乃夺利名，念念待养焉。先母氏卧病，公昕夕尝汤药，夜不合睫解带。及卒，哀偯孺悲□，然岁施以礼，襄乃事。无何，乃公亦病且危，公以药饵未效，誓代以身，果获神佑而愈。复于冬月，拜祝雨冰雪间，愿翁寿百岁，已而寿果八十有五，族人讳尽善者，联句赠之。至于推广孝心，以友爱族众，恩善更笃。同祖伯仲二十余人，咸雍雍相与，终始无嗛意。有司重其德□，当道请冠带，礼为乡饮上宾，用以型俗风教云。配闫氏，生子二：长□节推君鈇也，次钺。次女一，适祁县廪员许懋九公。以义方劳，一子□夜读相伴至漏二三下，不肯自逸以弛子业。据今节推君以岁选□今职，钺以恩选，令米脂。匪严教何以得此？节推君配李氏，生子三：长之周，娶高博学男高三畏女，次之召、之望，俱未聘。女三，长适襄垣县刘□史男刘继嗣，次适沁州崔茂才男崔岩，三适高博学孙男高士。钺配张氏，继配李氏。生子三：长之裔，娶沁州牛贡员女，次之佐、之英，俱未聘。生女四，俱未字。呜呼！兰玉森森，呈瑞献奇，公之福德，绵绵如是。公固山之玉，渊之珠也，隐显奚计哉！节推君弼教子庆允，谳得□暇思斑娱，谋迎公于署而禄养之，奈何舆从空而讣音至，恸哉！距□生于正德十二年九月十七日，终于万历十五年三月十四日，享年七十有一。于是年十二月十二日归窆于北平之新兆，礼也。推□□恤茹荼，持别驾张君状蒲伏匄予以志，为异时陵谷变迁虑也。予以寅稚，不敢以不文辞，节行实志之，乃系以铭。铭曰：

于维择里，哲人蹶起。晦迹者时，昭德者美。食报后昆，踔踔膴仕。寿考吟终，贻慈芳执。新阡郁葱，环山抱水。泉达毕如，神栖以止。亿万斯年，发祥储祉。

万历十五年十二月十二日不肖男武鈇　武钺泣血立石

明故显考处士松峰赵公墓志铭

【简介】

明万历十六年（1588）三月勒石。儒学教授王齐贤撰文。现存于武乡县上司乡郑峪村。赵公名一科，字文亨，别号松峰，生卒年不详。从铭文可看出，松峰幼习儒业，未及登仕而卒，遗田氏二子一女。田氏生于明正德辛巳年（1522），卒于明万历丁亥年（1587）享年六十有七。墓志铭为一盒：高54、宽68、厚16厘米，盒盖字体为小篆，周边富贵不断头图饰；铭文楷书，周边饰卷草纹图案。

【铭文】

明故显考处士松峰赵公墓志铭

曾闻本固则枝茂，源深则流长，且人之子孙蕃衍盛大而流芳绵远者，要亦先人积德行仁之深固者，有以培植之也。余按赵氏族谱，乃襄盾之后，分晋为诸侯，都邯郸。其一祖讳元赘于武乡县郑峪村郑侯，因家焉。元四代孙曰明，金季大定间以义勇为本处总军都统；曰珏，为本县尹以自守。珏子戬继宰是邑，抚字嘉声，动乎乡国。赵氏植本固而发源深，有自来矣。奕叶相传数世，而至于邑庠廪生谟之高祖曰奈。奈四子，伯讳仁，仲讳义。谟曾祖叔讳礼，季讳信。义为人纯厚谦让，赈贫周乏。生二子，伯讳彦唐，字世臣，省祭官；仲讳彦高，字汉臣，谟祖也，其为人天性孝友，亲睦九族。生二子，长谟父，讳一科，字文亨，别号松峰；次一聘，字士贤；一女，适东厢里岁贡进士李按俠。谟父幼习儒业，早游黉宫，未及登仕而卒，遗田氏、二子一女，零丁孤苦。田氏效敬姜守节，遵孟母教子，不惟以身延赵氏之命脉，抑且以身植之纲常，故乡评雅重而文□，旌奖舆论允物而□按院表扬，宗封行将有日矣。二子长曰谟，幼曰训，均入邑庠为廪膳生，一女适本邑东厢李氏，生男四人。谟娶东厢里巩氏，生二子，长曰希孔，幼曰希谦，二女。训娶长乐里王氏，生三子，长曰希曾，次曰希洛，三曰希哲，一女。继娶龙泉村□氏，意善生而不淑，孰谓其寿死而不朽，孰谓其夭？松峰公虽啬于寿，其妻贤，其子孝，孙执蕃衍，克振家声，天之所以厚赵氏者，殆方兴而未艾也。赵氏其昌乎？谟母田氏，本邑崇作坊讳孟春字一元之□也。生于正德辛巳五月初四日，享年六十有七，万历丁亥七月三十日婴疾，卒于正寝。余与谟师交情谊，往而吊之。越明年，卜葬于村之东北先人墓左。谟请铭于予以志之，予知其非浅浅用心者，乃曰："铭者所以昭德而示后也，倘后之孝子仁人或睹斯铭，尚留意于亲之形骸。"谟与训稽额再拜："是吾人子请志夙心也。"遂铭于石，期以垂不朽。铭曰：

维大明万历拾六年岁次戊子三月上旬，孤哀子谟等合葬其亲于先人墓所。厥土坚厚，厥位朝阳；行山高阔，漳水流长。其亲安固，其嗣弥昌；赵公田氏，没世不忘。

山西沁州武乡县儒学教训陆仗西巩昌府儒学教授王齐贤撰

重修三圣庙碑记

【简介】

明万历十八年（1590）勒石。现存于武乡县洪水镇显王村。碑高128厘米、宽58厘米，圆首高30厘米，内有"新修碑记"4个篆字。碑边有花纹，碑体完好，字迹稍有剥蚀。

【碑文】

重修三圣庙碑记

皋狼□之东有曰显王者，其村之南山，峰岫高耸，层峦拱翠，乃名胜之区也。古人见此乃精神命脉之地，于是作庙于此山之南焉。盖谓有年之庆，神其□之而螟□虽□之尽除，下民之虐，神其弥之，而冰雹迅烈之咸消。此

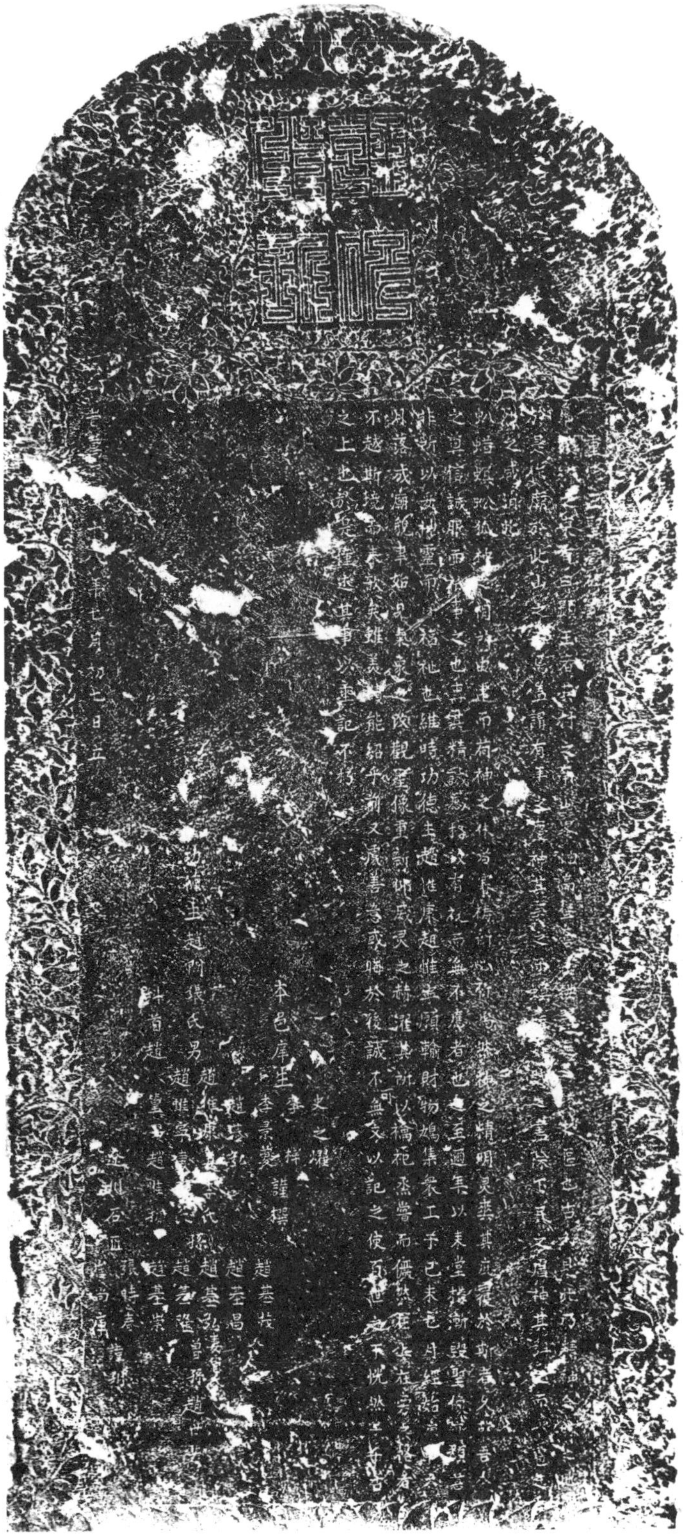

蚚蜡螟蚣狐神之祠所，由建而荷神之休者，赛祷剖心祈焉。然神之精明灵爽，其庇覆于斯者久，故吾人之尊信诚服而祇事之也专，其精诚感格，故有祝而无不应者也。迨至迩年以来，堂构渐毁，圣像亦颓，甚非所以妥神灵而迓福祉也。维时功德主赵惟康、赵惟宁，愿输财物，鸠集众工，于己未七月经始，庚申六月落成。庙貌聿始，见气象之改观，圣像重新，仰威灵之赫濯，其所以礿祀烝尝而俨然在上。在旁之格者，不越斯境而来歆矣。虽美绩能绍乎前，又虞善意或晦于后，诚不可无文以记之，使百世之下恍然于千古之上也。于是仅述其事以垂记不朽。

本邑庠生史之耀　李梓　李景夔谨撰

（功德主纠首略）

时万历十八年七月初七日立

重修宝峰院地藏阁曹功德碑记

【简介】

明万历二十一年（1593）十月十五日立石。后于明万历四十五年（1617）十月在碑阳之空白处补刻文字四行。现存于武乡县韩北镇韩北村。碑青石质，高102、宽56.5、厚15.5厘米。碑额刻有双龙纹。碑额下边栏可莲瓣图案。碑文楷书，满行36字，文14行。碑周边刻有缠枝莲纹。

【碑文】

重修宝峰院地藏阁曹功德碑记

邑庠生□庵韩绳祖书丹

尝谓成败有时，兴废有数。宝峰之院，昔有地藏十王□建当作象，始于大明宣德元年，□于本寺韩僧能坚□也。第世远祀深，堐临侵塌，众皆触目寒心，议请襄邑邯郸里静居寺僧人真定住寺修守，□隆庆陆年，普化村居□营基殿南移之西，虽神祠如故而象貌未免残缺。今人或谓：易方换室，虽神之□□体残□是谓亵神，复请前僧真定冀终厥功。而定僧转请侣邑北姚里□□□财渊门徒广银诸寺清居，叩神焚诵。其僧谓："不作善因，妄为落发，不终前事，空负善良。"施□首化本村功德主韩尚言，纠首李乔、韩士友、韩士雄、韩九思、韩宗儒，韩尚□化缘遐迩，悉输财力，故于空墙垣则朽镘粉饰于地藏阁曹则金妆塑绘并其海渎龙宫，一切焕然而作新之，庶可以□观视可以悦神人，则前功有终，善良不负而僧之落发匪虚矣。是虽人力所致，何莫□□之当成数之当兴者耶。功成之后，众皆谒余曰："曷不致其坚珉以彰厥功。"余不能辞，遂以浅表之见而瑕词姑述其记镌勒于石，以示后世。是为叙。

大明万历二十一年十月十五日立石僧人广银

寶峰院地藏閻曹功德碑記
萬曆四十五年十月刻石

明故文林郎李公墓表

【简介】

明万历二十四年（1596）八月勒石。陈儒撰文，李惟珍书丹。现存于武乡县墨镫乡墨镫村李氏祖茔。碑通高253、宽85、厚22厘米，碑首高62厘米，中间题额“李公德政碑记”6字，字15厘米见方，两边刻有凤凰展翅及祥云图案。碑文30行，满行67字。从碑文可知：李公名敏，字好学，别号朴庵，生于宣德二年（1427），卒于弘治十八年（1505），享年七十八。夫人赵氏，生于宣德六年（1431），卒于弘治九年（1496），享年六十六。碑文记述李氏家族前后十一代人，可谓详尽。

【碑文】

明故文林郎李公墓表

昔我孝宗皇帝之有天下也，敦崇礼教。岁在壬戌，我先大夫式典武乡教事职，扬惮性简，大宾迪惟威令李公敏者，佥曰贤哉。儒时侍宦邸听鹿鸣，则见公皤如班如、雍如肃如，此终事而罔不敬德也。曰：贤哉，是其可以戚乎！然尚未竟公之素履，迨今且四十余年矣。乃嘉靖癸卯，厥曾孙平谷丞春先者，持其状谒予，稽首言曰：“昔我曾大父祗若休命，辱觯于尔先公，死且不朽，顾我先□中陨，显扬弗逮，亦惟我后人是托，所赖一言以昭令德，亦死且不朽。”儒辱公通家之好，世且再矣。其昌可辞，乃按状而表之曰：公讳敏，字好学，别号朴庵。其先黎城人，宋季厥先祖讳秀、讳清者，岁飞挽于辽，病其艰，乃遂即其境而居焉，即今之沁州武乡墨镫里是也。后避难靖康，无所于考。清之六世孙曰俨者，金大定间登进士，撰李氏世系碑铭，传及我明。始祖讳茂，茂生仲实，仲实生玘，玘生良，良生哲、账、施、种、德，先后一心。君子曰：李氏其兴乎！哲生五子，其次为朴庵公云。公幼而庄重，力学好古，屡践场屋，声蜚三晋，然尤敦本务实，崇俭黜浮，有古良士之风焉。性能裁刬，百为乡闾。或有未平者，咸往质之。时犹子与邻

舍殴，不胜，愤触而死。邻人惧甚，乃遗金以自赎。朴庵曰：“天日在上，闾阎难欺，邻北无罪，犹子其罪。”乃麾金不受，闻者义之。里有同姓，军利种我土地，诬告原系同族，佥曰：“不可。”朴庵曰：“园田易得，心田难得，若弗护己，暂为同族，何损吾宗。”盖自布衣时而器度恢弘，已非寻常伍矣。天性孝友。父疾，必亲尝，衣不解带。及卒，哀毁逾礼，棺殓铭志，罔不既厥心。比服阕，遂以茂才升太学，而所养益遂。后简授于太宰氏。命下，授广平之威县令。盖维时治道休明，雅重手令，而公宏才伟度，忧出常流，故遂膺百里之命如此。此视事、劝学、训农、通商、惠工、而尤廉节，惩淫刑缓，催科重德教，罔不胥饬威之焉。广故地侵夺于沈阳衙者久之，公白诸当道，复之。正统间广平令威之民马走迎于（镏）洺驿。成化间，曲周告灾，广平亦令威之民伐其柴夫若干名。公莅政后，悉以渐番厘正，民乃息，自盖岁省银数千计矣。三年政成，颂声有作，人咸以远大期之。时当考绩，威民攀辕脱履赴阙，保留者日至，奏下，天官俾复厥任，从民愿也。又二年，忽以上足为戒，乞休焉。时巡抚都御使重其才，弗允，且旌奖之。公辞益力，乃勉从恬退，威人复再四留之，不可得。启行日，攀辕挽留观者尤剧。既而，恐泯其德泽，佥议祀诸名臣如典礼，且以政教登诸县志，以为令威者劝。归田后，日陶情于琴樽山水间，倏然自□，与世相忘。距其生宣德二年十月十四日，一夕忽以疾，卒于正寝，时弘治乙丑七月十四日也，享年七十八。配赵氏以贤行称，生于宣德六年正月二十六日，卒于弘治九年十一月二十九日，享年六十六岁。葬于祖茔，昭行第二冢，辽州学正余公廷志焉。子二，曰鸾，义官；曰麟，国子生。女三：长适陈道；次适王焕；次适主簿赵越。侧室郝氏，曰鹏，曰鹍。孙男十有八人，曰黼，登正德甲戌进士，仕终莱阳令；次黻；次绘，陕西肃府奉祀；次绥，武定州判官；次绍，河南府知事；次絩，生员；次綵，散官；次绛；次（绅）；次綗，承差；次綎，学正。曾孙男三十余人：春先平谷丞；春荣儒士；仲坚，国子生；春白，新郑驿丞；春泽，阳曲府教授；叔永，承差；春奇，滋阳县丞；春辉、春熙、春煌、春煦、可取、可与、季常、四端、可仕、春美，俱县学生。玄孙男七十余人：来聘、惟精、惟一、致中、三省、惟新、惟模、惟德、冲雷、惟贤、三畏、三贤、好德、惟珍、峻德，俱县学生，五世孙九十余人：乘龙、乘鲛，俱县学生，余幼，业儒。六世孙四十余人，七世孙十余人。凡此皆公令德，克昌厥后者也，懿行备矣。春先复为此举者，岂亦克承父志，而恩显扬于无斁者乎！予维君子之处士，仕与止而矣。《易·大传》曰：“时止则止，时行则行，其道光明。”粤惟三代以降，士无全节，而卓然于进退之间者，其谁哉！载观公以夙学出宰百里，惠泽旁流，保安畿甸，庶几乎古循吏之为者。至于功成，急流勇退，虽二疏良不是过。呜呼，兹其所以为贤乎？然则推重乡评而为时上宾，甲风邦国，良非偶然之故矣。故孔子曰：“吾观于乡而知王道之易易也。”儒为莱阳先生之门人，知公颇悉，乃撰文次其事如右，俾后之人所绍述云。

赐进士出生通奉大夫山东布政使司左布政使前奉敕提督浙江学校按察司副使尚书户部侍郎广阳陈儒撰

大明万历二十四年岁次丙申八月二十六日玄孙惟珍书

纠首　玄孙惟精　致中　惟新　□道　三友　寒松　惟清　养中　行中　儒珍　明德　如兰　同立

辽州石匠崔国安　男崔尚信　崔尚廒　刊

重修关圣庙宇碑记

【简介】

明万历二十六年（1598）秋月勒石。现存于武乡县洪水镇上黄岩村。碑高134、宽67、厚21厘米，碑圆首，高33厘米，上书“关王庙记”4字。碑体剥蚀较重，字迹漫漶不清。

【碑文】

重修关圣庙宇碑记

尝谓神翁产于蒲解，结义桃园，其辅立刘朝□□□□□□□□□□□□□威震华夷，功树当时，没后阴奠国家，名垂万祀，故庙□□□□□□ □□□□在地中无处而不然，□□黄岩东北之麓，旧有关王庙□□□□□□□□□王翁讳绒，字朝美，别号西泉，咸集宗议而扩宽三楹，□□□□□二石□□，饰以金玉，俨然有当时之英勇勋功，塑于左右，映乎□□于径□□□□愧色，闻风者贼寇寒心，□神像森严，孰不起敬畏之心？予因年久□□□年孙生员王政，施椽瓦□□增东廊一楹，改门于□书区于上。万历十年纠首王□王大英，瓦正殿三楹，砌阶台行路，有志立石。□于年□二十六年，请道士崔尚友住持，化十方金赀重金，圣像左右□神□□□□□□□增二骥，焕然一新。功完刻石，使四方君子施财不泯，于是为序，敢云文乎！

大明万历二十六年岁次□□季秋月二十四立石

文林郎知县纪云鹤　儒学教谕典史谢应鳞

岁□王政撰　男生王家征书

监张里布政司承差暴明　孙暴思和　暴思竟

甘泉寺僧人净奈　祖钱　道成

马布寺祖成　道完　远意　远志

苏谷寺隆定　道安　永卿　妙贵

监张会仙观道士崔尚友　任尚质　徒王道原　王道清

铁匠　任益米　任□

瓦匠　□秋□　□□□

木匠　郝州　男郝朝文

画匠　白□

襄垣县西乡坊石匠常□□

重修离相寺记

【简介】

明万历二十六年（1598）七月勒石，现存于武乡县武乡离相寺碑亭。碑高118厘米、宽67厘米，上部卷草纹图案，下部残，无碑首，长方形碑座，青石质。碑文17行，满行27字，楷书。

【碑文】

重修离相寺记

离相寺古名寺也，正殿廊庑，山门钟鼓楼，巍峨壮丽，塑妆圣像金

碧……年深岁久，雨骤风狂，后殿倾颓，前殿破碎，总九盈一亏，奈称完寺德……殆无愧于释之徒者，目击凋敝，刻意铭心。昔遭旱荒，迁禅于辽郡□……而还偕群僧，动方众，兴土木之工。自万历甲午迄今万历戊戌，复后……玄武如故，葺前殿三楹，翚飞转角，朱雀重新。又左建宾庭，旁修禅堂……廉僧之心事少遂矣。离相寺号为完寺，而永垂不朽者，在此举哉！……因今生受者是若知来世，果今生作者，是即真廉，诸僧今生之作……之结果也。余腐才匪敢赘，曾挟诸友，借馆于禅，不获辞，其请故道……

大明万历二十六年岁次戊戌七月朔四日立石

古韩庠生赵……

武邑选贡生赵民瞻书　庠生韩绳祖

胡邦佐　李九霄……

僧会司祖禄　祖佑　祖裕　贻坤　贻道　贻消　贻谋……

本寺僧　真计　真远　真通　性和　性善　性济　惟福……了黠　真宣　真谧　性穜　性彻　性宽　化缘僧惟川……了黄　真金　真语　性科　性过　性香　惟山……真富　真许　真达　性澄　性净　性逮　惟唐……真详　真廷　真遥　性清　化缘僧性谭　性洛　惟忠……

督工长老　真廉　真禧　知库　妙法

古韩石匠　常……

重修佛神殿记

【简介】

明万历三十四年（1606）勒石。魏之幹撰文，魏廷望书丹，魏光绪篆额。现存于武乡县南神山普济寺。碑高180、宽80、厚10厘米。碑圆首高41厘米，正中篆额“重修佛神殿记”6字。两侧为二龙戏珠图案。碑文共21行，满行53字，楷书，尚清晰。碑周有波浪纹图案修饰。

【碑文】

重修佛神殿记

户部江西清吏司主事邑人扬溪魏之幹撰文

儒学廪膳生子魏廷望书　侄魏光绪篆　魏弘志校

环邑皆山也，独东南三里许，有山负离锁漳，泉流濛涌，林树丛茂，巍然为一邑胜境。山之中有南山庙，宋封为敷应侯，加封为灵润公。我朝封为南山之神。迤西有龙王殿，唐封为海渎龙王，我朝封为昭泽龙王之神。迤东有梵刹二殿，乃嘉靖三十七年繇县之西寺而改迁者，俱有前碣可考，屡年重修，辄易圮坏。至万历三十二年，邑耆张四皓、魏美巩、皇都梁服众等，僧贻谟、贻道、贻远等，因坏□修□□□永而□。邑之输财力者又如蚁。以故因旧而修葺者，有若大雄殿、水陆殿、观音、阎罗、伽蓝、土地、南山龙王等殿；因缺而加增者，则有若各殿廊房者，角道并戏楼等处。至三十四年工成，故言于幹，幹曰：神御灾捍患，功有于民，载在祀典，而佛家清净明见，与吾道若券，既轮回小乘之说，令人有翻然之想焉。其于世道未必无补，建宇以祀，孰曰不宜？今殿与庙两新矣，惟愿我众睹神庙之辉煌，为□善缁之途，瞻梵宇之轮奂，共证菩提之果。所谓人心有神而佛在灵山者，胥此焉觉。苟徒事享献之□□，诵南无之唾津而歆神福祐我也，佛慈悲我也，惟其信之大众勖诸。是为记。

时万历三十四年三月谷旦

文林郎知武乡县事关中上郡斗南张柱石

儒学教谕云中灵丘文轩赵宗翰

襄阳府推官程启南

米脂县知县武钺

府谷县知县魏鳌

典史河南桐柏申东

旧署儒学事高自持

项城县知县魏云中

通渭县教谕魏□□

盩厔县教谕赵□

旧莅典史杨国卿

大同府训导魏廉

训导陈侍聘

□□陈□行

萬曆三十四年三月穀旦

权店递运所大使李春光

审府典簿巩思太

选贡赵民瞻

岁贡梁克勤

监生□□□

儒官魏煦

儒官李惟时

儒官魏之翰

儒官程如玉

监生李文　李□

石工　□□

重修三圣庙碑记

【简介】

明万历四十八年（1620）七月立石，现存于武乡县洪水显王村。碑高130、宽60、厚14厘米。碑文楷书。碑额双行楷书“□□庙记”4字。碑四周花草纹。

【碑文】

重修三圣庙碑记

皋狼乡之东，有曰显王者。其村之南山，峰岫高耸，层峦拱翠，乃形胜之区也。古人见此乃精神命脉之地，于是作庙于此山之□焉。盖谓“有年之庆，神其宰之，而螟螣蟊贼之尽除；下民之宾，神其弭之，而冰雹迅烈之感消。”此八蜡螟蚣狐神之福所由，建而荷神之休者赛，祷所必祈焉。

然神之精明灵爽，其庇覆于斯者久，故吾人之尊信诚服而祇事之也。专其精诚感格，故有祝而无不应者也。〔乃〕至迩年以来，堂构渐毁，圣像亦颓，其非所以妥神灵而迓福祉也。维时功德主赵惟康、赵惟宁愿输财物鸠集众工。于己未巳月经始，庚〔申〕六月落成。庙貌聿始，见气象之改观；圣像重新，仰威灵之赫濯。其所以礿祀烝尝而俨然在上。在旁之格者不起斯境而来歆矣。虽美绩能绍乎前，又虞善意或晦于后，诚不可无文以记之，使百世之下恍然于千古之上也。于是仅述其事以垂记不朽。

本邑庠生　史之耀　李梓　李景夔　赵基弘　谨撰

时万历〔四〕十八年七月初七日立

陟秋山赋

【简介】

明天启三年（1623）勒石。现存于武乡县武乡南神山普济寺院内。碑高41、宽101、厚17厘米，右上角残破，字体行草。

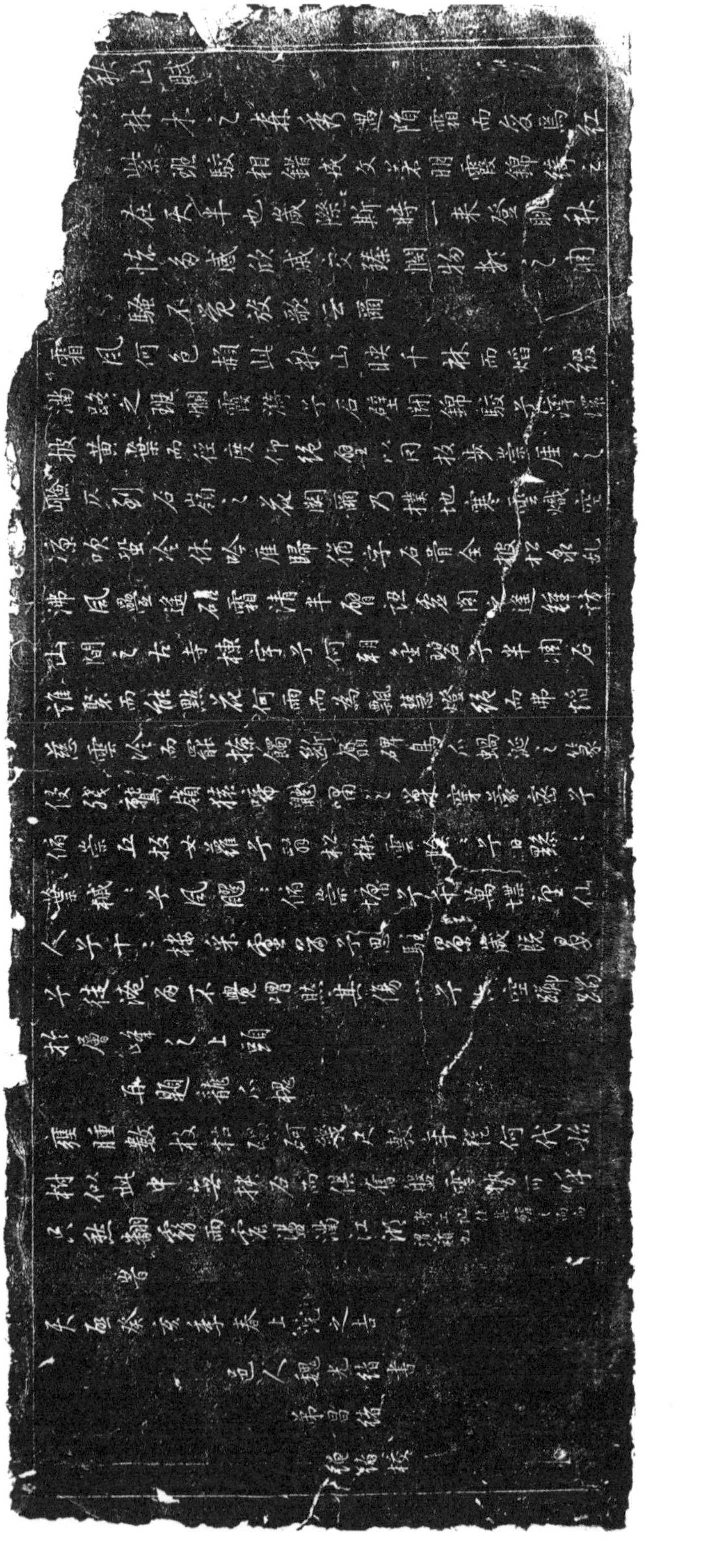

作者魏光绪，字孟韬，号元白，生于明万历十四年（1586），卒于明崇祯十四年（1641），享年五十五岁。明万历四十年（1613）登进士第，历任行人司平命使，云南道、福建道监察御史，顺天府丞，太仆寺正卿，湖广都御使。他五十五岁时被任命为总督宣大兵部右侍郎，因病未就。著有《南华诗》《泰国谈记》《带草楼诗稿》《东巡全集》《抚楚奏疏》《西台封事》《字通》《带草楼全稿》《家乘》《潞水客谈》《文赋注批评》《华山记》等。

【碑文】

陟秋山赋

林木之森秀，遇陨霜而变焉。红紫班驳，相错成文，若明霞锦绮之在天半也。岁际斯时，一来登眺，秋怀多感，欣戚交臻，悯物数之凋骚，不觉放歌云尔：

霜风何色，赪此秋山。映千林而焰焰，缀满路之班烂。霞漪兮石壁，斗锦驳兮湾环。披黄叶而径度，仰绝壁以同扳。步崇崖之崄仄，到石岭之花关。尔乃扑地寒云，炽空凉吹，蛩冷休吟，雁归犹字，石骨全披，松泉乱沸，风叠遥砧，霜清半臂。认虚阁之遥钟，访山间之古寺。栋宇兮何朝，金碧兮半凋。石谁聚而能点，花何雨而为飘。慧灯绝而弗焰，慈云冷而罢撩。蚀断赑碑，鸟爪蜗涎之篆，侵残鹫岭，猿啼鼯啸之巢。穿蒙密兮俯崇丘，扳女萝兮翳松楸。云阴阴兮日黯黯，叶槭槭兮风飕飕。俯崇墉兮千万堞，望仙人兮十二楼。采灵苗兮思驻景，岁既晏兮徒淹留。不觉喟然其伤心兮，亦空踯躅于层峰之上头。

再题龙爪槐

臃肿数枝枯，礧砢几尺敷。

年从何代始，树似此中无。

抉石而俱奋，盘云势可呼。

只愁翻雾雨，震荡满江湖。

时天启癸亥季春上浣之吉立

邑人魏光绪撰并书　弟昌绪　绳绪校

敕赠文林郎云南道监察御史原任陕西延安府谷县知县春江魏公墓表

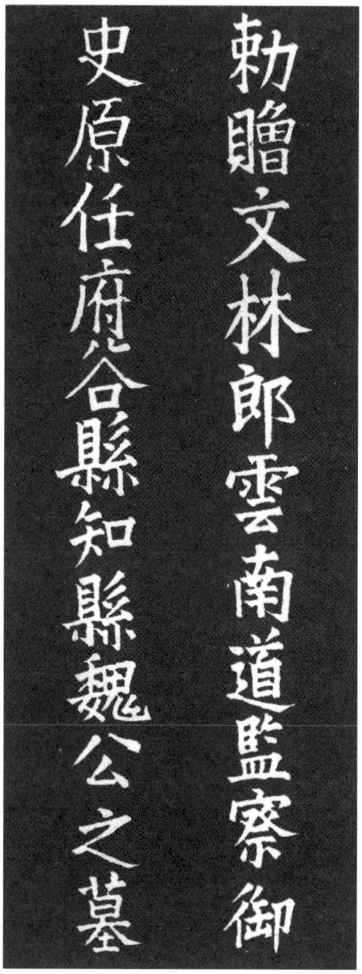

【简介】

明崇祯元年（1628）五月勒石。暴谦贞撰文，程启南书丹，魏云中篆额。现存于武乡县城关镇魏家窑村。碑高195厘米、宽80厘米，周边有图案，碑体保存完好。表文字体清晰。共列20行，满行64字，字体长宽各约2.5厘米，楷书，文化底蕴深厚，堪称名碑。墓主人魏鳌，字景龙，别号春江，生于嘉靖丁未（1564）四月，卒于万历甲寅（1614）十月，享年五十一岁。始祖成甫，自河南徙武乡，定居魏家窑村。翁少年有异姿，群书一览即弗忘。曾以选士授献县丞，擢令香河，治状如治献。会旁邑水灾，欲以香为壑，鳌力为民请命，部使者难之，即解但赋归。继补府谷县知县。

【表文】

敕赠文林郎云南道监察御史原任陕西延安府谷县知县春江魏公墓表

赐进士第中宪大夫翰林院提督四夷馆太常寺少卿年家晚生屯留暴谦贞撰

赐进士第中大夫太常寺正卿眷生程启南书

赐进士第中宪大夫巡抚宁夏等处都察院右佥都御史侄云中篆

余己酉领乡荐，先文学公即见背，服际，成进士，读书中秘，居恒有风木之感。大行魏元白奉使行，余觞之都门，窃羡其书绣里，中侍太翁茵鼎至愉快也。亡何，元白以书抵余曰：“孤不天，延祸先子，计所为先子不朽者，独此队道之石耳。吾子其重图焉。”余与元白同里、同第、同官，

中朝征太翁懿行甚悉，何敢以不斐辞？按状，太翁讳鳌字景龙，别号春江，始祖成甫，自河南徙武乡，二世祖镐，镐生昇，昇生义，义生文庆，文庆生经，经生邦佑。举丈夫子五点煦增兼，太翁其四也。翁有异禀，自髫年力学，于书无所不窥，与诸昆弟狎主文坛，较士者非诸魏不厌卷，人以五桂目之。翁偃蹇一第，最后以选贡，上公车，除献县丞，非翁志也。翁不自菲薄，公廉自誓拮据，当官卵翼子民，无不赞府父母者，部使者廉翁治行状，凡九列荐剡廿次，移旌檄擢香河令。翁治香河一如治献，循声日起。适畿南水菑旁邑，有奥援者，以邻境为壑，翁庭争部使者前，民在此，犹在彼，其谁能鱼服而潴其宫，沼其田，助阳侯为虐也？心则何忍？部使者直翁而难旁邑令，翁即解组赋归。归后难翁者，亦从谴谪，而翁遂补府谷，府谷并边彫劲不任治，翁勤招抚广开垦，减供亿，肃衙宇，剔弊蠹，吏畏民怀，称延鄜高等。寻复以迕上官指罢归。翁一为丞，再为令。丞有善政，必归长吏，若取诸其怀以予之令，必虚衷延访，佐领无不委心焉。比迁徙罢去，士民遮道扳卧，车轵不行，去而尸祝口碑翁者，三邑无异也。翁天性笃挚，事父母备极色养，均居恶室，苴杖不逾阈者三年。友爱诸昆弟，终身不析箸，训少弟兼成孝廉而夭痛剧，几弃官。从弟坊堪少孤，翁衣食昏嫁，勖使游泮，乃已。居官俸入甚薄，而喜施予里中突不黔者，壮无室，笄无家者，丧不能具櫘者，皆仰给于翁。自奉则食不二簋，服不御绮縠，五木声伎不设于庭。其坐寝唯环置卷帙，穷日夜力读之，目瘴不止。尝构庐城东，罗里子肄业典签，课读不殊元白，迨元白第而翁所不能致者，见于子然后喜，可知也。独恨翁望七而化，不及待貤恩之典，与先文学公同，此元白所为拊心泣血而余亦汍澜不能自已者。伤哉！翁生嘉靖丁未四月十三日酉时，卒万历甲寅十月十六日寅时。其详具志传中。其墓在南山下，负离抱坎。余既次叙翁事，而窃有慨于叔孙豹之论不朽也。两汉人物辉映史册，若独行、循吏、儒林所称，操趣殊途，究竟异轨，要不越三立之指已耳。翁潜修闇养，不近名誉，类独行；莅官行政白意质心，蜕翼功名，类循吏；扬扢古今，训迪后学，凿凿名理，类儒林。不朽之业，翁兼总而集其成，岂必跻膴仕，享荣名，而后与天壤共敝哉！以是表翁，翁庶九京非汶，余亦可以无愧辞焉。

是碑建于万历乙卯，凡再易石易刻矣，固缘工匠拙恶，而亦以先府君缴上渥恩有不得复仍旧御者久。砻一石因君□于上党再刻成之，文仍其旧，不及另更。第易府君作者新冲而三十有余年之事，庶几结局，宁复□劳费□？不肖男光绪又记。

崇祯元年五月廿日重立

重修海渎庙碑记

【简介】

明永乐五年（1407）勒石，崇祯元年（1628）重修。因三分之二碑体埋入土中，后经铲土发掘才使整个碑体重见天日。现存于武乡县南神山八角圣井北约5米处。碑高160、宽74厘米，圆碑首高18厘米，首内镌篆体“重修海渎庙碑记”7字。碑文共30行，满行65字，楷书。略显粗糙，且模糊不清，辨识困难。

【碑文】

重修海渎庙碑记

尝谓古人严祀之礼，不为一己之私，而为多民之赐福也。民受其福，安可不敬畏奉承而报神乎？且变化不测为之神，兴云致雨为之神，转祸为福亦为之神矣。其神之功盛矣哉！今武邑东南巽境之域，其间有神庙焉，曰南山，曰海渎。斯神也，累世施功德于民，水旱虫灾，祈祷无不应焉。岁次乙酉秋七月旱，邑宰大尹杨公讳均，因语同僚曰："愆阳不雨，岷心惶惶，恐民玷于饥馁，少者游食于四方，老者近转于沟壑。"遂感于衷，忧戚不已，于是衲衣濯服致斋浴体，率官吏百姓献于南山海渎祠下，诅祝焚香，祈祷雨泽，感致神灵，电闪云集，微霖显降。不逾二日，甘霖賁足，禾苗沛然而甦，民人忻然大悦。是雨也，非大尹精诚所至，岂能然乎？则大尹□□，□守有为，民受其福，不为一家之惠，实乃万民之福也。大尹每睹庙之旧陋，神像崩摧，敬启虔心，愿施天禄，乃召耆民善士魏成甫、赵荣等□为重修。总功之人，恭励竭己，不逾月期，功成告毕，则庙貌腷然一新，则大尹奉神之心，报神之道，无不尽矣。神之所感于大尹者，无非为斯民丰年多黍多稌，万亿及秭，卜尔有福，受禄无疆矣。于是在城耆民同善士魏成甫、赵荣等因沾是神之惠，感大尹锡民之福，咸进而谒于儒曰："愿请先生述记，鑱之诸石，以彰神明之显灵，颂大尹莅政有奇异之风，感神灵之效，岂不伟欤！"予不能辞，于□□为之记。

（施物者姓名及数目略）

维大明永乐伍年岁次丁亥春三月乙卯二十四日戊寅立石

时崇祯元年六月吉旦　捌世孙把总官魏四端重立

明故儒官举乡介单槐魏翁合葬墓志铭

【简介】

明崇祯六年（1633）勒石。明代武乡名人工部左侍郎程启南撰文，魏在中弟兵部尚书魏云中书丹。铭石高55、宽68厘米，青石质，四周有草纹图案。字体俊秀隽美，无残缺。

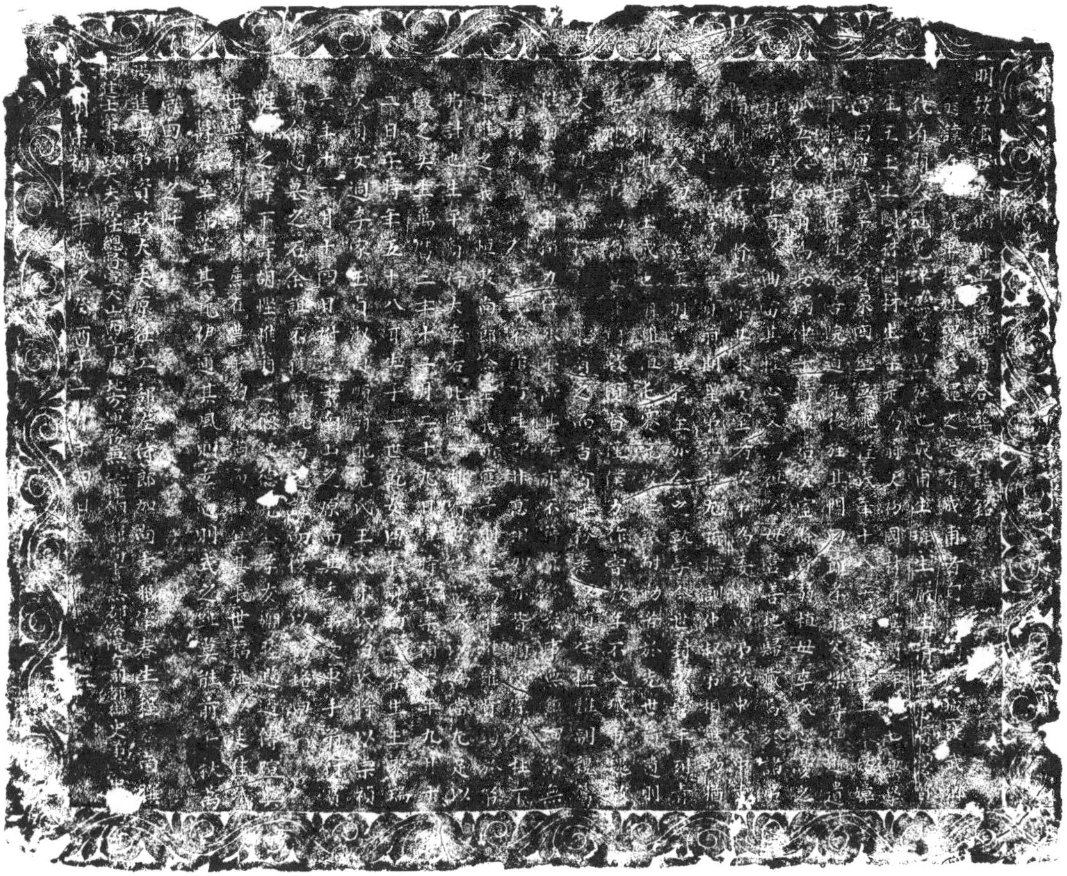

【铭文】

明故儒官举乡介单槐魏翁合葬墓志铭

翁讳在中，号单槐，姓魏氏。魏之先有成甫者，自河南虞城徙武乡，代有显人，冠冕蝉联，盖望族也。成甫生璘，璘生严，严生清，清生宪质，宪质生玉，玉生国材，国材生烁，是为翁父。初国材负异质，年十七，廪学宫，因应试，卒于省。家四壁立，配程氏，年十八，矢志柏舟，上奉姑嫜，下抚乳子，备极荼苦。院道先后旌其门曰“节孝”。翁父烁，寻仙逝，遗孤五人，而翁为长，独仲子持中，始受室，余皆弱植，母李氏心忧之。翁先意承旨，务曲当其欢心，又为祖父母营善地归藏焉。于诸弟备极□，于时督之学，其未受室者，次弟为委禽，而弟致中、受中，竟能鹊起离宫，以无负翁期望，弟和中尤籍抚训。仲叔弟相继均犹子三人幼弗克立，翁卵翼特至，亦令之就学，今世封以髫年列青衿，□其所玉成也。翁虽值屯蹇，克敦仁让，耐勤苦，于先世所遗，则悉推诸弟，而自置斥卤数顷，督僮仆力作，尝数年不入城市。魏故大族，凡大徭役，均户长肩之，而香首杂务，悉以随任，极难副亲属，惟翁是视。翁独力仔承，不辞其瘁，亦不籍赀于众，事无巨细，终无虞覆悚焉。与人交，绝不作町畦，即非意相加，亦皆顺受，深合柱下守惟之义。居恒敦尚节俭，至义所应予，则亟为解推，虽赀竭于簪，弗计也。生平质行大率若此，尝一赴宾饮礼，邑人以为当尤足以征之矣。生万历三年十二月二十九日寅时，卒崇祯六年九月十二日午时，年五十八耳。生子一，世乾；女四：长贞白，适廪生王家瑞；次贞女，适李家玉；贞淑、贞顺。翁配范氏、王氏、宋氏、白氏。将以崇祯六年十一月十四日祔葬于南山之原，而其季弟受中，手翁行实谒余题墓之石。余谊不获辞，既为之志，而复系以铭，铭曰：惟翁之寿，下寿胡悭；惟翁之德，纯德克全。孝友姻睦，遐迩传宣；与世无竞，妙解贪廉。在丰能约，履满而谦；宜其长世，福祉以延。佳城葱郁，碧草绵芊；其范伊迩，其风则玄。过则式之，趾莫能前；千秋万岁，曰翁之阡。

赐进士第资政大夫原任工部左侍郎加尚书服俸眷生程启南撰

赐进士第资政大夫原任总督宣大山西等处地方军务兼理粮饷兵部尚书兼督察院右副督御史弟云中书

大明崇祯六年岁次癸酉十一月十四日立

南山杂咏

【简介】

明崇祯九年（1636）勒石，现存于武乡县武乡南神山普济寺院内。碑长97、宽36、厚18厘米，字体楷书。诗人魏光绪生平见《陟秋山赋》简介。

【诗文】

南山杂咏

邑人魏光绪手书

秋日普济寺南峰登眺

红叶青烟乱碧岭，年年秋尽此登临。壮怀摇落逢多感，远景迷茫致可寻。蚀断赑碑犹有字，招来木客总能吟。神情自觉关山水，况复迦维祇树林。其一

一年一度访秋山，十度重来鬓忽斑。山水阅人浑似昔，流光弃我等如闲。旧游朋好今余几，老公精神暗已删。不分寒泉与清吹，月明流恨满松关。其二

七尺筇拖百叠峰，衣裳岚翠惹葱浓。云生渐作潇潇雨，客至遥随隐隐钟。旧路乍迷黄叶渡，胜游都破紫苔封。传灯谁领宗风在，欲觅真师怅不逢。其三

朔吹清连万壑哀，新裁白氎犯霜来。云阴淡淡秋千里，海气濛濛水一杯。风裹砧声调作阵，日边岚翠涌如涘。愁心欲寄征鸿去，雾叠烟重唤不回。其四

过普济寺

野酌依山寺，幽寻度石桥，松门临水辟，厓径入林遥。古佛

金容肃，名香宝鸭飘。观心吾自得，趺坐学僧寮。其一

岚气殷殷湿，霜林冉冉红。嶂深南去路，厓覆古时宫。猱下窥山果，翚飞过石丛。跻扳饶胜具，筋力近来雄。其二

书赠贻远法侣

卓锡孤云外，千峰绕佛幢。一灯寒定影，半偈觅吟窗。刀落髭根白，形留石影双。兴师求度脱，尘念几时降。

书赠秉真法侣

袈裟云气满，知住碧山岑。佛日寒幢影，松风落磬音。寻师过水远，习静坐秋深。欲证波罗地，应凭般若心。

崇祯丙子刊

龙爪槐诗并序

【简介】

明崇祯十年（1637）勒石，现存于武乡县武乡南神山普济寺院内。长106、宽39、厚19厘米，字体楷书。右下角破损，缺四字。

诗人魏光绪生平见《陟秋山赋》简介。

【诗文】

龙爪槐诗并序

龙槐前代遗植也，瘇肿扶疏，盘拏屈曲。霜摧雨剥，审岁月以何年；雾重烟横，候风云而思起。引年得地，檪社树之，所以神人，督墨无功，公输子之所繇弗顾。猥因遗蜕，号以犹龙。头角峥嵘，壮风涛于二月；爪牙雄健，轰雷电以一丘。兼以暮铎晨钟，朝经夕呗，琳宫护法，则龙象不足以喻其姿，鹫领传经，则贝多不足以语其势，洵亦祇园之胜槩而葱领之

奇观者矣。仆夙慕瑰奇，久思扬抡，然而寸非池草，笔鲜江花，萧子良之高松，未堪续尾，庾子山之枯树。是所恧颜，踯躅兼旬；摩娑授简，唾非珠玉，差可酬对，亥山灵座，有篇章抑亦生辉于艸木矣。敬因砻石，聊当笼纱。

（一）

怒鬣掀髯自不侔，昂昂千尺总龙犹。
欹斜真作飞腾势，疏散翻因水石留。
几叶呼风寒白日，数茎鸣雨到江楼。
何年佛钵能降汝，长向沙门伴苾蒭。

（二）

潜渊二月起龙眠，矫矫当空怒欲骞。
密鬣垂帏浑似织，苍鳞凑体不成圆。
来乘雷雨三江外，老倚槎枒一壑前。
莫以不材称散木，山中梨橘几能全。

（三）

银云栉栉雨潇潇，白石清溪旧板桥。
潇洒一丘寒自老，婆娑千尺影空摇。
虬枝拗彻铜声古，叠叶平铺黛色娇。
石上镌题多岁月，凭将剔藓认前朝。

（四）

绀殿初移鹫岭容，六时莲漏上方钟。
檐楹会见栖双鸽，风雨何当起一龙。

东土重瞻新护法，南柯犹领旧提封。

宝幢时拥空王座，偃盖亭亭翠几重。

时明崇祯丁丑年秋吉

光绪撰并书

鼎建药王神阁记

【简介】

明崇祯十四年（1641）三月立石。于2020年3月出土。碑青石质，长方形，高宽不详。碑文楷书，正文36行，满行21字。

【碑文】

鼎建药王神阁记

经筵随侍鸿胪寺鸣赞魏时望撰

赐进士第都察院福建道观政子名大书

滋大　孙居阳仝较

自玄黄判而医道兴，三皇以后，世不一代，代不一人，其间君相仙隐，凡神并圣于斯者皆药。药王像肇自良乡，据像为孙真人者，其详见诸医书，□不缕悉。盖先君子都官郎绘而香火之。予为儿时，朝夕所盼盉者神灵昭格，有祷辄应。记神宗庚子春，予邑疫作。予蒙兄弟姊妹不（？）及童仆，咸病沉而驱药，药鼎辍不火者屡日矣。一夕，俱闻异香，若清凉散，若芳甘剂，不知霍然之何从也。因悟仙龟灵苗，岂俟药炉汤沸乎？先君子常商之曰："是当尸祝，而俎豆之，卒未建也。"予质羸弱，尤脾土作楚，长□钝椎，日复如是。至熹宗六年之冬，先君子弃予，而予病转剧，祷之药之，□获平复。今上辛未，予身泛鸿胪一载余，本蒲抑之，值日待漏给事具□以堪

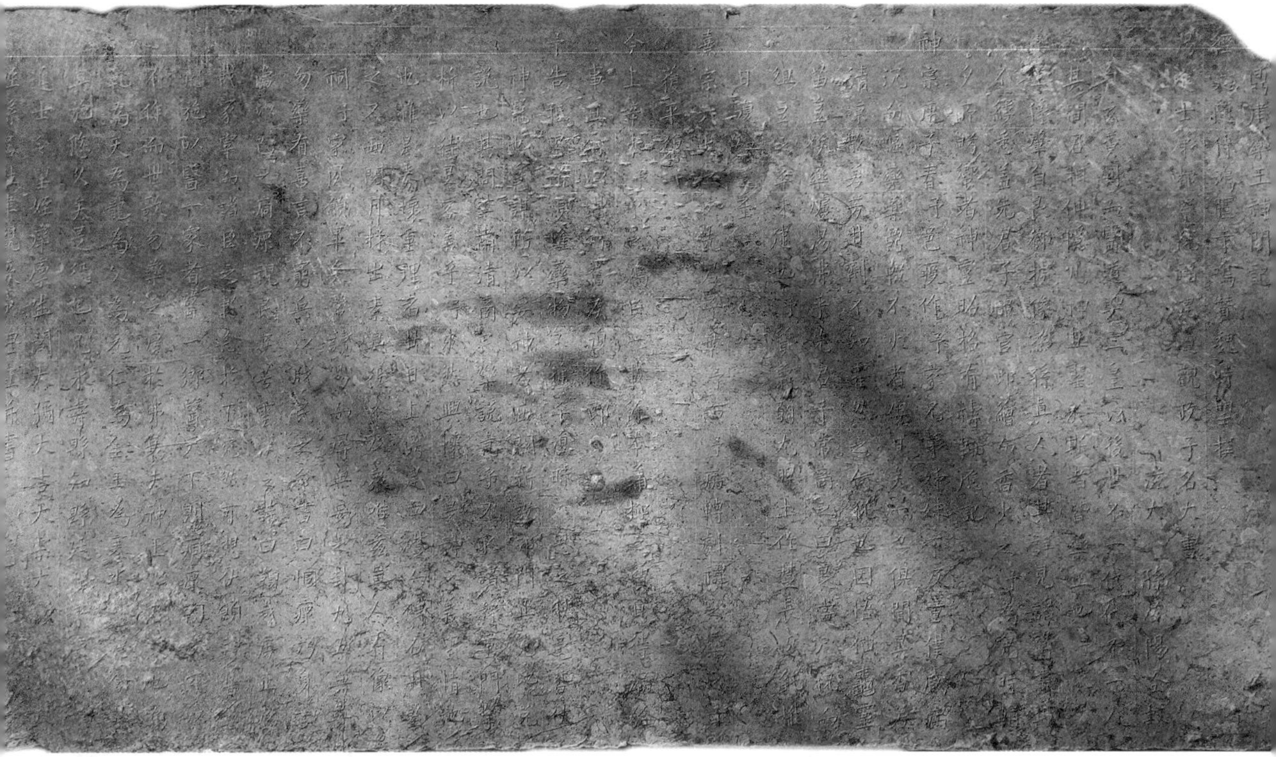

□旧疾复作，即予告抵里□□棰药物，又获乎复，昧□思之秋觉，皆仗神宠也。急谋所以妥神者，西关新设郊门，止兑地悦说也。其问禁肃清商民乐说，意乎？又承诸行重门击柝以待是客，义乎？予爽然兴像曰：“是神之义垂情地也。”惟是券坏，重理者廿日，上鼎建西阁而砖石丹垩之。又两阅月，材出素具，役不及众，唯兹真人有像以祠，予家夙愿毕矣。常读《易》而得《无妄》之卦九五：“无〔妄〕之疾，勿药有喜”，言不穷兵以戕民之命。《书》曰：“恫瘝乃身”，□当以己之痌瘝视民疾苦。《云汉》之诗曰：“鞫哉庶正，〔疚〕哉冢宰”，而诸臣之轸念于下冤，然可想伏愿□□□总施以医一家者医一乡，医天下则痌瘝□□不以不作而世歌勿药之庆于弗展。夫神王□君□地□。干为天，为龙，为父，为元仁，为金玉，为寒冰□□□□其施悠久矣。是役也，兄永寿县知县廷望、□□〔庚辰〕进士令望，侄庠廪生间大、弥大、容大、崇大□□、□□，侄孙居壮，聿观厥成，理宜并书。

魏光绪墓碑

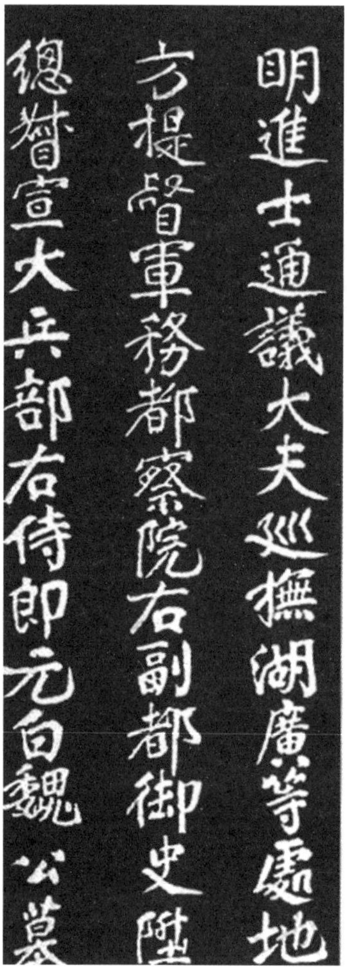

【简介】

明崇祯十五年（1642）勒石，现存于武乡县丰州镇魏家窑村。碑高192、宽87、厚37厘米，碑首高100厘米，二龙戏珠浮雕，中有兵部侍郎魏云中篆额“皇明”二字。据乾隆版县志载，“明进士通议大夫巡抚湖广等处地方提督军务都察院右副都御史升总督宣大兵部右侍郎元白魏公墓表碑，太原傅山书”，碑阴表文为翰林院侍读讲官汾阳朱之俊撰写，工部右侍郎程启南书丹。字迹清晰圆润、端庄大方、古朴苍劲。

墓主人魏光绪，明府谷县令魏鳌之长子，字孟韬，号元白，生于明万历十四年（1586）八月二十一日，明崇祯十四年（1641）卒于故乡武乡县城，享年五十五岁。明万历四十一年（1613）中进士，历任云南道御史，福建御史巡按，顺天府府丞，太仆寺正卿，都察院都御史，巡抚湖广。著作有《南华诗》《泰国谈记》《带草楼诗稿》《东巡全集》《抚楚奏疏》《西台封事》《字通》《家乘》《带草楼全稿》《潞水客谈》《筑游记》《文赋注批评》《华山记》等十余部。

【碑文】

明赐进士第巡抚湖广等处地方提督军务都察院右副都御史升总督宣大兵部右侍郎元白魏公墓碑

赐进士第奉直大夫翰林院侍读日讲官汾阳眷生朱之俊顿首拜撰

赐进士第□善大夫工部右侍郎加二级服奉眷生程启南顿首拜书

辛巳之冬，天子以四方杌陧，思得大臣如郭尚父、裴中令者，以抒宵盱。时宣云总制少司马缺九卿，以大中丞魏公名上，甚当帝心，亟令有司敦劝应召，而公以是月薨于正寝。讣闻，天子震悼，朝野罔不惊惜。公子驷以冢前石征文，垂不朽。余以公事业在天地，德行光日月，天子应如唐宋魏韩诸公亲洒宸翰，以载公勋绩，何假余言为重轻？然余史臣也，据实而书，抑又何让？按公讳光绪，字孟韬，号元白。世武乡人，始祖成甫公八传至中宪公，鳌公冢嗣也。幼多奇征，稍长，遂刻苦攻读，十六补博士弟子员，二十六登贤书。明年成进士，释褐行人司行人衔，命册秦豫江右诸藩王，所至却绝馈遗，惟登览名山大川□□□灏气。秩满，授福建道监察御史，首疏抗论梃击诸大事，直声一时震天下，忠言谠论，群小侧目，事具广汇纪《存信录》。未几，巡按山东，益持法竣直，墨吏望风解绶比比。时妖贼徐鸿儒虽伏法，而传遍数郡，议者欲悉坑之以博富贵，公以渠魁既歼，余俱赤子，奚罪也？连章上争，卒得俞旨，安插复业者前后二十余万人，邹、滕、兖、泗之郊丰碑载德，比梁公焉。值逆珰肆虐，借三案毒正人，翼虎者又恶公，公

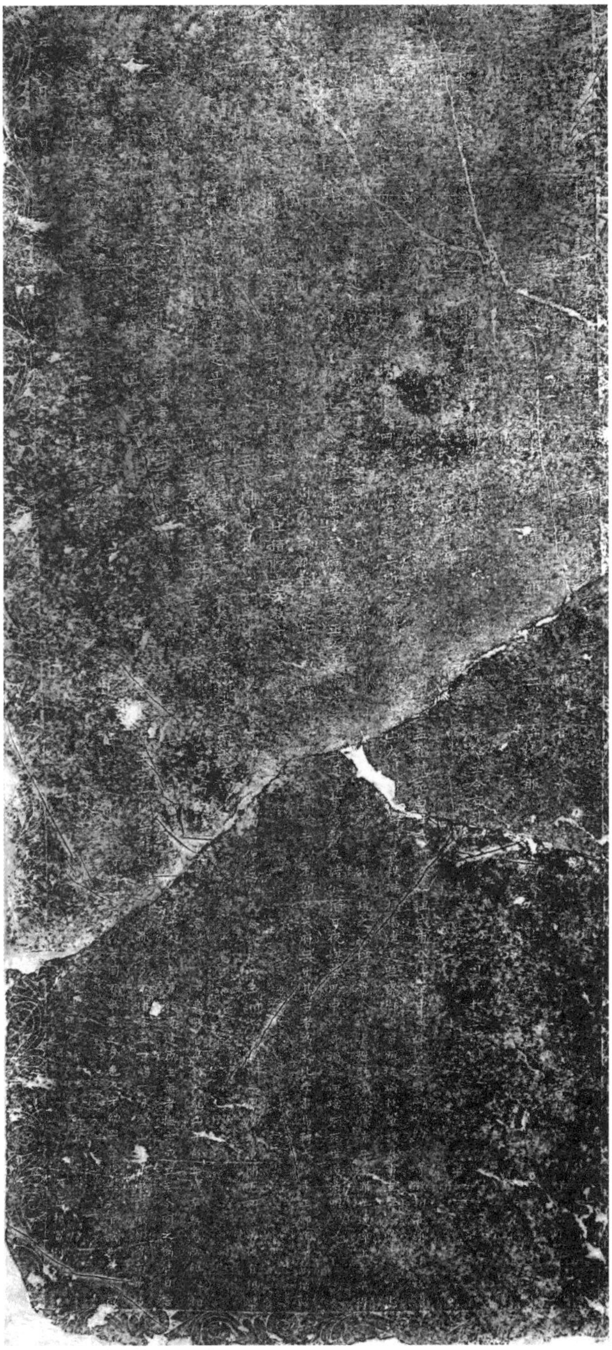

遂谢事归。剸刃诸公犹日夜媒蘖，思中以奇祸。无何，珰殛死，世道清明。天子素知公，亟召还职，补云南道监察御史，迁顺天府府丞，摄□事。平台屡召问方略，言辄施行。长安中戚里赀郎毫□肆强暴，论者以本朝尹天府无出其右者，为之比孝肃焉。转太仆寺正卿，疏争马价，归本寺三十万金。檄市骏三边以补诸营伍，适近郊多垒而云锦成群，军容一为之壮，积贮尚赢数十万金，核实，天子嘉悦，赍以银币，特升湖广都御史。三楚辽阔，民苗杂处，妖人结党，十五府同日竖旗，以刻期举事。公默运机策，不日擒消。□黑雨苗作逆，公又命将征灭，三湘七泽之间无风尘警。事闻，下诏褒美，复有银币之赐焉。楚藩素骫法，人心惶惶，公悉心调剂，乃克底定。且造器械，简士马，抚疮痍，天下扰攘，楚独宴然，以半壁南天交还朝廷。楚人家祝，迄今未艾也。归里，值寇乱，出赀招健儿，率乡人为战守计。寇至，每衅不敢正视邑界。东城楼门圮，独力修建，南城墙又□以石，金汤屹屹，不费县官一钱。大乱二十余年，城卒无恙。岁饥，人相食，出粟数千石以食饿者，榆、沁、襄、和之人亦俱奔赴，声钟而哺者万三千人。迨岁稔还里，率感泣颂，祷而后去。道上弃儿，别有慈幼局，置□媪数十人自收养，事讫，觅还原主，无者抚字成立，至今问之，犹能自言魏公儿也。自挂冠日事诵读，藏书十六厨，披阅殆遍。书法直追二王，犹肄习不少止，四方求获者珍比金玉。赋诗自王李而后无能过者，书声朗朗，彻晓夕不休。客至一觞一咏，登山临水，风致俨然。著《南华诂》《泰园谈纪》《带草楼诗稿》《东巡全集》《抚楚奏疏》《文赋注批评》《潞水客谈》《筑游记》《华山记》《字通》《家乘》《带草楼全稿》行于世。其他建桥梁、修寺宇，凡可以利人者罔不举。薨之夕，邑人老幼哭声殷然，天下识与不识咸为致惜云。公生万历十四年八月二十一日，薨崇祯十四年十二月十三日。配韩氏，赠淑人。继程氏、高氏、王氏、张氏，俱封淑人。

不肖男　驷　騄　暨孙　士恭　士碛　立石

崇祯十五年八月初二日□石

石匠　杨富　刊

清

建青龙寨碑记

【简介】

清顺治七年（1650）八月十七日立石。现存于武乡县蟠龙镇石门村。碑长方形，长78、宽48、厚14厘米。碑文正书，行24字，正文14行。四周刻单线为边框。

【碑文】

建青龙寨碑记

时当百六，兵燹频仍，民不得高险之地筑寨固守，何以备久□□。昔年流寇肆毒，石门旧无砦，其殊害焚情苦不可言。□然因构修寨地，用重价连荒田置之，至今为铢粮累然。年久〔若〕〔代〕□多其寨日圮，且地势受敌。陈生又慨然曰："此地恐不□□□□□。同村中乡耆咸卜于东南青龙之山，上有三官大帝庙，顶礼叩祝，三卜三吉，众遂喜曰："可以奠□居矣！"遂出赀者出赀，出力者出力。原有护庙地贰亩，为郝汝美用价□祀之庙中者。其地尚隘，陈〔生〕又用台哈哈贰亩兑郝汝约□□贰亩，修□建屋，庶稍□能言，日葺月累，七年于兹，工尚未半。□□□处而大兵突至，矢砲交攻，犹未及寨之半。遂相率而叹曰："□□若此，吾能飞上耶！"甫黎明而遁。□民因严寒不能〔苦〕盖〔而〕□王念□明良〔会〕□遂将前坡渠南边地□然给众凿空□通，至今□近一载，出作入息，乐业于斯。孰〔谓〕□一家之所赐□□日久情迁，〔乃〕忘所自，共谋立石以垂不朽，将此□记

房基窑座开列于后，以后修理□务，宜照房窑□其〔赀〕□故

顺治七年八月十七日立

重修玉泉山白龙庙碑记

【简介】

清康熙三年（1664）七月立石。现存于武乡县蟠龙镇南郊村。碑青石质，高112、宽61、厚16厘米。碑额楷书“重修碑记”4字。碑文楷书体，文字清晰。

【碑文】

重修玉泉山白龙庙碑记

大凡有裨于民生者，则建祠立庙以祀之，所以崇德报功也，非此谓之淫祠，虽举不祀焉。而龙之为灵昭昭也，虽妇人小子罔不知其变化。矧神而明之，以霖雨天下，俾芳烈著于百世。今问：显于无穷乎？故在天为龙，而在地则为神也。神以龙名，又神而不测者也。南郊之麓，林木荫翳，环山青翠，可以为神明之地，故久为白龙所栖焉。若龙以白称，则又萃五行之秀而精白，乃心以上酬帝眷，下慰民生。其立庙也，固□而乡人之崇奉也，亦宜。奈世远年湮，风雨频临，鸟鼠猬集，是以金容剥落而垣墉为之颓败。善男张奉公、郝展、郝云善、张九幹、李成基、老纳妙恒等，与临近诸父老约谋，所以补葺更新之，而苦无所出。不〔变〕己〔钱〕，祈神得吉，将庙松二株辨价得青蚨一十八千文。又请于四方，各舒诚捐贷，以共襄盛事，庶稍有补于□。程万一云：其九干原舍庙地，东北、西北、西小沟大小松树不计其数，亦并舍之庙内，后之子孙不得争也。将见祷处应而享必格前人立庙之意，久而弥彰。而神道设教，不几与气数相终始也哉！故为之立石以纪其事：一以志神庥，一以详始末也。后有知者，将无谓予言为固陋，而遂置岁事于不谋，则神人其永□矣。

邑廪生陈曰喜沐手撰并书

康熙三年七月立石

重修碑記

南郊修路碑

【简介】

清康熙三年（1664）立石。现存于武乡县蟠龙镇南交村。碑青石质，高80、宽75、厚16厘米。碑文楷书。现存碑身下半部分，无立碑时间。据《我的故乡南郊村》一文载，该碑为清康熙三年立。

【碑文】

陈曰俞撰

廪生陈曰喜书

（阙文）古昆仑霞壁云峰出天柱，为群山首，迤逦蜿蜒，殆不知其几千万里。况夫雄峙一方者龙，出士民之祈（阙文）所不载，而积卑，而高正，其太行之肩背而绵亘者也。其山东通燕豫，西接秦晋，四方往来者趾相如（阙文）如风，若铨若动，可望而畏之者，不特此也。东左列白龙洞，怪石参差，水草交横，行人祷请而入。殆（阙文）猿献笑，野樵响答，禽鸟弄音，名花簇锦，种种奇形异状，孰非山灵之错出而不群者哉？然而右（阙文）前为之疲曳，是以涉岭如登天，不亦关山之难越也耶？于是石门住持僧妙恒、妙□，典名应遇纠（阙文）方之驱车而过、负擔而游者，孰不颂康庄而兢出于其途乎？但恐日久顿忘所自，因立石借生文（阙文）若□山之形势、僧之功德，书载其文，则予岂敢，幸高明谅之。并记。

□□□□奠彝□□□□□□人合葬墓志铭

【简介】

清康熙四年（1665）勒石。铭文由魏公外甥程康庄撰写。现存于武乡县丰州镇魏家窑村。铭石高83、宽49、厚10厘米，青石质，右部、下部均残破，铭文共43行，满行28字，楷书，字体隽秀，但多剥蚀漫漶，很难辨识。

【铭文】

□□□□奠彝□□□□□□□人合葬墓志铭

□□□□，与同邑□□□□魏大司马中丞，两公与予王父大司空□□□□朝并以勋庸节□□。两家婚媾不绝，世以文行，尝称程魏两家□□□谢大司马从弟奠彝魏公，则予之舅氏而夙为余师者也。予少受学□阳，得其训切，故每试辄冠军。稍长，又习为诗古文词，为海内所称述□□教之。今春三月，公终于正寝，予以承乏南徐，不获视敛含执引绋焉。□□弟□诸孤不远数千里属予铭，且缄予以书曰："此先严永诀之前□□□墓文为托，以为非甥不能志我之行。"嗟乎！使予不志，复谁志者！□□□□为公铭哉！公讳□中，字奠彝，其先世为河南虞城人，始祖成甫□□□□徙家武乡，七传乃至公，其大父国材，弱冠补博士弟子，寻食□□□□□省试竟卒。大母程氏居孀，直指奏旌其闾。国材子讳烁，烁□□□□□□□者，性孝友力学，于书无所不记，痛诸兄俱先即世，抚诸孤□□□□□□□黉序，诸孤亦忘其为叔父也者。公生平不喜表襮，曰："吾弟力□□□□□□者，其不可为者不必问也。齿不问利，动不问私，居不问积，或□□□□□□□流之歌行，苇者依之，□不相者急之，巷不歌者恤之，标有相釜□□□□之火之。"里人听睹□视为习□之事，乡间所时有也。不知骛举先□□□先潜设使，当世之人诸务未膺而锋锐早见？母论以意示人，人先得而□之即□□□□□□□□□难自问□□□，公故隐之，其□之□何也。忆□□□□□□□□□□□□□数万袭邑□□□魏大司马、中丞两公，与予王父大司空公[illegible]里居日久，登□为战，前计公实左右之，又擒奸细潜城中，为举人□[illegible]□陷。洎甲申三月，迎闯窃覆神鼎，缙绅尽罹其害。大司马家素[illegible]兵燹之秋，日月为之改容，风云为之变色，诸子姓亲戚咸不蝟缩。公闻[illegible]之，倾囊以助，其家岂非所谓积行大大夫哉！公方且□□焉，于于焉，进德敬业教□人以纺绩，至今依以为生者甚众。公亦自此潜处，不复问功名事矣，惟录□《周易》《性理》诸书，与子侄辈析疑问难，以其余力究实学。起诸疾者，暇则与□□饮宴，虽家值渐落，晏如也。公生于万历庚子正月二十一日寅时，卒于康熙乙巳三月二十六日戌时。元配李氏，邑文学□泮女，贞淑孝惠，详载□□中，□具论副堂史氏。子男五人，长世益，娶廪生窦希僖女，继儒官程□武女，□□文学李之圣女；次世需，娶文学窦希□女；次世济，娶岁贡韩文□女，继乡耆李光大女，再继榆社廪生赵父衍女，俱李出；次世长娶文学孟禹功女，次世□尚幼，俱史出。女二，长适文学赵维翰，李出。次幼未字，史出。孙男五人，兰瑞，□瑞，世益出，魏铤娶文学武定鼎女，魏铨、魏锐，俱世□出。女孙三人，凤英世□出，淑凤世需出。兰英世济出，曾孙一，魏本立，魏□出。卜吉于乙巳十一月□一日，合葬于福星坡之原。谨述为志，而系之铭。铭曰：

谁颂□生，我所自□。谁掌灵□，我所自式。出右姓兮，□□训兮。载思良德，视此铭兮。

承德郎□□镇江府通判门下甥程康庄顿首拜撰

岁进士门下甥程康年顿首拜篆

□□拔贡生侄魏驷顿首拜书

大清康熙四年十一月初二日

不孝男庠生魏世益　世需　世济等　仝立

重修三圣寺记

【简介】

清康熙五年（1666）二月勒石。王履亨撰文，王菜瑞书丹，王呈瑞篆额。现存于武乡县大有乡长乐村。碑高137、宽66、厚12厘米，四边有图

案。碑文共20行，满行49字，楷书，字体2厘米见方，上端约六七字稍有剥蚀，大部分字体清晰。

【碑文】

重修三圣寺记

本村庠生王履亨谨撰

县选生员王菉瑞书丹

本村庠生王呈瑞谨篆

盖自佛经得之天竺，缄之兰台石室，金身梦自明帝，绘之清凉显节，遣蔡愔一十八人，始得蓝传四十二章，佛教之始入中国也。□由然也，于是祷祠醮祭之法，往往渐多。本村三圣寺肇自大宋庆历二年，古名刹也。自弘治七年惟我高祖王慧瑄、族祖慧敏□□于前，其后碑文寥寥，无从稽考。止记其书于正殿者，嘉靖二十九年重修焉。历沿至今，百有余年矣，风雨倾颓，正殿破坏，南殿塌毁，仅存其址，东西廊庑，荡然尽空，金身暴露，风日化

□，鞠为茂草，四顾荒凉，竟成牧竖之所。本村纠首王好德，廪生王家瑞，庠生王履亨、王守业，庠生王呈瑞、王家齐、王家禄、王复兴、史世强等，常诣其寺，顾瞻而愧之，曰：“庙之成破，关一村之兴败，乌可任其沦落欤！”遂集诸善众，谋于乡耆，谓佛像蒙尘，似非□祝之所，僧舍芜废，曷为剃度之资，意欲振颓自任，图方新于将来，起敝身肩，愿后旧于往者。阖村童叟捐赀输力，咸有兴复之志，应声□然，初无彼此之别，爰是大工始举，舍己赀而动众焉。复立南殿三间，创建西庑五间。毗卢之向南者，易以向正；势至之未有者，今方始有。旧有观音，增以阔大；一堂罗汉，咸仍其旧，南殿西庑颇完。天夺其年，王好德、王家瑞、王家禄、史世强、王复兴，经理未终，相继登遐，余工犹甚烦剧焉。越顺治十六年己亥，王履亨、王守业、王呈瑞、王家齐，住持僧祖周，率领门徒贻通、贻运，黾勉从事，不敢告劳，正殿增修一檐，内妆释迦三尊，大佛正壁仍绘老君、夫子二圣之像，左建东殿五间，新增地藏十王之神，以补六百八十年寺内之阙，创前人之未有，详前人之所略，亦审其所宜而为之者与。且四周缭以高墉，山门易以五檩，钟楼鼎建，庙貌复新，由今视昔而有异焉。亨等力绵赀薄，事难猝举，自顺治九年壬辰经始，越康熙五年丙午竣事，阅十五载而厥工始告备焉。经营之久，资力俱竭，虽隔代综理，而人心未尝有怠倦焉。诚恐事远时移，难垂永久，始以管窥之见，勒诸贞珉，愿我后人当以前人之心为心，缺者补之，坏者葺之，使异日之庙像，常如今日，此以见后人之善不殊于今，而今人之善乃可永垂于后耳焉。此谨志。

大清康熙五年二月吉日立

石匠　杨赐福　杨赐禄

本村施主

武生　王好辨

乡耆　王好禧　王好宁

儒士　王好美　王好谏　王好中

生员　王乙亨　王履泰　王履吉

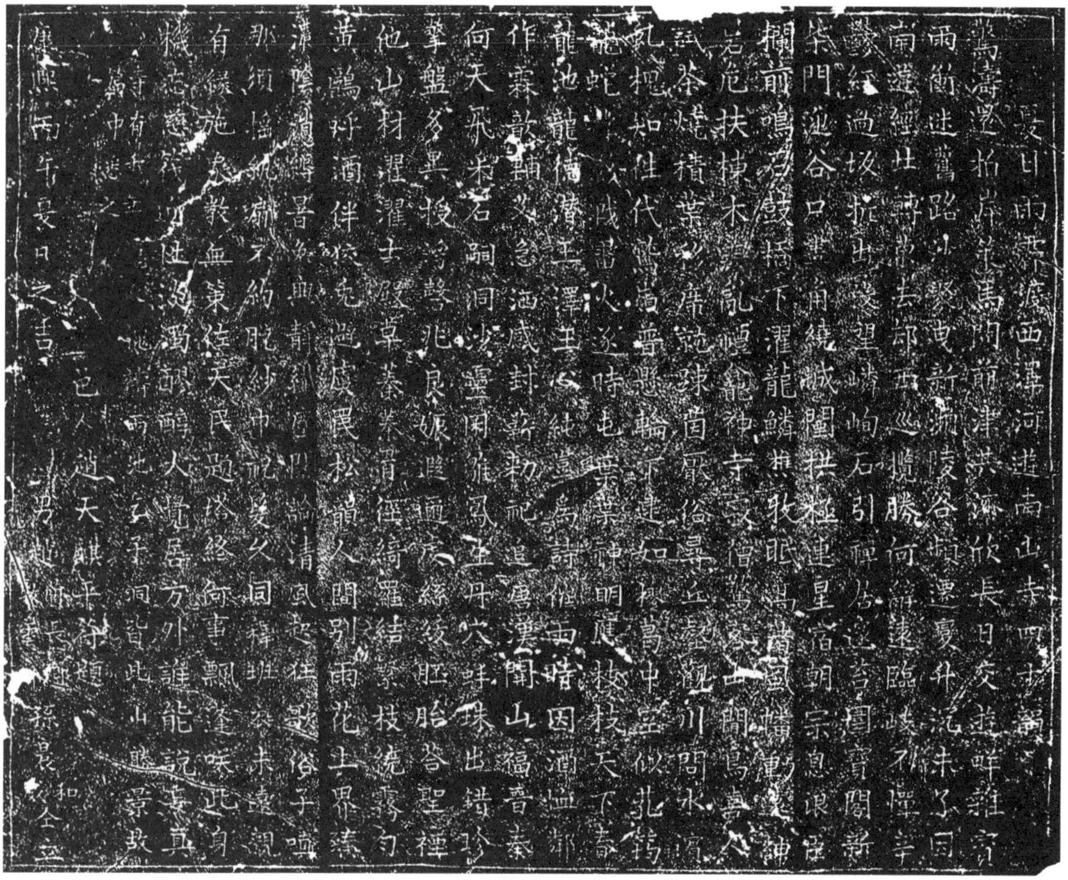

夏日雨霁渡西泽河游南山寺四十韵

【简介】

清康熙五年（1666）勒石，现存于武乡县南神山普济寺。诗碑质为青石，1998年于南神山茅蓬寺遗址出土。诗碑高80、宽82、厚12厘米，字体为楷书。从诗文中可看出作者较为压抑的思想情绪和隐逸不仕的政治理念。

【诗文】

夏日雨霁渡西泽河游南山寺四十韵

惊涛还拍岸，策马问前津。共侪欣长日，交游鲜杂宾。

雨冲迷旧路，沙聚曳新濒。陵谷频迁变，升沉未了因。
南游经北转，东去却西巡。揽胜何辞远，临歧不惮辛。
郁红过阪折，出没望嶙峋。石引禅居邃，苔围宝阁新。
柴门迎谷口，画角绕城闉。拱极连星宿，朝宗息浪臣。
栏前鸣石鼓，桥下濯龙鳞。樵牧眠高渚，风幡动远绅。
岩危扶栋木，云乱礼龛神。寺寂僧惊客，山闲鸟喜人。
试茶烧积叶，移席就疏茵。厌俗寻丘壑，观川问水滨。
虬槐知往代，鹫岭普悬轮。下逮如樛葛，中空似芤筠。
龙蛇撑影战，雷火遂时屯。叶叶神明应，枝枝天下春。
龙池龙德潜，王泽王心纯。岂为诗催雨，时因酒恤邻。
作霖歆辅艾，急洒感封薪。敕祀追唐汉，开山福晋秦。
何天飞采石，嗣洞沙灵困。雏凤生丹穴，蚌珠出错珍。
擎盘多异授，浮磬兆良娠。遐迩虔丝缓，胚胎答圣禋。
他山材濯濯，古殿草蓁蓁。滑径绮罗结，繁枝绕雾匀。
黄鹂呼酒伴，狡兔避虞罠。松韵人间别，雨花上界臻。
浓阴消缛暑，逸兴静纤尘。阔论清风起，狂歌俗子嗔。
那须摇绸扇，不约脱纱巾。脱发久同释，班衣未远亲。
有缘施象教，无策佑天民。题塔绛何事，飘蓬笑此身。
机忘慈筏近，性淡独醪醇。大觉居方外，谁能说妄真。

邑人赵天麒平符题

男赵□长□　赵□云□　孙晨和　晨威仝立

康熙丙午夏日之吉

重修真如寺碑记

【简介】

清康熙十三年（1674）五月勒石。陈曰喜撰文、书丹。现存于武乡县韩北乡土河村真如寺。碑高162、宽68厘米，碑圆首，高24厘米。首内有楷书“重修碑记”4字，字高9、宽7厘米。碑文字2.5厘米见方，字体清晰。石碑下部每行约四字，剥蚀严重。

【碑文】

重修真如寺碑记

自昔圣教出而大道兴，典御十方，弘济万品，扬其芳，剔其垢，耳提面命，使天下悉然知贞淫之所归，有真无伪，虽愚夫愚妇，咸兴诵说而崇信之。明如日月经天，沛若江河行地，彰彰乎于□为烈矣。无奈人心不古，风会渐漓，教之所在，能及于显，不能及于微，能明于达人修士，不能格于愚不□觉世者，有忧之而□宇始建，则佛也者所以济王道所不及，而隐掖人心于旦昼牿忘之后也。况大之则弥□合，细之则摄毫厘，无灭无生，若隐若显，无以窥其涯际，莫能穷其源流者哉！若夫炼形食气之流，崇崇高渺，迂□无补，又不可同日语矣。维兹圣教腾照汉庭，宣扬东土而一真独著，虽照世特患不真耳。真□自如，如则无不□，使人人能真，则人人自如，又何得以伪而不诚，隐而多怪者，参杂于其间乎？县治东南土河有寺曰真如，其即此意也夫。按土河四周皆山，中独平衍，土颇沃，人多穴处，而艰于水，鲜嘉禾之奥区，似不可为兰□圣地，乃庄严亦所不废者何为？盖使人人修真而自识其所如，以续前贤未竟之绪尔。其创立之始，远不可考，自弘治十年重修，康熙七年再修，至今几数百余年矣。其间风雨之摧残，鸟鼠之穿剥，不知经几□谢矣。墙垣保无倾圮乎，容貌保无蒙翳乎？彩色辉煌，保无泥沙零落乎？是以瞻宝座者，不禁流啼，参罗□者，同为慨感。有住持僧妙城、妙域者，空门之领袖也，早悟三空，夙苞四忍，思欲再为修葺而往往以□□中止。康熙七年，合本村纠首申可珍、赵明士、连伏财、申德等竭力图维，同心募化而始成焉。重修正殿五间，南殿三间，东西两廊共十间，关圣、伽蓝各一处，而钟楼鼓楼并举尔。一时彩壁辉煌，规模壮丽□□□年气色矣。至南殿功德，则赵云富居多矣。事毕恐忘所自，因求刊石，以垂永久，而恳予为之文。夫文□□事者也，文不可传，事不可不传，予因就事而勉为之文，后之视文者，亦将有感于斯土之人。倘睹予□□人人修真，人人自识，其所原来，又何负建寺命名，求诚去伪之意也哉！

邑廪生陈曰喜熏沐撰并书

僧会司　宗妙　贻运　秉直　秉睿　樊洪　习默　秉正　□精　□满　秉志

离相寺　妙智　妙泰　妙典　妙山　明念　通圣

住持　门人明□

石工　杨赐福　杨登云　杨□□

康熙十三年五月吉旦立石

故乐平县训导应瑞赵公暨元配孺人魏氏合葬墓志铭

【简介】

清康熙十六年（1677）八月立石。现存于武乡县于玉贞观。志长方形，高66、宽78、厚14厘米。志文正书，28行，行38字。四周可有花叶纹饰。

撰文人袁国梓，字丹叔，南京松江府华亭县（今上海市松江县）人，清朝顺治六年（1649）登进士，后官至浙江衢州府知府。

书丹人柴胜任，山西平阳郡河东龙门人。顺治十八年辛丑科（1661）三甲进士。康熙十五年任陟县知县，后官至贵州知府。

【志文】

〔清〕故乐平县训导应瑞赵公暨元配孺人魏氏合葬墓志铭

〔赐〕进士第中宪□□山西平阳府知府加一级前浙江衢州府知府刑部广东清吏司郎中云南司主事华亭年家侍教弟袁国梓顿首拜撰

〔赐〕进士出身文林郎知河南彰德府磁州陟县事龙门眷门年姪柴胜任顿首拜书

□元丁酉科举人着山西太原府阳曲县儒学教谕本邑眷年姪李方榛顿首拜篆

丙辰求七月，平属襄陵县广文赵孝廉以父铨乐平司训从襄赴任诣余，询其家世，知理学源渊，簪缨济美。方五越月，而乃□公讣闻，复诣余，持状泣请曰："不孝以家贫亲老，故谋禄养而的亏□□，前署榆庠丧吾母，犹及视柩殓。今铎襄士，父逝沾城，终天之恨，益难自解，归将穸而藏，乞□不□。"余哀而许之。按状：公讳梦麒，字禛符，号应瑞。其鼻祖世强者，于明洪武初以归德指挥使移武乡，于是世为武乡赵氏。指挥公仲子顺甫，为晋留守司，生潭。潭六子，季曰祥。祥生友。友生证。证□省。祭公文瑞文端□□斗饩于庠，有子三：长曰兴邦，为乡饮介宾。介宾公生克宽，增广生，不□于贼，死节，事详邑乘。增广公举五子，四曰廷抃，邑庠。以仲子

天麒前壬午、癸未五经联捷，恩进士。次子三麒，戊子恩拔，任陕西西安府同州知州，封奉直大夫，配张宜人。而应瑞，公其冢子也，居西关，文昌征因称公为西文先生。赋质倬迈，八岁趋庭训即知务学，动循矩则。十五蒸髦士，十九受廪饩。孝事严慈，睦昆弟，和左右，治行勤俭，论事切直。凡故旧子弟，一有愆失，相戒“勿使西文先生知”，殊有□方之风。性不嗜酒，亦不强人饮，寡交游，刻意问学，汲引后进不倦。没逢节序，命子孙列坐，戒儆慰□，多徧说古圣贤事为法。著有□书，纂说举业正宗。工楷字，撰书《九母庙序》《监漳兴集碑》《重修会仙观记》，未尝一笔简略。其性情端方类然。县治西关旧无帝君祠宇，岁丙申，谋于李学博，出园租钱拾□，复劝众量捐，鸠工建阁，科第蝉联，人文丕振。王粮荒地，久为民累，集众切控，乃得俭薄。东寺僧田恶远，愿布施，畏征纳，□洒立石，图脱粮害，闻之趋仆其碑，不致种无粮地、起无地粮，民咸赖之。居尝□□□□，平生无他好，但喜读书，无疚心事。至穷通得失，生死利害，惟顺应而已。所课弟姪甥徒，率□十余人，多以第显，乃独不□□□有以拔贡入成均。□丙戌北闱副车，后仍归本庠。于戊戌岁贡□乐平训导，学务振举，课士详敏。任未半载，以疾卒。□□□□与阁，邑绅士无不痛悼。元配魏孺人，□□大中丞族儒官懋元女，孝敬和淑，实称贤助，安贫乐义，教子科名，皆足述也。公〔终〕于康熙十五〔年〕丙辰十二月十五日子时，距生万历三十五年丁未十月二十一日寅时，享寿正七十。孺人生于万历己酉年二月初五日丑时，卒于康熙戊申年八月十一日寅时，享寿正六十。于〔康〕熙十六年八月二十二日合孺人于穸，礼也。男四：长仙品，娶范、魏、李三氏。次伟品，丁酉科举人，任榆次、襄陵两学教谕；娶董氏，增生布舒女。次准品，增生；娶梁氏，贡生献忠女；继娶刘氏，沁州廪生日燉女。次倬品，庠〔生，娶〕陈氏，廪生曰喜女。女二：一适魏生员从大，一适窦生员文。王孙男七继阁，续仙品嗣：曰田，曰谷，〔曰宇〕，曰绅，曰禧，准出；曰甫，曰相，倬出。孙女五：伟出者三，一适壬子科举人程为则子其治；一聘廪生□担子桐段；一幼。准、倬女皆幼。例□□书，爰系之铭：

鞞山□□，芸来自东。漳流萦遥，其势如虹。中有佳城，瑞气笼葱。哲人偕配，宅兹幽宫。贻后代以景福，昌奕业之文风。孙子绵延，既振振以求艾；克裳络绎，还跻跻以媲隆。

皇清〔康〕熙十六年八月二十二日之吉

不孝男赵伟品　准品　倬品　孙〔田〕　谷　宇泣血上石

创修天成岭路碑记

【简介】

清康熙二十三年（1684）勒石。赵泰来撰文，赵泰世书丹。现存于武乡县洪水镇拴马大井村南2.5公里处的大井寨山巅石龛内，碑高152、宽72厘米，圆首，石座，碑首内有题额“路碑”2字，空心体。碑文字迹较为清晰，个别处稍有剥蚀。碑文共25行，满行40字，楷书。

【碑文】

创修天成岭路碑记

皋狼之东百里，有大井寨，崖谷峻隘，十里百折，攀援而上，与天际为游，遂更名曰“天成”。坐卧其上，时有云气往来襟袖间。环山为城，有石焉，翳于奥草，有泉焉。伏于土涂，地虺之所蟠，狸鼠之所游，茂草丛木，嘉葩毒卉，杂乱而争植。甫行百余步，即为漏岩岭，下有羊肠小道，通黎武境地。环望皆石，怪石森然，周于四隅，其间或列、或跪、或立、或扑。窍穴透迤，堆阜突怒，盛秋水潦，穷冬雨雪，相辅为害。行人覆坦者，既艰于途，临高者多坠于渠。颠蹄腾藉，血流栈道，糗粮蒻藁，填谷委山，牛马群蓄，相藉物放，嗷嗷之声，甚可哀也。然未必由之孔道，虽抱如伤之痛，志思欲易地而无由。日者，余兀坐无聊，与山农野老论山川之形胜，里道之幽遐，与言及此，痛心骇目。适有韩汉兴慷慨论列，谓修百年崎岖之路，造千里通济之桥，皆莫大阴骘，无边福海。果有此志，大家同上慈航，共登彼岸。越三里许，另辟一新路，往来行人，可不绝如线也。于是择一二同志穷搜而远采，以上至不测之高，下至涧溪壑谷，分崩裂绝，幽穷隐伏，人迹之所不通，无不前指后画，心舒目行，有相之道。由是卜吉择日，愿输己财，夷险休劳，以惠四方，力取于旁路之羡卒，费出于邻乡之施资，通力合作，转巨石，剃奥草，斫荆莽，焚茅茂，乃辟、乃垦、乃宣、乃理。随山之曲直，以休人力；顺地之高下，以杀土宜。决去壅土，疏通涧壑，万夫呼卞，莫不勇力。雷腾勇奔，共襄盛事。其工兴于桐月，不五旬而告竣焉。行人无虞，讴歌而来。然则向之碍之者，为果碍耶？令之辟之者，为果辟耶？前所谓险而隘者，吾知其不由是道也，天欤？人欤？夫亦莫之致而致也，生何力之与有？谨书于石。

功德主吏部迪功郎候铨县丞赵泰来撰

东山居士赵泰世谨书

（施银人姓名略）

石匠　杨登云　杨赐禄　刊

泥水匠　杜会

清康熙二十三年六月初六日立

重修观音堂

【简介】

清康熙三十八年（1699）十二月十五日立石。现存于武乡县监漳镇禄村。碑青石质，高54、宽30厘米。碑文楷书，满行16字，文30行。

【碑文】

重修观音堂

窃以智月常圆，慧日普照，杨柳春风吹觉海，慈航宝筏渡迷津，此观音大士所以炳曜寰区也。

禄村观音堂，系吏员张翼者募缘鸠工，创建一楹。论者谓：北对高峰观山秀，南临清流涤烦情。煌煌乎莲座庄严、菩提乐地矣。不图岁月侵久，奂轮非故，佾〔生〕张遇亨以怀重修之志，独施二十余金，金妆圣像而栋宇山藻，广阔门楣而烟尘远拂。令入庙者望之俨然，如游妙台慧殿，满眼尽忍草灵花也！从此庙壁生辉，灵感弥赫，慈云覆而八难潜消，法雨施而三途永劫，即谓音由我造，菩萨在心巅可也。

余以戚属至谊讲〔学〕于兹，课读之暇，不辞固（孤）陋，因出俚言，以为记。

今遇亨即张翁讳翼之孙，生员讳素〔养〕之仲子也。持斋乐善，虔诚修举者最多，此特其一节云。长男吏员张玿，授将仕郎。次男张琬补武弟子员。时大清龙飞三十八载也。功已告竣，适堂弟庠生张大亨同妻王氏捐资一贯，为改易棖槛之助，其志亦可嘉焉。爰为之志曰：旧贯克新，灵爽式凭。福善无涯，酹德维勤。庙貌辉煌，超古越今。嘉乃丕绩，敬勒贞珉。

武邑增生赵朱谨撰

长乐善人王琰谨书

康熙三十八年十二月十五日吉时〔立〕

清故显考□士坦夫程公合葬墓志铭

【简介】

清康熙三十九年（1700）四月初十日立石。碑长方形，高45.5、宽59、厚11厘米。右下角残缺，边缘残破有损字。碑文正书，38行，行28字。四周刻有卷叶纹饰。

【碑文】

清故显考□士坦夫程〔公〕合葬墓志铭

乡进士大同〔府〕马邑县儒学训导〔叔〕父程乃绩撰

戊午科举人平阳府绛州儒学学正姪程好生书

戊午科举人太原府文水县儒学教谕弟程必达篆

吾宗始祖敏，系出〔河〕南，元末避地来武乡，占籍信义里。十一传至先大人大司空凤庵公，讳启南，登张以诚榜进士，敭历中外，亮节嘉猷。《国史》具载其事。生六子：长伯兄司寇大夫讳嘉绩；次仲兄国学生讳伟绩；次三兄邑博士讳奇绩，早即世；余生最晚，与四兄邑博士讳兰绩，五兄己〔未〕进士蓬莱令讳皋绩，〔暨〕伯兄之子耀州牧康庄、太湖丞康年，仲兄之子博士康世、康祉□□□于先大人也，足园别业。康世长余九岁，即今为之作《志铭》者。

坦夫其□□□人者，奇文共赏，疑义相晰〔析〕，扬扢古今，抵掌天下事，时有“建安□□”〔之〕誉。吾姪独爱读《西厢》，有诮之者谓：“习举子业而度曲耶？”笑应之□：“□〔生于〕情，情生于文；无情之文，何以行远？尔辈不能为举子业，安能读《〔西〕厢》？不〔能〕读《西厢》，又安能为举子业？”及为制义，练字成句，练〔句〕成篇，镂肝鉥肾而〔述〕一艺。六人者，谢弗及也。年十四，应童子试，督学使者袁袁山〔先〕生器重□〔补〕弟子员。己卯，赴棘闱，同考荐其文，主司谓“具体而微则自□”，而疑曰：“□□则吾之术成矣，而微殆必有出于吾术之右者。”乃

求尝已〔得〕高第之□□泳而玩索之，辄自负其才，顾彼之术，实不能有加于吾，则愤□而有□□之气。会逆闯肆虐，七人者洏离播越于山陬僻壤之中，时一□首相□□志，吾姪曰：“我乃无志。”一座喟然，知其寄托远矣。于是随遇而□狎至□□支离覆逆之数，经脉药石之艺，究其理而不〔必〕精掇其芳，而〔未〕尝习□□济人之急，解人之纷，不饮而兴勃勃。米盐凌杂之务，揔不入〔其〕胸臆□□练师得其久视之术，闻有为佛之学者往从之，作礼赞叹，求其解说，虽堕龙哑羊之洏异，得真乘焉。而人遂以吾姪果佞佛，不知其有所愤憾而不得志□□意于此。以吾姪之材，使无愤憾之气，其果出于此耶？独是行年七十而外，健步善饭，犹能舐墨作蝇头小楷，出其绪余，每试辄高等，则诚有异人者。以康熙三十六年十月初三日，奄忽而逝，距生万历四十七年三月二十九日，得年七十九岁。元配刘氏，继李氏，继魏氏、王氏，皆贵族女。士男三人：日幹，庠生，魏氏出；日荣、日升，俱庠生，王氏出；女一，适大中丞魏公讳光绪孙、庠生政璇。孙男三：其庶，日幹出；其若、其斯，日升出；俱幼，未聘。孙女四，俱未字。以康熙三十九年四月初十日附葬于仲□之旧阡而以诸氏祔焉。诸孙以志铭属余，愧无渊云之墨妙，然亦不□□火之好，易昌黎之惭，爰志其大略如此。铭曰：

世无仙佛，人道伊迩。吾姪长者，表符其里。

勤无施劳，俭无近□。□□□□，〔廉〕丰无侈。

后昆绳绳，集祥受祉。和慕仙佛，仙佛逊此。

佳气□□，□□□□。孰与灵长，揭山化水。

时康熙三十九年四月初十日

岸北永宁寺捐地碣

【简介】

清康熙四十二年（1703）七月勒石，嵌于故城镇岸北村永宁寺大殿廊檐西墙上。碣石高60、宽90厘米，碣文共33行，楷书，碣石四周有卷草纹图饰。

【碑文】

岸北永宁寺捐地碣

永宁寺建立于金朝大定拾贰年，由旧矣，止地十亩。今善人赵魏，字雨河者也，感发善念，舍地顷余，日后庙聿新，灯火不缺，皆魏之功力所积而成也。住持僧祥衷，勒石志颂，永垂不朽云。后有海溪，增地拾亩。施主信士：赵魏、妻程氏，弟赵晋、侄赵运大、赵运吉、赵更真，兄赵韩、妻程

氏、男赵贾保住

纠首赵存龙仝立石

善人姓名开列于后

王志清　赵国亮　赵国玺　生赵运昌　赵康安　赵康宇　赵灿　赵国盛　赵运开　赵康世　赵墓香　马自友　赵晋　生赵扬威　赵运大　生赵熊　马益林　赵国明　生赵奋威　赵康臣　赵大任　连九云　赵国仁　赵康社　赵康□　赵大俊　马正林　赵国秀　赵运亨　赵康贵　赵继奉　陈必喜　赵国山　赵康时　赵康盛　赵大便　籍之宣　赵审户　赵康绪　赵康金　赵布福　秦孝士　魏双凤　赵康吉　赵康泰　赵布禄　黄进福　王益旺　赵康智　赵继福　赵法金　黄保　程志尚　赵康庄　赵康兵　赵法银　程自宝

赵二茔地贰拾亩，东至茔并渠，南至堰，西赵文智至渠，北至渠背。堎则地玖亩，东至道，南至赵文英韩，西至道，北至赵□。韩良侯窊地玖亩，东赵文喜至赵运大，南至程，西至程，北至道。大北岭地拾亩，小北岭地拾亩，东至赵晋，南至堰，西至赵韩，北至渠。桑椿地拾贰亩，东至赵运吉，南至渠，西至堰，北至渠。道跌则捌亩，东至道，南堰，西至刘长林，北至道。东平捌亩，东至赵运吉，南至堰，西至赵，北至堰。麻湾柒亩，东至河，南至赵藩，西至赵大俊，北至河。东平拾亩，东至渠，南至赵韩，西至堰，北至赵大法。果则沟拾亩，东至山，南至赵国玺，西至赵熊、赵晋，北至河……地内共粮三石三斗五升捌合壹勺。

曹洞祖道兴隆，求□福□祥，弘法悟真，常纪清智

海传宗眼。落净心，源续慧章……

正宗了本，希玄同至理，方明□妙胜贤良修行，善满仁慈，广普济恒沙，戒定香……

住持僧福演　徒庆珍　孙祥衷　重孙弘明　弘锡

康熙肆拾贰年柒月吉日仝立

石匠　范益成　侄范珍　范君　范吉　范理

旌表列妇王门史氏碑记

【简介】

清康熙四十四年（1834）二月立石。2021年在发现于麻池沟，现存于武乡县文管部门。碑青石质，高126、宽51、厚10厘米。碑额双行楷书“列妇碑记”4字。花纹饰边。碑额有破损，碑体段位两截，碑文有漫漶不可识者。

【碑文】

旌表列妇王门史氏碑记

盖闻贞女列妇或志诸古传，或□诸野□，〔称〕颂当时，名垂后世，

炳炳□□，自昔为然。□我家姪有玉贤者，〔康熙四〕十二年之里长也，急公催课，□□漂死。其妇史〔氏〕，年方幼冲，见夫死非命，辄号泣悲痛，悬梁自缢。乡亲莫不惊异嘻□，嗟呀不已，曰："贤哉妇也！以青年而有此义举，人皆莫及。"可知惟德动〔天〕，无远弗届。邑侯□□□，勤宣善政，恺惠及于□生；广施德泽，恩膏遍于黎庶。其劝谕吾民隐恶扬善，种种德政，深入人心。其即众母之谣，甘棠之爱也。闻之此事，不禁击节称赏，嘉其烈性，给赐白金贰两，使置义田，永作祭资。诚近今所罕觏，合郡所未闻也。微烈妇不能动循□之赏，微循良不能显烈妇之操，用示旌表，以垂后云。邑侯祝老爷〔恩〕赐义〔田〕，〔永〕作祭资，万代沾恩。

宗侄庠生王业成撰并书

康熙四十四年二月吉〔日〕　弟灿　子诚□立石

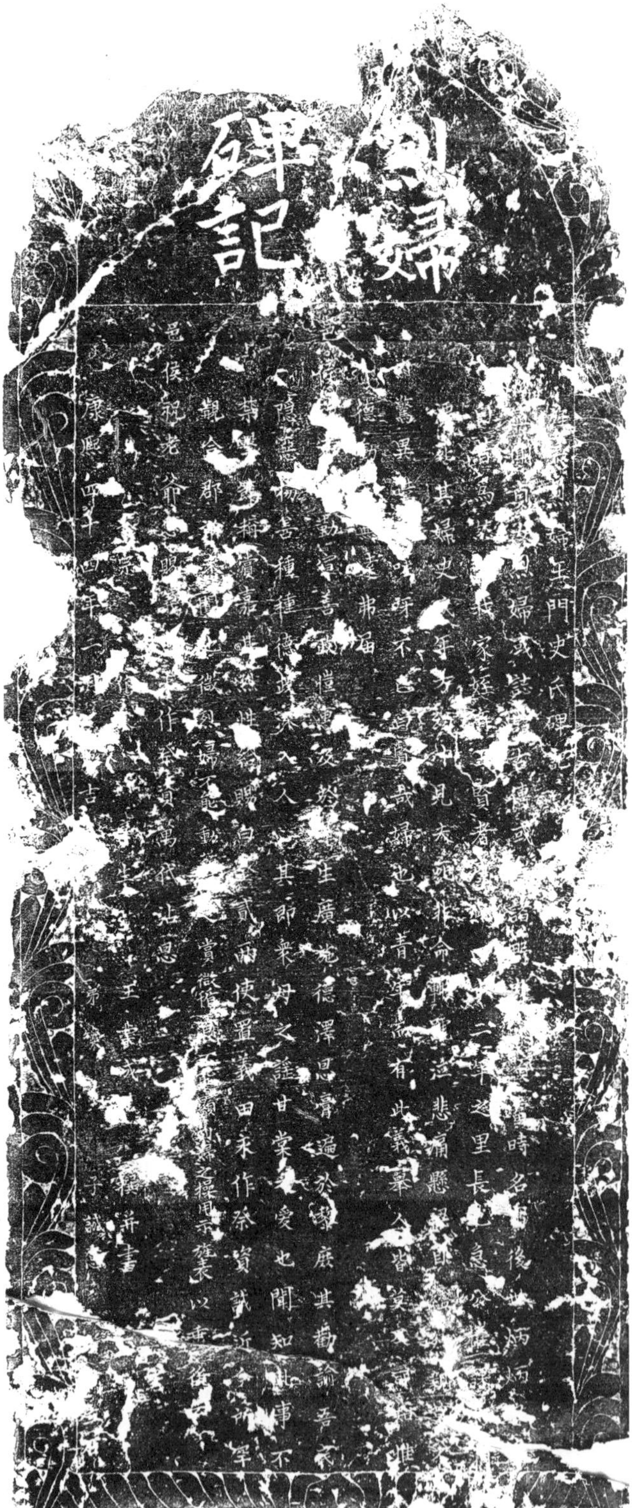

南山古槐

【简介】

清康熙四十七年（1708）七月勒石，现存于武乡县南神山普济寺院内。诗碑青石质，无首无座，高80、宽53、厚10厘米，周边莲花缠枝纹饰，纹饰宽5厘米。诗文7行，每行16字，行书，王体。诗引首篆体印章为“一片冰心在玉壶”，阴刻，单边，印章高6、宽3厘米；诗尾落款后盖名章两方，长宽均为4.5厘米，单边小篆，其一阳刻为“祝兆麟印”，其二阴刻为“瑞占氏”。纵观通篇，字体潇洒，布局讲究，篆章工整，刻石细腻，堪为书法石刻艺术中之珍品。作者祝兆麟，时任武乡县令。据乾隆版《武乡县志》记载，祝兆麟，辽东人，监生，康熙三十六年（1697）至康熙四十九年（1710）在任。

【诗文】

南山古槐

南山有槐树，夭矫如虬龙。
蟠顶摩层霄，结根入几重。
外干本坚刚，中心虚能容。
托体在贝殿，日夕对花封。
白云自来去，不复和秋冬。
四时保其真，千岁还蒙茸。
静夜风声作，十里疑涛松。
康熙四十七年秋七月
襄平祝兆麟题

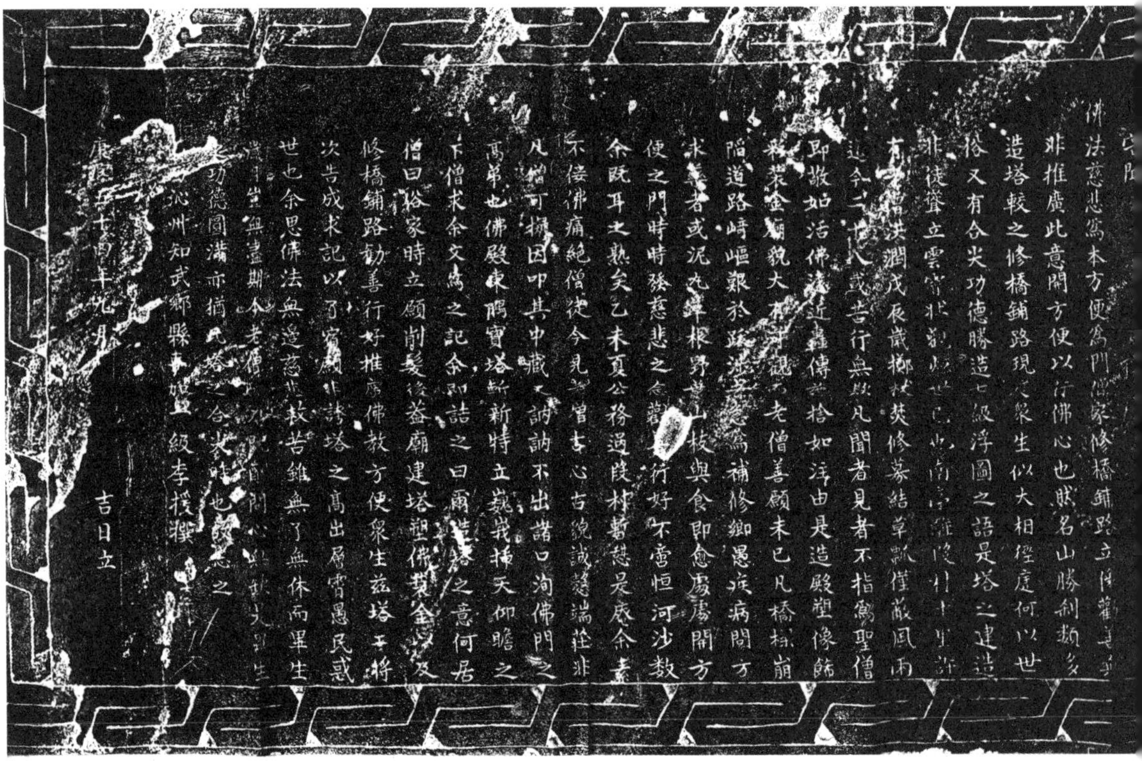

知县李援贺千佛塔落成碣

【简介】

清康熙五十四年（1715）九月勒石。李援撰文。现存于武乡县城千佛塔内。武乡千佛塔始建于康熙戊辰年（1688），由圣僧洪润住持，历时二十八载，造殿塑佛修桥铺路，施药济众，民众称之为活佛。时任知县李援感慨老僧功德圆满，故为之志。碣石长75、高47厘米，字体楷书，共26行，满行20字，字体隽秀规整，碣石周边刻有富贵不断头图饰，镶嵌在千佛塔六层七层间内墙壁上。

【碣文】

知县李援贺千佛塔落成碣

尝闻佛法慈悲为本，方便为门，僧家修桥、铺路、立像、劝善，无非推广此意，开方便以行佛心也。然名山胜刹类多造塔，较之修桥铺路，现度众生，似大相径庭，何以世俗又有“合尖功德，胜造七级浮屠”之语？是塔之建造，非徒耸立云霄怵观炫世已也。南亭离段村十里许，有圣僧洪润，戊辰岁掷杖焚修，募结草瓢，仅蔽风雨，迄今二十八载，苦行无欺。凡闻者、见者，不指为圣僧，即敬如活佛，远近轰传，施舍如注。由是造殿、塑像、饰彩、装金，庙貌大有可观，而老僧善愿未已。凡桥梁崩陷，道路崎岖，艰于跋涉者，志为补修。乡愚疾病，问方求药者，或泥丸、草根、野叶、山枝，与食即愈，处处开方便之门，时时发慈悲之念，劝善行好，不啻恒河沙数。余既耳之熟矣。己未夏，公务过段村，暂憩是庵。余素不佞佛，痛绝僧徒，今见老僧古心古貌，诚悫端庄，非凡僧可拟。因叩其中藏，又讷讷不出诸口，洵佛门之高弟也。佛殿东隅，宝塔斩新特立，巍峨插天，仰瞻之下，僧求余文为之记。余即诘之曰：“尔造塔之意何居？”僧曰：“俗家时立愿，削发后盖庙建塔，塑佛装金以及修桥铺路，劝善行好，推广佛教，方便众生。兹塔工将次告成，求记以了宿愿，非夸塔之高出层霄，愚民惑世也。”余思佛法无边，慈悲救苦，虽无了无休，而毕生岁月，岂无尽期？今老僧愿力既酬，问心无缺，是毕生之功德圆满，亦犹此塔之合尖时也，故志之。

沁州知武乡县事加一级李援撰

康熙五十四年九月吉日立

感谢李老爷题记碣

【简介】

清康熙五十四年（1715）九月勒石，现存于武乡县段村（今县城）千佛塔内壁上。所谓李老爷，即时任武乡知县李援。碣高45、宽72、厚10厘米，

笔画较细，石碣四边镌刻有富贵不断头图案。

【碣文】

武邑百姓撰必全良，武邑父母咸皆仁善。至李老爷而慈祥更有甚焉，自下车以来，民安物阜，共优游于熙皞之天。但素不佞佛，痛绝僧徒，追路经段村，暂憩是庵，见主持而喜其古貌，乐其潜修，因建塔将成而愿为之记，以是知前此之不佞佛，亦未尝断佛，以是知前此之绝僧徒，以俗辈应当绝，岂有素性慈祥者，反灭此慈悲之教也哉！盖以其非真佛子也。信于理而征于事，故铭诸石以昭千古云。

康熙五十四年九月　日立

感谢张老爷题记碣

【简介】

清康熙五十四年（1715）九月勒石。现存于武乡县段村（今县城）千佛塔内壁上。所谓张老爷，时任榆社县知县。碣文中提到的高太爷，大名无考。碣高45、宽67厘米，字体2.5厘米见方，笔画较细。石碣四周皆镌刻有富贵不断头图案。

【碣文】

榆社张老爷政简刑清，泽及邻封之野，且天性爱崇佛事，四十六年季秋，宅内有高太爷路经是庵，见住持而景仰清修。及张老爷署掾武邑，亦觏面而赏心不置，因睹宝塔方兴，殷然动乐善之诚，遂捐己赀，共襄厥事，高太爷亦然矣。同心一德，实所鲜见也。爰是而为之记云。

康熙五十四年九月　日立

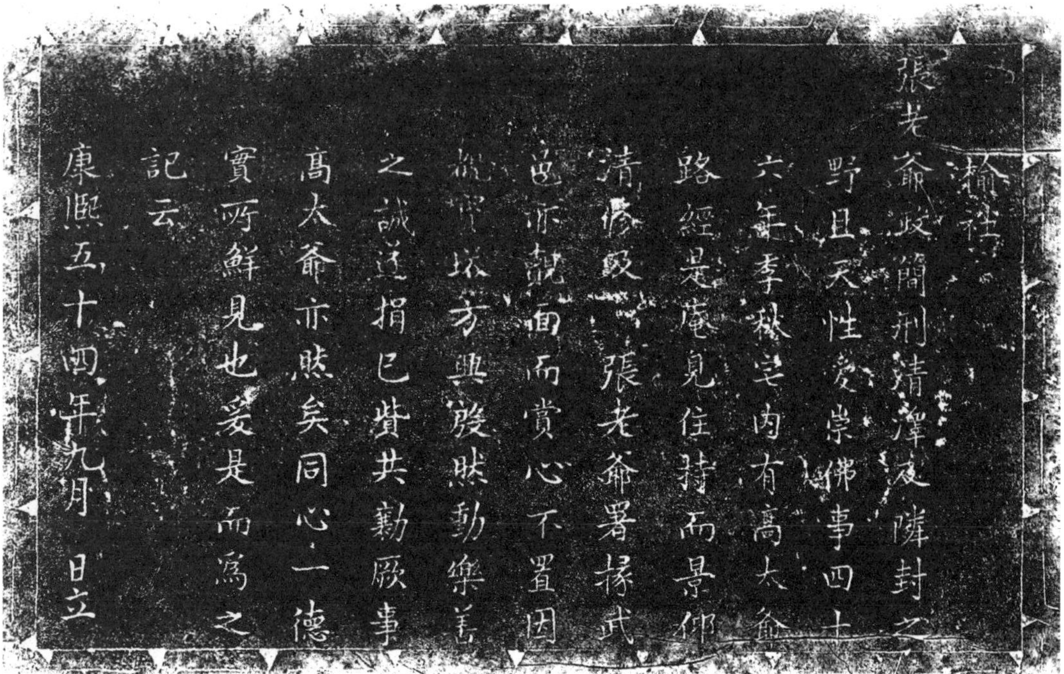

新立芦林庵碑记

【简介】

清康熙五十九年（1720）七月十五立石。2021年3月发现于石门马坻村。碑高99、宽43、厚16厘米。额篆“芦林庵志”两行4字。碑文正书，满行32字。

【碑文】

新立芦林庵碑记

盖闻“作善者天报之以福，作恶者天报之以祸”。老拙起名由来，在天道门中礼宜尽天道之事，若不尽其当然，是徒有其名而无其实也。实果何在？吃斋行善，受贫守分，乃为当然；但不持此也，乃可以修身持己耳，亦可以化人，犹己有是善而令人同归于善也。世人皆见像而作福，吾一生并无片善所作，一世以何功验，游山玩寺并无安乐之处。偶然芦林一睹，桃颜柳笑，鸟鸣嘤嘤，喜之悠然，意欲立庙堂一所。既立，庙堂佛像之不可无也。奈独力难成，谕胞弟郝玘秀、玘璋、玘良随心喜舍，多寡不拘。大家努力，共成善事，以为万世不朽云。

大清国康熙五拾玖年攀龙里长日头庄仝建立

石匠　杨兴义

金妆碑记

【简介】

清雍正三年（1725）立石。现存于武乡县故城镇北良侯村福源寺院内。现已断为两块。碑圆首，碑高130、宽60厘米，首高20厘米，首内镌两圆，相距20厘米，每圆直径5厘米，圆内分别书“日”“月”二字，圆外充满图案。碑文共18行，满行37字，楷书，不甚清晰，可以辨识，断裂处缺字。碑周边镌简单图案。

【碑文】

金妆碑记

大福源院者，古刹也。考有宋嘉祐八年碣文云：殿宇楼台，从古有之，不知始自何代，则其由来旧矣，而是院则后建者也。稽西殿创于至正□年，正楼建于正统元年，楼上间正列三身，左右罗汉，三百余岁，几经丹雘未有遗记。至雍正三年垣墉圮矣，圣像垢矣。村人李国显、李国烦、庠生李唐靖、梁加财等□曰：“像垢垣圮，吾村之耻。”爰是各出囊金，又募化众姓于三身，则纯饰以金，左右罗汉垣墉则加以彩绘。登斯楼也，染彩涂金，满目灿烂。功成，祈予为文以记之。予思铭也者，志善也，又□劝也，使后之人睹斯铭也，而兴起其为善之心。复嗣而葺之，则是楼之焕然一时者，不可常焕然于万代乎！彼等勒石之意殆为斯矣，是院之肇基亦并及焉。彼奕世而遥寻古遗事者不致叹于荒烟残灭也，亦幸矣，故兼志之。

榆社县增广生房壮帝撰　及门李唐勣丹

时大清雍正叁年五月二十四日吉时立

重修洪济院碑记

【简介】

清雍正七年（1729）勒石。刘建功撰文，程守谦书丹。现存于武乡县故城镇东良村洪济院内。碑高148、宽68、厚16厘米，青石质。碑文稍有剥蚀。

【碑文】

重修洪济院碑记

原夫圣王之制祀典也，法施于民利则祀之，勤劳定国则祀之，主宰文衡则祀之，御灾捍患则祀之。佛骨迎自西域，释教流入中土，遂与圣教并立于人寰。是故通都巨邑浩刹森严，即偏区僻壤亦殿宇林立。自汉唐以迄我国朝，无朝弗奉，无代弗修。然其人之所致胜者，非徒壮观瞻、令闻誉，所以培风脉而伸祈报也。武邑东良候村落鼎足，右接铜城，振古铄今，西乡之胜地也。旧有洪济院一所，掘起乾岗，文昌阁、奎星阁锁钥巽隅，五道庙、土地祠东北护佑，众神殿、三官阁壮丽中央。洪深、普济，肇基之创无稽，屡有修葺，先人之述大备，何庸予之赘句？第年湮代远，风吹雨蚀，榱崩瓦榭，基圮垣颓，不惟无以妥神灵，亦并有以泄风俗也。村人目睹心伤，未敢擅动，惄也者久之，蓄愿终未伸也。至癸卯春，有信士程公培德者，倡义重修，商诸程公正文章者，而公亦夙有是志，故不谋而合。上社鸣钟，邀集大众，两社老幼俱有同心，遂议总理者四人，分理者十六人，各倾己囊，复捐花户，共辏金八百缗有奇，社中旧存金二百六十缗。于是择吉日开工。料则分纲采办，工则各匠并兴，捐金用运甓周转攸侵。诸庙坊楼，各依旧基，补葺缮完。惟文昌宫根基革故，以维持短袖之掣，起意者殁有中沮之虞。然而矧旨构厥肯堂，子承父志，募化四方，二公协力，复醵四百余金，赀有余而事成速，大过之时，大矣哉！是役也，经始于癸卯之辰月，□成□□辰之酉月，百堵皆兴，翚飞鸟革，是诚乐善好施者之所为，亦有赖于神工之默为藉

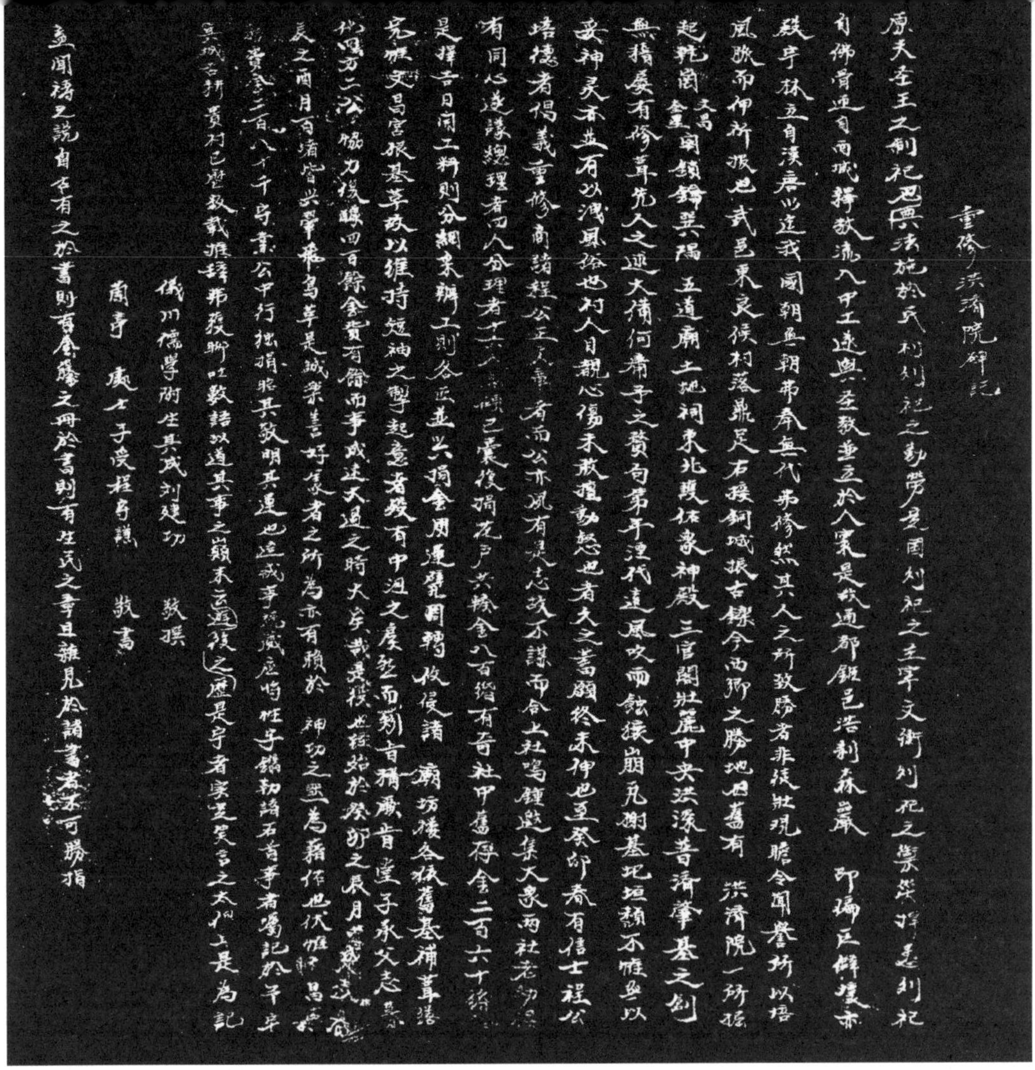

佑也。伏惟□昌□彩费金二百八十千。守业公中行独捐，昭其敬，明其运也。迨盛事既蒇，应将姓字镌勒诸石，首事者嘱记于予，□□城□耕贵村，已历数载，推辞弗获，聊吐数语以道其事之巅末云。后之游历是宇者，实足笑言之太□。是为记。

仪川儒学附生其成刘建功敬撰

兰亭处士子受程守谦敬书

盖闻祷之说，自古有之，于《书》则有《金縢》之册，于《书》则有《生民》之章，且杂见于诸书者不可胜指。

（施钱者姓名略）

时大清雍正七年岁次己酉三月吉旦立

武氏续家谱碑记

【简介】

清雍正八年（1730）勒石。杜李撰文，张质书丹，武天旭篆额。碑现存于武乡县段村武氏祖坟。碑身高177、宽82、厚22厘米，“武氏家谱”于明代弘治十七年修过一次，至清雍正年间又阅九世，年近三百，十五世孙武天保，十六世孙武绍请进士出身、告假在籍的敕封朝议大夫杜李为之撰文，重续家谱。周边有图案，字体美观，碑文稍有剥蚀，个别字迹辨识不清，共19行，满行59字。碑首、碑座缺失。

【碑文】

武氏续家谱碑记

段村武氏，吾乡之世族也，世其德也，世其泽也。每观他族，其先世掇巍科，登显宦，田宅舆马，炫耀一时，不数传而其子孙失业，流为败类者往往而有。此岂则枯花开则落，盛衰之运乃尔哉？亦创业者身范多缺，贻谋未善，无以熏陶，渐染阴骗，潜率其子孙，于为善之路，其根不实，其枝不茂，其源不远，其流不长也。独武氏，其始祖建，自太谷徙居吾乡之段村，荒作伊始，即由贡生官至奉政大夫。此亦如商之有契，周之有后稷，美哉始基之矣。厥后以孝□者二曰彪□□。孝之为德，愚夫愚妇，咸有至性，而极其致，病者可愈，死者可生，天地鬼神一诚相感，如形之有影，呼之有应，毫发不爽，故曰孝弟之至，通于神明，光于四海□我欺也。武氏之所以克昌厥后，其大根大源实在于此。是以世世相承，曰祥、曰从义、曰季良、曰用章、曰尚文、曰希文、曰郁、曰祺、曰祚、曰彦清、曰镃、曰钊、曰韶。有先畏之而祀乡贤者，曰焕、曰网、曰显文，或以忠，或以义，或以利济，或以文学，载在邑乘，乡人至今称道不衰。此数公者，或列贤书，或隶仕籍，虽官之大矣，累世簪缨，后先辉映，论者荣之，非积德深厚，其子孙恪守家训，何以至此？此皆武氏九代以前，历历可考者，崇信教谕张君、

沁州学正叶宏记之详矣。按叶作于弘治十七年，自是至今，又阅九世，年近三百，瓜瓞愈繁，久而易淆，亦易忘。其十五氏孙天保秦侯，十六世孙绍，前一贯□吉惧先人之嘉言懿行、□□流风克传于后世也，请余为文以续之。吾外祖母出武氏，师吉又吾外孙也，戚谊相关，欲表扬其世德之美，与世泽之长久矣，故应其请，而据其所列，以续二篇之曰家谱碑，其世次之派，天保等自能叙于碑阴，秩秩不紊。稽自八世祖强而下，代有显人，贡生，则有永澄，太平府照磨老禄寺署正，升汉阳府通判，□□光庆，阳府推官，则有□，米脂县知县，则有钺，山东沂州同知，则有北麟，医学训导，则有澄瀛，太医院吏目，则有惟阳，寿官，则有永清，观光、参光、例贡生，则有贡除，邑大□，现在详部待旌，则有录长，即一贯之祖也，其余列黉宫，食廪饩者，不可胜书。《易》曰："积善之家，必有余庆。"合武氏前后世族观之，足以当之□□，余更有望焉。方今天子敦崇实行，求贤若渴，孝廉方正之选，既责之守令，又兼寄之学使者，二三年内应选而出，官至显要者，省不乏人。若能善继者，述厚自砥砺以老大□□□鼓钟于宫，声闻于外，鹤鸣于九皋，升闻于天，必有公忠大臣，驰章而荐，则武氏之家法，不但移易一乡之风俗，而其可以渐及于无穷。余将拭目俟矣。

时雍正八年岁次庚戌季夏下浣之吉

邑人同赐进士出身由广西柳州府迁江县知县内升中书科中书舍人考选吏部考功司主事历升验封司员外郎中充乙未科会试同考官敕封朝议大夫告假在籍杜李撰文

中式己酉科举人十五世孙婿沁州张质书丹

儒学生员十五世孙武天旭篆额

创建券台记

【简介】

清雍正九年（1731）六月立石。现存于武乡县洪水镇义安村。碑青石质，高22、宽40厘米。碑文楷书，行12字，文25行。

【碑文】

创建券台记

此地基修关可起、关可云□□，关可驾、关可旭、关可成、关顺、□、关可扬、关可有、关锁□邦里□关可有、关怀、关卧寺果□石二基俱以施舍，南至崖。本村所向正殿，旧有观音阁二间，于大清康熙十六年我关氏先人创建。南殿三塑，其一菩萨，对向三□，即□不妥，久有改移之志，未能□□□村内助工者，间或有□□□□□工者，惟关可直、关可忠，□关可训、关会所、关可扶□事□殿纠首之后有九兰之胞孙□关可印、九瑞之胞孙关成、庠生键之胞孙关其名、□卫关道一、关□国□□□□□时□关时番、关时□□□□□胞孙关补成，御众□胞孙□锡兖、关蒲、关锡彤，，御外之胞孙关早、关□共二十人，俱以英年发心勤苦，立券而可直□□助泥水匠之工劳，以俟建成云。

时大清雍正九年六月立

重修崇城岩圣泉寺碑记

【简介】

清雍正十年（1732）勒石。李彤廷撰文，李凤仪书丹，李鸣皋篆额。现存于武乡县墨镫乡崇城岩圣泉寺。碑高222、宽94、厚22厘米，碑首高52厘米，内书篆额“圣泉寺碑记”5字。

【碑文】

重修崇城岩圣泉寺碑记

崇城岩险，邑志备载。峰峦林泉，足供清玩。悬崖巍然而隆丛，沟堑邃然而幽遐，高不可仰，深不可测，不洵极倚天拔地之势而为宇宙之胜境哉！余家先世离乱避兵于斯，读书获隽于斯，固名胜地，亦发祥区也。不有建营以表胜概，恐山林亦笑人寂寂矣。旧有佛堂一所，创自有明，及康熙乙未岁，余族伯讳兴、族兄讳士宗合众经营，创佛殿三楹，禅堂二宇，以殿后灵泉潺湲，不盈不涸， 因名为圣泉寺云。适窑内西侧有水自石窟突出，汹涌冲决，渐至倾圮，未成全璧，观者惜焉。庚戌春，有释子了闻来游于兹，触目兴思，立志重建，兼举纠首数人共襄厥事。于是募缘十方，每到村镇，坐破蒲团，敲毁木鱼，抄化于戴月披星之下，甚至勺水不入口者或三昼夜或五昼夜，是以人人乐输，户户喜舍。鸠工庀材，两越岁而庙貌辉煌，圣像庄严，虽天竺鹫岭不是过焉。工告竣，属记于余。余不敏，西方圣人无能名焉。独念是僧难苦备历，有志竟成，于断壁嵁岩下，建不世之大观，则峰峦益增辉，林泉益生色，而是山之灵应不且焜辉于无疆哉！□勒贞珉，以志不朽。

赐进士出身文林郎知武乡县事纪录二次张宪龄

儒学训导田种玉

登仕郎赞武乡县事陈大铨

邑廪生李彤廷熏沐敬撰

生员李凤仪熏沐敬书

太学生李鸣皋沐手篆额

纠首施钱者（略）

清雍正十年岁次壬子孟秋之吉

陌峪创建韩氏先祠铭

【简介】

清雍正十三年（1735）闰四月立石。现存于武乡县蟠龙镇陌峪村韩氏祠堂。铭青石质，高36、宽46厘米。铭文楷书，满行20字，正文16行，边栏简刻富贵不断头纹。

【铭文】

陌峪创建韩氏先祠铭

朝有圣君，天下披其泽；邑有贤令，一县蒙其休。降而比周族党，家有义士，合族沾其光。吾兄恭己居恒，一介不取，一介不与，殆所谓斤斤自守者耶。及一遇官为之事，未尝不慨然己任，虽百金不惜。吾长乐里旧规一、二、四、五、六甲共一里老，韩、李二姓合为二甲，每十年一轮去任。龚公以粮数甚多，一分为四，吾韩二。半甲粮止百余，独应一役，一切公费难以支持。因公议除收租外，每两贴艮一钱以充其用。吾兄扼腕叹息曰：“吾家穷人甚多，正供尚苦疲累，安可分外以朘乎？”爰将所置苗杜租十石余，施入门户以为帮贴之资。合族闻之，无老无幼，莫不击节叹曰：“诚义举也。”后因赎回，复将原价银二十六两买体礼龙□粗租十一石，作价银四十两，除廿六两之外，尚短银十四两，体□输银五两，合户出银九两，前后共粗细租廿余石，庶应役者不致疲累，合族咸得蒙业而安矣。因建先祠并勒铭以垂不朽云。

时大清雍正拾叁年后肆月　阖族公立

陌峪创建韩氏宗祠碣

【简介】

清雍正十三年（1735）闰四月立石。现存于武乡县蟠龙镇陌峪村韩氏祠堂。碣青石质，高48、宽59厘米。碣文楷书，满行23字，正文21行，边栏简刻富贵不断头纹。

【碣文】

且水有源木有本，凡物各有所自出，而况于人。吾韩氏不知肇于何代，亦不知迁于何都，有云：与县俱立者，有云自河南徙来者。耀生也晚，无文老之可访，无遗迹之可稽，纷纷众举无足据。而其凿凿可凭者，惟县河南贾庄坟始祖讳琦始。夫琦祖迄今历十二世矣。然支分派别久远，坟墓春秋祭奠，止□本茔，遂置始祖于不问。甚而问及某支为某祖之所出者，有茫然莫知所应耳。嗟乎！身为人后而渺不知其所自出，尚何腼然于人群乎？耀目击心伤，因念祖宗之为子孙计者至深且远矣，恐祀典之久而废坠也。四世祖讳孔昭、孔嘉，五世祖讳光愈、正国、会义置贾庄租米三石陆斗、麦一石，永作祭奠之需。所收之租，远年无论矣，自雍正七年立为定例，四门轮流经管。凡遇本年承应者，将二祭所费若干、纳粮若干、所余若干，一一清出。累年所积，有十四五两之数。爰谋诸合族，偕族叔讳世珍、族弟立已合纠族众，择公共之所创建先祠三楹，谨修家轴，条分缕析，使见者知某支为某祖之所出。然工力颇烦，经费难给，或人工，或管饭，或钱财，悉量其家之有无，计其人之多寡，沿门均出，同心协力，务期克派于成。俟告竣后，除二祭外，更于元旦之辰仍轮流祭奠，合族聚享，不惟俾支分派别者皆有水源木本之思，且使吾家老老幼幼咸得以洽比，其情欢忻交畅矣。虽曰奉□，实□□族之一助云。是为叙。

时大清雍正拾叁年后四月九世孙增生耀龙谨识

苏峪圣旨碑

【简介】

清雍正十三年（1735）十二月立石。现存于武乡县武乡洪水镇苏峪村。碑青石质，高160、宽75、厚18厘米。碑身断为两截。碑文楷书，边栏简刻富贵不断头纹。

【碑文】

奉天承运，皇帝制曰：任使需才称职，志〔在〕官之美，驰驱奏效，报功膺锡类之仁。尔李沆乃直隶广平府经历李伏麟之父，雅尚素风，长迎善气，父弓□儿，勤于庭训，箕□丕裕。夫家声兹以覃恩，貤赠尔为修职，即直隶广平府经历，锡之敕命。於戏，肇显扬之盛事，国典非私；酬燕□之深情，臣心弥励。

制曰：奉职无愆，懋著勤劳之绩；致身有自，宜酬鞠育之恩。尔直隶广平府经历李伏麟之母魏氏，淑范宜家，令仪昌后，早相夫而教于俾，移孝以作忠。兹以覃恩貤赠尔为八品孺人。於戏，贲众服之端严，诞膺巨典，锡龙章之涣汗，永播徽音。

敕

雍正十三年十二月十四日

重修真如寺碑记

【简介】

清乾隆三年（1738）勒石。史谦光撰文、书丹。现存于武乡县韩北乡土河村真如寺。碑高130、宽65、厚16厘米，四边有卷草纹图案，碑首、碑

座均失。碑文楷书，共18行，满行47字，字体基本清晰，少数漫漶剥蚀。从碑文可看出，真如寺创建于何时不可考，至宋代祥符中（1008—1016），始有真如之名；元代至治三年（1323）始创正殿五间，南殿三间；明代弘治十三年（1500）重修；清代康熙十三年（1674）再修。是武乡东部山区一胜景。

【碑文】

重修真如寺碑记

邑东六十里许，有地名曰“土河”。钟太行之余秀，其地依山而平敞而趣，武邑一胜地也，以故幽人逸士往往托足焉。内有古寺一所，创立之始，远不可考，至大宋祥符中，始有真如之名。夫人莫难于真，而又不能自如其所从来。建寺命名其亦神道设教，牖民觉世之深心一也，大顾基址虽立，而规模未能壮丽。元至治三年，始创正殿五间，南殿三间，变法伽蓝、钟鼓楼以及廊庑毕具焉。但风雨摧残，历久渐倾，自明弘治十三年重修，国朝康熙十三年再修。迄至今，春秋代谢，不知凡几，雕檐画栋兀兀然，于箕星元真之下，无复向时幽秀矣，瞻望者恻焉伤之。募缘僧通祥有志重修，以独立难成，叩请纠首，候铨县丞安蔚森、赵琲，庠生程其名，太学生刘汉、李进，信士韩玘禄、魏才法、梁大生、韩益秀、杨大国、张奉良、樊岳昇、申珩业、石秀君、李伏实，同力募化，共成斯举。庄严之下，殿宇则鸟革翚飞，佛像则金碧辉煌，穿剥蒙翳，焕然一新，所以栖神灵而壮观瞻者，不为不盛矣。工既竣，而请予记之，予不文，其何能记？奈僧请力，不得已而勉为之词，非敢请立言之功，等于立德，特以众人萃心力成之一旦，时移世殊，瞻庙貌者不能稽其所由来，则斗粟祇园之奉，鸠工庀材之劳化为乌有，且奕世而□愚夫愚妇无由感前念而兴思，不能自返其真，并不能自识其所如，其于前人创世命名之意深为负之，是则予之过也，必涂哉！

邑廪生史□光熏沐撰并书

文林郎知武乡县事张渭

修职郎武乡县训导傅溥

登仕郎武乡县典史陈大铨

武乡县岀防司刘正

泥水木匠　焦王典　白显明　张元义

铁匠　韩法旺　瓦匠　杨天齐

画匠　白师仲　白师维

玉工　杨兴义　杨兴乐

施钱数（略）

乾隆三年岁次戊午十月谷旦立石

蚜蚄庙重修碑记

【简介】

清乾隆四年（1739）勒石。李郁模撰文、书丹。现存于武乡县韩北乡蚜蚄庙村。碑高150、宽65厘米。碑圆首，高34厘米，内书“重修碑记”4字，字体10厘米见方，行书。碑文共26行，满行52字。碑周边有图案修饰。此碑字体剥蚀严重，多有漫漶，极难辨识。

【碑文】

蚜蚄庙重修碑记

武邑之东六十里，有里名人□□□者，□□□而有蚜蚄神祠一所。此地曲径通幽，其州尤英蘋地也，多馥茂禽鸟和鸣，无尘嚣之扰，有清坐之趣，□□之□，□之□□□□□□□建，其年莫考，仅有其遗址耳。有里人王起朝、魏财旺屡验神之要领，于是因复建庙于其间，□行春祈□报之典，□□多载。有本邑赵姓讳科者，偶过其地，值雨滂沱，泥泞难行乃止。于是仰见庙貌浸颓，不免亵渎之怨，以神□斯正因，谒□□□之耆年者，欲扩其规模，增其庑廊。尽人遂纠合各庄信士，募化赀财，共襄厥事。不日旧规尽撤，新制聿□，□□□□□庙宇舞楼，□□廊房，焕然改观，示之未有碑记以垂不朽。阅乾隆己未岁，纠首俾二人，镌石碣余，无记□□□□□余不敏□□□□典勉为执笔。盖补也者，庙万物而为言者也，其灵甚昭昭也，□□□□御灾捍患，有□□□□□□□益于来者□□之，矧□□□□奠神焉，社□□□□□□□凡先啬司啬以及猫虎□庸□避司莫不瓷器□而回吉去□□而会忠土□丰□□□□□□□□□□□□□宝咸□紫神之所益人者也，穷选饰涂肃灯台设蓝殷荐之礼，□墅土□□管□□□□□□□□夜明□以妥以侑鄙诚又琼此人之所以祀神者也，惟神益人，又祀神，神兴人，可谓两无愧哉！诚庙祭非古也，经久未擅扫□而祭况乎！其以备勉耶，饰金耀形，以临于上者乎，于□矣。若以□见则以为不□□□庙而罔不敬忾乎？有闻洋洋乎，威灵之在上者乎？乃事凛凛乎，其谁敢肆耶？是亦圣人神道设教之至者也。夫曰神之为道，代天行化，鼓荡万物，不可执之为有，不可执之为无，无也有，有也无，而亦乌□执也哉！不可执选以为神也，而以妙哉物者也，此所以为灵昭昭也。因为之歌曰：树貌聿欣兮，余峰太行。林木莽莽兮，郁乎苍苍。□□□□□□怀□□。鬼神守护兮，呵禁不祥。时和丰稔兮，乐寿其康。顶礼膜拜兮，祈社稷之有常。

邑庠生李郁模撰并书

纠首　庠生樊喜　魏财　张钟　赵辉等

清乾隆四年岁次□未八月　立

菩萨阁创建记

【简介】

清乾隆四年（1739）六月立石。现存于武乡县洪水镇义安村。碑青石质，高30、宽40厘米。碑文楷书，文25行，行20字。

【碑文】

菩萨阁创建记

玉工　杨礼刊

昔村内旧有菩萨阁一间，历年久远，□□倾圮，国朝康熙十七年□□祖父伯□□众不忍废坠，改□南殿三间，重新圣像，而一时之协力勤劳，可谓□矣。俱菩萨与三官对向□十□□□先人志□改移而未逮。至雍正九年有关可直起念移耶，共□二十人均财均力，创立券台□俟建阁。可直临终将此□寿于予与众等，予辈固不敢妄作而遑能多事。且予素不尚菩萨佛老以要□希福，□先人不忍废坠之志，而有不得不继述者。惜乎费用维艰，难于速就，历周旋已越六载，迄今甫毕告成，移像□画。巍巍乎其高峻，煌煌乎其彩焕，固以妥神灵而绍先人与，抑亦壮观瞻而垂振兴也夫。是为记。

经理纠首庠生关永年谨撰

赞礼生关尊三谨书

〔时〕〔大〕清乾隆肆年陆月拾玖日立

家谱碑记

【简介】

清乾隆七年（1742）三月勒石，现存于武乡县上司乡马家沟村，碑高113、宽53厘米，沙石质。碑阳题额为“家谱碑记”4字，每字7厘米见方。碑文共25行，满行39字。碑体左上、左下均残缺。

【碑文】

（碑阳）

家谱碑记

先世以来，绳绳而不已者，皆由混沌之始，盘古一脉相传也。世数虽甚殷遥，而接以祖孙一体之情亦犹是，子宁可忘本乎？乃自始祖以来，未有家簿，是以后世无传焉。欲跟寻踪迹，渺无可考，诚有无可如何者。吾父佾礼生员马讳驎，字子美，思及此而深为悼叹，于是即其所耳闻睹记者，立神主以存祭。吾今承吾父之盛意，而竭奉之。然虽神主已立，而家簿未序，犹恐迟之又久，世远年湮，势必残缺废坠，不可复识矣，吾是以不禁惶然也。兹因谨体我父之志，即其所记者详为载焉。其尊卑之等，远近之分，明白勒石，庶子孙得以指而数之，心焉识之曰：某世某祖也，某祖某世也。前人之由来，不致湮没于奕祀，后人之孝思，恍若遥接乎上古，岂非祖若孙两得之

情，而吾之心不亦可告无愧也哉！然则后世所恃以为报本追源之思者，其在兹乎？故立家谱以志为序云。

大清乾隆七年三月初七日

山西沁州武乡县长乐里六甲

□文生马维骐谨撰书

胞兄庠生马维驷　长男马克昌　次男马可诚　次男马诚

长男马让　次男马启

胞弟监生　马维骧　长男马克聪　仝立

（碑阴）

（世系题名略）

白龙王庙重修碑记

【简介】

清乾隆八年（1743）八月立石。现存于武乡县蟠龙镇南郊村。碑青石质，高120、宽58、厚16厘米。碑体断为两截。碑额双行楷书“圣道遐昌”4字。碑文楷行体，文字清晰。

【碑文】

白龙王庙重修碑记

邑丙辰科举人〔候铨知县萧〕汉弼辅臣〔氏撰文〕

邑庠生赵凤……薄文……

邑庠生关永年□……谨书

邑东七十里有村曰南郊，介处万山之中，林壑幽美。西〔北峰峦叠折，名玉泉山龙〕洞水府，父老告景曰：“此白龙神之潭居也。”岁旱，农人常祷雨于斯□者屡屡。洞外二〔里余，立祠祀之。初建于大元〕至正年，及明时国朝重修□，一但风雨漂摇，年久倾圮，见者伤之。本村善众并邻村信士合议修葺，捐赀〔募化，一时之欢欣鼓舞者〕，莫不共襄盛事焉。易土墙以〔砖〕包，妆圣像以金锡，而画栋雕梁，丹茨墨垩，较前又作一番新景，至此告成。群〔谋勒石，以垂不朽，嘱予书〕文以志之。予秉性踈狂，自愧不文。然事之有关于风化有利民生者，不得不质言以纪其事。盖白龙王尊神，兴云布雨，勋功浩大。其沁人于性情心术之微者，久为〔四野之保障，元作一方〕之福神。壬戌岁，夏时亢旱，予同约内人祷雨，至洞中取水，次日即雨。癸亥岁，四月亢旱，五月末旬更大旱，凡邻〔村至洞中取雨者，无不〕落雨。呜呼！谓非神功之昭然可见者乎？今圣天子敬天劝民，爱育黎庶，而雨泽丰歉之数，令各省时陈岁旱，则祷雨〔之文遍行州县，无〕非念稼穑之艰难而恤小民之疾苦也。夫小民以稼穑为天，而稼穑以雨泽为命。雨赐有愆，衣食何赖？是龙神之〔功固与闾里之性〕命默默相关也。人情一日不再食则饥，一岁不再衣而寒。或饥或寒，何以卒岁？是人之待命者惟雨，而人之立祠而虔奉〔者，惟宜〕龙神焉。岂〔与〕虚无惝恍之〔神〕，无关国计、无补民生者所可同日语哉！则余之志之尔，岂惑于鬼神不可知之数，而与乞邻〔取媚于淫祠〕者等哉！夫务本力农，小民之基业也。敬神福人，望雨之至情也。立像崇祀，如在之雅意也。助赀成美，乡邑之懿行也。迫于〔室家之计而〕思雨泽，切于雨泽之望而崇报祀，勤于报祀之修而纠合同志，重谋整饰，凡以成实地之功验，而祈福于无穷也。余久沐风〔雨之恩，常〕享太平之福，因感于神功赫赫显著，而庆诸人之举大可嘉也，遂不揣固陋而为之志云。

时飞龙大清乾隆捌年岁次癸〔卯捌〕月〔二十六日〕立

玉工　杨进山　刊

焦龙庙残碑

【简介】

清乾隆十年（1745）二月勒石，现存于武乡县韩北乡焦龙洞。该碑已残破，左下角残损严重，碑文剥蚀漫漶，较难辨认。残碑高122、宽67、厚15厘米，碑文共22行，从碑文可看出这是一通重修焦龙庙碑记。

【碑文】

……祈文者岁如而神之衔格者诚也，如以望岁之故居神，曰：为神之居，歆有先近于不诚，夫以望岁之故，乃居神以万神之居，歆念疑近于不……屯其膏而报人以人之所天者，则以是非神之所，以为神允诺，是兹庙之修，其始也，予何以为之疏其福，其落成也，予又何誉。为之援笔，而证其事一□□有述焉，先王之制祀典焉，诸侯祭封内山川，大夫祭五祀，士庶祭其先，气类足以相通也。气类不相通者为淫祀，淫祀无福者。焦龙神者，则实有以神庇吾邑，而与吾邑之人之气类两相通焉者也。何也？吾邑者，神桑梓之乡也。吾邑之于神，诚不敢以乡人之而神之于吾邑，则未有不比明而族党之者也。设一旦雨旸愆期，寒燠失序，必将有恻然于乡里之垂危，而写之拯济者，洵乎气类足以相通，而非世俗之淫祀，可以相例者□。且夫神之所□者诚也，而吾人之事神未有不出于诚者。何也？人之所天□岁也。人之望岁更无或有二三之念稍参于中者，以其望岁之诚，而梦□神□，毕竭其诚可知也。夫以望岁之诚，延上而力事神，诚迹若近于不诚者，然而当斯时也，际斯景也，其情正大可悯矣！矧其为桑梓之神耶？制洵乎愧之必有以福庇乎。吾人时蒙且福而莫之觉也，此予于兹庙之修始为之，既其端之，复为之记其事也。先殿三楹□以垣，左右食各三间，樵杂□栋□□□失□□静体□殿基以石条百丈余，上维以执封上裹檐，谋久远也。侧两掖增屋四，山行地一概袭也。鸠庀之烦，备历险仄，崇报之礼无敢劳也。赀财之费，萃荟远迩，则□之灵无不□□上将竣，首事人求嘱予志诸石，遂直摅所见，以应之主神之封讳，灵爽焜耀耳目，又前辈已详助琼珉，□□□□□……

邑雍正壬子科解元吏部候选知县后学安千记金铭□熏沐撰文

儒学廪膳生员高深静川氏熏沐书丹并篆额

文林郎知武乡县事加一级林嵩

武乡县儒学训导加一级刘百祥

大清乾隆十年二月吉日

岸北村公议禁止樵牧碑

【简介】

清乾隆十一年（1746）十月勒石。赵嗣蘭撰文、书丹。现存于武乡县故城镇岸北村白衣庵。碑宽80、高60厘米，青石质，字体楷书。

【碑文】

余村之南，一里之处，有地名曰松树背。前临□□，后依巨岭，左右有两峰相峙，其中林木□□，宿鸟知归，其下怪石叠出，云霞舒卷，盖堪称一方之胜景焉。昔之都人士咸欲建立神庙，以接四野之风光，联一方之佳气。因我康熙二十二年三月初一日，集同族善士一十四位，起一□钱会，每月两次，每次各随钱二十文，如是者一年，聚钱数千。爰建白衣庵一所。其庵后树坡一带原系崇仁坊庠生李天馨弟天郁所舍，后又为信士杨玉成弟丕□所舍，尔来历年颇久，薪牧蹂躏，牛羊践踏，昔之蔚然深秀者，几有废坠之虞。然创建者之善念与施舍者之功果，举不可没也，爰立贞珉，以志不忘，且旌善人。

儒学生员赵嗣蔺撰文并书

创建施主　庠生赵应勳　儒士赵醇儒　庠生赵之栋　赵名标　庠生赵天锡　庠生赵之相　赵大任　庠生赵熊

原会钱创建兼经理纠首开列于后（略）

立石施财人（略）

公议禁止樵牧，违者罚油十斤，香五把。不从者，禀官究治。

玉工　赵焕德　刊

时大清乾隆十一年岁次丙寅十月吉日　立

重修泰山圣母庙碑文

【简介】

清乾隆十六年（1751）四月勒石。董鹏程撰文，董其临书丹。现存于武乡县大有乡大有村泰山庙。碑青石质，通高140、宽68、厚16厘米，碑圆首，内有篆额“重修圣母庙记”6字，碑文稍有剥蚀。

【碑文】

重修泰山圣母庙碑文

邑庠增广生员扶九氏董鹏程撰

邑庠附学生员御庵氏董其临书

盖闻淫祀无福，夫所谓淫祀者，非必如迷群之拜佛，愚众之参禅，然后为淫祀也。祭法曰：“法施于民则祀之，以死勤事则祀之，以劳定国则祀之，能御大灾则祀之，能捍大患则祀之。”及夫日月星辰，民所瞻仰也；山林川谷丘陵，民所取材用也；非此族也，不在祀典。东岳旧载祀典，非若无稽，胡神左道以惑众，则祭之也固宜。独是祭之，自有其人。《王制》

曰：“天子祭天地，诸侯祭社稷，大夫祭五祀。天子祭天下名山大川，诸侯祭名山大川之在其地者。”凡非其鬼而祭之，皆为淫祀。故季氏旅于泰山，孔子深讯焉。考泰山在鲁国封内，唐封天齐王，宋朝以东方主生，加以“仁圣”二字，封帝□焉。□庙俨然，垂旒端冕，衣裳而坐，又立后宫于其后，此东岳行祠所由盛也。宋儒谓：不知又是何山以当其配，一言而迷雾洞开。吾儒所宜力为阐明□，庶几挽颓风于万一，顾敢附会其词以滋惑也耶？虽然，亦自有说。伊川偶至一庙，令设座勿背神像，谓善，然人形背之，即为不敬。夫背之且不可，□可目击其像之自凌风雨乎？可见信之太真而诟渎者固非，忽为

乌有而听其毁者，亦未得为是。此吾村泰山圣母庙，既已创建于前，焉得不修辑于后？且夫圣母之灵，其感人速而入人深也，有自来矣。士女凡有疾病及求子孙者，咸于是祈祷焉，乃有求必应，无不称为神异，岂众冥冥□中，任行胸臆，作威福于人世哉！带魄沉魂，依草附木，坐山脉之雄气，聚人心之精诚，此其所以神也，此其所以灵也，此其所以有求必应，能感人速也而入人深也。若谓卜地他所，规模已具，翼日而木石潜移，则非余之所敢信。抑又闻之，川流山峙，是此形也，而人也何居？其气之流通可以相接也，而宇之也何居？孔子云：敬鬼神而远之。北溪谓此一言说得圆而尽，如正神知敬矣，每易失之不能远邪，神知远矣，又易失之不能敬，须是敬而远之，远而敬，庶两尽幽明之义。若然，则淫祀固为无益，而重修又岂得已哉？因勒石征言，爰为之歌曰：

瞻仰泰岱兮威震鲁东，声灵赫濯兮封禅岱宗。□柴望兮天子鲁公，今异境兮玉宇玲珑。山巍巍兮殿陛中，神杳杳兮内佐充。庙制重新兮森隆，民心欢趋兮乐政。好主为德兮育我蒙童，母仪垂□兮配彼苍穹。

时大清乾隆十六年岁次辛未四月十八日立石

（捐赀人姓名略）

移修甘泉寺记

【简介】

清乾隆十六年（1751）五月勒石。王赐越撰文，王风和书丹。现存于武乡县洪水镇上黄岩村甘泉寺遗址。该碑左面全残，纠首施钱人名单已不可辨识，但右面碑文基本能读通。残碑高163、宽61、厚14厘米，碑圆首，高46厘米上书“移修甘泉寺记”6字，楷书，字高10、宽8厘米。碑文共14行，满行35字，边有花纹图案。从碑文中可看出，甘泉寺始建于明代天顺八年（1464），至乾隆十三年（1748）移修，隔280年矣。

【碑文】

移修寺院碑文

武邑东离城七十里许，曰黄岩。山不高而秀丽可悦，水不深而清流可挹，奇峰怪石，难以名状，僻壤也，亦佳境也，骚人韵士，恒流连焉。其村西山下，有甘泉寺一所，建自天顺八年，迄今二百九十余载矣。推其造建之意，虽曰尊崇佛教，亦以风景所关，俾我后人永守勿替焉耳。乃世远年遥，风雨剥落，木植兮朽坏，瓦石兮凋零。即有议修议补者，念资财之不给，叹物力之维艰，目击时事，有致慨于无可如何而已。因乾隆拾叁年，我王氏合族共议移修，苦无其地，爰向庠生介宾赵太爷讳珺请卜吉地，太爷同长子庠生尔谦、次子赐进士尔恕、三子庠生尔愚、四子庠生尔静，即慨然以己地许之。不但无吝色，且指而言曰：“是地不惟神有

所依，而一方之风俗赖有保障焉。”于是即以寺内所贻财务尽数修理，但昔则峻巍也，而今则卑矮；昔则阔大也，而今则狭小。虽未仍旧贯，而亦厥功告成。而告成也，何敢谓功□□立，不过于前人之所造者，令无失焉云尔。

庠生王赐越撰

吏员候铨县丞王风和书

时大清乾隆拾陆年岁次辛未五月吉日　立石

重修关帝庙碑记

【简介】

清乾隆十九年（1754）五月勒石。王应雯撰文，韩纯元书丹。现存于武乡县洪水镇上黄岩村。碑高150、宽64、厚17厘米，碑圆首，高32厘米，上有楷书题额“重修碑记”4字，每字7厘米见方。碑文共21行，满行42字，周边有纹饰图案。碑体下端剥蚀较严重，碑中间有一块人为破损痕迹。

【碑文】

重修关帝庙碑记

武邑黄岩村重修关帝庙成，余重李君维讲，勉为之记曰：帝之大节备载史志，照耀古今，何需记之？惟记人崇奉之意乎！余观天下祀典，孔子而后，关帝为重，亦惟关帝之祀与孔子合。或曰：孔子尊而不亲，帝亲而不尊，岂以服教者畏神，闻风者慕义，故据表记以分二圣之祀与？然吾之从其合也，即可证以表□，且不独可证以表记，表记于强教说安之。君子曰：使民有父之尊，有母之亲，中庸之于至圣，曰继有血□□□不尊亲，岂非尊至则情至，亲至则谊至。故偏至非至，而兼至为至与？尝以是论二圣，孔子之庙起于学焉，尊矣。然心悦诚服，情至之尊，尊即亲也。关帝之祠，遍于天下，亲矣。然尽物尽志，谊至之亲，亲即尊也。□□圣享尊亲之备，吾故曰：关帝之祀与孔子合。今黄岩村旧有关帝庙，村人忧其倾圮，经理王巳岐等既□众募化，共襄厥事，而释子普盛，又不惜己赀，独任其成，庀材鸠工，创始于乾隆十八年三月，告成于十九年五月。圣像庄严，金碧辉映，以修享祀，以伸妥侑，甚盛举也。盖慕义是圣，二者交尽而尊亲之，□著于此矣。余故本其崇奉之意以记之，其无待记者不复赘，非敢略也。

榆社县儒学廪膳生员□霞王应雯撰文

邑儒士韩纯元敬书

（经理纠首施钱略）

大清乾隆十九年岁次甲寅五月中浣谷旦立

重修圣母庙碑记

【简介】

清乾隆十九年（1754）八月勒石。李涵撰文，李滋书丹。现存于武乡县监漳镇东皋村圣母庙。碑高112、宽57、厚16厘米，碑圆首。高20厘米，上书“碑记”2字，两边有“日”“月”2字。碑文共20行，每行满字41个。碑文剥蚀较为严重，个别文字漫漶不清。

【碑文】

重修圣母庙碑记

凡事以有所创而可传，亦以有所继而能久。使有人焉创之于前，无人焉继之于后，则不承权舆，有心者所为太息也。东皋村之南山有圣母庙，不知始于何时，成于何日，迹其椽檩朽败，栋宇倾颓，知非一朝一夕之故，其所由来者远矣。康熙三十年间，叔曾祖而谷目击心伤，但以疃小人稀，支费□难，仅纠本社为之修理补葺，丹垩金妆。流沿至今，甲子已将周矣，第见风雨之飘摇者如故也，墙垣之倾圮者如故也，楹桷不见其丹刻，金碧莫睹其辉煌，东西厢房不蔽风日，钟鼓乐楼几致骞崩，所赖于后人之经营者亦孔亟矣。族叔印斗于是与本村聚议，且又会集合□人等，使输金助力，再行重修，仍其旧制而稍阔大之，依其原址而又巩固之。奈工程浩大，一木难支，爰借三圣之灵，赍求诸四方善信，使各出布施，共襄盛事。鸠尔工焉，庀尔材焉，越三年而功粗告竣，将见向之风雨飘摇者又为之完备也，墙垣倾圮者又为之整齐也，楹桷之丹刻，不减当年金碧之辉煌也。见今日廊宇增光，岂犹不蔽风日，楼阁既竣，安在几致骞崩？因而勒石刻铭以志不朽，而垂无穷，诚盛事哉！如是以为经营敢曰□□亦求不□□人之所创而已矣。至于后之见今，犹今之视昔，昔既由故而之新，后必由新而之故，故以可传之事，而为能文之□□□□□□□继者。

邑庠增生李涵敬奄顿首拜撰

胞弟李滋和奄沐手书丹

大清乾隆十九年岁次甲戌八月初四立

创建救苦殿小引碣

【简介】

清乾隆二十一年（1756）勒石，武侯撰文，武学广书丹。现存于武乡县县老干部活动中心（元玉贞观）西墙。碣石高54、宽60厘米。

【碣文】

创建救苦殿小引

尝谓人依神而发福，神依人而妥灵，亘古然矣。兹我段村镇阖社人等于是建设殿宇一座，中塑救苦天尊，旁列十王圣像，六曹金身，彩画辉煌，焕然可观，无非欲人入庙思敬，以体先王神道设教之意也。但恐香火难继，有奉祀人员武习路存赀独出韦陀尊神前香火银伍两，尊神移像他祀，此银奉入救苦殿永作香火之资。日后聚会，同人量力捐赀，香火热烘，历久不渝，于兹可卜，是所望同会者。

救苦天尊像一尊　庠生武侨塑　外奉银乙两

秦广王像一尊　介宾武旒龙塑　外奉银乙两

楚江王像一尊　武师程塑　外奉银五钱

宋帝王像一尊　赵印塑　外奉银七钱

五官王像一尊　武登禄塑　外奉银五钱

阎罗王像一尊　武密塑　外奉银七钱

宝成王像一尊　佾生武三光塑　外奉银七钱

泰山王像一尊　庠生武锡元塑　外奉银二钱

平等王像一尊　段御书塑　外奉银三钱

都市王像一尊　武门李氏塑　侄三善钱乙百

转轮王像一尊　武门郝氏塑　子守仁　体仁

吏曹像一尊　道人赵永庆塑

户曹像一尊　李门李氏　子枝秀塑

礼曹像一尊　张廷敬塑

兵曹像一尊　武体仁塑

刑曹像一尊　武学□塑

工曹像一尊　武广聚塑

站像二尊　塑画工武瑞塑

墁院人　武宋　外奉银八钱

彩画人　武汉福　外奉小银八钱　武十英　奉银七钱

殿□人　武三典　外奉银八钱　李氏　奉银三钱

监生米为贵　米为宝　奉银八钱　武锡卿　奉钱三钱　佾生武才彰　奉

银八钱　吏员武才成　奉银六钱　任万庆　奉银三钱　监生武有光　奉银三钱　武懋爵　奉银二钱

武门李氏　奉银叁钱　武□□　奉银肆钱　武□□　奉银□钱

邑增广生员武侯怀庵氏沐手敬撰

武学广彦博氏沐手书丹

住持　道士赵永庆　徒侄杜元定　徒赵元德　段元录　徒孙　张明澄

时乾隆二十一年岁丙子仲秋月一日同建

玉工　常怀文　刊

王氏松林记

【简介】

清乾隆二十四年（1759）五月立。现存于武乡县蟠龙镇东沟村。碑青石质，高50、宽30、厚14厘米。碑文正书，行16字，正文5行。碑额刻飞鹤祥云图案，边栏刻莲纹。碑阴额篆“禁牧”2字。

【碑文】

王氏松林记

山木之美，养之原，存乎人焉。余祖讳□琦，终身乐善而雅爱林泉，爰就庄前山麓栽松数十株。封植灌溉，躬执其劳，历年既久，树成材而生息愈繁，第恐数传而后渐失先人培养之意，于是勒石以昭兹来□云。

孙天培□

乾隆二十四年仲春（缺文）庭材

南山神庙补功记

【简介】

清乾隆二十六年（1761）三月立石。现存于武乡县丰州镇南神山。碑青石质，碑文正书。

【碑文】

南山神庙补功记

武邑之有南山，其北门之锁、西陲之华、东蒙之主欤？灵润公之庙建于此，岂特因云台功烈昭垂不朽已哉？所望雨暘时，若御灾患于无穷者也。

顾其庙虽宏敞而立于树林阴翳、山环水曲之地，能无待后人之修葺也耶？崇仁、敦义、王金等应二十四、五、六年香首，于祀事告毕之日，见西碑房三楹、东库房四楹俱被风雨倾颓，虽无妨殿宇辉煌，亦美备中小疵也。爰各出己赀，庀材督工，遂穆穆其如初盖，非敢以小补居功，抑亦图其永固，而后之君子庶相引于勿替云。

邑儒学生员窦须襄赞思氏熏沐撰并书

大清乾隆二十六年三月二十四日立

重修娲媓圣母庙碑记

【简介】

清乾隆二十六年（1761）勒石。魏笏传撰文，魏德普书丹。现存于武乡县韩北乡下合村娲媓圣母庙。此碑高大、厚重，高234、宽70、厚30厘米。碑首高57厘米，额内刻有“重修娲媓圣母庙碑记”9字，其字10厘米见方。碑文共15行，满行62字，周边有图案，字体楷书，书法遒劲。从碑文可看出，娲媓圣母庙，始建于明崇祯三年（1630），创建人为兵部尚书魏云中。

【碑文】

重修娲媓圣母庙碑记

武邑古南亭郡也，邑东四十里许，村名下郝。其村之西沟，有圣母庙在焉。溯厥由来，创自大明崇祯三年，余曾伯祖兵部尚书魏云中，男，荫生，世师始建之。后代远年湮，不无风雨飘摇之患。迄国朝康熙三十五年，余从伯叔父魏炳、魏铨，世师之犹子也，嗣而葺之，焕然聿新，又历数十载，庙貌复以倾圮，圣像更为减色。村人触目伤心，共为悼叹，欲修废举坠。奈工程浩大，独木难支，徒有是心，而不敢轻举其事。延至乾隆二十年，铨子泉

炳、犹子符等，会集村众，共襄此事，既各出己赀，复募化十方。圣母灵爽异常，感而遂通，凡诣庙求嗣者应如响，故四方助缘不可胜数。如邑太学生王道成，瓜瓞绵联，兰桂腾芳，感圣母恩，布施银钱，外复舍上郝地十五亩，永作庙中补葺赀。沁州生员赵存信，因乏嗣，不远百里而来，亲祷于庙，未逾年，一男一女相继十日而产，特建牌楼一座。四方求者益众，其感人速，入人深如此，功德之大为何如哉！《传》云：有功德于民，则立坛庙以祀之。况圣母功德尤大，彰明较著乎！兹者正殿两廊，灵官庙、乐舞台、左右耳房，并钟鼓楼俱已重新，庙中圣像，亦皆焕彩。稽其原委，凡纠首在庙经理者，各任厥职，无不殚精竭力，久大是图，而魏瑞尤朝夕不遑，此所以聿观厥成焉！工既竣，欲勒诸石以志不朽，求记于余。余虽不敏，义无可辞，不获已，质言以记之。时乾隆二十六年也。

岁进士任路安府平顺县儒学训导魏笏传熏沐撰

邑儒学增生魏德普沐手敬书

（施主姓名略）

乾隆二十六年岁次辛巳四月吉旦勒石

重修白龙庙碑文记

【简介】

清乾隆二十九年至三十二年间（1764—1767）立石。碑原存上司圪老湾，2022年复移回深泽滩白龙庙。碑红砂石质，高171、宽58、厚16厘米。碑额双行楷书“重修庙记”4字。碑四周刻有云纹。志文楷书。

碑右侧及底部脱落，字迹不可见，不见立碑时间。碑文中有“文林郎知武乡县事宋惟”字样，据清乾隆《武乡县志·卷二》载：知县宋惟乾隆二十九年任武乡知县，三十二年换任，故该碑为当此年间立石。

【碑文】

重修白龙〔庙〕碑文记

县南八里许，有白龙洞，其来远矣。然风雨湮塞，几无踪迹。万历十四年□□□仍□尽□仆乡民□祈拜祷，募工疏濬，乃得遗址。洞口既开，霖雨果降。嗣后屡示感□，不可殚述。于是宫殿、乐楼、规模咸□□□（以下阙文）百八十余年，前后屡有修举，或复其所有，或增其所无，非不金碧辉煌，奈日曝霜〔摧〕，〔风〕雨采剥，履斯庙者，殊为恻然。因是，纠合社中人输财效力，各尽所长，□以五月□毕功□（以下阙文）至山门两翼齐开尽易；屏门添设看墙。大小达阶，更以宽厂。卷棚之北，又盖小房二间，厦□二间，遇圣会之期，洞开重门，履道坦坦以妥神□□便趋□，非复向日之旧□□（以下阙文），支费不下三百余金，然乐事劝工，不以为艰。《诗》云“不日成之”“庶民子来”，斯之谓与？事成，征序于予，余忝在社中，又□经理，义不获辞，因不揣固陋，援笔以为之记。

儒学生员梁世元熏沐敬撰　□□□□全熏沐敬书

显考授登仕郎伯澄武公暨配杜孺人合葬墓志铭

【简介】

清乾隆三十二年（1767）二月勒石。史传远撰文，韩学愈书丹。现存于武乡县城关武氏祖坟。该墓志铭于1995年出土，高50、宽75、厚16厘米，铭文共37行，每行满字32个。文笔朴实，记述详尽，堪称铭文典范矣。

【铭文】

显考授登仕郎伯澄武公暨配杜孺人合葬墓志铭

进士出身壬申科解元吏部候选知县孙婿史传远顿首拜撰

儒学生员眷晚生韩学愈顿首拜书

公讳清，字伯澄，原籍太谷人，始祖建，元至正间刺沁州，因移籍武乡，居段村，人称段村氏焉。二世祥，授本县务都监；生从义，历官北平廉访司主事；从义生季良，岁进士，徽州教授；季良生焕，孝廉，授本县县尉，入乡贤；焕生廪、生祺；祺生镰；镰生增；增生贵，以子官赠儒林郎；贵生廷弼，明嘉靖贡士，光禄寺署正，授汉阳府通判；廷弼生克勤，寿官；克勤生□，庠生，为公高祖。曾祖讳御华，庠生，祖讳鹰，庠生，父讳大顺。公生而爽达，数岁即不□儿戏，喜读书，见古人至谊高行，辄慨然自负，居常和易近人，虽童仆未尝加以色。然实强直，居身行己，曾不少为人下。父中年生公。公年才十五，即考县吏，总家政，曰："吾不忍，以琐琐劳吾父也。"母李孺人，早卒。事继母程孺人极孝，终身无间言。继母程孺人生弟舆，公日训以学，早岁入泮。及卒，遗侄国桓，甫周岁，公持之泣，谓弟妇曰："吾母止生吾弟，不幸早逝，而若又幼，吾不能成若，吾无以见吾母与吾弟，汝第守若，吾必有以成之。"后入武庠。程孺人有弟贫甚，公敬养之如母几五十年，卒葬焉。复为其子及孙完婚娶，人谓事继母孝，无如公者。公勤于治生，艰苦不避，家以饶裕，顾性好施予，凡族内婚葬事，悉竭赀相助。有以急来告者，无识与不识，咸应之，无难色。父尝捐建义桥，

公屡加修葺，谓子侄曰："此举人手泽也，其世继之！"公素壮健，终身未尝卧病，年逾八旬，犹日行数十里，喘息不出口。长孙灿，为公治一杖，公掖之行，有异之者，公笑应曰："吾固无需此耳。"临卒日，子孙林立，曾孙遐龄已入泮，公呼使环绕膝前，训之曰："吾倔强一生，未肯稍屈人后，然本分外实□足不敢履。孝友生人根本，吾于此处粗能留意，汝曹幸识此数语，勿忘也。"于乾隆三十年三月十四日寅时卒，距生于康熙二十年十二月十六日申时，享寿八十五岁。配孺人杜氏，讳俭公女，幼娴姆训，事翁姑敬慎家事，终琐皆井然有法，人以公得贤内助，生于康熙二十年十月二十七日戌时，卒于乾隆二十一年九月初二日丑时，享寿七十又六岁。子三：长国柱，庠生，娶任氏讳志奇公女；次庄猷，太学生，娶赵氏讳沁远公女，交城县训导、岁进士讳琴者公孙女；次国威，太学生，娶魏氏，吏员讳宗唐公女，早卒，继娶韩氏，增生讳耀龙公女。孙男五：灿，太学生，娶段氏，廪生讳绶公女；烨，吏员，娶李氏讳煜文公女，国柱出；煓，庠生，娶窦氏，太学生讳须励公女；熉，娶魏氏，太学生讳丕承公女，庄猷出；炘，□幼，国威出。孙女五，国柱出者三，长适应赠文林郎，乡饮介宾，庠生赵公讳珺次子尔□，戊辰进士，灵寿县知县，改授泽州府教授，早卒，以次女续之，亦先公卒；三适榆邑太学生赵公讳增华子重三，贡生。庄猷出者二，长适榆邑庠生张公讳汝嶷次子云上，廪生；次即传远娶。曾孙男六：遐龄，庠生，娶魏氏讳元长公女，岁进士，平顺县训导，乡饮大宾讳笏孙女；昌龄娶张氏讳丕义公女；灿出。锡龄、松龄、鹤龄，烨出。石麟，煓出。曾孙女四，灿出者二，一适榆邑梁公讳廷位次子凤翥，一幼。煓出者、熉出者一俱幼。公葬于村北纱帽台祖茔之次，孺人附焉，时乾隆三十二年二月二十五日也。铭曰：

维木有根，必固其养；维德有原，必实其行。孰克称子，孰当兄名；公而无愧，德立行成。厥配维淑，内治有声。植基孔厚，敷泽斯荣；郁郁后裔，兆此佳城。

清乾隆三十二年二月二十五日

孝男国柱　庄猷　国威泣血勒石

玉工　杨展　刊

南山庙香火题名记

【简介】

清乾隆三十二年（1767）勒石。董龙章撰文，赵之牧书丹。现存于武乡县南山。石碣青石质，高38、宽60、厚15厘米，四边有磨损，文字不缺。碣文共31行，满行20字，楷书，字体清晰、秀气。

【碣文】

南山庙香火题名记

吾邑附城之崇仁、敦义两里，常以三月二十有四日修南山神之祀，庆圣诞也。夫维神依人，维人事神。是以有祈有报，礼严肹蚃之规，以社以方，义取惠时之大。况乎水秀山明之地久著灵奇，云油雨沛之功，恒蒙润泽，春光欲暮，是当设弧弓之辰，礼意莫愆，宜及时羞筐筥之荐，瓣香常司于二里，执事代更以三年，振古如兹，于今为烈。粤自阏逢涒滩之岁，迄今强圉渊献之春，凡我同人，典兹禋祀，仰声灵之有赫，于昭于天，思妥侑之无方，陨越于下，一乃心而祇事，崩厥角以灵承，临深履薄之怀，有如一日，明水信香之奉，比及三年。至如缮葺堂皇，补苴罅漏，于以写丹忱之有恪，莫不输白选而惟修，亦惟冥冥者之默牖其衷，以故循循然而克襄厥事。兹者永期已届，将舍旧而图新，藻荐有常，俾引之于勿替，惟是骏数年之奔走，敢谓劬劳，无一字之敷陈，将成汩没。稽在昔，既有题名之例，岂于今遂无勒石之文？爰携此日之姓名，以待将来之指议。磨巉岩而书事，非曰能事鬼神，撮颠末以告人，庶其惟寅夙夜。

邑庠生董龙章熏沐敬撰

太学生赵之牧熏沐敬书

崇仁里香首　董龙章　武孟　刘忠德　赵又扬　佾生魏麟瑞　王培荣　张文起　张泰　叶尚文

敦义里香首　范守财　李聚成　李州成　王进成　梁伉　胡起才　巩必与　赵之牧　籍鋆

阴阳学训术　段御书

僧会司僧会　微彰

乾隆三十二年三月二十四日

玉工　杨怀君

重修聚福祥院碑记

【简介】

清乾隆三十七年（1772）勒石。魏元武撰文，李素文书丹。现存于武乡县监漳镇吴村。碑青石质，高170、宽 65、厚20厘米。记录了监漳镇吴村聚福祥院的兴废历史。

【碑文】

粤自白马西来，青瑾东住，伽文氏之道，已益光于震旦矣，而必欲以不息不著之说，卢居人之理以烟之，亦甚非古圣贤神道设教之意，士君子作事宜民之心也。县南三十里吴村有聚福寺，水绕山环，福神聚会，诚为我邑胜境也。创建无考，见之碑碣者，一修于景泰七年，再修于弘治十四年。李姓世居于此，其先人之功德居多，难以枚举。万历二十二年，余高□祖户部主事讳之幹，立业于村，爰为功德而续修之，本寺有碑并载县志。我国朝顺治十六年重建诸天殿，乾隆十二年改建关帝正殿并修阎王殿与诸天殿，任事者各有碑记可考。而大雄、昆卢二主殿，栋宇倾圮，圣像凋零，令人不堪目焉。乾隆三十三年，住持僧传照请三社共议，计亩输钱约淂百余千。复募化十方，大者三四十千，多者一二百文，共计三百余千，乃敢次第修举。亟经理纠首，余亦在内，固皆殷勤盛举而日昃不遑。踊跃任事则李全、佾生魏可风、李文来三人为最。不意二殿修毕，未经彩画，而

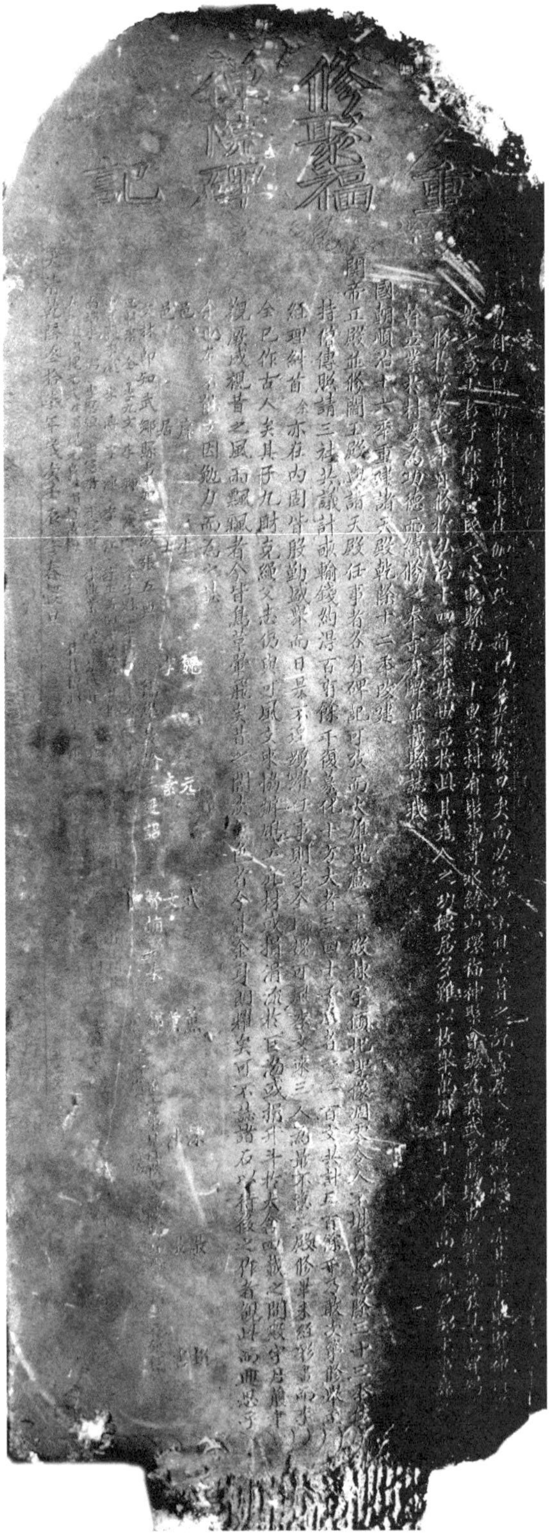

李全已作古人矣。其子九财，克绳父志，仍与可风、文来协办。鸠工庀材，或捐涓流于巨海，或捐升斗于太仓，四载之间，殿宇丹雘建观厥成，视昔之风雨飘飖者，今皆鸟革翚飞矣，昔之暗淡无色者，今皆金身朗耀矣。可不志诸石，以待后之作者睹此而兴思乎！余也本不能文，因勉力而为之志。

邑庠生魏元武熏沐敬撰

邑居士李素文熏沐敬书

文林郎知武乡县事加三级张五典

儒学教谕王廷诏

督捕厅朱锦

进士第见任陕西南□县知县史传太施银佰钱

大清乾隆叁拾柒年岁次壬辰季春谷旦

禁山碑记

【简介】

清乾隆三十九年（1774）二月立石。现存于武乡县蟠龙镇石板村。碑青石质，高85、宽55、厚14厘米。碑文正书，行29字，正文8行。碑额楷体横书“流传勿替”4字，周边刻富贵不断头纹。

【碑文】

禁山碑记

尝闻厥考作室，必赖肯堂、肯构之人；厥父不菑畬，讵无肯播、肯获之子。故事无大小，创始者虽备极勤劳，蒙业而安者未必能念祖宗之艰苦也。吾村对面松山，系吾父原分之地，旧无寸木，于康熙四十八年，吾父亲手栽植，躬自灌溉，种松百余株，一以壮门前之观瞻，一以备后世之材用。乾隆初年，予举胞弟世臣并子侄九重、（九）韶登开拓而增之；三十二年又以山欠方圆，将胞弟世臣坡地兑入伙中，以扩滋培之基。特恐后世子孙疎于持，致牛羊之□牧，或急于图利，动兮伐之斧斤，使山失其美，则深负前人贻谋之怀，岂予所厚望也哉？因此而又志焉。

乾隆三十九年二月吉日仝立

韩氏祀田序

【简介】

清乾隆四十年（1775）正月立石。现存于武乡县蟠龙镇陌峪村韩氏祠堂。碑青石质，长方形，高119、宽63、厚14厘米。碑文楷书，满行34字，正文12行，边栏刻缠枝叶图。

【碑文】

韩氏祀田序

余韩氏自明初由洪洞迁武入籍，世祖琦居城西仓上，卜茔城南三里许贾庄之西南。至五世祖孔昭、孔嘉，六世祖宗禹、正国，周茔置田三十五亩，得粗租九石零，祀奠不绝。前以人心尚淳，风俗犹正，族长公议祖宗虽远，子孙渐蕃，祀典不可薄也。况徙居城东，去茔较远，樵牧之所蹂躏，风雨之所剥蚀，不有积累，其何以济？爰由数百至数千，以至数十千，各门分取出息，期满一整，虽竭脂膏，不顾也。己卯，积至九十余千。值岁饥，沿门赈散大半，其余仍照旧规。庚辰，有族某取钱若干，典地出租，积年颗粒未偿，族中效尤者不一。丁亥夏，余等同族长恳索不得，无奈呈县署印刘公已批如数交给矣。后因事变不测，官亦叠换，争讼经年……遂致州宗姚不复体恤，俱被困辱，只得钱三十六千有奇，而吞食祀租者遂谓，祖宗之□不必祀矣。然为祖宗而受冤，虽死不悔也。因于库内所领钱数，并盘费、差役消除□四人包赔，仍复典地收租。以后依旧四门择人轮流经理，视岁丰凶，量入为出；如有所余，及时修补。铭心刻石，使后世子孙睹文思义，知祖宗必不可灭，而效尤者亦可以知所返矣。至事之真情始末，载在案牍，详于《家乘》石隘，姑不复赘。

十世孙生员学誉　生员锡勇　增生甡　增生献忠

大清乾隆四十年正月吉日勒石

玉工　杨希溥　刊

重修山麓寺碑记

【简介】

清乾隆四十一年（1776）八月立石。现存于武乡县蟠龙镇南郊村。碑青石质，高120、宽58、厚16厘米。碑额有缺损。碑文楷书体，满行35字，正文8行。

【碑文】

重修山麓寺碑记

〔《书》曰：〕“惠〔迪〕吉，从逆凶。”又曰：“作善〔降〕之百〔祥〕，作不善降之百殃。”□□□□□□□类□□□□□余庆之理恒古今而当昭也。邑之极东有地名□南〔郊〕，地居万壑之中。人业垦犁之思，居民质朴，室家□宁。其地类多慷慨施予＼仗义□财之士。甲申岁，因修山麓寺于村之南，盖□历年□远，□□倾圮，同社诸公，或出己赀，或□四方〔仰〕答慈悲，□□共祈，迷津□渡。俄而圣像改观，金妆□莲坐〔增彩〕，瑞气层出，而两廊门庑亦一时黝垩，焕然聿新，将神灵之尊妥以修者，谓□降福庇民之所也哉。夫美可□□，因人而彰，是得也。僻介山林佳气，罕到粟书所作，使盛来郁烟，匪独独贻林间之愧，□使斯人□善之心湮没而不传也。功成告竣之日，余因作文以记之。

邑人庠生韩□吉熏沐敬撰

邑人庠生郝建蒲敬书

大清乾隆四十一年八月初十日立

玉工　杨希通施钱一百五十文

重修关圣帝君庙碑记

【简介】

清乾隆四十二年（1777）七月立石。现存于武乡县监漳镇麻池沟村。碑青石质，高135、宽70、厚20.5厘米。碑额刻有花叶纹，双行四字楷书“流芳百世”4字。碑额下边栏两端刻钱纹，中间刻“卍”字纹图案。碑文楷书，满行36字，文14行。碑周边刻有忍冬纹。

【碑文】

重修关圣帝君庙碑记

自古圣者贤者得位者不得位者，载在祀典，到今不祧者岂少也哉！乃得常祀而并得享，乃宗祖，惟孔夫子与关夫子为然。余读《春秋》及《三国志》，未尝不废书而叹也。曰：数百年前有圣人焉。此心同此理同也。数百年后，此心同此理同也。其孔、关之谓欤？夫道有隆污，时有险易，圣人出而人心不死，大伦不斁，斯乾坤不毁。古帝王将相之以功德著者，未有如两圣人之盛者也。呜呼！《春秋》，鲁史耳。惟圣人修之，惟圣人读之。吾知其必有合也。圣人往矣，千百年来封号屡锡，弥进有加，惟两圣然者，岂不以此也欤？武邑东麻池沟村重修关帝庙，祀事纠〔首〕王道年等问志于余，余窃叹人心之知本也。本者，何诚也。圣圣相同，圣几无异也，□歌也已，乃作诗曰：

惟此庙貌，建于一隅；像图孔肖，俾不惑迷；以瞻以仪，不□用□。

祀事有常，千秋不坠；后之君子，尚其鉴兹；琢词碑石，以替攸〔始〕。

邑人甲子科举人候铨知县魏宸喜撰

本邑庠生王维礼书

时大清乾隆肆拾贰年七月吉日立

流芳
百世

重修崇城寨东门碑记

【简介】

清乾隆四十三年（1778）勒石。赵扩撰文，李淑世书丹。现存于武乡县墨镫乡崇城岩圣泉寺。碑青石质，高182、宽89、厚18厘米。碑首篆书“重修东门碑记”六字。碑文楷书，字迹清晰。

【碑文】

重修崇城寨东门碑记

崇城崖险为武邑壮观，观前人碑碣以及词赋诸作，详哉其言之矣，而独于所谓东门者阙焉。余庚寅岁读书山中，屡经是门，见其倾圮，未尝不恻焉伤之。迨丙申秋来游，则已卓然一新。余因置酒于其巅，见夫黎潞诸山，无不拱揖献状于其前，以为是固穷幽揽胜之所也，而其他殆非所计。明年三月，住持僧悟贵请记于余，谓方重修时，地中掘得石匾一，上镌“太行天险”字，始叹古人为避兵之资，而后人之修之，其意适与之合，固非流连光景者所可同也。惟是国家之声教远被，西北皆极穷荒，东南直暨大海而外，所谓天子有道，守在四夷者。虽通都大邑犹非所恃，吾等幸生太平之世，亦安用其区区者为哉！然在《易》曰：“王公设险，以守其国。”其在《书》曰：“慎固封守。”则知安不忘危，古今通道，宁可备而不用，不可用而不备，则是门之修，诚有不容已者也。门去寺里许，下临不测之崖，上穷目力之所至，其中一线之道，只可蚁附而行，而是门屹然在焉。则夫一人当关万夫难敌者非耶？又闻门之上置屋三楹，盖有事防守，则用以窥敌人之情状，无事登眺，则因以撷山水之菁华，尤其制之善者。是为记。

乙酉科举人赵扩撰

邑庠生李淑世书

太学生李仙枝篆

纠首　李玘廷　三百　李慎动　三百　李雅标　三百　李仙枝　艮三两　李洲世　艮三两　刘义隆　五百　李克家　二百　李昱　三百　李慎行　三百　李扶国　二百　田中元　五百

住持僧　悟贵　悟诚　徒真玉　真实　真山

徒孙空明　□有

清乾隆四十三年孟冬之吉日立

玉工　安士　和美

乡约碑记

【简介】

清乾隆四十四年（1779）十二月立石。现存于武乡县涌泉乡寨上村。碑高152、宽74、厚21厘米。青石质，碑文楷书。

【碑文】

乡约碑记

乡约一役何自昉乎？按古存□老亭□啬夫里正则所谓乡约者□□□□□□故立以碑一乡者年来□费渐□虽才且智欲善斯役必需阿堵，故为众所怯□法则□□□□□嘱托冀免之弊出，托冀免之弊既出，因而横举不公，□□又出矣；横举不公之弊一出，□□□□讼遂无已时。往者，先馆外郡，于此未暇调停而有志焉。会乡□□民殷士元俊秀、弓建侯、弓文藩十六募绅衿士民量力捐，计六石五斗收聚出放，起自乾隆二十四年。以至乾隆四十三年始置义田，即娄家坡地一段九亩。其地东至周姓，西至弓姓，南北俱至堰地。□□粮加正入官式钱式分伍厘，价肆拾叁仟。旋议定：每纳粮净出租四石并存钱钱本伍仟，每年滋利□□。凡捐谷之家，如应斯役，即收以赡经费至充，应规例优免绅士外，惟州县催头及孤独亦免，余弓□□姓仍旧一体轮流。弓姓念后巷二门人稀，并为前街，原一门分为二门，作东、西、北三门递应。殷姓□□一门亦因上门人稀，概将旁姓捐谷者，帮入三循之内，旁姓应其一。庶几多寡适□更替之日，祇□□□家长除应免挨次举人。如其人借公摊□私囊，一被察出，亦即公议扣除其本年租利，以示罚于□□□举也。准情度理，因时处宜，黾勉办公，废官府额设之役，从容允应，不可保乡党和睦之风，而望□□衡忠义与仁让行见，世世守之，永为皇朝无讼□民也，宁不休欤！事竣，勒石董其事者促记于余。

郡庠生弓季〔和〕元庵氏撰

时乾隆四十四年岁次己亥季冬谷旦

海渎龙王庙碑记

【简介】

清乾隆四十七年（1782）七月立石。现存于武乡县蟠龙镇老凹村。碑青石质，圆首，高210、宽68、厚16厘米。碑额中间单行楷书“旧老爷庙碑记”6字，两侧有云龙图案。碑文楷书，正文7行，满行49字。碑周边刻有菊花图案。

【碑文】

海渎龙王庙碑记

武邑之东，距城四十里许，有地名曰老坳。南临泉水，北坐高岗，左右龙虎拱护。虽不得媲美店渠，亦系一方之佳境。周围六七庄，于乾隆二十四年创建海渎龙王庙三间，所以妥神居、祷雨泽也。攀龙赵姓乡饮介宾庠生韩凤翔者，好善乐施，奉地八亩，每年得租米若干，以为香火之资。积累至二十余千，外又出钱三千文。合社人等于四十三年量其力之大小，各捐己赀，复建东西廊房各三间，乐楼一座，俾春祈秋报有所倚焉。斯固众人共襄之力，实赖赵姓一人之助也。惟王有灵，默佑兹土，雨赐时岩，大有年丰，讵非此方之厚幸哉！今工告竣，嘱余为序，爰略志梗概，勒石以垂不朽云。

邑增生韩若愈长文撰文

邑庠生韩学愈文强书篆

大清乾隆四十七年岁次壬寅七月吉日合社仝勒石

玉工　杨希哲　刊

苏峪戏台碣

【简介】

清乾隆五十年（1785）立石。现存于武乡县洪水镇苏峪村，嵌于苏峪戏台壁外。碑青石质，高45、宽58厘米。碑文正书，行14字，正文10行。周边刻富贵不断头纹。

【碑文】

里中春祈秋报，必有歌台、舞榭所以隆祀典，壮观瞻，诚盛事也。吾村向者时值祈报，临期造架，实以木板，遮以布棚，且昼夜防守，人甚病焉。甲辰秋颇稔，二三父老于村中公指一地，举纠首八人，各捐赀财共兴兹。后不足，遍募村中。有财者输财，有力者效力，鼓舞踊跃，无一不欣然颔从者，无他，事报于义、情协于同也。工将竣，爰勖数语以告来者。

大清乾隆五十年立

玉工　任万成

创修关圣文昌帝君阁碑记

【简介】

清乾隆五十年（1785）勒石，现存于武乡县监漳镇禄村。碑青石质，高166、宽70、厚25厘米，碑首佚失。碑两侧镌有莲花图案，下边图案较宽，达10厘米。碑文楷书，共22行，满行62字，清晰可辨。

许煌撰文，郭可大书丹，沈杰篆额。

【碑文】

创修关圣文昌帝君阁碑记

壬寅冬，适有公事，不得已因举士民以玉成之。坐谈之余，叙及乡镇风脉有不聚者，此造化之缺陷，以待人力赞助也。偶劝及此，闻客言，邑南乡三十里许，有禄村焉。坐近北山，面向南岭。是村也，乃东西之冲，行人必经之地。山水虽耐人趣玩，而波流却少乎曲折，非建阁则无以藏风而聚气焉。前辈父老审之亦已久矣，但村小人贫，不敢轻举。迨至辛丑仲春之月，于是阖社公请太学生张子于野、于岸昆仲二人为功德主，以襄厥事。

且言村中社庙，乃祖乃父之功居多，广行阴骘有素，今日此事万不可阻，伊询经营规模，所费几何？建造阁成，所塑甚像？社首答曰：“此举大约需银五佰余两，阁成东塑文昌帝君，西塑伏魔大帝。”伊闻其言，即慨然曰：“年曾祖佾礼生员讳遇亨，祖庠生讳琬，父太学生讳如山，久有此志而未逮也，果而公等同心幕化，择日开工，砖瓦不拘千万，予愿足用，杂费银两予家虽无，愿揭资垫。”是以功虽浩大，而数月之间落成甚易也。以言乎下，所搭之券既高且大，巩固磐安；以言乎上，层峦耸翠，鸟革翚飞，足壮观瞻。而且阁中之像，前则文昌帝君，后则关圣大帝，清虚至德，赫声濯灵，无容赘矣。由是风以之藏，气以之聚。登斯阁也，真觉山原旷其盈视，禄水盱其骇瞩，令人喜不自胜。而原其告竣之速，则皆于野等竭力

资垫，始终无间，以至斯焉。嗣后开光，除收布施外，伊净垫钱壹佰陆拾余仟，外施砖瓦值银柒拾余两，阖家大小略无追悔。以视夫世之好为大言有始无终者，迥不侔也。余闻客言，爰赐碑文以为好善乐施积德累人者，垂不朽云。咏曰：

山水殊常，庙貌辉煌；威灵显赫，圣德洋洋。地灵人杰，物阜民康；嘉乃丕绩，万古流芳。

钦赐文林郎武乡县正堂加一级许煌拜撰

特授修职郎武乡县儒学教谕加一级郭可大拜书

特授登仕郎武乡县事加一级沈杰拜篆

（经理纠首施钱略）

大清乾隆五十年岁次乙巳孟夏日　合社人等仝立

修路碑记

【简介】

清乾隆五十一年（1786）勒石。郝建蒲撰文，张鹏飞书丹。现存于武乡县蟠龙镇石瓮村墓岭山东麓。碑青石质，高168、宽56、厚15厘米。圆碑首高28厘米。首内中间书“修路碑记”4字，字体7厘米见方。四字两侧镌图案，底部亦饰多样花纹。碑文18行，满行48字，分碑序和施主姓名两部分，字体楷书，不够规范。整座碑面上不论图案还是文字皆模糊不清，且文字多有漫漶。碑周有多样图案。

【碑文】

修路碑记

尝归创□□□，足表积德之行，而辟径修途，亦可得好善之念，自古皆然，岂至今而遂有殊乎？武邑东乡墓岭山□盘道□处，由来此□历年以

□而日销月磨，颓圮特甚，往来行人讳山径而叹其窘步者，曷可胜数耶！而时山之西下适相□者，虽有二村曰石门、石瓮，心戚戚焉。于丙午秋，同心公议，捐赀募□，将崖之西以至崖之东，凡数十里而俱为之修理焉。窃思此山峰也，虽感隔□，非皆各出己赀，然诸君子鸠工庀材所以经营于其间者，夫亦大实踌躇，倍历艰辛矣。兹者岁在丁未，功告竣矣。经理人□□勒石，因问序于余。余不敏，聊为俚言以志不朽，是亦不没人善之意也云尔。

邑人石门庠生郝建蒲撰

邑人石瓮居士张鹏飞书

施钱施地者　韩玘道　张谨　张希圣　王明喜　来人鹤　张鹏飞　郝成宽（下略，共计85人）

经理人　李根唐南垴

□元良　□文运韩登垴上

乾隆岁次丁未年□□望吉日谷旦

楼则峪新建阁碑记

【简介】

清乾隆五十一年（1786）勒石。赵玉山撰文、书丹。现存于武乡县石北乡楼则峪村。碑高140、宽68、厚18厘米，碑首高40厘米，上有题额“圣阁碑记”四字。碑文20行，满行39字，字体工整规范。

【碑文】

楼则峪新建阁碑记

盖闻宰天地者，帝也，自帝而下，凡有功于民者，无不列在祀典，行于州里，设坛壝以祀之，岂独帝为然哉！兹于乾隆五十一年，岁在丙午，时维七月，楼则峪新建楼阁一座，功成告竣，向外塑三官，向内塑菩萨，又有文昌、魁星二像。香首王文杰等属予作文以记，予想夫一阁之内，像有六宗，似乎不伦，然人心既重意于此，神功即显著于此，亦何不即诸神福国利民之道，会而同之，切而言之。夫天官、地官与水官，或资始，或资生，或润物，要皆育养斯民者也。文昌、魁星，或司丹桂，或掌文衡，要皆教化吾民者也。至若菩萨，救灾恤难，凡属受教受养之民，又岂有一不赖之而消疫病，免祸患乎？以是知祀典所载虽多，而奉帝德意，恩足养民者，则祀之；道足化民者，则祀之；大慈大悲足以救民者，亦必祀之。凡兹诸神俱非无名，亦非淫祀。合社人等塑神之道，立阁之意或在于此。窃以鄙见代为白之，因以为记。彼夫藏风聚气之说，风鉴所尚，杳杳冥冥，非敢逆睹，予不复赘。

本邑增生谈理氏赵玉山撰并书

（经理纠首施钱略）

大清乾隆五十一年闰七月谷旦仝立

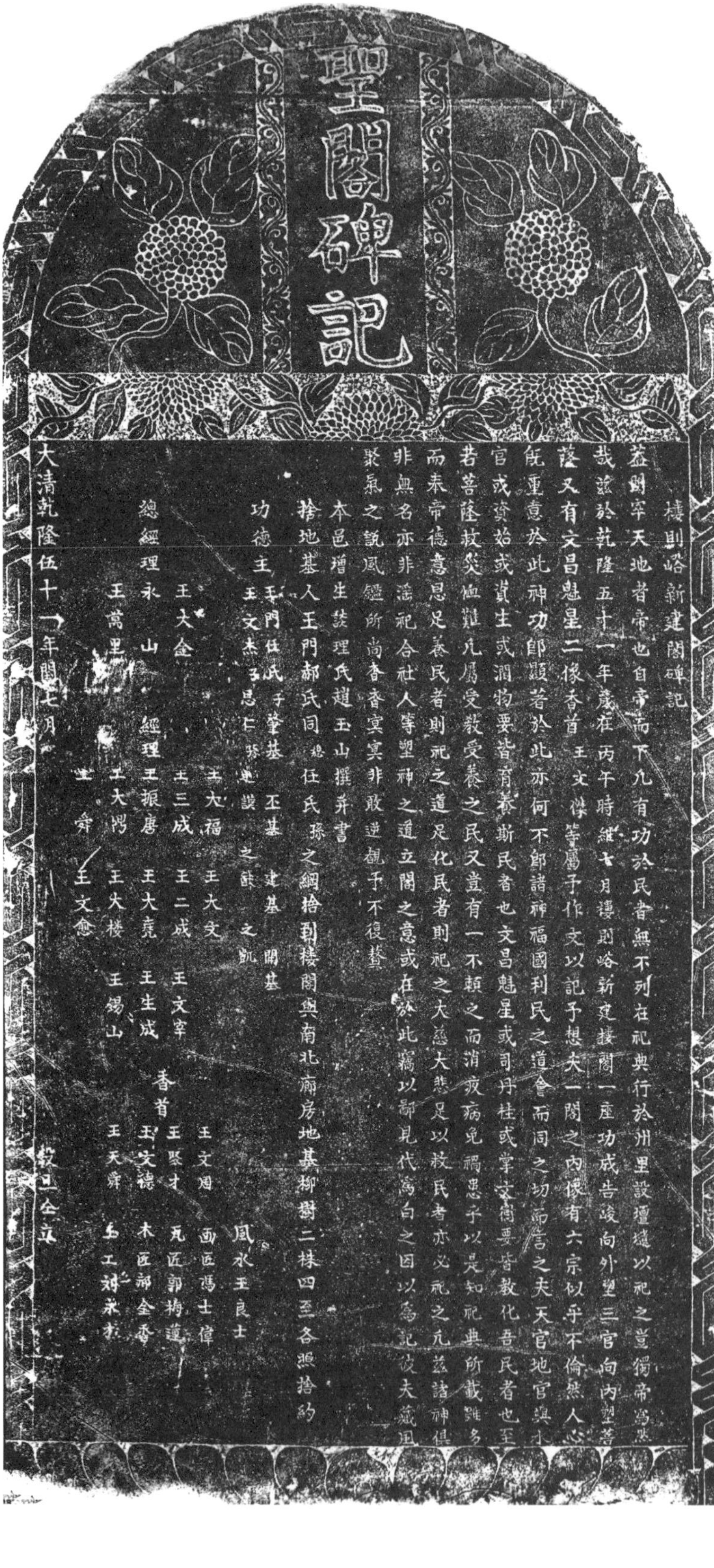
聖閣碑記
樓則峪新建閣碑記
大清乾隆伍十一年閏七月　穀旦仝立

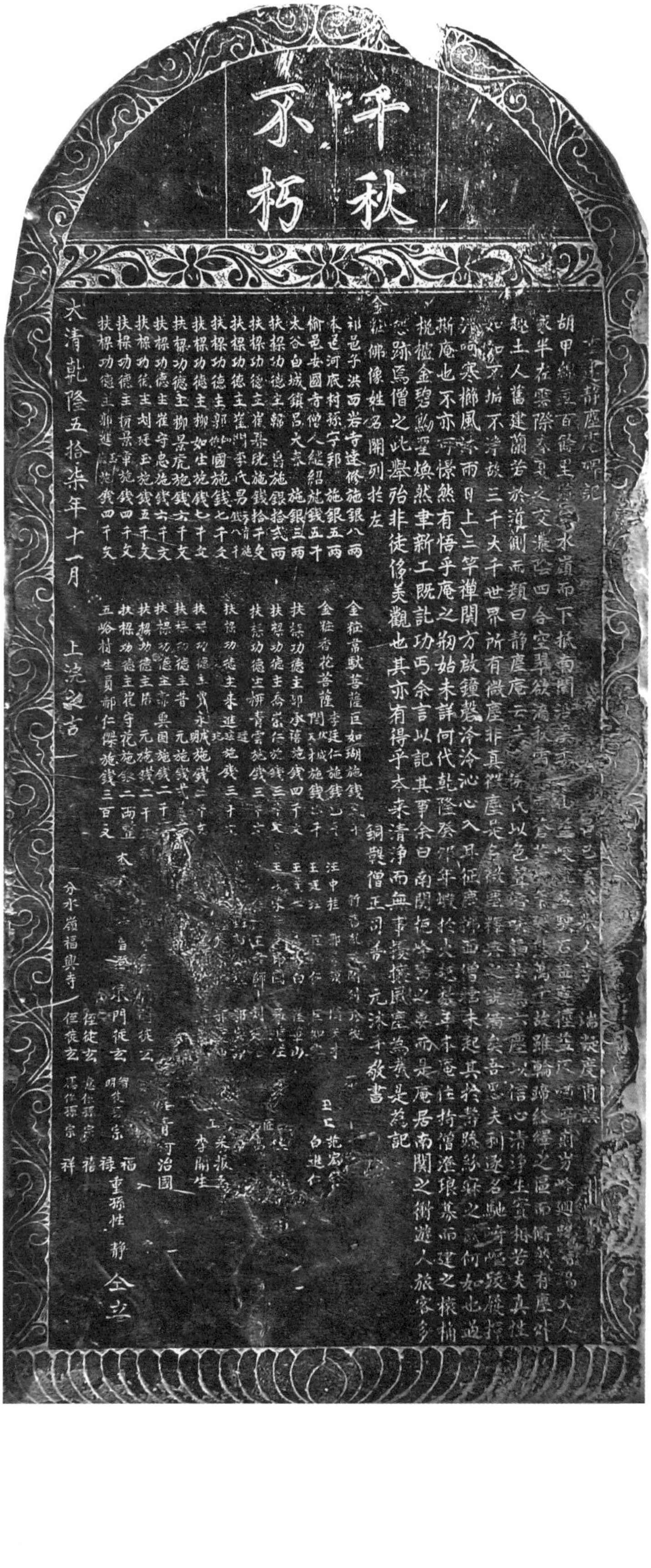

重建静尘庵碑记

【简介】

清乾隆五十七年（1792）十一月立石。现存于武乡县分水岭乡南关村。碑青石质，高149、宽68、厚14厘米。保存完整。碑额双行楷书“千秋不朽”4字。碑文楷行体，字体疏朗，正文8行，行43字。周边刻有忍冬纹图案，底部为莲花瓣图案。

碑文作者李端（1759—1805），字凝度，号文轩，又号鉴亭，武乡邵渠人。乾隆四十四年（1779）己亥恩科举人，嘉庆己未（1799）进士，官翰林院编修，内阁中书。李端撰写该碑文时年四十。

【碑文】

重建静尘庵碑记

邑己亥科举人李端凝度甫撰

胡甲绵亘百余里，逾分水岭而下，抵南关。沿溪委□，山益峻，流益驶，石益廋，径益仄，嶟崒崱屴，峰回路〔转〕，鸡犬人家，半在云际。春夏之交，浓荫四合，空翠欲滴；秋霜〔冬〕雪，苍茫一气，变态万千。故虽轮蹄络绎之区，而倏然有尘外趣。土人旧建兰若于道侧，而颜曰静尘庵云。夫佛氏以色、声、香、味、触、法为六尘，以信心清净生宝相。若夫真性如如，不垢不净，故三千大千世界所有微尘，非真微尘，是名微尘，释典之说备矣。吾思夫利逐名驰，崎岖跋履，挥汗呵寒，栉风沐雨，日上三竿，禅关方启，钟声泠泠，沁心入耳，征尘拂面，僧睡未起，其于静参纷寂之感何如也？过斯庵也，不亦可憬然有悟乎？庵之创始，未详何代。乾隆癸卯年，燬于火。越数年，本庵住持僧澄琅募而建之，榱桷棁栌，金碧黝垩，焕然聿新。工既讫功，丐余言以记其事。余曰："南关扼峰峦之要，而是庵居南关之冲，游人旅客，多□迹焉。僧之此举，殆非徒侈美观也，其亦有得乎本来清净而无事扰攘风尘为哉！"是为记。

铜鞮僧正司善元沐手敬书

大清乾隆五拾柒年十一月上浣之吉

重修关夫子庙碑文

【简介】

清乾隆六十年（1795）秋季立石。现存于武乡县大有乡长乐村。碑高110、宽50、厚16厘米。碑额残存可见为双龙图案。碑体左侧被凿残，落款时间缺失。界栏刻有三菊花图。碑文正书，正文12行，行48字。右侧边栏刻

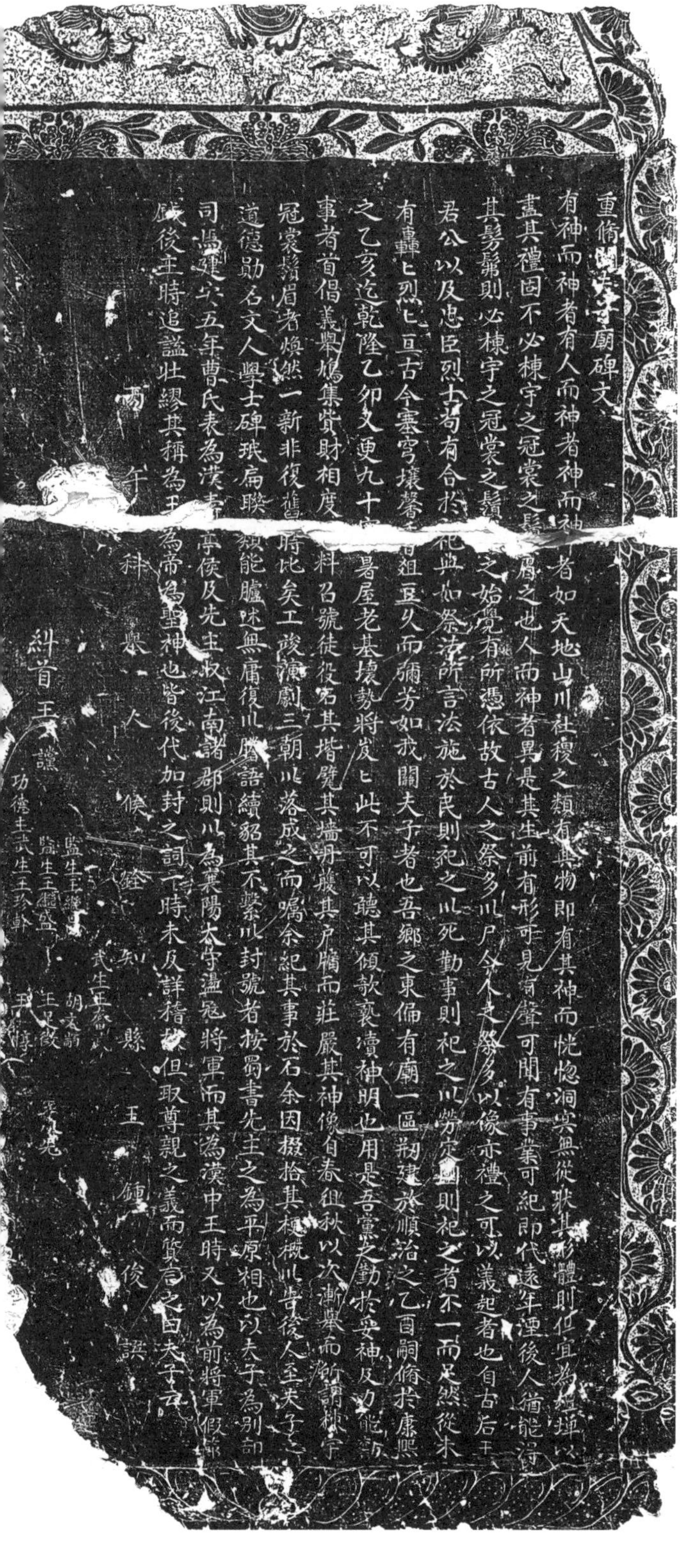

有缠枝菊花图纹。

【碑文】

重修关夫子庙碑文

有神而神者，有人而神者。神而神者，如天地、山川、社稷之类，有其物即有其神，而恍惚洞冥，无从状其形体，则但宜为坛墠以尽其礼，固不必栋宇之，冠裳之，须眉之也。人而神者异是，其生前有形可见，有声可闻，有事可纪，即代远年湮，后人犹能得其仿佛，则必栋宇之，冠裳之，须〔眉〕之，始觉有所凭依。故古人之祭多以尸，今人之祭多以像，亦礼之可以义起者也。自古后土王君公以及忠臣烈士，苟有合于祀典，如祭法所言：法施于民则祀之，以死勤王则祀之，以劳定国则祀之者不一而足。然从未有轰轰烈烈，亘古今，塞穹壤，馨香俎豆，久而弥芳，如我关夫子者也。吾乡之东偏有庙一区，创建于顺治之乙酉，嗣修于康熙之乙亥，迄乾隆乙卯，又更九十〔寒〕暑，屋老基坏，势将岌岌。此不可以听其倾欹、亵渎神明也。用是吾党之勤于妥神及力能襄事者首倡义举，鸠集赀财，相度□料，召号徒役，石其阶，甓其墙，丹雘其户牖，而庄严其神像。自春徂秋，以次渐举，而所谓栋宇、冠裳、须眉者，焕然一新，非复旧时比矣。工竣，演剧三朝以落成之，而嘱余纪其事于石。余因掇其梗概以告后人。至夫子之道德勋名，文人学士、碑珉扁联类能胪述，无庸复以誊语续貂。其不系以封号者，按《蜀书》：先主之为平原相也，以夫子为别部司马；建安五年，曹氏表为汉寿亭侯；及先主收江南诸郡，则以为襄阳太守、荡冠将军；而其为汉中王时，又以为前将军，假节钺；后主时追谥壮缪。其称为王，为帝，为圣神也，皆后代加封之词，一时未及详稽，，故但取尊亲之义而质量言之曰“夫子”云。

丙午科举人候铨知县王锺俊撰

重修福慧寺碑记

【简介】

清嘉庆元年（1796）四月立石。生员陈嘉猷撰。现存于武乡县风水岭乡胡庄村。碑圆首，高185、宽87、厚18厘米。碑额楷书横刻“好善乐施”4字。界栏刻有三菊花图。碑文正书，正文7行，行43字。边栏刻有曲水图纹。

【碑文】

重修福慧寺碑记

盖闻释迦应世，天竺降生，瞿昙为姓，善慧为名。粤自周昭王之时，已占宝气，迄乎汉明帝之岁，始梦金人，佛教之设有由来矣。武邑西北胡

庄旧有古寺一座，佛殿三楹，关帝庙三楹，东西殿十楹，历年以来，风雨剥蚀，圣像倾颓，乡人之善者遂慨然动重修之志焉。为之鸠工，为之饬材，为之缘村而募化。越一载，功程告竣，焕然聿新。睹兹庙貌，喟然叹曰：“美轮美奂，不仅壮一方之观瞻，亦□以安神灵也。”而其间日起有功者，要非诸经理之功不及此，聊序其事以志不朽云尔。

邑儒学生生员陈嘉猷撰

时大清乾隆四十六年告竣　嘉庆元年夏四月谷旦勒石

玉工　常戴义

重修观音堂碑记

【简介】

清嘉庆元年（1796）五月立石。知县王钟俊升三氏撰。现存于武乡县大有乡长乐村。碑高08、宽51、侧厚16厘米。碑文正书，正文11行，行38字。右边栏刻有缠枝花叶图纹。碑额及碑体左侧凿残，落款时间缺失。据碑文内容得知此碑于清嘉庆元年立石。

【碑文】

重修观音堂碑记

《法华经》云："三乘者，一曰声闻乘，二曰缘觉乘，三曰菩萨乘。"菩萨者，行六度而得道者也夫。曰行曰得则必修而后成，而其初固未遽离乎食味，别声被色之伦也。则必有年代可稽、姓氏可考，而观音菩萨〔者〕果何所自出而何所由成欤？或曰：男也，则无解于老母之称；女也，又无解于大士之称。名义枘凿，类无从考。且立是庙者，其阳必配以真武。而世之为观音所度，一在南山之南，一在北山之北，其说近诞，非吾儒所宜道，故存而不论，但叙其〔庙〕之建修如左：此庙原无碑珉可据，未能详其所自。昉其重修，则康熙之丁未也。故址以土为壁，不耐风雨，年久渐就剥蚀，虽未遽至倾圮，而绸缪之计不可不预。是岁，议修关庙，纠首等以连而及之之易为功也，商之于众，输力捐工。因募女氏之向善者而檀那之，凑足其费。卜日兴工，凿石以甃其基，运甓以完其堵，碧瓦雕甍，美轮美奂，信足以安神灵而垂不朽焉。记曰：有其举之，莫敢废也。是役也，仍旧贯而巩固之，事半功倍，可以永年，其亦有近于礼之所云也夫。时乾隆乙卯之孟秋，勒石则嘉庆丙辰之仲夏也。

丙午科举人候铨知县王钟俊升三氏撰

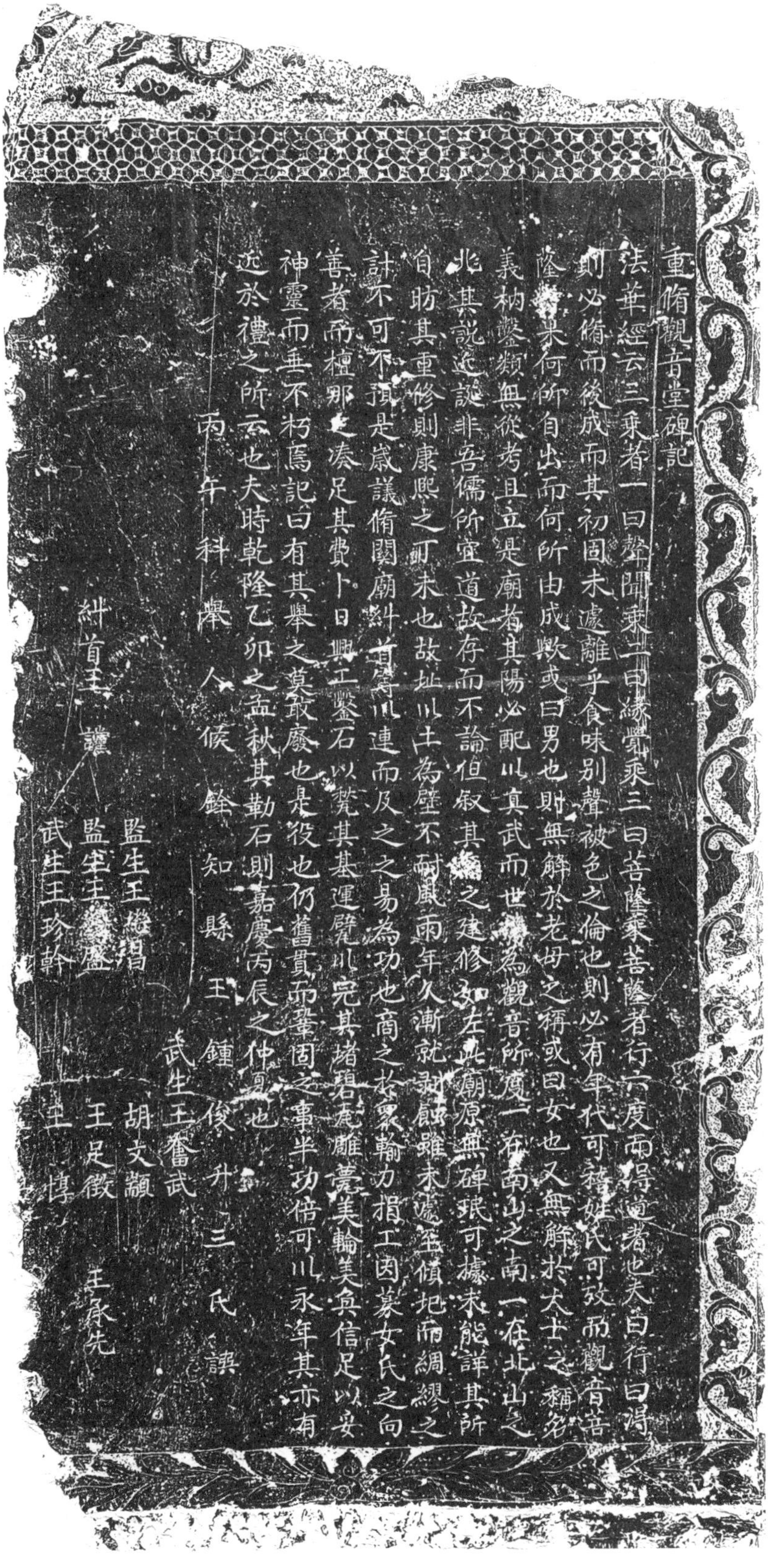

重脩觀音堂碑記

法華經云三乘者一曰聲聞乘二曰緣覺乘三曰菩薩乘菩薩者行六度而得道者也夫曰行曰得則必脩而後成而其初固未遽離乎食味別聲被色之倫也則必有年代可稽姓氏可致而觀音菩隆[illegible]果何所自出而何所由成歟或曰男也則無解於老母之稱或曰女也又無解於大士之稱名義紛繁類無從考且立是廟者其陽必配以真武而世[illegible]為觀音所度一在南山之南一在北山之北其說近誕非吾儒所宜道故存而不論但敘其[illegible]之建修如左此廟原無碑珉可據未能詳其所自昉其重修則康熙之丁未也故址以土為壁不耐風雨年久漸就剝蝕雖未遽至傾圮而綢繆之計不可不預是歲議脩闔廟糾首等以連而及之之易為功也商之於衆輸力捐工因募女氏之向善者而檀那[illegible]湊足其費卜日興工鑿石以甃其基運甓以完其堵碧瓦雕甍美輪美奐信足以妥神靈而垂不朽焉記曰有其舉之莫敢廢也是役也仍舊貫而鞏固之事半功倍可以永年其亦有近於禮之所云也夫時乾隆乙卯之孟秋其勒石則嘉慶丙辰之仲夏也

丙午科舉人候銓知縣王鍾俊升三氏譔

武生王奮武

糾首王讓

監生王懋增　胡文顯

監生王[illegible]盛　王足徵

武生王珍幹　王[illegible]惇　王承先

申良沟二圣阁碣记

【简介】

清嘉庆元年（1796）勒石。李肇升撰文，姚福保书丹。现存于武乡县监漳镇申良沟村。石碣高45、长72厘米，共20行（现为18行）每行14字。石碣右边两行抹入墙内，不可拓取，故开头约缺28字。

【碣文】

申良沟二圣阁碣记

□□□□□□□□□□□□□□□□□□□□□□□□□□□□烦多赘。如武邑申良沟旧有二圣阁一座，历年以远，风雨颓残，几几乎有栋折榱裂、土崩瓦解之忧。幸纠首梁守度、张允宽、张起同等目击心伤，公议重修，既各出夫己赀，募化乎善信，鸠工庀材，盖造彩画，丹艧频施，焕然聿

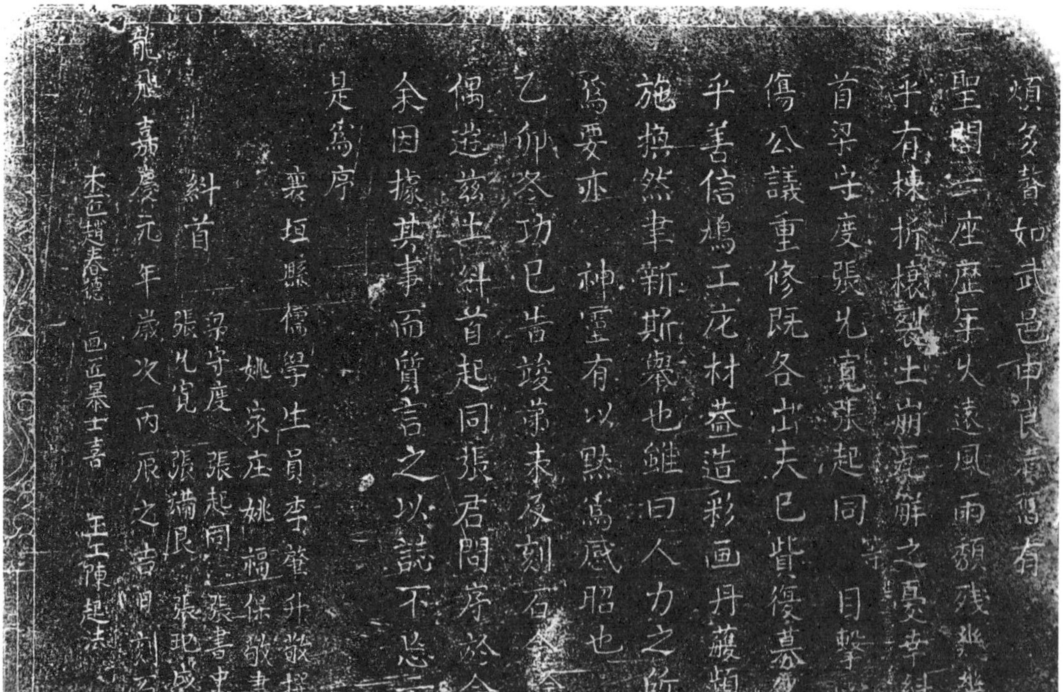

新。斯举也，虽曰人力之所为，要亦神灵有以默为感昭也。乙卯冬，功已告竣，第未及刻石。今余偶游兹土，纠首起同张君问序于余，余因据其事而质言之，以志不忘云。是为序。

襄垣县儒学生员李肇升敬撰

姚家庄姚福保敬书

纠首　梁守度　张起同　张书中　张允宽　张□良　张玘成

龙飞嘉庆元年岁次丙辰之吉日刻石

木匠　赵春德

画匠　赵士喜

玉工　陈起法

重修焦龙神庙两廊碑记

【简介】

清嘉庆四年（1799）正月勒石。安帝眷书丹，安绪宗撰文。现存于武乡县韩北乡焦龙洞。该碑已裂为两块，拼合后，文字少有缺失。碑石高88、宽44、厚12厘米，碑文共14行，满行33字。

【碑文】

重修焦龙神庙两廊碑记

明先居龙洞山之坡底，至乾隆三十八年，始移建于旧庙之山北凹。迄今二十余年，而两庑及门垣诸制未就倾圮，盖地当山麓，石分多而土分少，风雨剥蚀，易至颓裂故也。夫斯地为武之东界，与潞之黎邑相接壤，往来行人□游览憩息于其中，乃一举目而断檐残甃，与石碑相错杂，不惟无以壮观瞻，尤非所以事神之道也。余族祖监生安文德、监生李学成、刘世祥、安禄同、安履可等倡议捐赀，重加修葺。残缺者补之，朽败者易之，鸠工庀材，凡□阅月而工告竣。于是向之漏渍摧残者，今则焕然维新矣。将谋勒石以记此事，而嘱文于余。余不敏，何敢言文？亦惟即首事之勤劳，落成之月日，质而书之，以示后人焉耳。至□之创建迁移，其始终颠末，先大人曾记于前，邑增生董某复记于后，兹不赘。

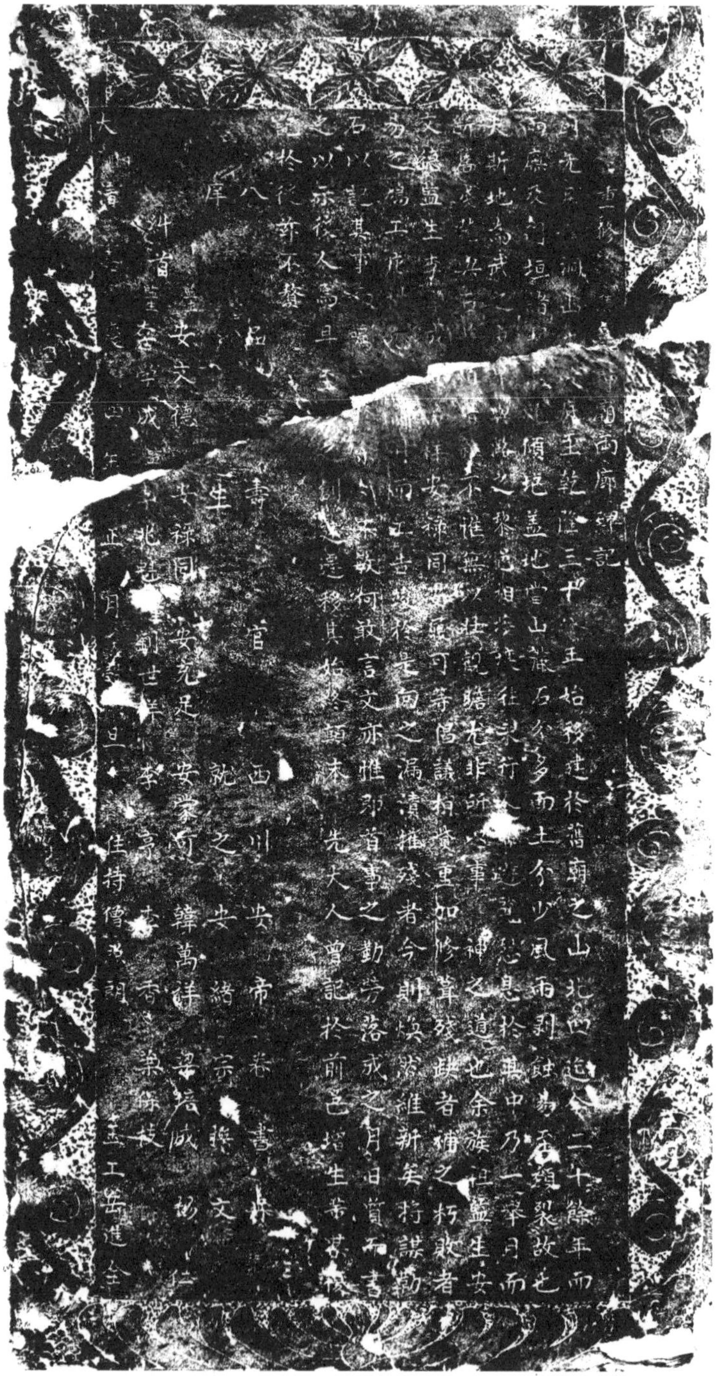

八品寿官西川安帝眷书丹

庠生就之安绪宗撰文

纠首　监生安文德　监生李德成

监生李兆魁　监生刘世祥　安禄同

安充足　安蒙可　李亨　韩万祥

李香　梁培成　叶保枝　杨仁

大清嘉庆四年正月谷旦

住持僧　照朗

玉工　岳进全

重修洪济院记

【简介】

清嘉庆四年（1799）七月勒石，现存于武乡县故城镇东良村洪济院内。碑高139、宽66、厚17厘米，青石质。

【碑文】

重修洪济院记

唐狄梁公处抚河南奏淫□祠一千七百余所，所留者，惟夏禹、泰伯、季札、伍员四祠耳。本阳汤荆岘，先抚□□亦黜去淫祠无数。是明理达义者，于未坏之庙犹欲毁之，况于已坏者而顾更新之乎？然读《易》至《观卦》彖辞，有所谓神道设教之说，则知建立寺院亦非尽无意义之可推，如我东良侯村距古蔡州十里，泉甘而土肥，风醇而俗厚。村西不数武，旧设洪济院一所，创建之始，不知昉于何代，昔年之葺补，亦无事深求。第即现□□一碑志以考之，大朝弘治十年重修者一，国朝雍正七年重修者再。越于今，又七十岁余矣。规模虽则未易，栋宇不免倾颓。己卯春，村人复议修理，奈功成浩大，独立难支，经营规画者久之，各出己赀并兼募化，总而计约得八百余金。兴功于嘉庆元年丙辰之二月，一载而功始告竣。刻构丹楹，耀然夺目，朱漆黝垩，焕然从新。夫事莫为之前，虽美弗彰，莫为之后，虽盛弗传。是院之创造，虽不可稽，然自弘治以至于今二百年间，重修者又三次，此以见神灵有威。其所以洪济斯人者，固不可测。而四方人之好善有同心，亦诚可谓后先如一辙也。己未秋七月，爰使工人镌石，首事者嘱余为记，固当效就笔，但念素不能文，学步邯郸，诚不免为□者嗤笑。聊书数语，亦只记其巅末已耳，敢曰□云乎哉？是为序。

邑儒学生员南郭金三谨撰并书

（施钱者姓名略）

时大清嘉庆四年岁次己未七月吉旦　立

补修石婆神祠记

【简介】

清嘉庆四年（1799）三月立石。现存于武乡县洪水镇桥上村。碑圆首，高165、宽72厘米。中间双行篆书“石婆神庙重修碑记”8字，两侧云龙图案。碑文楷书，正文12行，行56字。周边刻有忍冬纹图案。左侧落款时间剥蚀不可辨，立石时间系根据碑文内容推断。

根据文末“原任山东登州府荣成县知县乙酉科举人”等判断，该文作者当为赵扩。赵扩（1743—1806），字充之，别号松溪，武乡县显王村人。乾隆三十年乙酉科举人，辛丑大挑一等，授山东荣成县知县。后谢病辞官，聘于沁州铜鞮书院。

【碑文】

补修石婆神祠记

我朝列圣相传，继继承承，历有年所。民物熙恬，道教隆洽，以故山陬海澨三户之村、十室之邑，莫不创建神祠。大或数楹，小或一屋，以焚香膜拜于其间。此虽溺于祸福之说，然亦可见其趋善而惮恶，且足以征其物力之饶也。况名胜之区，人士辐辏之地，前人创造其有成规，气象庄严，局势宏丽，而听其风摧雨蚀，坍塌倾颓而不一补救，岂情也哉？洪水镇北里许，曰石婆神祠，建造年月不可考。其式廓而大之者，康熙十四年刘复本等所修也。重修梳妆楼，乾隆五十年住持僧圆醒等所唱［倡］也。其又各庙重修者，则乾隆三十四五六年信士曹如起及镇中纠首人等也。迄今三十余年，又摧毁剥落矣。镇中纠首等起而修之，其可以仍旧贯，不敢擅易，不极蔽则不改，为遵古训也。至如森罗、曹官二殿金刚，大门以及内外乐楼，为木为石，为瓦为甓，为丹为垩，为金为锡，莫不易而一新之，而神顿还旧观。经始于嘉庆元年三月，告成于四年三月，纠首等其信有功于斯庙矣。盖尝论之他处之庙，或佛教，或道教，或山川，水火降而至于牛马八蜡之属。其为庙也，犹必辉煌其制、肃穆其容以摄人之瞻仰，况乎此地乃天地之合撰，幽明〔之〕总司，入其中者，感载高履厚之恩，思原始返终之义，谨保躬裕后之防，将有内反于心，善则欣然而喜，不善则悄然而悲。其觉牖失愚夫愚妇而助乎，王化所不及者，非浅斯也，其又可不威严庄丽，常修葺之以永承于勿替乎？是为记。

原任山东登州府荣成县知县乙酉科举人（阙文）沐敬撰

邑居士（阙文）敬书

儒学生员（阙文）沐敬篆

南山神庙诸神宴会记事碣

【简介】

清嘉庆六年（1801）勒石。魏鸿祖撰文，魏绝章书丹。现存于武乡县南神山。碣石高80、宽45、厚15厘米。圆首高20厘米，首内有图案。

【碣文】

古人象教之设，其意至精，而术甚捷，诚良法也。武邑南山神三月二十四日，城隍神五月二十六日，各作主人，请境内诸神宴会。供斯事者崇仁、敦义两里，必聚数十百人，扬大纛，执长虹，旌旗耀日，甲马惊人，铙歌鼓吹，以盛其典，毋亦体象教之意而张皇之，其来久矣。兹诸香首，三年事竣，又不惜重赀，谨将两神冕旒龙衮赤写衾裯之属，焕然一新，俾瞻仰者目睹夫显烁之威仪，益生其畏惮之诚，而尽祛其怠缓之妄，亦可谓深得古人之妙用而知首务也。因援笔而为之记。

邑拔贡魏鸿祖谨识

邑庠生魏绝章谨书

崇仁敦义香首佾生赵桂林（等20人）　监生李兆元（等11人）

阴阳　赵玉元　萧际华　李息奇　李成朝

主持　真潭

大清嘉庆六年三月吉旦

玉工　李成海　敬刊

关帝庙重修碑序

【简介】

清嘉庆六年（1801）勒石。程秉英撰文，常习诚、周凤鸣书丹。现存于武乡县故城镇北涅水村。碑青石质，高190、宽74厘米。梯形碑首高25厘米。碑首内充满图案，碑两侧亦有镌边花纹。碑文共24行，满行52字，楷书。碑文字大部可辨，底部每行约4字模糊。

【碑文】

关帝庙重修碑序

古语云：创业维艰，守成不易。盖谓创者自无而特使之有，守者既有而勿令其无。凡事类然，况神庙乎？今武邑北涅水村有神庙，阅卧碑，于天启二年正面新建关帝大庙三楹，左建佛殿三楹，右建文昌庙三楹，韦驮、奎星庙咸对峙焉。继而东西庑以及钟、鼓二楼，楼棚五间，乐楼一座。虽建修不一时，而屡建屡修，庶可谓创业有人，守成有人，斯庙其永传不朽矣。迄于今，□风雨倾颓，栋榱折崩，黝垩零落，使不修理而补葺之，不将创于前而堕于后乎？于是纠首等诚意及此，先均地亩之供，复募四方之工，庀材、补修、采画，功成告竣，嘱文于余。余才疏学浅，敢曰能文，聊叙数语，以示今人能继古人，后人亦当继今人云。

铜鞮程秉英俊甫敬撰

本邑常习诚　周凤鸣敬书

（纠首，布施人等略）

直隶沁州僧正司住持悟□门□□□

嘉庆陆年岁次辛酉八月吉日阖社仝立

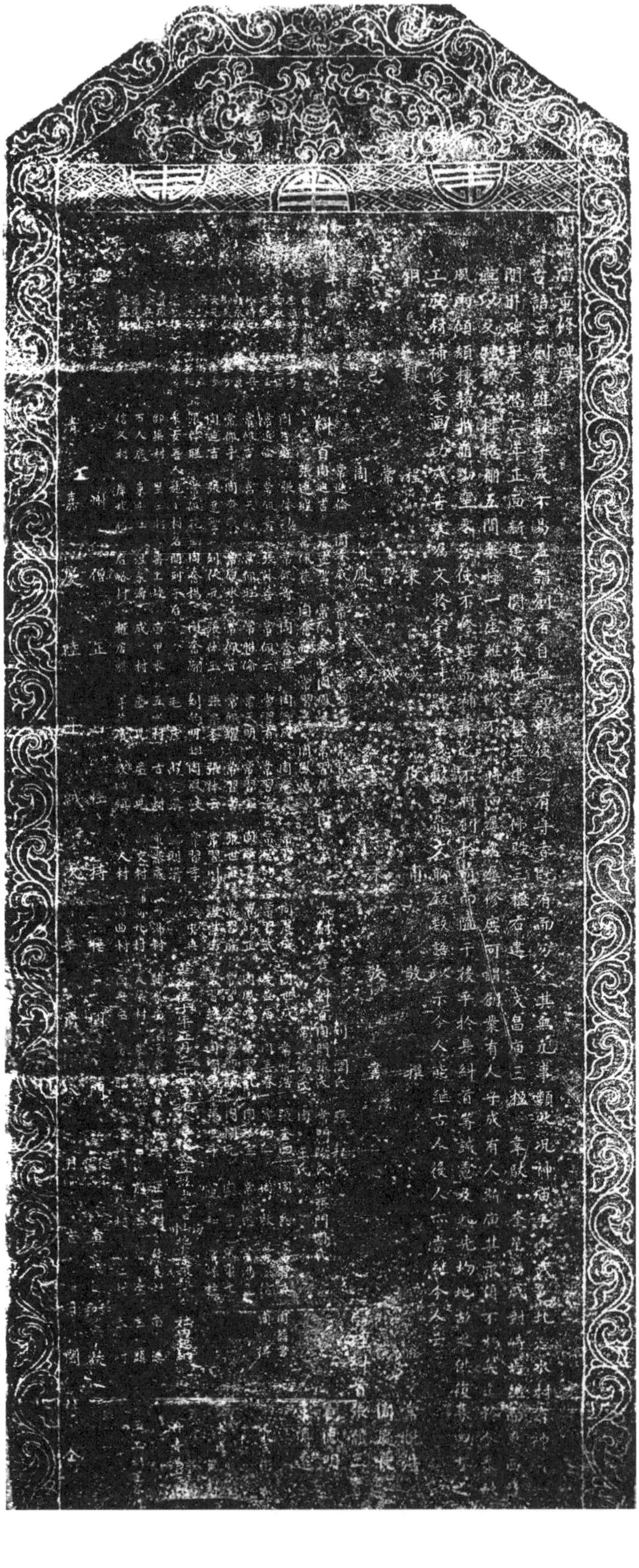

监漳应感庙地亩粮数碣

【简介】

清嘉庆七年（1802）勒石，现存于武乡县武乡监漳镇应感庙遗址。碣石高60、宽77、厚10厘米，刻文共16行，满行22字。碣文主要记述应感庙道会司道会李仙师日积月累置地五十亩，恐日后变更，刻石铭记。

【碣文】

武邑应感庙道会司刻□佑永垂庙守地□志：凡碑铭易作而难工，盖以文生乎情，情不真则文不至，况以俗士而写道门之委曲，不啻隔墙听弈，大费揣摩，岂不难之尤难乎？时余在庙中，与同班共襄神祀。李仙师向余言曰：“吾生平懦弱，颇置地若干，恒虑后嗣或为变更以隳我前辛，子为我勒列诸

石，以垂永远，可乎？”余曰：“善哉！善哉！”此庙有地五十亩，人每苦其太瘠，师何于地之堕落者修之使成，本无者充之使有，反其瘠而致之有余耶？噫！余知之矣。师厚重醇朴，外不足而内有余，一丝一粟，不敢奢华，所以铢积寸累，勺水也，而渐成沧海；寸木也，而可高岑楼。夫是以颂其功者，高嵬仰止，羡其德者，清可挹流，细述生平之为人，虽更十仆莫罄也。师今者年迈五旬，未及衰老，将来增置，岂可限量？姑即目前之地亩，座落粮数，开列于后，以示不朽云。

裴回地五亩半，粮一钱七分；立石上地三亩粮六分；

杜山地四亩半，粮一钱二分；东丈八凹地三亩，粮七分；

石牛温地三亩，石东辿地一亩二处，共粮一钱二分。

玄门弟子道会司道会（姓名略）同立

大清嘉庆柒年梅月望日刊石

创建凌云阁碑碣记

【简介】

清嘉庆八年（1803）三月立石。现存于武乡县丰州松庄村。碑红砂石质，高161、宽56、厚14厘米。碑额双行楷书“创建凌云阁碑碣记”8字。志文楷书。碑面四周残损，缺文较多。

【碑文】

创建凌云阁碑碣记

（阙文）南□□□山水□堪舆□□于（阙文）村之人（阙文）而□□之使村人得以□通晓拜□□而且为河山之□□村小力微，恒有志而未逮也。无何，于乾隆五十年间，秋水泛滥，有杨树三株，顺流而下□□□而观，挹

取之，得直出三十余以售。嗣后，稍权子母十数年□积钱七万有奇，村人咸相庆曰：是可以如吾愿矣！旋议首其事者五□，而复以十余人□□□以助其不足，□议而举若建创焉。于是鸠工庀材，大兴土木，基以石券，覆以重檐，砖壁金梁，鸟革翚飞。越二年余，居然一伟观矣。村人额其上曰“凌云阁”。□□□固村人同心协力之所□□，亦四方之好善乐施，有以济其美也。工既竣，属余为记。余不文，窃□记其始末，俾村之人虔诚鼎焚无或替焉。庶不负□□□□事于嘉庆五年之春二月，而落成则七年九月云。

邑庠生晚远甫魏绳章熏沐敬撰并书

武邑长乐重修红龙神庙并乐楼碑记

【简介】

清嘉庆九年（1804）立石。现存于武乡县大有乡长乐村。碑高142、宽52、厚16厘米。右边栏刻有缠枝花叶图纹。碑文正书，正文17行，行53字。碑额及碑体左侧凿残，落款时间缺失。立石时间系据碑文内容推断。

【碑文】

武邑长乐重修红龙神庙并乐楼碑记

闲尝旁搜书纪，博览遗文，未始不叹龙之为灵昭昭也。何也？龙固神之不可测者也。泛而言之，虽妇人小子皆知其有龙也。至问其屈伸之妙、变化之神，风云雷雨之行，所无事即学士文人有不能确指，其龙之所以为龙者神龙信不可测也。别之曰：“红胡为乎？”则意者不离二气，不外五行，其本火德而生欤，宜与天地相终始矣。或且谓六月十八为圣诞之辰，果生于何年、诞于何地哉？得非古者择吉而祭，传诸久而难稽欤？窃以为庙祭非古也。至敬不坛，扫地而祭，敢曰红龙之神仅在庙耶？然而瞻其庙，仰其像，忾然若有闻，僾然若有见，洋洋乎如在其上、如在其左右，有敬之至而不自知者矣。就揆诸先王神道设教之意夫，亦不甚相远耳。吾村之东偏〔有〕里许，背山面水，有红龙神庙三间，创建于乾隆之戊辰，越癸未而乐楼亦备。独是地势较险，风雨频经，桷瓦倾覆，基壁凋零，岂有昔之所望于今乎哉！准以有举莫废之义，其不可不重修也明矣。岁在甲子孟春之吉，吾族叔武生珍幹以应本年香首，不忍坐视，首倡义举，与众议修，欲余同事。余亦愿从其后，但舌耕榆邑，就馆有期，不敢应命。彼时吾虽与闻，尚不知作何举动。及仲夏旋归，功已告竣。倘所谓有志者之事竟成非耶？首事者将勒碑以纪其成，征记于余。余因按其大势，询其细情，乃知如何硕画，如何拮据，同心董事者之固有某某也。若者募缘他乡，莫惮道路之苦矣。若者□呼徒役，不辞朝夕之劳矣。若者经理督工，可谓初终而不易矣。观其鉴前辙、图后举，扩充其址则凿石以坚凝之，经纬其墙则易砖以巩固之。仍旧者二三，更新者七八，凡物皆随材而器使之。庙前□嵯欹斜，道左崎岖狭窄，亦莫不相势而修饰之。肯堂肯构，美奂美轮，有光有耀，如底如矢，今实不啻追美于昔已。其西南建河神庙一楹，西北增小茶棚一座，盖连而及之云尔。特念董事者为神庙、乐楼设久远之谋而不至于侈也。为社馆民人节物力之用，而不失之陋也，岂不戛戛乎其难哉！然非独董事之难，董事而能公尔忘私为尤难。计工九十余日，时非不久也；用钱百五十千，费非不多也；匠氏之资给无论矣，即施二三百余。夫其饘粥，孰非取诸公□乎？至同心董事诸人从未有饮斯食斯者是以难也，而吾因之有感矣。好善乐施，四方之君子固克成其美焉；尽心竭力，一乡之善士不亦与有乎？何义如之！迹其始末计工财用，外乡募钱九十六千有奇，本村施钱九十五千有奇，除费下剩钱四十二千有奇，留为开光勒石之需以俟异日续录焉。是为记。

拣选〔知〕县丙午科举人王锺俊撰

重修南神乐楼碣

【简介】

清嘉庆十一年（1806）立石。现存于武乡县丰州镇南神山。碣高50、宽30厘米。正文11行，满行19字。左侧落款时间残缺。立石时间系根据碑文内容推断。

【碑文】

先□以神道设教而隆其禋祀，此非謟谄渎之谓，谓其能御灾捍患，有利于民生，有裨于国计，呵护独灵，嗣祀典之所以不容或缺也。武邑南神山城隍庙每岁三、五月修祀，而以崇仁、敦义两里主之。充斯役者皆捐赀积蓄，以为迎神报赛之资及夫修残补缺之费焉。嘉庆九年，余乡吏员赵伉仝，北社王海等应香首，至十一年毕，乃事所输之财，除奉祀外又将南神乐楼重加修葺，城隍仪仗全为改造。盖不特有以风神德、壮神威，而襄事诸人之奔走在庙，竭诚尽慎，不敢苟具卒□之心，亦于斯可想见云。

〔邑〕廪生史巘熏沐敬撰

〔邑〕廪生史锡朋熏沐敬书

离相寺香火地碑记

【简介】

清嘉庆十二年（1807）三月勒石。安正夏撰文、书丹。现存于武乡县离相寺内。碑石高92、宽46、厚14厘米，圆首，高20厘米，上书题额：“宗派。心源本湛寂，法海恒常清，能达证宗止，永际续慧登。”碑文8行，满行25字。地亩坐落列后共6行，每字1厘米见方。碑石保存完好，字

迹清晰规整。

【碑文】

离相寺香火地碑记

离相古刹也，创始何代，年远难以考实。即刹内僧众，今已等晨星之落落，遥想当年，不无今昔之感矣。且僧众所置之田，昔皆殷实，今无锥扎，所留者，惟有香火地壹佰伍拾陆亩耳。其地力之已竭耶？抑佛法之渐衰耶？及今而不刊石，匪值后之僧众难免变卖，属在地邻必且尤而效之，侵占焉而靡所底止。寺何以立？佛何以崇？此际攸关，顾可忽诸？呜呼！吾老矣，何以文为？而窃喜式庵先见之明，可光释迦，可垂后昆也。书之于石，愿以昭兹来许者。

邑庠生增广生员安正夏撰并书

本寺僧人理教式庵氏立石

地亩坐落列后（略）

凡寺庙香火地，止许僧种，不许僧卖，律例所载最明，犯者禀官究治。

同攀龙镇纠首　监生安充足　安文德　安正夏

大清嘉庆十二年三月上浣

玉工　杨希仆　刊

麻池沟重修明灵王庙碑

【简介】

清嘉庆十三年（1808）三月二十三日立。本乡人李天贵撰并书。现存于武乡县监漳镇麻池沟村。碑红砂石质，高168、宽74、厚12厘米。碑额双行楷书“流芳百世”4字，左侧刻一皆有果实之植物。碑文楷书体，现存于武乡县正文12行，行36字，四周刻有花叶图饰。碑体右上部分残缺，未知准确名称，根据碑文以及麻池沟村清光绪元年（1875）《重修明灵王碑记》，可以判断应该碑是重修明灵王庙碑。

【碑文】

（缺文）乡饮大宾李天贵熏沐敬撰并书

〔盖〕〔闻〕：〔莫〕〔为〕〔之〕〔前〕，〔虽〕〔美〕〔弗〕彰；莫为之后，虽盛弗传。则前与后之相待也殷矣。麻池沟之有□明□□□□□□□何年□，积日而月，积月而岁，历年既久，庙貌非昔，风日之久晒，雨灵之摧□□□□□□□□抑□墙〔垣〕倾颓，甚非所以崇祀典而肃神明也。夫吾侪□□犹有室庐以避害□□□而□于神乎□□纠首王毓□等目击心惊，慨然有志重□□□程浩大，非绵力所能□〔于〕是各出自□复□□□□善□量力布施共得银钱若干，□□□九年开工修理，依旧□□□□添设香厅□□□□□彩乐楼，幸而人心和乐，有财者输财，无财者效力，人人尽心□□□□恐后，家家□□□踊跃以争先，泥土者易之以砖石，狭隘者更而为宽〔大〕。既涂茨□□□□□□□神□□画檩梁。阅三年而告成，不知人心之和协至此，与□ 神灵之□□□□□□□后神降之福，人蒙其休，庶几有感必应而居此土者愈乐于为善乎。虽□□□□亦犹今之视昔，倘继此稍有损坏，复有重起而修理之者，是亦众纠首之所厚望□□□本□能文，特以诸亲敦请，难以推托，而撮其大概如此。

嘉庆十三年三月二十三日勒石

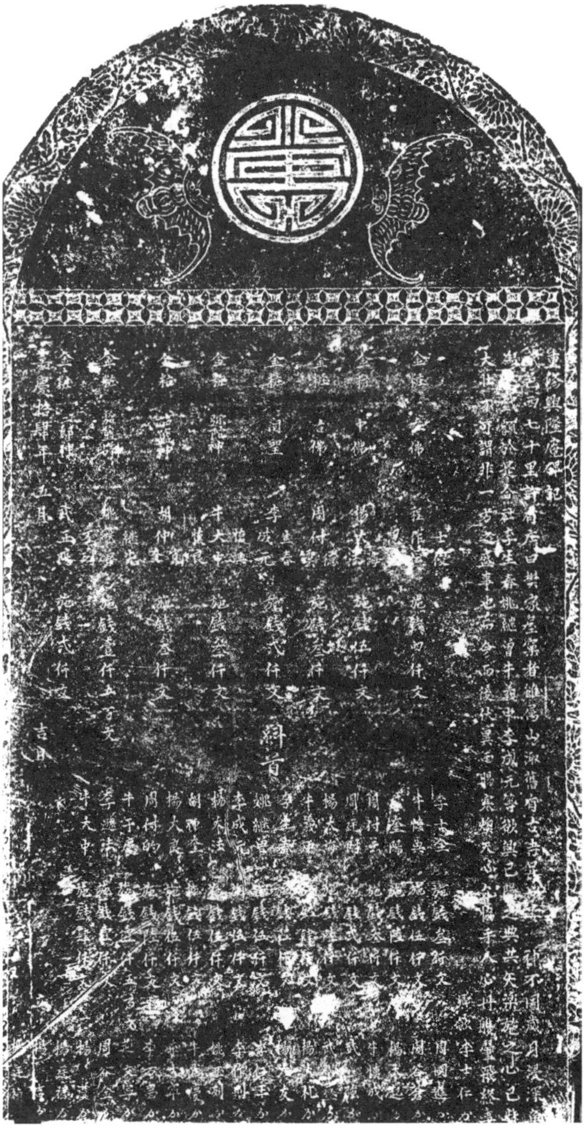

重修兴隆庵碑记

【简介】

清嘉庆十四年（1809）勒石，现存于武乡县故城镇五科村。碑高135、宽72厘米，碑首高37、宽72厘米。首内有篆体“寿”字，两侧刻有蝙蝠图案，象征福寿同在。

【碑文】

重修兴隆庵碑记

武邑西七十里许，有庄曰樊家屋窠者，虽属山陬，旧有古寺，足以安神。不图岁月浸深，无为之戏额。于是合社李生春、姚继曾、牛义中、李成元等，欲兴已坠之典，共矢乐施之心，已贲大壮，不可谓非一方之盛事也。而今而后，伏冀雨旸寒燠，天心允协乎人心！丹雘翚飞终事。

（纠首、施主、施钱数略）

嘉庆拾肆年五月吉日立

南神山补修东厢房记

【简介】

清嘉庆十五年（1810）五月勒石。李对之撰文、书丹。现存于武乡县南神山普济寺院内。碣石高59、宽68、厚12厘米。

【碣文】

南神山补修东厢房记

盖补偏救敝之说，无在不宜，而于庙宇为尤甚。《记》有之：能御人灾则祀之，能捍大患则祀之。况南山尊神，功业著于当时，声灵显于后世，而

为云为雨，御灾捍患者，实足以庙享千秋，血食万年也。故我崇仁、敦义两里，载在祀典，罔敢忽焉。兹者凡我同人，于三年祀事之余，爰修东厢房七间，是亦仍其补偏救敝之意也，而后之览者当不无勤勉云。

邑儒学生员李对之熏沐撰并书

（香首略）

嘉庆十五年榴月吉日　立

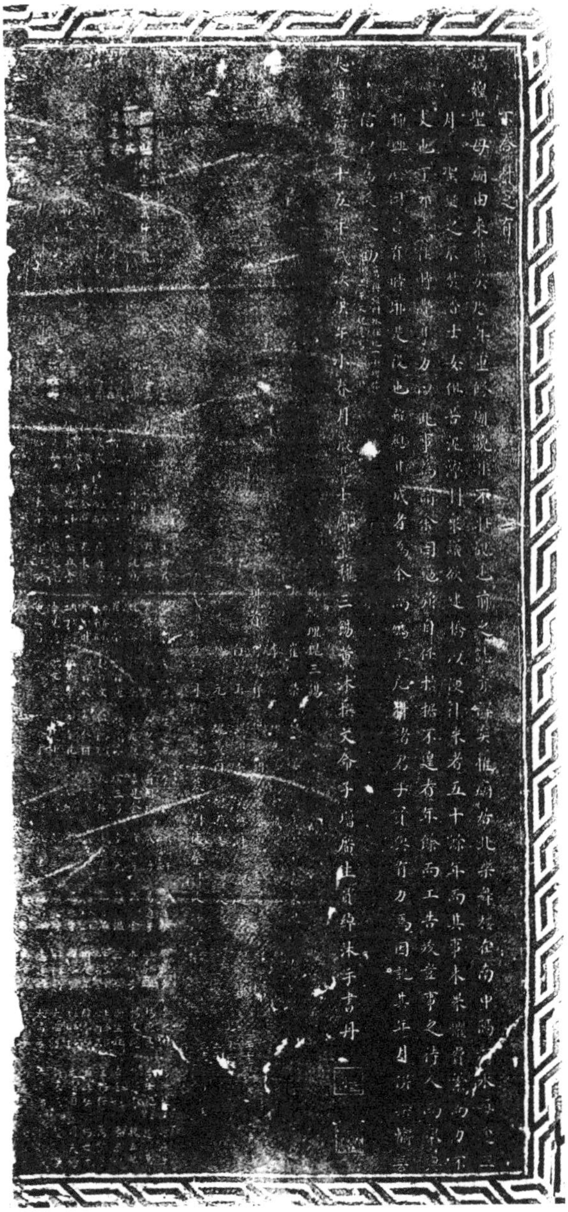

下合村建桥碑

【简介】

清嘉庆十五年（1810）勒石。魏三锡撰文，魏绰书丹。现存于武乡县武乡韩北乡下合村娲媓圣母庙。碑高114、宽58厘米，周边刻有富贵不断头花饰，碑文6行，满行40字，大半为捐钱者名单，由于字体过小，看不太清楚。

【碑文】

下合村之有娲媓圣母庙，由来旧矣。历年重修，庙貌非不壮观也，前之志亦详也。惟庙居北，乐舞楼在南，中隔河水。每逢三月圣诞之辰，焚香士女俱苦泥泞。村众议欲建桥以便行走者，五十余年而其事未果，惧费繁而力不支也。丁卯岁，，住持觉享力以此事为请，余固也强自任拮据不遑者，年余而工告竣。岂事之待人而举与？抑兴废固自有时耶？是役也，虽总其成者为余，而鸠工庀材，诸君子实与有力焉。因记其年月并乐输善信，以为后人劝。

大清嘉庆十五年岁次庚午小春月

岁进士膺宠魏三锡熏沐撰文命子增广生员绰沐手书丹

总经理魏三锡等

（捐赀施钱者略）

重修大庙碑记

【简介】

清嘉庆十九年（1814）四月勒石。李长福撰文、书丹。现存于武乡县墨镫乡墨镫村。碑高128、宽57、厚17厘米，周边雕刻富贵不断头图案，碑首高31厘米，上有行书“龙凤”2字，碑文19行，满行30字，楷书，字体高2.5、宽2厘米。

【碑文】

重修大庙碑记

村之朝阳之冈，有大庙焉。大庙者，位置清高，规模宏敞，临複水之长流，对双峰而并峙。当其始，广佑、明灵、后土神庙并列而为三；迄于今，送生、眼光、痘疹、圣母合享而成四室。中堂上宽兮绰兮，不但可度以几筵，柏翠松苍高矣美矣，更难兼计乎寻尺。肇自有宋，建处国朝，前人之创造依然，历代之增修屡矣。盖数十世之名区，亦千百年之古迹也，况夫拯吾

家于再造，自昔有灵，绵斯土之声闻，于今为烈。时而读书，金石之声谐乎风韵，即此行乐，管弦之奏杂以鸟歌，有低徊留之不忍去焉者矣。特以世远年湮，不无剥蚀乎风雨，考之碣残碑断，谁见彪炳于日星？尔乃岁际阏逢，年临阉茂，爰鸠工而庀材，乃补偏而救敝。呜呼！取精多而用物宏，志有未逮，勤垣墉而涂丹雘，少亦苟完，但曰小补之哉！固已无憾于此日。若夫大成也者，曷弗有待于他年。是为记。

邑次贡生李长福熏沐敬撰并书丹

纠首　李慎独　张法周

俏生李国相　李汝成

监生李长人　李万仁

庠生李方牧　李永文

李　津

嘉庆拾九年岁次甲戌四月十五日立

御祭文

【简介】

清嘉庆二十年（1815）勒石，现存于武乡县上司乡小店村东店则梁。该碑下端残缺，缺字已由拓片人另行补上。碑高100（包括残缺部分）、宽46厘米。碑圆首高20厘米，内书“御祭文”3字，居碑首正中，字高4、宽7厘米。碑文共11行，满行31字，楷书，字迹清晰、工整。碑边有图案环绕。

【碑文】

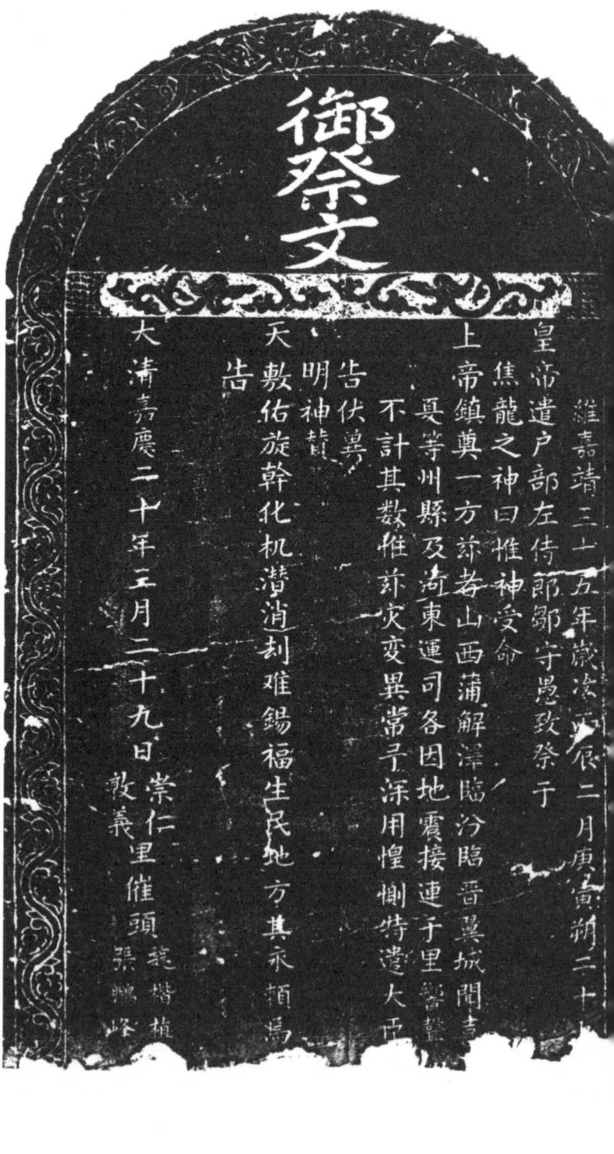

御祭文

维嘉靖三十五年岁次丙辰二月庚寅朔二十九日戊午，皇帝遣户部左侍郎邹守愚致祭于焦龙之神曰：

惟神受命上帝，镇祭一方，兹者山西蒲、解、泽、临汾、临晋、冀城、闻喜、襄陵、灵石、安邑、荣河、□□、夏等州县及河东运司，各因地震，接连千里，响声如雷，震倒房屋，压死□□，不计其数。惟兹灾变异常，予深用惶恻，特遣大臣敬赍香帛，往诣祭告。伏冀明神赞天敷佑，旋干化机，潜消劫难，锡福生民，地方其永赖焉。告。

大清嘉庆二十年三月二十九日

崇仁、敦义里催头　魏楷植、张鹏峰

大陌异外为约中之事碣

【简介】

清嘉庆二十年（1815）九月立石。现存于武乡县蟠龙镇大陌村。碣青石质，高36、宽60厘米。左下角有残缺。碑文楷行体。

【碑文】

大清国山西沁州武乡县大陌村，异、外为约中之事，立碑刊石，百世流传。异姓轮流周转开列于后：情因三年之内本村连应乡约二名，苦累无依。以致轮应之年，异姓与刘姓每有推争之讼，村人受累，实不便利。今后同合约人等协同亲友魏金殿公议明白，异姓措钱三股之一应乡约一周，刘姓措钱三股之二应乡约二周，合置租租粟，永为乡约费用。凡应乡约之人，俱皆连收三年租粟，轮该何姓充当，即着何姓自议应股之人，周而复始，永作成规，以免后害。恐后无凭，立此合同，一样二张，异姓刘姓各执一纸以为后据。

本年置地出地价过粮税契共费钱玖拾文整，坐洛地名开列于后：张家脚地二亩一段，粮肆分肆厘，地内科租米二斗；仁脚地三亩一块，粮肆分肆厘，地内科租米二斗；小凹崖地三亩一段，粮六分，地内科租米肆斗；马来头地肆亩一块，粮捌分捌厘，地内科租米肆斗；仁脚贝地肆亩一块，粮捌分捌厘，地内科租米伍斗；东江沟地肆亩一段，粮捌分捌厘；马鞍则地伍亩一段，粮一钱一分，二处地内科租米一石。柒处共地二十肆亩，柒处共合粮伍钱二分二厘，柒处共收租米二石柒斗。轮流应乡约之人收租三年，分粮三年，异姓与刘姓轮流应乡。

本年先应乡约之人　韩字晋

嘉庆二十年九月十五日立铭

玉工　杨怀□

重修大库房珉志

【简介】

清嘉庆二十三年（1818）勒石。魏家珍撰文，刘志奇书丹。现存于武乡县武乡南山之庙宇中。南山也叫南神山，位于武乡旧县城（今故县）东南1公里许，漳河南岸。这里是遐迩闻名的修法圣地，寺宇参差错落，高树遮天蔽日，风景优美如画，氛围恬静肃穆。碣石宽55、高45、厚14.5厘米，字体笔画较细，不太清晰，可勉强辨识。

【碣文】

重修大库房珉志

武邑南山神，相传为汉代耿将军也，或曰非也，神道荒渺，远而难稽，

骏奔之后，但志修葺之功而已。神库三间，系祀事之要领，一切祭器、祭品，豆籩骰酒之属，皆于是乎收藏焉。迩年以来鼠牙雀角，风雨倾颓。香首等各出赀财，同心协力，撤旧更新，约费二十余金。区区微劳，敢曰勒诸碑珉，永垂不朽，亦略志数言，以示不敢怠荒之意云尔。

儒学优廪生魏家珍熏沐敬撰

署医学训科刘志奇熏沐敬书

（崇仁坊敦义坊香首姓名略）

阴阳学訓术　萧际华

住持僧　真瑞

玉工　杨科　暨侄庚戌敬刊

大清嘉庆二十三年岁次戊寅五月二十八日立

庙坡底海渎龙王祠碣

【简介】

清嘉庆二十四年（1819）五月立石。现存于武乡县蟠龙镇前张庄村。碣青石质，长方形，高45、宽72厘米。志文楷书，正文17行，满行22字。周边刻有奇花瑞草图案，及菱形网格纹。

【碑文】

武邑东庙坡底海渎龙王祠左右居民凡竭诚而祈祷者，咸沾神惠，所以每年除岁时正祀外，于芒种前后特有偏祭一举，一切费用俱按地亩均派。迄今地亩渐少，祀事几难办理，合社公议另立章程，庶社规整肃而享祀不忒矣。谨将所议数条勒石，以垂不朽。

一　本社现存地亩、各处地亩薄，今已注明，日后照薄计算亩数，许添

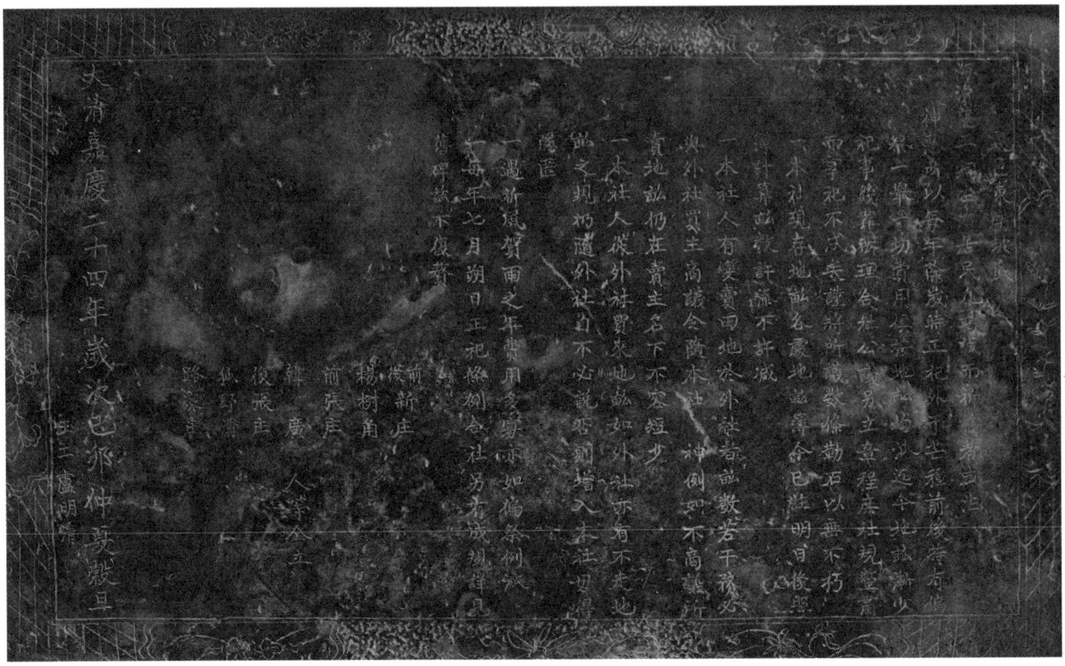

不许减。

一　本社人有变卖田地于外社者，亩数若干，务必与外社买主商议，令随本社神例。如不商议，所卖地亩仍在卖主名下，不容短少。

一　本社人从外社买来地亩，如外社亦有不走地亩之规，仍随外社，自不必说，否则增入本社，毋得隐匿。

一　遇祈风贺雨之年，费用多寡，亦如偏祭例派。

一　每年七月朔日正祀条例，合社另有成规，详见旧碑，兹不复赘。

前后新庄　杨树角　前张庄　韩广　后张庄　狐野沟　路家庄人等　仝立

大清嘉庆二十四年岁次己卯仲夏谷旦

玉工　卢明清

重修关帝庙铭记

【简介】

清嘉庆二十四年（1819）十月立石。现存于武乡县韩北镇石圪垤村。碣青石质，高68、宽54厘米。边栏刻有简易富贵纹。碑文楷书，正文8行，行20字。

【碑文】

重修关帝庙铭记

粤稽创建之功十倍于重修，石圪垤村自乾隆三十九年创建关帝庙，工程浩大。四方善信欣喜乐施者，不计其数。但以其功未竣，碑亦无存。越今

数十年，风雨飘摇，入庙焚香者咸增叨叹。村人爰起而重修之，特以社小力微，又取资于四邻。夫两次修营而终无碑铭此，后将何所稽乎？事毕，征铭于余，于是援笔而为之记。

邑生员王育民教之氏熏沐敬撰并书

大清嘉庆弍十四年十月十五日立

重修东皋村文昌庙记

【简介】

清嘉庆二十五年（1820）勒石。李青绮撰文，李华书丹。现存于武乡县监漳镇东皋村。碑高149、宽66、厚18厘米，碑圆首，高33厘米，上有龙凤呈祥图案。碑文共19行，满行36字，碑周边有纹饰。

【碑文】

重修东皋村文昌庙记

癸酉科拔贡己卯科举人候铨知县李青绮锦章氏熏沐敬撰

邑藏拙居士李华文西氏熏沐书丹

武乡素号文盛之区，而东皋村居县南鄙，其居人仅百余家。村东旧有文昌帝君庙，邑乘所载“聚龙山有文庙”者，即其地也。虽其东院尚有古佛庙，西院有文公土地庙，东南有奎星阁，而以文昌为主，故直称之曰“文昌庙”。创建不知何时，规模颇宏敞，为他村所未有。自明迄今，居斯里者皆余本族，迩年未间，亦有他姓隶其中者。余于斯庙，可想见吾本族先人尊奉之意崇尚之所在，故我李氏前数世文运之盛，独推东皋村焉，而邑之南乡村落数十处亦无能出其右者。第其殿宇廊舍历时又久，风雨剥蚀，将复有倾圮者。昨岁春合村公议重修，同心并力，各出资财，又复募化他方，于是鸠工庀材，阅数月而工程告竣，景象聿新矣。客腊，余因乡荐谒本族人至其里，见斯庙之更新完美，方仰观而欣幸之，以为今人之所尊奉而崇尚之者，无负乎先人之志也。如此，则其所以保全阴骘，感格神明，当自由道而文运之盛，克绍前徽，庶于兹有厚望焉。安在古今之必不相及也？已而首事诸君子，属余为文，以记其事。余即本其私心之所感慕者应之，以见前人所以立斯庙，与后人之所以重修斯庙，其有关于一乡之文运者，洵非浅鲜事也。是为记。

经理人　李惠品　侯保国　李敦德　李苾　李成品　李天增　李守谦　李灿　李天宁　李万惠　李根保　李福昌

主持　王志盛　徒张理鳌

大清嘉庆二十五季岁次庚辰六月谷旦勒石

例授修职郎候铨儒学教谕乡饮大宾恩进士莲峰李公新茔碑记

【简介】

清嘉庆二十五年（1820）立石。武乡知县王嵩撰文。现存于武乡县韩北镇西堡村。碑青石质，高136、宽55厘米。碑额横篆“传后碑记”4字。碑文楷书，正文20行，满行48字。

【碑文】

例授修职郎候铨儒学教谕乡饮大宾恩进士莲峰李公新茔碑记

予莅任武乡之明年，合邑士民制锦寿予。莲峰李公书寿轴，体法精楷，迥与俗异。从游诸生为予刻《乐山集》，丐公为序，简要有体，甚惬予心。庚午、癸酉予为山西考试官，在闱中纵谈征事，自主试以及同考诸官无不以该博重。予及与公谈，又能于百家子史外，示予所未见者数十条，皆古今讹传、史传遗漏，足以新人耳目之事，其学问为何如哉！公晚年家居邑中，公事无不与焉。予相交六七年，从未尝一言及人词讼。予重其人，以

“行孚经训”额其门，以旌之。乙亥春，欲于新卜茔地刻一碑石，而请记于予。且言止求叙其家世宗支，及始祖以下坟墓所在与本茔祭田，以为传后计。予询其先祖，讳贽，于大明洪武间，由直隶顺德府邢台县以岁贡生任山西沁州学正，致仕入籍武乡。家于东田之东堡，传十世迁居于西堡。始祖子四。二世祖仲昭，行一。三世祖夏。四世祖荣宗，二子。五世祖茂，行一，甘州吏目，升庆阳府照磨，六子。六世祖思昂，行二。七世祖遇时，廪膳生员，二子。八世鸿，行一，庠生，二子。九世祖云梯，行一，庠生。十世祖在野举，儒官荐乡饮大宾，即公之高祖，十子。曾祖光荩，行二，庠生。祖永祉，庠生，六子。父潜，行三，庠生，例增修职郎，三子：长凤鳌；次中健，增广生员；公行三，名中敏，号莲峰，恩贡生，荐为乡饮大宾。一子，逵鸿，增广生员。始祖茔在岩□坪偏西，道东有公所立碑石为记，二世、三世祖从葬焉。四世、五世祖茔在道西檀树坟，六世、七世、八世、九世祖茔在中行松树坟上划，高、曾祖茔在松树坟划，本父茔，迁于上中行十八亩内，所卜新茔即与相连，在北以所置本茔碑地三亩，茔在地十亩，瓜地地六亩，梁则树头地八亩，池上沟地二亩，池底下地九亩，桑林地六亩，下场地三亩，小池南地二亩，小园下地四亩，南辿地上下六亩。又有南上河东沟西坡地九亩，村南地八亩，道南地七亩，西沟地七亩，又六亩。又有桥南□□地六亩余又五亩，罗门堖地八亩，朝阳脚地五亩，本外村共地壹顷二十亩，共粮式两捌钱壹分，定为本茔祭田，后世子孙轮流经理，止许租种，不得变卖，并不得典当老茔。近在咫尺，祭必先祖而后宗，祭品不能过丰，亦不得任意俭莼。一年之间，时祭会食，群居话旧，因流溯源，庶几有百世之远，不至昧所由来，而子姓兄弟知所亲爱乎。是为记。

敕授文林郎知武乡县事庚午癸酉山西同考□□加三级纪录五次年家眷弟西山王崧顿首拜撰

大清嘉庆二十五年岁次庚辰□月谷旦勒石

玉工　萧洪山　镌

施地铭序

【简介】

清道光二年（1822）勒石。申于逵书丹。现存于武乡县洪水村关帝庙内。铭石高38、宽49、厚10厘米，铭文15行，满行18字，周边刻有富贵不断头花饰。

【碣文】

施地铭序

盖闻圣以诚感，神以灵应，此香火之费不可无，而施舍之人所时有也。平邑尹回村监生张效曾，在本镇因开三益号，财源茂盛，将本号典到敖则堖名乔德者，地壹段拾贰亩，并原典价钱二十二千，原粮壹钱弍分，同道光元

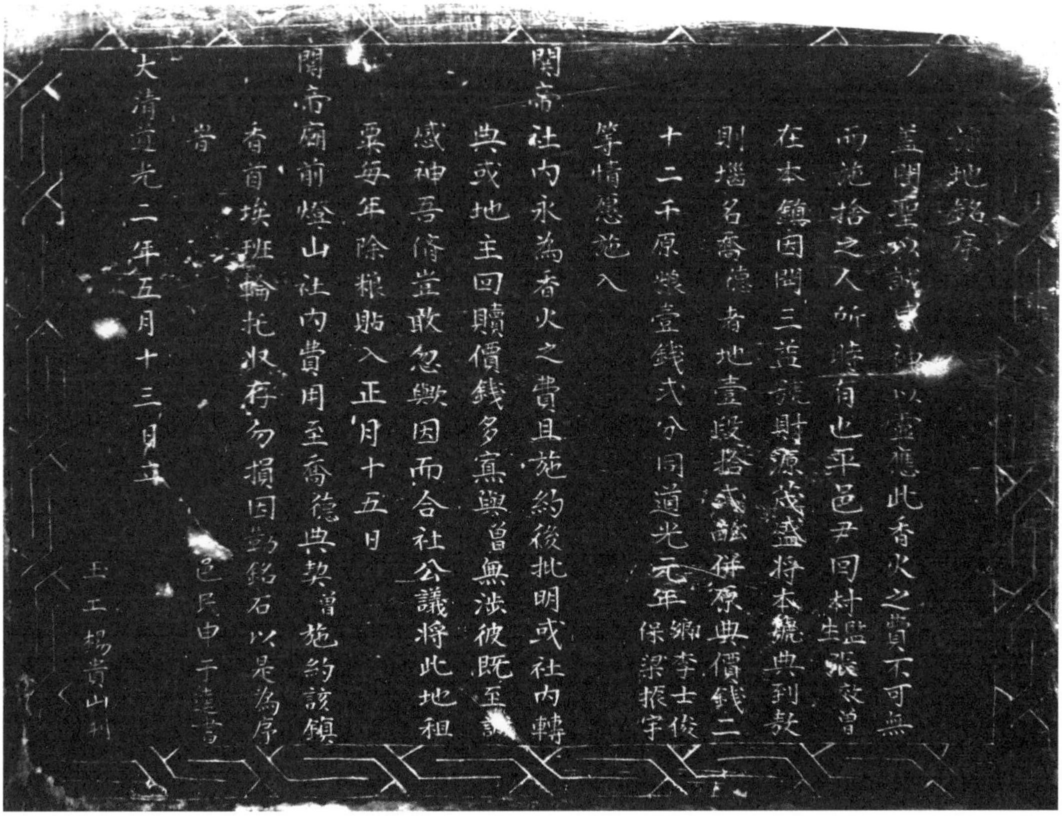
施地銘序
蓋聞聖以誠感神以靈應此香火之費不可無
而施捨之人所時有也平邑尹回村監生張效曾
在本鎮因開三益號財源茂盛將本號典到敖
則堖名喬德者地壹段拾貳畝併原典價錢二
十二千原糧壹錢弍分同道光元年鄉李士俊保梁振宇
等情愿施入
關帝社内永為香火之費且施約後批明或社内轉
典或地主回贖價錢多寡與曾無涉彼既至誠
感神吾儕豈敢忽歟因而合社公議將此地租
粟每年除糧貼入正月十五日
關帝廟前燈山社内費用至喬德典契曾施約該鎮
香首挨班輪托收存勿損因勒銘石以是為序
曾
邑民申于逵書
大清道光二年五月十三日立
玉工楊貴山刊

年乡保李士俊、梁振宇等情愿施入关帝社内，永为香火之费。且施约后批明：或社内转典，或地主回赎，价钱多寡，于曾无涉。彼既至诚感神，吾侪岂敢忽欤？因而合社公议，将此地租粟，每年除粮贴入正月十五日关帝庙前灯山社内费用。至乔德典契曾施约该镇香首，挨班轮托，收存勿损。因勒铭石，以是为序。

邑民申于逵书

时大清道光二年五月十三日立

玉工　杨贵山　刊

东庄南相寺碑

【简介】

清道光四年（1824）四月立石。现存于武乡县洪水镇东庄村。碑长方形，高45、宽70、厚14厘米。志文楷书，行22字，正文9行。边栏刻有简易的富贵不断头图纹。

根据碑文内容，该碑本为明万历二十九年所立，现存碑为清道光四年后人复立。

【碑文】

元朝景定二年，东庄閤村人等起盖佛殿三间，观音殿二间，佛殿二尊并未金妆，迄今三〔百〕三十年，风雨倾颓。自大明万历十九年本村功德主韩柳因无子息，地基加高八尺，起盖佛殿，地基、墙壁俱是砖砌。南殿二间改作三楹，泥塑金妆佛像六尊。立禁山一所，栽松树四株，椿、楸树数株。用价银三两六钱，买确塔则地三大堎、三小堎，并石坡下河漕，共地十亩。又用价银一两，买殿东地四亩。柳一人独立成就，观音堂改作南相寺，故立此石为记。

山西汾州府武乡县土河北里工〔功〕德主韩柳　妻安氏　张氏　王氏

男体〔心〕　应心　〔体心〕妻李氏　孙功勒　〔功〕勤

〔万历〕二十九年四月初五日立住持真祥石工崔尚贤

道光四〔年〕四月上旬

柳九世孙御林　富〔林〕　贵〔林〕　官〔林〕

十世孙德成　永富　海　科　天佑　正良　桂　所　全　举　春　遇梁

十一世孙保万　杵　起云　弘　鼠

住持　悟喜

韩泉达书

石工　杨贵山　刊

重修圣泉寺碑记

【简介】

清道光五年（1825）勒石。魏叙撰文，李廷枚书丹。现存于武乡县墨镫乡崇城岩圣泉寺。碑高156、宽70、厚16厘米，碑首佚失。

【碑文】

重修圣泉寺碑记

古之名胜之区，人以地传乎？地以人传乎？抑地灵人杰，实有相须而成者乎？武邑崇城岩险，甲于一方，峭壁危崖，奇峰突起，其间树木森森，周匝环绕。有时风雷交作，万窍怒号，悄然而悲，肃然而恐。有时雨雾新晴，一望无际，黎、潞诸峰，豁然在目。至若水流潺湲，味甘如饴。原泉混混，仅一勺之多耳，而取之不尽，用之不竭，名之曰圣泉，洵不诬也。

寺相距二十里为墨镫村，村中李氏为邑望族，若俨、若尧德、若黼读书获隽于其中，而大进士渠、小进士渠流传不朽，殆与文中子之石室、邵子之安乐窝有后先辉映者焉？考自有明，止佛堂一所。及康熙乙未，李公兴及士宗创佛殿三楹，禅堂二宇。雍正庚戌，释子了闻与众重建创东楼 三间、西楼三间、南楼九间，居中为韦驼殿，有亭巍然，心旷神怡。东西两门，屹立对峙。工竣之后，李公彤廷勒之贞珉，以志其胜。至今已九十年余年矣，废者顿兴，兴者渐废，过其地者得无有昨是今非之感乎？道光庚申，李公涵英、释子真和目击倾圮，共谋缮修，商及于诸同事者，各出乃赀，饬材鸠工。越数月，复以焕一时之耳目，壮累世之观瞻。信乎！李氏能世其家矣。

而真和者，余于嘉庆丁丑岁曾遇之于宝峰寺，见其魁梧奇伟，傲岸自喜，与缙绅言，不作嗫嚅态，亦豪爽中人哉！是役也，毅然首倡，慷慨乐输，募化四方，不辞劳勚，以之拟释子了闻，何多让焉！而吾因是有感，古今来庙貌巍峨，其始仗义疏材，正不乏人。迨乎事遥境隔，屋宇荒凉，资斧告匮，束手坐□者有之。何况属在沙门，且前且却，徘徊观望，岁复一岁，未能督率而经营之，将有日即于颓废已耳。能如是之翚飞鸟革，益以著旷如奥如之胜而无憾哉！余不欲有志之士湮没而弗彰也，记之以劝夫后之好施者。

后学修职郎候选儒学训导廪贡生魏叙熏沐敬撰

太学生李廷枚熏沐书丹

传临济正宗□山十世兼贤首慈息三十一世宏法沙门号自悦

吏部札授武乡县僧会司僧会真和　师弟真山　徒空慧　空容

（纠首及施钱者略）

清道光五年岁次乙酉仲夏之吉

新建凌云阁碑记

【简介】

清道光六年（1826）勒石。史献撰文，史东荣篆额，李廷芳书丹。现存于武乡县武乡韩北乡西头村凌云阁遗址。原庙已毁，仅存石碑。碑高130、宽60、厚16厘米。碑圆首，高30厘米，中间篆额“凌云阁新建记”6字，两边刻龙凤呈祥图案。碑体两侧刻富贵不断头图案，碑文20行，满行45字。

【碑文】

新建凌云阁碑记

壬午恩贡生史献撰文

邑儒学生员史东荣篆额

邑处士李廷芳书丹

西距余村八九里许，有村曰南上合。村分东西两头，山势旋绕，西北独敞。堪舆家谓泄气太甚，必建一阁，上奉关帝君以镇之，则灵秀凝蓄矣。夫青鸟之术，半涉恍惚，帝君之灵，远在九天，恶在斯言之必可信哉？然地理实通天理，□道不越人道。唐宋诸儒固尝本此意以觉愚蒙，必谓圣人不语，即属无稽，特小儒生坐井观天之鄙见耳。而欲以服里人□，恐必不能，且又何以为急乡村之公务者勤乎。余侄孙清翰侨寄兹土，辛巳春李生纯元与适言及此，慨然曰："甚□举也，胡不早为？"遂纠合村人公议建造，父老子弟无有不欣然愿从者。但地瘠民贫，竭其绵薄，不克终事，不得已又萃□于四方奔走请谒，鸠工庀材，阅二年而功始竣。告竣之日，开光献戏，四方来观，村人忭舞，睹其基址巩固，栋宇辉煌，气□聿新，若真可以回地力而迓神庥也已。岁丙戌请记于余，余不文，愧无以应，然窃羡是村人急公尚义，不惜财力，踊跃□先，视夫悭囊自守，遇村社有事辄逡巡畏缩而不肯前，其尤甚者本属钱虑，转托大言，以文其吝，谓檀那布施，皆庸夫□子祈福免过之私见耳。我不屑效其为人贤不肖何如耶？然则嘉是举以风世，实余之所不敢辞也，因为记。

纠首　介宾李允德

吏员史清翰　庠生李纯元等三十一人俸钱（钱数略）

庠生李纯元

襄邑玉工　韩根贵

大清道光陆年岁次丙戌陆月谷旦

南山城隍神庙修祀事碣

【简介】

清道光七年（1827）勒石，孙廷元撰文，孙攀桂书丹。现存于武乡县武乡南神山普济寺。碣石高49、宽58、厚15厘米，周边有富贵不断头纹饰，刻文共26行，满行20字。

【碣文】

道光五年祭三五月会于南山城隍神庙，修祀事也。诚以明禋肹蚃之举，肇自有年，十八家香首，凡迎神报赛以及牵牲举帛，莫不各抒其忱，而罔敢或坠焉。既而三年内上下轮流周转，属在祀典，或遵旧规，事毕之余，理宜补葺，遂于南山砌下戏楼三间，城隍庙中库房三楹，一概重修。睹是举也，虽云循途守辙，而虔诚不倦之意，于此可见。兹以予为记，予实不敏，笔惭

元康，不过聊成数语，以俾后之览者，庶不至无所考核云尔。

儒学生员鼎斋氏孙廷元熏沐敬撰

铜鞮武生芳馨氏孙攀桂熏沐敬书

崇仁坊香首　监生　（略）

敦义坊　香首　□事　（略）

阴阳学　萧际华

住持　僧人□□

大清道光七年五月二十六日立

玉工　杨恒泰　勒石

重修慈云庵碑记

【简介】

清道光八年（1828）七月勒石。闫凤苞撰文，杜天培书丹。现存于武乡县故城镇温家沟村慈云庵。碑高184、宽72、厚14厘米。梯形碑首高32厘米，内有题额“福缘善庆”4字，楷书，字体10厘米见方。碑四边饰以花草图案，图宽3厘米。碑文共24行，满行55字，字体楷书。

【碑文】

重修慈云庵碑记

盖闻肆类柴望，祀典创自唐虞，玉捡金泥，仪文隆于历代，春秋匪懈，享祀不忒。虽山陬僻壤，而妥神之所，无容圮敝而弗兴也。武邑庄里村旧建慈云庵，风剥雨蚀，鸟啄鼠穿。前者虽经修葺，今而复见倾颓，微特砖瓦凋残，垣墉破坏，几有栋折榱崩之惧矣。纠首等不忍坐视，共议重修，但功程既大，则费用必繁。审己量力，固系一村出资财；好善乐施，复赖四方

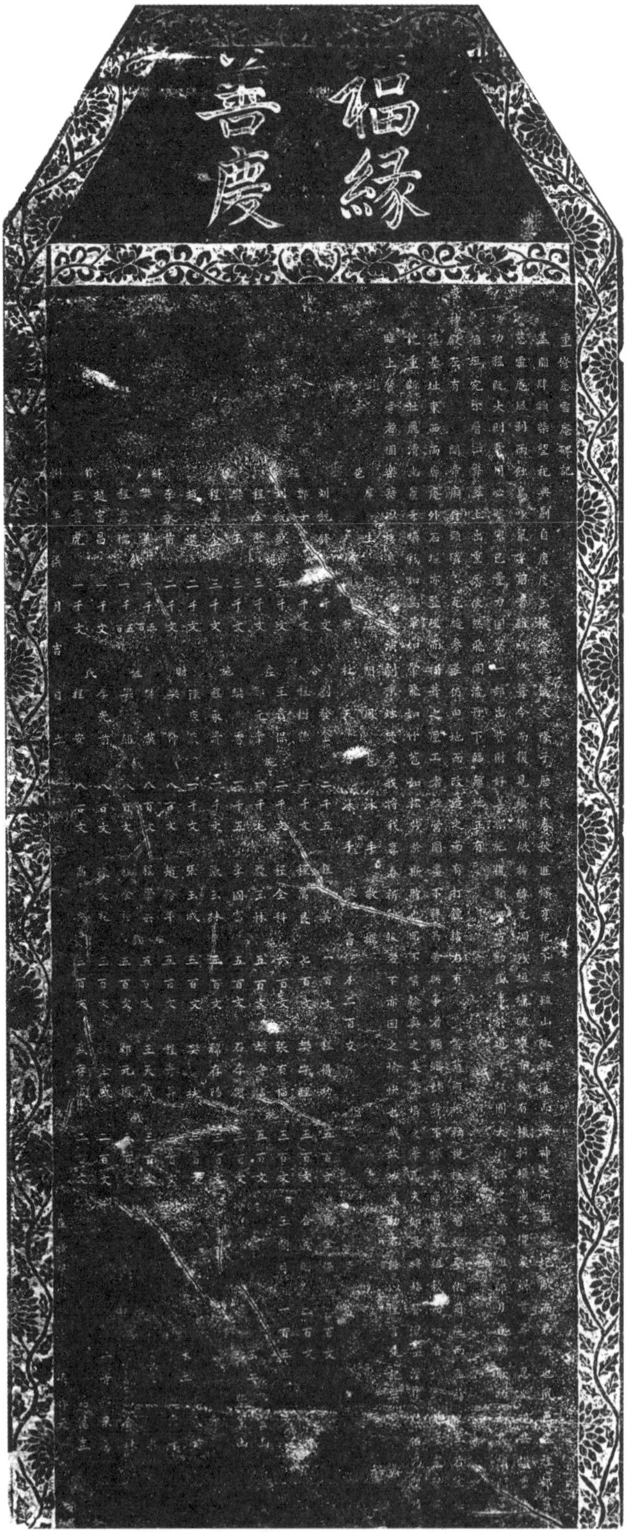

襄盛事。于道光强圉大渊深之岁，时维卯月，遂动厥功，高其闬闳，厚其墙垣，宛尔层峦耸翠，上出重霄，依然飞阁流丹，下临无地。正有众神殿，左有关帝庙，钉头磷磷，瓦缝参差，仍旧地而改造之；南有打钟楼，右有菩萨庙，榱桷棁櫨，金碧黝垩，依前规而雕绘之。至若涂塈茨，筑基址，东西两廊，庵外石堰，亦整理补葺之。厘工者经营图画，不辞其劳；与事者踊跃鼓舞，不惮其瘁。自春徂秋，而功告竣，则见恢宏巩固，庙貌重新，壮丽清幽，檐牙焕彩，如鸟革，如翚飞，如竹苞，如松茂。于斯时也，罔不叹轮奂之美，堂构之华焉。夫如是，将赫声濯灵，潜扶默佑，乃圣乃神，临上质旁者，固乐藉以栖息，而献羔演剧，秉烛焚香，我将我享，春祈秋报者，不亦因之愉快也哉！故功成勒石，谨以俚言是记云。

邑庠生圣瑞闫凤苞沐手敬撰

国英杜天培沐手敬书

（经理纠首施钱略）

大清道光捌年柒月吉日立

住持　僧同喜　徒孙元仓

按璧创建众神庙铭

【简介】

清道光八年（1828）七月立石。乡人赵邦基撰文，赵纲书丹。现存于故城镇岸北村永宁寺。碣青石质，高50、宽78厘米。碑文楷书，正文10行，满行24字，边栏简刻回字形富贵不断头纹。

【碑文】

今乡按璧乃白马山四社之半，而与邵渠、河北、高寨寺等村共为一社者也。山之巅创建众神庙宇及乐楼、禅房，后有补葺，四社公办。历览碑记，昭昭可考也。道光六年，又议重修，以工程浩大，每社先垫金二百余缗。余村贫苦，无人敢当，幸有本族蔚文，心诚好善，慨然以是为己任。然后，冠英与余等十人趋事赴功经理。逾二年而始竣，而合村男女以及钱户亦各捐赀财，毫无吝惜，又何慷慨乐施若是乎？八年夏，山已鉴碑，余可不必再赘，也将耀后。此后□修葺，毋吝财□，□力黾勉同心共襄盛事，庶善善相继而愈以增光于我前人创建之意矣。

邑儒学生员觐光赵邦基熏沐撰

业儒伦枢赵纲敬书

大清道光八年七月十五日立

璧大郝公世系谱序

【简介】

清道光九年（1829）勒石。武修撰文，郝汝鹏书丹、篆额。现存于武乡县丰州镇马牧村。碑青石质，碑文楷书。

【碑文】

（碑阳）

道光九年正月上浣之吉

清故显曾祖考讳瑄郝公妣魏氏曹氏之墓

佾礼生峻岩　有才

儒学庠生五桂

乡饮大宾曾孙武魁暨元来昆孙同立

甲子武举向北

（碑阴）

璧大郝公世系谱序

涅城西北二十里余，曰马牧村。居是村者，唯郝氏焉。郝氏者，世为武乡县段村里又三甲人，民籍也。历世以来，无习他业，唯读书力田是务焉。士为民首，农乃本业，恒士恒农，德之积也厚，故泽之流也长。其子若孙，秀者皆敦诗书而说礼乐，顽者亦重孝悌而勤畎亩。即今以观，入乡学者有人，入国学者有人，而且登贤隶书仕版受封典又有人。美哉郝氏，洵吾邑之望族也。《易》曰：“积善之家，必有余庆。”岂虚语哉！

其始迁之祖村，东南三里余，曰蔚家渠。村东里许大坡上，郝氏老茔在焉。春秋祀享，每岁不替。惜碑碣无存，又值明末兵燹，谱牒就轶，故老茔内累数代名号无传。所可幸者，唯此公高、曾、祖、父、身与子、孙以及曾、元、来、昆，世系宗派历然可纪。按族谱，公胞伯高祖邦仪、高祖邦贤，隐德不仕，俱迁葬于村西里许西沟口松树坟。其后，胞伯高祖更迁葬于村北寺坡茔，是为东族，别有族谱。

公高祖，讳邦贤，以行二，为西族鼻祖。生男五，长腾，次智，三午，四成，五□。四支居迁不一，亦别有族谱。

曾祖，讳智，处士，行二，配李氏，附焉。生男□，长奇元，次奇良，三奇才。胞伯祖奇才与二胞伯祖奇良，亦别有族谱。

祖，讳奇才，儒士，配武氏，改葬于村西北里许米家坡。生男二，长应扬，次应招，并登□序补士弟子员。胞叔应招，亦别有族谱。考，讳应扬，行一，妣，李氏，待赠孺人，亦附焉。

公，讳璋，字璧大，号玉山，以子贵待赠登仕郎，配魏氏、曹氏，俱待赠孺人，即葬于此地，名西园。生男三：长君秀，配李氏；次君用，配李氏，缺嗣；三吏员君宝，配张氏。

孙男六：乡饮耆宾

富荣，配白氏；富彩，配武氏——君秀出。貤赠武略佐骑尉生员芳，配弓氏，貤赠安人；例授武德佐骑尉太学生兰，配弓氏、魏氏，俱例赠宜人；例赠武信郎太学生魏香，配孟氏、郝氏，俱例赠安人；庠生□，配王氏——君宝出。

曾孙十有五：佾礼生峻岩，配周氏；峒岩，配武氏、郝氏——富荣出。有才，配李氏；有仲，配武氏、李氏；有德，配韩氏、李氏——富彩出。（敕授）武略佐骑尉乡饮大宾庠生武魁，配魏氏，（敕授）安人——芳出。太学生廷魁，配弓氏；太学生廷枢，配李氏、魏氏，侧郭氏；太学生向明，配李氏、王氏；甲子科武举挑选二等例授武略佐骑尉候铨兵部差务府向北，配郭氏，例授宜人——兰出。太学生腾魁，配段氏；卫千总例授武信郎世魁，配郝氏，例授安人——魏香出。太学生五伦，配贾氏、武氏、李氏；庠生五桂，配王氏；庠生五惟，配阎氏——□出。

元孙三十有八：和礼，配段氏——峻岩出；和仁， 配弓氏、李氏、段氏；和义，配骈氏；和銮，配骈氏；和信，配李氏——峒岩出。和贵，配史氏、周氏；和美，配周氏——有才出。和文，配李氏；和武，配牛氏、郝氏；礼生和斌，配梁氏——有仲出。中保、进保，缺嗣——有德出。太学生起蛟，配范氏、赵氏、武氏，侧室任氏、任氏；守御所千总起凤，配李氏，例授宜人——武魁出；庠生昌炽，配贾氏、魏氏；庠生中鹄，配王氏——廷魁出。汝亮，配张氏；汝杰，配任氏——廷枢出。灵杰，配李氏；灵芝，配刘氏；灵山， 配周氏；灵泰、灵运俱幼——向明出。鸣鸾，配赵氏；鸣凤，配赵氏；连中，配魏氏——向北出。太学生汝鹏，配郭氏；庠生林楚，配张氏；庠生殿邦，配李氏、乔氏；汝霖，配常氏、张氏——腾魁出。汝鸿，幼——世魁出。殿元，配郝氏；殿选，配任氏；殿卿，幼——五伦出。殿爵，配武氏；庠生殿试，配周氏——五桂出。殿升，配段氏；殿楹，幼——五惟出。

来孙四十：思谦，配武氏、段氏；思逊，配 魏氏——和礼出。思敏，配郝氏；思恒，配郝氏——和仁出。思建，配张氏——和义出。思诚，配李氏；思勤，配李氏；思敬，幼——和銮出。思丰，幼——和信出。园桥，配任氏——和贵出。璧桥，配周氏；钟煜，配 郭氏；钜桥，配刘氏——和美出。汉向，配李氏；汉良，配郝氏——和文出。汉阳，配韩氏——和武出。汉章，配郝氏；汉忠，幼——和斌出。十姓管，聘任氏——起蛟出。原泉，聘骈氏，起凤出。蛮小，幼——昌炽出。拴友，聘武氏；拴成，幼——中鹄出。森栋，幼——汝亮出。祯祥，幼——灵杰出。大成，幼——灵山出。大勇、大刚，俱幼——鸣鸾出。大士，幼——鸣凤出。大升，幼——汝鹏出。大观，聘李氏；大壮、大□，俱幼——林楚出。大谦，大豫，俱幼——殿邦出。大临，聘武氏——汝霖出。大椂，幼——殿元出。大道，幼——殿爵出。大功，幼——殿试出。

昆孙八：来瑞——思逊出。来庆——思敏出。来金，来善，俱幼——园桥出。来锁，来□，俱幼——钟煜出。来宿，来玉，俱幼——汉章出。

世亲繁衍若是，其后正未可量也。於戏！可不谓望族乎？是皆依公家家谱所序次也，余何谀焉？

戊子初冬太学名汝鹏者造庐请序，不文，第生平所重者似续文，不揣固陋，爰缀数语缀其颠末，因为之歌曰：庵山之阳，西河之旁。郝公之泽，久而弥长。

例授修职郎现任大同府灵邱县儒学正堂岁进士武修献连氏顿首拜撰

国子监太学生元孙汝鹏顿首拜书并篆

大云寺置买土田碣

【简介】

清道光九年（1829）十月勒石。现存于武乡县故城镇大云寺院内墙壁上。碣石高68、宽83厘米，碣文稍有剥蚀。

【碣文】

小序

大清道光元年重修大云寺，所余钱文，置买土田数十亩，以为皋狼社公费。今将地亩、坐落、钱粮等项开列于后，俾后之执事者有所稽考，契券尽存寺中。时道光九年十月廿四日也。

计开

一契，买程显中李则背地三段，小数十八亩。其地东至社地，南至堰根，西至下段堰根，北至堰根。地内随粮五钱四分。

一契，买张季成圪流角地，上下一带共地二十四亩。其地东至□，南至程姓，西至堰，北至武姓。地内随粮五钱五分。

一契，买赵朋鹤圪台地一段，小数六亩。东至陈姓，南至陈姓，西至陈姓，北至堰根。有场堰地三段，小数八亩。东至卖主，南至堰根，西至骈姓，北至渠心。又有后则地，上下二段，小数六亩。东至堰根，南至崖，西至渠，北至道地。内随粮六钱五分。

一契，买程墉秋水凹地上下三段，小数十一亩。其地东至刘典，南至道，西至程锡林，北至堰下渠。地内随粮三钱五分。

一契，买牛维朗姑姑余地，上下二段，小数十亩，其地上一段，东至李庆□□，南至常佩吉，西至李皇弼，北至社地；下一段，东至李人□，南至道，西北俱至牛上达。地内随粮四钱五分。

以上五契共地八十三亩，随粮弍两五钱四分。

除牛姓粮四钱伍分折钱八佰外，钱粮加正，通共二两二钱九分，其粮在信义里三甲。

又有秋水凹地十亩，钱粮二钱五分贴典。财神庙行上公费。

阖社仝立

南山庙重建东正房记

【简介】

清道光十三年（1833）五月勒石。窦至善撰文、书丹。现存于武乡县南山庙宇中。南山也叫南神山，在武乡旧县城（今故县）东南约1公里许，漳河南岸之南山上。这里庙宇参差，优雅恬静，是当地有名的佛法圣地。此石碣高46、宽73、厚14.5厘米，四边有纹饰，字体笔画较细，绝大部分字体清晰可辨。

【碑文】

南山庙重建东正房记

从来旧者新之，偏者补之，此其常也。南山庙倾颓已久，拜跪之余，目及心伤，第功程浩大，无可如何。惟香首于三年祀事之毕，皆各有所补葺，此从前之旧制也。今故于乐楼之东正房四楹，特为重建，亦聊以塞责焉耳。至若浩大之功，惟俟有为之士，鼎力行之，岂敢妄拟万一哉！是为记。

邑儒学廪膳生员窦至善熏沐敬撰并书

大清道光十三年五月二十八日

玉工　杨有成　杨庚成　勒石

补修龙王庙铭

【简介】

清道光十三年（1833）五月立石。现存于武乡县蟠龙镇陌峪村龙王庙。碣青石质，高39、宽47厘米。碑文楷书，满行20字，正文3行，边栏简刻富贵不断头纹。

【碑文】

补修龙王庙铭

村之东旧有龙庙在焉，缘历年久远，风雨之剥蚀特甚，非所以光祀典而妥神灵也。合社公议补葺而更新之。工既竣，爰约略而为之序。

监生韩轼施钱拾千文

时大清道光十三年岁次癸巳五月谷旦勒石

旗杆铭志

【简介】

清道光十四年（1834）勒石。现存于武乡县洪水村关帝庙内。铭石高36、宽45、厚12厘米，铭文12行，满行14字。

【碑文】

旗杆铭志

因社内重修关帝庙宇，新建香亭，规模虽已峥嵘，而亭前惜无旗杆，终不足以壮人之观瞻。于是从所出布施而外，复独力经营，捐赀建树，置二大旗于杆上，以肃神威，以重祀典，此固其所应有者也。谨序。

居洪水镇系辽州长城里一甲人监生郝体梁　男万通　万达　万大　孙九式敬立

大清道光十四年十月十一日谷旦

白衣大士祀田记

【简介】

清道光十四年（1834）七月立石。现存于武乡县蟠龙胡峦岭村。碑高132、宽53、厚16厘米。碑额竖行楷书“流芳百世”4字。碑文正书，行40

字。碑体左下缺角，有文字缺失。

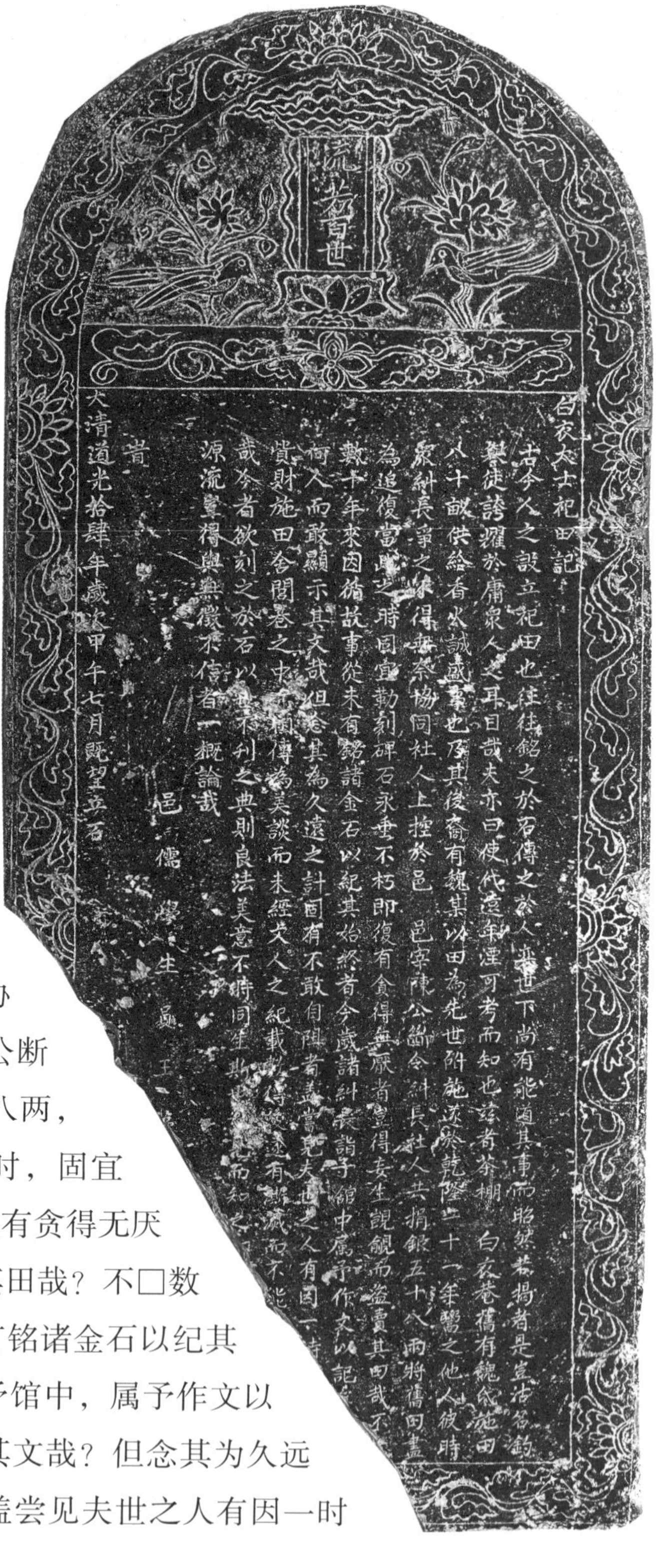

【碑文】

白衣大士祀田记

古今人之设立祀田也，往往铭之于石，传之于人，奕世下尚有能道其事而昭然若揭者。是岂沽名钓誉、徒夸耀于庸众人之耳目哉!夫亦曰使代远年湮，可考而知也。兹者茶棚白衣庵旧有魏氏施田八十亩供给香火，诚盛事也。乃其后裔有魏某以田为先世所施，遂于乾隆二十一年鬻之他人。彼时众纠长争之不得，无奈协同社人上控于邑。邑宰陈公断令纠长、社人共捐银五十八两，将旧田尽为追复。当此之时，固宜勒刻碑石，永垂不朽。即复有贪得无厌者，岂得妄生觊觎而盗卖其田哉？不□数十年来因循故事，从来未有铭诸金石以纪其始终者。今岁，诸纠长诣予馆中，属予作文以记□□，□何人而敢显示其文哉？但念其为久远之计，固有不敢自阻者。盖尝见夫世之人有因一时

□□□□赀财，施田舍，閭巷之中□□传为美谈而未经文人之纪载，数传后，遂有澌灭而不能□□□□□□□哉！今者欲刻之于石以世不刊之典，则良法美意不时同生斯□□□而知之□□□□□□□□□□源流，岂得与无征不信者一概论哉！

邑儒学生员王（阙文）

时大清道光拾肆年岁次甲午七月既望立石

重修九天圣母庙碑记

【简介】

清道光十四年（1834）十月立石。现存于武乡县洪水镇左会村。碑高152、宽62、厚16厘米。碑额篆“重修圣母庙记”四行6字。碑文正书，碑体为两截，中部文字有缺损。碑周有连枝花草纹，底部为莲花瓣图。

【碑文】

重修九天圣母庙碑记

自古庙宇之创建，大都为庇民计□□□□□□□□□□□惟九天圣母为最重，故凡大邑通都以□荒□□滥所在□□□□□□宫，辉煌其像，使民祈祷而致虔者皆有以悚动，其心诚以保我子孙，惠尔人民，虽极天下之至众，无日不在□覆中也。□□〔九〕〔天〕圣母之施恩与人讵不伟欤？县之东去县治九十里曰左会村，山明水秀，古刹犹存，虽处万山中而车骑往来，殆武乡之□□□乎？旧有圣母庙，考其初则嘉靖年间申云所独建也。迨其后庙貌倾颓，圣母显灵，至万历四十八年而申友绪等又□□□修之后，虽有补葺，然至于今固已二百四十余年矣。历年既遥，剥蚀尤甚。道光二十四年，村人相聚而言曰：“我等日戴□□母之德，忍今人入庙瞻拜者动黍离之感，将何以上安神灵而下庇生民哉？”于是协力重修，同心共济，不数月而庙宇三□□□三间，厦棚三间，顿觉焕然一新。此虽村人募化捐资，各尽乃职，而实圣母之神灵有以感激也。工既竣，村人俾余□□□□日戴圣母之德，并不敢以不文辞，爰缀数语以记其颠末云。

邑生员李□通直哉氏熏沐敬撰

邑处士李浚宣三氏熏沐敬书

邑生员李秀陵者莪氏熏沐敬篆

大清道光十四年十月初四日立

陌峪创修桥梁碣

【简介】

清道光十五年（1835）正月立石。现存于武乡县蟠龙镇陌峪村龙王庙。碣青石质，高32、宽43厘米。碑文楷书，满行16字，正文5行，边栏简刻富贵不断头纹。

【碑文】

村之东石崖下为南北往来之冲，然路险难行，至冬则尤甚焉。今村某情愿捐其赀财于河之上下坟背、张沟口三处创修桥梁。又施地与树林，以为后日补修之计。桥既成，爰志其事以垂不朽云。

太学生韩轼、韩銮施地六亩，钱拾千文，树滩一块，并入社内，每年香首经理。

时大清道光十五年正月　谷旦立

长乐里五甲置田帮贴里长记

【简介】

清道光十八年（1838）勒石。清道光乙酉科拔贡王梦聘撰文、附学生员王先瀛书丹。现存于武乡县大有乡长乐村。碑文记述了明清时期社会基层组织概貌，及里甲制运作概况。碑石保存较好，碑高110、宽64、厚16厘米，周边有花纹图案。碑文共22行，满行45字，字体楷书。

【碑文】

长乐里五甲置田帮贴里长记

武乡之为县，凡居民区以十里，长乐里其一也。长乐里统计十二甲，设催头七人，五甲其一也。催头一曰里长，里中催征之事属焉。盖仿明初之制，而稍变通之。明制充是役者，先后以丁粮多寡为序，今则按各氏族户口之多寡酌量推转。其同族者又率以分门别户之始长幼为先后，凡里甲类然已。长乐里五甲唯王氏户口繁衍，故甲分前后，其里长之充应也，前五甲三年间以后五甲二年，凡五年一周，抑唯王氏独任之，间有他姓不与焉。盖重其为土著云。顾余开里长之设也，所以仰体国家征赋之意，不可不急，而惟恐民之怠于从事也，必有督励之者始可集其成。然第责之同里甲之人而不外索，诚以少相知，长相习，名姓居处，通晓有素，不致开混冒隐漏之端也。其立法之周详如此。迨日久弊生，当共事者，上则官费日增，下则逃亡之户，不得不代为输纳。苟非殷实之家，辗转称贷，所在不免，而人遂视里长为畏途矣。夫岂设立之初意哉？后五甲王翁世义深悯其害，倡议捐赀，以备空乏之供，里中勒市

者相与助成之，置买田租帮贴，每年里长事既竣，嘱记于余，余因重有感焉。尝见门巷小民积赀充物，至欲少分其余，以为邻里乡党之用，则决意不肯。夫岂独所性之悭吝哉？彼于众人之休戚，视若秦越，奚自而动任物之念也。翁独不惜己财为从公者谋久远，则其恻然于里人之疾苦，亟欲补救之者，盖亦未偌所仅见矣。夫五甲之分前后，示有别也，今凡隶于蔴池沟长乐者曰前五甲王氏，隶于峪口者曰后五甲王氏，虽迁徙他处，皆可以所隶别之，然犹统属以一里长，则隐寓古者同井之意，俾斯人相友助于无穷。今之举或有见于此而为之耶？余高其义，并里长始终利害之故，皆不可以不书，故记之。

候铨直隶州州判乙酉科选拔贡元王梦聘莘庵氏撰

邑儒学附学生员王先瀛海洲氏书

前五甲经理人并捐钱数目开后：十三年里长耆民王裕恒叁佰，十五年里长王喜良捌佰，十六年里长佾生王清瑀壹仟陆佰，王坼伍佰，王会极伍佰，王围壹仟，王梦符伍佰，王庆云伍佰，王永伍佰；后五甲经理人并捐钱数开后：十四年里长王起家叁佰，王有禄、王奎保壹仟，王廷材陆佰，王如璧叁佰，王克明叁佰、王显温伍佰，王登管叁佰。

大清道光十八年岁次戊戌正月吉日立

石工　雷震勒石

南神山置神袍棹则小记

【简介】

清道光十九年（1839）勒石。李映堂撰文、书丹。现存于武乡县南神山。碣石高53、宽74、厚13厘米，周边有富贵不断头花纹。碑文共10行。所记确系小事，但可见古人管理公共事务认真负责之精神。

【碣文】

南神山置神袍棹则小记

武邑祀典颇多，最盛者莫如南山。

灵润公庙与西关阴宰府庙正月迎神致祭，惟崇仁、敦义二里，得具其事焉。自有明以迄于兹，罔敢或坠祀事，必有所增，举其旧例也。道光一十六、七、八年，香首当祀事告竣之余，于南神庙置棹则四张，于城隍庙献神袍一领，非敢谓为妥神灵，亦聊以垂不朽云尔。

邑儒学廪膳生员李映堂撰并书

香首施钱者（略）

大清道光十九年三月八日立

重修南山神井小引

【简介】

清道光十九年（1839）三月勒石。郭麒麟撰文、书丹。现存于武乡县南神山。碣石高50、宽65、厚12厘米，左边上下角已残损。周边有花纹图案。碣文共12行，满行23个字。崇仁坊、敦义坊施钱者占一半版面。

【碑文】

重修南山神井小引

武邑南山灵润公相传汉代时耿将军，或曰非也。然历年已久，荒邈难

稽，遍阅碑记，嘉靖间于每岁三月二十四日圣诞，遣使大臣邹侍郎御祭。巍巍乎，其南山神也。自明以至今，享祀数有余年。南山祀典，惟我崇仁、敦义二坊得与其事焉。道光十八、九年，香首等于祀事告竣之后，又念神井颓坏，享祀弗洁，十八家公议各输赀财，重整修理。敢云功乎哉，亦惟勒诸贞珉以垂后世不朽云尔。

增广生员郭麟麒敬撰并书丹

（施钱者略）

道光十九年三月二十四日立

南神山购置仪仗碣

【简介】

清道光十九年（1839）三月勒石。赵梦熊撰文、书丹。现存于武乡县武乡南神山普济寺院内。碑碣青石质，高56、宽72、厚16厘米。右上角残，有缺字。

【碣文】

□□二十四日之祀典，惟崇敦二坊香首主之，而香首十八家三□□周，各尽乃心，及祀事已毕，于庙中或有所创置，或有所修补，皆□□后世稽考。今庙宇值合邑重修后，自正殿廊庑以及乐楼，望之焕然聿新，而仪仗若独缺焉。今道光十七八九年香首等言念及此，□置清道、飞虎、锣旗各一封，大铜锣二面，华扇各一件，庶有以壮神□矣，爰书其姓名如左。

邑儒学廪膳生员赵梦熊祥符氏熏沐敬撰并书

崇仁坊、敦义坊香首（略）

阴阳生　萧际华

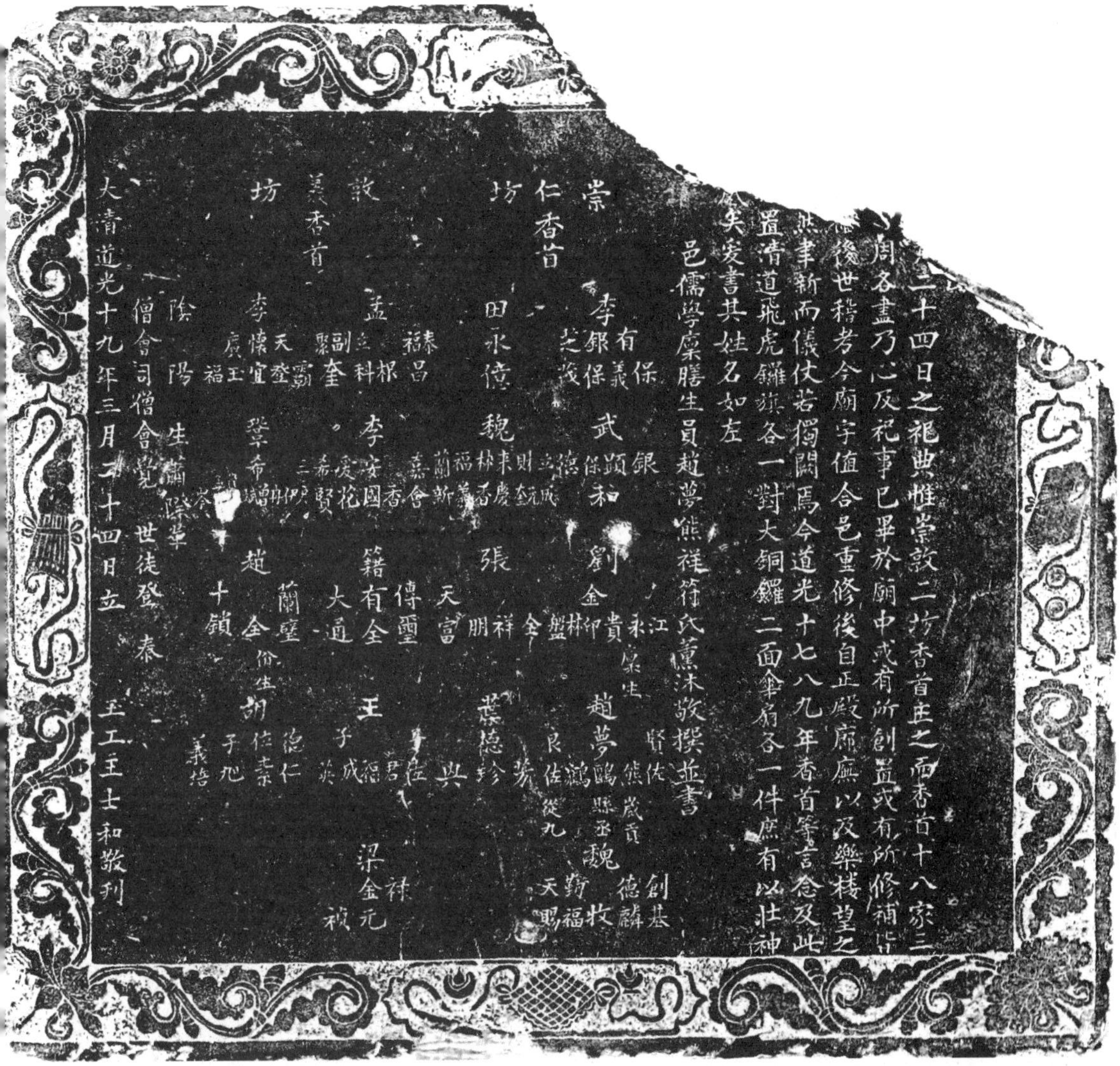

僧会司　僧会觉世　徒登泰

大清道光十九年三月二十四日立

玉工　王士和　敬刊

故城约永不修理权店马号公馆记

【简介】

清道光十九年（1839）勒石，现存于武乡县故城镇大云寺南殿西墙上。碣石高56、宽66厘米，镶嵌在墙上，碣文共22行，满行20个字。

【碣文】

故城约永不修理权店马号公馆记

镇之西有权店，即古皇华驿也，为南北往来通衢马号之设。公馆之建，由来久矣。然向系六约修理，与故城永无干涉。自道光八年，书吏写票妄添入内，虽未曾修，而拖累往往不免。迄十八年大兴工作差役，执票传呼他

人，亦争攀不已。乡约程全有等呈办再三，终不能辞。于是敦请绅士、父老八人，合词公状，质之当堂，始蒙县主刘公查案，断明权店马号公馆自系六约之事，故城约惟修本镇墩台营房，至今而后书吏不得妄写，他人亦不许争攀旧规，现在宜各遵守。而乡约等又恐其有翻覆也，因勒诸石以望后之视今，亦如今之视昔云。八人者为谁？盖武举张君际昇、增生程君敞、武生任君泰昌、监生程君廷栋、耆老王君富弼、武生陈君廷栋、监生程君康、监生蒋君闰元也，岁已亥正月下浣记。

乡　约

吴福林　王士清　程全有　陈天福　侯永旺

大清道光十九年六月吉日　立

蓬莱山东岳庙重修碑记

【简介】

清道光二十年（1840）七月勒石。赵杲撰文，武光先书丹。现存于武乡县涌泉乡蒲池村蓬莱山顶。该碑为残碑，碑首及碑左上角已破损，残碑高93、上宽27、下宽62、厚14厘米，青石质。碑文共21行，满行34字。从碑文可知，蒲池村东岳庙始建于元代至正年间（1341—1368），经明、清两代多次修葺。蓬莱山山清水秀，特别值得一提的是半山腰有水井、水池、龙洞各一，内有五色鱼畅游，为武乡县一胜景。

【碑文】

蓬莱山东岳庙重修碑记

闻之岳有五，而泰岱居其尊，天无对而神道极于峻。诗曰："崧高维岳，峻极于天。"又曰："怀柔百神，及河乔岳。"可证也。则东岳天齐仁圣之号，有由来矣。夫仁静而有常，神之体也；圣过而能化，神之灵也。况广大之所及者，俨若与天等乎？是故以东岳为一邦所瞻也可，即以东岳为天下共仰也，亦无不可。余乡东偏有蒲池村，余之戚属居焉。其地

之主山名曰蓬莱，峰峦耸秀，峻峭摩天，邑志所称“小泰山”者此也。跻其顶一览，而众山皆小。昔谓登泰山而小天下，不信然乎！上建□□□□帝君庙、圣母庙、佛殿、厢房、乐楼。考之古志，自元至正年间，已略具规模焉，□□□□□□□□□年蒋翁讳兰等始大造殿宇，庙制为之一变，不特有以肃观瞻，亦□□□□□□□□□□殿事也。越乾隆、嘉庆年间，屡经补葺，是以沿年未坠，迄今不毁□□□□□□□□□□□灵赫濯，有祷辄应。村人因于道光二十年凿修龙洞以备□□□□□□□□□□□池，以供修补之用。至庙宇摧残，工程浩大，未敢轻举，及十□□□□□□□□□□□□绌乃事一举，而本村及四方善信，施金约一千余缗，于是□□□□□□□□□□□□□亦舍旧图新，西北厢房添造数屋，下及山门堡墙，无不□□□□□□□□□□□□□仰峦神灵之所感也。不然，何以不数月间而工程即告竣□□□□□□□□□□□□□素不能文，但愿述诸俚语，以详盛事之始末云耳。

……霁园赵杲谨撰

……耀宗武光先书丹

善友　李文盛

玉工　李鸿泽

七月上浣　合社仝立

关圣庙香火铭志

【简介】

清道光二十年（1840）勒石，现存于武乡县东武乡之洪水村关帝庙内。其宽75、高45、厚15厘米。碣文30行，满行17字，楷书，有图案镶边。

【铭文】

关圣庙香火铭志

尝思有举不可有废，祀典所以常昭成始，尤贵成终，人功所以勿替，是凡神灵所在胥宜尔也。况关圣之声灵赫濯，尤当代所崇奉者乎！洪水镇关帝庙自道光十五年重修后，一切功程等项前已勒诸贞珉，今不必赘也。第当年所存余布五十五千有奇，尚无所归，经理人佾生赵文德殊觉庙宇虽新，楼台纵备，但未有守卫洒扫之人，久而必至倾颓，亦有初鲜终矣。故十六年前功结果之后，即与众纠首共议此事。尔时众人一心，不约而同，因以经理之事复怂恿之，时亦慨然应允，不辞况瘁，将余布日积月累，少以成多。迄今四载，获息四十五贯有奇，于构地三契，共费布九十余千，至于所剩之赀，十九年雇住持，二十年镌铭志，又悉费用之。随邀众纠首于社中，筹其息耗，俾端委胥清。作事至此，洵所谓有举莫废，相与有成也。所以铭而志之者，诚恐岁月遥而券书失，欲稽其详，罔有所证，因将地名粮数勒石为志，此非敢自多也，正以示不忘尔。

一　置到曹家坟地一段，七亩，价钱三十千文，粮一钱三分二厘；

一　置到老坟脚地四块，六亩，价钱二十九千文，粮八分八厘；

一　置到显王岭地一段，五亩，价钱二十六千文，粮八分八厘。

王安施钱一千六百文

玉工　房新荣　镌

时清道光二十年岁次庚子仲秋谷旦立

圣母庙重修记

【简介】

清道光二十二年（1842）五月立石。增广生员李益昌撰文，附学生员张垣篆额。现存于武乡县监漳镇南皋村圣母庙。碑青石质，碑首，高130、宽70、厚18厘米。周边饰卷草纹图案。碑首内有篆额“重修圣母庙记”6字。

【碑文】

圣母庙重修记

圣神者也，母慈者也，以其化其神而心其慈，因扬而尊之，曰圣母焉。武邑东皋村之南山，旧有是庙，前人屡次修理，其载在碑铭。或称子孙圣母，或称娲皇圣母，然皆无征信焉，浑名为圣母也可。去年春，三社合复议重修，或按地捐钱，或沿户出赀，恐其不给，复募化于外，共得钱数百缗。择日兴工，暨白龙庙、玄帝庙，以及两廊、钟鼓乐楼亦并更新焉。复于庙东创小院一所。工既竣，首事者以文命余。余以庙宇之兴废系乎人心之敬怠，往尝见通都大邑，每有暴露神像而不顾者，可胜慨哉！今三社竞协力以襄，使前制不废，良意厚也。呜呼！前之望今，亦犹今之望后。后之人能嗣而葺之，尤幸矣。谨记。

邑儒学增广生员李益昌薰沐敬撰并书

邑儒学附学生员张垣薰沐敬篆额

时大清道光二十二年岁次壬寅五月谷旦

重修赵王爷庙碑记

【简介】

清道光二十二年（1842）勒石。李秀陵撰文、书丹、篆额。现存于武乡县洪水镇北坂头村。碑高146、宽62、厚18厘米，碑首高30厘米，上有篆额“重修碑记”四个大字。碑文共8行，满行50字。

【碑文】

重修赵王爷庙碑记

赵爷庙建于北坂头，而与董家庄所共祀者也。未有碑碣，不知创于何时。旧制庙止一楹，亦无垣墉粗□□乐楼而已。而岁久剥蚀，倾颓已甚，非所以妥神灵而壮观瞻。壬寅夏，纠首董安斌、张生礼等共议重修。于是纠工饬材，昌其闬闳，不似向之狭小也；涂以丹雘，不似向之朴陋也；而且添设厢房，构造山门，盖焕然改观也。其事经始于七月，至十月十九日而功告竣。落成之日，问记于余。余视其修整完好，因以思居人之向善而丰盈安乐也。嚣凌之习，不知奉理神明，即稍知慕义，又或阻于穷困，方且各庇风雨之不暇，亦安能修饰祠宇也哉！今二村殚力营造，廓增规模，益以见神功之密佑，而人力之所以克成也。是役也，共费钱贰佰余仟，除量力捐赀外，募诸乡邻以成之，故为详颠末，复记姓名于后，以彰众美云。

邑儒学生员李秀陵熏沐撰文并书篆

纠首　董安斌　张生礼（等八人）

施钱者　张发锦　董仁斌（等四十人）

画工　白河　张付为

木工　王贞　郝万良　郝元　郝万艮

玉工　段存诚　房来思

道光二十二年十月十九日立

文升阁重修记

【简介】

清道光二十三年（1843）勒石。李益昌撰文，张云路书丹。现存于武乡县监漳镇吴村。碣石高60、宽85厘米，碣文11行，共175字，碣石大半是捐钱者名单。

【碣文】

文升阁重修记

武邑治南有吴村焉，其东南两山互抱，二水环流，诚一村之巨口也。乾隆元年，先世始建阁于此，而奉三官大帝于左，文昌帝君于右，意大有在，

焉可听其倾颓耶？今年春公议重修，咸谓宜增其台，以广庙前之地，余仍旧制焉。既捐赀于一村，亦募缘于四方，仅得钱七十余缗，不给，复就事内者增钱若干，而事始告成。余忝居事后，每见首事者之难，窃叹因犹如是，不知当日之创，其难又何如也，因为之说，以俟后之览者戒焉。

儒学生增广生员李益昌熏沐敬撰

业儒张云路熏沐敬书

（捐资人二十九人略）

木工　李师保

玉工　杨根发

画工　李天然

大清道光二十三年岁次癸卯贰月立

北社村卧龙山护国显济王庙新修碑记

【简介】

清道光二十三年（1843）勒石。程林宗撰文，郝丕著书丹。现存于武乡县监漳镇北社村卧龙山。碑高146、宽80、厚18厘米；碑圆首，高39厘米，上饰二龙戏珠图案；碑身两侧刻有人物造像图案，左右各四，底部有莲花图案，通碑造型美观大方。碑文30行，满行48字，字体楷书，清晰秀美。

【碑文】

北社村卧龙山护国显济王庙新修碑记

古之为祀者，天神、地祇、人鬼而已。天则风云雷雨，地则山川社稷，至有功德于民亦百世祀，从未有人鬼而兼天神者。自释道渐起，风云雷雨之司始有龙王之号，于是乎即以有功于民者专司其责，盖以赫濯声灵必贯诸姓氏里居，而后人世始坚其信也。魏晋以下，仙佛代兴，故龙王之神常遍于天下，往往锡之重名，不曰敕赐，则曰护国。历代相沿之习，降及闾里，罔不尊之。上行下效，捷于影响，其尤彰名较著者也。余邑之东三十里北社卧龙山，旧有护国显济王庙一区，祀龙王也。相传神为晋大夫先轸氏，成濮之役佐晋以伯，其后墨绖兴戎，败秦师于殽，亦与有力焉。于晋臣中，尤有功德于民者。犹之同时狐突、狐偃氏，后世每以龙神祀之，其血食千秋宜也。夫以晋人而祀晋卿，视诸他者更为亲

切，独其称王始于何时？封号出于何代？究无确据，将毋杳远而难稽乎！而村人则曰吾何藉于是，吾唯知民和而神降之以福，故动则有成。吾之琴瑟击鼓，以祈甘雨，王之精爽也。吾之服贾牵车，洗腆致养，王之庇荫也。昔之日取威定霸，运筹帷幄而有余，今之日法驾云旗，霖雨桑梓而无不足。审如是也，神之宏济吾侪者，庶几不显惟德焉？人也犹龙，吾乌得而不祀？乌得而不享？而又何暇稽其时也哉！是庙建于雍正五年，旁有关帝宫，又有大士庵，要以王庙为祀事之主。顾自始建而迄重修，百余年来绝无碑记。道光壬寅，都人士复即三庙振其旧而新，约费钱千数百奇，凡殿宇、回廊、舞榭、抱厦，无一不基以石而妆以甓，而且正门、帷房、护墙缺者增，废者补，规模视昔实加倍焉。其健瓴丹垩，光远有耀，堪与通都大邑相比。烈丕休哉！王之威灵实式凭之矣。越今年癸卯功竣，谋勒石。村人以肩舆邀余，请记其事。余常及其地，周览而详审之，爰撮举其庙之所始与夫庙之所由，要以见天人合一，龙神之所以见重于斯世者，其来有自，原不仅北社一村也。或曰：北社在漳河之上流，庙在村之东南，俗名其山曰卧龙，其以神而得名欤？抑以水而得名欤？行将进父老而问之。

候铨直隶州州判癸酉科拔贡邑人程林宗介山氏敬撰　时年七十有一

儒学廪膳生员邑人郝丕著明亭氏沐手书丹

总纠首　杨金荣　王学礼

总经理　胡培德　杨存贵　王文顺

四部经理　王谦顺等六人

纠首　王培顺　王增顺等三十一人

住持　赵理书

玉工　王士和

清道光二十三年七月上浣之吉

重修关帝庙碑记

【简介】

清道光二十六年（1846）勒石。张正名撰文，魏九皋书丹。现存于武乡县大有乡邢村。碑青石质，高155、宽68、厚20厘米。碑首高38厘米，题额为“重修关帝庙碑记”，楷书，镌有龙式图案，栩栩如生。碑文两边图案为八仙石刻像，每边四仙，图像清晰。

【碑文】

重修关帝庙碑记

尝谓有共举之，莫敢废者，祭也。凡神灵皆然，况关神帝君显显赫赫，尤为国家春秋所昭祀者哉！武邑城东十五里许邢村，旧有关帝神庙，当村之冲，庙北有古刹，迤东有焦龙宫庙，东麓有土地祠，村人虔事已多历年所，奈日久风雨剥蚀，垣墉尽倾圮矣。且夫庙者貌也，人睹之而敬，神赖之以安，而垣墉倾圮如是，是有以祀神而无以妥神，敬云乎哉？于是村人之乐善者倡率于前，好善者踴跃于后，除各捐赀财外，四方募化，以共襄厥事，筑台榭，树柱石。是昔之茅茨土阶者，而今峻宇雕墙矣；曩之朴素无华者，而兹丹楹刻节矣。规模悉廓其旧，气象俱为更新。是役也，以钱计者数十万，以工计者千有余。固为人力之所乐效，要非神灵之所默佑，亦安能同心协力，不日有以克成也哉！工既竣，村人嘱余为记。余不文，因援笔而书其事之本末云尔。

邑庠生张正名沐手敬撰

邑儒学增广生员魏九皋鹤亭氏熏沐敬书丹

（经理纠首施钱略）

清道光二十六年岁次丙午仲冬月吉日　合社人等同立

重修關帝廟碑記
重修關帝廟碑記
關聖帝君顯顯赫赫允為國家春秋所昭祀者哉武邑城東十五里許邢村舊有
關帝神廟當村之衝廟北有古刹迤東有真龍宫廟東麓有土地祠
久風雨剥蝕殆攝盡傾圮矣且夫廟者貌也人睹之而歆神賴之而安
無以安神歆云乎哉於是村之人樂善者倡率於前好善者踴躍於後除各捐貲財外四方募化以襄
佑亦安能同心協力不日有以克成也哉工既竣村人囑余為記余不文因援筆而書其事之本末云爾
邑庠生張正名沐手
邑儒學增廣生員魏九皋鶴亭氏薰沐

清泉寺贴约租粟碑

【简介】

清道光二十八年（1848）勒石，现存于武乡县蟠龙镇陌峪村。碑高100、宽55、厚17厘米，碑圆首，高25厘米，内充祥云图案。碑文11行，满行25字，字体清晰，笔画较细。

【碑文】

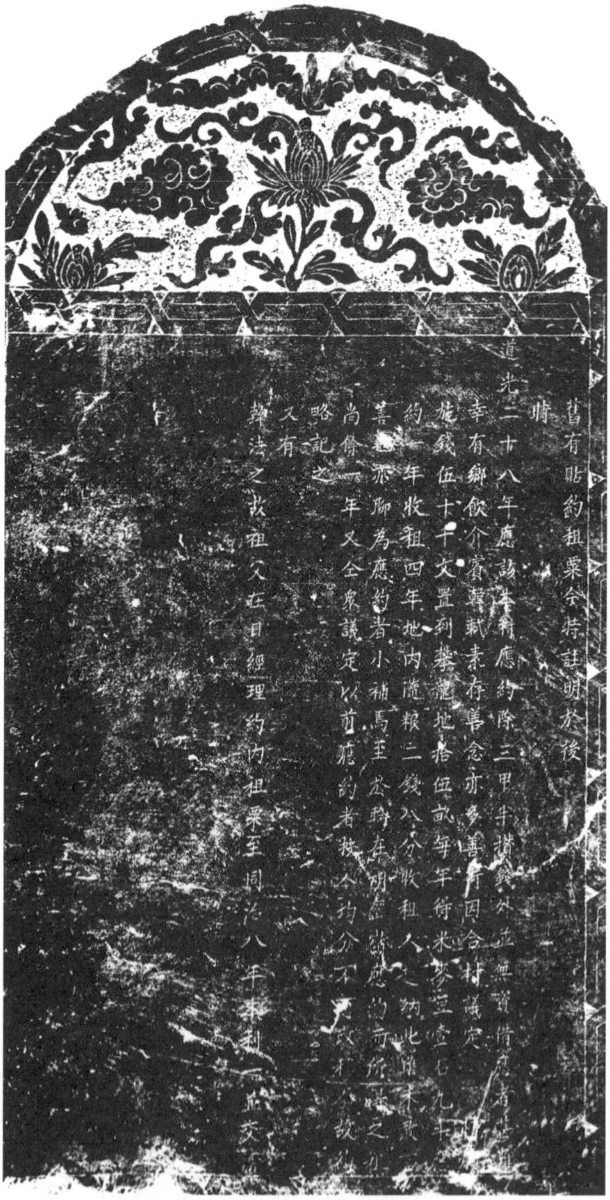

旧有贴约租粟，今特注明于后：

时道光二十八年，应该本村应约，除三甲半攒钱外并无资，借应者甚难。幸有乡饮介宾韩轼素存善念，亦多善行。因合村议定：情愿施钱伍十千文，置到攀龙地拾伍亩，每年得米麦豆壹石九斗，应约一年，收租四年。地内随粮二钱八分，收租人起纳。此虽未敢言善也，亦聊为应约者小补焉。至于轮在胡峦岭应约而所得之租，尚余一年，又同众议定，以前应约者按人均分，不可改移。今故约略记之。

又有韩法之故祖父在日，经理约内租粟，至同治八年，本利一并交清。

重修烂柯山白衣大士祠序

【简介】

清道光三十年（1850）七月勒石。石蔚文撰文、书丹。现存于武乡县故城镇烂柯山顶。碑高120、宽54、厚14厘米，梯形碑首，高20厘米，上书题额“千古常昭”，下录唐代诗人王维五绝一首：空山新雨后，天气晚来秋。明月松间照，清泉石上流。碑文共19行，满行44字。

【碑文】

重修烂柯山白衣大士祠序

闻之诗歌报赛，礼重燔柴，《大易》详假庙之理，《虞书》载肆类之文，祀典煌煌于今未坠矣。沁郡北乡武乡县西有山名曰“烂柯”。其山之巅旧有白衣大士祠，年深日久，风雨飘摇，庙宇用以倾颓，圣像因之剥落，凡所闻所见者，罔不为之兴感焉。道光叁拾年岁次庚戌，山曲村善人李公印满洞，念神道之宜尊，遂因时而举事，竭力殚精，甘受风霜之苦，自南之北，无辞跋涉之劳，而且始焉栽种树木，大小各殊，继焉募化布施，多寡不计，得所凭依，是以重修庙宇，后塑圣像，焕然改观，以为人民祷祀之所。功程告毕，属予为文以记之。是为序。

沁郡山曲村儒学生员石蔚文撰并书

（布施人略）

大清道光叁拾年岁次庚戌七月十八日

经理人　李满洞

玉工　冯国贵　冯德馨

木工　李如圭

画工　阎龙孩

重修三仙圣母庙暨观音菩萨玄天大帝神阁碑记

【简介】

清道光三十年（1850）八月勒石。现存于武乡县贾豁乡下王堡村南。碑高160、宽62、厚16厘米，碑圆首，高36厘米，内刻“白鹤冲天”及祥云图案，周边有纹饰。碑文共23行，满行64字。碑文多半是捐资者名单。

【碑文】

重修三仙圣母庙暨观音菩萨玄天大帝神阁碑记

今夫物必有敝，承其敝者复其盛；事必有变，袭其变者返其常。此固物理之宜然，抑亦人事之伊责也。吾邑下王堡村南有邱焉，古建三仙圣母庙一区，历次重修者屡矣。神最灵佑，造福于人，于今尤烈。自乾隆年重修，距今六十有余载，而风霜剥蚀，栋宇倾斜。村人见其不可以庇神也，咸议重修。距村数武，有观音菩萨玄天大帝神阁三楹焉，历年愈远，壁裂榱崩，侧陋尤甚。村中耆老曰：“神一而已，彼庙之彫残，犹此之彫敝也。

兹修彼而遗此，其如慢神之谓何？且吾村不过数十家耳，此数十家之赀，当兹巨役，孰与于足？诚托神灵之庇，以邀惠于四方，则善事兴而助者众，孰与于不足？盍并修之？”村人曰：“善。”于是纠首等同心协力，广诱善缘，富者捐财，贫者助力，人之乐从如云之涌，不数旬而鸠工募木，两役齐兴，曩之欹者直之，虽规模广狭悉依旧迹，而庙貌则金碧辉煌，固已焕然崭新矣。且复于圣母庙中增塑送生神像暨西岐百子，非敢妄作也，盖以神之权司子嗣以应乎人之祷祈者也。噫！不有兴者，其事将废，不有助者，其事难成，前人之式，后人之□也。今工告竣，列数字于石，岂惟昭兹来许，亦欲以志好善者之垂之于不朽。是记。

邑附学生员赵亨时熏沐敬撰并书

（施钱者略）

大清道光叁拾年岁庚戌秋八月吉日立

胡家垴韩氏五门修坟祭祀碣

【简介】

清道光三十年（1850）八月立石。现存于武乡县洪水镇胡家垴。碣高30、宽50厘米。碑文正书，满行15字，正文12行。四周简刻卷叶纹。

【碣文】

五门人等公议今因坟内多年损坏，功程浩大，五门人等欲修不能，无奈将坟内有松树大小一十七颗出卖钱一百五十千文，与户中买东场圪嘴地基一起价钱以千文，本庄新盖普亭一座、戏楼一大间，坟里修茔立四角柱石，又盖碑楼一座，石桌二面，石工、木匠工、油匠、土工，以上一切共使钱一百千文。除出，尽余钱五十千文。每年春秋正月初一日，五门人等轮流祭祀，周而复始，尽心力而为之，不可推脱。五门经理人名开列于后：

经理人　长门韩帅　韩源　韩旗　韩忠

二门韩兆保

三门韩绪　韩礼　韩兆郁　韩兆清

四门韩清泗

五门韩磊　韩兆仁　韩兆义

道光三十年八月十五日吉立

信义程康庄墓表

【简介】

清道光年间（1821—1850）勒石，现存于武乡县故城镇岸北村。2010年出土于信义村程康庄祖坟。碑首高64、宽66、厚20厘米，正面题额“皇

清”2字，8厘米见方，字体楷书，周边为双龙浮雕，背面为双凤浮雕，下为云纹。碑身残高132、宽63、厚20厘米，青石质，碑身下端已残。碑刻正文下端缺一字，碑刻背面剥蚀严重，字迹漫漶不清。

墓主人程康庄，字坦如，号昆仑，明崇祯六年（1633）中正榜拔贡，清顺治十七年（1660）任江苏镇江府通判，康熙六年（1667）迁安徽安庆府同知，康熙十年（1671）奉旨还京，调任陕西耀州知州，康熙十四年（1675）返乡赋闲。明万历四十一年（1613）五月十四日生，清康熙十八年（1679）病逝，终年六十六岁。著作有《衍愚词》一卷，《程昆仑文选》四卷，《程昆仑诗选》二卷，《自课文集》一卷。曾被誉为“清初诗伯”，书法自成一体，字迹端庄圆润，遒劲大方。据《沁县吴桧墓碑记》载，清初保和殿大学士兼刑部尚书吴琠，曾不远千里赴江苏镇江求字于程康庄，为其祖父吴桧撰写墓碑。立碑人为程康庄五世孙程林宗。

【碑文】

（碑阳）

诰授奉政大夫耀州知（州）前安庆府同知镇州府（通）判崑崙程公讳康

庄之（墓）

（碑阴）

程林宗五世祖耀州公康庄……

……

修街道碑

【简介】

清咸丰元年（1851）十二月立石。现存于武乡县蟠龙镇蟠龙村。碑青石质，圆首，高86、宽45、厚16厘米。碑额中间双行虫鸟书“修街道碑”4字，两侧各一株培植花卉。碑文楷书，正文6行，满行34字。边栏简刻富贵不断头图案。

【碑文】

盖闻扫除街坊所以洁吾处，修理道路所以便往来。吾攀龙素号冲镇，为四方云集，洁往来方便乎？岁在辛亥，保正安□等久有清净街坊之志，值秋七月雨泽淋□□谋诸合社，乞诸乡邻，各工赀财以为修葺之助。越数十余日而其功告竣。□工□□□以坏者，由街坊之不净也。向使街坊果净而恶秽之物无壅塞之患，则道路□□□□财修我大道，而复使不洁之徒□积粪□于其上，吾天见其能久长也。是□□□爰是不揣固陋，而为之序云。

儒学生员安立庆撰文

儒学生员安廷璧书丹

儒学增生赵建官篆额

咸丰元年岁次辛亥季冬之吉勒石

南山重修乐楼记

【简介】

清咸丰二年（1852）三月勒石。魏九皋撰文、书丹。现存于武乡县南神山。碑青石质，高49、宽74、厚15厘米。左上、下角均残，碑文共33行，满行24字，边饰为富贵不断头图案。

【碑文】

南山重修乐楼记

武邑南神山关帝庙每年三月廿四、五月廿八日神会祭赛，自胜朝嘉靖年间御祭而后，迄今近四百年，承祭赛享任其事者，惟我崇仁、敦义两坊，士民得知其事焉，相沿久矣，俨为定制，各有记铭，历历可考，无庸赘赘。惟于三年一周，襄事之久，颇有补葺，恍若神恩未忘，而余情犹未尽竭也。非神灵庇覆之宏恩，士民载德之隐悃，交相孚洽，何能得此？今将瓜代之期，凡庙宇之殿堂廊庑，俱已完善。独半山之乐楼，残坏颓废，难为演剧。因各捐己赀，廓其根基，新其垣墉，重为修葺，所费虽云无多，固不敢言为踵事增补之善，亦未尝非集腋成裘之一助云。是为记。

邑儒学优行增广生员魏九皋鹤亭氏熏沐撰并书丹

（崇仁坊、敦义坊香首略）

咸丰贰年三月廿四日

重修烂柯神山王仙翁祠

【简介】

清咸丰二年（1852）五月勒石。现存于武乡县故城镇烂柯山顶。碑高97、宽68、厚15厘米。碑首高23厘米，内书“柯山碑记”4字，每字7厘米见方。碑文共26行，满字28字，碑体剥蚀严重，字迹漫漶不清。

【碑文】

重修烂柯神山王仙翁祠

□□神仙杳茫，儒者所不道，而《搜神记》《列仙传》诸书何以称焉？□□□经曰：烂柯山也，其上有王仙翁祠并仙境、仙迹，班班可考，而余概未之见。及观邑志，有先□□□□所载观棋落斧之事，无不吻合，余乃慨然信有仙人焉。不然□□□□久，水旱不时，有祷辄应，是为民御灾捍患。与世所传白日□□□□因宜特自李公诗，后逮我朝康熙五十三年□葺□，今又□□□□力募诸四方，约得金五百余缗，举□殿两廊以及南舍仍旧□□□昼夜展力，阅数月成。又以费有赢余，复置数陇之植，横□□□□□，余乃□然曰："事之废兴成毁，不可得而知也。向者刻俯□□□□□未逮之志，而一旦成之，因知仙翁功德在人，不可湮没□□□。"

儒学廪膳生员襄□□□□

儒士凌云

纠首　施钱者（略）

玉工　李根深　常习永　李玉林

木工　李生祥

瓦工　李蛇孩　白璧

画工　阎大任

大清咸丰式年五月初五日　吉立

合村公议刻石勒铭以防窃盗事

【简介】

清咸丰五年（1855）五月立石。现存于武乡县蟠龙镇陌峪村。碑长方形，高33cm，宽40cm。碑文正书，正文23行，行19字。周边刻有边框和富贵不断头条纹装饰。

【碑文】

合村公议刻石勒铭以防窃盗事

窃闻风俗颓而攘窃生，法制严而盗徒逸。盖弭盗所以清风，惩贼即以正俗。盗不弭则盗屡至，贼不惩则贼愈入。固防贼除盗，周制所以不废也，讵僻壤微村可勿预为计哉！今因去年冬十月本村韩遇春、满惠等失牛二只，意欲差众找捕，犹豫力弱难举。村中同志者咸相喻曰："大家公办，有何不可！"于是鸣锣公议，喂牛骡马者出钱壹佰，养驴者贴钱伍十，下短地亩均摊，遂差众四方找查。查至十一月，于潞邑祥庄村连玘家得牛一只，又于枣

畛村韩得秋家得牛一只。细问由来，韩连二姓备述其详，遂星夜回城禀明县主，行文到潞，将贼捕获。系襄邑西邯郸巩金染与西营陈二虎，即将二贼锁挐送县监囚栊栏，捕差于次年三月初，领潞官文将牛送回。虽延捞数月，则贼囚栊内，牛回故槽，庶亦不负所捕。因议勒铭定为程序：日后倘遇失牛丢畜之事，务须仍照前轨，牲畜帖钱，乡田催攒，地亩摊钱，社首经营，失主着力攻前，阖村帮办佐后。噫嘻！此规定于一村，风声播于四方，庶几鼠窃之辈不敢轻至其乡，跖蹻之徒亦可畏避其境。虽曰同心共济之盛谊，未始非防贼御盗之良策云尔。因刻于铭，详序其事，垂勒大寺，昭示来人。

咸丰伍年五月十三日　合村公勒

合社公议禁牧石

【简介】

大清咸丰六年（1856）七月立石。现存于武乡县蟠龙史家嘴村。碑长方形，高宽不详。碑文正书，行12字。周边刻有边框和富贵不断头条纹装饰。

【碑文】

合社公议禁止本村对面南坡不许牧放牛羊、割材草、掘石，如有犯者，罚钱叁仟文。如不遵者，经理人同合社禀官究治。所费钱文，按地亩摊派。况南山是吾村中对坐之处，亦宜兴旺而已矣。

经理人　张威武　〔张〕有法

处士　张建德撰

玉工　张必成刊

日后所罚之钱入社。

咸丰元年禁六年七月　日立

重修碑记

【简介】

清咸丰七年（1857）十一月立石。2023年夏出土，现存于武乡县贾豁乡胡庄村。碑红砂石质，圆首，高120、宽56、厚14厘米。碑额双行楷书“重修碑记”四字。周边及介栏可有牡丹图案。

【碑文】

武邑城东四十里石板沟，有古佛庙，有感必应，无□下灵。每逢亢旱之年，常来此地取水，功量之恢润无际，固有欲各言而莫罄者，时代远年湮，周围墙壁皆坏，风雨莫蔽。又有圣母庙，虽非大累，多有惑缺之处。于是总经理人韩吉因与胡庄上下西堙则合社人等同□派理一工并修，各出赀财，募化四方。四月二十日开工，七月初三日告竣，工程完毕，勒碑为序，以期昭敬起而垂永远也云尔。

程先正熏沐敬撰

榆邑麻池堖武福虎书

咸丰柒年拾一月初七日谷旦

三官庙增修廊庑珉记

【简介】

清咸丰九年（1859）十一月立石。在2023年修复三官庙时出土，现存于武乡县蟠龙镇上北漳村。碣青石质，高45cm，宽80cm。碑文楷书体，正文15行，满行20字。四周刻有缠枝莲花图案。

【碣文】

三官庙增修廊庑珉记

事不难于善始而难于图终，功不难于一时而难于永世。上北漳村志南有三官大帝庙，创建者郝姓也。其后虽入社内，凡重修补葺而郝姓仍为功德主，可谓后先继美矣。特是庙也。独有正殿而无廊庑，每遇报赛时往往神居其上，人栖其下，殊觉狎神灵而遗憾也。太学生郝荣集欲出财赀增修廊庑，村人知其善念，遂与公议，伊欣然曰：是庙也，创建者余先世祖也，修者即余祖也，余固愿竭力输赀以酬神恩而继先志也。经理者承其雅意，于是兴工。约费一百四十余缗。郝荣集施钱一百千文，社内租利二十八千四佰文，村中地亩摊钱一十三千余文，共济其事。工告竣，嘱余记之。余叙其略，以记好善者之功德于不朽云尔。

吏部拣选知县乙卯举人史纪熏沐撰文

邑优廪生员守斋氏郝丕式熏沐书丹

大清咸丰九年岁次己未季冬立

玉工　杨文光　镌

乡饮耆宾益轩杜君之墓碑记

【简介】

清咸丰九年（1859）四月勒石，现存于武乡县蟠龙镇大活庄南窑科杜氏院内。碑高110、宽50、厚18厘米。碑首刻有“永垂不朽”4字。

【碑文】

乡饮耆宾益轩杜君之墓碑记

尝闻得吉地无难，得明师为难；遇明师或易，识明师不易；师地之相得，非偶然也。自吾祖葬南坪以来，一祖五支及曾祖父三世孤身，吾父忆其丁稀，故请明师择地，将曾祖移葬村北大场顶，择地之时，便择定坟堰底地作茔。点穴之日，师指之曰："此地虽好，恐于异姓之茔不利。"吾父曰："损人利己，吾不为也，请先生与吾再寻。"师曰："若自存此心，何患地之不得？此地上块亦可以葬。"因而又择于本地为茔，师遂指曰："其地第三穴之西有窝穴，主财丁大旺，后葬不可偏东。"吾父曰："偏于西恐后人疑？"师曰："不然。罗经解云，内结黄金斗，外掩时人口。"吾父问曰："此何谓也？"答曰："如内立甲向而外收乙向，是夫内外各一字，如此，而况偏西者乎？"此言是吾父与吾所当言者，吾恐人而或忘，因勒石以序其事。

男祥麟　翔鹏　奉祀

清咸丰九年岁次己未四月十五日　立

重修八里庙碑记

【简介】

清咸丰十年（1860）八月勒石。张廷杰撰文，王一中书丹，张旭升篆额。现存于武乡县故县乡十里坡村。碑青石质，高180、宽65、厚15厘米。碑圆首，首有"重修八里庙"篆额，额周饰富贵不断头图案。

【碑文】

重修八里庙碑记

村西北半里许，有庙一区，中奉龙天土地神一。其南八里，则鞞山耸翠，漳水回澜，邑之都会在焉。此俗名为八里庙也，但未详创自何代，而重修增补可稽者，于今三次矣。先重修于乾隆五十二年，碣云："似前可观。”则前之就简可知。又重修于嘉庆十五年，翻盖乐楼，增建厢房，正殿补新焉；第乐楼高于正殿，甚属不配，想彼时亦以社小费繁，难以一次成功，俟后再为增益耳。孰意不数十年，先辈相继去世，则有志焉而未逮也。迄咸丰五年夏六月，霪雨霏霏，正殿圮颓矣。因缘社人公议重修，咸以予为首事。吁！予本樗栎凡材，更少经事，是时与势相去先辈万万也，纵有志焉，成之匪易。虽然，托处宇下，又乌容辞？于是合社之众量力捐赀，同事之人广招募化，正殿移后而阔大，拜殿遵旧而增高，院宇分上下高峻，山门社房列东西增修间架，殿后土堆以石积成山势，门前大路以石砌成坦途。越数载而工始告竣，似前稍配合矣。其敢谓妥神灵耶？其敢谓承先志耶？爰将施财姓名、重修之由，随笔记之，亦将以励来者。至于神之幽明烛照，灵应无方，前人已备述矣，不必赘也。是为记。

例授儒林郎吏部候铨布政司经历培英氏　张廷杰　熏沐敬撰

邑儒学生员绍虞氏王一中熏沐书丹

邑儒学生员晓峰氏张旭昇熏沐篆额

（经理、捐赀人略）

玉工　□□□

大清咸丰拾年岁次庚申中秋望日吉　立

南山购置祭器碣

【简介】

清咸丰十一年（1861）勒石。赵纯仁撰文，魏锡五书丹。现存于武乡县武乡南神山普济寺内。碣高46、宽74、厚15厘米。

【碣文】

吾邑崇、敦两里，充应三、五月南山城隍庙神事者，三年竣事，或稍加补修，或公置器物，皆出己赀，勒石为记，此旧规也。余家自咸丰八年至十年，与两里人应事即毕，补修城隍庙大厨房三间。南山庙无可修补，公置到执壶两把，棹围一条，麻叶架一□，□□一支。又念器物零星，非有册记，终归散失，因立器物册一本，前半略书祭规，后将所置之器逐件载明并附记：敦七甲赵氏施到祭器六十七件。于后踵事者，前托后接，则二庙公用之器，一一按籍而可稽矣。嗣后倘有续置并乐施予者，酌定良规，行之永久，俾祭器无缺，而祀典益以肃恭也。是尤余之所厚望也夫。

例授征仕郎候铨直隶州州判戊午恩贡静山赵纯仁熏沐撰

例授修职佐郎候铨儒学训导戊申岁贡洪九魏锡五沐手书

阴阳　萧廷彦

主持　僧会司僧会　登泰

崇仁坊　寿官王本端　王有余　王元德　王东让　李有国　李有旺　武炘　武川元　段如　段锡文　李休　李庆　刘栋桂　刘万钟　刘万云　刘思越　刘思恭　刘思晋　刘正午　刘戊辰　寿官赵承休　生员赵炳文　赵国太　赵狗小　赵文敖　魏西二门　魏南周　卫福贵　王国彦　王书□　王思科　李长和　李长合　李七斤　李玉台　李□□　李金小　监生石悳清　白士金　白银□　□□□

敦义坊　李朝梁　佾生李买成　李盘国　□□□　李录　李祯　赵补山　赵东　赵□安　赵观成　赵如兰　赵窦枝　赵琳枝　窦克恭

玉工　杨更寅　勒石

咸丰十一年三月　吉日

修井碑记

【简介】

清同治二年（1863）勒石。史纪撰文、书丹。现存于武乡县韩北乡东堡村观音阁。碑高120、宽62厘米，碑文14行，满行34字，楷书，字体清晰、美观、大方。碑首高31厘米，内书“修井碑志”4字，楷书，其字8厘米见方，两侧有荷花图案。

【碑文】

修井碑记

尝谓二气生五行，五行生万物，万物之所急需者五行，而五行之中水其尤要者欤！夫泽居近水，水固不难于得；陆居远水，水恒不易于得。昔黄帝掘井而得水，伯益凿井而得水，其后耿恭拜井而水涌出，贰师拔佩刀刺山而水亦出，水固不可须臾离也。东堡村依山结庐，艰于取水。东西江沟旧有古井数筒，不惟村人赖以生活，即左右邻村亦俱赖焉。特经年不修，往往因渠水漂埋，尘土壅塞，井堙而水必涸矣。今合社公议，更为修理，或施财贵，或助工力，凡迩近邻村俱相助焉，阅两月工告竣。经理者属记于余，余略记数言以嘉广众之懿举焉耳。

例授文林郎吏部拣选知县乙卯科举人史纪撰文并书丹

（经理纠首施钱者略）

同治二年六月上浣谷旦立

玉工　李三元

离相寺法显包骨像铭

【简介】

清同治三年（1864）勒石。碣石高18、宽35、厚8厘米，碣文12行，每行7~8字不等，字体2厘米见方。由该记录：一、法显为平阳人；二、法显坐化于武乡离相寺；三、清同治甲子年（1864）离相寺住持虔装师祖法显金身（即法显包骨像）。

【铭文】

高僧法显平阳龚氏，隆安中西域求法，归国于建康译经，暮年入离相古寺坐化，后历祀数代。此乃元雄辩大师之内传心印矣。维大清同治甲子吉辰，复彩绘大雄宝殿，虔装师祖金身毕，谨勒铭，晓以佛子慧灯不灭，继续源流。

僧梵□敬刊

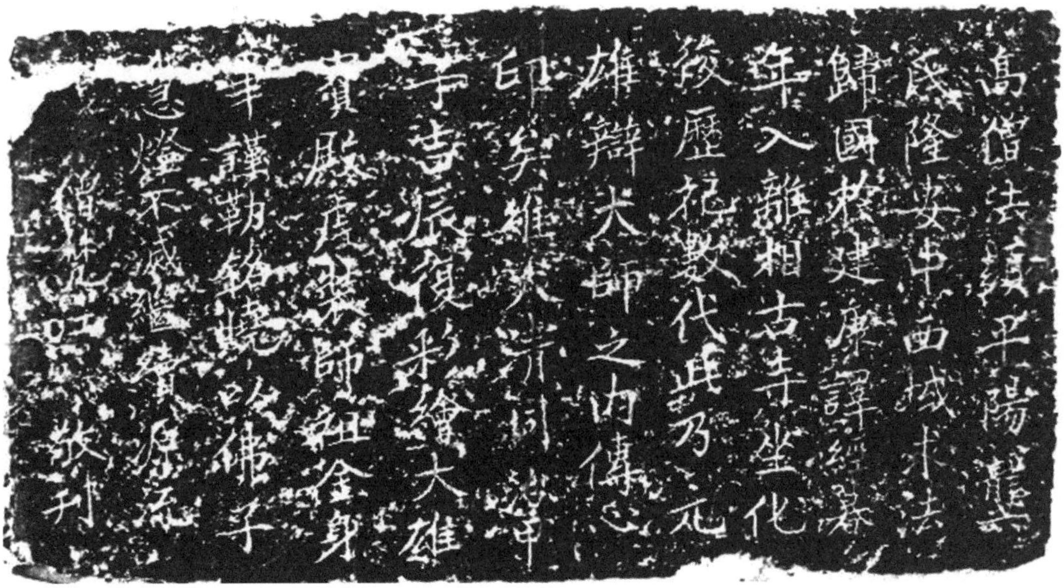

重修文昌奎星阁碑记

【简介】

清同治三年（1864）十月立石。乡人郭可守撰文并书丹。现存于武乡县故城镇东良村。碑圭首，高124、宽54、厚14厘米。额中篆一“寿”字，周为蝙蝠图案，寓“五福捧寿”之意。碑文9行，满行39字。

【碑文】

重修文昌奎星阁碑记

武邑，晋阳之蕞尔也。僻处一隅，环山而阻谷，危崖怪石，重迭耸峙。村落每三四里许，相接不相望，表里山河，今古一辙。惟东良侯右跨铜城，南望皋狼，缭兮廓兮，一望无际。昔之人若有虞其太阔者，故建阁于东南，以为一村之锁钥，而经之营之者，不亦善乎？阁于村为巽，文昌正位乎内，奎星正位乎外，向背之位各有专尊。考是阁之建也，在嘉庆甲子岁，迄今又甲子矣。六十年来风雨剥蚀，渐即倾圮。村人议毕出赀力以重修。告夫是阁之建也，建于甲子，其修也修于甲子。此其期之不先不后、若合符节者，其偶然欤？抑亦有数以前定欤？先是，阁之建也，阁建而无碑，工之巨细、资之多寡，俱无可考。今于阁为重修，于碑为新建。董事者于告竣之日，嘱予不惜琐碎，尽笔于石。是役也，凡前后经费钱以缗计者八十九千有奇，工以日计者四百三十有奇；启事于孟夏之望，竣事于季夏之杪。后之有事于斯阁者，幸无畏其难，则此阁常新而神灵可妥，文教可兴，一村之锁钥亦以永固矣。是为记。

邑儒〔学生〕员朴斋郭可守顿首撰并书

（经理人及工匠名略）

大清同治三年〔岁〕次甲子十月谷旦合社仝立

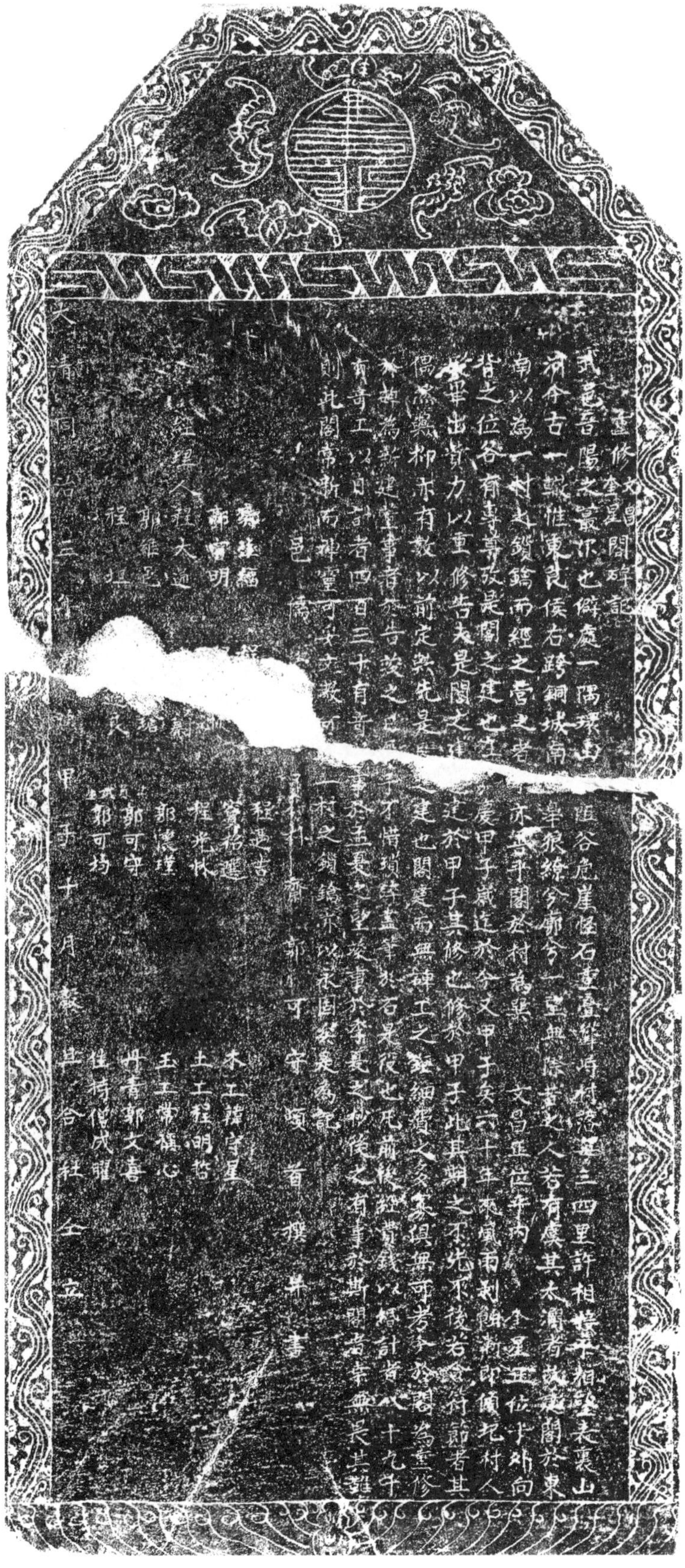

重修文昌奎星閣碑記

武邑晉陽之最邵也，僻處一隅，環山距谷，危崖怪石，重疊維[illegible]村落三四里許，相接相[illegible]表裏山河，今古一轍。惟東邑侯右跨銅城南峰，狼繞分鄉，今一望無際，昔之人若有慮其太濶者，故建閣於東南，以為一村之鎖鑰，而經之營之者亦[illegible]。夫閣於村為巽，文昌正位，并內奉奎星，玉位于外，向背之位，各有專尊，故是閣之建也，[illegible]慶甲子歲，迄於今又甲子矣，六十年來，風雨剥蝕，漸即傾圮，村人[illegible]華出貲力，以重修告夫是閣之建，建於甲子，其修也亦於甲子，此其無之不先不後，若合符節者，其偶然歟？抑亦有數，以前定歟？先是[illegible]建也，閣建而無碑，工之經細貲之多寡，俱無可考，予於閣為重修，碑為新建，董事者於告竣之日不惜瑣碎，盡筆於石，是役也，凡前後經費錢以緡計者八十九千有奇，工以日計者四百三十有奇，[illegible]事於孟夏之望，竣事於季夏之杪，從之有事於斯閣者，寧無[illegible]其難，則此閣常新，而神靈可妥，文教可興，一村之鎖鑰亦以永固矣。是為記。

邑儒[illegible]齋郭可守頓首撰并書

經理人 程大道 郭維邑 程垣 [illegible] 郭[illegible]明 [illegible]

程迎吉 郭[illegible]選 程光[illegible] 郭濃[illegible] 郭可守 郭可均

木工 韓守星 土工 程明哲 玉工 常祖心 丹青 郭文喜 住持 僧成瓘

大清同治三年歲次甲子十月 [illegible] 合社仝立

敬奉县批以勒石

【简介】

清同治四年（1865）勒石。范克昌撰文。现存于武乡县韩北乡土河村真如寺。高46、宽63厘米，字体楷书，字迹清楚可辨。内容涉及庙产诉讼，是

研究清代法律制度的材料。

【碑文】

敬奉县批以勒石

尝思有善创者，应有善守；有仁心者，斯有仁政。如土河村真如寺，不有僧人梵江，不几湮没而弗彰乎！咸丰七、八、九年，真如寺僧师徒构讼梁公，因僧门匪荡，将六人一并逐离庙外，真如寺地亩杳没无踪，将假龙神而灭佛像，倚社首而欺僧人。幸有离相僧人梵江念其宗派无人，恻目伤心，复控郭仁台，案下堂讯之后，命奉硃批，以志不朽。批云：此案据监生范承绪、佾生王九龄、魏天赐、叶聚财等和处，将真如寺僧通祥当年自置之田，仍归真如寺梵江管业，与土河社无干，并毁焦龙庙碑文，杜其日后侵占。又只准他人耕种以为修庙香火之用。实属妥当，准息销讼，即着僧人梵江将此和词并批勒石，以为善后之鉴。

邑太学生继先氏范克昌撰

山主申文敏　僧梵江暨徒行□　徒孙心财并勒石

玉工　李三元

同治四年八月敬立

皋阳约村庄九处人等公议保甲碑

【简介】

清同治五年（1866）八月立石。乡人冯铭江撰文，李修身书丹。2020年7月在崇圣寺修建工程中出土，现存于武乡县大有乡横岭崇圣寺。碑圆首，高102、宽61、厚12厘米。碑额刻云龙图案，边缘刻富贵不断头纹。额下界栏刻有古琴和棋枰图案。碑文22行，满行31字。边栏刻瑞草奇花图案。

【碑文】

皋阳约村庄九处人等公议保甲碑

尝读谕广训有云：联保甲以弭盗贼。夫盗贼之起，每由群饮聚博、招吸鸦片，迨家耗财荡，遂肆意狼贪，甘心鼠窃。倘有发觉，非诬良为盗，即泄恨因仇、背影含沙，种种射人之状，善良已刻不自安。近年来邻氛未靖，县尊每于朔望恭讲圣谕，急劝人循保甲之规，杜牵连之弊。因是乡邻共议，父老相商，嗣后或有聚赌、窝盗、诬枉等情，各向社内申明，禀官究办。至所费资财，按社摊排，无须推阻。此即保甲弭盗之法，以期安居乐业、恪守律度云尔，岂敢植党树援、结私社于乡曲也哉？是为序。

邑儒学增广生员左箴冯铭东撰

正心齐家李修身书

横岭村　董井凹　前后沐浴神　前后河西沟　小寨则

西岗头　南庄则　苑家垴前后韩家沟

条规开后

一　凡有失盗值钱至几仟者，失主禀报，伙中摊钱，定要捉活，原物归主，使费均包。至若小小失贷，不必妄动合伙。

一　五诬良为盗、误犯赌博者，伙中摊钱为受害之人伸诉，同具公呈，禀官究治。

一　实系贼盗窝主者，有人告发，伊一人承顶，伙中不管；或牵累合伙中人，亦照误犯良人论。

一　遇有事之日，有事者将各村香首、甲长俱请到崇胜寺公议其事，香首即宜作主，不得推阻。至于□饭，有事人备。

一　合伙中费用钱财，九村共议摊排，着各处甲长沿门攒办，不得混相推阻。

一　合伙中有人奸啬不出者，伊若有事，伙中亦不许理料。

玉工　李树身　李根身

大清同治五年蕤月朔日九村人等公立

皋陽約村莊九處人等公議保甲碑記
嘗讀
聖諭廣訓有云聯保甲以弭盜賊夫盜賊之起每由飲聚博招吸鴉片追家耗
財蕩遂肆意狼貪甘心鼠竊倘有發覺非誣良為盜即洩恨因仇背影含沙
種種射人之狀善良已刻不自安近年來鄰氛未靖 縣尊每於朔望恭講
聖諭急勸人循保甲之規杜牽連之弊因是鄉鄰共議父老相商嗣後或有聚賭
窩盜誣枉等情各向社內申明稟 官究辦至所費貲財按社攤排無須推
阻此即保甲弭盜之法以期安居樂業恪守律度云爾豈敢植黨樹援結私
社於鄉曲也哉是為序
邑 儒學增廣生員左纖馮銘東譔
正 心 齊 家 李修身書
橫嶺村 董井凹 前後沐洛神 前後河西溝 小寨則
西嶺頭 南庄則 苑家堖 前韓家溝
條規開後
一凡有失盜值錢至幾仟者失主稟報夥中攤錢定要捉活原物歸主使費均包至若小失不必妄動 夥合
一誣良為盜誤犯賭博者夥中攤錢為受害之人伸訴同具公呈稟治
一實係賊盜窩主者有人告發伊一人承頂夥中不管或牽累合夥中人亦良人論
一遇有事之日有事者將各村香首甲長俱請到崇勝寺公議其事香首即宜作主不得推阻飯有事人備
一合夥中費用錢財九村公議攤排着各處甲長沿門攢辦不得混相推阻
一合夥中有人奸嗇不出者伊若有事亦不許理料
工李樹根
大清同治五年癸月朔日九村人等公立

三官大帝庙重修碑序

【简介】

清同治八年（1869）十二月立。乡人王凤岗撰文，王显成书丹。1996年在村民房屋修建中出土，现存于武乡县蟠龙镇东沟村。碑额残，残高105、宽54、厚15厘米。中间双行篆书残存“传载”二字，两侧云龙图案。额下界栏刻有书画和瑞鸟图案。碑文22行，满行31字。

【碑文】

三官大帝庙重修碑序

昔先王以神道设教，凡有功于民者，垂诸祀典□彰，祭法齐明，盛服以永祭，而无敢戏豫，无敢驰驱焉。矧三官大帝之神，其尤为灵应之昭昭也。上操福国之权，下御庇民之柄，彰往察来，作善者降祥，积德者世昌。虽云人事之修能，而实由是神道之默运也。自通都大邑，山陬僻壤，莫不崇奉维殷而建庙立祀焉。余东沟村旧有斯庙也，本为三元神宫，又有诸□神列位，春祷秋赛，一村之康阜多由此庙是凭焉。则前人既创，后世宜因。溯其所始创基，有改移址，有铭有凭，式之庙貌，即有取资之香火，虽世已屡更，人亦数易几□岁月。龙泉寺有碑载记，依古以来，有不敝之灵爽，断无不倾之庙宇。当思敝者修，废者举，撤三楹之旧制，易五楹之新模。规度式廓，左右增建其间。乐楼、门墙、廊房、厩厦，同加修补之功耳。此亦有其举之莫敢废之之意也。是创之者信愿力之克酬□之者，阅人代而勿替，经理鸠工，共襄盛世，不数月而庙貌壮丽，神像辉煌聿观。厥成，欲勒诸石，众言嘱余为序。余不能文，思述数言权以记其岁月焉。

业儒鸣岗王凤翔熏沐撰文

例贡生文扬王显成熏沐书丹

邑贡生钟秀韩毓龄熏沐篆额

大清同治八年岁次己巳季冬之月合社同立

玉工　杨廷印

焦龙洞山行宫碑记

【简介】

清同治八年（1869）勒石。陈宗海撰文，郝儒魁书丹。现存于武乡县韩北乡焦龙洞。该碑碑首及碑身上截已破损不知去向，所剩部分高130、宽70、厚15厘米，碑文19行，满行48字。

【碑文】

……率阖邑绅民建修龙洞山行宫碑记

……志载

……唐朝代宗时人也，咸通九年戊子岁七月初五日，生于长乐乡，焦姓。出家得道，能御灾捍患，为潞、泽、辽降妖祈雨，上党……上闻，封云雨将军。后脱蜕仙升。及五代唐清泰二年，草寇啸聚，官兵不能御，突于武乡县王修真洞中，边……中轶骑声，石飞如雨，贼皆打毙，加封灵侯。五代晋开运二年，各县大旱，凡诣洞求雨得雨，加封显圣公。迨……年直隶、河南、山西等省皆大旱，祈雨灵验，加封昭泽王。元世祖南征渡海，见王阴为之助，特封海渎王。明……改封海渎焦龙神，而实则昭泽王、海渎王也。迨我……循其旧，而各省百姓，遇旱求雨，灵应如响。宗海于同治元年六月杪，履襄垣任，适大旱，禾苗枯槁。七月初二日，在庙……当日即沛甘霖，转歉为丰。宗海禀请抚宪具奏，奉……昭泽王。四年夏又亢旱，宗海亲拟告文，令北底村耆老，赴王修真洞口，焚化求雨。宗海柳冠布履，出城二十里跪迎泣祷。六月初三日自午至酉，炎天赤日中步行四时，烈日炎蒸，心神如醉，迷闷之间，宗海亲见王坐轿于雨楼前，长面长髯，威严而肃，斯时迷而不知为王也。蒙王祐，初五日大雨如注，阖境沾足。同治六年丁卯，适逢□王千岁寿辰，五月内又大旱，宗海于二十六日亲诣王修真洞口跪求，回襄，六月初二日，得有透雨，秋禾始能播种，贫民方得重生。呜呼！王之惠养贫民千有余岁，如泰岱、华岳之高，大江、黄河之深矣。今宗海履任七年，三祷三应，倡募阖县捐赀，建庙于洞旁，一以表其大德及民，历代加封，二以慰各省绅民景仰虔诚，三以备祈雨者栖止基所。惟地僻而无村社，山水时发，既乏经管之人，又无修葺之费，伏冀各省各县，乐善官民，祈雨到此，见庙稍有石塌台裂，倾漏朽坍，许愿重修，则斯庙无倒坏之期。王之德远近昭著，而祈雨者亦永有栖止之所。不可思议，不可称量，无边功德，是所望于后之好善人焉，是所望于后之乐善人焉。是为记。

□政大夫加同知升衔襄垣县知县橘堂陈宗海熏沐撰文

首士辛酉拔贡郝儒魁敬书丹

武邑总理首士癸卯举人赵廷芝　壬子举人韩绍休等同勒石

经理帐目礼房经书　王万元

大清同治八年仲夏中浣之吉

禁赌碑记

【简介】

清同治九年（1870）立石，现存于武乡县贾豁乡石泉村。碑高114、宽62、厚10厘米。碑体四边均有图案，碑首内布满图案，很有特色。碑文18行，满行19字，楷书，字体清晰、工整。由《碑记》可知，百姓深受赌博之害，历朝历代皆然，官方顺应民意，每每下文，严厉禁之。

【碑文】

禁赌碑记

钦加知州衔特调武乡县正堂加五级纪录十次梁，为严禁赌博以除民害而靖地方事，照得：士农工商各贵务本，开场聚赌，罪有名条，诚以赌为害非轻，小则废时失业，大则倾家荡产，甚至赌输无偿，流为盗乞之徒；更有因赌酿成人命。是故例禁綦严，不容轻纵，正在差查间。兹据石泉村乡约胡文进、张金阳、韩丙成、韩致元、胡文远、王文盛、张林秀、胡文光、韩福元公恳出示前来，除饬差查拿外，合行出示晓谕。为此，示仰该村居民人等一体知悉：自示之后，尔等务当各安正业，珍惜身家，毋许赌博。倘有不法棍徒，游手好闲，无计生涯，开场聚赌，引诱良民，许合社人等扭掌送案，以凭究办。该乡约等亦不得指称掌赌，借端滋事。倘有容隐窃赌，一经访闻，定行重究，决不姑宽。各宜凛遵毋违，特示。

合社公议，每年三月二十一会，倘有不法棍徒，开场聚赌，许香首乡约甲长严禁，毋得容隐。

同治九年三月十九日建立

玉工　刘廷苍

禁賭碑記

欽加知州銜特調武鄉縣正堂加五級紀錄十次梁

爲嚴禁賭博以除民害而靖地方事照得士農工商各貴務本開場聚賭罪有名條誠以賭爲害非輕小則廢時失業大則傾家蕩產甚至賭輸無償流爲盜乞之徒更有因賭釀成人命是故例禁綦嚴不容輕縱正在差查間茲據石泉村鄉約胡文進張金陽韓丙成韓致元胡文遠王文盛張林秀胡文光韓福元公懇出示前來除飭差查拿外合行出示曉諭爲此示仰該村居民人等一體知悉自示之後爾等務當各安正業珍惜身家毋許賭博儻有不法棍徒游手好閑無計生涯開場聚賭引誘良民許合社人等扭掌送案以憑究辦該鄉約等指稱掌賭藉端滋事儻有容隱寓者一經訪聞定行重究決不姑寬各宜凜遵毋違特示

合社公議每年三月二十壹會倘有不法棍徒開場聚賭許香首鄉約甲長嚴禁毋得容隱

同治九年三月十九日建立　主工劉廷會

为三官庙施地碣

【简介】

清同治十二年（1873）勒石。萧峥秀撰文、书丹。现存于武乡县贾豁乡张家庄村。碣石高62、宽87、厚14厘米，碣文共23行，满行21字。

【碣文】

尝闻蓝□□尚□之行，苍穹监积阴之□。张家庄今有刘谈者，感□意而好善之心，或以将其族主刘万和村中阜崖底地基一块，东至萧姓，南至本地小路，西至官道，北至王姓，情愿乐施于三官社内，又有王恭者，见刘氏之乐施，将其村西头地方一块，东至畔石，南至堰边，西至畔石，北至小堰根，亦乐施于三官社内，二人同心，协于克一，各立文为□□□□虽小而情意深，地虽少而所用紧，爰试□□□□□人人之所当仰也。于是合社公议

云：彼二人乐施好善之心，社内人岂无彰善之意？故勒石留名，用□久远，各与随粮一分以相报焉。不惟以妥神灵，抑且以便人事，神人均感，此真尽美矣，又尽善也夫！

一此粮舍主自分，每年到二月初一日社内使钱。

香首　生员萧峥嵘

经理人　陈更施钱伍百文　段炳耀　王万府　王凤起

萧峥秀撰并书

玉工　刘□□

同治十二年二月　立

增修南堂重新寺碑记

【简介】

清同治十二年（1873）十月立石。乡人石成点撰并书篆。现存于武乡县蟠龙镇南郊村。碑青石质，圆首，高120、宽60、厚14厘米。碑额篆“重修”2字。碑文楷书，12行，满行38字，边栏简刻暗八仙图案。

【碑文】

增修南堂重新寺碑记

余村南半里许，山麓旧有佛殿、关帝、观音诸神庙。考碑铭，乃康熙间余三世祖讳国斌、讳国柱暨好生李公为功德主重修也。乾隆中，余曾祖讳乃璵与郝朋等两修葺。有嘉庆中余胞伯讳蕴玺与赵来秀等又修葺之，其未勒于碑者。道光七年上下广志分社，余三从堂叔生员讳声远、堂叔希奋者始偕众创建龙王庙也。今数十年矣。风雨剥蚀，渐就倾圮，使不重加修葺，彼有其举之莫敢废焉者谓，何况社山松树黛色参天，以松之凡凡，顾不能使庙之奕奕乎？客岁冬月，社山卖树，钱一百千文，余等又募钱百有余千，将殿宇、廊庑陈者新之，朽者易之，遂焕然改观矣。犹恐后人废坠，因公议以章程，日后卖树不许一人专擅，恐有私也。所卖树钱归殷实家经管，恐□者耗之而无补也。庙上鸠工，随时量力，不必拘□纠首，后嗣恐任之而莫胜也。庙宇规模谨守前规，勿新廓大，地瘠两庙□，恐后人难□力也。至社山树□芟□剔冗，毋使荒秽。□百年成梁栋之材，一日备工匠之选，尤为切要。果能遵而行之，以维斯庙于不坠，将见男女教以善，子孙化于贤。间有奋厉自兴、翘然特立者，未必非神道默佑、南山秀气之发泄也。是为记。

邑儒学生员朱一石成点熏沐敬撰并书篆

大清同治拾二年岁次癸酉十月吉日立

玉工　房来恩　刊

重修守静庵碑记

【简介】

清同治十二年（1873）八月立石。现存于武乡县涌泉乡寨上村。碑青石质，蟠龙首，高133、宽59、厚16厘米。碑文楷书。

【碑文】

重修守静庵碑记

盖庙宇之成于始者，必有资创造；而庙宇之固于后者，惟用补葺。创造甚难，补葺较易。边余寨上村东有守静庵一所，建立由来久矣。自康熙三十七年重修而后，迄今百有余岁。历年□远，风雨剥蚀，败损颇多。合社恻然忧之，而功程浩大，未能遽加整理。同治五年丙寅，合社始议重修，遂捐资鸠工，同心协力，修玉皇大帝之正殿，并三教殿、真武殿以及钟鼓乐楼、东西廊房，不数年而大功告竣然。殿宇辉煌而圣像金彩错落，议欲光明圣像，惟赀财难给。越同治七年戊辰，经理弓相清情愿施钱五十千文，而合社人等各出赀财共襄盛事。于是玉皇、三教、真武一切圣像莫不光彩夺目，焕然聿新。此虽人力所为，实神灵之默佑也。事毕，属余为记。余愧不文，谨据所知，略叙始末。惟望后之视今，亦犹今之视昔，彼继起而为之者当有感于斯文。

铜鞮儒学生员弓进修敬撰

业儒弓治邦文佐谨书

大清同治十二年岁次癸酉仲秋谷旦

合社重议贴约碑序

【简介】

清同治十三年（1874）勒石。胡万年撰文、书丹。现存于武乡县蟠龙镇陌峪村清泉寺。碑高94、宽52、厚17厘米。碑圆首，高25厘米，内充图案。碑文共15行，满行28字，楷书，周边镌有富贵不断头图案。

【碑文】

合社重议贴约碑序

本村应约，旧有成规。有八年两应者，有五年一应者，总之，十三年而一周矣。但应约有定而费钱无定，往往遇应约之时，左推右阻，无人应承，是岂约之难应哉？实赔垫之难堪耳。甲戌岁，应该王姓充应，因差务日繁，钱财不给，公议韩姓帮贴钱壹拾仟，秦李二姓各帮贴钱叁仟，共帮贴钱壹拾陆仟。所贴之钱，日后永不交还。由此合社公议，言至今以后，凡遇应约之年，按地亩摊钱，此四十仟为定规，贴乡约费用。下轮戊寅年韩姓为始。至于应约次第，韩姓联应三次，秦姓应一年，韩姓又应三次，李姓应一年，韩姓更应三次，王姓应一年。四姓轮毕后，添异姓，亦应一年。轮流充应，周而复始。有此一举，庶几贴垫无多而应约有人矣。是为序。

邑儒学附学生员国丰胡万年撰并书

韩姓应约地名开后：

一轮　南门　上场　老窊　狼卧沟　椿树沟　南场　下场　上槐树院　下槐树院　大磨　小场　活寨坡

二轮　上学　东头　二圪腾　房后　后院　拐则　西院　新院　圪搭　碾坡磨房　上下南院　半坡　烧土

玉工　李忠义

大清同治十三年岁次甲戌桃月吉日合社勒石

敕命杜广荣父母之碑记

【简介】

清光绪元年（1875）勒石，现存于武乡县丰州镇东村杜氏院内。碑高113、宽49、厚14厘米。碑圆首，高24厘米，正中刻有“奉天敕命”四字。碑身已断裂为两块，拼合后，断裂处均缺一字。从碑文可知：明清时期，凡取得功名者，皇帝一般要敕封父、母、妻、子等，称作封荫。

【敕文】

奉天承运，皇帝制曰：资父事君□子笃匪躬之谊作。总以孝国家□锡类之恩。尔杜文□，乃布政司理问衔杜广荣之父，□积于身，祥开厥后，□子著义方之训，传家裕堂构之遗。兹以尔子遵例急公，赠尔为儒林郎，锡之敕

命。于戏！殊荣必逮于所亲，宠□□光用，夫有子钦兹优渥，表□忠勤。

制曰：奉职在公，家教□之有自，雅思将母，宜锡典之攸隆。尔赵氏、武氏，乃布政司理问衔杜广荣之母，壸范宜家，夙协承筐之孅，母仪贻□，载昭画荻之芳。兹以尔子遵例急公，赠尔为安人。于戏！彰淑德于不瑕，式荣象服，膺宠命之有赫，允贵泉垆。

同治九年九月二十日

（皇帝之宝印章）

清光绪元年仲夏吉日　敬勒

重修明灵王庙碑志

【简介】

清光绪元年（1875）三月立。现存于武乡县监漳镇麻池沟村。碑青石质，高125、宽59、厚18厘米。碑额双行篆“□□来兹”4字，左右二凤鸟图。碑文楷书体，14行，行34字。四周刻有八仙人物图案，间以菱花装饰。

【碑文】

重修明灵王庙碑志

武邑麻〔池〕沟者，即赵王石勒与李阳相争之地□，而因以名村。其村

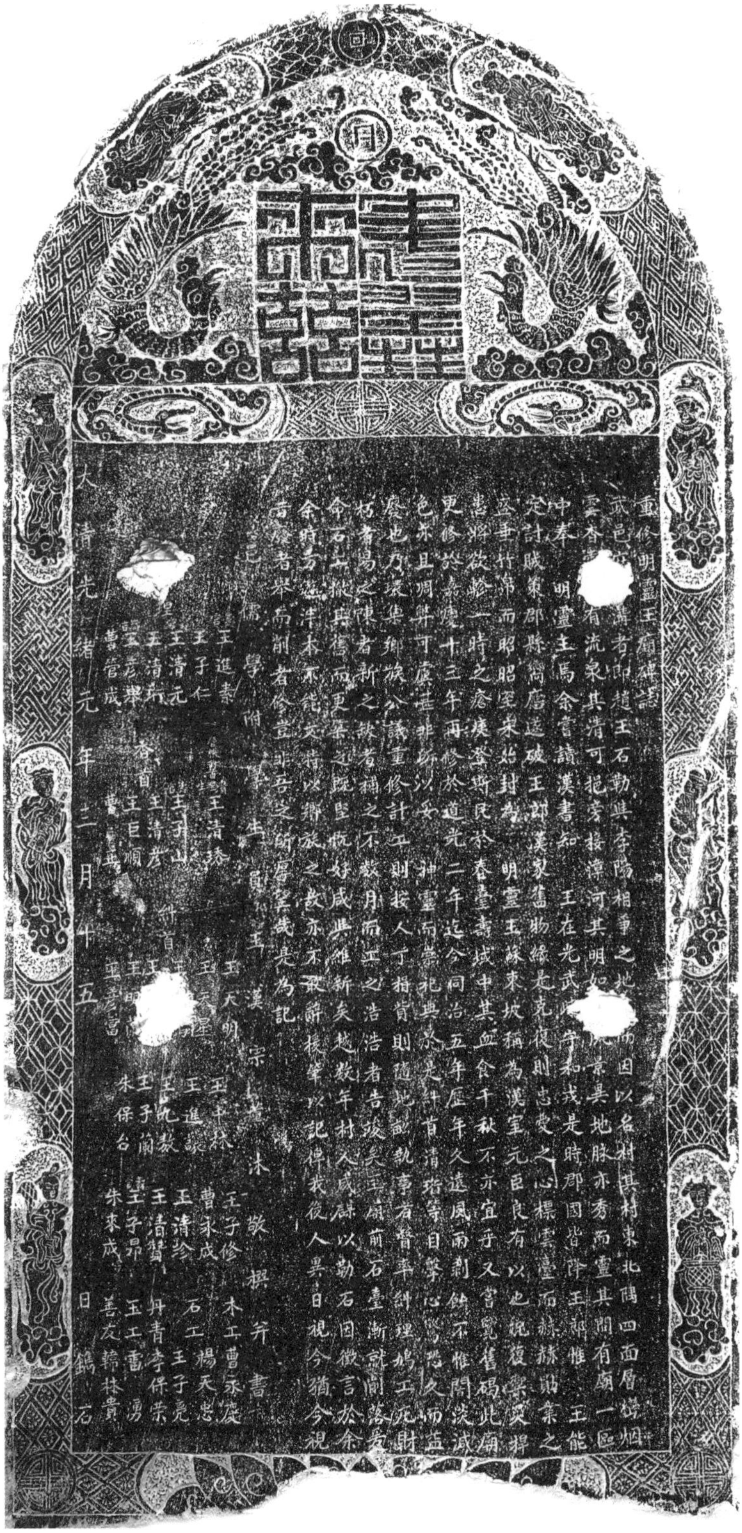

东北隅，四面层峦，烟云杳□，□有流泉，其清可挹，旁接漳河，其明如□风景异，地脉亦秀而灵。其间有庙一区，中奉明灵王焉。余尝读《汉书》，知王在光武时守和戎。是时，郡国皆降王郎。惟王能定讨贼策。郡县响应，遂破王郎，汉家旧物缘是克复。则忠爱之心，标云台而赫赫；勋业之盛，垂竹帛而昭昭。至宋，始封为明灵王。苏东坡称为“汉室元臣”，良有以也。况复御灾捍患，将欲轸一时之疮痍，登斯民于春台寿域中，其血食千秋，不亦宜乎？又尝览旧碣，此庙更修于嘉庆十三年，再修于道光二年，迄今同治五年，历年久远，风雨剥蚀。不惟阁淡减色，亦且凋弊可虞，甚非所以安神灵而崇祀典。于是纠首清珩等目擎心惊，恐久而益废也。乃环集乡族，公议重修。计工则按人丁，捐赀则随地亩。执事者督率纠理，鸠工庀财。朽者易之，陈者新之，缺者补之，不数月而工之浩浩者告竣矣。至庙前石台渐就削落，爰命石工撤其旧而更筑之。既坚既好，咸与维新矣。越数年，村人咸谋以勒石，因征言于余。余时方游泮，本不能文，特以乡族之故，亦不敢辞，援笔以记。俾我后人异日视今犹今视昔，废者举而削者修，岂非吾之所厚望哉？是为记。

邑儒学附学生员王汉宗熏沐敬撰并书

大清光绪元年三月十五日镌石

两坊修南山厨房碣

【简介】

清光绪二年（1876）勒石。籍诏撰文，魏封韩书丹。现存于武乡县武乡南山。两坊即崇仁坊、敦义坊。碣宽73、高50、厚14厘米，周边有富贵不断头图案。碣字体清晰，秀气。

【碣文】

邑崇仁、敦义两里之人，每岁三五月充应南山城隍神庙香首，奉官承办，轮班主祀，三年一周，自明迄今，次序不紊。事毕，俱修工勒石，以循前辈旧规，以备后人稽考。今十八家于同治癸酉三月开祭，光绪乙亥五月祀竣，重修本庙小厨房三楹，补修城隍庙正殿中间槅扇四页，共费钱二十余缗，香首等或出公储羡余，或捐自己囊金，无不心悦首肯，以全祀典。因索记于余，余不揣固陋，援笔直书，以承先启后焉。谨记。

儒学附学生员凤纶氏籍诏熏沐敬撰

儒学附学生员仲琦氏魏封韩熏沐敬书

崇仁坊　董时中　等二十一人
敦义坊　李进会　等二十人
大清光绪二年三月二十四日　勒石
玉工　梁永康

合户公立东山枪杆背山地铭记

【简介】

清光绪三年（1877）五月立石。现存于武乡县蟠龙镇史家嘴村。碣青石质，高46、宽58厘米。碑文正书，行23字，文17行。周边刻富贵不断头纹。

【碑文】

合户公立东山枪杆背山地铭记

且夫天地之间物各有祖，虽野僻荒山，岂无畛域？固时世之所莫违，而人情之所同然也。今史家嘴张姓伯，有东山枪杆山地，几处名各不同：钉廿崖、皇帝垴、狗腰关、豹踏崖、段村交、大小衔怀、大小南乂、大小华背、南乂港水南墙共地等处，实系先人遗留，作为本族户山地。地内有原屯粮米一石二斗，系张姓东、西二门均入平地起纳，由来久矣，世世祖传不乏，耕种自固。同治二年，跟地之后，合户公议：只许本地人等轮流耕种，不许私租异姓。倘有无耻之徒隐瞒户人将地租外私得祖粟，本户人查明，每斗罚钱一千文。如不遵罚，故条旧章徒为渔侵，仍寻本门家长加倍罚钱。所罚钱文，随便花费。今立章程，合户人同心协力，不许退前辙后、容情私放。如有违者，照前定罚。倘若内有是非口舌，合户按人丁摊派钱文，以备费用，庶乎可也。所以合户人等恐空口难凭，欲刻铭勒石永垂不朽，因求叙于余。余才疏学浅，何敢言文，不过粗措数语，不废先人之遗业，亦后世之子孙获福无穷矣。是以为叙。

邑东山居士钟灵氏李毓秀撰并书

玉工　张必成

大清光绪三年五月中旬合户公立

苏峪沟乡约摊钱程规碣

【简介】

清光绪九年（1883）勒石。李天章撰文，李富堂书丹。现存于武乡县洪水镇苏峪沟村关帝庙。碣石高48、宽58厘米，镶嵌在关帝庙院墙上，碣文共26行，满行21字。从碣文可看出清代末期社会基层之乡约民规是如何制

定的。

【碣文】

尝闻有备而后无患，有恃可以不恐。吾约耗费甚繁，不堪其苦，凡充应乡约者，每质衣典物，败产倾家，甚且有为之而自经者。使不有所备，亦何恃而不恐乎？约内分为五村当差，他村皆少有积储，独苏峪沟一村并无分文之助。癸未岁，郝天太、房元兴充旧乡约，村人以力不堪支，议为帮贴，非独为目前计，亦且为后世计也。然其意虽举，其规未定，又请约内李富堂、李云、关凤阁斟酌可否，斯时而章亦与焉。因计伊村三甲，共地壹十五顷叁拾柒亩，议定每值是村当差之年，每亩摊钱十五文，共钱若干。按三、七、十月三季起钱，甲长经理不能推诿，虽不足一年之用，亦可少有补救也。至于外村有不出钱文者，曾经陈明府讯断，伊皆偿给，不得抗阻，且旌其法之善。迨议定事成，恐后日人心有变，不能久远，欲勒诸石属章为志，余亦乐为任之，故不辞浅陋，因援笔志之，以垂不朽云尔。

一　嗣后是村当差惟仓工一项，不派花户，余照旧规；

一　是村三甲：前后沟一甲，房家岭坪一甲，茂树脚一甲。

儒学增生李天章撰文

儒学附生李富堂书丹

议定程规人　申继明　萧天武等十五人

乡约　房元兴　郝天泰

大清光绪九年岁次癸未年冬

玉工　段天保　房福生　勒石

禁赌小序

【简介】

清光绪十二年（1886）六月勒石。刘延桂撰文，李舒锦书丹。现存于武乡县蟠龙镇大陌村。

【碑文】

禁赌小序

尝思邪正不两立，淑慝难并存。自来风清俗美之乡，其乐于从善而趋正者，未有不预杜其邪僻之路也。夫邪僻之路非一端矣，而为乡村之尤害者，则莫如赌博一事焉。士为之则辍其诵读；农为之则芜其田原。况乎胜负之余，胜者未尝因而致富，而负者恒不免因而致贫焉。赌之无益而有害也夫，固不可胜言矣。吾村虽蹈是弊，然族谈之间，要莫不痛心而疾首焉。是趋正之念尚萌，而嫉恶之情未泯也。第禁止未严，故间有猖狂为之者。且乙酉

岁，余社中父老辈乃向余商之曰："吾乡之赌，村人乐永禁焉，吾等与尔议之。"余曰："是美事也，余又何惮而不为？"爰是鸣金招众，遂集寺，以共议条款为约，其自今以往，如有复敢聚赌者，或罚以金，或鸣以官，人无论强弱，要皆一律惩之。至于送官所费钱货，俱按地亩拥焉。然是举也，虽不敢谓风清俗美之可致，而于邪慝之路，要已杜其一端云。是为序。

邑儒学廪膳生员馨山刘廷桂撰

邑儒学附学生员卿云李舒锦书

合社经理、香首（略）

玉工　刘义发　刊

大清光绪十二年六月吉日

重修崇城岩圣泉寺碑记

【简介】

清光绪十三年（1887）七月勒石。邑学教授举人张锦心撰文并书丹。现存于武乡县墨镫乡崇城岩圣泉寺，碑高196、宽86、厚26厘米，碑首高46厘米，内书“流芳百世”四个楷书大字。从碑文中我们可知，当地名人代出：金代进士李偲；明代正德进士，莱阳令李鼐；明代嘉靖进士，都御使李尧德；清代乾隆举人、孝廉，荣城县令赵扩，及其长子道光岁贡赵昌业，次子嘉庆己卯科举人、阳曲教谕赵昌祚等都曾先后读书于此寺，故当地人称崇城岩为“进士岩”，圣泉寺为“读书寺”。

【碑文】

重修崇城岩圣泉寺碑记

墨镫之寺有三，而崇城岩之圣泉独称为名胜，固景致之清幽，与名僧之间出，有以致之然也。抑亦吾儒之居是山者，其文采风流足以感发乎？斯人有以增其胜而生其色乎？其始，村先正金进士李公及前明进士莱阳令李公，先后皆读书于是山，村人至今指其处为进士岩，又谓之为读书岩焉。自明嘉靖间创建佛堂，至国朝熙、雍间拓成巨刹，邑先正赵公松溪及其子敬哉、绵庄先生，先后皆读书于其中。松溪公以名孝廉出宰荣城，绵庄公以名孝廉秉铎晋阳，既皆掇巍科登仕籍。至敬哉先生，虽终老明经，而诗古文词，卓为一代名家。嗣是读书于是山者，采芹食饩，指不胜屈，而崇城之胜遂甲邑中矣。呜呼！美不自美，因人而彰。兰亭之胜得右军之序而益显；柳州山水之奇，经子厚之记而始传。自古名胜之迹得名流之题咏寄寓以成其美者，不可胜数。然则崇城之成名于诸公，又何疑焉？山在村之东南隅，距村二十里许。余之仰止是山，而恨不一至也久矣。乙酉夏，家居无事，因偕同志数人，携具而往游焉。至则残垣败瓦，蓬蒿满径，凄然者久之。既而剜苔剔藓，历读碑记，慨然曰：“此先正名迹之所在也，可听其

废败而湮没乎哉！”爰祷于神前，期有以重葺而振兴之。丙戌春，遍集村人，爰议更修，咸欣然乐施，毫无异言。既又恐其财力之亏也，因疏募于四方，所至之处，一语及先正名迹，辄皆慨施不吝，计两月间共得钱八百余缗。于是鸠工庀材，择日兴役。缺者完之，欹者正之，倾者易之，旧者新之，阅数月而工告竣焉。计瓦木□石之材、匠役工食之费、金碧丹青之采，共费钱七百千有奇。夫其为役亦大矣，其为用亦广矣，而语其财则不劳而集，言其功则不逾时而成，向非先正之流风余韵足以感发乎斯人，谓能若是之易易乎哉？然余于此窃又有疑焉。

寺在万山之中，幽崖寂鼙，隔远嚣尘，彼面壁卓锡之流，藉此清净之境，以成其清净之修，亦固其所至；若诸公儒者也，岂犹有惑于清净之教欤？而亦欣然而乐居焉。且居此者无不发名而成业，抑又何也？余求其故而不得，因怀疑者久之。洎工役既兴，余以监工至止，每当静坐之余，抚境兴怀，随时领味，忽恍然有悟曰：得之矣。夫其壁立千仞，高出云表，诸峰环峙，凛然难犯，此子舆氏泰山岩之象也。天日晴明，和风披拂，心体交融，烦躁皆平，此程伯子之春风和气也。夜景澄清，万籁俱寂，璧月炯临，纤翳悉空，此李延平之照人秋月也。春花夹道，红紫烂然，此文家之少年峥嵘如火如荼者也。霜降木落，意象萧森，此文家铲削浮华炼气归神者也。至于清净不扰，足以屏谢蜎务而专心于为学，又其显然者也。即境以怡情，随境以观理，然后知诸公之乐居于此，且能发名而成业者，其殆有得于斯乎？ 昔太史公周行天下名山大川，故其文疏荡有奇气。杜少陵自秦入蜀，其诗笔精辟雄奇，意境一变。自古文人骚士得力于江山之助者多矣，安见今必异于古所云也。然则山藉人以增其胜，人亦藉山以成其业，崇城与诸公殆相与有成也。功既竣，同事诸君咸嘱记于余。余儒生也，于内典之精微□未有闻，既不敢妄为之谈，而又恶夫世之稍有兴作辄大书深刻以自记其功， 故姑即崇城与诸公之相与有成者而述其崖略焉。后之居是山者，倘有感于先正之流风余韵，而企慕旧发，继美不替，则崇城之名胜视为缁流坐蒲说法之所，谓足齐芳于鹫岭，争胜于虎溪也可；即视为吾儒居敬理穷理之所，谓足与考亭之鹿洞、子静之鹅湖、魏华甫之鹤山，比烈于千古也，亦何不可？古语云：人杰而地灵，余能无厚望乎哉！是为记。

例授文林郎拣选知县辽州戊午科举人总经理张锦心熏沐撰并书施钱三千文

钦加同知衔在任候补直隶州特授武乡县正堂吴葵之捐钱二十千文

浙江湖州府生员县署刑席张澄捐钱贰仟文

特授武乡县儒学正堂蒲县辛酉科拔贡曹和铭捐钱贰仟文

钦加六品衔特授武乡县右堂王树之捐钱三千文

特授河南汲县正堂历署临漳武安安阳内黄正阳县知县辽州辛酉科拔贡刘体恒捐钱叁仟文

特授右玉县儒学教谕辽州庚午科举人周存诚

总经理　李承绪　八千　李　勇　四千　李剩宗　四千

经　理　李富保 五千　李英华 四千　李名□　四千

李炳元　三千　李治祯　三千　李拨长　三千

李责成　三千　李绳矩　三千　李大德　三千

李基于　三千　李德世　三千　李福忠　三千

李　银　三千　张世德　三千　孙富保　三千

李兴富　二千　蒋太禄　三千　吕广昌　二千五

李会元　二千　刘锡瑜　二千　寿官李高　二千

武生刘锡瑶　二千　蒋福元　二千　□怀玉　千五

姜世富　三千　王天月　二千　李义方　千五

李德禄　千五　贾义安　千五

李　宝　千五　李自华　千五

吕福昌　一千　李成普　一千

李治德　一千　李大官　一千

张静心　一千　李　可　一千

李得月　一千　李青林　一千

乔玉贵　一千　李玘发　一千

李成居　一千　李　寅　五百

李德舜　五百　李文辉　五百

木工　霍永谦　薛存贵　赵承绪　王永传　赵鸿献

画工　刘尚文　范更牛

主持　源钦　徒　本经

清光绪十三年七月望日立

重修龙泉寺碑记

【简介】

清光绪十四年（1888）十一月立石。现存于武乡县蟠龙镇东沟村。碑高170、宽78、厚18厘米。

【碑文】

重修龙泉寺碑记

尝谓和气足以致祥，斯言也殆包括靡遗矣。就其大而言之，宗庙朝廷惟和衷可以共济；就其小而言之，邻里乡党惟和睦相与有成。盖不和则情意乖离，群喙通以滋疑谋，鲜有不败者也。和则情意訢合，同心兼以协力，事未有不成者也。故观于庙宇之新旧，可知社事之废兴，可知民情之和协，予于东沟村见之矣。村河东之麓，旧有龙泉寺，南向佛殿，北向观音堂，东西俱为庙庑。其北向三楹，创修于前。雍正十一年始增修正殿两廊，距今有百于年，风雨剥蚀，倾圮已久，甚弗称神明之居。颓垣败瓦不早为补葺，日复一日，几成荒墟，其何以妥神灵而绳祖武？去年春，村人汇集众议，询谋佥同欣然有咸与维新之意。爰按地亩摊钱，外兼施米麦花费，有始敢兴作。又于正殿东新建元帝真武庙一间，社中之有经纶者竭心思而总理，有勇力者勤手足以分劳。其金糚神像，昭其文也；创建庙楹，昭其敬也；撤上盖而俱新，补残缺以完善，昭其俭也。因人成事，易朽翻新，檩桷辉煌，丹垩藻绘，巍然焕然，诚壮观焉。是举也约费钱弍百馀缗，人工千数有奇。始初秧而兴工，三阅月而蒇事。村人趋事赴功，殚精竭力，始终咸无怨言。虽曰经理者谨戒勤劳，率作兴事使然。要非社人和顺，恐亦未易臻此也！古云：民和而神降之福，不可于是役卜之乎？工讫勒石，嘱予为记其事。予才疎学浅，□陋无文，何敢以文自任？但“莫为之前，虽美不彰；莫为之后，虽盛不传”。人既有乐善之事，予岂无道善之心？爰不揣浅陋，略叙始末，庶几不匿前人之美，传为后人之盛云，至西天之法雨普施，南海之慈云广被，神功浩荡于无垠，固非浅陋者所敢臆度也，故不书。

邑儒学廪膳生员莲舟溪氏张蘂熏沐敬撰

国子监太学生王柱王国桢敬书

邑儒士文林王宗圣熏沐篆额

大清光绪十四年十一月二十一日立

重修崇胜寺碑记

【简介】

清光绪十五年（1889）十月立石。2020年7月在崇圣寺修建工程中出土，现存于武乡县大有乡横岭崇圣寺。碑圆首，高124、宽48.5、厚9.5厘米。中间双行篆“重修碑记”4字，圆首边缘刻富贵不断头纹。碑文10行，满行55字。边栏刻瑞草奇花图案。

【碑文】

武乡处万山中，而东北鄙尤石多土少，然层峦曲水间有奇境特。僻壤遐陬，无名公巨卿宦辙经过，无风人韵士形诸笔墨，故虽名山古刹，亦湮没而不传，由此观之，地之所处亦有幸与不幸焉。横岭村，山陬也，户可指屈。村前一涧，澄清见底，东曰昆仑山，危峰叠翠，老干垂苍，景随时异，不可殚述，真有如笑如滴如妆如睡之态焉。山之岰，崇胜古刹在焉。内外凡两院，正供如来，东西则僧之方丈也。南当两院之中，是为中佛殿。钟鼓楼夹峙之，外则东为罗汉，西为地藏，牛王、土地两祠附焉。天王殿镇其门，每四月佛会之期，香侣杂沓。余儿时从先君子游其地，则恋恋不能去，信山水之能移情也。寺之创始年遥，碑碣无考，唐、宋、元、明以暨国朝修葺者屡矣。近复上雨旁风，渐就倾颓。戊子春，横岭、董井凹两村人思为未雨之谋，因合议：凡属本社量力捐赀，不足，复按地摊钱、计丁助役，又广叩四方四方檀那，以期众志之成城。前后共醵金五百七十千有奇。于是委群林会众匠，于三月开工，由两院诸庙以暨山半关圣祠，后山三佛殿、三仙庙，其种楼、鼓楼、禅房、香首积山门、歌台，咸与维新，凡七阅月而蒇事。昔厪漂摇之惧者，今则金碧之庄严矣。诸首善亦劳矣哉！越明年，将礲石记其事，以碑文请。余荒山腐儒，谋生无术，为世所笑久矣，纵能文善刀而藏可也，敢以文见乎？然两村人拮据之劳，固余之所目击而心予者也，况桑梓至近，谊亦难辞，遂抽毫而为之记。

邑儒学增广生员董杲晴也熏沐撰文

邑儒学佾生张西铭金人敬篆书丹

大清光绪十五年岁次己丑孟冬月上旬日立石

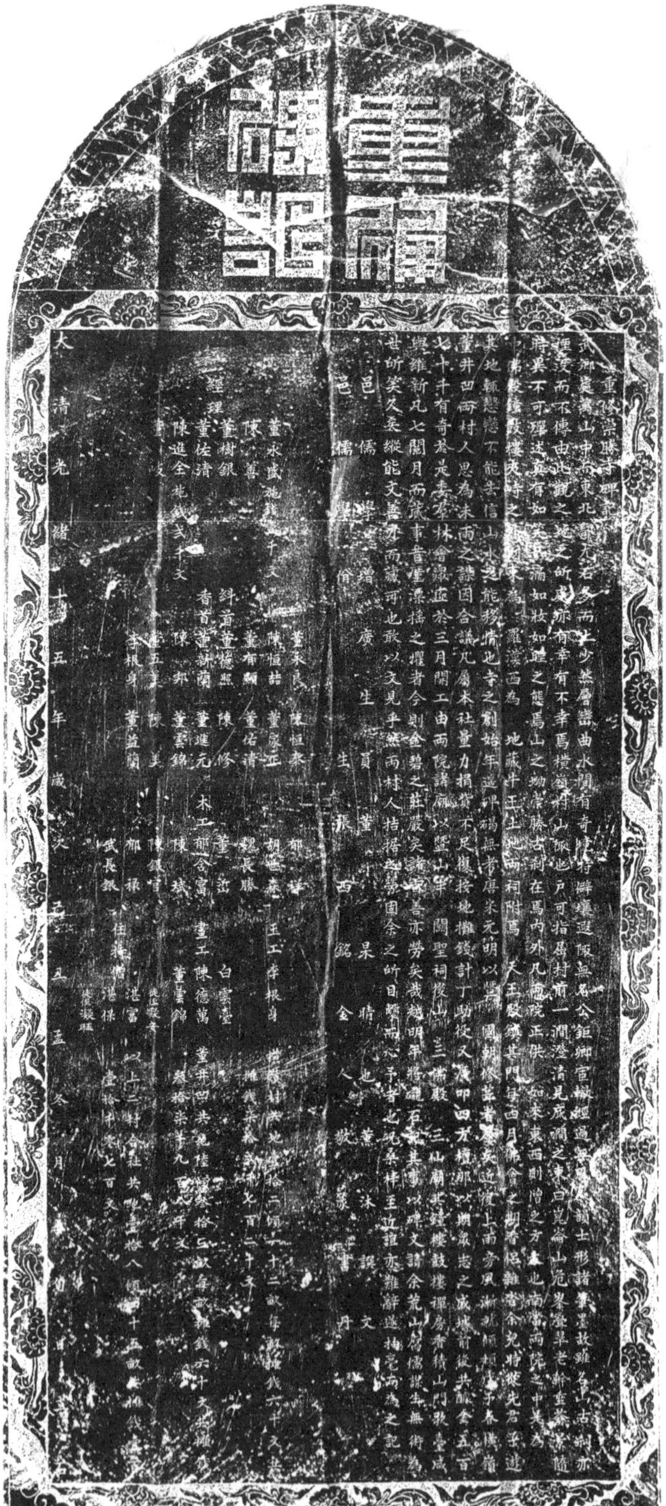

重修赵爷庙碑记

【简介】

清光绪十五年（1889）十二月立石。现存于武乡县洪水镇白坂头赵王庙。碑高175、宽75、厚18厘米。碑额刻有双凤图案，中间单行篆“重修碑记”4字，额栏刻缠枝草龙图案。碑文正书，正文8行，满行52字。边栏刻有八仙人物图案及金钱、“卐”字等吉祥图纹。

【碑文】

重修赵爷庙碑记

从来事准诸义而合乎人心者，有其举之，莫敢废也。矧设□社坛创修祠宇，尤属前人之义举，可不于废坠之后而为之增修也哉！赵爷庙为〔北〕坂头、董家庄所共祀，由来旧矣。考之碑碣，不知创□之岁时，特详重修之年月，迄今四十八载。桷折瓦解，楹毁墙倾，敝漏之状，有不可胜言者也。二村之众，抚心俱觉其不安。越已丑□纠首董凤岐、李丙旺等，纠合同社复议重修，遂人人有欣然乐从之意。爰量力捐赀，复醵金四方，鸠工庀材。仆者起之，腐者新之，残缺者补葺之，殿宇乐楼，门墙阶除，无不焕然备举。且于上院添设东西厢房各二间，下院旧有东西厢房各三间，增为四间，皆整修而缮完焉。功既竣，嘱余为文。余以为是举也，始孟秋而兴工，三阅月而蒇事，因好善乐施之众成兴废举坠之功，洵足以快人心而诏来世，故不辞謭陋，撮其大旨而为之记。若夫神道□大，原既非余之所素习，至于祈祷福利与一切感应之说，皆未可以臆测者，故不书。

邑儒学生员张源清熏沐撰文并书篆

大清光绪十五年十一月初一日立

玉工　王进好

重修真如寺碑记

【简介】

清光绪十七年（1891）勒石。李华炳撰文，魏培棠书丹。现存于武乡县韩北乡土河村。该碑碑首已残破佚失，所留碑身高115、宽74、厚16厘米，碑文24行。上截尽管残损，但碑文文笔优美，读之朗朗上口。

【碑文】

重修真如寺碑记

□□说法，万万恒沙，菩萨转轮，生生世界。衍沙门之传，不生不灭，参上乘之法，即色即空。皈依空门，魏晋六朝为盛哉！诵释典□□□多以故梵宫琳宇，古刹道林，法象庄严，金身直化为万亿，香花供养，玉宇几遍乎三千。岂直雷音揽胜，极天地之巨观，□□□山河之壮气也哉！土河真如寺者，大宋祥符年间所敕赐也。南挹太行之秀，西环漳水之流，造化之所偃薄，云霞之所□□，□古佛当阳巍矣。丈余金身，临上则洋洋在上。南则观音普渡，环之十八罗汉；写生则栩栩如生，以迄护法神祠。禅□□□铺张斯美，位置攸宜，洵灵爽所凭依，亦地方之保障也。溯自胜代，迄于国朝，葺修者屡，碑碣堪稽；而年终久远，曰□□□闻其无人，厦宇倾而莫构。高轨难追，藏舟易远，岂极盛之难继，抑时会之未逢。年纪光绪，岁在庚寅，因物力之赢余□□□□鸠工庀材，醵金而供社，募缘化众，集腋以成裘，好施君子捐赀六百余缗，慕义僧人施地五十六亩。于是舍旧图新，因□□□□盖而圬治，或度其基而创修。经营备至，丹垩聿新，飞烟涌座，杳雾成台。既蒇厥事，并索微言。余维缶鸣细音，既愧子□□□□丰碑，更有崔灏题诗之想，自惭窥豹，恐诮涂鸦，而首事者坚强操觚，同志者怂恿染翰。爰托体于俪骈，敢记言于□□。□□之北，漳水之澳。有地一区，在山之麓。鬼神呵护，禅慧攸托。飘渺松杉，参差殿阁。粤自有宋，敕曰“真如”。嘉名之锡，千载□□。偶遭尘劫，栋栖鼪鼯。屋穿星月，神降于莘。载念维新，丹刻翚飞。美奂美轮，象设既辟。晬容已安，神足游息。灵心往还，□□之师。泐之贞石，昭示来兹。

文林郎吏部拣撰知县己丑科举人朴庵李华炳熏沐撰文

□　学附学生员荫南魏培棠熏沐书丹

纠首　张银福　周谟　申余昌　刘策　申管和　梁森　申起恭等十八人施钱

经理帐目　梁懋棠

木工　史伶　韩万谦　张存法　韩长楚　史钊烈

画工　史秉阳　申文敏　韩栖鸿

铁工　张树元　张树江　郁虎成

石工　申维云　温　红

瓦工　傅秀　李三荣

玉工　李三元　刘四卯　李银花

大清光绪十七年十月中浣之吉　立

关帝庙重修旗杆铭记

【简介】

清光绪十八年（1892）勒石。刘汝楫撰文、书丹。现存于武乡县洪水村关帝庙。碣石高46、宽64、厚12厘米，碣文22行，满行15字。

【碣文】

关帝庙重修旗杆铭记

窃闻天下事莫为之前，虽美弗彰；莫为之后，［虽］盛弗传。洪水镇关帝庙建立旗杆，委系道光年间，镇人郝氏所创施焉，有铭可考，无烦多赘。迄今数十余载，风雨泐蚀，几有朽隳之虞，倘不急为图治，恐一朝倾覆，人

难措手，况昔日既有其举，今日岂可或废乎？镇人不忍坐视其废，于是捐赀助力，革故鼎新，经数月而焕然矗立矣。不惟有以妥神灵之显赫，亦且可以壮一镇之观瞻。凡所捐布施者勒诸石，以垂不朽云。

儒学生员济州刘汝楫撰并书

公正　生员张寿昌

经理人乡约　张有泰　郝宗经施钱贰千文整

洪水合行施钱贰拾五千文整

约内施钱伍千文整

锅碗滩施钱壹千五百文整

通共费钱叁拾叁千五百文整

玉工　李三元　李磨管　镌

大清光绪拾八年正月十五日谷旦

重修关帝庙碑记

【简介】

清光绪十九年（1893）勒石。王文魁撰文，张秀俭书丹。现存于武乡县墨镫乡合家垴村关帝庙内。碑青石质，高121、宽48厘米。四边有图案。碑首高32厘米，额内镌“关帝碑”3字，每字8厘米见方。碑文共13行，满行32字，楷书，字体遒劲。

【碑文】

重修关帝庙碑记

尝闻天下至贵者神像，世间最重者庙宇。盖神像庄严，固足以妥神愿，而庙貌焜耀，尤足以安人心。使当风雨剥蚀之后，乃不思补葺而振兴之，清夜自思，早有负于神灵矣。此所以重修其要哉！迄于今合家垴关帝庙，自创建以还，年深日久，蓬蒿满径，甚至残垣败瓦，倾圮者不一其处。当此之时，而顾可以听其湮没乎？故张秀俭不忍坐视，遂遍集同宗，爰议更修，咸欣然乐从，毫无异言。于是纠工庀材，择日兴役，缺者完之，倚者正之，倾者易之，旧者新之，越数月而功告竣焉。计算庙中存钱，壹拾玖千文。虽不能修明而大备，亦聊以兴举无遗焉。功既竣，纠首等嘱记于余，余即不揣固陋，谨援笔以序其始终云。后之人或值补修之日，诚能似续尔先祖维全创修之志事而永远勿替者，尤为吾之所厚望也夫。是为记。

辽州业儒王文魁熏沐敬撰

维首居士张秀俭沐手敬书

张秀祯　施钱一千伍佰文

玉工　张秀义造

光绪十九年仲夏谷旦　立

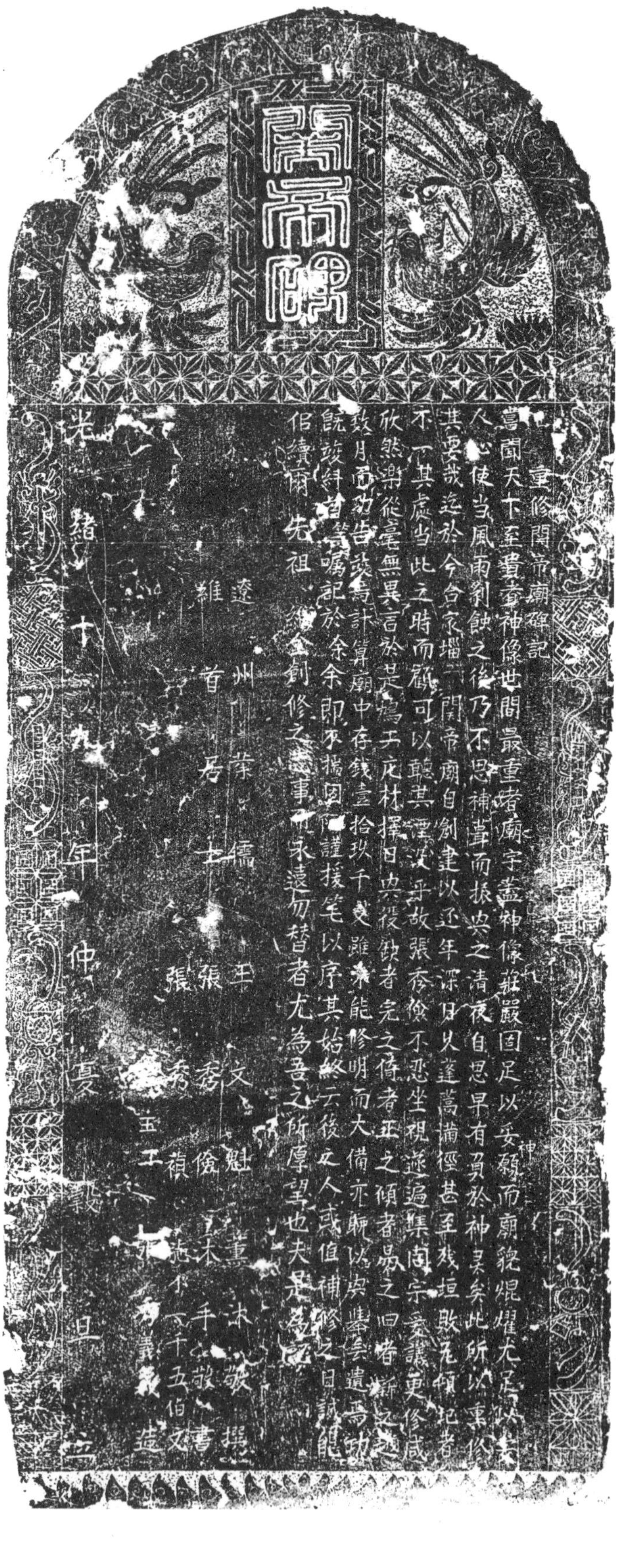

重修康惠龙王庙碑记

【简介】

清光绪二十年（1894）勒石。董杲撰文，武惟扬篆额，梁象璿书丹。现存于武乡县大有乡马村。碑红砂岩质，高150、宽70、厚8厘米。碑首高45厘米，篆额“重修庙碑”4字，碑文19行，满行58字，字1.5厘米见方。因石质易剥蚀，碑文极难辨识，赖有武乡原粮食局局长毕水明热心襄助，抄录成文。

【碑文】

重修康惠龙王庙碑记

嗟乎之言休征也，曰：晴雨若时旸若，诚以休征咎征，虽气数之过，然亦半由人事之感召。然当极备极无之际，于穆不言，呼天莫应，实恃乎冥冥之中，有向上苍□而为民请命之神，调变于其间。因之转凶年为乐征，而百数千以用成者，如我也康惠龙王为神，彰明较著者也，神之庙貌遍海内，唐以来被封代加，虽山陬僻壤，莫不施之，恐后德之薄，故奉之者众。而神实武人也，其户荒胶籍邑之南先世佳城峙焉。故吾武之施神，崇报龙王之为神□□明□□者也，□时前人有神陬云。凡施者皆作君民，福有庆常，先父母邦，感之也深，故颂之也切，非私之也，实戴之也。邑东北邻村曰马村，有山曰宁寿山，亦曰龙王山。山与村一水之隔耳。山之阳旧有古庙一区，位于艮故坤向，大殿三楹，供康惠龙王，其西一楹神曰龙王土地，两壁画风伯、雨师、雷轰电掣之状，想亦讲元赞化主管雨部之职，总之成岁功亨品物者近是。历年襄祀事者，马村、夏家沟、温家沟三村人为一社。岁癸巳，恐庙之就圮也，三村人竭绵力而更新之，且以旧日庙址微卑，院宇太隘，莫壮观瞻，于是将殿址移升高于院者五之三，院拓地七尺有余，视昔之规模狭隘者，居然前后之殊观矣，至歌台亦加修筑，其廊垣、山门，以尚完善补葺候之异日是□也。自开工以至蒇事，为时六阅月。费钱凡贰佰千有奇，然皆取给于三村，未尝向邻村而呼将伯之助也，则重修也，不啻创建矣？三村人可云乐善不倦于岁，谋泐石记矣。丐余为之文，为实叙其颠末云。

邑儒学增广生晴也董杲熏沐撰

邑儒学增广生鹰廷武惟扬熏沐篆

榆邑儒学巩阳仲玑梁象璿熏沐书

总经理　康堆金　佾生温常存

主修　程世忠　武锦　修生温蘅　佾生温常福

寿官　毕聚福　毕聚禄　毕聚庭　魏德和　魏长胜　温理

佾生　温天和　李守谦　魏汝金　宁德义

寿官　宁锦文　魏德金　王世存　魏海云

佾生　温谕　曹盛　董成林　刘□在

薛盛伟　温天佑　李浴堂　温良善　杨金林

石工　刘廷兰　赵逢生

木工　温天禄　史秉阳

画工　温俊

善友　魏泉水

清光绪二十年岁次甲午七月既望合社同立

梁成　康堆金

施财姓名开列于后

（施财者六十人花名略）

松北焚字炉碣

【简介】

清光绪二十六年（1900）四月十四日立石。现存武乡县松北村。碣高42.5、宽28厘米。四周刻有回字形富贵不断头图纹。

【碣文】

〔桂宫〕彭仙惜字咏明点一人，暗藏两士，不露惜字二字，先以彭字贯首，韵限头、流、搜、收、修、由。

彭公作会占鳌头，黄卷名流。墙檐屋下细寻搜，广出赀收，状元可产，子嗣能修。往古来今，谁人不晓这箇情由。

〔桂宫〕杨仙污字咏明点一人，暗藏两士，不露污字二字，先以杨字贯首，韵限身、人、尘、因、真、巡。

杨子□经癞满身，可怨谁人？手搓脚践弃埃尘，丧尽前因。当诛非假，鬼拷为真。前车后鉴，诸生岂敢，退缩逡巡。

大清光绪庚子年四月十四日降笔于沁郡渡善坛

移建关帝重修菩萨庙碑记

【简介】

清光绪二十七年（1901）二月立石。现存于武乡县监漳镇杨桃湾村。碑青石质，圆首。碑额单行篆“重修碑志”4字，两侧刻有龙凤图案。碑文正书，正文12行，行41字。周边刻有八仙法器图案及富贵图纹。

【碑文】

移建关帝重修菩萨庙碑记

自古建国必先立社，一及都邑闾里，莫不推立社之义，建庙以祀神。凡以村无论大小，庙宇既建，社规亦立，一则所以报神意，二则可以积人心也。邑东南乡杨桃湾村村口旧有神阁一座，中隔一壁，寅山申向者，关圣帝君像也。申山寅向者，菩萨像也。无碑铭可考，不知创于何代，建于何时，年深日久，风雨薄蚀，凡有栋梁颓圮之处，村人等共议重修。本社按亩摊钱，又募金于邻社，择日兴工，因堪舆家言关帝祠坐向犯煞，移建于村之巽宫。菩萨祠则仍旧贯工增益之。其他河伯祠、土地祠、五道祠□□因兴工而□为修葺，于是为筑登□削凭。坏者改之，缺者补之土。大工竣，继以丹垩，轮奂耀彩，金碧□□之黯然无色，若今则焕然生光矣。工起戊戌春，告竣于己亥冬，费金若千余。而移建补修，苟美苟完，□□□其壮观瞻哉！亦期聊以敬妥侑也。今秋，纠首等欲刻石以示后而问序于余，且言已磨砻以待。余村与其村东西相望，仅隔一水，邻我所系，不获以不文辞。况斯举也，余窃有所取焉。何取乎尔？取其不急迫以劳众，不夸张以示人，不奢费以伤财，同心协力，从容以就工。虽小而风俗之简朴，人心之醇厚，于是乎见。以视藉兴工以饱私囊，其至□宴饮演戏以挥霍众赀者，不大相径庭哉！余故因其请而乐为之记。

邑岁贡生程司业彝卿氏熏沐敬撰文

候铨直隶州州判丁酉科拔贡生李壬林二有氏熏沐敬篆额

邑儒学附学生员李占魁梅车轩氏熏沐敬书丹

光绪二十七年岁次辛丑仲春下浣

玉工　窦荣珍

重修文昌庙碑记

【简介】

清光绪二十九年（1903）勒石。现存于武乡县武乡故城镇温家沟村。碑高46、宽76厘米，碑文12行，满行18字，碑文三分之二为捐资者姓名。

张御撰文、书丹。

【碑文】

重修文昌庙碑记

尝闻帝君有言曰：“吾一十七世为士大夫，心存济世，显九十六种之异化，未尝虐民，于是乃兴斯文。”在兹之盛，亦昭昭可考矣。我武邑大梁约温家沟村旧有文昌庙一座，由来久矣。兹因坐落地下，基址倾颓，合社公议移庙正宇，固不得已，村中老幼共愿竭力捐资。未数月，而鸟革飞翚，焕然一新也。余才学疏陋，为文不敏，特表文盛于异日云尔。是以为记。

邑附学生员琴心氏张御熏沐撰并书

捐资姓名开列于右（略）

经理人　温海兴　温余礼　温故新

石工　范二蛮

木工　李在田

画工　张天寿

时大清光绪二十九年岁次癸卯八月吉日勒石

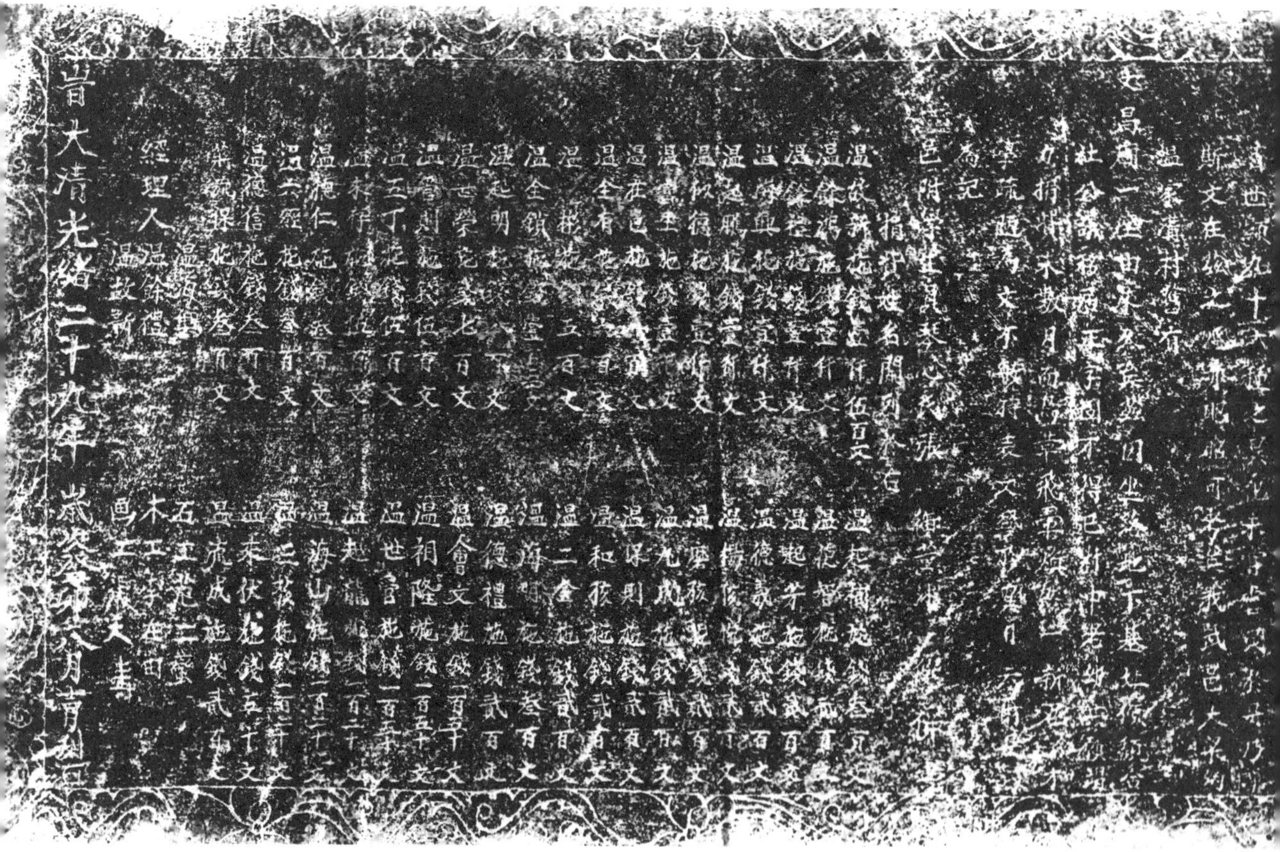

南山僧人释了世诗碑

【简介】

清光绪三十三年（1907）勒石，现存于武乡县武乡南神山普济寺。该诗碑1998年出土于南神山茅蓬寺遗址。碑高60、宽70、厚5厘米，碑红砂岩质。作者释了世，武乡长乐村人（今大有乡长乐村），俗姓王，清代光绪年间为南山普济寺住持，生卒年月无考。

【诗文】

西域佛图澄，
南山居茅棚。
北原辅石赵，
弘法度众生。
南山僧人了世
清光绪丁未立

重修关帝庙

【简介】

清光绪三十四年（1908）勒石。现存于武乡县大有乡型村。历朝历代，此关帝庙几经重修。碑首残缺，篆额无考。碑体残损后高度为108、宽69厘米，周边有图案。碑文共16行，满行字不可数。字体较为清晰、遒劲有力。

【碑文】

重修关帝庙

……其扶炎汉也，吞吴削魏，几经血战而志不移。至其助熙朝也，荡寇伏魔，屡加封号，而灵尤著。是以大而通都大邑，小而僻壤荒区，罔不尊之奉之……冲洞口之上，建关帝庙一座，重修于道光丙午，至今而风雨漂摇，弗称神居，村人拟重修者久之。光绪戊申，张君兴富谋诸村人，始醵金从事，美……人之好善，曷克臻此。虽然，其事岂易言哉！夫邑之在晋弹丸耳，邢村则更藐矣。环山阻谷者数十家，无素封乏蓄积，此即皙谋身家不遑，创建非所甚……然聿新又建圣母庙一区，凡有功德于民者，罔不新之，谓非神之灵，有以阴鉴之默佑之哉！然而人犹浅视。夫圣也，人只知补修庙宇以有……神者，申也，如日月之丽，天无不照焉。假使人以无形之神为有神，将见屋漏也而久见帝天，衾影也而如对神明。于圣帝之觉世，真经言□诵……余之所厚望也夫。是为序。

膳生员鹰廷武惟扬熏沐敬撰

正堂岁贡生云程刘超汉熏沐书

重修关帝庙碑记

【简介】

清宣统元年（1909）勒石。武惟扬撰文、刘超汉书丹，武汤篆额。现存于武乡县大有乡型村。碑高310、宽72、厚35厘米。碑圆首，高50厘米，篆额“关帝庙碑”4字。字宽19、高8.5厘米。两侧有图案，充满额首。碑文共16行，清晰、美观。两侧为八仙图案，人物栩栩如生。

【碑文】

重修关帝庙碑记

闻之礼曰：凡有功德于民者，虽百世祀而弗替。矧关圣帝君忠义参天，威灵盖世，尤为国家所永赖者哉！当其扶炎汉也，吞吴削魏，几经血战而志不移。至其助熙朝也，荡寇伏魔，屡加封号而灵尤著，是以大而通都大邑，小而僻壤荒区，罔不尊之奉之，而惟庙是建。邑之东十五里许，有村曰邢村。当东道之冲，洞口之上，建关帝庙一座，重修于道光丙午。至今而风雨漂摇，弗称神居，村人拟重修者久之。光绪戊申张君兴富谋诸村人，始醵金从事，美轮美奂，视昔有加。工成征序于余。余以为此举也，非村人之好善，曷克臻此？虽然，其事岂易言哉！夫邑之在晋，弹丸耳，邢村则更藐矣。环山阻谷者数十家，无素封，乏蓄积，此即暂谋身家不遑，创建非所甚急，而乃各出己财，复募众赀，越数月而诸神庙宇焕然聿新，又建圣母庙一区，凡有功德于民者，罔不新之，谓非神之灵，有以阴鉴之而默佑之哉？然而人犹浅视夫圣也。人祇知补修庙宇，以有形之神为神，而不知相在尔室，无形之神为更神也。夫神者，申也，如日月之丽，天无不照焉。假使人以无形之神为有神，将见屋漏也而如见帝天，衾影也而如对神明，于此圣帝之觉世真经一一诵之，觉世注解一一体之，则不期福而神自福庇矣。是余之所厚望也夫。是为序。

邑儒学廪膳生员鹰廷武惟扬熏沐敬撰

邑候选儒学正堂岁贡生云程刘超汉熏沐书

邑儒学附学生员铭盘武汤熏沐篆

（施钱人题名略）

画工　任世铨

木工　赵荣卫　白富元

石工　张天银

画工　任世铨

玉工　张天银　侄锦敬勒石

住持　魏茂瑞　徒信

清宣统元年岁次己酉小阳月上浣

合社人等仝勒石

重修关帝王爷庙碑记

【简介】

清宣统元年（1909）勒石。王殿选撰文、侯双林书丹。现存于武乡县洪水镇上黄崖村。碑高179、宽81厘米。碑圆首高38厘米，内刻“百世流芳”5字，字体7厘米见方。碑四周有图案。

【碑文】

重修关帝王爷庙碑记

尝读《国语》谓：神聪明正直而一者也，依人而行。又曰：神所凭依，将在德矣。所谓依人而行者，谓修庙而安神灵也；所谓凭依在德，谓施钱者皆有功德，为神所凭依也。黄崖村东旧有关帝王爷庙，东西廊房、乐楼、马棚。村中又有社房、牛马王庙、乐楼。自嘉庆二十二年重修，世远年湮，风雨飘零，庙貌几乎倾覆。村人议欲重修，奈独力难支，募写四方资财，共襄盛事。工程告竣，理当勒石立碑以彰四方善士功德，孰知四十余年，未立碑铭，将四方功德几湮没而无传矣。同治六年，重修斯庙，经理至今皆没世矣。后人不忍埋没四方功德，始议立碑。凡当年施钱姓名、钱数，详列于后。

邑生员泉亭王殿选撰

本村处士侯双林书

同治六年修庙纠首、施钱数、经理姓名（略）

石工　郝万富

木匠 李锁 关焕成

丹青 陈德万

玉工 年进才 年东钧

大清宣统元年五月二十日立

南庄创建南山神阁记

【简介】

清代后期勒石，现存于武乡县监漳镇监漳村的南庄。该碑碣镶嵌在墙上，重修庙宇时把左边的时间抹在墙内，从文字看可能是清代后期勒石，碑碣高64、宽78厘米，字迹稍有剥蚀。

【碣文】

南庄创建南山神阁记

郭文奎熏沐敬撰

南丰庄在武邑东南三十里，其地背三垄，临漳河，盖山水之佳处也，余家世居于是□。堪舆者每谓：前山巽方稍低，当建文昌祠、奎星阁于其上，其灵秀当有特异者。余亦久有是心。岁戊辰乃与堂弟文学、堂侄方仪等谋所经始，而族中之闻风而起者，亦愿各捐己赀，以助其费。卜基在胞弟文远地内，远即施其地而董其事，数月而告成。上层塑北极奎星像，下层塑文昌帝君像，约费五千余金，除族人所施钱十余仟外，悉取余众之公积而用之。事成竣，余一族人展拜其下，□咸进而告之曰："古先王假神道以设教，岂谓祀是神者，但使神得所栖，而修乃祭典，遂足以邀神贶而迓神庥乎？是以启其心耳。阁中二神，司人间功名者也，然所录者必阴骘之家，所福者多勤敏之士。诚使祀是神者，深思神之所以为神，刻必以阴骘焉。念时时以勤敏

为功，将己心与神心共质，而人定者亦定，书田与心田并进，而文齐者神亦齐，是心之灵即神之灵也，神与人有二道哉！”众曰：“然。”是足以示后人也，爰取而勒之于石。

重修时飨亭志

【简介】

清宣统三年（1911）六月立石。现存于武乡县韩北镇石圪垤村。碑青石质，高153、宽65、厚18.5厘米。碑文正书，行45字，正文9行。碑额单行篆“重建碑志”4字，两侧刻有双龙图案，沿圆首刻有缠枝莲花图案。下栏刻富贵不断头纹。

【碑文】

重修时飨亭志

邑儒学优附生明古史如镜敬撰并书

神之为灵昭昭也。咏于经，载于传，御灾捍患，圣不可知之谓神。设庙坎坛，祭有其举，莫敢废然，祀典之制详于礼，清庙之歌再于诗也。县治之东四十里，有村曰石圪垤，旧有时飨亭一区，北设神亭，岁四时之祭；南建戏楼，奏九成之乐。东廊西庑，左右并列。创建莫考，重修碑碣亦多湮没，第历年久远，基颓瓦落，上雨旁风，渐及倾圮。村之南又有关帝阁、文昌宫、三官庙、观音堂、五道庙，西行数武，则龙王庙、土地祠峙焉。其庙宇倾颓之状，与时飨亭无异。村人虑其无以肃祀事、妥神灵也，议加修筑，询谋佥同，鸠工庀材，量力捐赀。凡财用之不足者，藉助四方。于己酉岁之四月始克举事，其工有彻其墙盖，咸与维新者，以垂久也；仍其旧贯，补苴罅漏者，以节财也；移文昌庙于巽宫，振文运也。共费钱五百余缗，所入适副于所出。工告竣，首役诸君嘱志其事。窃思天下事靡不有初，鲜克有终。是役也，董事者踊跃争先，赞助者奔走从事，虽由神功之赫濯，亦因人心之协和也。《传》曰：民和而神降之福。从此三时不害，物阜民康，不独壮观瞻而已，抑亦一方之幸福也夫。

大清宣统叁年岁次辛亥六月谷旦勒石

中华民国

重修圣泉寺东西楼暨韦驮碑亭记

【简介】

中华民国2年（1913）勒石。李鸣凤撰文，李显荣书丹，李树滋篆额。现存于武乡县墨镫乡崇城寨圣泉寺。碑青石质，高210、宽88、厚22厘米。碑文不仅记述了重修圣泉寺东西楼暨韦驮碑亭的经过，而且极力赞美崇城岩山水风光。

【碑文】

重修圣泉寺东西楼暨韦驮碑亭记

面寺皆山，而寺后一峰尤为奇观，削壁千仞，仰之悚然，悬空而倾似盖者，崇城岩也。距寺十余步，时闻水声□□而涌出于岩底山腰，不盈不涸者，圣泉也。斯寺之名胜甲于吾邑，固在乎山水之间，抑亦由于大其名也多端，争其胜也非一，后先辉映，古今宣传，有以致之然也。寺建万山之中，踞危岩之下，一见倾圮，即事绸缪，古之人不忍立待也以此，今人之不忍坐视也亦以此。自清季重修之后，迄今已二十有年矣。正殿西楼尚皆巩固，而东西楼与韦驮亭□□，斯寺被岩石之摧残，受风雨之剥蚀，桷折檐裂，瓦解墙颓。苟不理焉，将见日就荒芜零落，而圣泉之名胜泯矣。癸丑之春，二月既望，浮屠本经意欲重修，询谋佥同，共襄盛事。于是鸠工庀材，择日兴役，折者易之，裂者更之，解者结之，颓者筑之，又从而涂之、茨之、绘之、画之，甫两越月，焕然聿新，而楼亭遂复当年矣。是役工程所费无几，除本经输钱百有余缗外，助金捐赀者仅数名而已。工毕事竣，同僚嘱记。余山人也，斯寺之开始，斯寺之式廓，增修之年月，补葺之次第，昔之避兵若何，古之拂暑者若何，名僧之坐蒲说法若何，间出名儒之居敬穷理若何，获隽大名之所自始，争胜之所由来若何，足以壮观瞻若何，足以畅游览，碑碣记载，历历在目，奚容俟于余之赘焉？然于监察之暇，游观之际，忽悠然而动遐思，见狭径之崎岖，山门之要害，诸峰对峙，万壑来临，昼则日光照耀，夜则月色清凉，有时红紫斗芳，森林毓秀，云霭霭，雨濛濛，风发发，雪霏霏，山鸣谷应，兽啼鸟飞。而地势之关阨严固，山间之朝暮四时，俨然鹫岭，宛若天堑，慨然想见昔人之避兵拂暑于斯也，良有以山僧之挂锡面壁于斯也。亦有以游是山观斯寺者，不无以而独于读书乐道于斯者。朴斋公谓其足以比列于鹿洞、鹅湖、鹤山也，不知其奚取焉？既而惊然悟曰：呜呼，噫嘻！其知之矣。山水之乐得之心而寓之理者，吾儒也。读书乐道者之有取于斯，于孔子所谓仁者乐山，智者乐水，得之矣。崇城厚重不迁，有似于仁者之仁，圣泉活泼流动，有似于智者之智，乐处于斯，以淑性陶情者必也志在高山，于流水志在流水，复有志于高山仰止而道心从容，观感而神明奋励，挹山水之乐以成其仁，与知媲美于魏华甫，齐芳于子静考亭而获隽，犹其余事，讵避兵、拂暑、修斋、诵经，□于游□于观者所可同日而语哉！故略记仁智者之真乐，以劝夫后来居是山而阅斯寺者，拾其流风余韵焉可也。是为记。

清高等小学校毕业廪生子瑞李鸣凤熏沐敬撰

清道优附生光禄李显荣熏沐书丹

清晋阳中学毕业贡生德甫李树滋熏沐篆额

住持　僧本经

玉工　张模刊

中华民国二年岁次癸丑孟冬吉日　立

重修娲皇圣母庙碑记

【简介】

中华民国4年（1915）勒石。魏应达撰文，魏鸿达书丹，魏名卿篆额。现存于武乡县韩北乡下合村。碑高220、宽69厘米。碑首高47厘米，内镌

“重修碑记”5字，其余图案为龙。碑文共23行，字体楷书。

【碑文】

重修娲皇圣母庙碑记

语云：大而化之之谓圣，圣而不可知之谓神。神也者，必其生前之功德过人，殁后之英灵丕著。千载一时，今人追思焉，而弗容已者孰有如娲皇圣母之功德，愈为不朽之尤者乎？武邑下郝村有娲皇圣母庙焉，斯庙居村之西沟，气象峥嵘，实属神山，庙貌巍峨，尤称巨观。更兼圣母之灵应，地势之秀雅，松柏交翠，既足以培地脉，亦我村之枢纽也。第阅诸贞珉，乃知创建于大明崇祯初，至前清康乾嘉道间，屡次增修，其□□高耸□宇山□，路径迭兴，前人记之已详，兹无庸赘。但自光绪壬戌岁，余胞叔与同志数人，经理重修，迄今三十余载，颓敝弗称，庄严不著，且牌楼、飨亭、乐舞、台廊、房栋折榱崩，尤为□极，庙之□莫不□兴工之意，而往往有难色者，觉工巨费繁，力非一手一足所能支，财非一钱一谷所能办也。余假馆于庙，不忍坐视，于是纠合村人公议重修，因举村之老成者二十余人，共议盛事。既捐资本村以开其端，复募化十方，以成其事。总计得钱六百余缗，将见营谋画策，不遑朝夕者，有人捐资募化不避泥途者，有人鸠工庀材不惮劳苦者，又有人天下事有□□藏。况诸君协力同心，各勤厥职，尚犹虑事之难乎？自四月开工，至十月蒇事，未期年而告厥成功焉。见其殿宇辉煌，圣容灿灿，不啻天光云影，一时顿开矣。斯举也，虽亦人力之相协□，则圣母之默运。工既峻，欲稿诸石以刊不朽，而同事诸公谒余为记。余自愧不文，敢以枉鄙之辞，博大雅之笑。奈义无可辞，不获已，谨质言其事之始末，并募缘善信与乐输芳名而□陈之于贞珉云。是为记。

邑前清儒学生员次率魏应达熏沐撰文

邑前清儒学生员渐庵魏鸿达沐手书丹

邑前清附贡生膺九魏名卿 沐手篆额

总经理　魏安邦

（捐资人员略）

中华民国四年岁次乙卯八月中浣之吉旦立石

重修赵爷庙碑记

【简介】

中华民国5年（1916）七月立石。现存于武乡县洪水镇白反头。碑圆首，高187、宽75、厚18厘米。顶部有破损。碑额中间双行篆“重修赵王爷庙碑记”8字，两侧云龙图案。碑文正书，正文11行，满行53字。四周花草及富贵、祥云纹。

【碑文】

重修赵爷庙碑记

尝思莫为之前，虽美而弗彰；莫为之后，虽盛而弗传。斯之者，固相需也。天下事往往因后继无人，遂使为之于前者湮□而不彰；□□人所以有“事不难于〔创〕而难于因”之说焉。武邑北坂头村旧有赵爷庙，而与董家庄所共祀者也。其初创建，未知始于何代，考诸碑碣，有修于道光中叶，有修于光绪初间。虽几经修补，不过因陋就简，□栋易梁，残缺者补之，污秽者新之，而墙壁仍旧贯焉。迄今久历星霜，彫敝日甚，矧其庙居山巅而兼右有暴水，以故基础墙壁倾颓□甚则无异于荒坵。村人思修葺久之，非困于财用之不足，即苦于经理之无人。乙卯夏，纠首董君笑侬倡议重修，众谋佥同，无如工□浩大，物力维艰。于是挨户起钱，按亩捐赀。而两村地狭丁稀，竟卌余户，遂复邀请善士多方募化，〔然后鸠〕工庀材，方兴斯举。爰将正〔殿〕三楹、乐楼三间，俱移左二尺许，以及东西斋房、左右廊庑，共十有二间，皆替旧而换新，〔方整〕洁而齐楚。向之山门，旧居震宫者，今则〔移〕于兑方矣。向之缺乏马厩者，今则添设四间矣。统计之修建不下二十余间，费

钱〔总〕有五百多缗。不数月而工程告竣。问其财何以□，则曰：“乡邻之所助，不吾拒也。”问其工何以成，则曰：“村人之奔走，不敢后也。”□如董君者，可谓后继之伟人，亦安知非神于冥冥之〔中〕，有以阴趋而默佑之，以大展其灵验哉！若夫山川之灵秀，风景之幽雅，流连光景之词，前已志之，故不复及云。

前清己酉拔贡云衢冯高翔熏沐撰文

前清监生笑依董鸿儒熏沐书并篆

民国五年岁次丙辰七月上浣

重修全神庙碑记

【简介】

中华民国5年（1916）勒石。魏应逵撰文，魏鸿逵书丹。现存于武乡县韩北乡枣林村南。此碑冠名全神庙碑，村人谓之三龙庙。碑青石质，高152、宽70、厚20厘米。无首无座。碑文楷书。

【碑文】

重修全神庙碑记

尝思鬼神之为德，其甚矣乎？福国庇民，御灾捍患，民受其赐而不敢忘。于是乎村社秋赛享祀，既见其丰洁，以妥以侑，殿宇安有不辉煌也哉！邑东四十里，枣林村村南，东西通一大渠，渠北有□水台，巍然而临于上者，全神庙也。创创增修，详载旧碑，兹不复赘。但自同治甲戌重修，迄今四十余稔，风雨剥蚀，日星穿漏，况庙后临崖，屡被侵塌，势若累卵。由庙而西百余步，有关帝庙，为一村锁钥之冲。他如观音堂、土地祠、东西五道各庙，俱历年久远，颓敝弗称。倘听其颓敝而不加修葺，不惟一村之盛衰攸关，究非所以崇祀典也。村人每顾兴叹，欲修废举坠而不克举其事者，惧费繁而力不支也。乙卯灯节后，村中好事者为之倡，奋然议修，会集村众，询谋佥同，既按亩起粟，复量力捐赀。凡在外贸易者，莫不欣然而募化，即在家务农者，亦皆踊跃而急公，未几而材木辐辏矣，砖瓦备具矣，匠工云集矣。择吉开工，经始于季春朔日，落成于孟冬既望，未期年而土墙易为砖墙，旧顶革为新顶，且峻宇崇檐，华榱彩桷，丹雘辉煌，更觉灿然可观矣。工既竣，理宜贞珉，以垂永远。首事者征文于余。噫！彰善志功，成人之美也，何敢辞！姑举其事之始末，并书其岁月以示后人尔。是为记。

前清儒学生员师范毕业次皋魏应逵熏沐撰

前清儒学生员渐庵氏魏鸿逵沐手书

（施钱人姓名、钱数略。）

时中华民国五年岁次丙辰仲冬下浣吉日立

中阳山悟忠诗碣

【简介】

中华民国6年（1917）十月立石。现存于武乡县洪水镇中阳山。碣高38、宽54厘米。碑文正书，行16字，正文17行。四周卷草云纹。

【碑文】

愚性爱山水，特以红尘缠扰，未获登临。适值万缘坛开训，忝充其列。毕，偕悟耘坛友游赏中阳，幸观宗叔让公道貌，心旷神怡，因率笔吟诗，聊为奉正王老师。东沟人也。

岗岭围环结草庵，潜修静养乐盘桓。年华七十身尤健，立鼎安炉炼宝丹。

童年十四作勾留，抛却人间万种愁。紧守三关修正果，毫无挂碍度春秋。

西方佛子降尘埃，旷野深山大道开。四面纷纷遵教化，原人普渡上瑶台。

登临结伴访高人，识得庐山面目真。鹤发童颜栖静养，微尘不染法华身。

守拙子族侄悟忠敬题

民国六年十月二十七日建

大活庄南窑科重修关帝庙碑序

【简介】

中华民国8年（1919）秋勒石。杜青史撰文、书丹。现存于武乡县蟠龙镇大活庄南窑科一村民院内。碑青石质，宽80、高60、厚25厘米，碑文稍有剥蚀，个别字词辨识不清。

碑文作者杜青史，字鉴古，大活庄人，民国元年山西政法专门学校法律本科毕业，曾任太原地检厅候补检察官，本县第三高小首任校长，河南高等检察分厅检察官兼检察长，山西司法厅科员等职。

【碑文】

大活庄南窑科重修关帝庙碑序

世有持吉凶祸福报应轮回之说，以觉世牖民者，其居□木□不善，然传述既久，本真失而谬妄生焉。或起迷惑，依稀之□□致清净为之习，推之圣人以神道设教之旨，贤者□崇拜英雄之念，绝口不言，其所言者非谄神媚神之说，即要神□神之论，遂将夫纲常彝伦、修齐治平之事，皆废弃而不□□焉。人道既泯，而独述乎神道，又何举世之不謬妄哉！圣帝君极人道之大者也，忠义同乎日月，纲常贵夫古今，所以□□千秋馨香，表□□，一以彰功业，一以示楷模。望庙堂而起仰敬，谒圣君而悟诚真，后之人果能各尽其道不远乎依愿，不惑乎无为，一惟以人道是则，则圣人庙享之旨得稍有遂焉，岂徒秉烛焚香已耶！我大活庄南窑科旧有关帝庙一座，创建于清嘉庆二十一年，王君尔福，其乐善最优者也。至光绪庚子岁，拳匪教案遍扰乡间，村人方深悟非借重圣人之道，不足以维持末运。于是合社议定祀典，方图重修，已而未遂。及民国七年余胞兄青山，同王君鹤鸣、王君朝阁、岳君蚁、王君恭，始鸠工修整。事竣，嘱余为序。余不敏，谨记不忘，兼欲后之人皆各遵圣人之道，以尽乎人道，敢云序乎哉！

山西法政专门学校法律科毕业签分太原地方检察厅候补检察官杜青史敬撰并书

经理人　王恭　王鹤鸣　杜青山　王朝阁　岳蚁　仝募

施钱人姓名开列于后（略）

中华民国八年孟秋吉日　立

重修崇胜寺中殿碑记

【简介】

中华民国9年（1920）二月立石。现存于武乡县大有乡横岭村崇胜寺。碑青石质，高165、宽71、厚14厘米。碑额竖书楷体“福缘善庆”4字。碑文楷书体。

【碑文】

重修崇胜寺中殿碑记

县治东乡崇胜寺为天然之胜境，尤佛庙之最古。中殿一座，为苑家垴前辈经营修饰。前祀□□古佛，背祀感应韦陀，旁则罗汉等神，规模至为详整，今则渐就倾圮，理合重修，聿昭祀典，但戊午岁药王庙重修固已竭尽心力，己未岁又修中殿，力实难支，殊不料其中之急功好义，乃为举重若轻焉。善士苑珍荣慨然以总理是任，众善士亦欣然乐从。于是挨户醵金计百有余串。堕举费修，不数日，功程告竣，谓非诸君之诚意恳□何以若是之易易哉？孔子所谓“十室之邑，必有忠信”者是也。愚也闻而善之，谨援笔以记其巅末云。

世居武乡迁住榆社恩贡生王思永熏沐敬撰

武乡县乙种农业学校毕业马恒山熏沐敬篆

民国庚申年拾二月朔日立

玉工　刘汉思　敬刊

重修关帝庙碑志

【简介】

中华民国9年（1920）七月立石。现存于武乡县监漳镇麻池沟村。碑砂石质，高158、宽60、厚14厘米。碑体点为两截。碑额线刻鹤飞三云图。碑文楷书体，行33字，正文12行。四周刻有富贵不断头图纹。

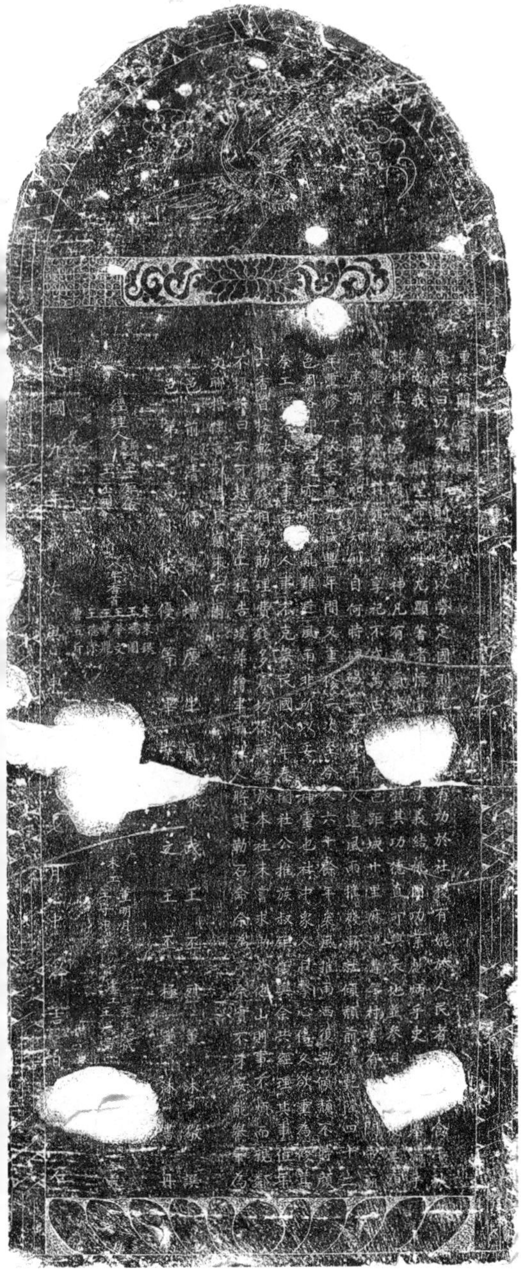

【碑文】

重修关帝庙碑志

祭法曰：以死勤事者祀之，以劳定国则祀□□□有功于社稷，有媲于人民者□□□食千秋矣。如我关圣帝君其尤显著者。忆昔□□□汉义结桃园，功业彪炳乎史〔册〕□□塞满乎乾坤，生而为英，殁而为 神。凡有血气者□□□亲其功德，直可与天地并参，且□□□屡显灵爽，历代累加封赠，尤宜享祀，不忒万古□□矣。邑距城廿里麻池沟等村旧有关帝庙一座，溯立庙之初，不知创自何时。碑碣无考，历年久远，风雨摧残，渐就倾颓。前清乾隆四十二年重修一次，至道光、咸丰年间，又重修二次，至今又六十余年矣。风摧雨洒，复就倾颓，不特颜色凋落，即比石亦将〔散〕乱，难避风雨，非所以妥神灵也。社中众人目击心伤，久欲重为修葺，奈工程浩大，襄事者〔无〕人，事不克举。民国八年春，阖社公推族叔巨仪与余共经理其事，值年六香首按亩攒钱。相为助理，费钱多寡，均系取给于本社，未尝求助于他山，则事不烦而亲邻不扰，谁曰不可？越一年，工程告竣，藻绘聿新。社人将谋勒石，命余为序。余实不才，安能举笔为文，聊措俚言以志其巅末云尔。

邑前清儒学增广生员家武王丕烈熏沐谨撰

邑第一高小校优等毕业□之王丕极熏沐书丹

（捐款名单略）

民国九年岁次庚申□历七月中浣吉日□石

禁止樵牧训令碑

【简介】

中华民国9年（1920）七月勒石，现存于武乡县南神山庙院。碑高105、宽50、厚7厘米。碑圆首高32厘米，内书“禁止樵牧”4字。碑文共6行，满行18字，行书。周边无花纹，碑座残。

【碑文】

禁止樵牧训令碑

叠奉省长训令：禁止毁坏山林有等野放牛牧羊两宗。又有邻近村庄，任意砍伐山林，上下两管议定，立碑定章严禁，如要仍此不遵，拿获定罚，不容有人不遵。定章上庙十元罚金，送信人来□心，赏洋壹圆为整。

中华民国九年七月　立

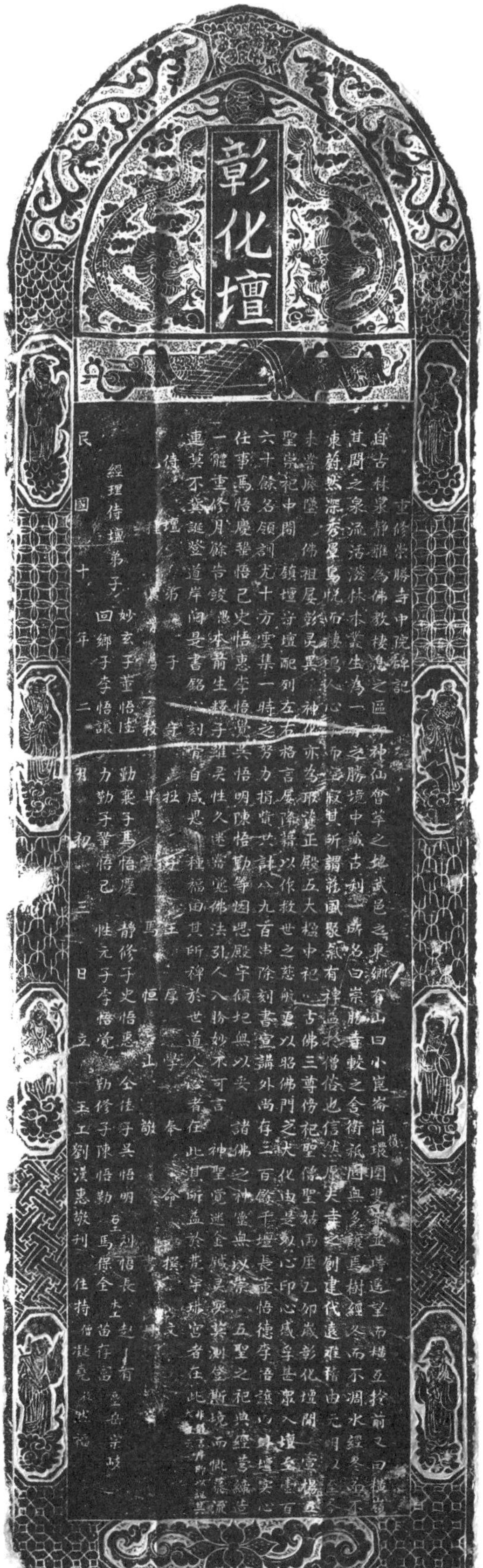

重修崇胜寺中院碑记

【简介】

中华民国10年（1921）二月立石。现存于武乡县大有乡横岭村崇胜寺。碑青石质，圆首，高124、宽48.5、厚10厘米。碑额中间楷体竖书“彰化坛”3字，两侧刻有双龙图案，边栏为缠枝瑞草图纹。界栏为琴棋书画组合图案。碑文楷书体，正文10行，行49字。四周刻有八仙人物图案和富贵金钱等图纹。

【碑文】

重修崇胜寺中院碑记

自古林泉静雅，为佛教栖息之区，即神仙会萃之地。武邑之东乡有山曰小昆仑，岗岭环围，双峰并峙，遥望而横亘于前，又曰横岭。其间之泉流活泼，林木丛生，为一方之胜境。中藏古刹一所，名曰崇胜寺。较之舍卫祇园无多让焉。树经冬而不凋，水经冬而不冻。蔚然深秀，群鸟悦而栖鸣，人心□而空寂。其所谓藏风聚气，有裨益于僧俗也，信然。原夫寺之创建，代远难稽，由元明以至今，未尝废坠。佛祖屡彰灵异，神化亦为取资。正殿五大楹，中祀古佛三尊，傍祀圣僧、圣姑两座。乙卯岁，彰化坛开宣，杨五圣崇祀中间，镇坛守坛配列左右。格言屡降，籍以作救世之慈航，更以昭佛门之大化。由是以心印心，感孚甚众，入坛至壹百六十余名领训，尤十方云集，一时之努力捐赀共计八九百串。除刻书宣讲外尚存二百余千。坛长董悟德、李悟让，内外坛实心任事，马悟庆、巩悟己、史悟惠、李悟觉、吴悟明、陈悟勤等，因思殿宇倾圮，无以妥诸佛之神灵，无以崇五圣之祀典，经营缔造，一体重修，月余告竣。愚本前生释子，虽灵性久迷，尝觉佛法引人入胜，妙不可言；神圣觉迷金针，灵实莫测。登斯境而慨慕流连，莫不冀诞登道岸。阅是书，铭心刻骨，自咸思□种福田，其所裨于世道人心者在此，其所益于梵宇琳宫者在此。非〔敢〕言□，聊以记其大〔略〕云。

侍坛弟子守拙子王厚学奉命撰文

乙种农业学校毕业马恒山敬篆书丹

民国十年二月初三日立

中阳山创修阳坡窑院铭记

【简介】

中华民国10年至13年间（1921—1924）间立石。现存于武乡县洪水镇中阳山。碣高58、宽65厘米，左侧有残缺。碑文正书，满行26字，正文15行，残缺年月落款。四周简刻卷枝花叶纹。

【碑文】

中阳山创修阳坡窑院铭记

昔周匡谷隐庐山以训徒，韩张良从赤松以学道，莫不藉山川之灵气以致教化流行。吾师之讲道中阳，亦犹是也。按此山座落我武东偏，峰峦灵秀，胜景非常。襄垣张老师曾掌教于此，其时生徒寥寥无几。吾师王公行年十四，遂受业于张老师门下，笃守规戒，实意潜修，而求道者接踵于门。每遇诸佛、诸祖诞辰，门徒云集，狭窄难容。乃出赀四十千文，于民国九年买到佟姓阳坡地基一段，只有正窑一座。欲增修之，独力盖未能也。有姚君德盛与门徒王君万禄慨然输赀，尽力赞助，而四方弟子亦欣然各出赀财，共襄盛举。于是努力经营，复增修东西窑口贰座、大门外地基一方门楼底墙、毛厕、水窖无不全备。工既竣，总计费工七百有余，费钱一百八十千有奇。其规模顿觉宏敞矣，谓非道门之一大幸事也哉。自此以后，代代相传，各宜世守勿替。倘有刁徒无赖之辈从中舞弊，其经理人等均得起质讯之。书带忝列

门墙，深幸学道有休息之所，诵经有容身之地矣。盖与古大儒之养性修真风景不爽焉，则将来之起色更有未可限量者在也。是为记。

前清廪生丙辰道考俊士温水村弟子张书带撰文

前清恩贡候铨直隶州州判榆社郝壁村族侄王恩永校阅

前清儒士上广志弟子张廷弼书丹

前清儒士盐土凹弟子姚显林撰额

重修各庙碑记

【简介】

中华民国12年（1923）勒石。张汉杰撰文，郭唐弼书丹，武济文篆额。现存于武乡县涌泉乡涌泉村。碑青石质，高145、宽62、厚25厘米。题额中所称“各庙”，计十四座寺、观、庙、阁、祠等。碑文计20行，满行61字，楷书，碑边有图案。碑首佚失，碑文完整。

【碑文】

重修各庙碑记

尝思有是志而必就斯事，是志之不可无，而志又不可不合也。果能纠合众志，尽心力而为之，虽工巨费繁之事，亦不难以收其效果。余涌泉镇地居名区，庙阁寺观，棋布星列。自光绪初年，补葺后，迄今四十余年，风雨剥蚀，难妥神灵，于是镇人目击心惨。壬戌正月，公与经理遂议缮修，在本镇捐赀壹千四百余千，于是同心协力，鸠工兴修：隆教寺、兴国观、孔圣庙、毓龙山、圣母庙、关岳庙、吕祖阁、三官阁、菩萨庙、真武阁、文昌庙、土地祠、五道庙、焦龙庙，以及各庙之厢房、钟鼓乐楼，次第补葺。村人念及每届赛戏，社房不便，又于隆教寺侧院之西，新建西房三间，外院之东，新

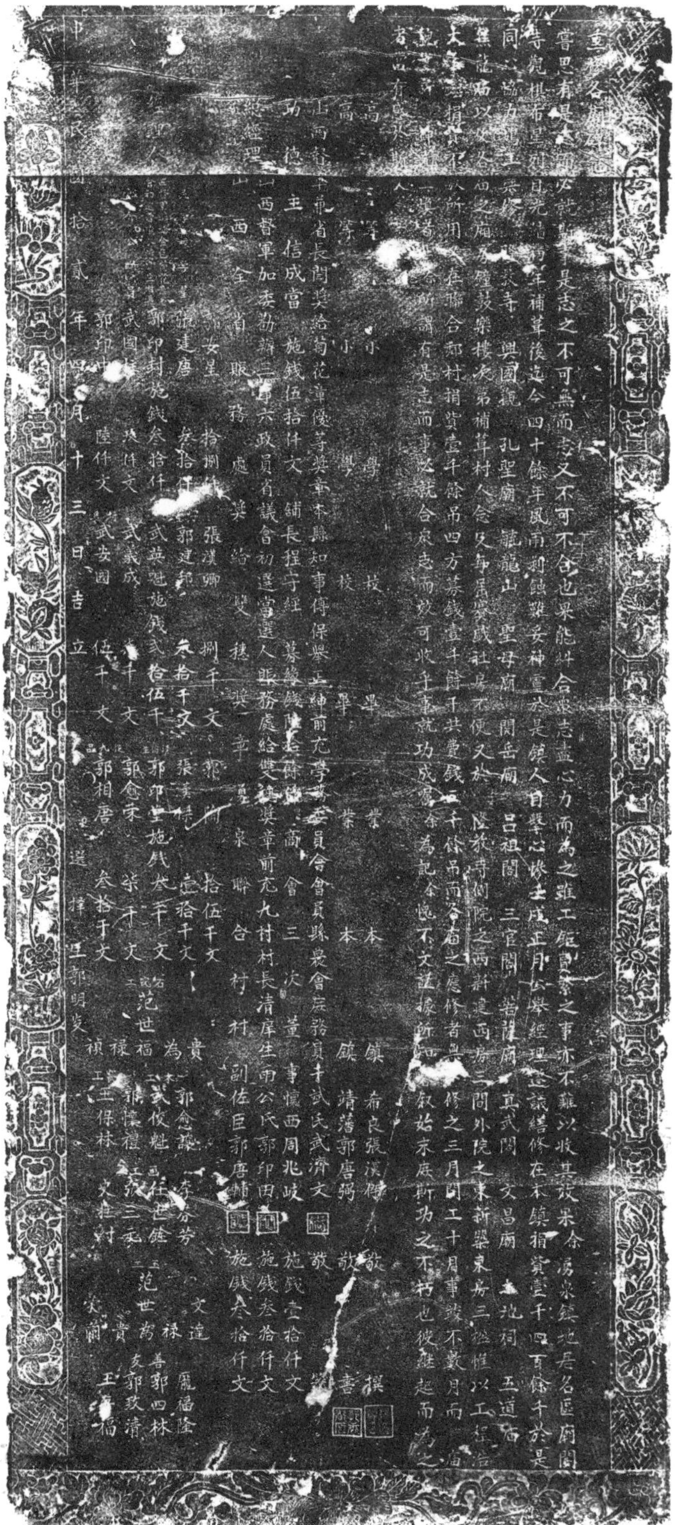

建东房三楹，惟以工程浩大，捐赀不敷所用，又在联合邻村捐赀壹千余吊，四方募钱壹千余千，共费钱三千余吊。而各庙之应修者，无不修之。三月开工，十月事竣，不数月而庙貌一新、神光丕焕者，非余所谓有是志而事必就，合众志而效可收乎！事就功成，嘱余为记。余愧不文，谨据所知，各叙始末，庶斯功之不朽也。彼继起而为之者，当有感于斯文。

高等小学校毕业本镇希良张汉杰敬撰

高等小学校毕业本镇靖藩郭唐弼敬书

山西督军兼省长阎奖给菊花章优等奖章本县知事傅保举正绅前充学务委员会会员县农会庶务员于斌氏武济文敬篆

（经理纠首施钱略）

中华民国十二年四月十三日吉日立

选择生　郭明炎

崇祀李君施地铭

【简介】

中华民国13年（1924）九月立石。现存于武乡洪水镇中阳山。碣高40、宽60厘米。碑文正书，满行23字，正文13行。四周简刻富贵纹。

【碑文】

李君讳双成，邑之上广志人也。幼年家寒，壮年佣工，自失偶后，慨然有出世之心。于前清光绪十七年间，闻中阳山王老师教化大行，因受业门下，亲聆训诲，三十余年，别无他志。不意于民国十三年五月下旬，坐化飞升矣。殁后，君胞侄王保不忍湮没其名，因立祠奉祀焉。于是将叔父所买到黄堂凹阳坡地三块，又有后山凹地一块，二处共地一亩，情愿施舍于王老师案下经理，作为诞辰之费。地内随大艮壹分，在皋阳里四甲本人名下完纳。无论何人耕种，每年除完艮甲分以外，于生卒之辰敬修素供一设，位前致祭。倘有阻抗情形，许老师换人耕种。如有亲族人等争查，有红契施地铭为证。

前清儒士六十六岁后学张廷弼撰并书

中华民国十三年夏历九月下旬吉日立

当中洞记事总铭

【简介】

中华民国15年（1926）五月立石。现存于武乡县洪水镇中阳山。碣高63、宽112、厚14厘米。碑文正书，行18字，正文24行。四周简刻富贵纹。

【碑文】

凡事之不得指引者，虽有美而弗彰也。此当中洞记事之由，非吾师口授焉得而知耶。吾师王公印秉善，邑之东沟村人也。于前清道光三十年四月十七日吉时建生，生而颖异，轶众非常。年甫六龄，怙恃并失，赖兄抚养，辛苦倍尝。迨年至成童，慨然有出世之志。闻中阳山张老师开道渡人，因投入门下，亲聆训诲，朝夕奉侍，诚意恳至。至光绪三年间，奉张老师之命，始买到芝麻堝霍姓山地一段，北山四至：东至山顶平道，南北俱至大梁，西至石圪垤。四至开明，各依旧界。嗣后栽植松柏数十余株，至今茂密成林，延蔓无数矣。越光绪五年，张老师云游去矣，吾师遂掌教中阳。越数年后，又买下四道坪地一块，堰下有小沫土地一截，又有石圪垤根底地一小块，三处共地一亩。地内随大粮弍分，情愿施与当中洞上作为护洞之费，托人耕种。其后教化大行，门徒云集，每遇诞节，人稠地窄。至民国九年，又买到佟姓阳坡窑院一处，东西增修窑口二座，场面水窑、碾磨、坑厕一概俱全。至今，局势宏敞，栖身有地矣。意此山之修造置产，无一不出吾师之手。时至今日，吾师老矣，功绩成矣。弟子等奉命略叙生平所历以告后来之昧昧者。是为记。

日后有刁徒毁坏典卖情形，仝三十六家俱宜质讯。

前清儒士弟子张廷弼撰并书

中华民国十五年仲夏吉立

水华山铭记

【简介】

中华民国15年（1926）八月立。现存于武乡县洪水镇左会村水华山。碣长方形，高54、宽44厘米。碑文正书，行18字。

【碑文】

水华山铭水华山铭记

邑之东，有山曰水华。山山连接，脉脉绵长，松林茂密，围环綦固，诚胜地也。又况东有东海，西有西湖，中有一洞，名曰“神水”，天然奇景，不可枚举已，叹为观不胜观矣。吾霍君讳家让，一心向善，访求明师。闻性空山李老师坐山开道，遂受业于门下，日领清诲，依法修行。后至此山开道，门人实繁，有徒年逾花甲，不意于清道光季年仙游。晚等生于近世，未能亲瞻丰采，故不揣固陋，以继志述事之一端也。是为记。

（诸师诞辰目录略）

中华民国十五年□□仲秋

施地铭

【简介】

中华民国16年（1927）六月立石。现存于武乡县洪水镇中阳山。碣高40、宽60厘米。碑文正书，满行20字，正文18行。四周简刻富贵纹。

【碑文】

施地铭

王公印秉善，性情淡泊，气度非凡，开道中阳，历有年所。乃于光绪八年，买到霍姓二道坪地一块二亩，情愿施于阳坡窑院大石桌，作为老祖诞辰之费，地内原粮叁分，在皋阳里五甲本人名下完纳。此地东南俱至堰根，西至堰下根，北至水心。四至开明，各依旧界，出入水流、行道以旧。往来凡种斯地者，每遇性空山李老祖诞节，敬修八八素供一设，以承祭祀。每年除办节完粮外，再与胞侄王福保除租谷壹大斗。又有买到霍姓四道坪地一块，

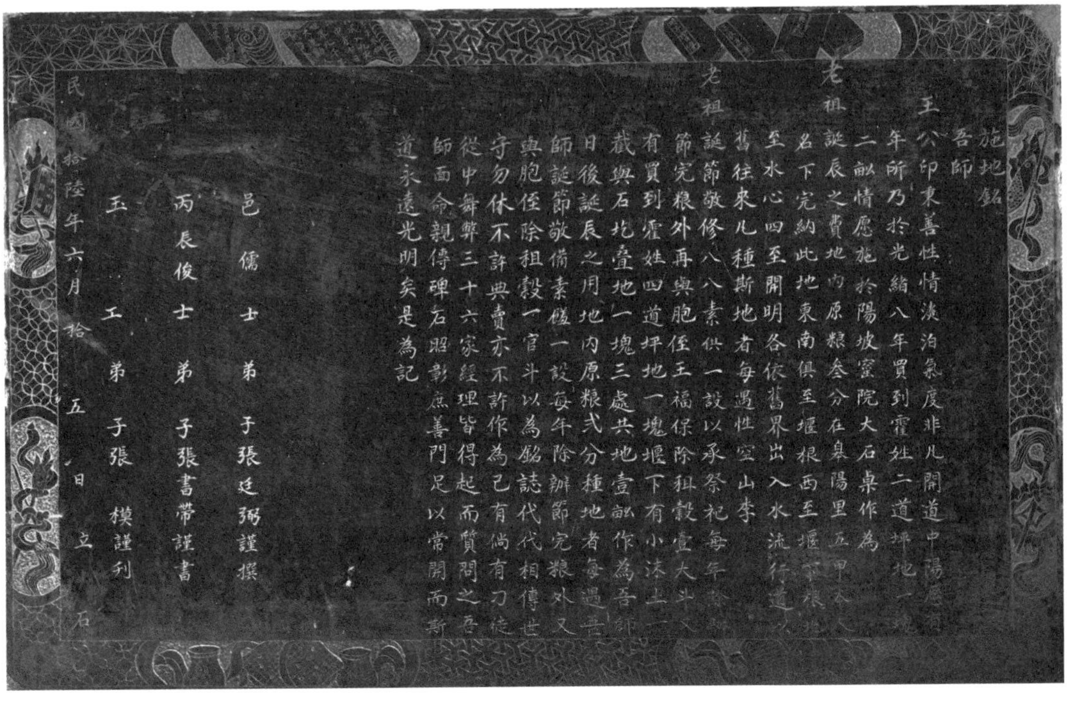

堰下有小沫土一截，与石圪叠地一块，三处共地一亩，作为吾师日后诞辰之用。地内原粮式分，种地者每遇吾师诞节，敬备素馐一设，每年除办节完粮外，又与胞侄除租谷壹官斗。以为铭志，代代相传，世守勿休。不许典卖，亦不许作为己有。倘有刁徒从中舞弊，三十六家经理皆得起而质问之。吾师面命亲传，碑石昭彰，庶善门足以常开而斯道永远光明矣。是为记。

邑儒士弟子张廷弼谨撰

丙辰俊士弟子张书带谨书

玉工弟子张模谨刊

中华民国十陆年六月拾五日立石

修葺关帝庙碑记

【简介】

中华民国16年（1927）八月二十立石。现存于武乡县松庄关帝阁墙壁上。碑高48、宽75厘米。碑文行楷，满行18字。

【碑文】

修葺关帝庙碑记

村南小河下游东口旧有关帝庙一座，历年倾圮，修理久旷矣。虽神权时代已为过去之陈迹，而观瞻所系，亦觉未可阙如。今年冬，保卫团丁籍镇儒等知，关帝庙之修葺，诚不可以少缓。因以历年办理案件所得赏金，尽数捐作修理之费。又赖村长籍君华章热心经营，始得竣工蒇事，爰勒诸石，以垂永久。是为记。

村人籍雨农撰　梅横枝书

民国十六年八月二十日立　勒石人段海林

重修水华山铭记

【简介】

中华民国16年（1927）六月立石。现存于武乡县洪水镇左会村水华山。碣长方形，高42、宽100厘米。碑文正书，正文10行，行23字。

【碑文】

重修水华山铭记

从来求名者寒窗十载，慕利者奔竞一生，人情太□然也。然有隐迹于山林泉石之间，弃功名如敝屣，视富贵若浮云；目不接号寒之状，耳不闻啼饥之声。不谓霍师隐迹水花山，盖亦有取于斯云而。崇山峻岭，泉水澄清；龙盘虎踞，□脉绵长。水华之胜景，实属世外之风也。士槩栉修□□□□，不期而赴缘者，不计其数。地灵人杰，□孚益众，创建起□修佛座三楹，东西

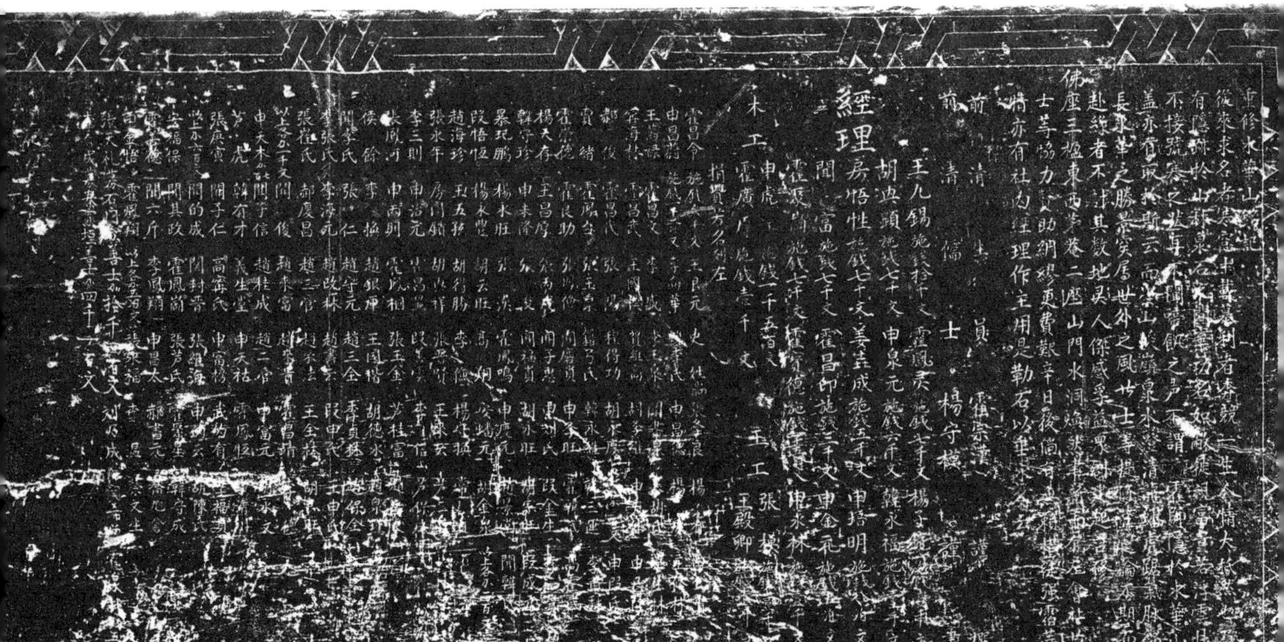

茅庵二座，山门、水洞，焕然聿新。自〔而有〕左会社□士等协力赞助，绸缪更费款辛，日后倘有□赖□徒强□等情，亦有社为经理作主。用是勒石，以垂永久□。

前清生员霍宗汉撰

前清儒士杨守模书

民国十六年荷月中浣吉立

重修南堙桥路碑记

【简介】

中华民国17年（1928）七月立石。现存于武乡县大有乡鸦堙村小店自然村。碑红砂石质，高170、宽66、厚14厘米。保存完整。碑额单行楷书“万善同归”4字，两侧为凤鸟图。碑文楷行体，正文5行，行73字。碑额顶端刻双旗图案，碑额下栏刻琴棋书画组合图案及吉祥图纹；碑体周边刻有奇花瑞草、二人物及各式祥瑞图纹。

【碑文】

重修南堙桥路碑记

先哲云“修桥补路积阴功”，是以栋倾宜复建，路圮宜更新。桥路平坦，往来便利，诚关系地方之命脉也。况修筑桥路为共和之要图，道路交通乃文明之实阶，讵可听其颓废乎？武邑东区四十里许，有天然之土龙，名曰南堙桥。西北鸦易堙，东南上下福、新庄和上下峰头，三五村束脉之要地也。稽自前人补修，数十年来风雨交侵，桥路倾颓。辄遇盛夏雨多，严冬雪冻，来往堪虞，过之者皆愕然。且道途崎岖，桥路险阻，以致转运困难，非宜也。戊辰春，村人倡议重修，遂选经理十人，先从五村捐赀，次募及四方

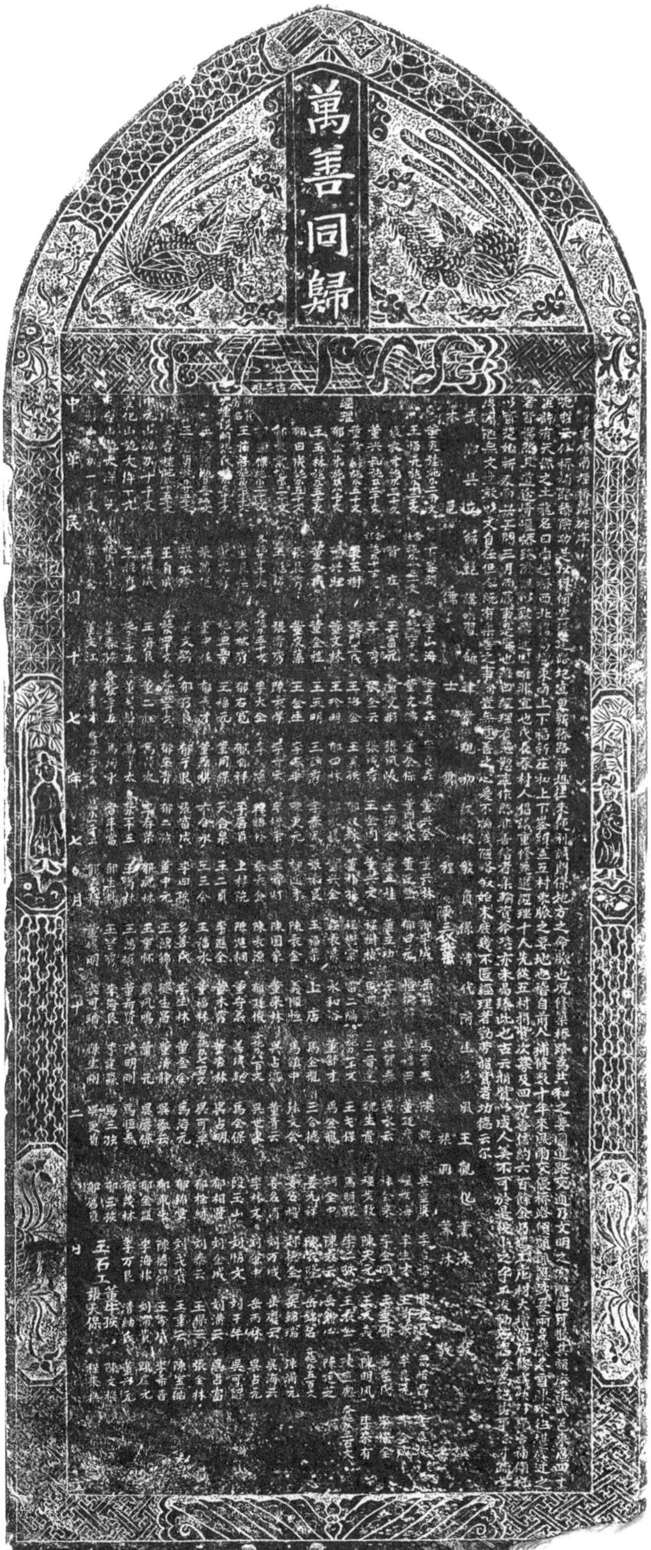

善信，约六百余金。乃鸠工庀材，大增宽廓，修残缺一完善，补倾圮以齐楚。始新春而兴工，阅三月而蒇事。是举也，虽曰经理者殷勤率作，然非善信者集输资斧，恐亦未易臻此也。古云“捐赀以成人美”，不可于是役卜之乎。工竣勒石，嘱余为记其事。余才疏学浅，鄙陋无文，岂敢以文自任，但人既有乐善之事，岂无道善之心？爰不揣浅陋，略叙始末，庶几不匿经理者勤劳、捐赀者功德云尔。

武乡县立师范讲习所肄业现初级校教员系清代附生德风王观化熏沐敬撰

本邑儒士云程陈衣业张羽翔熏沐敬书

中华民国十七年七月十二日立

玉石工　董牛孩　张天保

重修山神土地庙碑记

【简介】

中华民国17年（1928）十月立石。现存于武乡县洪水镇左会村。碑高115cm，宽60cm。厚12cm。碑额题“万善同归”4字。碑文正书，碑上部左右侧及底部两角均有残损。碑周有连枝花草纹，底部为莲花瓣图。落款年月有缺字，立石时间系根据碑文内容推断。

【碑文】

重修山神土地庙碑记

盖闻神有庇庥之德，人有酬答之说。夫馨香之荐以答神惠，拜奠之仪以尽人诚。然祀敬无□□□□神之灵爽达，人之崇奉也。邑东左会村旧有山神庙一座，不知创自何时，迄今栋宇□□，形式将颓。纠首筹功为厦屋，将北侧必鸠工而重建，琴瑟不调亦改弦而更张，矧既为□荫奉祀也.□□□因是纠合同人募缘，本村合社人竭力协助经理等首，为筹营费钱一百有零，拉工二百有零，未越二旬而工程告竣。□之颓圮残漏者，至今而焕然聿新。卒工之日，邀余为文。朔也少闻寡见，本不堪在奈□忝教，于此自觉义不容辞，遂草俚言数语以记大略云尔。

县立第二高等学校高级科毕业李家庄仲翱韩朔熏沐敬撰

申昌北书

〔民国〕十七年十月初四日立碑

重修崇城岩圣泉寺碑记

【简介】

中华民国18年（1929）勒石。李树滋撰文，李鸣凤书丹、篆额。现存于武乡县墨镫乡崇城岩圣泉寺。碑青石质，高208、宽80、厚26厘米。碑文不仅记述了重修盛况，更谴责了乱破乱伐的陋习，对保护崇城岩山林起到一定作用。

【碑文】

重修崇城岩圣泉寺碑记

寺之胜，胜于山；山之美，美于木；人之杰，杰于山水之灵。寺非山，无以争其胜；山非木，无以全其美；而人非山水之灵，无以成其杰。则是寺于其山，山于木，固相与有成，而人于山于水，亦相与有成也。寺山之木，南北俱美，以其远于墨而近于邻也。无耻者日夜伐之，禁之无方，巡之无法，岂可以为美乎？丁卯之秋，七月既望，历游是山，自南自北，斧斤之痕，所在皆有，乃恻焉伤之，而叹其禁如不禁，巡如不巡，若弗巡也。迨晚至寺，恬憩僧舍其□，于叙寒暄之下，谈补葺之余，言及是山，沙门本经与余心有同情焉，亦怅其寺山之有台有桑者，若长此以往，将见未几年而无杞无栲矣；寺山之有莱有杨者，若振古如斯，将见无几日而无杻无楰矣。向之材木不可胜用，转瞬间而童山是望，良可慨矣。念及此屈指于斯，始悟是山之木与其听人盗伐以自私，孰若鬻其材以济公？斯寺之修虽不多日，然积年来雨水沾足，立冬后崖冰嵯巖，冬去冰泮，春来水流，飞坠层楼之上，屡坠峨亭之前，摧残不堪，仅蔽风雨，将前之易者顿折，更者复裂，结者又解，筑者仍颓，若不事缠绵，则依然如故。由是商及同志二三，出售南山一带邻于鳌刘等山林，得价大洋二百一十八圆，以作此次修理之用。及戊辰兴工，恐其资斧不给，又募缘于本村善信以及村制之东山等处材、邑之仙田者，积大洋二百六十圆有奇，以资此次告匮之需。自春徂夏，由夏及秋，五六月间，顿折者易，复裂者更，又解者结，仍颓者筑。曾几何时，而楼亭上盖又美轮美奂矣。是役也，统计砖瓦工匠之需，涂茨丹青之用，共费洋四百八十圆有奇。语其工无几矣，论其费实繁矣，虽事兴作，安敢大书特书以记其功？无如同志者属记于余。斯寺创始于明，式廓于清，继修于民，碑碣载之详矣，亦无庸赘言矣。故姑即出售山林之所自来，与大寺于山□于木，而人于山于水之相与有成者，以述其梗概焉。特以望夫后之人之注意是山而时加厉禁者，慎勿使邻近村民随时盗伐以至若彼□□，而反谓是山之性未尝有材，寺不得争其胜，山不得全其美，人不得成其杰，以负乎畴昔之名流，绵绵相继，先后读书获隽于斯也，是为记。

清晋阳中学毕业岁贡生总经理李树滋熏沐敬撰

清武乡县高等小学校毕业廪生李鸣凤熏沐书篆

中华民国十八年岁次己巳仲秋吉日立

崇城岩会勘碑记

【简介】

中华民国20年（1931）勒石。李鸣凤撰文、书丹。现存于武乡县墨镫乡崇城岩。碑高152、宽68、厚16厘米，碑右上角残损，最多处缺十一字。该碑记述了中华民国17年（1928）围绕崇城岩的归属问题，辽县（今左权县）小阴沟村张姓与武乡县墨镫村李姓打了一场官司。这场官司不但经了县衙、省府，据说最后还惊动了南京国民政府。碑记作者李鸣凤（1878–1938），字子瑞，清廪生，时任墨镫村村长，是这场官司的亲历者。关于崇城岩的归属问题，当时实地查勘三次，第一次民国18年11月27日，二区区长任豫庵（晋城人）和李鸣凤去识古代碑刻，查勘地形；第二次，民国19年2月10日，武乡县政府承政张普庆（曲沃人），辽县实业技士刘象贤和李鸣凤查验勘察；第三次，民国19年5月4日，省民政厅视察王育齐（沁县人）、武乡县长张扬祚（垣曲人）、辽县县长韩明甫（五台人），实地会勘。最终省政府裁决崇城寨仍归故主，辽县张姓败诉。

【碑文】

崇城岩会勘碑记

□□□□□□□□□□□而特冠以大小别之者，志迹兼志胜也，古□□□□□□□□□□，俾大雅当前而倾心注目者比比皆是，岂独□□□□□□□□□进士渠已耶！顾其迹虽殊而所以志迹，以示其□□□□□□□□，考吾邑志乘，武景凡十，崇城险其一也，三渠次□□□□□□□，渠西曰小进士渠，而居其中者则大进士渠也，三渠□□□□□□□名于斯岩者，其三渠争胜于斯岩者，亦此三渠岩与□□□□□□者也，故乡人又谓崇城岩为进士岩。进士为谁？余先人□□□□进士俨公也；大小进士为谁？吾先祖明己未、甲戌间尧德公□□□也。昔先人岩穴相尚，潜修是怀，三进士先后读书获隽于斯，□父老因取以

名渠，其不可与古之武其乡文其里。今之中山其邑，华盛顿其城，流传于不朽欤！语其名，谁得而灭之；论其胜，孰从而没之。不意辽人持强，越界霸疆，侵武土田，占我权利，以致酿成纠纷，速讼于辽。秦人视越，势难持平，竟使我武卧榻之侧，为他人酣睡之乡。似此失权丧地，谁不痛心！幸逢我公明断，守武斯土，卷石不让人移，尺地不认人割采。余呈辞派员查履，结报上峰，呈请会勘。卒之，案经平反，绝好渠岩，仍还故主，功亦伟哉！方公之亲往会勘也，涉洪水，登崇城，披风冒雨，衣履尽湿，往返于石磴如梯者廿有余里，旁观感以为苦，而公则徒步前行，毫无倦意。其勤事之心切于其身，有如此者。则是崇城之名，经我公之顾而益显，三渠之胜，因我公之履而益著，遗爱在人，久而弥彰。他日乡人緬想，安见不有慕我公之德，感我公之泽，而以我公名岩名渠者哉！谁为我公？我武邑县长垣曲耀铭张公也。谁为查覆？我武第二区区长晋城豫庵任公也。两次会勘，一则我武邑承政曲沃普庆张公，辽邑实业技士原籍象贤刘公也；一则山西民政厅视察沁县育齐王公，会同我武县长张公暨辽邑县长五台明甫韩公。民国十八年十一月廿七日，任公偕余，直勘之日也。民国十九年二月十日及五月四日张公、刘公同余会勘之辰，王公、张公、韩公并余覆勘之日也。言念及此，爰以志之。

前清廪生委任本村村长兼保卫团村团长子瑞李鸣凤撰书

中华民国二十年三月上浣吉日

玉工　张横　刊

创建进化坛八仙洞碑记

【简介】

中华民国20年（1931）勒石。王思永撰文，魏景征书丹，李绍维篆额。现存于武乡县大有乡许家堖村。碑高220、宽80、厚13厘米，碑圆首，碑首高43厘米，正中篆“创建八仙洞”5字，两侧为凤凰图案。碑身两侧各有五个石刻象图案，图案宽7厘米。碑文25行，满行68字。

【碑文】

创建进化坛八仙洞碑记

粤自鸿濛初判，天地奠定，万物化生，男女由此蕃滋，教化渐归美备，三千界形形色色，惟老母为君，相士庶之本根，惟长生司君相士庶之寿箓。

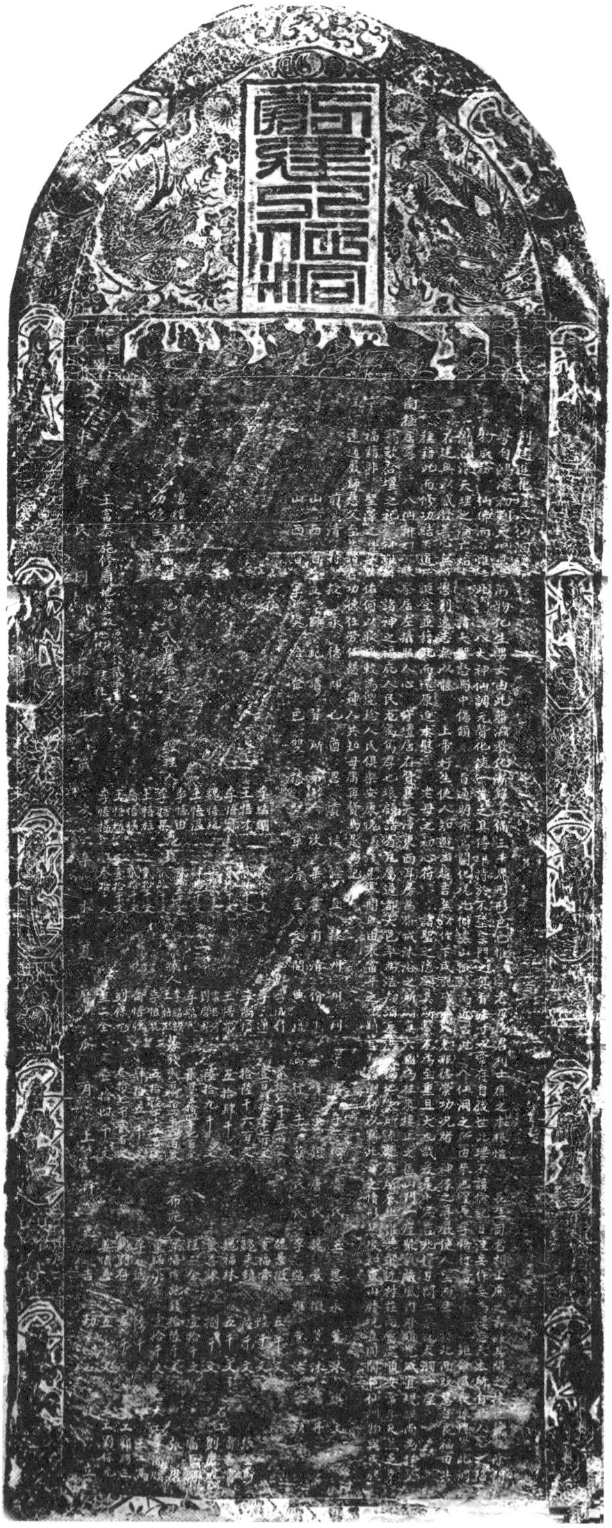

其间扶世翼教，除开物成务，仙佛而外惟恃此八大神仙，调元赞化，使一贯之真传，维持于不坠，宗门之奥旨，□□□常存。自后世此理不讲，伦纪日湮，妄作妄为，浑忘夫本所自始，人忘之陷溺已深，天理之沦亡殆尽，诸天圣憨焉中伤。颂旨通明，飞鸾阐化，视此僻壤山陵较为近□，此八仙洞之所由来也。坛长李悟行等恭承巨命，夙夜悚惶，觉此洞不建，无以感发善心，无以征创逸志，无以体上帝好生，使人知避凶趋吉，无以作下民观感，使人知报德崇功。况睹神像之尊严，使望而生畏，藉此而改恶存良，福田共种；藉此而修功结果，道岸诞登；并藉此还原返本，慰老母之初心，符精神之隐愿。其所系□为至重且大也哉！爰是卜定吉兆，择日开工，筑就大洞一座。南极居尊，八仙排列，鉴祭居左，摄服人心，守坛居右，赞襄天泽，东西耳房，为斋戒沐浴之所，庙庑六楹，为往来栖止之区，山门一座，聚气藏风，内外颇觉咸宜，规模尚为详整。窃叹合坛之祀神维殷，诸神之福庇人民尤为笃厚也。环顾诸省，凡属通都大邑，率为浩劫弥天洪□遍地，失所流离，靡所底止。惟此邻近村庄尚属处顺安常，享天然之幸福，藉非圣泽之潜□默佑，何以收成较为丰稔，人民俱乐安康。愧愚浅见寡闻，无由表当年之功绩，管窥蠡测，聊以写此□之情形，然后知灵山胜境，直同阆苑仙洲，物兴民肥，远过严师慈父。至若诸君功德，任劳任怨，神人共知，毋庸再赘焉。是为记。

前清特授承德郎己酉恩贡候铨直隶州州判守拙子桐斋氏王恩永熏沐撰文

山西省立师范讲习所第一次毕业前清佾生云峰子鉴唐氏魏景征熏沐书丹

山西督军奖给金色双穗奖章清奎阁典籍笃行子薪民氏李绍维熏沐篆额

总经理　功德主　李绍维等施钱（略）

中华民国贰拾年岁次辛未夏历瓜月上浣之吉勒石敬立

无影山记

【简介】

中华民国20年（1931）十月勒石。现存于武乡县大有乡无影山。碑青石质，高210、宽80、厚20厘米。额篆“万善同归”4字，字高8、宽9厘米。四字两侧镌龙腾图案，栩栩如生。碑两边镶有八仙石刻图案，每边四仙，艺术观赏性较高。碑文22行，满行62字，字迹可辨识，字体有功底。

【碑文】

无影山记

山名无影，记其始也，当此鸿蒙未判，无影无形，惟恃此一点真灵，足以开物成□，包孕无穷。先儒所谓由太虚，有天之名；由气化，有道之名；

合性与知觉，有心之名者，此也。溯当时天地氤氲万物生，原属自无生有，迄今六万余岁。龙华三会理合自有还无，特接引无人，遂致盼然罔觉耳。幸榆武之间大槎沟有安先生桐丞生资脱俗，秉性超群，不爱世界繁华,惟乐林泉静养，爰是抛别家乡，学道于黎城之性空山张老师门下。二十余年,悟就先天奥旨，参明□氏真传，日以开荒渡人，为事欲得栖息之区。民国九年游至离大有镇五里之山麓，验其幽深寂静，水秀山明，出钱购置自立藏以憩，为梦神示以无影名□□□□契合渐致以善，及今信徒者众愿祭奠，不秉烛，不焚香，志心朝礼，恪守李老师之皈戒。噫，如之人非晚近来之绝无仅有者哉！惟思善作者必须□□□□□庐，田产留与门徒执掌，勒名开明，永不许安姓族人争夺。托友人问记于愚。愚本无文，克喜其持己以正惠物，无私卓然，是非空、非色、无我、无人之分量□为

□曰□□□□中藏严穴，心性圆明，往来欢悦，足以师承，足以传后学，惟守就“无影”二字，足以隆宗门之命脉。

前□□子福□己酉思贡王恩永撰文

高□□业前任村长笃生董尚勤书丹

中华民国贰拾年岁次辛未旧历十月十五日立石

中元山碑记

【简介】

中华民国21年（1932）十二月立。现存于武乡县大有乡大有村中元山。碑圆首，高102、宽41.5、厚11厘米。碑额线刻寿星、道士图各一，中间双行楷书“永垂久远”4字。额栏有草龙、草凤图案。界栏刻花开如意图案。碑文正书，正文12行，行36字。边栏刻有琴棋书画图案及四叶草、“卐”字、人字等图纹。

【碑文】

中元山碑记

且夫山川种毓之处，必有伟人建不朽之功，然后可关人心世道之益，方显此钟灵毓秀之胜也。武治之东北距城三十里有山曰“中元”，孤峰独峙，流水环抱，诚幽雅之地、形胜之区也。清光绪初年，有得道老师赵来山开设道场，普渡原人，撑航驾筏，引路归真。四方之善信来归者络绎不绝，然草创规模，未足尽洪丽之大观。逮光绪十年，创修北佛窑一座，其中供养诸佛，凡来山拜佛者略较前改观矣。至三十年，又增修东石殿三楹，其下支券三眼以疏通江流，虽非巍峩巨景，于修真养性拜佛诵经之事亦颇适当矣。越二年，赵老师归空谢世，临终推选郁君悟贤掌教此山。悟贤遵守古道，罔敢或坠，于民国十二年，又继修山神庙一座。民国十九年，或闻地师云：此处若建　玉帝庙一所，于大有镇方圆列村之文人获益匪浅。于是悟贤鸠工兴作，不阅月而告竣，凡前后修庙数次，内有己资，亦有募化，非神灵之感人心之诚，曷克臻此？若无其伟人立功树绩，何以显山川形胜乎？将泐石，求记于余。余才浅学陋，笔砚尘封，安能为文哉！不过乐其好善之诚，因赘俚言而记之。

掌法人下峰头郁悟贤　守法弟子冯山明、常林

邑居士兆祥栗文台敬撰

邑民学教员云汉李凌皋沐浴书丹

邑儒士良臣史经邦书额

民国二十壹年十二月初八日谷旦立

王君梦祥逝世一周纪念碑记

【简介】

中华民国23年（1934）立石。现存于武乡县蟠龙镇神南村。碑青石质，高120、宽60、厚14厘米。碑文正书，行20字，文38行。墓志周边刻方框线。

【碑文】

君讳松茂，字梦祥，号丛山。其始祖于明季由太谷迁入武乡，世居邑东神南村。曾祖考聘之公，岁贡生，终身讲学，邑中文学士多出其门。祖考师文公，因幼理家政，不克攻举子业。父桐卿公，高等小学校暨模范示教养成所毕业，历充本县模范示教劝学员，权南差徭局局长。母闻氏，生三子，君其长也。继母暴氏，生子女各一。君三岁时，聘之公教以诗歌，即能成诵。公甚重之，爱如掌珠。七岁，入校读书，深明句读，且赋性忠孝，见者

奇之。十岁，其父携入城内初级小学校，恒以算术冠其群，课暇好为游戏运动，尤为众所弗及。年十二入县立第一高等小学校。毕业后，君父以其年幼令在家学习，对邻里无事不曾涉足，足征少年老成，乡党咸器目之。十六岁夏，考入省立第四师范学校，品端学粹，深见重于师友。去夏，毕业旋里，偶中暑热，继感时症，一病不起，竟卒于民国二十二年七月二十四日寅时，即夏历六月初三日也。距生于清宣统三年八月十一日子时，享年二十三岁。君娶韩氏，生子一名炳曜。君去世时，贵子仅四个月耳。君秉性朴实，不尚阿附服食，亦不随流俗，自入校至毕业毫无嚣张傲慢习气，诚为近世青年所罕见。同人与君皆相处最得，直谅相攻，心契如一。至若同人有供职别处或转学他校，君亦赐笺札，情词恳挚，不替旧好。可知交友以诚，肝胆相见，同人有受艰难困苦者，君则扶持之，资助之。即有时不能为力，亦必转邀知己设法救济。修值此炎凉世态之秋，如君之天性纯厚，几无其匹。同人既钦其才，复仰其行，尤叹其聪明英睿之资而不克永其年也。悲夫，更可痛者！自君殁后，同人居则如有所失，行则不知所之。君果何术，竟使同人乃尔？兹逢一周年纪念之日，聊将其生平略历勒之片石，庶君之芳名永垂，而同人等亦或可自慰于万一也。

山西私立云山中学校高级毕业同学弟仙舫张巨帆撰文

山西私立新民中学校高级肄业同学弟维贤李景行书丹

中华民国二十三年夏历陆月初三日

重修牛王祠暨诸神庙宇并新建乐楼碑记

【简介】

中华民国23年（1934）十月立石。现存于武乡县洪水镇新村。碑圭首，高180、宽60、厚16厘米。碑额中间线刻八仙人物图案。界栏为牡丹、双孔雀图。边栏刻有八仙人物图案及席花人字纹、四叶草纹等。底栏刻有双狮舞球图。碑文正书，正文10行，行77字。碑身碎为多块，碑首有残缺，系拼接而竖立。

【碑文】

重修牛王祠暨诸神庙宇并新建乐楼碑记

新村之牛王祠，肇造之年月无考。式廓于清乾隆间，绸缪于道光、光绪之际，正殿三楹，而南北耳房连建之香亭一座，而上下廊庑、左右之门墙、照壁、厨屋、乐楼无所不备。斯祠之有乐楼焉久矣，岂容别图建筑以彰其胜。惟祠处山麓，得虎踞龙盘之胜，王、神有感，布仁民爱物之泽。自古地灵者人必杰，况神子神灵人必礼也。每以献剧为名，香客云集，鱼贯出入，祠院狭小，观听拥挤，不事改作，难尽敦兴。在〔建〕乐楼一役，先民屡议另建，虑财力之不逮，念人事之不齐，遂从而中止者再。今岁之春，村民复采其议，村长会议其事，计财力之所〔自〕出、画人事之所由齐，月余募缘，月余鸠工，月余庀材，百物备而始□地择吉而兴役也。三月经始，四月合作，五月匠人削筑，六月工师胜任，七月涂茨之，八月丹青之，九月落成而庆贺之，十月辇石工碑铭之。七八月间，并牛王祠之全区土地祠之一概新楼前之马〔厩〕、厢房、五龙庙之正殿，屋宇绘画之、补葺之、修造之。工程告竣，属余为志。虽曰财力，岂非人事哉？或问是役也统计材木土石砖瓦百□□廪之需，共费洋壹仟余圆。仁人义士、闺秀贤媛、将伯之助，共积洋壹仟余圆，语其工浩是矣，论其费实繁矣，仍旧贯者斯可矣，新建筑者□益矣。不知乐楼为演戏之所，戏场乃观听之地。古今事无〔非〕是〔戏〕，事无非善恶两途，演其事善或之善者可以感发人之善心，恶者可以惩创人之逸志。以今之人演古今之事，故无论古之人之善恶若何，一被今之人之演而古之人之或恶毕露于今之人之一〔演〕，□□见今之人之善者，不冀其后之人之□而益进于为善，今之人之恶者，不畏其后之人□□而忌惮其为恶，戏场宽阔，观听裕如，口诵心惟，随事烦味，有益劝惩，岂曰小补，是天下乐楼谓之为彰〔善〕楼也，可谓之为库恶楼也。亦可即谓之为使天下之人改恶从善，有善而进，而至于大而化之□圣圣□不可知之之神楼也亦无不可，建一楼归万善创造之□何伤。余于新村比邻也，□□诸君世谊□新楼之建，详其崖略，得所属，答所问，聊援笔姑为志。

清本邑县立□□校毕〔业〕廪生子瑞李鸣凤撰文

县立第三高小校毕业现任白河新村村初小校教员仲瑜张如瑾　岁龙刘肇祥书丹

本邑儒士子俊孙天秀篆额

中华民国二十三年岁次甲戌孟冬吉日立

中元山缘起道范碑记

【简介】

中华民国23年（1934）十二月立石。现存现存大有乡大有村中元山。碑圆首，高110、宽60、厚12.5厘米。碑额刻有一云龙图。额栏有草龙、草凤图案。界栏刻缠枝莲花图案。碑文正书，正文19行，行46字。边栏刻有四幅八仙法器图案及回字、“卐”字等图纹。

【碑文】

中元山缘起道范碑记

邑之有中元山，其来久矣。碑有记，书有载，于其事迹原源，错综而欠详。己卯冬，本山掌教隆义师恐其永远无微，失其凭依，邀其同道诸子及经理人等，历稽创据造巅末，砻石以资考証。按据：山在清咸同前，荒芜一凹，谚云“罗圈地”，虽天然锺毓而至人不逢焉。迨至光绪戊寅，有性空山李祖师五传元子讳旭元者，字悟了，悟忠其道号，赵其姓，邑之郑峪人也。

偕道友某出山渡世，相此胜地，建佛堂，结茅庵，号山曰“中元”，潜修苦练，年有余岁。惟悟忠师刻自磨励，明心达世，蔼蔼动人，道冠同辈同人有愠其迈己者，问惑歧异，师乃矢志不忒，宽仁克服，事得遂寝。自是，师得一意静修，精诚渡众，攘往熙来，法子数千。如有困厄问难者，拯之救之，言亦凿凿，数十里内颓风顿改，迁善规过者不知凡几耳。至言山之圜堵，岗峦田畴，除南岭山坡数丈之基，是某进而施之，余皆师出赀购买，永作护山，自给供应香火捐施正用之资。有若本堂地壹拾亩，阳垴背地壹拾亩，对面堎地四亩，文昌庙地二亩，背沟地四亩，伍处共地叁拾亩。峰巅侧麓不能垦种者，植松培柏，今亦蔚然成林矣。又顾展林狭隘，甲寅，创建东殿三楹于堂地南岗，造塔于巽宫，此山胜景得有规模矣。越三年，丁巳八月，悟忠师功成仙登，安寝山中，送葬数千人，四方闻者亦感叹仰慕而无已也。记云：“慈悲得众至”，诚前知之语，洵不虚也。其法子隆义自是继承遗志，诵经参禅，医世活人，捐募奉亩，不亚于师。癸亥，又奉山神庙于山口。庚午，修一玉清祠于山南，购北阳垴地数亩，形胜又增式廓耳。其徒山明，见父病割肩而治，知师疾剜胸以医；常灵，数岁拜师，十载虔修，皆云罕矣。由此视之，要非悟忠师道范常昭，焉有此善述善继之徒哉！今隆义师又与师子姓族孙赵进祥协议于其师郑峪祖茔，石刊宗约，永昭祀守山中，节诞忌晨，订为互祭。至若教令皈戒，凡属师友、法子等得内谨道范，外履法旨，偶有违犯越矩等情，致干政令等事，俱得由经理、师友议处。果能遵守不坠以慕前修，比之粉饰虚修、夸张道脉者，何啻霄壤也哉！总之，兹山师徒精诚善化、赈贫救乏，为善不二之行，仿之近世精诚团结、真理做事之旨，适相吻合。有识之士闻其道范者，岂有厚非哉！杰虽迂疎寡学，与悟忠师为曾孙行、隆义师有旧，不敢以不敏辞，故不揣谫陋，略录其概略如此。

山西全省总工会秘书法政专本科毕业俊三赵晋杰谨撰

邑民学教员云汉李凌皋谨书

本山掌法邑下峰头人郁悟贤道号守元子隆义谨题

中华民国式拾叁年腊月初八日立

创修马安山三仙圣〔母〕庙志

【简介】

中华民国24年（1935）三月初三日立石。现存于武乡县大有乡王庄沟村。碑红砂石质，高228、宽97、厚19厘米。碑体右上部分残缺。碑额刻云纹双龙图案，中间双行篆“创修三仙圣母庙碑”8个大字。碑文楷书，行68字，正文12行。碑体边栏刻绘奇花瑞草、各式人物（原有人物10人，现存8人，余皆残缺）。界栏刻绘古琴，下边栏刻绘有棋、书、画。

【碑文】

创修马安山三仙圣〔母〕庙志

粤自瑶池献瑞，混沌初分；女主当阳，乾坤始奠。简狄吞卵，衍商廷之气运；姜嫄履迹，肇周室之休征。祷祝尼山，光开圣绪；灵钟长白，派演天潢。生圣子即为圣母，古今之称谓，无非本无生娲皇之精液，畅闺箴于天地山川。三霄发迹于商周之际，致斯世殄戾消除，子孙蕃衍，后世奉为三仙圣母，确有可征。天地□组，万物化生，大千世界之男女夫妇，皆当日之一脉流通。儒家置而不讲，哲学辟而不闻，谓如炼石补天虚杳荒唐，殊不知为修道之寓言也。炼情炼性，如石之坚，莫可转移；补偏补弊，如天之广，无不包容。元气流行，无物不有，无时不然。盈天地飞潜动植，无不在大生广生之内、干成坤成之中，造就菩提正果，产出福海明珠，为实在真情也。武邑东四十里马安山，居王庄沟、黎坪两村之阳，旧有水濂洞口，泉流所归，莫知底止。民国十九年十二月初一日，张海清患母病重，梦神医治，平复如常。虽一时之孝心所感，实一点灵光之普现也。宇宙光华，历久必发；山川灵气，间世笃生。灵药周济，梦境相通。非有妙蒂主宰其间，何有如是影响，使二十七家之经理协力同心、如结团体？爰是择吉开工。正北建就寝殿五楹，中祀三仙圣母，旁作共献精厨。东北建灵官庙一座，为山中护荫。南建乐楼，优伶度曲。旁列偏院，善友藏修徒服药。赀财不足成夫完璧，惟恃灵爽，式凭十方募化，共乐棠甘憩息，众志成城。原其初为无凭，梦卜三仙洞，即为现出致其极，乃有象遭逢吉宅兆都为施舍。经始于二十年五月十三日，落成于十月廿七，得纸洋三千八百六十四元，折现洋伍百七十九元。一工尽费，亏空尤多，众善士量力弥补，方为蒇事。卜诞辰三月初三祝蟠桃之大会，受天祐同人毕集，乐向阙以输忱。愚本老耋，不堪留名骥尾，前蒙金诺，近领玉音，谨为叙之，吐乃胸襟。敬为颂曰：

艮龙入首，水出午方；岗岭围环，寝殿中藏；案山朝对，冠带堂皇。山叠叠而呈秀，水涓涓以流芳；必主子孙发旺，世泽延长。龙盘虎踞，坤顺干刚；气息深稳，局度安详。若再加以树林阴翳，花鸟栖藏；婆心常在，佛法远扬；称觞颂寿，共沾实惠以无疆。

清授承德郎候选州判己酉科恩贡桐斋王恩永熏沐敬撰

县立第一高级学校毕业奖给褒状种德吴福田熏沐敬书

县立第三高级学校现任教员玉符王金印篆额并书

（经理人名略）

〔中华民〕国贰拾四年夏历三月初三立

玉工　刘汉惠　敬刊

围困蟠龙敌人胜利记

【简介】

中华民国33年（1944）勒石，现存于武乡县蟠龙镇蟠龙村。碑高198、宽78、厚18厘米，无碑首，周边饰有单调图案。阳面碑文内容主要叙述我抗日军民在蟠龙周围围困敌特经过，“所有的代价是敌伪死亡近两千人”，“这一胜利给抗战史上写下了灿烂光辉的一页”。碑文楷书，共22行，满行65字。文字稍有剥蚀，个别字句辨识不清。

阴面主要内容是罗列在蟠龙围困战中牺牲之民兵战士，计50人的姓名、职务及村籍。碑文楷书，共14行，每行分四截分列烈士姓名和村籍，碑体上无碑首，边有图案。图案除花卉外，还夹有鼓舞士气之文字。

【碑文】

围困蟠龙敌人胜利记

三十二年春，武乡国特务份子认贼作父，派郝竹亭前往潞安勾引敌人，进占蟠龙，企图变根据地为敌占区。六月十四日，敌人以三十六师团小林大队指挥伪剿共军第一师赵瑞、段炳昌等部队三个团，敌伪共约三千余，占领了我蟠龙重镇。敌人与特务相互勾结，满以为在两个月内可以使武乡全面维持，完成他控制武乡这个产粮区与煤铁产地的目的。但事实粉碎了敌人的梦想。八个半月来，由于我党政军民协力开展了一致的对敌斗争，坚持了长期围困、逼迫敌人的方针，把敌人的计划完全打碎了。

首先，我们进行了有名的蟠武战役，并在蟠龙周围组成了强有力的围困部队。是年八月十七日晚，八路军在全县人民及民兵协力下，展开了强大的蟠武攻势战斗，整整持续了两天两夜，消灭了伪军三个营和敌军一个中队。虽然由于敌人三个大队的增援，没有把敌人全部消灭，但给敌人是一个严重打击。另外自敌占蟠龙后，我正规军即结合营兵民兵组织了围困部队，他们一方面派遣飞行射击手、爆炸手主动到堡垒据点跟前去活动，一方面机动顽强地打击出扰的敌人，使蟠龙十里以外的群众能安然进行生产，并且在我武装掩护下，抢收了据点附近四十顷麦子，六十顷秋田。在蟠武线上，敌人经常遭受我军的伏击、我民兵的冷枪与爆炸。如地雷大王王来法埋了二十二个地雷，炸死二十八个敌人，使敌人感到非常害怕，不得不以一个团的兵力轮番地掩护蟠武线的运输。因为蟠龙是一无所有的，一切用具、粮食、弹药都得从段村运来，这样把蟠龙变成了一座坟墓，蟠武线变成了敌人的死亡线。敌人占蟠龙八个半月，所有的代价是敌伪死亡近两千人，伪军逃跑二百余人，向我集体投诚者四十余人，临逃之前还留下粮食两千余石。

其次，我们对蟠武线据点及附近的群众进行了有组织的转移。为了安置这些群众，政府曾用尽了一切办法，如贷款组织运输、发救济粮来救济转移出来的群众，并指导蟠武线的所有群众这种野外生活，坚持生产。全县人民也发扬同舟共济的友爱精神，对转移出来的群众给了很大的帮助。由于广大群众具有顽强不屈的斗争意志，在敌人盘踞蟠龙的八个半月当中，没有一名群众去维持。在敌占蟠龙，只有极少数被俘的群众。当年冬在蟠龙周围五里以内是一片荒凉，十里以内亦无人烟，段村到蟠龙五十里的补给线上，虽有群众，但敌人一到即全部撤退，大人难见了。这样给了敌人极大的困难，敌人最大的苦恼就是没有群众修筑工事、碉堡，所有劳役都是伪军亲自干。天冷敌人无柴烧，每天让伪军到五里地以外扒老百姓的房子、割草，弄得伪军忙个不休。由于我们这种围困，把蟠龙造成了一个孤岛。

圍困蟠龍敵人勝利記

中華民國三十三年九月十八日立

当年八月以来，我们还开展

了全县的反特务斗争。特务分子引狼入室，把敌人勾进蟠龙。敌占蟠龙后又到处配合敌人作为引线，奔袭包围我村庄，杀害我干部与群众，掠夺我财物、粮食，并破坏我们各项工作，给我们以很大的危害。由于我们进行了反特务斗争，斩断敌人爪牙，孤立了敌人，并且更加坚定了群众对敌斗争的意志与信心，使我们的胜利有了充分的保证。由于我党政军民同心协力的进行了围困敌人的艰苦斗争，终使敌人于三十三年三月八日狼狈逃窜了。这一胜利是我们全体党政军民努力的结果，也是我们与敌英勇斗争牺牲的指战员、民兵、干部与群众用鲜血换来的，这一胜利在抗战史上留下了光辉灿烂的一页，业绩将会与日月长存，永垂不朽。

中华民国三十三年八月十八日　立

诸烈士斗争之经过

【简介】

中华民国34年（1945）勒石，现存于武乡县涌泉乡蚂蚁沚村。碑高近200、宽70厘米，碑面有剥蚀，文字不清晰。碑圆首，高51厘米，首内中间竖写“烈士碑”3字，两侧镌大面积图案，充满碑首中。此碑标题“诸烈士斗争之经过”为横写，字体3厘米见方，标题两头镌五角星，大约5厘米见方。叙述“烈士斗争经过”的碑文横写，计25行，满行50字，内容之下，又横写四句为“尔等遗志，我等继之；尔等遗憾，不日可消”。底下又横写立碑单位和立碑时间，而立碑者，字迹剥蚀，难以辨识。

【碑文】

诸烈士斗争之经过

我武工一队奉上级党的命令，曾于三十一年四月赴武西。本着吾党抗日救国之宗旨，抱着不屈不挠之精神，誓死坚持对敌斗争，迄今计之，将近三载，然战绩之卓著堪称辉煌，普照武西。回忆当三十一年四月之时，正值武西各地盘踞之敌张牙舞爪，魔威大伸，所到之处无不庐室荡然，畜犬不宁，民心恐怖，流离失所，少衣无食，悲啼交集。于是群众虽求苟安，决无久计生存，因此四周距敌四五十里之村庄在敌威胁之下，尽皆维持，抗日村落寥若无几。我武工一队为了执行上级党给予的任务，均毫不犹豫，即在此与党政军民亲密结合下，广泛开展政治攻势，与敌进行尖锐激烈的反蚕食斗争。不幸在斗争中，先后为国捐躯而光荣牺牲的有我赵力钧等八人。他们均是为国为民而流尽了自己最后一滴血，在数月之间便大大的扩大了解放区，缩小了敌占区，将数万群众从敌寇铁蹄蹂躏下挽 回祖国怀抱。如此伟大功绩，实我赵力钧等同志之赖也。

是年七月，敌扰石仁底，我武工三小队阻击敌人，战斗至为激烈。敌工干事赵力钧同志英勇无畏，坚守最前沿阵地，其斗志甚勇，终于中弹牺牲，为党捐躯。参加战斗之同志悲愤交集，无不以必死之决心为死难者复仇，卒至击退敌寇、胜利归来而后已。

二年夏，我为保卫夏收，与敌展开争粮食斗争和反资敌运动，使物资不为敌利用，而积蓄抗战力量，保存民族之气，巩固抗日之经济基础。并在敌占区进行统一累税工作，求得负担合理。是年七月，我刘子美同志不避艰险，深入信义村工作，不料敌寇遂至，子美同志果敢坚毅，当即带领民兵顽强抵抗，后因寡众悬殊，乃暂为转移，以求得更有效打击敌人。在东良侯附近占领阵地，在转移中身负重伤，未达所愿，即遭敌毒手，殉于非命。何言诚同志亦以坚持西城工作为敌所捕，押至段村而遭极刑殉国时，声色不变，堪为革命者楷模。此后敌虽竭尽全力，时欲蠢动，但均被我打得落花流水，不得不蛰息于据点内。三十二年九月，郭砚林同志在党的号召之下完成生产任务，在蚂蚁辿坚持生产，突遭敌奔袭。因为属于革命任务，虽在危急情况之下，尚设法保卫革命资财，被敌层层包围，突围时负重伤而逝。战斗生产模范郭砚林同志当之而无愧。十一月间，从蟠龙窜回之剿共军第一师全部屯于段村，每日出扰，烧杀抢掠，民生痛苦，史无前例。吾武工队同志体念民族，更感自己责任重大，虽赴汤蹈火，亦在所不辞。我关云田同志前往敌据点附近工作，在白茅沟与敌遭遇，当为所捕。捕后敌曾施阴谋，企图争取，云田同志深明大义，非但不动于心，更以严厉的态度痛斥敌伪，敌伪已无计可施，被威逼利诱。田云芳同志单身独人向沁武线挺进，入死出生，夜以继日，不幸在良侯沟坚持工作时，为敌发觉包围，只身未能突围而殉国。共产党的高尚气节，优良品质洋溢于言表。许寿长同志在河泉与敌遭遇，顽强与敌搏斗，直至弹尽，为敌击毙而逝。邱钦岩同志虽为敌所捕，亦坚贞不屈，光荣殉国。此八同志诚党之坚强干部，炎黄之优秀子孙，其血洒疆场之壮士义举可动天地而泣鬼神，其英勇事迹则感人肺腑而功不朽，时虽易而名不泯者也。故勒之于石，记之以碑，永垂纪念。

尔等遗志，我等继之；尔等遗憾，不日可消。

同志们，安息吧！

民国三十四年二月初一日　立

改修西阁南阁铭记

【简介】

中华民国34年（1945）七月二十二日立。原存韩北镇东堡村，现不知所在。仅见图片，高宽尺寸不详。青石石质，碣体完整。碑文楷书体，行23字，正文22行。碑文中多有苏州码计数符号，并录《调解书》全文。四周刻有边框线。

【碑文】

（碑阳）

改修西阁南阁铭记

南堂阁居村之中，为东堡十景之一。自日寇入境烧毁，人皆愤恨。今年八月十〔五〕号，日寇无条件全部投降。八月十五号，村长史保同与全体干部召开胜利会，号召修理烈士亭兼修会场，将西阁改为烈士亭，南阁改为胜利楼。凡阁之左右戏台、街门、围墙完全修理。偶遇大工师史□缙，年高七旬，热心公益，率领工人五六人以及生产队队长、全体群众举欣欣然星夜修理，不日成功。当时群众邀求按互助捐工，不数□而工告竣，永垂芳名，以是为序。一切收支开列于后：

买桑林垴地四亩，价小米、麦子〤石〤斗〤，折合大洋弎仟陆百陆拾四元；泥包布二尺，支大洋十六元；石灰〡千〥斤，支洋〡千〨十元；水胶十刄，松梅〢斤半，共支洋〡（百）〨元；笔墨艮硃黄烟廿，支洋〥十元；请匠人支洋〢（百）〦十〦元；石匠工洋〦十元，代表于西堡争执北寺盘费洋〡十元。以上七宗共支洋〡千〦（百）〩十元，除支净长洋〨（百）〦十〡元，支给追悼会用。

干部　史保同　史春旺　史福田　史金木　史勔

队长　崔金印　赵海元　史思洛　史荫楠　史旺台　赵艮锁

木匠　史缙　史庚　赵默　李春芳

史经邦敬撰

史宗汉书

中华民国叁拾肆年七月贰拾贰日勒石

（碑阴）

查东堡、西堡两村中间有：崇法寺，亦称北寺；楼头寺，亦称南寺。两座寺上共有土地约弍拾伍亩余，因此两村互起争执，不相让步。现经县政委姜一同志及区长孙丕绪同志协同两村村干部和代表共同调解，最后决议崇法寺归西堡，所有此寺四至，东西南北俱至后滴檐，其余楼头寺、西池及寺上的土地完全归东堡所有，当场一致通过，和美解决，今后不□许再因此争执。特此立调解书各执为証。

县政委姜一

二区区长孙丕绪

东堡村长史保国

红旗大队长史成富

代表　史经邦　史必温

西堡村长李焕风

互助队长李祈

代表　李步流　李九成　李荣

玉工　李更奇

民国叁拾肆年五〔月〕□日立

魏家窑新建烈士亭碑文

【简介】

中华民国35年（1946）勒石。赵蕴泉撰文，杜仰贤书丹。现存于武乡县丰州镇魏家窑村烈士碑亭内。碑高180、宽78、厚16厘米，碑首高43厘米，阳面镌“烈士流芳”4字，每字大6厘米见方，两侧刻花卉图案，阴面碑首刻“永垂不朽”4字，单字大6厘米见方，两侧刻双狮戏绣球图案，阳面碑文19行，每行满字47。碑阴刻有六个牌位，内列六名烈士姓名。

【碑文】

魏家窑新建烈士亭碑文

民国二十九年，敌寇进占段村，后嗣而汉奸特务之附敌者渐多，敌伪之残暴行为遂愈来愈凶，烧杀抢掠的“三光政策”与汉奸特务之造谣惑众配合，向我进攻，致使群情恐惧，不知所措。我村幸有青年有为的村长魏盈科同志，副村长姚慎初同志，自卫队长姚铁山同志，爆炸组战士魏兴业同志、张书珍同志与在外担任教员仍积极帮助本村工作的周应龙同志等，在我党政军当局正确领导之下，坚持工作，领导群众，打击敌伪，竟使群众情绪好转，安心生产。

幸赖诸先烈之领导有方，曾多次粉碎了敌伪抢粮、抓丁之阴谋，打击敌伪之狗腿爪牙，亦已不止一次，因此被敌伪恨入骨髓，视为眼中之钉，必欲除之而后快。在万恶的郝泉香、魏人镜、魏人藩、姚典五等汉奸群的处心积虑阴谋暗算之下，致使我们的几位英勇干部及另外几位群众便先后壮烈牺牲，为反对敌伪、保卫家乡的神圣斗争流尽了最后一点热血。

我诸先烈，自为群众捐躯后，迄今均为群众所景仰，甚念不忘，称为英雄，呼为烈士。诸先烈的像已被塑在全村群众脑海之内，不易毁灭，诚所谓身虽逝而精神不死，气虽息而名实常存，流芳百世，死重泰山者，正以此也。

现在抗日战争胜利结束，段村敌伪为我光复，谋害我先烈之汉奸特务亦已先后被我诛戮。我诸先烈虽未亲眼看到此种种快事，但总可说明有人在肩负着其未竟革命事业，继续努力完成爱国自卫战争的胜利。此次建亭立石既为表扬先烈，又为勖勉后进。尚望全体干部再接再厉争民主，合村群众一心一意反独裁，庶几诸先烈之精神永垂不朽矣。抑更有进者，一人牺牲，千万人会站起来保卫我们的胜利果实。正所谓死不完诸烈士，杀不尽众同志也。

武乡县第四区魏家窑编村全体干部及群众立

武乡县立师范学校校长赵蕴泉撰

武乡县第四区魏家窑村民杜仰贤书

中华民国三十五年十二月十五日

死难烈士英名录：

魏盈科同志　姚慎初同志　姚铁山同志　魏兴业同志　周应龙同志　张书珍同志

新修关河铁桥落成纪念碑

【简介】

中华民国36年（1947）元旦勒石，现存于武乡县丰州镇东村水井处。碑青石质，高172、宽71、厚26厘米。碑首、碑座均失。碑文共20行，满行55字，字体高2.5、宽2厘米，楷书。其序文容易辨识，施工人员姓名则剥蚀严重。碑周边饰图案，不甚清晰。该碑体上部有一方孔，约18厘米见方。据村人言，当时为安装汲水辘辘而凿透，碑文中多处连续缺字，均在此窟窿内。

【碑文】

新修关河铁桥落成纪念碑

段青萍撰书

城西五里八角山下的关河水，是从和顺、榆社各大小山川河水汇集而成的，纵贯武乡南北，把全县分为东西两半，河身高而水势猛，有百害而无一利。特别是夏秋行雨，河水大发的时候，行人断绝，商旅不通，有无不能调剂，经济不能繁荣，对全县生产运输和人民生活关系很大，几千年来群众所遭受的生命财产损失不计其数。康熙年间和民国九年间，虽然修过石桥，但是都没有解决了问题，只是给群众多增加了些负担。民国三十五年正、二月间，白晋线战争，全县男女老少都兴奋的参战运输，但是因为关河水没有结冰，群众解衣涉水，受到无限痛苦。假如没有全县群众高度的参战热情和对敌斗争的深仇烈恨，任何人是不能支持的。县长李玉田、政委姜一，副政委李务滋等领导群众参战，亲身体验关河水给全县群众的危害太大□严重了，我们应想尽一切办法，坚决替群众解除了这历史上所给予的危害。同时沁县敌人被困逃□□□□□□全为我解放，敌寇所遗留下的铁轨、道木很多，能便利我们建设桥梁，因此，特提出赶快修建关河桥。于是由建设科科长李兴□□□□周密计划，再经郭耀周、魏相唐之艰苦督工和全体铁、木、石工人发挥天才，百倍努力，以及全县群众之大力支持，经三月余于□□□□□

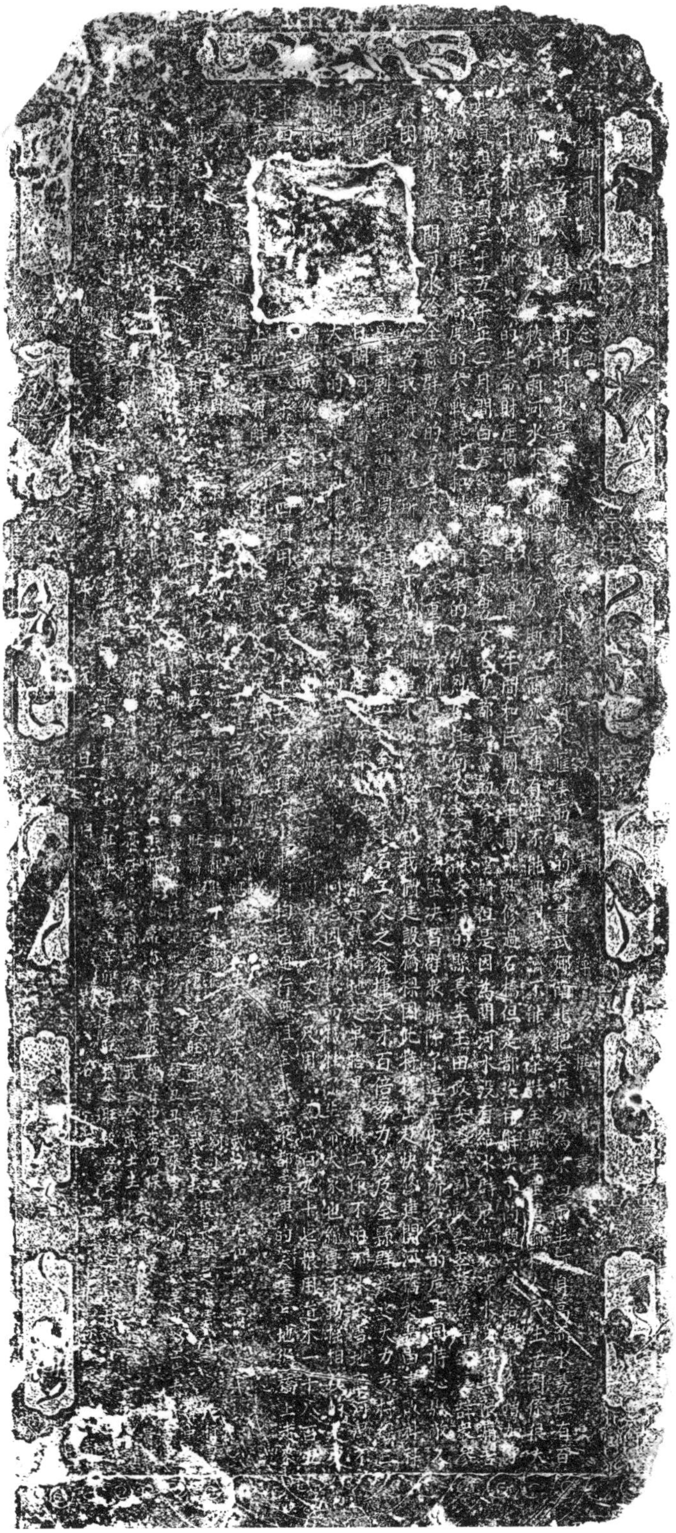

日，关河铁桥胜利完成了。在修桥过程中，所有铁、木、石工都是热情地起早搭黑，紧张工作，不怕那冰天雪地，窜河风，不怕那□□□□□，大家的心是热的，胜利信心是坚定的，甚而至于常贵兴同志因打桩而牺牲了生命，大家也丝毫不动摇，相反的是更加□□□□□□□桥□成。修桥材料以铁轨为主，所以叫成铁桥。全长五十四丈，宽一丈二尺，用铁轨四百九十七根，用道木一千八百五十四根，□□□□□□，勤工八千零一十四个，用款一百八十五万元。现大小车辆均已同行无阻，全县群众都高兴的笑嘻嘻地从桥上走来走去，这□□□ □□□上所没有解决的问题，这是武乡人民伟大成就，应立碑以纪念。

县　长　李玉田

政　委　姜　一

副　政　委　李务滋

武委会主任　李尚春

救联会主席　武三友

县联社主席　郭耀周

建设科科长　李兴唐

建桥委员会经理　郭耀周　魏向唐　□□□　李林书　李书唐

铁工　申□□　郭五□　李照良　郭保禄　焦德荣　吴麦贵　张□□　杨□□　王水成　郭□德　□永来，□双明　桂兴旺　索改朝　□有福　李□成　□玉吉　郭启山

石工　武云保　常桂五　常火明　魏兔成　常有□　□文正　范三成　常贵魁　李三林　任水孩　常丙申　□海云　常桂银　常丙□　刘发丁　李先旺　郭和义　李□英　弓报孩　常云旺　李迎春　郝聚才　高德云　常贵民　□建春　任信堂　李三孩　蒋正生　常贵德　范保才　范纪林　常海泉　蒋三孩　范辛卯　蒋来安　范更旺　董保秀　李春旺

木工　魏成庆　郝二秃　魏丑丑　魏在中　武全金　张来旺　武银云　刘小三　武文义　王来中　李四保　武土生　段四庆　魏九如　段长林　魏水义　武全贵　陈秃秃　段华庆　赵成云　魏辛丑　张文庆　张如林

勤工代表　□衍曾　赵中□　□喜堂　张贵林

中华民国三十六年元旦日勒石

玉工　常保德　刻

烈士纪念碑序文

【简介】

中华民国36年（1947）勒石。程成龙撰文，常逢春书丹。现存于武乡县故城镇故城村。碑高160、宽67厘米。碑阳方碑首，高16厘米，内镌三幅方

图案，不甚清晰，左边图案内书文字曰：“保故主（“主”字有误，应为“土”），为国家”和“光荣”等字样。碑序文中提及高凤鸣、程坦、张春富、郭大小、李二赖、高来顺、程亮宏、程兴旺、李馥兰等烈士英雄献身的光辉事迹。序文共18行，满行55字。字体清晰，1.5厘米见方，楷书。碑周边镶图案修饰，有多样花纹串连。阴碑首高25厘米，内镌“英雄烈士”4个空心篆字体，横排，从右到左，字高16厘米，宽10厘米。碑文中涉及43位烈士姓名、职务，分类排列，占碑面四分之三。另四分之一碑面为“建碑委员会”花名。碑周边镶7厘米宽的图案。

【碑文】

烈士纪念碑序文

日本强盗之侵略暴行，逼使我民族处于水深火热之灾难中者凡八年。我故城近临白晋公路，为武西之第一大镇。民国二十八年春，敌机肆虐，我镇居民横遭惨祸，房倒屋塌，血肉飞溅。继而寇军进袭，屠杀我同胞，烧毁我街市，历时三日而溃窜。同年夏季敌蹄又临，骚扰抢劫，十室九空。事后退据权店，四出逞凶，我镇遂于是年阴历七月十九日陷入敌手，此敌寇进攻之大略也。而我劳动人民，则在毛主席之正确领导下，奋然崛起，誓与敌寇相周旋。虽处境极端险恶，仍不屈不挠，再接再励，克服困难，坚持斗争，故能秘建抗日政权，打击敌伪统治，活捉汉奸杨明德、程晋儒等败类，保卫人民利益。我首任游击村长高凤鸣同志，因公积劳成疾，病逝邵渠。继而敌伪统治中心移驻南沟，疯狂掳掠变本加厉，我则建立岗哨制度，加强民兵组织，规定警号，掩护群众转移，灵活作战，随时予进扰者以严重打击。我武委会主任程坦、指导员张春富等同志之英勇战死，郭大小之被捕遇害，皆战例中之矫矫者也。三十四年初秋日寇投降，举国称庆。无如蒋阎反动派竟不惜破坏和平，挑动内战，勾结美帝荼毒人民，驱使汉奸段炳昌、郝泉香、冯子明诸逆任意横行，我民众一日数警，穴居野处者又几一年。而我干部与民兵则继承抗日战争之光荣传统，愈斗愈强，不避艰险，为民服务。去年春夏开展群众运动，日以继夜，工作不懈，一面保护人民警戒敌人，一面发动群众领导翻身。无耻奸徒竟因此而怀恨告密，遂有去夏邵渠事件之发生;我民兵李二赖、高来顺等五同志即于邵渠突围战斗中光荣牺牲。群众被捕者亦数百。民兵指导员程亮宏，分队长程兴旺，妇救会李馥兰等六同志则被害于南沟。亮宏同志平日作风民主，不畏艰难，不怕困苦，至死不屈。馥兰同志则尤为壮烈，被捕后饱受酷刑而坚贞不屈，临危尚大骂奸逆不止，使顽伪亦为之动容而心折。呜呼！是称民族之精英，人民之正气，青年之楷模，妇女之荣耀，其志其行，固已口碑载道，而足与青史同其不朽矣。昨岁夏末，南沟残敌在我军民进击下向北逃窜，故城遂获解放。七八年来英勇奋斗流血牺牲之抗日史页终以获最后胜利。我民众为彻底保卫翻身果实，惟有追踪先烈遗志，全心全力支援前线，生产节约迎接光明，最后必能歼彼蒋顽，还我和平民主之幸福生活。诸先烈所争得之史绩，盖即其辉煌之典范也。我镇民众现议勒碑刻石永怀先烈，爰为概述始末弁于其首，一以告慰于英灵，一以劝励于来兹。谨举芳名烈志于次。

烈士英名录：

情报主任　宋金书

民兵副主任　常效春

情报班长　王庆书

协助员　李三牛

民兵分队长　程兴旺

村长　高凤鸣

指导员　程亮宏

指导员　张春富

公安员　李福兰

武委主任　程坦

情报员　颉子祥

民兵副主任　张余庆

情报主任　张海生

民兵分队长　常占元

民兵：

张万月　刘水金　陈七锁　白流柱　吕金林　胡双贵　宋中书　刘应保　李贵成　李三成　李生富　李二赖　刘家长　高来顺　任长孩　陈续生　陈补生　李三朴

群众　赵火生　程秀保　张生庆　任江孩　郭木林　刘福柱　吴满堂　程小虎

教员　胡庆荣　李银虎

建碑委员会：

政治主任　梁国斌

村长　张钧

武委主任　程辰巳

救联主席　刘召槐

公安主任　张丙炎

副村长　闫发贵

指导员　褚克俭

教育主任　张春发

民政主任　闫俊文

财粮主任　程怀流

妇救秘书　杨蓉仙

撰文　程成龙

丹书　常逢春

中华民国三十六年阴历四月初一日　立

武乡县第六区坡底村殉难烈士碑记

【简介】

中华民国36年（1947）勒石，现存于武乡县涌泉乡坡底村。碑高102、宽47厘米。碑文共15行，满行48字，楷书。碑中共列九位烈士姓名及生前所任职务。碑体无首，无座，无图案，属现代平碑。

【碑文】

武乡县第六区坡底村殉难烈士碑记

尝闻国家当乱世之时，必有聪明正直之英雄挺身而出焉。吾坡底距城三十五里，为横贯武乡东西之通衢。五龙山攀绕于东，涅水襟带于西，人情俭朴，土地肥沃，颇为丰富险要耳。迨至民国二十六年卢沟桥事变，日寇肆扰中原，自后为祸沁武。是时我村东有段村、西有南沟等敌伪据点，意图接通东西要道，夺取富源，遂经常出发，抢粮劫物，抓丁捕人，奸淫妇女，放火烧屋。我劳苦群众无日夜所食宿，虽疲极亦不敢稍息矣。是以有志青年从事革命，进行工作，充当民兵，共赴国难，踊跃参军，互相团结，发扬友爱，保卫群众，挺身为民，搏斗数年，终于三十五年配合正规军，驱敌鼠窜，星夜逃亡。

夫我弓德科同志，于一九四四年参加中共，四五年升为排长，效劳于国，战略有方。适值升任连长之际，不幸于汤阴一役光荣流血。又张启祚同志于一九三七年参加中共，为本县武委会副主任，奔走跋涉，组织群众，累劳成疾，医药不疗，未达其志，竟舍我等而去，从此不复面矣。又赵仁林同志，于一九四六年参加中共，曾任排长。正当勇气上升，展翅高飞之时，谁知汤阴之战不幸牺牲。其余诸同志之功不堪枚举，但其光荣牺牲，为民立功者实有所感焉矣。悲哉，同志之流血；恨哉，敌寇之暴行；愧哉，诸同志等革命之意志尚未完成则逝矣。全村人等有感于斯，方敕石以垂万世。是为记。

殉国烈士　弓德科　张启祥　赵仁林　周必书　崔相生　李福荣　周祚发　周来友　李拴纣

民国三十六年六月初五日

全村干部暨全体群众　敬立

诔　词

【简介】

中华民国37年（1948）勒石，现存于武乡县故城镇茅庄村烈士亭内。碑高160、宽65厘米。碑圆首，高48厘米，阳面首内上为党旗图案，下为“劳武结合”图案，周边镶花鸟图案，竟9厘米之宽。诔词涉及七位烈士芳名，文字共13行，满行36字。阴面首内图案有人物、花鸟、算盘。碑文专门介绍死难烈士姓名、生前所任职务与光荣牺牲地点，列23位。碑文共12行，周边有花纹修饰。

殷士肤撰文，常逢春书丹。

【碑文】

呜呼！国事未定，先烈身亡。怀我壮士，痛断肝肠！为 国尽忠，为民殒殇。功绩卓著，咱村之光！忆我壮士，坚贞堪扬，在外苦斗，在村守岗，俱在青春，搏斗刚强。天姿英俊，工作有方，埋头短折，不幸遭戕。若宗太原，鸿宝昔阳；士敏树辛，志锡大良；汝圭祁县，福贵阳城，景云等人，窑坳哨岗。难忘难消，可歌可泣，四一五晓，二月初二，忆死之□。憎恨豺狼，日伪合击，越发猖狂。由南沟出，魔夺我乡，拂晓突围，烧杀抢掠，尔等抵抗，青史流芳！据今考明，多共党人，哀哉烈士，痛哉青春！死其有灵，瞑目安心。未尽事业，我辈担承。群众翻身，告知英灵，日已降中，经过土改，全国人民，继刨蒋根，胜利在望，不日来临。尔等血迹，我辈踏程，尔等家属，全村照应。为民牺牲，虽死犹荣，况有多君，系布党人，今立石碑，以祭英灵！一悼先烈，二教儿孙。特此志铭，全村心声，哀哉痛心！

茅庄村全体干部群众祭祀

中华民国三十七年阳历一月一日立

中华人民共和国

朱德总司令手植杨树纪念碑文

【简介】

1957年8月1日勒石，现存于武乡县韩北乡王家峪村。碑高140、宽78、厚5厘米。梯形碑首高30厘米。正面为“红星闪耀”图案，背面为“太行山军民植树生产”画面。碑阴周边宽7厘米，刻有军民植树图案，碑阳周边刻有红星图案。碑体正面正中刻有“朱德总司令手植杨树纪念碑”十二个大字，楷书，竖写，每字8平方厘米。背面碑文共19行，满行42字。

【碑文】

朱德总司令手植杨树纪念碑文

一九三七年七月，日本帝国主义发

朱德总司令手植杨树纪念碑文

一九三七年七月，日本帝国主义发动了全面的侵华战争。国民党军队望风披靡，一溃千里，大片国土，沦入敌手，我国人民陷于水深火热之中。值此国家民族危亡关头，中国共产党领导的中国人民子弟兵——八路军，在毛主席伟大正确的政治、军事路线指导下，由朱德总司令亲自率领，从陕北出师，奔赴华北抗日前线。十一月间，我八路军总司令部和一二九师，进入太行山晋东南地区创建了敌后抗日根据地。

一九三八年春，八路军总司令部和中共中央北方局转战武乡。一九三九年九月进驻王家峪村。在这里，朱德总司令和我党政军许多领导同志，遵照毛主席人民战争的伟大战略方针，直接指挥着华北敌后的对敌斗争。

在烽火连天的战争年代里，在艰苦斗争的岁月中，朱总司令和全体指战员，与当地人民同甘苦，共患难，广泛发动群众，实行减租减息，壮大人民武装力量，普遍开展游击战争，打击日寇的疯狂进犯与频繁的"扫荡"，巩固和扩大了抗日根据地。

当时，为了粉碎日寇对根据地的军事封锁，军民团结，艰苦奋斗，在毛主席自力更生的号召下，开展了轰轰烈烈的大生产运动。一九四〇年三月，朱总司令亲自带领当地军民植树约二万余株。这棵白杨，是朱总司令亲手所植，至今已十七年，蓬勃挺立，它将和这块革命根据地一样万古长青。

中共武乡县委员会
武乡县人民委员会

公元一九五七年八月一日立

动了全面的侵华战争。国民党军队望风披靡，一溃千里，大片国土沦入敌手，我国人民陷于水深火热之中。值此国家民族危亡关头，中国共产党领导的中国人民子弟兵——八路军，在毛主席伟大正确的政治、军事路线指导下，由朱德总司令亲自率领，从陕北出师，奔赴华北抗日前线。十一月间，我八路军总司令部和一二九师，进入太行山晋东南地区，并创建了敌后抗日根据地。

一九三八年春，八路军总司令部和中共中央北方局转战武乡，一九三九年九月进驻王家峪村。在这里，朱德总司令和我党政军许多领导同志，遵照毛主席人民战争的伟大战略方针，直接指挥着华北敌后的对敌斗争。

在烽火连天的战争年代里，在艰苦斗争的岁月中，朱总司令和全体指战员，与当地人民同甘苦，共患难，广泛发动群众实行减租减息，壮大人民武装力量，普遍开展游击战争，打击日寇的疯狂进犯与频繁的“扫荡”，巩固和扩大了抗日根据地。

当时，为了粉碎日寇、顽伪对根据地的重重封锁，军民团结，艰苦奋斗，在毛主席自力更生的号召下，开展了轰轰烈烈的大生产运动。一九四〇年三月，朱德总司令亲自带领当地军民植树约二万余株。这棵白杨是朱总司令亲手所植，至今已十七年，蓬勃挺立，它将和这块革命根据地一样万古长青。

中共武乡县委员会

武乡县人民委员会

一九五七年八月一日　立

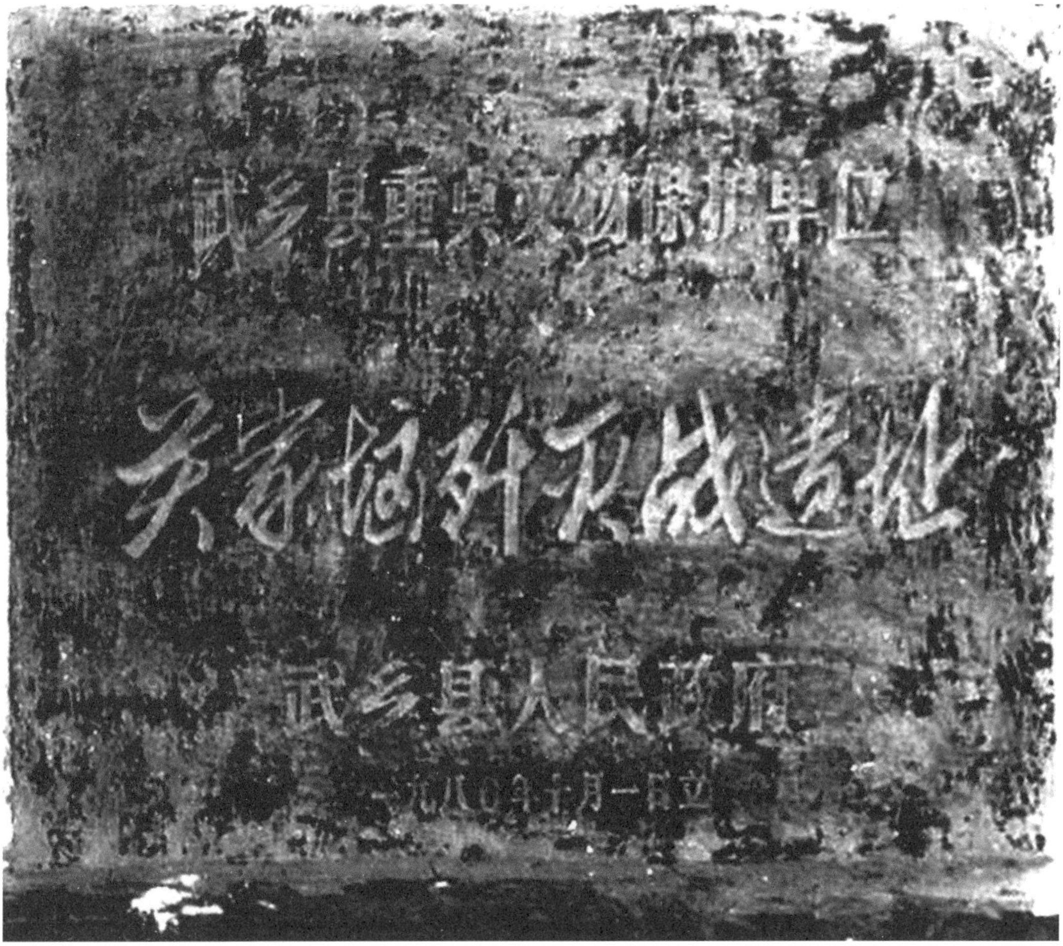

关家垴歼灭战遗址

【简介】

1980年10月1日勒石。王照骞撰文，殷士肤书丹，牛月明刻石。现存于武乡县蟠龙镇关家垴韩登坪原彭德怀指挥所旧址。1980年6月20日，关家垴歼灭战遗址，列入县重点文物保护单位，同年10月1日树立青石碑。碑方首，方座，卧式，碑高100、宽120、厚15厘米，正面是武乡县人民政府公布的保护标志，背面是碑文。

【碑文】

（碑阳）

武乡县重点文物保护单位

关家垴歼灭战遗址

武乡县人民政府

一九八〇年十月一日立

（碑阴）

1941年8月，八路军在华北发动了百团大战。当日寇在正太、榆辽战役中遭受重创之后，便对我根据地展开大规模报复“扫荡”。10月29日，在总部特务团追击下，由黄崖洞窜左会之敌三十六师团冈崎大队七百余名，在芝麻角、漆树凹一带复遭我七七二团等部侧击之后，连夜抢占了关家垴高地。晚八时，彭德怀副总司令于石门以“集总”名誉发出电令，命令129师刘伯承师长、邓小平政委指挥385旅陈锡联部和新十旅范子侠部为右纵队；陈赓旅长指挥386旅与决死一纵队38团、25团为左纵队，30日凌晨四时，从东北、东南、西北、西南四面包围歼关家垴之敌。孤敌为固守待援，突以一个中队兵力夺占了南面风垴顶高地。我英勇的决死队，连续强攻十余次，将此高地占领。在围攻关家垴激战中，彭副总司令在韩登坪指挥的山炮连，准确地摧毁了敌前沿阵地，我突击队与敌往返冲杀五小时之久，夺回几处高地，敌我各占半个山壁。天亮后，我军冒着三、四架敌机的狂轰滥炸，再度猛攻，肉搏四次。血战至深夜，终将周围高地占领，冈崎大队歼灭殆尽，彻底粉碎了敌人疯狂的报复“扫荡”。

武乡县人民政府

一九八〇年十月一日

王照骞撰文

殷士肤书丹

牛月明刻石

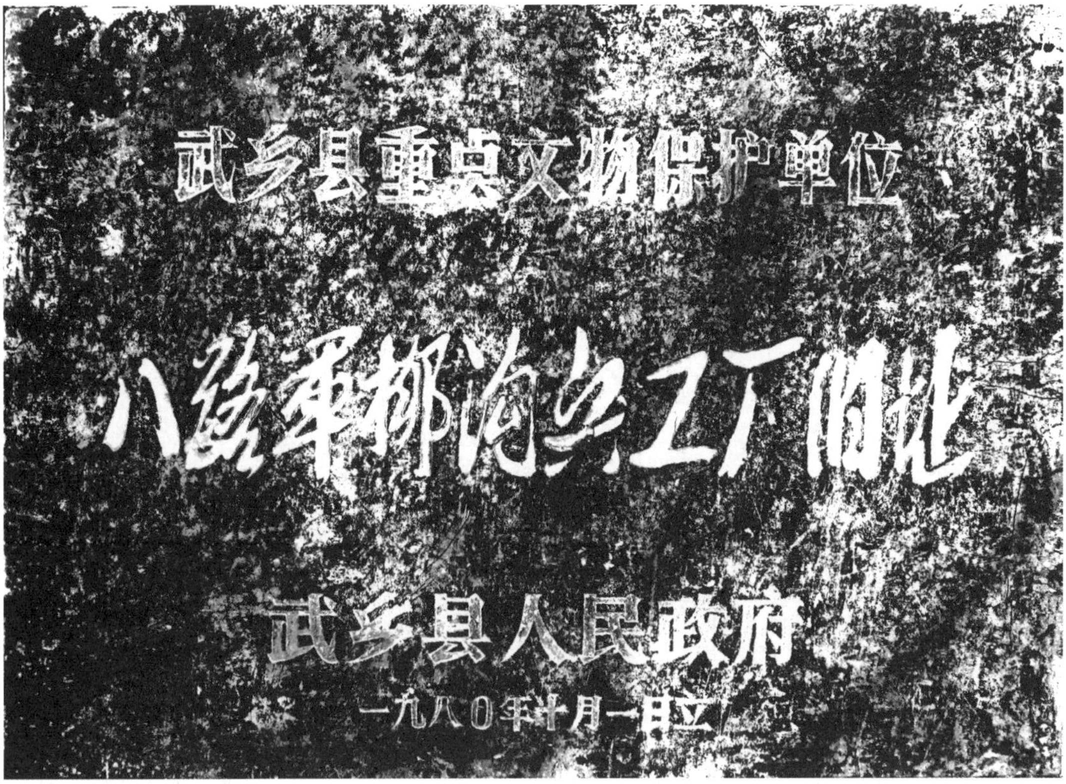

八路军柳沟兵工厂旧址

【简介】

1980年10月1日勒石，现存于武乡县蟠龙镇庄底马岚头村。1980年6月20日，柳沟兵工厂旧址列入县重点文物保护单位，同年8月1日，柳沟抗日兵工厂旧址之一的马岚头村树立了青石纪念碑。碑方首，方座，卧式，碑高100、宽120、厚15厘米，正面是武乡县人民政府公布的保护标志，背面是碑文。该碑由武乡县人民政府立。王照骞撰文，殷士肤书丹，牛月明刻石。

【碑文】

（碑阳）

武乡县重点文物保护单位

八路军柳沟兵工厂旧址

武乡县人民政府

一九八〇年十月一日立

（碑阴）

1938年，为解决对敌斗争的武器，武乡县工抗会与自卫大队， 组织了以太原返乡的老兵工为骨干，在县城附近的佛爷滩创建了生产地雷、手榴弹的鼙山工厂。后该厂为就地取材，于八月份迁至柳沟马岚头，工人发展到十多名，除继续打造大刀、长矛外，又采矿炼铁，开始生产地雷、手榴弹，为八路军、游击队和全县各村抗日人民自卫队提供了武器弹药。

一九三九年三月，鼙山工厂由八路军总部军工部接管，改名为第十八集团军军工部柳沟铁厂，后属黄崖洞兵工厂的一分厂，工人四百多名，除为总厂担负翻沙任务外，还试制成功了麻尾弹和掷弹筒。一九四三年六月，敌占蟠龙后，柳沟工人转移至辽县、平顺等地办厂，显王二分厂也搬到黎城。次年围困蟠龙胜利后，于九月回柳沟，成立了第四厂，职工总数达到八百余人，专搞翻沙铸弹。显王铁工部隶属柳沟兵工厂，从黄崖洞老厂搬来部分机器，变为半机械化操作，生产出大批麻尾弹及50和60型炮弹。

抗日战争胜利后，柳沟兵工厂隶属华北南线三分厂，工人由原来的一千多人增加到两千五百多名，主要生产50和82型炮弹。一九四七年增加了发电机和六部元车，在大陌口砌三座60米深的石窑洞作为工房，并在白和村成立了硝磺所，在军工处领导下，全厂掀起了轰轰烈烈的“刘伯承工厂”运动。一九四九年八月，柳沟兵工厂迁至安居长治南石槽和附城村等地。

武乡县人民政府

一九八〇年十月一日　立

长乐村战斗纪念碑志

【简介】

1986年10月1日勒石。王照骞撰文，王秀生书丹。现存于武乡县故县乡里庄村。因长乐战役发生于武乡县城东马家庄至长乐村之间5公里的漳河谷地，其主战场在里庄村前的里庄滩，所以将纪念碑建在此处。纪念碑整体庄严肃穆，气势雄伟，发挥着对人民群众进行爱国主义教育、革命传统教育、传播精神文明的作用。

该纪念碑碑体为四方柱形，底座面积为30.3平方米，碑体总高20米，碑身高16.6米，其正面大理石上雕刻着原八路军野战政治部副主任陆定一亲笔题写的碑名“长乐村战斗纪念碑”八个镏金大字，每字80平方厘米。碑体背面镌刻着亲自指挥此次战斗的原129师副师长徐向前同志的题词：“长乐村战斗死难烈士永垂不朽。”每字50平方厘米。碑座正面镂刻着“长乐村战斗纪念碑志”，简明地概述了长乐战斗的经过及其重大意义。碑高100、长240厘米，单字大5平方厘米。碑座左侧面镶嵌着部署此役的朱德总司令，彭德怀副总司令与左权副参谋长的题词；碑高均为100、宽65厘米。碑座右侧面镶嵌着指挥这次战斗的129师刘伯承师长，邓小平政委和386旅旅长陈赓同志的题词；碑高均为100、宽65厘米；碑座背面镶嵌着直接参加战斗的原115师689团团长韩先楚和原129师385旅769团团长陈锡联，386旅771团团长徐深吉和772团政治主任卢仁灿同志的镏金题词。碑高均为100、宽65厘米。

纪念碑南平台两侧分别镶嵌原碑

重考和建碑记事，北平台两侧分建战斗烈士英名录和干部烈士英名录卧碑两通和建烈士碑小记。

【碑文】

1938年春，侵华日军在我军民重重打击下，恼羞成怒，遂于四月初调集重兵三万，由博爱、邯郸、邢台、石家庄、阳泉、榆次、太谷、沁县、长治等地，分九路向我晋东南地区围攻，妄图在辽县、武乡、榆社地区消灭我八路军主力，摧毁我初创的太行抗日根据地。

4月16日，日军二十五旅第一一七联队，附骑兵辎重三千余人，北犯榆社扑空后，毁弃武乡县城，沿浊漳河向襄垣方向窜去。我八路军一二九师主力与一一五师一部，遵总部朱德总司令和彭德怀副总司令命令，在刘伯承师长、邓小平政委和徐向前副师长直接指挥下，以四个团的兵力平行追歼日军。三八六旅旅长陈赓亲率七七二团叶成焕部和六八九团韩先楚部为左纵队，沿浊漳河北岸追击；七七一团徐深吉部为右纵队，沿浊漳河南岸疾进；七六九团陈锡联部为后续纵队沿大道进迫。上午十时，我军以急袭手段将日军后续部队压在马家庄、里庄滩至长乐一带河谷，截为数段，各个击破，并击溃敌返援之先头部队。激战竟日，歼敌二千二百余人，取得了粉碎日军九路围攻决定性胜利，为晋冀鲁豫边区的形成奠定了坚实基础。我七七二团团长叶成焕以及八百将士壮烈殉国。

为缅怀先烈，激励后人，永昭老一辈革命家的丰功伟绩，特树碑勒石以志。

中共武乡县委员会

武乡县人民政府

一九八六年十月一日立

王照骞撰文

王秀生书丹

漆树坡窑洞保卫战纪念碑

【简介】

1989年10月1日勒石。王照骞撰文。现存于武乡县上司乡漆树坡村“英雄沟”（原桑树沟）西高地。纪念碑坐北面南，通高10米，碑身高7米，碑座高3米，碑身正面是陆定一题词“漆树坡窑洞战纪念碑”九个镏金大字，每字大35平方厘米；碑身背面镶嵌邓小平题词“人民英雄永垂不朽”八个镏金大字，每字大45平方厘米。碑座背面为朱德、彭德怀题词和烈士英名录，均为高65、宽50厘米，“烈士英名录”，每字高6、宽5厘米篆体，碑文列七位烈士。碑座东面为聂荣臻、徐向前、鲁瑞林题词；碑座西面为钟明峰、姜一、赵志荣题词。每块均为高65、宽50厘米。

【碑文】

纪念碑志

漆树坡村位于武乡、沁县、襄垣三县交界处。抗日战争时期，武乡（东）抗日县政府路南办事处与新八区区公所在此驻扎。这里不仅是武乡路南根据地之心脏，且又为太行、太岳两根据地交通要塞，民兵经常站岗、放哨、破路、割电线、抬担架、送军粮、运弹药，配合部队作战，屡次粉碎日军之疯狂“扫荡”，予敌伪以沉重打击，成为根据地民兵之堡垒。敌视为眼中钉，遂于1943年农历六月十五早晨，纠集段村、蟠龙、沁县、襄垣等六据点之敌千余，向漆树坡合击“包剿”，妄图吃掉路南抗日机关，摧毁此抗日中心根据地。面临日军重兵“围剿”，我村民兵英勇机智，奋不顾身，凭借“设三关、拐三弯、楼上楼、天外天，住得久，跑得脱，熏不着，饿不死”之窑洞为依托，血战竟日，歼敌六十余。至傍晚，我联防民兵，四面出击，迫敌溃逃，胜利的保卫了县、区抗日机关与村民安全，为开展窑洞战创造了先例，在我国抗日战争史上，写下了光辉一页。此次战斗中，武志芳等七民兵，血洒故土，壮烈殉国。为缅怀先烈，昭示后人，特树碑勒石以志。

中共武乡县委员会

武乡县人民政府

一九八九年十月一日 立

王照骞撰文

重修离相寺碑志

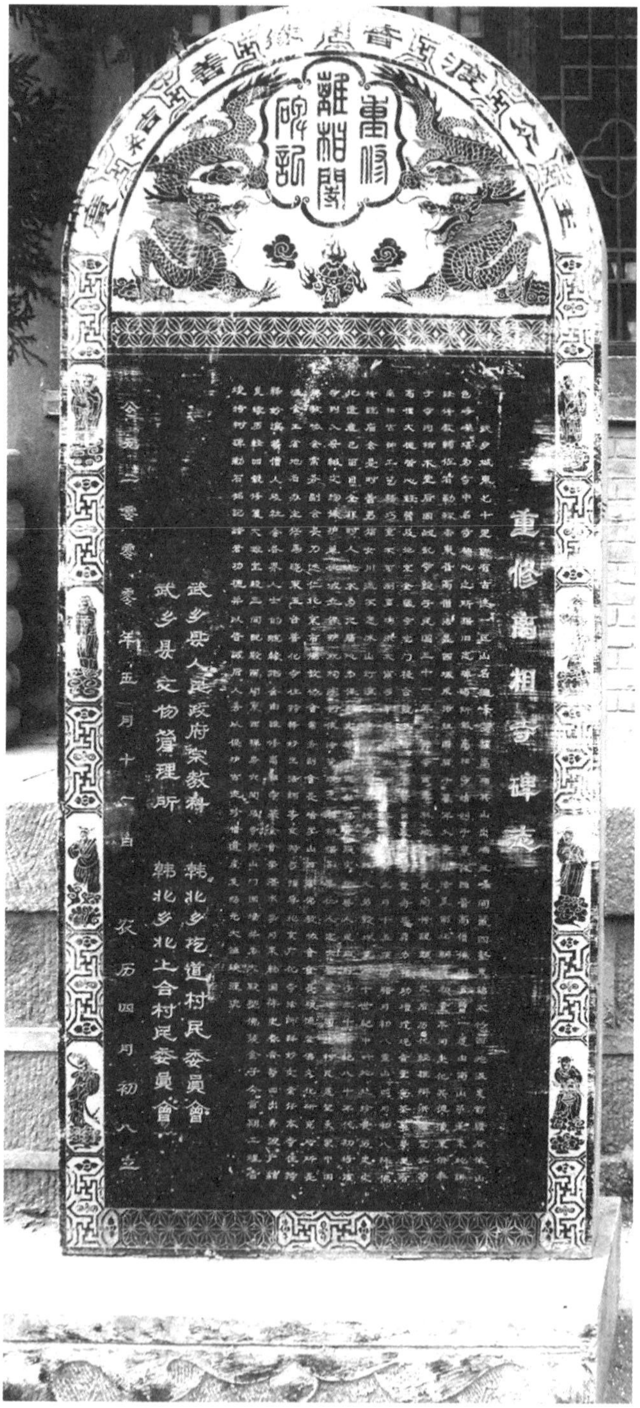

【简介】

2000年5月11日（农历四月初八）立，存于武乡县韩北乡德峰山离相寺。碑黄砂岩质，碑高218、宽100、厚12厘米，碑座黄砂石贡，长106、宽50、高26厘米，圆碑首内镂刻二龙戏珠图案，图案中有“重修离相寺碑记”篆额，分三行，单字高8、宽6厘米，碑身四周雕饰八仙字等吉祥图案和“广结良缘、普渡众生”字样。碑文共18行，其中正文14行，满行46字，字大3厘米见方，隶书体。县政府宗教科、文管所、圪道村委、北上合村委立碑，王照骞撰文篆额。

【碑文】

重修离相寺碑志

武乡城东七十里许有古迹一区，山名德峰，寺额离相。其山出岫五峰，间藏四壑，东绵太行，西抱温泉，前瞻后依， 山色峥嵘，堪为寺中名寺，栖心之所。据旧志碑碣所载，离 相寺始创于东汉。西晋高僧佛图澄，曾一度由南山茅蓬来此讲经传教，辅佐石勒称帝；东晋高僧法显，西域求法归国后，于暮年入寺弘法，至南北朝永初景平间坐化，其德像原供奉于寺内枯木堂，后因战乱寺毁，于民国三十一年土葬寺西塔林坟。对此，民间传说颇丰。之后历代经雄辩、洪津、楚江等高僧大德苦心经营及北京金藏寺、龙门禄台院、五台华严寺、日本画僧雪舟等鼎力相助，增建观音堂、唵茶亭等。更有离相古钟工艺精巧，重不可测，声响洪大，每与平遥城、上党门齐名。岁有正月十五顶灯、腊月初八雪山、四月初八 拜佛传统庙会。是时，善男信女川流不息，冰山灯海热闹非凡。然因战争摧残，人为毁坏，至二十世纪中叶，此处珍贵历史文化遗产已面目全非，时人无不为之痛心。为保护文物古迹，弘扬民族文化，县人民政府于二十世纪八十年代初，将该寺列入县级文物保护单位，成立保护机构，实行依法管理。之后，根据各界仁人志士要求和周边村民愿望，承蒙中 国佛教协会常务副会长刀述仁、北京市佛教协会常务副会长怡学、山西省佛教协会会长根通、省佛文化研究所所长温金玉、省地名办马晓东等支持与指导；北京广化寺释妙文法师亲任本寺住持，五台山普化寺释妙生、释妙海等僧人及社会各界人士的随缘施舍；由维修离相寺基金会李湛水、李月来、韩国样等四出奔波，广结良缘；历经四载，修复大雄宝殿三间、配殿两间、东西禅房六间及寺院山门围墙，并为大殿塑佛装金。于今首期工程告竣，特树碑勒石，铭记诸君功德，并以告诫后人，务以保护古迹，珍惜遗产，发扬光大，继续源流。

武乡县人民政府宗教科

武乡县文物管理所

韩北乡圪道村民委员会

韩北乡北上合村民委员会

公元二零零零年五月十一日　（农历四月初八）立

王照骞撰文　篆额

八路军太行纪念馆扩建改陈工程碑记

【简介】

2005年8月勒石，现存于武乡县八路军太行纪念馆东侧。碑刻呈半圆弧状，两块相对而立。一面雕刻“和平颂”三个鎏金大字，单字大60厘米见方，一面镂刻碑文，单字大9厘米见方。碑长490、高236-310、厚40厘米。整体形状美观大方，别具特色。

【碑文】

八路军太行纪念馆扩建改陈工程碑记

八路军太行纪念馆于一九八八年九月建成，馆名为邓小平同志所题，是我国唯一一座展示中国人民抗日战争时期中国共产党领导的八路军英勇抗击日本侵略者史实的大型纪念馆。

遵照中共中央政治局常委李长春同志视察指示，八路军太行纪念馆扩建改陈工程于二零零四年八月十七日开始启动。中共山西省委、山西省人民政府于二零零四年八月十七日成立工程领导组，领导组办公室设于中共山西省省委宣传部，并将该工程定为山西省加强未成年人思想道德建设和发展红色旅游的一号工程。山西省建筑设计院总体设计，山西省第三建筑工程公司和山西省四建集团有限公司中标承建，山西建筑工程建设监理中心和山西省工程咨询公司监理分公司负责监理。中国人民军事博物馆专家指导编制陈列内容大纲，清华大学美术学院、江苏爱涛文化艺术有限公司、上海大学设计院中标承制，中国博物馆学会陈列艺术委员会专家指导监督。

二零零四年十月二十五日工程奠基开工。其后省委、省政府主要领导和有关负责人多次深入工地、工程领导组及办公室先后召开十次协调会、七次专家论证会、五次现场办公会，指导推进工程。特别是二零零五年七月二十九日，中共中央总书记、国家主席、中央军委主席胡锦涛同志莅临视察参观“太行精神光耀千秋”展览，并对抗日战争中培育的太行精神给予高度赞誉。之前二零零五年七月十五日，中共中央政治局委员、书记处书记、中宣部部长刘云山同志前来视察，全体建设者倍受鼓舞，日夜会战，工程历时

九个月，于二零零五年八月十五日竣工。

扩建改陈后八路军太行纪念馆，占地面积由七点四万平方米扩至十四点八万平方米。建筑面积由三千六百一十六平方米增至一万五千七百八十六平方米。其中，主馆由三千六百一十六平方米扩至七千九百六十二平方米。新建东西馆共七千八百二十四平方米。展馆面积扩至一点二万平方米。主馆陈列由原重点反映八路军总部、一二九师和太行根据地人民抗战历史扩展为全面再现八路军及华北根据地人民八年抗战的光辉历程，以期警醒和激励人民牢记历史，不忘过去，珍爱和平，开创未来，继承革命传统，弘扬太行精神，努力建设小康社会，实现民族伟大复兴。

值此纪念中国人民抗日战争暨世界反法西斯战争胜利六十周年，八路军太行纪念馆扩建改陈工程竣工之际，谨勒石书之，是为记。

八路军太行纪念馆扩建改陈工程领导组

公元二零零五年八月十五日　立

关帝庙碑记

【简介】

2006年勒石，现存于武乡县故城镇故城村。碑高180、宽65、厚15厘米，青石质，碑阳额题“忠义千秋”，碑阴额刻太极图案。

【碑文】

（碑阳）

关帝庙碑记

关帝原本布衣，祖居河东蒲州，即今山西解州。自幼生性耿直，乐善好义，惯抱（报）打不平，除暴安良，深得平民拥戴。后与刘、张结义于桃

园，情同手足，乃为天下情义楷模。为匡扶汉室，随昭烈，平黄巾，斩华雄，战吕布，驱董卓，除严良，诛文丑。义保其嫂，秉青灯，持剑夜读春秋，终不懈怠，洞明至理。怀桃园之义，富贵不能淫，金帛不能惑，美色不能迷。为随其兄，弃侯位，挂印封金，高位不为动，险难不为阻，大增不为移。千里走单骑，过五关，斩六将，使阻者裂胆，令敌将寒心。为延汉祚，战长沙，守荆州，建奇功。单刀赴会，智勇并用；保境安民，恩威兼施。伐北魏，淹七军，囚于禁，俘令名。马踏吴魏，见者丧胆；；刀镇孙曹，闻者惊心。赤兔驰驱，雄风骤起；青龙挥动，魑魅遁形。勇壮者无不钦佩，忠义者无不倾心，百姓者无不欣服。一旦星陨，庙堂悲恸，万民失声。因其忠义智勇，敬谥关帝圣君；感其仁德诚信，建庙四时祭祀。日久愈盛。今书其大德、大仁、大忠、大义、大智、大勇于碑石，以资后世敬仰。

故城村关帝庙修缮委员会

公元二零零六年立

离相寺赋碑

【简介】

2009年8月勒石，现存于武乡县韩北乡德峰山离相寺观音堂院东墙赋壁上。壁高4、宽10米。上雕脊兽、飞檐、斗拱、壁檐，进深50厘米。下有条石花边图案壁座，壁中镶嵌大理石碑。碑版高160、宽800厘米，碑文共93行，每行31字，其中前83行为王照骞先生撰写的《离相寺赋》，后10行为宋仁宗赵祯皇帝写的《赞僧赋》。整个碑刻造型大气，雕刻精致，庄严肃穆。

【碑文】

离相寺赋

巍巍太行，莽莽苍苍，叠印出千年世事沧桑；滔滔浊漳，浩浩荡荡，流淌着历史文化之光。沿武东型塘截漳而南，入德峰幽谷古刹离相。斯寺，物华天宝，地灵人杰；斯寺，名冠三晋，辉煌武乡；斯寺，中华北方之佛教摇篮、释源祖庭；斯寺，高僧法显、佛图澄之弘法道场！

悠哉离相，千年辉煌！方志多载：离相古刹，始于东汉；民间久传："先有离相，后有武乡"；千年古碑石头书，剜苔剔藓觅其详：德峰之山，原系五峰，东汉建寺，寺从山名；历史延至西晋，斯寺驻锡高僧，感念佛图弘法，山寺并易德峰；西晋法显大师，暮年在此坐化，因师圆寂西去，复赐离谷之名；宋元雄辩圆音，禅悟佛理高深，离谷更名离相，寺名延至于今。后经朱明大清，名僧梵江洪津，历经苦心经营，福荫冀鲁豫晋。虽历遭法难，遍经风雨，数度倾圮，几曾毁荡。然游人络绎，香火鼎盛，梵音不绝，慧灯常明。悠悠离相兮渊远流长，千年古刹兮万世景仰！

秀哉离相，万千气象！德峰离相，地之形胜：东绵太行，银蛇凌空飞舞，彰显德峰之脊骨；西临浊漳，碧流奔涌流淌，昭示福祉之悠长。碑铭：山崖陡峻，峡谷幽深；间藏四壑，出岫五峰；前瞻后依，水光接映；景趋幽微，地蕴灵圣。若夫岭巅俯瞰，山青水秀，百花芳芬。徒步风景之间，

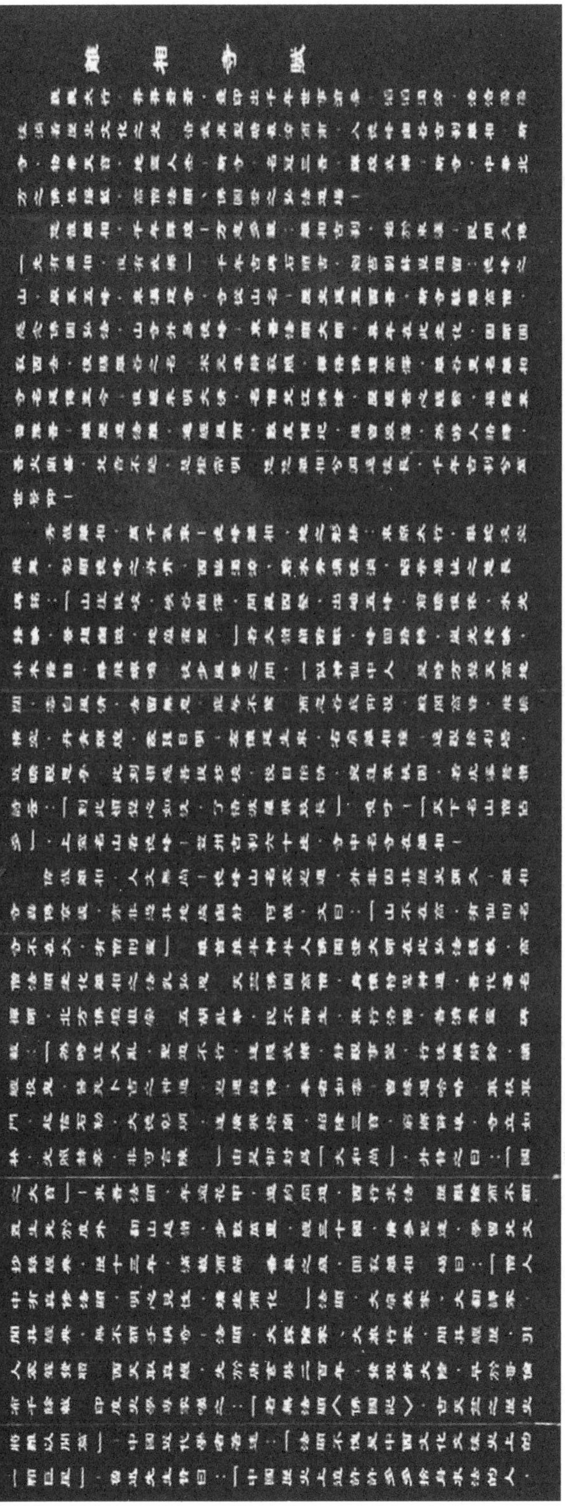

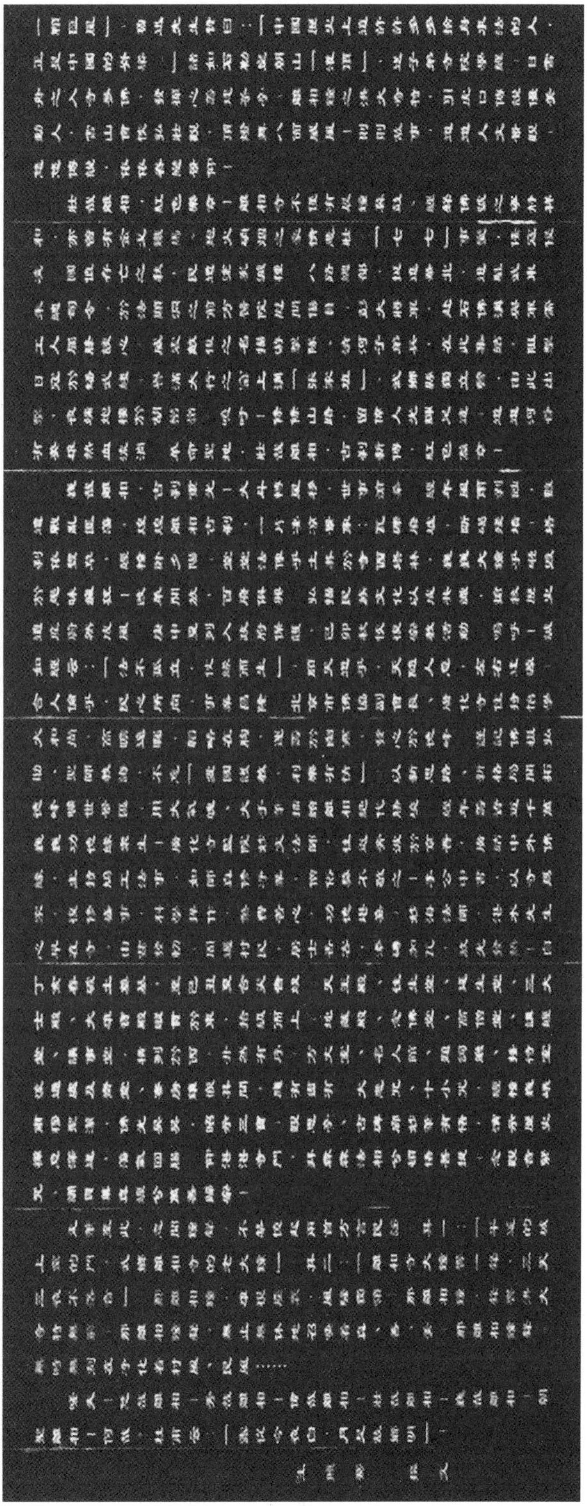

一似神仙中人。是时方觉天高地阔，云白风清，去留无意，宠辱不惊。而忽谷底仰视，殿阁高耸，飞檐横空，丁香扑鼻，蝶飞蝉鸣，左怀延生泉，右肩唵茶亭，远观舍利塔，近闻离相钟。此刻顿感佛山清净，佛寺清心，若蓬莱桃园，似虎溪鹫岭。诗云："到此顿觉心如洗，了悟波罗兴致长。"又云："禅心自与尘氛隔，世路应知幻与非。"历代文人墨客，名宦商贾，每至触景生情，泼墨题刻。诸如唐司马李师行《赞离相寺》之虔诚膜拜，清文儒赵昌业《游离相寺》之委婉凄凉，清教谕魏崇德《宿离相寺》之悠然自得，明诗人安于正《谒离相寺》之禅意绵长……噫吁！"天下名山僧占多"，上党名山看德峰；丰州古刹六十座，寺中名寺在离相！

伟哉离相，人文无尚！德峰山名震遐迩，并非因其历史弥久；离相寺轰传京畿，亦非凭其地处幽静。何哉？文曰："山不在高，有仙则名"；"寺不在大，有僧则灵"。维首推半神半人佛图澄大师在此弘法护教，高僧法显坐化离相之法乳弘恩。天竺佛图高僧，身怀特异神通，晋代著名禅师，北方佛坛祖宗。五胡乱华，时值西晋，狼烟四起，刀光剑影，陈尸遍野，民不聊生，为拯一方于苦难，救万民于倒悬，澄年届八十高龄，东行洛阳，普济众灵。碑载："然时逢大乱，圣道不行，遂隐武乡，静观事变，行洗脏辩铃，诵经役鬼，医死卜吉之神通，遐迩轰传，奉者如云；曾缘遇哈略，策杖军门，起信石勒，大德彰炳，遂广兴塔庙，绍隆三宝，穷乡僻壤，寺立如林，光照赫奕，非可言陈。"由是御封为"大和尚"，并赞之曰"国之大宝"！东晋法显，年逾花甲，邀约同道，西行求法。信念坚毅，追求执着。历艰险而不顾，置生死于度外。越葱岭，涉流沙，飘洋过海，步数万里，经三十国，广参圣迹，学习梵文，抄录经典，历十三年，满载而归。垂暮之年，圆寂离相。有碑刻："高僧法显，平阳龚氏，隆安中西域求法，归国于建康译经，暮年入离相古寺，坐化后历祀数代。此乃元雄辩大师之内传心印矣。维大清同治，甲子吉辰，复修大雄宝殿，虔装师祖金身。毕谨勒石，告以佛子，慧灯不灭，源远流长。"又碑刻："僧人中有真修法显，明心见性，端坐而化……"法显，大宗教家，大翻译家，阅其经典，无不额手称奇；法显，大探险家、大旅行家，闻其经历，引人震聋发聩。西天取真经，先于唐玄奘二百年；发现新大陆，早于哥伦布千余载。印度史学专家叹之：“若无法显《佛国记》，古天竺之历史将难以开篇”；中国近代学者著述：“法显不愧是中西文化交流史上的一颗巨星”；新文化主将鲁迅先生赞曰：“中国历史上这许许多多舍身求法的人，正是中国的脊梁。”诸如石勒皇朝山“灌顶”，送子弟寺院学经；日雪舟之入寺参佛，发禅心筹建茶亭；离相钟之洪大奇特，舍利塔之玄妙无穷；手指头故事曲折离奇，引虎口传说优美动人；雪山会恢弘壮观，顶灯舞八面威风！则则故事，道道人文景观；悠悠传说，依依眷恋景仰！

壮哉离相，红色乐章！离相寺不仅有晨钟暮鼓、经声佛号之宁静祥和，也曾有金戈铁马、炮火硝烟之豪情悲壮。七七事变，倭寇侵凌，杀人放火，掳掠奸淫。国值存亡之秋，民遭涂炭灭种。八路总部，挺进华北，进驻武东；朱彭左权，运筹帷幄，千里决胜；刘邓大军，挥师杀敌，屡建奇功。寺南王家峪，“前门打虎，后门拒狼”，陈兵布阵；寺北砖壁村，惊世之战出百团，浴血奋战破“囚笼”；寺西蟠龙镇，“抗大”总校汇聚五千八路将领；下北漳“前方鲁艺”锻造各路文艺精英；寺东黄崖洞兵工厂兮八路总部之“掌上明珠”；安乐庄《新华日报》兮敌后抗战之号角明灯。朱总司令，于法显洞之前方医院慰问伤员；彭大将军，赴石佛沟与军需工人屈膝谈心；威震敌后之名扬游击队、清河子弟兵，在此集结，阻击日寇于蟠武线；誉满太行之圪道张家班、武乡独立营，由此出击，夜端炮楼于胡峦岭；“太行文艺轻骑”由此发迹，吹响战斗号角；武乡胜利军由此飞兵南下，攻打上党古城！噫吁！条条山路，留伟人光辉足迹；道道河谷，有英雄热血流淌，座座山峰，若烈士心脏跳动！革命圣地，壮哉离相，古刹新传，红色篇章！

巍哉离相，古刹重光！夫斗转星移，世事沧桑。经年风雨剥蚀，数遭战乱匪荡，煌煌离相古刹，一片凄凉景象：瓦砾废墟，断碣残墙；塔刹依丰草，经幢卧夕阳；堂堂法像乎土葬于寺西塔林，巍巍大钟乎砸毁于愚昧疯狂！有诗叹曰：“地犹雄虎豹，天久属牛羊。”尝谓：“凡善创者，应有善守；斯仁心者，当有仁政。”共和成立，列强败踪，改革开放，雨露春风，政通人和，百废俱兴。弘扬民族文化以成共识，抢救历史遗产蔚然成风。庚申夏列入政府保护，己卯秋恢复宗教活动。呜呼！诚如经云：“法不孤立，仗缘而生。”顺天道乎，天随人意，左右逢源；合人伦乎，民心所向，事业昌隆。古来英杰，功昭日月；今朝风流，志满乾坤。北京市佛协副会长、广化寺怡学大和尚，高瞻远瞩，韬略在胸，运筹于幽燕，发心于德峰。谨记佛祖弘勋、圣师教诲，不忘“爱国护教，利乐有情！”以新思路、新格局开拓德峰旷世景区；用大气魄、大手笔描绘离相绝代胜景。经年筹资近千万，巍巍功德缘众生！广化妙文法师，缘任离相主持，往返奔波京晋，佛心通达桑梓。广结中外佛缘，主持鸠工法事。如师真修敬业，所见僧中无几！李公中书，以寺为家，复修盛事，科学操作，煞费苦心，功德堪嘉！妙海法师，居士香客及李公湛水等当地干群，心系离相，鼎力协作，添砖加瓦，放光发热！自丁亥春破土奠基，至己丑夏合尖告竣。天王殿、观音殿、文殊殿、普贤殿、大雄宝殿纵贯于东，拾级而上；地藏殿、念佛堂、高僧堂、藏经楼、流通处横列于西，井然有序；名人馆、题词厅、接待室、议事堂及斋堂、寮房镶嵌其间，应有尽有。大悲咒、十小咒经幢巍峨，肃穆圣洁，昭示三宝；观思亭、古碑廊书法精湛，禅意深遂，荡气回肠！

走笔至此，忽闻钟声，不禁忆起两首方言民谣。其一：“平遥的城，上党的门，武乡离相寺的老大钟”；其二：“离相寺大钟响一声，三天三夜不落音。”那离相钟，雄视尘寰，风骚独领；那离相钟，声响洪大，奇特无穷；那离相钟声，无止无休地召唤着真、善、美；那离相钟声，无时无刻在净化着村风、民风……

嗟夫！悠哉离相！秀哉离相！伟哉离相！壮哉离相！巍哉离相！朝圣离相！何哉？杜甫云：“露从今夜白，月是故乡明”！

王照骞　撰文

己丑之夏于古刹离相

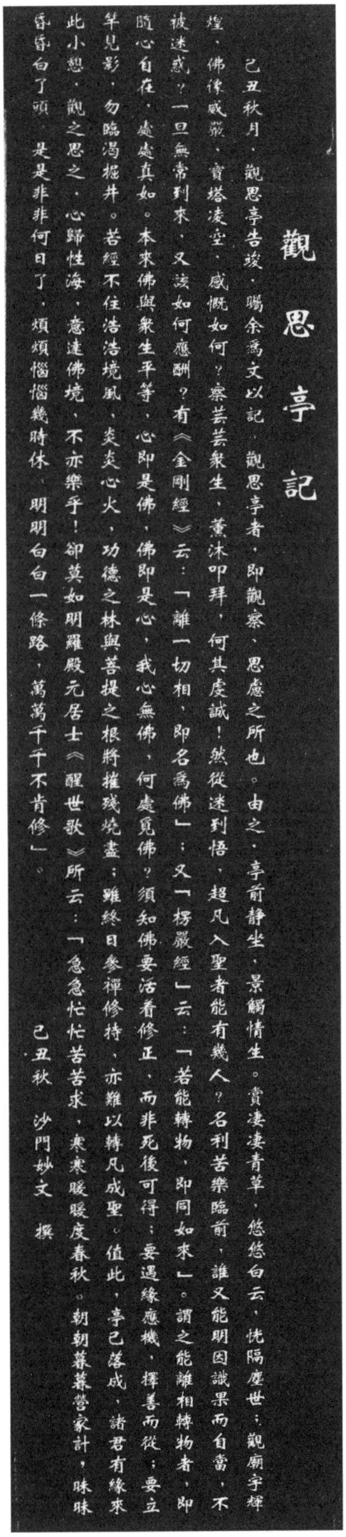

观思亭记

【简介】

2009年立，位于离相寺巽宫高台一隅，千佛塔之南，该亭为六角攒尖顶，青石、大理石结构。亭内正中树六棱柱体大理石碑一尊，六面碑版均为高180、宽35厘米之规格，分别镂刻北京广化寺监院、离相寺方丈、住持妙文大和尚的《观思亭记》文，唐代诗人李师行（武乡砖壁人）的《赞五峰寺》，明代诗人安于正的《游离相寺》及今人王照骞的《谒离相寺》，郝雪廷的《探离相寺》，李驰骋的《咏离相寺》，字体均为新魏体。工程主持人妙文大和尚，工程监理李中书，建亭刻石壶关刘雄伟。

【碑文】

观思亭记

己丑秋月，观思亭告竣，嘱余为文以记。观思亭者，即观察、思虑之所也。由之亭前静坐，景触情生。赏凄凄青草，悠悠白云，恍隔尘世；观庙宇辉煌，佛像威严，宝塔凌空，感慨如何？察芸芸众生，熏沐叩拜，何其虔诚！然从迷到悟，超凡入圣者能有几人？名利苦乐临前，谁又能明因识果而自当，不被迷惑？一旦无常到来，又该如何应酬？有《金刚经》云：“离一切相，即名为佛。”又《楞严经》云：“若能转物，即同如来。”谓之能离相转物者，即随心自在，处处真如。本来佛与众生平等，心即是佛，佛即是心，我心无佛，何处觅佛？须知佛要活着修正，而非死后可得；要遇缘应机，择善而从；要立竿见影，勿临渴掘井。若经不住浩浩境风，炎炎心火，功德之林与菩提之根将摧残烧尽；虽终日参禅修持，亦难以转凡成圣。值此，亭已落成，诸君有缘来此小憩，观之思之，心归性海，意达佛境，不亦乐乎！却莫如明罗殿元居士《醒世歌》所云：“急急忙忙苦苦求，寒寒暖暖度春秋。朝朝暮暮营家计，昧昧昏昏白了头。是是非非何日了，烦烦恼恼几时休。明明白白一条路，万万千千不肯修。”

己丑秋沙门妙文撰

赞五峰寺

五峰出岫四壑藏，

清风白云古佛场。

佛图昔坐说法台，

法显今化枯木堂。

雪山慧灯耀四极，

延生温泉润八方。

到此顿觉心如洗，

了悟波罗兴致长。

唐　李师行

游离相寺

昙花隐约散霏微，
到此诸缘总息机。
梵贝幽函山月杳，
湘弦清澈水云飞。
禅心自与尘氛隔，
世路应知幻与非。
独向丛阴频伫望，
不知空翠袭人衣。
明　安于正

谒离相寺

一径通幽探离相，
殿阁森严古道场。
东绵太行承大脉，
西抱温泉流韵长。
佛图弘法山弥秀，
法显坐化土亦香。
更有晨钟声洪大，
醉市惊醒迷梦郎。
庚申夏　王照骞

探离相寺

禅心促我探离相，
经幢高耸过林墙。
殿宇巍峨承汉晋，
楼阁森垒隐太行。
菩提佛理映山秀，
伽蓝金堂化水香。
凡世超脱尚善好，
众生普度德峰扬。
己丑秋　郝雪廷

咏离相寺

白马驮经东土来，
古刹离相佛光开。
德配五峰传五灯，
法布三界化三才。
亿万凡俗膜拜地，
百千僧尼洁修台。
悟彻菩提真妙理，
铸就金身不坏胎。
己丑秋　李驰骋

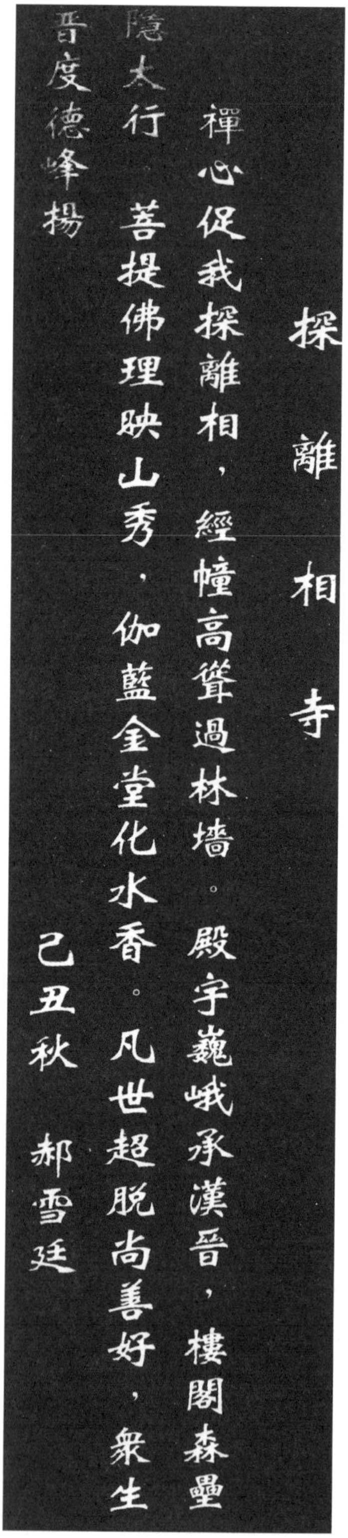

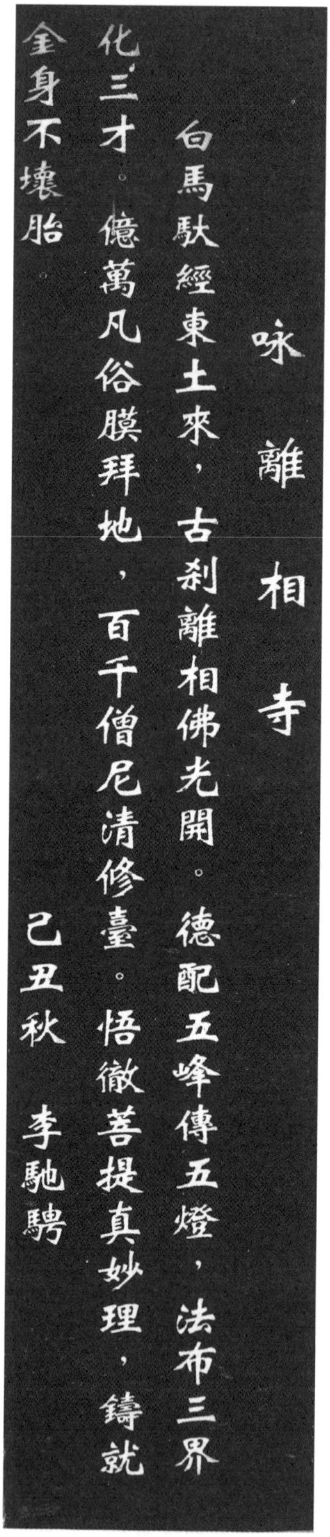

龙凤门赋

【简介】

2009年9月立石，位于武乡县上司乡制高点佛爷岭上司公路与榆黄公路交会处，离上司乡石家岭村约800米。牌楼坐东向西，大理石质，门高10、宽15米，造型大气，宏伟壮观。

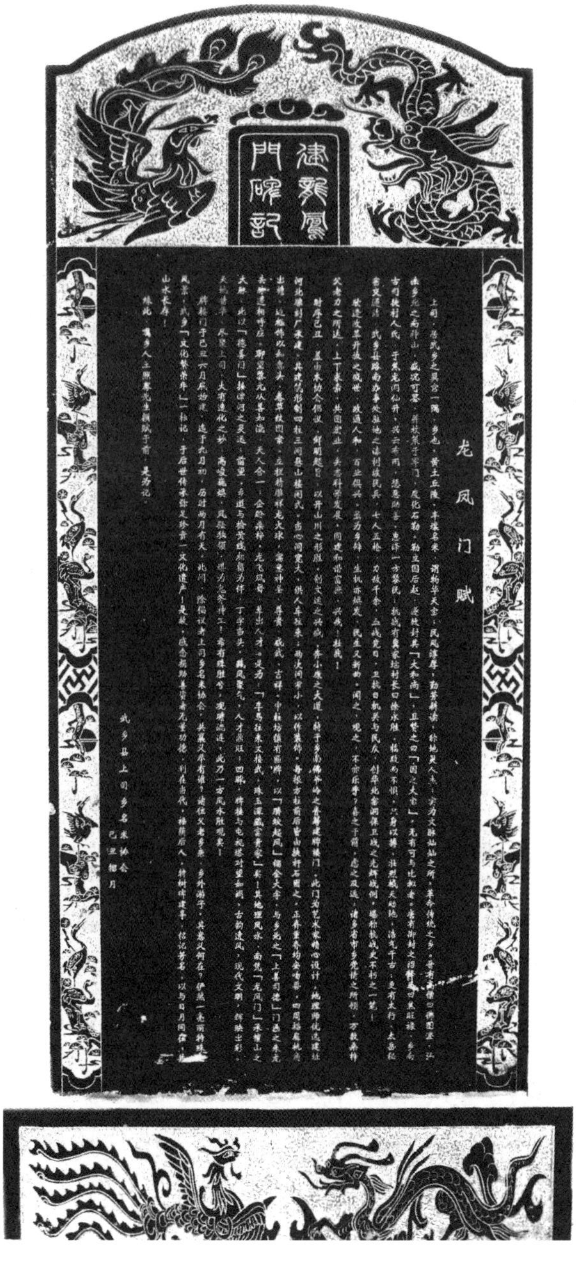

门额高70、宽300厘米，内书“腾蛟起凤”4个鎏金大字，单字大50厘米见方，由原晋城市委书记李拴纣撰写，牌楼门联正为“龙腾四海门起纳百福，凤舞九州脉聚集千祥”，由作家王照骞先生撰写；背为“佛爷岭可观世外天，上司金梨谷千秋香”，由李拴纣撰写。联高300、宽32厘米，单字大25厘米见方，行书。牌楼门西南侧10余米处，建六角“德善亭”一座，攒尖顶，高5米，亭座直径3.6米，亭额高20、宽125厘米，青石质，内镌刻“德善亭”3字，隶书体，单字高15、宽20厘米。德善亭正中竖建门纪事碑一通，青石质，圆首方座，碑身高180、宽80、厚10厘米。碑首左右为龙凤图案，中为“建龙凤门碑记”篆额；碑文共19行，每行75字，单字大1.5厘米见方，楷体，由王照骞撰文。此牌楼门由武乡县上司乡名米协会筹建，地理师郝月明选址，河北曲阳建材厂承建并刻石。德善亭及建门碑志由壶关雄伟石业有限公司承建，总经理刘雄伟刻石。建门立碑策划及主持人为时任上司乡党委书记、乡长魏宝鸿。

【碑文】

龙凤门赋

上司，居武乡之巽宫一隅，乡也。黄土丘陵，丰壤名米，谓物华天宝；民风淳厚，勤劳耕读，称地灵人杰；实为文脉灿灿之所，革命传统之乡。晋有高僧曰佛图澄，弘法乡北之南神山，盛况可鉴，并杖策于军门，度化石勒。勒立国后赵，遂敕封其“大和尚”，且赞之曰“国之大宝”，无有可与比拟者。唐有御封之沼泽王曰焦旺禄，乡南古司徒村人氏，于焦龙洞仙升，兴云布雨，惩恶助善，惠泽一方黎民；抗战有冀家垴村长曰徐永胜，临敌而不惧，只身以搏，壮烈撼天动地，浩气千古；更有太行、太岳秘密交通站、武乡县路南办事处驻地之漆树坡民兵，七人五枪，力敌千余，血战竟日，卫抗日机关与民众，创华北窑洞保卫战之光辉战例，堪称抗战史不朽之一笔！

欣逢改革开放之盛世，政通人和，百业俱兴。虽为乡僻，生机亦焕发，民生又新曲。闻之，观之，不亦乐乎？喜之于前，虑之及远，诸多省市乡党情之所倾，万数桑梓父老力之所达，上下求索，共图宏业，矢志科学发展，同建和谐富庶，兴哉！壮哉！

时序己丑，盖由名米协会倡议，鲜明题旨，以开山川之形胜，创文运之兴盛，奔小康之大道，特于乡南佛爷岭之脊筹建牌楼门。此门为艺术家精心设计，地理师优选建址，河北雕刻厂承建。其建筑形制四柱三间悬山楼阁式。当心间宽大，供人车往来；两次间窄小，以作装饰。每根方柱前后皆由挟杆石固之。正脊重脊均安吻兽，四周插扉挑角出檐。边框饰以如意头、卷草纹图案。立栏精雕祥龙火球，寓意神圣、尊贵、威武、吉祥。中柱坊镶有匾额，以“腾蛟起凤”鎏金大字，与乡北“上善司德”门匾之来龙去脉遥相呼应。聊望黎元从善如流，天人合一；企盼桑梓，龙飞凤舞，辈出人才。是为："车马往来文接武，珠玉深藏富贵家"矣！其地理风水，南凭"龙凤门"承檀山之大脉，北以"德善门"接漳河之灵运；前望，乡道与榆黄线相携为伴，丁字当头，藏风聚气，人才鼎旺；回眸，牌楼与电视塔对望如阙，古韵遗风，现代文明，辉映出彩。天地精华，尽聚上司，大有造化之妙；高峻巍焕，风骚独领，堪为鬼斧神工！希有殊胜兮，观瞻流连，此乃一方风水胜观矣！

牌楼门于己丑六月底始建，迄于九月初，历时两月有天。此间，除倡议者上司乡名米协会，共襄义举有谁？诸位父老乡亲、乡外游子。其意义何在？俨然一亮丽特殊之风景，"武乡文化繁荣年"一标记，于后世传承弥足珍贵一文化遗产！缘此，谨建斯亭，彰显德善，利益当代，福荫后人；谨树斯碑，铭记芳名，与日月同在，共山水长存！

缘此嘱乡人王照骞先生撰赋于前，是为记。

武乡县上司乡名米协会

己丑榴月

寨上赋

【简介】

2015年立石，现存于武乡县涌泉乡寨上村。碑刻呈长方形。志文隶书。郝雪廷撰文。

【碑文】

寨上赋

郝雪廷撰

武西要冲，涌泉寨上；文化厚重，历史绵长。头枕五龙与岭南义门相连，脚踏牧河并南沟赵庄接壤；左携蔡城同窳里坡底为邻，右顾羯雄联型庄马牧共镶。古槐参天，遥存三千年村证；李寨依稀，犹记数十朝荣光。石勒养马，成就卅二载后赵；千总圈地，长书四姓氏沧桑。民风淳朴，悠哉寨上！一方热土，地肥水美；山川形胜，鸟语花香。八岭环绕，构筑天然盆地；九湾并列，彰显优美画廊。铜台脉动，引来千古灵气；四季长河，盈满万户粮仓。入村犹进世外桃源，到寨如至美丽天堂；西岭王墓气势恢宏，寨中金殿百世流芳。更有古庙无数，敬拜尧舜禹汤。古建繁青史，风物放眼量。探观盛景，美哉寨上！岁月留痕，重功难忘；抗战基石，寨披戎装。卢沟炮声，日寇铁蹄践华北；雄师东渡，八路抗倭进武乡。总部进驻主沉浮，战旗猎猎定太行；朱彭挥退九路敌，刘邓鏖战寇胆丧；玉皇庙前祝捷会，三万军民共慨慷；纳钱献粮负国难，兄弟相争上战场。运筹帷幄，民族丰碑记抗战圣地；决胜千里，建国模范写桑梓辉煌。史册浓墨，伟哉寨上！同心同德，励精图治；两委团结，共建小康。察民情晓民意集民智，筑富民根基；兴实事出实绩见实效，显村政焕彰。看今日寨上：东望桃杏铺壮美，西闻瓜果飘浓香；子孝妻贤家风好，邻和舍睦正气扬。红古绿色齐发展，三晋明珠嵌上党；乡村旅游人涌动，天上人间地无双。高铁站边，朋友四方纷至；机场筹建，宾客八面通畅。望明日，百业并举，尽显阳光。老村新貌，壮哉寨上！

重修清凉寺碑记

【简介】

2015年6月立石。郝书宏撰文。现存于武乡县石北乡石北村清凉寺。碑高180、宽70、厚18厘米。碑首浮雕双龙，中间双行篆书“百世流芳”4

字。志文楷书，正文16行，行36字。

【碑文】

重修清凉寺碑记

邑西三十里许石壁村，有清凉古刹一区，创始无所稽。尝谓麟趾呈祥，螽斯衍庆，功参化育，泽被苍生，神之灵感足矣，历承祭祀而无穷也。考之旧志，重修于康熙四十二年，尔来历有年所，渐就倾颓，落构垂棂，荒阶蔓草。大清岁嘉庆己巳年，功德人、纠首鸠合，振其旧而新之，赞其松柏近烈，俯察流泉，仰观山势，雕文刻镂，彩梁画栋，和风披拂，心体交融，万籁俱寂，纠翳悉空。远近之人共沐恩波，神之灵固昭昭也。然二百余岁间，历遭外强倭寇掠夺、战乱、“文革”摧残，加之风剥雨蚀，垣頽壁毁，木腐屋塌，倾圮日堪。昔日寺庙鉔灵毓秀之盛已荡然无存。乡人念及，常临其墟而怀古，藉焚香火以乞神佑。信奉弥彻，每思修兴。乡人郝书宏率同僚义士施缗捐赀贰佰余万，村民投义工，募俄国之木、台山之石、原平之泥、介休之瓦、襄垣之砖、繁峙之匠，历一年余，起正殿五楹，立神像三尊，曰“三圣殿”。兴东西护殿各五间。东殿为二层排楼，敬二十四孝图像、财神、大肚弥勒、文昌神像，曰“孝善殿”。西殿立关公神像及护佛，曰“关圣阁”。复南乐楼三间，增建钟鼓亭立其左右耳房之上。肇始于甲午清明，落成于乙未六月。庙之殿宇凡栋梁、攘桷、栏楯、户牖、鸳瓦、级砖、丹雘无一不依旧而重装之，规模如初。神既俨止，莲宫朗照，寂静澄辉，无不焕然聿新焉。斯人此举心崇乎神寄于阁，神将鉴而庇之矣。故以觉人于善而不使之为不善，育人以学而非嬉，清净无为而治世，子心化德以济民。善哉此举！愿行善之气节得后人继而为之，则得矣。今庙已落成，余心喜，故走笔成之。愚为记。

重修黑龙庙碑记

【简介】

2019年8月立石。现存于武乡县大有乡炉家掌村黑龙庙。碑高218、宽90、厚15厘米。志文楷书。

【碑文】

重修黑龙庙碑记

盖闻神惟人奉而显，人惟神佑而昌。凡村庄之兴，人丁之盛，年岁之稔，一方之靖，皆赖神灵护佑而得矣。武邑县东六十里，附河源之曲，环丘掩抱，厥壤肥浓，桑柘荣茂，聚庐为村，名之曰炉家掌。太行东接，五爪山绵亘龙脉；浊漳西来，大有水发端灵源。村西土掌迎阳，有古祠立焉，曰黑龙庙。创始何年，已无所稽考。麟趾呈祥，螽斯衍庆；；功参化育，泽被苍生。神之灵验，香火之盛足征也。考其残碑，有乾隆五十年重修之述，庙之始建逾三百年也。

考庭院老树，左柏右松，其高参天，双樗对峙，老而新发，龄越五百岁，惜卌年前四失其三，惟孤松仅存矣。庙之久远，于斯可见。同治五年、民国十三年次第重修，由太池、鸦烟、侯家垴共炉家掌四社八村同仁募化，均记诸碑端。卢沟狼烟，日寇盗狂，八路抗倭，屹立太行。东往西来，刘师小憩；南征北战，陈旅营房；分区军需，屯粮置草；野战医院，救死扶伤。斯庙焉人马络绎，功盈隅墙。叹公元一九五九年，筑鸦烟村供销社及村仓库，因村社贫瘠，挪梁拆栋，斯庙斑斓顿失，遂为残垣，昔时之盛，荡然无存。睦邻每睹其状，常生怀古之感；村民共议其旧，多言修兴之语。乡人胡君国强首倡，胡庆丰、任国祥、王祝平、李巨全、董玉斌、张海堂、吴俊青等义士慨然共襄厥事，诚邀村中诸长者，力忆旧制，详考原式，遵其描述，胡君精绘图纹，细加究证，为修葺之据也。经多方筹集，募缗捐赀二百二十万元。胡君国强督率纠理，竭力图维，精构兴工，复其旧制，适度新扩。庀晋冀之佳材，聘豫省之巧匠，鸠阖村之勤力，历年余，起正殿五楹，塑黑龙之尊；左右护殿，塑文武财神；扩增石雕二阁，上曰“风调”，下唤“雨顺”；东西两庑各三间，置宅仓廪；南复戏台，钟鼓夹峙；庙门广开，护坡高砌。工既竣，欲勒石以志，求记于余。余虽不敏，义无可辞，乃亲赴寓目。因考抗战之迹，曾数来调研，荒芜残壁，每每感慨。而今斯庙，旧貌新颜。文物得以护，古迹赖以存，历史藉以赓，文化凭以昌。观其胜状，灵感顿发，思如泉涌，薰香沐手，爰为文于案。敬乎于尊神诸列，庇之于佑邦安民；崇乎于革命先辈，宣之于教化育人。重修之举，善莫大焉。今庙落成，援笔为文。是为记。

闲山居士马堖郝雪廷薰沐敬撰

公元二零一九年八月十二日

旧历己亥年七月十二吉立

重修金仙寺碑记

【简介】

2020年7月立石。现存于武乡县故城镇山交村金仙寺。碑高180、宽96、厚12厘米。碑文楷书。

【碑文】

重修金仙寺碑记

天地之精灵毕表于山水，日月之英华则聚于人寰。武乡之西乃皋狼古邑，环丘掩抱，福灵地吉；荟萃人文，鸾翔凤集。故城之东有村曰山交，烂柯传说名扬千里。昔山交村王质入山樵采，逢二仙对弈，与质一物，食之不饥，置斧于襟，坐而观之。仙示曰:汝柯烂矣。质归乡里，无复时人，复追山中，仙人已去，质亦成仙，考王质即赵王石勒长子石兴也。山交村背枕绵亘卧龙长脉，面临清秀烂柯孤峰，寺岭东延似幞翅衮冕，涅水西来如玉带环腰。村中古有金仙寺，创始何年，已无所稽。考唐《三洞珠囊》云:金仙者，仙人色，体如金光之映也。又传宋徽宗改佛号曰大觉金仙。康熙四十七年重修碑考，已不晓复修数次，或始建唐宋亦可能也，后乾隆、光绪、民国均有营葺。明灯引进，救度善良，万灵化育，诸教同匡；奉行信受，慧添寿长，参禅黾勉，普济慈航。人丁兴旺，年岁稔收，皆赖神佑而得；寺观隆盛，香火旺达，实为人奉而显。斯庙历经重修，数度增阔，中有佛祖殿、关圣殿、戏楼、山门;东西有偏殿、照堂、讲堂、廊庑、钟鼓楼，更有住持方丈，僧众七八，可谓规模宏大也。卢沟盗起，遍地狼烟，八路抗倭，鏖战漳畔。山交地处倭寇南沟维持边沿，武西八路游击前哨，期间激战争持八载，军民惨烈牺牲实多，决九团敌据点突袭，独立营白晋线破路，多在此打尖休憩，歇息整训。斯庙焉兵马接踵，功盈角隅。惜大炼钢铁，偏廊拆木作燃;兴工熬硝，石碑凿镶筑槽。东西建筑不复存也。赖立学寺中，两殿得挽。直至九十年代校舍新建，师生迁离，斯庙经年日久，风雨剥蚀，椽漏门腐，墙倾岌危。欣逢盛世，政通人和，国富民丰，为保护文物,赓续文化,村社杜氏族人发起倡议，县文物中心、支村两委、社会贤达鼎立襄助，庀材聘匠，重修殿院,一扫荒芜残破，顿现金碧辉煌。古建复初，传之于续籍昌史;旧址重现，用之于教化育人。今工竣落成，受邀援笔，沐手成文以记。

闲山居士马堖郝雪廷薰沐敬撰

故城镇山交村委阖村同仁共立

公元二〇二〇年七月三日旧历庚子年五月十三吉日

附录：《武乡新志》
卷三“金石考”

【说明】以下为民国版《武乡新志》“金石考”所收录碑文，共70余篇。因其属于石刻类，故从《新志》中辑出，收入《武乡石刻集萃》。《新志》的编纂者在辑录相关内容时，仅收入石刻的正文，不录文尾立碑人、工匠，以及捐赠人等，也很少记录刻碑时间，且多半不见原碑，又无拓片，其录入方式与《集萃》主体的体例迥异。所以，将《新志》石刻部分以“附录”方式录入《集萃》。《新志》与《集萃》正文中碑文重复的内容，附录中只保留其碑目。附录碑文前，先将《新志》碑目（碑目及目下说明，为《新志》编者所撰）列出，以便查询，并方便与《武乡新志》对照。特此说明。

商周彝鼎，秦汉碑碣，金石为物，自昔推重。武邑在晋南，一弹丸耳，然丰碑林立，为名人所识跋者孔多。而近年石赵古印又忽发见于荒址古刹间，千余年之旧物至此复睹，亦一快也。汇而编之，聊以博崇古者所公好焉。作《金石考》。

目　录

重修八蜡神庙碑记
重修崇城崖东门碑记
重修净云庵碑记
五龙神庙重修碑记
重修南相寺碑记
重修崇法寺碑记
重修通玄观记
重修崇城岩圣泉寺碑记
移建海渎龙王庙碑记
重修圣泉寺碑记
复立崇兴寺碑记
武乡县监漳镇重兴集市暨建东阁之碑记
创修圆通院碑记
永寿寺碑文
重修净尘庵记
移修观音庙碑记
重修汤王庙碑记
重修龙泉寺碑记
白马山重修西齐王庙碑记
二仙圣母庙重修碑记
护国显济王庙新修碑记
重修崇城崖圣泉寺碑记
重立防盗公约碑记
曾大中丞德政碑记
泰山圣母庙重修碑记
创建玄武神阁记
武金侯庙碑记

极乐寺重修碑记

重修遐福寺记

重修观音堂暨合村神庙碑记

重修太清观碑记

重修权店勋欢汎路碑记

重修真静寺碑记

重修泰山圣母庙碑记

重修宝峰寺碑记

观音寺补修佛殿碑记

信义村新建瘟神阁与财神并祀碑记

重修清凉寺碑记

圣母庙重修碑记

重修五龙神庙碑记

新建村东文昌阁碑记

创建云峰寺碑记

重修白龙洞庙记

重修三官庙碑记

龙天护法碑文

明进士通议大夫巡抚湖广等处地方提督军务都察院右副都御史升总督宣大兵部右侍郎元白魏公墓表碑

魏氏始祖墓表

明勅封承德郎户部江西清吏司主事魏公配安人程氏继安人程氏合葬墓志铭

东村段氏世七祖墓表

诰封明威将军管陕西西安府富平营守备事邑庠生段府君墓表

瑞卿郝公暨配孺人合葬墓志铭

清河曲县训导榆次县教谕壬子科举人柱臣郝公暨孺人合葬墓记铭

西川任公祠堂记

孝子李廷森墓表

清太学生乡饮介宾行之段君暨元配周孺人继配武孺人程孺人李氏合葬墓志铭

清账赠中宪大夫兵部职方清吏司郎中附贡生晴峰段公暨德配她封恭人武恭人合葬墓志铭

清诰授中宪大夫晋封通议大夫陆军部郎中段公书五暨李淑人墓志铭

清太学生静轩李君暨元配郭太君合葬墓志铭

清授中宪大夫晋封通议大夫陆军部郎中附贡生书五段公墓表

征士范桓一先生墓志铭

程汝于墓志

程林宗撰。

说明：以下各碑，《武乡新志》只录碑名，无碑文。

元岁进士奉直大夫沁州知州武公建原墓碑

明故中宪大夫直隶苏州府知府进士陈公神道碑

明故湖广汉阳府通判武公神道碑

清雍正壬子科经元猗氏县教谕乙峰魏公神道碑

清武进士陕西富平营守备勅封明威将军段公神道碑

清孝子武习路之路碑

清乾隆十年孝义武光前之路碑

清赐进士出身翰林院编修李公神道碑

清丁丑进士署靖安营都司李公神道碑

清丙子举人勅授修职郎阳城县教谕李公神道碑

清故终养五经进士赵公神道碑

清诰援奉直大夫陕西同用知州赵公神道碑

清中宪大夫学部主事癸卯进士朴庵李公墓表

清进士资政院议员长子县知事李公神道碑
清武德佐骑尉守御所千总郝公之路碑
清授陕西富平营守备明威将军之墓碑
清诰封奉政大夫光禄寺署正加二级郝公金琦神道碑

赵王古印

案：此印系古铜质，千五百年前之物也。藏县东北三十里海神庙，庙祀赵王石勒。清光绪十七年修葺庙时住持僧寂重于垃圾中得之。相传此印所最奇异者，能一次印纸八张，末张字迹尤显。

离相钟

在县东离相寺，高六尺余，周十二尺，厚约二寸，重不可测。系政和四年铸造，八百年前之古物，响声洪大，闻数十里。

大齐天保三年古碑

于民国五年由北原山古坟发见之，字纯为六朝体，惜多漫灭不可读。此碑存教育会。

透玲碑

在县东韩登君观庙，金大定年间之古碑。石质玲珑，光亮异常。对向各村，返照毕肖透玲。碑即以此得名。

后周显德四年古碑

此碑名《神钟山丈八禅院碑铭》，系民国十二年贯庄村农夫耕地发见，今存监漳镇会仙观。

宣圣庙重修碑记

系元大德六年武乡县尹宋良弼撰，碑在县西四十里涌泉镇。

广福院碑记

金大定十五年刘引济撰，在县西会同村。　碑面灵明，可鉴人影。字迹显然，镌刻整齐，碑顶蟠龙，雕琢灵秀。

全道庵元迹碑记

此碑文与本书正文重复，此处略。

八角石与六角石

在东村西寺垴。八角石上刻金刚经，六角石上刻蚜蚄，相传为唐宋以上之古物。

重修清泉寺碑记

兵部尚书魏云中撰，草书，字体清秀。在县东五十里石门村。

附碑记文曰：石门距县五十里许，土居十一，山居十九，人稀地僻，草稠林匝。艰乎卤莽，其山雄峙，巍然坐镇，横汉表之孤峰，障百川而东下，虽古龙门不是过。渐行六七里，中通一路，百步九折，忽现土壤一区，时有山樵野牧翱翔其上。再行里许，篱落参差，岚光掩映，始闻有鸡犬声。履其境，登其堂，而知其父老子弟之崇善好修，以故春祈秋报，岁时享祀，追黄老之遗踪，悟沙弥之正果，朝夕香火罄声不绝口，总以清泉寺为妥神灵介祉福地。寺建于洪武初年，图维再四，董试靡遗，一时竹苞松茂，鸟革翚飞，诚千秋不拔之灵趾哉！癸酉岁，四方云扰，贼匪狂逞，自秦而中州而三晋，马迹遍于川原，烽烟连于远迩。绿林一炬焦土，可怜金璧委之泥沙，栋角几成煨烬，伤心惨目，有如是也。越三年，寇骑南下，人有鸿雁中泽之思，凡老者少者贫者富者足智多思者，每集一室，以相约曰：古人诸创业起家，无不先庙社后室庐，以节氛祲，以祈风雨。况我村以数百里之神宇，祖先一再传之心苦，令其颓而不振，湮没不彰，岂所以答神休崇先志？

于是信士郝汝美、郝汝佩、郝汝约、郝汝从、郝展、史建标等，董请仙堂僧，妙冬为之董理募缘。而余兄曰可曰都曰俞，与予则力实居其多也。萃四方之物产，联一土之人工，纠赀年余，纠材年余，又纠工年，百余物为之备，始择吉焉。丙子岁，创正殿三间，南殿三间，东西廊庑共十间。正殿则塑古佛三尊，俱金身高大。南殿则塑观音三尊，亦俱服金。两廊则圣帝与伽蓝各坐一室也。因延僧以主其寺，暮鼓晨钟，与谷音相和，而向之父老子弟无不香火于斯矣。人曰：人之力也。众咸曰：人之力也。而识者则曰：神之灵也。神之灵而谓之人之力，则谓之人之力也亦可。工成，请予为记。夫予学未成，识卑暗，亦胡能为记？然当兵火之际遁居于此，与父老子弟日相游话，又胡能以不能记谢，不能记而为之记，亦将使后之人不因记以没其事，千秋万祀，石其永存。

大明创建敕封海渎王庙碑记

兵部尚书邑人魏云中撰。在土河村。

附碑记文曰：今上皇帝之十年，武邑大旱，祷雨于海渎龙王，即日大雨，且异常甚。乡民刘宁白官申九卿等恪请立庙于土河之阳，来请余为记。余曰：大明会典一款云“功德及民社者祀之”，稽古海渎龙王，姓焦，名□□，千秋神豪也。生于唐懿宗咸通九年七月五日武乡司村。其夕异香达天，殊不类人间子。年十三而天文、地理、易象、遁甲无不淹贯。景福二年正月八日，天帝勅授符录曰：“此书付汝，其除邪宁众。”觉而视之，朱书篆文。复遇异人授以印剑云云。东山洞狐作祟，王投符而妖即去。乾宁元年璧底水涨，乾宁四年县西土鳞地麟风霾洪水方割，剑光一指，妖遁水部。王偶至漏岩泉，见有浴污衣者，斥之，而水即南行，今因之曰白展水也。光化二年，释子常请王于涧垄山水中除妖，符投氛靖。复同游北洞，所过龙绕常惊怖股慄，王视之，只如蛐蜒已耳。光化四年，驱妖于乡民陈演宅，遂引红槽入洞。天福二年，潞州妖盛，知府王祐延王，而士民安堵，诏封为风雷将军。王遗世高蹈，年三十四果脱蜕上升，葬县南五里，今所云将军坟是也。王屡屡显应如生，不可殚述。清泰二年，草寇猖獗，洞起红云，乱石飞下，贼无孑遗。加封侯爵，视以长乐十六村租税。开运二年，天下大旱，凡祷即雨。天福四年，加封显圣公。宣和元年，加封昭泽王。自宋立祠，以庙祀之，设像绘塑，既隆且大。金初，锡爵封王，秩在常祀。指引元世宗渡海，加封海渎王，赫濯声灵矣。我大明嘉靖三十五年，地震异常，蒲、解尤甚。王显神威，我世宗钦奠，遣礼部侍郎邹守愚祭之，曰：惟神受命上帝，镇奠一方。今因地震，接连千里，响声如雷，压死人民。特遣大臣香帛祭告，伏冀神赞天敷，佑干旋化，机潜消运，锡福生民，地方其永赖焉。至今崇祯十年，大旱，而祷雨即沛甘霖，乡人感诵，建此庙，且愈久愈显矣。余因为记之曰：前楹后寝，昭其功也。东序西厢，备其德也。云雷风霆，彬郁灿烂者，象其威护宗社生灵之实也。功威难名，恩泽日著，海渎龙王真千古神豪哉！予也视师西夏勤王德胜三平流寇，再克河曲，俱神默佑，敢吝阐扬。至其功威德泽，保民卫国，实人人能言之，不过阐其功德应祀状以厚风化耳，靡过誉也。命子赐入监读书，官生魏世师书之碑阳，以垂永久。而撰文则崇祯十一年菊月二十四日，例得并书，施舍地四十亩。

县尹李公德政之碑

此碑文与本书正文重复，此处略。

重修宁庆寺大殿碑记

寺在攀龙东七里温庄。

进士安子讷撰

附碑记文曰：镇逦迤而东七里许村曰温庄，山喂崆而水环折，饶煤铁之利，族人文章文采，兄弟居之成之。冬季采叔诣予曰：宁庆寺，昔者吾祖之所创而造焉者也。正殿三楹，将就倾圮，吾兄弟同侄宁约鼎新之。今告竣矣，欲求一言，以泐诸石，示后人以无忘。予允之，伏而思思之久，而不禁喟然曰：呜呼！兴衰之故，虽曰命数，岂非人事哉！即吾耳目所及，见闻者而屈计之，其祖父创业于前也，类多勤慎，朴遬铢黍，是珍贻乡里，诟嗤而不能恤。渐充渐积，薄有赢余，子孙遂扬扬庞大，华衣美食，炫耀跅弛于先辈长者之前，而不自觉其陋识者，方切鲜终之虑也而已，冰水澌裂矣，若而人者命数使然哉？兹族曾祖魁斗公以勤俭肇业于前，丈夫子三，诸孙林立，皆恪守先世之型，以共安其乡曲，淳笃简朴之素而无或侈然。自放邻于市肆，嚣陵之习者故能拓增前业，缵承先志，俾此寺续传于有永也。向使浇漓之窦一开，则荡佚之风必炽，彼金身趺坐者行且漏渍，浏飕云霄之中而莫之顾，纵目击心伤而力不赡矣，其何以济此！吾多其昆弟，继志述事之能尤多，其所以得遂其能继能述之由者，一本于人事之自然，而命与数之说不必参者也，故乐为之记，并欲其后之子孙知法戒焉。若第以为福计也，予虽久芜砚田，且间缣视之矣。

永兴寺重修碑记

进士安子讷撰

附碑记文曰：梵刹鳞星，无如梁魏，而亡也忽焉，矧圣学昌明，私创之律炳如，谁复倾有用之赀以饱阇黎无厌之溪壑者？乃吾所过都巨衢不具论。降至僻里荒村，仅盈百户，又悬崖旷野，人迹罕经，亦多有贝宫巍焕于其中，岂梁魏旧习相沿而莫能易耶？抑佞事者邀不可知之福泽而崇奉之恐后耶？不然则持戒者阳假更新之名，阴图罔利之实，坐耗蚩蚩事畜之需，而日入其煽惑之彀中而迷而不悟也。何为泽宫？或茂草矣，过忠臣义士之祠者徒凭吊于荒烟寂寞之乡，而四方莲座巍然焕然于晨钟暮磬之下，而所云清净者又不必名以名其实耶？迹是以观，则入其人庐其居，洵狂澜砥柱之言，而犹必取既圮者而增修，是亦不可以已乎？然而有说焉，惟天阴阳相协厥居，故天下之人不能以无所事，而惟托身乞士者，无事事也，无事事而究不能忘情于世人之所有焉，固已非其本色矣。逮五欲三尘沉迷不返，势穷力竭，计无复之，乃持募疏为垄断之券，其髡也赝耳，识者之见之而吐之也，何足怪！若其恪守戒律，不至汶汶，其不忍视庙像剥落，殚绵力以经营于众人所不为之会，虽有萃腋之借，曾无肥己之嫌，则改旧图新即其事事也。增修庸何伤寺僧簿，诚其铮铮者乎！寺居邑东广志村之南，年代遐邈，迭有废兴，诚住持日适，当大殿颓毁，焚礼之余，黯然心恻。又念昔年佛像莫壮观瞻，欲易昂立者为趺坐，遍丐村人，计物力所自出。或苦其功多而费繁也，诚乃力任之，实未尝侈大其事，止环寺左。近恳缘善信，又能出其储侍以资不继，不劳村人，拮据而峥嵘者顿复其故。余以休偻婆谬为国学生盛珍李君所推重馆焉，君实襄其成者，为余道其颠末，心异之。今之时而有兹僧也云钜子乎？亦当相赏于格外矣。会诚以碑文请，因喜而记之。碑勒琐珉，至之源流异同之辨，不硗硗腾无益之口伐云。

关圣帝君庙重修碑记

陈舜裔撰

附碑记文曰：天地之英华毕聚于人，故千百年有不泯之精神，人心之忠义常留于世，即愚夫妇有可传之爱敬，苟非至诚至圣，沁人性情，心术之微，必不能使州邑都郡以暨井里乡闾深山穷谷咸知顶礼皈依闻名而起敬者也。昔狄梁公巡抚江南，毁淫祠千七百所，而夏禹、泰伯、季子、伍员四祠独存，非其有功民物，克敦伦纪，而人心感慕之诚，虽百世不能改乎？秦汉以下，忠勇之士不少概见，而精忠义勇必推关圣帝君为百代宗。祭法曰：法施于民则祀，以死勤事则祀，以劳定国则祀，能御天灾则祀，能捍大患则祀，帝于五者宁有一之未备载。在汉代，爵前将军，印寿亭侯，谥壮缪，功盖一世，气压两雄，史册星列，固无容再赘。后五百年，值开皇之祚，显于玉泉梵刹。又五百年，崇宁间为民争鹾水池，战蚩尤而歼其妖。自此以往，厥勋愈烈，厥灵愈爽。至明兴三百年间，卫国荫民，吉凶感应之状奇幻不可屈数，故玺书累锡，隆其赠典，曰大帝，日天尊，曰圣，曰帝君，神通三界，威摄百灵，虽荒村茅叟、贩夫牧竖、红女婴儿亦咸知其神武，而不敢斁祠而祝之，要亦人心之精诚不容泯而三代之所为遗直也。邑东五十里许，地名温水，旧有帝宇一所，不知创自何年，经国初云扰后村落荡为丘墟，荒烟一望，可怜焦土，而帝宇亦栋拆榱崩，风雨莫蔽，但见碑眠绿草、鹊噪残松而已。往来经过，能不恻心。于是村民等敬醵金钱，董匠修饬奠厥，居宁攸止。一时锦龛彩幔辉煌耀日，虽不能阔大雄丽如上清永宁诸公，而岁时伏腊、烟云缥缈、钟鼓晨昏较前又作一番新景，料亦神之所乐栖也。工成，请予为记。余赋性狂耿，不喜佛老，见乡人涂观葺寺辄不胜愤懑。至闻帝之建祠固精灵所不容亵，予亦叹今人之不可与道古而犹乐斯举，不失为忠义之遗，野老之□未始不可与为善也。是为记。

重修三圣寺记

此碑文与本书正文重复，此处略。

重修南山神庙大殿碑记

举人魏鸾翱撰

附碑记文曰：斯举也崇仁敦义，两里之为香首者，醵金于其里之人，以成之者也。始事于丙午之二月至丁未六月，而土木绘画之工以次告竣。今戊申九月，香首将瓜代也，乃砻石纪其事以终之。考之礼经，山川陵谷能出云为风雨才咸秩于祀典，故南山之神吾邑有专祀，

先大司马公洎中承公两记其于幽明之故、神人相际之宜，论说详矣。至兹庙建置之始，世代无征。前岁兴工时，工人理旧甓，见若有字者焉。谛视之，是陶人砖埴时锥画记岁月者也，其文为大定二十年四月。考大定为金世祖年号，而二十年当南宋孝宗淳熙九年庚子，再阅十年庚子，而为我大清纪元乾隆之四十有五年，距今六百有九年矣。又考邑乘，有宋邑令张刚重修敷应侯庙则，则神之赐庙号封侯晋公，在崇甯大观之世，又前乎淳熙者七八十年。而旧号曰龙泉神，然则神之庙享于兹山也，由来已久，至张令作记修庙时，奉行国家尊崇之意，乃益增其式廓矣。考张令所记，其庙制为堂为庑，

为斋献之室，为回廊栏楯飞檐，而庙内外有浚虚轩，有通微洞，有灵应池，有拂云、松风等亭，当日规模之闳深可想。沧桑代更，有时以废，其后也龙宫梵宇分建其左右，所谓南山神庙者错处其间，有殿三楹，其他规制大都非当日之旧矣。而神所凭依，实在于是。自有明以来，碑碣具在，务以时修葺其废圮，罔敢怠也。惟是雍正八年重修而后至今六十年，修葺之举尚无闻焉。比年来吾邑颇好崇饰祠庙，兹山亦数有兴作，其在左右者皆革故鼎新，望之焕然。而兹殿也乃独蔽亏于灌丛萝茑之中，任其风剥雨蚀而莫之省顾，其何必安灵祇而邀嘉祝？然则兹殿之宜修而久未修也，是南山迩日之一缺陷。斯举也亦可谓知务者与，故谨书之，俾后来者有所观感焉。

南亭重修诸庙神庙并筑护堤碑记

邑人王梦聘撰

附记文曰：自武乡县治之南行十五里，有村曰南亭，背西山而居前临溪水，有武陵桃源之胜焉。余以丙戌岁客其地，见其居人朴率无淫靡之习，心窃羡之。乃前之人无有称美其土俗者，抑独何欤？暇日出村之东北隅，有土地祠一区，北行数武，则为关帝庙。厢房重门，乐楼环列其前。再迤而东北为聚珠观，栋宇亦属轮奂焉。余又以叹村人之虔意于神，而建造克勤也。然诸庙皆逼近于河，每夏时洪流暴发，频遭侵圮。逮是岁六月，大水复作，庙外之隙地胥没于冯夷矣。村人惧其无以妥神也，议加修筑，量力捐赀，于庚寅之春始克举事，凡财用之不足者藉助四方。先是未遭水患时，有某某等醵金若干，拟新庙貌，因财绌而止。爰合前后所募之赀，于水之上下流各筑石堤一，以卫庙焉。其祠宇敝坏处，悉涂茨而丹雘之。工既竣，首役诸君丐记其事，余观夫三代盛时，民安于畎亩衣食，每岁合聚万物而飨之，以报神功，谓之蜡祭。考之礼坚坊其一焉。说者曰坊以障水，有资于农事，列之设庙祀也，大略做古蜡祭之意，而复加之堤坊，尤为勤事焉。噫！自井田沟洫之制废，任水这肆行，不设防御，所在滨河之地多被漂没。乃穷乡僻野中犹有举行其法者，以是知民之易于为善，而古制可复也。况其为神而作，更属义举也哉！或曰世之能事神者，多获福焉，今南亭之人防卫庙宇，以安神明，其托庇必已，是又谄渎之说，村人讵出此乎？盖其风俗淳朴，不敢慢神以废事，犹有古道云。

新修大云寺记

拔贡程林宗撰

附碑记文曰：武乡故城镇，本汉涅氏县，自迁县于南亭川镇，遂以故城名。大云寺者，镇之佛寺也。相传为旧县治所，代远年湮，无从征信。惟残碣有“大唐河清四年”等字，余则漫漶矣。寺旧名严净，易今名者宋治平元年时也。都人士拟修者久之，嘉庆庚辰始醵金从事。内自殿楹，外至门宇，折者半而补者半，凡丹垩藻绘，靡不维新是图。道光元年冬，将谋刻石，请余记之。予尝谓释氏之教，至今日而少替矣。魏晋六朝文人学士每皈依空门，历唐宋而犹盛昔者，萧瑀佞佛，傅奕辟之，韩子原道，欧阳氏本论，多主傅说。今世无辟佛者，而佞之者亦罔闻焉。岂文人学士皆韩、欧之徒欤？抑守其教者无高僧大众以表彰之欤？良以世俗竞骛名利，求名者既不肯逃之空虚，趋利者又谁能广为檀越，名利大重之时，不待庐其居火其书，而释氏之教久已不振矣。然梵宇琳宫遍天下，何也？非崇信之也，其在通都大邑，以为游观壮丽，而荒陬僻壤无在公之地，往往藉寺院为汇集公事之所，故虽七宝庄严，亦不过鼎彝在望，供瞻仰而已，非真有面壁功深历劫求佛其人也。其名存而实亡，可胜叹哉！是镇也，北连平遥、祁县，南走沁州、襄垣，西通沁源，四方客旅来游者众。而东则为邑孔道，县之令尉谒上司于会城，尝游是镇而栖止于僧舍。至镇中所有社事，鸣钟于寺而会集之，昔之空门，今则俨然小都会也。然则汲汲焉惟新是图，外以壮观瞻，内以成社事已尔。语云一叶落而天下皆秋，非仅兹寺为然也。则吾所谓释氏至今日而少替，信非虚语矣。夫事有盛于昔而废于后，而并泯其废之之迹者释氏其一也，然则岂独释氏也哉？

娲皇圣母庙碑记

拔贡程林宗撰

附碑记文曰：女娲氏见于载籍者，《礼》有女娲之笙簧，《列子》及《淮南子》皆言炼石补天。《太平御览》复有黄土抟人事，以为天地初开，未有人民，女娲氏乃抟黄土为人。《录异记》云："房州上庸界有女娲庙，为黄土抟人之所，古迹在焉，而独未闻列于母后也。"世之称女娲者，曰娲皇圣母，此何昉焉。笙簧载之于《礼》，无庸置喙。补天之说，赵雪航尝辩之矣。余谓纪载多寓言，《太平御览》所言抟人不过纪古人生养万民，犹所谓民人育云尔。《列子》之言补天，亦犹之乎体天云尔。要皆以著前世开物成务之劳，特神其说以示异，而非谓果有其事也。世俗之祀女娲者，明知天无可补，依傍无从，惟黄土抟人事可傅会，遂以为女娲之神纯得地道之有终，为生民之大始，求子嗣者，胥于神是赖。又其氏号适有"女"字，讹以传讹，爰肖像而巾帼之，俾之家喻户晓，妇女皆可尸祝，然后设教，广而享祀隆犹之崇。释氏者谓空即是色，而冠以珠络，供以杨柳，鹦鹉在旁，清童侍侧，指送子观音为王娇娃是也，称以圣母职是故欤？不然母后临朝，汉之吕雉、唐之武曌，且优为之，而谓女娲为作俑也哉？此又不待智者而知之矣。邑城西北隅、鞞山之麓有娲皇圣母庙一区，创始于雍正间，随山结构，舞榭在庙外山坳，以便凭眺，妆楼居殿上游，不与庙通，日久倾圮。道光壬午，都人士咸思重建，乃庀材鸠工，移舞榭于山门之基，作台而高大之。东西新辟二门，门上有楼，妆旧基纯固于石，而且凿山开道，天梯石磴相连。向之迂道而升者，今始与庙通，凡正殿、享堂、妆楼以及东西翼房、灵官神庙皆撤而新之，名为重建，视创始实倍焉。落成之日，藻绘聿新，四方香火，咸源源而来矣。是役也，凡费缗钱约千余贯，阅数月而檀越毕集，人之力欤？神之庥欤？然则女娲氏之神亦灵矣乎安在？傅会之说不反为神增重也哉！是为记。

娲皇圣母庙重修碑记

举人魏守经撰

附碑记文曰：邑东下合村之西沟有娲皇圣母庙一区，创始于崇祯初，入我朝乾隆间增修二次，逮今又数十年，将就颓敝，村人复醵金重修之。庙院凡三重，阶级以次而隆，最上为神殿，两翼有廊庑，俱葺治完固，于道光乙巳之首夏鸠工，本年之孟冬蒇事。越岁丁未，将勒石为记，乃征文于余。余按女娲氏继太昊而治者也，顾纪载所传多不经。郧阳竹山县西有女娲山，人谓炼石补天处。《录异记》又谓房州上庸界有女娲庙，为抟土为人处，何其怪也？雪航赵氏谓诸子书多寓言，盖当共工氏俶乱天常，天经地义几泯灭，故曰天柱折，地维缺。其云炼五色石者，复五常也，以能体元立极，故曰补天也。由是例推，彼抟土之说亦谓立人之道，使人各完其为人而已，其理差有可信。抑余疑今之祀女娲者，肖女像而尸祝之，程子《易传》曰：妇居尊位，非常之变。几例女娲于唐武氏，其果然乎？否乎？余意以女娲为氏，因其顺承天行，生化万物，犹之教民巢居而为有巢，教民熟食而为燧人耳。而世俗不察，以女娲为伏羲氏妹，抑思伏羲又曰庖羲，特以其养六畜充庖厨，不必越俎而代也。而谓娲皇之必为女也哉？然而人之圣母之者则亦有说，以荒远不可见之，故据字义而仿佛之，一若今之祀魁星者，肖字形而为鬼踢斗，相沿日久，有所借以生其敬心，是亦不为无补。凡瞻仰圣母者，苟能不自弃其天，不自亵其天，是即自补其天也。能力求其为人，是即抟人遗泽也。至若祈求嗣续者，果体生生不已之心，即圣母之著有灵异也。持是说以告村人，其邀福于圣母者，当自无量也。乃为圣母颂曰：禅通之代，厥有娲皇。继天出治，覆帱无疆。炼石抟土，竭蹶不遑。其语至诞，其理至常。历世万万，人纪人纲。何以佑神，一曲笙簧。

重修会仙观碑记

邑人魏守经撰

附碑记文曰：邑之东三十里监漳镇有庙一区，曰会仙观，旧耳其名而未尝一至其地。道光庚戌岁，本社人按地亩醵金，兼募金于外，自春徂秋，凡八阅月，重修工竣。越明年正月，将谋勒碑以纪其事，既砻石以待，乃邀余往游，而征文焉。余尝于邑乘中读赵乾符先生是庙碑记，以为贾志韬会仙于此，因以名观。初不知志韬何许人，兹得来游是观，遍览庙中碑碣，又与本观道士联榻共话，乃知志韬为本邑东贾里人，元至元间栖真于三陇山五龙神庙，始建是观，至明嘉靖年更拓而增之。今其庙外，南向为关圣殿，殿基筑高台约丈余，始与庙内院平。院正中为玉皇殿，由两角门再进为三清殿，所谓玉清、上清、太清者也。其两翼为五祖庙，为十阎罗殿。由东西再进，左为邳神庙，右为三官庙，历国朝康熙、雍正年数次重修，皆因其旧制。今之重修者，或撤其上盖而圬治之，或度其基址而更筑之，缮完坚固，藻绘聿新，较前补葺数次，规甚宏，费尤甚钜。盖当时和岁丰物，力稍有赢余，人辄思修举废坠，以图永久，非必有慕祈禳萦祷经咒符箓之为也。顾窃疑庙南三陇山，土人相传有二龙池，有凤皇台，称名不嫌附会，而元坛内外别无会仙古迹，何也？岂道家之说果宗老子，但主深根固蒂长生久视，而黜一切荒忽诞幻之为与？抑自元迄今，六、七百年，虽或有白日冲举，若而人而失传已久与？方今为圣天子御极之元年，海内清晏，民物阜成，环顾宇内，凡水光山色中尽是福区灵境，固不必谓清净为师、太和为友者之别有其人也，更不必谓银宫金阙、阆风瑶池为别有其地也。若夫文成、五利、林灵素辈，假借方术，诪张为幻，好异者类喜言之，而岂余之所敢知也哉？

重修八蜡神庙碑记

邑人魏守经撰

附碑记文曰：自城西门外，阛阓鳞次，嚣且尘上。过清尘寺西廛舍，稍稀迤逦。出药王阁口，西来爽气，扑人眉宇，城市浮尘，一时净涤。近望漳河以南，村墟历历，平畴如掌，每当夏秋之交，连塍接畛，禾黍茂密，田家风景，色色如画，而八蜡神庙适当其冲。庙创建不详何代，自前令祝公修葺后，乾隆四十五年又加重修，迄今阅七十载，栋宇渐多敝漏，邑人复纠合众力谋更新之。自补葺正殿外，凡廊庑、山门、庖福俱为改建，基固以石，壁甃以砖。事始于道光己酉春，落成于本年冬。越明年庚戌，将砻石以纪其事，群以缀文属诸余。余按蜡之为八，祭有八神，而同其处，皆所以报岁功也。王肃分猫、虎为二而无昆虫，郑氏数昆虫而合猫、虎为一，且礼陈辞及草木，而八蜡不数草木焉。总之，合聚万物而索飨之，不必只此八者，但以此八神为主耳。又是庙自八蜡神外，肖像有三，用孔安国说，以羲农黄帝为三皇，盖以伊耆氏始为蜡，神农初国伊，继国耆，说者谓蜡戏始于神农，非尧帝也。故以先啬外别祀神农，因神农而及神农之前、神农之后，吾意凡黄冠草笠之徒，歙豳击鼓，熙熙然来，其所以邀厚贶于不穷者，何妨以野人本色效媚于神哉！爰拟为祝辞以佑神，其辞曰：嘉种诞

降年用康，铺菜垂颖田既臧。我田稚兮无毁伤，行看秋稼如云黄。蜡祭古礼文辉煌，明神随在来洋洋。白叟黄童罗酒浆，明德黍稷胥馨香，蒸蒸风俗成福良。

重修崇城崖东门碑记

此碑文与本书正文重复（正文题目为“重修崇城寨东门碑记”，与拓片一致），此处略。

重修净云庵碑记

进士陈舜裔撰

附碑记文曰：人性之无不善也，苟有以触其天机，使诚发于中而夺于物，则悦安而守固，虽不必尽合于道，而亦可以破人心之悭，乐施之用，而相与观古道之留。仲尼曰“民可使由之不可使知之”，盖深知牖民训俗之方，难与言精微中正之故，而因其机而导之，即庸愚不苦以为善之无阶，如世之修庙祠，神得无近似乎？今夫人莫不各私其有，往往父子兄弟箪食豆羹吝形于色，一旦割其财而分之，泥神木佛，将毋悭甚，乃毫无芥蒂，乐为资舍而竭力，虽心之蒙，实善之机也。不然人孰不欲拥沃壤、起台榭，居有连

檐高阁之丽，与夫土爰稼穑之富。忽焉拱手以奉之神明，若捧爵酒，妻女无诟调之语，岂非慕义好善有以动之而然乎？如必正其非辟，其说将并驱为鄙吝而一物莫舍，是诲之私也，绝其向善之萌也，大昧先生神道设教之旨也。故与其禁之毋宁存之，以广其义，是亦行古之道而医世之微权寓焉矣。吾乡人多好善，而邑东称最。有居士韩名士弟名状者，累世斋素，好佛老，喜施予，造浮屠，建梵刹，所到成功而勿坠。祖居鹅头，后寄耕韩家垴，因以起家。尝经天成砦下，见有古庙倾圮，神像剥蚀，遂恻焉心动，移之韩家垴，乞于叔祖葵阳君舍地以居，因之建宇装严，凡瓦石土木金漆丹雘之费虽取助于四方，而其父子兄弟乐蠲其财者居半焉。宁其自图福利而为之，抑其祖父来世有慕义好善之诚宜乎？其悦安而守固也。予过其地，乡人因丐予言以纪其事。呜呼！予虽不佞佛谄道，而未尝不乐取于人以为善，故亦不暇考其神之出处与夫福泽之感应，因乐广其义以布之，姑存其说而志之，盖劝善也。

五龙神庙重修碑记

此庙踞牧羊山巅，清道光二十二年修。

进士彭作邦撰

附碑记文曰：岁庚子，余主讲晋阳，武乡瑞亭契友来学，阅其艺，材优学赡，伫望飞腾。乃秋杪旋归，经年不至。越壬寅复来，询以辛丑学业，则以经理修庙对谭，次出一纸，请余为记。爰即其文而删润之。按其乡之南，有峰曰牧羊山，山之阳有绀宫丛隆，曰五龙神庙，庙所始由来远矣。在前明万历间，与东百步许玲珑山黑龙神庙为一社，故彝鼎多明季年号。国朝康熙十九年，邑令李公讳琛率社内李世英等新建兹土，嗣后每年七月十五日祭祀，神前、义门、刑庄三村主之，而黑营庄附焉。进驾则于外乡周保，而执事之规永定矣。夫以神之德沾溉黎元，自明迄今二百余年，每际时逢水旱，远近拈香，祷祝者不下数十村，久沐深恩。顾风雨飘零，其何以安？先世叠经修补，碑碣俱存，年来栋宇剥蚀，倾圮尤甚，屡议重修而苦于财乏，经理无人，事辄中阻。辛丑春，四村会议，各举几人垫钱倡率随之，或量力施舍，或倾囊争名。旬日之间，四村捐钱七百千有奇，又从外乡略行募化，共醵钱二千余缗。于是鸠工庀材，诸事悉举。正楼、殿乐楼俱易砖石，昭坚固也。东西两廊，各益长檐，庇风雨也。其余若膳房，若山门院落，靡不视旧增廓。又以嚣杂非妥神明之区，将马棚移至庙外。逾年落成，约用钱一千八百余千，剩钱二百余千，置为田租，永作香火之资。废者举之，缺者补之，淡者黝垩之，金碧辉煌，共仰神灵之赫，殿宇巍焕，聿征庙貌之崇，甚盛事也。捐钱姓名，另列贞珉。经理人氏，俱载碑阴，均不可不纪也。余生平足迹半天下，宦燕使蜀使贵阳，所过名山古刹辄经游览，每睹荒祠废宇，未尝不慨于振理之无人，观瑞亭此举，知不仅为文章士也。余既记其事，并及其请记之巅未如此。

重修南相寺碑记

赵昌业撰

附碑记文曰：近世人心风俗之弊，皆起于玩细娱而忘远图，凡声色、歌舞、游戏、征逐以及一切侈荡之乐，当其适观快意，慷慨自豪，虽一掷千金而不顾。及至与之计议公事，如平治道路、修葺祠宇，不以为难而阻之，即以为迂而笑之，故虽庙寺残毁而日不暇给，求其力为鼎新也难矣。故观于庙貌兴废，而其人之好尚举可知也。东庄，昌业邻村也，前山之麓旧有龙神祠，殿西分祀明灵王。再西则南相寺也，正殿供佛三尊，观音居其东，左右神廊各具。昌业早岁尝读书于此，暇日摩挲碑碣，知其创于宋朝景定年间。后虽屡修，而历年既久，倾圮亦已甚矣。道光四年，合社纠首等倡议重修，不期年功告竣，邀余往谒而记其事。余相其规模则宽敞而高明，察其制度则巩固而精整，较之始作，功且不啻倍蓰。余既耸然异之，因问其功何以起？则曰前人之所遗，不忍废也。因问其财之何以集？则曰乡邻之所助，不吾拒也。问其成之何以速？则曰神灵之所遗栖，不敢懈也。余于是而知其力之勤，虑之远，而其俗且自其厚也。何也？其人之所尊者神也，而神之所籍者人也，盖尝历验于乡邑之间。凡祠宇之修饬而完好者，其民未尝不安乐丰盈，其祠宇之摧残而败坏者，其民未尝不流离而耗斁，此岂神与佛而故显其灵而祸福哉？饮博游荡之习既已罄，其资财而不能自给，又安有余力以奉神也，是以其地日贫而俗日薄。若夫人知节俭，户习勤劳也，已有田畴而必易，已有墙屋而必修，而神居佛像独漂摇剥蚀于风霾雨露之中，反之于心，必有大不安者，故凡庙寺之修固以祇肃乎神明，亦所以自顾其体也。而过者觇其气象之振兴，早已知其日盛矣，此固自然之理也。今东庄乃能翕然同谋，有以成数百年未竟之绪，故观其经营匪懈，岂不思肯构而肯堂；观其捐资不吝，岂不思睦姻而任恤；观其同心共济，岂不思讲让而型仁；盖即其所以事神者，而自处之道与接物之方胥视乎此矣。则此寺之修，足以惊乎后生而振励夫末俗，是可尚也。余因不辞因陋而为之记。若夫佛氏之宗旨，既非业之所素习，至于祈祷福利与流连光景之词，皆非所以告吾乡党者，故不书。

重修崇法寺碑记

文曰：县治东偏七十里苏峪村有寺曰崇法，邑乘载之，寺中碑碣罕有存者，故难详其命名之义与其创造之始也。前院南北正殿各一，规模宏整，皆以供佛。东北隅作庙，以祀吾夫子者，为文庙。西北武庙，以祀关圣。中间屋宇三楹，老子居之。盖一庙也而三教之主在焉。始时南殿正中为铁佛像，左为老子，右为梓潼帝君。嘉庆二十四年，村人见其日久坍塌，谋为修饬，以为众神共栖一室，非所以致钦崇之意，乃以村外别构文昌阁，而于北殿后移奉老子。阅五年而功告竣，余因村咫尺相邻，属余为文，以纪其事。余以为三教之名其来已久，虽其所谓法者各不相同，然自秦汉以迄于今，其崇奉者未之或替也。昌黎云：古之教者处其一，今之教者处其三。又云：古之为民者四，今之为民者六。是二氏之法至唐寝盛，由是以后，历宋金元明诸贤，攻之者不遗余力，而其道转以日兴。余尝深思极议，以为二氏之法三代以上不容有，三代以下不能无，非可以空言而辟之也。何也？中古之时，人心浑朴，风俗淳厚，人人有士君子之行，故不必有所劝而为善，不必有所惩而自不为恶，所以凿井耕田，共遂其优游之乐。当是时，虽有老佛生于其间，亦拱默而无所施其术，此其所以无老佛者也。降及后世，嗜欲之恋日深，攻夺之谋日甚，邪僻残忍有非刑罚所能禁者，二氏于是设为轮回果报之说，以为发聋而振聩，故人多不畏刑罚而畏鬼神矣。是吾儒导人为善而二氏禁人为恶，亦运会所趋，有不得不然者也。又况自井田既废，鳏寡孤独废疾之人无以自养，往往寄迹其中，以全其躯命。往常见僧道之徒能明所谓清静寂灭者什无一二，其余务耕作，出赋税，与凡民无以异，但不过无室家之累耳。今必欲驱数十万无恒产之人而使之托身无所，安能保其不贫且盗也？然则井田之制一日而不能复，则二氏之教一日而不能废，古今异宜，未可以拘墟执也。我国家制作精详，超越万古，其自京师以逮乡郡州邑，莫不立之学宫，其于吾夫子之道可谓极尊崇之礼矣。而于浮屠老子之宫亦未尝设为厉禁，而听民之自为修举。又且僧纲道纪之属以统辖其徒而息其纷争，盖兼听并观，廓然无外，非恒情所能仰窥其万一也。今苏峪独能因其旧迹更为新图，于宜修者修之，宜建者建之，其用力既勤且笃，而为虑又深以长也。嗣是后，凡儒衣儒冠释奠于先师者，固凛然于名教之是遵，而僧道之徒亦各谨守戒律以无怠。前修将人事既以与风脉日以厚，地气之盛且自此起也，讵不美欤？庙既无碑，因为原其崇法者如此。至其经营之方、财力之费、位置之宜，已具于村人李某碑记中，兹姑不论，而特论其大者云。

重修通玄观记

举人史纪撰

附碑记文曰：邑之东三十里上北漳有通玄观，观居村之中，漳水朝宗，众山屏列，而民居行布左右。观下有泉，泉深丈余，阔不及三尺，每当月夕，不必月与泉对，而泉先得月，名夜月泉。详于邑志。相传为邑之胜境，道人杨志玄所创始也。道人，乃元代至元间人，学老子真修五千言秘旨，殆有得焉。神工鬼匠，月斧风斤，未尝需民间一赀一物，而观已落成。宣圣谓老子之为人其犹龙耶？而吾想道人之为人其犹老子耶？抑亦前身明月，三生石上，老子即道人，道人即老子耶？吾不得而知也。自创建之后，越有明成化八年增修之，越我朝雍正三年又增修之。迄今二百余年，风飘雨蚀，星漏月穿，非惟无以壮观瞻，亦不且难以庇神像也。同治三年冬，纠合村人，公议增修，共募钱一千三百余缗。兴工于四年二月，告竣于本年八月，所募之钱不及所费之钱一百二十余缗，以观湾租科补之。因念观湾十五亩社地，乃道士任洞安之祖任杲暨其伯父任子云所施奉也。近临漳水，决而复壅，壅而复决，村人忧之，因商诸任姓，遂出卖于邻村，得价钱三百六十余缗，悉用所得之价转买本村地四十一亩，以当任姓所施之地。虽非真鼎，还齐无异，完壁归赵，盖不没任姓所施奉之德也。事既竣，经理者征记于余，余询其始末，乃援笔而谨记之。

重修崇城岩圣泉寺碑记

此碑文与本书正文重复，此处略。

移建海渎龙王庙碑记

系清乾隆二十七年，在县西松碧村。

举人魏宸拱撰

附碑记文曰：松碧南山神庙者，武邑海渎王焦氏故庙也。自古立在山巅，今遗址尚存，后廓而大之，移于山之麓，几百年矣栋楹梁桷枝楹腐黑挠折，盖瓦级砖破缺，黑白漫溃不鲜。本村王国柱等目击心感，慨然增修。工告竣，悉书募缘人名氏，属文于余。因按志所载，原其始，著其功德，识其封而终系其辞。日海渎王长乐司徒村人，姓焦氏，失其名。或曰“失其”即名也，莫知其然否。父为县里书弹，精《周易》；母杨氏，于唐咸通九年七月五日生王。生之夕，白光照舍，秀云绕屋。七岁尚未言，十三岁弹厉风发，亦精易象，出入天文，道地理、遁甲诸书。又得修养秘术，能致云雨。夜梦日华贯顶，有神人送以玉匣，曰“此天赐汝”，俄而觉玉匣在侧，启视皆龙虎篆，尝习读诵之，多不晓。后从容游，遇一父老至前，以灵符玉印付王，无他言，不复见，王怪之。由此知其术，得古剑，遂开北洞，曰是天设之以居我者，即今之洞府是也。其功德曰：唐纲解纽，兵甲数动，王隐居奉亲，日行阴德事，以救济邻里。邑中大疫，王设方疗之；壁底等村水骤发；西有蛇为患；阔陇有妖；上党魔为祟人，数惊怖之；有富室为妖龙所据，王治之而妖尽绝，其驱除害物也如此，夫岂与智度方便虚荒怪诞同乎哉？游漏岩泉，有指水南行之异，自是腾云驾雾，王莫知所终。王享年三十有四，或曰二十有四，殁后葬县南十里，今殿则渠盖有王冢云。后歼除草寇，威灵四振。凡指洞求雨者应如响，后人求雨自此始也。风灾熄灭，谷菓完美，迄今数百年，松碧尤受其赐，人呼大天。其封曰唐昭宗二年封为风雷将军。后唐废帝二年，加封灵侯爵，以长乐十八村租税为王香火赀。石晋高祖二年，加封为显圣公。宋徽宗元年，天子感其灵，以为古爵莫贵于公侯，故仿而依之以事神。今王亦爵也，虚王仪而弗用，非致崇极之意也，遂加封为昭泽王。元世祖渡海南征，王阴为助，加封为海渎昭泽王。明太祖改封为海渎之神。凡六封。辞曰学者多言无鬼神，然余读诸志至焦王驱妖降龙之事，岂不灵哉！迄今有祷必应，不崇朝而雨遍天下，况僻隅乎？余至松碧，闻庙有白杨二株，屹然可观，窃心异之。及入庙拜其像，心益肃然，如将见之。谨篆其事勒诸石，令求者得以览观焉。

重修圣泉寺碑记

此碑文与本书正文重复，此处略。

复立崇兴寺碑记

时在大明隆庆元年，在县东石科许家垴。

廪生李惟撰

附碑记文曰：盖自金身召梦而佛经始贻天竺，绘像清凉而释教殆遍于国中，虽日尘界六合，幻梦人世，然以古之帝王尚有尊敬，而诚信者似亦有道存乎其间，吾儒不可尽穷而深非者也。狄、胡二公之禁严矣，史称万代之所瞻仰，其终弗克朴灭焉者，谓非以其势重而不可殁欤？自是而后，国有禁例，修建益繁，凡梵宇林宫巍然壮丽，极有上拟廷阙者，无非示人触外惕中，动其为善之念，起遏恶之心也。今兹崇兴，古刹也，自创建及重修，迄今百有余年矣。至嘉靖十一年，邑宰因迁县乏木，将斯寺而废之。是时神无所依，僧穴处，固不敢觊其后日之为何如也。延至四十五年，住持僧誓来号静庵、门徒海宝号荆山奋然有修复之志，且虑功大难举，然非得人不足以图成，遂集省祭温子秀、乡老李舜卿、张绍祖、史效智而商议焉。众咸欢然应之。即同心协力，量财度功。施财者无限于贫富，效力者不计乎弱强。起建正殿三间、南殿三间、关圣伽蓝祠二间、门房一座，皆焕然而再造矣。其间诸神形像之修补悉备，采绘无遗，将见金碧辉煌，轮奂奇新，而俨然西域梵宇之在目前也。见之者悚畏骇惊，诚足以动人为善遏恶之意云。回视向废之日，不惟无少损而且钜增其美。实自经始及告成，不越季而终焉。因请予为记。予以集事非难，得人为难，人得而事举矣。今静庵跻耆寿衰备之年而能成此光伟之业，诚足嘉也。故忘其鄙而稽其实，强为之志。尝闻曰“善作者不善成，善始者不善终”，言继之者之难也。今美矣盛矣！因有其始矣！然使盛而能传，美而益彰，而保其成功于勿坏者，荆山之责也。噫！荆山其最诸。

武乡县监漳镇重兴集市暨建东阁之碑记

清康熙九年

拔贡赵三麒撰

附碑记文曰：环武皆山石，田无物产，不通商贩。其男子号能耕者，卤莽灭裂，不能尽厥地利，其不耕者皆游民坐食耳。业废则民贫，民贫则转徙，户口耗而国课绌。前中丞元白魏公乃笃维桑梓，力请当事于监漳镇立市，民得恃以不匮。嗣麈肆闯烬，市亦渐罢，同知窦公与先大夫复振新焉。姜变之后，又为虚所。数百年来，易粟办赋暨日用所需仍仰给于外方，不惟舍己耘人，亦且跹道妨农。夫官如传舍，民难更始，地方有可兴除之利弊，谁为之幸？皇清统一，时和岁稔，督抚宪孜孜保庶，请问地方利弊。邑侯吴使君历陈民难，艰如屯征。本邑钱粮官廨马归驿养、课士讲约大政，废无不举，害无不除矣。再士民之控，因民所利，复兴镇市，侯躬巡，下令司直，禁武谨量衡革浮税，通功易事，各得其所。余时过而观之，见曩之游民，今习生业矣。曩贾贩不通，今愿藏市矣。转徙者，今适乐土矣。商歌廛，工歌肆，而农亦歌于野，日何天之衢，吴侯赐也。吴侯有不归之各宪，各宪不有曰此圣天子久安长治之福覃也。夫市经三立，修举不易如此，开市之日，或羽士云两河环流水口，必逮关帝阁镇之，庶其市永而弗替，佥以神人协从。不日成功，爰志贞珉，俾梅隐爱举者劝勉同人，各持公道，毋负侯意，幸甚！侯讳月英，字人千，蜀之中江人。儒学训导南廷俊、典史萧辉。

创修圆通院碑记

举人赵昌祚撰

附碑记文曰：凡创建之事，阅数十年而后成者，出自一人之力为难，出自一衲之手为尤难。以萧然一衲，年及垂暮，资其囊钵所余，不询众，不募缘，经营缔造，而竟克其志则愈难。我朝重熙累洽几二百年，民物殷阜，踵事增华，无论通都大邑，供香火之地庙貌备极庄严，即丛祠梵宇之在乡陬者亦莫不丹雘黝垩，焕然维新，此固众生向善之念不期而然。其间或大户捐赀，或纠众募化，纷纭作辍，变态多端，甚至黉缘为利者往往有之，无僧俗一也。惟自悦和师之创修圆通院则不然，师之少有根器，先薙度于圣泉寺，持戒后复云游京师十余年，返钵以众请乃主曹家梃极乐禅林丈席。修废振坠，并置善田若干，有碑在本寺中。居久之，见寺后里许幽敞盘曲，可为兰若胜地，乃出赀购置，相度地宜，鸠工兴作，俱有条理。起嘉庆壬戌，迄道光壬午，阅二十四年而功成。其经始之年，先修东房三间。九年，修西房三间。十年，修正殿三间。十一年，塑像金装，修东西禅房六间。十二年，修西窑三间。十四年，修南房三间。二十年，修佛阁七间，并座落大窑五间、斋厨二间。二十三年，修法堂三间、东栖五间。道光元年，修门楼一座，并子墙影壁。五年，修洞门一座。共计墙垣门槛外次第修创殿宇房屋四十三间，其所费赀财以本非募化，故不必簿记也。其助之经理者，无过其弟子孙曾，例宜勒名，其以余力所置田产等亦应详列于后，以垂将来焉。余于暇日游憩，常见师之为人修干奇伟，渊然不可测识。与之谈，时露机峰，然亦不作奢遮语言。及营建之事，则曰此自有数，如平地造七级浮屠，日积月累，自然功成。至哉言乎！人之惮于创始者以难，必功之遽成也，乃无何而奄忽数年，又无何而泡影一世，回忆生平，岂无尺寸可竖立者？而迄无成就为可叹也。惟其精心果力，积渐有恒，则须弥之藏芥子，茎草之化金身，讵幻境哉？其理固然也。由是言之，空门之所以修持一切，因果之说皆可作如是观矣。和师今年已望八而壮健如故，非有得于中者不能也。其所名圆通者，亦自然妙觉之义，仍与常住之极乐相印合云。是为记。

永寿寺碑文

在县西贾封村三峰山。

进士冯经撰

碑记文曰：武乡县治西北百里地属贾封村，村有三峰山，山之半有说法台，其地峰峦秀丽，林木参差。自武平元年，失名僧人肇因其地而建是寺，其额曰永寿寺。寺之后又有古舍利浮屠之塔，仰而观之，高接云霄之表，凡骚人墨客之好事者莫不登临以为游观之乐，则四围郡邑旷然在此目前。俯而视之，则群山蓊郁，巍然峙乎宇宙之间。北山之隈旧有龙王堂一所，凡遇亢旱，虔诚祷之辙能以生枯槁。东望介推之庙，南观黎王之祠。舍身之崖，其高千尺而障之于西。八角之井，其深数丈而居之于北。之及泉亦能兴云作雨，以济万民之急。诚为一方之灵境也，而是刹建于其间。成化辛丑，沁州北关西里善士葛世英者素有济人利物之心、仗义疏财之志，一旦偶游是寺，见殿宇倾颓、廊庑损坏、佛像蒙尘、金容剥落、香火消疏、人迹罕到，既不能耸大众之皈依，又曷足起僧流之瞻仰，而居是寺者徒兴感慨而已。世英即虔心而有鼎新之愿，大舍赀财而兴装修之功。遂请本州山曲村大明寺上人觉真弟子性喜住持于此。因发苦行，恭持缘簿，不惮跋涉之劳，远及江南荆襄之地，得施主金帛若干数。大广兴修，遍竭十方之善士，鸠材陶甓，躬求百艺之良工，以故擅那善众，施主信人。于是开广旧基，营筑新址，莫不同心协力。土木风行，斧斤雷动。重修正殿五间，壁绘八十四阁。增修南殿五间，内塑十二圆觉及十帝明王之像。东建护法之祠，西创伽蓝之殿。香积库藏，悉有其所。方丈禅堂，俱有其第。金碧辉煌，丹青炫耀，并故造为之一新。弘治壬子十月二十八日厥功告成，而住持性喜同施主葛公世英乞予为记。予又景仰上人与夫门徒祖文、祖亮，尚当暮鼓晨钟，祈皇国于悠久，朝经夕忏，祝圣寿于无疆。度愚昧而同登彼岸，示昏浊而感出迷津。不惟享福于今世，抑且荣贵于来生矣。

重修净尘庵记

进士李重华撰

附碑记文曰：眼、耳、鼻、舌、身、意，六根界也。色、声、香、味、触、法，六尘界也。六尘净则六根净，外缘不染，内念不萌，此殆浮屠氏名净尘之旨也欤？而非吾之所谓尘也，则非吾之所以净也。履趾蹴蹀，轮蹄蹂轧，十步之内，非烟非雾，翳白日而昏青云。仕宦驰骤之邑，商贾辐辏之市，远而往之，烝烝然暖暖然，不风而埃，莫辨庐里。须臾之间，白者易缁，而冲剧之途车骑络驿，行侣如蚁，抵舍相视，殆抟土为人而刓刻官窍也者，此则尘纲恢恢渔猎众生者矣。善乎！老子之言曰：至治之极，邻国相望，鸡犬之声相闻，民各甘其食，美其服，安其俗，乐其业，老死不相往来。其谣曰：载以清净，民以安一。屺非群动，既息块坲。不兴之验哉！浮屠别业之在南关者曰净尘庵，其地南通江汉，北抵沙塞，晋人贾于南，南人之商宦于晋者率以是为通衢，策蹇担负，日相属于道。清泉白石沦于尘氛，而庵适当其冲，创始者其有意乎？其无意乎？杨枝甘露，遍滴薰心，相竞相耀之气平而涂之人可归而室矣。庵之作始自无稽，乾隆间曾毁于火，住持僧澄琅重建，太史李公为记。近复圮于水，其徒曾孙性慧募而重修之，而乞记于予。夫予尘中人也，行将服官，就道插脚，十丈软红，以博升斗，其于尘也，其从而扬之乎？抑求所以净者乎？

移修观音庙碑记

进士史传远撰

附碑记文曰：观音大士为善神，以能引人于善，而人感其善，而乐奉之也。于人之善者，爱之慕之，必引而进之，以底于善而后已。于人之不善者，怜之悯之，亦必引而进之，去其不善以底于善而后已。夫进善者而引之以底于善，斯善之矣。若不善与善相反，欲去其不善而引之以底于善，则固未可必也。乃其善结成缘，无善与不善，莫不倾心而乐奉之。夫迎其善而导之予之所固有，而动之以其所不容已，自无不欣然。合者既不善矣，而引进之以底于善，一如善者之予以所固有，而动于其所不容已，固其予人为善之，诚有以入之深而化之速，而亦以见人心之善之同，其不善者其初未有不善者也。马岚头旧有观音庙，年久倾圮，合社居民等募财而移修之，复请上合附贡梁雷于布施外捐庙旁地作廊房院一所，门室阶砌，焕然毕举。余欲使人知善之本同，而引人于善者之必无有不善者也。因记之。

重修汤王庙碑记

元大德五年，在县东三十里。

儒学学录王彬撰

附碑记文曰：夫自三皇肇位降及五帝，所以继天道，立人极，施教化，明人伦，造书契，制衣饰器用，而礼法皆备，三王承之而出焉。汤兴于其中，观其师轩法昊，祖舜宗尧，代夏救民，不迩声色，不殖货利，任人惟己，改过不吝，以义制事，以礼制心，乃圣乃贤，克宽克仁之德赫赫然，具载于商书，亘万古而存不之坠也。武城之东几三十里，附大河之曲，川原掩抱，溪谷吞吐，厥壤肥浓，桑柘荣茂，聚庐为里，名之曰李峪。风俗淳俭，民皆殷富，咸知礼义，怡怡和睦。里之后仅数十武盘绿而上，有土掌迎阳，微宽而平，有古祠立焉，榜之曰汤王庙。故老相传，金泰和间创修之，其地势也依冈据峦，连山跨壑，逾百里不绝。庙之四方多有胜概，乐岭坞峙。其东永利桥壮。其西南临漳水，风浪云涛。北接怀山，岩松涧柏，此真神栖圣处之地也。逮国朝丙子春旦望，祝香礼毕，里中名族姜源、王贵等同辞而谓众言曰：“殿历年深，梁栋腐朽，丹青漫灭，日月不仍，以隘陋不足显神之威，欲广大庙宇，尊崇圣像，可乎？”佥曰：“可。”于是与众审材计料，日命工度木计日。将事，富者输财，贫者殚力，如鳞斯集，如辐是辏，工不绝役。以构以塑以丹以雘，甃砌址基，开展院庭。易狭隘为宏敞，增卑下为高明。岁不数周，厥工告成，焕然一新。俾来者登庭入户，观其风翥云矗，虹亘电耀，巍巍焉，翼翼焉，惕然不觉敛衽加敬，所谓同天地，象日月，望之广，视之雄。现王之衮冕仿佛于瞻仰间，血食祀之故宜矣。礼经有云五岳四渎则祀之名山大川，圣帝明王则祀之有功于民，以劳定国则祀之。余之于斯，岂敢饰虚祠以惑其众哉！能事既毕，一日姜源、王仲等挈壶觞而来，过余求文而记之。余以乡邻之亲，友义不可辞，援笔以摭其实而书之，斯缘也。盖乡老王宝首倡于其始，郭瑀董督于其中，王仲子平图成于其后，大抵姜氏之族，纠集统率，居多有功。若夫施钱物木植装塑，凡有功于庙者，别具诸碑阴谨拜，手为之记。

重修龙泉寺碑记

清顺治十七年

庠生赵希明撰

附碑记文曰：粤自赤髭碧眼从来是梵刹之宗，青莲妙相自古显西竺之灵，故净土偈法，沙门演教，而后汉廷上金人，隐隐而显奇尊，乃遣使迎经，绘像清凉，亦慈悲而四生管化，广通慧而六道蒙恩，由是宇内以无量功德建祠立像，修斋诵讲，比比而是，盖自明帝始也。野史所载则然，然而祖意西来，四大身若无若有，何用梦中说梦。宗风东唱三乘法，愈究愈精，勿劳头上安头，故释派玄机一口难吸，而建修功德可述而志也。吾乡河北里庄之东有龙泉脉寺，据鞸山峦峰耸秀，面临漳水，波流潆回，凤岗东朝，风洞西拱，荒庄古刹，虽非纸树绀园，亦是缁庐灵鹫，创建由来远矣。梵宇沦落，故址尚在，我一祖讳元由邯郸而徙居郑峪，元季子曰嵩，予二世祖也。递衍而至五世祖，曰班，为本县令，以廉自守，雅称好善，给谷百釜，输银百金，重新改建。继而予七代祖曰广元，任节度使，增修大殿前后三楹，僧房四十余间，割置四维平地一百余亩。至明旨勅毁，建立学校，止遗山门半间，圣像无所依栖，朝雨流潦，夕天罗宿，地土兼并，寺僧四散。然而古志铭碑，贪霸恶其害己，尽为凌湮，迄今片石犹有存者。予高祖中兴讳义君，时以义勇为本，处总军都统，目睹心悲，肫肫然与县尊讲议，重修于大明景泰，复置寺外平地一十六亩以为护寺供给。相传而至于邑庠廪贡予曾祖父以来，其间凡坏几修，不可胜纪。明崇祯乙亥岁，予偕尹公学师、大司马魏公、大司空程公、大中丞魏公东游西旋，雨阻寺中，目击殿宇缘因岁月滋久，致使风雨倾欹，金界鞠为荆榛，景相蒙于野露，旃檀琼树化作断梗荒藤，败瓦颓垣剩有鬼粼莹火，犹之乎昔日之无所依栖也。三大老谓予曰：“翁家子姓蕃衍，人文代出，由尔先祖功德所种，今俯佛堂建此要路，何临落乃尔，神诱耶？人启耶？”予心不觉油油然，顿豁我祖当年慈悲心头，煌煌四顾，功程浩浩，夙夜鼓掌。任难独副，还而谋诸家长，佥曰：“唯唯。”转而谋诸众善，亦佥曰：“唯唯。”予斯时神游三味，大作踊跃，即谒予兄善人希夔等、僧上人明源等，督率纠理，募缘改建。幸而宗族乡党施财助饷，翼若鳞集，工匠等众如子来父事，不数月而功之浩浩者告成矣。人力耶？神助耶？荡荡难名。重建正殿三楹，南殿三楹，东西禅房十间，独遗钟鼓二楼未结。不意频年兵荒，予佞不敢轻为举动，继而予兄往矣，予髦期矣，不克任事，督率予子侄辈偕僧寂源赖以大众之赀，此三年之愿，于是乎废者举，敝者修，但见圣像金丹碧绿与青黄掩映，檐廊翚飞，朱门偕彩壁腾辉，视昔之风雨弗避而金像剥落者不大有起色哉！予虽不敢自谓有光于前人，亦无忘我祖建修之功德尔。噫嘻！寺维新矣，功告成矣，乡族以碣石是亟。余不文亦不敢辞，走笔以纪寔录，俾我后人异日视今犹今视昔，顾乃祖而兴思焉不可怠。厥志云。

白马山重修西齐王庙碑记

岁贡程乃绩撰

附碑记文曰：《史记》秦穆公发兵，与公子归晋，围晋师于庐柳。壬寅，入于晋师。丙午，入于曲沃。丁未，朝于武宫，即位为晋君，是为文公。当此时晋疆西有河西，与齐接境，北边翟，东至河内。文公出亡十九年，晋人多附焉。舅氏从君周旋，功最多，文公乃投璧河中以与盟公。十九年，周威烈王赐赵、魏、韩皆命为诸侯而晋地削。静公二年，魏武侯、韩哀侯、赵敬侯灭晋而三分其地，遂非姬氏之晋。遥遥千百年，宣和时耆张焕等立两神庙于白马神庙之侧，即事而罕经营。泰定二十二季，李颜等增修之。至正九年，王璘玘捐赀营缮，而规制始备。壬申，程君增神门卫。戊戌，有回禄之灾，而殿庑无损。三世祖福，青州学正，时举感神灵，继先志，土本之盛，视昔有加。入明嘉靖十八年，族祖太学生继张宗贯、宗舜辈，醵金五百余两，增其缺而补其废，庙貌复兴明季。国初，屡有修葺，而无碑碣可考其时日。康熙二十五年，家侄生员康阜同七村之善信，仍者仍之，改作者亦不惜勤而护劳，复于殿之东西偏建立庙庑六间，所费二百金，其犹羸。至今季康阜之子、生员直日五父之有是役也，曾几何时而遂或圮陀也。集七村之人而共襄厥事，于殿前创建卷棚三间，踵事增华而缘饰愈整。程乃绩曰：余尝从仲氏蓬莱公读书于兹山，入庙思敬，有志而未逮，而吾侄孙乃有是举，则不可以无言。按太史公《晋世家》纪文公事独详，辅龙升云，舅氏其一焉，是晋之地皆其有也。迨三分晋地，而晋之祀忽焉，独于兹土崇其报享，岂两神大有造于我民而爱慕之心不忘耶？庙之神三，有女像焉，以分言君臣不宜并坐，以亲言甥舅岂可比肩？然又胡有夫人像同堂异室耶？利应侯西齐王之封号亦不详其何世，庙之立始于宣和，阅几三百年始再修，至至正不及二十年则又修，其先民之世物力充斥，故坚实工致耶？抑年谷顺成咸秩无文之举耶？庙之立始于宣和，历泰定、至正，为时凡几，若李若王若张，其子姓皆式微，程氏之后科甲连绵，簪缨接踵，荷神之宠脊，其可谓不盛耶？虽然兹祀也因祷雨而起，无崇德报功劝忠教孝之义，祀于山上人之于神无殊敬也，祀于山下神之于人有合爱也。诸说之异同，塑像之参差，存而不论。可以有其举之，其谁敢废，先大夫司空公已言之，勒于石者可考。而余因祷雨之说而广其义：《诗》曰“以祈甘雨，以介我稷黍，以谷我士女”，言阴阳和则雨泽降，则百谷登，既富方谷则群黎百姓舍哺于化，日之舒长，理有固然，无足疑者，愿此同川共井之人、绣错相连之众咸各安其本业而无荒于嬉。士愿农朴商悫女憧，事神以实而不以文，则神将以清淑之气赐于兹土之舍齿载发者，其利赖我人者固不于其细而于其大矣。于兹落成之日而勒康熙二十五年、四十年两次之姓氏焉。

二仙圣母庙重修碑记

恩贡生赵嶜撰

附碑记文曰：邑治之东二十里许有村曰石科、峪口，两村之间有庙焉。山麓回环，岗陵叠卫。又有溪流旋绕，于其右超然远俗，洵形胜之地也。庙前植柏树一槐树一，挺挺直上，荫拂长空，俨有“垂阴九华帐、弄影五云官”之景。庙中祀二仙，圣母、夫母，而尊之曰圣，盖以本坤德，阐阴道，抚摩婴，保诸赤不惟一人之母，实千万人之母，且不惟一世之母，实千万世之母，此所以尊为圣母也。而记于庙者则有子孙圣母，祚胤永锡，为忆兆衍螽斯之庆。眼光圣母，视远惟明，为昏矇开觉路之登，以至麻痘瘾疹之疾，调剂觉宣，实能开郁导和，以赞生生之气，亦莫不并祀焉。要孰非有功德于民而致明禋肸蚃也哉！故每岁当暮春既望，香火蚁集，以祈庇荫。但庙之作不知昉于何时，至乾隆间复示鼎新。迄今风雨剥蚀，暗然无华，廊庑乐楼渐就倾侧，纠首等恐其颓废也。谋所以修葺之，既指己财，复募众赀，乃鸠工庀材。毁其旧而新是图，两庑间前移坐，留夹道数尺，卷棚左右翼以耳房。又以乐楼之南新修一院，以备优人之栖宿。至于甑瓿古石朽者易之，陈者新之，藻绘丹垩而庙制森然改观。功成嘱叙于余。余念昔人之制，祀典也。凡有功德于民者则祀之，况圣母之大生广生，有祷辄应，其功德为何如，能不秩而祀之乎？然人既有以妥神，神即有以福人于焉。轸念群生，垂恩赤子，将仁惠于溪流而俱远，慈祥偕山狱以同高，则尤吾修之所厚望也。是为记。

护国显济王庙新修碑记

此碑文与本书正文重复（正文标题为“北社村卧龙山护国显济王庙新修碑记”，与拓片一致，此处略。

重修崇城崖圣泉寺碑记

此碑文与本书正文重复（正文标题为“重修崇城岩圣泉寺碑记”，拓片不清，此处略。

重立防盗公约碑记

张锦心撰

附碑记文曰：井田之守望相助，防盗之始也。仁皇帝圣谕十条，自重人伦厚风俗外，尤以联保甲弭盗贼为竞竞。国家二百年承平之休，所以几于夜不闭户，道不拾遗，闾阎无鸡鸣犬吠之惊者，其源盖出于此也。武邑之东与辽榆接壤，旧有防盗公约，无事则相联络，助里党为暮夜之防，有事则公出赀财给捕役，以追获之费，乡先辈之为未雨绸缪者至矣。数年来废置不举，致捕役纵寇，失窃之家几不可以更仆数，可见先民旧章其或兴或废所系甚非轻也。同治五年秋，右堂吴公莅任，为屡蒙宪文，俾清查保甲，举办土团，公以事关创始，民多疑惧，因邀请绅耆商所以因地制宜，使事易举而民不扰。而邑东诸绅因举防盗公约以进，公阅之，跃然曰：“兹法上则遵章保甲，不违于定制，下则因仍土俗，亦不戾于众情，此真公私两便之法也，其可以见诸施行矣。”既又虑民之易惑而难晓也，因为之恺切示谕，告以行不行之利害所由，且使揭其原委，勒之贞珉，以垂永久。盖公之爱民也深，故其忧民也切。忧民也切，故其为民虑也周，非恺弟君子民之父母，岂孰能与于斯！虽然事不患其不成，而恒若其易坏，自古良侯牧为民御灾悍患，其善政良法创始者岂不欲久存？而继之者或怠废而不举，或苟且以塞责，甚且援之以为名，且藉以为乘便取利之赀。于戏！良法所以不能久与久焉者之不能无弊，岂不以此也欤？然则公之恺切示谕，且使勒之于石者，意其在斯乎？意其在斯乎？是役也诸约人同心协力，众擎易举，而首议者则赵君玉柱、郝君福实与有力焉。观其所为，识者可得其为人矣。

曾大中丞德政碑记

知州衔举人籍文学撰

附碑记文曰：忆同治初年，捻匪不靖，我大中丞曾公智勇兼全，手夷大难，克复南京，实与裴晋公削平淮蔡、王文成底定豫章后先媲烈，听其风声者方意其政事必以严为治矣。孰知来抚吾晋，适遘大祲，其仁恩之叠沛于下邑者又使人感激涕零，至于如此之极也。岁丁丑，山右全省亢旱，自四月至九月不雨，禾稼尽槁。次年戊寅，夏无麦，秋禾又以淫雨霉烂，秦豫两邻亦皆歉收。而武乡又先于丁丑夏遍被雹灾，平斗米价遂值一千五百余文，树皮草根剥掘净尽，民至淘细土磨谷橐充腹，饿殍满路，人人怀朝不保夕忧，始信靡有孑遗之语非徒言矣。我大中丞万分焦灼，百计图维，先饬各属开仓赈济，旋星驰入告奉旨截留山西饷银数十万两、拨给东南漕米数十万斛，复委员采买直隶山东杂粟数百万石，沿途设局，转运灾区。他州县不必论，第就吾武一邑言之，常平社义三仓共存谷豆一万一千六百余石，业经扫数散给，又饬将官捐银四百三十七两、绅商捐钱二万三千八百十一千有奇，均留本邑助赈。又陆续拨发给接济赈米五千石，借给权店营官兵歉米一百石，此皆以赈为赈者也。至如三年秋冬钱粮、四年全年钱粮，并盐课军米屯豆，民间应完四年冬季、五年春季夏季蓄税，皆官所应收也，则奏请豁免以代赈。三年春季，里民借食常平社义仓谷四千石。四年春季，借给贫民籽种谷一千三百石。三年秋季，借给贫民麦籽银四千两。五年春季，借给贫民籽种米六百四十余石。皆民所应出也，又奏请免还以代赈。他如优给贫民赈粮，缓征税契银两。又奏请豁免马步等四十九村坍荒地粮米豆，优给故城等十八村河漂地亩发给谷籽、耕种牛马、掩埋道路死骨以及减派差徭、严惩抢劫、禁种罂粟、续修志书，何一非中要务万不可缺者乎！总计全活贫民一万八千六百六十户，男女大小口四万七千七百四十名。嗟嗟！生我者父母，而有时父母不能生，养我者天地，而有时天地失其养，哀此遗黎犹得苏涸辙睹天日，不至辗转填委于沟壑中也，非我大中丞之德而谁之德哉！夫贤者固不可测，或则雷霆，或则雨露，久已功埒山河，名垂竹帛矣，何待此荒陬僻壤之记载为然。生死肉骨，身被之心感之，自不禁口之缕而言之者，固人情也。谨将实政之波及吾武者撮举勒石，用以为当世告并以示后世法云。

重修府君庙并移建龙王庙碑序

庙在县西，距城二十五里长庆岭。

邑增生郝汝洋撰

附碑记文曰：强圉渊献之年，乡人议修长庆岭府君庙，议既集，鸠工者郝文焕同社中共议曰："重修重事也，亦继事也，且本社所亟需修者不独府君庙。犹记弱龄时乡父老以乡北牛蹄坂龙王庙不胜荒芜，欲移建兹庙之东，迄今垂五十年，庙貌颓然，不蔽风日，每七月八日进香会至，俾无以肃樽俎，夫人且难之，遑问神哉？第以僻在荒岩，功力较难，几成废址。然则社中所宜致念者孰与府君庙分其轩轾哉？现今力犹可为，兴废举坠，或移步换形，吾侪分内事耳。"众议以为然。爰同合社及建庙时韩姓之裔起贵、国玺，高氏之裔得功陬时日爇香请于庙而签兆适符，即于殿东偏延阴阳家省山卜吉，鸠工庀材，与府君庙相继兴工。维时智者协谋，能者效绩，长者经营，壮者呈功。不数月而众棡覆栌，丹臒俱备，登凭削筑，栋宇维新，一修一建，不日告竣。更可忻者沁郡骈尔臻即庙东偏施田四亩为两庙香灯之赀，益信神之为灵所感者远也。既事之明年，纠首郝文焕等以重修而兼移建不可无以志，且援嘉庆二年韩姓墁庙院碑文余先人曾为之记，因复请序于余。余慨今昔之殊，废兴之异，天时人事际会之所至，盖数百年未有此一举也。夫记曰有其举之莫敢废也，又曰祷祠祭祀非礼不诚不庄行。见兹乡人士春祈秋报，于以馐频繁，而荐蕴藻以致孝享祖妣之至意，乡人其重有赖欤？即微特兹乡人之重有赖也。若夫更数十年而修废举坠，无弃前勋，不知后之视今犹今之视昔否？余不文，谨为序其始末如此。

泰山圣母庙重修碑记

大有镇。

拔贡王先畴撰

附碑记文曰：余按大清律，凡社稷、山川、风云、雷雨诸神以及前代帝王、忠臣、烈士载在祀典者，有司依时致祭，非此者不列。此言职守之恪奉，非庶民所得与也。有国初邑令李公芳莎辑县志，谓武邑山川人物多据其胜，独祠庙之设不无淫祀云。然嘉庆间白秀千 明府修志已载有诸圣母庙云，然后知祀典所载，第举其功德昭著、历代遵行者已耳，其他为一乡一邑之崇奉妇人、女子，皈依亦听其尸祝而莫之禁焉。县东大有镇背山临流，园田郁茂，瓦屋鳞次中曲折而列阛阓者数家，每逢月之四、七日为乡氓贸易所，名曰集场，虽僻在一隅，无奇珍异产，而卖浆、市饼、囊果、抱布者于于然，如听建鼓而趋，亦称小都会也。镇北有泰山圣母庙一区，四月十八日赛会甚盛，里俗相傳神司生育，故妇女尤为延祝之。左为眼光圣母，右为子孙圣母，两廊房各五间，乐楼三间，钟鼓楼夹峙其旁。创建迄无碑碣，岁久漂摇，莫庇风雨。同治丙寅，都人士醵金修补，藻绘聿新。逾年刻石，首事董君奉泉嘱余记之。余惟神鬼之道因应无方，祸福之端人所自致，愚夫愚妇困顿无际，往往假神灵以自缘饰，此亦习俗之故，智仁人君子所谈置者也。自佛氏入中国，诸神始有龙王、圣母之称，或竟依傍无从，傅会无稽，假名袭号，妄为指说，村奴里妪，转相恫愒，以为有一事即有一神以司之，而玄鸟履武之祥，为地道成终之任。又必冒以习见徽称，俾儿童走奉，皆可闻言而喻，而后感应广而檀越可集也。礼称五岳祀三公，秩至崇也。而柴望尤首岱宗，其神自当禋祀罔替。矧自秦皇、汉武以来，封禅之典千古艳称，至易以长子系震宫，又有宜男之象也。迎春者必于东郊，播作者亦在东皋，然则生意属东方，理良不诬，此缁释者流所以易为假借，而蚩蚩之众遂谓俾香草，而膺螽斯者果属婆心之呵护。事有专司，神必称名，三公赞化，母后合德，夫岂无因之信供耶？称母而冠以泰山者，职是故欤？是为记。

创建玄武神阁记

广志。

李锦制撰

附碑记文曰：考楚服均州之南山，有七十二峰、三十六岩、二十四涧、五台、五井、二泉、二潭，形胜甲天下，谓非玄武不足当之。其见于《寰宇记》者如此。山境之特胜者曰天柱峰，国朝成祖赐名曰太岳太和山。永乐戊辰，即天柱峰绝顶冶铜为殿，饰以黄金，内范真武像，选羽流二百人供焚，扫给田二百余顷以瞻之，其钦崇立帝若是，盖以其赞化玉清调元金阙，有裨乾坤足以康国安民也。然神应肸金，奔走天下，入献香币，不可殚纪。肆都邑慕神功者，率建祠肃礼，殆周海隅。武乡邑东七十里镇曰广志，儒官李君绍泉自上祖居于是，世敦义让，派衍诗书，且以财望于邑。君饬躬秉礼，而恪恭神明尤弗敢怠。以镇西故有关圣阁，时葺而敬事之。复于镇之东鼎建玄帝阁，其二子廪生僖、佳经理兴事，而赞襄者则侄蓁藻九思、九龄辈也。蓍日度地，庀材鸠工，凡栋梁、榱桷、槛楯、户牖、鸳瓦、级砖、文石、丹艧、匠作既廪费百金有余，取于乐输者约十分之一二，大都咸绍泉身之。肇事于万历戊子五月，落成于己丑六月。神既俨止，民有瞻依，画栋翚飞，巍墉耸雉，丹垩荧煌，高广轩豁，入斯境者易目瞩睇，诚足以礼神歆祀，伟然一方钜镇矣。余舅弟嗣庵常子行修，绍泉婿也，以其书币来问记于余。余曰诚夫斯举也，心崇乎神，寄心于阁，神将鉴而庇之矣，盖神一诚也。故传曰“神者，聪明正直而一者也”，惟一故诚，惟诚故正直，正直斯聪明。矧玄帝为北极之精，而一诚之运神功妙用有不可测者乎？自是而寅恭朝夕祗事有严，君以诚孚，神以诚格，灵贶丕显，嘉锡繁祉，固一诚之理所以不爽，而几之所以潜通者欤？呜呼！诚不息则神亦不息，越若后之人嗣，此诚而罔致则斯阁为不朽，而神庥愈荐臻也已。于是乎书之，勒贞珉，以告来代。

武金侯庙碑记

李梓撰

附碑记文曰：考之五代，均王嗣位，凶才擅权，罕见忠良。军士离心，杳闻节义。惟神崛起，布衣位登，上将武扶，一国之衰勇，振三军之弱，明君臣之义，敦生死之节，不独在梁诸臣莫之及，虽列国亦无有出右者。常详纪其遭际，忠烈首谅于敬翔，难逃赵、张之谤，奇谋相协于季振，尤来梁主之惑，德胜之捷，克期三日，中都之战，就擒一朝，非勇于始而怯于终也。用不用，故也，至以一死谢梁，生气凛凛，亘古今而常在，封显佑，封挂甲。水旱疾疫，有求必祷，皆曰神之灵也，闻风者无不信矣。万历三十八年，本境荒旱，民不聊生，于焉。走辽阳，达石匣，迎神于村东五龙庙祷焉。斯时也人感神之灵，神鉴人之忱，俄而祝融避，冯夷出，祥云满天，甘霖遍地，四野腾欢，万民庆贺，曰神其有灵矣，胡不庙祀焉。本村署平定州司训李公僖者合族乡之耆老，会亲属之子女，而告曰愿建新庙者请输财焉。众皆唯诺，卜地于五龙庙之右。鸠工集众，首建正殿三楹，雕神像二尊，轿二抬，金彩而笔饰之。次建南殿三楹，西廊房三间，惟东廊房缺而未补。厥弟贡生讳佳者独建三间，合五方之君子共成盛事。至兹之后，殿宇辉煌，香烟云集于阙下；神灵显赫，灵感日应于寰中。惟神之灵在天，无祷不应，如水之在地，无处而不有也。彼决地得泉，而曰水专在是，岂理也哉？故榜其门曰勅封挂甲武金侯庙，为一方崇祀之地也。用勅诸石，以冀不朽。

极乐寺重修碑记

孙云锦撰

附碑记文曰：邑之东七十里许有村曰曹家堙，背西山，而居后有古佛庙，名极乐寺。山环水绕，有武林桃源之胜焉。余于壬午岁闲游其地，见其庙貌倾颓，心窃叹之。思夫前之人不知几经积累建造此寺，何今之人听其摧残而不为之修葺也。无何有首事者惧其无以妥神灵安住持，议加修筑，量力捐赀。富者施缗钱，贫者效功力。又募缘四方，以助其事。不数月而庙貌重新。工既竣，首役诸君丐记其事。余想夫佛之来中国也，二缔俱融，三摩入妙，恐以实力袜线之才而不能道其万一。及考诸释典，古佛西方之神，所以觉人于善而不使之为不善，后之心乎？此道而入于浮屠者不胜其数，至问其所以为善而力为修饰乎庙者，斯人固寥寥矣。噫！自趋利好名之风炽，凡琳宫梵宇随在皆听倾覆，乃于兹而有此胜举，是殆继志述事而有其举之，莫敢废之也。或谓世之能事神者多获福焉，今首事者重修此庙，以安神明，其心亦生谄渎之意欤？非也，盖以竭诚尽信而不忍睹其颠连倾圮之状，故协众志以为增修云。是为记。

重修遐福寺记

举人籍文学撰

附碑记文曰：白家窑暨东坡杨家垴重修遐福寺成，村人将刊贞石，以记属余。遐福寺者，殿中肖像祀儒、释、道三教，而村人籍为祈报地，将资神力以御灾捍患，而因之以缴福于无穷者也。前已属修而求尽完善。壬子夏，天雨，寺外石堤为水冲突，寺基亦虑就倾圮，势不得不重修。而谷适不登，议遂寝。癸丑春，乃捐金募资，日渐辐辏，于是鸠工庀材，卑者崇，缺者补，腐坏者易，暗淡者华。自正殿、夹室以及舞榭、大门、厨厩无不修整，而堤工尤加意巩固，计费钱四百余缗，凡十阅月而工竣以告。邑数村之力初无挟重赀者而黾勉从事，未挟岁而观成，亦良不易。而吾所尤以为难者则非直此也，其村增生籍君梦飞来告余曰："自南氛不靖，羽檄交驰，我武权、南两驿为镇兵往来孔道，供亿浩繁，民力业已不支。自夏徂秋，贼自金陵北窜，围怀庆，走平阳，搔扰几旬，所过州县多费伤。至八月下旬，尚书某带兵尾追，突驻县城，逾宿始去，嗣后官兵赴剿络绎不绝者又数十日。是役适丁其时，而不以闻风惊惶之故，暂辍春捐籍，非冥冥之中有驱策而呵护之者，乌能无恐无恶有始有终若此哉！"余闻言而韪之，因谈村人好善之诚，趋事之敏，抑又以知神力之御灾捍患果有可恃，真将获遐福于无穷也。即书是言以予之，俾勒诸石焉。

重修观音堂暨合村神庙碑记

恩贡籍修学撰

附碑记文曰；将欲修阛庐以避燥湿寒暑，犹必费赀财以构之，积日月以成之，而后可栖身而托足，况乎诸神之灵爽式凭，一村之风水攸系，可不慎重其事以期无歉于心乎哉！松庄居众山之隙，山势蜿蜒，左右前后，萦纡回抱，有若环然。而东南一隅，环之缺处也。旧有群庙，若拥护焉。南山偏东临崖处建一魁星庙，于其巅矗立高岗，山下抑观，岿然云表。庙前松二株，每当风起，涛声在空。夏日乘凉，令人神爽。冬寒积雪，山头耸秀，亦一村之胜景也。由魁星庙迤逦北下数十武地势渐卑，山口渐阔，建关帝庙以当其冲。庙基筑石为空洞，涧水涓涓经其下，侧耳听之，清越如磬声。洞口旧题“凌云阁”三字，盖言高也。又北十余步地适当东沟之口，建一阁以奉二神，前祀文帝以翊文运，后祀真武以迎东来之紫气。阁视凌云尤高，石梯数十级，蹑而陟其巅，凭栏遥瞩，水光山色，浮来眼底。阁有石额二，昔人题其上，一曰起云，一曰达天，其高可想矣。二庙之间稍折而东十余步为观音堂，堂之南为土地庙，与观音堂背而居，垣墉相接，门径相通，若观音之后院统观音堂，度之南北，袤延约十八九步，山口之缺处弥逢无间矣。土地庙别启一门，南临河干，护以石堤，夏水暴涨，河流汹涌，人立堤上，可以观澜。此村东南之诸庙也。由魁星庙而西，曲折而下百八十余步至南山之麓，是为村西南隅，有一小庙，中祀牛王神，村人之饲牲畜者每祈焉。与东南诸庙遥遥相对。东南五庙不压其多而高，西南一庙亦不形其少而卑也。其初布置之善，堪舆家每赞誉之，而日久就圮。丁丑、戊寅间，岁俭人贫，兴修无力。越十余年，颓废益甚，村人惧其工愈钜而费愈奢也。因各出已赀，择日兴工。又不足乃多方劝募，集聚匠作，将村中诸神庙缺者补之，故者新之。诸庙无院落，惟观音堂廊庑悉具而垣颓瓦毁，椽栋尤多朽败者，则撤其故易以新，缮治而完葺之，诸庙之修补由观音堂而递及者也。起丁丑，迄戊子，厥工告竣。其瓴甓木石之用、工匠兴作之费、开光演剧之赀、绘画丹青之彩，约费制钱三百五十缗既蒇事。又阅二年庚寅，村人乃嘱余记之，殆惟恐有歉于心而始终慎重其事者。余窃喜村人好善之心同而为善之力果也，夫村人俭朴成风，素无豪侈之习，其余诸第仅足以庇风雨而已。无高堂广厦以资偃息也，无雕梁画栋以壮观瞻也，而于诸神祠不惮竭力以修之，且并非冀媚神以邀福者，非乐善之诚曷克如此。又况可以妥神灵，可以护风水。此日之修举，足以兆他日之休祥也，岂不懿欤？爰濡笔而为之记。

重修太清观碑记

贡生魏亮生撰

附碑记文曰：闻之太上立德，其次立言，其次立功，乃立言本于道德，而足以垂功于万世者，其惟太上老君之谓乎？邑西关旧有太清观，创建于宋正和四年，自元及明，屡次补葺，至国朝熙、雍间又重修之。迄今二百余年，风剥雨蚀，倾圮日堪，都人士久欲更修，奈功程浩大，绵力难成，故虚议而终止焉。岁己丑，长沙李公来宰是邑，甫下车即振兴文教，修废举坠，以故衙庭祠宇咸与维新，入庙展拜慨然动念，谓敝壤若此甚，非所以妥神灵而将祀敬也。公于是捐廉以为之倡，因劝绅商各出己赀，公襄盛举。命道长李宗廉等董其事。又疏募于四方，共得钱若干千有奇。鸠工庀材，择日兴役。规模一仍其旧，易毁而固，易欹而正，易腐而新，计瓦木甓石之资、金碧丹青之采、匠役工食之需共费钱若干千余缗。凡六阅月而工程告竣，将砻石焉，问记于余。余于祀典不堪悉，谨按《史记》，神姓李氏，名耳，字伯阳，又号老聃，楚国苦县曲仁里人也。生有异禀，任周为柱下史。孔子尝问礼而叹其犹龙焉，闲尝读《道德经》玩其宗旨，无非欲人去妄归真，致愚守拙，绝外缘之私以培本然之善，吾人果能默会其旨。宗元默法，清修有符，于吾儒居敬行简之理，将清心寡欲以为学，而圣学有基，清净无为以治世，而王治可臻，则道德之训真，修身之宝符，渡世之宝筏也。彼申、韩刑名刻薄之弊，王何清谈风流之祸，皆窃其似而乱其真者之过也，岂真老子之道有以滋之咎哉！非然者执后人之弊而追咎于古人，是何异？因之哙而非尧舜，见青苗之法而谓官礼为误国之书也哉！后之览斯文者，当信余言之非饔也。

是为记。

重修权店勋欢汛路碑记

前人撰

附碑记文曰：自来土木之兴，务有关于国计民之大，而非徒为一时陈游观娱耳目计也。而况修桥补路，其利赖尤无穷哉。武邑权店、勋欢汛为南北数省之通衢，仕宦之升迁，士商之过从，农工之奔走，以及皇华骁征，军旋过境，大小诸差与一切肩挑贸易，与夫仆隶之迤逦而至者罔不由斯路而过，僻壤也而要冲矣。但地形险巇，步履维艰，王凤洲《适晋纪行》备悉险要，历历如绘，无容再赘。凡四方客商由此径者屡经艰苦，比之蜀道难行，未尝不慨然伤之，卒无有修补之说。愚者惮于更张，人情狃于目前，矧功程浩大，经费实繁，勺水难以盈

沧海，蒉土焉能成山岳，非众力共擎，恐千钧重任微力者未能易易举也。岁□□，同事者始议所以振理而补修之，商诸四方过客，佥曰："义举也，何惮而不为哉！"因而各捐赀财，共襄盛事。又募缘邻省，布施银□□两。群推土门薛君贵瑜董其事，贵瑜曰："先志也亦余心也，敢不唯命是听。"先是道光年间，有薛公讳广仁者，贵瑜之考也，挥霍好义，尝出己赀补修汛路，迄今良侯道石刻犹存。沁郡穆大令以"乐善不倦"给其匾，殊堪嘉尚。今令嗣贵瑜心存利济，慨然身任而不辞。于是鸠工庀材，朝夕督工，心力俱惮。北自土门，南自权店，审势程工，宜高者高，宜卑者卑，狭隘者从而开辟之，则屴者因而坦平之，用力省而成功易，非干济素裕未克如是之经营，悉当也。是役也费金□□两。阅□年而告竣，将砻石焉索记于余。余谓天定者胜人，人定者胜天，观古人龙门可凿，蚕丛可辟，愚翁之山可移，苟精诚既至无不可积久而有成，天下事患不为耳，岂有为其事而无其功者！今以数百年崎岖之路一旦而悉就坦途，不特可以利行人，亦且有以通车马，天命也可不谓之人力乎哉！时小儿锡钧侨寓贵瑜家训，其孙予适来省顾，坐中谈及此事，嘱余作文以志之。予喜其承先志而光后嗣，并以嘉四方，诸善

士之好善乐施而广功德于无涯也，遂即颠末而详记之。

重修真静寺碑记

岁贡陈默撰

附碑记文曰：石盘旧有真静古刹，岁久倾圮。已亥夏，公议重修。越明年，事既竣，本镇董事者甚众，咸来嘱笔于余。余应之曰：“公等爱余，不以不文弃，但余自少读昌黎文，迥非佞于佛者，胡为使余撰碑记乎？”众曰：“昔韩子于浮屠师，亦有一番议论，请子释梵言为华言，且寺名真静，子盍畅言之？”余欣然谂于众曰：“释氏之学，寂灭虚无之学也，盖尝思之人受天地之中以生，凡一切事理，皆不可伪为。慈和根于真性，惠爱发于真诚，一腔热血，奋死不顾，至以殉君父之难而罔辞，则臣焉而君其君，子焉而父其父，自具灵枢，脚踏实地，而非如空。以言真者，元之又元，妙之又妙也。至所谓静者，恬静之谓静，则厚重不迁，以立仁之体，静则烛照不疲以裕智之用。而且静以随时，则中规中矩，而近于礼。静以待时，则无适无莫，而比于义。静以不先时不后时，自不容盟约质剂而符于信。所云静者之心，多妙以于也，岂若蒲团之上坐习跏趺而收视返听以希静悟已哉！”众曰：“如子之论，诠且当矣。而真静寺为本镇必不可少，吾所以不惮为重修者，子知之乎？”余曰：“知之。”官吏之来武乡，人辍饔飧以劳官吏者在此，盖邮亭制也，无知之民稍有忿怒，则乡保申其儆令，盖古肆师治其争讼意也。本镇每有会议，鸣钟而聚之，击鼓而召之，盖古州长属读法遗风也。如是又乌可以不重修？于是众皆尽惬其隐以去，而余因住持僧砻石既就，遂以斯言弁于首云。

重修泰山圣母庙碑记

在县西石盘，距城七十里。

前人撰

附碑记文曰：尝谓乾，天也，故称乎父。坤，地也，故称乎母。母则地道也，妻道也，皆无成有终，以言乎承天也。万物本乎天，论报本返始之义，亦溯原于天可矣。顾天之覆无臭无声，不若地之载有形有色，而人之信地者益笃，仅言地而含宏光大，不若切言母而保抱携持。仁人之奉母者弥虔，于是圣人假神道设教，有媪而尊严者则曰姥，有妇而容艳者则曰姑，岂非振厉末俗之义哉！夫神也者妙万物而为言者，氤缊化醇自成林林总总之世，固不须专司婴儿册籍。实有是呱呱有以泣者丛集于前，实为是哑哑以笑者罗列于侧。果然哺乳之有术，确然送生之有方，而蚩蚩者氓茫未有知，若亲见丛集于前者罔不仰而听者，若亲见罗列于侧者罔不托而庇也。其哺乳且若何鞠养也，其送生且若何调遣也，乌乎其亦感矣。籍令天下真有是神焉，福善祸淫之理固彰彰也。人诚广成善类，普种福田，自有得异量之施于冥漠中者，如其不然，圣人云获罪于天，无所祷也，讵有既名为神乃峋峋呕呕若老妇然？虽穷凶极恶，凡有求而来亦将引手以授，致令天下皆可呼号以望救乎？石盘之西北隅旧有泰山圣母庙，今年复谋重葺。功程既竣，嘱记于余。余即以报本返始之义相告，使人知至哉！坤元所以敬地者，仍所以敬天也，因并叙此数语弁其首云。

重修宝峰寺碑记

进士李华炳撰

附碑记文曰：自龙洞山逆折而西，峰峦稠叠，逶迤数十里，渐次就平。忽一峰陡起，峻插霄汉，山脉奔注如波涛之汹涌，势不可遏。其接脉处有村曰韩壁，土厚水深，代产贤达，地气之所钟良，非偶然也。村南有古寺一区，颜曰宝峰，巍峨巨丽，称一方保障也焉。东枕牛山，有庙巍然镇于山巅者，碧霞元君宫、康惠昭泽王庙也。北临深池，有庙翼然临于池上者，娲皇宫、大昌阁也。迤逦而西则有关帝庙、关帝阁、土地祠在焉。去寺数十武，钟声响答，则有于音堂存焉。诸圣祠星罗棋布，其于寺或相生或相让，如人之左右手，又如众星工北辰，四面环绕而归向之。美哉！洋洋乎巨观也。岁庚寅，村之人修寺以及诸神祠观，将竣，首事人揖余而前曰：“吾村之有宝峰寺也，历有年所矣，稽诸往碣，有创自炎宋，扩于大元之语，然年月已无可考，明正统中曾一葺焉。国朝康、乾间复屡葺焉，迄今百余岁。垣颓壁毁，风雨漂摇，村人虑其无以妥神灵也。思所以更新之，猥以力薄才疏，议而旋寝者屡矣。然无庙而创造非易也，有庙而颓废不可也。矧庙宇为风水所关，而顾以才力不逮竞任其倾圮也可乎？”戊子岁，时和年丰，村众聚而谋曰：“吾村之庙所谓如赊而寔急者也，际此不修，后将奚继！其议所以修葺之。”佥曰：“诺。”于是计田起粟，按户捐资。以工程浩大，复募化四方，共襄厥事。筑登登削凭凭，更两裘葛而庙宇廊庑巍然焕然。回思向之土积尘封、颓毁于荒烟蔓草间者曾几何时，而今昔殊观矣。兹诸工将次告竣，惟牛山之庙拟于来岁兴工，村人将谋勒石也，愿借重鸿笔以垂永远。余居与韩壁为邻，且魏氏余外家也，而此举又魏氏之力居多，义不容以不文辞，爰序其颠末，而记曰：大哉斯举！善哉斯言！自古非常之举必待非常之人，不必建大功成大业也，即表率群伦，倡行义举，亦可想见其志趋之不凡。犹忆余髫龄时随母居外家，目击夫寺之倾颓非一日矣。顾乃迟之又久，至今而始告成功焉。非具大识力而不避怨不任德者，其能无颓然阻废然返哉？况自丁丑大祲以后，民间之殷实远不古若，而率能指挥若定，神色不惊，此固赖神灵之默佑，而亦以见地灵人杰、慷慨之气概，其得于山林之助者为不少也。自兹以往，吾知磅礴郁积必将有奇杰挺生，与先哲辈后先辉映，则斯举也固风会一大转机也，诸君其以余言为然乎否耶？

观音寺补修佛殿碑记

举人郝廷栋撰

附碑记文曰：盖自佛教入华，夷夏乱焉。宗其教者，日以舍身弃伦，煽惑愚众，韩昌黎言之甚悉，是吾道蟊贼而圣人所必屏也。然自汉唐而后，历宋明以迄今，梵宇珠宫修葺不废者，盖蚩蚩者氓日渐渠湡。理喻之则冥然，法绳之则悍然，而示之以果报福田之说，则转悚然而奋然。呜呼！是亦古之人神道设教，不得已之苦心也。况有举莫废，戴记实言之，谓此事可厚非哉？余村之西三里许为张村，村之东百步许为观音寺，创始于何代？杳无可稽。其重修于前明嘉靖，时梁上所遗字迹尚显然可考。幽静间厂，颇称修炼胜地，奈数百年来世代既更，虽屡有修葺，而日月薄蚀，浸以颓圮。曩尝一再过之，未免阇黎减色矣。而其中风雨不蔽，所尤宜亟举者则佛殿为甚。岁己未之春，经理人等纠集邻近五村努力输财，得金八十余缗，鸠工治料。将正殿屋瓦墙壁修理一新，殿前又筑石阶数尺，俾与殿基相称。工既竣而嘱余为记。夫因果作受之说余所不能言，亦余所不必言，然而倡义劝工，修废举坠，俾前人肇造修葺之遗不致泯没，则固余之所甚乐言。倘后之人慕义继起，则关帝庙一殿向曾偏坐，必谨遵功令而移建南面也。茄蓝、菩萨二殿暨乐楼钟亭，必程量缓急而以次补修也。兹寺不朽而诸善人君子之功不朽，谓非是举有以为之倡也哉！捐赀姓氏悉载碑阴，冀垂永久，且令后人观感而兴起焉。是为记。

信义村新建瘟神阁与财神并祀碑记

岁贡程冀撰

附碑记文曰：天地瘟疫之气如人心之有邪慝，其发而灾之青，类亦如邪慝之在中，发而为怪诞，为回僻，为诳诱，为阴贼，为一切种种恶道，总之足以戕物性而坏人心者。然要不害其物为生物之理者，以有一神为之主也。神之主者何也？曰惩恶而已耳。惩恶之道不止于瘟疫，而人以邪慝感神即以瘟疫应，盖其气类之相因有如是者。顾天地终以生物为心者也，岂能恶者惩而善者遂忘之耶？是故时而示罚则降殃而为瘟疫之神，时而尝善则降祥而为财福之神，岂如小说所云吕氏弟兄专主五瘟，而司福禄者别有一剖心之老臣哉！信义古为铜城，洎余始祖，自河南而来也，以信与义见推里党间，众以二字颜其门，后遂以名里。自元末迄今，里人守此勿替，以故生齿益系，生理益盛，征特程氏之系衍几遍武乡，即里人之聚族而居者，亦绵绵之奕耕并称望族焉。夫神之庇民，岂必显示之哉？即此夭厉不作，疾疢无闻，俾得蒙其业、世其家，岂冥冥之中有维持而默护者也。村旧无瘟神庙，每岁仲春，依《周礼》逐疫之制演剧于村之南门，缩版筑坛祀瘟神，以虚位又筑台以为梨园，子弟歌舞地，事过即毁，里人苦其烦也。佥欲谋一劳永逸计，乃公举董其役，募金劝工，建阁于村南之午位，其阁上祀瘟神，面南与乐楼俯对，其内则祀财神，皆木主无神像。于阁之东西护短垣各丈许，仍錾“信义”二字于阁之阳，示不忘本也。计工若干，费金若干，工既竣，属余作文以为之志。余于祀典不素悉，然以生物之理推之，微会其旨，则谂于众曰：昔舜作五弦之琴以歌南风，首曰解瘟，次即曰阜财，盖愠不解则忧思怨苦无乐生之趣，财不阜而又为饥寒所迫无温饱之乐，不愠亦愠也。然则瘟神之与财神，一而二，二而一也。无瘟神而恶何以惩？无财神而善何以劝？瘟神与财神并祀，是愠可解财可阜，而天地生物之心必矣。问何以仰，答此心则曰信与义而已矣。既而告里人，因笔而为之志。

重修清凉寺碑记

寺在县西石壁镇，距城四十里。

廪生赵黎书撰

附碑记文曰：邑西四十里许石壁村有清凉寺古刹一区，不知创自何代，考之旧志，重修于康熙四十二年，迩来历有年所，渐就倾颓，几有落构垂云雨、荒阶蔓草茅之感。岁嘉庆己巳，功德经理，纠首鸠合，复议修葺，爰诹日兴功。举物料不堪任用者易以美材，正殿五楹雕文刻镂，视旧志备极华丽。菩萨庙十王殿暨东西护佛二殿，与夫禅房、乐楼无不焕然聿新焉。又于乐楼左右增耳房四间，而规模愈廓，陡见莲宫郎照，金界宏开，既寂静以澄辉，宛岩峣而郁秀，“清凉”命名，信不诬欤？越明年功竣，将谋勒石，首事者嘱余为记。谨按佛者觉也，以觉悟群生也。世传汉明帝永平七年佛法始入中国，然秦时有金人破户出，汉武帝时霍去病过焉支山得金人以归，帝置之甘泉宫，迨明帝夜梦金人飞行殿庭，傅毅以佛对帝，遣中郎蔡愔使天竺得佛经二十四章。以是考之，秦、西汉已知有佛，非自明帝始也。又梅子云心即是佛，佛即是心，顾无形之佛每因有像之佛以加虔。即以修寺论，土人不尽殷富也，而醵金七百余缗，募化未及二百里之遥也，而得金四百余缗，谓非佛之觉悟，群生奚以乐事劝功、从善如向。倘过此已往，后之视今之犹今之视昔，庶人心常在，即佛心常在也，讵不懿欤？因不揣固陋而为之序。

圣母庙重修碑记

在县西北峪沟，距城三十里。

增生弓进修撰

附碑记文曰：尝谓麟趾呈祥，螽斯衍庆，功参化育，泽被苍生，神之灵感如是，所以承祭祀而无穷也。寨上村北五里许曰北峪沟，旧有九天广生圣母庙焉。神之原由无庸尽述，第观其保赤资生开绵绵瓜瓞之祥，每遇祈子求嗣者，有祷辄应，已足征参天地赞乾坤矣。但此庙虽寨上村香火，邻村实托宇下。庙之创建无所稽，自道光间重修后迄今代远年沿，未免倾圮之患。光绪壬年，社中人复振其旧而新之，凡正殿、东殿、山门、东楼之外有水母庙，莫不焕然聿新。而廊房、社房且增补十数间，又新建山神庙、五道庙二座，规模较大于昔矣。其殿宇辉煌，神光远鉴，远近之人共沐恩波，神之灵固昭昭也。况此庙在玲珑山之址，青松近列，绿水遥通，名山胜地，殆无以过。且神之所至，灵之所感，足以见圣母好生之德参天地、赞乾坤而无疑也。其功德岂浅鲜哉！功竣勒石，嘱愚为记，以垂后世云。

重修五龙神庙碑记

岁贡曹锦撰

附碑记文曰：《易》曰圣人以神道设教而天下服矣。近来讲新学者多言无鬼神，且言并无龙神，谓天地风云雷雨皆由阴阳五行之气合散鼓荡而成，嘘而为风，蒸而为云，降而为雨，激而为雷电，非有神专司于其间也。所言亦有物，然孔子尝谓神之德其盛矣乎，体物而不可遗，能使人畏敬奉承，洋洋而如在，盖致诚感神，精诚所至，神则随之而来格正，未可以形迹求之也。自魏晋以来，仙佛代兴，风云雷雨之司始有龙王之号，即以前代有功德于民者司其职，如晋大夫先轸、狐偃，唐之焦氏，后世皆以龙王祀之，或封为护国西齐王，或封为显济王，或封为昭泽王，旧碣所谓人而神者也。余村之西半里许，有地名五龙坪，其地岗峦秀美，有庙巍然，其上祀龙神焉。按五方之色以称龙，扶持造化，燮理阴阳，不必实有其人，此所谓神而神者也。旧碣谓其初有人见龙神现形于空村，人祷雨辄应，因而庙立焉。《易》所谓见龙在田、飞龙在天是耶？非耶？是庙创建于宋，至道光三年，逮元明更修两次，然规谋犹未宏敞也。至国朝道光季年，余先伯父为之经理，曾重修一次，增其式廓，载在旧碣，昭然可稽焉。越今六十余年，风摧雨剥，几有栋拆榱崩之势。社中人屡议重葺，苦于款项无出，难以举事。己酉春，韩君邦彦、王君钜义、王生肇化、族侄化久、化隆等意欲裁撤，本年神戏以为修复之资，来商于余。余曰：“是大善事，君等倡是义举，社中人当无不乐从矣。”爰邀集三社人妥为商议，令分选纠首，韩君总理其事。时余方膺武乡高等小学堂分教，未获与韩君同事，因力赞其成。于是择日兴工，鸠工庀材。先将五龙大殿五楹、享廊三间、三仙圣母庙三间、焦龙庙三间，次第经营修理。次年，时和年丰，仍踵前议，乃将东西两廊二十余间一并修葺焉。至于帷房、护墙缺者增，废者补，无不基以石而装以甓。庙左右前后之道路颇陂者削平之，狭隘者广大之。土木工既毕，乃加以藻绘，建瓴丹青，光远有耀，规模仍旧气象维新。历二年而工始竣，约费钱八百余缗，三社均摊。昔之黯淡无光者，今则堂皇壮丽矣，昔之破宇断垣难蔽风雨，今则鸟革翚飞焕若日星矣。夫以数十年废而不修之事一旦举而修之，不必求助于他山，自尔克襄。夫盛举非天人合一，何以动则有成哉！越明年，将谋勒石，嘱余记之。余嘉社人之克勤乃事而恭敬明神也，宜乎神降之福，民和年丰，而家给人足焉，亦以见神依人而行，神所凭依将在是矣。后之人与吾辈同志裁浮费以修祀事，嗣而葺之，庶几庙貌可常新而永垂于不朽尔。故乐为记之，以告来者。至于经理纠首人等，例得附书，并列其姓名于左。

新建村东文昌阁碑记

举人段雨田撰

附碑记文曰：古之所谓地灵人杰者盖有必至之情、固然之理，而非铺张扬厉之辞也。故嵩生岳降秀钟申甫之英，涧东瀍西洛食成周之兆。然则后世堪舆家言，亦必有至情至理存乎其间。古人已先我而得矣，朱子所谓冀州之风水最胜，太行在前，恒岳在后，泰岱居左，华岳居右，是以三代而上帝王应运而兴，三代而下将相间世而出，虽曰九州之大，何地无才，然未有若此州之胜者，谓非风水之有使之然耶？吾乡旧祀文昌，有庙无阁，且居村西偏湫且隘焉。据风水之说，以为巽隅振文明。巽，东南位也，文明宜显著阁高竣基也，故祀文星者率以东南建阁为准。而吾乡独祀于西偏隅，此诸前辈之所以久欲改建而卒未有暇也。岁壬辰，家君以家政之暇，与二三父老商定斯义，佥曰："善。"惟估工浩大，所费亦钜，村中所积无多，难以轻试。家君则慨然解囊，除文昌会祭灾社旧存钱二十余千外，费钱五百余缗。财出素具，役不及众。是役也村人公倡其议，家君独揽其成，飞阁流丹，高出云表。向之僻在西隅而无补风水者，今则迁之东南而隐符文运焉。向之湫焉隘焉而平垣无灵者，今则巍然焕然而克称巨观焉。工既竣，父老进家君而请有以记之，家君遂手示雨田学步。时雨田适司铎归化，奉命之下，悚惶莫辞。窃维文昌者天下之文宿，司天下之文学也。然今之所谓文学者，则但学为科举之文，以求富贵利达而已。方其束发受书，一意致力于此，稍长则颛取获隽，有司之作朝夕而伏诵之，所以蹿高第、跻显仕取诸此而已无不足。至问理学儒宗不知为何术，历代名儒名宦不知为何人，国家礼乐兵刑之事举百而不能对一。嗟乎！若而人者出而与人家国事，何以致君而泽民、安内而攘外也。审若是，地虽灵矣而所谓人杰者不滋愧乎？故士莫先于尚志，使士学为有用之学，即为天下有用之材，将处为纯儒，出为纯臣，人称杰，地效灵，而培修风水之说奕著，虽不必孜孜求富贵利达而其理亦即不外乎此。不然何地无巽位，使徒建一阁，以祀文星而求显达，遂谓地灵而人杰焉，讵必皆有效哉！惟愿后之人因地之灵而勉为人杰，自以人之杰而愈显地灵者，此即家君与诸父老建阁之苦心，亦即雨田今日之厚望也。谨述巅末，拜送邮筒，而请政家君并质里中诸父老焉。是为记。

创建云峰寺碑记

岁贡李唐撰

附碑记文曰：古诗云“云补苍山缺处齐”，又云“夏云多奇峰”，斯言也可谓善于形容矣。余尝涉渭水之侧，游太华之阴，每当雨过天晴之侯，俯察流泉，仰观山势，而云气起伏，若隐若现，时或露一峰于云外，插宫殿于云中，恍惚杳冥不可测识。既而步云梯，临绝顶，目极天涯，飘飘然几疑身入云中矣。而兰若胜地，高入云表，不啻贝阙琼楼如晕斯飞。噫！云耶峰耶？即云即峰，一云一峰耶？窃意云峰寺之名，必不外此。云峰，本圆通院故址，嘉庆中悦和师实创始焉。因继体无人，一任风雨之摧残剥蚀而不顾，迄今荒凉满目，蓬蒿没径。沙法上人游历至此，虑其久而愈湮也，因购得废址，命其徒真贤者募化四方，鸠工兴作。起于宣统元年，至三年秋工程告竣。实创观音殿三楹，东西廊房各三间，以及门楼底墙莫不焕然美备。虽较悦和师之创造相去甚远，然有上人已启于先，其徒真贤等能继于后，则将来成就正末可限量也。莫为之前虽美弗彰，莫为之后虽盛弗传，悦和师惟无其后，故胜地鞠为茅草，吾愿将来继上人、真贤之后者更能推而广之，扩而充之则得矣。是为记。

重修白龙洞庙记

前人撰

附碑记文曰：武乡居万山之中，而所谓山者类皆平阘无奇，不足以动游人之兴，虽然足迹特未经耳，十室之邑必有可观者焉。岁己未，余适助讲第三高小校，秋日课余，偕同事张君留香往游白龙庙，庙颇轩厂，碑碣楹联，亦具可观阅。甫毕，藉阶石作几稍憩焉，时适有木工运斤院内，问之则谓谷内修庙之用。坐少顷，复偕张君缘径入，回纡曲折，如羊肠行百数十武，道既尽地亦顿狭，仰视道北有大石矗立，高广可数寻，面方平和镜。又其旁则横石插地，若危崖崩堕嶙嶙峋峋，细纹碎裂如涌波，如乱麻，如大雨飘香，又如千丈游丝随风摇曳。山之前旧有小庙，规模甚隘，村人安君云台、郝君鸣川议增廓之。捐赀鸠工，时尚未就也。庙下有井一眼，苦不甚深，然涓涓不绝，虽旱暵未尝少减。有榆柳若干本，分列左右，当秋夏之交，树色与山色相掩映，入其中者恍如身在画图，郁郁葱葱，胸襟为之一爽，盖低徊留之不能去云。古名人于一邱一壑之奇犹必多方纪咏，以广其传，今斯地具灵秀之气，以无人赏鉴为庸耳俗目所掩而无由显达，其与英雄之埋头涧谷，竟为樵夫牧竖所椰榆者何以异？是可哀。已日既夕，乃偕张君缘岭上行，折而南，遥望谷中犹恋恋不忍遽去，盖余兴犹未尽也。今庙已落成，意必更有可观而未遑也。安、郝二君更嘱余为记，余心喜，故走笔成之。

重修三官庙碑记

廪贡生魏锡钧撰

附碑记文曰：自欧风东渐而事神之礼稍衰，不意客春白君雅怀造余而见焉，茶话良久，自达其来意，曰：“邑城西郊北原神祠十余所，虽日就倾圮而皆不若三官庙为甚，曩曾有志修补，奈比岁不登，未敢提议。今春邀集多人议所以振理而更新之，众皆曰可。议乃定，君宜以募缘启见赠，以俾分募四方可乎？”余以修废举坠，义所必为，况先王以神道设教，意至深耶。遂拟一启，以畀之后。募得若干金，佥推高君仲青等董其事，以赀用不敷，暂补葺正殿三楹，工遂止。以天气近旱也，迨后雨水沾足复派人分募四出，共得赀千余缗，于是五材

毕集，百工协奋，并将卷棚廊房以及乐楼等无不舍其旧而新是图。今则庙宇辉煌，神躯粲粲，入而展拜，未有不懔然畏，肃然敬，敬则善心生，畏则恶念消，善心生则福至，恶念消则罪免，有善无恶，则厄自解矣。余窃思夫人，人之心自有真神焉，存一光明心则坦白示人，即赐福之天官也。存一宽厚心则犯而不校，即赦罪之地官也。存一清白心则周流无滞，则解厄之水

官也。由是而存心养性，即所以事神亦即神道设教之意欤？不然虽日日焚香礼拜，神其能佑我乎？记工始于民国六年阴历□月，竣工于本年阴历□月。余本不文，谨述其崖略云。

龙天护法碑文

钮增尧撰

附碑记文曰：“祷雨感应碑”记光绪丙子，皇帝嗣统之二年，武乡合邑旱极恒旸，麦陇已焦，禾塍未垦，山泽之祈求几遍，官民之呼吁无灵，何期罄此愚忱，竟获感兹神契。适沁郡龙珠寺方丈晴峰大师飞锡来临，渡林至止，恳请代祷。顿发慈悲，谨卜南山佛殿建坛，讼经七日，以孟夏二十四起场。于是夜子刻取水，手钵方到，心香甫然，仰云叶之浓，倏雨花之飞，至竟日密霏琼液，周围普被灵膏。纪其异到呼吸立通，拟其捷则影响犹滞。呜呼！神哉敬维，大师定慧精深，参乘微妙，既博通乎三昧，乃施法于十方。兹于五月初吉功德圆满，群僚绅庶感仰同声，各尽瓣香，争先解橐，非敢住布施于色相，亦聊当供养之香华云尔。

跋

吾山中晴峰大师，道名素著，主席多年。今夏乃于武邑祷雨，显是灵异，官绅重之。又于闰五月朔往伏牛山取水，期以五日而大雨亦至。回思今春道场万善归依大师实有和合天人之妙，佥谓如来现世矣。吾里盛德王夫子经理此山数十载，秉性端直，不妄毁誉，见大师之感应如是，深羡无已，特勒石以志之，且命余序其事于碑末云。

明进士通议大夫巡抚湖广等处地方提督军务都察院右副都御史升总督宣大兵部右侍郎元白魏公墓表碑

此碑文与本书正文重复，此处略。

魏氏始祖墓表

魏近濂撰

附碑记文曰：聚族而比瑯琊，传世而拟天水，服官而媲汾阳，自古为难，而况于今乎？《诗》言之“燕及皇天，克昌厥后”，夫厥后之昌，亦安敢忘吾始祖哉？始祖讳成甫，字不传。际元之乱，偕徐、吴二人自河南归德府虞城县瓦岗店来武邑，卜吉，于邑之南村居焉。

地以人传，因名魏家窑。其为人积德肇基，更仆未易数，至收葬二姓，附己冢旁，尤其为德之厚而以启兹数百年之盛者。宜再传而五祖纯遂登贤书，四祖铭世袭锦衣尉，固有以报我始祖矣。及三世祖严以待赠迪功郎，修寺虔诚，功成化佛旁，迄今游览之士犹识。延禧寺为魏某孙魏某所建，则所以显扬我始祖者，岂旦夕之故哉！嗣后衣冠累累，不可枚举。四世谦祖以岁荐而主灵璧簿，善政固自班班，若信祖。赈济潞郡粟至三千石，建坊有传，诚表表人杰哉！然皆善继善述，事则始祖之贻谋，又岂特一再传而已耶？虽五世宪相诸祖，仅博弟子员而斯文不坠，亦有承先启后之力。宜六世祖若琏、若珩咸以岁进士起家声也，至若琎祖继信祖之志，赈潞亦如信祖，祖孙遥映，亦何疏财仗义。乃尔传七世国模祖，光昭前绪，嘉靖戊午复登贤书，历仕行唐知县。相继而起者八世高祖之干，由孝廉历官户部郎，声甚著。兼祖以万历辛卯举人，高尚不仕，余俱以明经通籍。县尹如鳌祖之于香河、府谷主簿，如谟祖之于仪封谕训，如漆祖之于大同府，点祖之于交城县，曾祖之于通渭县，其未仕者烈训诸祖，更未暇悉数也。文物焕然，天之报吾始祖者不可谓不至。噫嘻盛矣！所尤盛者九世祖云中，由万历辛丑进士历官大司马，赐蟒玉；光绪祖由癸丑进士历官大中丞，两人功垂史册，后之读史者知有大司马、大中丞，未有不念其所自始也。且前后颉颃，曾祖令望偕伊侄名大同登庚辰第，历任河南商丘、太康二县知县，虽事业未获尽而殉难大节，已自卓卓人群。他如同知西安复有祖权中、通判汉阳复有祖应元。知范县、永寿廷望祖之仁声尚在，训繁峙、壶关崇德祖之教泽犹新。至若长治教谕、广平儒学、鸿胪鸣赞、兴县训导则生中弘志、时望、崇奎诸祖相后先外，此而一经待聘，弘绪祖之志亦伟矣。虎榜同登，若君用君，实二祖亦所称文成而兼以武备者。始祖有灵，在天之神应必无怨无恫也。下逮十世、十一世，庚辰后惟以宁伯祖中崇祯壬午经元，余俱恩拔、岁荐。已仕者如祖容大授河津司训，伯揖任山阴儒学，叔晋睿仕高唐吏目。未仕者如初盛世师驷世官士标骤名振诸祖，前驰担诸伯，武举尚公达诸叔，孰非始祖垂裕之善耶？下如食廪饩者常额不下十余人，列泮宫者明季逾百，今犹六十有奇，贻燕若此，又安敢忘我始祖哉！于戏！始祖自豫至晋，形单影只，十数传而衍为望族，将来之兴正未有艾，彼族大媒怨人众府争，岂所云保世滋大者欤？

明敕封承德郎户部江西清吏司主事魏公配安人程氏继安人程氏合葬墓志铭

侍郎靳于中撰

附碑记文曰：山西武乡魏公，讳之干，字伯贞，号扬溪。与予同寅于户部，志趣甚相投洽。公暇辄诗酒清淡，竟日夜不倦，天涯兄弟，惟我两人。厥后公拂衣归，而予犹沉宦海也。比予保厘三晋，公春秋尚强。段庐在迩，方切景行，而公则仙踪不可即，乃以长公郎廷望谒予，且命从予。复半载，予转官，其子乃还。两世一家，屈指至今四十年于兹矣。忽一日有使自武乡来，持状以示，急取视之，公志状也。不觉肝肠百折，涕泪千行，抚膺曰：“天去吾老兄弟矣。”及按状，公疾弥留，谓其子曰：“志我幽者非汝靳老伯不可！”呜呼！予不志公谁志哉！公始祖成甫，河南归德府虞城县人，与予原同省，以龙兴濠泗干戈纷纷避居山西之武乡。大明定鼎，遂占籍为崇仁坊六甲。成甫生璘，璘生严，严生清，清生宪质，宪质生璞，璞生国模，登嘉靖戊午科榜，尹行唐正公父也。公行四，甫小学，举止端庄，资性颖慧，好学能文，乡人尽诧异之。赠承德公，卒于官。公扶榇归里，惧家声之或坠，卧薪尝胆，期其必就。而太安人复和丸以训，是以青衿不数年中万历丙子科乡试，累上春官，瞿然曰：“先君子丰于才德而啬于寿，不以此时为禄养，使萱草有白发之倚，椿树无紫诰之赠。”将所学之谓何，遂拣铨直隶顺天府通州漷县知县，廉明才望，漷盖不足以留也，调良乡。治良一如漷，三载考绩，勅授文林郎。当事者共为荐拔，升北京户部、浙江清吏司主事。会失调告病归里，三年痊，补本部江西司。公才如挥，利守似冰清，部差每借重公。历管冬衣花布、明智坊、三草场、御马监草场、下粮厅、董土牛房、太仓、银库、九江钞关。遇国有覃恩，加授承德郎，王言再锡，帝泽益隆，盖国家方不可一日无公。而公则以太安人年几八十，桑榆榜晚，松柏徂冬，犬马之力可致，乌鸟之情难忘，辞君就亲，蔼然喜气习习班衣上也。及太安人仙逝，公葬祭如礼，人又称公为忠孝两全。此时公同安人方期偕老，不意安人又逝，公泣不更娶，曰："始吾之继娶者以嗣之未立也，今不尔矣，优游高堂又十六年，福寿声名，子孙绳振，无所不备。"公盖人中仙哉！安人程氏，赠孺人，加增安人，早卒。继程氏，封孺人，加封安人，即先之妹。勤俭褆躬，淑静维则，夙夜相公。凡公所不逮，悉以阃仪补之。迨公筮仕于朝，勉公勤劳王事。安人宜家，曲意事太安人，断机教诸子，公得以从容于靡盐者，内助之力多也。妾武氏公，生于嘉靖二十九年九月初二日亥时，卒于天启七年四月二十九日卯时，享年七十八岁。继安人程氏，生于嘉靖三十八年正月初二日寅时，卒于万历四十年八月二十七日丑时，享年五十四岁。生子三：长曰廷望，遇覃恩选贡生，娶程氏，继程氏、李氏。次曰时望，例贡生，娶李氏。三曰令望，廪生，娶李氏，女四：长适庠生韩光愈，次适廪生李廷枢，三适太学生程伟绩，四适候廪生窦希僖，俱继安人程氏出。孙男六，孙女一。男曰弥大，聘李氏。曰吉大，俱廷望继室程氏出。曰名大，廪生，娶沁州刘氏。曰滋大，时望出。曰闻大，聘李氏。曰容大。女曰凤占，令望出。其子廷望等于是年十二月初九日将启母圹合葬于漳南兴文茔之东坡异山乾向。予辱有僚谊，情不容已，更洒泪而为之铭曰：公族甲于武乡，而公之德业又甲于族而无双，为家型范，为国栋梁，龙章凤诰，公之食报。子孙冠裳，将跨公灶。寿跻八十，忽焉如泰山之倒，卜葬于东坡之上，佳水佳山，亿万年其永好。

东村段氏世七祖墓表

举人魏宸喜撰

附墓表文曰：志墓非古也，古之碑系绋以下窆，自孔子题延州之墓，后世因勒死者名氏、子孙、爵里，既而饰以文章道德，行称勋伐，然而其言质及其流也。子孙缘饰以为状，述作者因之，或直纪所述，不复考信，又或益其所无，增饰张大其所有，以求悦于生者，于是而古意熠然消释尽矣。吾邑俗犹近古，人多朴质而言直。东村段表兄棣，字之华，余祖姑之孙也。爰及表兄序表侄学曾身列黉宫，翩翩儒雅，同合族会议，思表扬其先祖父之德仁人，君子之用心固应如是。跣足敝庐，请余追表其墓。按状：始祖讳光远，传七世祖讳志智，号灼然。伯仲二十余人，不能尽述。志仁公分里段村，志大公寄居泉则头，自是枝派愈繁，子孙益众，户籍增益，文运大开。段氏自大金承安岁已未村西南峰地名堡则，有碑纪其系，种德行仁，屡享爵封，字灭没不可识。志仁公明岁进士，授平阳府教授，迁居聂村百余岁，宗族可谱，往来不绝。武侯，字撼山，康熙乙丑进士，授陕西西安府富平营守备，诰封明威将军。廷璧，字连城，壬戌进士，任陕西凤翔县知县。嗣后文经武纬，仲伯联芳，难以屈数。呜呼！段氏之善自始祖基之矣，而历世祖勤俭耕读，能守先训，以保其家，俾炽而昌，何遗泽之远哉！余于段氏属在至戚，因其忠厚言质，悉知其原，故不辞而为之表云。阖宗谱系，勒于石，以示来兹。

诰封明威将军管陕西西安府富平营守备事邑庠生段府君墓表

进士蒋陈锡撰

附墓表文曰：余乙丑释褐筮仕荆山，得交撼山段将军耳。稔封君之贤籍藉也，封君没且十年矣。今岁春，将军虚隧首之石，图所以不朽者，而属余为役，余既心向往封君，复重以将军之礼义，不得辞。按状志：君高祖讳海，海生志智，志智生处士，公诏君之王父也。乐善好施，两举乡饮。父待赠，公宪章代祖解铅饷于燕京，遇虎不能害，殆天默有以相之也。母魏恭人，懋德女，生君。讳朝裳，字近扉。丰颐阔步，音如洪钟，言动磊落，颀然伟丈夫也。从学于文备赵公，与进士平符、刺史乾符同砚席师，反切劘督。学者奇其文，授博士弟子员，邑中诸荐绅无不以国器许之。岁大饥，出籴于平定，道逢胠箧者，弓矢相向，君曰："吾所以走他乡负米者为老父耳，吾转沟壑无恨，如老父何？"声泪俱下，盗愍而舍之去。盗亦仁乎哉？乃君之孝实感之矣。事继母赵恭人，备隆色养，人无间言。两弟宣裳、绣裳年并少，君暨其配梁恭人，竭力抚育，咸命就学，壮及授室，遂得次第，显于庠。花晨月夜，聚首款洽，长枕大被，怡怡如也。甲申改玉君，绝意仕进，而乐周人急。州党族姻凡有缓急之需无不仰给于君，君悉经营之，不啻若己事也。居恒庭训诸子经史百家及孙吴、穰苴书，胥令精熟。曰："夫学者炬也，人不学是冥，坐不设炬，一室之内怅怅焉。"于是诸子咸奋于学。长嗣武侯，即撼山将军。弱冠举弘远科进士，为三晋殿元。丙子，扈从天子北征厄鲁特凯旋有功，覃恩封君为明威将军。次嗣印侯，有声黉序。诸孙绳绳振振，以明经大学显者踵相接也，真无负君义方之训矣。将军前备御频阳，与士卒同甘苦军中，韩、范不是过也。而乃倦游请告，闻命下之日，卧辙攀辕负弩前驱者竟忘故土，非深得卒伍之心者不能也。甫旋里，即惓惓于表扬先德，窃惟封君之孝友仁慈，光前裕后，所谓生无愧死无怍，今可法后可传者，封君其人也。爰拜手稽首而为之表。封君生明天启七年六月十五日，终康熙二十八年五月二十一日，年六十有三。梁恭人生崇祯四年九月初八日，终康熙十八年十一月二十四日，年四十有九。以康熙三十五年十一月十九日葬焉。子女详赵刺史所为志中，不具载。

瑞卿郝公暨配孺人合葬墓志铭

翰林院编修、内阁中书李端撰

附墓志铭曰：重光作噩之岁五月丁酉，赠公郝瑞卿先生以疾卒于家。先是其长嗣廷栋孝廉尝从余游，是岁计偕北上，仍相就于京邸，闻公疾革，星夜驰归，比归而公已殁。余时在京，遥闻而哭之，曰："嗟乎！故人逝矣。”既余请假旋里，廷栋捧公之行状来谒余，因请文其隧道之石，伏地流涕，不能仰视。噫！可哀也已。念余昔者居乡时所称素心交者数人，皆散处岷崿间，久不见则相慕，慕则时相造访，大都真率相尚，不以事故相周旋，如公其一也。自余窃禄京华，留滞八载，归田以来，屈指旧游零落过半，抚今追昔，实怆于怀，乃兹复搦管而志公也，岂不痛哉！按状：公郝姓，讳云详，瑞卿其字也。世为武乡之石盘里人。其先自下庄移居圪嘴头，继复析居榆邑之邱园，迨公高祖通又自邱园仍析居圪嘴头，遂定居焉。曾祖家宝、祖赐公累世俱耕读，有隐德。考生成。乡饮耆宾，温良敦笃，聿振家风，以上寿终。耆宾公有子二，次云鹏，庠生。长即公也。盖自公高祖以逮于公五传，皆以嫡长为大宗云。公生而凝重质实，幼即不喜为儿童戏，尝偕弟云鹏就传于故同官令子厚任公。任公者其舅氏也，时方以孝廉教授于乡，深器公，且曰：“是子也气沉而守悫，必亢其宗，厚德之所萃也。”及公弟已入武庠而公仍困童子试，乃援例成均，以应乡举，屡入秋闱辄不遇，于是亲老矣，遂弃举子业，雍容侍养，有苏门风。当是时，士子多习为浮夸，奔竞以图进取，公既不遇，益砥砺于实行。奉养稍暇，以读书课子侄为事，闾敞愿学者悉训诸家塾。其教大要，先器识而次文艺，未尝以科名故求速化也。两遭大故，尽哀尽礼，不少留毫发撼处。兄弟间友爱性成，老而弥笃。与人宽和，终身无雀角争。尝言宁人负我毋我负人，是入世良法。吾家自祖父以来俱白首不登公堂，而衣食颇绵远者，惟善养此方寸地耳，以故乡人争化之，终公世无嚣然争讼者。呜呼！其亦可风也已。性好施予，凡戚敞婚葬事必多方资助，虽拮据无悔。其里中待以举火之家甚众，遇有不守正业者则谢绝之。苟或其人能愧悔改行，卒与之无吝色，盖寓激劝于洽比之中，可为用财者法矣。乾隆壬子乡试，子廷栋以廪生登贤书，识者佥谓其积德所致云。初公之赴试太原也，余亦以弱冠就举，一见即订为忘年交，古道照人，交久益信，固知公之必将有后也。今公已矣，余以中年颇倦驰驱，方思觅山林故旧，草笠芒鞋相从于清泉白石间，赏奇文，析疑义，诵靖节南村诗而畅然共乐焉。而淳朴如公者久不可复作矣，尚何言哉！尚何言哉！爰铭曰：孰遏之而学不售耶？孰发之而昌其后耶？苍苍者天，其惟善人之是祐耶？我铭公德殆流之光而积之厚耶？

清河曲县训导榆次县教谕壬子科举人柱臣郝公暨孺人合葬墓记铭

受业门人翰林院庶吉士福建福州府同知邵武府知府黄宅中撰

附墓记铭曰：公讳廷栋，字柱臣，号砥峰，临川其别号也。幼聪明好学，塾师奇之。弱冠补博士弟子员，食廪饩，有声黉序。旋受业李凝度太史门，学日益进，试辄冠军。督学使者茹古香先生阅其文，

大嗟赏焉。乾隆壬子举于乡，六试南宫，五荐不售。嘉庆戊辰，大挑二等，授河曲县训导。俄丁李太孺人忧，起复选榆次县教谕。道光乙酉，以疾乞休。越十年卒。其将卒也，命子殿恩、承恩曰："河曲黄某宦于闽，于我有师弟谊，若知我必能铭我基，当以我语驰书告之。"

讣闻，宅中哭失声曰："吾师殁矣。吾师之行何可没耶？"昔公之莅吾邑也，家大人雅敬之，命宅中执经门下。公课以为文程式及治经之法，诲育有方，寒暑不倦。已而公以忧归，千里邮书犹谆谆勗以远大。嘉庆戊寅，宅中领乡荐，拜公于榆次学舍，公策励愈至。迨选庶常，分习国书，知长安不易居，割青毡俸以助。道光癸未，余改福建安溪令，侍家大人将之闽，过榆谒公，公曰："县令亲民之官，造福易作孽更易，泉南旧称难治，汝其慎之。"丙戌春，家大人自闽北还，时公已引疾，特纡道过公里，山中信宿，有刘遗民、陶靖节之风。公耆年嗜学，筋力尚健，惟须发渐白耳。宅中少承庭训，年十六始从公学，公既与家大人敦气谊励名节，所以责望于不才者綦切。顾以远宦，不得再亲函丈，惊闻易箦之言，允抱心丧之痛，硕德遗模，累楮难述，何敢以谀墓之词取罪门下哉！谨按公状：郝氏世居武乡圪嘴头村，祖生成有隐德，乡饮耆宾，考云祥贡成均，赠修职郎。妣武氏，继妣李氏，俱赠孺人。赠公生四子，公居长，弟廷梁，武太孺人出。廷元、廷魁，李太孺人出。公少失恃，李太孺人抚之也慈，公事之也孝。赠公庭训严然，授书辄成诵，虽瑕疵不得也。读书不喜涉猎，细心体会，务为深湛之思，尤

精易学。究心诸家之说，折衷于朱子制艺则神明变化，曲尽其妙，有《临川文稿》行世。前后设帐于乡，掌教箕城书院以及司铎两邑，皆以经师人师自任。公性严正，士惮之，而其诲人也善启发，随其所叩，各忻忻有所得。凡经公指授，皆有法度可观，河曲人士至今思焉。郝氏族繁无谱，赠公欲修之未果，公踵成之。赠公卒于辛酉，公计偕北上，闻讣匍匐归。弱弟廷魁尚在襁褓，李孺人日抱而哭于柩前，几至丧明，旋病胁痛，往往而剧。公调护甚虔，以是复康健者十余年。甲戌春，李太孺人七旬大庆，河曲韦明府率诸生制锦称觞，以祝士论荣之。公以未遇覃恩膺封典，为先人憾。戊辰，恭逢玺皇帝六旬万寿，她赠一代。辛巳，皇上御极公勅授修职郎。退而喜曰："吾之复来榆邑也，为吾先人丐封赠恩耳。今日之事遂矣，盍归乎来？"挂冠里居，日以诗书自娱，足不入城市。邑宰重之，举乡饮大宾，人咸快宾延得人云。其在榆宰榆者，武乡旧尹雅善公。有终夜谒公者，曰："师能脱我于法，报千金。"公斥之而不言终。公任榆之士，无敢涉讼者。呜呼！古人如杨伯起何多让与。初，公之未有室也，随赠公见处士魏君周封，待以国士，妻以女，是为魏孺人，有妇德。生女一，年二十九而卒。继室李孺人，榆邑茂才李公起龙女，静淑温慈，持家勤俭，广文俸薄，孺人甘蒸粥以成公廉。遇婢仆有恩，事夫子和婉将顺终其身如一日。年四十七以疾终于榆，盖先公十年而卒也。铭公墓，从公命也，不才曷敢辞。谨铭曰：石臼峰高兮涅水波清，毓灵秀兮钟精英。天将以为木铎兮我公笃生，媲美河汾兮多士陶成。既丰公以实兮而啬公以名，冷官迟滞兮敝屣簪缨。植根孔固兮枝叶其荣，克昌厥后兮卜此佳城。

西川任公祠堂记

举人郝廷栋撰

附碑记文曰：公讳重，字子厚，号西川。世居神西村人，故陕西同官令而余之祖母舅也。少贫力学，弱冠工文。乾隆八年游庠，又七年登庚午贤书，则公之二十九岁也。越壬辰，筮仕陕省，初以需次借补凤翔县丞，历署保安、宜君等县篆务，又常兼署耀州事。丁酉，授补同官县，宰兹七年，百姓戴如父母，畏若神明。解组之日，民卧辙留之。旋里后，享年六十四而卒，则乾隆五十年事也。岁之丙辰，乃嘉庆元纪，其子翥云暨梯云、鹤云、奋云、武云同拟立祠祀焉，将镌诸石而属余为铭。嗟乎！余尝求古仁人君子，其生而有功德于民者，没后则神之，盖精神所凭，猝不可泯，而潜德之发积而弥光。公之德莫盛于陕，则公之食报亦宜莫神于陕也。彼司马相公之万家生佛，平仲寇公之枯竹成林，如公者何多让焉？区区一家祠之猥足以报公乎？姑以是为之倡可也。若夫春秋之祭享，岁久之修葺，孝子慈孙当自有不能已者，固不烦今日多赘也。夫铭曰：学非图报，德必有邻。惟学斯贵，惟德斯灵。公之德学，沾溉后人。

孝子李廷森墓表

字象宸。清康熙封荫。墓在墨磴孙家岭。

张瑞璧撰

附碑记文曰：公墨人也，年三十有二而卒。早失怙，鞠于母而长于兄。其志也豪迈，其气也侠烈。每有凌霄之志，奈时命之蹇何？尝自命曰：“吾家衣冠八世，无一白丁，其间联翩振藻，代不乏人，吾何忍自弃。”于是闭户读书，几一载而售，知衡文，遂游庠泮，其将来振起正未可量。胡流贼猖獗，肆毒三晋，而仙乡尤为往来之区。公负母避难于辽，岂意辽郡失守，母子俱为贼获。公以身翼母，乞代为之死。后度不能免，乃骂不绝口，贼怒而生其母，杀其子。是日即崇祯腊月二十五日也。嗟乎！乃死于仁乎？死于义乎？何竟无后乃如此乎？公长兄绛州学正象环公，乃望北号泣，痛弟之魂骨未归，以衣冠葬于祖茔，而表扬未及亦心之憾也。公遗女二，长适增生魏以贞，次适儒士魏桂征。长女秉性温淑，志气端良，事舅姑以孝闻。年二十二而丧夫，即以柏舟自矢，金石凝心。后出己赀百金以授长兄壬午科举人以宁，曰：“此亡夫所有之物，宜悉奉兄收取。”渠兄重其贞洁而怜其年幼，乃为之立嗣于宗枝，名景徐。曰“勿负汝苦志，嗣当采风者表扬之。”二十年来熊丸课子，甘苦备尝。比长兄故，而节操亦如此，真所谓不以盛衰二心者，公可谓有女矣，亦可为有子矣。今长女痛父之墓表未竖，泣涕于余，而为之记。

清太学生乡饮介宾行之段君暨元配周孺人继配武孺人程孺人李氏合葬墓志铭

道光壬辰科亚魁魏守经撰

附碑记文曰：段君行之与余岳丈为表兄弟，余早岁往来岳家，与行之同为座上客，推以尊辈，而行之固秉伪挹，抑然意下，嗣后每一接见，不欲以戚长自居。而余则心仪其为人，知其有古长者风也。咸丰四年冬十二月，余自馆旋里，令嗣茂才晓霞墨缞持状来谒余，言君卒于是年秋杪，明年将筮葬期，请为志墓。余虽不文，顾不忍拂孝子心，谨据其状而采摭焉。按状：君姓段氏，讳元壮，字行之。世为武乡县东村人。始祖讳光，远传十二世讳勤，是为君曾祖。伯祖讳居镐，庠生。叔祖讳居良，正九品寿官。祖讳居让，儒士。祖妣骈氏。考讳彦，太学生。忠厚勤俭，贻谋独远。妣陈氏，生妣杨氏，俱待赠孺人。君生未一年而杨氏卒，鞠于陈氏，爱养如己出。入塾时弱不好弄，师友咸器重之。出应童子试，辄列前茅，时望蔚起。无何丁外艰，服阕后早肩家政，无复闭户。下帏之暇，因援例入成均。君生性至孝，当是时陈孺人主持一切内政，井井有条。君侍萱帏者数十年，外事亦禀命而行。居恒，服御诸物俭约镇俗，而夕膳晨羞必馨必洁。母殁，哀毁尽礼。至于亲族交游间，恂恂德心，仁义不匮。迨先业浸昌浸炽，眷念慈训，首以盛满为戒，乡人之颂美者盖始终无异词也。道光甲午、乙未间，岁大饥，斗粟钱七百。大户稍有余粟者皆闭籴，道殣恒相望也。君见村氓嗷嗷待哺状，亟出素所贮粟相接济，后复转籴外郡，计口相贷不问偿，凡储粟只图自给者或笑君迂愚，而君指挥自如，亦未尝稍有德色，村中赖保全者百余户，此尤其德之荦荦者，岂寻常称素封辈所易能耶？至道光三十年，邑举行乡饮酒礼，公举饮乡介宾，君固当之无愧者欤？呜呼！君以家事羁冗，故未获肆力举子业，心常怏怏教子读书，督责必严。其子晓霞年弱冠，以郡试第一补博士弟子员，得力于庭训者恒多，君盖终欲以儒生自居者。其平昔巡行畎亩，周历阛阓，于物理人情无不周悉，特余事耳。又近年来军书旁午，同邑绅佐理差务，供张不激不随，是其寓精明于浑厚，非素所蓄积者然哉？君生于乾隆五十六年八月二十九日亥时，卒于咸丰四年九月二十九日戌时，寿享六十四岁。元配周氏，生员介宾冕公女。继配武氏，儒士寿亨公女。继配程氏，武生廷献公女。俱待赠孺人。继配李氏，广平府世林公女。继配贾氏，佾生云龙公女。今在堂子男二：生员晓霞，武孺人出，娶武氏，武生秉珪女，乾隆辛卯科武举恺公孙女。晓云以军功议叙正八品，李氏出，聘李氏，处士结信女。女二：长适沁州石起祥子生员清光，程孺人出。次适生员武秉璋子一卫，李氏出。孙男二：玉山、金山俱幼。孙女二：长适太学生郝立朝子大中，军功议叙。次适武生郭尔贵子秀清。俱晓霞出。今以咸丰五年四月九日卜葬于村西文笔山阡祖茔之次，而以周孺人、武孺人、程孺人、李氏附殡。乃系以铭曰：鞞山漳水佳气钟，笃生段君留芳踪。读书不肯为书庸，朅来卑服即田功。四民之首士为宗，耕读家声垂无穷。居然会计明且公，子母互权业常丰。有子克家非凡庸，蜚声黉序方隆隆。作家不作老雕虫，兼资农末称素封。君家茔兆地数弓，行道望见青松浓。蜿蜒作势山如龙，文笔秀耸旁三峰。铭兹贞石闷幽宫，遥遥来叶钦高风。

清账赠中宪大夫兵部职方清吏司郎中附贡生晴峰段公暨德配她封恭人武恭人合葬墓志铭

丰咸戊午科举人张锦心撰

附碑记文曰：予与公生平无一面之识，而闻公事最稔，故知公亦最深。初同治六七年间，予设馆于县城，其时去公之殁已十有余年，而与公同学诸君犹时时乐道公事不置。嗣光绪十五年，予馆于公家，公之侄与公之长孙咸受业于予，与公弟书五朝夕聚处，每花晨月夕谈及公生平行事，辄感泣数行下。予虽未及交公，而公之行事其耳熟能详也久矣。忍令纯德懿行湮没而不彰欤？谨据状：君姓段氏，讳晓霞，字晴峰。世居邑西之东村。曾祖讳居让，儒士。祖讳士彦，太学生，她赠中宪大夫、兵部职方司郎中。祖妣杨氏、陈氏，她赠恭人。父讳元壮，字行之，太学生，诰赠中宪大夫、兵部职方司郎中。妣周氏、武氏、程氏、李氏、贾氏，俱诰赠恭人。公生而颖异，初入塾即数行并下。及握笔为文，清新俊拔，不染点尘，邑中诸老前辈如程介山、魏一泉咸惊叹焉。旋以州试冠军入泮，读其文者咸谓具此才华，将来掇巍科登高第，九万鹏程可扶摇而直上。奈家务纷烦，椿庭年迈，不得不因家政废读，仅得以附生，援例贡成均，士论惜之。后始以弟书五官账赠中宪大夫、兵部职方司郎中，妻她封恭人焉。公性至孝温清，定省克先，意承志父。赠公庭训严肃，公入泮后每小有过失，犹辄加谴责，而公小心恭顺，婆容愉色，生平未尝有几微之忤。赠公晚年，李太恭人始生书五，舒祺之爱，今古攸同，公体所爱亦爱之义，友爱之情，虽同母弟不啻焉。书五所以谈及兄事辄感泣数行下者，岂独书五爱兄之厚哉！亦公之恩义其篆结于中者难忘耳。赠公元配周太恭人早卒，继配武太恭人，即公之生母也。公幼年失恃，累事继母，咸得其欢心，终身无间言。所尤难者公之事李太恭人也，母子之间恩义肫笃，无异亲生。公尝有疾剧甚，濒危者数矣，李太恭人亲调药饵，涕泣不欲生。每夜焚香告天曰："妾夫近年六旬，送死事生全赖长子，设有不幸，其何恃焉？如吾夫命止有一子，愿以妾所生子代之。"呜呼！继母之际甚难言矣。其忍者妒死忌生视如仇雠，其慈者亦陌路泛泛不生嫌隙而已。其视前室子如所生，至欲以所生子代其死，李太恭人之贤慈，深明大义，诚千古罕有。而公之孝敬能得继母之欢心者，亦从此可见矣。夫岂倖致也哉？呜呼孝矣！公生于嘉庆二十四年十一月二十四日，卒于咸丰五年十二月十三日，享年三十七岁。公德配武恭人，乡饮介宾讳秉珪公女，乾隆辛卯科武举讳恺公孙女，以十六岁归公名门，淑媛阃训，夙娴事舅姑，事事尽礼，得亲心欢。其待下也肃而有恩，故主中馈数十年。自弟姒儿妇侄媳下及婢仆乳媪，咸相欢爱，无有间言。咸丰四、五年，舅与夫相继谢世，继母贾太恭人夙有痼疾，内政无人主持，至农事铺事，叔书五虽聪慧绝人，而年方十一二岁，未免少不更事。恭人内则妇代姑职，外则阴相书五，料理不致丝毫有缺。且书五方从师受业，不使以家务辍读，数年中内外兼营，心力交瘁。逮十一年，书五以州试冠军入泮，恭人始不闻问外事焉。书五尝谓余曰：“吾家运当艰难之际，而家赀不致有匮、家声得以不坠者，吾嫂之心血尽矣。臣若无臣嫂，臣家不可知袁简斋读，胡云坡账封，嫂氏疏诗恭人，诚当之无愧色矣。”至守节训子，事之彰彰卓著者尤不可殚述也。恭人生于嘉庆二十二年十二月初三日，后公三十七年卒于光绪十七年七月十六日，享寿七十五岁。公二子：长子玉山，以院考优等补增广生，后以助赈议叙加中书科中书衔。次金山，国学生，以助赈议叙加布政司经历衔。女二：长适布政司经历郝君大中，次适国学生郭君秀清。玉山初娶附贡生范公名晋三女，娶妾平邑张姓女，继娶生员魏公思柔女。金山初娶道光甲辰恩科举人汾州府教授籍公文学三女，继娶榆社国学生原公继胜女，继娶榆邑廪生赵公怀瑾女。孙男四：昌丁、添丁、祥丁，俱幼读，玉山出。成丁，幼读，金山出。孙女八，玉山出者五，金山出者三。今以光绪十九年十月十六日合葬于村西卓笔峰祖茔之次，乃系以铭曰：纯孝性成，物则民彝。天经地义，至庸至奇。事亲承欢，继母尤难。掇蜂毒胙，千古同叹。衣芦求鲤，仅而克完。公也纯孝，礼尽晨昏。累事继母，人无间言。惟李恭人，仁慈贤明。延长子寿，代以所生。母慈子孝，绝类超群。谁谓今见，不逮古闻。笔峰矗矗，漳水汤汤。纯孝之迹，千载流芳。

清诰授中宪大夫晋封通议大夫陆军部郎中段公书五暨李淑人墓志铭

泽州郭象升撰

附志铭文曰：公讳晓云，字书五，自号山亭主人。段氏自唐代著籍武乡。元有讳光远者，始举进士。明代重科目，段氏之获举于春秋试者时时有人。清康熙时，凤翔知县廷璧、富平营守备武侯，皆以进士入仕，有政声。公承闻累世绪言，慨然有康济斯民之志，年十七应郡试冠其侪，充学官弟子员，乡举再挫，用议叙为部曹荐至郎中，签分兵部职方司学习行走，盥掌奉公干略为一时最。而清世京曹官恒重进士举，盖有供职数十年而限于资格不获真除者，然人材走集之地，怀奇负气者犹乐借一官以观览，当时士即浮沉所不计也，如公者则其人矣。光绪丁丑，晋大饥，道殣相望，公方里居，邑令吴匡邀商赈事。时邑廒红腐陈陈，而以未奉大吏命不敢发，公争之曰："救灾如救火，稍迟则如勿救耳。今饥民殗殜一息，先赈后报，上官岂当以为罪耶？且罪将安逃！"吴公慨然曰："命之矣。"即日发廪，以公董其役，全活者甚众。当是时，曾忠襄公国荃、阎文介公敬铭实主晋赈，得武乡报，大以为善，公与吴公俱获优奖，而公有胆识俱优之褒。久之，仓廪不继，公首输五百金以为倡，邑素封次第输助，赈事得以无匮。事竣，大吏以公劳入告，诏加四品衔。呜呼！观公施于乡者卓卓如此，则其于世何如也。公生清道光二十四年八月初三日，卒民国元年十一月十八日，寿六十有九。曾祖居让、祖士彦、父元壮、公贵赠，皆如何以官。公兄弟二人：长晓霞，生员，早逝；夫人李氏，清诰封恭人，晋封淑人，先公一岁卒。明惠慈祥，族党以为女宗。子三：长雨田，清光绪壬寅举人，直隶南皮县知县，民国元年署浮山县知事，旋引去。次雨森，次雨兰，并附贡生。女二：适陈、适魏。孙三，孙女一。公生而好学，尤喜经世之言，乡居久，后进之士皆从，捧手有所闻受，公诱掖恺悌，不以为疲也。寒儒贫乏，或应试而窘于资斧者辄资助之。历膺邑书院学堂经董，晚为教育会会长，所规划者甚众。微疾迟卒，晋绅间莫不悲思。余与雨田交十年，仰公风义也。久过上党铜鞮，观其山川雄深，知必有杰士灵人拔出魁辈，数欲叩竭公庐而卒未一遂也。今雨田卜于民国二年六月一日葬公于东里村西之文笔山阡，走使四百里，索铭于余。余亦方居先君子之忧，爰流涕述其大略而系之以铭。悲夫！世乃有无父之人如余与雨田两人也。铭曰：赢于才施则不莸，下厥泽于小者试。郎官列宿有躔次，荐历沧桑名弗替。铭者泽州郭象升氏抱终天痛，锡尔类后千万年尚其勿毁斯瘗。

清太学生静轩李君暨元配郭太君合葬墓志铭

进士李华炳撰

附志铭文曰：民国戊午春，余以事寓并门，李子德星持其先尊人静轩府君行状乞为铭。余交德星有年矣，顷岁欧学盛行，权利之说渐中于人心，士子往往习为突梯，脂韦汇缘，奔走之术以趋时干，进而无识者复从而艳羡之，昏夜乞怜，白日骄人，恬不为怪。德星青年绩学英锐，有为义之所在，懔然不为权势所屈。余心钦迟之而知其得力于庭训者为多，虽不文，义不容辞。按状：君李姓，讳思默，字静轩，一字敬齐。世为武乡南关里人。明嘉靖间，有讳运者实为君之始祖，嗣后列黉序者代有人。祖讳万丰。父讳馥长，乡饮耆宾。母李氏，即君所自出也。君生而英毅，慷慨好施予。少读书于经书，皆能通其大义，嗣以家政殷繁，迫于严命，乃辍业，然非其志也。光绪丁丑岁大祲，君办理村社赈务，不遗余力，赖以全活者甚众。时粮税已奉谕旨停征，吏胥匿不宣示，君家以鬻羊数头未税，为吏所持，将捕治，君控于沁郡，事乃解。家居课农训子，凡农事经其指示辄收获倍量，以是家道稍裕。尝服膺乡先辈程百里先生，生平守拙无他术，到处逢人劝读书二语。凡遇青年学子恒殷殷以读书上进相勗，课子尤严，昕夕督课，无稍间逭。哲嗣亦莲入泮，旋食饩。景莲亦以县试列前茅，肆业高小校。君喜克家之有子也，心为之慰。讵意时运不齐，亦莲既不永其年，妻郭氏亦相继辞世，鼓盆之戚，丧明之痛，君虽勉强支撑，然自是恒悒悒不乐，病从此始矣。民国初元，景莲于高等师范卒业后旋充县议会议长、高小校教员。第五子佩莲亦毕业于高小校，戚友咸为慰藉，君终以中馈久虚，主器无人，春秋浸高，未能释然于怀，竟于民国五年阴历正月二十八日一病不起，距生于前清咸丰八年二月十三日，享寿五十有九。妻郭氏先君卒，生于咸丰七年九月初六日，卒于光绪三十四年正月初七日，享寿五旬有二。子五：长亦莲，廪生，早卒。次尚莲，医学毕业。次景莲，字德星，高等师范毕业。次希莲。次佩莲，高小校毕业。女二：长适李君名晋材，次适张君名汉臣。孙男四：廷桢，业儒。廷槐、廷梁、廷桂，俱幼。今将于民国七年四月五日葬君于杨家垴先茔，以郭太君附。德星既申前情，且托友人，殷勤致意，敦促再三。余与君仅一面缘耳，居隔百里，于君行谊多不详。然闻魏君人镜，肆业省垣，时艰窘特甚，君礼遇优渥，且令德星与之订交。崔君梦松以教案牵连，君护持甚力，卒免于祸。即此二事观之，足以见君之敬礼儒士，其器识诚非流俗所及，而食报于后者正未有艾。呜呼！其可铭也已，铭曰：猗维李君，质朴材良。好贤缁衣，课子巾箱。虽未得志于时而流泽孔长，考终得正，厥后克昌。铭兹贞石，为表幽光。

清授中宪大夫晋封通议大夫陆军部郎中附贡生书五段公墓表

举人张友桐撰

附墓表文曰：古盖无官绅之说，自郡县分治，吏其土者以地异俗殊，不能不理其贤为资治之助，而士大夫隶守土之下，利害兴废亦莫不愿一参襄焉，以希济人利物之功。顾或世风所迁，奔走趋附，利一人而病一方，此非独其绅之愆，亦其官之咎，而世遂讥薄之，谓有绅之不如无绅也，抑亦过矣。民国之元，井里苍黄，段君公甫莅任浮山，未匝月而本邑土匪据境。君甫下车，猝不及事，入险出险，欲起而治理之，办团练，严巡缉。月余而危者安，废者举。然兵匪秘密勾结，财政拮据，见事不可为，乃深歉绅界无人，不足以资计画而同捍卫，遂决然辞职以去。是年冬，丁其父书五先生之忧，遂决意仕进。越六年，公甫及余同践省门之议会，谈次及往事，感慨久之，辄出书五先生状而请表于余。余读之，皆克尽夫绅之职，以不负于官而造福地方者。先生讳晓云，字书五，晚自号山亭主人。世居武乡东村里。曾祖居让。祖士彦。父元壮，子二人，先生居次。少襄邑事即以干略称。清光绪丁丑、戊寅间，适先生里居，晋大祲，民迫饥莩而仓粟故有余，邑令吴以未获宪檄不敢发，先生慨然以罪自任，促启廋事，遂以济免死者几千人，先生与邑令具获奖。鞞山书院，历年所矣，同治中张石麓大令议修复一切，集资劝募，首与先生议。后十数年，款支绌，院事脞废。邑令吴复浼为助，先生为画规，则筹经费、勾稽册籍不稍滥，立法之善可垂久焉。嗣是宰官每兴举，必先生是谘。光、宣以来，新政蝟兴，宪府及郡县克时日不容缓，先生在邑，率左右先后酌量财力，事举而民不怨官斯土者，咸乐得先生之助以免于愆，至今教育实业警务，在沁属犹武乡为最云。先是，先生由学官弟子员用，议叙荐至兵部职方司郎中，供职数年，以亲老归，赈功之成，为大吏保奏，诏加四品衔。士果至用，岂必卿相而后见先生之志，不得于朝而得于乡，固无为闷闷也。余曩以武乡区区一邑，而明、清之际文物鏖腾，如程开之侍郎、魏元白中丞以及赵平符、乾符兄弟，或以勋业著，或以气节崇，或以文章显，今虽不能及已，得如先生者以绅佐治未始，非吾民幸，惜乎老成之，仍复凋谢也，是可慨已。先生生道光二十四年八月初三日，卒民国元年夏历十月初十日，寿六十有九。夫人李氏，先公卒。生子男三：雨田，即公甫，清壬寅举人，补直隶南皮县知县，民国元年一试于浮山。雨森，附贡生。雨兰，国学典簿。女二：适陈、适魏。孙五，孙女二。初郭君允叔撰先生墓志，详记中者兹不赘，谨就所闻于先生之大者，以复于公甫而勗其终。

征士范桓一先生墓志铭

王先畴撰

附志铭文曰：我朝二百一十有九年，武乡之以征辟起家者有二人焉，一为程昆仑先生，一为范桓一先生。程于世祖时以山林隐逸举，范在今上以孝廉方正举，此固朝廷盛典，亦人生殊遇也。顾程以显宦之后，才名籍甚，自其少时已有声公卿间，又当国家定鼎之初，需人孔亟，其受特达之知也固宜至。先生以一老诸生抱数卷书吟咏于穷荒寂寞之乡，无显赫者为之先以树风声，无名公巨卿为之提倡而嘘扬之。又性甘恬退，逢世多故，足迹恒不出里闬，自分此生亦已矣。岂复冀以他途进哉！卒之积厚光流，苍苍者有意为笃行之彰而昌诗人之局也。故伏处六十年，一旦奉天子诏书，群起而推挽之，自上下不以是举为先生荣而以得举先生为庆。呜呼！此何如之感召也，而先生遂自此老矣。按状：先生姓范氏，世为武乡信义里人。隐而未显，数传至父邑庠生讳清琏，以清德著闻。有三子：长曰士鸿，监生。次曰士鳌，贡生。先生其季也，讳士熊，字桓一，号悦山，晚号瘦寒吟叟。以县学生举同治元年制科阶，授承德郎。幼失怙恃，抚于仲兄小妻徐氏。仲兄无后，以子名晋嗣。及徐氏卒，先生命嗣子为之成服丧葬，皆知嫡礼。人或尤之，先生泫然曰：“吾庶出也。吾母之殁，吾年方十一岁，不数月先君即世，两兄不以异母故抚育者垂二十年，向非两兄，无以有今日，非徐氏亦无以成两兄之志。韩文公为嫂服期，报养功也。今庶嫂虽无出，吾敢忘吾所成立哉！厚徐氏，正以念兄恩也。”其天性纯笃如此。弱冠后补诸生，耻为章句训诂之学，两试有司不得志，遂绝意进取而专攻于诗。自汉魏迄三晋，无不悉心研究，仪神黜貌，不蹈袭前人一字而自鸣天籁，盖先生于诗虽由学力，亦有天性焉。当中年，两兄不禄，家政蜎起。又遇邑有修城垣、文庙、旌节、兵差诸大役，历任岳方亭、刘彤卿、刘鲁汀诸明府，皆强先生董其事。先生随分尽职，披吟不少辍。维时前辈程介山先生亦与焉，程故诗人也，每遇事务盘错他人无下手处，相视瞠也。先生来指画周详，如水置器，无不洞彻原委，安放贴妥，无矜心亦无倦容，同事者亦卒无他议。毕则振袖出诗稿，与介山先生商榷唱喁，听者如闻九天乐，不知身在下界也。貌清臞，刚中而外和，言规行矩，造次必于儒者，遇人无少长皆礼下之。足迹所到，诗筒不绝。居家亦有座客常满，尊酒不空之致，尤笃于风议。挚友某公卒，遗赀颇裕，子甚少，先生为之竭力经纪者十数年，家无角尖耗子亦成立人，皆以为某公尚存也。诸常与两家通好者，咸感激祝延之曰：“我辈脱不幸遗孤，死无虑矣，不见范十一之于某公乎？”十一者，先生从行也。往岁通举节孝，贫乏无后者无力请旌，先生倾囊而助之数家。同人待以举事者脱手交付，不存指券。呜呼！此岂违道干誉矫狥人情者之所为耶？晚年习静一室，外事一不关口。筑假山，书室旁编篱种竹，啸咏其间，故自号曰瘦寒吟叟。凡所阅历，靡不以韵语出之。尝南下太行，望黄河横亘千里。过梁公望云处，摩挲石刻，凄然泪下。指点盘谷，李愿故居隐隐可见。循山而下，寻孙登啸台、康节安乐窝，慨然有遗世想。值岁暮，天大雪，呼童拥帚，探梅月山，画士貌先生于雪色花影闲披褐亭亭，见之者以为襄阳伴侣放翁化身也。其志趣概可知已。先生论诗以和平清正为主，不拘一格，尤好搜采遗轶。客覃怀时，选刻《介眉吟稿》、《沁浦诗草》、《遣兴楼诗》、《范氏同怀诗》，皆非旧相知，闻而爱慕若此。又编吾乡国朝人诗十二卷，颜曰《南亭诗钞》，殚精竭恩，积岁月而成帙，未尝轻以语人。其附集二卷，则魏一泉孝廉选先生作也，全诗名《瘦寒吟稿》，与所著《诗法训蒙》、《训蒙格言》、《从祀诸贤事略》藏于家，外有《嘤鸣求友集》十四卷，皆生平唱和诗也。将谋付梓而先生卒矣。世尝谓士生三代，惟恐不好名，卒其所以为人者皆自为也。视先生之急急于他人之名，虽其自为，亦所以为人者，岂复宜求之今世之士哉！吁！其亦可风也已，其又何疑于好名也？先生生于嘉庆六年正月二十二日，卒于同治二年十二月初五日，寿六十有三。配陈氏，应赠安人，先十五年卒。子四：长即名晋，优生，娶生员程公里千女，继沁州骈公克钦女。次名越，职员，婚窦氏、白氏，皆少亡，娶赵公开疆女。次名宋，附生，娶增生武公桓女。次名夏，业儒，娶佾生魏公书田女。孙男四：探骊、扬骊，名晋出。乘骊、渊骊，名宋出。孙女五：名晋出者三，名越出者二。婚配俱名族。其卒之明年正月，葬先生于城南介福原新阡，而以陈安人附焉。友人某为铭其墓，既葬，名越等以刚日迫近，贞石少折本，持状丐余别为铭幽之文谋锓板，以广其传。余辱先生交二十年，解推甚厚，回忆昔日，移宫换羽，促膝扳谈，两人者挑灯相对，未尝不指千秋以为期，曾几何时而沧桑顿异矣。则所谓藏名山传其人者，更何能旦暮遇之耶？故不觉按其状而呜咽流涕，曰："吾忍铭先生也哉！吾忍不铭先生也哉！"爰撮其大略而拟为铭曰：鞞山之侧藏先生之集，南山之南掩先生之棺，谓先生已死兮真吾犹在，画图谓先生不死兮岘山之灵旗模糊，古心古貌兮大雅频扶，凡今之人兮谁与为徒。后来者指华表而踌躇，必将曰此处士之宫耶？其诗人之墓乎？呜呼！

程汝于墓志

程林宗撰

附墓志文曰：先司空六世孙有日汝于，公讳玉成，尝补县学生，与先君子相善，公于先君子为叔父行。娶史氏，岁贡载光公女，先慈姊妹行也。林宗为童子时，尝见公往来予家，又随母数过公家也。公为人宽厚和平，未尝失色于人，然中怀介甚，非其人不交，人与之处，粥粥乎其若无能也久之。如高山深谷引人入胜，如鼎彝在前古色斑驳，骨重神寒，天庙之器也。孺人助公持家，椎髻著短布裙如孟光夫妇其训子也，有欧阳太夫人之风。居平屋宇修洁，盘盂几席皆纚纚有致，男妇内外好以整而好以暇，宾客过之无不肃然起敬。先君子尝曰："吾程氏世有隐德，至公益昌谅哉！公也先人之泽集于一身矣。"而先慈亦曰："贤哉！吾姊史氏家风固应尔耳。"有二子一女，婿监生李成元。子景福、景望，皆诸生，食廪饩。景福，文如其人，亦以和平为主，雍雍乎垂绅委佩，有京江张相国度。景望，则风掣电驰，天马脱串，一日千里火攻。乃兄每试迭冠军，人咸以魁解相期云。乾隆己酉，予从先君子哭公于里第，又十二年哭其子景望，逾月又哭景福，今年春哭史孺人。初，里人有尊父命停柩应试者，卒举孝廉以葬亲，孺人援为口寔，故公之柩至今在室。景福之卒也，越数十日，其遗腹子来虞始生，孺人抚孀孤凡六年乃卒，于是景福之妇召公从侄景泰、携其孙谋两世窀穸而请林宗志公之墓。呜呼！予年未三十而哭其父子两世四丧，并哀其孙之孤，如韩退之为马氏志墓，岂不恸哉！世之膺科名者果何如人也。公厚德载福于科名，宜二子称，其家儿为文有声于科名，宜乃公既不获躬食，厥报其嗣，又皆困厄终身，未得永年。天道无亲，尝与善人有令人推测无从者，族人曰："公虽父子迍邅，而论世德者卒归公。"其名果出科名下耶？且其孙今已成童，双眸如岩下电光，不于其身与子者，安知不于其孙也。悲夫悲夫！此固同族所深望而究何以慰公于地下耶？乃为之志曰：程氏自明初由河南迁居武乡，十一传司空凤庵先生，著节前朝。生六子：长子嘉绩，怀宗时官刑部郎中，是为先君子高高祖。第五子皋绩，康熙己未进士，任蓬莱县知县，为公之高祖。皋绩生戊子科举人、文水县教谕必达，必达生生员义，义生生员克建，公之考也。妣魏氏，猗氏县训导松年公女。公生于雍正十年某月日，卒于乾隆五十四年某月日，年五十有八。孺人生于雍正八年某月日，卒于嘉庆十一年某月日，年七十有七。景福娶魏氏，生一女，适沁州孙氏，一子即来虞。景望娶王氏，继窦氏，生一女幼。其葬公也，以孺人附并茔，景福圹于魏家窑西垴新阡，实孺人卒之年九月某日也。

元岁进士奉直大夫沁州知州武公建原墓碑。

明故中宪大夫直隶苏州府知府进士陈公神道碑。

明故湖广汉阳府通判武公神道碑。

清雍正壬子科经元猗氏县教谕乙峰魏公神道碑。

清武进士陕西富平营守备勅封明威将军段公神道碑。一在县西边，一在东村里许。

清孝子武习路之路碑。在段村西。

清乾隆十年孝义武光前之路碑。

清赐进士出身翰林院编修李公神道碑。在邵渠村西。

清丁丑进士署靖安营都司李公神道碑。在邵渠村西。

清丙子举人勅授修职郎阳城县教谕李公神道碑。在邵渠村西。

清故终养五经进士赵公神道碑。在西关外。

清诰援奉直大夫陕西同用知州赵公神道碑。在西关外。

清中宪大夫学部主事癸卯进士朴庵李公墓表。在西堡村。

清进士资政院议员长子县知事李公神道碑。

清武德佐骑尉守御所千总郝公之路碑。

清授陕西富平营守备明威将军之墓碑。

清诰封奉政大夫光禄寺署正加二级郝公金琦神道碑。在东关神仙洞沟口。

论曰：金石学为士君子所尚也久矣，自梁元帝为《碑英》百二十卷，嗣后究心金石代不乏人，逮有清遂成一种专学。良以古之金石文字，有致用之道三：即颂功、纪事、寓戒是也。然则金石之见重，岂仅在物质也哉！

图书在版编目（CIP）数据

武乡碑刻集萃 / 韩炳祥，王刚主编. — 北京：中国文史出版社，2024.12. — （武乡历史文化通览）.
ISBN 978-7-5205-4984-4

Ⅰ. K877.42

中国国家版本馆CIP数据核字第2024YJ1108号

出 品 人：彭远国
责任编辑：秦千里

出版发行：中国文史出版社
社　　址：北京市海淀区西八里庄路69号院　邮编：100142
电　　话：010-81136606　81136602　81136603（发行部）
传　　真：010-81136655
印　　装：山西人民印刷有限责任公司
经　　销：全国新华书店
开　　本：16开
印　　张：238
字　　数：3500千字
版　　次：2024年11月　第1版
印　　次：2024年11月　第1次印刷
定　　价：1000.00元（全七册）